한국아호대사전

韓國雅號大辭典

黃忠基 編

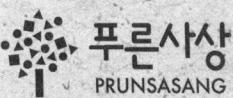
푸른사상
PRUNSASANG

序 文

사람들이 가장 소중하게 여기는 것의 하나가 아마도 이름일 것이다. 이름을 더럽힌다는 것은 바로 명예를 더럽히는 것이라고 생각한 선인들은 이런 경우 심하면 목숨과도 바꾸었음을 본다. 이처럼 사람들은 이름을 소중하게 여겼다. 이런 경명사상(敬名思想), 존명사상(尊名思想)에 따라 남의 이름을, 그것도 지위가 낮은 사람이나, 어린 사람이 윗사람이나, 나이든 사람의 이름을 함부로 부르거나 사용하는 것을 꺼리게 되었고, 이름 대신에 다른 호칭이 필요하게 되었다. 이래서 생긴 것이 자(字)라고 하겠으나 자도 시대가 지나면서 어른이나 윗사람의 자를 아무 때나 마구 부르는 것이 불경스러운 것으로 여기게 되자 부르고 쓰기에 부담이 적은 호칭으로 호(號)가 생기게 되었다고 하겠다.

"호랑이는 죽어서 가죽을 남기고 사람은 죽어서 이름을 남긴다"고 하였다. 이는 사람들이 이름을 남긴다는 것이 결코 쉬운 일이 아니며 자랑스러운 이름을 남긴다는 것이 얼마나 명예롭고, 자신은 물론 후손들에게도 자랑거리가 되는 것인지를 잘 나타낸 말이라 하겠다. 더구나 유교를 신봉(信奉)하고 있던 우리나라에서는 자신의 명예보다도 조상과 가문의 명예를 더 소중하게 여겼고 조상을 욕되게 하지 않기 위해서도 이름을 더럽힌다는 것은 생각조차도 하지 못했을 것이다.

중국에서는 당대(唐代)에 호(號)가 쓰이기 시작해서 송대(宋代)에 와서 보편화되었다고 한다. 우리나라에서는 현재 전하고 있는 호의 진위와 관계없이 신라시대부터 쓰이기 시작해서 고려시대를 거쳐 조선시대에 와서야 보편화된 것이 아닌가 한다. 마침 숙종(肅宗) 때 시인(時人)인 홍만종(洪萬宗, 1643~1725)의 『순오지(旬五志)』에 호에 관한 것이 있어 이를 서문 다음에 수록하여 참고로 제공하고자 한다.

호를 가진다는 것은 아무래도 없는 것보다 운치(韻致)가 있어 보이며, 마음의 여유가 있어 보인다. 호를 부르면 이름을 부르거나 자를 부르기보다 상대방을 호칭(呼稱)할 때의 부담이 적고 어딘가 멋이 있어 보인다. 충무공 이순신도 여해(汝諧)라는 자를 가졌으나 아호(雅號)가 없다. 호를 가진 사람을 보면 일반적으로 무신(武臣)보다는 문신(文臣)이, 관리(官吏)보다는 예술인이 보편적으로 호를 가졌고, 예술인들은 대체적으로 하나의 호를 가지는 것보다 여러 개의 호를 가졌으니, 추사(秋史)의 경우는 무려 150여 개의 호를 가진 것을 비롯해서 화가나 서예가의 경우에 다수의 호를 가진 사람이 많으나 음악을 전공한 분들이 거의 호가 없는 것과는 퍽 대조적인 현상이라 하겠다. 호를 가지는 것이 가문의 영광(?)이되는 것인지의 여부는 알 수 없으나 대체로 보면 선대(先代)에 호를 가졌으면 그것이 직계의 후대에게도 이어져서 여주 이씨(驪州李氏)의 응인(應仁, 1535~1592)의 경우를 보면 이후 12대에 이르기까지 호를 가지고 있으며, 경주 김씨(慶州金氏)의 기태(紀泰)의 경우도 직계의 5대는 호가 없으면서도 이후 12대 가운데 한 대(代)를 빼고는 계속되었고, 경주 이씨(慶州李氏)의 예립(禮立)의 경우도 8대까지 계속되었다. 또 여러 형제인 경우에 대체로 맏이가 호를 가졌으면 아래의 형제들도 호를 갖는 경우가 많으니 경주 정씨(慶州鄭氏)의 만훈(萬薰)의 6형제 가운데 막내를 제외한 5형제가 맏이 지문(址文)의 송오(松塢)를 비롯해 차례로 지무(址武)는 죽포(竹圃), 지덕(址德)은 매은(梅隱), 지희(址羲)는 난포(蘭圃), 지원(址遠)은 국은(菊隱)란 호를 가졌으니 아마도 호를 사군자를 포함해서 의도적으로 지은 것이 아닌가 한다.

우리나라에는 많은 설화가 있고, 시화(詩話)나 야담류에 있어서는 이름보다는 호를 즐겨 썼기 때문에 호를 알지 못하고는 누구의 이야기인지를 알기가 어려우며, 더구나 저술에 있어서는 책명을 본명으로 하는 경우가 없이 호를 사용해서 '○○문집'이니 '○○유고(遺稿)'라고 하였기 때문에 아직도 많은 저작물 가운데는 저자가 누구인지를 확인하지 못하고 있는 형편이다. 책을 읽다가도 이야기의 주인공의 호를 모르면 누구의 이야기인지를 모를 경우가 비일비재하다.

"余嘗取孤竹 五言古詩律詩 亡兄古歌行 蘇相五言律 芝川七言 蓀谷玉峰及亡妹 七言絕句 爲一帙看之"(여상취고죽 오언고시율시 망형고가행 소상오언률 지천칠언 손곡옥봉급 망매 칠언절구 위일질간지)

에서 사람을 이름을 대신하는 것으로 여(余)가 누구며 망형(亡兄), 소상(蘇相), 망매(亡妹)가 누구를 가리키는 것인지를 알아야 함은 물론 고죽(孤竹), 지천(芝川), 손곡(蓀谷), 옥봉(玉峰)이 누구의 號인줄 알지 못하면 누구의 무슨 이야기인지를 안다는 것은 도저히 어려운 일이다. 이만큼 우리네 조상들은 일상에서 호를 항용(恒用)했다.

편자는 과거 우리의 조상들이 어떤 저술을 남겼나를 정리하여 『歷代韓國人編著書目錄』을 상재(上梓)한 바가 있다. 여기에서도 편저자의 실명이 확인되지 않고 있는 경우가 많으며, 많은 문헌에서 아직도 호의 장본인이 누구인지를 밝힐 수 없는 경우가 허다하다. 이처럼 국문학을 비롯하여 국학과 관련이 있는 분야에서 조상들의 아호(雅號)를 안다는 것은 매우 중요한 일이다. 여하간 호가 보편화되면서 호를 정리하여 호보(號譜)를 만든 것이 조선조 후기에 등장했다. 그러나 이왕의 호보들은 지천명(幾千名)의 대상 인원을 수록하여 결코 적은 것은 아니지만 오늘날 참고하기에 부족함을 느끼게 되니 자연히 되도록 더 많은 사람들의 호가 수록된 새로운 호보가 필요하여 이를 만들게 되었다.

표제의 인물은 인명사전을 비롯해서 백과사전과 문예사전 등의 사전류와, 호보, 도서목록, 문집, 기타 연구 논문 등에서 호를 가진 사람으로 1900년 이전에 출생한 사람 약 31,200명의 아호 약 38,500개를 대상으로 하였다. 아직도 손조차 대지 못한 부분은 각 성 씨의 족보(族譜)로 이를 조사한다면 지금의 것보다 훨씬 많은 자료를 얻을 것이라 생각되나 이는 개인의 힘으로는 어려운 일이라 하겠다. 이후라도 추가하여 더 많은 아호가 수록된 증보판을 내었으면 하는 바람이다. 그나마 자료의 부정확으로 인하여 동일한 인물이 성씨만 다르게 되어 있다든지 성명의 자획(字劃)이 틀리게 되어 있는 경우가 많아 이를 확인하여 정정(訂正)하거나 삭제하여 버렸으나 아직도 어떤 것은 동일인이라는 심증은 가지만 확정적인 증거가 없는 경우에는 일단은 표제의 대상으로 삼았다. 그러나 자료의 불확실로 인하여 어느 것이 맞는 것이며 어느 것이 잘못된 것인지를 가려낼 방법도 없으므로 크게 잘못된 것이 아닌 이상은 대체로 제일 먼저 인용한 자료를 그대로 따랐다. 우리 속담에 "아 다르고 어 다르다"는 말과 같이 한자의 유사자(類似字)나 '菴'이나 '庵'처럼 통용되는 한자가 많아 어느 것이 정확한 것인지를 구분하기가 어렵다. 앞으로 여러 문헌 등을 참고로 하여 검토가 있어야 할 것이다. 특히 생몰연대 등 연대가 잘못된 경우가 많아 족보 등과 대조하여 정확한 것으로 바로잡아야 할 것이다.

책의 편제(編制)로 보나 성격으로 보아 호보라는 명칭이 타당하지만 혹시라도 과거에 만들어졌던 호보들과의 혼동을 가져올 염려도 있고, 달리 이는 인명사전의 구실을 한다고 생각되어 책의 제목을 『한국아호대사전(韓國雅號大辭典)』이라 하였으니 오해가 없기 바란다.

원래는 몇 번에 걸쳐 출판을 시도했으나 그때마다 새로운 자료의 출현으로 내용이 더 추가되어 부득이 뒤로 미루다가 1997년 말에는 꼭 출판할 예정으로 작업을 진행해왔으나 계명대학교 발행의 『한국호대사전(韓國號大辭典)』이 출판되었기에 이의 전면적인 수용으로 인하여 먼저의 것을 다시 대조하고 검토하는 바람에 또 늦어졌으며, 『한국아호대사전』을 만드는 데 많은 참고가 되었다.

『한국아호대사전』이라는 책을 만든다는 것부터가 쉬운 일이 아니고 더구나 혼자의 힘으로 작업을 추진하는 것은 많은 시간을 빼앗기는 것임을 뻔히 알면서도 매달리다 보니 어느 사이에 갑년을 넘기고 36년간을 평생의 직장으로 여기던 교단에서도 물러났다. 그간에 이 책을 만드는 일에 협조를 아끼지 않은 가족을 비롯한 주위의 고마운 분들의 도움에 감사한다. 출판을 선뜻 해줄 곳도 마땅치 않은 책이며 상업성이 전혀 없음에도 불구하고 이 책의 자료적인 가치를 인정해주고, 나의 보잘것없는 책들을 벌써 여러 권 세상에 빛을 보게 해준 푸른사상사 한봉숙(韓鳳淑) 사장님께 사의를 표한다. 아울러 편집 과정에서 어려움을 무릅쓰고 수고를 해준 편집부 직원들에게도 고마움을 표한다. 바쁘신 중에도 흔쾌히 제자(題字)를 써주신 초계(草溪) 이영호(李英浩) 선생님께 감사를 드린다.

2018년 3월

編者 삼가 씀

『旬五志』 소재 호에 대한 기록

按別號之作 始於唐時 有取其所居而號之者 有因其所有而號之者 或有以其所尙而號之者 若
王績之東皐子 杜子美之草堂先生 賀知章之四明狂客 白樂天之香山居士 是則 取其所居而號之
也 陶潛之五柳先生 鄭薰之七松處士 歐陽子之六一居士 是則 因其所有而號之也 張志和之玄
眞子 元結之漫浪叟 是則 因其所尙而號之也 以我東言之 若李荇之滄澤漁叟 金尙憲之石室山
人 取其所居而號之也 李詹之雙梅堂 徐益之萬竹亭 因其所有而號之也 金時習之淸寒子 柳夢
寅之於于子 以其所尙而號之也 尹監司暄 嘗自號白沙 鰲城恒福 亦號白沙 謂尹曰 我已號白沙
子可改之 尹不許 李笑曰 人能貴名 名不能貴人 試看誰號 名於世 以今觀之 世之人 惟知有李
白沙 不知有尹白沙 盖別號之顯不顯 在乎其人之名不名耳. (旬五志 卷之下)

별호의 시초에 대해 생각해보면, 중국의 당나라 때부터 시작되었다. 자기의 거처하는 곳
의 이름을 취해서 호를 지은 것도 있고, 자기가 가지고 있는 것의 이름을 취해서 지은 것
도 있고, 혹은 자기가 좋아하거나 숭상하는 것으로 호를 짓는 사람도 있다. 왕속이 동고자
라 한 것과 같이 두자미는 초당선생이라 했으며, 하지장은 사명광객, 백락천이 향산거사라
한 것은 자기가 살고 있는 거처에서 따온 것이다. 도잠은 오류선생이라 했고, 정훈은 칠송
처사라 했으며, 구양자가 육일거사라 한 것은 자기네들이 가진 것들에서 호를 취한 것이
다. 장지화가 현진자라 하고, 원결이 만랑수라 호를 지은 것은 자기가 숭상하는 것으로 호
를 지은 것이다.

우리나라로 말한다면 이행이 창택어수로 지은 것과 같이 김상헌이 석실산인으로 지은
것은 사는 곳을 취해서 지은 것이요, 이첨이 쌍백당이라 짓고, 서익이 만죽정이라 지은 것
은 자기가 가진 것을 취했으며, 김시습이 청한자라 하고 유몽인이 어우자라 한 것은 자기
가 좋아하는 것으로 호를 지은 것이다. 윤감사 훤이 일찍이 백사라고 자호했고 오성 이항
복도 또한 백사라고 자호했다. 오성이 윤훤에게 "내가 이미 백사라고 호를 지었으니 자네
가 호를 고치게." 하였으나 윤훤이 허락하지 않았다. 이에 오성이 웃으며 말하기를 "사람
자체가 이름을 귀하게 하는 것이지, 이름이 사람을 귀하게 하는 것은 아니야. 누구의 호가
세상에 이름이 날 것이지를 두고 볼 일이네."고 하였다. 이제 이를 본다면 세상 사람들은
오직 이백사가 있는 것만 알고 윤백사가 있는 것을 알지 못하니, 대개 호가 알려지고 알
려지지 않는 것은 그 사람됨이 세상에 알려지고 알려지지 않은 데에 달렸을 따름이다.

일러두기

1. 이 책은 1900년 이전까지 출생한 사람으로 호를 자진 사람을 대상으로 하였다.

2. 인명을 표제로 하여 생몰년대(生沒年代) 다음에 아호를 넣고 다음에 신분, 자(字), 본관(本貫) 등, 인적 사항과 역관(歷官), 시호(諡號), 문집(文集) 등을 기타사항으로 다루었다.

3. 복성은 단성 다음으로 하였다.

4. 동명이인의 경우에는 생몰년대순, 또는 왕조순으로 하였다.

5. 동일인의 이름이 잘못 되었거나 다른 호칭이 있을 경우에는 →표시를 하여 바른 이름을 찾아 가도록 하였다.

6. 생몰년대는 서기로 하였고 왕조만 아는 경우에는 왕조를 조선시대의 경우 전기, 중기, 후기 또는 조선말이나 한말로 하였고 미상인 경우 그대로 두었으나 이는 대부분 조선시대 사람으로 보아도 좋을 것으로 여겨진다.

7. 신분은 관리(官吏)인 경우 문(文)·무신(武臣)으로 하였고 기타는 신분이나 직업 등에 관계있는 명칭을 사용했다.

8. 인적 사항은 부명(父名)과 조부명(祖父名)을, 출계(出系)의 경우에는 '系'로 하였다. 가능한 경우 외조명(外祖名)과 옹서(翁婿)의 경우 'ㅇㅇㅇ婿'로 하여 인척 관계를 알 수 있도록 하였고, 학문적 계통을 알 수 있도록 'ㅇㅇㅇ門人'이라 하였다.

9. 역관(歷官) 사항은 봉호(封號)가 있는 경우에 먼저 하였고, 관직(官職)의 잦은 변동으로 대부분 추증(追贈)을 수록했으며 관직명은 절대성이 없다.

10. 저서는 호와 관련 있는 문집을 우선으로 하나만 적었고, 문집이 아닌 경우에 다른 편저서로, 저술이 있으나 서명이 확실하지 않은 경우에는 문집이라고 하였다.

11. 호가 다수인 경우는 원칙적으로 가나다순으로 하였으나 문집이 있는 경우 문집과 일치하는 것을 우선으로 하였으며, 추사의 경우처럼 널리 알려진 것이 있는 경우 이를 우선으로 하였다.

12. 색인은 호의 발음을 가나다순으로 하였으나 동음(同音)의 경우에는 한자의 부수순(部首順)으로 하였다. 호가 확실하지 않은 경우와 한글인 경우에는 맨 뒤에 따로 실었다.

13. 참고한 서적의 중요한 것은 다음과 같다.

      『號譜』, 국학자료원(영인본)

      『東賢號錄』, 아세아문화사(영인본)

      『韓國古書 綜合目錄』, 국회도서관

      『한국민족문화대백과사전』, 정신문화원

      『韓國人名字號辭典』, 계명문화사

      『韓國號辭典』, 계명대학교

      『萬姓大同譜』, 명문당

      『姓氏의 故鄕』, 중앙일보사

      『歷代韓國人編著書目錄』(黃忠基 編); 국학자료원

      등을 참고하였다.

차례

附 錄

韓國雅號大辭典

ㄱ

人名	年代	號	其他
賈文赫(문혁)	朝鮮英祖	濯足軒	字 季烜 同知中樞府事
賈瑞應(서응)	朝鮮顯宗	逸齋	字 舜五 承議副尉
賈世喆(세철)	朝鮮哲宗	竹窩	字 載迪 本貫 蘇州 戶曹參議
賈璹(今)	朝鮮	慕華齋	字 潤文 本貫 蘇州 兵曹參判
賈祐永(우영)	朝鮮	蘇梧	字 有吉 司果
賈維錀(유약)	朝鮮明宗	知白堂	字 無扃 本貫 蘇州
賈貽永(이영)	朝鮮	南軒	字 敬化 同知中樞府事
賈日永(일영)	朝鮮	小華	字 昇汝 龍驤衛副護軍
賈宗軾(종식)	朝鮮	竹軒	字 厚之 戶曹參判
賈中永(중영)	朝鮮	定窩	字 庸汝 本貫 蘇州 兵馬節制使
賈泰慶(태경)	朝鮮哲宗	漁隱	字 士元 本貫 蘇州 掌樂院正
賈行健(행건)	朝鮮哲宗	石湖	字 疆賢 本貫 蘇州 五衛都摠府副摠官
覺敏(각민)	1596~1659	松坡	僧侶 本貫 忠州 俗姓 盧氏 著書 解疑
覺性(각성)	1575~1660	碧巖 浮休堂	僧侶 字 澄圓 本貫 金海 俗姓 金氏 著書 禪源集圖中決疑
覺岸(각안)	1820~1896	梵海 頭流山人九皆	僧侶 字 幻如 俗姓 崔氏 著書 梵海禪師遺稿
覺雲(각운)	高麗恭愍王	龜谷	僧侶 本貫 南原 俗姓 柳氏 著書 禪門拈頌說話
覺雄(각웅)	高麗~朝鮮	仲英	僧侶
覺月(각월) →覺訓의 一名			
覺眞(각진)		無能叟	僧侶 著書 文集
覺訓(각훈)	高麗高宗	高陽醉髡	僧侶 著書 海東高僧傳
簡均(균)	高麗毅宗	蛟山	本貫 加平 諡號 尚節
簡筠(균)		松厓	
簡通明(통명)	高麗~朝鮮	錦軒	本貫 加平 萬戶
簡弘(홍)	高麗	錦軒	本貫 加平
簡弘(홍)	朝鮮	雲峰	本貫 加平 義禁府都事
葛成南(성남)	高麗	亞鄉	
甘景茂(경무)	朝鮮光海君	邇庵	字 希秀 本貫 檜山 父 昕 成均進士
甘暎(규)	高麗	延岡	字 養元 本貫 檜山 封號 延陵君 門下侍中平章事
甘景倫(경륜)	朝鮮宣祖	晴岡	字 汝五 本貫 檜山 父 禮從 雲山縣監
甘景仁(경인)	1569~1648	觀術亭 三烈堂	武臣 本貫 檜山 字 汝一 父 禮從 外祖 朴宗 著書 三悅堂文集
甘景卓(경탁)	朝鮮宣祖	琴溪	本貫 檜山 軍資監正
甘國苓(국령)	朝鮮	恭齋	孝子 字 仁叔 本貫 檜山
甘國萱(국훤)	朝鮮	樂齋	學者 字 亨達 本貫 檜山 訓練院判官
甘麒鉉(기현)	朝鮮	東眉 東湄	字 英八 本貫 檜山 父 在元 著書 文集 金海都護府

人名	年代	號	其他
甘德八(덕팔)	朝鮮	南溪	字 乃善 本貫 檜山 教授
甘德厚(덕후)	朝鮮	退隱	字 百源 本貫 檜山 成均進士
甘得和(득화)		滿山	字 相元 本貫 檜山
甘葱(면)	朝鮮	守軒	字 華國 本貫 檜山 父 景仁 祖父 禮從
甘命泰(명태)	朝鮮	愚軒	學者 字 台三 本貫 檜山 僉知中樞府事
甘阜(부)	高麗	省齋	字 春殷 本貫 檜山 父 喆 舍人
甘棚垕(붕후)	高麗	龜亭	字 文淵 本貫 檜山 父 洽 平章事 諡號 忠敬
甘黌(빈)	朝鮮後期	修堂	字 華聖 本貫 檜山 父 景仁 工曹參議
甘成朝(성조)	高麗	道隱	字 仁汝 司僕寺丞
甘守成(수성)		東隱	字 忠國 承政院承旨
甘守澤(수택)	朝鮮	和軒	字 春滿 本貫 檜山 父 禹昌 同知中樞府事
甘受和(수화)	高麗禑王	道隱	字 仁汝 本貫 檜山 父 恒周
甘昳(식)		齋軒	本貫 檜山 父 箕
甘禮從(예종)	朝鮮	自怡堂	學者 字 亨叔 本貫 檜山 父 舜佑
甘禮俊(예준)→甘禮從			
甘元漢(원한)	朝鮮	浦隱	字 大振 本貫 檜山 父 阜 禮部承旨
甘有聖(유성)	朝鮮	海峯	本貫 檜山 父 仲宣
甘益漢(익한)	朝鮮文宗	秋潭	字 道俊 本貫 檜山 父 阜
甘麟鉉(인현)		東湄	著書 東湄文集
甘鎰鉉(일현)		雨樵	學者 字 時重
甘在圭(재규)	朝鮮	怡怡軒 怡怡齋	學者 字 昔友 本貫 檜山 父 檜廷 著書 怡怡軒 實紀
甘在奎(재규)→甘在圭			
甘在鳳(재봉)	朝鮮	海樵	本貫 檜山 父 有聖
甘載燁(재엽)	朝鮮	愚岡	學者 字 允直 本貫 檜山
甘在源(재원)	朝鮮哲宗	友于齋	字 致律 本貫 檜山 父 檜廷
甘槙植(정식)		晚溪	著書 晚溪實紀
甘濟鉉(제현)	朝鮮	直齋	學者 字 聖檣 本貫 檜山 中樞院議官
甘喆(철)	高麗~朝鮮	檜庵	字 善卿 本貫 檜山 父 受和 封號 檜山君
甘泰旭(태욱)	朝鮮	農啞	學者 字 德一 本貫 檜山
甘泰鑄(태주)		三省齋	字 德允 英陵參奉
甘泰烋(태휴)	朝鮮	晚惺	學者 字 華守 本貫 檜山
甘彭信(팽신)		海巖	字 漢弼 龍驤衛副護軍
甘昕(흔)	朝鮮	謙齋	字 明仲 本貫 檜山 參奉
甘熙斗(희두)	朝鮮	花溪	學者 字 周瑞 本貫 檜山

人名	年代	號	其他
姜恪(각)	朝鮮仁祖	陶隱	字 敬五 本貫 晉州 父 胤祖
姜邯贊(감찬)	948~1031	蔚亭 荷亭	本貫 衿川 父 弓珍
姜健(건)		復齋	著書 文集
姜楗(건)	朝鮮英祖	炭叟	字 建夫 本貫 晉陽
姜謙(겸)	1654~1703	南齋	字 謙之, 士益 本貫 晉州 父 子平 系 子正
姜絧(경)	朝鮮宣祖	是巖	本貫 晉州 父 士尚 封號 晉昌君
姜景擧(경거)	→姜景叙		
姜景叙(경서)	1443~1510	草堂 草隱	文臣 字 子文 本貫 晉州 父 舜民 大司諫 著書 草堂集
康景善(경선)	1514~1565	克齋	字 元卿, 源景 本貫 信川 父 顥 府使
姜景叔(경숙)	→姜景叙		
姜景醇(경순)	朝鮮成宗	晉山	本貫 晉州 編書 晉山世稿
姜慶昇(경승)	1577~1633	紫巖 紫巖翁 紫雲亭	字 善迫 父 熺
姜慶昇(경승)	→姜顯昇		
姜敬會(경회)		土軒	著書 文集
姜敬熙(경희)	1858~?	桂堂 有堂	字 聖一 本貫 晉州 父 晚馨
姜啓溥(계부)	1675~1729	菊窩	字 士咸 本貫 晉州 父 錫夏 系 錫履 郡守
姜桂壽(계수)	朝鮮	海崗	本貫 晉州 父 大慶
姜桂元(계원)	→姜柱元		
姜啓賢(계현)		岦峯	本貫 晉州
姜桂馨(계형)	1875~1936	心淵	學者 字 仲直 本貫 晉州 父 龍夏 外祖 河大連 著書 心淵集
姜公盖(공개)		禹谷	著書 禹谷集
姜公擧(공거)	朝鮮	栢石	本貫 晉陽 著書 栢石先生文集
姜公著(공저)	朝鮮	三愛堂	本貫 晉陽
姜公憲(공헌)	朝鮮明宗	敬齋	本貫 晉陽 父 顯 著書 文集
姜㶁(곽)	朝鮮	俟翁	學者, 文臣 本貫 晉州
姜肱欽(굉흠)	朝鮮正祖	梧下	本貫 晉州 父 世濟
康喬年(교년)	1607~?	守溪	字 萬獻 本貫 信川 父 伏龍 正字
姜九萬(구만)	高麗	南巖 南巖叟	本貫 晉州 父 起章 西京留守 諡號 正節
姜龜福(구복)		栗里	著書 文集
姜龜祥(구상)	朝鮮宣祖	齊心堂	本貫 晉州 父 琳
姜龜秀(구수)	朝鮮後期	蓮下	本貫 晉州 父 溍
姜國卿(국경)		翠竹堂	本貫 晉州
姜君寶(군보)		御谷	本貫 晉州 著書 文集
康逵(규)	朝鮮純祖	井田	文人 字 仲鴻 本貫 谷山

人名	年代	號	其他
姜達(규) →康達			
姜達(규) →姜違의 初名			
姜奎煥(규환)	1697~1731	貢齋 貢需齋 存齋	文臣 字 長文 本貫 晉州 父 柱天 章陵參奉 著書 文集
姜克儉(극검)	1529~?	夢梧齋	字 而素 本貫 晉州
姜克恭(극공)	1526~1575	呂眞堂	字 而用 本貫 晉州
姜克良(극량)	1525~?	安泰軒	字 而正 本貫 晉州
姜克誠(극성)	1526~1576	醉竹 醉竹軒 葆晚堂 葆晚齋	文臣 字 伯實 本貫 晉州 父 復 外祖 金安國 長湍府 使 著書 醉竹遺稿〈晉山世稿〉
姜克世(극세)	朝鮮中期	湖隱	字 乃長 本貫 晉州 父 益
姜謹友(근우)	朝鮮明宗	松庵	本貫 晉州
姜克溫(극온)	1502~	甲隱	字 而直 本貫 晉州 父 五福 祖父 亨壽
姜克義(극의)	朝鮮中期	梧齋	字 宜余 本貫 晉州 父 震 祖父 永壽
姜克忠(극충)	1533~1605	腥軒	字 而信 本貫 晉州
姜克孝(극효)	1535~1612	碧流亭	字 而順 本貫 晉州
姜夔(기)	朝鮮後期	秋琴	
姜沂(기)		惺齋	著書 文集
康基德(기덕)	1886~?	德齋	獨立運動家 字 春谷
姜期壽(기수)	1481~?	靜軒	字 子彦自彦 本貫 晉州
康起宗(기종)	朝鮮仁祖	湖隱	本貫 信川 父 訢 追贈 戶曹參議
康基準(기준)	1876~?	蘭坡	著書 文集
康基泰(기태)	?~1822	南坡 東坡	著書 南坡遺稿
姜基煥(기환)		松澗	著書 文集
姜璣煥(기환)		東巖	著書 文集
姜吉昇(길승)	1582~1648	守初堂	字 善立 父 熺 著書 文集
康洛(낙)		野隱	本貫 信川 父 胤錫
姜蘭馨(난형)	1813~?	松下 海蒼	文臣 字 芳叔 本貫 晉州 父 魯永 著書 松下雜著
姜淶(내)	朝鮮後期	石溪	
姜來鎬(내호)		中和齋	著書 中和齋先生實紀
姜㳣(노)	1809~1887	晚圃 貞隱 豹菴 豹雲	文臣 字 期中 本貫 晉州 父 彝九 左議政 諡號 益憲
姜訥(눌)		岐隱	本貫 晉州
姜達馨(달형)	朝鮮哲宗	石荷	本貫 晉州 父 渭永 系 元永
姜紞(담) →姜緖			
姜澹雲(담운)	朝鮮末期	只在堂	女流詩人 著書 只在堂稿
姜大良(대량)	朝鮮光海君	正智齋	本貫 晉陽
姜大錫(대석)	1888~1966	晚翠	著書 文集

人名	年代	號	其他
姜大遂(대수)	1591~1658	寒沙晩隱 晩隱 靜窩 春磵 春磵晩隱 寒溪	文臣 字 勉哉, 學顔 本貫 晉州 父 翼文 張顯光 門人 全州府尹 著書 寒沙集
姜大予(대여)	?~1806	己齋	著書 己齋遺稿
姜大豫(대예) →姜大予			
康大益(대익)	朝鮮	濟下	字 有益 本貫 信川
姜大一(대일)	1871~1950	翠庵	字 良炫 本貫 晉州 父 老秀 系 仁秀 著書 翠庵遺稿
姜大適(대적)	1594~1678	鷗洲	義兵將 字 學仲 本貫 晉州 父 翼文 追贈 同副承旨 著書 鷗洲集
姜大振(대진)	1866~1931	約儂	字 聲玉 本貫 晉州 父 蘭秀 著書 文集
姜大進(대진) →姜大遂의 初名			
姜大炯(대형)		智庵	本貫 晉州
姜大虎(대호)		河陰	孝子 字 藻卿, 虎燮 本貫 晉州 父 昱 著書 河陰一竹合稿
姜大號(대호) →姜大虎			
姜大會(대회) →姜文會			
姜德龍(덕룡)	1560~1627	梅村	字 汝中 本貫 晉州 父 深 著書 文集
康德民(덕민)		修養齋	字 世化 本貫 信川
姜德溥(덕부)	1668~1725	慵齋	學者 字 聖源 本貫 晉州 父 錫祉 外祖 尹塽 著書 慵齋文集
康德誠(덕성) →康復誠			
姜德裕(덕유)		小菴	父 遇周
姜德俊(덕준)	1607~1669	愚谷 壺谷	學者 字 汝得,懋叔 本貫 晉州 父 晋昇 系 晋暉 著書 愚谷訓子格言
姜德後(덕후) →姜德俊			
姜德輝(덕휘)		愛日軒	著書 文集
姜櫂(도)	1793~1831	槐菴	文臣 字 擇之 本貫 晉州 父 渼 外祖 裵綺 司憲府持平 著書 槐菴文集
姜道一(도일)	朝鮮	省庵	本貫 晉陽
姜道熙(도희)	1888~1954	靜思齋 南洲	學者 字 士行 本貫 晉州 父 壁元 外祖 李始榮 著書 靜思齋集
姜燉(돈)		觀齋	字 德輝 父 夢麟
姜東秀(동수)		學愚	字 士煉 本貫 晉州 著書 文集
姜東曦(동희)	1886~1963	超然齋	著書 文集
姜斗鎬(두호)	朝鮮	溪雲	本貫 晉州 父 信鴻
姜斗煥(두환)	1781~?	起軒	文臣 字 士端 本貫 晉州 父 樂
姜斗璜(두황)	1811~1873	晦養齋	字 文瑞 本貫 晉州 父 尙國 著書 文集

人名	年代	號	其他
康㳍(류)	朝鮮世宗	遯庵	本貫 信川 通政大夫
姜烈(렬)	朝鮮世宗	西溪	字 正承 本貫 晉州 父 孫奇
姜繗(린)	朝鮮	藍蔭	本貫 晉陽 掌令
姜萬碩(만석)		四隱齋	著書 文集
康萬壽(만수)	朝鮮	竹隱	本貫 信川 郡守
康萬完(만완)	朝鮮	保庵	字 安全 本貫 信川 通德郎
姜萬著(만저)	1655~1719	癡齋	字 皆叔 本貫 晉州 父 弨周 著書 文集
姜邁(매)	朝鮮後期	星堂	
姜孟秀(맹수)		靜齋	著書 文集
姜鋧(면)		法山	
康冕植(면식)		洛涯	本貫 信川
姜命奎(명규)	1801~1867	柳溪 靜訥居士	學者 字 世應 本貫 晉州 父 必敬 外祖 權思敏 著書 柳溪集
姜明奎(명규)	1896~1983	渭石	獨立運動家
康命吉(명길)	1737~1801	通玄	醫員 字 君錫 本貫 順天 楊州牧使 著書 通玄集
姜命世(명세)	1632~1708	笑癡齋	學者 字 德秀 本貫 晉州 父 文載 外祖 尹英男 著書 笑癡齋遺稿
姜夢秀(몽수)		梅竹	本貫 晉州
姜莁(무)	高麗恭愍王	清隱	字 勉汝 本貫 晉州
姜文奎(문규)	1788~1836	謹齋	文臣 字 景晦 本貫 晉州 父 必孝 禧陵參奉
姜文老(문로)	朝鮮後期	辣菴	
姜文植(문식)	?~1963	溪黎	著書 溪黎稿
姜文永(문영)	朝鮮哲宗	謙山	文人, 學者 字 熙夫 本貫 晉州
姜文伍(문오)		水竹亭	著書 水竹亭文集
姜文鎭(문진)	1869~1929	中見 仲見	獨立運動家 本貫 晉州
姜文弨(문필)	朝鮮宣祖	松亭	字 姬老 本貫 晉州 父 汝中 著書 松亭先生實紀
姜文鉉(문현)		北溪	著書 北溪遺稿
姜文馨(문형)	1831~?	蘭圃	文臣 字 德輔 本貫 晉州 父 箕永 京畿道暗行御史 著書 日本見聞事件
姜文會(문회)	1433~1499	逍遙堂 逍遙	文臣 字 友仁 本貫 晉州 父 行 典籍 著書 逍遙堂記
姜敏(민) →姜敏著			
姜敏秀(민수)		振齋	
姜敏永(민영)	1859~1925	悟齋	著書 文集
姜敏著(민저)	1651~1705	茅山 茅山齋	學者 字 采叔 本貫 晉州 父 弨周 外祖 邊泰允 著書 茅山集

人名	年代	號	其他
康敏恒(민항)		得心齋	本貫 信川
康敏行(민행)		三樂堂	本貫 信川
姜玟會(민회)	朝鮮	楸軒	本貫 晉陽
姜樸(박)	1690~1742	菊圃 惠圃	文臣 字 子淳 本貫 晉州 父 碩勛 系 碩蕃 李萬選 婿 咸從府使 著書 菊圃集
姜璞(박) →姜樸			
姜㙉(방)	朝鮮	素窩	本貫 晉陽 父 以遇
姜栢(백)	1690~1777	愚谷	文臣 字 子青 本貫 晉州 父 錫周 外祖 崔胤紳 漢城府右尹 著書 愚谷集
姜栢年(백년)	1603~1681	雪峰 聽月軒 閒溪	文臣 字 叔久 本貫 晉州 父 籒 外祖 金應瑞 追贈 領議政 諡號 文貞 著書 雪峰集
康伯珍(백진)	1449~1504	無名齋	文臣 字 子韞 本貫 信川 父 惕 追贈 大司諫
姜伯珍(백진) →康伯珍			
姜伯欽(백흠)	朝鮮英祖	平齋	本貫 晉州 父 世岳
姜百熙(백희)		石谷	本貫 晉州
姜柄旻(병민)	1844~1928	菜圃	著書 菜圃遺集
姜炳周(병주)	1882~1955	南冥 白南	牧師, 學者 父 信明 著書 新綴字法解說
康寶育(보유)		竹軒	本貫 信川 父 子忠
姜輔姬(보희)		無聞翁	本貫 晉州
姜福男(복남)		栢節	
姜復善(복선)	1852~1891	敬軒	學者 字 伯三 本貫 晉州 父 應周 外祖 韓致性 著書 敬軒遺稿
康復誠(복성)	1550~1634	竹磵 竹岡	文臣 字 明之 本貫 信川 父 惟善 盧思慎 門人 知中樞府事 著書 竹磵集
姜復中(복중)	1563~1639	清溪 清溪妄士 清溪釣翁	字 載起 著書 清溪公遺事
姜福會(복회)		琪峭	本貫 晉州 父 在述
姜鳳覽(봉람)	1568~?	石浦	隱士 字 德輝 本貫 晉州 父 渭虎 都承旨
姜鳳文(봉문)	1735~1815	玉溪	學者, 孝子 字 周瑞 本貫 晉州 父 得湄 著書 玉溪遺稿
姜鳳壽(봉수)	1543~1615	窓巖 松庵	文臣 字 德叟 本貫 晉州 父 琦 追贈 參判 著書 窓巖先生逸稿
康鳳淳(봉순)	朝鮮	石庵	本貫 信川 父 祜鎭
姜鳳泳(봉영)	朝鮮	雲谷	本貫 晉州 父 煥會
姜鳳一(봉일)	朝鮮	感一齋	隱士 字 翼瑞 本貫 晉州
姜鳳海(봉해)		紫巖亭	著書 紫巖亭集
姜鳳賢(봉현) →姜鳳覽			

人名	年代	號	其他
姜鳳欽(봉흠)	朝鮮憲宗	南厓	本貫 晉州 父 世晉 著書 文集
姜鳳熙(봉희)		雲居	著書 雲居先生文集
姜鑌(빈)	朝鮮高宗	毅齋	學者 本貫 晉州 父 禹奎 外祖 崔德基 著書 毅齋遺稿
姜思達(사규)		雙槐	著書 文集
姜思近(사근)	朝鮮太祖	漁隱 漁樵子	本貫 晉州 父 允輔 漢城左尹
姜士尚(사상)	1519~1581	月浦	文臣 字 尚之 本貫 晉州 父 溫 追贈 領議政 諡號 貞靖
姜士鎭(사진)	朝鮮	基谷	本貫 晉陽 父 在圭
姜思晉(사진)	1497~1524	靜養堂	字 相進 本貫 晉州 父 期壽
姜士弼(사필)	1526~1576	笑庵	字 景猷, 大猷 本貫 晉州 父 溫 江原監司
姜參(삼)	朝鮮	相窩 桐窩	字 重魯 本貫 晉州 承旨
姜祥國(상구)	1778~1849	菱湖	學者 字 伯休 本貫 晉州 父 德利 外祖 金昌烈 安陵參奉
姜尚欽(상흠)	朝鮮正祖	深齋	本貫 晉州 父 世忠
姜緖(서)	1538~1589	蘭谷	文臣 字 遠卿 本貫 晉州 父 士尚 祖父 溫 仁川府使
姜瑞(서)	朝鮮宣祖	梅谷	本貫 晉州 父 世應
姜瑞麟(서린)	朝鮮正祖	趾行堂	
姜胥祐(서우)	朝鮮	南遷隱逸	本貫 晉州 父 淮秀 祖父 著
姜𣝗(석)	朝鮮顯宗	窩軒	本貫 晉州 父 碩賓
姜碩慶(석경)	1666~1731	喫眠 喫眠居士 喫眠窩	學者 字 吉甫 本貫 晉州 父 萬甲 著書 喫眠窩集
姜碩龜(석구)	1726~?	鶴巖	文臣 字 洛瑞,而中 本貫 晉州 父 震煥 持平
姜錫圭(석규)	1628~1704	聱𧭈齋	文臣, 學者 字 禹寶 本貫 晉州 父 德後 外祖 柳樺 知提教
康錫奎(석규)	朝鮮	修湖	本貫 信川 父 平基
姜錫奎(석규) →姜錫圭			
姜碩期(석기)	1580~1643	月塘 三塘	文臣 字 復而 本貫 衿川 父 燦 系 焯 領中樞府事 諡號 文貞
姜錫基(석기) →姜錫期			
康錫大(석대)	1589~1663	松潭	字 天賚 父 處福
姜碩德(석덕)	1395~1459	玩易齋	文臣, 書畫家 字 子明 本貫 晉州 父 淮伯 外祖 沈溫 知敦寧府事 諡號 戴敏 著書 玩易齋集
姜碩度(석도) →姜碩慶			
姜錫明(석명)	1656~1712	翠巖	文人 字 叔重 本貫 晉州 父 裕後 著書 文集
姜錫範(석범)		無菴 蕪菴	字 叔九 本貫 晉州 父 裕後
姜錫朋(석붕) →姜錫明			

人名	年代	號	其他
姜碩彬(석빈)	1733~1799	竹軒	學者 字 得文 本貫 晉州 父 洯 外祖 金萬鍾 著書 竹軒集
姜碩齊(석제)	朝鮮顯宗	蘭皐	本貫 晉州 父 璉
姜錫齊(석제)	朝鮮英祖	忍齋	
康錫珍(석진)	朝鮮	瀛隱	本貫 信川 父 韓桂
姜碩昌(석창)	1634~1681	樂齋	字 叔下, 叔海 本貫 晉州 父 興載
姜錫泰(석태)		杏谷 杏堂	本貫 衿川 父 聖喬
姜碩弼(석필)	1679~1755	松隱	學者 字 公望 本貫 晉州 父 珦 外祖 金匡輔 著書 松詩集
姜錫夏(석하)	1644~1707	菊隱 竹隱	文人 字 禹卿 本貫 晉州 父 大後
姜碩夏(석하) →姜錫夏			
姜璿(선)	1563~1640	四乖子 一塵	文臣 字 子美 本貫 晉州 父 義虎 扈聖原從功臣 著書 白癡鈍筆
姜銑(선)	1645~?	紫閣	字 子和 本貫 晉州 父 栢年 同知義禁府事
姜璿(선)		白癡齋	著書 文集
姜銑(선) →姜覟			
姜善餘(선여)	1574~1647	百千窩	字 積而 本貫 晉州 父 秀崐
康善泰(선태)	朝鮮	濟庵	字 達夫 本貫 信川 同知中樞府事
姜偰(설)	朝鮮宣祖	藍浦	字 翊夫
姜渫(설)	朝鮮仁祖	南窩	義兵 字 淨甫 本貫 晉州 父 海老
姜暹(섬)	1516~1594	松月堂 樂峰 松日	文臣 字 明仲 本貫 晉州 父 公望 祖父 景敘 京畿觀察使
姜鐵(섭) →姜籤			
姜燮(섭)		白石	著書 姜白石全集
姜椷(성)	1771~1836	梧亭	字 聖居 本貫 晉州 父 沆
康成路(성로)	朝鮮	虎隱	本貫 信川 父 奎柄
康成遜(성손)		楚庵	本貫 信川 父 載熙
康聖翊(성익)	1746~?	明齋	字 五應 本貫 信川 父 一鳴 掌令
康聖弼(성필)	朝鮮英祖	法村	字 篁佑 本貫 信川 判義禁府事
姜聖鎬(성호)		心齋	著書 心齋集
康聖浩(성호)		得心齋	字 志先 本貫 信川
姜性欽(성흠)	朝鮮憲宗	曠士	
姜世龜(세구)	1632~1703	三休 三休堂	文臣 字 重寶, 仲寶 本貫 晉州 父 鎬 外祖 尹知敬 大司憲 諡號 文安
姜世揆(세규)	1762~1833	兢菴	文臣, 學者 字 公叔, 復如 本貫 晉州 父 必炯 外祖 李碩佐 記注官 著書 兢菴集
姜世德(세덕)	朝鮮正祖	志齋	本貫 晉州 父 必炯

人名	年代	號	其他
姜世綸(세륜)	1761~?	芝園	字 文擧 本貫 晉州 父 必岳
姜世文(세문)	1738~1802	癯翁	本貫 晉州 父 必㷼 著書 癯翁純筆
姜世白(세백)	1748~?	晧隣	字 清之 本貫 晉州 父 必岳
姜世淳(세순)		伽南	著書 伽南集
姜世誾(세은)	朝鮮英祖	適庵	本貫 晉州 父 世章
姜世鷹(세응)	1746~?	磊菴	字 養老 本貫 晉州 父 必玉 司諫
康世爵(세작)	朝鮮後期	楚冠堂	
姜世靖(세정)	朝鮮後期	松潭	字 命初 本貫 晉州 父 必得 縣監
姜世雋(세준)		梅皐	著書 梅皐文集
姜世晉(세진)	1717~1786	警弦齋	學者 字 嗣源 本貫 晉州 父 必愼 外祖 睦林一 生員 著書 警弦齋集
姜世忠(세충)	朝鮮正祖	芝溪	本貫 晉州 父 必燁 著書 文集
康世楷(세해)	朝鮮	肯搆堂	本貫 載寧 父 灝
姜世煥(세환)	→姜必孝의 初名		
姜世晃(세황)	1713~1791	豹菴 繭菴 露竹 無限景樓 樸菴 山響齋 宜山子 忝齋 豹翁 豹雲 海山亭 紅葉尚書	文臣, 書畵家 字 光之 本貫 晉州 父 銀 祖父 柏年 兵曹參判 謚號 憲靖 著書 豹菴遺稿
姜紹(소)		韻石齋	
姜孫奇(손기)	高麗	旅隱	字 一之 本貫 晉州 父 璜寶
姜㤦(수)	朝鮮正祖	秋沙	本貫 晉州 父 溁
姜樹(수)	朝鮮	一竹	學者 字 樹之 本貫 晉州 父 大虎 濟用奉事 著書 一竹遺稿
姜壽男(수남)	1552~1592	沙月亭 松巖	字 仁叟 本貫 晉州 父 瑞
姜秀重(수중)	1796~1875	蒼蒼軒	學者 字 德五 本貫 晉州 父 承煥 外祖 安謇 著書 蒼蒼軒文集
姜壽馨(수형)	1862~1890	樀菴 橘菴	學者 字 伯閎 本貫 晉陽 父 龍夏 外祖 河大運 著書 樀菴遺稿
姜璲桓(수환)	1876~1929	雪嶽	著書 文集
姜溥(수)	1709~1781	柳隱	字 士清 本貫 晉州 父 鼎一 著書 柳隱先生文集
姜淑(숙)	朝鮮	雲溪	本貫 晉州 父 公望
姜叔卿(숙경)	1428~1481	守軒	文臣 字 景章 本貫 晉州 父 友德 咸安郡守
姜淑昇(숙승)	1568~1594	寒窩	字 善進 父 燉 著書 文集
姜㶆(순)	朝鮮仁祖	守明庵 迂齋	字 謹甫 本貫 晉陽 父 應璜 著書 文集
康純(순)	1745~1815	太初	本貫 信川

人名	年代	號	其他
康洵(슌)		慵睡齋	學者 字 季信 本貫 信川 父 聖衢 外祖 尹萬原 著書 慵睡齋遺稿
康舜龍(슌룡)	高麗	化谷	武臣 本貫 信川 父 允成 祖父 庶
姜舜元(슌원)		二山	著書 文集
姜順恒(슌항)		稼隱	本貫 晉州
姜昇(승)	1430~1500	玩休齋	著書 玩休齋先生實紀
康承吉(승길)	高麗	錦湖	字 延祥 本貫 信川 通政大夫
姜蓍(시)	1339~1400	養眞堂	本貫 晉州 父 君寶 祖父 昌貴 諡號 恭穆
姜時儆(시경)	1612~1682	恩休	字 警吾 本貫 晉州 父 淳養 著書 恩休集
姜時聲(시성) →姜時馨			
姜時永(시영)	1788~1868	輶軒 星沙	文臣 字 汝亮 本貫 晉州 父 俊欽 吏曹判書 諡號 文憲 著書 輶軒三錄
姜時彦(시언)	1589~1651	荷月堂	字 伯英 本貫 晉州 父 繼吳 祖父 欣壽
康時進(시진)	朝鮮	龍谿	
姜時馨(시형)	1850~1928	聲隱	著書 聲隱集
姜時煥(시환)	1766~182?	稼隱	文臣 字 聖汝, 聖之 本貫 晉州 父 浩 副司直 著書 稼隱集
姜時煥(시환)		法田	學者 本貫 晉州
姜植(식)		太白布衣	本貫 晉州
姜植祚(식조)	朝鮮	慕德齋	本貫 晉陽 祖父 仁厚
姜式儁(식쥰)	1734~1800	素隱	學者 本貫 晉州 父 興運 外祖 河潤寬 著書 素隱文集
姜紳(신)	1543~1629	東皋 東丘	文臣 字 勉卿, 遠卿 本貫 晉州 父 士尚 系 士安 外祖 任幹 封號 晉興君 左參贊 諡號 毅簡 著書 晉興君日記
姜信倫(신륜)		竹軒	著書 竹軒集
姜信文(신문)	1892~1950	紹菁 青雲	書藝家 本貫 晉州 父 璉熙
姜信福(신복)		愚谷	著書 愚谷集
姜信喆(신철)		退山	著書 退山先生文集
姜信鴻(신홍)	朝鮮	月湖	本貫 晉州 父 允熙
姜深(심)	1522~1594	臨溪	著書 文集
姜審言(심언)	朝鮮	期道齋	本貫 晉州 父 允泰
姜氏夫人(강씨부인)	1772~1832	靜一堂	詩人 本貫 晉州 夫 尹光演 著書 靜一堂遺稿
姜嶽欽(악흠)	朝鮮肅宗	竹巢	本貫 晉州 父 世選
江陽君(강양군) →李潚			
姜彦龍(언룡)	1545~?	草亭	武臣 字 汝文 本貫 晉州 追贈 左承旨
康儼(엄)	1766~1829	謹庵	學者 字 恩彦 本貫 信川 父 胤祖 著書 謹庵集

人名	年代	號	其他
姜㯆(업)			
姜汝寬(여관)	1669~1715	梅溪	文臣 字 君平 本貫 晉州 父 瑞周 著書 梅溪集
姜汝㮨(여구)	朝鮮	逑庵	學者 本貫 晉州
姜汝䞓(여성)	1547~1583	咏堂	字 公涉 本貫 晉州 祖父 應清
姜與叔(여숙)	朝鮮	晴庵	字 與卿 本貫 晉州 牧使
姜與載(여재)	1601~1658	茫洋 祚洋	字 公望 本貫 晉州 父 楫 掌令
姜汝宗(여종) →姜汝宷			
姜汝宷(여호)	1619~1683	耆齋	文臣 字 啓叔 啓敏 本貫 晉州 父 漢 鍾城府使
姜綖(연)	1552~1614	菁川 霽峯	文臣 字 正卿 本貫 晉州 父 士弼 漢城府尹 著書 菁川日記
姜淵(연)	朝鮮	德菴	字 燦仲 本貫 晉陽 父 宗立
姜硯楨(연정)		北溪	著書 北溪遺稿
姜泳(영)	朝鮮英祖	樂吾軒	本貫 晉州 父 宅一
姜㤸(영) →姜洽			
康永(영)	朝鮮	瀛巖	字 久芳 本貫 信川 全羅監司
康永圭(영규)	1766~1831	道溪	著書 文集
姜永達(영달)		五松	本貫 晉州 父 福會
姜永綠(영록)		野隱	本貫 晉州
姜永塀(영병) →姜永犀			
姜永世(영세)		鶴汀	本貫 晉州
姜永碩(영석)	1808~?	菁史	字 君善 本貫 晉州 父 鐸會 祖父 在祥
姜永壽(영수)	1471~1513	黙隱	字 子一 本貫 晉州 父 鶴孫
姜靈秀(영수)	?~1876	忍堂	著書 忍堂文集
姜永元(영원)	朝鮮	泊溪	本貫 晉州 父 哲會
姜永周(영주)	1825~1905	自然堂	字 功稷 本貫 晉州
姜永犀(영지)	1844~1915	睡齋	學者 字 乃亨 本貫 晉州 父 斗璜 外祖 金志溶 著書 睡齋集
姜永祉(영지)	1857~1916	南湖	著書 南湖遺稿
姜永直(영직)		絅山	
姜永瑨(영진)	朝鮮	碧山	本貫 晉陽 父 義會
姜永夏(영하)	1809~1883	自求窩	字 功禹 本貫 晉州 父 鐸會 祖父 在祥
姜永賢(영현)	1841~1909	永慕堂	著書 文集
姜永鴻(영홍)	朝鮮	隱樵	本貫 晉州 父 學會
姜五福(오복)	1503~?	西峰處士	字 元佑 本貫 晉州 父 亨壽
姜溫(온)	1496~1533	清臺	字 粹然 本貫 晉州 父 永叔 舍人 著書 文集

人名	年代	號	其他
姜鎔(용)	1846~1934	靖窩 晚山	學者 字 季明 本貫 晉州 父 夏奎 外祖 權載弘 中樞院議官 著書 靖窩集
姜鎔求(용구)	1896~?	檀野	大倧敎人 本貫 晉州
康用良(용량)	朝鮮仁祖	臥雲	隱士 字 慶遇 本貫 載寧 父 應哲
康用範(용범)	朝鮮	修庵	學者 字 正夏 本貫 信川 父 源岐
康用錫(용석)	1608~?	二宜亭	字 景蕃 本貫 信川
姜龍夏(용하)	1840~1908	武山	學者 字 德一 本貫 晉州 父 致欽 外祖 梁德容 著書 武山遺集
康容夏(용하)		愚軒	
康用候(용후)	朝鮮	訥軒	字 德承 本貫 信川 進士
姜鏞訖(용흘)	1898~1972	草堂	小說家
姜龍欽(용흠)	朝鮮正祖	艮窩	本貫 晉州 父 世迪
姜用欽(용흠)		海巢	著書 文集
姜霌(우)	1537~1617	石峯	字 太素 本貫 晉州 父 應淸
姜虞(우)	1862~1932	湖石	宗敎家 字 舜瑞 本貫 晉州 著書 倧理問答
姜宇奎(우규)	1855~1920	日愚	獨立運動家 字 燦九 本貫 晉州
姜宇望(우망)	朝鮮英祖	灘叟	本貫 晉州 父 盤
姜友永(우영)		溫齋	著書 溫齋先生文集
康祐鎭(우진)	朝鮮	冶洞	字 宣仲 本貫 信川 防禦使
姜橒(운)	1772~1834	松西	文臣 字 擎廈, 景廈 本貫 晉州 字 父 溙 外祖 洪償 吏曹正郎 著書 松西集
姜源(원)	朝鮮	三淸	學者 字 季淸 本貫 晉州
康源岐(원기)	朝鮮	渠石	本貫 信川 父 始宗
康元紀(원기)	朝鮮	鳳湖堂	本貫 信川 左副承旨 謚號 文獻
姜遠溥(원부)		任窩	本貫 晉州 進士
姜遠馨(원형)	1862~1914	蕙社	文人, 義士 字 聖允 本貫 晉州 父 灝永 系 宜永 著書 蕙社文集
姜元會(원회)	朝鮮純祖	三洲	本貫 晉州
姜元熙(원희)	1864~1903	秋潭	著書 秋潭遺稿
姜瑋(위)	1820~1884	古歡老樵 古懽堂 古驩堂 古懽子 慈屺 聽秋閣 秋琴 秋琴子 秋濤閣 滬上 橫溪	學者, 詩人 字 仲武 堯章, 葦玉 本貫 晉陽 著書 姜瑋全集
姜渭龍(위룡)	朝鮮	博約齋	本貫 晉陽 進士
姜渭聘(위빙)	1569~1637	西湖	字 伯尙 本貫 晉州
姜渭尙(위상)	朝鮮	淸巖	本貫 晉州 父 龍栢

人名	年代	號	其他
姜渭虎(위호)	朝鮮	書巢	本貫 晉陽
姜渭欽(위흠) →姜浚欽			
姜瑜(유)	1597~1668	商谷	文臣 字 公獻 本貫 晉州 父 天民 追贈 吏曹判書 諡號 忠宣 著書 商谷集
姜游(유)	1722~?	南谷	字 君藝 本貫 晉州 父 復一
康惟吉(유길) →康惟善			
姜維伯(유백) →姜淮伯			
康惟善(유선)	1520~1549	舟川 明菴	學者 字 元叔 本貫 信川 父 顥 祖父 仲珍 外祖 鄭 士傑 李延慶 壻 著書 舟川集
姜惟善(유선) →康惟善			
姜幼安(유안)	1736~1805	己齋	學者 字 伯深 本貫 晉州 父 大予 著書 己齋遺稿
康有楮(유저)	朝鮮	武好堂	本貫 載寧 父 灝
姜裕浚(유준) →姜裕後			
康有直(유직)		道菴	本貫 信川 祖父 成遜
姜裕後(유후)	1606~1666	玉溪	文臣 字 汝垂 本貫 晉州 父 晉昭 義州府尹 編書 晉山世稿
姜潤(윤)	1701~1782	法川	文臣 字 德以 本貫 晉州 父 履一 觀察使
姜鈗(윤)		愚溪	
姜胤斗(윤두)	朝鮮	竹泉	本貫 晉陽
姜胤魯(윤로)	朝鮮	竹隱	孝子 本貫 晉陽
姜允輔(윤보)	高麗忠肅王	酒隱	本貫 晉州
姜胤福(윤복)	朝鮮	雲溪	本貫 晉陽
康允錫(윤석)		台軒	本貫 信川 父 有道
康允成(윤성)	高麗忠惠王	龍潭	字 大卿 本貫 信川 象山府院君
康胤祖(윤조)		耕圃居士	父 錫大
姜胤重(윤중)		甁城	本貫 晉州
姜允喆(윤철)	朝鮮	又巖	本貫 晉州 父 聖徵
姜允亨(윤형)	1600~1678	柯亭	文臣 字 汝嘉 本貫 晉州 父 致璜 祖父 永壽 承旨
康允暉(윤휘)	高麗	震庵	字 光吉 本貫 信川 黃海道觀察使
姜灦(은)	1487~1552	葵亭 芸亭	學者 字 清老 本貫 晉州 父 子仁 典籍
姜隱(은)	朝鮮中期	格齋	本貫 晉州 父 大命
姜殷川(은천) →姜邯贊의 本名			
姜應期(응기)		勉齋	本貫 晉州
康應善(응선) →康應哲			
姜膺十(응십)	朝鮮後期	退軒	字 文佐 追贈 秘書丞

人名	年代	號	其他
姜應貞(응정)	1602~1637	中和齋	文臣 字 公直 本貫 晉州 父 毅 著書 文集
康應哲(응철)	1562~1635	南溪 南嶽	學者, 義兵將 字 明甫 本貫 載寧 著書 南溪遺稿
姜應哲(응철)	→康應哲		
姜應淸(응청)	1497~1569	三山	學者 字 景運, 景遠 本貫 晉州 父 世卿
姜應台(응태)	1495~1552	誠齋	文臣 字 大臨 本貫 晉州 父 珀 密陽都護府使
姜膺煥(응환)	1735~1795	勿欺齋	武臣 字 命瑞 本貫 晉州 父 柱復 東萊府使 著書 勿欺齋集
姜應璜(응황)	朝鮮宣祖	白川	義兵將 字 渭瑞 本貫 晉州 父 儔 著書 文集
姜義俊(의준)	朝鮮中期	養窩	本貫 晉州 父 繼胤
姜儀煥(의환)		雲溪	本貫 晉州 父 啓賢
姜義會(의회)	朝鮮	竹窩	本貫 晉陽 父 柳輔
康儞(이)	1542~?	龍溪	字 士宣 本貫 信川 父 世雲
姜爾林(이림)	1673~1743	伊吾堂	字 子華 本貫 晉州 父 敏著 祖父 弼周
姜二燮(이섭)	1824~1899	篁沙	學者 字 明五 本貫 晉州 父 基煥 外祖 金玟 著書 篁沙集
康履誠(이성)	朝鮮	竹澗	本貫 信川 父 惟善
姜以式(이식)		慵齋	著書 慵齋先生文集
姜彝五(이오)	1788~?	若山 留堂	畫家 字 聖淳 本貫 晉州 祖父 世晃 郡守
姜以遇(이우)	朝鮮	春睡堂	本貫 晉陽 父 順
姜履元(이원)	朝鮮正祖	佩經堂	著書 佩經堂文集
姜彝天(이천)	1768~1801	重菴	天主教徒 字 聖倫 本貫 晉州 父 俒 祖父 世晃 進士 著書 重菴稿
姜履和(이화)	朝鮮	湖雲 湖隱	學者 字 子惠 本貫 晉州
姜翼(익)	1523~1567	介菴 松菴	學者 字 仲輔 本貫 晉州 父 謹友 外祖 梁應麒 曹植 門人 昭格署參奉 著書 介菴集
姜翼文(익문)	1568~1647	戇菴	字 君遇 本貫 晉州 父 世倬 濟用監正 著書 戇菴集
姜益欽(익흠)	朝鮮純祖	滄冥	本貫 晉州 父 世趾
姜絪(인)	1555~1634	是庵 學庵	文臣 字 仁卿 本貫 晉州 父 士尚 封號 晉昌君 漢城府右尹
姜繗(인)	1568~?	濫蔭	文臣 字 克修 本貫 晉州 父 渭老 咸鏡道御使
姜璘(인)		菊史	著書 菊史先生文集
姜仁模(인모)	1847~1926	栢村	著書 文集
姜麟祥(인상)		月塘	本貫 晉州
姜仁秀(인수)	朝鮮哲宗	松庵	本貫 晉州
姜仁壽(인수)	朝鮮	和齋	字 德老 本貫 晉州 追贈 持平
姜寅洙(인수)		后南	著書 后南先生文集

人名	年代	號	其他
姜寅秀(인수)	1868~1932	白棲	獨立運動家 父 永淑 著書 彊域考
姜仁澤(인택)	韓末	春山	獨立運動家 本貫 晉州
姜寅會(인회)	朝鮮純祖	書癡	
姜寅會(인회)	1807~1880	春坡	學者 字 太和 本貫 晉州 父 在衡 外祖 李儒惇 著書 春坡遺稿
姜一淳(일순)	1871~1909	甑山	宗敎人 字 士玉 本貫 晉州 父 興周 甑山敎創始 著書 玄武經
姜日用(일용)	朝鮮	醉翁	畵家
姜日會(일회)	朝鮮純祖	取如	本貫 晉州
姜子平(자평)	1430~1482	笑庵	文臣 字 國均 本貫 晉州 父 徽 祖父 安壽 觀察使
姜載(재)	1713~1775	九峰	學者 字 以厚 本貫 晉州 父 錫萬 外祖 鄭鏻 著書 九峰詩稿
姜在伯(재백)	朝鮮	竹史	本貫 晉州 父 永河
康在山(재산)	1573~1636	一竹	字 山叟 本貫 信川 父 復粹 察訪
姜再淑(재숙)	朝鮮英祖	雪竹堂	本貫 晉州 父 鄷
姜在述(재술)		聲坡	本貫 晉州 父 儀煥
姜在烈(재열)	1647~1729	柳澗	文臣, 學者 字 光甫 本貫 晉州 父 鄷 外祖 金光遠 著書 柳澗文集
姜在晋(재진)		太初窩	著書 文集
姜在天(재천)	韓末	松石	獨立運動家 平海郡守
姜在恒(재항)	1689~1756	立齋	文臣 字 久之 本貫 晉州 父 鄷 外祖 李世俊 懷仁縣監 著書 立齋遺稿
康載熙(재희)		德窩	本貫 信川
姜績(적)	朝鮮宣祖	龜峯	本貫 晉州 父 士孚
姜銓(전)	朝鮮中宗	象湖	字 子衡 本貫 晉州 父 碩貞 著書 象湖遺稿
姜篆(전)	1560~1623	石溪	著書 文集
姜榗(전)	朝鮮肅宗	陶隱	本貫 晉州 父 碩後
姜綎(정) →姜綖			
姜鼎煥(정환)	1741~1816	典庵	學者 字 季昇 本貫 晉州 父 柱齊 外祖 崔震望 著書 典庵文集
姜霽(제)	1526~1582	白石	文臣 字 明遠 本貫 晉州 父 應淸 吏曹正郞
姜濟溥(제부)	1656~1733	無有堂	字 美卿 本貫 晉州
姜齊會(제회)		保養亭	本貫 晉州
姜宗慶(종경)	1543~1580	梅塍 梅野 靑塍 靑野	文臣, 學者 字 仲業 本貫 晉州 父 克誠 外祖 成致雲 學諭
姜宗九(종구)	朝鮮	虎山	本貫 晉州 父 基赫
姜宗德(종덕)	朝鮮	勿溪	本貫 晉州

人名	年代	號	其他
姜宗說(종열)	朝鮮中期	守拙齋	學者 著書 守拙齋家訓
姜宗胤(종윤)	朝鮮	牛井	本貫 晉州 父 應瑞
姜宗孝(종효)	1602~1637	東隱	著書 東隱遺薰〈中和齋先生實紀〉
姜宗熹(종희)	韓末	木山	字 景學 同知中樞府事
姜籀(주)	1567~1650	竹窓 采眞子	文臣 字 師古 本貫 晉州 父 雲祥 知中樞府事 著書 竹窓集
姜澍(주) →姜樹			
姜周福(주복)	1782~1858	碧山	學者 字 聖休 本貫 晉州 父 龍輔 外祖 趙載瑾 著書 碧山遺稿
姜柱完(주완)	1722~1754	梅古堂	學者 字 美叔 本貫 晉州 父 啓浮 著書 梅古堂集
姜周祐(주우)	1757~1816	不知翁	本貫 晉州 父 晩輔 外祖 金禹鼎 著書 玉泉聯芳稿
姜柱宇(주우)	1665~1756	鷲藏齋	字 大麻 本貫 晉州 父 濟溥
姜柱元(주원) →姜柱完			
姜柱齊(주제)	1701~1778	三稀堂	學者 字 望若 本貫 晉州 父 德溥 外祖 將熙夏 著書 三稀堂文集
姜周祜(주호)	1754~1821	玉泉	學者 字 受天 本貫 晉州 父 晩輔 外祖 金禹鼎 著書 玉泉聯芳稿
姜濬(준)	1563~1628	晦隱	字 德深 本貫 晉州 父 克儉
姜浚馨(준형)	1845~1900	雲沙	文人 字 興民 本貫 晉州 字 父 鎭泰 外祖 朴希黙 著書 雲沙遺稿
姜峻馨(준형)		菊農	著書 菊農遺稿
姜晙會(준회)	朝鮮末	寅谷	
姜浚欽(준흠)	1678~?	三溟	文臣,書藝家 字 伯源 本貫 晉州 父 世靖 外祖 權憶 承旨 著書 三溟文艸
姜仲憲(중헌)		柳村	著書 文集
康仲珍(중진)	1459~1520	臨鏡堂	字 子韜 本貫 信川 父 惕
康智斌(지빈)	朝鮮	警窩	字 四兼 本貫 信川 龍驤衛副護軍
姜芝相(지상)	1843~1920	莞艇	字 士心 本貫 晉州 父 鵬海 著書 文集
姜之益(지익)	1622~1661	竹塢	著書 竹塢遺集
姜趾周(지주)	1856~1939	跡隱	著書 文集
姜芝馨(지형)	1844~1909	愚堂 蘭谷	學者 字 德燦 本貫 晉州 父 準永 外祖 宋處魯 著書 愚堂遺稿
姜趾煥(지환)	1715~1788	毅菴	字 伯麟 本貫 晉州 父 柱華 右副承旨
姜溍(진)	1807~1858	對山	書畫家 字 進汝 本貫 晉州 安峽縣監 著書 對山集
姜震(진)	1499~1573	東菴	字 孟謙 本貫 晉州 父 永壽 祖父 鶴孫
姜鎭求(진구)	1884~1957	小石	獨立運動家 字 文玉 本貫 晉州 父 㳠

人名	年代	號	其他
姜晉奎(진규)	1817~1891	櫟庵	學者 字 晉五 本貫 晉州 父 必應 禮曹參判 著書 櫟庵 文集
姜進德(진덕)	1387~?	松軒	字 子修 本貫 晉州
姜晉寶(진보)		臨川釣叟	本貫 晉州 父 好德
姜震錫(진석)	朝鮮肅宗	聽齋	本貫 晉州 父 必亨
姜晉昇(진승)	1575~1614	草亭	字 子進 本貫 晉州 父 宗慶
姜振遠(진원)	1881~1921	聖山	義兵將 字 亨佑, 亨遠 本貫 晉州
姜震遠(진원) →姜振遠			
姜鎭海(진해)	朝鮮	月波	字 子愼 本貫 晉州 父 弼福
姜晉暉(진휘)	1567~1596	壺溪 文壺 雪溪	文臣 字 子舒 本貫 晉州 父 宗慶 成渾 門人 宣傳官 著書 文集
姜璡熙(진희)	1851~1919	菁雲	書畫家 字 進玉 本貫 晉州
姜諿(집)	朝鮮成宗	貞齋	字 諿之 本貫 晉州 父 子平 弘文館校理
姜澂(징)	1466~1536	小齋 心齋	字 彦深 本貫 晉州 父 利行
姜燦(찬)	1557~1603	東郭	文臣 字 德輝 本貫 始興 父 惟慶 李珥,宋翼弼 門人 驪州牧使
姜鄼(찬)	1647~1729	省怨齋 省齋	學者 字 子鎭 本貫 晉山 父 恪 外祖 洪勗 僉知中樞府事 著書 省怨齋遺稿
姜燦(찬)		清齋	
姜粲熙(찬희)	1851~1927	鳳岡	著書 文集
姜昌濟(창제)	1898~1965	蒼山	獨立運動家
姜昌會(창회)	朝鮮純祖	鶴谷	本貫 晉州
康處祜(처호)	朝鮮	暎湖亭	本貫 信川 父 良濟
姜處煥(처환)	朝鮮	石田	學者 字 伯敏 本貫 晉州
姜鋌求(철구)	1894~1943	海山	獨立運動家
姜哲欽(철흠)	1778~1856	渾齋	
姜籖(첨)	1559~1611	沙峰 竹月軒 秋月堂	文臣 字 公信 本貫 晉州 父 雲祥 大司憲
姜瞻(첨) →姜暹			
康忠男(충남)	朝鮮	節軒	字 始孝 本貫 信川 佐尹
姜橋(취)	朝鮮仁祖	柳汀	本貫 晉州 父 碩厚
姜就周(취주)	朝鮮	鷺洲	學者 字 汝載 本貫 晉州
姜致中(치중)	朝鮮	梨峰	
姜致璜(치황)		荷泉	著書 文集
姜佾(칭)	朝鮮宣祖	松窩	醫員 字 士盎 本貫 晉陽 父 公憲 祖父 顯
姜達(탁)	?~1665	光齋	字 汝達 本貫 晉州 山陰縣監

人名	年代	號	其他
姜倬(탁)		和齋	本貫 晉州
姜鐸會(탁회)	1775~?	竹下	字 敬三 本貫 晉州 父 在祥 童蒙敎官
姜泰(태)	1528~1602	九山	字 亨叔 本貫 晉州 父 欣壽
姜台文(태문)	朝鮮	農隱	本貫 晉州 父 成八
姜台秀(태수)	1872~1949	愚齋	字 極明 父 永夏 著書 文集
姜泰用(태용)	1629~?	鳳湖	隱士 字 士亨 本貫 晉州
姜泰雄(태웅)		獨齋	著書 獨齋集
姜台周(태주)	朝鮮哲宗	樂山	本貫 晉州
姜泰衡(태형)		道菴	本貫 晉州
姜太弘(태홍)	1897~1957	曉山	國樂人
姜泰熙(태희)	朝鮮	農隱	本貫 晉州 父 化馨
姜澤龍(택룡)	朝鮮	月淵	學者 本貫 晉州
姜宅一(택일)	朝鮮英祖	邑西	本貫 晉州 父 再恒 系 再淑 著書 文集
康豊實(풍실)	朝鮮	逸齋	文人 字 甲眞 本貫 信川
姜風世(풍세)	1529~?	抉劍堂	字 必偃 本貫 晉州 父 忠福
姜泌(필)		一坡	
姜必慶(필경)	1680~?	獻窩	文臣 字 善慶 本貫 晉州 父 憶
姜必恭(필공)	1718~1783	寡諧	本貫 晉州 父 杭 著書 文集
康弼觀(필관)	朝鮮後期	醒齋	委巷詩人 字 士彬 本貫 信川
姜必龜(필구)	1684~?	耕隱	文臣 字 禮卿, 正卿 本貫 晉州 父 厚 牧使
姜必東(필동)	朝鮮後期	栗溪	著書 栗溪遺稿
姜必魯(필로)	1782~1854	魯窩 芍藥山人	文臣 字 稚可, 仲可 本貫 晉州 父 穆 兵曹參議
姜必履(필리)	1713~1763	耕讀子	字 錫汝 本貫 晉州 父 墇
姜必勉(필면)	朝鮮	敬庵	本貫 晉州 父 楷
姜必復(필복)	朝鮮純祖	省吾齋	本貫 晉州 父 模
姜弼福(필복)	1547~?	茅亭	本貫 晉州 父 壽
姜必愼(필신)	1687~1756	慕軒	文臣 字 思卿 本貫 晉州 父 楔 蔡彭胤 門人 掌令 著書 慕軒集
姜必嶽(필악)	朝鮮	萍窩	字 希遠 本貫 晉州 父 樸 同知中樞府事
姜弼言(필언)	朝鮮中期	希伊齋	本貫 晉州 父 行遇
姜必英(필영) →姜必慶			
姜必益(필익)	朝鮮純祖	魯隱	本貫 晉州 父 模
姜弼周(필주)	1621~1682	松菴	學者 字 大老 本貫 晉州 父 時晃 系 時彦 著書 松菴集
姜弼周(필주)		渭士	畵家

人名	年代	號	其他
姜必孝(필효)	1764~1848	海隱 法隱	學者 字 仲順 本貫 晉州 初名 世煥 父 植 尹光紹 門人 敦寧府都正 著書 海隱遺稿
姜必孝(필효)		初晚	著書 文集
姜夏奎(하규)	1813~?	白樵	文臣 字 夏五 本貫 晉州 父 必應
姜鶴年(학년)	1585~1647	復泉 紫東 紫雲	文臣 字 子久 本貫 晉陽 父 籤 掌令 著書 復泉遺稿
姜學年(학년) →姜鶴年			
姜鶴孫(학손)	1455~1523	驪興 八龍亭	字 聞甫 本貫 晉州 父 希孟 司醞署司評
姜學濬(학준)		寒溪	著書 寒溪先生文集
姜漢(한)	1454~?	琴齋	書藝家 字 宗之 本貫 晉州 父 利敬 縣監
姜瀚(한)	1719~1794	柳川	學者 字 士積 本貫 晉州 父 履一 外祖 任應元 著書 柳川集
姜翰(한)	1721~?	錦春堂	本貫 晉州 父 文潤 著書 文集
姜澣(한)		今來軒	文人 字 季鷹 本貫 晉州
姜澣(한) →姜瀚			
姜漢奎(한규)	朝鮮憲宗	玄坡	文人 字 漢五 本貫 晉州 著書 文集
康漢松(한송)	朝鮮	河溪	字 節甫 本貫 信川 知中樞府事
姜沆(항)	1567~1618	睡隱 私淑齋	學者, 義兵將 字 太初 本貫 晉州 父 克儉 成渾 門人 追贈 吏曹判書 兩館大提學 著書 睡隱集
姜杭(항)	1702~1787	市北	文人 字 而直 本貫 晉州 父 碩遇 系 碩耆
姜楷(해)	朝鮮肅宗	寄軒	本貫 晉州 父 碩老
姜海壽(해수)	朝鮮後期	璜溪	
姜海遇(해우)	朝鮮英祖	拙菴	學者, 孝子
姜行(행)	朝鮮世祖	東湖	本貫 晉陽 父 國興 著書 文集
姜行遇(행우)	朝鮮中期	迷齋	本貫 晉州 父 眩
姜行弼(행필)	朝鮮中期	無悶齋	本貫 晉州 父 眩
姜獻奎(헌규)	1797~1860	農蘆 守素齋 涵一堂	學者 字 景受, 景仁 本貫 晉州 父 必孝 系 必魯 外祖 金國燦 著書 農蘆集
姜獻之(헌지)	1624~1700	退休堂	文臣,學者 字 子敬 本貫 晉州 父 顯昇 外祖 成士傑 湖堂兼春秋館記注官 著書 退休堂文集
康赫(혁)	朝鮮成宗	逸齋	本貫 信川
姜顯(현)	1486~1553	新安	文臣 字 顯之 本貫 晉陽 父 文會 祖父 漢候 經筵特進官 諡號 惠平
姜鋧(현)	1650~1733	敬庵 白閣	文臣 字 子精 本貫 晉州 父 栢年 外祖 黃湛 判義禁府事 著書 相臣考略錄 諡號 文安
姜顯昇(현승)	1587~1619	櫟翁	字 善晦 父 熺 著書 文集
姜亨脩(형수)		樗陰	閭巷人 字 子衡

人名	年代	號	其他
康好文 (호문)	高麗恭愍王	梅溪	文臣 字 子野 本貫 信川 判典校寺事
姜浩溥 (호부)	1690~1780	四養齋	字 養直 本貫 晉州 父 錫圭 著書 文集
康祜鎮 (호진)	朝鮮	靖齋	本貫 信川 父 萬埴
姜渾 (혼)	1464~1519	木溪	文臣 字 士浩 本貫 晉州 父 仁範 金宗直 門人 判中樞府事 封號 晉川君 諡號 文簡 著書 木溪集
姜弘國 (홍국)	1564~1626	桐川	字 公望 本貫 晉州 父 德麒
康洪大 (홍대)	朝鮮	荷田	本貫 信川 內藏院卿
康弘諒 (홍량)		休堂	本貫 信川
姜弘烈 (홍렬)	1895~1957	鶴巖	獨立運動家
姜弘立 (홍립)	1560~1627	耐村	武臣 字 君信,君臣 本貫 晉州 父 紳 祖父 士尙 都元帥
姜鴻冥 (홍명)	高麗康宗	鶴洲	字 子擧 本貫 晉州 父 摎實
姜鴻秀 (홍수)	韓末	楚洲	
姜弘胤 (홍윤)	朝鮮仁祖	野逸堂	學者 字 景林 本貫 晉州 父 纘
姜弘績 (홍적)	朝鮮	蘭隱	本貫 晉州 父 紳
姜弘重 (홍중)	1577~1642	道村 龍溪	文臣 字 任甫 父 本貫 晉州 絰 成川府使 張顯光 門人 著書 東槎錄
姜渙 (환)	1565~1638	退隱	字 景凝 本貫 晉州 父 克儉
姜淮伯 (회백)	1357~1402	通亭	文臣 字 伯父 本貫 晉州 父 著 東北面都巡問使 著書 通亭集
姜淮仲 (회중)	高麗禑王	通溪	字 仲父 本貫 晉州 父 著
姜孝貞 (효정)	朝鮮	仁齋	本貫 晉州 水軍節度使
康厚健 (후건)	朝鮮	松坡	字 培根 本貫 信川 通政大夫
姜輝 (휘) →姜渾			
姜徽鼎 (휘정)	朝鮮	竹峰	學者 本貫 晉州
姜俒 (흔)	1739~?	三當齋 雪樓	字 全仲 本貫 晉州 父 世晃
康訢 (흔)	朝鮮宣祖	莊峰	本貫 信川
姜欣壽 (흔수)	1491~1553	九峰山人	字 子悅 本貫 晉州 父 鶴孫 祖父 希孟
姜洽 (흡)	1602~1671	潛隱	學者 字 正吾 本貫 晉州 父 胤祖 追贈 吏曹參判 諡號 貞肅
姜恰 (흡)	朝鮮仁祖	太白山人	本貫 晉州 父 胤祖
姜恰 (흡)		二吾 二吾堂	本貫 晉州
姜興載 (흥재) →姜與載			
姜曦 (희)	朝鮮初期	禿山	
姜熺 (희)		頤齋	字 德章 本貫 晉州 號 夢麟
姜希孟 (희맹)	1424~1483	私淑齋 菊塢 萬松岡 無爲子 雲松 雲松居士	文臣 字 景醇 本貫 晉州 父 碩德 左贊成 封號 晉山君 著書 私淑齋集 諡號 文良

人名	年代	號	其他
姜熙臣(희신)	朝鮮中期	黙庵	本貫 晉州 父 叔准
姜希顏(희안)	1417~1464	仁齋	文臣 字 景遇 本貫 晉州 父 碩德 中樞院副事 著書 養花小錄
姜熙彦(희언)	高麗元宗	文郁	
姜熙彦(희언)	1710~1764	澹拙 淡拙	畫家 字 景運 本貫 晉州 父 泰復 外祖 鄭來橋
康熙鎮(희진)	1878~1942	止軒	字 性緝 本貫 信川 父 基華 外祖 李基權 著 止軒遺稿
康希哲(희철)		涵鏡堂	本貫 信川
巨寬(거관)	1762~1827	碧波	僧侶 本貫 晉陽 俗姓 姜氏
巨淵(거연)	1858~1934	月初	僧侶 俗姓 洪氏 著書 奉先寺誌
堅川至(천지)	1564~1597	松皐	字 流遠 本貫 海州 父 應箕 著書 文集
景居倫(거륜)	高麗	洗軒	字 綱之 本貫 泰仁 父 克中 狼川縣監
慶克中(극중)	高麗	誠齋	文臣 本貫 泰仁 清安縣監
慶大裕(대유)	朝鮮	杏樹亭	本貫 泰仁 宣傳官
慶東岳(동악)		魯巖	字 振五 右贊成
慶敏(민)	朝鮮顯宗	大明處士	本貫 清州 父 在後
慶復興(복흥)	高麗恭愍王	清義堂	本貫 清州
慶思義(사의)	朝鮮	龍巖	字 述五 本貫 泰仁 掌樂院主簿
慶祥(상)	朝鮮世宗	月松	本貫 清州 父 由謹 吏曹參議
慶錫祚(석조)	1881~1957	惠春	獨立運動家
鏡禪(경선)	1899~1986	碧超	僧侶 俗姓 馬氏 父 正植
慶善徵(선징)	1616~?	黙思	著書 黙思集
慶暹(섬)	1562~1620	三休子 石村 七松 七村	文臣 字 退夫 本貫 清州 父 時成 戶曹參判
景星(성)		慕齋	本貫 詩山 父 時行
慶世仁(세인)	1491~?	敬齋 農隱 斗文 斗文農隱	文臣 字 心仲, 仁仲 本貫 清州 父 祥 著作 著書 敬齋遺稿
慶洙冕(수면)		省菴	字 順瑞 同知中樞府事
敬淳(경순)	?~1883	影山	僧侶
慶承明(승명)	朝鮮宣祖	思齋	字 伯升 本貫 泰仁 祖父 世誠 禮賓寺直長
景時行(시행)		仰齋	本貫 詩山 父 清
敬植(경식)	1870~1907	擎山	僧侶 本貫 鳳山 俗姓 李氏 父 奉喆
敬信(경신)	1798~1862	自下	僧侶 俗姓 李氏
景良煥(양환)		瀛一齋	本貫 詩山
敬彦(경언)	朝鮮後期	龍月	僧侶
慶延(연)	朝鮮初期	南溪	字 大有 本貫 清州 父 由敦 知縣

人名	年代	號	其他
敬悅(경열)	1580~1646	海運	僧侶
景昱(경욱)	1890~1961	古峰	僧侶 本貫 順天 俗姓 朴氏
景在龜(재구)		訥菴	本貫 詩山
景在龍(재룡)		默菴	本貫 詩山
慶載舜(재순)		雲叟	字 雲卿 五衛將
敬注(경주)	1896~?	暎潭	僧侶 俗姓 金氏 父 萬龍
慶俊(준)	朝鮮世祖	西峯	文臣 本貫 淸州 父 由善
慶智(지)	朝鮮世宗	湖菴	本貫 淸州 父 習
敬贊(경찬)	朝鮮	幻溟	僧侶
慶冣(취)	1626~?	新江 恭川	文臣 字 樂善 本貫 淸州 父 有後 判決事
慶泰鎬(태호)		河陽	字 益三 秘書院丞
景閑(경한)	1299~1375	白雲	僧侶 著書 白雲錄
敬軒(경헌)	1542~1632	霽月 霽月堂 虛閑居士	僧侶 本貫 長興 俗姓 曹氏 父 芮昌 著書 霽月集
竟胡(경호)	1868~1915	琴波 琴巴	僧侶 俗姓 田氏
敬和(경화)	1786~1848	花潭 華潭	僧侶 本貫 密陽 俗姓 朴氏
慶華(경화)	1856~1935	滿虛	僧侶 俗姓 韓氏 父 得文
景輝鳳(휘봉)		槐亭	本貫 詩山
桂德海(덕해)	1708~1775	鳳谷	文臣 字 元涉 本貫 遂安 父 鷟栖 外祖 朴泰素 禮曹佐郎
桂奉瑀(봉우)	1880~1959	北愚	獨立運動家 著書 朝鮮文學史
桂生(계생)	1513~1550	梅窓 桂娘 葵生 葵娘 葵生 蟾初	女流詩人 字 天香 李氏 本名 香今 著書 梅窓集
啓璇(계선)	?~1837	羊岳	僧侶 俗姓 吳氏 著書 羊岳文集
桂性(계성)	朝鮮	秋可	僧侶 字 圓䰟
桂成彦(성언)	1899~?	秋圃	獨立運動家
戒悟(계오)	1773~1849	伽山 月荷 月荷山人	僧侶 字 鵬擧 俗姓 權氏 父 慕賢 著書 伽山集
桂龍禎(용정)	朝鮮	松潭	學者 字 夢得 本貫 遂安
桂鶲(원)	1795~1858	淸溪	著書 淸溪處士遺集
桂惟明(유명)	朝鮮仁祖	柳塘	孝子 字 克允 本貫 遂安 父 天老 司圃署別提
戒膺(계응)	高麗	太白山人	僧侶 追贈 國師 諡號 無碍智
繼膺(계응) →戒膺			
戒定(계정)	1856~?	圓應	僧侶 俗姓 許氏
桂操(조)	朝鮮	圓野	本貫 遂安 通德郎
啓宗(계종)	1687~1829	鶴鳴	僧侶 俗姓 白氏
桂之文(지문)	?~1627	敬齋	義兵將 字 希文 本貫 遂安 父 馨遠

人名	年代	號	其他
桂贊彦(찬언)	朝鮮	松谷	字 君恒 本貫 遂安 兵馬僉節制使
桂天祥(천상)	朝鮮	賢溪	字 健叔 本貫 遂安 掌樂院正
桂漢明(한명)	朝鮮	月老 鶴谷	隱士 字 明甫 本貫 遂安
啓馨(계형)		七友軒	僧侶 著書 文集
桂和(화)	1884~1928	白囚	獨立運動家 本貫 遂安 本名 活
桂活(활) →桂和의 本名			
高可成(가성)		鵝山	本貫 長興
高慶(경)	高麗	休翁	本貫 濟州 門下侍中 諡號 文忠
高澪 (경)	1862~1947	月雲	著書 月雲先生文集
高景暖(경난) →高景暖			
高敬履(경리)	1559~1609	滄浪	字 而惕 本貫 長興 父 季英 外祖 梁應箕 追贈 持平
高敬命(경명)	1533~1592	霽峰 霽下 荅槎 苔軒	文臣 字 而順 本貫 長興 父 孟英 東萊府使 諡號 忠烈 著書 霽峰集
高敬明(경명) →高敬命			
高敬相(경상)		龜巖	本貫 開城
高景洙(경수)	韓末	文淵	本貫 濟州 父 錫九 田愚 門人
高慶日(경일)	朝鮮	文岳	本貫 濟州 父 漢祥
高敬祚(경조)	1528~?	龜巖	文臣 字 貽遠 本貫 長興 父 仲英 光州牧使
高敬祚(경조)	朝鮮	壺庵	本貫 濟州 父 玖周
高敬祖(경조) →高敬祚			
高景暖(경준)	1839~?	靈雲	字 晋卿 本貫 濟州 父 漢柱
高景虛(경허)	朝鮮明宗	丫溪	文臣 字 應實 本貫 濟州 父 漢衡 全州府尹
高光烈(광렬)		尼山	著書 文集
高光善(광선)	1855~1934	弦窩 掩耳	學者 字 元汝 父 璞柱 外祖 奇禹鎭 著書 弦窩遺稿
高光洵(광순)	1848~1907	鹿泉 鹿川	義兵將 字 瑞伯 父 鼎相 系 慶柱 外祖 金京燦 著書 鹿泉遺稿
高光日(광일)		龍叟	本貫 濟州
高光彩(광채)	1876~?	石老	義兵將 本貫 長興
高光薰(광훈)	1862~1930	桐崗	義兵將 本貫 長興 父 鼎相 系 慶柱
高奎相(규상)	朝鮮	雲圃	文臣 字 文執 本貫 濟州 承政院副承旨
高克勤(극근)	1769~1855	松齋	本貫 濟州
高克明(극명)	1769~1855	三野亭	學者 字 明彦 本貫 濟州 父 汝天 著書 三野亭遺稿
高基升(기승)	1845~1903	恁堂	文臣 字 晚義 本貫 濟州 父 景嫌 外祖 朴仁洙 持平 著書 恁堂集
高起業(기업)	朝鮮	智水	文臣 字 一正 本貫 濟州 巨濟府使
高岐周(기주)	朝鮮	蓮谷	本貫 濟州 父 慶文

人名	年代	號	其他
高達明(달명)		天庵	
高唐愈(당유)	→高兆基의 初名		
高德鵬(덕붕)	朝鮮宣祖	麗谷	義兵將 本貫 長興 父 應軫
高德秀(덕수)	朝鮮	退菴	字 君明 本貫 濟州 延豊縣監
高東奎(동규)	朝鮮	松谷	本貫 濟州 父 宗日
高東柱(동주)	朝鮮	鶴皐	畫家
高東柱(동주)		悔齋	
高斗綱(두강)		悔過	著書 文集
高斗經(두경)	1619~1690	晚警堂 黃灘居士	學者 字 虛中 本貫 長興 父 傳敏 宋時烈 門人 著書 晚警堂稿〈松鶴世稿〉
高斗文(두문)	朝鮮	藥齋	字 文若 本貫 濟州 義兵將
高斗煌(두황)	朝鮮	宜谷 直谷	文臣 字 晦仲 同知中樞府事
高得賚(득뢰)	?~1593	西溪	義兵將 字 殷甫 本貫 龍潭 父 孝倫 追贈 漢城府右尹
高得賚(득보)	→高得賚		
高得宗(득종)	1314~?	靈谷	文臣 字 子傳 本貫 濟州 父 智鳳 提學判漢城尹 諡文忠 著書 靈谷遺稿
高令臣(령신)		泰盧	著書 泰盧文集
高萬九(만구)	1783~?	石軒	字 長澤 本貫 濟州 父 應啓
高望謙(망겸)	朝鮮	菊軒	文臣 字 周輔 中樞府事
高孟英(맹영)	1502~?	霞川 霞軒	文臣 字 英之 本貫 長興 父 雲 戶曹參議
高命瑀(명우)	朝鮮	松齋	本貫 濟州 父 景晙
高命佐(명좌)	朝鮮	樵隱	文臣 字 輔汝 同知中樞府事
高夢箕(몽기)	朝鮮	龐隣	隱士 字 芝叟 著書 文集
高夢說(몽열)	朝鮮成宗	追遠齋	文人 本貫 濟州
高夢軫(몽진)	朝鮮	西湖	文臣 字 應星 本貫 濟州 牧使
高夢贊(몽찬)	1793~1858	錦洲	學者 字 理燮, 理叟 本貫 開城 父 補寬 鄭必奎 門人 著書 錦洲集
高秉幹(병간)	1899~1966	瀛西	學者 本貫 濟州 父 承巘 延世大學校總長
高柄淵(병연)	朝鮮	三省齋	文臣 字 舜九 縣監
高炳五(병오)	韓末	要正齋	本貫 濟州 父 元圭 田愚 門人
高炳旭(병욱)	朝鮮	月堂	文臣 字 敬魯 本貫 濟州 刑曹參判
高福煥(복환)	朝鮮哲宗	勤成齋	學者 字 永叔
高鳳來(봉래)	朝鮮	三笑軒	本貫 濟州 通政院教官
高鳳壽(봉수)	朝鮮	休翁堂	字 岐應 本貫 濟州 成均館太學士
高鳳翼(봉익)	朝鮮	翠竹軒	本貫 濟州 父 騈

人名	年代	號	其他
高傅立(부립)	朝鮮仁祖	月谷	本貫 長興 父 從厚 祖父 敬命
高傅敏(부민)	1577~1642	松鶴 灘陰	字 務叔 本貫 長興 父 成厚 著書 文集
高傅川(부천)	1578~1636	月峰	學者 字 君涉 本貫 長興 父 因厚 外祖 李璥 掌令 著書 月峰集
高傅天(부천) →高傅川			
高溥川(부천) →高傅川			
高聘雲(빙운)		亦樂齋	本貫 安東 父 應擎
高思敏(사민)	朝鮮	訥云	字 行林 本貫 濟州 郡守
高士原(사원)	朝鮮	聽天堂 退山	本貫 濟州 藝文館直提學
高士原(사원)	朝鮮	退村	父 瑛
高相斌(상빈)	朝鮮	鉢山	本貫 濟州 父 俊漢
高尚深(상심)	朝鮮	碧山	字 正云 本貫 濟州 禮曹參義
高尚顔(상안)	1553~1623	泰村	學者 字 思勿 本貫 開城 父 天佑 蔚山判官 著書 泰村集
高尚曾(상증)	朝鮮宣祖	省齋	隱士 字 思省 本貫 濟州
高恕(서)	朝鮮	沽菴	字 仁甫 本貫 濟州 郡守
高錫九(석구)	朝鮮	後栢窩	本貫 濟州 父 處明
高錫魯(석로)	1842~1922	後凋	學者 字 能善 本貫 濟州 父 處行 外祖 金魯赫 著書 後凋文集
高碩柱(석주)		海隱	本貫 長興
高石鎭(석진)	1856~?	方壺 秀南	學者 字 清汝 本貫 長興 父 時必 文集 方壺集
高錫震(석진)	朝鮮	又堂	書藝家 字 舜在 本貫 濟州
高聖謙(성겸)	1810~1886	甬里	學者 字 穉希 本貫 開城 父 夢贊 外祖 鄭來成 著書 甬里先生文集
高性謙(성겸)	朝鮮	菱峯	學者 字 元撝 本貫 濟州
高聖銀(성은)	朝鮮	仁山	文臣 字 直一 禮曹佐郎
高性柱(성주)	朝鮮	仰山	本貫 濟州 父 濟熙
高性鎭(성진)	朝鮮憲宗	南坡	文臣 字 聖汝 本貫 長興
高成厚(성후)	1549~?	竹村	文臣 字 汝寬 本貫 長興 父 敬祖 追贈 禮曹參議
高世傑(세걸)	朝鮮後期	死巳齋 處巳齋	委巷詩人 字 子俊 本貫 濟州
高世臣(세신)	朝鮮	竹溪	文臣 字 伯勳 郡守
高世章(세장)	1641~1690	浪翁	學者 字 汝含 本貫 開城 父 爾齡 著書 浪翁逸稿
高世進(세진)	朝鮮後期	處老齋 泉南	委巷詩人 字 子豪 本貫 濟州
高紹宗(소종)	朝鮮	桐軒	學者 字 憲叔 修文殿學士
高守緯(수위)		箕峯	
高淳(순)	朝鮮初期	妄 妄人 妄熙之	字 眞眞, 太眞, 熙之 本貫 濟州 父 得宗

人名	年代	號	其他
高順擧(슌거)		槐軒	本貫 長興
高舜鎭(슌진)	1863~1938	晚翠	獨立運動家
高循厚(슌후)	朝鮮宣祖	靜軒	本貫 長興 父 敬命
高崇傑(승걸)		樂天堂 互天堂	字 伯高 本貫 開城
高晉(습)	朝鮮中宗	北亭	文人 字 誠仲 本貫 長興
高晉(습)	朝鮮	超然亭	文臣 本貫 長興 父 自愼 承旨
高承謙(승겸)		學谷	本貫 長興
高承休(승휴)	朝鮮	松窩	本貫 濟州 父 寬欽
高時傑(시걸)	→高世傑의 初名		
高時景(시경)	1830~?	水山	字 國彬 本貫 長興 父 鳳謙
高時經(시경)		月亭	本貫 長興
高時良(시량)	朝鮮正祖	華谷	文臣 字 武仲 著書 華谷集
高時述(시술)		海史	本貫 長興
高時臣(시신)	1771~1845	素菴	字 殷叟 本貫 長興 父 元謙
高時彦(시언)	1671~1734	省齋　東因　惺齋 栗園	詩人 字 國美 本貫 開城 著書 省齋集
高時翼(시익)	1842~?	菊史	字 允九 本貫 長興 父 有謙
高時逸(시일)	朝鮮	石汀	文臣 字 士綱 軍資監正
高時鍾(시종)		甲山	本貫 長興 父 承謙
高時俊(시준)		文軒	本貫 長興
高時俊(시준)	→高世進의 初名		
高時喆(시철)	朝鮮	漆籌堂	文臣 字 縣監 龍驤衛副護軍
高是恒(시항)		潤齋	字 子久 本貫 開城
高時顯(시현)	朝鮮	甀巖	文臣 字 晦之 吏曹參議
高時顯(시현)		惺齋 醒齋	本貫 開城
高時協(시협)	朝鮮高宗	澗巖	字 汝和 本貫 濟州 父 望謙
高臣傑(신걸)	高麗	靑坡	本貫 濟州 西道副千戶
高信謙(신겸)	朝鮮	伴鷗亭	文臣 字 道天 同知中樞府事
高愼驕(신교)	朝鮮世宗	澹齋	文臣 本貫 濟州 德原府使
高愼矜(신긍)	朝鮮	溶軒	文臣 字 敬順 本貫 濟州 五衛都摠府都摠管
高臣傳(신전)	朝鮮	森溪	本貫 濟州 大護軍
高彦伯(언백)	?~1609	海藏	武臣 字 國弼 本貫 濟州 父 擎斗 水軍大將
高彦尙(언상)	朝鮮明宗	笑海	本貫 濟州 父 擎斗
高汝崇(여승)	朝鮮	養志堂	文臣 禮曹參判
高麗陟(여척)	→高應陟		

人名	年代	號	其他
高汝興(여흥)	1617~1678	鬧隱	學者 字 賓擧 本貫 濟州 尹舜擧 門人 著書 鬧隱集
高永吉(영길)	朝鮮後期	貞石	
高永文(영문)	1841~?	南舟 讓泉山房 滄兮	畵家 字 聖郁 本貫 濟州 父 鎭升
高永聞(영문)	→高永文의 初名		
高永善(영선)	朝鮮後期	雨亭 蕙友	委巷人
高永周(영주)	朝鮮後期	痴想 惠舫	委巷人 著書 痴想集
高榮重(영중)	朝鮮	龜蓮	本貫 濟州 父 應和
高永中(영중)	1867~?	華雲	字 汝心 本貫 濟州 父 在鳳 正言
高永喆(영철)	朝鮮後期	也愚	委巷人
高永夏(영하)	朝鮮	南谷	本貫 濟州 父 興奎
高禮鎭(예진)	1875~1952	松川	獨立運動家 字 秀文 本貫 長興 著書 文集
高龍壽(용수)	朝鮮	石隱	文臣 字 九見 同知中樞府事
高用原(용원)	→高用厚		
高龍鎭(용진)	1850~1922	松齋	獨立運動家 字 雲瑞
高用楫(용즙)	1672~1735	竹峰	著書 竹峰集
高用賢(용현)	高麗	野叟	本貫 濟州 父 敬 掌銓注翰 諡號 文英
高用厚(용후)	1577~?	晴沙	文臣 字 善行 本貫 長興 父 敬命 判決事 著書 晴沙集
高友說(우열)	朝鮮	玉湖	學者 本貫 長興
高宇柱(우주)	朝鮮	芝谷	委巷詩人 字 君仲 本貫 開城
高雲(운)	1495~1530	霞川	文臣, 畵家 字 從龍 本貫 長興 父 自儉 追贈 禮曹參判 著書 霞川遺集
高雲翼(운익)	朝鮮	秋溪	文臣 吏曹參議
高元謙(원겸)		逸菴	
高元厚(원후)	1609~1684	醉啞	著書 醉啞實記
高裕(유)	1722~1779	秋潭	文臣 字 順之 本貫 開城 父 奎瑞 同副承旨 著書 秋潭先生文集
高允植(윤식)	1831~1891	泰廬	學者 字 德顯 本貫 開城 父 一源 外祖 柳舜祚 著書 泰廬文集
高胤宗(윤종)	朝鮮中宗	三溪	隱士 字 述之 本貫 開州 父 克儉
高允鉉(윤현)	韓末~日帝	愚齋	
高應觀(응관)	1743~1812	誠菴	學者 字 元實 本貫 長興 父 可賢 外祖 金鼎和 掌令 著書 誠菴逸稿

人名	年代	號	其他
高應文(응문)	朝鮮	石浦	文臣 字 文中 宣傳官
高應涉(응섭) →高應陟			
高應用(응용)	朝鮮	翠軒	文臣 龍驤衛副護軍
高應陟(응척)	1531~1605	杜谷 翠屛	學者 字 叔明 本貫 安東 父 夢聃 慶州府尹 著書 杜谷集
高應春(응춘)	朝鮮	東邱	文臣 本貫 濟州 軍器副正
高應和(응화)	朝鮮	月庵	本貫 濟州 父 源奎
高凝厚(응후)	朝鮮	芝峰	文臣 字 汝渾 本貫 濟州 戶曹參議
高儀相(의상)	1833~?	芝皐	文臣 字 鳳瑞 本貫 濟州 成均館司成
高義厚(의후)	朝鮮後期	醞谷	委巷詩人 本貫 開城
高益擎(익경)	朝鮮	拙齋	文臣 字 桂伯 本貫 濟州 刑曹參判
高益奎(익규)		月湖	本貫 長興
高益吉(익길)	朝鮮	西谷	文臣 字 慶餘 本貫 濟州 漢城府左尹
高益相(익상)	朝鮮高宗	石荷	音樂人
高仁繼(인계)	1564~1647	月峰	文臣 字 善承 本貫 開城 父 慶雲 系 興雲 龍驤衛 副護軍 著書 月峰先生文集
高仁忠(인충)	高麗	箕隱	本貫 濟州 平章事
高因厚(인후)	1561~1592	鶴峰 鶴沙	文臣 字 善健 本貫 長興 父 敬命 承文院正字 諡號 毅烈
高日許(일허)	朝鮮	南溪	本貫 濟州 工曹判書
高在奎(재규)	朝鮮	石井	本貫 濟州 父 岐周
高在鵬(재붕)	1869~1936	翼齋 筧山	學者 字 允擧 本貫 長興 父 光奎 外祖 尹藝說 著書 翼齋集
古樗(저)		木庵	
高迪(적)	高麗元宗	林溪	本貫 濟州 父 挺翼 吏部尚書
高適(적)	高麗	鷄林	本貫 濟州 中書侍郎平章事
高伲(정)	高麗元宗	雙明堂	本貫 濟州
高廷敎(정교)	朝鮮	台隱	
高廷鳳(정봉)	1743~1802	守村	字 鳴國 本貫 長興 父 暎 敦寧府都正 著書 守村集
高鼎柱(정주)	1853~1933	春崗	字 寶鉉 本貫 長興 父 濟斗 系 濟升 著書 文集
高貞鎭(정진)		淸隱	本貫 長興
高廷憲(정헌)	1735~?	復軒	文臣 字 來之 本貫 長興 父 炅
高濟亮(제량)	1849~1907	麟峰	義兵 字 聖弼 本貫 長興 父 輝鎭
高濟龍(제룡)	朝鮮	樵隱	文臣 字 乃建 本貫 濟州 忠勳府都事
高濟琳(제림)	1817~1884	晦雲 仁峯	學者 字 伯範 本貫 長興 父 潤鎭 外祖 奇師鶚 著書 晦雲遺稿

人名	年代	號	其他
高濟萬(제만)	韓末~日帝	竹溪	
高濟敏(제민)		梅史	本貫 長興
高濟燮(제섭)		慕月亭	本貫 長興
高濟淳(제순)	朝鮮	靜巖	文臣 字 致敬 本貫 濟州 同知中樞府事
高濟安(제안)	1845~1927	石川	著書 石川集
高濟庸(제용)	1854~1927	石南	著書 文集
高濟元(제원)		安峯	本貫 長興
高濟乙(제을)	朝鮮高宗	星圃	學者 本貫 長興
高濟天(제천)	1875~1973	希齋	獨立運動家
高濟恒(제항)	朝鮮	露峰	文臣 字 士心 本貫 濟州 中樞院議官
高濟洪(제홍)	→高濟琳의 初名		
高兆基(조기)	?~1157	鷄林	文臣 本貫 濟州 父 維 中書侍郎平章事
高宗(고종)	1852~1919	珠淵 誠軒	皇帝 字 明夫 聖臨 本貫 全州 諱 熙 父 昰應 閔致祿 婿 著書 珠淵集
高宗潭(종담)	朝鮮	陽村	文臣 本貫 濟州 承政院左承旨
高宗得(종득)	→高得宗		
高從厚(종후)	1554~1592	阜峯 隼峰 準峯	文臣 字 道沖 本貫 長興 父 敬命 知製敎 諡號 孝烈
高奏善(주선)	1849~1915	湖庵 洲庵	學者 字 正瑞定瑞 本貫 濟州 父 鍾漢 外祖 金鍾運 著書 湖庵遺稿
高周鎬(주호)	朝鮮	寒齋	本貫 濟州 父 在龍
高俊漢(준한)	朝鮮	柳溪	本貫 濟州 父 奉般
高仲英(중영)		松雪	本貫 長興 父 雲
高趾淵(지연)	→高奏善의 一名		
高鎭年(진년)	→高鎭升		
高鎭升(진승)	1822~?	藕館	畵家 字 平汝 本貫 濟州
高晉遠(진원)	1807~1844	斗隱	委巷詩人 字 近哉 本貫 濟州
高處明(처명)	朝鮮	石軒	本貫 濟州 父 行孝
高天連(천련)	高麗	松齋	字 萬九 本貫 濟州 中郎將
高天祥(천상)	高麗	二公 文山	節臣 本貫 開城 父 濬 祖父 天佑
高哲(철)	高麗	陽山	本貫 濟州 工曹典書
高就斗(취두)	朝鮮	松隱	本貫 濟州 訓練院判官
高致周(치주)		駕雲	本貫 濟州
高泰重(태중)		淸窩	本貫 長興 父 可成
高泰之(태지)		隱齋	本貫 橫城
高澤(택)	高麗	栗亭	字 仲德 本貫 濟州 進興館大提學 諡號 文禎

人名	年代	號	其他
高宅龍(택룡)	朝鮮	斗南	隱士 字 澤之 本貫 開城 父 受謙
高必相(필상)	1854~?	春湖	字 三一 本貫 濟州 父 濟豊
高必遠(필원)		三宜亭	字 致伯 本貫 開城
高漢相(한상)	朝鮮	農隱	文臣 字 性邦 本貫 濟州 司憲府監察
高翰雲(한운)	1552~1592	杜阿 青陽	字 子龍 本貫 濟州 父 應陟
高漢翼(한익)	朝鮮	松谷	文臣 字 鵬擧 本貫 濟州 司憲府監察
高漢柱(한주)		畏堂	著書 文集
高漢瀅(한형)		海沙	著書 文集
高行宗(행종) →高得宗			
高獻鎭(헌진)	朝鮮	松菴	文臣 字 磷瑞 本貫 濟州 敦寧府都正
高荊山(형산)	朝鮮	荷溪	文臣 字 靜叔 本貫 濟州 父 思信 右贊成 諡號 翼莊
高鴻逵(홍규)		勤倫	著書 勤倫集
高弘達(홍달)	1575~1644	竹湖 老谷	學者 字 達夫 本貫 濟州 父 晛 參奉
高弘達(홍달)		雨明堂	本貫 濟州
高晦(회)	1636~1711	觀瀾齋	學者 字 汝根 本貫 長興 父 省元 宋浚吉,宋時烈 門人 追贈 大司憲 著書 觀瀾齋遺稿
高晦(회)		雙湖齋	本貫 濟州
高厚(후) →高因厚			
高徽世(휘세)	朝鮮	蘇洲	學者 字 美叔
高興雲(흥운)	1523~1582	溪亭	文臣 字 天祥 本貫 開城 父 胤宗 承政院承旨
高義東(희동)	1886~1965	春谷	畫家 本貫 濟州 父 永喆 參議院議員
孔敬良(경량)		松溪	字 基仲 本貫 昌原
孔繼聖(계성)	朝鮮	李園外人	本貫 曲阜 父 明亮
孔繼賢(계현)	朝鮮哲宗	松汀	字 仁夫 本貫 昌原
孔珪(규)	朝鮮世祖	學堂	本貫 昌原
公頎(기)	朝鮮世宗	所澗	父 成吉
孔洛鎬(낙호)	朝鮮哲宗	農軒	字 明華 學者 本貫 曲阜
孔德一(덕일)	朝鮮肅宗	酒隱	孝子 字 應三 本貫 昌原 著書 文集
孔東賢(동현)	朝鮮	洗庵	字 可希 本貫 昌原 參判
恭愍王(공민왕)	1330~1374	怡齋 益堂	高麗 第31代王 名 顓 初名 祺 父 忠肅王
孔俯(부)	?~1416	修仙 漁村	文臣 字 伯恭 本貫 昌原 祖父 紹 檢校漢城府尹
孔商源(상원)		栗齋	著書 文集
孔瑞麟(서린)	1488~1541	休巖	文臣 字 希聖, 應聖 本貫 昌原 父 義達 同知中樞府事 諡號 文獻 著書 休巖實記
孔錫圭(석규) →禹錫圭			
孔聖學(성학)		春圃	字 允悅 本貫 昌原 著書 文集

人名	年代	號	其他
孔紹(소)		昌庵	本貫 曲阜 父 浣
孔升炫(승현)	韓末	齋堂	字 益之 本貫 昌原 中樞府事
孔億 (은)	?~1403	孤山	文臣 字 伯良 本貫 昌原 祖父 紹 平章事
孔義燮(의섭)	朝鮮高宗	梅宇	字 致三 本貫 昌原 通政大夫
孔翼(익)	朝鮮宣祖	梧軒	字 汝弼 本貫 昌原 司憲府監察
孔在範(재범)	1847~?	木隱	字 禹弼 本貫 昌原 父 光烈
孔宗周(종주)	朝鮮世宗	漁齋	字 漢汝 本貫 昌原 父 斯文
公昌俊(창준)	1867~1907	春景	獨立運動家 本貫 金浦
孔學源(학원)	1869~1939	道峰	學者 字 道卿 本貫 曲阜 父 錫哲 外祖 申宅烈 著書 道峰集
郭氏(씨)		陽梧	著書 文集
郭可績(가적)	1665~1763	鶴溪	著書 鶴溪集
郭趈(간)	1529~1593	竹齋 梅塘	文臣 字 元靜 本貫 玄風 父 之堅 外祖 金守敦 江陵府使 著書 竹齋文集
郭康華(강화)	朝鮮	痴谷	本貫 玄風 追贈 兵曹參議
郭居仁(거인)		冶隱	字 海美 本貫 玄風 父 郭
郭建(건)	1562~1600	退休堂	字 立夫 本貫 清州 父 拱辰
郭鏡(경)	高麗	巖谷 樵叟 炭谷	字 魯以 本貫 玄風 封號 苞山君 門下侍中 諡號 正懿
郭慶得(경득)	朝鮮宣祖	默齋	本貫 玄風 父 宗吉
郭慶興(경흥)	1569~1621	九居堂	學者 字 汝兢 本貫 玄風 父 宗吉 外祖 李純仁 著書 九居堂逸集
郭拱辰(공진)	1724~1812	槐陰	著書 文集
郭近(근)		省齋	字 樞靜 本貫 玄風 父 之完
郭杞(기) →郭樞			
郭起(기) →郭赳			
郭基礏(기반)	朝鮮	松齋	本貫 玄風 父 自剛
郭基成(기성) →郭纏의 初名			
郭期壽(기수)	1549~1616	寒碧堂 寒碧 寒碧老人 石浦	文臣 字 眉叟 本官 海美 父 世幼 扶安縣監 著書 寒碧堂文集
郭基洙(기수) →郭基演의 初名			
郭基演(기연)	1860~1931	肯宇	字 叔京 本貫 玄風 父 允燮
郭氣和(기화)	朝鮮	無恨堂	本貫 玄風 營將
郭趄(단) →郭起			
郭大德(대덕)	1558~1639	竹塢	著書 文集

人名	年代	號	其他
郭大淵(대연) →郭齋			
郭都(도)	朝鮮	魯齋	本貫 玄風 都承旨
郭絢(도) →郭鍾錫의 改名			
郭道相(도상)		三隱	本貫 玄風
郭東發(동급)	朝鮮	晩悟	本貫 玄風 父 昌一
郭東柱(동주)	朝鮮	一下	本貫 玄風 父 中鶴
郭東俊(동준)	朝鮮	南隱	本貫 玄風 父 龍河
郭得康(득강) →郭得廉			
郭得廉(득렴)	朝鮮	南溪	本貫 玄風 都承旨
郭得亨(득형)	朝鮮初期	洙隱	本貫 玄風 京畿監司
郭㙫(륙)		竹磵	本貫 玄風
郭琳(림)	高麗	溪隱	本貫 苞山 贊成事
郭萬遠(만원)		晩節	字 士延 本貫 清州 敦寧都正
郭萬績(만적)	朝鮮肅宗	春睡堂	文臣 本貫 清州 父 昌徵 獻納
郭萬冑(만주)		讓潭	著書 讓潭實記
郭孟桂(맹계)	朝鮮	雪江	
郭溟翰(명한)	1770~1829	東湖	學者 字 景伯 本貫 玄風 父 延器 外祖 柳濬 進士 著書 東湖遺稿
郭嵋(미) →郭瑂			
郭邦鍵(방건)	朝鮮	獨松齋	本貫 玄風 府使
郭邦郁(방욱)	朝鮮	晩悟齋	義兵將 本貫 玄風 父 居仁
郭保民(보민)		石洲	本貫 玄風
郭郛(부)	高麗忠肅王	南岡	本貫 玄風 父 忠貫
郭汾(분)	朝鮮	松齋	字 仁輔 本貫 玄風 翰林學士
郭思安(사안)		石泉	本貫 海美
郭尚邦(상방)	朝鮮	天齋	本貫 清州 漢城左尹
郭尚勳(상훈)	1896~1980	三然	政治家 國會議長
郭壻(서) →郭瑂			
郭庶績(서적)	朝鮮	二知窩	字 熙甫 本貫 清州 同知中樞府事
郭錫圭(석규)	1858~?	石岡	畫家
郭錫在(석재)	朝鮮	遯憂	本貫 玄風 父 然禹
郭遟(섭)	1566~1617	道隱	字 明甫 本貫 清州 父 拱辰
郭遟(섭)	?~1711	知分堂	著書 知分堂遺稿
郭遟(섭)	朝鮮	持庵	本貫 玄風 父 汝梁

人名	年代	號	其他
郭暹(섬)		玄圃	
郭聖龜(성구)	1606~1668	月洲	字 文徵 本貫 海美 父 致堯
郭聖龜(성구)		玄洲	本貫 玄風
郭世楗(세건)	1618~1686	无爲子 无爲齋	文臣 字 公可 本貫 玄風 父 瀜 益山郡守 著書 无爲 堂遺稿
郭世翼(세익)	1620~1692	遯溪 遯谷	字 九萬 本貫 玄風 父 淨 司成
郭壽岡(수강)	1609~1660	梅軒	學者 字 鎭翁 本貫 苞山 父 鴻漸 外祖 徐迪 著書 梅軒先生文集
郭壽龜(수구)	1636~?	禮圃	字 元錫 本貫 玄風 父 希天
郭遂寧(수녕)	朝鮮	甑山	字 子安 本貫 玄風 父 完 諡號 靖節 都事
郭守寧(수녕)	→郭遂寧		
郭守熑(수엽)	→郭守煌		
郭秀玉(수옥)		雪湖	本貫 清州
郭守仁(수인)	1537~1602	讓潭	字 景宅 本貫 清州 父 琳 著書 文集
郭守智(수지)	1555~1598	浩齋	字 景含 本貫 清州 父 琳 著書 浩齋公遺稿 〈西原世稿〉
郭守恒(수항)		翠澗	本貫 清州
郭守煌(수황)	1679~1753	餕翁	學者 字 景文 本貫 玄風 父 橍 著書 餕翁集
郭山壽(슈)	朝鮮	蒼坡	本貫 玄風 父 鎭邦
郭珣(슌)	1502~1545	警齋	文臣 字 伯瑜 本貫 玄風 父 遂寧 司諫 著書 文集
郭淳(슌)	朝鮮	漁圃	本貫 玄風 父 縯宇
郭舜成(슌셩)	朝鮮宣祖	寒溪	本貫 玄風 父 棚
郭承燁(승엽)	→郭承華		
郭承振(승진)		存養	本貫 清州
郭承華(승화)	朝鮮成宗	暎軒	字 子實 本貫 玄風 父 安邦
郭詩(시)	1501~1539	坦菴	文臣 字 詠而 本貫 清州 父 之翰 承文院正字 著書 坦菴先生遺稿
郭偲(시)	朝鮮	栢隱堂	字 希聖 本貫 清州 父 庇 集賢殿直提學
郭始徵(시징)	1644~1713	景寒齋	學者 字 敬叔, 智叔 本貫 清州 父 之欽 外祖 金鎏 利仁道察訪 著書 景寒齋遺稿
郭氏夫人(곽씨부인)	朝鮮英祖	晴窓	父 郭始徵 夫 金銑根
郭安朝(안조)		懼軒	本貫 玄風 父 在一
郭揚馨(양형)	朝鮮	槐軒	本貫 玄風 副尉
郭輿(여)	1058~1130	金門羽客 東山居士 東山處士	文人 字 夢得 本貫 清州 父 尚 祖父 元振 諡號 眞靜

人名	年代	號	其他
郭汝松(여송)	朝鮮	惺庵	本貫 玄風 父 活
郭研(연)	朝鮮	久俊堂	本貫 玄風 典籍
郭研(연)		頤軒	著書 頤軒集
郭然禹(연우)	朝鮮	省軒	本貫 玄風 父 淳
郭說(열)	1548~1630	西浦	文臣 字 夢得 本貫 清州 父 懷英 外祖 申貴貞 承旨 著書 西浦集
郭曄(엽)	朝鮮	遯窩	本貫 玄風 父 汝松
郭嶸(영)	朝鮮宣祖	蘆谷	本貫 玄風 防禦使
郭瓔(영)	朝鮮光海君	宇宙菴	本貫 玄風 父 嶢 著書 宇宙菴集
郭永甲(영갑)		愼庵	本貫 玄風
郭英黙(영묵)	朝鮮	菊峰	字 秀雄 本貫 清州 同知中樞府事
郭永守(영수)	1852~1890	玄圃	學者 字 華瑞 本貫 苞山 父 翰奎 外祖 金希淵 著書 玄圃逸稿
郭永禧(영희)	1560~?	晚翠堂	隱士 字 德修 本貫 玄風 縣監
郭預(예)	1232~1286	蓮潭	字 先甲 本貫 清州 父 埖 知密直司事
郭王府(왕부)	→郭預의 初名		
郭龍伯(용백)	1588~1646	沙鳴	字 文一 本貫 清州 父 守智 著書 沙鳴逸稿 〈西原世稿〉
郭佑賢(우현)	高麗	西川	本貫 玄風 封號 善山君 門下侍中
郭雲岦(운립)	朝鮮	松潭	本貫 玄風 同副承旨
郭遠(원)		東隱	字 迢然 本貫 清州 左承旨
郭源兆(원조)	韓末	道菴	本貫 玄風
郭元振(원진)	高麗忠宣王	石川	文臣 本貫 玄風 父 敦孝 外祖 趙雲卿 封號 苞山君 成均館祭酒進賢館提學 謚號 文憲
郭元典(원흥)	朝鮮	月新堂	本貫 玄風 父 廷模
郭越(월)	1518~1586	定庵 定齋	文臣 字 時靜 本貫 玄風 父 之藩 祖父 再祐 南原府使
郭衛國(위국)	1587~1656	洛叟	字 子固 本貫 玄風 父 宗慶 木川縣監 著書 文集
郭瀏(유)		萬進堂	字 彥浩 本貫 玄風 父 再祺 著書 文集
郭瑜坤(유곤)	1832~1905	黙窩	學者 字 君玉 本貫 玄風 父 址顯 系 址衡 著書 黙窩集
郭維藩(유번)	1604~1668	聲巖	學者 字 衛卿 本貫 玄風 父 海 外祖 張備 僉知中樞府事 著書 聲巖文集
郭奫(윤)	1881~?	謙窩	字 大淵 本貫 玄風 著書 文集
郭赾(율)	1531~1593	禮谷 禮村	文臣 字 泰靜 本貫 玄風 父 之仁 草溪郡守 著書 禮谷先生文集

人名	年代	號	其他
郭㙫(용) →郭㙽			
郭淃(용)	1600~1670	蘆谷	文臣 字 養靜, 彦叔 本貫 玄風 父 再祺 外祖 辛汝誠 典籍 著書 鷗谷文集
郭垠(은)	朝鮮初期	龍村	字 岸夫, 崖夫 本貫 善山 父 琦 承旨 著書 文集
郭瀁(음)	1398~1474	仁智堂	字 伯庇 本貫 淸州 父 恂
郭以楨(이정)	1595~1685	讓軒	字 衛卿 本貫 淸州 父 龍伯 著書 讓軒逸稿〈西原世稿〉
郭訒(인)	朝鮮宣祖	猿巖	孝子 字 敬敏, 敬做 本貫 淸州
郭獜(인)		永慕亭	
郭再謙(재겸)	1547~1615	槐軒	義兵將 字 益輔(甫) 本貫 玄風 父 超 全慶昌,鄭逑 門人 副護軍 著書 槐軒先生文集
郭再祺(재기)	朝鮮宣祖	弦皐	字 汝綏 本貫 玄風 父 越
郭在璿(재선)		筱江	著書 文集
郭再祐(재우)	1552~1617	忘憂堂 忘憂	義兵將 字 季綏 本貫 玄風 父 越 曺植 門人 晉州牧使 諡號 忠翼 著書 忘憂堂集
郭䡄(저)	朝鮮後期	羽可	
郭瀍(전)	1839~1911	訒齋	文人 字 舜九 本貫 苞山 父 杓 著書 訒齋文集
郭點山(점산)	朝鮮	春溪	本貫 玄風 吏曹正郎
郭齊(제)	朝鮮	三溪	本貫 玄風 父 邦郁
郭齊華(제화)	1625~1675	南溪	字 仲望 本貫 海美 父 聖龜 執義
郭鍾錫(종석)	1846~1919	俛宇 幼石 晦窩	學者, 義士 字 鳴遠, 淵吉 本貫 玄風 父 源兆 李震相 門人 參贊 著書 俛宇集
郭鍾允(종윤)	朝鮮	石峰	本貫 玄風 父 麟淳
郭鍾千(종천)	1895~1970	靜軒	著書 靜軒文集
郭宗泰(종태)		閑窩	本貫 玄風
郭䞭(준)	1550~1597	存齋	文臣 字 養靜 本貫 玄風 父 之完 追贈 兵曹參議 諡號 忠烈 著書 存齋實記
郭重鶴(중학)	朝鮮	松巖	本貫 玄風 父 敬昊
郭祉謙(지겸)	朝鮮	益齋	本貫 善山 淸州鎭管兵馬節制都尉
郭之雲(지운)	朝鮮中宗	三寶堂 三玉堂 燕日堂	文臣 字 汝雨 本貫 玄風 父 坪 祖父 安邦 禮曹佐郎
郭之亨(지형)	朝鮮	淸隱	本貫 苞山
郭之欽(지흠)	1601~1666	芝浦	文臣 字 欽魯 本貫 淸州 父 希泰 祖父 說 執義
郭趁(진)	朝鮮明宗	山眉	字 幼靜 本貫 玄風 父 之堅
郭山晉(진)	1568~1638	丹谷	學者 字 靜甫 本貫 玄風 父 瀚 外祖 黃彦良 光陵 參奉 著書 丹谷文集

人名	年代	號	其他
郭鎭邦(진방)	朝鮮仁祖	警庵	本貫 玄風 父 舜成
郭鎭億(진억)		恭齋	字 大壽
郭璨(찬)		太古菴	本貫 玄風
郭昶(창) →郭起			
郭昌禎(창정)	1628~1706	梅村	字 聖徵 本貫 淸州 父 遠
郭昌徵(창징)	朝鮮後期	松溪	字 夏叔 本貫 淸州 父 之欽 敦寧都正
郭天衢(천구)	1589~1670	九峯	文人 字 士亨 本貫 玄風 父 玹 平山府使 著書 九峯遺稿
郭天汶(천문)	朝鮮	河隱	本貫 玄風 父 啓彦
郭天翊(천익)	朝鮮	華隱	字 子成 本貫 善山 僉知中樞府事
郭天豪(천호)	1568~1628	洲窓 竹窓	字 挺夫 本貫 玄風 父 好善 校理
郭樞(추)	1338~1405	仰天齋 秋巖	節臣 本貫 淸州 父 深 藝文館大提學
郭致秊(치년)		老閑齋	字 致久 本貫 淸州
郭致斗(치두)	朝鮮	屛菴	字 聖七 本貫 淸州 同知中樞府事
郭致爕(치섭)	1810~?	浦雲	字 景利 本貫 淸州 父 容黙
郭致禹(치우)	朝鮮	暎翠齋	本貫 海美 著書 暎翠齋遺稿〈寒碧堂文集〉
郭泰鍾(태종)	1872~1940	毅齋	著書 毅齋先生文集
郭嶓(표)	朝鮮明宗	竹澗	本貫 玄風
郭杓(표)	1818~1875	孝處堂	學者 字 定叟 父 鎭澤 外祖 許樟 著書 孝處堂遺稿
郭弼檀(필단)		耕軒	本貫 玄風
郭瀚(한)		癡溪	本貫 玄風 父 子保
郭漢一(한일)	1869~1936	壯菴	義兵將 字 元佑 本貫 淸州
郭漢哲(한철)	朝鮮	霽軒 震幹	字 淸汝 本貫 玄風 執義
郭恒(항)	朝鮮	梅谷	本貫 玄風 父 巨仁 判官
郭鉉(현)	1575~1661	三安堂	學者 字 公擧 本貫 善山 父 自堅 外祖 鄭惟誠 金長生, 趙憲 門人 昌陵參奉 著書 三安堂遺稿
郭峴(현)	朝鮮	陽村	字 汝高 本貫 淸州 僉知中樞府事
郭瀅(형)	1577~1612	溪翁	字 淸淑 本貫 玄風 父 再祐
郭湖(호)	1600~1656	樂天	本貫 玄風 父 保民 京畿監司
郭浩(호)	朝鮮英祖	聽琴	本貫 玄風
郭弘址(홍지)	朝鮮	太虛亭 虛齋	字 子久 本貫 玄風 父 嶙 府使
郭華(화)	1530~1569	南溪齋	本貫 玄風
郭環(환)	朝鮮	茅菴	字 仲環 本貫 淸州 秘書院承旨
郭活(활)	朝鮮	寒谷	本貫 玄風 父 再祐

人名	年代	號	其他
郭趙(횡)	朝鮮	濯淸軒	字 景靜 本貫 玄風 父 之貞 府使 著書 文集
郭後昌(후창)	朝鮮	農圃	本貫 玄風 縣監
郭厚泰(후태)	朝鮮	聽溪堂	學者 本貫 玄風
郭燻(훈)	1872~1903	雲石	著書 文集
郭徽承(휘승)	1872~1903	廉窩	學者 字 聖緒 本貫 玄風(苞山) 父 鍾雲 系 鍾德 外祖 李宗樸 著書 廉窩集
郭屹(흘)	朝鮮	大軒	本貫 玄風 漢城判尹 諡號 忠義
郭希益(희익)	1577~1666	鶴松亭	字 受予 本貫 淸州 父 訒
郭熙燦(희찬)	朝鮮	慕庵	本貫 玄風 父 柱實
郭希泰(희태)	1577~1666	仙舟	文臣 字 宗余, 宗汝 本貫 淸州 父 說 外祖 洪翼聖 同知中樞府事
寬禮(관례)	朝鮮後期	湖月	僧侶 俗姓 金氏
慣拭(관식)	1743~1804	鏡巖 應允	僧侶 本貫 驪興 俗姓 閔氏 著書 鏡巖集
瓘英(관영)	1856~1926	錦海	僧侶 俗姓 柳氏 父 汀奎
寬俊(관준)	1850~1919	萬化	僧侶 俗姓 鄭氏 父 振錄
寬弘(관홍)	1825~?	八紘	僧侶
光彦(광언)	1868~1936	南泉	僧侶 俗姓 金氏
廣悅(광열)	朝鮮後期	燕海	僧侶
廣俊(광준)	1834~1894	禮庵	僧侶 俗姓 崔氏
廣知(광지)	1102~1158	靈源叟	僧侶 字 覺老 父 睿宗
廣平大君(광평대군) →李璵			
宏演(굉연)	高麗	竹磵	僧侶 字 無說 著書 竹磵集
宏潤(굉윤)	1680~1741	幻夢	僧侶 本貫 密城 俗姓 安氏
敎雄(교웅)	1076~1153	妙應	僧侶 字 應物 俗姓 朴氏
具氏(씨)		圓崎畸人	著書 文集
具鑒(감)		藥山	字 明遠 本貫 綾城
具康(강)	1757~1832	休休子 南湖 北城居士	字 公休 本貫 綾城 父 允斌 大司諫 著書 休休子 自註行路編日記
具慶履(경리) →吳慶履			
具慶謨(경모)		石巖	著書 文集
具敬身(경신)	1711~1790	葵田	字 欽仲 本貫 綾城 父 萬喜
具京會(경회)		謹窩	著書 謹窩文集
具啓(계)		棄叟	字 季心 本貫 綾城
具繼禹(계우)	1558~1620	睡菴 滕菴	字 丕述 本貫 綾城 父 玄福

人名	年代	號	其他
具坤源(곤원)		省齋	本貫 綾城
具公準(공준)	1573~?	湖隱	字 汝規 本貫 綾城 父 希吉 系 希慶
具宏(굉)	1577~1642	群山 華山	武臣 字 仁甫 本貫 綾城 父 思孟 封號 綾城府院 君 兵曹判書 諡號 忠穆
具敎錫(교석)		愛日齋	本貫 綾城 父 成謨
玖能(구능) →致能			
具大佑(대우)	1550~1613	醉隱	字 景休 本貫 綾城 父 曇
具斗南(두남)	1499~?	鰲峯	字 一之 本貫 綾城 父 繼 廣興倉奉事
具棟(동)	朝鮮宣祖	慕義堂	本貫 昌原
具萬會(만회)		栢潭	著書 栢潭先生文集
具宬(면)	1558~1592	草堂 露湖	字 公進 本貫 綾城 父 思仲 吏曹正郎
具命奎(명규) →具宅奎의 初名			
具文謨(문모)	朝鮮	松澗	字 文植 本貫 綾城 監察 著書 文集
具文彬(문빈)	朝鮮仁祖	觀善齋	本貫 綾城 父 滌
具文信(문신)	1415~1485	浦菴	字 可立 本貫 綾城 父 緖
具文游(문유)	1644~1718	禮谷	文臣 字 士雅 本貫 綾城 父 崟 外祖 任慶達 追贈 五衛都摠府副摠管 著書 禮谷文集
具龐(방)	1641~1677	墨溪	字 龍伯 本貫 綾城 父 致成
具方慶(방경)	朝鮮明宗	雲庵	字 仁基 本貫 綾城 龍潭縣令
具邦俊(방준)	朝鮮	蹈海亭	學者 字 碩輔 本貫 綾城
具本淳(본순)	朝鮮	綾史	字 熙兼 本貫 綾城 左承旨
具鳳齡(봉령)	1526~1586	栢潭	文臣 字 景瑞 本貫 綾城 父 謙 李滉 門人 刑曹參 判 諡號 文端 著書 栢潭文集
具鳳瑞(봉서)	1597~1644	洛州 洛浦 南澗 竹陵	文臣 字 景輝 本貫 綾城 父 榮 平安道觀察使 諡 號 景憲
丘鳳燮(봉섭)	1847~1909	醉黙軒	字 翼賢 本貫 平海 父 秉禮
具釜(부) →具釜			
具思孟(사맹)	1531~1604	八谷	文臣 字 景時 本貫 綾城 父 淳 柳希春,李滉 門人 左贊成 諡號 文懿 著書 八谷集
具思閔(사민)	1542~1593	恥菴	字 景閭 本貫 綾城 父 淳
具思顔(사안)	1523~1562	西溪	字 仲愚 本貫 綾城 父 淳
具庠(상)	1730~?	無名子	字 伯殷 本貫 綾城 父 允明 著書 無名子集
具尚德(상덕)	1706~1760	月峯	學者 字 明甫 本貫 昌原 父 厚淸 外祖 李應達 著 書 月峯文集
具祥峻(상준) →具然雨의 初名			
具碩會(석회)		梅史	本貫 綾城 父 泰西
具宬(성)	1558~1618	草塘 草堂 市北	文臣 字 元裕 本貫 綾城 父 思孟 祖父 淳 追贈 領議政 諡號 忠肅 著書 草塘集

人名	年代	號	其他
具誠(성)	朝鮮	明溪	本貫 綾城 父 文信 副正
具聖剛(성강)		謹窩	
具成斗(성두)		松隱	著書 松隱集
具成謨(성모)		琴隱堂	本貫 綾城
具性玉(성옥)	1724~?	聾啞堂	字 瑩仲 本貫 綾城 父 麟徵 著書 聾啞堂集
具誠胤(성윤)	1558~1616	午巖 午菴	字 一甫 本貫 綾城 父 鳳齡
具壽聃(수담)	朝鮮宣祖	泛齋	文臣 本貫 綾城 父 頤 趙光祖 門人
具壽福(수복)	1491~1545	屏菴 屏巖 睡齋	文臣 字 伯凝挺之 本貫 綾城 父 頤 外祖 李宜榮 求禮縣監
具壽永(수영)	1456~1524	一嘯亭	字 眉叔 本貫 綾城 父 致洪
具壽彭(수팽)	朝鮮宣祖	新庵	本貫 綾城 父 頤
具時經(시경)	1637~1699	獨樂齋	文臣, 學者 字 濟伯 本貫 綾城 父 夢協 外祖 閔有倹 宋時烈 門人 漣川縣監 著書 獨樂齋文集
具始元(시원)	朝鮮	懶齋	本貫 綾城 父 爾天
具信璟(신경)	朝鮮中宗	白山	字 正叟 本貫 綾城
具汝淳(여순)	1896~1946	一丁	獨立運動家
具淵(연)	1538~1618	欽齋	字 子深 本貫 綾城 父 嗣宗
具然侃(연간)	1844~1971	謹窩	字 聖剛 本貫 綾城 父 述祖 著書 謹窩文集
具然光(연광)	→具然侃		
具然英(연영)	1684~1907	春景	獨立運動家 本貫 綾城
具然雨(연우)	1843~1914	琴愚	字 文極 本貫 綾城 父 郁祖 著書 琴愚集
具然敞(연창)	1847~1923	隱巖	字 德甫 本貫 綾城 父 利元 著書 隱巖遺稿
具然台(연태)		三星齋	字 華三 本貫 綾城 父 明鉉
具然八(연팔)		柳川	著書 柳川遺稿
具然學(연학)		心翁	著書 文集
具然海(연해)	1836~1895	江樵	學者 字 文協 本貫 綾城 父 景魯 外祖 徐睿烈 著書 江樵遺稿
具然鎬(연호)	1861~1940	晚悔	本貫 綾城 父 德祖 著書 文集
具瑩(영)	→具澄		
丘永安(영안)	朝鮮成宗	梅隱 壺隱	字 仲仁 本貫 平海 父 致岡
具玉淵(옥연)		玉翰	本貫 昌原
具完植(완식)		渼山	字 蘭汝 本貫 綾城
具容(용)	1569~1601	竹牕 楮島	文臣 字 大受 本貫 綾城 父 思孟 外祖 申華國 著書 竹牕遺稿
具龍圭(용규)		黙菴	本貫 綾城
具龍植(용식)		竹隱	本貫 綾城

人名	年代	號	其他
具龍徵(용징)	1658~1715	警惰齋	學者 字 大見 本貫 綾城 父 時雄 外祖 全有翼 著書 警惰齋文集
具龍徽(용휘) →具龍徵			
具源謨(원모)	朝鮮	柏波	字 仁基 本貫 綾城 龍潭縣令
具元植(원식)	朝鮮	陽臯	本貫 綾城 父 洪祚 系 永祚
具元之(원지)		眞休堂	字 彦善 本貫 綾城 父 長孫 著書 眞休堂集
具煒(위)	1563~1593	竹洲	學者 字 子和 本貫 綾城 父 大倫 著書 竹洲集
具偉(위) →具煒			
具褘(위) →具煒			
具允明(윤명)	1711~1797	兼山	文臣 字 士貞 本貫 綾城 父 宅奎 系 夢奎 著書 典律通補
具允斌(윤빈)	朝鮮英祖	止庵	本貫 綾城 父 宅奎
具允鈺(윤옥)	1720~1792	晩悔	字 聖集 本貫 綾城 父 宅奎
具鑒(음)	1614~1683	明谷 南湖	文臣 字 次山 本貫 綾城 父 仁至 杆城郡守 著書 明谷文集
具應星(응성)	朝鮮	松隱	字 光三 本貫 昌原 主簿
具應和(응화)	朝鮮後期	价川	
具義剛(의강)	1559~1612	海門	文臣 字 子和 本貫 綾城 父 應祥 大司成
具翼(익)	1737~1804	白谷	文人 字 翼之 本貫 綾城
具虞(익)	朝鮮英祖	龍湖	本貫 綾城 父 允鈺
具益模(익모)	1875~1945	柏谷	著書 柏谷詩稿
具翊書(익서)	韓末~日帝	野隱	
具益亨(익형)	1663~?	賞農亭	字 士兼 本貫 綾城 父 克昌
具仁(인)	1507~?	八松齋	學者 字 大春 本貫 綾城 父 之愼 編書 綾城具氏世譜
具仁基(인기)	1576~1643	竹隱	文臣 字 伯鞏 本貫 綾城 父 寏
具人文(인문)	1409~1462	睡翁 睡齋	文臣 字 章叔 本貫 綾城 父 賢佐 追贈 吏曹判書 諡號 忠壯
具麟元(인원)		柳川	著書 柳川遺稿
具仁人(인인) →具仁文			
具仁垕(인후)	1578~1658	柳浦	武臣 字 仲載 本貫 綾城 父 寏 系 宖 祖父 思孟 封號 綾城府院君 左議政 諡號 忠武
具自平(자평)	朝鮮世祖	目亭	字 士明 本貫 昌原
具長孫(장손)	朝鮮	青軒 青野	字 子元 本貫 綾城 父 慶 典籍 著書 青軒集
具在書(재서)	1860~1932	勿小齋	字 學三 本貫 綾城 父 然準 著書 文集
具載純(재순) →吳載純			
具漸鴻(점홍)		聽天齋	字 用羽 本貫 綾城
具綎(정)	朝鮮	靜齋	字 子繽 本貫 綾城 忠武衛副司正

人名	年代	號	其他
具鼎來(정래)	1634~1698	蓮浦	學者 字 來吉 本貫 綾城 父 廈 外祖 金東準 著書 蓮浦堂遺稿
具廷呂(정려)	朝鮮	鳳岩	本貫 昌原 參奉
具宗文(종문)	朝鮮	學堂	字 士彦 本貫 綾城 兵曹佐郎
具鴻書(홍서)	朝鮮憲宗	智山	
具桓(환)	高麗末	竹隱	字 成夫 本貫 綾城 兵部侍郎
鞠賢男(현남)	高麗~朝鮮	敬齋	孝子 字 虞卿 本貫 潭陽
權愨(각)	朝鮮	敬庵	字 敬淑 本貫 安東 同知中樞府事
權獥(경)	1710~1788	尙庵	著書 文集
權褧(경)	朝鮮	南湖	學者 字 子晦 本貫 安東
權暻(경) →權璟			
權景國(경국)	朝鮮後期	酉谷	
權儆己(경기)	1584~1661	月浦	學者 字 子顧 本貫 安東 父 克中
權慶命(경명)	1673~1753	江東	學者 字 來吉 著書 江東逸稿〈社皐世稿〉
權慶洙(경수)		悳村	著書 悳村集
權景玉(경옥) →權璟			
權景昱(경욱)		氷玉亭	字 台卿 本貫 安東 父 紀
權景裕(경유)	?~1498	痴軒	文臣 字 君饒 子汎 本貫 安東 父 疊 金宗直 門人 追贈 都承旨
權經夏(경하)	1828~1905	正菴	學者 字 濟亨 本貫 安東 父 宗模 外祖 洪錫疇 著書 正菴文集
權景虎(경호)	朝鮮宣祖	晚悟軒 暎晤軒	本貫 安東 父 紹 著書 文集
權誠(계)	朝鮮顯宗	竹軒	本貫 安東 父 佺
權啓(계) →權澲의 初名			
權啓經(계경)	1489~1529	霽付 震村	著書 霽付先生遺稿〈花山世稿〉
權啓卿(계경)		鳩谷	著書 鳩谷文集
權啓伯(계백)	朝鮮	慕槐軒	孝子 字 平一
權啓運(계운)		風雷軒	著書 風雷軒遺稿〈麗澤齋遺稿〉
權啓學(계학)	1716~1788	竹巖	字 聖博 本貫 安東 父 得衡 著書 文集
權啓赫(계혁)		松村	本貫 安東
權啓賢(계현)		吾南	本貫 安東 父 護
權皐(고)	1294~1379	誠齋 成齋	文臣 本貫 安東 父 溥 祖父 旦 檢校侍中 封號 永嘉君 諡號 忠靖
權鵠(곡)		竹軒	本貫 安東
權恭一(공일) →權泰一			
權公憲(공헌)		碧隱	著書 文集

人名	年代	號	其他
權鑊(곽) →權鑊			
權官玉(관옥)		南石	本貫 安東 父 承奎
權匡(광)	1547~?	浩巖	學者 字 正卿 本貫 安東 父 璃 祖父 趙琳 著書 浩巖逸稿
權光烈(광렬)	1564~?	檜陰 檜湖	字 克晦 本貫 安東 一名 光煥 父 胤
權光炫(광현) →金光鉉			
權光煥(광환) →權光烈의 初名			
權宏(굉)	1575~1652	震峰	文臣 字 仁甫 本貫 安東 父 大器 英陵參奉 著書 震峰逸稿
權敎正(교정)	朝鮮	后栗齋	本貫 安東 著書 文集
權坫(구)	1611~1682	溝壑齋	字 次山 本貫 安東 父 益隣
權綠(구)	1658~1731	灘村 灘翁	學者 字 汝柔 父 任道 系 任正 監役 著書 灘村遺稿
權榘(구)	1672~1749	屛谷 丸窩	學者 字 方叔 本貫 安東 父 瞕 外祖 柳元之 李玄逸 門人 著書 屛谷集
權耉(구)	朝鮮肅宗	顧庵 三樹亭	文人 本貫 安東 父 忭
權龜彦(구언)		斧窩	本貫 安東
權龜煥(구환)	1734~1799	棄庵	學者 字 應洛 本貫 安東 父 相憲 系 相宗 外祖 李光照 著書 棄庵集
權國權(국권) →權國樞			
權國榲(국온)	朝鮮英祖	月梧堂	本貫 醴泉 父 澈 進士
權國柱(국주)	朝鮮肅英祖	容巖	本貫 醴泉 父 澈
權國樞(국추)	朝鮮肅宗	柳堂 一柳堂	文人 字 公立 本貫 醴泉 父 澈
權逵(규)	1496~1549	安分堂	學者 字 子由 本貫 安東 父 恩立 著書 安分堂實記
權珪(규)	1648~1723	南麓	文臣, 書藝家 字 國瑞, 德章 父 大運 外祖 禹鼎 工曹參判
權揆(규)	1706~1766	滄洲	學者 字 一之 本貫 安東 父 德讓
權揆(규) →權橃			
權揆(규)	朝鮮	萱亭	本貫 安東 縣監
權奎度(규도)	1782~1852	溪西	字 天祥 本貫 安東 父 恩立 著書 溪西文集
權規洛(규락)		南岡	著書 文集
權奎集(규집)		兼山	著書 兼山集
權圭夏(규하)		雲坡	本貫 安東
權鈞(균)	1464~1526	悠然堂	文臣 字 正卿 本貫 安東 父 迥 封號 永昌府院君 右議政 諡號 忠成
權勻(균)		陶谷	本貫 安東
權克經(극경)	朝鮮仁祖	德巖	文臣 字 守夫 本貫 安東 著書 文集

人名	年代	號	其他
權克亮(극량)	1584~1631	東山	學者 字 士任, 仕任 本貫 安東 父 瀹 外祖 趙宗道 英陵參奉 著書 東山先生文集
權克立(극립)	1558~1622	東峯	學者 字 强哉 本貫 安東 父 諧 著書 東峯公逸稿 〈永嘉世稿〉
權克有(극유)	朝鮮孝宗	愚川	隱士 字 叔正 本貫 安東
權克中(극중)	1560~1614	青霞 鰲峯 青霞子 楓潭 花山	學者 字 擇甫, 正之 本貫 安東 父 德輿 成渾 門人 世子翊衛司洗馬 著書 青霞集
權克重(극중)	1598~1636	謹齋 丹溪	字 學固 本貫 安東 父 濤
權克平(극평)	朝鮮	紫松	文臣 字 平甫 本貫 安東 都摠
權克和(극화)	朝鮮初期	習齋	文臣 字 庸夫 本貫 安東 父 參 封號 花山府院君 追贈 領議政
權克孝(극효)	1475~1553	菊庵	文臣 字 士行 本貫 安東 父 宗孫 掌令
權近(근)	1352~1409	陽村 小烏子	文臣 字 可遠, 思叔 本貫 安東 父 僖 封號 吉昌君 知貢舉 諡號 文忠 著書 陽村集
權紀(기)	1546~1624	龍巒	學者 字 士立 本貫 安東 父 夢斗 外祖 南漢粒 著書 龍巒先生文集
權愭(기)	1623~1695	無愁翁 屏巖	文人 字 而敬 本貫 安東 父 認 著書 無愁翁遺稿
權基德(기덕)	1856~1658	三山	學者 著書 三山遺稿
權沂水(기수)	朝鮮	松溪	文臣 字 善文 本貫 安東 議官
權基彦(기언)	1694~?	竹塢	字 士恢 本貫 安東 父 世昌
權祺淵(기연)	朝鮮	弘毅菴	本貫 安東
權璣淵(기연)	1877~?	琢窩	著書 琢窩集
權奇鎰(기일)	1886~1920	秋山	獨立運動家
權基一(기일)		三松堂	字 一之 本貫 安東
權起準(기준)		巽巖	本貫 安東 進士
權麒煥(기환)	1863~1901	愼菴	學者 字 道中 本貫 安東 父 秉樞 外祖 趙容孝 著書 愼菴遺稿
權佶(길)	1712~1774	敬慕齋	學者 字 正甫 本貫 安東 父 重恒 外祖 金是洙 追贈 童蒙教官 著書 敬慕齋遺集
權南吉(남길)→權尚吉			
權納(납)	朝鮮宣祖	梅軒	義兵將 字 士敏 本貫 安東
權來(내)	1542~1617	石亭 石泉	學者 字 樂而 本貫 安東 父 東輔 著書 文集
權魯淵(노연)	朝鮮	霞石	本貫 安東
權耒(뇌)	1800~1873	龍耳窩 竹潭	學者 字 景中 本貫 安東 父 邦烈 著書 龍耳窩集
權訥(눌)	1547~?	梅軒	本貫 安東 進士 著書 梅軒遺稿〈梧亭世稿〉
權㫜(단)	1228~1311	夢巖 夢菴 夢蓭 居士	文臣 字 晦之 本貫 安東 父 韙 知僉議府事 諡號 文清

人名	年代	號	其他
權榑(단)→權搏			
權達手(달수)	1469~1504	桐溪	文臣 字 通之 本貫 安東 父 琳 追贈 都承旨 著書 桐溪文集
權達銓(달전)		耕厓	字 君謙 本貫 安東
權湛(담)	?~1423	槐亭	文臣 本貫 安東 父 鎬 祖父 廉 全州府尹 著書 槐亭集
權曇(담)	1558~1631	咸溪	著書 咸溪公逸稿〈花山世稿〉
權聃老(담로)		仲眉	本貫 安東
權讜(당)	1731~1812	樵隱	字 仲得 本貫 安東 父 濤
權大謙(대겸)	1659~1729	雙槐堂	學者 字 伯益 本貫 安東 父 德興 外祖 黃中憲 著書 雙槐堂文集
權大規(대규)	1676~1747	恥窩	文臣 字 萬則 本貫 安東 父 得興 司憲府監察 著書 恥窩文集
權大肯(대긍)	朝鮮	史野	本貫 安東 父 翼
權大器(대기)	1523~1587	忍齋	字 景受 本貫 安東 父 燁 著書 忍齋先生文集
權大德(대덕)	朝鮮	南泉	文臣 字 善元 本貫 安東 司諫
權大度(대도)	朝鮮	櫟窩	本貫 安東
權大臨(대림)	1659~1723	七友亭	文臣 字 萬容 本貫 安東 父 得興 萬頃縣監 著書 七友亭文集
權大燮(대섭)	朝鮮	愚軒	本貫 安東 父 秉河
權大運(대운)	1612~1699	石潭	文臣 字 時會 本貫 安東 父 謹中 祖父 怏 領議政
權大有(대유)	1598~1640	海隱	字 應亨 本貫 安東 父 益中
權大載(대재)	1620~1689	艮隱 艮齋 敦艮齋 敦良齋 蘇川 龍門, 龍川	文臣 字 仲車 本貫 安東 父 偉中 祖父 怏 戶曹判書 著書 讀易手箚
權大鎭(대진)		自樂堂	
權大恒(대항)	1858~1936	止淵齋	字 德亨 本貫 安東 父 秉具 著書 止淵齋遺稿
權大徽(대휘)	朝鮮	靜軒	本貫 安東 父 維秉
權悳奎(덕규)	1890~1950	崖溜	學者 本貫 安東
權德來(덕래)		北里	著書 文集
權德麟(덕린)	1529~1572	龜峰	文臣 字 君瑞 本貫 安東 父 繼中 李彦迪 門人 陜川郡守 著書 龜峰遺集
權德秀(덕수)	1762~1759	逋軒	學者 字 潤哉 本貫 安東 父 震元 外祖 金宗渤 通政大夫 中樞府事 著書 逋軒集
權德銖(덕수)→權應銖			
權德興(덕여)	1518~1991	鶴峰	文臣 字 致遠 本貫 安東 父 博 海伯
權德翊(덕익)→權聖翊			

人名	年代	號	其他
權德載 (덕재)	朝鮮	竹軒	文臣 字 慶輿 本貫 安東 通川郡守
權德操 (덕조)	1507~1594	歸巖	文臣 字 潤甫 本貫 安東 父 應禧
權德亨 (덕형)	1653~1719	景林堂	學者 字 汝潤 本貫 安東 父 斗望 系 斗章 外祖 李道長 著書 景林堂遺集
權濤 (도)	1557~1644	桐溪	學者 字 靜甫 父 世春 外祖 金湛 追贈 吏曹判書 著書 桐溪文集
權韜 (도)	朝鮮宣祖	修隱 睡隱	字 汝顯 本貫 安東 父 撃
權濤 (도)	1709~1788	繩軒	字 浩源 本貫 安東 父 可正
權導 (도)	1710~1791	懶窩	字 道以 本貫 安東 父 濮
權鍍 (도)	1823~1895	支窩	字 士則 本貫 安東 父 璋 著書 支窩稿
權燾 (도)		文湖	著書 文集
權燾 (도)		慕庵	著書 文集
權蹈 (도) →權踶의 初名			
權道守 (도수)	朝鮮	菊史	本貫 安東 父 鳳仁
權道容 (도용)	1877~1963	秋帆	學者, 獨立運動家 著書 秋帆文苑原集
權道仁 (도인)	1661~1735	葛溪	著書 文集
權道濟 (도제)		巖湖	著書 文集
權度河 (도하)	1871~1902	碧棲	著書 碧棲文集
權度欽 (도흠)	朝鮮	慕巖	
權敦仁 (돈인)	1783~1859	瓜地 瓜地草堂老人 樊上村庄 又閒 又髥 彛齋 草堂老人	文人 字 景義 本貫 安東 父 中緝 領議政 諡號 文獻 著書 東省駐節錄
權淡 (돔) →權深			
權東烈 (동렬) →權秉烈			
權東萬 (동만)	1873~1951	恥庵	著書 恥庵文集
權東美 (동미)	1525~1585	石亭 松岩	文臣 字 子休 本貫 安東 父 橙 著書 文集
權東輔 (동보)	1517~1591	青巖	文臣 字 震卿 本貫 安東 父 橙 李滉 門人 郡守 著書 青巖逸稿〈巖泉世稿〉
權東壽 (동수)	1842~?	石雲	文臣, 書藝家 字 致永 本貫 安東 領事
權東鎮 (동진)	1841~1947	實庵 愛堂 憂堂 夏堂	己未獨立宣言33人 本貫 安東 咸安郡守
權杜 (두) →權杠			
權斗經 (두경)	1654~1725	蒼雪 蒼雪齋	學者 字 天章 本貫 安東 父 濡 祖父 碩忠 修撰 著書 蒼雪集
權斗光 (두광)	?~1726	逸老堂	字 彦明 本貫 安東 父 濯

人名	年代	號	其他
權斗紘(두굉)	1668~1717	西巖 小巖	文臣 字 少章 本貫 安東 父 濡 著書 文集
權斗揆(두규)	1727~1788	茅厓	學者 字 平仲 本貫 安東 父 萬秀 外祖 南羽溟 著書 茅厓逸稿
權斗紀(두기)	1647~1684	素閑	字 汝元 本貫 安東 父 堥
權斗紀(두기)	1659~1722	晴沙	文臣 字 叔章 本貫 安東 父 濡 祖父 碩忠 正言 著書 晴沙集
權斗南(두남)	1573~?	亦樂堂 六樂堂	文人 字 景望 本貫 安東 父 用中 郡守
權斗望(두망)	1658~1714	睡窩	學者 字 士重 本貫 安東 父 濯
權斗文(두문)	1543~1617	南川	文臣 字 景仰 本貫 安東 父 有年 通禮院正 著書 南川集
權斗緯(두위)	1656~1732	松沙	學者 字 仲章 本貫 安東 父 濡
權斗應(두응)	1656~1732	大拙子 雪松	學者 字 文微 本貫 安東 父 霖
權斗翼(두익)	朝鮮	瑞雪堂	本貫 安東
權斗寅(두인)	1643~1719	荷塘 雪窓	學者 字 春卿 本貫 安東 父 霖 外祖 李伯明 洪浚亨 門人 工曹佐郎 著書 荷塘文集
權斗樞(두추)	1632~1670	歸浦	字 汝綱 本貫 安東 父
權斗春(두춘)	朝鮮	謙窩	本貫 安東
權斗興(두흥)		菊隱軒	本貫 安東
權斗熙(두희)		石樵	著書 文集
權得己(득기)	1570~1622	晩晦 晩悔堂	文臣 字 重之 本貫 安東 父 克禮 系 克寬 追贈 工曹參判 著書 晩晦集
權得興(득여)	1636~1716	松川子	學者 字 得初 本貫 安東 父 璟 著書 松川子獨娛錄
權得重(득중)	1687~1754	東窩	學者 字 子厚 本貫 安東 著書 父 稑 東窩文集
權得錘(득추)	1788~1860	農窩	字 汝衡 本貫 安東 父 爾禧 著書 文集
權得平(득평)		檜峯	本貫 安東
權擥(람)	1416~1465	所閑堂 所閑 所閑齋 正齋	文臣 字 正卿 本貫 安東 父 踶 祖父 近 封號 吉昌府院君 左議政 諡號 翼平 著書 所閑堂集
權挒(렬)		九疑軒	字 平仲 本貫 安東 父 偲 著書 文集
權玲(령)	朝鮮	退湖	字 玲玉 本貫 安東 金海府使
權綸(륜)	1415~1493	逍遙 逍遙堂 逍遙亭	文臣 字 允言 本貫 安東 父 崇禮 江原道觀察使
權理(리)	朝鮮	槐堂	字 得天 本貫 安東 禦侮將軍
權璘(린)	朝鮮	南澗	本貫 安東 南平縣監
權摩(마)		止齋	本貫 安東
權澣(만)	1571~1635	野逸	義兵 字 子深 本貫 安東 父 應星 著書 文集

人名	年代	號	其他
權萬(만)	1688~1749	江左	文臣 字 一甫 本貫 安東 父 斗紘 追贈 吏曹參議 著書 江左集
權萬(만)	朝鮮英祖	德溪 江南	學者 本貫 安東 父 斗肱
權萬斗(만두)	1674~1753	知足堂	文臣 字 用卿 本貫 安東 父 重載 長水縣監 著書 知足堂集
權萬元(만원)	1863~?	玉山	文臣 字 善伯 本貫 安東 父 濂
權萬宜(만의)		竹菴	字 時中 本貫 安東 著書 文集
權萬銓(만전)	1812~1886	近溪	學者 字 衡重 本貫 安東 父 度機 外祖 李振瀹 著書 近溪文集
權萬濟(만제)	1646~?	三悠亭	字 世卿 本貫 安東 父 震哲
權萬齊(만제)	朝鮮	天台	
權萬鍾(만종)	朝鮮明宗	窩齋	本貫 安東 父 克悌
權萬樞(만추)	1679~?	退巖	文臣 字 景運 本貫 安東 父 濂
權萬衡(만형)	1727~1793	萬妙	文臣 字 聖一 本貫 安東 父 益淳
權望海(망해)	朝鮮	北坡	字 大受 本貫 醴泉
權孟孫(맹손)	1390~1456	松堂	文臣 字 孝伯 本貫 醴泉 父 詳 吏曹判書 諡號 齊平
權孟興(맹흥)		魯窩	本貫 安東
權愐(면)	朝鮮仁祖	恥菴	文臣 字 思瑩 本貫 安東 知中樞府事
權名幹(명간)	→權弘의 初名		
權命奎(명규)	1840~1903	芹溪	文臣 字 聚五 本貫 安東 父 應經 外祖 方宗綰 奎章閣直角 著書 芹溪集
權命相(명상)	1883~1951	惺庵	獨立運動家
權明燮(명섭)	1885~1949	春樊	學者 字 性厚 本貫 安東 父 相衡 著書 春樊遺稿
權命守(명수)		砂村	本貫 安東
權命申(명신)		仙巖齋	本貫 安東
權命淵(명연)	1843~1922	花陰	字 世潤 本貫 安東 父 忠夏 祖父 槊 著書 文集
權明佑(명우)	1722~1795	可齋	字 子淵 本貫 安東 父 緝 著書 可齋文集
權命夏(명하)	朝鮮	永皐	本貫 安東
權明漢(명한)		白洲 玄洲	本貫 安東 父 克智
權鳴和(명화)		七隱	本貫 安東
權命煥(명환)		錦園	本貫 醴泉
權命熙(명희)	1865~1923	三畏齋 栗山	學者 字 公立 本貫 安東 父 秉直 外祖 鄭東蓋 著書 三畏齋文集
權蓍(모)	1690~1751	琅玕軒 觀竹堂	學者 字 昌言 本貫 安東 父 斗經 著書 文集
權黙(묵)	→權軒		

人名	年代	號	其他
權文擧(문거)	1626~1694	龍巖	文人 字 子眞 本貫 安東 父 稢
權文斗(문두)	1684~1779	淵翁	文臣 字 汝瞻 本貫 安東 父 以達 同知中樞府事
權文燮(문섭)	朝鮮後期	汕居	委巷人
權文任(문임)	1530~1576	源塘	字 與叔 本貫 安東 父 達 著書 源塘集
權文海(문해)	1534~1591	草澗	文臣 字 灝元 本貫 醴泉 父 祉 司諫 著書 草澗集
權文顯(문현)	1524~1575	竹亭	著書 文集
權愍(민)	朝鮮中期	解雷堂	本貫 安東 父 壆
權敏手(민수)	1466~1517	岐亭 遯齋 退齋	文臣 字 叔達 本貫 安東 父 琳 忠淸道觀察使
權敏義(민의)		遯窩	本貫 安東
權搏(박)	1607~1661	九峯	著書 文集
權博淵(박연)	韓末	巖泉	本貫 安東
權攀(반)	1419~1472	無盡 無盡亭	文臣 字 子龍 本貫 安東 父 踶 祖父 近 封號 花山君 京畿道節度使兼開城府尹 諡號 安襄
權盼(반)	1564~1631	閑广 閑戶 楓園 閑廬 閑广 閑庄 閑戶	文臣, 書畫家 字 仲明 本貫 安東 父 和 外祖 尹國聲 封號 吉川君 刑曹判書
權撥(발) →權橃			
權撥(발) →權挨			
權訪(방)	1740~1808	鶴林	文人 字 季周 本貫 安東 父 濤 全羅道事 著書 鶴林集
權培(배)	朝鮮後期	龜巖	學者 本貫 安東 著書 龜巖遺稿
權伯麟(백린)	1536~1587	梅軒 昧軒	字 汝祥 本貫 安東 訓導 著書 梅軒先生實紀
權橃(벌)	1478~1548	沖齋 松亭 雙溪 萱亭	文臣 字 仲虛 本貫 安東 父 士彬 外祖 尹塘 右贊成 諡號 忠定 著書 沖齋集
權範(범)	朝鮮	星江	文人 字 幼則 本貫 安東
權法和(법화)	1353~1426	知足	字 而範 本貫 安東
權擘(벽)	1520~1593	習齋	文臣 字 大手 本貫 安東 父 祺 外祖 金世英 承文院知製敎 著書 習齋集
權堛(벽)		然然子	著書 然然子集
權忭(변)	1561~1726	遂初堂 瓊谷	文臣 字 怡叔 本貫 安東 父 讓 大司諫 諡號 文貞 著書 遂初堂集
權鼈(별)	朝鮮後期	竹所	學者 字 壽甫 本貫 醴泉 父 文海 編書 海東雜錄
權炳(병)	1723~1772	約齋	學者 字 景晦 本貫 安東 父 世楷 外祖 柳得時 著書 約齋文集
權秉璣(병기)	1832~1911	梅隱	著書 梅隱遺稿
權炳基(병기)		聲石	著書 聲石先生文集
權秉悳(병덕)	1867~1944	淸菴 又雲 貞菴	己未獨立宣言33人, 天道敎徒 字 潤佐 本貫 安東 父 文永 著書 朝鮮總史

人名	年代	號	其他
權炳東(병동) →權秉天			
權炳洛(병락)		何山	著書 何山先生文集
權秉烈(병렬)	1868~?	晚山	本貫 安東 著書 晚松先生文集
權秉淵(병연)	朝鮮	矩齋	本貫 安東
權秉燮(병섭)	1854~1939	石塢	字 國衡 父 祚永 著書 文集
權秉元(병원)	朝鮮哲宗	愚山	本貫 安東
權秉載(병재)		沙陽	著書 沙陽先生文集
權秉周(병주)	朝鮮	逸埜	
權秉天(병천)	1805~1873	幽窩 幽窩居士	學者 字 惟一 本貫 安東 父 敬夏 系 敍夏 外祖 盧一俊 著書 幽窩遺稿
權丙勳(병훈)	1867~1943	惺臺	學者 字 南里 本貫 安東 判事 著書 六書尋源
權綧(보)	1709~1778	樹谷	學者 字 季凝 本貫 安東 父 榘 外祖 李檥 著書 樹谷集
權補(보)	1765~1830	星圃	學者 字 周甫 本貫 安東 父 晥 外祖 金翼漢 著書 星圃逸稿
權莆(보)	朝鮮	謙窩	學者 字 孝祥 本貫 安東
權堡(보)	朝鮮	檜亭	本貫 安東 父 鑄 追贈 禮曹判書
權輔容(보용)		明隱	
權馥(복)	1769~?	谷耘	字 穉蘭 本貫 安東 父 晥 著書 谷耘公紀行錄
權複(복)	韓末	葉西	
權福洙(복수)		華東	著書 文集
權復始(복시)	1556~1636	九思齋	字 伯元 本貫 安東 著書 九思齋年譜
權福淵(복연)	朝鮮	可菴	本貫 安東
權復仁(복인)	朝鮮	天游	本貫 安東 父 中敎 著書 天游稿
權復徵(복징)	朝鮮	松翁	學者 本貫 安東 父 以鍇
權復衡(복형)	1658~1944	義川	字 子休 本貫 安東 副護軍 著書 遺稿
權封(봉)	1592~1672	省齋	字 興瑞 本貫 安東 父 克立 著書 省齋公逸稿〈永嘉世稿〉
權鳳洙(봉수)	1872~1940	芝村	字 景韶 本貫 安東 父 錫年 著書 芝村遺稿
權鳳鉉(봉현)	1872~1936	梧岡	著書 梧岡集
權鳳鉉(봉현)		松塢	本貫 安東
權鳳鉉(봉현)	韓末~?	石東山人	
權鳳熙(봉희)	1837~1902	石梧	文臣,學者 字 性岡 本貫 安東 父 秉錫 著書 石梧文集
權溥(부)	1262~1346	菊齋	文臣,學者 字 齊滿 本貫 安東 父 呾 外祖 盧演 安珦 門人 僉議政丞 諡號 文正
權垺(부)		枕溪	本貫 醴泉

人名	年代	號	其他
權槫(부)→權搏			
權復興(부흥)	1555~1592	五慕齋	壬辰義兵 字 仲元 本貫 安東 父 平 祖父 敏 著書 文集
權鵬容(붕용)	1900~1970	近菴	字 文善 本貫 安東 父 相祜 著書 文集
權贇(빈)	1685~1753	三亭	學者 字 孝而 本貫 安東 父 斗寅
權晙(사)		葛隱	本貫 安東 父 肸
權士恭(사공)	1574~1619	醒庵	字 汝安 本貫 安東 父 壼
權士均(사군)	朝鮮世祖	葆眞堂	字 公父 本貫 安東 父 迪 追贈 參議
權思德(사덕)		慕軒	本貫 安東
權士敏(사민)	1557~1634	梅軒	義兵 字 粹彦 本貫 安東 父 德麟 著書 文集
權思閔(사민)		雲溪	本貫 安東
權思復(사복)	高麗	愼村	隱士 字 君遠 本貫 安東 著書 愼村集
權思簿(사부)→權思溥			
權思溥(사부)	1735~1805	菊軒	學者 著書 菊軒遺稿
權思愼(사신)		松菴	本貫 安東
權士諤(사악)	1556~1613	梅窩	義兵 字 明彦 本貫 安東 父 德鸞 著書 文集
權思儼(사엄)	朝鮮	五斯翁	本貫 安東
權士溫(사온)	1574~1667	東江	學者 字 玉汝 本貫 安東 父 義衡 外祖 南鎭 著書 東江詩集
權思潤(사윤)	1732~1803	信天齋	學者 字 德以 本貫 安東 父 正運 外祖 金敏天 著書 信天齋文集
權思益(사익)		直齋	本貫 安東 父 善擇
權師稷(사직)		晩學齋	本貫 安東
權思瓚(사찬)	朝鮮後期	黙翁	字 章汝
權思學(사학)	1758~1833	竹村	學者 字 敬能 本貫 安東 著書 竹村先生文集
權思浹(사협)		慵訥齋	
權思浩(사호)	朝鮮	酉陽	本貫 安東
權思晦(사회)	1741~1810	巷南	字 孟曄 本貫 安東 父 正傳 著書 文集
權山立(산립)	1568~1653	晩翠堂	隱士 字 峻甫 本貫 安東 父 曘
權山甫(산보)	1629~1707	聰流堂	字 相周 本貫 安東 護軍
權山海(산해)	1403~1456	竹林	義人 字 德甫 本貫 安東 父 寬 追贈 吏曹參判 著書 文集
權三燮(삼섭)	1577~1645	鶴山	著書 文集
權三鉉(삼현)		上愼菴	著書 文集
權參鉉(삼현)	1879~1965	覺齋	字 景孝 本貫 安東 父 載鳳 外祖 周軫烈 著書 覺齋文集

人名	年代	號	其他
權日常(상)	1508~1589	南岡 南崗	文臣 字 吉哉 本貫 安東 父 振 封號 東興府院君 同知中樞府事 著書 文集
權恂(상)	朝鮮英祖	尋松亭	本貫 安東 父 說
權珏尚(상)		農窩	本貫 安東
權鏞(상) →權暐			
權相謙(상겸)		清庵	本貫 安東
權相昆(상곤) →權相龜			
權尚矩(상구)	1618~1676	南塘	文臣 字 至叔 本貫 安東 父 昺 工曹參議
權相龜(상구)	1862~1902	咸齋	學者 字 天禹 本貫 安東 一名 相昆 父 國成 外祖 李家祥 著書 咸齋遺稿
權相奎(상규)	1829~1894	竹窩	學者 字 景文 本貫 安東 父 洙 外祖 河繼清 著書 竹窩集
權相圭(상규)	1874~1961	忍庵 葵山	學者 字 致三 本貫 安東 父 世淵 外祖 金聖謨 著書 忍庵文集
權尚吉(상길)	1610~1674	南谷 近裏齋 南谷 遯翁	學者 字 子貞 本貫 安東 父 瓚 外祖 李謙益 追贈 正卿大夫 著書 南谷先生文集
權相洛(상낙)		勉窩	本貫 安東
權相達(상달)		沖齋	著書 沖齋先生文集
權相大(상대)	韓末	經山	本貫 安東
權相大(상대)	韓末	兢齋	本貫 安東
權相老(상로)	1879~1965	退耕 退耕堂	僧侶, 學者 父 贊泳 著書 朝鮮佛教略史 東國大學校 總長
權相龍(상룡)	1706~1765	兢齋	文臣, 學者 字 龍汝 本貫 安東 父 渻有 外祖 趙淵 司憲府掌令 著書 兢齋遺稿
權尚明(상명)	1652~1684	淵潛	字 顯道 本貫 安東 父 格 追贈 吏曹參判
權尚明(상명)	朝鮮	水雲子	本貫 安東
權相黙(상묵)		芹溪	著書 芹溪集
權相文(상문)		海蒼	本貫 安東
權相彬(상빈)	?~1889	川后	著書 川后遺集
權象星(상성)		律吾	本貫 安東
權相淳(상순)		山右	本貫 安東
權常慎(상신)	1759~1824	西漁 日紅堂	文臣 字 絅好 本貫 安東 父 埴 祖父 導 廣州留守 諡號 孝憲 著書 西漁遺稿
權相用(상용)		玉田	著書 玉田文集
權尚佑(상우)	朝鮮	玉峯	字 宣萬 本貫 安東 父 桀
權相佑(상우)	韓末	晩翠	本貫 安東
權相運(상운)	朝鮮	海堂	本貫 安東 父 活

人名	年代	號	其他
權商遠(상원)	1591~?	白雲 白雲子 雲巢子	詩人 字 遠遊 本貫 安東 父 啓 著書 白雲子詩稿
權相元(상원)	1862~1909	靜山	字 本貫 安東 文 龍淵 著書 文集
權尙游(상유)	1656~1704	癯溪 晩圃	文臣, 學者 字 季文 有道 本貫 安東 父 格 外祖 李楚老 吏曹判書 諡號 正獻
權相益(상익)	朝鮮	漱石軒	本貫 安東
權相翊(상익)	1863~1935	省齋	獨立運動家 字 贊粹 本貫 安東 父 祺淵 外祖 趙性玉 著書 省齋集
權相一(상일)	1679~1760	淸臺 淸岾	文臣, 學者 字 台仲 本貫 安東 父 深 外祖 李達意 大司憲 諡號 僖靖 著書 淸臺集
權相一(상일)	朝鮮後期	拙齋	
權尙任(상임)	1622~1700	江波	文臣, 學者 字 士重 父 瓚 外祖 李謙益 春秋館編修官 著書 江波文集
權尙任(상임)		退隱	本貫 安東
權相迪(상적)	1822~1900	海閤	學者 字 聿元 本貫 安東 父 祐成 著書 海閤集
權尙精(상정)	1644~1725	晦養堂	學者 字 一之 本貫 安東 父 琇 著書 朱書輯略
權相柱(상주)		竹軒	著書 竹軒實紀
權相重(상중)	朝鮮	晶沙	本貫 安東
權相鑽(상찬)	1857~1929	于石	字 慶七 本貫 安東 父 憲弼 著書 于石遺稿
權尙鐸(상탁)		星齋	著書 文集
權尙夏(상하)	1641~1721	寒水齋 遂菴 遂庵 寒泉 黃江	學者, 文臣 字 致道 本貫 安東 父 格 判中樞府事 諡號 文純 著書 寒水齋集
權相河(상하)		卑窩	著書 卑窩文集
權相翰(상한)	朝鮮	良隱	本貫 安東
權相翰(상한)	朝鮮後期	艮雲	字 冲一
權象鉉(상현)	1851~1929	俛窩	學者 字 泰亨 本貫 安東 父 致宣 外祖 張有齡 禧陵參奉 著書 俛窩文集
權相衡(상형)	朝鮮	君保	本貫 安東
權相勳(상훈)		雙碧堂	著書 文集
權穡(색) →權檣			
權紓(서)	朝鮮	兩宜堂	學者 字 仲容 本貫 安東
權瑞東(서동)	1696~1765	休窩	字 稚五 本貫 安東 父 斗載 著書 文集
權瑞應(서응)	朝鮮英祖	淸江處士	本貫 安東
權奭(석)	朝鮮純祖	五高軒	學者 本貫 安東 父 齊彦
權錫璋(석장)	朝鮮	斗陰	

人名	年代	號	其他
權錫揆(석규)	1689~1754	瓢陰	學者 字 伯益 宅甫 本貫 安東 父 永秀 外祖 李時善 著書 瓢陰文集
權錫魯(석로)	朝鮮	荷潭 荷塘	隱士 字 祈汝 本貫 安東 著書 荷潭集
權錫璘(석린)	1803~1884	晚喜 晚善堂	學者 字 良玉 本貫 安東 龍驤衛副護軍 著書 晚喜堂文集
權碩物(석물)	1613~1674	東隱	字 寬之 本貫 安東 父 昱 著書 文集
權錫元(석원)	1798~1871	密窩	學者 著書 密窩文集
權錫璋(석장)	1813~1885	畏菴	學者 字 周瑞 本貫 安東 父 海度 外祖 金敎九 著書 畏菴文集
權錫夏(석하)	1841~1904	石村	學者 字 乃範 本貫 安東 父 載纘 外祖 河景禹 著書 石村文集
權錫翰(석한)		方谷	著書 方谷先生文集
權錫虎(석호)	1879~1951	竹田	著書 竹田遺集
權錫晦(석회)	1789~1851	櫟坡	學者 字 穉根 本貫 安東 父 之度 外祖 柳普源 著書 櫟坡文集
權宣(선)	1531~1586	城谷	字 公著 本貫 安東 父 偉器
權愃(선)	1639~?	龍谷	文臣 字 和仲 本貫 安東 父 挺
權善(선)	朝鮮	二樂軒	文臣 字 吉甫 本貫 醴泉 司圃署別提
權璿(선)		黙齋	本貫 安東
權襈(선) →權常愼의 初名			
權善擇(선택)		存養齋	本貫 安東 父 啓賢
權㧦(섭)	朝鮮	梧亭	文臣 字 聖叙 本貫 安東 軍資監判事
權燮(섭)	1671~1758	玉所 權燮山人 無名翁 百趣翁 泉南居士	學者 字 調元 本貫 安東 父 尚明 祖父 格 外祖 李世白 著書 玉所集
權晟(성)	朝鮮顯宗	遯軒	文臣 字 明仲 本貫 醴泉 父 國楄
權惺(성)	1653~1730	霽月堂 霽月齋 霽月軒	文臣 字 警仲,敬仲 本貫 安東 父 覎 系 讓 漢城府判尹 諡號 貞簡
權誠(성)	朝鮮	養竹軒	學者 字 愼卿 本貫 安東
權偛(성)	朝鮮	半湖	本貫 安東 父 師彦 郡守
權悺(성)		養亭	本貫 安東 著書 養亭公逸稿〈永嘉世稿〉
權聖矩(성구)	1642~1708	鳩巢	文臣 字 恕余 本貫 安東 父 蕡 康津縣監 著書 鳩巢先生文集
權聖規(성규) →權聖矩			
權聖鳳(성봉)	朝鮮	龍岩	本貫 安東
權省吾(성오)	1587~1671	東巖 白巖 龍巖	文臣, 學者 字 子守,省之 本貫 安東 父 虎臣 外祖 朴遇 保寧縣監 著書 東巖文集

人名	年代	號	其他
權省五(성오) →權省吾			
權聖源(성원)	1602~?	浩然	文臣 字 起源 本貫 安東 父 涯 善山府使
權聖翊(성익)	1735~1821	延谷	學者 字 文瑞 本貫 安東 父 重斗 外祖 李亨煥 著書 延谷遺集
權聖一(성일)	?~1793	萬妙居士	學者 本貫 安東
權聖躋(성제)	1664~1743	反求齋	學者 字 敬叔 本貫 安東 父 從矩 外祖 金杭之 著書 反求齋遺稿
權聖重(성증)	朝鮮	晚悟	字 允伯 本貫 安東 通政大夫
權成采(성채)	朝鮮	碧村	本貫 安東 父 駿赫
權聖浩(성호)	朝鮮	蘆湖	本貫 安東 父 井杓
權世規(세규)	朝鮮	菊隱	文臣 字 用方 本貫 安東 參議
權世楠(세수)	1707~1758	道溪	文臣 字 茂叔 本貫 安東 父 漢徵 校理 著書 道溪集
權世淵(세연)	韓末	星臺	義兵將 本貫 安東
權世樟(세장)	朝鮮英祖	雲波	本貫 安東 父 海徵
權世楨(세정)	朝鮮後期	薰谷	委巷詩人 字 星伯 本貫 安東
權世杓(세표)→權世楨의 初名			
權世恒(세항)	朝鮮	林隱	文臣 字 汝久 本貫 安東 慶州府尹
權世鉉(세현)	1828~1908	四而堂 四而翁	字 君瑞 本貫 安東 父 應運
權炤(소)	1774~1841	時觀齋	著書 文集
權涑(속)		坐肅齋	著書 坐肅齋詩藁
權渠(손)	朝鮮正祖	西漁	本貫 安東 父 稙
權銖(수)	朝鮮世宗	湖隱	文臣 本貫 安東 父 近中 校理
權燧(수)	1535~1592	石泉	文臣 字 思遠 本貫 安東 父 常 全州府尹
權愫(수)	朝鮮肅宗	盤谷	文臣 本貫 安東 父 禪 監司
權修(수)	1618~?	柒窩 柒軒	文臣 字 永叔 本貫 安東 父 統系 緇 監司
權修(수)	1656~?	盤谷	文臣 字 子誠 本貫 安東 禮曹參議
權燧(수)		雲谷	字 天卿 本貫 安東
權朱(수)		梧谷	著書 文集
權脩(수) →權修(柒窩)			
權守經(수경)	1560~1623	竹峯	學者 字 叔燮 本貫 安東 父 愃
權守經(수경)	1584~1659	自樂堂	文臣, 學者 字 子正 本貫 安東 父 希舜 著書 自樂堂文集
權壽大(수대)	1671~1755	無名齋	著書 無名齋文集
權銖度(수도)		龜巖	本貫 安東
權壽鵬(수붕)	1680~1752	虛齋	著書 文集

人名	年代	號	其他
權秀升(수승)		一菴	著書 一菴先生文集
權壽元(수원)	1654~1729	剡溪	字 仁伯 本貫 安東 著書 剡溪公遺稿〈花山世稿〉
權壽海(수해)	朝鮮	向日	字 極甫 本貫 安東 司正
權埰(令)	1806~1877	錦厓	著書 錦厓先生文集
權淑(令) →權埰			
權叔經(숙경)	1509~1577	丹邱	字 達卿 本貫 安東 父 密 著書 丹邱公逸稿〈丹山世稿〉
權肅鳳(숙봉)	?~1962	小溪	著書 小溪遺稿
權淑徵(숙징)	朝鮮	二感齋	文人 本貫 安東
權悰(令)	1536~1606	寄傲堂 雙泉 雙村 雙淸堂	文臣 字 彦忱 本貫 安東 父 轍 追贈 右參贊
權淳(令)	朝鮮	梅塢	文臣 字 和甫 本貫 安東 縣令
權舜經(순경)	1676~1744	無窩	學者 本貫 安東 著書 無窩稿〈龍州聯稿〉
權舜紀(순기)	1679~1746	藥溪	學者 字 汝則 本貫 安東 父 是亮 著書 藥溪稿〈龍州聯稿〉
權純命(순명)	1891~1974	陽齋	學者 字 顧卿 本貫 安東 父 源 外祖 劉鍾甲 著書 陽齋集
權順長(순장)	1607~1637	睡窩 悔窩	忠臣 字 孝元 本貫 安東 父 盡己 追贈 左贊成 諡號 忠烈
權淳長(순장)		梧岡	著書 梧岡文集
權述(令)	朝鮮	靜默齋	學者 字 述甫 本貫 安東
權崇德(숭덕)	1540~1597	孝友菴	字 士修 本貫 安東 父 苓
權崇立(숭립)	1587~1654	洛厓	字 禎夫 本貫 安東 父 翊 著書 文集
權承奎(승규)	1867~1928	美堂	字 瑞龍 本貫 安東 父 允壽
權承緒(승서)	1628~1705	土菴	著書 土菴公遺稿〈魯皐世稿〉
權承善(승선) →權永善			
權勝振(승진)	朝鮮	聽荷	本貫 安東
權承夏(승하)	朝鮮後期	杞泉	本貫 安東
權諰(시)	1604~1672	炭翁 八吟齋	文臣, 學者 字 思誠 本貫 安東 父 得己 外祖 李瞻 追贈 左參贊 著書 炭翁集
權是經(시경)	1625~1708	龍湖 七休	文臣 字 季常 本貫 安東 父 順長 判敦寧府事 諡號 靖簡
權始經(시경) →權是經			
權是均(시균)	朝鮮後期	松塢	本貫 安東
權時望(시망)	朝鮮仁祖	歸歟野老	文人 字 望之 本貫 安東
權時敏(시민)	1464~1523	三槐堂	隱士 字 達而 父 金錫 著書 三槐堂集

人名	年代	號	其他
權時復(시복)	1797~1880	臺巖	學者 字 文顯 本貫 安東 父 學升 外祖 李敏植 著書 臺巖遺稿
權是中(시중)	1572~1640	櫟亭	學者 字 時正 本貫 安東 父 涑 外祖 尹宇 著書 櫟亭逸稿
權始顯(시현)	朝鮮仁祖	栗亭	文臣 本貫 安東 僉樞
權時亨(시형)		石湍	著書 文集
權軾(식)	1423~1485	杏亭	字 且卿 本貫 安東 父 尚宜
權寔(식)	1535~1592	楓巖	文臣 字 直卿 本貫 安東 父 應昌 著書 文集
權湜(식) →權提			
權寔(식)	朝鮮純祖	莫生	
權贐(신)	朝鮮肅宗	閒亭	文臣 本貫 安東 父 在允 獻納
權身度(신도)	朝鮮	六有齋	本貫 安東
權信文(신문) →姜信文			
權深(심)	朝鮮宣祖	晴川	義兵 字 士長 本貫 安東 著書 文集
權昖(심)	朝鮮仁祖	樂素子	本貫 安東 父 得己
權諗(심)	朝鮮英祖	養拙	本貫 安東 父 休
權心揆(심규)	1706~1779	松下	學者 字 道一 本貫 安東 父 德秀 外祖 金學培 著書 松下集
權心夔(심기)		巖棲齋	著書 文集
權審吉(심길)	1502~1574	居昌	著書 文集
權安世(안세)	朝鮮世宗	梧桐亭	本貫 安東 父 子候 著書 梧桐亭遺稿〈梧亭世稿〉
權俉(약)	朝鮮純祖	覺軒	文臣 字 叔有 本貫 安東 承旨
權瀁(양)	1555~1618	花陰	孝子 字 境止 本貫 安東 父 汝謙 著書 文集
權讓(양)	1688~1758	知足堂 忠軒	文臣 字 禮卿 本貫 安東 父 佺 掌令
權養浩(양호)	朝鮮後期	石隱	本貫 安東
權襹(엄)	1729~1801	葉西	文臣 字 公著 本貫 安東 父 諿 知中樞府事
權奋(엄)	朝鮮	芝圃	本貫 安東 父 顥
權業(업)	1574~1650	龜沙 龜洲 龜村	字 齋仲 本貫 安東 父 悟 著書 文集
權懍(업)	1669~1783	寄傲堂 寄傲軒	文臣 字 士兢 本貫 安東 父 讓 左參贊
權汝訥(여눌)		默齋	字 叔老 祖父 時敏
權璉(연)	朝鮮	鳴巖	文臣 字 彦器 本貫 安東 父 悚 王子師傅
權演(연) →權績			
權延燮(연섭)		晚修齋	著書 晚修齋文集
權璉夏(연하)	1813~1896	頤齋	文臣, 學者 字 可器 本貫 安東 父 載綸 系 載德 嘉善大夫 著書 頤齋先生文集

人名	年代	號	其他
權廉(염)	1302~1340	松齋	文臣 字 士廉 本貫 安東 父 準 僉議贊成事
權濂(염)	1701~1781	厚庵	學者 字 希元 本貫 安東 父 后準 外祖 金台重 著書 厚庵集
權曄(엽)	1574~1650	龜沙	文臣 字 霽仲 本貫 安東 父 悟 固城郡守 著書 龜沙集
權熀(엽) →權瑝			
權燁(엽) →權煒			
權坽(영)	1604~1675	愚谷	文臣 字 子高 本貫 安東 父 鑊 漢城府左尹
權潁(영)	1694~1740	友松堂	學者 字 深源 本貫 安東 父 烋 外祖 南天佑 著書 友松堂集
權穎(영)	朝鮮英祖	靜養齋	文臣 本貫 安東 弼善
權永(영) →權溥의 初名			
權寧機(영기)		少霞	著書 文集
權寧東(영동)	1895~?	義菴	學者 字 承周 本貫 安東 父 達鎬 外祖 石來重 著書 義菴文集
權寧萬(영만)	1877~1950	覺軒	獨立運動家
權永善(영선)	朝鮮後期	棋坡	
權寧壽(영수)		菊村	著書 菊村集
權寧運(영운)	1887~1965	晩惺	著書 晩惺集
權榮遠(영원)	朝鮮	儒潭	本貫 安東 父 靖
權寧祚(영조)	1883~1955	白堂	獨立運動家
權永佐(영좌)	朝鮮	晶山 米山	文人 本貫 安東
權永俊(영준)	朝鮮	鍾山	本貫 安東 父 應文
權寧濬(영준)	1872~1948	亞峴	宗教家 本貫 安東
權寧浩(영호)		習齋	著書 習齋集
權寧顥(영호)		退密窩	著書 退密窩遺集
權永休(영휴)	1800~1868	巽窩	學者 字 休吉 本貫 安東 父 漢朝 外祖 南紀漢 著書 巽窩集
權輗(예)	1495~1549	磨厓	文臣 字 景信, 曳山 本貫 安東 父 哲經 外祖 黃允卿 右參贊 著書 磨厓集
權奥(오) →權奐			
權墺(오) →權琰			
權五奎(오규)	朝鮮	南喬	
權五紀(오기)	1463~?	拙齋 貞齋	文臣 字 協之 本貫 醴泉 父 善 左通禮 著書 拙齋集

人名	年代	號	其他
權五福(오복)	1467~1498	睡軒	文臣 字 嚮之 本貫 醴泉 父 善 金宗直 門人 追贈 都承旨 著書 睡軒先生文集
權五鳳(오봉)	1879~1960	桐圃	著書 桐圃文集
權五成(오성)	韓末	竹雲	
權五儼(오엄)	1878~1942	畏堂	字 德和 本貫 安東 父 承福 著書 文集
權玉淵(옥연)	朝鮮	素虛齋	本貫 安東
權韞(온)	1559~?	松坡	字 玉汝 本貫 安東 父 擘
權垸(완)	朝鮮	逋翁	文臣 字 子高 封號 安原君 直長
權王照(왕후)	高麗忠宣王	浠堂	本貫 安東 父 溥
權堯性(요성)		蓤迂	
權容(용)	1509~1558	奇齋 起齋	文臣 字 公擇 本貫 安東 父 應挺 祖父 希孟 直提學
權璿(용)	朝鮮中期	稼隱	學者 字 穉圭 本貫 安東 父 恰
權墉(용)	1684~1772	仙溪散人	學者 字 仲瞻 本貫 醴泉 父 希益 外祖 金可柱 同知 中樞府事 著書 仙溪文集
權容(용)	1843~1911	品山	著書 文集
權鎔(용)		睡翁	字 守甫
權容大(용대)	朝鮮	萬代居士	本貫 安東 父 相運
權龍爽(용석)		寓軒	著書 寓軒先生文集
權龍燮(용섭)		忍庵	著書 文集
權容燮(용섭)	朝鮮	潤翠堂	本貫 安東
權用直(용직)	朝鮮哲宗	蘭士	
權用正(용정)	1801~?	小游	書家 字 宜卿 本貫 安東 父 復仁 府使 著書 漢陽歲時記
權龍河(용하)	1847~1910	月谷	字 賢弼 本貫 安東 父 道泱 著書 文集
權龍見(용현)		月巖	著書 文集
權龍鉉(용현)	1899~1988	秋淵	字 文見 著書 秋淵集
權遇(우)	1363~1419	梅軒	文臣, 學者 字 仲慮 慮甫 本貫 安東 父 僖 世子賓客 著書 梅軒先生集
權宇(우)	1552~1590	松巢 松窩	文臣 字 定甫 本貫 安東 父 大器 李滉 門人 追贈 左承旨 著書 松巢集
權堣(우)	1610~1685	東谷	文臣 字 子明 本貫 安東 父 鑊 漢城府左尹
權祐(우)	朝鮮仁祖	永思堂	武臣 字 介爾 本貫 安東 司醞署直長
權友慤(우각) →趙友慤			
權友亮(우량)		檢巖	著書 檢巖遺稿〈梧亭世稿〉
權愚仁(우인)		花山	
權遇銓(우전)		雲厓	字 君會 本貫 安東 著書 文集

人名	年代	號	其他
權友直(우직)	1571~?	花岑	著書 花岑遺稿 〈梧亭世稿〉
權旭(욱)	1556~1612	梅堂	學者, 義兵 字 景初 本貫 安東 父 審彦 著書 梅堂先生遺稿 〈花山世稿〉
權煜(욱)	1658~1717	草堂	學者, 文臣 字 幼晦 本貫 安東 父 尚夏 府使
權源(원)	朝鮮	農窩	
權攸(유)	朝鮮	遯高	字 伯道 本貫 安東 副尉
權儒(유)	朝鮮	愛村	字 士行 本貫 安東 通德郎
權潤壽(윤수)	朝鮮末	野翁	
權應銖(응수)	1546~1608	白雲齋 白雲	武臣 字 仲平 本貫 安東 父 德臣 追贈 左贊成 諡號 忠毅 著書 白雲齋實記
權應時(응시)	1541~1587	松鶴 松鶴軒	文臣 字 亨叔 本貫 安東 父 鐣 祖父 世豪
權應仁(응인)	1521~?	松溪	文臣 字 士元 本貫 安東 父 希孟 漢吏學官 著書 松溪集
權應鎰(응일)		松塢	本貫 安東
權應挺(응정)	1498~1564	懶菴 懶齋 黙菴 黙巖	文臣 字 士遇 本貫 安東 父 希孟 同知中樞府事
權應周(응주)	1539~1610	曲江亭	文臣 字 汝望 本貫 安東 父 希彦 忠義
權應直(응직)	→權應道		
權應昌(응창)	1505~1568	知足堂 知足庵	文臣 字 景遇 本貫 安東 父 希孟 同知中樞府事
權應錘(응추)	1697~1769	智山齋	本貫 安東 著書 文集
權檥(의)	1475~1558	野翁	文臣 字 伯懼 本貫 安東 父 士彬 著書 野翁先生遺稿 〈花山世稿〉
權義叔(의숙)		梅溪	本貫 安東
權義中(의중)	朝鮮	大樹	文臣 字 宜伯 司孟 本貫 安東
權以鍇(이개)		閒窩	字 仲精 本貫 安東
權爾經(이경)		明啓齋	字 士行
權以奎(이규)	→吳以奎		
權以復(이복)	1740~1819	晚洲	學者 字 無悔 本貫 安東 父 濂 外祖 朴履相 著書 晚洲文集
權以時(이시)	1631~1708	拙窩	學者 字 聖則 本貫 安東 父 守正 著書 拙窩文集
權履中(이중)	1581~1660	南厓	文臣 字 子正 本貫 安東 父 愰 監察
權以中(이중)	朝鮮	金湖	本貫 安東 司僕寺正
權以鎭(이진)	1668~1734	有懷堂 漫收堂 漫收軒 收漫軒	文臣 字 子定 本貫 安東 父 惟 祖父 諰 外祖 宋時烈 戶曹判書 諡號 恭敏 著書 有懷堂集
權以平(이평)	朝鮮	松齋	文臣 字 元輔 本貫 安東 僉知中樞府事
權翌(익)	1399~1445	源西 源西處士	學者 字 敬叔 本貫 安東 著書 文集

人名	年代	號	其他
權楹(익)	1671~1733	止窩	學者 字 濟而 本貫 安東 父 愃
權鎮(익)	1821~1876	根窩	隱士 字 士重 本貫 安東 父 玶 著書 根窩稿
權益九(익구)	1662~1722	慈山	學者 字 聖基 本貫 安東 父 應道 外祖 申尚義 著書 慈山逸稿
權益圭(익규)	朝鮮	淡寧齋	文臣 字 善慶 本貫 安東 承旨
權益呂(익려)	朝鮮	湖陽子	學者 字 茂卿 本貫 安東
權益隆(익룽)	朝鮮後期	何處散人	字 大叔
權益隣(익린)	朝鮮	琴谷	學者 字 隣哉 本貫 安東 父 宇 著書 文集
權翼民(익민)		菊塘	著書 菊塘公稿
權益運(익운)	朝鮮	三百堂	文臣 字 亨瑞 本貫 安東 議官
權益昌(익창)	1562~1645	湖陽	學者 字 茂卿 本貫 安東 父 宣 著書 湖陽文集
權怤(인)	1550~1619	七峯 七峰	文臣 字 思栗 本貫 安東 父 常
權仁圭(인규)	1843~1899	巢隱	義兵將 本貫 安東 著書 巢隱倡義錄
權仁奎(인규)	→權仁圭		
權麟植(인식)	韓末	定軒	
權人夏(인하)	1805~1889	素軒	學者 字 而素 本貫 安東 父 宅模 外祖 趙學洙 著書 素軒文集
權逸立(일립)		歸隱	本貫 安東
權日身(일신)	1736~1801	移庵 稷庵	學者, 天主教徒 字 省吾 本貫 安東 父 歆 安鼎福 婿
權恁(임)	1600~1654	退庵	學者 字 和叔 本貫 安東 父 應生 外祖 李慶弘 參奉 編著 社皐世稿
權自愼(자신)	?~1456	誠齋	本貫 安東 父 專
權橋(장)	1489~1519	寓庵 霽村 霽浦	文臣 字 濟夫 濟甫 本貫 安東 父 士彬 追贈 副提學 著書 文集
權璋(장)	1802~1870	野遺堂	字 章玉 本貫 安東 父 眺 著書 野遺堂遺稿
權縡(재)		桂園	本貫 安東
權載皐(재고)		悠然軒	著書 悠然軒集
權載九(재구)	1888~1951	一軒	著書 文集
權載奎(재규)	朝鮮高宗	而堂	著書 而堂文集
權在奎(재규)		直菴	著書 直菴先生文集
權載祺(재기)	1885~1955	有齋	字 德希 本貫 安東 父 毅容 著書 文集
權載機(재기)	1887~1930	堅菴	字 子璿 父 錫憲 著書 堅菴文集
權載寧(재녕)	1850~1903	龜山	學者 字 士文 本貫 安東 父 道銖 外祖 金聖洙 著書 龜山集
權載大(재대)	朝鮮正祖	晶山	字 汝車 本貫 安東
權載惇(재돈)	1851~1941	東洲	著書 東洲遺稿
權載斗(재두)	1851~1913	石愚	學者 字 君七 本貫 安東 父 章煥 外祖 河慶縉 著書 石愚文集

人名	年代	號	其他
權載綸(재륜)	朝鮮	疎軒	本貫 安東
權載璞(재박)		止庵	本貫 安東
權載成(재성)	1778~1838	西圃 愼菴	學者 字 聲遠 本貫 安東 父 象慶 著書 西圃逸稿
權載性(재성)	1890~1955	弦菴	著書 文集
權在韶(재소)	1831~1913	三省齋	學者 字 聖聞 本貫 安東 父 大紀 外祖 金復燦 著書 三省齋文集
權在洙(재수)		霽軒	本貫 安東 父 鍾義
權載淳(재순)→權載惇			
權載鈺(재옥)	朝鮮	茶山	本貫 安東
權載運(재운)	1701~1778	麗澤齋 花山	學者 字 景厚 本貫 安東 父 壽百 著書 麗澤齋遺稿
權載鍾(재종)		孝齋	本貫 安東 父 允圭
權在直(재직)	?~1954	晩松	著書 晩松遺稿
權載春(재춘)	1882~1952	岳陽	學者 字 子正 本貫 安東 父 錫魯 外祖 姜老赫 著書 岳陽集
權載河(재하)	朝鮮高宗	濫川	本貫 安東
權在衡(재형)→權重顯			
權載瑚(재호)		竹谷	著書 竹谷先生文集
權在洪(재홍)	朝鮮	松庵	本貫 安東 父 大徵
權褚(저)	朝鮮憲宗	下南	
權適(적)	1094~1146	繼亭	字 得正 本貫 安東 父 準
權蹟(적)	1610~1652	壺隱	學者 字 聖由 本貫 安東 父 偶 大君師傅
權迪(적)	1626~1679	鳩谷	文臣 字 啓卿, 啓余 本貫 安東 父 美胤 外祖 邊鎰 龍驤衛副護軍 著書 鳩谷文集
權𥛚(적)	1675~1755	蒼白軒 繼亭 南厓 南崖	文臣 字 景賀 本貫 安東 父 燧 祖父 讓 右賓客 諡號 孝貞 著書 蒼白軒集
權佺(전)	1583~1651	釋老	文臣 字 壽伯 本貫 安東 父 靭 系 幹 著書 釋老遺稿
權㻩(전)	1603~1687	五友齋	字 以主 本貫 安東 父 守經
權烇(전)		海隱	著書 文集
權節(절)	1422~1494	栗亭 東亭 醉翁	文臣 字 端操 本貫 安東 父 審 祖父 嚴 諡號 忠肅 著書 栗亭亂稿
權點(점)	1568~?	休溪	字 子興 本貫 安東 父 斗文
權定(정)	1353~1441	思復齋	文臣 字 安之 本貫 安東 父 顯 左司諫
權正教(정교)	朝鮮	松館子	本貫 安東
權正己(정기)	朝鮮	穀晦 穀悔	隱士 字 謹之 本貫 安東 父 克禮
權正始(정시)		松洲	本貫 安東
權正容(정용)	1874~1899	春坡	學者 字 文中 本貫 醴泉 父 枉謨 外祖 河錫文 著書 春坡薰

人名	年代	號	其他
權正運(정운)		道仕	本貫 安東
權正己(정이)→權正己			
權挺之(정지)	朝鮮	松菴	文臣 字 得瞻 本貫 安東 戶曹參議
權瀞徵(정징)	朝鮮	晦窩	文臣 本貫 安東
權正忱(정침)	1710~1767	平庵	文臣 字 子誠 本貫 安東 父 蓋 諡號 忠憲 著書 平庵文集
權正泰(정태)		訥庵	本貫 安東
權正宅(정택)	朝鮮	小山	本貫 安東
權正弼(정필)	韓末~日帝	東山	獨立運動家
權靖夏(정하)	1806~1892	松皋	學者 字 惠民 本貫 安東 父 晦中 外祖 孫以雄 著書 松皋文集
權正學(정학)	朝鮮	若野亭	本貫 安東 父 鍾業 著書 文集
權鼎鉉(정현)	1728~1805	龍泉	學者 字 台仲 本貫 安東 父 德休 外祖 辛任曾 著書 龍泉遺稿
權正徽(정휘)	1785~1835	元溪	學者 字 利用 本貫 安東 父 炫 外祖 河龠浩 著書 元溪遺稿
權鼎興(정흥)	1657~1733	睦齋	著書 文集
權踶(제)	1387~1445	止齋 修隱 止亭 暉軒	文臣, 學者 字 仲義, 仲安 初名 蹈 本貫 安東 父 近 祖父 僖 外祖 李攜 右贊成 著書 止齋集
權濟(제)	朝鮮宣祖	源堂	義兵將 字 致遠 本貫 安東 父 達 著書 文集
權霽(제)		淸夢堂	字 時可 本貫 安東 父 大成
權第可(제가)	朝鮮明宗	光風堂 丹邱	文臣 字 士榮 本貫 安東 參奉
權濟敬(제경)	1737~1814	克難齋	學者 字 士規 本貫 安東 著書 克難齋集
權濟寧(제녕)→權載寧			
權躋敏(제민)		淵西	著書 淵西遺稿〈逐初堂先生集〉
權濟應(제응)	朝鮮	翠亭	文臣, 學者 本貫 安東 父 養性
權鈞(조)→權鈞			
權宗吉(종길)	朝鮮	蒼隱	本貫 安東 父 慶男
權宗洛(종락)	1745~1819	葛山 兄窩	字 明應 本貫 安東 父 翼銖 外祖 李冑胤 著書 葛山集
權鍾崙(종륜)	1813~?	晩休堂	本貫 安東 父 晉穎
權綜庠(종상)	朝鮮後期	東史	學者 著書 東史遺稿
權鍾序(종서)	?~1901	愚塘	學者 著書 愚塘遺稿
權鍾奭(종석)	朝鮮後期	竹農	本貫 安東 父 勝圭
權鍾善(종선)		百愚	著書 文集
權宗孫(종손)	1425~?	松堂	文臣 字 景元 本貫 安東 父 允仁 都承旨 諡號 益憲
權鍾遠(종원)	1880~1937	石山	著書 石山遺稿
權鍾義(종의)		述齋	本貫 安東 祖父 思德

人名	年代	號	其他
權鍾海(종해)	1869~1922	惺波	獨立運動家 義兵將 字 宣明 本貫 安東 父 仁圭
權鍾華(종화)	1850~1926	惪村	學者 字 子實 本貫 安東 父 奭圭 外祖 沈成玉 著書 惪村文集
權鑄(주)	?~1394	葵軒	書藝家 字 希顔 本貫 安東
權柱(주)	1457~1505	花山	文臣 字 支卿 本貫 安東 父 逈 追贈 右參贊 著書 花山先生逸稿
權主(주)	1576~1651	慕明齋 春睡堂	學者 字 子止 本貫 安東 父 斗文 著書 文集
權霅(주)	1627~1677	南溪	文臣 字 德雨 本貫 安東 父 世忠
權珠(주)→權誅			
權周郁(주욱)	1825~1901	逋庵 山石	學者 字 文媺 本貫 安東 父 炘 外祖 朴民秀 著書 逋庵文集
權胄煥(주환)	1825~1893	琴棲	學者 字 希直 本貫 醴泉 父 顯相 著書 琴棲遺集
權準(준)	1280~1352	松齋	文臣 字 平仲 本貫 安東 父 溥 封號 吉昌府院君 僉議贊成事 諡號 昌和
權準(준)	1541~?	元堂 元塘	字 平甫 本貫 安東 父 景絢
權濬(준)	1578~?	霜嵒	文臣 字 道甫 本貫 安東 父 世仁
權畯(준)	朝鮮宣祖	松巒	字 景寅 本貫 安東 父 德操
權俊(준)	朝鮮顯宗	月川樵叟	本貫 安東 父 怙
權晙(준)	1895~1959	百忍 揚武	獨立運動家 字 季彦 本貫 安東 本名 重煥
權準義(준의)→權準義			
權準義(준희)	1849~1936	友巖	學者 字 啓衆 本貫 安東 父 鑽 系 鑲 外祖 金重秀 著書 友巖文集
權重經(중경)	1658~1728	靜黙堂 巽齋 靜黙	文臣 字 道一 本貫 安東 父 瑋 祖父 大運 戶曹參議 著書 靜黙堂集
權重道(중도)	1680~1722	退菴	學者 字 汝行 本貫 安東 父 德輝 外祖 黃皞 著書 退菴集
權重冕(중면)	朝鮮	翠陰	本貫 安東 父 瀗
權重爽(중석)	朝鮮後期	聲此	
權重錫(중석)	1889~?	養軒	大倧敎人 本貫 安東
權重遂(중수)→權重經			
權中實(중실)	朝鮮	烏齋	
權重淵(중연)	1830~1883	月室 一齋	學者 字 士濬 本貫 安東 父 行夏 外祖 金奎銖 著書 月室遺稿
權重燁(중엽)→韓重燁			
權中執(중집)	朝鮮	歸漁齋	本貫 安東 父 濟應
權重海(중해)	韓末	洛隱	
權重顯(중현)	1854~1934	經農	大臣 字 致玉 本貫 安東 初名 在衡 父 弘燮 農商工部大臣 編著 菊齋先生實記

人名	年代	號	其他
權重鎬(중호)	朝鮮	又山	本貫 安東 父 永俊
權仲和(중화)	1322~1408	東皐	文臣 字 容夫, 庸夫 本貫 安東 父 漢功 封號 醴泉伯 諡號 文節 著書 東皐集
權重熙(중희)	朝鮮	春堂	文臣 字 輝卿 本貫 安東 左尹
權憕(증)	1636~1677	井谷 井谷處士	著書 文集
權訨(지)	?~1652	萬松 萬松居士	字 叔愚 本貫 安東 父 正己
權之彦(지언)	朝鮮英祖	聾窩	文臣 字 邦兮 本貫 安東 父 世徽
權溭(직)	1792~?	團和齋	學者 本貫 安東 父 馥 著書 團和齋集
權直己(직기)	朝鮮宣祖	鳴皐	字 而敬 本貫 安東 吏曹參議
權直熙(직희)	1856~1913	錦里	字 惟執 本貫 安東 父 翼尚 著書 錦里文集
權軫(진)	1357~1435	敬齋 獨樹 獨樹窩 移谷	文臣 字 希山 本貫 安東 父 希正 右議政 諡號 文景 著書 敬齋先生文集
權縉(진)	1572~1624	睡隱 柿巖	文臣 字 雲卿 本貫 安東 父 晛 兵曹判書
權縉(진)	朝鮮英祖	霽谷	文臣 字 望雲, 孟雲 本貫 安東 父 榘
權瑎(진)	朝鮮	悠然	文臣 字 正卿 本貫 安東 封號 永昌府院君 右議政 諡號 忠成
權晉(진)	朝鮮後期	春雨齋	本貫 安東
權軫(진)		晚翠堂	本貫 安東 父 愿
權晉(진)→權近의 初名			
權晉奎(진규)	1860~1910	靑蓮齋	學者 字 平仲 本貫 安東 父 厚壽 外祖 李秉一 著書 靑蓮齋遺稿
權晉奎(진규)		錦石	著書 錦石先生文集
權盡己(진기)	1578~1629	草盧	文臣 字 汝實, 而恕 本貫 安東 父 克中 都承旨 著書 文集
權震應(진응)	朝鮮中期	黃江	本貫 安東
權震應(진응)	1711~?	山水軒	學者 字 亨叔 本貫 安東 父 之性 外祖 宋炳翼 諮議 著書 山水軒遺稿
權旺(질)		慕軒	本貫 安東 父 度 著書 文集
權溠(집)	1569~1633	黙翁	文臣 字 達甫 本貫 安東 父 世仁 執義
權諿(집)	1600~1681	日峯	文臣 字 和叔 本貫 安東 父 備 著書 日峯遺稿
權王集(집)	1665~1716	華山	學者 字 壽玉 孺方 本貫 安東 父 大毅 外祖 朴爾黙 著書 華山遺稿
權緝(집)	1666~1704	獨軒	文臣, 學者 字 敬止 本貫 安東 父 悍 外祖 李允培 河東府使 著書 獨軒遺稿
權緝(집)	1704~1763	巢谷	隱士 字 仲連 本貫 安東 父 榘
權王集(집)		克復齋	著書 克復齋集
權徵(징)	1426~1467	蘇巖	字 恭之 本貫 安東 父 可後 著書 文集

人名	年代	號	其他
權徵(징)	1538~1598	藤菴 松菴	文臣 字 而遠 本貫 安東 父 碏 追贈 領議政 諡號 忠定
權纘(찬)	?~1560	岐亭	文臣 字 繼祖 本貫 安東 父 敏手 戶曹判書
權纘(찬)	1826~1905	正窩	字 而遠 本貫 安東 父 碏 著書 正窩稿
權鑽(찬)→權纘			
權纘德(찬덕)		晚梧	著書 晚梧先生文集
權燦容(찬용)	1854~1923	梅塢	文人 字 泰永 本貫 安東 父 在奎 著書 梅塢遺稿
權瓚煥(찬환)	1782~1636	香塢	字 文玉 本貫 安東 父 東鎭 著書 文集
權昌燮(창섭)		晚翠堂	著書 晚翠堂遺蹟
權昌植(창식)	1724~1804	潛溪	學者 字 平仲 本貫 安東 父 德寬 外祖 金始秋 著書 潛溪文集
權昌業(창업)	1600~1677	樊谷	學者 字 子基 本貫 安東 父 誌
權昌容(창용)	1881~1939	松岡	著書 松岡先生文集
權昌震(창진)	1597~1683	啞盲	學者 字 東彦 本貫 安東 父 德榮 外祖 南繼洪 著書 啞盲逸稿
權採(채)	1399~1438	遇子 一齋	文臣 字 汝鋤 本貫 安東 父 遇 著書 文集 直提學
權埰(채)→權諫			
權策(책)	1444~?	五峰	節臣 字 經之 本貫 安東 父 自弘 著書 文集
權處均(처균)	1541~1620	烏竹軒	字 士中 本貫 安東 父 和
權處德(처덕)		幽村	
權處善(처선)	朝鮮	剛齋	本貫 安東
權處愚(처우)		日省齋	著書 日省齋集
權謫(척)→權謫			
權轍(철)	1503~1578	西山 雙翠 雙翠軒	文臣 字 景由 本貫 安東 父 勳 外祖 安擢 領議政 諡號 康定
權澈(철)		月梧堂 月梧軒	字 汝涵 本貫 醴泉
權哲身(철신)	1736~1801	鹿庵	學者 本貫 安東 父 歆 著書 追悼文
權詹(첨)	朝鮮	西湖	學者 字 省吾 本貫 安東
權帖(첩)	1573~1629	東里	文臣 字 靖吾,靜吾 本貫 安東 父 徵 慶州府尹
權替(체)→權漢의 初名			
權聰(총)	1413~1480	養性軒	文臣 字 不聞 本貫 安東 父 踶 外祖 太宗 左參贊 諡號 靈靖
權最美(최미)		菊圃	本貫 安東
權春蘭(춘란)	1539~1617	晦谷	文臣 字 彦晦 本貫 安東 父 錫忠 李滉 門人 青松 府使 著書 晦谷集
權衷(충)	1352~1423	龜淵	本貫 安東 父 僖
權緻(치)	1693~1766	土軒	學者 字 孟堅 本貫 安東 父 謚 著書 文集

人名	年代	號	其他
權致經(치경)		啞軒	本貫 安東
權致福(치복)		杜皋	
權致宣(치선)		勉川	本貫 安東
權致燮(치섭)→權致奕			
權致奕(치혁)	1826~1901	退密窩	學者 字 景一 本貫 慶州 父 耆煥 著書 退密窩遺集
權致和(치화)	1798~?	花西	本貫 安東 父 必秉
權伏(칙)	1599~?	菊軒	文臣 字 子倣 本貫 安東 父 韞
權稱(칭)	1580~1644	退谷	文臣 字 正平 本貫 安東 父 守經 成均館司藝
權泰喬(태교)→趙泰喬			
權泰奎(태규)		菊軒	字 季膚 本貫 安東 著書 文集
權泰斗(태두)	朝鮮英祖	梅谷	隱士 字 直甫 著書 文集
權台齡(태령)	朝鮮後期	松川	
權泰時(태시)	1635~1719	山澤齋	文臣, 學者 字 亨叔 本貫 安東 父 昌業 外祖 洪勒 懷德縣監 著書 山澤齋集
權泰永(태영)	朝鮮	月庵	本貫 安東 父 亨德
權泰一(태일)	1569~1631	藏谷	文臣 字 守之 本貫 安東 父 春蘭 系 春桂 具鳳齡 門人 全羅道觀察使 著書 藏谷集
權泰一(태일)	朝鮮	錘山	本貫 安東 父 正學
權泰一(태일)		春暎齋	本貫 安東
權泰直(태직)	1886~1950	平齋	學者 字 敬夫 本貫 安東 父 重禹 外祖 金錫振 著書 平齋文集
權泰春(태춘)		東巖	著書 東巖先生文集
權泰鉉(태현)		勉齋	本貫 安東
權泰勳(태훈)	朝鮮	松皋	本貫 安東 父 道守
權台熙(태희)	朝鮮	聽竹	
權澤萬(택만)	朝鮮	守窩	學者 本貫 安東
權宅模(택모)	1774~1829	晚修齋	學者 字 景仁 本貫 安東 父 世彦 著書 晚修齋文集
權宅洙(택수)		玉圃	本貫 安東
權宅容(택용)		惕窩	著書 文集
權宅夏(택하)	朝鮮	修齋	本貫 安東
權坪(평)	朝鮮正祖	石泉	
權平鉉(평현)	1897~1969	華隱	著書 文集
權憬(표)→權懍			
權韠(필)	1569~1612	石洲 懶隱 綾羅 無言子	文人 字 汝章 本貫 安東 父 擘 系 鼈 鄭澈 門人 著書 石洲集
權苾(필)	朝鮮	白麓	學者 字 孝則 本貫 安東 父 斗寅
權必輔(필보)	朝鮮正祖	竹塘	本貫 安東 父 大仁 進士

人名	年代	號	其他
權必稱(필칭)	1721~1784	梧潭 梧軒	武臣 字 子平 本貫 安東 父 壽武 宋明欽 金元行 門人 慶尙左道水軍節度使 著書 梧潭先生文集
權弼衡(필형)	朝鮮後期	夢窩	本貫 安東 父 益隆
權鸑(학)		覆瓿	著書 覆瓿初蒿
權鶴永(학영)		春岡	著書 文集
權學準(학준)		梅瘦	本貫 安東
權澣(한)	朝鮮顯宗	芝圃	文人 字 新之 本貫 安東 父 以爾
權僩(한)		嘯翁	本貫 安東 著書 嘯翁逸稿 〈永嘉世稿〉
權漢功(한공)	?~1349	一齋	權臣 本貫 安東 父 頙 太子左贊善 謚號 文坦 著書 一齋集
權翰模(한모)	1856~1923	錘山	字 聖循 本貫 安東 父 永胤 著書 錘山先生文集
權漢舒(한서)	朝鮮	三守軒	學者 字 士憲 本貫 安東
權翰成(한성)	1811~1879	肯播齋	學者 字 翼甫 本貫 安東 父 得錘 外祖 柳若春 司憲府持平 著書 肯播齋文集
權漢緯(한위)	1743~1816	挹竹窩	字 章汝 本貫 安東 父 啓學
權瑊(함)	1423~1487	知守菴	文臣 字 次玉 本貫 安東 父 克和 封號 花川君 兵曹判書 謚號 襄平
權郃(합)	朝鮮中期	歸隱	本貫 安東 父 頤
權沆(항)	1588~?	竹軒	字 景初 本貫 安東 父 應壽 著書 竹軒公逸稿 〈丹山世稿〉
權伉(항)	?~1653	松菴	字 士直 本貫 安東 父 韠 著書 松菴遺稿 〈石洲外集〉
權沆(항)		東溪	本貫 安東 著書 父 膺善 東溪集
權海(해)	朝鮮仁祖	伴琴	
權瑎(해)	1639~1704	南谷 南岡 南郭	文臣 字 皆玉 本貫 安東 父 大載 戶曹參議 著書 南谷集
權行可(행가)	1553~1623	梅湖	文臣,學者 字 士遇 本貫 安東 父 善文 外祖 潘淑 著書 梅湖逸稿
權行彦(행언)	朝鮮正祖	松竹堂	本貫 安東 父 世育
權行夏(행하)	1815~1855	鵝山	學者 字 時仲 本貫 安東 父 載祜 系 載成 外祖 金熙發 著書 鵝山遺稿
權享洙(향수)		晩悟齋	本貫 安東 父 在鍾
權憲(헌)	1693~1747	慕山	學者 字 耆章,周甫 本貫 安東 父 傑 著書 慕山遺稿
權攄(헌)	1713~1770	震溟 震溪	學者 字 仲約 父 耆 外祖 金盛道 長水縣監 著書 震溟集
權譓(헌)	朝鮮	翠庵	本貫 安東 父 景祜
權憲(헌) →權宬			

人名	年代	號	其他
權憲璣(헌기)	1895~1953	石帆	隱士 字 汝舜 本貫 安東 著書 石帆遺稿
權赫(혁)	朝鮮	伊泉	學者 字 晦卿 本貫 安東
權赫洙(혁수)	1861~1928	菊農	著書 菊農遺稿
權赫然(혁연) →柳赫然			
權賢(현)	朝鮮肅宗	憂堂	文臣 本貫 安東 父 在益 執義
權誢(현)	1611~1690	永思齋	文臣 字 直卿 本貫 安東 父 備
權灝(현)→權灝			
權顯相(현상)	1782~1840	大疎齋	學者 字 蕭如 本貫 醴泉 父 進漢 外祖 洪宗盇 著書 大疎齋文集
權見素(현소)	朝鮮	星江	本貫 安東 父 潒
權悏(협)	1553~1618	石塘	文臣 字 思省 本貫 安東 父 常 外祖 羅之傑 封號 吉昌君 正憲大夫 諡號 忠貞 著書 燕行錄
權協(협)	1659~1730	長隱	本貫 安東 著書 文集
權㻋(협)		守黙堂 孝黙堂	
權鞈(협)→權鞈			
權瑩(형)	1678~1745	歌枕翁 清隱 欹枕翁	文臣 字 仲蘊 本貫 安東 父 尚明 祖父 格 外祖 李世白 司直
權泂(형)	朝鮮	尋松亭	學者 字 孝思 本貫 安東
權衡珏(형각)	朝鮮	栗塢	本貫 安東 父 聖魯
權炯奎(형규)		竹翁	本貫 安東
權衡基(형기)	韓末	龍義	字 星五 本貫 安東
權衡基(형기)		昧憲	著書 昧憲先生實紀
權衡植(형식)		守樂堂	本貫 安東 父 在洙
權鎬(호)	高麗	靜齋	字 希文 本貫 安東 判密直事 諡號 良孝
權灝(호)	1634~1695	愚軒	學者 字 聖源 本貫 安東 父 處善 祖父 準 外祖 李鑲 著書 愚軒集
權浩(호)		魯峯	字 善養 本貫 安東 父 景昱
權濩(호)		濟湖	本貫 安東
權顯明(호명)	1778~1849	竹下	學者 字 見之 本貫 安東 父 道一 外祖 李再膚 著書 竹下遺稿
權好文(호문)	1532~1589	松巖	學者 字 章仲 本貫 安東 父 桂 著書 松巖集
權虎臣(호신)	1558~1629	二山	文人 字 伯武 本貫 安東 父 寅
權好淵(호연)	朝鮮	陶隱	本貫 安東 著書 陶隱先生文集
權豪胤(호윤)	1623~1684	東濱	學者 字 景俊 本貫 安東 父 夢協 外祖 李鶴貞 追贈 司憲府執義 著書 東濱漫錄
權顥仁(호인)		二山	著書 文集

人名	年代	號	其他
權浩直(호직)	1724~1786	松鱗翁	學者 字 仍明, 明復 本貫 安東 父 以鎧 外祖 朴守令 著書 松鱗翁遺稿
權混(혼)		反求齋	本貫 安東
權弘(홍)	1360~1446	雙塘 雙堂 松雪軒	文臣 字 伯道 本貫 安東 父 鈞 領敦寧府事 諡號 文順 著書 雙塘集
權霂(홍)	1626~1699	仙巖	學者 字 澤遠 本貫 安東 父 尚忠
權弘燮(홍섭)	朝鮮	晚樵	本貫 安東 父 景祜
權和仲(화중)	1725~1776	盤巖	著書 盤巖遺稿
權鑊(확)	1568~1638	石溪 苔溪	文臣 字 士重 本貫 安東 父 潔 同副承旨
權擴(확)	1627~1698	愚默堂	學者 字 君性 本貫 安東 父 闇 外祖 孫興慶 著書 愚默堂集
權穫(확)	朝鮮	西水	學者 字 先卿 本貫 安東
權確淵(확연) →柳確淵			
權寏(환)	1580~1651	二愚堂	文臣 字 宅甫 本貫 安東 父 大器 外祖 裵希道 江原道使 著書 二愚堂集
權瑍(환)	1636~1716	濟南	文臣 字 仲章 本貫 安東 父 大胤 外祖 金斗明 開城府留守 著書 濟南集
權桓圭(환규) →權相圭			
權桓老(환로)		忍庵	著書 文集
權愰(황)	1534~1641	聖庵 恥庵	文臣 字 思瑩 本貫 安東 父 常 外祖 羅之傑 追贈 五衛都摠府都摠官
權晃(황)	朝鮮正祖	蓮洲	文臣 字 明仲 本貫 安東 祖父 格 承旨
權煌(황) →權瑝			
權獲(획) →權穫			
權晅(훤)	朝鮮初期	夢庵	
權曉(효)	朝鮮	晚隱	文臣 字 堯日 本貫 安東 修義副尉
權孝淵(효연)	朝鮮	農丈	本貫 安東
權堠(후)	1602~1667	聽梧	字 厚之 本貫 安東 父 點
權厚淵(후연)	朝鮮	蓉南	本貫 安東 父 經夏
權烜(훤)		梅隱	文臣 本貫 安東 封號 玄福君 直長
權愃(훤) →權宣			
權徽(휘) →權徵			
權侁(흠)	1723~1792	南窓	文臣 字 大寧 本貫 安東 父 重萬 著書 南窓集
權歆(흠)	1644~1695	鶴山	文臣 字 子馨 本貫 安東 父 蹟
權忄翁(흠)	1710~1748	梧軒	字 海仲 本貫 安東 父 尚友 著書 梧軒稿 〈龍川聯稿〉
權興(흥)		雲菴	本貫 安東
權興岂(흥기) →崔興岂			

人名	年代	號	其他
權興益(흥익)	1608~1655	四勿齋 四勿軒	書藝家 字 明來 本貫 安東 父 稱 淸州判官
權晅(희)	1545~1602	松窩	文臣 字 君晦 本貫 安東
權憘(희)	1547~1624	南唐 南岳	文臣 字 思悅 本貫 安東 父 常 外祖 羅之傑 追贈 右議政 著書 文集
權禧(희)→權憘			
權曦(희)	朝鮮	龜巖	字 寅汝 本貫 安東 追贈 左承旨
權希孟(희맹)	1475~1525	水庵	文臣 字 景醇,子醇 本貫 安東 父 詳 江原道觀察使
權希舜(희순)		雲菴	字 景華 本貫 安東 父 武成
權希說(희열)	1649~?	壽樂堂	文臣 字 命之 本貫 醴泉 父 昇 禮曹佐郞
權希仁(희인)	1558~1593	參巖	義兵將 字 士安 本貫 安東 父 彦均 追贈 兵曹參議 著書 參巖遺集
權喜學(희학)	1672~1742	感顧堂 感顯 感顯堂	文臣 字 文仲 本貫 安東 父 命逈 封號 花原君 長淵府使
軌泓(궤홍)	1714~1770	翫月	僧侶 本貫 淸州 俗姓 韓氏
均如(균여)	923~973	圓通首座	僧侶 本貫 黃州 俗姓 邊氏
極鉉(극현)	1827~?	蓮舟	僧侶 俗姓 申氏
根績(근적)	1770~1854	錦溪	僧侶 俗姓 李氏
謹憲(근헌)	?~1885	壽星	僧侶 俗姓 許氏
琴恪(각)	1571~?	釣臺	字 彦恭 本貫 奉化 父 蘭秀 著書 文集
琴愷(개)	1562~?	望月軒	文臣 字 彦康 本貫 奉化 父 蘭秀 驪州牧使
琴憬(경)	1553~?	月潭	義兵 字 彦覺 本貫 奉化 父 蘭秀
琴基萬(기만)	1830~1882	菊隱	學者 字 穉璋 本貫 奉化 父 聖烈 外祖 權思爽 著書 菊隱文集
琴基一(기일)	1836~1895	樵隱	學者 字 穉望 本貫 奉化 父 聖烈 著書 樵隱文集
琴蘭秀(난수)	1530~1604	惺齋 孤山 孤山主人 懼懼齋 惺惺齋	學者 字 聞遠 本貫 奉化 父 憲 外祖 南軾 李滉 門人 奉化縣監 著書 惺齋集
琴德音(덕음)	1611~?	松軒	字 汝洽 本貫 奉化 父 應徵
琴東烈(동렬)		紫山 紫巖	著書 紫山文集
琴命圭(명규)	1834~1891	丹隱	字 性佑 本貫 鳳城 父 元烈 著書 文集
琴忭(변)→琴溍의 改名			
琴輔(보)	1521~1584	梅軒 柏堂 柏栗堂	字 士任 本貫 奉化 父 元壽 外祖 金永銖 李滉 門人 著書 梅軒集
琴復古(복고)	1549~?	松陰	字 皞如 本貫 奉化 父 軔 著書 文集
琴鳳瑞(봉서)	朝鮮宣祖	蘆江	文人 字 應休 本貫 奉化
琴鳳世(봉세)	朝鮮	湖藝	文臣 字 昌瑞 本貫 奉化 龍驤衛護軍
琴鳳儀(봉의)	1668~1697	水鏡齋	學者 字 舜瑞 本貫 奉化 父 道鳴 外祖 鄭涑 宋時烈 門人 著書 水鏡齋遺稿
錦山君(금산군)→李誠胤			

人名	年代	號	其他
琴尚烈(상렬)		閑谷	本貫 奉化
琴尚絃(상현)	1587~?	磻川	文臣 字 景五 本貫 奉化 父 見龍
琴書述(서술)	1791~1872	素無軒	學者 字 季欽 本貫 奉化 父 汝玉 系 汝稷 外祖 金 弘命 著書 素無軒集
琴錫璉(석련)		玉川	著書 文集
琴錫命(석명)	韓末	晦亭	字 胤三 著書 遺稿
琴錫炘(석흔)	朝鮮	竹圃	本貫 奉化 父 燮律
琴燮律(섭률)	朝鮮	雲川	本貫 奉化 父 樂文
琴聖奎(성규)	1636~1700	易安堂	字 文叔 本貫 奉化 父 是律
琴聖微(성미)→琴聖徽			
琴聖徽(성휘)	1622~?	洛浦	文人 字 和叔 本貫 奉化 父 愷 著書 文集
琴舜基(순기)		日休	
琴舜遇(순우)	朝鮮	浮庵	本貫 奉化 父 再誠
琴是武(시무)		巡梅亭	字 景張 本貫 奉化 父 胤古
琴詩述(시술)	1783~1857	梅村	學者 字 繼聞 本貫 奉化 父 汝玉 著書 梅村文集
琴是養(시양)	1598~1663	三棄堂 遠遯翁	學者 字 子善 本貫 奉化 父 胤古 外祖 徐千日 著書 三棄堂文集
琴是調(시조)	1584~?	新巖	文臣 字 景平 本貫 奉化 父 復古 奉常寺僉正 著書 文集
琴是諧(시해)	1587~1667	峩洋軒	學者 字 克成 本貫 奉化 父 復古 著書 峩洋軒文集
琴養蒙(양몽)	1753~1833	雙湖 雙湖亭	學者 字 亨之 本貫 奉化 父 復魯 外祖 金爾鏞 著書 雙湖文集
琴嶪(업)	1557~?	晚修齋	文臣 字 彦愼 本貫 奉化 父 蘭秀 昌原府使 著書 文集
琴英澤(영택)	1739~1820	晚寓齋	學者 字 再卿 本貫 奉化 父 一協 外祖 李時蕃 著書 晚寓齋文集
琴英澤(영택)		松浦	本貫 奉化
琴梧(오)	1486~?	竹窓	隱士 字 伯材 本貫 奉化 父 致湛
琴龍洛(용락)	韓末	紹山	字 雲一 著書 文集
琴容式(용식)	1584~1657	新巖	文臣, 學者 字 景平 本貫 奉化 父 復古 外祖 南繼洪 著書 新巖文集
琴鏞夏(용하)	1850~1929	鶴山	字 致三 本貫 奉化 父 鼎基 著書 鶴山文集
琴佑烈(우열)	1824~1904	紫山	學者 字 景祖 本貫 奉化 父 廷錫 外祖 李熙震 許傳 門人 著書 紫山文集
琴佑烈(우열)		嘐然堂	本貫 奉化
琴應角(응각)	朝鮮	葛陰	字 景仁 本貫 奉化 宣陵參奉
琴元貞(원정)	朝鮮初期	聾叟	學者 字 正叔 本貫 奉化 父 徽

人名	年代	號	其他
琴柔(유)	朝鮮中宗	清遠亭	文臣 本貫 奉化 父 克諧 著書 文集
琴胤古(윤고)	1559~1641	松坡	文臣 字 繹如 本貫 奉化 父 輔 軍資監正
琴轜(은)	朝鮮宣祖	高巖	文臣 字 汝任 本貫 奉化 父 元壽
琴應商(응상)	1512~?	定省齋	文人 字 景翁 本貫 奉化 父 希連
琴應石(응석)		種善亭	字 景和 本貫 奉化 父 元貞
琴應英(응영)→琴應莢			
琴應莢(응협)	1526~1596	日休 日休堂	文臣 字 協之 本貫 奉化 父 梓 翊贊 著書 日休集
琴應夾(응협)→琴應莢			
琴應浹(응협)→琴應莢			
琴應峽(응협)→琴應莢			
琴應垜(응협)→琴應莢			
琴應壎(응훈)	1540~1616	勉進齋	文臣 字 壎之 本貫 奉化 父 梓 著書 日休勉進兩先生聯稿
琴儀(의)	1153~1230	金浦	字 節之 本貫 奉化 平章事 諡號 英烈
琴椅(의)	朝鮮	海村	字 仲材 本貫 奉化 青松府使
琴義筍(의순)	1543~1591	翠巖 琴巖	隱士 字 友卿 本貫 奉化 父 應石
琴軔(인)	1519~?	南溪 松溪	字 伯任 本貫 奉化 父 元壽 著書 文集
琴悌筍(제순)	1545~?	赤巖 赤谷	隱士 字 恭叔 本貫 奉化 父 應石
琴調律(조율)	朝鮮	惺齋	本貫 奉化 父 璉
琴軸(축)	1496~1561	南溪 松溪	文人 字 大任 本貫 奉化
琴海圭(해규)	1861~1914	愛山	字 學涵 本貫 奉化 父 俊烈 著書 愛山先生文集
琴軒(헌) →琴輔			
琴夾之(협지) →琴應莢			
琴秙(혜)		雙松	本貫 奉化 父 滌
琴壎之(훈지) →琴應壎			
琴徽(휘)	朝鮮世祖	文谷	文人 字 子猷 本貫 奉化 父 淮
琴熙星(희성)		藥泉	著書 藥泉先生文集
亘璇(긍선)	1767~1852	白坡	僧侶 俗姓 李氏 著書 定慧結社文
兢讓(긍양)	878~956	圓悟	僧侶 本貫 公州 父 亮吉
奇虔(건)	?~1460	服菴 青坡 眩庵 眩菴	文臣 本貫 幸州 父 勉 判中樞府事 諡號 貞武
奇慶衍(경연)	1848~1923	睡軒	字 受之 本貫 幸州 父 一鎭 著書 睡軒集
奇繼尙(계상)		錦溪	本貫 幸州
奇近燮(근섭)	韓末	聞江	字 毅卿 本貫 幸州
奇老柏(노백) →奇欽夫			
奇老善(노선)		道南	本貫 幸州 父 春道 著書 文集

人名	年代	號	其他
奇老章(노장)	朝鮮	莊軒	本貫 幸州
奇大臨(대림)	朝鮮	松湖	字 悖彦 本貫 幸州
奇大升(대승)	1527~1572	高峰 樂菴 復齋 存齋	學者 字 明彦 本貫 幸州 父 進 封號 德原君 謚 號 文憲 著書 高峰集
奇大鉉(대현)	1811~?	松臺	字 羽龍 本貫 幸州 父 在善
奇東教(동교)	朝鮮高宗	白南軒	字 子般 本貫 幸州 父 馨秀 童蒙教官
奇東準(동준)	1860~1918	春潭	學者 字 仲平 本貫 幸州 父 昌鉉 外祖 崔潤煥 著書 春潭集
奇晩獻(만헌)	1593~1651	栢峰	文臣 字 時可 本貫 幸州 父 蘭 府使
奇廡(무)		植齋	著書 植齋集
奇瀰(미)	1711~1793	晩海	學者 字 秀澤,秀登 本貫 幸州 父 挺會 外祖 羅 天奎 著書 晩海遺稿
奇山度(산도)	1878~1928	毅齋	獨立運動家
奇參衍(삼연)	?~1908	省齋	義兵將 字 景魯 本貫 幸州 父 鳳鎭
奇世哲(세철)		謙齋	著書 謙齋集
奇秀發(수발)	1575~1623	滄浪亭	字 子山 本貫 幸州 父 允獻
奇升奎(승규)	1797~1877	葛坡	字 舜則 本貫 幸州 父 成斗 著書 葛坡遺稿
奇陽衍(양연)	1827~1895	柏石 柏石軒	文臣 字 子敏 本貫 幸州 父 允鎭 外祖 朴宗漢 副修撰 著書 柏石軒遺集
奇亮衍(양연)	1831~1911	沙上耕叟	字 德水 本貫 幸州 父 萬鎭 井邑守令
奇彦觀(언관)	1706~?	菊泉 菊泉齋	隱士 字 伯瞻 本貫 幸州 父 挺後
奇彦鼎(언정)	1716~1997	懶窩	文臣 字 仲和 本貫 幸州 父 挺後 工曹判書 謚 號 靖簡 著書 懶窩集
奇宇萬(우만)	1838~1916	松沙	義兵將 字 會一 本貫 幸州 著書 松沙集
奇偶星(우성)		烟洞翁	本貫 幸州
奇宇承(우승)	1858~1907	普山	學者 字 孝迷 本貫 幸州 父 陽衍 外祖 高龜鎭 著書 普山遺稿
奇禹鉉(우현)		守拙堂	字 鳴魯 本貫 幸州
奇允獻(윤헌)	1575~1624	德陽	字 敬而 本貫 幸州 父 應世
奇㦶(율)		雲湖	本貫 幸州 父 宗獻
奇義獻(의헌)	1587~1653	棄隱	學者 字 士直 本貫 幸州 父 孝芬 外祖 李惟海 著書 棄隱遺稿
奇自靖(자정)→奇自獻의 初名			
奇自獻(자헌)	1662~1624	晩全 晩全堂	文臣 字 士靖 本貫 幸州 初名 自靖 父 應世 封 號 德平府院君 領中樞府事
奇長衍(장연)	1892~1950	平齋	字 士元 本貫 幸州 父 弘鎭 著書 平齋實紀
奇宰(재)	1854~1921	植齋	學者 字 立夫 本貫 幸州 父 晋衍 外祖 金在林 著書 植齋集
奇在根(재근)		雲齋	本貫 幸州
奇在善(재선)→奇左善			

人名	年代	號	其他
奇挺龍(정룡)	1730~1798	樂菴	學者 字 見卿, 見龍 本貫 幸州 父 震省 外祖 朴尙玄 著書 樂菴遺稿
奇挺翼(정익)	1627~1690	松巖	學者 字 子亮 本貫 幸州 父 震璧 外祖 羅茂春 孝陵參奉 著書 松巖文集
奇正鎭(정진)	1798~1876	蘆沙 南湖 下沙 潛叟	學者 字 大中 本貫 幸州 父 在祐 外祖 權德彦 戶曹參判 著書 蘆沙集
奇宗獻(종헌)		守虛 守虛堂	字 景猷 本貫 幸州 父 孝謹
奇左善(좌선)		立齋	字 敬止 本貫 幸州
奇遵(준)	1492~1521	德陽 服齋	文臣 字 敬仲, 敬仲 本貫 幸州 父 襸 趙光祖 門人 追贈 吏曹判書 諡號 文愍 著書 德陽遺稿
奇進(진)	朝鮮端宗	勿齋	字 子順 本貫 幸州 父 襸
奇震甲(진갑)	朝鮮孝宗	散隱	文人 字 龍卿 本貫 幸州 祖父 舜獻
奇處(처)→奇虔			
奇學敬(학경)	1741~1809	謙齋	文臣, 學者 字 仲心 本貫 幸州 父 彦觀 校理 著書 謙齋集
奇獻(헌)	韓末	秋堂 白坡居士 玉枕道人	學者 著書 秋堂雜稿
奇逈(형)	朝鮮宣祖	訥齋	字 子高 本貫 幸州 父 襸
奇虎(호)→奇虔			
基弘(홍)	韓末	龍坡	僧侶
奇洪衍(홍연)	1828~1898	龍山	學者 字 景道 本貫 幸州 父 重鎭 外祖 姜沆 著書 龍山遺稿
己和(기화)	1376~1433	得通 無準 信如 涵虛 涵虛堂	僧侶 本貫 忠州 俗姓 劉氏 本名 守伊 著書 圓覺疏
奇孝諫(효간)	1530~1593	錦江 忍齋	學者 字 伯顧 本貫 幸州 父 大有 金麟厚,李恒 門人
奇孝曾(효증)	1550~?	涵齋	義兵將 字 伯魯 本貫 幸州 父 大升 外祖 李任 軍器寺僉正
奇欽夫(흠부)	?~1962	蓮坡	著書 文集
奇希諫(희간)→奇孝諫의 初名			
吉基鎭(기진)	朝鮮	鹿隱	文臣 字 亨佐 本貫 海平 同知中樞府事
吉慶咸(경함)	朝鮮	香隱	文臣 字 慶錫 平壤府使
吉斗允(두윤)	朝鮮	雲卿	文臣 本貫 海平 僉知中樞府事
吉秉賀(병하)	朝鮮	醒菴	文臣 字 仁由 敦寧府都正
吉善周(선주)	1869~1935	靈溪	己未 獨立宣言33人 字 潤悅 本貫 海平 父 鳳順 著書 懺悔論
吉世煥(세환)		石老	
吉承丹(승단)	朝鮮	文彦	文臣 字 重赫 本貫 海平 承文院承旨
吉詠(영)	朝鮮宣祖	藻溪 藻隱	義兵將 本貫 海平 父 獜之
吉元禮(원례)	朝鮮	桐隱	文臣 字 敬中 同知中樞府事

人名	年代	號	其他
吉元進(원진)	高麗	松皐	字 高薦 本貫 海平 寶城判官
吉履祥(이상)	1794~1878	錦湖	文人 字 士善 本貫 海平
吉仁保(인보)→吉仁和			
吉仁和(인화)	朝鮮後期	笠巖	文臣 字 良叔, 敬叔 本貫 善山 尚書院直長
吉再(재)	1353~1419	冶隱 金烏山人	學者 字 再夫, 再父 本貫 海平 父 元進 外祖 金希迪 門下注書 諡號 忠節 著書 冶隱集
吉鍾福(종복)	朝鮮	錦庵	文臣 字 國弼 同副承旨
吉進國(진국)		笠巖	本貫 善山
吉致誠(치성)		藻亭	本貫 海平
金氏(씨)		九峯	著書 九峯公稿
金氏(씨)		槿鄕	著書 文集
金氏(씨)		蘭泉	著書 文集
金氏(씨)		覓佗	著書 文集
金氏(씨)		三宜堂	著書 文集
金氏(씨)		月窓	著書 文集
金氏(씨)		寂下	著書 文集
金氏(씨)		青閒堂	著書 文集
金氏(씨)		霽村	本貫 義城 著書 文集
金氏(씨)		夏園	
金氏(씨)	1681~1722	浩然齋	本貫 安東 父 成達 夫 宋堯和 著書 文集
金氏(씨)		黃汀	著書 文集
金可基(가기)	朝鮮後期	雲巢子	委巷詩人 字 無可 本貫 慶州
金可淳(가순)	1711~1811	善淵齋 善淵	字 而善 本貫 安東 著書 善淵齋集〈華棲集〉
金家淳(가순)	朝鮮後期	竹棲	
金嘉鎭(가진)	1846~1922	東農	獨立運動家 字 德卿 本貫 安東 父 應均 中樞院議長
金可勳(가훈)	朝鮮肅宗	白門處士	本貫 安東 父 大蕃
金覺(각)	1536~1610	石川	文臣 字 景惺 本貫 永同 父 彦建 檥城判官 著書 石川先生遺集〈芝亭先生遺集〉
金㲄(각)	朝鮮	直溪	文臣 本貫 茂朱 將仕郎
金殼(각)	朝鮮	觀水堂	文臣 字 受卿 本貫 扶安 參奉
金珏(각)	朝鮮	蒙愚堂	字 重玉 本貫 義城 父 八休 祖父 克亨
金榦(간)	1646~1732	厚齋 平齋	文臣 字 直卿 本貫 清風 父 濤 系 洙 外祖 朴浩遠 右參贊 諡號 文敬 著書 厚齋集
金侃(간)	1653~1735	竹峰	文臣 字 士行 本貫 豊山 父 弼臣 外祖 李天標 掌隸院判決事 著書 竹峰集
金侃(간)	朝鮮	靖庵	本貫 金海 父 德南
金㯂(간)		黙窩	字 明遠 本貫 遂安
金玕(간)→金玗			

人名	年代	號	其他
金勘(감)	1466~1509	仙洞 一齋	文臣 字 子獻 本貫 延安 父 元臣 封號 延昌府院君 兵曹判書 諡號 文敬
金鑑(감)	1566~?	笠澤	文臣 字 仲虛 本貫 錦山 父 聲遠 金海府使 著書 笠澤集
金曠(감)	朝鮮宣祖	五林子	字 待之 本貫 廣州
金堪(감)	朝鮮	浮休	本貫 安東 父 鼎一
金鑑(감)		繼亭	本貫 瑞典
金鑑述(감술)	朝鮮	稼隱	本貫 道康 父 達表
金鉀(갑)	朝鮮	西隱	文臣 字 衛卿 本貫 坡平 奉直郎
金甲圭(갑규)	1854~?	無忌堂	字 允彦 本貫 安東 父 炳叙 系 炳漢 著書 文集
金甲斗(갑두)	朝鮮	秋巖	本貫 金海 父 源檜
金甲錫(갑석)	朝鮮	愚谷	委巷詩人 字 慶之 父 景廉
金甲植(갑식)	朝鮮	耘隱	本貫 金海 父 濟武
金甲欽(갑흠)		松隱	本貫 商山 祖父 重泰
金鋼(강)	1609~1669	東林 迂叟	著書 文集
金綱(강)	朝鮮正祖	芭棲 傲窓	學者 字 益文 本貫 延安 父 載久 外祖 具謙錫 著書 芭棲私藁
金綱(강)		宜庵	字 綱之 本貫 光山 父 胤文 系 伯文
金康年(강년)		山叟	字 龍喜 本貫 安東
金江玟(강민)	1868~1928	學泉	著書 學泉文集
金江漢(강한)	1719~1779	蘭谷	學者 字 濯而 本貫 義城 父 必欽 著書 蘭谷集
金漑(개)	1405~1484	平湖	文臣 字 宣澤 本貫 安山 父 定卿 判中樞府事
金鎧(개)	1504~1569	獨松 獨松亭	文臣 字 邦寶 本貫 光山 父 昭胤 刑曹判書
金漑(개)	朝鮮	望海亭	本貫 安山 父 定卿 左贊成 諡號 平胡
金漑(개)		龜菴 龜巖	本貫 慶州
金鍇(개)	朝鮮	西溪	文臣 字 和卿 本貫 坡平 部將
金盖國(개국)	1548~1603	晚翠 晚翠堂 百忍堂	文臣 字 公濟,公澄 本貫 延安 父 得夢 朴承任 門人 追贈 承旨 著書 晚翠遺稿
金盖國(개국)→金蓋國			
金介立(개립)→李介立			
金開物(개물)	高麗	墨溪 愚溪	字 元龜 本貫 廣州 司憲府持平
金客契(객계)		過齋	著書 過齋先生遺稿
金擧(거)	朝鮮中期	南厓	本貫 安東 父 希益
金鐻(거)		鶴圃	本貫 金海
金渠(거)→金榘			
金巨公(거공)	高麗	清寒堂	文臣 字 純原 本貫 原州 吏部尚書 諡號 忠文
金巨公(거공)	高麗	松巖	字 正守 本貫 金海

人名	年代	號	其他
金去非(거비)	朝鮮中期	石溪	本貫 安山 父 昱
金居翼(거익)	高麗	退庵	本貫 義城 父 台權
金鍵(건)	1513~1584	竹梧堂	字 公啓 本貫 瑞興 著書 文集
金鍵(건)	1549~1629	三淸 三淸逸老	文臣,孝子 字 公啓 本貫 彦陽 父 美叔 府使
金健(건)	1658~1706	美村	學者 字 天行 本貫 豊山 父 礪臣 外祖 權詹 著書 美村文集
金璉(건)		南溪	著書 文集
金建坤(건곤)	朝鮮	竹峯	本貫 金海 父 容煥 系 容守
金健洛(건락)	朝鮮後期	石老	本貫 義城
金建銖(건수)	1790~1854	晚悔軒	文臣, 學者 字 公立 本貫 義城 父 在仁 外祖 洪宗海 承政院副承旨 著書 晚悔軒文集
金健壽(건수)	朝鮮憲宗	止菴	字 到剛 本貫 豊山
金健淳(건순)	1776~1801	嘉橘	天主敎徒 字 正學 本貫 安東 父 履九 著書 天堂地獄論
金健植(건식)	朝鮮	酉山	委巷詩人 字 穉行 祖父 德亨
金建鍾(건종)	朝鮮	松菴	委巷人 字 大中 父 得臣
金建周(건주)		下根齋	著書 文集
金建準(건준)	1627~1688	雙淸軒 後翁	字 平仲 本貫 一善 父 震啓 系 綜益 著書 文集
金健輝(건휘)	1831~1903	下蔡	學者 字 見應 本貫 義城 著書 下蔡晚惺兩世稿
金傑(걸)	朝鮮中宗	訥軒	文臣 本貫 安山 父 自荊 判書 諡號 壯烈
金堅(견)	朝鮮宣祖	愼齋 雲溪	文臣 字 仲實 本貫 密陽 參判
金堅壽(견수)	朝鮮前期	養性齋	本貫 龍宮 縣監
金潔(결)	1606~1696	晚隱	字 仲湖 本貫 慶州 父 廷謹 著書 文集
金潔(결)	朝鮮宣祖	任閑堂	本貫 光山 父 有輝 參奉
金潔(결)		老柏堂	本貫 商山
金謙(겸)	朝鮮	晚松 晚松堂	文臣 字 恭安 本貫 晉州 祖父 台 禮曹判書
金謙光(겸광)	1419~1490	西亭	字 撝卿 本貫 光山 父 鐵山
金兼廉(겸렴)	1622~1674	赤谷	字 遠明 本貫 光山 著書 文集
金兼廉(겸렴) →金益廉			
金謙行(겸행)	朝鮮後期	簡翁	字 子安 本貫 安東 父 世根 著書 文集
金曒(경)	朝鮮	晦峰	本貫 慶州 父 順祖
金敬(경)	朝鮮	石溪	文臣 字 德重 本貫 晉州 將仕郎
金璟(경)	朝鮮	秋潭	本貫 慶州 父 世琳
金涇(경)		淸心齋	本貫 慶州 父 孟堅
金憬(경)		直齋	本貫 光山
金敬坤(경곤)	朝鮮	竹園	本貫 金海 父 容煥

人名	年代	號	其他
金慶權 (경권)	朝鮮	布松齋	本貫 金寧 父 溶奎
金慶奎 (경규)	1807~1876	愚拙	學者 字 德與 本貫 慶州 父 魯錫 外祖 申鑽 著書 愚拙集
金景謹 (경근)	1559~1597	大瑕齋	義兵 字 而信 本貫 商山 父 浚 外祖 李仁培 追贈 司憲府監察 著書 大瑕齋實記
金慶基 (경기)		傅巖	本貫 英陽 父 重燁 著書 傅巖詩錄
金景南 (경남)	朝鮮	寒泉	本貫 金寧 父 忠柱
金慶南 (경남)		寒泉	字 搏汝 本貫 金海
金景男 (경남)		梅竹堂	本貫 光山 父 珩
金慶鸞 (경란)		樂堂 樂天	字 雲老 本貫 安東 著書 文集
金敬念 (경념)	1882~1950	愼菴	獨立運動家 本貫 安山 編著 大韓獨立史
金景濂 (경렴)	1766~?	澹惺齋	委巷詩人 字 仲茂 本貫 金海 父 光哲
金慶老 (경로)		梅堂	本貫 安東
金景綠 (경록)		梅軒	本貫 光山 祖父 寶
金慶龍 (경룡)	朝鮮宣祖	寒江	本貫 慶州 父 應虛 直長
金景霖 (경림)	1700~1708	杏堂	字 澤世 本貫 順天 父 弼衡 著書 杏堂寃稿
金景林 (경림)	1842~?	簫山	書藝家 字 德五 本貫 金海
金敬立 (경립)		秋峯	本貫 金海
金敬文 (경문)	1602~1691	晚橋	書藝家 字 直之 本貫 原州 父 後龍 祖父 斗南 同知中樞府事
金慶門 (경문)	1673~?	蘇巖	譯官 字 守謙 本貫 牛峰 父 指南 知中樞府事 著書 通文館誌
金景文 (경문)	朝鮮	梅軒	委巷人 字 汝行 本貫 忠州
金景發 (경발)	朝鮮	怡菴	文臣 字 伯庸 本貫 密陽 司僕內乘
金慶福 (경복)	朝鮮初期	松堂	本貫 義城 父 英烈
金景參 (경삼)		蒿菴	字 魯得 本貫 羅州
金景瑞 (경서)		松隱	本貫 晉州
金景錫 (경석)	朝鮮	龍洲	文臣 字 錫之 本貫 羅州 同知中樞府事
金敬錫 (경석)		箕菴	本貫 善山
金景善 (경선)	朝鮮憲宗	水竹	文臣 本貫 清風 父 基豊 參贊 諡號 貞文
金環燮 (경섭)	1867~1913	誠齋	字 滋聲 本貫 瑞興 父 重權 著書 文集
金慶誠 (경성)		龜庵	字 敬德 本貫 固城
金景世 (경세)	?~1636	溪隱	文臣,義兵 字 賢甫 本貫 金海
金景壽 (경수)	1543~1621	鰲川	義兵 字 伯亨 本貫 蔚山 父 應井 外祖 趙淑堅 同知中樞府事 著書 鰲川集
金景遂 (경수)	朝鮮後期	忍齋	委巷人
金敬淳 (경순)	朝鮮	石吾	本貫 安東 父 履遜

人名	年代	號	其他
金景軾(경식)	朝鮮	時隱	本貫 羅州 父 最英
金儆植(경식)	朝鮮後期	无咎子	委巷詩人 字 戒若, 熙重 本貫 晋州 父 忠顯
金閌植(경식)		竹庵	著書 竹庵集
金敬植(경식)		直谷	著書 直谷先生文集
金慶植(경식)		尼谷	本貫 商山 父 潤求
金敬信(경신)	朝鮮光海君	謹愼齋	本貫 金海 父 忠善
金景沈(경심)	1700~1731	松窩	字 仲黙 本貫 義城 父 汝鎔
金慶言(경언)	朝鮮中宗	訥齋	文臣 本貫 順天 父 湘 兵曹正郎
金慶業(경업)		漁隱	
金慶餘(경여)	1597~1653	松厓 松崖 晩隱	文臣 字 由善 本貫 慶州 父 光裕 外祖 宋枏壽 追贈 左贊成 著書 松厓集
金敬淵(경연)	朝鮮純祖	稼隱 東籬	文臣 本貫 淸風 著書 文集
金景燁(경엽)	朝鮮	一芝	
金敬永(경영)	朝鮮	桂庵	本貫 金海 父 國璨
金慶玉(경옥)	朝鮮	聾軒	本貫 慶州 父 泰典
金景溫(경온)	1692~1734	丹砂	學者 本貫 義城 父 汝鍵 參奉 著書 丹砂遺稿〈聞昭世稿〉
金景琬(경완)	朝鮮	爲軒	委巷詩人 字 公琰 本貫 三陟 父 宏夏
金景勇(경용)	朝鮮	梅竹堂	本貫 金海 進士
金敬運(경운)	1730~1813	稽居堂 稶居	本貫 善山 父 時瑀 著書 稽居堂逸稿〈崇善世稿〉
金景遠(경원)		鳳菴	本貫 金寧
金敬元(경원)	朝鮮	守訓齋	文臣 字 愼伯 本貫 金海 父 忠善 上護軍
金慶遠(경원)		東皐	本貫 咸昌
金景游(경유)	1698~1773	老隱	文臣, 學者 字 君哲 本貫 慶州 父 之鎰 外祖 姜肆 同知中樞府事 著書 老隱遺稿
金景游(경유)	1794~?	後村	學者 字 師偃 本貫 光山 父 性俊 著書 四禮正變
金慶胤(경윤)	朝鮮	學林	本貫 善山 父 慶源
金敬義(경의)	朝鮮	鶴軒	文臣 字 允章 本貫 公州 持平
金敬義(경의)	朝鮮	棲齋	本貫 蔚山 父 珀賢
金敬義(경의)		梅軒	字 正黙 本貫 金寧
金敬仁(경인)	朝鮮	聽流堂	本貫 蔚山 父 珀賢
金慶長(경장)	1597~1653	龜巖 龜菴	學者 字 德承 本貫 順天 父 宗秀 外祖 張崑 黃山察訪 著書 龜巖文集
金慶祖(경조)	1583~1645	深谷	文臣 字 孝吉 本貫 豊山 父 大賢 慶尙道權攝右節度使
金敬祚(경조)	朝鮮	市隱	
金景鍾(경종)	朝鮮	石友田	本貫 金海 父 達浩

人名	年代	號	其他
金暻鍾(경종)	朝鮮	竹軒	本貫 雪城
金景宗(경종)		太和軒	本貫 盈德
金敬宗(경종)		晚浦	本貫 慶州
金暻中(경종)	1863~1945	芝山	字 仕仁 本貫 蔚山 父 堯英 著書 芝山先生遺稿
金敬之(경지)	1710~1786	執齋	文臣 字 元直 本貫 江陵 父 壽龍 系 壽龜 司憲府 持平 著書 執齋集
金敬直(경직)	高麗恭愍王	息齋	文臣 本貫 彦陽 父 倫
金敬直(경직)	1567~1634	憂亭 牛亭	文臣 字 而正 本貫 善山 父 光啓 追贈 都承旨
金敬直(경직) →金儆植			
金敬直(경직)	朝鮮純祖	无咎子	
金敬鎭(경직)	1827~1878	敬庵	字 聖緝 本貫 義城 父 璉壽
金景燦(경찬)	1680~1722	松鶴	父 汝鍵 著書 松鶴遺稿〈聞昭世稿〉
金敬燦(경찬)		黃洲	本貫 光山
金慶昌(경창) →全慶昌			
金敬天(경천)	?~1765	芝谷	文臣 同知中樞府事
金景澈(경철)	1698~1764	西坡	本貫 義城 縣監 著書 西坡逸稿〈聞昭世稿〉
金景澈(경철)		丹沙	
金景秋(경추)	1520~1612	松汀 松谷 松亭居士	字 君根,君振 本貫 金海 著書 松汀金先生遺稿
金慶宅(경택)	朝鮮	雪庵	委巷詩人 字 賀卿 本貫 金海
金慶平(경평)	朝鮮	桂南	本貫 慶州 父 德一 參奉
金景泌(경필)	1701~1748	鶴陰 鶴隱	字 源仲 本貫 義城 父 汝鎧 著書 鶴陰遺稿〈聞昭世稿〉
金景河(경하)	1879~1950	菊山	獨立運動家
金景河(경하)		錦農	本貫 金海
金敬恒(경항)	朝鮮	龜湖	文臣 字 士基 本貫 晉州 司憲府監察
金敬行(경행) →金敏行			
金景瀗(경헌)	1690~1744	松庵	本貫 義城 父 汝鍵 著書 松庵遺稿〈聞昭世稿〉
金璟炫(경현)	朝鮮	葵園	本貫 金海 父 淳柄
金擎鉉(경현)	1823~1906	止雲 一峰	學者 字 國敏 本貫 靈光 父 擢 外祖 金商一 著書 止雲集
金庚鉉(경현)		小潭	本貫 光山
金敬鉉(경현)		沙隱	
金慶浩(경호)	朝鮮	碧峰	文臣 字 興叔 本貫 晉州 左承旨
金暻煥(경환)		愚拙	著書 愚拙遺稿
金景欽(경흠)	1815~1880	城隱	字 德玄 本貫 道康 父 璿 著書 城隱金公遺稿

人名	年代	號	其他
金慶興(경흥)	1683~1773	巽窩	著書 文集
金景熹(경희)	1505~1575	蘆溪	書藝家 字 用晦 本貫 慶州 父 麒瑞 著書 蘆溪金先生遺稿
金敬熙(경희)	朝鮮	私淑齋	委巷詩人 字 孝簡 父 伯齡
金啓(계)	1528~1574	雲江	文臣 字 晦叔 本貫 扶安 父 錫沃 祖父 直孫 吏曹判書 著書 雲江先生遺稿
金啓(계)	1575~1657	龍潭	父 禮復 著書 龍蛇日記
金膥(계)		屛山	本貫 江陵
金階(계)→金楷			
金啓光(계광)	1621~1675	鳩齋 東原	文臣 字 景謙 本貫 安東 父 學 外祖 柳友潛 豊基郡守 著書 鳩齋文集
金季龜(계구)		藤庵	字 慶重 本貫 安東
金季根(계근)	朝鮮	竹峰	本貫 金海 父 錫泂
金繼根(계근)		晩齋	本貫 金海 祖父 應壽
金係錦(계금)	1405~1493	西岡 六一	文臣 本貫 金海 父 墩 義城縣令 著書 西岡逸稿
金繼男(계남)	朝鮮宣祖	南溪	本貫 安山 父 守溫 趙憲 門人
金桂淡(계담)	朝鮮	隱庵	本貫 光山 父 明喆
金啓洛(계락)	朝鮮純祖	梧軒	本貫 江陵 父 華鎭
金繼洛(계락)	朝鮮後期	汶巖	字 龜應 本貫 義城 恭陵參奉
金啓澧(계례)	朝鮮後期	守約齋	文臣, 學者 著書 守約齋文稿
金繼龍(계룡)	朝鮮宣祖	伈谷	本貫 原州 父 振南
金啓潾(계린)	朝鮮	草堂	本貫 金寧 父 鎭
金啓麟(계린)	朝鮮	遺睡軒	委巷詩人 字 仲玉 本貫 順安
金係綿(계면)→金係錦의 一名			
金啓文(계문)		柳亭	著書 柳亭詩帖
金啓旻(계민)		拙修齋	著書 拙修齋遺帖 〈清休齋先生文集〉
金季甫(계보)	朝鮮世祖	游隱翁	本貫 彦陽 父 躍
金啓祥(계상)	朝鮮中期	素隱	字 景晋 本貫 安東 父 學
金繼生(계생)	朝鮮	不易齋	字 孝叔 本貫 安東
金繼生(계생)	朝鮮	雲亭	文臣 字 明甫 本貫 永山 承旨
金繼瑞(계서)	1661~1738	隱谷	字 瑞一 本貫 慶州 吏曹參議
金繼善(계선)	朝鮮	寒溪	隱士 字 君述 本貫 一善 父 光湜 著書 寒溪集
金桂善(계선)	1891~1943	竹濃	國樂師 本貫 慶州 初名 基善
金繼孫(계손)		逸齋	字 大昌 本貫 野城
金啓淳(계순)	朝鮮後期	耻叟	字 久甫 本貫 安東 父 履坦
金繼淳(계순)	?~1836	塘翁	字 而述 本貫 安東 著書 塘翁逸稿

人名	年代	號	其他
金繼述(계술)	朝鮮憲宗	溪坡	書藝家 字 聖孝 本貫 善山
金繼信(계신)→全繼信			
金啓烈(계열)		竹塢	本貫 光山 父 樑
金啓溫(계온)	1773~?	窹軒	學者 字 玉如 本貫 江陵 父 魯鎭 著書 窹軒私稿
金季愚(계우)	?~1539	雄飮	文臣 字 景顏 本貫 延安 父 巑 同知中樞府事
金啓運(계운)	1845~1907	魯庵	學者 字 聖心 本貫 晉州 父 夏一 外祖 黃尙龍 著書 魯庵集
金啓遠(계원)	1420~1516	大觀	字 三原 本貫 瑞興 戶曹參判
金繼元(계원)	朝鮮	栗湖	文人 字 善長 本貫 金海
金啓源(계원)	朝鮮	晚隱堂	字 任景 本貫 安東 著書 晚隱堂遺稿
金啓遠(계원)	朝鮮後期	洞庭	
金啓元(계원)		雙溪	本貫 金海
金季潤(계윤)	?~1959	明溪	著書 明溪遺稿
金季應(계응)		鉼山	著書 鉼山先生遺集
金繼仁(계인)	朝鮮	憂隱堂	文臣 字 仁伯 本貫 金海 副護軍
金啓晶(계정)	朝鮮	幽谷	文臣 字 聖輝 本貫 海州 都正
金啓祖(계조)	朝鮮純祖	觀稼齋	本貫 光山 父 道恒
金季鍾(계종)	朝鮮	華菴	字 云七 本貫 金寧
金繼志(계지)	朝鮮	松谷	文臣 本貫 光山
金啓鎭(계진)		鶴農	字 穉沃 本貫 安東 著書 鶴農遺稿
金癸昌(계창)	朝鮮	白石	文臣 字 世蕃 本貫 昌原 吏曹參判
金啓鐸(계탁)	朝鮮肅宗	伴風齋	本貫 安東 父 舉
金啓澤(계택)		悔隱	本貫 金海 父 商郁
金啓恒(계항)	朝鮮	月庵	本貫 羅州 父 彭吉
金係行(계행)	1431~1521	寶白堂 寶原堂	文臣 字 取斯 本貫 安東 父 三近 追贈 吏曹判書 諡號 定獻 著書 寶白堂集
金繼賢(계현)	朝鮮中期	三省齋	字 希叔 本貫 安東
金溪鉉(계현)		愚淵	本貫 金海
金啓亨(계형)	朝鮮肅宗	野塘	本貫 安東 父 舉
金繼豪(계호)		孝友齋	字 君善 本貫 安東
金啓煥(계환)	1669~1738	素巖	字 仲明 本貫 光山 父 尙鉉
金繼輝(계휘)	1526~1582	黃岡	文臣 字 重晦 本貫 光州 父 鎬 外祖 李光元 追贈 吏曹判書 著書 黃岡實紀
金係熙(계희)	朝鮮	退隱	文臣 字 晦叔 本貫 金海 父 箏生 參判
金誥(고)		滄溪	著書 滄溪先生文集
金穀(곡)→金穀			

人名	年代	號	其他
金錕(곤)	朝鮮	鍾巖	本貫 玉川 父 得先
金琨(곤)	朝鮮肅宗	儉巖	文臣 字 子珍 本貫 禮安 父 得善 僉知中樞府事
金琨(곤)		釰巖	本貫 禮安 僉知
金梱(곤)		菊齋	本貫 慶州
金稛(곤)		博淵	著書 文集
金錕(곤)→金琨			
金袞旻(곤민)	朝鮮	月汀	本貫 慶州 父 聖玉 祖父 光鉉
金坤壽(곤수)	1757~1829	夢賢齋	本貫 義城 編著 先代行略
金昆壽(곤수)	高麗	仁保堂	本貫 廣州 南道察訪
金鯤燮(곤섭)	朝鮮	瓏齋	承仕郎
金玒(공)	1582~1641	浴潭	字 子亮 本貫 善山 父 宗茂 祖父 就文 著書 文集
金公侃(공간)		節巖	本貫 固城
金公達(공달)	朝鮮後期	曙山	本貫 義城
金公亮(공량)	朝鮮燕山君	楊谷	字 弼之 本貫 安東
金功文(공문)		白巖	本貫 江西
金公善(공선)	韓末~日帝	玄堂	本貫 延安
金顆(과)→金顒			
金钁(곽)	朝鮮	宣務	文臣 字 季實 本貫 密陽 侍衛副司
金管(관)	高麗	靖醒	本貫 金海
金瓘(관)	1425~1485	默齋	文臣, 書畫家 字 瑩仲 本貫 彦陽 父 叔甫 封號 彦陽君 同知中樞府事 諡號 恭襄
金寬(관)	朝鮮燕山君	松栢齋, 松齋	字 景饒 本貫 金海 父 克儉
金灌(관)	朝鮮仁祖	鳴川	文臣 字 沃而 本貫 康津 父 大立 祖父 元 進士
金觀(관)	朝鮮	睡軒	本貫 金寧 父 順 著書 文集 判書
金琯(관)	朝鮮	栗圃	本貫 光山 父 好文
金寬(관)		養拙	本貫 慶州
金瓘根(관근)	1867~1913	雲谷	牧師, 開化運動家 字 宜中 父 利鍊
金官寶(관보)	1882~1924	石山	獨立運動家 本貫 全州 父 洛用
金關石(관석)	1505~1542	四友堂	隱士 字 倚仲 本貫 義城 父 允迪
金觀聲(관성)	韓末~日帝	觀公	獨立運動家
金寬洙(관수)		三山	本貫 金寧 祖父 應烈
金寬植(관식)	朝鮮	秋潭	本貫 慶州 父 永錫 祖父 載鐸
金冠植(관식)		落花	
金觀植(관식)		五山齋	本貫 商山 父 相華
金寬懿(관의)	高麗毅宗	牧齋	字 爾慄 本貫 牛峰

人名	年代	號	其他
金官益(관익)		菊軒	本貫 金海
金寬一(관일)	朝鮮	蘇齋	武臣 字 應和 本貫 晉州 折衝將軍
金觀柱(관주)	1743~1806	一絲	字 景日 本貫 慶州 父 漢祿
金觀秋(관추)		沙西	字 伯夫 本貫 慶州 父 材
金官宅(관택)→金官實			
金觀夏(관하)	1828~1885	魯湖	學者 字 士賓 本貫 淸州 父 勉永 外祖 成復圭 著書 魯湖集
金觀鎬(관호)	1854~1923	東愚	畫家
金光(광)	1482~1545	壯菴	本貫 慶州 父 孝貞 著書 文集
金光繼(광계)	1580~1646	梅園	字 以志,以述 本貫 光山 父 垓 追贈 執義
金光國(광국)	1685~1755	六忍齋	文臣 字 大觀 本貫 安東 父 湛 著書 六忍齋文集
金光國(광국)	1727~1797	石農	書藝家 字 元賓
金光估(광길)	1789~1851	遯齋	學者 字 潤若 本貫 金海 父 益成 外祖 任命燮 著書 遯齋遺稿
金光斗(광두)	1562~1608	一黙齋	文臣 字 汝遇 本貫 尙州 父 仁 著書 一黙齋先生文集
金光樂(광락)		釜巖	字 剛權 本貫 宣城
金光礪(광려)	1732~1799	白山	字 器天 本貫 金海 父 吉龜 著書 文集
金光礪(광려)		溪亭	本貫 慶州
金光鍊(광련)		立巖	著書 立巖集
金光立(광립)	朝鮮仁祖	望軒	本貫 金海
金光黙(광묵)	1777~1825	拙窩	著書 拙窩文集
金光柏(광백)	1833~1886	梅石	武臣 字 道根 本貫 金堤 父 淳澤 五衛將 著書 梅石遺稿
金光白(광백)	朝鮮後期	訥齋	畫家 本貫 海州
金光範(광범)	朝鮮哲宗	懶翁	本貫 靈光
金光福(광복)	朝鮮	竹圃	本貫 慶州 父 恂 謚號 忠孝
金光富(광부)	朝鮮	南坡	本貫 義城 父 之銳 祖父 英 合浦元帥
金光錫(광석)	朝鮮	蔓川子	委巷人
金光奭(광석)		雙松堂	本貫 慶州 父 偉
金光旋(광선)	1879~1910	八山	圓佛敎聖職者
金光粹(광수)	1468~1563	松隱 松隱處士	詩人 字 國華 本貫 安東 父 克諧 進士 著書 松隱集
金光遂(광수)	1696~?	尙古堂	畫家 字 成仲 本貫 尙州 父 東弼 郡守 著書 尙古堂生壙銘
金光壽(광수)	1801~1871	龜陰	學者 本貫 義城 著書 龜陰集

人名	年代	號	其他
金光洙(광수)	1855～1883	晚河	著書 文集
金光洙(광수)	1883～1915	晚河	學者 字 仲宣 本貫 蔚山 父 昶中 外祖 金時黙 著書 晚河遺稿
金光洙(광수)		南軒	本貫 延安
金光植(광식)	朝鮮初期	松巖	學者 字 枝焉 本貫 花開 父 自新
金光信(광신)		守稼	著書 文集
金光岳(광악)	1694～1759	獨坐翁 獨坐窩	文臣 字 東瞻, 秀而 本貫 慶州 父 鼎相 歙谷縣令 著書 聞見錄
金光彦(광언)	朝鮮	翠澗 華山	委巷詩人 字 景儒 本貫 龍宮
金光淵(광연)		聲山	本貫 金海
金光燁(광엽)	1561～1610	竹日	文臣 字 而晦 本貫 順天 父 琛 外祖 元壽長 承政院注書 著書 竹日文集
金光五(광오)	朝鮮中期	仁溪	本貫 安山 父 始精
金光容(광용)→金九容			
金光遇(광우)	1707～1781	棠溪	文臣 字 伯瞻 本貫 金海 父 鎭夏 司憲府持平
金光遇(광우)	1732～?	知止堂	字 應卿 本貫 道康 父 薛
金光煜(광우)	1580～1656	竹所 歸來亭	文臣 字 晦卿, 晦而 本貫 安東 父 尙巂 左參贊 諡號 文貞 著書 竹所集
金光運(광운)		剋念齋	本貫 光山
金光遠(광원)	1476～1550	月峰	學者 字 彦明 本貫 靈光 父 塊 趙光祖 門人
金光源(광원)	1607～1677	石塘	著書 石塘遺稿〈龍山世稿〉
金光源(광원)		梅軒 自警齋	本貫 光山
金光遠(광원)		松竹堂	本貫 光山
金光裕(광유)		四益齋	本貫 義城
金光翼(광익)	朝鮮正祖	伴圃 伴圃菴	委巷詩人 字 天瑞 本貫 金海 著書 伴圃遺稿
金光翼(광익)		錦湖	本貫 金海 父 守一
金光載(광재)	?～1363	松堂 松亭	文臣 字 子輿 本貫 光州 父 台鉉 典理判書 諡號 文簡
金光載(광재)		南溪	本貫 慶州 父 暄
金光儲(광저)	高麗	聲庵	文臣 字 華中 本貫 金寧 父 峴 司憲府大司憲 著書 聲庵白村遺稿
金光濟(광제)	1866～?	東洋子 石籃	文臣 字 德在 初名 弘濟 秘書院丞
金光晋(광진)	朝鮮	四不齋	委巷詩人 字 啓明 本貫 金海
金光鎭(광진)	1885～1940	海嶽	著書 文集
金光燦(광찬)	朝鮮	雲水居士 雲水軒	文臣 字 思晦 本貫 安東 父 尙寬 系 尙憲 同知中樞府事
金光轍(광철)	?～1349	鈍齋 鈍軒	文臣 本貫 光州 父 台鉉 判事 封號 化平君 諡號 文敏

人名	年代	號	其他
金光轍(광철)	1493~1550	愛日堂	字 子由 本貫 江陵 父 世勳
金光徹(광철)		龍岡	字 景極 本貫 永同 父 東紀
金光泰(광태)	朝鮮後期	靑塹	本貫 光山 父 壽錫 系 壽鑠 著書 文集
金光澤(광택)	朝鮮肅宗	存吾齋	字 獨輝 本貫 廣州 父 鎭華
金光澤(광택)		湖隱	本貫 金海
金光弼(광필)	朝鮮	水天	文臣 字 良叔 本貫 熙川 同知中樞府事
金光夏(광하)		楸溪	本貫 金海
金光軒(광헌)		鼎峯	本貫 江陵
金光爀(광혁)	1590~1643	東林	文臣 字 晦卿 本貫 安東 父 尙寬 同副承旨
金光炫(광현)	1584~1647	水北 水北軒	文臣 字 晦汝 本貫 安東 父 尙容 吏曹判書 著書 水北遺稿
金匡鉉(광현)	朝鮮	溫谷	委巷詩人 字 聖大 本貫 金海
金光炫(광현)		檜巢	本貫 安東
金光鉉(광현)	朝鮮後期	三思窩	本貫 光山
金光鉉(광현)→金允中의 一名			
金光銶(광협)	朝鮮	毅齋	字 子瑞 本貫 金寧 父 夏瑞 兵曹參議
金光灝(광호)		負暄堂	著書 負暄堂文集
金光煌(광황)→金光煜			
金光厚(광후)	朝鮮	月溪	文臣 本貫 密陽 判官
金光熙(광희)	1892~1968	水山	獨立運動家
金光喜(광희)		靜齋	本貫 慶州
金塊(괴)	朝鮮成宗	石亭	文臣 本貫 靈光 父 滓 獻納
金㙆(굉)	1739~1816	龜窩	文臣 字 子野 本貫 義城 父 光憲 禮曹參判 著書 龜窩先生文集
金硡(굉)	朝鮮英祖	獨觀齋	字 大叔 本貫 慶州 父 應豪 弼善
金宏(굉)		鑑開堂	
金鍠(굉)	朝鮮純祖	訥軒	字 汝能 本貫 延安 敦寧部都正
金宏柱(굉주)		晩悔堂	字 乃則 本貫 善山
金宏集(굉집)→金弘集의 初名			
金宏弼(굉필)	1454~1504	寒暄堂 簑翁 小學 童子 簑翁	學者 字 大猷 本貫 瑞興 父 紐 外祖 韓承舜 刑曹佐郞 諡號 文敬 著書 寒暄堂集
金宏夏(굉하)	朝鮮	靜齋	委巷詩人 字 巨用 父 重元
金攪(교) →金覺			
金敎奭(교상)	1889~1946	隱溪	獨立運動家
金敎商(교상)		潚齋	本貫 慶州 祖父 星得
金敎善(교선)		盤谷	本貫 順天

人名	年代	號	其他
金教性(교성)	1825~1887	平隱	學者 字 夢賚 本貫 東萊 父 鳳柱 外祖 朴東河 著書 平隱遺稿
金教植(교식)	韓末	荷汀	
金教一(교일)→金孝一			
金教材(교재)	朝鮮英祖	厚齋	本貫 光山 父 福澤
金教濟(교제)	韓末	啞俗	開化期新小說作家 著書 文集
金教俊(교준)	1883~1944	敬菴	學者 字 敬魯 本貫 慶州 父 秉義 外祖 黃義黙 著書 敬菴集
金教準(교준)	1884~1965	策園	大倧敎人 字 季平 本貫 慶州 父 昌熙 外祖 李命棋
金教俊(교준)		聾窩	本貫 慶州
金教喆(교철)		竹窩	著書 竹窩集
金教行(교행)	1712~1766	惟勤堂	學者 字 伯三 本貫 安東 父 時發 外祖 李頤命 著書 惟勤堂遺稿
金教獻(교헌) →金巚			
金教炯(교형)		竹堂	本貫 善山 父 燦容
金教徽(교휘)	朝鮮	麟田	本貫 慶州 父 輔熙 祖父 緻晉 訓導
金坵(구)	1211~1278	止浦	學者 字 次山 初名 百鎰 本貫 富寧 父 宜 判版圖司事 諡號 文貞 著書 止浦集
金鉤(구)	1383~1462	歸山	文臣, 學者 字 直之 本貫 牙山 父 樞 判中樞府事 諡號 文長
金絿(구)	1488~1534	自庵 三一齋 雪巖 栗谷病叟 松齋	文臣 字 大柔 本貫 光州 父 季文 追贈 吏曹判書 諡號 文懿 著書 自庵集
金槃(구)	1582~?	聽蒼	字 方叔 本貫 昌寧 父 大燁
金球(구)	1608~1668	雪嶽堂	學者 字 鳴叟 本貫 慶州 父 尙賢 外祖 權惕 著書 雪嶽堂逸稿
金構(구)	1649~1704	觀復 觀復齋	文臣 字 士肯, 子肯 本貫 淸風 父 澄 右議政 諡號 忠憲 著書 忠憲公遺稿 〈淸風世稿〉
金鉤(구)	朝鮮	栢峰	學者 本貫 善山
金龜(구)	朝鮮	農庵	本貫 金寧 父 時卿 祖父 蘭孫 進士
金絿(구)		雲巖	著書 雲巖先生逸稿
金球(구)		淸淵	本貫 光山 著書 文集
金鳩(구)		晚霞	本貫 金海
金九(구)	1870~1949	白凡 蓮下	獨立運動家 字 蓮下 本貫 安東 父 淳永 上海臨時政府主席 著書 白凡逸志
金龜(구)→金九의 初名			
金龜年(구년)		講亭	本貫 三陟
金龜洛(구락)	?~1976	白坡	本貫 義城 父 師鎭 著書 白坡私稿
金九龍(구룡)		鳳溪	字 會雲 本貫 金寧

人名	年代	號	其他
金九鳴(구명)	朝鮮肅宗	黙窩	學者 字 重遠 本貫 晉州 父 賢稷 宋時烈 門人 著書 黙窩集
金龜命(구명)	朝鮮	雲石	本貫 靈光 進士
金龜錫(구석)		懦巖 懦石	字 汝協 本貫 安東 父 重安 著書 懦巖遺稿
金九成(구성)	1651~1781	守分窩	字 天則 本貫 善山 著書 文集
金九成(구성)	朝鮮	沙浦	學者 本貫 振威
金求淵(구연)	朝鮮	繼巖	本貫 江陵 父 慶添
金久榮(구영)	朝鮮後期	近古處士	本貫 光山 父 自鍵
金九五(구오)	朝鮮後期	蘇齋	
金龜悟(구오)		雲菴	本貫 金海 父 璘相
金九容(구용)	1338~1384	惕若齋	學者 字 敬之 本貫 安東 初名 濟閔 父 昻 著書 惕若齋集
金九用(구용)	朝鮮	挹翠	本貫 善山 父 必亨
金九容(구용)		六友堂	
金九二(구이)	→金瞻의 初名		
金九鼎(구정)	1550~1638	西峴	文臣 字 景鎭 本貫 咸昌 父 希俊 著書 文集
金九鼎(구정)	朝鮮	白巖	本貫 金寧 父 元慶
金九鼎(구정)	朝鮮	梧亭	本貫 金海 父 潤堅
金龜柱(구주)		可菴	
金龜重(구중)	1654~1723	秋崖	字 子山 本貫 義城 父 邦衡
金求智(구지)	朝鮮初期	花園	本貫 花開 父 光植
金九河(구하)		草湖	著書 草湖遺集
金龜漢(구한)		洛隱	字 禹瑞 本貫 安東
金玖海(구해)	朝鮮	竹坡	本貫 金海 父 聖重
金九鉉(구현)	朝鮮哲宗	小溪	字 景洛 本貫 光山 父 在顯 系 在獻
金九鉉(구현)	1876~1956	新菴	著書 新菴遺稿
金國光(구광)	1415~1480	瑞石	文臣 字 觀卿 本貫 光山 父 鐵山 封號 光山府院君 左議政 諡號 丁靖 著書 瑞石實記
金國龜(국구)		謙齋	本貫 聞韶
金國年(국년)		梅溪	本貫 金海 祖父 顯植
金國樑(국량)		守義軒	字 重範 本貫 善山
金國龍(국룡)	朝鮮	月軒	本貫 慶州 父 應鼎 祖父 光載
金國仁(국인)		晚悟	本貫 金海
金國祚(국조)		知止堂	本貫 金海
金國鎭(국진)	朝鮮	鳳樵	本貫 淸道 父 時穆
金國鎭(국진)		睡華	字 公弼 本貫 安東
金國鎭(국진)		小軒	字 景觀 本貫 安東
金國璨(국찬)	朝鮮	愼齋	本貫 金海 父 鎭衡

人名	年代	號	其他
金國采(국채)	1688～1751	湖叟 叟湖	本貫 義城
金國煥(국환)	朝鮮	鶴圃	本貫 慶州 父 東元
金國煥(국환)	朝鮮	庸齋	字 用晦
金君綏(군수)	1123～?	雪堂	武臣, 書畫家 本貫 慶州 父 敦中 祖父 富軾 知中軍兵馬使
金權(권)	1549～1622	拙灘	文臣 字 而中 本貫 清風 父 德懋 外祖 尹麟 諡號 忠簡 追贈 領議政
金權(권)	朝鮮	農菴	本貫 慶州 父 龜洪
金權相(권상)	朝鮮	江石	
金貴(귀) →金貴榮			
金貴普(귀보)		永隱	本貫 金寧
金貴成(귀성)		晚休堂	著書 晚休堂文集
金貴榮(귀영)	1519～1593	東園	文臣 字 顯卿 本貫 尚州 父 應武 封號 上洛府院君 左議政 著書 東園先生文集
金貴仁(귀인)		竹齋	字 義正 本貫 泗川
金貴希(귀희)	?～1626	魯谷	武臣 字 希瑞 本貫 金寧 父 德海 水軍節度使 著書 魯谷實紀
金虬(규)	1521～1565	灘叟	文臣 字 夢瑞 本貫 光州 父 世愚 掌樂院正
金戣(규)	1531～1580	水村	文臣 字 景嚴 本貫 熙川 父 伯醇 司憲府執義
金煃(규)	1603～1685	定跟齋	文臣 字 光庭 本貫 義城 護軍
金圭(규)	朝鮮	爐溪	本貫 金寧 父 九鼎
金圭(규)	朝鮮	汾津 三餘	委巷詩人 字 文仲
金槩(규)	朝鮮	萱溪	學者 字 子正 本貫 光州
金硅(규)	朝鮮	龍巖齋	文臣 字 敬立 本貫 善山 執義
金鑵(규)		隱亭	本貫 延安 父 載復
金珪(규) →權珪			
金圭金(규금)	朝鮮	月隱	學者 字 乃裕 本貫 羅州
金奎斗(규두)	朝鮮哲宗	晚山	本貫 金海
金奎洛(규락)	朝鮮後期	浪四	
金圭培(규배)		錦隱	本貫 金海 父 大榮
金圭復(규복)		竹圃	本貫 金海
金逹商(규상)	朝鮮後期	桐墅	
金奎錫(규석)	1828～1905	菊坡	字 斗應 本貫 商山 父 聲大 著書 文集
金圭錫(규석)		菊軒	著書 文集
金奎善(규선)	朝鮮	雲樵	本貫 金海 父 龍珠

人名	年代	號	其他
金圭卨(규설)		紫隱	字 台五 本貫 楊根
金奎燮(규섭)		耕齋	本貫 金海 父 桓
金奎軾(규식)	韓末	瑞堂	
金奎植(규식)	?~1929	芦隱	獨立運動家 父 永先
金奎植(규식)	1881~1950	尤史 西湖	獨立運動家, 政治家 本貫 淸風 父 智性
金奎烈(규열)		濟南	本貫 慶州 父 炫杜
金奎五(규오)	1729~1789	最窩	學者 字 景休 本貫 咸昌 父 斗燦 外祖 李堨 尹鳳九 門人 著書 最窩集
金奎五(규오)	朝鮮	栢軒	文臣 字 名現 本貫 固城 同知中樞府事
金奎玉(규옥)	1866~1922	冶軒	字 舜可 本貫 瑞興 父 錫斗 著書 文集
金奎運(규운)	1832~1909	花巖	字 榮叟 本貫 慶州 父 正魯 著書 文集
金奎運(규운)		謹齋	著書 文集
尹奎遠(규원)	韓末~日帝	石隱	本貫 漆原
金奎贗(규응)	朝鮮	鹿門	字 中禮 本貫 雪城 父 致浩 進士
金奎鎭(규진)	1826~?	錦岡	著書 錦岡私稿
金圭鎭(규진)	1868~1933	東橋 東海漁夫 萬二千峰主人 無己翁 白雲居士 三角山人 石田耕叟 守鎭道人	書畫家 字 容三 本貫 南平 父 起範 著書 蘭竹譜
金奎集(규집)	朝鮮	錦南	本貫 羅州 父 彦鳳
金奎燦(규찬)	朝鮮純祖	野巖	字 德峯 本貫 瑞興 父 光運
金圭采(규채)		漢南	著書 漢南先生文集
金奎采(규채)		竹史	本貫 金海
金圭哲(규철)	朝鮮	寶隱	本貫 燕岐
金奎喆(규철)	1881~1929	飛將	獨立運動家 本貫 淸風
金奎哲(규철)	→金奎喆		
金奎泰(규태)	1802~1865	顧堂	學者 本貫 瑞興 父 璂運 外祖 盧似淵 著書 顧堂集
金奎泰(규태)	1880~1953	春園	著書 文集
金圭夏(규하)	1740~1822	歸齋	文臣 字 乃協,汝初 本貫 扶安
金奎學(규학)	朝鮮	小蕉	本貫 慶州 父 熙永 參奉 著書 文集
金奎漢(규한)	朝鮮哲宗	東窩	字 應五 本貫 瑞興
金珪漢(규한)		樂山	字 汝魯 本貫 安東
金規漢(규한)		晩泉	字 德圓 本貫 安東

人名	年代	號	其他
金珪漢(규한)		槐窩	本貫 光山 父 錢
金奎海(규해)	朝鮮	旺山	本貫 金海 父 聲一 參奉
金奎海(규해)		農菴	本貫 羅州
金奎絢(규현)	朝鮮	三隱	本貫 慶州 父 常瑠 祖父 福典
金奎鉉(규현)	朝鮮	芝山	本貫 錦山 父 赫璋
金奎鉉(규현)		華山	字 致永 本貫 安東
金圭鉉(규현)		月陰	字 乃春 本貫 密陽
金奎鉉(규현) →金奎鎭			
金圭衡(규형)	1805~?	蓮西	字 文玉 本貫 慶州(瑞興) 父 鍾九
金奎浩(규호)		海隱	本貫 靈光 父 錫渭
金奎華(규화)	朝鮮高宗	小楚	字 大直 本貫 瑞興
金圭煥(규환)	朝鮮	錦南	字 舜卿 本貫 金寧
金奎煥(규환) →全奎煥			
金奎煥(규환)		松窩	本貫 金海
金奎君(규훈)	高麗	樵叟	文臣 字 和克 本貫 義城 贊成事
金鉤(균)		柏峯	
金鉤(균) →金鈞			
金勻培(균배)	朝鮮	勤齋	本貫 金海 父 錫煥
金均泰(균태)		竹坡	本貫 金海
金橘(귤)		杏堂	本貫 金海 父 相斌
金克儉(극검)	1439~1499	乖崖 乖厓 淡軒	文臣 字 士廉 本貫 金海 父 剛毅 大司憲
金克光(극광)	1653~1724	遠觀軒	文臣, 學者 字 顯甫 本貫 光州 父 汝錫 外祖 洪時泰 著書 遠觀軒集
金克己(극기)	高麗	老峰 東峯	詩人 字 兼甫 本貫 慶州 著書 金居士集
金克己(극기)	1379~1463	池月堂	學者 字 禮謹 本貫 光山 父 三省 著書 池月堂遺稿
金克恬(극념)	1597~1660	滄州 漁隱	文人 字 幼安 本貫 沃川 著書 滄州集
金克恬(극념)→全極恬			
金克訥(극눌)	朝鮮	鶴甫	文臣 字 士欽 本貫 義城
金克礪(극려)	朝鮮	樵隱	文臣 字 仲粹 本貫 晉州 漢城府參軍
金克立(극립) →金堯立			
金克銘(극명)	朝鮮孝宗	半學堂	本貫 善山 父 履元
金克敏(극민)	1591~1670	礏谷	孝子 字 士行 本貫 義城 父 斗南 著書 六孝錄
金克敏(극민)	朝鮮孝宗	我巖	本貫 義城
金極善(극선)	1878~1945	靈谷	獨立運動家, 教育者 一名 鏡德

人名	年代	號	其他
金克成(극성)	1474~1540	憂亭 靑蘿	文臣 字 成之 本貫 光州 父 孟權 封號 光城府院君 領議政 諡號 忠貞 著書 憂亭集
金克成(극성)	1567~?	觀瀾	字 會運 本貫 靈光 父 範 持平
金克成(극성)	朝鮮	雲岡	本貫 金寧
金克誠(극성)→金克成(觀瀾)			
金克信(극신)	朝鮮	梅竹堂	字 仁淑 本貫 金堤 原從功臣
金克辛(극신)	朝鮮	奄吾	文臣 字 文判 本貫 原州 吏曹判書 封號 原城君
金克永(극영)	1863~1941	信古堂	著書 信古堂文集
金克溫(극온)	朝鮮宣祖	晩休堂	孝子 本貫 扶安
金極榲(극온)		藏閒堂	本貫 光山 祖父 景男
金克一(극일)	1382~1456	慕庵	孝子 字 用協 本貫 金海 父 滑 私諡 孝節
金克一(극일)	1539~1602	藥峯	文臣 字 伯純 本貫 義城 父 璉 府使 著書 藥峯集
金克精(극정)		洛在	字 仁甫 本貫 安東
金克中(극중)→權克中			
金克恒(극항)→全克恒			
金克行(극행)	朝鮮世宗	玉峯	文臣 字 振五 本貫 英陽 成均館博士
金克亨(극형)→金克亨			
金克顯(극현)→金堯顯			
金克亨(극형)	1605~1663	沙川 雲村	文臣 字 泰叔 本貫 淸風 父 仁伯 朴知誡 門人 和順 縣監 著書 沙川先生集〈淸風世稿〉
金克亨(극형)	1609~1650	无爲堂 無爲堂	字 士長 本貫 義城 父 斗南 朴綑 婿
金克譓(극혜)	朝鮮仁祖	知命齋	文臣 字 知叔 本貫 金堤 義禁府都事
金克孝(극효)	1542~1618	四味堂 四美堂	文臣 字 希閔 本貫 安東 父 生海
金克孝(극효)→金克亨(沙川)			
金近(근)	1579~1656	五友堂	學者 字 性之 本貫 義城 父 安繼 外祖 李中立 著書 五友堂文集
金瑾(근)	朝鮮	修齋	文臣 字 亨珍 本貫 錦山 縣監
金瑾(근)		訥齋	字 顯華 本貫 金海
金謹恭(근공)	1546~1568	惕菴 惕若齋	字 敬叔 本貫 江陵 父 昌庶 敎官
金根德(근덕)	朝鮮	海儂	本貫 淸道 父 聲淳
金根培(근배)	朝鮮	愚堂	本貫 金海 父 顯淳
金根培(근배)	1847~1910	梅下	憂國志士 字 光元 本貫 金海 父 顯敎 著書 梅下遺稿
金近淳(근순)	1772~?	十靑 歸淵	文臣 字 汝仁 本貫 安東 父 履銈 副提學 著書 十靑集
金謹信(근신)		龜巖	本貫 慶州
金近淵(근연)		九樵	本貫 延安

人名	年代	號	其他
金謹泰(근태)→金謹恭			
金謹行(근행)	1712~1782	庸齋 康齋 庸菴	文臣, 學者 字 敬甫, 仲甫, 常夫 本貫 安東 父 時敍 外祖 宋堯錫 韓元鎭 門人 仁川府使 著書 庸齋文集
金謹行(근행)→金謹恭			
金錦相(금상)		海石	
金今行(금행)→金令行			
金汲(급)	1661~?	晩悟齋	字 濟仲 本貫 道康 父 夏鳴
金肯植(긍식)→金東三의 初名			
金肯淵(긍연)	朝鮮純祖	古心	文臣 本貫 延安 父 鑛 系 鏞 注書
金圻(기)	1547~1603	北厓	學者 字 止叔 本貫 光山 父 富仁 外祖 李賢輔 追贈 司憲府 監察 著書 北厓文集
金琦(기)	朝鮮宣祖	湖叟	本貫 廣州
金壄(기)	1801~1871	卑忍齋	學者 字 學遺 本貫 康津 父 致膺 著書 卑忍齋集
金沂(기)	朝鮮後期	樂窩	字 聖與 本貫 安東
金琦(기)	朝鮮	昊巖	文臣 字 致宅 本貫 原州 黃州郡守
金巚(기)		靜軒	著書 文集
金箕璟(기경)	1687~1728	愼黙齋	著書 愼黙齋遺稿
金箕景(기경)	朝鮮純祖	蒼野觀	本貫 光山 父 顯和
金基權(기권)		小柏 擇齋	本貫 淸州 父 潤珪
金箕奎(기규)		海隱	本貫 金海 父 宗五
金驥均(기균)		蓉川	字 孟逸 本貫 安東 著書 蓉川集
金起南(기남)	朝鮮宣祖	石亭	本貫 金寧 父 德儉
金璣年(기년)		澗啎	字 景道 本貫 安東
金基老(기노)		竹下	著書 竹下集
金麒大(기대)	朝鮮	松菴	字 俊彦 本貫 金寧
金氣大(기대)→全氣大			
金箕德(기덕)	朝鮮純祖	韋庵	本貫 光山 父 相定 副率
金箕燾(기도)	1780~1863	寒松齋	本貫 光山 父 相獻 祖父 喜澤 敦寧府都正 著書 寒松齋遺稿
金基敦(기돈)	朝鮮	石軒	本貫 蔚山 父 斗祜
金基東(기동)	1874~1930	東洲	字 木卿 本貫 光山 父 魯憲 著書 東洲文集
金箕東(기동)		南波	字 德一 本貫 安東
金璣東(기동)		翠皐	字 喜卿 本貫 安東
金基斗(기두)	朝鮮	三愚	字 致老 本貫 義城 父 德奎 祖父 必九 著書 遺稿
金琪斗(기두)	朝鮮	藥山	本貫 金海 父 元赫

人名	年代	號	其他
金基斗(기두)	朝鮮	石澗	本貫 金海 父 季根
金箕斗(기두)		溪堂	著書 溪堂集
金箕斗(기두)		章溪	著書 文集
金基洛(기락)	朝鮮	逸溪	本貫 慶州 父 永振 祖父 鳴韻
金箕澧(기례)	1786~1854	黙泉	學者 字 源會 本貫 慶州 父 宗壺 著書 黙泉集
金箕輅(기로)		隱遁	本貫 扶安
金箕晚(기만)	朝鮮純祖	撲廬	文臣 本貫 光山 父 相任 吏曹判書
金箕晚(기만)		南隱	著書 文集
金基勉(기면)		克齋	著書 文集
金箕晃(기면)		湖史	字 仲心 本貫 光山
金沂明(기명)		華溪	字 聲五 本貫 金寧
金基命(기명)		酒隱	字 養善 本貫 咸昌
金箕懋(기무)	朝鮮正祖	雲嶠	本貫 光山 父 相迪 進士
金基黙(기묵)	1809~1871	雛翁 萬松軒	字 復初 本貫 咸昌 父 時煥 著書 文集
金起門(기문)	朝鮮仁祖	崇淑	本貫 振威 縣監
金基汶(기문)	朝鮮	月泉	本貫 光山 父 祥亨
金淇培(기배)		石峯	本貫 金海 父 大榮
金基報(기보)	1531~1588	蒼筠	學者 字 文卿 本貫 安東 父 生洛 外祖 朴稠 著書 蒼筠遺稿
金基鳳(기봉)	韓末	凡父	字 鼎高 本貫 善山
金基溥(기부)	朝鮮	樂齋	本貫 商山 父 龜璨
金箕彬(기빈)	朝鮮	聾隱	本貫 光山 父 相振 祖父 光義
金基尚(기상)	1867~1938	西坪	著書 西坪遺稿
金基祥(기상)		壽菴	本貫 金海
金箕書(기서)	1750~1815	和樵 竹下	學者 字 稱奎 本貫 光山 父 百寅 外祖 申煥 著書 和樵漫稿
金基敍(기서)	朝鮮純祖	邱闆	文臣 字 定宅 本貫 清風
金箕書(기서)	朝鮮後期	梨湖 琅玕居士 琅玕	畵家 字 稚圭 本貫 清風 父 相肅
金基瑞(기서)	朝鮮哲宗	老谷	本貫 慶州
金起西(기서)	朝鮮	恕庵	本貫 金海 父 景秋 訓導
金箕書(기서)		隱臯	著書 隱臯遺稿
金箕書(기서)		愼黙齋	著書 愼黙齋遺稿
金麒瑞(기서)		敦睦齋	字 時見 本貫 光州 父 命元

人名	年代	號	其他
金箕書(기서) →金箕鍾			
金箕錫(기석)	朝鮮純祖	睡軒	本貫 光山 父 相獜
金器碩(기석)	朝鮮	稼穡	字 君保 本貫 金寧
金驥善(기선)	1806~1883	沂墅	學者 字 幼用 本貫 安東 父 養植 外祖 金坤壽 著書 沂墅文集
金基善(기선)		耕巖	著書 耕巖私稿
金基善(기선)→金桂善의 初名			
金基燮(기섭)		晚悔	著書 文集
金箕性(기성)	?~1811	頤吉軒	文臣 字 成汝 本貫 光山 封號 光恩副尉 戶曹參判 諡號 孝憲
金起成(기성)	朝鮮	淵隱	文臣 本貫 羅州 父 悌秀 察訪 著書 文集
金基成(기성)		愼菴	著書 愼菴遺稿
金箕性(기성)		黙軒	著書 黙軒集
金驥孫(기손)	1455~?	梅軒	字 伯雲 本貫 金海 父 孟
金基銖(기수)	朝鮮	竹軒	本貫 羅州 父 聲益
金基洙(기수)	朝鮮	柏後	本貫 商山 父 龜璨 著書 文集
金箕壽(기수)	朝鮮	二可軒	本貫 義城 著書 二可軒集
金基洙(기수)	1818~1873	柏後	學者 字 致遠 本貫 尙州 父 龜璨 外祖 郭墩 著書 柏後集
金綺秀(기수)	1832~?	蒼山	文臣 字 季芝 本貫 延安 父 駿淵 參判
金基洙(기수)	1853~1916	溫知堂	著書 文集
金琪淑(기숙)	1868~1945	超然齋	本貫 光山 著書 春齋遺稿
金箕舜(기순)		春齋	著書 文集
金基述(기술)	韓末~日帝	菊軒	字 正範 本貫 道康
金基述(기술)		花巖	著書 文集
金基淵(기연)	朝鮮	晚湖	本貫 商山 父 龜璨
		至空學人 淸虛齋 主人 醉翁 圓翁 海岡	
金基淵(기연)		棣花亭	本貫 盈德
金璣烈(기열)	1845~1914	覺齋	本貫 善山 父 時英 著書 文集
金驥燁(기엽)		樵山	本貫 金海 父 奎采
金基榮(기영)	朝鮮	野隱	本貫 金海 父 興之
金起永(기영)	朝鮮	知齋 知止齋	委巷詩人 字 詩仲 本貫 慶州 父 致夏

人名	年代	號	其他
金箕瑛(기영)	1864~1923	洛陰	著書 洛陰遺稿
金琪永(기영)		認齋	著書 認齋先生文集
金基堯(기요)	1854~1893	小塘	學者 字 君弼 本貫 商山 父 瑀 外祖 柳繼範 著書 小塘集
金基鎔(기용)	朝鮮	幾軒	本貫 商山 著書 幾軒集
金箕祐(기우)		雙杏亭 杏亭	本貫 光山
金基禹(기우)	韓末	述窩	字 文益 本貫 瑞興 中樞院議官
金淇郁(기욱)	1852~1927	蘭史	著書 蘭史遺稿
金基願(기원)	朝鮮	竹西	本貫 金寧 父 啓潾
金器元(기원)	朝鮮	誠齋	義兵將 字 禮伯 本貫 清道
金箕應(기응)	朝鮮純祖	克齋	本貫 光山 父 相定 牧使
金基一(기일)	朝鮮	蘆隱	字 德能 本貫 義城 父 正奎 祖父 象九
金基一(기일)	1790~1857	省窩	本貫 慶州 父 商亨
金起章(기장)	朝鮮英祖	老栢亭	本貫 金海
金基長(기장)		在山	著書 在山集
金驥材(기재)	朝鮮英祖	逸窩	本貫 光山 父 延澤
金璣在(기재)	朝鮮	褧窩	隱士 字 汝衡 本貫 順天
金驥在(기재)		堯山	著書 堯山集
金基全(기전)	朝鮮	月隱	本貫 羅州 父 致鏞
金起田(기전)	1894~1948	小春	文筆家, 天道教人 著書 天道教青年黨黨志
金箕哲(기철)	朝鮮純祖	石河	本貫 光山 祖父 說澤 刑曹參議
金起宗(기종)	1585~1635	聽荷	文臣 字 仲胤 本貫 江陵 父 哲命 封號 瀛海君 戶曹判書 諡號 忠定 著書 西征錄
金驥鍾(기종)	1850~1934	恒齋	著書 文集
金箕鍾(기종)		隱皐	著書 隱皐先生詩藁
金基周(기주)	1844~1882	梅下	著書 文集
金基周(기주)		晦軒	著書 晦軒遺稿
金基俊(기준)	朝鮮	養泉	字 亨柱 本貫 金寧
金祺中(기중)	1859~1933	圓坡	育英事業家 本貫 蔚山 同福郡守
金祺中(기중)	韓末~日帝	龍潭	
金琪重(기중)	1862~1940	止齋	著書 文集
金箕晉(기진)	朝鮮純祖	槽隱	本貫 光山 父 相岳
金基震(기진)		景山	著書 景山先生文集
金基澄(기징)	朝鮮	溪西	本貫 善山 父 旼
金驥燦(기찬)	1748~1812	東郭	字 德汝 本貫 義城 司憲府掌令 著書 文集

人名	年代	號	其他
金基纘(기찬)	1809~?	石居	文臣 字 公緖 本貫 清風 父 周默 吏曹參判 著書 石居集
金箕彩(기채)	1874~1954	心齋	著書 心齋集
金幾天(기천)	1890~1935	三山	
金起秋(기추)		碧城	著書 文集
金起秋(기추)	朝鮮	好矣堂	字 成甫 本貫 金寧 父 德麟 通德郞
金基鐸(기탁)		慕巖	本貫 金海
金基台(기태)	朝鮮	永慕齋	字 云弼 本貫 金寧
金起兌(기태)	朝鮮後期	川山	字 運西 本貫 安東
金紀泰(기태)	朝鮮	節菴	本貫 慶州 父 巨都 生員
金基泰(기태)		庸齋	著書 庸齋遺稿
金基澤(기택)	1843~1919	少滄	著書 少滄詩稿 〈滄邸堂遺稿〉
金起澤(기택)		橡隱	本貫 晉州 父 有一
金琦澤(기택)		愚溪	著書 文集
金箕杓(기표)	朝鮮	春塘	本貫 光山 父 祥雄 參奉
金基豊(기풍)	?~1827	竹里	學者 字 大伯 本貫 清風
金基豊(기풍)	朝鮮	野隱	文臣 字 益哉 本貫 禮安 敦寧府都正
金箕豊(기풍)		竹岡	著書 文集
金器夏(기하)	1649~1701	覺齋 恪齋	字 用九 本貫 蔚山 父 亨祐 著書 覺齋遺稿
金起河(기하)	朝鮮	雲山	本貫 金海 父 宗默
金基夏(기하)	韓末	一庵	字 禹用 本貫 安東 著書 文集
金基夏(기하)	1860~1940	肯農	著書 肯農遺稿
金基河(기하)	?~1925	櫶谷	著書 櫶谷文集
金起河(기하)		西窓	本貫 昌原
金起漢(기한)	1884~1920	直齋	獨立運動家
金基漢(기한)	朝鮮	玄圃	本貫 商山 父 光璨 著書 玄圃集
金馹獻(기헌)	1799~?	觀卜齋	字 舜擧 本貫 咸昌 父 斗煥
金紀憲(기헌)	朝鮮後期	林下	
金基赫(기혁)	朝鮮	雲樵	文臣 字 在化 本貫 熙川 判義禁府事
金箕赫(기혁)	朝鮮	雲溪	本貫 光山 父 相聲
金箕赫(기혁)		碧窩	本貫 光山 著書 文集
金基鉉(기현)	朝鮮	佳湖	本貫 善山 父 相洛
金冀炫(기현)		蓮塘	本貫 金海 祖父 錫允
金璣鉉(기현)		白菴	本貫 光山 父 在善
金基炫(기현)	1895~1966	松塢	著書 松塢遺稿
金基亨(기형)	朝鮮	默軒	字 子實 本貫 義城 父 德奎 系 碩圭 祖父 必九
金基衡(기형)	1841~1917	沙南	著書 沙南遺稿
金基瀅(기형)	1884~1943	海岳	獨立運動家

人名	年代	號	其他
金起豪(기호)	朝鮮中期	聽泉	字 君俊 本貫 安東
金琦浩(기호)	1822~1890	小山	學者 字 文範 本貫 金寧 父 聖哲 外祖 金夏潤 著書 小山文集
金起泓(기홍)	1635~1701	寬谷 松隱	學者 字 元潛 本貫 全州 追贈 副提學 著書 寬谷集
金起弘(기홍)	→金起泓		
金箕煥(기환)	朝鮮	松磵	字 殷勞 本貫 蔚山 五衛將
金基煥(기환)	朝鮮	三德齋	字 致克 本貫 義城 父 德奎 祖父 必九
金器煥(기환)	朝鮮	蒔春	本貫 慶州 父 東鎭 祖父 正浩
金基煥(기환)		臨履堂 松灣	著書 臨履堂遺稿
金基厚(기후)	1582~1633	晩起堂	字 士重 本貫 清風 父 持黙 著書 晩起堂遺稿
金佶(길)	朝鮮宣祖	東庵	本貫 豊山 父 礪臣
金吉龜(길구)	1684~1770	黙翁	字 敬則 本貫 金海 父 華重 著書 文集
金吉祥(길상)		晩隱	字 天賚 本貫 金寧 府使
金吉修(길수)		退巖	本貫 安東 封號 兎山君
金吉燦(길찬)		月圃	本貫 光山 父 明寶
金吉通(길통)	1408~1473	月川	文臣 字 叔經 本貫 清風 父 孝禮 封號 月川君 崇政大夫 諡號 文平 著書 月川集
金洛(낙)		七峯	本貫 清風
金洛龜(낙구)	朝鮮英祖	滄村	字 子厚 本貫 彦陽
金洛圭(낙규)		晩寓	字 士仲 本貫 安東 著書 文集
金洛均(낙균)	朝鮮	竹泉	本貫 金海 父 炳淳 監察
金洛根(낙근)		芙淵	字 景洛 本貫 安東
金洛耆(낙기)	1855~1910	可石	本貫 豊山 義城郡守
金樂騏(낙기)	朝鮮	訥窩	委巷詩人 字 景長 本貫 彦陽
金樂道(낙도)	朝鮮英祖	勤溪	本貫 慶州 父 礦
金洛斗(낙두)	1813~?	竹軒	本貫 江陵 父 弼俊
金樂贇(낙빈)	朝鮮英祖	愧屋	本貫 慶州 父 確
金洛瑞(낙서)	朝鮮正祖	好古齋	委巷人 字 文初 奎章閣書吏
金洛碩(낙석)		望齋	本貫 金海
金樂聲(낙성)		慕隱堂	字 汝俊 本貫 固城
金洛淳(낙순)	→金祖淳의 初名		
金樂升(낙승)	朝鮮	花泉	本貫 安山 父 灝源
金樂升(낙승)	朝鮮後期	舒翁	父 應華
金洛信(낙신)	朝鮮	梧楊	字 義卿 本貫 金寧
金樂淵(낙연)	朝鮮	琴湖	文臣 字 士能 本貫 禮安 敦寧府都正
金洛用(낙용)	1860~1919	孟巖	獨立運動家 本貫 全州 父 在旭

人名	年代	號	其他
金洛龍(낙룡)	朝鮮純祖	晩翠堂	本貫 光山 司諫院正言
金樂源(낙원)	朝鮮英祖	拙窩	本貫 慶州 父 礦
金洛源(낙원)		耕菴	著書 文集
金洛應(낙응)	朝鮮	省庵	本貫 金海 父 裕復
金樂寅(낙인)	朝鮮英祖	松泉	本貫 慶州 父 垸
金樂仁(낙인)		錦南	本貫 宣城
金洛鍾(낙종)	韓末	立岩	本貫 扶安 宋秉璿 門人
金樂曾(낙증)	1693~1744	晩逈	文臣 本貫 慶州 父 礦 著書 晩逈遺稿 〈雪齋集〉
金洛進(낙진)	1859~1909	碧峰	學者 字 致一 本貫 扶寧 父 景淳 外祖 金宅麗 著書 碧峰遺稿
金洛鎭(낙진)		錦樵	字 文見 本貫 安東
金洛喆(낙철)	?~1917	溶庵	字 汝仲
金樂春(낙춘)	1525~1586	百忍堂 忍百堂	學者 字 泰和 本貫 順天 父 雨行 外祖 金孝盧 著書 百忍堂逸稿
金樂灃(낙풍)	1786~1834	三樂翁 三樂齋	文臣 字 績汝 本貫 義城 父 城 外祖 張學浩 敦寧府都正
金洛弼(낙필)	1850~1919	老可庵	著書 文集
金樂行(낙행)	1708~1766	九思堂	學者 字 艮夫退甫 本貫 義城 父 聖澤 著書 九思堂集
金洛鉉(낙현)	1817~1893	溪雲 漢雲	學者 字 定汝 本貫 光州 父 在晉 祖父 箕春 外祖 沈應奎 大司憲 著書 溪雲遺稿
金洛鉉(낙현)	?~1892	偶齋	學者 著書 偶齋遺稿
金洛鉉(낙현)		壽谷 壽石	本貫 光山
金樂賢(낙현)	朝鮮	麥邱	字 希淵 本貫 蔚山 監察
金洛鎬(낙호)	朝鮮	華隱	本貫 金海 父 義復
金洛熙(낙희)	1881~1960	艮菴	著書 艮菴遺稿
金蘭(난)	高麗	東岡	本貫 金海 父 牧卿 平章事
金蘭(난)		畹山	字 香祖 本貫 廣州 著書 文集
金蘭(난)	朝鮮	烟波釣叟	字 士英 本貫 光山 永禧殿參奉
金蘭奎(난규)	朝鮮純祖	梅覺	字 英秀 本貫 廣州 龍驤衛副護軍
金鸞祥(난상)	1507~1570	鉼山 梅陽	文臣 字 季應 本貫 清道 父 倪 祖父 玄 大司成 著書 鉼山集
金鸞瑞(난서)	朝鮮宣祖	敬慕齋	文臣 字 季仁 本貫 遂安
金鸞瑞(난서)	朝鮮	瓶城齋	文臣 字 士祥 本貫 善山
金蘭孫(난손)	朝鮮宣祖	三紀軒	本貫 金寧 父 孟昌
金蘭淳(난순)	1781~1851	碧谷	文臣, 書藝家 字 士猗 本貫 安東 父 履裕 吏曹判書 諡號 孝文

人名	年代	號	其他
金南烈(남렬)	朝鮮肅宗	立巖	學者 本貫 江陵
金南物(남물)	高麗	士齋	本貫 廣州 安東府使
金南伯(남백)	朝鮮	潤隱	本貫 蔚山 父 成吉
金南寶(남보)	高麗	月村	文臣 字 文敏 本貫 開城 父 玄器 判書
金南鵬(남붕)		晚釣 釣窩	本貫 高靈 祖父 尚輝
金南星(남성)→金尚星			
金楠壽(남수)	朝鮮宣祖	雲坡	字 郭老
金南粹(남수)	朝鮮英祖	月岡	本貫 義城 父 世臣
金南洙(남수)	1899~1945	雨田	獨立運動家 字 仲尋 本貫 光山
金南秀(남수)		楠岡	著書 文集
金南式(남식)	朝鮮仁祖	崇禎處士 義村	義兵 本貫 光山
金南植(남식)	朝鮮肅宗	崇禎處士	本貫 錦山 父 鑑 金集 門人
金南億(남억)	朝鮮肅宗	懶翁	本貫 錦山 父 鑑 金集 門人
金南雨(남우)		滄洲	本貫 光山 父 光利
金南一(남일)	1635~1696	砥南	文臣 字 重伯 本貫 禮安 父 鍴 外祖 權克諧 槐山郡 守 著書 砥南文集
金南重(남중)	1596~1663	野塘 菊堂	文臣 字 自珍, 子珍 本貫 慶州 父 守廉 祖父 命元 開城府留守 諡號 貞孝 著書 野塘先生遺稿
金南重(남중)	朝鮮宣祖	醉翁堂	本貫 蔚山 父 從虎 祖父 麟厚 父 從虎 直長
金南澤(남택)	朝鮮世宗	遜齋	本貫 咸昌 父 元庇
金南夏(남하)		皐解堂	本貫 豊基
金乃銖(내수)	朝鮮	春坡	委巷人
金鼐臣(내신)	朝鮮	雪堂	文臣 字 重寶 本貫 晉州 同知中樞府事
金來容(내용)		石南	著書 石南遺稿
金乃儀(내의)	朝鮮	聽菊	本貫 金海 父 永錫 生員
金來顯(내현)	1810~1888	竹堂	字 致明 本貫 楊州 父 宗河 德川郡守
金寧(녕)	1567~1650	遯峰	文臣 字 汝知 本貫 善山 父 崇烈 鄭逑,張顯光 門人 禮安縣監 著書 遯峰集
金路(노)	高麗~朝鮮	石圃	文臣 本貫 義城 父 光富 祖父 之銳 司農卿
金魯(노)	1498~1548	東皐	文臣, 書藝家 字 景魯,景參 本貫 安東 父 希壽 僉知 中樞府事
金鏴(노)	1783~?	雪嵒	文臣 字 景由 本貫 延安 父 載璉 祖父 煜 諡號 文獻
金魯謙(노겸)	1781~1853	性菴 吉皐子	文臣, 學者 字 元益 本貫 慶州 父 師柱 外祖 李直 升 著書 性菴集
金魯敬(노경)	1766~1840	酉堂	文臣 字 可一 本貫 慶州 父 頤柱 知敦寧府事 著書 酉堂遺稿

人名	年代	號	其他
金魯奎(노규)	1846~1904	鶴陰	著書 鶴陰集
金魯東(노동)	1899~1958	杏海	學者 字 聖九 本貫 安東 父 福漢 系 喬漢 外祖 李周讚 著書 杏海集
金魯培(노배)	朝鮮	蒼翁	本貫 金海 父 顯淳
金魯錫(노석)	朝鮮	慕樹齋	本貫 慶州 父 翼柱 祖父 澳
金魯善(노선)	1811~1886	奇溪	學者 字 子唯 本貫 安東 父 養植 系 養禎 著書 奇溪文集
金魯銖(노수)		感宙	著書 文集
金魯源(노원)	1899~?	振聲	字 良鐸 本貫 慶州 父 成義
金魯應(노응)	1757~1824	一窩	文臣 字 唯一 本貫 慶州 父 泰柱 同知成均館事 諡號 正獻
金魯鼎(노정)	朝鮮純祖	梧亭	文臣 本貫 慶州 父 觀柱 系 象柱 正言
金老偡(노창)		迂齋	著書 迂齋集
金魯忠(노충)	朝鮮純祖	習靜齋	本貫 慶州 父 龜柱 參判
金魯澤(노택)		竹軒	本貫 金海
金魯憲(노헌)	韓末	忠翼	字 仲善 本貫 遂安
金魯鉉(노현)	1841~1915	小石	著書 小石遺稿
金魯亨(노형)	朝鮮純祖	靜齋	本貫 慶州 父 觀柱
金祿(녹)	高麗	雲亭	字 百膺 本貫 斗峯
金祿休(녹휴)	1827~1899	莘湖	學者 字 穉敬 本貫 蔚山 父 邦黙 外祖 李貞權 著書 莘湖集
金農(농)	朝鮮	華南	字 明甫 本貫 豊山 父 義貞 祖父 楊震 司儀
金濃(농)		悠然堂	本貫 安東
金賁植(비식)	朝鮮	南湖	本貫 義城
金紐(뉴)	1420~?	觀後庵 觀厚菴 琹軒 上洛居士 上洛處士 雙溪 雙溪齋 翠軒	文臣, 書畫家 字 子固 本貫 安東 父 仲淹 外祖 趙大臨
金紐(뉴)	1527~1580	璞齋	文臣 字 順卿 本貫 善山 祖父 宗直 著書 璞齋集
金玏(늑)	1540~1616	栢巖 栢谷 釣巖	字 希玉 本貫 禮安 父 士明 系 士文 大司憲 諡號 敏節 著書 栢巖文集
金能淳(능순)	朝鮮後期	鶴松	本貫 安東 父 履績
金柅(니)	1540~1621	柳塘	文臣, 學者 字 止中 本貫 全州 父 璡 外祖 陳霔 黃海道觀察使 著書 柳塘集
金柅(니)		友溪堂	字 汝剛 本貫 安東 著書 文集
金柅(니)→金柅			
金湍(단)	朝鮮仁祖	守分 守分窩	文臣 字 止叔 本貫 扶寧

人名	年代	號	其他
金達權(달권)		梧軒	本貫 金寧
金達圭(달규)	朝鮮	友虛齋	字 達瑞 本貫 安東 著書 友虛齋遺稿
金達根(달근)		湖隱	字 聖培 本貫 安東
金達龍(달룡)		養圃	本貫 光山 父 宗燁
金達生(달생)		居易堂	本貫 光山 父 時源
金達秀(달수)	朝鮮	松庵	本貫 江陵 父 萬亨
金達淳(달순)	1760~1806	一靑	文臣 字 道彌 本貫 安東 父 履鉉 右議政 諡號 翼憲 著書 文集
金達愚(달우)	朝鮮	智峯	本貫 金海 父 鍾連
金達運(달운)	朝鮮	鳳隱	本貫 義城 父 均鎰
金達栽(달재)		愛日齋	本貫 金海
金達表(달표)	朝鮮	可谷 可谷處士	本貫 道康 父 石煥
金達鉉(달현)	朝鮮	西溪	本貫 金海 父 吉得
金達浩(달호)	朝鮮	慕軒	本貫 金海 父 宗三
金達渾(달혼)		晦窩	著書 文集
金達興(달흥)		慕庵	本貫 道康
金達興(달흥)		鶴庵	本貫 金海
金淡(담)	1416~1464	撫松軒	文臣 字 巨源 本貫 禮安 父 孝良 祖父 輅 吏曹判書 諡號 文節 著書 撫松軒先生文集
金湛(담)	1560~1626	汲古齋	學者 字 久遠 本貫 商山 父 守敦 著書 汲古齋文集
金譚(담)	朝鮮	葆眞子 葆眞齋	孝子 字 譚之 本貫 江陵 祖父 潭 著書 詩集
金譚(담)	朝鮮宣祖	卓溪	字 大中 本貫 金寧
金聃壽(담수)	1535~1603	西溪 德行堂	學者 字 台叟 本貫 義城 父 關石 外祖 朴坦 曺植 吳健 門人 著書 西溪逸稿
金臺(대)	1455~1527	盤谷	文臣 字 登可 本貫 江陵 父 四陽 獻納
金岱(대)		西隱	本貫 義城
金臺卿(대경)	高麗	月塘	文臣 字 中始 本貫 羅州 父 成固 寶文閣大提學 諡號 文忠
金大坤(대곤)	1783~?	樂窩	字 元若 本貫 瑞興 父 璟礪
金大權(대권)	朝鮮	月湖	字 箕範 本貫 金寧
金大根(대근)	1805~1879	如淵 苕磎	文臣, 學者 字 一原, 一元 本貫 安東 父 漢淳 外祖 申慤 右贊成 著書 如淵遺稿
金大器(대기)	1557~1628	晩德 晩隱	學者 字 玉成 本貫 光州 父 應 著書 晩德集
金大器(대기)	朝鮮宣祖	沙丘亭	本貫 慶州 父 從禎 趙憲 門人
金大器(대기)		北湖處士	本貫 善山
金大德(대덕)	1577~1639	蘇峰 易安堂	文臣 字 得之 本貫 光州 父 元祿 系 元祥 參判
金大洛(대락)	1845~1914	賁西	獨立運動家 本貫 義城

人名	年代	號	其他
金大立(대립)	朝鮮	月峰	本貫 道康 父 元 進士 著書 文集
金大鳴(대명)	1536~1593	白巖	文臣 字 聲遠 本貫 蔚州 父 樞 豊基郡守 著書 白巖先生逸稿
金大銘(대명)	朝鮮	龍巖	本貫 金寧 父 春圭
金大福(대복)	朝鮮宣祖	高峰	本貫 慶州 父 紀泰 英陵參奉
金大生(대생)	朝鮮	松川	本貫 道康 父 元
金大善(대선)	朝鮮	澄月堂	本貫 慶州 父 海壽
金岱壽(대수)	朝鮮中期	孤峯	本貫 光山 父 萬翼
金大洙(대수)	韓末	斗庵	字 仲彬 本貫 蔚山 中樞院議官
金大洵(대순)	朝鮮	餘齋	本貫 商山 著書 餘齋集
金大榮(대영)		遯齋	本貫 金海 父 振赫
金大運(대운)		晴皐	字 清汝 本貫 野城
金大雄(대웅)	朝鮮	石川	本貫 道康 父 元
金大渭(대위)	朝鮮	鑿窩	本貫 金海 父 鐵孫
金大有(대유)	1479~1551	三足堂	文臣 字 天佑 本貫 金海 父 駿孫 漆原縣監 著書 三足堂先生文集
金大尹(대윤)	高麗末	成隱	
金大義(대의)		龍浦	本貫 豊基
金大池(대지)	1891~1942	一峰	獨立運動家
金大振(대진)	朝鮮中期	四友堂	字 而遠 本貫 瑞興 父 應福 察訪
金垈鎭(대진)	1770~1843	訂窩	學者 字 泰叟 本貫 義城 父 復壽 外祖 李宇烈 著書 訂窩文集
金大振(대진)	朝鮮	守靜堂	本貫 光山 追贈 左承旨
金大震(대진)	高麗~朝鮮	雲隱	字 天元 本貫 金海 父 克胤 副護軍
金大鎭(대진)		老耕齋	字 聖欽 本貫 安東 著書 文集
金大振(대진)		竹軒	本貫 金海
金大春(대춘)	朝鮮	徐刀齋	文臣 字 大一 本貫 義城 訓練僉正
金大澤(대택)	1559~1626	萍堂	字 景潤 本貫 安東 父 震揚
金大海(대해)		魯隱	本貫 商山 父 趕
金大賢(대현)	1553~1602	悠然堂	文臣, 學者 字 希之 本貫 豊山 父 農 祖父 義貞 外祖 權鎰 成渾, 宋時烈 門人 縣監 著書 悠然堂集
金大鉉(대현)	?~1870	月窓 月窓居士	著書 禪學入門
金大鉉(대현)	1846~1918	研農	字 性玟 本貫 光山 父 在益 著書 文集
金大顯(대현)	1899~1973	鳳庵	著書 鳳庵遺集
金大輝(대휘)		秋槎	本貫 禮安
金大徽(대휘)		永慕堂	本貫 善山

人名	年代	號	其他
金大欽(대흠)		松亭	本貫 慶州
金大興(대흥)	朝鮮	瀛隱	本貫 金海 父 致億
金德謙(덕겸)	1552~1633	靑陸 淸陸	文臣 字 景益 本貫 尙州 父 洪 同知中樞府事 著書 靑陸集
金德謙(덕겸)	朝鮮	誠信齋	字 子益 本貫 安東
金德慶(덕경)		邇菴	本貫 金海
金德誠(덕계)→金德誠			
金德光(덕광)		陋菴	本貫 光山 祖父 萬甲
金德宏(덕굉)	1507~1558	杜門翁	學者 字 仲厚 本貫 光山
金悳均(덕균)		石橋	字 心直 本貫 安東 著書 文集
金德根(덕근)	朝鮮憲宗	秋舫	文臣 字 敬汝 本貫 安東
金德根(덕근)		農庵	字 明瑞 本貫 安東
金德器(덕기)		海隱	字 仲容 本貫 淸風 父 頤眞
金德年(덕년)		花溪	本貫 金寧
金德鍊(덕련)	1869~1929	顧軒	學者 字 建七 本貫 金海 父 瑀榦 外祖 金西曾 著書 顧軒集
金悳鍊(덕련)→金德鍊			
金德濂(덕렴)		洛村	
金德龍(덕룡)	1518~?	駱谷 駱谷齋	文臣 字 雲甫 本貫 安東 父 澄 大司憲
金德龍(덕룡)	朝鮮明宗	靜齋 淨齋	字 雲甫 本貫 安東
金德龍(덕룡)	朝鮮	誠菴	文臣 字 致雲 本貫 善山 正郎
金德麟(덕린)	朝鮮	三畏窩	本貫 慶州 父 鴻運 祖父 廷秀
金德麟(덕린)	朝鮮	雲菴	本貫 金寧 父 有洽 通德郎
金德明(덕명)	1845~1895	龍溪	東學敎徒 字 德明 本貫 彦陽 父 漢驥
金德懋(덕무)	朝鮮明宗	可軒	字 思叔 本貫 淸風 父 湜
金德普(덕보)	1571~1627	松巖 楓巖	義兵將 字 子龍 本貫 光山 父 鵬燮
金德鳳(덕봉)	朝鮮	暎湖亭	文臣 字 雲寶 本貫 晋州 禮曹參議
金德夫(덕부)		持菴	著書 持菴遺稿
金德生(덕생)	高麗末	甀山	本貫 尙州 父 云寶
金德生(덕생)	朝鮮	慕齋	
金德成(덕성)→金德誠			
金德成(덕성)	1729~1797	玄隱	畫家 字 汝三 本貫 慶州 父 斗根 僉節制使
金德成(덕성)→金德誠			
金德誠(덕성)→金德誠			
金德秀(덕수)	?~1522	頤眞 頤眞堂 頤眞子	字 景眞 本貫 淸風 父 湜 追贈 判書

人名	年代	號	其他
金德秀(덕수)	朝鮮宣祖	斜川	字 得心 本貫 羅州
金德秀(덕수)	朝鮮後期	眞齋	本貫 淸風
金德秀(덕수)		穎菴	本貫 善山 父 定國
金德順(덕순)	朝鮮	龜山	本貫 慶州 父 聖模 參奉
金德淳(덕순)	朝鮮	山屋	字 遜之 本貫 安東
金德崇(덕숭)	朝鮮世宗	慕巖 慕菴	字 自悠 本貫 江陵 父 天益
金德崇(덕숭)		松軒	本貫 光山 父 應期 參奉
金德承(덕승)	1595~1658	少痊 小痊 巢睫 巢睫散人	文臣, 書畫家 字 可久 本貫 金海 父 盡善 祖父 希禹 李尙毅 門人 掌令 著書 少痊公文集
金德升(덕승)	朝鮮肅宗	竹軒	字 明彦 本貫 義城 祖父 汝權
金德新(덕신)	朝鮮中期	山南	本貫 光山 父 鳳瑞
金德安(덕안)	朝鮮英祖	四求齋	本貫 安東 父 啓光
金德榮(덕영)→金德崇(慕巖)			
金德五(덕오)	1860~1748	癡軒	學者 字 性兼 聖兼 本貫 遂安 父 振華 外祖 朱後挺 著書 癡軒集
金德溫(덕온)	高麗	野夫	本貫 英陽
金德運(덕운)	朝鮮英祖	眞靜齋	本貫 慶州 父 重陽 參奉
金德運(덕운)		麗溪	本貫 金海
金德韻(덕운)	朝鮮	樂善	文臣 字 君益 本貫 密陽 漢城府尹
金德遠(덕원)	朝鮮世宗	月峯	本貫 光州 父 禮蒙
金德遠(덕원)	1634~1704	休谷 休巖	文臣 字 子長 本貫 原州 父 仁文 領中樞府事
金德裕(덕유)		遜峀	字 周彦 本貫 遂安
金德一(덕일)	朝鮮	雪峰	文臣 本貫 慶州 父 國龍 祖父 應鼎 應敎
金德一(덕일)		雲皐	本貫 金海
金德材(덕재)	朝鮮英祖	山泉齋	文人 本貫 光州 父 春澤
金德在(덕재)	朝鮮	蓮溪	本貫 金海 父 基汝
金德載(덕재)	1851~1929	栗山	著書 栗山集
金德鼎(덕정)		耕隱	本貫 金海 父 渭公
金德齊(덕제)		萬頃	著書 文集
金德鎭(덕진)	1885~1947	樂溪	義兵 字 景明 本貫 安東
金德鎭(덕진)		三湖	字 燦禮 本貫 安東
金德泰(덕태)	朝鮮	若鏡	本貫 金海 父 政鎬
金德諴(덕함)	1562~1636	醒翁	文臣 字 景和 本貫 尙州 父 洪 大司憲 諡號 忠貞 著書 醒翁遺稿
金德恒(덕항)		梅谷	本貫 金海 祖父 致建
金德海(덕해)	朝鮮	華巖	文臣 字 泰聲 本貫 義城 中樞府事

人名	年代	號	其他
金德海(덕해)	朝鮮	農巖	文臣 字 乃觀 本貫 晉州 司僕寺正
金德行(덕행)	1722~1789	恭命齋	學者 字 顯道 本貫 安東 父 時禛 安峽縣監 著書 恭命齋集
金德行(덕행)		觀水齋	本貫 安東 著書 文集
金德玄(덕현)	朝鮮	森谷 森谷處士	文臣 字 乃舜 本貫 晉州 左承旨
金德鉉(덕현)		農庵	本貫 光山
金德亨(덕형)	朝鮮	三漢齋 漢齋 華山子	委巷詩人 字 剛中 本貫 金海 奎章閣書吏
金德垕(덕후)		弄月齋	本貫 光山
金德徽(덕휘)	朝鮮	潛窩	委巷詩人 字 仲操 本貫 江陵
金德輝(덕휘)		明菴	本貫 安東
金濤(도)	高麗	蘿葍山人 藍葍山人	文臣 字 長源 本貫 延安 父 光厚 李穡 門人 密直提學
金濤(도)	1580~1636	恭黙堂	學者 字 長源 本貫 尙州 著書 恭黙堂集
金燾(도)	?~1800	芹谷 養眞堂	委巷人 字 伯玉 本貫 臨瀛 綠事 著書 芹谷集
金濤(도)	朝鮮中期	黙堂	本貫 尙州 父 琪善
金燾(도)	朝鮮	葛溪	本貫 義城
金燾(도)→金喜			
金道圭(도규)		鶴南	字 殷弼 本貫 安東
金燾均(도균)		講墨山房	
金道器(도기)	朝鮮	梅谷	孝子 字 子由 本貫 義城
金都吉(도길)		杏堂	
金道南(도남)	朝鮮	九峯	字 汝明 本貫 義城 父 守一 祖父 允佑 著書 九峯集
金道明(도명)	1803~1873	畏庵	學者 字 純伯 本貫 光山 父 星魯 外祖 金翰運 著書 畏庵文集
金道敏(도민)	朝鮮	鐵冠	文臣 本貫 忠州 吏曹參議
金道炳(도병)	韓末	芝圃	著書 文集
金道聲(도성)		松溪	本貫 金海
金道洙(도수)	?~1742	春洲 壽洲	文臣 本貫 淸風 通川郡守 著書 春洲集
金道洙(도수)		西隱	著書 文集
金度淳(도순)	朝鮮後期	愚谷	字 汝謹 本貫 安東 父 履銓 著書 愚谷集
金道彦(도언)	1684~?	雲山	字 汝由 本貫 道康 父 萬衡
金道淵(도연)	朝鮮	薇村	委巷詩人 字 靜之 父 鎭恒
金道演(도연)	1894~1967	常山	政治家 著書 나의 人生白書
金道元(도원)	1708~?	休休堂	字 乃淵 本貫 道康 父 箕泆
金道元(도원)→金孝元			

人名	年代	號	其他
金道源(도원)	1847~1920	永慕齋	著書 永慕齋遺稿
金道元(도원)		省庵	
金道源(도원)		雲川	本貫 義城
金道凝(도응)	1631~1695	養正齋	文人 本貫 金海 著書 養正齋集
金道益(도익)		竹坡	著書 竹坡集
金道章(도장)		平川	本貫 道安
金度中(도중)	朝鮮	漢南	本貫 蔚山 父 堯亨
金度中(도중)	1881~1959	鰲南	著書 鰲南遺稿
金道泰(도태)	1891~1956	希天	史學者, 敎育者 著書 世宗大王傳記
金道行(도행)	1728~1812	雨皐	學者 字 中立 本貫 義城 父 正鐸 外祖 李齊泰 著書 雨皐文集
金道行(도행)	朝鮮	遯齋	字 道世 本貫 安東
金道赫(도혁)	1794~1839	巖塘	學者 字 道全,德彦 本貫 光山 父 星說 系 星景 外祖 鄭禝 著書 巖塘文集
金道鉉(도현)	1852~1914	碧山 碧棲	義兵 字 明玉, 鳴玉 本貫 金海 父 性河 著書 碧山文集
金燾鉉(도현)		磁山	
金道賢(도현)→金道鉉			
金道和(도화)	1825~1912	拓庵	學者, 義兵將 字 達民 本貫 義城 父 若洙 著書 拓庵先生文集
金道欽(도흠)	朝鮮	孝誠堂	本貫 野城 敦寧府都正
金道喜(도희)	1783~1860	柱下	文臣 字 士經 本貫 慶州 父 魯應 外祖 李成奎 判敦寧府事 諡號 孝憲
金墪(돈)	1742~1799	東厓	學者 字 子厚 本貫 義城 父 光憲 外祖 南以老 著書 東厓文集
金敦(돈)	朝鮮	玉溪	文臣 字 睦汝 本貫 晉州 奉常寺僉正
金敦佐(돈좌)	朝鮮	農菴	本貫 金寧
金敦熙(돈희)	1871~1936	惺堂	書藝家 字 公叔 本貫 慶州 中樞院囑託
金鍊(동)	朝鮮	學山	本貫 安東 父 甲圭
金東權(동권)	1816~1877	遯窩	學者 字 致文 本貫 金寧 父 慶鐸 系 時鐸 外祖 李華復 追贈 中學敎官 著書 遯窩遺稿
金東紀(동기)	朝鮮仁祖	龍岡	本貫 永同 父 相
金東達(동달)	朝鮮仁祖	薇谷	義兵 字 而行 本貫 光山
金東斗(동두)	朝鮮	松齋	字 天甫 本貫 安東
金東魯(동로)		敬慕齋	字 希參 本貫 安東
金東晩(동만)		翠澗	著書 文集
金東鳴(동명)		黙庵	本貫 義城

人名	年代	號	其他
金東鳴(동명)	1900~1968	超虛	詩人, 政治評論家 本貫 慶州
金東三(동삼)	1878~1937	一松	獨立運動家 本貫 義城 本名 肯植
金東碩(동석)	朝鮮	雲圃	本貫 金寧 父 海運
金東成(동성)	1890~1969	千里駒	言論人政治家
金東洙(동수)	1857~1937	無如齋	字 致文 著書 無如齋遺稿
金東洙(동수)	?~1922	晚翠	著書 晚翠稿
金東壽(동수)		愚隱	著書 愚隱先生文集
金東秀(동수)		栗峯	本貫 延安 祖父 一謙
金東洙(동수)		梧月堂	本貫 清風
金東式(동식)		六有齋	字 國卿 本貫 安東 著書 文集
金東臣(동신)	朝鮮	號菴	字 翔卿 本貫 安東 著書 文集
金東臣(동신)	1871~1933	清菴	義兵將 字 元表 秘書丞
金東悅(동열)		春岡	著書 文集
金東榮(동영)		養閒齋	著書 文集
金東旭(동욱)	朝鮮	悝齋	委巷詩人 字 仲仁 父 世濡
金東元(동원)	朝鮮	海鶴	本貫 慶州 父 憲浩 祖父 商弘
金東源(동원)		黙窩	本貫 商山
金東元(동원)	1884~1950	誠隱	政治人, 實業家
金東益(동익)	1900~1897	青嵐	醫學者 著書 消化器病學
金東仁(동인)	1900~1951	琴童 春士	小說家
金東一(동일)	朝鮮	惠圃	文臣 字 子玉 本貫 原州 都事
金東準(동준)	1573~1661	鳳谷	文臣 字 而式 本貫 光山 父 光轍 金長生 門人 監察
金東俊(동준)	1685~1732	適庵	字 伯兼 本貫 光山 父 升國 著書 文集
金東鎭(동진)	朝鮮	匏鐺	本貫 慶州 父 正浩 祖父 商健
金東鎭(동진)	1867~?	貞山	字 國卿 本貫 宣城 金興洛 門人 著書 貞山集
金東鎭(동진)	1891~1938	白官	獨立運動家
金東振(동진)		錦谷	著書 文集
金東弼(동필)	1678~1737	樂健堂 樂健亭	文臣 字 子直 本貫 尙州 父 濡 祖父 禹錫 外祖 洪柱國 吏曹判書 諡號 忠惠 著書 引接說話
金東弼(동필)	1736~1807	黙巖	學者 字 公輔 本貫 義城 父 學彬 外祖 金泰紀 諡號 忠貞 著書 黙巖集
金東弼(동필)		碧泉	
金東漢(동한)	朝鮮	篁隱	字 季膚 本貫 金寧
金東炫(동현)	1846~1918	松隱	著書 文集

人名	年代	號	其他
金東鎬(동호)		蘭圃	著書 金蘭圃遺集
金東勛(동훈)		松谿	本貫 晉州
金枓(두)		黙齋	字 而幹 本貫 義城
金對(두)		慕庵	本貫 棠岳 祖父 琼
金斗奎(두규)	朝鮮後期	松溪	閭巷人 字 君端
金斗根(두근)	朝鮮	鶴巢	本貫 安東 父 敬淳
金斗南(두남)	1567~1615	德灘	文人 字 汝仰 本貫 義城 父 守一 祖父 允佑 宗簿寺主簿 著書 文集
金斗南(두남)	1657~1741	巴江 巴陵	文臣 字 一叔 本貫 原州 父 瑛 廣州牧使
金斗南(두남)		濯淸軒	本貫 安東
金斗南(두남)		觀瀾亭	本貫 光山 父 光運
金斗樑(두량)	1696~1763	南里 芸泉	畫家 字 道卿 本貫 慶州 父 孝綱 外祖 咸悌健 圖畫署別提
金斗龍(두룡)	1692~1742	樂善堂	文臣, 學者 字 光瑞 本貫 光山 父 振南 外祖 鄭敎 著書 樂善堂集
金斗滿(두만)	1872~1918	澗愚	著書 文集
金斗萬(두만)	韓末~日帝	秀峰	獨立運動家
金斗明(두명)	1644~1706	晚育堂 晚香 晚香堂	文臣 字 子昂 本貫 淸風 父 峻 尹拯 門人 兵曹參議
金斗明(두명)		柏堂	著書 文集
金斗黙(두묵)→金正黙의 初名			
金斗文(두문)	朝鮮肅宗	敬勝齋	孝子 字 季章 本貫 金海 追贈 戶曹佐郎
金斗玟(두민)		遯庵	著書 遯庵先生文集
金斗壁(두벽)		槐窩	本貫 慶州
金斗炳(두병)	朝鮮肅宗	稼庵	字 晦仲 本貫 商山 父 夏鳴 著書 稼庵集
金枓奉(두봉)	1889~?	白淵	政治家
金斗三(두삼)		穎濱	著書 穎濱遺稿
金斗瑞(두서)	朝鮮	松巖	本貫 蔚山 父 昌夏
金斗瑞(두서)		檜巖處士	本貫 蔚山
金斗錫(두석)	朝鮮	心齋	本貫 金海 父 遜秀 郡守
金斗善(두선)	?~1925	星堂	著書 星堂尺牘
金斗涉(두섭)	朝鮮	蓮坡	本貫 羅州 父 秉洙
金斗星(두성)	1838~1917	鶴隱	文臣 字 汝叡 本貫 平山 父 炳贊 司諫院正言 著書 鶴隱集
金斗性(두성)→金斗星			
金斗述(두술)		一心齋	本貫 道泉 父 達興

人名	年代	號	其他
金斗植(두식)		志庵	著書 志庵文集
金斗植(두식)		雲菴	本貫 商山
金斗安(두안)	朝鮮	湖隱	文臣 字 順明 本貫 善山 參書官
金斗烈(두열)	朝鮮英祖	藝園	書藝家 字 英仲 本貫 光山 父 偉材 系 聖材
金斗運(두운)		充齋	字 復汝 本貫 慶州
金斗緯(두위)	朝鮮	遯齋	字 經之 本貫 金寧
金斗寅(두인)	朝鮮	聽泉	本貫 金海 父 基源
金斗仁(두인)		壽巖	本貫 金海
金斗章(두장)	朝鮮仁祖	納軒	本貫 順天 父 榮後
金斗祚(두조)	朝鮮	月圃	字 德胤 本貫 太原 通政大夫
金斗鍾(두종)	1896~1988	一山	醫學者 著書 韓國醫學史
金斗秋(두추)	朝鮮英祖	復齋	本貫 光山 父 德材
金斗七(두칠)	朝鮮	剛窩	字 樞伯 本貫 安東
金斗河(두하)	朝鮮	老海	字 中一 本貫 延安 延安府使
金斗行(두행)	朝鮮	五柳亭	字 行彦 本貫 金寧
金斗顯(두현)		松史	字 極一 本貫 安東
金斗鉉(두현)		翠隱堂	字 運卿 本貫 康津
金斗炯(두형)		巖溪	字 東望 本貫 安東
金斗鑛(두횡)		省菴	本貫 金海
金斗休(두휴)	朝鮮	莘坡	本貫 蔚山 父 邦呂
金斗欽(두흠)	朝鮮	洛厓	本貫 豊山 父 重佑 同副承旨
金斗熙(두희)	朝鮮	春園	本貫 慶州 父 權澤 祖父 彬源
金鈍(둔)	1735~?	霞溪	字 而敏 本貫 延安 父 載禧
金鈍(둔)→金銚			
金遯淡(둔담)		農皐	本貫 金海
金得可(득가)	1547~1591	柱峰	本貫 義城 司僕寺正 著書 柱峰逸稿〈聞昭世稿〉
金得光(득광)		月隱	字 又復 本貫 昌原 父 潤
金得龜(득구)	?~1589	晩翠軒	著書 灣晩翠軒逸稿
金得龜(득구)	朝鮮	栢齋	本貫 善山 父 以礪 進士
金得祺(득기)		井庵	本貫 豊基
金得男(득남)	朝鮮中期	梅竹軒	本貫 光山 父 億昌 草溪郡守
金得斗(득두)		愛日堂	本貫 金海
金得礪(득려)		潛溪	本貫 廣州
金得櫖(득려)	1522~1574	樂軒	著書 文集
金得鍊(득련)	朝鮮後期	春坡	委巷人

人名	年代	號	其他
金得鍊(득련)		環璆	著書 文集
金得禮(득례)	1562~1593	楊窩	本貫 金海 父 相國 追贈 兵曹判書 著書 楊窩金公實紀
金得麟(득린)		梅隱	著書 文集
金得培(득배)	1312~1362	蘭溪	文臣 字 國滋 本貫 尙州 父 祿 西北面都兵馬使
金得福(득복)	1561~1626	東广	義兵 字 綏仲 本貫 金海 父 汶 外祖 金銀 三南領將 著書 東广實紀
金得福(득복)		之檜庵	本貫 豊基
金得祥(득상)	1565~1598	東塢	義兵 字 麟仲 本貫 金海 父 汶 外祖 金銀 宣武原從功臣 著書 文集
金得相(득상)		玉山亭	著書 文集
金得瑞(득서)		聲湖	字 聖得 本貫 光山
金得善(득선)	朝鮮中期	松屋	本貫 禮安 父 允安
金得善(득선)		雲亭	本貫 泗川
金得壽(득수)	朝鮮	毛山	本貫 道康 晉州營將
金得礦(득슥)	1561~1589	晩醉軒 晩翠	著書 晩醉軒逸稿〈龍山世稿〉
金得驢(득슥)→金得硏			
金得臣(득신)	1604~1684	栢谷 龜石山人	詩人 字 子公 本貫 安東 父 緻 祖父 時敏 外祖 睦詹 封號 安豊君 嘉善大夫 著書 栢谷集
金得臣(득신)	1754~1822	兢齋 弘月軒	書畵家 字 賢輔 本貫 開城 父 應履 外祖 韓重興 椒島僉節制使
金得硏(득연)	1555~1637	葛峯	學者 字 汝精 本貫 光山 父 彦璣 外祖 南世容 著書 葛峯遺稿
金得永(득영)	朝鮮	稼穡	字 汝心 本貫 金寧
金得雨(득우)	高麗	素明	文臣 字 元伯 本貫 原州 忠州牧使 諡號 文貞
金得祐(득우)		松庵	本貫 豊基
金得元(득원)		翫物 玩物齋	字 乃乾 本貫 蔚山
金得裕(득유)		梨庵	本貫 豊基
金得礒(득의)	朝鮮中期	晴翠軒	本貫 光山 父 彦璣 系 彦玲 祖父 籌
金得儀(득의)	朝鮮	敬齋	本貫 金海 父 松錫
金得仁(득인)		雪坡	本貫 江陵
金得地(득지)		損益堂	著書 損益堂遺稿〈昊亭先生實紀〉
金得祉(득지)		柏庵	本貫 豊基
金得直(득직)		鼎新齋	著書 文集
金得秋(득추)	1562~1660	懼齋	武臣 字 雲西 本貫 義城 父 健 外祖 金守文 嘉善大夫 著書 懼齋實紀
金得秋(득추)		栗坡	本貫 金海 父 鴉

人名	年代	號	其他
金得河(득하)	朝鮮	四愚堂	委巷詩人 字 士洪 本貫 忠州
金得河(득하)	高麗	瞻省	字 文卿 本貫 金海 大提學
金得厚(득후)	朝鮮後期	癯仙	字 子容
金灠(람)		水北 水北山人	字 景清 本貫 安東 著書 文集
金亮(량)	朝鮮	有恒齋	文臣 本貫 梁山 內資寺直長
金侶(려)	朝鮮初期	贊成堂	本貫 尙州 父 致遠
金礪(려)	1675~1728	雪齋	文臣 字 用汝 本貫 慶州 父 胤豪 外祖 李翮 觀察使 著書 雪齋集
金鑢(려)	1765~1822	薄庭	學者 字 士精 本貫 延安 父 載士 祖父 喜 著書 薄庭 遺藁
金礪(려)	朝鮮英祖	德隱	本貫 廣州 嘉義大夫
金廉(렴)	朝鮮明宗	三休堂	文臣 字 季溫 本貫 尙州 父 暄 翰林
金靈(령)	1576~1650	警齋	學者 字 玉汝 本貫 善山 父 蘭卿 外祖 都應斗 著書 警齋逸稿
金坽(령)	1577~1641	溪巖 溪隱 梅隱 作菴	文臣 字 子峻 本貫 光山 父 富倫 外祖 申壽民 追贈 吏曹判書 諡號 文貞 著書 溪巖集
金靈(령)	朝鮮仁祖	白谷 白石	文臣 字 人豪 本貫 順天 父 汝澤 翊贊
金鈴(령)	朝鮮	龜隱	字 鳴遠 本貫 安東
金玲(령) →金坽			
金瑬(류)	1571~1648	北渚	文臣 字 冠玉 本貫 順天 父 汝岉 柳根 婿 領議政 諡號 文忠 著書 北渚集
金倫(륜)	1277~1348	戀村 竹軒	文臣 字 無己 本貫 彦陽 父 胼 左政丞 諡號 貞烈
金隆(륭)	1525~1594	勿巖 勿菴 分岩	學者 字 道盛 本貫 咸昌 父 應龍 追贈 左承旨 著書 勿巖集
金隆(륭)	朝鮮肅宗	勿齋	本貫 咸昌 父 應龍 參奉
金麟(린)	朝鮮太祖	桐村	文臣 字 仁叟 本貫 淸州 左贊成
金璘(린)	朝鮮	龜巖	本貫 善山 父 季訥
金麟(린)		桂花堂	本貫 豐山
金琳(림)	朝鮮中宗	東洲	文臣 本貫 安山 父 孟鎰 承旨
金立(립)	朝鮮中宗	悝齋	字 立之 本貫 瑞興 父 彦庠
金岦(립)	朝鮮	瀨石	字 卓卿 本貫 瑞興 龍驤衛護軍
金笠(립) →金炳淵			
金萬甲(만갑)		三益	本貫 光山 父 時奭
金萬堅(만견)	朝鮮中期	沃溪	本貫 光山 父 益炅
金晚圭(만규)		荷汀	字 景授 本貫 安東
金萬均(만균)	1631~1676	思休 梨湖 醉仙	文臣 字 正平 本貫 光山 父 益熙 宋時烈 門人 承旨
金萬謹(만근)	朝鮮	望溪	本貫 義城 追贈 左通禮

人名	年代	號	其他
金萬根(만근)	1803~?	玄墅	文臣 字 舜圭, 舜玉 本貫 安東 父 世淳
金萬基(만기)	1633~1687	瑞石 瑞石山人 靜觀軒	文臣 字 永叔 本貫 光山 父 益兼 祖父 槃 宋時烈 門人 大提學 諡號 文忠 著書 瑞石集
金萬基(만기)	1845~1894	遁庵	著書 文集
金萬道(만도)		農隱	本貫 義城
金萬鏐(만류)	朝鮮	香窩	本貫 義城 父 昌胤 祖父 泰鳴
金萬璞(만박)	→許萬璞		
金萬敷(만부)	→李萬敷		
金萬彬(만빈)	朝鮮	石峰	本貫 金海 父 以鳳
金萬諝(만서)	朝鮮	退思	文臣 字 季一 本貫 固城 堤川郡守
金萬壽(만수)	1823~1904	景山 混泉	學者 字 體一 本貫 全州 父 宗伯 外祖 趙應龍 洪直弼 門人 著書 景山文集
金晩秀(만수)	1859~?	石下	字 大汝 本貫 延安 父 七淵
金萬壽(만수)		曙庵	
金晩植(만식)	1834~1900	翠堂	文臣 字 大卿, 器卿 本貫 清風 父 益鼎 平安道觀察使
金晩植(만식)	1845~1922	蘭室	本貫 光山 著書 蘭室遺稿
金萬英(만영)	1624~1671	南圃	學者 字 英叔 本貫 唐岳 父 泰洽 外祖 羅元吉 翊衛司洗馬 著書 南圃集
金萬源(만원)	1857~1932	枉史	學者 字 福卿 本貫 商山 父 洪錫 外祖 洪文遠 著書 枉史集
金萬裕(만유)	朝鮮正祖	巖亭	委巷詩人 字 允大 本貫 金海
金萬應(만응)	朝鮮	栗軒	本貫 金海 父 日孚
金萬翼(만익)	朝鮮	逋齋	本貫 光山 父 宇仁
金萬益(만익)	朝鮮肅宗	清養	字 大有 本貫 瑞典 通訓大夫
金萬績(만적)		養拙齋	字 熙哉 本貫 安東
金萬銓(만전)		黙隱	本貫 商山 著書 文集
金萬挺(만정)		銀溪	字 卓然 本貫 康津
金萬挺(만정)	朝鮮高宗	範溪	本貫 道康
金萬濟(만제)		靜齋	
金萬鍾(만종)	朝鮮純祖	麗志齋	本貫 安山 父 處商
金萬鍾(만종)		北渚	本貫 蔚山
金萬重(만중)	1637~1692	西浦 西圃	文臣 字 重叔 本貫 光山 父 益兼 李殷相 婿 知經筵事 諡號 文孝 著書 西浦集
金萬增(만증)	1635~1720	遯村 六花堂 滄洲	文臣 字 景能 本貫 光山 父 益熙 宋時烈 門人 臨陂縣令 著書 遯村遺稿
金萬增(만증)	朝鮮	菊友	本貫 金海 父 善元
金萬鎭(만진)		屐山	字 中一 本貫 安東 著書 文集

人名	年代	號	其他
金萬最(만최)	1660~1735	爐谷	委巷詩人 字 澤甫 本貫 光山 著書 爐谷集
金萬秋(만추)	朝鮮肅宗	洛厓	本貫 順天 父 斗章
金萬琛(만침)		市隱	著書 文集
金萬鉉(만현)	1820~1902	晚休堂 梧陰	學者 字 乃聞 本貫 金海 父 時瓚 外祖 金臣漢 著書 晚休堂逸集
金萬衡(만형)		山城	著書 山城集
金萬泓(만홍)		野鶴	本貫 金寧
金萬烋(만휴)	1625~1694	魯魯齋	學者 字 士逸 本貫 義城 父 有音 外祖 李茂 著書 魯魯齋文集
金萬希(만희)	高麗	惕齋	字 汝雲 本貫 金海 左政丞
金沫(말)	高麗	松亭	本貫 善山 父 用宣
金沫(말)		觀古堂	本貫 義城
金末孫(말손)	朝鮮	耕雲	文臣 字 伯胤 本貫 原州 全羅兵使
金邁洙(매수)→金遇洙			
金邁淳(매순)	1776~1840	臺山	學者 字 德叟 本貫 安東 父 履繡 祖父 範行 外祖 安宗周 江華府留守 諡號 文清 著書 臺山集
金孟(맹)	1410~1483	南溪	文臣 字 子進 本貫 金海 父 克一 封號 燕川君
金孟權(맹권)	朝鮮世宗	晚翠 晚翠堂 百忍堂	學者 本貫 光州 父 中老 集賢殿學士
金孟權(맹권)→金孟			
金孟鍊(맹동)	朝鮮	灘翁	本貫 善山 父 九鼎
金孟性(맹성)	1437~1487	止止堂	學者 字 善源 本貫 海平 父 遵禮 金宗直 門人 吏曹正郎 著書 止止堂詩集
金孟源(맹원)	朝鮮	望亭	字 聖化 本貫 金寧
金孟昌(맹창)	朝鮮世祖	獨谷	文臣 字 世伯 本貫 昌原 忠州牧使
金沔(면)	1541~1593	松菴	義兵將 字 志海 本貫 高靈 父 世文 外祖 金仲孫 封號 光川君 追贈 吏曹判書 諡號 文節 著書 松菴實紀
金勉永(면영)		魯湖	著書 魯湖集
金勉容(면용)	朝鮮後期	老村	本貫 光山 父 錫弼 祖父 應奎
金冕運(면운)	1775~1809	梧淵	學者 字 天贊 本貫 慶州 父 始采 外祖 李善胤 著書 梧淵文集
金勉柱(면주)	朝鮮英祖	儒齋	文臣 本貫 慶州 父 漢禧 工曹判書
金冕澤(면택)	?~1839	克復齋	著書 克復齋私稿
金勉行(면행)	1702~1772	强齋	字 敬夫 本貫 安東 父 時敏 著書 强齋集
金冕煥(면환)	朝鮮	恥巖	本貫 蔚山 父 萬休

人名	年代	號	其他
金明(명)	朝鮮中宗	遯齋	文臣 字 文素 本貫 固城 祖父 斌吉 任實縣監
金銘(명)		火谷	本貫 禮安
金鳴(명)		大谷	本貫 慶州
金鳴九(명구)		翠竹堂	本貫 慶州
金命國(명구)	朝鮮仁祖	菊潭 蓮潭 醉翁	畫家 字 天汝 本貫 安山 初名 明國 四學敎授
金鳴國(명구)		農隱	本貫 金海
金明國(명구)→金命國			
金鳴國(명구)→金命國			
金明奎(명규)	1848~?	昨匪窩	文臣 字 啓祥 本貫 安東(忠州) 父 國煥
金明奎(명규)	1891~?	槿園	獨立運動家,敎育者 父 東植
金明奎(명규)	1895~1977	野隱	獨立運動家
金命奎(명규)		涵齋	著書 涵齋遺事
金明圭(명규)→金明奎			
金明均(명균)		溪元	字 夔和 本貫 安東
金命根(명근)	朝鮮後期	松右	
金命基(명기)	1637~1700	屏澗 瓶艮 瓶窩	文人 字 用休 本貫 義城 父 烓 系 燮 義禁府都事
金命基(명기)→李命基			
金命南(명남)	朝鮮	魯陵	字 大天 本貫 金寧
金明達(명달)		月峯	字 彦明
金明東(명동)		梨湖	本貫 安東
金鳴麟(명린)		湖隱	本貫 金海
金明範(명범)	1730~1808	農谷	學者 字 景遠 本貫 義城 父 汝甲 祖父 外祖 朴鳳瑞 著書 農谷集
金明寶(명보)		畏庵	本貫 光山 祖父 天海
金命錫(명석)	1675~1762	雨溪	學者 字 汝修 本貫 義城 父 台重 祖父 德誠 外祖 洪克 李玄逸, 李栽 門人 僉知中樞府事 著書 雨溪集
金鳴善(명선)	1897~1982	海沙	醫師 父 秉奎
金命卨(명설)	朝鮮	休月	文臣 字 松憲 本貫 原州 載寧郡守
金鳴聲(명성)		錦溪	本貫 金海 父 夏九
金命壽(명수)	1367~1419	黙軒	文臣 字 時中 本貫 安城 吏曹參判
金明洙(명수)		伴鶴軒	本貫 義城
金明淳(명순)	1759~?	歇庵	文臣 字 大叔 本貫 安東 父 履基 系 履慶 參判
金明淳(명순)	1900~?	彈實	女流小說家
金命時(명시)	朝鮮	撫松	文人 本貫 原州
金明植(명식)	1892~?	松山	本貫 商山 父 相華
金命彦(명언)		柳溪	著書 文集

人名	年代	號	其他
金鳴玉(명옥)	朝鮮	石塘	本貫 慶州 父 曦旭 祖父 纘元
金命運(명운)	朝鮮後期	景賢窩	
金命元(명원)	1534~1602	酒隱	文臣 字 應順 本貫 慶州 父 萬鈞 外祖 安尊義 李滉 門人 封號 慶林府院君 左議政 諡號 忠翼
金明遠(명원)→金光遠			
金命允(명윤)	朝鮮	拙軒	字 大集
金明一(명일)	1534~1570	雲巖	字 彦鈍 本貫 義城 父 璡 生員 李滉 門人 雲巖先生逸稿〈聯芳世稿〉
金明逸(명일)→金時逸			
金命材(명재)	朝鮮肅宗	復庵	本貫 光山 父 雲澤
金明祖(명조)	朝鮮後期	林叟	本貫 慶州
金命鍾(명종)	朝鮮	雨溪	本貫 義城 著書 雨溪集
金鳴鍾(명종)		永芬	本貫 慶州
金明之(명지)	朝鮮	德新	本貫 金寧 父 忠立 祖父 玄錫
金明鎭(명진)	1840~1890	牧息	學者 字 稚誠 本貫 安東 父 世均 著書 牧息遺稿
金命昌(명창)		東園	
金命鐸(명탁)	1716~1746	海翁	字 士協 本貫 富平 父 有壂 義禁府都事
金明澤(명택)	高麗	浩養齋	字 德潤 本貫 金海 都僉議判典
金命宅(명택)	朝鮮	堅壯翁	字 叔夫 本貫 安東 著書 堅壯翁集
金明弼(명필)	朝鮮	逸民	本貫 金海 父 時發 府使
金鳴夏(명하)	1645~?	華山	本貫 蔚山 父 亨祉 著書 文集
金溟翰(명한)	朝鮮	湖西	
金明漢(명한)	朝鮮後期	鶴樵	委巷人 字 文翊 本貫 安東 著書 文集
金明漢(명한)		溪隱	字 五源 本貫 安東
金明漢(명한)		樓外樓	著書 文集
金鳴漢(명한)		晩悔堂	本貫 光山 父 鏠
金命賢(명현)	朝鮮仁祖	寄傲堂	本貫 光州 父 信行 洗馬
金命鉉(명현)	朝鮮	東老軒	本貫 靈光 父 元龍
金命琁(명현)	朝鮮	癡齋	委巷詩人 字 玄玉 本貫 金海
金鳴鉉(명현)		慕聖齋	本貫 金海 父 大榮
金命衡(명형)	1679~?	秋灘	字 商卿 本貫 道康 父 輝挺
金命浩(명호)	朝鮮後期	花史	本貫 安東 父 佐年
金命濩(명호)	朝鮮	癡窩	本貫 慶州 父 熙龜
金命鎬(명호)		魯峰	著書 魯峰先生文集
金命欽(명흠)	1669~1773	玉溪	學者 字 伯諧 本貫 義城 父 漢基 外祖 朴允河 著書 玉溪文集

人名	年代	號	其他
金命喜(명희)	1788~?	山泉	書藝家 字 性源 本貫 慶州 父 魯敬 江東縣令 著書 山泉集錄
金命喜(명희)		樵山	
金模善(모선)	朝鮮	山雲	本貫 盆城 父 永周
金睦(목)		勿庵	本貫 咸昌
金穆烈(목렬)		慕菴	本貫 金海
金睦淳(목순)	朝鮮	畏齋	字 士元 本貫 安東 著書 文集
金夢權(몽권)	朝鮮後期	晚谷	
金夢龜(몽귀)	朝鮮	華棲	本貫 英陽 父 世聖 參奉
金夢男(몽남)		屛庵	本貫 金海
金夢曇(몽담)		藏璞	字 季雲 本貫 安東
金夢得(몽득)		南隱	本貫 善山 父 德秀
金夢得(몽득)	朝鮮	下巖	金山訓導
金夢麟(몽린)		蘭西	本貫 金海
金夢福(몽복)		竹圃	本貫 善山 父 德秀
金夢成(몽성)		松圃	本貫 善山 父 德秀
金夢洙(몽수)		懼齋	著書 懼齋先生文集
金夢翼(몽익)	朝鮮	牙天	文臣 字 孝彦 本貫 原州 興海郡守
金夢仁(몽인)	朝鮮	月村	文臣 字 允堅 本貫 原州 承議郎
金夢井(몽정)→全夢井			
金夢鉉(몽현)		栗圃	本貫 靈光
金夢衡(몽형)	朝鮮	龍春	文臣 字 平仲 本貫 原州 漆谷府使
金夢虎(몽호)	1557~1673	玉峰 芝峯 旱岐	文臣 字 武叔 本貫 江陵 父 鑌 判決事 著書 文集
金夢虎(몽호)	朝鮮	三不惑	文臣 字 汝參 本貫 原州 副正
金夢華(몽화)	1723~1792	七巖	文臣 字 聖民 本貫 善山 父 裕壽 外祖 李碩望 漢城 府左尹 著書 七巖集
金武亮(무량)		白蓮塘	本貫 羅州 父 用禧
金武瑞(무서)	朝鮮	樂山	字 伯汝 本貫 金寧
金武仁(무인)		一齋	字 季昊 本貫 安東
金茂澤(무택)	朝鮮英祖	淵昭齋	本貫 光山 父 鎭嵩
金茂澤(무택)	朝鮮	○岡	本貫 金海 父 錫仁
金汶(문)	?~1448	西軒	文臣 字 潤甫, 子湄 本貫 彦陽 父 復生 直提學
金炆(문)	朝鮮肅宗	定窩	本貫 延安 父 相履
金文敬(문경)	朝鮮英祖	厚齋	

人名	年代	號	其他
金汶根(문근)	1801~1893	四教齋	文臣 字 魯夫 本貫 安東 父 頤淳 封號 永恩府院君 領敦寧府事 諡號 忠純
金文起(문기)	1399~1456	白村 白池 馬巖	文臣 字 汝恭 本貫 金寧 初名 孝起 父 觀 吏曹判書 諡號 忠毅 著書 白村先生文集
金文道(문도)	朝鮮孝宗	浩菴	本貫 清風 父 時蕃 生員
金文大(문대)	韓末~?	法山	父 秉年 本貫 義城
金文亮(문량)	朝鮮太祖	蓮坡	字 應泰 本貫 固城
金文發(문발)		芙蓉亭	本貫 完山
金文培(문배)	1864~1925	松岡	字 德韻 本貫 金海 父 顯一
金文彬(문빈)	1883~1957	石溪	義兵 一名 翼軫
金文相(문상)	朝鮮	秋淵	本貫 慶州 父 河一 祖父 均鎰
金文錫(문석)	朝鮮	鳴月齋	本貫 慶州 父 基俊 祖父 尚杰
金文洙(문수)	朝鮮	正庵	本貫 光山 父 在衡 主事
金文洙(문수)	1862~1936	鳳岡	著書 文集
金文淑(문숙)	朝鮮世宗	經德齋	本貫 金海 父 管
金文淑(문숙)		明晦齋	本貫 金海 父 管
金文植(문식)	朝鮮	華山	本貫 金海 父 濟億
金文軾(문식)	?~1822	龜峯	著書 龜峯集
金文軾(문식)	1829~1907	霽峰	學者 著書 霽峰集
金文演(문연)		北崖	著書 北崖逸稿
金文鈺(문옥)	朝鮮	曉堂	著書 曉堂文集
金文郁(문욱)		敬知齋	著書 文集
金文在(문재)	1885~1947	東窩	著書 東窩遺稿
金文丁(문정)		竹軒	著書 文集
金文濟(문제)	韓末	韋堂	委巷人
金文泰(문태)		野隱	本貫 金海
金文豹(문표)		浩然亭	本貫 松京
金文夏(문하)	1652~1698	東郭 遯翁	文臣 字 聖起 本貫 清風 父 壽蕃 應教
金文學(문학)		宜齋	著書 宜齋集
金文行(문행)	朝鮮中期	華陰	字 士彬 本貫 安東 父 致謙 著書 華陰遺稿
金文顯(문현)→金甯漢			
金文虎(문호)	朝鮮	文進	文臣 本貫 密陽 府尹
金文浩(문호)		淳隱	本貫 順天
金文鎬(문호)		龍洲	本貫 光山
金湄(미)		怡亭	本貫 義城

人名	年代	號	其他
金旼(민)	朝鮮	松坡	本貫 善山 父 學臣
金敏國(민국)	朝鮮	晩悔	文臣 字 和汝 本貫 義城 承旨
金敏亭(민순)	1776~1859	梅月松風	歌客 字 愼汝 本貫 安東 父 履信 祖父 峻行 縣監
金敏榮(민영)		竹溪	本貫 金海
金敏源(민원)	朝鮮英祖	三畏齋	本貫 豊山 父 瑞漢 生員
金敏材(민재)	1699~1766	愚溪 寶稼齋	學者 字 士修 本貫 光山 父 光澤 外祖 柳震澤 兪肅基, 鄭復川 門人 郡守 著書 愚溪漫錄
金敏積(민적)	朝鮮	混闢堂	字 得叟 本貫 安東 著書 混闢堂集
金敏秋(민추)		遯溪	字 時中 本貫 安東
金玟泰(민태)	1823~1887	晦窩 悔軒	字 文玉 本貫 慶州 父 基大 外祖 盧巖 著書 晦窩集
金敏澤(민택)	1678~1722	竹軒	文臣 字 致仲 本貫 光山 父 鎭龜 祖父 萬基 知製教 著書 竹軒集
金敏行(민행)		孤厓	字 汝一 本貫 彦陽
金珉鉉(민현)		玄潭	本貫 光山 父 禎龍
金玟滈(민호)		采山	著書 采山先生文集
金旻煥(민환)	1824~1883	勇菴	學者 字 士仁 本貫 固城 父 樂聲 外祖 鄭喜元 著書 勇菴集
金民寏(민환)→李民寏			
金敏徽(민휘)		羅草堂	
金璞(박)	高麗	秋江	文臣 本貫 靈光
金鎛(박)	朝鮮	挽溪庵	文臣 字 聲彦 本貫 禮安 副護軍
金博淵(박연)	1776~1822	醉夢軒	文臣, 學者 著書 醉夢軒遺稿
金博淵(박연)	韓末	缶山	本貫 延安 參議
金博淵(박연)		白溪	本貫 延安
金泮(반)	朝鮮定宗	松亭	學者 字 詞源 本貫 江西 權近 門人 大司成
金槃(반)	1580~1640	虛舟	文臣 字 士逸 本貫 光山 父 長生 外祖 曹大乾 宋翼弼 門人 追贈 領議政
金槃(반)		蘿隱	
金畔(반)→金泮			
金埅(방)	朝鮮肅宗	雙巖	文臣 本貫 禮安 父 光烈 正言
金邦杰(방걸)	1623~1695	芝村	文臣 字 士興 本貫 義城 父 是榲 大司成 著書 芝村集
金方慶(방경)	1212~1300	勿溪	字 本然 本貫 安東 折衝將軍
金方慶(방경)		筠軒	

131

人名	年代	號	其他
金邦德(방덕)	朝鮮	龍岡	本貫 蔚山 父 承祖
金方礪(방려)	朝鮮	築隱	字 汝用 本貫 金海 父 台德
金邦燮(방섭)	朝鮮	秋觀	本貫 瑞興 父 重權
金方叔(방숙)		秀士	著書 文集
金邦燁(방위)	朝鮮	春岡	文臣 字 美卿 本貫 晉州 司憲府監察
金邦緯(방위)	朝鮮	疎窩	文臣 字 而元 本貫 蔚山 僉知中樞府事
金邦彛(방이)	朝鮮	石窩	本貫 蔚山 父 敬義
金邦燦(방찬)		草隱	本貫 光山
金邦翰(방한)	1635~1697	鰲亭	學者 字 公漸 本貫 月城 父 慶裕 著書 鰲亭逸誌
金芳鉉(방현)		國峯	本貫 光山 父 澤烈
金邦衡(방형)	朝鮮後期	籌浦	本貫 義城 父 是榲
金培(배)→金埥			
金拜圭(배규)		野隱	本貫 金海 父 道聲
金柏(백)		心齋	字 士直 本貫 宣城
金白(백)→金永肅의 一名			
金伯慶(백경)		芝隱	本貫 金海
金百句(백내)	朝鮮中宗	玩景齋	字 重寶 本貫 安東
金百鍊(백련)		五黙 寰海孤生	字 景淬 本貫 順天 郡守 父 睆
金栢齡(백령)	朝鮮	南谷	委巷詩人 字 伯茂 本貫 金浦 父 泓瑞
金伯英(백영)	朝鮮	耕巖	字 一元 本貫 瑞興 南原府教授
金伯元(백원)	朝鮮	龜庵	本貫 慶州 父 士烈 祖父 炳安
金柏一(백일)		隱浦	著書 文集
金百鎰(백일)→金垊의 初名			
金百重(백중)	朝鮮	月潭	文臣 字 汝正 本貫 錦山 左承旨
金白鉉(백현)→金宗鉉			
金伯鉉(백현)→金台鉉			
金百休(백휴)	朝鮮	松下翁處士	學者 字 仲叔 本貫 義城
金蕃(번)	1551~1593	梅墩	字 昌仲 本貫 一善 父 夢丁 著書 文集
金蕃(번)	朝鮮	四勿軒	孝子 字 舉卿 本貫 善山 父 疑立
金範(범)	1512~1566	后溪 桐溪	學者 字 德容 本貫 尙州 父 允儉 玉果縣監 著書 后溪集
金範(범)	朝鮮肅宗	松巖	本貫 龍宮 父 繼宗 祖父 寶
金範九(범구)		龍山	
金範柱(범주)	1823~1892	益窩	學者 字 疇見 本貫 慶州 父 澐 外祖 李培元 著書 益窩集

人名	年代	號	其他
金法麟(법린)	1899~1964	梵山 鐵啞	學者, 政治家 父 玎宅 東國大學校總長
金璧(벽)		晚隱	本貫 延安
金炳甲(병갑)		雲谷	本貫 安東
金炳乾(병건)		百忍堂	本貫 金海 父 章斗
金炳觀(병관)	1767~1825	井山	學者 字 光賓, 孝達 本貫 安東 父 性根 系 養根 外祖 趙相慶 持平 著書 井山遺稿
金炳觀(병관)		愚軒	本貫 金海 父 章斗
金炳敎(병교)		石泉	著書 石泉遺稿
金炳球(병구)	1782~?	醉竹	學者, 文臣 字 夔玉 本貫 安東 父 錫根 著書 醉竹遺稿
金炳龜(병구)	朝鮮	蓮叟	本貫 光山 父 桂淡
金炳九(병구)		石泉	字 景鐸 本貫 安東 著書 文集
金炳龜(병구)		成尾齋	字 士壽 本貫 安東
金秉矩(병구)	韓末~?	晴皐	本貫 義城 父 晦洛
金炳國(병구)	1825~1905	穎漁	文臣 字 景用 本貫 安東 父 洙根 領敦寧府事 諡號 忠文 著書 穎漁遺稿
金炳圭(병규)	朝鮮	松寓	學者 字 乃叔 本貫 密陽
金𦸐圭(병규)	朝鮮	暘隱	本貫 慶州 父 在棋 祖父 益輝 參奉
金秉圭(병규)	朝鮮	蕉庵	本貫 善山 父 敬運
金秉圭(병규)	1840~1906	蕉庵	著書 蕉庵文集〈崇善世稿〉
金炳珪(병규)		稷下齋	字 進玉 本貫 安東 著書 文集
金炳規(병규)		淵齋	字 成圓 本貫 安東
金秉圭(병규)		秋堂	本貫 棠岳
金秉圭(병규)		晚醒齋	著書 文集
金炳奎(병규)		舊庵	
金炳冀(병기)	1818~1875	思穎	文臣 字 聖存 本貫 安東 父 永根 系 佐根 左贊成 諡號 文獻 著書 思穎集
金炳耆(병기)	朝鮮後期	白川	本貫 安東 父 晚根
金炳夒(병기)		醉雲	字 聖章 本貫 安東
金柄大(병대)	朝鮮	石巖	文臣 本貫 通川 義禁府事
金炳大(병대)		雲觀	字 景集 本貫 安東
金炳大(병대)	1875~1928	晚柏	著書 文集
金炳德(병덕)	1825~1892	約山 約軒	文臣 字 聲一, 聖一 本貫 安東 父 興根 左議政 諡號 文獻 著書 約山集
金秉燾(병도)	朝鮮	三畏	文臣 字 應台 本貫 公州 持平
金炳道(병도)		老樵	字 景修 本貫 安東

人名	年代	號	其他
金柄斗(병두)	朝鮮高宗	柏軒	學者 字 輝老 本貫 金海 父 昌溢
金炳斗(병두)		洛左	字 正瑞 本貫 安東
金炳斗(병두)		竹田	字 應七 本貫 安東
金炳斗(병두)		蓉樵	字 建七 本貫 安東
金炳斗(병두)		悔頓	字 景璇 本貫 安東 著書 文集
金炳洛(병락)		石齋	字 明彦 本貫 安東 著書 文集
金柄洛(병락)	1850~1926	翠石	字 彦直 本貫 義城
金炳梁(병량)	朝鮮	觀瀾亭	文臣 字 士奎 本貫 晉州 同知中樞府事
金炳礪(병려)		洛庵	字 汝甫 本貫 安東
金炳烈(병렬)		松夏	字 士極 本貫 安東
金秉烈(병렬)		悍齋	本貫 善山
金秉濂(병렴)	1855~1927	斗峯	著書 斗峯文集
金柄艫(병로)	?~1914	洙岡	著書 洙岡遺稿
金炳魯(병로)	1887~1964	街人	法學者,政治家 本貫 蔚山 父 相熹 大法院長
金炳艫(병로)→金柄艫			
金炳龍(병룡)	朝鮮	雲史	本貫 金海 父 茂澤
金炳龍(병룡)		石川	字 有慶 本貫 安東
金炳律(병률)→金官寶의 一名			
金炳璘(병린)		龍溪	著書 文集
金炳立(병립)	1863~1946	愚石	著書 愚石文集
金秉模(병모)		晩悔	本貫 光山
金炳穆(병목)		石蕉	字 元龍 本貫 安東
金炳武(병무)		松泉	字 子繩 本貫 安東
金炳武(병무)		耕隱	字 炳賢 本貫 天安
金柄黙(병묵)	朝鮮	眺遐	文臣 字 老瑞 本貫 晉州 同知中樞府事
金炳文(병문)	1863~1946	逸雲亭	著書 文集
金秉文(병문)	1889~?	鶴天	學者 字 敬惠 本貫 義城 父 麟洛 外祖 權錫周 著書 鶴天文集
金秉文(병문)		蕉庵	著書 蕉庵文集〈崇善世稿〉
金柄鳳(병봉)	朝鮮	○田	本貫 金海 父 茂澤
金炳三(병삼)→金官寶의 一名			
金炳西(병서)		醒山	著書 文集
金炳石(병석)		歌齋	字 萬如 本貫 安東
金炳善(병선)	朝鮮	厚齋	本貫 安東 父 喆根
金秉善(병선)	朝鮮後期	梅隱	

人名	年代	號	其他
金炳善(병선)		蓉山	字 進慶 本貫 安東
金秉燮(병섭)	朝鮮	南里	本貫 安山 父 樂升 承旨
金炳惺(병성)	韓末	管叟 管田	字 善之 本貫 安東 著書 文集
金秉秀(병수)	?~1892	海觀	著書 海觀集
金炳洙(병수)	1838~1912	溪湄	學者 字 景文 本貫 金海 父 錫敦 著書 溪湄 遺稿
金炳洙(병수)		溪湄	字 士仰 本貫 安東 著書 文集
金炳洙(병수)		廳石	字 聖觀 本貫 安東
金炳淳(병순)	朝鮮	海隱	本貫 金海 父 學九 都正
金炳始(병시)	1832~1898	蓉庵	文臣 字 聲初, 聖初 本貫 安東 父 應根 領議政 諡 號 忠文 著書 蓉庵集
金秉植(병식)	朝鮮	晚畹	本貫 義城
金秉植(병식)		沙隱	本貫 商山 父 相元
金秉植(병식)		孝友堂	本貫 商山 父 時暎
金炳栻(병식)		東潤	字 聖瞻 本貫 安東
金炳儼(병엄)	朝鮮	蕙楚	本貫 安東 父 贊根
金炳淵(병연)	1807~1863	蘭皐	詩人 字 性深 本貫 安東 祖父 益淳 著書 金笠 詩集
金炳淵(병연)		玉齋	字 文彥 本貫 安東
金炳淵(병연)		古村	本貫 晉州
金炳玉(병옥)	朝鮮	秋波	本貫 慶州 父 老鎬 祖父 之洪
金炳玉(병옥)		蓮溪	字 聲振 本貫 安東
金炳鏞(병용)	朝鮮	敬軒	字 文若 本貫 義城 父 基煥 祖父 德奎
金炳愚(병우)		雨田	字 聖如 本貫 安東
金秉宇(병우)	朝鮮後期	椒隱	本貫 義城
金炳禹(병우)	朝鮮高宗	中齋	
金炳昱(병욱)	1808~1885	磊棲	文臣 字 文擧 本貫 安東 父 襛根 外祖 錢道碩 敦寧府都正 著書 磊棲集
金炳旭(병욱)		竹坡	字 疇五 本貫 安東
金炳旭(병욱)		笑東	本貫 瑞興
金炳雲(병운)	1814~?	柳汀	字 景平 本貫 安東 父 浩根 諡號 文靖 著書 柳汀 隨後錄
金炳運(병운)		韭圃	字 海明 本貫 安東 著書 韭圃遺稿
金炳運(병운)→金炳雲			
金炳䳓(병원)	朝鮮	圭菴	字 國瑞 本貫 安東 父 鶴根 郡守

人名	年代	號	기타
金秉源(병원)	朝鮮	夢雲齋	本貫 金海 父 九鉉 通德郎
金炳潤(병윤)		殊農	字 德汝 本貫 安東
金秉殷(병은)	1886~1975	三下	字本 聖謙 貫 義城 父 圭樂
金秉懿(병의)	朝鮮	治山	本貫 金海 父 哲淳
金秉義(병의)		聽天齋	本貫 慶州
金炳怡(병이)		從吾堂	字 聖可 本貫 安東
金秉益(병익)	1836~1962	方蘭	著書 方蘭文稿
金炳翼(병익)	朝鮮	醒石	文臣 字 風奎 本貫 晉州 僉知中樞府事
金炳翊(병익)		竹谷	字 翊之 本貫 安東
金炳仁(병인)		慕庵	字 聖謙 本貫 安東 著書 文集
金炳仁(병인)		晦堂	字 士彦 本貫 安東 著書 文集
金秉寅(병인)		雲草	本貫 金海 父 永斗
金柄鎰(병일)	朝鮮	菊史	本貫 金海 父 奇澤
金炳逸(병일)		沙隱	字 正大 本貫 安東
金炳任(병임)		龍菴	字 華成 本貫 安東
金炳廷(병정)		學求齋	字 賢弼 本貫 安東
金炳朝(병조)	1793~1839	春崗	字 晦敬 本貫 安東 父 敎根 著書 文集
金秉祚(병조)	1877~1950	一齋	獨立運動家, 己未獨立宣言 33人 著書 大東歷史
金秉宗(병종)	1871~1931	秀山 警庵	學者 字 翰于 本貫 義城 父 程洛 外祖 南有鎭 著書 秀山文集
金炳鍾(병종)	韓末	元沼	字 文虎
金炳鍾(병종)		湖隱 湖隱堂	字 和實 本貫 安東 著書 湖隱遺稿
金炳湜(병주)	1824~1888	小山	字 範初, 範一, 範和 本貫 安東 父 弘根 判敦寧府事
金秉柱(병주)	朝鮮	先達	字 慶俊 本貫 金寧
金炳胄(병주)	韓末	汪波	字 汝敎 本貫 安東
金炳周(병주)	1865~1936	危齋	著書 危齋遺稿
金炳柱(병주)→金炳湜			
金炳駿(병주)		石陵	字 景極 本貫 安東
金炳駿(병주)		驪江	本貫 安東
金炳集(병집)	朝鮮後期	雨觀	
金秉集(병집)		雲菴	本貫 金海 父 宗權
金秉燦(병찬)		小山	著書 文集
金炳昌(병창)	朝鮮後期	鳳峀 鳳巢	字 念祖 本貫 安東 父 禮根 著書 鳳峀集

人名	年代	號	其他
金炳昶(병창)		鶴川	字 景中 本貫 安東
金秉昌(병창)		薇山	
金炳喆(병철)		青山	字 應八 本貫 安東
金昞哲(병철)		心天	字 明白 本貫 安東
金秉樞(병추)		松泉	本貫 金海 父 壽恒
金炳治(병치)		而史	字 聖爲 本貫 安東
金炳七(병칠)		學仙	字 仁輔 本貫 安東
金秉兌(병태)		慕川	著書 文集
金炳泰(병태)	1891~1956	一山	獨立運動家
金炳弼(병필)	韓末	能坡	字 景亮 本貫 安東 諡號 孝貞
金炳河(병하)	朝鮮	蕙園	本貫 安東 父 安根 祖父 益淳
金炳河(병하)		素乎堂	字 義受 本貫 安東 著書 文集
金炳學(병학)	1821~1879	潁樵	文臣 字 景教 本貫 安東 父 洙根 系 浚根 領敦寧府事 諡號 文獻
金炳恒(병항)		石陵	字 明汝 本貫 安東
金秉海(병해)	朝鮮	道淵	本貫 海豊 父 鼎浩
金炳鉉(병현)	朝鮮	栗陰	本貫 安東 父 斗根
金秉鉉(병현)		品山	著書 文集
金炳衡(병형)		海隱	字 汝重 本貫 安東
金炳昊(병호)		奇巖	字 子健 本貫 安東 著書 文集
金炳鎬(병호)		溪隱	字 慶華 本貫 安東
金炳或(병혹)		菊圃	字 德仲 本貫 安東
金柄洪(병홍)	朝鮮	晚圃	本貫 金海 父 鳳逹
金秉和(병화)	朝鮮	梧峰	字 彝善 本貫 鎭川 進士
金炳和(병화)		野翁	字 允仲 本貫 安東
金餠煥(병환)	韓末~日帝	海山	獨立運動家
金鉼煥(병환)		柏谷 柏谷處士	本貫 金海 祖父 成大
金炳厚(병후)	朝鮮	扶陽	本貫 金寧 父 在彬
金炳薰(병훈)		湫鞍 進山翁	字 致雲 本貫 安東 著書 文集
金柄輝(병휘)	1842~1903	蓮坡	文臣 字 玟五 本貫 金海 父 魯澤 著書 蓮坡集
金柄欽(병흠)		河隱	著書 文集
金炳欽(병흠)		騑山	字 周保 本貫 泗川
金炳僖(병희)	1886~1935	海傖	獨立運動家 字 聖克 本貫 安東
金炳曦(병희)		清泉	字 義日 本貫 安東
金炳熙(병희)	1861~1931	黙窩	著書 文集

人名	年代	號	其他
金普(보)	高麗	竹岡 竹崗	文臣 本貫 金海 父 牧卿 左侍中 諡號 忠簡
金寶(보)	1539~1615	述古齋	學者 字 邦彥 本貫 龍宮 父 長孫 厚陵參奉 著書 述古齋集
金寶(보)		德巖	本貫 光山 祖父 錫元
金寶坤(보곤)		晚軒	
金普圭(보규)		慕源	字 寅汝 本貫 安東
金輔根(보근)	1803~1869	三松	文臣 字 仲弼 本貫 安東 父 芝淳 系 鴻淳 外祖 閔 鍾懸 京畿觀察使 諡號 文憲
金葆根(보근)	朝鮮純祖	松隱	字 稺元 本貫 安東 父 聖淳 著書 松隱遺稿
金普善(보선)	朝鮮	錦與軒	文臣 字 良善 本貫 淸風 參判
金普淳(보순)	1724~?	竟成齋	字 汝搏 本貫 安東 父 履迪 著書 竟成齋遺稿
金輔元(보원)	1542~1593	直齋 直方齋	字 士美 本貫 光山 父 繪 祖父 崇老
金輔元(보원)	1578~?	霽下	著書 文集
金普澤(보택)	1672~1717	惕齋	文臣,畫家 字 仲施 本貫 光山 父 鎭龜 祖父 萬基 李師命 壻 全羅道觀察使 諡號 翼獻
金輔鉉(보현)	1826~1882	蘭齋	文臣 字 公弼 本貫 光山 父 在成 京畿道觀察使 諡 號 文忠
金輔熙(보희)	朝鮮	梅山	本貫 慶州 父 緻晉 祖父 福載 參奉
金輻(복)	朝鮮	翫遊亭	本貫 慶州 父 有聲
金復慶(복경)	朝鮮	養靜堂	字 來初 本貫 安東 著書 養靜堂遺稿
金復慶(복경)		夢尤堂	本貫 慶州
金復光(복광)	朝鮮	三鍾	文臣 字 來叔 本貫 原州 通川郡守
金復光(복광)		慕巖	字 希瑞 本貫 固城 祖父 鼎九
金禔根(복근)		樵隱	字 義瑞 本貫 安東
金福植(복식)		健菴	本貫 商山 父 潤九
金復陽(복양)	朝鮮後期	芚庵	本貫 安山 父 胤先
金福億(복억)	朝鮮	栗亭	文臣 字 伯善 本貫 道康 牧使
金復元(복원)	1729~?	忍窩	字 貞之 本貫 安東 父 德鉉
金復一(복일)	1541~1591	南嶽	文臣 字 季純 本貫 義城 父 璡 豊基郡守 李滉 門 人 著書 南嶽先生遺稿〈聯芳世稿〉
金福載(복재)	朝鮮	農窩	本貫 慶州 父 尙德
金復祚(복조)	朝鮮肅宗	不如窩	本貫 金海 父 翼瑞
金福澤(복택)	1682~1740	黙軒	本貫 光山 父 鎭龜 著書 文集
金福漢(복한)	1860~1924	志山	義士,學者 字 元五 本貫 安東 父 鳳鎭 承旨 著書 志山集
金福漢(복한)	朝鮮高宗	鶴皐	
金福漢(복한)→金斗龍			
金福鉉(복현)	朝鮮英祖	無名岱人	

人名	年代	號	其他
金復鉉(복현)	朝鮮	誠敬齋	文臣 字 德汝 本貫 扶安 僉知中樞府事
金卜煥(복환)	朝鮮	鰲西	本貫 蔚山 父 斗休
金復休(복휴)	1724~?	書巢	字 明道 本貫 清風 父 光演 著書 文集
金復休(복휴)		已百齋	著書 已百齋日記
金琫(봉)	朝鮮	閑圃	文臣 字 汝玉 本貫 晉州 參奉
金鳳圭(봉규)	朝鮮	農隱	本貫 金海 父 達愚
金奉圭(봉규)		漢圃	字 景三 本貫 安東
金鳳奎(봉규)		穎陰	本貫 金海
金鳳紀(봉기)	朝鮮	鰲山	本貫 盆城 父 瓚奎
金鳳吉(봉길)	朝鮮英祖	梅軒	本貫 光山 父 龍甲 判官
金奉斗(봉두)	朝鮮	松巖	本貫 金海 父 昌光
金鳳烈(봉렬)		南角	著書 南角遺稿
金鳳齡(봉령)	朝鮮	潛谷	本貫 慶州 父 遇聖
金鳳龍(봉룡)	朝鮮	農隱	本貫 金海 父 榮
金鳳麟(봉린)		啞翁	字 祥翁 本貫 安東
金鳳文(봉문)		澹齋	著書 澹齋先生遺稿
金鳳祥(봉상)		義山	本貫 清道
金鳳瑞(봉서)		退翁	本貫 光山
金鳳善(봉선)	→金鳳喜		
金鳳燮(봉섭)	1874~?	志村	字 舜元 本貫 固城 父 應圭
金奉世(봉세)	朝鮮肅宗	梅岡	本貫 金寧
金奉洙(봉수)		湖隱	本貫 光山 父 永采
金鳳壽(봉수)		竹軒	本貫 瑞興 父 應荃
金鳳遂(봉수)	?~1961	吾巢齋 吾山	著書 吾巢齋集
金鳳淳(봉순)	朝鮮純祖	梧棲堂	字 幼文 本貫 安東 著書 梧棲堂遺稿
金奉信(봉신)	朝鮮	蓼谷	本貫 慶州 父 河明 祖父 慶玉
金鳳五(봉오)	朝鮮純祖	石樵	本貫 原州 父 遇鴻
金奉玉(봉옥)	朝鮮	軒瑞	本貫 金海 父 弘鎰
金鳳祐(봉우)	朝鮮	心齋	文臣 字 潤德 本貫 蔚山 府使
金鳳應(봉응)	朝鮮	松圃	本貫 義城 父 在浩
金鳳濟(봉제)		鶴田	本貫 慶州
金奉祖(봉조)	1572~1630	鶴湖	學者 字 孝伯 本貫 豊山 父 大賢 外祖 李纘金 柳成龍 門人 濟用監正 著書 鶴湖集
金奉朝(봉조)	→金奉祖		
金鳳柱(봉주)		石汀	本貫 東萊

139

人名	年代	號	其他
金鳳鎭(봉진)		山雲	字 致雲 本貫 安東
金鳳鎭(봉진)		羈摠 竹園	字 漢皓 本貫 安東
金鳳漢(봉한)	朝鮮後期	龜山	本貫 義城 父 聖欽
金鳳鉉(봉현)	朝鮮	山圃	本貫 光山 父 在倫
金鳳顯(봉현)	朝鮮	學古齋	委巷詩人 字 舜瑞 本貫 金海
金奉鎬(봉호)→金泰鎬			
金鳳華(봉화)	朝鮮	秋山	本貫 金海 父 仁富
金鳳煥(봉환)	朝鮮	晦峯	本貫 蔚山 父 懿休 著書 晦峯集
金鳳徽(봉휘)		千頃芙蕖閣	著書 文集
金鳳喜(봉희)	1808~1872	碧塢 三碧	學者 字 岐卿 本貫 慶州 父 魯衍 外祖 申繢 著書 碧塢遺集
金富(부)	高麗	青里	本貫 彦陽 大提學 諡號 文景
金頒(부)		愼菴	字 子昴 本貫 安東
金敷根(부근)		春木	字 膄容 本貫 安東 著書 春木遺稿
金富倫(부륜)	1531~1598	雪月堂 溪巖	學者 字 敦敍 本貫 光山 父 綏 外祖 金粹洪 李滉 門人 縣監 著書 雪月堂集
金富軾(부식)	1075~1151	雷川	文臣, 學者 字 立之 本貫 慶州 父 覲 追贈 中書令 諡號 文烈 著書 三國史記
金富信(부신)	1523~?	養正堂	學者 字 可行 本貫 光山 父 綏 李滉 門人 進士
金孚養(부양)	朝鮮	黙齋	字 定遠 本貫 金寧
金富儀(부의)	1525~1582	挹清 挹清堂 挹清亭	字 愼仲 本貫 光山 父 緣 李滉 門人
金富仁(부인)	1512~1584	山南	文臣, 學者 字 伯榮 本貫 光山 父 綏 李滉 門人 兵馬節度使 著書 山南集
金富宗(부종)	朝鮮	東圃	委巷詩人 字 景祖 本貫 稷山
金富轍(부철)→金富儀의 初名			
金富弼(부필)	1516~1578	後凋堂	字 彦遇 本貫 光山 父 覲 李滉 門人 兵馬判官
金富賢(부현)	朝鮮後期	巷東	委巷詩人 字 禮卿 本貫 光山 外祖 崔奇男 著書 巷東集
金復興(부흥)	1546~1604	谿谷	文臣, 學者 字 景言 本貫 順天 父 益彰 外祖 宋世英 義禁府都事 著書 谿谷遺稿
金賁(분)		龜巖	字 汝玉 本貫 固城
金不比(불비)		愼黙齋	本貫 金海
金鵬萬(붕만)	朝鮮宣祖	南軒	本貫 金海
金鵬運(붕운)	朝鮮	九峰	本貫 義城 著書 九峰集
金鵬翼(붕익)		北溟	本貫 善山
金鵬濬(붕준)	1888~?	棠軒	獨立運動家 字 起元 本貫 義城

人名	年代	號	其他
金鵬海(붕해)	1827~1902	韻堂	學者 字 南翼 本貫 金海 父 履鏞 外祖 金若礪 著書 韻堂集
金棐(비)	1613~?	黙翁 黙齋	字 士輔 本貫 光山 父 長生 察訪
金賓(빈)	1621~1694	葛川	文臣 字 賓如 本貫 義城 父 是振
金賓(빈)	朝鮮	龜巖	隱士 字 師仲 本貫 清風
金熵(빈)		虛牝堂	本貫 光山 父 相稷
金賓(빈)→金銚의 初名			
金鑌(빈)→金銚의 初名			
金彬璣(빈기)→金彥璣			
金贇吉(빈길)	朝鮮太宗	竹崗 竹岡	武臣 本貫 固城 父 彌 追贈 領議政 諡號 襄惠
金獅(사)	朝鮮	菊軒	本貫 野城 戶曹參判
金士起(사기)→金文起			
金師南(사남)	朝鮮	菊潭	本貫 金海 父 興台
金思訥(사늘)		嵋村	本貫 光山
金士廉(사렴)	1335~1405	梧隱	字 公直 本貫 安東 父 葳 祖父 永煦 安東按廉使
金思龍(사룡)		竹圃	本貫 延安 父 東秀
金思穆(사목)	1740~1829	雲巢	文臣 字 伯深 本貫 慶州 父 孝大 領中樞府事 諡號 敬獻
金思牧(사목)		小溪	字 效白 本貫 延安
金思黙(사묵)		晚慕齋	字 念之 本貫 安東
金思汶(사문)		野墨	著書 文集
金思省(사성)		三何	著書 文集
金泗秀(사수)		寒谷	本貫 金寧
金士彥(사언)	朝鮮	伴鶴堂	文臣 字 彥汝 本貫 義城 吏曹參議
金士烈(사열)	朝鮮	六宋	本貫 慶州 父 炳安 祖父 麟澤
金思禹(사우)	1857~1907	勇庵	學者 字 仁父 本貫 安東 父 好璧 外祖 朴浩準 著書 勇庵遺稿
金士元(사원)	1539~1602	晚翠堂	文臣 字 景仁 本貫 安東 父 世佑 祖父 溏
金四維(사유)		菊圃	字 張綸 本貫 野城
金思頤(사이)	高麗	密庵	字 養汝 本貫 泗川
金思駒(사일)		晚松	本貫 延安 父 海秀
金士貞(사정)	1552~1620	後松齋	學者 字 正叔 本貫 安東 父 世佑 外祖 金萬謙 著書 後松齋文集
金泗鼎(사정)		浦雲	本貫 光山
金思濟(사제)		芸軒	本貫 延安
金思鍾(사종)		玉皐	本貫 延安 父 憲秀
金師柱(사주)	韓末	晚山	文臣 著書 晚山遺集

人名	年代	號	其他
金士俊(사준)	朝鮮	白蓮居士	本貫 金海 父 荃
金四知(사지)		忠義堂	字 汝愼 本貫 野城
金思鎭(사진)	1878~1954	西洲	著書 西洲文集
金泗震(사진)		月隱	本貫 慶州
金思潗(사집)	1886~1936	二頌	獨立運動家
金思澈(사철)		玉坡	本貫 延安 父 憲秀
金四聰(사총)		植松	本貫 清道
金四行(사행)		晩松軒	本貫 清道
金思赫(사혁)	1800~1852	鳳邱	字 穉實 本貫 江陵 著書 鳳邱雜錄
金斯革(사혁)	1320~?	節亭	文臣 字 文蔚 本貫 鎭川 判樞密院事 諡號 忠節
金社鉉(사현)		養湖齋	著書 養湖齋文集
金士衡(사형)	1333~1407	洛圃	文臣 字 平甫 本貫 安東 父 藏 祖父 永煦 封號 上洛伯 領司平府事 諡號 翼元 著書 洛圃政案
金思衡(사형)		梅閒堂	字 乃平 本貫 延安
金士亨(사형)	朝鮮	花巷	本貫 光山
金士皞(사호)		龍巖	本貫 禮安
金思渾(사혼)	朝鮮英祖	靖窩	本貫 慶州 父 壽大
金思渾(사혼)		法藏居	字 而成 本貫 安東
金士弘(사홍)	朝鮮宣祖	月村	本貫 固城
金士忻(사흔)	1804~1867	誠齋	字 希舜 本貫 慶州 父 相玉 著書 文集
金珊松(산송)	朝鮮	樂軒	字 敬文 本貫 金寧
金三近(삼근)		謝隱	本貫 安東 父 革
金三樂(삼락)	1610~1666	雙修堂 雙修	文臣 字 樂全 本貫 清道 父 百鎰 外祖 辛澈 咸鏡道司 著書 雙修堂集
金三燮(삼섭)	朝鮮	芝齋	文臣 本貫 禮安 吏曹佐郎
金三省(삼성)→全三省			
金三榮(삼영)→金三樂			
金三益(삼익)		漁潭	本貫 安東
金三俊(삼준)		碧梧	本貫 延安
金三恒(삼항)	朝鮮	春谷	委巷詩人 字 子常 本貫 雲峰
金湘(상)	朝鮮初期	月沙	本貫 順天 父 仲孫
金尙(상)	1586~?	仕隱 士隱	文臣 字 友古, 友吉 本貫 尙州 父 德謙 金長生 門人 左承旨
金尙謇(상건)	朝鮮仁祖	晩沙	學者 字 季直 本貫 安東 父 克孝 參奉
金象乾(상건)		愼齋	本貫 彦陽 父 千鎰
金尙堅(상견)	朝鮮	氵穎溪	本貫 商山 父 得南 著書 瀨溪集

人名	年代	號	其他
金相慶(상경)		守眞齋	本貫 金海 父 致仁
金相絅(상경)	1823~1893	恒齋	著書 恒齋遺稿
金商璥(상경)	朝鮮	錦圃	
金尚坤(상곤)	朝鮮	敬窩	本貫 高靈 父 振彩
金尚寬(상관)	朝鮮孝宗	今是齋	字 仲栗 本貫 安東 父 克孝 府使
金相肱(상굉)	朝鮮後期	乖庵	本貫 光山 父 聖澤
金象九(상구)	1731~1802	藥川	著書 藥川遺稿〈茅山世稿〉
金相龜(상구)	朝鮮正祖	荷菓	本貫 光山 父 玄澤
金相久(상구)	朝鮮	晚香	本貫 水原 父 漢重
金相求(상구)	朝鮮	小山	本貫 盆城 父 鳳紀
金尚矩(상구)		花史	本貫 三陟
金象九(상구)		醉石堂	本貫 光山
金象九(상구)		望軒	本貫 金海
金相圭(상규)		痴窩	字 章玉 本貫 安東
金祥圭(상규)		醒山	字 致玉 本貫 安東
金相均(상균)		石隱	字 達元 本貫 安東
金相根(상근)		杜心軒	字 文玉 本貫 安東 著書 文集
金相器(상기)	朝鮮後期	老隱亭	
金相基(상기)	朝鮮	道齋	字 汝進 本貫 金寧
金相基(상기)	朝鮮	月海	委巷詩人 字 愼哉 父 聲厚
金相璣(상기)	1853~1926	省菴	義兵
金相基(상기)	1891~1954	石西	著書 石西遺稿
金相騏(상기)	1899~1965	九堂	國樂人 舊皇室雅樂部樂師
金相琦(상기)		聾默窩	著書 文集
金相基(상기)→兪相基			
金相佶(상길)		藥圃	本貫 金海 父 秉集
金象年(상년)		學心	字 穉大 本貫 安東
金相德(상덕)	朝鮮	湖隱	文臣 字 敬緝 本貫 晉州 童蒙教官
金商德(상덕)	?~1930	誠齋	著書 誠齋遺稿
金尚東(상동)		羅村	本貫 義城
金相斗(상두)	朝鮮肅宗	東里	本貫 安山 父 錫範 金昌翕 門人
金尚斗(상두)	朝鮮	三慕齋	本貫 金海 父 參聲
金尚斗(상두)		俊峯	本貫 金海
金相洛(상락)	朝鮮	樵隱	本貫 善山 父 鏡祜
金象洛(상락)	朝鮮後期	俗笑子	本貫 義城

人名	年代	號	其他
金相洛(상락)	朝鮮	奈隱	本貫 金寧 父 鳳仁
金象鍊(상련)	1731~1804	南皐	學者 字 德翁 本貫 禮安 父 墇 外祖 金挺夏 著書 南皐文集
金相烈(상렬)		後溪	著書 後溪先生文集
金尚濂(상렴)		梅窓	本貫 光山
金尚魯(상로)	1702~?	霞溪 晚霞	文臣 字 景一 本貫 淸風 父 橒 領議政 諡號 翼獻 著書 霞溪集
金相履(상리)	?~1748	蟾谷	學者 本貫 延安 父 潛
金相离(상리)	1732~1806	松窩	學者 字 而洽 本貫 慶州 父 是淵 外祖 張均 禮賓 寺主簿 著書 松窩集
金相理(상리)	朝鮮正祖	濟庵	本貫 光山 父 令澤
金尚潾(상린)	朝鮮	晚休堂	委巷詩人 字 仁淑 本貫 全州
金上麟(상린)		二樂亭	本貫 光山 父 煥
金相潾(상린)→金尚潾			
金相立(상립)		春岡	字 彦輔 本貫 延安
金相勉(상면)		平菴	著書 文集
金尚明(상명)	朝鮮光海君	北村	本貫 光山 父 虎秀
金相戊(상무)	1708~?	困菴	字 仲陟 本貫 光山 父 壽澤
金商懋(상무)	朝鮮憲宗	書農	本貫 慶州 父 泰喜 系 正喜
金相茂(상무)→金相戊			
金相文(상문)	朝鮮	松巖	文臣 本貫 熙川 吏曹參議
金相文(상문)	朝鮮	敬窩	本貫 慶州 父 定濩 祖父 永錫 參奉
金相敏(상민)	朝鮮	松堂	學者 字 士洪 本貫 密陽
金相培(상배)	朝鮮	雲巖	本貫 金海 父 顯澤
金尚範(상범)		省齋	本貫 靈光
金尚範(상범)		隱湖愚叟	本貫 靈光
金尚復(상복)	朝鮮中期	日新堂	本貫 光山 父 虎秀
金相福(상복)	1714~1782	穉下 自然 竹下	文臣 字 仲叟 本貫 光山 父 元澤 外祖 沈廷 輔 領中樞府事 諡號 文獻 著書 穉下遺稿
金相鳳(상봉)	朝鮮英祖	凡窩	本貫 光山 父 弘澤 洗馬
金相鳳(상봉)	1874~1782	於山 於汕	著書 文集
金相鳳(상봉)	朝鮮後期	芝涯	學者 著書 芝涯遺稿
金相鳳(상봉)	朝鮮	篁齋	本貫 金海 父 光洛
金尚孚(상부)→金尚			
金尚贇(상빈)		西隱	本貫 金海

人名	年代	號	其他
金相奭(상석)	1690~1765	市隱	文臣 字 君弼 本貫 延安 父 澔 判敦寧府事 諡號 貞簡 著書 市隱日錄
金相宣(상선)	朝鮮肅宗	靜窩	本貫 延安
金庠燮(상섭)	朝鮮	石南	本貫 金海 父 炳龍
金相燮(상섭)	朝鮮	海隱	本貫 金寧
金尚星(상성)	1703~1755	陶溪 損谷	文臣 字 士精 本貫 江陵 父 始煥 禮曹判書 諡號 文憲
金相誠(상성)	1768~1827	確隱	著書 確隱遺稿
金相聲(상성)		箕坡	本貫 商山 父 漢老
金尚孫(상손)	朝鮮	持敬	學者 字 德哉 本貫 義城
金相壽(상수)	朝鮮	草廬	本貫 商山 著書 草廬先生文集
金翔壽(상수)	朝鮮	醉隱	本貫 慶州 父 明鉉
金常壽(상수)	1819~1906	芝廬	字 季恒 本貫 義城 父 宏運 著書 芝廬集
金商洙(상수)	韓末~日帝	碧樵	
金相秀(상수)		潮隱	著書 潮隱先生文集
金相肅(상숙)	1717~1792	坯窩 草樓	文臣 字 季潤 本貫 光山 父 元澤 外祖 沈廷輔 僉 知中樞府事 著書 坯窩心畫
金相淳(상순)	?~1857	靜軒	字 好卿 本貫 安東 著書 靜軒草稿
金商順(상순)	朝鮮	三古齋	本貫 慶州 父 光麗 祖父 龍瑞
金尚淳(상순)	朝鮮	松岡	本貫 金海 父 重弘
金相純(상순)		松石	本貫 光山
金相紳(상신)	1687~1765	養閒齋	字 公華 本貫 延安 父 灝 著書 文集
金相臣(상신)		誠齋	著書 文集
金相岳(상악)	1724~1815	韋庵	文臣 字 舜咨 本貫 光州 父 聖澤 同知中樞府事 諡 號 文簡 著書 韋庵詩錄
金尚養(상양)	朝鮮中期	獐巖	本貫 光山 父 宗範
金尚業(상업)→金昌業			
金相埏(상연)	1681~1774	棄棄齋	文臣 字 汝和 本貫 光山 父 用兼 外祖 李仲科 同 知中樞府事 著書 棄棄齋集
金商說(상열)		市溪	本貫 道康
金相說(상열)		德村	本貫 金海 父 允聲
金尚燁(상엽)	朝鮮	竹隱	本貫 金海 父 斗煥
金相英(상영)		青湖	本貫 金海
金尚五(상오)	朝鮮	雪齋	本貫 慶州 父 聃壽 祖父 鏡
金相玉(상옥)	1683~1739	疎窩 以疎	文臣 字 彥章 本貫 延安 父 灝 咸鏡道兵馬節 度使
金相玉(상옥)	朝鮮肅宗	余一齋	字 振甫 本貫 善山 父 時閌 宋時烈 門人

人名	年代	號	其他
金相玉(상옥)	1781~1844	醇齋	字 叔章 本貫 慶州 父 東振 著書 文集
金相玉(상옥)	朝鮮	天放翁	本貫 慶州 父 世章
金相玉(상옥)	朝鮮	竹軒	文臣 字 君輔 本貫 坡平 左父承旨
金相玉(상옥)	朝鮮	醇齋	本貫 慶州 父 東振 祖父 洪寶
金尚玉(상옥)	朝鮮	愚黙堂	本貫 金寧 父 萬基 祖父 日先
金尚玉(상옥)	朝鮮哲宗	孟山	本貫 慶州
金相玉(상옥)	1890~1923	韓志 漢慈志	獨立運動家 本貫 金海 父 貴鉉
金相玉(상옥)		海隱	本貫 義城
金尚容(상용)	1561~1637	仙源 溪翁 楓溪	文臣 字 景擇 本貫 安東 父 克孝 成渾 門人 右議政 諡號 文忠 著書 仙源遺稿
金商雨(상우)	朝鮮英祖	石栖	文臣 本貫 慶州 父 宗鎮 弼善
金商雨(상우)	1811~1879	後巢	學者 字 巖嫂 本貫 順天 父 龍在 外祖 張漢樞 著書 後巢遺稿
金相宇(상우)	朝鮮	凝齋	學者 字 景一 本貫 高靈
金相禹(상우)	朝鮮	梧月齋	學者 字 尹甫 本貫 高靈
金相頊(상우)	朝鮮	勿窩	本貫 商山 著書 勿窩集
金桑旭(상우)	朝鮮	漢堂	本貫 慶州 父 種參 祖父 兌旻
金桑旭(상우)		漢堂	本貫 慶州 父 種參
金商郁(상욱)		德村	本貫 金海 父 允聲
金相運(상운)	朝鮮	牛橋	隱士 字 士應
金尚瑗(상원)	1598~1627	南厓	隱士 字 伯玉 本貫 安東 父 潒 祖父 士元
金相元(상원)		破愚齋	本貫 商山
金相元(상원)		農庵	本貫 金海
金尚煒(상위)	朝鮮	鶴南	字 章彥 本貫 安東
金尚諭(상유)	朝鮮	玉溪	
金相潤(상윤)	1577~1662	桐江	字 晬夫 本貫 安東 父 士俊
金相殷(상은)		友石	著書 友石先生文集
金相翊(상익)	1721~?	弦菴	字 仲祐 本貫 光山 父 聖澤 系 慶澤
金相翊(상익)	朝鮮	蘆陰	學者 字 贊鎮 本貫 密陽
金相翼(상익)	朝鮮	茱山	本貫 慶州 父 元濩 祖父 熙龜
金相翊(상익)		村史	本貫 金海 父 宰泰
金尚認(상인)	1596~1637	松沙	孝子 字 認仲 本貫 彥陽
金相日(상일)	1756~1822	一广 聲叟	學者 字 子山 本貫 光山 父 箕澤 著書 一广遺稿
金尚鎰(상일)	1788~1872	松窩	學者 字 仁之 本貫 金海
金尚鎰(상일)	朝鮮	梧齋	文臣 字 乃元 本貫 水原 同知中樞府事

人名	年代	號	其他
金商一(상일)		愧窩 月樵	本貫 慶州
金相任(상임)	朝鮮純祖	觀善齋	本貫 光山 父 茂澤
金相材(상재)	朝鮮	農隱	本貫 光山 父 在國 祖父 斗淳
金相材(상재)		靈菴	本貫 金海 父 均泰
金相迪(상적)	朝鮮英祖	晴齋	本貫 光山 父 聖澤
金尚銓(상전)	1663~1714	瀛隱	學者 字 時仲 本貫 金寧 父 玭 外祖 朴昌傑 著書 瀛隱文集
金相展(상전)	朝鮮英祖	竹里	
金尚挺(상정)→金尚埏			
金相鼎(상정)	1668~1728	谷川	學者 字 德三 本貫 金海 父 以聖 外祖 趙洙 著書 谷川集
金相定(상정)	1727~1788	石堂	文臣 字 穉五 本貫 光山 父 令澤 大司諫 著書 石堂遺稿
金商汀(상정)	韓末~日帝	寒月	獨立運動家 字 明玉 本貫 慶州 著書 文集
金尚鼎(상정)	朝鮮	曾谷	字 禹成 本貫 太原 將仕郎
金相琮(상종)	朝鮮	南坡	本貫 商山 著書 南坡集
金象柱(상주)	朝鮮英祖	詠歸子	本貫 慶州 父 漢祿
金尚雋(상준)	1561~1635	休菴	文臣 字 汝秀 本貫 安東 父 元孝 外祖 李承說 安方慶 婿 刑曹判書 著書 綱鑑要略
金尚濬(상준)	朝鮮	處巖	隱士 字 景弼
金相峻(상준)	1894~1941	南坡	著書 文集
金尚㵢(상즙)	朝鮮	松村	委巷詩人 字 字和
金商楫(상즙)		豐農	著書 豐農遺稿
金相直(상직)	?~1722	恥齋	文臣 本貫 光山 著書 恥齋遺稿
金商稷(상직)	1750~1815	竹菊軒	學者 字 敎汝 本貫 蔚山 父 宗鎭 外祖 白時彬 著書 竹菊軒遺稿
金相稷(상직)→金相福			
金相眞(상진)	朝鮮英祖	恥齋	本貫 光山 父 元澤 密陽府使
金相進(상진)	1736~1811	濯溪	學者 字 士達 本貫 金海 父 德泗 外祖 郭世圭 著書 濯溪集
金相振(상진)	朝鮮	護槐亭	本貫 光山 父 光義
金相鎭(상진)	朝鮮	節溪	本貫 義城
金商鎭(상진)	韓末	滄江	
金尚振(상진)		蕉溪	著書 蕉溪先生文集
金相瑱(상진)		鶴皐	本貫 金海 祖父 錫元
金尚珍(상진)		石齋	字 白卿 本貫 公州
金尚集(상집)	朝鮮英祖	晩巖	文臣 本貫 江陵 父 始煐 兵曹判書

人名	年代	號	其他
金相彩(상채)	朝鮮	蒼巖	委巷詩人 字 敬叔 本貫 安山 京衙前 著書 蒼巖集
金尚喆(상철)	1712~1791	華西	文臣 字 士保 本貫 江陵 父 始奕 領中樞府事 諡號 忠翼 著書 明義錄
金尚秋(상추)		防山	本貫 金海
金尚台(상태)	1864~1911	白愚	義兵將 字 景大 本貫 三陟 本名 尚鎬
金相枸(상표)		敬菴	本貫 金海 父 均泰
金尚鶴(상학)→金尚寓			
金常漢(상한)		稼隱	著書 稼隱公逸稿〈龍田世獻錄〉
金尚憲(상헌)	1570~1652	清陰 西澗主人 石澗 石澗老人 石磵老人 石室 石室山人 石室主人 松柏堂 清陰堂 ·	文臣 字 叔度 本貫 安東 父 克孝 領敦寧府事 諡號 文正 著書 清陰集
金相憲(상헌)		江樵	本貫 金海
金相赫(상혁)		晦谷	著書 文集
金尚鉉(상현)	1811~1890	經臺 經臺居士 魯軒	文臣 字 渭師 本貫 光山 父 在崑 金邁淳, 丁若鏞 門人 吏曹判書 諡號 文獻 著書 經臺集
金商玄(상현)		松川	著書 松川遺稿
金象鉉(상현)		石友	著書 石友文集
金尚炫(상현)→金尚彩의 初名			
金尚泓(상홍)	朝鮮	巷隱	委巷詩人 字 公淑 本貫 全州 父 錫龜
金相華(상화)		菊史	本貫 商山
金相孝(상효)	1847~1909	敬齋	學者 字 文極 本貫 金海 父 潤吉 外祖 姜聖遜 著書 敬齋遺稿
金相輝(상휘)		蓮坡	本貫 金海 父 魯澤
金相休(상휴)	1757~1827	蕉泉	文臣 字 季容 本貫 廣州 父 茂澤 吏曹判書
金相休(상휴)	朝鮮正祖	華南山人	著書 華南漫錄
金尚欽(상흠)	1760~1811	牧菴	學者 字 敬初 本貫 海豊 著書 牧菴集
金祥欽(상흠)	朝鮮	醒菴	文臣 字 熙西 本貫 錦山 秘書丞
金尚熹(상희)	朝鮮後期	鍾巖	委巷人 字 聖與
金相喜(상희)	朝鮮憲宗	琴摩 起山	本貫 慶州 父 魯敬
金相喜(상희)	朝鮮後期	琴眉	
金祥喜(상희)	朝鮮	隱水齋	本貫 慶州 父 奉信 祖父 河明
金相熙(상희)	1861~1920	斗村	著書 文集
金相熙(상희)	1864~?	嶧陽	書藝家 本貫 慶州 父 學洙

人名	年代	號	其他
金相熙(상희)		蓮溪	本貫 金海
金璽(새)	朝鮮中期	畊湖	
金鉎(생)	?~1583	四時堂	字 愼遠 本貫 金海 父 大有
金生溟(생명)	1504~1578	訥齋	學者 字 士浩 本貫 安東 父 珦 訓導 著書 文集
金生海(생해)		松巖	著書 松巖遺稿
金緒(서)	朝鮮中宗	止庵	文臣 本貫 光州
金瑞(서)	朝鮮	湖陰	本貫 慶州 父 升卿 祖父 新民
金瑞景(서경)	1693~1754	肯構堂	學者 字 天輝 本貫 順天 父 冑衍 外祖 權燈 著書 肯構堂遺稿
金瑞慶(서경)		澹溪 淡庵	字 古夫 本貫 扶安 著書 澹溪遺稿
金瑞德(서덕)		雲觀	字 馨性 本貫 牛峰
金瑞東(서동)	1709~1771	百懶軒	著書 百懶軒遺稿〈聞昭世稿〉
金瑞麟(서린)		學菴	本貫 金海 父 永幹
金書淵(서연)	朝鮮	川上齋	本貫 金寧
金瑞郁(서욱)		杏溪	本貫 靈光
金瑞雲(서운)	朝鮮肅宗	喜懼齋	本貫 豊山 父 侃
金瑞一(서일)	1694~1780	戰兢齋	學者 字 用萬 本貫 豊山 父 梃 外祖 權金立 同知 中樞府事 著書 戰兢齋集
金瑞廷(서정)→金開物의 初名			
金書鍾(서종)	1893~1943	雪島	大倧教徒
金瑞徵(서징)		槐堂	本貫 順天
金瑞漢(서한)	朝鮮肅宗	蒼松子	本貫 豊山 父 侃 生員
金恕行(서행)	朝鮮	南澗	本貫 安東 父 時翰
金錫(석)	朝鮮	逋溪	文臣 字 舜鉉 本貫 坡平 直長
金鉐(석)		錦蕉堂	字 致堅 本貫 延安
金錫(석)		一松齋	本貫 慶山
金錫(석)		月圃	本貫 金海
金㳷(석)	1850~1925	石矼	學者 字 君奭 本貫 宣城 父 輝礪 外祖 李曾淳 著書 石矼文集
金石堅(석견)	1547~1614	汶翁	義士 字 子固, 方固 本貫 金海 著書 汶翁先生實紀
金錫兼(석겸)	1659~1721	蒙庵 蒙山	學者 字 百朋 本貫 海平 父 平儉 外祖 丁福昌 著書 蒙庵遺稿
金錫坤(석곤)	朝鮮	思孝堂	文臣 字 聖裕 本貫 晉州 父 德玄 戶曹參判
金錫坤(석곤)		菊圃	本貫 金海
金錫貢(석공)	朝鮮中宗	自悔堂	文臣 字 叔度 本貫 金海
金錫觀(석관)	韓末~?	海史	

人名	年代	號	其他
金錫龜(석구)	1653~1718	玄圃	本貫 金海 著書 玄圃先生文集
金錫龜(석구)	1835~1885	大谷	學者 字 景範 本貫 金海 父 國賢 外祖 金昌雲 奇正鎭 門人 著書 大谷遺稿
金錫龜(석구)	朝鮮	癡翁	委巷詩人 字 夏瑞 本貫 全州 父 時元
金錫龜(석구)	朝鮮	簡亭	本貫 金海 父 性直
金錫龜(석구)	朝鮮	上齋	本貫 金海 父 學坤
金錫九(석구)	朝鮮	東庵	本貫 金海 父 大坤
金碩九(석구)	朝鮮	菊軒	本貫 咸昌 父 瀅憲
金碩奎(석규)	1826~1883	耻庵	學者 字 德文 本貫 宣城 父 輝京 著書 耻庵文集
金錫圭(석규)	1827~1898	柳軒	文人 字 極端 本貫 金海
金錫奎(석규)		巖人	著書 巖人稿
金錫圭(석규)		玄巖	字 大卿 本貫 安東
金碩奎(석규)		蘭史	字 煥五 本貫 宣城
金碩珪(석규)	1463~1525	大綱	本貫 瑞興 龍驤衛司直
金石圭(석규)→金硅			
金錫均(석균)		永思堂	字 用九 本貫 安東
金槇根(석근)	?~1872	怕知窩	字 士雲 本貫 安東 著書 怕知窩遺稿〈安東金氏二稿〉
金禎根(석근)		醉筠齋	著書 醉筠齋遺稿
金錫達(석달)	朝鮮	敬齋	本貫 安山 父 聲大
金錫大(석대)	朝鮮後期	雲田 悟齋	畫家 字 君圭
金錫道(석도)		華石	本貫 金海
金錫良(석량)		悟齋 甕村	本貫 扶安
金錫麗(석려)	朝鮮	克齋	文臣 字 子源 本貫 月城 參奉
金碩鍊(석련)		玉湖	字 百汝 本貫 金寧
金錫烈(석렬)	朝鮮	文江	本貫 金海 父 大坤
金錫烈(석렬)→金揚烈			
金碩鳴(석명)	朝鮮肅宗	守約齋	本貫 順天 父 鋐
金碩模(석모)		江齋	本貫 光山 父 在璘
金錫文(석문)	1658~1735	大谷	學者 字 炳如 本貫 淸風 祖父 坰 通川郡守 著書 易學圖解
金碩文(석문)		聞隱	本貫 金寧
金錫範(석범)	朝鮮中期	栢岡	本貫 安山 父 聲大
金錫輔(석보)	1814~?	蓮皐	字 可國 本貫 瑞興 父 大坤
金石輔(석보)	朝鮮後期	卷西	
金錫祥(석상)		惺齋	著書 惺齋集

人名	年代	號	其他
金祏孫 (석손)	朝鮮	杞泉	委巷人 字 伯承, 伯升 本貫 彦陽
金碩臣 (석신)	1758~?	蕉園	畫家 字 君翼 本貫 開城 父 應履 系 應煥 副司果
金碩祐 (석우)	朝鮮	敬窩	孝子 字 元吉 本貫 義城
金錫元 (석원)		梅山	本貫 完山
金錫渭 (석위)		柏菴	本貫 靈光
金錫允 (석윤)	朝鮮	西崗	本貫 光山 父 昌圭
金錫允 (석윤)		錦菴	本貫 金海
金錫允 (석윤)		孝山	本貫 金海
金錫儀 (석의)	朝鮮	愛竹軒	文臣 字 文約 本貫 金寧 工曹參議
金錫翼 (석익)	朝鮮	心齋	本貫 光山 部 昌圭
金錫一 (석일)	1694~1742	虛舟窩	文臣 字 壽彦 本貫 淸風 父 斗明 東萊府使 著書 虛舟窩遺稿
金碩材 (석재)	朝鮮	德齋	字 進德 本貫 光山 父 英 義禁府事
金錫鍾 (석종)	朝鮮	市南	本貫 金海 父 鍾享
金錫冑 (석주)	1634~1684	息庵	文臣 字 斯百 本貫 淸風 父 佐明 祖父 堉 右議政 兼扈衛大將 諡號 文忠 著書 息庵集
金碩柱 (석주)		洙溪	本貫 慶州
金奭準 (석준)	1831~1915	墨指道人 小棠 硏 白堂 藕船 紅藥樓 懷人 孝里齋	書道家 字 姬保 本貫 善山 父 繼運 外祖 劉運吉 僉知中樞府事 著書 紅藥樓詩初集
金錫重 (석중)	1827~1899	潛谷	本貫 光山 父 得礪
金奭鎭 (석진)	1843~1910	梧泉	文臣 字 景召 本貫 安東 父 道均 判敦寧府事 著書 梧泉實紀
金錫鎭 (석진)		東湖	字 淑禹 本貫 安東
金錫海 (석해)		重健齋	本貫 彦陽
金奭行 (석행)	朝鮮後期	晩可齋	學者 字 大仲 本貫 安東 父 市愼 著書 晩可齋稿
金碩顯 (석현)		杏下齋	著書 杏下齋逸稿〈龍田世獻錄〉
金奭鉉 (석현)		愰齋	本貫 靈光
金錫泂 (석형)	朝鮮	溪齋	本貫 金海 父 正業
金錫洪 (석홍)	1472~1546	甖泉 甖潭	文臣 字 大而 本貫 扶安 父 直孫 遂安郡守 著書 甖泉學文要輯
金錫煥 (석환)		遲松	本貫 金海
金碩勛 (석훈)	朝鮮肅宗	守約齋	學者 字 讓叔 本貫 順天 父 銳 追贈 持平
金錫勳 (석훈)		箕隱	本貫 金海 父 鳳奎
金錫熙 (석희)	1804~1862	霽厓	文臣, 學者 字 敬可 本貫 瑞興 父 鎭坤 外祖 李東復 刑曹參知 著書 霽厓文集
金錫熙 (석희)	1841~1913	鶴皐	學者 字 公純 本貫 月城 父 龍亨 著書 鶴皐文集

人名	年代	號	其他
金奭熙(석희)	1852~?	琴園	畫家 字 濟敬 本貫 慶州
金鉐禧(석희)		阮山	本貫 凝川
金碩禧(석희)		菊圃	本貫 固城
金宣(선)	1564~1614	百拙 百拙軒 寂樂堂	學者 字 聖始 本貫 慶州 父 就鍊 系 就善 外祖 朴元英 著書 百拙集
金璇(선)	1568~?	市西 市西居士 之西子	學者 字 而獻 本貫 光山 父 富成 編書 草堂閑覽
金鑒(선)	1596~1660	孤山 梅鶴堂	文臣 字 汝精 本貫 禮安 父 道善 興海郡守
金銑(선)	1705~?	龜亭	文臣 字 擇之 本貫 延安 父 翼均 漢城府判尹 諡號 孝憲
金土宣(선)	1758~1815	遜溪	學者 著書 遜溪文集
金鐩(선)	1772~?	犀園	文臣 字 士鴻 本貫 延安 父 載七 承旨
金銑(선)	朝鮮	尚漱	本貫 金海 父 希悅
金銑(선)	朝鮮	梅松	文臣 字 銑之 本貫 羅州 兵曹參判
金墠(선)		素齋	字 子虔 本貫 安東 著書 素齋遺稿
金善謙(선겸)	韓末~日帝	蘭圃	
金善兼(선겸)		晚歸	字 一善
金善慶(선경)	1586~1638	遜齋 服膺齋	文人 字 積餘 本貫 金海 父 致三
金善繼(선계)		柏菴	本貫 義城
金善均(선균)	朝鮮後期	漱石	委巷人
金善根(선근)	朝鮮英祖	東雩	本貫 安東 父 復淳
金銑根(선근)	朝鮮英祖	尚友堂	
金璿基(선기)		休軒	本貫 金海 父 煥京
金聲淡(성담)	朝鮮	農巖	本貫 光山 父 義悅
金善得(선득)	朝鮮顯宗	雲圃	本貫 金寧
金善鳴(선명)	1691~1769	燕閒堂	字 聞遠 本貫 善山 父 是泗 著書 文集
金善生(선생)	朝鮮中期	松齋	本貫 光山 父 殷輝
金善臣(선신)		青山	著書 青山遺薰
金善餘(선여)	1567~?	栢川 焚史 焚草	文臣 字 伯後, 白後 本貫 江陵 父 添慶 佐郎
金善英(선영)	1605~?	東湖	字 述初 本貫 善山 父 欽 府使
金善元(선원)	朝鮮明宗	觀圃亭	字 文叔 本貫 金海 父 有信
金善儀(선의)	朝鮮	后隱	本貫 金海 父 晃錫
金善長(선장)		魯松	本貫 金海
金善貞(선정)	朝鮮	漁隱	文臣 字 正叔 本貫 晉州 祖父 謙 吏曹正郎
金善柱(선주)	1833~?	竹坡	字 仁礎 本貫 開城 父 膺周 著書 文集
金善鎭(선진)		皐雲	字 言如 本貫 安東

人名	年代	號	其他
金善昌(선창)		慕惜齋	本貫 善山 父 汝淨
金善宅(선택)	朝鮮	竹坡	本貫 高靈 父 洛周
金㐻(셜)	1595~1668	靜軒	文臣 字 舜甫 本貫 尙州 父 德誠 外祖 李貴 禮賓寺正
金渫(셜)→金准			
金渫(셜)→金准의	初名		
金蟾(섬)	朝鮮宣祖	咸興	宋象賢의 妾
金暹(섬)		休齋	本貫 義城
金涉(섭)	朝鮮	疎亭	文臣 本貫 義城 父 居翼 直提學
金涉(섭)		蘿谷	本貫 光州
金燮(섭)	朝鮮	疎慵齋	字 和叔 本貫 瑞興 僉知中樞府事
金燮大(섭대)	朝鮮	鳳亭	字 正孝 本貫 金寧
金惺(셩)	朝鮮宣祖	思誠堂	壬辰殉節
金聲(셩)	朝鮮中期	川觀	隱士 字 始叔 本貫 光州 父 弘衍
金晟(셩)	朝鮮	竹崗	字 允執 本貫 金海 都摠管
金聖甲(셩갑)	?~1710	采眞子 采眞	文人 字 時中 本貫 安東 父 夏亨 著書 采眞子遺稿
金聖謙(셩겸)	朝鮮	佳峰	文臣 字 君洽 本貫 月城 參奉
金聖謙(셩겸)	朝鮮	知足堂	文臣 本貫 淸風
金成景(셩경)	高麗恭愍王	三休	本貫 安東
金成慶(셩경)		晚隱	本貫 三陟
金星穀(셩곡)	朝鮮英祖	信庵	本貫 慶州 父 樂寅
金星袞(셩곤)	1778~1854	一野隱	著書 一野隱遺稿〈嘉山世稿〉
金成坤(셩곤)	朝鮮	春吏	
金聲寬(셩관)	1794~?	睡鄕	委巷人 字 舜敬 舜敎 本貫 安東
金聖光(셩광)	朝鮮	泰隱	本貫 金海 父 永傑
金聲久(셩구)	1641~1707	八吾軒 海村	文臣 字 德休 本貫 義城 父 秋吉 江原道觀察使 著書 八吾軒集
金聖龜(셩구)	1686~1767	晚翠軒	文臣 字 時則 本貫 金海
金聖球(셩구)	朝鮮純祖	南阿	本貫 淸風 父 道徵
金晟權(셩권)	1848~1924	竹塢	著書 文集
金聲奎(셩규)	朝鮮	蘇隱	字 兮彦 本貫 安東
金聖珪(셩규)	朝鮮後期	安谷	閭巷人 字 文孟
金星圭(셩규)	1864~?	草亭 草亭居士	文臣, 學者 字 寶衡 本貫 安東 父 炳昱 江原道巡察使 著書 草亭集
金成圭(셩규)		栗隱	字 明瑞 本貫 安東 著書 文集

人名	年代	號	其他
金性圭(성규)		龜隱	字 聖允 本貫 安東
金性圭(성규)		惠居	著書 惠居遺稿
金聖均(성균)		臨履窩	字 致郁 本貫 安東 著書 臨履窩遺稿
金性均(성균)		惠居	字 穉成 本貫 安東
金性根(성근)	朝鮮	竹坡	字 景天 本貫 安東
金星近(성근)	朝鮮英祖	屛隱	本貫 慶州 父 樂元
金聲根(성근)	1835~1918	海士	文臣, 書藝家 字 仲遠 本貫 安東 父 蘊淳 度支部 大臣
金聲根(성근)	1892~1947	一八	獨立運動家
金聖器(성기)	朝鮮肅宗	漁隱 江湖客 浪翁 漁翁 釣隱	委巷人 字 子湖, 大哉 著書 漁隱遺譜
金成基(성기)	韓末	靑史	本貫 慶州 父 學益 祖父 寬植
金聖基(성기) →金聖器			
金聖基(성기)	朝鮮	重齋	委巷詩人 字 和汝 本貫 金海
金成基(성기)		韶亭	著書 文集
金聲基(성기)		栗齋	本貫 延安
金成吉(성길)	1562~1639	麥老	學者 本貫 蔚山 父 如愚 外祖 李希老 珍原訓導 著書 麥老集
金聖年(성년)		洛左	著書 洛左先生文集
金聲達(성달)	1635~1707	後濯	字 達卿 本貫 金海 父 澈
金盛達(성달)	朝鮮	靑洲	字 伯謙 本貫 安東
金成達(성달)	朝鮮後期	閑齋 閑齋老拙	
金成達(성달)→金成遠			
金聲淡(성담)	朝鮮	農庵	本貫 光山 父 義悅
金聖大(성대)	1651~1710	知命堂	學者 字 浩然 本貫 安東 麟蹄縣監 著書 知命堂稿
金盛大(성대)→金聖大			
金聲大(성대)	朝鮮	村老	字 而遠 本貫 安山 金長生 門人 追贈 大司憲
金成大(성대)		慕齋	本貫 金海 祖父 應光
金盛道(성도)	朝鮮肅宗	寧極堂	文臣 字 季田, 季由 本貫 安東 父 壽民 祖父 光炫 著書 寧極堂遺稿
金聖東(성동)		梅圃	字 舜翊 本貫 安東 著書 文集
金聲斗(성두)	朝鮮	竹圃	本貫 金海 父 履瑞 都事
金成斗(성두)		漁隱	本貫 金海 祖父 國仁
金星得(성득)		松浦	本貫 慶州 父 思龍
金星洛(성락)	1863~1936	芝川	字 奎應 本貫 義城 父 敬鎭
金聖鍊(성련)	1870~1942	强庵	獨立運動家 字 仲希 本貫 楊州 父 奎

人名	年代	호	其他
金成烈(성렬)	1846~1906	兼山	字 源仲 本貫 慶州 父 仁權 外祖 趙翰錫 著書 兼山集
金性烈(성렬)		隱圃	本貫 光山 父 璘修
金聲廉(성렴)		遯愚	本貫 金海
金星老(성로)	朝鮮英祖	觀逝齋	本貫 慶州 父 樂贇
金成輅(성로)		竹峯	本貫 光山 父 逈
金成魯(성로)		野軒	著書 文集
金聲魯(성로)	韓末~日帝	一山	獨立運動家 本貫 義城
金聲律(성률)		存心堂	本貫 光山 父 德垕
金誠立(성립)	1562~1592	西堂	文臣 字 汝見, 汝賢 本貫 安東 父 瞻 弘文館著作
金聖模(성모)	朝鮮	秋潭	本貫 慶州 父 敬彬 祖父 碩均
金性黙(성묵)		聽溪齋	字 君行 本貫 順天
金聲發(성발)	1569~1642	滄邱堂	文臣, 學者 字 景時 本貫 慶州 著書 滄邱堂遺稿
金成範(성범)	1831~1880	藥山	字 聖汝 本貫 金海 著書 文集
金聖範(성범)	朝鮮	水堂	文臣 字 元一 本貫 羅州 戶曹參判
金聲範(성범)		牢睡堂	本貫 靈光
金聖思(성사)		葛川	著書 葛川先生文集
金聖瑞(성서)		來眞齋	
金性遜(성손)		龍岡	本貫 太原
金成壽(성수)	朝鮮	西亭	本貫 金海 父 世仲
金性銖(성수)	1861~1921	忍窩	著書 文集
金性洙(성수)	1891~1955	仁村	政治家, 敎育者, 言論人 本貫 蔚山 父 暻中 系 祺中 副統領
金性洙(성수)		青軒	著書 文集
金成淑(성숙)	1896~1979	悔乙	政治家
金星淑(성숙)	1898~1969	雲巖	獨立運動家 本貫 鐵山 父 文煥
金成淳(성순)	朝鮮後期	四悟	字 元奎 本貫 安東 父 履休 著書 四悟遺稿
金聖淳(성순)	朝鮮正祖	愚泉	字 希天 本貫 安東 父 履大 著書 愚泉遺稿
金聲始(성시)	朝鮮	惺庵	本貫 金海 父 瀹
金聖臣(성신)		韋齋	
金性業(성업)	1880~1965	一石	獨立運動家
金聲玉(성옥)		農隱	本貫 晉州 著書 農隱先生文集
金盛遇(성우)	朝鮮顯宗	芹翁	學者 字 際而 本貫 安東 父 壽仁
金盛遇(성우)	朝鮮	沂翁	本貫 安東 父 壽仁 祖父 光炫 進士
金聖雨(성우)		霍書山館	字 淵學 本貫 慶州 著書 文集
金成遇(성우)		晩晦	字 善餘 本貫 安東

人名	年代	號	其他
金聖雨(성우)		同山	著書 文集
金聲宇(성우)		聽流齋	字 際而 本貫 安東
金聖運(성운)		三愼齋	本貫 慶州
金成遠(성원)	1525~1597	棲霞堂 忍齋	學者 字 剛叔 本貫 光山 父 弘翼 祖父 珹 外祖 崔漢宗 同福縣監 著書 棲霞堂遺稿
金聲遠(성원)	1565~1592	松山	學者 字 景久 本貫 慶州
金聖鉞(성월)		巖瀨	本貫 義城
金性溵(성은)	1765~1830	引逸亭	學者 字 聖淵 本貫 光山 父 允重 外祖 金昌文 著書 引逸亭遺稿
金聖恩(성은)	→金聖思		
金聖應(성응)		自修齋	本貫 金海
金聲儀(성의)	朝鮮	聽竹	本貫 金海 父 斗錫
金成義(성의)	1861~1921	松雲	字 殷卿 本貫 慶州 父 復烈 主事
金聖益(성익)	1663~1715	水月軒	文臣 字 道卿 本貫 安東 父 盛道 副率 著書 水月軒遺稿
金聖仁(성인)	朝鮮	德巖	字 浩然 本貫 金寧
金誠一(성일)	1538~1593	鶴峯	文臣, 學者 字 士純 本貫 義城 父 璡 李滉 門人 慶尙道觀察使 諡號 文忠 著書 鶴峯集
金成釰(성일)		經德齋	本貫 英陽
金成一(성일)	朝鮮	歲寒齋	字 應乾 本貫 光山 父 俊民 朔州府使
金聖任(성임)		五玉	
金成章(성장)	朝鮮	誠齋	壬辰義士 字 汝嘉 本貫 淸州
金聖材(성재)	朝鮮肅宗	杏亭	本貫 光山 父 普澤
金聖哉(성재)	→金溶大의 兒名		
金盛迪(성적)	1643~1699	一寒齋 一寒	文臣 字 仲思 本貫 安東 父 壽民 祖父 光炫 吏曹參判 著書 一寒齋遺稿
金聲齊(성제)		碧塢	著書 碧塢遺集
金聖祚(성조)	朝鮮	◯(自)庵	本貫 金海 父 時旰 將仕郎
金星主(성주)	→金星圭		
金盛浚(성주)	→金盛後		
金聖重(성중)	1705~1760	楠軒	學者 字 泰叔 本貫 慶州 父 義繼 外祖 白容珪 追贈 吏曹參議 著書 楠軒遺集
金聲中(성중)	1839~?	河南	文臣, 學者 字 道寅 本貫 蔚山 父 堯禎 外祖 李致根 通政大夫 著書 河南集
金聲直(성직)		午橋	本貫 義城
金聲振(성진)	1563~1644	醉睡堂	文臣 字 而遠 本貫 慶州 父 益謙 察訪 著書 醉睡堂集〈鷄林金氏三賢合稿〉
金聲振(성진)	朝鮮	秋波	文臣 字 汝吉 本貫 通川 工曹參議

人名	年代	號	其他
金聲振(성진)	1856~1915	於野翁	志士 字 鳴玉 本貫 宣城 惠民院主事
金城鎭(성진)	朝鮮後期	達澗	本貫 義城 著書 達澗先生文集
金誠鎭(성진)	朝鮮後期	鶴田	
金成鎭(성진)		醒心	字 聖九 本貫 安東
金誠鎭(성진)		鳩谷	著書 鳩谷文集
金聲振(성진)		竹軒	本貫 金寧
金聲振(성진)	朝鮮	菊齋	字 遠之 本貫 光山
金星燦(성찬)	朝鮮英祖	耘齋	本貫 慶州 父 樂曾
金成采(성채)	朝鮮後期	竹圃	本貫 安山 父 復陽
金聲徹(성철)	朝鮮	鷺汀	字 尚律 本貫 金海 刑曹佐郎
金盛最(성최)	朝鮮肅宗	佚老堂 杏谷	文臣 字 最良 本貫 安東 父 壽一 祖父 光煜 牧使
金聲秋(성추)		瑞隱	本貫 光山 父 利君
金聖鐸(성탁)	1684~1747	霽山	文臣 字 振伯 本貫 安東 父 泰重 祖父 是溫 外祖 金如萬 修撰 著書 霽山集
金聲鐸(성탁)	1843~1908	恒窩	本貫 商山 著書 恒窩集
金性泰(성태)		晚齋	本貫 順天
金性泰(성태)		石泉	本貫 金海 父 鍾㷀
金成泰(성태)		濟軒	著書 文集
金聖澤(성택) →金聖鐸			
金聲夏(성하)	1863~1909	松岡 守愚	文臣 字 大叔 本貫 光山 父 東準
金聲夏(성하)	朝鮮	雲谷	隱士 字 夏大 本貫 善山 祖父 疑立
金星漢(성한)	朝鮮英祖	用因齋	本貫 慶州 父 樂善
金成翰(성한)		龜岩	字 君集 本貫 安東
金星漢(성한)		竹西	字 景章 本貫 安東 著書 文集
金聲漢(성한)		蒼雲	字 季文 本貫 安東
金聲翰(성한) →金龍翰			
金性海(성해)		湖軒	本貫 順天
金省行(성행)	朝鮮後期	翠柏軒	字 士三 本貫 安東 父 濟謙 諡號 忠正
金星礥(성현)		海隱	本貫 金海
金性昊(성호)	1777~1845	一齋	學者 字 維天 本貫 善山 父 行久 著書 一齋文集
金性豪(성호)	朝鮮肅宗	素隱 湖隱	字 嗜翁 本貫 慶州 父 載顯
金聖浩(성호)	朝鮮	道一	文臣 本貫 羅州 追贈 左承旨
金成浩(성호)	朝鮮	三山	本貫 安東 工曹參議
金性孝(성효)	朝鮮	蓬壹	學者 本貫 海豊 著書 蓬壹集

人名	年代	號	其他
金聖垕(성후)	1683~1755	嶺村	文臣, 學者 字 永瑞 本貫 清風 父 慶五 司諫 著書 嶺村集
金盛後(성후)	朝鮮肅宗	蕉窓	文臣 字 仲裕 本貫 安東 父 光煜 著書 蕉窓集
金聲厚(성후)	朝鮮	牛川	委巷詩人 字 聞遠 本貫 安東
金聲後(성후)		東谷	本貫 羅州
金成輝(성휘)	朝鮮	梧岡	本貫 光山 父 鈞
金聖輝(성휘)	朝鮮仁祖	逸睡堂	字 仁吉 本貫 瑞興 司憲府執義
金聖欽(성흠)	1682~1757	臥溪	文人 字 敬伯 本貫 義城 父 龜重 外祖 李杓 著書 臥溪集
金誠熙(성희)	朝鮮	菊圃	委巷詩人 字 孝卿 父 相齡
金成喜(성희)		溪巖	著書 溪巖先生文集
金細(세) →金紐			
金世傑(세걸)		孝巖	本貫 金海
金世傑(세걸)		修巖	字 君輔 本貫 清風
金世謙(세겸) →金世廉			
金世龜(세구)	朝鮮	望○齋	本貫 金海 父 廷韻
金世奎(세규)	1538~1619	友松	學者 字 景昭 本貫 和順(富平) 父 丸 外祖 李鉉洙 著書 友松集
金世均(세균)	1812~1879	晩齋	文臣 字 公翼 本貫 安東 父 炳文 系 炳先 水原留守 諡號 文貞 著書 琬琰通考
金世近(세근)	朝鮮宣祖	五友堂	本貫 義城 父 漢哲 進士
金世斤(세근)	朝鮮宣祖	插峯	本貫 金海
金世根(세근)		柳泉	字 德明 本貫 安東 著書 文集
金世基(세기)	1682~1746	如斯軒	字 學求 本貫 義城 父 煙
金世基(세기)	朝鮮	龜巖	本貫 金海 父 英翼
金世德(세덕)	朝鮮中期	士巖	本貫 光山 父 磤
金世東(세동)	1870~1942	心臺	字 聖則 本貫 義城
金世洛(세락)	1804~1873	三吾堂	學者 字 汝淑 本貫 月城 父 宗伯 外祖 崔琮 著書 三吾堂文集
金世洛(세락)	1854~1929	古巖	學者 字 六顯 父 縉欽 外祖 李星詔 著書 古巖文集
金世良(세량)	1502~1571	昊亭	字 彦叔 本貫 慶州 父 多慶 著書 文集
金世連(세련)	朝鮮	隱齋	本貫 金海 從仕郎
金世廉(세렴)	1593~1646	東溟	文臣, 學者 字 道廉 本貫 善山 父 克鍵 外祖 許篘 戶曹判書 諡號 文康 著書 東溟集
金世祿(세록)	朝鮮光海君	渭濱 渭川	畵家 本貫 江陵
金世龍(세룡)	朝鮮	月浦	本貫 金寧 父 泰儀
金世鳴(세명)	朝鮮	友松堂	文臣 字 時進 本貫 昌原 司憲府持平

人名	年代	號	其他
金世敏(세민)	朝鮮	新庵	本貫 慶州 父 謙 祖父 需 謚號 良平
金世敏(세민)		藏六	
金世寶(세보)	朝鮮成宗	逸亭	本貫 道康
金世寶(세보)		菊坡	字 景圭 本貫 安東
金世輔(세보)		新樂堂 芙蓉齋	本貫 金海
金世福(세복)		高晚齋	本貫 金海
金世商(세상)	朝鮮中期	漁樂亭	字 列卿 本貫 安東
金世純(세순)		喬軒	本貫 金海
金世淵(세연)	朝鮮仁祖	退齋	本貫 善山 父 克銘
金世演(세연)	朝鮮	洗心亭	本貫 金海 父 尙淳
金世淵(세연)		平園	著書 平園先生遺稿
金世榮(세영)	1878~1941	誠庵	字 士顯 本貫 禮安 父 濟相 著書 誠庵文集
金世永(세영)		洛浦	本貫 金海
金世鏞(세용)	1673~1742	伊湖	學者 字 鳴宇 本貫 義城 父 學培 外祖 高爾節 著書 伊湖集
金世章(세장)	朝鮮	晚隱	字 爾瓊 本貫 安東
金世章(세장)	朝鮮	○雷堂	本貫 慶州 父 鳳齡
金世貞(세정)		浪隱	本貫 晉州
金世佐(세좌)		淸江	本貫 慶州
金世柱(세주)		梅溪	本貫 光山
金世柱(세주)		愚軒	字 永支 本貫 金海
金世仲(세중)	1484~1553	樂安堂	字 君承 本貫 金海 父 潢 著書 文集
金世重(세중)	1648~?	霖皋	字 子任 本貫 義城 父 邦杰
金世重(세중)	1675~1716	瑞川	學者 字 大任 本貫 慶州 父 英麟 外祖 金起松 著書 瑞川處士遺稿
金世珍(세진)	朝鮮	丹邱翁	
金世鎭(세진)		碧山	字 文翼 本貫 安東
金世珍(세진)		雪川 雲川	字 元瑞 本貫 慶州
金世天(세천)	朝鮮	南寯	字 公伯 本貫 月城 訓練判官
金世鐸(세탁)		永慕齋	本貫 善山
金世平(세평)	朝鮮顯宗	洛南	本貫 慶州 父 宗一 祖父 慶龍 著書 文集
金世弼(세필)	1473~1533	十淸軒 省洞 十淸 雲谷 知非翁	文臣 字 公碩 本貫 慶州 父 薰 外祖 宋崑 追贈 吏曹判書 謚號 文簡 著書 十淸遺稿
金世桓(세항)	朝鮮	南皋	文臣 字 之昇 本貫 安城 觀察使
金世鎬(세호)	1652~1722	龜洲	學者 字 京伯 本貫 義城 父 益基 藝文館奉教 著書 龜洲文集〈長皋世稿〉

159

人名	年代	號	其他
金世鎬(세호)	1806~1884	修齋	文臣 字 稚賢 本貫 清風 父 晋敎 漢城府判尹 著書 論語釋疑
金世勳(세훈)	朝鮮燕山君	滄亭	字 退翁 本貫 江陵 父 臺
金世庥(세휴)		北郭	本貫 慶州
金世欽(세흠)	1649~1721	七灘	文臣 字 天若 本貫 義城 父 參基 修撰 著書 七灘逸稿 〈長皐世稿〉
金世欽(세흠)		笑窩	著書 文集
金世熙(세희)	1626~?	梅窓	字 叔明 本貫 遂安 父 聲遠
金世禧(세희)		寬我堂	著書 寬我堂遺稿
金訴(소)→金訢			
金素(소)	1602~?	沙湖 養拙窩	字 知白 本貫 安東 父 時說
金疏(소)	朝鮮	淨泉	字 能玉 本貫 金寧
金蘇(소)	朝鮮	0溪	本貫 靈巖 父 錫鐵
金紹洛(소락)	1851~1929	剩軒	字 學來 本貫 義城 著書 文集
金紹行(소행)	1765~1859	竹溪	字 平仲 本貫 安東 著書 三韓拾遺
金遜(손)	高麗	栗隱 栗林居士	文臣 本貫 金海 大護軍
金松錫(송석)	朝鮮	愚溪	本貫 金海 父 遴秀
金銖(수)	高麗~朝鮮	松亭	文臣 本貫 海平 禮曹判書
金洙(수)	朝鮮初期	松亭	本貫 善山 開城留守
金綏(수)	朝鮮明宗	濯清子 濯清亭	字 綏之 本貫 光山 父 孝慶
金睟(수)	1547~1615	夢村 魯村	文臣 字 子昂, 子盎 本貫 安東 父 弘度 外祖 李繼伯 李滉 門人 領中樞府事 謚號 昭懿 著書 夢村集
金繻 (수)	1563~1637	灘翁	字 汝愼 父 洛瑞 著書 文集
金燧(수)	朝鮮肅宗	蘭坡	本貫 龍宮 父 繼宗 祖父 寶
金璲(수)	朝鮮	德谷	文臣 字 子廷 本貫 原州 右承旨
金守(수)		怡樓	本貫 慶州
金璲(수)		大溪	本貫 義城
金銖(수)	1890~1943	滄溪 希堂	學者 字 士文 本貫 光山 父 漢章 外祖 鄭龍奎 著書 滄溪文集
金洙(수) →金銖(松亭)			
金洙(수) →金淮의 初名			
金秀綺(수기)	朝鮮高宗	倉山	
金守堅(수견)	朝鮮初期	西溪居士	本貫 咸昌 父 翊震
金壽卿(수경)	朝鮮中宗	養閒齋	文臣 字 頤叟 本貫 安東 父 磧 封號 永陽君 利川府使
金壽慶(수경)	朝鮮正祖	柳楓庵	委巷人, 書藝家 字 善餘 本貫 延安

人名	年代	號	其他
金壽坤(수곤)		心齋	本貫 金海 父 養黙
金壽璟(수경)	朝鮮	石樵	本貫 善山 父 玉煥
金守恭(수공)→金謹恭			
金秀光(수광)	朝鮮	喚醒軒	文臣 本貫 金海 父 不比 府使
金守光(수광)		退憂齋	本貫 商山 父 垕邦
金壽奎(수규)	朝鮮英祖	箕埜 淳翁 淳齋 仁谷 活毫子	畫家 本貫 密陽
金壽奎(수규)	朝鮮	三湖	文臣 字 星老 本貫 密陽 通德郎
金洙根(수근)	1798~1854	溪山樵老 溪山	文臣 字 晦夫 本貫 安東 父 麟淳 漢城府判尹 諡號 正文 著書 溪山樵老遺稿
金洙根(수근)	朝鮮後期	凡谷	文臣 吏曹參判
金秀南(수남)	1576~1636	晚癡 萬癡堂	文臣 字 汝一 本貫 光州 父 燮 金長生 門人 追贈 承旨
金秀男(수남)	朝鮮	後隱	文臣 本貫 梁山 左尹
金秀南(수남)	朝鮮	龍湖	本貫 義城
金守男(수남)		愚齋	本貫 慶州
金壽寧(수녕)	1437~1473	素養堂	文臣 字 頤叟 本貫 安東 父 滶 工曹參判 諡號 文悼
金守訥(수눌)	朝鮮	雪巖	孝子 字 君敏 本貫 廣州 父 太乙
金秀端(수단)	高麗	松谷	文臣 本貫 密陽 左司諫
金壽聃(수담)	1646~1712	西岡	文臣, 學者 字 龍在 本貫 順天 父 順廷 高靈縣監
金壽聃(수담)	朝鮮	雲潭	文臣 字 永善 本貫 密陽 中樞府事
金壽童(수동)	1457~1512	晚保堂	文臣 字 眉叟 本貫 安東 父 磧 封號 永嘉府院君 領議政 諡號 文敬
金守棟(수동)		修善翁	著書 文集
金修童(수동)→金瓘의 初名			
金守良(수량)→朴守良			
金守梁(수량)		東郭	著書 東郭公遺稿
金守廉(수렴)	1574~1651	野堂	文臣 字 志渾 本貫 慶州 父 命元 追封 鰲城君 僉 知中樞府事
金秀齡(수령)	朝鮮	柳谷	委巷詩人 字 實甫
金壽老(수로)	朝鮮	小溪	本貫 商山 著書 小溪集
金粹老(수로)	1401~1456	復陽齋	本貫 蔚山 著書 復陽齋實紀
金壽鳴(수명)		清效齋	字 景郁 本貫 安東
金粹模(수모)		溪淡	本貫 慶州 父 百齡 祖父 致世
金秀文(수문)	朝鮮成宗	東濱	字 炳郁 本貫 野城 父 謹
金秀文(수문)	?~1568	陽村	文臣 字 成章 本貫 高靈 父 銋 漢城府判尹
金壽民(수민)	1623~1652	沙浦	文臣 字 堯叟 本貫 安東 父 光炫 知縣 著書 文集

人名	年代	號	其他
金壽民(수민)	1734~1811	明隱	學者 字 濟翁 本貫 扶安 父 啓亨 系 鍊章 承政院 左承旨兼經筵參贊官 著書 明隱稿
金粹發(수발)		勿軒	本貫 密陽
金壽柄(수병)	朝鮮	景一	本貫 廣州 父 玹昞
金壽賓(수빈)	朝鮮顯宗	白峯	學者 字 廷叟 本貫 安東 父 光炫 著書 白峯遺稿
金秀三(수삼)	1679~1767	耻耻齋	學者 字 子良 本貫 義城 父 友璧 外祖 柳世楨 同知中樞府事 著書 耻耻齋文集
金秀瑞(수서) →金秀端			
金秀遜(수손)		承浦	本貫 豊基
金守實(수실)		樵溪	本貫 慶州
金秀巖(수암)	朝鮮正祖	岸翁	字 望汝 本貫 順天 父 浩天
金粹讓(수양)	朝鮮成宗	醉睡亭	文臣 本貫 善山 父 尙琦 郡守
金壽延(수연)		龍岡	本貫 金海
金壽琰(수염)	朝鮮後期	耳山	本貫 義城
金秀燁(수엽)		慕亭	本貫 金海
金壽五(수오)	1721~1795	南厓	著書 南厓集
金守溫(수온)	1409~1481	拭疣 乖崖 乖厓	文臣, 學者 字 文良 本貫 永同 父 訓 領中樞府事 諡號 文平 著書 拭疣集
金守雍(수옹)	朝鮮中宗	棄齋	文人 字 景和 本貫 慶州 父 琪
金秀元(수원)	朝鮮	鶴峴	文臣 字 亨敏 本貫 安城 固城府事
金秀潤(수윤) →金季潤			
金粹應(수응)	1887~1954	直齋	學者 字 純夫 本貫 義城 父 昊逸 外祖 郭鍾錫 著書 直齋集
金壽翼(수익)	1600~1673	青岳	文臣 字 星老 本貫 安東 父 光烽 驪州牧使 諡號 忠景 著書 青岳集
金秀益(수익)		醒齋	著書 文集
金守訒(수인)	1563~1626	九峯	學者 字 君愼 本貫 慶州 父 太乙 外祖 金輝 著書 九峯文集
金守一(수일)	1528~1583	龜峰	學者 字 景純 本貫 義城 父 璉 李滉 門人 生員 著書 龜峰先生逸稿〈聯芳世稿〉
金壽一(수일)	朝鮮中期	竹所 竹軒	本貫 光山 父 銓 生員
金壽長(수장)	1690~?	老歌齋 十州 十洲	歌客 字 子平 編著 海東歌謠
金守精(수정)		靜齋	本貫 光山
金壽祖(수조)	朝鮮	麥湖	本貫 蔚山 掌令
金壽祖(수조)		藏庵	本貫 蔚山
金壽增(수증)	1624~1701	谷雲	文臣, 書畫家 字 延之 本貫 安東 父 光燦 祖父 尙憲 工曹判書 著書 谷雲集

人名	年代	號	其他
金守曾(수증)	1737~1812	望庵	文臣, 學者 字 約汝 本貫 金海 父 聖器 外祖 朱景雲 靈山縣監 著書 望庵文集
金洙鎭(수진)		皐隱	字 舜瑞 本貫 安東
金壽澄(수징)	高麗明宗	樂善堂	
金壽徵(수징)	朝鮮	碧梧堂	字 悠之 本貫 安東 積城縣監 著書 碧梧堂集
金壽昌(수창)	1599~1680	晩休堂	文臣 字 天休 本貫 安東 父 光炯 追贈 承旨 著書 萬休堂遺稿
金受天(수천)	朝鮮	樂四堂	本貫 金海 父 瑋
金秀哲(수철)	朝鮮後期	北山	畵家 字 士盇, 士益 本貫 金海
金洙哲(수철)		警宇亭 愚亭	本貫 金海
金秀河(수하)	朝鮮	愼軒 愼直軒	文臣 字 大容 本貫 晉州 祖父 善貞 禮曹正郎
金守崗(수학)	高麗	靜齋	字 公澤 本貫 金海 通仕郎
金守漢(수한)		松巖	字 季文 本貫 安東
金守漢(수한) →金宇漢			
金守誠(수함)	1717~?	龍洲	字 秀光 本貫 東萊 父 汝溱
金壽咸(수함)	朝鮮	悝庵	字 通卿 本貫 安東
金壽恒(수항)	1629~1689	文谷	文臣 字 久之 本貫 安東 父 光燦 祖父 尙憲 領議政 諡號 文忠 著書 文谷集
金壽杭(수항)	朝鮮	撫松齋	學者 字 致安 本貫 雪城
金秀海(수해)	朝鮮	忠敬堂	文臣 字 彦容 本貫 晉州 將仕郎
金守海(수해)		石軒	本貫 商山
金壽賢(수현)	1565~1653	遁谷 遯谷	文臣 字 廷叟 本貫 豊山 父 鎭 右參贊 諡號 靖憲
金壽賢(수현)	朝鮮宣祖	遇谷	文臣 本貫 豊山 父 鎭
金守玄(수현)	1582~?	玄巖	文臣 字 仲黙 本貫 金海 父 順直
金壽鉉(수현)	1825~?	心湖	字 景一, 元卿 本貫 光山 父 在昌
金壽顯(수현)		石波	字 萬化 本貫 安東
金洙煥(수환)	朝鮮	雲樵	隱士 字 順七 本貫 善山
金守桓(수환) →金守恒			
金綏煥(수환)		菊軒	本貫 慶州
金壽璜(수황)	1840~1904	涵齋	學者 字 尙年 本貫 安東 父 魯善 外祖 金在振 著書 涵齋文集
金壽興(수흥)	1626~1690	退憂堂 東郭散人 止堂	文臣 字 起之 本貫 安東 父 光燦 系 光爀 祖父 尙憲 領議政 諡號 文翼 著書 退憂堂集
金應(슝)	1783~1850	小安齋	著書 小安齋遺稿〈一广遺稿〉
金淑(슝)	朝鮮後期	鵝川	
金塾(슝)	朝鮮	黙齋	本貫 商山 著書 黙齋集

人名	年代	號	其他
金淑(今)	朝鮮	春隱	委巷人 字 伯均 本貫 隋城
金潚(今)	朝鮮	晚覺齋	本貫 商山
金潚(今)	朝鮮	萍翁	委巷人 字 士澄 本貫 開城
金璹(今)		聽石	本貫 宣城
金璹(今)	朝鮮肅宗	芹谷	
金淑(今)		後洞	本貫 豊基
金璹(今) →金燾			
金𧶠(今) →金肅			
金潚(今) →金涌			
金叔儉(今검)	朝鮮太祖	槐亭	文臣 本貫 義城 父 路 祖父 光富 直提學
金肅基(今기) →兪肅基			
金叔良(今량)	朝鮮	桐軒	文臣 本貫 義城 殿中御使
金叔滋(今자)	1389~1456	江湖 江湖散人 江湖山人 鳳巖	學者 字 子培 本貫 一善 父 琯 吉再 門人 成均館 司藝 諡號 文康 著書 江湖實紀
金淑鎭(今진)		松石	字 聖希 本貫 安東 著書 文集
金肅鎭(今진)		自樵	字 九叙 本貫 安東 著書 文集
金恂(今)	1258~1321	春皐	字 歸厚 本貫 安東 父 方慶
金順(今)	1415~1487	清溪	字 子祥 本貫 金海 父 克一
金順(今)	朝鮮	退休堂	本貫 金寧 父 光儲 著書 退休堂遺稿〈金寧金氏家藏〉
金洵(今)	朝鮮	友溪堂	本貫 慶州 父 尚志 祖父 文從 承旨 諡號 文忠
金珣(今)		漁樂亭	本貫 安東 父 永銖
金榮(今)	1888~1978	念齋	著書 文集
金嚳(今) →金順命			
金順侃(今간)	朝鮮	是閑齋 伴竹軒 詩閑齋	委巷人 字 和中 本貫 金海 著書 文集
金舜凱(今개)		匿齋	字 而八 本貫 安東
金舜經(今경)	朝鮮	河陰	本貫 慶州 父 正華
金順卿(今경)		松塢堂	本貫 金海
金舜根(今근)		芝草	字 華仲 本貫 安東
金舜東(今동)	韓末~?	蒼厓	字 華重 本貫 安東
金順命(今명)	1435~1487	一峯 一墾	字 居易 本貫 清風 父 吉通 封號 清陵君 黃海道 觀察使 諡號 恭襄
金順命(今명)	1561~1614	月峯	字 正受 本貫 江陵 父 光烈 觀察使 著書 月峯集

人名	年代	號	其他
金順明(슌명) →金順命			
金舜民(슌민) →李舜民			
金順輔(슌보)	高麗	玉寶	文臣 本貫 水原 中書令 諡號 文正
金舜賓(슌빈)	朝鮮	晚樂齋	委巷人 字 鳳來 風來 父 尙濈
金順三(슌삼)	朝鮮	○溪	本貫 慶州 父 海敏
金舜瑞(슌서) →金舜賓의 初名			
金舜錫(슌석)	朝鮮	新軒	字 乃謙 本貫 金寧
基舜錫(슌석)	朝鮮後期	汾江	本貫 義城 父 千重 祖父 邦衡
金舜植(슌식)	朝鮮	隱齋	學者 字 恩集 本貫 金寧(水原)
金順植(슌식)		荷潭	本貫 金海
金順正(슌정)	朝鮮	愼菴	文臣 字 和直 本貫 豊山 軍器寺副正
金順祖(슌조)	朝鮮	陶隱	本貫 慶州 父 瑞
金純澤(슌택)	朝鮮英祖	雪窓 玉溪	文臣 字 孺文 本貫 光州
金純澤(슌택)		志素	著書 志素遺稿
金純行(슌행)	朝鮮後期	擊翁 甓菴	學者 字 誠仲 本貫 安東 父 時保 著書 擊翁遺稿
金舜憲(슌헌)		清潭	著書 文集
金舜協(슌협)	1693~1732	五友堂	字 士逈 本貫 扶安 父 宅三 果川縣監
金舜衡(슌형)	1670~?	思村	字 齊七 本貫 道康 父 泰仁
金舜欽(슌흠)	朝鮮	晚悔堂	委巷人 字 而敬 父 尙洽
金舜欽(슌흠)	1840~1910	竹圃	義兵 字 穉華 父 重瓘
金崇謙(슝겸)	1682~1700	觀復庵 觀復齋	詩人 字 君山 本貫 安東 父 昌協 祖父 壽恒 外祖 李端相 著書 觀復庵詩稿
金崇德(슝덕)	1734~1776	齊省齋	字 利用 本貫 義城 父 良鉉 著書 文集
金崇廉(슝렴)		晚巖	著書 文集
金崇廉(슝렴)	朝鮮肅宗	遁山	本貫 義城 父 昌鉉 著書 文集
金崇齡(슝령)		普天堂	本貫 光山 祖父 平進
金崇黙(슝묵)	1734~1786	晚巖	學者 字 士濬 本貫 義城 父 良鉉 外祖 南鵬翼 著書 晚巖遺稿
金崇元(슝원)	朝鮮	立石	文臣 本貫 豊基 五衛都摠府都摠管
金崇祖(슝조)	1598~1632	雪松	文臣 字 孝達 本貫 豊山 父 大賢 著書 雪松文集
金習(습)	朝鮮宣祖	安息 安息齋	隱士 字 季鷹 本貫 義城
金承謙(승겸)		果山	著書 果山遺稿
金勝坤(승곤)		泉石	本貫 金海 父 容希
金昇圭(승규)	朝鮮後期	丹菊	委巷人 本貫 安東
金昇圭(승규)		菊軒	字 平汝 本貫 安東

人名	年代	號	其他
金升基(승기)		竹溪	字 德哉 本貫 安東
金昇基(승기) →金鼎基			
金承吉(승길)	高麗~朝鮮	沙隱	節臣 本貫 光山 父 仁雨
金承大(승대)		晚悟堂	本貫 慶州
金昇洛(승락)	朝鮮後期	一溪	
金承洛(승락)	朝鮮後期	如斯軒	字 士欽 本貫 義城
金承鍊(승련)	高麗	雲林堂	本貫 三陟 著書 文集
金勝烈(승렬)	朝鮮	松齋	文臣 本貫 燕岐 同知中樞府事
金昇龍(승룡)	1806~1872	頹蘭	字 順安 本貫 金寧 父 秀煥
金承萬(승만)	1888~1935	竹林	獨立運動家
金升旼(승민)	1872~1931	桂山	獨立運動家 字 文日 秘書丞
金承相(승상) →金永相			
金承緒(승서)	朝鮮	龜巖	隱士 字 景振 本貫 彦陽
金升玉(승옥)	朝鮮	山隱	本貫 金海 父 弘元
金升玉(승옥)	1889~1962	一愚	獨立運動家
金承窪(승와) →金承霎			
金承允(승윤)	朝鮮	狂醒	字 中執 本貫 晉州 成均進士
金承績(승적)		龍巖	字 景立 本貫 彦陽
金承祖(승조)	高麗元宗	弘毅齋	本貫 密陽 封號 密城君 司直
金承祖(승조)	朝鮮	邎齋	本貫 蔚山 父 胄賢
金承祖(승조) →全承祖			
金承霎(승주)	1534~1424	月潭	本貫 順天 父 惟精 封號 平陽府院君 左議政 謚 號 襄景 著書 文集
金承霎(승주)		墨樵	著書 墨樵詩稿
金勝俊(승준)		虛月堂	
金丞鎭(승진)		思忍齋	字 禹五 本貫 安東
金承學(승학)	1881~1964	希山	獨立運動家 字 愚敬 本貫 白川 著書 韓國獨立史
金承學(승학)	1894~1969	水村	著書 文集
金承漢(승한)		梅庭	字 文仲 本貫 安東
金承煥(승환)		南圃	本貫 金海
金時覺(시각) →韓時覺			
金時侃(시간)	朝鮮英祖	海仙	字 士和 本貫 安東 父 盛道 祖父 壽民 著書 海仙 遺稿
金時綱(시강)	朝鮮後期	香泉	閭巷人
金是渠(시거)	朝鮮	鶴沙	本貫 義城

人名	年代	號	其他
金是楗(시건)	朝鮮仁祖	晴峰	本貫 義城 父 涌
金時傑(시걸)	1653~1701	蘭谷	文臣 字 士興 本貫 安東 父 盛遇 祖父 壽仁 大司諫 諡號 獻簡 著書文集
金時卿(시경)	朝鮮	萱慕齋	本貫 金寧 父 蘭孫
金是榮(시경)	朝鮮	秋月	本貫 義城 父 瀹
金時觀(시관)	1667~1740	節谷	學者 字 莊叔 本貫 安東 父 盛完 金昌協 門人 追贈 持平 著書 節谷集
金時龜(시구)	朝鮮	敬庵	本貫 金海 父 命蘇
金蓍國(시구)	1577~1655	東里 東村	文臣 字 景徵 清風 父 汲 系 洛 鄭期遠 婿 大司諫
金是權(시권)	1583~1641	鳳坡	字 子中 本貫 義城 祖父 誠一 佐郎
金蓍根(시근)	朝鮮純祖	梅谷	文臣 字 興之 本貫 安東
金時根(시근)		晚圃	字 聖中 本貫 安東 著書 文集
金始器(시기)	1747~1830	樂有齋	字 大用 本貫 義城
金時吉(시길)	朝鮮	虛齋	學者 本貫 安東
金時晤(시길)		聽籟軒	本貫 光山 父 璇
金時童(시동)	朝鮮燕山君	眉壽堂	字 雙谷 本貫 安東
金時東(시동)	朝鮮	漁隱	本貫 金海 父 元老 軍資監正
金時洛(시락)	1857~1896	莊庵	學者 字 國凝 本貫 義城 父 敬鎮 系 鎮敎 祖父 岱運 外祖 李相儒 著書 莊庵文集
金時良(시량)	朝鮮	桂軒	本貫 金海 父 得儀
金是棱(시릉)	1579~1622	松湖	字 以方 本貫 義城 父 涌
金是鳴(시명)	朝鮮仁祖	三槐亭	字 聞叔 本貫 道州 父 士行 都正
金始鳴(시명)	朝鮮	勉軒	文臣 字 正爾 本貫 密陽 通訓大夫
金時模(시모)	朝鮮	蒼麓	委巷人 字 大有 本貫 金海 著書 蒼麓集
金時微(시미)		鶴皐	
金時敏(시민)	1681~1747	東圃 焦窓	文臣, 學者 字 士修 本貫 安東 父 盛俊 外祖 趙遠期 金昌協 門人 珍山郡守 著書 東圃集
金時發(시발)	朝鮮英祖	黙齋	字 士祥 本貫 安東 父 盛益 著書 黙齋遺稿
金時蕃(시번)	1610~?	眠湖 睡湖	文臣 字 仲擧 本貫 清風 父 蓋國 禮曹參議
金時寶(시보)	高麗	清巖	文臣 字 時和 本貫 原州 密直司事
金時保(시보)	1658~1734	茅洲	詩人 字 士敬 本貫 安東 父 光炫 外祖 尹衡聲 金昌協 門人 都正 著書 茅洲集
金始賓(시빈)	1684~1729	白南	文臣 字 休伯 本貫 咸昌 父 鼎輝 蔚山府使 著書 白南先生文集
金時彬(시빈)	朝鮮後期	易庵	委巷人 字 仲有
金是泗(시사)	1664~1705	梅菴	字 希道 本貫 善山 父 彝 著書 文集

人名	年代	號	其他
金始生(시생)		晦齋	本貫 清州 父 自麟
金時瑞(시서)	1652~1707	自然堂	學者 字 休徵 本貫 蔚山 父 昌夏 外祖 朴榮林 著書 自然堂有稿
金時奭(시석)		樂古	本貫 光山
金始㮨(시섭)	1676~1750	梅谷 耻齋	字 晦而 本貫 江陵 父 弘柱 著書 梅谷遺稿
金是聲(시성)	1602~1676	錦浦	武臣 字 聞遠 本貫 道州 父 四行 統制使 著書 錦浦實紀
金始聲(시성)	?~1708	陶溪	學者 字 仲遠 聞遠 本貫 安山 父 在健 金集 門人
金始聲(시성)		玩澗翁	字 大而 本貫 彦陽
金時述(시술)	朝鮮英祖	敬齋 敬軒	字 士紹 本貫 安東 父 盛益
金著述(시술) →崔著述			
金時習(시습)	1435~1493	梅月堂 東峰 碧山 碧山清隱 碧巖 雪峯 雪岑 雲峯 清隱 清寒子 贅世翁	僧侶 生六臣 字 悅卿 本貫 江陵 追贈 吏曹判書 諡號 清簡 著書 梅月堂集
金時愼(시신)		守白堂	文臣 字 思叔 本貫 安東 父 聖後 著書 守白堂集
金時讓(시양)	1581~1643	荷潭 涪溪 涪翁 忍齋 紫海 浩翁 花潭	文臣 字 子仲 本貫 安東 初名 時言 父 仁甲 判中樞府事 諡號 忠翼 著書 荷潭集
金時彦(시언)	朝鮮	杏圃	本貫 延安 李時亨 門人
金時彦(시언)	朝鮮	石初	本貫 金海 父 命蘇
金時彦(시언)		壽窩	本貫 義城
金時言(시언) →金時讓의 初名			
金始淵(시연)	朝鮮純祖	松下	字 元初 本貫 延安 奎章閣直閣
金始烈(시열)	朝鮮肅宗	晚華亭	字 亨則
金始烈(시열)		菊軒	本貫 宣城 父 一柱
金時曄(시엽)		松隱	本貫 金海 父 仁甲
金始燁(시엽) →金是鏵			
金是瑩(시영)	1605~1680	永慕庵	學者 字 玉汝 本貫 義城 父 檥 外祖 裵楔 著書 永慕庵集
金是鏵(시영)	1623~1682	蝸齋 清陰	學者 字 智汝, 仁汝 本貫 義城 父 檥 著書 蝸齋集
金時榮(시영)	朝鮮	愼齋	本貫 聞韶 父 萬鎰
金時英(시영)		忍軒	本貫 善山
金時暎(시영)		竹窩	本貫 商山
金時玉(시옥)		士窩	本貫 江陵
金是榲(시온)	1598~1669	瓢隱 大明處士 陶淵 崇禎處士	學者 字 以承 本貫 義城 父 澈 外祖 金宗武 著書 瓢隱集

人名	年代	號	其他
金時瑀(시우)	朝鮮	松亭	本貫 善山 父 益徵
金時元(시원)	朝鮮	南隱翁	字 元重 本貫 安東
金時源(시원)		慕漆齋	本貫 光山
金是瑜(시유)	朝鮮英祖	知足	文臣 字 子柔 本貫 慶州
金時潤(시윤)	朝鮮英祖	竹浦	文臣 字 雨以 本貫 安東 父 盛達 著書 竹浦遺稿
金始潤(시윤)	朝鮮	松溪	字 智賢 本貫 金寧
金時應(시응)	朝鮮	閑存堂	字 渾源 本貫 安東 著書 文集
金著仁(시인)	1792~?	晴嵐	醫員, 畫家 字 而圓, 宓艸 本貫 慶州
金時仁(시인)	朝鮮	德溪	本貫 金海 父 德儀
金時逸(시일)	朝鮮英祖	養齋	文臣, 學者 字 士一 本貫 安東 父 盛益 著書 養齋遺稿
金時逸(시일)	→金明逸		
金時任(시임)	朝鮮英祖	鶴溪	本貫 豊山 父 延祖
金是楨(시정)	1579~1623	敬齋	學者 字 以幹 本貫 義城 父 湧 外祖 李寓 著書 敬齋遺稿
金始悌(시제)	朝鮮	慎齋	文臣 字 子誠 本貫 晉州 左承旨
金時齊(시제)	朝鮮英祖	島翁	本貫 安東 父 盛達
金時佐(시좌)		幸隱	字 道而 本貫 安東 著書 幸隱遺稿
金是柱(시주)	1575~1617	開湖 三湖	文臣 字 以立,而立 本貫 義城 父 湧 著書 開湖遺稿
金時準(시준)	朝鮮英祖	依仁齋	學者 字 平仲 本貫 義城 父 泰成 著書 講易衍義
金時儁(시준)		水西	字 宅三 本貫 安東 著書 水西先生文集
金時中(시중)		采眞子	著書 采眞子遺稿
金是重(시중)		蘆溪	本貫 延安
金是振(시진)	1595~1654	菊窓	字 以奉 本貫 義城 祖父 復一
金始振(시진)	1618~1669	盤皐	文臣 字 伯玉 本貫 慶州 父 南獻 戶曹判書
金始振(시진)	朝鮮英祖	慕庵	本貫 永同 父 達
金始鎭(시진)	→金始鑌		
金時粲(시찬)	1700~1767	苕川 苕泉 苕泉	文臣 字 穉明 本貫 安東 父 盛道 祖父 壽民 追贈 吏曹判書 諡號 忠正 著書 苕川集
金是瓚(시찬)	1754~1831	一一齋 淨居山人	學者 字 黃中 本貫 光山 父 聖翼 外祖 李世德 著書 一一齋文集
金是瓚(시찬)		淨居山人 淨居齋	字 貴中 祖父 嗣
金始昌(시창)	1472~1558	爐亭	孝子 字 廷揚 本貫 金山 父 顥 外祖 趙承重 追贈 參奉 著書 孝節爐亭金先生行蹟
金著采(시채)		道菴	本貫 金海

人名	年代	號	其他
金時哲(시철)	朝鮮英祖	耻庵	字 仲明 本貫 安東 父 盛益 著書 耻庵遺稿
金是樞(시추)	1580~1640	端谷 風雷軒	隱士 字 子瞻 本貫 義城 父 濮
金時秋(시추)	朝鮮	柳軒	文臣 字 子直 本貫 晉州 僉知中樞府事
金時秋(시추)	朝鮮	觀圃軒	委巷人 字 仁甫 本貫 慶州
金時沈(시침)	1600~1670	一慵齋	學者 字 終卿 本貫 豊山 父 榮祖 外祖 金誠一 著書 一慵齋文集
金時鐸(시탁)	1713~1751	梨湖	學者 字 子木 本貫 德水 父 德峻 外祖 尹仲元 李緈 門人 著書 梨湖遺稿
金時泰(시태)		四勿齋	本貫 清道 父 尚銓
金時翰(시한)	朝鮮英祖	耿庵	字 士鷹 本貫 安東 父 盛道 祖父 壽民 著書 耿庵 遺稿
金時楷(시해)	朝鮮	東泉	委巷人 字 仲有 本貫 金海
金時獻(시헌)	1560~1613	艾軒	文臣 字 子徵 本貫 安東 父 悌甲 吏曹參判
金時獻(시헌)	朝鮮	養拙窩	文臣 字 知伯 本貫 安東 觀察使
金時憲(시헌)		睡巖	本貫 慶州
金始奕(시혁)	1676~1750	梅谷	文臣 字 晦而 本貫 江陵 父 弘柱 判敦寧府事 諡號 孝憲 著書 梅谷遺稿
金始嚇(시혁) →金始奕			
金始炫(시현)	朝鮮英祖	風溪	本貫 江陵 父 弘柱
金始顯(시현)	1883~1966	何求 鶴右	獨立運動家 字 九和,潤和 本貫 安東 父 台東 系 澤東 國會議員
金始炯(시형)	朝鮮肅宗	止齋	文臣 本貫 江陵 父 弘柱 禮曹判書 諡號 孝獻
金時瀅(시형)	朝鮮	南岡	本貫 咸昌 父 壽龜
金是瑩(시형)	朝鮮後期	思庵	學者 本貫 義城 父 樴 外祖 裵楔 著書 思庵集
金時馨(시형)	1894~1951	蘭谷	獨立運動家 字 德卿 本貫 白川
金是鐥(시회)	1662~1732	黙齋 鐵南 向日堂	學者 字 開伯 本貫 咸昌 父 鼎輝 外祖 李尚彦 著書 黙齋集
金時和(시회)	朝鮮英祖	竹下	學者 本貫 江陵 府使 著書 竹下集
金始煥(시환)	1661~?	駱坡	文臣 字 晦叔 本貫 江陵 父 洪柱 吏曹判書
金時晃(시황)	韓末	道巖	獨立運動家
金時晦(시회)	1542~1581	養直齋 養眞齋	文臣 字 養吾 本貫 安東 父 忠甲 富平府使
金時會(시회) →柳時會			
金時煦(시후)	1838~1896	五友齋	學者 字 乃和 本貫 善山 父 秉義 外祖 姜龜洛 著書 五友齋集
金時輝(시휘)	1618~1680	愚翁	文臣 本貫 光山 縣監
金時翁(시흥)		守岡亭	本貫 英陽 父 夢龜 著書 文集

人名	年代	號	其他
金湜(식)	1482~1520	淨友堂 東泉 晚梧堂 沙西	學者 字 老泉 本貫 清風 父 叔弼 大司成 諡號 文毅
金湜(식)	朝鮮中宗	野隱 耒隱	字 子深 本貫 安東 父 碏 典籍
金埴(식)	1579~1662	日圃 竹西 竹窓 清浦 退村 退軒	畫家 字 仲厚, 致溫 本貫 延安 父 奉先 祖父 祺 察訪
金軾(식)	1620~?	歸溪	字 鼎卿 本貫 安東 父 自點
金湜(식)		蒼石	
金軾(식)		酒隱	本貫 光山 祖父 愼元
金湜(식) →全湜			
金軾謙(식겸)	朝鮮	同坡	字 子瞻 本貫 安東 父 昌吉 著書 同坡集
金式南(식남)		秋浦	著書 秋浦遺稿
金紳(신)	?~1592	西齋	本貫 商山 父 允浩 著書 文集
金愼(신)		竹厓	本貫 金海
金侁(신)		樂天齋	本貫 錦山 諡號 忠簡
金信(신) →全信			
金愼機(신기)	朝鮮	竹軒	本貫 瑞興 景陽察訪
金信謙(신겸)	1693~1735	檜泉 檜巢 甑巢 檜巢 檜泉	學者 字 尊甫 本貫 安東 父 昌業 外祖 李涑 李頤命婿 教官 諡號 文敬 著書 檜巢集
金伸光(신광)	朝鮮	松亭	文臣 字 願叔 本貫 梁山 忠州牧使
金蓋國(신구)	1572~1657	後瘳 後瘳堂	文臣 字 景進 本貫 清風 父 汲 領中樞府事 著書 後瘳集
金蓋國(신구) →金蓍國			
金臣圭(신규)		石雲	字 世衡 本貫 安東
金蓋根(신근)		鶴坡	字 周臣 本貫 安東
金信南(신남)	朝鮮	遯菴	本貫 金海 父 時翰
金愼德(신덕)	1400~?	遯菴	學者 字 德之 本貫 蔚山 父 達近 青巖察訪 著書 遯菴遺稿
金莘望(신망)		景晦堂	著書 文集
金新民(신민)	朝鮮	存養齋	本貫 慶州 父 仲誠
金信淑(신숙)	?~1856	信菴	著書 信菴遺稿
金信榮(신영)	1851~?	吏隱	字 士圭 本貫 花開 父 益龍 豊基郡守
金信榮(신영)	韓末	蕙山	委巷人
金信玉(신옥)	1534~?	雙峯	字 公瑞 本貫 善山 父 世溪
金信元(신원) →金履元의 初名			
金莘尹(신윤)	高麗	東閣	宰相 本貫 光山
金莘伊(신이) →金莘尹			

171

人名	年代	號	其他
金信學(신학)		農隱	本貫 光山 父 八煥
金愼恒(신항)	朝鮮	聱隱	委巷人 字 寡悔 本貫 義城
金信行(신행)	1579~?	松坡	字 士立 本貫 廣州 父 泰國
金實(실) →金銚의	初名		
金氏夫人(김씨부인)	1769~?	三宜堂	詩人 本貫 金海 著書 三宜堂稿
金氏夫人(김씨부인)	朝鮮純祖	意幽堂	父 金盤 夫 李義贇
金氏夫人(김씨부인)	朝鮮	林碧堂	父 金壽千 夫 俞汝舟 著書 文集
金氏夫人(김씨부인)	朝鮮	蒼巖	父 金石珍
金氏夫人(김씨부인)	1853~1890	清閑堂	本貫 慶州 父 金淳喜 夫 李顯春 著書 清閑堂散稿
金鴉(아)	朝鮮	菊庵 菊軒	本貫 金海 父 克精
金安繼(안계)		梅隱	本貫 義城
金安坤(안곤)	朝鮮	農隱	文臣 字 汝安 本貫 晉州 左承旨
金安國(안국)	1478~1543	慕齋 泛槎亭	文臣, 學者 字 國卿 本貫 義城 父 璉 金宏弼 門人 兵曹判書 諡號 文敬 著書 慕齋集
金安老(안로)	1481~1537	臯堂 邈齋 保樂堂 保安堂 龍泉 忍性堂 退齋 喜樂堂 喜樂亭	文臣 字 頤叔 本貫 延安 父 訢 左議政 著書 龍泉 談寂記
金安福(안복)	朝鮮	龍淑	文臣 字 初緒 本貫 原州 兵使
金安師(안사) →金安節			
金案實(안실)	1877~1930	榴菴	
金安節(안절)	1542~1632	洛涯	學者 字 子亨 本貫 尚州 父 宗善 外祖 李宰 朴 守一 門人 著書 洛涯遺稿
金安祚(안조)	朝鮮	弘巴	文臣 字 仲綏 本貫 原州 司憲府監察
金安祖(안조)		艮川	本貫 豊山
金增(암)	1590~1645	玩睡齋	字 而厚 本貫 一善 父 震護 著書 文集
金壌(암)		南湖	著書 南湖遺稿
金壌(암)		永慕齋	字 逸叟 本貫 安東
金黯(암)	朝鮮	谿翁	本貫 義城 父 是㮨
金黯宗(암종)		止菴	字 順化 本貫 安東
金愛立(애립)	朝鮮	西山堂	字 時命 本貫 金寧
金瀹(약)	高麗	弗降	節臣 本貫 光山 軍器寺典書
金籥(약)	1568~1643	五者翁	學者 字 平叔 本貫 開城
金瀹(약)	1613~1667	敬齋	字 汝廣 本貫 金海 父 善慶
金瀹(약)	朝鮮	雲溪	本貫 義城 父 明一
金若礪(약려)		黑巖	本貫 善山

人名	年代	號	其他
金若鍊(약련)	1730~1802	斗庵 忍叟	文臣 字 幼成 本貫 禮安 父 墀 外祖 朴泰來 副承旨 著書 斗庵文集
金若魯(약로)	1694~1753	晚休堂 知足堂 止足堂	文臣 字 而敏 而民 本貫 清風 父 橾 左議政 謚號 忠正
金若老(약로)	→金若魯		
金若立(약립)		有仙齋	字 子允 本貫 康津
金若默(약묵)	朝鮮中宗	誠齋	文臣 字 太容 本貫 康津 父 希奭 內資寺正
金若時(약시)	高麗禑王	陰村	節臣 本貫 光州 父 鼎 進賢殿直提學
金若淵(약연)	1750~1774	淵庵	學者 字 淵淵 本貫 清風 父 鍾秀 著書 淵庵遺迹
金若淵(약연)	1868~1942	圭巖	獨立運動家, 敎育者 吳三烈 門人
金約前(약전)	朝鮮	姓支堂	本貫 金寧
金若恒(약항)	1353~1397	惕若齋	文臣 字 久卿 本貫 光山 父 鼎 追贈 贊成事 著書 文集
金若海(약해)	朝鮮仁祖	閑亭 閒亭	字 原明 本貫 道康 父 希尹
金若行(약행)	1718~?	仙華子 仙華	文臣 字 大有 本貫 安東 父 時逸 著書 仙華子集
金躍華(약화)		支巖	字 精葆 本貫 羅州
金若晦(약회)	→金若海		
金瀁(양)	1574~1644	陽灘	本貫 善山 父 錫胤 著書 文集
金漾(양)	1618~1668	逸軒	字 汝清 本貫 金海 父 善慶
金樑(양)		錦窩	本貫 光山
金洋(양)	→金洋		
金良鏡(양경)	→金仁鏡의 初名		
金養根(양근)	1734~1799	東埜	文臣 字 善吾 本貫 安東 父 濟淳 系 宇淳 刑曹參議 著書 東埜集
金穰根(양근)	1801~?	松石	字 大年 本貫 安東 父 仁淳
金養根(양근)		菊史	字 德元 本貫 安東
金瀁根(양근)		晚山	字 又莖 本貫 安東 著書 文集
金養耆(양기)	1789~1834	自醒 鵝湖	本貫 義城 父 輝運 著書 自醒遺稿〈鵝湖喬梓集〉
金良驥(양기)	朝鮮後期	肯園 浪谷	畵家 字 千里 本貫 金海 父 弘道
金揚南(양남)		逸老 逸老亭	本貫 江陵 父 錘 祖父 光乙
金養斗(양두)		藥圃	本貫 金海 父 昌兆
金陽呂(양려)		癯仙	本貫 義城
金揚烈(양렬)	1624~1703	清休齋 少室山人	學者 字 克紹 本貫 安東 父 桂旻 外祖 金濂 著書 清休齋文集
金陽培(양배)		杏下	本貫 金海

人名	年代	號	其他
金良錫(양석)	1831~1882	琴一	學者 字 明佐 本貫 金海 父 宇泓 外祖 朴七煥 著書 琴一金公詩集
金亮世(양세)		敬菴	本貫 金海
金陽洙(양수)	朝鮮	秋山	本貫 蔚山 父 徽中
金亮水(양수)	朝鮮	水洞	文臣 本貫 清風 禮曹判書
金養淳(양순)	朝鮮正祖	鳳西	學者 字 浩元 本貫 安東 父 履健 著書 鳳西遺稿
金陽淳(양순)	1776~1840	健翁	文臣 字 元會 本貫 安東 父 履禮 大司憲 著書 健翁公詩薰
金養植(양식)	1791~1862	止庵	字 敬立 本貫 安東 父 海進 著書 文集
金良信(양신)	高麗	南松	文臣 字 良臣 本貫 原州 政堂文學
金良臣(양신)	朝鮮純祖	逸齋	畫家 字 子翼 本貫 開城 父 應履
金養心(양심)	1725~1777	寡慾齋	著書 文集
金養玉(양옥)	朝鮮	隱湖	本貫 金海 父 基榮
金良佑(양우)	朝鮮	竹翁	字 舜卿 本貫 金寧
金亮元(양원)	→金希泰의 字		
金諒益(양익)		敬慕齋	本貫 善山 父 善昌
金養楨(양정)	1785~1847	定菴	學者 字 齊彦 本貫 安東 父 海進 外祖 金紃 著書 定菴文集
金養直(양직)	朝鮮英祖	駱圃	本貫 安山 父 相星 著書 文集
金揚震(양진)	1467~1535	清虛齋 虛白堂	文臣 字 伯起 本貫 豊山 父 徽孫 祖父 從石 同知中樞府事
金楊震(양진)	→金揚震		
金養鎭(양진)	1829~1901	愚軒	本貫 義城 著書 愚軒文集
金陽澤(양택)	1712~1777	健庵 健齋	文臣 字 士舒 本貫 光山 父 鎭圭 領敦寧府事 諡號 文簡 著書 健庵集
金亮漢(양한)	朝鮮	碧軒	文臣 本貫 清風 禮曹判書
金亮漢(양한)		小龍	字 亞明 本貫 安東 著書 文集
金亮行(양행)	1715~1779	止菴 驪湖	文臣 字 子靜 本貫 安東 父 信謙 外祖 李頤命 刑曹參判 諡號 文簡 著書 止菴集
金良鉉(양현)	1679~1743	竹所 竹巢	字 顯甫 本貫 義城 父 命基 著書 文集
金晹鉉(양현)		清軒	著書 清軒遺稿
金養浩(양호)	高麗	竹軒	本貫 宜寧 父 宗 諡號 貞烈
金良浩(양호)	朝鮮	晚悟	文臣 字 益賢 本貫 海州 同知中樞府事 諡號 憲簡
金養浩(양호)	朝鮮	儉盧	學者 字 善吾 本貫 高靈 著書 文集
金養浩(양호)	朝鮮	海石	本貫 安山 父 相斗
金亮禧(양희)	朝鮮	灣窩	文臣 本貫 清風 掌令

人名	年代	號	其他
金魚龍(어룡)	朝鮮	南溪	本貫 錦山 父 春玉
金檍(억)	朝鮮後期	槐士	委巷人
金億(억)	1893~?	岸曙	詩人 著書 岸曙詩集
金億年(억년)	朝鮮	雙浦	文臣 字 壽甫 本貫 晋州 訓練院習讀官
金億述(억술)		拓齋	著書 文集
金億鎰(억일)		晚休堂	本貫 彦陽 父 彦琛
金億租(억저)	朝鮮	浩歸堂	文臣 本貫 義城 父 養曾 正郎
金彦琚(언거)	朝鮮中宗	風詠亭 漆溪 風詠軒	文臣 字 季珍 本貫 光州 父 箽 著書 文集
金彦琚(언거)	朝鮮	灌圃 灌圃堂	
金彦健(언건)	1511~1571	芸亭 芸山	文臣 字 精甫 本貫 永同 父 滋 追贈 監察 著書 芸亭遺集
金彦健(언건)	朝鮮肅宗	石川	
金彦謙(언겸)	朝鮮英祖	述畊齋	學者 字 鳴仲 本貫 安東 著書 述畊齋遺稿
金彦經(언경)	→南彦經		
金彦昆(언곤)	朝鮮	止谷	本貫 慶州 父 弘碩 祖父 慶平
金彦恭(언공)	朝鮮宣祖	黙齋	義兵, 文臣 字 言甫, 孝則 本貫 金寧
金彦球(언구)		雙碧堂	本貫 光山
金彦璣(언기)	1520~1588	惟一齋	學者 字 仲昷 本貫 光山 父 籌 李滉 門人 著書 惟一齋集
金彦昉(언방)	朝鮮	樂山	本貫 金海 兵曹判書
金彦輔(언보)		鶴山齋	著書 文集
金彦福(언복)		月湖	本貫 金海
金彦三(언삼)	朝鮮	德南	本貫 錦山 父 兌器
金彦世(언세)	朝鮮	愚谷	文臣 本貫 禮安 判決事
金彦秀(언수)	1568~?	龜軒	著書 文集
金彦承(언승)		三樂	著書 文集
金彦湜(언식)	朝鮮純祖	悔軒	本貫 光山 父 光漢
金彦臣(언신)	朝鮮	竹谷	本貫 金寧 父 山虎 守門將
金彦勗(언욱)	朝鮮宣祖	瑞石	文臣 字 汝强 本貫 光山 父 誠
金彦煜(언욱)	→金彦勗		
金彦弼(언필)	朝鮮	聱軒	本貫 金海 父 益賢
金彦浩(언호)		德山	本貫 豐基
金彦希(언희)		蒼泱	本貫 光州
金儼(엄)	朝鮮	永慕堂	字 逸叟 本貫 安東

人名	年代	號	其他
金淹(엄)		錦亭	本貫 淸風
金業(업)		松巖	字 士高 本貫 茂長
金汝(여) →金汝岉			
金汝龜(여구)	朝鮮	碧庵	字 士剛 本貫 金海 通仕郎
金汝權(여권)	1557~1640	觀蘭齋 觀蘭亭	字 子中 本貫 義城 父 粹 著書 文集
金汝鏜(여당)	1667~1737	拙菴	本貫 義城 父 聲久 著書 拙菴遺稿〈聞韶世稿〉
金汝大(여대)	朝鮮	白齋	本貫 金海 父 振豪
金汝亮(여량)	1603~1683	吾巢齋	文臣 字 明甫, 晦卿 本貫 開城 父 鏴 外祖 趙憲 追贈 戶曹判書 著書 吾巢齋集
金汝錬(여련)		錦塘	本貫 光山 父 斗南
金汝萬(여만)	1625~1711	秋潭 箕山	字 會一 本貫 順天 父 基厚 祖父 天安 外祖 權憑 著書 秋潭集
金汝岉(여물)	1548~1592	畏菴 披裘子	文臣 字 士秀 本貫 順天 父 壎 追贈 領議政 謚號 壯毅
金汝錫(여석)		龍湖居士	本貫 光山
金呂遜(여손)	朝鮮	蘭谷	文臣 字 遇文 本貫 義城 中樞府事
金汝信(여신)		羨齋	本貫 金海
金汝燁(여엽)	1575~1640	盲巖	隱士 字 伯晦 本貫 延安 父 盖國
金汝吾(여오)		蘭谷	著書 蘭谷詩稿
金汝鈺(여옥)	1596~1662	薇山 秋潭	文臣 字 君粹 本貫 光山 父 友伋 判決事 著書 薇山實紀〈聞韶世稿〉
金礪鈺(여옥)	朝鮮	晩悟	委巷人 字 士俊, 士微 本貫 慶州
金汝蘊(여온)	朝鮮	知止齋	本貫 金海 父 起西
金汝鎔(여용)	1652~1735	望道翁	本貫 義城 父 聲久 著書 望道翁遺稿〈聞韶世稿〉
金汝煜(여욱)	1581~1661	虛舟	文人 字 初晦 本貫 延安 父 盖國 外祖 金富民 著書 虛舟文集
金汝旭(여욱)	1600~1669	梨村	字 彦昇 本貫 海南 父 仁老
金汝淨(여정)		三惜齋	本貫 善山 祖父 夢福
金汝重(여중)	1556~1630	軒軒軒	學者 字 子任 本貫 靈光 父 悅 著書 軒軒軒文集
金汝知(여지)		滄洲	本貫 延安 父 濤
金汝振(여진)	1663~1713	相在軒	學者 字 大兼 本貫 淸道 父 慶和 外祖 郭瀜 著書 相在軒文集
金汝振(여진)	韓末	三愚	學者 著書 三愚集
金汝鎭(여진)		霜露齋	本貫 義城
金汝采(여채)	朝鮮	慕軒	本貫 金海 追贈 同知中樞府事
金汝鐵(여철)		鶴齋	字 士剛 本貫 金海

人名	年代	號	其他
金汝鐸(여탁)	1658~1726	草堂	本貫 義城 父 聲厚
金麗宅(여택)	1744~1806	小巖	學者 字 應輝 本貫 英陽 父 履基 外祖 許壕 著書 小巖遺稿
金礪行(여행)	1790~1859	羅窩	學者 字 順彦 本貫 金海 父 聲應 外祖 朴南獻 著書 羅窩遺集
金礪鉉(여현)	朝鮮	道源	著書 文集
金汝煥(여환)		正峯	著書 正峯先生文集
金汝屹(여흘)	朝鮮宣祖	坡山處士	本貫 順天 父 壎
金汝翕(여흡)		遯庵	本貫 順天
金緣(연)	1487~1544	雲巖 竹淵	文臣 字 子迪子裕 本貫 光山 父 孝盧 慶州府尹 著書 雲巖逸稿
金演(연)	1547~1640	松湖	文臣, 學者 字 洞源 本貫 高靈 父 斗文 外祖 金雨 軍資監正 著書 松湖集
金演(연)	1552~1592	魯庵	義士 字 彦洪 本貫 慶州 父 應挺
金璉(연)	高麗	農岩	本貫 金海 都事
金淵(연)	朝鮮宣祖	二樂亭	字 證遠 本貫 昌原
金演(연)	1655~1725	退修堂	文臣 字 士益 本貫 商山 父 禹錫 刑曹判書
金浣(연)	朝鮮	省谷	文臣 字 清甫 本貫 永同 金長生 門人 金吾郎
金淵(연)	朝鮮	農窩	本貫 慶州 父 敬宗
金鍊(연)	朝鮮	梅灘	本貫 錦山 父 聲遠
金墳(연)	朝鮮	晩慵齋	本貫 安東 父 希振
金橡(연)		一軒	本貫 金海 父 洛碩
金繂(연)	朝鮮	四止堂	字 長卿 本貫 善山 父 家碩
金練(연)		龍谿	本貫 順天 父 敎善
金璉(연)		艮翁	本貫 慶州
金沈(연) →金允			
金演(연) →金繂			
金演珏(연각)	朝鮮	月波	本貫 金寧 父 祥琦 祖父 宗呂
金延季(연계)		和山	著書 和山先生文集
金鍊光(연광)	1524~1592	松巖	文臣 字 彦精, 仲精 本貫 金海 父 履祥 追贈 禮曹 參判 著書 松巖詩稿
金演局(연국)	1857~1944	龜菴	上帝敎主 著書 上帝敎大憲
金秊圭(연규)		素寧	字 穉極 本貫 安東
金淵圭(연규)		又山	字 公臨 本貫 安東
金延根(연근)	朝鮮	少華	字 永叔 本貫 安東 父 英淳 祖父 履喬
金演根(연근)		後松	字 倫卿 本貫 安東

人名	年代	號	其他
金延年(연년)		華山	本貫 慶州
金浣斗(연두)		松坡	本貫 金海
金鍊斗(연두)		樵隱	本貫 金海
金鍊老(연로)	朝鮮	心適堂	隱士 本貫 松都
金演穆(연목)	?~1929	蒙齋	著書 蒙齋私稿
金鍊玟(연민)		春溪	著書 文集
金連生(연생)		芝村	本貫 金寧
金演善(연선)	1874~1955	懶齋	著書 文集
金延壽(연수)	朝鮮成宗	素養堂	字 頤叟 本貫 安東 父 自堉
金鍊洙(연수)		養正齋	本貫 光山 父 永根
金季洙(연수)	1896~1976	秀堂	實業家 本貫 蔚山 父 暻中
金淵述(연술)	1860~1905	成菴	學者 著書 成菴集
金演植(연식)		琴農堂	字 龍彦 本貫 江陵
金淵臣(연신)		芝峯	著書 文集
金延祖(연조)	1585~1613	廣麓 鶴陰	文臣 字 希錫 本貫 安東 父 大賢 外祖 李續金 著書 廣麓文集
金連枝(연지)	朝鮮	模庵	文臣 字 幹甫 本貫 原州 左贊成 諡號 戴敬
金演稷(연직)		五一翁	著書 文集
金演燦(연찬)		星石	本貫 江陵
金然泰(연태)		止齋	著書 止齋詩集
金延澤(연택)	朝鮮肅宗	萬竹	本貫 光山 父 鎭龜 系 鎭符
金淵行(연행)	朝鮮後期	虛齋	字 仁甫 本貫 安東 父 時吉 著書 虛齋遺稿
金延顯(연현)		貽岩	字 瑞範 本貫 安東
金然灝(연호)		無爲	著書 文集
金演鎬(연호)		耕隱	著書 文集
金鍊欽(연흠)	朝鮮	蓮村	字 致瑞 本貫 金寧
金閱(열)	朝鮮太祖	退村	文臣 字 子得 本貫 光州 父 若采
金烈(열)		秋山	本貫 慶州 父 采旭
金說(열)		臨鏡堂	本貫 江陵
金廉(염)	朝鮮明宗	三休堂	文臣 字 季溫 本貫 尙州 父 晅 翰林
金廉(염)	朝鮮	明於	文臣 字 應振 本貫 羅州 中樞府事
金念祖(염조)	朝鮮宣祖	鶴陰	本貫 豊山 父 壽賢
金曄(엽)	朝鮮明宗	月洲	本貫 安山 父 光湜 副護軍
金燁(엽)	朝鮮	松菴	本貫 聞韶 父 振古
金曄萬(엽만)		無礙窩	本貫 金海 父 錫允

人名	年代	號	其他
金瑛(영)	1475~1528	三塘 樂齋	文臣 字 英之 本貫 安東 父 永銖 江原道觀察使 著書 三塘集
金詠(영)	1602~1674	竹橋	文臣 字 字尋 本貫 禮安 父 淨厚 參奉
金瑛(영)	1837~?	春舫	畵家 字 聲遠 本貫 盆城 初名 鍾大
金瑛(영)	朝鮮	十柳亭	本貫 善山 父 復慶
金嬰(영)	朝鮮	槃澗	本貫 善山 父 得龜
金泳(영)	朝鮮	石泉	委巷人
金榮(영)		梨亭	本貫 昌原 父 孟昌
金營(영)	1888~1978	念齋 矜細堂	學者 本貫 康津 父 炳述 祖父 重沃 外祖 李根赫 著書 念齋集
金永幹(영간)		南岡	本貫 金海 著書 南岡先生遺集
金永傑(영걸)		獨樂亭	本貫 慶州
金永桂(영계)		直齋	著書 文集
金永固(영고)		養心堂	本貫 慶州
金永貫(영관)	朝鮮	鳳村	字 太玉 本貫 金寧
金永寬(영관)	朝鮮	龍隱	本貫 金寧 父 敬鍾
金永琯(영관)		汕堂	著書 文集
金泳九(영구)	朝鮮	愼巖	本貫 金海 父 昌益
金王永(영구)	1892~1950	翠堂	字 敬老 本貫 金海 父 炳玟 著書 文集
金榮九(영구)		晩悔	著書 文集
金永國(영국)	朝鮮	竹潭	本貫 義城 父 廷鳳 祖父 基鎭
金永國(영국)		德菴	本貫 光山
金泳權(영권)	朝鮮	野茶	本貫 金寧 父 寬哲
金永權(영권)	朝鮮	蒔菴	本貫 羅州 父 基錫
金永奎(영규)	朝鮮	存谷	本貫 商山 著書 存谷集
金永奎(영규)	朝鮮	鶴潭	字 文峻 本貫 義城 父 致壽 祖父 鼎九
金永圭(영규)		碧笑軒	字 禹德 本貫 安東
金永圭(영규)		性菴	本貫 光山
金永珪(영규)		谷雲	本貫 光山
金永珪(영규)		史山	著書 文集
金瀅圭(영규)		又石	字 範五 本貫 安東
金永根(영근)	朝鮮	松遠亭	文臣 字 不拔 本貫 英陽 漢城府判官
金永根(영근)		勝山	字 德夫 本貫 安東 諡號 孝貞
金永根(영근)		竹圃	本貫 光山
金英根(영근)		清淵	字 穉華 本貫 安東

人名	年代	號	其他
金永耆(영기)	朝鮮	勝庵	本貫 義城 父 輝運 著書 勝庵遺稿〈鵝湖喬梓集〉
金永起(영기)	→金文起		
金永吉(영길)	朝鮮	醉山	本貫 光山 父 鉉
金穎男(영남)	1547~?	掃雪 掃雪翁 逋世翁	文臣 字 仲悟 本貫 光山 父 誌 府尹
金永年(영년)	朝鮮宣祖	惻巖	本貫 金寧 父 明之
金永年(영년)		完山	字 玉吉 本貫 安東
金永洴(영년)		退軒	本貫 慶州 父 根 判官
金永寧(영녕)	→金永寀		
金永能(영능)	朝鮮	松庵	本貫 光山 父 奉鉉
金英達(영달)	高麗	習文堂	文臣 本貫 海平 父 始生 府使
金永達(영달)	朝鮮	毅堂	本貫 商山 著書 毅堂集
金英達(영달)		高陽居士	字 時彦 本貫 慶州 父 戩
金永大(영대)	1890~1959	守齋	著書 文集
金永德(영덕)		聲窩	本貫 光山 父 璣鉉
金永燾(영도)		鶴隱	著書 文集
金永旽(영돈)	?~1348	龜峰	武臣 字 那海 祖父 方慶 封號 上洛府院君
金永暾(영돈)	高麗	筠軒	字 暉谷 本貫 安東 父 恂 左政丞 謚號 忠穆
金英璥(영돈)		自養	本貫 光山
金英東(영동)		南畊	字 先汝 本貫 安東
金永斗(영두)		西齋	本貫 光山
金永斗(영두)		竹沙	本貫 金海
金泳斗(영두)	1851~1944	安愚	字 應汝 本貫 金海 父 昌華 著書 文集
金英洛(영락)	1831~1906	龜溪	學者 字 元永 本貫 金海 父 以洙 同知中樞府事 著書 龜溪遺稿
金永洛(영락)	1871~1944	右山	字 聖涵 本貫 金寧 父 基台 著書 文集
金永來(영래)	→金琪叔		
金英烈(영렬)	1370~1421	孟巖	學者 字 烈之 本貫 義城 父 紘 封號 義城君 追贈 右議政 謚號 良昭 著書 孟巖集
金榮烈(영렬)		終慕亭	本貫 安東
金永祿(영록)		菊菴	字 季綏 本貫 南陽
金榮立(영립)		綠村	本貫 金海 父 鳳發
金英萬(영만)		崇信居士	字 化叔 本貫 安東
金永萬(영만)		月坡	著書 文集
金永萬(영만)		南史	本貫 光山 父 玉鉉

人名	年代	號	其他
金永冕(영면)	朝鮮正祖	丹溪	畵家 字 周卿 本貫 盆城 著書 丹溪私稿
金永穆(영목)	1835~1910	禾亭	文臣, 書藝家 字 淸友 本貫 光山 父 曾鉉
金永默(영묵)	朝鮮	江愚	本貫 慶州 父 榮基 祖父 命漢 進士
金永汶(영문)	韓末	友蓮	
金永配(영배)	朝鮮	農隱	文臣 字 仲命 本貫 雪城 議官
金永普(영보)	→金永善		
金永三(영삼)	1784~?	丹邱	字 汝弼 本貫 慶州 父 思珍 著書 文集
金永三(영삼)	1834~1906	丹邱	學者 字 允五 本貫 康津 父 喆欽 著書 丹邱遺稿
金永相(영상)	1836~1910	春雨亭	憂國志士 字 昇如 本貫 康津 父 敬欽 著書 春雨亭文稿
金永祥(영상)	1885~1958	補益	獨立運動家
金永相(영상)	韓末	菊軒	憂國志士 字 正範 本貫 道康
金永薯(영서)	朝鮮	平谷	本貫 商山 著書 平谷集
金英碩(영석)	1859~1886	山天齋	本貫 慶州 父 載馥 著書 惇家稿存
金永錫(영석)	朝鮮	悝齋	本貫 金海 父 遜秀 府使
金永錫(영석)	朝鮮	淸南	本貫 慶州 父 載澤
金永錫(영석)	1881~1940	白樵	著書 白樵遺稿〈肯晨遺稿〉
金永善(영선)	韓末	海石	著書 海石散稿
金永善(영선)		竹下	著書 文集
金永燮(영섭)	韓末	聞韶	委巷人
金永燮(영섭)	1888~1950	濯悟室	牧師
金永聲(영성)		柏園	字 德遠 本貫 光山 父 俔
金永銖(영수)	朝鮮中期	積翁	本貫 安東
金泳洙(영수)	朝鮮哲宗	華隱	本貫 金海
金永壽(영수)	1829~1899	荷亭	文臣 字 福汝 本貫 光山 父 宇鉉 大提學 諡號 文獻 著書 荷亭集
金盈洙(영수)	1851~1903	悝齋	字 致章 本貫 光山 父 永哲 著書 悝齋遺稿
金永銖(영수)	1862~1922	晩山	著書 晩山先生文集
金永壽(영수)	韓末	梅汀	本貫 光山
金榮洙(영수)		松溪	著書 松溪先生文集
金永壽(영수)		愼齋	本貫 慶州
金英粹(영수)		大明逸民	本貫 光山
金永淑(영숙)		艮窩	著書 艮窩文集
金永肅(영숙)	1886~1952	白舟	獨立運動家 本貫 光山 一名 白
金英淳(영순)	1798~?	石綾 石陵	文臣 字 君實 本貫 安東 父 履喬 吏曹判書
金永淳(영순)	1871~1946	止齋	著書 止齋遺稿

人名	年代	號	其他
金永純(영순)		知足堂	本貫 金海
金永珣(영순)	朝鮮	忍窩	
金永眤(영순) →金永暾			
金永蓍(영시) →金永薯			
金英植(영식)	朝鮮	奇庵	本貫 金海 父 源翼
金永植(영식)	1894~1924	沙亭	著書 沙亭日記
金穎淵(영연)		松亭	本貫 延安
金永梡(영완)		岐南	本貫 水原
金永祐(영우) →金永祜			
金永宇(영우)	1875~1957	林塘亭	著書 林塘亭遺錄
金永運(영운)		和村	本貫 光山
金永源(영원)		退窩	本貫 慶州 父 根
金永濡(영유)	1418~1494	退齋	字 澤夫 本貫 慶州 父 惠
金永胤(영윤)	1893~1947	猪岩	獨立運動家
金永應(영응)	韓末	敬窩	
金永儀(영의)	1854~1928	希菴	字 陽叟 本貫 光山 父 培鉉 著書 希菴遺稿
金英翼(영익)	朝鮮	取白軒	本貫 金海 父 尚宗
金榮一(영일)	朝鮮仁祖	竹亭	字 習靜 本貫 慶州 父 漢 宋邦祚 門人
金永一(영일)	?~1966	一山	著書 一山遺稿
金永爵(영작)	1802~1868	邵亭	文臣 字 德媛 本貫 慶州 父 思積 開城府留守 著書 邵亭稿
金暎章(영장)		錦溪	本貫 金海 祖父 瀹
金永貞(영정)	朝鮮成宗	雲塘	字 一之 本貫 金海 父 震孫
金甯濟(영제)	1883~1954	槐庭	國樂人 本貫 慶州 雅樂師長
金榮祖(영조)	1577~1648	忘窩	文臣 字 孝仲 本貫 豊山 父 大賢 金誠一 婿 吏曹 參判 著書 忘窩集
金永祚(영조)	?~1842	竹潭	著書 竹潭集
金永祖(영조) →金永相			
金永宗(영종)	朝鮮	月坡	本貫 慶州 父 鎮富 祖父 在湜
金永周(영주)	朝鮮	龍湖	本貫 盆城 父 貴萬
金英珠(영주)	1896~1950	海巖	牧師
金榮澍(영주)		月川	
金永駿(영준)	1857~1907	固軒	學者 字 汝彬 本貫 光山 父 龜鉉 著書 固軒遺稿
金永駿(영준)	朝鮮	澗松子	
金永中(영중)	朝鮮	星湖	本貫 蔚山 父 堯瑞

人名	年代	號	其他
金泳中(영중)	朝鮮	山隱	本貫 蔚山 父 堯根
金榮中(영중)	1892~1978	石下	本貫 光山
金瑩中(영중)	→金瑩中(형중)		
金玲智(영지)	朝鮮	連溪	本貫 金海 父 達興
金永稷(영직)	朝鮮後期	蘿雲子 藏雲	學者 字 樹卿 本貫 光山 司僕寺僉正 著書 蘿雲子初學集
金英震(영진)	1629~1723	梅竹軒	學者 字 龍伯 本貫 金海 父 以道 著書 梅竹軒集
金永鎭(영진)		晩晤	字 大而 本貫 安東 著書 晩晤集
金永鎭(영진)		平庵	字 殷卿 本貫 安東
金永鎭(영진)		農岡	字 文伯 本貫 安東
金英振(영진)		浣巖	本貫 慶州
金英鎭(영진)		月軒	本貫 固城
金寧鎭(영진)		春荃	字 聖文 本貫 安東
金永鎭(영진)	1898~?	羅山 赤羅山人	詩人
金永燦(영찬)	朝鮮	雲水居士	本貫 安東
金英燦(영찬)	1866~1933	小岩	
金永寀(영채)		金霞	著書 金霞遺稿
金永采(영채)		後松	本貫 光山
金永采(영채)		台川	本貫 光山 父 德鉉
金永彩(영채)		秋崖	著書 文集
金永喆(영철)	朝鮮	玄澗	本貫 一善 父 珤
金榮喆(영철)	1842~1911	晩睡堂	著書 文集
金永哲(영철)		益軒	本貫 漆原
金英秋(영추)	高麗	忠穆	文臣 本貫 密陽 工曹佐郎
金榮春(영춘)	朝鮮	春軒	字 輝一 本貫 金寧
金英致(영치)	朝鮮	竹下	文臣 字 洛西 本貫 錦山 都事
金永浵(영칭)	朝鮮	晩春堂	本貫 金海 父 慶孫
金永鐸(영탁)		愼菴	本貫 光山
金英泰(영태)	1829~1909	晩悔齋 晩悔軒	學者 字 渾卿 本貫 慶州 父 淙燁 外祖 庾馥烈 著書 晩悔齋遺稿
金令澤(영택)	朝鮮肅宗	六吾堂	本貫 光山 父 鍾恒 郡守
金榮澤(영택)	1845~1897	慕湖齋	著書 慕湖齋集
金榮宅(영택)	朝鮮	九山翁	字 仁則 本貫 安東 著書 文集
金永宅(영택)	朝鮮	槐巖	本貫 一善 父 璞
金永表(영표)	朝鮮	晴沙	本貫 光山 父 友鉉
金榮夏(영하)	韓末	松亭	獨立運動家 字 重善 本貫 晉州

人名	年代	號	其他
金永廈(영하)		三樂堂	本貫 光山
金永學(영학)	1869~1934	瓶山 谷隱	學者 字 敬可 本貫 義城 父 鳳鎬 外祖 崔永恒 著書 瓶山文集
金永學(영학)	1851~1914	春峯	字 士元 本貫 道康 中樞院議官
金甯漢(영한)	1878~1950	及愚齋 東江 樊上 聲叟 素翁	文臣 字 箕五 本貫 安東 父 鴻鎮 系 奭鎮 外祖 徐敏淳 秘書院承 著書 及愚齋集
金英漢(영한)		晩翠堂	字 佑善 本貫 野城
金永海(영해)	1854~1925	湖隱	字 順則 本貫 慶州 都事
金令行(영행)	1673~1755	弼雲 弼雲翁	文臣 字 子裕 本貫 安東 父 時傑 金昌翕 門人 知中樞府使 著書 弼雲遺稿
金永祜(영호)	1292~1361	晩翠	本貫 金海
金永浩(영호)	朝鮮	華山居士	本貫 咸昌 父 南澤 左贊成
金永祜(영호)	朝鮮	悔軒	委巷人 字 吉甫
金永鎬(영호)		進齋	本貫 光山
金永煦(영후)	1292~1361	筠軒 穩齋	文臣 本貫 安東 父 恂 祖父 方慶 封號 上洛侯 諡號 貞簡
金永輝(영휘)	朝鮮	陽玉	本貫 雪城 父 奎膺
金永休(영휴)	1821~1891	天山	著書 文集
金英熙(영희)		梅山	著書 梅山集
金永禧(영희)	1881~1909	竹梧	義兵將
金禮吉(예길)		畏齋	本貫 金海 祖父 德恒
金禮蒙(예몽)	1406~1469	晩沙	字 敬甫 本貫 光山 父 遜
金禮秀(예수)		葵軒	字 而則 本貫 羅州
金禮淳(예순)		觀夏軒	字 士謙 本貫 安東 著書 文集
金禮植(예식)		玉泉	本貫 商山
金禮源(예원)	朝鮮純祖	野航	委巷人, 文人, 書藝家 字 學淵 本貫 金海 父 德亨
金禮鎮(예진)	1896~1950	正溪	獨立運動家 字 斗七 本貫 忠州 父 斗淵
金禮漢(예한)	朝鮮	蒼愚	本貫 金海 父 應珤
金浯(오)	朝鮮肅宗	七梅堂	文人 字 仲源 本貫 光山 父 成輅 祖父 逈
金澳(오)	朝鮮	養性齋	本貫 慶州 父 就善 通德郎
金澳(오)	朝鮮	楸亭	本貫 義城 父 澹
金汚(오) →金沔			
金五權(오권)		聲叟	本貫 金寧
金五鉉(오현)		盤皐	本貫 光山
金五行(오행)	高麗	梅隱	本貫 光山 父 承吉

人名	年代	號	其他
金鎏(옥) →金鉴			
金玉均(옥균)	1851~1894	古筠 古愚 三和頭陀	文臣, 政治家 字 伯溫 本貫 安東 父 炳台 系 炳基 追贈 奎章閣 大提學 謚號 忠達 著書 甲申日錄
金玉燮(옥섭)	1878~1930	愼軒	著書 愼軒遺稿
金玉重(옥중)	1816~1886	碓齋	
金玉鉉(옥현)	朝鮮	盤石 盤巖	學者 本貫 光山 父 在華
金玉鉉(옥현)		玉樵	本貫 光山
金穩(온)	朝鮮初期	鶴川	文臣 字 而正 本貫 蔚山 父 眈 楊州牧使 封號 麗興君
金穩(온)	1638~1708	日省齋	學者 字 而正 本貫 慶州 父 汝瑚 追贈 戶曹佐郎
金榅(온) →金是榅			
金蘊權(온권)	朝鮮	止軒	字 應文 本貫 金寧
金瑤根(온근)	朝鮮	箕山	字 子玉 本貫 安東 父 哲淳
金溫順(온순)	1898~1968	慧史	女流獨立運動家
金顒(옹)	1484~?	思齋 畏齋 猥齋	文臣 字 大而 本貫 尙州 父 三山 典籍
金浣(완)	1546~1607	海蘇	文臣 著書 海蘇實紀
金浣(완)	朝鮮宣祖	思誠堂	字 彦粹 本貫 慶州
金浣(완)	朝鮮	洛涯	文臣 字 成玉 本貫 善山 郡守
金浣(완)	朝鮮	東崖	學者 字 晦章
金完圭(완규)	1876~1949	松巖	獨立運動家 己未獨立宣言33人 漢城府主事
金完秀(완수)	1835~?	存齋	字 伯穎 本貫 延安 父 始淵
金琬述(완술)		德湖	本貫 道康
金迂(왕)	1606~1681	不求堂	文臣 字 汝定 本貫 義城 父 克繼 通政大夫 著書 不求堂集
金迬(왕) →金廷			
金旺年(왕년)		樵山	字 邦珍 本貫 安東
金玗(왕우) →金玗			
金銚(요)	?~1455	拙齋	字 子和 本貫 金海
金堯(요)	朝鮮	晩翠堂	本貫 安東 父 世佑
金燎(요)		居然堂	本貫 光山
金饒(요)		江村	本貫 咸昌 父 澤
金堯規(요규)	朝鮮	槐隱	本貫 蔚山 父 鎭煥
金堯立(요립)	1550~?	西峰 雨峯	文臣 字 士恭 本貫 義城 父 繼祖 父 正國 宗簿寺正
金堯命(요명)		海村	字 士中 本貫 義城 父 有孚
金堯裳(요명)		砥峯	本貫 蔚山

人名	年代	號	其他
金堯黙(요묵) →李堯黙			
金堯柏(요백)	朝鮮	耆峰	本貫 蔚山 父 晢煥
金堯輔(요보)	朝鮮	愚齋	文臣 字 士純 本貫 義城 大司憲
金耀世(요세) →金輝世			
金堯元(요원)	朝鮮	莘農	本貫 蔚山 父 鳳煥
金堯益(요익)	朝鮮	隱巖	文臣 字 伯卿 本貫 蔚山 義禁府都事
金堯周(요주)	1867~1893	敬知齋	著書 文集
金堯喆(요철)		悝齋	本貫 蔚山
金堯澤(요택)	朝鮮肅宗	三湖	本貫 光山 父 鎭瑞 著書 三湖遺稿
金堯澤(요택)	朝鮮	農齋	文臣 字 贊叔 本貫 晉州 莊陵參奉
金堯憲(요헌)	朝鮮	華隱	本貫 高靈 父 時瀅
金堯顯(요현)	朝鮮宣祖	壺隱	字 欽之 本貫 義城 父 繼趙 祖父 正國
金堯欽(요흠)	1614~1656	乖菴	文臣 字 欽之 本貫 咸昌 父 遇秋 著書 文集
金勇(용)	朝鮮世祖	南湖	本貫 金海 父 克一
金涌(용)	1557~1620	雲川	文臣 字 道源 本貫 義城 父 守一 驪州牧使 著書 雲川集
金鏞(용)	1657~1732	六有齋	文臣, 學者 字 鳴久 本貫 光山 父 輝斗 著書 六有齋文集
金鎔(용)	朝鮮純祖	白石	本貫 延安 父 載恒 府使
金容(용) →金容駿			
金用謙(용겸)	1702~1789	嘐嘐齋 瓠泉 飽泉	文臣 字 濟大 本貫 安東 父 昌緝 祖父 壽恒 工曹判書 著書 嘐嘐齋集
金龍慶(용경)	1678~1738	夫溪 于蕉	字 而見 本貫 慶州 父 斗井
金容寬(용관)		慕沙齋	本貫 商山 父 重煥
金容觀(용관)		道峰樵叟	著書 道峰樵叟遺稿
金容瓘(용관)	1897~1967	長白山	科學者
金龍九(용구)	朝鮮	魯溪	字 會之 本貫 義城 父 萬鐸 祖父 昌胤
金容球(용구)	?~1918	後隱	義兵將 字 有聲
金容九(용구)		誠菴	著書 文集
金容玖(용구)		灝沙齋	本貫 商山 父 重煥
金龍九(용구)		仙浦	字 雲甫 本貫 遂安
金容龜(용구)		小泉	著書 小泉集 〈豊翁遺稿〉
金容國(용구)	?~1923	素窩	著書 素窩稿
金容權(용권)		水松	本貫 商山 父 重煥
金容圭(용규)		石雲	字 景有 本貫 安東

人名	年代	號	其他
金用均(용균)	1867~?	鶴林	本貫 安東 父 炳冀 著書 鶴林詩稿
金鎔均(용균)		菊圃	字 稱範 本貫 安東 著書 文集
金庸謹(용근)	朝鮮	氷心子	委巷人 字 士斌 本貫 金海
金容根(용근)	1870~1934	休園	著書 休園集
金容根(용근)	1885~1965	琴史	國樂人
金容基(용기)	朝鮮	南史	本貫 慶州 父 學益 祖父 寬植
金容騎(용기)	朝鮮	好堂	本貫 商山
金容琪(용기)	?~1946	敬齋	著書 敬齋遺稿
金容大(용대)	1883~1963	鶴山	本貫 金寧 父 鳳聲 宣靖陵參奉
金容斗(용두)	朝鮮	鶴巖	本貫 水原 父 宗鶴
金龍洛(용락)	1795~1864	春皐	字 彦起 本貫 義城 承旨
金容樂(용락)		澗松	著書 文集
金用茂(용무)	韓末~日帝	秋江	本貫 羅州 父 錡煥
金用默(용무)	朝鮮純祖	城隱	文臣 本貫 淸風 父 聖球 執義
金容玟(용민)		敬菴	本貫 金海 父 寅斗
金龍範(용범)	1755~1810	黙齋	學者 字 天叙 本貫 延安 父 宅延 著書 黙齋文集
金龍寶(용보)	朝鮮	愚溪	文臣 本貫 安城 工曹參判
金容復(용복)	1857~1933	濯雲	字 士奎 本貫 金海 父 柄斗 著書 文集
金用石(용석)	1453~?	潭菴	學者 字 鍊叔 本貫 光山 父 洙 金宗直 門人 著書 文集
金龍錫(용석)	朝鮮	梅窩	字 雲徵 本貫 安東
金容碩(용석)	朝鮮	雲岡	本貫 金海
金用善(용선)	朝鮮	松堂	文臣 字 元敎 本貫 羅州 承政院左承旨
金容璿(용선)	1865~1927	省菴	本貫 商山 父 致煥 著書 省菴文集
金容涉(용섭)		菊軒	本貫 金海 父 寅斗
金容變(용섭)		松庵	本貫 商山 父 斗植
金容守(용수)	朝鮮	春圃	本貫 金海 父 瑞斗
金龍洙(용수)	?~1932	首雲	畵家
金容瀗(용수)		柏軒	本貫 商山 父 秉植
金容珣(용순)	朝鮮	龍湖	本貫 蔚山 父 義柱
金龍淳(용순)	1851~1914	爰山	本貫 金海 父 鎭鶴 著書 文集
金容承(용승)	1876~1943	尤堂	著書 文集
金容植(용식)	1870~1938	敬齋	著書 敬齋遺稿
金龍彦(용언)	1702~1791	松溪	學者 字 德三 本貫 光山 父 履洪 外祖 張雲翰 嘉義大夫 著書 松溪遺稿
金容完(용완)		晚醒	本貫 金寧 父 致彦

人名	年代	號	其他
金容右(용우)		謹菴	本貫 商山 父 福植
金容郁(용우)	1869~1921	致彦	義兵將
金容旭(용우)	1876~1953	湖隱	著書 湖隱文集
金用遠(용원)	朝鮮純祖	華野	本貫 慶州 父 星烈 進士
金鏞元(용원)	1842~?	薇史	武臣 本貫 清風
金庸源(용원)	1892~1934	剛山	獨立運動家 字 仲玉 本貫 慶州
金龍翼(용익)		勿老堂	本貫 江陵
金用濟(용제)	朝鮮	玉峰	文臣 字 振玉 本貫 羅州 中樞院議官
金鎔濟(용제)		月梧堂	著書 月梧堂集
金容周(용주)	1627~1659	柏軒	著書 文集
金容柱(용주)	朝鮮	松山	本貫 金海 父 二洙
金龍柱(용주)		睡隱	本貫 慶州
金容駿(용준)	1687~1765	太疎	文臣, 學者 字 駿卿 本貫 安東 父 壽卿 外祖 柳穗 司憲府持平 著書 太疎集
金鏞俊(용준)	1871~1947	月圃	本貫 金海 父 根培 著書 月圃遺稿
金用準(용준)		獨醒齋	本貫 羅州
金溶仲(용중)	朝鮮	松堂	字 學仁 本貫 金寧
金容鎭(용진)	1878~1968	九龍山人 穎雲 香石	書畫家 字 聖九 本貫 安東 東方研書會長
金容眞(용진)		廳田	著書 廳田遺稿
金龍燦(용찬)	1704~1787	耕讀齋	學者 字 天用 本貫 義城 父 柱震 外祖 李槩 著書 耕讀齋集
金容燦(용찬)		方壺	著書 文集
金容采(용채)		小溪	本貫 光山
金容喆(용철)		樂泉	本貫 商山 父 秉植
金容喆(용철)		和菴	本貫 金寧
金龍澤(용택)	?~1722	孤松齋 孤松軒 孤竹軒	學者 字 德雨 本貫 光山 祖父 萬重 李師命 婿 追贈 執義
金容澤(용택)	朝鮮	濟東堂	本貫 慶州 父 生洙
金容宅(용택)		永思軒	本貫 商山
金溶澤(용택)		石川	本貫 金寧
金龍澤(용택)	→金澤龍		
金溶夏(용하)	1873~1941	靜山	字 義卿 本貫 金寧 著書 靜山遺稿
金龍河(용하)	朝鮮	南湖	文臣 字 國明 本貫 金海 仁川府判官
金容鶴(용학)	朝鮮	梅圃	本貫 金寧 父 廷聲 祖父 致煥 參奉

人名	年代	號	其他
金龍翰(용한)	1738~1806	念睡軒	學者 字 雲翼 本貫 慶州 父 懿 外祖 任晟世 著書 念睡軒文集
金用漢(용한)		仙巖	字 君極 本貫 安東
金龍漢(용한)		樂波	字 雲五 本貫 安東
金龍漢(용한)		晴軒	字 高叔 本貫 安東
金龍行(용행)	1753~1778	石坡	畫家 字 舜弼 本貫 安東 父 允謙
金龍鉉(용현)	1823~1896	左庵	學者 字 而遠 本貫 光州 父 左璣 外祖 鄭來東 著書 左庵遺稿
金容珌(용현)	1881~1952	晦雲	著書 文集
金容賢(용현)		後齋	著書 後齋稿
金瑢鉉(용현)		梧西	本貫 光山 父 在善
金容鎬(용호)	朝鮮	東曉	本貫 金海 父 奉斗
金龍浩(용호)	朝鮮	松窩	本貫 高靈 父 善宅
金龍鎬(용호)	1822~1915	止軒	學者 字 德淵 本貫 義城 父 載璐 外祖 朴河龍 著書 止軒文集
金容鎬(용호)	1853~1924	一菴	著書 一菴文集
金容琥(용호)		黙窩	本貫 金海
金容滈(용호)		錦坡	本貫 羅州
金容鎬(용호)		蓮湖	著書 蓮湖遺稿
金用華(용화)		星庵	字 聖規 本貫 安東
金容煥(용환)	朝鮮	樂山	本貫 金海 父 奉斗
金容桓(용환) →金容植			
金容厚(용후)	1858~1942	蕉軒	著書 蕉軒遺集
金容燻(용훈)		野隱	本貫 金海 父 尚斗
金用禧(용희)		蘭坡	本貫 羅州
金容希(용희)		松菴	本貫 金海 父 翼斗
金愚(우)	朝鮮純祖	守窩	本貫 光山 父 相甲 蔚山府使
金宇(우)	朝鮮	顏樂	文臣 本貫 熙川 兵曹判書
金瑀(우)	朝鮮	一齋	文臣 字 昌溫 本貫 原州 司僕寺正
金瑀(우)	朝鮮	石溪	本貫 一善 父 繕善 著書 石溪集
金玗(우)	1833~1910	鶴南	學者 字 景振 本貫 靈光 父 尚瓚 外祖 魏榮學 著書 鶴南集
金雨(우) →全雨			
金遇鋼(우강)	朝鮮	西齋	字 君聲 本貫 安東
金禹儉(우검)	朝鮮純祖	臥笑軒	本貫 光山 父 胤祖
金瑀謙(우겸)		聽流堂	本貫 金海 父 重培

人名	年代	號	其他
金禹坤(우곤)		錦巖	本貫 咸昌
金宇宏(우굉)	1524~1590	開巖	文臣 字 敬夫 本貫 義城 父 希參 李滉 門人 廣州 牧使 著書 開巖集
金禹權(우권)	1844~1896	旨菴	學者 字 國彦 本貫 金寧 父 政鎰 外祖 金宇淵 著書 旨菴文集
金佑權(우권)	朝鮮	洛隱	字 善五 本貫 金寧
金友根(우근)		老漁	字 德之 本貫 安東
金愚根(우근)	朝鮮後期	勺軒	字 周彦 本貫 安東 父 斗淳 著書 勺軒遺稿
金宇根(우근)	1896~1968	華山	獨立運動家 字 東郁
金右仮(우금)	1574~1643	秋潭	學者 字 士益 本貫 光山 父 大振 系 大成 著書 秋潭文集
金宇斗(우두) →金宇鎭의 一名			
金宇洛(우락)	韓末	卑庵	本貫 義城
金宇梁(우량) →金守梁			
金遇鍊(우련)		松齋	本貫 慶州 父 達漢
金遇明(우명)	朝鮮	晚華堂	文臣 字 德一 本貫 原州 大司憲
金佑明(우명)	1616~1671	歸溪 歸溪亭 歸川	字 以定, 一正 本貫 清風 父 埼 著書 歸溪遺稿
金禹範(우범)		無號	字 詞伯 著書 文集
金友璧(우벽)		觀水堂	本貫 義城
金雨祥(우상)	朝鮮	竹溪	文臣 本貫 咸昌 父 允傑 都承旨
金佑生(우생)	1372~1457	陽山	文臣 字 文叔 本貫 商山 父 云寶 承旨
金禹瑞(우서) →全禹瑞			
金禹錫(우석)	1625~1691	歸來堂	文臣 字 夏卿 本貫 尚州 父 𥳕 都承旨 諡號 貞穆
金祐錫(우석)	朝鮮	寒山	字 景祐 本貫 金寧
金友善(우선)		松月齋	字 敬道 本貫 慶州
金遇聖(우성)	朝鮮	江漢	本貫 慶州
金祐孫(우손) →金祐孫			
金遇洙(우수)	1804~1877	下齋	學者 字 景淵 本貫 義城 父 弼淳 外祖 李鼎揖 著書 下齋文集
金禹銖(우수)	1804~?	鶴浦	本貫 義城 父 在善
金愚淳(우순)	1706~?	小石 玄水館	字 吾與 本貫 安東 父 履命 著書 小石集
金友淳(우순)	朝鮮	老逸齋	字 景由 本貫 安東
金禹昇(우승) →金禹鼎			
金宇植(우식)		桂下	本貫 金海
金友淹(우엄)	?~1662	滄江	武臣 字 克范 本貫 江陵 父 行 軍器寺副正
金佑永(우영) →金佐永			

人名	年代	號	其他
金宇顒(우옹)	1540~1603	東岡 東崗 東堂 東園 完齋 直峯 七峰布衣	文臣, 學者 字 庸夫 本貫 義城 父 希參 追贈 吏曹判書 諡號 文貞 著書 東岡集
金宇容(우용)	1538~1608	茅溪	本貫 義城 父 希參 著書 茅溪逸稿 〈聞韶世稿〉
金宇容(우용)	朝鮮明宗	沙溪	學者 字 正夫 本貫 義城 父 希參
金友尹(우윤)	?~1597	龍灣	文臣 字 之任 本貫 金海 父 孝儉 工曹佐郎 著書 龍灣遺稿
金友伊(우이) → 金友尹			
金友益(우익)	朝鮮仁祖	斗巖 琴鶴軒	文臣 字 擇之 本貫 禮安 父 允誼 祖父 澤民 漢城府庶尹
金友仁(우인) → 金右仮			
金友仍(우잉)	朝鮮中期	秋潭	本貫 光山 父 進
金禹鼎(우정)		海叟	本貫 慶州
金宇柱(우주) → 金柱宇			
金羽中(우중)		洛潭	本貫 善山
金宇直(우직)		止軒	本貫 金海 父 禮吉
金宇鎭(우진)		玄窩	字 泰卿 本貫 安東
金禹鎭(우진)		雪江	本貫 金海
金祐鎭(우진)	1897~1926	水山 水山散人 焦星	劇作家 父 星圭
金禹昌(우창)	1830~1906	起菴	學者 字 殷主 本貫 咸昌 父 鎭沁 外祖 權邡度 著書 起菴文集
金遇喆(우철)	朝鮮肅宗	立志堂	本貫 光山 刑曹參議
金遇秋(우추)	1581~1642	長笑	字 仲亨 本貫 咸昌 父 陶 著書 文集
金遇秋(우추)	1657~?	二憂齋	字 汝成 本貫 固城 父 麗城
金遇鍾(우추)		雲溪	本貫 清道 父 鏡
金宇泰(우태)	朝鮮肅宗	道村	學者 字 定叟 本貫 清道 父 尚鉉
金遇兌(우태)	朝鮮	澤亭	本貫 商山 父 胤緒
金橋澤(우택)		梅史	本貫 棠岳 祖父 秉圭
金宇漢(우한)	1705~1763	忍齋	字 光夫 本貫 義城 著書 忍齋遺集
金佑漢(우한)		慕菴	字 公弼 本貫 安東
金佑漢(우한)		松圃	字 經天 本貫 安東
金宇杭(우항)	1649~1723	甲峰 坐隱	文臣 字 濟仲 本貫 金海 父 洪慶 領中樞府事 諡號 忠靖 著書 甲峰集
金友行(우행)	朝鮮	華嶽山翁	字 叔良 本貫 安東 著書 文集
金宇鉉(우현)	朝鮮正祖	三齋	本貫 光山 父 在源

人名	年代	號	其他
金友鉉(우현)	朝鮮	石泉	本貫 光山 父 寵玉 參奉
金禹玄(우현)	朝鮮	是閑軒	委巷人 字 士鎭 本貫 漢陽
金友鉉(우현)	朝鮮	夢庵	本貫 商山 父 基洙
金禹鉉(우현)	1837~1895	竹圃	文臣 字 子洪 本貫 金海 父 衡玉 慶興都護府使 著書 竹圃集
金宇顯(우현) →金宇顥			
金宇亨(우형)	1616~1694	玉山 寄傲堂 寄傲齋 寄傲軒 玉隱	文臣 字 道常 本貫 光山 父 澄 祖父 偉男 工曹判書 諡號 貞惠 著書 玉山遺稿
金宇弘(우홍)	1522~1590	伊溪 橫川	文臣 字 勉夫 本貫 義城 父 希參 著書 伊溪逸稿〈聞韶世稿〉
金遇華(우화)	朝鮮肅宗	櫟舍	文臣 字 而顯 本貫 光州
金昱(욱)	朝鮮初期	開庵	本貫 善山 父 若采
金頊(욱)	1602~1655	沙月堂	字 愼伯 本貫 義城 父 孝可
金煜(욱)	朝鮮	栢庵	本貫 聞韶 父 振古
金勗(욱)	朝鮮	竹岡	本貫 金海 都摠管
金旭(욱)	朝鮮後期	壽巖	
金昱(욱)		六五堂	本貫 慶州
金昱(욱)		籠巖	字 晦伯
金煜(욱) →金煜			
金昱洛(욱락)	朝鮮後期	蘭汀	本貫 義城
金鋐(운)		致齋	本貫 金寧
金雲圭(운규)		魯隱	字 興沈 本貫 安東
金雲悳(운덕)	1857~1914	秋山	著書 秋山遺稿
金云寶(운보)	高麗末	竹軒	字 國光 本貫 商山
金雲福(운복)	朝鮮顯宗	雲溪	本貫 金海
金運商(운상)		南歸亭	字 君會 本貫 廣州
金雲成(운성)		杏村	本貫 慶州
金雲陽(운양) →金震陽			
金雲章(운장)		野軒	字 次野 本貫 延安 父 汝燁
金雲清(운청)	朝鮮高宗	希堂	本貫 金海 成昌守令
金運兌(운태)		浩菴	字 以成 本貫 安東
金雲澤(운택)	1673~1722	白雲居士 白雲軒	文臣 字 仲行 本貫 光山 父 鎭龜 祖父 萬基 追贈 吏曹判書 諡號 忠貞
金運海(운해)		碧流亭	本貫 光山 父 景男
金雄權(웅권)	韓末~?	石泉	制憲議員
金元(원)	朝鮮宣祖	詩嵒	本貫 道康 父 若晦 祖父 希尹 尚衣院直長
金瑗(원)	朝鮮光海君	午橋	文臣 字 伯玉 本貫 延安

人名	年代	號	其他
金垣(원) →金瑄			
金烷(원) →金楦			
金源甲(원갑)		玉峯	著書 文集
金元建(원건)		楓崖	本貫 慶州 父 英振
金元慶(원경)	朝鮮	樂山軒	本貫 金寧 父 瑾
金元慶(원경)	1898~1981	雲堂	獨立運動家
金元國(원국)	1873~1909	石浦	義兵將
金元圭(원규)		西史	字 景春 本貫 安東 著書 文集
金元根(원근)	1786~?	翠庭	字 景渼 本貫 安東 父 祖淳
金瑗根(원근)	朝鮮	正齋	
金元根(원근)		老岩	字 國夏 本貫 安東
金元根(원근)	1886~1965	誠齋 淸巖	育英事業家 本貫 金海 父 漢重
金遠大(원대)	朝鮮	靑史	本貫 慶州 父 寅烈 祖父 慶佐 都事
金源洛(원락)		玉崗	字 德表 本貫 野城
金元亮(원량)	1589~1624	麋村 栗村	文臣 字 明叔 本貫 慶州 父 汴 金長生 門人 封號 月城君 追贈 戶曹判書 諡號 剛愍
金源魯(원로)		館洞居士	著書 文集
金元龍(원룡)	朝鮮	愚叟	本貫 靈光 父 尙繹
金遠鳴(원명)	朝鮮	德峰	本貫 金海 父 逸元 通仕郞
金遠鳴(원명)		省齋	本貫 義城
金元發(원발)	高麗	菊坡	
金元發(원발) →全元發			
金元培(원배)	朝鮮	海蒼	本貫 金海 父 顯可
金元白(원백) →金之白			
金元鳳(원봉)	1898~?	若山	獨立運動家
金元祥(원상)	朝鮮初期	松溪	文臣 本貫 安山 父 渭 大提學
金源燮(원섭)	朝鮮高宗	永思	字 文華 本貫 瑞興
金元性(원성)	朝鮮哲宗	東皐	文臣 字 舜八 本貫 淸風
金元淑(원숙)		蘭室	著書 文集
金元淳(원순)	朝鮮	隱圃	本貫 鎭川 父 文燁
金元植(원식)	朝鮮	漁浦	本貫 金海 父 洛休
金元植(원식)	朝鮮	三山	本貫 金寧 父 在九 祖父 爾奎
金元植(원식)	1823~1881	學海	文臣 字 春卿 本貫 淸風 父 益鼎 系 益哲 開城府 留守 諡號 孝憲
金元植(원식)	1888~?	笑蒼	獨立運動家 字 繼緖 本貫 義城
金源植(원식)	朝鮮後期	浪川	本貫 義城

人名	年代	號	其他
金元榮(원영)		湖隱	本貫 義城
金源一(원일)	朝鮮	誠菴	字 敬汝 本貫 金寧
金遠載(원재)	韓末~日帝	鰲天	
金元積(원적)	朝鮮	湖亭	本貫 慶州 父 洙孫 祖父 大福
金元柱(원주)	朝鮮	自愚	文臣 字 仁甫 本貫 義城 護軍
金元周(원주)	1896~1971	一葉	女流詩人, 僧侶 父 用兼
金元重(원중)	朝鮮仁祖	棠溪	本貫 慶州 父 聲振
金遠振(원진)	朝鮮	止淵	字 士宜
金元喆(원철)		省克堂	著書 省克堂先生文集
金元叢(원최)	1662~1759	笑仙堂	著書 笑仙堂集
金元泰(원태)	朝鮮	竹圃	本貫 金海 父 洛日
金元澤(원택)	朝鮮肅宗	四九齋	本貫 光山 父 鎭玉
金原弼(원필)		伏巖	本貫 金海 父 鎭謙
金元河(원하)	朝鮮	道山	本貫 金海 父 洛五
金元行(원행)	1702~1772	渼湖 雲樓	文臣 字 伯春 本貫 安東 父 濟謙 系 崇謙 祖父 昌協 外祖 朴權 工曹參議 諡號 文敬 著書 渼湖集
金源行(원행)	朝鮮	隱松齋	字 百源 本貫 安東
金源赫(원혁)	朝鮮	竹史	本貫 金海 父 載澤
金元厚(원후)	朝鮮肅宗	竹軒	本貫 安東 父 暉
金偉(위)	1532~1595	晚翠 晚翠堂	文臣 字 汝器 本貫 慶州 父 士傑 追贈 都承旨 著書 晚翠文集
金𡐔(위)	1709~1788	渴睡軒	學者 字 公準,虛卿 本貫 禮安 父 元烈 外祖 柳昌時 知中秋府事 著書 渴睡軒集
金鍏(위)	1796~?	大隱	字 景容 本貫 延安 父 載琬
金渭(위)	朝鮮	杞泉	本貫 安山 父 殷傅 諡號 忠靖
金渭(위)		月圃	本貫 金海
金渭慶(위경)		雲溪	本貫 慶州
金渭坤(위곤)	朝鮮高宗	渭南	本貫 金海
金渭公(위공)		石南	本貫 金海 父 台五
金偉男(위남)	1563~1618	樂山	文臣 字 子始 本貫 光山 初名 終男 父 彪 成渾 門人 通禮
金爲民(위민)	朝鮮	竹軒	本貫 慶州 父 有直 大提學
金偉洹(위원)	1864~1925	玉淡	學者 字 敬旭 本貫 延日 父 宗五 外祖 權衡仁 著書 玉淡稿
金渭章(위장)	朝鮮肅宗	幽軒	本貫 金海
金偉材(위재)	朝鮮肅宗	迷菴	本貫 光州 父 雲澤

人名	年代	號	其他
金楺(유)	1653~1719	儉齋	文臣, 學者 字 士直 本貫 淸風 父 澄 追贈 左贊成 諡號 文敬 著書 儉齋集
金瀏(유)	1814~1884	橘隱齋	學者 字 士亮 本貫 慶州 父 志權 奇正鎭 門人 著書 橘隱齋集
金由(유)	朝鮮後期	石郊	字 汝勇
金愈(유)	朝鮮	秀峯	學者 本貫 安東
金鍒(유)	韓末~日帝	醒山	字 性剛
金有(유)		鶴松	
金柔(유) →金楺			
金有儉(유검)		松溪	
金裕慶(유경)	1646~1713	靜窩 靜齋	學者 字 德餘 本貫 慶州 父 碩明 外祖 陳再昌 山陰縣監 著書 靜窩遺稿
金有慶(유경)	1669~1748	龍谷 龍洲 知知齋	文臣 字 德裕 本貫 慶州 父 斗徵 李箕洪 婿 左贊成 諡號 孝正 著書 龍谷集
金有慶(유경)	朝鮮	六有堂	文臣 字 善汝 本貫 晉州 參判
金裕昆(유곤)	朝鮮	二護堂	本貫 慶州 父 弘鼎
金有恭(유공)		松巖	本貫 順天
金有均(유균)		葛隱	字 孝源 本貫 安東 著書 文集
金逌根(유근)	1785~1840	黃山	文臣 字 景先 本貫 安東 父 祖淳 判敦寧府事 諡號 文貞 著書 黃山集
金逌根(유근)	朝鮮後期	竹林堂	
金有根(유근)		鶴圃	字 實之 本貫 安東 著書 鶴圃遺稿
金有伋(유급) →金友伋			
金有基(유기)	朝鮮英祖	一塞翁	本貫 義城
金有琦(유기)	朝鮮	竹溪	文臣 字 泰重 本貫 晉州 吏曹參判
金裕基(유기)		魯菴	著書 魯菴集
金有年(유년)		藥山	
金有萬(유만)		栗軒	本貫 金海
金有富(유부)		漁樵	本貫 金寧 父 允
金裕溥(유부)	朝鮮	三梅堂	本貫 淸道
金有孚(유부)		三友堂	字 元老 本貫 義城
金有聲(유성)	1725~?	西巖	畫家 字 仲玉 本貫 金海 僉節制使
金裕壽(유수)	1695~1761	晚窩 晚山	學者 字 綏白 本貫 善山 父 亨爕 外祖 宋有徵 英陵參奉 著書 晚窩遺稿
金有洙(유수)	朝鮮	觀聽亭	武臣 字 永瑞 本貫 晉州 父 錫坤 折衝將軍
金庾信(유신)	595~673	龍華 龍華香徒	將軍 本貫 金海 父 舒玄 追尊 興武大王

人名	年代	號	其他
金有信(유신)	朝鮮中宗	洛松軒 洛園	文臣 字 興元 本貫 金海 父 寬 修撰
金庾信(유신)	→金有信의 本名		
金有讓(유양)		梅塢	本貫 順天 父 承霆
金有淵(유연)	1819~1887	藥山 若山	文臣 字 元若 本貫 延安 父 鑢 系 鑠 祖父 載瓚 右議政 諡號 貞翼 著書 藥山日錄
金有溫(유온)		菊潭	本貫 晉州 父 承霆
金猷遠(유원)	朝鮮純祖	英軒	本貫 慶州 父 觀集
金有一(유일)	朝鮮	浪菴	文臣 字 元瑞 本貫 晉州 司憲府監察
金惟一(유일)		亦樂堂	著書 文集
金有柘(유자)	朝鮮	古巖	文臣 字 明集 本貫 晉州 戶曹參判
金瑜重(유중)	→安瑜重		
金裕憲(유헌)	朝鮮純祖	秋山	文臣 字 穉問 本貫 安東 父 秀臣
金有鉉(유현)	朝鮮	晦窩	字 玉汝 本貫 安東
金裕顯(유현)		晴簑	字 德一 本貫 安東
金有鉉(유현)		春海	字 大耳 本貫 大邱
金有亨(유형)		松鶴	字 平康
金有華(유화)	1679~1746	日新齋	字 仲瑞 本貫 富平 父 省五 龍驤衛司果
金有洽(유흡)	朝鮮	竹溪	本貫 金寧 父 殷俊 主簿
金堉(육)	1580~1658	潛谷 晦靜堂	文臣, 學者 字 伯厚 本貫 淸風 父 興宇 領議政 諡號 文貞 著書 潛谷遺集
金陸鍊(육련)		月潭	本貫 善山
金胤(윤)	朝鮮明宗	南溪	
金允(윤)	朝鮮光海君	陶村	學者 字 長源 本貫 扶安 父 益福 追贈 童蒙教官 著書 文集
金玧(윤)	→金允		
金允侃(윤간)	高麗	龜山	文臣 本貫 原州 左右常侍
金允剛(윤강)	朝鮮成宗	玉洞處士	本貫 安東 父 堣
金允江(윤강)	朝鮮宣祖	夢鷄	本貫 慶州
金允傑(윤걸)	朝鮮	樓巖	文臣 本貫 父 永浩 舍人
金允堅(윤견)	朝鮮初期	久石	本貫 豊山 父 盒
金潤堅(윤견)	朝鮮	慕隱	本貫 金海 父 秀河 校理
金允謙(윤겸)	1711~1775	黙樵 山樵 眞宰 眞齋	畵家 字 克讓 本貫 安東 父 昌業 察訪
金允經(윤경)	1894~1969	한결	國語學者 本貫 慶州 著書 朝鮮文字及語學史
金潤求(윤구)		誠齋	本貫 商山 父 濟華
金允國(윤국)		松廬	本貫 光山 祖父 鼎成

人名	年代	號	其他
金潤珪(윤규)		柏菴	本貫 晉州 父 錫坤
金胤根(윤근)	朝鮮純祖	芋區	字 雨若 本貫 安東 父 懋淳 著書 芋區遺稿
金玧金(윤금)		陶村	參奉
金潤達(윤달)	高麗	浩亭	文臣 本貫 金寧 父 挺丙 刑曹判書
金潤德(윤덕)	朝鮮成宗	愧堂	字 德叟 本貫 江陵
金潤道(윤도)		永慕齋	本貫 順天
金潤東(윤동)	韓末~?	天放齋	字 德潤 本貫 安東 著書 文集
金允洛(윤락)	韓末	醉仙	本貫 義城
金允明(윤명)	1541~1604	靜養堂	文臣, 學者 字 守愚 本貫 金寧 父 世勻 外祖 姜利行 五衛都摠府副摠管 著書 靜養堂集
金允明(윤명)	朝鮮仁祖	松碉	本貫 順天 父 博 縣監
金允明(윤명)	1723~1804	聲湖	著書 文集
金胤明(윤명)	朝鮮後期	悠然齋	委巷人 本貫 蔚山
金允明(윤명)		芷村	本貫 光山
金允文(윤문)	朝鮮仁祖	青巒	本貫 順天 父 博 系 愊 生員
金潤文(윤문)	朝鮮	鳳菴	本貫 慶州 父 鄭必
金綸白(윤백)	→金綸柏		
金綸柏(윤백)	1836~1911	琴隱	詩人 本貫 清風 著書 琴隱集
金允輔(윤보)	朝鮮後期	一齋	書畵家
金允福(윤복)		桐溪	本貫 清風
金允福(윤복)		松湖	本貫 金海
金允思(윤사)	朝鮮仁祖	松陰	本貫 順天 父 博 察訪
金潤相(윤상)		一庭	字 玉汝 本貫 金海 著書 文集
金允錫(윤석)	?~1883	碧江	歌客 字 君仲
金潤錫(윤석)		白村	著書 白村先生文集
金潤燮(윤섭)		聽溪亭	本貫 金海 父 橘
金允世(윤세)		龜巖	本貫 金海
金潤秀(윤수)	朝鮮	松波	本貫 延安 父 芝淵
金允植(윤식)	1835~1922	雲養 東墻處士	文臣 字 洵卿 本貫 清風 父 益泰 俞莘煥 門人 大提學 著書 雲養集
金潤植(윤식)		碧溪	著書 碧溪文集
金潤植(윤식)		鶴松亭	本貫 金海
金潤身(윤신)	朝鮮成宗	槐堂	文臣 字 德叟 本貫 江陵 父 汝明 安邊府使
金潤身(윤신)	朝鮮	寓南	學者 字 重寅 本貫 密陽
金允安(윤안)	1542~1620	東籬	文臣 字 吏靜 本貫 順天 父 博 柳成龍 門人 大司諫 著書 東籬先生文集

197

人名	年代	號	其他
金潤榮(윤영)	1845~1871	碧梧堂	字 德綏 本貫 花開 父 金益福
金潤遠(윤원)	→金潤達		
金潤仁(윤인)	朝鮮	潤溪	本貫 慶州 父 賢 祖父 健
金允精(윤정)		三槐堂	本貫 商山
金允悌(윤제)	朝鮮中宗	沙村 環碧堂	文臣 字 恭老 本貫 光州 父 翊
金胤祖(윤조)	朝鮮英祖	花塢	本貫 光山 父 道復
金胤祚(윤조)	朝鮮	瀛峰	本貫 慶州 父 尙勳 祖父 應塾
金潤祚(윤조)	朝鮮	竹溪	本貫 金海 父 明熙
金允中(윤중)	朝鮮	六愚	委巷人 字 士執 本貫 月城
金允中(윤중)		晩樂齋	本貫 金海
金潤重(윤중)	朝鮮	松園	文臣 字 德老 本貫 錦山 參判
金允曾(윤증)	朝鮮	奄天	文臣 字 順伯 本貫 原州 義禁府都事
金允直(윤직)	朝鮮	文谷	字 敎敬 本貫 金海
金潤珍(윤진)		雲溪	本貫 淸州 父 履漢
金潤瓚(윤찬)	朝鮮	雲泉	本貫 慶州 父 鼎賢 祖父 天憲
金允秋(윤추)	?~1820	畓取軒 留就子	本貫 光山 父 敏材
金允忠(윤충)	1513~1587	蘆軒	學者 字 寅老 本貫 光山 父 珝
金潤澤(윤택)		愧心堂	著書 文集
金潤弼(윤필)	1828~1915	石湖	著書 文集
金潤海(윤해)	朝鮮	鳳軒	本貫 慶州 父 正必
金允諧(윤해)	朝鮮	晩圃	字 允仲 本貫 月城 同知中樞府事
金允爀(윤혁)		泥湖	本貫 光山 父 連龍
金允鉉(윤현)		泉谷	本貫 光山
金胤鉉(윤현)	朝鮮憲宗	謂誰	本貫 光山 父 在三 嘉善大夫
金潤亨(윤형)	1876~1950	愚谷	著書 文集
金閏煥(윤환)	1870~1931	淸菴	著書 淸菴壽集
金琛(율)	1568~1651	天有堂	字 伯溫 本貫 義城 父 得可 著書 天有堂遺稿 〈聞韶世稿〉
金隆址(융지)		醉翁	本貫 義城
金殷傅(은부)	高麗	東岳	本貫 安山 父 肯弼 戶部尙書
金銀玉(은옥)	朝鮮	堂巖	文臣 本貫 忠州 訓練院判官
金恩澤(은택)	朝鮮	虎菴	字 明善 本貫 金寧
金殷澤(은택)	朝鮮	谷雲	字 警仲 本貫 晉州 左承旨
金殷鎬(은호)	1891~1979	以堂	畵家 本貫 商山 著書 書畵百年

人名	年代	號	其他
金乙邦(을방)	高麗~朝鮮	草堂	本貫 義城 奉順大夫 諡號 靖節
金乙辛(을신)	朝鮮	清芝	文臣 字 朝元 本貫 原州 漢城府尹
金乙和(을화)		存養齋	本貫 慶州 父 天應 祖父 南賁
金應鑑(응감)		琴牕	本貫 金海
金應楗(응건)	1808~1885	棄嵒	學者 著書 棄嵒集
金應慶(응경)	1676~?	龍菴	字 仲膺 本貫 江陵 父 一夔
金應慶(응경)	朝鮮	錦巖	文臣 字 順植 本貫 原州 將仕郎
金應光(응광)		磵松	本貫 金海
金應九(응구)	朝鮮	耕隱	文臣 字 仲乃 本貫 羅州 同知中樞府事
金應九(응구)		樵叟	字 秋卿 本貫 牛峰
金應奎(응규)		霞棲	本貫 光山
金應根(응근)	1793~1863	棠山 宜石	文臣 字 溪卿 本貫 安東 父 明淳 刑曹判書 諡號 清獻 編書 公山誌
金應箕(응기)	1455~1519	屏菴	文臣 字 伯春眉叟 本貫 善山 父 之慶 領中樞府事 諡號 文戴
金應期(응기)		四勿堂	本貫 光山
金應吉(응길)	朝鮮	蒙窩	文臣 字 學老 本貫 晉州 通訓大夫
金應南(응남)	1546~1598	斗巖 斗亭 紫巖	文臣 字 重叔 本貫 原州 父 珩 封號 原城府院君 左議政 諡號 忠靖
金應德(응덕)	朝鮮	草堂	文臣 字 士建 本貫 晉州 司憲府監察
金應斗(응두)	朝鮮中宗	逝水 逝水軒	文臣 字 子樞 本貫 蔚山 父 俊 應敎
金應斗(응두)		月翁	字 光伯 本貫 楊根
金應瀾(응란)	1850~1924	晚喜	著書 晚喜遺稿
金應烈(응렬)		竹菴	本貫 金寧 父 致陞
金應祿(응록)	朝鮮	松鶴	文臣 字 士卿 本貫 原州 典署郎
金應立(응립)		海醒	字 元道 本貫 楊根
金應望(응망)		竹圃	本貫 金海
金應鳴(응명)	1573~1649	翠竹堂	文臣, 義兵 字 可成而遠 本貫 義城 父 遇鍊 著書 翠竹堂先生遺稿
金應培(응배)		後村	本貫 金寧
金應福(응복)	朝鮮	松亭	文臣 字 士嚮 本貫 原州 司僕寺正 著書 松亭先生 實記
金應福(응복)		瑞軒	本貫 金海
金應富(응부)		龍菴	本貫 金海
金應贇(응빈)	朝鮮	悟无齋	學者 本貫 康津
金應三(응삼)	1680~?	杏村	醫官 字 鼎甫 本貫 慶州 知中樞府事

人名	年代	號	其他
金應商(응상)	1685~1717	白史	字 士應 本貫 順天 父 以兌 著書 文集
金應祥(응상)		松齋	字 君瑞 本貫 金海
金應生(응생)	1496~1555	明山	學者 字 德秀 本貫 慶州
金應生(응생)	朝鮮中期	養蒙軒	字 邦彦 本貫 安東
金應生(응생)	1636~1681	灘隱	字 致守 本貫 義城
金應錫(응석)	1712~?	後齋	字 圭伯
金應碩(응석)	朝鮮	釣叟	本貫 義城 父 致萬
金應成(응성)	朝鮮宣祖	凝軒	字 時仲 本貫 瑞興
金應聲(응성)		挹翠	本貫 金寧
金應淳(응순)	1728~1774	楓溪 樂雲窩	文臣 字 會元 本貫 安東 追贈 禮曹判書 著書 楓溪集
金應時(응시)		茅亭	本貫 慶州
金應曄(응엽)	朝鮮	竹圃	隱士 字 麗華 本貫 安山
金應燁(응엽)	→金光燁		
金應元(응원)	1855~1921	小湖	畫家 字 錫範 本貫 金海
金應遠(응원)		五友	本貫 慶州 父 希鍊
金應猗(응의)	1581~1624	竹浦	文臣,學者 著書 竹浦集
金應寅(응인)	1532~?	松隱	文臣 字 元甫 本貫 梁山 父 亮 牧使
金應寅(응인)	朝鮮宣祖	養眞堂	字 寅甫 本貫 梁山 禮曹正郎
金應日(응일)	朝鮮哲宗	帽下	本貫 金海
金應荃(응전)		惕若	本貫 瑞興 父 鑑
金應荃(응전)		慮運齋	本貫 金海 父 斗仁
金應鼎(응정)	1527~1620	懈菴	文臣 字 士和 本貫 道康 父 漢傑 持平 著書 懈菴文集
金應鼎(응정)	朝鮮	松庵	本貫 慶州 父 光載
金應精(응정)		五湖齋	本貫 商山
金應祖(응조)	1587~1667	鶴沙 啞軒	文臣 字 孝徵 本貫 豊山 父 大賢 柳成龍,張顯光 門人 漢城府右尹 著書 鶴沙集
金應祚(응조)	1896~?	靈巖	神學者
金應朝(응조)	→金應期		
金應柱(응주)		巢翁	本貫 慶州
金應旺(응질)	朝鮮後期	晴齋	字 大中 本貫 安東
金應集(응집)	韓末~?	秋帆	
金應清(응청)		敬齋	字 直哉 本貫 野城
金應秋(응추)	1776~1851	陽山	字 乃復 本貫 富平 承文院左承旨

人名	年代	號	其他
金應秋(응추)	朝鮮	雲庵	本貫 野城 中樞府事
金應鐸(응탁)		美村	本貫 豊基
金應兌(응태)		井谷	本貫 豊基
金應澤(응택)	1551~1597	柏巖	字 就用 本貫 義城 父 順蕃 著書 文集
金應河(응하)	1580~1619	忍心齋	字 景義 本貫 順天 著書 文集
金應夏(응하)	1783~1830	靜修齋	學者 字 時卿 本貫 清道 吳熙常 門人 著書 亭修齋 遺稿
金應河(응하)	朝鮮	玄圃	本貫 金海 父 德在
金應海(응해)		伴翠堂	本貫 光山 父 豊基
金應鉉(응현)	朝鮮	黙隱	學者 本貫 晉州 著書 黙隱遺薰
金應鉉(응현)		梅塢	本貫 金海
金應虎(응호)	朝鮮	旅菴	著書 文集
金應煥(응환)	1742~1789	擔拙堂 復軒	畫家 字 永受 本貫 開城 父 振景 尚衣院別提
金應煥(응환)	1869~?	莘圃	著書 莘圃遺稿
金應煥(응환)	1894~1968	玄沙	學者 字 殷佐 本貫 義城 父 漢植 系 萬植 外祖 權準憲 著書 玄沙文集
金應會(응회)	朝鮮宣祖	清溪 青溪	孝子 字 時極 本貫 彦陽 父 成璧
金應孝(응효)	朝鮮	竹窩	本貫 金海 父 守芝 參奉
金應壎(응훈) →琴應壎			
金義(의)	高麗	仲巖	文臣 字 鍾吾 本貫 原州 侍中
金嶷(의)	朝鮮光海君	南谷	學者 字 汝望 本貫 慶州 父 重慶
金義男(의남)	朝鮮後期	研山	祖父 九五
金義老(의노) →金義元			
金嶷立(의립)	朝鮮仁祖	遯齋	字 重夫 本貫 善山
金毅旻(의민) →毅旻			
金宜方(의방)		愚川	著書 愚川先生文集
金義培(의배)	朝鮮	松隱	文臣 字 義文 本貫 羅州 同知中樞府事
金義福(의복)	朝鮮	野愚	委巷人 字 景綏 本貫 忠州 父 昌震
金義相(의상)	朝鮮	德菴	文臣 字 安局 本貫 晉州 同知中樞府事
金義瑞(의서) →金義瑞			
金義淳(의순) →金義淳			
金宜植(의식)	韓末~日帝	籠雲	
金義信(의신)	朝鮮仁祖	雪峯	書藝家 本貫 金海
金義元(의원)	1558~?	困六齋	文臣, 書藝家 字 宜伯 本貫 善山 父 好遇 大司諫 著書 困六齋集

人名	年代	號	其他
金懿胤(의윤)	1515~?	市隱	文臣 字 大叔 本貫 光山 父 克福
金義貞(의정)	1495~1548	潛庵 幽敬堂 潛谷	文臣 字 公直 本貫 豊山 父 楊震 外祖 許瑞 追贈 吏曹判書 謚號 文靖 著書 潛庵逸稿
金義貞(의정)	朝鮮	松隱	本貫 金海
金義貞(의정)		三休	本貫 東萊
金宜鍾(의종)	朝鮮後期	耻庵	
金義宗(의종)	1894~1968	一舟	獨立運動家
金義柱(의주)	朝鮮	松窩	本貫 蔚山 父 勉中
金儀表(의표)	朝鮮憲宗	正巖	本貫 光山 濟州牧使
金毅行(의행)	1716~1766	雲泉	字 弘甫 本貫 安東 父 時侃 著書 雲泉遺稿
金義行(의행)	朝鮮正祖	三留子 三留齋	委巷人 字 汝貞 本貫 盆城 父 順侃 赦文差使 著書 三留齋遺稿
金義鉉(의현)	朝鮮正祖	庸齋	委巷人 字 士貞 本貫 盆城 父 順侃 奎章閣書吏 著書 庸齋稿
金宜鉉(의현)	朝鮮高宗	芝山	醫員
金懿休(의휴)	朝鮮	松巖	本貫 蔚山 父 邦麟
金頤(이)		白菴	本貫 安東 著書 文集
金以剛(이강)	朝鮮中期	荷峰	本貫 江陵 金昌翕 門人
金履健(이건)	1697~1771	澗翁 硼皐	文臣 字 剛伯 本貫 安東 父 令行 祖父 時傑 追贈 吏曹參判 著書 澗翁遺稿
金以傑(이걸)		蓮菴	字 萬和 本貫 金海
金以謙(이겸)	1575~1665	圓菴	學者 字 益仲 本貫 義城 祖父 聃壽
金以鏡(이경)	1595~1678	守拙窩 守拙齋	字 君悔 本貫 安東 父 暸
金履慶(이경)	→金復慶		
金履坤(이곤)	1712~1774	鳳麓	學者 字 厚哉 本貫 安東 父 順行 系 明行 祖父 時保 縣監 著書 鳳麓集
金履喬(이교)	1764~1832	竹里	文臣 字 公世 本貫 安東 父 方行 右議政 謚號 文貞 著書 竹里集
金履矩(이구)	1662~1722	靜樂齋	學者 字 子方 本貫 安東 父 良佐 外祖 丁時說 追贈 戶曹參判
金履九(이구)	1746~1812	自然窩	書藝家 字 元吉 本貫 安東 父 亮行 尙衣院僉正 著書 自然窩集
金履九(이구)	朝鮮	農隱	本貫 錦山 父 廷祿
金利君(이군)		東岡	本貫 光山
金履奎(이규)	朝鮮	梧泉	字 聖弼 本貫 安東 著書 文集
金履圭(이규)		達東	字 華秀 本貫 安東

人名	年代	號	其他
金而極(이극)	朝鮮後期	碧巖	
金櫚根(이근)		古谷	字 美卿 本貫 安東
金履基(이기)	1628~1712	柳堂 一柳堂	文人 本貫 義城 父 恁 著書 柳堂逸稿〈長皐世稿〉
金履璣(이기)	朝鮮	我石	本貫 金海 父 見龍
金以器(이기)	1858~1898	魚樵子	東學教人 字 重聲
金履達(이달)	朝鮮	精齋	字 子參 本貫 安東
金履道(이도)	朝鮮明宗	復一堂	字 君吉 本貫 金海 父 守連
金履度(이도)	1766~?	松園	字 季謹 本貫 安東 父 坦行 兵曹判書 諡號 正獻
金以道(이도)		眉山	字 悅之 本貫 金海
金理斗(이두)		孝齋	本貫 金海
金以礪(이려)	朝鮮	星臺	本貫 善山 父 慶胤 進士
金以呂(이려)		書樓	本貫 光山
金履鍊(이련)	朝鮮	澗棲	字 希伯 本貫 安東
金履鍊(이련)		平湖	本貫 安東
金利鍊(이련)	1833~1899	文庵	開化主義者, 基督教人 字 永受
金履禮(이례)	1740~1818	修谷	文臣 字 和父 本貫 安東 父 敎行 僉知中樞府事 著書 修谷遺稿
金履輅(이로)		致庵	著書 致庵集
金履律(이률)	朝鮮	耕齋	本貫 金海 父 漫龍
金履萬(이만)	1683~1758	鶴皐 青田	文臣 字 仲綏 本貫 醴泉 父 海一 系 兌一 僉知中樞府事 著書 學皐遺稿
金履萬(이만)	朝鮮	嶋皐	本貫 清道
金以明(이명)		東湖	本貫 金寧
金頤命(이명)	→李頤命		
金利秉(이병)	1830~1912	汀菴	著書 汀菴先生文集
金履復(이복)	1681~?	蠹齋 蠹菴	文臣 字 得初 本貫 安東 父 碩基 著書 蠹齋遺稿〈心菴世稿〉
金履祥(이상)	1498~1576	心適堂	文臣 字 仲吉 本貫 金海 父 守連 相禮 著書 心適堂松巖敬勝齋遺稿合編
金履相(이상)	朝鮮	南灘	本貫 海南 成均生員
金履祥(이상)	朝鮮	仁山	學者 本貫 安東
金履祥(이상)	朝鮮	晩庵	字 汝明 本貫 安東
金履瑞(이서)	朝鮮	槐窩	本貫 金海 父 應龍 折衝將軍
金履奭(이석)	朝鮮	溪棲	字 景翰 本貫 安東
金履璿(이선)	朝鮮	我泉	本貫 金海 父 見龍 左承旨
金履璿(이선)	朝鮮	禾泉	本貫 羅州 父 奎文

人名	年代	號	其他
金履成(이성)	朝鮮肅宗	市隱	功臣 字 聖甫 本貫 慶州 父 南式
金履成(이성)	1739~?	喆齋	文臣 字 仲禮 本貫 安東 父 毅行 著書 喆齋遺稿
金爾聲(이성)		四休居士	本貫 義城 著書 文集
金履素(이소)	1735~1798	庸庵	文臣 字 伯安 本貫 安東 父 坦行 領敦寧府事 諡號 翼憲
金履遜(이손)	朝鮮	萬民	本貫 安東 父 時嵜 參奉
金馹孫(이손)		海隱	本貫 金海 祖父 克一
金履秀(이수)	朝鮮後期	鳳叟	字 仲裕 本貫 安東 父 直行 著書 鳳叟遺稿
金履安(이안)	1722~1791	三山齋	文臣, 學者 字 正禮 本貫 安東 父 元行 祭酒 諡號 文獻 著書 三山齋集
金履陽(이양)	1755~1845	梧石	文臣 字 命汝 初名 履永 追贈 領中樞府事 著書 梧石集
金履陽(이양)	朝鮮後期	淵泉	字 命汝 本貫 安東 父 憲行
金履陽(이양)		喫眠窩	著書 文集
金以鈺(이옥)	朝鮮後期	古愚	字 尚甫 本貫 義城
金爾玉(이옥)	→金爾音		
金履鏞(이용)	朝鮮英祖	迂軒	字 聖喜 本貫 安東 父 範行 著書 迂軒遺稿
金履祐(이우)	朝鮮	西崗	字 士養 本貫 安東 著書 文集
金履祜(이우)	朝鮮	玄岩	字 仲綏 本貫 安東 著書 文集
金履㝢(이우)	朝鮮後期	僅叟 僅窩	字 大垂 本貫 安東 父 若行 著書 僅叟遺稿
金履元(이원)	1553~1614	素菴 一塹	文臣 字 守伯 本貫 善山 初名 信元 父 弘遇 封號 崇陽府院君 判中樞府事
金理元(이원)	朝鮮宣祖	義巖	文臣 字 景初 本貫 順天
金履園(이원)	→金履萬		
金履源(이원)	朝鮮	北溪	本貫 安東 父 恕行
金履源(이원)		南澗	字 百能 本貫 安東 著書 南澗遺稿
金履裕(이유)	朝鮮英祖	鈍齋	字 仲順 本貫 安東 父 坦行 清道郡守
金爾音(이음)	?~1409	三路 三老	文臣 字 伯玉 本貫 咸昌 父 勇 戶曹參贊
金履翼(이익)	1743~1830	牖窩	文臣 字 輔叔 本貫 安東 父 由行 大護軍 諡號 簡獻 著書 牖窩集
金履一(이일)	1805~1886	松谷	字 奇彦 本貫 安東 父 致栗 祖父 潤渭 外祖 沈樂佑
金履一(이일)		渭西	字 叔文 本貫 安東
金履長(이장)		松石園	本貫 安東
金以載(이재)	1613~?	大巖	文臣 字 仲厚 本貫 義城
金履載(이재)	1767~1847	江右	字 公厚 本貫 安東 父 方行 上護軍 諡號 文簡 著書 松京誌

人名	年代	號	其他
金履載(이재)		南維	著書 文集
金履績(이적)	朝鮮後期	耕隱	字 季凝 本貫 安東 父 晉行 著書 耕隱遺稿
金履迪(이적)	朝鮮後期	竹醉軒	字 節卿 本貫 安東 父 令行 著書 竹醉軒遺稿
金履梃(이정)	朝鮮肅宗	三梅堂	本貫 善山 父 瀁
金履正(이정)	朝鮮英祖	碧山 碧山居士	文臣 字 君方,士直 本貫 安東 父 勉行 著書 碧山遺稿
金履禎(이정)		松牕	著書 松牕遺稿
金以濟(이제)		拙菴	本貫 義城
金頤柱(이주)	1730~?	玉圃	字 希賢 本貫 慶州 父 漢蓋
金履疇(이주)		溪翁	字 景九 本貫 安東 著書 文集
金履重(이중)		谷巖	字 望汝 本貫 安東
金履昌(이창)		盤溪	字 昌彦 本貫 安東 著書 文集
金履哲(이철)		愚溪	字 惠仲 著書 文集
金履泰(이태)	朝鮮	龍巖	本貫 善山 父 九用
金爾澤(이택)	朝鮮	聽溪	本貫 義城 父 興敏
金履杓(이표)	朝鮮	尚古堂	本貫 商山 著書 尚古堂集
金履漢(이한)		春亭	字 平在 本貫 安東
金履漢(이한)		野隱	本貫 淸州
金履行(이행)	朝鮮	竹塢	本貫 金海 父 振彦
金履㷨(이혁)	朝鮮英祖	花隱	畫家 本貫 安東 父 允行
金履鉉(이현)	朝鮮	遜庵	文臣 字 公擧 本貫 安東
金离賢(이현)		報隱堂	本貫 慶州 父 聲發
金履亨(이형)	朝鮮	黙齋	字 汝由 本貫 安東 著書 文集
金履珩(이형)	朝鮮	禾軒	本貫 羅州 父 奎文
金履衡(이형)	韓末	石溪	獨立運動家
金履祜(이호)		玄巖	著書 玄巖遺稿
金而好(이호)		東溟	著書 東溟集
金履會(이회)	朝鮮後期	滄濱	文臣 字 公午 本貫 安東 父 方行
金履休(이휴)	?~1862	顧菴	字 化伯 本貫 安東 著書 文集
金履興(이흥)	朝鮮	上溪	字 遇天 本貫 安東 著書 文集
金履禧(이희)	朝鮮	知來軒	字 穉應 本貫 安東 著書 知來軒遺稿
金瀷(익)	1504~?	北逸	文臣 字 載淸 本貫 慶州 父 良俊 系 良輔 僉知中樞府事
金熤(익)	1723~1790	竹下 藥峴 竹下堂	文臣 字 光仲 本貫 延安 父 相奭 領議政 諡號 文貞 著書 竹下集
金瀷(익)	1746~1809	精一迂叟	學者 字 而精 本貫 扶安 著書 精一迂叟集

人名	年代	號	其他
金釴(익)	朝鮮	寒松生	字 汝重 本貫 羅州 縣監
金釴(익)		梧月齋	本貫 光山 祖父 泗鼎
金翼(익)		黑竹	字 子烏
金益堅(익견)	朝鮮宣祖	梅塢	隱士 字 叔精 本貫 商山 父 得南
金益堅(익견)		龍谷	字 文秀
金益謙(익겸)	朝鮮英祖	潛齋	文人 字 日進 本貫 安東 父 昌國 祖父 壽曾 察訪 著書 潛齋稿
金翼景(익경)	朝鮮肅宗	抱爐軒	文人 字 敬而 著書 文集
金益卿(익경)	朝鮮	滄江	文臣 字 公三 本貫 固城 礪山府使
金益久(익구)	1596~?	鳳捿	學者 字 而遠 本貫 清風
金翼耉(익구)	→全翼耉		
金益國(익구)	→金蓋國		
金益權(익권)	朝鮮	怡齋	文臣 字 益三 本貫 清州 同知中樞府事
金益均(익균)		肅軒	字 仲謙 本貫 安東
金益魯(익노)	1794~1871	黃谷	學者 字 友會 本貫 金海 父 漢弼 外祖 成道鎭 著書 黃谷集
金益魯(익노)	朝鮮後期	米舫	畵家 本貫 順天
金翊東(익동)	1793~1860	直齋	學者 字 子翼 本貫 清道 父 溶 外祖 李時麟 著書 直齋文集
金翼東(익동)	1710~1776	松下	本貫 義城 父 景溫
金翼斗(익두)		竹齋	本貫 金海
金益廉(익렴)	1622~1694	桑谷 赤谷 丫溪	文臣 字 汝矩 遠明 本貫 光山 父 榮 司諫
金益齡(익령)	朝鮮	僕川	委巷人 字 大壽 本貫 完山
金翼龍(익룡)	→李翼龍		
金翼溟(익명)	1708~1775	凡巖	字 雲若 本貫 義城 父 世鏞
金益文(익문)	朝鮮純祖	翠墅	文臣 本貫 清風 父 景善 禮曹判書 諡號 文靖
金益發(익발)	朝鮮	愼嘿齋	文臣 字 浩源 本貫 晉州 祖父 秀河 宣傳官
金翼甫(익보)		晩齋	著書 文集
金益彬(익빈)	→林益彬		
金益商(익상)	朝鮮後期	桐墅	
金益生(익생)	朝鮮	省齋	文臣 字 靜夫 本貫 金寧 同知摠制
金益善(익선)	朝鮮	耕隱	本貫 善山 父 葵
金益成(익성)	朝鮮中期	醉軒	字 裕應 本貫 光山 父 洪 著書 文集
金益聲(익성)	1702~?	無悶翁	本貫 彦陽 父 寀重
金翊聲(익성)	朝鮮	思毅齋	字 而遠 本貫 金寧

人名	年代	號	其他
金益性(익성) →金孟性			
金益壽(익수)	朝鮮	龍巖	文臣 字 贊植 本貫 原州 驪州牧使
金益粹(익수)		竹川	本貫 順天
金益遂(익수) →全益遂			
金益容(익용)	1820~?	懶齋 石山	文臣 字 景受 本貫 善山 父 用邦 判書 著書 懶齋遺稿
金翼熊(익웅)	朝鮮	月圃	
金益源(익원)		素心	字 永叔 本貫 慶州
金益精(익정)	?~1436	雲庵	字 子斐 本貫 安東 父 休
金益鼎(익정)	1803~1879	夏篆	文臣 字 定九 本貫 清風 父 萬善 祖父 基長
金益濟(익제)	朝鮮仁祖	守拙 守拙齋 天拙齋	丙子胡亂功臣 字 子舟 本貫 廣州 父 孝誠
金翊冑(익주)	朝鮮英祖	鏡巖	畵家
金益重(익증)	朝鮮	竹惺	本貫 金海 父 義徹
金益重(익증)		龍庵	本貫 一善 著書 文集
金益之(익지)		白眉居士	本貫 延安
金益祉(익지)		東軒	字 善膺 本貫 楊州
金翊鎭(익진)	朝鮮憲宗	石樵	文臣 字 君弼 本貫 安東 著書 文集
金翼鎭(익진)	韓末~?	心田	本貫 安東
金益徵(익징)	朝鮮	黙齋	本貫 善山 父 萬甲
金益昌(익창)	1614~?	菊堂	字 益之 本貫 慶州 父 震海
金翼漢(익한)	1702~1781	秋村	字 章天 本貫 義城 父 若欽 著書 文集
金益鉉(익현)	朝鮮純祖	梧軒	文臣 本貫 金海 父 獻祚 正言
金翼鉉(익현)	朝鮮哲宗	斗溪	本貫 光山 父 在成
金益賢(익현)	朝鮮	松庵	本貫 金海 父 禹鎰
金翼昊(익호)	1765~1831	正軒	學者 字 鳳天 本貫 善山 父 復久 外祖 鄭彦儀 著書 正軒逸稿
金翼虎(익호)	朝鮮	篤誠齋 晩學齋	孝子 本貫 慶州
金益煥(익환)	朝鮮	養靜軒	委巷人 字 光甫 本貫 金海
金益勳(익훈)	1619~1689	光南	文臣 字 懋叔 本貫 光山 父 槃 祖父 長生 外祖 金進礪 追贈 吏曹判書 諡號 忠獻
金益勳(익훈)		潛溪	本貫 光山
金益輝(익휘)	朝鮮	明隱	本貫 慶州 父 權 祖父 龜洪
金益輝(익휘)		松溪	字 正甫 本貫 慶州
金益熙(익희)	1610~1656)	滄洲	文臣 字 仲文 本貫 光山 父 槃 祖父 長生 吏曹判書 諡號 文貞 著書 滄洲遺稿

人名	年代	號	其他
金益禧(익희)		雪月堂	著書 雪月堂逸稿
金益禧(익희) →全益禧			
金忍(인)	朝鮮太宗	心菴居士	本貫 海南
金仁(인)	朝鮮仁祖	一黙齋	本貫 瑞興 著書 一黙齋集
金靭(인)	朝鮮世祖	中溪	本貫 金海 父 克一
金戭(인)		巖村	本貫 全州
金寅(인) →金演			
金仁(인) →全仁			
金寅(인) →金惠			
金仁甲(인갑)	朝鮮宣祖	梧齋	本貫 金海 父 朝彦 著書 梧齋公文集
金仁儉(인검)	?~1729	遯菴	著書 文集
金仁兼(인겸)	1707~1772	退石	文人 字 士安 本貫 安東 父 昌復 外祖 張瑞同 李晩濟 婿 砥平縣監 著書 東槎錄
金仁鏡(인경)	?~1235	明菴	字 公明 本貫 慶州 父 永固 著書 文集
金仁鏡(인경)	1514~1583	松月軒	字 景裕 本貫 光山 父 憲胤
金仁卿(인경)	朝鮮	俊松	本貫 金寧
金仁坤(인곤)	朝鮮	竹齋	本貫 金海 父 容鎬
金仁寬(인관)	朝鮮孝宗	月峯	畫家 字 福也
金仁圭(인규)		宇松	字 致文 本貫 安東
金仁根(인근)	?~1841	靜軒	學者 字 士心 本貫 安東 父 聖淳 著書 靜軒集
金仁奇(인기)	高麗	梅隱	本貫 坡平
金仁基(인기)		春齋	本貫 商山 父 容璿
金仁基(인기)		退亭	本貫 金寧 著書 退亭遺稿〈金寧金氏家藏〉
金寅吉(인길)		烟坡 學海	著書 文集
金仁東(인동)		東澗	字 聖安 本貫 安東 著書 東澗公逸稿〈龍田世獻錄〉
金寅斗(인두)	1899~?	聖菴	字 汝敬 本貫 金海 父 昌河
金寅斗(인두)		寒江	本貫 金海
金麟洛(인락)	1845~1915	前川	著書 文集
金仁龍(인룡)		百梅堂	字 子雲 本貫 慶州 父 天柱 左承旨
金仁培(인배)	朝鮮	北竹	本貫 金海 父 顯可
金仁輔(인보)	1583~1666	遯叟	字 宅之 本貫 安東 父 鎮 著書 遯叟逸稿
金仁富(인부)	朝鮮	春圃	本貫 金海 父 萬增
金獜祥(인상)	1527~1613	應化	
金麟祥(인상)	1557~1592	鶴山	字 時伯 本貫 安東 父 頤 著書 文集
金璘相(인상)		尺史	本貫 金海 祖父 致煥

人名	年代	號	其他
金麟瑞(인서)	1894~1964	柳村	獨立運動家
金麟瑞(인서)	朝鮮	敦睦齋	本貫 固城 縣監
金麟錫(인석)	朝鮮	素履翁	字 聖徵 本貫 安東 父 重安 著書 素履翁遺稿
金麟燮(인섭)	1827~1903	端磎	文臣 字 聖夫 本貫 商山 父 櫃 通政大夫 著書 端磎文集
金寅燮(인섭)	1884~1938	樂軒	著書 文集
金麟孫(인손)	朝鮮世宗	桂花堂	文臣 字 呈瑞 本貫 豊山 兵曹判書
金麟壽(인수)	朝鮮宣祖	晩翁	功臣 字 仁夫 本貫 光山
金仁守(인수)	朝鮮	東啞	本貫 金海 父 秋信 系 秋實
金麟壽(인수)		聲窩	著書 文集
金寅洙(인수)		松圃	本貫 光山
金璘修(인수)		隱溪	本貫 光山 父 基周
金仁淑(인숙)		愚窩	本貫 金海
金仁順(인순)	朝鮮	擎隱	本貫 金海 父 良寶 主事
金仁淳(인순)	朝鮮後期	耻齋	字 由吾 本貫 安東 父 履經
金仁淳(인순)		淸圃	本貫 金海 祖父 天鳳
金寅植(인식)	1856~?	愚齋	字 景春 本貫 淸風 父 益敬 著書 愚齋集
金仁植(인식)	1864~1459	篤守齋	著書 篤守齋文集
金寅植(인식)	1879~1926	柳村	獨立運動家
金寅植(인식)		西峯	著書 西峯漫編
金璘植(인식)		思軒	本貫 商山
金仁愚(인우)		箕隱	本貫 金海
金仁義(인의)	朝鮮	湖隱	本貫 慶州 父 德龍
金仁濟(인제)	朝鮮	葆眞齋	字 公望
金仁全(인전)	1876~1923	鏡齋	獨立運動家
金仁俊(인준)	→金道源의 初名		
金仁贊(인찬)	?~1392	毅菴	武臣 字 義之 本貫 楊根 封號 益和君 門下侍郞贊成事 諡號 忠愍
金寅鐸(인탁)	1702~1764	纖溪	著書 纖溪遺稿〈嘉山世稿〉
金寅弼(인필)	朝鮮	湖齋	本貫 金海 父 時運 都承旨
金仁恒(인항)	1749~1828	道村	學者 字 士範 本貫 金海 父 致龜 外祖 金益鍊 司憲府監察 著書 道村遺稿
金寅鉉(인현)		大隱亭	本貫 光山
金仁鉉(인현)	1854~1925	東士	本貫 光山 父 箕燾 祖父 相獻
金麟厚(인후)	1510~1560	河西 湛翁 湛齋 澹齋	文臣, 學者 字 厚之 本貫 蔚山 父 齡 校理 諡號 文正 著書 河西集

人名	年代	號	其他
金仁垕(인후)	朝鮮後期	滄村處士	
金麟喜(인희)		靈沼軒	本貫 慶州
金一謙(일겸)		春汀	本貫 延安 父 光洙
金一鏡(일경)	1662~1724	丫溪 歸溪	文臣 字 人鑑 本貫 光山 父 呂重 祖父 益兼 刑曹 判書 著書 丫溪集
金一夔(일기)	1653~1724	道菴	字 舜卿 本貫 江陵 父 萬始
金一斗(일두)	1891~1967	秋山	獨立運動家 字 東秀 本貫 金海
金一善(일선)	韓末~日帝	海觀	
金日成(일성)		向陽堂	本貫 義城
金馹孫(일손)	1464~1498	濯纓 少薇山人	文臣, 學者 字 季雲 本貫 金海 父 孟 追贈 都承旨 諡號 文愍 著書 濯纓集
金日新(일신)	朝鮮	鍊修齋	字 益之 本貫 安東
金一淵(일연)		蒼窩	本貫 善山
金日永(일영)	朝鮮高宗	夢日堂	本貫 清風 著書 文集
金日永(일영)		霞庭	著書 文集
金一濟(일제)		德浦	著書 文集
金一柱(일주)	1672~1742	薇軒 薇槐	學者 字 擎伯 本貫 禮安 父 宗漢 外祖 金時敏 著書 薇軒集
金日柱(일주)	朝鮮肅宗	月潭	字 昇和 本貫 慶州 父 漢祿
金馹俊(일준)	朝鮮	醉叟	學者 字 致璐 本貫 高靈
金日晋(일진)	1659~1703	友琴堂	學者 字 晋三 本貫 義城 父 八柱
金一忓(일한)	朝鮮肅宗	鹿門	本貫 江陵 父 萬鼎 進士
金一海(일해) →金海一			
金一爀(일혁)	朝鮮	愚山	本貫 義城 父 相龍 參奉
金馹浩(일호)		蓬雲	著書 蓬雲集
金馹活(일활) →金馹浩			
金恁(임)	1604~1667	野庵	文臣 字 受而 本貫 義城 父 是桮 著書 野庵文集 〈長臯世稿〉
金芿石(잉석)	1900~1965	玄石	佛教學者 東國大佛教大學長 著書 佛教學概論
金資(자)	高麗	昌甫	文臣 字 自龍 本貫 原州 贊成
金鎡(자)		晩休堂 休堂	字 器之 本貫 安東
金自覺(자각)		居川	本貫 康津
金自琚(자거)	朝鮮	道隱	本貫 善山 參奉
金自兼(자겸)	1584~1608	東冥	著書 東冥集
金子良(자량)		寒竹軒	本貫 豊山

人名	年代	號	其他
金自礪(자려)		知止窩	本貫 慶州
金自麟(자린)		梧村	本貫 清州
金子星(자성)		元皓	本貫 慶州
金子粹(자수)	1351~1413	桑村	文臣 字 純中 本貫 慶州 父 珸 刑曹判書 著書 桑村集
金自粹(자수) →金子粹			
金子粹(자수)	高麗	尋村	節臣
金自修(자수)	朝鮮中宗	秋齋	字 誠仲 本貫 彦陽 父 斯達
金者新(자신) →金孝新			
金自養(자양)		浩然堂	本貫 慶州
金自點(자점)	1588~1651	洛西	文臣 字 成之 本貫 安東 父 琜 祖父 億齡 成渾 門人 領議政
金自精(자정)		一金白	字 純瑞 本貫 安東
金自知(자지)	1367~1435	逸溪	文臣 字 元明 本貫 延安 父 濤 開城府留守 諡號 文靖
金自進(자진)	高麗	首山 首山亭	節臣 本貫 光山 父 伯勻
金子進(자진) →金自進의 初名			
金自平(자평)		畏齋	著書 文集
金慈憲(자헌)	朝鮮	七隱	本貫 咸昌 父 時瑩 童蒙教官
金子鉉(자현)	朝鮮	雲谷	本貫 江陵 縣監
金自欽(자흠)	1398~?	檜亭	字 敬甫 本貫 江陵 父 輊
金磋(작)	1427~1488	相谷	文臣 字 衛卿 本貫 安東 父 宗淑 祖父 陞 刑曹判書 諡號 孝昭
金磋(작)		九景堂	本貫 安東
金潛(잠)	高麗恭愍王	鶴巢	本貫 禮安 著書 文集
金磏(잡)		蘆菴	本貫 光山
金樟(장)	朝鮮	蒙齋	學者 字 大而 本貫 金陵 著書 訓蒙書知行合編
金樟(장)		遯巖	本貫 善山
金璋(장)	朝鮮	春亭	字 元甫 本貫 金寧
金鏘(장)		陵波	本貫 江陵
金長權(장권)	朝鮮高宗	野隱	字 台卿 本貫 瑞興
金章斗(장두)		鶴松	本貫 金海 父 昌煥
金章洛(장락)	1855~1923	兼山 九山	字 啓亨 本貫 義城 父 敬鎭 祖父 璉壽
金章鍊(장련)		華南	本貫 光山
金長茂(장무)		台菴	字 者安 本貫 安東
金長生(장생)	1548~1631	沙溪	學者 字 希元 本貫 光山 父 繼輝 李珥 門人 刑曹參判 諡號 文元 著書 沙溪先生全集

人名	年代	號	其他
金長壽(장수)	高麗恭愍王	圓齋	本貫 坡平
金漳植(장식)		竹軒	本貫 金海
金長澤(장택)	→金民澤		
金長炫(장현)		晴梧	本貫 金海
金長浩(장호)		琴書軒	本貫 慶州
金章煥(장환)	朝鮮	淸齋 八淸齋	本貫 蔚山 父 直休 祖父 邦德
金章煥(장환)		老隱	著書 老隱遺稿
金栽(재)	朝鮮肅宗	養觀齋	文臣 字 仲固 本貫 淸風
金齋珏(재각)	朝鮮哲宗	广南	
金在鍵(재건)		雲峯	隱士 本貫 安山 父 應男
金在敬(재경)	1569~1631	竹溪	文臣 字 守吾 本貫 光山 父 彦勖 慶州府尹
金在敬(재경)	1841~1926	持菴	學者 字 德夫 本貫 金海 父 致明 外祖 金東鎭 著書 持菴遺稿
金在敬(재경)	朝鮮純祖	拙齋	本貫 光山 慶州府尹
金在坤(재곤)	1838~1888	吾峯	字 箕彦 本貫 英陽 父 玖聲 著書 文集
金在崑(재곤)	朝鮮純祖	悠悠翁 悠悠子	學者 字 汝東 本貫 光山 父 箕熙 系 箕晉 外祖 李壽海 著書 樊悠合稿
金在貫(재관)	朝鮮	蘭坡	本貫 義城 父 一㷆
金在琯(재관)		修窩	本貫 光山 父 允㷆
金在瓘(재관)		竹軒	著書 文集
金載久(재구)		松陰	本貫 延安
金在權(재권)	1848~1886	竹潭	著書 竹潭公事蹟〈喬梓聯稿〉
金在權(재권)		錦皐	本貫 淸道
金在圭(재규)	朝鮮	道村	本貫 金海 父 忠信
金在奎(재규)		鑑湖亭	著書 鑑湖亭集
金在奎(재규)		省齋	孝子 本貫 金寧
金在珪(재규)		晦村	
金載奎(재규)		葛陰	字 台三 本貫 泗川
金在圭(재규)	韓末~日帝	島松	獨立運動
金在釿(재근)	朝鮮	暘隱	本貫 慶州 父 益輝 祖父 權 參奉
金在根(재근)	→金左根		
金在兢(재긍)	韓末	石樵	文臣 字 原履 本貫 光山 著書 石樵遺稿
金載冀(재기)	朝鮮英祖	七巖 潛湖	本貫 延安 父 沈 著書 文集
金在棋(재기)	朝鮮	敬庵	本貫 慶州 父 益輝 祖父 權 參奉
金載基(재기)	朝鮮	鳳來齋	本貫 道康 父 鑑述 祖父 達表
金在達(재달)	朝鮮純祖	溫齋	本貫 光山 父 弼壽

人名	年代	號	其他
金在德(재덕)	朝鮮	夙軒	本貫 一善 父 永宅 著書 夙軒集
金在德(재덕)	1893~1981	白松	獨立運動家
金載斗(재두)	1735~?	萍翁	委巷人 本貫 延安 父 熵
金在洛(재락)	1798~1860	養蒙齋	學者 字 大叔 本貫 慶州 父 宗伯 外祖 崔琮 著書 養蒙齋集
金在洛(재락)	1849~?	書香	書藝家
金在洛(재락)	1857~1920	訥谷	著書 訥谷散錄
金在魯(재로)	1682~1759	淸沙 晴沙 虛舟子	文臣 字 仲禮 本貫 淸風 父 構 領議政 諡號 忠靖 著書 淸沙散錄
金載璐(재로)	1850~1928	白愚	學者 字 聖錫 本貫 義城 父 遇翰 外祖 裵顯麟 著書 白愚文集
金在倫(재륜)	朝鮮	三湖	本貫 光山 父 箕彬
金在璘(재린)		芝軒	本貫 光山
金載明(재명)	朝鮮	文岩	委巷人 字 子淑 本貫 金海 父 光翼 禁營衛書吏
金在明(재명)	朝鮮	石亭	本貫 光山 父 英敎
金在明(재명)	朝鮮	一山	本貫 一善 父 穎恪 著書 一山集
金在謨(재모)		梅泉	本貫 金寧
金在黙(재묵)	1794~1873	志庵	學者 字 孟淵 本貫 盆城 父 處範 外祖 金德吉 著書 志庵文集
金材珉(재민)		晩軒	本貫 彦陽
金齋閔(재민)	→金齊閔		
金再渤(재발)		月亭	
金在輩(재배)	→金在翬		
金載白(재백)		荷軒	著書 荷軒集〈鷄林金氏三賢合稿〉
金在白(재백)	?~1965	竹庵	著書 竹庵遺稿
金在範(재범)	朝鮮純祖	梅山	本貫 光山 父 性秋 郡守
金在範(재범)		牧隱 城隱	字 源範 本貫 南陽 著書 文集
金在炳(재병)	朝鮮後期	荷庭	
金載馥(재복)	1824~1904	惇家 鈍齋	武臣, 學者 字 俊汝 本貫 慶州 父 奎澤 外祖 李得 燁 著書 惇家稿存
金在福(재복)		秀山	本貫 光山
金載復(재복)		六化堂	本貫 延安
金在鳳(재봉)		東村	本貫 光山
金在鳳(재봉)	1890~?	槿田	
金再三(재삼)		臨泉軒	著書 臨泉軒遺稿
金在三(재삼)	朝鮮正祖	己百齋	本貫 光山 刑曹參判
金載瑞(재서)	→金載璐		

人名	年代	號	其他
金在錫(재석)	1758~1805	希巖	學者 字 極中 本貫 英陽 父 宇聲 著書 希巖遺稿
金載石(재석)	1895~1971	月潭	學者 字 景潭 本貫 蔚山 父 炳大 外祖 奇周鉉 著書 月潭遺稿
金在善(재선)	朝鮮純祖	澹淵	本貫 光山 父 箕憙
金在先(재선)	朝鮮	文庵	本貫 慶州 父 伯元 祖父 士烈 參奉
金在善(재선)		蓮溪	本貫 光山 父 信學
金在聲(재성)	1878~1955	晦山	著書 文集
金在性(재성)		南岡	本貫 清風 父 東洙
金在性(재성)		直菴	著書 文集
金在誠(재성)		忍拙	本貫 義城
金在韶(재소)	朝鮮後期	斗山	
金在洙(재수)	朝鮮	重軒	學者 本貫 商山 著書 重軒集
金在洙(재수)	韓末~日帝	無聲	獨立運動家
金載球(재수)	1812~1882	認菴	學者 字 晋玉 本貫 義城 父 崗翰 外祖 金時璧 著書 認菴文集
金在淑(재수)	朝鮮後期	心齋	畵家 字 善卿
金在淳(재수)	1733~?	葵軒	字 仲寬 本貫 安東 父 履晉 著書 葵軒遺稿
金載順(재수)	1732~?	常軒 睡心子	字 應德 本貫 延安 父 黓
金在恂(재수)	朝鮮純祖	木右庵	本貫 光山 父 愚
金載淳(재수)	朝鮮	湖隱	字 慶之 本貫 安東
金在淳(재수)		擎翁	著書 擎翁遺稿
金在淳(재수)		心菴	
金載軾(재식)	朝鮮肅宗	三清	本貫 延安 父 炆 系 燉
金在植(재식)	1860~1908	松菴	文臣 字 千甫 本貫 慶州 父 正洙 外祖 姜熙槿 內藏院卿 著書 松菴集
金在植(재식)	朝鮮	修齋	本貫 商山 著書 修齋集
金載臣(재신)	朝鮮	和谷	字 公重 本貫 安東
金在信(재신)		義齋	本貫 光山
金再烈(재열)	朝鮮	槎庵	本貫 金海 父 聖光
金在榮(재영)	1790~?	黙齋	本貫 光山 父 光僻
金在永(재영)		栗聲	本貫 義城
金在英(재영)		芝菴	字 長庚 本貫 高靈
金在玉(재옥)	朝鮮後期	松年	委巷人
金在溫(재온)	朝鮮純祖	訥窩	本貫 光山 父 箕煥
金載琬(재완)		船山	字 國瑞 本貫 延安
金在鎔(재용)	朝鮮宣祖	石溪	學者 字 躍光 本貫 善山

人名	年代	號	其他
金在鎔(재용)		逸菴	本貫 商山
金再瑀(재우)		芝村	本貫 金海
金在勗(재욱)		翠柏堂	本貫 光山 父 箕璨
金在源(재원)	朝鮮純祖	香圃	本貫 光山 父 斗秋
金在元(재원)	朝鮮	素隱	字 汝信 本貫 金寧
金在源(재원)	朝鮮	耕隱	本貫 蕰州 父 汝斗
金榟源(재원)	1886~1953	晩堂	著書 晩堂遺稿
金載元(재원)		耕隱	本貫 光山
金在堉(재육)	1808~1893	雲皐	學者 字 宇洪 本貫 金海 父 壎 外祖 朴來儉 同知 中樞府事 著書 雲皐集
金載膺(재응)	朝鮮後期	莒石 澤齋	
金在義(재의)	→金在義		
金載翼(재익)	1741~?	晩庵	字 雲擧 本貫 延安 父 熵 著書 文集
金載翼(재익)		七巖	本貫 延安
金載翼(재익)	1778~1857	雨泉	字 元禮 本貫 義城 父 㑆運
金載翼(재익)	朝鮮純祖	犀園	字 雲擧 本貫 延安 承旨
金在仁(재인)	1854~1930	輪山	著書 輪山集
金載人(재인)	朝鮮肅宗	栗里	本貫 延安 父 煜
金載一(재일)	1749~1817	黙軒	文臣, 學者 字 汝賢 本貫 金海 父 昌五 外祖 金潤泰 掌令 著書 黙軒遺稿
金在鎰(재일)	朝鮮	菊圃	本貫 善山
金在一(재일)		松峴堂	本貫 光山
金載銓(재전)		雪松	著書 文集
金載定(재정)	朝鮮肅宗	潛窩	本貫 延安 父 炆
金在精(재정)		雪坡	本貫 光山
金在鍾(재종)	1880~1938	晦泉	著書 文集
金在駿(재준)	1879~1947	石齋	著書 石齋先生文集
金載瓚(재찬)	1746~1827	海石	文臣 字 國寶 本貫 延安 父 煜 領中樞府事 諡號 文忠 著書 海石集
金在燦(재찬)	1811~1888	西谿 西溪	學者 字 贊玉 本貫 光山 父 道振 外祖 金兌鍊 著書 西谿文集
金在燦(재찬)		南堂	本貫 金海 父 孟叔
金在昌(재창)	1770~?	香圃	文臣 字 德汝 本貫 光山 父 箕性 判中樞府事 諡號 貞簡 編書 廣州府公都會科作
金在千(재천)	朝鮮	松庵	本貫 金海 父 洛奎
金在千(재천)		錦坡	本貫 光山 父 性烈

人名	年代	號	其他
金載轍(재철)	朝鮮肅宗	松溪	本貫 延安 父 炆
金載轍(재철)		秋圃	本貫 金海
金在添(재첨)	朝鮮	蘭坡	本貫 羅州 父 佐鉉 從士郎
金再鐸(재탁)	1776~1846	白波	學者 字 孟敬 本貫 晉州 父 秋福 外祖 李彬 著書 白波集
金載鐸(재탁)	朝鮮	新谷	本貫 慶州 父 成黙 祖父 龜齡
金宰泰(재태)		蘭谷	本貫 金海
金載豐(재픙)	朝鮮	醉軒	本貫 道康 父 鑑述
金載豐(재픙)		竹溪	本貫 金海
金在河(재하)		聲巖	著書 聲巖遺稿
金在翰(재한)		松溪 松溪處士	本貫 光山
金載恒(재항)	朝鮮肅宗	三悔堂	本貫 延安 父 烒 系 燁
金載海(재해)		雙湖 知恥齋	字 叔涵 本貫 慶州 副率 著書 雙湖遺稿
金在行(재행)	朝鮮	養虛	學者 字 平仲 本貫 安東 著書 養虛稿
金載憲(재헌)	1842~1904	山村	學者 字 景章 本貫 金寧 父 應昊 外祖 劉孝慶 著書 山村文集
金載顯(재현)	1627~1700	蘆溪	文臣 字 晦伯 本貫 慶州 父 敏教 著書 蘆溪集
金在顯(재현)	1808~1899	薇溪 薇西	字 德夫 本貫 光山 父 箕詢
金在鉉(재현)	朝鮮	山中子	委巷人 字 子貞 本貫 慶州
金在炫(재현)		月川	著書 文集
金在鉉(재현)		庸齋	著書 庸齋文類
金在瀅(재형)	朝鮮	樂水軒	本貫 光山 父 箕彬
金才亨(재형)		東海	本貫 慶州
金在瀅(재형)		南汀	著書 文集
金在浩(재호)	朝鮮	農隱	本貫 義城 父 昌柱
金在湖(재호)	朝鮮	秋岡	本貫 安東 父 尙黙
金在浩(재호)		松窩	著書 文集
金在洪(재홍)	1867~1937	逐吾齋	學者 著書 逐吾齋文集
金在華(재화)	?~1582	醇齋	學者 著書 醇齋文集
金在華(재화)	朝鮮後期	樊泉	學者 字 公西 本貫 光山 父 箕熙 外祖 李壽海 著書 樊悠合稿
金在華(재화)		晩圃	本貫 光山 祖父 明漢
金載華(재화)		學聖齋	本貫 商山
金在華(재화)	?~1964	醇齋	字 晦汝 本貫 清道 父 泰圭 著書 文集
金在煥(재환)		晩悟	本貫 金海 父 守道

人名	年代	號	其他
金載潢(재황)	朝鮮	敬謹齋	委巷人 字 仲元 本貫 忠州 祖父 義福
金在孝(재효)	朝鮮純祖	潛窩	本貫 光山 父 正黙
金在厚(재후)	朝鮮純祖	取映	本貫 光山 父 箕書
金在勳(재훈)		後松	本貫 光山 父 在晶
金再輝(재휘)		道谷	本貫 金海 父 秉集
金在翬(재휘) →全在翬			
金在義(재희)	1823~1887	東谷	學者 字 文初 本貫 康津 父 應黙 著書 東谷集
金在禧(재희)	1832~1894	仰慕齋	學者 字 炳浩 本貫 金寧 父 振燮 外祖 安鳳元 著書 仰慕齋集
金載熙(재희)	1840~?	秋潤	字 禹卿 本貫 安東
金載禧(재희)	朝鮮純祖	遂齋	
金載熙(재희)	朝鮮	竹軒	本貫 金海 父 尚潤
金載喜(재희)	朝鮮	竹溪	字 允五 本貫 金寧
金載禧(재희)	朝鮮	晩遂齋	委巷人 字 仲祐
金載禧(재희)	朝鮮	休隱	字 乃進 本貫 金海
金琤(쟁)	1797~1873	松坡	學者 字 聲振 本貫 義城 父 俊鏞 外祖 李曜 著書 松坡集
金箸(저)		梅川	字 士顯 本貫 金海
金著仁(저인) →金菁仁			
金著一(저일)	朝鮮	晩巖	文人 字 玄伯 本貫 禮安
金積(적)	朝鮮光海君	丹邱子	本貫 慶州 父 好尹 察訪 著書 文集
金適(적)	朝鮮	鷲巖	文臣 字 希正 本貫 羅州 父 粹南 光州牧使
金績培(적배)		雲齋	本貫 金海 父 璘相
金鈿(전)	高麗末	自通翁	本貫 安東 父 場 贊成事
金銓(전)	1458~1523	懶齋 懶軒 能人	文臣 字 仲倫 本貫 延安 父 友臣 領議政 諡號 忠貞
金坤(전)	1538~1575	九峯 竹齋	字 子厚 本貫 光山 父 富仁 李滉 門人 著書 九峯稿〈山南先生集〉
金㦿(전)	1658~?	於考	字 汝厚 本貫 光山 父 匡輝
金佺(전)	朝鮮中期	石陵處士	本貫 安東 父 大成 祖父 振
金塡(전) →金埴			
金田(전) →金紐			
金荃堯(전요)	朝鮮	小塘	學者 本貫 商山 著書 小塘集
金荃周(전주)	朝鮮	梅下	學者 本貫 商山 著書 梅下集
金節(절)	朝鮮中期	慎齋	本貫 善山 父 取器 系 就成
金晢(절)	朝鮮仁祖	竹溪	本貫 彥陽 父 挺立
金晢(절)		觀海	本貫 彥陽

人名	年代	號	其他
金節(절)		月谷	字 正叔 本貫 開城 父 大鑑
金圻(절) →金圻			
金漸(점)	1369~1421	義村	本貫 清道 父 濚 諡號 胡剛
金岾(점)	朝鮮明宗	梅堂	隱士 本貫 金海
金點(점)	朝鮮宣祖	孤窩	本貫 道康
金淨(정)	1486~1521	冲菴 孤峯	文臣, 學者, 書畫家 字 元冲 本貫 慶州 父 孝貞 刑曹判書 諡號 文簡 著書 冲菴集
金做(정)	1670~1737	蘆峯	文臣, 學者 字 士達 本貫 豊山 父 輝鳳 外祖 琴聖徽 濟州牧使 著書 蘆峯集
金鉦(정)	1793~?	杞泉	學者 本貫 延安 著書 杞泉集
金楨(정)	朝鮮	竹軒	委巷人 字 公幹 本貫 靈光
金淀(정)	朝鮮	南溪	本貫 水原 父 禮仲
金貞(정)	朝鮮後期	書香	
金挺(정)		養蒙齋	字 季瑢 本貫 彦陽 父 守謙 著書 養蒙齋先生文集
金斑(정)		南溪	著書 南溪遺稿
金碇(정)	朝鮮肅宗	潛齋	字 重汝 本貫 慶州 父 性豪
金淐(정)		贅世	本貫 道康
金廷(정) →金廷			
金正傑(정걸)	朝鮮	可軒	文臣 字 挺之 本貫 金堤 判書
金廷堅(정견)	1576~1645	菊園 菊圃	學者 字 勳卿 本貫 義城 父 聃壽 外祖 曹夢吉 著書 菊園集
金定卿(정경)	朝鮮初期	水東	本貫 安山 父 星慶
金廷契(정계)	朝鮮光海君	洛清軒	文臣 字 教卿 本貫 慶州
金鼎九(정구)	1693~?	菜庵	字 瑞甫 本貫 遂安 父 世熙
金鼎九(정구)	朝鮮	賢岡	委巷人 字 重允 本貫 忠州
金鼎九(정구)		草峯	字 德三 本貫 固城 祖父 公侃
金鼎九(정구)		慕軒	本貫 金海 祖父 光立
金正國(정구)	1485~1541	思齋 八餘居士	文臣, 學者 字 國弼 本貫 義城 父 璉 外祖 許芝 金宏弼 門人 追贈 左贊成 諡號 文穆 著書 思齋集
金鼎權(정권)	朝鮮	大隱	委巷人 字 幼凝 本貫 漢陽
金精奎(정규)	1843~1903	懼窩	
金貞圭(정규)	朝鮮	漁堂	委巷人 本貫 安東
金正圭(정규)		鍾山	字 致謙 本貫 安東
金定圭(정규)		兼山	字 戒前 本貫 安東 父 瑤
金鼎奎(정규)	1881~1953	龍淵	獨立運動家 本貫 慶州 父 秉國 著書 龍淵日記

人名	年代	號	其他
金鼎均(정균)	1782~1847	鋤漁, 鋤魚	文臣 字 台叟 本貫 安東 父 炳翼 大司憲 著書 鋤漁遺稿
金正根(정근)	朝鮮肅宗	洛北	字 大直 本貫 安東 父 得淳 著書 洛北遺稿
金禎根(정근)	朝鮮英祖	菱湖	字 聖國 本貫 安東 父 奎淳 觀察使
金正根(정근)		醒齋	本貫 慶州
金鼎基(정기)	1632~1699	牧庵	文臣 本貫 義城 著書 牧庵遺稿〈長皐世稿〉
金正基(정기)	1885~1947	兼山	著書 兼山遺稿
金鼎大(정대)	1802~1874	休殻齋	學者 字 啓重 本貫 光山 父 均 著書 休殻齋遺稿
金鼎大(정대)	朝鮮	隱谷	字 士兼 本貫 金寧
金廷大(정대)	朝鮮後期	雪麓	閭巷人 字 處重
金鼎德(정덕)	朝鮮	靖軒	本貫 金海 父 瑠郁 護軍
金挺來(정래)		松庵	本貫 金海 父 暎章
金挺麗(정려)	朝鮮	遵齋	本貫 金海 父 以章
金廷練(정련)	朝鮮	耻軒	本貫 慶州
金正連(정련)	1895~1968	震魂	獨立運動家 本貫 安山
金鼎烈(정렬)	朝鮮	米齋	文臣 本貫 燕岐 宣傳官
金鼎祿(정록)	朝鮮	薇西	委巷人 字 而鉉 本貫 金海 父 慶宅
金碇錄(정록)		書雲菴	著書 書雲菴日抄
金廷龍(정룡)	1561~1619	漁村	文臣 字 時見 本貫 義城 父 聃壽 吏曹正郎
金禎龍(정룡)		月潭	本貫 光山
金廷琉(정류)	?~1737	敬齋	著書 敬齋集
金廷麟(정린)	朝鮮	三山	字 仲淵 本貫 義城 父 基鎭 祖父 顯奎 著書 遺稿
金正立(정립)	朝鮮宣祖	老雲 盧隱 老隱	字 汝止 本貫 安東 父 瞻 郡守
金正萬(정만)	1880~1955	愼菴	字 貞一 本貫 慶州 著書 文集
金廷望(정망)	1594~1657	三六齋	字 叔遇 本貫 光山 著書 文集
金廷望(정망)		羞卞堂	著書 文集
金廷睦(정목)	1560~1614	西村	字 而敬 本貫 彦陽 父 鍵 參議
金庭睦(정목)	→金廷睦		
金正黙(정묵)	1739~1799	過齋 貞村	學者 字 而運 本貫 光山 父 偉材 系 驥材 外祖 尹休耕 經筵書筵官 著書 過齋遺稿
金正黙(정묵)	1894~1974	又汕	著書 又汕遺稿
金廷發(정발)	朝鮮	桂菴 松菴	文臣 字 道源 本貫 晉州 祖父 秀河 同知中樞府事
金挺丙(정병)	高麗	晦隱	文臣 字 南奎 本貫 金寧 封號 益城君 兵部尚書 諡號 貞簡
金廷鳳(정봉)	朝鮮	魯海	字 伯淵 本貫 義城 父 基鎭 祖父 顯奎 著書 文集
金鼎瑞(정서)		竹翁	本貫 靈光 祖父 光範

人名	年代	號	其他
金庭碩(정석)	1624~1670	沙村	字 德卿 本貫 義城 父 珛
金廷燮(정섭)		竹庵	著書 竹庵集
金定燮(정섭)		淡齋	本貫 金海 父 橡
金靖聲(정성)		清隱	本貫 金海
金鼎成(정성)		白谷處士	本貫 光山
金廷秀(정수)	朝鮮後期	可以觀	書畫家 本貫 金海
金禎秀(정수)	1816~1894	渭軒	內官 著書 渭軒文集
金正洙(정수)	1830~1888	警齋 明陽齋	學者 字 希文 本貫 蔚山 父 建中 外祖 高時圭 著書 警齋遺稿
金正洙(정수)		六忍齋	著書 六忍齋文集
金正銖(정수)		勵谷	本貫 義城
金正淳(정순)		華石齋	著書 文集
金廷述(정술)	韓末	圖應	字 光國 本貫 道康
金貞植(정식)	1862~1937	三醒 三省	獨立運動家 本貫 清風
金鼎臣(정신)	朝鮮	晚悟齋	字 國寶 本貫 晉州
金鼎新(정신)		隱嵒	本貫 靈光
金廷彦(정언)		小巖	本貫 光山 父 軾
金正業(정업)	朝鮮	子岡	本貫 金海 父 宅洙
金正燁(정엽)	1853~1918	春江	著書 春江遺稿
金定五(정오)	1660~1735	老圃	文臣 字 汝一 本貫 安東 父 始聲 省峴察訪
金正元(정원)	1887~1965	石潭	著書 文集
金鼎元(정원)		清澗堂	本貫 宣城
金鼎元(정원)		麓舍	著書 文集
金正緯(정위)	→趙正緯		
金鼎潤(정유)	朝鮮	聲庵	本貫 金海 父 禮漢
金廷尹(정유)		龍巖	本貫 江陵
金正殷(정은)		不求堂	本貫 金寧
金淨義(정의)	→淨義		
金鼎寅(정인)	1849~1909	兢齋	學者 字 夏卿 本貫 安東 父 聲哲 外祖 金勉行 著書 兢齋集
金鼎仁(정인)	→金潤弼		
金正柱(정주)		秋埜	著書 秋埜遺稿〈晚山遺集〉
金定浚(정주)		龜溪	著書 龜溪遺稿
金廷俊(정준)		映荷 逸俊	本貫 光山
金定中(정중)	1865~1942	黙軒	著書 黙軒遺稿
金鼎鎭(정진)		菊儂	字 禹寶 本貫 安東

人名	年代	號	其他
金井鎭(정진)	1886~1936	雲汀	言論人, 劇作家
金鼎集(정집)	1808~1859	石世	文臣 字 九如 本貫 慶州 父 永受 外祖 曺憲振 同知成均館事 諡號 文貞 著書 石世遺稿
金廷哲(정철)	1591~1662	黙庵 黙齋	文臣 字 明叔 本貫 錦山 父 大寶 義禁府都事
金鼎喆(정철)		德菴 南州高士	本貫 慶州
金根泰(정태)	朝鮮	醉石	武臣 字 敬洙 本貫 晉州 折衝將軍
金鼎台(정태)	朝鮮高宗	柏軒	本貫 慶州 著書 文集
金挺兒(정태)		梅溪	本貫 金海
金禎泰(정태)		靈光	字 永民 本貫 金海 著書 文集
金鼎台(정태)		追慕齋	本貫 善山
金鼎夏(정하)	朝鮮中期	歟翁	本貫 永同 父 始振
金正漢(정한)	1711~1766	芝谷	學者 字 扶仲 本貫 義城 父 舜錫 外祖 柳奉時 著書 芝谷遺集
金鼎漢(정한)		一愚	字 武瑞 本貫 安東
金靜行(정행)	朝鮮	五拙齋	字 致遠 本貫 安東
金正行(정행)	朝鮮後期	松牕	本貫 安東 父 時傑 著書 松牕遺稿〈弻雲遺稿〉
金廷憲(정헌)		訥巖	字 公度 本貫 安東
金鼎鉉(정현)	1591~1675	松林 秋谷 楸谷	文臣 字 重吉 本貫 慶州 父 峋 知中樞府事
金鼎鉉(정현)	1778~1839	剛齋	文臣, 學者 本貫 金海 父 獻祚 燕岐郡守 著書 剛齋 遺稿
金貞鉉(정현)	朝鮮	耕隱	本貫 金海 父 德祚
金鼎現(정현)		晦翁	本貫 固城
金正協(정협)	朝鮮英祖	花灘	本貫 光山 父 偉材
金正浩(정호)	?~1864	古山子	學者 字 伯溫,伯元,伯之 本貫 淸道 編著 大東輿地圖
金正浩(정호)	朝鮮	自軒	本貫 慶州 父 尙健 通德郎
金廷豪(정호)	朝鮮	五樂堂	字 君彦 本貫 安東
金廷鎬(정호)	朝鮮	小香	委巷人 字 輔卿 父 宗采
金正昊(정호)	朝鮮高宗	梧岡	著書 梧岡遺稿
金鼎華(정화)	1594~?	甘湖	著書 文集
金正華(정화)	朝鮮	栗窩	本貫 慶州 父 弘斗
金政煥(정환)		勿齋	本貫 商山 祖父 濟華
金正會(정회)	朝鮮高宗	普亭	本貫 安東
金正會(정회)		淵淵堂	著書 文集
金靜厚(정후)	1576~1640	東籬 東籬散人 認齋 破屋散人	文臣 字 士畏 本貫 禮安 父 玄度 崔笠 門人 甕津郡守
金靜厚(정후)		破屋 破屋陳人	本貫 松都
金正欽(정흠)		惟一齋	著書 惟一齋先生實紀

人名	年代	號	其他
金正喜(정희)	1786~1856	阮堂 秋史 敢翁 古鷄林人 苦茶老人 苦茶庵 古㠎山人 穀人 果老 果農 果道人 果月 果田 果冲 果七十 果坡 廣川 漚竟 琴江 琴麖 吉金庵 吉羊室 金七十 懶客 那山 那叟 那翁 南充 老迦 老敢 老苂 老帚 老果 老蓮 老謬 老史 老漁樵 老髥 老阮 老蓉盦 老傷 老泉 老波 老婆 老湖 老紅 農丈人 茶門 檀波 覃揅齋 覃齋 東國儒子 東夷之人 東海循士 東海循史 東海琅環 東海書生 東海儒生 東海筆生 東海閑鷗 燈影庵 鬂持 曼香 梅花舊主 無用道人 墨緣盦 墨莊 密庵 半駒主人 百飯居士 百鼎盦 百泉庵 病居士 丙午老人 病阮 寶覃齋 寶蘇室 寶蘇齋 飛雲閣 思半齋 四十驢閣 賜硯堂 屩提 屩波 三古堂 三十六鷗草堂 三硏齋 三硯老人 三墨室 三琱 三琱老照 書農 石敢 仙客 蘇堂 筍泉 純髥 嵩陽居士 勝蓮 勝雪道人 詩庵 雙修道人 硏圖庵 硏室 硏齋 硯齋 髥迦 髥那 髥老 髥阮 髥翁 咏麵 禮堂 阮舫 阮叟 阮盦 阮闍 阮坡 蓉井 龍丁 耦堂 于眞人 二仙客老人 荃民 篆盦 正盦 暢老 暢闍 暢人 惕盦 惕人 天竺古先生 青丘 初果 初堂 初盦 秋盦 秋齋 醉翁 七十二鷗 七十一果 莕籌盦 鶴翁 漢瓦齋 海外文人 行香子 香南 玄蘭	文臣, 學者, 書藝家 字 元春 本貫 慶州 父 魯敬 系 魯永 吏曹判書 著書 阮堂集

人名	年代	號	其他
金政喜(정희)		誠齋	本貫 慶州 父 宗祿
金禎熙(정희)	1900~1973	石樵	字 善七 本貫 義城 父 秉泰 著書 文集
金鼎熙(정희)	韓末~日帝	松谷	獨立運動家
金濟(제)	1362~?	白巖 白巖山人	忠臣 本貫 善山 父 元老 祖父 誼 平海郡守 諡號 忠介
金禔(제)	朝鮮明宗	養松居士 養松堂 養松齋 養松軒 醉眠	畫家 字 季綏 本貫 延安 父 安老
金禔(제)	朝鮮中期	松軒	本貫 江陵
金濟(제)	→金齊海의 初名		
金堤(제)	→金湜		
金悌甲(제갑)	1525~1592	毅齋	文臣 字 順初 本貫 安東 父 錫 李滉 門人 追贈 領議政 諡號 文肅 著書 毅齋遺稿
金濟謙(제겸)	1680~1722	竹醉	文臣 字 必亨 本貫 安東 父 昌集 追贈 左贊成 諡 號 忠愍 著書 竹醉藁
金齊關(제관)	→金齊閈		
金悌根(제근)		夢竹	字 汝孝 本貫 安東
金濟大(제대)	朝鮮英祖	琴琴子	
金濟德(제덕)	1855~1927	秋水	文人 字 成大 本貫 慶州 著書 秋水私稿
金濟東(제동)	1887~1936	久堂	著書 久堂遺稿
金濟東(제동)		考軒	字 箕用 本貫 安東 著書 文集
金濟東(제동)		德齋	字 君楫 本貫 安東
金濟良(제량)	朝鮮英正祖	三省齋	委巷人 字 士恭 本貫 安山 父 尚彩 著書 三省齋遺 稿〈蒼巖集〉
金濟勉(제면)	朝鮮	謙齋	學者 字 若勤 本貫 延安
金濟武(제무)	朝鮮	龜溪	本貫 金海 父 貞鉉
金濟黙(제묵)	朝鮮後期	黙巖	學者 本貫 商山 父 仁俊 外祖 宋來禎 縣監 著書 黙巖文集
金齊閈(제민)	1527~1599	鰲峰	文臣 字 士孝 本貫 義城 父 灝 追贈 吏曹判書 諡 號 忠剛 著書 鰲峰集
金濟民(제민)	1828~1909	秋山	字 德裕 本貫 慶州 父 之昊 著書 文集
金齊閔(제민)	→金九容의 初名		
金濟聲(제성)	朝鮮	蓮山齋	本貫 金海 父 逸鉉
金濟淳(제순)		梅下	字 長吉 本貫 安東 著書 梅下遺稿
金濟臣(제신)		池雲	本貫 金寧
金齊顔(제안)	朝鮮宣祖	竹堂 竹軒	孝子 字 士遇 本貫 義城 父 灝 金麟厚 門人
金濟猷(제유)	→濟黙		

人名	年代	號	其他
金濟潤(제윤)	朝鮮	巴南	學者 字 士楫 本貫 原州
金濟學(제학)	1791~?	龜菴	學者 本貫 慶州 父 敎憲 著書 龜菴集
金濟河(제하)	朝鮮	春圃	文臣 字 濟安 本貫 公州 中樞院參議
金齊海(제해)	高麗	蹈海 白巖 白巖山人	本貫 安東(善山) 一名 濟海 父 公亮 平海郡守 諡號 忠介
金悌行(제행)	1721~?	自樂軒	字 幼仁 本貫 安東 父 時侃 著書 自樂軒遺稿
金濟憲(제헌)		老可齋	
金濟鉉(제현)	朝鮮	畏庵	本貫 商山 父 基溥
金齊賢(제현)		安息窩	字 季膺 本貫 義城 父 頤
金齊顯(제현)		石圃	本貫 金海
金齊賢(제현) →金齊閔			
金濟華(제화)		湖隱	著書 湖隱遺稿
金濟華(제화)		志晦齋	本貫 商山 父 守光
金濟煥(제환)	1867~1913	素堂	獨立運動家 字 文道 本貫 金海 著書 素堂文集
金齊典(제흥)	1865~1956	松溪	字 達夫 本貫 義城 父 弼華 外祖 朴祥德 著書 松溪文集
金銚(조)	?~1455	拙齋	文臣 字 子和 本貫 金海 初名 鑌 禮曹判書 諡號 恭簡
金照(조)	朝鮮後期	東里	學者 字 善兼, 日如 本貫 光山 父 必欽 外祖 李遠紀
金晁(조)	?~1948	腥冈	著書 腥冈遺稿
金慥冠(조관) →慥冠			
金肇權(조권)	朝鮮後期	莒塘	字 公敏 本貫 花開
金祖根(조근)	1793~1844	紫塢	武臣 字 伯述 本貫 安東 父 芝淳 憲宗 丈人 追贈 領議政 諡號 孝簡
金肇瑞(조서) →孫肇瑞			
金祖淳(조순)	1765~1831	楓皐 閏人觀	文臣 字 士源 本貫 安東 初名 洛淳 父 履中 領敦寧府事 諡號 忠文 著書 楓皐集
金祚植(조식)	1873~1950	貢西 井山	本貫 義城 父 大洛
金調元(조원)	朝鮮	悠悠亭	本貫 光山 父 約 金麟厚 門人
金朝潤(조윤)	朝鮮英祖	葵庵	文臣 字 懼卿 本貫 原州 漢城府尹
金祖澤(조택)	1680~1730	誠齋 平齋	字 克念 本貫 光州 父 鎭龜
金朝漢(조한)		霞石	字 柱源 本貫 安東
金朝漢(조한)		南浦	字 鳳彦 本貫 安東
金存敬(존경)	1569~1631	竹溪	字 守吾 本貫 光山 父 彦勗
金存中(존중)	高麗仁祖	芝巖	本貫 龍宮
金宗(종)	朝鮮中期	梅竹堂	學者 本貫 扶安 父 淑孫

人名	年代	號	其他
金淙(종)		釜村	本貫 慶州 父 禹賢 祖父 聲發
金腫(종)	高麗	純村	字 用晦 本貫 義城 贊成
金種嘉(종가)		立軒	著書 立軒先生文集
金宗建(종건)	1746~1811	東海人	父 光國
金宗傑(종걸)	1628~1709	黃坡	學者 字 國卿 本貫 禮安 父 海潤 外祖 琴聲賢 副護軍 著書 黃坡集
金鍾儉(종검)	1764~1838	梧西	著書 文集
金宗敬(종경)	朝鮮正宗	楓川堂	文臣 本貫 永同 左贊成
金宗敬(종경)	1732~?	苟齋	字 直甫 本貫 安東 父 南應
金鍾琯(종관)	朝鮮高宗	龜磵	字 寶卿 本貫 延安 父 赫基
金鍾龜(종구)	朝鮮	東初	本貫 金海 父 璿坤
金鍾國(종국)		隱巖	著書 隱巖集
金宗權(종권)		老稼	本貫 金海 父 周奭
金宗奎(종규)	1765~1832	獨山	學者 字 聖文 本貫 豊山 父 相辰 外祖 李啓中 正言 著書 獨山文集
金宗圭(종규)		振菴	字 敬國 本貫 安東 著書 振菴遺稿
金宗圭(종규)		農坡	字 禮卿 本貫 安東
金宗瑾(종근)	朝鮮	省齋	字 滋潤 本貫 金寧
金宗根(종근)		明崖	字 聖學 本貫 安東
金鐘根(종근)	1894~?	玄岩	法律家 大韓辯護士會長
金宗基(종기)		一安堂	本貫 金海
金種驥(종기)	韓末~日帝	篤隱	字 亨郁 本貫 慶州
金鍾吉(종길)	1817~1889	靜軒	字 聲振 著書 文集
金從南(종남)	朝鮮	痴齋	文臣 本貫 金寧 封號 金城君 漢城判尹
金宗南(종남)	朝鮮哲宗	海隱	國樂人 字 士極 本貫 慶州 父 昌祿 雅樂師長
金終男(종남)→金偉男의 初名			
金鍾大(종대)	韓末	岡雲	本貫 金海
金鍾大(종대)	1873~1949	我石	學者 字 允鳴 本貫 金海 父 昌壽 外祖 裵煥 著書 我石遺稿
金鍾大(종대)		農隱	本貫 光山
金鍾大(종대)	朝鮮高宗	春舫	
金宗德(종덕)	1724~1785	川沙 草廬	學者 字 道彦 本貫 安東 父 南應 義禁府都事 著書 川沙先生文集
金終同(종동)→金瓘의 初名			
金宗洛(종락)	1796~1875	二素齋	學者 字 耆彦 本貫 安東 父 道言 外祖 鄭在厚 著書 二素齋文集
金宗洛(종락)	1882~1952	貞齋	著書 文集

人名	年代	號	其他
金宗亮(종량)		酒人	著書 文集
金宗祿(종록)		東湖	
金宗履(종리)	朝鮮中宗	樂琴堂	字 敬叔 本貫 義城 判決事
金宗履(종리)	朝鮮英祖	南崗	武臣 字 益之 本貫 廣州 訓練院僉正
金鍾萬(종만)		雲坡	本貫 金海
金鍾模(종모)		秋坡	
金宗敏(종민)	朝鮮	敬建	武臣 本貫 金海 追贈 兵曹參判
金宗發(종발)	1740~1812	容淵	文臣, 學者 字 景緼 本貫 安東 父 南應 外祖 金冑嶷 掌令 著書 容淵逸稿
金種參(종삼)		隱巖	本貫 慶州 父 兌旻
金宗瑞(종서)	1390~1453	節齋	文臣 字 國卿, 國貞 本貫 順天 父 錘 左議政 諡號 忠翼 著書 制勝方略
金宗錫(종석)	朝鮮哲宗	美谷	本貫 豐山 父 相穆 生員
金宗善(종선)	1766~1810	松齋 淸修	文臣, 學者 字 城甫 本貫 淸風 父 基大 祖父 時黙 刑曹參判
金鍾善(종선)	1741~1799	勤齋	學者 字 復初 本貫 淸風 父 致彦 著書 勤齋集
金宗燮(종섭)	1743~1791	濟菴	學者 字 弘輔 本貫 安東 父 南應 外祖 金冑嶷 著書 濟菴集
金鍾燮(종섭)	1869~1938	晩香 晩香堂	著書 晩香遺稿〈喬梓聯稿〉
金鍾燮(종섭)	朝鮮高宗	松竹齋	字 士振 本貫 金海 父 履弘
金鍾性(종성)		艮菴	著書 艮菴先生文集
金鍾世(종세)		存養齋	本貫 東萊
金鍾秀(종수)	1728~1799	夢梧 夢村 眞率	文臣 字 正夫 本貫 淸風 父 致萬 祖父 希魯 左議政 諡號 文忠 著書 夢梧集
金宗壽(종수)	1761~1813	聽松	字 一老 本貫 義城 縣監
金琮洙(종수)		梅隱	本貫 光山 父 永鐸
金宗秀(종수)	→金宗繪의 初名		
金從舜(종순)		恭湖	本貫 慶州 父 季誠 判尹
金鍾順(종순)	1837~1886	直軒	學者 字 伯存, 英汝 本貫 扶寧 父 用均 外祖 奇先 蕙 任憲晦 門人 著書 直軒集
金琮植(종식)	韓末	道隱	字 宗玉 本貫 義城
金鍾植(종식)		愼齋	本貫 商山 父 佑
金宗信(종신)	1778~1830	潛軒	字 明甫 本貫 淸風
金宗燁(종엽)		義軒	本貫 光山 父 聲秋
金鍾五(종오)	朝鮮	竹坡	本貫 金海 父 珪玉
金宗五(종오)		野隱	本貫 金海 父 原弼
金鍾五(종오)		芝軒	本貫 固城
金宗宇(종우)	?~1900	正齋	著書 正齋遺稿

人名	年代	號	其他
金宗羽(종우)	朝鮮	碧山翁	委巷人 字 儀之 本貫 漢陽
金宗裕(종유)	1428~?	瓜堂 苽堂	字 仲容 本貫 一善 父 仲 著書 文集
金鐘允(종윤)		醒湖	字 敬維 本貫 固城
金鍾應(종응)		錦亭	本貫 光山 祖父 啓烈
金宗益(종익)	1562~1626	湖隱	著書 文集
金宗仁(종인)	朝鮮	九峯	本貫 金海 父 東雄
金宗一(종일)	1597~1675	魯庵	文臣 字 貫之 本貫 慶州 父 慶龍 申之悌,鄭經世 門人 蔚山府使 著書 魯庵文集
金鍾正(종정)	1722~1787	雲溪	文臣 字 伯剛 本貫 清風 父 致垕 外祖 李奎壽 漢城府判尹 諡號 清獻 著書 雲溪漫稿
金宗直(종직)	1431~1492	佔畢齋 景廉堂 悔堂	學者 字 季昷,孝盥 本貫 善山 父 叔滋 外祖 朴弘信 知中樞府事 諡號 文忠 著書 佔畢齋集
金鍾震(종진)		柒室	本貫 安東 著書 柒室漫話
金宗鎭(종진)	1891~1931	是也	獨立運動家 本貫 安東
金鍾贊(종찬)	朝鮮	景軒	本貫 金海 父 文培
金宗采(종채)	朝鮮	翠香	委巷人 字 致和 本貫 漢陽 祖父 麗輝
金宗宷(종채)		芝塢	本貫 金海 父 續培
金宗鐸(종탁)	朝鮮憲宗	畏厓	本貫 豊山 父 相德
金終弼(종필)	朝鮮宣祖	楓巖 楓潭	文人 字 諧中 本貫 清風 著書 楓巖集
金宗弼(종필)	→金終弼		
金鍾夏(종하)		海山	著書 海山倡義錄
金鍾河(종하)	朝鮮	秋波	文臣 字 潤九 本貫 通川 吏曹參議
金鍾河(종하)	朝鮮	遇魯齋	字 鎭材 本貫 金寧
金鍾河(종하)	朝鮮	月齋	本貫 清風 父 明浩
金宗漢(종한)	朝鮮	棄窩	字 汝原 本貫 安東
金宗漢(종한)	1844~1932	游霞	文臣 字 祖卿 本貫 安東 父 啓鎭 系 敬鎭 奎章閣 祗候官
金宗漢(종한)		秋軒	字 敬甫 本貫 安東
金宗漢(종한)		黙齋	字 國甫 本貫 順天 父 陞 著書 文集
金鍾恒(종항)	朝鮮英祖	愚軒	本貫 光山 父 萬埰
金鍾㷒(종혁)		松圃	本貫 金海 父 仁淳
金宗鉉(종현)	朝鮮純祖	訥庵	本貫 光山 父 在撚 祖父 斗秋 韓山郡守
金鍾鉉(종현)	1855~1950	松隱	著書 文集
金宗鉉(종현)		惺巖	本貫 慶州
金宗灝(종호)	朝鮮孝宗	咸集堂	字 深源 本貫 宣城 祖父 友益
金宗䎛(종호)	朝鮮	止齋	委巷人 字 伯祥 本貫 漢陽 父 喜重

人名	年代	號	其他
金宗虎(종호)		檜巖	本貫 江陵
金宗煥(종환)	朝鮮	楝巖	文臣 字 緒玉 本貫 密陽 佐郞
金宗煥(종환)	朝鮮	連亭	文臣 字 鳴玉 本貫 密陽 開城府經歷
金宗煥(종환)		漁樵齋	本貫 金海 父 圭俊
金宗繪(종회)	1751~1792	澹齋	畫家 字 陽仲 本貫 慶州
金宗孝(종효)	朝鮮	伴月堂	本貫 順天 父 淇
金從厚(종후)	1724~1784	癯仙 東屛	文人 字 子容 初名 致默 初字 因之 本貫 淸風 父 重魯
金鍾厚(종후)	?~1780	本庵 澹簡溫齋 溫齋 眞齋	學者 字 伯高 本貫 淸風 父 致萬 閔遇洙 門人 咨義 著書 本庵集
金宗厚(종후)	朝鮮	梅窩	委巷人 字 道述 本貫 忠州 父 昌震
金鍾勛(종훈)	朝鮮	思浦	本貫 金海 父 用鼎
金鍾桓(종환)	1892~1948	也庵	獨立運動家 本貫 金海
金宗烋(종휴)	1783~1866	書巢	學者 字 聖浩 本貫 豊山 父 相溫 外祖 黃最源 著書 書巢集
金宗禧(종희)	朝鮮	梅溪 梅隱	本貫 善山 父 基鉉 著書 梅溪集
金佐均(좌균)		松澗	字 公準 本貫 安東
金佐根(좌근)	1797~1869	荷屋	文臣 字 景隱 本貫 安東 父 祖淳 領三軍府事 諡號 忠翼
金佐明(좌명) →金佑明			
金佐性(좌성)	朝鮮	鷄村	本貫 扶寧 父 昌宇
金佐永(좌영)	1798~1856	江海	學者 字 德彦 本貫 義城 父 鍵秀 外祖 李堯臣 著書 江海集
金佐一(좌일)	朝鮮	栗園	委巷人 字 右甫(輔) 本貫 天安
金佐鎭(좌진)		忍庵	字 叔弼 本貫 安東 著書 文集
金佐鎭(좌진)	1889~1930	白冶	獨立運動家 字 明汝 本貫 安東 父 衡奎
金柱(주)	高麗恭愍王	求友亭	字 重擎 本貫 烏川
金澍(주)	高麗	籠巖 甕巖	忠臣 字 澤夫 本貫 善山 父 元老 著書 籠巖逸稿
金澍(주)	1512~1563	寓菴	文臣 字 應霖 本貫 安東 父 公亮 封號 花山君 禮曹參判 諡號 文端 著書 寓菴遺集
金䃴(주)	1564~1636	雲巖 雲巖居士 南翁	文臣 字 志遠 本貫 海平 父 應袞 外祖 盧弘道 務安縣監 著書 雲巖文集
金澍(주)	朝鮮後期	逸軒	文臣 字 景時 本貫 慶州
金澍(주)	朝鮮	籠巖	
金籒(주)		楓巖	本貫 光山 祖父 光遠
金湊(주) →金䃴			

人名	年代	號	其他
金霙(주) →金澍			
金疇健(주건)	朝鮮	敬省齋	字 聖九 本貫 金寧
金霙謙(주겸)		梅谷	
金柱敬(주경) →金在敬			
金柱國(주구)	朝鮮	撤士	本貫 義城
金周悳(주덕)	朝鮮後期	鍊丹室	
金冑萬(주만)	1632~1717	聽軒 思軒	學者 字 太初 本貫 光山 父 華俊 外祖 金景壽 著書 聽軒集
金周默(주묵)	1777~?	哉哉室	字 楚叟 本貫 清風 父 聖球
金柱旻(주민)		拙修齋	字 天支 本貫 安東 著書 文集
金周鳳(주봉)	朝鮮	竹閒	本貫 清風 父 昌壽
金周爽(주석)		翠軒	本貫 金海 父 德鼎
金周善(주선)	朝鮮	晚溪	本貫 江陵 父 敬烈
金疇壽(주수)	?~1851	四可軒	學者 字 箕應 本貫 義城 父 行運 外祖 崔興濂 著書 四可軒集
金冑植(주식)	1869~1916	順窩	字 舜敎 本貫 義城 父 參洛 著書 順窩集
金柱臣(주신)	1661~1721	壽谷 洗心齋	文臣 字 厦卿 本貫 慶州 父 一振 祖父 南重 掌樂院提調 諡號 孝簡 著書 壽谷集
金柱玉(주옥)		儉庵	字 玉必 本貫 安東
金柱宇(주우)	1598~1644	雲塘 易眠 易眠齋	文人,書藝家 字 萬古 本貫 安東 父 中清 持平 著書 文集
金柱雲(주운)	1707~1789	校前	字 昌國 本貫 義城 父 夢海 著書 文集
金冑嶷(주의)		六隅齋	字 少昌 本貫 順天
金周八(주팔)	朝鮮	樂昭齋	本貫 慶州 父 器煥 祖父 東鎮
金周漢(주한)		回岩	字 善五 本貫 安東 著書 文集
金周鉉(주현)	朝鮮純祖	景庵 景葺居士	詩人 字 洛元 本貫 光山 父 在崑 著書 景庵居士詩藁
金疇鉉(주현)	1844~?	用悔堂	本貫 光山 父 在珩 系 在顥
金周顯(주현)		雲菴	字 聖烈 本貫 安東
金浚(준)	朝鮮初期	漁隱	本貫 水原 父 倬 封號 隋城府院君
金遵(준)	朝鮮初期	晚池堂	字 應遠 本貫 金寧 父 耘
金焌(준)	1695~1775	遲齋	文臣,學者 字 子文 本貫 延安 父 相履 資憲大夫 著書 河圖解
金浚(준)	朝鮮	菊軒	字 遠回 本貫 安東
金浚(준)	朝鮮	三足齋	本貫 商山 成均進士
金俊(준)	朝鮮	箕隱	本貫 善山 父 石圭

人名	年代	號	其他
金埈(준)	朝鮮	石愚	本貫 慶州 父 熙奎 祖父 憲植
金濬(준)	朝鮮	松亭	本貫 義城 父 澹
金準(준)	朝鮮	稼雲	本貫 商山 父 蘭鉉
金準(준)	朝鮮	何山	本貫 安東 父 鍊
金準(준)	1825~1907	竹峰	義兵將 字 稚準 本貫 善山 父 炳振
金鐏(준)		瘦石	著書 瘦石集
金俊綱(준강)		華隱	本貫 金海
金俊炯(준경)			
金濬卿(준경)		菊史	著書 文集
金遵階(준계)	朝鮮	梅谷	文臣 字 彦昇 本貫 熙川 南道兵馬節度使
金俊九(준구)	朝鮮	松溪	字 德後 本貫 金寧
金焌九(준구)		南坡	本貫 羅州
金俊奎(준규)	朝鮮	安貧齋	本貫 金海 父 彦弼
金俊根(준근)		箕山	
金駿大(준대)	朝鮮	鳳南	字 環振 本貫 金寧
金濬東(준동)		岩齋	字 景七 本貫 安東
金濬洛(준락)	朝鮮後期	倉山	本貫 義城
金駿鍊(준련)	朝鮮英祖	閑窩	文人 字 幼伯 本貫 宣城 父 琥
金峻立(준립)	朝鮮	雪月堂	字 極夫 本貫 善山 父 瑛
金準培(준배)		台峯	本貫 金海
金駿栢(준백)	1888~1969	東谷	學者 字 彦卿 本貫 靈光 父 漢穆 外祖 朴東淵 著書 東谷集
金儁相(준상)	朝鮮	壺隱	字 巨卿 本貫 善山 祖父 世濂 承旨
金俊成(준성)	朝鮮宣祖	錦溪	本貫 光山 祖父 廷彦 漢城判官
金駿孫(준손)	1454~1507	東窓	文臣 字 孟雲 本貫 金海 父 孟
金俊孫(준손)	1455~1492	酒軒	文臣 字 子彦 本貫 燕岐 父 德義 知中樞府事
金俊升(준승)	1842~1917	慕濂齋	著書 慕濂齋集
金駿植(준식)	1888~1969	東谷	著書 文集
金俊植(준식)		節庵	字 元七 本貫 固城
金峻業(준업)	朝鮮仁祖	東溪	學者 字 汝修 本貫 義城 金長生 門人 參奉
金俊淵(준연)	1895~1971	朗山	言論人, 政治家 本貫 金海 父 相逈
金準榮(준영)	1842~?	石年	畵家 字 致規 本貫 開城
金俊榮(준영)		東嶽	字 泰晉 本貫 金寧
金駿榮(준영)	1842~1907	炳菴	學者 字 德卿 本貫 義城 父 相億 外祖 洪瓚 著書 炳菴集
金駿鏞(준용)		蘇巖	著書 文集
金俊鐸(준탁)	朝鮮	西浦	本貫 慶州 父 商晉 祖父 鳴玉 副護軍

人名	年代	號	其他
金準學(준학)	朝鮮後期	小梅	
金俊鉉(준현)	朝鮮	竹軒	本貫 義城 父 在旭
金準鉉(준현)		荷鉉	著書 文集
金俊炯(준형)	1851~1897	龍隱 炭窩	武臣 字 景初 本貫 金海 父 玉恒 外祖 林春植 僉 知 中樞府事兼五衛將 著書 龍隱遺稿
金峻鎬(준호)	1851~1923	鶴山	學者 字 德懋 本貫 義城 父 載憲 外祖 鄭逵 著書 鶴山文集
金俊昊(준호)		知山	著書 知山先生文集
金濬熙(준희)	朝鮮	癡庵	委巷人 字 文有 父 秀齡
金中乾(중건)	朝鮮世宗	義齋	字 文元 本貫 瑞興 禮曹判書
金重建(중건)	1889~1933	笑來 不吠 連山	獨立運動家 本貫 慶州 著書 笑來集
金中坤(중곤)	1369~1441	義齋	字 文亨 本貫 瑞興 禮曹叅義
金重九(중구)	朝鮮	樂天齋	文臣 字 亨三 本貫 公州 忠翊衛
金重國(중국)	朝鮮	漁樵齋	文臣 字 乃禎 本貫 晉州 戶曹叅議
金重權(중권)	朝鮮	冠竹軒	本貫 金寧 父 溶奎
金重南(중남)	1636~1698	敬齋	文臣, 學者 字 德暉德輝 本貫 義城 父 是煥 外祖 李潤雨 慈仁縣監 著書 敬齋集
金仲訥(중눌)	朝鮮	海蒼	文臣 字 星彦 本貫 善山 郡守
金重良(중량)	朝鮮世宗	潛谷	字 景呂 本貫 固城
金重呂(중려)	1675~1716	栢軒	學者 字 大汝 本貫 晉州 父 翼海 外祖 金光夏 著書 栢軒遺稿
金重呂(중려)	朝鮮純祖	竹沙	字 汝一 本貫 瑞興
金重呂(중려)		石泉	字 呂仲 本貫 野城
金仲龍(중룡)		南溪	本貫 清道 父 元鼎
金中龍(중룡)→金之岱의 初名			
金重萬(중만)	朝鮮	桐谷	字 鎭淑 本貫 青松 叅奉
金重鳴(중명)	朝鮮	松亭	文臣 字 遠之 本貫 密陽 虞侯
金重培(중배)		小梧	本貫 金海 父 顯佑
金重寶(중보)	朝鮮	守軒	文臣 本貫 安城 兵曹判書
金重璿(중선)	1659~1702	最樂堂	本貫 商山 著書 文集
金重省(중성)		竹堂	著書 文集
金仲孫(중손)	朝鮮中宗	白谷處士 白雲 處士 山南	隱士 字 仲胤 本貫 金海
金重洙(중수)	朝鮮	潭窩	本貫 慶州 父 鉉達
金重說(중열)	朝鮮英祖	山水子	歌客 字 士淳 父 子彬
金重燁(중엽)		陶山	本貫 光山
金重燁(중엽)		月庵	著書 文集

人名	年代	號	其他
金重榮(중영)	朝鮮宣祖	遯庵	學者 字 顯卿 本貫 光州 父 愼吉
金重羽(중우)	朝鮮宣祖	慕亭	本貫 道康
金重佑(중우)	朝鮮高宗	邱南	本貫 豊山 父 宗錫
金重源(중원)	高麗	楣谷	本貫 金寧
金重元(중원)	1680~1750	退藏菴 觀魚齋	學者 字 應三 本貫 安東 父 尚琛 外祖 尹孝一 著書 退藏菴遺集
金重元(중원)	朝鮮	夢庵	委巷人 字 士鎰 本貫 三陟
金中寅(중인)	朝鮮世宗	禮齋	字 文利 本貫 瑞興 成均館博士
金重鎰(중일)	朝鮮孝宗	洛圃	字 伯珍 本貫 安東 父 光燧 著書 洛圃集
金重鼎(중정)	1602~1689	肯構堂	學者 字 子三 本貫 光山 父 翰龍 著書 肯構堂遺稿
金中柱(중주)	朝鮮英祖	巖齋	本貫 義城 父 崇廉
金重震(중진)		靜軒	本貫 商山 祖父 齋鎔
金重昌(중창)	朝鮮中期	八詠堂	本貫 光山 父 廷望
金仲昌(중창)	朝鮮	東菴	文臣 字 世萬 本貫 昌原 龍安縣監
金重彩(중채)	朝鮮	耘谷	文臣 字 士見 本貫 水原 參判
金中清(중청)	1567~1629	苟全 苟全齋 晚退軒 退軒	文臣 字 而和 本貫 安東 父 夢虎 趙穆 門人 承旨 著書 苟全集
金重泰(중태)		守拙軒	本貫 商山 祖父 云寶
金重杓(중표)		文泉	本貫 慶州
金重夏(중하)	1784~1860	桐巢	學者 字 稚常 本貫 豊山 父 宗鳳 刑曹參議 著書 桐巢集
金重鉉(중현)	1873~1860	晚松	著書 文集
金重鉉(중현)	朝鮮	潮灘	字 士剛 本貫 安東
金重鉉(중현)		竹庵	本貫 光山 父 在千
金仲煥(중환)		梅堂	本貫 商山
金重會(중회)	朝鮮	玉圃	本貫 安東 父 在允
金重厚(중후)		南浦	本貫 商山 祖父 在鎔
金重休(중휴)	朝鮮正祖	鶴庵	本貫 豊山 參奉
金重喜(중희)	1804~?	遯齋	著書 文集
金楫(즙)		豊翁	著書 豊翁集
金機(즙)	1575~1615	退隱	字 公濟 本貫 義城 父 天澤
金楫(즙) →金商楫			
金增(증)		柏齋	本貫 清州
金曾範(증범)		忍齋	本貫 金海
金曾弘(증홍)	1889~1933	紹唐 紹塘 紹塘處士	著書 紹塘稿
金志(지)	高麗	忘世齋	字 士尚 本貫 慶山 祖父 澍
金漬(지)	朝鮮世祖	釜山	字 就盈 本貫 延安 父 就和

人名	年代	號	其他
金漬(지)	1540~?	餐菊	字 君澤 本貫 開城 父 自陽 公州牧使
金溍(지)	朝鮮宣祖	竹林	義兵 字 浚源
金摯(지)	朝鮮	龍巖	文臣 本貫 錦山 司諫
金漬(지)	朝鮮	道南	本貫 光山 父 達全 縣監
金之慶(지경)	朝鮮	松坡	文臣 字 裕後 本貫 善山 父 地 大司憲 謚號 景質
金知光(지광)	朝鮮英祖	東磯	學者 著書 東磯集
金芝根(지근)	朝鮮	勿窩	本貫 羅州 父 履鎬
金芝根(지근)		東溪	字 靈彦 本貫 安東 著書 文集
金止男(지남)	1559~1631	龍溪 梅庄	文臣 字 子定 本貫 光山 父 彪 系 讓 慶尚道觀察使 著書 龍溪遺稿
金地南(지남)	1600~1650	九峯	文臣 字 大賚,大眷 本貫 義城 父 晟 兵曹正郞
金指南(지남)	1654~?	廣川 廣州	譯官 字 季明 本貫 牛峰 父 汝義 知中樞府事 著書 新傳者硝方
金之岱(지대)	1190~1266	雙修 雙修堂	武臣 字 凝立 初名 仲龍 本貫 青道 封號 鰲山君 中書侍郞平章事 謚號 英憲
金至大(지대)	朝鮮	踦庵	字 大哉 本貫 安東
金志穆(지목)		溪隱	本貫 金海
金誌黙(지묵)	韓末	晚喜	字 云士
金之白(지백)	1623~1671	澹虛齋	學者 字 子成 本貫 扶安 父 沇 祖父 益福 司憲府執義 著書 澹虛齋集
金之炳(지병)	朝鮮	杏村	字 汝晦 本貫 安東
金知復(지복)	1568~1635	愚淵	文臣 字 无悔,守初 本貫 永同 父 覺 外祖 金沖 成均館司藝 著書 愚淵文集
金止善(지선)	1573~1622	樊溪	字 逢吉 本貫 宣城 父 功
金志善(지선)	→金忠善		
金祉燮(지섭)	1884~1928	秋岡	獨立運動家 字 衛卿 本貫 豊山
金地粹(지수)	1585~1636	苔川 天台山人 天台散人 苔洲 苔湖	文臣, 書畵家 字 去非 本貫 義城 父 曙 祖父 齊閔 追贈 吏曹判書 謚號 貞敏 著書 苔川集
金之壽(지수)		愼齋	字 一汝 本貫 牛峰
金志洙(지수)		靜會堂	
金志洙(지수)		心菴	本貫 光山
金之純(지순)	1635~1707	澹庵 春巖	隱士 字 眞卿 本貫 扶安
金芝淳(지순)		三秀堂	字 士秀 本貫 安東
金志顔(지안)		退齋	字 汝仁 本貫 江陵 父 忠殼
金至宗(지종)		箕隱	本貫 金海
金之燦(지찬)	朝鮮	樂齋	字 厚元 本貫 安東
金志學(지학)	1866~1925	頑石	著書 文集
金之漢(지한)		東泉	字 應七 本貫 安東

人名	年代	號	其他
金砥行(지행)	1716~1774	密庵 密翁	學者 字 幼道 本貫 安東 父 時淨 監役 著書 密庵集
金智煥(지환)	1892~1972	一泉	獨立運動家
金之欽(지흠)	朝鮮仁祖	明坡	字 子敬 本貫 廣州 嘉善大夫
金煜 (직)	朝鮮英祖	自棄翁	本貫 延安 父 相箕
金 直(직)	朝鮮	芝厓	字 敬之 本貫 義城 慶尚道都事
金直方(직방)		方齋	本貫 光山
金直淳(직순)	1765~1812	實庵 竹庵	學者 字 淸夫 本貫 安東 父 履九 外祖 兪彥鉄 著書 實庵集
金直述(직술)	朝鮮	和介軒	文臣 字 正慶 本貫 道康 敎官
金直述(직술)	韓末~日帝	南華	
金直源(직원)	1868~1937	愼菴	著書 文集
金瑢(진)	1500~1580	淸溪	學者 字 瑩仲 本貫 義城 父 禮範 祖父 萬謹 追贈 吏曹判書 著書 淸溪先生逸稿
金搢(진)	1585~?	詠齋 秋潭 春潭 訓齋	文臣 字 起仲 本貫 光山 父 潤國 禮安縣監 編書 新補彙語
金溍(진)	1599~1684	南谷	學者 字 晋卿 本貫 淸道 父 孝先 僉知中樞府事 著書 南谷逸稿
金振(진)	1603~?	駱峯	文臣 字 君玉 本貫 安東 父 正立 祖父 瞻 黃海道監司
金鎭(진)	朝鮮純祖	萬書院	字 景范 本貫 延安 經筵試讀官
金瑨(진)	朝鮮後期	石隱	委巷人
金鎭(진)	朝鮮	五梅軒	文臣 字 仲仁 本貫 錦山 父 聲遠 察訪
金鎭(진)	朝鮮	梅軒	文臣 字 鎭之 本貫 羅州 父 宗僖 副摠官
金鎭(진)	朝鮮	西村	文臣 字 景仁 本貫 豊山 父 順貞 左贊成
金進(진)	朝鮮	山窩	本貫 慶州 父 潤仁
金瑱(진)		樂圃	本貫 善山
金榛(진) →金轅			
金進(진) →金自進			
金振傑(진걸)	朝鮮	南漢	字 君玉 本貫 金海 追贈 漢城左尹
金鎭謙(진겸)		南史	本貫 金海
金振古(진고)	朝鮮	晚隱	本貫 聞韶 父 天祥
金鎭坤(진곤)	朝鮮後期	峴山	本貫 義城
金鎭龜(진구)	1651~1704	晚求窩 晚求齋	文臣 字 守甫 本貫 光山 父 萬基 判義禁府事 謚號 景獻 著書 文集
金鎭龜(진구)	1779~1851	素隱	字 禹端 本貫 義城 父 虎壽 系 衡壽 著書 素隱集
金鎭九(진구)	朝鮮	蘆洲	字 應之 本貫 義城 父 萬鏐 祖父 昌胤
金鎭九(진구) →金以器의 初名			
金鎭國(진국)	1775~1835	悠悠軒	字 德涵 本貫 義城 貞陵參奉
金鎭國(진국)	朝鮮	松厓	本貫 金海 父 聖昌 著書 文集

人名	年代	號	其他
金鎭圭(진규)	1658~1716	竹泉	文臣 字 達甫 本貫 光山 父 萬基 右參贊 諡號 文清 著書 竹泉集
金鎭奎(진규)		道山	本貫 淸道 著書 文集
金鎭根(진근)	韓末~日帝	毅齋	字 順眞 本貫 金海
金鎭基(진긔)	1806~1860	茶山	字 汝羣 本貫 義城 父 箕壽
金鎭基(진긔)	1863~1944	雲谷	著書 文集
金鎭麒(진긔)	韓末	愚下	本貫 義城
金振基(진긔)		望海堂	本貫 金海 父 煥京
金鎭南(진남)	→金鎭商		
金鎭道(진도)	朝鮮	龜山	
金鎭東(진동)	1727~1800	素巖	學者 字 定之 本貫 義城 父 景溫 外祖 李守謙 著書 素巖文集
金振斗(진두)		石南	著書 石南詩集
金震龍(진룡)	朝鮮仁祖	竹亭	本貫 道康
金鎭龍(진룡)		悔庵	本貫 金海
金鎭崙(진륜)	朝鮮肅宗	梧岡	本貫 光山 父 萬謹
金鎭麟(진린)	韓末	愚坡	
金鎭萬(진만)		春亭	著書 春亭集
金振鳴(진명)	朝鮮	石泉	委巷人 字 汝鍪(鍾) 本貫 全州
金振模(진모)		龍岡	本貫 光山 父 在璘
金鎭睦(진목)	1899~?	隱岩	獨立運動家
金盡文(진문)	1600~1685	挹淸齋	字 學汝 本貫 金海 父 希漢
金鎭文(진문)	?~1957	弘菴	本貫 商山 著書 弘菴集
金鎭丙(진병)	韓末~日帝	守軒	
金鎭輔(진보)	朝鮮	美泉堂	文臣 本貫 燕岐 童蒙敎官
金鎭富(진부)	朝鮮	仁山	本貫 慶州 父 在湜 祖父 聲任
金鎭商(진상)	1684~1755	退漁堂 退漁子	文臣 字 汝翼 本貫 光山 祖父 益勳 右參贊 著書 退漁堂集
金搢相(진상)		蘭亭	字 舜瑞 本貫 商山
金辰奭(진석)	1807~1880	信庵	學者 字 信叔 本貫 金寧 父 成集 外祖 朴宗劍 著書 信庵遺稿
金振錫(진석)	朝鮮	古杞齋	委巷人 字 成華 本貫 慶州
金振先(진선)	朝鮮	龍溪	學者 本貫 淸道
金璇聲(진성)	1822~1892	蓮湖	學者 字 文玉 本貫 英陽 父 聖九 系 聖翊 外祖 韓學祖 著書 蓮湖遺稿
金振聲(진성)	1892~1968	素我	獨立運動家 本名 弼堡
金鎭世(진세)	1870~?	溫剛齋	著書 文集

人名	年代	號	其他
金振世 (진세)		蓮溪	著書 文集
金進洙 (진수)	1797~1865	蓮坡	文人 字 稚高 本貫 慶州 著書 文集
金進洙 (진수)		碧蘆齋	著書 文集
金進洙 (진수)		西社	著書 文集
金晉述 (진술)	朝鮮	樂與子	委巷人 字 來之
金鎭嶽 (진악)	1662~1679	蘭谷	字 汝吾 本貫 光山 父 晩堅 著書 文集
金震陽 (진양)	?~1392	草屋子 草屋 焦慮	節臣 字 子靜 本貫 慶州 左散騎常侍 著書 草屋子集
金震楊 (진양)	朝鮮	松谷	本貫 安東 父 胤先
金振汝 (진여)	朝鮮後期	玉崖	畵家 萬戶
金鎭連 (진연)	朝鮮	松溪	本貫 金海 父 順吉
金直淵 (직연)	朝鮮憲宗	品山	
金鎭鍊 (진연) →金德鍊			
金振曄 (진엽)		鳳南	本貫 金寧
金振英 (진영)	1635~1699	三柑 三柑齋	字 君則 本貫 金海 父 敬元 追贈 左承旨 著書 文集
金鎭玉 (진옥)	1659~1736	韞齋 柳下	文臣 字 伯溫 本貫 光山 父 萬均 祖父 益熙 宋時烈 門人 江原道觀察使 著書 韞齋遺稿
金振玉 (진옥)		松岡	著書 松岡集
金振玉 (진옥) →金鎭玉			
金晉鎔 (진용)	朝鮮	明道庵	本貫 光山 父 景鳳 李漢 門人
金震遇 (진우)	朝鮮後期	觀物軒	字 子陵 本貫 安東 著書 文集
金鎭宇 (진우)	1786~1855	素窩	學者 本貫 義城 著書 素窩文集
金振宇 (진우)	1882~1989	金剛山人 一洲	畵家 本貫 江陵
金鎭祐 (진우)	朝鮮	勿川	本貫 商山 著書 勿川集
金震羽 (진우)		竹隱堂 竹隱處士	字 威卿 本貫 光山 父 浯 著書 童蒙訓說
金鎭祜 (진우) →金鎭祜			
金鎭旭 (진우)		藥圃齋	本貫 金海
金震遠 (진원)	朝鮮中期	鶴麓	字 德以 本貫 安東
金振遠 (진원)	1807~1857	勿齋	學者 字 稺玉 本貫 善山 父 秀瀅 外祖 李鼎基 著書 勿齋文集
金進源 (진원)	1872~1943	石我	字 海應 本貫 義城 父 峻鎬 著書 石我文集
金振律 (진율)	朝鮮	雲圃	本貫 金海 父 應孝
金鎭潤 (진윤)		隱菴	本貫 光山
金鎭懿 (진의)	1856~1925	鶴雲	字 美卿 本貫 義城
金震益 (진익)	朝鮮仁祖	九友堂	本貫 道康
金震仁 (진인)	朝鮮	竹史	字 景玉 本貫 金海 戶曹判書
金鎭在 (진재)	朝鮮	海樵	本貫 順天 父 永在

人名	年代	號	其他
金鎭祚(진조)		鳳下	著書 文集
金振宗(진종)	1485~1546	文巖 新齋 恒齋	文臣 字 孝善 本貫 善山 父 備 司諫院獻納
金振鍾(진종)	朝鮮	松庵	本貫 太原 父 致邦
金晉重(진중)	1655~?	龜山	文臣 字 晉卿 本貫 高靈 父 昊成 持平
金瑧重(진중)	朝鮮	止齋	學者 字 汝玉 本貫 燕岐
金眞重(진중)	朝鮮	小啞	本貫 金海 父 仁守
金塡鎭(진진)		南溪	本貫 通川
金振彩(진채)	朝鮮	樵漁	本貫 高靈 父 泰來
金鎭仟(진천)	朝鮮	溪峰	
金振鐸(진탁)	朝鮮	月山	文臣 字 洪集 本貫 羅州 甲山郡守
金振泰(진태)	朝鮮	巷隱	委巷人 字 君猷 本貫 慶州
金震標(진표)	1614~1761	語溪 梧厓 梧涯	文臣 字 建中 本貫 順天 父 慶徵 祖父 鎏 鄭百昌 婿 敦寧府都正
金鎭八(진팔)	韓末~日帝	材庵	字 公煥 本貫 延安
金鎭泌(진필)		蒼葭軒	著書 文集
金鎭河(진하)	1786~1865	篁巖	文臣 字 穉淸 本貫 咸昌 父 基中 外祖 金龜鍊 兵曹判書 著書 篁巖集
金鎭河(진하)	朝鮮	小雲	本貫 善山 父 文億
金鎭學(진학)	朝鮮	繩齋	本貫 一善 父 在斗 張福樞 門人
金鎭漢(진한)	1629~?	霞溪	字 季翼 本貫 江陵 父 錡
金鎭漢(진한)		嵋山	著書 嵋山先生文集
金鎭恒(진항)	朝鮮	鹿門	委巷人 字 仲山 父 載明
金鎭恒(진항)	朝鮮	麋山	著書 麋山全集
金振海(진해)	朝鮮	梅山	文臣 字 元明 本貫 淸道 漆原縣監
金晉行(진행)	朝鮮	草堂	字 學而 本貫 安東
金晉行(진행) →金樂行			
金振赫(진혁)		然谷	本貫 金海
金振顯(진현)	韓末	大隱	字 潤樂 本貫 安東 著書 文集
金珍鉉(진현)	1879~1966	雲坡	學者 字 景儒 本貫 光山 父 在華 外祖 鄭東旭 著書 雲坡遺稿
金鎭衡(진형)	1801~1865	晴蓑 謙窩	文臣 字 德鍾 德錘 本貫 義城 父 宗壽 著書 晴蓑遺稿
金眞衡(진형)	朝鮮	淸湖	本貫 金海 父 仁守
金鎭衡(진형)		鶴陰	著書 鶴陰集
金震護(진호)	1571~1615	活溪	字 古風 本貫 善山 父 蕃 著書 文集
金晋浩(진호)	1788~?	愚堂	本貫 江陵 父 聲鉀

人名	年代	號	其他
金鎭祜(진호)	1847~1924	金樵 晚隱 鵝山	文臣, 學者 字 士衡 本貫 蔚山 父 義貞 外祖 金孝源 司僕寺正 著書 金樵集
金鎭澔(진호)	韓末	菊傲	本貫 義城
金鎭浩(진호)	1890~1962	中波	獨立運動家 本貫 長淵
金振鎬(진호)		顧軒	
金鎭祜(진호) →金鎭祜			
金鎭華(진화)	1793~1850	坦窩	文臣 字 星觀 本貫 義城 父 宗壽
金鎭華(진화)	朝鮮	春岡	本貫 金海 父 孟培
金鎭煥(진환)	朝鮮	石泉	本貫 蔚山 父 章休
金鎭厚(진후)	朝鮮高宗	晚隱	文臣 本貫 昌原 祖父 榮 參奉
金震休(진휴)	1807~?	眉山	著書 文集
金鎭休(진휴)		鈍翁	本貫 光山 父 文淵 著書 文集
金振興(진흥)	1621~?	松溪	書藝家 字 興之 待而 本貫 善山 父 大慶 護軍 著書 篆大學
金秩(질)	高麗	聲巖 松菴	文臣 字 國祥 本貫 金寧 少府小監
金礩(질)	1422~1478	雙谷	文臣 字 可安, 子安 本貫 安東 父 宗淑 右議政 諡號 文靖
金質(질)	1496~1561	永慕室	學者, 孝子 字 文素 本貫 安東 父 福重 著書 永慕錄
金鑕(질) →金礩			
金質幹(질간)	1564~1621	雙梅 雙梅堂 雙梧	文臣 字 文吾 本貫 光山 父 應龜 吏曹參判
金質忠(질충)	朝鮮明宗	南峯	文臣 字 直夫 本貫 光山 父 鏡 承政院都承旨
金潗(집)	1558~1631	愛景堂 愛日堂	學者 字 活源 本貫 義城 父 誠一 李滉 門人
金集(집)	1574~1656	愼獨齋	文臣, 學者 字 士剛 本貫 光山 父 長生 祖父 繼輝 外祖 曹大乾 判中樞府事 諡號 文敬 著書 愼獨齋遺稿
金緝鉉(집현)		小淵堂	本貫 靈光
金澄(징)	1623~1676	坎止堂	文臣 字 元會 本貫 淸風 父 克亨 全羅道觀察使 著書 坎止堂府君集 〈淸風世稿〉
金澄(징)	朝鮮後期	泉谷	本貫 善山 父 善孫
金徵(징)	朝鮮	三淸堂	文臣 本貫 商山 副司直
金徵(징)		玉洞齋	本貫 延安
金澄(징)		碧松	本貫 豊基
金徵(징) →金徵			
金次文(차문)	朝鮮	篤堂	本貫 廣州 工曹參議 著書 明農集
金瓚(찬)	1543~1599	訥菴	文臣 字 叔珍 本貫 安東 父 彦沈 右參贊 諡號 孝獻
金璨(찬)		雲窓	字 子晶 本貫 楊根 著書 雲窓詩話

人名	年代	號	其他
金瓚(찬)	朝鮮	石隱	孝子 字 敬玉 本貫 金寧
金燦(찬)	朝鮮	竹庵	本貫 聞韶 父 振古
金瓚(찬)		石溪	本貫 靈光
金纘(찬) →全纘			
金贊龜(찬구)		佳川	字 熙彦 本貫 安東
金瓚奎(찬규)	朝鮮	螺川	本貫 盆城 父 學胤
金燦奎(찬규)	1864~1931	石然	獨立運動家 字 士夾 本貫 禮安 秘書丞
金贊根(찬근)		肯石	字 景昌 本貫 安東 著書 文集
金酇謨(찬모)	1862~1910	希庵	著書 希庵集
金燦珉(찬민)		春圃	本貫 商山
金燦培(찬배)		號隱	本貫 金海
金贊相(찬상)		山頭齋	本貫 金寧 祖父 春鉉
金燦錫(찬석)		三畏	本貫 金海 父 國仁
金燦星(찬성)	1871~1929	肅齋	獨立運動家
金燦純(찬순)	1868~1908	毅庵	義兵 字 成彩 本貫 商山 父 英澈
金粲淳(찬순)		幽軒	本貫 金海
金瓚永(찬영)	韓末~?	唯邦 惟邦 抱耿	
金瓚泳(찬영)	1889~1973	心農	大法官 本貫 安東
金燦容(찬용)		梓溪	本貫 善山 祖父 致英
金纘元(찬원)	朝鮮	三宜堂	本貫 慶州 父 士泳
金贊元(찬원)	朝鮮	尚志軒	本貫 光山 父 約
金燦進(찬진)	朝鮮	池庵	本貫 金海 父 尚燁
金粲恒(찬항)	朝鮮	松崖	委巷人 字 子常 本貫 慶州 祖父 志立
金纘賢(찬현)	朝鮮	甄湖	本貫 蔚山 父 義瑞 通德郎
金贊顯(찬현)		春岡	字 贊瑞 本貫 安東
金張根(창근)		堂 艮木	字 聲振 本貫 安東
金昌鍊(창련)	1846~1916	華隱	著書 文集
金昌履(창리)	朝鮮	陽春	本貫 一善 父 漢中
金昌立(창립)	1666~1683	澤齋	詩人 字 卓爾 本貫 安東 父 壽恒 著書 澤齋遺唾
金昌晃(창면)		華亭	本貫 金海
金昌文(창문)	1649~1675	質齋	本貫 義城 著書 質齋文集 〈長皐世稿〉
金昌百(창백)	朝鮮	重軒	本貫 義城 父 鶴鳴 祖父 八休
金昌三(창삼)	朝鮮	渭隱	字 鼎汝 本貫 安東
金昌錫(창석)	1650~1720	月灘	字 天興 本貫 義城 父 履基 著書 月灘文集 〈長皐世稿〉
金昌錫(창석)	1846~?	長樂	本貫 金海 父 宇弘 系 宇纘

人名	年代	號	其他
金昌錫(창석)		紹庭	字 文佐 本貫 金海 父 震粹
金昌晢(창석) →李昌晢			
金昶善(창선)		遜齋	本貫 清風
金昌秀(창수)	朝鮮純祖	藥圃	文臣 本貫 延安 父 志淵 工曹判書
金昌壽(창수)	朝鮮	卞庵	本貫 清風 父 裕元
金昌秀(창수)	韓末	鶴山	畵家
金昌洙(창수)		聽田	著書 聽田詩稿
金昌洙(창수) →金九의 初名			
金昌肅(창숙)	1651~1673	三古齋	隱士 字 仲雨 本貫 安東 父 壽增
金昌淑(창숙)	1879~1962	心山 躄翁	學者, 獨立運動家 字 文佐 本貫 義城 父 鑲林 著書 心山遺稿
金昌舜(창순)	朝鮮後期	秋堂	委巷人
金昌巖(창암) →金九의 兒名			
金昌業(창업)	1658~1721	老稼齋 稼齋 石郊	文人 字 大有 本貫 安東 父 壽恒 著書 老稼齋集
金昌永(창영)		穩棲齋	本貫 金海 父 國祚
金昌宇(창우)	朝鮮	雨村	本貫 扶寧 父 應說 副護軍
金昶源(창원) →李昶源			
金昌潤(창윤)	朝鮮純祖	慕川	字 德甫 本貫 金海
金昌潤(창윤)	朝鮮	默庵	字 永瑞 本貫 金寧
金昌胤(창윤)	朝鮮	臥軒	本貫 義城 父 泰鳴 祖父 八和 著書 遺稿
金昌義(창의)	1885~1923	白潭	獨立運動家
金昌義(창의)	朝鮮	漁樵子	
金昌一(창일)	1548~1631	四寒 四寒亭 翠屏	文臣 字 亨吉 本貫 慶州 父 灝 金謹恭 門人 同知中樞府事
金昌一(창일)	朝鮮	默軒	字 老叟 本貫 安東
金昌在(창재)	朝鮮	二樂亭	本貫 金海 父 國祿
金昌廷(창정)	朝鮮	松澗	文臣 本貫 通川 敦寧府都正
金昌祖(창조)	1581~1637	藏庵	文臣 字 孝彦 本貫 豊山 父 太賢 著書 藏庵集
金昌兆(창조)		漁樵	本貫 金海 父 國年 著書 文集
金昶鍾(창종)	朝鮮	東隱	本貫 雪城
金昌柱(창주)	朝鮮	竹坡	本貫 義城 父 始峴
金昌籌(창주)		述齋	本貫 金海 父 國仁 著書 文集
金昌稷(창직)	1812~1939	龜川	著書 龜川遺集
金昌震(창진)	朝鮮	默軒	委巷人 字 起輔 本貫 忠州
金昌鎭(창진)		松浦	字 孟文 本貫 安東
金昌鎭(창진)		隱樵	字 元一 本貫 安東

人名	年代	號	其他
金昌鎭(창진)		稼軒	字 文八 本貫 安東 著書 文集
金暢鎭(창진)		竹泉齋	字 子星 本貫 安東 著書 文集
金昌集(창집)	1648~1722	夢窩	文臣 字 汝成 本貫 安東 父 壽恒 領議政 諡號 忠獻 著書 夢窩集
金昌緝(창집)	1662~1731	圃陰	學者 字 敬明 本貫 安東 父 壽恒 禮賓寺注簿 著書 圃陰集
金昌漢(창한)		黙山	著書 黙山先生文集
金昌爀(창혁)		竹庵	本貫 金海 著書 文集
金昌鉉(창현)	朝鮮	小庵	本貫 光山
金昌鉉(창현)		蓮湖	著書 金蓮湖遺稿
金彰顯(창현)		尙白山房	著書 文集
金昌協(창협)	1651~1708	農巖 農淵 三洲 炭巖	學者 字 仲和 本貫 安東 父 壽恒 知敦寧府事 諡號 文簡 著書 農巖集
金昌華(창화)		雪齋	本貫 金海
金昌煥(창환)	朝鮮	黙庵	文臣 本貫 金海 父 柄鎰 工曹判書
金昌煥(창환)	朝鮮	浦谷	委巷人 字 美仲 本貫 安東
金昌煥(창환)	朝鮮	謹獨	隱士 字 周伯 本貫 善山
金昌煥(창환)	1872~1937	秋堂 錫柱	獨立運動家 父 啓鉉
金昌煥(창환)		幽庵	本貫 金海
金昌翕(창흡)	1653~1722	三淵 洛誦子	學者 字 子益 本貫 安東 父 壽恒 追贈 吏曹判書 諡號 文康 著書 三淵集
金昌熙(창희)	1844~1890	石菱 石門 鈍齋	文臣 字 壽敬 本貫 慶州 父 鼎集 外祖 李泰峻 漢城府判尹 諡號 文憲 著書 石菱集
金采根(채근) →李菜根			
金彩炳(채병)	朝鮮	春史	本貫 金海 父 鳳圭
金采旭(채욱)		敬齋	本貫 慶州
金策錫(책석)		硯山	本貫 金海 父 在煥
金處謙(처겸)		六行堂	本貫 光山
金處离(처리)	朝鮮	韜庵	本貫 蔚山 父 達枝 持平
金處巖(처암)		眞軒	著書 文集
金處衡(처형)		月澗	本貫 慶州 父 恫 進士
金天健(천건)		棲雲堂	本貫 晉州 父 兌明
金天德(천덕)		龍江	本貫 光山
金天祿(천록)	朝鮮	南皐	本貫 善山 父 益善
金天寶(천보)	朝鮮	石屛	文臣 字 德叟 本貫 金寧 寧海縣監

人名	年代	號	其他
金天復(천복)	朝鮮後期	止菴	字 可圓 本貫 淸風 趙有善 門人 著書 易圖卦說
金天鳳(천봉)		醉學堂	本貫 金海
金天瑞(천서)	朝鮮	景愚堂	文臣 字 君重 本貫 禮安 父 堯弼 奉朝大夫
金天瑞(천서)		杻嶺	字 元寶 本貫 彦陽
金天瑞(천서)	高麗末	松隱	本貫 慶州 門下侍中
金天成(천성)	朝鮮	愚齋	文臣 字 子受 本貫 晉州 通德郎
金千遜(천손)		晚覺	本貫 金海
金天授(천수)	朝鮮初期	慕川	文臣 本貫 善山 父 應奎
金天洙(천수)		學軒	本貫 蔚山
金天述(천술)	韓末	稀堂	本貫 道康
金千運(천운)	朝鮮	竹東	字 淸卿 本貫 安東
金天應(천응)		三山叟	本貫 慶州
金天翼(천익)	高麗	東齋	字 正民 本貫 金海 副護軍
金千鎰(천일)	1537~1593	健齋 克念堂	義兵將 字 士重 本貫 彦陽 父 彦琛 追贈 左贊成 諡號 文烈 著書 健齋集
金千鎰(천일)	1622~1696	松川	字 伯剛 本貫 善山 父 重器 咸平郡守 著書 松川集
金川鎰(천일)	韓末	載溪	字 君珍
金天柱(천주)	朝鮮英祖	晝眠	忠臣 字 擎汝 本貫 安東
金天澤(천택)	1555~1595	沙峯	字 大亨 本貫 義城 父 聃老
金天澤(천택)	1687~1758	夢賢齋	字 和仲 本貫 光山 敦寧府都正 著書 遺稿
金天澤(천택)	朝鮮肅宗	南坡	歌客 字 伯涵 履叔 編書 靑丘永言
金天漢(천한)		同春	字 天章 本貫 安東
金天海(천해)		芝峯	本貫 光山
金哲(철)	高麗	陽坡	文臣 本貫 安東 禮曹判書
金澈(철)	1569~1616	大朴	字 心源 本貫 義城 父 克一
金澈(철)	1886~1934	一江	獨立運動家
金鐵堅(철견)	朝鮮	楊村	本貫 淸風 父 耆
金哲圭(철규)		文庵	字 允明 本貫 安東
金鐵根(철근)	朝鮮景宗	節友堂	學者 字 石心 本貫 光州 父 炬壽
金喆基(철기)	1889~1952	梧山	著書 文集
金喆銖(철수)	1822~1887	魯園	學者 字 乃克 本貫 義城 父 在信 著書 魯園文集
金喆洙(철수)	1874~?	惺齋	學者 本貫 光山 父 永夏 著書 惺齋私薰
金哲洙(철수)		月齋	本貫 光山 父 永運
金喆秀(철수)		夢菴	本貫 延安
金喆淳(철순)	朝鮮	樂下	字 賢吉 本貫 安東
金哲淳(철순)	朝鮮	查庵	本貫 金海 父 鍾律

人名	年代	號	其他
金喆植(철식)		菊坡	本貫 商山 父 相說
金天心(천심)	朝鮮		
金鐵完(철완)	朝鮮	臺山齋	字 子周 本貫 晉州 著書 臺山遺稿
金哲元(철원)	朝鮮	龍湖散人	字 彦初 本貫 善山
金喆鎭(철진)		柱南	字 慶明 本貫 安東 著書 文集
金哲華(철화)	朝鮮	遯巖	字 漢馹 本貫 金寧
金喆熙(철희)	1845~1920	友壺	文臣 字 輔卿,保敬 本貫 慶州 父 中集 系 鼎集 黃州牧使
金喆熙(철희)		天海亭	著書 文集
金瞻(첨)	1354~1418	蓮溪	文臣 字 子具 本貫 光山 初名 九二 父 懷祖 僉知議政府事
金瞻(첨)	1542~1584	南岡 東岡 荷塘	文臣 字 子瞻 本貫 安東 父 弘度 知禮縣監
金添慶(첨경)	1525~1583	東岡 漳洲	文臣 字 文吉 本貫 江陵 父 忠貞 禮曹判書 諡號 肅簡
金清(청)	朝鮮明宗	止齋	文臣 字 德洞 本貫 慶州 父 致章
金清淳(청순)	朝鮮	歸潔齋	字 明大 本貫 安東 著書 歸潔齋集
金清河(청하)	韓末~日帝	聽流	本貫 金海
金摰(체)	高麗恭愍王	籠巖	本貫 錦山
金鍬(김추)		逸草 逸草堂	字 時用 本貫 宣城
金楚材(초재)	朝鮮肅宗	黙窩	本貫 光山 父 陽澤 著書 黙窩遺稿〈竹軒集〉
金楚重(초중)	1638~1695	龜嵒	文臣 字 重卿 本貫 高靈 父 昊成 典籍
金璁(총)	1633~1678	迂軒	文臣,學者 字 明寶,仲輝, 本貫 光山 父 光迪 外祖 任慶進 知貢擧 著書 迂軒文集
金最明(최명)	1893~1963	汕愚	獨立運動家 本貫 慶州
金最英(최영)	朝鮮	竹庵	本貫 羅州 父 致聲
金㝡遠(최원)	朝鮮純祖	竹墅	本貫 慶州 父 星燁
金樞(추)		竹谷	本貫 泗川
金錘(추)		渭翁	本貫 三陟
金秋吉(추길)	1603~1686	鶴汀	字 次說 本貫 義城 父 琛 追贈 吏曹參判 著書 鶴汀逸稿〈聞韶世稿〉
金秋信(추신)	朝鮮	春圃	本貫 金海 父 英漆
金秋實(추실)	朝鮮	春溪	本貫 金海 父 英漆
金秋任(추임)	1592~1654	畏棲菴	字 萬說 本貫 義城 父 琛 著書 畏棲菴逸稿〈聞韶世稿〉
金秋炯(추형)	朝鮮	月松	本貫 金寧 父 世佐
金春慶(춘경)		清隱	本貫 金海

人名	年代	號	其他
金春齡(춘령)	朝鮮後期	石谷 退靖齋	委巷人 字 景老 本貫 沁都(江華)
金春龍(춘룡)	朝鮮宣祖	杏坡	本貫 慶州 父 應虛 柳成龍 門人 察訪
金春碩(춘석)	朝鮮	四友亭	本貫 慶州 父 順三 祖父 海敏
金春仁(춘인)		漑翁	本貫 金海
金春澤(춘택)	1670~1717	北軒 北軒居士	文臣 字 伯雨 本貫 光山 父 鎭龜 祖父 萬基 追贈 吏曹判書 諡號 忠文 著書 北軒集
金春鉉(춘현)		柏軒	本貫 金寧 父 萬泓
金春煥(춘환)		春庵	本貫 光山 父 碩模
金冲(충)	1513~1572	西臺 西巷	文臣 字 和吉 本貫 商山 父 顯 繕工監正 著書 西臺異聞錄
金忠甲(충갑)	1515~1575	龜巖 龜峯 梧竹散人	文臣 字 恕初 本貫 安東 獻納 著書 龜巖先生集
金忠敬(충경)	朝鮮成宗	守分堂	本貫 金寧 父 玄錫 祖父 文起
金忠敬(충경)	朝鮮	獨愚亭 獨思亭	本貫 金海 父 成壽
金忠男(충남)		漆村	本貫 光山 父 碩
金忠男(충남)	朝鮮	義齋	本貫 道康 父 激
金忠東(충동)		後素	字 聖欽 本貫 安東
金忠烈(충렬)	朝鮮中宗	玉湖 玉壺 雪峯 雪蓬	委巷人 字 而彦,國幹,國紀 本貫 金海 父 宗胤 弘文館 書吏
金忠老(충로)	朝鮮	敬齋	本貫 道康 父 激
金忠立(충립)	朝鮮成宗	啞漢	本貫 金寧 父 玄錫 祖父 文起
金忠錫(충석)	朝鮮	秋軒	字 允京 本貫 金寧
金忠善(충선)	1571~1642	慕夏堂	字 善之 本名 沙也可 政憲大夫 著書 慕夏堂集
金忠守(충수)	朝鮮宣祖	蒼竹軒	本貫 瑞典
金忠秀(충수)	朝鮮宣祖	龜谷 龜巖	文臣 字 中心 本貫 羅州 父 適 戶曹參判
金冲裕(충유)	高麗	杜溪	本貫 慶州 父 瑞仁
金忠尹(충윤)		勿言齋	著書 文集
金忠一(충일)	朝鮮	黙窩	本貫 慶州 父 春龍 祖父 應虛 通德郎
金忠柱(충주)	朝鮮成宗	炭翁	本貫 金寧 父 玄錫 祖父 文起
金冲漢(충한)	?~1268	樹隱	節臣 字 通卿 本貫 慶州 父 瑞仁 著書 樹隱先生實紀
金忠顯(충현)	朝鮮	西溪	委巷人 字 孝範 本貫 晉州
金忠孝(충효) →全忠孝			
金萃坤(췌곤) →金華坤			
金就礪(취려)	朝鮮明宗	潛齋 靜菴	字 而精 本貫 慶州 父 暉 李滉 門人 寺正
金就鍊(취련)		最樂堂	著書 文集

人名	年代	號	其他
金就文(취문)	1509~1570	久庵	文臣 字 文之 本貫 善山 父 匡佐 外祖 林珷 大司諫 諡號 貞簡 改諡 忠獻 著書 久庵集
金取善(취선)	朝鮮顯宗	東籬	本貫 禮安 父 允安
金就善(취선)	朝鮮	石汀	本貫 慶州
金就成(취성)	1492~1551	眞樂堂 西山 西山處士 西山布衣	學者 字 成之 本貫 善山 父 匡佐 參奉 著書 眞樂堂集
金就英(취영)	朝鮮	懼齋	字 鍊叔 本貫 安東
金就義(취의)	朝鮮仁祖	竹溪	本貫 安山 父 曄 校理
金就仁(취인)		隱圃	字 就之 本貫 樂安
金就徵(취징)	朝鮮中期	栢谷	本貫 光山 父 粹沃 系 粹漢
金就行(취행)	1739~1803	雲圃	字 元五 本貫 熊川 禮曹佐郎
金緻(치)	1577~1625	南峰 深谷 知足堂	文臣 字 士精 本貫 安東 父 時晦 系 時敏 睦瞻 婿 慶尙道觀察使 著書 深谷秘訣
金峙(치)	高麗禑王	鳳村	字 基南, 基甫 本貫 善山
金値(치)	朝鮮後期	好古子	
金致甲(치갑)		惺齋	本貫 安東 著書 惺齋遺稿〈采眞子遺稿〉
金致建(치건)		恕菴	本貫 金海
金致恭(치공)	朝鮮	晩達亭	本貫 光山 吏曹參判
金致寬(치관)	1569~1661	亦樂齋	學者 字 而栗 本貫 義城 父 應周 外祖 南世期 著書 亦樂齋文集
金致圭(치규)		春浦	字 應七 本貫 安東
金樀圭(치규)		勉菴 鶴坡	字 幼璋 本貫 安東 著書 文集
金稚奎(치규)	→金箕書		
金致大(치대)	韓末	丹崖	生員
金致東(치동)		遯軒	本貫 金海
金致樂(치락)		天拙齋	字 雲卿 本貫 光州
金致龍(치룡)	朝鮮正祖	後樂堂	字 雲仲 本貫 延安 禮曹正郎
金致萬(치만)	1697~?	高隱堂 高隱子 夢村	文臣 字 會一 本貫 淸風 父 希魯 侍直
金致文(치문)	朝鮮	藥圃	文臣 字 貫道 本貫 忠州 五衛將
金致福(치복)	朝鮮	睦軒	字 汝一 本貫 義城 父 鼎九 祖父 昌百
金致三(치삼)	1560~1625	道淵 道淵亭	文臣, 學者 字 一之 本貫 金海 父 鏳 外祖 柳世鳳 璿源殿參奉 著書 道淵文集
金致瑞(치서)	朝鮮	架庵	本貫 金海 父 萬應
金致善(치선)	1899~?	高峰	牧師
金致聲(치성)	朝鮮	橘堂	本貫 羅州 父 宗玧
金致聖(치성)		永慕軒	本貫 金寧

人名	年代	號	其他
金致遜(치손)	朝鮮宣祖	歸根	字 呂章 本貫 金海
金致壽(치수)	朝鮮	共和齋	字 五一 本貫 義城 父 鼎九 祖父 昌百
金致陞(치승)		松菴	本貫 金寧
金致信(치신)	朝鮮	竹村	文臣 本貫 慶州 父 進 典籍
金致億(치억)	朝鮮	陶隱	本貫 金海 父 履曾
金致彦(치언)		聾溪	本貫 金寧
金致英(치영)		湖隱	本貫 善山 祖父 善昌
金致鏞(치용)	朝鮮	芳溪居士	本貫 金海 父 之律
金致鏞(치용)	朝鮮	新菴	本貫 羅州 父 宗洙
金致羽(치우)	朝鮮英祖	浩浩庵	歌客 字 雲擧
金致郁(치우)		巖隱	著書 文集
金致遠(치원)	朝鮮	隱圃齋	本貫 金海 父 克孫 生員
金致遠(치원)	→全致遠		
金致源(치원)		守眞堂	本貫 光山 祖父 彦琚
金致潤(치윤)	朝鮮	菊菴	委巷人 字 保二 本貫 漢陽
金致仁(치인)	1716~1790	古亭	文臣 字 公恕 本貫 清風 父 在魯 祖父 構 領中樞府事 諡號 憲肅 編著 明義錄
金致仁(치인)		白川	本貫 金海
金致一(치일)	朝鮮	耕隱	字 寬汝 本貫 金寧
金致鎰(치일)		屛菴	本貫 光山
金致銓(치전)		樵齋	著書 文集
金致佺(치전)	朝鮮末	堯仙	
金致精(치정)		芝叟	著書 文集
金致禎(치정)		遯叟	本貫 道康
金緻晉(치진)	朝鮮	醉隱	本貫 慶州 父 福載 祖父 尚德 司果
金致夏(치하)	朝鮮	自饒齋	委巷人 字 君寶 本貫 慶州
金致行(치행)		靈巖	本貫 金海
金致洪(치홍)	朝鮮	厚齋	文臣 字 聲叔 本貫 雪城 教官
金冶和(치화)	?~1835	大川	學者 字 處中 本貫 金海 父 朝汲 外祖 梁應漢 著書 大川集
金致煥(치환)		竹史	本貫 金海
金致垕(치후)	1691~1742	沙村 沙川	文臣 字 士重 本貫 清風 父 泰魯 慶尚道觀察使 著書 沙村集
金漆(칠)	朝鮮	養問齋	本貫 商山
金七陽(칠양)	高麗	康隱	文臣 本貫 安東 遂安郡守
金七廉(칠염)	→金士廉		

人名	年代	號	其他
金七衡(칠형)	高麗	洛圃	文臣 字 平甫 本貫 安東 左政丞 諡號 翼元
金七煥(칠환)	朝鮮	愚谷	字 兼五 本貫 蔚山 都正
金鐸(탁)	朝鮮世宗	錦湖堂	字 元春 本貫 牛峰 父 瑞
金鐸(탁)	朝鮮中宗	竹村	文臣 字 振卿 本貫 高靈 左贊成
金鐸(탁)	朝鮮肅宗	梅溪	本貫 龍宮 父 繼宗 祖父 寶
金琢(탁)		愼菴	字 汝華 本貫 金海
金濯(탁)		尚友堂	字 汝清 本貫 商山
金鐸(탁)		活石	獨立運動家 本名 文彬
金圻(탁) →金圻			
金鐸憲(탁헌) →李鐸憲			
金坦祚(탄조)		清虛翁	本貫 金海 祖父 宇杭 著書 文集
金坦行(탄행)	1714~1774	余樂齋	字 叔平 本貫 安東 父 濟謙 南原府使
金台(태)	高麗	晦軒	文臣 字 象天 本貫 晉州 父 茂珍 左參贊
金兌(태)	1561~1609	九潭 梧桐亭	學者 字 士悅 本貫 安東 父 箕報 祖父 生洛
金兌(태)	朝鮮	水月堂	著書 水月堂遺稿
金泰慶(태경)	朝鮮肅宗	南溪	文臣 本貫 江陵 父 一精 佐郎
金泰坤(태곤)	朝鮮	愚軒	
金泰敎(태교)	朝鮮	聽溪田	本貫 金海 父 達鉉
金泰國(태국)	朝鮮光海君	松阜	字 亨卿 本貫 光州 父 伯幹
金泰奎(태규)	朝鮮	三槐堂	字 景弼 本貫 義城 父 龍九 祖父 萬鐸
金泰圭(태규)		竹下	字 來卿 本貫 安東
金泰根(태근)	?~1832	秋月齋	文臣 字 伯元 本貫 安東
金泰基(태기)	1602~1646	無爲堂	文臣 字 亨叔 本貫 安東 父 憙 靈光郡守 著書 無爲堂逸稿〈長皐世稿〉
金台基(태기)		松隱	本貫 金海 父 煥京
金台東(태동)		東籬	本貫 順天
金泰洛(태락)	朝鮮後期	枉隱	字 大彦 本貫 義城
金泰來(태래)	朝鮮	山沙	本貫 高靈 父 鐫
金泰濂(태렴)		梅塢	本貫 義城
金泰麟(태린)	1869~1927	小岡	字 仁吉 本貫 清道 父 基魯 著書 小岡集
金泰萬(태만)	朝鮮	芝園	隱士 字 亨之 本貫 金海 父 著
金泰鳴(태명)	1661~1721	香溪	字 達夫 本貫 義城 父 八和 祖父 克敏 外祖 辛時望 著書 香溪文集
金兌明(태명)	朝鮮	溫齋	文臣 字 士和 本貫 晉州 父 廷澈 通德郎
金泰溟(태명)		松圃	本貫 棠岳
金泰木(태목)		蕙山	著書 蕙山詩集

人名	年代	號	其他
金泰玫(태민)	1852~1912	志巖	著書 志巖集
金兌旻(태민)		月汀	本貫 慶州
金泰錫(태석)	?~1801	蘭溪	著書 蘭溪遺稿
金台錫(태석)	1875~1953	悍齋	書藝家 本貫 慶州
金泰錫(태석)		梧軒	本貫 金海
金兌聲(태성)		醉亭	本貫 金海
金泰世(태세)	朝鮮	鶴浦	字 汝業 本貫 金寧
金泰壽(태수)	1662~1735	知守齋	學者 字 次山 本貫 光山 父 萬翼 外祖 金宗泌 司憲府監察 著書 知守齋集
金泰秀(태수)		白洲	本貫 晋州
金泰純(태순)	朝鮮	菊史	本貫 光山 父 澤文
金泰淳(태순)	朝鮮	蒼崖	字 國瞻 本貫 安東
金泰淳(태순)		白峯	本貫 金海
金泰時(태시)	朝鮮中期	越中	
金泰植(태식)		溪隱	著書 溪隱先生文集
金泰巖(태암)	1477~1554	希菴	學者 字 卓爾 本貫 尙州 父 調陽 連原道察訪
金泰淵(태연)	1893~1968	唐岳	獨立運動家 父 時聲
金台五(태오)		雲山	本貫 金海
金泰郁(태우)	朝鮮	睡軒	委巷人 字 宗浩 本貫 金海 奎章閣書吏
金泰運(태우)	朝鮮	愚軒	本貫 金海 父 達鉉
金泰元(태원)	1863~1933	集義堂	獨立運動家
金泰元(태원)	1870~1908	竹峰	義兵將 本名 準 順陵參奉
金泰源(태원)	1900~1951	心山 心贊	獨立運動家 字 景仲 本貫 慶州 父 旦義
金泰潤(태윤)	朝鮮	珠浦	文人
金兌潤(태윤)		樂水菴	本貫 光山 祖父 達生
金太乙(태을)	1537~1571	矩翁	字 汝祥 本貫 廣州 父 希魯 著書 矩翁先生遺稿及附錄
金台翼(태익)	朝鮮英祖	構巢	本貫 光山 父 紘
金兌一(태일)	1637~1702	蘆洲	文臣 字 秋伯 本貫 禮安 父 鍴 系 錕 司諫 著書 蘆洲集
金泰一(태일)	朝鮮	退隱	文臣 本貫 慶州 父 鑰 應敎
金台鼎(태정)	朝鮮	光庵	本貫 光山 父 自揮
金泰鼎(태정)		龍菴	本貫 金海
金台濟(태제)	朝鮮高宗	星臺	本貫 慶州 父 商一
金台佐(태좌)	1541~?	守朴子 守撲子 守樸子 守樸齋 蒼岡	文臣 字 伯燮 本貫 公州 父 成卿 右尹

人名	年代	號	其他
金台重(태중)	1649~1711	適庵 雲翁	學者 字 天三 本貫 義城 父 邦衡 著書 適庵文集
金泰重(태중)		寒松齋	字 君瑞 本貫 安東
金台鎭(태진)		閒堂	字 義文 本貫 安東
金泰鎭(태진)		學樵	字 文贊 本貫 安東
金泰鎭(태진)		文巖	字 魯瞻 本貫 安東 著書 文集
金泰鎭(태진)		逸山	字 宗五 本貫 安東 著書 文集
金泰鎭(태진)		晩岡	本貫 慶州
金泰辰(태진)		野隱	本貫 金海
金台漢(태한)	1781~1847	一軒	著書 一軒遺稿
金泰漢(태한)		竹坡	字 聖魯 本貫 安東
金泰漢(태한)		松園	本貫 棠岳
金太虛(태허)	1555~1620	博淵 博淵亭	將軍 字 汝實 本貫 廣州 父 希曾 知中樞府事 諡號 襄武
金台鉉(태현)	1261~1330	快軒	本貫 光山 父 須 諡號 文正
金泰賢(태현)	朝鮮中期	醒庵	字 持彦 本貫 安東 著書 文集
金台鉉(태현)	1795~?	廣石	學者 字 不器 本貫 光山 父 在良 外祖 宋養鼎 著書 廣石遺稿
金台現(태현)	朝鮮	南峯	本貫 金海 父 世元
金兌炯(태형)	朝鮮	月亭	字 釆彦 本貫 金寧
金泰鎬(태호)	1889~1952	龍坡	字 國珍 著書 文集
金泰煥(태환)	朝鮮	○軒	本貫 金寧 父 匡澤 左贊成
金泰晃(태황)	朝鮮	東谷	委巷人 字 治晦 本貫 金海
金兌欽(태흠)		僑軒	字 永順 本貫 安東
金泰興(태흥)	朝鮮	進齋	本貫 慶州 父 春碩 祖父 順三
金澤(택)	高麗	簡齋	本貫 咸昌 父 麟琓
金澤(택)	1516~1578	養眞堂	文臣 字 兌仲 本貫 商山 父 長琇 監察 著書 養眞堂花山錄
金澤(택)	1615~?	浦亭	字 泰元 本貫 扶安 父 鼎吉
金澤(택)		敬安齋 敬天齋	字 伯潤 本貫 公州
金澤卿(택경)		溟洲	著書 溟洲散稿
金宅坤(택곤)	朝鮮	晩軒	本貫 慶州 父 器德
金澤均(택균)	1892~1909	菊圃	字 士振 本貫 金海 父 周弘 著書 文集
金宅東(택동)	1708~1778	一枝窩	本貫 義城 縣監 著書 一枝窩遺稿〈聞韶世稿〉
金澤東(택동)		棲岡	字 淑宣 本貫 安東
金澤東(택동)		山隱	字 順居 本貫 安東 著書 文集
金澤麗(택려)		淸江	字 明瑞 本貫 順天

人名	年代	號	其他
金澤烈(택렬)		簫軒	本貫 光山 父 璘修
金澤龍(택룡)	1547~1627	臥雲子 操省堂	文臣 字 施普 本貫 禮安 父 楊震 李滉 門人 全羅道都事
金澤龍(택룡)		華谷	著書 華谷遺稿
金澤龍(택룡)→金龍澤			
金澤民(택민)	朝鮮中宗	素菴	字 致君 本貫 禮安 父 佐 僉正
金澤珉(택민)		代好堂	本貫 慶州
金澤範(택범)		守拙齋	本貫 順天
金宅三(택삼)	1619~1643	囂巖 聾巖 屛巖	隱士 字 季用 本貫 扶安 父 穀 著書 文集
金宅洙(택수)	朝鮮	竹岡	本貫 金海 父 宗仁
金宅淳(택순)	朝鮮	石隱	本貫 安東 父 履遜
金澤述(택술)	1884~1954	後滄	學者 字 鍾賢 本貫 扶安 父 洛進 外祖 崔錫洪 著書 後滄集
金宅延(택연)	朝鮮	晦隱	
金澤榮(택영)	1580~1927	滄江 韶濩堂 韶濩堂主人 借樹亭 淮南逋士	學者 字 于霖 本貫 花開 父 益福 外祖 尹禧樂 通政大夫 著書 韓國小史
金宅元(택원)	朝鮮	渭隱	本貫 善山
金宅義(택의)		老圃	本貫 順天 父 亨五
金宅祚(택조)	朝鮮	文谷	本貫 金海 父 世演
金澤柱(택주)	韓末~日帝	蓮史	
金澤鎭(택진)	朝鮮後期	東黎	
金澤珍(택진)		五峯	著書 文集
金擇鉉(택현)	朝鮮	農雲	本貫 錦山 父 赫駿
金澤鉉(택현)		二于堂	著書 文集
金通海(통해)		遯窩	本貫 羅州
金堆(퇴) →金准			
金八擧(팔거)	1690~1731	開巖	字 弼甫 本貫 義城 父 克亨 著書 文集
金八顧(팔고) →全八顧			
金八騎(팔기)		竹巖齋	本貫 光山
金八元(팔원)	1524~1589	芝山	詩人 字 舜擧, 秀卿 本貫 江陵 父 績 外祖 李自芸 李滉 門人 縣監 著書 芝山集
金八和(팔화)	1633~1698	蘆村	字 成彦 本貫 義城 父 克敏 著書 文集
金八煥(팔환)		晚悟	本貫 光山
金八休(팔휴)	1685~1722	守口齋	字 成甫 本貫 義城 父 克亨 著書 文集
金彭齡(팽령)	朝鮮	慕齋	文臣 本貫 善山 縣監

人名	年代	號	其他
金彭齡(팽령) →全彭齡			
金彭孫(팽손)		松亭	本貫 沃川
金彭壽(팽수)	朝鮮	龍巖	文臣 字 仲源 本貫 原州 寧海都護府使
金平黙(평묵)	1819~1888	重菴	學者 字 稚章 本貫 清風 父 聖養 李恒老 門人 追贈提學 著書 重菴集
金平植(평식)	1880~1933	文谷	獨立運動家 字 筱成
金彪(표)	1840~?	學山	字 聖觀 本貫 金海 著書 學山集
金豐均(풍균)		石梅	字 大而 本貫 安東
金風鶴(풍학)		葛岩	字 國瑞 本貫 安東
金玉筆(필)	朝鮮世宗	雪巖 秋江	本貫 靈光 父 敬義
金金筆(필)	1781~?	翠軒	字 卯安 本貫 延安 父 載永
金珌(필)	朝鮮	慕箕齋	文臣 字 子修 本貫 安山 父 孟綱 金湜 門人 典籍
金弼權(필권)		巽窩	著書 巽窩集
金必南(필남)		晩齋	本貫 清道
金必大(필대)		壺山	本貫 慶州
金必東(필동)	1706~1756	羅溪	本貫 義城 父 景濼 著書 羅溪遺稿〈聞韶世稿〉
金弼斗(필두)	朝鮮	松亭	本貫 金海 父 昌郁
金弼斗(필두)	朝鮮	柄湖	本貫 盆城 父 模善
金弼洛(필락)	1831~1907	陶隱	字 耆伯 本貫 義城 父 鎭基 系 鎭廈
金必鳳(필봉)	朝鮮	遯庵	本貫 慶州 父 泰吾 追贈 持平
金弼三(필삼)	朝鮮	東窩	本貫 金海 父 世晃
金弼碩(필석)	朝鮮	野夫	本貫 金海 父 元泰
金必述(필술)	朝鮮	野隱	本貫 金海 父 元河
金必溫(필온)	朝鮮	迷巢	委巷人 字 和夫 本貫 金海
金弼祐(필우)	朝鮮	無何翁	委巷人 字 吉甫 本貫 光山 主簿
金弼雄(필웅)	朝鮮	雲庵	本貫 金海 父 森律
金必振(필진)	1635~1691	楓崖 楓厓 萍翁	文臣 字 大玉 本貫 慶州 父 南重 平市署令 著書 楓崖亂薰
金必泰(필태)	1728~1792	屯庵	文臣, 學者 本貫 光山 著書 屯庵集
金弼鉉(필현)	朝鮮	林下處士	本貫 錦山 父 赫璋
金弼衡(필형)	1725~1800	菊窓	著書 文集
金必亨(필형)	朝鮮	鰲庵	本貫 善山 父 命休
金弼鎬(필호)	朝鮮	松隱	本貫 善山 父 在鎰
金必泓(필홍)		遯巖	本貫 光山
金賀(하)	朝鮮	三梅堂	本貫 商山 生員

人名	年代	號	其他
金夏鍵(하건)	朝鮮	遜齋	學者 本貫 善山 著書 遜齋文集
金夏九(하구)	1676~1762	楸菴	文臣 字 鼎甫 本貫 遂安 父 世熙 外祖 張宗翰 同知中樞府事 著書 楸菴集
金夏九(하구)		成谷	本貫 金海
金夏久(하구) →金夏九(楸菴)			
金夏圭(하규)	高麗	奇石	字 玄瑞 本貫 光山 父 埕
金夏圭(하규)		少山	字 致圭 本貫 安東
金夏圭(하규)		鷹峰	字 景瑞 本貫 安東
金夏圭(하규)		慶隱	字 致範 本貫 安東 著書 文集
金夏均(하균)		一菴	本貫 安東
金夏根(하근)		白菴	字 亨萬 本貫 安東 著書 文集
金河洛(하락)	1846~1896	海雲堂	義兵 字 季三 本貫 義城 著書 金河洛陣中日記
金廈樑(하량)	1605~?	灘翁	字 汝任 本貫 善山 父 湏水
金夏明(하명)	1655~1735	鰲溪	文臣 字 子亨 本貫 清風 父 埈 外祖 蘇東獻 龍驤衛副護軍 著書 鰲溪遺集
金河明(하명)	朝鮮	慎孝齋	本貫 慶州 父 慶玉 祖父 泰典
金夏錫(하석)	朝鮮顯宗	拙齋	字 夢得 本貫 瑞興 父 元龜
金夏玉(하옥) →金夏圭			
金廈挺(하정)	1621~1677	三梅堂	文臣, 學者 字 長卿 本貫 善山 父 活 外祖 盧景倫 寧海府使 著書 三梅堂先生文集
金夏鍾(하종)	1793~?	雪壺山人 留堂 鞾堂 鞾齋	畫家 字 大汝 本貫 義城 父 得臣
金河喆(하철)	朝鮮	○隱	本貫 星州 父 慶玉
金夏澤(하택)	朝鮮	老圃 老圃堂	文臣 字 禹敬 本貫 晉州 父 柳洙 司憲府監察
金夏澤(하택)		錦川	本貫 金海 父 泰振
金夏鉉(하현)	1620~1694	三古堂 三玉堂	字 重九 本貫 慶州 父 峻
金㵛(학)		藏拙窩	字 學源 著書 藏拙窩實記
金㵛(학)		獨醒	字 汝玉 本貫 義城 父 匡址
金鶴(학)		鳴皐	字 雲卿 本貫 牛峰
金鶴奎(학규)	韓末	谷隱	字 允文 本貫 善山
金學圭(학규)	1852~1929	蘭圃	字 敬立 本貫 安東 父 炳周 著書 文集
金學奎(학규)	1900~1967	白波	獨立運動家 本貫 安東 父 基燮
金鶴根(학근)		蓉渾	字 仕優 本貫 安東
金學起(학기)	1414~1488	蘆菴	文臣 字 文伯 本貫 公州 父 晩義 大提學
金學基(학기)		斗南	著書 文集
金鶴基(학기) →全鶴基			

人名	年代	號	其他
金學斗(학두)	1861~1946	省齋	著書 省齋先生文集
金學魯(학로)	朝鮮	圯隱	委巷人 字 聖汝 本貫 金海
金鶴鳴(학명)		聽湖	
金學模(학모)		黙樵	著書 文集
金學黙(학묵)		松隱	字 致習 本貫 安東
金學培(학배)	1628~1673	錦翁	文臣 字 天休 本貫 義城 父 黯 金是榲 門人 禮曹佐郎 著書 錦翁文集
金學性(학성)	1807~1875	松石	文臣 字 景道 本貫 清風 父 東獻 平安道觀察使 謚號 孝文 著書 松石集
金鶴聲(학성)	朝鮮	自靜齋	委巷人 字 于夫 本貫 成寧 祖父 壽彭 備邊司書吏
金學壽(학수)	朝鮮	后隱	本貫 金海 父 奎雄
金鶴洙(학수)	1849~?	確齋	字 景問 本貫 光山 父 永秀
金學洙(학수)	1891~1975	述菴	學者 著書 述菴遺集
金鶴洙(학수)		泗南	著書 文集
金學淳(학순)	1767~1845	華棲	文臣, 學者 字 而習 本貫 安東 父 履錫 外祖 洪疇泳 謚號 文簡 工曹判書 著書 華棲集
金鶴淳(학순)	朝鮮	石居	字 巢松 本貫 安東 父 履明 著書 石居遺稿
金鶴信(학신)	朝鮮	南湖	本貫 慶州 父 河明 祖父 慶玉
金學臣(학신)	朝鮮	雪巖	本貫 善山 父 錫五
金學淵(학연)	朝鮮後期	野舵	
金學胤(학윤)	朝鮮	浦隱	本貫 盆城 父 弼斗
金學潤(학윤)		竹圃	本貫 金寧
金學益(학익)	朝鮮	蘭坡	本貫 慶州 父 觀植 祖父 永錫
金學祖(학조) →學祖			
金學鎭(학진)	朝鮮	道雲	本貫 光山 父 基佑
金鶴鎭(학진)	1838~1917	後夢	文臣 字 聖天 本貫 安東 父 命均 奎章閣大提學 著書 後夢遺稿
金學之(학지)		松亭	本貫 清州 父 始生
金鶴鉉(학현)		樵山	本貫 光山
金漢(한)		愚齋	本貫 慶州
金瀚(한)		松巖	本貫 慶州
金漢傑(한걸)		木菴	本貫 金海
金漢卿(한경)		道谷	本貫 義城
金漢啓(한계)	朝鮮世宗	休溪	本貫 義城 父 永命
金漢喬(한구)	1728~?	寄拙齋	字 德叟 本貫 慶州 父 選慶

人名	年代	號	其他
金漢極(한극)		自笑	著書 自笑集
金漢基(한기)	1837~1902	黙隱	學者 字 文翊 本貫 金寧 父 義洪 著書 黙隱集
金漢基(한기)	→金漢英		
金翰東(한동)	1740~1811	臥隱	文臣 字 翰之 本貫 義城 父 景泌 敦寧府都正
金翰洛(한락)	?~1945	汎窩	著書 汎窩遺稿
金漢麗(한려)		柳村	本貫 慶州 父 潤慶
金漢鍊(한련)	朝鮮英祖	滄浪子	本貫 禮安 父 埅
金漢老(한로)	1646~1688	善繼堂	字 皓卿 本貫 靈光 父 應清 著書 文集
金漢老(한로)		竹圃軒	本貫 慶州
金漢祿(한록)	朝鮮英祖	寒澗	戚臣 字 汝綏 本貫 慶州 父 運慶 韓元震 門人 洗馬 著書 寒澗先生文集
金漢命(한명)	朝鮮	愚翁	本貫 金海 父 弘迪
金漢穆(한목)	?~1934	濯新齋	著書 濯新齋遺稿
金漢茂(한무)	1900~1968	一齋	著書 文集
金漢文(한문)	朝鮮	雲溪	文臣 字 德老 本貫 晉州 戶曹參判
金漢文(한문)	朝鮮	樵山	本貫 太原 父 斗聖
金漢文(한문)	1864~1910	持敬齋	著書 持敬齋遺稿
金瀚培(한배)	朝鮮	農庵	本貫 金海 父 熙敦
金漢相(한상)		龍巖	本貫 金海
金漢燮(한섭)	朝鮮	吾南	學者 本貫 靈光 父 魯鉉 外祖 尹商說 著書 吾南文集
金漢性(한성)	朝鮮	晩圃	文臣 字 敬一 本貫 太原 議官
金漢星(한성)		滄石	本貫 江陵
金漢韶(한소)		逸翁	本貫 安城
金漢孫(한손)	朝鮮成宗	雲川	本貫 金海 父 勇
金漢淳(한순)	朝鮮純祖	小淵	文臣 字 大玄 本貫 安東
金漢淳(한순)	朝鮮純祖	玄庵 玄巖	字 文玄 本貫 安東 父 履陽
金漢淳(한순)	朝鮮	忍齋	本貫 扶安
金漢藎(한신)	1720~1758	靜養齋	字 幼輔 本貫 慶州 父 興慶 著書 文集
金漢英(한영)	1637~1712	訥庵	學者 字 後伯 本貫 金海 父 尚仁 外祖 呂姬佐 著書 訥庵文集
金漢榮(한영)	1853~1981	雲觀	字 成章, 天章 本貫 花開 父 益福 分監役
金翰運(한운)	朝鮮肅宗	浮翁	文臣 字 鵬路 本貫 安東 著書 文集
金漢翼(한익)	1863~1944	華東	著書 華東遺稿
金漢一(한일)	朝鮮仁祖	琴亭	本貫 光山 原從功臣
金漢璋(한장)	朝鮮	忠菴	文臣 字 公相 本貫 月城 宣傳官

人名	年代	號	其他
金漢廷(한정)	朝鮮	敏窩	字 就文 本貫 金寧
金漢禎(한정)	朝鮮肅宗	挹陶齋	文臣 本貫 慶州 父 興慶 延安府使
金翰朝(한조)		竹潭 竹齋	本貫 光山 父 紀國
金漢宗(한종)	朝鮮後期	肯農	委巷人
金漢鍾(한종)	1883~1921	一宇	獨立運動家 字 敬受 本貫 金寧 父 在貞
金漢佐(한좌)		守素	本貫 慶州
金漢俊(한준)	朝鮮	淵泉	本貫 金海 父 弘達
金漢重(한중)	朝鮮	菊雲	本貫 水原 父 震鍾
金漢重(한중)		聲庵	字 士望 本貫 一善 父 再紳 著書 聲庵集
金漢鎭(한진)		翠菴	著書 文集
金漢昌(한창)	朝鮮英祖	趾黙堂	本貫 安東 父 可行
金漢哲(한철)	1430~1496	松湖	學者 字 子明 本貫 義城 父 永命 外祖 權專 掌令 著書 松湖實記
金漢喆(한철)	朝鮮肅宗	可軒	文臣 本貫 慶州 父 龍慶 參贊 諡號 孝簡
金漢忠(한충)	1801~1873	習靜齋	學者 字 孝白 本貫 扶安 父 得鑑 祖父 主夏 外祖 柳邃 著書 習靜齋遺稿
金漢泰(한태)	朝鮮	石下	本貫 錦山 父 奎鉉
金漢泰(한태)	朝鮮後期	寧遠齋	畫家
金漢行(한행)		庸齋	著書 庸齋集
金漢鎬(한호)	韓末	渭責	志士 字 周卿 本貫 善山
金漢弘(한홍)	1877~1943	隨溪 河山	字 敬逸 本貫 金寧
金誠(함)	朝鮮世宗	農隱	本貫 慶州
金咸(함)	朝鮮初期	忍齋 忍窩	文臣 本貫 金海 吏曹參判
金誠(함)	朝鮮初期	遯軒	本貫 順天 父 德男
金涵(함)	朝鮮宣祖	錦齋	字 敬賢 本貫 瑞興
金誠(함)		雙杏堂	本貫 慶州
金菡錫(함석)	→全菡錫		
金沆(항)	高麗	遯庵	本貫 海豊
金伉(항)	高麗~朝鮮	遯翁	字 而正 本貫 金海 父 文淑
金㧨(항)	朝鮮	鐵村	本貫 廣州 父 重後
金恒(항)	1826~1898	一夫	觀碧詠歌舞蹈教創始者 字 道心 本貫 光山 父 麟魯 著書 正易
金恒(항)		堂谷	本貫 靈光
金恒慶(항경)		梅竹軒	字 會叔 本貫 安東
金恒圭(항규)		素石	字 景義 本貫 安東
金杭齡(항령)	→金春齡		

255

人名	年代	號	其他
金恒培(항배)		無憂軒	本貫 金海
金恒錫(항석)	朝鮮	慎齋	委巷人 字 士元 本貫 金海
金恒一(항일)	朝鮮後期	茅隱	字 孟元 本貫 安東
金恒重(항중)	1649~1713	湖庵	學者 字 士常 本貫 金海 父 英震 著書 湖庵遺集
金恒重(항중)	朝鮮後期	孤山	本貫 義城
金澥(해)	1534~1593	雪松 雲松	文臣 字 士路,士晦 本貫 禮安 父 半千 追贈 都承旨
金垓(해)	1555~1593	近始齋 洛郊 洛州	文臣,義兵將 字 達元,達遠 本貫 光山 父 富儀 祖父 緣 檢閱 著書 近始齋集
金垓(해)	朝鮮宣祖	退憂堂	功臣 字 汝厚 本貫 扶安
金楷(해)	1633~1716	負暄堂	學者 字 正則 本貫 安東 父 光灝 著書 負暄堂文集
金海(해)		後梅堂	本貫 光山 父 寶
金海圭(해규)	朝鮮	小岡	本貫 金寧 父 炯俊
金海敏(해민)	朝鮮	蓼溪	本貫 慶州 父 元積
金海秀(해수)		又松	本貫 延安 父 穎淵
金海容(해용)	1640~1691	湖隱亭	本貫 善山
金海儀(해의)	朝鮮	松軒	本貫 金海 父 晦錫
金海一(해일)	1641~1691	檀溪 檀谷	文臣 字 宗伯 本貫 禮安 父 端 系 錕 慶州府尹 著書 檀溪文集
金海一(해일)	朝鮮	栝溪	本貫 清道
金海鎭(해진)		八岩	字 而瑞 本貫 安東
金行(행)	1532~1585	長浦	文臣, 書畫家 字 周道 本貫 江陵 父 國杅 祖父 士熙 光州牧使
金行健(행건)	朝鮮後期	虛谷	本貫 道康 父 灌 祖父 大立 著書 遺稿
金行一(행일)	朝鮮	隱北堂	委巷人 字 壽而 本貫 善山
金憲(헌)→金蕙			
金玌憲(헌)	朝鮮仁祖	隱巖	本貫 金寧 父 永年
金巘(헌)	1857~1928	雲樵	著書 文集
金獻(헌)	1868~1923	茂園	獨立運動家 大倧敎第2代敎主 字 伯猷 本貫 慶州 父 昌熙 外祖 趙煕弼 嘉善大夫 著書 檀記事故
金瀗(헌)		息菴	本貫 金海
金憲基(헌기)	1774~1842	初庵 堯天	學者 字 穉度 本貫 熊川 父 就行 追贈 左副承旨 著書 初庵集
金憲明(헌명)	朝鮮哲宗	玉臺	
金憲秀(헌수)		黙窩	本貫 延安 祖父 銓
金憲植(헌식)	朝鮮	農齋	本貫 慶州 父 洪宗 祖父 俊鐸

人名	年代	號	其他
金憲胤(헌윤)	朝鮮中期	思永堂	文臣 字 公叔 本貫 光州
金憲祖(헌조)	朝鮮純祖	獨醒堂	本貫 光山 父 道復
金憲祖(헌조) →金應祖			
金獻周(헌주)	朝鮮後期	箕庵	學者 字 景孟 父 緝輝 外祖 朴基龍 著書 箕庵文集
金憲稷(헌직)	朝鮮後期	汀沙	
金革(혁)		啞翁	本貫 安東
金㷒(혁)		德峯	本貫 光山
金革(혁)	朝鮮	花山	
金赫(혁)	1875~1939	吾石, 烏石	獨立運動家 本名 學韶
金赫慶(혁경)	朝鮮孝宗	石隱	本貫 金海
金赫權(혁권)	韓末	涵齋	學者 著書 涵齋集
金赫朱(혁수)		養窩	著書 文集
金赫璋(혁장)	朝鮮	也養	本貫 錦山 父 良壽
金赫駿(혁준)	朝鮮	巖窩	本貫 錦山 父 履九
金赫八(혁팔)	朝鮮	農窩	本貫 錦山 父 履震
金玹(현)	朝鮮	粥粥齋	委巷人 字 晦之 本貫 彦陽
金鉉(현)	朝鮮	忍齋	字 德哉 本貫 金寧
金鑽(현)	朝鮮	訥敏齋	本貫 商山 成均進士
金俔(현)		月吾	本貫 廣州 父 益輝
金鉉(현)		雲谷	本貫 江陵
金鉉(현)		忠潔	著書 文集
金俔(현)	朝鮮	梧月堂	本貫 光山 祖父 鎧 信川郡守
金顯可(현가)	朝鮮	海塢	本貫 金海 父 勳河
金顯景(현경)	朝鮮	三友堂	本貫 金海 父 永河
金顯球(현구)	1864~1936	洛雲齋	著書 文集
金玄九(현구) →金基瀅의 一名			
金顯局(현구)		石谷	著書 文集
金顯權(현권)	朝鮮	海谷	本貫 金寧 父 溶奎
金顯奎(현규)		屏巖	字 台應 本貫 安東 著書 屏巖遺稿
金賢根(현근)	1810~1868	竹史	文人 字 聖希 本貫 安東 父 安淳
金顯基(현기)	朝鮮肅宗	雙淸齋	本貫 善山 父 世槻
金顯德(현덕)	朝鮮	蒙齋	本貫 金海 父 奎植
金玄度(현도)	1551~1610	認齋, 認軒	文臣 字 弘之 本貫 禮安 父 汝鼎 良才察訪
金炫杜(현두)		紹成堂	本貫 慶州
金見龍(현룡)	朝鮮	水勝	字 德普 本貫 水原 萬戶

人名	年代	號	其他
金鉉默(현묵)		春峀齋	字 鼎瑞 本貫 寧越
金炫文(현문)	朝鮮孝宗	樗村	文臣 字 晦之 本貫 原州 父 後龍 應敎
金顯範(현범)		農庵	本貫 金海
金玹昺(현병)	朝鮮	文湖	本貫 廣州 父 時漢
金鉉象(현상)		寓庵	著書 寓庵遺蹟
金玄錫(현석)	朝鮮世祖	如瓶齋	功臣 字 太初 本貫 金寧 父 文起 著書 文集
金玄爽(현석)	1711~?	閒窩	文臣 字 和吉 本貫 淸道 父 元澄
金鉉爽(현석)	朝鮮	晩山	本貫 慶州 父 百哲 祖父 昇源
金懸燮(현섭)		大川	著書 大川集
金玄成(현성)	1542~1621	南窓	文臣, 書畵家 字 餘慶 本貫 金海 父 彦謙 同知敦寧府事 著書 南窓雜稿
金炫洙(현수)		汕堂	著書 文集
金賢述(현술)	1893~?	蓬山	著書 文集
金顯植(현식)		樵隱	本貫 金海 父 挺來
金顯陽(현양)		雲坡	著書 文集
金顯燁(현엽)	朝鮮	葛隱	本貫 金海
金玄玉(현옥)	朝鮮後期	菊癡	
金顯玉(현옥)	1847~1910	山石	學者 字 豊五 本貫 金海 父 七植 外祖 嚴聖大 著書 山石集
金玄玉(현옥)		涵翠亭	著書 文集
金鉉宇(현우)	朝鮮後期	巽庵	畵家 字 君重
金顯佑(현우) →李顯佑			
金顯鎰(현일)	朝鮮	庶乎齋	本貫 金海 父 鼎玉
金顯注(현주)	朝鮮	斗山	本貫 金海 父 淵植
金鉉中(현중)		癡巖	著書 癡巖集
金鉉重(현중)	朝鮮	德溪	字 國輔 本貫 金海 成均館生員
金鉉辰(현진)		蘭圃	著書 蘭圃集
金顯鐸(현탁)		近溪齋	字 魯振 本貫 安東
金顯和(현화)	朝鮮肅宗	中松樓	本貫 光山 父 祖澤
金協(협)	1546~1638	忠孝堂	學者, 醫官 字 吉甫 本貫 順天 父 自願 柳成龍 門人 惠民署主簿 著書 忠孝堂遺集
金協(협)	朝鮮	龜峰	文臣 字 孟堅 本貫 義城 父 克成 副護軍 著書 文集
金鋏(협)		梅軒	字 自張 本貫 羅州
金埉(협)	1850~1922	石矼	著書 文集

人名	年代	號	其他
金垓(협) →金褵			
金逈(형)	朝鮮宣祖	鳴巖居士 鳴巖處士	學者 字 叔明 本貫 光州 父 忠男
金瑩(형)	1765~1840	槐軒	學者 字 義謙 本貫 延安 父 慶集 著書 槐軒集
金亨九(형구)		星史	本貫 羅州
金馨國(형국)		龜川	著書 龜川遺集
金衡圭(형규)		三潭	字 斗卿 本貫 安東
金衡圭(형규)		東平	字 殷輔 本貫 安東
金衡圭(형규)		晚翠	字 星中 本貫 安東
金衡根(형근)		東陽	字 禹瑞 本貫 安東 著書 東陽遺稿
金珩吉(형길)	朝鮮	星墩	文臣 字 南端 本貫 禮安 司諫
金炯德(형덕)	1858~1923	信湖	著書 文集
金亨來(형래)		松湖	本貫 光山
金亨烈(형렬)	1862~1932	中和	著書 中和集
金瑩模(형모)	韓末	柯山	
金炯培(형배)	朝鮮	蘆隱	本貫 金寧 父 重權
金衡夫(형부)		退軒	本貫 慶州
金衡錫(형석)		隱谷	本貫 金海
金亨燮(형섭)	朝鮮中期	石溪	本貫 善山
金亨孫(형손)	朝鮮英祖	永慕齋	孝子 本貫 義城
金瑩洙(형수)	朝鮮	西湖	文臣 本貫 昌原 父 鎭厚
金逈洙(형수)		嘯堂	著書 文集
金炯洙(형수)		荷亭	本貫 光山 父 洪啓
金亨壽(형수)	1778~1857	雨泉	字 元禮 本貫 義城 父 俅運
金蘅淳(형순)		揚明 自有	字 正甫 本貫 安東 著書 文集
金亨湜(형식)	1843~1932	醒齋	著書 文集
金亨五(형오)		勉齋	本貫 順天 父 瑞徵
金亨祐(형우)	朝鮮	野隱	本貫 蔚山 父 南重
金炯禹(형우)		蘇巖	本貫 金海
金炯元(형원)		竹圃	本貫 金寧
金炯元(형원)	1900~?	石松	詩人, 言論人
金炯祚(형조)		小村	本貫 金寧
金瑩中(형중)		無爲齋	本貫 慶州 父 榮一
金衡重(형중)		雲池	字 平叔 本貫 寧越
金亨進(형진)	1556~1592	石田	壬辰義兵
金衡鎭(형진)	朝鮮後期	白崖	學者 著書 白崖遺稿

人名	年代	號	其他
金亨進(형진)		石泉	著書 石泉實紀
金亨初(형초)	朝鮮	慕齋	本貫 蔚山 父 南獻
金炯杓(형표)	朝鮮	孝順堂	字 允弼 本貫 金寧
金瀅憲(형헌)	朝鮮	稼隱	本貫 咸昌 父 時瀅
金憲(헤)	1566~1624	松灣	文臣, 學者 字 晦仲 本貫 尙州 父 綏吉 郡守 著書 松灣逸稿
金虎(호)	?~1592	月庵	武臣 字 德元 本貫 慶州 父 叔璘
金灝(호)	1650~1695	尋樂齋	文臣 字 汝習 本貫 慶州 父 粹五 蔚山郡守
金玉虎(호)	朝鮮英祖	夢軒 艾軒	字 安甫 本貫 宣城 父 始烈
金灝(호)	1794~?	水西齋	閭巷人 字 元明 本貫 金海
金灝(호)		清隱	字 仲浩 本貫 延安
金灝(호)		一松	字 清遠 本貫 牛峰
金乎(호)	1883~1968	漢槎	獨立運動家 本名 廷鎭
金琥(호)	朝鮮	休隱	字 乃進 本貫 金海
金浩龜(호구)	1833~1904	碧桂	學者 字 聖老 本貫 瑞興 父 錫奎 外祖 郭潤祖 著書 碧桂文集
金浩圭(호규)		晩棲	字 潤瑞 本貫 安東
金昊均(호균)		省齋	字 養直 本貫 安東 著書 文集
金灝根(호근)	朝鮮	三愚齋	字 汝道 本貫 安東
金浩根(호근)	1858~1931	西洲	著書 文集
金虎鍊(호련)	朝鮮	里東	文臣 字 幼精 本貫 禮安 僉知中樞府事
金護林(호림)	朝鮮	下崗	本貫 義城
金好文(호문)	朝鮮中期	愚齋	文人 字 及生 本貫 道康
金好文(호문)	朝鮮	愚齋	本貫 光山 父 漬
金浩文(호문)		梅塘	本貫 江陵
金瑚旻(호민)	1831~1894	晩翠	學者 字 性裕 本貫 慶州 父 廷珏 外祖 李宗澤 著書 晩翠文集
金鎬相(호상)	朝鮮	竹坡	隱士 字 宣叔 本貫 咸昌
金浩碩(호석)	1861~1930	石泉	著書 文集
金虎燮(호섭)	朝鮮	竹塢	文人 本貫 清道
金浩燮(호섭)		淡軒	本貫 金海
金虎淳(호순)		松梧堂	字 度叔 本貫 安東
金顥淳(호순)	朝鮮後期	自有	本貫 安東 父 履晉 著書 自有遺稿〈心菴世稿〉
金鎬承(호승)		省土	本貫 善山
金鎬永(호영)		愼齋	

人名	年代	號	其他
金虎運(호운)	1768~1811	雨澗	學者 字 稺吉 本貫 義城 父 始弘 外祖 申思柱 著書 雨澗文集
金灝源(호원)	朝鮮宣祖	南麓	本貫 安山 父 麟鍾 李滉 門人
金好益(호익)	朝鮮仁祖	桐庵	本貫 金寧 父 萬省 祖父 起南
金好仁(호인)		梅巖	本貫 金海 父 籌延
金浩直(호직)	1874~1953	雨岡 弦齋	字 孟集 本貫 安東 父 會鍾 成均進士
金浩鎮(호진)		漆山	字 和允 本貫 安東
金浩鎮(호진)		寒泉堂	字 致三 本貫 安東
金灝鎮(호진)		啞雲	字 重卿 本貫 安東
金虎燦(호찬)	朝鮮英祖	奮窩	本貫 義城 父 中柱 著書 文集
金浩昌(호창)		敬菴	著書 敬菴先生實記
金浩天(호천)	朝鮮正祖	芝川	字 聖之 本貫 順天
金鎬泰(호태)	朝鮮	晦山	字 仁可 本貫 金寧
金澔欽(호흠)	朝鮮	雲田	文臣 字 京先 本貫 錦山 議官
金渾(혼)	朝鮮	節翁	本貫 金海 父 秀泓
金鴻(홍)		松谷	字 雲翼 本貫 牛峰
金洪啓(홍계)		楓溪	本貫 光山
金弘光(홍광)	朝鮮	主一堂	孝子 本貫 光山
金鴻九(홍구)	1721~1782	龍峰	著書 龍峰遺稿〈嘉山世稿〉
金鴻圭(홍규)	韓末	覓陀	文臣 本貫 安東 父 德相 外祖 鄭民植 著書 覓陀集
金弘圭(홍규)		月菴	字 景天 本貫 安東
金鴻奎(홍규)		蘭皐	字 瑞龜 本貫 宣城
金鴻圭(홍규)		好山	字 宗遠 本貫 安東 著書 文集
金弘均(홍균)		竹軒	字 性予 本貫 安東 著書 文集
金弘根(홍근)	1788~1842	春山	文臣 字 毅卿 本貫 安東 父 明淳 左議政 諡號 文翼
金弘器(홍기)	朝鮮後期	守拙翁	
金弘沂(홍기)	朝鮮	國樵	
金洪基(홍기)	朝鮮	隱雲	本貫 善山 父 雲熙
金弘基(홍기)		洛左	著書 文集
金鴻年(홍년)		竹圃	字 聖大 本貫 安東
金洪大(홍대)	朝鮮仁祖	松亭	本貫 金海
金弘度(홍도)	1524~1557	南峰 南厓 菜峰 東園 菜峯	文臣 字 重遠 本貫 安東 父 魯 追贈 領議政

人名	年代	號	其他
金弘道(홍도)	1745~1815	檀園 高眠居士 農漢 農社翁 丹邱 檀邱 檀老 檀翁 西湖 醉畵史(師,士) 輒醉翁	畵家 字 士能 本貫 金海 父 錫武 新昌縣監
金洪斗(홍두)	朝鮮	小南	本貫 金海 父 屢昊
金弘斗(홍두)	朝鮮	芙蓉堂	本貫 慶州
金弘斗(홍두)		何石	本貫 金海 父 昌文
金洪斗(홍두)		玉村	著書 文集
金鴻洛(홍락)	1863~1943	某溪 悟軒	字 羽卿 本貫 義城 父 鎭疑 著書 某溪集
金弘洛(홍락)		西林	著書 文集
金洪呂(홍려)		松軒	字 振遠 本貫 固城
金弘望(홍망)	朝鮮	壽敬	文臣 字 平眞 本貫 原州 副正
金弘望(홍망)		以乾齋	著書 文集
金洪模(홍모)		竹里	本貫 光山 父 在璘
金弘微(홍미)	1557~1604	省克 省克堂	文臣 字 昌遠 本貫 尙州 父 範 江陵府使 著書 省克堂文集
金弘敏(홍민)	1540~1594	沙潭 晦山	學者 字 任甫 本貫 尙州 父 範 典翰 著書 沙潭文集
金弘發(홍발)	朝鮮	雲溪	文臣 字 伯賢 本貫 密陽 判官
金洪範(홍범)	朝鮮肅宗	聲軒 華谷 華谷居士	文臣, 學者 本貫 金海
金洪寶(홍보)	高麗	龜巖	本貫 金海
金弘輔(홍보)		濟庵	著書 濟庵集
金洪福(홍복)	1649~1698	東園	文臣 字 子懷 本貫 金海 父 德承 大司諫 著書 東園集
金洪寶(홍빈) →金洪寶			
金弘瑞(홍서)	朝鮮	耿齋	委巷人 字 明哉 本貫 金浦
金弘叙(홍서) →全弘叙			
金弘奭(홍석)	朝鮮哲宗	德峰	
金洪錫(홍석)	朝鮮	靑天	字 汝攝 本貫 金寧
金弘碩(홍석)	朝鮮	峴庵	本貫 慶州 父 慶平 祖父 德一
金洪錫(홍석)		農隱	
金洪錫(홍석)	1890~1968	南隱	著書 南隱遺稿
金洪燮(홍섭)	韓末	月峰	字 汝和
金弘世(홍세)	朝鮮	南山	本貫 金海 父 守弼
金弘璹(홍숙)		溟隱	本貫 慶州

人名	年代	號	其他
金弘淳(홍순)	朝鮮	溪陰	字 元明 本貫 安東 父 履秀 祖父 直行 著書 溪陰 遺稿
金弘淵(홍연)	朝鮮英祖	髮僧庵	字 大深 本貫 熊川
金洪肇(홍연)		夢心軒	本貫 光山
金弘宇(홍우)	1539~?	白谷	字 伯容 本貫 慶州 父 景熹
金弘郁(홍우)	1602~1654	鶴洲	文臣 字 文叔 本貫 慶州 父 積 追贈 吏曹判書 諡 號 文貞 著書 鶴洲集
金鴻運(홍우)	1726~1811	東谷	學者 字 冥擧 本貫 江陵 祖父 廷尹 禮賓寺參奉 著書 東谷集
金弘遠(홍원)	1571~1645	海翁	學者 字 而重 本貫 扶安 著書 海翁集
金弘遠(홍원)	朝鮮後期	霜嶽	字 守約 本貫 蔚山 父 胤明 系 海甲
金弘遠(홍원)	朝鮮	楓菴	本貫 高靈 護軍
金弘毅(홍의)	→金弘敏		
金弘翼(홍익)	1581~1636	黙齋	文臣, 學者 字 翼之 本貫 慶州 父 禎平 外祖 崔遠 之 追贈 吏曹判書 著書 黙齋實紀
金弘壹(홍일)	1898~1980	逸曙	軍人政治家 本貫 金海
金弘載(홍재)		蒼湖齋	本貫 義城
金弘鼎(홍정)	朝鮮	逍遙齋	本貫 慶州 父 世平 祖父 宗一
金弘禛(홍정)	朝鮮	忘味窩	委巷人 字 啓瑞 本貫 金海
金弘濟(홍제)	1661~1737	北壁	學者 字 道兼 本貫 禮安 父 鋼 著書 北壁文集
金弘柱(홍주)	朝鮮	菊齋	本貫 金海 父 連弼
金弘準(홍준)	朝鮮	國隱	
金弘繽(홍진)	朝鮮	晚泉	本貫 金海 父 九鼎 參奉
金鴻鎭(홍진)		春北	字 聖達 本貫 安東
金弘集(홍집)	1840~1896	以政學齋 道園	文臣 字 敬能 本貫 慶州 父 永爵 總理大臣 諡號 忠獻 著書 以政學齋集
金弘徵(홍징)	→金弘微		
金洪喆(홍철)	朝鮮	晦宇	本貫 義城 父 泰鉉
金弘泰(홍태)	朝鮮	隱川	本貫 金海 父 郁弼
金洪澤(홍택)		小江	本貫 商山
金弘漢(홍한)	1544~?	義齋	義士 字 汝南 本貫 高靈
金澕(화)	朝鮮仁祖	任澗堂 在澗 在磵 在磵堂	義兵 字 道源 本貫 扶安 父 益福
金嘩(화)	朝鮮	宜庵	字 士章 本貫 安東 著書 文集
金鏵(화)		黙齋	著書 黙齋文集
金華坤(화곤)	朝鮮	潛谷	文臣 字 大卿 本貫 晉州 吏曹參議

人名	年代	號	其他
金和秀(화수)		秋潭	本貫 金海
金華埴(화식)		睡巖	字 忠擧 本貫 瑞興 父 熙典
金華植(화식)		復菴	字 仲一
金和鼎(화정)	朝鮮後期	堯山	學者 字 字和 本貫 金海 父 基泰 外祖 徐洪龜 著書 堯山集
金華俊(화준)	1602~1644	棠溪	文臣 字 士元 本貫 光山 父 式南 縣監 著書 棠溪集
金華重(화중)	165~1743	眉泉	文臣, 學者 字 士雄 本貫 金海 父 英震 僉知中樞府事 著書 眉泉文集
金和鎭(화진)	韓末~?	松士	民俗學者 著書 韓國의 風土와 人物
金和澤(화택)	朝鮮英祖	默窩	本貫 光山 父 鎭東
金和炯(화형)	1870~1938	敬齋	著書 敬齋遺稿
金鑊(획)	1572~1653	金沙	文臣 字 正卿 本貫 安東 父 大涉 兵曹正郎
金鑊(획)	朝鮮	逋村	文臣 字 禹鉉 本貫 坡平 參判
金瑗(훤)	1585~1667	復初堂	學者 字 德昷 本貫 順天 父 義元 外祖 李完 著書 復初堂遺集
金鍰(훤)	1650~?	樂厓	字 子中 本貫 安東 父 孝建
金壎(훤)	朝鮮	東崖 東厓	委巷人 字 晦章 本貫 彦陽
金煥(훤)	朝鮮	菊庵	本貫 聞韶 父 振古
金桓(훤)		聲軒	本貫 金海
金煥(훤)		農隱	本貫 光山
金桓(훤)	韓末	三重	獨立運動家 字 幸權 本貫 晉州
金壎(훤)	朝鮮正祖	粥粥齋	
金煥京(환경)		松溪	本貫 金海
金煥九(환구)		淸隱	本貫 道康 父 載基
金煥權(환권)	朝鮮	龍岡	本貫 道康 父 載基
金煥東(환동)		省齋	字 子敬 本貫 安東
金煥徹(환철)		松栢	本貫 道康
金活龜(활구)		碧桂	著書 碧桂文集
金活龜(활구)	→金浩龜		
金活蘭(활란)	1899~1970	又月	女性敎育者 梨花女子大學校總長
金湟(황)	高麗初期	梵空	字 珍用 本貫 羅州 父 敬順王 平章事
金滉(황)	朝鮮宣祖	漁村	學者 字 浩然 本貫 開城 父 自陽 郡守
金榥(황)	1896~1978	重齋	學者 字 而晦 本貫 義城 父 克永 外祖 沈龜澤 著書 重齋文集
金璜(황)		松溪	本貫 金海 父 世傑

人名	年代	號	其他
金晃錫(황석)	朝鮮	柴隱	本貫 金海 父 晁 都正
金晃鎭(황진)		甫岩	字 汝光 本貫 安東
金准(회)	高麗	盤隱	文臣 字 大而 本貫 晉州 玉果縣監
金准(회)	1578~1641	敬菴 松堂 後松 後松堂	文臣, 學者 字 巨源 汝收 本貫 安東 父 士貞 外祖 趙希老 裵容吉 婿 司憲府監察 著書 敬菴實記
金澮(회)	朝鮮	松齋	義士 字 志河 本貫 高靈
金澮根(회근)		華峰	字 致俊 本貫 安東
金晦洛(회락)	1861~1885	魯下	字 應燁 本貫 義城
金會明(회명)	朝鮮純祖	石公	本貫 安東 父 裕憲 承旨
金晦錫(회석)	朝鮮	○厓	本貫 金海 父 遜秀
金會錫(회석)	1856~1933	愚川	著書 愚川先生文集
金懷愼(회신)		草堂	本貫 禮安
金會淵(회연)	1750~1817	曉雲樓	文臣 字 文通 本貫 淸風 父 鍾正 漢城府判尹 著書 曉雲樓集
金會運(회운)	1764~1834	月梧軒	學者 字 亨萬 本貫 義城 父 始晉 外祖 趙景瀓 著書 月梧軒文集
金晦材(회재)	朝鮮英祖	愼庵	本貫 光山 父 龍澤
金懷祖(회조)	高麗	致堂	字 景先 本貫 光山 父 光轍 判書
金繪鉉(회현)		淵淵堂	本貫 靈光
金會弘(회홍)		紹唐	著書 紹唐集
金鈜(횡)		竹溪	本貫 禮安
金澋(횡)		晩村	本貫 延安
金孝可(효가)	1578~1653	拙亭	字 公繼 本貫 義城 父 宇顥
金孝坎(효감)	朝鮮	私淑齋	文臣 本貫 金寧(安城) 吏曹參議
金孝建(효건)	朝鮮宣祖	竹堂	本貫 金寧
金孝建(효건)	1584~1666	警弦翁 警弦 警弦堂 警翁	文臣 字 善述 本貫 安東 父 瑾 同知中樞府事
金孝恭(효공)	高麗恭愍王	淸湖	文臣 本貫 錦山 府使
金孝給(효급)	朝鮮世宗	圓峯	本貫 淸道 父 九鼎
金孝根(효근)		葵軒	著書 文集
金孝起(효기)	→金文起의 初名		
金孝東(효동)	朝鮮	華岡	本貫 金寧 父 沂潤
金孝盧(효려)	1454~1534	聾叟	本貫 光山 父 淮 生員
金孝立(효립)	→金堯立		
金孝伯(효백)		瑞山	本貫 淸風

人名	年代	號	其他
金孝先(효선)	朝鮮	伴鶴軒	文人 本貫 清道
金孝善(효선)	?~1932	虎風	獨立運動家
金孝誠(효성)		青波	本貫 光山
金孝孫(효손)	朝鮮端宗	望美堂	本貫 順天
金孝淳(효수)		南崗	字 百源 本貫 安東
金孝植(효식)		艮庵	著書 艮庵遺稿
金孝信(효신)	朝鮮	碧竹齋	文臣 本貫 安城 禮曹參議
金孝新(효신)	朝鮮端宗	艮齋 易齋	文臣 字 君節 本貫 坡平 牧使
金孝新(효신)	朝鮮	九峰	委巷人 字 而源, 而遠 祖父 萬最
金孝讓(효양)		竹圃	本貫 金海
金孝元(효원)	1532~1590	省庵	文臣 字 仁伯 本貫 善山 父 弘遇 曹植李滉 門人 追贈 吏曹判書 著書 省庵集
金孝義(효의)	朝鮮	謙齋	字 君聖 本貫 金寧
金孝仁(효인)	1436~1491	養性齋	字 文甫 本貫 瑞興
金孝一(효일)	朝鮮宣祖	菊潭	委巷人 字 行源 本貫 安東 禁漏官 著書 菊潭集
金孝一(효일)		克齋	本貫 光山 父 重燁
金孝貞(효정)	朝鮮世宗	注村 竹村	文臣 字 敬夫 本貫 善山 父 自淵 吏曹判書 諡號 文靖
金孝宗(효종)		迂翁	本貫 光山 著書 文集
金孝鎭(효진)		三雲	字 元伯 本貫 安東
金斅鎭(효진)		園菴	字 學大 本貫 安東
金孝燦(효찬)	朝鮮	南坡	字 大兼 本貫 金寧
金後(후)	高麗末	丹邱齋	本貫 商山
金垕(후)	朝鮮仁祖	北元	本貫 安東 父 希益
金鋀(후)	1765~1821	澗松關	字 秀民 本貫 延安
金煦(후)		陶庵 栗里處士	字 春卿 本貫 義城 父 涌 著書 陶庵集
金厚坤(후곤)	朝鮮	隱菴	文臣 本貫 晉州 禮曹參判
金垕邦(후방)		黃華齋	本貫 商山
金厚秉(후병)	韓末~日帝	蒼庵	本貫 義城
金厚臣(후신)	朝鮮英祖	彝齋	畫家 字 幼能 本貫 開城 父 緻 察訪
金後進(후진)	1540~1620	遠慕堂	學者 字 丕承 本貫 康津 李恒 門人 軍資監直長
金勳(훈)	朝鮮光海君	新堂	文臣 父 良弼 僉正
金壎(훈)	朝鮮後期	迵庵	畫家 本貫 湖中
金勳(훈)	朝鮮	梅軒	文臣 字 功瑞 本貫 花開 太子詹事
金壎(훈)	朝鮮	晦堂	文臣 字 敬元 本貫 雪城 判書 諡號 文簡

人名	年代	號	其他
金薰(훈)	朝鮮	松菴	本貫 慶州 父 永濡 祖父 仁琯
金勳(훈)	1836~1910	東海	學者 本貫 光山 著書 東海集
金壎(훈)	1836~1916	惺溪	著書 惺溪逸稿
金勳(훈)		智齋	著書 文集
金勳邱(훈구) →金勳			
金勳卿(훈즥) →金勳			
金晅(훤)	1234~1305	鈍村 鐵村	文臣 字 用晦 本貫 義城 贊成事
金烜(훤)	1716~?	西圃	字 章叔 本貫 延安 父 相立
金楦(훤)	朝鮮仁祖	江叟	本貫 江陵 父 友淹 監察
金萱翊(훤)		拙翁	字 子翔 本貫 善山 祖父 就文
金暄(훤)		石山	本貫 慶州 父 處衡 祖父 恂 知製敎
金烜壽(훤수)	朝鮮	雲鳥	本貫 光山 父 萬翼
金暈(훈)	朝鮮光海君	牛溪	本貫 善山 父 宗儒
金徽(훈)	1607~1677	晚隱 四休齋 四休亭 睡隱	文臣, 畵家 字 敦美 本貫 安東 父 時讓 許實 婿 禮曹判書
金輝世(훈세)	1618~1690	松坡	文臣 字 應時 本貫 光州 父 垍 龍宮縣監
金輝鑰(훈약)	1823~1891	太古	學者 字 玉汝 本貫 義城 父 樂素 著書 太古集
金輝運(훈운)	1756~1819	鵝湖	學者 字 穉和 本貫 義城 父 時采 外祖 李善胤 著書 鵝湖逸稿〈鵝湖喬梓集〉
金彙運(훈운)	朝鮮後期	畏齋	本貫 義城
金輝濬(훈쥰)	1820~1898	希齋	字 文叔 本貫 禮安 父 樂崇 著書 希齋集
金輝鍾(훈종)	朝鮮後期	近雲	字 聖述
金輝轍(훈철)	1842~1903	睡山 拙修	學者 字 應由 本貫 禮安 父 樂光 外祖 鄭在石 著書 睡山文集
金輝兌(훈태)		石菴	本貫 咸昌
金休(휴)	高麗	學堂	學者 字 練夫 本貫 安東
金烋(휴)	1597~1638	敬窩	學者 字 字美,謙可 本貫 義城 父 是楨 張顯光 門人 著書 敬窩集
金霱(휼)	1594~?	梅沙	字 運瑞 本貫 尙州 父 德謹 吏曹參議 著書 遺稿
金燏(휼)	朝鮮英祖	隨樂窩	委巷人 字 子直 父 聖器
金訢(흔)	1448~1492	顏樂堂 顏樂 安樂堂	文臣 字 君節 本貫 延安 父 友臣 外祖 李繼忠 金宗直 門人 行副司果 諡號 文匡 著書 顏樂堂集
金昕(흔)	1558~1629	鶴山	義兵 字 叔昇 本貫 義城
金欣(흔)	朝鮮	錦隱	本貫 金寧 訓練院主簿 諡號 忠肅
金忔(흘)		雲汀	著書 雲汀集
金欽(흠) →金自欽			

人名	年代	號	其他
金欽祖(흠조)	朝鮮中宗	樂琴堂	字 敬叔 本貫 義城 判決事
金洽(흡)		松谷	本貫 清道 父 澲
金洽(흡)		竹溪	本貫 金海
金興慶(흥경)	1677~1750	急流亭	文臣 字 子有, 叔起 本貫 慶州 父 斗星 判中樞府事 謚號 靖獻
金興慶(흥경)		靜養齋	著書 文集
金興國(흥국)	1557~1623	水北亭 水北	文臣 字 景仁 本貫 順天 父 鸞孫 外祖 具叔幹 副提學 著書 水北亭集
金興國(흥국)	朝鮮	巷隱	委巷人 字 季良 本貫 金海
金興圭(흥규)		又能	字 起哉 本貫 安東
金興根(흥근)	1796~1870	游觀 幽觀	文臣 字 起卿 本貫 安東 父 明淳 領敦寧府事 謚號 忠文 著書 游觀遺稿
金興基(흥기)	朝鮮高宗	靖山	字 民初 本貫 延安
金興洛(흥락)	1827~1899	西山	文臣 字 繼孟 本貫 義城 父 鎭華 外祖 李元祥 柳致明 門人 承旨 著書 西山集
金興濂(흥렴)	朝鮮	雲樵	委巷人 字 起卿 本貫 三陟
金興魯(흥로)	韓末	萬松	
金興龍(흥룡)	1730~1798	臨履堂	學者 字 汝見 本貫 商山 父 道源 外祖 崔會 著書 臨履堂遺稿
金興周(흥주)	朝鮮	竹隱	本貫 金海
金興兌(흥태)	朝鮮	史海堂	本貫 金海 父 應春
金興煥(흥환)	朝鮮	園齋	字 而禎 本貫 蔚山 佐郎
金熙(희)	高麗	東星	本貫 安東 著書 東星詩集
金憙(희)	1729~1800	芹窩	文臣 字 善之 本貫 光山 父 相庚 領中樞府事 謚號 孝簡 著書 芹窩集
金喜(희)		克齋	字 慶老
金喜(희)		柏溪	
金喜謙(희겸)	朝鮮英祖	不染子 不染齋	畫家 字 仲益 本貫 全州 父 尙澲 縣監
金熙敬(희경)	朝鮮	固軒	學者 字 燦五 本貫 長淵
金禧卿(희경)	1893~1955	石荷	著書 石荷遺稿
金希僑(희교)	→金希壽		
金熙國(희국)	1824~?	洛下	字 允若 本貫 瑞興 父 駿東
金熙奎(희규)	朝鮮孝宗	松窩	本貫 慶州 父 憲植 祖父 洪宗 秘書丞
金熙奎(희규)	1894~1959	湖堂	獨立運動家
金熙吉(희길)		竹窩	著書 竹窩遺稿
金禧年(희년)		盆城子	本貫 金海

人名	年代	號	其他
金禧年(희년)		浣溪	本貫 金寧
金希訥(희늘)		翠水軒	本貫 金海
金熙敦(희돈)	朝鮮	水隱	本貫 金海
金羲東(희동)		千花	字 春若 本貫 安東
金希得(희득)	→金希壽		
金熙洛(희락)	朝鮮	故寔軒	本貫 義城 著書 文集
金希鍊(희련)	朝鮮中宗	石麥	文臣 字 精中 本貫 靈巖 兵馬評事
金希連(희련)		樂齋	本貫 金海
金希鍊(희련)		石青	本貫 慶州
金羲齡(희령)	朝鮮	西園 素隱	委巷人 字 伯敬 本貫 金浦 父 洛瑞 校書館書吏
金希路(희로)	朝鮮	東洲	本貫 慶州 父 璟 參奉
金希魯(희로)	朝鮮	述菴	委巷人 字 聖則 本貫 慶州
金希孟(희맹)	朝鮮	洛厓	學者 字 子醇 本貫 安東
金希文(희문)	朝鮮	杏隱	文臣 字 敬魯 本貫 義城 同知中樞府事
金熙民(희민)	朝鮮	警齋	委巷人 字 穉皥 本貫 安東
金希福(희복)	朝鮮	槐菴	文臣 字 希仁 本貫 安城 吏曹判書
金希福(희복)		學谷	本貫 金海
金義福(희복)	→金義福		
金希奮(희분)	1760~1802	白山	學者 字 舜叟 本貫 義城 父 萬寧 外祖 李觀徵 著書 白山文集
金希參(희삼)	1507~1560	七峰 進齋	文人 字 師魯 本貫 義城 父 致精 外祖 李季恭 追贈 吏曹判書 著書 七峰逸集
金羲瑞(희서)	朝鮮肅宗	喚菴	學者 本貫 蔚山 父 器夏 金昌翕 門人 著書 喚菴遺稿 〈覺齋遺稿〉
金羲瑞(희서)	朝鮮	石圃	字 圖汶 本貫 金寧
金熙瑞(희서)		守心齋	本貫 光山
金羲瑞(희서)		鳴菴	本貫 蔚山 著書 文集
金熙錫(희석)	?~1925	東塢	著書 東塢遺稿
金羲善(희선)	1875~1945	玉峰	獨立運動家
金熙成(희성)	1741~?	海隱	字 誠之 本貫 義城 父 宅東
金喜誠(희성)	→金喜謙		
金熙紹(희소)	1758~1837	文泉	學者 字 伯雍 本貫 義城 父 斗東 外祖 柳世源 著書 文泉集
金希壽(희수)	1475~1527	悠然 悠然齋	文臣 字 夢禎 本貫 安東 父 叔演 祖父 自行 慶尚道觀察使 著書 三家書法
金喜洙(희수)	1861~?	過軒	字 聞哉 本貫 光山 父 永學
金喜洙(희수)		荷隱	本貫 光山 父 永德 著書 文集

人名	年代	號	其他
金熙琇(희수)		東隱	
金義壽(희수)	朝鮮	東園	
金義淳(희순)	1757~1821	山木 山木軒	文臣 字 太初 本貫 安東 父 履仁 外祖 李克顯 判義禁府事 諡號 文簡 著書 山木軒集
金義淳(희순)		梧石	著書 梧石集
金熙淳(희순)		畏愼	本貫 義城
金禧淳(희순)		黙齋	本貫 金海
金熙昇(희승)		海中	本貫 義城
金熙淵(희연)		守庵	著書 守庵先生文集
金禧淵(희연)	朝鮮	茅隱	字 景約
金希說(희열)	朝鮮中宗	柯谷 柯亭	文臣 字 商卿 本貫 順天 父 若杯 全州府尹
金熙永(희영)	1807~1875	聽蕉	本貫 慶州 父 鎰成 縣監 著書 文集
金禧永(희영)	朝鮮	秋岡	本貫 金海 父 致鏞
金熺永(희영)	朝鮮	晚醒	字 敬謨 本貫 金堤 嘉善大夫
金希禹(희우)	朝鮮仁祖	赤松軒	字 士儉 本貫 金海 父 光壽 教官
金義運(희운)	朝鮮	四愛堂	本貫 善山 父 時瑀
金義裕(희유)	朝鮮憲宗	思邸	本貫 安東 司諫院正 著書 文集
金希殷(희은)		九松軒	本貫 金海
金希益(희익)	朝鮮中期	洛厓	本貫 安東 父 克
金希仁(희인)		智水齋	字 仁福 本貫 金海
金希載(희재)		希堂	本貫 金海
金熙載(희재)		翠堂	著書 文集
金希鉦(희정)		遇堂	本貫 泗川
金義鼎(희정)		履齋	本貫 慶州
金喜祖(희조)	朝鮮	放湖	本貫 靈光 父 泃 生員 著書 放湖集
金熙宗(희종)		江皐 江窩	本貫 金海 著書 文集
金熙周(희주)	1760~1830	葛川	文臣,學者 字 公穆 本貫 義城 父 始東 著書 葛川集
金喜重(희중)	朝鮮	醉醒窩	委巷人 字 景由 父 麗輝
金熙址(희지)		醉亭	本貫 義城
金熙稷(희직)	朝鮮英祖	豹林	文臣 本貫 義城 父 虎東 修撰
金希振(희진)		義師	本貫 安東
金希贊(희찬)		芝溪	本貫 金海
金禧天(희천)	高麗	翰林	文臣 本貫 密陽 兵部事
金希哲(희철)	→全希哲		
金希泰(희태)	朝鮮	塑齋	委巷人 字 亮元 本貫 金海
金熙澤(희택)	朝鮮英祖	海窩	本貫 義城 父 必東 縣監

韓國雅號大辭典

人名	年代	號	其他
羅氏(씨)		念菴	著書 文集
羅珏(각)	1574~1644	松坡	字 連寶 本貫 錦城 父 詩男 著書 松坡遺稿
羅建成(건성)		毅堂	本貫 錦城
羅杰(걸)		月村	著書 文集
羅景文(경문)	?~1613	棲霞 棲霞翁	字 文叔 本貫 壽城 父 異童 著書 棲霞遺稿
羅慶福(경복)	韓末	稷谷	學者 字 景元
羅景錫(경석)	→羅壽憲		
羅經錫(경석)	?~1958	月樵	著書 月樵文稿〈栗亭世稿〉
羅經成(경성)	1847~?	松皐	字 經倫 本貫 錦城 父 廷憲 正字
羅敬臣(경신)		二友堂	本貫 錦城 父 元經
羅景績(경적)	朝鮮英祖	石塘	學者
羅擎天(경천)		耕學齋	本貫 羅州
羅景煥(경환)	1830~1906	性庵	學者 字 性純 本貫 羅州 父 弘來 外祖 金相大 著書 性庵家藏
羅楔(계)	1539~?	月峯	本貫 羅州 著書 文集
羅繼從(계종)	1339~1415	竹軒	文臣 字 啓道, 述先 本貫 羅州 父 織 外祖 金在澤 藝文館提學 著書 竹軒遺集
羅公彦(공언)	朝鮮	樗軒	字 仲賢 本貫 羅州 典農寺正 封號 羅城君
羅級(급)	1552~1602	後谷	文臣 字 子升 本貫 安定 父 允忱 追贈 領議政
羅岐(기)	朝鮮後期	蓀菴	
羅基貞(기정)	1863~1915	愚山	字 德裕 本貫 羅州 父 永完 龍仁郡守
羅紀學(기학)	韓末	杞泉	大倧敎人 本貫 羅州
羅琪漢(기한)		錦窩	本貫 羅州
羅基亨(기형)	1857~1944	硯農	字 德俊 本貫 羅州
羅大用(대용)	1556~1612	遞菴	武臣 字 時望 本貫 錦城 父 元 喬洞水使 著書 遞菴集
羅德明(덕명)	1551~1610	嘯浦 龜菴	學者 字 克之 本貫 羅州 父 士忱 外祖 尹彦商 著書 嘯浦遺稿
羅德元(덕원)	1548~?	沙潭	文臣, 學者 字 以建 本貫 羅州 父 悅 外祖 朴彦純 咸昌縣監 著書 沙潭遺稿
羅德潤(덕윤)	朝鮮	錦峯	字 有之 本貫 羅州 父 士忱 著書 錦峯遺稿〈嘯浦遺稿〉
羅德峻(덕준)	朝鮮	錦巖	字 大之 本貫 羅州 父 士忱 著書 錦巖遺稿〈嘯浦遺稿〉
羅德憲(덕헌)	1573~1640	壯巖	武臣 字 憲之 本貫 羅州 父 士忱 三道統禦使 諡號 忠烈 著書 文集
羅德顯(덕현)		錦巖	著書 文集
羅德顯(덕현)		潘溪	本貫 羅州 父 士忱
羅壽圭(도규)	1826~1885	德巖	學者 字 致文 本貫 羅州 父 禧集 外祖 李鉉臨 著書 德巖漫錄

人名	年代	號	其他
羅燾毅(도의)	1872~1947	錦窩	著書 文集
羅燾殷(도은)	1888~1936	海春	本貫 羅州 父 基亨
羅燾憲(도헌)	1890~1959	公民	字 景錫 本貫 羅州 父 基貞
羅東琳(동림)		顧恩	著書 文集
羅東淳(동순)		蓮泉	著書 蓮泉遺稿
羅斗甲(두갑)		龍湖	本貫 羅州
羅斗冬(두동)		錦湖	
羅斗冬(두동)		藥軒	本貫 羅州 父 袗
羅得璜(득황)	高麗	樂軒	字 得臣 本貫 錦城
羅萬甲(만갑)	1592~1642	鷗浦 鳩浦	文臣 字 夢賚 本貫 安定 父 級 祖父 允忱 外祖 金 好善 兵曹參知 著書 鷗浦集
羅萬基(만기)	→邊萬基		
羅孟禮(맹례)	朝鮮	德齋	本貫 羅州 大邱府使
羅茂松(무송)	1577~1653	滄洲 晚翠 勿染亭	學者 字 秀夫 本貫 羅州 父 德用 祖父 慄 外祖 宋 庭筍 兵曹正郎 著書 滄洲遺稿
羅茂春(무춘)	1580~1619	九峯 九華 著之	文臣 字 大年 本貫 羅州 父 德用 追贈 參知
羅文奎(문규)	朝鮮	松窩	委巷人 字 聚之 父 致煜 奎章閣書吏
羅文箕(문기)	朝鮮	棲雲	委巷人 字 聖範 父 致煜
羅敏徽(민휘)		智叟 草堂	本貫 羅州
懶白(나백)	1604~1681	盧谷	僧侶 字 應玄 俗姓 李氏
羅逢緖(봉서)		台峯	字 彦章 本貫 錦城
羅鳳翔(봉익)		栗亭	著書 文集
羅彬(빈)		追遠堂	本貫 錦城
羅士良(사량)	朝鮮宣祖	尊天窩	字 心甫 本貫 羅州 承政院承旨
羅嗣宗(사종)		淨陰	
羅士忱(사침)	朝鮮中期	錦湖	學者, 文臣 字 仲孚 本貫 羅州 父 旺 著書 錦湖遺 事
羅相集(상집)		西浦	本貫 羅州
羅相喆(상철)		學圃	本貫 錦城
羅褉(설)		杏陰	本貫 羅州 參奉 著書 杏陰公遺稿 〈八孝集〉
羅星斗(성두)	1614~1663	棋洲 基洲	文臣 字 于天 本貫 安定 父 萬甲 外祖 鄭曄 牧使
羅世茂(세무)		滄洲	本貫 錦城
羅世寶(세보)	朝鮮	松圃	字 子珍 本貫 錦城 校尉
羅世鳳(세봉)		粉巖	字 德輝 本貫 壽城 父 尚襞
羅世安(세안)	→羅安世		
羅世績(세적)	→羅世續		

人名	年代	號	其他
羅世纘(세찬)	1498~1551	松齋	文臣 字 丕承 本貫 羅州 父 彬 全州府尹 諡號 僖敏 著書 松齋遺稿
羅洙(수)		月巖	本貫 羅州
羅壽圭(수규) →羅燾圭			
羅壽淵(수연)	1861~1926	小蓬	言論人, 書畵家 本貫 安定
羅淑(숙)	1501~1546	淨陰	字 善源 本貫 安定 父 世傑 著書 淨陰遺稿〈長吟亭遺稿〉
羅琡(숙)		三玉齋	本貫 壽城 父 彦謙
羅順孫(순손)		聚遠亭	本貫 壽城 父 尚之
羅湜(나식)	1498~1546	長吟亭	學者 字 長源, 正源 本貫 安定 父 世傑 外祖 趙益貞 陵參奉 著書 長吟亭遺稿
懶湜(나식)	1684~1765	松桂 檜巖	僧侶 字 醉花 俗名 李嘉浩 著書 文集
羅安世(안세)	1475~1527	建溪	儒生 字 德與 本貫 羅州 父 甫重 著書 建溪先生遺稿〈八孝集〉
羅安義(안의)	朝鮮成宗	樂善 樂善堂	字 子由 本貫 羅州 參奉 著書 樂善公遺稿〈八孝集〉
羅安仁(안인)	朝鮮成宗	耐貧 耐貧堂	字 可居 本貫 羅州 參奉 著書 耐貧公遺稿〈八孝集〉
羅良佐(양좌)	1638~1710	明村	文臣 字 顯道 本貫 安定 父 星斗 祖父 萬甲 尹宣擧 門人 掌令 著書 明村雜錄
那璉(나연) →邢璉			
羅烈(열)	1731~1803	海陽 朱溪	文臣 字 子晦 本貫 安定 父 蔘 敦寧府都正 著書 海陽詩集
羅英集(영집)	1846~1909	小栢	學者 字 明叔 本貫 羅州 父 性德 外祖 鄭志邦 著書 小栢遺稿
羅龍煥(용환)	1863~1936	澤菴	獨立運動家, 己未獨立宣言署名33人 本貫 錦城
羅元經(원경)		蘭圃	本貫 錦城
羅元鼎(원정)	韓末	漢濱	
羅源中(원중)	朝鮮	石峯	字 君章
羅緯(위)		望思巖	本貫 錦城 父 文奎
羅緯文(위문)	1602~1653	盤石	字 聖章 本貫 錦城 父 茂春
羅緯素(위소)	1582~1667	松巖 峀雲亭	字 季彬 本貫 羅州 父 德峻 外祖 黃顯 慶州牧使 著書 松巖遺集
羅允明(윤명)	朝鮮中期	艮庵	文臣 字 晦元 本貫 羅州 父 叔聃 校書別坐
羅胤學(윤학)		栗南	著書 文集
羅倫漢(윤한)		山亭	本貫 羅州
羅允煦(윤후)	1853~1912	錦坡	字 陽瑞 本貫 錦城 父 秉鶴 著書 錦坡遺稿
羅應斗(응두)		踦庵	本貫 羅州 父 揔 著書 踦庵集

人名	年代	號	其他
羅應參(응삼)	1505~1568	龜山 龜山處士	孝子 字 仲章 本貫 羅州 父 安世 著書 龜山處士逸稿〈八孝集〉
羅應瑞(응서)	1584~1638	南磵	詩人 字 海鳳 本貫 羅州 參奉 著書 南磵集選
羅應淑(응숙)	1566~?	黙軒	字 君善 本貫 安定
羅膺純(응순)	朝鮮	不已齋	委巷人 字 錫汝 本貫 錦城 父 文奎
羅應琛(응침)	→南應琛		
羅應虛(응허)	1502~?	杏亭	文臣 孝子 字 章元 本貫 羅州牧使 杏亭公遺稿〈八孝集〉
羅宸(의)		杏陰 杏隱	本貫 羅州 著書 文集
羅宸(의)		月峰	孝子 本貫 羅州 參奉 著書 月峰公行錄〈八孝集〉
羅以俊(이준)	1602~1686	梅軒 梅陰	文臣 字 宅于 本貫 壽城 父 瑢 追贈 吏曹參判 著書 梅軒先生遺集
羅漢(익)	→羅湜		
羅翼南(익남)	1558~1646	菊菴	文臣 字 天紀 本貫 羅州 父 緯 外祖 金相浩 昌原府敎授 著書 菊菴文集
羅益瑞(익서)		愼菴	本貫 羅州
羅仁均(인균)		景菴	本貫 羅州
羅寅永(인영)	→羅喆의 初名		
羅仁協(인협)	1871~1951	泓菴	獨立運動家 己未獨立宣言33人
羅逸(일)	朝鮮肅宗	明村	本貫 安定 祖父 萬甲
羅一愼(일신)	→丁一愼		
羅正絞(정교)	1891~1944	一島	大倧敎人 本貫 羅州
羅正練(정련)	1882~1943	念齋	大倧敎人 本貫 羅州
羅貞玉(정옥)	韓末~?	晩霞 晩荷	女流畵家 父 聖淵 夫 崔鎭
羅鍾觀(종관)		菊齋	本貫 錦城 父 敬臣
羅鍾泰(종태)		竹齋	著書 文集
羅浚(준)	朝鮮英祖	洞玄子	本貫 安定 父 碩佐 監役
羅重慶(중경)	1674~1743	畀牧軒 洗心齋	學者 字 明卿 本貫 安定 著書 畀牧軒集
羅重器(중기)		松磵	著書 文集
羅重素(중소)		小溪	本貫 羅州
羅仲昭(중소)	1866~1925	抛石	獨立運動家 字 泳薰 本貫 羅州
羅仲佑(중우)	高麗	樂天窩 垂天窩	本貫 羅州 父 碩 藝文館知制誥
羅鎭慶(진경)		松樵	著書 文集
羅鎭廣(진광)	→羅鎭慶		
羅讚(찬)	→羅世纘		

人名	年代	號	其他
羅昶(창)	朝鮮中期	止齋	文臣 字 彦明 本貫 羅州 父 逸孫 刑曹正郎
羅昌憲(창헌)	1896~1936	丁凡	獨立運動家
羅昌協(창협)	→金昌現		
羅昌翕(창흠)	→金昌翕		
羅處虛(처허)	→羅應虛		
羅天紀(천기)		澗齋	字 敬甫 本貫 羅州
羅喆(철)	1836~1916	弘巖	大倧敎創始者 本貫 錦城 副正字 著書 三一神誥
羅致用(치용)	朝鮮宣祖	迢庵	壬辰殉節 本貫 錦城 父 秀
羅平集(평집)	朝鮮	遯石	本貫 羅州
羅表(표)	1539~1626	繼怡堂	字 士眞 本貫 羅州 著書 文集
羅表(표)		節孝	本貫 羅州 父 應參 參奉
羅學川(학천)	1658~1731	滄洲 滄圃	文臣 字 師道 本貫 壽城 父 壽宗 系 壽星 兵曹參知
羅學天(학천)		映翠堂	本貫 羅州
羅恒集(항집)		海岡	本貫 羅州
羅海崙(해륜)	1583~1659	松島	義兵將 字 應叔 本貫 羅州 父 德謙
羅海鳳(해봉)	1584~1638	南磵 梅磵	義兵將 字 應瑞 本貫 羅州 父 德讓 著書 南磵集
羅獻容(헌용)	1851~1925	蕙田	文人 字 義圖 本貫 安定 父 采益 外祖 李禹錫 著書 蕙田集
羅惠錫(혜석)	1896~1949	晶月	女流畵家 本貫 羅州 父 基貞
羅泓漸(홍점)	朝鮮	藍浦	字 德海 本貫 錦城 察訪
羅恢(회)		酒隱	字 士遇 本貫 羅州
羅烜(훤)		梅山	
羅徽瑞(휘서)		溪南	本貫 羅州
羅欽順(흠순)	朝鮮中期	整菴	
羅興儒(흥유)	高麗	忠順堂 錦南迁叟 中順堂	文臣 本貫 羅州 著書 忠順堂集
樂眞(낙진)	1045~1114	悟空通慧	僧侶 字 子正 俗姓 申氏 諡號 元景
樂賢(낙현)	?~1794	鳳巖	僧侶 俗姓 金氏
樂玹(낙현)	1814~1890	離峰	僧侶 本貫 羅州
南健(건)	1850~1943	魯軒 蘆月	字 性行 本貫 英陽 父 有耆 著書 文集
南建奎(건규)	朝鮮英祖	黙軒	本貫 宜寧 父 五寬 系 克寬
南建福(건복)	朝鮮英祖	水竹處士	本貫 宜寧 父 處寬
南建參(건삼)	朝鮮英祖	精庵	本貫 宜寧 父 五寬
南建源(건원)	朝鮮	棲菊堂	字 喜敬 本貫 宜寧 承文院副正
南格(격)	1561~1617	龍門居士 龍門處士	字 子精 本貫 宜寧 父 彦經

人名	年代	號	其他
南謙(겸) →南在의 初名			
南謙益(겸익)		龜亭	本貫 宜寧
南硬(경)	?~1689	无忘齋	著書 无忘齋遺稿
南景龍(경룡)	1726~1795	小隱	字 子瞻 本貫 英陽 著書 小隱遺集〈益陽聯芳集〉
南景述(경술)		聚星齋	本貫 英陽
南景岳(경악)	1763~1821	拙軒	學者 字 宗五 本貫 英陽 父 極萬 外祖 李命福 著書 拙軒遺稿〈槐莊世稿〉
南景嶽(경악)	朝鮮	濠窩	
南敬宇(경우) →南啓宇			
南景祖(경조)	1753~1793	九皐軒	學者 字 自汝 本貫 英陽 父 岱萬 外祖 權世澤 著書 九皐軒逸稿
南景昌(경창)	1564~1636	竹松堂	字 子昻 本貫 宜寧 父 忺
南景采(경채)	1736~1751	桐崖	本貫 英陽 父 龍萬 著書 桐崖遺稿〈益陽聯芳集〉
南慶薰(경훈)	1572~1612	蘭皐	文臣 字 應和 本貫 英陽 父 義祿 著書 蘭皐先生遺稿〈益陽聯芳集〉
南景羲(경희)	1748~1812	癡菴	學者 字 仲經, 仲殷 本貫 英陽 父 龍萬 司諫院正言 著書 癡菴先生文集
南啓來(계래)	朝鮮後期	睡翁	本貫 宜寧 父 紀海 系 紀鴻
南季明(계명)	朝鮮世宗	海雲堂	本貫 英陽 父 顥
南啓溟(계명)	1742~1814	漆溪	著書 漆溪稿〈楡川世稿〉
南啓宇(계우)	1811~1888	一濠	畫家 字 逸少 本貫 宜寧 父 進和 都正
南繼曹(계조)		雲崗	本貫 英陽
南啓夏(계하)	朝鮮明宗	龜峰	詩人 字 養伯 本貫 宜寧 父 守身 詩學敎官
南啓夏(계하)	1643~1705	隱几翁 隱几堂	文臣 字 子長 本貫 宜寧 父 文星 尹元擧 門人 青河縣監
南皐(고)	1807~1879	時菴	學者 字 仲元 本貫 英陽 父 有魯 外祖 安璞重 著書 時菴文集
南袞(곤)	1471~1527	止亭 知足堂	文臣 字 士華 本貫 宜寧 父 致信 贊成 諡號 文敬 著書 止亭集
南崑壽(곤수)	1789~1847	百悔齋	著書 百悔齋遺稿〈槐庄世稿〉
南崑壽(곤수) →南箕壽			
南恭良(공량) →南泰良			
南公輔(공보)		省齋	隱士 字 嶽老 本貫 宜寧 父 有容 著書 省齋零藁〈寄翁集〉
南公壽(공수)	1793~1875	瀛隱	學者 字 穉道 本貫 英陽 父 景元 外祖 朴坪 著書 瀛隱文集
南公佐(공좌)	朝鮮純祖	象弄居士	本貫 宜寧 父 有定

人名	年代	號	其他
南公鎭(공진)	1865~1927	以安堂	著書 文集
南公轍(공철)	1760~1840	金陵 金陵居士 歸恩堂 思穎 穎翁	文臣 字 元平 本貫 宜寧 父 有容 領議政 諡號 文獻 著書 金陵集
南光寬(광관) →南克寬			
南敎文(교문)	1888~1974	海東	獨立運動家
南九萬(구만)	1629~1711	藥泉 美齋	文臣 字 雲路 本貫 宜寧 父 一星 領中樞府事 諡號 文忠 著書 藥泉集
南九明(구명)	1661~1719	寓菴	文臣 字 箕瑞 本貫 英陽 父 尚周 順天府使 著書 寓菴集
南久淳(구순)	朝鮮純祖	松隱 松軒	本貫 宜寧 父 周獻 系 宗獻
南國經(구경)	朝鮮	孤松	字 誠中 本貫 宜寧 左尹
南國暹(구섬)	1684~1782	玉淵	著書 玉淵遺稿〈益陽聯芳集〉
南國柱(구주)	1690~1759	鳳洲	學者 字 廈中 本貫 英陽 父 尚召 外祖 鄭堯天 著書 鳳洲文集
南國錘(구추)		休亭	本貫 英陽
南國翰(구한)	1667~?	臥遊堂	字 任重 本貫 英陽 父 斗明 著書 臥遊堂逸稿〈益陽聯芳集〉
南奎(규)	朝鮮肅宗	睡隱	本貫 宜寧 父 聖麟
南奎熙(규희)	1859~?	焦西	字 星汝 本貫 宜寧 父 廷益
南克寬(극관)	1689~1714	夢囈 謝施子	文臣 字 伯居 本貫 宜寧 父 鳴鶴 祖父 九萬 著書 夢囈集
南極萬(극만) →南澤萬			
南極燁(극엽)	1736~1804	愛景	字 壽汝 本貫 宜寧 校理
南極柱(극주)	1639~1710	自足堂	字 天擎 本貫 宜寧 祖父 礏
南極杓(극표)	1639~1701	道泉	文臣 字 明世 本貫 宜寧 父 昌河 祖父 礏 外祖 黃玄慶 義禁府都事 著書 豊沛記事
南瑾(근)	1556~1635	龍湖	文臣 字 季獻 本貫 宜寧 父 應雲 知敦寧府事
南近明(근명)		岦雲 青巖	字 季光 本貫 宜寧 父 尚薰
南琴(금)	朝鮮太宗	道菴	文臣 本貫 固城 父 奇兵曹判書
南碟(급)	1592~1671	由由軒 自由軒	文臣 字 卓夫 本貫 英陽 父 隆達 追贈 參判 著書 蠶農要語
南兢(긍)		巽亭	
南基道(기도)	1838~1915	養拙窩	著書 文集
南綺老(기로)	1723~?	杞園	字 彦晧 本貫 宜寧 父 太堦
南耆老(기로)		簡窩	著書 簡窩漫筆
南基萬(기만)	1730~1796	黙山	文臣 字 伯溫 本貫 英陽 父 國珪 外祖 李廷一 正言 著書 黙山集

人名	年代	號	其他
南綺素 (기소)		愼菴	本貫 宜寧 父 以載
南箕壽 (기수)	1788~1837	海山	著書 海山逸稿 〈槐庄世稿〉
南基旭 (기욱)	1820~1899	晚圃	學者 字 雲用 本貫 英陽 父 道範 外祖 康洪錫 著書 晚圃逸稿
南紀濟 (기제)	朝鮮英祖	雪下 雪下居士	學者 字 仁叟 本貫 宜寧 父 彧寬 金元行 門人 著書 我我錄
南紀漢 (기한)	朝鮮正祖	溪窓	本貫 宜寧 父 得寬
南夔欽 (기흠)	1828~1904	汕樵	學者 字 章一 本貫 宜寧 父 時晉 外祖 鄭榮煥 著書 汕樵遺稿
南佶 (길)	1594~1654	安分堂	字 正慶 本貫 英陽 父 慶薰 著書 安分堂遺稿 〈益陽聯芳集〉
南老明 (노명)	1642~1721	晚翠軒	文人 字 台瑞, 壽瑞 本貫 英陽 父 尚周 禮曹佐郎 著書 晚翠堂遺稿 〈益陽聯芳集〉
南老星 (노성)	1603~1667	雲谷 玄谷	文臣 字 明瑞 本貫 宜寧 父 好學 外祖 金尚容 都承旨
南達明 (달명)	朝鮮肅宗	春洲	本貫 宜寧 父 尚薰
南大萬 (대만)	1721~1797	忍窩	父 國禎 著書 忍窩遺集 〈益陽聯芳集〉
南大溟 (대명)	1567~1627	後溪	字 羽升 本貫 宜寧 父 舜濟 郡守
南大源 (대원)	朝鮮宣祖	黙愚堂	本貫 固城 父 應善 祖父 定國
南德龜 (덕구)	1667~1718	藏六齋	文臣 字 景潛 本貫 南原 父 必徵 外祖 羅積有 著書 藏六齋遺稿
南德老 (덕로)	1695~?	里隱	字 耆卿 本貫 宜寧 父 泰遠
南德鎮 (덕진)	1835~1913	四而齋	著書 四而齋文集
南道揆 (도규)	1662~1724	三足窩	字 汝一 本貫 宜寧 父 宅夏 追贈 吏曹判書
南道振 (도진)	1670~1735	弄丸齋	文臣 字 仲玉 本貫 宜寧 父 宅夏 著書 弄丸齋歌詞集
南道轍 (도철)	朝鮮肅宗	韋菴	字 聖由 祖父 極杓
南道弘 (도홍)	?~1743	龍溪 龍岡	著書 龍溪遺稿
南撃 (돈)		玩疇堂	字 配厚 父 嶸
南東道 (동도) →文東道			
南斗建 (두건)		畏菴	文臣 字 士極 祖父 景昌 追贈 吏曹參議
南斗旻 (두민)	1725~?	丹厓 丹崖	醫官 字 天章 本貫 英陽 典醫正
南斗北 (두북)	朝鮮	夢鳥亭	學者 本貫 宜寧
南斗瞻 (두첨)	1590~1656	醒窩	文臣 字 汝昂 本貫 宜寧 父 以信 韓應寅 婿 戶曹參議
南得寬 (득관)	朝鮮肅宗	青壚	文臣 本貫 宜寧 父 道振 參奉

279

人名	年代	號	其他
南萬里(만리)		海槎	本貫 英陽
南萬鵬(만붕)	1708~1784	活山	著書 活山文集〈益陽聯芳集〉
南萬會(만회)	1826~1896	小溪	學者 字 明遠 本貫 英陽 父 永煥 外祖 柳謙祚 著書 小溪文集
南孟夏(맹하)	朝鮮宣祖	東郭處士 東郊處士	隱士 字 施伯 本貫 宜寧 父 慶會
南命新(명신)	1698~1772	龍菴	著書 龍菴集〈石門世稿〉
南溟羽(명우)	1592~1647	長洲 長州	字 九萬 本貫 宜寧 父 啓夏
南溟翼(명익)	1607~1660	羽溪 酒隱	字 大游 本貫 宜寧 父 啓夏
南溟學(명학)	1731~1798	五龍齋	文臣 字 聖源 本貫 宜寧 韓夢弼 婿 韓夢麟 門人 工曹佐郎 著書 五龍齋遺稿
南溟翰(명한)		醉隱	
南夢賚(몽뢰)	1620~1681	伊溪	學者 字 仲遵 本貫 英陽 父 海準 外祖 權誌 晉州牧使 著書 伊溪遺集
南夢鰲(몽오)	1528~1592	三松 三松堂	學者 字 景祥 本貫 英陽 父 麒 著書 三松逸稿
南文翼(문익)		蒼臺	著書 文集
南撥(발)	1561~1646	華隱	文臣 字 公濟 本貫 宜寧 父 彥鎭 通政大夫 著書 華隱集
南發淵(발연)		愚隱	著書 愚隱集
南橃(벌) →南撥			
南秉吉(병길) →南相吉의 初名			
南炳斗(병두)		梅溪	本貫 英陽
南秉仁(병인)	1817~1874	老山	學者 字 彜彥 本貫 英陽 父 繼運 外祖 裵縑 著書 老山文集
南秉哲(병철)	1817~1863	圭齋 絳雪 桂塘 鷗堂	文臣, 科學者 字 子明, 原明 本貫 宜寧 父 久淳 大提學 諡號 文貞 著書 圭齋集
南復(복) →崔南復			
南復始(복시)	朝鮮正祖	秋湖	本貫 宜寧 父 鶴聞
南鳳年(봉년)	1553~1618	雨泉堂	字 允和 本貫 固城 父 世周
南奉鎬(봉호)		鳳菴	字 振學 著書 文集
南鵬(붕)	1870~?	海洲 松雪	學者 著書 海洲素言
南鵬(붕)		松雲	著書 文集
南鵬翼(붕익)	1641~1687	艸川亭 卄川	文臣 字 子擧 本貫 宜寧 父 斗元 著書 艸川亭遺稿〈槐庄世稿〉
南師古(사고)	1509~1574	格菴	學者 字 復初 本貫 宜寧 父 希伯 天文學教授 著書 格菴逸稿
南翔(상) →南翃			

人名	年代	號	其他
南尙敎(상교)	1783~1866	雨村 靑琅玕觀	天主敎徒 字 文叔 本貫 宜寧 知敦寧府事 著書 雨村詩稿
南相吉(상길)	1820~1869	晚香齋 六一齋 惠泉	文臣, 天文學者 字 子裳 本貫 宜寧 父 久淳 左參贊 著書 晚香齋詩鈔
南相魯(상로)		木山	著書 木山先生文集
南尙文(상문)	1520~1602	雙湖	文臣 字 仲喜 本貫 宜寧 父 淇 通政大夫
南相奉(상봉)		午山	著書 文集
南相善(상선)	朝鮮	翠石	字 元性 本貫 宜寧 承旨
南尙召(상소)	1631~1709	光溪	隱士 字 幼輔 本貫 英陽 父 信 著書 光溪遺稿 〈益陽聯芳集〉
南相舜(상순)		桐泉	著書 桐泉先生遺稿
南尙冶(상야)	高麗	雙淸堂	父 深
南尙容(상용)	朝鮮後期	寄傲齋	本貫 宜寧 父 稙
南相運(상운)	1759~1810	濠窩	著書 濠窩遺稿 〈槐庄世稿〉
南尙周(상주)	朝鮮	閒溪	隱士 字 聖輔 本貫 英陽 父 佶
南尙鎭(상진)		勉學齋	著書 文集
南澒(색)		甁庵	
南瀷(석)	1836~?	偶愛亭	字 義宣 本貫 英陽 父 鍾悳
南碩寬(석관)	1761~1837	易安	學者 字 栗之 本貫 宜寧 父 極曄 系 三曄 著書 易安遺稿
南碩老(석로)	1729~1774	禮淵	文臣, 學者 字 伯燁 本貫 英陽 父 命新 奉常寺主簿 著書 禮淵集
南奭老(석로)	朝鮮後期	松窩	本貫 宜寧 父 泰維
南錫愚(석우)	1847~1927	愚隱	著書 文集
南碩夏(석하)	1773~1853	秋潭	學者 字 達賢 本貫 宜寧 父 極曄 外祖 尹惠采 著書 秋潭逸稿
南錫廈(석하)	1809~1897	犴棲	學者 字 聖規 本貫 英陽 父 漢秀 外祖 柳章春 著書 犴棲文集
南銑(선)	1582~1654	大夢 晦谷	文臣 字 澤之 本貫 宜寧 父 復始 外祖 金命元 刑曹判書 諡號 貞敏
南翻(선)	1609~1656	滄溟	文臣 字 伯圖 本貫 宜寧 父 斗瞻 慶尙道觀察使 著書 滄溟集
南愃(선)	朝鮮中期	七巖	本貫 宜寧 父 景哲 進士
南性元(성원)	朝鮮	雷巖	字 錦汝 本貫 宜寧 吏曹判書
南聖薰(성훈)	朝鮮顯宗	藥里	本貫 宜寧 父 宣
南世健(세건)	朝鮮中宗	菊窓	本貫 宜寧 父 忻
南世元(세원) →南致元			
南世禎(세정)		仙巖	本貫 宜寧

人名	年代	號	其他
南世周(세주)	1445~1504	松坡	文臣 字 仁父 本貫 固城 父 益文 追贈 吏曹判書
南蓀(손)		愼菴	本貫 英陽
南衰(쇠) →南衰			
南須(수)	朝鮮世宗	松亭	本貫 英陽
南須(수)		缺軒	本貫 英陽
南守明(수명)	1810~1864	菊隱	著書 菊隱稿
南秀文(수문)	1408~1443	敬齋	學者 字 景質, 景素 本貫 固城 父 琴 集賢殿直提學 著書 敬齋遺稿
南壽一(수일)		藥村	字 萬初 本貫 宜寧
南壽賢(수현)	朝鮮肅宗	大靜	本貫 宜寧 父 重維
南塾(숙)	朝鮮肅宗	玩疇堂	本貫 宜寧 父 極杓 生員
南肅寬(숙관)	1704~1781	八灘	字 正叔 本貫 宜寧 父 道振 祖父 宅夏 縣監 著書 八灘公遺稿
南升陽(승양)	朝鮮	松窩	隱士 字 致謙 本貫 英陽
南勝愚(승우)		秋峯	著書 文集
南承鄭(승정)		栗隱	本貫 英陽
南升喆(승철)	?~1924	紫陰	學者 著書 紫陰文集
南始觀(시관)	1796~1867	棣友齋	著書 文集
南時韞(시온)		白觀	著書 文集
南始益(시익)	1810~1857	篤友齋	著書 文集
南時熏(시훈)	1653~1733	浮川	著書 浮川稿 〈楡川世稿〉
南愼明(신명)	1678~1753	二梅堂	字 徽瑞 本貫 英陽 父 尚周 著書 文集
南藎臣(신신)	朝鮮	洛江漁隱	隱士 字 公輔 本貫 英陽
南氏夫人(남씨부인)	1840~1922	貞一軒	父 南世元 夫 成大鎬
南彦經(언경)	朝鮮明宗	東岡	學者 字 時甫 本貫 宜寧 父 致勗 工曹參議
南彦紀(언기)	1534~?	考槃 靜齋	學者 字 張甫, 季憲 本貫 宜寧 父 致勗 外祖 柳振仝 金麟厚, 李滉 門人 著書 考槃遺編
南彦成(언성)		退谷	本貫 宜寧
南彦縝(언진)	朝鮮	雪崖 雪厓	字 敬甫 本貫 宜寧 父 致勗
南彦鎭(언진) →南彦縝			
南彦緒(언진) →南彦縝			
南碩(연)	1598~1664	无妄齋	文臣 字 鍊夫 本貫 英陽 父 隆達 奉常寺僉正 著書 无妄齋遺稿
南淵(연)	朝鮮仁祖	炭叟	字 汝源 本貫 宜寧 父 斗樞
南延年(연년)	1653~1728	玄巖	字 壽伯 本貫 宜寧 父 斗明 著書 文集

人名	年代	號	其他
南嶸(영)	1548~1616	孤山	文臣 字 士秀 本貫 宜寧 父 禮錫 追贈 議政府左參贊
南碟(영)	1609~1665	豊厓	著書 文集
南永魯(영로)	1810~1857	潭樵	小說家, 書畫家 字 林宗 本貫 宜寧 父 雋和 祖父 建福 著書 玉樓夢
南永詩(영시)	→南啓宇의 初名		
南暎元(영원)		黙庵	著書 文集
南永周(영주)	朝鮮純祖	三壺	本貫 宜寧 父 正和
南永祉(영지)	→姜永祉		
南五寬(오관)	朝鮮英祖	松下	本貫 宜寧 父 鶴鳴
南玉(옥)	1722~?	秋月	字 時韞 本貫 宜寧 父 道赫
南沃紀(옥기)	→南漢紀		
南外喆(외철)	→南升喆		
南龍甲(용갑)		壺隱	著書 壺隱遺稿 〈市北遺稿〉
南容德(용덕)	朝鮮後期	韓雲	
南龍萬(용만)	1709~1784	活山	學者 字 鵬路 本貫 英陽 父 國先 禧陵參奉 著書 活山集
南龍鳴(용명)	→南鶴鳴		
南龍燮(용섭)	1734~1817	松陰	學者 字 時見 本貫 英陽 父 相辟 外祖 黃壽一 著書 松陰文集
南龍雲(용운)	→南龍翼		
南龍翼(용익)	1628~1692	壺谷	文臣, 學者 字 雲卿 本貫 宜寧 父 得朋 吏曹判書 諡號 文憲 著書 壺谷集
南宇(우)		遯齋	本貫 英陽
南佑良(우량)	朝鮮太宗	依依亭	字 天與 本貫 宜寧 會寧都護府使
南雲鵬(운붕)	朝鮮純祖	謙窩	本貫 宜寧 父 就夏
南有健(유건)	1621~1683	安塢	著書 文集
南維老(유노)	朝鮮	溪隱 止庵	學者 字 維長, 幼張 本貫 宜寧
南有常(유상)	1696~1728	太華 太華子	文臣 字 吉哉 本貫 宜寧 父 漢紀 外祖 沈漢章 吏曹正郎 著書 太華子集
南有栻(유식)		雲林	著書 文集
南有容(유용)	1698~1773	雷淵 小華 小華山人	文臣 字 德哉 本貫 宜寧 父 漢紀 李縡 門人 右賓客 諡號 文清 著書 雷淵集
南有海(유해)	1866~1936	醉山	字 明如 本貫 英陽 父 斗煥 著書 文集
南允升(윤승)		大笑	著書 大笑詩集
南隆達(융달)	1565~1652	懶齋	義兵將 字 顯彦 本貫 英陽 著書 懶齋遺稿 〈新安世稿〉
南乙珍(을진)	1331~1393	丙齋 沙川 仙窟	節臣 本貫 宜寧 父 天老 封號 沙川伯 參知門下府事 著書 文集

人名	年代	號	其他
南應來(응래)	朝鮮後期	菊窓	本貫 宜寧 父 紀漢 祖父 得寬 追贈 吏曹參議
南應龍(응룡)	1514~1555	樂山 二樂 二樂堂	文臣 字 景霖 本貫 宜寧 父 世健 工曹參議
南應望(응망)		菊白	本貫 宜寧
南應敏(응민)		夢解	本貫 宜寧
南應雲(응운)	1509~1587	灌園 菊齋 菊窓 蘭齋	文臣 字 致遠 本貫 宜寧 父 世健 工曹參判
南應元(응원)		許潁亭	本貫 英陽
南應琮(응종)	→南應琛		
南應琛(응침)	朝鮮仁祖	松坡	閭巷人, 醫員 字 子貢 本貫 英陽 父 彦國 祖父 彭壽 太醫
南宜春(의춘)		毅窩	著書 毅窩先生文集
南以敬(이경)	→南以恭의 初名		
南以恭(이공)	1565~1640	雪蓑	文臣 字 子安 本貫 宜寧 父 琥 工曹判書 著書 雪蓑集
南履道(이도)	朝鮮	正齋	本貫 宜寧 父 瑜
南二龍(이룡)	→南應龍		
南履穆(이목)	1792~1858	直菴	學者 字 純之 本貫 英陽 父 胤漢 外祖 具亨運 著書 直菴文集
南履範(이범)	朝鮮	菊庄	本貫 宜寧
南二星(이성)	1625~1683	宜拙 宜拙齋	文臣 字 仲輝 本貫 宜寧 父 烒 禮曹判書 諡號 章簡 編書 語錄解
南以星(이성)	→南二星		
南履始(이시)		秋湖	字 善初 本貫 宜寧 父 孟夏
南以信(이신)	1562~1608	有皐散人 直谷 直皐 直軒 青皐 青皐 散人	文臣 字 自有 本貫 宜寧 父 琥 祖父 應望 大司諫
南以雄(이웅)	1575~1648	市北	文臣 字 敵萬 本貫 宜寧 父 瑋 祖父 應雲 封號 春城府院君 左議政 諡號 文貞 著書 市北先生遺稿
南履益(이익)	朝鮮正祖	芝雲	本貫 宜寧
南以載(이재)		敬軒	本貫 宜寧 祖父 應龍
南以興(이흥)	1540~1627	城隱	武臣 字 子豪 本貫 宜寧 父 瑜 封號 宜春君追贈 領議政 諡號 忠壯
南煜(익)	朝鮮正祖	四可齋	本貫 宜寧 父 夏明
南益薰(익훈)	1640~1693	坡隱	文臣 字 熏仲 本貫 宜寧 父 翮 慶尙道觀察使
南益勳(익훈)	→南益薰		
南日星(일성)	→南老星		

人名	年代	號	其他
南一祐(일우)	1837~?	愚堂	字 伯卿 本貫 宜寧 父 秉善 工曹判書
南一愚(일우) →南一祐			
南一運(일운)	1755~1820	晚對軒	著書 晚對軒遺稿 〈槐庄世稿〉
南濼(자)	1601~1663	无悶堂	文臣 字 正夫 本貫 英陽 父 隆達 著書 无悶齋遺稿
南丈萬(장만)	1726~?	東濛	著書 東濛逸稿 〈益陽聯芳集〉
南在(재)	1351~1419	龜亭 龜巖	開國功臣 字 敬之 本貫 宜寧 父 乙蕃 李穡 門人 封 號 宜寧府院君 領議政 謚號 忠景 著書 龜亭遺稿
南躔(전)	1614~1737	素軒	文人, 學者 字 日昇 本貫 宜寧 父 極杓 外祖 成震 長 成均館司藝 著書 素軒文集
南瀞(정)	朝鮮世宗	寒谷	文臣 字 汝清 本貫 宜寧 五衛將
南廷珏(정각)	1897~1967	午山	獨立運動家
南政教(정교)	朝鮮	省堂居士	本貫 宜寧 父 履道
南廷吉(정길)	朝鮮	斗峯	字 燦甫 本貫 宜寧 掌令
南庭燮(정섭)	1836~1917	素窩	學者 字 張憲 本貫 宜寧 父 廷瓚 系 龜元 著書 素 窩文集
南廷燮(정섭)		翠史	本貫 宜寧
南廷淑(정숙)	1845~?	晚香亭	本貫 宜寧 父 學教 系 恒教
南廷淑(정숙)		菊澹	本貫 宜寧
南廷瑀(정우)	1869~1947	立巖	著書 立巖集
南庭禹(정우) →南廷浩			
南廷益(정익)	朝鮮	圓居	字 聖三 本貫 宜寧 判書
南正重(정중)	1653~1704	碁峰	文臣 字 伯珍 本貫 宜寧 父 龍翼 大司憲 著書 碁 峰集
南廷縉(정진)	1492~1559	梨亭	字 肅甫 本貫 宜寧 父 褒
南廷瓚(정찬)	1850~1900	尼山	字 文贊 本貫 宜寧 父 有秀 著書 文集
南廷哲(정철)	1840~1916	霞山	文臣 字 穉祥 本貫 宜寧 父 弘重 兪莘煥 門人 景孝 殿提調 著書 霞山稿
南廷浩(정호)	1898~1945	靖齋	學者 字 仁善 本貫 宜寧 父 祺元 外祖 朴德成 著書 靖齋集
南鼎和(정화)		芝圃	本貫 宜寧
南濟明(제명)	1668~1751	守約堂	學者 字 圭瑞 本貫 英陽 父 尚召 外祖 張龍見 著書 守約堂文集
南朝昱(조욱)		樂坡	本貫 英陽
南朝運(조운)		天山齋	著書 文集
南鍾三(종삼)	1817~1866	煙波 重齋	天主教徒 字 曾五 本貫 宜寧 父 坦教
南鍾玄(종현)		月巖	著書 月巖文稿

人名	年代	號	其他
南宗衡(종형)	1650~1731	野塘	著書 野塘遺稿 〈新安世稿〉
南周獻(주헌)	1769~1821	宜齋	文臣 字 文甫 本貫 宜寧 父 麟耆 春川府使 著書 宜齋集
南駿冀(준기)	1781~1835	秋潭	字 東士 本貫 宜寧 父 應來 祖父 紀漢 追贈 吏曹 參判
南峻明(준명)	1659~1719	石川	著書 石川遺稿 〈益陽聯芳集〉
南峻衡(준형)	1703~1778	槐亭	字 鎭叔 本貫 英陽 祖父 甘川 著書 槐亭遺稿 〈槐庄世稿〉
南重明(중명)	1662~?	槐陰	字 公允 本貫 宜寧
南仲元(중원)		時庵	著書 時庵先生文集
南至(지)	朝鮮	邇村	字 來叔 本貫 宜寧 佐郎
南知言(지언)		三愧亭	隱士 字 愼之 本貫 固城 父 寅
南知遠(지원)	朝鮮宣祖	三槐堂	本貫 固城 父 寅
南至薰(지훈)	朝鮮	月尹	文臣 本貫 宜寧 父 宣 承旨
南振(진)		秋溪	字 盛甫 本貫 宜寧 父 胲 著書 秋溪集
南震寬(진관) →南處寬			
南震萬(진만)	1697~1773	審安堂	字 亨之 本貫 英陽 祖父 老明 著書 審安堂遺稿
南軫永(진영)	?~1971	務實齋	著書 務實齋私稿
南鎭元(진원)	1847~1916	蓉洲 壽石齋	學者 字 周應 本貫 英陽 著書 蓉洲遺稿
南進和(진화)	朝鮮正祖	隔丸	本貫 宜寧 父 建福
南軫熙(진희)		松坡	本貫 宜寧
南鑽(찬)		隱窩	本貫 宜寧
南燦(찬) →南㠛			
南昌祖(창조)	朝鮮	竹齋	本貫 宜寧 父 㠛 縣令
南昌熙(창희)	1875~1945	夷川	學者 著書 夷川文集
南處寬(처관)	朝鮮肅宗	端蒙	字 仲容 本貫 宜寧 父 鶴鳴 祖父 九萬 正郞
南天覺(천각)	1639~1711	日三齋	著書 文集
南天祐(천우) →南天祐			
南天柱(천주)	朝鮮	道隱居士	本貫 宜寧 父 有奎
南天澤(천택)	1619~1684	苔巖	文臣 字 蘇宇 本貫 英陽 父 碟 著書 苔巖遺稿 〈新安世稿〉
南天漢(천한)	1670~1686	孤巖	文臣 字 章宇 本貫 英陽 父 碟 大司諫 著書 孤巖遺稿 〈新安世稿〉
南天祐(천호)	1635~1716	何有堂	學者 字 綏吾 本貫 英陽 父 磁 外祖 崔挺蒙 著書 何有堂遺稿
南澈中(철중)	朝鮮正祖	果愚	本貫 宜寧 父 履長 系 履簡

人名	年代	號	其他
南趎(추)	朝鮮中宗	西溪 仙隱	文臣 字 季應 本貫 固城 父 繼身 著書 長門燭影賦
南就明(취명)	1661~1741	藥坡 梨亭	文臣 字 季良 本貫 宜寧 父 尚勳 祖父 宣 外祖 李行源 知敦寧府事
南就夏(취하)	朝鮮正祖	杏窩	本貫 宜寧 父 壽鼎
南就興(취흥)	朝鮮肅宗	菊峯	本貫 宜寧 父 世綱
南致利(치리)	1543~1580	賁趾 賁趾堂	學者 字 義中 本貫 英陽 父 藎臣 外祖 卞百源 李滉 門人 著書 賁趾文集
南致元(치원)	朝鮮成宗	琴軒	成宗駙馬 字 仁卿 本貫 宜寧 父 憬 封號 宣城尉 訓練院僉正
南致亨(치형)	1540~1600	養眞堂	學者 字 養仲 本貫 英陽 父 藎臣 著書 養眞堂逸稿
南致熏(치훈)	1645~1716	芝山	文臣 字 熏然 本貫 宜寧 父 宣 江原道觀察使
南致薰(치훈)	→南致熏		
南晫(탁)	1561~?	白石 白巖	文臣 字 明叔 本貫 宜寧 父 敬仁 海美縣監
南坦(탄)	1676~1755	景巖	著書 景巖稿〈楡川世稿〉
南泰觀(태관)		峒厓	
南泰耆(태기)	1699~1763	竹裏	文臣 字 洛叟 本貫 宜寧 父 近明 系 達明 外祖 李萬封 承旨 諡號 靖僖 著書 竹裏集
南泰良(태량)	1695~1752	廣陵居士	文臣 字 幼能 本貫 宜寧 父 孝明 系 悌明 吏曹參判 著書 文集
南太別(태별)	1658~1635	晴川	字 子紀 父 宋宗 著書 文集
南泰普(태보)	朝鮮肅宗	西山	本貫 宜寧 父 近明
南太淳(태순)	朝鮮純祖	靖齋	本貫 宜寧 父 周獻
南太齊(태제)	1699~1776	澹亭 淡亭 鶴野	文臣 字 元鎭, 觀甫 本貫 宜寧 父 弼明 外祖 申厚載 吏曹判書 諡號 淸獻 著書 澹亭遺稿
南泰齊(태제)		椒蔗	著書 文集
南泰赫(태혁)	1684~1759	酒仙	文臣 字 汝輝 本貫 宜寧 父 浚明 工曹參判
南泰會(태회)	1706~1770	梅屋 紫巖	文臣 字 聖際 本貫 宜寧 父 近明 同知義禁府事 諡號 獻敏
南台熙(태희)	1877~1907	靜齋	著書 靜齋先生文集
南澤萬(택만)	1729~1810	勿小窩	著書 勿小窩逸稿〈槐庄世稿〉
南宅煥(택환)	→南皐의 初名		
南褒(포)	1459~1540	知止堂 逍遙子 滄浪居士	文臣 字 士美 本貫 宜寧 父 致信 昭格署令
南弼明(필명)	朝鮮肅宗	梅月軒	本貫 英陽 父 商赫
南弼文(필문)	朝鮮宣祖	大麓 大菴 操菴	學者 本貫 宜寧 著書 心學撫要
南必中(필중)		東山散人	著書 文集

人名	年代	號	其他
南夏(하) →南啓夏			
南夏正(하정)	1678~1751	桐巢	學者 字 時伯 本貫 宜寧 父 壽喬 外祖 姜碩老 著書 桐巢漫錄
南夏廷(하정) →南夏正			
南夏行(하행)	1697~1781	遯庵 潛翁	學者 字 聖時 本貫 宜寧 父 壽喬 李漵 李瀷 門人 編書 臥遊錄
南鶴鳴(학명)	1654~1723	晦隱	學者 字 子聞 本貫 宜寧 父 九萬 著書 晦隱集
南鶴增(학증)	1670~?	鍾崖	字 伯益 本貫 宜寧 父 啓夏
南漢(한)		无悶堂	著書 无悶堂遺稿〈新安世稿〉
南漢紀(한기)	1675~1746	寄翁	文臣 字 國寶 本貫 宜寧 父 正重 外祖 李寅煥 五衛都摠部都摠管 著書 寄翁集
南漢普(한보)	朝鮮英祖	潮泉	文人 字 元大 本貫 宜寧 父 驥逸
南漢朝(한조)	1744~1809	損齋	學者 字 宗伯 本貫 宜寧 父 必容 李象靖 門人 著書 損齋文集
南漢皜(한호)	1760~1821	誠齋	學者 字 子皜 本貫 宜寧 父 必錫 著書 誠齋文集
南漢皓(한호) →南漢皜			
南海準(해준)	1598~1667	新村	學者 字 孝哉 本貫 英陽 父 履愚 著書 四禮質疑
南獻教(헌교)	朝鮮純祖	嘉陵	文臣 字 景曾 本貫 宜寧 父 履愚 兵曹判書
南獻老(헌로)	朝鮮英祖	花痴	本貫 宜寧 父 泰普
南憲毅(헌의)		訥翁	本貫 英陽
南亨祐(형우)	1875~1943	瘦石	獨立運動家
南衡馹(형일)		石門	
南惠寬(혜관)	朝鮮正祖	湛齋	文臣 字 幼養 本貫 宜寧
南浩連(호련)	朝鮮英祖	樊塘	本貫 宜寧 父 叙謙
南洪輔(홍보)	1734~1802	海村	著書 海村逸稿〈槐庄世稿〉
南華壽(화수)	1781~1851	明厓	著書 明厓遺稿〈槐庄世稿〉
南薈(회)	朝鮮	精一齋	本貫 宜寧 濟州牧使
南孝溫(효온)	1454~1492	秋江 碧沙 最樂堂 杏雨 杏州	生六臣 字 伯恭 本貫 宜寧 父 恮 金宗直 門人 追贈 吏曹判書 諡號 文貞 著書 秋江集
南孝源(효원)	1819~1890	寧窩	隱士 字 可直 本貫 英陽 著書 寧窩文集
南孝義(효의)	朝鮮中宗	志素 志素齋 志齋	文臣 字 仲柔 本貫 宜寧 父 恢 刑曹判書
南皇(후)	1644~1720	退村	文臣 字 載元 本貫 宜寧 父 極老
南洽(흡)	朝鮮中宗	月溪	字 和汝 本貫 宜寧 父 萬成 觀察使
南義老(희노)	朝鮮英祖	悟齋	本貫 宜寧 父 泰溫
南熙明(희명) →南守明			
南宮橄(경)	1562~?	楓溪	文臣 字 汝明 本貫 咸悅 父 渡 瑞興郡守

人名	年代	號	其他
南宮櫺(령)	朝鮮英祖	安齋	隱士 字 道由 本貫 咸悅 金煦 門人
南宮壁(벽)	1894~1922	碧草 草夢	詩人 本貫 咸悅 父 薰
南宮櫹(수)	朝鮮中期	九春堂	字 子久 本貫 咸悅 追贈 執義
南宮億(억)	朝鮮	醒溪	學者 字 大年 本貫 咸悅 父 鏶 縣監
南宮檍(억)	1863~1939	翰西	獨立運動家 字 致萬 本貫 咸悅 父 泳 漆谷府使 著書 東史略
南宮鈺(옥)	1600~1699	知分翁 滄洲	書畵家 字 汝常 本貫 咸悅 父 侓 寺正
南宮侓(율)		默齋	字 子昂 本貫 咸悅 父 芷
南宮悌(제)	朝鮮宣祖	竹溪	字 仲友 本貫 咸悅
南宮𥗽(제)	朝鮮肅宗	東岡	孝子 字 子居 本貫 咸悅 延安府使
南宮鏶(집)	1601~1668	三拙齋 三拙窩	文臣 字 剛仲 本貫 咸悅 父 侓 外祖 韓顥 大司諫 著書 三拙齋遺稿
南宮璨(찬)	朝鮮成宗	滄浪 壺隱	文臣 字 叔獻, 汝獻 本貫 咸悅 父 順 江原道觀察使
南宮澈(철)	朝鮮	晩隱	學者 字 汝澄 本貫 咸悅
南宮弼(필)	朝鮮	山水主人	本貫 咸悅 父 璨 縣監
南宮垕(후)	1626~1697	荷鋤齋	字 子厚 本貫 咸悅 父 圻 長淵府使
南宮薰(훈)	韓末	一愚	字 耿淳 本貫 咸悅 郡守
朗空(낭공)	833~916	白月栖雲	僧侶
朗旿(낭오)	1780~1841	大隱	僧侶 本貫 靈巖 俗姓 裵氏
朗原君(낭원군) →李偘			
盧氏(씨)		在野堂	著書 文集
盧腱(건)	朝鮮宣祖	披裘翁	字 勉哉 本貫 豊川
盧璟(경)		梧軒	本貫 光山 父 鳳采
盧景倫(경륜)	1566~?	亦樂齋 鶴關	字 彛仲 本貫 安康 父 守誠 參奉
盧慶麟(경린)	1516~1568	四印 四印堂	文臣 字 仁甫 本貫 谷山 父 績 外祖 任重 肅川府使
魯璟相(경상)		石菴	本貫 咸平
盧敬卨(경설)	1847~1908	小林	文人 字 汝寬 本貫 交河 父 亨奎
盧景任(경임)	1569~1620	敬菴	文臣 字 弘仲 本貫 安康 父 守誠 外祖 張烈 張顯光 門人 星州牧使 著書 敬菴集
盧景佖(경필)	1554~1592	櫟亭	學者 字 懼中 本貫 安康 父 守誠 察訪 著書 櫟亭集
盧慶垕(경후)		默拙	著書 默拙集
盧啓邦(계방)		默庵	字 子均 本貫 光山
盧桂壽(계수)	1839~1917	石汀	著書 石汀遺稿
盧桂植(계식)		老圃	本貫 光山
盧啓元(계원)	1695~1740	芸陰	學者 字 伯春 本貫 光山 父 守 李萬敷 門人 參奉 著書 大學章句疑見

人名	年代	號	其他
盧繼元(계원)	朝鮮宣祖	松軒 棣華堂	隱士 本貫 交河 父 景麟
盧啓禛(계정)	1695~1755	竹月軒	武臣 字 國林 本貫 安康 父 聖賓 外祖 李禧地 慶尙左兵使 著書 竹月軒文集
盧公佐(공좌)	朝鮮	東村	文臣 本貫 光州 訓練院正
盧公弼(공필)	1445~1516	菊逸 菊逸齋 菊逸軒	文臣 字 希亮 本貫 交河 父 思愼 領中樞府事
盧稞(괴) →盧裸			
盧光斗(광두)	1772~1859	感慕齋	文臣 字 淸之 本貫 豊川 父 錫奎 外祖 朴來吾 戶曹參判 著書 感慕齋集
盧光履(광리)	1775~1856	勿齋	學者 字 胤之 本貫 豊川 父 稜 外祖 梁重德 著書 勿齋集
盧光利(광리)	朝鮮	式齋	文臣 本貫 光州 父 永國 大司成
盧光懋(광무)	1808~1893	懼菴 松坡	學者 字 順嘉 本貫 豊川 父 樺 外祖 朴孝忠 同知中樞府事 著書 懼菴遺稿
盧光升(광승)	朝鮮	農隱	文臣 字 益頭 本貫 豊川 工曹參判
盧光儀(광의)	朝鮮	淡溪	文臣 字 義瞻 本貫 豊川 敦寧盗情
盧光柱(광주)	1814~1867	樗圃	著書 樗圃遺稿〈西河世稿〉
盧光鶴(광학)	1809~1873	雲庵	著書 雲庵遺稿〈西河世稿〉
盧坵(구)	1652~1686	存陽齋	字 長遠 本貫 豊川 父 亨履 系 亨彦
盧國賓(구빈)		晩軒	著書 晩軒集
盧昫(군)		克堂	本貫 豊川 父 叔仝
盧克履(극리)	1566~1640	聾谷	本貫 交河 父 從元
盧克復(극복)	1573~1635	月華堂	學者 字 吉甫 本貫 光州 父 大成 鄭經世 門人 吏曹正郎
盧克福(극복) →盧克復의 初名			
盧克誠(극성)	1555~1629	梅竹窩	隱士 字 明甫 本貫 光山 父 瑾 直長 著書 梅竹窩稿〈光州盧氏世稿〉
盧克愼(극신)	1524~?	厚齋	文臣 字 無悔 本貫 光山 父 鴻 追贈 左承旨
盧克弘(극홍)	1588~1625	沃村	字 毅甫 本貫 光山 父 儼 鄭逑 門人 知中樞府事 著書 沃村稿
盧近壽(근수)	1845~1912	渭皐	學者 字 舜午 本貫 豊川 父 光哲 著書 渭皐集
盧根容(근용)	1884~1965	誠庵	本貫 光山 父 秀燁 著書 文集
盧昑(금) →盧盼			
盧兢(금)	1738~1790	漢源	文人 字 如臨 初字 愼仲 本貫 交河 父 命欽 著書 漢源文集
盧兢壽(금수)	1823~1899	小隱 抱甕	學者 字 時用 本貫 豊川 父 光稷 外祖 河菜浩 著書 小隱文集

人名	年代	號	其他
盧虁(기)	朝鮮	晚興齋	文臣 字 聖輔 本貫 光州 同知中樞府事
盧琪植(기식)		玉泉	
魯兀玉(기옥)		鳳山	本貫 咸平
盧基源(기원)		梧軒	本貫 光山
盧起宗(기종)	朝鮮	止軒	文臣 字 伯承 本貫 光州 訓練院判官
盧基泰(기태)	朝鮮	錦春	字 景魯 本貫 萬頃 進士
盧基弼(기필)		小醒	本貫 光山 父 灝文 著書 文集
盧禛(나)	1522~1574	徙庵 徙菴 尙齋 仰思堂	字 子將 本貫 豊山 父 友明
魯南圭(남규)	朝鮮	松圃	文臣 字 仲彦 本貫 江華 刑曹參議
魯唐城(당성)	朝鮮	海東處士	文臣 本貫 江華 工曹典書
盧大敏(대민)	朝鮮中期	南坡	
盧大河(대하)	1546~1610	素堂 素軒 履素堂	文臣 字 受吾 本貫 光山 父 克愼 振武原從功臣
盧大海(대해)		老堂 難老堂	本貫 光山 父 守愼
盧德奎(덕규)	1803~1869	古今堂	學者 字 美兼 本貫 光州 父 繼善 著書 古今堂集
盧德贇(덕빈)		延壽堂	本貫 光山 父 繼善
盧道亨(도형)		秋潭	本貫 光山 父 大海
盧璥(돈)	1836~1901	誠窩	著書 誠窩遺稿〈西河世稿〉
盧望漢(망한)		古藝堂	
盧勉正(면정)	朝鮮	荷渦	文臣 字 佛回 本貫 交河 僉知中樞府事
盧明善(명선)	1647~1715	淸沙	本貫 光州
盧文溪(문계)	→盧文漢		
魯汶源(문원)	朝鮮	德軒	文臣 字 士雅 本貫 江華 僉知中樞府事
魯文哲(문철)	朝鮮	敬齋	文臣 字 乃賢 本貫 江華 中樞府事
盧文弼(문필)	朝鮮	喋谷	隱士 字 渭翁 本貫 光山 父 漢陽 著書 文集
盧文漢(문한)	1601~?	竹門 竹汀	文臣 字 士華 本貫 交河 父 克履 通政大夫
盧盼(반)	朝鮮世祖	寧極 寧極堂 拙存齋	文臣 字 彦昇 本貫 豊川 父 叔仝 校理
盧攀(반)		學軒	著書 學軒集
盧牉(반)		無憫堂	本貫 光山
盧邦愚(방우)	朝鮮	野隱	文臣 字 應三 本貫 交河 同知中樞府事
盧伯麟(백린)	1875~1926	桂園	獨立運動家 本貫 豊川
盧秉權(병권)	朝鮮	錦軒	文臣 字 明叔 本貫 交河 中樞院議官
盧炳大(병대)	1856~1913	錦園	獨立運動家 字 相堯
魯兵邦(병방)		樂育堂	本貫 江華
魯炳善(병선)		雲庵	本貫 咸平

人名	年代	號	其他
魯炳完(병완)		松庵	本貫 咸平
盧柄元(병원)	朝鮮	養愚	字 景弘 本貫 萬頃 主事
盧炳稷(병직)	→盧炳大의 初名		
盧炳鎬(병호)		後松堂	本貫 交河 父 栽聲
魯炳憙(병희)	1850~1918	壺亭	學者 字 明中 本貫 咸豊 父 周相 外祖 文思欽 著書 壺亭遺稿
盧輔世(보세)	朝鮮	一松	文臣 本貫 安康 東萊府使
盧復光(복광)	朝鮮	幽溪	字 碧初 本貫 光山 參議
盧鳳(봉)	朝鮮	石堂	本貫 豊川 父 亨履
盧奉文(봉문)	1797~1845	道川	隱士 字 周彦 本貫 光州 著書 文集
盧鳳采(봉채)		晚庵	本貫 光山 父 泰觀
盧士俿(사계)	朝鮮	秋潭	孝子 字 德夫 本貫 光州 父 景任
盧思聖(사성)	1643~1716	芝嶺	字 希天 本貫 光山 積城縣監
盧思愼(사신)	1427~1498	葆眞 葆眞菴 葆眞齋 天隱 天隱堂	學者, 文臣 字 子胖 本貫 交河 父 物載 封號 宣城府院君 領議政 諡號 文匡 編書 三國史節要
盧士諗(사심)	朝鮮	西岡	文臣 字 忠甫 本貫 豊川 龍驤衛副司果
盧士豫(사예)	1538~1594	弘窩 弘齋	學者, 義兵將 字 立夫 本貫 豊川 父 禧 祖父 友明 外祖 梁應騏 著書 弘窩遺稿
盧士偉(사위)	朝鮮	種德亭	文臣 字 而器 本貫 豊川 司宰監僉正
盧思程(사정)		林菴	著書 文集
盧士俊(사준)	朝鮮	剛齋	本貫 豊川 追贈 刑曹參判
盧思賢(사현)	1645~1693	晴沙	字 希叔 本貫 光州 齊陵參奉
盧思晦(사회)	1545~1604	習悅 習悅堂	文臣 字 啓時 本貫 豊川 父 禛 禮山郡守
盧士訓(사훈)	1540~1579	雲皐	文臣 字 學皐 本貫 豊川 父 禛 別僉
盧三邦(삼방)	1680~1738	山川齋	文臣 字 台考 本貫 萬頃 父 決 縣監
盧三壽(삼수)		定窩	本貫 豊川 父 光升
魯參孝(삼효)	朝鮮	晦谷	文臣 字 伯源 本貫 江華 中樞府事
盧祥(상)	朝鮮	拙齋	字 景休 本貫 豊川 父 猶
魯尙圭(상규)	朝鮮	寒薰堂	文臣 字 平玉 本貫 江華 參判
盧尙普(상보)		農窩	本貫 光山 父 宗一 著書 文集
盧相淵(상연)		克齋	著書 克齋集
盧相稷(상직)	朝鮮	大訥	文臣 字 致三 本貫 光州 弘文館侍講
盧相稷(상직)	1855~1931	小訥	學者 字 致八 本貫 光州 父 泌淵 系 滈淵 許傳門人 著書 小訥文集
盧相洪(상홍)	朝鮮	槐窩	文臣 字 箕應 本貫 光州 同知中樞府事
盧尙興(상흥)		獨柏	本貫 交河

人名	年代	號	其他
魯舒(서)	高麗	景慕 景慕齋	學者 字 和叔 本貫 江華 父 有禮 諡號 孝簡
盧碩垢(석구) →盧碩壆			
盧瑞國(서구)	朝鮮	迷隱	文臣 字 公信 本貫 豊川 正言
盧碩望(석망)		問有	著書 問有集
盧碩賓(석빈)	1639~1703	茅谷 南溪 芳谷	文臣 字 大規 本貫 光州 父 世茂 外祖 楊許國 承文院副正字 著書 茅谷集
盧錫翼(석익)	朝鮮	松圃	本貫 光州 父 基源 參奉
盧錫泰(석태)	朝鮮	渭川	本貫 豊川
盧碩壆(석후)	1631~1694	松川	文人 字 厚而 本貫 光州 著書 松川稿〈光州盧氏世稿〉
盧善卿(선경)	1435~?	東岳 小庵	文臣 字 良弼 本貫 光州 父 甲生 高靈縣監 著書 東岳稿〈光州盧氏世稿〉
魯善圭(선규)		松亭	文臣 字 平五 本貫 江華 五衛將
魯成元(성원)	1897~1964	秋峰	獨立運動家
盧聖中(성중)	1724~?	左溟	字 養能 本貫 光山 父 彥益
盧世鵾(세곤)	朝鮮	耕隱	文臣 字 汝訓 本貫 光州 父 克諧 察訪
盧世麟(세린)	朝鮮	安分堂	文臣 字 聖徵 本貫 光州 禮賓寺參奉
盧世準(세준)	1668~1731	德湖	著書 德湖遺稿〈光州盧氏世稿〉
盧世煥(세환)	朝鮮	玄巖 隻崖	文臣 字 晦而 本貫 豊川 同知中樞
盧世厚(세후)	1581~1663	月村	學者 字 士順 世順 本貫 光州 父 克弘 著書 月村稿〈光州盧氏世稿〉
盧遂(수)	朝鮮明宗	小庵	學者 字 汝成 本貫 光州 父 應世 李滉 門人 著書 敬身箴
盧守誠(수성) →盧守誠			
盧守愼(수신)	1515~1590	蘇齋 暗室 茹峰老人 茹芝老人 伊齋 仁齋	文臣, 學者 字 寡悔 本貫 光州 父 鴻 李延慶 婿 領中樞府事 諡號 文懿 改諡 文簡 著書 蘇齋集
盧秀五(수오)	1838~1908	芳旅	學者 字 允行 本貫 光州 父 厚麟 系 厚愼 著書 芳旅文集
盧秀愚(수우)		菊圃	著書 菊圃集
魯洙學(수학)		竹窩	本貫 咸平
盧守誠(수함)	朝鮮中宗	松菴 松亭	字 敬夫 本貫 安康 父 希軾 朴英 門人
盧壽鉉(수현)	1899~1978	心山 心汕 心田	書家 父 載錫
盧秀煥(수환)	1881~1959	老圃	著書 文集
盧璹(令)	1587~1656	觀流堂	武臣 字 文伯 本貫 萬頃 父 應晥 追贈 知中樞府事

人名	年代	號	其他
盧叔仝(숙동)	1403~1463	松齋	文臣 字 和仲 本貫 豊川 父 焉之 同知中樞府事 著書 文集
盧錞(순)	1551~?	梅窩	武臣 字 子協 本貫 新昌 曺植 門人 寧邊府使
盧珣(순)	高麗	龍巖	文臣 本貫 安東 版圖判書
盧淳聖(순성)		拙齋	本貫 光山
盧崇(숭)	高麗	昭載	本貫 安東 翰林學士
盧嵩(숭)	1337~1414	桑村	文臣 字 中甫 本貫 光州 父 俊卿 右議政 諡號 敬平 著書 桑村集
盧崇(숭)	朝鮮	百忍堂	文臣 字 叔瞻 本貫 光州 通德郎
盧崇(숭) →盧嵩			
盧勝(승)	1572~1607	長吟 休休子	文臣 字 而復 本貫 豊川 祖父 禛 副司果
盧勝(승)	朝鮮	伴梅堂	文臣 字 聖洛 本貫 豊川 麒麟道察訪
盧升鉉(승현)	朝鮮	玉隱	文臣 字 燮規 本貫 豊川 中樞院議官
盧湜(식)	1653~1715	在野堂	學者 字 渭川 本貫 豊川 父 亨漸 系 亨夏 著書 在野堂遺稿
盧寔(식)	1653~1707	白草	著書 文集
盧栻(식)	1830~1890	日新齋 晚悔	學者 字 敬必 本貫 萬頃 父 源白 外祖 徐世煥 著書 日新齋集
盧植(식) →盧稙			
魯愼(신)	1336~?	岳隱 歸隱	學者 本貫 咸平(江華) 上護軍 著書 岳隱集
盧愼(신) →盧思愼			
盧愼遠(신원)		五樂堂	本貫 光山
盧沈(심)	朝鮮明宗	晚翠	本貫 長淵
盧安鼎(안정)	朝鮮	林隱	文臣 本貫 光州 司馬
魯安澤(안택)		竹菴	本貫 咸平
盧洋(양)	朝鮮	源齋	文臣 字 美哉 本貫 豊川 全州判官
魯良塾(양숙)		少石	本貫 咸平
盧彦邦(언방)	1708~?	動靜齋	字 士俊 本貫 光山 父 慶遂
魯彦英(언영)	朝鮮	竹坡	文臣 字 大成 本貫 江華 僉知中樞府事
盧彦恒(언항)		告春堂	本貫 光山
盧彦厚(언후)	朝鮮	慕菴	學者 本貫 光州
魯興(여)	高麗	松齋	文臣 字 德運 本貫 江華 父 舒 昌寧府事
魯淵箕(연기)		雪樵	本貫 咸平

人名	年代	號	其他
魯淵白(연백)	1849~1920	觀瀾齋	字 龍起 本貫 咸平 父 桂鐸 著書 文集
魯淵碩(연석)		碉松	本貫 咸平
魯淵曦(연희)		竹坡	本貫 咸平 祖父 洙學
盧林(영)	1783~1851	弦齋	著書 弦齋遺稿〈西河世稿〉
盧林(영)		西河	著書 文集
盧泳祺(영기)	朝鮮後期	玄裁	
盧永吉(영길)	高麗	地載	文臣 本貫 安東 禁理判書
盧永萬(영만)	韓末	素堂	本貫 豊川
魯榮勳(영훈)	1858~1909	石泉	學者 字 士集 本貫 咸平 父 孝采 外祖 鄭守黙 著書 石泉遺稿
盧龍奎(용규)	1808~1872	小心齋	學者 字 粲兼 本貫 長淵 父 孟學 外祖 徐命良 著書 小心齋集
魯龍復(용복)	?~1858	磨菴	著書 磨菴文稿
盧友明(우명)	1471~1541	信古堂 信齋	學者 字 尹亮 本貫 豊川 父 盼 祖父 叔仝 外祖 愼光庚 鄭汝昌 門人 顯陵參奉 著書 信古堂先生遺事〈松齋先生實紀〉
盧禹錫(우석)		圭軒	本貫 光山
盧禹壽(우수)		黙窩	著書 文集
盧祐容(우용)	1855~1927	春村	字 祥天 本貫 光山 父 秀根 著書 文集
盧洹(원)	朝鮮	樂窩	文臣 字 互古 本貫 光州 軍資監主簿
盧元乃(원내)	朝鮮	鳶魚亭	文臣 字 善杓 本貫 萬頃 參奉
盧元相(원상)	1891~?	湖亭	書畫家
盧元燮(원섭)	1877~1950	松菴	義兵將 字 大哉 本貫 萬頃
盧偉(위)	1531~1584	和庵	文臣 字 仲寬 本貫 光州 父 壽昌 司醞直長 著書 和庵稿〈光州盧氏世稿〉
盧有模(유모)	朝鮮	三樹亭	文臣 字 公幹 本貫 光州 副護軍
魯有甸(유민)	→魚有甸		
盧有三(유삼)		鶴皐	本貫 光山
魯愉鐸(유탁)		悠南	著書 文集
盧允言(윤언)	朝鮮	迎壽軒	文臣 字 士倫 本貫 光州 通德郎
盧允油(윤유)	朝鮮	桑齋	文臣 字 一長 本貫 安東 判書
盧允迪(윤적)	朝鮮	書畫舫	委巷人 字 惠卿 本貫 萬頃
盧允弼(윤필)	朝鮮	醉石	委巷人 字 星友 本貫 萬頃

人名	年代	號	其他
魯允熙(윤후) →羅允熙			
盧恩誨(은회) →盧思誨			
盧應觀(응관)	朝鮮	默菴	文臣 字 應南 本貫 豊川 龍驤衛司果
盧應奎(응규)	1861~1907	愼菴	義兵將 字 聖五 改字 景吾 本貫 光州 父 以善 著書 愼菴集抄
盧應吉(응길)	朝鮮	晦堂	文臣 字 可曄 本貫 光州 司諫院正
盧應林(응림)	朝鮮	史生	文臣 字 士允 本貫 光州 義禁府都事
盧應萬(응만)		松巖	字 聖有 本貫 光山
盧應爽(응석)	1843~1907	蘿圃	學者 字 舜彦 本貫 光州 父 以權 外祖 柳春澤 著書 蘿圃文集
盧應燮(응섭)	朝鮮	龜圃	文臣 字 柄運 本貫 光州 淑陵參奉
盧應軾(응식)	朝鮮	南谷	文臣 字 德輝 本貫 光州 同知敦寧
盧應祐(응우)	1852~1910	竹塢	學者 字 益仲 本貫 光州 父 以璉 外祖 全錫一 著書 竹塢集
盧應晫(응탁)	朝鮮	菊齋	文臣 字 季晦 本貫 萬頃 正字
盧應皓(응호)	朝鮮	棣軒	文臣 字 時晦 本貫 萬頃 副承旨
盧應祜(응호) →盧應祐			
盧應晥(응환)	?~1592	守庵	義兵 字 明遠 本貫 萬頃 父 世得 趙憲 門人 追贈 知中樞府事
盧應禧(응희)	1835~1911	萬拙	字 道應 本貫 光山 父 以矩 著書 萬拙詩集
盧嶷(의)	1653~1732	滄浪	著書 滄浪稿〈光州盧氏世稿〉
盧以文(이문)		道村山人	本貫 光山 父 琥
盧以漸(이점)	朝鮮	秋山	文臣 字 士鴻 本貫 萬頃 府使
盧爾柙(이합)		永歸亭	本貫 光山 父 大溶 著書 文集
魯以楷(이해)		中山	本貫 咸平
盧以亨(이형)	1690~1760	無悔窩	文臣, 學者 字 大來 本貫 萬頃 父 彦相 外祖 任矼 典籍 著書 無悔窩集
魯益輝(익휘)	朝鮮	竹根	文臣 字 成九 本貫 江華 同知府事
魯認(인)	1566~1622	錦溪	武臣 字 公識 本貫 咸平 父 師曾 黃海水使 著書 錦溪集
盧禋(인)		懶菴 懶齋	本貫 豊川 父 友良
盧認(인) →魯認			
盧仁復(인복)	朝鮮	龜庵	文臣 字 士元 本貫 光州 父 大受 副護軍
魯仁復(인복) →魯仁後			
魯仁止(인지)	朝鮮	梅軒	文臣 字 暎之 本貫 江華 父 興 京畿監司
盧麟夏(인하)		櫟亭	著書 櫟亭逸稿〈竹軒文集〉

人名	年代	號	其他
魯仁後(인후)	高麗	二無堂	字 正之 本貫 江華 翰林學士
魯一相(일상)	?~1912	警堂	本貫 咸平 著書 警堂遺稿
盧一元(일원)		竹軒	父 景麟
盧一鉉(일현)		睡春堂	本貫 豊川 父 三壽
盧子泳(자영)	1898~1940	春城	詩人 著書 詩集
盧自元(자원)		誠齋	本貫 光山
盧自亨(자형)	1414~1490	肯齋 精齋	學者 本貫 光州 父 義 大司成 諡號 文簡
盧章基(ㄱ)	朝鮮	黙窩	文臣 字 聖叔 本貫 光州 淑陵參奉
盧在奎(재규)	1836~1920	聾巖	文臣 本貫 光山 同知中樞 著書 聾巖遺稿
盧在明(재명)	韓末~?	花山	
盧在燮(재섭)	朝鮮	洛村	學者 本貫 光州
盧載洙(재수)		眉齋	本貫 光山
盧載喆(재철)	1889~1961	雲圃	獨立運動家 字 士殷
魯適(적)	1561~1592	永懷亭	字 希聖 本貫 江華 父 文哲 著書 文集
盧脭(전)	1563~1632	四友堂	字 景厚 本貫 豊川 父 士豫
盧坫(점)	1600~1671	望湖亭	字 子禮 本貫 光山 祖父 克弘 著書 望湖亭稿〈光州盧氏世稿〉
盧禎(정)	朝鮮	養休堂	著書 文集
盧禎(정) →盧縝			
盧廷龍(정룡)		邇軒	本貫 光山
盧正麟(정린)	朝鮮	浦隱	文臣 字 類古 本貫 光州 同知中樞府事
盧正燮(정섭)	1849~1902	蓮谷	學者 本貫 光山 父 秉常 著書 蓮谷集
盧廷元(정원)	朝鮮	拙窩	文臣 字 舜彦 本貫 豊川 司憲府持平
盧廷尹(정윤)	朝鮮	然猶子	文臣 字 湯老 本貫 豊川 僉節制使
盧廷一(정일)	1743~1815	晚覺齋	孝子 本貫 豊川 著書 晚覺齋遺稿〈西河世稿〉
盧精一(정일)		野隱	本貫 光山
盧定漢(정한)	朝鮮	學圃	文臣 字 君蓋 本貫 交河 同知中樞府事
盧正鉉(정현)	朝鮮	無名窩	文臣 字 敬直 本貫 光州 父 兢壽 中樞院議官
盧定鉉(정현)	朝鮮	南川	文臣 字 德老 本貫 光州 孝陵參奉
盧定鉉(정현)	朝鮮	謹庭	孝子 本貫 豊川
盧正勳(정훈)		鷹樵	著書 鷹樵先生文集
盧齊(제)	朝鮮宣祖	全齋	文人 字 待可, 中枰
盧祖同(조동) →盧璿의 初名			
盧鍾龍(종용)	1856~1940	蘇海	本貫 光山 祖父 鎭權 著書 蘇海遺稿
盧從元(종원)	朝鮮	梅軒 橡華堂	學者 字 順伯 本貫 交河 父 景麟

人名	年代	號	其他
盧胄(주)	1557~1617	風皐	文臣 字 景承 本貫 豊川 父 士俊 參奉
盧柱壽(주수) →盧桂壽			
盧周學(주학)		道湖	著書 道湖集
盧周鉉(주현)	朝鮮	櫟園	文臣 字 聖道 本貫 豊川 義禁府都事
盧湊暉(주휘)	1854~1933	黙庵	字 季浩 本貫 光山 父 鎭敎
盧遵(준)	朝鮮	知足軒	文臣 本貫 光州 僉知中樞府事
盧埈(준)	朝鮮	玄室	文臣 本貫 光州 禮曹參判
盧重理(중리)	朝鮮	松齋	文臣 本貫 安東 吏曹參判
盧俊壽(준수)	朝鮮	白川	文臣 字 允範 本貫 豊川 同知中樞府事
魯仲敬(중경)	韓末~日帝	竹坡	
盧溍(지)	朝鮮	愼獨堂	文臣 字 智源 本貫 豊川 僉節制使
盧祉(지)	朝鮮	樂道齋	文臣 字 季綏 本貫 豊川 父 友益 通禮院引儀
盧稙(직)	1536~1587	望浦 別宥 別宥堂 養化堂 好閑亭 好閑軒	文臣 字 士稚, 大稚 本貫 交河 父 弘祐 副提學 謚號 憲敏
盧禛(진)	1518~1578	玉溪 卽庵	文臣 字 子膺, 子膺 本貫 豊川 父 友明 吏曹判書 謚號 文孝 著書 玉溪文集
盧積(진) →盧稙			
盧縝(진) →盧禛			
盧震璟(진경)	朝鮮	松齋	文臣 字 子景 本貫 光州 訓練院判官
盧鎭國(진국)	朝鮮	藍湖	孝子 本貫 豊川
盧鎭權(진권)		慕堂	本貫 光山
魯鎭相(진상)		杏軒	本貫 咸平 父 淵箕
盧振巘(진헌)		樂齋	字 汝虎 本貫 光山 父 文弼 著書 文集
盧纘(찬)		玉峰	著書 玉峰集
盧察吉(찰길)		白下	著書 白下文集
盧察容(찰용) →盧察吉			
盧脊(척)	1575~1643	省翁	字 任仲 本貫 豊川 父 士訢 祖父 禛 鄭逑 門人 著書 含城儒行錄
盧潗(칩)	1721~1772	養失堂	著書 文集
盧喆國(철국)	朝鮮	率性齋	本貫 豊川
盧澈秀(철수)	?~1951	百泉	著書 百泉集
盧清重(청중)		花潭	本貫 光山 父 廷龍
盧擢(탁)		東窩	著書 東窩集
盧泰觀(태관)	1716~?	勉齋	字 瞻仲 本貫 光山 父 德純
魯泰臣(태신)		育英齋	著書 文集

人名	年代	號	其他
盧台鉉(태현)	朝鮮	經園	文臣 字 敬玉 本貫 豊川 祖父 光斗 中樞院議官
盧泰鉉(태현)	1845~1919	小松	本貫 豊川 奇正鎭 門人 著書 文集
盧玉筆(필)	1464~1532	黙齋	學者 字 公瑞 本貫 光州 父 善卿 金宗直 門人 主簿 著書 黙齋實記 〈光州盧氏世稿〉
盧似淵(필연)	1827~1885	克齋	學者 字 漢若 本貫 光州 僉知中樞府事 著書 克齋集
盧夏鼎(하정)	1669~1695	雪汀	字 器夫 本貫 廣州
盧夏冑(하주)	1652~1704	亦樂齋	字 一卿 本貫 光州
魯學相(학상)	朝鮮	敬齋	
盧閈(한)	1376~1443	孝思堂	文臣 字 有隣 本貫 交河 父 鈞 右議政 諡號 恭肅
盧漢九(한구)		晚悟堂	本貫 光山 祖父 璟
盧漢錡(한기)	朝鮮	池梧亭	本貫 光州 父 垓
盧漢聞(한문)		茆齋	本貫 光山 父 埰
盧漢輔(한보)	1635~1710	松陰	隱士 字 顯哉 本貫 光山 著書 松陰稿 〈光州盧氏世稿〉
盧漢錫(한석)	1622~1702	海隱	文臣 字 光叔 本貫 光州 父 垓 副護軍 著書 海隱稿 〈光州盧氏世稿〉
盧瀚容(한용)		返古堂	著書 文集
盧翰容(한용)	韓末~?	偶齋	
盧漢哲(한철)		玉泉	本貫 光山
盧垓(해)	1589~1663	菊潭	隱士 字 子宏 祖父 克弘 著書 菊潭稿 〈光州盧氏世稿〉
盧核(핵)	朝鮮	菊德	本貫 光州 父 世人 著書 文集
盧賢錫(현석)		月軒	本貫 光山 祖父 希玉
盧協(협)	1587~?	一笑	文臣 字 寅伯 本貫 安康 父 八元 外祖 宋希祿 定州牧使
盧亨發(형발)	1605~1643	靜養齋	孝子 字 汝久 本貫 豊川
盧亨遇(형우)	朝鮮仁祖	履氷齋	字 會元 本貫 豊川 父 勝
盧亨運(형운)	1584~1650	素庵	字 時甫 本貫 豊川 父 冑
盧亨哲(형철)	1607~1680	邀月堂	孝子 字 汝保 本貫 豊川
盧亨弼(형필)		雲堤	隱士 本貫 豊川 父 脊 鄭逑 門人 師傅
盧亨弼(형필)	1605~1644	淵氷軒	文臣 字 志行 本貫 豊川 父 脊 教官 著書 文集
盧亨夏(형하)	1620~1654	白草	文臣 字 長卿 本貫 豊川 崔蘊 門人 著書 白草遺稿
盧琥(호)	朝鮮	訥齋	字 華玉 本貫 光山 父 自亨 縣監
盧好心(호심)		槐泉	著書 文集

人名	年代	號	其他
魯鴻(홍)	1561~1618	冠巖	字 汝信 本貫 咸平 父 平國
盧弘器(홍기)	1589~1647	河濱	文臣 字 士達, 士周 本貫 豊川 父 宣 追贈 吏曹判書
盧況(황)	朝鮮明宗	晚翠	本貫 長淵 健元陵參奉
盧後元(후원)		菊軒	本貫 交河 父 景麟
盧塤(훈)	1598~1646	四海堂	字 子翕 本貫 光山 父 世純 著書 四海堂稿〈光州盧氏世稿〉
盧欽(흠)	1527~1602	立齋 晚歲 竹泉	學者 字 公愼 本貫 光州 父 秀民 外祖 孫世紀 曹植 門人 察訪 著書 立齋集
盧洽(흡)		常青堂	本貫 交河 父 望龍
盧興鉉(흥현)		愼庭	著書 愼庭先生文集
盧禧(희)	1494~1550	敬菴	字 大受 本貫 豊川 父 友明
盧希簡(희간)		盤谷	著書 盤谷集
盧希尚(희상)		敬齋	字 禹卿 本貫 光山
盧希瑞(희서)		晦齋	本貫 光山
盧希玉(희옥)		鶴山堂	本貫 光山
盧希遠(희원)		容忍齋	著書 容忍齋文集
雷學(뇌학)	1734~1816	麟谷	僧侶
綾原大君(능원대군) →李俌			

韓國雅號大辭典

ㄷ

人名	年代	號	其他
段起明(기명)	高麗初	苜蓿堂 苜蓿軒	本貫 渤海
達空(달공)	高麗末	本寂	僧侶
達善(달선)	1831~1891	遇隱	僧侶 本貫 全州 俗姓 金氏
達溫(달온)	高麗末	松月軒 玉田	僧侶 本貫 昌寧 俗姓 曺氏
大覺(대각) →義天			
大國彦(국언)	朝鮮	奉七	文臣 字 燦佑 本貫 密陽 判書
大能(대능) →太能			
大德歲(덕세)	朝鮮	密隱	文臣 字 漢起 本貫 密陽 封號 密陽君
大文記(문기)	高麗	湖吏	文臣 字 五兼 本貫 密陽 漢城判尹
大愚(대우)	1676~1763	碧霞	僧侶 本貫 靈巖 俗姓 朴氏 編著 預修十王生七齋儀纂要
大雲(대운)	1830~1868	雪藕 漢明	僧侶 字 平沄 本貫 道康 俗姓 金氏 父 秋光
大重澤(중택)	朝鮮	西隱	文臣 字 魏京 本貫 密陽 僉知中樞
大智(대지)		雲峯	僧侶
大鐸(탁)	高麗	必成	文臣 字 元長 本貫 大山 吏部尚書
大賢(대현)	新羅	青丘 青丘沙門	僧侶
德基(덕기)	1860~1937	湛海	僧侶 俗姓 李氏
德眞(덕진)	?~1888)	虛舟	僧侶
都氏(씨)		松圃	著書 文集
都慶兪(경유)	1596~1636	洛陰	文臣 字 來甫 本貫 星州 追贈 承旨 著書 洛陰集
都敬孝(경효)	1566~1622	病隱 病軒	學者 字 一源 本貫 星山 父 希齡 外祖 鄭起門 著書 病隱文集
都勻(균)	1483~1549	雲齋	字 士銓 本貫 星州 父 孟寧 著書 雲齋先生遺集 〈靑松堂都先生事蹟〉
都洛中(낙중)	朝鮮	癡菴	文臣 字 周聖 本貫 星州 義禁府事
陶東明(동명)	高麗末	雙檜堂	節臣 本貫 順天 掌令
都晩珏(만각)	朝鮮	江窩	文臣 字 明瑞 本貫 星州 僉知中樞府事
都孟寧(맹녕)		養眞堂	本貫 星州 父 以敬
都勉斅(면효)		芳村	著書 芳村遺稿 〈八莒世稿〉
都命益(명익)		四友堂	本貫 星州 父 永祺 著書 四友堂逸集 〈八莒世稿〉
都命鼎(명정)		四噫窩	著書 四噫窩遺稿 〈八莒世稿〉
都穆玄(목현)		南濠居士	著書 南濠詩話
道文(도문)	朝鮮	碧潭	僧侶 俗姓 鄭氏 著書 語錄
都秉籌(병주)		晩翠軒	著書 滿翠軒遺稿 〈八莒世稿〉

人名	年代	號	其他
都尙郁(상욱)	1732~1814	霽南	字 聖世 本貫 星州 父 命諧 著書 文集
都尙鎬(상호)		守靜齋	本貫 星州 父 命益 著書 守靜齋逸集 〈八莒世稿〉
都錫龜(석구)		黙湖	本貫 星州
都錫奎(석규)		醒琴	本貫 星州
都錫鼎(석정)	1785~1814	西圃	字 公實 本貫 星州 父 宇玉
都錫垕(석후)	1758~1799	松竹軒	著書 松竹軒遺稿 〈八莒世稿〉
都錫休(석휴)		雲溪	本貫 星州
都錫義(석희)	1849~1930	愚亭	著書 文集
道詵(도선)	827~898	玉龍子	僧侶 俗姓 金氏
都聖兪(성유)	1571~1647	養直	學者 字 廷彦 本貫 星州 父 元國 鄭逑, 徐思遠 門人 著書 養直文集
都成垕(성후)		惺齋	著書 惺齋逸稿 〈八莒世稿〉
都世純(세순)	1574~1653	巖谷	字 厚哉 本貫 星州 父 世雍
都世鎬(세호)		樂賢堂	本貫 星州
都洙學(수학)	1829~1885	雲窩	字 聖魯 本貫 星州 父 錫鼎
都舜典(순흥)		醒菴	著書 文集
都始復(시복)	1817~1891	也溪	本貫 星州
都愼光(신광) →都愼與			
都愼修(신수)	1598~1650	止巖	文臣 字 永叔 本貫 星州 父 汝兪 徐思遠 鄭逑 門人 咸興府使
都愼與(신여)	1605~1675	撝軒	文臣 字 明叔 本貫 星州 父 汝兪 系 聖兪 外祖 李友謙 著書 撝軒文集
都愼徵(신징)	1604~1678	竹軒	文臣 字 休叔 本貫 星州 父 汝兪 通訓大夫 著書 竹軒先生文集
都愼興(신흥) →都愼與			
道安(도안)	1638~1715	月渚 月渚堂	僧侶 本貫 平壤 俗姓 劉氏 父 輔仁 著書 月渚集
都汝垣(여원)	1596~?	新堂	字 平甫 本貫 八莒 父 賢凱
都汝兪(여유)	1554~1640	鋤齋	學者 字 諧仲 本貫 星州 著書 鋤齋先生文集
禱演(도연)	1777~1807	白蓮	僧侶 俗姓 李氏 父 春鼎 追贈 海南表忠祠守護 兼八道僧風糾正禪敎兩宗華嚴講主大覺登階普濟尊者都摠攝
都磏(염) →鄭磏			
都永佑(영우)		竹崗	本貫 星州
都永夏(영하)	1655~1734	藥塢	學者 字 子華 本貫 星州 父 處元 外祖 朴震昌 中樞府事 著書 藥塢文集

人名	年代	號	其他
道悟(도오)	1899~1957	元谷	僧侶 字 惟幻
都禹璟(우경)		明庵	本貫 星州 父 尚郁 著書 文集
都右龍(우룡)	1828~1906	一悔軒	本貫 星州 著書 文集
都宇昇(우승)		聲窩	著書 聲窩逸集 〈八莒三世逸稿〉
都宇正(우정)		紫窩	著書 文集
都兪(유) →都膺의 初名			
都維洛(유락)		謙窩	著書 謙窩遺稿 〈八莒世稿〉
道允(도윤)	798~868	雙峰	僧侶 俗姓 朴氏 諡號 澈鑒禪師
都允吉(윤길)	高麗末	橫溪	本貫 星州
都膺(응)	高麗~朝鮮	青松堂	文臣 字 子藝 本貫 星州 父 吉敷 祖父 洪正 禹仁烈 婿 贊成司事 著書 青松堂文集
都膺(응)		魯隱	著書 文集
都應雲(응운)	1558~?	霞溪	字 仲瑞 本貫 星州 著書 文集
都應兪(응유)	1573~1638	翠崖	學者, 義兵將 字 諧甫 本貫 星州 父 元亮 鄭逑 門人 編書 五賢禮記
道義(도의)	新羅	元寂 明寂	僧侶 俗姓 王氏
都義磬(의경)	1624~1689	海旅	字 洪汝 本貫 星州 父 碩慶 著書 文集
都爾望(이망)	1812~1877	石川	文臣 字 望之 本貫 星州 父 愼與 府使 著書 石川遺稿
都爾㑞(이설)	朝鮮後期	南岳	本貫 八莒 父 愼修
都爾稷(이직)	朝鮮後期	西湖	本貫 八莒 父 愼修
都碏(작) →鄭碏			
都靖國(정국)		竹齋	本貫 星州
都廷佑(정우)		洛坡	本貫 星州
都稷相(직상)	1856~1929	杏皐	字 舜五 本貫 星州 父 洙學
都鎭坤(진곤)	朝鮮	止菴	文臣 字 亨中 本貫 星州 吏曹參議
都鎭龜(진구)		芳村	著書 文集
都鎭宗(진종)		農窩	本貫 星州
都鎭洪(진홍)		晦山	本貫 星州
道澄(도징)	新羅	白雲堂	僧侶
都處元(처원)		黙軒	本貫 星州
都清一(청일)		槐啞	字 河應 本貫 星州 父 錫曄 著書 文集
都翰國(한국)	1614~1682	梧月堂	學者 字 子藩 本貫 星州 父 世雍 外祖 呂允恭 著書 梧月堂文集
都漢基(한기)	1836~1902	管軒	學者 字 禮叔 本貫 星山 父 錫輔 外祖 裵儀範 著書 管軒集
都漢烈(한열)		黙庵	著書 黙庵先生文集

人名	年代	號	其他
都衡(형)	1480~1547	杏亭	文臣, 學者 字 國銓 本貫 八莒 父 孟寧 成均館典籍 著書 杏亭先生遺集〈青松堂都先生事蹟〉
都希齡(희령)		養性軒	文臣 字 子壽 著書 養性軒先生實紀
都熙胤(희윤)		默溪	本貫 星州 父 衡
獨孤立(입)	朝鮮仁祖	卓然	本貫 南原 追贈 兵曹參議
獨孤漸(점)	朝鮮	白津	孝子 字 鴻生 本貫 南原
頓認(돈인)		西嶽	本貫 泰川
洞眞(동진)	868~947	寶雲	僧侶 字 光宗 本貫 慶州
杜基玉(기옥)	高麗	龍齋	字 寬五 本貫 杜陵
杜萬馨(만형)	高麗	草堂	字 慶源 本貫 杜陵
杜敏甫(민보)		楠窩	本貫 杜陵
杜炳敏(병민)	1895~1963	小溪	本貫 杜陵 著書 文集
杜師忠(사충)		慕明	本貫 杜陵 父 喬林 著書 文集
杜先坤(선곤)	朝鮮	鳳崗	文臣 字 子厚 本貫 杜陵 嘉善大夫
杜世煥(세환)	1853~1889	混元	字 元圭 著書 混元集
杜安復(안복)	高麗	慕極軒	字 理亨 本貫 杜陵
杜良弼(양필)	朝鮮仁祖	逸松	武臣 字 仁明 本貫 杜陵
杜汝良(여량)	高麗	休塘	本貫 杜陵
杜永夏(영하)	高麗	靜隱	字 華三 本貫 杜陵
斗云(두운)	朝鮮純祖	隱峯	僧侶
杜允茂(윤무)	高麗	愼庵	字 茂學 本貫 杜陵
杜逸建(일건)	朝鮮	北溪	文臣 字 仲極 本貫 杜陵 通政大夫
杜壹龍(일룡)	朝鮮	雲菴	文臣 字 祥五 本貫 杜陵 通政大夫
杜宰杓(재표)	1860~1904	詩海 默窩居士 又草	學者 字 明秀 本貫 杜陵 父 洪夏 外祖 高大梁 著書 詩海集
杜漢弼(한필)	朝鮮	小楠	本貫 杜陵 父 亨晉
杜洪燁(홍엽)	1856~1932	三省齋	著書 文集
杜僖賢(희현)		小明	本貫 杜陵 父 漢弼 著書 小明先生文集
屯雨(둔우) →卍雨			
得圓(득원)	?~1885	圓庵	僧侶

韓國雅號大辭典

ㅁ

人名	年代	號	其他
馬君厚(군후)	朝鮮純祖	陽村	畫家 字 仁伯 本貫 長興
麻貴(귀)	朝鮮	小川 而泉	字 溟回 本貫 上谷 諡號 忠武侯
馬道謙(도겸)	朝鮮	東谷	委巷人 字 公綏 本貫 長興
麻斗元(두원)	朝鮮	歸隱	文臣 字 基五 本貫 上谷 郭山郡守
麻萬始(만시)	朝鮮	栢坪	書畫家 字 元之 本貫 新昌
馬胖(반)	朝鮮世祖	規堂	文臣 字 允卿 本貫 長興 縣監
馬嗣宗(사종)	朝鮮宣祖	樂圃 學圃	學者, 文人 本貫 木川 祖父 義慶 尹斗壽 門人 著書 五倫通義
馬尚遠(상원)	1573~?	八垓	文臣 字 而重 本貫 木川 父 汝龍
馬涉寅(섭인)		松隱	本貫 長興
馬成龍(성룡)		竹窓	本貫 長興 父 河秀
馬聖麟(성린)	朝鮮純祖	眉山	委巷人, 書藝家 字 聖義 本貫 長興 僉知 著書 安和堂私集
馬聖麟(성린)		安和堂	著書 文集
麻世衡(세형) →孟世衡			
馬壽孫(수손)	高麗忠宣王	東江	文臣 字 德叟 本貫 長興 父 見愠 平章事 諡號 忠莊
麻舜裳(순상)	朝鮮	三江	文臣 字 禹繡 本貫 上谷 調兵督糧使
馬勝(승)	朝鮮世祖	智谷	文臣 字 魯夫 本貫 長興 父 天牧 慶州府尹 諡號 文簡 著書 智谷集
馬時雄(시웅)		菊圃	本貫 長興 父 爲龍
馬時翰(시한)		田隱	本貫 長興 父 而龍
麻巖(암)	朝鮮	東泉	字 里光 本貫 上谷 諡號 忠貞
馬榮(영)	朝鮮太祖	南谷 栢巖	文臣 字 和淑 本貫 長興 司馬奉常侍郎
馬溫宗(온종)	朝鮮宣祖	慕國	義士 字 誠如 本貫 長興
馬羽東(우동)	高麗	淵齋	學者 本貫 長興 諡號 忠簡
馬爲龍(위룡)		松坡	本貫 長興 父 河秀
馬遊(유)	高麗	稛學	文臣 本貫 長興 中部令
馬游(유)	朝鮮純祖	魯谷	隱士 字 稛學 本貫 木川
馬應房(응방)	1524~1597	龍庵	義兵 字 靖叔 本貫 長興 追贈 吏曹參判 著書 龍庵集
馬義慶(의경) →馬義慶			
馬義祥(의상) →馬義祥			
馬而龍(이룡)		省齋	本貫 長興 父 河秀
馬腆(전)	朝鮮世祖	釣隱	文臣 字 厚卿 本貫 長興 父 天牧 郡守
馬挺立(정립)	朝鮮仁祖	漢南	義士 字 達之 本貫 木川
馬踌(주)	朝鮮	萬竹	學者 字 聖卿 本貫 長興
馬踌(주) →馬踌			
馬仲奇(중기)	高麗熙宗	易齋	文臣 字 俊夫 本貫 長興 政堂文學 諡號 文剛
馬仲寶(중보)		媚學齋	本貫 長興 父 腆

人名	年代	號	其他
馬之龍(지룡)	朝鮮孝宗	竹菴	武臣 字 丕變 本貫 長興 御營將軍
馬智伯(지백)	高麗元宗	霞溪	文臣 字 一顧 本貫 長興 國子博士
馬志遠(지원)	1682~1749	晚雲	學者 字 仲老 本貫 長興 父 景援 外祖 申夢吉 獻陵參奉 著書 晚雲遺稿
馬震光(진광)	朝鮮肅宗	陽巖	本貫 長興
馬昌伯(창백)		淸齋	本貫 長興
馬天麟(천린)	高麗	草巖	文臣 字 雲華 本貫 長興 平章事 諡號 文忠
馬天牧(천목)	朝鮮	梧川 聽溪	文臣 字 君戀 本貫 長興 判三軍府事 諡號 忠靖
馬駒(추)	1854~1917	栗齋	著書 文集
馬致遠(치원)	高麗忠肅王	佳峰	文臣 字 愚倬 本貫 長興 宗簿令
麻夏帛(하백)	朝鮮	松岾 宜齋	文臣 字 時司 本貫 上谷 機長縣監
馬河秀(하수)	?~1597	舟村	義兵 字 先天 本貫 長興 父 獜瑞 繕工主簿
馬行逸(행일)	朝鮮哲宗	省菴	文臣 字 運一 本貫 長興 府使
馬行一(행일)	→馬行逸		
馬赫仁(혁인)	高麗	靜齋	文臣 字 君善 本貫 長興 判開城府尹 諡號 文範
馬協華(협화)	韓末	守坡	義兵 字 聖一 本貫 長興
麻亨國(형국)	朝鮮	一松	文臣 字 俊明 本貫 上谷 副護軍
馬衡模(형모)		誠敬齋	字 季範 本貫 長興
馬化龍(화룡)	朝鮮	松菴	本貫 長興
馬義慶(희경)	1585~1649	竹溪 竹溪處士	學者 字 仲積 本貫 木川 徐敬德 門人 北部參奉
馬義祥(희상)	朝鮮宣祖	槐堂	隱士 字 仲奎 本貫 木川
馬希援(희원)	高麗熙宗	菊軒	文臣 字 漢翁 本貫 長興 直門下省
馬希澤(희택)		竹村	本貫 長興
卍雨(만우)	1357~?	千峰	僧侶 幼庵 門人 著書 千峰集
晚霞(만하)		淸岳	僧侶
孟晚燮(만섭)	1839~?	寒白	著書 寒白集
孟萬始(만시)	1636~?	柏枰	書畵家 字 元之 本貫 新昌 父 胤瑞 郡守
孟萬澤(만택)	1660~1710	晚隱 震谷 閑閑堂	字 施仲 本貫 新昌 父 胄瑞 祖父 世衡
孟思誠(사성)	1360~1438	古佛 樂浦 東浦 淸湖堂	文臣 字 誠之, 自明 本貫 新昌 父 希道 領春秋館事 諡號 文貞
孟世衡(세형)	1599~1656	晚隱 霞谷	文臣 字 汝平 本貫 新昌 父 喜 金長生 門人 奉常寺正
孟時馨(시형)		聾隱	著書 聾隱先生文集
孟永光(영광)	朝鮮孝宗	樂癡	書畵家 字 月心
孟仁遠(인원)	1841~1925	紫華 紫峯	學者 字 任卿 本貫 新昌 父 英大 外祖 李聖斌 著書 紫華文集

人名	年代	號	其他
孟宗奎(종규)	朝鮮後期	星堂	
孟柱天(주천)	1897~1973	水堂	大倧敎人 本貫 新昌
孟喆鎬(철호)	1880~1959	海史	獨立運動家
孟和淳(화순)	朝鮮	雲庵	本貫 新昌
孟好性(호성)	1317~?	龍湖	節臣 本貫 溫陽
孟欽堯(흠요)	朝鮮後期	雷風齋	學者 著書 雷風齋遺集
孟希道(희도)	1337~1418	東浦 東涵 湖田	文臣 本貫 溫陽 父 裕
明繼光(계광)	朝鮮	奇巖 奇菴	文臣 字 子粲 本貫 西蜀 軍資監正
明光啓(광계)	1543~1592	慕庵	文臣 字 稚晦 本貫 西蜀 父 克謙 平澤縣令
明道光(도광)	朝鮮	秀菴	文臣 字 而粲 本貫 西蜀 同知中樞府事
明瑄煜(선욱)	朝鮮	松梧亭	文臣 字 弼瑞 本貫 西蜀 龍驤衛副護軍
明昇鎭(승진) →明鼎鎭			
明承鎭(승진) →明鼎鎭			
明眼(명안)	1646~1710	百愚 石室 雪巖	僧侶 字 百愚 俗姓 張氏 父 謹守 著書 百愚隨筆
明安(명안) →明眼			
明禮宗(예종)	朝鮮	藍軒	字 權輿 本貫 西蜀 左副承旨
明完璧(완벽)	1842~1929	眞堂	國樂人 字 德祚 本貫 西蜀 掌樂院典樂
明潤仲(윤중)	朝鮮	別松齋	字 老信 本貫 西蜀 司僕寺正
明以恒(이항)	1884~1946	成齋	獨立運動家 敎育者 本貫 西蜀
明自賢(자현)	朝鮮	晦月堂	本貫 西蜀 訓練院僉正
明廷耇(정구)	1651~?	廣巖	文臣 字 老卿 本貫 西蜀 父 貴日 保寧縣監
明鼎鎭(정진)		雲圃	著書 雲圃遺稿
明照(명조)	1593~1661	虛白堂 虛白	僧侶 本貫 洪州 本名 希國 俗姓 李氏 父 春文 著書 虛白堂集
明詧(명찰)	1640~1708	楓溪	僧侶 字 醉月 俗姓 朴氏 父 圓振 著書 楓溪集
明察(찰) →明詧			
明天得(천득)	朝鮮	軒楠	本貫 西蜀 軍資監正
明致庠(치상)	朝鮮	湖雲	文臣 字 善汝 本貫 西蜀 追贈 工曹參議
明夏鎭(하진)		湖隱	本貫 延安
牟景觀(경관)		心齋	本貫 咸平
牟京晋(경진)		月谷	本貫 咸平 父 行弼
牟奎賢(규현)	1845~1914	秋江	著書 秋江遺稿
牟達兼(달겸)	1749~1821	蟲庵 中心堂	文臣 字 善甫 本貫 咸平 父 景觀 大靜縣監 著書 中心堂遺稿
牟大赫(대혁)	1879~1950	南堂	著書 文集

人名	年代	號	其他
毛祥麟(상린)		對山	
牟尚統(상환)		葵圃	本貫 咸平 祖父 世仁
牟世彬(세빈)		華溪	本貫 咸平
牟世仁(세인)		松谷	本貫 咸平 父 世傑
牟世澤(세택)		松菴	本貫 咸平 祖父 皓
牟受明(수명)	朝鮮	箕樵	書畫家 本貫 咸平
牟受蕃(수번)		穎隱	本貫 咸平 父 尚統
牟秀璡(수진)		石汀	本貫 咸平 祖父 橃阡
牟秀宅(수택)		靜齋	本貫 咸平
牟恂(순)	朝鮮太宗	截江	本貫 咸平 左司諫
牟時權(시권)		德松	本貫 咸平
牟永弼(영필)		琴齋	本貫 咸平
牟雄傑(웅걸)		竹隱	本貫 咸平
牟有秋(유추)	朝鮮肅宗	金石堂	本貫 咸平
牟以泳(이영)		寒梅堂	本貫 咸平
牟橃阡(익천)	1392~1489	月灘	本貫 咸平 父 恂 通政大夫
牟鎰權(일권)		芋齋	本貫 咸平
牟一成(일성)	朝鮮肅宗	石翁	本貫 咸平
牟禎(정)		德谷	本貫 咸平
牟鼎基(정기)		三絶堂	本貫 咸平 父 大燫
牟鍾寬(종관)	1883~1946	柳川	本貫 咸平 著書 柳川遺稿
牟珍基(진기)		竹菴	本貫 咸平
牟行弼(행필)		菊圃	本貫 咸平
牟炯基(형기)		豊泉	
牟皓(호)	高麗	忠慕齋	本貫 咸平 平章事
睦兼善(겸선)	1609~1665	容齋	文臣 字 達夫 本貫 泗川 父 叙欽 同副承旨
睦耆善(기선)	朝鮮仁祖	明溪	學者 本貫 泗川 父 叙欽
睦樂善(낙선)	朝鮮仁祖	壺谷 壺洞 壺翁	孝子 字 誠仲 本貫 泗川 父 守欽 社稷署參奉
睦來善(내선)	1617~1704	睡翁 睡軒	文臣 字 來之 本貫 泗川 父 叙欽 外祖 權晊 左議政
睦大欽(대흠)	1575~1638	茶山 竹塢	文臣 字 湯卿 本貫 泗川 父 詹 外祖 鄭謇 江陵府使 著書 茶山集
睦林(림)		浮磬	著書 浮磬集

人名	年代	號	其他
睦萬甲(만갑) →睦萬中			
睦萬中(만중)	1737~1810	餘窩	文臣 字 公兼, 幼選 本貫 泗川 父 祖禹 判書 著書 餘窩集
睦叙欽(서흠)	1571~1652	梅磵 梅溪	文臣 字 舜卿 本貫 泗川 父 詹 追贈 左贊成 諡號 忠貞
睦善恒(선항)	朝鮮	拙齋	文臣 字 子常 本貫 泗川 禮曹正郎
睦性善(성선)	1597~1647	瓶山	文臣 字 性之 本貫 泗川 父 長欽 慶尚道監司 著書 瓶山集
睦聖善(성선) →睦性善			
睦世秤(세칭)	1487~?	玄軒	學者 字 公達 本貫 泗川 父 希顔 金湜 門人 追贈 吏曹參判 著書 玄軒集
睦世平(세평) →睦世秤			
睦守欽(수흠)	1547~1593	荷潭	文臣 字 堯卿 本貫 泗川 父 詹 掌苑署別署
睦時敬(시경)	1694~1739	伊溪	文臣 字 士憲, 士懋 本貫 泗川 父 重光 禮曹正郎
睦時敏(시민) →睦時敬			
睦安中(안중)	朝鮮正祖	散庵	文臣 本貫 泗川 父 祖德
睦仁培(인배)	朝鮮	嘉隱	文臣 字 稚益 本貫 泗川 義禁府事
睦仁栽(인재)	朝鮮	河河齋	文臣 字 稚深 本貫 泗川 戶曹參判
睦林一(임일)	1641~1716	晩悟堂 青軒	文臣 字 士伯 本貫 泗川 父 來善 吏曹參判 著書 文集
睦長欽(장흠)	1572~1641	孤石 孤巖	文臣 字 禹卿 本貫 泗川 父 詹 外祖 鄭蹇 都承旨
睦祖洙(조수)	朝鮮	岱雲	文臣 字 景魯 本貫 泗川 兵曹正郎
睦昌明(창명)	1645~1695	翠岡 醉岡 翠園	文臣 字 隆世, 際世 本貫 泗川 父 行善 外祖 尹孝永 兵曹判書
睦昌朝(창조) →睦昌明			
睦天成(천성)	1630~1687	竹波	文臣 字 君平 本貫 泗川 父 林宗 左副承旨
睦天任(천임)	1673~1730	黙菴	文臣 字 大叔 本貫 泗川 父 林一 祖父 來善 直長
睦詹(첨)	1516~1593	逗日 逗日堂 逗日軒 時雨堂 退日堂	文臣 字 思可 本貫 泗川 父 世秤 外祖 趙激 漢城府右尹
睦取善(취선)	1574~1619	竹塢 竹一堂	文臣 字 執中 本貫 泗川 父 守欽 咸鏡道都事
睦台林(태림)	1782~1840	雲窩	文臣 字 膺一 本貫 泗川
睦行善(행선)	1690~1661	南磵 南澗 南溪	文臣 字 行之 本貫 泗川 父 長欽 系 大欽 外祖 南瑋 承旨
妙岑(묘잠)	朝鮮後期	靈巖	僧侶 俗姓 金氏 父 信龍
無塊(무괴)		詅癡西	僧侶 著書 文集
無己(무기)	高麗	大昏子	僧侶
無寄(무기)	高麗	浮庵	僧侶 本名 雲黙 著書 釋迦如來行蹟頌幷註

人名	年代	號	其他
無相(무상)	680~756	松溪	僧侶 俗姓 金氏
無㝵智(무애지)		太白	僧侶
無染(무염)	801~888	無量 無住	僧侶 俗姓 金氏 父 範淸
茂允諧(무윤해) →成諧			
無住(무주)	1623~?	月峯	僧侶 著書 月峯集
無準(무준)		涵虛堂	僧侶 著書 般若經說義
無學(무학) →自超			
文氏(씨)		蘆山	著書 文集
文甲光(갑광)		閒軒	本貫 南平
文甲淳(갑순)		黙巖	著書 黙巖先生文集
文堅(견)	朝鮮	回軒	文臣 字 直之 本貫 南平 僉節制使
文敬度(경도)	朝鮮	叢桂堂	字 彦林 本貫 南平 直提學
文敬仝(경동)	1457~1521	滄溪	文臣 字 欽之 本貫 甘泉 父 續命 外祖 秦有經 淸風郡守 著書 滄溪集
文璟鍾(경종)	韓末	雲泉	
文敬忠(경충)	1494~1555	湖陰 四美亭	武臣, 學者 字 兼夫 本貫 南平 父 珪 外祖 李知命 著書 湖陰遺集
文景晋(경진)	朝鮮	東山	
文敬度(경탁)	朝鮮	叢桂堂	文臣 字 彦休 本貫 南平
文景虎(경호)	1556~1619	嶧陽	學者 字 君燮 本貫 南平 父 應洙 外祖 河千壽 著書 嶧陽文集
文敬鎬(경호)	朝鮮	仁山齋	本貫 南平
文景鎬(경호)	朝鮮	蘭石	委巷人 字 仲若 本貫 南平
文啓東(계동)	1715~1778	筌窩	學者 字 道歟 本貫 南平 謚號 忠懿
文繼游(계유)	朝鮮	休老堂	文臣 字 子裕 本貫 南平
文季潤(계윤)		竹坡	本貫 南平
文繼周(계주)	朝鮮	松菴	學者 字 熙老 本貫 南平 父 緊
文繼昌(계창)	朝鮮燕山君	養心亭 休溪	文臣 字 鍾女 本貫 南平 父 克忠 牧使
文桂洪(계홍)		惕窩	本貫 南平 父 孟潤
文公鉉(공현)	朝鮮	松菴	文臣 字 元伯 本貫 南平 戶曹參判
文瓘(관)	1475~1519	玉溪 竹溪	文臣 字 伯玉, 民章 本貫 甘泉 父 傑 掌樂院僉正
文貫道(관도)	1550~1605	羈軒	文臣 字 重器 本貫 南平 牧使 著書 羈軒逸稿〈南平世稿〉
文括凱(괄개)	朝鮮	陽菴	文臣 字 舜佑 本貫 南平 僉知中樞府事
文光烈(광렬)	朝鮮	仁菴	文臣 字 道眞 本貫 南平 副護軍
文光福(광복)	朝鮮明宗	奎軒	字 仲綏 本貫 南平

人名	年代	號	其他
文光信(광신)		松齋	本貫 南平 父 夢賢
文九淵(구연)	朝鮮	月坡	文臣 字 永叔 本貫 南平 父 彬 牧使
文國鉉(국현)	1838~1911	茅洲 芳洲	著書 茅洲文集
文權(권) →文瓘			
文奎鎬(규호)		菊圃	本貫 南平
文克仁(극인) →李克仁			
文極孝(극효)		楓窩	本貫 南平 祖父 復亨
文瑾(근)	1471~?	梅溪 雙槐 雙槐堂	文臣 字 士輝 本貫 甘泉 父 傑 參判
文根(근)	1875~1903	小隱 爲正齋	書藝家 字 晦之 本貫 南平
文紀房(기방)	朝鮮後期	聲齋	閭巷人 字 仲律 本貫 南平 父 炯
文夔善(기선)	1896~1969	愼齋	法律家 本貫 南平
文基燁(기엽)		憙峯	本貫 南平
文驥行(기행)	1867~1916	三悔堂	著書 文集
文基皓(기호)	1886~1958	尚志齋	著書 文集
文基洪(기홍)	朝鮮	濟世堂	本貫 南平 父 性尚
文南七(남칠)		秋峯	本貫 南平
文多省(다성)	高麗	三光	文臣 字 明遠 本貫 南平 平章事 諡號 武成
文達觀(달관)		靜窩	
文達奎(달규)	朝鮮	竹軒	本貫 南平
文達極(달극)		黙齋	本貫 南平
文達燁(달엽)		琴隱	本貫 南平
文達漢(달한) →文達煥			
文達行(달행)		思誠	本貫 南平 父 就光
文達亨(달형)		愚軒	本貫 南平 祖父 德著
文達煥(달환)		遯齋	著書 文集
文達孝(달효)		野隱	本貫 南平 父 就光
文大謙(대겸)		道菴	本貫 南平 父 復亨
文德觀(덕관)		聿修齋	本貫 南平
文德教(덕교)	1551~1611	東湖	文臣 字 可化 本貫 開寧 父 鰲 追贈 都承旨 著書 東湖遺稿
文德龜(덕귀) →南德龜			
文德麟(덕린)	1673~1739	疇依齋	字 聖林 本貫 丹城 父 必徵
文德麟(덕린) →房德隣			
文德明(덕명)		忍恕齋	著書 文集

人名	年代	號	其他
文德粹(덕수)	1516~1595	孤查 孤查亭	文臣, 學者 字 景潤 本貫 南平 父 垠 外祖 李石柱 縣監 著書 孤查實紀
文德蓋(덕신)		遯窩	本貫 南平 父 天福
文德遇(덕우)		聾窩	本貫 南平
文德著(덕저)		柏菴	本貫 南平
文德中(덕중)		耕學	本貫 南平
文德彩(덕채)	朝鮮	松史	文臣 字 亨大 本貫 南平 都護府事
文德熙(덕희)	朝鮮	松圃	文臣 字 大允 本貫 南平 漢城判尹
文德熙(덕희)		誠齋	本貫 南平
文道彦(도언)	1759~1822	率眞窩	學者 字 君日 本貫 南平 父 德秀 外祖 金廷杰 著書 率眞窩集
文東道(동도)	1646~1699	敬庵 吾山 伊蒿子	學者 字 聖源 本貫 南平 父 頊 外祖 金弘彦 著書 敬庵文集
文東道(동도)		正巖	
文斗本(두본)		老灘	字 奉郁 本貫 南平
文斗周(두주)	朝鮮	芝庵	本貫 南平 父 學成
文斗炯(두형)	朝鮮	又岡	本貫 南平 父 益尙
文斗華(두화)		晚窩	本貫 南平
文萊(래)	朝鮮	理谷	文臣 字 字蓬 本貫 南平 父 中實 祖父 益漸 左贊成 諡號 靖惠
文晚(만) →文煥			
文萬光(만광)		聾軒	本貫 南平
文孟龍(맹룡)		三友	本貫 文平 祖父 達觀
文孟潤(맹윤)		梅谷	本貫 南平 父 錫璉
文孟種(맹종)		竹塢	本貫 南平 父 始黙
文孟獻(맹헌)		拙守	本貫 南平 父 瑢黙
文孟樺(맹화)		聽溪	本貫 南平 祖父 達孝
文命凱(명개)		省克齋	本貫 子安 本貫 南平 父 彦純
文明信(명신)	朝鮮	宏翁	文臣 字 仲允 本貫 南平 父 夢賢 觀察使
文蕢潤(명윤)		望德	本貫 南平 祖父 獻奎
文明會(명회)		柏軒	本貫 南平
文夢轅(몽원)	朝鮮	喚醉 喚醒	學者 字 仲吉 本貫 南平 父 有光 闓純 門人 知縣
文夢遠(몽원) →文夢轅			

人名	年代	號	其他
文夢賢(몽현)		泉谷	本貫 南平
文武臣(무신)	朝鮮	率齋	文臣, 孝子 字 子義 本貫 甘泉
文樸(박)	1861~1907	壽峯 守白堂	學者 字 章之 本貫 南平 父 成鳳 外祖 郭柱祥 著書 壽峯遺稿
文範(범)	朝鮮	守拙 守拙齋	文臣 字 可則 本貫 南平 府使
文範龍(범룡)	朝鮮	南谷	本貫 南平 成均進士
文壁(벽)		友谷	本貫 南平
文秉斗(병두)	朝鮮	松齋	文臣 字 士蘊 本貫 南平 同知中樞府事
文秉善(병선)	朝鮮	松隱	文臣 字 泰執 本貫 南平 左承旨
文炳植(병식)		晚翠亭	本貫 南平
文炳日(병일)		槐庵	著書 槐庵先生文集
文復亨(복형)		清河	本貫 南平 祖父 明會
文鳳(봉)		竹圃	本貫 南平
文鳳岐(봉기)	1748~?	竹友堂	字 聖遇 本貫 南平 父 世允 典籍
文鳳來(봉래)	朝鮮	竹下	本貫 南平 父 達奎
文鳳來(봉래)	朝鮮	愚隱堂	文臣 字 聖徵 本貫 南平 繕工監正
文奉黙(봉묵)		恕庵	本貫 南平
文鳳成(봉성)	朝鮮	後隱	本貫 南平 父 達奎
文奉郁(봉욱)		白巖	本貫 南平
文鳳鎬(봉호)	朝鮮高宗	一菴	著書 文集
文鳳喜(봉희)	朝鮮	法菴	文臣 字 天浩 本貫 南平 工曹參議
文彬(빈)	朝鮮	滄洲	文臣 字 彥周 本貫 南平 兵曹參贊
文彬(빈)	朝鮮	思齋	文臣 字 子益 本貫 南平 牧使
文師夔(사기)	朝鮮	芝峰	文臣 字 士彬 本貫 南平 封號 月恩君 工曹參判
文士英(사영)		進明 進明齋	字 希賢 本貫 南平 父 承瑞
文士英(사영)	朝鮮宣祖	梅湖	本貫 南平 父 昶 五衛都摠管
文師喆(사철)	朝鮮	陽村	文臣 字 振國 本貫 南平 戶曹參判
文參(삼)	朝鮮	白草 白草堂	孝子 字 汝魯 本貫 南平
文湘圭(상규)		松軒	本貫 南平
文尚能(상능)	朝鮮	忍齋	本貫 南平 父 琰 左承旨
文尚郁(상욱)	朝鮮	三洲	文臣 字 而玉 本貫 南平 府使
文尚質(상질)	1825~1895	晦山	學者 字 士眞 本貫 南平 父 永武 外祖 李堯華 著書 晦山文集
文尚豹(상표)		三樂	本貫 南平 祖父 弘凱
文尚彪(상표)	朝鮮	湖隱	本貫 南平 兵馬節制使

人名	年代	號	其他
文相鶴(상학)		璜巖	本貫 南平
文尙行(상행)	朝鮮太宗	月谷 濟軒	文臣 本貫 南平 父 璞
文錫璉(석련)		德隱	本貫 南平 父 以奎
文錫麟(석린)	1888~?	整齋	學者 字 明粲 本貫 南平 父 煥周 外祖 金國赫 田愚 門人 著書 整齋集
文錫昉(석방)		靜齋	本貫 南平 父 以奎
文錫峯(석봉)	1851~1896	義山	武臣 著書 義山遺稿
文錫彬(석빈)		梨井	本貫 南平
文石生(석생)	朝鮮仁祖	竹溪	本貫 南平
文錫容(석용)	1854~1905	月溪	
文錫煥(석환)	1869~1925	雲樵	義兵 字 英伯 本貫 南平
文璿(선)	朝鮮中宗	寒臯	功臣 本貫 南平
文宣浩(선호)	1865~1903	畏庵	學者 字 性天 本貫 南平 父 鎭周 外祖 權正鎰 著書 畏庵文集
文晟(성)	朝鮮	淸軒	武臣 字 叔海 本貫 南平 父 繼周 府使
文聖圭(성규)	朝鮮	坡山	文臣 字 仁淑 本貫 南平 副護軍
文晟錄(성록)	朝鮮	南沙	文臣 字 記之 本貫 南平 吏曹參議
文聲駿(성준)	1858~1930	耕巖	文人 字 正仲 本貫 南平 父 相魯 著書 耕巖私稿
文成質(성질)	朝鮮仁祖	磊軒	義兵 字 士彬 本貫 甘泉
文星璨(성찬)	朝鮮	松川	文臣 字 英伯 本貫 南平 吏曹參判
文成采(성채)		溪隱	本貫 南平
文成鎬(성호)	1844~?	奎齋	本貫 南平 父 基哲 著書 奎齋實記
文誠後(성후)	朝鮮中期	石峰	本貫 南平 父 緯
文世光(세광)	朝鮮	無忝堂	學者 本貫 南平
文世黙(세묵)		松隱	本貫 南平
文世榮(세영)	1888~?	靑嵐	辭典編纂家 本貫 南平 著書 朝鮮語辭典
文遜(손)	朝鮮	遜齋	本貫 南平 父 麗東 著書 遜齋集
文守榮(수영)	朝鮮	見石	本貫 南平 父 仁煥
文叔宣(숙선)	高麗	淸道	文臣 字 德芳 本貫 南平 寶文閣提學 諡號 忠貞
文始黙(시묵)		蓮塘	本貫 南平 父 達燁
文信(믿신)	1629~1707	華岳	僧侶 本貫 華山 俗姓 金氏
文愼龜(신구)	?~1913	訥庵	著書 訥庵文集
文信福(신복)	朝鮮	德山	文臣 字 思閔 本貫 南平 僉節制使
文信喆(신철)		農隱居士	字 厚仲 本貫 南平
文鴨柱(압주)		溪巖	本貫 南平 父 相圭

人名	年代	號	其他
文愛楠(애남)	朝鮮	道齋	文臣 字 正在 本貫 南平 江陵府使
文若采(약채)	朝鮮	鳳峴	文臣 字 順之 本貫 南平 司僕寺正
文養賢(양현)	朝鮮	澹圃	文臣 字 稱明 本貫 南平 副護軍
文億貞(억정)		圖南	本貫 南平
文彥光(언광)	朝鮮	春光	文臣 字 子集 本貫 南平 知中樞府事
文彥麟(언린)		野隱	本貫 南平 父 德觀
文勵(여)	1553~1623	雪溪	文臣 字 子信 本貫 南平 父 益成 大司諫 著書 雪溪先生文集
文汝凱(여개)		自修菴	本貫 南平
文燁(엽)	朝鮮	杏庵	文臣 字 明哉 本貫 南平 左承旨
文英(영)	朝鮮太祖	海隱	文臣 字 子華 本貫 南平 直提學 諡號 襄愍
文英凱(영개)	1565~1620	休軒	義兵將 字 舜諧, 舜瑞 本貫 南平 父 緯世 系 緯地 直長 封號 宣武原從功臣
文永國(영국)		誠菴	本貫 南平
文永根(영근)	韓末	小隱	本貫 南平 父 鳳成
文永樸(영박)	1880~1930	壽峰	獨立運動家 字 章之
文永信(영신)	朝鮮	江叟	文臣 字 萬雄 本貫 南平 吏曹參贊
文榮鎭(영진)		竹軒	本貫 南平
文寧浩(영호)	?~1898	松齋	著書 松齋遺稿
文永桓(영환)	韓末	保堂	本貫 南平 父 鳳成
文永欽(영흠)	朝鮮	瓊史	文臣 字 士譽 本貫 南平 副護軍
文五潤(오윤)		稼圃	本貫 南平
文五采(오채)		永慕	本貫 南平 祖父 允默
文雍(옹)		道菴	本貫 南平
文琓(완)	朝鮮	敬菴 靜菴	武臣 字 亨玉 本貫 南平
文鏞(용)	?~1926	謙山	著書 謙山文集
文龍起(용기)	?~1914	山菴	著書 山菴遺稿
文龍鉉(용현)		筠山	本貫 南平 父 在洙
文龍洽(용흡)		蘭石	本貫 南平 父 斗華
文運亨(운형)	朝鮮	竹軒	學者 字 汝會 本貫 南平 父 光信 同知中樞府事
文元凱(원개)	朝鮮宣祖	龍岑	文臣 字 舜隣 本貫 南平 父 緯世
文元萬(원만)		晩醒	著書 晩醒先生文集
文元模(원모)		誠菴	字 章明 本貫 南平 著書 文集
文元森(원삼)	朝鮮	松庵	本貫 南平 父 孝昌

人名	年代	號	其他
文元柱(원주)		雲菴	本貫 南平
文緯(위)	1554~1632	茅溪 茅谿	文臣 字 順甫, 純夫 本貫 南平 父 山斗 鄭逑 門人 高靈縣監 著書 茅溪先生文集
文緯世(위세)	1534~1600	楓庵 楓巖	文臣 字 叔章 本貫 南平 柳希春, 李滉 門人 追贈 兵曹參判 著書 楓庵先生遺稿
文渭悅(위열)	韓末~?	我山	
文有用(유용)	朝鮮	衡堂	書藝家 字 國賓 本貫 甘泉
文允黙(윤묵)		黙睡	本貫 南平
文允中(윤중)	朝鮮	夏亭	文臣 字 執卿 本貫 南平 封號 鰲恩君 工曹參判
文應權(응권)		陽谷	本貫 南平
文應奎(응규)	朝鮮	隱齋	文臣 字 瑞七 本貫 南平 府使
文義大(의대)		琴村	本貫 南平
文義臣(의신)	朝鮮	淸溪	本貫 南平 父 世良
文以健(이건)	朝鮮正祖	養黙齋	委巷人, 書藝家 字 道賓 本貫 甘泉
文以儉(이검)	朝鮮	中湖	文臣 字 德約 本貫 南平 都護府事
文以經(이경)	朝鮮	三樂齋	本貫 南平 父 挺河
文以奎(이규)		杏岡	本貫 南平
文以善(이선)	朝鮮	松隱	文臣 字 樂善 本貫 南平 司僕寺正
文以翼(이익)	朝鮮	月川	文臣 字 星伯 本貫 南平 封號 月城君 大司憲
文以昌(이창)		五松	字 義仲 本貫 南平
文翊斗(익두)		菊隱	本貫 南平
文益潑(익발)		退隱	本貫 南平 父 亨凱
文益尙(익상)	朝鮮	逸岡	本貫 南平 父 進赫
文益成(익성)	1526~1584	玉洞	學者 字 叔栽 本貫 南平 父 翁 追贈 都承旨兼 直提學 著書 玉洞集
文益漸(익점)	1329~1398	三憂堂 三憂居士 思恩	學者, 文人 字 日新 本貫 南平 父 淑宣 追贈 領議政 封號 江城君 諡號 忠宣 著書 三憂堂實記
文益周(익주)	朝鮮	白蓮堂	文臣 字 仲郁 本貫 南平 縣監
文益中(익중)	朝鮮中期	白蓮	
文益瞻(익첨)→文益漸의 初名			
文益行(익행)	朝鮮	帶湖亭	文臣 字 叔緯 本貫 南平 工曹參議
文益顯(익현)	朝鮮宣祖	愛松堂	義兵 本貫 南平
文益亨(익형)		無憫堂	字 安之 本貫 南平
文翼鎬(익호)		竹窩	本貫 南平 父 孟種
文仁克(인극)	朝鮮	巖溪	文臣 字 榮叔 本貫 南平
文仁烈(인열)	朝鮮	慕南	文臣 字 士仁 本貫 南平 父 璘 左贊成

人名	年代	號	其他
文仁鎬(인호)		靜軒	本貫 南平 父 孟龍
文仁煥(인환)		海士	本貫 南平 父 龍鉉
文一民(일민)	1894~1968	武剛	獨立運動家
文一平(일평)	1888~1936	湖巖	言論人, 史學者 本貫 南平 父 天斗 著書 湖巖全書
文自發(자발)	朝鮮	德巖	文臣 字 仁國 本貫 南平 同知中樞府事
文自修(자수)	朝鮮世宗	勉修 勉修齋	文臣 本貫 南平 父 穆 縣監
文章鳳(장봉)		德菴	字 良淑 本貫 南平
文在璣(재기)		黙山	著書 黙山集
文載道(재도)	朝鮮宣祖	林軒	字 戒器 本貫 南平 父 瑞霖
文在鳳(재봉)	朝鮮	河庵	本貫 南平 父 斗周
文在鳳(재봉)		愚堂	著書 愚堂先生文集
文在洙(재수)		竹軒	本貫 南平
文再郁(재욱)		晦谷	本貫 南平 父 元凱
文在仁(재인)		又南	字 聖則 本貫 南平
文在中(재중)	朝鮮肅宗	吉甫	文臣 本貫 南平
文載衡(재형)		竹圃	本貫 南平 父 仁煥
文在和(재화)	朝鮮	梧潭 梧軒	隱士 字 敬叔 本貫 南平
文在休(재휴)	朝鮮	松山	本貫 南平 父 明元
文正老(정로)		勿溪	本貫 南平
文正儒(정유)	1761~1839	東泉	學者 字 景明 本貫 南平 父 範成 著書 東泉文集
文挺河(정하)	朝鮮	野隱	本貫 南平 父 獻徵
文正憲(정헌)	朝鮮	藍溪	文臣 字 養汝 本貫 南平 五衛將
文正浩(정호)		謙山	著書 謙山文集
文廷煥(정환)		隱庵	本貫 南平
文濟南(제남)		敬軒	著書 文集
文濟普(제보)	1870~1926	遵菴	字 世元 本貫 南平 父 載恒 著書 文集
文濟業(제업)		隱南	本貫 南平
文濟衆(제중)	1890~1949	石汀	著書 石汀遺稿
文濟暉(제휘)		聽松堂	著書 文集
文祖(조)	1740~1770	鶴石	著書 鶴石集
文祖(무조) →翼宗			
文祖光(조광)	朝鮮	篁潭	隱士 字 子敬 本貫 南平
文祖光(조광)		龍窩	本貫 南平
文存道(존도)	朝鮮	退亭	學者 本貫 南平

人名	年代	號	其他
文存浩 (존호)	1894~1957	吾岡	著書 文集
文宗道 (종도) →文東道			
文鍾燁 (종엽)	朝鮮	蓮川	本貫 南平 父 道柄
文周憲 (주헌)	1809~1877	省窩	學者 字 聖汝 父 東博 著書 省窩集
文俊 (준) →文後			
文中啓 (중계)	朝鮮	滄洲	文臣 本貫 南平 禮曹參判 諡號 忠貞
文仲龍 (중룡)	朝鮮	思菴	文臣 字 見君 本貫 南平 封號 鰲山君 禮曹參判
文中誠 (중성)		晩隱	本貫 南平
文重潤 (중윤)		菊軒	本貫 南平
文重輝 (중휘)	朝鮮	晦窩	本貫 南平 父 昌運
文繪地 (증지)	朝鮮	錐鐰 錐鐰堂 錐鐰	文臣 本貫 南平 父 弼
文鎭龜 (진구)	1858~1931	訥菴	字 禹端 本貫 南平 父 海奎 著書 訥菴先生文集
文鎭洛 (진락)	1826~1879	囂囂齋	著書 文集
文鎭黙 (진묵)		梧岡	本貫 南平 父 達行
文鎭英 (진영)		囂囂堂	字 聖重 本貫 南平
文震煥 (진환)	朝鮮	晩翠	文臣 字 子華 本貫 南平 同知中樞府事
文鎭洽 (진흡)		月溪	本貫 南平 父 斗本
文諱 (착)	高麗明宗	南濟	本貫 南平
文贊 (찬)	朝鮮	明泉	本貫 南平 郡守 都正
文粲奎 (찬규)	1737~1822	洋菴	文臣 字 光五 本貫 南平 父 德鵬 戶曹參判 著書 文集
文粲猷 (찬유)	朝鮮	桂菴	文臣 字 晦中 本貫 南平 僉知中樞府事
文昌烈 (창렬)		松隱	本貫 南平
文昌洙 (창수)	1861~1932	柏山	著書 文集
文昌虎 (창호)	朝鮮	東溪	文臣 字 彩叔 本貫 南平 戶曹參判
文采五 (채오)		耕讀齋	字 順汝 本貫 南平
文采潤 (채윤)		拙齋	本貫 南平 祖父 宅奎
文天斗 (천두)	1605~1687	睡村	學者, 孝子 字 成七 本貫 南平
文天福 (천복)		老臥	本貫 南平
文天奉 (천봉)		石峯	字 而敬 本貫 南平
文天台 (천태)		愛睡堂	本貫 南平
文瞻鎬 (첨호)		愼齋	本貫 南平
文初信 (초신)	朝鮮	壽山	文臣 字 在變 本貫 南平 僉知中樞府事
文最光 (최광)		雲齋	本貫 南平 祖父 天斗

人名	年代	號	其他
文鍾(종)	韓末	睡隱	學者 字 時正 本貫 南平 著書 睡隱集
文春秀(춘수)	朝鮮	幽谷	本貫 南平 父 允典
文春植(춘식)	朝鮮	禮堂	本貫 南平 父 行源
文忠烈(충렬)		恒窩	著書 文集
文就光(취광)	1752~1835	無憫齋	學者 字 明進 本貫 南平 父 德愚 外祖 李世璀 追贈 童蒙教官 著書 無憫齋文集
文致權(치권)		雪溪	著書 雪溪實紀
文致郁(치욱)		錦湖	本貫 南平 父 弘凱
文泰郁(태욱)	1867~1944	豊山	字 周尚 本貫 南平 父 鳳鎬 著書 文集
文宅奎(택규)		德窩	本貫 南平
文風南(풍남)	朝鮮	春甫	文臣 字 南實 本貫 南平 中樞府事
文必經(필경)	朝鮮	竹林	文臣 字 纘仲 本貫 南平 僉知中樞府事
文必陽(필양)	1600~1632	爐川	字 剛哉 本貫 南平 父 景晋 系 景虎
文學庸(학용)		防隱	字 大義 本貫 南平
文學天(학천)	1855~1933	白雲 白雲居士 白雲處士	字 明善 本貫 南平 父 八起 著書 文集
文海龜(해구)	1776~1849	黙山	學者 字 景洛 本貫 南平 父 錫純 著書 黙山文集
文獻奎(헌규)		暎翠	本貫 南平 父 彦麟
文憲商(헌상)	朝鮮	稷下齋	文臣 字 士徵 本貫 南平 僉知中樞府事
文獻徵(헌징)	朝鮮	竹隱	本貫 南平 父 晟
文賢(현)		退憂堂	本貫 南平
文鉉奎(현규)	朝鮮後期	竹史	委巷人
文覸友(현우)		農隱	本貫 南平
文炯(형)	1882~1936	心圃	著書 文集
文亨凱(형개)	朝鮮宣祖	仁峯	武臣, 義兵 字 舜揚 本貫 南平
文亨吉(형길)	朝鮮	敬齋	文臣 字 汝三 本貫 南平 漢城判尹
文弘凱(홍개)	朝鮮仁祖	楓庵	義兵 字 舜翼 本貫 南平 著書 楓庵先生遺稿
文弘凱(홍개)		葛翁	本貫 南平
文弘凱(홍개)	→文亨凱		
文弘奉(홍봉)		竹窩	本貫 南平 父 榮鎭
文弘說(홍열)	朝鮮	繼黙軒	委巷人 字 仲範 本貫 南平 父 以建
文弘運(홍운)	朝鮮中期	梅村	義兵 字 汝幹 本貫 南平 父 劼 著書 梅村集
文弘遠(홍원)	1569~1635	慕杜軒	武臣 字 汝毅 本貫 南平 父 勉 嘉善大夫
文弘獻(홍헌)	1551~1593	敬菴 執菴	義士 字 汝徵 本貫 南平 父 僉 追贈 持平 著書 敬菴先生實記

人名	年代	號	其他
文和(화)	高麗	晚隱	文臣 字 養中 本貫 南平 都承旨 諡號 忠貞
文晥(환)	朝鮮	克齋	文人 本貫 南平 父 夢軒 祖父 有光
文晦(회)	朝鮮	石亭	文臣 字 子明 本貫 南平 工曹判書 諡號 忠貞
文繪地(회지)	→文繪地		
文孝宗(효종)	1365~1444	自樂堂	本貫 南平 父 達漢
文後(후)	1574~1644	練江齋	學者 字 行先 本貫 南平 父 益華 外祖 鄭世康 軍資監正 著書 練江齋文集
文後開(후개)		花峯	本貫 南平
文彙光(휘광)		忍菴	本貫 南平
文希聖(희성)	1576~1643	止軒 愚峯	武臣 字 敬修 本貫 南平 父 貫道 嘉善大夫 著書 止軒集〈南平世稿〉
文希性(희성)	朝鮮	華山	文臣 字 世義 本貫 南平 工曹參判
文希成(희성)	→文希聖		
文希舜(희순)	1597~1678	太古亭 太古軒	學者 字 汝華 本貫 南平 父 載道 著書 太古亭集
文希舜(희순)		松堂	本貫 南平
文希哲(희철)	1581~1669	笱齋	字 敬遠 本貫 南平 父 貫道 著書 笱齋集〈南平世稿〉
文希賢(희현)	朝鮮	松齋	判官
閔慶台(경태)		四友亭	著書 四友亭文集
閔景嫌(경혁)		雲巢	著書 雲巢遺稿
閔京鎬(경호)		聽雨堂	字 固卿 本貫 驪興
閔景鎬(경호)		聽音	著書 文集
閔慣拭(관식)		鏡巖	著書 鏡巖集
閔廣植(광식)	朝鮮高宗	琴南	字 舜居 本貫 驪興 父 泳大
閔光尹(광윤)	朝鮮孝宗	猶溪翁	文臣 字 子美 本貫 驪興 直長
閔九齡(구령)		昺齋	本貫 驪興
閔九齡(구령)		五友	著書 文集
閔九叙(구서)		三梅堂	本貫 驪興
閔九韶(구소)		敬齋	字 昺哉 本貫 驪興
閔龜孫(구손)	1464~1522	寒暄堂	字 瑞卿 本貫 驪興 父 粹 縣監
閔九淵(구연)	朝鮮中宗	尤于堂 友于堂 友于齋	本貫 驪興
閔九疇(구주)		無名堂	本貫 驪興
閔奎鎬(규호)	1836~1878	芝堂 黃史	戚臣 字 景圜 本貫 驪興 父 致五 領議政 諡號 忠獻 賜號 芝堂

人名	年代	號	其他
閔肯鎬(긍호)		雲沙	著書 文集
閔箕(기)	1504~1568	觀物 觀物齋 好學齋	文臣 字 景說 本貫 驪興 金安國 門人 右議政 諡號 文景 著書 石潭野史
閔機(기)	1568~1641	樓閑堂 市隱	文臣 字 機之, 子美 本貫 驪興 父 汝俊 慶州府尹
閔起文(기문)	1511~1574	櫟菴	文臣 字 叔道 本貫 驪興 父 源 右承旨
閔耆重(기중) →閔蓍重			
閔耆顯(기현)	1751~1811	二松居士 三松居士	文臣 字 子慶 本貫 驪興 父 百奮 開城留守
閔魯植(노식)		眠山	著書 眠山遺稿
閔魯行(노행)	1782~?	杞園 呎聞	文臣 字 雅顔 本貫 驪興 父 景涑 郡守 著書 名數 呎聞
閔大昇(대승)		農隱	本貫 驪興
閔德龜(덕구)		驪江	本貫 驪興 父 友弼
閔德基(덕기)		重黙軒	本貫 驪興
閔德男(덕남) →閔馨男의 初名			
閔德鳳(덕봉)	1519~1573	龍溪	字 應韶 本貫 驪興 父 友弼
閔東爀(동혁)	1839~1912	松庵	著書 松庵遺稿
閔斗世(두세)	朝鮮	三希齋	
閔夢龍(몽룡)	1550~1618	雲窩	文臣 字 致雲 本貫 驪興 父 祥 右議政
閔文仁(문인) →閔齊仁			
閔博(박) →周博			
閔百期(백기)		楠岡	著書 文集
閔百棋(백기)		德林	著書 文集
閔百順(백순)	朝鮮仁祖	警庵	字 順之 本貫 驪興 父 昌洙
閔百順(백순)	朝鮮	丹江 丹室	文臣 本貫 驪興
閔百炡(백우)	1779~1851	咬菜窩	學者 字 郁之 本貫 驪興 父 相東 著書 咬菜窩遺稿
閔百準(백준)	朝鮮肅宗	悟齋	本貫 驪興 父 覺洙 仁川府使
閔百忠(백충)	1835~1885	菊坡	學者 字 乃恕 本貫 驪興 父 銖 外祖 鄭潛 著書 菊坡遺稿
閔白休(백휴)		桐塢	著書 桐塢遺稿
閔忭(변)	高麗忠惠王	錦南迂叟 樓閑堂 栖閑堂	本貫 驪興 父 頔 左司儀大夫
閔丙吉(병길)	1884~1943	蘇雲	獨立運動家
閔丙奭(병석)	1858~1940	詩南 毅齋	文臣 字 景召 本貫 驪興 父 敬植 祖父 泳緯 侍從院卿 著書 德行敎範

人名	年代	號	其他
閔丙承(병승)	1866~?	丹雲	本貫 驪興 父 應植 著書 丹雲集
閔丙稷(병직)		悟堂	著書 悟堂集
閔丙台(병태)	韓末	華隱	字 敬澤 本貫 驪興
閔普光(보광)	朝鮮後期	梨亭	本貫 驪興 父 仲萱 校書館別提
閔鳳鎬(봉호)		芝圃	著書 文集
閔埠(부)		則以堂	著書 則以堂遺稿
閔思權(사권)		西河	本貫 驪興
閔思平(사평)	1295~1319	及庵	文臣, 學者 字 坦夫 本貫 驪興 父 頔 贊成事商議 會議都監事 諡號 文溫 著書 及庵集
閔師夏(사하)		湛樂齋	本貫 驪興
閔象鎬(상호)	朝鮮憲宗	養浩齋	本貫 驪興 父 致周
閔善(선)	1539~1608	牛川	文臣 字 尙之 本貫 驪興 父 世良 左承旨
閔先尹(선윤)	→閔光尹		
閔垶(성)	?~1637	龍巖	殉節人 字 載萬 本貫 驪興 父 仁伯 追贈 戶曹判 書 諡號 忠愍 著書 龍巖實記
閔晟基(성기)		耦齋	
閔聖徒(성도)	朝鮮仁祖	守拙 守拙堂 養拙子	字 叔範 本貫 驪興 父 有孚
閔聖魯(성로)		泛波翁	本貫 驪興
閔聖徵(성징)	→閔聖徽의 初名		
閔聲徵(성징)	→閔聖徽		
閔聖徽(성휘)	1582~1648	用拙 用拙堂 拙堂	文臣 字 士尙 本貫 驪興 父 有孚 追贈 領議政 諡 號 肅敏 著書 松京訪古錄
閔純(순)	1519~1591	杏村 習靜	學者 字 景初 本貫 驪興 父 鶴壽 申光漢, 徐敬德 門人 左通禮 著書 杏村集
閔舜鎬(순호)	1880~1965	愚樵	義兵長 字 鳳來 本貫 驪興
閔升龍(승룡)	1744~1821	梧溪	文臣 字 弘遠 本貫 驪興 父 垌 外祖 權衡 掌令 著書 梧溪遺集
閔蓍重(시중)	1625~1677	訒峯 訒峯 認齋 訒齋	文臣 字 公瑞 本貫 驪興 父 光勳 宋時烈 門人 刑 曹參判
閔伸(신)	?~1453	遯菴	文臣 本貫 驪興 吏曹判書 諡號 忠貞
閔審言(심언)		江西	本貫 驪興
閔安富(안부)	高麗末	農隱	忠臣 字 榮叔 本貫 驪興 父 孺 禮儀判書 著書 農 隱實記
閔黯(암)	1636~1694	丫溪 丫湖 叉江 叉湖	文臣 字 長孺 本貫 驪興 父 應協 右議政

人名	年代	號	其他
閔養世(양세)		仙菴	著書 文集
閔業(업)	1605~1671	楊湖	學者 字 子昻 本貫 驪興 父 友仲 系 友孟 金長生門人 童蒙敎官 著書 楊湖遺稿
閔汝儉(여검)	1564~1627	雪村 雲谷 雲村	文臣 字 宗禮 本貫 驪興 父 思容 蔚山府使
閔汝慶(여경)	1546~1600	棠沙	文臣 字 而吉 本貫 驪興 父 思安 追贈 吏曹判書
閔汝倫(여륜) →閔汝儉			
閔汝顔(여안)	朝鮮	后川子	本貫 驪興
閔汝翼(여익)	1360~1431	正齋	字 德甫, 輔之 本貫 驪興 父 玹
閔汝任(여임)	1559~1627	振衣 振衣堂 醉翁	文臣 字 聖之, 聖文 本貫 驪興 父 思容 追贈 左議政
閔汝鎭(여진)	朝鮮仁祖	石潭	本貫 驪興 父 馨男
閔泳奎(영규)		圭巖	本貫 驪興
閔泳綺(영기)	1858~1920	滿庵 蒲庵	戚臣 字 季卿 本貫 驪興 父 峻鎬 度支部大臣
閔泳達(영달)	1859~?	綏堂 藕堂	戚臣 字 公武 本貫 驪興 父 觀鎬 內部大臣
閔泳道(영도)	朝鮮哲宗	醉荷	本貫 驪興 父 象鎬
閔泳穆(영목)	1826~1884	蘇堂 泉食	文臣 字 遠卿 本貫 驪興 父 達鏞 系 泰鏞 追贈 領議政 諡號 文忠
閔泳復(영복)	1859~?	退琴	字 淵若 本貫 驪興 父 吉鎬
閔泳璇(영선)	韓末	玉汝齋	字 旋玉 本貫 驪興
閔泳韶(영소)	1852~1917	琴來	字 舜若 本貫 驪興 父 哲鎬 系 奎鎬
閔泳洙(영수)		寅川居士	本貫 驪興 舊名 命龜 父 一亮 系 齊亮
閔泳舜(영순)	韓末	亞石	本貫 驪興
閔泳緯(영위)	1818~?	藥展	字 石經, 碩經 本貫 驪興 父 元鏞
閔泳翊(영익)	1860~1914	蘭楣 芸楣 禮庭 園丁 竹楣 千尋竹齋	文臣, 書畵家 字 遇鴻, 子湘 本貫 驪興 父 台鎬 系 升鎬 贊政
閔泳準(영준)		陶隱	著書 陶隱詩稿
閔泳駿(영준) →閔泳徽의 初名			
閔泳璨(영찬)		石年	著書 文集
閔泳寀(영채)	1881~1913	柏巖	著書 文集
閔泳煥(영환)	1861~1905	桂庭	文臣, 書畵家 字 文若 本貫 驪興 父 謙鎬 追贈 議政大臣 諡號 忠正 著書 閔忠正公遺稿
閔永迴(영회)	朝鮮後期	儉堂	
閔泳徽(영휘)	1852~1935	荷汀	政治家 字 君八 本貫 驪興 父 斗鎬 表勳院總裁 著書 鄕禮三選

人名	年代	號	其他
閔龍鎬(용호)	1869~1922	復齋	義兵將 本貫 驪興 著書 復齋集
閔龍鎬(용호)		雲村	著書 文集
閔雨龍(우룡)	1732~1801	醉隱亭	字 殷卿 本貫 驪興 父 命龜 著書 瀛洲再訪日記
閔遇洙(우수)	1694~1756	貞菴 蟾村	文臣 字 士元 本貫 驪興 父 鎭厚 金昌協 門人 追贈 正卿大夫 諡號 文元 著書 貞菴集
閔禹植(우식)		華雲	字 國彦 本貫 驪興 父 泳爽 著書 文集
閔昱(욱)	1559~1625	石溪	學者 字 晦叟 本貫 驪興 父 泮 朴嗣種 趙憲 門人 追贈 工曹佐郎 著書 石溪集
旻旭(민욱)	1815~1899	取隱	僧侶 本貫 海州 俗姓 崔氏
閔愉(유)	高麗	乃庵	節臣
閔愉(유)	高麗	思菴	字 坦夫 本貫 驪興 大提學
閔有慶(유경)	1565~1632	陶村 遊墩 楓墩	文臣 字 頤吉 本貫 驪興 父 溶 祖父 起文 外祖 李眉壽 敦寧府都正
閔有孚(유부)	1559~1594	養拙 養拙堂 養拙齋	文臣 字 景應 本貫 驪興 父 泹 祖父 起文 追贈 左贊成
閔由誼(유의)	高麗末~1470	漁逸 滄逸	文臣 字 子宜 本貫 驪興 父 璿 祖父 祥正 判事
閔維重(유중)	1630~1687	屯村	文臣 字 持叔 本貫 驪興 父 光勳 追贈 領議政 諡號 文貞 著書 閔文貞遺稿
閔允昌(윤창)	朝鮮肅宗	閒齋閒人	本貫 驪興 父 以升
閔應祺(응기)	朝鮮宣祖	景退齋 尤叟	學者 字 伯嚮 本貫 榮州 李滉 門人 追贈 左承旨 著書 庸學釋義
閔應洙(응수)	1684~1750	梧軒	文臣 字 聖甫 本貫 驪興 父 鎭周 右議政 諡號 文憲
閔應植(응식)	1844~?	藕堂	戚臣 字 性文 本貫 驪興 父 漢俊 系 永愚 江華府留守 諡號 忠文
閔應協(응협)	1597~1663	鳴皐 滄洲	文臣 字 寅甫 本貫 驪興 父 馦 大司憲
閔應恢(응회)	1582~1653	喚醒	文臣 字 而精 本貫 驪興 父 馦 承政院同副承旨
閔宜洙(의수)		東湖居士	著書 文集
閔毅植(의식)		止鶴	著書 文集
閔以升(이승)	1649~1698	誠齋	學者 字 彦暉 本貫 驪興 宗簿寺主簿
閔彝顯(이현)	1750~1793	觀生窩 三谷	文臣 字 公著 本貫 驪興 父 百蟾 祖父 遇洙 司憲府掌令 著書 觀生窩遺稿
閔翼洙(익수)	1690~1742	夙夜 夙夜齋	文臣 字 士衛 本貫 驪興 父 鎭厚 祖父 維重 追贈 吏曹判書 諡號 文忠
閔仁伯(인백)	1552~1626	苔泉	文臣 字 伯春 本貫 驪興 父 思權 成渾 門人 封號 驪陽君 知中樞府事 諡號 景靖 著書 苔泉集
閔仁植(인식)		幼柏	著書 文集

人名	年代	號	其他
閔一臣(일신)		方澤齋	本貫 驪興
閔在南(재남)	1802~1873	晦亭 自笑翁 聽天	學者 字 謙吾 本貫 驪興 父 以獻 獻陵參奉 著書 晦亭集
閔在汶(재문)	1687~?	健齋 白蓮堂 白蓮堂	隱士 字 吾必 本貫 驪興 父 允明
閔齋仁(재인) →閔齊仁			
閔齋樞(재추) →閔齊樞			
閔點(점)	1614~1680	雙梧 雙梧堂	文臣 字 聖與 本貫 驪興 父 應協 金時讓 婿 左贊成
閔侹(정)		拙菴	本貫 驪興
閔廷鸞(정란)	朝鮮光海君	止休	功臣 字 武伯
閔挺四(정사)		心義齋	本貫 驪興
閔挺洙(정수)		愼菴	本貫 驪興
閔鼎重(정중)	1628~1692	老峰	文臣 字 大受 本貫 驪興 父 光勳 祖父 機 左贊成 諡號 文忠 著書 老峰集
閔挺河(정하)		松庵	本貫 驪興
閔霽(제)	1339~1408	漁隱 濂隱	文臣 字 仲晦 本貫 驪興 父 忭 佐命功臣 諡號 文度 著書 漁隱錄
閔齊淵(제연)	1632~1720	雙梅軒	志士 字 學之 本貫 驪興 父 仁幹 同知中樞府事 著書 雙梅軒遺稿〈驪興世稿〉
閔齊仁(제인)	1493~1549	立巖	文臣 字 希仲 本貫 驪興 父 龜孫 左贊成 著書 立巖集
閔濟章(제장)	1671~1728	三歸堂 三錦堂	武臣 字 晦伯 本貫 驪興 父 後慶 三道水軍統制使 諡號 忠壯 著書 三錦堂行錄
閔濟鎬(제호)	1890~1932	少雲	獨立運動家 字 禹明
閔趙文(조문) →閔起文			
閔祖榮(조영)	朝鮮後期	晦隱	本貫 驪興 父 雨龍 祖父 一亮
閔種烈(종렬)		芝潭	本貫 驪興
閔種黙(종묵)	1835~1916	翰山	文臣 字 玄卿 本貫 驪興 父 承世 系 命世 奎章閣提學 著書 日本各國條約
閔趙文(조문) →閔起文			
閔宗植(종식)	1861~1917	退樵子	義兵將 字 允朝 本貫 驪興 父 泳商 吏曹參判
閔宗儒(종유)	1245~1324	長沙	本貫 驪興 諡號 忠順
閔宗爀(종혁)	1762~1838	竹巢	學者 字 祖彦 本貫 驪興 父 復賢 外祖 金慶錫 著書 竹巢文集
閔鍾顯(종현)	朝鮮	寒溪	字 公紀 本貫 驪興 判書

人名	年代	號	其他
閔周冕(주면)	1629~1670	水月堂	文臣 字 章五 本貫 驪興 父 晉亮 外祖 兪大備 府尹 編書 東京志
閔冑顯(주현)	1808~1882	沙厓 沙厓堂	學者 字 士教 穉敬 本貫 驪興 父 百燨 外祖 金相東 左承旨 著書 沙厓文集
閔濬(준)	1532~1613	菊隱	文臣 字 仲源 仲深 本貫 驪興 父 純良 兵曹參判
閔晙(준)	1642~1716	誠齋	學者 字 季昇 本貫 驪興 父 興基 外祖 禹治洪 著書 誠齋遺稿
閔漬(지)	1248~1326	黙軒 黙齋 法喜居士	文臣 字 龍涎 父 暉 本貫 驪興 封號 驪興君 諡號 文仁 著書 黙軒集
閔籏(지)	朝鮮中宗	嘯皐	字 可和 本貫 驪興 父 世瑠
閔鎭綱(진강)		愛日堂	字 士正 本貫 驪興
閔鎭綱(진강)		楚山	著書 文集
閔晉亮(진량)	1602~1671	九拙 九拙堂 用拙子	文臣 字 明允 本貫 驪興 父 聖徽 外祖 李義貞 守令
閔鎭永(진영)	朝鮮肅宗	簡黙齋	本貫 驪興 父 鎭遠
閔鎭遠(진원)	1664~1736	丹巖 洗心	文臣 字 聖猷 本貫 驪興 父 維重 尹趾善 婿 判中樞府事 著書 丹巖漫錄
閔鎭長(진장)	1649~1700	趾齋	文臣 字 稚久 本貫 驪興 父 鼎重 右議政 諡號 文孝
閔鎭厚(진후)	1659~1720	趾齋	文臣 字 靜純 本貫 驪興 父 維重 宋時烈 門人 開城留守 諡號 文忠 著書 趾齋集
閔昌道(창도)	1654~1725	八隱堂 化隱	文臣 字 士會 本貫 驪興 父 熙 大司成
閔昌洙(창수)	朝鮮肅宗	詅癡 詅癡菴	字 士會 本貫 驪興 父 鎭遠
閔昌赫(창혁)	朝鮮英祖	信翁	文臣 本貫 驪興 父 百憲 著書 信翁稿
閔哲勳(철훈)	1856~?	晩香	字 聖若 本貫 驪興 父 種黙
閔忠基(충기)	韓末	錦圃	字 孝恕 本貫 驪興
閔致兢(치긍)	1810~1885	玄嵒	學者 字 謹持 本貫 驪興 父 宗爀 外祖 柳濟休 著書 玄嵒文集
閔致道(치도)	1868~1921	春山	獨立運動家 字 世元 本貫 驪興
閔致亮(치량)	1844~1932	稽樵	文臣 字 周賢 本貫 驪興 父 在奎 著書 稽樵集
閔致祿(치록)	1799~1858	棲霞	高宗丈人 字 元德 本貫 驪興 父 鍾顯 追贈 領議政 驪城府院君 諡號 純簡
閔致福(치복)	1766~1814	擴齋	文臣 字 元履 本貫 驪興 父 鍾顯 金亮行, 李直輔 門人 南平縣監
閔致庠(치상)	1825~1888	荷堂 荷塘	文臣 字 景養 本貫 驪興 父 龍顯 典選司堂上 諡號 文穆
閔致永(치영)	1796~1842	暘谷	著書 文集

人名	年代	號	其他
閔致完(치완)	1838~1910	芝岡	文臣, 學者 字 君賢 本貫 驪興 父 在圭 外祖 梁天民 義盈庫奉事 著書 芝岡文集
閔致鍾(치종)	1831~1906	淸隱	文臣 字 應萬 本貫 驪興 父 大赫 外祖 鄭宗郁 中樞院議官 著書 淸隱遺稿
閔致憲(치헌)	1844~?	雲松	字 原松 本貫 驪興 父 泰顯
閔致鴻(치홍)	1859~1919	農雲 華岡	文臣, 學者 字 雲擧 本貫 驪興 父 東赫 外祖 鄭守敎 著書 農雲遺稿
閔致鴻(치홍)		松菴	著書 文集
閔致和(치화)	朝鮮純祖	平然堂	本貫 驪興 父 養顯
閔致煥(치환)	韓末	雲石	字 宗玄 本貫 驪興
閔泰瑗(태원)	1894~1935	牛步	小說家 言論人 本貫 驪興
閔泰重(태중)	朝鮮顯宗	平沙	學者 字 士昂 本貫 驪興 父 光赫 追贈 掌令
閔泰稷(태직)	1868~1935	絅庵	著書 絅庵先生文集
閔台鎬(태호)	1834~1884	杓庭 蕙庭	戚臣 字 景平 本貫 驪興 父 致三 兪莘煥 門人 追贈 領議政 諡號 忠文
閔枰(평)		言尸	字 衡叔
閔弼鎬(필호)	1898~1963	石麟	獨立運動家 本貫 驪興 著書 韓中外交史話
閔海男(해남)→閔馨男의 初名			
閔馨男(형남)	1564~1659	芝崖 芝厓	文臣 字 潤大, 潤夫 本貫 驪興 父 福 閔純 門人 封號 驪州君 判中樞府事 諡號 莊貞
閔炯植(형식)	韓末	菊農	字 景構
閔衡植(형식)	1875~1947	又荷	文臣, 憂國志士 字 公允 本貫 驪興 父 泳集 系 泳徽 學部協辦
閔弘基(홍기)	朝鮮	敬軒	本貫 驪興
閔弘錫(홍석)	1685~1772	觀瀾齋	著書 觀瀾齋遺稿
閔滉(황)		東洲	本貫 驪興 侍郎
閔懷參(회삼)	朝鮮文宗	義菴	本貫 驪興 父 孝源 大靜縣監
閔懷賢(회현)	1472~1550	一齋	字 季恩 本貫 驪興 父 質
閔孝植(효식)	1854~1910	景武 石村	獨立運動家
閔孝曾(효증)	?~1513	悟子 七休子	字 希三 本貫 驪興 父 悟 贊成 封號 驪平府院君
閔後光(후광)		德巖	本貫 驪興
閔興道(흥도)	1654~1710	心隱	文臣 字 季祥 本貫 驪興 父 熙 系 黯 吏曹正郎
閔熙(희)	1614~1687	石湖 雪樓	文臣 字 皥如 本貫 驪興 父 應協 左議政 諡號 文忠
閔希路(희로)		野窩	字 季由 本貫 驪興

ㅂ

人名	年代	號	其他
朴氏(씨)		敬窩	著書 文集
朴氏(씨)		菊圃	著書 菊圃遺稿 〈剛齋遺稿〉
朴氏(씨)		老澗	本貫 密陽 著書 文集
朴氏(씨)		三知菴	著書 文集
朴氏(씨)		瑞西	著書 文集
朴氏(씨)		啞堂	著書 文集
朴氏(씨)		忍軒	著書 忍軒遺稿 〈遠齋遺稿〉
朴氏(씨)		自宣	著書 文集
朴氏(씨)	朝鮮哲宗	竹西 半啞堂	女流詩人 本貫 潘南 朴宗彦 庶女 夫 徐箕報 著書 竹西詩集
朴艮(간)	朝鮮	兼山齋	文臣 字 止叔 本貫 龜山 父 萬龍 工曹參議 諡號 文簡
朴珹(감)	高麗	樂翁	本貫 寧海
朴剛生(강생)	1369~1422	蘿山 耕叟 蘿山耕叟	文臣 字 柔之 本貫 密陽 父 忱 外祖 朴隣 追贈 贊成 著書 蘿山遺稿 〈凝川世稿〉
朴江鎭(강진)	1773~?	芝山	字 靑江 本貫 密陽 父 基原
朴漑(개)	1511~1586	烟波 烟波釣徒 烟波釣叟 烟波處士	文臣 字 大均 本貫 忠州 父 祐 金堤郡守
朴居謙(거겸)	1413~1481	地山	字 仲恭 本貫 密陽 父 景斌
朴居易(거이)	1492~1546	存省齋	字 希白 本貫 密陽 父 英 祖父 哲孫 左通禮
朴擧賢(거현)	朝鮮	南谷	本貫 密陽 父 忠元 持平
朴楗(건)	1434~1509	四五堂 蓮峯	字 子啓 本貫 密陽 父 仲孫 祖父 切問 著書 文集
朴建(건)	1880~1943	海蓑	獨立運動家 本名 義然
朴健錫(건석)		遜愚	字 善長 本貫 珍原
朴健鍾(건종)	韓末	雲石	字 致極 本貫 密陽 父 憲商
朴建中(건중)	朝鮮純祖	仙谷	學者 字 士標 本貫 尙州 宋煥箕, 金正黙 門人 追贈 持平 編書 喪禮備要補
朴健采(건채)	韓末	高隱	本貫 竹山
朴儉(검)	朝鮮	晩翠軒	學者 字 乃愼 本貫 忠州
朴檢守(검수)	朝鮮	松菴	孝子 字 理述 本貫 忠州
朴謙(겸)	1751~1791	三省	本貫 密陽 父 惱
朴謙(겸) →朴大夏의 初名			
朴謙來(겸래)	1803~?	芝堂	字 大彦 本貫 密陽 父 永義 祖父 夏鎭 敎官
朴謙載(겸재)	朝鮮後期	濱湖散人 晦南	著書 文集
朴謙進(겸진)	1886~?	尙佐	字 穉益 本貫 密陽 父 種黙 祖父 東翰
朴謙浩(겸호)	朝鮮	松隱	委巷人 字 穉受 本貫 順興

人名	年代	號	其他
朴璟(경)	朝鮮成宗	竹林	本貫 昌原 父 恭信
朴璥(경)	1573~1654	東川	學者 字 栗甫 本貫 務安 父 善長 著書 東川逸稿
朴涇(경)	朝鮮	蓮花臺	文臣 字 士官 本貫 忠州 同樞
朴絅(경) →朴絪			
朴慶家(경가)	1779~1841	鶴陽	學者 字 南吉 本貫 高陽 父 文國 外祖 盧錫采 著書 鶴陽集
朴景求(경구)		石樵	本貫 密陽 父 均洙
朴慶國(경국) →朴慶因			
朴慶祈(경기)		寒溪	本貫 竹山
朴景達(경달)	1691~1743	之南	字 仁炫 本貫 密陽 父 世翼 祖父 自碩
朴慶來(경래)	1860~1918	黙齋	字 慶先 本貫 密陽 父 準七 祖父 尚鎭
朴慶來(경래)		見山	字 章伯 本貫 咸陽
朴景烈(경렬)	朝鮮	彌軒	委巷人 字 汝貞 本貫 全州 父 箕采
朴瓊林(경림)		思敬齋	著書 文集
朴敬立(경립) →朴弘美의 初名			
朴慶邦(경방)	朝鮮後期	晚醒齋	字 吉甫 本貫 密陽 父 壽碩
朴景培(경배)		雲坡	著書 文集
朴景伯(경백)	高麗憲宗	平洲	文臣 本貫 竹山 父 寅亮 祖父 忠厚 尚書
朴慶彬(경빈) →朴慶新			
朴慶祥(경상)		靜齋	字 良然 本貫 靈巖
朴慶錫(경석)	1610~1643	竹菴	字 聖千 本貫 密陽 父 勵行 祖父 蓬 通德郎
朴慶善(경선)	朝鮮	潭南	文臣 本貫 金川 縣監
朴敬修(경수)	朝鮮	木卡居士	委巷人 字 稺度 本貫 密陽
朴景洙(경수)	朝鮮	廉溪	委巷人 字 守賢 本貫 務安 僉節制使
朴景順(경순)	朝鮮	○軒	本貫 密陽 父 啓黙
朴敬時(경시) →柳敬時			
朴景愼(경신)	1414~1462	遯叟	文臣 字 子欽 本貫 密陽 父 訥生 著書 文集
朴慶新(경신)	1539~1594	三友亭	字 仲宣 本貫 密城 父 穎 著書 三友亭遺稿
朴慶新(경신)	1560~1626	杞泉 三谷 寒泉	文臣 字 仲吉 本貫 竹山 父 思恭 公洪道觀察使
朴敬臣(경신)	1845~1927	柳霞	本貫 密陽 父 泰蕃 祖父 貞宗
朴敬養(경양)		春山	著書 文集
朴慶業(경업)	1568~?	巖叟 秋灘	文臣 字 應休 本貫 高靈 初名 承業 同知中樞府事
朴慶五(경오)		永樂窩	著書 文集
朴景緜(경요)	1778~1813	愚谷	著書 文集
朴景佑(경우)		易堂	著書 易堂稿

人名	年代	號	其他
朴景愚(경우) →朴景佑			
朴慶運(경운)	朝鮮	靑田	學者 字 君善 本貫 忠州
朴慶胤(경윤)	1555~1626	菊軒	字 孝伯 本貫 密陽 父 頤 著書 菊軒遺集〈十四義士錄〉
朴慶應(경응)	朝鮮仁祖	一翁	文臣 字 德厚 本貫 密陽 父 信
朴慶因(경인)	1542~1592	龍淵	字 禧仲 本貫 密陽 父 穎 著書 文集
朴景章(경장)	朝鮮	晦甫	文臣 字 憲卿 本貫 龜山 漢城府判官
朴慶傳(경전)	1553~1623	悌友堂 二慕堂	義兵將 字 孝伯 本貫 密陽 父 頤 外祖 芮信忠 追贈 兵曹判書 著書 悌友堂集
朴璟濟(경제)	朝鮮	竹軒	文臣 字 仁安 本貫 竹山 龍驤衛副護軍
朴慶鍾(경종)	1875~1938	晚醒	獨立運動家
朴慶宗(경종)	朝鮮	杏軒	
朴慶俊(경준)		尚友齋	著書 文集
朴景曾(경증)	1617~1669	伴鶴亭	本貫 潘南 著書 文集
朴景祉(경지)	1734~1774	菊棠	字 大允 本貫 密陽 初名 宗宇 父 信儉
朴景震(경진)	朝鮮	石雲	文臣 字 碩兼 本貫 泰仁 都正
朴暻鎭(경진)	1884~1956	南竹	著書 南竹遺稿
朴景夏(경하)	朝鮮	癯溪	委巷人 字 大盛 本貫 密陽
朴敬行(경행)	朝鮮後期	矩軒	
朴慶㷼(경혁)		碧松處士	本貫 咸陽
朴景鎬(경호)		大明逸民	本貫 密陽 父 世彦
朴慶浩(경호)		竹軒	本貫 密陽
朴慶後(경후)	1644~1706	歸翁 晚悟 醉翁	文臣 字 休卿 本貫 咸陽 父 尚郁 黃海道觀察使
朴景欽(경흠)	1706~1761	尤谷	學者 字 大之 本貫 咸陽 父 重素 外祖 朴大榮 著書 尤谷集
朴桂(계)		雨忘翁 雨忘齋	字 大時 本貫 務安 父 應善
朴繼姜(계강)	朝鮮	市隱	閭巷詩人 本貫 密陽
朴啓光(계광)	1733~1776	獨淸堂	字 汝章 本貫 密陽 父 東顯 祖父 長潤
朴計年(계년)	朝鮮世宗	景春軒	文臣 本貫 順天 父 仲林 正言
朴繼道(계도)	1728~1791	德川	文臣 字 君彦 本貫 密陽
朴啓東(계동)	1766~?	誠齋	字 乃淸 本貫 密陽 父 願德 祖父 聖昌
朴繼得(계득)	朝鮮英祖	竹窩	字 必則 本貫 密陽 父 苢 祖父 謹遜
朴桂來(계래)	朝鮮後期	月梧	字 形白 本貫 密陽 父 準億
朴桂鳳(계봉)	1596~1651	務隱	學者 字 明卿 本貫 密城 父 仲 外祖 鄭延慶 追贈 刑曹參議 著書 務隱朴公遺稿
朴繼善(계선) →朴繼姜			

人名	年代	號	其他
朴繼成(계성)	朝鮮宣祖	草谷	字 而述 本貫 竹山
朴桂晟(계성)		可軒	著書 文集
朴季孫(계손)	1426~?	自波堂	本貫 密陽
朴季孫(계손)		逋臣	字 子賢 本貫 寧海
朴繼叔(계숙)	1569~1646	伴鰲軒	字 丕胤
朴啓榮(계영)	1597~1654	竹村	字 仁甫 本貫 密陽 父 震元
朴啓五(계오)		三梅堂	
朴啓佑(계우)	1689~1774	義隱	學者 字 康彦 本貫 月城 父 昌祚 外祖 崔準漢 著書 義隱遺集
朴啓章(계장)	1580~1643	倉里	文臣 字 而發 本貫 竹山 父 弘亮 密陽府使
朴啓夏(계하)	→南啓夏		
朴啓賢(계현)	1524~1580	灌園 近思齋	文臣 字 君沃 本貫 密陽 父 忠元 知中樞府事 謚號 文莊 編書 密山世稿
朴啓後(계후)		友齋	本貫 密陽
朴啓勳(계훈)		述齋	本貫 密陽 祖父 愼行
朴啓熙(계희)		癡軒	本貫 月城
朴翶(고)	朝鮮	晦軒	文臣 本貫 竹山 左議政
朴坤(곤)		魚變堂	著書 文集
朴坤復(곤복)		古庵	著書 文集
朴坤元(곤원)	朝鮮	玉溪	字 至哉 至荷 本貫 咸陽
朴狂(공)	→朴狂衢		
朴狂衢(공구)	1587~1658	畸翁	文臣, 學者 字 子龍 本貫 順天 父 始行 著書 畸翁集
朴公達(공달)	1470~?	四休 江湖 江湖散人	文臣 字 大觀 本貫 江陵 父 始行 兵曹正郎 著書 四休堂遺稿〈三可集〉
朴公遂(공수)	朝鮮	道遂	文臣 字 士擧 本貫 江陵 甲山府使
朴公遂(공수)	→朴公達		
朴公鎭(공진)	1806~1877	二安亭	文臣 字 周仲 本貫 密陽 父 基八 外祖 鄭一采 典籍 著書 二安亭遺稿
朴恭河(공하)	朝鮮後期	竹軒	字 華伯 本貫 密陽 父 運憲
朴公鉉(공현)		晩休	著書 晩休先生文集
朴公和(공화)	1846~1892	橋仙	字 致三 本貫 密陽 父 永周 祖父 舜鎭
朴寬(관)	朝鮮明宗	孤巖	學者 字 剛仲 本貫 密陽 父 舜齡 追贈 承旨
朴觀德(관덕)		西園	著書 西園遺稿
朴寬範(관범)	1813~?	蘭坡	字 熙魯 本貫 密陽 父 東儒
朴寬洙(관수)	1897~1980	琴溪	教育者 本貫 密陽

人名	年代	號	其他
朴寬義(관의)		栗亭	字 義之 本貫 廣州
朴光德(광덕)	朝鮮哲宗	鹿洞	本貫 咸陽
朴光斗(광두)	→金光斗		
朴光廉(광렴)	高麗	淸虛堂	文臣 字 志守 本貫 寧海 門下侍中平章事 諡號 文忠
朴光門(광문)	?~1550	蓮堂	文臣 本貫 陰城 父 鵬 景陽道察訪
朴光輔(광보)	1761~1839	錦西齋 錦西軒	字 國柱 本貫 尙州 父 璘 著書 錦西軒先生文集
朴光輔(광보)		無名窩	本貫 咸陽 著書 無名窩集
朴光生(광생)	1569~?	笑皋	學者 著書 笑皋遺稿
朴光錫(광석)	1764~1845	老圃	文臣 字 仲翼 本貫 順天 父 聖洙 外祖 洪必龜 同知 義禁府經筵特進官 著書 老圃文集
朴光先(광선)	朝鮮仁祖	梧谷	文臣 字 達哉 本貫 珍原 參奉
朴光善(광선)		沙灘	本貫 順天 父 尙玄
朴光先(광선)	→朴光生		
朴光秀(광수)	朝鮮	農圃	文臣 字 致三 本貫 三陟 直提學
朴光秀(광수)		泰仁	著書 文集
朴光淳(광순)	1772~1827	笑翁	學者 字 聖輝 本貫 咸陽 父 鎭殷 外祖 俞進基 著書 笑翁遺稿
朴光臣(광신)	1792~1851	松隱	字 貴賢 本貫 密陽 父 義蕃 祖父 貞宗
朴光玉(광옥)	1526~1593	懷齋	文臣 字 景瑗 本貫 陰城 父 鯤 李珥 門人 羅州牧使 著書 懷齋集
朴光玉(광옥)	1655~1714	七峰	字 君成 本貫 密陽 父 命天 祖父 自聖 生員
朴光佑(광우)	1495~1545	華齋 潛昭 潛昭堂	文臣 字 國耳 本貫 尙州 父 璘 外祖 張有誠 追贈 吏曹判書 諡號 貞節 著書 華齋先生文集
朴光祐(광우)	→朴光佑		
朴光云(광운)	→朴光元		
朴光元(광원)	1659~1741	白野堂	文臣 字 士善 本貫 順天 父 尙玄 著書 白野堂文集
朴光源(광원)	朝鮮後期	愚山	字 泰日 本貫 密陽 父 漢權 祖父 致聲 中樞院議官
朴光遠(광원)		鶴山	著書 鶴山先生文集
朴光遠(광원)	→朴光元		
朴光一(광일)	1655~1723	遜齋	學者 字 士元 本貫 順天 父 尙玄 外祖 高傳敏 宋時烈 門人 侍講院諮議 諡號 文肅 著書 遜齋集
朴光前(광전)	1526~1597	竹川	文臣 字 顯哉 本貫 珍原 父 而誼 李滉 門人 追贈 吏曹判書 諡號 文康 著書 竹川文集
朴光祖(광조)	1554~1592	砥峰	字 時英 本貫 密陽 父 蕃 祖父 緯綸 主簿
朴光疇(광주)	朝鮮後期	醉睡堂	字 君祐 本貫 密陽 父 鳳陽
朴光俊(광준)	→朴光後(安村)		

人名	年代	號	其他
朴光珍(광진)	1590~1662	靜菴	字 明進 本貫 密陽 父 自齡
朴光春(광춘)		錦巖	本貫 咸陽
朴光亨(광형)	1544~1635	忍齋	本貫 密陽 父 鸞
朴光煥(광환)	朝鮮後期	石隱	字 春敬 本貫 密陽 父 宗八 成均生員
朴光煥(광환)	朝鮮後期	雲庵	字 聖元 本貫 密陽 父 漢祥
朴光晦(광회)	朝鮮後期	寬窩	字 聖根 本貫 密陽 父 漢東 祖父 致和 縣監
朴光後(광후)	1637~1678	安村	學者 字 士述 本貫 平壤 父 天用 外祖 南以寧 著書 安村集
朴光後(광후)		柏堂	本貫 順天
朴嶠(교)	朝鮮	安齋	本貫 竹山
朴球(구)	1400~1478	遯翁	字 景玉 本貫 寧海 父 英弼 著書 文集
朴龜年(구년)		三疏齋	字 子長 本貫 順天
朴龜範(구범)	1806~1853	翠軒	字 仁汝 本貫 密陽 父 東儒
朴九範(구범)	1890~?	遯窩	字 聖剛 本貫 密陽 父 東晦
朴龜瑞(구서)	→朴瑞龜		
朴龜壽(구수)		石谷	字 稱箕
朴龜元(구원)		菜芝堂	著書 文集
朴權(권)	1455~1506	孤狂	文臣 字 而經 本貫 咸陽 父 成乾 祖父 彥 正言
朴權(권)	1658~1715	歸菴	文臣 字 衡聖 本貫 密陽 父 時璟 祖父 時暻 外祖 金寅亮 兵曹判書
朴貴德(귀덕)		直堂	本貫 文義
朴貴孫(귀손)		信齋	本貫 咸陽
朴奎東(규동)	朝鮮	觀海 觀海堂	文臣 字 聚五 本貫 忠州 僉樞
朴奎文(규문)	朝鮮後期	窮窩	字 文瑞 本貫 密陽 父 渲 獻納
朴奎文(규문)	1828~1890	悔窩	學者 字 允明 本貫 竹山 父 永祜
朴圭福(규복)	?~1937	畜庵	著書 畜庵遺稿
朴奎彬(규빈)	朝鮮	0谷	本貫 牙山 父 宗文
朴圭三(규삼)	1871~1912	三乎堂	著書 文集
朴奎瑞(규서)	1795~1872	翠竹	文臣, 學者 字 慶餘 本貫 竹山 父 震祜 外祖 盧廷樞 承旨 著書 翠竹集
朴奎瑞(규서)		愚齋	著書 愚齋遺稿〈五世律詩〉
朴奎錫(규석)	朝鮮	晦南	隱士 字 聖堯 本貫 順天
朴奎世(규세)	1647~1700	玄菴	字 士章 本貫 蔚山 父 縞
朴圭孫(규손)	1426~?	濯纓 濯纓齋	本貫 寧海 父 浪
朴奎壽(규수)	1712~1782	觀湖	文臣 字 瑞一 本貫 竹山 父 世鵬 工曹判書 諡號 文憲

人名	年代	號	其他
朴珪壽(규수)	1807~1876	瓛齋 桓齋	文臣 字 瓛卿, 桓卿 本貫 潘南 父 宗采 祖父 趾源 外祖 柳詠 判中樞府事 諡號 文翼 著書 瓛齋集
朴奎淳(규순)	1680~1746	肥園 茅亭	文臣 字 大圭 本貫 密陽 父 經明 外祖 柳應麟 寧越府使 著書 肥園遺稿
朴奎陽(규양)	1840~1903	錦南	字 應魯 本貫 潘南 父 齊望 外祖 權錫元 著書 錦南文集
朴圭午(규오)		止齋	著書 止齋集
朴奎雲(규운)	朝鮮純祖	鮑翁	學者 本貫 密陽
朴圭元(규원)	1882~?	錦軒	字 應八 本貫 密陽 父 普永 祖父 普永 崔益鉉 門人
朴奎琠(규전)	1791~1881	松園	字 聚五 本貫 竹山 父 震祜
朴奎精(규정)	1493~1580	三島睡翁 三島壽翁	孝子 字 養仲 本貫 咸陽 祖父 成乾
朴奎鼎(규정)		雙西子	本貫 江陵
朴奎直(규직)	1818~1898	竹坡	學者 字 敬集 本貫 竹山 父 章祜
朴奎鎭(규진)	1832~?	駱雲	字 鳳九 本貫 密陽 父 基㴑
朴煃鎭(규진)	1855~?	蒼皐	字 元汝 本貫 密陽 父 時翰 著書 文集
朴圭鎭(규진)	韓末	悔谷	本貫 咸陽
朴奎鎭(규진)		斗墅	著書 文集
朴奎徵(규징)	朝鮮孝宗	四友亭	字 休哉 本貫 密陽
朴奎徵(규징)	1879~1953	重明	獨立運動家
朴奎燦(규찬)		愚潭	著書 愚潭先生文集
朴奎顯(규현)	1843~1917	遠齋	著書 遠齋集
朴奎昊(규호)	1800~1876	弦窩	著書 弦窩文集
朴圭浩(규호)	?~1930	沙村	字 瓚汝 著書 沙村先生文集
朴珪和(규화)	韓末	菊史	字 致洪 本貫 密陽 父 永勛
朴奎和(규화)		駱村 匯園	著書 駱村先生文集
朴圭煥(규환)	1840~1923	夷南	著書 夷南文集
朴均聲(균성)		松隱	本貫 密陽
朴均洙(균수)		琴井	本貫 密陽 父 成容
朴均柱(균주)		錦隱	本貫 密陽
朴根(근)	1434~1488	槐庵	本貫 密陽 父 大孫 祖父 切問 判決事
朴謹(근) →朴大夏의 初名			
朴根培(근배)		澹亭	本貫 密陽 父 雲奎
朴根孫(근손)	1494~1545	敬謹堂	字 培之 本貫 密陽 父 思愼 祖父 訥生
朴謹遜(근손)	1611~?	松齋	字 春長 本貫 密陽 父 雲達 祖父 彬 奉常寺主簿
朴根洙(근수)	韓末	石堂	本貫 咸陽

人名	年代	號	其他
朴根植(근식)	朝鮮	雲峰	文臣 字 子貞 本貫 靈巖 副護軍
朴瑾郁(근우)		恩竹堂 恩竹	著書 恩竹堂集
朴謹元(근원)	1525~1585	望日齋	文臣 字 一初 本貫 密陽 父 蘋 大司憲 著書 文集
朴根遠(근원)	朝鮮	石樵	文臣 字 心一 本貫 寧海 敦寧府都正
朴謹元(근원)		駱峯	著書 駱峯公逸稿
朴根悌(근제)	朝鮮宣祖	玉峴	義士 字 立甫 本貫 珍原 父 光前 參奉
朴謹之(근지)	朝鮮	遯齋	文臣 本貫 珍原 忠順衛大護軍
朴根孝(근효)	朝鮮宣祖	器圃 晚圃	義士 字 立之 本貫 珍原 父 光前 追贈 執義
朴嶔(금)	1583~?	牛峯 秋峰	文臣 字 景望 本貫 忠州 父 大述 正郎
朴肯和(긍화)	1890~?	又堂	字 士榮 本貫 密陽 父 永八 系 永周 祖父 戩鎭
朴機(기)		梧竹軒	本貫 密陽
朴基謙(기겸)	韓末	三德齋	文臣 字 文秀 本貫 咸陽
朴基謙(기겸)		聾齋	本貫 咸陽
朴耆年(기년)	?~1456	東齋	文臣 字 松叟 本貫 順天 父 仲林 外祖 金益生 修撰
朴箕寧(기녕)	1779~1857	荷叟	學者 字 穉承 本貫 咸安 著書 荷叟文集
朴基德(기덕)		柳谷	字 耳新 本貫 咸陽
朴基敦(기돈)	1873~1948	晦山	
朴起東(기동)	朝鮮	雲濱	
朴起來(기래)	朝鮮後期	河淸	字 起胥 本貫 密陽 父 永枝
朴基龍(기룡)	朝鮮	鶴南	字 德中 本貫 咸陽
朴淇龍(기룡)	1873~1944	屏巢	字 見中 本貫 務安 父 士震 著書 屏巢先生文集
朴起文(기문)	朝鮮後期	墨浦散人	字 汝興 本貫 密陽 父 濂
朴淇玟(기민)		三梅	本貫 務安
朴淇昉(기방)		下泉齋	本貫 務安 父 義震
朴己百(기백)		明庵	字 勉之 本貫 咸陽
朴基復(기복)		退憂亭	著書 文集
朴岐鳳(기봉)	1643~1712	海隱	學者 字 周瑞 本貫 務安 父 徵 外祖 權璟 著書 海隱遺稿
朴基鳳(기봉)		龍崗	字 瑞卿 本貫 務安
朴箕鳳(기봉)		果軒	本貫 密陽 父 萬吉
朴騏錫(기석)	朝鮮	松川	文臣 字 昌五 本貫 泰安 信川郡守
朴耆壽(기수)	朝鮮光海君	樂水堂	字 廷老 本貫 竹山
朴綺壽(기수)	1774~1845	完谷 履坦齋	文臣 字 眉皓 本貫 潘南 父 宗臣 知經筵事 諡號 孝文
朴基守(기수)		松齋	字 周汝 本貫 密陽
朴期壽(기수)		秋月齋	本貫 尙州

人名	年代	號	其他
朴基順(기순)	朝鮮	小石	文臣 字 景瑞 本貫 忠州 郡守
朴箕陽(기양)	1856~1932	石雲 石室 雙梧 居士	文人, 書畫家 字 範五 本貫 潘南 父 齊億 系 齊萬 奎章閣提學 著書 石雲日記
朴基彦(기언)	1804~?	芝圃	字 華彦 本貫 密陽 父 郁煥
朴基淵(기연)	朝鮮	癡齋	委巷人 字 愚如 本貫 密陽
朴基說(기열)	朝鮮	菊隱	委巷人 字 而習 本貫 密陽
朴璣烈(기열)		海陰	著書 海陰先生文集
朴基瑛(기영)	朝鮮後期	晚隱	字 元之 本貫 密陽 父 在權 祖父 履吾
朴覬永(기영)	1883~?	眞齋	字 君三 本貫 密陽 父 鎮華 祖父 道曾 田愚 門人
朴基永(기영)		南坡	字 泗彬 本貫 密陽 著書 南坡集
朴基玉(기옥)		錦菴	字 文玉 本貫 咸陽
朴驥鎔(기용)	1868~1927	素無軒	學者 字 德裕 本貫 密陽 父 時泰 外祖 嚴德健 著書 素無軒集
朴淇禹(기우)	1881~1959	春齋	字 子中 本貫 務安 父 在好 著書 文集
朴基仁(기인)		止信齋	本貫 密陽
朴基寅(기인)		聲啞	本貫 密陽
朴基朝(기조)	1686~?	川隱	字 潤新 本貫 密陽 父 文煥
朴基祚(기조)	朝鮮	霞堂	委巷人 字 錫甫 本貫 密陽 父 允黙
朴起祖(기조)		水南	字 起之 本貫 咸陽
朴淇鍾(기종)	1824~1898	竹圃	文臣 字 公振 本貫 務安 父 赫修 外祖 宋達載 吏曹 正郎 著書 竹圃集
朴基柱(기주)	1814~1870	石菴	字 君若 本貫 密陽 父 尚坤 祖父 文一
朴箕疇(기주)	韓末	春圃	字 士行 本貫 密陽 父 在揆
朴基駿(기준)	朝鮮末期	雲樵	畫家 字 驥叔 本貫 密陽 郡守 著書 雲樵遺稿
朴基駿(기준)		雲山	著書 雲山類稿
朴基中(기중)	1705~?	寒梅	字 精一 本貫 密陽 父 龍煥
朴起震(기진)		念守齋	本貫 密陽 父 重基
朴淇靑(기청)	1882~?	竹坡	父 在永 著書 竹坡遺稿
朴基恒(기항)	1806~1875	蓮隱	字 重洽 本貫 密陽 父 仁祚 祖父 憲
朴淇獻(기헌)		松圃	本貫 務安 父 赫修
朴冀鉉(기현)		剛齋	著書 剛齋遺稿
朴基鎬(기호)	1788~1846	養愚	文臣 字 叔京 本貫 密陽 父 文煥 顯隆園令
朴基鎬(기호)	朝鮮憲宗	農隱 冠山翁	字 文五 本貫 密陽 父 喜泰
朴紀洪(기홍)	1828~1905	愚峯	學者 字 國瑞 本貫 密陽 父 載熙 外祖 慎能晋 著書 愚峯逸稿

人名	年代	號	其他
朴起和(기화)	?~1597	柏軒	
朴技華(기화)	→朴枝華		
朴奇煥(기환)	朝鮮後期	文巖	字 周入 本貫 密陽 父 恒敦 祖父 必龍
朴箕勳(기훈)	韓末	雲谷	字 日化 本貫 密陽 父 受烈 參奉
朴吉(길)	1535~1615	遯庵	字 春光 本貫 密陽 父 瑞英 祖父 桓 通德郞
朴吉龍(길룡)	1898~1943	一松	建築家
朴吉應(길응)	1598~?	眞靜 眞靜齋	文臣 字 德一 本貫 密陽 父 信 參判 編書 學顏錄
朴吉中(길중)		浩亭	本貫 咸陽
朴吉和(길화)	1871~1951	松隱	字 文叔 本貫 密陽 著書 松隱遺稿
朴洛圭(낙규)	朝鮮後期	菊坡	字 慶穆 本貫 密陽 父 炳麟
朴鸞(난)	1459~1557	聾巖	字 雲卿 本貫 密陽 父 孟文
朴蘭(난)	1495~?	梧亭	文臣 字 叔美, 叔馨 本貫 咸陽 父 光榮 著書 梧亭遺稿 封號 密平君
朴蘭(난)		秋谷	本貫 文義
朴蘭(난)		釣巖	字 泰叔 本貫 咸陽
朴蘭載(난재)		蘭東	本貫 密城
朴藍(남)	朝鮮光海君	北厓	文臣 字 而蘊 本貫 咸陽 祖父 薈
朴玨南(남)		松竹堂	本貫 密陽
朴楠(남)		朱溪齋	本貫 密陽
朴南瑾(남근)		簪聲	本貫 月城
朴南壽(남수)	1758~1787	修隅 寄寄所 氷月觀 惺惺翁 靜存窩	字 山如 本貫 潘南 父 相冕 著書 修隅集
朴南鎭(남진)		後伯堂	本貫 密陽
朴南澈(남철)	1580~?	石堂	字 子山 本貫 務安
朴南鉉(남현)	朝鮮	陽亭	文臣 本貫 竹山 秘書監丞
朴南顯(남현)	1899~?	星儂	字 文極 本貫 密陽 父 榮燦 著書 文集
朴來謙(내겸)	1780~1842	晚悟 塔西	文臣 字 公益 本貫 密陽 父 善浩 外祖 曹霋 禮曹參判
朴來慶(내경)	朝鮮	知足堂	文臣 字 叔章 本貫 固城 縣監
朴來吉(내길)	→朴來吾		
朴來萬(내만)	1804~?	文峯	字 穉永 本貫 密陽 父 氣浩
朴來賓(내빈)		三槐堂	本貫 順天
朴來吾(내오)	1713~1785	尼溪	字 復初 本貫 密陽 父 經一 祖父 忠彦 著書 文集
朴乃容(내용)	朝鮮	松坡	文臣 字 元孫 本貫 泰仁 中樞府事
朴來遠(내원)	1849~1912	恒齋	學者 字 聖朋 本貫 寧海 父 愚祿 外祖 黃錫璋 通政大夫 著書 恒齋集

人名	年代	號	其他
朴來儀(내의)	1849~?	竹圃	字 華秀 本貫 密陽 父 準赫 祖父 夏鎭 副司果
朴乃章(내장)	1600~1658	道隱	字 斐成 本貫 密陽 父 䪷
朴乃貞(내정)	1664~1735	月川	字 直卿 本貫 咸陽
朴來朝(내조)	朝鮮哲宗	陸史	學者 字 星老 本貫 密陽
朴來冑(내주)	1637~1707	寒泉	字 雲卿 本貫 密陽 父 承休 通德郎
朴來俊(내준)		雲菴	著書 文集
朴來曾(내증)	朝鮮中期	忍齋	字 伯孫 本貫 密陽 父 之灝 系 之謙 祖父 鴻啓
朴來弘(내홍)	1894~1928	玄波	天道敎人
朴來厚(내후)	韓末	東圃	
朴寧(녕)	高麗	法村	節臣 字 于文 本貫 文義 父 行 祖父 宜中 工曹典書
朴簹(노)	1584~1643	大瓢 大瓠	文臣 字 魯直 本貫 密陽 父 彛敍 兵曹參判
朴璐(노)	朝鮮仁祖	過川	隱士 字 粹甫 本貫 務安 父 善長 著書 文集
朴輅(노)	朝鮮	齊湖	文臣 字 景行 本貫 忠州 都事
朴魯冕(노면)	1860~1913	上古軒	學者 字 純汝 本貫 順天 父 繪東 著書 上古軒遺稿
朴魯善(노선)		九山	著書 文集
朴魯述(노술)	1851~1917	石陰	學者 字 公善 本貫 順天 父 陽東 著書 石陰遺稿
朴魯準(노준)		皇梅堂	
朴魯重(노중)	1834~1945	蒼菴	著書 蒼菴集
朴魯珍(노진)		瑞應堂	著書 瑞應堂詩集
朴魯泰(노태)	1867~1928	雄齋	字 聖瞻 本貫 密陽 父 衡來 祖父 準彩
朴魯賢(노현)	1872~?	華谷	字 汝天 本貫 密陽 父 漢來 祖父 準甘 參奉
朴魯賢(노현)	→朴曾賢		
朴魯勳(노훈)		桂山	著書 文集
朴祿慶(녹경)	朝鮮孝宗	竹軒	本貫 密陽 父 成健 祖父 雲遜
朴訥(눌)		杏亭	字 如愚 本貫 咸陽
朴訥生(눌생)	1374~1449	雲叟	文臣 字 㮹之, 悼之 本貫 密陽 父 忱
朴達(달)	→朴亨達		
朴達圭(달규)		翠松	本貫 密陽
朴達洙(달수)	1835~1890	東溪	字 允明 本貫 密陽 一名 昇洙 父 基柱 祖父 尙坤
朴達欽(달흠)	朝鮮	可隱	本貫 密陽 父 尙佑
朴曇(담)	新羅	麻靈干	字 汝良 本貫 寧海 父 義珏
朴譚(담)	1561~1609	龍淵	本貫 密陽 父 光新
朴潭(담)	1665~1694	迂溪	學者 字 靜而 本貫 務安 父 文約 外祖 申弘望 著書 迂溪文集
朴大謙(대겸)	→朴大夏의 初名		

人名	年代	號	其他
朴大器(대기)		綠野堂	字 仲用 本貫 咸陽
朴大德(대덕)	1563~1654	合江	義兵 字 士華 本貫 密陽 父 自蓁 外祖 金璘 曺好益 門人 追贈 大司憲 著書 軍中日記
朴大龍(대룡)	1551~1592	龜河	壬辰殉節 字 雲擧 本貫 密陽 父 夢玩 祖父 蕃
朴大立(대립)	1512~1584	無違堂 無患 無患堂	文臣 字 守伯 本貫 咸陽 父 世榮 左贊成
朴大秉(대병)		灘下	著書 文集
朴大鵬(대붕)	朝鮮宣祖	南浦堂	本貫 尚州 祖父 曾孫
朴大成(대성)	朝鮮	安國巖	隱士 字 希文 本貫 密陽 父 彦桂
朴大壽(대수)	朝鮮	松溪	文臣 字 仁叟 本貫 忠州 萬戶
朴大淳(대순)		鶴皋處士	字 聖集 本貫 咸陽
朴大淳(대순)		偉堂	著書 文集
朴大陽(대양)	朝鮮	東岡	李緈 門人
朴戴陽(대양)	→朴載陽		
朴大㵶(대업)	1810~1895	枕江亭	學者 字 成彦 本貫 密陽 父 日周 外祖 金廣孫 追贈 同知中樞府事 著書 枕江亭文稿
朴大郁(대욱)	1893~1968	東泉	獨立運動家
朴大有(대유)		於義堂	著書 文集
朴大頤(대이)		東湖	著書 東湖附集〈灌圃先生文集〉
朴大益(대익)	1593~?	東湖	字 伯兼 本貫 慶州 父 弘美 著書 文集
朴大夏(대하)	1577~1623	松谷	文臣 字 茂業 本貫 潘南 父 璟 羅州牧使
朴大赫(대혁)	韓末	松石	父 台胤 內部主事
朴大鉉(대현)	1867~1916	敬性堂	文臣 本貫 竹山 參奉
朴大洞(대형)		雲谷	本貫 慶州 祖父 希齡
朴悳均(덕균)		東雲	著書 東雲先生文集
朴德孫(덕손)		浣川堂	著書 文集
朴德聰(덕총)	朝鮮	三五堂	本貫 密陽 著書 三五堂集
朴德馨(덕형)	朝鮮	守愚堂	本貫 密陽 父 承淑 訓導
朴德煥(덕환)	1707~1755	白石	字 德重 本貫 密陽 父 宗光 祖父 起源
朴渡(도)		遯叟	本貫 寧海 父 昌齡
朴道光(도광)	→朴道元		
朴度德(도덕)	1008~?	晩翠軒 順翠	文臣 字 叟謙 本貫 寧海 門下侍中 諡號 文孝
朴道翔(도상)	朝鮮正祖	西園	文臣 本貫 密陽 父 徵 參議
朴道燮(도섭)		百源齋	字 泰仁
朴道郁(도욱)	朝鮮後期	斐然	字 萬頃

人名	年代	號	其他
朴道郁(도욱)	1863~?	癡菴	文臣 字 斐然 本貫 務安 父 星瑞 知縣
朴道元(도원)	朝鮮仁祖	農隱	學者 本貫 慶州 著書 農隱先生文集〈篁嵒先生文集〉
朴道源(도원)	1714~1776	獨旅	文臣 本貫 潘南 父 師㧾 大司憲
朴道曾(도증)	朝鮮中期	石窩	字 汝有 本貫 密陽 父 之灝 祖父 鴻啓
朴道鎭(도진)	朝鮮	三憂堂	本貫 密陽 父 載源
朴道鎭(도진)	1880~?	隱世	字 相一 本貫 密陽 父 載弘 祖父 震煥
朴道致(도치)	→朴致道		
朴道赫(도혁)	朝鮮	活源齋	委巷人 字 聖儒 本貫 密陽
朴道煥(도환)	朝鮮英祖	晚翠軒	文臣 本貫 務安 父 聖瑞
朴道欽(도흠)	朝鮮	矯敬齋	文人, 書藝家 字 貫之 本貫 密陽
朴道希(도희)	朝鮮後期	桃溪	本貫 密陽 父 澹
朴潡(돈)	1564~?	芝浦	文臣 字 巨源 本貫 密陽 父 云楨 郡守
朴暾(돈)	1577~1654	吾卒子	著書 文集
朴燉(돈)	1863~1943	艮庵	著書 艮庵集
朴敦復(돈복)	1584~1647	滄洲	文臣 字 无悔 本貫 務安 父 應發 外祖 李般輔 掌令 著書 滄洲文集
朴東奎(동규)	1800~1876	弦窩	學者 字 乃吉 本貫 順天 父 基允 外祖 都慶龍 著書 弦窩集
朴東根(동근)	1858~1902	麟溪	字 元詩 本貫 密陽 父 膺洙 祖父 基赫
朴東謙(동겸)	→朴來謙		
朴東紀(동기)	朝鮮	水村	委巷人 字 德老 本貫 密陽
朴東訥(동눌)	1734~1799	悔晚齋	學者 字 敏甫 本貫 竹山 著書 悔晚齋詩稿
朴東道(동도)		存心堂	本貫 尙州
朴東亮(동량)	1569~1635	寄齋 金溪 梧窓 鳳洲	文臣, 書畫家 字 子龍 本貫 潘南 父 應福 封號 錦溪君 追贈 左議政 諡號 忠翼 著書 寄齋史抄
朴東麟(동린)		華齋	著書 華齋先生文集
朴東立(동립)		一直軒	本貫 順天
朴東命(동명)	1575~1636	梅隱堂	忠臣 字 時應 本貫 順天 父 春茂 追贈 工曹判書 諡號 忠景
朴東溟(동명)	1634~?	安德窩	著書 安德窩遺稿
朴東普(동보)	朝鮮肅宗	東華 竹里 靑丘子	畫家 本貫 開城 知中樞府事
朴東傅(동부)		剡溪 雲溪	字 商卿 本貫 密陽 父 珪
朴東三(동삼)	朝鮮哲宗	晚坡	本貫 密陽
朴東錫(동석)	朝鮮	德圓	本貫 密陽 父 受儉
朴東先(동선)	1440~1516	農窩	本貫 密陽

人名	年代	號	其他
朴東善(동선)	1562~1640	西浦 草屋	文臣 字 子粹 本貫 潘南 父 應川 左參贊 謚號 貞憲 著書 西浦記聞
朴東卨(동설)	朝鮮	澹齋	文臣 字 聖才 本貫 密陽
朴東植(동식)	1875~1914	春實	義兵將 本貫 密陽
朴東臣(동신)		松浦	著書 松浦先生文集
朴東興(동여)	→朴宗興		
朴東說(동열)	1564~1622	鳳村 南郭	文臣 字 說之 本貫 潘南 父 應福 羅州牧使 著書 鳳村集
朴東英(동영)		益齋	本貫 慶州
朴東楹(동영)		栗庵	著書 文集
朴東窩(동와)	→朴東卨		
朴東完(동완)	1885~1941	槿谷	己未獨立宣言33人 本貫 密陽 父 馨淳
朴東雨(동우)		敬齋	字 仲文 本貫 珍原
朴東寓(동우)	→朴東卨		
朴東源(동원)		誠齋	本貫 密陽
朴東儒(동유)	1789~1854	敬菴	字 用斌 本貫 密陽 父 遇春 祖父 宗潤 成均進士
朴東益(동익)	朝鮮	梅竹軒	文臣 字 權振 本貫 泰仁 中樞府事
朴東翼(동익)	朝鮮後期	逍遙翁	字 季羽 本貫 密陽 父 亨潤
朴東柱(동주)		謙齋	
朴東鎭(동진)	韓末	光霽軒	字 德新 本貫 密陽 父 基淳 祖父 聖采
朴東鎭(동진)	韓末	智齋	字 問道 本貫 密陽 父 載良 祖父 恭煥
朴東晉(동진)	→朴東普		
朴東贊(동찬)	1885~1955	南塘	著書 文集
朴東樞(동추)	朝鮮後期	松堂	字 弘機 本貫 密陽 父 尙賓 祖父 爾元
朴東弼(동필)	朝鮮後期	海儂	本貫 密陽 父 順基 祖父 就興
朴東奕(동혁)	1829~1889	病窩	學者 字 順中 本貫 密陽 父 泓 外祖 盧光獻 著書 病窩遺稿
朴東賢(동현)	1544~1594	活塘	文臣 字 學起 本貫 潘南 父 應川 外祖 金希呂 李珥, 成渾 門人 輔德
朴東亨(동형)	朝鮮景宗	巒村	字 季夫 本貫 忠州 父 世華
朴東亨(동형)	朝鮮英祖	柏州	本貫 尙州
朴東蘅(동형)	1749~1803	不變堂	學者 字 台彦 本貫 竹山 父 元緝 外祖 蘇以瞻 著書 不變堂遺稿
朴東煥(동환)		梅竹堂	本貫 泰仁 父 鳳休
朴東孝(동효)	1602~1664	藥峯	字 士源 本貫 密陽 父 琡
朴東欽(동흠)	1607~1678	二友亭	字 敬伯 本貫 密陽 父 瑄 著書 文集
朴東熺(동희)	1872~1939	鶴坡	著書 鶴坡文集

人名	年代	號	其他
朴斗明(두명)	1788~1860	雲圃	學者 字 季彰 本貫 龜山 父 來禧 外祖 曺汲 著書 雲圃集
朴斗秉(두병)		潛谷	本貫 密陽 父 承義
朴斗錫(두석)	朝鮮	雲齋	文臣 字 季遠 本貫 龜山 同知中樞府事 著書 雲齋先生文集
朴斗錫(두석)	朝鮮	耕讀	文臣 字 一卿 本貫 忠州 僉樞
朴斗星(두성)	1888~1963	松庵	한글點字創案者 本名 斗鉉 本貫 務安
朴斗植(두식)		荷貞	字 舜九 本貫 竹山
朴斗安(두안)	1695~?	松川	字 景星 本貫 密陽 父 俊傑 祖父 永佑 折衝將軍
朴斗寅(두인)	朝鮮肅宗	澄江	文臣 字 元伯 本貫 竹山 父 尚質 刑曹正郎
朴斗全(두전)	朝鮮	○軒	本貫 密陽 父 宗寬
朴斗鎭(두진)	1839~?	菊隱	字 德明 本貫 密陽 父 基彦 通政
朴得寧(득령)	1808~1886	味山	學者 字 以一 本貫 咸陽 父 漢光 外祖 尹覺孝 著書 味山遺稿
朴得尚(득상)	朝鮮後期	鳳菴	字 尚文 本貫 密陽 父 壽華 祖父 自平 龍驤衛副護軍
朴得一(득일)	仁祖朝鮮	晩悟	本貫 密陽 父 自傑 祖父 承德
朴齡(령)	高麗恭愍王	愛日軒	文臣 字 延壽 本貫 昌原 封號 昌原君 都護府事 諡號 襄靖
朴漉(록)	1542~1632	醉醒 醉睡 醉睡翁	文臣 字 子澄, 澄之 本貫 羅州 父 承任 嘉善大夫
朴崙(륜)	朝鮮後期	安窩	文臣 本貫 潘南 吏曹判書
朴栗(률)	1460~1509	遜溪	文臣 字 寬仲 本貫 密陽 父 德老 掌令
朴磷(린)	朝鮮中期	敬齋	本貫 密陽 父 允清 祖父 斑 禮賓寺參奉
朴曼(만)	1610~1682	守拙齋	學者 字 大卿 本貫 密陽 父 綑 外祖 朴而絢 著書 守拙齋遺稿
朴蔓(만)	1646~1695	竹亭	字 永世 本貫 密陽 父 之茂
朴萬瓊(만경)	1817~1898	壺隱	字 道益 本貫 密陽 父 永秀 外祖 鄭明魯 著書 壺隱遺稿
朴滿圭(만규)	朝鮮後期	斗峰	字 慶玉 本貫 密陽 父 炳植
朴萬根(만근)	朝鮮	霽堂	委巷人 字 子厚 本貫 密陽
朴萬起(만기)	1624~?	漁溪	字 星圓 本貫 密陽 父 維度
朴萬吉(만길)		湛齋	本貫 密陽 父 尹秀
朴萬齡(만령)		自隱	本貫 密陽
朴萬龍(만룡)		龍山	本貫 密陽 祖父 自凝
朴萬伯(만백)	朝鮮後期	梅宇	字 彙均 本貫 密陽 父 就度
朴萬善(만선)	1721~1782	觀淸齋	字 先典 本貫 密陽 父 宜錫 祖父 世茂 掌樂院主簿
朴萬善(만선)		砅菴	著書 文集
朴萬燮(만섭)		稼汀	本貫 密陽 父 尹秀

人名	年代	號	其他
朴晩秀(만수)	1796~1849	錦樵	本貫 咸陽 著書 錦樵遺稿 〈巴溪世稿〉
朴萬升(만승)		荷汀	字 日如 本貫 泰仁
朴萬宇(만우)	朝鮮	野隱	文臣 字 燦之 本貫 泰仁 副護軍
朴萬源(만원)	1700~?	農隱	字 海達 本貫 密陽 父 允錫 祖父 天胄
朴萬裕(만유)	朝鮮	鶴鳴	文臣 字 孝宗 本貫 龜山 通德郎
朴萬鼎(만정)	1648~1717	東溪 雪汀	文臣 字 士重 本貫 密陽 父 廷瑞 外祖 柳德昌 著書 東溪集
朴萬胄(만주)	朝鮮	壽養亭	文臣 本貫 珍原 副護軍
朴萬重(만중)		三吾堂	本貫 高靈 父 相郁
朴萬春(만춘)	?~1598	栢坡 東溪	武臣 字 命和 本貫 密陽 追贈 戶曹參議 著書 栢坡先生文集
朴萬亨(만형)	1667~?	海隱	字 斗杓 本貫 密陽 父 壽龜
朴萬孝(만효)	朝鮮後期	石村	字 孝元 本貫 密陽 父 壽龜
朴萬垕(만후)	朝鮮肅宗	存誠齋	本貫 密陽
朴萬興(만흥)	1678~1742	智堂	著書 文集
朴末孫(말손)	1413~?	黙堂	字 大胤 本貫 密陽 父 喜問 祖父 之溫 吏曹正郎
朴孟智(맹지)	朝鮮端宗	春塘	文臣 字 士貞 本貫 羅州 父 安敬 執義
朴孟徵(맹징)	1659~1732	天澤齋	字 夢得 本貫 密陽 著書 文集
朴免(면)		巖遁	本貫 密陽
朴緜壽(면수)	朝鮮純祖	錦軒	字 季昌 本貫 潘南
朴冕鎭(면진)	1862~1929	文坡	學者 字 聖極 本貫 咸陽 父 周大 外祖 權應夏 著書 文坡集
朴冕鎬(면호)	朝鮮	西湖堂	文臣 字 周卿 本貫 靈巖 敎官
朴蓂(명)	1635~1677	七隱	字 聖瑞 本貫 密陽 父 之慶
朴命耆(명기)		東泉	本貫 尙州
朴明來(명래)	1845~?	龍齋	字 允卿 本貫 密陽 父 準灝 祖父 弼鎭
朴明搏(명박)	→朴明榑		
朴命璧(명벽)	1773~1827	錦湖 習齋	文臣 字 季立, 希立 本貫 寧海 父 師燮 吳熙常 門人 監察
朴明榑(명부)	1511~1639	知足堂 嶺癡	文臣, 學者 字 汝昇 本貫 密陽 父 榮 外祖 柳希畢 禮曹參判 著書 知足堂文集
朴命燮(명섭)	朝鮮後期	晩荷	文臣 父 休益 祖父 景浚 參判
朴命壽(명수)	朝鮮宣祖	白江	壬辰殉節 本貫 咸陽
朴明叔(명숙)	朝鮮	松巖	孝子 本貫 密陽
朴明淳(명순)	朝鮮	雲岡	文臣 字 士顯 本貫 龜山 同知中樞府事
朴明植(명식)	朝鮮後期	聽雷	本貫 密陽 父 重祿 著書 遺稿

347

人名	年代	號	其他
朴明臣(명신)	朝鮮後期	學餘	字 景敏 本貫 密陽 父 恒進 祖父 賢黙
朴明源(명원)	1725~1790	葆晚亭	文臣 字 晦甫 本貫 潘南 父 師正 綏祿大夫 諡號 忠僖
朴明胤(명윤)	1566~1649	槎翁	學者 字 孝淑 本貫 密陽 父 潛 外祖 金璟 著書 槎翁文集
朴命稷(명직)		箭湖	著書 箭湖先生文集
朴鳴震(명진)	朝鮮	思庵	本貫 三陟 祖父 汝樑
朴明鎭(명진)		靜窩	本貫 密陽
朴命天(명천)	高麗	靜山齋	本貫 寧海
朴命天(명천)	1609~1654	樂堂	字 性直 本貫 密陽 父 自聖 祖父 承黃 通德郎
朴鳴漢(명한)	1744~1786	毅窩	文臣 字 鳳元 本貫 陰城 父 亮欽 濟用監奉事
朴鳴和(명화)	1759~?	伊蒿堂	字 伯春 本貫 咸陽 父 挺陽 著書 文集
朴模(모)		蘆河 蘆河居士	著書 文集
朴夢徵(몽징)	1658~1739	述齋	孝子 字 勉哉 本貫 密陽
朴武祚(무조)		無號	字 聖彦
朴汶(문)	1771~?	松隱	字 燦汝景玉 本貫 密陽 父 弘瑞 祖父 惇
朴雯(문)		碧城處士 松軒	本貫 咸陽
朴文健(문건)	1770~1809	靜觀齋 貫一堂	學者 字 而煥 本貫 密陽 父 重燁 外祖 姜渭擎 著書 靜觀齋集
朴文鍵(문건)	朝鮮	茂松齋	學者 字 質夫 本貫 忠州
朴文龜(문구)		晚晦	本貫 密陽 父 震光
朴文國(문국)	1757~1836	松泉 松齋	學者 字 士允 本貫 高靈 父 致相 外祖 李天果 著書 松泉集
朴文逵(문규)	1805~1888	雲巢 雲巢山房 雲巢子 天游 天游子	詩人 文臣 字 霽鴻 本貫 淳昌 父 有馨 行龍驤衛護軍 著書 雲巢山房集
朴文奎(문규)	朝鮮	錦農	文臣 字 慶仲 本貫 忠州 參書官
朴文仮(문급)		處晦堂	著書 處晦堂遺稿〈五世律詩〉
朴文吉(문길)	朝鮮	農軒	本貫 密陽 父 柱喆
朴文達(문달)	→朴文逵		
朴文德(문덕)	朝鮮世祖	龍庵	本貫 文義
朴文道(문도)		養閒堂	本貫 密陽 著書 養閒堂逸稿
朴文良(문량)	414~478	百結	本貫 寧海
朴文龍(문룡)	1523~?	梅月堂	字 明叔 本貫 務安 父 芸
朴文立(문립)	朝鮮宣祖	淨溪	本貫 順天
朴文模(문모)	→朴文鏌		
朴文富(문부)	1563~1605	雲谷 三憂堂	武臣 字 極達 本貫 順天 父 起碩 著書 雲谷集

人名	年代	號	其他
朴文彬(문빈)	高麗	桃隱	文臣 本貫 密陽 父 世均 著書 文集
朴文彬(문빈)	1622~1700	觀山	學者 字 晦甫 本貫 潘南 父 增茂 著書 觀山遺稿
朴文叙(문서)	→朴彝叙의 初名		
朴文星(문성)	朝鮮世祖	瀛湖	本貫 竹山
朴門壽(문수)	1342~?	松庵 朴菴	文臣 本貫 竹山 父 遠 右政丞 著書 松庵實紀
朴文秀(문수)	1691~1756	耆隱	文臣 字 成甫 本貫 高靈 父 恒漢 外祖 李世弼 封號 靈城君 右參贊 諡號 忠憲 編書 度支定例
朴文述(문술)	1609~1677	石隱義士	本貫 竹山
朴文植(문식)	朝鮮後期	春溪	
朴文約(문약)	朝鮮仁祖	存齋	本貫 務安 參奉
朴文彦(문언)		樵隱	本貫 江陵
朴文淹(문엄)	?~1631	星巖	本貫 龜山 父 詮 著書 星巖公遺稿
朴文燁(문엽)	韓末	松溪	字 晦章 本貫 密陽 父 栽敏 祖父 景淵
朴文樧(문영)	1570~1623	龍湖	學者 字 君秀 本貫 羅州 父 荇 外祖 盧祥 著書 龍湖集
朴文英(문영)	→朴文樧		
朴文五(문오)	1835~1899	誠菴	學者, 文臣 字 大化 本貫 密陽 父 道精 李恒老 門人 州學敎官 著書 誠菴文集
朴文晤(문오)		錦南	本貫 務安
朴文源(문원)	朝鮮後期	一齋	本貫 潘南 父 師仁 生員
朴文源(문원)		同樂園	著書 同樂園遺稿〈五世律詩〉
朴文儒(문유)		二樂堂	本貫 順天 父 信孫
朴文孺(문유)	→朴文儒		
朴文一(문일)	1822~1894	雲菴 雲齋 懲菴	學者, 文臣 字 大殊 公烈 本貫 密陽 父 道精 外祖 金泰呂 李恒老 門人 持平 諡號 文憲 著書 雲菴集
朴文珵(문정)	1821~1887	華石	著書 華石詩稿
朴文梯(문제)	1758~1833	好菴	學者 字 士雲 本貫 竹山 父 震源
朴文柱(문주)	1342~?	松菴	著書 文集
朴文胄(문주)	1629~1709	東湖	字 周卿 本貫 密陽 父 承休 祖父 安行
朴文周(문주)	朝鮮	東沙	隱士 字 周卿 本貫 潘南
朴文駿(문준)	1827~1901	翠澗	著書 翠澗集
朴文鎭(문진)	朝鮮後期	秋湖堂	字 萬庚 本貫 密陽 父 載實 祖父 光暐 載寧郡守
朴文鎭(문진)	→朴文鎬		
朴文哲(문철)		華隱	本貫 密陽
朴文杓(문표)		貞義堂	本貫 文義

人名	年代	號	其他
朴文豹(문표)		問月堂	本貫 潘南
朴文弼(문필)		三樂齋	字 翼之 本貫 咸陽
朴文杭(문항)	1756~1809	可菴	字 士餘 本貫 竹山 父 震源
朴文赫(문혁)	朝鮮中期	農隱	字 晦甫 本貫 密陽 父 師夏 祖父 天與
朴文恊(문협)	1732~1799	雪堂	本貫 密陽 父 一元 低部 率昌
朴文鎬(문호)	1846~1918	壺山 楓山	學者 字 景模 本貫 寧海 父 基成
朴文鎬(문호)		楓林	著書 文集
朴文煥(문환)	1746~1831	自自軒	著書 文集
朴文會(문회)	朝鮮純祖	湖巖	書藝家
朴文勳(문훈)	韓末	錦溪	字 命敎 本貫 密陽 父 受璜
朴文興(문흥)		三松堂	本貫 文義
朴楣(미)	1433~1491	存誠齋 存誠	文臣 字 子瞻 本貫 密陽 父 仲孫 大司諫 諡號 戴敏 著書 存誠齋逸稿
朴瀰(미)	1592~1645	汾西 滓翁 荷冠	文人 字 仲淵 本貫 羅州 父 東亮 宣祖 婿 封號 錦陽尉 改封 錦陽君 諡號 文貞 著書 汾西集
朴媚(미) →朴楣			
朴敏(민)	1566~1630	凌虛 凌虛堂	學者 字 行遠 本貫 泰安 鄭逑 門人 追贈 左承旨
朴民慶(민경)	朝鮮英祖	仙洞	學者 本貫 咸陽
朴敏坤(민곤)		雲暗 雲菴處士	本貫 務安
朴敏國(민국)		南窩	著書 文集
朴敏圭(민규)	朝鮮後期	松波	本貫 密陽 父 炳悅
朴敏龍(민룡)		石南 順事齋	著書 石南遺稿
朴敏樹(민수)	?~1557	舞溪	學者, 孝子 字 德載 本貫 慶州 父 慶雲 著書 舞溪文集
朴敏修(민수)	朝鮮中期	梅山	本貫 密陽 父 惺 祖父 思訥
朴敏壽(민수)	朝鮮後期	松茂	字 文兼 本貫 密陽 父 奎賢 祖父 應民
朴敏淳(민순)		九溪	著書 文集
朴敏彦(민언)	1768~?	勉庵	字 敏則 本貫 密陽 父 漢權 祖父 龍赫
朴敏瑩(민영)	朝鮮	玄汀	文臣 字 致權 本貫 泰安 定山郡守
朴敏雄(민웅)	1674~1732	西湖 西湖山人	義士 字 士豪 本貫 順天 祖父 元震 江界府使
朴民俊(민준)	朝鮮明宗	寬齋	文臣 字 夏三 本貫 密城
朴民瞻(민첨)	1724~?	龜谷	字 儀卿 本貫 江陵 父 行健
朴敏學(민학)	1774~1844	松岡	本貫 密陽 父 文謙 祖父 日華
朴民翰(민한)	1778~1837	望賢齋	學者 字 時用 本貫 順天 父 文五 著書 望賢齋文集
朴民楷(민해)		愚峯	著書 文集

人名	年代	號	其他
朴民獻(민헌)	1516~1586	瑟僩齋 瑟僩醫 俗軒 檪軒 正菴	文臣 字 希正, 頤正 初字 頤正 本貫 咸陽 父 瑜 徐敬德 門人 同知中樞府事 著書 瑟僩齋集
朴敏赫(민혁)		西湖	本貫 密陽
朴玟鉉(민현)	1814~?	潗峰	志士 字 乃烈 本貫 竹山 父 奎璜
朴岷鎬(민호)	1884~?	清潭	字 公先 本貫 密陽 父 喜龍 祖父 時欽 著書 文集
朴敏弘(민홍)		節齋	本貫 尚州 父 大鵬
朴玟和(민화)	韓末	農窩	字 潤彦 本貫 密陽 父 永璿 嘉善
朴敏孝(민효)	1672~1747	常棣軒	學者 字 士源 本貫 高靈 父 龍瑞 外祖 洪以泗 參奉 著書 常棣軒遺集
朴敏熙(민희)		梅亭	著書 文集
朴培(배)	朝鮮明宗	栗村	隱士 字 益之 本貫 尚州
朴伯凝(백응)	朝鮮	翠竹軒	文臣 字 混元 本貫 務安 縣監
朴伯溫(백온)	朝鮮純祖	自笑狂夫	
朴蕃(번)	朝鮮中宗	仁德亭	孝子 字 德村 本貫 任實 父 德
朴蕃(번)	1530~1598	敬庵	字 茂叔 本貫 密陽 父 絲綸 祖父 欽 追贈 兵曹佐郎
朴蕃(번)	1534~?	仁德亭	字 聖允 本貫 密陽 父 正爐 祖父 繼性 敎授
朴蕃和(번화)	1636~?	薪村	字 秀彦 本貫 密陽 父 泰南 祖父 茂秀
朴範鎭(범진)	韓末	自隱	字 致守 本貫 密陽 父 載賢
朴炳彊(병강)	1879~?	景山	字 景夏 本貫 密陽 父 東根 祖父 膺洙
朴炳敎(병교)	1846~1915	松坡	字 益華 本貫 密陽 父 瑛舜 祖父 準泰 明陵參奉
朴炳國(병구)		文巖	本貫 務安
朴秉權(병권)	1885~?	竹隱	字 允一 本貫 密陽 父 佐臣 祖父 義蕃
朴炳權(병권)		楓庵	本貫 密陽
朴秉圭(병규)	1860~1902	三庵	字 禹玉 本貫 密陽 父 魯東 祖父 聖來 大司憲
朴炳畿(병기)	朝鮮後期	槐菴	字 聖瞻 本貫 密陽 父 桂來
朴炳斗(병두)	朝鮮後期	尤溪	字 聖極 本貫 密陽 父 桂來
朴炳烈(병렬)	朝鮮後期	湖岩	字 致文 本貫 密陽 父 鼎來
朴炳碌(병록)		孝友堂	本貫 密陽 父 應來
朴炳龍(병룡)	韓末	醉月	字 瑞一 本貫 密陽 父 暢來 通訓大夫
朴炳旭(병욱)	1874~?	竹圃	字 瑞南 本貫 密陽 父 明來 祖父 準灝
朴炳麟(병린)	朝鮮後期	樵隱	字 國瑞 本貫 密陽 父 泰來
朴炳奉(병봉)	1837~1887	松谷	字 允實 本貫 密陽 父 瑛舜 祖父 準泰
朴炳璿(병선)	1867~?	翠軒	字 明七 本貫 密陽 父 來儀 祖父 準赫
朴炳晟(병성)	朝鮮後期	碧潭	字 子智 本貫 密陽 父 容來
朴炳植(병식)	1760~?	杏窩	字 致幹 本貫 密陽 父 碩來

人名	年代	號	其他
朴炳殖(병식)	1863~1926	松庵	字 卿中 本貫 密陽 父 元和 祖父 永龜 通政大夫
朴炳葉(병엽)	1889~?	印潭	字 蓁榮 本貫 密陽 父 裕根 祖父 兢洙
朴炳遠(병원)		鶴林亭	字 景心 本貫 咸陽
朴炳允(병윤)	1849~1889	蘭坡	字 允深 本貫 密陽 父 瑛舜 祖父 準泰
朴炳允(병윤)	1687~1927	月隱	著書 文集
朴炳翼(병익)	1890~1921	波山	獨立運動家
朴晒一(병일)		松菴	著書 松菴實記
朴秉祖(병조)	朝鮮	龜坡	文臣 字 文憲 本貫 龜山 敦寧府都正
朴炳祚(병조)		可菴	本貫 密陽 父 洪來
朴炳柱(병주)		芝亭	著書 文集
朴炳俊(병준)		愼菴	本貫 密陽
朴炳昊(병호)	朝鮮後期	菊坡	字 敬若 本貫 密陽 父 駟來
朴炳和(병화)	1868~?	竹史	字 大兄 本貫 密陽 父 永瓘 教官
朴炳和(병화)	朝鮮	竹舍	孝子 本貫 密陽
朴炳夏(병하)	1847~1910	可軒	文人 字 文赫 本貫 密陽 著書 可軒集
朴秉勳(병훈)	朝鮮	秋潭	本貫 密陽
朴炳訓(병훈)		春松	著書 文集
朴輔淳(보순)		茅隱	字 俊弼 本貫 靈巖
朴復來(복래)	朝鮮	江雲	本貫 密陽 父 永喆
朴芃(봉) →朴芃			
朴鳳求(봉구)	?~1959	杏潭	字 舜韶 著書 杏潭遺稿
朴鳳逵(봉규) →朴摘의 初名			
朴鳳祥(봉상)	朝鮮	槐庵	文臣 字 春加 本貫 龜山 僉正
朴鳳祥(봉상)	朝鮮	陶窩	文臣 字 聖祥 本貫 龜山 司僕寺正
朴鳳祥(봉상)		南窩	本貫 龜山 父 時蕃
朴鳳洙(봉수)	1816~1865	樵隱	字 聖化 本貫 密陽 父 宗煥 祖父 聖中
朴琫秀(봉수)		龍溪	本貫 密陽
朴鳳陽(봉양)	1680~1761	龍平窩	字 鳴仲 本貫 密陽 父 致憲 祖父 守長
朴鳳陽(봉양)		老圃	本貫 潘南
朴鳳柱(봉주)	朝鮮	樵隱	文臣 本貫 忠州 掌隷院卿
朴鳳鎭(봉진)	朝鮮	九山	字 珍烈 本貫 密陽 父 元壴
朴鳳鎭(봉진)	朝鮮後期	痴唔	字 瑞九 本貫 密陽 父 基俊
朴鳳鎭(봉진)	韓末	舊梅堂	字 鳴天 本貫 密陽 父 載熙
朴鳳徵(봉징)	1698~?	南軒	字 瑞見 本貫 密陽 父 世奎 追贈 司憲府執義
朴鳳河(봉하)	1828~1886	文岩	字 允甫 本貫 密陽 父 宗尚 祖父 春旭

人名	年代	號	其他
朴鳳夏(봉하)		東井	本貫 密陽 著書 文集
朴菶赫(봉혁)	1873~1935	守齋	學者 字 華實 本貫 密陽 父 炳豫 外祖 金錫允 著書 守齋遺稿
朴鳳賢(봉현)	→朴鼎鉉		
朴鳳浩(봉호)		大溪 梧淵	著書 大溪先生文集
朴鳳煥(봉환)		松菴	著書 文集
朴鳳會(봉회)		雲庵	本貫 密陽
朴鳳厚(봉후)	朝鮮	東山	委巷人 字 重醇
朴鳳休(봉휴)		竹窩	本貫 泰仁 父 璘
朴奉熙(봉희)		梧岡	本貫 密陽
朴敷(부)	朝鮮	聳菴	本貫 密陽 父 天卿 諡號 文貞
朴敷(부)		寅齋	本貫 咸陽
朴溥源(부원)	1758~?	眉谷	字 公甫 本貫 密陽 父 台錫
朴矜(분)	1573~1655	誠齋	字 汝薰 本貫 密陽 父 陽復
朴玢衢(분구)	1575~1627	遯翁	字 字鵬 本貫 順天 父 而文 著書 文集
朴鵬(붕)		觀鶴庵	本貫 蔚山
朴鵬擧(붕거)	朝鮮明宗	杏壇	文臣 字 天衢 本貫 順天
朴鵬逵(붕규)	→朴瑀의 一名		
朴儵(비)		沙隱	本貫 蔚山
朴贇(빈)	高麗忠烈王	敬愼齋	本貫 務安 父 之彬
朴濱(빈)		眅軒	本貫 寧海 父 術洪
朴贇周(빈주)		懶拙	著書 懶拙先生遺稿〈五世律詩〉
朴師古(사고)	1650~1720	景巖	字 心遠 本貫 密陽 父 之斌
朴思奎(사규)	1826~1899	桑隱	學者 字 友賢 本貫 密陽 父 儀德 外祖 李振白 著書 桑隱集
朴思訥(사눌)	朝鮮初期	松江	本貫 密陽 父 純 祖父 成林 生員
朴師東(사동)	1656~?	靜窩	文臣 字 師百 本貫 密陽 父 緒
朴斯立(사립)	朝鮮	柿川	隱士 字 立之 本貫 密陽
朴斯立(사립)		癡軒	本貫 順天
朴師黙(사묵)	朝鮮後期	奇泉	字 士仰 本貫 密陽 父 東毅 祖父 重潤 修撰
朴士文(사문)	朝鮮仁祖	薇庵	本貫 密陽
朴師文(사문)	1742~?	竹窩	文臣 字 君玉, 伯恒 本貫 昌原 父 命輝 大司憲
朴事三(사삼)	朝鮮	安定	學者 字 如一 本貫 忠州
朴師先(사선)	朝鮮後期	空庵	本貫 潘南 父 弼厚 著書 文集

人名	年代	號	其他
朴師洙(사수)	1686~1739	耐軒 耐齋	文臣, 書畵家 字 魯景 本貫 潘南 父 弼明 外祖 安縝 追贈 左贊成 諡號 文憲 著書 勘亂錄
朴嗣叔(사숙)		杜谷	本貫 密陽
朴思烈(사열)		怡谷	本貫 尚州 父 常春
朴思愚(사우)		淸節堂	本貫 密陽 父 守良
朴師郁(사욱)		晦窩	著書 晦窩謾草
朴師益(사익)	1675~1736	鷺洲	文臣 字 謙之 本貫 潘南 父 弼夏 封號 錦原君 諡號 章翼
朴思仁(사인)	高麗	連溪	本貫 密陽 父 文有 追贈 平章事
朴思正(사정)	朝鮮	韓窩	字 子中 本貫 務安
朴思齊(사제)	1555~?	梅溪	文臣, 義兵將 字 景賢 本貫 竹山 父 優 追贈 吏曹判書
朴嗣宗(사종)	1513~1579	菊堂	文臣 字 公繼 本貫 密陽 著書 菊堂先生文集
朴嗣宗(사종)	朝鮮	把淸 把淸堂	
朴士俊(사준)	韓末	蓮湖	歌客
朴士振(사진)	朝鮮宣祖	二樂亭	義士 字 敬用 本貫 忠州
朴士鎭(사진)	朝鮮	雅谷	字 士玉 本貫 密陽 父 盛林
朴思泰(사태)		松浦	本貫 尚州 祖父 東亨
朴師海(사해)	1711~?	蒼巖	文臣, 書畵家 字 仲涵 本貫 潘南 父 弼琦 大司諫 著書 蒼巖集
朴嗣賢(사현)	朝鮮	退憂堂	本貫 密陽 祖父 薰
朴士亨(사형)	1635~1706	淸狂子	學者 字 瑞翁 本貫 竹山 著書 淸狂集
朴思浩(사호)	朝鮮後期	心田	著書 心田集
朴思浩(사호)		淵翁	
朴師厚(사후)	朝鮮英祖	鷺城過客	
朴士熹(사희)	1508~1588	黙齋	學者 字 德明 本貫 咸陽 父 馨 外祖 鄭揚名 著書 黙齋逸稿
朴山斗(산두)	朝鮮	竹軒	武臣 本貫 三陟 兵馬節度使
朴三吉(삼길)	1442~1509	白扉	文臣 字 東利 本貫 沔川 父 孝順 參判
朴祥(상)	1474~1530	訥齋	文臣 字 昌世 本貫 忠州 父 智興 外祖 徐宗夏 追贈 吏曹判書 諡號 文簡 著書 訥齋集
朴詳(상)	1568~1621	慕窩	本貫 密陽 父 光亨
朴墑(상)	朝鮮	菊所	委巷人 字 殷耕 本貫 密陽
朴尙古(상고)	1654~1718	芝巖	字 思遠 本貫 密陽 父 之斌
朴埈九(상구)		可石	著書 文集
朴尙圭(상규)	朝鮮	松齋	本貫 密陽
朴尙圭(상규)	朝鮮憲宗	止孝齋	字 慶三 本貫 密陽 父 炳日

人名	年代	號	其他
朴相圭(상규)		忍庵	著書 忍庵先生文集
朴象圭(상규) →朴仁圭			
朴尚謹(상근)		閒適堂	本貫 密陽 父 思愚
朴尚綺(상기)		仲皓	本貫 尚州
朴尚暾(상돈)	1790~1860	晚就	學者 字 光甫 本貫 密陽 父 文周 外祖 金進赫 著書 晚就逸稿
朴尚立(상립)	朝鮮	懶齋	委巷人 字 立之 父 擎南
朴相冕(상면)	1730~1757	對華齋 睡春	文臣 本貫 潘南 父 道源 外祖 李貞祥 正言
朴尚文(상문)	朝鮮	看雲堂	委巷人 字 子中 本貫 密陽
朴尚培(상배)	朝鮮	退休	文臣 字 性載 本貫 淳昌 嘉善大夫
朴相柏(상백)		晚翠堂	本貫 密陽
朴尚範(상범)	1855~1913	稼隱	文臣,學者 字 繼亨 本貫 春川 父 鎭壽 著書 稼隱集
朴尚彬(상빈)	朝鮮後期	滄洲	本貫 竹山 父 豪
朴尚彬(상빈)	1658~1743	艮隱	字 仲章 本貫 密陽 父 世雄 祖父 承謙
朴尚錫(상석)		華溪	著書 文集
朴商淳(상순)	1795~1852	愚谷	文臣 字 致一 本貫 竹山 父 敏時 獻陵參奉
朴尚信(상신)	1642~1686	睡村	著書 文集
朴相嶽(상악) →朴宗嶽의 初名			
朴尚淵(상연)	韓末	金谷	學者 著書 金谷集
朴相溫(상온) →朴宗謙의 初名			
朴常愚(상우)	朝鮮	無聲子	委巷人 字 春長 著書 無聲子遺稿
朴尚箟(상원)		柏友堂	本貫 泰仁
朴尚曾(상증)	朝鮮後期	灘叟	字 唯一 本貫 密陽 父 聖集 祖父 新垕
朴尚一(상일)		土窩	字 子咸
朴尚直(상직)	朝鮮	黙齋	委巷人 字 子正 父 擎南
朴尚眞(상진)		潛嶽	本貫 順天 祖父 世挺
朴相震(상진)		抱蒼軒	本貫 高靈 父 珣
朴尚鎭(상진)	1884~1921	固軒	獨立運動家 本貫 密陽 父 時奎
朴相喆(상철)	朝鮮	龍潭	文臣 字 明仲 本貫 義興 戶曹佐郎
朴尚春(상춘)		竹溪	本貫 尚州
朴尚衷(상충)	1332~1375	潘南 釣隱 草屋子	文臣 字 誠夫 本貫 潘南 父 秀 右尹 諡號 文貞 著書 潘南先生文集
朴相台(상태)	朝鮮	凝川	
朴相台(상태)	1838~1900	鶴山	學者 字 光遠 本貫 密陽 父 致光 外祖 鄭思權 著書 鶴山文集
朴尚玄(상현)	1629~1693	寓軒	學者 字 景初 本貫 順天 父 遂林 外祖 李傳敏 追贈 掌令 著書 寓軒集

人名	年代	號	其他
朴象鉉(상현)	朝鮮後期	壺隱	字 儀父 本貫 天安
朴尚浩(상호)		邅谷	本貫 密陽
朴商欽(상흠)	朝鮮	聲窩	文臣 字 汝寬 本貫 忠州 都正
朴相熙(상희)	→林相熙		
朴犀(서)	高麗	竹溪	文臣 字 洋宗 本貫 陰城 封號 陰城伯 平章事 諡號 忠靖
朴犀(서)	高麗	竹溪	文臣 本貫 固城 封號 鐵城伯 門下平章事
朴遾(서)	1602~1653	後溪 玄溪	文臣 字 尚之 本貫 密陽 父 孝男 兵曹判書
朴瑞(서)	1707~1765	朱川	學者 字 聖應 本貫 密陽 參奉 著書 大學句文通解
朴瑞龜(서구)	1606~?	嶽堅	著書 嶽堅詩集
朴瑞東(서동)	朝鮮後期	勉菴	學者 著書 勉菴遺稿
朴瑞生(서생)	朝鮮太宗	栗亭	文臣 字 汝祥 本貫 比安 父 漸 判安東大都護府事 編書 冶隱言行錄
朴瑞琰(서염)	朝鮮	雲庵	文臣 字 京丈 本貫 固城 尚州牧使
朴瑞震(서진)		晩醒	本貫 務安
朴瑞炫(서현)		芝翁	本貫 珍原 著書 芝翁逸稿〈珍原朴氏世稿〉
朴碩南(석남)	朝鮮肅宗	樂樂齋	本貫 密陽 父 得一 祖父 自傑
朴錫命(석명)	1370~1406	頤軒	文臣 本貫 順天 父 可典 封號 平陽君 知議政府事 諡號 文肅
朴碩輔(석보)		龜山	著書 文集
朴石瑢(석용)	→成石瑢		
朴錫元(석원)		節堂	著書 節堂遺稿
朴石宗(석종)	朝鮮	松巖	本貫 密陽 父 明福
朴碩佐(석좌)	→孫碩佐		
朴錫洪(석홍)	1896~1985	玄昊	獨立運動家
朴錫璜(석황)		柏川	本貫 務安 父 承載
朴瑄(선)	1571~1674	槐亭	字 子復 本貫 密陽 父 慶因 著書 槐亭逸稿〈十四義士錄〉
朴璿(선)	1569~1669	陶窩	文臣, 學者 字 季獻 本貫 務安 父 毅長 外祖 李之英 童蒙敎官 著書 陶窩集
朴遾(선)	1579~1636	梧巖	字 馨叔 本貫 密陽 父 孝梯 祖父 貞秀 府使
朴銑(선)	1639~1696	止觀齋	文臣 字 晦叔 本貫 高靈 父 長遠 洗馬 著書 止觀齋遺稿
朴璿(선)	1668~1707	陶窩	文臣 字 聖在 本貫 密陽 父 星東 掌令 著書 陶窩集
朴璇(선)		小岡	本貫 密陽
朴先味(선미)	高麗	休菴	節臣
朴瑄壽(선수)	1823~1899	溫齋	文臣 字 溫卿 本貫 潘南 父 宗采 祖父 趾源 工曹判書 著書 說文解字翼徵

人名	年代	號	其他
朴善陽(선양)		荷亭	著書 文集
朴善應(선응)	朝鮮	滄江	學者 本貫 密陽 父 信
朴善長(선장)	1555~1616	水西	文臣, 學者 字 汝仁 本貫 務安 父 全 外祖 朱幸 慶 尙都事 著書 水西集
朴宣章(선장)	1608~1685	晚隱	字 斐叔 本貫 密陽
朴先載(선재)		南湖	本貫 密陽 父 明鎭
朴璿載(선재)	?~1948	存心堂	著書 存心堂遺稿
朴善鎭(선진)		竹峯	本貫 密陽
朴善煥(선환)		耕隱	本貫 密陽
朴惺(성)	1549~1606	大菴	學者, 義兵 字 德凝 本貫 密陽 父 思訥 安陽縣監 著書 大 菴集
朴晟(성)	朝鮮仁祖	澗齋	字 明汝 本貫 密陽 父 光祖 祖父 蕃
朴成乾(성건)	1419~1488	五恨	學者, 文臣 字 陽宗 本貫 咸陽 父 彦 祖父 思敬 知 縣
朴成健(성건)	朝鮮仁祖	芝下	本貫 密陽 父 雲遜 祖父 希忠
朴成楗(성건)	朝鮮	邵村	文臣 字 士預 本貫 忠州 府使
朴成健(성건)→朴成楗(邵村)			
朴性根(성근)	1835~1916	聲巖	字 士行 本貫 密陽 父 進和 著書 聲巖遺稿
朴成根(성근)		栗雲	著書 文集
朴成杞(성기)	1647~1716	貽晒	著書 文集
朴聖基(성기)	朝鮮景宗	栗溪	文臣 字 元敬 本貫 竹山 父 東遇 同知中樞府事
朴成年(성년)		四拙窩	文臣 字 汝厚 本貫 咸陽 父 徹 知縣
朴盛德(성덕)	朝鮮後期	梧陽	字 大中 本貫 密陽 父 載一 祖父 師曾
朴聖濤(성도)		蘆洞	本貫 順天
朴性棟(성동)　→朴惟棟			
朴成烈(성렬)	朝鮮	九一	字 功甫 本貫 沔川 生員
朴聖祿(성록)		晦窩	本貫 順天
朴性立(성립)	1876~1946	芝山	字 名淑 本貫 密陽 父 公和 祖父 永周 敎官
朴成明(성명)	朝鮮	六閑堂	學者 字 文中 本貫 忠州
朴性黙(성묵)	1849~1916	陽巖	義兵 字 致會 本貫 密陽 一名 永黙 父 周和 祖父 永昌 著書 文集
朴成敏(성민)	1603~1666	守黙齋	字 聖求 本貫 咸陽 著書 文集
朴聖潑(성발)		潛叟	本貫 順天 父 夏鎭
朴成阜(성부)	1610~1687	四拙齋	文臣 字 汝厚
朴成山(성산)	1677~1744	月圃	本貫 密陽 父 世輔
朴性錫(성석)	1843~?	農隱	字 允瑞 本貫 密陽 父 周和 祖父 永昌
朴聖世(성세)	1652~1705	石淵	字 皥如 本貫 密陽 父 惠

人名	年代	號	其他
朴成孫 (성손)	朝鮮初期	誠菴	字 以大 本貫 密陽 父 東先 祖父 柔生
朴性洙 (성수)	1897~?	一松	字 仁化 本貫 密陽 父 慶來 祖父 準七 著書 一松先生文集
朴成陽 (성양)	高麗~朝鮮	琴隱	文臣 本貫 咸陽 父 允厚 吏曹參判 諡號 正憲 著書 琴隱實紀
朴性陽 (성양)	1809~1890	芸窓	文臣 字 季善 本貫 潘南 父 齊日 外祖 李雲源 大司憲 諡號 文敬 著書 芸窓文集
朴省吾 (성오)	朝鮮仁祖	朝陽齋	追贈 兵曹判書
朴成玉 (성옥)	1690~?	晩命軒 晩軒	文臣 字 玉汝 本貫 咸陽 父 希閔 祖父 世煥 外祖 權泰行 著書 文集
朴成容 (성용)		龍湖	本貫 密陽 父 聖東
朴性愚 (성우)	朝鮮	狷菴	本貫 陰城
朴聖佑 (성우)		近庵	著書 近庵先生文集
朴成郁 (성욱)		四而亭	字 美伯 本貫 咸陽
朴聖源 (성원)	1697~1757	謙齋 廣巖	文臣 字 士洙, 士修 本貫 密陽 傅 震錫 祖父 玄冑 李縡 門人 追贈 吏曹判書 諡號 文憲 著書 謙齋集
朴性源 (성원)	1697~1767	圃菴	學者 字 士濬 本貫 密陽 著書 正音通釋韻考
朴性源 (성원)	朝鮮後期	秋陽	字 希天 本貫 密陽 父 敏壽 祖父 奎賢
朴成仁 (성인)	1571~1639	知足堂	武臣 本貫 咸陽 楊州牧使
朴聖中 (성중)	朝鮮後期	晩樵	字 聖甫 本貫 密陽 父 東弼 祖父 順基
朴誠中 (성중)	→李誠中		
朴城鎭 (성진)	韓末	壺菴	字 如意 本貫 密陽 父 載烈 系 載厚
朴聖昌 (성창)	1697~1767	釜井釣叟 松隱	字 大淑 本貫 密陽 父 重明 祖父 傅龜
朴聖采 (성채)	朝鮮	小松	文臣 字 文叔 本貫 靈巖 五衛將
朴聖泰 (성태)	1725~?	長坡	字 聖仰 本貫 竹山 父 奎壽
朴性澤 (성택)	1743~?	眉山	字 文淑 本貫 密陽 父 麟和 祖父 永年
朴聲漢 (성한)	1771~1821	紫閣 紫閣山人	文臣 字 士章, 土長 本貫 陰城 父 亮欽 系 長欽 獻納
朴聖漢 (성한)	朝鮮	沃川 豹隱居士	文人 本貫 高靈 父 鑌 外祖 韓縝 著書 沃川遺稿
朴聖韓 (성한)	朝鮮	迎春堂	本貫 密城 父 秀林
朴成漢 (성한)	1810~?	鶴庵	字 漢卿 本貫 密陽 父 聖泰 祖父 秀文 著書 文集
朴成赫 (성혁)	朝鮮	石川	委巷人 字 汝能 本貫 密陽
朴成珩 (성형)	1671~?	圃亭	字 楚寶 本貫 咸陽 父 慶熙
朴成珩 (성형)		一疣	著書 文集
朴聖浩 (성호)	1717~?	謹齋	字 道純 本貫 密陽 父 鳳徵 祖父 世奎
朴性浩 (성호)	朝鮮	蘿山	委巷人
朴聖浩 (성호)	朝鮮後期	蒼湖	字 天汝 本貫 密陽 父 鍾榮 通政

人名	年代	號	其他
朴聖浩(성호)		洛浦軒	本貫 順天
朴性煥(성환) →林性煥			
朴聖休(성휴)	朝鮮後期	營谷	本貫 密陽 父 來章
朴聖欽(성흠)	1695~1767	穡隱	學者 字 敬夫 本貫 潘南 父 重鼎 外祖 李箕明 著書 穡隱集
朴世堅(세견)	1619~1683	固翁 痼翁 湍厓	文臣 字 仲固 本貫 潘南 父 炡 外祖 尹安國 左副承旨
朴世經(세경)	朝鮮肅宗	斗南	文臣 字 濟而 父 載
朴世冠(세관)	朝鮮	樂齋	文臣 字 汝直 本貫 固城 監察
朴世光(세광)		士齋	本貫 高靈 父 悌順
朴世耈(세구)	朝鮮中期	寒泉	字 輝之 本貫 潘南 父 輝
朴世龜(세구)	朝鮮正祖	星溪	本貫 陰城 父 承彦
朴世珪(세규)	朝鮮中期	素菴	本貫 潘南 父 炡
朴世圭(세규) →朴世珪			
朴世均(세균)	朝鮮	杏山	本貫 密陽 著書 父 幹 諡號 忠靖 著書 文集
朴世極(세극) →朴世拯			
朴世耆(세기)	朝鮮中期	遯村	本貫 潘南 父 輝 祖父 東民
朴世堂(세당)	1629~1703	西溪 西溪樵叟 潛叟	學者, 文臣 字 季肯 本貫 潘南 父 炡 祖父 東善 判中樞府事 諡號 文貞 著書 思辨錄
朴世大(세대)		草堂	本貫 密陽
朴世衛(세도)	1651~1727	何溪 鳳山居士	學者 字 行彦 本貫 密陽 父 昌宇 外祖 鄭良弼 著書 文集
朴世東(세동)	朝鮮後期	晚悔	本貫 密陽 父 志
朴世來(세래)		梅隱	本貫 密陽
朴世綸(세륜)	1807~1857	耐庵	字 聖任 本貫 咸陽 父 匡一 著書 文集
朴世茂(세무)	1487~1554	逍遙 逍遙堂	文臣 字 景蕃 本貫 咸陽 父 仲儉 外祖 李寬植 追贈 禮曹判書 著書 童蒙先習
朴世茂(세무)	1663~1718	泗川	字 愛明 本貫 密陽 父 承橇 祖父 安節 承文院權知
朴世文(세문)	朝鮮	菊窩	委巷人 字 仲謙 本貫 密陽 父 成赫 主簿
朴世美(세미)	朝鮮	休巖	本貫 密陽
朴世百(세백)	朝鮮哲宗	靈圃	
朴世秉(세병)		綠籍香館	著書 文集
朴世甫(세보)	朝鮮成宗	八松	文臣 本貫 靈巖 都摠管提調
朴世修(세수) →朴孝修			
朴世彦(세언)	朝鮮	晚節堂	文臣 字 善案 本貫 泰仁 判官
朴世燁(세엽)		俒庵	本貫 順天
朴世榮(세영)	1440~1552	九堂	文臣 字 景仁 本貫 咸陽 議政府左贊成
朴世翁(세옹)	1493~1541	明軒	文臣 字 景雲 本貫 咸陽 父 仲儉 吏曹參議

人名	年代	號	其他
朴世墉(세용)	1685~1773	竹林齋	學者 字 錫卿 本貫 密陽 父 宗璋 外祖 柳東蘷 著書 竹林齋文集
朴世羽(세우)	朝鮮	稀翁	學者 字 雲長 本貫 忠州
朴世雲(세운)		仁堂	著書 文集
朴世雄(세웅)	1636~1706	遯村	字 士豪 本貫 密陽 父 承兼 正郞 著書 遯村遺稿〈凝川世稿〉
朴世元(세원)	朝鮮	晩悔 晩海堂	學者 字 仁老 本貫 忠州
朴世翼(세익)	1673~1723	松齋	字 守臺 本貫 密陽 父 自碩 祖父 承彦
朴世仁(세인)	朝鮮	警齋	文臣 字 景臣 本貫 昌原 參議
朴世仁(세인)		退憂堂	本貫 咸陽
朴世章(세장)		調陽	
朴世貞(세정)	1667~1732	閑臥窩	學者 字 士吉 本貫 高陽 父 望之 外祖 申弘望 著書 閑臥窩文集
朴世梴(세정)		鰲山 蒼山齋	本貫 順天 父 彦琛
朴世周(세주)	朝鮮後期	菖齋	學者 本貫 務安 著書 菖齋文集
朴世胄(세주)	1641~?	靜水齋	字 遠卿 本貫 密陽 父 世健 著書 靜水齋文集
朴世柱(세주)		獨處齋	字 支叔 本貫 咸陽
朴世重(세중)	朝鮮	霧隱	武臣 字 君極 本貫 密陽 父 儉宗 知中樞府事
朴世拯(세증)	1563~1727	虎溪	文臣 字 濟卿 本貫 密陽 父 廷麟 宋時烈 門人 僉知中樞府事
朴世振(세진)		虛谷	字 子玉 本貫 順天 父 尙蘭
朴世璡(세진)		秋月齋	本貫 商山
朴世徵(세징)	1630~1679	顔谷 龍谷	學者 字 子久 本貫 順天 父 尙蘭 外祖 尹承賢
朴世采(세채)	1631~1698	南溪 玄石	文臣, 學者 字 和叔 本貫 潘南 父 猗 外祖 申欽 金尙憲 門人 左議政 諡號 文純 著書 南溪集
朴世喆(세철)	朝鮮	杏谷	字 和春 本貫 陰城 父 拱
朴世台(세태)	朝鮮顯宗	竹隱	本貫 密陽
朴世㻨(세혁)		竹堂	著書 文集
朴世鉉(세현)	1868~1935	松菴	字 性乾 本貫 咸陽 著書 松菴實紀
朴世鉉(세현)		訥軒	本貫 潘南
朴世豪(세호)		籠潭	本貫 高靈 父 處綸
朴世華(세화)	1644~?	愛松齋	字 晦之 本貫 忠州 父 文昌
朴世和(세화)	1834~1910	毅堂	義兵, 學者 字 年吉 本貫 密陽 父 紀淑 英陵參奉 著書 毅堂集
朴世煦(세후)	1492~1550	認齋 訥齋 訒齋	文臣 字 仲溫 本貫 尙州 父 士華 趙光祖 門人 江原道觀察使

人名	年代	號	其他
朴世勳(세훈)	朝鮮中宗	訥齋 松村	學者 字 勳之 本貫 尚州 父 士華 外祖 申福聃 追贈 吏曹參議
朴世勳(세훈)	韓末	藤雲	字 仲喬 本貫 密陽 父 受明
朴世熹(세희)	1491~?	道源齋 履素齋	文臣 字 而晦 本貫 尚州 父 士華 追贈 吏曹判書 諡號 文剛
朴世熙(세희)	朝鮮後期	抛軒	本貫 密陽 父 昌微 祖父 敏修
朴世熙(세희)		棲巖	本貫 密陽
朴昭(소)	朝鮮太宗	忍堂	隱士 字 晦翁 父 翊 著書 文集
朴紹(소)	1493~1534	冶川	文臣 字 彦冑 本貫 潘南 父 兆年 外祖 尹孜善 朴英 趙光祖 門人 追贈 領議政 諡號 文康 著書 冶川集
朴素立(소립)	1514~1582	四齋	字 豫叔 本貫 咸陽 父 世茂
朴紹宗(소종)		把清軒	字 公繼
朴篹(손)	1580~1637	梧巖	字 馨甫 本貫 密陽 正言
朴蓀(손)	朝鮮	太虛堂	文臣 字 亨文 本貫 昌原 府事
朴孫慶(손경)	1713~1782	南野	學者 字 孝有, 孝友 本貫 咸陽 父 成玉 著書 南野文集
朴遜經(손경) →朴孫慶			
朴遜慶(손경) →朴孫慶			
朴率昌(솔창)	1696~1758	松軒	本貫 密陽 父 成山 祖父 世輔 軍資監正
朴松臣(송신)	朝鮮後期	農圃	字 相立 本貫 密陽 父 在來 祖父 源吾
朴宋鉉(송현) →朴宗鉉			
朴灑(쇄) →朴漉			
朴受(수)	1475~1546	雲谷	文臣, 學者 字 大受 本貫 尚州 父 光佑 縣監 著書 雲谷遺稿〈華齋先生文集〉
朴銖(수)		中堂	著書 文集
朴遂(수) →朴遂一			
朴守儉(수검)	1629~1698	林湖	學者 字 養伯 本貫 義興 父 景諶 郡守 著書 林湖集
朴守儉(수검)		四愚亭	本貫 密陽
朴守堅(수견)		慕先齋	著書 文集
朴守景(수경)	1541~1608	龍潭	字 景秀 本貫 密陽 父 世謙
朴壽龜(수구)	1620~1692	敬木堂	字 極平 本貫 密陽 父 自凝
朴壽龜(수구)	1697~?	愛堂	字 漢龜 本貫 密陽 父 自源 祖父 承營
朴守謹(수근)	1673~?	聾窩	文臣 字 伯恭 本貫 忠州 父 世鳴 縣監
朴守謹(수근)	朝鮮	蘇川	學者 本貫 咸陽
朴秀基(수기)	朝鮮	波隱	文臣 本貫 忠州 觀察使
朴秀基(수기)		自樂亭	著書 文集

人名	年代	號	其他
朴受達(수달)	朝鮮後期	曾言	字 順謙 本貫 密陽 父 明臣 祖父 恒進 追贈 工曹參判
朴受德(수덕)	朝鮮後期	致讓	字 應謙 本貫 密陽 父 明臣 祖父 恒進 通政
朴遂良(수량)	1470~1552	三可 三可亭 雙閑礒巖	學者, 文臣 字 君擧 本貫 江陵 父 承休 外祖 李仲元 司瞻寺主簿 著書 三可集
朴守良(수량)	1491~1554	蕤谷	文臣 字 君遂 本貫 泰仁 父 宗元 金漑 門人 知中樞府事 諡號 貞惠
朴秀林(수림)	1730~?	釣叟	字 春甫 本貫 密陽 父 文世 祖父 東俊 著書 遺稿
朴守林(수림)	韓末	茂原	
朴秀蕃(수번)		晩休齋	本貫 咸陽
朴受祥(수상)	韓末	雲瑞	本貫 密陽 父 善臣 祖父 仁進
朴守緒(수서)	1567~1627	尤溪 艸屋	文臣, 學者 字 景承 本貫 咸陽 父 芝 外祖 朴彦商 右承旨 著書 尤溪逸稿
朴守約(수약)	1658~1703	北溪	字 魯卿 本貫 密陽 父 世美
朴壽陽(수양)	朝鮮後期	唐隱	字 壽明 本貫 密陽 父 自興
朴秀彦(수언)	1687~1757	謹修齋	字 啓甫 本貫 密陽 父 世規
朴秀連(수연)	朝鮮	晩覺齋	文臣 字 聖浩 本貫 軍威 五衛將
朴秀午(수오)	1876~1930	大隱堂	著書 文集
朴守溫(수온)		河南居士	本貫 泰仁 父 宗元
朴守佑(수우)		翠軒	本貫 咸陽
朴秀雲(수운)	1849~1933	桂岡	著書 文集
朴壽元(수원)		農隱	本貫 高靈
朴壽潤(수윤)	1687~1742	東里	字 儒久 本貫 密陽 父 萬鼎
朴遂一(수일)	1552~1597	健齋 明鏡	詩人, 文臣 字 純伯 本貫 密陽 父 灝 祖父 雲 外祖 李宗諤 軍資監參奉 著書 健齋逸稿
朴遂章(수장)	1628~?	華岡	字 斐見 本貫 密陽 父 積
朴守長(수장)	1635~1675	樂素堂	字 長卿 本貫 密陽 父 世煥 祖父 廷虎
朴壽齊(수제)	朝鮮	逸南	本貫 高靈 父 希彬
朴守悌(수제)		愚齋	著書 文集
朴壽宗(수종)	朝鮮	釣溪	
朴守濬(수준)	朝鮮	隱巖	本貫 密陽 通政大夫
朴受中(수중)		玄巖	字 民則 本貫 靈巖
朴壽徵(수징)	朝鮮	美谷	委巷人 字 仁伯 本貫 密陽 外祖 朴孝先
朴守天(수천)	1631~1703	儉岩	字 姓天 本貫 密陽 父 緝 祖父 敬吉
朴壽春(수춘)	1572~1652	菊潭 崇禎處士	學者 字 景老 本貫 密陽 父 齊愼 追贈 戶曹參議 鄭逑 門人 著書 菊潭集
朴受春(수춘)	韓末	松庵	字 士英 本貫 密陽 父 厚臣 祖父 在閏 著書 遺稿

人名	年代	號	其他
朴守冲(수충)	朝鮮後期	對仙	本貫 密陽 父 魯
朴受夏(수하)	韓末	謹庵	字 士順 本貫 密陽 父 厚臣 祖父 在聞
朴守恒(수항)	1707~?	百源子	著書 文集 父 魯
朴壽㵟(수혁)	朝鮮	熙皞堂	委巷人 字 聖民 本貫 密陽
朴守玄(수현)	1605~?	草亭	文臣 字 太玄 本貫 密陽 父 簹 南斗瞻 婿 司藝 著書 文集
朴守亨(수형)	朝鮮後期	梅堂	字 應天 本貫 密陽 父 世傑 都事
朴守弘(수홍)	1588~1644	蓬谷	文臣 字 彦裕 本貫 密陽 父 鼎實 慶州府尹 著書 蓬谷文集
朴壽煥(수환)	1762~1830	三岩	字 德汝 本貫 密陽 父 宗植 祖父 冣源
朴壽煥(수환)	韓末	清溪	字 宗禹 本貫 密陽 父 椿和
朴修煥(수환)		石峯	本貫 密陽
朴秀孝(수효)	1848~1928	素窩	著書 素窩先生文集
朴秀薰(수훈)	1862~?	省齋	本貫 密陽 父 柱永
朴㻨(숙)	1578~1639	龍巖	字 而獻 本貫 密城 父 慶延 著書 龍巖遺集〈十四義士錄〉
朴潚(숙)	1665~1748	農窩	著書 農窩文集
朴潚(숙) →申潚			
朴淑根(숙근)	朝鮮中期	倻溪	隱士 本貫 順天 父 仁孫 著書 居喪雜錄
朴叔根(숙근) →朴淑根			
朴淑生(숙생) →朴㻨			
朴純(순)	高麗	石灘	文臣 字 大鉉 本貫 江陵 尚書
朴淳(순)	1523~1589	思菴 雙松	文臣, 學者 字 和叔 本貫 忠州 父 祐 徐敬德 門人 領議政 諡號 文忠 著書 思菴集
朴純(순)	1642~1691	含翠軒	字 子粹 本貫 密陽 父 守文
朴恂(순)	朝鮮後期	坐庵	本貫 密陽 父 賢 參奉
朴順基(순기)	朝鮮後期	松峰	本貫 密陽 父 就興 祖父 連柱
朴順達(순달)	朝鮮宣祖	楮亭	義士 字 景健 本貫 咸陽 追贈 兵曹參判
朴洵德(순덕)	1836~1915	晚學	著書 晚學集
朴純禮(순례)	1602~1655	藤隱	字 文叔 本貫 密陽 父 曾賢 祖父 謹元 通德郎
朴純世(순세)		靜安堂	本貫 密陽
朴淳愚(순우)	1686~1759	明村	字 智叟 本貫 咸安 著書 明村遺稿
朴純智(순지)	1611~1645	青霞	文臣 字 厤叔 本貫 密陽 父 顏賢 祖父 愼元
朴順河(순하)	1736~1773	晚隱	字 在仁 本貫 密陽 父 重閔 祖父 伍哲 通政
朴洵行(순행)	1866~1916	肫菴	學者 字 仲雨 本貫 寧海 父 文鎬 外祖 柳遠奎 著書 肫菴集

人名	年代	號	其他
朴純鎬(순호)	1873~1934	德巖	字 德文 本貫 密陽 父 在玉 著書 文集
朴舜華(순화)	朝鮮	○軒	本貫 密陽 父 龍河
朴崇(숭)		拙齋	本貫 咸安
朴崇穆(숭목)	朝鮮	素齋	本貫 密陽
朴崇善(숭선)	朝鮮	松菴	文臣 字 養吾 中樞府事
朴崇元(숭원)	1532~1592	拙齋	字 尚初 本貫 密陽 父 蘭 諡號 忠靖 著書 拙齋遺稿 〈凝川世稿〉
朴崇祖(숭조)	朝鮮	三拙	文臣 本貫 竹山 戶曹參議
朴崇之(숭지)	1384~1405	霽菴	本貫 密陽 父 樑 漢城判尹
朴崇賢(숭현)	朝鮮光海君	蒼雪齋	
朴承(승)	1520~1577	鶴川	學者 字 續之 本貫 咸陽 父 景信 外祖 鄭琦 著書 鶴川遺集
朴昇(승)	1599~1659	南崗	字 汝華 本貫 密陽 父 光祖 祖父 蕃 穆陵參奉
朴承侃(승간)	1508~?	忍庵	字 不忱 本貫 潘南 父 珩
朴承健(승건)	1609~1667	星隱	字 子以 本貫 密陽 父 安行 祖父 好賢 宗簿寺正
朴昇九(승구)	1860~1940	晚山	著書 晚山遺稿
朴承槿(승근)	1634~1699	義庵	字 進封 本貫 密陽 父 安悌 系 安節
朴承根(승근)	韓末	愼菴	字 聖澤 本貫 密陽 父 圭烈
朴昇吉(승길)	1893~1960	鐵馬	獨立運動家
朴承年(승년)	?~1647	逸齋	字 天年 本貫 密陽 父 安民 祖父 啓賢
朴昇東(승동)	1847~1922	漢江	學者 字 義初 本貫 順天 父 海奎 外祖 白衡鎭 著書 漢江集
朴承龍(승룡)	朝鮮仁祖	月潭	義兵 字 子中 本貫 密陽
朴承倫(승륜)		桐鳳 桐原	本貫 潘南
朴勝林(승림)		松泉	著書 文集
朴勝武(승무)	1893~1980	小霞 心香 深香	畵家 本貫 潘南 父 慶陽
朴承文(승문)	朝鮮	杜村	本貫 密陽 父 聰
朴承復(승복)	朝鮮	薪齋	本貫 密陽 父 洵
朴勝鳳(승봉)	1871~1933	汕農	開化派人士
朴承奉(승봉)		義齋	本貫 密陽
朴勝彬(승빈)	1880~1943	學凡	法律家, 教育者 普成專門學校校長
朴承宣(승선)		友松	著書 反松集
朴承聖(승성)	1574~1655	述庵 崇禎逸民	字 君擧 本貫 密陽 父 安民 祖父 啓賢 金長生 門人
朴承悍(승성)	→朴悍		
朴升洙(승수)		一亭	著書 一亭收稿
朴承顔(승안)	1572~1653	看竹齋	字 孝餘 本貫 密陽 父 安命 祖父 啓賢 陽城縣監

人名	年代	號	其他
朴承彦(승언)	1621~1651	屏庵	字 宜相 本貫 密陽 父 安誠 祖父 應賢 校理
朴承彦(승언)	朝鮮後期	梧月堂	本貫 陰城 父 萬挺 祖父 重榮 著書 文集
朴承營(승영)	1614~1675	慈仁	字 智訓 本貫 密陽 父 安敦 祖父 應賢
朴承雨(승우)		竹齋	本貫 密陽
朴承郁(승욱)		龜溪	著書 文集
朴承源(승원)	1560~?	雪坡	義兵 字 季悠 本貫 咸陽 父 大器 追贈 戶曹參判
朴承元(승원)	朝鮮仁祖	華山	本貫 密陽 父 安建
朴承遠(승원)		靜窩	著書 文集
朴承義(승의)		靖菴	本貫 務安
朴承任(승임)	1517~1586	嘯臯 西臯	文臣 字 重圍 本貫 羅州 父 珩 外祖 金萬鎰 權五紀 婿 李滉 門人 監司 著書 嘯臯集
朴承任(승임)	1608~1670	南溪	字 子重 本貫 密陽 父 安禮 祖父 好賢
朴承載(승재)		晚行	本貫 務安
朴承祖(승조)	朝鮮宣祖	止止堂	本貫 密陽 父 安世
朴承祚(승조)	韓末	心溪	本貫 月城 金興洛 門人 著書 文集
朴承宗(승종)	1562~1623	退憂 退憂堂 退憂亭 貝亭	文臣 字 孝伯 本貫 密陽 父 安世 祖父 啓賢 領議政 謚號 肅愍 著書 退憂堂集
朴承宗(승종)	朝鮮	松軒	文臣 字 孝淑 本貫 三陟 同知副衛部將
朴承俊(승준)	?~1543	樂閑亭	著書 樂閑亭逸稿
朴勝振(승진)	1853~1930	聽荷 古愚	學者 字 穉玉 本貫 潘南 父 鳳陽 外祖 金樂主 著書 聽荷文集
朴勝喆(승철)	韓末~1950	秋峰	
朴承鏽(승혁)	朝鮮後期	蓉初	委巷人
朴承賢(승현)	朝鮮	菊堂 菊塘	文臣 本貫 密陽 父 善元
朴承黃(승황)	1570~1633	挹淸堂	字 孝錫 本貫 密陽 父 安世 祖父 啓賢 金堤郡守
朴承輝(승휘)	1802~?	社臯	文臣 字 光五 本貫 密陽 父 南會 江原道觀察使 謚號 文貞 著書 社臯集
朴承禧(승희)	?~1685	淸節堂	學者 字 吉甫 本貫 密陽
朴時龜(시구)	朝鮮英祖	徵薇	本貫 陰城 父 輪
朴始吉(시길)	1880~?	愼巖	字 亨瑞 本貫 密陽 父 逸範 祖父 東儒
朴時林(시림)	→鄭時林		
朴時戊(시무)	1828~1879	小庵 東巖居士	學者 字 奎應 本貫 蔚山 父 昌復 外祖 權煥斗 著書 小庵文集
朴時黙(시묵)	1814~1879	雲岡 雲中	學者 字 輝道 本貫 密陽 父 廷周 外祖 金宗岳 著書 雲岡集
朴著壽(시수)	朝鮮正祖	南蕉	文臣 字 聖甫 本貫 潘南
朴始淳(시순)	1653~1731	帽巖	孝子 字 汝正 本貫 順天 著書 帽巖實記

人名	年代	號	其他
朴始淳(시순)		菊人	字 允元 本貫 咸陽
朴時源(시원)	1764~1842	逸圃	文臣 字 釋實 本貫 潘南 父 師豹 司諫 著書 逸圃集
朴時潤(시윤)	1686~?	迎月軒	學者 字 英世 本貫 密陽
朴時膺(시응)		東郊	本貫 驪州
朴時人(시인)		遜窩	著書 文集
朴時澍(시주)	1856~1902	黙隱	字 聖育 著書 黙隱遺稿
朴時燦(시찬)	1842~1905	蓮溪	學者 字 子中 本貫 密陽 父 來蔓 外祖 金若鍊 著書 蓮溪文集
朴時讚(시찬)	1842~1905	海傖	本貫 密陽
朴始昌(시창)	朝鮮	修庵	文臣 本貫 江陵 北兵使
朴施天(시천)	1641~1692	養閒堂	著書 文集
朴始行(시행)	朝鮮	松桂堂	文臣 字 可遠 本貫 江陵 父 仲信 承政院同副承旨
朴始亨(시형)	朝鮮世祖	菊圃 東原	文臣 字 景遠 祖謙 本貫 江陵 父 仲信 藝文館直提學
朴時浩(시호)	1883~1966	錦灘	著書 文集
朴時欽(시흠)	1831~?	石潭	字 允心 本貫 密陽 父 宗滂 祖父 啓東
朴埴(식)	1432~1488	六一軒	字 仲載 本貫 竹山 父 喜宏 兵曹判書
朴信(신)	1362~1444	雪峰 樗軒	文臣 字 敬夫 本貫 雲峰 父 之誼 鄭夢周 門人 吏曹判書 諡號 惠肅
朴愼(신)	1530~1594	無盡齋	學者 字 汝欽 本貫 密陽 父 大成 教官
朴紳(신)	1638~1715	桃谷	文臣 字 華卿 本貫 密陽 父 守玄
朴信(신)		秋浦	本貫 密陽
朴信儉(신검)	1689~1766	樂圃	字 誠甫 本貫 密陽 父 而浩 祖父 之益
朴申慶(신경)	1713~1790	能皐	學者 字 天休 本貫 咸陽 父 廷英 外祖 韓元進 著書 能皐文集
朴信圭(신규)	1631~1687	竹村	文臣 字 奉卿, 春卿 本貫 密陽 父 啓榮 追贈 領議政 諡號 清肅 編書 密城朴氏族譜
朴臣圭(신규)	1801~?	尙晦	字 仲弼 本貫 高靈 父 允榮 系 老榮
朴新克(신극)	1703~1770	節窩	學者 字 季堂 本貫 咸陽 父 台相 外祖 鄭經周 著書 節窩集
朴信龍(신용)	1575~1627	澤叟	文臣 字 而澤 本貫 竹山 父 春榮 宣傳官
朴信孫(신손)		慕軒	本貫 順天
朴信榮(신영)	1462~1524	忍齋	字 仲先 本貫 密陽 父 樞 祖父 末孫 軍資監正
朴新源(신원)	朝鮮英祖	日新堂	字 景明 本貫 密陽 父 星錫
朴新源(신원)		新堂	著書 文集
朴愼遠(신원)		聲谷	字 汝厚 本貫 咸陽

人名	年代	號	其他
朴身潤(신윤)	1661~1698	愚谷	學者 字 德卿 本貫 密陽 父 而慶 外祖 徐睿 著書 愚谷先生文集
朴身之(신지)	1628~1705	小湖	著書 小湖先生文集
朴身之(신지)	1629~?	澤翁	字 履卿 本貫 咸陽 父 希孟
朴愼行(신행)		迂軒	本貫 密陽 父 遵
朴新亨(신형)	1722~1781	春山耕叟	本貫 密陽 父 萬昌 祖父 孝恒
朴信熙(신희)	朝鮮	懶翁	文臣 字 汝心 本貫 淳昌 虞侯
朴實(실)	高麗恭愍王	瞻慕堂	字 子虛 本貫 咸陽 父 子安
朴實(실) →朴宜中의 初名			
朴諶(심)	高麗末	海隱	文臣 字 道河 本貫 沔川 初名 用吉 父 允莊 典書
朴鐔(심)	朝鮮後期	芝浦	字 大叔 文叔 本貫 高靈 父 長遠 尹拯 門人
朴諶(심)		南一齋	本貫 務安
朴審問(심문)	1408~1456	淸齋	文臣 字 愼叔 本貫 密陽 父 剛生 追贈 吏曹判書 諡號 忠貞 著書 淸齋遺稿 〈凝川世稿〉
朴尋洙(심수)	韓末	瀼溪	本貫 咸陽
朴心休(심휴)	1657~1674	孤山	字 子美 本貫 密陽 父 泰漢 著書 文集
朴安建(안건)	朝鮮宣祖	宗軒	本貫 密陽 父 應賢 宗簿寺正
朴安期(안기)	朝鮮仁祖	螺山	文臣 字 道卿 本貫 密陽 父 希賢 李必榮 婿
朴安道(안도)	1651~1709	草窩	學者 字 履仲 本貫 潘南 父 孝元 著書 草窩逸稿
朴安敦(안돈)	1569~1609	雲山	字 孝善 本貫 密陽 父 應賢 祖父 忠元
朴安命(안명)	1555~1592	月峰	字 信之 本貫 密陽 父 啓賢 祖父 忠元 宣敎郞
朴安復(안복)	1601~?	草堂	字 而得 本貫 務安 父 琸 著書 草堂逸稿 〈悔易堂集〉
朴顔相(안상)	1883~1908	靜齋	字 樂卿 本貫 務安 父 淇弘 著書 文集
朴安誠(안성)	1561~1654	退隱	字 安之 本貫 密陽 父 應賢 祖父 忠元 彰信校尉
朴安世(안세)		巷隱	本貫 密陽
朴安信(안신)	朝鮮正宗	淸菴	本貫 尙州 父 文老
朴安義(안의) →朴安義			
朴安仁(안인)	1544~1616	梅菴	字 順民 本貫 密陽 父 嗣賢 祖父 善元
朴安悌(안제)	1590~1663	義村	字 季順 本貫 密陽 父 鼎賢 著書 義村遺稿 〈凝川世稿〉
朴安第(안제)	朝鮮宣祖	秋水齋	本貫 密陽 父 福賢 祖父 善元
朴安祖(안조)	朝鮮	山西	字 信卿 本貫 泰安 成均進士
朴安俊(안준)	1609~1677	華隱	字 善夫 本貫 密陽 父 愛賢 祖父 恭元
朴安行(안행)	1578~1656	石谷	文臣 字 性之 本貫 密陽 父 好賢 郡守
朴顔賢(안현)	1574~1616	仙谷	文臣 字 幾伯 本貫 密陽 父 愼元 成川府使 著書 仙谷遺稿 〈凝川世稿〉
朴安義(안희)	高麗	商巖	本貫 尙州

人名	年代	號	其他
朴愛祥(애상)	朝鮮	雲汀	武臣 字 希道 本貫 固城(竹山) 父 今生 折衝將軍
朴陽(양)	高麗	明月堂	本貫 密陽 父 萬榮
朴樑(양)	1424~?	東溪	本貫 密陽 父 大孫 祖父 切問
朴良(양)	朝鮮	杏村	文臣 本貫 竹山 漢城判尹
朴陽東(양동)	韓末	觀魚軒	學者 本貫 順天 父 齊邦 著書 字畫誤解
朴陽來(양래)	韓末	訥庵	字 萬益 本貫 密陽 父 準令 監役
朴良來(양래)		菊圃	本貫 密陽
朴陽律(양률)		東皐 春樂	著書 東皐漫錄
朴揚茂(양무)	高麗恭愍王	杜村	字 若生 本貫 密陽 父 奇鳳
朴陽生(양생)	1337~1396	西山堂	本貫 密陽 父 寧 祖父 思仁 鄭夢周 門人
朴揚善(양선)		晚懷齋	本貫 尚州
朴良孫(양손)	朝鮮世宗	遜翁	字 君弼 本貫 咸陽
朴亮佐(양좌)	1521~1575	復齋	文臣 字 蓋老 本貫 順天 父 塡 追贈 吏曹參判 著書 文集
朴良佐(양좌)	→朴亮佐		
朴陽春(양춘)	朝鮮宣祖	慕軒	字 景華 本貫 密陽 父 恒
朴亮漢(양한)	1677~1746	梅翁 梅溪	學者, 文臣 字 子龍 士龍 本貫 高靈 父 長遠 外祖 尹趾完 高山縣監 著書 梅翁閑錄
朴暘鉉(양현)	?~1921	淸軒	著書 淸軒遺稿
朴陽鉉(양현)	→朴暘鉉		
朴良昰(양후)	朝鮮	霧隱	本貫 義興 父 守儉
朴魚得(어득)	1663~?	遜菴	字 大重 本貫 密陽 父 蕃和 祖父 泰南
朴億秋(억추)	朝鮮中期	聾軒	本貫 江陵 父 允良 著書 聾軒事蹟〈三可集〉
朴彦福(언복)		鶴山	本貫 密陽
朴彦誠(언성)	朝鮮仁祖	樂志亭 芝亭	義兵 本貫 密陽 父 慶元
朴彦琛(언침)		晚翠堂	本貫 順天
朴璩(여)	朝鮮	玄石	隱士 字 君獻 本貫 密陽
朴欐(여)		勿齋	本貫 高靈 祖父 永
朴汝樑(여량)	1554~1611	感樹齋	文臣 字 公幹 本貫 三陟 父 賢佐 外祖 李淑 追贈 吏曹判書 著書 感樹齋集
朴汝龍(여룡)	1541~1611	松厓 松崖	學者 字 舜卿 本貫 慶州 父 守義 李珥 門人 追贈 吏曹判書 諡號 文溫 著書 松厓集
朴汝淳(여순)	1413~1466	屛巖	文臣 本貫 竹山 父 翊 司憲府監察
朴衍(연)	高麗	蒼厓	文臣 字 汝和 本貫 密陽
朴堧(연)	1378~1458	蘭溪	文臣, 音樂家 字 坦夫 本貫 密陽 初名 然 父 天錫 藝文館大提學 諡號 文獻 著書 蘭溪遺稿

人名	年代	號	其他
朴演(연)	1529~1591	喚醒堂	學者 字 濟仲 本貫 密城 父 雲巖 著書 喚醒堂逸稿
朴壕(연)	1599~1648	明洲	字 重輝 本貫 高靈 父 惟儉
朴淵(연)	朝鮮中期	醉睡	
朴衍(연)		瓦村	本貫 務安
朴衍(연)		芝谷	本貫 密陽
朴壕(연)		松雪堂	本貫 密陽
朴淵(연)		清溪居士	字 淨源 本貫 月城
朴練(연)		回春堂	本貫 咸陽
朴然(연) →朴壕(蘭溪)의 初名			
朴演(연) →朴潢			
朴筵(연) →朴邎			
朴廷杰(연걸) →朴廷杰			
朴淵大(연대)	韓末~日帝	鳳亭	本貫 密陽 父 宗鎬 祖父 喜大
朴淵龍(연룡)		歸翁	本貫 咸陽
朴淵伯(연백)	1869~1909	巖齋	義兵將 字 應九 本貫 密陽 父 光鎬
朴淵鳳(연봉)	韓末	雲仙	字 雲瑞 本貫 密陽 父 泰燁
朴衍生(연생)	朝鮮端宗	遯齋	武臣 本貫 密陽
朴淵昭(연소)		雨蕉	著書 雨蕉詩稿
朴淵元(연원)	韓末	石潭 日南	本貫 密陽 父 基鎬
朴淵祚(연조)	韓末	惺軒	本貫 月城 金興洛 門人
朴連柱(연주)	後期朝鮮	竹隱	本貫 密陽 父 碩奉 祖父 得一
朴淵晋(연진)	1899~1957	鳳溪	本貫 密陽 父 宗鎬 祖父 喜復
朴淵學(연학)	韓末	慕誠	字 淵暹 本貫 密陽 父 聖錫
朴淵學(연학)	韓末	鳳南	本貫 密陽 父 基鎬
朴說(열)	1464~1517	清堂	字 說之 本貫 密陽 父 思東
朴濂(염)	朝鮮仁祖	悟漢	醫官 編書 四醫經驗方
朴恬(염)		梅軒	本貫 密陽
朴恬(염)		竹軒	本貫 務安
朴恬(염)		光溪 追菴	本貫 咸陽
朴燁(엽)	1570~1627	藥窓 菊窓	文臣 字 叔夜 本貫 潘南 父 東豪 平安道觀察使 著書 藥窓遺稿
朴英(영)	1471~1540	松堂	武臣 字 子實 本貫 密陽 父 壽宗 外祖 讓寧大君 慶尚道兵馬節度使 諡號 文穆 著書 松堂集
朴穎(영)	1501~1561	誠孝齋	字 愚叔 本貫 密陽 父 河淡
朴領(영)		遯菴	本貫 尚州

人名	年代	號	其他
朴坽(영) →朴址의 一名			
朴英傑(영걸)	朝鮮明宗	默齋	文臣 字 文彦 本貫 密陽
朴永坤(영곤)	1848~1926	竹嵒	字 置弘 本貫 密陽 父 致原 著書 文集
朴永寬(영관)	1899~1975	松窩	獨立運動家
朴永瓘(영관)	1843~?	梅圃	字 君瑞 本貫 密陽 父 箕鎭 祖父 載淳 都事 著書 梅圃集
朴永奎(영규)	韓末	耕隱	字 致公 本貫 密陽 父 泰鎭 中樞院議官
朴永奎(영규)	1793~1874	晚醉軒	字 舜瑞 本貫 密陽 父 德鎭 祖父 基壽 通政大夫
朴永圭(영규)	18599~?	竹清	字 聖儒 本貫 密陽 父 夏鎭 祖父 基永 參奉
朴泳奎(영규)		蓮東	字 元五 本貫 潘南
朴永均(영균)		竹軒 杏村	本貫 密陽
朴永極(영극)	韓末	雲樵	字 午性 本貫 密陽 父 旺鎭 通政
朴榮璣(영기)	1861~1937	湖山	字 璟八 本貫 密陽 父 應灝 祖父 宗律 義禁府都事
朴永年(영년)	1696~1744	小觀	字 公弼 本貫 密陽 父 斗鎭 系 泰鎭 祖父 載德 通德郎
朴永大(영대)	1832~?	心齋	字 義瑞 本貫 密陽 父 成鎭 祖父 載厚
朴英蘭(영란)		寧遠	本貫 咸陽
朴永來(영래)	朝鮮純祖	山谷	
朴永魯(영로)	1814~1904	巖居	學者 字 伯賢 本貫 密陽 父 基旭 著書 巖居文集
朴令模(영모)		藕堂	著書 文集
朴永穆(영목)	朝鮮後期	聖達	字 聖基 本貫 密陽 父 字 喆鎭 武科及第
朴榮茂(영무)		虎溪	著書 虎溪朴公事蹟
朴永茂(영무)		秀園	著書 文集
朴永默(영묵) →朴性默의 一名			
朴永文(영문)	1852~?	省庵	字 厚卿 本貫 密陽 父 環鎭 祖父 載緯 李象秀 門人
朴榮汶(영문)		一松	著書 一松南遊錄
朴永輔(영보)	1808~?	錦鈴 錦船	文臣 字 星伯 本貫 高靈 父 鍾岳 系 鍾林 弘文館提學
朴永輔(영보)		雅經堂	著書 雅經堂初集詩鈔
朴永福(영복)	1859~1887	征齋	字 仲彦 本貫 密陽 父 戩鎭 祖父 載經
朴永相(영상)		久菴	本貫 務安 父 淇昉
朴永錫(영석)	1734~1801	晚翠亭	閭巷詩人 字 爾極 本貫 全州 著書 晚翠亭逸稿
朴永錫(영석)	1831~1905	釣湖	學者 字 乃胤 本貫 咸陽 父 玎甲 外祖 玄徵百 著書 釣湖集
朴英錫(영석)	朝鮮	可軒	委巷人 字 景胤 本貫 順興
朴永爽(영석)	朝鮮後期	忍軒	字 君益 本貫 密陽 父 箕鎭
朴永善(영선)	朝鮮高宗	竹尊	委巷人
朴永世(영세)	朝鮮後期	海嶠	

人名	年代	號	其他
朴永世(영세)		夢窩	著書 夢窩先生實記
朴英孫(영손)	朝鮮初期	清風堂	本貫 密陽 父 順祖 祖父 蔚 豊川郡守
朴英壽(영수)	朝鮮	野隱	文臣 字 聖沙 本貫 竹山 禮曹參判
朴英秀(영수)	朝鮮英祖	杏泉	歌客 字 士俊 資憲
朴永秀(영수)	朝鮮	雪岩	本貫 密陽
朴瑛舜(영순)	1818~1889	菊圃	字 乃吉 本貫 密陽 父 準泰 祖父 鼎德
朴永元(영원)	1791~1854	梧堂 梧墅	文臣 字 聖氣 本貫 高靈 父 鍾享 判中樞府事 諡號 文翼
朴榮載(영재)	1872~1915	義堂	字 聖七 本貫 密陽 父 鳳河 祖父 宗尚 明陵參奉
朴永禎(영정)	朝鮮後期	廣陵	字 公有 本貫 密陽 父 道鎮
朴永祚(영조)	1841~1898	廣川	字 白胤 本貫 密陽 父 道鎮
朴英宗(영종)	1654~1727	義村	字 碩望 本貫 密陽 父 希明
朴永柱(영주)	1803~1874	無邪齋	學者 字 類錫 本貫 密陽 父 命佐 外祖 張雲河 著書 無邪齋集
朴永周(영주)	1854~?	邁堂	字 皓卿 本貫 密陽 父 敎鎮 祖父 載經 李象秀 門人
朴泳鎮(영진)	1682~?	一龍	字 景訥 本貫 密陽 父 載緯 祖父 光胲 通德郎
朴英鎮(영진)	韓末	林泉	字 雲居 本貫 密陽 父 載輝
朴英鎮(영진)	朝鮮	泉谷	本貫 密陽 父 箕賢
朴英鎮(영진)	朝鮮後期	竹堂	字 箕泰 本貫 密陽 父 基弘 祖父 正煥
朴影鎮(영진)		南竹	著書 南竹遺稿
朴永鎮(영진)	韓末	春史	新小說作家
朴榮燦(영찬)	1860~1940	四宜	字 聖分 本貫 密陽 父 鳳河 祖父 宗尚 司憲府監察
朴榮纘(영찬)		逸菴	著書 文集
朴永昌(영창)	1801~?	恕菴	字 履昌, 聖汝 本貫 密陽 父 元鎮 祖父 基秀
朴永哲(영철)	韓末~日帝	藍溪	志士 字 善明 本貫 密陽
朴榮喆(영철)	1879~1939	多山	實業家 父 基順 著書 多山詩稿
朴永哲(영철)		竹史	本貫 密陽
朴英喆(영철)		孤直堂	著書 文集
朴榮春(영춘)	1879~1953	晦堂	字 仲燁 本貫 密陽 父 龍河 祖父 宗準 莊陵參奉
朴永忠(영충)	高麗禑王	菊齋	本貫 竹山 父 文琭 漢城府使
朴永弼(영필)	1822~1864	壽楊	字 仲輔 本貫 密陽 父 斗鎮 祖父 載德
朴榮鉉(영현)	1824~1884	丈庵	孝子 本貫 竹山
朴泳鉉(영현)		慕雲齋	著書 文集
朴榮鉉(영현) →朴宗鉉			
朴永浩(영호)	韓末	竹下	字 致權 本貫 密陽 父 泰鎮 司憲府監察
朴泳鎬(영호)	1858~1931	松溪	著書 文集

人名	年代	號	其他
朴永浩(영호)		松塢	本貫 密陽
朴永環(영환)		臨湖	著書 臨湖逸稿
朴泳孝(영효)	1861~1939	春皐 玄玄居士	政治家 字 子純 本貫 潘南 父 元陽 哲宗 婿 封號 錦陵尉 宮內大臣
朴永徽(영휘)	1848~1891	淇竹堂	學者 字 元德 本貫 密陽 父 處鎭 外祖 尹鍾熙 著書 淇竹堂遺稿
朴永熙(영희)	1841~1890	藍崗	字 敬仲 本貫 密陽 父 潤鎭
朴寧熙(영희)	1896~1930	劍秋 琴秋 靜軒	獨立運動家
朴藝(예)		春睡堂	字 意知 本貫 咸陽
朴禮謙(예겸)		松源	字 浩然 本貫 密陽
朴禮彬(예빈)	1786~1857	晩悔軒	學者 字 學卿 本貫 珍原 父 燦珣 著書 晩悔軒遺稿
朴璈(오)	朝鮮	蒼石	隱士 字 汝獻 本貫 密陽 父 陽春
朴澳(오)		明洲	本貫 高靈
朴吾先(오선)		渼江	著書 渼江集
朴伍哲(오철)	1681~?	野翁	字 賢汝 本貫 密陽 父 大龍 祖父 起東
朴玉和(옥화)	韓末	輝山	字 甫卿 本貫 密陽 父 永益
朴翁(옹)	朝鮮	省庵	字 子春 本貫 密陽 父 聖烈
朴琓(완)	朝鮮	慕齋	文臣 字 而燦 本貫 固城 忠勳府都事
朴琓鎭(완진)	朝鮮後期	述山	文臣 字 聖珪 本貫 密陽 父 載元 著書 遺稿
朴完鎭(완진)	朝鮮	富巖	文臣 字 元淳 本貫 靈巖 同知中樞府事
朴旺鎭(왕진)	1838~?	蘭石	字 善明 本貫 密陽 父 基奎
朴容(용)	朝鮮明宗	騎牛子	字 恕卿 本貫 尙州 父 光佑
朴鎔(용)	朝鮮	松隱	文臣 字 聲遠 本貫 靈巖 敦寧府都正
朴龍奎(용규)	朝鮮	星湖	文臣 字 成瑞 本貫 竹山 同知義禁府事
朴用奎(용규)		華隱	本貫 密陽
朴龍圭(용규)	1866~1917	藥泉	字 景伯 本貫 密陽 父 炳晟 著書 藥泉集
朴容根(용근)	1857~1917	春史	著書 文集
朴容南(용남)	韓末	雲溪	醫員
朴龍來(용래)	朝鮮後期	川雲	字 華汝 本貫 密陽 父 準德
朴容萬(용만)	1881~1928	宇醒	獨立運動家 言論人
朴龍相(용상)	1680~1738	畸軒	學者 著書 畸軒集
朴容晟(용성)		一亭	著書 一亭收稿
朴龍植(용식)	韓末~日帝	雲岡	
朴龍應(용응)		松嶽	字 以對 本貫 密陽 父 陽春
朴龍翼(용익)	1687~1757	知足堂	字 聖濂 本貫 密陽 父 自珍 祖父 承彦 承旨

人名	年代	號	其他
朴龍章(용장)	朝鮮	東谷	委巷人 字 文仲 本貫 密陽
朴龍栽(용재)	1808~1897	雲齋	字 珠卿 本貫 竹山 父 奎錫
朴龍哉(용재)	→朴龍栽		
朴龍田(용전)	1765~1836	訥叟	著書 訥叟先生文集
朴用柱(용주)	1871~?	松史	字 用之 本貫 忠州 著書 松史遺稿
朴容鎭(용진)	韓末	菊隱	字 漢佑 本貫 密陽 父 載陽
朴龍震(용진)		竹軒	字 漢益 本貫 泰仁
朴容學(용학)	1869~1888	古隱	字 春瑞 本貫 羅州 父 在洪 著書 文集
朴龍翰(용한)	朝鮮肅宗	景慕堂	字 雲叔
朴龍漢(용한)	1856~1934	晩悟	字 雲見 本貫 密陽 父 在東 著書 文集
朴容鉉(용현)		四然齋	本貫 順天
朴龍祜(용호)	1778~1834	寅齋	文臣 字 元汝 本貫 竹山 父 泰瓘 吏曹正郎 謚號 忠顯
朴容浩(용호)		三乎堂	著書 文集
朴龍鎬(용호)		栗山	字 子雲 本貫 寧海
朴鏞和(용화)	1838~1882	湖隱	字 舜汝 本貫 密陽 父 永昱 祖父 致鎭
朴鏞和(용화)	1871~1907	韶荷	文臣 字 希聞 本貫 密陽 父 準卨 系 準禹 謚號 忠貞
朴龍煥(용환)	1657~?	川塢	字 聖瑞 本貫 密陽 父 宗舜
朴耦(우)	朝鮮世宗	退思軒	本貫 咸陽
朴祐(우)	1476~1546	石軒 六峰	文臣 字 昌邦 本貫 忠州 父 智興 同知中樞府事
朴瑀(우)	1576~1627	杞圃	字 仲獻 本貫 密陽 父 慶延 著書 杞圃逸稿〈十四義士錄〉
朴堣(우)	朝鮮	昌溪	委巷人 字 雲汝 本貫 密陽
朴祐(우)	朝鮮	秋齋	文臣 本貫 珍原 繕工監判兼僉正 謚號 忠烈
朴友公(우공)	朝鮮顯宗	河山	文臣 字 廷直 本貫 密陽
朴羽衢(우구)	→朴狂衢		
朴禹度(우도)	1732~1755	勉齋	本貫 密陽 父 近立 祖父 承淳
朴宇鎭(우진)	1702~1761	楮圃	字 希彦 本貫 密陽 父 載新
朴祐鎭(우진)	韓末~日帝	後松	著書 文集
朴又赫(우혁)	1659~?	八琴	字 明仲 本貫 密陽 父 秀林 祖父 文世
朴尤賢(우현)	1608~?	成菴	字 士元 本貫 密陽 父 光元 祖父 苑有
朴宇鉉(우현)	朝鮮	又蕙	文臣 字 成大 本貫 淳昌 郡守
朴遇賢(우현)	1829~1907	錦坡	文臣 字 稱文 本貫 高靈 父 秀龍 左正言 著書 錦坡遺集
朴禹欽(우흠)	朝鮮	澗逸	文臣 字 汝平 本貫 忠州 僉樞
朴郁文(우문)	朝鮮初期	梅齋	本貫 密陽 父 善民 祖父 希忠 鳳山郡守

人名	年代	號	其他
朴郁鎭(욱진)		花溪	本貫 密陽
朴雲(운)	1493~1562	龍巖 雲巖	學者 字 澤之 本貫 密陽 父 元宗 朴英 門人 著書 龍巖集
朴薑(운)	朝鮮宣祖	病栢堂	隱士 字 士秀 本貫 咸陽
朴芸傑(운걸)	朝鮮肅宗	嘗百堂	本貫 密陽 父 祿慶 祖父 成健
朴雲奎(운규)		勿老齋	本貫 密陽
朴雲達(운달)	1491~1558	樂山	字 達之 本貫 密陽 父 彬 祖父 根孫 著書 文集
朴運彬(운빈)		學堂	本貫 高靈
朴雲遜(운손)	朝鮮宣祖	東隱	本貫 密陽 父 善孫 祖父 希忠
朴雲壽(운수)	1797~1841	德隱 竹溪	文人, 書藝家 字 景龍 本貫 潘南 父 宗輿 祖父 胤源 外祖 李奎復 順興府使 著書 德隱遺稿
朴雲英(운영) →朴震英			
朴雲長(운장)	朝鮮	繼軒	文臣 字 瑞龍 本貫 竹山 副護軍
朴蔚(을)	朝鮮初期	慕古	本貫 密陽 父 晈 祖父 中美 丹城縣監
朴遠(원)		埜堂	本貫 竹山 父 全之
朴元謙(원겸)	1470~?	恒楊	字 希益 本貫 務安 父 蕃
朴元桂(원계)	高麗	石灘	本貫 慶州
朴元恭(원공)	1429~1484	水月堂	本貫 密陽 父 審問 祖父 剛生 司直
朴元圭(원규) →李元圭			
朴源奎(원규)	朝鮮	錦波	文臣 本貫 忠州 副提調
朴源奎(원규)		二至齋	著書 二至齋遺稿
朴源箕(원기)	朝鮮	晩松	本貫 密陽
朴元度(원도)	1626~1690	龍灘散人 竹窓	文臣 字 仲憲 本貫 潘南 父 誠 富平縣監
朴元度(원도)		松谷	本貫 潘南
朴元黙(원묵)	1835~1911	石下	字 性容 本貫 咸陽 著書 石下文集
朴元培(원배)		寧亭	本貫 密陽
朴元碩(원석)	朝鮮	荒山	文臣 字 復初 本貫 寧海 戶曹參議
朴元叔(원숙)	1564~1622	忠庵	字 義甫 本貫 密陽 父 侃 祖父 允卿
朴元恂(원순)	朝鮮	清溪	字 信而 本貫 珍原 金麟厚 門人 生員
朴元植(원식)		勤齋	著書 文集
朴源應(원응)	朝鮮高宗	松陰	學者 本貫 忠州
朴元貞(원정)	1414~1465	晩隱堂	文臣 字 之成 本貫 竹山 父 翶 吏曹判書 諡號 文靖
朴遠鍾(원종)	1887~1944	直庵	著書 直庵遺集
朴元鎭(원진)	1771~1804	月汀	字 子華 本貫 密陽 父 基秀 祖父 德煥
朴源鎭(원진)	韓末	松湖	本貫 密陽 父 秉燮

人名	年代	號	其他
朴源泰(원태)	朝鮮哲宗	泉梧	
朴元澤(원택)	1731~1783	雲齋	字 允成 本貫 密陽 父 義山
朴元亨(원형)	1411~1469	晚節堂　晚節　正齋	文臣 字 之衡 本貫 竹山 父 翱 外祖 李瀚 封號 延城府院君 領議政 諡號 文憲 著書 晚節堂集
朴源弘(원홍)		瑞西	著書 瑞西遺稿
朴緯綸(위륜)	1464~1514	三堂	字 子綱 本貫 密陽 父 欽 祖父 崇之
朴緯鎭(위진)	韓末	洛從	字 文經 本貫 密陽 父 載聲
朴愈(유)	高麗~朝鮮	柳隱	本貫 蔚山 初名 悠
朴濰(유)	1606~1626	觀海	詩人 字 仲涉 本貫 潘南 父 東亮 金瑬 門人 著書 觀海集
朴瀏(유)	朝鮮	杞泉 寒泉	隱士 字 美源 本貫 咸陽
朴榴(유)		龜谷	字 宜仲 本貫 務安
朴有慶(유경)		二酉齋	本貫 順天
朴由寬(유관)	朝鮮宣祖	鑑湖	本貫 咸陽 父 知幾 祖父 應立 郡守
朴裕根(유근)	1872~1894	陽村	字 日敬 本貫 密陽 父 兢洙 祖父 基順
朴維度(유도)	1605~?	葛山 遯窩	字 重五 本貫 密陽 父 自典
朴惟東(유동)	1604~1688	一石	學者 字 時甫 本貫 忠州 父 事三 外祖 趙應祉 參奉 著書 一石遺稿
朴惟楝(유동) →朴惟東			
朴惟明(유명)	朝鮮後期	池川	文臣 字 德甫 本貫 忠州 僉正
朴有鵬(유붕)		時覺	字 南擧 本貫 竹山
朴柔生(유생)	1400~?	栢齋	字 剛汝 本貫 密陽 父 恒 祖父 思敏 著書 文集
朴裕燮(유섭)		亞軒	本貫 尙州
朴維城(유성)	朝鮮後期	瑞墨齋	畵家 父 恒寧
朴逌性(유성)	朝鮮後期	清珊	
朴惟世(유세)	1550~1620	量齋	字 惟平 本貫 密陽 父 彥檜 祖父 明輝
朴裕秀(유수)	1793~?	河汀	字 和善 本貫 密陽 父 瑩眞 祖父 蒼赫
朴惟淳(유순)	朝鮮	癡翁	文臣 本貫 竹山 嘉善大夫
朴由淵(유연)	朝鮮孝宗	逸齋	隱士 字 躍起 本貫 咸陽 父 知誡 外祖 李惟侃 追贈 持平
朴由元(유원)	朝鮮	放遊	文臣 字 元瑞 本貫 昌原 參議
朴惟一(유일)		潛冶	本貫 忠州
朴逌馨(유형)	1858~1929	悒菴	學者 字 聖烈 本貫 順天 父 鍾夏 外祖 崔鎭河 著書 悒菴集
朴柔煥(유환)	朝鮮後期	醉窩	字 强文 本貫 密陽 父 漢箕 系 漢斗 祖父 致文

人名	年代	號	其他
朴潤(윤)	1771~1780	吾守堂	字 德仲 本貫 密陽 父 廷實 著書 吾守堂遺稿
朴潤(윤)	朝鮮	竹淵	孝子 字 德夫 本貫 高靈 父 繼祖
朴允卿(윤경)	1485~1643	松庵	字 公老 本貫 密陽 父 桓
朴閏卿(윤경)		魯菴	本貫 文義
朴胤光(윤광)	朝鮮肅宗	晚臥軒	文臣 字 子述 本貫 密陽
朴潤根(윤근)		農隱	本貫 密陽
朴胤東(윤동)	朝鮮後期	奎齋	文臣 本貫 密陽 父 紳 弼善
朴潤東(윤동)		不知翁	著書 不知翁文集
朴允利(윤리)	朝鮮	養心亭	本貫 密陽 父 敷 左贊成
朴允默(윤묵)	1771~1849	存齋	文臣 字 士執 本貫 密陽 父 弘梓 丁彝祚 門人 同知中樞府事 著書 存齋集
朴允文(윤문)	朝鮮	玉谷	文臣 字 德章 本貫 尙州 父 增
朴潤珉(윤민)	朝鮮	泡華	委巷人 字 子精 本貫 密陽
朴允彬(윤빈)		琵湖	著書 琵湖逸稿〈珍原朴氏世稿〉
朴潤壽(윤수)	朝鮮	嶺松	本貫 密陽 察訪
朴尹秀(윤수)		南谷	本貫 密陽
朴潤壽(윤수)		浪山	字 仲克 本貫 密城
朴潤身(윤신)	→朴身潤		
朴胤沃(윤옥)	朝鮮	石泉	文臣 字 潗彥 本貫 龜山 工曹參議
朴胤源(윤원)	1734~1799	近齋	學者 字 永叔 本貫 潘南 父 師錫 追贈 大司憲 著書 近齋集
朴允元(윤원)		寅齋	著書 寅齋漫錄
朴潤元(윤원)		渭巖	本貫 密陽
朴允中(윤중)	1721~1754	春軒	著書 文集
朴允清(윤청)	朝鮮中期	知足堂	本貫 密陽 父 玽 系 珽 義城敎授
朴允誠(윤함)		松皐	字 士誠 本貫 潘南
朴胤玄(윤현)		東皐	本貫 務安
朴允和(윤화)		湖隱	本貫 務安
朴繘(율)	1621~?	梧里 梧山 閱閱亭	文臣 字 子明 本貫 蔚山 父 以建 掌令 著書 籌學本源
朴融(융)	?~1424	憂堂 退憂堂	文臣 字 惟明, 惟仁 本貫 密城 父 翊 鄭夢周 門人 郡守 著書 憂堂集
朴訔(은)	1370~1422	釣隱	文臣 字 仲止 本貫 潘南 父 尙衷 外祖 李穀 封號 錦川府院君 左議政 諡號 平度
朴誾(은)	1479~1504	挹翠軒	學者 字 仲說 本貫 高靈 父 聃孫 外祖 李峸 申用漑 婿 追贈 都承旨 著書 挹翠軒集

人名	年代	號	其他
朴殷錫(은석)	韓末	牢跟	本貫 文義
朴殷植(은식)	1859~1925	謙谷 謙谷散人 白巖 太白狂老	獨立運動家, 學者 字 聖七 本貫 密陽 父 用浩 著書 朝鮮古代史考
朴殷春(은춘) →朴萬春			
朴乙貴(을귀)	1557~1662	芸齋	字 君東 本貫 密陽 父 敬美 祖父 夏榮
朴應坤(응곤)	1853~1916	小菴	字 慶源 本貫 密陽 父 致憲 著書 文集
朴應坤(응곤)		晩松亭	著書 文集
朴應奎(응규)	1880~?	華溪	字 正律 本貫 密陽 父 炳敎
朴應男(응남)	1527~1572	艮齋 南逸 退庵	文臣 字 柔仲 本貫 潘南 父 紹 李仲虎 門人 追贈 吏曹判書 諡號 文貞
朴應南(응남) →朴應男			
朴應來(응래)		勤庵	本貫 密陽
朴膺鍊(응련) →朴膺鍾			
朴應範(응범)	1887~?	龍溪	字 聖八 本貫 密陽 父 東晦 祖父 遇春
朴應福(응복)	1525~1598	松窩 拙軒	文臣 字 慶仲 本貫 潘南 父 紹 外祖 洪士俯 柳祖訒, 成悌元, 李仲虎 門人 同知中秋府事
朴應參(응삼)	朝鮮	石亭	文臣 字 漢章 本貫 珍原 主簿
朴應祥(응상)	1526~1592	樂翁	武臣 字 仲綏 本貫 月城 父 敏樹 外祖 朴景信 大靜縣監
朴應善(응선)	朝鮮仁祖	西浦 草亭	學者 字 而吉 本貫 務安 父 璘
朴應成(응성)		梅軒	本貫 密陽
朴應秀(응수)	?~1593	梅軒	武臣 字 漢瑞 本貫 密陽 父 殷春 追贈 兵曹參議
朴應壽(응수)		菊軒	著書 文集
朴應嵩(응숭)		醉醒	字 天健 本貫 密陽
朴應身(응신) →朴應男			
朴應元(응원) →朴忠元			
朴應禎(응정)		屛溪	字 國瑞 本貫 蔚山
朴膺鍾(응종)	1893~1919	易堂	著書 易堂稿
朴應哲(응철)	朝鮮	楓湖	學者 本貫 珍原
朴應漢(응한)	1835~1904	新庵	學者 字 元士, 元七 本貫 蔚山 父 鎧 外祖 李命寬 金在顯, 任憲晦 門人 敬陵令 著書 新庵集
朴應赫(응혁)		華山	
朴應衡(응형)	1605~1658	南皐	學者 字 詹白 本貫 高靈 父 昌先 著書 南皐文集
朴應和(응화)	1889~?	碧波	字 龍見 本貫 密陽 父 永文 系 永度
朴應勳(응훈)	朝鮮宣祖	梧村	孝子 字 功允 本貫 忠州
朴漪(의)	1600~1645	仲峰 中峯	文臣 字 仲漣 本貫 潘南 父 東亮 申欽 婿 監司 著書 仲峰集
朴誼(의)	朝鮮	靑川堂	文臣 本貫 江陵 禮曹判書

人名	年代	號	其他
朴義珏(의각)	新羅	麻西干	字 士成 本貫 寧海 父 登次
朴義謙(의겸)	1591~1636	竹軒	丙子殉節 字 宜之 本貫 密陽 父 天鵬
朴義老(의노)		慕堂	本貫 密陽
朴義龍(의용)		楓亭	本貫 務安
朴毅立(의립)		歸來亭	字 剛中 本貫 咸陽
朴義烈(의열)	1889~1930	河山	獨立運動家
朴義山(의산)	1683~1753	月峰	字 萬猷 本貫 密陽 父 世輔
朴義然(의연)	→朴建의 本名		
朴義榮(의영)		江叟	著書 江叟遺稿 〈訥齋遺稿〉
朴毅長(의장)	1555~1615	淸愼齋	武臣 字 士剛 本貫 務安 父 世廉 追贈 戶曹判書 諡號 武毅 著書 朴毅長先生文集
朴宜中(의중)	1337~1403	貞齋	文臣 字 子虛 本貫 文義 初名 實 父 仁杞 封號 文義君 檢校參贊議政府事 諡號 文敬 著書 貞齋集
朴義稙(의직)		釣湖	著書 釣湖集
朴義鎭(의진)	朝鮮後期	雲岩	字 順明 本貫 密陽 父 載鎭
朴義震(의진)		屛山	本貫 務安 父 昌壽
朴義集(의집)	1846~1912	直齋	字 養直 本貫 咸陽 父 彭寧 系 文寧 著書 文集
朴儀卓(의탁)	朝鮮	松皐	文臣 字 鳳瑞 本貫 寧海 同知中樞府事
朴義浩(의호)		守愚堂	本貫 密陽
朴毅弘(의홍)	1865~1934	弘齋	本貫 密陽 父 有淳 祖父 民植
朴義薰(의훈)	1895~1983	湖山	獨立運動家 字 明鎭
朴鯉(이)	朝鮮成宗	菊圃	本貫 竹山 父 文星 著書 菊圃遺稿
朴珆(이)	1541~1585	松溪	著書 松溪集
朴以謙(이겸)	1553~1613	三巖 毅齋	學者 字 德厚 本貫 密陽 父 忠賢 外祖 朴埈 著書 三巖遺稿
朴履坤(이곤)	1730~1783	芝村	字 聖光 本貫 高靈 父 惇誠 外祖 宋學基 芝村遺集
朴而公(이공)		菊潭	本貫 密陽
朴以寬(이관)	朝鮮成宗	葆谷 葆翁	文臣 字 子容 本貫 咸陽 父 遂和 洪州牧使
朴而樑(이량)	1659~1719	石溪	字 君重 本貫 密陽 父 之益 祖父 雲
朴以龍(이룡)	1533~1595	鶴村	文臣 字 施允 本貫 忠州 父 成楗 綾城縣令
朴而文(이문)	1544~1598	藍溪	文臣 字 伯彬 本貫 順天 父 良佐 追贈 左承旨 著書 文集
朴履文(이문)	1675~1745	古心齋	文臣, 學者 字 仲禮 本貫 務安 父 澄 祖父 昌夏 正言 外祖 睦林馨 掌令
朴以文(이문)	1653~?	蘭谷	字 君彬 本貫 密陽 父 鳳元 祖父 春榮 判官
朴以文(이문)	→朴而文		
朴而栢(이백)	朝鮮	製菴	文臣 字 君植 本貫 三陟 僉正

人名	年代	號	其他
朴以生(이생)	朝鮮	松溪	本貫 密陽
朴彝叙(이서)	1561~1621	東臯 泌川	文臣 字 敍吾 本貫 密陽 初名 文叙 父 栗 靈光郡守 諡號 忠簡
朴而昭(이소)		清溪	字 用晦 本貫 蔚山
朴爾淳(이순)	1677~1748	柳溪	著書 文集
朴履純(이순)	1748~1825	三樂堂	學者 字 士吉 本貫 密陽 父 洪 外祖 李基寅 著書 三樂堂遺稿
朴騏植(이식)	1873~1953	野隱	義兵 本貫 密陽 父 潤瑞
朴而章(이장)	1540~1622	龍潭 駱村 道川 龍洲 壺隱	文臣 字 叔彬 本貫 順天 父 良佐 大司諫 著書 龍潭集
朴以樟(이장)		晩悔軒	著書 文集
朴履坦(이탄)	朝鮮正祖	松竹	文臣 字 九叙 本貫 密陽
朴以恒(이항)		秘巖	著書 秘巖先生遺稿〈三巖先生遺稿〉
朴履炫(이현)	1831~1860	潛盧	著書 潛盧詩稿〈珍原世稿〉
朴履炫(이현)		述窩 涵一齋	本貫 順天 父 聖濴
朴以洪(이홍)	朝鮮	月影 月影堂	隱士 字 士毅 本貫 咸陽 父 遂和
朴以弘(이홍) →朴以洪			
朴履和(이화)	1739~1783	龜溪	文臣 本貫 咸陽 通德
朴而煥(이환)	朝鮮後期	櫟老堂	學者 字 子晦 本貫 尙州 父 軒
朴履煥(이환)	1730~1818	戀窩	字 子安 本貫 密陽 父 漢佐 祖父 致民
朴騏煥(이환) →朴騏植			
朴頤休(이휴)		素山	字 君養 本貫 忠州
朴翊(익)	1332~1398	松隱	文臣 字 太始 本貫 密陽 父 永均 外祖 具褲 追贈 左議政 諡號 忠肅 著書 松隱集
朴益堅(익견)		晦軒	字 士韋 本貫 珍原
朴益卿(익경)		愛閒亭	字 弼甫 本貫 務安
朴翼東(익동)	1827~1895	小近齋	學者 字 元順 本貫 順天 父 海厚 系 海洪 外祖 吳志曾 著書 小近齋集
朴益智(익지)	朝鮮端宗	安溪	文臣 本貫 潘南
朴翊之(익지) →朴翊			
朴翊太(익태) →朴翊			
朴麟(인)	朝鮮端宗	擬栗 醫栗	忠臣 字 聖祥 本貫 潘南
朴氤(인)	朝鮮燕山君	湖隱	孝子 字 子馥 本貫 晉州(泰安) 父 曺
朴寅(인)	朝鮮明宗	孤巖	本貫 密陽 父 舜齡 祖父 經 縣令
朴忍(인)	1534~1592	老孝子 老孝齋	字 彥容 本貫 密陽
朴璘(인)	1547~1625	青蘿 青窩	學者 字 士獻 本貫 潘南 父 滉

人名	年代	號	其他
朴璘(인)	1574~1647	杏窩	字 君獻 本貫 密陽 父 慶胤 著書 文集
朴絪(인)	1583~1640	无悶堂　無悶堂 無閔堂 七梅堂	學者 字 伯和 本貫 高靈 父 壽宗 著書 文集
朴璘(인)	朝鮮宣祖	南村	文臣 字 仲溫 本貫 務安 父 仁豪 追贈 吏曹判書
朴寅(인)		黙齋	本貫 密陽
朴璘(인)		忍齋	本貫 泰仁 祖父 行重
朴祵(인) →朴絪			
朴仁傑(인걸)	朝鮮	養睡軒	文臣 字 廷甫 本貫 靈巖 工曹判書
朴仁謙(인겸)		蓮谷	字 惠之 本貫 密陽
朴仁國(인구)	1563~1657	清广	字 大輔 本貫 密城 著書 靖广實紀
朴仁圭(인규)	1865~1942	春岡	字 乃賢 本貫 密陽 父 周奭 著書 文集
朴仁圭(인규)	?~1976	誠堂	字 士安 本貫 密陽 父 時煥 著書 誠堂先生文集
朴寅圭(인규)		惺山	著書 文集
朴仁基(인기)	1626~1664	翠軒	字 公耳 本貫 潘南
朴引年(인년)	朝鮮文宗	景春軒	文臣 字 龜叟 本貫 順天 父 仲林 校理
朴寅亮(인량)	?~1096	小華	文臣 字 代天 代元 本貫 竹山 右僕射參知政事 謚 號 文烈 著書 古今錄
朴寅亮(인량)	朝鮮宣祖	萬樹堂	義兵將 字 汝乾 本貫 密陽
朴仁老(인로)	1561~1642	蘆溪 無何翁	武臣 字 德翁 本貫 密陽 父 碩 龍驤衛副護軍 著 書 蘆溪集
朴麟範(인범)	1844~?	簡齋	字 元汝 本貫 密陽 父 東儒
朴麟祥(인상)	1682~1767	圃翁 梅菊軒	學者, 文臣 字 聖甫 本貫 竹山 父 始華 外祖 高斗 元 同知中樞府事 著書 圃翁集
朴仁碩(인석)	1143~1212	檜谷	文臣, 學者 字 壽山 本貫 竹山 父 育和 戶部尚書
朴仁錫(인석)	朝鮮	試齋	文臣 字 義兼 本貫 寧海 義禁府都事
朴寅碩(인석)	朝鮮憲宗	霞谷 霞石	畵家 字 景協(叶)
朴寅燮(인섭)	1837~1934	近菴	學者 字 元賓 本貫 密陽 父 榮根 著書 近菴集
朴仁叟(인수)	1565~1634	愚溪	字 德長 本貫 密陽 父 碩 祖父 允清 外祖 朱舜臣
朴麟壽(인수)	朝鮮	松隱	本貫 蔚山 父 萬齡 著書 文集
朴仁壽(인수)		嘉齋	著書 嘉齋事實錄
朴仁淵(인연)	朝鮮	日省堂	學者 字 禹天 本貫 靈巖
朴麟祐(인우)	高麗	草菴	本貫 密陽
朴麟祐(인우)	高麗	芸亭	本貫 密陽 父 從言 寶文館直提學
朴麟跡(인적)		石江	本貫 密城
朴仁定(인정)	朝鮮宣祖	玉潭	本貫 文義

人名	年代	號	其他
朴麟祚(인조)		楠西	著書 楠西集
朴麟鎭(인진)	1846~1991	愚忍堂	學者 字 學仲 本貫 密陽 父 在應 系 在德 外祖 白繼贊 著書 愚忍堂遺稿
朴仁溱(인진)	1886~1967	愚溪堂	著書 文集
朴仁燦(인찬)	1832~1919	茶山	字 近中 本貫 務安 父 觀秀 著書 文集
朴寅澈(인철)	韓末	曉山	
朴麟夏(인하)	1820~?	東石	字 仁九 本貫 密陽 父 來謙 著書 文集
朴仁鉉(인현)	朝鮮	隱谷	
朴仁亨(인형)	朝鮮	訥齋	文臣 字 希老 本貫 慶州 執義
朴麟鎬(인호)	1834~1917	未軒	本貫 竹山
朴寅浩(인호)	1855~1940	春庵	獨立運動家 天道敎人 字 道一 本貫 密陽
朴仁浩(인호)		野隱堂	本貫 密陽
朴麟和(인화)	1718~1786	壽谷	字 義瑞 本貫 密陽 父 永年 祖父 泰鎭 齡陵參奉
朴仁和(인화)	韓末	地山	學者 著書 地山集
朴寅煥(인환)	1750~?	隱谷	字 明五 本貫 密陽 父 宗益 祖父 聖彦 敦寧府都正
朴逸璣(일기)	朝鮮	東坡	文臣 字 舜衡 本貫 寧海 經筵參贊官
朴駉來(일래)	朝鮮後期	樵隱	字 天駟 本貫 密陽 父 準規
朴逸範(일범)	1841~?	慵軒	字 範甫 本貫 密陽 父 東儒 祖父 遇泰
朴駉相(일상)	1894~1956	三乎	字 道行 本貫 務安 父 淇弘 著書 三乎先生文集
朴日省(일성)	1599~1671	雲巖	字 學魯 本貫 尙州 父 致恭 系 致安
朴駉秀(일수)		性山	本貫 密陽
朴一元(일원)	1713~1769	竹堂	本貫 密陽 父 率昌 祖父 成山
朴逸憲(일헌)	朝鮮	壽硯	
朴任(임)		芝峯	本貫 務安
朴琳相(임상)	1864~1944	敏齋	學者 字 孺玉 本貫 務安 父 淇準 著書 敏齋遺稿
朴任先(임선) →朴任元			
朴任元(임원)		陶隱	本貫 密陽 父 七生
朴林宗(임종)	?~1392	栗村	本貫 高靈 父 雨生
朴子良(자량)	朝鮮太宗	杏村	文臣 本貫 竹山 父 叢 漢城判尹
朴自良(자량)	高麗	樵叟	文臣 本貫 江陵 直學
朴自亮(자량)	朝鮮中期	樂春	字 昌文 本貫 密陽 父 承華 祖父 安民
朴自齡(자령)	1571~1607	學士	字 慶眞 本貫 密陽 父 繼寬 祖父 禹年
朴自明(자명)		玉溪	本貫 密陽
朴子瑜(자유)		凝川	本貫 密陽
朴自殷(자은)	朝鮮	梧圃	字 而良 本貫 密陽 父 承聖

人名	年代	號	其他
朴自凝(자응)	1589~1645	挹白堂 玄巖	文臣 字 正吉 本貫 密陽 父 承宗 外祖 金士元 掌令 著書 文集
朴子儀(자의)		心敬堂	本貫 順天
朴自珍(자진)	1644~1715	遜菴	字 舜道 本貫 密陽 父 承彦 祖父 安誠 進士
朴自昌(자창)		愚山 愚山齋	字 德順 本貫 江陵
朴自芊(자천)	朝鮮成宗	省齋	文臣 字 公茂 本貫 三陟 吏曹參議
朴自興(자흥)	1581~1623	瑞棠 挹清軒	字 仁吉 本貫 密陽 父 承宗
朴長復(장복)	朝鮮後期	錦里	文臣 本貫 密陽 父 道敏 工曹判書 諡號 孝靖
朴長馥(장복)		縞聘	著書 文集
朴長卨(장설)	1709~?	汾西 鳶齋	文臣 字 稱敎 本貫 密陽 父 道顯 參判
朴長燮(장섭)	朝鮮英祖	鉏隱	文臣 本貫 密陽 父 道身 兵曹佐郎
朴長孫(장손)		愼齋	本貫 密陽
朴章述(장술)	朝鮮	龍巖	
朴長遠(장원)	1612~1671	久堂 隰川	文臣 字 仲久 本貫 高靈 父 烜 開城府留守 諡號 文孝 著書 久堂集
朴長潤(장윤)	1769~1854	醉隱	字 遠伯 本貫 密陽 父 萬鍾 祖父 廷柱 掌令
朴長春(장춘)	→朴春長		
朴章夏(장하)		訥叟	本貫 密陽
朴長漢(장한)	朝鮮英祖	大癡	文臣 本貫 密陽
朴璋炫(장현)		東溪	著書 東溪先生文集
朴章鉉(장현)		菊圃	著書 菊圃遺稿〈剛齋遺稿〉
朴長浩(장호)	1850~1922	華南	獨立運動家
朴章浩(장호)		癡庵	本貫 務安
朴璋煥(장환)	1778~1840	牙星	字 信資 本貫 密陽 父 宗鶴 祖父 萬善
朴榟(재)	1564~?	雲溪	字 子貞 本貫 高靈 父 大容
朴載(재)	朝鮮肅宗	玄巖	文臣 字 以厚
朴梓(재)	朝鮮	陽窩	文臣 字 大用 本貫 泗川 參奉
朴榟(재)		東槎	
朴載經(재경)	1799~?	懈軒	字 汝安 本貫 密陽 父 光胗 祖父 漢鍾
朴載寬(재관)		月西	本貫 咸陽
朴載圭(재규)	韓鮮	隱溪	字 夏錫 本貫 密陽 父 炳燦
朴在珪(재규)		南坡	本貫 密陽
朴在冀(재기)	1750~1802	月菴	字 子雲 本貫 密陽 父 來吾 祖父 經一
朴載良(재량)	朝鮮後期	巖雪	字 良振 本貫 密陽 父 恭煥 祖父 恕曾
朴載龍(재룡)	1857~1920	太隱	著書 文集

人名	年代	號	其他
朴在麟(재린)		歲寒亭	本貫 務安 祖父 挺弼
朴榟望(재망)		松溪	本貫 密陽
朴載文(재문)	朝鮮後期	志省齋	字 乃成 本貫 密陽 父 震光
朴載丙(재병)	朝鮮後期	義湖	字 南仲 本貫 密陽 父 柔煥 祖父 漢斗
朴在斌(재빈)	朝鮮	愚溪堂	
朴載彬(재빈)		胒堂	本貫 密陽
朴在三(재삼)	?~1785	書隱	著書 書隱遺稿
朴在錫(재석)	1885~1931	耳山	著書 耳山文集
朴在聲(재성)	→朴在馨		
朴載淳(재순)	朝鮮哲宗	素拙	文臣 字 泰順 本貫 密陽 父 洙煥 祖父 宗汝
朴在植(재식)	1867~1938	紫南	學者 字 禹欽 本貫 密陽 父 敬黙 外祖 金相信 著書 紫南文集
朴載陽(재양)	朝鮮後期	錦南	字 潤實 本貫 密陽 父 英煥
朴載陽(재양)		東槎	著書 東槎漫錄
朴載然(재연)	朝鮮後期	觀瀾齋	字 希之 本貫 密陽 父 光翼 祖父 漢德
朴在榮(재영)	朝鮮	平齋	委巷人 字 子安 本貫 密陽
朴載瑩(재영)	1793~?	農岩	字 敬之 本貫 密陽 父 寅煥 祖父 宗益 司果
朴載英(재영)	1765~1837	陶谷	字 聖宗 本貫 密陽 父 履煥 祖父 漢佐
朴載永(재영)	1817~?	醒齋	本貫 密陽 父 鳳洙 祖父 宗煥 通政大夫
朴在永(재영)		野隱	本貫 務安
朴在容(재용)	朝鮮	英齋	文臣 字 允信 本貫 泰仁 都事
朴載祐(재우)	1829~1870	近庵	學者 著書 近庵集
朴載源(재원)	朝鮮	松菴	隱士 字 和永 本貫 密陽
朴載原(재원)	朝鮮後期	梅谷	字 應元 本貫 密陽 父 光郁
朴載緯(재위)	1606~?	桐庵	字 汝經 本貫 密陽 父 光胈 祖父 漢鍾 嘉善大夫
朴載仁(재인)	朝鮮	謹齋	本貫 密陽 父 箕煥
朴齋仁(재인)	朝鮮	篁巖	字 仲思
朴載貞(재정)	朝鮮中期	玉峰	字 正壽 本貫 密陽 父 文性 祖父 思道
朴載鎭(재진)	朝鮮後期	松村	字 季瑞 本貫 密陽 父 謙煥
朴載憲(재헌)	1875~1926	道山	學者 字 國斌 本貫 務安 父 徽燦 外祖 李晋淵 著書 道山文集
朴宰鉉(재현)	1830~1883	蘭石	學者 字 國見 本貫 順天 父 奎昊 著書 蘭石文集
朴在馨(재형)	1838~1900	進溪	字 伯翁 本貫 密城 父 時黙 外祖 李秉瑩 著書 進溪 文集
朴在皞(재호)	朝鮮後期	餘紗	字 龍瑞 本貫 密陽 父 周吾 祖父 經和 著書 遺稿
朴載弘(재홍)	1848~?	晚隱	字 善之 本貫 密陽 父 震煥 祖父 宗益

人名	年代	號	其他
朴載華(재화)	1864~1904	觀齋	學者 字 允中 本貫 咸陽 父 元黙 外祖 崔在麟 著書 觀齋遺稿
朴在華(재화)		柘山齋	著書 文集
朴載煥(재환)	朝鮮	守分齋	委巷人 字 景厚 父 東㝢
朴在煌(재황)	1864~1912	淵谷	著書 文集
朴在洽(재흡)	朝鮮	竹圃	孝子 字 濟南 本貫 平洲
朴載興(재흥)	朝鮮肅宗	杜谷	學者 字 天運 本貫 竹山 父 希寅
朴載興(재흥)	朝鮮	石溪	字 勝文 本貫 密陽 父 泰煥
朴齋禧(재희)		南皐	著書 南皐先生文集
朴柢(저)	朝鮮燕山君	雲谷	本貫 咸陽
朴墑(적)		菊所	字 以華
朴全(전)	1514~1558	松坡	文臣 字 免夫 本貫 務安 父 元基 外祖 文愷 戶曹正郎 著書 松坡逸稿
朴詮(전)	1526~1607	明溪	字 公謹 本貫 龜山 成均生員 著書 明溪逸稿
朴烇(전)	朝鮮	懼窩	學者 字 季輝 本貫 忠州
朴澱(전)		岐園	字 希清 本貫 寧海
朴詮(전)		星洞	
朴全之(전지)	1250~1325	杏山	文臣 本貫 竹山 父 暉 守僉議贊成事 諡號 文匡
朴銓弼(전필)	1863~1932	東塢	文臣 字 禮瑞 本貫 竹山 父 泰奎 承訓郎
朴漸(점)	1532~?	復庵	文臣 字 景進 本貫 高靈 父 世貞 吏曹參議
朴挺(정)	朝鮮成宗	棠谷	功臣 本貫 密陽
朴楨(정)	朝鮮成宗	荷村	字 馬用 本貫 忠州
朴珽(정)	朝鮮明宗	承先軒	本貫 密陽 父 英孫 祖父 順祖 集慶殿參奉
朴炡(정)	1596~1632	錦洲 霞谷 霞石	文臣 字 大觀 本貫 潘南 父 東善 封號 錦洲君 副提學 諡號 忠肅
朴禎(정)	朝鮮中期	訥齋	本貫 忠州 父 智興 生員
朴烶(정)	?~1653	栗巖	著書 栗巖遺稿〈雲齋世稿〉
朴禎(정)	朝鮮	荷村	字 昌國 本貫 昌原 進士
朴莛(정)	朝鮮	逸庄	本貫 密陽 父 悌男 府使
朴侹(정)		淨疎軒	本貫 務安
朴烶(정)		漂巖	本貫 潘南
朴廷杰(정걸)	1683~1746	南浦	學者 字 懷英 懋哉 本貫 密陽 父 夏相 著書 南浦文集
朴廷儉(정검)	朝鮮	丹湖	文臣 字 士謙 本貫 固城 掌令
朴挺坤(정곤)	1890~1964	紫樵 陟瞻堂	字 子澄 本貫 密陽 父 致海 著書 文集

人名	年代	號	其他
朴廷九(정구)	朝鮮	玉川	文臣 字 敬攝 本貫 三陟 同知中樞府事
朴廷珪(정규)	?~1674	梅隱	字 貞吉 本貫 密陽 父 安時
朴廷珪(정규)	1677~1743	二樂	文臣 字 獻之 本貫 陰城 父 震龜 牙山縣監
朴廷奎(정규)	1829~1898	野隱	學者 字 道兼 本貫 咸陽 父 宗濂 外祖 吳弼漢 著書 野隱謾錄
朴廷吉(정길)	朝鮮	棄窩	本貫 密陽 父 安時
朴鼎德(정덕)	1761~1826	學圃	字 敬三 本貫 密陽 父 師訥 祖父 文源 成均進士
朴廷來(정래)	1861~1907	醒泉	學者 字 極瞻 本貫 密陽 父 永輝 外祖 王駟道 著書 醒泉文集
朴廷老(정로)	1554~1632	懶學 懶學子	學者 字 汝獻 本貫 密陽
朴廷祿(정록)		養睡軒	字 廷甫 本貫 靈巖
朴廷龍(정룡)	1599~1673	德谷	字 子雲 本貫 密陽 父 安建 祖父 承賢
朴廷麟(정린)	1607~1659	綱川	字 子祥 本貫 密陽 父 安建 祖父 承賢 都事
朴廷立(정립)		華隱	本貫 密陽
朴廷免(정면)	→朴廷兒		
朴廷晃(정면)	→朴廷兒		
朴廷璠(정번)	1550~1611	鶴巖	文臣, 學者 字 君信 本貫 高靈 父 澤 系 溢 外祖 閔宗騫 追贈 承旨 著書 鶴巖集
朴廷鳳(정봉)	朝鮮	啞溪	文臣 字 鳳卿 本貫 三陟 副護軍
朴梃生(정생)		蘭齋	本貫 咸陽
朴廷瑞(정서)	1622~1689	東野	字 子徵 本貫 密陽 父 純禮 祖父 曾賢
朴廷善(정선)	1643~?	小溪	學者 字 宜有 本貫 密陽 父 純智 僉正
朴廷薛(정설)	1612~?	遯愚堂	文臣 字 汝弼 本貫 咸陽 父 瑛 外祖 李榮門 承旨
朴珽燮(정섭)		愼黙軒	本貫 咸陽
朴廷秀(정수)	朝鮮	愛泉	文臣 字 乃七 本貫 泰仁 祖父 景鎬 副護軍
朴靖壽(정수)	朝鮮	毅叟	文臣 字 仁叔 本貫 固城 順天府使
朴楨秀(정수)		存心	本貫 密陽
朴正植(정식)	1867~1942	黙窩	著書 黙窩集
朴廷臣(정신)	朝鮮宣祖	四言翁	字 國老 本貫 密陽 父 安時
朴鼎臣(정신)	1762~1830	西皐	著書 文集
朴定陽(정양)	1841~1904	竹泉	文臣 字 致中 本貫 潘南 父 齊近 內閣總理大臣 謚號 文翼 著書 竹泉稿
朴廷淵(정연)	1628~1652	南谷	字 就深 本貫 密陽 父 安亨 祖父 嗣賢
朴廷榮(정영)		薪村	本貫 密陽
朴廷郁(정욱)	1644~1698	又霞	字 聖圭 本貫 密陽 父 純智 祖父 顔賢

人名	年代	號	其他
朴鼎元(정원)	1574~1626	東湖	文臣 字 季善 本貫 密陽 父 文冲 都事
朴鼎源(정원)		存養齋	字 聖受 本貫 潘南
朴禎一(정일)	1775~1834	率性齋	學者 字 允謙 本貫 商山 父 恩彦 外祖 成達彦 著書 率性齋遺稿
朴挺寂(정적) →朴挺最			
朴廷重(정중)		林亭	本貫 密陽
朴廷稷(정직)	1625~1707	拙堂	字 虞卿 本貫 密陽 父 安胄 祖父 友賢
朴庭稷(정직)		打拙堂	本貫 密陽
朴靖鎭(정진)	1705~?	樵山	字 淡汝 本貫 密陽 父 基朝
朴貞鎭(정진)	1729~?	林溪	字 淑汝 本貫 密陽 嘉善大夫
朴正燦(정찬)	1770~?	老圃	字 華仲 本貫 密陽 父 埰景 祖父 東春
朴廷采(정채)		梧溪	著書 文集
朴挺最(정최)	1646~1722	琴湖　　琴湖散人 希夷子	學者 字 太初 本貫 珍原 父 時煥 祖父 應哲 外祖 柳淵龍 權尙夏 門人 著書 琴湖遺稿
朴廷兌(정태)	1841~1886	喜齋	學者 字 乃說 本貫 密陽 父 聖德 外祖 孫鍾球 著書 喜齋文集
朴廷弼(정필)	朝鮮宣祖	風雷堂	學者 本貫 密陽
朴廷獬(정해)	1607~1688	睡窩	字 季直 本貫 密陽 父 安立 祖父 承賢
朴鼎賢(정현)	1561~1637	義谷 凝川	文臣 字 重老 本貫 密陽 父 好元 李山海 門人 知中 樞府事 著書 義谷遺稿 〈凝川世稿〉
朴廷鉉(정현)		夷南	著書 夷南文集
朴鼎鉉(정현)		農窩	本貫 順天
朴廷瀅(정형)	1876~1935	晚愚	著書 文集
朴廷鎬(정호)		近庵	著書 近庵先生文集
朴鼎鎬(정호) →朴漢永			
朴禎和(정화)	韓末	晚省軒	字 國慶 本貫 密陽 父 永淳
朴正煥(정환)	朝鮮	守玄翁	字 東正 本貫 密陽 父 宗台
朴廷煥(정환)		菊圃	本貫 密陽
朴鼎休(정휴)	?~1865	芚臯	學者 宋來熙 門人 著書 芚臯集
朴梯(제)	朝鮮宣祖	思誠齋	壬辰殉節 字 順之 本貫 務安
朴濟(제)	1399~?	垌隱	字 亨夫 本貫 寧海
朴濟(제)		雲臯	本貫 咸陽
朴齊家(제가)	1750~1805	竟信堂　葦杭道人 貞蕤 貞蕤閣 楚亭	學者 字 次修, 在先, 修己 本貫 密陽 父 珥 奎章閣 檢書官 著書 北學儀
朴齊璟(제경)	1831~?	荷江	文臣, 學者 本貫 潘南 父 仁壽 內閣提學 著書 荷江文稿

人名	年代	號	其他
朴齊寬(제관)	1834~?	栗菴	文臣 字 致敎 本貫 潘南 父 鎬壽 工曹判書 著書 朴栗菴秘訣
朴齊九(제구)		錦聾堂	著書 文集
朴齊近(제근)	1819~1885	敬菴	文臣 字 淑道 本貫 潘南 父 雲壽 祖父 宗興 尙州牧使 著書 敬菴遺稿
朴濟根(제근)	1873~1919	樵窩	字 曰天 本貫 密陽 父 禧洙 祖父 基彬
朴濟南(제남)		守靜窩	本貫 潘南
朴濟輪(제륜)	韓末	石堂	字 秀魚 本貫 忠州
朴齊聞(제문)	朝鮮正祖	鍾齋	字 敬韶 本貫 潘南 父 崙壽 吏曹參判 封號 錦陽君 著書 文集
朴齊三(제삼)	朝鮮	愚齋	本貫 羅州
朴齊參(제삼)		蕉席 蕉樓	著書 蕉席集
朴堤上(제상)	新羅	觀雪堂	本貫 寧海
朴齊洵(제순)	1831~?	卯齋	學者 本貫 潘南 著書 卯齋集
朴齊純(제순)	1858~1916	平齋	文臣 本貫 潘南 父 洪壽 內部大臣
朴齊臣(제신)		帶草	著書 文集
朴悌榮(제영)	朝鮮	梅軒	文臣 字 應和 本貫 忠州 僉正
朴齊鏞(제용)		遺漏	著書 文集
朴悌祐(제우)		訥齋	本貫 密陽
朴濟允(제윤)		澗石	著書 文集
朴齊殷(제은)		活孝齋	著書 活孝齋集
朴齊仁(제인)	1536~1618	篁嵒 靜黙 靜黙齋	文臣 字 仲思 本貫 慶州 曹植 門人 濟用監判官 著書 篁嵒集
朴齊政(제정)		梅槐堂	著書 梅槐堂孝行實記
朴第震(제진)	1761~?	栗岡	字 子淸 本貫 密陽 父 願德 祖父 聖昌 僉中樞府事
朴齊昶(제창)		芝隱	著書 芝隱遺稿〈五世律詩〉
朴齊喆(제철)		錦南	著書 錦南遺稿〈五世律詩〉
朴齊平(제평)		學隱堂 松寓	著書 學隱堂詩集
朴齊賢(제현)	1521~1575	松嵒	學者 字 孟思 本貫 慶州 父 希參 外祖 李胤 著書 松嵒文集
朴齊賢(제현)	1843~1886	盟溪	字 聖七 本貫 潘南 父 基壽 系 希壽
朴齊衡(제형)		松竹軒	本貫 潘南
朴祖東(조동)	朝鮮肅宗	春査	本貫 密陽 父 申
朴祖洙(조수)	韓末~日帝	文溪	本貫 咸陽
朴琮(종)	1578~1643	丹邱子	字 子美 本貫 竹山 父 應賢

人名	年代	號	其他
朴琮(종)	1735~1793	鐘洲	學者 字 季玉, 龍德 本貫 咸陽 父 遠揚 外祖 洪濟九 洪啓禧 門人 著書 鐘洲集
朴鍾(종)	朝鮮	七峰	學者 字 景萬 本貫 忠州
朴宗謙(종겸)	1744~1799	玄駒 玄皐	文臣 字 君實 本貫 潘南 父 涵源 著書 玄駒記聞
朴宗慶(종경)	1765~1817	敦巖	文臣 字 汝會 本貫 潘南 父 準源 外祖 元景游 左參贊 謚號 文肅 編書 潘南朴氏五世遺稿
朴宗絅(종경)		藏六齋	本貫 潘南
朴宗光(종광)	1690~1742	愼齋	字 有之 本貫 密陽 父 起源 祖父 奎錫
朴宗喬(종교)	朝鮮	可庵	本貫 潘南 父 時源
朴宗球(종구)	朝鮮	松溪	字 生實 本貫 潘南
朴鍾九(종구)	1834~?	春嵋	畵家 字 大勳 本貫 密陽
朴鍾奎(종규)	1865~1940	海隱	著書 文集
朴鍾奎(종규)		西湖	本貫 務安
朴宗根(종근)	朝鮮後期	杜谷	字 元慶 本貫 密陽 父 萬孝
朴宗根(종근)	1737~?	華巖	字 致祥 本貫 密陽 父 萬源 祖父 允錫
朴從男(종남)	1558~1620	柳村	學者 字 善述 本貫 慶州 父 應禧 外祖 姜遼 著書 柳村集
朴鍾洛(종락)	韓末	魚溪	字 義範 本貫 密陽 父 尚圭
朴宗良(종량)	1700~?	端巖	字 啓源 本貫 密城
朴宗亮(종량)	1820~1898	睡隱	字 景寅 本貫 密陽 父 啓源 祖父 斗錫 正言
朴宗良(종량)	1804~1876	錦坡	學者 字 聖弼 本貫 羅州 父 敬源 外祖 申震煥 著書 錦坡遺稿
朴鍾連(종련)		何陋齋	本貫 密陽
朴琮烈(종렬)		蒙巖	著書 蒙巖集
朴鍾廉(종렴)	1871~1943	梅湖	著書 文集
朴宗履(종리)	1786~1855	伊菴	本貫 密陽 父 敏學 祖父 文謙
朴宗麟(종린)	朝鮮後期	圃岩	字 聖應 本貫 密陽 父 灝源 祖父 範錫
朴鍾林(종림)	朝鮮後期	眞齋	
朴宗立(종립)	1657~?	東陵	字 光祖 本貫 密陽 父 應得 祖父 蕃 主簿
朴樅茂(종무)	1582~1664	三樂 三樂堂	字 季直 本貫 潘南 祖父 承任 著書 文集
朴鍾聞(종문)	1834~?	石栵	畵家 字 聲遠 本貫 密陽
朴宗文(종문)		健齋	著書 文集
朴宗滂(종방)	朝鮮純祖	楠溪	字 君範 本貫 密陽 父 啓東 祖父 願德 追贈 童蒙教官
朴宗三(종삼)	1790~?	松坡	字 君實 本貫 密陽 父 啓東 系 第震 祖父 願德
朴宗尚(종상)	1796~1873	靖齋	字 汝文 本貫 密陽 父 春旭 祖父 謙

人名	年代	號	其他
朴宗緒(종서)	1572~1643	柏堂	字 伯孝 本貫 順天
朴宗碩(종석)	朝鮮	愼菴堂	文臣 字 致賢 本貫 靈巖 教官
朴宗碩(종석)		晚翠 晚翠堂	本貫 月城 著書 文集
朴鍾善(종선)		草菴	本貫 密陽
朴從壽(종수)	朝鮮	竹堂	本貫 全州 進士
朴宗淳(종순)	1776~?	孝堂	字 君和 本貫 密陽 父 第寅 祖父 願德
朴鍾術(종술)	1899~?	華堂	字 一文 本貫 密陽 父 晉奎
朴宗岳(종악)	1735~1795	蒼巖	文臣 字 汝五 本貫 潘南 父 興源 系 亨源 外祖 李 模 判中樞府事 諡號 忠憲
朴宗彦(종언)	1716~1804	新齋	學者 字 仲淵 本貫 陰城 父 萬挺 著書 新齋遺稿
朴宗彦(종언)		靜窩	本貫 蔚山
朴宗興(종여)	1736~1785	冷泉	文臣 字 元得 本貫 潘南 父 胤源 外祖 金時笏 瑞興 府使 著書 冷泉遺稿
朴宗說(종열)	1754~1822	蒼栢	學者 字 海仲 本貫 潘南 父 承周 外祖 宋之鐸 著書 蒼栢集
朴宗永(종영)	韓末	松塢	文臣, 學者 著書 松塢遺稿
朴鍾完(종완)	1859~1918	月洲	本貫 密陽 著書 月洲存稿
朴宗祐(종우)	1587~1654	陶谷 河濱釣叟	文臣 字 君錫 本貫 順天 父 忠胤 外祖 李光復 追贈 持平 著書 陶谷文集
朴宗祐(종우) →朴宗薰			
朴宗元(종원)	朝鮮前期	黙齋 鶴堂	本貫 密陽 父 孝武 祖父 云實
朴宗源(종원)	1760~1811	首山	本貫 咸陽 著書 首山遺稿〈巴溪世稿〉
朴鍾遠(종원)	韓末	榴齋	字 聲大 本貫 密陽 父 洛圭
朴宗源(종원)		聲窩	著書 文集
朴鍾元(종원) →朴鍾完			
朴宗儒(종유)	1675~1755	晚峰	文臣 字 醇夫 本貫 竹山 父 載興 同知中樞府事 著 書 史辨
朴鍾儒(종유)	朝鮮後期	匡山	
朴宗潤(종윤)	朝鮮肅宗	溥山	文臣 本貫 密陽 父 萬齡
朴宗益(종익)	1803~?	野隱	字 永伯 本貫 密陽 父 聖彦 祖父 東弼
朴宗儝(종익)		東谷	本貫 密陽 父 東源
朴鍾寅(종인)		蓮谷	本貫 密陽
朴鍾一(종일)	1860~1929	我泉	著書 我泉逸稿
朴宗挺(종정)	1556~1597	蘭溪	文臣 字 慶善, 應善 本貫 平壤 掌苑署別提
朴宗燦(종찬)		柳蘿	本貫 務安
朴宗澤(종택)		蘭史	著書 文集

人名	年代	號	其他
朴鍾宅(종택)	韓末	愛日	字 聖登 本貫 密陽 父 東圭
朴鍾弼(종필)	1849~1898	栗齋	學者 字 致良 本貫 密陽 父 斗在 外祖 朴熙淳 著書 栗齋集
朴宗漢(종한)		藏菴	本貫 比安
朴琮憲(종헌)	1866~1920	石菴	字 文哉 本貫 密陽 父 漢弘 祖父 道淳 著書 石菴遺稿
朴宗鉉(종현)	1829~1900	晚休	學者 字 汝卿 本貫 順天 父 基健 著書 晚休文集
朴宗賢(종현)	1561~1639	沈溟	字 正伯 本貫 密陽 父 舜元 僉正
朴宗鉉(종현)	?~1916	華亭	著書 華亭遺稿
朴宗鉉(종현)		休菴	本貫 順天
朴鍾昊(종호)	朝鮮	蒼林	本貫 密陽 父 道元
朴從華(종화)	朝鮮	芝山	文臣 字 子元 本貫 寧海 吏曹參議
朴琮和(종화)	1858~1923	溪隱堂	著書 文集
朴宗煥(종환)	1795~1835	海堂	字 致榮 本貫 密陽 父 聖中 祖父 東弼
朴琮煥(종환)	1865~1934	狂愚	字 文叔 本貫 密陽 父 毅弘 祖父 有淳
朴琮煥(종환)		蒙巖	著書 蒙巖集
朴宗垕(종후)	1792~1864	悝菴	學者 字 仲厚 本貫 潘南 父 時源 外祖 權相虎 著書 悝菴遺稿
朴宗薰(종훈)	1773~1841	荳溪	文臣 字 舜可 本貫 潘南 父 參源 外祖 李思觀 判中樞府事 諡號 文貞 著書 四禮纂要
朴宗徽(종휘)		穩庵	著書 穩庵遺稿〈五世律詩〉
朴鍾休(종휴)	1852~1924	陽齋	
朴宗典(종흥)	1765~1834	灘隱	字 孝源 本貫 密陽 父 東道
朴宗興(종흥) →朴宗興			
朴宗喜(종희)	1776~1852	晚村	文臣 字 汝受 本貫 潘南 父 準源 參判 著書 晚村稿
朴洲(주)	?~1604	鼎山	學者, 文臣 字 洞元, 洞之 本貫 羅州 父 誨 童蒙訓導
朴周大(주대)	1836~1912	羅巖 枕泉	隱士 字 啓宇 本貫 咸陽 父 得寧 著書 羅巖遺稿
朴冑東(주동)		愼菴	本貫 密陽
朴柱輪(주륜)		六峯	字 士瑞 本貫 咸陽
朴柱民(주민)		興齋	字 士吉 本貫 咸陽
朴柱世(주세)		無號	字 士燮 本貫 咸陽
朴柱臣(주신)	朝鮮後期	船山	字 國老 本貫 密陽 父 師進
朴周陽(주양)	1838~1891	梧西	文臣 字 文哉 本貫 潘南 父 齊甲 左承旨
朴周雲(주운)	1820~?	鏡塘	文臣 字 穆卿 本貫 咸陽 父 弼寧 校理 著書 易學演玫
朴柱元(주원)		竹天堂	字 善長 本貫 咸陽
朴柱殷(주은)		鶴村	字 聖老 本貫 咸陽

人名	年代	號	其他
朴柱仁(주인)	朝鮮	愚隱	
朴柱一(주일)		倉峴居士	字 元八 本貫 咸陽
朴周鍾(주종)	朝鮮後期	山泉	學者 字 聞遠 本貫 咸陽 父 弼寧 著書 類鑑東國通志
朴周鎭(주진)	朝鮮後期	月岩	字 相得 本貫 密陽 父 載文 祖父 光源
朴周學(주학)	朝鮮高宗	蓉溪	義兵將 本貫 咸陽
朴柱漢(주한)		月堂	字 公汝 本貫 咸陽
朴周鉉(주현)	1844~1910	松谷	文臣, 學者 字 乃壽 本貫 竹山 父 奎燦 系 奎張 外祖 盧錫琦 秘書院丞 著書 松谷遺稿
朴周顯(주현)	1883~1946	星齋	字 文翁 本貫 密陽 父 榮燦 祖父 鳳河
朴柱炫(주현)		晩悟	字 錫之 本貫 咸陽
朴周和(주화)	1830~?	寅寧	字 基周 本貫 密陽 父 永昌 祖父 元鎭
朴周欽(주흠)	朝鮮	翠澗	文臣 字 汝稷 本貫 忠州 工曹參判
朴柱興(주흥)		蓮亭	字 恒之 本貫 咸陽
朴儁(준)	1542~1614	老隱	學者 字 士仰 本貫 密陽 父 思敦 外祖 徐慶重 著書 老隱實紀
朴浚(준)	朝鮮中期	栢堂	文臣 吏曹判書
朴駿(준)	朝鮮仁祖	修竹堂	丙子胡亂節臣 字 景逸 本貫 咸陽
朴遵(준)		遯翁	本貫 密陽
朴準康(준강)	韓末	濃圃	本貫 密陽 父 爕鎭
朴準璟(준경)	韓末	何儂	本貫 密陽 父 仁鎭 系 皐鎭
朴準璟(준경)		聲窩	本貫 密陽
朴準官(준관)	1884~1929	石史	字 乃明 本貫 密陽 父 性鎭 祖父 載均 護軍
朴準觀(준관)		雪屋	本貫 密陽
朴準球(준구)	1841~1912	愛山	字 德守 本貫 密陽 父 允鎭 中樞院議官
朴準基(준기)	朝鮮後期	圓覺	
朴準基(준기)	朝鮮	謙齋	
朴準基(준기)	1891~?	東湖	字 槙一 本貫 密陽 父 度鎭 祖父 載暻 嘉善大夫
朴準基(준기)	韓末	竹史	字 喜書 本貫 密陽 父 夏鎭
朴俊南(준남)		松巖	本貫 密城
朴準南(준남)		月谷	本貫 密陽 父 郁鎭
朴準德(준덕)	朝鮮後期	晩村	字 國慶 本貫 密陽 父 靖鎭
朴準龍(준룡)	朝鮮	海石	本貫 密陽 父 亨鎭
朴準璘(준린)		耕山	本貫 密陽 父 光載
朴準萬(준만)	1835~?	東隱	字 永和 本貫 密陽 父 理鎭
朴俊民(준민)	1576~1620	溪庵	著書 文集

人名	年代	號	其他
朴俊範(준범)	1879~?	耕雲	字 洪謨 本貫 密陽 父 東晦 祖父 遇春
朴準鳳(준봉)		枕溪	本貫 密陽 祖父 基仁
朴焌相(준상)	1856~1937	斗南	著書 斗南遺稿
朴準卨(준설)	朝鮮後期	尼湖	字 承佐 本貫 密陽 父 藝鎭
朴準聖(준성)	朝鮮後期	雲堂	字 道汝 本貫 密陽 父 藝鎭 敎官
朴準承(준승)	1886~1921	沘菴	己未獨立宣言33人
朴準英(준영)	韓末	忍齋	字 元卿 本貫 密陽 父 應鎭 從仕郎
朴準玉(준옥)	朝鮮後期	松林	本貫 密陽 父 轍鎭
朴準庸(준용)	朝鮮	海山	
朴準鏞(준용)		存養齋	本貫 密陽
朴準源(준원)	1739~1807	錦石	文臣 字 平叔 本貫 潘南 父 師錫 外祖 兪受基 金亮行 門人 禁衛大將 諡號 忠獻 著書 錦石集
朴準元(준원)		松圃	本貫 密陽
朴準翼(준익)	1841~1912	松亭	字 順甫 本貫 密陽 父 義鎭 祖父 載成
朴準一(준일)	朝鮮後期	芝軒	字 性一 本貫 密陽 父 貞鎭
朴準一(준일)	1856~?	湖隱	字 規三 本貫 密陽 父 孝鎭 祖父 應炫
朴準鎭(준진)		友松	著書 文集
朴濬哲(준철)	朝鮮	岐陽	學者 字 希舜 本貫 珍原 父 暉生 祖父 熙中 進士
朴準哲(준철)	1769~?	羅谷	字 敬甫 本貫 密陽 父 士鎭
朴準瞻(준첨)	朝鮮	鶴山	本貫 密陽 父 道鎭 左承旨
朴準泰(준태)	1786~1848	百拙	字 伯詹 本貫 密陽 父 鼎德 祖父 師訥
朴準項(준항)	1868~1929	龍齋	字 仁在 本貫 密陽 父 敏鎭 祖父 載碩 通德郎
朴準赫(준혁)	1833~?	暘窩	字 史升 本貫 密陽 父 夏鎭 祖父 基英 通政大夫
朴準灝(준호)	1813~?	潭樂	字 得仁 本貫 密陽 父 弼鎭 祖父 載柱 龍驤衛副護軍
朴準昊(준호)	韓末	愚汀	本貫 密陽 父 道鎭
朴準桓(준환)	1865~?	愚石 狂愚	字 文叔 本貫 密陽 父 毅弘 祖父 有淳
朴俊欽(준흠)	1719~1796	立菴	學者, 文臣 字 德汝 本貫 陰城 父 廷珪 持平 著書 立菴集
朴重擧(중거)	朝鮮英祖	秉燭齋	學者 本貫 順天 父 光一
朴重慶(중경)	1726~?	東園	文臣 字 咸汝 本貫 咸陽 父 成玉 系 成德 郡守
朴中慶(중경) →朴申慶			
朴重九(중구)		三吾堂	本貫 高靈
朴重基(중기)		訥庵	本貫 密陽 父 忠孝
朴重吉(중길)	1859~1930	松庵	著書 松庵遺稿
朴重龍(중룡)	1838~1899	松齋	學者 字 重瑞 本貫 長城 父 星煥 著書 松齋集

人名	年代	號	其他
朴重倫(중륜)	1849~1912	竹山	著書 竹山逸稿〈珍原世稿〉
朴仲林(중림)	?~1456	閑碩堂	文臣 本貫 順天 父 安生 追贈 左贊成 諡號 文愍
朴仲林(중림)	→朴仲孫		
朴仲立(중립)		醉醒	本貫 密陽
朴重勉(중면)	1869~1950	野隱	著書 野隱先生文集
朴重明(중명)	1671~1718	六峰	字 元甫 本貫 密陽 父 傅龜 祖父 潤
朴重穆(중목)	朝鮮	玄齋	文臣 字 士深 本貫 忠州 副護軍
朴重文(중문)	朝鮮後期	挹江齋	字 字厚 本貫 密陽 父 濂
朴中美(중미)	高麗忠穆王	竹隱	本貫 密陽 父 晋祿 中書
朴重栢(중백)		忍軒	著書 忍軒遺稿〈遠齋遺稿〉
朴重彬(중빈)	1891~1943	少太山	圓佛敎創始者 字 處化 本貫 密陽 父 晦傾
朴仲孫(중손)	1412~1466	默齋 栢堂	文臣 字 慶胤 本貫 密陽 父 切問 祖父 剛生 封號 凝川君 改封 密山君 左贊成 諡號 恭孝
朴重彦(중언)		鶴溪	本貫 珍原 著書 鶴溪詩稿〈珍原朴氏世稿〉
朴仲胤(중윤)	1562~1633	洛涯	著書 洛涯逸稿〈雲齋世稿〉
朴仲鎰(중일)	1855~1911	葫庵	著書 文集
朴重采(중채)	1654~1725	竹翁	學者, 文臣 字 仲晦 本貫 密陽 父 太古 外祖 裵命胤 莊陵參奉 著書 竹翁集
朴仲泰(중태)	1799~?	睡軒	字 亨甫 本貫 密陽 父 成雲 祖父 淳業
朴重憲(중헌)	朝鮮	松石	文臣 字 允敬 本貫 泰仁 都正
朴重繪(중회)	1664~1751	素隱	學者 字 受汝 本貫 平壤 父 光後 外祖 洪艇 宋時烈 門人 著書 素隱集
朴重熙(중희)		雲翁	本貫 密陽
朴增(증)	1461~1517	巖川	字 益之 本貫 務安 父 臨卿 義禁府事 著書 文集
朴曾寶(증보)	→朴曾賢		
朴曾孫(증손)	朝鮮中宗	雲谷	學者 字 太而 本貫 尙州 祖父 揚善
朴曾孫(증손)	→朴曾賢		
朴增燁(증엽)	1688~1755	德溪	學者 字 徽彦 本貫 密城 父 雲翼 外祖 申斗錫 著書 德溪逸稿
朴增榮(증영)	1466~1494	訥齋	文臣 字 希仁 本貫 密陽 父 楣 外祖 朴榮達 校理 著書 訥齋遺稿
朴增迪(증적)	1707~1757	省翁	字 仲吉 本貫 密陽 父 命熙
朴曾賢(증현)	1575~1611	槎灘	文臣 字 省吾 本貫 密陽 父 愼元 系 謹元 正郎 著書 槎灘遺稿〈凝川世稿〉
朴增孝(증효)	1721~1801	任隨齋	字 述夫 本貫 密陽 父 舜熙
朴增輝(증휘)	1616~?	洛汀	文臣 字 晦仲 本貫 密陽 父 震煥 司諫

人名	年代	號	其他
朴籈(지)	1567~1593	達川	字 大建 本貫 密陽 父 天叙
朴址(지)	朝鮮肅宗	也足翁	書藝家 字 君哲 本貫 密陽 一名 坽
朴智(지)		漁釣處士	本貫 務安
朴枝堅(지견)	朝鮮	安樂齋	文臣 本貫 忠州 天文習讀
朴知謙(지겸)	朝鮮肅宗	愛閒亭 愛閑亭	學者 本貫 咸陽 父 應立
朴之慶(지경)	1617~?	敬菴	字 子賀 本貫 密陽 父 希章
朴趾慶(지경)	1716~?	閒睡堂	本貫 咸陽 父 成采
朴知警(지경)	朝鮮仁祖	娛庵	文臣 本貫 咸陽 父 應立 正郎
朴之桂(지계)	高麗	遯叟	文臣 字 文叔 本貫 江陵 中樞府事
朴知誡(지계)	1573~1635	潛冶	學者 字 仁之 本貫 咸陽 父 應立 追贈 吏曹判書 諡號 文穆 著書 潛冶集
朴枝萬(지만)	朝鮮	安谷	委巷人 字 而實 本貫 密陽
朴之茂(지무)	1615~1663	靜軒	字 秀夫 本貫 密陽 父 有章
朴之文(지문)		慕賢堂	字 成文 本貫 靈巖
朴之賓(지빈)	1649~1713	紫圃	字 子觀 本貫 密陽 父 遂長
朴旨瑞(지서)	1754~1821	訥庵	學者 字 國禎 本貫 密陽 父 受綱 外祖 姜梜 著書 訥庵文集
朴祉錫(지석)	朝鮮英祖	農岩	字 汝奎 本貫 密陽 父 來胄
朴至誠(지성) →朴至誠			
朴知誠(지성) →朴知誠			
朴之素(지소) →朴墒의 一名			
朴志壽(지수)	朝鮮後期	水松	本貫 潘南 父 宗民 縣監
朴枝樹(지수)		茅峯	著書 文集
朴志勝(지승)	朝鮮	三亦齋	
朴之信(지신)	朝鮮	鳳陽	文臣 本貫 忠州 縣監
朴知讓(지양)	朝鮮仁祖	陶村	本貫 咸陽 父 應立
朴趾永(지영)	1824~1892	芝軒	著書 芝軒遺稿
朴枝榮(지영)	朝鮮	平齋	委巷人 字 子安 本貫 密陽
朴之英(지영)→朴枝榮의 一名			
朴趾源(지원)	1737~1805	燕巖 燕巖山房 淵湘 洌上外史 百尺梧桐閣	學者 字 仲美 本貫 潘南 父 師愈 祖父 弼均 追贈 正卿大夫 著書 燕巖集
朴志遠(지원)		德下	字 士心 本貫 咸陽
朴之㴱(지이)	朝鮮中期	㴱庵	字 養之 本貫 密陽 父 鴻啓 祖父 文赫
朴至誠(지함)	1583~1651	一笑翁	學者 字 夢興 本貫 陰城 父 有寧 外祖 李重慶 著書 一笑翁遺稿

人名	年代	號	其他
朴趾赫(지혁)		春風秋月	本貫 密陽
朴之賢(지현)	1634~1681	慕孝齋	字 子兼 本貫 密陽 父 乃章 系 宣章
朴枝華(지화)	1522~1592	守菴	學者, 文臣 字 君實 本貫 密陽 父 根元 徐敬德 門人 縣監 著書 守菴遺稿
朴枝華(지화)		思庵	本貫 密陽
朴枝煥(지환)	1732~1797	無憫齋	字 華彦 本貫 密陽 父 貴泰 祖父 瑞晩 追贈 參判
朴之孝(지효)	朝鮮	六柳亭	文臣 字 子敬 本貫 忠州 縣令
朴知訓(지훈)	朝鮮仁祖	素隱	本貫 咸陽 父 應立 參奉
朴知訓(지훈)		虱資	
朴蓁(진)	高麗	松隱	文臣 本貫 忠州 追贈 兵曹參議
朴晉慶(진경)	1581~1665	臥遊堂 臥遊 巢 巖	學者 字 明述 本貫 密陽 父 遂一 外祖 趙仁復 著書 臥遊堂文集
朴震卿(진경)	朝鮮	梅軒	文臣 字 賢弼 本貫 三陟 直提學
朴震光(진광)		遜窩	本貫 密陽
朴晉奎(진규)	1881~?	淵谷	字 洪律 本貫 密陽 父 炳允 祖父 瑛舜
朴震男(진남)	1552~1599	悔巖	字 應元 本貫 高靈 著書 悔巖實紀
朴晉祿(진록)	高麗恭愍王	菊磵 菊澗	文臣 本貫 密陽 父 秀吉 提學
朴震楙(진무)	1656~1741	地仙堂	學者 字 茂卿 本貫 密陽 父 廷翊 外祖 權明慄 著書 地仙堂逸稿
朴震文(진문)	朝鮮英祖	兩忘齋	學者 本貫 竹山
朴晉彬(진빈)	1601~1659	禿翁 抱虛子	本貫 竹山
朴震悰(진연) →朴震煥			
朴震英(진영)	1569~1641	匡西 厓西	武臣 字 實哉. 棠哉 本貫 咸安 父 昕 平山府使 諡號 武肅 著書 文集
朴辰英(진영)	?~1641	晩醒	著書 晩醒先生文集
朴震元(진원)	1561~1626	長洲	文臣 字 伯善 本貫 密陽 祖父 寬 大司憲
朴珍原(진원)		野隱	著書 文集
朴振仁(진인)		蒼巖	本貫 密陽
朴晉章(진장)	1577~1624	洛南	文臣 字 而盛 本貫 竹山 父 弘亮 府使
朴震楷(진해)		玩荷堂	本貫 江陵
朴震亨(진형)	朝鮮仁祖	蓼川	學者 字 晉叔 本貫 珍原
朴鎭華(진화)	1837~1884	松溪	字 堯觀 本貫 密陽 父 道曾
朴震煥(진환)	朝鮮後期	南岡	本貫 密陽 父 守弘
朴震煥(진환)	1827~?	退休齋	字 仲五 本貫 密陽 父 宗益 祖父 聖彦
朴晉禧(진희)	1738~1792	北溪	著書 文集
朴緝(집)	1603~?	大愚堂	字 汝文 本貫 密陽 父 敬吉 承議郎

人名	年代	號	其他
朴徵(징)	朝鮮肅宗	川上	本貫 密陽 父 胤東 系 宗東
朴徵晚(징만)	1644~1735	月灘	字 凤吉 本貫 密陽 父 廷寅 靈山縣監
朴徵明(징명)	1655~1722	挹清軒	字 晋彦 本貫 密陽 父 廷稷 通德郎
朴徵暉(징휘)	1624~1685	丹棲翁	字 元瑞 本貫 密陽 父 廷皐 通德郎
朴澯(찬)	朝鮮明宗	雪峰	學者 字 景清 本貫 密陽 著書 文集
朴璨(찬)	1556~1618	東郭子 牛村	文臣 字 景執 本貫 潘南 父 澍 外祖 李連 直長
朴璨(찬)		雲翁	著書 雲翁逸稿〈十四義士錄〉
朴燦(찬) →朴璨			
朴粲圭(찬규)	韓末	篤誠齋	本貫 密陽
朴燦龍(찬룡)	韓末	白菴	字 在天 本貫 密陽 父 千根
朴燦文(찬문)	1871~?	顧菴	字 思明 本貫 密陽 父 應根 祖父 圭錫 崔益鉉 門人
朴燦鳳(찬봉)	韓末	醒菴	字 鍾元 本貫 密陽 父 千根
朴璨璿(찬선)	1735~1796	雲影亭	學者 字 舜玉 本貫 珍原 父 祐錫 外祖 林滢 著書 雲影亭遺稿
朴燦璿(찬선)	朝鮮	清狂	本貫 珍原
朴燦璿(찬선)		曲江	本貫 珍原
朴燦珣(찬순)	1754~1815	雲亭	著書 雲亭詩稿〈珍原世稿〉
朴燦然(찬연)	1888~?	雙杏亭	字 養浩 本貫 密陽 父 寅根 祖父 圭華
朴燦瑛(찬영)	1736~1773	陽洞	學者 字 洞玉 本貫 珍原 父 禧錫 外祖 金克昌 著書 陽洞遺稿
朴贊翊(찬익)	1884~1949	南坡	獨立運動家 字 精一 本貫 潘南
朴燦政(찬정)	朝鮮 正祖	民窩	字 本貫 珍原 金履安 門人 生員
朴燦俊(찬준)	1852~?	靜齋	字 宅汝 本貫 密陽 父 孝根 祖父 圭南 崔益鉉 門人
朴贊中(찬중)	朝鮮	莘庵	
朴贊夏(찬하)		無爲	著書 文集
朴燦漢(찬한) →朴燦瑛			
朴燦鉉(찬현)	1831~1903	藕軒	字 仲瑞 本貫 竹山 父 奎采 生員
朴瓚熙(찬희)	韓末~?	錦溪	
朴昌珪(창규)	1873~?	琅玕 逐山 火書 道人	畵家 字 聖玟 本貫 咸陽
朴敞奎(창규)	1880~1973	成岩	獨立運動家, 長老
朴昌道(창도)		湫灘	字 勉甫 本貫 月城 父 天祐
朴暢來(창래)	朝鮮後期	南軒	字 俊卿 本貫 密陽 父 準瀗
朴昌龍(창룡)		篁巖	著書 篁巖集
朴昌模(창모)	1753~1828	忍窩	學者 字 德厚 本貫 尚州

人名	年代	號	其他
朴昌穆(창목)	韓末	梧隱	本貫 密陽 父 準官
朴昶彬(창빈)	1798~1855	陌谷	著書 陌谷逸稿〈珍原世稿〉
朴昌先(창선)	朝鮮宣祖	梅軒	義兵 本貫 高靈
朴昌壽(창수)	1827~1897	蘭石	文臣 字 丹叔 父 種冕 外祖 宋翼庠 兵曹參議 著書 蘭石集
朴昌壽(창수)		伴鶴亭	本貫 潘南
朴昌壽(창수)		遯齋	本貫 務安 祖父 敏坤
朴昌植(창식)	朝鮮	隱巖	文臣 字 聖元 本貫 靈巖 敎官
朴昌植(창식)	朝鮮	梅谷	本貫 密陽 父 準瞻
朴昌伍(창오)		龜壽	著書 文集
朴昌禹(창우)	朝鮮仁祖	七拙齋	義兵 本貫 順天
朴昌宇(창우)	1636~1702	槐泉	學者 字 汝寅 本貫 密陽 父 晛 外祖 柳禎麒 著書 槐泉文集
朴昌遠(창원) → 朴昌道			
朴昌元(창원)	1683~1753	澹翁	詩人 字 善長 本貫 密陽 父 興俊 外祖 秦聖修 著書 澹翁集
朴昌胤(창윤)	韓末	觀山齋	文臣 字 汝正 縣監
朴昌朝(창조)	1722~?	梧隱	文臣 字 君明 本貫 泗川 察訪
朴昌瑨(창진)		退山	著書 退山先生文集
朴昌徵(창징)	朝鮮中期	松湖	本貫 密陽 父 敏修 張顯光 門人 生員
朴昌夏(창하)	1623~1702	余樂堂	詩人, 文臣 字 夏卿 本貫 務安 父 桂 僉知中樞府事
朴昌漢(창한)	朝鮮	春圃	文臣 字 成寀 本貫 竹山 龍驤衛副護軍
朴昌鉉(창현)	1876~1946	師性齋 師性	著書 師性齋遺稿
朴昌和(창화)	1895~1962	謙軒	大倧敎人 本貫 密陽
朴昌和(창화)		留春堂	著書 文集
朴采琪(채기)	1870~1947	三悟	著書 文集
朴采柱(채주)	韓末	仙菴	
朴處東(처동)		靜黙	本貫 順天
朴處綸(처륜)	1445~1502	潛照堂	字 巨卿 本貫 高靈 父 思欄
朴處華(처화)	1681~1735	悝齋	著書 文集
朴天健(천건)	1754~1819	訥庵	學者 字 國禎 本貫 密陽 父 受綱 外祖 姜綝 著書 訥庵文集
朴天卿(천경)	朝鮮	松窩	本貫 密陽 父 永均
朴天得(천득)	1645~1705	竹圃	字 敬直 本貫 密陽 父 蕃 祖父 謹遜
朴天民(천민)	朝鮮	自隱	文臣 本貫 珍原 通政大夫
朴天鵬(천붕)	1554~1592	樛亭	壬辰殉節 字 翼乎 本貫 密陽 父 蔵

人名	年代	號	其他
朴天星(천성)	朝鮮	逸庵	文臣 字 彩遠 本貫 固城 尚書院直長
朴天與(천여)	朝鮮中期	鵤詠軒	字 如賚 本貫 密陽 父 時英 祖父 由淳
朴千榮(천영)	1619~1680	聲啞	字 吉甫 本貫 密陽 父 鼎元
朴天祐(천우)	朝鮮宣祖	八亭	字 子受
朴天祐(천우)	1714~1783	睡窓	學者 字 瑞應 本貫 月城 父 成勳 外祖 洪處疇 著書 睡窓文集
朴天翼(천익)		梅谷	本貫 蔚山
朴天翊(천익)	→朴翊		
朴天一(천일)	朝鮮	五友軒	文臣 字 士公 本貫 順天
朴天挺(천정)	朝鮮宣祖	黃灘	義兵 本貫 咸陽
朴天柱(천주)		戀國堂	本貫 務安
朴天樞(천추)	朝鮮宣祖	忍默齋	字 君行 本貫 竹山
朴天表(천표)	1878~?	蒼虎子 虎軒	著書 文集
朴徹(철)	1585~1656	棄窩	文臣 字 亨遠 本貫 咸陽 父 忠生 外祖 池世涵 大邱府使
朴喆模(철모)		鳳南	著書 文集
朴哲範(철범)	1882~1918	小南	字 洪疇 本貫 密陽 父 東華 祖父 遇泰
朴哲元(철원)	朝鮮	晚翠軒	文臣 字 舜文 本貫 寧海 僉知中樞府事
朴喆炫(철현)	1831~1888	遠齋	學者 字 元式 本貫 珍原 父 禮彬 外祖 柳泳 著書 遠齋遺稿
朴詹(첨)	朝鮮後期	菊隱	文臣 本貫 密陽 父 聚東 正言
朴青浩(청호)	朝鮮後期	雨塘	
朴體完(체완)	朝鮮	春西	委巷人 字 仁甫 本貫 密陽
朴礎(초)	1367~1454	土軒	文臣 字 子虛 本貫 咸陽 江界節制使 著書 土軒集
朴聰(총)	高麗	拙堂	隱士 字 暝翁 父 翊 著書 拙堂集
朴叢(총)	朝鮮明宗	菊齋	學者 字 仲集 本貫 固城 父 承碩
朴最相(최상)	1786~1850	潭齋	著書 文集
朴樞(추)	1435~1497	月隱	字 敬夫 本貫 密陽 父 末孫 祖父 喜問 軍資監
朴樞(추)	朝鮮	雙溪	隱士 字 子愼 本貫 密陽
朴諏(추)	高麗~朝鮮	沙隱 汝隱	文臣 本貫 蔚山 初名 憶 父 吉甫 韓州知事
朴春根(춘근)	朝鮮	鶴隱	字 碧久 本貫 密陽 父 昌新
朴椿基(춘기)	1853~1914	梅隱	字 成三 本貫 密陽 父 泰河 祖父 宗履
朴春立(춘립)	1823~1884	楠西	學者 字 學源 本貫 月城 父 周壽 外祖 朴能浩 著書 楠西集
朴春茂(춘무)	1568~1636	花遷堂 蘿谷	文人 字 至元 本貫 密陽 父 箕精 外祖 金永珍 追贈 參贊 謚號 愍襄 著書 花遷堂集

人名	年代	號	其他
朴椿善(춘선)	1857~1926	槐南	字 成甫 本貫 密陽 父 泰河 祖父 宗履
朴春成(춘성)	朝鮮中期	陽村	文臣 字 寅瑞 本貫 密陽 封號 密山君 參判
朴春秀(춘수)	1589~1641	我誰堂	文臣 字 彦實 本貫 珍原 父 根孝 外祖 李惟謙 金 壽恒 門人 追贈 左承旨
朴春遇(춘우)	1577~1597	九峰處士	字 陽重 本貫 密陽 父 寬彦 祖父 元成 訓練院主簿
朴春愚(춘우)		九峯	著書 九峯先生文集
朴春旭(춘욱)	1770~1846	楚山	本貫 密陽 父 謙 祖父 文協 通德郎
朴春長(춘장)	1595~1664	東溪	學者 字 彦承, 彦升 本貫 珍原 父 根孝 祖父 光前 外祖 李惟謙 著書 東溪遺稿
朴春周(춘주)		農軒	本貫 月城
朴春亨(춘형)	1537~?	酒仙	文臣 字 孟元 本貫 順天 父 世良
朴春豪(춘호)	朝鮮仁祖	海月堂	義兵 字 偉元 本貫 珍原 父 根悌 察訪
朴椿和(춘화)	1867~?	竹堂	字 成八 本貫 密陽 父 泰河 祖父 宗履
朴春萱(춘훤)	朝鮮宣祖	竹林	本貫 密陽 父 煜 追贈 大司諫
朴春熙(춘희)	朝鮮後期	錦溪	字 知興 本貫 密陽 父 碩芝 祖父 性源
朴忠侃(충간)	?~1601	南崖	字 叔精 本貫 尚州 父 世勳
朴忠儉(충검)		老谷	本貫 竹山
朴冲林(충림)	→朴仲林		
朴忠佑(충우)	→朴忠佐		
朴忠元(충원)	1507~1581	駱村 西湖 凝川 靜觀齋	文臣 字 仲初 本貫 密陽 父 藻 外祖 奇欑 封號 密原君 知中樞府事 諡號 文景 著書 駱村朴先生遺稿
朴忠源(충원)	1735~1787	陶塢	文臣 字 仲玉 本貫 咸陽 父 致道 外祖 李之馣 追贈 司僕寺正 著書 陶塢逸稿
朴忠仁(충인)		屏崖	本貫 比安
朴忠挺(충정)	1608~1657	石村 懶齋	學者 字 秀夫 本貫 順天 父 彦誠 著書 石村遺稿
朴忠佐(충좌)	1287~1349	恥菴	文臣 字 士華, 子華 本貫 咸陽 父 莊 祖父 之彬 封號 咸陽府院君 判三司事 諡號 文齊
朴忠漢(충한)	朝鮮後期	月谷	字 汝直 本貫 密陽 父 天欽 祖父 墾
朴就克(취극)	朝鮮	迂軒	文臣 字 行之 本貫 泰仁 判官
朴就文(취문)	1617~1690	晚晦堂	字 汝章
朴緻(치)	朝鮮後期	巖軒	文人 本貫 密陽 父 守初
朴致幹(치간)		農隱	本貫 密陽
朴致慶(치경)		松軒	本貫 密陽
朴致久(치구)	朝鮮	鶴山	字 元夫 本貫 忠州
朴致道(치도)	1642~1697	黔巖 黔庵	文臣 字 季文, 學秀 本貫 順天 父 忠挺 承旨 著書 黔庵遺稿

人名	年代	號	其他
朴致龍(치룡)		鎧洲	著書 鎧洲集
朴致隆(치륭)	1692~1766	楡谷	文臣 字 汝升 本貫 潘南 父 泰興 追贈 大司諫
朴致霖(치림)	1522~1596	雍齋	本貫 龜山 著書 文集
朴致民(치민)	1682~1733	勉翁	字 士亨 本貫 密陽 父 守約
朴致馥(치복)	1804~1894	晚醒	學者 字 薰卿 本貫 密陽 父 俊蕃 外祖 崔圭燦 柳致明 門人 著書 晚醒文集
朴致修(치수)		燧隱	著書 文集
朴致安(치안)	朝鮮	松村	文臣 字 公器 本貫 寧海 判中樞府事
朴致燁(치엽)		澗菴	字 稺漢 本貫 密陽 父 萬元 著書 文集
朴致遠(치원)	1732~1764	雲溪	字 近甫 本貫 密陽 著書 雲溪隨錄
朴致遠(치원)→朴致和의 初名			
朴治毅(치의)		淸軒	字 仕遠 本貫 竹山
朴治翼(치익)		泰菴	字 子敬
朴致寅(치인) →朴致海의 初名			
朴致濟(치제)	朝鮮後期	明源堂	字 象甫 本貫 密陽 父 守約
朴治祚(치조)	韓末	啞鐸	字 仕胤 本貫 竹山
朴致準(치준)	1838~1898	希庵	學者 字 聖休 本貫 密陽 父 奇煥 祖父 恒敦 著書 希庵遺稿
朴致濈(치집) →朴致準			
朴致泰(치태)	朝鮮	荷谷	學者 字 亨夫 本貫 忠州
朴致恒(치항)	1844~1905	海琴	字 子常 本貫 竹山 父 容鎭
朴致海(치해)	1867~1915	秋帆	字 舜佐 本貫 密陽 父 晶柱 著書 文集
朴治亨(치형)	1841~1962	東愚	著書 東愚詩集
朴致馨(치형) →朴致馥			
朴致洪(치홍)	韓末	黙窩	字 德壽 本貫 密陽 父 鼎漢
朴致和(치화)	1680~1764	雪溪 巽齋 泣怨齋	文臣 字 士逼 士通 本貫 密陽 初名 致遠 父 守墍 外祖 李協進 知中樞府事 著書 雪溪隨錄
朴致禾(치화)	朝鮮	舟谷	學者 字 樂夫
朴致璜(치황)	朝鮮	勤齋	文臣 字 君望 本貫 寧海 禮曹正郎
朴致晦(치회)	朝鮮後期	晚翠處士	字 長文 本貫 密陽 父 守裕
朴致晦(치회)	1829~1893	梅屋	著書 梅屋文集
朴七生(칠생)		獨隱	本貫 密陽 父 仁福
朴琛(침)		梅筠軒	字 叔獻
朴琛(침) →朴琮			
朴兌(태) →朴免			
朴泰幹(태간)	1876~1952	松樊	著書 松樊遺集

人名	年代	號	其他
朴太古(태고)	1656~1704	景陽齋	學者 字 生晩 本貫 密城 父 之賢 著書 景陽齋集
朴太古(태고)		竹圃	字 子淳 本貫 咸陽
朴泰觀(태관)	1678~1790	凝齋	學者 字 史賓 本貫 潘南 父 世標 外祖 尹採 著書 凝齋雜稿
朴泰觀(태관)	朝鮮英祖	白崖 白厓子	
朴泰耈(태구)	1659~1710	龍庵	學者 字 三老 本貫 密陽 著書 龍庵遺稿
朴泰達(태규)	朝鮮中期	松潭	文臣 本貫 潘南 父 世城 漢城府尹
朴泰圭(태규)		曙岡	著書 文集
朴台均(태균)	1881~1970	耕稼 耕稼軒	字 應三 本貫 寧海 父 主修 著書 文集
朴泰南(태남)	1560~?	羅溪	字 亨之 本貫 密陽 父 茂秀 祖父 師壽 訓練院主簿 振武原從功臣
朴台東(태동)	朝鮮後期	傾軒	文臣 本貫 密陽 父 純 祖父 守文 弼善
朴台東(태동)	韓末~日帝	湖山	
朴泰斗(태두)	1658~?	說樂齋	字 士瞻 本貫 務安 父 來鳳
朴泰來(태래)	朝鮮英祖	學圃	本貫 潘南 父 文麟 生員
朴泰來(태래)	朝鮮後期	周峰	字 三汝 本貫 密陽 父 準億
朴泰萬(태만)	1642~1689	蘮南 部南	文臣 字 一卿 本貫 潘南 父 世橋 修撰
朴泰茂(태무)	1677~1756	西溪	學者 字 春卿 本貫 泰安 父 昌潤 外祖 河達永 著書 西溪集
朴泰輔(태보)	1654~1689	定齋	文臣 字 士元 本貫 潘南 父 世堂 系 世垕 外祖 尹宣擧 追贈 領議政 諡號 文烈 著書 文集
朴泰尙(태상)	1636~1696	晩休 晩休堂 晩休子 存誠齋	文臣 字 士行 本貫 羅州 父 世堅 外祖 崔袞 吏曹判書 諡號 文孝
朴泰錫(태석)	朝鮮哲宗	石齋	著書 漢唐遺事
朴泰璿(태선)	韓末	梅窓	本貫 珍原 田愚 門人
朴泰星(태성)	朝鮮後期	清潭	孝子 著書 旌孝錄
朴泰遜(태손)	1641~1692	天休 天休齋	文臣 字 汝吉 本貫 潘南 父 世楠 外祖 李行進 承旨 著書 天休遺稿
朴鮐壽(태수)	朝鮮	秋山	文臣 字 南老 本貫 昌原 僉正
朴台洙(태수)	朝鮮	惠石	
朴泰淳(태순)	1653~1700	東溪	文臣 字 汝厚 本貫 潘南 父 世相 祖父 潢 慶尙道觀察使 著書 東溪集
朴太順(태순)		東湖	
朴泰淳(태순)		黃村	本貫 潘南 祖父 潢
朴太始(태시)	高麗	松溪	節臣
朴台榮(태영)	1854~?	書薌 荇庭	書藝家 字 會明 本貫 寧海
朴泰永(태영)	1854~1926	東窩	著書 東窩遺稿

人名	年代	號	其他
朴泰泳(태영)	韓末~日帝	晦山	獨立運動家 字 達夫 本貫 義興
朴泰郁(태욱)	朝鮮	貞谷	委巷人 字 聖一 本貫 密陽
朴泰遠(태원)	1650~1722	松潭 一愚 悔窩	文臣 字 景久 本貫 潘南 父 世城 祖父 煥 陜川郡守 編書 潘南朴氏五世遺稿
朴太源(태원)		山泉	著書 山泉雜錄
朴太源(태원)		鶴陰齋	著書 文集
朴泰維(태유)	1648~1746	白石	文臣 字 士安 本貫 潘南 父 世堂 高山道察訪
朴台胤(태윤)	韓末	松巖	文臣 字 景三 訓練院僉正
朴泰殷(태은)	1891~?	克齋 素齋	文臣 字 祖能 本貫 羅州 父 世榮 判官
朴泰殷(태은)	朝鮮	詠菴	學者 本貫 靈巖
朴太頤(태이)		東湖	著書 東湖附集〈灌浦先生文集〉
朴泰定(태정)	1560~1608	敬愼齋	文臣 字 定之 本貫 潘南 父 世晃 五衛都摠部都摠管 諡號 敬憲
朴泰冑(태주)	朝鮮肅宗	大山	本貫 潘南 父 世墀 生員
朴泰珠(태주)	1844~1914	野窩	著書 文集
朴台俊(태준)		寓菴	字 景天 本貫 江陵
朴泰俊(태준)	1900~1946	琴雲	著書 琴雲詩稿〈珍原世稿〉
朴泰鎭(태진)	1841~1917	思齋	字 景夏 本貫 密陽 父 基德 祖父 璋煥 忠義參奉
朴泰鎭(태진)	1846~?	養眞觀	字 聖登 本貫 密陽 父 載德 祖父 仁煥
朴泰鎭(태진)		久巖	本貫 潘南
朴泰鎭(태진)		知正堂	本貫 密陽
朴泰徵(태징)	朝鮮肅宗	逈溪 逈齋	文臣 字 徵之 本貫 潘南 宋時烈 門人 果川縣監
朴泰燦(태찬)		山南居士	字 聲汝 本貫 咸陽
朴泰昌(태창)	1653~1705	雲溪	文臣 字 盛甫 本貫 潘南 父 世橖 掌令
朴泰初(태초)	1706~1762	鵝川	文臣 字 吉夫 本貫 潘南
朴泰初(태초)		警齋	
朴泰河(태하)	1828~1905	碧汕	字 士鍊 本貫 密陽 父 宗履 祖父 敏學 通政大夫
朴泰漢(태한)	1633~1694	守吾堂	字 大來 本貫 密陽 父 東溫 系 東欽 著書 文集
朴泰恒(태항)	1647~1737	志翁 晦窩	字 士心 本貫 潘南 父 世楷
朴泰顯(태현)	1899~?	樵山	字 文瑞 本貫 密陽 父 榮世
朴泰亨(태형)	1863~1925	艮嵒	學者 字 文幸 本貫 咸陽 父 德成 外祖 姜相洙 著書 艮嵒集
朴泰亨(태형)		韶隱	字 應會 本貫 潘南 祖父 台誠
朴泰瑩(태형)→朴泰泳의 初名			
朴泰彙(태휘)	1689~1735	三省堂	文臣 字 明彦 本貫 軍威 父 希顔 正郎 著書 三省堂 遺稿〈巴溪世稿〉

人名	年代	號	其他
朴台熙(태희)	1857~?	六溪	字 士鼎 本貫 高靈 父 道彬 系 鳳彬
朴澤(택)		樂樂堂	隱士 字 恭夫 本貫 高靈 父 繼祖
朴彭年(팽년)	1407~1456	醉琴 醉琴軒	文臣, 死六臣 字 仁叟 本貫 順天 父 仲林 追贈 吏曹判書 諡號 忠正
朴彭年(팽년)	1617~?	東谷	書藝家 字 伯叟 本貫 江陵
朴坪(평)	朝鮮中期	默齋	本貫 務安 縣監
朴坪(평)	1686~1752	秉燭軒	字 天壽 本貫 密陽 父 聖世 著書 文集
朴玶(평)	朝鮮後期	痴痴齋	文臣 本貫 密陽 父 猷煥 祖父 獻采 承旨
朴苞(포)	?~1400	壺谷	文臣 本貫 竹山 父 門壽 左贊成
朴苞(포)	1705~?	松窓	字 盛益 本貫 密陽 父 謹遜 祖父 雲達
朴滮(표)	朝鮮中期	斗峰	本貫 潘南 父 東緯 著書 文集
朴標(표)		菊園	本貫 密陽
朴豹章(표장)	朝鮮肅宗	冲菴	隱士 字 炳汝 本貫 密陽
朴豊來(풍래)	1858~1931	竹淸	字 化先 本貫 密陽 父 準翼 祖父 義鎭 通政大夫
朴豊緒(풍서)		稼軒	字 老繩 本貫 潘南
朴豊鎬(풍호)	朝鮮後期	農川 水月堂	字 文九 本貫 密陽 父 喜泰
朴弼幹(필간)	1683~?	靜軒	文臣 字 季直, 幼直 本貫 潘南 父 泰恒 祖父 世楷 外祖 柳彬 承旨
朴弼奎(필규)	1803~1867	松圃	字 文五 本貫 竹山 父 致煥 生員
朴弼琦(필기)	1677~?	無臭翁	文臣 字 稚圭 本貫 潘南 父 泰昌 兵曹參議
朴必龍(필룡)	1736~1796	東山	字 文瑞 本貫 密陽 父 增迪
朴弼理(필리)	1687~?	醒庵	文臣 字 景玉 本貫 潘南 父 泰昌 同知義禁府事
朴弼明(필명)	1658~1716	忍齋	文臣 字 仲良 本貫 潘南 父 泰定 都承旨
朴弼傳(필부)	1687~1752	省菴	文臣 字 景賚 本貫 潘南 父 泰興 祖父 世采 判決事
朴弼成(필성)	1652~1747	雪松 雪松齋 松雪齋	文臣 字 士弘 本貫 潘南 父 泰長 封號 錦平尉 諡號 孝靖
朴弼成(필성)	1773~1837	訥齋	著書 文集
朴必錞(필순)	1760~1808	竹隱	字 聲遠 本貫 密陽 父 增孝
朴必臣(필신)	朝鮮後期	松庵	字 聖瑞 本貫 密陽 父 在奉
朴弼益(필익)		鷺洲	本貫 潘南 父 貞強
朴弼正(필정)	1685~1756	逸休 逸休齋	文臣 字 季心 本貫 密陽 父 世拯 漢城府左尹 著書 逸休齋參判公漫錄
朴弼朝(필조)	1668~1733	南坡 莊窩	文臣 字 台卿 本貫 潘南 父 泰恒 外祖 柳彬 司僕寺主簿 著書 南坡遺稿
朴弼周(필주)	1665~1748	黎湖 蓼溪 蓼湖	文臣 字 尙甫 本貫 潘南 父 泰斗 右贊成 諡號 文敬 著書 黎湖集

人名	年代	號	其他
朴弼夏(필하)	朝鮮後期	知非齋	本貫 潘南 父 泰斗 參奉
朴必赫(필혁)	1739~1814	楸巖	學者 字 文述 本貫 咸陽 父 絢可 外祖 梁井紀 著書 楸巖集
朴苾赫(필혁)	朝鮮哲宗	聲啞	字 權汝 本貫 竹山 父 有宅
朴弼賢(필현)	→朴鼎賢		
朴弼琥(필호)		弘毅齋	字 士淵 本貫 密陽
朴必鴻(필홍)		東皋	
朴必孝(필효)		晦窩	本貫 密陽
朴夏圭(하규)	朝鮮後期	珍田	字 禹敬 本貫 密陽 父 炳燮
朴夏圭(하규)		龍岡	本貫 密陽
朴河淡(하담)	1479~1560	逍遙堂	文人 字 應千 本貫 密陽 父 承元 著書 逍遙堂逸稿
朴河倫(하륜)	1748~1788	慕巖	
朴廈相(하상)	1882~1947	晩松	本貫 務安 著書 文集
朴夏源(하원)		布衣子	本貫 潘南
朴夏鎭(하진)	朝鮮英祖	養浩亭	學者 本貫 順天 父 重擧
朴夏鎭(하진)	朝鮮後期	農山	字 閏瑞 本貫 密陽 父 基英 祖父 正煥 五衛將
朴河澄(하징)	1484~1566	甁齋 西巖	文臣, 學者 字 聖千 本貫 密陽 父 承元 外祖 河叔溥 追贈 戶曹判書 著書 甁齋文集
朴河清(하청)	朝鮮中宗	城窩	字 應周 本貫 密陽 父 承元
朴夏炯(하형)		松厓	著書 文集
朴鶴求(학구)		河源	著書 文集
朴鶴東(학동)		松坡	著書 文集
朴學仁(학인)	1796~?	南江	字 成宅 本貫 密陽 父 昌福 祖父 順河
朴鶴八(학팔)		雲齋	本貫 密陽
朴學煥(학환)	朝鮮	官菴	字 學甲 本貫 密陽 父 宗根 祖父 萬孝
朴珒(한)	1576~1650	悔易堂 晦易堂	文人 字 潤甫 本貫 務安 父 善長 外祖 南夢鰲 著書 悔易堂集
朴漢(한)		愉軒	著書 愉軒集
朴漢光(한광)	朝鮮後期	農齋	字 季實 本貫 咸陽
朴漢圭(한규)	朝鮮後期	鶴山	字 武伯 本貫 密陽 父 炳義
朴漢均(한균)		落落夏寒堂	著書 文集
朴漢基(한기)		漁樵	本貫 順天
朴翰男(한남)	1559~1655	風峯	字 國輔 本貫 密陽 著書 風峯實紀
朴漢男(한남)	→朴翰男		
朴漢斗(한두)	朝鮮後期	老間	字 望汝 本貫 密陽 父 致文 著書 遺稿

人名	年代	號	其他
朴漢民(한민)	朝鮮後期	孝泉	字 氣元 本貫 密陽 父 致甲 祖父 守祿 通政
朴漢發(한발)	1791~1858	龜湖	著書 文集
朴漢輔(한보)	朝鮮後期	後谷	字 良佐 本貫 密陽 父 致民 系 致齊
朴漢城(한성)		農窩	本貫 順天
朴漢純(한순)	1733~1797	聾齋	字 君一 本貫 密陽 父 致學 祖父 守約
朴漢植(한식)	1860~1930	西岡	字 敬夫 本貫 龜山 父 泰和 著書 西岡先生文集
朴漢英(한영)	韓末	蓮湖	歌客 字 士俊 監牧官
朴漢永(한영)	1870~1948	石顚 石村 映湖	僧侶 字 漢永 本名 鼎鎬 著書 文集
朴漢英(한영)		晚善亭	字 士彦 本貫 咸陽
朴漢緯(한위)	1715~?	晚翁	字 汝文 本貫 密陽 父 致赫 祖父 守約
朴漢柱(한주)	1459~1504	迂拙 迂拙子 迂拙齋 拙月軒	文臣 字 天支 本貫 密陽 父 敦仁 追贈 都承旨 著書 迂拙軒集
朴漢柱(한주)		松隱	本貫 咸陽
朴漢鎭(한진)	朝鮮後期	聖寬	字 致三 本貫 密陽 父 載文 祖父 彦煥
朴翰鎭(한진)	朝鮮後期	遠隱	字 萬里 本貫 密陽 父 載景 祖父 文煥 將仕郎
朴漢鎭(한진)		晚醒齋	本貫 順天
朴漢豊(한풍)		農汕亭	本貫 咸陽
朴漢祜(한호)	1772~1834	靜修齋	字 善叔 本貫 密陽 父 履純 著書 文集
朴漢豪(한호)		歸山	字 士挺 本貫 咸陽
朴咸(함)		鳳庵	本貫 務安
朴涵(함)		菊窩	本貫 春川
朴恒(항)	1369~1437	釣隱	字 敬久 本貫 密陽 父 思敬 副提學
朴恒(항)		悝齋	本貫 密陽 父 巖
朴恒漢(항한)	1666~1698	靈思	學者 字 道常, 德一 本貫 高靈 父 銑 著書 朴靈思遺稿
朴晐(해)	高麗禑王	歸林	本貫 密陽 父 中美 祖父 晉祿 大司憲
朴海(해)	朝鮮宣祖	後浦	文臣 字 仲涵 本貫 忠州 父 士建 都事
朴繲(해)	朝鮮肅宗	處仁堂 虛仁堂	文臣 字 子新 本貫 密陽
朴海(해)		海翁	本貫 文義
朴獬(해) →朴繲			
朴海寬(해관)		悔堂	字 景欽 本貫 順天
朴海奎(해규)	1821~1892	果齋	著書 果齋集
朴海量(해량)	1850~1886	聿修齋	學者 字 道謙 本貫 順天 父 鼎鉉 外祖 俞致福 著書 聿修齋遺稿
朴海龍(해룡)	1869~1934	雨田	學者 字 乃善 本貫 竹山 父 璣鉉
朴海黙(해묵)		近庵	著書 文集

人名	年代	號	其他
朴海錫(해석)	1862~1902	晩圃	本貫 竹山
朴海奭(해석)		杏谷	字 周卿 本貫 竹山
朴海燮(해섭)		樵庵	本貫 尙州
朴海容(해용)	朝鮮高宗	逸溪	本貫 順天 父 宜鉉
朴海宇(해우)	朝鮮	山民堂	本貫 順天
朴海有(해유)		聽鷄亭	本貫 順天 父 漢基
朴海日(해일)		湖隱	本貫 順天
朴海昌(해창)	1876~1933	靖窩	文臣 字 子克 本貫 竹山 父 周鉉 秘書丞
朴海喆(해철)		滄樊	著書 滄樊先生文集
朴幸遠(행원)		杏亭	字 啓行 本貫 咸陽
朴行重(행중)		梅軒	本貫 泰仁 父 尙簑
朴獻可(헌가)	1713~1772	活孝齋	字 聖至 著書 活孝齋集
朴憲脩(헌수)		立庵	著書 立庵集
朴憲舜(헌순)		一峰	著書 一峰先生文集
朴憲陽(헌양)		紫菴	字 景晦 本貫 潘南
朴奕(혁)	高麗	孤松	文臣 本貫 全州 平章事
朴赫圭(혁규)	朝鮮憲宗	松峯	字 城培 本貫 密陽 父 炳斗
朴爀起(혁기)	?~1592	三拙堂	壬亂殉節 字 子贊 本貫 密陽 父 熚 祖父 嗣賢
朴晛(현)	朝鮮初期	菊潭	
朴晛(현)		八友堂	著書 文集
朴顯求(현구)	1853~1939	東湖	字 明進 本貫 月城 父 春周 著書 文集
朴玄圭(현규)	朝鮮顯宗	稼里	本貫 密陽 父 千榮
朴賢東(현동)	朝鮮	松坡	文臣 字 世根 本貫 江陵 宣傳官
朴賢模(현모)	?~1963	緩齋	著書 緩齋集
朴賢黙(현묵)	朝鮮後期	居居齋	字 聖希 本貫 密陽 父 東翼
朴顯輔(현보)	1728~1792	晩節亭 晩亭	字 子相 本貫 咸陽 父 泰彙 著書 晩節亭遺稿〈巴溪世稿〉
朴顯宣(현선)		小溪	著書 文集
朴顯壽(현수)		淡村	著書 淡村遺稿〈五世律詩〉
朴顯章(현장)	1879~1919	晩翠堂	著書 文集
朴絢和(현화)	韓末	田史	字 又洪 本貫 密陽 父 永奭
朴形(형)	?~1398	古軒	本貫 竹州 父 德龍
朴炯(형)	1695~1774	琴軒	文臣 字 光甫 本貫 竹山 父 明梓 僉知中樞府事
朴玎(형)		南岡	著書 文集
朴刑(형) →朴形			

人名	年代	號	其他
朴洞(형) →朴洲			
朴亨達(형달)		四美亭	字 通仲 本貫 密陽
朴馨德(형덕)	朝鮮	琓易堂	學者 本貫 珍原 著書 琓易堂文集
朴亨東(형동)	1875~1920	西岡	字 輔卿 本貫 順天 父 海宗 著書 西岡文集
朴炯得(형득)		南坡	著書 文集
朴亨來(형래)	朝鮮後期	稼隱	字 元伯 本貫 密陽 父 準漢
朴衡文(형문)	1421~?	二藝堂	文臣 字 奎甫 本貫 忠州 父 悌誠 牧使
朴瀅錫(형석)	朝鮮後期	靜軒	
朴亨孫(형손)		富谷	本貫 慶州
朴馨源(형원)	朝鮮	小翠	畵家 本貫 潘南
朴瀅鎭(형진)	韓末	逸齋	字 德裕 本貫 密陽 父 基淳 系 基泰
朴瀅鎭(형진)		東隱	著書 東隱雜著
朴珩震(형진)		省山	本貫 務安
朴慧和(혜화)	韓末	道光	字 慧信 本貫 密陽 父 永采
朴虎(호)	1512~1579	逸淸齋	字 景仁 本貫 密陽 父 仲文
朴滈(호)	1624~1699	慵齋	文臣, 學者 字 子潤 本貫 寧海 父 文約 祖父 璿 外祖 權應生 工曹正郞 著書 慵齋集
朴灝(호)	1631~1695	梨湖	字 聖淸 本貫 江陵
朴浩(호)	1653~1718	靑坡 城隱	學者, 文臣 字 浩然 本貫 務安 父 昌夏 莊陵參奉 著書 靑坡遺稿
朴壕(호)	朝鮮後期	梧軒	字 季章 本貫 密陽 父 井文 系 奎文
朴皓(호)	韓末	明庵	本貫 竹山
朴灝(호)		恒齋	本貫 密陽
朴好謙(호겸)	朝鮮成宗	松溪	文臣 字 益之 本貫 月城 父 徽之 參判
朴鎬陽(호양)	1851~1899	月塘	學者 字 星弼 本貫 潘南 父 世仁 著書 月塘文集
朴浩然(호연)	1832~?	養窩	字 善五 本貫 密陽 父 履甲 祖父 仲泰
朴顥祐(호우)		曉峯	著書 文集
朴好元(호원)	1527~1584	松月 松月堂	文臣 字 善初 本貫 密陽 父 苡 戶曹參判 著書 松月堂遺稿 〈凝川世稿〉
朴浩遠(호원)	朝鮮英祖	勉軒	字 天卿 本貫 陰城 父 至誠
朴好元(호원)		眉壽堂	
朴好賢(호현)	1550~1581	華麓	字 季容 本貫 密陽 父 忠元 祖父 藻
朴泓(홍)	1534~1593	松潭	字 淸源 本貫 蔚山 父 英琇 著書 文集
朴鴻啓(홍계)	朝鮮中期	栢岳齋	字 聖卿 本貫 密陽 父 文赫 祖父 師夏
朴弘耇(홍구)	1512~1604	梨湖	文臣 字 應邵 本貫 竹山 父 蘭榮 左議政 諡號 文獻

人名	年代	號	其他
朴洪奎(홍규)	1871~1954	月溪	字 聖範 本貫 密陽 父 炳敎 祖父 瑛舜
朴弘來(홍래)	韓末	桂堂	字 賀卿 本貫 密陽 父 永仁
朴洪來(홍래)		藤隱	本貫 密陽
朴弘老(홍노) →朴弘耉			
朴弘美(홍미)	1571~1642	灌圃	文臣 字 直哉 君彦 本貫 慶州 初名 敬立 父 顯龍 外祖 尹聽 慶州府尹 著書 灌圃集
朴弘民(홍민)	朝鮮後期	鏡湖	
朴洪錫(홍석)	朝鮮英祖	湖隱	字 慶夢 本貫 密陽 父 相冑 通政
朴弘先(홍선)	1569~?	杏亭	字 季述 本貫 咸陽 父 應元
朴弘世(홍세)		南汀	字 汝恢 本貫 昌原
朴洪壽(홍수)	朝鮮後期	績庵	學者 本貫 潘南 父 宗冕 諡號 文端
朴鴻秀(홍수)		淸軒	著書 淸軒遺稿
朴弘式(홍식)		秋山	文臣 本貫 慶州 父 顯龍 洗馬
朴弘軾(홍식) →朴弘式			
朴弘陽(홍양)	朝鮮後期	川居	本貫 潘南 父 齊聞
朴弘仁(홍인)		雲岡	著書 文集
朴洪一(홍일)		晚翠亭	本貫 務安
朴弘中(홍중)	1582~1646	秋山	文臣 字 子建 本貫 慶州 父 熙龍 外祖 申福慶 掌令 著書 秋山文集
朴弘春(홍춘)		鶴睡堂	字 景仁 本貫 蔚山
朴弘憲(홍헌)	朝鮮	七峰	文臣 字 相伯 本貫 竹山 吏曹參判
朴和德(화덕)	朝鮮	東坡	文臣 字 德順 本貫 龜山 禮曹正郎
朴華秉(화병)		平巖	著書 平巖遺稿
朴華淳(화순)		逸菴	著書 逸菴集抄
朴華鎭(화진)	1834~1868	一齋	字 景春 本貫 密陽 父 基德 祖父 璋煥 訓練院判官
朴華赫(화혁) →朴莘赫			
朴芄(환)	朝鮮成宗	慕軒	字 汝馨 本貫 三陟
朴煥(환)	1584~1671	守愚 鶴皐	文臣 字 汝述 本貫 潘南 父 東民 同知中樞府事
朴芄(환)	朝鮮	藍軒	本貫 三陟 父 自芊
朴瓛(환)		蘆隱	本貫 咸陽
朴煥(환)		鶴皐	著書 文集
朴瑍(환) →朴堧			
朴桓奎(환규)	1868~1942	華谷	字 寬仲 本貫 密陽 父 炳奉 祖父 瑛舜
朴還素(환소)		農圃	字 素孺 本貫 寧海

人名	年代	號	其他
朴潢(황)	1597~1648	懦軒 懦翁	文臣 字 德雨 本貫 潘南 父 東說 系 東彦 全州府尹 著書 懦軒集
朴檜茂(회무)	朝鮮	崇禎野老　六友 六友堂	義士, 文臣 字 仲植 本貫 潘南 祖父 承任 鄭逑, 鄭經世 門人 義禁府都事
朴繪錫(회석)	1717~1775	艮溪	著書 艮溪遺稿 〈珍原世稿〉
朴會燮(회섭)	朝鮮	石蘭	文臣 字 貞大 本貫 江陵 敦寧府都事
朴晦壽(회수)	1786~1861	方壺　章山　壺谷 壺山　壺下	文臣 字 子木, 稚章 本貫 潘南 父 宗羽 左議政 諡 號 肅憲
朴晦植(회식)	朝鮮	晩松	文臣 字 景春 本貫 靈巖 敎官
朴會源(회원)	朝鮮後期	茨庵	本貫 潘南 父 師健 著書 文集
朴濠祖(회조)	朝鮮	龜庵	文臣 字 度憲 本貫 龜山 敦寧府都正
朴孝謙(효겸)		靜軒	字 行叔 本貫 淳昌
朴孝寬(효관)	朝鮮高宗	雲崖	歌客 字 景華
朴孝男(효남)	?~1592	直齋	壬亂殉節 字 安淸 本貫 密陽 父 亨俊 宣武元從功臣
朴孝男(효남)	1553~1611	一菴	文臣 字 子順 本貫 密陽 父 顒 春川縣監
朴孝德(효덕)	朝鮮英祖	三寒翁 三寒齋	文臣 字 澗仲 本貫 忠州 僉樞
朴孝亮(효량)		二憂堂	本貫 咸陽
朴孝參(효삼)	朝鮮	沙村	本貫 羅州 兵曹參議
朴孝先(효선)	朝鮮	犁村	委巷人 字 行源 本貫 密陽
朴孝誠(효성)	1568~1617	眞川	文臣 字 百源 本貫 高靈 父 淨 外祖 蔡應祥 端川 郡守
朴孝誠(효성)	朝鮮正祖	眉樵	文臣 字 伯能 本貫 密陽 父 長漢 著書 眉樵集
朴孝誠(효성)	朝鮮	淸澗齋	文臣 本貫 忠州 江陵府使
朴孝成(효성)	→朴孝誠		
朴孝孫(효손)		素窩	字 子慶 本貫 寧海
朴孝修(효수)	?~1337	石齋	文臣 本貫 竹山 封號 延昌君 密直副使
朴孝純(효순)		北村	本貫 庇安
朴孝英(효영)	1827~1905	戒懼 輪山	學者 字 行源 本貫 密陽 父 基守 著書 輪山文集
朴孝元(효원)		芝鋒	著書 文集
朴孝悌(효제)	1545~1622	慕濂	文臣 字 命仁 本貫 密陽 父 貞秀 祖父 春蘭 縣監
朴孝重(효중)		栗坡	本貫 務安
朴孝進(효진)	朝鮮憲宗	湖隱	字 百源 本貫 密陽 父 鼎黙 祖父 東敏
朴孝鎭(효진)	朝鮮後期	聲世	字 正一 本貫 密陽 父 載弘
朴斅鎭(효진)	1837~?	主一齋	學者 字 景學 本貫 密陽 父 載經 祖父 光胲
朴孝讚(효찬)		靜軒	本貫 淳昌 父 呂男
朴孝哲(효철)		退谷	本貫 密陽

人名	年代	號	其他
朴孝忠(효충)		慕窩	本貫 密陽 祖父 敏赫
朴厚(후)		梅山	字 士澄 本貫 忠州
朴垕大(후대)	1675~1756	安敬窩	學者 字 德初 父 鳴時 外祖 姜翼 著書 安敬窩遺稿
朴厚命(후명)	1734~1778	芝菴	字 命汝 本貫 密陽 父 聖浩 祖父 鳳徵 著書 啓蒙辨解
朴厚文(후문)		書隱	本貫 務安 祖父 任
朴厚鎭(후진)	?~1913	冶雲	著書 冶雲遺稿
朴薰(훈)	1484~1540	江叟	文臣 字 馨之 本貫 密陽 父 增榮 外祖 朴英達 同副承旨 諡號 文度 著書 訥齋江叟遺稿
朴訓(훈)	朝鮮中期	鼎山	文臣 本貫 潘南 父 城 教官
朴薰(훈)		收心齋 收心亭	字 德馨 本貫 密陽 父 信
朴薰(훈) →林薰			
朴薰陽(훈양)		遯支	著書 遯支逸稿
朴熏陽(훈양)		湖隱	本貫 潘南
朴暉吉(휘길)		雙潭	本貫 務安
朴徽鎭(휘진)		晚悔齋	本貫 順天 父 重擧
朴侃(흔)	朝鮮	謙齋	文臣 字 久而 本貫 慶州 判官
朴欽(흠)	1405~1489	松庵	本貫 密陽 父 崇之 刑曹正郎
朴欽(흠)		學心	本貫 咸陽
朴欽文(흠문)	朝鮮後期	古心齋	本貫 務安 父 沈 祖父 昌道
朴興居(흥거)		二樂堂	文臣 本貫 密陽 著書 二樂堂先生文集 〈二先生文集〉
朴興圭(흥규)	韓末~日帝	覺軒	本貫 順天
朴興男(흥남)	?~1593	龜巖	義兵 字 錫胤 本貫 密陽 祖父 春城
朴興遯(흥둔)		逸菴	本貫 密陽
朴興來(흥래)	1743~?	黙菴	字 希七 本貫 密陽 父 準明 祖父 相鎭 吏曹參判
朴興蔓(흥만)	朝鮮後期	竹松齋	字 子徵
朴興範(흥범)	1886~?	晴江	字 洪九 本貫 密陽 父 東華 祖父 遇春
朴興奉(흥봉)	朝鮮	龍巖	文臣 字 文善 本貫 泰仁 副護軍
朴興生(흥생)	1374~1446	菊塘 菊堂	文臣 字 敬夫 本貫 密陽 父 天貴 金子粹 門人 昌平縣令 著書 撮要新書
朴興壽(흥수)	朝鮮後期	蕉坡	文臣 本貫 潘南 父 種珩
朴興源(흥원)	朝鮮後期	竹軒	字 大見 本貫 密陽 父 命錫 參議
朴興鎭(흥진)	1851~1908	松軒	字 順臣 本貫 密陽 父 載坤 祖父 光實
朴僖(희)	朝鮮宣祖	淇塢齋	孝子 字 喜卿 本貫 竹山 父 繼李
朴晞(희)	1631~?	四五堂	字 輝遠 本貫 密陽 父 逸賢 祖父 致元
朴希權(희권)		臨淮 臨淮堂	字 天經 本貫 密陽

人名	年代	號	其他
朴義璣(희기)	朝鮮高宗	杏圃	本貫 竹山
朴希良(희량)		雙齋 雙閑 存誠齋	
朴希齡(희령)	朝鮮宣祖	石崖	本貫 慶州 父 亨孫
朴喜望(희망)	朝鮮仁祖	梧泉	義兵 本貫 珍原
朴希明(희명)	1613~1688	南軒	字 海光 本貫 密陽 父 慶鸞 祖父 仁俊 執義
朴希文(희문)	高麗禑王	琴隱	本貫 咸陽 父 居實 著書 琴隱先生文集
朴喜鳳(희봉)	朝鮮後期	梅谷	本貫 密陽 父 南馨
朴希參(희삼)	1486~1570	茅庵	學者, 文臣 字 魯卿 本貫 慶州 父 甃 外祖 趙昱 健陵參奉 著書 茅庵文集
朴禧錫(희석)		艮齋	著書 艮齋詩稿〈珍原朴氏世稿〉
朴希聖(희성)	朝鮮宣祖	遜翁	學者 本貫 潘南 徐起 門人
朴希聖(희성)	朝鮮	遜庵	學者 字 大而 本貫 忠州
朴義成(희성)	朝鮮高宗	錦樵	本貫 竹山 父 祐淳
朴熙聖(희성)		士支	本貫 尚州
朴希壽(희수)	朝鮮宣祖	悔軒	義兵 字 德老 本貫 忠州 父 敏齊 祖父 祥 刑曹佐郎
朴禧洙(희수)	1853~1925	直岩	字 允植 本貫 密陽 父 基彬 祖父 尚義
朴熙洙(희수)	1895~1951	修齋 東里	學者 字 穆彦 本貫 咸陽 父 晃鎭 外祖 李善浩 著書 修齋集
朴禧壽(희수)		竹林	本貫 潘南
朴希顔(희안)	1644~1741	九拙齋	文臣 字 景愚 本貫 軍威 父 世敏 正郎 著書 九拙齋遺稿〈巴溪世稿〉
朴義永(희영)	朝鮮高宗	滄浪	學者 字 久長 本貫 竹山 父 秉淳
朴義永(희영)		巖川	著書 巖川實記
朴熙瑛(희영)		松雲	著書 文集
朴義仁(희인)	1861~?	惺堂	文臣 本貫 竹山 父 東洙 校理
朴希仁(희인)		訥齋	著書 訥齋遺稿〈訥齋江叟遺稿〉
朴希章(희장)	1584~1652	守軒	字 士彬 本貫 密陽 父 詳
朴熙典(희전)	1808~1888	酉澗	學者 字 文則 本貫 密陽 著書 酉澗集
朴熙珵(희정)	1864~1888	貞山	著書 貞山文集
朴熙祖(희조)	朝鮮	鶴村	委巷人 字 仲武 本貫 順興
朴熙宗(희종)→朴熙中의 初名			
朴熺準(희준)		錦西軒	著書 錦西軒文集
朴熙中(희중)	1364~1446	葦南 鶴林	文臣 字 子仁 本貫 珍原 初名 熙宗 父 務溫 南原府使 著書 葦南先生文集
朴熙晉(희진)	朝鮮中期	雪滄	文臣 本貫 潘南 父 之相 承旨

人名	年代	號	其他
朴希哲(희철)	朝鮮宣祖	五寒堂	學者 本貫 咸陽
朴希喆(희철)	朝鮮	五寒臺	學者 本貫 忠州
朴希喆(희철)		獨醒窩	本貫 咸陽
朴希賢(희현)	1566~?	赶蓭	文臣 字 子醇 本貫 密陽 父 孝元 僉知中樞府事 著書 金將軍傳
朴熺鉉(희현)	1814~1880	止軒	
朴喜煥(희환)	朝鮮後期	心月	字 泰煥 本貫 密陽 父 俊馨
潘國海(국해)		竹塢	字 士鎭 本貫 岐城 父 泓
潘汭(납)	朝鮮	忍齋	字 南老 本貫 岐城 父 佑亨 戶曹參判
潘潞(노)		東洲	字 達源 本貫 岐城 父 夢璧
潘德海(덕해)	高麗	南坡	文臣 字 觀述 本貫 巨濟 版圖判書
潘東雒(동락)	1863~1930	晦山	字 龜見 本貫 岐城 著書 晦山文集
潘東雄(동웅)	→潘東雒		
潘福海(복해)	高麗禑王	石庵	忠臣 字 有述 本貫 巨濟 父 益淳 祖父 永源 封號 濟城府院君 左贊成 諡號 文莊
潘阜(부)	1230~?	海旅齋	文臣 字 君秀 本貫 巨濟 封號 岐城府院君 諫議大夫 諡號 文節
潘思濟(사제)	朝鮮	梅叟	文臣 字 禧叟 本貫 巨濟 吏曹判書
潘滑(서)	高麗	是塡	文臣 字 有異 本貫 巨濟 水軍節度使
潘墅(서)		海旅齋	本貫 南平
潘碩徹(석철)	朝鮮	友江	孝子 字 烟村 本貫 巨濟
潘碩枰(석평)	?~1540	松厓	文臣 字 公文 本貫 光州 父 瑞麟 知中樞府事 諡號 壯節
潘守明(수명)	朝鮮	漁隱	文臣 字 士淵 本貫 巨濟 侍講官
潘淑(숙)	高麗	孝尚	文臣 字 平中 本貫 巨濟 軍器監
潘榮(영)	朝鮮	謙窩	學者 字 士顯 本貫 巨濟
潘永馥(영복)		硯隱	本貫 南平 祖父 行棹
潘佑亨(우형)	?~1789	玉溪	文臣 字 大甫 本貫 巨濟 父 憷 封號 岐城君 大司憲 諡號 文孝 著書 玉溪先生文集
潘有抗(유항)	高麗	守拙堂	文臣 字 夢賚 本貫 巨濟 禮部尚書
潘胤奎(윤규)	朝鮮	樂庵	文臣 字 聖甫 本貫 巨濟 高山縣監
潘允璿(윤선)	朝鮮	思庵	文臣 本貫 岐城 父 挺
潘應基(응기)	朝鮮	陽窩	文臣 字 禮玉 本貫 巨濟 工曹佐郎
潘應濩(응호)		聯棣堂	著書 聯棣堂遺稿
潘益淳(익순)	高麗禑王	清溪	文臣 字 仁興 本貫 巨濟 右侍中 諡號 忠襄
潘仁後(인후)	朝鮮	菊塢	文臣 字 應先 本貫 巨濟 軍資監僉正
潘自建(자건)	高麗	永慕堂	文臣 字 希卿 本貫 巨濟 封號 永平君 平章事 諡號 忠簡

人名	年代	號	其他
潘挺(정)	高麗	雲谷	字 震中 本貫 巨濟 進士
潘悌老(제노)	朝鮮	端溪	文臣 字 月南 本貫 巨濟 校著監察
潘濬(준)	朝鮮世宗	隱濟	文臣 字 聖伯 本貫 巨濟 郡守
潘仲慶(중경)	朝鮮	五峰	文臣 字 汝慶 本貫 巨濟 兵曹參判
潘仲仁(중인)	朝鮮	三峰	文臣 字 汝善 本貫 巨濟 掌樂院正
潘冲(충)	1509~1581	觀物堂 觀物齋	字 仲和 本貫 巨濟
潘衡(형)	朝鮮	蓉西	文臣 字 陽谷 本貫 巨濟 河瀜萬戶
潘湖(호)	朝鮮	道谷	文臣 字 正平 本貫 巨濟 吏曹正郎
潘好義(호의)	朝鮮	無庵	文臣 本貫 巨濟 沙斤道察訪
潘弘立(홍립)		硏齋	本貫 南平
潘弘應(홍응)		芝圃	本貫 南平
潘瓛(환)		終慕齋	字 獻玉 本貫 岐城
潘孝孫(효손)	朝鮮世宗	箕堂 箕野	文臣 字 南雲 本貫 巨濟 禮曹參判
潘孝泓(효홍)	朝鮮	陽軒	本貫 岐城 父 彦溥
潘後泰(후태)		拙軒	本貫 岐城
潘希岳(희악)		喜懼堂	著書 喜懼堂遺稿
方綱(강)	朝鮮世宗	敬齋	文臣 字 君弼 本貫 溫陽 父 藝孫 左承旨
方健鏞(건용)		初桐 初絧	字 舜五 本貫 溫陽
房貴溫(귀온)	1465~?	錦西	文臣 字 玉汝 本貫 南陽 父 戒文 趙光祖 門人 正言
房奎源(규원)	朝鮮	鶴樵	本貫 南陽 父 鍾益
房德麟(덕린)		瞻依 瞻依亭	本貫 南陽
房德永(덕영)		渴飮	本貫 南陽
房德臉(덕유)	朝鮮	月坡	文臣 字 敏叔 本貫 南陽 同知
房東華(동화)	朝鮮	圓菴	本貫 南陽 父 佑駒
方斗烈(두열)		楊塢	著書 楊塢先生詩稿
房斗元(두원)	朝鮮	竹溪	文臣 字 景瞻 本貫 南陽 府使
房斗載(두재)	1645~1706	西洲	著書 西洲遺稿
房斗天(두천)	1665~1704	希菴	學者 字 大汝 本貫 南陽 父 明斌 外祖 任時尹 永昭殿參奉 著書 希菴集
方得正(득정)	朝鮮	四柏堂	本貫 溫陽 義禁府都事
房明斌(명식)	1626~1680	庸齋	學者 字 文卿 本貫 南陽 父 元井 外祖 梁山炭 著書 庸齋集
房明燁(명엽)	1618~1661	主一窩	學者 字 晦卿 本貫 南陽 父 元井 著書 主一窩集 〈房氏三世合稿〉
房明熻(명흡)	1624~1683	晩隱	本貫 南陽 著書 晩隱遺稿 〈房氏三世合稿〉

人名	年代	號	其他
方戊吉(무길)	1898~1934	惠淵	女流書藝家 本貫 溫陽 父 孝源 夫 李甲洙
房復齡(복령)	朝鮮	九一	義兵將 字 興中 本貫 南陽 判官
房士良(사량)	高麗	杏隱	文臣 本貫 南陽 父 柱 寶文閣直提學
房錫俊(석준)	朝鮮	儒仙	文臣 字 化日 本貫 南陽 參奉
方奭鎭(석진)	朝鮮	磵松	本貫 溫陽 中樞院議官
房錫弼(석필)		近齋	字 又師
方聖規(성규)	朝鮮	龍潭	本貫 溫陽 典籍
方世立(세립)		雅古堂	著書 文集
房洙仁(수인)	朝鮮	溪隱	文臣 字 權實 本貫 南陽 戶曹參判
方恟(슝)	高麗恭愍王	晚松堂 晚拙堂	文臣 本貫 溫陽 謚號 文懿
方旬(슝) →方恟			
方彥暉(언휘)		獨樂亭	本貫 溫陽
方彥輝(언휘)		菊墅	本貫 溫陽
方禹度(우도)	1790~?	友山	畫家 字 身伯 本貫 溫陽
方于宣(우선)	高麗肅宗	誠齋	文臣 本貫 溫陽 政堂文學 謚號 文定
方尤宣(우선) →方于宣			
方禹鼎(우정)	朝鮮純祖	暉齋	武臣 本貫 溫陽 追贈 兵曹判書 著書 西征日記
方禹興(우흥)	朝鮮	百忍齋	字 士鼎 本貫 溫陽
方芸實(운실)	高麗恭愍王	愼語堂	父 恟
房元井(원정)	1593~1652	知足窩	學者 字 而淨 本貫 南陽 父 德驊 外祖 楊洪孫 成均館典籍 著書 知足窩集
房元震(원진)	1577~1619	晚悟	義士 字 而省 本貫 龍城 祖父 應賢 張經世 門人 察訪 著書 晚悟公實蹟
方圓宅(원택)	朝鮮	矩堂	本貫 溫陽 敎官
方有寧(유녕)	1460~1529	無欺堂	文臣 字 太和 本貫 軍威 父 仲止 外祖 文承道 金宗直 門人 慶尙道觀察使
房有芳(유방)		靜湖堂	本貫 南陽
房允(유)	朝鮮憲宗	灘西	本貫 南陽
方允明(윤명)	1827~1880	芸南 老泉	畫家 字 老泉 本貫 溫陽 父 禹度 僉使
方應謨(응모)	1890~?	啓礎	言論人 朝鮮日報社長
房應貞(응정) →方應貞			
房應淸(응청)		龍頭	本貫 南原
房應賢(응현)	1523~1589	沙溪 沙溪亭	學者 字 俊夫 本貫 南陽 父 漢傑 祖父 貴達 著書 房沙溪實記
方應賢(응현) →房應賢			

人名	年代	號	其他
方義鏞(의용)	→方義鏞		
方仁根(인근)	1899~1975	春海	小說家
房仁業(인업)	朝鮮	道隱	文臣 字 汝成 本貫 南陽 左承旨
方一麟(일보)	朝鮮中宗	繡野 繡楚	
方定煥(정환)	1899~1931	小波	兒童文學家 父 慶洙 著書 小波全集
方鍾漢(종한)		花岡堂	著書 文集
方峻汶(준문)	朝鮮	杏亭	文臣 字 景龍 本貫 南陽 兵曹參判
方智(지)		月峰	本貫 溫陽 著書 文集
房鎭洙(진수)	朝鮮	松淵	文臣 字 德洪 本貫 南陽 敦寧府都正
方鎭永(진영)	朝鮮	山史	文臣 字 國三 本貫 南陽 承政院左承旨
房采奎(채규)		醒齋	本貫 南陽
方天鏞(천용)	1833~?	霞裳	畫家 字 固汝, 因汝 本貫 溫陽
方致遠(치원)	朝鮮	尼菴	本貫 溫陽 左尹
房致周(치주)	朝鮮	池南	文臣 字 一甫 本貫 南陽 禮曹參議
房台慶(태경)	高麗	月汀	文臣 字 景文 本貫 溫陽 封號 宜春君 門下贊成事
方泰容(태용)	1856~1933	錦南	著書 錦南集
房學圭(학규)	朝鮮	南坡	文臣 字 允彦 本貫 南陽 副護軍
方漢德(한덕)	韓末~日帝	寸雲	
方漢相(한상)	1899~?	晚翠	獨立運動家
方漢翼(한익)	1833~?	芝山	畫家 字 鳳來 本貫 溫陽 父 義鍊
房賢相(현상)	朝鮮	竹軒	
妨煥(방환)	1816~1892	普門	僧侶 俗姓 文氏
方孝元(효원)	1886~1953	樂山	牧師 父 萬俊
方孝孺(효유)	高麗	遜志齋	文臣 字 希直 本貫 溫陽 平章事
方孝一(효일)	朝鮮	白醉	委巷人 字 士行 本貫 清州 父 彦弼 備邊司書吏
方義龍(희룡)	1805~?	蘭生 蘭石	委巷人, 書畫家 字 聖中, 元八 本貫 溫陽 同知中樞府事
方曦進(희진)	高麗	博齋	本貫 溫陽 大提學
裵健(건)		高庵	本貫 星山
裵健守(건수)		竹樵	著書 竹樵逸稿
裵經(경)	朝鮮	孝友堂	孝子 字 景常 本貫 興海
裵聚可(취가)	朝鮮	達川	學者 字 章甫 本貫 星州
裵敬德(경덕)	高麗	克齋	字 君範 本貫 慶州
裵敬菜(경래)		愛日堂	本貫 大邱
裵慶運(경운)	朝鮮	韶隱	武臣 字 大宥 本貫 金海 禁軍護衛將

人名	年代	號	其他
裵聚仁(경인)	朝鮮宣祖	晚蓭	文臣 字 聖甫 本貫 達城 兵曹參議
裵綱柱(경주)	1822~1900	養寡堂	著書 文集
裵敬徵(경징)		蒹翁	著書 蒹翁先生文集
裵慶鐸(경탁)		樂山	本貫 盆城 父 萬業
裵京鎬(경호)	朝鮮	裕堂	文臣 本貫 金海 同知中樞府事
裵啓錫(계석)	1847~1917	晚亭	著書 文集
裵戒仁(계인)	朝鮮	谷巖	文臣 本貫 金海 左承旨
裵啓厚(계후)	朝鮮成宗	慕堂	字 直方 本貫 星山 父 緝 府使
裵功樟(공장) →裵幼樟			
裵光周(광주)		黙窩	本貫 星山
裵矩(구) →裵規			
裵局遠(국원)	朝鮮	友堂	本貫 星山 父 鳳益
裵規(규)	高麗禑王	花堂 花谷	文臣 字 仲員 本貫 星山 著書 花堂先生遺集
裵奎贊(규찬)		枕泉	本貫 達城
裵奎漢(규한)		思慕齋	本貫 達城
裵均(균)	高麗	栗軒	本貫 達城
裵克貴(극귀)	朝鮮	伽倻處士	學者 字 聖道 本貫 星州
裵克廉(극렴)	1325~1392	筆庵 畵錦堂	開國功臣 字 量可 本貫 京山 父 玄甫 封號 星山伯 門下左侍中 諡號 貞節
裵克紹(극소)	1819~1871	黙庵	學者 字 乃休 本貫 金海 父 相觀 外祖 朴恒敦 著書 黙庵文集
裵克壽(극수)	朝鮮	松軒	文臣 本貫 金海 濟州牧使
裵克富(극부)	朝鮮	遯村	學者 字 士寬 本貫 慶州
裵棋壽(기수)	朝鮮宣祖	大惺齋	字 晉益 本貫 慶州 父 愼忱
裵棋壽(기수)	朝鮮高宗	松亭	字 義瑞
裵紀淳(기순)		琴隱	本貫 星山
裵奇鍾(기종)	朝鮮	松亭	孝子 字 義瑞 本貫 星州
裵洛圖(낙도)	朝鮮	晚湖	本貫 星山 父 祥彧
裵南煥(남환)	朝鮮	純參	文臣 字 敬三 本貫 金海 同知中樞府事
裵湛(담)	朝鮮	野隱	文臣 字 和汝 本貫 金海 司直
裵大植(대식)	1854~1930	癡齋	
裵大雄(대웅) →裵大維			
裵大維(대유)	1567~?	慕亭	文臣 字 子張 本貫 金海 父 瑛 兵曹參議 著書 慕亭集
裵德文(덕문)	1525~1608	書巖	義兵 字 叔晦 晦叔 本貫 星山 父 綱 漢城府尹
裵道弘(도홍)		梅潭齋	著書 文集

人名	年代	號	其他
裵東度(동도)	朝鮮	逸菴	文臣 字 汝憲 本貫 金海 左承旨
裵東鎬(동호)	1870~1924	見山	著書 文集
裵東煥(동환)	1899~1984	白渚	學者 本貫 興海
裵斗有(두유)	朝鮮文宗	寓齋	字 德善 本貫 慶州
裵斗八(두팔)	朝鮮	松隱	本貫 星山 父 綱
裵萬業(만업)		雲川	本貫 盆城
裵萬容(만용)		淨庵	本貫 星山
裵孟厚(맹후)	朝鮮世祖	桂堂	文臣 字 載之 本貫 星山 父 緝 大司憲
裵緬(면)		白庵	著書 白庵集
裵晃(면)		絢窩	著書 文集
裵命說(명열)		雙清堂	著書 雙清堂集
裵明遠(명원)	朝鮮	月汀	文臣 字 君晦 本貫 金海 僉節制使
裵命胤(명윤)		三畏堂	字 德承 本貫 慶州
裵夢星(몽성)		月庵	本貫 星州 父 億建
裵武範(무범)	朝鮮	管堂	本貫 星州
裵茂元(무원)		竹軒	本貫 達城 父 裕
裵武重(무중)	朝鮮宣祖	龍巖	隱士 字 聖彦 本貫 星山 祖父 愼忱
裵舞和(무화)	1648~?	默堂	字 夢應 本貫 星州 父 以顯
裵文度(문도)	朝鮮	心軒	本貫 星山 父 永權
裵文斗(문두)		晚就	本貫 達城
裵文甫(문보)	朝鮮中宗	歲寒齋	文臣 字 天章 本貫 金海 高城郡守 諡號 忠壯
裵文淳(문순)		樂齋	本貫 星山
裵文佑(문우)	高麗恭愍王	晦隱	字 龍覩 本貫 慶州 父 光裕 祖父 成慶 普文閣直提學
裵問晉(문진)	高麗	高軒	文臣 本貫 達城 平章事
裵文昶(문창)	1864~1928	定山	著書 定山集
裵文會(문회)	1900~1984	中園	著書 文集
裵炳善(병선)		柏軒	本貫 星山
裵炳壽(병수)	朝鮮高宗	南齋	字 致繪 本貫 慶州
裵秉淳(병순)		樂軒	本貫 星山
裵炳元(병원)	1866~1930	晚山	字 允章 本貫 達城 父 致奎 著書 晚山遺稿
裵炳柱(병주)		溪軒	本貫 達城 父 奎贊
裵炳翰(병한)		宜庵	著書 宜庵先生文集
裵鳳錫(봉석)	朝鮮	石泉	文臣 字 珍晈 本貫 金海 內府司
裵士寬(사관)	朝鮮	雲庵	文臣 本貫 金海 同副承旨

人名	年代	號	其他
裵師元(사원)	朝鮮世祖	希菴	文臣 字 道心 本貫 達城 大司諫
裵嗣宗(사종)	朝鮮成宗	孝述軒	文臣 字 采甫 本貫 星山 父 孟達 陽智縣監
裵三近(삼근)		懦山	字 汝勇 本貫 慶州
裵三益(삼익)	1534~1588	臨淵齋 臨淵	文臣 字 汝友 本貫 興海 父 天錫 祖父 獻 李滉 門人 黃海道觀察使 著書 臨淵齋集
裵尚謙(상겸)	朝鮮	湖隱	學者 字 受益 本貫 慶州
裵尚絅(상경)	朝鮮成宗	休齋	文臣 字 晦甫 本貫 達城 定州牧使
裵祥奎(상규)	朝鮮	晦山	本貫 星山 父 章俊
裵相規(상규)	朝鮮	洛窩	本貫 星山 父 兢
裵相瑾(상근)	1868~1936	琴岡	著書 文集
裵尚龍(상룡)	1574~1655	藤菴	學者 字 子章 本貫 星州 父 德文 鄭逑 門人 著書 藤菴集
裵尚龍(상룡)	朝鮮	素隱	文臣 字 彦甫 本貫 金海 副護軍
裵尚敏(상민)	朝鮮	菊軒	文臣 字 明湜 本貫 金海 訓練院主簿
裵尚輔(상보)	朝鮮	蓮亭	文臣 字 國章 本貫 星州 縣令
裵祥斌(상빈)	朝鮮	稼軒	本貫 星山 父 章俊
裵相涉(상섭)		隱谷	著書 文集
裵相說(상열)	1759~1849	槐潭	學者 字 君弼 本貫 興海 父 緝 著書 槐潭遺稿
裵相禹(상우)	1847~1921	素窩	著書 文集
裵祥彧(상욱)	朝鮮	竹軒	本貫 星山 父 章俊
裵尚瑜(상유)	1610~1686	晚學堂	學者, 文臣 字 公瑾 本貫 星山 父 命全 社稷署參奉
裵尚益(상익)	1581~1631	癡巖	學者, 文臣 字 益哉 本貫 慶州 父 應褧 外祖 全海 鄭逑 門人 判官 著書 癡巖逸稿
裵尚志(상지)	高麗末	栢竹堂	文臣 本貫 興海 父 詮 判司僕寺事
裵相哲(상철)		春岡	著書 春岡集
裵象鉉(상현)	1814~1884	梧山	文臣 字 玄玉 本貫 興陽 司憲府持平 著書 梧山集
裵相協(상협)	1766~1809	松廬	學者 字 君燮 本貫 興海 父 遜 外祖 柳光昊 著書 松廬集
裵尚虎(상호)	1594~1642	愧齋	學者 字 季章 本貫 星州 父 稷 著書 愧齋先生文集
裵恕(서)	朝鮮明宗	安心堂	字 仁源 父 慶州
裵錫杜(석두)	→裵錫祉		
裵錫一(석일)		不知菴	著書 文集
裵錫祉(석지)	1523~1591	春岡	著書 文集
裵錫祉(석지)	朝鮮	栗里 栗里處士	文臣 本貫 金海 知縣
裵碩徽(석휘)	1653~1729	謙翁	學者 著書 謙翁集
裵善源(선원)	1808~1940	守碉	著書 文集

人名	年代	號	其他
裵善晦(선회)	1829~1904	岐軒	學者 字 叔燁 本貫 興海 父 鎬周 外祖 李周讚 著書 岐軒文集
裵楔(설)	1551~1599	武堂	武臣 字 仲閑 本貫 星州 字 德龍 右水使
裵聖謙(성겸)		雪松	本貫 星山
裵聖鎬(성호)	1851~1929	錦石	字 景魯 本貫 盆城 父 璹 外祖 黃處中 著書 錦石文集
裵世綱(세강)	朝鮮成宗	永樂亭	文臣 本貫 星州 父 孟厚 全羅都事
裵世謙(세겸)	朝鮮宣祖	心遠齋	字 公益 本貫 慶州
裵世綸(세륜)	朝鮮	黙窩	文臣 字 經餘 本貫 金海 吏曹佐郎
裵世績(세적)	朝鮮中宗	靜谷	文臣 字 懋叔 本貫 金海 父 仲厚 軍威縣監
裵世勣(세적)	→裵世績		
裵世祚(세조)		松磵	字 國祚 本貫 達城
裵繡光(수광)	朝鮮世宗	鳳菴	文臣 字 日若 本貫 星州 咸安郡守
裵守秉(수병)	→裵守采		
裵秀義(수의)	朝鮮	道隱	文臣 字 可一 本貫 金海 平丘察訪
裵守采(수채)		止齋	字 明汝 本貫 達城
裵璹(슉)	1516~1589	梅谷	學者 字 壽玉 本貫 星山 父 景輔 外祖 趙慶華 著書 梅谷集
裵叔厚(슉후)	朝鮮成宗	白菴	文臣 本貫 金海 禮曹正郎
裵純(슌)	朝鮮	士菴	文臣 字 世經 本貫 金海 承政院同副承旨
裵舜弼(슌필)		老圃	本貫 金海
裵承祖(승조)	朝鮮宣祖	聱窩	學者 字 汝述 本貫 昆陽 父 曾甲 金長生 門人
裵時𥡆(시경)	朝鮮宣祖	巢庵	本貫 慶州
裵時楔(시설)	朝鮮	黙堂	文臣 字 文仲 本貫 星州 縣監
裵紳(신)	1520~1573	洛川 景齋	學者 字 景餘 本貫 星州 父 嗣宗 外祖 朴東善 曺植 李滉 門人 敎官 著書 洛川遺稿
裵伸(신)	→裵紳		
裵愼忱(신침)	朝鮮中宗	林塘	文臣 字 靜叔 本貫 金海
裵良玉(양옥)		四吾堂	字 器之 本貫 慶州
裵亮珍(양진)	1850~1918	遞菴	本貫 星州 父 億璉 著書 文集
裵億璉(억련)		佳亭	本貫 星州
裵汝慶(여경)	1622~1696	一誠齋	字 善餘 本貫 慶州 著書 文集
裵演黙(연묵)		時習亭	著書 文集
裵泳(영)	1810~1852	孔川	學者 字 涵中 本貫 星州 父 錫鵬 著書 孔川集
裵渶(영)	朝鮮宣祖	忍齋	文臣 字 深遠 本貫 金海 著書 忍齋集
裵齡耼(영담)	1537~1611	松菴 松軒	學者 字 乃益 本貫 星州 著書 松菴實記

人名	年代	號	其他
裵永進(영진)	1864~1919	白峰	獨立運動家 字 希顔
裵永表(영표)		小白軒	本貫 大邱
裵玉炫(옥현)	朝鮮	名賢	文臣 字 道吉 本貫 金海 參議
裵蘊(온)	朝鮮太宗	靑山	文臣 字 士玉 本貫 星州 縣監
裵龍吉(용길)	1556~1609	琴易堂 琴易齋 藏六堂	文臣, 義兵 字 明瑞 本貫 興海 父 三益 忠淸道都事 著書 琴易堂集
裵禹昌(우창)	朝鮮	儂巖	文臣 字 世和 本貫 金海 同知義禁府事
裵元佑(원우)	朝鮮宣祖	杜谷	文臣 字 自東 本貫 金海 訓練院正
裵裕(유)	朝鮮成宗	綠野堂 蘆野	文臣 字 季善 本貫 星州 集賢殿直提學
裵幼章(유장)	1618~1687	楡巖	學者, 文臣 字 章隱 本貫 達城 父 尙益 系 紉芷 外祖 金涌 內侍敎官 著書 楡巖集
裵幼樟(유장)	→裵幼章		
裵幼華(유화)	1611~1673	八斯軒 八斯	學者, 文臣 字 華隱 本貫 慶州 父 尙益 外祖 金涌 主簿 著書 八斯軒遺稿
裵允良(윤량)		光昭庵	本貫 昆陽 父 嗣宗
裵允忱(윤침)	朝鮮	芝山	文臣 字 允淑 本貫 金海 司諫院獻納
裵殷星(은성)	1848~?	雲圃	文臣 字 景悅 本貫 達城 父 炳善 兵曹正郎
裵應褧(응경)	1594~1602	安村	文臣 字 晦甫 本貫 慶州 父 茂先 追贈 禮曹參判 著書 安村集
裵應男(응남)	朝鮮	雲溪	文臣 字 仁叟 本貫 金海 訓練院正
裵應南(응남)	→裵應男		
裵應煥(응환)	1808~1877	松竹軒	學者 字 聚五 本貫 星州 父 相俊 系 相寅 外祖 朴 榮秀 著書 松竹軒遺稿
裵義重(의중)		鏡隱	字 汝彦 本貫 慶州 祖父 愼忱
裵爾仁(이인)		敬慕齋	本貫 星山
裵爾仁(이인)		黙菴	字 始孝 本貫 慶州
裵以楫(이즙)	朝鮮	道窩	本貫 星山 父 佑臣
裵仁敬(인경)	朝鮮世宗	晚隱	字 而直 本貫 達城 封號 古阜君
裵仁基(인기)	韓末	野隱	文臣 字 處仁 本貫 達城 左承旨
裵仁錫(인석)	朝鮮	禾谷 杏谷	委巷人 字 弘郁 本貫 密陽
裵一長(일장)	朝鮮肅宗	桂軒 戒軒	文臣 字 子禧 本貫 盆城 參奉
裵一張(일장)		梅軒	
裵章俊(장준)	1816~1883	南岡	本貫 星山 父 度用 學者 著書 南岡遺集
裵在憲(재헌)		菊齋	著書 文集
裵婰(전)	1843~1899	此山	書畵家 字 容五, 中見 本貫 金海 著書 文集

人名	年代	號	其他
裵正璣(정기)	朝鮮	竹窩	本貫 星山 父 文復
裵定模(정모)	朝鮮高宗	農巖	本貫 盆城
裵貞伯(정백)	朝鮮	益亭	文臣 本貫 金海 中樞府事
裵廷斐(정비)		龜淵	本貫 慶州
裵廷燮(정섭)	1864~1932	南皋	本貫 達城 父 喆得 著書 文集
裵廷芝(정지)	1259~1302	琴軒	武臣 字 瑞漢 本貫 大邱 父 瑩 密直府事
裵正學(정학)		敬菴	著書 敬菴集
裵正徽(정휘)	1645~1709	孤村	文臣, 學者 字 美叔 本貫 星州 父 世緯 左承旨 著書 孤村集
裵宗煥(종환)	朝鮮	竹隱齋	文臣 字 翼振 本貫 金海 敦寧府都正
裵疇煥(주환)		浦西	著書 文集
裵峻(준)	朝鮮	黙菴	文臣 字 伯高 本貫 星州 縣監
裵仲孚(중부)		訥齋 訥村	
裵重世(중세)	韓末~日帝	倬農	獨立運動家
裵楫(즙)	朝鮮宣祖	明菴	文臣 字 通衆 本貫 星州 宣撫使
裵曾甲(증갑)		龍溪	本貫 昆陽 護軍
裵震明(진명)	1679~?	慕軒	字 德輝 本貫 大邱 父 尙元
裵晉明(진명)	→裵震明		
裵振緒(진서)	朝鮮	松岡	文臣 字 聲玉 本貫 星州 牧使
裵晉孫(진손)	朝鮮初期	我堂	文臣 本貫 星州 父 用成 工曹判書
裵晉孫(진손)	朝鮮	厓陰	學者 本貫 金海
裵鎭夏(진하)	1838~1914	樂山	著書 樂山遺稿
裵縉煥(진환)	1871~1939	松窩	字 台甫 本貫 星州 著書 松窩集
裵晉后(진후)	朝鮮太祖	東菴	文臣 本貫 星州 左司諫
裵瓚(찬)	1825~1898	錦溪	字 禹瑞 本貫 金海 父 相淳 外祖 韓鍾逸 著書 錦溪集
裵燦(찬)		遇然	著書 遇然先生文集
裵昌度(창도)		農叟	本貫 星山
裵昌宇(창우)		溪隱	本貫 盆城 父 慶鐸
裵千熙(천희)	高麗恭愍王	雪山	本貫 慶州
裵最冊(최책)	朝鮮	龜靜	文臣 字 善夫 本貫 金海 宣務郎
裵就吉(취길)		琴堂	本貫 興海

人名	年代	號	其他
裵締(치)	朝鮮	清白	文臣 本貫 星州 慶尙左道水軍摠兵
裵致奎(치규)	1826~1891	竹樵	學者 字 汝容 本貫 達成 父 德緯 外祖 洪義範 著書 竹樵逸稿
裵致績(치적)	朝鮮	五中	文臣 字 秋逸 本貫 金海 僉正
裵泰綏(태수)	朝鮮	花堂 慕明	本貫 星山 父 尙珩 著書 花堂先生遺集
裵弼煥(필환)	朝鮮	耕山齋	文臣 字 達三 本貫 金海 都正
裵夏(하)	朝鮮	老隱	文臣 字 舜擧 本貫 盆城 領同知中樞府事
裵鶴(학)	朝鮮宣祖	林泉	文臣 字 太冲 本貫 星州(盆城) 英陵參奉
裵學洙(학수)		月溪	著書 文集
裵漢斗(한두) →張漢斗			
裵行儉(행검)		梧溪 梧谷	著書 文集
裵絢(현)	朝鮮	黙齋	本貫 星山 父 相斗
裵玄基(현기)	1881~1954	仁山齋	著書 文集
裵顯徵(현휘)		譜翁	著書 譜翁先生文集
裵祫(협) →裵裕			
裵亨遠(형원)	朝鮮	汀谷	文臣 字 君吉 本貫 金海 宣務郎
裵亨元(형원)	朝鮮	河谷	本貫 星山 父 德秀 宣務郎
裵弘祐(홍우)	1570~?	養志齋	文臣 字 汝補 本貫 金海 父 大維 著書 養志齋詩集
裵弘重(홍중)	朝鮮	慕菴	孝子 字 子厚 本貫 大邱
裵繪(회)		甑巖	本貫 達城
裵孝明(효명)	朝鮮端宗	逍遙子	文臣 字 敬夫 本貫 達城 戶曹佐郎
裵孝崇(효숭)	朝鮮世宗	禮谷 糟谷	文臣 本貫 興海 父 桓 副承旨
裵厚根(후근)		隱巖齋	字 道心 本貫 達城
裵後度(후도)	1612~1645	晦峯	隱士 字 性度 子平 本貫 金海 著書 文集
裵後亮(후량)	朝鮮	黙齋	文臣 字 德昌 本貫 金海 訓練院判官
裵厚翼(후익)	朝鮮	梅軒	文臣 字 翊之 本貫 金海 同知中樞府事
裵興立(흥립)	1546~1608	東圃	文臣 字 伯起 本貫 星州 父 仁範 右兵使 諡號 孝肅
裵興黙(흥묵)		心溪	著書 文集
裵興淳(흥순)		學農	本貫 星山
裵興孝(흥효) →張興孝			
裵熺春(희춘)	朝鮮	九山	本貫 星山 父 興柱
白看良(간량)	朝鮮後期	壽親堂	本貫 水原
白簡美(간미)	高麗文宗	月谷	字 愼甫 本貫 水原
白謙門(겸문)	朝鮮	素臯軒	委巷人 字 悌仲 本貫 平山 父 胤蓍
白景寅(경인)		洗心	著書 文集

人名	年代	號	其他
白景濟(경제)	?~1771	三賢	著書 三賢集
白景濟(경제)		愼菴	
白慶翰(경한)	1761~1812	鳧湖	義士 字 子漸 本貫 水原 父 善養 外祖 盧玄軫 追贈 兵曹參判 諡號 忠剛 著書 鳧湖集
白慶楷(경해)	1765~1842	守窩 平窩	文臣 字 聖翊 本貫 水原 父 善養 外祖 盧玄軫 漢城 府左尹 著書 守窩集
白景炫(경현)	1792~?	悟齋 惠齋	委巷人 字 時晦 本貫 善山 父 壽倫 承政院書吏 著 書 悟齋集
白桂英(계영)	高麗恭愍王	雲菴	本貫 水原 封號 鰲山君
白寬洙(관수)	1889~?	芹村	獨立運動家, 言論人 本貫 水原 父 道鎭 東亞日報社 長
白光瑞(광서)	朝鮮後期	西村	本貫 水原 父 弘濟
白光城(광성)	朝鮮明宗	東溪	本貫 海美 著書 東溪遺稿〈水原白氏三世三綱錄〉
白光顔(광안)	1527~?	楓岑	字 而粹 本貫 水原 父 世仁
白光彦(광언)	?~1592	楓巖	武臣 本貫 海美 父 世仁 追贈 兵曹判書 諡號 忠愍
白光湖(광호)	1639~1722	可笑堂	學者 字 汝器 本貫 水原 父 弘源 外祖 蘇顯門 著書 可笑堂集
白光虎(광호)		石溪	本貫 水原
白光弘(광홍)	1522~1556	岐峰	文人, 文臣 字 大祐, 大裕 本貫 海美 父 世仁 平安 道評事 著書 岐峰集
白光勳(광훈)	1537~1582	玉峰	詩人 字 彰卿 本貫 海美 父 世仁 參奉 著書 玉峰集
白龜民(구민)		靈谷	本貫 水原
白椎(규)	1844~1897	敬菴 鶴于軒	學者 字 士眞 本貫 大興 父 東基 著書 敬菴集
白奎洙(규수)	1827~?	蕙山	字 景五 本貫 水原 父 履鎭 著書 蕙山遺稿
白圭鎰(규일)		三秀	本貫 水原
白珪煥(규환)		松菴	本貫 水原
白基文(기문)		兼齋	著書 文集
白基俊(기준)	1887~?	雲溪	獨立運動家 本貫 水原 父 善文
白岐鎭(기진)	1814~1888	兼齋	字 基文 本貫 錦山 父 崇儉 假監役
白基昌(기창)	朝鮮	桐坡	本貫 水原 父 行祚
白基煥(기환)	1883~1972	振天	獨立運動家
白吉鎭(길진)	朝鮮	林虎	本貫 水原
白樂桂(낙계)		菊圃	本貫 水原
白樂寬(낙관)	1846~1883	秋江	儒生 字 景教 本貫 藍浦 父 弘洙 著書 文集
白樂龜(낙구)→白樂範의 一名			
白樂奎(낙규)		遂堂	著書 文集
白樂範(낙범)	?~1907	雲亭	抗日運動家 字 樂九 本貫 光陽 一名 洛龜

人名	年代	號	其他
白樂善(낙선)	朝鮮	斗隱	本貫 水原
白樂韶(낙소)		棠山	著書 棠山先生實記
白樂鎔(낙용)	朝鮮	鶴圃	本貫 水原
白樂元(낙원)	?~1916	晚悔堂	著書 晚悔堂遺稿
白樂疇(낙주)	1888~1965	世昌	獨立運動家 字 學範 父 昺濟
白樂俊(낙준)	朝鮮	湖隱	本貫 水原
白樂濬(낙준)	1895~1985	庸齋	敎育者 延世大學校總長
白樂鉉(낙현)	韓末~日帝	雲成	
白樂訓(낙훈)	韓末	晚香	委巷人
白樂禧(낙희)	朝鮮	靑松	本貫 水原 父 在洙
白鑾洙(난수)	韓末	三愚齋	著書 文集
白南奎(남규)	1884~1970	雲庵 滄南	義兵 本貫 水原
白南輔(남보)	朝鮮	石泉	本貫 水原
白南宇(남우)	朝鮮	釣隱	本貫 水原
白南薰(남훈)	1885~1967	解慍	政治家 本貫 水原 父 鎭模 著書 나의 一生
白大寶(대보)	→白文寶		
白大珣(대진)	朝鮮宣祖	武隱	文臣 字 季獻 府使
白德麟(덕린)	→白壽倫의 初名		
白德岦(덕립)	朝鮮	芝塢	本貫 水原 父 呑
白德民(덕민)	朝鮮宣祖	歸嶺	本貫 水原
白德欽(덕흠)	朝鮮	月峯	本貫 水原 父 基昌
白東良(동량)		遯菴	字 孝錫 祖父 夢彪
白東修(동수)	1743~1816	靭齋 野餒堂 漸齋	字 永叔 本貫 水原 父 師宏 博川郡守
白東純(동순)	朝鮮後期	覺非翁	字 公坡 本貫 一善
白東野(동야)		休庵	
白東說(동열)	朝鮮仁祖	守一亭	字 世衡 本貫 稷山
白東鎭(동진)		晚隱	
白東赫(동혁)	?~1859	霹齋	著書 霹齋先生實紀
白斗鎭(두진)	朝鮮後期	琪湖	本貫 水原 父 東奎
白得岦(득립)	朝鮮	龜軒	字 伯華 本貫 水原 副摠官
白命圭(명규)	朝鮮後期	菊史	
白溟翼(명익)		竹溪	本貫 水原
白夢彪(몽표)		繼述齋	字 聖瑞
白武臣(무신)	高麗	陽谷	字 武卿 本貫 水原 父 簡美

人名	年代	號	其他
白文連(문련)	朝鮮	老庵	本貫 水原 父 士元
白文寶(문보)	1303~1374	澹菴 淡叟 淡庵	文臣 字 和甫, 和夫 本貫 大興 父 堅 封號 稷山府院君 政堂文學 世子師傅 諡號 忠簡 著書 澹菴逸集
白文節(문절)	?~1282	淡巖	文臣, 學者 字 彬然 本貫 藍浦 父 景瑄 同知貢擧 諡號 文憲
白文采(문채)		養愚齋	字 華國 本貫 水原
白文彪(문표)		松窩	本貫 水原
白民秀(민수)	朝鮮宣祖	述古 述古堂	字 起元 本貫 水原
白旻洙(민수)	1832~1885	匡山	學者 字 夏玉 本貫 水原 父 華鎭 外祖 李承國 著書 匡山遺稿
白伯純(백순) →魏伯純			
白鳳來(봉래)	1717~1799	九龍齋 九龍	字 來伯 本貫 水原 父 受和 外祖 李時逢 著書 九龍齋文集
白鳳洙(봉수)	朝鮮	覽水	本貫 水原 副司果
白鳳洙(봉수)	1841~1911	經野堂	著書 經野堂遺稿
白奉欽(봉흠)	1859~1909	明岡	學者 字 景行 本貫 隨城 父 基正 外祖 文鳳周 著書 明岡遺稿
白賁華(분화)	1180~1224	南陽 參禪居士	文臣 字 無咎 本貫 藍浦 父 光臣 京山府副使 著書 南陽詩集
白鵬南(붕남)	1540~1624	東岩	文臣 字 雲長 本貫 水原 部 光弘 承仕郎
白賓興(빈흥)	1637~1698	山野堂	字 擧遠 著書 山野堂逸稿〈天皐世稿〉
白師謙(사겸)		梅隱堂	著書 梅隱堂遺稿
白師冽(사열)		習齋	本貫 水原
白思柔(사유)	高麗	退隱	本貫 水原
白師殷(사은)	朝鮮英祖	雪村	文臣 字 子敬 本貫 水原
白思日(사일)	朝鮮後期	癡聾窩	別提
白師天(사천)	朝鮮英祖	渭焦	本貫 水原
白三圭(삼규)	?~1920	溫堂	獨立運動家 字 賢復
白晌(상)	朝鮮	九厓	隱士 字 汝恒 祖父 東良
白尙賓(상빈)	1594~?	玉川	文臣, 書藝家 字 景陽 本貫 海美 父 振南
白尙瑛(상영)		寧川	字 潤美 本貫 水原
白尙赫(상혁)	朝鮮	霞山	本貫 水原 父 時詢
白尙賢(상현)	1595~?	月洲	詩人, 書藝家 字 景澤 本貫 水原 父 振南
白性基(성기)	1860~1929	小松	武臣 字 孝天 本貫 水原 父 南益 警務使
白聖淵(성연)	朝鮮	老圃	委巷人 字 君碧 本貫 水原 武科
白性咸(성함)	1546~1618	棠山	字 仲說 本貫 水原 父 仁傑 著書 文集

人名	年代	號	其他
白世仁(세인)	1500~1573	三玉堂	字 元中 本貫 水原 父 文麒 祖父 孟春
白世興(세흥)	1630~1699	栗隱	文臣, 學者 字 可遠 本貫 水原 父 源發 外祖 南慶薰 平海縣監 著書 栗隱文集
白宋欽(송흠)		錦溪	本貫 水原
白壽倫(수륜)	朝鮮	晚隱	委巷人 字 聖逢 本貫 善山 承政院書吏
白受章(수장)		翠軒	本貫 水原
白受繪(수회)	1574~1642	松潭	文臣 字 汝彬 本貫 梁山 追贈 戶曹參議 著書 松潭遺事
白純(순)	1864~1937	隱溪	大倧敎人
白淳愚(순우)	1867~1941	某山	學者 字 仲與 本貫 大興 著書 某山文集
白時詢(시순)	朝鮮	雲林	本貫 水原 父 以僖
白時源(시원)	1776~?	老圃	文臣 字 而華 本貫 水原 父 宗鶴 系 宗鶴 李直輔 門人 持平
白良臣(양신)	高麗	七松	文臣 字 國寶 本貫 水原 父 簡美 平章事 諡號 文簡
白榮洙(영수)	1811~?	雲樵	武臣 字 景韶 本貫 水原 同知中樞府事 著書 雲樵漫錄
白永直(영직)	1841~1912	六有齋	著書 六有齋遺稿
白永琥(영호)		梅湖	本貫 水原 父 衡樞
白玉峰(옥봉)		松湖	著書 松湖集
白宇經(우경)	新羅	松溪	字 擎天 本貫 水原 大司徒
白源發(원발)	1597~1671	養蒙齋	文臣 字 子長 本貫 水原 祖父 仁國 著書 養蒙齋逸稿 〈元皐世稿〉
白元貞(원정)	高麗	星巖	字 子直 本貫 水原
白元泰(원태)	高麗	黙菴	本貫 水原 父 眞陽 諡號 忠靖
白維(유)	高麗恭愍王	樂琴亭	本貫 水原
白惟成(유성)	朝鮮宣祖	棠谷	字 仲悅 本貫 水原 父 仁傑
白惟讓(유양)	1530~1589	玉溪	字 仲謙 本貫 水原 父 仁豪
白惟貞(유정)		清軒	字 大汝 本貫 水原
白惟咸(유함)	→白惺咸		
白愈行(유행)		愼菴	著書 愼菴先生文集
白胤耈(윤구)	朝鮮	學古堂	孝子, 學者 字 頤孟 本貫 平山 著書 學古堂集
白胤鎭(윤진)	朝鮮	硯南	委巷人 字 胄卿 祖父 景炫
白殷琦(은기)	朝鮮	松窩	本貫 水原 父 環
白殷培(은배)	1820~1895	琳塘 林堂 琳唐	畫家 字 季成 本貫 林川 父 敏煥 外祖 李潤民 知中樞府事
白應祥(응상)		旅齋	字 聖瑞 本貫 水原

人名	年代	號	其他
白應善(응선)	→申應善		
白應絢(응현)	朝鮮哲宗	愚南	學者 字 繪卿 本貫 淸州 著書 愚南稿
白應希(응희)	朝鮮宣祖	又山	字 光三 本貫 水原 父 彦鶴
白誼(의)	高麗	邦隱	字 義之 本貫 水原 兵馬節制使
白履相(이상)	朝鮮	菊潭	委巷人 字 衡仲 本貫 水原
白以昭(이소)	1557~1597	傳巖	字 隆源 本貫 鰲山 著書 傳巖實紀
白頤正(이정)	1247~1323	彞齋 止黨	學者 字 若軒 本貫 藍浦(水原) 父 文節 封號 上黨君 三重大匡 著書 彞齋實記
白印(백인)	韓末	鍾庵	僧侶 俗姓 趙氏
白仁傑(인걸)	1491~1579	休庵	學者 字 士偉, 士傳 本貫 水原 父 益堅 右參贊 諡號 忠肅 改諡 文敬 著書 休庵實記
白仁寬(인관)	朝鮮初期	禪亭	字 士達 本貫 水原 父 武臣 大提學
白仁國(인국)	1530~1613	足閑堂	文臣, 學者 字 德瞻 本貫 水原 父 瑭 外祖 朴義元 著書 足閑堂文集
白仁海(인해)	?~1921	審齋	獨立運動家
白仁豪(인호)	朝鮮中期	菊齋	文臣 字 彦華, 汝逸 本貫 水原 嘉善大夫 著書 詩文集
白仁煥(인환)	1722~?	松潭	字 荊玉 本貫 水原 父 運西 著書 松潭文集
白仁興(인흥)	→白仁國		
白一圭(일규)	1879~?	藥山	獨立運動家 著書 韓國經濟史
白莊(장)	高麗~朝鮮	愼齋 靜愼齋	文臣 字 明允 本貫 水原
白載璐(재로)	→金載璐		
白貞基(정기)	1896~1936	鷗波	獨立運動家
白貞順(정순)		琴齋	本貫 水原
白宗杰(종걸)	1800~1876	止山	文臣 字 兢瞻 本貫 水原 父 景楷 外祖 尹得瑞 兵曹參議 著書 止山文集
白鍾烈(종렬)	1899~1938	惠園	獨立運動家
白宗浩(종호)	朝鮮	一愚	本貫 水原 父 奎魯
白地藏(지장)	高麗	東林	字 方叔 本貫 水原 大提學
白振南(진남)	1564~1618	松湖	詩人 字 善鳴 本貫 水原 父 光勳 著書 松湖詩稿
白鎭恒(진항)	1760~1818	溪西	學者 著書 溪西遺稿
白震興(진흥)	1632~1721	寠菴 寠隱	字 志遠 著書 寠隱逸稿〈元臯世稿〉
白巊(찬)	韓末	皐音	著書 文集
白采寅(채인)		沙亭	本貫 水原 祖父 圭鎰
白天賚(천뢰)	高麗	鶴灘	本貫 水原 父 元泰 平章事
白天藏(천장)	高麗	黙窩	本貫 水原 諡號 文翼

人名	年代	號	其他
白天憲(천헌)		性齋	本貫 水原 父 尚賓
白初月(초월)	1878~1944	初月	僧侶, 獨立運動家 本名 寅榮 法名 東照
白春培(춘배)	朝鮮高宗	小香	委巷人
白忠彦(충언)	朝鮮宣祖	尚義堂	義兵將 字 彦之
白鷲(취)		愼菴	本貫 水原
白致興(치흥)	1645~1726	霞川	隱士 字 施遠 本貫 水原 著書 霞川逸稿〈元皐世稿〉
白兌榮(태영)		漁樵	本貫 水原
白兌亨(태형)	朝鮮英祖	龍岡亭	字 尹亨
白波(파)	1770~1855	白波	著書 白波集
白必興(필흥)	1627~1705	月沙亭	字 達遠 父 源發 著書 月沙亭逸稿〈元皐世稿〉
白鶴洙(학수)		雲皐	本貫 水原
白漢成(한성)	1899~1971	曙津	法曹人, 政治家 大法官 著書 民事訴訟法釋義
白鉉景(현경)	→白景炫		
白見龍(현룡)	1516~1622	惺軒	學者 字 文瑞 本貫 寧海 父 眉良 外祖 文間 李滉 門人 進士 著書 惺軒集
白亨璣(형기)	?~1948	潛溪	著書 潛溪遺稿
白亨敦(형돈)		鶴松	本貫 水原
白亨喆(형철)	韓末	龍城	字 相玉 本貫 水原
白衡樞(형추)		芳園	本貫 水原
白灝運(호운)	1809~1883	霞浦 惺齋	字 聖淳 本貫 大興 父 居唐 著書 文集
白灝寅(호인)		蘭汀	字 潤集 本貫 水原
白弘(홍)	→白光弘		
白弘嵒(홍암)		樵隱	本貫 水原
白弘源(홍원)	1620~1674	沙潭	本貫 水原 著書 文集
白弘寅(홍인)	1874~1952	洗心 洗心堂	著書 洗心先生文集
白弘正(홍정)	高麗	雙溪	字 大容 本貫 水原
白鴻俊(홍준)	1848~1894	北山	基督敎殉敎者
白環(환)	朝鮮	遯庵	本貫 水原 父 慶守
白晦純(회순)		藍山	著書 藍山先生文集
白孝民(효민)	朝鮮	靜存齋	本貫 水原
白孝曾(효증)	1560~1624	盤松	文臣 字 益之 本貫 水原 父 鵬南 訓練奉事
白後采(후채)		淵居處士	字 德顯 本貫 水原
白揮(휘)	高麗文宗	浦州 浦洲	字 慶悅 本貫 水原 父 思柔
白興銓(흥전)	1679~?	西樵	委巷人, 醫員 字 子衡 本貫 林川
白禧培(희배)	1837~?	香石	武臣, 書畵家 字 樂瑞 本貫 嘉林 父 應煥

人名	年代	號	其他
白熙正(희정)	→白頤正		
范可容(가용)	朝鮮	鶴峯	學者 本貫 錦城
范可鍾(가종)	朝鮮	晚翠堂	本貫 錦城 檢詳
范慶文(경문)	1738~1800	檢巖 儉巖山人	閭巷詩人 字 孺文 本貫 錦城 著書 儉巖詩集
范璟駿(경준)		平岡	本貫 錦城
范起鳳(기봉)	朝鮮宣祖	省窩	壬辰殉節 字 元有 本貫 錦城
范起生(기생)	朝鮮宣祖	竹川	壬辰殉節 字 元甫 本貫 錦城
范丌祚(기조)		訥軒	本貫 錦城 父 宗博
范淇浩(기호)		怡愛堂	學者 字 相三 本貫 錦城
范三駿(삼준)		伏溪	本貫 錦城
范碩普(석보)	朝鮮	全齋	孝子 字 明擧 本貫 錦城
范碩仁(석인)	朝鮮	雲齋	學者 字 仲淑 本貫 錦城
范錫熙(석희)	高麗	雲崖	字 丞洛 本貫 錦城 參知
范鏇燮(선섭)		錦源	本貫 錦城 父 壽平
范成大(성대)	高麗	石湖	字 至能
范世東(세동)	高麗末	伏巖 伏厓 伏崖	學者, 文臣 字 汝明, 明甫 本貫 錦城 父 後春 諫議大夫 著書 東方淵源錄
范世衷(세충)	→范世東		
范壽申(수신)		蓮坡	本貫 錦城 父 致祿
范壽平(수평)		野冶堂	本貫 錦城
范淳(순)	朝鮮	松窩	本貫 錦城 通訓大夫
范承祖(승조)	高麗	侍郎堂	字 胤卿 本貫 錦城
范亮煥(양환)	朝鮮	晚悔	字 惠一 本貫 錦城 訓練院主簿
范瑗植(원식)		蘭坡	本貫 錦城 父 潤悳
范潤奎(윤규)		牧齋	本貫 錦城 父 三駿
范潤琦(윤기)		瑞軒	字 贊道 本貫 錦城
范潤悳(윤덕)		養性堂	字 德重 本貫 錦城 父 玹駿
范潤斗(윤두)	韓末	小石	獨立運動家 本貫 錦城
范潤弼(윤필)		龍岡	本貫 錦城 父 玹駿
梵寅(범인)	1824~?	月如	僧侶 本貫 金海 俗姓 金氏
范再駿(재준)		心齋	字 仁憲 本貫 錦城
范傳昌(전창)	朝鮮	心菴	學者 字 埈學 本貫 錦城
范程(정)	高麗	後崖	字 仁村 本貫 錦城 平章事
范宗博(종박)		愼齋	本貫 錦城
范振厚(진후)	朝鮮	養性齋	義士 字 君平 本貫 錦城

人名	年代	號	其他
范昌祚(창조)		溪亭	本貫 錦城 父 宗博
范天培(천배)	朝鮮	龍溪	學者 字 振深 本貫 錦城
范致祿(치록)		瑞庵	本貫 錦城 父 赫祚
范致駿(치준)		小崗	本貫 錦城
范泰雲(태운)	朝鮮	竹溪	字 埈泰 本貫 錦城 通政大夫
范佀植(필식)		瑞隱	本貫 錦城
范赫祚(혁조)		野隱	本貫 錦城
范玹駿(현준)		述齋	本貫 錦城 祖父 亮煥
范瀅植(형식)		竹翠亭	本貫 錦城 父 潤圭
范後春(후춘)	高麗	復齋	文臣 本貫 錦城 父 有睢 通禮門通贊
法堅(법견)	1552~1634	奇巖	僧侶 休靜 門人 著書 奇巖集
法璘(법린)	1848~1902	華曇	僧侶
法眼(법안)		虛靜	僧侶
法乳(법유)	朝鮮	雪牛	僧侶 本貫 楊州
法藏(법장)	1351~1428	高峰 志崇	僧侶 本貫 愼州 俗姓 金氏
法宗(법종)	1670~1733	虛靜	僧侶 字 可祖 本貫 完山 俗姓 全氏 著書 虛靜集
法咸(법함)	1747~1835	春潭	僧侶 字 東峴 本貫 海州 俗姓 吳氏 父 振光
法桓(법환) →冲止			
碧松(벽송) →知嚴			
卞景福(경복)	1538~1629	栢陰	孝子 字 中甫 本貫 草溪 父 忠勇
邊慶胤(경윤)	1574~1623	紫霞 天藏菴	文臣 字 子餘 本貫 黃州 父 以中 著書 紫霞文集
邊慶會(경회)	1573~1663	柏山	字 君遇 本貫 原州 父 永淳 掌樂院直長
卞季良(계량)	1369~1430	春亭	文臣 字 巨卿 本貫 密陽 父 玉蘭 外祖 曹碩 李穡, 鄭夢周 門人 都摠制府事 諡號 文肅 著書 春亭文集
卞寬植(관식)	1899~1976	石南 小亭	畵家 父 晶淵 外祖 趙錫晉
邊佶(길)		遯菴	本貫 黃州
邊光軾(광식)	1648~1679	泛湖亭 東湖	學者 字 汝瞻 本貫 黃州 父 命益 祖父 慶胤 外祖 金孝誠 著書 泛湖亭遺稿
卞光韻(광운)	朝鮮後期	秋舲	
邊光勳(광훈)		玉成軒	著書 玉成軒遺稿
卞龜東(구동)		聲窩	本貫 草溪
邊龜壽(구수)	?~1390	石川 竹岡	文臣 本貫 長淵 封號 淵城府院君 中門祗侯
卞權來(권래) →卞龍來			
卞權采(권채)		玉硏	著書 玉硏集
邊克泰(극태)	1654~1717	鳳隱	孝子 字 如和 本貫 原州

人名	年代	號	其他
卞驥發(기발)		渭南	本貫 草溪
卞耆壽(기수)	朝鮮	立齋	學者 字 國老 本貫 草溪 父 溫 司果
邊基纘(기찬)		澗木堂	著書 文集
卞硌(낙)	朝鮮	樹亭	孝子 本貫 草溪
卞南龍(남룡)	朝鮮	靜菴	文臣 字 雲卿 本貫 草溪 父 斌 趙光祖 門人 漢城 判尹
卞大玄(대현)		終慕堂	字 汝希 本貫 草溪
邊德潤(덕윤)	朝鮮	○窩	本貫 原州 父 之桓
邊德昌(덕창)	朝鮮	大田	本貫 原州 父 之炯
卞東尙(동상)	朝鮮	尙友齋	孝子 本貫 草溪
邊東燁(동엽)		鰲初	字 春卿 本貫 黃州
邊斗建(두건)	1853~1941	青旅	著書 青旅文集
邊得讓(득양)	1723~1801	檀翁	著書 檀翁逸稿〈黙浦集〉
卞琳(림)	朝鮮	守黙	文臣 字 應寶 本貫 草溪 延安府使
邊萬基(만기)	1858~1924	鳳南	著書 鳳南日記
卞孟良(맹량)	朝鮮	春軒	本貫 草溪 吏曹判書
邊命益(명익)	1610~1663	滄巖	文臣 本貫 黃州 著書 滄巖遺稿
卞夢亮(몽량)	朝鮮	平松	文臣 字 景林 本貫 草溪 統制使
邊武淵(무연)	1893~1965	直軒	著書 直軒遺稿
邊武洲(무주)	→邊武淵		
卞璞(박)	朝鮮	述齋 荆齋	畫家 字 琢之 本貫 密陽
卞壁(벽)	1483~1528	龜山	文臣 字 獻之 本貫 草溪 父 申甫
卞璧(벽)	朝鮮	德隱	文臣 字 如獻 本貫 草溪 同知中樞府事
卞師白(사백)	→卞壁(龜山)		
邊士貞(사정)	1529~1596	桃灘	義兵將 字 仲幹 本貫 長淵 父 世璣 追贈 掌令 著 書 桃灘集
卞三近(삼근)	1579~1648	梧亭	文臣 字 誠之 本貫 密陽 父 乾元 祖父 希銓 外祖 金琛 參判
卞三近(삼근)	朝鮮	龜巷	文臣 字 用徵 本貫 草溪 刑曹參判
卞三達(삼달)		鳳崗	本貫 草溪
卞三進(삼진)		龍崖	本貫 草溪
邊相勉(상면)	1779~1853	晩覺齋	學者 字 勉之 本貫 黃州 父 宗天 外祖 金遜顯 著 書 晩覺集
卞相璧(상벽)	朝鮮肅宗	和齋	畫家 字 完甫 本貫 密陽 縣監
卞尙璧(상벽)	→卞相璧		
邊尙服(상복)	朝鮮	松軒	文臣 本貫 原州 江陵府使

人名	年代	號	其他
邊尚綏(상수)	1696~1757	玉成軒	學者 字 柔遠 本貫 原州 父 克泰 外祖 權挺 著書 玉成軒逸稿
邊相俊(상준)		農叟	本貫 黃州
卞尚曾(상증)	朝鮮	四益齋	孝子 本貫 密陽 父 廷進 都事
邊相轍(상철)	1818~1886	鳳棲 鳳棲齋	學者 字 道寬 本貫 黃州 父 宗洛 外祖 朴泰成 著書 鳳棲遺稿
邊相澈(상철)	→邊相轍		
卞相泰(상태)	1889~1963	石塘	獨立運動家
邊相鴻(상홍)	?~1860	省菴	著書 省菴逸稿〈碁翁逸稿〉
邊尚會(상회)	朝鮮世宗	養老堂	文臣 本貫 原州
邊碩燦(석찬)	朝鮮	休齋	本貫 原州 父 德敦
卞成溫(성온)	1540~1612	壺巖	儒生 字 汝潤 本貫 密陽 著書 文集
邊聖遇(성우)	朝鮮	瀰窩	本貫 原州 父 是翼
卞成振(성진)	1549~1623	龜山 仁川	文臣 字 汝玉 本貫 草溪 參奉 著書 文集
卞世琳(세림)	朝鮮	白隱	文臣 字 琭汝 本貫 草溪 僉正
邊燧(수)	1861~1892	小泉	政治人 字 漢明 本貫 原州 父 晉桓
邊肅(숙)	高麗末	慕麗堂	文臣 字 子巖 本貫 原州 鄭夢周 門人 戶曹典書 諡號 文節
卞淑璜(숙빈)		仲隱	本貫 草溪
邊承基(승기)	1860~1937	晦山	學者 字 虛明 本貫 黃州 父 台容 祖父 宗洛 外祖 任晟 著書 晦山集
邊承基(승기)		栗村	本貫 黃州 祖父 相俊
卞承淵(승연)	朝鮮高宗	小泉	書藝家
卞昇和(승화)		華軒	本貫 草溪
卞時望(시망)	朝鮮	公巖	文臣 字 表卿 本貫 草溪 戶曹佐郎
邊始暹(시섬)	朝鮮純祖	下晚齋	文臣 字 日進 本貫 原州
邊時淵(시연)		汕岩	
卞時益(시익)	1598~?	二知 二知堂	文臣 字 虞卿 本貫 草溪 父 惟寅 承旨
卞時煥(시환)	1590~1666	一筇	學者 字 輝卿 本貫 草溪 父 惟明 祖父 景福 縣監
邊蓋(신)	朝鮮後期	不孤堂	本貫 長淵 父 尚益
邊安烈(안열)	?~1390	大隱	武臣 本貫 原州 領三司事
卞汝良(여량)	朝鮮仁祖	愚翁	字 和叔 本貫 草溪 主簿
卞榮奎(영규)	1826~1924	曉山	文臣 字 士隱 本貫 密陽 父 東玉 中樞院議官 著書 曉山集
卞榮魯(영로)	1898~1961	樹州	詩人, 英文學者 本貫 密陽 父 鼎相

人名	年代	號	其他
卞榮晩(영만)	1889~1954	山康齋 曲明 白旻 居士 三清	學者 字 穀明 本貫 密陽 父 鼎相 著書 山康齋文鈔
邊永淸(영청)	1516~1580	東湖	文臣 字 開伯 本貫 原州 父 廣 尙衣院正 著書 東湖集
卞榮泰(영태)	1892~1969	逸石	政治家 英文學者 本貫 密陽 父 鼎相 國務總理
卞玉希(옥희)	1539~1593	坪川	學者 字 博楚 本貫 八溪 父 命春 追贈 戶曹判書
卞勇(용)		華巖	本貫 草溪
卞龍來(용래)	1860~1917	玉研	學者 字 中見 本貫 草溪 父 浩畛 外祖 愼弼伯 著書 玉研集
邊遇基(우기)	1799~1881	慵軒	學者 字 渭叟 本貫 黃州 父 奎容 外祖 金翊奎 著書 慵軒遺稿
卞元圭(원규)	朝鮮高宗	吉雲 蛛舡	文臣 字 大始 本貫 草溪 漢城府判尹
邊煒(위)	朝鮮後期	韋堂	委巷人
邊攸(유)	1652~?	醉隱	文臣 字 好甫 本貫 黃州
邊瑜(유)	朝鮮後期	黙齋 黙窩 靜黙齋	隱士 本貫 長淵 父 尙漸
邊有寧(유녕)	高麗	石川	本貫 長淵 中門祗侯 封號 淵城府院君
邊有海(유해)		垂隱	本貫 原州
邊胤宗(윤종)		觀德齋	著書 文集
邊允中(윤중)	朝鮮宣祖	鵂巖	本貫 黃州
邊應壁(응벽)	1562~?	九江	字 明叔 本貫 原州 父 悅
卞應洙(응수)	朝鮮	志齋	文臣 字 汝侯 本貫 草溪 持平 著書 志齋先生文集
邊應宇(응우)	朝鮮	竹圃	孝子 字 重遠 本貫 長淵
邊以安(이안)	朝鮮後期	松窩	字 厚卿 本貫 長淵 父 崙 參奉
邊以中(이중)	1546~1611	望菴	文臣 字 彦時 本貫 黃州 父 澤 李珥 門人 追贈 吏曹判書 著書 望菴文集
卞李欽(이흠)	朝鮮	至樂軒	文臣 本貫 草溪 鎭岑縣監
卞宰鉉(재현)		愚山	著書 愚山先生文集
邊定(정)	朝鮮	松窩	文臣 字 安之 本貫 原州 永邊府使
邊涏(정)	朝鮮後期	養石	委巷人
卞廷民(정민)	朝鮮	壽堂	文臣 字 自善 本貫 草溪 同知春秋館事
卞鼎相(정상)	韓末~日帝	半壺 彜庭	本貫 密陽
卞廷進(정진)	朝鮮	柿谷	本貫 密陽 父 耆壽
卞廷壺(정호)		孝敬齋	本貫 草溪
邊鍾基(종기)	1854~1937	澹溪	學者 字 應七 本貫 原州 父 宅宇 著書 澹溪遺稿
邊宗洛(종락)	1792~1863	碁翁	學者 字 元華 本貫 黃州 父 致賢 祖父 佸 外祖 申鳳集 著書 碁翁遺稿

人名	年代	號	其他
卞鍾運(종운)	1790~1866	歔齋	文臣 字 朋七 本貫 密陽 父 得圭 著書 歔齋詩抄
卞鍾爀(종혁)	1873~1947	尼山	著書 尼山遺稿
卞鍾和(종화)	→卞鍾運		
卞周鎭(주진)	朝鮮	三悆齋	本貫 密陽 父 時玉
卞儁(준)	朝鮮	靖圃	本貫 密陽 父 玉崑
卞仲良(중량)	?~1398	春堂	文臣 本貫 密陽 父 玉蘭 祖父 厚 外祖 成公弼 李元桂 婿 右散騎常侍 著書 春堂遺稿
邊中一(중일)	1575~1660	簡齋	學者 字 可純 本貫 原州 父 慶長 通政大夫 著書 簡齋集
邊之斗(지두)		忘村	本貫 原州
卞持淳(지순)	朝鮮後期	海夫 南石 玉海道人	畫家 本貫 草溪
卞至鼎(지정)		梅坪	本貫 草溪 父 熙憂
卞持和(지화)	朝鮮純祖	北山道人	
邊鎭洙(진수)		松下	本貫 黃州
邊鎭臣(진신)	1703~?	守分堂	學者 字 震伯 本貫 長淵 父 萬重 外祖 李華 著書 守分堂遺稿
邊振鐸(진탁)	1769~1836	龜隱	字 敬遠 本貫 綾城 父 在集 外祖 金柱得 著書 龜隱遺稿
邊鎭泰(진태)		水村	本貫 黃州 父 鎬基
卞昌後(창후)	朝鮮	月潭	孝子 字 慶餘 本貫 草溪
邊處厚(처후)	1373~1437	水亭	文臣 本貫 長淵 父 龜壽 外祖 朴德生 中樞院副事
邊致道(치도)	1696~1773	竹泉齋	學者 字 聖由 本貫 黃州 父 俶 外祖 李夏蕃 著書 竹泉齋遺稿
邊致明(치명)	1693~1775	黙逋	文臣, 學者 字 誠甫 本貫 黃州 父 侑 外祖 柳淰 承旨 著書 黙逋集
邊台均(태균)	1867~1942	勉窩	學者 本貫 原州 著書 勉窩文集
邊台容(태용)	1836~1897	愼黙齋	學者 字 卿云 本貫 黃州 父 相轍 外祖 李來潤 著書 愼黙齋遺稿
卞泰和(태화)	1682~1761	聲訥 聲訥齋	學者 字 大而 本貫 草溪 父 三迁 外祖 吳俊臣 著書 聲訥齋遺稿
卞抱(포)	朝鮮	睡翁 睡翁亭	文臣 字 君獻 本貫 草溪 判官
卞豊鎭(풍진)		謙謙齋	著書 謙謙齋遺集
卞獻(헌)	1570~1636	三一山人 雙翼 寓庸 寓慵 寓齋 八溪後人	文臣 字 時哉 本貫 草溪 法名 雙翼 司果

人名	年代	號	其他
邊協(협)	1528~1590	南湖	武將 字 和仲 本貫 原州 父 季胤 追贈 左議政 諡號 襄靖
卞瑩泰(형태)		愚溪	著書 文集
邊灝(호)	朝鮮前期	遊圃	本貫 長淵 父 希哲
邊鎬基(호기)		龍巖	本貫 黃州
邊鎬達(호달)	1898~1928	謹庵	著書 謹庵遺稿
邊瑍(환)	朝鮮後期	周谷	本貫 長淵 父 尙益
邊懷(회)	高麗	蠶谷	本貫 長淵 父 濬 門下侍中 著書 文集
卞孝良(효량)	朝鮮世祖	景慕堂	文臣 字 士友, 一民 本貫 草溪 松蘿察訪
卞孝錫(효석)	1851~1906	守可齋	學者 字 士永 本貫 密陽 父 致源 外祖 鄭埮 著書 守可齋 遺稿
邊休(휴)		聽流堂	本貫 黃州 父 世機
卞熙經(희경)	1696~1774	三畏齋 溟齋	學者 字 常甫 本貫 草溪
邊熙龍(희룡)	1820~1882	慕亭	學者 字 道均 本貫 原州 父 國柱 著書 慕亭逸稿
邊希李(희이)	1435~1509	歸溪	文臣 字 仙甫 本貫 原州 編書 原州邊氏世譜
秉演(병연)	1869~1916	錦峰	僧侶 俗姓 張氏 名 基林
普炤(보소) →知訥			
普淵(보연)	朝鮮高宗	小蛻	僧侶 本貫 金海 俗姓 金氏
普愚(보우)	1301~1382	太古 太古堂	僧侶 本貫 洪州 俗姓 洪氏 父 延 諡號 圓證 塔號 普月昇空
普雨(보우)	1515~1565	喇菴 虛應堂	僧侶 著書 虛應堂集
普衛(보위)	1817~1882	聳岳	僧侶 本貫 金海 俗姓 金氏
普應(보응)		映虛	僧侶
普印(보인)	1701~1769	楓嶽	僧侶 本貫 衿川 俗姓 片氏 著書 楓嶽堂集
寶鼎(보정)	1861~1930	錦溟	僧侶 俗姓 金氏 父 相宗 著書 錦溟集
普濟(보제) →惠勤			
寶澤(보택)	1882~1954	無化子 石頭	僧侶 俗姓 林氏
普憲(보헌)	1825~1893	錦城	僧侶 俗姓 姜氏
普慧(보혜)	韓末	晦山	僧侶
普化(보화)	1875~195)	石友	僧侶 俗姓 薛氏 名 泰榮 曹溪宗初代宗正
普幻(보환)	高麗	閑庵	僧侶 著書 楞嚴經新科
普熙(보희) →知訥			
復丘(복구)	1270~1355	無能叟 無言叟	僧侶 本貫 固城 俗姓 李氏 父 尊庇 諡號 覺眞 塔號 慈雲
卜道欽(도흠)	朝鮮	於斯齋	本貫 沔川
卜世溫(세온)	朝鮮	春堂	本貫 沔川 林川郡守

人名	年代	號	其他
卜源(원)	朝鮮	直菴	文臣 本貫 沔川 僉知中樞府事
卜允吉(윤길)	朝鮮	淸菴	文臣 字 仲慶 本貫 沔川 同知中樞府事
卜潤成(윤성)	朝鮮	晚喜堂	文臣 字 子翼 本貫 沔川 敦寧都正
卜應吉(응길)	朝鮮宣祖	高南	節臣 字 時慶 本貫 沔川 追贈 東部參奉
卜廷雄(정웅)	朝鮮	廣湖堂	文臣 字 汝建 本貫 沔川 副摠管
卜駿欽(쥰흠)	朝鮮	愚塘	本貫 沔川 敦寧府都正
卜之尹(지윤)	朝鮮	商齋	文臣 字 在叔 本貫 沔川 經筵參贊官
卜僩(한)	1402~?	久庵	隱士 字 毅叔 本貫 沔川 司憲府掌令 著書 文集
福慧(복혜)	朝鮮	錦洲	僧侶 本貫 羅州 俗姓 權氏
奉圭(봉규)	韓末	幻虛	僧侶 字 文一
奉琪(봉기)	1804~1889	雪寶	僧侶 字 有炯 本貫 全州 俗姓 李氏 著書 雪寶詩集
奉洛淳(낙순)	1871~1947	後齋	著書 後齋遺稿
奉萬璧(만벽)	朝鮮	遂菴	文臣 字 璧楚 本貫 河陰 副護軍
奉文(문)	高麗	栢岡	文臣 字 明遠 本貫 河陰 版圖判書
奉璧(벽)		蒼淵	本貫 河陰 父 惟函 系 純臣
奉鵬(붕)	朝鮮	錦溪	文臣 字 君甫 本貫 河陰 僉知中樞府事
奉石柱(석주)	?~1465	墅觀	功臣 字 君輔 本貫 河陰 封號 江城君 兵曹判書
奉善福(선복)	朝鮮	蒼石	文臣 字 泰瑞 本貫 河陰 都正
奉世璧(세벽)	朝鮮	白江	文臣 字 君楚 本貫 河陰 副護軍
奉秀國(수국)		巖隱	著書 文集
奉秀學(수학)	?~1785	詩隱	著書 詩隱逸稿
奉時儉(시검)	朝鮮	栗齋	文臣 字 悅卿 本貫 河陰 僉知中樞府事
奉時中(시중)	朝鮮	竹溪	本貫 河陰 父 璋 參奉
奉億(억)	朝鮮	訥齋	文臣 字 淸甫 本貫 河陰 都摠部都摠管
奉汝諧(여해)	1419~1456	黙軒	學者, 文臣 字 和甫 本貫 河陰 父 楫 司饔院別座 著書 四經釋義
奉衍(연) →李珩			
奉元柱(원주)	朝鮮	孝友堂	文臣 字 元吾 本貫 河陰 吏曹參判
奉源行(원행)	朝鮮	梅史	文臣 字 聖九 本貫 河陰 都摠管
琒注(봉주)	韓末	法海	僧侶 俗姓 金氏
奉準(봉준)	韓末	雪月	僧侶 俗姓 尹氏
奉俊慶(준경)	朝鮮	栗亭	文臣 字 玄仲 本貫 河陰 僉知中樞府事
奉楫(즙)	朝鮮	楓崖	文臣 字 以濟 本貫 河陰 兵曹判書
奉采奎(채규)	1810~1887	醉亭	學者 字 允瑞 本貫 河陰 父 仁喆 外祖 申璉 著書 醉亭遺稿

人名	年代	號	其他
奉珩(형)	1596~1675	望嶽 望巖	文人 字 而白 本貫 河陰 僉知
夫道一(도일)	朝鮮	孝村	本貫 濟州 父 行信
夫秉遠(병원)	朝鮮	南崗	本貫 濟州 父 智淳
芙蓉(부용) →雲楚			
夫元柄(원병)	朝鮮	鰲川	本貫 濟州 父 智魯
夫智五(지오)	朝鮮	○泉	本貫 濟州 父 用俊
富林君(부림군) →李湜			
飛雨(비우) →卍雨			
費隱(비은)		月城	僧侶 俗姓 金氏 著書 月城集
賓于光(우광)	高麗	松軒	本貫 達城 封號 壽城君
賓宇光(우광) →賓于光			
氷瓊(경)	朝鮮	後溪	文臣 字 光炯 本貫 慶州 郡守
氷奎鉉(규현)	朝鮮	小溪	武臣 字 重汝 本貫 慶州 府使 諡號 武毅
氷奎鉏(규항)	朝鮮	漢恒	文臣 字 寶汝 本貫 慶州 縣監
氷得天(득천)	朝鮮	竹溪	文臣 字 汝清 本貫 慶州 司僕寺正
氷炳淳(병순)	朝鮮	華雲	文臣 字 炳烈 本貫 慶州 敦寧府都正
氷普(보)	朝鮮	漢沙	文臣 字 光之 本貫 慶州 府使
氷祥澤(상택)	朝鮮	明軒	文臣 字 乃自 本貫 慶州 戶曹參判
氷珹儀(성의)	朝鮮	三思齋	文臣 字 允秀 本貫 慶州 左承旨
氷洙德(수덕)	朝鮮	愛日軒	文臣 字 德堅 本貫 慶州 工曹參議
氷信敏(신민)	朝鮮	遯叟	文臣 字 云直 本貫 慶州 牧使
氷如鏡(여경)	朝鮮	華山	本貫 慶州 諡號 文惠
氷麗玉(여옥)	朝鮮	德軒	文臣 字 玉汝 本貫 慶州 副護軍
氷禮鳳(예봉)	朝鮮	明溪	文臣 字 文見 本貫 慶州 僉知中樞府事
氷鍾瓚(종찬)	朝鮮	信菴	文臣 字 大彦 本貫 慶州 禮曹佐郎
氷瑨(진) →氷普			
氷清(청)	朝鮮	東溪	文臣 字 思明 本貫 慶州 吏曹參判 諡號 忠敬
氷漢益(한익)	朝鮮	雙龜菴	文臣 字 河步 本貫 慶州 僉知中樞府事
氷璜一(황일)	朝鮮	毅軒	文臣 字 浩中 本貫 慶州 府使

韓國雅號大辭典

ㅅ

人名	年代	號	其他
史東煥(동환)	1875~1944	醒齋	著書 醒齋詩文稿
師文(사문)		檀波 鐵鷄	僧侶 俗姓 趙氏
師璿(사선)	1840~1911	晦光	僧侶 俗姓 李氏 著書 牧庵集
師誠(사성)	1836~1910	克庵	僧侶 字 景來 俗姓 徐氏 著書 克庵集
史遠勳(원훈)	朝鮮	林泉	文臣 字 近溟 本貫 靑州 工曹參議
史應軒(응헌)		海隱	本貫 靑州
獅馹(사일)	朝鮮正祖	寶鏡	僧侶 八道都僧統
史重(중)	朝鮮世宗	竹亭	文臣 字 千里 本貫 靑州 兵曹判書
司空均(균)	朝鮮	黙窩	字 厚彦 本貫 孝令 僉知中樞府事
司空圖(도)	新羅	休休亭	本貫 孝令
司空墊(돈)	朝鮮	梅窩	字 重汝 本貫 孝令 追贈 軍資監正
司空燐(린)	朝鮮	晴田	字 汝聖 本貫 孝令 追贈 掌樂院正
司空檖(수)	1846~1925	羅山	字 明潤 本貫 孝令 父 爍
司空實(실)	高麗末	紫霞	字 伯虗 本貫 孝令 大護軍
司空檍(억)	1805~1841	茶泉	本貫 軍威 著書 茶泉文集
司空祐(우)	朝鮮	栢庵	字 士叔 本貫 孝令 同知中樞府事
司空精(정)	1510~1566	梅園	字 聖執 本貫 孝令 箕子殿參奉
司空周(주)	朝鮮世宗	耕漁齋	字 度文 本貫 孝令 成均館事
司空祉(지)	朝鮮	溪庵	字 士甫 本貫 孝令 龍驤衛副護軍
司空軫(진)	朝鮮中宗	隱甫	字 明輝 本貫 孝令 通政大夫
司空皞(호)	1816~1894	南隱	學者 字 仲卿 本貫 孝令 父 玭 外祖 金一觀 著書 南隱遺稿
三愚(삼우)	1622~1684	醉如	僧侶 本貫 康津 俗姓 鄭氏
尙得容(득용)	朝鮮後期	德翁	武臣 字 若能 本貫 木川 父 東耆 花梁津僉節制使 著書 東國山川攷
詳玟(상민)	1814~1890	瑞龍	僧侶 本貫 光山 俗姓 金氏
尙鵬南(붕남)	1511~?	得月 得月子	書藝家 字 大翼, 天翼 本貫 木川 父 震
尙彦(상언)	1707~1791	雪坡	僧侶 本貫 全州 俗姓 李氏 著書 鈞玄記
尙震(진)	1493~1564	泛虛 泛虛堂 泛虛齋 松峴 嚮日堂	文臣 字 起夫, 起天 本貫 木川 父 甫 外祖 金徽 領中樞府事 諡號 成安
尙致利(치리)	→南致利		
璽封(새봉)	1687~1767	霜月	僧侶 字 混迷 本貫 順天 俗姓 孫氏 諡號 平眞 著書 霜月集
賾性(색성)	1777~?	袖龍	僧侶 本貫 海南 俗姓 任氏 著書 文集
徐氏(씨)		藍田	著書 文集

人名	年代	號	其他
徐嘉行(가행)	朝鮮	晚樵	字 翼如 本貫 浙江 訓練副將
徐幹廷(간정)	→徐翰廷		
徐甲鍾(갑종)	→徐鍾鉉의 一名		
徐甲炫(갑현)		秋桂軒	本貫 長城
徐强仁(강인)		文巖	
徐居正(거정)	1420~1488	四佳亭 四佳 四佳齋 栗亭 亭亭亭	文臣, 學者 字 剛中 本貫 達城 父 彌性 外祖 權近 封號 達城君 佐理功臣 諡號 文忠 著書 四佳亭集
徐健相(건상)	?~1915	湖亭	著書 湖亭遺稿
徐傑(걸)		竹軒	
徐甄(견)	高麗恭愍王	衿隱 松竹塢 市隱 麗窩	文臣 本貫 利川 父 璨 安珦 門人 追贈 大司諫 著書 掌令公逸稿〈利川世獻〉
徐徼(경)		松西	本貫 利川
徐敬德(경덕)	1459~1546	花潭 復齋	學者 字 可久 可及 本貫 唐城 父 好蕃 追贈 右議政 諡號 文康 著書 花潭集
徐耕輔(경보)	1771~1833	卯翁	文臣 字 任世 本貫 達城 父 有臣 系 有老 大司憲 諡號 文靖 著書 己百編
徐耕輔(경보)		薛荔園	著書 文集
徐慶淳(경순)	朝鮮後期	夢經堂 海觀	字 公輔 著書 夢經堂日史
徐景雨(경우)	1573~1645	晚沙	文臣 字 施伯 本貫 達城 父 渻 判中樞府事
徐敬租(경조)	1647~1716	宜庵	文臣 字 仲所 本貫 扶餘 牧使 著書 宜庵遺稿
徐景霌(경주)	1579~1643	松岡	宣祖駙馬 字 子順 本貫 達城 父 渻 封號 達城尉
徐慶昌(경창)	朝鮮後期	學圃軒 學圃	閭巷詩人 字 明重 本貫 全州 備邊司書吏 著書 學圃軒集
徐啓進(계진)		杏坡	本貫 利川 父 徼
徐桂勳(계훈)	朝鮮	道庵	本貫 利川 父 鳳奎
徐滾(곤)		忠孝齋	字 浩源 本貫 長城
徐恭錫(공석)	朝鮮	東岡	本貫 達城 父 廷台
徐綰(관)		杏坡	本貫 利川 父 滌
瑞寬(서관)	1824~1904	鏡潭	僧侶 俗姓 朱氏
徐光範(광범)	1859~1897	緯山	政治家 字 敍九 本貫 達城 父 相翊 駐美公使 私諡 翼獻
徐光世(광세)		于觀	字 士元 本貫 達城
徐光修(광수)		雲岫	本貫 達城 父 希洸
徐光始(광시)	→徐炳建의 初名		
徐光前(광전)		藥峰	著書 藥峰遺稿
徐光俊(광준)	高麗~朝鮮	箕隱	文臣 本貫 利川 司宰監正

人名	年代	號	其他
徐國輔(국보)		明齋	本貫 達城
徐簣輔(궤보)	朝鮮	晚翠	文臣 字 益訓 本貫 達城 吏曹參議
徐鈞衡(균형)	高麗	鶴巖	字 商卿 本貫 達城 父 穎 諡號 貞平
徐隙(극) →徐騭			
徐極源(극원)		月溪	本貫 利川 祖父 纘誠
徐克仁(극인)		松菴	本貫 利川
徐起(기)	1523~1591	孤青 孤青樵老 龜堂 師士亭 順窩 頤窩	學者 字 待可 本貫 利川 父 龜齡 徐敬德 李之涵 門人 追贈 持平 諡號 文穆 著書 孤青遺稿
徐基德(기덕)	1832~1903	石南　石南居士 風來軒主人	學者 本貫 連山 父 志浩 外祖 崔嫲 著書 石南私稿
徐麒輔(기보)	朝鮮	慕窩	本貫 大邱
徐淇修(기수)	1771~1804	篠齋 南麓散人	文臣 字 斐然 本貫 達城 父 命敏 外祖 鄭昌兪 吏曹參議 著書 篠齋集
徐箕淳(기순)	1791~1854	梅園	文臣 字 仲裴 本貫 達城 父 榮輔 大提學 諡號 清文 著書 從事錄
徐琦俊(기준)		農隱	本貫 利川 父 學洙
徐夔學(기학) →徐一의 本名			
徐瑊漢(기한)	朝鮮	自侮齋	本貫 利川
徐基洪(기홍)	1872~1952	素履齋	著書 文集
徐基煥(기환)	1849~1906	愚亭	義兵將 字 永叟 本貫 連山 父 益中
徐潞修(노수)	朝鮮	笏園	文臣 字 景博 本貫 大邱
徐稜(능)	高麗高宗	慕菴	字 大防 本貫 南陽 門下侍中 著書 文集
徐達慶(달경)		誠孝堂	本貫 利川
徐達龍(달룡)		仲孝堂	本貫 利川
徐堂輔(당보)	1806~1883	茶史	文臣 字 季肯 本貫 達城 父 有敦 外祖 尹光孚 領敦寧府事 諡號 文簡
徐大建(대건)	1697~1770	豊南	字 德仲 本貫 達城
徐大謹(대근)		竹泉	本貫 利川
徐玭淳(대순)	1810~1889	鄉坡	文臣 字 元厚 本貫 大邱 父 應輔 系 龍輔 刑曹判書 諡號 孝憲
徐玭淳(대순)	1810~1889	拙菴	文臣, 學者 字 允伯 本貫 大邱 父 麒輔 外祖 金世泰 敦寧府都正 著書 拙菴遺稿
徐德良(덕량)	朝鮮	菊齋	委巷人 字 士眞 本貫 達城
徐德龍(덕룡)	朝鮮宣祖	西峰	文臣 本貫 利川 水軍僉制使
徐德淳(덕순)		望雲堂	本貫 達城 父 國輔

人名	年代	號	其他
徐德煥(덕환)		少峯	本貫 利川
徐渡(도)	朝鮮世祖	好敏齋	字 君楫 本貫 達城 父 文翰
徐道立(도립)	1580~1623	東泉	字 仲修 本貫 大邱 父 景稷 僉知中樞府事
徐惇輔(돈보)	朝鮮哲宗	斗山	本貫 達城 父 有晃
徐東辰(동진)	1900~1970	小虛	畵家 政治人
徐得一(득일)	朝鮮宣祖	峴南 峴南散人	文臣, 義兵 字 性一 本貫 利川 副司勇
徐得天(득천)	→徐得一		
徐萬坤(만곤)	1853~1918	稼翁	著書 文集
徐晩輔(만보)		晩翁	著書 晩翁集
徐晩輔(만보)		澗松	著書 文集
徐晩淳(만순)	1870~1950	翠澗	字 仲成 本貫 達城 父 臣輔 著書 文集
徐萬淳(만순)	朝鮮純祖	原泉	文臣 字 漢石 本貫 大邱
徐萬組(만조)	朝鮮	愼巖	學者 本貫 利川
徐邁修(매수)	1731~1818	戇軒	文臣 字 德而 本貫 達城 父 命元 判中樞府事 諡號 翼獻 編書 大邱徐氏世譜
徐命九(명구)	1692~1754	若虛	文臣 字 虞卿 本貫 達城 父 宗愼 行司直
徐命均(명균)	1680~1745	蘿溪 保拙齋 嘯皐 松峴 在澗 鶴菴	文臣 字 平甫 本貫 達城 父 宗泰 金崇濂 婿 判中樞府事 諡號 文翼
徐命立(명립)		林隱	本貫 達城
徐命復(명복)	朝鮮肅宗	耐溪	本貫 達城 父 宗海
徐命彬(명빈)	朝鮮景宗	在澗	文臣 字 質甫 本貫 大邱 父 宗泰 諡號 靖簡
徐命瑞(명서)	1711~1795	晩翁	文臣, 學者 字 伯五 本貫 達城 知中樞府事 著書 晩翁集
徐命善(명선)	1728~1791	歸泉 桐源	文臣 字 繼仲 本貫 達城 父 宗玉 領中樞府事 諡號 忠文
徐命純(명순)	朝鮮英祖	蟄翁	武臣 字 粹甫 本貫 大邱
徐命惟(명유)	朝鮮	大灘	學者, 文臣 本貫 大邱
徐命膺(명응)	1716~1781	保晩齋 澹翁 淡窩 保晩 恬溪	學者, 文臣 字 君受 本貫 達城 父 宗玉 判中樞府事 諡號 文靖 著書 保晩齋集
徐明鍾(명종)	1878~1948	玉峯	著書 玉峯遺稿
徐命瑒(명창)	→徐命瑞		
徐命天(명천)	朝鮮英祖	獨松亭	文臣 本貫 達城 父 宗燮 大諫
徐命涵(명함)		南坡	本貫 達城 父 崇憲
徐命垕(명후)		素峯	本貫 達城
徐謨世(모세)		福隱	本貫 利川

人名	年代	號	其他
徐夢良(몽량)	朝鮮	松南	文臣 字 永年 本貫 南陽 節制使
徐武德(무덕)	朝鮮	青湖居士	文臣 字 邦憲 本貫 扶餘 工曹參判
徐武錫(무석)		黙窩	著書 黙窩逸稿
徐懋修(무수)	1716~?	三秀軒	文臣, 書藝家 字 仲勗 本貫 大邱
徐文德(문덕)	朝鮮	無憂堂	字 予一 本貫 達城 萬頃縣監
徐文尙(문상)	1630~?	羅山 松坡	文臣 字 國益 本貫 達城 父 貞履 李明漢 婿 追贈 領議政
徐文若(문약)		用拙齋	字 君聖
徐文永(문영)	朝鮮肅宗	鷺洲	本貫 達城 父 裕履
徐文裕(문유)	1651~1707	晚山	文臣 字 季容 本貫 達城 父 貞履 知中樞府事 諡號 貞簡 著書 晚山遺稿
徐文翼(문익)	朝鮮	雲田	文臣 字 翼龍 本貫 達城 同知中樞府事
徐文重(문중)	1634~1709	夢漁 夢漁亭	文臣 字 道潤 本貫 達城 父 貞履 系 元履 外祖 金 堉 判中樞府事 諡號 恭肅 著書 海防誌
徐文翰(문한)	朝鮮文宗	雙竹堂	本貫 達城 父 沈
徐湄(미)	1785~1850	石史	學者, 詩人 字 竹海 本貫 達城 父 錫胤 著書 湖海同 旋錄
徐美修(미수)	朝鮮正祖	淡園	文臣 本貫 達城 父 命憲
徐眉淳(미순)	1817~?	竹坨	文臣, 書畵家 字 壽民 本貫 大邱
徐美漢(미한)	朝鮮	羞俗堂	字 淸汝 本貫 扶餘 察訪
徐敏國(민국)		孝友堂	本貫 利川 父 致麟
徐方慶(방경)		直齋	字 君吉 本貫 達城
徐配修(배수)	朝鮮正祖	穉下	文臣 字 養汝 本貫 大邱
徐白日(백일)	1888~1966	眞空 玄武	龍華敎主 本名 漢春
徐忭(변)	1605~1656	龍溪	文臣 字 子慶 本貫 達城 父 思建 孫處訥 門人 追 贈 禮曹參議 著書 文集
徐丙建(병건)	1850~?	秋帆	畵家 字 聖初 本貫 大邱 主事
徐丙寬(병관)		箕菴	本貫 利川 祖父 定國
徐丙奎(병규)		畬農	著書 畬農詩稿
徐秉德(병덕)	朝鮮	石田	本貫 利川 父 璨漢
徐丙斗(병두)	1852~1936	秋溪	著書 秋溪遺稿
徐丙洛(병락)		無何翁	著書 無何翁草稿
徐丙晚(병만)	朝鮮	清庵	本貫 達城 父 相坤
徐秉常(병상)	朝鮮	聾谷	文臣 字 士倫 本貫 長城 巡撫使
徐丙卨(병설)	1878~?	雲湖	辯護士, 書畵家

人名	年代	號	其他
徐丙壽(병수)	朝鮮後期	葆堂	
徐秉璿(병수)	朝鮮	稷下	委巷人 字 文玉 本貫 扶餘
徐丙信(병신)		清水齋	本貫 達城 父 相坤
徐丙五(병오)	1862~1935	石齋	書畫家 字 舜源 本貫 達城 父 相蕙 郡守
徐秉玉(병옥)	朝鮮	里隱	委巷人 字 溫卿 本貫 達城
徐炳宇(병우)	朝鮮	小山	本貫 大邱
徐丙昱(병우)		誠齋	本貫 達城 父 相祚
徐丙周(병주)		三隱	著書 文集
徐丙稷(병직)		隱谷	著書 松齋先生文集
徐丙春(병춘)		松齋	本貫 達城 父 相坤
徐秉鐸(병탁)		菊齋	本貫 利川 父 璟漢
徐炳泰(병태)	朝鮮	淨峰	本貫 達城 父 相道
徐丙台(병태)	韓末~日帝	梧棲	
徐秉鉉(병현)	朝鮮	可庵	本貫 利川 父 璟漢
徐丙浩(병호)	1885~1972	松嵒	獨立運動家, 宗敎人, 敎育者
徐秉勳(병훈)	1837~1878	直養齋	學者 字 彝叔 本貫 扶餘 著書 直養齋遺稿
徐秉熙(병희)	→徐秉勳		
徐輔(보)	高麗末	新當	本貫 利川 父 倣 祖父 煦 工曹典書
徐補禹(보우)	朝鮮	敦齋	文臣 字 文化 本貫 長城 副摠管
徐僕(복)		藥峯	
徐琫(봉)		梅軒	本貫 達城
徐鳳寬(봉관)	1839~1907	存誠齋 東岡	學者 字 仁行 本貫 利川 父 應祿 外祖 韓以喆 著書 存誠齋遺稿
徐鳳基(봉기)		四季堂	本貫 利川
徐鳳翎(봉령)	1622~1687	梅壑	學者 字 景篲 本貫 利川 父 晉明
徐鳳齡(봉령)	朝鮮	龍丘	參奉
徐鳳英(봉영)		龍邱	字 用之 本貫 扶餘
徐鳳翼(봉익)	1663~1742	梅壑	字 聖瑞 本貫 利川 父 俊義 著書 梅壑遺稿
徐鳳夏(봉하)		暘石居士	
徐斌輔(빈보)		月軒	本貫 達城 父 有漢
徐思近(사근)	朝鮮	攀栢堂	本貫 利川 掌禮院判決使
徐思達(사달)	→徐思遠		
徐思選(사선)	1579~1650	東皐	學者 字 精甫 本貫 達城 父 湜 參奉 著書 東皐文集
徐師誠(사성)	→師誠		

人名	年代	號	其他
徐思遠(사원)	1550~1615	樂齋 彌樂齋	學者 字 行甫 本貫 達城 父 洽 系 絅 鄭逑 門人 易學校正 著書 樂齋集
徐思迪(사적)	1556~1630	慕庵	文臣 字 吉甫 本貫 利川 戶曹參議 著書 慕庵公逸稿〈利川世獻〉
徐三早(삼조)		一軒	著書 一軒集
徐祥(상)	朝鮮	柳亭	文臣 本貫 利川 父 孝堂 縣監
徐相建(상건)		海史	著書 海史遺稿〈華陵聯芳稿〉
徐相坤(상곤)		鶴巖	本貫 達城 父 德淳
徐相喬(상교)	1838~?	漢樵	本貫 達城 父 明淳 系 翼淳 著書 漢樵集
徐相國(상구)	朝鮮	華心	本貫 大邱
徐相權(상권)	1859~1929	松齋	著書 文集
徐相耆(상기)	朝鮮高宗	繪園	本貫 達城 父 敬淳
徐相達(상달)		慕村	著書 文集
徐相敦(상돈)	朝鮮哲	晚亭	文臣 本貫 達城 父 得淳 承旨
徐相斗(상두)	1854~1907	心亭	學者 字 舜擧 本貫 大邱 父 璘淳 外祖 金希鑑 著書 心亭遺稿
徐相洛(상락)		涑園	
徐祥烈(상렬)	1843~1867	黙窩	學者 著書 黙窩逸稿
徐相烈(상렬)	?~1896	敬菴	義兵將 字 敬殷 本貫 達城 宣傳官
徐相祿(상록)	朝鮮純祖	白庵	文臣 字 伯綏 本貫 大邱
徐翔龍(상룡)		雪艇	著書 文集
徐相鳳(상봉)	1869~1920	抱松	獨立運動家 字 岐見 本貫 達城 父 準淳
徐常修(상수)	1735~1793	觀軒	畫家 字 汝五, 伯伍, 旅公
徐相肅(상숙)	朝鮮高宗	箕庭	本貫 達城 父 泰淳
徐相曄(상엽)	朝鮮	華下	本貫 大邱 著書 華下遺稿〈華陵聯芳稿〉
徐相五(상오)	朝鮮	老圃	本貫 達城 父 佑淳
徐相雨(상우)	朝鮮後期	秋堂	書藝家 本貫 達城 父 慶淳
徐相雨(상우)	1831~1903	圭庭	文臣 字 殷卿 本貫 達城 父 慶淳 工曹判書 諡號 文憲
徐相佑(상우)		梅石 枕漱堂	著書 文集
徐相羽(상우)		心壺	著書 文集
徐相郁(상욱)	韓末~日帝	赤波	獨立運動家
徐相翊(상익)	朝鮮	藝溪	文臣 字 敬夫 本貫 達城 吏曹參判

人名	年代	號	其他
徐相日(상일)	1887~1962	東菴	獨立運動家 本貫 達城 父 鳳基 國會議員
徐相祚(상조)	朝鮮	月軒	孝子 字 養直 本貫 浙江
徐相祖(상조)	韓末	脩堂	
徐相祚(상조)		耕叟	本貫 達城 父 績淳
徐相天(상천)	朝鮮	華庭	文臣 字 溥卿 本貫 達城 左承旨
徐相七(상칠)	朝鮮	敬山	文臣 字 光山 本貫 達城 副護軍
徐相台(상태)	1981~1963	愛柏堂	著書 文集
徐相獻(상헌)		竹浦 松隱	本貫 利川 父 極源
徐相浩(상호)		雲峰	著書 徐雲峰實記
徐相泓(상홍)		鹿隱	本貫 達城
徐尚勳(상훈)		華谷	著書 文集
徐碩崗(석강)	朝鮮	松亭	本貫 利川 父 斌豪
徐錫蓮(석련)	朝鮮	遯齋	字 后伯 本貫 達城 太學生
徐錫荅(석령)	朝鮮	儉溪	字 桂伯 本貫 達城 進士
徐錫麟(석린)	1710~1765	睡聲 睡聲齋 希鷗齋	學者 字 夢臂 本貫 利川 父 弘漸 外祖 朴夢天 著書 睡聲集
徐錫莫(석명)	朝鮮	南湖	字 馨伯 本貫 達城 生員
徐碩孫(석손)	朝鮮	慕義 慕義堂	文臣 本貫 利川 司正
徐錫祜(석호)	1860~1933	恥窩	字 子聖 本貫 達城 父 在鳳 著書 文集
徐錫華(석화)	1860~1924	清石	字 仲蘊 著書 文集
徐碩禧(석희)	朝鮮	立巖居士	本貫 利川 父 永世
徐選(선)	1367~1433	莘堂 海莘堂	文臣 字 大叔 彦夫 本貫 利川 父 遠 追贈 右議政 諡號 恭度
徐選(선)	朝鮮	敦齋	文臣 字 文化 本貫 利川 副摠管
徐選(선)		華谷	著書 華谷先生文集
徐善赫(선혁)		鹿門	本貫 達城
徐涉(섭)	朝鮮端宗	南隱	學者 本貫 達城 父 文翰 著書 南隱文集
徐渻(성)	1558~1631	藥峰	文臣 字 玄紀 本貫 達城 父 嶰 追贈 領議政 諡號 忠肅 著書 藥峰集
徐聖耈(성구)	1663~1735	寄巖 訥軒	學者, 書藝家 字 希彦 本貫 達城 父 璹 著書 學理圖說
徐聖寶(성보)	朝鮮	梅谷	本貫 達城 父 光容
徐成輔(성보)		春軒	本貫 達城 父 有遇
徐聖翼(성익)	朝鮮	草窩	文臣 字 君協 本貫 利川 封號 南川君 僉知中樞府事

人名	年代	號	其他
徐聖濬(성준)	朝鮮	谷蓮	本貫 達城 父 光容
徐世輔(세보)		孺子	著書 文集
徐世淵(세연)		退齋	著書 退齋集
徐世忠(세충)	1888~1957	春江	獨立運動家
徐修(수) →徐懋修			
徐壽南(수남)		龍岡	本貫 利川
徐壽錫(수석)	1841~1925	潁水	著書 潁水全集
徐守顯(수현)		琴軒	本貫 利川
徐塾(숙)		蒿廬	著書 文集
徐叔厚(숙후)		月庵	本貫 利川
徐珣國(순국)		耕隱	本貫 利川
徐順東(순동)		安安齋	本貫 利川 父 孝里
徐崇老(승로)	朝鮮宣祖	靜巖 正巖	文臣 本貫 長城 兵曹參判
徐崇憲(승헌)		松學堂	本貫 達城
徐承輔(승보)	1814~1877	圭庭	文臣 字 元藝 本貫 大邱 父 有會 祖父 美修 刑曹 判書 諡號 文憲
徐乘勳(승훈) →徐秉勳			
徐承禧(승희)	朝鮮	嘯巖	學者 字 綏之 本貫 達城
徐時立(시립)	1578~1665	全歸堂	學者 字 立之, 性之 本貫 達城 父 行遠 外祖 康遠 參奉 著書 全歸堂遺集
徐蓍淳(시순) →徐孝淳			
徐湜(식)	高麗	望臺 息巖	文臣 字 清源 本貫 長城 監務
徐湜(식)	朝鮮明宗	南澗	字 淨源 本貫 達城 父 應期
徐湜(식)	1561~1644	銘巖	志士 字 清之 本貫 達城 父 忠立
徐植(식)		虛白堂	本貫 連山
徐湜(식)		思巖	本貫 利川
徐信同(신동)	朝鮮	晚學	文臣 本貫 利川 縣監
徐氏夫人(씨부인)	1753~1823	令壽閣	本貫 達城 父 逈修 夫 洪仁謨 著書 文集
徐崦(엄)	1529~1573	春軒	文臣 字 鎭之 本貫 大邱 父 固 司藝
徐連福(연복)	朝鮮	松巖	本貫 長城 父 自仁 校尉
徐延厚(연후)	朝鮮宣祖	松村	文臣 本貫 利川 別座
徐說卿(열경)	1836~1870	蒼厓	
徐念淳(염순)	朝鮮純祖	石帆	文臣 字 景祖 本貫 大邱 父 恭輔
徐穎(영)	高麗	檜南	本貫 大邱 父 奇俊 諡號 忠靖

人名	年代	號	其他
徐永坤(영곤)	1831~1913	兼山	學者 字 福與 本貫 達城 父 秀烈 著書 兼山先生文集
徐永潾(영린)		石圃	本貫 達城 父 彌性
徐榮輔(영보)	1759~1816	竹石 孤松門 訥齋 竹石館 楓嶽	文臣 字 景在 本貫 達城 父 有臣 知中樞府事 諡號 文憲 著書 竹石文集
徐榮碩(영석)	朝鮮純祖	小溪	學者 字 光福
徐永洙(영수)		架南	
徐英秀(영수)		菊圃	
徐永鎰(영일) →成永鎰			
徐永俊(영준)		豊沛	
徐永昌(영창)		雲溪	本貫 利川 進士
徐永煥(영환)	1859~1931	雲松	著書 文集
徐禮元(예원)	朝鮮明宗	午巖 井巖	文臣 本貫 利川 父 詞 牧使
徐沃(옥)		松亭	本貫 利川 祖父 孝堂
徐沃八(옥팔)		楸庵	本貫 利川
徐龍甲(용갑)	1567~1620	蘇湖	學者 字 之淵 本貫 扶餘 父 益 外祖 黃廷秀 著書 蘇湖集
徐龍輔(용보)	1757~1824	心齋	文臣 字 汝中 本貫 達城 父 有寧 領中樞府事 諡號 翼獻
徐容輔(용보)	朝鮮後期	松嶠	學者 著書 松嶠詩文散稿
徐祐(우)	朝鮮	竹林亭	文臣 字 德基 本貫 達城 義禁府事
徐祐(우)	朝鮮	鵬來	文臣 本貫 達城 工曹參判
徐宇輔(우보)		玉蘭紅薇觀 秋潭	著書 秋潭小薫
徐虞淳(우순)	朝鮮~日帝	泳菴	天道敎人
徐友益(우익)		守黙翁 竹隱	本貫 利川
徐雲烈(운렬)	1806~1866	薇塢	學者 字 際應 本貫 達城 著書 薇塢逸稿
徐雲輔(운보)	朝鮮哲宗	山川觀	本貫 達城 父 有䆒
徐雲輔(운보)		愛竹堂	本貫 達城
徐元履(원리)	1596~1663	見志 華谷	文臣 字 德基 本貫 達城 父 景雨 咸鏡道觀察使
徐元植(원식)	朝鮮	龍隱	字 亨甫 本貫 長城 秘書丞
徐源泰(원태)		止軒	本貫 利川
徐愈(유)	1356~1411	臨江	文臣, 學者 字 謙之 本貫 利川 禮曹判書 封號 利川君 著書 臨江文集
徐有榘(유경)	朝鮮	百欒	學者 字 道可 本貫 大邱
徐有榘(유구)	1784~1845	楓石	文臣, 農政家 字 準平 本貫 達城 父 瀅修 祖父 命膺 大提學 諡號 文簡 著書 楓石集

人名	年代	號	其他
徐惟垈(유대)	1761~1822	鰲窩	學者 字 孟詹 本貫 達城 父 孟妻 外祖 都世範 著書 鰲窩逸稿
徐有洛(유락)	1770~1834	近齋	字 景濂 本貫 達城 父 遠修 外祖 崔錫朋 著書 根齋集
徐裕履(유리)	朝鮮仁祖	佳春	本貫 達城 父 景雨
徐有隣(유린)	1738~1802	穎湖	字 元德 本貫 達城 父 孝修
徐有防(유방)	1741~1798	奉軒	文臣 字 元禮 本貫 達城 父 孝修 江原道觀察使 諡號 孝簡 著書 鎭安大君祠基事蹟
徐有本(유본)	?~1795	左蘇山人 稼雲 農丈 左蘇	文臣 本貫 達城 父 浩修 祖父 命膺 伊川府使 著書 左蘇集
徐有常(유상)	朝鮮英祖	浣溪	文臣 本貫 大邱
徐有相(유상)		慕軒	本貫 利川 父 鳳寬
徐裕錫(유석)		印東	著書 印東先生文集
徐有臣(유신)	1735~?	野軒	字 舜五 本貫 大邱 父 志修
徐有畬(유여)	朝鮮正祖	心田	本貫 達城 父 美修
徐有英(유영)	1801~?	雲皐居士	文臣 本貫 達城 父 格修 系 沃修 宜寧守令
徐有英(유영)		錦溪	著書 錦溪筆談
徐有遇(유우)		耕隱	本貫 達城 父 光修
徐惟遠(유원)		萬仞堂	本貫 達城
徐惟遠(유원)		晚覺齋	著書 文集
徐有珍(유진)		海隱	本貫 利川 祖父 達龍
徐有彩(유채)		逸菴	本貫 利川 父 丙寬
徐有千(유천)		明菴	本貫 利川 父 鳳寬
徐柳漢(유한)		龜庵	本貫 達城
徐有煥(유환)		逸軒	本貫 利川 父 丙寬
徐騮煥(유환)		靜煥	本貫 利川
徐有薰(유훈)	朝鮮顯宗	石淙	文臣 字 啓南 本貫 大邱 父 淇修 諡號 文景
徐潤德(윤덕)	朝鮮	溪道	本貫 利川 父 宗國
徐允武(윤무)		龍谷	本貫 利川 父 叔厚
徐允淳(윤순)	朝鮮	泉石	本貫 利川 父 炳源
徐應斗(응두)	朝鮮宣祖	慕菴 慕齋	義兵 字 汝立 本貫 長城 追贈 戶曹參判
徐應祿(응록)		心齋	本貫 利川 父 敏國
徐應明(응명)	朝鮮	蕉隱	文臣 字 潤瑞 本貫 浙江 參奉
徐應淳(응순)	1824~1880	絅堂	學者 字 汝心 本貫 達城 兪莘煥 門人 杆城郡守 著書 絅堂集

人名	年代	號	其他
徐膺淳(응순)	1843~1919	伊岡	本貫 達城 父 貞輔 著書 伊岡逸稿 〈達城世稿〉
徐應淳(응순)		醒仙堂	著書 文集
徐應淳(응순) →徐膺淳			
徐應時(응시)	朝鮮宣祖	昌溪	字 君望 本貫 達城
徐應潤(응윤)	1836~1862	孺子	詩人 學者 字 周盛 本貫 達城 父 宅鎬 外祖 金致祐 追贈 童蒙教官 著書 徐孺子文集
徐應禎(응정)	朝鮮	南崖	本貫 利川 父 武
徐應弼(응필)		翠隱	本貫 達城 父 貞
徐儀(의)	朝鮮	蘆川 蘆川堂	隱士 字 國瑞 本貫 大邱 父 遜 著書 蘆川集
徐誼(의)	朝鮮宣祖	覽輝齋	義兵 本貫 利川
徐義錫(의석)	朝鮮	松磵	委巷人 字 穎叟 本貫 利川
徐義臣(의신)		眞逸齋	本貫 利川 父 崇老
徐義必(의필)	朝鮮	聖焦 聖樵	孝子 字 信必 本貫 浙江
徐益(익)	1542~1587	萬竹軒 萬竹	文臣 字 君綏 本貫 扶餘 父 震男 外祖 李若海 義州牧使 著書 萬竹軒集
徐翼奎(익규)		日下	本貫 利川
徐益淳(익순)		玩月齋	本貫 達城
徐諲(인)	高麗忠烈王	遯翁	文臣 本貫 利川 知製教
徐寅命(인명)		取斯堂	著書 取斯堂煙華錄
徐璘淳(인순)	1827~1898	華軒 華隱	文人 字 殷卿 本貫 大邱 父 麒輔 外祖 金世泰 著書 華軒遺稿
徐寅植(인식)	朝鮮	鶴隱	字 泰協 本貫 長城 秘書丞
徐仁元(인원)	朝鮮宣祖	鳴巖	文臣 字 克夫 本貫 利川 觀察使
徐仁元(인원)	朝鮮	博約齋	字 可成 本貫 達成 吏曹參判 諡號 文貞
徐仁忠(인충)	1554~1615	望潮堂	字 邦輔 本貫 達城 著書 文集
徐仁亨(인형)		奇峯	本貫 利川
徐一(일)	1881~1921	白圃	獨立運動家 本貫 利川 本名 夔學 著書 五大宗旨講演圖解
徐一範(일범)	1781~1846	晦川	著書 文集
徐日錫(일석)	朝鮮	秋金	文臣 字 永白 本貫 達城 義禁府都事
徐一元(일원)	1595~1652	龜峯	學者 字 春卿 本貫 利川 字 思道 外祖 李喜白 著書 龜峯逸稿
徐一會(일회)	朝鮮	多見亭	文臣 本貫 利川 同知中樞府事
徐長輔(장보)	1767~?	長溪	文臣 字 公瑞 本貫 達城 父 有階 禮曹參判 編書 薊山紀程

人名	年代	號	其他
徐章欽(장흠)		溪史	本貫 利川 父 鳳基
徐在謙(재겸)	1557~1617	竹溪	學者 字 和益 本貫 達城 父 津 著書 竹溪遺稿
徐在承(재승)	1876~1915	竹林	義兵 字 聖瑞 本貫 達城 度支部主事
徐載信(재신)	1821~1856	鳳陽	學者 字 仲行 本貫 大邱 父 光顯 外祖 李益祥 著書 鳳陽遺書
徐在正(재정)	189~1898)	東湖 梧邨居士	學者 字 士剛 本貫 達城 父 雲烈 外祖 李範燮 著書 東湖遺集
徐載弼(재필)	1864~1951	松齋	獨立運動家 本貫 大邱 父 光彦
徐迪(적)	高麗	愼居亭	文臣 本貫 南陽 版圖判書 諡號 忠正
徐勣(적)	朝鮮	勿軒	文臣 本貫 利川 父 祉 宗廟署令
徐績淳(적순)		青雲	本貫 達城 父 成輔
徐貞九(정구)	朝鮮	深山	本貫 利川 追贈 兵曹參議
徐定國(정국)		追孝堂	本貫 利川
徐正基(정기)		後山	本貫 利川 父 宅柱
徐廷吉(정길)	朝鮮	春溪	本貫 達城 父 丙晩
徐廷世(정세)	韓末	達齋	本貫 達城 父 丙夏 田愚 門人
徐鼎修(정수)	朝鮮英祖	霧軒	本貫 達城 父 命全
徐程淳(정순)	1807~?	經山	字 稺明 本貫 大邱 父 鴻輔 系 長輔
徐正淳(정순)	1835~?	明谷 明齋	字 元仲 本貫 達城 父 兢輔
徐珽淳(정순)	朝鮮	誠庵	本貫 大邱 父 麒輔
徐政淳(정순)		野愚	字 幼七 本貫 達城
徐正淳(정순)	→徐政淳(野愚)		
徐挺然(정연)	1588~?	獅峯 沙峯	文臣 字 秀夫 本貫 唐城 父 忠弼 戶曹參議
徐廷玉(정옥)	1843~1921	貞齋	著書 文集
徐貞毅(정의)	1613~1671	六谷	
徐廷台(정태)		大景 竹溪	本貫 達城 父 丙昱
徐庭必(정필)	韓末	蘭谷	本貫 達城 父 炳夏
徐廷賢(정현)		醒菴	本貫 達城 父 丙昱
徐庭鎬(정호)		慕村	著書 慕村實記
徐正煥(정환)	朝鮮	白南	本貫 利川 父 秉鐸
徐調(조)	朝鮮	休休堂	文臣 字 明叔 本貫 利川 父 瓘 吏曹參判
徐鈞衡(조형)	→徐鈞衡		
徐淙(종)	朝鮮	月峯	本貫 大邱 父 時福
徐宗國(종국)	朝鮮	蘆溪	本貫 利川 父 顯晉

人名	年代	號	其他
徐宗伋(종급)	1688~1722	退軒	文臣 字 汝思, 汝愚 本貫 達城 父 文澤 奉朝賀 著書 退軒遺稿
徐宗老(종로)	朝鮮	靜巖	文臣 本貫 長城 兵曹參判
徐宗璧(종벽)	朝鮮	謝五齋	文臣 字 國寶 本貫 達城 父 文裕 溫陽郡守 著書 謝五齋遺稿
徐種淳(종슌)	1797~?	春窩	書藝家 字 仲邁 本貫 大邱
徐宗軾(종식)		藥軒	著書 藥軒遺集
徐從彦(종언)	朝鮮	寓菴	文臣 字 美卿 本貫 利川 封號 利興君 五衛都摠管
徐宗永(종영)	朝鮮	海山	文臣 字 後永 本貫 達城 司僕寺正
徐宗玉(종옥)	1688~1745	訒齋 鶴西	文臣 字 溫叔 本貫 達城 父 文裕 戶曹判書 諡號 文敏
徐宗俊(종쥰)	→徐宗伋		
徐宗泰(종태)	1652~1719	晚靜 湍谷 晚靜堂 晚翠 瑞谷 松厓	文臣 字 君望 本貫 達城 父 文尚 李憲 婿 行判中樞府事 諡號 文孝 著書 晚靜堂集
徐宗海(종해)	1704~1762	經隱	學者 字 士涵 本貫 達城 父 文永
徐鍾鉉(종현)		守貞菴	本貫 利川 父 琦俊
徐宗華(종화)	1700~1748	藥軒	學者 字 士鎭 父 文永 外祖 李東標 著書 藥軒遺集
徐宗煥(종환)	朝鮮	松學堂	本貫 達城 父 文佑
徐澍(주)		滄洲	本貫 連山
徐周輔(주보)	朝鮮後期	養泉	
徐俊輔(쥰보)	1770~1856	寧野 竹坡	文臣 字 穉秀 本貫 達城 父 有防 系 有隣 判中樞府事 諡號 文貞
徐俊翼(쥰익)	朝鮮	村堂	委巷人 字 益甫 本貫 扶餘
徐重(즁)		訥軒	本貫 達城
徐仲吉(즁길)	朝鮮哲宗	毅堂	
徐仲德(즁덕)	朝鮮	雲庵	本貫 利川 父 宗國
徐仲輔(즁보)	朝鮮初期	積巖	文臣 本貫 長城 奉正大夫
徐仲輔(즁보)		霞谷	本貫 利川 父 湜
徐仲所(즁소)	→徐敬祖		
徐鷺(즐)		南溪	學者 字 德以 本貫 利川
徐曾淳(증슌)	朝鮮	碧哭	文臣 字 君汝 本貫 達城 參判
徐祉(지)	1468~1537	懶翁 懶亭	文臣 字 綏之 本貫 利川 父 孝堂 祖父 顒 吏曹判書
徐志修(지수)	1714~1768	松翁 松齋 拙翁	文臣 字 一之 本貫 達城 父 命均 領議政 諡號 文清
徐之淵(지연)		蕭湖	本貫 扶餘
徐之贊(지찬)		愼翁齋	本貫 利川
徐直修(직수)	1735~?	十友軒	字 敬之 本貫 達城

人名	年代	號	其他
徐直修 (직수)		蠹川堂	著書 蠹川堂集
徐津 (진)	朝鮮	孝友堂	文臣 字 德濟 本貫 利川 封號 南昌君 僉知中樞府事
徐進 (진)	朝鮮宣祖	蘆川	本貫 達城
徐進錫 (진석)		華山	本貫 達城 父 廷賢
徐鎭憲 (진헌)		竹下	字 元亮 本貫 扶餘
徐贊奎 (찬규)	1825~1905	臨齋	學者, 學者 字 景襄 本貫 達城 父 洪烈 外祖 裵應綉 洪直弼, 趙秉惠 門人 義禁府都事 著書 臨齋文集
徐纘誠 (찬성)		石隱	本貫 利川
徐昌鏡 (창경)	1726~1799	沙川	學者 字 正甫 本貫 大邱 父 萬維 外祖 朴世範 著書 沙川文集
徐昌東 (창동)	1855~?	存齋	字 順之 本貫 利川 禮安縣監
徐昌載 (창재)	1726~1781	梧山	學者 字 尙甫 本貫 達城 父 曄 外祖 權朋錫 李象靖 門人 著書 梧山集
徐滌 (척)		松塢	本貫 利川 祖父 孝理
徐天洙 (천수)	1852~1911	霞山	著書 文集
徐椿 (츈)	1894~1943	五峰	獨立運動家 言論人
徐忠輔 (충보)	朝鮮後期	嘐嘐子	
徐致麟 (치린)		咏柏堂	本貫 利川
徐致益 (치익)	→致益		
徐致誠 (치함)	朝鮮	仁齋	文臣 本貫 利川 封號 利川君 應教
徐沈 (침)	朝鮮世宗	龜溪 龜庵	文臣 字 聖黙 本貫 大邱 父 均衡 外祖 李永儒
徐泰坤 (태곤)		養心齋	本貫 達城
徐台壽 (태수)	朝鮮	思巖	字 大老 本貫 長城 進士
徐台翊 (태익)	朝鮮	花山處士	本貫 利川 父 弘量
徐太煥 (태환)	朝鮮	蘆下	本貫 利川 父 秉鉉
徐台煥 (태환)		撫松	著書 撫松私薰
徐台煥 (태환)		竹齋	本貫 利川 父 相獻
徐泰欽 (태흠)	朝鮮	晩軒	委巷人 字 敬之 本貫 達城
徐宅稿 (택고)	→徐宅鎬		
徐宅淳 (택순)	朝鮮	長巖	本貫 達城 父 錫厚
徐宅柱 (택주)		農山	本貫 利川
徐宅鎬 (택호)	1809~1874	四一齋	本貫 達城 著書 四一齋逸稿 〈達城世稿〉
徐宅煥 (택환)	朝鮮	愚堂	文臣 字 公三 本貫 利川 郡守
徐彭呂 (팽려)	朝鮮初期	止庵	本貫 大邱 父 居廣
徐豊男 (풍남)		竹泉	本貫 扶餘

人名	年代	號	其他
徐必幹(필간)	朝鮮	盧隱	本貫 利川 父 義伯
徐馭迅(필신)		靜軒	著書 靜軒集
徐必遠(필원)	1614~1671	六谷	文臣 字 載邇 本貫 扶餘 父 雲驥 兵曹判書 諡號 貞獻 著書 六谷遺稿
徐鶴(학)	朝鮮	明庵	字 聞天 本貫 浙江 都摠管
徐學龜(학구)		南谷齋	本貫 利川 父 啓進
徐鶴權(학권)	朝鮮	盤山	字 景聞 本貫 長城 進士
徐學均(학균)		後松	本貫 利川 父 啓進
徐學鵬(학붕)	1804~1868	厚齋	學者 字 南九 本貫 利川 父 載洛 外祖 李宜哲 著書 厚齋逸稿
徐學洙(학수)		龜亭	本貫 利川
徐翰基(한기)	1857~1926	癡齋	著書 癡齋遺稿
徐漢茸(한용)	朝鮮	就菴	字 季華 本貫 長城 進士
徐翰廷(한정)	1407~1490	遜庵	學者, 文臣 本貫 達城 父 均 追贈 司憲府持平 著書 遜庵逸集
徐漢柱(한주)	1622~1689	復齋	學者 字 君石 本貫 南陽 父 挺之 追贈 吏曹判書
徐漢豊(한풍)	朝鮮	癡菴	字 和叔 本貫 長城 進士
徐恒(항)	朝鮮	日省齋	文臣 字 可久 本貫 利川 縣監
徐沆(항)	朝鮮	石堂	文臣 字 永吾 本貫 長城 巡撫中軍
徐恒錫(항석)	1900~1985	耿岸 瞠齋	劇作家 本貫 大邱
徐嶰(해)	1537~1559	涵齋	學者 字 挺之 本貫 達城 父 固 李滉 門人 著書 涵齋集
徐海朝(해조)	1689~1770	九九齋	文臣 字 宗之 本貫 連山 父 昱 同知中樞府事 著書 杜詩補注
徐行健(행건)	朝鮮	花潭	本貫 唐城 父 佑甲 諡號 文康
徐壚(헌)		錦隱	本貫 利川 父 應斗
徐憲淳(헌순)	1801~1868	石耘	文臣 字 稺章 本貫 達城 父 基輔 吏曹判書 諡號 孝文
徐顯晉(현진)	朝鮮	南隱	本貫 利川 父 益翰
徐顯夏(현하)		晩齋	著書 文集
徐詞(형) →徐調			
徐亨善(형선)	朝鮮	華園	著書 華園遺稿
徐逈修(형수)	1725~1779	直齋	文臣 字 士毅 本貫 達城 父 命勳 金元行, 李縡 門人 大司諫
徐瀅修(형수)	1749~1824	明皋	文臣 字 汝琳, 幼清 本貫 達城 父 命膺 系 命誠 京畿道觀察使 著書 明皋全集
徐衡淳(형순)	1813~1983	漢山	文臣 字 稺平 本貫 大邱 父 鴻輔 系 長輔 上護軍

455

人名	年代	號	其他
徐㟽(호)	?~1458	居正	文臣 字 廣夫 本貫 利川 舍人
徐灝(서호)	1837~1911	藥庵	僧侶 本貫 金海 俗姓 金氏 父 榮潤
徐浩(호) →徐活			
徐浩修(호수)	1736~1799	鶴山	文臣 字 養直 本貫 達城 父 命膺 觀象監提調 諡號 文敏 著書 燕行記
徐渾(혼)	朝鮮	述齋	文臣 本貫 利川 軍資監副正
徐鴻烈(홍렬)	朝鮮後期	審齋	
徐弘溥(홍부)		臨履窩	本貫 利川
徐鴻錫(홍석)		鶴山	本貫 達城 父 廷賢
徐洪修(홍수) →徐箕修			
徐弘淳(홍순)	朝鮮純祖	晋史 湖山	書畫家 字 敬三 本貫 大邱
徐活(활)	1761~1838	邁埜	學者 著書 邁埜集
徐孝堂(효당)	朝鮮	益聾	文臣 本貫 南平 典牧署判官
徐孝理(효리)	朝鮮	豫聾	文臣 本貫 利川 父 顥 宗廟署令
徐孝淳(효순)	朝鮮後期	花農	
徐孝源(효원)	1839~1897	石澗	學者 字 百順 本貫 達城 父 汝
徐孝宙(효주)	朝鮮	隨聾	文臣 本貫 利川 務功郎 別提
徐孝寰(효환)	朝鮮端宗	漸聾	文臣 本貫 利川 禮賓寺正
徐厚容(후용)	朝鮮	俛窩	字 勉九 本貫 長城 進士
徐熙(희)	942~991	福川	文臣 字 廉允 本貫 利川 父 弼 加贈 太師 諡號 章威
徐憙淳(희순)	1703~?	友蘭	文臣 字 穉晦 本貫 達城 父 應輔 祖父 有寧 吏曹 判書 諡號 肅獻
徐希信(희신)	1542~?	丹丘 松窩	文臣 字 景立 本貫 南平 父 弘弼 府使
徐希積(희적)	朝鮮明宗	觀湖	學者, 文臣 字 仲車 本貫 連山 大君師傅
徐希績(희적)		聽潮	本貫 扶餘 父 俊豪
西門圭(규)	1860~1933	桐隱	著書 文集
西門遜(손)	朝鮮	三安齋	文臣 本貫 安陰 主簿
西門湜(식)	朝鮮	晦隱齋	文臣 本貫 安陰 咸安郡守
西門尊(존)	朝鮮	龍巖	文臣 本貫 安陰 鍾城府使
昔磬洙(경수)	朝鮮	一心齋	字 敬實 本貫 月城 參奉
昔桂浩(계호)	朝鮮	松寓齋	孝子 字 德文 本貫 月城
石潭(담)	朝鮮	孤翁	字 亨見 本貫 海州 封號 首陽君
石大誠(대성)	1871~1907	性堂	學者 字 道中 本貫 忠州 父 英坤 外祖 李奇性 著 書 性堂遺稿

人名	年代	號	其他
石萬百(만백)	朝鮮	逸庵	學者 字 世廉 本貫 忠州
石萬載(만재)	朝鮮	豆村	文人 字 季叟 本貫 忠州 父 希璞 著書 南川豆村稿
石命富(명부)	朝鮮	仁軒	學者 字 子厚 本貫 忠州
昔文煥(문환)	高麗	淸軒	文臣 字 中章 本貫 月城 副護軍
石柏(백)	朝鮮宣祖	義菴	壬辰殉節 本貫 忠州
石炳悌(병제)	朝鮮	梅陰	學者 字 境友 本貫 忠州
石炳孝(병효)	朝鮮	槐亭	學者 字 景魯 本貫 忠州
昔相律(상률)	朝鮮	性菴	文臣 字 相叔 本貫 月城 蔚山牧使
石星(성)	朝鮮	東泉	文臣 字 拱辰 本貫 潮州 東明官 著書 文集
石聖運(성운)	朝鮮	守分窩	委巷人 字 天老 本貫 漢山
石世璟(세경)	朝鮮	松谷	委巷人 字 君一 本貫 漢山
石世珙(세공)		徐溪	字 君明 本貫 漢山 父 之嶸
石世珩(세형)	朝鮮	醞谷	委巷人 字 楚寶 本貫 漢山 父 之巘
石世璜(세황)	朝鮮	西溪	委巷人 字 君明 本貫 漢山 父 之榮
石守道(수도)	朝鮮	素菴	孝子 字 粹然 本貫 忠州
石汝明(여명)	高麗恭愍王	花園	本貫 忠州
錫淵(석연)	1880~1965	震湖	僧侶 本貫 順興 俗姓 安氏
石鍊玉(연옥)	→石鍊章의 初名		
石鍊章(연장)	朝鮮	晩悟庵	委巷人 字 君玉 本貫 漢山
石鍊輝(연휘)	朝鮮	山翁	委巷人 字 子柔 本貫 漢山
石瑛(영)		此雲	本貫 潮州
昔龍眞(용진)	朝鮮	泰谷	字 雲汝 本貫 月城 父 佐芳 判官
石禹鍾(우종)	?~1924	雲圃	著書 雲圃集
石雲祥(운상)	朝鮮	松菴	字 聖瑞 本貫 忠州 工曹參議
石應柱(응주)	朝鮮	水谷	委巷人 字 而擎 本貫 漢山 祖父 世珩
石義節(의절)	朝鮮	樵隱	字 德光 本貫 忠州 察訪
石麟(인)	朝鮮	北皐	學者 字 德翼 本貫 忠州
石仁正(인정)	朝鮮初期	茅亭	本貫 忠州 封號 藥原君 戶曹判書
碩一(석일)	1813~1883	寶雲	僧侶 俗姓 李氏
石一均(일균)	1887~1954	晩岡	字 德仲 本貫 忠州 父 載俊 著書 文集
石載俊(재준)	1866~1945	小溪	字 慶秀 本貫 忠州 父 致奎 著書 小溪先生文集
石鍾圭(종규)	1785~1878	雙楠亭	學者 字 龍淑 本貫 忠州 父 勝均 外祖 黃永欽 著書 雙楠亭遺稿
石之嶸(지영)	朝鮮	淸軒	委巷人 字 士恒 本貫 漢山

人名	年代	號	其他
石智嶸(지영)		竹圃	本貫 忠州
石之嶬(지은)	朝鮮	橋西	委巷人 字 士昻 本貫 漢山 父 萬載
石之珩(지형)	1610~?	壽峴	文臣 字 叔珍 本貫 花園 父 擎廈 開城府教授 著書 壽峴集
石之屹(지흘)	朝鮮	松隱	委巷人 字 士瞻 本貫 漢山
石鎭宇(진우)		洛陂	本貫 忠州
石鎭衡(진형)	1877~1946	槃阿	法律家 本貫 忠州 著書 漢詩集
昔纘(찬)	高麗	敬齋	文臣 字 子述 本貫 月城 漢城判尹
石彩龍(채룡)	韓末	智山	獨立運動家 字 祥善 本貫 海州
石天乙(천을)	朝鮮	香山	字 星伯 本貫 忠州 中郎將
石最重(최중)	朝鮮	敬齋	字 君大 本貫 忠州 副護軍
昔夏圭(하규)		菊圃	本貫 月城 父 龍眞
石漢善(한선)	朝鮮	經庵	文臣 字 公善 本貫 潮州 戶曹參判
石希璞(희박)	朝鮮	南川	字 子成 本貫 花園 著書 南川斗村稿
宣居怡(거이)	1550~1598	愼齋 釣耕堂 親親齋	武臣 字 思愼 本貫 寶城 父 詳 宣武原從功臣
宣慶龍(경룡)	朝鮮光海君	節齋	字 平執 本貫 寶城 父 光廻 軍資監主簿
宣敬伯(경백)	1567~?	體軒	字 敬一 本貫 寶城 父 原德
宣敬輔(경보)	1806~1838	莎齋	字 三益 本貫 寶城 父 處周
宣敬祜(경우)	1804~1886	瑞感齋	字 錫汝 本貫 寶城 父 處周
宣敬學(경학)	1796~1863	老松	字 元之 本貫 寶城 父 處周
宣光裕(광유)	1398~1456	寶隱	字 貞允 本貫 寶城 父 安赫
宣光廻(광회)	朝鮮明宗	義庵	本貫 寶城 父 彦擧
宣龜齡(구령)	朝鮮太宗	蓮塘	字 元寶 本貫 寶城 父 安景
宣極斗(극두)	1788~1827	玉崗	字 元之 本貫 寶城 父 秀興
宣克禮(극례)	1557~1598	義齋	字 禮中 本貫 寶城 父 汝忱
善機(선기)	1817~1876	恕庵	僧侶 俗姓 曺氏
宣基孝(기효)	1788~1852	春亭	字 忠彦 本貫 寶城 父 極斗
宣達華(달화)		廣灘	本貫 寶城
宣大倫(대륜)		養眞	本貫 寶城 父 斌
善德女王(선덕여왕)	?~647	聖祖皇姑	新羅 27代 女王 姓 金氏 名 德曼 封號 善德
宣德榮(덕영)	1640~1675	梧軒	字 中美 本貫 寶城 父 淸
宣東奎(동규)		思慕堂	本貫 寶城

人名	年代	號	其他
宣明裕(명유)		高堂	本貫 寶城 父 安赫
宣邦憲(방헌)		慕賢	本貫 寶城
宣伯欽(백흠)		隱谷	本貫 寶城
宣炳疇(병주)	1808~1858	月菴	字 贊范 本貫 寶城 父 昌植
宣炳賢(병현)	1873~1890	竹塢	本貫 寶城 父 箕植
宣相植(상식)		龍湖齋	本貫 寶城
宣尚進(상진)	朝鮮成宗	德庵	本貫 寶城 父 時中
宣墅(서)	1797~1874	養性齋	字 子沃 本貫 寶城 父 時圭 著書 文集
宣世綱(세강)	1576~1636	梅谷	武臣 字 士擧 本貫 寶城 父 鳳章 追贈 兵曹判書
宣世紀(세기)		南湖	本貫 寶城 祖父 大倫
宣世徽(세휘)	朝鮮	沙村	字 德美 本貫 寶城 典籍
善修(선수)	1543~1615	浮休 浮休堂	僧侶 俗姓 金氏 父 積山 謚號 弘覺登階 著書 浮休堂集
宣始啓(시계)	1742~1826	知吾齋 知吾	學者 字 明佐 本貫 寶城 父 日德 外祖 金重瑚 著書 知吾齋遺稿
宣始圭(시규)		愼菴	本貫 寶城
宣時中(시중)		玉巖	本貫 寶城 父 龜齡
宣時采(시채)	1810~1881	野隱	字 化玉 本貫 寶城 父 基孝
宣時曦(시희)	1793~1829	桂隱	字 聖發 本貫 寶城 父 鳳翊
宣安景(안경)	朝鮮正祖	寶雲堂	本貫 寶城 父 允祉
宣安赫(안혁)	1382~1455	依堂	本貫 寶城 父 允祉
宣若海(약해)	1579~1643	剛毅齋	字 伯宗 本貫 寶城 父 義問
宣餘慶(여경)	1540~1592	道庵	壬辰殉節 字 敬叔 本貫 寶城 父 大德
善影(선영)	1792~1880	櫟山 暎虛	僧侶 字 無畏 本貫 安東 俗姓 林氏 父 得元 著書 櫟山集
宣英吉(영길)	1591~1654	美齋 義齋	字 文彬 本貫 寶城 父 德明
宣泳完(영완)	?~1919	東谷	著書 東谷遺稿
宣永鴻(영홍)	1861~1924	愚堂	字 亨洙 本貫 寶城 父 處欽
宣五采(오채)	1819~1857	覺齋	字 舜汝 本貫 寶城 父 達洙
宣遇贇(우빈)	1583~1624	永慕 永慕齋	字 斌之 本貫 寶城 父 尚進 成均生員
宣允祉(윤지)	朝鮮	龍菴 退休堂	隱士 本貫 寶城 湖南按察使
宣義問(의문)	朝鮮宣祖	仁堂	字 汝晦 本貫 寶城 父 迪
宣翼欽(익흠)	朝鮮	顧軒 月波	字 敬集 本貫 寶城 父 墅 外祖 馬沈 著書 顧軒遺稿
宣仁復(인복)	1804~1859	竹所齋	字 景範 本貫 寶城 父 國燁
宣章珞(장락)	1822~1902	農圃	字 昌祿 本貫 寶城 父 泰國
宣廷達(정달)		廣灘	字 景義 本貫 寶城 父 應臣
宣政薰(정훈)	1888~1963	南軒	字 友鉉 本貫 寶城 父 永鴻

人名	年代	號	其他
宣正興(정흥)	?~1704	敬獨齋	字 秉祐 本貫 寶城 父 俊義
宣濟(제)	1591~1660	桐隱	字 德夫 本貫 寶城 父 世珉
宣宗恪(종각)	1771~1838	竹林	字 文彦 本貫 寶城 父 泰禧
宣宗漢(종한)	1762~1843	五林亭	字 武賢 本貫 寶城 父 泰禧
宣俊采(준채)	1824~1903	竹坡	字 英汝 本貫 寶城 父 孟洙 承旨
宣處一(처일)	1681~1767	烏林堂	字 鳴八 本貫 寶城 父 以辟
善天(선천)	1611~1689	紅藕	僧侶 本貫 南陽 俗姓 洪氏
宣清(청)	1597~1662	遜齋	字 聖之 本貫 寶城 父 世珉
宣青元(청원)	1562~?	柏軒	字 敬行 本貫 寶城 父 達德 察訪
禪坦(선탄)	高麗	幻翁	僧侶
宣鶴齡(학령)		松軒	字 敬寶 本貫 寶城 父 安景
宣漢(한)	1588~1656	城軒	字 子楊 本貫 寶城 父 世耆
宣海壽(해수)	?~1592	德齋	字 聖觀 本貫 寶城 訓練院判官
宣憲(헌)	朝鮮中宗	龍軒	字 叔度 本貫 寶城 父 大德
宣炯(형)	1454~1510	正剛	字 明汝 本貫 寶城 父 和
宣珩(형)	1671~1749	養淸堂	字 士能 本貫 寶城 父 致道
宣和(화)	1414~1471	依庵	字 道一 本貫 寶城 父 光裕
善欽(선흠)	1706~1773	幻庵	僧侶 本貫 安州 俗姓 金氏
鮮于恪(각)		龍巖	
鮮于炆(문)	朝鮮	松齋 守松齋	學者 本貫 太原
鮮于一(일)		綠東	新小說作家
鮮于浹(협)	1588~1653	遜庵	學者 字 仲潤 本貫 太原 父 浣 金集 門人 追贈 吏曹判書 諡號 文簡 著書 遜庵全書
鮮于燻(훈)	1892~1961	定齋	獨立運動家
偰慶壽(경수)	高麗	愖齋	書藝家 字 天祐 本貫 慶州 按廉副使
偰庚壽(경수)→偰慶壽의 一名			
薛繼祖(계조)	朝鮮世宗	晚隱	字 弘瑞 本貫 慶州 諡號 文簡
偰高昌(고창)→偰長壽의 一名			
薛公儉(공검)	1224~1302	敬齋	字 常儉 本貫 淳昌 父 愼
薛光旭(광욱)		心齋處士	本貫 慶州
薛奎徵(규징)	朝鮮顯宗	復齋	字 文瑞 本貫 淳昌 成均館掌議
偰同寅(동인)	朝鮮	春坡	文臣 本貫 慶州 儲倉副丞
雪斗(설두) →雪牛			
偰萬苟(만구) →偰萬穆			

人名	年代	號	其他
偰萬穆(만목)	朝鮮	松石	文臣 字 元老 本貫 慶州 通德郎
薛文遇(문우)	高麗	竹亭	文臣 字 正叔 本貫 慶州 父 昌成 大司成
偰百遼遜(백료손)→偰遜의 初名			
薛範儒(범유)	朝鮮	無爲齋	字 守光 本貫 慶州 進士
薛秉奎(병규)	朝鮮	舞巖	字 承濟 本貫 淳昌 中樞府使
薛炳斗(병두)		松石齋	著書 松石齋文集
偰琫源(봉원)	朝鮮	三樂堂	文臣 字 乃珍 本貫 慶州 參奉
薛思(사)	617~686	卜性居士 少性居士	僧侶 僧名 元曉 父 談捺 諡號 和淨 著書 法華經宗要
雪栖(설서)		圓證	僧侶 著書 文集
薛誠(성)	朝鮮宣祖	三省齋	字 汝忱 本貫 淳昌 通禮院左通禮
偰遜(손)	?~1360	近思齋	詩人 父 哲篤 封號 富原侯 著書 近思齋逸薰
薛順祖(순조)	朝鮮	三知	字 昌胤 本貫 淳昌 牧使
薛紳(신)		竹亭 鎭雲	字 允甫 本貫 淳昌
雪岳(설악)	高麗末	負喧	僧侶
雪嵒(설암)		百愚	僧侶 著書 文集
薛榮(영)	朝鮮	錦素	字 仲元 本貫 慶州 敎官
雪牛(설우)	高麗	十峯	僧侶
薛禹範(우범)	朝鮮宣祖	茅村	字 國均 本貫 慶州 訓練院正
薛元植(원식)	韓末	梧陰 石泉	雄辯家 字 敬一
薛元植(원식)		反求室 反求堂	著書 反求室叢書
薛緯(위)	朝鮮世宗	柏亭	字 仲敏 本貫 淳昌 父 凝 大司成
薛凝(응)	高麗	巖谷	本貫 淳昌 吏曹參議
薛義植(의식)	1900~1954	小梧	評論家, 言論人 著書 解放以前以後
薛義祖(의조)	朝鮮	太淵	字 君植 本貫 淳昌 郡守
薛仁儉(인검)	高麗	謹齋	字 而儉 本貫 淳昌 平章事 諡號 文肅
偰長壽(장수)	1341~1399	芸齋 耘隱	文臣 字 天民 本貫 慶州 封號 燕山府院君 諡號 文良 著書 芸齋集
雪霽(설제)	1632~1704	月潭	僧侶 本貫 昌化 俗姓 金氏

人名	年代	號	其他
薛鎭永(진영)	1869~1940	南坡 栗齋	學者, 義士 字 道弘, 而修 本貫 淳昌 父 相基 外祖 崔德淳 著書 南坡遺稿
薛聰(총)	新羅	氷雪軒　氷月堂 水月堂 眞性居士	聰智 本貫 慶州 父 思(元曉) 追封 弘儒侯
薛琛(침)	朝鮮	松盤	文臣 本貫 慶州 郡守
薛泰熙(태희)	1875~1941	梧忖	儒學者 字 國卿 永興郡守 著書 反求室叢書
薛玄(현) →擘玄			
葉公濟(공제)	高麗	晩悟	本貫 慶州
葉起良(기량)	朝鮮	松菴	文臣 字 樂善 本貫 慶州 判典客主事
葉濃燁(농엽)	朝鮮	晩雲	文臣 字 光瑞 本貫 慶州 敦寧府都正
葉濃煥(농환)	朝鮮	日新齋	文臣 字 永壽 本貫 慶州 秘書院丞
葉都東(도동)	朝鮮	竹軒	孝子 字 得知 本貫 慶州
葉茂新(무신)	朝鮮	禾田	文臣 字 激民 本貫 慶州 參奉
攝旻(섭민)	1767~1850	煥峰	僧侶 俗姓 任氏
葉敏秀(민수)	朝鮮	翠竹軒	字 愼有 本貫 慶州 進士
葉芳華(방화)	朝鮮	愛蓮居士	文臣 字 以善 本貫 慶州 龍驤衛副護軍
葉松模(송모)	朝鮮	蒼崖	文臣 字 東植 本貫 慶州 敎官
葉寅(인)	朝鮮	梅窩	文臣 字 明壽 本貫 慶州 左領護軍
葉章權(장권)	朝鮮	慕窩	孝子 字 鍾凡 本貫 慶州
葉贊(찬)	朝鮮	薇山	文臣 字 克之 本貫 慶州 判官
葉千枝(천지)	朝鮮	晩翠堂	文臣 字 文賢 本貫 慶州 大司諫
葉翠永(취영)	朝鮮	竹林居士	學者 字 公測 本貫 慶州
葉平仲(평중)	朝鮮	菊史	文臣 字 善益 本貫 慶州 別座
成氏(씨)		林溪	著書 文集
成侃(간)	1427~1456	眞逸齋 眞逸	文臣 字 和仲 本貫 昌寧 父 念祖 柳方善 門人 集賢殿博士 著書 眞逸齋集
成槪(개)	?~1440	睡軒	文臣 字 平仲 本貫 昌寧 父 石瑢
成慶奎(경규)	1866~1949	竹窩	著書 竹窩文集
成卿修(경수)	875~1941	晩翠	學者 字 輔賢 本貫 昌寧 父 永鎰 外祖 金重煥 著書 晩翠遺稿
成慶遠(경원)	1763~1849	慕菴	本貫 昌寧 著書 文集
成景琛(경침)	1543~1610	鵲溪	著書 鵲溪稿 〈夏山三世稿〉
成啓宇(계우)	1724~1788	鶴齋	學者 字 大仲 本貫 昌寧 父 泰徽 外祖 李蔵 著書 鶴齋集

人名	年代	號	其他
成九鏞(구용)		毅齋	本貫 昌寧 著書 文集
聖奎(성규)	1728~1812	影波	僧侶 字 晦隱 俗姓 全氏 父 萬紀
成揆憲(규헌)	1647~1741	明灘 圓塘	文臣 字 仲一 本貫 昌寧 父 好正 宋時烈 門人 同知中樞府事
成近(근)	朝鮮明宗	敬齋	字 可遠 本貫 昌寧 父 世俊
成近默(근묵)	1784~1852	果齋	文臣 字 聖思 本貫 昌寧 父 鼎柱 追贈 吏曹判書 諡號 文敬 著書 果齋集
成近壽(근수)	朝鮮後期	遂初齋	本貫 昌寧 父 永愚
成汲(급)		馴鶴軒	本貫 昌寧
成兢修(긍수)	朝鮮後期	錦厓	本貫 昌寧 父 永默
成紀(기)	朝鮮	竹谷	文臣 字 自綱 本貫 昌寧 判官
聖機(성기)	朝鮮	翫松	僧侶 本貫 郭山
成麒童(기동)		德坡	文臣 字 聖應 本貫 昌寧 同知
成麒文(기문)	朝鮮	小愈堂	委巷人 字 國瑞 本貫 昌寧
成岐運(기운)	朝鮮	健齋	文臣 字 鳳瑞 本貫 昌寧 觀察使
成璣運(기운)	1877~1954	恚泉	學者 字 舜在 本貫 昌寧 父 斗彩 外祖 金漢翼 著書 恚泉集
成起寅(기인)	1674~1773	洛厓 晚窩	文臣 字 天祥 本貫 昌寧 父 世璜 外祖 朴景輝 萬頃縣令 著書 洛厓逸稿
成洛(낙)	1542~1585	南阿 南崖 南厓	文臣 字 士中, 士仲 本貫 昌寧 父 世平 承旨
成樂淳(낙순)	朝鮮後期	茗軒	
成灠(남)	1556~1620	聽竹	文臣, 學者 字 士悅 本貫 昌寧 父 世平 茂州縣監 著書 聽竹先生遺稿
成輅(노)	1550~1616	石田 石堂 潛谷 潛巖 平凉子	文人, 文臣 字 子重, 重仁 本貫 昌寧 父 永國 齊陵參奉 著書 石田集
成老童(노동)	朝鮮顯宗	習靜 眞靜	隱士 字 煙江 本貫 昌寧 宋浚吉 門人
聖訥(성눌)	1690~1763	斧巖 華月	僧侶 本貫 全州 俗姓 李氏
聖能(성능)	朝鮮英祖	桂坡	僧侶 編書 仔夔文節次條例
性能 →聖能			
成聃年(담년)	朝鮮前期	靜齋	文臣 字 仁叟, 仁壽 本貫 昌寧 父 熺 校理 著書 靜齋集
成聃齡(담령)	朝鮮前期	斗文山人 漁釣	本貫 昌寧 父 熺
成聃壽(담수)	?~1456	文斗 文斗山人 仁齋	生六臣 字 眉叟, 耳叟 本貫 昌寧 父 熺 校理 諡號 靖肅
成聃仲(담중)	朝鮮成宗	晦齋	隱士 字 頤叟 本貫 昌寧 父 熺 著書 文集

人名	年代	號	其他
成大經(대경)	朝鮮肅宗	守窩	學者 本貫 昌寧 父 鈬
成大器(대기)	1879~1958	華谷	字 仁老 本貫 昌寧 著書 文集
成大壽(대수)	朝鮮明宗	松堂	字 仁老 本貫 昌寧 父 允謙
成大中(대중)	1782~1812	青城 仙槎 龍湖 昌山	文臣 字 君集 士執 本貫 昌寧 父 孝基 金熤 門人 府使 著書 青城集
成大鎬(대호)		貞一軒	著書 貞一軒詩集
成德龍(덕룡)		望鶴亭	本貫 昌寧
成德雨(덕우)	1752~1827	疎翁 疎齋	文臣 字 時潤 本貫 昌寧 父 胤錫 吏曹參議
成德潤(덕윤)	朝鮮英祖	坡漢	本貫 昌寧 父 義錫
成德朝(덕조)	朝鮮	癡齋	文臣 字 道伯 本貫 昌寧 漢城府判尹
成德徵(덕징)	朝鮮肅宗	白石	本貫 昌寧 父 虎文
成德漢(덕한)	朝鮮	息巖	本貫 昌寧 父 大錫
成道行(도행)	朝鮮	鳳村	本貫 昌寧 父 必益
成都鎬(도호)	→成郁鎬		
成斗鉉(두현)		遯齋	本貫 昌寧
成倫(륜)	朝鮮中宗	散翁	文人, 文臣 字 序叔 本貫 昌寧 父 世貞 吏曹參判
成萬秀(만수)	?~1965	海琴	著書 海琴遺稿
成萬徵(만징)	1659~1711	秋潭 喚醒堂	文臣 字 達卿 本貫 昌寧 父 虎英 外祖 李東野 權 尚夏 門人 副率 著書 秋潭文集
成夢箕(몽기)	朝鮮中宗	龜山	學者 字 子協 本貫 昌寧 父 聃仲
成夢亮(몽량)		嘯軒 長嘯軒	字 汝弼 本貫 昌寧 父 璟
成夢宣(몽선)	朝鮮中宗	江湖 江湖散人	文臣 字 師聖 本貫 昌寧 父 聃年 府使
成夢井(몽정)	1471~1517	場巖	文臣 字 應卿 本貫 昌寧 父 聃年 封號 夏山君 追 贈 禮曹判書 諡號 襄景 著書 場巖遺稿
成武祚(무조)	朝鮮	松齋	
成聞德(문덕)	1540~?	東里	學者 字 而顯 本貫 昌寧
成文潛(문잠)	1595~1688	畏庵	學者, 文臣 字 子躍 本貫 昌寧 同知中樞府事
成文濬(문준)	1559~1626	滄浪	學者, 文臣 字 仲深 本貫 昌寧 父 渾 永同縣監 著 書 滄浪集
成文夏(문하)	1638~1727	梧陰	學者 字 國華 本貫 昌寧 父 以性 著書 文集
省敏(성민)	→有敏		
成普(보)	→成晋		
成普善(보선)	→成晋善		
成溥(부)	高麗禑王	眉山	節臣 本貫 昌寧 父 士達 刑部摠郎

人名	年代	號	其他
成聘年(빙년) →成聘年			
成士建(사건) →成士達			
成士達(사달)	?~1380	易菴 昌庵	大臣 本貫 昌寧 父 彦臣 封號 星山府院君 大提學 諡號 文孝
成師顔(사안)		琴溪	著書 文集
成思齊(사제)	高麗末	杜門洞 杜門子	節臣 本貫 昌寧 父 有得 寶文閣直提學 著書 文集
成三問(삼문)	1418~1456	梅竹 梅竹堂 梅竹軒 夏山樵夫	學者 字 謹甫, 訥翁 本貫 昌寧 父 勝 外祖 朴襜 追贈 吏曹判書 諡號 忠文 著書 成謹甫集
成相鎬(상호)	朝鮮	西谷	本貫 昌寧 父 三圭
成石根(석근)	?~1930	琴阜	著書 琴阜集
成碩夔(석기)	朝鮮	晩悟堂	文臣 字 仲一 本貫 昌寧 吏曹參議
成石璘(석린)	1338~1423	獨谷	文臣 字 自修 本貫 昌寧 父 汝完 封號 昌寧府院君 領議政 諡號 文景 著書 獨谷集
成石磷(석린) →成石璘			
成石珚(석연) →成石因			
成石瑢(석용)	1352~1403	檜谷	文臣 字 伯玉 本貫 昌寧 父 汝完 大提學 諡號 文肅
成石因(석인)	?~1414	桑谷 葛亭 素谷	文臣 字 子由 本貫 昌寧 父 汝完 戶曹判書 諡號 靖平 著書 桑谷集
成石姻(석인) →成石因			
成碩鎬(석호)		鶴山	本貫 昌寧
成石回(석회) →成石因			
成世明(세명)	1447~1510	遜齋	
成世淳(세순)	朝鮮初期	竹軒	字 子齊 本貫 昌寧 父 任
成世英(세영)	1885~1955	祼翁	獨立運動家 本貫 昌寧
成世頊(세욱)	1697~1753	松坡	字 謹元 本貫 昌寧 父 文夏
成世義(세의) →成安義			
成世章(세장)	1506~1583	思菴 玉溪	文臣 字 仲晦, 景晦 本貫 昌寧 父 希文 系 希恭 禮曹判書
成世俊(세준)	朝鮮中宗	松菴	文臣 字 彦卿 本貫 昌寧 父 忠達 典翰
成世昌(세창)	1481~1548	遜齋 化旺道人	文臣, 書畵家 字 蕃仲 本貫 昌寧 父 俔 金宏弼 門人 左議政 諡號 文莊 著書 遜齋集
成世璜(세황)	1648~1708	華陰	字 周瑞 本貫 昌寧 追贈 參判
成紹業(소업) →成鏞의 初名			
成洙(수) →成泳			

人名	年代	號	其他
成遂永(수영)	1836~1902	花厓堂	學者 字 聖能 本貫 昌寧 父 領鎬 外祖 韓光杓 著書 花厓堂逸稿
成壽益(수익)	1528~1598	七峰	文臣 字 德久 本貫 昌寧 父 禮元 封號 昌山君 副摠管 著書 七峰遺稿
成受益(수익) →成壽益			
成守琮(수종)	1495~1533	節孝 節孝堂 節孝先生	字 叔玉 本貫 昌寧 父 世純 趙光祖 門人 著書 文集
成守琛(수침)	1493~1564	聽松 牛溪閒民 竹雨 竹雨堂 聽松堂 清隱 坡山清隱	學者 字 仲玉 本貫 昌寧 父 世純 趙光祖 門人 追贈 左議政 諡號 文貞 著書 聽松集
成順德(순덕) →成壽益의 初名			
成笋永(순영)		南厓	本貫 昌寧 著書 南厓逸稿〈永皐南厓合稿〉
成筍永(순영) →成笋永			
成順祖(순조)	朝鮮	陶翁	文臣 字 子孝 本貫 昌寧 刑曹參判
成習(습) →成時習			
成勝(승)	?~1456	赤谷	武臣 本貫 昌寧 祖父 石瑢 追贈 兵曹判書 諡號 忠肅
成時亮(시량)	1590~?	菊圃	文臣 字 汝能 本貫 昌寧 父 重吉 禮曹正郎
成時望(시망)	朝鮮	枕海亭	學者 本貫 昌寧
成時習(시습)		棠村	字 習之 本貫 昌寧 父 傳
成信汝(신여) →成汝信			
成信徵(신징)	朝鮮後期	松竹堂	本貫 昌寧 父 虎啓
成安義(안의)	1561~1629	芙蓉堂 芙蓉	文臣 字 精甫 本貫 昌寧 父 績 鄭逑 門人 追贈 吏曹判書 著書 芙蓉堂逸稿
成彦極(언극)	朝鮮後期	傳白堂	本貫 昌寧 父 灟
成彦根(언근)	1740~1818	稼隱	學者 字 叔晦 本貫 昌寧 父 溴 外祖 朴天柱 著書 稼隱集
成彦檝(언즙)	1732~1812	南厓	文臣, 學者 字 用汝 本貫 昌寧 父 澯 外祖 張緯三 追贈 內部協辦 著書 南厓逸稿
成彦戢(언집) →成彦檝			
成汝格(여격)	朝鮮宣祖	菊庵	本貫 昌寧 父 泳
成汝柏(여백)	朝鮮宣祖	魯溪	本貫 昌寧 父 欖
成汝壽(여수)	1567~?	緋巖	學者 本貫 昌寧 著書 緋巖詩集
成汝信(여신)	1546~1682	浮查野老 桴槎	文臣 字 公實 本貫 昌寧 父 斗年 著書 浮查集
成汝完(여완)	1309~1397	怡軒	文臣 本貫 昌寧 父 君美 祖父 公弼 外祖 吳藏 封號 昌城府院君 檢校門下侍中 諡號 文靖

人名	年代	號	其他
成汝源(여원)		臥灘	字 由仁 本貫 昌寧
成汝橞(여츄)	朝鮮	寒水齋 西岡	學者, 文臣 字 馨叔, 汝種 本貫 昌寧 父 澐 金尚憲 門人 韓山郡守 著書 寒水齋集
成汝學(여학)	1555~?	鶴泉 雙泉	文人, 文臣 字 學顏 本貫 昌寧 父 彦器 成渾 門人 別坐 著書 鶴泉集
成櫟(역)	朝鮮仁祖	鎭浮 鎭靜	文人, 文臣 字 子久 本貫 昌寧 父 文濬 僉正
成沇(연)	朝鮮後期	松浦	本貫 昌寧 父 獻徵
成泳(영)	1547~1623	遇川 苕庭	文臣 字 士涵 本貫 昌寧 父 世平 吏曹判書
成永觀(영관)	朝鮮後期	裳溪	本貫 昌寧 父 道極
成永悳(영덕)		松溪	字 潤卿 本貫 昌寧
成永魯(영로)	朝鮮後期	蘇泉	本貫 昌寧 父 道鎭
成永壽(영수)		鶴山	著書 文集
成永鎰(영일)	1855~1922	松湖	字 致奎 本貫 昌寧 著書 文集
成永後(영후)		石泉齋	著書 文集
成琬(완)	朝鮮	翠虛	詩人 字 伯圭, 伯玉 本貫 昌寧 察訪 著書 翠虛集
成完修(완수)	朝鮮	醉黙	本貫 昌寧 父 永植
成鏞(용)	1576~1628	慕省齋	義兵, 書藝家 字 紹業, 而聞 本貫 昌寧 父 汝信
成龍修(용수)	朝鮮	可溪	本貫 昌寧 父 永臣
成遇(우)	朝鮮宣祖	臥溪	本貫 昌寧 父 世俊
惺牛(성우)	1849~1912	鏡虛	僧侶 本貫 礪山 俗姓 宋氏 父 斗玉 著書 鏡虛集
成祐曾(우증)		茗山	著書 文集
成郁鎬(욱호)	1805~1881	永皐	本貫 昌寧 著書 永皐逸稿 〈永皐南厓合稿〉
成運(운)	1497~1579	大谷 虛父	學者 字 健叔, 虛父 本貫 昌寧 父 世俊 追贈 承旨 著書 大谷集
成雲昇(운승) →成震昇			
成遠(원)		無谷	本貫 昌寧 父 世俊
成元鎬(원호)	朝鮮後期	中湖	本貫 昌寧 父 載崇
成有黙(유믁)	朝鮮後期	晚葆堂	本貫 昌寧 父 元柱
成胤錫(윤석)	朝鮮英祖	獨松齋	本貫 昌寧 父 至憲
成允信(윤신)	1737~1808	愼黙齋	學者 字 百源 本貫 昌寧 父 世煥 外祖 陳後蕃 著書 愼黙齋集
成允諧(윤해)	1520~1586	梅谷 板谷	學者 字 和仲 本貫 昌寧 父 近
成允諧(윤해) →成諧			
成應武(응무)	朝鮮	四美堂	文臣 字 繼述 本貫 昌寧 承政院左承旨

人名	年代	號	其他
成義錫(의석)	朝鮮肅宗	知分庵	本貫 昌寧 父 至行
成以恪(이각)	1591~1643	西巖	字 仲恭 本貫 昌寧 父 安義
成以乾(이건)	朝鮮	栢村	文臣 字 健叟 本貫 昌寧 府使
成以道(이도)	朝鮮光海君	斗回子 仙解	學者 字 敏修 本貫 昌寧 郭再祐 婿 著書 文集
成以文(이문)	1546~1648	藥峯 隱几 隱几翁	文臣, 文臣 字 質甫, 質夫 本貫 昌寧 父 效寬 祖父 倫 大司諫
成以敏(이민)	1595~?	三古堂 天遊	文臣 字 退甫 本貫 昌寧 父 效寬 祖父 倫 開城府經歷 著書 三古堂集
成以性(이성)	1595~1664	溪西	文臣 字 汝智 本貫 昌寧 父 安義 追贈 副提學 著書 溪西遺稿
成以心(이심)	1682~1739	盤谷 愼黙齋	著書 盤谷先生人易
成爾演(이연)	1693~1789	芝翁	學者, 文臣 字 仲文 本貫 昌寧 父 信徵 外祖 宋奎臨 知義禁府事五衛都摠府都摠管 著書 芝翁集
成爾漢(이한)	朝鮮後期	雙白堂	本貫 昌寧 父 大徵
成爾鴻(이홍)	朝鮮後期	翠陰	本貫 昌寧 父 晚徵
成彝鎬(이호)	朝鮮後期	叙齋	文臣 本貫 昌寧 父 載淳
成杙(익)	朝鮮仁祖	懶眞	本貫 昌寧 父 文濬 系 文漑 著書 懶眞詩稿〈滄浪先生詩稿〉
成麟童(인동)	→成麒童		
成麟文(인문)	→成麒文		
成一濬(일준)	1850~1929	桂窩	著書 桂窩集
成日休(일휴)	朝鮮	無心齋	本貫 昌寧 父 安重
成任(임)	1421~1484	安齋 逸齋	文臣 字 重卿 本貫 昌寧 父 念祖 知中樞府事 諡號 文安 著書 安齋集
成子濟(자제)	1515~1573	懶齋 松齋	文臣, 書藝家 字 彦功 本貫 昌寧 父 諧 祖父 世昌 司藝
成載教(재고)	朝鮮純祖	瞿峯	本貫 昌寧 父 希黙
成載淳(재순)	朝鮮純祖	白賁園	本貫 昌寧 父 光黙 郡守
成載崇(재숭)	朝鮮純祖	憨隱	本貫 昌寧 父 光黙 著書 憨隱收錄
成載翰(재한)	朝鮮末	雲學	本貫 昌寧
成田碩(전석)		魯石	著書 魯石遺稿
成貞柱(정주)	朝鮮後期	履庵	本貫 昌寧 父 德泓
成鼎柱(정주)		果齋	著書 果齋集
成鼎鎭(정진)	朝鮮後期	愚歸窩	本貫 昌寧 父 珏
成定鎬(정호)		野隱	本貫 昌寧

人名	年代	號	其他
成濟(제) →成子濟			
成悌元(제원)	1506~1559	東洲 東洲笑仙	學者 字 子敬 本貫 昌寧 父 夢宣 柳藕 門人 報恩縣監 諡號 清憲 著書 東洲逸稿
成際憲(제헌) →成揆憲			
成鍾極(종극)	1816~1869	石溪	學者 字 德五 本貫 昌寧 父 元教 外祖 金虎振 著書 石溪集
成宗魯(종노)	朝鮮後期	黔窩	本貫 昌寧 父 彦極
成宗琮(종종) →成守琮			
成周德(주덕)	1759~?	荳溪居士	學者 字 顯之 編書 書雲館志
成周斌(주빈)	1682~1942	場庵 龍山	著書 場庵逸稿
成周永(주영)	韓末	落峰	委巷人
成周天(주천)		東雲	字 復初 本貫 昌寧
成遵(준)	1515~1608	定山	文臣 字 順卿 本貫 昌寧 司諫 著書 定山稿 〈夏山三世稿〉
成準(준)	朝鮮仁祖	三松堂	文臣 本貫 昌寧 父 德元 府使
成埈慶(준경)		兩脚	著書 文集
成俊耇(준구)	1574~1633	藥峯 藏谷	文臣 字 德甫 本貫 昌寧 父 以文 追贈 左贊成
成準得(준득) →成准得			
成重性(중성)	朝鮮前期	翠筠堂	本貫 昌寧 父 扱 縣令
成重淹(중엄)	1474~1504	晴湖 秋潭	文臣 字 季文 本貫 昌寧 父 彭老 春秋館記事官
成至敏(지민)	朝鮮仁祖	守拙堂	本貫 昌寧 父 熙胄 郡守
成至善(지선)	1636~1693	制安齋 制安堂	學者, 文臣 字 汝中 本貫 昌寧 父 熙績 振威縣令 著書 制安齋集
成至泰(지태)	朝鮮仁祖	壺隱	本貫 昌寧 父 熙胄
成至行(지행)	1580~1665	梅谷	文臣 字 汝敬 本貫 昌寧 父 熙胄 同知中樞府事
成至憲(지헌)	朝鮮仁祖	浮休	本貫 昌寧 父 熙胄
成稷(직)	1586~1680	梅溪 鼎翁	文臣 字 子喬 本貫 昌寧 父 文濬 祖父 渾 知中樞府事 諡號 靖惠
成晉(진)	朝鮮世祖	保閒堂 保閒 錦溪 錦陰	文臣 本貫 昌寧 父 有守 都正 著書 保閒堂集
性眞(성진)	1628~1699	松巖	僧侶 俗姓 方氏
成瑨(진) →成晉			
成鎭敎(진교)	?~1863	南莩	學者 著書 南莩集
成震齡(진령)	1682~1739	懶翁 疎翁 市隱 陽川	文臣 字 子長 本貫 昌寧 父 麟章 同副承旨

人名	年代	號	其他
成晉善(진선)	1557~?	烟江 煙江	文臣 字 則行 本貫 昌寧 父 壽益 承政院右承旨
成震昇(진승)	朝鮮仁祖	東郭	學者 本貫 昌寧 父 汝柏 編書 河洛圖書
成震英(진영) →成震齡			
成振昌(진창)		靜軒	本貫 昌寧
成震恒(진항)	朝鮮後期	華隱	本貫 昌寧 父 汝柏
成暢基(창기)	韓末~日帝	三碧	
成昌遠(창원)	1601~1680	不慍堂	文臣, 學者 字 自邇 本貫 昌寧 父 橃 外祖 金聃壽 著書 不慍堂逸稿
成采奎(채규)	1812~1891	悔山	學者 字 天擧 本貫 昌寧 父 致貞 著書 悔山文集
成天柱(천주)	1712~1779	老雲軒	文臣 字 子擎 本貫 昌寧 父 德馨 大司憲
成楚容(초용)	朝鮮後期	寒江	文臣 本貫 昌寧 父 昌夏 承旨
性聰(성총)	1631~1700	栢庵 梅巖	僧侶 本貫 南原 俗姓 李氏 父 楓 著書 栢庵集
成莘(쵀)		東川	
成致默(치묵)	朝鮮後期	本虛齋	本貫 昌寧 父 奎柱
成泰英(태영)	韓末	一舟	字 能河
成台榮(태영)	1879~1951	愚圃	著書 愚圃文集
成彭年(팽년)	1540~1594	石谷	文臣 字 頤翁 本貫 昌寧 父 漢良 追贈 持平 著書 石谷集
成夏耉(하구)	1695~1757	竹塢	文臣, 學者 字 邦彦 本貫 昌寧 父 暻 外祖 李瑛 禮曹正郎 著書 竹塢集
成夏明(하명)	1595~1663	壺山	字 季晦 本貫 昌寧 父 晉善
成夏植(하식)	1878~1958	晩翠	大倧敎人 字 希敬 本貫 昌寧
成夏迪(하적) →成夏挺			
成夏挺(하정)	(朝鮮	五狂	學者, 文臣 字 季南 本貫 昌寧 持平
成廈柱(하주)	朝鮮後期	甀溺	本貫 昌寧 父 沇
成諧(해)	朝鮮宣祖	松谷	字 知伯 本貫 昌寧 父 世昌
成海應(해응)	1760~1839	研經齋	學者, 文臣 字 龍汝 本貫 昌寧 父 大中 外祖 李德老 府使 著書 東國名臣錄
成憲祖(헌조)	1695~1757	松齋	著書 文集
成獻徵(헌징)	1654~1676	洞虛齋	學者 字 文武, 文式 本貫 昌寧 父 虎英 外祖 李東野 追贈 提學 諡號 文簡 著書 洞虛齋集
成赫鎬(혁호)	?~1885	竹圃	著書 竹圃遺稿
成俔(현)	1439~1504	慵齋 狂直子 菊塢 浮休子 虛白堂	學者, 文臣 字 磬叔 本貫 昌寧 父 念祖 工曹判書 大提學 諡號 文戴 著書 虛白堂集

人名	年代	號	其他
成灝(현)	1764~1834)	悔齋	學者 字 聖遊 本貫 昌寧 父 錫朝 外祖 柳元植 著書 悔齋集
成亨根(형근)		老圃	本貫 昌寧
成蕙永(혜영)	朝鮮後期	南坡 次蘭	委巷人
成浩(호)	1545~1588	省庵	學者 字 士集 本貫 昌寧 父 世康 鎭安縣監
成好善(호선)	1552~?	月蓑	文臣 字 則優 本貫 昌寧 父 壽益 忠州牧使 著書 月蓑集
成好正(호정)	1589~1639	彊齋	字 尚夫 本貫 昌寧 父 景琛 著書 彊齋集
成虎禎(호정)	朝鮮後期	露岳山人	本貫 昌寧 父 震夏
成虎禎(호정)	朝鮮後期	安陃窩	本貫 昌寧 父 震昇
成好晉(호진)	1598~1658	性窩	著書 性窩稿〈夏山三世稿〉
成好學(호학) →成汝學			
成渾(혼)	1535~1598	牛溪 黙庵	學者 字 浩原 本貫 昌寧 父 守琛 追贈 左議政 諡號 文簡 著書 牛溪集
成瑍(환)	1655~1734	柳村	文臣 字 秀輝 本貫 昌寧 父 後周 同知中樞府事
成煥宗(환종)		和庭	著書 文集
成煥赫(환혁)		于亭	著書 于亭先生文集
性闊(성활)		雙月	僧侶
成淮得(회득)	高麗恭愍王	南堂 東皐	本貫 昌寧 父 君阜 大提學
成孝基(효기)		疎溪	字 百源 本貫 昌寧 父 夢亮 察訪 著書 文集
成孝元(효원)	1497~1551	江湖散人 龍江漁夫 漁父	文人 字 伯一 本貫 昌寧 父 夢宣 龍仁縣令
成孝瓚(효찬)		敬軒	本貫 昌寧
成勳(훈)		義軒	本貫 昌寧
成忻(흔)	朝鮮中宗	三槐堂	本貫 昌寧 父 八元
成熺(희)	朝鮮初期	仁齋	文臣 字 用晦 本貫 昌寧 父 槪 府尹 著書 仁齋集
成禧(희) →成熺			
成希顔(희안)	1461~1513	仁齋	文臣 字 愚翁 本貫 昌寧 父 瓚 封號 昌山府院君 領議政 諡號 忠定 著書 仁齋集
成希雍(희옹)	朝鮮	義齋	文臣 本貫 昌寧 封號 昌城君 副摠管
成熙冑(희주)		求全子 求全	文臣 字 士翼 本貫 昌寧 父 穉 祖父 文濬 僉知
成希曾(희증) →成熙冑			
成熙青(희청) →成熙冑			
世元(세원)	1824~1894	錦虛	僧侶 本貫 天安 俗姓 全氏

人名	年代	號	其他
世察(세찰)	1688~?	楓巖	僧侶 本貫 密陽 俗姓 朴氏
世煥(세환) →杜世煥			
蘇建(건)	1518~1582	四勿齋 花江	字 大立 本貫 晉州 父 世倫 外祖 李樞 著書 四勿齋遺稿
蘇格達(격달)	891~983	慕隱	本貫 晉州
蘇敬夫(경부)	1034~1107	靚軒	本貫 晉州 集賢殿大提學
蘇景瞻(경첨)		蘆隱	本貫 晉州 父 時習
蘇繼苓(계령)	高麗獻宗	舜谷	字 活苓 本貫 晉州
蘇光震(광진)	1566~1611	後泉 后溪 後溪	文臣 字 子實 本貫 晉州 父 誠善 獻納 著書 後泉遺稿
蘇權(권)	朝鮮	任蓬齋	字 正平 本貫 晉州
蘇權燮(권섭)	1566~1611	竹隱亭	著書 文集
蘇珪(규)		觀湖	本貫 晉州
蘇圭達(규달)		華隱	本貫 晉州
蘇箕範(기범) →蘇洪範			
蘇蘭(난)		春汀	本貫 晉州 祖父 灝
蘇論東(논동)	朝鮮宣祖	慕齋	義兵 字 士元 本貫 晉州 守門將
蘇代(대)		東叟	本貫 晉州 父 浩
蘇德孝(덕효)	朝鮮英祖	枕湖亭	字 達夫 本貫 晉州
蘇東道(동도)	1592~1671	眠窩	文臣 字 子由 本貫 晉州 父 萬善 黃海道觀察使 著書 眠窩集
蘇東鳴(동명)	1590~?	瘦翁 太庾齋	隱士 字 聞遠 本貫 晉州 同知中樞府事
蘇東獻(동헌)	朝鮮	玉峯	孝子 字 子賢 本貫 晉州
蘇斗山(두산)	1627~1693	月洲	文臣 字 望如 本貫 晉州 父 東鳴 宋時烈 門人 平安道兵馬節度使 著書 月洲集
蘇明倫(명륜)	朝鮮	東川	孝子 字 倫之 本貫 晉州
蘇茂崇(무숭)	1183~1240	重峰	字 崇坤 本貫 晉州 同知樞密院事 諡號 文正
蘇文水(문수)		誠菴	本貫 晉州 父 鎭喆
蘇潑(발)		晚巖	本貫 晉州 祖父 希軏
蘇秉元(병원)	1890~1966	三隱	獨立運動家 字 仲悅 本貫 晉州
蘇秉澤(병택)		雲圃	本貫 晉州 祖父 鎭欽
蘇秉河(병하)		春圃	本貫 晉州 父 永文
蘇秉亨(병형)		楓溪	本貫 晉州 父 永文

人名	年代	號	其他
蘇逢(봉)	1499~1363	冲菴 花江 花江散人	文臣 字 叔卿, 希龍 本貫 晉州 父 世良 副提學
蘇溥(부)	朝鮮仁祖	節齋	字 汝洽 本貫 晉州 左部將
蘇山福(산복)	1556~1620	梅軒	學者 字 景膺 本貫 晉州 著書 梅軒集
蘇相說(상열)	1652~1694	三省齋	學者 字 說之 本貫 晉陽 父 天民 系 斗山 著書 三省齋遺稿
蘇尚鎮(상진)	1548~1592	西庵	義兵 字 實甫 本貫 晉州 父 珪 追贈 禮曹參議
蘇性欽(성흠)	朝鮮	慕軒	字 性敬 本貫 晉州
蘇世儉(세검)	1487~1573	雙峰	文臣, 學者 字 約而 本貫 晉州 父 自波 外祖 玉碩珠 咸安郡守 著書 雙峰逸稿
蘇世恭(세공)		老圃亭	本貫 晉州 父 自坡
蘇世良(세량)	1476~1528	屏巖 困菴	文臣 字 元佑 本貫 晉州 父 自坡 南原府使 著書 屏巖集
蘇世讓(세양)	1486~1562	陽谷 暘谷 静觀齋 清心堂 竹西 退齋 退休 退休堂	文臣 字 彦謙 本貫 晉州 父 自波 左贊成 謚號 文靖 著書 陽谷集
蘇世榮(세영)	1486~1553	桂田	字 和政 本貫 晉州 祥原郡守
蘇洙榘(수구)	1774~1841	湛樂軒 濟川	文臣 字 伯淵 本貫 晉州
蘇洙英(수영)	朝鮮	東谷	孝子 字 明淑 本貫 晉州
蘇巡(순)	1499~1559	葆眞堂	字 警夫 本貫 晉州 父 世溫 外祖 林祉
蘇昇奎(승규)	1822~1889	杓史	學者 字 日宗 本貫 晉州 謚號 孝節
蘇昇奎(승규)	1844~1908	蘭谷	學者 字 子和 本貫 晉州 父 輝廷 系 輝式 外祖 權喆 著書 蘭谷遺稿
蘇時綱(시강)	朝鮮	松菴	孝子 字 允協 本貫 晉州
蘇始萬(시만)	1734~1761	菊軒	學者 字 元甫 本貫 晉州 父 成集 著書 菊軒集
蘇時習(시습)		靖軒	本貫 晉州 父 蘭
蘇億齡(억령)	1560~1593	汝山	壬辰殉節 字 祜堯 本貫 晉州
蘇億民(억민)	朝鮮宣祖	樂亭	字 祜朝 本貫 晉州
蘇汝由(여유)	朝鮮	沙灘	學者 字 眉叔 本貫 晉州
蘇沿(연)	朝鮮世宗	杏亭	文臣 本貫 晉州 父 後 著書 杏亭集
昭然(소연)		月峯	僧侶 著書 月峯集
蘇永東(영동)	朝鮮	思萱堂	孝子 字 啓憲 本貫 晉州
蘇永福(영복)	1555~1615	四隱	文臣, 學者 字 仲綏 本貫 晉州 父 敏善 著書 四隱遺稿

人名	年代	號	其他
蘇永福(영복)		反求堂	進士
蘇元生(원생)		睡菴	本貫 晉州 祖父 代
蘇元泰(원태)	1698~1750	晦生齋	字 春甫 本貫 晉州
蘇應綠(응록)	朝鮮仁祖	靑湖	丙子殉節 字 時白 本貫 晉州
蘇凝天(응천)	1704~1760	春庵 問渠堂	學者 字 一渾 本貫 晉州 著書 春庵遺稿
蘇應天(응천) →蘇凝天			
蘇應禧(응희)	朝鮮仁祖	古玉	義兵 字 時實 本貫 晉州
蘇爾幹(이간)	1611~1636	白巖	義兵 字 君直 本貫 晉州
蘇以武(이무)	朝鮮	樂軒	孝子 字 忠卿 本貫 晉州
蘇以贇(이빈)	朝鮮	黙軒	字 具斌 本貫 晉州 主簿
蘇在準(재준)		學山	著書 文集
蘇靖(정)	高麗	秋桐	字 聖元 本貫 晉州
蘇挺天(정천)		重巖	本貫 晉州 父 景瞻
蘇濟(제)	?~1593	迪隱	義兵 字 景楫 本貫 晉州 祖父 熙軌 追贈 主簿
蘇震國(진국)	朝鮮	邂軒	字 輔卿 本貫 晉州 副護軍
蘇鎭德(진덕)		遲山	著書 遲山遺稿
蘇鎭碩(진석)		一菴	著書 文集
蘇鎭佑(진우)	1887~1983	慕菴	學者 字 性文 本貫 晉州 著書 慕菴文集
蘇鎭元(진원)		小松	著書 文集
蘇鎭喆(진철)		莘隱	本貫 晉州 祖父 挺天
蘇鎭浩(진호)		陽谷	著書 陽谷續集
蘇鎭欽(진흠)		久齋	本貫 晉州
蘇哲根(철근)	朝鮮	東湖	孝子 字 大用 本貫 晉州
蘇學奎(학규)	1859~1948	說齋	學者 字 正習 本貫 晉州 父 輝植 外祖 金師欽 著書 說齋文集
蘇學燮(학섭)		南谷	著書 文集
蘇涵(함)	高麗高宗	月湖	本貫 晉州 左右衛上將軍
蘇憲燮(헌섭)		晩亭	本貫 晉州 父 秉河
韶顯(소현) →慧德			
蘇玄孫(현손)	1431~1492	畸菴	字 景稷 本貫 晉州 弘文館大提學
蘇㴑(혜)	朝鮮宣祖	石晦	字 景悅 本貫 晉州 父 世貞 刑曹參議
蘇灝(호)		李村	本貫 晉州 祖父 希軌
蘇滉(황)	朝鮮宣祖	烏巖	本貫 晉州 祖父 希軌
蘇後(후)	朝鮮世祖	苦巖 菁巖	本貫 晉州 兵馬節度使

人名	年代	號	其他
蘇輝冕(휘면)	1814~1889	仁山	文臣, 學者 字 純女 本貫 晉州 父 亨述 外祖 金在俊 司憲府持平 著書 仁山集
蘇輝植(휘식)	朝鮮高宗	晚齋	學者 字 致秀 本貫 晉州
蘇輝祚(휘조)		松坡	本貫 晉州
蘇希恍(희광)		島村	本貫 晉州 父 元生
孫氏(씨)		鶴潭	著書 文集
孫可權(가권)	朝鮮	南崗	字 遠可 本貫 月城 縣監
孫敬儉(경검)	朝鮮世祖	逸齋	本貫 密城
孫慶訥(경늘)	→孫處訥		
孫景錫(경석)	1669~1732	南巖	文臣 字 季伯, 仲百 本貫 慶州 父 萬雄 牧使
孫景曄(경엽)	朝鮮	虎巖	本貫 密陽 父 紳
孫景郁(경욱)	朝鮮肅宗	新圃	文臣 字 長文 本貫 慶州 父 萬雄 著書 文集
孫慶胤(경윤)	朝鮮	松菴	委巷人 字 聖授 本貫 密陽
孫景卓(경탁)	朝鮮	梅圃	文臣 字 元一 本貫 密陽 忠義衛部將
孫季敬(계경)	高麗	蓬湖	本貫 密城 父 策 鄭夢周 門人
孫季暾(계돈)	1470~1530	柳谷	文臣 字 彦昇 本貫 慶州 持平
孫啓遠(계원)		錦溪	著書 文集
孫寬(관)	朝鮮	永慕齋	本貫 一直
孫光烈(광렬)	→孫永烈		
孫廣洙(광수)	朝鮮	青坡	本貫 密陽 叅贊官
孫光皥(광호)	朝鮮	雪厓	文臣 字 熙遠 本貫 慶州 同知中樞府事
孫國濟(국제)	朝鮮	鶴窩	字 季心 本貫 慶州
孫克章(극장)	1780~1860	農齋	著書 農齋實紀
孫琴孝(금효)	→孫舜孝		
孫起南(기남)		遯巖	本貫 密陽 著書 文集
孫基洛(기락)	1858~1914	月湖	學者 字 道振 本貫 密陽 父 章友 外祖 金日表 著書 月湖集
孫奇逢(기봉)		夏逢	著書 夏逢先生集
孫起緒(기서)	1542~?	鶴棲	字 顯仲 本貫 密陽 父 弘濟
孫起揚(기양)	1559~1617	松磵 聱漢	文臣, 學者 字 景徵 本貫 密陽 父 謙濟 尙州牧使 著書 排悶錄
孫起陽(기양)	→孫起揚		
孫起業(기업)		隱菴	字 興彦 本貫 密陽 父 英濟
孫耆永(기영)	1850~?	蒼厓	文臣 字 景規 本貫 慶州 父 相駿 弘文館校理
孫基綵(기채)		格齋	著書 格齋先生文集

人名	年代	號	其他
孫樂會(낙회)	1867~1943	一湖	
孫大南(대남)	朝鮮	鍾三	字 汝廷 本貫 密陽 掌樂院正
孫德相(덕상)	朝鮮	海山	本貫 密城 父 政泰
孫德升(덕승)	1659~1725	梅湖 素軒 雪娥	學者 字 玄叟 本貫 慶州 父 鍵 弼善 著書 梅湖文集
孫德沈(덕심)	1537~1596	慕軒	義兵將 字 士源 本貫 密陽 父 胄 工曹參議
孫道常(도상)	朝鮮後期	月汀	
孫東杰(동걸)		含翠亭	著書 文集
孫鎏(류)		聾叟	本貫 安東
孫遴(린)	1566~1628	聞灘	義兵將 字 季進 本貫 一直 父 德雲 鄭逑 門人 月城縣監 著書 聞灘集
孫萬奎(만규)		鳩菴	本貫 密陽
孫萬來(만래)	1680~1750	海南	學者 字 吉夫 本貫 密陽 父 碩似 外祖 朴興章 著書 海南集
孫萬雄(만웅)	1643~1712	野村	文臣 字 敵萬 本貫 慶州 父 愼儀 外祖 李深根 著書 野村先生文集
孫萬標(만표)	朝鮮	黙叟	本貫 慶州 父 彦章
孫溟(명)	朝鮮	溪堂	文臣 字 紀叔 本貫 慶州 父 義亨 僉正
孫命耆(명구)	朝鮮	錦溪	文臣 字 日老 本貫 密陽 吏曹參贊
孫命來(명래)	1664~1722	昌舍	文臣 字 顯承 本貫 密陽 父 鍵 系 守業 成均館典籍 著書 昌舍集
孫命一(명일)		碁隱	字 五元 本貫 密城
孫玟一(민일)		愼菴	字 五元 本貫 密城
孫伯宣(백선)	朝鮮	溪雲	本貫 密陽 父 瑚一
孫蕃(번)	1458~?	壽峯	字 友賢 本貫 密陽 父 次綱 大司成 著書 文集
孫柄坤(병곤)		正峯	著書 文集
孫炳黙(병묵)		晩醒	本貫 密城 父 濟彪 著書 文集
孫秉祐(병우)		晩松	著書 文集
孫秉周(병주)	1781~?	簡山	文臣 字 稚魯 本貫 慶州 父 鎭和 吏曹佐郎
孫秉熙(병희)	1861~1921	義菴 笑笑居士	己未獨立宣言33人 父 懿祖 著書 三戰論
孫鳳祥(봉상)	1861~1936	韶山	著書 韶山集
孫奉碩(봉석)	朝鮮	芝川	本貫 密陽 父 重澤
孫鳳佑(봉우)	朝鮮	寓山	文臣 本貫 平海 同知中樞府事

人名	年代	號	其他
孫鳳源(봉원)		松雲	著書 文集
孫鳳章(봉장)	朝鮮	漁隱	本貫 密陽 父 泰裕
孫鳳爀(봉혁)		石圃	本貫 密城 父 運模
孫奉後(봉후)	朝鮮	訥庵	本貫 密陽 父 祥雲
孫溥(부)	朝鮮	玉江	文臣 字 德閏 本貫 平海 永川郡守
孫鵬遠(붕원)	朝鮮後期	迁叟	本貫 慶州 父 宗慶
孫比長(비장)	朝鮮	書翁 詠歸 笠巖	文臣 字 永叔 本貫 密陽 父 敏 藝文館副提學
孫俟(사)		審齋	字 孝章 本貫 密陽
孫思翼(사익)	1711~1794	竹圃	學者 字 伯敬 本貫 密陽 父 壽民 外祖 李萬蒔 著書 竹圃集
孫三燮(삼섭)	1585~1653	秋月軒	字 德渾 本貫 密陽 父 亢 著書 文集
孫尚隆(상릉)	朝鮮肅宗	鳩峯 野翁	字 德美 本貫 密陽
孫相駰(상일)	1812~?	梧樓	文臣 字 善一 本貫 慶州 父 星政 弘文館校理
孫尚長(상장)	朝鮮成宗	頤庵	字 悠久 本貫 扶安 父 順祖
孫相駿(상준)	朝鮮	月樵	文臣 字 象于 本貫 慶州 戶曹佐郎
孫相浩(상호)	1839~1902	敬庵	著書 敬庵逸稿
孫相勳(상훈)	朝鮮	黙齋	字 明淑 本貫 月城 參奉
孫碩麟(석린)	1651~1701	寒齋	字 魯瑞 本貫 密陽 父 昌善
孫碩佐(석좌)	1642~1705	星隱 星隱堂	學者 字 周卿 本貫 密陽 父 昌祖 外祖 盧世厚 著書 星隱堂文集
孫錫祉(석지)		望雲亭	著書 文集
孫錫楚(석초)	朝鮮	市隱	孝子 字 懋荊 本貫 密陽
孫碩泰(석태)		永慕齋	本貫 密陽
孫碩似(석필)	1641~1707	竹谿	學者 字 殷卿 本貫 密陽 父 昌祖 外祖 盧世厚 著書 竹谿集
孫錫輝(석휘)	朝鮮	雙川	委巷人 字 伯心 本貫 密陽 父 振傑 武科及第
孫性久(성구)	1815~1884	素村	學者 字 敬之 本貫 月城 父 翼采 外祖 金宗殷 著書 素村遺集

人名	年代	號	其他
孫星淳(성순)	朝鮮	老圃	本貫 慶州 父 世九
孫星岳(성악)	1741~1813	雪坡	學者 字 肅玉 本貫 月城 父 象九 外祖 李毅中 著書 雪坡文集
孫聖曾(성증)	朝鮮肅宗	忍黙齋	隱士 字 道一 本貫 密城
孫世讓(세양)	→蘇世良		
孫世雍(세옹)	朝鮮	能岡	文臣 字 時卿 本貫 密陽 父 尙長 大司諫
孫世鐸(세탁)		慕惠齋	著書 文集
孫昭(소)	1231~1484	松齋	文臣 字 日章 本貫 慶州 父 士晟 封號 鷄川君 晉州牧使 諡號 襄敏 著書 襄敏公文集
孫秀大(수대)	朝鮮肅宗	雲崗	文臣 字 昌卿 本貫 密陽
孫壽齡(수령)	朝鮮	梧谷	字 期叟 本貫 密陽 兵曹判書
孫守曾(수증)		市隱	字 聖一 本貫 密城 父 萬玉
孫壽洪(수홍)	1795~?	獨醒庵 醒庵	閭巷人 字 平九 本貫 密陽
孫叔暾(숙돈)	朝鮮明宗	忘齋	字 叔卿 本貫 慶州 父 昭
孫叔老(숙로)	朝鮮	淑齋	本貫 密城 父 世基
孫淳錫(순석)	朝鮮	月巖	本貫 密陽 吏曹判書
孫舜孝(순효)	1427~1497	勿齋 訥齋 七休 七休子 七休居士	文臣, 書畫家 字 敬甫 本貫 平海 父 密 外祖 趙溫寶 判中樞府事 諡號 文貞 著書 勿齋集
孫舜希(순희)	→孫舜孝		
孫崇祖(숭조)	1574~?	愚巖	字 士述 本貫 密陽 父 鵬遠
孫承憬(승경)	朝鮮宣祖	楚隱	本貫 密城 父 弘績
孫承明(승명)	高麗	隱菴	文臣 字 致明 本貫 密陽
孫承謨(승모)		百源翁	本貫 密陽 著書 文集
孫承胤(승윤)		聲齋	本貫 一直
孫承宗(승종)		高陽	著書 文集
孫諟命(시명)	1564~?	肯搆亭	字 欽仲 本貫 一直 父 顒
孫是椅(시의)		松窩	著書 文集
孫軾(식)	朝鮮明宗	愼齋	字 敬輿 本貫 平海 父 叔謙
孫信祖(신조)		松溪 松隱	本貫 密陽 父 玟一
孫亮大(양대)		晦山	著書 文集
孫億(억)	朝鮮	壽庵	本貫 慶州 父 康

人名	年代	號	其他
孫汝奎(여규)	1658~1681	逸休齋	著書 文集
孫汝斗(여두)	1643~1713	魯岑	學者 字 望之 本貫 慶州 父 鉉 外祖 鄭好義 著書 魯岑文集
孫汝誠(여성)	朝鮮明宗	龍潭	文臣, 孝子 字 克一 本貫 密陽 父 蘅 祖父 秀昌 南原府使
孫汝濟(여제)	1651~1940	雷皐	學者 字 景楫 本貫 慶州 父 鎌 外祖 徐强仁 著書 雷皐文集
孫念祖(염조)	1785~1858	无悶齋	學者 字 百源 本貫 月城 父 翼龍 外祖 金履仁 著書 无悶齋文集
孫曄(엽)	1544~1600	清虛齋	學者, 文臣 字 文伯 本貫 月城 父 光皠 外祖 黃季沃 參奉 著書 清虛齋文集
孫英(영)	高麗~朝鮮	不二	本貫 平海
孫永珏(영각)	1855~1907	迺叔	義兵將
孫永光(영광)	1795~1859	雪松堂 寒山	學者 字 逸夫 本貫 慶州 父 鍾台 外祖 張致奎 追贈 禮曹參判 著書 雪松堂遺稿
孫英國(영국)	朝鮮	松菴	文臣 本貫 平海 工曹參議
孫永箕(영기)	1893~1958	金溪	獨立運動家
孫永斗(영두)	1672~1947	石隱	著書 石隱文集
孫永烈(영렬)	1852~1922	白巖堂 白巖	著書 白巖堂遺稿
孫英老(영로)	1820~1891	木西	文臣, 學者 字 而錫 本貫 慶州 父 石鍊 掌令 著書 木西文集
孫英濟(영제)	1521~1588	鄒川	文臣 字 德裕 本貫 密陽 父 凝 外祖 趙光遠 李滉 門人 持平 著書 鄒川文集
孫永軒(영헌)		鼓峰	著書 鼓峰集
孫永浩(영호)	1860~1940	農齋	著書 文集
孫榮孝(영효)	朝鮮	農軒	本貫 密陽 父 承昌
孫五汝(오여)	韓末	華山	歌客
孫宇男(우남)	1564~1627	綸庵	學者 字 德甫 本貫 一直 父 盡忠 著書 綸庵集
孫運模(운모)		晚悟	本貫 密城
孫雄杰(응걸)	朝鮮	休菴	
孫孺(유)		冠谷	本貫 密陽
孫有敬(유경)	朝鮮	遯齋	本貫 密城 父 策
孫有義(유의)	朝鮮正祖	蓉洲	
孫堉立(육립)		敬菴	本貫 密陽
孫綸九(윤구)	1766~1837	省齋	學者 字 經夫 本貫 月城 父 師杰 外祖 柳宜健 著書 省齋文集

人名	年代	號	其他
孫潤生(윤생)	朝鮮	明泉	字 身之 本貫 密陽 觀察使
孫胤先(윤선)	朝鮮	儉窩	義兵將 字 敬夫 本貫 密陽
孫胤先(윤선)	朝鮮	晥栖	文臣 字 仲述 本貫 平海 吏曹參議
孫胤業(윤업)	朝鮮仁祖	虛齋	字 子述 本貫 比安 進士
孫潤源(윤원)	朝鮮宣祖	灘叟	字 季賢 本貫 月城 父 漢誠 軍資監奉事
孫應契(응계)		止可 止可齋	本貫 密城 父 炳黙 著書 文集
孫應九(응구)	→孫秉熙의 初名		
孫應祿(응록)	朝鮮宣祖	蘆川 芝川	義士 字 綏之 本貫 密陽 父 軻
孫應郁(응욱)	朝鮮	鹿亭	文臣 字 史直 本貫 平海 軍資監正
孫應晛(응현)	朝鮮	南溪	文臣 字 子任 本貫 慶州 都事
孫應睍(응현)	→孫應晛		
孫履九(이구)	1745~1821	蚪蛙	字 來彦 本貫 月城 著書 隨見錄
孫以雄(이웅)	1680~?	灘西	文臣 字 萬夫 本貫 慶州 父 東奭 系 東翊 正郎
孫翼謨(익모)		槐亭	本貫 安東
孫益成(익성)		月峯	本貫 密陽
孫仁甲(인갑)	1544~1592	後知 後知堂	字 寧伯 本貫 密陽 父 興緒
孫麟鏞(인용)	朝鮮	愼庵	字 益三 本貫 密陽 郡守
孫仁孝(인효)	朝鮮世祖	訥齋	本貫 平海 司僕寺正
孫一民(일민)	1888~1940	晦堂	獨立運動家 本貫 密陽
孫逸民(일민)	→孫一民		
孫子璟(자경)	朝鮮宣祖	樵隱	殉義人 本貫 扶安
孫綽(작)	朝鮮	竹溪	文臣 字 裕哉 本貫 一直 祖父 顥
孫在宣(재선)	朝鮮	桃隱	本貫 密陽 父 瑀一
孫在駉(재일)	朝鮮	一松	學者 字 乃亮 本貫 密陽
孫佺(전)	1634~1711	儉庵	學者 字 眞翁 本貫 密陽 父 孝祖 著書 儉庵集
孫霆杰(정걸)		雷臯	著書 雷臯先生文集
孫鼎九(정구)	朝鮮英祖	拙庵	隱士 字 國寶 本貫 慶州 司僕寺正
孫貞道(정도)	1872~1931	石海 海石 文世	獨立運動家 字 浩乾 本貫 密陽
孫損璞(정모)	1772~1860	慕齋	字 而俊 本貫 密陽 父 宗魯 著書 文集
孫廷誾(정은)	韓末	耻宙	本貫 一直
孫貞鉉(정현)	韓末~日帝	聞山	
孫定鎬(정호)	韓末~?	檜雲	
孫廷煥(정환)		其山	著書 文集
孫濟英(제영)	1899~1966	水雲居士	本貫 密陽 著書 文集

人名	年代	號	其他
孫濟哲(제철)	朝鮮	三庵	本貫 密陽 父 奉鎭
孫濟彪(제표)		暮齋	本貫 密城 著書 文集
孫肇瑞(조서)	1412~1473	格齋 勉齋	詩人, 學者, 文臣 字 引甫 本貫 一直 父 寬 外祖 金翁 戶曹參議 著書 格齋集
孫宗老(종로)		樂善堂 藍浦	字 考卿 本貫 慶州 著書 文集
孫鍾祿(종록)	朝鮮	樂圃	本貫 密陽 父 哲宇
孫宗錫(종석)		淸心堂	本貫 密城 父 基炯
孫鍾禹(종우)	1857~1918	仁溪	著書 仁溪文集
孫鍾策(종책)	朝鮮	藝軒	文臣 字 元方 本貫 慶州 府使
孫宗賀(종하)	朝鮮仁祖	樂天齋	本貫 慶州 父 時
孫鍾夏(종하)	1862~?	翠澗	本貫 慶州 父 鎭厚
孫澍(주)	?~1539	三危	文臣 字 汝霖 本貫 平海 父 舜孝 知中樞府事 諡號 禧質
孫冑(주)	朝鮮	老巖	本貫 密陽 父 元信
孫重杰(중걸)		巖軒	著書 文集
孫仲暾(중돈)	1467~1529	愚齋	文臣 字 大發, 太發 本貫 慶州 父 昭 金宗直 門人 右參贊 諡號 景節
孫重行(중행)		楓山	
孫振傑(진걸)	朝鮮	竹村	委巷人 字 元卿 本貫 密陽
孫晋球(진구)	1866~1928	葵堂	獨立運動家 字 致參 本貫 月城
孫晋蕃(진번)	1873~1938	三希齋	字 錫汝 本貫 慶州 父 秀昇 著書 文集
孫鎭翼(진익)	1760~?	進庵	文臣 字 幼勵 本貫 慶州 父 潤慶 佐郞
孫盡忠(진충)		東臯	本貫 安東
孫晋泰(진태)	1900~?	南滄	史學者 著書 朝鮮民族說話의 硏究
孫晋衡(진형)	1871~1919	瑚峰	獨立運動家
孫昌基(창기)		鳳岡	本貫 安東
孫處恪(처각)		警廬	本貫 安東
孫處訥(처눌)	1553~1634	慕堂	學者 字 幾道 本貫 一直 父 遂 祖父 致雲 著書 慕 堂先生文集
孫偶(척)	1558~?	孤山	字 士儉 本貫 密陽 父 汝諧
孫天民(천민)	?~1900	松菴	天道敎人 父 秉權 祖父 斗興
孫天祐(천우)	朝鮮	撫松軒	隱士 字 君弼 本貫 密陽
孫哲宇(철우)	朝鮮	右溪	本貫 密陽 父 景曄
孫致大(치대)		竹西齋	字 遠卿 本貫 一直 父 必相

人名	年代	號	其他
孫致秀(치수)	朝鮮	茶翁	文臣 字 德賢 本貫 平海 工曹參判
孫泰裕(태유)	朝鮮	德峯	本貫 密陽 父 永煜
孫必大(필대)	1599~?	歲寒齋	詩人 字 而遠 本貫 平海 父 夢說 知製教 著書 寒曜雜錄 〈鵝洲雜錄〉
孫必相(필상)	朝鮮	竹窩	隱士 字 輔而 本貫 一直
孫漢機(한기)	1668~1745	菊圃	學者 字 斗三 本貫 密陽 父 萬楨 外祖 趙成世 著書 菊圃逸稿
孫漢樞(한추)		芝軒	著書 芝軒文集
孫沆(항)		月峯	本貫 安東
孫海振(해진)		左溟	著書 文集
孫爀(혁)	1774~?	晚圃	文臣 字 公世 本貫 慶州 父 聖浩 掌令
孫鉉相(현상)	朝鮮	觀庵	本貫 密陽 父 濟哲
孫顥(호)	朝鮮中宗	永慕齋	文臣 字 士淳 本貫 一直
孫許(호)	1897~1936	敬庵	獨立運動家
孫昊永(호영)	1827~1859	恒齋	文臣 字 致玄 本貫 慶州 父 鍾應 外祖 禹福仁 稷山 道察訪 著書 恒齋遺集
孫浩榮(호영)		止齋	著書 文集
孫昊翼(호익)	→孫昊永		
孫洪亮(홍량)	1287~1379	竹石	本貫 一直 父 滂 著書 文集
孫洪烈(홍렬)		松坡	本貫 密陽
孫弘祿(홍록)	朝鮮宣祖	寒溪	學者 本貫 密陽 李恒 門人 別提
孫弘績(홍적)	朝鮮	道峯	字 彦盛 本貫 密陽 父 重老 翰林
孫華仲(화중)	1861~1895	楚山	東學指導者 字 化仲, 華仲 本貫 密陽 父 浩烈
孫會慶(회경)	1748~?	竹隱	文臣 字 聖際 本貫 慶州 父 益顯 監察
孫會宗(회종)	1602~?	石灘	文臣 字 君海 本貫 慶州 父 禬 正言
孫孝黙(효묵)	朝鮮	後亭	本貫 密陽 父 致雲
孫孝祖(효조)		敬堂	本貫 一直
孫孝宅(효택)		杏亭	本貫 密陽
孫厚翼(후익)	1888~1953	文巖	學者 字 德夫 本貫 月城 父 晉洙 外祖 李鍾祥 著書 文巖文集
孫厚鎭(후진)		雲巖	本貫 慶州
孫黑龍(흑룡)	朝鮮	晴庵	文臣 字 景雲 本貫 密陽 工曹參議
孫興傑(흥걸)	朝鮮	敬菴	文臣 字 殷道 本貫 密陽 戶曹參議
孫興慶(흥경)		鳴巖	

人名	年代	號	其他
孫興禮(흥례)	1548~1578	三省齋	本貫 慶州 著書 三省齋逸稿
孫興祖(흥조)	1765~?	晚窩	文臣 字 昌叔 本貫 比安 父 翼振 正言
孫興宗(흥종)		樵隱	本貫 密陽
孫希秀(희수)		寓農	著書 寓農先生文集
孫憙一(희일)	朝鮮	印漢	字 元若 本貫 慶州
宋氏(씨)		苧隱	著書 文集
宋氏(씨)		鶴广	著書 鶴广遺稿
宋轂燮(각섭)		白洛	著書 白洛遺稿
宋侃(간)	朝鮮端宗	西齋	忠臣 本貫 礪山 父 良稱 祖父 仁忠 追贈 左參贊 謚號 忠剛 著書 文集
宋瑊(감)	朝鮮	晚岡	本貫 礪山 佐郎
宋甲基(갑기)	1854~1920	思軒	著書 思軒遺集
宋甲祚(갑조)	1574~1628	睡翁	文臣 字 元裕 本貫 恩津 父 應期 追贈 領議政 謚號 景獻 著書 睡翁日記
宋康錫(강석)	1663~1721	雲谷	學者 字 晋叔 本貫 恩津 父 基德 系 基億 外祖 具杖 著書 雲谷集
宋介立(개립)	→宋介臣		
宋介臣(개신)	1374~?	休齋	本貫 瑞山 父 文中
宋駃(결)		馬谷	本貫 南陽
宋敬淑(경숙)	1867~1936	畏己齋 誠村	學者 字 義集 本貫 南陽 著書 畏己齋私稿
宋景運(경운)	朝鮮	海軒	文臣 字 有善 本貫 礪山 同知中樞府事
宋慶元(경원)	1419~1510	遯塋	忠臣 本貫 礪山 父 治善 著書 遯塋集
宋慶稷(경직)	朝鮮	草堂	字 子實 本貫 延安 工曹參議
宋暻浩(경호)		艮峯	
宋戒(계)		竹山	本貫 恩津
宋啓(계)	朝鮮太宗	東岡	本貫 德山 父 璆 掌令
宋啓榦(계간)	1764~1841	秋陽 楸谷 楸洞	學者, 文臣 字 直卿 本貫 恩津 父 時淵 祖 父 明欽 外祖 申韶 祭酒 謚號 文敬 著書 秋陽遺稿
宋桂根(계근)		西齋	著書 西齋實記
宋季賓(계빈)	1583~1641	遇岡	文臣 字 敬甫 本貫 龍城 軍資監僉正
宋啓玉(계옥)		省軒	本貫 礪山
宋啓玉(계옥)		支菴	字 明甫 本貫 礪山
宋啓肇(계조)	朝鮮	溪巖	文臣 字 熙重 本貫 洪州 中樞府事

人名	年代	號	其他
宋啓徵(계징)		德友齋	本貫 恩津
宋桂憲(계헌) →宋柱憲			
宋啓吉(계길)	朝鮮	約隱	本貫 礪山 主簿
宋啓欽(계흠)	1856~1934	湖隱	字 元建 本貫 冶城 父 在衡 著書 文集
宋鵾(곤)	朝鮮	二樂堂	文臣 字 沖運 本貫 聞慶 工曹正郎
宋縮(관)	朝鮮	壽巖	文臣 字 宜老 本貫 金海 同知中樞府事
宋寬鎭(관진)	朝鮮	老巖	委巷人 字 士慄 本貫 礪山
宋光啓(광계)	1566~1615	龍溪	文臣 字 君玉 本貫 冶城 父 惟敬 祖父 鉉
宋光璧(광벽)	1628~1701	鷹峯	文臣, 學者 字 文星 本貫 冶城 父 尚憲 外祖 金友仁 靑松府使 著書 鷹峯遺稿
宋匡輔(광보)	高麗~朝鮮	竹溪	本貫 鎭川 父 玿
宋光心(광심)	1615~?	秀峰	字 明徵 本貫 冶城 父 尚憲 著書 秀峰逸稿〈冶城世稿〉
宋光淵(광연)	1638~1698	泛虛亭	文臣 字 道深 本貫 礪山 父 時喆 李正英 婿 吏曹參判 著書 泛虛亭集
宋光運(광운)		書隱	本貫 冶城 著書 書隱逸稿〈冶城世稿〉
宋光運(광운)		星峯	
宋光胤(광윤)	朝鮮	竹溪	學者 字 二新 本貫 礪山
宋光廷(광정)	1556~1607	松磵	文臣 字 贊哉 本貫 冶爐 父 惟敬 祖父 鉉 府使
宋光井(광정)	1617~1686	龍巖	文臣, 學者 字 經之 本貫 冶城 父 尚憲 外祖 金友仁 文臣 高城郡守 著書 龍巖遺稿
宋光庭(광정) →宋光廷			
宋光浚(광준)	朝鮮)	竹濃	文臣 縣監
宋光弼(광필)	1598~?	芝谷	字 棐卿 本貫 冶城 父 上梲 著書 芝谷逸稿〈冶城世稿〉
宋光弘(광홍)	朝鮮宣祖	雙溪	字 德華
宋皎(교)	高麗)	睡隱	節臣 本貫 礪山 父 璘
宋郊(교) →宋皎의 初名			
宋教燦(교찬)		溪月堂	本貫 新平
宋教煥(교환)		梧月堂	本貫 新平
宋耉(구)	朝鮮宣祖	玄翁	本貫 鎭川 父 濟臣
宋駒(구)	朝鮮	清心堂 清心軒	文臣 字 凌雲 本貫 洪州 父 麟孫 司憲府監察
宋枸(구)	朝鮮明宗	午堂	本貫 礪山 父 好智
宋球(구)	朝鮮宣祖	南谷	本貫 南陽 訓練院判官

人名	年代	號	其他
宋鈞(균) →宋駒			
宋龜麟(귀린) →宋龜壽			
宋龜壽(귀수)	1497~1538	西皐	文臣 字 耆叟 本貫 恩津 父 世良 祖父 汝諧 宗廟署 奉事
宋國輔(국보)	朝鮮	夏堂	本貫 礪山 僉知中樞府事
宋國蓍(국시)	朝鮮	百柳亭	文臣 本貫 恩津 昌平郡守
宋國準(국준)	1588~1651	楓溪	文臣, 學者 字 平仲 本貫 恩津 父 希得 府使 著書 楓溪遺稿
宋國澤(국택)	1597~1659	四友堂 四友	文臣 字 澤之 本貫 恩津 父 希命 系 夢寅 金長生 門人 追贈 左贊成 謚號 孝貞 著書 四友堂集
宋國澤(국택)		西皐	
宋國憲(국헌)	朝鮮英祖	安素 安素堂	學者 字 君式 本貫 恩津 父 希進
宋國休(국휴)	朝鮮肅宗	晚翁	本貫 鎭川 父 德崇 系 德裕
宋奎(규)	1900~1961	鼎山	圓佛教宗法師 本貫 冶城 父 碧照
宋圭光(규광)	朝鮮	不換齋	字 伯晦 本貫 恩津 父 國潭 縣令
宋奎大(규대)	朝鮮肅宗	慕堂	學者 字 汝貫 本貫 金海
宋奎濂(규렴)	1670~1709	霽月堂 霽月	文臣 字 道源 本貫 恩津 父 國詮 宋浚吉 門人 知敦寧府事 謚號 文僖 著書 霽月堂集
宋奎明(규명)	朝鮮	梧竹堂	字 晦而 本貫 恩津 父 國澤 縣監
宋奎斌(규빈)	朝鮮	梅谷	委巷人 字 爾衡 本貫 武陵
宋奎斌(규빈)		風泉	著書 風泉遺響
宋奎煜(규욱)	朝鮮	永慶堂	文臣 本貫 恩津 司憲府監察
宋奎馹(규일)	朝鮮	小芝	文臣 字 君明 本貫 礪山 父 啓栢 副護軍
宋奎載(규재)	朝鮮	聱叟	本貫 礪山 父 潤基
宋奎禎(규정)		三省齋	本貫 冶城 著書 三省齋逸稿〈冶城世稿〉
宋楏鎭(규진)		巾衍 嶠南	著書 文集
宋奎徵(규징)	1614~1684	玄巖 楓溪	著書 文集
宋奎徵(규징)	朝鮮	梅西	委巷人 字 聖休 本貫 武陵
宋奎弼(규필)	1780~1847	南皐	學者 字 文徵 本貫 礪山 父 啓周 著書 南皐集
宋奎憲(규헌)	1870~1938	史諿	本貫 恩津 父 秉翼 著書 史諿遺稿
宋奎炫(규현)	朝鮮	松溪	字 明叔 本貫 恩津 牧使
宋奎煥(규환)	朝鮮	蓮湖	字 文明 本貫 延安 將仕郎
宋奎會(규회)	1825~1919	竹村	本貫 礪山 父 覺勉 著書 竹村遺稿〈省菴公遺稿〉

人名	年代	號	其他
宋奎輝(규휘)	朝鮮	耻翁	委巷人 字 文龜, 文應 本貫 武陵 父 時聖
宋克明(극명)		東洲	本貫 礪山
宋克訒(극인)	1578~1635	龍谷 靜谷	文臣 字 愼伯 本貫 礪山 父 礎 富平府使
宋克仁(극인)	→宋克訒		
宋克認(극인)	→宋克訒		
宋極會(극회)	朝鮮	北坡	文臣 字 英叟 本貫 礪山 同知中樞府事
宋根(근)		西州	本貫 礪山
宋近洙(근수)	1918~1902	立齋 南谷 楠谷	大臣 字 近述 本貫 恩津 父 欽學 系 欽樂 領中樞府事 諡號 文獻 著書 立齋集
宋根洪(근홍)	朝鮮	雲岡	文臣 字 元益 本貫 聞慶 參奉
宋箕(기)	朝鮮初期	大隱	本貫 鎭川 父 匡祐 禮曹判書
宋麒(기)	朝鮮	塘圃	本貫 礪山 父 元老
宋淇鑑(기감)	朝鮮	老圃	文臣 字 聖新 本貫 礪山 副護軍
宋綺老(기노)	朝鮮憲宗	松石	本貫 恩津 父 洛彬
宋基德(기덕)	?~17202	一松 履氷	文臣 字 君積 本貫 恩津
宋基隆(기릉)		雲谷	本貫 恩津 父 時榮
宋基冕(기면)	1882~1956	裕齋	學者 字 君章 本貫 礪山 父 應變 外祖 崔世榮 著書 裕齋集
宋基相(기상)	朝鮮	牟隱	字 公信 本貫 恩津 郡守
宋基奭(기석)	?~1969	心軒	著書 遺稿
宋祺善(기선)	1833~1917	巖下	字 文甫 本貫 冶城 父 南翼 系 鴻翼 著書 文集
宋棋世(기세)		重菴	
宋基孫(기손)	朝鮮英祖	悔窩	本貫 鎭川 父 秀東
宋麒壽(기수)	1506~1581	楸坡 秋坡	文臣 字 台叟 本貫 恩津 父 世忠 知中樞府事 著書 楸坡先生文集
宋基植(기식)	1878~1949	海窓	學者, 獨立運動家 字 翬弼 本貫 鎭川 父 淳昊 外祖 金聲奎 金興洛 門人 著書 海窓文集
宋基襄(기양)		月谷	著書 月谷先生文集
宋耆英(기영)	朝鮮後期	省吾堂	本貫 恩津 父 厚植
宋起源(기원)	朝鮮宣祖	檜隱	字 希進 本貫 新平
宋基仁(기인)	1826~1894	農隱居士	
宋基一(기일)	朝鮮	湖亭	學者 字 世彦 本貫 礪山
宋琦鼎(기정)		新谷	著書 新谷隨纂
宋基學(기학)	朝鮮	君悅	文臣 本貫 恩津 副護軍

人名	年代	號	其他
宋基協(기협)	朝鮮	梧隱	文臣 字 和仲 本貫 聞慶 副護軍
宋基浩(기호)	朝鮮	春甫	文臣 字 春京 本貫 礪山 敦寧府都正
宋綦珛(기호)	朝鮮	耕隱	本貫 礪山 父 鎭彥
宋基煥(기환)	朝鮮	雲齋	本貫 礪山 父 鶴燮
宋基厚(기후)	1621~1674	聞道齋 春門	文臣 字 誠伯 本貫 恩津 父 時琰 宋時烈 宋浚吉 門人 掌令
宋杞典(기흥)	朝鮮	月塘	文臣 字 義一 本貫 礪山 軍資監正
宋洛憲(낙헌)	1889~1943	固庵	學者 字 希淳 本貫 恩津 父 秉僖 外祖 朴鎭軾 著書 固庵集
宋枏壽(남수)	1537~1626	松潭 賞心軒 五道山人	學者, 文臣 字 靈老 本貫 恩津 父 世勣 林川郡守 著書 松潭集
宋來熙(내희)	1791~1867	錦谷	文臣 字 子七 本貫 恩津 父 啓楨 贊善 著書 錦谷集
宋魯容(노용)	朝鮮	面齋	孝子 字 景栗 本貫 聞慶
宋能相(능상)	1710~1758	雲坪 東海子	文臣 字 士能 本貫 恩津 父 漢源 韓元震 門人 掌樂院正 著書 雲坪集
宋煓(단)	1712~?	玄巖	學者 字 叔夏 本貫 礪山 父 世升 李縡 門人 追贈 持平 著書 玄巖遺稿
宋達洙(달수)	1808~1858	守宗齋	文臣 字 參道 本貫 恩津 父 欽學 祖父 直圭 外祖 鄭致煥 宋穉圭 門人 吏曹參議 著書 守宗齋集
宋達用(달용)		西石	字 景訥 本貫 恩津
宋達用(달용)		醉翁	
宋達顯(달현)		秋畹	本貫 礪山
宋達浩(달호)	朝鮮	春塘	字 聖九 本貫 礪山 都正
宋瑭(당)	朝鮮	後雲	字 廷賢 本貫 礪山 副護軍
宋大年(대년)	1589~?	心遠堂	著書 文集
宋大德(대덕)		屏巖	本貫 冶城 著書 屏巖逸稿 〈冶城世稿〉
宋大立(대립)	1542~1583	畏菴	文臣 字 士强 本貫 瑞山 父 玉清 朴淳 門人 白川郡守
宋大立(대립)	朝鮮	魯齋	字 卓爾 本貫 延安 副提學
宋大植(대식)	朝鮮	慕齋	
宋德謙(덕겸)	朝鮮後期	芝庵	本貫 鎭川 父 燁 著書 文集
宋德明(덕명)		無猶堂	本貫 洪州
宋德溥(덕부)	1603~1674	醉隱 醉隱處士	學者 字 儒咸 本貫 礪山 父 以鎭 外祖 姜汝腥 著書 醉隱遺稿

人名	年代	號	其他
宋德相(덕상)	1710~1783	果菴	文臣 字 叔咸 本貫 恩津 父 婺原 吏曹贊成 著書 果菴先生文集
宋德修(덕수)	朝鮮仁祖	楓巒	本貫 冶爐 父 光輔
宋德榮(덕영)	?~1629	四貞	武臣 本貫 延安 父 簡 封號 延昌君 振武功臣 諡號 忠壯
宋悳用(덕용)		果齋	著書 果齋先生文集
宋德潤(덕윤)	朝鮮宣祖	貞山	字 汝沃 本貫 延安
宋德潤(덕윤)		遯叟	本貫 恩津
宋德馹(덕일)	朝鮮宣祖	釣隱	武臣 字 致遠 本貫 南陽 追贈 兵曹判書
宋德濟(덕제)	→宋德溥		
宋道建(도건)		晚翠亭	著書 晚翠亭遺稿
宋圖南(도남)	1576~1627	西村	忠臣 字 萬里 本貫 鎭川 父 應一 祖父 潛 追贈 吏曹判書 諡號 忠愍
宋道淳(도순)	1858~?	豊南	字 允明 本貫 恩津 父 鍾廉 系 鍾浩
宋道涵(도함)	朝鮮肅宗	日省堂	本貫 鎭川 父 錫後
宋東植(동식)	朝鮮	梅軒	字 昌淑 本貫 洪州 郡守
宋東旭(동욱)	→惺牛		
宋東胤(동윤)	1729~1799	西溪	文臣, 學者 字 夏承 好彦 本貫 楊州 父 亨泰 外祖 金學昌 監察 著書 西溪遺集
宋東煥(동환)		菊菴	
宋斗文(두문)	朝鮮	漫翁 龍岩	文臣 字 子緯 本貫 洪州 父 受益 淮陽都護府事
宋斗煥(두환)	1892~1962	心蓮	獨立運動家
宋得龍(득룡)		慕圓菴	本貫 冶城 著書 慕圓菴逸稿〈冶城世稿〉
宋得祥(득상)	朝鮮英祖	慕軒	本貫 礪山
宋得用(득용)	1864~1935	可石	學者 字 公必 本貫 恩津 父 憲在 外祖 金祖永 著書 可石集
宋亮(량)	1534~1618	愚谷	學者 字 景明 本貫 礪山 父 瑠 外祖 姜琬 著書 愚谷集
宋礪(려)	朝鮮	白圭堂	本貫 新平 父 福川
宋磏(렴)	朝鮮	秋厓	字 汝溫 本貫 礪山 父 洗精 判書
宋綹(류)		京山子 淸溪	本貫 冶城 著書 京山子逸稿〈冶城世稿〉
宋崒(률)	朝鮮宣祖	琴軒	文臣 字 卓甫, 卓爾 本貫 礪山 鍾城府使
宋琳(림)		月溪	學者 本貫 延安 字 允一
宋蔓(만)	朝鮮	西亭	本貫 鎭川 父 有光 著書 文集

人名	年代	號	其他
宋萬基(만기)	朝鮮	翠軒	文臣 字 晚叔 本貫 礪山 同知中樞府事
宋萬燮(만섭)	朝鮮	泉雲	文臣 字 應直 本貫 礪山 父 柱成 廣州府尹
宋萬源(만원)	1756~1829	沈黙齋	著書 文集
宋萬益(만익)		嶺隱	本貫 恩津
宋晚載(만재)	1788~1851	翠松	판소리硏究家 本貫 礪山
宋冕洙(면수)		忍齋翁	字 周卿 本貫 恩津
宋命基(명기)	1680~1755	梅軒	文臣 字 定夫 著書 梅軒先生文集
宋明瑞(명서)	朝鮮	邇黙齋	孝子 字 敬瑞 本貫 礪山 父 衡益
宋命錫(명석)		蘭谷	本貫 恩津
宋明洵(명순)	朝鮮	黙軒	字 奉珍 本貫 洪州 父 錫昊 監役
宋明植(명식)	1818~1899	止齋	字 伯欽 本貫 恩津 著書 止齋實記
宋明誼(명의)	高麗恭愍王	乾齋	文臣 字 宜之 本貫 恩津 父 春卿 司憲府執義
宋明鎭(명진)	朝鮮	東泉	委巷人 字 士珪 本貫 礪山
宋命賢(명현)	1619~1743	玉崗	學者 字 德翁 本貫 新平 父 世衡 著書 玉崗集
宋明會(명회)	1872~1953	小波	著書 小波詩文選稿
宋明輝(명휘)	1757~1793	學川 綱村	學者 字 景晦 本貫 礪山 父 霂 尹鳳九 門人 追贈 童蒙敎官 著書 學川集
宋明欽(명흠)	1705~1768	櫟泉	學者 字 晦可 本貫 恩津 父 堯佐 李縡 門人 追贈 吏曹判書 諡號 文元 著書 櫟泉集
宋明欽(명흠) →安明欽			
宋命熙(명희)	?~1773	太愚	學者 字 應順 本貫 恩津 父 啓植
宋慕昌(모창) →宋爾昌			
宋夢洙(몽수)	朝鮮	隱山	字 順瑞 本貫 礪山 父 學元 參議
宋夢寅(몽인)	1582~1612	琴巖	文人 字 文柄 本貫 恩津 父 玲 追贈 吏曹參判 著書 琴巖集
宋夢徵(몽징) →安夢徵			
宋婺源(무원)	1677~1736	念修窩 念修 念修齋	文臣, 學者 字 景徵 本貫 恩津 父 晦錫 外祖 李端夏 童蒙敎官 著書 念修窩遺稿
宋文貴(문귀) →宋文仲의 初名			
宋文吉(문길)	朝鮮	栢村	文臣 字 在鉉 本貫 礪山 父 駿 吏曹參議
宋文琳(문림)	朝鮮	石江	文臣 字 子質 本貫 礪山 吏曹參判 諡號 恭武
宋文彬(문빈)	韓末~日帝	我松	獨立運動家
宋文祥(문상)		二憂堂	本貫 礪山 著書 文集
宋文星(문성)	朝鮮	農齋	委巷人 字 台甫 本貫 南陽

人名	年代	號	其他
宋文述(눙슐)	朝鮮英祖	素仙	本貫 鎭川 父 心休
宋文載(눙재)	1651~?	幸叟	文臣 字 士安 本貫 礪山 父 翼長 系 翼輔 戶曹參判
宋文祖(눙조)	朝鮮	三錦堂	文臣 字 可述 本貫 礪山 滿浦防禦使
宋文中(눙중)	高麗恭愍王	築德齋 築隱齋	字 日彰 本貫 瑞山
宋文仲(눙중) →宋文中			
宋文弼(눙필)		東士	著書 東士先生文集
宋文亨(눙형)	朝鮮	菊亭	字 通甫 本貫 礪山 父 做 主簿
宋文亨(눙형)	朝鮮	憂天	字 昌淑 本貫 礪山 父 譁 判官
宋文浩(눙호)	朝鮮	蒼巷	文臣 字 燦仲 本貫 礪山 同知中樞府事
宋文鎬(눙호)		池亭	本貫 恩津 父 在榮
宋文欽(눙흠)	1710~1752	閒靜堂 方山 閒靜	書藝家 字 士行 本貫 恩津 父 堯佐 李縡 門人 文義縣令 著書 閒靜堂集
宋民古(민고) →宋民吉			
宋民吉(민길)	1692~?	蘭谷	書畫家 字 順之 本貫 礪山 父 惟諄 李好閔 婿 著書 蘭谷集
宋敏道(민도)		三隱	本貫 冶城 著書 三隱逸稿〈冶隱世稿〉
宋民用(민용)	1839~1904	尙岡 常岡	學者 字 舜元 本貫 恩津 父 東洛 外祖 閔銖 著書 尙岡文集
宋民澤(민택) →宋國澤			
宋珀(박)	朝鮮	愛松堂	文臣 字 白玉, 彦珍 本貫 礪山 護軍
宋縛(박) →宋驃			
宋磐(반)	朝鮮	海軒	文臣 字 有善 本貫 礪山 同知中樞府事
宋邦祚(방조)	1567~1618	習靜 習靜齋 惕齋	文臣 字 永叔 本貫 恩津 父 應期 外祖 李潤慶 追贈 吏曹參議 著書 習靜集
宋邦祚(방조) →宋廷祚			
宋邦澄(방형)		漁沙	著書 文集
宋伯玉(백옥)	朝鮮哲宗	敬山	文臣 字 景瑗 本貫 礪山 父 持珪 校理
宋伯玉(백옥)	朝鮮後期	小黎	
宋炳瓘(병관)	1875~1945	克齋	學者 字 瑩叔 本貫 恩津 著書 克齋集
宋柄奎(병규)	1863~1898	鈍菴	學者 字 東五 本貫 恩津 父 彦植 外祖 李承祖 著書 鈍菴遺稿
宋炳吉(병길)		信菴	字 士國 本貫 恩津
宋炳濂(병렴)		吟弄齋	字 敬叔 本貫 恩津 著書 吟弄齋遺稿
宋秉禮(병례)	1852~?	霞樵	父 止洙

人名	年代	號	其他
宋炳穆(병목)	1862~1902	澗東	學者 字 敬叔 本貫 恩津 父 近植 外祖 李鏞 著書 澗東遺稿
宋炳文(병문)		宜樂堂	字 文哉 本貫 恩津
宋秉璿(병선)	1836~1905	淵齋 東方一士 武溪	文臣 字 華玉 本貫 恩津 大司憲 諡號 文忠 著書 淵齋集
宋秉燮(병섭)	朝鮮	純庵	本貫 礪山 父 柱泰
宋秉珣(병순)	1839~1912	心石齋 心石	志士 字 東玉 本貫 恩津 義禁府都事 著書 心石齋先生文集
宋炳玉(병옥)		誠齋	本貫 新平
宋炳宇(병우)	1839~1886	無憂堂	著書 無憂堂實紀 〈三斯齋實紀〉
宋秉煜(병욱)		東溪	著書 東溪遺稿
宋秉瑋(병위)	朝鮮	石塘	字 稺瑞 本貫 恩津 父 進洙 正字
宋秉允(병윤)		老坡	著書 文集
宋炳翼(병익)	朝鮮後期	松月堂	字 稺擧 本貫 恩津 父 光栻 祖父 浚吉 牧使
宋炳日(병일)		老學齋	著書 文集
宋秉濟(병제)		緖庵	本貫 恩津
宋秉祚(병조)	1877~1942	新巖	獨立運動家 牧師 父 再弘
宋秉畯(병준)	1858~1925	濟庵	親日反民族者 本貫 恩津
宋秉稷(병직)		敬菴	本貫 恩津
宋炳鎭(병진)		醒石	本貫 洪州
宋秉彩(병채)		稼隱	本貫 恩津 祖父 鍾彬
宋炳天(병천)		沙庵	著書 沙庵實紀 〈止齋實紀〉
宋炳夏(병하)	1646~1697	守迂齋	文臣 字 子華 本貫 恩津 父 光栻 祖父 浚吉 宋時烈 門人 掌樂院正 著書 守迂齋遺稿
宋秉學(병학)	1853~?	從好齋	字 景悅 本貫 恩津 父 能洙
宋炳華(병화)	朝鮮高宗	蘭谷 約齋	學者 字 晦卿 本貫 恩津 著書 蘭谷集
宋寶山(보산)	朝鮮太祖	退休齋	文人 字 大仁 本貫 延安 父 興道 禮曹判書
宋福基(복기)	朝鮮明宗	梅圃	學者 字 德久 本貫 冶城 父 儀 著書 梅圃先生遺集 〈冶城世稿〉
宋福山(복산)	朝鮮文宗	黙齋	文人 字 亨夫 本貫 礪山
宋福源(복원)		晚對亭	本貫 冶城 著書 晚對亭逸稿 〈冶城世稿〉
宋福仁(복인)		悝庵	本貫 冶城
宋福鎭(복진)	朝鮮	溪隱	文臣 字 五汝 本貫 恩津 乾陵參奉
宋復興(복흥)	1527~1594	鵲峰 鶴峯	文臣 字 武先 本貫 礪山 父 琠 追贈 禮曹參判

人名	年代	號	其他
宋鳳壽(봉수)		義谷	本貫 恩津
宋奉楨(봉정) →宋奎禎			
宋瑋鎭(봉진)		義巖	本貫 洪州
宋瑋憲(봉헌)	1851~?	愚潭	著書 文集
宋芬(분)	朝鮮	清閑堂	學者 本貫 礪山
宋賓(빈)	1542~1592	松潭	義兵將 字 士信 本貫 清州 父 昌 追贈 吏曹參判
宋璸(빈)	朝鮮	銀香亭	字 美仲 本貫 洪州 父 繼殷 府事
宋泗(사)		儉窩	著書 儉窩遺稿
宋士彦(사언)		修菴	著書 修菴集
宋師頤(사이)	1519~1592	新淵	學者, 文臣 字 敬叔 本貫 陜川 慶基殿參奉 著書 文集
宋三錫(삼석)		雲山	字 懷之
宋蝄(상)	1602~1647	晚隱	本貫 延安 著書 文集
宋晌(상)	1610~1694	麴巖	學者 字 明遠 本貫 礪山 父 廷養 外祖 文益昌 著書 麴巖文集
宋相九(상구) →宋相允			
宋相琦(상기)	1657~1723	玉吾齋 玉吾	文臣 字 玉汝 本貫 恩津 父 奎濂 宋時烈 門人 判敦寧府事 諡號 文貞 著書 玉吾齋集
宋相燾(상도)	1871~1946	騎驢 騎驢子 眉軒 蓮坡	學者, 志士 本貫 冶爐 著書 騎驢隨筆
宋祥來(상래)	1773~?	蘇山	書畫家 字 元復 本貫 礪山 父 文祿 大司諫
宋祥濂(상렴)	1760~?	果癡 果癡軒	文臣 字 元發 本貫 恩津 父 鏶 參判 著書 果癡集
宋尚立(상립)	朝鮮	野巖	文臣 本貫 礪山 訓練院正
宋尚敏(상민)	1626~1679	石谷	學者 字 子慎 本貫 恩津 父 時興 宋時烈, 宋浚吉 門人 追贈 工曹佐郎 著書 石谷集
宋尚民(상민) →宋尚敏			
宋商輔(상보)	朝鮮宣祖	鳳齋	武臣 字 秀仲 本貫 礪山
宋象鵬(상붕)		樗軒	本貫 新平
宋相淳(상순)	朝鮮	竹亭	文臣 字 程之 本貫 礪山 副護軍
宋相億(상억)	朝鮮	永安齋	文臣 本貫 恩津 僉樞
宋相維(상유)	朝鮮	安拙軒	文臣 字 特卿 本貫 恩津 順興府使
宋相有(상유)		松庵	本貫 冶城 著書 松庵逸稿〈冶城世稿〉
宋相允(상윤)	1674~1753	韋窩 儉巖	學者 字 信甫 本貫 恩津 父 奎煜 著書 韋窩集
宋尚義(상의)	朝鮮仁祖	養攬齋	本貫 鎭川 父 杖
宋象仁(상인)	1569~1631	西郭	文臣 字 聖求 本貫 礪山 父 復興 禮曹參議

人名	年代	號	其他
宋尙節(상절)	朝鮮仁祖	慕齋 雲谷	本貫 鎭川 父 杖
宋祥濬(상준) →宋祥濂			
宋相天(상천)	1776~1804	四勿齋	學者 字 敬一 本貫 礪山 父 洪奎 外祖 申弘岳 著書 四勿齋集
宋相哲(상철)		得寓齋	字 原明 本貫 恩津 父 奎洛
宋相泰(상태)	1832~1895	鶴广	學者 字 聖瞻 本貫 冶城 父 洪錫 外祖 潘貞俊 著書 鶴广遺稿
宋相弼(상필)	1870~?	復齋	學者 本貫 延安 崔益鉉 門人
宋尙憲(상헌)		獨醒	本貫 冶城 著書 獨醒逸稿 〈冶城世稿〉
宋象賢(상현)	1551~1592	泉谷 寒泉	文臣 字 德求 本貫 礪山 父 復興 追贈 吏曹判書 諡號 忠烈 著書 泉谷先生文集
宋相垕(상후)	朝鮮	竹軒	文臣 字 基仲 本貫 礪山 同知中樞府事
宋尙輝(상휘)		瞻肅齋	本貫 礪山
宋相欽(상흠) →宋明欽			
宋生植(생식)	朝鮮	農窩	字 明午 本貫 新平 父 漢在 參議
宋錫(석) →宋錫後			
宋錫堅(석견)		北亭	本貫 洪州 父 埏
宋錫慶(석경)	1560~1637	拙庵 春湖	文臣 字 景受 本貫 恩津 父 興祚 開城府留守
宋錫奎(석규)	朝鮮	愼軒	字 星卿 本貫 南陽 中樞府事 著書 文集
宋錫年(석년)	朝鮮	松窩	學者 字 壽而 本貫 礪山 著書 文集
宋錫年(석년)		西齋	著書 西齋實記
宋錫龍(석룡)	朝鮮	慕軒	字 翼天 本貫 聞慶 進士
宋碩隆(석륭)	朝鮮	栢庵	字 子俊
宋錫命(석명)	1630~1662	柳溪 大觀堂	學者 字 師吉 本貫 恩津 父 榮祚 著書 柳溪集
宋錫範(석범)	朝鮮孝宗	拙菴	文臣 本貫 恩津 父 興祚 禮曹參判
宋錫範(석범)→宋錫慶의 改名			
宋錫鳳(석봉)		可石 五然	著書 可石集
宋錫祐(석우)	朝鮮仁祖	六友堂	本貫 鎭川 父 塾
宋錫胤(석윤)	朝鮮	拙休堂	文臣 本貫 尙衣院正
宋錫義(석의)		松隱	著書 文集
宋碩祚(석조)	朝鮮	忘吾齋	字 弘甫 本貫 恩津 父 應洵 判決事
宋錫疇(석주) →宋疇錫			
宋錫俊(석준) →宋錫後			
宋碩鎭(석진)	朝鮮	和堂	文臣 字 垌韓 本貫 恩津 敬陵參奉

人名	年代	號	其他
宋錫忠(석충)	1454~1524	訥翁 訥齋 櫟翁	學者 字 元老 本貫 冶城 父 綸 外祖 韓昌 著書 訥翁文集
宋錫後(석후)	朝鮮仁祖	支溪	本貫 鎭川 父 晙
宋瑄(선)	1544~1629	木翁 養志亭 禾翁	文臣 字 仲懷 本貫 礪山 父 百祥 金謹恭, 閔純 門人 利川府使
宋瑄(선)	朝鮮宣祖	柏菴	字 士珍 本貫 南陽 承政院左承旨
宋善後(선후)	朝鮮	湜隱	文臣 字 胎遠 本貫 礪山 尙衣院副上
宋悍(성)		反求堂	本貫 冶城 著書 反求堂逸稿〈冶城世稿〉
宋聖賚(성뢰)→宋時烈의 兒名			
宋成明(성명)	1674~1740	松石軒 松石 澹窩	文臣 字 聖集, 君集 本貫 礪山 父 徵殷 大司憲 著書 松石軒集
宋性善(성선)	1609~1636	松陰	
宋悍午(성오)		鍾蘆	著書 鍾蘆集
宋悍牛(성우)→悍牛			
宋星遠(성원)		石泉	字 聖壽 本貫 恩津
宋星駿(성준)		寒泉	字 房叔 本貫 恩津
宋聖標(성표)	朝鮮	戒盈齋	本貫 鎭川 父 渭者 著書 文集
宋世琳(세림)	1479~?	醉隱 孤松 孤隱 訥庵 壺隱	文臣 字 獻仲 本貫 礪山 父 演孫 校理 著書 禦眠楯
宋世琳(세림)→宋世彬			
宋世隆(세륭)	朝鮮	老溪	本貫 延安 父 琇
宋世彬(세빈)	1612~1677	晚悔亭	字 彬彬 本貫 冶城 父 時準 著書 文集
宋世潤(세윤)	朝鮮	玄湖	字 翼在 本貫 礪山 僉正
宋世寅(세인)		十拙軒	本貫 冶城 著書 十拙軒遺稿〈冶城世稿〉
宋世章(세장)→成世章			
宋世貞(세정)	朝鮮明宗	道峯	孝子 字 子固 本貫 礪山
宋世忠(세충)	1468~1527	那守	字 恕可 本貫 恩津 父 汝諧 司憲府監察
宋世平(세평)		安亭	本貫 恩津
宋世弼(세필)	1607~1654	丹邱	文人 字 公彦 父 光廷 著書 文集
宋世珩(세형)	?~1553	盤谷 壺山	文臣 字 獻叔 本貫 礪山 父 演孫 戶曹判書
宋世浩(세호)	1893~1970	白波	獨立運動家
宋世鎬(세호)		愚堂	著書 愚堂文集
宋世煥(세환)	朝鮮	裕齋	學者 字 乃敬 本貫 礪山
宋炤用(소용)	1864~1946	清潭	學者 字 鞠賢 本貫 恩津 父 憲聖 系 憲祖 外祖 閔秉顯 著書 清潭集
宋琇(수)	朝鮮	枕溪	本貫 延安 父 士康

人 名	年 代	號	其 他
宋璲(수)	1634~1667	靑松	字 美哉 本貫 洪州 父 繼殷 同知義禁府事
宋壽根(수근)		隱圃	著書 隱圃先生文集
宋綏祿(수록)	朝鮮	松窓	學者 本貫 恩津
宋秀萬(수만)	1857~?	醒菴	抗日運動家 字 聖燮 本貫 礪山 中樞院議官
宋修勉(수면)	1847~1916	沙湖	畫家 字 顔汝 本貫 礪山
宋壽山(수산)	朝鮮前期	三樂堂	字 大賢 本貫 延安 門下舍人
宋秀三(수삼)	朝鮮肅宗	愛檀亭	本貫 鎭川 父 曇
宋守淵(수연)	朝鮮	松塢	本貫 恩津 府尹
宋驪(수)	朝鮮中宗	優遊堂	學者 本貫 洪州 父 鶴孫
宋叔琪(수기)	朝鮮世祖	月塘	文臣 字 巨寶 本貫 礪山 父 福山 持平
宋純(순)	1493~1583	俛仰亭 企村 俛仰 誠齋	文臣 字 守初, 遂初, 誠之 本貫 新平 父 泰 右參贊 諡號 肅定 著書 俛仰集, 企村集
宋淳(순)	1550~1616	忘村	文臣 字 渾元 本貫 鎭川 父 眉福 戶曹判書
宋諄(순)		西郊	本貫 鎭川
宋响(순) →宋晌			
宋淳夔(순기)	韓末~日帝	勿齋	
宋順年(순년)	朝鮮成宗	逍遙堂	文臣 本貫 恩津 父 繼祀 祖父 愉 正郞
宋舜齡(순령)	1536~1575	慕庵	本貫 楊州 著書 文集
宋淳明(순명)	朝鮮	樂窩	文臣 字 和叔 本貫 礪山 兵曹參判
宋淳輔(순보)	1853~1906	平齋 見山齋	學者 字 君弼 本貫 鎭川 父 八鉉 外祖 柳泰養 著書 平齋遺稿
宋舜枃(순표)	朝鮮	篁庵	本貫 延安 父 義哲
宋述相(술상)		無添窩	字 善叔 本貫 恩津
宋承玉(승옥)		北窓	著書 北窓漫錄
宋承殷(승은)	朝鮮	詠四亭	字 學說 本貫 新平 察訪
宋承禧(승희)	1538~1592	菊軒 伴菊軒	字 景繁 本貫 礪山 父 构 掌令
宋時璟(시경)		睡翁	字 光遠 本貫 礪山 父 性寬
宋時吉(시길)	1597~?	壺隱	字 仲立 本貫 礪山 父 駟
宋時達(시달)	朝鮮	耕隱	文臣 字 達之 本貫 金海 父 德立 副護軍
宋時倓(시담)		負暄堂	字 大而 本貫 恩津 父 邦祚
宋時燾(시도)	1613~1689	歲寒齋	學者 字 誠甫 本貫 恩津 父 甲祚 外祖 郭自邦 益山郡守 著書 歲寒齋遺稿
宋始廉(시렴)		三黙窩	本貫 冶城 著書 三黙窩遺稿〈冶城宋氏三世稿〉

人名	年代	號	其他
宋時烈(시열)	1607~1689	尤庵 尤齋 華陽 洞主	學者, 文臣 字 英甫 本貫 恩津 父 甲祚 金長生, 金集 門人 領中樞府事 諡號 文正 著書 宋子大全
宋時榮(시영)	1588~1637	野隱	文臣 字 公先, 茂先 本貫 恩津 父 邦祚 金長生 門 人 追贈 左贊成 諡號 忠顯 著書 野隱遺稿
宋時雍(시옹)	1601~1676	孤松軒	學者 字 堯叟 本貫 冶城 著書 孤松軒逸稿 〈冶城世稿〉
宋時用(시용) →宋民用			
宋時一(시일)	1827~1902	希庵 三淵齋	學者 字 中平 本貫 南陽 父 憬 外祖 柳奎乘 著書 希庵集
宋時準(시준)	1588~1617	遯窩	隱士 字 尙志 本貫 冶城
宋時俊(시준) →宋時俠			
宋時仲(시중)	朝鮮	休菴	學者 本貫 礪山
宋時喆(시철)	1610~1673	雪村	文臣 字 叔保 本貫 礪山 父 克訒 外祖 金 洽 原州府使
宋時豪(시호)	朝鮮	耆翁	文臣 字 萬敵 本貫 金海 副護軍
宋植(식)	朝鮮仁祖	知非齋	本貫 鎭川 父 德崇 著書 文集
宋軾(식)		鉢山	本貫 新平
宋栻(식) →宋之栻			
宋申用(신용)	1884~1962	安觀	出版人
宋心明(심명)	1788~1850	病窩	著書 病窩先生文集
宋氏夫人(씨부인)	1521~1578	德峯	本貫 礪山 父 駿 夫 柳希春
宋若先(약선)		靜村	本貫 新平
宋良燮(양섭)	1891~1961	南岡	獨立運動家 字 雲會 本貫 礪山 父 秉麟
宋陽仁(양인)		梅溪	字 士則 本貫 南陽
宋養銓(양전)	1772~1841	道峯 道隱	學者 字 善之 本貫 恩津 父 星駿 外祖 南斗彩 著 書 道峯遺稿
宋陽采(양채)	朝鮮	愼菴	字 學之 本貫 南陽 左承旨
宋暎浩(양호)→宋暻浩			
宋億達(억달)	朝鮮中宗	石谷	本貫 恩津 父 世一
宋彦謙(언겸)	朝鮮	歸樂亭	本貫 礪山 父 之元 郡守
宋言愼(언신)	1542~1612	壺峰	文臣 字 寡尤 本貫 礪山 父 㻶 吏曹判書 諡號 榮 襄 著書 壺峰先生集
宋彦會(언회)	1849~?	北坡	文臣 字 允明 本貫 礪山 父 道逸 系 祖勉 兵曹參 議
宋汝相(여상)	朝鮮	周菴	文臣 字 位仲 本貫 洪州 僉知中樞府事

人名	年代	號	其他
宋汝雨(여우)	朝鮮	晚菴	
宋汝欽(여흠)		醒齋	本貫 洪州
宋淵(연)	朝鮮宣祖	苞菴	學者 字 士深 子深 本貫 礪山 成渾 門人 郡守 著書 苞菴集
宋㙫(연)		眞泉	本貫 洪州
宋演(연) →宋寅			
宋演祚(연조)	朝鮮	古松堂	文臣 本貫 恩津 副護軍
宋熀(엽) →宋惺			
宋瑛(영)	朝鮮宣祖	龜隱	本貫 南陽 承政院左承旨
宋領(영)		漁湖	著書 文集
宋英耉(영구)	1556~1620	瓢翁 白蓮居士 一瓢 一瓠 一瓠齋	文臣 字 仁叟 本貫 鎭川 父 翎 成渾 門人 兵曹參判 諡號 忠肅 著書 瓢翁先生遺稿
宋榮奎(영규)		藥隱	字 敬立 本貫 礪山
宋榮大(영대)	1851~?	秋塘	文臣 字 秀昌 本貫 礪山 父 炳浩 系 圭浩 禮曹參判
宋英萬(영만)	朝鮮	心山	
宋永汶(영문)	朝鮮後期	八友蓮	
宋榮善(영선)		斗陽	著書 斗陽遺稿
宋永鎭(영진)	朝鮮	農隱	文臣 字 奉一 本貫 洪州 健陵參奉
宋寧鎭(영진)		壽岡	本貫 洪州
宋榮煥(영환)		純菴	字 乃善 本貫 礪山
宋永僖(영희) →宋承僖			
宋琬(완)	朝鮮仁祖	素樂堂	本貫 鎭川 父 尚質
宋玩(완)	朝鮮	隱岩	本貫 礪山 郡守
宋完鎭(완진)	朝鮮後期	圭堂	本貫 鎭川 父 在誠
宋堯佐(요좌)	1678~1723	黙翁 清隱	文臣 字 道能 本貫 恩津 父 炳遠 錦山郡守
宋鏞大(용대)		悟齋	字 定中 本貫 恩津
宋龍壽(용수)	朝鮮	三杞堂 三奇堂	文臣 本貫 恩津 僉知中樞府事
宋龍在(용재)	1864~1935	龍巖 愚谷	學者 字 而見 本貫 恩津 父 炳天 著書 龍巖集
宋容祚(용조)	朝鮮	黙庵	本貫 延安 父 舜杓
宋龍浩(용호)	朝鮮	菊圃	本貫 礪山 父 鎭海
宋鎔浩(용호)		一鑑亭 訥人	著書 一鑑亭集
宋愚(우)	?~1422	松亭 寓菴	文臣 字 汝省 本貫 鎭川 父 琳 左司諫
宋羽榮(우영)	朝鮮	蘇谿	文臣 字 鴻漸 本貫 礪山 敦寧府都正
宋宇鎭(우진)	韓末	益軒	著書 文集

人名	年代	號	其他
宋禹鎭(우진)		石室	本貫 洪州
宋宇天(우천)	朝鮮英祖	龜巖	學者 本貫 南陽 著書 龜巖文集
宋禹浩(우호)	1845~1905	杏山	學者 字 敬淑 本貫 礪山 父 相伯 外祖 張奭鎭 著書 杏山遺稿
宋頊(욱)		愛筠	字 君瑞 本貫 礪山
松雲(송운) →惟政			
宋雲燮(운섭)	朝鮮	淮菴	文臣 字 敬碩 本貫 礪山 同知敦寧府事
宋雲秀(운수)		可石	本貫 礪山
宋運會(운회)	1784~1965	雪汀 雪舟	字 世卿 本貫 礪山 父 秀勉
宋源(원)	朝鮮	三拙齋	文臣 字 淑一 本貫 礪山 副護軍
宋遠器(원기)	1548~1615	啞軒 後村	學者 字 學樊 本貫 冶爐 父 師顥 著書 啞軒文集
宋源德(원덕)	1872~1947	菊隱	著書 文集
宋遠度(원도)	朝鮮宣祖	敬軒	字 德懋 本貫 冶城
宋元老(원로)	朝鮮	東清	本貫 礪山 父 德蘭
宋元老(원로)		老圃	本貫 恩津
宋源福(원복)	1864~1931	時齋	字 孔善 本貫 礪山 父 鎭河 著書 文集
宋元錫(원석)	朝鮮後期	蒼巖	本貫 恩津 父 基隆 副率
宋元珣(원순) →宋之珣			
宋元栻(원식) →宋之栻			
宋元祚(원조)		南村	著書 南村實記
宋元昌(원창)	朝鮮文宗	潛巖	本貫 礪山 父 啓 正郎
宋渭弼(위필)		魚隱	字 周老 本貫 恩津
宋愉(유)	1387~1446	雙清堂	學者 字 怡叔 本貫 恩津 父 克己 著書 雙清堂題詠
宋愈(유) →宋愉			
宋惟寬(유관)	朝鮮	石泉	文臣 字 景弘 本貫 礪山 父 麒 同知中樞府事 著書 文集
宋儒龍(유룡)	朝鮮後期	海翁	本貫 恩津 父 道興 承旨
宋儒文(유문)	1682~?	退居亭	本貫 冶城 父 世光 著書 退居亭逸稿〈冶城世稿〉
宋有祥(유상)	朝鮮	鳥山	字 國瑞 本貫 礪山 副護軍
宋惟諄(유순)	朝鮮	玉溪	隱士 字 士誨 本貫 礪山 父 弘
宋儒式(유식)	1688~1768	懶拙齋 愉齋	文臣, 學者 字 士範 本貫 冶城 父 后甲 外祖 金聃齡 通政大夫 著書 懶拙齋集
宋有栻(유식)	朝鮮英祖	震山	本貫 鎭川 父 殷孫
宋有源(유원)	1671~1747	宗庵 京養	學者 字 務觀 本貫 恩津 父 疇錫 外祖 李敏章 童蒙教官 著書 宗庵遺稿

人名	年代	號	其他
宋有著(유저)	高麗	雲谷	文臣 本貫 礪山
宋有駿(유준)	1784~1856	華南 華南居士	學者 字 士允 本貫 恩津 父 祚殷 著書 華南文集
宋胤國(윤국)	朝鮮	晦隱	字 日生 本貫 礪山 府事
宋胤先(윤선)	1632~1702	愼菴	字 元禮 本貫 礪山 父 象仁 著書 文集
宋潤成(윤성)	朝鮮	芸村	字 德初 本貫 恩津 府使
宋潤浩(윤호)	朝鮮	鶴溪堂	字 道裕 本貫 礪山 父 鎭誠
宋殷成(은성)	1836~1898	白下 海奇	學者 字 元白 本貫 淸州 父 在善 外祖 朴宅觀 著書 白下文集
宋殷憲(은헌)	1876~1945	剛窩	字 敬植 本貫 恩津 父 秉澤 外祖 全秀俊 著書 剛窩集
宋應漑(응개)	朝鮮	三樂齋	文臣 本貫 恩津 大司諫
宋應圭(응규)	1765~1823	遲軒	文臣, 學者 字 汝明, 元直 本貫 恩津 父 煥極 外祖 李定祥 安邊府使 著書 遲軒遺稿
宋應龍(응룡)	1785~?	南窩	文臣 字 應和 本貫 礪山 父 藥 刑曹判書
宋應龍(응룡)	朝鮮	錦坡	本貫 礪山
宋應望(응망)	朝鮮正祖	東湖	字 汝瞻 本貫 冶城 父 支河 持平
宋應祥(응상)	朝鮮宣祖	雙溪	文臣 字 祥元 本貫 恩津 父 世英
宋應相(응상)	朝鮮後期	風翁	本貫 恩津 父 漢源
宋應洙(응수)		枕泉	本貫 恩津
宋應洵(응순)	1547~1611	蕭翁 春湖	字 公信 本貫 恩津 父 麒壽 副提學
宋應洞(응형)	1539~1592	蘭皐 興祚	字 公遠 本貫 恩津 父 麒壽 牧使
宋儀(의)		圓谿	本貫 冶城 著書 圓谿逸稿〈冶城世稿〉
宋毅燮(의섭)	1865~1944	春溪 惺菴	學者 字 强哉 本貫 礪山 父 秀一 著書 春溪集
宋義壽(의수)	朝鮮宣祖	浩菴	文臣 字 義叟 本貫 恩津 護軍
宋毅用(의용)	?~1947	弘庵	著書 弘庵集
宋義廷(의정)	朝鮮	竹軒	文臣 字 子俊 本貫 礪山 訓練院僉正
宋義曾(의증)	朝鮮	宋庵	學者 字 宜淑 本貫 延安
宋履瑞(이서)	朝鮮英祖	岐山	本貫 冶城 父 翼道 禮曹佐郎
宋履錫(이석)	1698~1782	南村	學者 字 伯綏 本貫 冶城 父 命基 外祖 李達新 著書 南村文集
宋以鎭(이진)	1577~1660	志亭	著書 文集
宋以鎭(이진)	朝鮮	望卿軒	字 采汝 本貫 礪山 副護軍
宋爾徵(이징)	朝鮮	南谷	本貫 礪山 父 光韓
宋爾昌(이창)	1561~1627	把灝主人 一痴 靜坐窩 淸坐窩	學者 字 福汝 本貫 恩津 父 應瑞 郡守

人名	年代	號	其他
宋履昌(이창)	1678~1715	東皐	字 昌伯 本貫 冶城 父 敏道 著書 東皐逸稿 〈冶城世稿〉
宋履赫(이혁)	1844~1918	芝峯	學者 字 君成 本貫 礪山 父 仁啓 外祖 高正得 著書 芝峰遺稿
宋履亨(이형)		惺庵	本貫 冶城 著書 惺庵逸稿 〈冶城世稿〉
宋以誨(이회)	朝鮮宣祖	覺悔 覺悔軒	文人 字 敬甫 本貫 礪山 父 亮 著書 文集
宋以誨(이회)		愚谷	著書 愚谷集
宋煜(익)	1631~1701	挹翠軒	著書 文集
宋翊(익)	朝鮮	栗村	隱士 字 輔而 本貫 恩津
宋翼龍(익룡)	1683~1764	喚惺齋	文人 字 意如 本貫 冶城 父 世銓 外祖 韓鑴 著書 喚惺齋遺稿
宋翼洙(익수)		榴峯	本貫 恩津
宋翼洙(익수)		韋軒	父 教明 著書 韋軒公遺稿 〈諫議公遺稿〉
宋益鼎(익정)	朝鮮	迂窩	文臣 本貫 恩津 載寧郡守
宋益中(익중)	朝鮮	陽村	文臣 字 仲建 本貫 洪州 全羅都事
宋翼弼(익필)	1534~1599	龜峰 睡隱 壽隱 玄繩	學者 字 雲長 本貫 礪山 父 祀連 追贈 持平 諡號 文敬 著書 龜峰集
宋益欽(익흠)	朝鮮後期	寐宿齋	字 時偕 本貫 恩津 父 堯和
宋寅(인)	1356~1432	松村	節臣 本貫 南陽 祖父 公節 門下侍中
宋因(인)	高麗禑王	杏亭	字 仲協 本貫 礪山
宋寅(인)	1516~1584	頤庵 顧庵 鹿皮翁 鈍菴 熙庵	學者 字 明仲 本貫 礪山 父 之翰 祖父 軼 外祖 南袞 中宗 婿 封號 礪城君 都摠管 諡號 文端 著書 頤庵集
宋寅懋(인각)	1827~1892	籧庵	學者 字 肖叟 本貫 冶城 著書 籧庵遺稿
宋寅建(인건)	1892~1954	謙軒	字 公晦 本貫 冶城 父 珪欽 著書 文集
宋仁慶(인경)	1717~1770	黙所齋	學者 字 君宅 本貫 礪山 父 象契 外祖 金溫 著書 黙所齋遺稿
宋麟萬(인만)	朝鮮	蓋齋	字 仁瞻 本貫 礪山 都正
宋寅明(인명)	1689~1746	密軒 藏密軒	文臣 字 聖賓 本貫 礪山 父 徵五 祖父 光淵 追贈 領議政 諡號 忠憲 編書 勘亂錄
宋寅明(인명) →宋寅			
宋寅賓(인빈)	朝鮮	秋江	字 君日 本貫 礪山 僉知中樞府事
宋麟壽(인수)	1487~1547	圭庵	文臣 字 眉叟, 台叟 本貫 恩津 父 世良 漢城府左尹 諡號 文忠 著書 圭庵集
宋麟壽(인수) →宋麒壽			
宋仁植(인식)	1818~1900	三斯齋	著書 文集

人名	年代	號	其他
宋寅直(인직)		惺齋	著書 文集
宋仁瓚(인찬)	朝鮮	恤齋	字 德元 本貫 礪山 縣令
宋仁昌(인창)	朝鮮世宗	龜巖	本貫 德山 府使
宋寅夏(인하)	朝鮮	龍岡齋	文臣 字 君七 本貫 洪州 父 汝欽 僉知中樞府事
宋麟浩(인호)	朝鮮	誠庵	本貫 礪山 父 鎭海
宋寅濩(인확)	1830~1889	觀岳	字 康爕 本貫 冶城 父 天欽 外祖 李漸運 著書 觀岳文集
宋寅休(인휴)	?~1854	梅軒	著書 梅軒遺稿
宋馹(일)	1557~1640	伴鶴 伴鶴堂 伴鶴亭 伴鶴軒	文臣 字 德甫 本貫 礪山 父 承禧 知中樞府事
宋日臨(일림)		淸淨軒	本貫 洪州 祖父 錫堅
宋一源(일원)	朝鮮	不護堂 不護才	文臣 字 恩津 師傅
宋日躋(일제)	朝鮮	智齋	學者 字 子敬 本貫 礪山
宋日中(일중)	1635~1717	松齋	學者,書藝家 字 文明 本貫 礪山 父 時獻 龍驤衛 副護軍
宋日中(일중)		懶齋	
宋一讚(일찬)	朝鮮	韋圃	文臣 本貫 恩津 同知敦寧府事
宋一賢(일현)	1788~1874	湖隱	學者 字 希聖 本貫 洪州 父 守永 著書 湖隱遺稿
宋一鎬(일호)		耐軒	著書 耐軒遺稿
宋一浩(일호)		壽嶂	字 樂哉 本貫 礪山
宋一浩(일호)		黙軒	本貫 礪山
宋日輝(일휘)	朝鮮	省齋	字 汝新 本貫 礪山 僉知中樞府事
宋自奎(자규)	朝鮮	鶴庵	文臣 字 廣擧 本貫 洪州 父 日臨 僉知中樞府事
宋潛(잠) →朱潛			
宋杖(장)	朝鮮宣祖	孤松	本貫 鎭川 父 世英
宋載經(재경)	朝鮮	棄棄窩	文臣 本貫 恩津 吏曹判書 諡號 景獻
宋在奎(재규)		謹齋	著書 謹齋遺稿
宋在達(재달)	1878~1889	碧棲	著書 文集
宋載道(재도)	朝鮮	芝溪	書藝家 字 德文
宋齋民(재민) →宋齊民			
宋在鳳(재봉)	朝鮮後期	竹泉	本貫 鎭川 父 文泓 著書 文集
宋在榮(재영)		錦隱堂	本貫 恩津

人名	年代	號	其他
宋在直(재직)	朝鮮後期	誠齋	本貫 恩津
宋在洪(재홍)		蘭溪	本貫 洪州 父 廷玉
宋載華(재화)	朝鮮	儉齋	字 國卿 本貫 新平 龍驤衛副護軍
宋載禧(재희)	朝鮮	翠白亭	文臣 本貫 恩津 大司憲
宋騏(전)	1577~1610	氷壺	字 謹甫 本貫 礪山 父 承禧
宋甸(전)		成歡驛人 左溪山人	
宋騹(전) →宋騏			
宋田秀(전수)	高麗	竹窓	本貫 延安 載寧郡守
宋田實(전실) →宋田秀			
宋廷奎(정규)	1656~1710	迂叟 迂齋	文臣 字 文卿, 元卿 本貫 礪山 父 拯 江原道觀察使
宋廷奎(정규)	朝鮮肅宗	梨湖	文臣 字 文卿 本貫 礪山 觀察使
宋正圭(정규)	朝鮮	梅齋	字 仲文 本貫 恩津 父 煥九
宋廷耆(정기)	1623~1684	竹溪	學者 字 俊在 本貫 礪山 父 台壽 外祖 李麟祿 著書 竹溪集
宋廷琦(정기)	朝鮮	敬菴	文臣 字 重望 本貫 延安 司僕寺正
宋挺濂(정렴)	1612~1684	存養齋 存養	學者, 文臣 字 繼孟 本貫 恩津 父 翊 外祖 林承謹 掌令 著書 存養齋文集
宋正明(정명)	1612~1684	守止窩 止窩	文臣 字 子和 本貫 礪山 父 徵殷 外祖 閔燾 開城留守
宋廷默(정묵)	1855~1927	後海	本貫 洪州 著書 後海遺稿
宋廷伯(정백)	朝鮮	晴庵	字 公輔 本貫 清州 進士
宋挺涑(정속)	朝鮮	雪摠	本貫 恩津 父 習
宋庭秀(정수)	朝鮮	白坡	文臣 字 君直 本貫 洪州 參奉
宋庭筍(정순)	1521~1584	勿染 勿染亭	文臣 字 中立 本貫 新平 父 駒 求禮縣監
宋庭荀(정순) →宋庭筍			
宋廷著(정시) →宋廷耆			
宋廷植(정식)	?~1865	樗田	著書 樗田遺稿
宋廷岳(정악)	朝鮮	晚晦 晚晦堂	學者 字 君擧 本貫 礪山
宋鼎玉(정옥)	朝鮮純祖	玉壺	文臣 字 穉鉉 本貫 礪山 父 持恭 五衛將
宋鼎玉(정옥)		山窓	著書 文集
宋廷玉(정옥)		龍灘	本貫 洪州 父 自奎
宋鼎鋌(정정) →宋鼎銃			
宋廷祚(정조)	1631~1694	長洲	文臣 字 君受 本貫 恩津 父 應光 著書 遺稿
宋政埰(정채)		止齋	本貫 礪山

人名	年代	號	其他
宋鼎學(정학)	朝鮮	郁齋	學者 字 香淑 本貫 淸州 父 祺主 著書 文集
宋鼎鉉(정현)		松竹軒	本貫 冶城 著書 松竹軒逸稿 〈冶城世稿〉
宋正浩(정호)	朝鮮	錦湖	字 善仲 本貫 礪山 戶曹參判
宋鼎銑(정환)	1711~1778	東藥	學者 字 仲和 本貫 冶城 著書 東藥文集
宋庭篁(정황) →宋庭筍			
宋程欽(정흠)	1839~1884	松皐	學者 字 敬叔 本貫 冶城 父 在衡 外祖 金秉運 著書 松皐集
宋正熙(정희)	朝鮮	豊埜	字 文吾 本貫 恩津 父 啓樂 參判
宋悌(제)	朝鮮宣祖	梅窩	義兵 字 維則 本貫 南陽(鎭川)
宋磾(제)	朝鮮正祖	艾軒	本貫 洪州 父 益中
宋悌(제)	朝鮮宣祖	悔齋	字 維則 本貫 礪山
宋濟魯(제노)	1711~?	玄菴 玄厓	字 士省 本貫 礪山 父 瓆
宋齊民(제민)	1549~1601	海狂	學者, 文臣 字 士役 初字 以仁 本貫 洪州 父 庭篁 李之涵 門人 禮曹正郞 著書 海狂遺稿
宋悌永(제영)		後石	著書 文集
宋濟愚(제우)	朝鮮	遜軒	文臣 字 士發 本貫 礪山 僉知中樞府事
宋悌元(제원) →成悌元			
宋晁(조)		日星岡	著書 日星岡遺稿
宋鍾奎(종규)	1856~?	翠庭	本貫 恩津 父 恪老 系 約老 著書 翠庭隨錄
宋鍾廉(종렴)		草庭	字 景叔 本貫 恩津
宋鍾彬(종빈)		醒石	本貫 恩津 父 元老
宋鍾變(종섭)	朝鮮	本浦	字 德文 本貫 礪山 都正
宋鍾述(종술)	韓末	退山	本貫 冶城
宋鍾雲(종운)	1852~1885	道谷	學者 字 致五 本貫 恩津 著書 道谷集
宋鍾翊(종익)	1887~1956	友江	獨立運動家
宋鍾徵(종징)		春雲	字 景晦 本貫 恩津
宋鍾夏(종하)		松隱	本貫 礪山
宋宙勉(주면)	1856~1910	圭沙	殉國志士 字 正汝 本貫 礪山 中樞院議官 著書 圭沙遺稿
宋周賓(주빈)	1551~1592	夙軒	字 商叟 本貫 鎭川 父 瑗
宋周相(주상)	朝鮮後期	潭谷	本貫 恩津 父 達源 祖父 元錫
宋疇錫(주석)	1650~1692	鳳谷	文臣 字 敍九 本貫 恩津 父 基泰 祖父 時烈 校理 著書 搆禍事實
宋柱昇(주승)	1809~1875	思軒	著書 文集

人名	年代	號	其他
宋柱安(주안)	朝鮮	永岡	本貫 礪山 父 一浩
宋柱義(주의)		醒齋	著書 文集
宋柱贊(주찬)	朝鮮	黙齋	文臣 字 贊卿 本貫 礪山 都事
宋柱獻(주헌)	1802~?	研雲	文臣 字 英老 本貫 礪山 父 祥來 承旨
宋柱憲(주헌)	1872~1950	三乎齋	學者 字 允章 本貫 礪山 父 潤浩 外祖 柳膺浩 著書 三乎齋集
宋柱憲(주헌)		天壺	
宋柱衡(주형)	韓末	南雲	本貫 礪山 父 允章
宋冑煥(주환)	1870~1954	源泉	學者 字 世玄 本貫 冶城 父 鎭極 外祖 金永幹 著書 源泉文集
宋駿(준)	1476~1549	二樂堂	文臣 字 子雲 本貫 洪州 丹城縣監
宋駿(준)	1564~1643	省菴	文臣, 學者 字 晋甫 本貫 礪山 父 承喜 系 言信 外祖 黃璘 公忠道觀察使 著書 省菴遺稿
宋埈(준)	?~1931	梅湖	著書 梅湖遺稿
宋浚吉(준길)	1606~1672	同春堂 同春	文臣 字 明甫 本貫 恩津 父 爾昌 鄭經世 婿 追贈 領議政 諡號 文正 著書 同春堂集
宋準玉(준옥)	朝鮮後期	硯農	
宋浚弼(준필)	1870~1940	恭山	學者 字 舜佐 本貫 冶城 父 祺善 系 大善 著書 恭山文集
宋楫(즙)		瘦翁	本貫 洪州 父 齋閔
宋楫浩(즙호)		玉菴	字 濟遠 本貫 礪山
宋曾憲(증헌)	?~1927	後菴	本貫 恩津 父 秉珣 著書 後菴文集
宋籭(지)	朝鮮仁祖	藏六堂	本貫 新平
宋之璟(지경)	1634~1709	晩翠亭	學者 字 景玉 本貫 恩津 父 錫命 外祖 權瞻之 著書 晩翠亭遺稿
宋之璟(지경)	朝鮮	秀村	學者 字 用悅 本貫 延安
宋智勉(지면)	朝鮮	月波	字 公宜 本貫 礪山 通訓大夫
宋志洙(지수)	1793~1862	耐軒	學者 著書 耐軒遺稿
宋之昫(지순)	韓末	菊庵	著書 菊庵遺稿
宋之栻(지식)	1636~1718	松風齋	學者 字 敬修 本貫 恩津 父 挺濂 外祖 金士行 著書 松風齋文集
宋持養(지양)	1782~?	朗山 守眞堂	文臣 字 浩然 本貫 礪山 父 偉載 吏曹參判 著書 朗山文稿
宋知逸(지일)	朝鮮	廣心	學者 字 休哉 本貫 龍城 父 季賓
宋持漢(지한)		又石	本貫 礪山

人名	年代	號	其他
宋志行(지행)	朝鮮	節窩	學者 字 孝源 本貫 礪山 著書 文集
宋持憲(지헌)	朝鮮	四愚軒	文臣 字 汝胤 本貫 礪山 大司憲
宋之頀(지호)		忍窩	本貫 新平
宋璉(진)		樂山亭	本貫 礪山
宋鎭璟(진경)	朝鮮	澹翁	學者 字 允文 本貫 礪山
宋鎭璟(진경)		楸隱	本貫 新平
宋鎭吉(진길)	朝鮮	西庵	孝子 字 乃善 本貫 礪山
宋鎭南(진남)		小山	著書 小山集
宋眞大(진대) →宋眞夫			
宋眞明(진명)	1688~1738	疎亭	文臣 字 汝儒 本貫 礪山 父 徵殷 判義禁府事
宋鎭謨(진모)	朝鮮	瑩杅堂	文臣 字 聖五 本貫 礪山 大護軍
宋鎭鳳(진봉)	1840~1898	思復齋	學者 字 致承 本貫 礪山 父 景玉 外祖 金尙修 著書 思復齋集
宋眞夫(진부)	1569~1597	石溪	學者 字 景蓋 本貫 礪山 父 尙長 外祖 吳益厚 追贈 兵曹參判 著書 石溪缺稿
宋震祥(진상)	1886~1971	好溪	著書 文集
宋鎭誠(진성)	朝鮮	睡堂	字 國馨 本貫 礪山 父 榮煥
宋鎭順(진순)	朝鮮	老悔	學者 字 國源 本貫 礪山
宋鎭溶(진용)	韓末~日帝	醒石	
宋鎭禹(진우)	1889~1945	古下	政治家 獨立運動家 本貫 新平 父 壎 東亞日報社長
宋鎭海(진해)	朝鮮	蘭亭	本貫 礪山 父 奎弼
宋鎭瀅(진형)		晩悔	著書 晩悔遺稿
宋軼(질)	1454~1520	醉春 醉春堂	文臣 字 可仲 本貫 礪山 父 恭孫 封號 南原府院君 領議政 諡號 肅靖
宋瓆(질)	1676~1741	耻菴 鶴麓	文臣 字 仲潤 本貫 礪山 父 延澤 輔德 著書 耻菴集
宋鑕(질) →宋瓆			
宋徵(징)	1564~1643	栗翁 三笑窩	學者 字 信之 本貫 新平 父 文節 著書 栗翁文集
宋徵瑞(징서)		三聾 三聾窩	本貫 冶城 著書 三聾窩遺稿〈冶城宋氏三世稿〉
宋徵殷(징은)	1652~1720	約軒	學者, 文臣 字 質夫 本貫 礪山 父 光洵 系 光淹 外祖 李尙載 朴世采 門人 戶曹參判 著書 約軒集
宋瓚(찬)	朝鮮端宗	杲菴	志士 本貫 礪山 父 福山 著書 杲菴集
宋贊(찬)	1510~1601	西郊	文臣 字 冶叔 本貫 鎭川 父 世曾 判中樞府事
宋鑽(찬) →宋瓆			
宋瓚(찬) →宋瓆			

人名	年代	號	其他
宋鑽(찬) →宋瓚			
宋璨圭(찬규)	(1746~1805	逸庵	
宋贊奎(찬규)	朝鮮	知正堂	本貫 礪山 父 仁輔 僉知中樞府事
宋昌(창)	1633~1706	藕谷	文臣 字 漢卿 本貫 鎭川 父 有銓 著書 文集
宋場(창)		述志堂	
宋昌根(창근)	1898~1950	晚雨	牧師
宋昌燮(창섭)	朝鮮	素石	字 敬善 本貫 礪山 參判
宋昌在(창재)		壽石堂 耐軒	字 文甫 本貫 恩津 著書 壽石堂集
宋昌憲(창헌)		道峯	
宋采熙(채희) →宋來熙			
宋處增(처증)	朝鮮	野隱	文臣 字 粥之 本貫 礪山 副護軍
宋藏(천)	朝鮮成宗	雲圃齋	本貫 鎭川 父 連宗
宋天奎(천규)		晦隱	本貫 新平
宋天祺(천기)	朝鮮	七一堂	學者 字 士受 本貫 龍城
宋天東(천동)	朝鮮	審川	文臣 字 灌挺 本貫 龍城 參判
宋天逢(천봉)	高麗	南坡	文臣 字 天鳳 本貫 金海 封號 金海君 答書密直司事 謚號 文貞
宋天祥(천상)	朝鮮宣祖	隱湖	字 天望 本貫 冶城
宋天祥(천상)	1556~1626	南村	著書 文集
宋天祥(천상)		二憂	本貫 礪山
宋天生(천생)	朝鮮世宗	次松亭	本貫 南陽 清道郡守
宋天樞(천추)		山水堂	本貫 冶城
宋天欽(천흠)	朝鮮後期	公皐	字 時應 本貫 冶城 父 寅殼 通政大夫
宋千欽(천흠)	1888~1951	勇加 小石	字 致萬 本貫 冶城 父 心權
宋千喜(천희)	?~1520	二虛亭	文臣 字 懼夫 本貫 礪山 吏曹判書 父 克昌 謚號 文節
宋澈(철)	1795~1838	晚悔	學者 字 清之 本貫 慶州 父 東楫 外祖 柳增馥 著書 晚悔遺稿
宋轍(철)		憂樂堂 瓢隱	本貫 新平
宋徹用(철용)	1847~1919	蒼棲	著書 文集
宋哲憲(철헌)	1870~1924	止齋 晚隱	字 子敬 本貫 礪山 通訓大夫
宋喆顯(철현) →宋哲憲			
宋哲浩(철호)	朝鮮	瀛隱	文臣 字 善賢 本貫 礪山 中樞院議官
宋最基(최기)		南牕	本貫 冶城 著書 南牕遺稿 〈冶城世稿〉
宋樞(추)	1900~1962	鼎山	圓佛教人 本貫 冶爐 父 碧照 著書 金剛經論解
宋翠軒(취헌)		葛泉亭 葛泉	著書 文集

人名	年代	號	其他
宋秅(치)	朝鮮中期	花菴 禾菴	字 而立 本貫 洪州 父 齊閔
宋穉圭(치규)	1759~1838	剛齋 鰲村 田村	學者, 文臣 字 奇玉 本貫 恩津 父 煥明 外祖 申思德 金斗黙 門人 資憲大夫 謚號 文簡 著書 剛齋集
宋稚圭(치규) →宋穉圭			
宋致萬(치만)	朝鮮	竹上	文臣 字 聖賴 本貫 礪山 敦寧府都正
宋致方(치방)	朝鮮哲宗	松湖	
宋致遠(치원)		梅軒	著書 梅軒集
宋致中(치중)	1591~1643	七狂 壺巖 湖庵 湖巖	文臣 字 正吾 本貫 礪山 父 償 外祖 陳永仁 司僕寺僉正
宋致憲(치헌)	1887~1963	蘇南	書藝家 字 景泰 父 秉琮 祖父 達洙
宋坦(탄)	朝鮮	省齋	本貫 龍城 禦侮將軍
宋坦(탄) →宋泰山			
宋泰(태) →宋泰山			
宋泰山(태산)	朝鮮中宗	孝思堂	文臣 本貫 新平 父 福川 祖父 壽之 追贈 吏曹判書
宋台燮(태섭)		巖下	著書 巖下遺稿
宋泰洙(태수)	朝鮮	農隱	字 士賢 本貫 礪山 父 昌煥 監察
宋泰舜(태순)	朝鮮	南隱	孝子 字 德五 本貫 金海
宋泰玉(태옥)	韓末~日帝	海山	
宋泰雲(태운)		秋陽堂	著書 文集
宋泰翼(태익)	1896~1974	東寫	著書 文集
宋泰鎰(태일)		錦原	
宋泰章(태장)	朝鮮	象山	文臣 字 吉桃 本貫 礪山 同副承旨
宋泰鎬(태호)	朝鮮	錦樵	文臣 字 汝京 本貫 中樞院議官
宋泰會(태회)	1872~1940	念齋	敎育者 字 平叔
宋必淵(필연)	朝鮮純祖	東方一士	本貫 恩津 著書 文集
宋弼夏(필하)	朝鮮	德雲庵	學者 字 汝輔 本貫 洪州 父 仁胄
宋必恒(필항)	朝鮮	保晩軒	文臣 本貫 恩津 執義
宋必煥(필환)	朝鮮	自谷	文臣 本貫 恩津 黃州牧使
宋學男(학남)		星峰 星峯	本貫 冶城 著書 星峰逸稿 〈冶城世稿〉
宋學南(학남) →宋學男			
宋學相(학상)	朝鮮英祖	直齋	本貫 恩津 父 婺源 縣監
宋學燮(학섭)	朝鮮	雲亭	文臣 字 持行 本貫 礪山 中樞院議官
宋學洙(학수)	朝鮮	遇齋	字 俊明 本貫 新平 父 昌文 都正
宋學淳(학순)	朝鮮後期	心菴	
宋學程(학정)		好好翁	本貫 冶城 著書 好好翁逸稿 〈冶城世稿〉

人名	年代	號	其他
宋鶴憲(학헌)		華軒	
宋漢旭(한욱)	朝鮮	後梧	字 德洙 本貫 新平 監察
宋漢宗(한종)		止齋	本貫 新平 著書 文集
宋翰弼(한필)	朝鮮宣祖	雲谷	學者 字 季鷹 本貫 礪山 父 祀連 著書 雲谷集〈龜峰集〉
宋海翼(해익)	1860~1941	松史	
宋憲冕(헌면)	朝鮮	遯齋	文臣 本貫 恩津 安東都護府事
宋憲燮(헌섭)	韓末	晦山	本貫 礪山 父 柱安 著書 文集
宋憲在(헌재)	1841~1899	五然	學者 字 京益 本貫 恩津 父 膺仁 著書 五然集
宋獻在(헌재)	1863~1884	四省齋	學者 字 文裕 本貫 恩津 父 炳宇 外祖 金在應 著書 四省齋遺稿
宋獻在(헌재)		琴齋	著書 文集
宋憲進(헌진)		巢霞	著書 文集
宋嚇心(혁심)	朝鮮	自隱齋	字 叔野 本貫 礪山 父 時昌 府使
宋鉉(현)	朝鮮	月堂	文臣 字 而直 本貫 礪山 兵曹參判
宋顯道(현도)		芹村	著書 文集
宋顯道(현도)		菊隱	著書 文集
宋玹壽(현수)	朝鮮	竹軒	文臣 本貫 礪山 知敦寧府事 諡號 貞愍
宋賢程(현정)	1769~1851	三黙窩	著書 文集
宋萊(협)		龍田	
宋蘅(형)	1830~1881	臥雲	學者 字 仲極 影徽 本貫 冶城 父 學殷 外祖 金吉鍊 著書 臥雲文集
宋衡弼(형필)	朝鮮	六有齋	字 尚卿 本貫 恩津 追贈 戶曹參議
宋衡柱(형주)	1888~1974	紹菴	著書 文集
宋浩(호)	朝鮮	野隱	學者 本貫 南陽
宋鎬坤(호곤)	1865~1929	靖山 恒齋	學者 字 直夫 本貫 恩津 父 根龍 外祖 崔永升 著書 靖山文集
宋鎬文(호문)		受齋	著書 文集
宋瑚錫(호석)	1693~1756	蒙窩	學者 字 器汝 著書 蒙窩遺稿
宋鎬伸(호신)	1875~1930	經菴	著書 文集
宋鎬彦(호언)		爾齋	著書 文集
宋鎬完(호완)	1863~1919	毅齋	學者 字 愚若 本貫 恩津 父 根培 外祖 孟鳳烈 著書 毅齋文集
宋好義(호의)	朝鮮	宜齋	字 宜之 本貫 礪山 父 自剛 正郎
宋泓(홍)	朝鮮	守拙齋	文臣 字 潤執 本貫 礪山 敦寧府都正

人名	年代	號	其他
宋鴻(홍)	1872~1942	雲人	著書 文集
宋洪基(홍기) →宋洪直			
宋鴻訥(홍늘)	韓末	仰山	學者 本貫 冶城
宋鴻來(홍래)	韓末	晦川	學者 本貫 冶城
宋鴻瑞(홍서)		楸隱	
宋鴻翼(홍익)	1802~1876	鳳下	學者 字 天則 本貫 冶城 父 寅和 外祖 呂宣圭 著書 鳳下文集
宋洪直(홍직)	1783~1835	書巢	學者 字 肅敬 本貫 冶城 父 宅心 外祖 尹德恒 著書 書巢集
宋樺壽(화수)	朝鮮宣祖	殖竹 清竹 聽竹堂	字 榮老 本貫 恩津 父 世勳 參判
宋煥謙(환겸)	朝鮮後期	六拙齋	文臣 本貫 恩津 父 喜相 恭陵參奉 著書 庸學辨說
宋煥經(환경)	朝鮮	臥雲	學者 著書 臥雲遺稿
宋煥國(환국)	朝鮮	觀瀾齋	字 元瑞 本貫 新平 父 智休 監察
宋煥箕(환기)	1728~1807	性潭 心齋	文臣 字 子東 本貫 恩津 父 寅相 宋能相 門人 右贊成 諡號 文敬 著書 性潭集
宋回(회) →宋因			
宋晦錫(회석)	1658~1688	東谿	學者 字 希文 本貫 恩津 父 基泰 祖父 時烈 外祖 李挺漢 著書 東谿遺稿
宋晦在(회재)		敬菴	著書 文集
宋孝燮(효섭)	1848~1914	肯齋	著書 文集
宋后甲(후갑)		林逸子	本貫 冶城 著書 林逸子遺稿 〈冶城世稿〉
宋厚謹(후근)	?~1851	三笑窩	本貫 冶城 著書 三笑窩遺稿 〈冶城宋氏三世稿〉
宋後賓(후빈)	朝鮮	龍岡	字 誠甫 本貫 龍城 父 瑾 司直
宋厚淵(후연)	朝鮮正祖	修齋 遊櫟門	學者 字 仲高 本貫 恩津
宋厚淵(후연)	朝鮮	聿修堂	文臣 本貫 恩津 善山都護府事
宋后鼎(후정)		林窩	本貫 冶城 著書 林窩逸稿 〈冶城世稿〉
宋彙純(휘순)		南斗	著書 文集
宋欽(흠)	1459~1547	知止堂 觀水亭 知足堂 知止	文臣 字 欽之 本貫 新平 父 可元 判中樞府事兼知經筵事 諡號 孝憲 著書 知止堂遺稿
宋欽大(흠대)	1770~1833	素窩	文臣, 學者 字 希賢 本貫 恩津 父 信圭 外祖 金相理 郡守 著書 素窩遺稿
宋欽輔(흠보)	朝鮮	三斯齋	字 耆會 本貫 恩津 父 鳳圭 都事
宋僖(희)	朝鮮文宗	睡菴	文臣 字 汝明 本貫 礪山 父 良珍 縣監
宋希建(희건)	朝鮮	月松	字 仲立 本貫 恩津 判官
宋希璟(희경)	1376~1446	老松 老松堂	字 正夫 本貫 新平 著書 老松先生日本行錄

人名	年代	號	其他
宋希奎(희규)	1494~1558	倻溪 倻溪散翁 倻溪散人 倻溪翁 冶老 柳溪	字 天章 本貫 冶爐 父 邦賢 著書 文集
宋希達(희달)	1568~1643	梅川堂	字 德顯 父 琦
宋希得(희득)	1575~1603	松月齋	著書 文集
宋希命(희명)	1656~1740	醉翁堂 醉翁	文臣 字 子順 本貫 恩津 父 樺壽 同知 著書 醉翁堂實紀
宋希庠(희상)	朝鮮	希軒	本貫 南陽 司宰監正
宋希醇(희순)	朝鮮	梅學 梅堂	文臣 字 德馨 本貫 恩津 父 琦 主簿
宋熙業(희업)	1587~1662	壺隱	文臣 字 克家 本貫 礪山 父 圻 掌樂院僉正
宋憙永(희영)	?~1961	一庵	著書 一庵遺稿
宋熙駒(희일)		蘭谷	著書 蘭谷先生文集
宋希昌(희창)		松軒	字 泰彦 本貫 恩津 父 璘
宋希天(희천)	朝鮮	慎齋	孝子 字 聖老 本貫 延安
宋希哲(희철)	朝鮮	敬慕齋	壬辰殉節 本貫 恩津
守眉(수미)	朝鮮世祖	妙覺	僧侶 本貫 朗州 俗姓 崔氏
秀演(수연)	1651~1719	無用 無用堂	僧侶 本貫 龍安 俗姓 吳氏 父 暹武 著書 無用集
守意(수의)	?~1847	性潭	僧侶 本貫 海南
守一(수일)	?~1743	冥眞	僧侶 本貫 達城 俗姓 徐氏
守初(수초)	1590~1668	翠微	僧侶 字 太昏 本貫 昌寧 俗姓 成氏 著書 翠微詩集
淑荘(숙홍)	1820~1886	化月	僧侶 俗姓 金氏
舜民(순민) →李舜民			
純祖(순조)	1790~1834	純齋	朝鮮第23代王 字 公寶 名 玜 父 正祖 著書 文集
純宗(순종)	1874~1926	正軒	朝鮮第27代王 字 君邦 本名 拓 父 高宗 著書 正軒集
拾得(습득)		寒山	著書 文集
昇光鎭(광진)	朝鮮	草庵	本貫 南原 父 潤南
昇尙守(상수)	朝鮮	常雲	本貫 昌平 追贈 通訓大夫
昇良錫(양석)	朝鮮	海岩	本貫 昌平 追贈 通訓大夫
僧佑(승우)		弘明	著書 文集
昇潤南(윤남)	朝鮮	草堂	字 大根 本貫 昌平 追贈 通訓大夫
承曆祚(응조)	朝鮮	徽巖	文臣 本貫 光山 禮曹正郎
承翼采(익채)	朝鮮	竹軒	文臣 字 鳳瑞 本貫 光山 通政大夫
勝正(승정)	1861~?	烟湖	僧侶 俗姓 姜氏
勝濟(승제)	朝鮮正祖	懶庵 虗應	僧侶 著書 懶庵集
承俊鉉(준현)	1889~1975	高峴	獨立運動家

人名	年代	號	其他
承震(진)	1890~1931	春岳	獨立運動家
承進福(진복)	朝鮮	老松 老松齋	字 德進 本貫 光山 龍驤衛副護軍
昇漢明(한명)	朝鮮	竹堂	本貫 昌平 父 有根 追贈 通訓大夫
昇漢時(한시)	朝鮮	梅軒	本貫 昌平 追贈 通訓大夫
施文用(문용)	1572~1643	明村 豐泉	文臣 字 宗祿 本貫 浙江 父 允濟 追贈 兵曹參判
時聖(시성)	1710~1776	野雲	僧侶 本貫 光山 俗姓 金氏 著書 野雲大禪師文集
示演(시연)	朝鮮英祖	朗巖	僧侶
始悟(시오)	1778~1868	縞衣	僧侶 兒名 桂芳 俗姓 丁氏 父 三達 著書 見聞錄
柴東柱(동주)	朝鮮	柏村	文臣 字 華汝 本貫 綾鄉 司憲府監察
柴懿英(의영)	朝鮮	蒙叟	文臣 字 致明 本貫 綾鄉 追贈 漢城府右尹
始益子(익자)		玉圃	著書 玉圃稿
柴煥規(환규)	朝鮮	悔翁	文臣 字 明重 本貫 綾鄉 五衛將
柴煥燁(환엽)	朝鮮	醒石	文臣 字 明維 本貫 綾鄉 中樞院議官
申氏(씨)	1753~1823	芙蓉堂 山曉閣	女流詩人 本貫 高靈 父 澔
辛氏(씨)		鷲城	著書 文集
申灠(각)	1641~1703	白石亭	字 聖源 著書 馬史抄
申鑑(감)	1560~1631	慢翁 笑仙 笑任	文臣 字 明遠 本貫 平山 父 承緒 系 光緒 江華府留守
申甲俊(갑준)	1771~1845	晚覺齋	字 又仲 本貫 平山 父 益亨 祖父 麟壽 著書 城西幽稿
申堈(강)	朝鮮	肯慕齋	文臣 字 重齊 本貫 鵝州 左承旨
申堈(강)		三柏堂	本貫 鵝州
申槩(개)	1374~1446	寅齋 養拙堂	文臣 字 子格 本貫 平山 父 晏 祖父 諱 外祖 任世正 右議政 諡號 文僖 著書 寅齋文集
申漑(개) →申用漑			
申槩(개) →申槩			
愼居寬(거관)	1498~1564	獨齋 柳齋	文臣 字 栗而 本貫 居昌 父 克正 外祖 趙衷孫 知中樞府事 諡號 恭簡
申健植(건식)	1889~1955	三岡	獨立運動家
辛鏡(경)	高麗仁宗	巖谷	文臣 本貫 靈山 門下侍郎平章事 諡號 貞懿
申經(경)		玉山亭	字 敬會 本貫 平山 父 孟一
申炅(경)	1613~1653	華隱	學者 字 用晦 本貫 平山 父 翊聖 外祖 宣祖 追贈 執義 著書 再造藩邦志
申頊(경)	1618~1697	晚軒	學者, 文臣 字 晦甫 本貫 平山 父 碩茂 外祖 尹齊孟 察訪 著書 晚軒文集

人名	年代	號	其他
申暻(경)	1696~1768	直菴	文臣 字 明允 本貫 平山 父 聖夏 祖父 琓 外祖 朴世采贊善 著書 直菴集
申憼(경)	朝鮮	困齋 困村 峻節處士	隱士 字 叔敬 本貫 平山 父 日華
申綱(경) →申綧의 初名			
申鏡(경) →辛鏡			
申景洛(경락)	1556~1615	松村	文臣 字 士中 本貫 高靈 父 澗漢 洪州牧使
辛景道(경도)	朝鮮	釣隱	文臣 字 伯道 本貫 靈山 南原府使
辛經文(경문)	朝鮮	終慕庵	本貫 靈山 父 時望
申景先(경선)	朝鮮英祖	德溪處士	本貫 平山 父 邁
申景素(경소)	朝鮮英祖	楚客	本貫 平山 父 忭
辛景衍(경연)	1570~1616	錦汀 惺菴	文臣 字 士達 本貫 寧越 父 應性 外祖 李祥麟 平安道都事 著書 錦汀集
申景衍(경연) →辛景衍			
愼景尹(경윤)	1624~1704	明谷	字 仲任 本貫 居昌 父 永建 戶曹參判 著書 文集
申經濟(경제)	1555~1610	雲溪	學者 字 景說 本貫 寧海 父 鳳祥 外祖 張世讓 著書 雲溪逸稿
申慶濟(경제)	1644~1726	石軒	字 聖會 本貫 高靈 父 悼
申景祖(경조)	朝鮮英祖	無忝	
申景祖(경조)		大谷	著書 大谷遺蹟
愼慶胄(경주)	朝鮮後期	敬窩	本貫 居昌
申景濬(경준)	1712~1781	旅庵	文臣, 學者 字 舜民 本貫 高靈 父 淶 外祖 李儀鴻 濟州牧使 著書 旅庵集
申景進(경진)	1547~1632	六友堂	隱士 字 子漸 本貫 平山 父 麟
辛慶晉(경진)	1554~1619	丫湖 又湖	文臣 字 用錫 本貫 寧越 父 應時 李珥 門人 大司憲 著書 丫湖遺集
辛景沈(경침)	朝鮮	守拙窩	
辛景夏(경하)	1864~1750	竹亭	字 實甫 本貫 靈山 父 斗寅 著書 文集
辛景行(경행)	1547~?	釣隱	功臣 字 道伯 本貫 靈山 父 埕 封號 靈成君 追贈 禮曹判書 諡號 忠翼 著書 釣隱先生文集
申景行(경행) →辛景行			
辛繼(계)	(朝鮮)	逸庵	文臣 字 善之 本貫 靈山 戶曹參判
辛繼參(계삼)	朝鮮	竹軒	文臣 字 而魯 本貫 靈山 南陽都護府事 諡號 文淑
申季誠(계성)	1499~1562	松溪 石溪	學者 字 子誠 本貫 平山 父 佯 朴英 門人 著書 松溪先生實記
辛啓榮(계영)	1577~1669	仙石	文臣 字 英吉 本貫 靈山 父 宗遠 外祖 南臺 判中樞府事 諡號 靖憲 著書 仙石遺稿

人名	年代	號	其他
申啓澄(계징)	朝鮮肅宗	隱谷	文人 本貫 高靈 父 瀞
愼公有(공유)		梅川	字 天休 本貫 居昌
申公濟(공제)	1469~1536	伊溪	文臣 字 希仁 本貫 高靈 父 洪 吏曹判書 諡號 貞敏 著書 海東名蹟
辛公濟(공제)	1899~1969	仁山	獨立運動家 本貫 靈山
申綰(관)	朝鮮正祖	石雲	本貫 平山 父 大翮 溪 大翼
辛觀烈(관열)		樵隱	著書 文集
申觀朝(관조)	韓末	冽陵	
申觀浩(관호)		恩休亭	著書 恩休亭集
申觀浩(관호)	→申櫶의 初名		
申光履(광리)	1727~179)	壽巖	文人 字 綏叔 本貫 平山 父 曔 外祖 李慶重 工曹判書 著書 壽巖遺稿
申光模(광모)		聯棣堂	本貫 高靈 父 顯祿 著書 文集
申光復(광복)	朝鮮正祖	修山	本貫 平山 父 曔
申光洙(광수)	1712~1775	石北　　五嶽山人 五巖山人 會友齋	文人 字 聖淵 本貫 高靈 父 澔 外祖 李徽 承旨 著書 石北集
申光岳(광악)	1751~?	愼齋	委巷人 字 明叔 本貫 平山
辛光業(광업)	1575~1623	龜溪	字 伯述 本貫 靈山 父 彭年 司諫
申光業(광업)	→辛光業		
申光淵(광연)	1715~1778	騎鹿子	學者 字 清之 本貫 高靈 父 澔 外祖 李徽 著書 騎鹿樵吟
申廣濟(광제)	朝鮮顯宗	赤溪	本貫 高靈 父 浡 佐郎
申光集(광집)	朝鮮英祖	湖隱	隱士 字 士協 本貫 平山 父 濮
申光弼(광필)	1553~1594	郊峯	文臣 字 隣卿 本貫 平山 父 溥
申光河(광하)	1729~1796	震澤 大澤	學者 字 文初 本貫 高靈 父 澔 左承旨 著書 震澤文集
申光漢(광한)	1484~1555	企齋　駱峰　駱峯 洞子　石仙齋　青 城洞主	文臣 字 漢之, 時晦 本貫 高靈 父 洞 祖父 叔舟 左贊成 諡號 文簡 著書 企齋集
申光絢(광현)	1813~?	蜋丸 笙園 適庵	畫家 字 錦鞗, 彛仲 本貫 平山
申光顯(광현)		笙林	著書 文集
申浤(굉)	→李浤		
辛宏珪(굉규)		遯窩	本貫 寧越
申敎善(교선)	1786~1858	渟泉	學者 字 祖卿 本貫 平山 著書 渟泉存稿
申球(구)	1666~1735	黙庵	學者 字 君美 本貫 平山 父 汝達 著書 黙庵集
愼龜重(구중)	1682~?	畏窩	字 元瑞 本貫 居昌 父 之逸 系 徽五 縣令

人名	年代	號	其他
申國賓(국빈)	1724~1799	太乙菴	學者 字 士觀 本貫 平山 父 光潤 外祖 李命夔 著書 太乙菴文集
申君平(군평)		藻鑑 无悶子	字 仲明 本貫 平山
愼權(권)	朝鮮	樂水	隱士 字 彦仲 本貫 居昌 父 友孟 著書 文集
申惓(권) →申漨			
申圭(규)	1611~?	迂齋 栗里	文臣 字 君瑞 本貫 鵝洲 父 達道 持平
申奎(규)	1659~1708	醉隱	文臣 字 文甫 本貫 平山 父 纘延 祖父 從謹 鄭泰和 門人 晉州牧使 著書 醉隱集
申虬(규) →申虬年			
申虬年(규년)	1564~1612	楓林	著書 楓林實記
申圭植(규식)	1879~1922	睨觀 余胥 一民 青丘 恨人	獨立運動家 字 公執 本貫 高靈 父 龍雨 著書 韓國魂
辛奎七(규칠)	朝鮮	泰居士	本貫 靈山 父 基昊
愼奎晟(규성)	1855~?	蘭谷	字 文星 本貫 居昌 父 宗佑 春秋館記注官
辛克熙(극희)	1873~1940	晩松	著書 文集
申近(근)	1694~1764	退修齋 道巖	文臣 字 而遠 本貫 高靈 父 世濟 承旨 著書 疑禮類說
申礈(급)	1543~1592	松谷	字 仲峻 本貫 平山 父 華國 著書 文集
申坂(급)	朝鮮明宗	霞村	本貫 鵝州 父 適道
申坂(급)	朝鮮宣祖	東江 就閒	隱士 本貫 平山 父 景福 追贈 承旨
愼圾(급)	朝鮮	梅橘亭	本貫 居昌
愼幾(기)	朝鮮太宗	景齋	本貫 居昌 父 以衷 觀察使
申耆(기)	1741~1807	菊隱	字 國老 本貫 平山 父 思憲 著書 菊隱公文稿
申夔(기) →申夔			
辛耆寧(기녕)	朝鮮	華玉	
申夔相(기상)	朝鮮正祖	蕉石	本貫 高靈 父 光洙
申箕善(기선)	1851~1909	陽園 蘆峯	大臣 字 言汝 本貫 平山 父 義朝 參政 諡號 文獻 著書 陽園遺集
申耆英(기영)	1805~1884	聿堂 汕北 汕北 老人	學者 字 穉英 本貫 平山 父 敎善 同知中樞府事 著書 聿堂雜稿
申耆永(기영) →申耆英			
愼基績(기적)		松臯	著書 松臯集
申紀周(기주)	朝鮮	繡佛齋	委巷人 字 邦彦 本貫 平山
申基俊(기준)	1896~1965	國權	體育人
申基哲(기철)	朝鮮後期	鵝洲	
辛基昊(기호)	朝鮮	愼窩	

人名	年代	號	其他
申基浩(기호)		稼軒	本貫 寧海
申吉輝(길휘)	1604~1663	幽軒	學者 字 暉遠 本貫 平山 父 活 外祖 李民顯 著書 幽軒集
申樂起(낙기) →申樂熙			
申樂熙(낙희)	?~1886	溪堂	學者 著書 溪堂草稿
申乃錫(내석)		元齋	本貫 鵝洲
辛乃沃(내옥)	朝鮮	一竹齋	字 啓而 本貫 寧越 著書 一竹齋遺集 〈洛陽世稿〉
辛瓏煥(농환)		豊巖	本貫 靈山
申能山(능산) →申崇謙의 初名			
申檀(단)	1831~?	樂園	字 景輿 本貫 平山 父 命漢
申達道(달도)	1576~1631	晚悟	文臣 字 亨甫 本貫 鵝洲 父 仡 祖父 元祿 趙穆, 張顯光 門人 追贈 都承旨 著書 晚悟先生文集
辛達庭(달정)		玉溪	本貫 寧越 著書 文集
申湛(담)	1519~1595	漁機 漁城	文臣 字 仲卿 本貫 高靈 父 永源 外祖 李允秀 李滉 門人 全州府尹
申澤(담)	1662~1729	忍齋	文臣, 學者 字 潤卿 本貫 高靈 父 必源 外祖 宋有佺 江陵府使 著書 忍齋集
申大龜(대구)	1745~1806	寒水齋	文臣, 學者 字 子元 本貫 平山 父 睍 外祖 安重謙 追贈 禮曹參議 著書 寒水齋集
申大壽(대수)		石谷	字 亨老 本貫 谷城 父 世達
申大羽(대우)	1735~1809	宛丘	文臣 字 儀夫 本貫 平山 父 晟 參判 著書 宛丘遺集
申大元(대원)	1777~?	二慕齋	本貫 寧海 父 相鎬 著書 文集
申大膺(대응)	1789~?	華石	字 大猷 本貫 平山 父 永訥
申大傳(대전)	朝鮮英祖	衡庵	本貫 平山 父 曍
申大翕(대흡)	朝鮮憲宗	雙溪	父 晟 系 瞰
申德均(덕균)	1878~1908	蒙菴	義兵 字 正孝 本貫 平山 父 泰洙
申德均(덕균)		濯清	著書 濯清先生文集
申德隣(덕린)	高麗	醇隱	書藝家 字 不孤 本貫 高靈 父 思敬 禮儀判書
申德淳(덕순)→申德均의 一名			
申德永(덕영)	1890~1968	何觀	獨立運動家
辛德羽(덕우)		興溪	著書 興溪遺稿
辛德元(덕원)		魯訥齋	本貫 靈山
申德潤(덕윤)	朝鮮仁祖	杏村	本貫 鵝州 父 禹錫
辛德潤(덕윤)	朝鮮	松湖	本貫 靈山 父 震雄
申德涵(덕함)	朝鮮	聲瘖	字 仲游 本貫 鵝洲 進士

人名	年代	號	其他
申德浩(덕호)		槃窩	本貫 鵝洲
申燾(도)		耘齋	著書 文集
愼道明(도명)	韓末	老山	本貫 居昌
辛道允(도윤)	朝鮮	竹初	本貫 靈山 父 宅華
申道希(도희)	朝鮮	耕讀子	委巷人 字 一之 父 泰蕃
辛旽(돈)	?~1371	老狐精 淸閑居士	僧侶 字 耀空 本貫 靈山 法名 遍照 別號 老狐精 榮祿大夫 集賢殿大學士
申敦均(돈균)		金谷	本貫 平山 父 在漢
辛敦復(돈복)	朝鮮宣祖	鶴山	文臣 字 仲厚 本貫 寧越 父 翊東 祖父 聖重 同知 著書 鶴山閑言抄略
申敦植(돈식)	朝鮮	夢山	學者 字 敬安 本貫 鵝洲
愼敦恒(돈항)	朝鮮後期	畏齋	字 子常 本貫 居昌 著書 畏齋集
申墩休(돈휴)		渭癡	著書 文集
愼東健(동건)	朝鮮後期	黙齋	本貫 居昌 追贈 監察
申東烈(동렬)	1899~1974	雲山	獨立運動家
辛東永(동영)	1849~1906	東湄	文臣 字 一瞻 本貫 寧越 父 鶴祚 系 承祚 外祖 金 聲祚 通訓大夫 著書 東湄遺稿
申東永(동영)	?~1928	存齋	著書 存齋遺稿
申東顯(동현)	1641~1706	梅竹堂	學者 字 晦叔 本貫 平山 字 汝夔 外祖 曹薰 著書 梅竹堂逸稿
申東熙(동희)		白堂	本貫 平山 父 錫奎
愼斗範(두범)		靑坡	著書 文集
申斗善(두선)	朝鮮高宗	梨山	字 仲如 本貫 平山 父 義朝
申遁植(둔식)	→申適道		
申得求(득구)	1850~1900	農山	學者 字 益哉 本貫 高靈 父 濟模 外祖 宋麟采 著 書 農山文集
辛得良(득량)	朝鮮	丹庵	文臣 字 士文 本貫 靈山 同知中樞府事
申得淵(득연)	1585~1647	玄圃	文臣 字 靜吾 本貫 高靈 父 湜 鄭昌衍 婿 都承 旨
辛得中(득중)	朝鮮	觀稼軒	文臣 字 時甫 本貫 靈山 僉知中樞府事
申得淸(득청)	1332~1392	理猷軒	字 澄叟 本貫 平山 父 用義 祖父 賢 吏部尙書
申得沛(득패)	朝鮮	月峯	學者 本貫 高靈
申得洪(득홍)	1608~1653	芷潭 芝溪	文臣 字 大吾 本貫 高靈 父 涌 玉果縣監 著書 芷 潭遺稿
申灠(람)	朝鮮中期	香山處士	本貫 高靈 父 應洛
申廉(렴)	朝鮮	退澗	字 學源 本貫 鵝洲 進士

人名	年代	號	其他
申輅(로)	1675~?	盤峯	書藝家 字 商甫 本貫 平山 父 拱華
申墻(류)	朝鮮	清齋	文臣 字 時受 本貫 鵝洲 縣監
申曼(만)	1620~1669	舟村	學者 字 曼倩 本貫 平山 父 翊隆 宋時烈 門人 右贊成 謚號 孝義 著書 舟村新方
申萬源(만원)		農山	著書 文集
申萬夏(만하)	1692~1774	困學齋 高山	學者 字 仲三 本貫 平山 父 紹 外祖 李俊 著書 困學齋集
申末舟(말주)	1439~1509	歸來 歸來亭	文臣 字 子楫 本貫 高靈 父 檣 全羅道水軍節度使
申望奎(망규)	1641~1701	松窩	著書 松窩逸稿 〈栗里世稿〉
申孟慶(맹경)	朝鮮光海君	雲溪	孝子 字 伯祥 本貫 原州 知縣
申冕(면)	1607~1652	遯觀堂 遯觀	字 時周 本貫 平山 父 翊聖 大提學 著書 遯觀堂遺稿
申沔(면) →申馮			
申冕求(면구)	1795~1833	菊菴	學者 字 周彦 本貫 高靈 父 鼎模 外祖 權世德 著書 菊菴遺稿
申冕周(면주)	1768~1845	市南	文臣, 學者 字 成之 本貫 鵝州 父 弘教 外祖 柳澐 修撰 著書 市南遺稿
申冕鐄(면횡)	1794~?	愚隱	文臣 字 穉鳴 本貫 鵝洲 父 必教 持平
申冕休(면휴)	1845~1933	晦堂	本貫 高靈 父 鳳求 祖父 允模 著書 文集
申命觀(명관)	朝鮮	斗湖	字 用賓 本貫 平山
申命龜(명구)	?~1698	養齋	文臣 字 禹卿 本貫 平山 父 償
申命圭(명규)	1618~1688	黙齋 適安 黙癡	文臣 字 元瑞, 君瑞 本貫 平山 父 恦 追贈 吏曹判書 著書 黙齋記聞錄
申命奎(명규) →申命圭			
申明均(명균)	1889~1941	信庵	學者 著書 信庵集
申命基(명기)	朝鮮肅宗	覽輝堂	本貫 平山 父 恦
申命復(명복)	1680~1755	海翁	學者 字 叔初 本貫 平山 父 懷 外祖 崔騰 著書 海翁集
申命淳(명순)	朝鮮	石語	本貫 平山 父 緒
申命衍(명연)	1809~1892	靄春	畫家 字 實夫 本貫 平山 父 緯 府使
申命淵(명연)	朝鮮憲宗	帶弦	本貫 平山 父 綽 系 緷 郡守
愼溟翊(명익)	1676~1728	樂水 南岡	義兵 字 南擧 本貫 居昌 父 時中 追贈 左承旨
愼命翊(명익)		謹獨	著書 謹獨集
申命翼(명익)		石湖	著書 文集
申命仁(명인)	1492~?	龜峰 松亭 風流狂客	文臣 字 榮仲 本貫 平山 父 叔根 金湜 門人 追贈 吏曹判書 謚號 貞靖 著書 龜峰申先生文集

人名	年代	號	其他
申命鼎(명정)		隱坡	文臣 字 伯疑 本貫 平山 金昌協 門人 著書 隱坡集
申命濟(명제)	朝鮮	晩川	學者 本貫 高靈
申命準(명준)	1803~1842	少霞 少霞山人	畵家 字 正平 本貫 平山 父 緯 陰城縣監
申命漢(명한) →申命準의 初名			
申命顯(명현)	?~1640	萍湖	著書 萍湖遺稿
申命鉉(명현)	1776~1820	苹湖 景然子	學者 字 幼穆 本貫 平山 著書 苹湖遺稿
申命濩(명호)	朝鮮	佩韋	本貫 平山 父 絢
申命濩(명호)	朝鮮後期	病樵	
申鳴華(명화)	朝鮮肅宗	懶齋 拙齋	字 大叔 本貫 平山 父 暠 縣監
申命和(명화)	1835~?	松亭	本貫 平山 父 纘
申命和(명화)		松齋	本貫 平山 父 叔權
申命熙(명희)		臨履齋	
辛夢三(몽삼)	1648~1711	一庵	學者 字 省三 本貫 靈山 著書 一庵文集
辛夢參(몽삼)	朝鮮	東巖	
辛夢賢(몽현)		戀齋	本貫 寧越
愼懋(무)	朝鮮肅宗	晩湖	字 勉哉 本貫 居昌 父 得義 著書 保民編
申武澈(무철)		氣齋	著書 文集
愼無逸(무일)	1676~1736	白淵	字 敬所 本貫 居昌 父 爾憲 著書 文集
愼文彬(문빈)	朝鮮後期	鋪淵	文臣 本貫 居昌 護軍
申文濟(문제)	朝鮮肅宗	龍溪 龍溪居士	畵家 本貫 高靈 父 溥
信眉(미)		慧覺	僧侶
申敏(민) →申敏一			
申敏一(민일)	1576~1650	化堂	文臣 字 功甫 本貫 平山 父 黯 成渾 門人 大司成 著書 化堂集
申昉(방)	1685~1736	鈍庵	文臣 字 明遠 本貫 平山 父 聖夏 祖父 琓 外祖 朴世采 吏曹參判 著書 鈍庵集
申昉(방)	朝鮮後期	柳川	
辛邦楫(방즙)	1556~1592	永慕堂	義兵將 字 汝濟 本貫 昌寧 父 泰
辛百鍊(백련)	高麗	莫憂亭	本貫 靈山 門下侍中 封號 播城府院君
愼伯文(백문)	朝鮮後期	秋潭	孝子 本貫 居昌
申伯雨(백우)	1887~1959	耕夫	獨立運動家 本貫 高靈
辛蕃(번)	1626~?	伊溪	文臣 字 孟衍 本貫 寧越 父 纘先 縣監
愼蕃(번) →辛蕃			
申橃(벌)	1588~1668	松臺	字 而涉 本貫 寧海 父 慶男

人名	年代	號	其他
辛汎(범)	1823~1879	蓬西	學者 字 仲淵 本貫 寧越 父 錫瑀 外祖 康桂岳 著書 蓬西遺稿
申抃(변)	1470~1521	橘宇 橘宇亭	文臣 字 樂天 樂翁 本貫 平山 父 永和 祖父 守福 追贈 吏曹判書 諡號 貞信
愼炳甲(병갑)		東郊	著書 文集
愼炳曒(병교)		友古	著書 友古集
愼炳佑(병우)	朝鮮後期	魚川	文臣 本貫 居昌 承旨
愼炳義(병의)		裕南	著書 裕南集
愼炳朝(병조)	1846~1924	士笑	著書 文集
申炳朝(병조)	→愼炳朝		
申輔均(보균)	1862~1912	眉湖	義兵 本貫 平山
辛福(복)	朝鮮	耕隱	本貫 靈山 父 克碩
辛福教(복교)	?~1623	釣隱	著書 釣隱先生文集
申福均(복균)		孝堂	本貫 平山 父 宅得
愼復明(복명)	1734~1815	養拙齋 畵葫	學者 字 達卿 本貫 居昌 父 守忱 外祖 劉潤門 著書 養拙齋集
申復淳(복순)	朝鮮成宗	懶隱	文臣 字 淳之, 淳汝 本貫 高靈 父 浚 祖父 叔舟 工曹參議
愼復振(복진)		夜川 夜潭	字 仲之 本貫 居昌 父 權 著書 夜川集
愼復行(복행)		聽松	本貫 居昌
申鳳求(봉구)	1812~1871	綺山	本貫 高靈 父 允模 著書 文集
辛奉東(봉동)	→辛泰東		
申鳳來(봉래)	1878~1947	鳳山	著書 文集
申鳳錫(봉석)	1631~1704	自足齋	學者 字 錫予 本貫 鵝州 父 堅 外祖 申孝誠 著書 自足齋遺集
申昢(불)	朝鮮	无心堂	文臣 字 叔賓 本貫 平山
申鵬(붕)		春潭	著書 春潭先生文集
申鵬濟(붕제)	朝鮮	卑牧軒	學者 本貫 高靈
申蘋(빈)		旅巖	本貫 平山
申思健(사건)	1692~1763	守齋	字 景瞻 本貫 平山 父 鐸
申思建(사건)	朝鮮英祖	守齋	本貫 平山 父 鎧
申思觀(사관)	朝鮮	理山	本貫 平山 父 覞 府使
愼思得(사득)		道軒	本貫 居昌
辛師錫(사석)	朝鮮	聾叟	本貫 靈山 父 性中
辛師聖(사성)	朝鮮	枕湖齋	本貫 靈山 父 性中

人名	年代	號	其他
申思運(사운)	1721~1801	樂耘	文臣 字 亨仲 本貫 平山 父 銃 判義禁府事
愼師典(사전)	1723~1801	觀湖	字 士徽 本貫 居昌
辛斯蔵(사천)	高麗末	曲江 洛齋	本貫 靈山 父 有隣 典工判書
辛斯蔵(사천) →辛蔵			
申思喆(사철)	朝鮮肅宗	石谷	本貫 平山 父 鎧
申汕(산)	朝鮮世祖	松舟	本貫 高靈 父 末舟 府使
愼三益(삼익)	朝鮮	四矯齋	文人 字 士友 本貫 居昌
愼三俊(삼준)		晚悟	著書 文集
申鏛(상)	1480~1530	韋庵	文臣 字 大用 本貫 平山 父 末平 刑曹判書 諡號 文節
申响(상)	1598~1662	恩休窩 退休堂	文臣 字 孝恩 本貫 平山 父 敏一 追贈 贊成 諡號 忠貞 著書 恩休集
申象求(상구)	朝鮮	商巖	本貫 高靈 父 允模 著書 文集
申相圭(상규)		晚棲	著書 文集
申相箕(상기)	1851~1934	竹醉	字 敬旭 著書 文集
申相錄(상록)	1756~?	誠菴	本貫 高靈 父 亨權 著書 誠菴集
申相璹(상선)	1835~1900	誠菴	學者 字 性源 本貫 平山 父 錫坤 外祖 鄭駿 著書 誠菴集
申相善(상선) →申相土善			
愼尚秀(상수)	朝鮮	歸止堂	本貫 居昌 父 文博
申相秀(상수)	朝鮮高宗	雲窩	著書 雲窩集
申相說(상열)		松皐	本貫 平山
申尚溶(상용)		七休齋	
申相翼(상익)	1852~1919	可川	著書 可川遺稿
申尚一(상일)	朝鮮	兹菴	委巷人 字 貫之 本貫 平山
申相濬(상준)	朝鮮	正誼齋	委巷人 字 元直 本貫 平山 父 純希
申相稷(상직)		農軒	著書 文集
申尚哲(상철)	朝鮮	懶隱	學者 本貫 平山
申相夏(상하)	1839~1906	矩庵	學者 字 繼舜 本貫 鵝州 父 命浩 系 寅協 外祖 金 精進 著書 矩庵遺集
申相憲(상헌)	1842~1911	主靜窩 慕庵	學者 字 續甫 本貫 鵝洲 著書 主靜窩遺稿
愼尚欽(상흠)	1794~?	斗泉	字 仲志 本貫 居昌 父 致煥 漢城府右尹
申穡(색) →申檣			
申恕(서)	1668~?	松湖 鶴老	書畫家 字 士推 本貫 平山
申恕一(서일) →申恕			

人名	年代	號	其他
申碩(석)	朝鮮燕山君	知止堂	文臣 本貫 高靈 長城府使
申晳(석)	1681~1724	南溪	字 聖與 本貫 平山 父 瑞華
辛石堅(석견)→辛碩祖의 初名			
愼錫寬(석관)		弘齋	著書 弘齋集
愼錫九(석구)	朝鮮後期	晚翠	文臣 本貫 居昌 參判 著書 晚翠集
申錫鷗(석구)		蘭齋	著書 蘭齋遺稿
申錫九(석구)	1875~1950	殷哉	獨立運動家 本貫 平山 父 再綺
申錫奎(석규)		鳳齋	本貫 平山 父 峻善
辛錫圭(석규)		石塢	本貫 夢州
申碩均(석균)		季窩	著書 季窩集
申錫老(석노)	朝鮮	杞軒	學者 字 子長 本貫 平山
申錫麟(석린)	朝鮮後期	靄史	
辛錫林(석림)	1776~1840	聽溪軒	學者 字 文詹 本貫 靈山 父 致輔 著書 聽溪軒文集
申碩蕃(석번)	1596~1675	百源 孤山	文臣 字 仲衍 本貫 平山 父 謹 鄭經世 門人 追贈 吏曹參議 著書 百源文集
申錫鷗(석언)		可軒	著書 可軒文集
申錫愚(석우)	1805~1865	海藏 梅莊 孟園	文臣 字 聖如, 成睿 本貫 平山 父 在業 禮曹判書 諡號 文貞 著書 海藏集
申錫愚(석우)		西槎	著書 文集
辛錫瑀(석우)		醒軒	本貫 寧越 父 起寧 著書 文集
申錫雨(석우)	1890~1951	于蒼	言論人 父 泰休
申錫祜(석우)→申錫祜			
申錫元(석원)		訒齋	字 德善 本貫 平山
申錫一(석일)		大省齋	著書 文集
辛碩祖(석조)	1407~1459	淵氷堂 淵氷	文臣 字 贊之 本貫 靈山 初名 石堅 父 仁孫 開城 府留守 諡號 文僖 著書 淵氷堂集
申碩蓄(석축)→申碩蕃			
申錫弼(석필)	朝鮮高宗	新亭	本貫 平山 父 在明
申錫海(석해)	韓末~日帝	縮巖	
申錫憲(석헌)→申錫愚			
申碩亨(석형)	朝鮮仁祖	稼亭	文臣 本貫 平山 父 謹
申錫祜(석호)	1816~1881	可軒	學者 字 德文 本貫 鵝州 父 晁瑋 著書 可軒集
申錫禧(석희)	1808~1873	韋史	文臣 字 士綏 本貫 平山 父 在業 系 在正 吏曹判 書 諡號 孝文 著書 韋史集
申錫禧(석희)→申錫鷗			

人名	年代	號	其他
申善溫(선온)	1647~1676	艾山	文臣 字 稚良 本貫 高靈 父 混 正言
申善應(선응)	1765~1814	洛浦	字 汝吉 本貫 平山 父 宅中
申渫(설) →申涌의 初名			
申暹(섬)	朝鮮	北軒	文臣 字 詣仲 本貫 鵝洲 縣監
申晟圭(성규)		遜庵	著書 遜庵先生文集
申性模(성모)	1891~1960	小滄	政治家 本貫 高靈 長官
辛性洙(성수)		蘆湖	著書 蘆湖先生文集
辛性中(성중)	朝鮮	茅潭	本貫 靈山 父 經文 著書 茅潭遺稿
辛聖重(성중)		滄湖	本貫 寧越
愼性眞(성진)	朝鮮後期	黃岡	文臣 本貫 居昌 承旨 著書 黃岡集
愼聖弼(성필)	朝鮮肅宗	敬菴	孝子 字 汝賚 本貫 居昌 父 光翊
申聖夏(성하)	1665~1736	和庵 拙菴	文臣 字 成甫 本貫 平山 父 琓 封號 平雲君 敦寧府 都正 著書 和庵集
申聖桓(성환)	朝鮮哲宗	湖南	本貫 高靈
申世權(세권)	朝鮮	素軒	文臣 字 執命 本貫 高靈 戶曹參判
申世均(세균)		三樵	著書 文集
辛世根(세근)	1864~1885	晚樵	著書 文集
辛世麟(세린)	朝鮮	農隱	文臣 本貫 靈山 春川府使
申世濟(세제)	朝鮮肅宗	松巖	本貫 高靈 父 奕
申世迪(세적)		敦庵	著書 敦庵集
申韶(소)	1715~1755	涵一齋	文臣 字 成甫, 成父 父 思健
申渢(속)	1600~1661	二知堂	文臣 字 浩中 本貫 高靈 父 景洛 系 景植 淸州牧使 編書 農家集成
辛守(수)	朝鮮	雙槐軒	學者 字 可橋 本貫 寧越 父 寶重 外祖 朴犀 著書 雙槐軒遺集
神秀(신수)		雪峯	僧侶
愼守勤(수근)	1450~1506	所閒堂	文臣 字 勤仲 本貫 居昌 父 承善 外祖 臨瀛大君 左 議政 諡號 信度
申秀誠(수성) →申季誠			
愼守彝(수이)	1688~1768	黃皐	學者, 文臣 字 君敍 本貫 居昌 父 梓 外祖 文頌 李 縡 門人 僉知中樞府事 著書 黃皐集
申壽希(수희) →申純希의 初名			
申潚(숙)	1568~1713	三畏堂	文臣 字 浩如 本貫 高靈 父 翼相 黃州牧使
申肅(숙)	韓末	何觀	本貫 平山

人名	年代	號	其他
申淑(숙)		晚翠亭	本貫 高靈
申肅(숙)	1885~1967	剛齋 是丁 癡丁	獨立運動家 初名 泰鍊
申潚(숙) →申涌			
申叔根(숙근)		東窩	本貫 平山
申叔彬(숙빈)	朝鮮燕山君	寒泉居士 寒泉處士	隱士 本貫 平山 祖父 㮣
申叔胥(숙서)	朝鮮文宗	竹堂	字 相之 本貫 平山
申叔舟(숙주)	1417~1475	保閑齋 淡淡亭 保閑 保閑堂 希賢堂	文臣, 學者 字 泛翁 本貫 高靈 父 檣 外祖 鄭有 封號 高靈府院君 領議政 諡號 文忠 著書 保閑齋集
信淳(신순)	1807~1832	一如	僧侶 俗姓 李氏
申順蒙(순몽)	朝鮮仁祖	妙亭	
申純希(순희)	朝鮮	雲谷	委巷人 字 仁配 本貫 平山
申崇謙(숭겸)	?~1927	不誼齋	武臣 本貫 平山 初名 能山 諡號 壯節 著書 不誼齋實紀
申嵩耇(숭구)	朝鮮宣祖	洛峯	文臣, 學者 本貫 平山 父 尚哲 祖父 汝吉
申習(습)		高峯 再峯	本貫 平山 父 命仁
申昇(승)	朝鮮仁祖	春州散人	隱士 本貫 平山 父 翊聖
申昇錄(승록)		晚成堂	著書 文集
愼承善(승선)	1436~1502	仕止堂	文臣 字 繼之, 子繼 元之 本貫 居昌 父 詮 祖父 以衷 封號 居昌府院君 領議政 諡號 章成
辛承禧(승희)	1886~1960	鶴皓	字 範九 本貫 寧越 父 大燁 著書 文集
辛時望(시망)	朝鮮肅宗	澤隱	學者 字 子重 本貫 靈山 父 膚 追贈 工曹佐郎
申始生(시생)	朝鮮	北松亭	武臣 本貫 鵝洲 禦侮將軍
申湜(식)	1551~1623	用拙齋 臨谷 拙齋	文臣 字 叔正, 叔止 本貫 高靈 父 仲淹 成運, 李滉 門人 知中樞府事 著書 疑禮攷證
申湜(식)		貞齋	
申鐔(심)	1662~1715	鳳洲	文臣 字 翼仲 本貫 平山 父 命圭 外祖 南好學 大司諫
申伈(심)		興溪	本貫 鵝洲
申氏夫人(씨부인)	1504~1551	思任堂 思姙堂 師姙堂 師任堂 任師齋 姙師齋	本貫 平山 父 命和 栗谷 母
申雅(아)	高麗	漢川子	文臣 字 淡叟 本貫 平山 父 翼之 祖父 謂 外祖 鄭洪義
申岳(악)	?~1900	籟湖	獨立運動家
申晏(안)	高麗~朝鮮	不老散人 黃衣翁	字 弗尤 本貫 平山 父 謂 祖父 仲明

人名	年代	號	其他
申黯(암)	朝鮮明宗	不如堂	本貫 平山 父 廷美
申黯(암)		訥菴	字 直儒 本貫 平山
申若雨(약랑) →申若雨			
申若雨(약우)	1879~1922	春潭	著書 春潭集
申若樞(약추)	朝鮮正祖	北稷	本貫 高靈 父 一權 系 璟權
申湸(양)	1596~1663	湖隱	文臣 字 湸之 本貫 高靈 父 應渠 禮賓寺正 著書 湖隱集
申懹(양)	1630~1706	寬谷	字 子平 本貫 平山 父 敏一 大司諫
申易于(양우) →申易于			
申億(억)	朝鮮	壽樂堂	學者 本貫 高靈
申馮(언)	?~1598	高山	著書 高山逸稿 〈禮州世稿〉
申彦模(언모)		悔堂	
申彦稷(언직)	1884~1961	翠洲	學者 字 舜佐 本貫 平山 父 泰運 外祖 李應錫 著書 翠洲全書
申汝敬(여경)		庸齋	著書 庸齋遺稿
申汝達(여규)		守拙堂	著書 文集
申汝極(여극)	朝鮮宣祖	池亭	武臣 字 好仁 本貫 高靈 禁衛將
申汝樑(여량)	1564~1593	鳳軒	武臣 字 重任 本貫 高靈 父 弘海 追贈 兵曹判書
申汝栻(여식)	朝鮮	石湖	文臣 字 玉甫 本貫 平山 父 梭 牧使
申汝拭(여식) →申汝栻			
申汝遇(여우)		繼拙堂	著書 文集
申汝楨(여정)	朝鮮	柏軒 松軒 梧軒	武臣 字 季任 本貫 高靈 父 弘海 軍資監正
申汝哲(여철)	1634~1701	知足堂	武臣 字 季明 本貫 平山 父 竣 祖父 景禎 工曹判書 諡號 莊武
愼汝弼(여필)	1438~?	老石	字 相父 本貫 居昌 父 仲終 府使
申渶(역)	朝鮮肅宗	月軒	文臣 字 聖紀 本貫 高靈
申易于(역우)	1576~?	道村	字 子長 本貫 平山 父 光弼
申易宇(역우) →申易于			
申易子(역자) →申易于			
申演(연)	1534~1594	寓軒	字 仲浩 本貫 寧海 父 從渭 著書 文集
辛延珪(연규)	1822~1912	野菴	著書 文集
申悅道(열도)	1589~1647	懶齋	文臣 字 晉甫 本貫 鵝州 父 仡 張顯光 門人 綾州牧使 著書 懶齋文集

人名	年代	號	其他
申濂(염)	1657~1736	晚隱 沙谷 退潤老人	文臣, 孝子 字 學源
申曄(엽)	朝鮮顯宗	虛齋	文臣 本貫 平山 父 翊全 監司
辛曄(엽)		桃隱	本貫 寧越 父 惟一
申穎(영)	朝鮮仁祖	學窩	本貫 鵝州 父 應錫
申瑩(영)	朝鮮後期	雲林子	
申穎(영) →申潁			
申櫶(영) →申炅			
辛泳圭(영규)		建齋	著書 建齋先生文集
申永均(영균)	1833~1922	忍堂 蕉醒	文臣 字 順亨 本貫 平山 父 鍾泰 外祖 李光福 清安縣監 著書 忍堂集
申英蒙(영몽)	朝鮮仁祖	肯齋	字 士豪
愼英範(영범)		菊圃	著書 菊圃遺稿
申榮三(영삼)	1896~1946	汝航	獨立運動家 本貫 平山
申永錫(영석)	朝鮮成宗	孤菴	監察
愼永成(영성)	朝鮮後期	慕齋	本貫 居昌
愼榮壽(영수)	1442~1497	山亭	本貫 居昌
申永植(영식)	朝鮮顯宗	屏巖	字 伯固
申榮雨(영우)	韓末~日帝	焰波	獨立運動家
愼永典(영전)		笑笑軒	著書 笑笑軒集
申永澈(영철)	朝鮮	倦齋	文臣 字 澈池 本貫 高靈
辛永禧(영희)	1454~1511	安亭	學者 字 德優 本貫 靈山 父 壽聃 祖父 碩祖 外祖 金孟廉 金宗直 門人 著書 師友言行錄
申榮熙(영희) →申樂熙			
辛永僖(영희) →辛永禧			
辛裔(예)	1325~1355	草亭	本貫 靈山 正堂文學 封號 鷲城府院君
申澳(오)	朝鮮仁祖	克齋	字 士濯 本貫 平山
辛澳(오)	1714~1786	月泉	著書 月泉先生文集
申忤(오) →申抃			
辛五剛(오강)		明思堂	著書 明思堂遺稿〈青坡遺集〉
申琓(완)	1646~1707	絅庵 竹西	文臣 字 公獻 本貫 平山 父 汝栻 系 汝挺 外祖 金蓋國 封號 平川君 領議政 諡號 文莊 著書 絅庵集
申完(완)	1738~1799	鷗溪	文臣, 學者 字 時聖 本貫 平山 父 熠 著書 鷗溪集
申琬(완) →申琓			
申橈(요)	1550~?	雲臥	文臣 字 季涉 本貫 高靈 父 秀溟 弼善

人名	年代	號	其他
申溧(요) →申曉			
申涌(용)	1560~1631	霞隱	文臣 字 季收, 溪脩 本貫 高靈 父 仲淹 觀察使 著書 儀禮考覽
申用漑(용개)	1463~1519	二樂亭 松溪 松坡 睡翁 二樂 二樂堂 二用 板溪 休休子	文臣字 漑之 本貫 高靈 父 泗 祖父 叔舟 金宗直 門人 左議政 諡號 文景 著書 二樂亭集
申龍求(용구)	1803~1836	梧山	本貫 高靈 父 允模 著書 文集
申鏞九(용구)	1883~1967	黙菴	本貫 平山 父 宗均
申溶均(용균)	韓末~日帝	弘道齋	
辛用錫(용석)		丫湖	著書 丫湖遺稿
申用淵(용연)		田翁	
申用義(용의)		簡齋	本貫 平山 父 賢 諡號 文暄 著書 簡齋事實
申龍泰(용태) →申泰龍			
愼龍河(용하)	朝鮮	湖隱	本貫 居昌 父 詩寬
申容熙(용희) →申用義			
申祐(우)	高麗~朝鮮	退齋	孝子, 文臣 本貫 鵝州 父 元濡 刑曹判書 著書 退齋集
申遇相(우상)	朝鮮顯宗	養拙軒	本貫 高靈 父 浤
申禹相(우상)	朝鮮正祖	懶雲	文臣 本貫 高靈 父 光洙
申禹錫(우석)	朝鮮仁祖	芝軒	本貫 鵝州 父 埰
辛宇遠(우원)	朝鮮宣祖	東岡	本貫 靈山 父 鎭
愼友徵(우징)	朝鮮後期	梅隱	字 文徵 本貫 居昌
申禹鉉(우현)	1884~1935	紫雲	獨立運動家 本貫 平山 父 孝信
申遇浩(우호)	1857~1918	泗南	字 順峯 本貫 寧海 父 宅欽 著書 文集
愼宇洪(우홍)	朝鮮後期	栗岩	本貫 居昌
申郁均(욱균)	1853~1926	小潭	著書 文集
申源(원)	朝鮮	西江	文臣 本貫 高靈 左尹
辛原慶(원경)	高麗	草齋	本貫 靈山 父 華 閤門祗侯
申元祿(원록)	1516~1576	悔堂 晦堂	孝子 字 季綏 本貫 鵝州 父 壽 追贈 戶曹參議 著書 悔堂集
申元福(원복)		靜隱	字 仲綏 本貫 鵝洲
申元錫(원석)		三溪	著書 文集
申元孫(원손)		海堂	
辛元浩(원호)	朝鮮	德峯	本貫 靈山 父 鎭瑀

人名	年代	號	其他
申緯(위)	1769~1847	紫霞 警脩堂 碧蘆舫 養硯 紫霞堂	文臣, 詩人 書畫家 字 漢叟 本貫 平山 父 年升 外祖 李永祿 戶曹參判 著書 警脩堂全藁
申濡(유)	1610~1665	竹堂 泥翁	文臣 字 君澤 本貫 高靈 父 起漢 禮曹參判 著書 竹堂集
申瀏(유)	1610~1680	鳳下	武臣 字 景淑 本貫 平山 父 祐德 著書 鳳下遺稿
申愈(유)	朝鮮顯宗	晦谷	文臣 字 伯謙 本貫 平山 父 日華 祖父 曼 著書 文集
申瑜(유)	朝鮮顯宗	白雲居士	本貫 平山 父 汝栻
申裕(유)		浩然堂	本貫 平山 祖父 叔彬
愼有(유) →愼公有			
愼惟明(유명)	朝鮮	睡庵	委巷人 字 晦卿 本貫 居昌
愼惟愚(유우)	朝鮮後期	雲堂	本貫 居昌
辛惟一(유일)		石渚	字 執中 本貫 寧越 父 夢得
申維翰(유한)	?~1598	高山	著書 高山逸稿
申維翰(유한)	1681~1752	青泉	文人, 文臣 字 士儀 周伯 本貫 寧海 父 泰來 系 泰始 奉常寺僉正 著書 青泉集
申堉(육)		養谷	著書 文集
申六羽(육우) →申大羽			
申崶(율)	朝鮮	門巖	文臣 字 壽卿
申允局(윤국)	韓末~?	海觀	
申允模(윤모)	1715~1784	四愚齋	學者 字 中立 本貫 高靈 父 顯祿 外祖 崔敏 鄭宗魯 門人 著書 四愚齋集
申潤輔(윤보)	朝鮮	五林 五林亭	學者, 文臣 字 斐卿 本貫 高靈
申潤福(윤복)	1758~?	蕙園	畫家 字 笠夫 本貫 高靈 父 漢坪 僉正
辛潤祖(윤조)	朝鮮	菊翁	本貫 靈山 兵馬節制使
辛應卿(응경)		梅隱	本貫 寧越
申應榘(응구)	1553~1623	晚退軒 晚退 晚退堂	文臣 字 子方 本貫 高靈 父 撥 外祖 尹義衡 成渾, 李珥 門人 春川府使 著書 晚退軒集
辛應望(응망)	1595~1654	寒沙	字 子尚, 希尚 本貫 寧越 父 長吉
辛應望(응망)		閑戶	本貫 靈山
辛應命(응명)	1551~1586	錦濱	字 君祐 本貫 寧越 父 輔商
愼應福(응복)	朝鮮後期	遯庵	本貫 居昌
申應錫(응석)	朝鮮仁祖	咸峯	本貫 鵝州 父 圾
申應善(응선)	1834~?	心堂	學者 字 攻玉 本貫 平山 父 相朝 著書 心堂集
申應善(응선)	韓末	翠竹	歌客 字 景賢
辛應純(응순)		省齋	本貫 寧越 父 永吉

人名	年代	號	其他
辛應時(응시)	1532~1585	白麓	文臣 字 君望 本貫 寧越 父 輔商 白仁傑 門人 弘文館副提學 諡號 文莊 著書 白麓集
申應朝(응조)	1804~1899	桂田 苟菴	文臣 字 幼安 本貫 平山 父 常顯 左議政 諡號 文敬 著書 桂田集
辛應晋(응진)	→辛慶晋		
申應泰(응태)	1643~1728	龍崖	學者 字 吉來 本貫 鵝州 父 鐔 外祖 潘鳳翼 著書 龍崖文集
申應顯(응현)	1722~1798	愚軒	文臣 字 同甫 本貫 平山 父 遂 大司憲 著書 愚軒集
申應休(응휴)		石蕉	字 應五 本貫 平山 著書 文集
申懿(의)	1813~?	撫化齋	書藝家 字 彝中 本貫 平山
辛義甲(의갑)	朝鮮	龜川	文臣 本貫 靈山 左承旨
申義慶(의경)	朝鮮光海君	西坡	字 孝直 本貫 平山 著書 文集
申意均(의균)	1837~1920	秋泉	字 難叟 本貫 平山 父 相禹
辛義立(의립)	1565~1631	竹屋	文臣 字 子方 本貫 寧越 父 乃沃 外祖 南龜壽 同副承旨 著書 竹屋遺集
申宜晚(의만)		庩東	著書 庩東漫錄
申義命(의명)	1654~1716	㟃巖	字 安叟 本貫 平山 父 揚世 著書 㟃巖先生文集
愼義明(의명)		老溪	著書 老溪集
愼義連(의연)		美溪	本貫 居昌
申懿顯(의현)	朝鮮後期	秋莊	
申儀華(의화)	1637~1662	四雅 四雅堂 四雅子 四癡	文臣, 書畵家 字 瑞明 本貫 平山 父 最 祖父 翊聖 外祖 沈熙世 正言 著書 四雅子遺集 〈春沼子集〉
申彜(이)	高麗	愼歸堂	節臣 本貫 平山 父 謂 版圖判書
申以簡(이간)	1672~1735	三溪	字 伯約 本貫 寧海 父 漢心 著書 三溪逸稿 〈栗里世稿〉
辛二岡(이강)	1601~1661	靑坡	學者 字 柔叔 本貫 寧越 父 希稷 著書 靑坡遺集
申履謙(이겸)	1606~1661	陶原	著書 陶原逸稿 〈栗里世稿〉
申履慶(이경)	1609~1681	六懼堂 六懼	著書 六懼堂逸稿 〈栗里世稿〉
辛履奎(이규)		菡溪	字 太素 本貫 靈山
申履常(이상)	1607~1677	茆浦 藥浦	著書 茆浦逸稿 〈栗里世稿〉
愼爾儀(이의)	1625~1696	醉村 明發窩	學者, 文臣 字 可象 本貫 居昌 父 齊尹 世子侍講院侍直
申惀翼(익)	1726~1778	素心	文臣, 學者 字 文心 本貫 平山 父 景先 外祖 李泰壽 追贈 議政府參贊 著書 素心遺集
申益均(익균)	1879~1939	果庵	學者 字 敬高 本貫 平山 父 泰德 外祖 鄭在澤 著書 果庵集

人名	年代	號	其他
申益均(익균)		戀松	著書 戀松集
申翊亮(익량)	1590~1650	象峯	文臣 字 君輔 本貫 平山 父 鑑 外祖 趙仁後 承旨
申翊隆(익릉)	?~1657	濠梁	文臣 字 君弼 本貫 平山 父 鑑 侍直
申翼相(익상)	1634~1697	醒齋 六吾堂	文臣 字 叔弼 本貫 高靈 父 浣 右議政 諡號 貞簡 著書 醒齋集
申益隆(익릉) →申翊隆			
申翊聖(익성)	1588~1644	樂全堂 樂堂 樂齋 樂全東淮　東淮居士	文臣 字 君奭 本貫 平山 父 欽 宣祖 婿 封號 東陽尉 諡號 文忠 著書 樂全堂集
申益烍(익엽) →申益愰			
申翊全(익전)	1605~1660	東江 花川	文臣 字 汝萬 本貫 平山 父 欽 外祖 李濟臣 金尚憲 門人 都承旨 著書 東江集
申翼之(익지)	朝鮮初期	退憂堂	字 聖輔 本貫 平山 父 諱 祖父 仲明
申翼浩(익호)	朝鮮後期	古山	
申翊虎(익호) →申翊亮			
申益愰(익황)	1672~1702	克齋	學者 字 明仲 本貫 平山 父 命全 追贈 大司憲 著書 克齋集
申翼熙(익희)	1894~1956	海公	獨立運動家 政治家 字 汝耉 本貫 平山 父 檀 國會議長
辛引裾(인거)	高麗	克齋	文臣 本貫 靈山 判通禮門事 諡號 文獻
申麟求(인구)	1817~1887	然叟	本貫 高靈 父 允模 著書 文集
辛寅珪(인규)		桂洞處士	本貫 寧越
申仁錡(인기)		苴隱	本貫 平山
愼仁道(인도)	朝鮮	道隱	文臣 本貫 居昌 父 思敬 祖父 儒 戶曹判書
愼仁明(인명)	1724~?	老岡	文臣 字 宅初 本貫 居昌 父 持平 守彝 著書 老岡集
愼認明(인명) →愼仁明			
辛引孫(인손)	1384~1445	石泉	字 祚胤 本貫 靈山 父 有定 外祖 薛崇 藝文館大提學 諡號 恭肅
辛馹(일)	朝鮮中期	三一堂	文臣 字 鶴之 致遠 本貫 靈山 判決事 著書 三一堂詩集
申日華(일화)	朝鮮孝宗	峻節齋	本貫 平山 父 曼
申鈺(임)	1642~1725	寒竹堂 竹里 寒竹	文臣 字 華仲 本貫 平山 父 命圭 追贈 領議政 諡號 忠景 著書 寒竹堂集
申立仁(입인)	1736~1804	懼菴	學者 字 天民 本貫 鵝州 父 道湜 外祖 趙衍胤 著書 懼菴文集
申子杠(자강)	朝鮮	遯窩	文臣 字 惠叟 本貫 高靈 府使
愼自健(자건)	1459~1543	松齋	文臣 字 杓直 本貫 居昌 父 後甲 江原道觀察使

人名	年代	號	其他
申自繩(자승)	朝鮮世宗	東湖 東湖居士	字 直夫 本貫 平山 父 槩
申綽(작)	1760~1828	石泉	學者, 文人 字 在中 本貫 平山 父 大羽 外祖 鄭厚一 禮曹參議 著書 石泉遺稿
申潛(잠)	1491~1554	靈川 靈川子 靈山子 峨嵯山人	文臣, 書畫家 字 元亮 本貫 高靈 父 從濩 尙州牧使 著書 靈川集
申礎(잡)	1541~1609	獨松 獨松齋	文臣 字 伯峻 仲峻 本貫 平山 父 華國 封號 平川府院君 追贈 領議政 諡號 忠獻
申檣(장)	1382~1433	巖軒 鶴村	文臣 字 濟夫 本貫 高靈 父 包翅 祖父 德麟 外祖 鄭有 集賢殿大提學
辛藏(장) →辛蔵			
辛長吉(장길)		敬直齋	本貫 寧越
申在(재)	朝鮮	禾谷	文臣 字 文若 本貫 鵝洲 縣監
申梓(재)		鶴村	著書 鶴村私稿
愼在寬(재관)	1814~?	晚翠	字 舜五 本貫 居昌 父 必驥 校理
申在根(재근) →申在植			
申在寺(재사) →申在壽			
申在錫(재석)	1830~1910	由齋	著書 由齋先生文集
申在壽(재수)	1828~1895	反求齋	學者 字 士一 本貫 平山 父 相五 外祖 朴正鉉 著書 反求齋遺集
辛在淳(재순)	1845~1913	藥山	
辛在純(재순)		友山	本貫 寧越
申在植(재식)	1770~?	翠微	文臣 字 仲立 本貫 平山 父 光蘊 吏曹判書 諡號 文淸 著書 翠微集
申在應(재응)	朝鮮正祖	汲齋	文臣 字 時叔 本貫 平山 父 光集
愼在翼(재익)		龜巖	著書 龜巖集
辛在瓚(재찬)		於巖	本貫 寧越
愼在哲(재철)	1803~1872	松菴	學者 字 明吾 本貫 居昌 父 玉顯 外祖 李養晦 著書 松菴遺稿
申在學(재학)	韓末	慕堂	本貫 平山
申在漢(재한)		屛山	本貫 平山
愼在巘(재헌)	朝鮮後期	箴齋	本貫 居昌
申在衡(재형)	1649~1697	雙淸堂	字 伯欽 本貫 平山 父 聖龜 著書 文集
辛在珩(재형)		龍窩	著書 文集
申在孝(재효)	1812~1884	桐里 戶長	판소리硏究家 字 百源 本貫 平山 父 光洽 戶曹參判兼同知中樞府事 著書 詩文集

人名	年代	號	其他
申渚(저)	1544~1588	靜觀齋	著書 文集
申適道(적도)	1574~1663	虎溪 虎隱	學者, 義兵將 字 士立 本貫 鵝溪 父 仡 察訪 著書 虎溪遺集
辛荃(전)	朝鮮	春谷	文臣 本貫 靈山 僉知中樞府事
申梲(절)	朝鮮	天捧堂	學者 本貫 高靈
申哲(절) →申晢			
申點(점)	1530~?	惕齋	武臣 字 聖與 本貫 平山 父 廷美 系 順美 禮曹判書 封號 平城府院君 諡號 忠景
申最(정)	1628~1683	汾厓 夢齋	文臣 字 伯東, 寅伯 本貫 平山 父 翊全 祖父 欽 外祖 趙昌遠 江華府留守 諡號 文肅 著書 汾厓集
申挺立(정립) →申活의 初名			
申正模(정모)	1691~1742	二耻齋	文臣 字 景楷 本科 鵝州 父 德溢 系 德洵 外祖 李星耆 居昌府使 著書 二耻齋集
辛廷黙(정묵)	1860~1922	錦山	著書 錦山詩稿
申正栢(정백)	1877~1929	南岡	義兵 字 正宇 父 命鎬
申正遠(정원)	朝鮮	晚圃	本貫 鵝洲 進士
辛正遠(정원)	朝鮮	農隱	本貫 寧越 父 相鎭
申鼎周(정주)	1764~1827	陶窩	學者 字 景伯 本貫 鵝州 父 種仁 祖父 道澂 著書 陶窩集
申鼎辰(정진)	朝鮮	勉菴	本貫 鵝洲 進士
申靖夏(정하)	1680~1715	恕庵 石湖	文臣 字 正甫 本貫 平山 父 琓 系 瑜 金昌協 門人 獻納 著書 恕庵集
申正會(정회)→申德均의 一名			
申正熙(정희)	1833~1895	香農	將軍 字 中元 本貫 平山 父 櫶 統衛使 諡號 靖翼 編書 訓練都監重記
申梯(제)	朝鮮初期	晦軒	本貫 高靈 父 包翅 司憲府監察
辛悌立(제립)	朝鮮仁祖	彎湖	武臣 字 善伯
申濟模(제모)	1816~1873	嵌菴 屛湖	志士 字 士楫 本貫 高靈
申存植(존식)		墨泉	著書 文集
申身嬰(종)	1743~?	白下	文臣 字 明承 本貫 平山
愼鍾龜(종구)	1840~?	丹士	字 夏瑞 本貫 居昌 父 在暮 系 在正
愼宗國(종구)	朝鮮	知足堂 知止堂	本貫 居昌 父 炳弼 著書 知足堂集
辛鍾斗(종두)	1823~1886	鶴圃	詩人 字 允士 本貫 寧越 父 在鎭 外祖 崔珪師 著書 鶴圃集
愼宗麟(종린)	韓末	存心	本貫 居昌
辛宗黙(종묵)		春史	本貫 寧越

人名	年代	號	其他
申從薄(종박) →申從溥			
申從溥(종부)	?~1575	拱北亭	著書 拱北亭事實
辛鍾燮(종섭)	1888~1920	金弨	獨立運動家
申宗洙(종수)	朝鮮	石門	學者 本貫 高靈
申從渭(종위)	1501~1583	勿村	字 澄源 本貫 寧海 父 眷
申從渭(종위)	?~1643	竹老	著書 竹老逸稿
愼宗喆(종철)	韓末	槐坡	本貫 居昌
愼宗學(종학)	朝鮮	學隱	本貫 居昌 父 炳弼
申從濩(종호)	1456~1497	三魁堂 三魁	文臣 字 次韶 本貫 高靈 父 澍 祖父 叔舟 京畿道 觀察使 著書 三魁堂集
申鍾浩(종호)	1827~1906	泗隱	學者 字 達元 本貫 平山 父 秉欽 外祖 金宏運 柳致明 門人 著書 泗隱文集
申佐模(좌모)	1799~1877	澹人	文臣 字 左輔 本貫 平山 父 憲祿 外祖 金宗厚 吏曹判書 著書 澹人集
辛柱(주)	朝鮮宣祖	終慕堂	武臣 本貫 靈山
申週直(주직) →申適道			
申浚(준)	1444~1509	懶軒	文臣 字 彦施 本貫 高靈 父 叔舟 封號 高靈府院君 諡號 昭安
申晙(준)	朝鮮英祖	百愚堂	文臣 本貫 平山 父 思億 執義
申濬良(준량)		高峯	本貫 平山 父 習
申峻善(준선)		松翠	本貫 平山 父 亨朝
愼俊彭(준팽)	朝鮮英祖	竹清	字 述古 本貫 居昌 同知中樞府事 著書 竹清集
申重慶(중경)		琴書堂 琴書室	字 德裕 本貫 高靈
申重度(중도) →申重慶			
申重模(중모)	朝鮮	陶涯	字 士範 本貫 鵝洲 進士
申楫(즙)	1580~1639	河陰	文臣 字 汝涉 本貫 寧海 父 慶男 司僕寺正 著書 河陰文集
申墀(지)	1706~1780	伴鷗翁	著書 伴鷗翁遺事
申祉(지)		風乎亭	字 篤慶 本貫 丹陽 著書 文集
申智(지)		聲啞	著書 文集
申智男(지남)	1559~1635	西峰	學者 字 明遠 本貫 寧海 父 馮 追贈 工曹佐郎 著書 文集
申智立(지립)	1587~1678	三益堂	學者 字 子遺 本貫 寧海 父 湜 外祖 金弘範 著書 三益堂遺稿
辛之遜(지손)	朝鮮	西溪	本貫 靈山 父 騂

人名	年代	號	其他
申之益(지익)	朝鮮仁祖	養一堂	文臣 字 舜擧 本貫 高靈
辛志翊(지익)	1811~1872	桂山	學者 字 士圭 本貫 靈山 父 碩翰 外祖 李弘善 著書 桂山集
申之悌(지제)	1562~1624	梧齋 梧峰	文臣 字 順甫 本貫 鵝州 父 夢得 承旨 著書 梧齋集
申之孝(지효)	1561~1592	鷹巖	孝子 字 達夫 本貫 鵝州
愼知欽(지흠)	朝鮮	夢樵	委巷人 字 一之 本貫 居昌
申直求(직구)		樵叟	字 致萬 本貫 高靈
申直模(직모)	1804~?	晚晦軒	文臣 字 中立 本貫 高靈 父 晟祿 著書 文集 大司諫
申津(진)	1537~?	爐谷 爐巖 楓巖	文臣 字 濟世 本貫 高靈 父 光漢 都事
申緝(진)	朝鮮純祖	社樵	本貫 平山 父 大羽
辛晋(진)		湖慶	著書 文集
申震龜(진구)	朝鮮	竹厓	本貫 鵝洲 進士
申軫求(진구)	?~1927	庸齋	著書 庸齋遺稿
申珍求(진구)		南隱	本貫 高靈
申珍湜(진식)		德齋	本貫 平山 父 鉉極
辛鎭瑀(진우)	朝鮮	錦溪	本貫 靈山 父 國坤
申晋運(진운)	1849~1922	晚窩	著書 晚窩遺稿
申鎭元(진원)	朝鮮	素窩	隱士 本貫 平山
申諿(집)	高麗末	休黙子 休黙齋	節臣 本貫 平山 父 仲明
申漢(집)	朝鮮肅宗	鍾山	字 老泉 本貫 高靈 父 得冶 祖父 浦
申緝(집)	朝鮮英祖	石湖	本貫 平山 父 大權
申緝(집)		春觀	著書 文集
申續暹(찬섬)	朝鮮	巷南	委巷人 字 子華 本貫 平山
申昶模(창모)	朝鮮	鳳庵	文臣 本貫 高靈 全羅道觀察使
申彰雨(창우)	→申嶽의 一名		
申昌朝(창조)	1753~1833	籠潭	學者 字 公晚 本貫 寧海 父 德一 外祖 張遇天 著書 籠潭集
申埰(채)	1610~1672	忍齋	學者 字 子卿 本貫 鵝州 父 適道 外祖 尹淳 成均進士 著書 忍齋遺集
申采模(채모)		田隱	本貫 高靈
申采浩(채호)	1880~1936	丹齋 丹生 無涯生 一片丹生	獨立運動家 學者 本貫 平山 父 光植 著書 朝鮮上古史
愼處愚(처우)	朝鮮	西軒	本貫 居昌
辛蕆(천)	1264~1339	德齋	文臣 本貫 靈山 判密直司事 諡號 凝淸 著書 德齋遺稿

人名	年代	號	其他
申葳(천) →辛葳			
愼天能(천능)	朝鮮後期	風岳	本貫 居昌 著書 風岳集
申天達(천달)	朝鮮	花谷	進士 本貫 鵝洲
愼天翊(천익)	1592~1667	素隱 玄洲	文臣 字 伯擧 本貫 居昌 父 諿 漢城府左尹 著書 素隱湖山合集
申轍求(철구)	朝鮮憲宗	眉南	文臣 字 軫明 本貫 高靈 大司成
申轍雨(철우)	1868~1960	蘇眉	著書 蘇眉文集
申喆休(철휴)	韓末~日帝	海影	獨立運動家
申體仁(체인)	1731~1812	晦屛 晦宇	學者 字 子長 本貫 鵝州 父 道一 著書 晦屛文集
辛礎(초)	1568~1637	聞巖	武將 字 友叟 本貫 靈山 父 希壽 追贈 兵曹判書 諡號 忠莊 著書 聞巖集
申礎(초)	朝鮮	老松亭	文臣 本貫 高靈 左承旨
申最(최)	1619~1658	春沼 春沼子	文臣 字 季良 本貫 平山 父 翊聖 外祖 宣祖 咸鏡道都事 著書 春沼子集
申最(최) →申㝡			
申最夏(최하)		高山	著書 高山遺稿〈困學齋集〉
申錐(추) →申鎚			
申椿年(춘년)	朝鮮	栗亭	字 壽翁 本貫 鵝州 參奉
申就潭(취담)		醉淹	本貫 平山
申致龜(치구)	1777~1851	棲碧亭	學者 字 洛文 本貫 平山 父 崇烈 外祖 李重休 著書 棲碧亭遺集
辛致權(치권)	朝鮮	玉溪	本貫 寧越 父 思喆
申致謹(치근)	朝鮮肅宗	在澗	本貫 平山 父 輔
辛致復(치복)		西圃	本貫 寧越
申致雲(치운)	1700~?	三之堂	字 公望 本貫 平山 父 輈
申致遠(치원)	1671~1754	無何翁	學者 字 毅伯 本貫 平山 父 轍 知中樞府事 著書 無何翁遺稿
愼致中(치중)	朝鮮	黙逸軒	隱士 字 子和
申晫(탁)		養新齋	著書 文集
申泰觀(태관)	1826~?	芝山	字 國賓 本貫 平山 父 錫基
申泰寬(태관)	1839~?	留堂	字 公五 本貫 平山 父 錫萬
申泰求(태구)	朝鮮	覺齋	學者 著書 覺齋文集
辛泰東(태동)	朝鮮後期	白石	本貫 寧越 父 聖重 縣監
申泰龍(태룡)	1864~1898	道陽	學者 著書 道陽集
申泰蕃(태번)	朝鮮	寶晉齋	委巷人 字 士受 本貫 平山

人名	年代	號	其他
辛兒成(태성)		沙湖	本貫 寧越
辛泰承(태승)	1844~1913	愼窩	著書 愼窩遺稿
申泰植(태식)	1864~1932	島山 島庵	獨立運動家 字 悅卿 本貫 平山 父 命夏
申泰英(태영)	朝鮮	蘇齋	委巷人 字 士實
申泰佑(태우)		野隱	著書 文集
申泰運(태운)	1806~?	愼軒	字 致亨 本貫 平山 父 錫珪
申泰一(태일)	1852~1938	希菴	著書 希菴文集
申泰鎭(태진)	1812~1902	竹軒	著書 文集
申泰學(태학)		活堂	字 士文 本貫 平山
申泰玄(태현)	1869~1948	惠泉	著書 文集
申泰熙(태희)	朝鮮純祖	晶陽道人	
申泰熙(태희)	朝鮮後期	珪堂	
申澤(택)	朝鮮肅宗	忍齋	
申澤(택) →申薄			
申宅權(택권)	朝鮮中期	樗庵	學者 著書 樗庵漫稿
申宅得(택득)		望軒	本貫 平山
申宅和(택화)	1728~1800	東湖	文臣, 學者 本貫 平山 父 光漢 系 光礎 外祖 安仁靜 平安道都事 著書 東湖遺集
辛宅華(택화)	朝鮮	奇巖	本貫 靈山 父 應大
申坂(판) →申坂			
申八均(팔균)	1882~1924	東川	獨立運動家 本貫 平山 父 爽熙 陸軍正尉
申枰(평)	朝鮮世宗	靜隱	本貫 高靈 父 包翅 司諫院正言
申誧(포)	朝鮮成宗	藏六堂 虛舟	畵家 字 持正
申舖(포) →申誧			
申包翅(포시)	高麗~朝鮮	壺谷 壺村	文臣 字 樹隱 本貫 高靈 父 德隣 參議
申渢(풍) →申渢			
愼必珏(필각)		中皐	著書 中皐集
愼必儉(필검)	朝鮮後期	德峰 省軒	本貫 居昌
愼必復(필복)	朝鮮後期	鶴浦	文臣 本貫 居昌 執義
申弼成(필성)	1646~1716	鷹峯 廬峯	文臣 字 退伯 本貫 平山 父 厚錫 著書 鷹鋒遺稿
申必渻(필성)	朝鮮	雪松	學者 本貫 高靈
愼必純(필순)	朝鮮後期	篤信	本貫 居昌
申弼永(필영)	1810~1865	玉坡	本貫 平山 父 孝善 參奉 著書 玉坡遺稿

人名	年代	號	其他
申必源(필원)	朝鮮顯宗	睡隱	文臣 本貫 高靈 父 澲
申弼貞(필정)	1656~1729	病翁	學者 字 元伯 本貫 平山 父 厚錫 外祖 朴文度 追贈 執義 著書 訓蒙易義
申必貞(필정) →申弼貞			
申必淸(필청)	1647~1710	竹軒 夏谷	文臣 字 淸之 本貫 高靈 父 集 外祖 權緖 著書 竹軒集
愼必祖(필조)	朝鮮後期	靜窩	本貫 居昌
愼必璜(필황)	1799~1832	樓橋	隱士 字 舜七 本貫 居昌
申弼欽(필흠)	1806~1866	泉齋	學者 字 伯翰 本貫 平山 父 致赫 外祖 趙錫一 著書 泉齋先生文集
愼必熺(필희)		雲湖	著書 雲湖集
辛河鏡(하경) →辛鏡			
申㵉(학)	1645~?	晩悔堂 晩川	文臣 字 道源 本貫 高靈 父 得洪 承旨
愼學敬(학경)	朝鮮	雲田	委巷人 字 文熙 本貫 居昌
辛鶴祚(학조)	1807~1876	東岡	著書 文集
申學休(학휴)	1833~1898	芝史	本貫 高靈 父 龍求 祖父 允模 著書 文集
申瀚(한)	1611~1676	四吾	字 景藏 本貫 平山 父 祐德
申僩(한)	朝鮮	成軒	文臣 字 思毅 本貫 鵝洲 上護軍
申漢傑(한걸)		三知堂	本貫 鵝洲
申瀚模(한모)		竹川	本貫 高靈
申漢枰(한평)	1726~?	逸齋	畵家 本貫 高靈 父 潤福 僉節制使
申涵光(함광)		聰山	著書 聰山詩集
辛恒文(항문)		晩隱	本貫 寧越 父 宗黙
申海觀(해관)	1740~1794	松塢	字 大遠 本貫 寧海 父 聖洛 著書 文集
申海永(해영)	1865~1909	東凡	官吏, 敎育者 字 潤一 本貫 平山 父 正善
愼海翊(해익)	1592~1616	湖山 病翁 病隱 醉病翁	文臣 字 仲擧 本貫 居昌 父 諲 禮曹佐郞 著書 湖山集
申海一(해일) →申敏一			
申海澈(해철)	1900~1941	友石	著書 文集
申涬(행)	朝鮮肅宗	閑存齋	學者 本貫 高靈 父 得滋 敎官
申櫶(헌)	1810~1854	冠巖 恩休 琴堂 東陽 養石堂 養石齋 藝隱 于石 威堂 恩休亭 中一齋	武臣, 外交家 字 國賓 本貫 平山 初名 觀浩 父 義直 祖父 鴻周 判三軍府事 謚號 壯肅 著書 民堡輯說
申獻求(헌구)	朝鮮純祖	白坡 臥念齋	文臣 字 季文 本貫 高靈 判書

人名	年代	號	其他
申獻朝(헌조)	1752~1807	竹醉堂	字 汝可 本貫 平山 父 應顯 原州牧使 著書 竹醉堂遺稿
辛革(혁)	1268~?	草堂	文臣 本貫 靈山 父 至和 封號 靈山府院君 左贊成事
辛赫柱(혁주)	朝鮮	星巖 農隱	本貫 寧越 父 宗魯
申賢(현)	1298~1377	雲月齋	字 信敬 本貫 平山 諡號 文貞
申賢(현)	?~1377	華海師 不諼齋	本貫 平山 著書 華海師全
申絢(현)	1764~?	實齋	文臣 字 受之 本貫 平山 父 大羽
辛䫨(현)		草堂	本貫 寧越
申鉉國(현국)	1869~1949	直堂	學者 字 士賢 本貫 平山 父 萬均 外祖 李亮緖 著書 直堂集
申鉉極(현극)		道菴	本貫 平山 父 敦均
申鉉大(현대)	1867~1945	愼黙堂	著書 愼黙堂遺稿
申鉉德(현덕)		龍隱	著書 龍隱先生文集
申顯祿(현록)	1752~1828	鶴沙 四暇	文臣, 學者 字 用晦 本貫 高靈 父 佐權 外祖 許集 麻田郡守 著書 鶴沙集
申鉉穆(현목)		蒼江	著書 文集
申鉉卨(현설)		白愚齋	著書 白愚齋集
申鉉夙(현숙)	朝鮮	道川	本貫 平山 父 用均
申鉉叔(현숙)		守谷	本貫 平山 父 福均
申鉉禎(현정)	朝鮮哲宗	西山居士	文臣 本貫 平山
申鉉中(현중)	1877~1942	栗峰	學者 字 景一 本貫 平山 父 漢均 外祖 金貞鉉 著書 栗峰集
申俠(협)		芝玉齋	本貫 平山
申泂(형)	朝鮮成宗	海翁	文臣 字 泂之 本貫 高靈
申珩(형)	朝鮮後期	懷洲	
辛亨奎(형규)	1890~?	義山	大倧敎人 本貫 靈山
申亨朝(형조)		竹軒	本貫 平山
申濩(호)	朝鮮明宗	惟菴	字 德弘 本貫 永川 父 光弼
申灝(호)	1588~1650	鏡湖	著書 鏡湖逸稿〈栗里世稿〉
申壕(호)	1618~?	烟沙	文臣, 書畵家 字 仲固 本貫 平山 參奉 著書 文集
申浩(호)		古亭	字 彦源 本貫 平山
申顥仁(호인)	1762~1832	三洲	學者 字 士吉, 原明 本貫 平山 父 重奎 外祖 崔重會 著書 三洲先生文集
申混(혼)	1624~1656	草菴 初菴	文臣, 畵家 字 元澤 本貫 高靈 父 起漢 修撰 著書 草菴集

537

人名	年代	號	其他
愼泓(홍)		二寓堂	本貫 居昌
申弘道(홍도)	朝鮮	鼎峰	文臣 字 大中 本貫 鵝洲 訓導
申鴻來(홍래)		遯溪	本貫 平山
辛弘立(홍립)	1558~?	秋厓	字 公遠 本貫 寧越 父 乃沃 著書 秋厓公遺集〈洛陽世稿〉
申弘望(홍망)	1600~1673	孤松	文臣 字 望久 本貫 鵝州 父 之悌 豊基郡守 著書 孤松集
愼鴻錫(홍석)		禾菴	著書 文集
申洪植(홍식)	1872~1937	東吾	獨立運動家
申弘遠(홍원)	1787~1865	石洲	學者 字 穉亨 本貫 平山 父 思德 外祖 孫增九 著書 石洲文集
辛弘祚(홍조)		伊溪	本貫 寧越
申弘之(홍지)		醉夢軒	
申弘轍(홍철)		海隱	本貫 寧海
申弘浩(홍호)	朝鮮後期	霞山	
申弘休(홍휴)		鳳南	著書 文集
信和(신화)	1658~1737	慈應	僧侶 本貫 晉州 俗姓 李氏 父 泗男
辛華(화) →辛革			
申瓛(환)	?~1659	楓巖	字 獻之 本貫 平山
申活(활)	1576~1543	竹老	學者 字 景卓, 景濯 本貫 平山 父 俊民 著書 竹老集
申懷(회) →申瀁			
申淮翰(회한) →申維翰			
申曉(효)	朝鮮初期	曉齋 晚窓 西湖 西湖散人 曉窓	文臣 本貫 平山 父 晏 外祖 任世正 教授官
愼孝先(효선)	1506~?	德齋	本貫 居昌
申孝善(효선)	1783~1821	朗巖	本貫 平山 父 獻朝 著書 浪巖集
申孝昌(효창)	高麗末	華峯	字 聖大 本貫 平山
申㴻(후)	朝鮮肅宗	坐忘子	學者 字 翊卿 本貫 平山
愼後聃(후담)	1702~1761	河濱 遯窩	文人 學者 字 耳老 本貫 居昌 父 九重 李瀷 門人 著書 河濱集
申厚命(후명)	1638~?	林下堂	字 天休 本貫 平山 父 衛耆 著書 文集
申厚錫(후석)	朝鮮	萍居	學者 本貫 平山 父 嵩耆
愼後尹(후윤)		大谷	字 東老 本貫 居昌
愼後尹(후윤)		打愚	字 東谷
愼後恩(후은)	朝鮮	太古子	學者 字 幻乂 本貫 居昌

人名	年代	號	其他
申厚載(후재)	1636~1699	葵亭 恕庵	文臣 字 德夫 本貫 平山 父 恒耉 漢城府判尹 著書 葵亭集
辛薰(훈)		靈巖	著書 靈巖集
申徽(휘)	1566~1628	五友堂	文臣 字 子猷 子獻 本貫 平山 父 用休 正郎
辛徽順(휘순)		野隱	本貫 寧越 父 寅珪
申忔(흘)	1550~1614	城隱	學者, 文臣 字 懼之 本貫 鵝州 父 元祿 外祖 李智源 教授 著書 城隱逸稿
申欽(흠)	1566~1628	象村 敬堂 南皐 放翁 百拙 傳林道人 旅庵 玄翁 玄軒	學者, 文臣 字 敬叔 本貫 平山 父 承緖 外祖 宋麟壽 李濟臣 婿 領議政 諡號 文貞 著書 象村集
申興權(흥권)	朝鮮哲宗	活山	
申興暹(흥섬)	朝鮮	淸溪	委巷人 字 子熙 本貫 平山
申興雨(흥우)	1883~1959	金霞	獨立運動家, 政治家
申興孝(흥효)	朝鮮	桂月堂	文臣 字 行初 本貫 鵝洲 同知中樞
辛喜季(희계)	1606~1669	松西	字 士桂 本貫 寧越 父 慶晉
申熙均(희균)		敬易齋	本貫 鵝洲
愼喜男(희남)	1523~1597	潛溪	文臣 字 吉遠 本貫 居昌 父 友張 外祖 金濟 兵曹參議
申熙溟(희명)	朝鮮	滓浦	委巷人 本貫 高靈 太醫
愼希復(희복)	1493~1565	觀泉子 梅川	文臣 字 養叔 本貫 居昌 父 敦禮 趙光祖 門人 右參贊 諡號 莊靖
愼熙晟(희성)		蕉軒	著書 文集
愼希天(희천)	1677~1567	荷塘	隱士 字 聖伯 本貫 居昌 著書 文集
愼希後(희후)	→愼希復		
沈家甫(가보)	朝鮮世祖	門巖	字 世臣 本貫 三陟 父 孟恩
沈㲄(각)	1695~?	晚悟	字 居玉 本貫 靑松 父 得良
沈紺先(감선)		壽堂	本貫 豊山
沈棡(강)		曉窓	本貫 靑松
沈健永(건영)	1737~1784	寒溪	學者 字 伯高 本貫 靑松 父 維鎭 戶曹佐郎 著書 寒溪集
沈建杓(건표)	→沈遠杓		
沈景三(경삼)		松浦	著書 文集
沈繼年(계년)	高麗	遁齋	文臣 字 瑞日 本貫 靑松 知成州事
沈啓淳(계순)	1852~1926	竹坡	著書 竹坡遺稿
沈繼澤(계택)	1851~1930	石田	學者 本貫 靑松 著書 石田遺稿
沈公著(공저)	朝鮮	桂東	學者, 文臣 字 景晦 本貫 靑松

人名	年代	號	其他
沈光世(광세)	1577~1624	休翁	文臣 字 德顯 本貫 青松 父 掩 外祖 具思孟 舍人 著書 休翁集
沈光涑(광속) →沈光洙			
沈光洙(광수)	1598~1662	魯淵 魯溪	學者 字 希聖 本貫 青松 父 詻 外祖 權徵 追贈 吏曹參判 著書 魯淵遺稿
沈光彦(광언)	1490~1568	鈍菴	文臣 字 彦之 本貫 青松 父 濱 祖父 璿 趙光祖 門人 知中樞府事 諡號 胡安
沈光彦(광언) →沈彦光			
沈光憲(광헌)	朝鮮	三巖	文臣 字 彦章 本貫 青松 父 澧 府使
沈光亨(광형)	朝鮮中期	霽湖	文臣 字 文翁 本貫 青松 父 淳
沈光炯(광형)→沈光彦의 一名			
沈溝(구)	(朝鮮太宗	面巖亭	字 渭叟 本貫 青松 父 繼年
沈龜齡(구령)	1350~1413	屏潭	武臣 字 天錫 本貫 青松 父 承慶 封號 豊山君 判恭安府事 諡號 靖襄
沈球之(구지)		學軒	本貫 青松
沈鋌(규)	1825~1903	蘿隱	學者 字 文纘 父 休柄 著書 蘿隱文集
沈圭燮(규섭)		鹿友	著書 文集
沈奎澤(규택)	1812~1871	西湖	學者 字 稺文 本貫 青松 父 宜生 外祖 鄭在選 吳熙常, 宋稺圭 門人 著書 西湖文集
沈橘(귤)	1710~1770	菊齋	著書 文集
沈克明(극명)	1556~?	醉眠	文臣, 書畫家 字 伯晦 本貫 青松 父 鐸 系 鑮 祖父 通源 外祖 李沭 會寧府使
沈機(기)	朝鮮	稼谷	文人 字 伯衡 本貫 青松
沈琦潭(기담) →沈琦澤			
沈起燮(기섭)		西湖	著書 西湖集
沈琦澤(기택)	1806~?	雲稼	學者 字 景圭 本貫 青松 父 宜游 系 宜膺 著書 雲稼集
沈絡(낙) →沈詻			
沈樂善(낙선)	朝鮮哲宗	醉石	字 性伯 本貫 青松 著書 文集
沈樂洙(낙수)	1739~1799	恩坡 一丸齋	文臣 字 景文 本貫 青松 父 亨雲 外祖 金橰 濟州牧使 著書 恩坡散稿
沈樂賢(낙현)		損菴	著書 損菴漫錄
沈膚(뇌)	1590~1664	竹溪 竹沙	文臣 字 元直 本貫 豊山 父 闓 李溟 婿 右承旨
沈魯崇(노숭)	1762~?	孝田	學者 字 泰登 本貫 青松 父 貫洙 著書 孝田散稿
沈魯巖(노암)	1766~1811	悌田	學者 本貫 青松 父 貫洙 著書 悌田遺稿

人名	年代	號	其他
沈能寬(능관)		覽德齋	本貫 青松
沈能圭(능규)		信天堂 月圃	本貫 三陟 著書 文集
沈能璉(능련)		省巖	本貫 青松
沈能文(능문)		黙軒	本貫 青松
沈能百(능백)	朝鮮	修巖	隱士 字 萬元 本貫 青松
沈能淑(능숙)	1782~1840	小楠	學者, 文人 字 英叟 本貫 青松
沈能植(능식)	朝鮮後期	畀實	
沈能岳(능악)	朝鮮正祖	恒齋	文臣 本貫 青松 父 豊之 吏曹判書
沈能集(능집)	1748~1814	老圃 老圃子	學者 字 居士 本貫 青松 著書 老圃子遺稿
沈能泰(능태)	朝鮮	西皐	書藝家 本貫 青松
沈能杓(능표)	?~1954	慕巖	著書 慕巖集
沈檀(단)	1645~1730	藥峴 追尤堂	文臣 字 德輿 本貫 青松 父 光沔 外祖 尹善道 吏曹 判書
沈達源(달원)	1494~1535	晩窓	字 子容 本貫 青松 父 順門
沈達河(달하)		晩溪	著書 文集
沈潭(담) →沈澤			
沈岱(대)	1546~1592	西墩	文臣 字 公望 本貫 青松 父 義儉 外祖 申光漢 封號 青原君 追贈 吏曹判書 諡號 忠壯
沈大孚(대부)	1586~1657	嘉隱 泛齋	文臣 字 信叔 本貫 青松 父 岱 外祖 崔弘僴 鄭逑 門人 司諫 著書 嘉隱集
沈大山(대산) →沈太山			
沈大承(대승)	1556~?	伊安	武臣 字 德甫 本貫 青松 追贈 左承旨
沈大溶(대용)	朝鮮明宗	覽德齋	孝子 字 有章 本貫 青松
沈大允(대윤)		白雲 福利	著書 文集
沈大恒(대항)	朝鮮中期	江亞	本貫 青松 父 憲
沈大厚(대후)		草亭	字 草賢 本貫 青松
沈悳來(덕래)	1891~1972	碩澗	著書 文集
沈德符(덕부)	1328~1401	蘆堂 蘆江	文臣 字 得之 本貫 青松 父 龍 左政丞 諡號 恭靖 改諡 定安
沈德相(덕상)	1714~?	杲菴	著書 杲菴先生文集
沈德洙(덕수)		守黙堂	本貫 青松
沈東龜(동구)	1594~1660	晴峰	文臣 字 文徵 本貫 青松 父 諿 司諫 著書 晴峰集
沈東圭(동규)		竹圃	本貫 三陟
沈東老(동로)	1310~?	信齋	本貫 三陟 父 文秀 禮儀判書
沈東晩(동만)	朝鮮哲宗	海石	本貫 青松 父 湜 系 澔 府使

人名	年代	號	其他
沈東燮(동섭)	1846~1924	月塢	本貫 青松 著書 文集
沈東澤(동택)	1871~1936	七悔堂	著書 七悔堂文集
沈東鉉(동현)	1826~1898	柳菴	著書 文集
沈斗永(두영)	朝鮮	永橋	本貫 青松
沈斗榮(두영)	朝鮮	蘿山	
沈斗煥(두환)		直窩	著書 直窩先生文集
沈苓(령)	1513~1547	雨晴	文臣 字 天老 本貫 青松 父 宗元 咸鏡道都事
沈冕鎭(면진)	韓末~日帝	石吾	
沈詺(명) →沈詺			
沈文永(문영)		居觀齋	
沈民覺(민각)	朝鮮仁祖	龜巖	志士, 文臣 字 叔先 本貫 青松 永柔縣監
沈敏謙(민겸)	朝鮮宣祖	杜菴	義兵將 字 士允 本貫 青松 主簿
沈炳遠(병원)	朝鮮	栗塘	字 廣鮮 本貫 豊山
沈寶(보)	朝鮮	樂天	本貫 豊山 觀察使
沈普永(보영)	1743~?	桂軒 叢桂軒	字 伯天 本貫 三陟 父 秀翼 系 秀箕
沈幅(복)	朝鮮	石村	文臣 字 玄華 本貫 青松 縣監
沈逢源(봉원)	1497~1574	曉窓 友松 友松堂 曉窓老人	文臣 字 希容 本貫 青松 父 順門 同知敦寧府事
沈鳳儀(봉의)	朝鮮中期	圭峯	文臣 字 聖收 本貫 青松 父 漢華 祖父 攸 正郞
沈榑(부)	1739~1811	四棄齋	著書 文集
沈濱(빈)		磯叟	文臣 本貫 青松 祖父 璿 郡守
沈師同(사동) →沈師周			
沈思順(사순) →沈思頊			
沈師章(사장)	朝鮮英祖	是春窩	學者 字 憲之 本貫 青松
沈師正(사정)	1707~1769	玄齋	畫家 字 頤叔 本貫 青松 父 廷胄 祖父 益昌 摸寫重修都監監董
沈師貞(사정) →沈師正			
沈師周(사주)	1631~1697	寒松齋	文臣 字 聖郁 本貫 青松 父 廷協 權尙夏 門人 全州府使 著書 寒松齋集
沈師夏(사하)	朝鮮	松溪	畫家 本貫 青松 父 廷輔 祖父 益顯
沈思愃(사항)	朝鮮中宗	默齋	文臣 字 宜中 本貫 豊山 父 貞 副提學
沈師憲(사헌)		養善齋	本貫 青松 父 柱漓
沈三元(삼원)	朝鮮肅宗	青巖	本貫 青松 父 瑞肩
沈惕(상)		惕若 惕若齋	文臣 本貫 青松 父 謙 正郞

人名	年代	號	其他
沈相喬(상교)	1837~1918	晴蓑	本貫 青松 著書 晴蓑遺稿
沈象奎(상규)	1766~1838	斗室 彛下	文臣 字 穉教 本貫 青松 父 念祖 外祖 權導 領議政 諡號 文肅 著書 斗室存稿
沈尚頎(상기)		晚稼	本貫 三陟
沈相吉(상길)	1858~1916	伊山	學者 字 泰元 本貫 青松 父 聖穆 外祖 金應範 著書 伊山集
沈尚吉(상길)	朝鮮肅宗	蓬翁 蓮翁	字 子八 本貫 青松 父 檣
沈相龍(상룡)	1855~1913	景尤 醒淵 蒔田	學者 字 允成 本貫 三陟 父 陽洙 外祖 金秉珏 著書 景尤遺稿
沈相敏(상민)	朝鮮高宗	晦坪	醫員 字 時鶴
沈相甫(상보)	韓末	檜窩	學者 著書 檜窩詩稿
沈相福(상복)	1876~1951	恥堂	學者 字 景晦 本貫 青松 父 石南 外祖 禹宜顯 著書 恥堂文集
沈相鳳(상봉)	1893~1964	春泉堂	字 德梧 本貫 青松 父 浣道 外祖 李鍾鎭 著書 春泉堂集
沈相沇(상연)	1835~1870	默隱	學者 字 會汝 本貫 青松 父 器祚 外祖 朴致靈 追贈 吏曹參判 著書 默隱集
沈尚燁(상엽)	→沈尚鼎의 初名		
沈祥雲(상운)	朝鮮英祖	稷下散人	
沈尚鼎(상정)	1680~1721	夢窩 夢窩齋	文臣 字 聖凝 本貫 青松 父 楫 正言 著書 夢窩齋集
沈相祚(상조)	朝鮮後期	青存	
沈相駿(상준)	1900~1958	慕顔齋	著書 慕顔齋存稿
沈尚知(상지)	1771~1849	晚覺堂	
沈相直(상직)	1836~1863	竹西	學者 本貫 青松 父 奎澤 外祖 李寅稙 著書 竹西遺稿
沈相弼(상필)		思忍堂	著書 文集
沈尚顯(상현)	1732~1807	晚悔	著書 文集
沈相浩(상호)		臨流軒	著書 文集
沈相薰(상훈)	1855~?	愚堂	字 舜歌 本貫 青松 父 應澤
沈瑞雲(서운)		華齋	字 天祥 本貫 青松
沈錫禧(석희)		思菴	字 元一 本貫 青松
沈璿(선)	?~1467	忘世亭	文臣 字 潤夫 本貫 青松 父 石雋 追贈 同知敦寧府事
沈銑澤(선택)		棲霞	著書 棲霞集
沈璿澤(선택)		肯束	本貫 青松
沈星洙(성수)		荷山	著書 文集
沈誠之(성지)	1831~1904	小流	學者 字 士行 本貫 青松 父 瑕壽 外祖 文錫龜 敦寧府都正 著書 小流集
沈星鎭(성진)	1695~?	澹窩	字 時瑞 本貫 青松 父 埈

人名	年代	號	其他
沈聲澤(성택)	朝鮮	春窩	字 元駿
沈世慶(세경)	朝鮮後期	雲椒	
沈世益(세익)	朝鮮後期	浩然亭	本貫 青松 父 之潤 祖父 民獻
沈世日(세일)		霽月堂	本貫 青松 祖父 民覺
沈世鼎(세정)	1610~?	蒔藥軒	文臣 字 重叔 本貫 青松 父 詡 祖父 友信 外祖 丁胤祐 承旨
沈世鐸(세탁)	1601~1643	東籬	字 敬伯 本貫 青松 父 翊
沈遜(손)	1430~1486	月軒	著書 月軒先生稿〈青己世稿〉
沈守慶(수경)	1516~1599	聽天堂	文臣 字 希安 本貫 豊山 父 思遜 領中樞府事 著書 聽天堂詩集
沈受觀(수관)	朝鮮	六松	學者 本貫 青松
沈壽亮(수량)	朝鮮顯宗	保拙齋	文臣 字 能卿 本貫 青松 父 榥
沈壽寅(수인)		伴梅堂	字 汝得 本貫 青松
沈守澤(수택)	1871~1910	德弘	義兵將 字 南一 本貫 青城 著書 盡知錄
沈壽賢(수현)	1663~1736	止山 芝山	文臣 字 耆叔 本貫 青松 父 濡 祖父 若漢 外祖 趙錫胤 領議政
沈珣模(순모)		草史	著書 文集
沈鑰(악)	朝鮮英祖	東里	文臣 字 彦魯 本貫 青松
沈安世(안세)	朝鮮宣祖	黙齋	文人 字 德裕 本貫 青松 著書 黙齋集
沈詻(액)	1571~1655	鶴溪	文臣 字 重卿 本貫 青松 父 友勝 系 友俊 封號 青松君 判義禁府事 諡號 懿憲
沈若沂(약기)	朝鮮中期	畏三齋	孝子 字 詠而 本貫 青松 父 穏 著書 冤痛錄
沈陽沫(양수)	1836~1905	紹漁	學者 字 伯春 本貫 青松 父 羽淳 外祖 俞載煥 著書 紹漁稿
沈彦慶(언경)	朝鮮中宗	浪翁 東海 東海浪翁 東海滄浪 磧淵	武臣 字 士吉 本貫 三陟 父 濬 左贊成
沈彦光(언광)	1487~?	漁村	文臣 字 士炯 本貫 三陟 父 濬 工曹判書 諡號 文恭 著書 漁村集
沈彦光(언광)	→沈光彦		
沈彦明(언명)	(1561~?)	琴隱	字 士晦 本貫 青松 父 鏵
沈彦先(언선)	→沈彦光		
沈彦通(언통)	朝鮮	聲窩	文臣 字 泰而 本貫 豊山 察訪
沈餘慶(여경)	朝鮮後期	南谷	本貫 青松 父 瑞圖 正郎
沈涓(연)	朝鮮太宗	愛菴	本貫 青松 父 瑞圖 正郎
沈演(연)	1587~1646	圭峰	文臣 字 潤甫 本貫 青松 父 大亨 吳允諧 婿 咸鏡道觀察使 著書 銀基唱酬詩
沈演(연)		銀臺	著書 文集

人名	年代	號	其他
沈涓(연) →沈溝			
沈延壽(연수)		道谷	著書 道谷逸稿〈青己世稿〉
沈連源(연원)	1491~1558	保庵 俵菴	文臣 字 孟容 本貫 青松 父 順門 金安國 門人 封號 青川府院君 領議政 諡號 忠惠
沈悅(열)	1569~1646	南坡	文臣 字 學而 本貫 青松 父 禮謙 系 忠謙 外祖 鄭橚 南彦經 婿 領中樞府事 諡號 忠靖 著書 南坡相國集
沈說(열)		鶴齋	
沈念祖(염조)	1734~1783	涵齋	文臣 字 伯修 本貫 青松 父 公獻 黃海道觀察使 著書 涵齋類藁
沈英慶(영경)	朝鮮後期	鍾山	字 伯雄 本貫 青松 著書 鍾山詩集
沈榮植(영식)	朝鮮哲宗	大林 大林山人	文臣, 學者 著書 大林集
沈穩(온)		青田	字 子高 本貫 青松 父 光世
沈浣(완)	1850~1914	石南	著書 石南實紀
沈容(용)	朝鮮	鶴窩	文臣 字 子震 本貫 青松 大司憲
沈友燮(우섭)	韓末~?	天風	
沈羽淳(우순)		屏山	著書 文集
沈友勝(우승)	1551~1602	晚沙	文臣 字 士進 本貫 青松 父 銓 封號 清溪府院君 追贈 領議政
沈友正(우정)	1546~1599	賓竹	文臣 字 元擇 本貫 青松 父 鎡 吏曹判書
沈宇定(우정)		杜谷	著書 杜谷先生文集
沈最之(욱지)	1725~?	鷗村	字 進叔 本貫 青松 父 鐣 著書 鷗村詩集
沈雲(운)		棲霞	本貫 三陟 父 彦光 著書 文集
沈運熙(운희)		華城居士	字 永叔 本貫 青松 祖父 之漢
沈沅(원)		鏡齋	字 元之 本貫 青松
沈原達(원달)		聚極 聚極齋	著書 文集
沈元符(원부)	高麗	岳隱	節臣 本貫 青松 父 龍 典理判書 著書 典理公逸稿
沈遠悅(원열)	1792~1866	鶴陰	文臣 本貫 青松 父 魯巖 外祖 趙鎭寧 著書 鶴陰散稿
沈元俊(원준)	1662~1724	安素齋	文臣 字 善長 本貫 青松 父 柱 朴世采 門人和順縣監
沈元浚(원준) →沈元俊			
沈遠杓(원표)		晚翠亭	本貫 青松 祖父 賢澧
沈渭吉(위길)		湖隱	字 子邱 本貫 青松
沈攸(유)	1620~1688	梧灘	文臣 字 仲美 本貫 青松 父 東龜 祖父 鳳儀 外祖 金守廉 參議 著書 梧灘集
沈裕魯(유노)		慕齋	字 春敬 本貫 青松
沈有鎭(유진)	1723~?	愛廬子	字 有之 本貫 青松 父 師儉

人名	年代	號	其他
沈儒行(유행)	朝鮮仁祖	醉醒	文臣 字 汝修 本貫 青松 祖父 喜壽 司諫
沈鏥(유)	?~1755	樗村 樗軒 止山 知守齋	文臣, 學者 字 和甫, 彦和 本貫 青松 父 維賢 贊善 著書 樗村遺稿
沈允(윤)		五宜軒	本貫 豊山 父 魯
沈潤植(윤식)		荷齋	著書 荷齋日記
沈胤澤(윤택)		石圃 天淵亭	本貫 青松
沈殷澤(은택)		松菴	本貫 青松
沈義(의)	1475~?	大觀齋 大觀	文臣 字 義之 本貫 豊山 父 膺 昭格署令 著書 大觀齋夢遊錄
沈義謙(의겸)	1535~1578	艮菴 巽菴 黃齋	文臣 字 方叔 本貫 青松 父 鋼 系 泓 李滉 門人 全州府尹
沈宜德(의덕)	朝鮮	芳山	本貫 青松 父 能白
沈儀燮(의섭)		梧軒	著書 文集
沈宜韶(의소)		遲松	著書 文集
沈宜純(의순)	1861~?	仁軒	
沈宜植(의식)	1866~1937	老山	本貫 青松 著書 文集
沈宜允(의윤)	朝鮮後期	謹庵	字 中卿 本貫 青松 父 顯奎
沈宜益(의익)		晚村	著書 文集
沈宜平(의평)		散盧	著書 文集
沈宜亨(의형)	?~1203	信齋	文臣 字 時而 本貫 善山
沈宜弘(의홍)	韓末	小陵	
沈以汶(이문)		龍溪	著書 文集
沈履之(이지)	1720~?	素巖	字 德器 本貫 青松 父 鐸
沈翼雲(익운)	1734~?	百一 芝山	文臣 字 鵬汝 本貫 青松 父 一鎭 持平 著書 百一集
沈益顯(익현)	1641~1683	竹塢	文臣 字 可晦 本貫 青松 父 之源 外祖 尹宗之 孝宗 婿 封號 清平尉 內瞻寺提學
沈寅燮(인섭)	1875~1939	東洲	書藝家 本貫 青松
沈日三(일삼)	朝鮮孝宗	月溪	字 省吾 本貫 青松 著書 月溪公遺集〈青己世稿〉
沈一洙(일수)		遯湖	著書 文集
沈日就(일취)	朝鮮	飛山翁	文臣 字 仲進 本貫 豊山 僉知中樞府事
沈鐸(자)	朝鮮後期	松泉	學者 著書 松泉筆談
沈自光(자광)	朝鮮宣祖	松湖	文臣 字 仲玉 訓練院正 著書 松湖公實紀〈青己世稿〉
沈長世(장세)	朝鮮仁祖	覺今堂	文臣 字 德祖 本貫 青松 父 淹 府使 諡號 貞敏 著書 文集
沈長源(장원)		鏡田 鏡湖	本貫 三陟 父 雲 著書 文集
沈梓(재)	1624~1693	養拙齋	文人, 文臣 字 文叔 本貫 青松 父 儒行 吏曹參判

人名	年代	號	其他
沈再郁(재욱)		愚溪	字 文汝
沈載澤(재택)	1857~1909	汕隱	本貫 青松 著書 文集
沈銓(전)		擁翠堂	文臣 字 叔平 本貫 青松 京畿監司
沈貞(정)	1471~1531	逍遙 逍遙堂 逍遙亭	文臣 字 貞之 本貫 豊山 父 膺 左議政 封號 花山府院君 諡號 文靖
沈汀(정)	朝鮮宣祖	養義齋	字 淨黙 本貫 青松
沈廷胄(정주)	1678~1750	竹窓 青鳧	畫家 字 明仲 本貫 青松 父 益昌
沈定鎭(정진)	1726~1795	霽軒 渼湖	文臣 字 一之 本貫 青松 父 師曾 同知中樞府事兼五衛將 著書 霽軒集
沈廷鐸(정탁)		小梧	著書 文集
沈正勳(정훈)	1896~?	靜崗	漢學者
沈廷熙(정희)		孤松齋	字 明仲 本貫 青松
沈𤗓(제)	1597~1649	沙川	字 子美 本貫 豊山 父 關 著書 沙川集草藁
沈齊(제) →沈𤗓			
沈濟(제) →沈𤗓			
沈齊賢(제현)	朝鮮中期	竹齋	文臣, 學者 字 思仲 本貫 青松 父 沼 著書 竹齋弊箒
沈濟賢(제현)		桃溪	著書 文集
沈潮(조)	1694~1756	靜坐窩 靜坐	學者 字 信夫 本貫 青松 父 壽鼎 外祖 鄭展昌 權尚夏 門人 著書 靜坐窩集
沈宗敏(종민)	1554~1818	晴灣	文臣 字 士訥 本貫 青松 父 錦 系 鎬 李珥, 成渾 門人 价川郡守
沈鍾舜(종순)	1858~?	彌山	字 薰五 本貫 青松 父 遠悅 通津郡守
沈宗直(종직)	朝鮮中期	竹西	文臣 字 士敬 本貫 青松 父 錦 成渾, 宋翼弼 門人 參議 諡號 文敬 編書 批選龜峰詩集
沈宗澤(종택)		雪隱	本貫 青松
沈宗澤(종택)	1883~1964	小江	著書 文集
沈鍾煥(종환)		守岡	著書 守岡先生文集
沈澍(주)	朝鮮宣祖	松泉 寒泉	義兵 字 澤仲 本貫 青松(豊山)
沈胄(주)	朝鮮	雍亭	文臣 字 子胤 本貫 豊山 吏曹判書
沈柱碩(주석)		莞爾堂	本貫 青松 父 世益
沈埈(준)	朝鮮肅宗	南岡	本貫 青松 父 廷熙
沈儁(준) →沈潗			
沈濬(준) →沈璿			
沈重奎(중규)	1720~?	惺齋	字 文五 本貫 青松 父 運熙
沈重周(중주)		柳塢	字 季文 本貫 青松 著書 柳塢文藁

人名	年代	號	其他
沈之倫(지륜)	1872~1952	松巖	著書 文集
沈之溟(지명)	1599~1685	聾巖	文臣 字 子羽 本貫 青松 父 傳 外祖 尹希宏 知中樞府事 諡號 胡安
沈之源(지원)	1593~1662	晩沙	文臣 字 源之 本貫 青松 父 偡 領中樞府事 著書 晩沙稿
沈之淸(지청)	1596~?	寒竹堂	文臣 字 子聖 本貫 青松 父 俠 獻納
沈之澤(지택)	1597~1634	陋菴	學者 字 子固, 士固 本貫 青松 父 俠 祖父 鎬 鄭逑, 張顯光 門人
沈之漢(지한)	1590~1657	滄洲 一虎亭	文臣 字 子章 本貫 青松 父 偉 延安府使 著書 滄洲集
沈之涵(지함)	朝鮮	默齋	文臣 字 子養 本貫 青松 父 傔 監役
沈榗(진)	朝鮮中期	松堂 一閑堂	字 子幹 本貫 青松 父 挺世
沈鎭濂(진렴)	朝鮮哲宗	華厓	本貫 青松 父 東潤
沈鎭遠(진원)		鏡雲	著書 文集
沈鎭憲(진헌)	朝鮮	竹坡	文臣 字 熙敬 本貫 豊山 參奉
沈鎭衡(진형)	朝鮮後期	玉蘇	
沈諿(집)	1569~1644	南厓 南厓處士	文臣 字 子順 本貫 青松 父 友正 刑曹判書 諡號 孝簡
沈㒖(집)	朝鮮中期	耻軒	字 仲說 本貫 青松 父 宗敏
沈澄(징)	1621~1702	義谷	學者 字 靜而 本貫 三陟 父 三近 系 三達 著書 義谷遺稿
沈澄(징)	朝鮮	菊窓	本貫 青松
沈昌鎭(창진)		聾臺處士	本貫 青松 父 師憲
沈琛鎭(채진)		大還亭 枕溪	本貫 青松 父 謙
沈惕(척) →沈惕			
沈淸(청)	1554~1597	九松亭 碧節	義兵將 字 千一 本貫 青松 父 鶴齡 外祖 李祥 著書 碧節遺稿 〈靑己世稿〉
沈檊(총)	朝鮮	戊己子 復齋	文臣 字 子瞻 本貫 青松 廣州府尹
沈春永(춘영)	朝鮮後期	鳳陵	本貫 青松 父 商鎭
沈忠謙(충겸)	1545~1594	四養堂 四養 四養齋	文臣 字 公直 本貫 青松 父 鋼 外祖 李蔚 封號 靑林君 諡號 忠翼 著書 四養堂集
沈就濟(취제)	(1752~1809)	謙窩	學者 字 子順 本貫 青松 父 殷昌 外祖 姜翰周 著書 謙窩集
沈寊(치)	朝鮮	知天	文臣 本貫 豊山 牧使
沈垙(태)	朝鮮英祖	無聞齋	著書 文集
沈太山(태산)	1413~1435	弄泉	著書 弄泉逸稿 〈靑己世稿〉
沈太俊(태준)	朝鮮	退休堂	文臣 字 英汝 本貫 青松 護軍

人名	年代	號	其他
沈澤(택)	1591~1656	翠竹 翠竹松	文臣 字 施輔 本貫 青松 父 大亨 平安道觀察使
沈桶(통)	朝鮮	構翁	文臣 本貫 豊山 同知中樞府事
沈通源(통원)	1499~?	晚翠堂 晶齋	文臣 字 士容 本貫 青松 父 順門 左議政
沈灃(풍)	朝鮮初期	黙軒	本貫 青松 父 安智 祖父 璿
沈豊之(풍지)	1738~1793	頤頤齋	文臣 字 士常 本貫 青松 父 錄 禮曹判書 諡號 貞定
沈弼倫(필윤)		秋塘	著書 秋塘逸稿〈青己世稿〉
沈弼賢(필현)	朝鮮	省庵	學者, 文臣 本貫 青松
沈澩(학)	朝鮮後期	不倚亭	本貫 青松 父 世徽
沈鶴齡(학령)	1521~1586	道谷	著書 文集
沈學潞(학로)		寬齋	著書 文集
沈鶴煥(학환)	?~1945	蕉山	著書 蕉山集
沈瀚(한)	1434~1480	濟翁	本貫 青松 父 澮 諡號 夷敬
沈漢柱(한주)		水村	本貫 青松
沈獻永(헌영)	1776~1835	莊齋	學者, 文臣 字 仲賢, 季徵 本貫 青松 初字 季徵 父 寅鎭 系 定鎭 井邑縣監 著書 莊齋遺稿
沈鎬(호)	朝鮮中宗	逸齋 西湖處士	學者, 文臣 字 景基 本貫 青松 父 光彥 趙光祖 門人 典籍
沈鎬(호)		天圃	著書 文集
沈弘模(홍모)	1767~1832	簡齋	學者, 文臣 字 天老 本貫 青松 父 漢永 禮安縣監 著書 簡齋遺稿
沈鑵(확)	朝鮮肅宗	東里	文臣 本貫 青松 父 壽賢
沈渙(환)	朝鮮	泉齋	本貫 青松 父 元恭
沈煥東(환동)		源石	著書 文集
沈煥之(환지)	1730~1802	晚圃 晚圃軒	文臣 字 輝元 本貫 青松 父 鎭 祖父 泰賢 外祖 金 履福 領議政
沈孝尚(효상)		石村	著書 石村逸稿〈青己世稿〉
沈孝淵(효연)		晚愚	本貫 青松
沈熽(흡)	1675~1742	挹商窩	著書 文集
沈喜壽(희수)	1548~1622	一松 思齋 水雷 累人	文臣 字 伯懼 本貫 青松 父 鍵 祖父 逢源 外祖 李延 慶 盧守愼 門人 判中樞府事 諡號 文貞 著書 一松集
沈熙淳(희순)	1819~?	桐庵	文臣 字 皡卿 本貫 青松 父 宜弼 系 正愚 祖父 象 主 大司成
沈希源(희원)	朝鮮中宗	龍門	本貫 青松 父 順徑
沈希佺(희전)	朝鮮中宗	睡巖	字 雲卿 本貫 三陟 父 家甫
雙式(쌍식)	1679~1746	月峯	僧侶 俗姓 黃氏 父 守元
雙彦(쌍언)	1591~1658	春城	僧侶 俗姓 崔氏 父 南壽

韓國雅號大辭典

■■■

ㅇ

人名	年代	號	其他
安健榮(건영)	1841~1876	梅士 海士	畵家 字 孝元 本貫 順興 父 東獻
安堅(견)	朝鮮世宗	朱耕 玄洞 玄洞子	畵家 字 可度, 得守 本貫 池谷 護軍
安玦(결)	朝鮮明宗	丹坡	文臣 字 可佩 本貫 順興
安兼濟(겸제)	1724~?	八下	文臣 字 達夫 本貫 順興 父 鐄 祖父 時相 全羅監司
安璥(경)	1564~?	芹田	文臣 字 伯溫 本貫 順興 父 義孫 金郊察訪
安敬龜(경구)	朝鮮	謙軒	文臣 字 夢徵 本貫 竹山 兵馬節度使
安敬根(경근)	1896~1978	石泉	獨立運動家
安景達(경달)	朝鮮仁祖	楓溪	義兵將 字 而會 本貫 順興
安璟烈(경렬)		謹齋	著書 謹齋先生文集
安慶龍(경룡)	朝鮮	磻西	委巷人 字 義瑞 本貫 順興
安景時(경시)	1712~1794	晩悔 晩悔堂	學者 字 可中 本貫 光州 父 汝履 外祖 南亨夏 著書 晩悔文集
安景說(경열)	朝鮮英祖	愼菴	字 殷老 本貫 廣州 祖父 后靜 監察
安景祐(경우)	朝鮮中宗	湖山	字 太裕 本貫 廣州 父 彭命 星州判官
安慶運(경운)	朝鮮肅宗	感齋	本貫 順興 父 鍵
安慶遠(경원)		永慕軒	本貫 順興
安景禕(경위)	1781~1857	順窩	學者 字 公美 本貫 順興 父 有相 外祖 李載元 著書 順窩遺稿
安慶一(경일)	1724~1788	聾窩	學者 字 而貫 本貫 順興 父 國台 著書 聾窩集
安景漸(경점)	1722~1789	冷窩	學者 字 正進 本貫 廣州 父 信亨 外祖 兪必明 禮曹佐郎 著書 冷窩文集
安敬智(경지)	朝鮮	松菴	文臣 本貫 順興
安敬稷(경직)	1721~1783	雙梅堂	學者 字 德文 本貫 順興 父 國臣 外祖 金道明 金聖鐸 門人 著書 雙梅堂遺集
安慶鎭(경진)	1826~1935	農西	著書 農西遺稿
安慶昌(경창)	朝鮮明宗	四耐	委巷人, 文人 字 彦聖, 仁國 本貫 松都
安京煥(경환)		竹圃	本貫 竹山
安桂淳(계순)	韓末~日帝	月梧	
安桂濚(계영)	朝鮮後期	秋巖	
安繼宗(계종)	朝鮮成宗	淸遠亭 薄田耕叟	字 子胤 本貫 順興 父 儀 著書 淸遠亭稿〈竹溪聯芳詩稿〉
安玜(공)	1569~1648	五休堂 五休子	學者 字 待之 本貫 廣州 父 光紹 外祖 李校 著書 五休堂集
安琪(공) →安暎			

人名	年代	號	其他
安公信(공신)	1496~1561	梅潭	文臣, 學者 字 大寶, 大孚 本貫 順興 父 珹 外祖 朴慶元 清風郡守 著書 梅潭詩稿
安灌(관)	1491~1553	聚友亭	字 灌之 本貫 順興 父 尊道 著書 文集
安光廉(광렴)	朝鮮	竹堂	委巷人 字 聖游 本貫 順興
安光黙(광묵)	朝鮮	珽山 滄槎	字 聖中 本貫 竹山 府使
安光璧(광벽)	1808~1889	愚齋	著書 愚齋集
安光善(광선)	1883~1935	松	獨立運動家
安光洙(광수)	朝鮮肅宗	竹軒	委巷人 字 聖魯 本貫 順興
安光植(광식)	→安光直		
安光郁(광욱)	朝鮮	東塢	隱士 字 希文 本貫 順興 佐郎
安光胤(광윤)	朝鮮宣祖	竹亭	字 述甫 本貫 順興 追贈 工曹正郎
安光直(광직)	1775~?	桂園	字 冑伯 本貫 竹山 父 榘 禮曹判書
安光鎭(광진)	1860~1935	濫川	著書 濫川遺稿
安光鎭(광진)		省窩	本貫 順興
安光表(광표)	1805~1870	訥窩	字 景堯 本貫 順興 父 述範 著書 文集
安摑(괵)		東旅	著書 東旅文集
安敎祐(교우)	1851~1886	桂下	學者 字 敬可 本貫 廣州 父 舜重 外祖 崔世萬 著書 桂下遺稿
安敎翼(교익)	1824~1896	渾齋	學者 字 敬汝 本貫 順興 父 斗烈 外祖 徐起昌 著書 渾齋集
安敎昌(교창)		蘆浦	著書 蘆浦未定藁
安覯(구)	1458~1522	苔巑	文臣 字 思仲 本貫 廣州 父 普文 金宗直 門人 南原府使
安衢(구)	朝鮮	果齋	字 達卿 本貫 順興 父 堯左 外祖 沈棡 著書 果齋遺稿 〈蒼果遺稿〉
安構(구)	朝鮮	寒灘	字 汝肯 本貫 竹山 兵馬僉節制使
安國瑞(국서)		晚浦	著書 晚浦集
安國善(국선)	1878~1926	天江	小說家 著書 禽獸會議錄
安國順(국순)		宋下	著書 宋下先生文集
安國章(국장)	1685~1733	殷溪	學者 字 文卿 本貫 順興 父 時祥 外祖 孔勳 著書 殷溪遺集
安國楨(국정)	1854~1898	松下	學者 字 舜見 本貫 竹城 父 泆 系 瀨 外祖 崔粹元 著書 松下集
安國弼(국필)	1784~1843	棄庵	學者 字 傅若 本貫 順興 父 永宅 外祖 姜有夏 著書 棄庵文集
安國鉉(국현)	朝鮮	松隱	武臣, 書藝家 字 仲弼 本貫 順興

人名	年代	號	其他
安貴行(귀행)	朝鮮世宗	白山	文臣 本貫 順興 父 敬義
安圭(규)	1634~1698	南溪	字 君玉 本貫 順興 父 光郁
安圭魯(규로)		松臯	本貫 竹城
安圭德(규덕)		小泉	著書 文集
安圭佲(규봉)	1874~1956	小南	著書 文集
安圭容(규용)	1849~?	清隱	著書 文集
安圭容(규용)	1873~1959	晦峰	學者 字 敬三 本貫 竹山 父 豐煥 外祖 朴景洙 著書 晦峰遺稿
安圭洪(규홍)	1879~1909	澹山	義兵將 字 濟元 本貫 竹山 父 達煥
安極(극)	1864~1945	晦隱	字 處中 本貫 竹山 父 灝一 著書 晦隱集
安克家(극가)	1547~1614	磊石 磊谷	學者 字 宜之 本貫 耽津 父 沂 外祖 南至 李楨 門人 三嘉縣監 著書 磊石集
安克仁(극인)	高麗恭愍王	灘翁	本貫 竹山 父 社卿
安克孝(극효)	1699~?	柏岡	字 士剛 本貫 順興 父 璃
安瑾(근)	朝鮮宣祖	龜庵	本貫 廣州 訓練院主簿
安兢遠(긍원)	朝鮮哲宗	漢左	本貫 廣州 父 孝根
安岐(기)	1683~?	麓邨 松泉老人	書畫蒐集鑑識家 字 儀周 父 尙儀 著書 墨緣彙觀
安麒龍(기룡)		芝山	著書 芝山先生文集
安基龍(기룡)		效菴	本貫 竹山
安麒龍(기룡)		禮巖	著書 文集
安機石(기석)	朝鮮景宗	漁隱齋	字 支卿
安機玉(기옥)		謙下	本貫 順興 父 衡奎
安紀雲(기운)	朝鮮	雲軒	委巷人 字 軒師 本貫 順興
安基遠(기원)	1825~1896	方山	學者 字 善浩 本貫 廣州 著書 方山集
安冀遠(기원)	1851~1908	龜陰	學者 字 啓旭 本貫 廣州 父 孝祐 外祖 金濂 著書 龜陰集
安氣遠(기원)	→安基遠		
安基正(기정)	→安正基		
安起宗(기종)	1556~1633	止軒	武臣 字 應會 本貫 耽津 追贈 吏曹參議
安基駿(기준)		存誠齋	本貫 竹山
安基春(기춘)		禮隱	本貫 竹山
安基杓(기표)		敬菴	本貫 竹山
安魯生(노생)	高麗~朝鮮	春谷 頤齋 伊齋 竹溪	武臣 本貫 竹山 父 勉 忠清道都觀察使 著書 春谷頤齋集

人名	年代	號	其他
安老石(노석)		寒松	本貫 順興
安端行(단행)	朝鮮	窄洞	
安達得(달득)	韓末~日帝	赤波	獨立運動家
安達得(달득)		遯齋	本貫 順興
安達源(달원)	1866~1936	海西	著書 文集
安達重(달중)		籠山軒	本貫 廣州
安曇(담)	朝鮮中宗	松厓 松崖	學者 字 太虛 本貫 廣州 父 仲善 趙光祖 門人 追贈 吏曹參判
安聃壽(담수)	1552~?	定峯	字 君邵 本貫 順興 父 景老
安瑭(당)	1460~1521	是山 永慕堂	文臣 字 彦寶 本貫 順興 父 敦厚 左議政 諡號 貞愍 著書 是山實紀
安大進(대진)	1561~1604	迂齋	文臣 字 退之 本貫 廣州 父 公弼
安德麟(덕린)	1563~1609	沙村	學者 字 仁瑞 本貫 順興 父 聰 外祖 尹震 柳成龍 鄭逑 門人 成均館掌議 著書 沙村文集
安德文(덕문)	1747~1811	宜庵	學者 字 章仲 本貫 耽津 父 如石 外祖 李胤河 著書 宜庵集
安德承(덕승)		靜軒	著書 文集
安道(도)	高麗恭愍王	勿齋	
安道徵(도징)	1616~1678	黙离窩	學者 字 泰和 本貫 順興 父 浚 外祖 金堈 著書 黙离窩文集
安墩(돈)		樂志堂	字 載伯 本貫 順興 父 光郁
安敦行(돈행)	朝鮮	月下	本貫 竹山 父 敬集
安璲(돌) →安琛			
安東昇(동승)	朝鮮後期	華西	
安東植(동식)	1874~1937	松隱	著書 文集
安東胤(동윤)		西溪	著書 西溪公疏集
安棟煥(동환) →安成煥			
安斗生(두생)		泉谷	本貫 順興 父 厚傑
安璐(로)	朝鮮	蕉浦	文臣 本貫 順興 父 處謙 禮曹參議
安理(리)	朝鮮世祖	西坡	隱士 本貫 順興 祖父 裕
安晩珪(만규)	朝鮮	小桃源	隱士 字 士粹 父 頊
安琓澲(만업)		玉南齋	本貫 順興
安望久(망구)		松崖	本貫 廣州
安孟聃(맹담)	1415~1462	海坡	字 德壽 本貫 竹山 諡號 良孝
安勉(면)	高麗恭愍王	雙清堂	文臣 本貫 竹山 父 元衡 封號 興寧君 政堂文學 諡號 文靖

人名	年代	號	其他
安命坤(명곤)		樂窩	本貫 竹山
安命聃(명담)		觀水齋	字 耳老
安命相(명상)	朝鮮	梧泉	委巷人 字 聖臣 本貫 順興
安命淳(명순)		鷗叟	著書 文集
安明述(명술)	朝鮮	猶存齋	文臣 本貫 順興 參奉
安命說(명열)	1697~?	睡心庵	譯官, 書藝家 字 夢賚 本貫 順興 知中樞府事
安命說(명열)	朝鮮	鷗叟	
安明逸(명일)	朝鮮	放翁	文臣 本貫 順興 五衛將
安命夏(명하)	1682~1752	松窩	學者 字 國華 本貫 廣州 父 漢杰 外祖 蔣熙績 著書 松窩文集
安命祜(명호) → 安祜의 初名			
安明欽(명흠)	朝鮮	蓼庵	委巷人 字 聖文 本貫 順興
安牧(목)	?~1360	謙齋	文臣 字 益之 本貫 耽津 父 于器 祖父 裕 封號 順興君 書筵官 諡號 文淑
安夢省(몽성)		鐵川	本貫 順興 父 世琛
安夢徵(몽징)	1611~1654	松坡	學者 字 天賚 本貫 竹溪 父 湲 外祖 金堈 著書 松坡遺稿
安武(무)	1883~1924	青田	獨立運動家
安文凱(문개)	高麗忠烈王	質齋	字 國平 本貫 順興 諡號 文懿
安敏修(민수)	1724~1790	守吾齋	學者 字 訥甫 本貫 順興 父 井瑞 外祖 金龍錫 著書 守吾齋遺集
安玟英(민영)	1816~?	周翁 口圃東人	歌客 字 聖武 荊寶 著書 金玉叢部
安敏學(민학)	1542~1601	楓厓 楓崖	文臣 字 而習 本貫 廣州 初字 習之 父 曇 李珥 門人 追贈 提學 諡號 文靖 著書 楓厓集
安敏行(민행)	1613~?	霞山 霞山老樵	文臣 字 務中 本貫 廣州
安博鎭(박진)		鶴坡	本貫 順興
安方慶(방경)	1513~1569	炙背 炙背軒 南麓 炙背軒	文臣 字 善應 本貫 竹山 父 恂 外祖 兪鎭 永興府使
安邦慶(방경) → 安方慶			
安邦老(방노)	1882~1938	淵波	學者 字 穉康 本貫 耽津 父 處貞 外祖 田啓昌 著書 淵波集
安邦俊(방준)	1573~1654	隱峰 大愚庵 買 還翁 氷壺 牛山	學者 字 士彥 本貫 竹山 父 重寬 系 重敦 成渾 門人 追贈 吏曹判書 諡號 文康 著書 隱峰全書
安汎(범) → 安玜			
安柄斗(병두)	1881~1927	東隱	字 極中 本貫 平海 父 達源 著書 文集

人名	年代	號	其他
安炳斑(병반)	1875~1941	心守軒	著書 心守軒遺稿
安秉璿(병선)	1886~1905	菽粟	著書 文集
安炳善(병선)	→安炳喜		
安秉說(병열)		后埜	本貫 竹城
安昞遠(병원)	1882~1910	栗儂	著書 文集
安秉瓚(병찬)	1854~1921	規堂	獨立運動家, 辯護士 字 穉圭 本貫 順興 法部主事
安炳瓚(병찬)	→安秉瓚		
安炳喜(병희)	1854~1939	洛隱	著書 文集
安輔(보)	1302~1357	竹溪	字 貞字, 員之 本貫 順興 祖父 碩 著書 文集
安復駿(복준)	1698~1777	擇軒	文臣, 學者 字 子初 本貫 順興 父 鍊石 外祖 李道濟 知中樞府事 著書 擇軒文集
安貧世(빈세)	1445~1478	楮島漁隱	文臣, 書藝家 本貫 竹山 諡號 夷平
安士彦(사언)	朝鮮中期	氷壺	字 彦卿 本貫 廣州
安思逸(사일)		樂軒	著書 樂軒先生文集
安嗣悌(사제)	朝鮮宣祖	聽流齋	字 汝源 本貫 順興
安嗣宗(사종)		蘆溪	本貫 順興 著書 蘆溪稿〈竹溪聯芳詩稿〉
安桑鷄(상계)	朝鮮世宗	田隱	文臣 字 子信 本貫 竹山 父 孟聃 外祖 世宗 敦寧府都正
安商起(상기)	韓末~日帝	芝亭	
安尚德(상덕)	朝鮮	松溪	委巷人 字 章五 本貫 白川 父 孟聃
安相億(상억)	朝鮮	懶齋 松齋	文臣 字 虛(聖)休 本貫 竹山 父 績 副率
安商煜(상욱)		乃翁	著書 乃翁遺稿
安象元(상원)	朝鮮	巖澗	本貫 順興 追贈 吏曹參議
安商正(상정)		惺軒	著書 惺軒集
安翔漢(상한)	1604~1661	東巒	文人 字 翊仲 本貫 廣州 父 璹 著書 東巒稿〈樂園東巒先生合稿〉
安商瀹(상흡)		儉齋	著書 儉齋遺稿
安瑞羽(서우)	1664~1735	兩棄齋	學者, 文臣 字 鳳擧 本貫 廣州 父 健行 系 信行 僉知中樞府事 著書 兩棄齋遺稿
安瑞翼(서익)	朝鮮肅宗	逸堂	字 舜擧 本貫 耽津 父 敏行
安錫儆(석경)	1718~1774	霅橋 完陽	詩人, 文臣 字 叔華, 淑華, 子華 本貫 順興 父 重觀 參奉 著書 霅橋集
安錫龜(석구)		月江	本貫 順興 父 正壽
安碩老(석로)		漁樵亭	文臣 本貫 順興 博士
安錫龍(석룡)	朝鮮	節樂齋	本貫 竹城

人名	年代	號	其他
安錫胤(석윤)		松窩	
安石佺(석전)	朝鮮	四吾堂	隱士 字 汝華, 汝華 本貫 順興 父 重觀 正郎
安碩朝(석조)		竹下堂	著書 竹下堂集
安碩衡(석형)		出齋	著書 出齋集
安奭煥(석환)		修庵	本貫 竹山
安省(성)	?~1421	雪泉 雪川 泉谷	文臣 字 日三 本貫 廣州 初名 少目 封號 平壤伯 開城留後司留後 諡號 思簡 著書 雪泉集
安成柄(성병)	朝鮮	瀛隱	本貫 竹山 父 達福
安聖彬(성빈)	1732~?	白溪	字 質文 本貫 順興 父 集
安性守(성수)		卓嵒	著書 文集
安性遠(성원)		梅雲	本貫 廣州
安星中(성중)		錦林	著書 文集
安性贊(성찬)		後晦	本貫 順興
安成煥(성환)	1858~1910	蘇山	學者 字 穉章 本貫 順興 父 命河 外祖 李湖淵 著書 蘇山遺稿
安世光(세광)	朝鮮肅宗	九峯	文臣 字 晦之 本貫 廣州 父 載 祖父 好亮 僉知 著書 九峯集〈光陵世稿〉
安世彥(세언)	朝鮮中宗	氷壺	文人 字 士美 本貫 竹山 父 永齡
安世泳(세영)	1816~1886	蘆浦 葛樵	學者 字 景甫 本貫 順興 父 景裇 著書 蘆浦未定稿
安世益(세익)		伴鷗齋	文人 本貫 康津 著書 伴鷗齋集
安世徵(세징)	1639~1702	喚醒齋	文臣 字 子遠 本貫 廣州 父 汝宗 工曹參議
安世琛(세침)		望華堂	本貫 順興
安世煥(세환)		書農	本貫 竹山 父 國心
安少日(소일)	→安省의 初名		
安璲(수)	1521~?	滄溟 滄浪	文臣 字 汝佩, 瑞卿 本貫 順興 父 處明 祖父 琛 弘文館博士
安琇(수)	朝鮮明宗	居山	字 瑾夫 本貫 順興 父 處貞 郡守 著書 文集
安守寬(수관)	朝鮮	聞松	隱士 字 栗而 本貫 廣州 父 胤祖
安壽祿(수록)	1776~1855	五峰	學者, 文臣 字 汝必 本貫 竹山 父 昌勳 外祖 朴守彧 僉中樞府事 著書 五峰遺稿
安壽麟(수린)		籌湖	
安洙奉(수봉)	1874~1939	晩翠堂	著書 晩翠堂遺稿
安壽相(수상)	1665~1729	梧軒	著書 梧軒集
安秀學(수학)	1842~1905	白下	本貫 竹山 著書 文集
安壽咸(수함)	朝鮮肅宗	黙齋	本貫 順興 父 重系 陞

人名	年代	號	其他
安璹(숙)	1572~1624	樂園 藥圃	文臣, 學者 字 待而 本貫 廣州 父 光紹 外祖 李洋 之 永川郡守 著書 樂園文集
安叔老(숙로)	高麗~朝鮮	竹塢	本貫 竹山
安淑仁(숙인)	朝鮮世宗	守防齋	本貫 廣州 弘文館應敎
安純(순)	1371~1440	竹溪 竹野	文臣 字 顯之 本貫 順興 父 景恭 祖父 宗源 外祖 鄭思道 參贊兼判戶曹使 諡號 靖肅 著書 遺稿〈謹 齋集〉
安淳(순)		棄菴	
安舜煥(순환)		具問堂	本貫 竹山
安述善(술선)	1844~1924	鵠西	著書 文集
安崇(숭) →安崇善			
安崇善(숭선)	1392~1452	雍齋	文臣 字 仲止 本貫 順興 父 純 祖父 景恭 左參贊 諡號 文肅 著書 雍齋稿〈謹齋集〉
安崇孝(숭효)	?~1460	寒栢堂	文臣 字 季忠 本貫 順興 父 純 祖父 景恭 忠清道 觀察使
安昇福(승복) →安鼎福			
安承禹(승우)	1865~1896	下沙	義兵將 字 啓賢 本貫 順興 父 鍾應 柳重敎 門人
安承裕(승유)		松塢	
安承宗(승종)		集勝亭	本貫 順興 著書 集勝亭稿〈竹溪聯芳詩稿〉
安承采(승채)		東溪	著書 東溪先生文集
安時慶(시경)		東樵	著書 文集
安時良(시량)	韓末	箕菴	字 文燁 本貫 竹山
安是民(시민)		雲皐	著書 雲皐集
安時聖(시성)	朝鮮	玄谷	學者 本貫 廣州 父 應元
安時鎔(시용)		愚堂	本貫 竹山 父 志養
安植源(식원)	1868~1945	惺菴	著書 惺菴文集
安汎(신) →安玒			
安信命(신명)	朝鮮宣祖	梅竹軒	字 君實 本貫 廣州 同知中樞府事
安信孫(신손)	朝鮮宣祖	楓窩	字 厚源 本貫 順興
安信一(신일)		退隱	字 若有 本貫 竹山
安信賢(신현)	1601~?	愚拙窩	著書 愚拙窩集
安愼徽(신휘)	1646~?	愼齋	委巷人, 書畵家 字 伯倫 本貫 順興 父 仁達
安墢(아)	朝鮮英祖	迷閑亭	本貫 順興
安億壽(억수)		休軒	本貫 廣州 父 淹慶
安彦繆(언무)	1834~1897	式好堂	學者 字 敬汝 本貫 廣州 父 鳴遠 外祖 朴鼎實 著 書 式好堂遺稿

人名	年代	號	其他
安彦浩(언호)	1853~1934	禮岡	學者 著書 禮岡文集
安淹慶(엄경)	朝鮮世宗	遯翁	本貫 廣州 父 處善 著書 文集
安餘慶(여경)	1538~1592	玉川 梅隱	學者 字 善繼 本貫 廣州 父 應雲 外祖 李世福 著書 玉川遺稿
安汝謹(여근)	朝鮮宣祖	外里亭	文臣 字 雍允 本貫 竹山 全羅左水使
安汝器(여기)		保眞堂	本貫 竹山 祖父 希勳
安汝止(여지)		謹菴	文人 字 幾甫 本貫 順興 父 節
安汝恒(여항)	朝鮮仁祖	蘇齋	本貫 廣州 父 漢彦
安汝諧(여해)		理病齋	字 仲和
安鍊石(연석)	1662~1730	保晚堂	文臣 字 補天 本貫 順興 父 重鉉 梁山郡守 著書 源流論
安爗(엽)	1838~1912	蒼愚	學者 字 叔亨 本貫 廣州 父 永集 外祖 李承彪 著書 蒼愚文集
安瑛(영)	1565~1592	淸溪 恩齋	義兵 字 元瑞 本貫 順興 父 善國 追贈 左承旨 著書 淸溪實記〈竹溪世蹟〉
安瑛(영)	朝鮮	五之堂	字 子溫 本貫 順興 進士
安榮(영)		石泉	著書 文集
安英(영) →安瑛			
安咏(영) →安榮			
安英耆(영기) →安英老			
安英老(영로)	1797~1846	勉庵 西山素隱 雲溪釣叟	學者 字 晦叟 本貫 耽津 父 處信 著書 勉庵集
安永集(영집)		直養齋	著書 直養齋文集
安永鎬(영호)	1854~1986	岌山	學者 字 敬能 本貫 順興 父 洪淵 著書 岌山集
安永煥(영환)	1812~1883	支峰	學者 字 明甫 本貫 竹山 父 業 外祖 朴聖敬 著書 支峰集
安禮(예)	高麗~朝鮮	雨隱	本貫 耽津 父 元璘
安玉(옥) →安載健의 一名			
安玩(완) →安玧			
安完慶(완경)	?~1453	貞菴	文臣 本貫 廣州 父 處善 忠淸道觀察使 著書 文集
安曰重(왈중) →安重			
安堯黙(요묵)	1847~1914	芝蓮齋	著書 文集
安料星(요성)	朝鮮	瀛湖	本貫 順興 父 希善
安容(용)	1522~?	松坡	字 士黙 本貫 廣州 父 承命
安庸洛(용락)		桐塢	著書 桐塢先生文集

人名	年代	號	其他
安庸普(용보) →安庸善			
安庸善(용선)		養山	著書 養山先生文集
安容淳(용순)		野隱	本貫 順興
安鏞植(용식)	朝鮮	西溪	本貫 竹山 父 永壽
安龍鎬(용호)		三翠堂	著書 文集
安龍煥(용환)		淸心堂 淸深堂	本貫 竹山
安宇(우)	朝鮮中宗	戒山	字 太虛 本貫 廣州 父 勇智 修撰
安遇(우)	1449~1527	蘆溪	文臣 字 時叔 本貫 耽津 父 重光 金宗直 門人 縣監 著書 蘆溪逸稿
安愚(우) →安遇			
安遇坤(우곤)		鶴松齋	本貫 順興
安于器(우기)	?~1329	竹屋 竹屋子	文臣 字 虛中 本貫 順興 父 珦 檢校贊成事 諡號 文順 著書 竹屋遺稿
安遇時(우시)	高麗恭愍王	中菴	本貫 廣州 判書
安羽濟(우제)	朝鮮	晩習庵	文臣 本貫 順興 唐津縣監
安友夏(우하)	朝鮮中期	智村	本貫 順興 父 誼
安旭(욱)	1564~?	淸川	文臣 字 明遠 本貫 廣州 父 川福 外祖 郭懷英 戶曹佐郎
安頊(욱)	朝鮮宣祖	萬枝亭	字 謹哉 本貫 順興 父 應一
安旭(욱) →安昶			
安元衡(원형)	高麗忠惠王	一湖	文臣 字 敬甫 本貫 竹山 封號 竹城君 平章事 諡號 文惠
安裕(유) →安珦의 初名			
安由敬(유경)	1576~1626	嘉峰	著書 嘉峰遺稿〈南坡遺稿〉
安由商(유상)	1857~1929	陶川	著書 陶川省牲文集
安由愼(유신)	1580~1657	南坡	文臣, 學者 字 遂初 本貫 竹山 父 重黙 外祖 金弘漢 掌令 著書 南坡遺稿
安瑜重(유중)	1802~1868	晩浦	學者 字 國瑞 本貫 廣州 父 景泰 外祖 宋邦弼 著書 晩浦集
安由哲(유철)	1592~1616	鶴川子	著書 鶴川子遺稿〈南坡遺稿〉
安銷(육)		樗村	本貫 廣州
安潤德(윤덕)	1457~1535	月峯 月峯亭	字 善卿 本貫 廣州 父 彭老
安允善(윤선)		韶隱	本貫 竹山
安允行(윤행)	1692~?	澹軒 淡軒	字 性之 本貫 竹山 父 相元
安崟(음)	1622~1673	松村 退憂	學者 字 景鎭 本貫 竹山 父 厚之 祖父 邦俊 外祖 成文濬 著書 松村集

人名	年代	號	其他
安應建(응건) →安應達			
安應達(응달)		敬菴	本貫 順興 父 璐
安應魯(응로)	1586~?	醉癡	文臣 字 夢與 本貫 廣州 父 黙智 持平
安膚善(응선)	?~1910	華隱	學者 著書 華隱遺稿
安應善(응선)	→安膚善		
安應世(응세)	?~1480	鷗鷺主人 蔡藿野人 藜藿野人 烟波釣徒 月窓	文人 字 字挺 本貫 竹山
安應一(응일)	朝鮮	農山	字 仲賀 本貫 順興
安應昌(응창)	1603~1680	栢巖 愚拙齋	文臣 字 興叔 本貫 順興 父 夢尹 外祖 李德淳 張顯光 門人 封號 順原君 追贈 漢城府右尹 著書 栢巖文集
安應亨(응형)	1578~?	靜齋	文臣 字 叔嘉 本貫 廣州 父 滉 祖父 汝敬 外祖 李岦 追贈 左贊成
安義(의)	朝鮮宣祖	勿齋	臣 字 宜叔 本貫 耽津 李恒 門人 別提
安義國(의국)		南溪	本貫 順興 父 琱
安怡(이)		二樂堂	著書 二樂堂先生文集
安履健(이건)		雲窩軒	著書 文集
安以潢(이횡)	朝鮮	一軒	本貫 竹山 父 鏞植
安忍(안인)	1816~1886	無爲	僧侶 字 眞如 俗姓 金氏
安忍(인)		慕濂堂	本貫 廣州 祖父 億壽
安寅錫(인석)		晩愚	著書 晩愚先生文集
安寅植(인식)	?~1969	嵋山	著書 嵋山文集
安仁 →安仁一			
安仁一(인일)	1736~1806	竹北	字 靜瞻 本貫 廣州 父 命彦 著書 竹北文集
安麟馨(인형)		溪亭	本貫 順興
安仁煥(인환)		鰲山	本貫 竹山
安日履(일리)	1661~1731	洛厓	文臣 字 吉甫 本貫 順興 父 漢召 著書 洛厓文集
安琳(임)	朝鮮成宗	杏陰	本貫 順興 父 謹厚
安子器(자기) →安于器			
安子璋(자장)→安載健의 一名			
安岑(잠)	朝鮮	忘憂軒	本貫 竹山 著書 遺稿
安潛(잠)		足閒齋	著書 足閒齋集
安璋遠(장원)		栗隱	著書 栗隱先生文集
安章煥(장환)		志齋	本貫 竹山

人名	年代	號	其他
安載健(재건)	1838~?	韜山 星齋	畫家 字 稚順 子璞 本貫 順興
安在極(재극)	1879~1940	思菴	著書 思菴文集
安載道(재도)	1637~1716	白溪	字 勉叔 本貫 順興
安載福(재복) →安載富			
安載富(재부)	1834~?	桐齋	文人 字 致文 本貫 順興
安在稷(재직)	1900~1960	喜堂	學者 字 后卿 本貫 順興 父 觀燮 外祖 尹秉一 著書 喜堂集
安載轍(재철)		水月齋	著書 水月齋文集
安在瑩(재형)	1882~1935	道南	獨立運動家
安在護(재호)	1821~1873	芝山	學者 字 稺中 本貫 順興 父 宗榮 外祖 白大晟 著書 芝山遺稿
安在鴻(재홍)	1891~1965	民世	獨立運動家, 政治家 本貫 順興 著書 朝鮮上古史鑑
安載興(재흥)	朝鮮後期	桐齋	
安瑓(전)	1513~?	蟠松 蟠松主人	文臣, 文人 字 君珍 本貫 順興 縣監
安瑑(전)	1518~1571	竹巖	本貫 順興 父 處順 祖父 璣 著書 竹巖遺稿 〈竹溪世蹟〉
安節(절)	朝鮮世宗	黙谷堂	字 靖叟 本貫 廣州 吏曹參判
安玭(정)	1494~1548	竹窓 拭瘡	文臣, 書藝家 字 挺然 本貫 竹山 父 處善 祖父 琛 外祖 崔潤身 陽城縣監
安㥄(정)	1574~1636	道谷	本貫 廣州 著書 道谷集
安絍(정)	1655~1716	百忍 百忍堂	字 德章 本貫 竹山 父 廷驌 縣監
安珽(정) →安玭			
安正基(정기)		乃逸亭	字 伯貽 本貫 順興
安鼎呂(정려)	1871~1939	晦山	字 國重 本貫 順興 父 相琦 著書 文集
安鼎祿(정록)	朝鮮英祖	素菴	本貫 廣州 父 極
安鼎梅(정매)		愼菴	著書 愼菴遺稿
安鼎福(정복)	1712~1791	順菴 橡山 橡首 橡翁 橡軒 虞夷子 漢山病隱	學者 字 百順 本貫 廣州 父 極 外祖 李益齡 李溪 門人 封號 廣成君 追贈 左參贊 著書 順菴集
安廷燮(정섭)	?~1656	晩晩軒 晩悟軒	文人, 文臣 字 和叔 本貫 竹山 外祖 韓應寅 鄭曄 門人 僉正
安正壽(정수)		勿齋	本貫 順興 父 光鎭
安鼎遠(정원)	1831~1900	厓石	著書 厓石集 〈光陵世稿〉
安廷佐(정좌)	朝鮮	龍隱	文臣 本貫 順興 同知中樞府事
安鼎宅(정택)	1842~1901	老川 是菴	學者 著書 老川集

人名	年代	號	其他
安鼎漢(정한)	1840~1914	芝岡	字 元可 本貫 順興 父 宅榘 著書 文集
安鼎鉉(정현)	1871~1928	靜窩	字 子玉 本貫 順興 父 聖柱 著書 靜窩遺稿
安挺華(정화)		芝隱	著書 文集
安貞晦(정회)	1830~1898	管山	學者 著書 管山遺稿
安霽(제)	1538~?	東皐	字 汝止 本貫 順興 父 琇
安濟臣(제신)	→李濟臣		
安朝(조)	高麗忠肅王	謹齋	字 常之 本貫 順興 父 碩
安琱(조)		東窩	本貫 順興 父 應達
安鍾觀(종관)	→安重觀		
安鍾悳(종덕)	1841~1907	石荷	文臣 字 克老 本貫 廣州 父 聞遠 外祖 閔良魯 著書 石荷集
安宗道(종도)	1522~1602	歲寒 歲寒堂 歲寒齋	文臣 字 貫夫 本貫 順興 父 景倬
安鍾斗(종두)	?~1594	兢庵	著書 兢庵集
安鍾洛(종락)	1826~1892	嵋東	學者 字 淑中 本貫 康津 父 國說 外祖 郭聖起 著書 嵋東遺稿
安鍾洛(종락)	1879~1942	醒菴	著書 文集
安鍾連(종련)	1899~1961	靜山	著書 文集
安鍾律(종률)	?~1948	巽軒	著書 巽軒集
安宗茂(종무)		尋樂窩 雪齋	文臣 字 始松, 如松 本貫 竹山 縣監 著書 尋樂窩文集
安從生(종생)	朝鮮	東峰	本貫 廣州 司憲府監察
安宗善(종선)	朝鮮	一梧亭 混庵	委巷人 字 養吾 本貫 順興 祖父 命說
安鍾宣(종선)		竹泉	著書 竹泉集
安宗善(종선)	→安崇善		
安鍾高(종설)		山居	著書 文集
安宗洙(종수)	朝鮮高宗	起亭	文臣 字 敬專 本貫 廣州 父 錫瑀 羅州郡守
安宗述(종술)		芝山堂	著書 文集
安宗源(종원)	1324~1394	雙清堂 雙清亭	文臣 字 嗣清 本貫 順興 父 軸 封號 興寧府院君 判門下府事 諡號 文簡 著書 雙清堂集
安鍾元(종원)	1874~1951	耕墨堂主人 觀水居士 石丁 石灯	書藝家 本貫 順興 父 鴻吉
安宗仁(종인)	朝鮮	仲庵	本貫 竹山 父 允行
安宗悌(종제)	朝鮮宣祖	杜門齋	本貫 廣州 父 濬 持平
安鍾彰(종창)	1865~1918	希齋	學者 字 致行 本貫 光州 父 鎭遠 外祖 趙陽植 著書 希齋集

人名	年代	號	其他
安宗台(종태)		雲圃	本貫 順興
安鍾弼(종필)		雙竹堂	本貫 順興
安鍾鶴(종학)	1863~1923	支峰	著書 支峰集
安鍾和(종화)	1860~1924	涵齋	學者 字 士應 本貫 廣州 父 基遠 中樞院議官 著書 東史節要
安宗熙(종희)	1878~1937	晦雲	字 漢汝 本貫 順興 父 相麟 著書 文集
安宙(주)	1500~1569	恥庵	學者 字 太古 本貫 廣州 父 勇智 經筵侍讀官 著書 恥庵逸稿
安珠(주)		竹巖	本貫 順興 著書 竹巖遺稿 〈竹溪世蹟〉
安周觀(주관)		岐亭	著書 岐亭詩集
安俊(준)	高麗~朝鮮	蘆浦	文臣 字 惠甫 本貫 順興 父 孫柱 體察使
安浚說(준열) →安後說			
安俊靜(준정) →安后靜			
安重(중)	朝鮮英祖	一柏堂	字 士尚 本貫 順興 父 應達
安重謙(중겸)	1666~1732	荑庵	字 汝益 本貫 順興 父 昰 直長
安重觀(중관)	1683~1752	悔窩 可洲	學者, 文臣 字 國賓 本貫 順興 父 覯屋 堤川縣監 著書 悔窩集
安重觀(중관)	朝鮮肅宗	可湖	本貫 順興 父 昰
安重觀(중관)	朝鮮	益窩	文臣 本貫 廣州 洗馬
安重敦(중돈)	朝鮮	雷隱	本貫 竹山 進士
安重黙(중묵)	1556~1600	桐厓 東厓	本貫 竹山 父 般 朴光前 門人 著書 桐厓先生實記
安重燮(중섭)	1812~1883	蓮山	學者 字 舜華 本貫 竹山 父 周郁 外祖 金光顯 著書 蓮山集
安中植(중식)	1861~1919	耕墨道人 耕墨庸者 耕夫 不不翁 不二子 心田 心荃 庸人 資堂	畫家 本貫 順興 父 鴻述 通津郡守
安仲毅(중의)	朝鮮	敬齋	文臣 本貫 耽津 谷山府使
安重晉(중진)	朝鮮肅宗	惠隱	本貫 順興 父 昰
安重弼(중필)	1659~1746	謹堂	文臣 字 夢卿 本貫 順興 父 圭 祖父 光郁 漢城府右尹
安重鉉(중현)	朝鮮	師影齋	文人 字 士正 本貫 順興 參奉
安重禧(중희)	朝鮮	逢溪 西巖	委巷人 字 純汝 本貫 順興
安嶒(증)	朝鮮明宗	玩龜 玩龜亭	文臣 字 士謙(濂) 本貫 廣州 父 覯 侍講院說書 著書 玩龜先生實紀
安止(지)	1377~1464	皐隱	文臣 字 子行 本貫 耽津 父 士宗 領中樞府事 諡號 文靖 著書 皐隱集
安志(지)	朝鮮宣祖	農厓	學者 字 士尚 本貫 順興 著書 桂林叢話

人名	年代	號	其他
安志松(지송)		貞齋	本貫 竹山 父 倦遊
安志養(지양)		忍齋	本貫 竹山 父 挺魯
安智鎬(지호)	1857~1922	藕峯	獨立運動家 字 雲翼 著書 藕峯實記
安震(진)	?~1360	常軒	文臣 本貫 順興 正堂文學
安縝(진)	1617~1685	鶴村	臣 字 栗甫 本貫 竹山 父 廷燮 禮曹參判 著書 鶴村雜錄
安鎭洛(진락) →朱鎭洛			
安晉石(진석)	1644~1725	月梧堂	學者 字 士雅 本貫 順興 父 道徵 外祖 柳應亨 著書 月梧堂文集
安晉錫(진석)	1792~1859	又玄齋	學者 字 孝升 本貫 順興 父 時喆 著書 又玄齋詩抄
安振鎬(진호)	1863~1937	南川	著書 文集
安壔(질)	朝鮮世宗	德峯	文臣 本貫 順興 祖父 輯 判書
安質(질)	朝鮮世宗	訥菴	本貫 順興 父 守眞
安㒶(집)	1703~?	橡山	文臣 字 德聚 本貫 順興 父 壽成 判敦寧府事
安潗(집)	朝鮮	市隱	
安徵(징)	朝鮮	伴梅堂	文人 字 仲勳 本貫 順興
安鑽(찬)	1829~1888	癡史	字 景顔 本貫 耽津 父 苹老 外祖 鄭宅東 著書 癡史集
安昶(창)	1552~?	石泉 四耐 容菴	文人, 文臣 字 景容 本貫 竹山 父 邦慶 牧使
安昌(창)		守拙齋	本貫 順興
安昶(창) →安旭			
安昌國(창국)	1542~1595	梅潭	文人 字 彦升 本貫 順興 祖父 處順 著書 梅潭實記 〈竹溪世蹟〉
安昌克(창극)	朝鮮	兩忘齋	委巷人 字 仲燕 本貫 順興
安昌烈(창렬)	1847~1925	東旅	著書 東旅文集
安昌孫(창손)→安明欽의 一名			
安昌載(창재)		竹軒	著書 文集
安昌濟(창제)	1866~1931	松隱	獨立運動家 字 仲陽 本貫 竹山 父 欽 著書 文集
安昌俊(창준)	1687~1771	閒說堂	孝子 字 繼仲 本貫 竹山 著書 閒說堂遺稿
安昌濬(창준)	1877~1964	錦石	著書 文集
安昌浩(창호)	1878~1938	島山	獨立運動家 父 興國
安昌後(창후)	→安昌俊		
安昌勳(창훈)	1748~1828	職憂堂	學者 字 德老 本貫 竹山 父 世楫 外祖 李萬成 著書 職憂堂遺稿
安處謙(처겸)	1486~1521	兼齋 謹齋 虛齋	文臣 字 伯虛 本貫 順興 父 瑭 外祖 李永禧 成均館 學諭 著書 謙齋遺稿

人名	年代	號	其他
安處謙(처겸) →安處順			
安處誠(처성)	1477~1517	竹溪	文臣 字 誠之 本貫 順興 父 琛 軍資監正
安處順(처순)	1493~1534	思齋 思齋堂 幾齋	文臣 字 順之 本貫 順興 父 璣 外祖 林玉山 奉常寺判官 著書 思齋實紀
安處宅(처택)	1705~1775	東塢	學者 字 仁伯 本貫 順興 父 天輔 著書 東塢文集
安喆(철)	朝鮮宣祖	草堂	本貫 耽津 父 克家
安哲浚(철준)		陶川	著書 陶川先生文集
安哲鎬(철호)	1896~?	廣居	字 致賢 本貫 順興
安最曄(최엽)	朝鮮	竹圃	本貫 竹山 父 世行
安軸(축)	1287~1348	謹齋	文臣 字 當之 本貫 順興 父 碩 封號 興寧君 春秋館事 諡號 文貞 著書 謹齋集
安軸(축) →安軸			
安舳(축)	朝鮮中宗	鈍菴	文臣 字 海濱 本貫 竹山 父 秀崙 春秋館編修官
安舳(축)	朝鮮	松堂	本貫 竹山
安冲(충)	高麗	漢山	
安忠達(충달)	朝鮮中宗	荷谷	文臣 字 孝彦 本貫 竹山 父 鱗 縣令
安萃煥(췌환)		竹軒	本貫 竹山
安致權(치권)	1745~1813	乃翁	學者 字 允善 本貫 順興 父 慶稷 外祖 李基敏 著書 乃翁遺稿
安致萬(치만)		東谷	本貫 竹山
安致黙(치묵)	1826~1867	竹南	學者, 文臣 字 士休 本貫 順興 父 廷震 外祖 黃綺漢 持平 著書 竹南文集
安置民(치민)	高麗	棄菴 睡居士 醉睡居士 醉睡先生	文人, 書畫家 字 淳之 本貫 安康
安致邦(치방)	朝鮮	圓峯	文人 字 伯居 本貫 竹山
安致洙(치수)	1863~1950	念窩 晴硐	學者 字 學魯 本貫 順興 父 時黙 外祖 高裕鎭 著書 念窩集
安致宅(치택)	1702~1777	無隱齋	文臣 字 居廣, 君居 本貫 竹山 父 晚遇 祖父 汝器 司諫 著書 文集
安琛(침)	1444~1515	竹溪 竹齋 竹窓	文臣 字 子珍 本貫 順興 父 知歸 知敦寧府事 諡號 恭平
安泰國(태국)	1843~1913	暘谷	本貫 順興 著書 暘谷先生文集
安泰國(태국)	?~1920	東吾	獨立運動家 本貫 順興
安泰鎭(태진)		守愚堂	字 景瞻
安泰煥(태환)		竹圃	著書 文集
安宅(택)	朝鮮孝宗	廣陵子 匡盧主人	文臣 字 太居 本貫 廣州 父 勇智 都事

人名	年代	號	其他
安宅基(택기)	朝鮮	日休齋	委巷人 字 履叔 本貫 順興
安宅文(택문)	朝鮮	日省齋	委巷人 字 致俊 本貫 順興
安宅承(택승)	朝鮮	浮海	
安宅柱(택주)	1805~1869	道窩	學者 本貫 順興 著書 道窩逸稿
安宅鎬(택호)	1848~1918	尤山	著書 尤山先生文集
安澤煥(택환)	韓末~日帝	三希	
安珮(패) →安玹			
安平大君(안평대군)	1418~1453	匪懈堂 琅玕居士 梅竹軒	王族, 書藝家 字 淸之 本名 瑢 父 世宗 諡號 章昭 著書 匪懈堂集
安必期(필기)	朝鮮後期	琅山	
安弼相(필상)	朝鮮	弄石	本貫 竹山 教官 著書 遺稿
安必成(필성)		月灘童子	著書 文集
安瀚(한)	朝鮮	竹溪	文人 本貫 順興
安漢徽(한휘)		西菴	字 益萬 本貫 慶州
安馠(함)	1504~?	四美亭	字 君晦 本貫 順興 父 世亨
安珦(향)	1243~1306	晦軒	學者 字 士蘊 本貫 順興 初名 裕 父 孚 都僉議中贊 諡號 文成
安珦(향) →安玹			
安獻徵(헌징)	1600~1670	鷗浦 南洲 南湖	文臣 字 聖觀 本貫 廣州 父 應亨 外祖 李山海 觀察使 著書 鷗浦集
安赫重(혁중)	朝鮮	雙槐堂	學者 字 幼瞻 本貫 廣州 著書 雙槐堂遺稿
安峴(현)	朝鮮初期	南山主人	本貫 廣州 吏曹佐郎
安玹(현)	1501~1560	雪江	文臣 字 仲珍 本貫 順興 父 舜弼 外祖 趙庸門 左議政 諡號 文僖
安衡(형)	1684~1764	蒼菴	文臣, 學者 字 彦平 本貫 順興 父 堯左 外祖 沈橺 僉知中樞府事 著書 蒼菴遺稿
安衡(형)		蒼果	著書 文集
安衡奎(형규)		五齋	本貫 順興
安祜(호)	朝鮮	石樵	委巷人 字 士受 察訪
安好亮(호량)	朝鮮	德谷	文臣 字 孔明 本貫 廣州 父 璸 祖父 敏學 副司果
安浩淵(호연)	1827~1898	楠溪	學者 字 孟然 本貫 順興 父 道默 外祖 權璧度 著書 楠溪集
安浩然(호연) →安浩淵			
安弘量(홍량)	1590~1616	醉峯	字 夢孚 本貫 竹山 父 昶 典籍
安鴻漸(홍점)		梧月堂	著書 梧月堂集

人名	年代	號	其他
安弘靖(홍정)	朝鮮	竹塘	文臣 本貫 順興 察訪
安化一(화일) →安仁一			
安廓(확)	1886~1946	自山 雲門生 八大搜	學者 著書 朝鮮文學史
安會淳(회순)	1894~1945	月亭	著書 文集
安孝淳(효순)		支峯	著書 支峯集
安孝述(효술)	1774~1843	雪溪	學者 字 繼而 本貫 廣州 父 昌重 著書 雪溪集
安孝翼(효익)		月圃	著書 文集
安孝仁(효인)		晩沙	本貫 順興
安孝勣(효적)		隱樵	本貫 順興
安孝濟(효제)	1850~1912	守坡	憂國烈士 字 舜中 本貫 耽津 父 欽 春秋館書記官 著書 守坡文集
安垕(후)	1636~1710	竹厓 竹涯 竹崖	字 子厚 本貫 順興 父 光郁
安厚傑(후걸)		淑庵	本貫 順興 祖父 夢省
安后慮(후려)		漢隱	本貫 竹城
安厚彦(후언)	朝鮮	農圃	本貫 竹山 父 玄
安後說(후열)	1672~?	劒南 釖南 谷齋 齋谷	文臣 字 德雨 本貫 廣州 父 獻規 祖父 應亨 兵曹參知 著書 劒南集
安厚源(후원)	?~1608	楓窩	著書 楓窩遺稿
安后靜(후정)	1629~1702	省齋	學者 字 君敬 本貫 光州 父 世榮 外祖 成咭 著書 省齋逸稿
安後靜(후정) →安后靜			
安厚之(후지)	朝鮮	竹軒	本貫 竹山 著書 遺稿
安厚之(후지)		松陰堂	著書 松陰堂詩稿
安後泰(후태)	1636~1681	月窓	文臣 字 來叔 本貫 廣州 父 時秀 承旨
安壎(훈)	1880~1958	憤庵	學者 本貫 順興 父 秉祜 外祖 南二周 著書 憤庵文集
安憙(희)	1551~1613	竹溪	文臣, 學者 字 彦優 本貫 順興 父 公軫 外祖 安宅 著書 竹溪先生文集
安禧(희)	朝鮮	退隱	文臣 字 泰亨 本貫 竹山 判官
安喜(희)		黙庵	著書 安黙庵先生集
安禧遠(희원)	1846~191	時軒	著書 時軒遺稿
安希勣(희적)		倦遊子	本貫 竹山
安熙濟(희제)	1885~1943	白山	獨立運動家 本貫 耽津
野雲(야운)	高麗	夢巖老人	僧侶 著書 自警文

人名	年代	號	其他
若林(약림) →若休			
若坦(약탄)	1668~1754	影海	僧侶 字 守吶 本貫 光山 俗姓 金氏 父 中生 著書 影海詩集
若休(약휴)	朝鮮	護巖	僧侶 本貫 海州 俗姓 吳氏
梁嘉(가) →梁喜			
梁居安(거안)	1652~1731	六化	學者 字 遷伯 本貫 濟州 父 禹圭 外祖 李亨臣 朴世堂, 尹拯 門人 著書 六化集
梁居易(거이)		六峰	
梁居正(거정)	朝鮮	酒隱	學者 本貫 濟州
梁建植(건식)	1889~1938	菊如 白華	文人
楊健永(건영)		龜潭	本貫 中和
梁垍(게)		尚志堂	字 子厚 本貫 南原
梁堅(견)	高麗	月亭	本貫 南原 父 卓英 知春秋館事
楊景濂(경렴)	朝鮮	霽光齋	本貫 中和 父 遇貞
梁景信(경신)	朝鮮	霽雲堂	文臣 本貫 南原 追贈 兵曹參判
梁慶遇(경우)	1568~?	霽湖 蓼汀 點易 點易子 點易齋 泰巖	文臣 字 子漸 本貫 南陽 父 大樸 金長生, 張顯光 門人 追贈 吏曹參議 著書 霽湖集
梁敬之(경지)	1662~1734	方菴	學者 字 仲直 本貫 濟州 父 晉秀 外祖 朴昌武 著書 方菴遺稿
梁計(계)		晦愚堂	本貫 南原
梁季達(계달)		白水	著書 白水先生文集
梁啓黙(계묵)	1882~1941	心菴	著書 心菴遺稿
楊公休(공말)	朝鮮明宗	伴仙亭 白雲居士	隱士 字 彥衡 本貫 中和 父 墩
楊公信(공신)		悔窩	本貫 中和 父 墩
梁灌(관)	1437~1507	逸老堂	武臣 字 沃之 本貫 南陽 父 川至 知敦寧府事
梁圭述(규술)	1897~?	樵山	著書 樵山詩稿
梁圭勳(규적)		晩悟堂	字 自源 本貫 南原 父 周
梁奎煥(규환)		石塢	著書 文集
楊起(기)	1004~1094	巖谷 鑑湖 巖谷拙軒	文臣 字 可尹 本貫 清州 諡號 忠憲 著書 巖谷事蹟〈清州世稿〉
楊基(기)		眉菴	著書 楊眉菴集
梁箕黙(기묵)		操齋	著書 操齋遺稿
梁基韶(기소)		尼泉	字 聖淳 本貫 南原 父 一曔
梁基柱(기주)		九逸	著書 文集

人名	年代	號	其他
梁起鐸(기탁)	1871~1938	雩岡	獨立運動家 父 時英
梁基瑕(기하)	1878~1932	荷山	獨立運動家 本貫 南原 公州郡守
梁基衡(기형)	1863~1939	愚村	著書 文集
楊基薰(기훈)	1843~?	石然 石然老漁 淇上魚人	畵家 字 癡南, 穉南 本貫 中和 監察
梁能讓(능양)	高麗高宗	遯菴	本貫 南原
梁達敎(달교)	1794~1876	勉齋	學者 字 警晦 本貫 南原 父 碩中 外祖 金命鐸 龍驤衛副護軍 著書 勉齋遺稿
梁達洙(달수)	朝鮮	分軒	本貫 濟州 父 道元
楊達和(달화)	朝鮮	池村	本貫 中和 父 時震
梁大卿(대경)	1884~1964	笑堂	法律家 本貫 南原
梁大濮(대업)	1544~1592	淸溪 松巖 竹巖 靑溪 淸溪道人 春溪 荷谷	義兵將 字 士眞 本貫 南陽 父 艤 追贈 兵曹判書 諡號 忠莊 著書 淸溪集
梁大淵(대연)		秀松	著書 文集
楊大漢(대한)	朝鮮	只山	本貫 中和 父 達和
楊德祿(덕록)	1559~1635	悔軒	學者, 義兵 字 景綏 本貫 中和 禮賓寺參奉
楊德壕(덕호)	1859~1940	竹湖	學者 字 文若 本貫 淸州 父 慶基 外祖 權宅中 著書 竹湖遺集
梁德煥(덕환)		茶岑	著書 文集
梁燾(도)	1619~?	晦翁	文臣 字 廣叔 本貫 南陽 父 振翩 校書博士
楊道南(도남)	1624~1700	無禁堂	學者 字 郞明 本貫 密城 父 暄 外祖 金在鎔 著書 無禁堂文集
楊墩(돈)		光霽亭 梅堂	本貫 中和
梁東旭(동욱)		學圃	著書 學圃集
楊東勳(동훈)	?~1957	直軒	獨立運動家 本貫 淸州 祖父 大植
梁得遇(득우)	朝鮮	雷龍舍	隱士 字 時協
梁得中(득중)	1665~1742	德村	文臣, 學者 字 擇夫 本貫 綾州 父 禹疇 朴泰初 門人 同副承旨 著書 德村集
楊得孝(득효)	朝鮮	南齋	文臣 本貫 淸州 判官
梁萬家(만가)		烏山齋	本貫 濟州
楊萬古(만고)	1574~?	鑑湖 遯湖 毘盧道人	文臣, 書藝家 字 道一 本貫 淸州 父 士彦 通津府使 著書 鑑湖集
梁萬古(만고)	→楊萬古		

人名	年代	號	其他
楊萬吉(만길)		鏡湖	本貫 清州 父 士彦
梁曼容(만용)	1598~1651	梧齋 據梧	文臣 字 長卿 本貫 濟州 父 山軸 外祖 高從厚 執義 著書 梧齋集
梁萬甸(만전)		鰲峯	本貫 濟州 父 渭南
梁命仁(명인)	朝鮮後期	歸川	本貫 南陽 父 宇夏
梁命辰(명진)	朝鮮後期	無名齋	本貫 南陽 父 宇夏 進士
楊夢擧(몽거)	朝鮮顯宗	撫松	字 賚子 本貫 中和 父 汝梅 持平
梁夢說(몽열)	1565~1627	陶溪	學者 字 元賚 本貫 南原 父 國樑 著書 陶溪遺稿
梁夢堯(몽요)		懶隱	本貫 濟州 父 千運
梁夢禹(몽우)		奇巖	本貫 濟州 父 千運
梁夢熊(몽웅)		梅溪	本貫 濟州 父 千運
梁夢翼(몽익)		龍巖	本貫 濟州
楊墨(묵) →楊宇朝의 一名			
楊文圭(문규)		魯軒	著書 魯軒未定稿
楊昉(방)	朝鮮	習元	文臣 本貫 清州 參判
楊培(배)	朝鮮燕山君	龜巖	隱士 字 而厚 本貫 清州
楊培(배)	朝鮮	歸庵	文臣 本貫 清州 父 熙止 兵馬節度使
楊拜善(배선)	朝鮮	艮窩	文臣 字 師賢
楊秉益(병익)		龜雲	著書 文集
梁保興(보여)	朝鮮	龜庵	本貫 濟州
梁復潤(복윤)		慊窩	字 大來 本貫 南原
楊蓬春(봉춘)		青雲	著書 青雲集
梁泗(사) →梁泗源			
梁思貴(사귀)	朝鮮太宗	慕齋	文臣 本貫 南原
楊士奇(사기)	1521~1586	竹齋 青溪	文臣 字 應遇 本貫 清州 父 希洙 富平府使
楊士敏(사민)		雙梅堂	本貫 中和 父 洪
楊士彦(사언)	1517~1584	蓬萊 完邱 滄海 海客 海容	文臣,書藝家 字 應聘 本貫 清州 父 希洙 咸興府尹 著書 蓬萊詩集
梁士彦(사언) →楊士彦			
梁泗源(사원)	朝鮮初期	蒼巖	本貫 濟州 祖父 思渭
梁思哲(사철)	高麗	湖隱	字 成仁 本貫 南原 門下評理
楊士俊(사준)	朝鮮中期	楓皐 酒隱	文臣 字 應擧 本貫 清州 父 希洙
楊士衡(사형)	1547~1599	漁溪 龜潭 漁隱 暎霞亭 田隱	文臣 字 季平 本貫 南原 父 洪 追贈 都承旨 著書 漁溪楊先生遺集

人名	年代	號	其他
梁山璹(산숙)	1561~1593	潘溪	字 會元 本貫 濟州 祖父 彭孫
梁山甫(산보)	→梁彦鎭		
梁山海(산해)		遯庵	字 茂弘 本貫 濟州 父 應鼎
梁相大(상대)		掛謙齋	本貫 濟州 父 必渭
梁相佑(상우)		竹軒	本貫 濟州
梁相泰(상태)		花隱	本貫 濟州
梁相恒(상항)	1827~1891	瑞竹 瑞竹堂	學者 字 穉久 本貫 濟州 父 斗永 外祖 林沂遠 著書 瑞竹堂遺稿
梁相衡(상형)	1833~1907	栢下	學者 字 子平 本貫 濟州 父 纘永 著書 栢下遺稿
梁相嘩(상화)		圃雲	著書 圃雲先生文集
梁相翕(상흡)		石北	本貫 濟州 父 必壽
梁瑞(서)		敬齋	字 允軾 本貫 南原
梁瑞起(서기)	朝鮮	枳山	本貫 濟州 父 宗海
梁錫九(석구)		蓬隱	本貫 南原
梁錫圭(석규)		竹南	著書 文集
楊錫龍(석룡)		壺隱	本貫 中和
楊錫謨(석모)		心淵 天上齋	本貫 中和 父 樗河
梁錫輔(석보)		晚悔齋	本貫 濟州
楊錫瑗(석원)		道藏齋	本貫 中和 父 存世
梁碩廈(석하)	朝鮮	溪隱	本貫 南原 父 靁
梁城(성)	朝鮮	溪翁	本貫 南原
梁聖揆(성규)	朝鮮肅宗	休齋	文臣 本貫 南陽 父 重廈
梁聖麟(성린)	1674~1770)	養心軒	學者 字 時徵 本貫 南原 父 命宇 外祖 韓省三 著書 養心軒遺稿
梁誠立(성립)	朝鮮世宗	訥齋	文臣 本貫 南原 父 九疇 諡號 文襄
梁誠一(성일)	朝鮮	小溪	委巷人 字 汝顯 本貫 鷄林
梁誠之(성지)	1415~1482	訥齋 松坡	文臣, 學者 字 純夫 本貫 南原 父 九疇 封號 南原君 弘文館大提學 諡號 文襄 著書 訥齋集
梁世南(세남)	1627~1682	龍江	文臣 字 永叔 本貫 濟州 父 曼容
梁世奉(세봉)	1896~1934	碧海	獨立運動家 本貫 南原
楊世典(세흥)	朝鮮	松齋	字 孝伯 本貫 中和
梁秀(수)		敏山	字 嘉嶺
楊秀達(수달)	→楊季達		

573

人名	年代	號	其他
梁諟(시)		暎波亭	本貫 南原
楊時晃(시면)	朝鮮宣祖	落霞亭	字 子義 本貫 中和 父 士衡 著書 文集
楊時省(시성)		滄洲	本貫 中和 父 士敏
楊時遇(시우)	1563~?	聖泉	字 亨彦 本貫 南陽 父 士獻 正郎
楊時晉(시진)	1573~1615	龜陰	文臣 字 子昇 本貫 南原 父 士衡 追贈 吏曹參議 著書 龜陰遺集 〈漁隱集〉
楊時震(시진)	朝鮮	理齋	本貫 中和 父 景廉
梁時晉(시진)	→楊時晉		
楊時晃(시황)	朝鮮光海君	中里	隱士 字 子整 本貫 南原
梁湜永(식영)		竹坡	著書 文集
梁彦鎭(언진)	1503~1559	瀟灑園 瀟灑 瀟灑堂 瀟灑翁 蕭洒園 瀟灑亭 瀟灑處士	學者 字 山甫 本貫 瀛洲 父 泗源 大司成 著書 瀟灑園事實
梁汝恭(여공)	1378~1431	柳亭	文臣 字 敬之 本貫 忠州 父 肅 兵曹佐郎
楊汝梅(여매)	?~1665	華陽	本貫 中和 父 時晋 著書 華陽公遺集
楊汝樟(여장)		清香堂	本貫 中和 祖父 士衡
楊汝楫(여즙)		收心齋	本貫 中和 祖父 士敏
梁淵(연)	1485~1542	雪翁	文臣 字 巨源 本貫 南原 父 琥 祖父 誠之 判中樞府事 著書 雪翁先生文集
楊年發(연발)		道山	本貫 中和
楊禮壽(예수)	?~1597	退思翁	醫官 字 敬南, 敬甫 本貫 河陰 同知中樞府事 著書 醫林撮要
楊五敦(오돈)	朝鮮後期	荷西	
梁龍黙(용묵)		晚松亭	著書 文集
梁用賢(용현)	朝鮮	月溪	本貫 濟州 父 性烈
梁祐(우)	?~1396	黙齋 龍崗居士	節臣 本貫 南原 父 俊 祖父 唐就 版圖判書
梁禹卿(우경)	朝鮮宣祖	清江	本貫 南原
梁遇慶(우경)		雪湖	本貫 南原
梁禹璡(우구)	朝鮮	梅村	學者 本貫 濟州
梁禹圭(우규)	1629~1714	杏村	學者 字 玄甫 本貫 濟州 父 砥南 副護軍 著書 杏村遺稿
梁遇孟(우맹)	朝鮮	拙翁	委巷人 字 聖來 本貫 忠原
梁佑承(우승)	朝鮮	菊塢	著書 菊塢私稿
楊遇元(우원)	朝鮮宣祖	棣窩	義兵 字 元之 本貫 中和
楊遇貞(우정)	朝鮮宣祖	玉溪 竹軒	功臣 字 幹之 本貫 中和 父 世興

人名	年代	號	其他
楊宇朝(우조)	1897~1964	少碧	獨立運動家 一名 楊墨 本貫 中和
梁宇夏(우하)	朝鮮肅宗	雪岳	本貫 南陽 父 燾 進士
梁遇亨(우형)		兩庭齋	字 嘉甫 本貫 中和
梁禹虎(우호)		維淸齋	本貫 濟州 父 萬家
梁榞(원)	1590~1650	順受 任天	文臣 字 君實 本貫 南原 父 弘澍 金長生 門人 宜寧縣監
梁應容(원용)		慕軒	本貫 濟州 父 山海
梁渭南(위남)		九峯	本貫 濟州 父 仁容
梁有信(유신)	朝鮮成宗	睡翁	本貫 南原
楊允淑(윤숙)	1875~1910	春溪	義兵長 父 錫民
梁潤渭(윤위)		三江	本貫 濟州
梁應鯤(응곤)	朝鮮成宗	三斯堂	字 太冲 本貫 南陽 著書 文集
梁應箕(응기)		止齋	本貫 南原
梁應洛(응락)	1572~1620	漫叟	文臣 字 深源 本貫 南原 父 謹 追贈 吏曹判書
梁應祿(응록)	?~1597	橡村	武臣 字 榮國 本貫 南原 追贈 持平
梁應祥(응상)	朝鮮	松峯	本貫 濟州 父 龍浩
楊應洙(응수)	1700~1768	白水	學者 字 季達 本貫 南原 著書 白水文集
梁應鼎(응정)	1519~?	松川	文臣 字 公燮 本貫 濟州 父 彭孫 大司成 著書 松川集
梁應津(응진)		龜溪	本貫 南原
楊應春(응춘)	?~1592	道谷	義兵 字 仁卿 本貫 淸州 父 忠伯 追贈 吏曹參議
梁應鮐(응태)		虛眞堂	字 景三 本貫 南原 父 鐵堅
梁應弼(응필)	→梁應鼎		
梁檥(의)	朝鮮光海君	葵軒	文臣 字 泛翁 本貫 南陽 父 自潤 承旨
楊懿直(의직)	1556~1639	靖世	義兵 字 而溫 本貫 中和 父 德裕 昌陵參奉 著書 禮儀會通
楊以貞(이정)		漁村	著書 漁村先生文集
梁以河(이하)	朝鮮	睡目堂	學者 本貫 濟州
梁仁黙(인묵)		月圃	本貫 濟州
梁仁容(인용)	朝鮮中期	松石 松石亭	武臣 本貫 濟州 父 山立
梁逸永(일영)		梧軒	本貫 濟州 父 錫輔
梁子淳(자순)		支巖	字 季明 本貫 濟州 父 山甫
楊子由(자유)	朝鮮世祖	龜隱	字 希轍 本貫 南原 父 淵 執義
梁自潤(자윤)	朝鮮仁祖	迂翁	本貫 南陽 父 啓沃

人名	年代	號	其他
梁子徵(자징)	1523~1594	鼓巖	學者 字 仲明 本貫 濟州 父 山甫 金麟厚 門人
梁子徵(자징)		據梧	
梁子澂(자징)→梁子徵(鼓巖)			
楊自漢(자한)		養淸齋	本貫 淸州
梁在慶(재경)	?~1918	希庵	著書 希庵遺稿
梁在奎(재규)		訥齋	著書 訥齋集
梁在德(재덕)		弦齋	著書 文集
梁在魯(재로)	?~1897	菊潭	學者 字 道源 本貫 南原 著書 菊潭實記
楊在世(재세)		華西	本貫 中和
梁在善(재선)	1864~1933	文山	著書 文山遺稿
梁在聲(재성)		南坡	著書 南坡遺稿
梁在淳(재순)	1833~1909	眞山	著書 眞山先生文集
梁載沃(재옥)		錦逋	本貫 濟州 父 夢翼
梁在日(재일)	1863~?	晦園	本貫 南原 著書 晦園集
梁載喆(재철)		松菴	本貫 濟州
梁在八(재팔)	1848~1922	晦山	文臣 字 武興 本貫 南原 父 致煥 外祖 金宗魯 著書 晦山集
梁在海(재해)	1855~1925	華隱	著書 文集
梁載賢(재현)		薇齋	本貫 海州 父 瀛
梁在協(재협)	?~1926	東川	字 敬德 著書 東川私稿
楊在湖(재호)	朝鮮	蕙齋	本貫 中和 父 峻發
梁在休(재휴)		醉石堂	本貫 濟州
梁旬伯(전백)	1839~1923	格軒	己未獨立宣言33人
楊鼎基(정기)	朝鮮	最樂堂	隱士 字 定之 本貫 南陽
楊廷彬(정빈)	1795~1848	南皐	學者 字 士郁 本貫 密陽 父 漢一 外祖 成日三 著書 南皐遺稿
梁廷虎(정호)	朝鮮仁祖	松竹軒	文臣 本貫 南陽 父 聖揆 承旨
梁濟慶(제경)		竹隱	本貫 濟州 父 學溱
梁濟臣(제신)		灌園叟	本貫 濟州 父 千尋
梁濟安(제안)	1860~1929	碧濤	義兵將, 獨立運動家 本貫 南原
楊宗樂(종락)	1870~1918	裕齋	字 禮仲 本貫 密城 父 柄奎 著書 裕齋遺稿
梁宗潭(종담)	朝鮮	栢軒	委巷人 字 道膺 本貫 忠州
梁宗楷(종해)	1744~1815	遯窩	學者 字 元則 本貫 南原 父 堰 外祖 張洞 著書 遯窩遺稿

人名	年代	號	其他
梁鍾賢(종현)		拙隱	本貫 濟州 父 濟慶
梁柱南(주남)	1610~1656	四松 梅溪	學者 字 子擎 本貫 濟州 父 孝容 外祖 宋海狂 安邦濬 門人 著書 四松遺集
梁柱成(주성)	1885~1953	竹軒	字 國三 本貫 南原 父 亘洙 著書 文集
梁朱雲(주운)	高麗高宗	三江	字 孝道 本貫 南陽 父 泳宅
梁周元(주원)	1738~1820	聽梧	著書 文集
梁周翊(주익)	1722~1802	无極	文臣 字 君翰 本貫 南原 父 命辰 著書 无極集
梁柱天(주천)	朝鮮	圃上	隱士 字 極瑞 本貫 南原
梁柱七(주칠)	朝鮮高宗	竹圃	本貫 南原
楊柱赫(주혁)	1893~1976	德岡	著書 文集
梁柱衡(주형)	1853~1933	豐窩	字 季沃 本貫 南原 父 完洙 著書 文集
梁柱泂(주형)		聽溪	著書 文集
梁澍弘(주홍)	→梁弘澍		
梁柱熙(주희)	1856~1901	晦谷	學者 字 子仁 本貫 南原 父 命洙 外祖 李極範 著書 晦谷集
楊峻發(쥰발)		鶴樵	本貫 中和
梁重廈(중하)	朝鮮顯宗	景陶軒	本貫 南陽 父 錫九 參判
楊楫河(즙하)		醉溪	本貫 中和
梁砥南(지남)		髥峯	字 鎭河, 子 鎭 本貫 濟州
梁枝泰(지태)		德山	本貫 中和
梁之河(지하)	朝鮮	松坡	委巷人 字 美井, 浩而
梁稷(직)	1794~1868	菊陰 菊陰處士	本貫 濟州 著書 文集
梁軫南(진남)		雲溪	本貫 濟州 父 愿容
楊進發(진발)	朝鮮	山峯	本貫 中和 父 憲一
梁震藩(진번)	朝鮮憲宗	聲菴	孝子 字 幹叔 本貫 南原
梁震彥(진언)		誠齋	字 美仲 本貫 南原
梁進永(진영)	1788~1860	晚義	學者 字 景遠 本貫 濟州 父 潤周 外祖 金時香 著書 晚義集
梁進永(진영)	1859~1918	希庵	著書 希庵遺稿
梁晋用(진용)		晚谷	本貫 濟州 父 夢熊
梁振融(진융)	朝鮮仁祖	伊川 伊村	孝子 本貫 南陽 父 慶遇
梁贊永(찬영)		石翁	本貫 濟州
楊贊永(찬영)		晚圃	
梁處濟(처제)	1643~1716	黙齋	學者 字 季通 本貫 南原 父 榢 著書 黙齋集

577

人名	年代	號	其他
梁千頃(천경)		石溪	本貫 濟州 父 子徵
梁千尋(천심)		稼軒	本貫 濟州 祖父 山甫
梁千運(천운)	1568~1637	鼓洲 瀛洲 寒泉	學者, 文臣 字 士彦, 士亨 本貫 濟州 父 子徵 成渾 門人 司贍寺主簿
梁川至(천지)		省谷	著書 文集
梁千會(천회)		石隱	本貫 濟州 父 子徵
梁鐵堅(철견)	朝鮮中宗	竹齋	文臣 字 剛中, 順初 本貫 南原 父 玉精 縣監
楊春泳(춘영)	韓末	春溪	義兵 字 允叔 本貫 南原
楊春泰(춘태)	朝鮮後期	鞍巖	本貫 南原
楊治(치)	1400~1485	退隱	文臣 本貫 清州 兵馬節度使
梁致國(치국)	1827~1898	農叟	著書 文集
梁致裕(치유)		睡軒	著書 文集
楊泰來(태래)		鹿巖	本貫 中和
梁泰永(태영)		梅石軒	著書 文集
梁擇之(택지)		棠山	本貫 濟州
梁八觀(팔관)		梧軒	本貫 濟州
梁彭考(팽고)	朝鮮中宗	瓶谷	本貫 南原 父 有信
梁彭老(팽로)	→柳彭老		
梁彭孫(팽손)	1480~1545	學圃	學者, 文臣, 書畵家 字 大春 本貫 濟州 父 以河 外祖 崔渾 宋欽 門人 龍潭縣令 謚號 惠康 著書 學圃遺集
梁必壽(필수)		菊齋	本貫 濟州
梁必渭(필위)		老農窩	本貫 濟州 父 鍾賢
梁廈柱(하주)	朝鮮	敬心齋	委巷人 字 子擎 本貫 忠原
梁學奎(학규)		又松	著書 文集
梁學溱(학진)		瓦隱	本貫 濟州 父 禹虎
梁漢奎(한규)	1844~1907	則軒 初桂 草溪	義兵將 字 文贊 本貫 南原 父 孟錫
梁漢默(한묵)	1862~1919	芝江	己未獨立宣言33人 字 吉仲 本貫 濟州 父 相泰 度支部主事 著書 東經演義
楊漢臣(한신)		稼隱	字 子震 本貫 中和 祖父 熙止
梁海謙(해겸)		芝耘	本貫 濟州
楊海一(해일)		鶴山	本貫 中和
梁海煥(해환)	朝鮮憲宗	星菴	字 君贊 監察
梁享遇(향우)	→梁亨遇		
楊許國(허국)	1576~1619	拙軒	本貫 清州(密陽) 通政大夫 著書 拙軒遺稿〈清州世稿〉

人名	年代	號	其他
楊憲默(헌묵)		次山	本貫 中和
楊憲邦(헌방)		又山	本貫 中和
梁憲洙(헌수)	1816~1888	荷居	功臣 字 敬甫 本貫 南原 父 鍾任
楊憲岳(헌악)	朝鮮	滄浪軒	本貫 中和 父 泓一
楊憲峻(헌준)		滄浪	本貫 中和
楊顯望(현망)	1633~1691	笑醒 喚醒	文臣 字 子瞻 本貫 中和 父 景億
梁亨遇(형우)	1570~?	東崖 東厓	文臣 字 子發 本貫 南陽 父 大業 都事 著書 東崖集〈梁大司馬實記〉
梁亨愚(형우) →梁亨遇			
楊浩一(호일)		法山	本貫 中和
楊洪(홍)	朝鮮中宗	養浩亭	字 深源 本貫 南原 父 公俊 善山府使
楊泓一(홍일)	朝鮮	鶴南	本貫 中和 父 枝觀
梁弘澍(홍주)	1550~1610	西溪 西溪翁	字 大霖 本貫 南陽 父 喜 曺植, 成渾, 李珥 門人 義禁府都事 著書 文集
梁弘澤(홍택)	朝鮮	竹庵	文臣 字 浩然 本貫 南原
梁榥(황)	1575~1597	眞愚齋	義兵 字 學器 本貫 南陽 父 弘澍 成渾 門人
梁會甲(회갑)	1884~1961	正齋	學者 字 元叔 本貫 濟州 父 在德 外祖 安平煥 著書 正齋集
梁會洛(회락)		東溪堂	著書 東溪堂遺稿
梁會水(회수)		田隱	著書 文集
楊會榮(회영)	1681~1728	三省堂	字 元得 本貫 南原 著書 文集
梁會一(회일)	1856~1908	杏史	義兵將 字 海心 本貫 濟州
梁會沺(회전)		松潭	著書 文集
梁會奐(회환)		杏林	著書 文集
楊孝智(효지)	朝鮮	良谷	文臣 本貫 清州 判書 諡號 貞簡
楊喧(훤)	1597~1650	漁村	本貫 清州 著書 漁村遺稿〈清州世稿〉
梁興宇(흥우)	朝鮮	北臯	委巷人 字 泰汝 本貫 忠州
梁興一(흥일) →梁興宇			
梁喜(희)	1515~1580	九拙 九拙菴	文臣 字 懼而 本貫 南陽 父 應鯤 追贈 吏曹判書 著書 九拙菴高
楊熙上(희상) →楊熙止			
梁熙遇(희우)	朝鮮仁祖	濟谷	本貫 南陽 父 大業 進士
楊希迪(희적)	朝鮮宣祖	慕亭	本貫 中和
楊熙止(희지)	1439~1504	大峰	文臣 字 可行 本貫 中和 父 孟純 右賓客 著書 大峰集

人名	年代	號	其他
楊稀枝(희지)	→楊熙止		
魚公愚(공우)	朝鮮	荷翁	文臣 字 敬會 本貫 咸從 同知敦寧府事
魚國相(국상)		遯谷	本貫 咸從
魚克誠(극성)		삭河	本貫 咸從
魚德常(덕상)		細理谷	本貫 咸從
魚得江(득강)	1470~1550	灌圃 灌圃堂 灌圃丈人 混沌山人 混池主人	文臣 字 子舜, 子游 本貫 咸從 父 文孫 嘉善大夫 著書 灌圃詩集
魚孟淳(맹순)	朝鮮	浩然	畫家 本貫 咸從
魚命能(명능)	朝鮮肅宗	愚堂	本貫 咸從 父 在璜 系 在象 著書 愚堂集
魚命徹(명철)	?~1926	遯齋	著書 遯齋私稿
魚夢濂(몽렴)	1582~1651	睡隱堂 穩睡堂 隱睡堂	學者 字 士泳 本貫 咸從 父 雲澤 外祖 李銓 義禁府都事
魚夢龍(몽룡)	1566~?	雪谷 雪川	畫家 字 見甫 本貫 咸從 父 雲海 祖父 季瑄 鎭川縣監
魚無迹(무적)	朝鮮燕山君	浪仙	詩人 字 潛夫 本貫 咸從 父 孝良 祖父 變文 著書 浪仙集
魚變甲(변갑)	1380~1434	錦谷 綿谷	文臣 字 子先 本貫 咸從 父 淵 追贈 左贊成
魚史綱(사강)	朝鮮肅宗	楊湖	本貫 咸從 父 震爽
魚錫永(석영)	朝鮮正祖	心天堂	本貫 咸從
魚錫五(석오)	朝鮮後期	立石	本貫 咸從 父 有源 生員
魚錫胤(석윤)	1701~1768	逸軒	文臣 字 孝伯 本貫 咸從 父 有鳳 同知中樞府事
魚錫定(석정)	1731~1793	愼菴	文臣 字 靜甫, 鱗之 本貫 咸從 父 有龜 魚有鳳 門人 工曹判書 著書 愼菴集
魚錫中(석중)		愼窩	字 君必
魚燮甲(섭갑)	→魚變甲		
魚世謙(세겸)	1430~1500	西川	文臣 字 子益 本貫 咸從 父 孝瞻 外祖 朴訔封號 咸從府院君 左議政 諡號 文貞 著書 西川集
魚世恭(세공)	1432~1486	松西	文臣 字 子敬 本貫 咸從 封號 牙城君 戶曹判書 諡號 襄肅
魚叔權(숙권)	朝鮮中期	也足堂 曳尾	學者 本貫 咸從 父 孟濂 祖父 世謙 著書 稗官雜記
魚淵(연)	朝鮮	月亭	學者 本貫 咸從 父 伯游 縣令
魚英淳(영순)		石綾	本貫 咸從 父 錫定
魚泳濬(영준)	1483~1529	松亭	文人 字 彦深 本貫 咸從 父 漢倫 祖父 孝善 舍人 著書 松亭集
魚永濬(영준)	→魚泳濬		

人名	年代	號	其他
魚榮勳(영훈)		石泉	著書 石泉遺稿
魚用賓(용빈) →魚周賓			
魚用書(용서)	朝鮮後期	逸軒	本貫 咸從 父 錫璜
魚用翼(용익)	1753~1799	玉壺	學者 字 仲羽 父 錫孝 祖父 有璦 著書 玉壺集
魚雲海(운해)	1536~1585	荷潭	文臣, 學者 字 景遊 本貫 咸從 父 季瑄 平昌郡守
魚有龜(유구)	1675~1740	兢齋	景宗丈人 字 聖則 本貫 咸從 父 士衡 追贈 領議政 諡號 翼獻 著書 兢齋編錄
魚有鳳(유봉)	1672~1744	杞園	文臣, 學者 字 舜瑞 本貫 咸從 父 士衡 金昌協 門人 饌膳 著書 杞園集
魚有鵬(유붕)	朝鮮	守齋 守一齋	文臣 字 志遠 本貫 咸從 判決事
魚有成(유성)	朝鮮後期	瓜翁 平實翁	文臣 字 聖時 本貫 咸從 父 士商 都正
魚有沼(유소)	朝鮮世宗	浪仙	字 子游 本貫 忠州 父 得海
魚有璜(유황)	朝鮮後期	晚磵	本貫 咸從 父 史綱 金昌協 門人
魚允文(윤문)	朝鮮	錦南	文臣 字 仲武 本貫 咸從 牙山郡守
魚允迪(윤적)	1868~1935	惠齋	學者, 文臣 字 稱德 本貫 咸從 父 昌愚 龍川郡守 著書 東史年表
魚允中(윤중)	1848~1896	一齋	文臣 字 聖執 本貫 咸從 父 若愚 追贈 奎章閣大提 學 諡號 忠肅 著書 從政年表
魚益善(익선)		三稀堂	著書 三稀堂文集
魚在源(재원)	?~1930	蒙軒	著書 蒙軒遺稿
魚濟昌(제창)		眉齋	著書 文集
魚宗吉(종길)	朝鮮後期	九美處士	本貫 咸從 父 俊卿 著書 文集
魚周賓(주빈)	?~1799	弄丸堂	文人 字 景國 本貫 咸從 父 錫胤 著書 弄丸堂集
魚震爽(진석)	1828~1706	駱坡 迃叟	文臣 字 君爽 本貫 咸從 父 漢明
魚震翼(진익)	1625~1684	謙齋	文臣 字 翼之 本貫 咸從 父 漢明 外祖 權叔之 追贈 左贊成
魚孝瞻(효첨)	1405~1475	龜川 仁峯	文臣, 學者 字 萬從 本貫 咸從 父 變甲 外祖 成思 齋 朴訔 婿 判中樞府事 諡號 文孝 著書 禮記日抄
彦機(언기)	1581~1644	鞭羊 鞭羊堂 鞭羊子	僧侶 本貫 竹州 俗姓 張氏 父 均 著書 鞭羊集
孼玄(얼현)	朝鮮	翠竹	女流詩人
嚴可誠(가성)	朝鮮	東部	本貫 寧越 父 俔
嚴恪(각)		花竹塢	字 子威 本貫 寧越
嚴慶遂(경수)	1672~1718	孚齋	學者 字 成仲, 仲成 本貫 寧越 父 緝 校理 著書 孚 齋集

人名	年代	號	其他
嚴慶延(경연)	朝鮮肅宗	漆簡齋	本貫 寧越 父 溁
嚴慶遇(경우)	朝鮮肅宗	巴陵 虛舟窩	本貫 寧越 父 緝
嚴慶運(경운)	朝鮮肅宗	東川	本貫 寧越 父 纘
嚴慶遠(경원)	朝鮮肅宗	四瞥齋	本貫 寧越 父 溁
嚴慶胤(경윤)	朝鮮後期	晚翠	本貫 寧越 父 緝
嚴慶膺(경응)	朝鮮後期	鶴山	本貫 寧越 父 緝
嚴慶迪(경적)	朝鮮後期	痴軒	文人 本貫 寧越
嚴慶遐(경하)	1678~1739	稼隱	文臣 字 季長 本貫 寧越 父 緝 臺諫
嚴啓昇(계승)	朝鮮	杏南	委巷人 字 伯孝 本貫 寧越 父 漢朋
嚴啓膺(계응)	1737~1816	燕石 燕石山房 藥塢	委巷人, 畫家 字 穉受 本貫 寧越 父 漢朋 同知中樞府事 著書 燕石山房別集
嚴啓恒(계항)	朝鮮	奈庵	委巷人 字 常甫 本貫 寧越 父 漢賓
嚴啓興(계흥)	朝鮮後期	菊山	閭巷詩人 字 叔一 本貫 寧越 父 漢朋 著書 菊山集
嚴琨(곤)	朝鮮後期	醒齋	本貫 寧越 父 慶膺
嚴葵(규)	1607~1662	松潭	文臣, 學者 字 子誠 本貫 寧越 著書 松潭集
嚴均(균)		稼隱	本貫 寧越
嚴德祿(덕록)		退休堂	本貫 寧越
嚴思德(사덕)	朝鮮	四耐翁	本貫 寧越 父 瑞
嚴思祖(사조)	朝鮮後期	晦隱	本貫 寧越 父 琨
嚴錫鼎(석정)	1801~1875	稼堂	文臣 字 大友, 文友 本貫 寧越 父 耆 大護軍
嚴惺(성)	1575~1628	桐江	文臣 字 敬甫 本貫 寧越 父 仁達 祖父 昕 副應敎 癸丑被譴錄
嚴誠(성)		鐵橋	字 敬甫 著書 文集
嚴性簡(성간)	朝鮮	野老	委巷人 字 主敬 本貫 寧越 父 啓膺
嚴世永(세영)	1831~1899	凡齋	文臣 字 允翼 本貫 寧越 父 錫遇 農商工部大臣 諡號 肅敏 編書 日本視察書啓
嚴所(소) →嚴昕			
嚴璹(수)	1716~1786	梧西 生溪	文臣 字 孺文 本貫 寧越 初名 璘 父 慶遂 外祖 任舜元 大司憲 諡號 肅憲 著書 燕行錄
嚴著(시)	朝鮮正祖	留餘齋	本貫 寧越 父 思健
嚴龍圭(용규) →盧龍圭			
嚴用順(용순)	朝鮮中期	南塘	本貫 寧越 父 訓
嚴緯(위) →嚴緝			
嚴義吉(의길)	朝鮮	春圃	委巷人 字 彝仲 本貫 寧越
嚴璘(인) →嚴璹의 初名			

人名	年代	號	其他
嚴鼎耇(정구)	1605~1670	滄浪	文臣 字 重叔 本貫 寧越 父 愰 漢城府左尹
嚴宗翼(종익)		守貞齋	本貫 寧越
嚴柱東(주동)	1897~1974	普本	獨立運動家
嚴柱益(주익)	1872~1931	春庭	敎育家 父 人永 軍部大臣署理
嚴峻睦(준목)		仁樂堂	本貫 寧越
嚴耋(질)	朝鮮正祖	翠竹軒	本貫 寧越 父 思憲
嚴緝(집)	1635~1710	晚悟 晚悔 晚悔堂	文臣 字 敬止 本貫 寧越 父 聖耇 左參贊 諡號 貞憲
嚴㙹(채) →嚴揆			
嚴致郁(치욱)	朝鮮純祖	觀湖	畫家 字 敬之 本貫 寧越
嚴漢明(한명) →嚴漢朋			
嚴漢朋(한붕)	1685~1759	晚香齋 錦衾	書藝家 字 道卿 本貫 寧越 父 義吉 書吏 著書 晚香齋詩鈔
嚴漢賓(한빈)	朝鮮肅宗	禮窩	委巷人 本貫 寧越 父 義吉
嚴恒燮(항섭)	1898~?	一波	獨立運動家 父 柱完
嚴浩(호)	韓末~日帝	檀雲	大倧敎人 本貫 慶源
嚴弘尊(홍존)		曾各	著書 曾各集
嚴訓(훈)		南塘 六槐亭	著書 文集
嚴昕(흔)	1508~1553	十省堂 十省	文人, 文臣 字 啓昭 本貫 寧越 父 用和 外祖 金仲誠 舍人 著書 十省堂集
嚴興道(흥도)	1404~1474	晚悔菴 三灘	字 子由 本貫 寧越 父 星徵 著書 文集
嚴憙(희)	朝鮮後期	春灘	本貫 寧越 父 思祖
呂梢(각) →呂稱			
余健相(건상) →徐健相			
余璟燁(경엽)		雲巖	著書 文集
呂光賓(광빈)	朝鮮	薪溪	本貫 咸陽 父 必亨
余光實(광실)	朝鮮	淸儒	文臣 字 能七 本貫 宜寧 同知義禁府事
呂光憲(광헌)	朝鮮肅宗	葛川	文臣 字 士章 本貫 咸陽 寧海府使
呂圭敬(규경)	朝鮮	梅史	文臣 字 敬三 本貫 咸陽 司僕寺正
呂圭進(규진)	朝鮮	竹軒	文臣 字 京辰 本貫 咸陽 司僕寺副正
呂圭澈(규철)		松潭	著書 松潭先生文集
呂圭亨(규형)	1849~1922	荷亭	學者 字 士元 本貫 咸陽 父 豊爕 中樞院議官 著書 荷亭集
呂大老(대로)	1552~1592	鑑湖	文臣, 義兵將 字 渭叟, 聖遇 本貫 星州 父 應龜 追贈 吏曹參議 著書 鑑湖先生文集

人名	年代	號	其他
呂大翊(대익)	1681~1742	綾泉	學者 字 子高 本貫 星山 父 尚齊 外祖 李叔達 著書 綾泉文集
呂大驃(대표)	1802~1869	德隱 溪菴 耘山	學者 字 順女 本貫 星山 父 文行 外祖 柳養植 柳致明 門人 著書 德隱文集
余大勳(대훈)	1865~1941	東隱	字 周郁 本貫 宜寧 父 秉均 著書 文集
余德潤(덕윤)	朝鮮	慕華	文臣 本貫 宜寧 善山府使
呂東建(동건)	朝鮮	相文	文臣 字 左端 本貫 咸陽 敦寧府都正
呂東奎(동규)	朝鮮正祖	晚圃	字 君啓 本貫 咸陽 父 龜永 郡守
呂東植(동식)	1774~1829	晚悔 海窩 玄谿	字 友濂 本貫 咸陽 父 春永 府使
呂東行(동행)		樂軒	本貫 星州 父 宜遇
呂東會(동회)		柏軒	本貫 星山
呂慕徵(모징)	→呂爾徵		
呂文和(문화)	1650~1722	稼溪	學者 字 質夫 本貫 星山 父 孝老 外祖 李成實 著書 稼溪文集
余秉均(병균)	1848~1906	鼎山	字 衡國 本貫 宜寧 父 濬發
呂聘擧(빙거)		養性齋	本貫 星州 著書 文集
呂師伯(사백)	1829~1900	訥菴	學者 字 望汝 本貫 星州 著書 訥菴遺稿
呂相武(상무)	1864~1946	修菴	字 聖烈 本貫 星山 父 永胄 著書 文集
呂尙範(상범)		東江	字 子文 本貫 咸陽
呂相鉉(상현)	→呂準의 本名		
呂相姬(상희)	朝鮮	玉山	文臣 字 渭叟 本貫 咸陽 同知中樞府事
呂奭奎(석규)		嶺愚	本貫 星州 父 東行
呂錫輔(석보)	1824~1889	廣巖	學者 字 佑吉 本貫 星山 父 益朝 外祖 金時彩 著書 廣巖遺集
呂善驥(선기)	朝鮮	月潭	文臣 字 德用 本貫 咸陽 吏曹參判
呂善明(선명)	朝鮮肅宗	魯庵	本貫 咸陽 父 光周
呂善長(선장)	朝鮮肅宗	漁隱	文臣 字 元伯 本貫 咸陽 父 光周 承政院承旨
呂善亨(선형)	朝鮮英祖	太古窩	文臣 本貫 咸陽 父 顯周
呂聖擧(성거)	1649~1700	蘿隱	學者, 文臣 字 子遇 本貫 星山 父 大和 外祖 金慶長 錦山郡守 著書 蘿隱文集
呂聖根(성근)		聖公	本貫 星州
余省三(성삼)	朝鮮	黙齋	學者 本貫 宜寧
呂聖齊(성제)	1625~1691	雲浦	文臣 字 希天 本貫 咸陽 父 爾亮 系 爾徵 行判中樞府事 諡號 靖惠 著書 雲浦集
呂聖學(성학)	→呂聖擧		

人名	年代	號	其他
呂世潤(세윤)		西巖	本貫 咸陽
呂順元(순원)	朝鮮宣祖	信古齋	字 復初 本貫 咸陽 僉知中樞府事
如心(여심)	1828~1875	普濟 蒲衣	僧侶 俗姓 馬氏
呂顔齊(안제)	朝鮮顯宗	戀翁	本貫 咸陽 父 爾載 縣令
如菴(여암)	朝鮮初	一雲	僧侶
呂用和(용화)	1634~1711	晚翠亭	字 禮甫 本貫 星山 父 孝孟 著書 文集
呂祐吉(우길)	1567~?	梧谷 稚溪 痴溪	文臣 字 尚夫 本貫 咸陽 父 順元 成渾 門人 公洪道 觀察使
呂雨徵(우징)	朝鮮	楊江	
呂運亨(운형)	1885~1947	夢陽	政治家, 獨立運動家 本貫 咸陽 父 鼎鉉
余元燁(원엽)	韓末	晚松	本貫 宜寧
呂裕吉(유길)	1558~1619	春江	文臣 字 德夫, 儒夫 本貫 咸陽 父 順元 成渾 門人 南陽府使 著書 春江集
呂有衡(유형)	1642~1721	遯齋	字 士平 本貫 咸陽 父 渭載 著書 文集
呂裕後(유후)		癡溪	本貫 咸陽
余潤石(윤석)	朝鮮	松山	文臣 字 南洙 本貫 宜寧 龍驤衛副護軍
呂應龜(응구)	1523~1577	松塢	學者 字 文瑞, 大瑞 本貫 星州 著書 松塢遺集
呂應奎(응규)	1800~1876	菊伴	學者 字 景瞻 本貫 星州 父 百行 外祖 張東羽 著書 菊伴集
呂應龍(응룡)	1882~1944	雲亭	字 而瑞 本貫 星山 父 錫穆 著書 文集
呂應鍾(응종)	朝鮮	繼庵	字 太和
余意淳(의순)	1842~1919	雲溪	著書 文集
余意燁(의엽)	朝鮮	雲溪	字 光瑞 本貫 宜寧 義禁府都事
余宜仁(의인)	朝鮮	禾隱	文臣 本貫 宜寧 同知中樞府事
呂爾載(이재)	1600~1662	海翁	文臣 字 子厚 本貫 咸陽 父 祖吉 張顯光 門人 漢城 府判尹 諡號 肅憲
呂爾徵(이징)	1588~1656	東江	文臣 字 子久 本貫 咸陽 父 裕吉 外祖 愼俊慶 工曹 參判 著書 東江集
呂翼行(익행)	1760~1879	慕軒	學者 字 尚鷹 本貫 星山 父 宜綱 外祖 李戟權 著書 慕軒集
呂載東(재동)		廣巖	著書 廣巖遺集
余在明(재명)	朝鮮哲宗	小雅	本貫 宜寧 父 意淳
呂齊膺(제응)		一直堂	本貫 星州
呂準(준)	1862~1932	時堂	獨立運動家, 學者 本貫 星州 新興武官學校校長
呂中龍(중룡)	1856~1909	南隱	義兵 字 武見 本貫 星山 父 錫機 著書 南隱遺集

人名	年代	號	其他
余仲淹(증엄) →余仲熙			
余仲熙(증희)	高麗	省軒	文臣 本貫 宜寧 禮部典書
呂曾齊(증제)	1626~1665	洞隱	文臣 字 汝魯 本貫 咸陽 父 爾載 楊州牧使
呂止淵(지연)	1883~1961	復齋	獨立運動家
余進善(진선)	朝鮮	水迴齋	學者 本貫 宜寧
呂燦(찬)		石村	本貫 星州 父 允恕 著書 文集
余燦燁(찬엽)	1889~1954	陶窩	獨立運動家
余昌祿(창록)	朝鮮	江隱	文臣 字 德寬 本貫 宜寧 左承旨
余昶燁(창엽)	朝鮮	晚悟	文臣 字 基玉 本貫 宜寧 同知中樞
呂昌鉉(창현)	1897~1975	雲沙	著書 文集
呂彩龍(채룡)	1886~1936	二隱	字 見在 本貫 星州 父 石義 著書 文集
余春(춘)	朝鮮	竹軒	文臣 字 季久 本貫 宜寧 兵曹參議
呂春永(춘영)	朝鮮肅宗	適軒	文人 字 景仁 本貫 咸陽 著書 軒適集
呂忠台(충태)	朝鮮後期	寅石	畵家
余取如(취여) →取如			
呂稱(칭)	1351~1423	樗谷	文臣 字 仲父 本貫 咸陽 父 公係 知議政府事 諡號 靖平
呂泰鎭(태진)		老棲	本貫 星州 父 錫奎
呂必世(필세)	朝鮮肅宗	駱峯	本貫 咸陽 父 顏齊 進士
余漢燁(한엽)	韓末	杞山	委巷人
余好德(호덕)	朝鮮	石齋	孝子 本貫 宜寧
呂弘耈(홍구)	1692~1766	牧伴	學者 字 大哉 本貫 星州 父 聖賓 外祖 盧世純 著書 牧伴文集
呂弘八(홍팔)		風臺	著書 文集
呂會齊(회제) →呂曾齊			
呂孝孟(효맹)	1607~1659	休叟	字 宗如 本貫 星山 父 炯 著書 文集
呂孝思(효사)	1612~1671	月潭	字 述而 本貫 星山 父 燦 著書 文集
呂孝周(효주)	1608~1654	南溪	字 達夫 本貫 星州 父 烜 著書 文集
呂孝曾(효증)	1604~1679	西巖	字 魯而 本貫 星山 父 燦 著書 文集
呂孝曾(효증)		一齋	本貫 星州
呂孝會(효회)	朝鮮	西巖	文臣 字 而易 本貫 星州 文川郡守
呂燻(훈)		遠慕	本貫 星州
如訓(여훈)		退隱 香積精舍	僧侶
呂希臨(희림)	1481~1553	圓亭 雲浦	學者, 文臣 字 大之, 天之 本貫 星州 父 遇昌 持平 著書 圓亭實紀

人名	年代	號	其他
余喜壽(희수)	朝鮮	海阡	字 魯源 本貫 宜寧 司諫院正言
呂姬弼(희필)	1584~1645	道巖	學者 字 嘉會 本貫 星州 父 大老 著書 道巖集
延鏡(경)	高麗	巖谷	字 魯而 本貫 谷山 門下侍中
延景箕(경기)	朝鮮	荷塘 逸士	委巷人 字 文範
延嗣宗(사종)	?~1434	癡堂	字 不非 本貫 谷山
延性懋(성무)	朝鮮	溪隱	委巷人 字 汝夫 本貫 谷山 祖父 載欽
衍昷(연온)	高麗	拙庵	僧侶
延載欽(재흠)	朝鮮	聲叟	委巷人 字 子愿 本貫 谷山
演初(연초)	1676~1750	雪松	僧侶 俗姓 白氏
延最(최) →延最績			
延最績(최적)	1663~1693	癡堂	文臣 字 茂卿 本貫 谷山 父 宅老 宋時烈 門人 吏曹判書及兩館大提學 著書 癡堂遺稿
蓮坡(연파)		兒庵	僧侶
廉傑(걸)	1545~1597	退隱堂	義兵 字 國忠 本貫 瑞原 著書 退隱堂文集
廉慶(경)	朝鮮宣祖	節齋	義兵 字 國正 本貫 坡州
廉國寶(구보)	高麗末	菊坡 蘭坡	文臣 字 民望 本貫 坡州 父 悌臣 大提學 著書 菊坡詩稿〈梅軒世稿〉
廉東(동)		沈流子 沈流亭	字 亭搆
廉秉燮(병섭)	1882~1950	東江	著書 文集
廉相烈(상열)	朝鮮	悔窩	孝子 字 文讓 本貫 坡州 著書 文集
廉想涉(상섭)	1897~1963	橫步 霽月	小說家 本貫 瑞原 父 圭桓 祖父 仁湜
廉尙燮(상섭) →廉想涉			
廉瑞(서)	朝鮮宣祖	貞軒	字 國望 本貫 坡州
廉錫珍(석진)		南谷	著書 南谷遺稿
廉性大(성대)	朝鮮	松菴	孝子 本貫 坡州
廉世慶(세경)	1566~1646	梁山	字 田善 本貫 瑞原 軍資監正 著書 文集
廉世應(세응)	朝鮮	板橋	隱士 字 伯起 本貫 瑞原 宗親府主簿
廉順恭(순공)	朝鮮宣祖	薇谷	隱士 本貫 瑞原 父 怡
廉順泰(순태) →廉順恭			
廉與世(여세) →廉與泰			
廉汝玉(여옥)		鳳軒	字 圭成
廉與泰(여태)	朝鮮宣祖	東巖	壬辰義兵 字 聖弼 本貫 坡州

人名	年代	號	其他
廉延秀(연수) →廉廷秀			
廉溫東(온동)	1898~1945	秋汀	獨立運動家 本貫 坡州
廉友赫(우혁)	1594~?	晩山	字 君益 本貫 淳昌 父 好鵬 掌令
廉義乾(의건)	韓末	石山	著書 中東史
廉怡(이)	高麗禑王	閑窩	本貫 坡州 父 致中 祖父 國寶
廉在度(재도)		楡亭	著書 文集
廉在嵩(재설)	朝鮮	醉隱	字 禹三 本貫 瑞原 同知中樞府事
廉在愼(재신)		果菴	著書 文集
廉在勛(재훈)	朝鮮	樵隱	字 子欽 本貫 坡州 追贈 司憲府監察
廉訏(저)	朝鮮	勿忘	本貫 坡州 禮曹侍中
廉廷秀(정수)	?~1388	萱庭 東亭 淸江	文臣 字 民望 本貫 坡州 父 悌臣 大提學 著書 萱庭集
廉瑅立(제립)	朝鮮宣祖	東林 竹林	義兵 字 晦卿, 汝誼 本貫 坡州
廉悌臣(제신)	1304~1382	梅軒 瑞谷	文臣 字 愷叔 本貫 坡州 兒名 佛奴 祖父 承益 封號 曲城府院君 諡號 忠敬 著書 梅軒先生逸稿〈曲城廉氏世稿〉
廉宙(주)		錦齋	字 伯邃 本貫 瑞原 父 世忠 著書 文集
廉重光(중광)→廉重輔의 初名			
廉重輔(중보)	朝鮮	樓西	委巷人 字 台垕 本貫 龍潭
廉震彦(진언)		麻堂	本貫 瑞原
廉忠甲(충갑)	朝鮮顯宗	南湖	孝子 字 忠甫 本貫 坡州
廉致庸(치용)	高麗	耕隱	本貫 瑞原 海州牧使 著書 文集
廉致中(치중)	高麗禑王	松隱	本貫 坡州 父 國寶 工曹參議
廉河聲(하성)	韓末	淸晨	歌唱人
廉漢基(한기)		磻溪	本貫 坡州
廉行儉(행검)		白浦	本貫 瑞原
廉浩(호)		淡湖	字 浩然 本貫 瑞原
廉鎬(호)	朝鮮	藏閒堂	孝子本貫 坡州
廉弘立(홍립)	朝鮮宣祖	剛齋	字 大成 本貫 坡州
廉興邦(흥방)	?~1388	東亭	權臣 字 仲昌 本貫 坡州 父 悌臣 三司左使 著書 東亭集
廉喜(희)		錦圃	字 季膺 本貫 坡州
廉希憲(희헌)		野雲	字 善甫 本貫 坡州
靈觀(영관)	1485~1571	芙蓉 芙蓉堂 蓮船道人 隱庵	僧侶

人名	年代	號	其他
永寬(영관)	1819~1889	鐵鏡	僧侶 本貫 全州 俗姓 崔氏
靈圭(영규)	?~1592	騎虛 騎虛堂	僧侶 本貫 密陽 俗姓 朴氏
穎奇(영기)	1820~1872	南湖	僧侶 俗姓 鄭氏 父 彦圭
靈奇(영기)	→穎奇		
永旻(영민)	1817~1893	水月	僧侶 俗姓 金氏
永順君(영순군)	→李溥		
靈眼(영안)	1631~1724	牧羊	僧侶 俗姓 金氏
寧邀(영요)	1775~1857	鏡月	僧侶 本貫 務安 俗姓 裵氏 著書 鏡月日記
永愚(영우)	朝鮮	靈谷	僧侶
靈源(영원)	1776~1849	華潭	僧侶 本貫 務安 俗姓 朴氏
永愈(영유)	韓末	聞庵	僧侶 俗姓 李氏
靈照(영조)	870~947	齊雲 眞覺	僧侶
英祖(영조)	1694~1776	養性軒	朝鮮第21代王 字 光叔 名 昑 父 肅宗 陵 元陵
永住(영주)	1790~1877	蓮坡	僧侶 本貫 慶州 俗姓 金氏
暎虛(영허)	1541~1609	櫟山 海一 普應	僧侶 俗姓 金氏
泳泓(영홍)	朝鮮	夢月	僧侶 本貫 淮陽 俗姓 李氏
永泓(영홍)	→泳泓		
永奐(영환)	朝鮮後期	仁谷	僧侶
例珂(예가)	1829~1898	荷隱	僧侶 俗姓 朱氏
芮國烈(구렬)	→芮大烈의 初名		
芮歸周(귀주)	1639~1708	慕初齋	著書 文集
芮大畿(대기)	1845~1918	筠谷	著書 筠谷遺稿
芮大幾(대기)	→芮大畿		
芮大烈(대열)		晚翠窩	字 敬若 本貫 義興 父 在文
芮大周(대주)	1865~?	毅齋	學者 字 輔聖 本貫 義興 父 東薰 著書 毅齋集
芮大僖(대희)	1868~1939	伊山	學者 字 國彦 本貫 義興 父 東彩 著書 伊山集
芮斗基(두기)		省吾軒	著書 文集
芮碩薰(석훈)	1631~?	獨知堂	字 薰叔 本貫 義興 父 用周
芮承錫(승석)	1406~1476	守夢軒	文臣 字 周卿 本貫 義興 父 思文 同知中樞府事 著書 守夢軒文集
芮仁祥(인상)		獨石菴	字 弘達 本貫 義興
芮日新(일신)		畸齋	字 德老 本貫 義興 父 秀久
芮在文(재문)	朝鮮英祖	守拙軒	字 道膺 本貫 義興 父 日新
芮祖學(조학)	1830~1874	敬菴	字 聖瑞 本貫 義興 父 詩賢 著書 敬菴遺稿

人名	年代	號	其他
倪瓚(예찬)	1301~1374	雲林	著書 文集
芮忠年(충년)		柳潭	本貫 義興
芮漢基(한기)		恒齋	著書 文集
吳氏(씨)	1645~1714	惠園	著書 文集
吳綱(강)	?~1564	木隱	本貫 海州 著書 木隱公文集 〈海州吳氏遺稿〉
吳綱(강)	朝鮮	長春	本貫 海州 父 稑
吳剛杓(강표)	1843~1910	無貳齋	義士 字 明汝, 汝明 本貫 寶城 著書 無貳齋集
吳健(건)	1521~1574	德溪	文臣, 學者 字 子强 本貫 咸陽 父 世紀 曹植, 李滉 金麟厚 門人 吏曹佐郎 著書 德溪集
吳潔(결)	朝鮮	性堂	文臣 字 彦靖 本貫 海州 吏曹判書
吳謙(겸)	1496~1582	菊齋 錦陽 知足 庵 知足齋	文臣 字 敬夫 本貫 羅州 父 世勳 外祖 申末 右議 政 諡號 貞簡 著書 菊齋先生遺集
吳謙一(겸일)	朝鮮宣祖	楸灘 土塘	本貫 海州 父 希文 成渾 門人 諡號 忠貞
吳慶(경)	朝鮮明宗	溪山	學者 本貫 海州 父 禮孫 著書 溪山詩稿
吳綱(경) →吳詞			
吳慶基(경기)	1563~?	伊溪	著書 伊溪遺稿 〈牟陽世稿〉
吳敬德(경덕) →曺敬德			
吳敬老(경로)	1526~1591	敬恕齋	字 德叟 本貫 高敞 父 士元 縣監
吳慶履(경리)	1813~1893	素圃	文臣, 學者 字 仲和 本貫 海州 父 在翼 外祖 朴挺 采 工曹參判 著書 素圃遺稿
吳景麟(경린)		雲癡	字 應瑞 本貫 樂安
吳慶林(경림)	1835~?	筠廷	文臣 字 桂一 本貫 海州 父 應賢 觀察使 編書 橘 園雅集
吳慶錫(경석)	1831~1879	亦梅 鎭齋 天竹 齋	譯官, 書藝家 字 元秬 本貫 海州 父 應賢 崇錄大夫 編書 三韓金石錄
吳慶錫(경석)		歸樂堂	本貫 羅州 祖父 謙
吳敬善(경선)	韓末	老石	字 德興
吳敬所(경소)		麗情	著書 文集
吳慶然(경연)	1841~?	茝庵	畵家 字 欣卿 本貫 海州 父 膚賢
吳敬友(경우)		忠恕齋	字 益善 本貫 高敞 父 士元
吳慶元(경원)	1764~?	首陽逸民	學者 字 善餘 本貫 海州 祖父 彦儒 金山郡守 著書 小華外史
吳慶潤(경윤)	1833~1894	石年	畵家 字 雨卿 本貫 海州 父 膚賢
吳慶益(경익) →吳慶基			
吳慶漢(경한)	1847~1918	黙愚齋	著書 黙愚齋遺稿

人名	年代	號	其他
吳擎華(경화)	朝鮮肅宗	瓊叟	委巷人 字 子馨 本貫 樂安
吳繼洙(계수)	1843~1915	難窩	學者 字 重涵 本貫 羅州 父 甲善 外祖 鄭時嫻 著書 難窩遺稿
吳季顏(계안)	朝鮮	敬齋	字 恩善 本貫 樂安 追贈 通政大夫
吳繼般(계은)	朝鮮	靜齋	文臣 本貫 長興 副司直
吳繼宗(계종)	1407~1459	歸隱	學者 字 伯宗 本貫 同福 父 陞 著書 歸隱先生文集
吳光黙(광묵)	朝鮮	月湖	文臣 字 仲實 本貫 海州 工曹參判
吳光運(광운)	1689~1745	藥山	文臣 字 永伯 本貫 同福 父 尙純 追贈 吏曹判書 諡 號 忠章 著書 藥山集
吳光源(광원)	1714~1790	臨泉齋	著書 文集
吳光輝(광휘)	高麗	松泉	文臣 字 浟元 本貫 咸陽 封號 咸昌府院君 尙書 諡 號 文道
吳國獻(국헌)	1599~1672	漁隱 漁隱堂	學者 字 重賢, 仲賢 本貫 海州 父 山立 外祖 梁思 貴 金長生 門人 追贈 戶曹佐郎 著書 漁隱遺稿
吳國憲(국헌)	→吳國獻		
吳國華(국화)	高麗~朝鮮	錦山	文臣, 學者 本貫 海州 京畿道按察使 著書 錦山實記
吳權(권)	1576~?	誠菴	文臣 本貫 長興 觀象監
吳權洙(권수)	1845~1917	石峯	著書 文集
吳圭煥(규환)	1880~?	東溪	著書 東溪文稿
吳奎煥(규환)		花石堂	本貫 海州
吳克烈(극렬)	朝鮮	淸孝齋	本貫 海州
吳克成(극성)	1559~1616	問月堂	文臣 字 誠甫 本貫 咸陽 父 敏壽 訓練院判官 著書 問月堂集
吳根泰(근태)	1882~1944	竹圃	大倧敎人 字 聖範 本貫 海州
吳根厚(근후)	1862~1932	道淵	著書 道淵遺稿
吳兢善(긍선)	1898~1963	海觀	醫學者, 社會事業家 字 重克 本貫 海州 父 仁黙
吳基權(기권)	朝鮮	雪溪	本貫 軍威 父 履亨
吳淇秀(기수)		江石	著書 文集
吳基烈(기열)	1888~1950	遯菴	獨立運動家
吳鎭洙(기수)		韜谷	著書 文集
吳基鎬(기호)	1865~1916	巽菴	獨立運動家
吳洛鎭(낙진)	朝鮮	舟隱	本貫 珍原 父 信鉉
吳端(단)	1592~1640	東巖 東菴 白巖	文臣 字 汝擴 本貫 同福 父 百齡 追贈 右議政
吳達運(달운)	1700~1747	海錦	學者 字 汝三 本貫 同福 父 始㘴 著書 海錦集
吳達貞(달정)	朝鮮	閒睡齋	文臣 字 尙文 本貫 蔚山 金淑滋 門人 縣令

人名	年代	號	其他
吳達濟(달제)	1609~1637	果齋 秋潭 秋坡	文臣 字 季輝 本貫 海州 父 允諧 追贈 領議政 諡號 忠烈 著書 忠烈公遺稿
吳達輝(달휘)	朝鮮肅宗	和樂堂	孝子 字 孝餘 本貫 海州 父 國獻
吳大坤(대곤)	1734~?	悠然堂 悠然翁	文臣 字 豊之 本貫 寶城 父 處復 掌令
吳大寬(대관)	1656~1708	德陽	學者 字 肅甫 本貫 羅州 祖父 以奎 著書 德陽遺稿
吳大齡(대령)	1701~?	長湍	字 大年 本貫 海州
吳大齡(대령)		溟槎	著書 文集
吳大老(대로)	→呂大老		
吳大範(대범)		守心齋	著書 守心齋遺稿
吳大始(대시)	1658~1727	黙軒	著書 文集
吳大英(대영)		黙隱	著書 文集
吳大益(대익)	1729~?	雪巖	字 景三 本貫 同福 父 弼運
吳大驃(대표)	→呂大驃		
吳大夏(대하)	1677~1743	東岡	學者 字 觀甫 本貫 羅州 著書 東岡遺稿
吳德齡(덕령)		晚翠	著書 晚翠文集
吳德明(덕명)	1675~1732	上黨逸民	倡義使 字 德甫 本貫 寶城 父 必昌 系 應昌 祖父 潚 宣務郎
吳道奎(도규)		菊窓	著書 文集
吳道源(도원)	朝鮮英祖	四勿齋	本貫 寶城 父 銑
吳道隆(도륭)	朝鮮顯宗	忍性窩	本貫 海州 父 達天
吳道一(도일)	1645~1703	西坡	文臣 字 貫之 本貫 海州 父 達天 祖父 允謙 兵曹判書 著書 西坡集
吳途一(도일)	→吳道一		
吳燾點(도점)		清隱	本貫 海州 祖父 稷
吳道炯(도형)	1826~1900	黙軒	學者 字 度重 本貫 咸陽 父 相述 外祖 金星徽 著書 黙軒集
吳東植(동식)	朝鮮	樂隱	本貫 海州 父 奎瑞
吳東振(동진)	1889~1936	松菴 順天	獨立運動家 本貫 海州
吳斗碓(두대)	→吳頭雄		
吳斗雄(두웅)	朝鮮中期	隱谷	文臣 字 季明 本貫 海州 父 竇 持平
吳斗元(두원)	1657~1733	東巖	字 運之 本貫 高敞 父 必宏
吳斗翼(두익)		小菊齋	著書 文集
吳斗寅(두인)	1624~1689	陽谷	文臣 字 元徵 本貫 海州 父 翔 系 翻 外祖 李成吉 閔聖徽 門人 追贈 領議政 諡號 忠貞 著書 陽谷集
吳得麟(득린)	朝鮮	德巖	委巷人 字 子祥 本貫 同福

人名	年代	號	其他
吳萊(래)		淵穎	著書 淵穎集
吳凌(릉) →吳浚			
吳璘(린)	朝鮮	樂堂	文臣 字 君玉 本貫 咸平 司僕寺正
吳麟(린)	朝鮮	德齋	文臣 字 瑞翁 本貫 長興 僉知中樞府事
吳萬鎭(만진)	朝鮮	若水軒	委巷人 字 汝愼
吳冕洙(면수)	1795~1875	怪叟	學者 字 魯彦 本貫 新安 著書 怪叟遺稿
吳冕周(면주)	朝鮮中期	退齋	本貫 海州 父 斗光
吳明禮(명례)	朝鮮	五峰	本貫 海州 司僕寺正
吳命立(명립)	1563~1633	止善亭	學者 字 顯伯 本貫 寶城 父 璟 外祖 朴世英 著書 止善亭遺稿
吳命瑞(명서)	1688~1740	丹崖	學者 字 信卿 本貫 海州 父 遂一 著書 丹崖集
吳明善(명선)		冶圃	本貫 海州
吳命新(명신)	朝鮮肅宗	橘隱	文臣 字 文甫 本貫 海州 父 遂良 副提學
吳命說(명열)	1621~1698	釣隱	文臣 字 用汝 本貫 海州 父 致舜 外祖 鄭惕 咸陽郡守
吳命義(명의)	1659~1735	玄巖	文臣 字 堯卿 本貫 高敞 父 瑞雨 外祖 金就智 追贈 禮曹參判 著書 玄巖集
吳命佐(명좌)	朝鮮	拙隱	
吳命峻(명준)	朝鮮肅宗	薇村	文臣 字 保卿 本貫 海州 父 遂良 左參贊
吳命恒(명항)	1673~1728	慕菴 永慕堂	文臣 字 士常 本貫 海州 父 遂良 右議政 諡號 忠孝
吳命顯(명현)	朝鮮後期	箕谷	畵家
吳命厚(명후)	1682~1752	晩悟	文臣, 學者 字 載厚, 重汝 本貫 海州 父 德亨 外祖 金允鼎 梁山郡守 著書 晩悟公文集
吳命羲(명희) →吳命義			
吳夢根(몽근)	1885~1948	島山	獨立運動家
吳們(문) →吳們			
吳文鉉(문현)		西山	著書 西山先生文集
吳敏燮(민섭)	1850~1885	石南	學者 字 聖獻 本貫 海州 父 綏吉 外祖 韓永晩 著書 石南遺稿
吳敏榮(민영)	朝鮮	鍾友	本貫 咸平 父 秉根
吳邦善(방선)		節齋	本貫 羅州
吳邦植(방식)	高麗	松軒	文臣 本貫 漢陽 開城少尹
吳邦彦(방언)	?~1637	順風亭	文臣 字 吉浦 本貫 海州 父 稷 祖父 應鼎 追贈 左承旨
吳百齡(백령)	1560~1637	黙齋	文臣 字 德耈 本貫 同福 父 世賢 大司成 著書 文集
吳鳳齡(봉령) →具鳳齡			

人名	年代	號	其他
吳變宜(변의) →吳燮宜			
吳變夏(변하)	朝鮮世宗	歸休亭 念默齋 含默齋	文臣 字 學中 本貫 咸陽
吳炳圭(병규)	朝鮮	晩槐堂	文臣 字 士彬 本貫 蔚山 同知敦寧府事
吳秉根(병근)	朝鮮	錦湖	本貫 咸平 父 俊源
吳秉壽(병수)	1883~1961	壽山	著書 壽山遺稿
吳丙煥(병환)		晴川	本貫 海州
吳秉勳(병훈)		精齋	著書 文集
吳鳳泳(봉영)		錦樵	字 聖陽 本貫 海州
吳溥(부)		益齋	本貫 海州 著書 益齋遺稿 〈海州吳氏世稿〉
吳玭(빈)	1547~1593	聖山	義兵 字 榮甫, 瑩甫 本貫 咸陽 父 思雲 追贈 兵曹參議
吳竩(빈)	1602~1682	韋齋	文臣 字 賓羽 本貫 海州 父 士謙 知中樞府事 諡號 肅憲
吳思古(사고)	朝鮮	郎州散人	本貫 海州 父 冲守
吳士元(사원)	1500~1591	忍齋	字 明瑞 本貫 高敞 父 世謙
吳山紅(산홍)	朝鮮後期	虹月	妓女
吳三聘(삼빙)	1653~1703	仙山 永慕	學者 字 殷卿 本貫 咸陽 父 以遠 外祖 李弘德 著書 仙山遺稿
吳祥(상)	1512~1573	負暄齋 負暄堂	文臣 字 祥之 本貫 海州 父 禮孫 外祖 盧佑賢 大司憲 著書 負暄齋遺稿
吳尙(상)	朝鮮孝宗	嶽南	文臣 字 尙之 本貫 寶城 掌令
吳翔(상)	朝鮮顯宗	柏峯	本貫 海州 父 士謙
吳常(상) →吳尙			
吳尙健(상건)	1590~1657	守分堂	著書 守分堂集
吳尙謙(상겸) →吳尙濂			
吳相圭(상규)	1858~1902	槐庭	著書 槐庭雜志
吳尙斗(상두)		杏亭	本貫 海州 著書 杏亭遺稿 〈海州吳氏世稿〉
吳相烈(상렬)	1879~1097	義齋	義兵將 字 起完, 祥林 本貫 羅州
吳尙濂(상렴)	1656~?	燕起齋 燕超齋	學者 字 幼清 本貫 同福 著書 燕超齋遺稿
吳相龍(상룡)	朝鮮	春窩	文臣 字 台仲 本貫 咸陽 戶曹參判
吳祥龍(상룡)	朝鮮後期	江湖	畵家 本貫 祥林
吳尙默(상묵)	1820~1865	松坡	學者 字 道汝 本貫 海州 父 匡秀 外祖 柳坪 著書 松坡遺稿
吳尙溥(상부)	朝鮮肅宗	臥雲齋	本貫 同福 父 始壽

人名	年代	號	其他
吳祥瑞(상서)	?~193)	淸湖	獨立運動家
吳庠秀(상수)	朝鮮	西山 酉史	委巷人 字 古老, 杏老 父 永河 著書 西山集
吳相淳(상순)	1749~1799	瓠巖	學者 字 允仲 本貫 羅州 父 普源 外祖 朴弼常 著書 瓠巖遺稿
吳相淳(상순)	1893~1963	空超 禪雲	詩人 本貫 海州 父 泰兢
吳相玉(상옥)		菊圃	本貫 高敞
吳尙遠(상원)	朝鮮肅宗	竹厓	本貫 同福 父 始震
吳祥源(상원)	朝鮮	晴沙	文臣 字 永人 本貫 漢陽 五衛都摠府副摠官
吳尙游(상유)	1658~1715	樗庵	文臣 字 景言 本貫 同福
吳相尹(상윤)		愚隱	本貫 海州
吳相毅(상의)	1856~1934	可山	本貫 同福 著書 文集
吳相宅(상택)		伴松軒	本貫 海州
吳相赫(상혁)	朝鮮	於隱堂	本貫 海州 父 漢明
吳相顯(상현)	1714~1784	晚翠 陽明居士	文臣, 學者 字 純卿 本貫 海州 父 明彙 外祖 朱光正 西道奉命使 著書 晚翠詩集
吳尙鉉(상현)	1812~?	倚溪	文臣 字 正立 本貫 寶城 父 在基 弘文館修撰
吳瑞(서)	朝鮮	自樂軒	文臣 字 英伯 本貫 咸平 僉知中樞府事
吳瑞(서)	朝鮮仁祖	東巖	本貫 同福 父 百齡
吳瑞(서) →吳端			
吳瑞徵(서휘)	朝鮮	率性齋	本貫 高敞 父 復興
吳奭圭(석규)	朝鮮	靑庵	文臣 字 順明 本貫 平海 副護軍
吳錫奎(석규)	朝鮮	重齋	文臣 字 啓文 本貫 咸陽 司諫院正言
吳碩根(석근)		林隱	本貫 海州
吳錫燾(석도)	朝鮮後期	俗隱	
吳錫蘭(석란)		知足軒	著書 知足軒文集
吳錫輔(석보)	→呂錫輔		
吳碩福(석복)	1455~1533	三友臺 三友堂 三憂堂	字 慶善 本貫 高敞 父 榮 著書 三友臺遺稿 〈牟陽世稿〉
吳石山(석산)	高麗~朝鮮	退溪	本貫 同福
吳碩山(석산)	朝鮮	雲岩	字 義正 本貫 同福 戶曹正郎
吳錫枃(석표)		蒙溪	著書 蒙溪遺稿
吳錫泓(석홍)	?~1917	醒石	著書 醒石遺稿
吳碩煥(석환)		松隱	本貫 羅州 父 應相
吳錫禧(석희)		菊圃	本貫 樂安

人名	年代	號	其他
吳先敬(선경)	朝鮮太宗	菊堂	文臣 字 直夫 本貫 海州 父 光延 舍人
吳善基(선기)	1630~1703	寒溪	學者 字 慶夫 本貫 高敞 父 益炡 外祖 宋翊 著書 寒溪文集
吳燮宜(섭의)	朝鮮	謙齋	文臣 本貫 長興 大提學
吳燮夏(섭하)	→吳變夏		
吳聖秀(성수)		混泉	著書 混泉遺蕙
吳成述(성술)	1844~1910	竹坡	義兵將
吳成式(성식)	朝鮮	養閒齋	文臣 本貫 海州 戶曹判書
吳世亮(세량)	朝鮮	錦浦	本貫 海州 五衛將
吳世魯(세노)		仁山	著書 仁山先生文集
吳世明(세명)	朝鮮	齊峰	文臣 字 汝學 本貫 咸陽 龍驤衛副護軍
吳世相(세상)	朝鮮	退菴	字 益臣 本貫 羅州 春秋館修撰
吳世祐(세우)	→吳世祐		
吳世郁(세욱)		秋竹堂	本貫 海州
吳世熊(세웅)	1633~1685	雲潭	文人 字 君卜 本貫 咸陽 父 任錫 外祖 沈櫓 著書 雲潭集
吳世才(세재)	1133~1195	東亭 濮陽 玄靜	字 德全 本貫 高敞 父 學麟
吳世周(세주)	1646~1698	養性軒	文臣 字 周卿 本貫 海州 父 溥 著書 養性軒遺稿 〈海州吳氏世稿〉
吳世濬(세준)	→吳世瞻		
吳世昌(세창)	朝鮮後期	日齋	
吳世昌(세창)	1864~1953	葦滄 韙傖	己未獨立宣言33人, 書藝家 言論人 字 仲銘 本貫 海州 父 慶錫 編書 槿域書畫徵
吳世瞻(세첨)		也村	著書 也村遺稿 〈海州吳氏世稿〉
吳世祜(세호)	朝鮮中宗	知足堂	字 君卿 本貫 寶城 父 自澄
吳壽(수)	朝鮮宣祖	厚菴	厚菴
吳守謙(수겸)	→吳守盈		
吳受訥(수눌)	朝鮮宣祖	菊軒	文臣 本貫 樂安 軍資監正 著書 文集
吳壽齡(수령)	朝鮮宣祖	茅亭	本貫 海州 父 慶星 成渾 門人
吳遂性(수성)	朝鮮宣祖	復齋	文人 字 復山 本貫 海州
吳遂燁(수엽)	朝鮮肅宗	平谷	文臣 字 君晦 本貫 海州 父 道日 淸州牧使
吳守盈(수영)	1521~1606	春塘 桃巖	學者 字 謙仲 本貫 高敞 父 彦毅 外祖 李瑀 著書 春塘集
吳遂郁(수욱)	朝鮮	松厓	本貫 海州 父 泰啓
吳遂元(수원)	1682~?	省軒	文臣 字 子長 本貫 海州 父 道一 校理

人名	年代	號	其他
吳遂采(수채)	1692~1759	桯菴 棣泉	文臣 字 士受 本貫 海州 父 道一 大司憲 著書 松都誌
吳壽華(수화)		松菴	本貫 寶城 父 致祥 著書 文集
吳熽(숙)	1592~1634	天坡	文臣 字 肅羽 本貫 海州 父 士謙 外祖 李時中 黃海道觀察使 著書 天坡集
吳潚(숙)	1602~1675	琴巖	文臣 字 晦伯 本貫 寶城 父 行遠 左承旨
吳叔孫(숙손)	朝鮮	靜齋	字 承祖 本貫 羅州 忠州牧使
吳珣(순)	朝鮮	蕉田	畫家 字 玉汝 本貫 海州
吳順迪(순적)	朝鮮	竹隱	文臣 本貫 長興 左承旨
吳嵩梁(승량)	朝鮮後期	蘭雪	
吳陞(승)	1364~1444	竹軒 三寧	字 崇之 本貫 同福 父 仲和 諡號 靖平 著書 竹軒集
吳陞(승)	朝鮮後期	石峰	字 汝進 本貫 海州 父 孝孫 集賢殿大提學
吳承連(승련)		黙齋	本貫 咸陽
吳升魯(승로)	1844~1918	貞窩	著書 文集
吳承老(승로)	朝鮮	壽翁	本貫 樂安 祖父 陞之 參奉
吳承鳳(승봉)	1888~1954	松源 進庵	學者 字 應祥 本貫 咸陽 父 錫紀 外祖 朴夏秀 著書 松源遺稿
吳時機(시기)		順窩	著書 順窩公遺稿 〈福川世稿〉
吳始萬(시만)	1647~1700	春軒	文臣 字 永錫 本貫 同福 父 挺一 系 挺緯 大司諫
吳始復(시복)	1637~1716	休谷	文臣 字 仲初 本貫 同福 父 挺奎 右副賓客
吳時善(시선)	韓末	慶今翁	
吳始壽(시수)	1632~1681	水村	文臣 字 德而 本貫 同福 父 挺垣 右議政 著書 水村集
吳時泳(시수)	1873~1952	艮山	著書 文集
吳時亨(시형)	朝鮮	漫叟	本貫 同福 父 挺璧
吳湜(식)	朝鮮	臨溪	文臣 字 渭淑 本貫 蔚山 刑曹參議 諡號 靖簡
吳軾(식)	朝鮮	研齋	文臣 本貫 長興 漢城府左尹
吳湜(식) →曺湜			
吳信齡(신령)		惕齋	著書 惕齋公遺稿 〈福川世稿〉
吳愼言(신언)	朝鮮	敬齋	文臣 本貫 長興 吉州牧使
吳臣翼(신익)		菊下	著書 文集
吳愼行(신행)	朝鮮	三省齋	文臣 本貫 長興 軍資監正
吳安宙(안주)		鳳隱齋	本貫 寶城

人名	年代	號	其他
吳梁孫(양손)	1474~1527	遯庵	學者, 文臣 字 繼善 本貫 海州 父 用經 外祖 梁濟民 司饔院僉正 著書 遯庵集
吳億齡(억령)	1552~1618	晚翠 晚翠堂	文臣 字 大年 本貫 同福 父 世賢 開城府留守 諡號 文肅 著書 晚翠文集
吳彦(언)	1345~?	隱窩	字 善之 本貫 高敞 父 均
吳彦都(언도)	朝鮮	月溪	字 大勳 本貫 羅州 奉常寺正
吳彦修(언수)	1710~?	時俗	文臣 字 國珍 本貫 海州 刑曹判書 諡號 孝靖
吳彦信(언신)	朝鮮	履敬齋	文臣 字 士行 本貫 長興 同知中樞府事
吳彦儒(언유)	→吳言修		
吳彦毅(언의)	1494~1566	竹塢	字 仁遠 本貫 高敞 父 碩福 著書 竹塢遺稿〈牟陽世稿〉
吳彦冑(언주)	1688~1741	樊川	文臣 字 伯敬, 伯敎 本貫 海州 父 命峻 外祖 崔尙一 大司諫
吳儼(엄)	高麗	臨江	文臣 本貫 咸陽 大司憲
吳汝敏(여민)		混泉	著書 混泉遺稿
吳汝橃(여벌)	1579~1635	敬菴 南岳	文臣, 學者 字 景虛 本貫 高敞 父 澐 外祖 許士廉 柳成龍 門人 著書 敬菴集
吳汝相(여상)	朝鮮仁祖	外隱	義兵將 本貫 高敞
吳汝穩(여은)	1561~1633	洛厓	字 隆甫 本貫 高敞 父 澐
吳連(연)	朝鮮宣祖	悔軒	字 仁夏 本貫 樂安 封號 石城君
吳演(연)	1598~1669	醉睡堂 遯齋	學者, 文臣 字 德源 本貫 咸陽 父 克成 外祖 黃勝白 忠武衛副司勇 著書 醉睡集
吳璉卿(연경)		淸洗亭	著書 淸洗亭遺稿
吳硯福(연복)	→吳錫福		
吳淵常(연상)	1765~1821	約菴 約園	文臣 字 士黙, 士黃 本貫 海州 父 載純 系 載綸 備邊司提調 著書 約菴集
吳然必(연필)		川石	著書 文集
吳璉鄕(연향)	→吳璉卿		
吳悅(열)	1567~1619	松齋	字 史欽 本貫 高敞 父 敬老
吳恬(염)		松菴	本貫 海州
吳永奎(영규)	1851~1904	黙和堂	學者 字 景遠 本貫 羅州 父 在鉉 著書 黙和堂遺稿
吳永夔(영기)		癡齋	著書 文集
吳榮順(영순)		晚翠	本貫 海州
吳永瓚(영찬)	韓末	後柏堂	學者, 獨立運動家 著書 後柏堂遺稿
吳泳河(영하)	朝鮮	河槎	委巷人 字 玉潤 本貫 同福 著書 河槎遺稿〈酉史集〉
吳浣根(완근)		敏齋	著書 文集

人名	年代	號	其他
吳容默(용묵)	韓末~日帝	海士	
吳龍濟(용제)		龜蓮	字 上用 本貫 高敞
吳祐吉(우길) →吳裕吉			
吳羽常(우상)		黃華	本貫 海州
吳禹錫(우석)		圓山	著書 圓山公遺什〈生老堂遺稿〉
吳禹善(우선)		鳳西	著書 文集
吳澐(운)	1540~1617	竹牗 栗溪 竹溪	文臣 字 太源 本貫 高敞 父 守貞 李滉 門人 工曹 參議 著書 竹牗文集
吳雲泳(운영) →吳震泳			
吳雲駿(운준)	1534~1591	敬菴	學者 字 君乘 本貫 海州 父 綱 外祖 權世經 著書 敬菴文集
吳瑗(원)	1700~1740	月谷	文臣 字 伯玉 本貫 海州 父 晉周 系 泰周 外祖 顯 宗 追贈 左贊成 諡號 文穆 著書 月谷集
吳元常(원상) →吳允常			
吳原僴(원한)	朝鮮	陌隱	本貫 海州 鹽州都護府使
吳瑋(위)	朝鮮中期	大疎 大疎窩	本貫 海州 父 宗周 祖父 斗雄
吳有善(유선)	朝鮮高宗	觀堂	文臣 字 德老 本貫 海州 右尹
吳惟英(유영)		東江	
吳有終(유종)	朝鮮	杏亭	本貫 海州 全羅道觀察使
吳允謙(윤겸)	1559~1636	楸灘 土塘	文臣 字 汝益 本貫 海州 父 希文 成渾 門人 左議 政 諡號 忠貞 著書 楸灘集
吳允謙(윤겸)	朝鮮	松竹軒	本貫 平海 進士
吳允礫(윤력) →吳允諧			
吳允常(윤상)	1746~1783	寧齋	學者 字 士執 本貫 海州 父 載純 外祖 李天輔 著 書 寧齋遺稿
吳允誠(윤성)	朝鮮仁祖	西河 西海	本貫 海州 父 希文
吳允迪(윤적)		素閒堂	字 信如 本貫 海州 祖父 廷吉
吳允諴(윤함)	朝鮮仁祖	月谷	本貫 海州 父 希文
吳允諧(윤해)	1562~?	晩雲	文臣 字 汝和 本貫 海州 父 希文 系 希仁 驪州牧 使 著書 晩雲集
吳潤煥(윤환)	1872~1946	梅谷	著書 文集
吳凝(응)	1422~1470	錦南	文臣 字 冥受 本貫 咸陽 父 致仁 封號 南原君 全 羅道觀察使
吳應相(응상)		止庵	本貫 羅州
吳應鼎(응정)	1548~1597	翫月堂	武臣 字 文仲 本貫 海州 父 下蒙 追贈 漢城府左尹
吳應哲(응철)	朝鮮	松岡	字 邦彦 本貫 長興 奉事

人名	年代	號	其他
吳毅常(의상)	朝鮮	菊軒	文臣 字 士剛 本貫 海州 三道統制使
吳以久(이구)	?~1655	道林	學者 著書 道林遺集
吳以奎(이규)	1608~1653	支川	文臣, 學者 字 斌仲 本貫 羅州 父 希道 外祖 金復興 鄭弘溟 門人 追贈 承政院都承旨 著書 支川逸稿
吳以翼(이익)	1618~1666	石門 石門居士 息齋	文臣 字 子敍 本貫 羅州 父 希道 系 希有 著書 石門集
吳以井(이정)	1579~1615	藏溪	學者 字 明仲 本貫 羅州 父 希道 著書 藏溪集
吳翊(익)	1574~1618	默齋 月岡	文臣 字 弼甫 本貫 同福 父 億齡 外祖 洪日雲 承旨
吳瀷(익)	1591~1671	愚齋	著書 愚齋文集
吳翊(익) →吳翮			
吳益升(익승)	1620~1679	松峯	學者 字 順之 本貫 寶城 父 立名 外祖 黃俊 著書 松峯遺稿
吳益昌(익창)	朝鮮中期	沙湖	義兵 字 裕遠 本貫 荳原 父 士實 正郎 著書 沙湖先生文集
吳益煥(익환)	1594~1645	晩峯	字 叔晦 本貫 高敞 父 汝穩
吳翼煥(익환)	1754~1797	耕山	文臣 字 鵬若 本貫 寶城 父 光復 司憲府執義 著書 耕山集
吳益熀(익황)	1599~1687	誠齋	字 而晦 本貫 高敞 父 汝櫶 系 汝橃 著書 誠齋遺稿 〈牟陽世稿〉
吳仁繼(인계)	朝鮮	杏亭	文臣 字 結之, 繼之 本貫 海州
吳仁克(인극) →吳仁兌			
吳麟善(인선)	1841~1905	絅庵	學者 著書 絅庵遺稿
吳寅淳(인순)	1866~1905	梅史	學者 字 周用 本貫 高敞 父 應轍 外祖 朴寒基 著書 梅史文集
吳寅植(인식)	朝鮮	昭溪	孝子 字 子敬 本貫 海州 判尹 著書 文集
吳寅植(인식)		春雨堂	著書 春雨堂詩集
吳仁兌(인태)	1818~1898	海隱	學者 字 敬中 本貫 同福 父 日齡 外祖 柳東榘 著書 海隱遺稿
吳仁爀(인혁)	朝鮮	芝菴	字 贊亨
吳仁華(인화)	?~1931	松坡	獨立運動家
吳麟煥(인환)	1866~1941	綺山	著書 綺山集
吳仁垕(인후) →具仁垕			
吳一英(일영)	1890~1960	靜齋	書家 本貫 海州
吳自和(자화)	朝鮮	淸隱	文臣 本貫 長興 漢城判尹
吳潛(잠)	高麗	東軒	字 興雨 本貫 同福 知都僉議司事

人名	年代	號	其他
吳長(장)	1565~1616	思湖 西湖散人	文臣 字 翼承 本貫 咸陽 父 健 追贈 承旨 著書 思湖集
吳長善(장선)	朝鮮)	退憂	文臣 字 元輔 本貫 海州 宮內部特進官
吳長燮(장섭)		省軒	本貫 寶城 父 壽華
吳長孫(장손) →具長孫			
吳載絅(재경)	朝鮮英祖	竹友堂	本貫 海州 父 瓚
吳載慶(재경)		誠窩	本貫 海州
吳載能(재능)	朝鮮後期	友松菴	本貫 海州 父 奕 著書 文集
吳在東(재동)		銅塘	本貫 寶城 父 長燮
吳在烈(재열)	朝鮮	鶴山	文臣 字 敬魯 本貫 咸陽 禮曹參議
吳在宣(재선)		溪雲	著書 文集
吳載紹(재소)	1729~1811	石泉 耘齋	文臣 字 克卿 本貫 海州 父 瑗 外祖 崔寔 判敦寧府事 諡號 定獻
吳載純(재순)	1727~1792	醇庵 愚不及齋	文臣, 學者 字 文卿 本貫 海州 父 瑗 判中樞府事 諡號 文靖 著書 醇庵集
吳在彦(재언)	1854~1914	小溪	著書 文集
吳在永(재영)	1865~1919	小齋	字 祈命 本貫 同福 父 然琇 著書 小齋先生詩集
吳載維(재유)	朝鮮英祖	雪樵 雲樵	字 持卿 本貫 海州 父 瑗 著書 文集
吳再挺(재정)	1641~1709	寒泉堂	文人 字 挺吾 本貫 寶城 父 振澤 著書 寒泉堂遺稿
吳載弘(재홍)	朝鮮英祖	白雲	詩人 字 聖任 本貫 海州 父 璿 著書 白雲遺稿〈月谷集〉
吳在翕(재흡)	朝鮮	愚齋	本貫 寶城 父 德廉
吳載興(재흥) →吳載弘			
吳載熙(재희)	1727~1813	思樓 休齋	武臣 字 敬緝 本貫 海州 父 璞 系 琢 知中樞府事兼都摠管
吳著(저)	1713~1794	楸峰	文臣 字 謹甫, 顯之 本貫 寶城 父 道明 知中樞府事
吳勛(적)	1656~?	蓼齋	文臣 字 汝翼 本貫 長興 父 伯興 郡守
吳詮(전)	1516~1558	毅齋	文臣 字 太和 本貫 同福 父 胤閔 外祖 朴孝溫 著書 毅齋文集
吳䎐(전)	1588~1634	麟洲	文臣 字 敬甫 本貫 同福 父 億齡 柳根 門人 持平 著書 麟洲遺稿〈晚翠文集〉
吳㦗(절)		晚梧堂	字 伯欽 本貫 高敞 父 敬老
吳點壽(점수)	朝鮮	南巷	委巷人 字 性甫 父 天弼
吳正舘(정관)	1865~1948	晚松	字 允表 本貫 海州 父 桂永 著書 文集
吳正根(정근)	1868~?	脊土民	字 伯心 本貫 海州 父 寅泳 系 俊泳
吳正根(정근)	朝鮮	小坡	文臣 字 公直 本貫 海州 宮內部特進官

人名	年代	號	其他
吳正根(정근)		晩悔	著書 文集
吳鼎基(정기)	1660~1734	永慕齋	著書 永慕齋文集 〈守分堂集〉
吳廷吉(정길)	1558~1607	海西	文臣 字 亨甫 本貫 海州 父 義性 校書正字 著書 文集
吳挺男(정남)	1566~1626	蓮江	文臣, 學者 字 子英 本貫 羅州 父 天壽 外祖 陳世恭 義禁府都事 著書 蓮江集
吳定邦(정방)	1552~1625	退全堂	武臣 字 英彦 本貫 海州 父 壽千 系 壽億 外祖 李令嶰 追贈 兵曹判書 諡號 貞武
吳定邦(정방)		錦溪	字 勳甫 本貫 樂安
吳廷碩(정석)	高麗毅宗	白雲	
吳禎善(정선)	1861~1923	筠陰堂	著書 文集
吳正壽(정수)		愚拙堂	本貫 海州
吳挺垣(정원)	1614~1667	醉翁	文臣 字 仲輔 本貫 同福 父 端 監司
吳挺緯(정위)	1616~1692	東沙	文臣 字 君瑞, 瑞章 本貫 同福 父 端 系 竱 外祖 沈詻 工曹判書
吳挺一(정일)	1610~1670	龜沙	文臣 字 斗南, 斗元 本貫 同福 父 端 戶曹判書
吳挺昌(정창)	1634~1680	龍湖	文臣 字 季文 本貫 同福 父 端 戶曹判書
吳挺坦(정탄)	→吳挺垣		
吳正杓(정표)	1897~1946	梅峰	字 和宣 本貫 寶城 父 治仁 著書 梅峰遺稿
吳政杓(정표)	→吳正杓		
吳廷輝(정휘)		無憂堂	僉中樞府事
吳濟黙(제묵)		桃翁	本貫 海州
吳濟華(제화)		湖隱	著書 湖隱遺稿
吳宗根(종근)		錦陽	著書
吳宗善(종선)		雙龍齋	本貫 羅州 祖父 碩煥
吳宗夏(종하)	朝鮮	四無堂	本貫 咸陽 父 敬忠
吳周相(주상)	1844~1906	夢窩	學者 字 士俊 本貫 同福 父 脩永 外祖 鄭期祚 著書 夢窩集
吳周用(주용)		梅史	著書 梅史集
吳俊(준)	朝鮮宣祖	茅窩	隱士 字 元叔 本貫 咸陽
吳竣(준)	1587~1666	竹南	文臣, 書藝家 字 汝完 本貫 同福 父 百齡 判中樞府事 著書 竹南集
吳浚(준)		感泉	字 虛受 本貫 同福 父 致仁 著書 感泉集
吳駿善(준선)	1851~1931	後石	學者 字 德行 本貫 羅州 父 恒圭 外祖 朴基鉉 著書 後石遺稿
吳駿善(준선)		永慕亭	

人名	年代	號	其他
吳俊誠(준성)		梅園	
吳俊泳(준영)	1830~?	坡雲	文臣 字 英仲 本貫 海州 父 友善 系 弘善 吏曹判書
吳準泳(준영)		海隱	著書 海隱遺稿
吳俊源(준원)	朝鮮	松友	本貫 咸平 父 德鎭
吳仲達(중달)	高麗~朝鮮	南江	字 可達 本貫 羅州 藝文館大提學
吳仲善(중선)	朝鮮	和隱	文臣 字 和麓 本貫 海州 同副承旨
吳重周(중주)	1654~1735	耒隱 野隱	武臣 字 子厚 本貫 海州 父 斗興 訓練院都正
吳重煥(중환)		杜菴	本貫 羅州
吳稷(직)	1575~1619	三松	文臣 字 士馨 本貫 海州 千摠
吳稷祠(직사)		梅史	著書 梅史集
吳晉圭(진규)	朝鮮	0泉	本貫 軍威 父 仁瑚
吳晉黙(진묵)	1868~1936	守靜	字 衆久 本貫 海州 父 鶴淳 著書 守靜遺稿
吳震泳(진영)	1868~1944	石農	學者 字 而見 本貫 海州 父 箕善 著書 石農集
吳晉用(진용)	→吳晉周		
吳晉周(진주)	朝鮮肅宗	無爲齋 無盡齋	文臣 字 明仲 本貫 海州 父 斗寅 著書 無爲齋遺稿
吳振澤(진택)	1599~1675	閒堂	著書 閒堂集〈守分堂集〉
吳戢(집)	朝鮮	碧沙	本貫 同福 父 彥軫
吳次久(차구)		道村	著書 道村遺稿
吳瓚(찬)	1717~?	修齋 清水齋	文臣 字 敬夫 本貫 海州 父 晉周 系 履周 正言 著書 文集
吳纘祖(찬조)	朝鮮宣祖	永懷亭	武臣 字 仲述 本貫 咸陽 節度使
吳昌勸(창권)	朝鮮	相如	本貫 軍威
吳昌烈(창렬)	朝鮮	大山 又梅道人	委巷人 字 敬信, 敬言 本貫 海州 縣監
吳昌憲(창헌)		石南	著書 石南詩集
吳處尚(처상)	朝鮮	松岡	本貫 海州 軍資監正
吳陟之(척지)		橘杯	本貫 樂安
吳泉(천)	1402~1498	清溪	字 機泰 本貫 高敞 父 淹
吳天根(천근)	朝鮮	无悶窩 無悶窩	文臣 字 叔度 本貫 蔚山 工曹參議
吳千根(천근)	朝鮮後期	萬枝翁	字 士固 本貫 海州 郡守
吳天民(천민)	1562~1645	養靜 養靜堂	學者, 文臣 字 中立 本貫 海州 父 雲駿 監察 著書 養靜公文集
吳天佑(천우)	朝鮮	青巖 清菴	文臣 本貫 長興 封號 長興君 大司諫
吳天弼(천필)	朝鮮	惺窩	委巷人 字 士元 本貫 海州
吳轍(철)	朝鮮	春湖	字 斗車 本貫 海州 兵曹判書

人名	年代	號	其他
吳哲儉(철검)	朝鮮	東岩	字 世老 本貫 樂安 追贈 兵曹判書
吳致箕(치기)	韓末	通川	
吳致寧(치녕)	朝鮮純祖	惕齋	本貫 海州 父 道常
吳致黙(치묵)	朝鮮後期	東洞	
吳致善(치선)	朝鮮	修心齋	文臣 字 儒恒 本貫 咸陽 全羅道觀察使
吳致成(치성)	1785~1845	我觀	文臣 字 瑞吾 本貫 海州
吳致舜(치순)	朝鮮宣祖	隱迂堂	本貫 海州 父 璜
吳致信(치신)	朝鮮	清坡	字 高星 本貫 樂安 戶曹侍郞
吳致雲(치운)		梅軒	本貫 海州
吳致應(치응)	朝鮮	杏軒	本貫 海州 父 道常
吳致行(치행)	朝鮮世祖	花山居士	文臣 字 源仲 本貫 咸陽
吳儞(칭)	朝鮮宣祖	琴溪	文臣 字 子淑 本貫 咸陽
吳稱(칭) →吳儞			
吳琢(탁)	朝鮮成宗	養性齋	本貫 蔚山 殷栗縣監
吳卓眞(탁진)	高麗	松隱	字 崇靖 本貫 羅州
吳泰圭(태규)	1795~1866	臨履齋	著書 文集
吳太能(태능) →太能			
吳泰魯(태로)	朝鮮英祖	寄庵	本貫 海州 父 彦冑 府使
吳泰雲(태운)	1790~?	竹樵	文臣 字 澍卿 本貫 海州 父 彦謀 郡守
吳泰殷(태은)	朝鮮	南隱	孝子 字 穉興 本貫 全州
吳泰周(태주)	1668~1716	醉夢軒	書藝家 字 道長 本貫 海州 父 斗寅 顯宗 婿 封號 海昌尉 諡號 文孝
吳泰赫(태혁)		黙惺窩	著書 文集
吳泰賢(태현)	朝鮮	桐江	文臣 字 仁卿 本貫 咸陽 同知中樞府事
吳泰亨(태형)		樵叟	著書 文集
吳宅鍾(택종)	朝鮮	吾山	文臣 字 處仁 本貫 咸陽 義禁府都事
吳彭叔(팽숙)	朝鮮	友竹堂	文臣 本貫 咸陽 吏曹判書
吳必宏(필굉)	1627~1708	旨軒	字 廣遠 本貫 高敞 父 姬祉
吳弼善(필선)	1887~1980	小溪	法律家 本貫 金城
吳必恒(필항)		芝谷	本貫 羅州
吳必奐(필환)	1629~1695	忠軒	字 公遠 本貫 高敞 父 姬祉
吳河(하)	朝鮮	敬齋	字 河善 本貫 海州 慈仁縣監
吳夏根(하근)	1897~1963	聱皷	獨立運動家
吳學健(학건)	1844~?	晚圃	著書 晚圃先生文集

人名	年代	號	其他
吳學麟(학린)		敬庵	著書 敬庵先生文集
吳學文(학문)	朝鮮	惕菴	文臣 字 道彬 本貫 咸陽 僉知中樞府事
吳鶴爕(학섭)		豪興齋	著書 文集
吳學性(학성)		敬菴	著書 敬菴集
吳鶴淳(학순)	1836~1914	松皐	本貫 海州 父 正壽 著書 松皐遺稿
吳學鎭(학진)	1865~1902	酉山	著書 酉山遺稿 〈福川世稿〉
吳偘(한)	朝鮮明宗	守吾堂 守吾齋	字 毅叔 本貫 咸陽 父 世綱 著書 文集
吳漢卿(한경)	→吳詷의 初名		
吳漢圭(한규)		松下	著書 文集
吳漢相(한상)	朝鮮	石川	字 淸臣 本貫 羅州 漢城府判尹
吳漢泳(한영)	1898~1952	靈巖	醫學者 本貫 海州 父 兢善
吳翰應(한응)	韓末	經齋	委巷人
吳漢柱(한주)	朝鮮	南崗	文臣 字 德漢 本貫 咸陽 同知中樞府事
吳漢樞(한추)		天香樓	著書 文集
吳海謙(해겸)		斗南	著書 斗南先生文集
吳䎘(핵)	1615~1653	百千堂 百千	文臣 字 逸少 本貫 海州 父 士謙 張維 門人 持平 著書 百千堂稿
吳行健(행건)	1562~?	德溪	文臣 字 汝强 本貫 寶城 父 台佐 兵曹正郎
吳行敏(행민)	1564~?	畵巖	文臣 字 汝勇 本貫 寶城 父 台佐 正言
吳憲(헌)	高麗末	松庵	武臣 本貫 咸平 父 迪 中郎將
吳鉉文(현문)		海菴	本貫 海州
吳顯相(현상)	朝鮮後期	采薇	星州牧使
吳玄碩(현석)	高麗	三洗堂	文臣 本貫 咸陽 吏部尙書
吳玄錫(현석)	1616~1528	息蔭堂	著書 息蔭堂遺稿 〈息蔭堂世稿〉
吳現準(현준)	1895~1986	島隱	獨立運動家
吳詷(형)	1242~1314	夬菴 快菴	字 月叟 本貫 海州 父 克正 諡號 文溫
吳炯淳(형순)	1865~1940	雙山	著書 雙山遺稿
吳衡弼(형필)	?~1904	訥庵	學者 著書 訥庵文集
吳弘績(홍적)		龍湖	本貫 同福
吳華英(화영)	1880~?	菊史	己未獨立宣言33人 父 錫祚 國會議員
吳煥(환)	1572~1632	雪厓 雪崖	文臣 字 士輝 本貫 海州 父 以和 系 以順 弼善
吳璜(환)	朝鮮後期	新窩	本貫 同福 父 錫祚
吳璜(황)		玉簫處士	本貫 海州
吳宖黙(횡묵)	朝鮮高宗	茝園	詩人 字 聖圭 著書 茝園集

人名	年代	號	其他
吳孝錫(효석)	1620~1696	生老堂 大明 大明洞人	儒生 字 善詒 本貫 羅州 父 以久 外祖 林埈 著書 生老堂遺稿
吳孝媛(효원)	1889~?	小坡 隨鷗	女流詩人 父 時善 著書 小坡先生詩集
吳欽老(흠로)	朝鮮	澗隱 輞川	文臣 字 仲安 本貫 蔚山 判官
吳澺(흡)	1576~1641	龍溪	學者 字 善源 本貫 咸陽 父 克成 外祖 黃勝白 李德弘 門人 著書 龍溪文集
吳僖(희)	高麗末	陽亭	本貫 字 子亨 海州 父 潘 祖父 延寵 左正言
吳希吉(희길)	1556~1625	韜庵	文臣 字 吉之 本貫 羅州 父 彥麒 泰仁縣監 著書 韜庵先生文集
吳希道(희도)	1584~1624	明谷 忘齋 望齋 篳齋 壺谷	文臣 字 得原 本貫 羅州 父 彥彪 著書 明谷遺稿
吳希文(희문)	1539~1613	月溪	著書 月溪先生文集
吳熙常(희상)	1763~1833	老洲 老湖 孺子	文臣, 學者 字 士敬 本貫 海州 父 載純 系 載紹 追贈 吏曹判書 諡號 文元 著書 老洲集
吳希言(희언)	→吳希吉		
吳僖泳(희영)	1841~1904	藥圃	學者 字 君瑞 本貫 海州 父 哲善 著書 藥圃集
吳喜泳(희영)		梧崗	本貫 海州
吳喜駧(희일)		梅柏軒	本貫 樂安
吳姬祉(희지)	1587~1674	菊軒 東庵	字 盛甫 本貫 高敞 父 湛
吳喜昌(희창)		栗里	著書 文集
吳熙喆(희철)		守分堂	
吳姬翰(희한)		晴沙齋	本貫 海州 著書 晴沙齋遺稿〈海州吳氏世稿〉
玉景鍊(경련)	1829~1898	晴岡	文臣 字 德厚 本貫 宜寧 父 在瑞 兵曹參判
玉景壽(경수)	1731~1794	居一	書藝家 字 周伯 本貫 宜寧 父 尚瑀
玉沽(고)	1382~1426	凝溪	文臣 字 待售, 待價 本貫 宜寧 父 斯美 司憲府掌令 著書 凝溪實記
玉斯溫(사온)	1351~1413	正隱 海隱	字 肅甫 本貫 宜寧 父 安德 祖父 全伯 典農寺副正
玉相仁(상인)	1854~1934	社隱	字 聖洙 本貫 宜寧 父 采鍊
玉世振(세진)	1722~1800	薇露	字 士彬 本貫 宜寧 父 文崑 著書 文集
玉時振(시진)	朝鮮	沙湖	文臣 字 字翁 本貫 宜寧 敦寧府都正
玉信卞(신변)		竹泉	本貫 宜寧
玉瑛和(영화)	1861~1934	一傖	字 聲振 本貫 宜寧 父 汝文 著書 文集
玉右夏(우하)	朝鮮	晴溪	文臣 字 成汝 本貫 宜寧 漢城判尹
玉有崗(유강)	朝鮮	敬菴	文臣 字 鳴祥 本貫 宜寧 漢城府尹
玉潤(윤)	朝鮮	醒齋	文臣 字 象琛 本貫 宜寧 直提學

人名	年代	號	其他
玉在璣(재기)	1789~1852	月岡	字 政汝 本貫 宜寧 父 東炫
玉在復(재복)	朝鮮	竹庵	文臣 字 來卿 本貫 宜寧 訓練院判官
玉在溫(재온)	1775~?	松湖	字 潤卿 本貫 宜寧 父 邦炫
玉之溫(지온)	朝鮮	觀川	文臣 字 應遠 本貫 宜寧 工曹參議
玉清鍊(청련)	朝鮮	老巖	文臣 字 君和 本貫 宜寧 司憲府監察
玉喜鍊(희련)	1827~?	月松	文臣 字 震化 本貫 宜寧 父 在瑞 著書 文集 敦寧府 都正
溫聖河(성하)	韓末	清齋	字 千一 本貫 鳳城
溫信(신)	高麗恭愍王	守愼齋	本貫 鳳城
溫潤(윤)	高麗	寒水齋	本貫 鳳城 佐郎
溫琳(임)	高麗	雲林	本貫 鳳城 佐郎
溫厚(후)	朝鮮	閒汀	本貫 鳳城 宣傳官
邕達行(달행)	1570~?	四樂堂	字 士任 本貫 玉川 父 夢辰 參奉 著書 文集
邕夢辰(몽진)	朝鮮明宗	清河	文臣 字 應龍 應祈 本貫 玉川 父 太雲 陰城縣監
邕宅奎(택규)	1852~1928	又蓮	字 處安 本貫 玉川 父 崙鶴 著書 文集
王沽(고)	→玉沽		
王德九(덕구)	1788~1863	滄海	學者 字 子範 父 道源 外祖 崔壽齊 著書 滄海集
王德一(덕일)	朝鮮	盤川	學者 本貫 濟南 著書 盤川遺稿
王得仁(득인)	1556~1597	藍田	義兵 本貫 開城 父 彦起 追贈 司憲府持平
王伯(백)	1277~1350	愼齋	本貫 江陵
王伯(백)		蜾齋	
王師覺(사각)	1836~1895	鳳洲	委巷人 字 任之 本貫 開城 父 錫輔 著書 文集
王師瓚(사찬)	1846~1912	小川	委巷人 字 贊之 本貫 開城 父 錫輔 著書 文集
王師天(사천)	1842~1906	素琴	委巷人 字 則之 本貫 開城 父 錫輔 著書 文集
王錫輔(석보)	1816~1868	川社	字 胤國 本貫 開城 著書 文集
王性淳(성순)	1863~1909	尤雅堂 敬菴	學者 字 原初 本貫 開城 父 庭麟 著書 尤雅堂稿
王性濬(성준)	朝鮮	屋山	文臣 字 景哲 本貫 開城 清風府使
王世貞(세정)		菁州	著書 菁州集
王汝舟(여주)	→王伯의 初名		
王堯錫(요석)	朝鮮	藥圃	文臣 字 國衍 本貫 開城 都正
王于中(우중)	朝鮮後期	臨皐	畵家 本貫 開城
王義城(의성)	→王義城		
王庭揚(정양)	朝鮮	完軒	文臣 字 後卿 本貫 開城 工曹參判
王庭羽(정우)	朝鮮	員山	文臣 字 儀卿 本貫 開城 禁府都事

人名	年代	號	其他
王宗義(종의)		孤山	本貫 開城
王太(태)	朝鮮英祖	數里	詩人 字 步度 本貫 鵠嶺 一名 漢相 鳥嶺別將
王英(협)	朝鮮	夢湖	委巷人 字 步明 本貫 鵠嶺
王義城(희성)	朝鮮	西岡	義兵 字 德甫 父 得仁 追贈 左承旨
了圓(요원)		幻菴	僧侶 俗姓 趙氏
龍繼祥(계상)	朝鮮	松坡	字 洪元 本貫 洪川 永興府使
龍得實(득실)	朝鮮世宗	五眞	字 德能 本貫 洪川 父 致雨 定州牧使
龍孟孫(맹손)	朝鮮	道逸	字 漢瑞 本貫 洪川 左水使
龍瑞衍(서연)	朝鮮世祖	謙隱	字 善邦 本貫 洪川 工曹判書
龍粹長(수장)	朝鮮成宗	靖窩	字 純壹 本貫 洪川 禮曹參議
龍淵友(연우)	朝鮮	石泉	字 致孝 本貫 洪川 工曹參議
龍永孫(영손)	朝鮮	錦西	字 賢維 本貫 洪川 府使 謚號 忠莊
龍自祥(자상)	朝鮮成宗	蓴汕	字 洪元 本貫 洪川 父 鐵柱
龍智(지)	朝鮮成宗	良宇	字 仁寬 本貫 洪川 掌樂院正
龍天奇(천기)	朝鮮太宗	晚軒	字 興雲 本貫 洪川 工曹判書 謚號 忠毅
龍鐵柱(철주)	朝鮮成宗	碧潭	字 在見 本貫 洪川 父 瑞衍 甲山府使
龍致雨(치우)	朝鮮太宗	愼箴齋	字 施潤 本貫 洪川 工曹參判
龍致雲(치운)	朝鮮	淡素	字 施從 本貫 洪川 純陵參奉
龍希壽(희수)	高麗~朝鮮	潛齋	字 忠一 本貫 洪川 禮曹判書 謚號 文孝
禹恪(각)	朝鮮	梧谷	本貫 丹陽
禹甲植(갑식)	朝鮮	陽雲	本貫 丹陽
禹綱(강)		愚谷	本貫 丹陽 父 億期
禹凱復(개복)	朝鮮	克齋	本貫 丹陽 父 宗仁
禹決(결)	朝鮮	錦溪	文臣 字 性邵 本貫 丹陽 春秋館修撰
禹敬松(경송)	朝鮮	樓遲齋	文臣 本貫 丹陽 弘文館校理
禹繼根(계근)	朝鮮世祖	肅齋	功臣
禹繼德(계덕)	朝鮮	旺庵	本貫 丹陽 父 命泰
禹啓鼎(계정)	朝鮮	芝齋	本貫 丹陽 父 興平
禹貢(공)	朝鮮	運巖	文臣 字 顯圭 本貫 丹陽 父 季老 封號 丹城君 兵曹判書 謚號 襄莊
禹教錫(교석)	朝鮮	靜窩	本貫 丹陽 父 載秉
禹圭(규)	朝鮮	黃崗	文臣 字 應甫 本貫 丹陽 別侍衛
禹圭憲(규헌)	朝鮮	小梅軒	本貫 丹陽 父 宗協
禹圭煥(규환)	1838~1911	丹峯	學者 字 舜謙 本貫 丹陽 父 瑛錫 著書 丹峯集
禹克河(극하)	朝鮮	澹叟	本貫 丹陽 父 得楠

人名	年代	號	其他
禹克洪(극홍)	朝鮮	澹庵	本貫 丹陽 父 得楠
祐祈(우기)	朝鮮高宗	智峯	僧侶
禹起東(기동)	朝鮮	貞菴	文臣 字 敬春 本貫 丹陽 中樞院儀觀
禹冀鼎(기정)	朝鮮	奇汕	文臣 字 而尊 本貫 丹陽 經筵參贊官
禹吉逢(길봉)	朝鮮	恥齋	文臣 字 魯卿 本貫 丹陽 副正
禹南陽(남양)	朝鮮中宗	雲谷	學者 字 夢賚 本貫 丹陽
禹南陽(남양)		驛堂	
禹輅(노)	朝鮮	憂菴	孝子 字 質夫 本貫 丹陽
禹德九(덕구)	朝鮮後期	竹溪	本貫 丹陽 父 昌績 參奉
禹德望(덕망)	朝鮮	黙隱	本貫 丹陽 父 榮柱
禹德淳(덕순)	1876~1950	檀雲	獨立運動家
禹惇(돈)	1567~1652	訥溪	義兵, 學者 字 君勉 本貫 丹陽 父 舜輔 外祖 鄭元備 著書 訥溪遺稿
禹東圭(동규)	朝鮮	桂樵	本貫 丹陽 父 章河
禹東嶺(동령)	朝鮮	石推	本貫 丹陽 父 珠性
禹東植(동식)	朝鮮	洛左	本貫 丹陽 父 政泰
禹得楠(득남)	朝鮮	梅宇	文臣 字 明老 本貫 丹陽 父 慶復 同知中樞府事
禹命格(명격)	朝鮮純祖	郊隱	本貫 丹陽
禹拜善(배선)	1569~1621	月谷	義兵將 字 師聖 本貫 丹陽 祖父 鳳 樂安郡守 著書 文集
禹秉鍾(병종)	1820~1883	惺窩	學者 字 可會 本貫 丹陽 父 敏哲 外祖 朴忠燁 著書 惺窩文集
禹柄台(병태)	1881~1916	湖巖	著書 文集
禹福斗(복두)	朝鮮	竹窩	文臣 字 善五 本貫 丹陽 工曹判書
禹伏龍(복룡)	1547~1613	懼庵 東溪	文臣 字 見吉 本貫 丹陽 父 崇善 閔純 門人 成川府事 著書 懼庵集
禹敷根(부근)		蘆林	本貫 丹陽 著書 文集
禹師欽(사흠)		新泉	著書 新泉集
禹相夏(상하)	1846~?	謙谷 謙玄	畵家 僉知
禹錫(석) →禹錫一			
禹錫簡(석간)	1872~1838	知足軒	文臣, 學者 字 子徵 本貫 丹陽 父 德昌 外祖 尹國成 知足軒集
禹錫龜(석구)	朝鮮	洗心窩	文臣 字 宗瑞 本貫 丹陽 慶尚都事
禹錫珪(석규)	1648~1713	知足堂	文臣 字 伯玉 本貫 丹陽 鎭川縣監
禹錫圭(석규)	朝鮮	誠齋	字 鍊玉 本貫 丹陽

人名	年代	號	其他
禹錫圭(석규)	1873~1948	伊山	著書 伊山文集
禹錫文(석문)	1793~1860	啞川	文臣, 學者 字 子成 本貫 丹陽 父 德昌 著書 啞川集
禹錫一(석일)	1612~1666	蘭谷	學者, 文臣 字 子行 本貫 丹陽 父 汝懋 外祖 金河 鄭蘊 門人 將仕郎 著書 蘭谷遺稿
禹善言(선언)	朝鮮燕山君	風崖 楓厓 楓崖	學者 字 德甫, 文甫 本貫 丹陽 父 貢
禹成圭(성규)	1830~1905	景齋 景陶	學者, 文臣 字 聖錫 本貫 丹陽 父 鎭權 敦寧府都正 著書 景齋集
禹性傳(성부)	→禹性傳		
禹聖瑞(성서)	朝鮮肅宗	蘭南 南谷	隱士 本貫 丹陽 追贈 持平
禹成績(성적)	朝鮮	竹塢	文臣 字 景勳 本貫 丹陽 中軍
禹性傳(성전)	1542~1593	秋淵 淵庵	文臣, 義兵將 字 景善 本貫 丹陽 父 彦謙 系 俊謙 追贈 吏曹判書 諡號 文康 著書 易說
禹世一(세일)	1670~1722	孤山	學者, 文臣 字 執卿 本貫 丹陽 父 錫疇 漣川縣監 著書 看易
禹世河(세하)	朝鮮	頤齋	本貫 丹陽 父 泰烈
禹世勳(세훈)	朝鮮	下軒	本貫 丹陽 父 玄圭
禹守一(수일)	朝鮮	晚山	文臣 字 富余 本貫 丹陽 戶曹參判
禹舜民(순민)	朝鮮	秋溪	文臣 字 熙壽 本貫 丹陽 議官
禹舜績(순적)	朝鮮	東谷	本貫 丹陽 父 克洪
禹崇呂(숭려)	高麗	秀菴	節臣 字 尙律 本貫 丹陽
禹昇斗(승두)	朝鮮	觀瀾齋	文臣 字 賢五 本貫 丹陽 戶曹參判
禹承拜(승배)	朝鮮	梅月軒	本貫 丹陽 父 文具
禹承範(승범)	朝鮮太宗	養拙翁	文臣 本貫 丹陽 父 洪壽 藝文館直提學
禹承昌(승창)	1889~1951	鐵棒	獨立運動家
禹承訓(승훈)	朝鮮顯宗	屛庵	字 瑞卿 本貫 丹陽 父 鎭
禹愼(신)	高麗	養齋	文臣 字 寡海 本貫 丹陽 父 玄寶 刑曹判書
禹愼(신)	朝鮮	養一齋	本貫 丹陽 父 國珍
禹愼吉(신길)	→禹愼言		
禹愼言(신언)		默齋	本貫 丹陽
禹信栽(신재)	朝鮮	一偶	本貫 丹陽 父 東弼
禹汝度(여도)	1625~1681	晚悔	武臣 字 度叔 本貫 丹陽 父 達海 旌義縣監
禹汝楙(여무)	1595~1657	涑川	學者, 文臣 字 大而 本貫 丹陽 父 惇 外祖 崔應會 河東縣監 著書 涑川文集
禹汝成(여성)	朝鮮	遠炎齋	文臣 字 洪定 本貫 丹陽 工曹正郎
禹榮南(영남)	朝鮮	台隱	本貫 丹陽 父 碩

人名	年代	號	其他
禹永文(영문)		稼樂	本貫 丹陽
禹英海(영해)	朝鮮	勉齋	本貫 丹陽 父 一男
禹玉鉉(옥현)	朝鮮	月釣	本貫 丹陽
禹琓(완)	朝鮮	敦庵	本貫 丹陽
禹龍九(용구)	朝鮮	晚圃	本貫 丹陽 父 載舜
禹佑斗(우두)	朝鮮	瞻齋	文臣 字 敏五 本貫 丹陽 兵曹參判
禹運熙(운희)	朝鮮	三復齋	本貫 丹陽 父 秉正
禹元道(원도)	朝鮮	聽翁	文臣 字 亨叔 本貫 丹陽 春秋館提學
禹元榮(원영)	朝鮮	東庵	本貫 丹陽 父 世河
禹惟一(유일)	1614~?	二友堂 二友軒	文臣 字 子允, 者仲 本貫 丹陽 父 寔 成均館典籍
禹胤夏(윤하)	朝鮮	友松堂	文臣 字 汝欽 本貫 丹陽 折衝副護軍
雨仁(우인)	?~1904	幻鏡	僧侶 俗姓 黃氏
禹仁績(인적)	朝鮮	收好齋	本貫 丹陽 父 克河
禹一男(일남)	朝鮮	思齋	文臣 字 伯夫 本貫 丹陽 父 錫圭 左承旨
禹逸河(일하)	朝鮮	元春	本貫 丹陽 父 廷軾
禹在寬(재관)	朝鮮	秋潭	本貫 丹陽
禹在龍(재룡)	1884~1955	白山	獨立運動家 字 利見 本貫 丹陽 父 邦熙
禹在善(재선)	朝鮮	石樵	本貫 丹陽 父 相烈
禹在善(재선)		梅下	本貫 丹陽
禹載舜(재순)	朝鮮	梅軒	本貫 丹陽 父 慶東
禹載岳(재악)	1734~1814	仁村	學者 字 卓中 本貫 丹陽 父 命集 著書 仁村集
禹績(적)	1509~1582	愚泉 愚泉堂	文臣 字 功叔 本貫 丹陽 左承旨
禹甸(전)		愛日堂	本貫 丹陽 父 弘業
禹甸(전)		黙窩	著書 文集
禹鼎(정)	?~1637	葛溪	義士 本貫 丹陽 父 弘業 追贈 持平
禹鼎(정)	?~1637	松窩	文臣 字 季三 本貫 丹陽 封號 丹陽府院君 提學
禹禎圭(정규)	1718~?	南坡	文臣 字 汝實 本貫 丹陽 父 叙疇 戶曹參判
禹廷篴(정돌)	→禹廷琛		
禹政業(정업)	朝鮮	明俊	本貫 丹陽 父 允律
禹廷儀(정의)	朝鮮	菜隱	本貫 丹陽 父 基淳
禹廷琛(정침)	1564~?	沙潭	文臣 字 季獻 本貫 丹陽 父 舜民
禹鼎宅(정택)	朝鮮	四友堂	本貫 丹陽 父 漢榮
禹廷煥(정환)	朝鮮	五拙齋	本貫 丹陽 父 洪傳
禹鍾玉(종옥)		浩隱	本貫 丹陽 祖父 重鼎

人名	年代	號	其他
禹周榮(주영)	朝鮮	梧南	文臣 字 稚和 本貫 丹陽 同知中樞府事
禹俊民(준민)	朝鮮	楓澤	文臣 字 修彦 本貫 丹陽 都承旨
禹重鼎(중정)		雙隱	本貫 丹陽
禹鎭(진)	朝鮮仁祖	修菴	字 定重 本貫 丹陽 祖父 續
禹昌洛(창락)	朝鮮純祖	天山齋	隱士 本貫 丹陽
禹昌績(창적)	?~1628	竹溪	文臣 字 子懋 本貫 丹陽 吏曹判書
禹天璣(천기)	朝鮮	養心堂	文臣 字 重運 本貫 丹陽 沃川郡守
禹春植(춘식)		海山	本貫 丹陽 父 洛履 主事
禹治江(치강)	朝鮮	養直齋	本貫 丹陽 父 孟道
禹治淳(치순)	朝鮮	耘山	本貫 丹陽 父 啓鼎
禹致益(치익)		三友堂	本貫 丹陽
禹治河(치하)	朝鮮	淸凉亭	文臣 字 奠翁 本貫 丹陽 父 錫祉 司憲府監察
禹治夏(치하)	→禹治河		
禹治洪(치홍)	朝鮮	松庵	本貫 丹陽 父 麟同
禹治淮(치회)	朝鮮	陽坡	文臣 字 平叟 本貫 丹陽 漢城府參軍
禹倬(탁)	1263~1342	易東 丹巖 白雲	學者 字 天章, 卓甫 本貫 丹陽 父 天珪 成均祭酒 諡號 文僖 著書 易東集
禹泰烈(태열)	朝鮮	泉食齋	本貫 丹陽 父 相輔
禹宅河(택하)	朝鮮	碧樵	本貫 丹陽 父 廷文
宇平(우평)	1727~1798	大雲	僧侶 本貫 密陽 俗姓 朴氏
禹平鎭(평진)	朝鮮	訥灘	本貫 丹陽 父 載勤
禹弼寅(필인)	朝鮮	含黙堂	本貫 丹陽 父 承訓 祖父 鎭
禹夏敎(하교)	1873~1941	魯菴	本貫 丹陽 著書 文集
禹夏九(하구)	1871~1948	百愧	著書 百愧集
禹夏臣(하신)	朝鮮	晦隱	文臣 字 聖則 本貫 丹陽 父 友東 著書 文集 承旨
禹夏永(하영)	1741~1812	觀水 醉石室 醒石室	學者 字 大猷 本貫 丹陽 父 鼎瑞 系 鼎台
禹夏永(하영)	朝鮮	樂圃	本貫 丹陽 父 箕東
禹夏采(하채)	朝鮮正祖	星石堂	本貫 丹陽 父 鼎台
禹夏哲(하철)	朝鮮	三愼齋	文臣 字 胤明 本貫 丹陽 正言
禹夏轍(하철)	韓末	擇窩	學者 本貫 丹陽 父 奎東 著書 擇窩文集
禹夏興(하흥)		島山	本貫 丹陽

人名	年代	號	其他
禹漢福(한복)	朝鮮	野隱	本貫 丹陽
禹漢珍(한진)		蘭谷堂	著書 蘭谷堂文集
禹海觀(해관)	朝鮮	黙翁	本貫 丹陽 父 文鎭
禹海纘(해찬)	1845~1889	小東齋	學者 字 聖最 本貫 丹陽 著書 小東齋文集
禹行(우행)	1822~1880	優曇	僧侶 字 洪基 本貫 安東 俗姓 權氏 父 鍾國 著書 禪門證正錄
禹玄寶(현보)	1333~1400	養浩堂 獨樂翁 石溪 養浩 沛樂翁	文臣 字 錫圭 原功 本貫 丹陽 父 吉生 封號 丹陽伯 推忠補祚功臣 諡號 忠靖 著書 養浩堂日記
禹賢寶(현보) →禹玄寶			
禹賢孫(현손)	朝鮮	孝慶堂	文臣 字 余胤 本貫 丹陽 父 恭老 戶曹參判
禹玄珍(현진) →禹玄寶			
禹玄宅(현택) →禹玄寶			
禹惇(형) →禹惇			
禹亨德(형덕)	朝鮮	伊覺齋	本貫 丹陽 父 命老
禹洪富(홍부)	朝鮮太祖	閑圃	本貫 丹陽 父 玄寶
禹洪善(홍선)	朝鮮英祖	泉谷	文臣 字 吉甫 本貫 丹陽 祖父 承訓
禹弘成(홍성)	朝鮮	壺隱	文臣 字 功甫 本貫 丹陽 僉知中樞府事
禹弘績(홍적)	1564~1592	長谷	文臣, 詩人 字 嘉仲 本貫 丹陽 父 秀民 承文院正字
禹洪傳(홍전)	1702~1786	月洲	義兵將 字 君甫 本貫 丹陽 父 琓 莊陵參奉 著書 月洲遺稿
禹洪漸(홍점)		四有軒	著書 四有軒集
禹孝鳳(효봉)	1868~?	雲齋	字 德女 本貫 丹陽 父 圭煥 著書 文集
禹孝卨(효설)	1854~1935	鹿峯	字 敎源 本貫 丹陽 父 四鍾 著書 文集
禹孝臣(효신)	朝鮮	果溪	文臣 字 門求 本貫 丹陽 五衛都摠管
禹熙吉(희길)	朝鮮	南齋	本貫 丹陽
禹希烈(희열)		道谷	本貫 丹陽
禹熙穆(희목)	朝鮮	何山	本貫 丹陽 父 馨植
旭日(욱일)	1820~1858	東峯	僧侶 俗姓 池氏
雲皐(운고)	朝鮮後期	霽峯 霽山 霽山雲史	僧侶
雲黙(운묵)	高麗	浮庵	僧侶 字 無寄 著書 釋迦如來行蹟頌
雲史(운사) →雲皐의 一名			
雲楚(운초)	朝鮮純祖	芙蓉	妓女 金履陽 小室 著書 芙蓉堂詩集
元氏(씨)	朝鮮	繡香閣	
元絳(강)	朝鮮後期	永春	本貫 原州

人名	年代	號	其他
元凱(개)	1226~1292	密庵 法桓 冲止	僧侶 本貫 安定 俗姓 魏氏 父 紹 追贈 國師 諡號 圓鑑 塔號 寶明 著書 圓鑑國師歌頌
元景濂(경렴)	1704~1767	疎齋	字 聖源 本貫 原州 父 命高
元景夏(경하)	1698~1761	蒼霞 肥窩	文臣 字 華伯 本貫 原州 父 命龜 追贈 領議政 諡號 忠文 著書 蒼霞集
元繼寬(계관)		綠野堂	字 直輔 本貫 原州
元繼孫(계손)	1733~1772	換凡齋	書藝家 字 子承 本貫 原州 父 景祚 縣監
元瓘(관)	高麗	退翁	本貫 原州 父 傳
元灌(관) →元瓘			
元籑(궤)	朝鮮仁祖	松隱	本貫 原州 父 澤民
元奇(원기)		擎雲	僧侶 本貫 金海 俗姓 金氏
元麒壽(기수)		山亭	本貫 原州
元斗樞(두추)	1604~1663	居業窩 長山	學者 字 子中 本貫 原州 父 裕男 朴知誡 門人 廣州府尹 著書 居業窩集
元斗杓(두표)	1593~1664	灘叟 灘翁	文臣 字 子建 本貫 原州 父 裕男 崔東式 婿 朴知誡 門人 左議政 封號 原平府院君 諡號 忠翼 著書 灘叟實記
元萬里(만리)	1624~1672	聽齋	文臣 字 仲擧 本貫 原州 父 斗杓 系 斗樞 平安道觀察使
元萬石(만석)	1627~1667	孤山 孤山軒	臣 字 君玉 本貫 原州 父 斗杓 外祖 崔東式 右承旨
圓明(원명)		雲峯	僧侶 字 純照
圓明(원명) →澄儼			
元命雄(명웅)	朝鮮仁祖	研農	畵家 字 仲西 本貫 原州
元夢麟(몽린)	1648~1674	竹西	孝宗 婿 字 龍畝 本貫 原州 父 萬里 祖父 斗杓 封號 興平尉 都摠管 諡號 孝憲
元甫崑(보곤) →元甫崙			
元甫崙(보륜)	朝鮮世祖	寧極堂	文臣 字 壽翁 本貫 原州 父 自敬 持平
元尙鎭(상진)	朝鮮後期	棋齋	學者 著書 棋齋遺稿
元宣(선)	高麗末	松山 陽村	節臣 本貫 原州 父 顥 判三司佐郞
元成模(성모)	朝鮮仁祖	松耘	字 景範 本貫 原州
元世洵(세순)	朝鮮高宗	春汀	
元世夏(세하)	韓末~?	雨田	畵家
元世勳(세훈)	1887~1959	春谷	獨立運動家 父 道京
圓炤(원소)	1178~1234	無衣子	僧侶 字 永乙 本貫 和順 俗姓 崔氏 父 琬
元松壽(송수)	1323~1366	梅溪	文臣 字 喬年 本貫 原州 父 善之 正堂文學 諡號 文定 著書 梅溪集

人名	年代	號	其他
元叔康(숙강)	朝鮮世祖	竹軒	字 仲和, 和仲 本貫 原州 父 孝廉
圓悟(원오)	1694~1758	萬化	僧侶 本貫 海南 俗姓 李氏
元容正(용정)		恕庵	本貫 原州
元容八(용팔)	1862~1907	三戒 恕庵	義兵 字 福汝
元宇(원우)		錦溪	僧侶 字 暮雲 俗姓 羅氏 父 晩綠
袁遠慶(원경) →李遠慶			
元應龍(응룡)		馬巖	本貫 原州
元義孫(의손)	1726~?	慕窩	字 子方 本貫 原州 父 景夏
元一揆(일규)	朝鮮後期	芭齋	本貫 原州 父 德裕
元長(원장)		文潭	僧侶
元在明(재명)	1763~1817	芝汀	字 孺良 本貫 原州 父 仁孫
元禎(원정)	?~1414	道衍 立祿 清閑	僧侶 俗姓 曺氏
圓照(원조)		振虛	僧侶
元宗(원종)	1869~1958	慧眞	僧侶 字 道光 本貫 慶州 俗姓 金氏
圓俊(원준)	1530~1619	玩虛	僧侶 俗姓 表氏
元準璣(준기)	朝鮮後期	素庵	
元仲擧(중거)	1719~?	玉川	字 子才 本貫 原州
元鎭七(진칠)		樂窩	本貫 原州
元振海(진해)	1594~161	藏六堂	學者 字 潤甫 本貫 原州 父 鋧 橫城縣監
元天常(천상)	高麗	瓮巖	字 耘右 本貫 原州 父 允迪
元天錫(천석)	1330~?	耘谷	隱士 字 子正 本貫 原州 父 允迪 祖父 悅 著書 耘谷集
元忠翼(충익)		灘叟	著書 灘叟實記
元鐸(원탁) →元曉의 初名			
元泰殷(태은)		克齋	本貫 原州 父 斗樞
元惠(원혜) →惠勤의 初名			
元昊(호)	朝鮮世祖	觀瀾 觀瀾亭 霧巷	生六臣 字 子虛 本貫 原州 父 憲 追贈 吏曹判書 諡號 貞簡 著書 觀瀾遺稿
元混(혼)	1505~1597	西崖	字 太初 本貫 原州 父 有綸
元弘運(홍운)		丹溪	本貫 原州
元懽(환) →元瓛			
元鍠(황)	1577~?	龜汀 龜亭	文臣 字 警鳴 本貫 原州 父 景諶 右尹
元曉(원효) →薛思			
元孝黙(효묵)		雲溪	本貫 原州

人名	年代	號	其他
元訓(훈)	高麗恭愍王	休軒	字 文叔 本貫 原州
圓輝(원휘)	1630~1694	松溪	僧侶 字 會魄 俗姓 崔氏 父 應俊
元輝(원휘) →圓輝			
月面(월면)	1871~1945	滿空	僧侶 俗姓 宋氏 宗正
月山大君(월산대군)	1454~1481	風月亭	王族 字 子美 名 婷 父 德宗 著書 風月亭集
越相禹(월상우) →趙相禹			
月影(월영)	朝鮮後期	清淵	僧侶
魏甲周(갑주)	朝鮮	明菴	學者 字 子範 本貫 長興
魏啓龍(계룡)	1870~1946	梧軒	學者 字 雲汝 本貫 長興 父 瓘植 外祖 李重暹 著書 梧軒遺稿
魏啓龍(계룡)		詠而齋	
魏啓玟(계민)	1855~1923	復齋	本貫 長興 父 準權 著書 文集
魏啓泮(계반)	朝鮮後期	春軒	學者 字 士元 本貫 長興 父 錫說 外祖 丁孝常 著書 春軒集
魏啓昌(계창)	1861~1943	竹軒	著書 竹軒遺稿
魏鯤(곤)		唐谷	本貫 長興
韋觀(관)	1652~1733	德崀	本貫 江華 洪城郡守
韋觀植(관식)	朝鮮	石谷	學者 本貫 江華 著書 白石唱和集
魏瓘植(관식)	1843~1910	春坡	學者 字 圭瑞 本貫 長興 父 河祚 外祖 田命稷 著書 春坡遺稿
魏光翼(광익)	朝鮮	聽流	字 異羽 本貫 長興
魏光肇(광조)	1747~?	萬菴	字 錫汝 本貫 長興 父 昌祖
魏國采(국채)		晚悔	著書 文集
瑋珪(위규)	1816~?	玩坡	僧侶 本貫 安東 俗姓 權氏
魏大用(대용)	朝鮮明宗	魁峯	字 景行 本貫 長興
魏德寬(덕관)		雲谷 雲巖	字 而栗 本貫 長興
魏德毅(덕의)		朗溪 聽溪	文臣 字 而遠 本貫 長興 佐郎
魏德厚(덕후)	1556~1605	顏巷	本貫 長興 著書 顏巷遺稿〈魏氏世稿〉
魏道及(도급)	朝鮮後期	陽川	
魏道純(도순)	1748~1816	願醉堂	學者 字 一克 本貫 冠山 父 伯陽 外祖 金鼎夏 著書 願醉堂遺稿
魏道僴(도한)	1763~1830	竹塢	學者 字 瑟分 本貫 長興 父 伯紳 外祖 任世原 著書 竹塢遺稿
魏東明(동명) →魏東睍			
魏東翼(동익)	1622~1687	清友堂	本貫 長興
魏東睍(동현)	1628~1677	葆軒	著書 葆軒遺稿〈魏氏世稿〉

人名	年代	號	其他
魏命德(명덕)		剩餘	本貫 長興
魏文德(문덕)	1704~1784	詠而齋 春谷	學者 字 懿汝 本貫 長興 父 世實 外祖 白命燮 著書 詠而齋遺稿
魏撥(발)		忍菴	著書 文集
魏伯珪(백규)	1727~1789	存齋 桂巷 桂巷居士	學者 字 子華 本貫 長興 父 文德 尹鳳九 門人 慶基殿令 著書 存齋集
魏伯純(백순)	1735~1815	書溪 通齋	學者 字 子健 本貫 長興 父 文德 外祖 吳日三 著書 書溪遺稿
魏伯陽(백양)	1718~1757	儒士	著書 儒士遺稿
魏福良(복량)		茶樵	著書 文集
魏山寶(산보)	朝鮮	望美堂	字 子美 本貫 長興 縣令
魏錫奎(석규)	1878~1913	德庵	獨立運動家 字 汝章 著書 德庵遺稿
魏世朗(세랑)	→魏世瑚		
魏世寶(세보)	1669~1707	三足堂 石屛	詩人, 書畫家 字 國美 本貫 長興 父 東寔 祖父 廷烈 外祖 金振 著書 三足堂遺稿
魏世鈺(세옥)	1689~1766	艮庵	學者 字 伯溫 本貫 長興 父 東筌 著書 艮庵文集嶺
魏世稷(세직)	1655~1721	守愚翁	父 東翼
魏世瑚(세호)	1656~1688	翠柏堂	著書 翠柏堂遺稿〈魏氏世稿〉
魏守章(수장)		誠菴	本貫 長興
韋壽徵(수징)	1563~?	德考	字 德考 本貫 江華 父 明立
魏壽徵(수징)		浩然亭	字 永康 本貫 長興
魏守澤(수택)		默窩	本貫 長興 祖父 命德
魏承緒(승서)		退亭	字 統先 本貫 長興
魏榮杰(영걸)		霽軒	本貫 長興 父 守章
魏榮百(영백)		玉窩	字 士傑 本貫 寶城
魏榮馥(영복)	1832~1884	茶嵒	學者 字 芳瑞 本貫 長興 父 道天 外祖 李在璞 著書 茶嵒遺稿
魏榮禹(영우)	1786~1857	素庵	著書 素庵遺稿〈魏氏世稿〉
魏榮震(영진)		松灘	本貫 長興 父 守澤
魏完圭(완규)	1791~?	學古堂	閭巷人 字 君玄 本貫 長興
魏在鎭(재진)		石汀	著書 文集
魏定權(정권)		晚惺	本貫 長興 父 贊祚
魏廷鳴(정명)	1589~1640	碏溪	學者 字 叔謙 本貫 長興 父 德厚 外祖 金忠信 著書 碏溪遺稿
魏廷寶(정보)	朝鮮仁祖	退憂堂	字 子國 本貫 長興

人名	年代	號	其他
魏廷喆(정철)	1583~1657	晚悔堂	字 子吉 本貫 長興 著書 文集
魏廷赫(정혁)		靜養	本貫 長興 祖父 鯤
魏廷灝(정호)		笑翁	本貫 長興 父 德寬
魏廷勳(정훈)	1578~1662	聽禽 顔巷	學者, 義士 字 可謙 本貫 長興 父 德厚 義禁府都事 著書 聽禽遺稿
魏準權(준권)		遜菴	本貫 長興 祖父 榮杰
魏贊祚(찬조)		聾嵒	本貫 長興 父 榮震
魏天相(천상)	朝鮮	望西窩	字 汝老 本貫 長興 縣監
魏天相(천상)	朝鮮	愚川	字 和甫 本貫 長興
魏天佑(천우)	1537~?	靜齋	字 吉甫 本貫 長興 父 仁傑 全羅道都事
魏天會(천회)	朝鮮孝宗	醉睡亭 醉睡軒	字 汝遇 本貫 長興
魏澤基(택기)		桂史	著書 桂史遺稿
魏河祚(하조)	1798~1876	壺山	學者 字 贊實 本貫 冠山 父 榮禹 外祖 吳斗運 著書 壺山遺稿
魏漢良(한량)	朝鮮	松軒	本貫 長興 義州府尹
魏漢祚(한조)	朝鮮中期	青鶴上人	奇人 字 仲琰
魏衡權(형권)		樂清	本貫 長興
魏洪良(홍량)	1881~1961	重窩	著書 重窩遺稿
魏侯植(후식)		黙軒	著書 文集
柳氏(씨)		思軒	著書 文集
柳氏(씨)		藥隱	著書 文集
柳氏(씨)		長溪	著書 文集
柳氏(씨)		恥堂	著書 文集
柳氏(씨)		敦山	著書 文集
柳潤(간)	1554~1621	老泉 後村	文臣 本貫 晉州 父 敬元 李墍 婿 追贈 領議政
柳堪(감)	1513~1569	芝齋 壺隱 浩齋	文臣 字 克任 本貫 全州 父 世龜 舍人
柳監(감)		忠平	
劉甲(갑)	朝鮮	青山	武臣 字 奎男 本貫 慶州 京畿巡營別將 著書 青山集
柳甲魯(갑로)	朝鮮	於松	本貫 文化 父 相成
柳岡祚(강조)	朝鮮後期	訥窩	本貫 豊山
柳椐(거)	1613~1691	石汀	文臣 字 子美 本貫 全州 父 宜涵 兵曹參議
柳裾(거) →柳椐			
柳健林(건림) →柳健休			
柳健永(건영)	1883~1940	石田	義兵將 字 應燮 本貫 文化 父 璿黙 著書 文集

人名	年代	號	其他
柳建春 (건춘)	朝鮮	楠翁	學者 字 明憲 本貫 豊山
柳健鎬 (건호)	朝鮮後期	石下	
柳健休 (건휴)	1768~1834	大埜	學者 字 子强 本貫 全州 父 忠源 柳長源 門人 著書 大埜文集
柳健欽 (건흠)	朝鮮後期	廣林	
柳格 (격)	1545~1584	晴巒	文臣 字 正夫 本貫 晉州 父 榮門 外祖 安世彦 正言
劉堅規 (견규)	高麗	百忍堂	本貫 居昌 平章事 封號 居陀君
柳謙 (겸)	高麗禑王	西軒	本貫 晉州 父 珣
柳謙明 (겸명)	1685~1735	晚修	文臣 字 益輝 本貫 全州 父 完 龍仁縣監 著書 晚修疏箚
劉敬 (경) →劉敬의 初名			
庚敬求 (경구)	1878~1919	立身齋	義士 字 義伯 本貫 茂松 著書 立身齋遺稿
柳敬基 (경기)	1784~1849	恒軒	學者 字 彦修 本貫 文化 父 光德 外祖 朴忠源 著書 恒軒遺稿
柳慶農 (경농)	朝鮮後期	秋沙	字 公明 本貫 晉州 父 徠 著書 文集
柳景浂 (경돌) →柳景深			
柳慶麟 (경린)	朝鮮英祖	樵隱	本貫 晉州 父 璋 郡守
柳經立 (경립)	朝鮮後期	逸圃	文臣 本貫 全州 父 安 掌令
兪敬淳 (경순)	韓末~日帝	小兮	
劉景祥 (경상)	朝鮮	高峰 隱齋	文臣 字 允哉 本貫 慶州 慶州府使
柳敬承 (경승)	朝鮮	竹淑	本貫 高興
柳敬時 (경시)	1666~1737	涵碧堂	文臣, 學者 字 欽若 本貫 全州 父 東輝 著書 涵碧堂文集
柳慶植 (경식)	朝鮮後期	於山	
柳景深 (경심)	1516~1571	龜村	文臣 字 太浩 本貫 豊山 父 公權 平安道觀察使 著書 龜村集
劉璟源 (경원)	朝鮮	三樂齋	委巷人 字 寶善 本貫 耽津 五衛將
柳景仁 (경인)	朝鮮	松隱	字 士榮 本貫 高興 直長
柳景祚 (경조)	朝鮮	修林	學者 字 錫之 本貫 豊山
柳慶宗 (경종)	1565~1623	燕湖	文臣 字 普元 本貫 晉州 父 詮 大提學
柳慶種 (경종)	朝鮮後期	海巖	文人 字 德祖 本貫 晉州 父 俅 著書 文集
柳慶種 (경종)		菜園	
柳景鎭 (경진) →柳最鎭			
柳景緝 (경집)	1587~1656	竹軒	字 述甫 本貫 文化 父 諲
柳景燦 (경찬)		松隱	著書 文集

619

人名	年代	號	其他
柳慶昌(경창)	1593~1662	薇川 聲灘	文臣 字 善伯 本貫 全州 父 緝 大司成
柳警鐸(경탁)	朝鮮後期	忍窩	本貫 晉州 父 增祿
柳景海(경해)		石軒	著書 石軒集
柳景賢(경현)	朝鮮	恒窩	字 學善
柳敬賢(경현)	朝鮮	海逸	
柳敬賢(경현)		景濂堂	本貫 高興 父 澂
劉景稀(경희)	朝鮮	石鵬	文臣 字 正熙 本貫 慶州 追贈 京畿監司
俞棨(계)	1607~1664	市南	文臣, 學者 字 武仲 本貫 杞溪 父 養曾 外祖 南以信 金尚憲, 金長生 門人 追贈 左贊成 諡號 文忠 著書 市南集
柳桂(계)		乖厓	著書 乖厓先生文集
柳桂(계) →柳樻			
柳棨(계) →俞棨			
柳桂麟(계린)	1478~1528	城隱	本貫 善山 父 公濬 祖父 陽秀
柳桂芬(계분)	1397~?	綠筠	文臣 字 子馨 自馨 本貫 文化 父 承順 校理
劉季祥(계상)	朝鮮	惺齋	本貫 江陵 父 延宗
柳啓秀(계수)	朝鮮	夢村	文臣 字 德佑 本貫 晉州 敦寧府都正
劉啓烈(계열)		月潭	本貫 江陵
劉繼周(계주)	朝鮮	省齋	字 國憲 本貫 江陵 父 仁統 左承旨
劉啓春(계춘)	朝鮮	稼谷	本貫 江陵 父 煥睦
劉啓昊(계호)	朝鮮	楸溪	本貫 江陵 父 寅睦
柳轂(곡)	1415~?	獨樂亭	字 致遠 本貫 文化 父 仲之 牧使
柳滾(곤)	朝鮮	道山	本貫 文化 父 爾星
劉崐(곤)		學溪	著書 學溪集
柳崑壽(곤수)		七松居士	本貫 文化 父 德男
柳公亮(공량)	1560~1624	屯翁 尤翁 荷潭	文臣 字 彥明 本貫 文化 父 益 外祖 閔思溫 知義禁府事
柳公叔(공숙)	1132~1196	鍾道	字 正平 本貫 文化 父 寵 著書 文集
柳寬(관)	1346~1433	夏亭	文臣 字 敬夫 本貫 文化 初名 觀 初字 夢思 父 安澤 右議政 諡號 文簡 著書 夏亭集
柳灌(관)	1484~1545	松庵 松堂 夏汀	文臣 字 灌之 本貫 文化 父 廷秀 左議政 諡號 忠肅 著書 松庵集
柳輨(관)	1757~1845	三希齋	文臣 字 仲運 本貫 文化 父 德由
柳觀(관) →柳寬의 初名			
柳觀秀(관수)	朝鮮	菊人	文臣 本貫 晉州 校理

人名	年代	號	其他
柳寬稷(관직)	朝鮮	海觀	本貫 文化
柳觀鉉(관현)	1692~1764	陽坡	文臣 字 用賓 本貫 文化 父 奉時 外祖 申以徵 著書 陽坡集
柳梡(광)		戒軒	本貫 瑞山 父 之格
俞廣基(광기)	朝鮮正祖	槐軒	字 仁伯 本貫 杞溪 父 命賚
柳光德(광덕)	1758~1802	訥隱	學者 字 潤卿 本貫 文化 父 學性 外祖 金祖延 著書 訥隱遺稿
柳光斗(광두)	1642~1720	槐軒	著書 文集
柳光蓮(광련)		貢湖	本貫 瑞山 父 泗
柳光烈(광렬)	1898~1963	種石	文人, 言論人 著書 記者半世紀
柳光睦(광목)	朝鮮	蓉洲	文臣 字 謙叟 本貫 豊山 工曹參議
柳光璧(광벽)	朝鮮	雲厂	本貫 全州 父 壽仁 兵曹參判
柳廣善(광선)	1616~1684	梅墩 梅窩	學者 字 汝居 本貫 文化 父 斗立 著書 梅墩遺稿
柳光先(광선)		晩楓亭	本貫 文化
柳光秀(광수)		薇齋	本貫 文化
柳光源(광원)	朝鮮後期	同源亭	本貫 晉州 父 祥翼
柳光胤(광윤)	朝鮮	遯泉	本貫 文化 父 淨
柳光胤(광윤)		格齋	本貫 文化
柳光翼(광익)	1713~1780	楓巖 恒齋	學者, 文臣 字 士輝 本貫 全州 父 園春 系 萬春 知禮縣監 著書 楓巖輯話
柳光寅(광인)		平塢	本貫 文化
柳光迪(광적)	1715~1780	城隱	著書 文集
柳光貞(광정)	朝鮮宣祖	南川亭	義兵 字 正叔 本貫 高興
柳光之(광지)	→柳元之		
劉匡鎭(광진)	朝鮮	晩翠軒	委巷人 字 一之 本貫 南原 奎章閣書吏
柳匡天(광천)	1732~1799	歸樂窩	文臣, 學者 字 君弼 本貫 瑞山 父 輝韶 著書 歸樂窩集
柳光天(광천)	→柳匡天		
柳光杓(광표)	朝鮮後期	古柏堂主人	本貫 文化
柳光顯(광현)	朝鮮英祖	棠巖	學者, 孝子 字 玉汝 本貫 文化
柳光鉉(광현)		春光亭	著書 春光亭詩稿
庾光鉉(광현)		松沙	
柳光亨(광형)		松澗	本貫 高興
柳廣鎬(광호)	朝鮮後期	臥松	字 居叟

人 名	年 代	號	其 他
兪教煥(교환)		亏山	
柳珣(구)	1335~1398	釣隱 漁村	文臣 本貫 晉州 父 惠芳 祖父 洧 藝文春秋館大學士 諡號 靖平
柳歆(구)		勉卿	本貫 晉州
柳龜齡(구령)	朝鮮	香巖	本貫 文化 父 塾 持平
柳龜山(구산)	?~1457	敬菴 松沙	文臣 本貫 高興 師傅
庚九鉉(구현)	1852~1932	洛史	著書 洛史遺稿
兪久煥(구환)		黙菴	著書 文集
柳貴三(귀삼)	朝鮮肅宗	守眞堂 守直堂 澗松堂	學者 字 道卿 本貫 晉州
劉貴孫(귀손)	高麗	剛靖	字 有慶 本貫 居昌 副護軍
劉貴弼(귀필)	1452~1544	退菴	著書 退菴遺稿
柳洤(규)	1730~1806	臨汝齋	學者, 文臣 字 秀夫 本貫 豊山 初字 士極 父 聖五 敦寧府都正 著書 臨汝齋集
柳惣(균)	1596~?	龍川	書藝家 字 敬伯, 士惺 本貫 文化
柳諢(극)	1537~?	霞塢	文臣 字 景時 本貫 晉州 父 亨弼 吏曹判書
兪克謙(극겸)		石溪	本貫 杞溪
柳克仁(극인)	朝鮮宣祖	學齋	義兵 字 士任 本貫 高興
劉克莊(극장)		後村	著書 後村居士集
劉克洪(극홍)	朝鮮	丁峰	本貫 江陵 父 赤老
柳根(근)	1549~1627	西坰 孤山	文臣 字 晦夫 本貫 晉州 父 榮門 系 光門 黃廷彧 李滉 門人 封號 晉原府院君 左議政 諡號 文靖 著書 西坰集
柳近(근)	朝鮮	黙溪	文人 本貫 全州
柳瑾(근)	1861~1921	石儂	言論人 本貫 晉州 著書 文集
兪瑾(근)	朝鮮	春谷	字 仲懷 本貫 昌原 監察
柳根壽(근수)	1834~1892	菊松	著書 文集
柳謹厚(근후)	→柳譚厚		
柳琛(금)		悟泉	著書 悟泉集
柳琴(금)		中衍	
有璣(유기)	1707~1785	好隱 雲客 海峯	僧侶 本貫 文化 俗姓 柳氏 著書 好隱集
柳긔(긔)	1807~1859	史逋	委巷人 字 文山 本貫 晉州
庚璣(긔)	朝鮮	觀生窩	委巷人 字 虞衡 本貫 茂長 父 世通
柳褄(긔)	朝鮮	浮休散人	文臣 字 汝章 本貫 豊山 父 獻民 狼川縣監
柳淇(긔)		雲崗	本貫 晉州

人名	年代	號	其他
柳璣(기) →有機			
柳基德(기덕)	1771~1834	竹隱	字 人居 本貫 高興 父 霂 外祖 鄭陽垕 著書 竹隱集
劉基洛(기락)	朝鮮	鳳谷	學者 本貫 居昌
柳基龍(기룡)	朝鮮	杏隱	本貫 文化 父 甲魯
柳起門(기문)	1564~?	雙淸堂	字 光前 本貫 文化 父 獻民
劉基炳(기병)	朝鮮	翠軒	本貫 江陵 父 時默
柳起瑞(기서)	朝鮮	壁菴	本貫 瑞山 父 景章
劉琦淵(기연)		雲浦 雲坡	本貫 江陵
柳基榮(기영)	?~1808	柳山	著書 柳山集
柳基元(기원)	朝鮮	梅溪	本貫 文化 父 仁根
柳基元(기원)	1894~1950	包堂	字 圭彦 本貫 全州 父 泰熙 著書 包堂文集
柳基一(기일)	朝鮮	錄陽	本貫 文化 父 仁根
柳基一(기일)	朝鮮	後調臺	字 性存
柳基一(기일)	韓末	龍溪	本貫 文化 著書 文集
柳基一(기일)		龍西	字 聖溪 本貫 文化 著書 龍西稿
柳紀仲(기중)	朝鮮後期	小雲	
兪起昌(기창)	1487~1514	西湖山人	武臣 字 子盛 本貫 杞溪 父 解 知中樞府事
柳己哲(기철) →柳世哲			
柳基春(기춘)	1884~1956	吾廬	字 和一 本貫 文化 父 東煥 著書 吾廬遺稿
柳冀澤(기택)	朝鮮	管亭	本貫 晉州 父 陽魯 系 卿魯
柳基賢(기현)	朝鮮後期	晩蕉	文臣 本貫 晉州 父 宜貞 持平
柳基鉉(기현)		梅史	本貫 文化 祖父 相參
柳基鎬(기호)	1823~1886	石隱	字 翬父, 翬建 本貫 全州 父 致孝
柳基浩(기호)		海西	著書 海西詩抄
柳基泓(기홍)		敬齋	本貫 文化
柳箕煥(기환)	朝鮮後期	芝圃	本貫 晉州 父 明井
兪箕煥(기환)	韓末	汕僩	字 敬範 本貫 杞溪
兪吉濬(길준)	1856~1914	矩堂	政治家 字 聖武 本貫 杞溪 父 鎭壽 內務協辦 著書 矩堂先生集
柳洛文(낙문)	1766~1807	方谷	學者 字 景範 本貫 全州 父 奉休 著書 方谷遺稿
柳樂淵(낙연)		溪隱	本貫 高興 父 陳龍 著書 文集
柳南珪(남규)	1835~1890	月湖	文臣 本貫 全州 父 晉根 敦寧府都正 著書 月湖漫稿
柳淰(념)	朝鮮	道溪	文臣 字 澄甫 本貫 全州 參判

人名	年代	號	其他
柳䆀(노)	朝鮮宣祖	玉峯	本貫 文化 父 莫
柳魯洙(노수)	朝鮮正祖	蒼厓	本貫 文化 父 東五
柳魯植(노식)		眉坡	本貫 善山 父 演
兪魯曾(노증)	朝鮮光海君	雙峯	本貫 杞溪 父 大祿
柳耒(뇌)	朝鮮	後遯	隱士 字 耕叟 本貫 晉州 父 命賢
柳袒(단)	1580~1612	道巖	文臣 字 叔整 本貫 豊山 父 成龍 外祖 李垌 翊衛司洗馬 著書 道巖文集
柳達年(달년)	朝鮮	立巖	文臣 本貫 晉州 司僕寺正
柳達尊(달존)	朝鮮太宗	臺巖	學者 字 伯三 本貫 晉州 父 芭
柳達遵(달준) →柳達尊			
柳橝(담)		醒隱	本貫 晉州
柳湛(담) →柳堪			
柳澹石(담석) →柳浩錫			
柳譚源(담원) →柳潭厚			
柳譚厚(담후)	1623~1686	謹原 潔淸齋	文臣 字 正夫 本貫 文化 父 萱 右承旨 著書 成能遺義
兪大儆(대경)	1551~1612	巖玉軒	字 省吾 本貫 杞溪 父 涵 副護軍
兪大祺(대기)	朝鮮光海君	磻淵 磻淵釣叟	隱士 字 景綏 本貫 杞溪 同知中樞府事 謚號 良簡
兪大基(대기) →柳大祺			
劉岱楠(대남)	1618~1686	守分窩	字 宗五 父 碩 著書 文集
柳大茂(대무)	朝鮮宣祖	龍岡	字 景華 本貫 晉州
柳大甫(대보)	韓末~日帝	秋圃	
兪大脩(대수)	1546~1586	玉吾軒	字 新甫 本貫 杞溪 父 涵
劉大烈(대열)	1804~?	錦溪	字 伯賢 本貫 江陵 父 秉懿
兪大庸(대용) →兪大偁			
柳大源(대원)	1834~1903	自慊窩	學者 字 子遠 本貫 文化 父 鎭臺 外祖 洪顯遠 奇正鎭 門人 著書 自慊窩集
兪大逸(대일)	1572~1640	慵隱 慵隱居士	文臣 字 德休 本貫 杞溪 父 泓 李滉 門人 同知中樞府事 著書 慵隱集 〈松塘集〉
柳大增(대증)		守拙窩	本貫 文化
兪大進(대진)	1554~1599	新浦	文臣 字 新甫 本貫 杞溪 父 泓 追贈 吏曹判書
劉大鎭(대진)		晩晤	著書 晩晤集
柳帶春(대춘)	1603~1691	東村	學者 字 榮叔 本貫 瑞山 父 堰 成渾, 李珥 門人 著書 東村遺稿
柳大春(대춘)		其嚴齋	字 統天 本貫 豊山
兪大偁(대칭)	朝鮮宣祖	灌園	字 景宣 本貫 杞溪 僉正 著書 灌園遺稿

人名	年代	號	其他
柳德龍(덕룡)	1563~1644	鶒鶹堂	隱士 字 時見 本貫 文化 著書 文集
劉德文(덕문)	朝鮮	述齋	武臣 本貫 江陵 上護軍 著書 文集
劉德昭(덕소)		獅山	本貫 江陵 祖父 好仁
柳德潤(덕윤)	→柳潤德		
柳德章(덕장)	1675~1756	茄山 岫雲	畵家 字 子固, 聖攸 本貫 晉州 父 星三 同知中樞府事
柳德種(덕종)	朝鮮宣祖	定庵	學者 字 彦潤 本貫 文化 父 永錫
兪德柱(덕주)		松湖	本貫 杞溪 著書 文集
柳德麻(덕휴)	朝鮮	三涯	孝子 字 子潤 本貫 高興
柳塗(도)	朝鮮宣祖	歸盤	字 由正 本貫 文化 父 龜壽
柳棹(도)	1604~1663	盤谷	學者, 文臣 字 用濟 本貫 文化 父 泰亨 外祖 具大仁 童蒙教官 著書 盤谷遺稿
柳涂(도)	朝鮮	思齋	功臣
柳燾(도)		柳山	著書 柳山集
柳道貫(도관)	1741~1813	崑坡 崑邱	學者 字 君一 本貫 文化 父 震泰 外祖 鄭鎭河 著書 崑坡集
柳道均(도균)	1862~1911	晦岡	著書 文集
兪道基(도기)		二阮 大阮	字 二阮 著書 二阮遺稿〈二阮遺稿〉
柳道發(도발)	1832~1910	晦隱	憂國志士 字 承叟 本貫 豊山 父 進徽
柳道三(도삼)	1609~?	敬庵 道菴 酩酊 散菴	文臣 字 汝一 本貫 晉州 父 天根 右承旨
柳道奭(도석)	朝鮮	悔史	文臣 字 太弼 本貫 豊山 童蒙教官
柳道性(도성)	朝鮮高宗	石湖	文臣 字 善汝 本貫 豊山 祖父 台佐 秘書院丞
柳道洙(도수)	1820~1889	閩山	學者 字 聖源, 仲溥 本貫 豊山 父 進球 外祖 金樂生 著書 閩山文集
柳道升(도승)		竹岡	著書 竹岡先生文集
柳道源(도원)	1721~1791	蘆涯	學者, 文臣 字 叔文 本貫 全州 父 觀鉉 系 升鉉 僉知中樞府事 著書 蘆涯集
柳道緯(도위)	朝鮮	秋汀	字 文可 本貫 豊山 春秋館記注官
柳道翼(도익)	1722~1775	玉山	學者 字 君敬 本貫 文化 父 震泰 著書 玉山遺稿
柳道長(도장)		嶠隱	本貫 豊山
柳道長(도장)		晩隱	本貫 文化
柳道宗(도종)	朝鮮	晩海	文臣 字 周應 本貫 豊山 金山郡守
柳道獻(도헌)	1835~1905	田園	學者 字 賢民 本貫 豊山 父 進翼 系 進翰 義禁府都事 著書 田園文集
柳道絢(도현)	1842~1910	杏山	文臣 字 文受 本貫 豊山 司憲府監察 著書 杏山先生文集

人名	年代	號	其他
劉道弘(도홍)	1718~?	水軒	字 士行 本貫 淸州
柳道弘(도홍)	1835~1909	春汀	本貫 豊山 著書 春汀遺稿
柳道徽(도휘)	朝鮮純祖	石皐	文臣 字 汝擧 本貫 豊山 右副承旨
柳道禧(도희)		紫溪	本貫 豊山
柳墩(돈)	朝鮮中宗	湛菴	字 士平 本貫 晉州 父 仲演
柳敦秀(돈수)	朝鮮高宗	晴嵐	武臣 本貫 全州 父 龍珪
柳東奎(동규)	朝鮮	白石	文臣 字 應之 本貫 靈光 僉知中樞府事
柳東根(동근)		龜湖	本貫 瑞山
柳東烈(동렬)		愚堂	著書 愚堂遺稿
柳東鳴(동명)	朝鮮純祖	菊巖	本貫 晉州 父 雲瞻
柳東發(동발)	朝鮮	老岡	本貫 文化 父 先民 縣監
柳東秀(동수)	1579~1654	老谷	文臣 字 秀甫 本貫 文化 父 先民 外祖 金應祥 著書 老谷公遺蹟
柳東秀(동수)	韓末	芙溪	字 德實
柳東洵(동순)	1609~1675	漁牧 漁牧堂 無齋	學者 字 汝允 本貫 文化 父 濴 外祖 金復址 著書 漁牧堂集
庾東植(동식)	1880~1952	愼齋	著書 愼齋遺稿
柳東淵(동연)	1613~1681	南磵	學者 著書 南磵集
柳東說(동열)	1877~?	春郊	獨立運動家 本貫 文化 統衛部長
劉東源(동원)		小菴	字 士賢 本貫 江陵
柳東翼(동익)	1884~1960	醒巖	著書 醒巖文稿
庾東八(동팔)	朝鮮	野隱	本貫 茂松 父 致膺
柳東煥(동환)	1885~1974	立軒	獨立運動家 本貫 全州
庾東勳(동훈)		洛史	著書 洛史遺稿
柳斗文(두문)	朝鮮後期	雅谷	本貫 全州
柳斗聲(두성)	→柳斗馨		
柳斗馨(두형)	?~1919	眉西	著書 眉西文集
柳得恭(득공)	1748~1827	冷齋 歌商樓 古芸堂 冷庵 後雲 後凋堂	學者, 文臣 字 惠風 惠甫 本貫 文化 父 運 豊川府使 著書 冷齋集
柳得立(득립)			本貫 瑞寧
柳得陽(득양)	朝鮮後期	石窩	本貫 晉州 父 棟
兪得一(득일)	1650~1712	歸窩	文臣 字 寧叔 本貫 昌原 父 場 朴世采 門人 刑曹判書
柳㑚(래)	朝鮮英祖	西林	文臣 字 子山 本貫 晉州 父 命賢 權重經 門人 著書 文集
柳來(래)	→柳來		
柳亮(량)	1354~1416	灌亭 夏亭	功臣 字 明仲 本貫 文化 父 繼祖

人名	年代	號	其他
柳林(림)	1894~1961	旦洲	獨立運動家 本貫 全州 父 頤欽 本名 華永
兪岦(립)	朝鮮	益茂	字 立之 本貫 昌原 父 平柱 郡守 著書 益茂遺稿
劉萬甲(만갑)	朝鮮	晚惺	本貫 江陵 父 世榮
柳晚恭(만공)	1793~1869	澗松居士	文臣 本貫 文化 漣川縣監 著書 歲時風俗
柳萬里(만리)	→柳萬重		
柳萬烈(만열)		南溪	本貫 文化
兪晚源(만원)	朝鮮哲宗	碅翠	文臣 本貫 昌原 父 鉉謙
柳萬祚(만조)	朝鮮	東江	學者 字 景民 本貫 豊山
兪晚柱(만주)	朝鮮後期	通園	學者 字 伯翠 著書 通園詩稿
兪萬柱(만주)	韓末	白蕖	文臣 字 伯渠 本貫 杞溪 司憲府持平 著書 白蕖集
柳萬重(만중)	1677~?	竹浦	文臣 字 厚仲 本貫 晉州 父 貴三
柳萬河(만하)	1616~1698	愚訥	字 仁瑞 本貫 豊山 初名 錫麟 一名 時雨 著書 遺稿
柳晚華(만화)		素軒	本貫 全州
兪望源(망원)	1824~?	南窩	字 國輔 本貫 昌原 父 鉉參 正言
柳楳(매)	朝鮮肅宗	楓園	本貫 晉州 父 命堅 系 命天
兪邁煥(매환)		冏庵 冏庵主人	著書 冏庵主人漫稿
柳蕾(명)	朝鮮宣祖	竹亭	字 瑞叔 本貫 文化 父 敬仁 生員
柳命堅(명견)	1628~?	茅山	文臣 字 伯固, 士固 本貫 晉州 父 穎 吏曹參判 著書 文集
兪命貴(명귀)	→兪命賚		
柳命吉(명길)	朝鮮肅宗	漫翁	書畵家
兪命賚(명뢰)	朝鮮顯宗	慈敎堂	隱士 字 彌卿 本貫 杞溪 父 㮹 監役
兪命雄(명웅)	1653~1721	晚休亭	文臣 字 仲英 本貫 杞溪 父 哲 工曹判書 諡號 溫簡
劉命應(명응)	朝鮮中期	魯巖	學者 著書 魯巖遺稿
柳明翊(명익)		文山	本貫 瑞山 父 玶
柳命材(명재)	朝鮮肅宗	思齋	文臣 本貫 晉州 父 頔 同知中樞府事 著書 明倫錄
柳命宗(명종)		草亭	本貫 文化
柳命天(명천)	1633~1705	退堂 青軒	文臣 字 士元 本貫 晉州 父 穎 系 碩 判中樞府事 著書 退堂先生集
劉命哲(명철)		遯广	本貫 江陵
柳明杓(명표)	朝鮮後期	黙窩	
柳命賢(명현)	1643~1703	靜齋 恩休堂	文臣 字 士希 本貫 晉州 父 穎 吏曹判書 著書 靜齋集
兪命弘(명홍)	1655~1729	竹里	文臣 字 季毅 本貫 杞溪 父 哲 右參贊 諡號 章憲
兪明煥(명환)	→兪昌煥의 初名		
劉明勳(명훈)	朝鮮	杏川	委巷人 字 季章 本貫 平山

人名	年代	號	其他
柳穆(목)		白石	
柳夢瑞(몽서)	朝鮮	吾廬	學者 字 大彦 本貫 豊山
柳夢新(몽신)	朝鮮	農隱	本貫 文化 父 滾
柳夢寅(몽인)	1559~1623	於于 於于堂 艮菴 艮齋 杰好子 黙好 黙好子 嘿好翁 寒泉	文臣 字 應文 本貫 興陽 父 橙 祖父 忠寬 成渾 門人 追贈 吏曹判書 諡號 義貞 著書 於于集
柳夢鼎(몽정)	1527~1593	鶴巖 鶴谷	文臣 字 景仁, 景任 本貫 文化 父 用亮 外祖 權戀 右副承旨 著書 鶴巖遺稿
柳夢井(몽정)	朝鮮宣祖	清溪	文臣 字 景瑞 本貫 文化 父 用恭 南原府使
柳夢鶴(몽학)	朝鮮中宗	古菴 望庵	本貫 文化 父 均
柳懋(무)		休溪	字 勉之 本貫 文化 著書 文集
兪茂煥(무환)	朝鮮哲宗	幾庵	儒生 字 景廉 本貫 杞溪 著書 文集
柳汶(문)	朝鮮初期	三省堂	字 希閔 本貫 瑞山 祖父 潤
有文(유문)	1614~1689	秋溪	僧侶 字 煥乎 本貫 鷲城 俗姓 金氏
柳文奎(문규)	1753~1828	肅齋	著書 肅齋逸稿〈屛湖世稿〉
柳汶龍(문룡)	1753~1821	槐泉	學者 字 文見 本貫 晉州 父 曾新 外祖 全晩樞 著書 槐泉文集
劉文臣(문신)	朝鮮	竹軒	本貫 江陵 父 弼昌
柳文瑩(문영)	朝鮮	梨亭	本貫 文化 父 緯
柳文遠(문원)		三友堂	隱士 字 實甫 本貫 文化
柳文通(문통)	1438~1498	槐亭	文臣 字 貫之 本貫 晉州 父 宗植 外祖 權遇 尙州牧使 著書 菁川遺稿
柳文煥(문환)	朝鮮後期	竹軒	本貫 晉州 父 明昊 生員
柳渼(미)		日省堂	本貫 瑞山 父 伯濡
有敏(유민)		桂庭	僧侶
庾珉鳳(민봉)		松塢	字 來玉 本貫 茂松 著書 松塢稿
兪民植(민식)	1888~1969	晩松 后檀	獨立運動家
柳㳞(박) →柳僕			
柳發(발)	1687~1775	秀村	學者, 文臣 字 伯興 本貫 文化 父 應麟 判中樞府事
柳方善(방선)	1388~1443	泰齋	學者, 書畵家 字 子繼 本貫 瑞山 父 沂 外祖 李種德 主簿 著書 泰齋集
柳邦翼(방익)		退軒	本貫 瑞山
柳方澤(방택)	1320~1402	樗亭	著書 樗亭遺稿
柳方澤(방택)	朝鮮初期	琴軒	字 兌甫 本貫 瑞山 父 成臣
柳襄然(배연) →柳斐然			

人名	年代	號	其他
俞伯圭(백규)		秋潭	著書 文集
柳柏秊(백년)	1870~1950	五山	字 孟茂 本貫 晉州 父 遠炳 著書 文集
柳栢秀(백수)		吾山	
柳伯淳(백순)	高麗禑王	葦村	文臣 字 淳夫 本貫 瑞山 父 方澤
柳百乘(백승)	1652~1718	不朽堂	文臣 字 仲車 本貫 文化 父 澬 金集 門人 順天府使
俞伯溫(백온)	1492~?	鼎山	學者 字 仲玉 本貫 杞溪
劉伯源(백원)	朝鮮	管○	本貫 江陵 父 錫樂
柳伯濡(백유)	高麗禑王	樗亭	字 濡夫 本貫 瑞山 父 方澤 吏曹判書 諡號 文靖公
俞伯曾(백증)	1587~1646	翠軒	文臣 字 子先 本貫 杞溪 父 大逸 外祖 李宗麟 李慶祺 婿 封號 杞平君 同知經筵事 諡號 忠景 著書 翠軒疏箚
柳百之(백지)	朝鮮	二松堂	文臣 字 子能 本貫 豊山 父 袗 系 猶 自如道察訪
柳百之(백지)		道巖	
柳伯春(백춘)	1562~1600	霽湖	字 領亭 本貫 文化 著書 文集
俞伯會(백회)	→俞伯曾		
柳蕃(번)	高麗禑王	僻隱	文臣 本貫 晉州 工曹典書 諡號 菁川君 著書 文集
柳範林(범림)	→柳範休		
柳範源(범원)		西溪	本貫 文化
柳範休(범휴)	1744~1823	壺谷	學者 字 天瑞 本貫 全州 父 道源 著書 壺谷集
劉秉珏(병각)		蘭史	著書 文集
劉秉光(병광)	朝鮮	浚隱	本貫 江陵 父 伯源
劉秉龜(병구)		韋庵	本貫 江陵 父 琦淵
柳秉均(병균)	朝鮮正祖	東圃	本貫 文化 父 煥猷 郡守
劉秉魯(병노)	韓末~日帝	台隱	
柳秉璉(병련)		懶齋	本貫 文化
劉炳龍(병룡)	朝鮮	渭齋	本貫 江陵 父 漢偵
柳炳文(병문)	1776~1826	素隱	學者 字 仲虎 本貫 全州 父 萬休 外祖 趙宜陽 著書 素隱集
柳炳植(병식)		固菴	著書 文集
柳秉禹(병우)	1849~1910	海史	抗日運動家 字 耳三 本貫 高興
柳秉郁(병우)	朝鮮高宗	警峯	孝子 字 乃根 本貫 高興
俞炳迪(병적)	1866~1934	檜山	字 世卿 本貫 昌原
柳秉喆(병철)	1807~?	香下	學者 字 季昭 本貫 文化 父 學勉 外祖 朴時範 著書 香下稿
俞炳泰(병태)	朝鮮	長幹子	本貫 杞溪 父 殷模

人名	年代	號	其他
劉秉夏(병하)	朝鮮	東圃	本貫 江陵 父 玄源
柳秉夏(병하)	朝鮮~日帝	素庭	本貫 豊山
劉秉憲(병헌)	1842~1918	晚松	殉國志士 字 周顯 本貫 江陵 父 翼渼 著書 晚松遺稿
柳僕(복)	1575~1612	攖寧	文臣 字 子愼 本貫 全州 父 永慶 外祖 黃士祐 吏曹正郎
柳復起(복기)	1555~1617	岐峯	學者 字 聖瑞 本貫 全州 祖父 潤德 金誠一 門人 禮賓寺正 著書 岐峯先生逸稿
俞復基(복기)		雙檜亭	字 君始 本貫 杞溪
柳復吉(복길)	朝鮮	漫翁	本貫 文化 父 應
柳復禮(복례)		牖軒	本貫 瑞山
柳復立(복립)	1558~1593	墨溪	義士 字 君瑞 本貫 全州 父 希松 祖父 潤德 追贈 吏曹判書 著書 墨溪實記
俞復立(복립)	朝鮮宣祖	大德	文臣 字 爾吉 本貫 務安 修撰
柳復明(복명)	1685~1760	晚村	文臣 字 陽輝 本貫 全州 父 宬 判敦寧府事 諡號 貞簡
柳福源(복원)		聾菴	本貫 瑞山
柳本藝(본예)	朝鮮純祖	樹園	文臣 本貫 文化
柳本正(본정)	1807~?	穎橋 蕙葭亭	畵家 字 平中 本貫 文化
柳本學(본학)	朝鮮正祖	問庵	學者 本貫 文化 著書 問庵集
柳薆(봉)	1538~1596	忘機亭 定齋	義士 字 盛叔 本貫 文化 父 敬智 趙憲 門人
柳奉時(봉시)	朝鮮後期	慵翁	本貫 全州 父 振輝
柳鳳榮(봉영)		震山	著書 震山先生文集
劉鳳榮(봉영)	1897~1985	圓峰	言論人 父 學堯
柳鳳徵(봉징)	朝鮮肅宗	枳隱	本貫 文化 父 賈
柳鳳輝(봉휘)	1659~1727	晚菴	文臣 字 季昌 本貫 文化 父 尙運 趙根 婿 右議政
柳溥(부)	朝鮮	菊齋	文臣 字 彦博 本貫 晉州 父 滲汀 左議政 諡號 孝成
柳芬(분)	朝鮮明宗	竹潭	文人 本貫 晉州 父 世沔
柳坋(분)	朝鮮宣祖	遺逸齋	隱士 本貫 全州
柳庀(비) →柳淸臣의 初名			
柳賁時(비시)	1680~1781	醉軒	學者 字 晦而 本貫 全州 父 揚輝 外祖 權任重 著書 醉軒遺稿
柳斐然(비연)	1627~1685	浦翁	武臣 字 文仲 本貫 晉州 父 信傑 外祖 金應河 京畿道水軍節度使
柳頻(빈) →柳穎			
柳贇(빈)	1520~1591	倦翁 孤山	學者 字 美叔 本貫 豊山 父 智承 外祖 金承祖 著書 倦翁集

人名	年代	號	其他
柳彬賢(빈현)	朝鮮	一沙	字 君聖 本貫 高興
柳泗(사)	朝鮮	雪江 浩歌亭	文臣 字 仲公, 仲洛 本貫 瑞山 父 希松 承旨 著書 文集
柳思敬(사경)	1556~?	六有亭	文臣 字 德新 本貫 文化 父 惠 禮曹佐郎 著書 文集
柳思卿(사경)	→柳思敬		
柳思規(사규)	1534~1607	桑楡 桑楡子 內省堂	文臣 字 汝憲 本貫 晉州 父 惟一 判決事 著書 桑楡集
柳思溫(사온)	1573~1639	龜亭	文臣, 學者 字 粹甫 本貫 文化 父 純諫 外祖 禹熙績 追贈 戶曹參判 著書 龜亭文集
劉士達(사위)	朝鮮後期	槐泉	
柳思瑗(사원)	1541~1608	雲甫	字 景晤 本貫 文化 本名 應龍 父 秩 封號 文興君 漢城府右尹
柳思仁(사인)	朝鮮宣祖	白洲 尚義齋	義兵 本貫 晉州 追贈 兵曹參議
柳嗣宗(사종)		桃山處士	本貫 瑞寧
柳思春(사춘)		西岡	著書 西岡先生文集
柳師鉉(사현)	1759~1834	葛窩	著書 葛窩遺稿〈天台世稿〉
劉山壽(산수)	朝鮮	禮村	字 誠甫 本貫 居昌 府使
柳山輝(산휘)	朝鮮後期	洛南	本貫 全州 父 晛 諡號 孝憲
柳湘(상)	朝鮮憲宗	雨帆 雨航	書藝家 字 青士
柳庠根(상근)		瑞菴	本貫 瑞山 父 龍漢
俞相基(상기)	1651~1718	祈招齋	文臣 字 公佐 本貫 杞溪 父 明胤 監察 編書 市南年譜
柳相基(상기)	1867~1945	默齋	字 泰叙 本貫 善山 父 炳郁 著書 文集
柳相吉(상길)		志仁齋	著書 志仁齋文集
柳相大(상대)	1864~1935	敦齋	學者 字 善一 本貫 晉州 父 厚源 外祖 鄭德良 著書 敦齋文集
柳相亮(상량)	1764~?	鋤里	武臣 字 景龍 本貫 晉州 父 孝源 禁衛大將
柳相魯(상로)	朝鮮後期	繼述堂	本貫 文化 父 浹
柳相龍(상룡)	朝鮮純祖	草隱 草齋 水雲子	畫家 字 周承 本貫 晉州
柳相參(상삼)		守義堂	本貫 文化
柳相成(상성)	朝鮮	獨翁	本貫 文化 父 命永
俞相植(상식)		錦窩	本貫 杞溪 父 承濬
劉相祐(상우)	朝鮮	以約軒	委巷人 字 愼敏 本貫 江陵 奎章閣書吏
柳尚運(상운)	1636~1707	約齋 黔巖 陋室 累室 一退	文臣 字 悠久 本貫 文化 父 鳳輝 祖父 浚 外祖 朴東亮 李行遠 婿 行判中樞府事 諡號 忠簡 著書 約齋集

人名	年代	號	其他
柳相胤 (상윤)		光菴	本貫 晉州
柳祥翼 (상익)	1681~?	拙軒	文臣 字 明彦 本貫 晉州 父 百齡
柳相仁 (상인)		湖隱	著書 湖隱先生文集
柳相祚 (상조)	朝鮮	逸愚山人	文臣 字 爾敬 本貫 豊山 封號 豊安君 五衛都摠府都摠管 諡號 貞簡
柳相浚 (상준)	1853~1895	敬堂	學者 字 伯明 本貫 高興 父 樂淵 外祖 李敦豊 著書 敬堂遺稿
兪尚智 (상지)	朝鮮世宗	月山	文臣 本貫 昌原 通政大夫
柳相喆 (상철)		溪齋	著書 溪齋先生文集
柳象春 (상춘)	朝鮮	柳下	學者 字 皥如 本貫 豊山
柳尚浩 (상호)	朝鮮後期	隱庵	本貫 晉州 父 鎭心
柳穡 (색)	1561~1621	沙湖	文臣 字 子有 本貫 全州 父 永立 祖父 堪 追贈 吏曹判書
兪瑞 (서)	高麗	竹村	文臣 本貫 務安 大護軍
柳瑞 (서)		一馬軒	著書 文集
柳瑞龜 (서구) →朴瑞龜			
柳叔五 (서오)	1711~?	歸谷	文臣 字 季常 本貫 晉州 父 光國 掌令
柳碩 (석)	1595~1655	皆山	文臣 字 德甫 本貫 晉州 父 時會 祖父 格 外祖 權吉 江原道監司 著書 皆山集
劉錫謹 (석근)	?~1931	小心齋	著書 小心齋文集
劉錫樂 (석락)	朝鮮	月軒	本貫 江陵 父 弼顯
劉錫正 (석정)	1866~1908	澗翠	字 舜花 本貫 居昌 父 瑞奎 外祖 許橒 著書 澗翠集
柳錫正 (석정) →劉錫正			
柳奭佐 (석좌)	朝鮮	月潭	學者 字 士能 本貫 豊山
兪錫濬 (석준)	朝鮮	菊潭	本貫 杞溪 父 鎭宅
劉錫中 (석중)	1857~1909	虛齋	學者 字 舜思 本貫 居昌 父 瑞奎 著書 虛齋文集
兪昔曾 (석증)	1570~1623	獨松	文臣 字 而省 本貫 杞溪 父 大錄 外祖 金秀源 羅州牧使
劉錫昶 (석창)	1900~1972	常廬	教育者, 醫師 父 勝均
劉錫鉉 (석현)	韓末~日帝	錦山	獨立運動家
兪錫煥 (석환)	1816~?	愛石	字 君三 本貫 杞溪 父 槇柱
有璿 (유선) →師璿			
柳宣睦 (선목)	1849~1925	平菴	字 德彙 本貫 豊山 父 廣祚 著書 文集
柳先民 (선민)	朝鮮	秋巖	本貫 文化 父 愿
柳宣貞 (선정) →柳宜貞			

人名	年代	號	其他
劉燮(섭)	朝鮮高宗	學潭	學者 本貫 江陵 父 完柱 著書 學潭遺稿
柳煋(성)	朝鮮後期	端研齋	本貫 晉州 父 慶種
柳醒(성)	朝鮮純祖	四二堂	孝子 字 敬叟 本貫 高興
柳晟(성)	1878~1903	春汀	學者 字 道洪 本貫 高興 父 達河 外祖 申聲浩 著書 春汀遺稿
柳成虬(성규)	朝鮮後期	予窩	本貫 晉州 父 汶龍
柳成根(성근)	朝鮮宣祖	洞仙	字 淑幹 本貫 文化
柳成根(성근)		林隱	本貫 瑞山
柳星烈(성렬)		碧溪	本貫 文化 父 寅寬
柳性祿(성록)	朝鮮	臺齋	文臣 字 復初 本貫 晉州 僉知中樞府事
柳成龍(성룡)	1542~1607	西厓 芹曝 雲巖 晦齋	文臣, 學者 字 而見 本貫 豊山 父 仲郢 封號 豊原府院君 領議政 諡號 文忠 著書 西厓集
俞成利(성리)		箕隱	本貫 杞溪 父 承柱
柳聖文(성문)	1798~1852	南棲	學者 字 景學 本貫 全州 父 趾休 外祖 金熙百 著書 南棲詩集
柳成民(성민)	朝鮮宣祖	耐軒	文臣 本貫 文化 父 諱
劉聖錫(성석)	朝鮮	不有軒	委巷人 字 德甫 本貫 漢陽 父 昌漢
柳聲五(성오)	朝鮮後期	苞翁	本貫 晉州 父 得陽
柳聖五(성오)	朝鮮後期	晚休	本貫 豊山
柳成運(성운)	1651~1710	墨守	文臣 字 集中 本貫 晉州 父 筵 世子侍講院弼善
柳誠源(성원)	?~1456	琅玕 琅玕居士 陋室 三灘	死六臣 字 太初 本貫 文化 父 士根 祖父 滸 諡號 節義 改諡 忠景
劉聖元(성원)	朝鮮	翰齋	文臣 字 士林 本貫 慶州 追贈 禮曹判書 諡號 忠憲 著書 翰齋集
柳聖逈(성이)	1851~1879	一齋	著書 文集
柳聖翊(성익)	朝鮮	市隱	本貫 瑞山 父 琬
柳成仁(성인)	朝鮮	遯軒	義士 字 士壽 本貫 高興
俞星濬(성준)	韓末開化期	兢齋	本貫 杞溪 父 鎮壽
俞省曾(성증)	1576~1649	拗谷 愚谷	文臣 字 子修 本貫 杞溪 父 大儀 禮曹參議
柳聖曾(성증)	朝鮮	花溪	文臣 字 魯得 本貫 豊山 英陵參奉
柳聖趾(성지)		梧村	文人 字 景昌 本貫 晉州 著書 梧村集
柳成春(성춘)	1495~1522	懶翁 懶齋 城隱 鷲巖	文臣 字 天章 本貫 善山 父 桂麟 祖父 公濬 吏曹正郎
柳星七(성칠)		志心堂	本貫 文化
柳聖通(성통)	→柳聖逈		

人名	年代	號	其他
柳星漢(성한)	朝鮮正祖	東野	文臣 本貫 晉州 父 師文 正言
柳聖和(성화)	1668~1748	西湖	文臣 字 介仲 本貫 豊山 山陰縣監 著書 遺稿
兪誠煥(성환)	1804~?	菊圃	字 景平 本貫 杞溪 父 義柱 判書
兪星煥(성환)	朝鮮純祖	石閑	本貫 杞溪 父 平柱
兪世基(세기)	朝鮮肅宗	後雪堂	本貫 杞溪 父 命微
柳世箕(세기)	朝鮮	睡漢	孝子 字 陽叟 本貫 高興
劉世恬(세념)	朝鮮	松溪	本貫 江陵 父 大億
柳世達(세달)	1636~1700	蘿山	著書 蘿山逸稿〈芝谷先生逸稿〉
庾世達(세달)	朝鮮	月里	委巷人 字 公謹 本貫 茂長
柳世潭(세담)	朝鮮	青蘿堂	委巷人 字 士深 本貫 文化
柳世麟(세린)	1490~?	活灘 八友堂 活塘	文臣 字 士仁 本貫 全州 父 軒 大司憲
柳世鳴(세명)	1636~1688	寓軒	文臣, 學者 字 爾能 本貫 豊山 父 元履 柳元之 門人 獻納 著書 寓軒集
柳世茂(세무)	朝鮮	學諭堂	文臣 字 子實 本貫 全州 父 彭成 府使
劉世汾(세분)		樂軒	本貫 江陵 父 用何 著書 文集
柳世相(세상)	朝鮮	靜窩	學者 本貫 豊山
庾世信(세신)	朝鮮英祖	黙駭堂 黙駿堂	歌客 本貫 茂松
柳世信(세신)	→庾世信		
柳世溫(세온)		臨湖	著書 臨湖集
劉世宇(세우)	朝鮮	松谷	字 大而 本貫 居昌
柳世㙔(세위)	朝鮮	松月堂	委巷人 字 鏡心 本貫 文化
柳世潤(세윤)	朝鮮	竹林	本貫 晉州 父 原材
柳世翊(세익)	朝鮮	白村	本貫 瑞山 父 玶
劉世仁(세인)	1493~1570	現隱	著書 現隱遺稿
柳世章(세장)	1651~1704	拱北亭	字 晦卿 本貫 文化 父 熙 追贈 左承旨
柳世楨(세정)	朝鮮	晚思庵	學者 字 聖掌 本貫 豊山
庾世正(세정)	朝鮮	日鑑堂	委巷人 字 國彦, 國美 本貫 茂長
柳世彰(세창)	1657~1715	松谷	學者 著書 松谷先生文集
柳世哲(세철)	1627~1681	悔堂	文臣, 學者 字 子愚 本貫 豊山 父 元履 系 元直 軍威縣監 著書 悔堂文集
劉世忠(세충)		晴峯	著書 晴峯集
柳世漢(세한)	朝鮮	申溪	本貫 文化 著書 申溪集
兪世豪(세호)	朝鮮	牛山	文臣 字 士彦 本貫 務安 提學

人 名	年 代	號	其他
柳世泓(세홍)	朝鮮宣祖	金川 錦川	本貫 文化
柳世華(세화)	1504~1554	效友堂	文臣 字 伯實 本貫 全州 牧使
柳世勳(세훈)		恥軒	學者, 孝子 字 愼哉 本貫 文化 著書 恥軒集
柳世勛(세훈) →柳世勳			
柳孫(손) →柳義孫			
劉松柏(송백)	高麗	松峯	字 公憲 本貫 江陵 父 承備 上護軍
柳松齋(송재)	1622~?	後凋軒	文臣 字 蒼老 本貫 文化 父 時亮
柳洙(수)	朝鮮初期	葆川	文臣 字 仲沂 本貫 文化 父 殷之 參知
兪遂(수)	朝鮮端宗	月山	文臣 本貫 昌原 父 尙智 工曹佐郎
柳綏(수)	朝鮮景宗	慕庵	文臣 字 汝懷 本貫 晉州
兪壽乾(수건)		有志菴	本貫 昌原
柳壽觀(수관)	朝鮮	德亭	字 士遊 本貫 文化
兪受基(수기)	1691~1729	逸軒	文臣 字 守(受)甫 本貫 杞溪 父 命弘 追贈 持平 著書 遺稿
兪守基(수기) →兪受基			
柳壽元(수원)	朝鮮肅宗	暎花堂	本貫 文化
柳壽垣(수원)	1694~1755	聾菴	文臣, 學者 字 南老 本貫 文化 父 鳳庭 祖父 尙載 外祖 金徵 著書 迂書
柳壽源(수원)		耕隱	本貫 文化
柳壽昌(수창)	1577~?	順俟	學者 字 南老 本貫 全州
柳秀春(수춘)	朝鮮仁祖	松齋	本貫 文化 父 菶 進士
柳垂華(수화)		竹友堂	本貫 文化 父 漢徵
柳淑(숙)	1324~1368	思菴	文臣 字 純夫 本貫 瑞山 父 成桂 封號 瑞寧君 兩館大提學知春秋館事 諡號 文僖 著書 思菴集
柳淑(숙)	朝鮮端宗	思齋	本貫 文化
柳潚(숙)	1564~1636	醉吃 敬畏 畏近	文臣, 學者 字 淵叔 本貫 高興 父 夢彪 外祖 李澤 封號 瀛州君 兵曹判書 著書 醉吃集
劉琡(숙)	朝鮮	純庵	本貫 江陵 父 貴孫
劉淑(숙)	1827~1873	蕙山	畫家 字 善永 野君 本貫 江陵
柳琡(숙)		屛岡	本貫 瑞山 父 光進
柳橚(숙)		靈巖	本貫 全州 父 友潛
兪橚(숙)		新塘	本貫 杞溪
兪肅基(숙기)	1696~1752	兼山	學者 字 子恭 本貫 杞溪 父 命雄 外祖 趙顯期 李觀命婿 金昌翕 門人 全州判官 著書 兼山集

人名	年代	號	其他
柳洵(순)	1441~1517	老圃 老圃堂 老圃 文山	文臣 字 希明 本貫 文化 父 思恭 封號 文城府院君 領議政 諡號 文僖 著書 老圃集
柳淳(순)	朝鮮光海君	松巖 松庵	功臣 字 灝叔 本貫 高興
庾順道(순도)	朝鮮太祖	學峯	本貫 茂松 父 公裔 左參贊
柳順善(순선)	1516~?	素堂 素齋 素軒 壽翁	文臣 字 純仲 本貫 晉州 父 柔 江原道觀察使
柳舜翼(순익)	1519~1632	芝岡	文臣 字 勵仲 本貫 晉州 父 思規 追贈 封號 菁川君 右贊成 諡號 忠靖
兪舜仁(순인)		鶴軒	本貫 杞溪
柳順汀(순정)	1459~1512	知翁 智翁	字 智翁 本貫 晉州 父 壤
兪崇(숭)	1661~1734	寬齋	字 元之 本貫 昌原 父 晦一
柳崇祖(숭조)	1452~1512	眞一齋 石軒	文臣, 學者 字 宗孝 本貫 全州 父 之盛 追贈 吏曹判書 諡號 文穆 著書 眞一齋集
柳隰(습)	1367~1439	靖菴	本貫 高興 父 濯 著書 靖菴遺稿〈文城世稿〉
柳乘(승)	朝鮮英祖	誠齋 玄岡 玄江	學者 字 子寬 本貫 靈光 朴光一 門人
兪升旦(승단)	1168~1232	照夜 照夜神珠	字 元淳 本貫 仁同
柳承茂(승무)		西柳	著書 西柳先生文集
劉承備(승비)	高麗	菊齋	字 天祥 本貫 江陵 父 沿 追贈 戶曹參議
兪承濬(승준)		憾齋	本貫 杞溪 父 鎭弘
柳升鉉(승현)	1680~1746	慵窩	文臣 字 允卿 本貫 全州 父 奉時 外祖 申以徵 追贈 吏曹參判 著書 慵窩集
柳時東(시동)		春江亭	著書 春江亭詩稿
劉時黙(시묵)	朝鮮	華圃	本貫 江陵 父 遇七
柳時發(시발)	朝鮮仁祖	禎軒	義兵將 字 養叔 本貫 文化 祖父 彭老 金長生 門人 執義
柳時蕃(시번)	朝鮮仁祖	松齋	字 晉叔 本貫 高興 金長生 門人
柳時藩(시번)	1569~1640	沙月堂	學者 字 衛中 本貫 文化 著書 沙月堂集
柳時鳳(시봉)	1869~1957	畏山	官吏 字 禹若 本貫 豊山 平理院主事 著書 畏山文集
柳始秀(시수)		心齋 栗里	著書 心齋先生文集
柳時淵(시연)	1873~1914	星南	義兵將 字 璞汝 本貫 全州
柳時定(시정)	1596~1658	樂所	文臣 字 安世, 秀夫 本貫 晉州 初名 時英 父 燦 牧使
柳時浚(시준)	1896~?	月溪	著書 文集
兪蓍重(시중)	朝鮮後期	藥村	本貫 杞溪 父 命麟
柳時淸(시청)		江亭	本貫 文化 父 希達
柳時泰(시태)	1890~1965	后菴	抗日運動家 字 致登 本貫 豊山

人名	年代	號	其他
柳時泌(시필)		高巖	本貫 文化 父 希達
柳是漢(시한)		魯岡	本貫 瑞山
柳時行(시행)	1566~?	基汀 棄汀	文人 字 仲健 本貫 晉州 父 格 校理
柳時會(시회)	朝鮮燕山君	星山 水村	學者 字 仲嘉 本貫 晉州 司饔院正
柳時輝(시휘)	朝鮮宣祖	溪隱	本貫 文化 父 希榮
柳湜(식)	1552~1592	樂吾	字 樂棲 本貫 文化 父 緖宗 著書 文集
庾軾(식)	1586~1650	德谷	文臣, 學者 字 子敬 本貫 平山 父 元英 外祖 郭琳 木川縣監 著書 德谷文集
柳軾(식)	朝鮮中期	西溪	文臣 字 和仲 本貫 全州 父 季潼 祖父 末孫 右尹 著書 西溪公詩稿〈檜軒先生逸稿〉
柳栻(식)	1755~1822	近窩	文人 字 敬甫 本貫 晉州 父 必源 外祖 金以亨 著書 近窩集
柳埴(식)	1766~1836	啞齋	學者 字 元直 本貫 文化 父 煥經 外祖 林迪夏 著書 啞齋遺稿
柳植祚(식조)	朝鮮	西山	學者 字 能翰 本貫 豊山
柳賫(신)	1748~1790	勤齋	畫家 本貫 晉州 父 慶春
柳莘老(신로)	1581~1648	春圃	文臣, 學者 字 殷叟 本貫 全州 父 愉 追贈 藝文館 直提學 著書 春圃遺稿
柳臣榮(신영)	1851~1919	霞隱	憂國志士 字 敬夫 本貫 豊山 父 道發
兪信一(신일)	1660~1724	杞陶堂	字 道叔 本貫 昌原 父 場
兪莘煥(신환)	1801~1859	鳳棲 鳳洲	學者 字 景衡 本貫 杞溪 父 星柱 外祖 柳德普 金邁淳, 洪奭周, 吳熙常 門人 追贈 大司憲 諡號 文簡 著書 鳳棲集
柳淰(심)	1608~1667	道溪	文臣 字 澄甫 本貫 全州 父 廷亮 外祖 宣祖 參判
柳襑(심)	朝鮮	不夜齋	文臣 字 汝吉 本貫 豊山 忠武衛副司盟
柳深(심)	朝鮮	松庵	本貫 全州
柳尋春(심춘)	1763~1834	江皐	文臣 字 象元 本貫 豊山 父 光洙 系 澂 通政大夫 著書 江皐集
柳尋春(심춘)		茅谿	
劉安祚(안조)	朝鮮	三止堂	字 克廉 本貫 江陵 父 早雨 軍器監
柳嵒(암)	朝鮮	迂叟	學者 本貫 豊山
柳瀹(약)	1580~1623	栲苑 夢庵 虎山	字 瀹而 本貫 興陽 父 夢寅
柳約(약)		醒谷	
劉億祿(억록)	朝鮮	天光	字 天壽 本貫 慶州 進士
兪彦龜(언구)	朝鮮後期	拙軒	文臣 本貫 杞溪 父 征基 戶曹參判
兪彦吉(언길)	朝鮮英祖	梅湖	隱士 字 泰仲 本貫 杞溪 父 宅基

人名	年代	號	其他
劉彦龍(언룡)	朝鮮	華庵	本貫 江陵 父 自敬
俞彦民(언민)	1709~1773	石隱 棄翁 棄齋	文臣 字 伊天 本貫 杞溪 父 受基 祖父 明弘 外祖 金昌協 江華府留守 著書 石隱集
俞彦述(언술)	1703~1773	松湖 西皐 知足堂	文臣 字 繼之 本貫 杞溪 父 德基 祖父 命一 知中樞府事 諡號 靖憲 著書 松湖集
俞彦億(언억)	?~1786	屏谷	著書 屏谷遺稿
劉彦一(언일)	1725~1797	鹿峯	學者 字 子精 本貫 居昌 著書 鹿峯文集
俞彦一(언일)	→劉彦一		
俞彦銓(언전)		小阮	字 景澹 本貫 杞溪 司馬 著書 小阮遺稿〈二阮遺稿〉
俞彦鎭(언진)	→俞彦鏶		
俞彦鏶(언집)	1714~1783	大齋	文臣 字 士精, 士鎬 本貫 杞溪 父 直基 外祖 金有慶 權尚夏, 李縡 門人 吏曹參議 編書 五服名義
俞彦鎬(언호)	1730~1796	則止軒 則止 燕石	文臣 字 士京 本貫 杞溪 父 直基 李縡 門人 領敦寧府事 諡號 忠文 著書 則止軒集
柳儼(엄)	1692~?	省庵	文臣 字 思叔 本貫 晉州 父 挺晉 封號 晉陽君 漢城府判尹 諡號 惠靖
柳㥈(업)	→柳僕		
劉業産(업산)	朝鮮	斂齋	本貫 江陵 父 龜萬
柳汝恪(여각)	1589~?	明洲	文臣 字 守而 本貫 晉州 父 潤 府使
劉如大(여대)	1878~1937	樂園	己未獨立宣言33人, 牧師 本貫 江陵 父 澤賢 著書 免無識
柳汝糧(여량)	朝鮮	鶴山	文臣 字 公直 本貫 文化 統制使
俞汝霖(여림)	1476~1538	政堂	文臣 字 啓沃 本貫 杞溪 父 起昌 外祖 具安愚 知經筵春秋館事 諡號 景安 著書 政堂遺稿
俞汝貞(여정)	朝鮮	洪隱	文臣 字 季烈 本貫 務安 應敎
俞汝舟(여주)	1480~?	林碧堂	書藝家 字 師聖 本貫 杞溪 父 起昌
柳汝恒(여항)	1581~1624	汶翁	文臣 字 久而 本貫 晉州 父 潤 外祖 李墍 承旨
柳筵(연)	1621~1674	歸來	字 延叔 本貫 晉州 父 時定
柳演(연)		慕軒	本貫 豊山
柳淵龜(연구)	朝鮮後期	恬庵	
柳淵根(연근)	1857~1933	水西	學者 字 聖燁 本貫 全州 父 禎鎬 外祖 金亨儒 著書 水西文集
柳連達(연달)	高麗	揚沙	字 應通 本貫 儒州
柳淵博(연박)	朝鮮後期	水村	
柳淵愚(연우)	朝鮮後期	枕澗亭	

人名	年代	號	其他
劉廷宗(연종)	朝鮮	鬐叟	本貫 江陵 父 彦龍 縣監
柳淵楫(연즙)	1853~1933	汎庵	學者 字 而龍 本貫 全州 父 章鎬 外祖 李彙正 著書 汎庵文集
柳然彪(연표)	朝鮮	月菴	著書 文集
柳琰(염)	高麗~朝鮮	黙齋 點齋	文臣 字 汝獻 州人 本貫 文化 父 惠蓀 祖父 仁庇 大提學 諡號 文簡
柳穎(영)	朝鮮初期	良度	本貫 文化 父 元顯
柳穎(영)	1603~1646	柳巷	文臣 字 洗耳 本貫 晉州 父 時行 外祖 李大禾 太僕 寺正
柳泳(영)	朝鮮光海君	望日齋	文人 字 彦涵 本貫 晉州·牧使
柳渶(영)	1658~1720	濂齋	學者, 書藝家 字 汝浩 本貫 文化 父 曼世 宋時烈 門人
柳詠(영)	1749~1825	花山	文臣 字 復之 本貫 全州 父 義養 承旨
柳泳(영)	朝鮮	養眞堂	學者 本貫 豊山
柳泳(영)	1888~1958	壺石	著書 文集
柳瑛(영)		秋潭	本貫 瑞山 祖父 泗
柳永慶(영경)	1550~1608	春湖	文臣 字 善餘 本貫 全州 父 儀 封號 全陽府院君 領 議政
柳榮國(영국)	朝鮮後期	耻庵	本貫 晉州 父 栻 生員
柳永圭(영규)	朝鮮	毅齋	本貫 高興
柳永謹(영근)	1550~?	竹扃 竹扉	文臣 字 謹之 本貫 全州 父 斑 李恒 門人 司諫
柳永吉(영길)	1538~1601	月蓬 月篷	文臣 字 德純 本貫 全州 父 儀 禮曹參判 著書 月 蓬集
庾泳龍(영룡)	朝鮮	洛窩	字 雲路 本貫 茂松 監察
柳永立(영립)	1537~1599	四松齋 四松軒	文臣 字 立之 本貫 全州 父 堪 兵曹判書
柳永模(영모)	1890~1981	多夕	敎育者 父 明根 著書 多夕日誌
柳榮茂(영무)	1788~1871	暘坡 又一堂	字 世顯 父 栞 祖父 振漢 著書 暘坡集
兪瑩栢(영백)	朝鮮	恒齋	本貫 杞溪 父 亮鎭
柳永鳳(영봉)		竹軒處士	本貫 瑞山
柳永善(영선)	1893~1961	玄谷	學者 字 禧卿 本貫 高興 父 基春 外祖 李秉賢 著 書 玄谷集
柳永詢(영순)	1552~1630	斗峯 北川 松磵 松澗 拙庵	文臣 字 詢之 本貫 全州 父 挺 戶曹參判
柳永洵(영순)	→柳永詢		
柳榮五(영오)	1777~?	栗里	字 叔陶 本貫 興陽 父 璟 兵曹參判

人名	年代	號	其他
柳永雨(영우)		菊圃	本貫 瑞山
劉甯源(영원)	朝鮮	東隱	本貫 江陵 父 錫樂
柳永毅(영의)	1865~1947	五泉	著書 文集
柳榮日(영일)	1770~1831	白衣先生　正平子 泰庵	字 山立 本貫 高興
柳永祚(영조)	朝鮮	裕溪	本貫 文化
柳榮徵(영징)	朝鮮	遯窩	字 汝休 本貫 高興 府使
柳榮春(영춘) →柳帶春			
柳永春(영춘)	1563~1594	蘿巖	著書 文集
柳榮春(영춘)	朝鮮後期	鏖庵	本貫 晉州 父 斡
柳永忠(영충)	朝鮮	晚休堂　萍湖	文臣, 文章家 字 恕白 本貫 全州 父 脩 副率 著書 晚休堂集
劉英杓(영표)	1852~?	雲農	畫家 字 仲敎 本貫 漢陽 父 淑
柳榮河(영하)	1787~1868	甫山	文臣 字 善汝 本貫 高興 父 瓘 系 瑞 李恒 門人 工曹參判 著書 甫山集
柳永海(영해)	朝鮮宣祖	茅亭	壬辰義兵 字 深源 本貫 高興 祖父 壕
柳永孝(영효)		竹磵	本貫 全州 父 修
柳隷(예) →柳穎			
劉禮鳳(예봉)	朝鮮	隱村	文臣 字 月山 本貫 慶州 禮曹判書 諡號 文忠 著書 隱村集
柳澳(오)	朝鮮宣祖	溪亭	字 仲源 本貫 高興 父 益謙
庚鰲山(오산)	朝鮮端宗	竹沙	本貫 茂松
柳沃(옥)	1487~1519	石軒	文臣 字 啓彥 本貫 文化 父 文豹 追贈 吏曹判書 諡號 靖簡 著書 石軒集
柳溫(온)	朝鮮光海君	梅橘堂	本貫 高興
柳完永(완영)		壺山	著書 文集
劉完柱(완주)		悟齋	著書 文集
柳耀碧(요벽)		晚洲　禾村	本貫 瑞山 祖父 彙進
柳堯臣(요신)	朝鮮宣祖	蓮亭	字 聖則 本貫 文化
柳耀漢(요한)		日休亭	本貫 瑞山 祖父 彙進
柳用恭(용공)		茅崗	本貫 文化
柳用良(용량)	朝鮮宣祖	桐谷	本貫 文化 父 希道
劉用良(용량)	朝鮮	松隱	本貫 江陵 父 智周
劉用尙(용상)	朝鮮	萬谷	字 士誠 本貫 江陵 父 智周 禮曹參議
劉用平(용평)	朝鮮	退軒	字 平重 本貫 江陵 監察

人名	年代	號	其他
劉用何(용하)	朝鮮	省齋	字 士能 本貫 江陵 父 智周 禮曹佐郎
柳龍漢(용한)		省齋	本貫 瑞山 父 洪錫
柳藕(우)	1473~1537	西峰	學者, 書畵家 字 養淸 本貫 晉州 父 自濱 金宏弼 門人
柳耦(우) →柳藕			
有愚(유우)	朝鮮	浩然	僧侶 俗姓 金氏
柳佑國(우국)	朝鮮~日帝	靑宇	抗日義士 字 士用 本貫 豊基
兪宇基(우기)	1684~?	景陶庵	文臣 字 大哉 本貫 杞溪 父 命弘 系 命重 承旨 著書 文集
劉友閔(우민)	朝鮮	退治堂	字 孝淑 本貫 居昌 校尉
兪友淵(우연)		稚川	本貫 昌原
柳友善(우선)	朝鮮後期	古窩	
柳友潛(우잠)	1575~1635	陶軒	學者 字 尙之 本貫 全州 父 復起 外祖 鄭湝 著書 陶軒逸稿 〈岐陽世稿〉
柳友梓(우재)	朝鮮光海君	守義富	字 而建 本貫 高興
柳禹鉉(우현)	1796~1851	聾黙	學者 字 聖九 本貫 文化 父 埴 著書 聾黙遺稿
柳郁(욱)	1602~1653	林皐	字 廷美 本貫 全州
柳雲(운)	1482~1528	醒齋 恒齋	文臣 字 從龍 本貫 文化 父 公佐 大司憲 諡號 文敬 編書 進修楷範
柳運(운)	1580~1643	花雪堂	本貫 文化 著書 文集
柳澐(운)	朝鮮英祖	忍窩	本貫 全州 父 廷稷
柳澐(운)	朝鮮	懶翁	文臣 字 大源 本貫 豊山 封號 豊山君 黃澗縣監
劉雲(운)	朝鮮後期	葆光	
柳澐(운)	朝鮮	石灘	字 深夫 本貫 高興
柳雲龍(운룡)	1539~1601	謙庵	文臣 字 應見 本貫 豊山 父 仲郢 外祖 金光粹 吏曹判書 諡號 文敬 著書 謙庵逸稿
柳運緖(운서)		淸潭	本貫 文化
柳雲羽(운우)	朝鮮	所菴	文臣 本貫 晉州 承旨
柳雲翼(운익)	朝鮮	綻海	文臣 本貫 晉州 正言
柳雲瞻(운첨)	朝鮮	睡齋	本貫 晉州 父 健五
劉雲台(운태)	朝鮮後期	鳳岡先生	閭巷人
劉運弘(운홍)	1797~1859	詩山	畵家 字 致弘 本貫 漢陽 僉樞
兪遠(원)	朝鮮	有志堂	隱士 字 明普 本貫 昌原
柳薳(원)		養志齋	本貫 瑞山
劉沅(원) →劉沅			

人名	年代	號	其他
柳元慶(원경)	1597~1650	聾漢 睡聾子	本貫 豊山
柳遠奎(원규)	朝鮮	晚溪	文臣 本貫 晉州 郡守
兪遠器(원기)	朝鮮宣祖	啞軒	文臣 本貫 杞溪 父 師灝 學諭
柳遠聲(원성)	朝鮮	帽山	文臣 本貫 晉州 郡守
柳源淳(원순)	朝鮮	淸松堂	文臣 字 子勝 本貫 高興 敦寧府都正
兪元淳(원순)	→兪升旦의 初名		
劉元植(원식)	朝鮮	忍齋	文臣 字 善良 本貫 居昌 兵曹正郎
柳元軾(원식)	1852~1923	湖隱	學者 字 善叔 本貫 文化 父 河範 外祖 洪禧遠 著書 湖隱遺稿〈屏湖世稿〉
柳元定(원정)		松窩	字 善久 本貫 豊山
柳原祚(원조)	→柳厚祚		
劉元柱(원주)	→劉定柱		
柳遠重(원중)	1861~1943	西岡 愚軒	學者 字 希興 本貫 晉州 父 華植 外祖 金致漢 著書 西岡文集
柳元之(원지)	1598~1674	拙齋	學者 字 長卿 本貫 豊山 父 袽 祖父 成龍 外祖 洪世纘 鄭經世 門人 縣監 著書 拙齋集
柳遠哲(원철)	朝鮮	修齋	文臣 字 明汝 本貫 晉州 敦寧府都正
劉元杓(원표)	1852~?	蜜啞子	直長 著書 夢見諸葛亮
柳遠必(원필)	1851~1899	一齋	字 聖爾 本貫 淸風 父 德鉉 著書 一齋遺稿
柳元鉉(원현)	朝鮮	月會堂	本貫 文化
兪蕆(위)	高麗	松隱	文臣 本貫 務安 禮儀判書
柳湋(위)	?~1592	繼休亭	文臣 字 秀源 本貫 文化 父 忠祿 縣監
柳韠(위)	1588~1624	樹谷	字 美叔 本貫 晉州 父 慶宗
柳瑋(위)	1855~1825	巽菴	著書 巽菴遺稿
柳牖(유)	朝鮮	龜巖	文臣 本貫 晉州 三嘉縣監
柳惟順(유순)		遯庵	本貫 文化
劉維翰(유한)		東槎	
柳潤(윤)		株洞 株洞處士	本貫 瑞山
柳潤(윤)	→柳閏		
柳潤德(윤덕)	1498~?	南川	文臣 字 善叔 本貫 全州 父 軾 戶曹參判
柳潤文(윤문)	1824~1893	鵝山	學者 字 叔溫 本貫 全州 父 申休 外祖 李顯迪 著書 鵝山文集
柳允昌(윤창)	1584~1647	琴隱	文臣 字 伯勗 本貫 晉州 父 穡
柳潊(은)	1540~?	南湖	字 源甫 本貫 高興 父 忠貞 追贈 都承旨
柳垠(은)	→柳根		

人名	年代	號	其他
兪殷模 (은모)	朝鮮	景史	本貫 杞溪 父 弘淳
柳應斗 (응두)	朝鮮明宗	豊西	字 杞甫 本貫 晉州 父 漢
柳應斗 (응두)	1847~1910	豊西	學者 字 卿之 本貫 文化 父 光源 著書 豊西集
柳應烈 (응렬)	朝鮮	雨青	本貫 文化 父 寅夏
柳膺睦 (응목)	1841~1921	鶴山	學者 字 受卿 本貫 豊山 父 政祚 外祖 鄭來雲 著書 鶴山文集
兪應孚 (응부)	?~1456	碧梁	死六臣 字 信之, 善長 本貫 川寧 同知中樞府事 諡號 忠穆 著書 兪先生遺稿〈六先生遺稿〉
柳應祥 (응상)		石軒	本貫 文化
柳應壽 (응수)	朝鮮肅宗	黙窩	學者 本貫 瑞川 父 聖翊
柳應秀 (응수)	1856~1916	苞山	著書 苞山文集
柳應元 (응원)	1560~?	友松	字 克己 本貫 全州 父 曾 記事官
庾應昌 (응창)	朝鮮	四宜堂	委巷人 字 仲建 本貫 茂長
柳宜健 (의건)	1687~1760	花溪 靜黙齋	學者 字 順兼 本貫 瑞山 父 起瑞 著書 花溪集
柳宜溭 (의극)	→柳宜涵		
柳義男 (의남)	1589~1655	芝谷	學者 字 宜彦 本貫 豊山 父 河龍 外祖 鄭磯 著書 芝谷逸稿
柳懿睦 (의목)	1785~1833	守軒	學者 字 彛好 本貫 豊山 父 善祚 外祖 金熡 著書 守軒文集
柳宜三 (의삼)		深齋	著書 文集
柳義孫 (의손)	1398~1450	檜軒 聱巖 笑臥堂	學者, 文臣 字 孝叔 本貫 全州 父 濱 禮曹參判 著書 檜軒遺稿
柳義臣 (의신)	朝鮮宣	松亭	壬辰殉節 字 彦正 本貫 高興
柳義養 (의양)	1718~?	秋人 後松 後村	文臣 字 季方, 子章 本貫 全州 父 懋 祖父 泰明 副摠管 著書 春官通考
柳宜貞 (의정)	1794~1861	思窩 艮齋	學者 字 元用 本貫 晉州 父 中鐸 系 鳳鐸 外祖 金 得亨 校理 著書 思窩集
柳宜河 (의하)	朝鮮顯宗	愚訥	文臣 字 子安, 長卿 本貫 豊山 世子翊衛司翊贊
柳宜漢 (의한)	朝鮮憲宗	東川	本貫 晉州 父 警鐸 著書 文集
柳宜涵 (의함)	朝鮮肅宗	百拙	孝子 字 養虛 本貫 全州 知縣
柳毅赫 (의혁)		任堂	著書 任堂遺稿
柳宜華 (의화)	朝鮮憲宗	南窩	本貫 晉州 父 顯鐸 著書 文集
柳以復 (이복)	朝鮮肅宗	五柳	文臣 字 君休 本貫 全州 父 淰
柳頤淑 (이숙)		率性窩	著書 文集
柳以升 (이승)	1638~?	東湖	書藝家 字 仲進 本貫 全州 父 淰 牧使

人名	年代	號	其他
柳履正(이정) →黃履正			
劉爾泰(이태)	朝鮮正祖	猿鶴山人	醫員 著書 痲疹篇
柳以澤(이택)	朝鮮	斗峯	學者 字 潤卿 本貫 高興
柳益謙(익겸)	朝鮮宣祖	枕流亭	本貫 高興 父 壕
劉翼烈(익렬)	朝鮮	菊農	本貫 江陵 父 秉光
柳翊商(익상)	1659~1729	三笑堂	著書 文集
柳益瑞(익서)		懶翁	本貫 瑞山 父 耀漢
兪益濬(익준)		敬庵	本貫 杞溪 父 鎭洙
柳益和(익화)		聾啞堂	本貫 靈光
柳寅寬(인관)		雲湖亭	本貫 文化
柳仁貴(인귀)	1463~1531	睡齋	文臣 字 子榮 本貫 晉州 父 文通 大司成 著書 睡齋集
柳寅奎(인규)	1830~1899	紹巖	學者 字 景和 本貫 文化 父 根永 外祖 李慶權 著書 紹巖遺稿
柳寅極(인극)		後菴	本貫 文化
柳寅吉(인길)	1554~1602	葵塢	文臣, 學者 字 景休 本貫 文化 父 薦 外祖 李禮 大提學 諡號 文靖 著書 葵塢詩集
柳寅亮(인량)	1601~1663	龍潭 龍塘	文臣 字 汝明 本貫 文化 父 孝健
柳仁鑪(인로) →柳仁櫨 錯			
柳寅明(인명)		愚軒	本貫 文化 父 基泓
柳寅睦(인목)	1839~1900	此山	
柳仁培(인배)	1589~1668	猿溪	學者 字 德哉 本貫 文化 父 潤 外祖 金璉 著書 猿溪文集
柳寅福(인복)	朝鮮後期	蔬水齋	委巷人 本貫 瑞山
劉仁夫(인부)	朝鮮	仁輔	本貫 江陵 水軍節度使
柳寅爽(인석)		睦堂	本貫 文化
柳麟錫(인석)	1842~1915	尼降 毅庵	學者, 義兵將 字 汝聖 本貫 高興 父 重坤 系 重善 李恒老, 柳重教 門人 著書 昭義新編
柳寅洙(인수)	朝鮮	春淵	本貫 文化 父 基泰
柳仁淑(인숙)	1845~1545	野叟 静叟 蜀菴	文臣 字 原明 本貫 晉州 父 文通 判書 諡號 文貞
柳寅植(인식)	1865~1925	東山	民族運動家 字 聖來 本貫 全州 父 必永 系 祈永 著書 大東史
柳麟源(인원)		訥軒	本貫 高興
劉仁梯(인제)	朝鮮	松齋	字 而恭 本貫 江陵 郡守
柳寅暢(인창)		蘭社	本貫 文化

人名	年代	號	其他
柳寅夏(인하)	朝鮮	湖隱	本貫 文化 父 基泰
柳寅鶴(인학)	朝鮮	晦山	本貫 文化 父 基元
柳仁鑪(인현)	1835~1895	遂初堂	著書 遂初堂逸稿
柳寅鎬(인호)		常山	著書 常山草稿
柳仁洪(인홍)	1456~?	竹溪	字 彥容 本貫 文化 父 孝章 著書 文集 校理
柳仁黃(인횡)	→柳仁貴		
柳寅勳(인훈)	朝鮮	奮庵	本貫 文化 父 基泰
柳寅熙(인희)	韓末~日帝	老菴	
柳逸(일)	朝鮮英祖	貞隱	文臣 字 子安 本貫 全州
有一(유일)	1720~1799	蓮潭	僧侶 字 無二 本貫 和順 俗姓 千氏 著書 蓮潭林下錄
兪一杞(일기)		明棄齋	本貫 杞溪
柳日三(일삼)		黙究軒	本貫 瑞山 父 蓬
柳日秀(일수)	韓末	小石	本貫 文化 著書 小石遺稿〈聾黙小石遺稿〉
柳日榮(일영)	1767~1837	滄溟	學者 達夫 本貫 高興 父 坰 外祖 丁道明 著書 滄溟遺稿
柳一春(일춘)	1724~1810	月梧軒	學者 字 復初 本貫 豊山 父 瀁 外祖 權榘 著書 月梧軒文集
庚一鉉(일현)	1842~1919	醒晚	著書 醒晚遺稿
劉任(임)	朝鮮	休齋	字 可能 本貫 居昌 副護軍
劉自敬(자경)	朝鮮	內隱	本貫 江陵 父 守砬
柳自起(자기)	朝鮮	勉翁	本貫 晉州 父 之新
柳子明(자명)	1891~1985	友槿	獨立運動家 本名 興湜
柳自湄(자미)	1430~1490	西山	字 原之 本貫 文化(晉州) 父 洽 監察 著書 西山集
柳自雰(자방)	朝鮮中期	楸潭	字 澤之 本貫 文化
柳自永(자영)	?~1951	素民	著書 素民文集
柳滋玉(자옥)		野隱	本貫 文化
劉自昷(자욱)	→劉岱楠의 初名		
柳子煥(자환)	朝鮮	箕山	文臣 本貫 善山 吏曹判書
柳長世(장세)	1621~1683	嘉林	隱士 字 長卿 本貫 文化
柳璋植(장식)		可村	著書 可村先生文集
柳長源(장원)	1724~1796	東巖	文臣, 學者 字 起遠 叔遠 本貫 全州 父 觀鉉 系 信迪 外祖 金九用 著書 東巖文集
兪章煥(장환)	1798~1872	蘭室 頤齋	文臣 字 雲汝 本貫 杞溪 父 平柱 外祖 李吉模 禮曹判書 諡號 孝靖
劉在健(재건)	1793~1880	兼山	學者 字 德初 本貫 江陵 胥吏 著書 里鄉見聞錄

人名	年代	號	其他
劉在國(재국)	朝鮮	蓮汀	本貫 江陵 父 熹烈
劉載斗(재두)		悔齋	著書 悔齋遺稿
劉載范(재범)	1878~1948	璞南	著書 璞南先生文集
劉在韶(재소)	1829~1911	小泉 鶴石 蘅堂	畵家 字 九如 本貫 江陵 判官
柳在水(재수)	朝鮮	一松堂	本貫 瑞山 父 日三
柳在洙(재수)		溪軒	本貫 文化 父 萬烈
劉載淳(재순)		紫下	著書 紫下逸稿
劉載述(재술)		菊圃	本貫 江陵 父 啓烈
劉載彧(재욱)	朝鮮	韶園	本貫 江陵 父 翼烈
劉載元(재원)	朝鮮	○隱	本貫 江陵 父 得烈
柳載春(재춘)	朝鮮光海君	大明處士 桃隱	字 應元 本貫 晉州
柳在學(재학)		止軒	本貫 瑞山 祖父 桃
劉載亨(재형)	1879~1952	農隱	著書 農隱遺稿
劉載鎬(재호)		小山堂	著書 小山堂倦學集
柳栽鎬(재호)		氷山	本貫 瑞山
柳績(적)	朝鮮成宗	盤谷	字 繼翁 本貫 晉州 父 榮澗
柳迪(적)	朝鮮英祖	閑窩	學者 本貫 瑞山
劉筌(전)	1051~1122	竹諫	學者 字 原南 本貫 江陵 著書 竹諫逸集
柳㙂(전)	1531~1589	愚伏	文臣 字 克厚 本貫 文化 父 禮善 領議政 封號 始寧府院君 諡號 文貞
柳汀(정)	1536~1592	松壕	字 汝元 著書 松壕逸稿
惟政(유정)	1544~1610	泗溟 泗溟堂 說寶和尚 雪松堂 雪英 松雲 龍潭翠糺亭 鍾峯	僧侶, 義兵將 字 離幻 本貫 豊川 俗姓 任氏 父 守成 嘉義大夫行龍驤衛大護軍 諡號 慈通弘濟尊者 著書 泗溟集
柳頲(정)	1609~1687	五無堂	文臣, 學者 字 公直 天章 本貫 全州 父 莘老 外祖 任慶昌 奉常寺正 著書 五無堂遺稿
柳烶(정)	朝鮮英祖	晚齋	本貫 文化 父 相魯
有定(유정)	?~1876	雨潭	僧侶
柳廷亮(정량)	1591~1663	素閒堂	文臣 字 子龍 本貫 全州 父 悅 祖父 永慶 外祖 李韠 封號 全昌尉 都摠管 諡號 孝靖
柳丁魯(정로)	朝鮮	知松	本貫 文化 父 相成
柳正龍(정룡)	1853~1923	竹圃	著書 竹圃先生文集
柳廷龍(정룡)	→柳廷亮		
柳正茂(정무)	1840~1926	石田	著書 文集

人名	年代	號	其他
柳鼎文(정문)	1782~1839	壽靜齋	學者 字 再仲 本貫 全州 父 範休 外祖 金江漢 著書 壽靜齋集
柳鼎善(정선)		石川	著書 文集
柳廷秀(정수)	朝鮮	寬齋 觀齋	文臣 字 國俊 本貫 晉州 父 霅 掌令
柳正植(정식)		克菴 道巖	著書 克菴文集
柳正淵(정연)		百忍	本貫 文化
柳正源(정원)	1703~1761	三山	學者, 文臣 字 淳伯 本貫 全州 父 錫龜 外祖 李天麟 大司諫 著書 三山文集
劉定柱(정주)	朝鮮純祖	默齋	委巷人 字 仲驊 祖父 匡鎭
俞正濬(정준)		松窩	本貫 杞溪
柳正鐸(정탁)		木軒	著書 文集
柳鼎漢(정한)	1780~1838	花谷	學者 字 聚汝 本貫 瑞山 父 最默 外祖 具鼎三 宋煥箕 門人 著書 花谷遺稿
柳挺漢(정한)		晩華	著書 晩華先生文集
柳玎漢(정한)		蕙村	本貫 瑞山
柳廷顯(정현)	1355~1426	月亭	文臣 字 汝明 本貫 文化 父 丘 領議政 諡號 貞肅 著書 月亭詩文集
柳挺輝(정휘)	1625~1695	空空齋	文臣 字 仲謙 本貫 全州 父 櫶 祖父 潛 牧使
柳梯(제)		滄洲	本貫 文化 父 宗武
柳濟萬(제만)		鹿坡	本貫 高興 父 鎭基
柳濟咸(제함)		直窩	字 士亨 本貫 高興 父 麟錫
柳濟恒(제항)		克窩	字 士貞 本貫 高興
柳組(조)	1684~1741	芝谷	學者 字 圭甫 本貫 全州 父 光玉 外祖 邊碩祉 著書 芝谷集
柳㕍(조)	朝鮮後期	洛隱	本貫 高興 著書 文集
柳祖詢(조순)	朝鮮明宗	笑菴	字 詢之 本貫 晉州 父 藕
柳祖訒(조인)	1522~1599	泛愛 泛愛齋 泛虛	學者 字 訒之 本貫 晉州 父 藕 李仲虎 門人 刑曹參議
柳宗介(종개)	558~1592	孤山 四矯堂	文臣 字 季裕 本貫 豊山 父 贄 追贈 參議
柳宗奎(종규)	韓末~日帝	文範	
柳鍾龍(종룡)	1899~1962	圓石	著書 文集
柳宗龍(종룡)	→柳宗智		
柳宗武(종무)		清溪	本貫 文化 父 運
柳鍾茂(종무)	1889~1962	南江	著書 文集
柳宗黙(종묵)	朝鮮~日帝	艮于	字 德升 本貫 豊基

人名	年代	號	其他
柳從善(종선)	1519~1568	謙齋	文臣 字 擇中, 汝登 本貫 晉州 父 柔 外祖 任文載 左副承旨
柳宗善(종선) →柳從善			
柳鍾聲(종성)		秀松	著書 文集
柳宗植(종식)		晚翠堂	本貫 晉州
柳宗植(종식)		翠翁堂	本貫 文化
兪宗植(종식)		後峯	本貫 杞溪 父 益濬
柳種淵(종연)		小溪	本貫 文化
柳鍾源(종원)	1838~1906	敬勝齋	學者 字 可浩 本貫 文化 父 龍翼 著書 敬勝齋集
柳宗仁(종인)	朝鮮中宗	翠薇軒	學者 字 士元 本貫 晉州 習讀官
柳宗智(종지)	1569~1589	潮溪	學者 字 明仲 本貫 文化 父 誠 外祖 河淑 靖陵參奉 著書 潮溪實記
柳宗春(종춘)	朝鮮正祖	畏齋	文臣 字 孟熙 本貫 豊山
柳宗興(종흥)	朝鮮肅宗	月谷	文人 字 振甫 本貫 高興 父 蕡 外祖 金自鍵 崔瑞林 門人 著書 喪祭禮
兪宗興(종흥) →柳宗興			
柳澍(주)	1536~?	清軒 寒泉	字 時叔 本貫 興陽 父 忠貞 承政院左承旨
柳伷(주)		獨樂亭	著書 文集
柳誅(주) →柳詠			
柳疇睦(주목)	1812~1872	溪堂	隱士 字 叔斌 本貫 豊山 父 厚祚 公忠道都事 著書 溪堂集
柳浚(주)	1584~1661	四矯	學者 字 澄遠 本貫 文化 父 夢翼 追贈 左贊成 著書 四矯集
柳浚(주)	朝鮮仁祖	信谷	本貫 文化 父 輝世
柳濬根(주근)	1860~1920	碧棲 友鹿	抗日運動家 字 舜卿 本貫 全州 父 馨中
柳浚吉(주길) →柳浚喆			
柳俊榮(주영)		壯巖	
柳浚喆(주철)	1857~1918	錦西	著書 錦西遺稿
柳重教(주교)	1821~1893	省齋	學者 字 稺程 本貫 高興 父 罍 外祖 李義復 追贈 提學 諡號 文簡 著書 省齋文集
柳仲龍(주룡)	1558~1635	漁適 漁適散人	文臣 字 汝見 本貫 文化 父 有春 外祖 慶祉 司成 著書 漁適集
柳重臨(주림)	朝鮮	文城 藥隱	醫官 字 大而 本貫 文化 太醫院內醫 編書 增補山林 經濟
柳重涉(주섭)		松汀	著書 文集

人名	年代	號	其他
劉中植(중식)	朝鮮	石儂	文臣 字 慶會 本貫 居昌 弘文館校理
柳重岳(중악)	1843~1909	恒窩	學者 字 伯賢 本貫 高興 父 皓 外祖 申在元 著書 恒窩集
柳仲淹(중엄)	1538~1571	巴山 希苑	學者 字 景文 本貫 豊山 父 公奭 外祖 柳應參 著書 巴山逸稿
柳仲郢(중영)	1515~1573	立巖	文臣 字 彦遇 本貫 豊山 父 公綽 外祖 李亨禮 經筵官 著書 立巖集
柳仲逞(중영)	→柳仲郢		
柳楫(즙)	1585~1652	白石	學者 字 用汝 本貫 晉州 父 泰亨 外祖 趙惟精 金長生, 崔命龍 門人 追贈 持平 著書 白石遺稿
柳楮(지)	1626~1701	乖厓	文臣, 學者 字 重吾 本貫 全州 父 希潛 外祖 金元府尹 著書 乖厓集
柳之格(지격)		谿潭	本貫 瑞山 祖父 昌立
柳持敬(지경)		竹軒	本貫 文化
柳之發(지발)	1633~1705	陶翁 石村	字 起文 本貫 晉州 父 琳 禮曹參判
柳之相(지상)		復齋	本貫 瑞山 父 益瑞
柳志聖(지성)	韓末	遂堂	義士 字 明化 本貫 高興
柳志永(지영)	1896~1947	八克	新聞記者, 兒童文學家
柳之遠(지원)	1634~1710	陽村	隱士 字 茂卿 著書 陽村先生實紀
柳之翊(지익)	1760~1825	桂隱	本貫 晉州 父 明裕 著書 文集
柳知潛(지잠)	朝鮮宣祖	龍巖	義兵 字 樂之 本貫 全州 父 復起
劉智周(지주)	朝鮮	湛齋	字 匡允 本貫 江陵 父 仁統 吏曹參判
柳志忠(지충)		伴鷗堂	本貫 全州
柳之泰(지태)	朝鮮仁祖	伴竹齋	字 來甫 本貫 高興 經筵參贊官
柳之海(지해)		竹林	本貫 瑞山
柳芝赫(지혁)	1886~1954	陽庵	學者 字 秀汝 本貫 文化 父 興武 外祖 劉載宅 著書 陽庵集
柳之賢(지현)		明湖堂	著書 明湖堂集
柳止鎬(지호)	朝鮮高宗	洗山	字 元佑 本貫 全州 父 致明
柳志和(지화)	1599~1680	伴鷗堂	文臣 字 後聖 本貫 晉州 父 光復 祖父 喜春 外祖 南致祥 守令
柳枝華(지화)	→朴枝華		
柳稷(직)	1602~1662	百拙庵	學者 字 庭堅, 庭聖 本貫 全州 父 友潛 著書 百拙庵文集
俞㮨(직)	朝鮮肅宗	月峰	本貫 杞溪 父 一曾
柳直基(직기)		葉山	著書 葉山隨錄

人名	年代	號	其他
柳稷休(직휴)	朝鮮	陽隱	字 士瞻 本貫 高興
俞鎭(진)	朝鮮世祖	學村	文臣 字 士虞 本貫 仁同 父 興俊 副提學
柳袗(진)	1582~1635	修巖	文臣 字 季華 本貫 豊山 父 成龍 追贈 吏曹參判 著書 修巖文集
柳珍(진) →柳袗			
俞鎭寬(진관)	朝鮮	恒日	本貫 杞溪 父 致政
俞鎭九(진구)	朝鮮	溪隱	本貫 杞溪 父 致伯
柳鎭基(진기)		游樊	本貫 高興
柳辰仝(진동)	1597~1561	竹堂 竹壺	文臣, 書畵家 字 叔春 本貫 晉州 父 漢平 知中樞府事 諡號 貞敏
俞鎭敏(진민)	韓末~日帝	嵋下	
劉鎭邦(진방)	朝鮮	松菴	學者 字 汝良 本貫 居昌
劉震伯(진백)		樂圃	本貫 江陵
柳晉三(진삼)	1598~?	莎川	文臣 字 汝重 本貫 晉州 父 天根 司憲府掌令
俞鎭燮(진섭)		松菴	本貫 杞溪
俞鎭星(진성)	朝鮮後期	竹史	
柳晉成(진성)	1826~1894	東溪	學者 著書 東溪集
柳鎭壽(진수)	朝鮮後期	宰雲	
俞鎭洙(진수)		念齋	本貫 杞溪 父 致紀
俞鎭淳(진순)		松溪	本貫 杞溪 父 致道
柳鎭愚(진우)	1804~1864	梧山	學者 字 聖及 本貫 文化
柳辰仁(진인) →柳辰仝			
俞晉曾(진증)	1573~1625	木塢	文臣 字 而晉 本貫 杞溪 父 大祿 左承旨
俞鎭贊(진찬)	1866~?	蒼史	字 益卿 本貫 杞溪 父 致善 副承宣
劉震昌(진창)	朝鮮	茅山	本貫 江陵 父 致愨
柳鎭喆(진철)		守心	本貫 高興
柳鎭泰(진태)	1703~1773	不欺齋	學者 字 來彦 本貫 文化 父 聖和 外祖 安斗相 著書 不欺齋遺稿
俞鎭泰(진태)	韓末	白隱	
俞鎭弼(진필)	1860~1925	杞軒	文臣 字 右卿 本貫 杞溪 父 致喜 系 致良 祖父 章煥 外祖 李功敏 承旨
柳鎭必(진필)		愼言齋	本貫 高興
俞鎭河(진하)		存齋	字 千一 本貫 杞溪 著書 存齋先生文集
柳振漢(진한)	1711~1791	晚華堂 晚華亭	詩人 字 重伯 本貫 高興 祖父 光天 著書 晚華集
柳進翰(진한)	朝鮮	東壁	本貫 豊山 父 相祚 祖父 宗春 承旨

人名	年代	號	其他
柳縉漢(진한)		松隱	本貫 瑞山
柳晉鉉(진현)	1687~1767	綠筠軒	本貫 全州 父 敬時 著書 綠筠軒遺稿〈天台世稿〉
柳震馨(진형)		嘉谷 淵源熟 用夏	著書 嘉谷私稿
兪鎭弘(진홍)		安村	本貫 杞溪 父 致德
柳進徽(진휘)	朝鮮	華西	文臣 字 舜亨 本貫 豊基 高原郡守
柳諿(집) →柳楫			
柳車達(차달)		鵝溪 鵝沙	字 應通 本貫 文化 父 長賓林
柳贊(찬) →柳賛			
庚纉洪(찬홍)	朝鮮中期	春谷 春翁	閭巷詩人 字 述夫 司譯院判官
劉敞(창)	1352~1421	仙庵 羽溪 倦庵	文臣 字 孟義 本貫 江陵 初名 敞 父 天鳳 贊成 議政府事 封號 玉川府院君 諡號 文僖 著書 仙庵集
兪場(창)	1614~1692	楸潭 雲溪	文臣 字 伯圭 本貫 昌原 父 汝楷 李惕然 婿 開城府留守 著書 楸潭集
劉昌烈(창렬)	朝鮮	月塘	本貫 江陵 父 秉夏
柳昌烈(창렬)	1898~1968	梵公	梵唄名人
柳昌立(창립)		黙隱	本貫 瑞山 父 屛埰
庚昌淳(창순)	1876~1927	松隱	獨立運動家 字 四源 本貫 茂松
兪昌植(창식)	朝鮮	菊下	本貫 杞溪 父 錫濬
柳昌辰(창진)	朝鮮仁祖	濟西	文臣 本貫 文化 父 元培 弼善
劉昌漢(창한)	朝鮮	靜修齋	委巷人 字 大叔 本貫 漢陽
兪昌煥(창환)	1870~1935	城東樵者 愚堂 六一居士 紅葉山房主人	書藝家 字 周伯, 準伯 本貫 杞溪 初名 明煥
兪拓基(척기)	1691~1767	知守齋	文臣 字 展甫 本貫 杞溪 父 命岳 祖父 橚 領中樞府事 諡號 文翼 著書 知守齋集
兪藏(천)	高麗~朝鮮	松隱	本貫 務安 父 允粹 祖父 永元
柳天機(천기)	朝鮮後期	栗峯	本貫 晉州 父 浩 參奉
劉天鳳(천봉)	高麗	節齋	字 來詔 本貫 江陵 父 松柏
兪千遇(천우)	1209~1276	退思齋	文臣 字 之一 本貫 務安 僉議贊政使 諡號 文度 平章事
柳千之(천지)	1616~1689	漁隱	文臣 字 子强 本貫 豊山 父 袗 司憲府掌令 著書 遺稿
兪㯙(철)	1606~1671	醉翁	文臣 字 方叔 本貫 杞溪 父 省曾 祖父 大義 外祖 具濬 大司憲 著書 醉翁集
兪撤(철) →兪㯙			
柳鐵堅(철견)	朝鮮	暘谷	字 汝壽 本貫 高興 察訪

人名	年代	號	其他
柳喆祚(철조)	朝鮮	疏軒	文臣 字 重吉 本貫 豊山 高城郡守
柳橪(첨)	朝鮮	謙謹齋	學者 字 整夫 本貫 豊山
柳燂然(첨연)		結網窩	本貫 晉州 父 忠傑
柳清臣(청신)	1257~1329	信菴 新齋	武臣 字 守長 本貫 高興 封號 高興府院君 都僉議政丞 諡號 英密 著書 文集
劉青鶴(청학)	朝鮮	果老	文臣 字 大峰 本貫 慶州 同知中樞府事
柳初(초)	1584~1658	柳川	學者 字 士一 本貫 豊山 父 成龍 外祖 張潤業 著書 柳川集
兪初煥(초환)	1819~?	南岡	字 伯善 本貫 杞溪 父 華柱 參議 著書 文集
侑聰(유총)	1813~1886	碧梧	僧侶 俗姓 崔氏 父 江遜
有聰(유총) →侑聰			
兪最基(최기)	1689~1768	樂軒 無愁翁 無愁亭 自樂軒	文臣 字 良甫 本貫 杞溪 父 明健 右贊成 諡號 貞簡
柳最鎭(최진)	1791~1869	病唫 病樵 山樵 雲山 己酉 鼎庵 樵山 學山 學山木齋	畫家 字 美哉 本貫 晉州 直長
柳春發(춘발)	1536~1609	觀瀾	字 仲華 本貫 高興 淸州判官 著書 文集
柳春成(춘성) →柳成春			
柳春壽(춘수)	朝鮮	白雲	學者 本貫 全州
柳春植(춘식)		樂齋	字 汝固
柳春英(춘영)	朝鮮	竹溪	字 子華 本貫 高興 司直
柳春榮(춘영)	朝鮮	湖巖	學者 本貫 全州
柳春荏(춘필)	朝鮮明宗	丹邱	壬辰殉節 本貫 高興
柳春華(춘화)		寅齋	本貫 文化
柳忠健(충건)		樂峯	本貫 文化
柳忠傑(충걸)	1588~1665	錦沙	文臣 字 藎伯 本貫 晉州 父 珩 縣監 著書 文集
柳忠立(충립)	1582~?	雙柏	字 可移 本貫 文化 父 希鑑
柳忠恕(충서)	朝鮮	直齋	本貫 高興 父 汶
柳忠貞(충정)		藏春亭	本貫 高興
劉治(치)	朝鮮	青遊	本貫 江陵 兵曹判書
兪致慶(치경)	韓末	桃津	學者, 志士 本貫 仁同
柳致球(치구)	1798~1854	小隱	學者 字 來鳳 鳴寧 本貫 全州 父 相文 系 斗文 外祖 趙命復 著書 小隱文集
柳稚均(치균)	1862~1910	晦岡	學者 字 子中 本貫 文化 父 燦明 外祖 鄭邦續 著書 晦岡遺稿
兪致紀(치기)		月峯	本貫 杞溪 祖父 德柱

人名	年代	號	其他
柳致德(치덕)	1823~1881	近庵	學者 字 道峻 本貫 全州 父 渾文 外祖 南景黙 著書 近庵文集
兪致德(치덕)		石圃	本貫 杞溪
兪致道(치도)		松亭	本貫 杞溪 父 柏煥
柳致明(치명)	1777~1861	定齋	文臣, 學者 字 誠伯 本貫 全州 父 晦文 南漢朝 門人 同知春秋館事 著書 定齋集
柳致明(치명)		秀巖	
柳致睦(치목)	朝鮮純祖	厓雲	文臣 字 定吾 本貫 豊山 右承旨
兪致範(치범)		守愚	著書 文集
兪致伯(치백)	朝鮮	聽松子	本貫 杞溪 父 慶煥
兪致鳳(치봉)	1826~?	霞山	書畵家 本貫 杞溪 參奉
劉穉三(치삼)	朝鮮後期	學溪	
兪致善(치선)	1813~?	溪堂	字 子慶 本貫 杞溪 父 仁煥
柳致性(치성)		畸堂	著書 文集
兪致誠(치성)		杞山	字 景明 本貫 杞溪
兪致崇(치승)	1804~?	杞山	字 時顯 本貫 杞溪 父 日煥 系 瑞煥
柳致儼(치엄)	朝鮮	萬山	
柳致榮(치영)	朝鮮	志涯	文臣 字 位汝 本貫 豊山 秘書院丞
柳致遇(치우)	朝鮮後期	雅林	字 呂卿
兪致雄(치웅)		一滄	著書 文集
庾致膺(치응)	朝鮮	柏軒	字 德範 本貫 茂松 父 錫禹
兪致益(치익)	韓末	芝山	
兪致佺(치전)	朝鮮後期	堯仙	
兪致八(치팔)		懷堂	本貫 杞溪
柳致皜(치호)	1800~1862	東林	學者 字 濯叟 本貫 全州 父 後文 外祖 金顯運 泰陵參奉 著書 東林文集
柳致鎬(치호)	→柳致皜		
柳濯(탁)	1311~1371	誠齋	文臣 字 春卿 本貫 高興 父 有奇 僉議政丞 諡號 忠正
兪濯(탁)	1544~?	新谷 圃翁	字 子新 本貫 昌原 父 必弘
柳泰明(태명)	1666~1716	玄山翁	文臣 本貫 全州 經筵館修撰官
柳泰燮(태섭)		春汀	著書 文集
柳泰泳(태영)		伴鷗亭	本貫 文化 父 壽元
柳泰英(태영)		智軒	著書 智軒集
柳台佑(태우)	→柳台佐		
劉台齊(태제)	朝鮮	蘿隱	本貫 全州

人名	年代	號	其他
柳台佐 (태좌)	1763~1837	鶴棲	文臣, 學者 字 士鉉 本貫 豊山 父 師春 外祖 李億之 大司諫 著書 鶴棲集
俞台柱 (태주)	朝鮮	鶴巖	本貫 杞溪 父 漢樞
柳台衡 (태형)	1826~1904	三星齋	著書 文集
劉泰勳 (태훈)	朝鮮	復齋	委巷人 字 讓之 本貫 江陵 父 相祐
柳澤昇 (택승)	1851~1911	直方	著書 文集
柳八源 (팔원)		愚堂	著書 愚堂先生文集
柳彭老 (팽로)	1554~1592	月坡 未詳子	義士 字 君壽, 亨叔 本貫 文化 父 景顏 追贈 司諫 著書 月坡集
柳玶 (평)	朝鮮仁祖	松庵	義兵 字 和甫 本貫 瑞山 父 公進 金長生 門人
柳平佑 (평우)	1804~1861	慕軒	學者 字 季正 本貫 文化 父 文翼 著書 慕軒集
柳苞 (포)	朝鮮	嘉村 泛齋	文臣, 學者 字 子包 本貫 晉州 縣令
劉布慶 (포경) →劉希慶			
柳灃 (픙)	朝鮮	柳洲	學者 字 東于 本貫 豊山
柳必經 (필경)	朝鮮	龍津居士	字 天經 本貫 晉州 掌樂院正
柳必永 (필영)	1841~1924	西坡	學者 字 景達 本貫 全州 父 定鎭 外祖 權敎相 著書 西坡文集
柳必源 (필원)	1625~1684	一萍	字 源伯 本貫 高興 戶曹參判 著書 文集
柳必遠 (필원) →柳遠必			
庾必遠 (필원)	朝鮮	湖隱	委巷人 字 士長
俞必仁 (필인)	朝鮮宣祖	三湖	文臣 字 元伯 本貫 昌原
劉弼顯 (필현)	朝鮮	東村	本貫 江陵 父 萬甲
柳必勳 (필훈)		黙堂	字 聖瑞 本貫 晉州
柳河龍 (하룡)	1808~1870	永思軒	字 淸彦 本貫 文化 父 相祐 著書 文集
柳河範 (하범)	?~1886	屏窩	著書 屏窩遺稿〈屏湖世稿〉
柳夏相 (하상)		醒石	著書 文集
俞夏益 (하익)	1631~1699	百忍堂	文臣 字 士謙 本貫 杞溪 祖父 羲曾 左參贊
柳㮹 (학)	1609~1688	冶溪	著書 冶溪遺稿〈天台世稿〉
柳學承 (학승) →柳學永			
柳學永 (학영)	朝鮮純祖	愚溪	書藝家 字 悅卿 本貫 晉州 父 最鎭
俞學曾 (학증)	1576~1615	龍淵	字 魯翁 本貫 杞溪 父 大修
有閑 (유한)	1813~1882	應化	僧侶 字 心珒
劉漢儉 (한검)	1775~1865	退修堂	文臣, 學者 字 士賢 本貫 江陵 父 景鎭 外祖 裵三贊 知中樞府事 著書 退修堂遺稿
劉漢謙 (한겸)	朝鮮	蘆邨	委巷人 字 士受 奎章閣胥吏
俞漢炅 (한경) →俞漢雋의 初名			

人名	年代	號	其他
柳漢奎(한규)	1718~1783	愛吾子	字 瑞五 本貫 晋州 父 純 祖父 應運 木川縣監
劉漢良(한량)	朝鮮宣祖	隱齋	忠臣 字 忠謙 本貫 江陵 父 賢 祖父 繼周 茂長縣監 著書 文集
劉漢廉(한렴)	朝鮮	竹園	委巷人 字 士范 本貫 南原 父 匡鎭 奎章閣胥吏
柳漢明(한명)	朝鮮	知足堂	文臣 字 叔章 本貫 文化 判中樞府事
劉漢明(한명)	朝鮮	樵隱	本貫 居昌 父 啓昊
柳漢相(한상)	1707~1770	蠶西窩	文臣 字 子良 本貫 文化 通德郞 著書 遺稿
兪漢遇(한우)	朝鮮英祖	竹西	字 會而 本貫 杞溪
劉早雨(한우)	朝鮮初期	望雲	字 天瑞 本貫 居昌
兪漢翼(한익)	1840~1923	海觀	書藝家 本貫 杞溪
劉漢翼(한익)	→兪漢翼		
兪漢人(한인)	1741~1806	陶庵	文臣, 學者 字 汝玉 本貫 杞溪 父 彦益 追贈 吏曹判書
劉漢偵(한정)	朝鮮	謙窩	本貫 居昌 父 啓春
兪漢雋(한준)	1732~1811	著庵 蒼厓	學者 字 曼倩, 汝成 本貫 杞溪 南有容 門人 刑曹參議 著書 著庵集
柳漢禎(한정)	1627~1692	烏園	著書 烏園遺稿〈文城世稿〉
兪漢楫(한즙)	朝鮮純祖	翠苕	委巷人 字 慶之 本貫 沔川
兪漢芝(한지)	1760~?	綺里 綺園	書藝家 字 德輝 本貫 杞溪 父 彦鏞 縣監
柳漢徵(한징)		永慕齋	本貫 文化
兪漢喆(한철)	朝鮮後期	南卷	本貫 杞溪 父 彦儒
兪漢樞(한추)	朝鮮	攬溪	本貫 杞溪 父 彦一
兪漢春(한춘)	朝鮮	愚觀	書藝家 本貫 杞溪
劉漢春(한춘)	→兪漢春		
劉漢澤(한택)	朝鮮	南溪	委巷人 字 德源 本貫 慶州
柳涵(함)	→柳極		
柳恒(항)	1574~1647	九峯 蓬窓	文臣 字 汝常 本貫 全州 父 永吉 江原道觀察使 著書 九峯集
劉沆(항)	朝鮮純祖	蟲山	孝子, 書畫家
柳恒春(항춘)	朝鮮英祖	逸齋	本貫 文化 父 蕢
兪瀣(해)	1541~1629	松庵	學者, 文臣 字 淑夫 本貫 昌原 父 必崇 李珥 門人 僉知中樞府事
柳海珍(해진)	1753~1821	槐泉	著書 槐泉先生文集
柳珦(향)		守齋	本貫 文化
柳虛一(허일)	1882~1958	柳山	
柳軒(헌)	1462~1506	駱峯	文臣 字 伯興 本貫 全州 父 季潼 大司諫

人名	年代	號	其他
兪櫶(헌)	1617~1692	松亭 松汀	文臣 字 晦伯 本貫 杞溪 父 希曾 禮曹參判
柳軒(헌)		西坡	本貫 文化 父 自湄
柳憲章(헌장)	1658~1712	陶村	文臣 字 子維 本貫 晉州 父 星三 府尹
柳憲周(헌주)	朝鮮正祖	月樵	文臣 字 士吉 本貫 晉州 父 經章 承旨
柳赫然(혁연)	1616~1680	野堂 四靑軒 筆心齋	武臣 字 晦爾 本貫 晉州 父 孝傑 追贈 領議政 諡號 武愍 著書 野堂遺稿
柳俔(현)	朝鮮成宗	遂初堂	文臣, 學者 著書 遂初堂遺稿
庾玹(현)	朝鮮	丹泉	委巷人 字 玄玉 著書 丹泉集
柳絢秀(현수)	1798~1859	川愚	著書 文集
柳顯時(현시)	1667~1752	壺窩	學者 字 達夫 本貫 全州 父 啓輝 外祖 李朝英 同知中樞府事 著書 壺窩遺稿
柳賢佑(현우)		半洲	著書 文集
劉玄源(현원)	朝鮮	松齋	本貫 江陵 父 錫祚
柳協基(협기)	1732~1801	晚聾	文臣, 學者 字 士寅 本貫 晉州 父 顯章 外祖 朴泰慶 著書 晚聾遺稿
柳衡(형)	朝鮮初期	无閱堂	本貫 文化 父 元顯 縣監
兪炯(형)	1482~1525	桃園	文臣 字 明仲 本貫 昌原 父 世健 淸風郡守
柳珩(형)	1566~1615	石潭	武臣 字 子溫 本貫 晉州 父 溶 祖父 振仝 黃海道兵馬節度使 諡號 忠景 著書 文集
有炯(유형)	1824~1889	雪竇	僧侶 本貫 完山 俗姓 李氏 初名 奉琪 著書 禪源溯類
劉炳(형)		學塘	著書 文集
劉亨貴(형귀)	高麗末	節隱	字 道乾 本貫 居昌 上護軍
兪亨吉(형길)	朝鮮	慕谷	文臣 字 會甫 本貫 杞津 承政院左副承旨
柳馨淳(형순)	1763~1835	松溪	著書 松溪松下蒙訓
柳馨遠(형원)	1622~1673	磻溪 磻谷	學者 字 德夫 本貫 文化 父 欽 追贈 戶曹參議 著書 磻溪隨錄
柳衡鎭(형진)	1796~1864	同窩 大瓢畸人	學者 字 殷老 本貫 全州 父 致奎 外祖 金涑 著書 同窩集
柳惠魯(혜로)		匡廬	本貫 晉州
柳惠蓀(혜손)	高麗	玻隱	本貫 晉州 父 洧 祖父 仁庇
柳惠源(혜원)	1632~1695	虛齋	學者 字 源仲 本貫 高興 父 永達 著書 虛齋集
柳惠和(혜화)	1692~?	景關齋	著書 文集
柳灝(호)	1556~1646	磊川 磊川處士	學者 著書 磊川集
柳昊(호)		孤亭	本貫 全州 父 復立 洗馬
柳湖(호)		楊湖	

人名	年代	號	其他
劉湖(호)		心潭齋	著書 心潭齋劉先生文集
柳壕(호)		壓清堂	本貫 高興
劉浩(호)	朝鮮	休堂	字 汝大 本貫 居昌 同知中樞府事
柳浩(호) →柳活			
柳浩根(호근)	1861~?	四可	字 孝伯 本貫 完山 著書 四可集
柳浩錫(호석)	朝鮮	慕愚庵	學者 字 君哲 本貫 高興
劉好義(호의)	朝鮮	山齋	字 克信 本貫 江陵 義禁府都事
俞好仁(호인)	1445~1494	㵢溪 林溪	文臣 字 克己 本貫 高靈 父 陰 金宗直 門人 陜川 郡守 著書 㵢溪集
劉好仁(호인)	朝鮮英祖	天放翁 山堂 天放	學者 字 克己 本貫 居昌 父 善實 著書 天放翁集
劉焜(혼) →劉崑			
俞泓(홍)	1524~1594	松堂 退憂堂	文臣 字 止叔 本貫 杞溪 父 縮 祖父 汝霖 外祖 南忠世 封號 杞城府院君 左議政 諡號 忠穆 著書 松堂集
俞鴻觀(홍관)		逸圃	本貫 杞溪
劉鴻基(홍기)	1831~?	大致 大癡 如如	開化思想家 字 聖達 本貫 漢陽
劉洪烈(홍렬)	1865~1933	紫下	著書 紫下遺稿
柳洪烈(홍렬)	1890~?	松隱	著書 松隱遺稿
劉泓烈(홍렬)		松湖	本貫 江陵
柳洪林(홍림)	高麗忠烈王	晴巒	本貫 晉州 戶部尚書 封號 晉陽府院君
柳洪錫(홍석)	朝鮮	聾窩	本貫 瑞山 父 在水
柳弘錫(홍석)	1841~1913	畏堂	義兵 字 孝伯 本貫 高興 著書 文集
柳洪星(홍성)		梅軒	本貫 高興 祖父 永海
俞弘淳(홍순)	朝鮮	逸窩	本貫 杞溪 父 鎭九
柳弘源(홍원)		江浦	學者 字 汝遠 本貫 晉州 父 晉鉉 外祖 金履瑞 著書 江浦文集
柳弘源(홍원)	1716~1781	盤谷	本貫 晉州 父 鎭世
劉弘源(홍원)	朝鮮	仙蒼	文臣 字 弘稙 本貫 慶州 司正 著書 仙蒼集
柳䄷(화)	1631~1697	守拙齋	學者, 文臣 字 叔惠 本貫 全州 父 東罔 外祖 蘇鳴國 興海郡守 著書 守拙齋遺稿
柳詠(화)	1779~1821	拜經堂 芝山	學者 字 和之 本貫 全州 父 義養 外祖 趙懿 著書 拜經堂詩稿
柳鞾(화)	朝鮮	樹谷	文臣 字 善叔 本貫 晉州 禮曹參判
柳化權(화권)	1779~?	瀛洲	著書 文集
柳華老(화노) →柳莘老			
俞華柱(화주)	1797~?	鏡湖 錦湖 精一齋 鍾湖	書畫家 字 聖執 本貫 杞溪 父 漢芝

人名	年代	號	其他
兪和濬(화준)		存修齋	本貫 杞溪 祖父 致八
兪華煥(화환)		鳳先	著書 鳳先遺稿
柳確淵(확연)	1851~1923	難齋	本貫 高興 著書 文集
劉懽(환)	高麗恭愍王	瀅溪	文臣 字 國老 本貫 居昌 父 洽
柳紈(환)	朝鮮	梨庵	本貫 文化 父 春亨
柳㙤(환) →柳塤			
劉煥睦(환목)	朝鮮	獨樂	本貫 江陵 父 克洪
柳煥補(환보)	朝鮮	東亭	本貫 晉州
柳活(활)	1676~?	泰宇	文臣 字 源叔 本貫 興陽 父 夢彪 吏曹正郎 著書 泰宇集
兪㮨(황)	1599~1655	鳳洲	文臣 字 典叔 本貫 杞溪 父 省曾 李廷龜 門人 左承旨 諡號 忠簡 著書 鳳洲遺稿
柳璜(황)	朝鮮	楚隱	本貫 高興 父 益文
柳晦文(회문)	朝鮮純祖	寒坪	隱士 字 燁如 本貫 全州 父 星休 進士
柳晦植(회식)	朝鮮後期	琴下	
兪晦一(회일)	朝鮮肅宗	勿齋	隱士 學者 字 顯叔 本貫 昌原 父 瑒 禁府都事 著書 文集
兪晦日(회일) →兪晦一			
柳孝健(효건)	1577~?	松亭	字 止叔 本貫 文化 父 泳
柳孝潭(효담)	朝鮮世宗	楸泉 楸川	文臣 本貫 全州 執義 父 汀
劉孝黙(효묵)	朝鮮	友仁堂	本貫 居昌 父 遇元
柳逅(후)	朝鮮	醉雪	文人 字 自相 祖父 淦
柳厚(후)		謹齋	本貫 瑞寧
柳後光(후광)	1648~1715	玉皐	文臣 字 晦夫 本貫 豊山 父 世哲 知禮縣監 著書 文集
柳垕明(후명)	朝鮮	大守軒	孝子 字 聖卽 本貫 文化 祖父 德龍
柳後聖(후성)	朝鮮仁祖	晚翠軒	文臣 字 一叔 本貫 晉州 知中樞府事
柳厚烈(후열)	1867~1919	後西	著書 文集
柳後玉(후옥)	1650~1706	蘭溪	著書 蘭溪遺稿〈壯巖世稿〉
柳後章(후장)	1650~1706	主一齋	學者 字 君晦 本貫 豊山 父 萬河 世子侍講院諮議 著書 主一齋集
柳厚祚(후조)	1798~1876	洛坡 梅山 嶺梅	文臣 字 載可 本貫 豊山 父 尋春 判中樞府事 諡號 文憲
柳後賢(후현)	朝鮮	安窩	學者 本貫 豊山
柳塤(훈)		杜浦 幽溪 清溪	文臣 字 克和 本貫 全州 父 世龜 祖父 軒 刑曹判書
兪勛相(훈상)	朝鮮	圓菴	文臣 字 堯卿 本貫 耽津 僉知中樞府事

人名	年代	號	其他
柳萱(훤)	1586~1654	節初堂	學者, 文臣 字 汝實 本貫 文化 父 公亮 外祖 閔思溫 儀賓府都正 著書 節初堂集
柳諱(휘) →柳湋			
柳徽文(휘문)	1773~1827	好古窩	學者 字 公晦 本貫 全州 父 萬休 祖父 正源 外祖 金顯東 柳長源 門人 莊陵參奉 著書 好古窩文集
柳輝世(휘세)	1617~1677	守拙	學者 字 景甫 本貫 晉州
柳彙進(휘진)	1556~1593	晩翠堂 竹塢	字 彦遇 本貫 瑞山 父 洙
柳暉喆(휘철)		兩棄堂	本貫 瑞山 祖父 益瑞
柳烋睦(휴목)	1596~?	直齋	本貫 豊山 著書 文集
柳憼(흠)	1596~1623	葆眞堂 龍門 龍川	文臣 字 敬伯 本貫 文化 父 成民 外祖 李光庭 李志完 婿 檢閱
柳欽睦(흠목)	1843~1910	克庵	學者 字 致潔 本貫 豊山 父 京祚 著書 克庵文集
柳興龍(흥룡)	1577~1656	塾翁	學者, 文臣 字 致雲 本貫 晉州 父 希齡 外祖 鄭利老 追贈 監察 著書 塾翁遺稿
柳興善(흥선)	1875~1951	東川	著書 東川遺稿
柳興埰(흥채)	1842~1894	川觀	學者 字 卿錫 本貫 文化 父 榮浩 外祖 成鼎休 著書 川觀逸稿
柳興必(흥필)		愛五堂	本貫 文化
柳僖(희)	1773~1837	南岳 丹邱 方便子 西陂 觀靑農夫 否翁	學者 字 戒仲, 戒仲 本貫 晉州 父 漢奎 外祖 李昌植 鄭東愈 門人 著書 諺文志
柳㙉(희)		石軒	著書 石軒先生實記
柳僖(희) →權僖			
劉希慶(희경)	1545~1636	村隱 市隱	學者 應吉 本貫 江華 南彦經 門人 追贈 判尹 著書 村隱集
柳希達(희달)	朝鮮宣祖	弄圃	本貫 文化 縣監
柳希亮(희량)	1575~1628	峯陰 霽嶠	文臣 字 龍卿 本貫 文化 父 自新 禮曹參判
劉憙烈(희열)	朝鮮	純黙堂	本貫 江陵 父 鳳述
柳希齡(희령)	1480~1552	夢菴 寄窩 夢窩	文臣 字 元老, 子罕 本貫 晉州 父 仁貴 外祖 李長生 吏曹參議 著書 夢菴集
柳希奮(희분)	1564~1623	華南	文臣 字 亨伯 本貫 文化 父 自新 外祖 鄭惟吉 兵曹判書
柳希奮(희분)		篠簧	著書 文集
柳熙緒(희서)	1559~1603	南麓	文臣 字 敬承 本貫 文化 父 埦 封號 濡城君
柳希松(희송)		新軒	本貫 瑞山
柳希榮(희영)	朝鮮宣祖	錦西	本貫 文化
柳熙永(희영)		醒齋	著書 文集

659

人名	年代	號	其他
柳熙乙(희을) →柳熙之			
俞希益(희익)	朝鮮	易菴	文臣 字 而濂 本貫 務安 父 定 大司成
柳希渚(희저)	1460~?	月灘	字 望之 本貫 文化 父 順行
柳熙之(희지)	1629~1712	蘭皐	著書 難皐遺稿〈壯巖世稿〉
柳希津(희진)	1558~1592	信巖	字 澤民 本貫 高興
柳希天(희천)		黙齋	著書 文集
柳希春(희춘)	1513~1577	眉巖 眉巖居士 寅齋 漣溪 漣溪傲翁	文臣 字 仁仲 本貫 善山 父 桂麟 崔山斗, 金安國 門人 追贈 左贊成 諡號 文節 著書 續緯辨
劉喜海(희해)	朝鮮後期	燕亭	
陸甲鼎(갑정) →陸用鼎			
陸圭行(규행)		醉古堂	
陸大春(대춘)	朝鮮明宗	敬庵	文人 本貫 沃川 著書 敬庵遺稿
陸東龜(동구)	朝鮮英祖	農窩	文人 本貫 沃川
陸麗(려)	高麗	德谷	文臣 本貫 沃川 都巡察使
陸萬鼎(만정)	1721~1792	追慕窩	學者 字 復元 本貫 沃川 父 載宇 外祖 安詻 著書 追慕窩集
陸萬貞(만정) →陸萬鼎			
陸明煥(명환)	朝鮮	錦東	本貫 沃川 義禁府都事 著書 遺稿
陸炳淑(병숙)		潭齋	著書 潭齋先生文集
陸炳陽(병양)	韓末	祗隱	義兵
陸堡(보)	朝鮮仁祖	東皐	本貫 沃川
陸奉天(봉천)		松窩	著書 松窩遺稿
陸相贊(상지)	朝鮮正祖	銀川齋	學者 本貫 沃川 著書 銀川齋遺稿
陸用鼎(용정)	1842~188)	宜田	文臣 本貫 沃川 父 炳圭 著書 宜田文稿
陸用弼(용필)	朝鮮高宗	石年	本貫 沃川 父 炳圭 著書 石年遺稿
陸林一(임일) →睦林一			
陸在坤(재곤) →陸用鼎의 初名			
陸定洙(정수)	韓末開化期	蕉雨堂主人	新小說作家
陸鍾允(종윤)	韓末~日帝	玉田	參議
陸之逈(지형)	朝鮮後期	錦隱	學者 本貫 沃川
陸昌明(창명) →睦昌明			
陸天成(천성) →睦天成			
陸天任(천임) →睦天任			
陸行善(행선) →睦行善			

人名	年代	號	其他
陸鴻運(흥운)	朝鮮肅宗	石亭	學者 本貫 沃川 著書 石亭遺稿
陸洪鎭(흥진)	朝鮮正祖	文巖	學者 本貫 沃川 掌議 著書 文巖遺稿
尹氏(씨)		訥軒	著書 文集
尹家默(가묵)	1805~1890	南豊 訥軒	字 可先 本貫 坡平 父 秉頤 著書 文集
尹玾(갑)	朝鮮後期	三省齋	字 君玉 本貫 南原
尹絳(강)	1597~1667	無谷	文臣 字 子駿 駿苔 本貫 坡平 父 民獻 鄭廣成 婿 吏曹判書
尹剛元(강원)	?~1572	棄菴 棄仁齋 棄齋	文臣 字 景仁 本貫 南原 父 霆 祖父 譓 追贈 大司憲
尹剛中(강중)		石門 石亭	本貫 海南 父 復
尹漑(개)	1494~1566	黙齋 西坡 松坡 晦齋	文臣 字 汝沃 本貫 坡平 父 季孫 金安國 門人 左議政 封號 錦平府院君
尹塏(개)		古心堂	本貫 坡平
尹揩(개) →尹楷			
尹居衡(거형)	1654~1715	松坡	學者, 文臣 字 任重 本貫 坡平 父 泰運 廟洞權管
尹儉(검)		藍川	字 任重 本貫 坡平 父 延勳
尹潔(결)	1517~1548	醉夫 醒夫	文臣 字 長源 本貫 南原 父 時傑 副修撰 著書 醉夫集
尹璟(겸)	1601~1665	梧翁	文臣 字 汝玉 本貫 坡平 父 慶承 奉常寺正
尹謙(겸)		槐亭	本貫 漆原
尹絅(경)	1567~1664	岐川	文臣 字 美仲 本貫 坡平 父 大老 判敦寧府事 諡號 靖僖
尹坰(경)	朝鮮	希齋	本貫 坡平 父 三山 參判
尹敬教(경교)	1632~1691	長湖	文臣 字 養一 本貫 坡平 父 抃 提學 著書 長湖封事
尹庚圭(경규)		白堂	字 聖照
尹景男(경남)	1556~1614	瀯湖	學者 字 汝述 本貫 坡平 父 殷臣 追贈 大司憲 著書 瀯湖實記
尹慶祿(경록)		秋溪	字 脣善 本貫 坡平
尹敬龍(경룡)	1686~1744	獨醒齋	字 雲仲 本貫 漆原 父 志淳 觀察使
尹敬立(경립) →尹毅立			
尹京善(경선)	朝鮮後期	錦沙	
尹京兆(경조)	朝鮮後期	鶴山	
尹敬中(경중) →尹敬立			
尹景平(경평)		臨齋	著書 臨齋遺稿
尹璟赫(경혁)		砥湖	著書 文集
尹耕賢(경현)	朝鮮明宗	澹隱居士	本貫 坡平 父 紲

人名	年代	號	其他
尹棨(계)	1583~1636	薪谷 林湖 圃巖	文臣 字 信伯 本貫 南原 父 衡甲 祖父 暹 外祖 黃致敬 封號 龍原君 應敎 諡號 忠簡 著書 薪谷集 〈帶方家藏〉
尹堦(계)	1622~1692	霞谷	文臣 字 泰升, 泰昇 本貫 海平 父 勉之 祖父 暉 外祖 慶遑 洪霙 婿 左參贊 諡號 翼正 著書 霞谷集
尹棨(계)	朝鮮	思補	本貫 漆原 父 鳴道
尹繼善(계선)	1577~1604	坡潭 坡洲	文臣 字 而述 本貫 坡平 父 希宏 系 希定 平安道 都事
尹啓昇(계승) →尹啓鼎			
尹啓鼎(계정)	朝鮮後期	德谷	學者 字 仲沃 本貫 咸安 父 殼 著書 德谷集
尹坤(곤)	朝鮮太宗	菊陰	本貫 坡平 父 永順
尹坤(곤)	朝鮮中期	翠山	本貫 海平 父 悅之 縣令
尹珙(공)	1574~1617	海客	文臣 字 元璧 本貫 海平 父 承勳 修撰
尹孔洙(공수)	朝鮮高宗	鶴圃	本貫 坡平
尹瓘(관)	?~1111	嘉谷	字 公憲, 同玄 本貫 茂松 司憲府監察 著書 文集
尹寬(관)	1490~1550	三休堂 三休子	學者 字 栗翁 本貫 南原 父 就 祖父 匡殷 外祖 李緯 宋命昌 婿 趙光祖 門人 軍資監判官
尹寬懸(관현)	1745~1823	竹麓	著書 竹麓遺稿
尹光啓(광계)	1559~?	橘屋	文臣 字 景說 本貫 海南 父 和中 祖父 行 趙憲 門人 工曹判書 著書 橘屋集
尹光齡(광령)	朝鮮中宗	懶菴 懶隱 懶齋	字 彦叟 本貫 坡平 父 俶
尹光錫(광석)	1832~?	藕堂	書藝家 字 國賓 本貫 坡平
尹光紹(광소)	1780~1786	素谷	文臣 字 稚承 本貫 坡平 父 東奎 外祖 孟淑章 知敦寧府事 著書 素谷先生遺稿
尹光心(광심)		並世	著書 並世集
尹光顏(광안)	1757~1805	盤湖 止軒	文臣 字 復初 本貫 坡平 父 東美 慶尙道觀察使 編書 尹忠憲實記
尹光顏(광안)		夅倚齋	著書 文集
尹光演(광연)	1778~1838	坦齋 坦園	字 明直 本貫 坡平 父 東燁
尹光玉(광옥)		靑峀齋	字 輝瑞 著書 文集
尹光鼎(광정)	朝鮮肅宗	卓峰	本貫 坡平 父 彙昌 生員
尹光周(광주)	朝鮮英祖	龍門	學者 本貫 坡平
尹光濩(광호)		念齋	著書 文集
尹衢(구)	1495~?	橘亭	文臣 字 亨仲 本貫 海南 父 孝貞 祖父 耕 注書 著書 橘亭集
尹俅(구)	朝鮮	翠梧亭	學者 本貫 海南
尹坵(구)	朝鮮中期	醉醒翁	本貫 海平 父 新之

人名	年代	號	其他
尹桨(子)		楓灘	字 子恭 本貫 坡平 父 漑
尹龜相(구상)	朝鮮後期	雪洲	本貫 海平 父 澤休
尹國馨(구형)	1543~1611	達川 達村 恩省	字 粹夫 本貫 坡平 父 希廉 同知中樞府事 著書 甲辰漫筆
尹君玉(군옥)		河濱	著書 河濱遺稿
尹奎(규)	朝鮮中期	獨醒齋	文臣 字 文伯 本貫 南原 父 正元 祖父 霆 掌令
尹奎(규)		月塢 月湖	本貫 坡平
尹揆(규)	朝鮮中期	月梧	本貫 坡平 父 海擧
尹奎東(규동)	朝鮮純祖	畸竹	文人 字 孟輝
尹奎白(규백)	朝鮮純祖	海莎 海槎	文臣 本貫 海南 父 擡
尹奎範(규범)	1752~1846	南皐	文臣 字 彝敍 本貫 海南 父 悌 祖父 善道 兵曹參議兼五衛將
尹奎遠(규원)	韓末~日帝	石隱	本貫 漆原
尹奎應(규응)	朝鮮正祖	少皐	字 无咎 本貫 海南
尹困(균)		溪石	本貫 坡平
尹根(근)	1574~?	梅陰	文臣 字 晦遠 本貫 坡平 父 希吉 追贈 都承旨
尹根壽(근수)	1537~1616	月汀 畏菴	文臣, 學者 字 子固 本貫 海平 父 忭 左贊成 封號 海平府院君 諡號 文貞 著書 月汀集
尹金孫(금손)	1458~1547	西坡	字 引止 本貫 坡平 父 之岡
尹汲(급)	1679~1770	近菴	文臣 字 景孺 本貫 海平 父 世綏 李縡, 朴弼周 門人 吏曹判書 諡號 文貞 著書 近菴集
尹兢(긍)	1432~1492	竹齋	文臣 字 敬夫 本貫 海平 父 士昐 戶曹判書 諡號 恭簡
尹兢周(긍주)	1853~1812	顧堂	文臣, 學者 字 淵如 本貫 坡平 父 麟普 外祖 金獻淳 著書 顧堂集
尹祁(기)	1535~1607	艮輔	文臣 字 伯說 本貫 南原 初名 箕 父 剛元 僉知中樞府事 諡號 孝貞
尹紀(기)	朝鮮中期	鳳亭	文臣 本貫 坡平 父 元凱 判官
尹愭(기)	1741~1826	無名子	文臣, 學者 字 敬夫 本貫 坡平 父 光普 外祖 元一瑞 戶曹參議 著書 無名子集
尹箕(기) →尹祁			
尹起東(기동)		謹齋	本貫 坡平
尹耆東(기동) →尹蓍東			
尹起文(기문)	朝鮮	松窩	本貫 坡平 父 傑
尹起三(기삼)	朝鮮中期	丹梧	本貫 坡平 父 元龍 成渾, 李珥 門人
尹起三(기삼)		月梧堂	本貫 坡平 監察
尹起元(기원)	朝鮮純祖	春窩	本貫 坡平 父 成勳 祖父 正采

人名	年代	號	其他
尹驥遠(기원)	朝鮮	樵山	本貫 漆原 父 炳洪
尹基周(기주)	朝鮮後期	晚翠	
尹起晉(기진)	朝鮮純祖	蘇山	本貫 坡平 父 命勳 祖父 敎采
尹璣鎭(기진)		菊坡	本貫 坡平
尹基夏(기하)	朝鮮	瑞岡	字 敬彦 本貫 海南 副護軍
尹耆獻(기헌)	朝鮮宣祖	長貧子	學者, 文臣 字 元翁 本貫 南原 父 自新 李珥 門人 封號 龍城君 漢城府左尹 著書 長貧胡撰
尹趌(길)	1564~?	南坡 夢坡	字 汝直 本貫 坡平 父 時衡
尹吉(길)		遯翁	本貫 坡平
尹吉求(길구) → 尹吉永			
尹吉永(길영)	1853~1906	惠園	文臣 字 宜卿 本貫 海平 父 宇善 系 寂善 祖父 致 定 外祖 李寅起 奉常寺提調
尹洛(낙)	朝鮮宣祖	東湖	學者, 文臣 字 得仲 本貫 坡平 敬陵參奉
尹洛鉉(낙현)		秋溪	著書 文集
尹樂浩(낙호)	朝鮮	知足堂	字 嘉顯 本貫 海南 副護軍
尹寧(녕)	朝鮮中期	櫟翁	學者 字 靜佳 本貫 坡平
尹魯東(노동)	1753~?	蓉西	文臣 字 聖詹 本貫 海平 父 得秀 知中樞府事
尹達善(달선)	朝鮮純祖	壺山	學者 著書 廣寒樓樂府
尹儋(담)	朝鮮中期	梅軒	本貫 南原 父 以烈
尹聃(담)	朝鮮	止谷	文臣 字 眉叟 本貫 永川 僉知中樞府事
尹覃(담) → 尹覃休			
尹覃林(담림) → 尹覃休			
尹覃茂(담무)	朝鮮宣祖	鳳灘	文臣 字 仲蕃 本貫 坡平 父 棐 祖父 溉 副提學
尹覃厚(담후) → 尹覃休			
尹覃休(담휴)	1544~1585	寒溪	文臣 字 伯亨 本貫 坡平 父 棐 左通禮
尹大召(대소)	朝鮮	鶴皐	本貫 坡平 父 永穆
尹大淳(대순)	1779~1865	活水翁	學者 字 子輝 本貫 坡平 父 鐸 金道炳, 李元培 門人 追贈 吏曹參判 著書 活水翁遺稿
尹大畜(대축)	朝鮮宣祖	伴琴堂	學者 本貫 南原
尹大亨(대형)		六悟堂	本貫 坡平 父 俔
尹德陸(덕륙)		靜修	著書 靜修集〈坡山世稿〉
尹德炳(덕병)		雲溪	本貫 坡平 父 恒植
尹德榮(덕영)	1873~?	桐陰	字 季德 本貫 海平 父 徹求
尹德一(덕일)	朝鮮後期	老樵	字 汝咸 本貫 坡平 父 鼎肅

人名	年代	號	其他
尹德周(덕주)	朝鮮	坡原	委巷人 字 希伯 本貫 坡平
尹德駿(덕준)	1658~1717	逸庵	文臣 字 邦瑞 本貫 南原 父 攀 左參贊 諡號 孝靖
尹德熙(덕희)	1685~?	駱西蓮翁 蓮圃 玄翁	畫家 字 敬伯 本貫 海南 父 斗緖 都事
尹道遠(도원)	朝鮮	沙月軒	本貫 漆原 都摠管
尹暾(돈)	1551~1612	竹窓	文臣 字 汝昇 本貫 坡平 父 克新 禮曹判書 諡號 孝貞
尹敦(돈)		杏村	本貫 咸安
尹暾(돈) →尹敏			
尹敦夏(돈하)	朝鮮	濯斯	字 典五 本貫 海南 秘書丞
尹㴱(돌) →尹深			
尹洞(동) →尹洞			
尹東郊(동교)	1676~1730	此君軒	字 今汝, 命汝 本貫 漆原 父 世樞
尹東龜(동구)	朝鮮後期	石南	
尹東奎(동규)	1695~1773	邵南 龍湖	學者 字 幼章 本貫 坡平 父 就望 李瀷 門人 著書 邵南集
尹東度(동도)	1707~1768	南厓 柳塘	文臣 字 敬仲 本貫 坡平 父 惠教 領中樞府事 諡號 靖文
尹東老(동로)	1550~1635	水心 水心堂	文臣 字 期中 本貫 坡平 父 彦誠 外祖 趙又新 李珥 門人 封號 坡興君 同知中樞府事
尹東老(동로)	1579~1660	棠林 棠林處士	學者 字 君叟 本貫 海南 父 益慶 外祖 任悌男 著書 棠林遺稿
尹東里(동리)		草窓	
尹東美(동미)	朝鮮中期	艮窩	學者 本貫 坡平 父 恕教 著書 艮窩集
尹東暹(동섬)	1710~1795	八無堂	文臣 字 德升 本貫 坡平 父 彦教 系 顯教 戶曹參判
尹東洙(동수)	1674~1739	敬庵	學者, 文臣 字 士達, 大源 本貫 坡平 父 白教 工曹參議 著書 敬庵先生逸稿
尹東野(동야)	1757~1827	弦窩 小心 弘窩	學者 字 聖郊, 孟郊 本貫 坡平 父 碩老 著書 弦窩集
尹東燁(동엽)	1734~1793	自齋	隱士 字 德輝 本貫 坡平 父 心震 著書 自齋遺稿
尹東源(동원)	1685~1741	一菴	學者 字 士正 本貫 坡平 父 行教 祖父 拯 進善 著書 一菴遺稿
尹東晳(동절)	1722~1789	老耘	文臣 字 與叔 本貫 坡平 父 勉教 漢城府判尹 著書 三官通
尹東貞(동정)	1677~1741	藍湖	本貫 坡平 著書 藍湖實記
尹東喆(동철)	?~1597	壺山	學者 字 吉老 本貫 海南 父 紳 系 約 外祖 吳聞慶 著書 壺山遺稿

人名	年代	號	其他
尹東哲(동철) →尹東晢			
尹東興(동흥)		五四齋	著書 文集
尹斗基(두기)→尹弘圭의 初名			
尹斗南(두남)	1837~1918	清波 清坡	書藝家 字 極老 本貫 坡平 父 之虎
尹斗敏(두민)		東山	本貫 坡平
尹斗緖(두서)	1668~1715	恭齋 駱峰 鍾厓 蓮翁	文人, 畵家 字 孝彦 本貫 海南 父 爾厚 系 爾錫 著書 文集
尹斗壽(두수)	1533~1601	梧陰	文臣 字 子仰 本貫 海平 父 忭 李滉 李仲虎 門 人 封號 海州府院君 領議政 諡號 文靖 著書 梧 陰遺稿
尹得觀(득관)	1710~1780	竹菴	學者 字 士實 本貫 海平 父 源 外祖 鄭津 著書 竹 菴文集
尹得冠(득관) →尹得觀			
尹得孚(득부)	1727~1799	信庵 信齋	文臣 字 士休 本貫 海平 父 源 朴弼周 門人 禮曹 參判兼左諭善 著書 信庵集
尹得商(득상)	朝鮮後期	伊川	
尹得叙(득서)	?~1733	止齋	本貫 海平 父 潝 著書 止齋詩集
尹得聖(득성)	朝鮮英祖	香西	文臣 字 君敬 本貫 海平 父 沆 刑曹參判
尹得莘(득신)	朝鮮後期	默軒	本貫 海平 父 夏明 祖父 世休
尹得莘(득신)		松菴	本貫 坡平
尹得悅(득열)		海沙	本貫 坡平
尹得運(득운)	朝鮮後期	白厓	本貫 海平 父 游
尹得載(득재)	1697~?	應休	文臣 字 字厚 本貫 海平 父 游 吏曹判書
尹得瞻(득첨)	朝鮮後期	桐陰	本貫 海平 父 潗
尹得鉉(득현)		止齋	
尹得衡(득형)	朝鮮後期	楓淵	本貫 海平 父 泳 參奉
尹得和(득화)	1688~1759	四休堂	文臣 字 德輝 本貫 海平 父 商明 大司憲
尹搢(륜)	朝鮮中期	野隱	文臣 本貫 坡平 父 光宅 祖父 東說 木川縣監
尹晚(만)	朝鮮後期	耻俗齋	本貫 坡平 父 霶遜
尹萬東(만동)	朝鮮後期	易安堂	本貫 海平 父 得莘 祖父 夏明
尹晚東(만동) →尹冕東			
尹萬恒(만항)	朝鮮	蘭溪	字 士久 本貫 海南 僉知中樞府事
尹梅(매)	朝鮮後期	醒齋	本貫 海平 父 衡志
尹孟學(맹학)	朝鮮	山齋	文臣 字 致彦 本貫 漆原 敦寧府都正

人名	年代	號	其他
尹冕東(면동)	1720~1790	娱軒 愰軒	文臣 字 儀甫, 子穆 本貫 海平 父 澤顯 外祖 趙輝璧 僉知中樞府事 著書 娱軒集
尹明倫(명륜)		艮翁	本貫 咸安
尹命圭(명규)	1775~?	鹿溪	字 天民 本貫 坡平 父 光廉 著書 鹿溪自集
尹命烈(명렬)	1762~1832	石圃	文臣 字 彦國 本貫 海平 父 起東 系 冕東 戶曹參判 諡號 忠憲 著書 石圃集
尹命相(명상)	朝鮮後期	一齋	文臣 本貫 海平 父 澤普 正字
尹鳴殷(명은)	1601~1646	思亭	文臣 字 而遠 本貫 坡平 父 瑛 全羅道觀察使
尹明鉉(명현)	朝鮮憲宗	百千堂	字 新之 本貫 南原 父 行九 祖父 燧 追贈 吏曹參判
尹明禧(명희)		松坡	本貫 坡平 父 滋基
尹文擧(문거)	1606~1672	石湖	學者 字 汝望 本貫 坡平 父 煌 金集 門人 追贈 左贊成 諡號 忠敬 著書 石湖集
尹文東(문동)	朝鮮	梧下	文臣 字 景晦 本貫 海平 刑曹參判
尹文學(문학) →尹文擧			
尹堳(미)	朝鮮中期	洛西	本貫 海平 父 悅之
尹曉(민)	朝鮮後期	霜浦	本貫 海平 父 根壽 著書 文集
尹民性(민성)	朝鮮	東山	委巷人, 孝子 字 秀卿 本貫 坡平 敎官
尹民逸(민일)	1546~1635	芝山	文臣 字 顯世 本貫 坡平 父 儼 成渾 門人 東萊府使
尹敏學(민학)	朝鮮	竹巖	文臣 字 汝極 本貫 漆原 禮曹參議
尹民獻(민헌)	1562~1628	苔扉	文臣 字 翼世 本貫 坡平 父 儼 外祖 金澍 李珥, 成渾 門人 工曹參議
尹博(박)	1628~1675	梅村	學者 字 字上 本貫 坡平 父 文擧 外祖 李璥 著書 梅村遺稿
尹昉(방)	1563~1640	稚川 穉川	文臣 字 可晦 本貫 坡平 父 斗壽 李珥 門人 領中樞府事 諡號 文翼 著書 稚川集
尹坊(방)	1718~1795	醇齋	文臣 字 仲禮 本貫 坡平 父 光業 系 光祚 工曹判書
尹邦直(방직)	1755~1826	夢广	學者 字 乃承 本貫 漆原 父 燦然 外祖 方瑞興 著書 夢广遺稿
尹白南(백남)	1888~1954	敎重 眉峰	小說家
尹百順(백순)	朝鮮宣祖	石嶺	
尹百胄(백주)	1692~1756	泉窩	著書 文集
尹忭(변)	1495~1549	知足庵 知足	文臣 字 懼夫 本貫 海平 父 希琳 趙光祖 門人 軍資監正 著書 知足庵集

人名	年代	號	其他
尹炳九(병구)	朝鮮後期	小南	學者 著書 小南集〈坡山世稿〉
尹炳基(병기)		鹿東	著書 鹿東先生文集
尹炳斗(병두)	朝鮮	揚軒	學者 字 仲權 本貫 漆原
尹炳來(병래)	?~1869	丹厓	著書 丹厓集〈坡山世稿〉
尹炳謨(병모)	?~1934	弦齋	著書 弦齋集
尹炳穆(병목)	→宋炳穆		
尹炳碩(병석)	朝鮮	雲山	文臣 字 乃善 本貫 漆原 同知中樞府事
尹秉燮(병섭)		明潭	著書 明潭遺稿
尹秉綏(병수)	1850~?	念菴	字 景組 本貫 南原 父 泰成 系 泰經
尹炳順(병순)	朝鮮	石亭	文臣 字 澤汝 本貫 漆原 敦寧府都正
尹秉鐸(병슈)		竹窩	本貫 坡平
尹炳佑(병우)	朝鮮	竹西	本貫 漆原 父 時學
尹秉益(병익)	1824~1862	明潭	學者 字 士正 本貫 南原 父 泰周 外祖 黃基瓚 著書 明潭遺稿
尹秉益(병익)		小潭	著書 小潭遺稿
尹秉鼎(병정)	1822~1899	巴江	文臣 字 士弘 本貫 南原 父 泰周 俞莘煥 門人 判中樞府事 諡號 孝文 著書 巴江遺稿
尹炳周(병주)	朝鮮中期	山石	本貫 坡平 父 楠 參奉 著書 山石集〈坡山世稿〉
尹炳鎭(병진)	朝鮮	農巖	文臣 字 乃範 本貫 漆原 戶曹參議
尹柄馨(병형)		尋齋	著書 尋齋先生文集
尹炳皓(병호)	朝鮮	松菴	文臣 字 在洪 本貫 漆原 副護軍
尹炳皞(병호)		東隱	著書 文集
尹炳斅(병효)	1816~1886	華下	學者 字 周卿 本貫 坡平 父 楠 外祖 鄭時毅 著書 華下集
尹保(보)		士般	本貫 坡平
尹潽善(보선)	1897~1990	海葦	政治家 第4代大統領
尹復(복)	1512~1577	石門 杏堂	文臣 字 元禮 本貫 海南 父 孝貞 羅州牧使 著書 杏堂先生遺稿
尹復榮(복영)	韓末	虁齋 藥虁	獨立運動家 字 舜敎 本貫 海平
尹復榮(복영)	?~1969	樺田	獨立運動家
尹復海(복해)	→尹復		
尹鳳擧(봉거)	朝鮮中期	五老亭	文臣 本貫 坡平 父 瀹 系 熺 監役
尹鳳九(봉구)	1681~1767	屛溪 久菴	學者 字 瑞膺 本貫 坡平 父 明運 祖父 飛卿 權尙夏 門人 判書 諡號 文獻 著書 屛溪集
尹鳳燮(봉섭)		竹軒	著書 竹軒遺稿

人名	年代	號	其他
尹鳳五(봉오)	1688~1769	石門	文臣 字 季章 本貫 坡平 父 明運 右參贊 諡號 肅簡 著書 石門集
尹鳳朝(봉조)	1680~1761	圃巖 圃陰	文臣 字 鳴叔 本貫 坡平 父 明遠 大提學 著書 圃巖集
尹奉周(봉주)	朝鮮高宗	重齋	文臣 字 明肅 本貫 坡平 父 殷普 外祖 朴履信 著書 重齋文集
尹鳳翰(봉한)	1087~1867	聽水軒	學者 字 岐中 本貫 坡平 父 養東 外祖 金成彦 著書 聽水軒遺稿
尹坿(부)	朝鮮中期	竹溪	本貫 坡平 父 元擧 祖父 烇
尹溥世(부세) →尹濟世			
尹棐(비)	朝鮮中期	鳳灘	本貫 坡平 父 潗 祖父 李孫
尹悲(비) →尹桀			
尹頻(빈)	朝鮮仁祖	玄洲	義兵 本貫 咸安
尹熻(빈)	朝鮮英祖	經隱堂	字 天章
尹頻(빈)		石灘	本貫 咸安
尹鑌(빈)		一愚	著書 文集
尹聘(빙)	朝鮮宣祖	松坡	文臣 字 莘叟 本貫 永川 僉知中樞府事
尹聘三(빙삼)	朝鮮	三溪	本貫 漆原 父 應龜
尹思(사)	朝鮮	順叟	本貫 漆原
尹師國(사국)	1728~1809	直庵 三山退老 嘯皐	文臣 字 賓卿 本貫 漆原 父 敬龍 系 敬宗 判敦寧府事 著書 直庵先生文集
尹師路(사로)	1423~1463	果翁 周翁	文臣 本貫 坡平 父 垠 外祖 李守常 忠勳府堂上 封號 鈴川府院君 諡號 忠景
尹師晳(사석)	朝鮮燕山君	遯菴 晚遯菴	本貫 坡平 父 垠 司憲府執義
尹仕彦(사언)	朝鮮	鏡湖堂	
尹思進(사진)	1713~1792	篁林	學者 字 退甫 本貫 坡平 父 坊 外祖 田景河 著書 篁林文集
尹三擧(삼거)	1644~1718	四梅堂	學者 字 子莘 本貫 坡平 父 柏幷 外祖 成晦迹 著書 四梅堂集
尹三峯(삼봉) →尹三擧			
尹三山(삼산)	朝鮮明宗	壽翁	文臣 本貫 坡平 父 壏 僉知中樞府事
尹三鎭(삼진)		二樂堂	本貫 坡平 祖父 得莘
尹三學(삼학) →尹三擧			
尹祥(상)	1373~1454	別洞 樂閒 樂閒堂	學者, 文臣 字 實夫 本貫 醴泉 父 善 藝文館提學 著書 別洞集
尹相九(상구)		林下	本貫 坡平

人名	年代	號	其他
尹相琦(상기)		喜菴	本貫 坡平 父 慈大
尹相琪(상기)		林齋	本貫 坡平
尹相鼐(상내)		竹泉堂	本貫 坡平
尹尚東(상동)	1728~?	中菴	字 渭老 本貫 海平 父 得宣
尹塲老(상로)	?~1508	懶軒	文臣 字 商卿 本貫 坡平 父 壕 封號 坡川君 判中樞府事 諡號 靈平 著書 坡川集
尹相龍(상룡)	1850~1927	穎陽齋	本貫 坡平 著書 穎陽齋逸稿
尹相龍(상룡)		樵隱	本貫 坡平
尹相斌(상빈)		愚齋	本貫 坡平 父 滋鉉
尹相述(상술)		市隱	本貫 坡平 祖父 澤鎭
尹相元(상원)	1900~1994	小泉	學者 著書 畜産學
尹相裕(상유)		正菴	本貫 坡平
尹相禎(상정)	朝鮮	忍齋堂	本貫 坡平 父 沂老
尹相俊(상준)	?~1914	稼隱	著書 稼隱逸集
尹相湯(상탕)		淡軒	本貫 坡平 父 滋德
尹相賢(상현)		箕峯	本貫 坡平
尹尚喜(상희)	朝鮮中期	怡庵	文臣 本貫 坡平 父 案 祖父 趾完 忠州牧使
尹恕敎(서교)	1713~?	沙潭	文臣 本貫 坡平 父 揄
尹書有(서유)	朝鮮英祖	翁山	文臣 字 皆甫 本貫 海南
尹晢(석)	1435~1505	寒松	文臣, 書畵家 字 希黙 本貫 坡平 父 繼興 尹集 婿 追贈 吏曹參議
尹錫起(석기)	1880~1953	松浦	學者 本貫 漆原 父 奎遠
尹錫來(석래)	1665~1725	鈍靜 晚晦	文臣 字 仲吉 本貫 坡平 父 理 兵曹參判 著書 聞見錄
尹碩輔(석보)	?~1505	知足堂 止退堂	文臣 字 子任 本貫 漆原 父 思 追贈 都承旨
尹錫鳳(석봉)		三希堂	本貫 坡平
尹錫鼎(석정)		南洲	本貫 咸安 父 喜鎭
尹銑(선)	1559~1637	秋潭	文臣 字 澤遠 本貫 坡平 父 彦禮 外祖 朴承孝 右參贊 著書 秋潭文集
尹璿(선)	1705~?	閒雲居士	學者 字 聖在 本貫 坡平
尹墡(선)	朝鮮英祖	府巖	本貫 坡平 父 光鼎 著書 文集
尹先覺(선각)→尹國馨의 初名			
尹宣擧(선거)	1610~1669	魯西 美村 山泉齋	學者 字 吉甫 本貫 坡平 父 煌 外祖 成渾 金集 門人 追贈 領議政 諡號 文敬 著書 魯西遺稿
尹善繼(선계) →尹繼善			

人名	年代	號	其他
尹善求(선구)		宇堂	
尹善大(선대)	1753~?	知非軒	文臣, 詩人 字 仁之 本貫 坡平 縣監 著書 知非軒詩稿
尹善道(선도)	1587~1671	孤山 海翁	文臣, 詩人 字 約而 本貫 海南 父 惟深 系 惟幾 祖父 毅中 同副承旨 諡號 忠憲 著書 孤山遺稿
尹先重(선중)		月坡	本貫 坡平 父 元炳
尹紲(설)	朝鮮中期	清溪隱士	本貫 坡平 父 元弼
尹暹(섬)	1561~1592	果齋	文臣 字 汝進 本貫 南原 父 又新 封號 龍城府院君 校理 諡號 文烈 著書 果齋集〈帶方州家藏〉
尹撎(섬)	朝鮮中期	桃源	本貫 坡平 父 雲擧 察訪
尹涉(섭)	1683~1733	雙槐	字 濟仲 本貫 海平 父 世綏
尹燮(섭)		櫄軒	
尹涉(섭) →李涉			
尹暒(성)	1556~?	采眞	字 子昭 本貫 坡平 父 先哲 系 先正
尹成基(성기)		農叟	本貫 坡平
尹聖善(성선)	朝鮮高宗	鶴山樵夫	
尹城淳(성순)	1898~1971	農山	字 笑鵬 本貫 坡平 父 命鉉
尹聲誼(성의)	朝鮮	省齋	文臣 字 明叔 本貫 漆原 知中樞府事
尹聖濟(성제)		慕菴	本貫 坡平 祖父 殷老
尹星駿(성주)	朝鮮肅宗	退齋	文臣 字 君房 本貫 南原 父 彬 吏曹參議
尹成鎭(성진)	1860~?	黍石	文臣 本貫 坡平 父 應圭 吏曹參判
尹聖鶴(성학)	韓末~日帝	善山	
尹成勳(성훈)	朝鮮憲宗	海史	本貫 坡平 父 正采
尹世紀(세기)	1647~1712	龍浦	文臣 字 仲綱 本貫 海平 父 垙 左參贊兼知義禁府事 諡號 孝獻
尹世斗(세두)	韓末	舜可	獨立運動家 本貫 茂松
尹世麟(세린) →尹世復의 初名			
尹世復(세복)	1881~1960	檀崖	獨立運動家 字 庠元 本貫 茂松 本名 世麟
尹世茸(세용)	1868~1941	白菴	獨立運動家
尹世雄(세웅)		止齋	本貫 海平
尹世儒(세유)	?~1215	狂人	本貫 坡平 祖父 瓘
尹世義(세의)	朝鮮	石溪	文臣 本貫 咸安 持平
尹世胄(세주)	韓末	石鼎	本貫 茂松
尹世礎(세초)	朝鮮肅宗	野亭	字 重甫 本貫 楊州 禮曹佐郎
尹世喜(세희)	1642~1689	三友堂	字 公度 本貫 海平 父 塂

人名	年代	號	其他
尹韶儀(소의)	1847~1909	亭隱	著書 文集
尹紹宗(소종)	1345~1393	桐隱　桐亭　桐軒　旰齋	文臣 字 憲叔 本貫 茂松 祖父 澤 李穡 門人 同知春秋館事 著書 桐亭集
尹巽(손) →尹涉			
尹松(송)	朝鮮	茂峯	學者 本貫 南原
尹壽(수)	朝鮮中期	漆林	文臣, 隱士 字 靜叟 本貫 坡平 父 孝祖 吏曹正郎
尹燧(수)	1562~1617	雪峯	文臣 字 明叔 本貫 坡平 父 昌世 府使
尹綏(수)	朝鮮宣祖	三聘	文臣 本貫 坡平 父 商民 郡守
尹壽益(수익)	朝鮮	東州　東洲	文臣 字 亨諸 本貫 咸安 父 穎 戶曹佐郎
尹秀寅(수인)		太華	著書 文集
尹壽河(수하)	朝鮮	鶴鹿庵	委巷人 字 元一 本貫 坡平
尹守瑩(수형)	朝鮮	省軒	字 仁卿
尹受亨(수형) →尹豊亨			
尹塾(숙)	1734~1797	白雲	文臣 字 汝受 本貫 坡平 父 命勳 兵曹判書
尹珣(순)	朝鮮燕山君	臨深	字 伯玉 本貫 坡平 父 繼謙
尹循(순)	朝鮮中宗	講亭	本貫 海南 禮曹正郎
尹淳(순)	1680~1741	白下　羅溪　漫翁　鶴陰	文臣, 書藝家 字 仲和 本貫 海平 父 世善 平安道觀察使 著書 白下集
尹舜擧(순거)	1596~1668	童土	志士 字 魯直 本貫 坡平 父 煌 系 燧 李春元 婿 追贈 贊善 著書 童土集
尹順之(순지)	1591~1666	涬溟	臣 字 樂天 本貫 海平 父 暄 祖父 斗壽 工曹判書 著書 涬溟集
尹淳學(순학)		尋源	著書 尋源先生文集
尹升慶(승경)	1523~1583	南溪	字 善應 本貫 海平 父 弘彦
尹承慶(승경) →尹升慶			
尹升求(승구)	朝鮮後期	梅史	文臣 字 舜華 本貫 海平 內藏院卿
尹承吉(승길)	1540~1616	南嶽	文臣 字 子一 本貫 海平 父 弘彦 左參贊 封號 海善君 諡號 肅簡
尹勝敏(승민)		梅隱	本貫 坡平
尹承任(승임)	1603~1687	主一齋	學者 字 重甫 本貫 坡平 父 璲 外祖 朴坤元 著書 主一齋集
尹承勳(승훈)	1549~1611	晴峯	文臣 字 子述 本貫 海平 父 弘彦 祖父 殷弼 領中樞府事 諡號 文肅
尹時敎(시교)	朝鮮後期	春窩	本貫 坡平 父 拄 祖父 元擧
尹蓍東(시동)	1729~1797	方圓　方圜　方閒　方閒齋	文臣 字 伯常 本貫 海平 父 得敏 外祖 趙鼎彬 兪拓基 婿 右議政 諡號 文翼 編書 鄕禮合編

人名	年代	號	其他
尹時伯(시백)		松湖	本貫 坡平
尹時學(시학)	朝鮮	追慕軒	本貫 漆原 父 永哲
尹時衡(시형)	1602~1663	憂菴	學者 字 平仲 本貫 新寧 著書 憂菴集
尹湜(식)	朝鮮中宗	傭齋	本貫 南原 父 時豪
尹湜(식)	朝鮮肅宗	槐陰堂	學者 本貫 海平
尹植(식)	朝鮮後期	菊窩	文臣 本貫 坡平 父 集成 左尹
尹湜(식)		醉翁	本貫 南原 父 時豪
尹植(식) →尹植			
尹紳(신)	?~1957	支石	義兵將 字 士緝 本貫 海南 父 景佑 軍資監僉正 著書 支石逸稿
尹新之(신지)	1582~1657	玄洲 燕超齋 玄江 玄皐	宣祖駙馬 字 君又, 仲又 本貫 海平 父 昉 召募大將 諡號 文穆 著書 玄洲集
尹新行(신행) →尹新之			
尹深(심)	1633~1692	懲庵	文臣 字 玄通 本貫 坡平 父 鑅 知敦寧府事
尹心惠(심덕)	1897~1926	水仙	女流聲樂家
尹心緯(심위)		言息所	著書 文集
尹心誼(심의)		松窩	著書 松窩集
尹心宬(심최)		靈齋	著書 靈齋集
尹心協(심협)		石門	
尹心衡(심형)	1698~1754	臨齋 鵝湖 臨淵	文臣 字 景平 本貫 坡平 父 鳳韶 祖父 明遠 外祖 李徵夏 追贈 吏曹判書 諡號 清獻 著書 臨齋遺稿
尹安國(안국)	1569~1650	雪樵	文臣, 學者 字 定卿, 定碩 本貫 楊州 父 應商 外祖 李元友 江原道觀察使 著書 雪樵遺稿
尹安國(안국)	朝鮮	逸德齋	字 彥甫 本貫 海南 僉知中樞府事
尹安性(안성)	1542~1615	冥觀 冥觀齋 宜觀	文臣 字 季初 本貫 坡平 父 釜 襄陽府使 著書 冥觀遺稿集
尹冶(야)		默窩 玄圃	字 汝精 本貫 海平
尹也斗(야두) →尹世斗			
尹也復(야복) →尹世復			
尹暘(양) →尹昕의 初名			
尹陽來(양래)	1673~1751	晦窩	文臣 字 季亨 本貫 坡平 父 理 判敦寧府事 諡號 翼獻 著書 晦窩筵奏
尹養善(양선)		焚後	著書 焚後稿
尹養善(양선)→尹鼎善의 初名			
尹暘梧(양오)→尹昕의 初名			

人名	年代	號	其他
尹檍(억)		月峯	字 士直 本貫 坡平
尹彦頤(언이)	?~1149	金剛居士	文臣 本貫 坡平 父 瓘 政堂文學 諡號 文康 著書 易解
尹彦直(언직)	朝鮮成宗	東皐	
尹儼(엄)	1536~1581	松巖	書藝家 字 思叔, 公幹 本貫 坡平 父 之誠 祖父 燮 長水縣監
尹汝觀(여관)	朝鮮中期	瀨翁	文臣 字 仲翁 本貫 南原 父 奎 追贈 司僕寺正
尹汝任(여임)	朝鮮仁祖	九峯	武臣 本貫 坡平
尹汝璜(여횡)		養蒙齋	字 周玉
尹連燮(연섭)	朝鮮	五孤堂	字 權順 初名 山德
尹悅之(열지)	朝鮮中期	醉痴	文臣 本貫 海平 父 旺 縣監
尹琰(염)	朝鮮肅宗	退巖	文臣 字 仲玉 本貫 南原 祖父 泓 錦山郡守 著書 退巖集
尹燁(엽)		桂陽	著書 桂陽遺稿
尹熀(엽) →尹焜			
尹榮(영)	朝鮮	庬軒	文臣 本貫 茂松 父 汴 直提學
尹映(영)	朝鮮	野隱	本貫 漆原 水軍節度使
尹穎(영)		玄洲	本貫 咸安
尹瑛(영) →尹璜			
尹榮敎(영교)		澗敎	著書 文集
尹甯求(영구)	韓末~日帝	弗須居士 波澄	
尹英逵(영규)		美堂	著書 美堂集
尹永基(영기)	朝鮮後期	玉磬	
尹泳淇(영기)	1880~?	貞齋	義兵將, 獨立運動家 字 京安 本貫 咸安 父 錫峻
尹英烈(영렬)	韓末	敬齋	字 白雄 本貫 海平 陸軍參將
尹英陸(영륙) →尹英逵			
尹英炳(영병)	1873~1942	春江 春江齋	本貫 坡平 著書 文集
尹永三(영삼)	1809~?	石下	書藝家 本貫 漆原
尹瑛燮(영섭)	1865~?	吾鳴	著書 文集
尹英燮(영섭)		聽水軒	著書 聽水軒遺稿
尹永順(영순)	1866~1950	百源亭	著書 文集
尹榮始(영시)	1835~?	檀隱 香山樵夫	書家 本貫 坡平
尹榮信(영신)	1831~?	綺山	字 公實 本貫 坡平 父 滋慶 系 欑
尹永胄(영주)	朝鮮後期	晚悟居士	本貫 坡平 父 弘鎭
尹永俊(영준)	朝鮮純祖	湖隱	書家 本貫 漆原
尹英學(영학)	朝鮮	菊史	文臣 字 元俊 本貫 漆原 副護軍

人名	年代	號	其他
尹榮浩(영호)	1881~1939	箕山齋	著書 文集
尹永輝(영휘)	朝鮮純祖	厄山	本貫 坡平 父 大耻
尹永僖(영희)	1761~?	楊山	著書 文集
尹禮衡(예형)		林泉	本貫 坡平
尹五鎭(오진)	1819~?	羲史	書家 本貫 坡平
尹玉(옥)	1511~1584	東里	文臣 字 子溫 本貫 茂松 父 思翼 外祖 鄭世傑 工曹參判
尹沃(옥)	朝鮮後期	春軒	本貫 海平 父 世謙
尹沃(옥)	朝鮮	一齋	字 季淑 本貫 海南 折衝將軍
尹玩(완)	朝鮮	晴崗	本貫 坡平 父 榮德
尹堯重(요중)		菊軒	著書 文集
尹愹(용)	1708~1740	萸軒 靑皐	書家 字 君悅 本貫 海南 父 德熙 祖父 斗緖
尹用求(용구)	1853~1939	石村 睡幹 亦睡軒 獐位山人 海觀	文臣, 書畫家 字 周賓 本貫 海平 父 會善 系 宜善 吏曹判書
尹龍奎(용규)		慕述齋	著書 文集
尹容善(용선)	1829~1904	自由齋 自有齋	政治家 字 景圭 本貫 海平 父 致義 議政 諡號 文忠 編書 權益慶諡章狀
尹容宣(용선)	1893~1966	竹軒	大倧敎徒 本貫 漆原
尹容燮(용섭)	韓末~日帝	玉田	
尹庸升(용승)		鶴鳴	著書 文集
倫佑(윤우)	1758~1826	玩虎	僧侶 字 三如 俗姓 金氏
尹橘(우)		黙窩	著書 黙窩集 〈坡山世稿〉
尹佑甲(우갑)		淵谷	著書 淵谷先生文集
尹禹炳(우병)	1853~1920	勤齋	字 致範 本貫 海平 著書 勤齋遺稿
尹宇善(우선)	朝鮮	羹堂	文臣 字 輔汝 本貫 海平 吏曹判書
尹禹夏(우하)	朝鮮	石溪	字 允志 本貫 海南 副護軍
尹禹學(우학)	朝鮮	思誠齋	本貫 漆原 父 永碩 著書 思誠齋文集
尹項(욱)	1568~1628	心適堂	學者 字 敬仲 本貫 咸安 著書 心適堂遺稿
尹勖經(욱경)		愚溪	著書 文集
尹雄烈(웅렬)	朝鮮	磻溪	文臣 字 英仲 本貫 海平 刑曹判書
尹愿(원)	朝鮮肅宗	盤溪	學者 字 子厚 本貫 咸安
尹瑗(원)	朝鮮哲宗	秋生	文臣 字 爰玉 本貫 坡平
尹元擧(원거)	1601~1672	龍西	學者 字 伯奮 本貫 坡平 父 烇 外祖 尹曉之 金長生 門人 追贈 吏曹參判 著書 龍西文集
尹元炳(원병)		雲坡	本貫 坡平

人名	年代	號	其他
尹元瑞(원서)	朝鮮後期	墅隱	編書 必取編
尹元之(원지)	朝鮮中期	坡村	學者 本貫 海平
尹元虎(원호)	朝鮮中期	市隱	文臣 字 應武 本貫 南原 健元陵參奉
尹威(위)	高麗	碧松居士	文臣 本貫 南原 廉察使 諡號 南原君
尹柔(유)	朝鮮仁祖	聲啞 聲啞子 聲啞齋	隱士 字 剛伯 本貫 南原 父 衛甲 追贈 司憲府掌令 著書 聲啞齋集 〈帶方州家藏〉
尹揄(유)	1647~1721	鳳溪	文臣, 學者 字 天縱 本貫 坡平 父 元擧 祖父 烇 文 義縣令 著書 鳳溪文集
尹游(유)	1674~1737	晚霞	文臣 字 伯修, 伯叔 本貫 海平 父 世喜 禮曹判書 諡號 翼憲
尹惟健(유건)	朝鮮中期	櫟齋	本貫 坡平 父 弘立 祖父 仁涵 進士
尹惟幾(유기)	1554~?	晚晤 滄洲	文臣 字 成甫 本貫 海南 父 毅中 系 弘中
尹有吉(유길)	朝鮮中期	漁隱	學者, 文臣 本貫 漆原 父 起莘
尹孺靈(유령)		靈齋	著書 靈齋集
尹裕後(유후)	朝鮮中期	雙柏堂	文臣 本貫 坡平 父 珍 庶尹
尹堉(유)	朝鮮	酬慷齋	
尹殷卿(은경)		愚谷	本貫 坡平
尹殷老(은로)		月谷	本貫 海平
尹殷甫(은보)	1468~1544	遯山	字 商卿 本貫 海平 父 萱
尹殷弼(은필)	朝鮮燕山君	東岡	字 商老 本貫 海平 父 萱
尹應復(응복)		癡叟	著書 文集
尹應商(응상)	朝鮮	永思堂	字 君聘 本貫 楊州 水運判官
尹膺善(응선)	1854~1924	晦堂	學者 字 君瑞 本貫 坡平 父 教明 外祖 申懋模 著 書 晦堂集
尹凝績(응적)	朝鮮中期	無何子	本貫 漆原 父 遇丁 祖父 有吉
尹應鉉(응현)	朝鮮正祖	宗漢齋	文臣 字 子擧 本貫 南原 世子司禦
尹宜擧(의거)		後洞	
尹毅立(의립)	1568~1643	牛川, 月潭	文臣, 書畫家 字 止中 本貫 坡平 父 先覺 禮曹判書 著書 野言通載
尹義立(의립)	朝鮮	黙叟	委巷人 字 行宜 本貫 玄風
尹義立(의립)→尹毅立의 初名			
尹義炳(의병)	1889~?	竹叢	天主教徒
尹宜善(의선)	朝鮮後期	石南	字 景教 本貫 海平 父 致承
尹義貞(의정)	1525~1612	芝嶺	學者 字 而直 本貫 坡平 父 寬 外祖 卞孝僩 著 書 芝嶺文集

人名	年代	號	其他
尹毅中(의중)	1524~1590	駱村 駱川	文臣 字 致遠 本貫 海南 父 衢 刑曹判書
尹儀煥(의환)		老圃	著書 老圃先生詩集
尹儞(이)	朝鮮後期	圃翁	孝子 字 士擧 本貫 南原 父 以三 祖父 楮
尹以健(이건)	1640~1696	一笑齋	文臣 字 體元 本貫 南原 父 柔 宋時烈 門人 珍山 郡守 著書 一笑齋集〈帶方州家藏〉
尹以儉(이검)	朝鮮仁祖	望湖居士	文臣 字 永叔 本貫 南原 父 橄 都事
尹履慶(이경)	1550~1597	瑞亭	文臣, 學者 字 士瑩 本貫 海南 父 容 外祖 金錫柱 著書 瑞亭逸稿
尹以道(이도)	1628~1712	梧村 龍湖	文臣 字 子由 本貫 南原 父 槃 知中樞府事
尹爾霖(이림)	1642~1701	寄菴	文臣 字 澤卿 本貫 坡平 父 震雄 外祖 權正光 開城經歷
尹以明(이명)	1629~1682	三節 醉仙	文臣, 書藝家 字 文叔 本貫 南原 父 榮 追贈 吏曹 參議 編書 三節遺稿
尹离炳(이병)	朝鮮	有齋	本貫 坡平 父 相周
尹履炳(이병)	1885~1921	省齋	獨立運動家 字 繼聖 本貫 坡平 父 相悼 著書 省齋 遺稿
尹履之(이지) →尹仲素			
尹頤之(이지)	1579~1668	秋峯	字 仲素 本貫 海平 父 昉 著書 文集
尹爾厚(이후)	1639~1699	支庵	字 載卿 本貫 海南 父 禮美 祖父 善道 外祖 鄭世 規 著書 支庵日記
尹益慶(익경)	1554~1597	慶山	義兵將 字 卓榮 本貫 海南 父 容 外祖 金錫柱 判 官 著書 慶山遺稿
尹益烈(익렬)	1752~?	松西	文臣 字 可及 本貫 海平 父 迪東 禮曹參判
尹益陸(익륙)		斗峯	著書 斗峯集〈坡山世稿〉
尹益亨(익형)	1602~?	暇休堂	字 仲謙 本貫 坡平 父 珵
尹仁權(인권)	朝鮮	樗窩散人	委巷人 字 聖中 本貫 坡平 父 壽河
尹仁美(인미)		牢癡軒 未分館	文臣 字 字壽 本貫 海南 父 善道 祖父 惟幾 成均 館學論
尹仁恕(인서)	朝鮮	打乖	文臣 字 士推 本貫 坡平 父 玉珍 大護軍
尹麟瑞(인서)	朝鮮	芝蘭	字 現汝 本貫 海南 軍資監正
尹仁錫(인석)	1842~1994	一庵	學者 字 元叔 本貫 坡平 父 奎燮 外祖 鄭裕問 著 書 一庵集
尹仁泰(인태)	朝鮮純祖	遠照	書藝家 字 五一 本貫 坡平
尹仁涵(인함)	1531~1597	竹齋 竹堂 竹壺	文臣, 書畫家 字 養叔 本貫 坡平 父 應圭 刑曹參 判 著書 竹齋集
尹仁浹(인협)		牙巖	著書 文集

人名	年代	號	其他
尹日達(일규)		荷西	著書 文集
尹一炳(일병)	朝鮮	一山齋	
尹日善(일선)	1896~1987	東湖	醫學者 서울대總長
尹任敎(임교)	朝鮮中期	龍山	本貫 坡平 父 拄 祖父 元擧
尹任東(임동)		月村	本貫 坡平 父 陳可
尹滋(자)	高麗	東山	本貫 坡平
尹滋京(자경)	朝鮮後期	豊軒	本貫 坡平 父 鼎鎭
尹滋基(자기)		雲軒	本貫 坡平 祖父 賢喆
尹滋南(자남)		松谷	本貫 坡平
尹滋大(자대)		愼窩	本貫 坡平 祖父 周喆
尹滋悳(자덕)	1827~1890	菊軒	文臣 字 仲樹 本貫 坡平 父 周鎭 知中樞府事 諡號 文獻
尹滋德(자덕)		漁樵隱	本貫 坡平 祖父 渻喆
尹玆東(자동)		忍齋	本貫 坡平
尹孜善(자선)	朝鮮世宗	養谷 華谷	文人 字 希舜 本貫 坡平 父 玭 月城縣監
尹自莘(자신)	1555~?	石灘	文臣 字 子耕 本貫 漆原 父 誠 正郎
尹子濚(자영)	朝鮮太祖	厖軒 厖村	文臣 字 淡叟 本貫 茂松 父 汴 佐翼原從功臣 著書 厖軒詩集
尹滋永(자영)		松隱	本貫 坡平 父 翰鎭
尹子雲(자운)	1416~1478	樂閒 樂閒堂 樂閒齋 樂閒亭 樂閒軒	文臣 字 望之 本貫 茂松 父 景淵 祖父 淮 右議政 封號 茂松府院君 諡號 文憲
尹滋弼(자필)		東圃	本貫 坡平
尹滋學(자학)	1830~1893	東湖	學者, 文臣 字 景道 本貫 咸平 父 奭鎭 外祖 金翰洙 同敦寧府事 著書 東湖遺稿
尹滋鉉(자현)	1844~1909	訥窩	學者 著書 訥窩遺集
尹滋鉉(자현)		耕叟	本貫 坡平
尹子澄(자형) →尹子濚			
尹滋華(자화)		歸穎齋	本貫 坡平 父 璣鎭
尹梓(재)		勉兢堂	本貫 坡平
尹淬(재) →尹澤			
尹載健(재건)	朝鮮	梅隱	本貫 漆原 兵馬節度使
尹齋奎(재규)		又靑	
尹載伋(재급)		退隱	本貫 漆原
尹載源(재원)	朝鮮	松圃	本貫 漆原 司僕寺正
尹在義(재의)	朝鮮	積翠	委巷人 字 正路 本貫 玄風

人名	年代	號	其他
尹載翼(재익)	朝鮮	樂窩	文臣 字 夢八 本貫 漆原 敦寧府都正
尹在重(재중)		蘭史	本貫 坡平 父 翰炳
尹在振(재진)	朝鮮	晩齋	
尹在赫(재혁)		東谷	著書 文集
尹烇(전)	1575~1636	後村	文臣 字 晦叔, 靜叔 本貫 坡平 父 昌世 成渾 門人 追贈 吏曹判書 諡號 忠憲
尹烇(전)	朝鮮顯宗	寒竹堂	文人 字 文伯
尹鑴(전)	?~1680	白湖	學者 字 希仲 本貫 南原 父 孝全 著書 白湖先生文集
尹鑴(전)	1617~1680	憂軒	著書 憂軒集
尹晢(절)		寒松堂	文臣 字 子章 本貫 坡平 父 舜擧 吏曹判書
尹晳(절) →尹晢			
尹程(정)	1819~?	瑞墨齋 知非軒 惠泉	畵家 字 景顥 本貫 坡平 縣令
尹鼎(정)		正齋	本貫 坡平 父 承世
尹定(정)	朝鮮	淑齋	字 靜叔 本貫 海南 牧使
尹正求(정구)	1806~?	石下	文臣 字 大而 本貫 海平 父 宗鎬 系 宗善 禮曹判書
尹定求(정구)	1841~?	下雲	文臣 字 士敎 本貫 海平 父 會善 贊成
尹廷琦(정기)	1814~1879	舫山 小舫 寒琴	學者 字 奇玉, 景林 本貫 海南 父 榮喜 外祖 丁若鏞 著書 舫山遺稿
尹鼎烈(정렬)	朝鮮正祖	一軒	文臣 字 汝受 本貫 海平
尹貞立(정립)	1571~1627	梅軒 鶴山	畵家 字 剛仲 本貫 坡平 父 先覺 郡守
尹鼎璧(정벽)	?~1617	雲沙	著書 雲沙逸稿
尹定善(정선)	1826~?	梅人	文臣 字 景安 本貫 海平 父 致羲 吏曹參判
尹鼎善(정선) →尹養善			
尹正燮(정섭)		小潭	著書 小潭遺稿
尹貞燮(정섭)		花萼	本貫 南原 著書 文集
尹正輝(정엽)		稼隱	著書 稼隱逸集
尹正運(정운)	1727~?	翔川	字 景休 本貫 坡平 父 德誠
尹正元(정원)	朝鮮中期	洛陰	文臣 本貫 南原 世子侍講院進善
尹正鎭(정진)	朝鮮純祖	絅堂 裴堂	文臣 字 樂中 本貫 坡平 父 寅基
尹正采(정채)	朝鮮後期	溪隱	本貫 坡平 父 永胄 祖父 弘鎭
尹正學(정학)	朝鮮高宗	一窩 一堂	學者 著書 一窩散筆
尹定鉉(정현)	1793~1874	梣溪	文臣 字 鼎曳, 季愚 本貫 南原 父 行恁 知中樞府事 諡號 孝文 著書 梣溪集
尹珽鉉(정현)	1888~?	一野	大倧敎徒 本貫 坡州

人名	年代	號	其他
尹定鉉(정현)		天台山人	
尹廷勳(정훈)		歸臥亭	本貫 坡平
尹濟(제)	1562~1645	喬梓	著書 喬梓集
尹濟(제)	朝鮮	節齋	字 振卿 本貫 海南 副護軍
尹濟奎(제규)	朝鮮後期	扐堂	
尹濟民(제민)		岑鼎子	著書 文集
尹濟世(제세)	1677~1751	就巖 就菴	學者 字 仁叔 本貫 坡平 父 居衡 宗廟署令 著書 就巖集
尹濟弘(제홍)	1764~?	餐霞 鶴山	文臣, 畵家 字 景道 本貫 坡平 父 錫復 豊川府使
尹調元(조원)	1572~1637	栗園	字 正平 本貫 漆原 父 昌鳴 監司
尹鍾九(종구)	朝鮮	樵山	本貫 坡平 父 致厚
尹宗求(종구)	朝鮮	棠陰	本貫 海平 父 麟善
尹鍾均(종균)	朝鮮後期	酉堂	著書 文集
尹鍾廉(종렴)	朝鮮高宗	芹泉	文臣 本貫 海南
尹鍾燮(종섭)	1791~1870	溫裕齋	學者, 文臣 字 陽伯 本貫 坡平 父 德祚 外祖 金尚鉉 通政大夫 著書 溫裕齋集
尹宗彦(종언)	朝鮮英祖	芝谷	文臣 字 幼成 本貫 坡平
尹宗彦(종언)	1727~?	松谷	委巷人 字 碩甫 本貫 坡平
尹宗儀(종의)	1805~1886	淵齋	文臣, 學者 字 士淵 本貫 坡平 父 埴 外祖 金在度 封號 坡光君 工曹判書 謚號 孝貞 著書 淵齋集
尹宗儀(종의)		陶乙丑	著書 文集
尹鍾翼(종익)	朝鮮	星軒	字 蘉叔 本貫 海平 折衝將軍
尹宗柱(종주)	1676~?	醉隱	字 汝重 本貫 南原
尹宗之(종지)	1597~?	白蓬 白篷	文臣 字 林宗 本貫 海平 父 敏 外祖 李楫 大邱府使 著書 白蓬遺稿
尹柱(주)		遠村	本貫 坡平
尹澍(주)		三魁	本貫 茂松 父 景淵
尹柱臣(주신)	朝鮮	青坡	字 廷憲 本貫 海南 通政大夫
尹胄榮(주영) →尹復榮의 初名			
尹周翊(주익)		松陰	本貫 新寧
尹柱瓚(주찬)	朝鮮高宗	一史	字 士圭 本貫 海南 中樞院議官
尹周喆(주철)		終慕亭	本貫 坡平 父 任東
尹胄夏(주하)	1846~1906	膠宇	學者 字 忠汝 本貫 坡平 著書 膠宇文集
尹周鉉(주현)		于堂	著書 于堂詩文抄
尹周顯(주현)	朝鮮	黙翁	字 德隱 本貫 海南 教官
尹浚(준)	朝鮮	仁菴	文臣 本貫 茂松 別坐
尹儁(준) →尹鐫			
尹俊喆(준철)		陽谷	本貫 坡平 父 得莘

人名	年代	號	其他
尹仲素(중소)	1589~1668	秋峯	文臣 字 履之 本貫 海平 父 昉 祖父 斗壽 外祖 韓澄 金尙寯 婿 判敦寧府事 諡號 靖孝 著書 秋峯集
尹拯(증)	1629~1714	明齋 酉峯	學者, 文臣 字 子仁 本貫 坡平 父 宣擧 外祖 李長白 兪棨, 權諰, 金集 門人 判敦寧府事 諡號 文成 著書 明齋遺稿
尹墀(지)	1600~1644	河濱 河濱翁 陶溪 海濱	文臣 字 君玉 本貫 海平 父 之新 祖父 昉 外祖 宣祖 京畿道觀察使 著書 河濱集
尹志(지)	1688~1755	養性堂	字 士心 本貫 漆原 父 就商 著書 文集
尹指(지)		鈍翁	
尹知敬(지경)	1584~1634	滄洲	文臣 字 幼一 本貫 坡平 父 覃茂 祖父 築 朴彝敍 婿 僉知中樞府事
尹之敬(지경)	→尹知敬		
尹知敎(지교)	1658~1716	夙夜齋	學者, 文臣 字 叔正, 叔愚 本貫 坡平 父 晳 祖父 舜擧 世子翊衛司洗馬
尹志大(지대)	朝鮮肅宗	無適翁	字 仲剛 本貫 漆原
尹知路(지로)	→尹炳斗의 一名		
尹知白(지백)	朝鮮中期	豹谷	本貫 坡平 父 覃休 祖父 鳳擧 察訪
尹持範(지범)	→尹奎範의 初名		
尹之復(지복)	1569~1638	勇菴	文臣 字 得初 本貫 新寧 父 彌殷 都事
尹祉商(지상)	朝鮮	松齋	委巷人 字 爾衡 本貫 坡平
尹趾善(지선)	1627~1705	杜浦	文臣 字 仲麟 本貫 坡平 父 絳 行知中樞府事
尹志述(지술)	1697~1721	北汀 北亭	儒生 字 老彭 本貫 漆原 父 景績 追贈 吏曹判書 諡號 正愍
尹趾完(지완)	1635~1718	東山	文臣 字 叔麟 本貫 坡平 父 絳 領中樞府事 諡號 忠正 著書 東山先生遺稿
尹趾仁(지인)	1656~1718	楊江	字 幼麟 本貫 坡平 父 絳
尹之任(지임)	1608~?	坡山	本貫 坡平 父 挺賢
尹止衡(지형)	朝鮮	溪峰	文臣 字 平元 本貫 南原 觀察使
尹之和(지화)	1476~1558	南村	文臣 字 順卿 本貫 咸安 祖父 起畝 戶曹正郎 著書 南村遺稿
尹志和(지화)	1660~1704	南岡	文臣 字 和甫 本貫 漆原 父 敍續 正言
尹稙(직)	?~1824	無睡	學者 著書 無睡集
尹杉(진)	朝鮮中宗	竹圃	字 聖七 本貫 海南
尹軫(진)	1548~1597	栗亭	義兵將 字 季邦 本貫 南原 父 剛元 追贈 兵曹參判
尹塡(진)	朝鮮宣祖	希菴	文臣 本貫 茂松 縣監
尹搢(진)	1631~1698	德浦	文臣 字 子敬 本貫 坡平 父 舜擧 外祖 李春元 副提學 著書 德浦遺稿

人名	年代	號	其他
尹鎭(진) →尹鐫의 初名			
尹進可(진가)		止菴	本貫 坡平 父 聖齊
尹晉陸(진륙)		攄軒	著書 攄軒集〈坡山世稿〉
尹鎭佑(진우)	1843~?	青史	字 英玉 本貫 坡平 度支部協辦
尹鎭禧(진희)	朝鮮	柏松	字 伯季 本貫 海南 工曹參判
尹集(집)	1606~1637	林溪 高山	文臣 字 成伯 本貫 南原 父 衡甲 追贈 領議政 諡號 忠貞 著書 林溪集〈帶方州家藏〉
尹鑴(집)	1601~1669	夢溪 星溪	文臣 字 純夫 本貫 坡平 父 知敬 金藎國婿 參判
尹揖(집)	朝鮮英祖	晚彫堂	字 顯叔
尹徵三(징삼)	朝鮮純祖	儉翁	字 尹仲 本貫 漆原
尹徵元(징원) →尹澄之			
尹澄之(징지)	朝鮮仁祖	棄菴	文臣 字 巨源 本貫 海平 父 瑛 外祖 沈義謙 司藝 著書 棄菴集
尹巑(찬)	朝鮮宣祖	青谷 春谷	武臣 字 仲之 本貫 坡平 父 之孝 封號 坡陵君
尹欑(찬)	1794~?	荷西	字 深遠 本貫 坡平 父 行直
尹贊(찬)	朝鮮	玉堂	文臣 本貫 永川 侍講院習讀官
尹巑(찬)		坡陵	本貫 新寧
尹燦(찬) →尹烇의 初名			
尹昌道(창도)	朝鮮	秋沙	字 安汝 本貫 海南 副護軍
尹昌萬(창만)	1896~1967	月坡	獨立運動家
尹昌鳴(창명)	1537~?	白巖	文臣 字 景時 本貫 漆原 父 信 正言
尹昌洙(창수)	朝鮮後期	晚潭	本貫 南原
尹昌宗(창종)		溪南	本貫 南原
尹昌烍(창혁)	朝鮮英祖	茂苟齋	文臣 字 子大 本貫 南原 兵曹佐郎
尹昌㙷(창후)	1713~?	野淵 道巖	文臣 著書 野淵漫錄
尹個(척) →尹綱			
尹天覺(천각)	1710~?	穎濱	文臣 字 汝先 本貫 永川 父 誠 承文院博士
尹哲(철) →尹祥의 初名			
尹哲成(철성)	1879~1927	恥堂	著書 文集
尹最(최)	朝鮮	三平堂	字 士極 本貫 海南 刑曹參議
尹推(추)	1632~1707	農隱	學者, 文臣 字 子恕 本貫 坡平 父 宣擧 父 煌 禮賓寺正 著書 農隱遺稿
尹樞(추)	朝鮮後期	丹巖	本貫 海平
尹春年(츈년)	1514~1567	學音 滄洲 滄海	文臣 字 彦文 本貫 坡平 父 安仁 禮曹判書 著書 學音稿

人名	年代	號	其他
尹春斗(춘두) →尹春年			
尹忠甲(충갑)	1609~1689	遂一齋主人	字 子蓋 本貫 坡平 父 應成
尹忠輔(충보)	高麗	鹿江處士　驪江處士	節臣 本貫 茂松 父 湜
尹忠彦(충언)	朝鮮	栗里	字 亨伯 本貫 海南 牧使
尹忠祐(충우)		雙嶺	
尹忠夏(충하)		韋觀	著書 文集
尹聚(취) →尹聚東			
尹聚東(취동)	朝鮮	凝菴 凝窩	學者, 文臣 字 汝五 本貫 海平 父 得良 金亮行 門人 知中樞府事
尹就協(취협)	朝鮮	北翁	學者 本貫 坡平
尹治(치) →尹冶			
尹致謙(치겸)	1772~?	玄盧	文臣 字 仲益 本貫 海平 父 馨烈 系 陽烈 右參贊
尹致敬(치경)	?~1597	敬林	文臣, 學者 字 一之 本貫 海南 父 綱 外祖 李邊 著書 敬林遺稿
尹致聃(치담)	1821~?	文藕	字 周老 本貫 海平 父 慶曾
尹致玟(치민)	朝鮮	晩隱	孝子 字 愛益 本貫 漆原
尹致邦(치방)	1794~1877	謾翁	學者 字 光國 本貫 漆原 父 必成 外祖 李在權 著書 謾翁遺稿
尹致邦(치방)		無我堂	本貫 漆原
尹致邦(치방)		草谷	本貫 坡平
尹致性(치성)	1744~?	迷齋	文臣 字 性之 本貫 海平 父 弘烈 吏曹參贊
尹致成(치성)→尹致玟의 初名			
尹致英(치영)	1803~?	石梧	學者 字 觀汝 本貫 海平 父 命烈 著書 石梧集
尹致暎(치영)	1898~?	東山	獨立運動家, 政治人
尹致定(치정)	1800~?	石醉	文臣 字 士能 本貫 海平 父 慶烈 吏曹判書 諡號 文貞 編書 海平尹氏世譜
尹致祖(치조)	韓末	丹樊	字 殷老 本貫 海平 父 慶曾
尹致中(치중)	1805~1866	篤守齋	學者 字 子敬 本貫 海平 父 禧 外祖 申猷淵 著書 篤守齋集
尹致昊(치호)	1865~1945	佐翁	政治家 本貫 坡平 父 雄烈 祖父 取東 德源府尹
尹致羲(치희)	1797~1866	錦帆	文臣 字 成汝 本貫 海平 初名 致秀 父 命烈 系 敬烈 工曹判書 諡號 文獻 著書 錦帆全集
尹琛(침)	朝鮮	素安齋	文臣 字 進叔 本貫 坡平 父 獻徵 同知府事
尹楷(타)	朝鮮後期	寄傲堂	本貫 海平 父 宗之

人名	年代	號	其他
尹倬(탁)	1472~1534	平窩	學者, 文臣 字 明仲, 彦明 本貫 坡平 父 師殷 金宏弼, 李深遠 門人 開城府留守
尹鐸(탁)	1554~1593	龜山	武臣 字 聲遠 本貫 坡平 父 彦孝 追贈 兵曹判書 著書 龜山先生實記
尹暉(탁)	1569~1608	坡山 坡村	字 汝賓 本貫 南原 父 民新
尹卓然(탁연)	1538~1594	重湖	文臣 字 尚中 本貫 漆原 父 伊 李滉 門人 封號 漆溪君 咸鏡道觀察使 諡號 憲敏 著書 癸巳日記
尹泰經(태경)	朝鮮哲宗	巨堂	文臣 字 幼常 本貫 南原 都承旨
尹泰兢(태긍)	朝鮮純祖	老聽堂 仁川	文臣 字 景曾 本貫 南原 父 應鉉 追贈 吏曹參判
尹泰老(태로)	1828~1898	晩兢窩	學者 字 叔瞻 本貫 坡平 父 鶴城 外祖 李元奎 著書 晩兢窩集
鄭泰斗(태두)	朝鮮後期	小柱	本貫 南原 父 弼鉉 祖父 行應
尹泰五(태오)		鏡虛	著書 鏡虛集
尹泰元(태원)		晦山	本貫 坡平
尹泰駿(태준)	1839~1884	石淳	文臣 字 稚命 本貫 坡平 父 厚成 系 敎成 追贈 領議政 諡號 忠貞 編書 馨香錄
尹澤(택)	1289~1370	栗亭 蟻菴	文臣 字 仲德 本貫 茂松 祖父 諧 僉議贊成事 諡號 文貞 著書 栗亭集
尹宅逵(택규)		雪峰	著書 雪峰先生文集
尹澤莘(택신)		畊隱	本貫 海平
尹澤榮(택영)	韓末	桐陰	字 季德 本貫 海平 封號 海豊府院君
尹澤雨(택우)	朝鮮中期	雙崗軒	本貫 海平 父 涵
尹澤鎭(택진)		錦南	本貫 坡平
尹坪(평)	朝鮮	青疇	本貫 海平 父 元之
尹坪夏(평하)		活山	著書 活山集
尹豊亨(풍형)	朝鮮中宗	松月堂 松月 松月菴 松月軒	文臣 字 衢仲 本貫 漆原 父 碩輔 大司諫 著書 松月堂集
尹弼秉(필병)	1730~1810	無號堂	文臣 字 彝仲 本貫 坡平 父 師容 同知中樞府事
尹弼商(필상)	1427~1504	春山	字 湯佐 本貫 坡平 父 坰
尹必昶(필창)		警齋	本貫 南原
尹弼鉉(필현)	朝鮮	晩海	文臣 字 德聞 本貫 漆原 同知中樞府事
尹弼鉉(필현)	朝鮮後期	素齋	文臣 字 天賚 本貫 南原 父 行應 參奉
尹夏儉(하검)		晩悟亭	本貫 咸安
尹夏植(하식)		梅下	著書 梅下遺稿
尹學榮(학영)		白下	著書 白下集
尹河一(하일)	朝鮮後期	訥叟	

人名	年代	號	其他
尹翰炳(한병)		槐隱	本貫 坡平 祖父 滋德
尹翰鎮(한진)		柴隱	本貫 坡平 父 俊喆
尹恒善(항선)	朝鮮	松塢	文臣 本貫 海平 漢城判尹
尹恒植(항식)		秋塘	本貫 坡平 父 滋大 著書 文集
尹楷(해)		癡菴	本貫 坡平 父 奉擧
尹海擧(해거)	朝鮮顯宗	不憂堂 不憂齋 不憂軒	隱士 字 叔教 本貫 坡平 父 嚙
尹海重(해중)		歡城	著書 文集
尹行(행)	1508~1592	拙齋	文臣 字 大用 本貫 海南 父 孝貞
尹荇(행) →尹珩			
尹行儉(행검)	1753~1776	菊菴	字 永甫 本貫 南原 父 琰 祖父 宗柱
尹行悳(행덕)		野軒	字 一之 本貫 坡平 著書 野軒稿
尹行順(행순)	朝鮮	認齋	本貫 南原 父 煙
尹行儼(행엄)	1608~?	守黙堂	學者 字 敬甫 本貫 南原 父 琰 追贈 吏曹參議 著書 守黙堂遺稿
尹行嚴(행엄) →尹行儼			
尹行愿(행원)	朝鮮憲宗	景明軒	文臣 字 國珍 本貫 南原 父 煜 童蒙教官
尹行恁(행임)	1762~1801	方是閑齋 碩齋 是閑齋	文臣 字 聖甫 本貫 南原 父 琰 祖父 宋柱 追贈 領議政 諡號 文獻 著書 方是閑集
尹行任(행임) →尹行恁			
尹攇(헌)	1856~?	惺齋	字 元章 本貫 坡平 父 榮久 系 榮信
尹瓛(헌)	韓末	文泉	
尹獻東(헌동)	朝鮮後期	隱求庵	本貫 海平 父 得敬
尹憲柱(헌주)	1661~1729	二知 二知堂 二知菴	文臣 字 吉甫 本貫 坡平 父 澤 追贈 領議政 諡號 翼獻
尹獻柱(헌주) →尹憲柱			
尹鉉(현)	1514~1578	菊磵	文臣 字 子用 本貫 坡平 父 承弘 知敦寧府事 諡號 忠簡 著書 菊磵集
尹晛(현)	1536~1597	松豅	文臣 字 伯昇 本貫 海平 父 聃壽 吏曹正郎
尹俔(현)		養心堂	字 子馨 本貫 坡平 父 慶棋 追贈 都事
尹顯求(현구)	朝鮮高宗	秋河 亦睡軒	學者
尹顯東(현동)	1710~1782	石雲	學者 字 誠中 本貫 海平 父 得和 著書 石雲集
尹顯振(현진)	1892~1922	石山 右山	獨立運動家 字 明九 本貫 坡平 父 弼殷
尹賢喆(현철)		紫菴	本貫 坡平
尹泂(형)	1594~1614	退村	文臣 字 而遠 本貫 茂松 父 彦清 封號 茂城府院君 判義禁府事 諡號 忠靖

人名	年代	號	其他
尹玠(형)	1594~?	癯仙	文臣 字 楚寶 本貫 坡平 父 孝述
尹炯(형) →尹洞			
尹衡甲(형갑)		聽流堂	本貫 海平
尹馨圭(형규)	1703~?	戲齋 歌韶堂主人	文臣 字 聖聞 本貫 坡平 著書 戲齋雜錄
尹衡老(형노)	朝鮮英祖	戒懼庵	學者 本貫 坡平 金幹 門人 參奉 著書 戒懼庵集
尹衡聖(형성)	1608~1676	棄棄齋 棄堂	文臣 字 景任 本貫 南原 父 晧 晉州牧使 著書 朝野僉載
尹衡袖(형수)		林谷	本貫 坡平
尹亨植(형식)		松坡	獨立運動家 異名 吳仁華
尹衡彦(형언)	1571~1631	檜園	文臣 字 應聖 本貫 南原 父 曄 司諫
尹衡進(형진)	朝鮮	白堂	委巷人 字 正平 本貫 坡平
尹炯台(형태)		綱黙堂	著書 綱黙堂日記
尹惠恭(혜공) →尹惠教			
尹惠教(혜교)	1676~1739	玩棋齋	文臣 字 汝迪 本貫 坡平 父 揩 吏曹判書 諡號 文溫
尹壕(호)	1424~1496	坡川	文臣 字 叔甫 父 三山 本貫 坡平 封號 鈴原府院君 諡號 平靖 著書 坡川集
尹濠(호)		三山	文臣 字 叔保 本貫 坡平 領議政 諡號 平度
尹皓(호)	?~1953	松齋	獨立運動家 本貫 茂松 父 秉絢
尹晧(호)		泰仁	著書 文集
尹焜(혼)	1676~1725	泉西	文臣 字 晦甫 本貫 坡平 父 東鳴 外祖 韓崏 權尚夏 門人 持平
尹泓(홍)	1655~1731	靜齋	文臣 字 靜源 本貫 南原 父 以宣 敦寧府都正 著書 靜齋集〈帶方州家藏〉
尹烘(홍) →尹琪			
尹弘國(홍국)	朝鮮中期	是窩	文臣 本貫 楊州 父 應商 金長生 門人
尹弘圭(홍규)	1760~1826	陶溪	學者, 文臣 字 毅甫 本貫 坡平 初名 頤基 父 光後 外祖 朴師修 高城郡守 著書 陶溪遺稿
尹弘烈(홍렬)	1725~?	虛舟	文臣 字 士毅 本貫 海平 父 益東 工曹判書 諡號 景憲
尹洪烈(홍렬)	韓末~?	石峰	
尹弘鳴(홍명)	1565~1597	花巖	字 應時 本貫 坡平 著書 花巖實紀
尹弘重(홍중)		惠山	字 士毅 本貫 坡平
尹和敬(화경) →尹知敬			
尹和教(화교)	朝鮮中期	訥村	本貫 坡平 父 挂 祖父 元教
尹華東(화동)	朝鮮後期	竹巖	

人名	年代	號	其他
尹桓(환)		漆園	
尹皖(환) →尹晛			
尹桓成(환성)		石塘	字 聖韶 本貫 海南
尹煥喆(환철)		蓬谷	本貫 坡平 父 得莘
尹璜(황)	高麗末	後松	本貫 南原 父 守均 祖父 英贊 工曹典書 諡號 忠簡
尹愰(황)	1404~1466	溟隱	字 聖執 本貫 坡平 父 師商 著書 文集
尹煌(황)	1572~1639	八松 魯谷	文臣 字 德耀 本貫 坡平 父 昌世 成渾 婿 追贈 領議政 諡號 文正 著書 八松封事
尹璜(황)		老坡	本貫 新寧
尹淮(회)	1380~1436	清香堂 鶴川	文臣 字 清卿 本貫 茂松 父 紹宗 藝文館大提學 諡號 文度 著書 清香堂集
尹會一(회일)		建餘	著書 建餘先生文集
尹回天(회천)	朝鮮	松柏堂	字 子誠 本貫 海南 戶曹參判
尹效覺(효각)	1782~?	正菴 枕泉齋	文臣 本貫 永川 府使 父 學莘
尹孝寬(효관)	1754~1823	竹麓	文臣 字 汝直 本貫 海南 父 德彦 著書 竹麓遺稿
尹孝廉(효렴)		茶亭	
尹孝先(효선)→尹孝全의 初名			
尹孝孫(효손)	1431~1501	楸溪 楸溪堂	文臣 字 有慶 本貫 南原 父 處寬 朴元亨 婿 左參贊 諡號 文孝 著書 楸溪遺稿
尹孝元(효원) →尹孝全			
尹孝全(효전)	?~1619	沂川	文臣 字 永初, 詒永 本貫 坡平 父 鏞 外祖 李琇 慶州府尹
尹孝貞(효정)	?~1543	漁樵 漁隱	字 希參 本貫 海南 父 耕 祖父 恩晉 追贈 戶曹參判
尹孝定(효정)	1858~1939	雲庭	志士 本貫 坡平
尹涍喆(효철)		槐陰堂	本貫 坡平 父 起東
尹暄(훤)	1573~1627	白沙	文臣 字 次野 本貫 海平 父 斗壽 觀察使 著書 白沙集
允暄(윤훤)	?~1837	雪谷	僧侶 本貫 海南 俗姓 張氏 嘉善大夫
尹暉(휘)	1571~1644	長洲 長湖 川上	文臣 字 靜春 本貫 海平 父 斗壽 成渾 門人 追贈 領議政 諡號 章翼 著書 長洲集
尹彙貞(휘정)	1676~?	厓西	字 彦吉 本貫 坡平 父 深
尹鑴(휴)	1617~1680	白湖 夏軒	文臣, 學者 字 希仲 本貫 南原 父 孝全 祖父 喜孫 外祖 金德民 追贈 領議政 著書 白湖集
尹昕(흔)	1564~1638	陶齋 溪陰 陶陰 晴江	文臣 字 時晦 本貫 海平 父 斗壽 知中樞府事 諡號 靖敏 著書 陶齋集
尹昕(흔) →黃昕			

人名	年代	號	其他
尹欽(흠) →尹兢의 初名			
尹欽信(흠신)		愼菴	本貫 坡平
尹欽中(흠중)	朝鮮	石門	學者 本貫 海南
尹渝(흡)	朝鮮	澗菴	文臣 字 和叔 本貫 海平 都護府使
尹興商(흥상)		永隱	本貫 坡平
尹興宗(흥종)		採蓮	
尹希(희) →尹希廉			
尹喜求(희구)	1687~1926	于堂 愚堂	學者 字 周賢(玄) 本貫 海平 父 弘善 著書 于堂詩文集
尹希吉(희길)	1534~?	秋厓	文臣 字 君善 本貫 坡平 父 沆 江原道監司
尹希廉(희렴)		梅皋	本貫 坡平 父 廷霖
尹喜聖(희성)		晚洲	本貫 咸安 父 夏儉
尹希定(희정)	朝鮮明宗	果齋	字 察夫 本貫 坡平 父 春年
尹喜周(희주)→尹德周의 初名			
尹喜鎭(희진)		南晚	本貫 咸安 父 夏儉
尹熙平(희평)	1469~1545	鷗翁 鸖翁 黃落居士	武臣 字 士愼 本貫 海州 父 吉生 知中樞府事 諡號 襄簡
殷大任(대임)	朝鮮	歸樂齋	委巷人 字 大衡 本貫 幸州
殷成駰(성일)	1857~1935	柏後	字 休若 本貫 幸州 父 斗七 著書 文集
殷成楫(성즙)	1822~1901	華窩	學者 字 士用 本貫 幸州 父 致復 外祖 金光鼎 著書 華窩文集
殷汝霖(여림)	朝鮮太祖	月潭	本貫 幸州 父 長孫 吏曹判書
殷元忠(원충)		無等山處士	本貫 幸州 父 鼎
殷以埰(이채)	朝鮮高宗	霞峰	
殷鼎和(정화)	1560~1724	柏溪	儒生 字 梅卿 本貫 幸州 父 之輅 著書 文集
殷致復(치복)	1804~1890	東棲巖	字 胤汝 本貫 幸州 父 以禮
銀哲(은철)	?~1864	化運	僧侶 俗姓 李氏
殷洪悅(홍열)	朝鮮	定裏	本貫 泰仁
音觀(음관)	1855~1928	水月	僧侶 俗姓 田氏
陰東益(동익)	朝鮮	松軒	文臣 字 德三 本貫 竹山 監役
陰爽炯(석형)	朝鮮	愚蘭	文臣 本貫 竹山 侍從
陰澈(철)	朝鮮初期	竹軒	開國功臣 本貫 竹山 諡號 文節
應奎(응규)	朝鮮後期	虎峯	僧侶
應祥(응상)	1572~1645	松月	僧侶 俗姓 方氏 著書 松月集

人名	年代	號	其他
應信(응신)	1833~1894	金波 清海	僧侶 字 弼文 本貫 金海 俗姓 金氏
應彦(응언)	朝鮮後期	掣鯨	僧侶
應元(응원)	1807~1867	浦雲	僧侶 俗姓 金氏
應允(응윤)	1743~1804	鏡巖	僧侶 著書 鏡巖集
應俊(응쥰)	1587~1672	晦隱 悔隱	僧侶 本貫 南原 俗姓 奇氏 正憲大夫
應惠(응혜)	1827~1894	祥雲	僧侶 俗姓 朴氏
誼寬(의관)	1811~1888	錦月	僧侶 俗姓 宋氏
義訥(의눌)	1666~1737	洛巖 凌虛	僧侶 俗姓 朴氏
毅旻(의민)	1710~1792	鰲巖	僧侶 俗姓 金氏 父 浚 著書 鰲巖集
義旻(의민) →毅旻			
義旋(의선)	高麗忠肅王	順庵	僧侶 父 仁基
義璇(의선) →義旋			
義誠(의성)	1758~1839	雪巖 靈珠	僧侶 本貫 務安 俗姓 金氏
義沼(의소)	1746~1796	仁岳 仁巖	僧侶 字 子宜 俗姓 李氏 著書 仁岳集
意恂(의순)	1786~1866	一枝庵 芋社 紫霞道人 艸衣 筆齋 海老師 海師 海上也耋人 休菴 病禪	僧侶 字 中孚 本貫 羅州 俗姓 張氏 著書 一枝庵文集
義諶(의심)	1594~1665	楓潭	僧侶 本貫 通津 俗姓 柳氏
義安大君(의안대군)	朝鮮	二樂亭	王族 本貫 全州
義演(의연)	朝鮮後期	三潭	僧侶 字 白蓮
義昌君(의창군)	1589~1645	杞泉	王族 字 藏仲 本貫 全州 名 珖 諡號 敬憲
義天(의천)	1055~1101	大覺 大覺國師 祐世 幻寂	字 智鏡 本貫 善山 俗姓 文氏 父 斗
義泉(의천)	1716~1762	松巖	僧侶 俗姓 金氏
義親王(의친왕) →李堈			
義沾(의첨) →義沼의 一名			
義砧(의침)	朝鮮	月窓	僧侶
意閑(의한)	朝鮮	忍庵	僧侶 本貫 靈光 俗姓 朴氏
義玄(의현)	1816~1874	靈虛	僧侶 俗姓 朴氏
李氏(씨)	朝鮮正祖	鶴田	
李氏(씨)	朝鮮後期	氷壺堂	夫 肅川令
李氏(씨)		剛齋	著書 剛齋遺稿

人名	年代	號	其他
李氏(씨)		溪塾	著書 文集
李氏(씨)		龜湖	著書 文集
李氏(씨)		來隱	著書 文集
李氏(씨)		大溪	著書 大溪遺集
李氏(씨)		峒陰	著書 文集
李氏(씨)		蒙齋	著書 蒙齋逸稿
李氏(씨)		黙窩	
李氏(씨)		勿軒	著書 勿軒對抄
李氏(씨)		白屋	
李氏(씨)		思庵	著書 思庵遺稿 〈監州世稿〉
李氏(씨)		沙月翁	著書 文集
李氏(씨)		西皐	著書 文集
李氏(씨)		小樵	著書 文集
李氏(씨)		是是子	著書 文集
李氏(씨)		然竹	
李氏(씨)		恩庵	著書 恩庵遺稿
李氏(씨)		芝山	著書 文集
李氏(씨)		泰巖	著書 文集
李氏(씨)		玄谷	著書 文集
李嘉相(가상)	1615~1637	氷軒 雲浦	孝子 字 會卿 本貫 延安 父 明漢 羅萬甲 婿 追贈 校理 著書 氷軒詩稿 〈李氏聯珠集〉
李稼祥(가상)	朝鮮	東覺	本貫 驪州 父 鼎銘
李家淳(가순)	1768~1844	霞溪	文臣, 學者 字 學源 本貫 眞寶 父 龜書 祖父 世師 外祖 金五應 校理 著書 霞溪文集
李嘉愚(가우)	1783~1852	敬窩	文臣 本貫 延安 父 田秀 外祖 尹光顔 吏曹判書 諡 號 文貞
李嘉朝(가조)	朝鮮	芝村	
李可振(가진)		平潭	著書 平潭文集
李家鎬(가호)	韓末	亞隱	本貫 眞城
李家煥(가환)	1742~1801	錦帶 貞軒	學者, 文臣 字 廷藻 本貫 驪興 父 用休 忠州牧使 著書 錦帶遺稿
李珏(각)	1824~?	蓮史	字 雙玉 本貫 全州
李覺民(각민)		南厓	本貫 全州
李珏鎬(각호)	1896~1971	柳圃	著書 柳圃遺稿

人名	年代	號	其他
李幹(간)	1576~1637	乖庵	學者 字 公直 本貫 永川 父 介臣 外祖 李璉 著書 乖庵遺稿
李侃(간)	1640~1699	最樂堂 黙成堂	王族 字 和淑 本貫 全州 父 瑛 祖父 宣祖 封號 朗原君 都正 編書 仁興君年譜
李柬(간)	1677~1727	巍巖 泉東 秋月軒	學者 字 公擧 本貫 禮安 父 泰亨 系 泰亨 祖父 璞 權尚夏 門人 追贈 吏曹判書 諡號 文正 著書 巍巖遺稿
李衎(간)		潛軒	著書 潛軒公遺稿 〈邵城世稿〉
李侃(간)		海槎	本貫 廣平
李敢(감)	1362~1426	文閒堂 添丁子	文臣 字 義民 本貫 永川 父 英奇 祖父 瑠 全羅道觀察使
李鑑(감)	朝鮮	逸齋	學者 字 子正
李堪(감)	朝鮮	儉齋	文臣 字 伯勝 本貫 慶州 大司諫
李監(감)		神堂	本貫 全州
李敢(감) →李致의 初名			
李堪(감) →李湛			
李岬(갑)	朝鮮孝宗	臺山	文臣 字 允迪 本貫 德水 父 景憲 系 安訥 大司諫
李甲(갑)	1877~1917	秋汀	獨立運動家 本名 彙璿 父 膺五 舊軍參領
李甲奎(갑규)	韓末~日帝	春溪	
李甲龍(갑룡)	1734~1799	南溪	文人 字 于鱗 本貫 星州 父 碟 著書 文集
李甲緒(갑서)		月波	本貫 咸平 父 儒伯
李甲成(갑성)	1889~1981	研堂	己未獨立宣言33人 本貫 全州
李甲秀(갑수)	1765~1826	友陶 友陰軒	學者 字 玄瑞 本貫 延安 父 命源 外祖 金慶柱 著書 友陶遺稿
李甲容(갑용)	朝鮮	休亭	本貫 星州
李甲憲(갑헌)		畹雲	著書 文集
李岡(강)	1337~1368	平齋	文臣 字 思卑 本貫 固城 父 嵒 進賢館大提學 諡號 文敬 著書 平齋先生文集 〈鐵城聯芳集〉
李綱(강)	1479~1523	松軒 歸來軒	文臣 字 仲擧 本貫 廣州 父 純彦 陰竹縣監
李矼(강)	朝鮮	邁齋 遇齋	學者 本貫 全州 著書 邁齋稿
李堈(강)	1877~1955	晩悟	王族 本貫 全州 父 高宗
李剛(강)	1878~1964	吾山	獨立運動家 本貫 廣州 父 秉勳
李崗(강) →李岡			
李康秊(강년)	1861~1908	雲崗	義兵將 字 樂仁, 樂寅 本貫 全州 父 起台 柳麟錫 門人 宣傳官 著書 雲崗文集
李康老(강로)		三黙	本貫 全州

人名	年代	號	其他
李岡祿(강록)	朝鮮英祖	陶村	本貫 碧珍 父 遂觀
李岡文(강문) →李岡			
李康壽(강수)		雲阿	本貫 全州 祖父 昶圭
李綱峻(강준)	1803~?	雅三	著書 文集
李康浚(강준)		江南	本貫 全州 父 起晚
李康齊(강제)		丹山	本貫 全州 父 起晚 著書 文集
李康采(강채)	1880~1955	又軒	著書 文集
李康夏(강하)		滄莞	本貫 全州
李康賢(강현)	1888~1976	心齋	
李康歡(강환)	1866~1946	素山	著書 文集
李康鎬(강호)	1851~1922	菡山	學者 字 濟卿 本貫 眞城 父 中洛 外祖 趙時成 著書 菡山遺稿
李塏(개)	1417~1456	白屋 白玉軒	死六臣 字 清甫, 伯高 本貫 韓山 父 季疇 祖父 種善 追贈 吏曹判書 諡號 義烈 改諡 忠簡 著書 李先生遺稿〈六先生遺稿〉
李蓋(개)	1655~1735	百悔齋	學者 字 元益 本貫 河濱 父 夏榮 外祖 李後綱 著書 百悔齋集
李個(개)		延平	著書 李延平先生文集
李鍇(개)		睫巢	著書 睫巢集
李開(개)		晚棲軒	本貫 陜川
李愷(개)		懦夫	字 樂賢 本貫 安嶽
李蓋(개)		聽水軒	字 茂卿 本貫 鶴城
李介廉(개렴)	朝鮮	六友堂	文臣 字 百源 本貫 眞寶 僉知中樞府事
李介立(개립)	1544~1625	省吾堂 省吾臺 櫟峯	義兵將 字 大仲 本貫 慶州 父 竣 金誠一 門人 著書 省吾堂集
李鏗(갱)	朝鮮	百花亭	本貫 全州 父 誠 祖父 琛 封號 鐵山君
李岠(거)	1521~1561	永山亭	著書 文集
李琚(거)	朝鮮中宗	松洲	本貫 全義 父 檜
李蘧(거)	1532~1608	南村	文臣 字 仲尚 本貫 新平 父 世純 許曄 門人 京畿道 觀察使
李蕖(거)	朝鮮宣祖	慷慨翁	文臣 字 馨伯 本貫 清州 漢城府尹 諡號 清節
李琚(거)		醉軒	本貫 原州
李渠(거) →李榘			
李居義(거의)	高麗	清隱	文臣 本貫 清州 工曹典書
李居易(거이)	?~1402	清虛堂	文臣 字 樂天 本貫 清州 領議政 封號 西原府院君 諡號 文度 著書 清虛子集

人名	年代	號	其他
李居仁(거인)	?~1402	蘭坡	文臣 字 壽父 本貫 淸州 父 挺 封號 淸城伯 判開城府使 諡號 恭節 著書 蘭坡集
李居仁(거인)		柳湖	字 尙道 本貫 永川 父 思沃 著書 文集
李騫(건)	1527~1592	思峯	字 孝章 本貫 眞寶 父 澄
李鍵(건)	1557~?	楓溪	文臣 字 重啓 本貫 公州 父 慶祉
李健(건)	1614~1662	葵窓	王族 書畫家 字 子强 本貫 全州 封號 海原君 諡號 忠孝 著書 葵窓集
李健(건)	朝鮮仁祖	德川	本貫 碧珍 父 有溫
李鍵(건)	1718~?	敬齋	
李鍵(건)		蒼厓	著書 文集
李健命(건명)	1663~1722	寒圃齋 寒圃 霽月齋	文臣 字 仲剛 本貫 全州 父 敏敍 祖父 敬輿 左贊成 諡號 忠愍 著書 寒圃齋集
李建芳(건방)	1861~1939	蘭谷	學者 字 春世 本貫 全州 父 象晏 系 象虁 著書 蘭谷存藁
李健錫(건석)	1788~1818	蓼齋	學者 字 子剛 本貫 全州 父 密南君 外祖 兪命弘 著書 蓼齋遺稿
李建奭(건석)	1850~1906	醒石	忠臣 字 漢卿 本貫 全州 主事
李乾孫(건손)		淸隱	著書 文集
李建昇(건승)	1858~1924	耕齋 海耕堂	學者 字 保卿 本貫 全州 父 象學 著書 海耕堂收草
李建榮(건영)	朝鮮	春觀	文臣 字 士行 本貫 慶州 父 浩秀 著書 文集 觀察使
李健永(건영)	朝鮮	石巖	文臣 字 俊三 本貫 富平 右承旨
李建容(건용)	朝鮮後期	蘭石	
李騫愚(건우)	1829~1891	竹下	學者 字 景悅 本貫 延安 父 浩秀 外祖 羅亨鎭 著書 竹下遺稿
李健雨(건우)	朝鮮	秋潭	本貫 慶州 父 鍾德 祖父 圭邦
李健一(건일)	朝鮮	溪隱	本貫 全州 父 商輅 祖父 毅中
李建存(건존)		流齋	著書 流齋遺稿
李建胄(건주)	1747~1819	病叟	文臣, 學者 字 季卓 本貫 全義 父 頤炳 外祖 尹禹鼎 縣監 著書 病叟遺稿
李建昌(건창)	1852~1898	明美堂 寧齋 澹寧 明美香館 聽秋閣	文臣, 學者 字 鳳朝, 鳳藻 本貫 全州 父 象學 祖父 是遠 黃海道觀察使 著書 明美堂稿
李建采(건채)	1856~1960	忍齋	本貫 全州 父 象秀
李建喆(건철)		霽菴	本貫 全州
李建初(건초)	1849~?	丹農	字 泰麟 本貫 全州 父 象秀
李建標(건표)	1860~1920	審齋	本貫 全州 父 象秀
李建弼(건필)	1830~?	石帆 憂堂	書藝家 字 右卿 本貫 全州 父 象斗 義州府尹

人名	年代	號	其他
李建弼(건필)		鍾山	
李健赫(건혁)	韓末	市隱	歌客 字 景春 五衛將
李健璜(건황)	韓末	左菴	歌客
李鍵熙(건희)	朝鮮	漁岑	本貫 星山 父 雲相 祖父 源浩
李建熙(건희)		晩晴	本貫 慶州
李格(격)	1748~1803	晩悟	武臣 字 天老 本貫 慶州 父 溥萬 五衛都摠府摠管
李格(격)	1862~1759	鶴谷	文臣 字 士正 本貫 陽城 父 英璉 外祖 韓汝龜 判決事 著書 鶴谷集
李格(격)		修巖	字 聖天 本貫 星州
李肩(견)	高麗末	雲村	字 友吾 本貫 原州
李堅(견)	朝鮮	誠齋	本貫 星州 父 惟訥 祖父 晁
李絹(견) →李緝			
李堅幹(견간)	高麗忠肅王	菊軒 菊軒亭 山花 山花老人	文臣 字 直卿, 次直 本貫 碧珍 諡號 文安
李堅起(견기)	1384~1455	楠亭	文臣 字 匹休 本貫 星州 父 穗 中樞院使 諡號 安成
李堅基(견기) →李堅起의 一名			
李堅義(견의)		晦軒	本貫 麟蹄
李墰(결)	1561~1594	砥巖	字 子守 本貫 載寧 父 白新
李潔(결)	朝鮮	道淵	文臣 字 濯卿 本貫 眞寶 牧使
李結(결)		陽坡	本貫 固城
李潔(결)		鉢峯	本貫 全州
李謙(겸)	朝鮮中宗	遜齋	文臣 字 子益 本貫 丹陽 父 孟知 追贈 吏曹參議
李謙(겸)		醉睡軒	字 攄先 本貫 慶州 父 文煥
李謙善(겸선)	朝鮮	養拙窩	字 敬叔 本貫 固城
李謙受(겸수)	朝鮮宣祖	潛窩	文臣 字 子虛 本貫 鶴城 定州判官
李謙淳(겸순)	朝鮮	西澗	本貫 眞城
李謙愚(겸우)	1825~1856	海士	本貫 延安 父 厚秀 外祖 鄭匡道
李謙胤(겸윤)→李禎國의 初名			
李謙益(겸익)		梅軒	本貫 蔚山
李謙宰(겸재)		明農	字 仲謹 本貫 延安
李謙埈(겸준)	1758~1825	雙澗堂	學者 字 士謙 本貫 碧珍 父 克華 外祖 尹章彦 著書 雙澗堂集
李謙之(겸지)	朝鮮世宗	陽村	文臣 字 順叟 本貫 陽城 父 孟常 掌令
李謙鎭(겸진)	朝鮮肅宗	直軒	本貫 德水 父 潭 府使
李謙徵(겸징) →李熊徵			

人名	年代	號	其他
李謙浩(겸호)	1895~1942	海岡	獨立運動家
李謙和(겸화)	朝鮮	松菴	本貫 碧珍 父 承澤 祖父 得峻
李謙薰(겸훈)	1872~1944	不憂齋	著書 不憂齋遺稿
李瓊(경)	1337~?	二憂堂	文臣, 學者 字 穉玉, 穉玕 本貫 河濱 父 挺基 和州 牧使 著書 二憂堂集
李坰(경)	高麗禑王	竹軒	文臣 字 大年 本貫 安城 門下侍中 諡號 文靖
李璥(경)	1538~?	德峯	文臣 字 德溫 本貫 咸平 父 萬榮 監司
李坰(경)	1580~1670	瞽叟 聲叟 聲巖 聾巖 五足堂	文臣 字 東野 本貫 碧珍 父 尙吉 掌令
李槃(경)	1682~1740	茅山亭	著書 茅山亭稿〈秣川世稿〉
李坰(경)	朝鮮肅宗	東皐	本貫 咸平 父 得然 祖父 義吉
李澂(경)	朝鮮肅宗	鷄隱	本貫 驪州 父 翼鎭
李暻(경)	朝鮮英祖	盤溪	本貫 全義 父 三達 參奉 著書 文集
李坰(경)	朝鮮正祖	西皐	字 時應 本貫 興陽
李璟(경)		聲齋	著書 聲齋公遺稿〈邵城世稿〉
李坰(경)		旬白堂	字 士野
李坰(경)		拙修齋	本貫 延安
李璥(경)		二松軒	著書 文集
李田(경) →李岡			
李慶家(경가) →朴慶家			
李綱光(경광)	1563~1617	陶庵	文臣, 學者 字 日章 本貫 全州 父 希讓 外祖 黃翔 司憲府持平 著書 陶庵文集
李景九(경구)	朝鮮	黙山	學者 本貫 驪州
李瓊九(경구)		鸛山	本貫 星山
李敬國(경국)	朝鮮宣祖	恪庵	文臣 本貫 慶州 副正
李景奎(경규)	朝鮮	懶翁	委巷人 字 士潤 本貫 漢陽
李擎根(경근)	韓末	顧菴	字 益瑞 本貫 全義 著書 顧菴家訓
李慶祺(경기)	1554~1632	樂天堂 樂天齋 東谷 天堂	文臣 字 君應 本貫 全義 父 佶 內瞻寺正
李慶基(경기) →李慶祺			
李慶琪(경기) →李慶祺			
李傾者(경기)		養靜齋	著書 養靜齋文集〈芳園世稿〉
李慶吉(경길)	朝鮮	雨槐堂	委巷人 字 逢伯 本貫 漢陽
李敬南(경남)		月隱	本貫 禮安
李景聃(경담)	朝鮮	竹谷	委巷人 字 汝章 本貫 慶州

人名	年代	號	其他
李慶聃(경담)	朝鮮	映翠軒	字 君彦 本貫 固城
李慶德(경덕) →李慶億			
李景道(경도)	1874~1945	華山	著書 文集
李瓊仝(경동)	朝鮮初期	楸灘	文臣 字 如玉, 玉汝 本貫 全州 父 達成 系 達信 同知經筵事
李景濂(경렴)		琴窩	字 浩卿 本貫 載寧 祖父 檜
李景老(경로)	朝鮮	三咄翁	字 季聃 本貫 固城
李敬老(경로)		犀石	著書 文集
李景魯(경로) →李景曾			
李經祿(경록)	1736~1804	巴江	學者 字 仲綏 本貫 碧珍 父 熙朝 系 熙春 外祖 丁道明 著書 巴江集
李慶流(경류)	1564~1592	伴琴	文臣 字 長源 本貫 韓山 父 增 外祖 李夢龜 追贈 弘文館副提學
李景懍(경름) →李景墂			
李慶鯉(경리)		種德亭	本貫 永川
李景林(경림)		平齋	字 子秀 本貫 江陽
李慶立(경립)	1850~?	山雲	畫家 本貫 全州
李景明(경명)	朝鮮	慕軒	字 汝晦 本貫 固城 父 佑
李景命(경명)	朝鮮哲宗	矩堂	
李景茂(경무)	1609~1679	晚黙堂	學者 字 汝實 本貫 驪州 父 益亨 系 兑亨 外祖 李道孜 著書 晚黙堂文集
李慶黙(경무)	朝鮮	美叟	委巷人 字 而善 本貫 牙山
李烱文(경무)		耕叟	本貫 碧珍
李慶民(경민)	1814~1883	雲岡	文臣 字 元會 本貫 江陽 僉知中樞府事 著書 熙朝軼事
李景閔(경민)	朝鮮	陽村	文臣 本貫 德水 父 通
李敬培(경배)		醉菴	著書 醉菴李公實記
李敬培(경배)		酷菴	
李景蕃(경번)	朝鮮	三悅堂	學者 本貫 驪州 父 盖亨
李景福(경복)	朝鮮	學園	委巷人 本貫 全州
李慶相(경상)	1602~1647	黙菴 天然	文臣 字 汝弼 本貫 慶州 父 瀟 祖父 廷馨 文學
李景奭(경석)	1595~1671	白軒 雙溪	文臣 字 尚輔 本貫 全州 父 惟侃 金長生 門人 領敦寧府事 諡號 文忠 著書 白軒集
李景錫(경석)	韓末	竹樵	字 士亨
李敬錫(경석)		復性	本貫 全州

人名	年代	號	其他
李瓊錫(경석)	?~1949	醒齋	著書 醒齋遺稿
李慶善(경선)	朝鮮	松坡	字 慶魯 本貫 固城 父 時琁
李景善(경선)	韓末	蘭溪	救國運動家 本貫 寧海
李敬燮(경섭)	1900~1978	農隱	著書 文集
李慶需(경수)	朝鮮英祖	睡齋	本貫 慶州 父 明坤 參奉
李敬秀(경수)	朝鮮	閒軒	文人 字 善裕 本貫 韓山
李慶承(경승)	1591~?	栗島	文臣 字 士餘 本貫 安邊 父 吉元 判書
李敬承(경승) →李慶承			
李絅承(경승)	朝鮮	怡堂	畫家 本貫 延安
李敬勝(경승)		東溪	本貫 全州
李敬臣(경신)	1675~1740	純溪	本貫 延安 父 鳳朝 追贈 吏曹判書
李景顔(경안)	1572~1614	松石	文臣 字 汝愚 本貫 德水 父 通 外祖 柳塽 正言
李景顔(경안)	朝鮮	格川	委巷人 字 樂道 本貫 慶州
李景崖(경애)		梅軒	本貫 延安 父 友閔
李敬養(경양)	朝鮮	可窩	本貫 慶州 父 宗喆
李慶億(경억)	1620~1673	華谷	文臣 字 錫爾 本貫 慶州 父 時發 外祖 申應榘 左議政 諡號 文翼 著書 華谷遺稿
李景億(경억) →李慶億			
李景嚴(경엄)	1579~1652	石門 玄磯 玄樓	文臣 字 子陵 本貫 延安 父 好閔 祖父 國柱 漢城府判尹
李敬輿(경여)	1585~1657	白江 鳳巖	文臣 字 直夫 本貫 全州 父 綏祿 尹承勳 婿 領中樞府事 諡號 文貞 著書 白江集
李景輿(경여)		後川	本貫 全州 著書 文集
李景輿(경여)		丹邱 鶴下山人	著書 文集
李景淵(경연)	1565~1643	齊月堂	文臣 字 汝澄 本貫 鶴城 同知中樞府事 著書 霽月堂實紀
李景淵(경연)	朝鮮	儆齋 松川	委巷人 字 公黙 本貫 韓山 父 廷麟
李景說(경열)	朝鮮	晩善齋	本貫 咸平 父 楨
李景容(경용)	1579~1635	桂谷 杜谷 壯谷	文臣 字 汝復 本貫 德水 父 通 黃海道觀察使
李慶雨(경우)	朝鮮英祖	寒竹堂	義兵 本貫 固城
李絅愚(경우)	1792~1871	素隱	文臣 字 公著 本貫 延安 父 馨秀 外祖 申在業 工曹參判 著書 遺稿
李慶遇(경우)	朝鮮	鶴洞	學者 本貫 青海
李景宇(경우)		雲阜	字 聖瑞 本貫 全州

人名	年代	號	其他
李景祐(경우)		竹庵	本貫 全州
李卿雲(경우)	1555~?	靜養堂 養靜堂	文臣 字 君瑞 本貫 全州 父 克成 內資寺正
李景雲(경운)	朝鮮	莊庵	文臣 字 亨叔 本貫 全州
李慶雲(경운)	朝鮮	四友堂	本貫 星山
李庚運(경운)	朝鮮正祖	愚谷	本貫 咸平 父 永祿 祖父 潤身
李慶雲(경운)		鶴谷	本貫 廣州 祖父 宏中
李敬遠(경원)	朝鮮英祖	冷泉	本貫 載寧 父 之爐
李敬源(경원)	朝鮮	晚悟齋	本貫 慶州 父 萬業 祖父 禮立
李慶源(경원)		農山	著書 農山文集
李敬元(경원)		括蒼	本貫 咸平 父 場
李慶遠(경원) →李遠慶			
李敬裕(경유)	1746~?	陽皐	本貫 禮安 父 光 龍驤衛副司直 著書 遺稿
李敬儒(경유)	朝鮮肅宗	林下	本貫 延安 父 承延 祖父 萬敷 縣令
李慶胤(경윤)	朝鮮成宗	鶴林	字 嘉克 本貫 全州
李慶胤(경윤)	1545~1611	駱村 駱坡 鶴麓	畫家 字 秀吉 本貫 全州 父 傑 封號 鶴林正
李景潤(경윤)	朝鮮後期	具爾堂	字 具瞻 本貫 固城 祖父 曼勝 承仕郎
李烱胤(경윤) →李炯胤			
李景膺(경응)	朝鮮純祖	雲窩	本貫 延安 父 命根
李景義(경의)	1590~1640	倦遊 晚沙	文臣 字 子方, 子房 本貫 延安 父 尚閔 外祖 李鶴壽 行護軍 著書 文集
李景儀(경의)	1896~1958	欽窩	著書 文集
李景議(경의) →李景義			
李慶仁(경인)	朝鮮	守菴	文臣 本貫 驪州 判官
李敬一(경일)	1734~1820	聽軒	文臣 字 元會 本貫 慶州 父 宗悅 系 宗岳 左議政 諡號 孝定 著書 聽軒遺稿
李慶綽(경작) →李慶倬			
李敬長(경장)	1482~1561	櫟軒	文臣 字 欽仲 本貫 延安 父 渾 僉正
李景長(경장) →李敬長			
李景在(경재)	1800~1873	紹隱 松西	文臣 字 季行 本貫 韓山 字 義先 領議政 諡號 文簡
李經在(경재)	1789~?	絳山	字 稚正 本貫 韓山 父 義溫 系 義雲
李敬宰(경재)		志堂	本貫 延安
李慶全(경전)	1567~1644	石樓 柏村 瑞草	文臣 字 仲集 本貫 韓山 父 山海 外祖 趙彦秀 金瞻 婿 刑曹判書 著書 石樓遺稿
李景節(경절)	1571~1640	省齋	字 吉甫 本貫 德水 臺諫
李景鼎(경정)	朝鮮	勿菴	文人 本貫 咸平

人名	年代	號	其他
李慶祚(경조)	朝鮮	隱巖	本貫 陽城 父 廷極 祖父 陽浩
李敬尊(경존)	→李敬遵		
李慶宗(경종)		永慕堂	本貫 公州
李擎柱(경주)	1500~1597	孝廉齋	學者 字 石磨, 石楚 本貫 慶州 父 完從 著書 孝廉齋遺集
李景胄(경주)	→李景曾		
李敬遵(경준)	朝鮮	石南	本貫 眞城 父 逢春 祖父 希聖
李敬中(경중)	1543~1585	丹崖 丹厓	文臣 字 公直 本貫 全州 父 珹 李滉 門人 追贈 吏曹參判
李景曾(경증)	1595~1648	眉江 松陰	文臣 字 汝省, 汝直 本貫 德水 父 通 外祖 柳暎 權韠 門人 知中樞府事
李景曾(경증)	1694~1779	野隱	字 孝可 本貫 碧珍 父 柱廈 系 盈廈 著書 文集
李慶趾(경지)		愚翁	本貫 固城 著書 華山唱酬錄
李慶祉(경지)		莒軒	本貫 公州
李景稷(경직)	1577~1640	石門	文臣 字 尙古 本貫 全州 父 惟侃 金長生 門人 追贈 右議政 諡號 孝敏
李景稷(경직)	1720~1795	松齋	學者 字 文若 本貫 碧珍 父 隆夏 著書 松齋遺稿
李耕植(경직)	1841~1895	華夫	文臣 字 威穰 本貫 韓山 父 鼎溥 系 善溥 追贈 議政 諡號 忠肅
李景震(경진)	朝鮮肅宗	臨湖	本貫 德水 父 璿 祖父 元秀 睿陵參奉
李慶集(경집)	朝鮮	雙流堂	委巷人 字 成甫
李敬緝(경집)		平地居士	本貫 星州
李慶昌(경창)	1554~1627	西村	學者 字 彥及 本貫 全義 父 揚世 著書 西村集
李擎天(경천)		乖稼	著書 乖稼先生遺稿
李擎天(경천)	→李幹의 初名		
李景最(경최)	朝鮮仁祖	營谷	本貫 延安 父 友閔 縣監
李景春(경춘)		莒巖	著書 莒巖先生文集
李慶倬(경탁)	1572~?	伴琴	文臣 字 德餘 本貫 韓山 父 山甫 正言
李慶泰(경태)	1689~1755	黙窩	學者 字 大裕 本貫 永川 父 錫昌 外祖 宋載道 著書 黙窩遺稿
李景嶙(경표)	1537~1597	退愛堂 退憂堂	字 叔睦, 叔瞻 本貫 全州 父 孝彥
李景弼(경필)	→李景奭		
李景夏(경하)	1811~1891	硯邨	字 汝會 本貫 全州 父 寅達
李慶涵(경함)	1553~1627	晚沙	文臣 字 養源 本貫 韓山 父 增 漢城府右尹
李景恒(경항)	朝鮮肅宗	雲塘	文臣 字 堂甫 本貫 德水 父 璿 祖父 元秀 參奉

人名	年代	號	其他
李景憲(경헌)	1585~1651	芝田	文臣 字 汝思 本貫 德水 父 通 外祖 柳堧 同知敦寧府事
李敬憲(경헌)		杏亭	本貫 咸平 父 敏甲
李警憲(경헌)		野鶴	本貫 咸平
李景賢(경현)	朝鮮顯宗	梅軒	文臣 本貫 延安 父 尚閔
李景賢(경현)	朝鮮後期	九湖釣叟	
李庚兄(경형)	朝鮮後期	一傖翁	字 聖穆
李慶弘(경홍)	1540~?	謹齋	文人 字 伯䡄 本貫 驪州 父 光軫 參奉 著書 謹齋實記〈掇感錄〉
李景華(경화)	1629~1706	楓溪	名醫 字 汝夏 本貫 振威 父 檄 宋時烈 門人 生員 著書 楓溪集
李景煥(경환)	朝鮮英祖	蘭窩	本貫 驪州 父 禛休 生員
李擎煥(경환)	朝鮮後期	三樂齋	
李景晦(경회)	朝鮮後期	紫山	字 在徽
李景孝(경효)	朝鮮	花谷	委巷人 字 聖模 本貫 完山
李慶徽(경휘)	1617~1669	黙好 春田 春田居士	文臣 字 君美 本貫 慶州 父 時發 判書 諡號 翼憲
李慶輝(경휘)		樟隱	本貫 永川
李慶休(경휴)	朝鮮	愛日堂	文人 本貫 驪州
李景欽(경흠)	朝鮮	聾瞽子	委巷人 字 元明
李榮(계)	1528~1593	三登	
李娃(계)	1603~1642	鳴皐 清皐	文臣 字 熙遠 本貫 全州 父 晉英 外祖 申湜 李志定 婿 宣川府使
李溪(계)	朝鮮	華村	委巷人 字 友山 本貫 完山
李娃(계)	朝鮮	機谷	閭巷人 字 聚五 本貫 丹陽 著書 文集
李桂(계)		梅竹軒	著書 梅竹軒集
李契(계) →李偰			
李啓基(계기)	朝鮮世祖	玄山	
李季男(계남)	?~1512	清雲 休休堂	文臣 字 子傑 本貫 平昌 吏曹判書 封號 平原君 諡號 翼平
李季仝(계동)	1540~1506	東湖	武臣 字 子俊 本貫 平昌 父 永瑞 領中樞府事 諡號 憲武 著書 東湖集
李啓斗(계두)	1883~1939	菊史	著書 菊史先生詩集
李季樑(계량)	1508~?	串巖	本貫 永川 父 賢輔 祖父 欽
李啓濂(계렴)	1786~1889	可山	字 希文 本貫 全州 父 鍾赫 外祖 安廷鐸 著書 可山遺稿

人名	年代	號	其他
李季濂(계렴) →李啓濂			
李啓魯(계로)	1828~?	石林	字 聖健 本貫 眞寶 父 文相 系 會相 吏曹參判
李桂龍(계룡)		晚醒	本貫 光山
李啓萬(계만)		晚齋	本貫 咸平 父 敬憲
李繼孟(계맹)	1458~1523	墨谷 墨石 墨巖 默巖 黑石	文臣 字 希醇 本貫 全義 父 穎 金宗直 門人 兵曹判 書兼知經筵事 諡號 文平
李啓文(계문)	朝鮮	松齋	學者 本貫 高靈
李啓白(계백)		晚翠	本貫 咸平 父 百憲
李桂生(계생) →桂生			
李繼先(계선)	1584~1645	一癡	字 子敬 本貫 星州 父 譚
李繼善(계선)		靜京	字 成文 本貫 慶州 父 允商
李季誠(계성) →李季誠			
李繼孫(계손)	1423~1484	后山	文臣 字 引之 本貫 驪州 父 依仁 鄭保 婿 諡號 敬憲
李繼孫(계손)	朝鮮世宗	龜軒	文臣 本貫 驪州 父 依仁 諡號 敬憲
李桂遂(계수)	朝鮮世宗	護竹軒	本貫 全州
李繼秀(계수)	1567~1637	詠風亭	字 漢瑞 本貫 淸安 著書 詠風亭實紀
李啓秀(계수)	朝鮮	樵南	字 佑民 本貫 固城 父 周生
李啓琇(계수)		梧峯	本貫 咸平
李啓舜(계순)	朝鮮	春岡	本貫 咸平 父 鳳憲 祖父 敏九
李啓植(계식)		松溪	本貫 慶州
李繼陽(계양)	朝鮮端宗	老松亭	字 達甫 本貫 眞城
李啓曄(계엽)		隱谷	著書 文集
李啓榮(계영) →辛啓榮			
李啓沃(계옥)	朝鮮憲宗	耳山	書藝家 字 景柔
李啓宇(계우)	朝鮮憲宗	水村	文臣 本貫 慶州 父 晚奎 翰林
李繼祜(계우) →李繼祜			
李啓源(계원)	朝鮮	明隱	本貫 星州 父 如珵 祖父 胤星
李啓源(계원)	朝鮮	小岡	志士 字 可沃 本貫 京山
李繼胤(계윤)	1583~1659	泗濱	著書 文集
李桂乙(계을)	高麗	丹桂	字 禮正 本貫 安岳
李啓翊(계익)	朝鮮憲宗	圭山	本貫 慶州 父 永純
李啓益(계익)		觀德齋	本貫 咸平
李啓翼(계익)		松泉	本貫 咸平 父 龍憲
李季甸(계전)	1404~1459	存養齋	文臣 字 屛甫 本貫 韓山 父 種善 祖父 穡 外祖 權近 封號 漢城府院君 領中樞院事 諡號 文烈

人名	年代	號	其他
李季專 (계전)	朝鮮	台園	文臣 本貫 碧珍 兵曹判書 諡號 恭僖
李繼禎 (계정)	1542~1614	東皐	字 叔妥 本貫 富平 父 沃
李啓朝 (계조)	1793~1856	桐泉	文臣 字 德叟 本貫 慶州 父 錫奎 吏曹判書 諡號 文貞
李啓冑 (계주)	朝鮮肅宗	溫齋	學者 本貫 全州 父 漢宗
李繼俊 (계준)	朝鮮中期	雙淸堂	文人 字 子英 本貫 延安 祖父 崇元
李季埈 (계준)	朝鮮	巖觀	志士 字 德邵 本貫 京山
李季仲 (계중)	朝鮮	八樂堂	文臣 字 令實 本貫 陜川 司諫
李繼枝 (계지)		晩洲	本貫 積城
李啓徵 (계징)	朝鮮	二樂堂	本貫 古阜 父 榮伯 祖父 正敦
李啓宅 (계택)	1880~1950	峴隱	著書 文集
李季通 (계통)		東屛	本貫 眞寶
李啓八 (계팔)		農軒	本貫 咸平
李啓夏 (계하)		農隱	本貫 咸平 父 百憲
李繼漢 (계한)	朝鮮	久菴	字 贊甫 本貫 鳳山
李季瑊 (계함) →李季諴			
李季諴 (계함)	高麗	百軒	文臣 本貫 淸州 太師 諡號 正憲
李桂炯 (계형)	朝鮮末	海斯	字 周見 本貫 全州 父 寅奎
李繼祜 (계호)	1573~1645	休堂 休翁 休休堂	畫家 本貫 龍仁 父 普哲 系 普澤 察訪
李啓澔 (계호)		月坡	本貫 咸平
李啓弘 (계홍)		碧軒	本貫 咸平 父 百憲
李啓華 (계화)		靖山齋	本貫 咸平 父 斗憲
李季煥 (계환)	1860~1905	安軒	字 致瑞 本貫 固城
李繼後 (계후) →李繼俊			
李繼熙 (계희)	朝鮮	松墅	文臣 本貫 原州 戶曹參議
李啓僖 (계희)		剛克齋	本貫 咸平 祖父 敏旭
李皐 (고)	高麗	文巖	本貫 驪州
李皐 (고)	1341~1420	忘川 茫川	文臣 本貫 驪興 父 允芳 恭安府尹 集賢殿學士
李翶 (고)	朝鮮	虎溪 虎溪漁叟	隱士 字 引之 本貫 全州
李股 (고)	朝鮮	無禁亭	字 子輔 本貫 固城 郡守
李考 (고)		斐碧亭	本貫 碧珍
李穀 (곡)	1298~1351	稼亭	學者, 文臣 字 仲父 本貫 韓山 初名 芸白 父 自成 李濟賢 門人 封號 韓山君 都僉議贊成事 諡號 文孝 著書 稼亭集
李崑 (곤)	高麗	象菴	本貫 禮安

人名	年代	號	其他
李坤(곤)	1462~1524	鹿窓	字 子靜 本貫 延安 父 仁文
李鯤(곤)	1484~1537	閒堂 閒文堂	文人 字 圖南 本貫 慶州 父 公麟 外祖 朴彭年
李琨(곤)		南嶽	本貫 咸平 父 長榮
李崑秀(곤수)	1762~1788	壽齋	文臣 字 星瑞 本貫 延安 父 性源 外祖 申護 追贈 左贊成 著書 壽齋遺稿
李昆壽(곤수)	1808~1888	心齋	學者 著書 心齋集
李琪(공)	1533~1583	栗園 百忍堂	學者 字 恭甫 本貫 禮安 父 淑仁 持平 著書 栗園文集
李琪(공)	1588~1628	百忍 百忍堂	王族 本貫 全州 父 宣祖 諡號 仁城君 著書 百忍堂遺卷〈先君遺卷〉
李功根(공근)		歸來亭	著書 歸來亭遺稿
李公亮(공량)	朝鮮宣祖	安分堂	文臣 本貫 全義 父 正胤 參奉
李公旼(공민)	→李旼		
李貢範(공범)	朝鮮	道峰	本貫 星州 父 佑萬 祖父 奎烈
李公燮(공섭)		後梅	本貫 全州
李公遂(공수)	1308~1366	南村 衡齋	文臣 本貫 益山 父 崔 祖父 行儉 封號 益山府院君 僉議侍中 諡號 文忠 著書 南村集
李公升(공승)	1099~1183	秋月齋	文臣 字 達夫 本貫 淸州 中書侍郎平章事 諡號 文貞
李公愚(공우)	1805~?	石蓮 莒江漁父 莒江漁夫 莒江樵父	文臣 字 公汝 本貫 延安
李公遠(공원)	→李公遂		
李公翼(공익)	朝鮮純祖	石蓮	本貫 延安 父 驥秀 都正
李公俊(공준)	朝鮮明宗	松坡	本貫 洪州 父 廉 記注官
李公致(공치)		漁隱	本貫 陜川
李堝(과)	1469~1517	松齋	著書 文集
李漷(곽)	1659~1698	鷺洲 觀瀾	王族 字 魯伯 本貫 全州 父 侃 系 俣 祖父 瑛 封號 全坪君 著書 鷺洲集
李琯(관)	高麗	怡菴	文人 本貫 慶州 父 瑱 封號 駕洛君
李琯(관)	1518~1577	渾溪 潭溪	學者 本貫 全州 父 輯 外祖 尹雲 封號 順天君 諡號 孝文
李寬(관)	朝鮮宣祖	松石	本貫 全州 父 彦諄 洗馬
李灌(관)	朝鮮宣祖	錦坡	本貫 洪州 父 公俊 戶曹參議
李灌(관)	1712~1791	晩隱	文臣 字 習之 本貫 德水 父 恒 李縡 門人 封號 豊安君 副摠管
李綰(관)	朝鮮肅宗	白牧窩	本貫 牛峰 父 晩達
李灌(관)	朝鮮肅宗	六友堂	本貫 韓山 父 景沆 許厚 門人
李灌(관)	朝鮮肅宗	牛山	本貫 新平 父 文瀗 參奉

人名	年代	號	其他
李瓛(관)	韓末	敬菴	本貫 星州
李寬(관)		松石	本貫 全州 父 彦淳
李縮(관)		悟菴	
李慣(관)		翠竹軒	本貫 全州
李寬慶(관경)	朝鮮	浣溪	本貫 驪州 父 譓 祖父 東曄
李觀求(관구)	1885~1952	華史	獨立運動家
李寬求(관구)	1898~1991	城齋	言論人 著書 李寬求論說集
李觀吉(관길)	朝鮮	東皐	字 復雲 本貫 固城 祖父 商考
李寬林(관림)		谷仙	
李觀命(관명)	1661~1733	屏山 屏山齋 日休亭	文臣 字 子賓 本貫 全州 父 敏敍 祖父 敬輿 外祖 元斗杓 張善徵 婿 左議政 諡號 文清 著書 屏山集
李寬彬(관빈)	1759~?	谷山	
李觀祥(관상)	朝鮮	蒼南	本貫 驪州 父 鼎凝 進士
李觀洙(관수)	朝鮮純祖	靜澹齋	本貫 全州 父 惟命
李寬植(관식)	朝鮮	養性齋	本貫 全義 父 成幹 祖父 龜
李觀永(관영)	1780~1835	疎迂齋	學者 字 來允 本貫 清安 父 樹珍 外祖 宋學源 著書 疎迂齋文集
李觀吾(관오) →李覲吾			
李寬義(관의)	朝鮮成宗	栗亭	學者, 文臣 字 義之 本貫 廣州 金泮 門人 栗峰 道察訪
李觀翼(관익)	朝鮮憲宗	菊史	本貫 延安 父 知愚
李觀翼(관익)		蘆館 碧蘆館主人	著書 文集
李觀周(관주)	朝鮮顯宗	薺齋	本貫 星州 父 俊耈 著書 薺齋集
李觀周(관주)	朝鮮後期	斗溪	
李寬稷(관직)	韓末~日帝	海觀	
李觀徵(관징)	1618~1695	芹谷 芹翁	文臣 字 國賓 本貫 延安 父 襨 行判中樞府事 諡號 靖僖 著書 芹谷集
李觀必(관필)	朝鮮	響山	
李觀夏(관하)	朝鮮後期	青霞 青翰子	
李觀鉉(관현)	朝鮮	遠齋	
李觀華(관화)	朝鮮	思齋	本貫 陝川 父 德柱
李觀華(관화)	朝鮮後期	雲西	本貫 固城
李觀厚(관후)	1693~?	偶齋	字 大觀 本貫 全義 父 益謙 系 益祕 著書 文集
李觀厚(관후)	1869~1949	偶齋	學者 字 重立 本貫 碧珍 父 絢基 外祖 安洙 著書 偶齋集
李觀休(관휴)	朝鮮肅宗	謹齋	本貫 驪州 父 㫲

人名	年代	號	其他
李觀熙(관희)	朝鮮後期	浦叟	本貫 星山 父 鼎相 祖父 源祚 都事
李光(광)	1485~1551	眞操堂	字 明遠 本貫 平昌 父 秀男 著書 文集
李廣(광)	朝鮮初期	黙翁	本貫 全州 父 永立 監察
李洸(광)	1541~1607	雨溪　雨溪山人 雨溪散人　雨波	文臣 字 士武 本貫 德水 父 元祥 祖父 荐 著書 雨溪集
李玒(광)	1589~1645	杞泉堂 杞泉	王族 字 藏仲 本貫 全州 父 宣祖 封號 義昌君 諡 號 敬憲 著書 杞泉堂遺稿
李玒(광)		松庵	本貫 咸平 父 萬榮
李光(광)	1879~1966	星巖	獨立運動家
李礦(광) →李磺			
李光(광) →李薇의 初名			
李伖(광) →李洸			
李洸(광) →李玒(杞泉)			
李光坤(광곤)		松堂	字 仲厚 本貫 星州
李光軀(광구) →李光軫			
李光國(광구)	朝鮮	仁山	本貫 星山 父 東彬
李光珪(광규)	朝鮮	勿省齋	本貫 韓山 父 上稙 祖父 廷傳
李匡德(광덕)	1690~1748	冠陽 存齋	文臣 字 聖賴 聖賚 本貫 全州 父 眞望 外祖 朴 世采 趙景命 婿 漢城 府左尹 著書 冠陽集
李匡德(광덕)	1762~1834	農山	學者 字 季淵 本貫 延安 父 奎福 著書 農山集
李光燾(광도) →李光熹			
李光涷(광동) →李光涑			
李光斗(광두)	朝鮮	江軒	文臣 字 潤汝 本貫 慶州 直提學
李匡呂(광려)	1720~1783	月巖 七灘	學者 字 聖載 本貫 全州 父 眞洙 著書 李參奉集
李光呂(광려)		平泉	
李光禮(광례)	1612~?	醉翁亭	字 禮中 本貫 固城 父 瑞
李光輅(광로)	朝鮮純祖	醒齋	本貫 牛峰 父 杓
李光魯(광로)	1828~1903	究庵	學者 字 景觀 本貫 碧珍 父 楨穆 著書 究庵文集
李光魯(광로)		孤村	著書 孤村先生文集
李光老(광로) →李恒老의 初名			
李光祿(광록)	朝鮮	洛齋	本貫 星州 父 東㝢 祖父 震休
李光祿(광록)		聲叟	著書 聲叟遺稿〈白下世稿〉
李光祿(광록)		白夏	
李光隣(광린)	朝鮮	睡窩	本貫 清安 奉事
李廣林(광림) →李光休			

人名	年代	號	其他
李光文(광문)	1778~1818	小華	文臣 字 景博 本貫 牛峰 父 采 右贊成 諡號 文簡
李光培(광배)	1715~?	省吾堂 省吾	字 實之 本貫 慶州 父 周翊 著書 文集
李光輔(광보)		田雲	文臣 本貫 驪州 吏曹參判
李光復(광복)	1750~1813	龍山	學者 字 來七,聖初 本貫 全州 父 胤世 外祖 許葆 著書 龍山集
李光復(광복) →李光後			
李溥(광부)	朝鮮肅宗	後松亭	文人 字 子淵 本貫 平昌 父 命錫 祖父 培
李匡師(광사)	1705~1777	圓嶠 斗南 壽北 簏中	陽明學者, 書藝家 字 道甫 本貫 全州 父 眞儉 著書 圓嶠集
李光生(광생)		六楣齋	
李光錫(광석)	朝鮮肅宗	退軒	字 夢賚 本貫 星州
李光錫(광석)	朝鮮正祖	心溪	
李光先(광선)		文村	本貫 咸平
李光燮(광섭)	1755~1815	橡庵	學者 字 元老 本貫 慶州 父 漢明 外祖 朴萬和 著書 橡庵遺稿
李匡世(광세)	朝鮮肅宗	愚軒	文臣 本貫 全州 父 聞政 判尹
李光涑(광속)		江叟	著書 文集
李光秀(광수)	朝鮮英祖	玉山	學者 著書 玉山集
李光秀(광수)	1872~1950	學圃	字 聖章 本貫 固城
李光粹(광수)		松隱	字 國華 本貫 安東
李光洙(광수)	1892~1950	春園 孤舟 長白山 人 외배 올보리	小說家 本貫 全州 父 鍾元
李光承(광승)	1540~1584	犁巖	字 君述 本貫 永川
李匡臣(광신)	朝鮮肅宗	恒齋	本貫 全州 父 眞休
李光彦(광언)	朝鮮明宗	西巖	文人 字 彦秀 本貫 永川 祖父 世憲
李光彦(광언)		聲巖	著書 文集
李光榮(광영)	朝鮮	宰谷	學者 本貫 驪州
李光玉(광옥)	朝鮮	淸溪	字 仲仁 本貫 星州 禮曹參判
李光容(광용)	朝鮮	一笑軒	字 能述 本貫 固城 父 國庠
李光友(광우)	1529~1619	竹閣 竹閣老人	學者 字 和甫 本貫 慶州 父 潛 外祖 李繼裕 著書 竹閣文集
李匡遇(광우)	朝鮮	樂齋	字 君恢 本貫 固城
李光胤(광윤)	1564~1637	讓西 瀁西	文臣 字 克休 本貫 慶州 父 潛 祖父 鯤 追贈 都承旨 著書 讓西先生文集
李光義(광의)	1609~1672	琦菴 竹軒	字 義仲 本貫 固城 父 瑺
李光翼(광익)	朝鮮宣祖	愛日堂	文臣 本貫 陽城

人名	年代	號	其他
李光翼(광익)	1598~1656	雲軒	學者 字 道昌 本貫 慶州 父 復性 外祖 金瑞男 著書 雲軒集
李光翼(광익)	朝鮮仁祖	南湖	本貫 全州 父 士廉
李光翼(광익)	1653~1711	敬齋	字 台允 本貫 固城 父 瑢
李光翊(광익)		亭西	著書 文集
李光仁(광인)	1600~1659	石門亭	字 仁仲 本貫 固城 父 瑞
李光寅(광인)	朝鮮後期	松臺	
李光一(광일)	朝鮮	松潭 尤園	本貫 禮安 父 楨國 祖父 寅燮
李光著(광저)	1658~1702	鶴亭	字 隱之 本貫 全義 父 葎
李光迪(광적)	1628~1717	隱巖	文臣 字 輝古, 輝吉 本貫 星州 父 世美 崇政大夫 謚號 靖憲
李光漸(광점)		南海	著書 南海公半稿 〈芳園世稿〉
李光庭(광정)	1552~1627	訥翁　鹿門山人 海皐	文臣 字 德輝 本貫 延安 父 澍 許潛 婿 封號 延原府院君 吏曹判書 著書 訥翁文集
李光鼎(광정)	1636~1694	觀稼亭	學者 字 汝重 本貫 鐵城 父 九 外祖 丁希聖 著書 觀稼亭文集
李光庭(광정)	1636~1662	天遊 天游	文臣 字 輝瑞 本貫 星州 父 世美 正字
李光庭(광정)	1674~1756	訥隱 訥翁 訥齋	文臣, 隱士 字 天祥 本貫 原州 父 後龍 系 光龍 莊陵參奉 著書 訥隱集
李光靖(광정)	1714~1789	小山 中山	學者 字 休文 本貫 韓山 父 泰和 外祖 李載 別提 著書 小山集
李光正(광정)	1780~?	方野	字 景眼 本貫 牛峰 父 采 系 禾 著書 方野漫錄
李光佐(광좌)	1674~1740	雲谷	文臣 字 尚輔 本貫 慶州 父 世龜 領中樞府事 著書 雲谷實記
李光周(광주)		雲坡	著書 雲坡先生文集
李光俊(광준)	1531~1609	鶴洞	文臣 字 俊秀, 俊季 本貫 永川 父 汝諧 江原道觀察使 著書 文集
李光俊(광준) →李光後			
李光地(광지)		榕村	著書 文集
李光稷(광직)	1632~1664	希菴	文臣 字 子輝 本貫 韓山 父 弘淵 持平
李光稷(광직)	朝鮮後期	于野	字 畦之 著書 文集
李光稷(광직) →李先稷			
李光軫(광진)	1517~1566	今是堂	文臣 字 汝任 本貫 驪興 父 遠 右副承旨 著書 今是堂先生遺稿 〈掇感錄〉
李光晉(광진)	1636~1696	大隱	字 晉卿 本貫 固城 父 琬
李廣鎭(광진)		淵氷齋	本貫 咸平 著書 淵氷齋公集 〈咸豐李氏五賢遺稿〉

人名	年代	號	其他
李匡贊(광찬) →李匡賢			
李光天(광천)	朝鮮	松堂	文臣 字 元一 本貫 安城 同知中樞府事
李光春(광춘)	朝鮮宣祖	松陰	本貫 全州 父 洁 成渾 門人 別坐
李匡泰(광태)	朝鮮肅宗	无妄軒	本貫 全州 父 眞儉
李匡賢(광현)	1703~?	中翁	文臣, 書藝家 字 襄仲 本貫 全州 父 眞仮
李光顯(광현)	1747~?	燕齋	文人 字 晦叔 本貫 全州 父 元彬 縣監 著書 詩集
李洸鎬(광호)	朝鮮	芝隱	本貫 眞城
李匡煥(광환)	朝鮮肅宗	東厓	文人 本貫 驪州
李光後(광후)	1564~1643	梅軒	字 丕顯 本貫 星州 父 輅
李廣休(광휴)	朝鮮肅宗	竹坡	本貫 驪州 父 沉 系 瀅
李光熹(광희)	1688~1746	太和堂	學者 字 士晦 本貫 鶴城 父 時纘 外祖 黃綖 著書 太和堂逸稿
李浤(굉)	1440~1516	歸休亭 洛浦 戀生堂	文臣 字 深遠 本貫 固城 父 增 開城府留守
李肱(굉)	朝鮮中宗	伴鷗軒	本貫 固城 父 洺 別提
李硡(굉)	朝鮮後期	隱石	字 聲之 本貫 固城
李翃(굉)		靜齋	本貫 咸安
李宏中(굉중)		鶴梅	本貫 慶州 父 峻齡
李嶠(교)	?~1361	桃村	文臣 字 慕之 本貫 固城 父 瑀 外祖 朴之亮 御史大夫
李蕎(교)	1531~1595	遠巖	文人 字 君美 本貫 眞寶 父 瀅
李晈(교)	1616~?	梅峯	著書 文集
李墩(교)	朝鮮	黙庵	學者 本貫 驪州
李郊(교)		三休堂	字 東野 本貫 仁川
李喬年(교년)	1717~1770	艮谷	學者 字 仲壽 本貫 全州 父 星昌 副率 著書 艮谷遺稿
李教敦(교돈)	朝鮮	一菴	字 弘中 本貫 星州 父 甲容 同知中樞府事
李教敦(교돈) →李教授			
李教連(교련)		克培	本貫 星州
李教烈(교렬)	?~1963	桂隱	著書 桂隱遺稿
李教冕(교면)		內山	著書 文集
李教文(교문)	1782~1871	行源堂	本貫 寧川 父 彥信 著書 文集
李教文(교문)	1846~1914	日峰	學者 字 禮伯 本貫 星山 父 志容 外祖 高景鎭 著書 日峰遺稿
李教文(교문)	1866~1840	止齋	字 鳴璇 本貫 全義 父 熙瓓 著書 文集
李教彬(교빈)	朝鮮正祖	阿耳	武臣 本貫 德水 父 心秀

人名	年代	號	其他
李敎相(교상)		耆石	著書 文集
李敎錫(교석)	朝鮮後期	碧樵	
李敎善(교선)	韓末	醉農	
李敎髙(교설)	朝鮮	日庵	字 致相 本貫 星州 吏曹參判
李敎性(교성)		錦川	著書 錦川集
李敎壽(교수)		石山	著書 石山先生文集
李敎授(교수)	朝鮮	一庵	字 松仲 本貫 星州 父 甲容 同副承旨
李喬岳(교악)	1653~1728	惜陰窩	文臣 字 伯瞻 本貫 龍仁 父 後望 宋時烈 門人 大司憲
李敎英(교영)	1833~1896	歸隱	字 華汝 本貫 眞城 父 得魯
李敎榮(교영)	朝鮮哲宗	澹溪 靜齋	隱士 字 汝仲 本貫 星州 父 甲容
李敎榮(교영)	朝鮮哲宗	圭堂	文臣 本貫 慶州 父 裕大 吏曹參判
李喬榮(교영)	朝鮮末	竹圃	本貫 慶州 父 集九 系 集五
李敎瑛(교영)		漁巖	本貫 星州
李敎宇(교우)		果齋	著書 果齋集
李敎允(교윤)	朝鮮	耕讀	隱士 字 處仲
李敎翼(교익)	1807~?	松石	畫家 字 士文 本貫 延安
李喬翼(교익)	1830~1890	時堂	字 世卿 本貫 延安 父 曾愚 系 鍾愚 外祖 沈廷奎 禮曹判書 諡號 孝憲
李敎益(교익)	朝鮮	隱峯	字 益俊 本貫 星州 禮曹參判
李敎寅(교인)	1802~?	桃隱	字 景五 本貫 星州 父 一容 敦寧府都正
李敎載(교재)	1887~1933	竹軒	獨立運動家 字 敬斗 本貫 星州
李敎籛(교전)	朝鮮	月井	字 致伯 本貫 星州 禮曹判書
李喬庭(교정)	朝鮮	耻齋	
李敎峻(교준)	朝鮮哲宗	素隱	本貫 碧珍 父 克聲
李敎直(교직)	1852~1918	竹圃	著書 竹圃遺稿
李喬鎭(교진)	朝鮮後期	桂隱	本貫 順天 父 忠永 系 忠植 監察
李敎川(교천)		樂川 艮川	字 英傳 本貫 星州 著書 樂川遺稿
李敎憲(교헌)	1862~1935	寬溫齋	著書 文集
李敎赫(교혁)	朝鮮	木隱	字 白又 本貫 星州 敦寧府都正
李敎鉉(교현)	朝鮮哲宗	芝山	文臣 本貫 龍仁 父 在鶴 承旨
李敎皞(교호)		松庵	本貫 星州
李敎嘩(교화)		菊圃	著書 菊圃先生文集
李龜(구)	1469~1526	四美亭 松坡 二用 板溪	字 子長 本貫 慶州 父 公麟 外祖 朴彭年 忠州牧使

709

人名	年代	號	其他
李構(구)	1484~1536	燕敬堂	學者 字 成之 本貫 星州 父 世俊 追贈 直提學 著書 文集
李嵩(구)	朝鮮中宗	若望	本貫 全州 父 壽環 封號 寧平君
李球(구)	?~1573	蓮坊	學者 字 叔玉 本貫 全州 封號 鍾城令
李久(구)	1586~1609	後谷	文臣 字 庭堅 本貫 韓山 檢閱
李垠(구)	1602~1644	松庵	學者 字 子明 本貫 慶州 父 汝霖 著書 松庵遺集
李榘(구)	1613~1654	活齋	學者 字 大方 本貫 全州 父 光洽 著書 活齋文集
李球(구)	1615~1667	正齋	字 景珍 本貫 固城 父 溉
李球(구)	1620~1684	隱窩	文臣 字 大玉 本貫 全義 父 之英 追贈 大司憲 著書 隱窩集〈全城世稿〉
李具(구)		稼亭	本貫 星州
李榘(구)		松洲	文臣 字 光瑩 本貫 禮安 舍人
李嵩(구)		若堂	本貫 全州
李璆(구)		白雲居士	
李覺(구) →李覺			
李昫(구) →李煦			
李溝(구) →李構			
李構(구) →李構			
李龜敬(구경)	朝鮮	樑隱	本貫 眞城
李龜年(구년)	朝鮮正祖	溪雲	本貫 眞寶 父 世恒
李龜齡(구령)	1482~1542	灘巖	字 眉之 本貫 全義 父 德崇
李龜齡(구령)		桂南	文人 字 聖瑞 本貫 全州 著書 桂南集
李龜祥(구상)	1725~1758	頤居 南洲居士 頤居子	文人 字 君範 本貫 延安 著書 頤居先生遺稿
李龜相(구상)	1829~?	浦石	文臣 字 稱登 本貫 星州 父 源祚 系 源奎 校理
李九相(구상)		鷲巖	本貫 星州
李龜書(구서)	1727~1799	紫霞	著書 文集
李龜書(구서)	朝鮮	化窩	隱士 字 象心 本貫 眞寶 父 世師
李龜錫(구석)	朝鮮正祖	磻窩	文人 字 敍汝 本貫 眞寶 父 世述
李龜星(구성)	1756~1835	俗隱齋	學者 字 彝瑞, 銀瑞 本貫 眞寶 父 世翊 外祖 金景瀗 河陽縣監 著書 俗隱齋文集
李龜淵(구연)	1896~1950	泰龍	獨立運動家
李九燁(구엽)	高麗	雲谷	文臣 字 亨華 本貫 昌寧 右常侍 諡號 文淑
李求永(구영)	1807~1872	淸灘	著書 淸灘集〈防山集〉
李龜容(구용)	朝鮮英祖	含忍齋	本貫 眞城 父 守綱
李九容(구용)	朝鮮	八山	字 士倫 本貫 星州 吏曹參判

人名	年代	號	其他
李龜雲(구운)	1744~1823	仕隱	字 應瑞 本貫 眞城 刑曹參判 著書 仕隱疏集
李久源(구원)	1579~1675	月潭	文臣 字 源之 本貫 全州 父 鑒 知敦寧府事
李龜元(구원)	朝鮮後期	式好堂	本貫 眞城 父 世觀 追贈 吏曹參判
李九遠(구원)	→李久源		
李龜應(구응)	朝鮮	十梅軒	字 宗瑞 本貫 眞城
李求益(구익)	朝鮮光海君	退休堂	隱士 字 季逋 本貫 全州 父 愓 著書 文集
李耆俊(구준)	1569~1642	耻齋	文臣,畵家 字 稽夫 本貫 全義 父 崇慶 儀賓府都事
李久澄(구징)	1568~1648	栢村	文臣 字 澄源 本貫 全州 父 鐵 外祖 睦諶 知中樞府事 著書 綱目註說
李耆徵(구징)	1609~1688	竹軒	文臣 字 吉叔 大年 本貫 慶州 父 尙一 外祖 申僴 僉知中樞府事 著書 竹軒文集
李龜天(구천)	朝鮮正祖	武好堂	本貫 眞寶 父 世觀
李龜泰(구태)		謙齋	本貫 慶州
李九夏(구하)	朝鮮憲宗	休休	
李九夏(구하)		知非	著書 知非稿抄
李九煥(구환)	朝鮮英祖	可山	文臣 本貫 驪州 父 孟休
李龜煥(구환)	朝鮮英祖	三陵	本貫 載寧
李求勳(구훈)	朝鮮	望巖	
李龜休(구휴)	朝鮮英祖	遠峯	文臣 字 仲輝 本貫 驪州
李菊(국)	朝鮮	止齋	本貫 仁川 父 克誠
李槶(국)		竹广	本貫 驪州
李國榦(국간)	朝鮮	明菴	字 秀汝 本貫 固城 著書 遺稿
李國樑(국량)	?~1458	楠溪	著書 楠溪遺稿〈白夏世稿〉
李國樑(국량)	1517~1555	暘谷	字 庇遠 本貫 永川
李國魯(국로)	1755~1834	梨村	著書 文集
李國魯(국로)	朝鮮	月巖	本貫 全義 父 根赫
李國林(국림)	1758~1805	菊村 菊窩	學者 字 士彙 本貫 碧珍 父 景稷 著書 菊村遺稿
李國芳(국방)		退隱	本貫 全州
李國培(국배)	朝鮮	尚愚堂	字 英元 本貫 固城
李國寶(국보)		探薇	字 文友 本貫 永川
李國賓(국빈)	朝鮮宣祖	菊軒	本貫 星山 內資寺直長
李國永(국영)		弦庵	本貫 德水
李國容(국용)	1834~1888	夢翠	著書 文集
李國章(국장)	→安國章		
李國楨(국정)	→李楨國		

人名	年代	號	其他
李國榛(국진)	朝鮮	默齋	本貫 星山 父 成倈
李國七(국칠)		隱山	本貫 全州
李國弼(국필)		漳涯	本貫 禮安
李國楷(국해)		餐霞僊館	著書 文集
李國憲(국헌)	韓末~日帝	醒石	
李國庨(국호)	朝鮮	蕩平軒	字 惠萬 本貫 固城 著書 文集
李國華(국화)	朝鮮肅宗	居敬齋	字 子扶 本貫 星山
李國華(국화)		木石	著書 文集
李國煥(국환)	朝鮮	竹軒	字 子通 本貫 固城 著書 遺稿
李國休(국휴)	1675~1721	睡窩	文臣 字 咸卿 本貫 驪州 父 浼 洪萬紀婿 弼善
李君寶(군보) →李君賓			
李君賓(군빈)	朝鮮	晚悟齋	隱士 字 文饒 本貫 慶州
李君五(군오)	1884~1947	忍重	天道教徒 天道教宗務委員長 道號 睦菴
李君梓(군재)	朝鮮初期	碧湖	文臣 本貫 晉州 吏曹判書
李君侅(군해) →李嵒의 初名			
李勸(권)	1555~1635	杜谷	文臣 字 彥誠 本貫 全義 父 海壽 祖父 鐸 外祖 鄭惟義 僉知中樞府事
李權(권)	1679~?	湖隱	文人, 書藝家 字 平卿, 平叔 本貫 廣州 父 世俊
李權(권)	朝鮮	省巖	本貫 鶴山 父 贊緖 祖父 時萬
李權善(권선)		市隱	本貫 全州 父 在勳
李貴(귀)	1557~1633	默齋 老辣	文臣 字 玉汝 本貫 延安 父 廷華 李珥, 成渾 門人 追贈 領議政 封號 延平府院君 謚號 忠定 著書 默齋日記
李貴齡(귀령)	1345~1439	康胡 桂隱	文臣 字 修之 本貫 延安 父 元發 左議政
李貴省(귀성)	朝鮮	三省齋	
李貴仁(귀인)	朝鮮	漁隱	文臣 字 而綱 本貫 隴西 嘉善大夫
李貴春(귀춘)		沃野翁	本貫 昌寧 知縣事
李奎(규)	朝鮮英祖	釣隱	字 文伯 本貫 仁川
李珪(규)	朝鮮	慕軒	本貫 星山 父 宜仁 祖父 孟山
李珪(규)	朝鮮	泳歸堂	本貫 永川 父 輝補
李奎(규)	朝鮮	黃隱	字 正彥 本貫 固城
李揆(규)		退村堂	本貫 全州
李煃(규) →李珪			
李奎甲(규갑)	1888~1930	雲湖	獨立運動家 字 元瑞 本貫 德水 父 道熙

人名	年代	號	其他
李圭景(규경)	1788~?	五洲 嘯雲居士	學者 字 伯揆 本貫 全州 父 光葵 祖父 德懋 著書 五洲衍文長箋散稿
李圭景(규경)	朝鮮	白雲	著書 文集
李奎南(규남)	朝鮮	蘆巖	本貫 仁川 父 淙 祖父 公詮 僉正
李葵大(규대)		觀水亭	本貫 光山
李圭桐(규동)	朝鮮哲宗	春梅	本貫 慶州
李奎齡(규령)	1625~1694	有湖	字 文瑞 本貫 韓山 父 徽祚
李圭萬(규만)	朝鮮後期	春岡	本貫 慶州 父 春榮 祖父 裕珠 童蒙敎官
李奎明(규명)	1653~1682	妙軒	字 瑞卿 本貫 星山 父 悅 著書 文集
李圭命(규명)	1851~1918	洗心軒	著書 洗心軒遺集
李奎默(규묵)		學隱	本貫 星州
李奎文(규문)	朝鮮	砥柱軒	文臣 本貫 德山 參判 著書 文集
李圭文(규문) →李奎文			
李圭白(규백)		箕隱	本貫 慶州 父 廷七
李圭炳(규병)	朝鮮末	南黎	委巷人
李奎報(규보)	1168~1241	白雲居士 唐白 白雲 白雲山人 白雲齋 南軒文老 四可齋 三酷好先生 自娛堂 止軒 止止軒	文人, 學者 字 春卿 本貫 驪興 初名 仁氐 父 允綏 太子大保 諡號 文順 著書 東國李相國集
李珪輔(규보)	1708~1783	隱齋	文臣 本貫 延安 父 徵臣 黃州牧使 著書 文集
李奎寶(규보)	朝鮮末	克齋	著書 克齋稿
李圭復(규복)	朝鮮正祖	松石	
李圭復(규복)	1817~?	天素齋	文臣 本貫 慶州 父 運榮 外祖 崔疇錫 正憲大夫 著書 天素齋遺稿
李圭鳳(규봉)	1872~1954	前川	著書 文集
李奎賓(규빈)	朝鮮光海君	晩翠 晩翠軒	字 應文 本貫 全州
李奎祥(규상)	朝鮮顯宗	晴襄	本貫 星州 父 悃
李奎象(규상)	1727~1799	一夢	本貫 韓山 著書 一夢稿 〈韓山世稿〉
李珪相(규상)		菊史	字 明五 本貫 仁川 著書 文集
李珪緖(규서)	1786~1842	莎隱	學者 字 來玉 本貫 咸平 父 儒培 外祖 金宅欽 著書 莎隱遺稿
李奎緖(규서)		菊圃	本貫 咸平 父 儒碩
李奎緖(규서)		愚齋	本貫 咸平 父 儒哲
李圭卨(규설)		農圃	著書 文集

人名	年代	號	其他
李圭燮(규섭)		孝軒	本貫 全州
李圭秀(규수)		龍岡	本貫 寧川
李奎淳(규순)	1885~1946	陽庵	著書 文集
李奎軾(규식)	1739~1752	樂齋	本貫 韓山 著書 樂齋稿〈韓山世稿〉
李奎臣(규신)	朝鮮肅宗	梅竹堂 梅軒	本貫 星州 父 元輔
李圭信(규신)	朝鮮	晩翠亭	字 君瑞 本貫 固城
李圭臣(규신)		雪齋	著書 雪齋先生文集
李奎烈(규열)	朝鮮後期	愚山	文臣 本貫 全州 父 鼎俊
李珪永(규영)	朝鮮哲宗	小路	
李珪永(규영)	韓末	春史	
李圭永(규영)		厚山	著書 文集
李虬榮(규영)		梅村	本貫 全州
李奎榮(규영)	1890~1920	검돌	國語學者
李奎五(규오)		梅軒	本貫 固城
李圭容(규용)	→李圭寶		
李奎運(규운)	1739~1806	蘗齋	學者 著書 蘗齋文集
李奎遠(규원)	1833~1901	晩隱	軍務衙門大臣
李圭元(규원)		白頭	著書 文集
李奎緯(규위)	朝鮮英祖	一蟬	文臣 本貫 韓山 父 思質 承旨
李奎翼(규익)	朝鮮哲宗	沙雲	本貫 延安 父 曾愚 系 勉愚
李閏益(규익)	朝鮮後期	簀湖	
李圭益(규익)		石浦	本貫 慶州
李圭日(규일)	1826~1904	四留齋	文臣 字 擎日, 璟長 本貫 慶州 父 作雨 外祖 權周煥 通政大夫 著書 四留齋集
李圭馹(규일)		虎溪	
李圭正(규정)	1856~1921	秋湖	著書 秋湖逸集
李圭晙(규준)	1855~1923	石谷	醫學者 字 叔玄 著書 石谷散稿
李奎鎭(규진)	1763~?	農棲	文人 字 而拱 本貫 星山 父 敏謙 掌令
李奎鎭(규진)	1777~1837	慕窩	文臣 字 應五 本貫 全州 父 敏謙 掌令 著書 文集
李奎鎭(규진)	朝鮮英祖	樂村	文人 字 幼文 本貫 德水 父 薈
李奎鎭(규진)	朝鮮	松齋	文臣 字 元敬 本貫 東城 龍驤衛副護軍
李圭執(규집)	1779~1849	屛巖	學者 字 公瑞 本貫 鐵城 父 文吉 外祖 金善傳 著書 屛巖文集
李奎昌(규창)	朝鮮世宗	西波	字 義健 本貫 安岳 諡號 忠節

人名	年代	號	其他
李圭彩(규채)	1845~1914	默窩	著書 默窩遺稿
李圭彩(규채)	1849~1933	松石 松石齋	著書 松石遺稿
李圭采(규채)		石山	本貫 慶州 父 潭榮
李圭采(규채)	1888~1947	庚山 東啞 宇精	獨立運動家 字 公三 本貫 慶州 父 喆榮
李圭采(규채) →李圭彩(默窩)			
李圭哲(규철)		一菴	著書 文集
李圭泰(규태)	朝鮮高宗	湖隱	義兵將 字 基元 本貫 青陽 中軍
李圭翰(규한)	1866~1927	竹軒	學者 字 鵬擧 本貫 月城 父 始榮 外祖 盧光中 著書 竹軒散稿
李奎恒(규항)		雙翠軒	字 壽而 本貫 韓山 祖父 秀蕃 著書 文集
李圭憲(규헌)	朝鮮	萬里亭	字 德之 本貫 固城 父 觀吉
李圭獻(규헌)	1882~1942	鶴皐	字 文庫 本貫 慶州 著書 鶴皐文集
李圭憲(규헌)	1893~1976	肯堂	學者 字 聖斌 本貫 慶州 父 晦榮 系 夏榮 外祖 孟義述 著書 肯堂集
李奎憲(규헌)		竹下	著書 竹下先生文集
李奎憲(규헌)		後峯	本貫 咸平 父 敦伯
李奎鉉(규현)	朝鮮正祖	觀白	文臣 本貫 龍仁 父 在學 謚號 肅獻
李奎鉉(규현)	1803~1962	慕庵	學者 字 德章 本貫 永川 父 時養 外祖 金亨源 著書 慕庵文集
李奎顯(규현)	朝鮮憲宗	韞齋	
李圭現(규현)	韓末	夯岡	學者
李圭衡(규형)	朝鮮後期	一軒	學者 著書 一軒文集
李奎鎬(규호)	朝鮮	陶雲	本貫 眞城
李圭鎬(규호)	朝鮮高宗	達翁	本貫 慶州 父 復榮
李圭弘(규홍)	1881~1928	梧下	義兵將 字 元五 本貫 慶州 父 琪榮
李圭桓(규환)	朝鮮哲宗	智隱	本貫 慶州
李奎煥(규환)		明菴	本貫 固城
李圭喜(규희)	朝鮮	石南	本貫 德水 父 承洙
李昀(균) →李孟昀			
李均鎬(균호)		誠菴	本貫 全州
李克堪(극감)	1427~1465	二峰	文臣, 學者 字 德輿 本貫 廣州 父 仁孫 封號 廣城君 刑曹判書 謚號 文景 著書 二峰遺稿
李克健(극건)	朝鮮正祖	休休堂	本貫 碧珍 父 義普 郡守
李克謙(극겸)	朝鮮	梅山	文人 字 受益 本貫 光山
李極奎(극규)	新羅末	昌平	字 日華 本貫 安岳 楊岳太守 謚號 忠義

人名	年代	號	其他
李克均(극균)	1437~1504	五峯	字 邦衡 本貫 廣州 父 仁孫
李克基(극기)	朝鮮	圓峰	文臣 字 伯溫 本貫 廣州 參判
李克己(극기) →金克己			
李克大(극대)	1749~1811	文寓堂	著書 文集
李克墩(극돈)	1435~1503	四峯	字 士高 本貫 廣州 父 仁孫 著書 文集
李克魯(극로)	1893~1978	고루	國語學者
李克臨(극림)	朝鮮正祖	單一軒	本貫 碧珍 父 學普
李克問(극문)	朝鮮純祖	愚溪	本貫 碧珍 父 文普
李克勉(극면)	1739~1790	忍窩	著書 文集
李克培(극배)	1422~1495	梅月堂 牛峰	文臣 字 謙甫, 謹甫 本貫 廣州 父 仁孫 封號 廣陵府院君 領議政 諡號 翼平
李克培(극배)	朝鮮	東湖	字 養叔 本貫 固城
李克福(극복)	1548~1596	慕石 慕義堂	義兵將 字 有司 本貫 慶州 父 倫 追贈 兵曹判書 著書 慕石遺稿
李克扶(극부)		愚軒	本貫 全州 父 應鍾
李克生(극생)	1735~1817	虛舟	文臣 本貫 碧珍 父 心普 校理 著書 文集
李克聲(극성)	朝鮮純祖	山雷窩 山雷齋	本貫 碧珍 父 壽普 禁府都事
李克松(극송)	1202~1274	氷玉齋	本貫 碧珍 著書 文集
李克秀(극수)	朝鮮	白北堂	字 奉華 本貫 原州 軍資監正
李克仁(극인)	1602~?	松汀	文臣 字 士安, 子安 本貫 延安 父 復吉 持平
李克一(극일)	朝鮮宣祖	天樂	本貫 慶州 父 鸞
李極中(극중)	朝鮮	愛日堂	本貫 驪州 父 德龍 祖父 暾
李克增(극증)	1431~1494	三峯	字 景福敬祁 本貫 廣州 父 仁孫
李克哲(극철)	1624~1712	葛峯	字 彦明 本貫 眞城 僉知中樞府事
李克泰(극태)	朝鮮顯宗	月峯	本貫 全州 父 詹 潭陽府使
李克誠(극함)	朝鮮純祖	三如齋	文臣 字 夢瑞 本貫 碧珍 父 民普 僉知中樞府事
李克顯(극현)	1712~1756	茅齋	本貫 碧珍 父 道普 著書 文集
李瑾(근)	朝鮮	龜村	字 密彦 本貫 固城 祖父 陸
李瑾(근)	朝鮮	聾叟	字 星七 本貫 固城
李根(근)		牛峯	本貫 全州
李根(근)		晦巖	本貫 光州
李勤(근) →李勸			
李根求(근구)		義慕齋	本貫 全州
李根大(근대)	朝鮮	貞軒	字 衡度 本貫 固城
李根萬(근만)	1839~1917	小峯	著書 文集

人名	年代	號	其他
李根命(근명)	1840~?	東眉	字 舜九 本貫 全義 父 興敏 系 時敏
李根汶(근문)	1846~1931	白坡	本貫 新平 著書 白坡遺稿
李根培(근배)	1851~1923	弄溪	著書 文集
李根庠(근상)	1870~1910	小庭 白石齋	著書 文集
李瑾相(근상)	1871~1910	豊湖	學者 字 子敬 本貫 星州 父 坤洙 外祖 林德熙 著書 豊湖遺稿
李根湘(근상)	1874~1920	松梧	文臣 本貫 全州 初名 根瀅 侍講院卿
李根璿(근선)	朝鮮	南坡	字 茂容 本貫 固城
李近世(근세)		竹塢	著書 竹塢先生文集
李根洙(근수)	1835~1905	守庵	學者 字 琢源 本貫 全義 著書 守庵集
李根植(근식)	1868~1947	隱巖	著書 文集
李根植(근식)		錦雲	本貫 全義
李根榮(근영)	朝鮮	桐沼	文臣 本貫 全義
李謹榮(근영)	朝鮮後期	竹窩	本貫 慶州 父 尚圭
李瑾英(근영)		松石	本貫 全義 父 萬鎔
李覲吾(근오)	1760~1834	竹塢	文臣 字 聖應 本貫 蔚山 父 宜昌 外祖 李頎 持平 著書 竹塢遺集
李根五(근오)		錦洲	字 定九 本貫 全義
李根玉(근옥)	1824~1909	吃窩	學者 字 聖涵 本貫 全義 父 鉉祥 著書 吃窩集
李根容(근용)	朝鮮哲宗	小琴	
李根友(근우)	1801~?	松石	字 定甫 本貫 全義 父 好敏 系 有敏
李根宇(근우)	1877~?	鏡農	字 敷卿 父 會淑 著書 鏡農遺稿
李根元(근원)	1840~1918	錦溪 坏璞窩	字 文仲 本貫 全州 父 養翁 外祖 李應培 著書 錦溪集
李根柱(근주)	朝鮮	竹泉	本貫 全州 父 翼吉 祖父 才秀
李根周(근주)	1860~1910	清狂	義兵將 字 文若 本貫 全義
李根豊(근풍)	朝鮮後期	觀嶽	武臣 本貫 全義 父 玄瑞
李根弼(근필)	1816~1882	蘭西 蘭石	字 汝諧 本貫 全義 父 玄緒
李近憲(근헌)	朝鮮哲宗	草堂	本貫 咸平 父 敦詩 監役
李根馨(근형)	朝鮮	桐泉	本貫 全義 父 炫鼎 祖父 義燮
李根亨(근형)	韓末~日帝	蘭谷	
李根瀅(근형)	→李根相의 初名		
李根鎬(근호)		雙翠亭	本貫 全州
李根鎬(근호)		瑞谷	著書 文集
李根晦(근회)	1820~1848	圓齋	著書 文集

人名	年代	號	其他
李根厚(근후)		松塢	著書 松塢集
李錦周(금주)	朝鮮	菊圃	
李嶔(금)	1842~1928	桂陽	本貫 原州 著書 桂陽遺稿
李伋(금)	1623~?	晩沙	畫家 本貫 全州 父 中宗 外祖 具成
李汲(금)	朝鮮明宗	北泉	文臣 字 景深 本貫 光州 父 仲虎 祖父 公仁 外祖 尹衢 大司諫
李級(금)	朝鮮	聲隱	文臣 字 子明 本貫 眞寶 執義
李及愚(금우)		靜修齋	字 聖可 本貫 延安
李肯相(긍상)	朝鮮末	野隱	本貫 星山 父 源書 通德郎
李肯洙(긍수)		洙崗	著書 洙崗遺稿
李兢淵(긍연)	朝鮮後期	慶流亭	
李肯愚(긍우)	朝鮮純祖	構堂	文臣, 畫家 本貫 延安
李肯翊(긍익)	1736~1806	燃藜室	學者 字 長卿 本貫 全州 父 匡師 著書 燃藜室記述
李兢浩(긍호)	朝鮮哲宗	小山	本貫 驪州 父 鎭泰 進士
李跂(기)	朝鮮初期	梅成	本貫 洪州 父 維成 世子師傅
李芑(기)	1476~1552	敬齋	文臣 字 文仲 本貫 德水 父 宜茂 領中樞府事
李夔(기)	1493~1547	靜軒	文臣 字 士高 本貫 延安 父 壽長 趙光祖 門人 知中樞府事
李墍(기)	1522~1600	艮翁 松窩	文臣 字 可依 本貫 韓山 父 之蘭 祖父 秩 追贈 領議政 諡號 莊貞
李岐(기)	朝鮮光海君	守拙堂	字 士夙 本貫 眞寶 父 詠道 牧使
李頎(기)	1686~1753	枕石軒	字 長卿 本貫 固城 父 夏耉 著書 枕石軒文集〈芳園世稿〉
李夔(기)	1699~1779	龍山	學者 字 堯章 本貫 固城 父 光顯 外祖 尹應三 著書龍山集
李箕(기)	1792~1858	可隱	文臣 字 寅燦 本貫 星山 著書 文集
李沂(기)	朝鮮	處野堂	本貫 星山 父 芳 祖父 錫保 參奉
李紀(기)	朝鮮	夢翁	字 次野
李基(기)	朝鮮	愼齋	字 國忠 本貫 淸安 諡號 淸平君
李紀(기)	朝鮮	佳谷	書藝家 字 汝綱 本貫 江陵 父 彭年
李沂(기)	1848~1909	海鶴 梓谷 質齋 騎驢子	愛國者, 學者 字 伯曾 本貫 固城 著書 海鶴遺書
李琦(기)	1857~1935	蘭坨	畫家 字 奇玉 本貫 碧珍
李起(기)		晩川	本貫 原州
李基(기)		達觀齋	本貫 全州
李琦(기)		紹華館	著書 文集

人名	年代	號	其他
李夔(기)		小山	著書 文集
李芑(기) →林芑			
李基(기) →李天基			
李基敬(기경)	1713~?	大山 木山	字 伯心 本貫 全義 父 翊烈
李基慶(기경)	1756~1819	瘠菴	文臣 字 休吉 本貫 全州 父 齊顯 外祖 鄭彦賓 吏曹正郎 編書 邪敎懲治
李起敬(기경)	朝鮮	弼雲	委巷人 字 子秀 本貫 完山
李箕南(기남)	朝鮮宣祖	石灘	文臣 本貫 清安 司憲府監察
李箕大(기대) →李箕			
李基德(기덕)	朝鮮肅宗	市林	文臣 本貫 廣州 父 尚龍 承旨
李基德(기덕)	朝鮮	敬齋	本貫 仁川 父 敏儀 祖父 璘大
李起東(기동)	朝鮮	支石	字 大賢 本貫 光山 提學
李基斗(기두)	1867~1920	伊溪	字 星重 本貫 星山 父 元勳 著書 伊溪遺稿
李驥魯(기로)	1851~1927	精毅齋	著書 文集
李箕魯(기로)		石汀	字 範哉 本貫 全義
李起龍(기룡)	1600~?	東鄙野人 凡隱 東野鄙人	畫家 字 君瑞 本貫 慶州 父 泓虬
李起晩(기만)		丹西	本貫 全州
李起浡(기발)	1602~1662	西歸	文臣 字 沛然,沛雨 本貫 韓山 父 克誠 追贈 都承旨 著書 西歸遺稿
李基普(기보)	1738~181)	八勿齋	學學者 字 景修 本貫 碧珍 父 挺徽 宋明欽 門人 著書 文集
李基福(기복)	1791~?	石經 石經學人 定庵 翠梅居士	名醫 本貫 陜川
李基復(기복)	朝鮮後期	秋圃	本貫 星山
李起馥(기복)		湍上	著書 湍上散藁
李起福(기복)		湖元齋	本貫 全州 父 常儀
李基奉(기봉)		北坡	本貫 星州
李起鵬(기붕)	1896~1960	晩松	政治家 本貫 全州 國會議長
李箕賓(기빈)		松沙	
李騏相(기상)	1826~1903	敏窩	學學者 字 穉文 本貫 星山 父 源祚 外祖 趙應洙 通禮院引儀 著書 敏窩文集
李琦相(기상)		悔軒	本貫 星山
李淇緒(기서)		竹軒	本貫 咸平
李基善(기선)	朝鮮	永思齋	字 義幹 本貫 固城 祖父 宗祿

人名	年代	號	其他
李箕先(기선)	朝鮮	鳳庵	字 敬浩 本貫 星州 掌令
李基高(기설)	1556~1622	蓮峯	文臣 字 公造 本貫 延安 父 至男 祖父 彦忱 朴枝華 門人 追贈 吏曹參判 著書 蓮峯集
李耆聖(기성) →李蓍聖			
李起韶(기소)		柳下	著書 柳下集
李箕孫(기손)	朝鮮	靜隱逸 靜隱	文臣 本貫 新平 參判
李起巽(기손)	1877~1937	錦齋	獨立運動家 字 龍攝 本貫 全州
李驥秀(기수)	1783~1816	原泉	文臣 字 子野 本貫 延安 父 太源 文學 著書 原泉集
李基守(기수)		湖隱	著書 湖隱集
李冀洙(기수)		訥菴	著書 訥菴集
李耆秀(기수)		醉竹	著書 文集
李起淳(기순)	1830~1899	機西	著書 機西集
李基淳(기순)		無愁翁	本貫 全州
李基升(기승)	1851~1915	聽陽	著書 文集
李箕承(기승)	1878~1969	蘆隱	著書 蘆隱遺稿
李基臣(기신)	朝鮮	琴溪	本貫 羽溪 父 隔 祖父 成材 奉事
李基讓(기양)	1744~1802	伏菴	天主教徒 字 士興 本貫 廣州 父 宗漢 左承旨 著書 伏菴遺稿
李紀淵(기연)	1783~?	海谷	文臣 字 景國, 京國 本貫 全州 父 義悅 著書 文集
李起淵(기연)	朝鮮	西汀	本貫 永川 著書 西汀集
李基淵(기연)		孫窩	著書 孫窩集
李紀淵(기연) →李基淵			
李基榮(기영)		松梅	本貫 慶州 父 宗珍
李箕永(기영)	1896~1984	民村 民村生	小說家
李箕五(기오)	朝鮮	南坰 洪齋	隱士 字 子實 本貫 星州
李璣玉(기옥)	1566~1604	寶巖	學者 字 儀甫 本貫 全義 父 得祿 外祖 李希呂 鄭逑 門人 著書 寶巖文集
李基瑥(기온)	朝鮮哲宗	橘堂	本貫 慶州 父 繼秀
李起完(기완)	1891~1964	剛齋	學者 字 元浩 本貫 全州 父 聲儀 外祖 崔鳳成 著書 剛齋集
李基用(기용)	朝鮮	敬圃	文臣 字 君行 本貫 鳳山 中樞院議官
李基瑢(기용)	朝鮮哲宗	東谷	本貫 慶州 父 繼秀
李基雨(기우)		鐵農	
李箕頊(기욱)	朝鮮	耘齋	本貫 星州 父 鶴淵 祖父 光祿
李驥運(기운)		百忍堂	本貫 咸平

人名	年代	號	其他
李基元(기원)	朝鮮	天雲	本貫 全州 父 熙憲
李箕元(기원)	1809~1890	洪厓	學者 字 子範 本貫 全州 著書 洪厓集
李基遠(기원)	1809~1890	螺叟	
李基遠(기원)		長圃	本貫 廣州
李基瑜(기유)	1568~1733	雙清軒	著書 文集
李基允(기윤)	1891~1971	克菴	字 執中 本貫 星山 父 益熙 著書 文集
李奇胤(기윤)	朝鮮	月灘	字 克承 本貫 光山 判官
李箕翊(기익)	1653~1738	市隱	文臣 字 國弼 本貫 全州 父 堅 祖父 炯胤 外祖 崔來吉 工曹判書 諡號 良靖
李基寅(기인)	朝鮮	德平	文臣 字 大允 本貫 河濱 通政大夫
李基仁(기인)	1894~1981	白溪	獨立運動家 著書 文集
李驥一(기일)	1820~1892	畏庵	學者 字 致實 本貫 碧珍 父 樗 外祖 琴重協 著書 畏庵遺稿
李基一(기일)	1861~1908	臨齋 龜山	學者 字 肇卿 本貫 碧珍 父 承俊 外祖 朴啓祖 著書 臨齋遺稿
李基一(기일)		欽齋	字 景五 本貫 星州
李奇一(기일)		伴閒齋	著書 文集
李起全(기전)		樂山 陶山居士	著書 樂山草稿
李基禎(기정)	1762~1813	愼菴	字 鎭重 本貫 固城 父 龍煥
李基正(기정)	朝鮮哲宗	橘南	文臣 字 聖中 本貫 廣州
李基定(기정)	朝鮮後期	樂窩	本貫 羽溪 父 成才
李基正(기정)		浩菴	字 聖中 本貫 韓山
李基祚(기조)	1595~1653	浩菴	文臣 字 子善 本貫 韓山 父 顯英 申應榘 婿 朴東說 門人 工曹判書 諡號 忠簡
李基肇(기조)	朝鮮哲宗	梧川	本貫 慶州 父 繼秀 金正喜 門人
李起宗(기종)	高麗	杏村	本貫 洪州 父 永芬 封號 洪陽府院君
李起宗(기종)	→李起敏의 初名		
李箕疇(기주)	→李箕洪의 初名		
李耆俊(기준)	1555~?	負暄堂 負暄	文人 字 孚先 孚光 本貫 全義 父 濟臣
李驥埈(기준)		忍齋	本貫 星州
李起中(기중)	朝鮮	潭窩	本貫 驪州 父 德翁 祖父 壽
李器之(기지)	1690~1722	一菴	文臣 字 士安 本貫 全州 父 頤命 外祖 金萬重 著書 一菴集
李箕鎭(기진)	1687~1755	牧谷 老牧窩	文臣 字 君範 本貫 德水 父 蕃 系 蕃 權尙夏 門人 判中樞府事 諡號 文憲 著書 牧谷集
李基震(기진)	朝鮮	松窩	本貫 全義 父 始采

人名	年代	號	其他
李耆徵(기징) →李蓍徵			
李箕燦(기찬)	朝鮮後期	惟于堂	本貫 載寧 父 相度
李基纘(기찬)		荷汀	著書 文集
李起璨(기찬)		止山	著書 文集
李箕采(기채)	朝鮮	松戶	文人 本貫 星州
李起轍(기철)		志軒	著書 志軒先生文集
李起春(기춘)		玉山	字 季郁 本貫 全州 著書 玉山先生文集
李基泰(기태)		後知	本貫 星山
李基宅(기택)	朝鮮	龍湖	本貫 泗川 父 俊大 祖父 命尚
李起澤(기택)		蓮江	著書 蓮江先生遺集
李起八(기팔)	1874~1935	春潭	著書 文集
李起濘(기학) →李起涬			
李基漢(기한)	朝鮮高宗	聽灘	本貫 全州 父 敏植
李基漢(기한)	朝鮮	浦墅	文臣 字 允之 本貫 康津 副護軍
李基憲(기헌)	1763~?	白窩	文臣 字 溫仲 本貫 全州 父 命勳 校理 著書 白窩漫錄
李璣鉉(기현)	1778~1853	閟巖	著書 文集
李基炫(기현)	朝鮮	把清堂	文臣 字 允弘 本貫 鳳山 同知中樞府事
李基鉉(기현)	1858~1935	知源齋	字 應先 本貫 固城 父 周尚
李基亨(기형)	朝鮮	梅谷	本貫 全州 父 熙憲
李基亨(기형)	朝鮮	竹隱	本貫 仁川 父 敏坤 祖父 諸大
李基馨(기형)	1868~1946	惺窩	字 孟遠 著書 遺稿
李基昊(기호)	朝鮮	迷齋	本貫 寧川 父 敎文 祖父 彥信
李基鎬(기호)		靜軒	本貫 永川
李起鎬(기호)	1889~1965	學田	學者 字 舜哉 本貫 眞城 父 中均 著書 學田遺稿
李基浩(기호)	韓末~?	白田	獨立運動家
李箕洪(기홍)	1641~1708	直齋	學者 字 汝九 本貫 全州 父 塾 外祖 宋鉉 李之濂 宋時烈 門人 執義 著書 直齋集
李基鴻(기홍)	朝鮮後期	小華	
李基鴻(기홍)		槐軒	本貫 永川
李基弘(기홍) →李箕洪			
李基華(기화)		黙菴	本貫 麟蹄
李箕煥(기환) →李箕鎭			
李基恢(기회)	朝鮮	二西	文臣 字 景游 本貫 廣州
李基休(기휴)		不世堂	著書 文集

人名	年代	號	其他
李紀曦(기희)		伊溪	著書 文集
李洁(길)	1547~1589	南溪	文臣 字 景淵 本貫 光山 父 仲虎 祖父 公仁 外祖 尹衢 追贈 副提學
李洁(길)	朝鮮明宗	東谷	本貫 全州 父 壽定 德山縣監
李佶(길)	朝鮮	儉溪	本貫 星山 父 士詡
李吉培(길배)	朝鮮太宗	斗峯	文臣 本貫 牛峰 父 周 黃海道觀察使
李吉洙(길수)	朝鮮	東川	本貫 星州 父 道繼 祖父 貢範
李那海(나해) →李邦海			
李洛(나)	朝鮮後期	悔窩	本貫 星山 父 勉欽
李洛(나)		平地翁	著書 平地翁遺集
李洛(나)		臨淸軒	本貫 固城 父 增
李濼(나) →李滌			
李洛瑞(나서)		大明居士	著書 大明居士遺集
李洛洙(나수)	朝鮮英祖	松下	文臣 本貫 延安 父 鶴宰 都正
李㯋(난)	朝鮮光海君	暎湖	本貫 全州 父 奎賓 兵使
李蘭(난)	朝鮮	淸軒	文臣 本貫 驪州 奉禮
李蘭貴(난귀)	1584~1644	瑟谷	學者 字 子馨 本貫 光山 父 弘量 外祖 李讓 著書 瑟谷逸稿
李蘭美(난미)		陽村	本貫 光山 著書 陽村逸稿〈光山李氏淵源錄〉
李南珪(남규)	1855~1907	修堂 汕左	義士 字 元八 本貫 韓山 父 浩稙 許傳 門人 永興 府使 著書 修堂集
李南祥(남상)	朝鮮	蒼隱	本貫 驪州 父 鼎集
李南秀(남수)	朝鮮後期	晩軒	字 伯瞻 本貫 固城
李南軾(남식)	1803~1898	南坡 星谷 蘇山	武臣 字 景瞻 本貫 全州 父 謙會 知義禁府事
李南儀(남의)	1877~1944	丹霞	著書 文集
李南坡(남파)		止止齋	著書 文集
李來(내)	高麗禑王	月溪	字 實甫 本貫 慶州 父 存吾
李崍(내)	1588~1649	柱峯	文臣 本貫 眞城 著書 柱峯文集
李梀(내)	朝鮮仁祖	菱湖	文臣 字 秋賓 本貫 德水 父 景閔 承旨
李來(내)		松月菴	本貫 牛峰 父 濟遠
李琜(내)		薇山處士	本貫 陽城 父 允哲
李淶(내) →李浹			
李崍(내) →李淶			
李來修(내수)	1860~1933	陽隱	獨立運動家 字 源伯 本貫 全州 父 學純 義軍府 總領
李輅(노)	1536~1614	東津	文臣 字 弘載 本貫 全州 父 元友 判敦寧府事

人名	年代	號	其他
李魯(노)	1544~1592	松巖 文殊山人 松厓	文臣 字 汝唯 本貫 固城 父 孝範 追贈 吏曹判書 著書 松巖文集
李潞(노)	朝鮮純祖	可用	文臣 字 季路 本貫 全州
李蕗(노)		高灘	本貫 廣州
李老(노) →李魯			
李櫓(노) →李魯			
李老柏(노백)	1891~1962	蓮城	著書 文集
李老淳(노수)	朝鮮	八斯軒	本貫 眞城
李魯榮(노영)	朝鮮後期	鶴山	
李老容(노용)		小松	著書 小松遺稿
李魯益(노익)	1561~1618	雲圃	武臣 字 明淑 本貫 咸安 父 世廉 李滉 門人 同知 中樞府事
李魯益(노익)	1767~182)	灘樵	文臣 字 謙叟君叟 本貫 德水 父 秉模 平安道觀察 使
李魯集(노집)	朝鮮純祖	孚庵	文臣 本貫 德水 父 莘模 參判
李魯輟(노철)	朝鮮	犯碧齋	文臣 字 省三 本貫 淸州 議官
李祿元(녹원)	朝鮮	石賢	本貫 慶州 父 奎萬
李磊(뇌)	朝鮮	野翁	本貫 全義 父 大期 主簿
李淵雷(연) →李升淵의 初名			
李訥(눌)	1569~1599	樂義齋 義齋	義兵 字 若愚 本貫 淸安 父 新貞 宣武原從功臣 著 書 樂義齋遺集
李訥(눌)		若愚	字 若雨 本貫 永川 著書 文集
李凌幹(능간)	高麗	寧川 松軒	文臣 本貫 永川 封號 永川府院君 門下侍中
李能謙(능겸)	朝鮮	浦涯	本貫 驪州 父 在晥 祖父 日祥
李能九(능구)	1846~1896	靜存軒	學者 字 益仲 本貫 驪州 父 鍾極 外祖 孫承圭 著 書 靜存軒文集
李能斗(능두)	朝鮮	竹隱	本貫 驪州 父 在幹 祖父 稼祥 進士
李能白(능백)	朝鮮	晚圃	文臣 本貫 驪州 中樞議官
李能白(능백)	朝鮮哲宗	梅齋	本貫 慶州 父 元七 祖父 春發
李能馥(능복)	朝鮮	自笑軒	文臣 本貫 驪州 正言
李能燮(능섭)	朝鮮	老石	文臣 本貫 驪州 參判
李能樹(능수)		夢退軒	本貫 驪州
李能允(능윤)	1850~1930	谷圃	文人 字 舜一 本貫 驪州 著書 谷圃文集
李能直(능직)	朝鮮	驪漢	本貫 驪州 父 在健 祖父 麟祥
李能進(능진)	朝鮮	錘坡	本貫 驪州 父 在假 祖父 羽祥
李能徵(능징) →李熊徵			

人名	年代	號	其他
李能春(능춘)	朝鮮	長窩	本貫 驪州 父 在友 祖父 溟祥
李能顥(능호)	1854~1919	常敬軒	學者 字 和克 本貫 驪州 父 在沃 外祖 崔世龍 著書 常敬軒文集
李能和(능화)	1869~1943	侃亭　無能居士 無無　尚玄	學者 字 子賢 本貫 全州 父 元兢 著書 朝鮮佛教通史
李多男(다남)	朝鮮宣祖	枕岩	本貫 陜川
李端(단)	朝鮮宣祖	直堂	字 正之 本貫 星州
李檀(단)		淵昭齋	著書 淵昭齋先生文集
李但(단) →李俔			
李端相(단상)	1628~1669	静觀齋　西湖　静觀	文臣 字 幼能 本貫 延安 父 明漢 祖父 廷龜 李行遠 婿 追贈 吏曹判書 諡號 文貞 著書 静觀齋集
李端錫(단석)	1623~1688	雙壺堂	文臣 字 有初 本貫 全州 父 齊衡 外祖 南斗明 追贈 大提學 諡號 忠愍
李端誠(단성)	朝鮮肅宗	松窩	文臣 本貫 慶州 父 顯 監役
李端雨(단우) →李瑞雨			
李宣佃(단전)	?~1790	因齋　因漢　因軒 疋齋　疋漢	文人, 書藝家 字 耘岐 本貫 延安 父 平凉
李端夏(단하)	1625~1689	畏齋　松磵　戀齋 猥齋	文臣 字 季周 本貫 德水 父 植 宋時烈 門人 行敦寧府事 諡號 文忠 著書 畏齋集
李達(달)	1561~1618	雲圃	武臣 字 明叔 本貫 咸安 父 世廉 同知中樞府事
李達(달)	朝鮮宣祖	蓀谷　東里　藤谷 西潭	詩人 字 益之 本貫 洪州 漢吏學官 著書 蓀谷集
李達(달)	1889~1958	也山	學者
李達模(달모)	朝鮮中期	耐棲	文人 著書 耐棲謾吟
李達善(달선)	朝鮮成宗	湖山	字 兼之 本貫 廣州 父 亨元 承文院都承旨
李達成(달성)	1735~1824	龜隱	著書 文集
李達新(달신)	朝鮮	三悶堂	字 可行 本貫 京山 生員
李達意(달의)	1616~1705	石村	字 以正 本貫 慶州 父 崇彦
李達尊(달존)	1313~1340	雲窩　幽靜窩	文臣 字 天覺 本貫 慶州 父 齊賢 典理摠郎
李達中(달중) →李達衷의 初名			
李達增(달증)	朝鮮	農菴	本貫 全州 父 成培 祖父 宗秀
李達天(달천)		白川堂	字 子擎 本貫 星山
李達衷(달충)	1309~1385	霽亭	學者 字 止中, 仲權 本貫 慶州 父 蒨 鷄林府尹 封號 鷄林君 諡號 文靖 著書 霽亭集
李達鉉(달현)		蓮湖	本貫 星山

725

人名	年代	號	其他
李達孝(달효)	朝鮮正祖	湖山	孝子 本貫 商山
李湛(담)	1510~1575	靜存齋 行峯 後湛 後峯	文臣 字 仲久 本貫 龍仁 父 宗犥 兵曹參議 著書 靜存齋集
李譚(담)	1558~1638	晩翁	字 景虛 本貫 星州 父 彦信
李潭(담)	1569~1649	八峯	著書 文集
李憺(담)	朝鮮宣祖	虛舟	本貫 全州 父 景嶸 牧使
李湛(담)	1648~1724	醒齋 惺惺翁	學者 字 景和 本貫 全州 父 重輝 趙翼 宋時烈 門人 林川郡守
李樟(담)	朝鮮肅宗	四隱堂	文人 字 廈卿 本貫 全義 父 裕身 洗馬 著書 四隱堂文集
李澹(담)	朝鮮肅宗	石塘	本貫 延安 父 鳳徵
李潭(담)	1723~?	澹寧	字 景龍 本貫 德水 父 翼鎭 吏曹參判
李香覃(담)	朝鮮	敬齋	本貫 全州 父 惟達 祖父 璨
李橝(담)	朝鮮	石江	
李湛(담)		陋室	
李湛(담)		竹峯	
李墰(담)		仁谷	本貫 全州
李潭(담)		溪軒	
李潭(담)		沃溪	字 千頃 本貫 固城 父 礬
李曇(담)	朝鮮	晩悟	字 曇之 本貫 星州 萬戶
李曇(담)		雙碧堂	本貫 全義
李俠(담) →李琰			
李聃齡(담령)	朝鮮	鵬溟	委巷人 字 耳老 本貫 慶州
李聃老(담로)	朝鮮	白雲洞隱	學者 字 延年 本貫 原州
李聃命(담명)	1646~1701	靜齋	文臣 字 耳老 本貫 廣州 父 元楨 外祖 李彦英 吏曹參判 著書 靜齋集
李堂(당)	高麗	圃隱堂	文臣 本貫 慶州 父 敬之 執義
李塘(당)	朝鮮中宗	伴鷗亭 伴鶴亭	字 止方 本貫 牛峰 父 承禧
李瑭(당)	1567~1644	芳村	文人 字 鎭彦 本貫 固城 參奉
李簹(당)	朝鮮	廣居齋	本貫 光山 著書 廣居齋逸稿 〈光山李氏淵源錄〉
李鏜(당)	朝鮮	敦沙亭	字 濟伯 本貫 固城 祖父 胤 司憲府監察
李瑭(당) →李瑭			
李瑭(당) →安瑭			
李堂揆(당규)	1625~1684	退村	文臣 字 基仲 本貫 全州 父 聖求 外祖 權昕 咸鏡道觀察使 諡號 文敬 著書 文集
李堂和(당화)	1845~1925	我泉	著書 文集

人名	年代	號	其他
李玭(대)	高麗	默齋	文臣 本貫 碧珍 密直司事
李垈(대)	朝鮮	傍隨窩 訪隱窩	文人 字 叔固 本貫 全州 父 性恒
李臺(대)	朝鮮初期	純齋	字 子益 本貫 固城 父 原 中樞府使
李大建(대건)	1550~?	梧村	文臣 字 汝立 本貫 慶州 父 憬胤 追贈 右議政
李大奎(대규)	朝鮮正祖	湖英齋	本貫 咸平 著書 湖英齋集
李大圭(대규)	→李大奎		
李大期(대기)	1551~1628	雪壑	義兵將 字 任重 本貫 全義 父 得黃 外祖 李希顔 曹植 門人 刑曹正郎 著書 雪壑先生文集
李大己(대기)	→李大㐰		
李大梁(대량)	→李文梁		
李大麟(대린)	朝鮮	桂亭	文臣 字 栢彦 本貫 原州 縣監
李大立(대립)	朝鮮宣祖	野圃	本貫 清安 訓導
李大邦(대방)	1598~1664	聞松 閒松	學者 字 士彦 本貫 慶州 父 鑽 外祖 李盛仝 奉事
李大福(대복)		澗隱	
李大成(대성)	1651~1718	三翠軒 三休堂	文臣 字 始叔 本貫 全州 父 正英 祖父 景稷 外祖 柳基善 戶曹參判
李大秀(대수)		敬齋	文臣 奉事 著書 奉事敬齋公遺稿〈白夏世稿〉
李大洙(대수)		鰲隱	本貫 咸平 父 鍾宣
李大純(대순)		南浦	王族 字 一之 本貫 全州 父 羐 鄭遵 婿 庶尹
李大榮(대영)	高麗	普陽齋	本貫 永川
李大永(대영)	朝鮮	拙庵	本貫 仁川 父 晃錫 祖父 敏坤 權雲煥 門人
李大英(대영)		蘆隱	本貫 咸平 祖父 邦柱
李大愚(대우)		蓮港	著書 蓮港遺稿
李大源(대원)	1566~1587	心齋	武臣 字 浩然 本貫 咸平 父 春芳 祖父 仁考 追贈 兵曹參判 著書 心齋遺稿
李大源(대원)	1678~?	心齋	字 天敬 本貫 韓山 父 萬年
李大遠(대원)		素拙齋	著書 文集
李大㐰(대위)	1799~1784	活溪	學者 字 景引 本貫 慶州 父 㑖胤 祖父 洙 外祖 丁煒之 刑曹佐郎 著書 活溪集
李大胤(대윤)	1532~?	琴軒	字 景述 本貫 全州 父 渾
李大潤(대윤)		梧圃	本貫 原州
李大任(대임)	1574~1632	竹溪	義兵 字 士重 本貫 昌寧 兵馬節度使 著書 竹溪先生 著書 竹溪實記
李大宰(대재)		栗齋	著書 文集
李大載(대재)		四吾堂	
李大貞(대정)	朝鮮	養眞堂	文臣 本貫 慶州 參議

人名	年代	號	其他
李大朝(대조) →李大期			
李大稙(대직)	1822~1905	道軒 萬悔堂	文臣 字 公右 初名 奭老 本貫 韓山 父 馨溥 掌禮院少卿
李大稙(대직)	朝鮮	葭洲	著書 葭洲集
李大畜(대축)		文齋	本貫 古阜
李大巴(대파) →李大咼			
李大亨(대형)	1543~1592	觀川 觀川居士	文臣 字 泰来 本貫 載寧 父 景裕 判決事
李大馨(대형)		蘭圃	著書 蘭圃先生文集
李德喬(덕교)	1606~1667	警菴	著書 文集
李德龜(덕구)	朝鮮	石泉居士	文臣 本貫 楚山 營吏 著書 遺稿
李德九(덕구)	朝鮮	進庵	學者 本貫 驪州
李德九(덕구)		源齋	本貫 慶州
李德圭(덕규)	1598~1671	午谷	學者 字 汝潤 本貫 興陽 父 堘 外祖 安守仁 追贈 司僕寺正 著書 午谷遺集
李德根(덕근)	朝鮮	草廬	字 君重 本貫 永川 追贈 崇政大夫
李德金(덕금)	朝鮮	聚契堂	本貫 驪州 父 麗
李德楠(덕남)	朝鮮英祖	海藏翁	字 義仲
李德來(덕래)		農山	著書 文集
李德祿(덕록)	1722~1792	悔咎	文人 字 士行 本貫 碧珍 父 遂仁 外祖 尹東鳴 著書 悔咎文集
李德祿(덕록)	朝鮮	東皐	本貫 驪州 父 澤
李德龍(덕룡)	1556~1597	墻隱	
李德隣(덕린)	朝鮮	金谷	孝子 本貫 全州
李德麟(덕린)		愼庵	本貫 古阜
李德麟(덕린) →安德麟			
李德林(덕림)	朝鮮後期	鳳峴	
李德明(덕명)	朝鮮肅宗	弗告窩	本貫 星州 父 觀周
李德懋(덕무)	1741~1793	青莊館 東方一士 雅亭 嬰處 炯庵	學者 字 懋官 本貫 全州 父 聖浩 司饔院主簿 著書 青莊館全書
李德敏(덕민)	1543~1588	松坡	字 季道 本貫 龍仁 父 永成
李德輔(덕보)	朝鮮	栢村居士	本貫 固城
李德師(덕사)	1721~?	木山	字 善世 本貫 全義 父 微澤 同副承旨
李德生(덕생)		黙隱	本貫 全州
李德成(덕성)	1655~1704	盤谷 知非子	文臣 字 得甫 本貫 全州 父 後英 祖父 景稷 忠清道觀察使
李德成(덕성)	朝鮮	海隱	字 和曄 本貫 星州 副護軍
李德誠(덕성) →李德成(盤谷)			

人名	年代	號	其他
李德秀(덕수)	朝鮮宣祖	碧山	字 希元 本貫 丹陽 父 得壞
李德洙(덕수)	1577~1645	怡愉堂	文臣 字 師魯 小字 汝淑 本貫 韓山 父 濤 系 浚 外祖 林說 趙守倫 婿 金長生 門人 追贈 左贊成
李德壽(덕수)	1673~1744	西堂 蘗溪	文臣 字 仁老 本貫 全義 父 徵明 金昌翕,朴世堂 門人 同知經筵事 諡號 文貞 著書 西堂集
李德秀(덕수)	?~1940	碧山	獨立運動家 本貫 固城 李象羲,李齋杜 門人
李德水(덕수)	→李德壽		
李德純(덕순)	朝鮮	月湖	本貫 驪州 父 俔
李德崇(덕숭)	朝鮮世祖	丹江	本貫 全義 父 愼孝
李德新(덕신)	朝鮮肅宗	沙村	本貫 順天 父 珍
李德言(덕언)	朝鮮宣祖	玄圃	文人 字 畏之 本貫 驪州 父 錙 鄭澈 門人
李德言(덕언)	朝鮮	杏西	
李德言(덕언)		輞泉	
李德演(덕연)	1555~1636	二水翁	文臣 字 潤伯 本貫 韓山 父 渙 同知中樞府事 封號 韓山君
李德演(덕연)		隱齋	本貫 永川 父 德漢
李德悅(덕열)	1534~1599	養浩堂	著書 文集
李悳泳(덕영)	朝鮮	松隱	本貫 全州 父 錫溥 參奉
李德英(덕영)	朝鮮	鋤隱	文人 字 季馨 本貫 全州 父 夢錫 參判 著書 文集
李德永(덕영)	→李德英		
李德溫(덕온)	1562~1635	龜村	文臣 字 士和 本貫 全州 父 雷 外祖 鄭漢元 右副承旨 著書 龜村集
李德翁(덕옹)	朝鮮	默庵	本貫 驪州 父 壽
李德宇(덕우)		菊坡	本貫 全州
李德遠(덕원)	朝鮮肅宗	竹窓	文人 本貫 延安
李德元(덕원)	→李得元		
李德游(덕유)	朝鮮	翠隱	委巷人 字 大哉 本貫 全州 外祖 李時休
李德胤(덕윤)	→李得胤의 初名		
李德義(덕의)	朝鮮	醉菴	文臣 字 仁叔 本貫 新平 參判
李德益(덕익)	1604~?	石川	書藝家 字 季潤 本貫 全州 父 潔 司諫
李德益(덕익)	朝鮮中期	蟾江	畵家
李德寅(덕인)	→李德演		
李德一(덕일)	1561~1622	漆室	武臣 字 敬而 本貫 咸平 父 旹 折衝將軍 著書 漆室遺稿
李德一(덕일)	朝鮮	順菴	本貫 咸平 父 恒 順陵參奉
李德章(덕장)	→柳德章		

人名	年代	號	其他
李德齊(덕제)	1656~1706	醉軒	學者 本貫 驪州 著書 醉軒公逸稿
李德種(덕종)	→李種德		
李德胄(덕주)	1696~1751	芐亭	學者 字 直心 本貫 全州 父 漢輔 著書 芐亭集
李德柱(덕주)	朝鮮	輔仁堂	本貫 陜川 父 東衡 祖父 弘瑞
李德重(덕중)	1702~1746	潔齋	文臣 字 子彝 本貫 韓山 父 秉謙 應敎
李德昌(덕창)		沙皐	本貫 延安
李德標(덕표)	1664~1745	寗窩	學者 字 正則 本貫 驪州 父 珀 著書 文集
李德夏(덕하)	朝鮮末	誠新齋 海史	學者 本貫 全州 父 寅暹 著書 誠新齋自集
李德漢(덕한)		三省齋	本貫 永川 父 彦佐
李德涵(덕함)	朝鮮肅宗	眞愚堂 礐泉	委巷人 字 景浩 本貫 江陽
李德海(덕해)	1708~1766	艮菴	字 六如 本貫 德水 父 廣義 承旨
李德玄(덕현)	1648~1707	安齋	文臣,學者 字 尚之 本貫 驪州 父 琛 外祖 金克恬 李玄逸 門人 刑曹佐郞 著書 安齋文集
李德馨(덕형)	1561~1613	漢陰 沙皐 莎堤散人 雙松 抱甕山人 抱甕散人 荷提山人	文臣 字 明甫 本貫 廣州 父 民聖 領議政 謚號 文翼 著書 漢陰文稿
李德泂(덕형)	1566~1645	竹窓 竹泉	文臣 字 遠伯 本貫 韓山 父 澳 外祖 閔元宗 申湛 婿 右贊成 謚號 忠肅 著書 竹窓閑話
李德弘(덕홍)	1541~1596	艮齋	學者 字 宏仲 本貫 永川 父 忠樑 李滉 門人 追贈 吏曹參判 著書 艮齋集
李德泓(덕홍)	→李德弘		
李德和(덕화)		錦澗	著書 文集
李德煥(덕환)		德隱	本貫 全州
李德孝(덕효)	朝鮮	佳村處士	字 行初 本貫 固城
李德厚(덕후)	1855~1927	勉窩	獨立運動家 字 景載 本貫 碧珍
李德欽(덕흠)	1667~1746	東園	學者 字 叔亨 本貫 德水 父 善淵 系 善源 尹拯 門人 掌苑署別提
李德欽(덕흠)	朝鮮	楓陽	文臣 字 俊甫 本貫 寧海 通德郞
李德熙(덕희)		一浦	本貫 星山
李德義(덕희)	→李德義		
李蒒(도)	1593~1668	弦窩	學者 字 子韶 本貫 全州 父 世良 著書 弦窩文集
李蓘(도)	朝鮮中期	方齋 土窟處士	義兵將 本貫 積城 父 守益 金長生 門人 掌令 著書 明倫合編
李嶋(도)	朝鮮中期	雙梅軒	本貫 全州
李燾(도)	1639~1713	龍山 龍溪	學者 字 達瑞 載卿 本貫 全州 父 東英 外祖 鄭藩 著書 龍山遺稿
李絢(도)	朝鮮	芽溪	文臣 字 常夫 本貫 慶州 尚書 謚號 文肅

人名	年代	號	其他
李㩲(도)	朝鮮後期	倣谷	本貫 載寧
李鍍(도)		農隱	本貫 順天
李𡍼(도) →李壽			
李祻(도) →李禂			
李道衎(도간)	1789~?	述圃	學者 字 聖雍 本貫 延安 父 友厝 外祖 金鈍 長水道察訪 著書 述圃漫稿
李道衎(도간)	朝鮮後期	義軒	文臣 字 余雍 本貫 延安 著書 義軒漫稿
李道謙(도겸)	1667~1718	九峰	學者 字 好與 本貫 慶州 父 夏相 外祖 李現 著書 九峰實紀
李道經(도경)	朝鮮肅宗	述川	文人 本貫 全州 父 宇泰
李道慶도경)	朝鮮	老巖	本貫 廣州 父 樹達
李道繼(도계)	朝鮮	山南	本貫 星州 父 貢範 祖父 佑萬
李道孜(도고) →李道孜			
李道南(도남)	朝鮮肅宗	月淵	文人 字 道安 本貫 延安 父 栻 監役
李道立(도립)	朝鮮	黙齋	本貫 全州 父 承休 祖父 富孫
李道黙(도묵)	1846~1916	南川	學者 著書 南川文集
李道輔(도보)	1587~1651	益庵	學者 字 益之 本貫 碧珍 父 厚慶 外祖 郭超 著書 益庵遺稿
李道普(도보)	1687~1766	四松軒	本貫 碧珍 父 挺益 著書 文集
李道復(도복)	1862~1938	厚山	字 陽來 本貫 星州 父 東範 著書 厚山詩稿
李道燮(도섭)		蘭樵	著書 蘭樵遺稿
李道榮(도영)	1884~1933	巾巢 貫齋 碧虛子	書畵家 字 仲一 本貫 延安 安中植趙錫晋 門人
李道鎔(도용)		農隱	本貫 全州 父 載得
李道由(도유)	1566~1649	滄浪叟	學者 字 明之 本貫 星州 父 碩慶 外祖 河艦 著書 滄浪叟遺稿
李道翼(도익)	1692~1762	喜懼齋	文臣 字 原明 本貫 延安 父 栻 郡守 追贈 左承旨 著書 喜懼齋遺稿
李道翼(도익)	朝鮮	喚惺齋	隱士 字 伊弼 本貫 全州 父 泰壽 著書 喚惺齋遺稿
李道一(도일)	1581~1667	消憂軒 容膝軒	學者 字 貫之 本貫 星州 父 碩慶 外祖 河艦 嘉善大夫 著書 消憂軒文集
李道一(도일)	朝鮮	玉山	文臣 字 汝貫 本貫 安城 昆陽郡守
李道一(도일)	朝鮮	退憂軒	文人 本貫 碧珍
李道孜(도자)	1559~1642	復齋 養心軒	學者 字 至之 本貫 星州 父 碩慶 外祖 河㰒 著書 復齋集
李道長(도장)	1603~1644	洛村	文臣 字 泰始 本貫 廣州 父 潤雨 系 榮雨 金時讓 婿 張顯光 門人 陝川郡守 著書 洛村集
李道章(도장)	1607~1677	鑑湖 鑑湖堂	學者 字 泰觀 本貫 廣州 父 潤雨 外祖 蔡應麟 江原道察訪 著書 鑑湖堂文集

731

人名	年代	號	其他
李道在(도재)	朝鮮憲宗	易安齋	文臣 字 稚尊 本貫 韓山
李道宰(도재)	1848~1909	心齋 簣汀	文臣 字 聖一 本貫 延安 父 溟翼 系 健翼 贊政 諡 號 文貞 著書 文集
李道載(도재)	朝鮮後期	邃翁	隱士 字 子厚 本貫 全州 父 觀壽
李道在(도재) →李時在			
李道貞(도정)		石泉	著書 石泉先生文集
李道中(도중)	朝鮮後期	新齋	學者 著書 新齋集
李道昌(도창)	朝鮮	寒竹亭	學者 字 泰有 本貫 廣州
李道樞(도추)	?~1922	月淵	著書 文集
李道憲(도헌)	朝鮮	屏隱	本貫 古阜 父 彦珍 祖父 秀敬
李道憲(도헌) →李道翼			
李道顯(도현)	1726~1777	溪村	學者 字 稱文 著書 溪村集
李道瀅(도형)		愚軒	著書 文集
李道華(도화)		夏泉	
李道熙(도희)	1615~1670	好猶堂	學者 字 敬之 本貫 碧珍 父 厚慶 外祖 金永成 著 書 好猶堂集
李吨(돈)	新羅	竹川	字 暉梅 本貫 安岳 右將軍 諡號 忠良
李燉(돈)	1568~1614	壺峰	文臣 字 光仲 本貫 眞寶 父 元晦 李珙 門人 永川 郡守 著書 壺峰先生集
李墪(돈)	朝鮮	文泉 守默齋	文臣 字 進吾 本貫 全州 父 炯信 著書 文集
李暾(돈)	朝鮮	寒泉	義兵 字 子昇 本貫 慶州
李暾(돈)	朝鮮	壯東	義兵 本貫 驪州
李潡(돈)	朝鮮	鷺洲	學者 本貫 全州 著書 鷺洲集
李敦(돈)		楓巖	字 肅夫 本貫 陝川 追贈 兵曹參議
李惇(돈)		秋聲堂	本貫 延安 父 時聃
李焞(돈) →李燉			
李潡(돈) →李燉			
李敦珪(돈규)		柏村	本貫 咸平
李敦基(돈기)		霞巖	本貫 咸平
李敦得(돈득)		農軒	本貫 咸平
李敦龍(돈룡)		澹圃	本貫 咸平
李敦律(돈률)		龜溪	本貫 咸平 父 郁緖
李惇臨(돈림)	朝鮮顯宗	樊甫 樊圃	字 汝吉 本貫 延安 父 基高
李敦曼(돈만)		竹軒	本貫 咸平 父 奎緖
李敦冕(돈면)	1817~1886	海史	著書 海史詩集

人名	年代	號	其他
李敦紋(돈문)		稼圃	本貫 咸平 父 鶴緖
李敦伯(돈백)		西下	本貫 咸平
李敦相(돈상)	朝鮮高宗	海石	文臣 字 公厚 本貫 龍仁 父 源膺 判書
李惇敍(돈서)	1579~1637	晚沙	殉節人 字 子倫 本貫 延安 父 基高 外祖 許禎 追贈 吏曹判書 諡號 忠愍
李敦秀(돈수)	1767~1799	愚谷	著書 愚谷遺稿
李敦植(돈식)	1847~1920	農隱	本貫 咸平 著書 農隱遺稿
李惇五(돈오)	1585~1637	一松 一竹堂	文臣 字 子典 本貫 延安 父 基高 追贈 左參贊 諡號 忠顯
李敦五(돈오)		竹軒	本貫 咸平 父 萬緖
李惇吾(돈오) →李惇五			
李敦宇(돈우)	1801~1884	莘憩 大陵	文臣 字 凡若, 允恭,允若 初名 敦榮 本貫 全州 父 相斗 系 相衡 外祖 金思善 工曹判書 著書 莘憩集
李敦禹(돈우)	1807~1884	肯庵	文臣 字 始能 本貫 韓山 父 秀應 著書 肯庵集
李敦禹(돈우)		南窓	著書 南窓集
李敦原(돈원) →李敦厚			
李敦應(돈응)	朝鮮哲宗	圭峯	本貫 全州 父 健和 都事
李敦春(돈춘)		雲庵	本貫 咸平 祖父 儒昊
李敦夏(돈하)	朝鮮哲宗	峒雲 峒園	文臣 字 叙五 本貫 全州 父 寅升
李敦夏(돈하)		休窩	本貫 咸平
李敦行(돈행)	朝鮮高宗	潤翠	
李敦賢(돈현)		三悔齋	本貫 咸平 祖父 命龍
李惇亨(돈형)	朝鮮	晚悟堂	孝子 本貫 延安
李敦炯(돈형)		醉石	本貫 咸平
李敦化(돈화)	1884~?	白頭山人 夜雷 猪巖	天道教人 著書 人乃天要義 道號 豆菴
李敦厚(돈후)	1870~1976	昭山	學者 字 重載 本貫 碧珍 父 鳳基 外祖 李致秀 著書 昭山遺稿
李東(동) →李東			
李峒(동) →李峒			
李洞(동) →李洞			
李涑(동) →李涑			
李東榦(동간)	1757~1822	砧山	學者 字 汝幹 本貫 永川 父 翼龍 外祖 柳德垕 著書 砧山文集
李東九(동구)	朝鮮	啞山	書藝家 本貫 驪州
李同揆(동규)	朝鮮	混泉 渾泉	文人 字 祖黙 祖然 本貫 全州 父 聖求 吏曹參議

人名	年代	號	其他
李東珪(동규)		守陽齋	著書 文集
李同槩(동규) →李同揆			
李東根(동근)	1644~1712	蘇湖	文人 字 震伯 本貫 韓山 父 寅賓 系 梧賓 府使
李東汲(동급)	1738~1811	晩覺齋	學者 字 進汝 本貫 廣州 父 恒中 外祖 金徵慶 著書 晩覺齋集
李東虁(동기)	朝鮮肅宗	兩忘軒	本貫 全州 父 昌完 參奉
李東基(동기)	1839~1908	槐巖	文臣 字 城予 本貫 星州 父 炳老 外祖 張德矩 司憲府掌令 著書 槐巖文集
李東寧(동녕)	1869~1940	石吾 巖山	獨立運動家 字 鳳所 本貫 延安 父 炳鎏 祖父 錫九 臨時政府國務令
李東洛(동락)	1890~1969	然丁	獨立運動家
李東蘭(동란)	朝鮮	溪隱	本貫 梁山 父 承平
李東蓮(동련)		釜署	本貫 永川 著書 文集
李東烈(동렬)		荷谷	本貫 永川 著書 文集
李東禮(동례)	朝鮮	謹齋	字 士元 本貫 星山 父 熙春 持平
李東老(동로)	1638~1711	獨樂亭	字 耕叟 本貫 碧珍 著書 文集
李東溟(동명)	1624~1692	鶴汀	文臣 字 白宗 本貫 德水 父 楫 青松府使
李東明(동명)	1754~?	斗山	畫家 字 聖晦 本貫 延安 父 延偉
李東美(동미)		詩村	字 善元 本貫 星州
李東白(동백)	1777~1853	防山	學者 字 子晦 本貫 載寧 父 弘祚 外祖 成琢 著書 防山集
李東璧(동벽)		眠厂	著書 眠厂集
李東彬(동빈)		春川	本貫 咸平
李東祥(동상)	朝鮮後期	花陽	
李東錫(동석)	韓末~?	許人	
李東奭(동석) →秦東奭			
李東爕(동섭)		梅石	本貫 積城
李東成(동성)	朝鮮	聲窩	本貫 星山 父 挺坤 祖父 萬禎
李東秀(동수)		望楸	本貫 全州
李同淳(동순)	朝鮮純祖	樊厂	本貫 眞城 嘉善大夫
李東昇(동승)		鵝湖	著書 文集
李東式(동식)	朝鮮	淸溪亭	學者 本貫 驪州
李東馣(동암)	1643~1721	月潭	文臣 字 春卿 本貫 驪州 父 烜 佐尹
李東陽(동양)	1679~1763	愚軒	字 汝實 本貫 慶州 父 亨增 著書 文集
李東彦(동언)	1662~1708	三復齋	文臣 字 國美 本貫 全州 父 世茂 外祖 金橋 持平 著書 三復齋集
李東連(동연)	1873~1944	農窩	字 桂秀 本貫 固城 父 慶源

人名	年代	號	其他
李東燁(동엽)		龜溪處士	本貫 咸平
李東英(동영)	1620~1711	靜養堂	著書 文集
李東英(동영)	1635~1667	二休亭	學者 字 華伯 本貫 鶴城 父 天機 外祖 朴繼叔 著書 二休亭文集
李東榮(동영)	1857~1928	琴湖	著書 文集
李東英(동영)	朝鮮憲宗	間溪	字 君實 本貫 仁川
李東完(동완)	1651~1726	茅山	學者 字 國林 本貫 全州 著書 茅山先生文集
李東梡(동완) →李東完			
李東宇(동우)	1862~1932	遇軒	字 正日 本貫 完山 父 會彰 著書 遇軒遺稿
李東宇(동우)	朝鮮	竹泉	本貫 全州 父 會三
李東羽(동우)		道隱	本貫 永川 父 厚遠
李東雨(동우)		蘭皐	著書 文集
李東郁(동욱)	1646~1708	寒泉 黙拙齋	文臣 字 子文 本貫 驪興 父 烜 參判 著書 朝野記聞
李東郁(동욱)	1739~?	蘇巖	文臣 字 幼文 本貫 平昌 父 光浞 義州府尹
李東旭(동욱)	1827~?	松齋	文臣 字 日初 本貫 河濱 左承旨
李東旭(동욱)		新湖	本貫 豊山
李東運(동운)	朝鮮肅宗	青溪	本貫 平昌 父 光溥 著書 青溪集
李東允(동윤)		敏齋	
李炯胤(동윤) →李炯胤			
李東膺(동응)	朝鮮高宗	留觀	字 元楷 本貫 臨江 交河郡守
李東翊(동익)	朝鮮	陶窩	本貫 全州 父 景禹 祖父 基大
李東益(동익)	朝鮮	於村	本貫 慶州 父 德康 祖父 斗滿
李東一(동일)		塔窩	本貫 禮安
李東一(동일)		石川	本貫 永川 父 信遠
李東栽(동재)	1704~1773	玉洞	學者 字 盛彦 本貫 碧珍 父 是梯 外祖 安勝國 著書 玉洞逸稿
李東裁(동재) →李東栽			
李東柱(동주)	1628~1710	蒙軒	學者 字 仁老 本貫 碧珍 父 重光 外祖 郭有道 著書 蒙軒遺稿
李東柱(동주)	朝鮮	凝菴	文臣 本貫 星山 追贈 司憲府監察
李東柱(동주)	朝鮮	逸窩	字 晩瞻 本貫 固城 父 重泰 著書 文集
李東浚(동주)	1842~1897	花石	學者 字 季深 本貫 永川 父 有遠 外祖 文啓周 著書 花石遺稿
李東俊(동주)	朝鮮	松齋	本貫 星山 知中樞府事
李東俊(동주) →金東俊			
李東直(동직)	朝鮮	慵窩	本貫 星山 父 秀坤 祖父 萬楨

人名	年代	號	其他
李同春(동춘)	1872~1940	雨華	獨立運動家
李東春(동춘)	1900~1980	愛淨軒	本貫 眞城 金東三 婿
李東泰(동태)	?~1583	雲臺	文人 字 道長, 君望 本貫 驪興 著書 雲臺漫稿
李東泰(동태)	1718~?	雲臺	字 道仲 本貫 全州 父 寅徵 溪 翼徵 著書 文集
李東標(동표)	1654~1700	懶隱	文臣 字 君則, 子 剛 本貫 眞寶 父 雲翼 外祖 金厚基 追贈 吏曹判書 諡號 忠簡 著書 懶隱文集
李東泌(동필)	朝鮮	三一翁	本貫 星州 父 湛 祖父 春慶
李東弼(동필)		孝友齋	著書 文集
李東廈(동하)	?~1959	白儂	獨立運動家
李東翰(동한) →李東幹			
李東沆(동항)	1736~1804	遲菴	學者 字 聖哉 本貫 廣州 父 恒中 外祖 金徵慶 著書 遲菴文集
李東奕(동혁) →朴東奕			
李東嚇(동혁)		松庵	著書 文集
李東顯(동현)	1808~1875	山塢	學者 本貫 瀛洲 父 文祿 系 正祿 外祖 金秉運 著書 山塢遺集
李東亨(동형)	朝鮮	四友堂	學者 字 泰卿 本貫 驪州 父 炟 庶尹
李董浩(동호) →李薰浩			
李同和(동화)	1821~1900	元圭	著書 文集
李東煥(동환)	1827~?	枕山	處士
李東輝(동휘)	1871~1935	誠齋	獨立運動家 臨時政府國務總理
李杜(두)	1449~?	照海亭	字 汝載 本貫 全義 父 知耻
李杜(두)	朝鮮成宗	靖谷	文臣 字 聖義 父 碩
李斗基(두기)	1867~1920	伊溪	學者 字 星重 本貫 星山
李斗南(두남)	1451~1523	松菴	著書 文集
李斗南(두남) →尹斗南			
李斗相(두상)		龜溪	本貫 慶州
李斗燮(두섭)	朝鮮末	白啞	教育者
李斗陽(두양)	1595~1666	臨浦 桃溪	字 伯瞻 本貫 咸平 父 榮元 著書 臨浦遺稿〈龍溪 臨浦兩世合稿〉
李斗然(두연)	朝鮮	靜履堂	文臣 字 建伯 本貫 慶州 諡號 文貞
李斗榮(두영)	朝鮮後期	汕住	
李斗遠(두원)	1721~1803	南厓	學者 字 士仰 本貫 載寧 著書 南厓文集
李斗翼(두익)	朝鮮顯宗	六者翁	本貫 德水 父 綱
李斗寅(두인)	朝鮮後期	鷲菴	本貫 慶州 父 運春

人名	年代	號	其他
李斗鎭(두진)	朝鮮	龜溪	文臣 字 機天 本貫 鳳山 龍驤衛副護軍
李斗憲(두헌)		晚隱	本貫 咸平 祖父 晚緖
李斗鉉(두현)		竹巢	本貫 原州
李斗馨(두형)		梧月堂	本貫 全義
李斗煥(두환)	朝鮮後期	小軒	本貫 固城 宋煥箕 門人
李斗煥(두환)	朝鮮末	松梧	字 奉珍 本貫 固城 父 殷泰
李斗璜(두황)	1858~1916	雪岳	文臣,學者 著書 雪岳遺稿
李斗勳(두훈)	1856~1918	弘窩	學者 字 大衡 本貫 星州 父 寅漢 外祖 李芝運 著書 弘窩文集
李得坤(득곤)		息波	本貫 陽城
李得觀(득관)	朝鮮	默溪	字 日省 本貫 固城 祖父 顯相 尹揆一 門人
李得烈(득렬)	朝鮮	土窩	本貫 仁川 父 相稷
李得魯(득로)	1808~1863	靜窩	字 憲可 本貫 眞城 父 宜相 祖文 漢綺
李得旻(득민)	朝鮮	海巖	學者 本貫 驪州
李得培(득배)	朝鮮英祖	蒼谷	文臣 字 仲固 本貫 全義
李得蕡(득분)	朝鮮	閱古齋	本貫 全義 父 公輔 祖父 昌胤
李得秀(득수)	1769~1814	克省窩	學者 著書 克省窩遺稿
李得新(득신)	朝鮮	思老	文臣 字 德老 本貫 大興 校尉
李得英(득영)	1811~1887	警拙	本貫 遂安 父 敏秀 著書 警拙集
李得玉(득옥)→李仁老의 初名			
李得雲(득운)	朝鮮仁祖	華山	字 龍雲 本貫 星州
李得元(득원)	1600~1639	竹齋	書藝家 字 士春,子春 本貫 完山 編書 李文靖公實記
李得元(득원)	1765~1842	四留堂	學者 字 善長 本貫 鳳山 父 應說 外祖 朴泰龍 著書 四留堂遺稿
李得胤(득윤)	1553~1630	西溪 先溪	學者, 文臣 字 克欽 本貫 慶州 父 潛 郡守 著書 西溪集
李得濟(득제)	朝鮮純祖	直翁	字 汝楫 本貫 全州
李得駿(득준)	1726~1802	短齋	字 房瑞 本貫 固城 父 宜春 祖父 顯相
李得志(득지)		誠齋	本貫 全州
李得地(득지)		三孝堂	本貫 河濱
李鄧林(등림)	1535~1594	孔巖	文臣 字 大村 本貫 碧珍 父 雲 工曹佐郎
李濂(렴)	朝鮮	野軒	文臣 本貫 慶州 防禦使
李翎(령)	1483~1519	悝齋	文臣 字 汝翼 本貫 咸安 父 仁亨 趙光祖 門人 典籍 著書 文集
李翎(령)	1615~1637	友松齋	文臣, 義士 字 擧遠 和中 本貫 牛峰 父 有謙 追贈 持平

人名	年代	號	其他
李伶(령)	朝鮮宣祖	忠順堂	本貫 星州 父 士誼
李領(령)	朝鮮顯宗	七松	本貫 全州
李坽(령)	1653~1700	芝窩	文臣 字 瞻叔 本貫 眞城 父 喬年 著書 芝窩文集
李玲(령)	朝鮮	久菴	本貫 鳳山 父 繼漢
李祿(록)	朝鮮	松潭	本貫 德水
李陸(륙)	1438~1498	青坡	文臣 字 放翁 本貫 固城 父 墀 祖父 原 兵曹參判 著書 青坡集
李錀(륜)	朝鮮	栗峯	本貫 全義
李綸(륜)	朝鮮	沙月亭	學者 字 經彦 本貫 京山 父 天封
李楞(릉)	1669~1734	顧齋	學者 字 君直 本貫 載寧 父 隆逸 著書 顧齋文集
李琳(림)	1427~1445	謹行堂	王族 字 珍之 本貫 全州 父 世宗 封號 平原大君 諡號 清德
李慢(만)	朝鮮	顧齋	字 君直 本貫 載寧
李晚慤(만각)	1815~1874	愼庵 巖后	學者 字 謹休 本貫 眞寶 父 彙運 外祖 柳晦文 著書 愼庵文集
李萬堅(만견)	朝鮮宣祖	桂陵 桂隱	本貫 全州 父 頤賢
李晚堅(만견)	1666~1717	觀稼亭	文臣 字 士冬 本貫 牛峰 父 翺 系 翮 大司憲
李萬謙(만겸)	1640~1684	霞山	文臣 字 子益 本貫 全義 父 行道 直長
李晚景(만경)	朝鮮	斗村	文臣 本貫 興陽 知中樞府事
李萬慶(만경)		思谷	本貫 韓山 父 行源
李晚嶠(만교)	1839~1886	得一庄	字 晦如 本貫 眞寶 父 彙濬 著書 文集
李晚煃(만규)	1845~1920	柳川	獨立運動家 字 順則 初名 晚孝 本貫 眞寶 父 彙濬 系 彙澤 禮安郡守
李萬均(만균)	朝鮮中宗	仙源堂	字 士重 本貫 康津 修撰官
李萬均(만균)		鳳隱	本貫 延安
李萬根(만근)		愼黙齋	本貫 光山
李萬年(만년)	高麗忠烈王	蒼皐	字 汝眞 本貫 星州 父 長庚
李萬寧(만녕)	朝鮮英祖	松泉	本貫 延安 父 決
李晚燾(만도)	1842~1910	響山 直齋	學者,文臣 字 觀必 本貫 眞城 父 彙濬 系 彙澈 同副承旨 著書 響山集
李萬東(만동)	朝鮮顯宗	天放子	本貫 全義 父 行進 都正
李萬齡(만령)	朝鮮	華巖	本貫 全義 父 智文 生員
李萬祿(만록)	朝鮮	東塢處士	
李萬白(만백)	1657~1717	自濡軒	學者 字 汝白 本貫 驪興 父 長胤 著書 自濡軒文集
李晚保(만보)	朝鮮仁祖	大明居士 白雲處士 楓潭	隱士 字 處難 本貫 廣州 父 夢徵

人名	年代	號	其他
李萬封(만봉)	朝鮮憲宗	竹痩	文臣 字 天授 本貫 全義 父 四亮 府使
李萬敷(만부)	1664~1732	息山	學者 字 仲舒 本貫 延安 父 沃 外祖 李同揆 氷庫別提 著書 息山文集
李萬相(만상)	1622~1645	琴谷	字 相汝 本貫 延安 父 昭漢 祖父 廷龜 吳竣 婿 追贈 吏曹判書 著書 琴谷稿〈李氏聯芳集〉
李萬相(만상)	1857~1899	僑齋	學學者 字 邦憲 本貫 星山 父 源煦 外祖 金龜振 著書 僑齋文集
李晚常(만상)	朝鮮末	遲庵	本貫 眞城
李晚生(만생)	朝鮮	道陽齋	本貫 陝川 父 智老 祖父 斯昉
李萬緒(만서)		菊史	本貫 咸平
李萬選(만선)	1654~1735	遽齋	文臣 字 擇中 本貫 全州 父 若 判尹
李萬善(만선) →李萬選			
李晚禼(만설)	朝鮮末	深齋	本貫 眞城
李晚性(만성)	1549~1613	菊窩	著書 文集
李晚成(만성)	1571~1630	淵菴	著書 文集
李晚成(만성)	1659~1722	歸樂堂 杏湖居士	文臣 字 士秋 本貫 牛峰 父 翻 系 翮 吏曹判書 著書 歸樂堂集
李萬成(만성)	1872~1922	篤山	志士 字 宗茂 本貫 京山 父 驥俊
李萬誠(만성)	朝鮮顯宗	慕遞窩	學者 本貫 驪州 父 以材
李晚孫(만손)	1811~1891	遜窩	學者 字 家述 本貫 眞城 父 彙炳
李晚松(만송)		璞巖	本貫 全州 父 如迪 著書 璞巖文集
李萬秀(만수)	朝鮮肅宗	素齋	本貫 延安 父 沃 進士 著書 素齋集
李晚秀(만수)	1752~1820	屐翁 屐園	文臣 字 成仲 本貫 延安 父 福源 外祖 安壽坤 平安道觀察使 諡號 文獻 著書 屐翁集
李晚綏(만수)	朝鮮末	惠山	文臣 字 國明 本貫 眞寶 牧使
李晚受(만수)	朝鮮末	慕庵	本貫 眞城 父 彙陽
李晚守(만수)		晚守齋	著書 晚守齋集
李萬秀(만수)		秋水館	著書 文集
李萬洙(만수)		遜庵	本貫 碧珍
李晚淑(만숙)	1810~1851	谿栖	學者 著書 谿栖文集
李萬鐏(만준)		享叟	本貫 全州
李曼勝(만승)	1590~1659	槐堂	義兵 字 叔望 本貫 固城 父 旨 別提 著書 槐堂文集
李晚承(만승)		六玩堂	著書 六玩堂集
李晚著(만시)	1825~?	石圃	字 德魯 本貫 眞寶 父 彙正 著書 石圃集
李晚億(만억)	朝鮮末	懲庵	本貫 眞寶 父 彙遠
李萬業(만업)	朝鮮	西溪	本貫 慶州 父 禮立

人名	年代	號	其他
李晩輿(만여)	1861~1904	鳳岡	學者 字 希曾 本貫 眞城 父 彙儁 外祖 金東壽 著書 鳳岡集
李萬葉(만엽)	1609~1657	長村	著書 文集
李萬燁(만엽)	朝鮮	望楸堂	本貫 仁川 父 罰 祖父 仁宅
李萬榮(만영)	1510~1547	竹陰	文臣 字 盛卿 本貫 咸平 父 碩 司宰監僉正
李晩榮(만영)	1604~1672	雪梅	文臣 字 春長 本貫 全州 父 堅鐵 平安道觀察使 著書 雪梅集
李晩榮(만영)		晩省	著書 文集
李萬榮(만영)	→李晩榮		
李晩用(만용)	1802~?	東樊 箕山	詩人 字 汝成 本貫 全州 父 明五 兵曹參知 著書 東樊集
李萬用(만용)	1839~1915	直陽齋	字 和汝 本貫 牛峰 父 鎬坤 學者 著書 直陽齋集
李晩用(만용)		石樵	著書 文集
李萬鎔(만용)		山齋	本貫 全州 父 樹
李萬運(만운)	1736~?	黙軒	學者 字 元春 本貫 廣州 父 東英 持平 著書 黙軒集
李晩運(만운)	朝鮮末	雙翠	本貫 眞城 父 彙廷
李萬雄(만웅)	1620~1661	夢灘	文臣 字 心甫 本貫 全義 父 行建 外祖 沈大厚 忠清道觀察使
李萬雄(만웅)		眉山	
李萬雄(만웅)	→李萬維		
李萬元(만원)	1651~1701	二友堂	文臣 字 伯春 本貫 延安 父 泂 外祖 崔大年 封號 延陽君 吏曹參判
李萬源(만원)	1687~1944	汕齋	義兵
李萬維(만유)	1674~1736	恩菴	字 持國 本貫 延安 父 沃 著書 文集
李萬圍(만유)	1684~?	四尚堂	著書 四尚堂實錄文集
李晩胤(만윤)	朝鮮	左山	字 繼祖
李晩恩(만은)	朝鮮末~日帝	奚水	本貫 眞城
李晩懿(만의)	→李晩愨		
李晩毅(만의)	→李晩愨		
李晩鑛(만익)	朝鮮	遯窩	
李晩益(만익)		梅鶴堂	文人 字 勉甫 本貫 韓山 父 海昌
李晩翊(만익)	朝鮮末	可澗	本貫 眞城 父 彙壽
李晩寅(만인)	1834~1897	龍山	字 君宅 本貫 眞寶 父 彙喬 著書 龍山文集
李萬寅(만인)	→李晩寅		
李萬逸(만일)		錦巖	本貫 光山

人名	年代	號	其他
李萬鎰(만일)		琴巖	著書 文集
李萬材(만재)	朝鮮	黙軒	學者 字 廈叔 本貫 驪州
李萬全(만전)	朝鮮	參軒	文臣 本貫 驪州 營將
李晚靖(만정)	朝鮮後期	可泉	本貫 眞城
李晚疇(만주)	朝鮮末	東林	本貫 眞城
李晚昌(만창)	朝鮮末	洛厓	本貫 眞城
李萬暢(만창)	朝鮮	星巖	學者 字 學魯 本貫 京山
李萬遷(만천) →李萬逸			
李萬秋(만추)	朝鮮肅宗	安窩 守齋	著書 安窩先生文集
李萬春(만춘)		隱求窩	本貫 全州
李晚享(만향)		陶井	字 士順 本貫 牛峰 父 玢
李萬享(만향) →李萬亨			
李萬亨(만형)	1663~1706	三友齋	學者 字 子夏 本貫 全州 宋時烈 門人 延豊縣監
李萬亨(만형)	朝鮮肅宗	漁隱	本貫 廣州 父 命聃 牧使
李萬亨(만형)		菊軒	本貫 咸平
李晚浩(만호)	朝鮮高宗	書山	本貫 眞寶 父 彙周
李萬華(만화)		南下	成均生員 著書 南下公遺稿〈鹽城三世稿〉
李晚孝(만효) →李晚煓의 初名			
李萬畦(만휴)	朝鮮	雪齋	委巷人 字 子均 本貫 完山
李萬熰(만흠)	1740~1814	茍完齋	字 熙老 本貫 永川 父 廷秀 系 廷蕃 著書 文集
李晚憙(만희)	朝鮮後期	芝下	本貫 眞城
李末仝(말동)	1443~1518	桃源	學者 字 子源 本貫 慶州 父 允典 外祖 金尙勇 著書 桃源文集
李末孫(말손)	朝鮮	方山齋	本貫 公州 父 畛 祖父 衮
李忘定(망정) →李志定			
李枚(매)	朝鮮	心齋	本貫 泗川 父 順甲 祖父 聖圖
李邁久(매구)	朝鮮	小庵	文臣 本貫 驪州 縣監 著書 文集
李邁久(매구)		養拙軒	著書 文集
李邁選(매선) →李萬選			
李邁秀(매수)	朝鮮	心齋	字 德翁 本貫 固城 祖父 弘大
李梅臣(매신)	朝鮮肅宗	杞菊軒	本貫 延安 父 成朝 縣監
李陌(맥)	朝鮮	槐山	文官 字 井父 本貫 固城 大司諫
李孟畇(맹균)	1371~1440	漢齋 漢蘇堂 漢蘇齋 漁齋	文臣 字 士原, 釣之 本貫 韓山 父 種德 祖父 穡 左贊成 謚號 文惠

人名	年代	號	其他
李孟均(맹균) →李孟畇			
李孟傅(맹부) →李孟專			
李孟嵼(맹부) →李孟專			
李孟山(맹산)	朝鮮世祖	志新亭	學者 字 可賢 本貫 星山
李孟常(맹상)		頤叟	本貫 陽城 父 澔
李孟緒(맹서)		慕軒	本貫 咸平
李孟芸(맹운)	高麗~朝鮮	川隱 鰲川散人	文臣 本貫 花山 父 裕 漢城府尹
李孟專(맹전)	1392~1480	耕隱	文臣, 生六臣 字 伯純 本貫 碧珍 父 審之 追贈 吏曹判書 諡號 貞穆 改諡 靖簡 著書 耕隱逸稿 〈六先生文集〉
李孟智(맹지)	高麗	晚翠堂	文臣 本貫 丹陽 父 陽春 執義
李孟畛(맹진)		清虛齋	字 季穰 本貫 韓山
李孟賢(맹현)	1436~1487	覩齋	文臣, 學者 字 師聖 本貫 載寧 父 介智 外祖 河敬履 藝文館副提學 著書 覩齋實實紀
李孟休(맹휴)	1713~1759	斗山 杜山	學者 字 醇叟 本貫 驪州 父 漢 蔡彭胤 婿 禮曹正郎
李楊(면)	朝鮮後期	顧齋	字 君直 本貫 載寧 著書 文集
李㴐(면)	朝鮮	薇村	本貫 載寧 掌樂院主簿
李沔(면)		養性堂	本貫 清安 父 文龍
李勉求(면구)	1757~1818	南霞	文臣 字 子餘 本貫 全州 父 國亨 祖父 匡德 外祖 鄭錫鵬 大司成
李勉伯(면백)	1767~1830	岱淵 觀水居士	學者 本貫 全州 父 忠翊 著書 岱淵遺稿
李冕錫(면석)	朝鮮	濟山	本貫 仁川 父 基亨 祖父 敏坤
李勉昇(면승)		牧溪	本貫 全州
李冕容(면용)		霞石	本貫 全義
李勉愚(면우)	1812~1878	維馨	文臣, 學者 字 成汝 本貫 延安 父 鳳秀 系 鶴秀 外祖 沈獻 吏曹參判 著書 維馨遺稿
李冕雨(면우)	朝鮮	松隱	文臣 字 周卿 本貫 慶州 同副承旨
李冕宇(면우)		蒙齋	著書 文集
李冕應(면응)		烏石	本貫 延安 父 命植
李冕翼(면익)	朝鮮哲宗	克齋	本貫 延安 父 可愚
李勉人(면인)	朝鮮	晚晤	文人 本貫 全州
李冕宙(면주)	1827~1910	桂隱 霞溪	文臣, 學者 字 允來 初名 錫宇 本貫 全州 父 致斗 金燸 門人 正言 著書 桂隱先生文集
李冕稙(면직)		湖隱	著書 文集
李勉冲(면충)	朝鮮	角里	學者, 文臣 本貫 全州

人名	年代	號	其他
李冕夏(면하)	1619~648	白石 白谷 深遊子 深游子	文人 字 伯周 本貫 德水 父 植
李冕鎬(면호)	朝鮮末	翠石	本貫 眞寶 父 中和
李冕浩(면호)		布巖	本貫 星州
李冕徽(면휘)		默齋	本貫 光山
李勉欽(면흠)	朝鮮	養志齋	本貫 星山 父 東成 祖父 挺坤
李洺(명)	朝鮮中宗	臨淸閣	本貫 固城 父 增 佐郎
李蓂(명)	1496~1572	東皐	文臣 字 堯瑞 本貫 禮安 父 輔幹 領中樞府事 諡號 貞簡
李溟(명)	1570~1648	龜村 北溪	文臣 字 子淵 本貫 全州 父 廷賓 知中樞府事 著書 龜村集
李鳴謙(명겸)	1398~?	地山齋	文臣 本貫 碧珍 吏曹判書 著書 文集
李明慤(명경)	朝鮮宣祖	菊庵	義兵 本貫 星山
李命啓(명계)	1656~1722	雙玉堂	著書 文集
李命啓(명계)	1714~?	海皐	字 子文 本貫 延安 父 降
李明坤(명곤)	1701~1758	淡齋	字 國寶 本貫 延安 父 恩一
李明坤(명곤)		無隱堂	本貫 興陽
李命觀(명관) →李觀命			
李命敎(명교) →李命敏			
李明敎(명교)	1852~1933	菊田	著書 菊田遺稿
李命九(명구)	1842~?	楙齋	本貫 驪州 父 鍾華 系 鍾陽 著書 楙齋雜著
李命求(명구)	1866~1904	晶山	著書 晶山稿〈韓山世稿〉
李命九(명구)	朝鮮	庸齋	學者 本貫 驪州
李名珪(명규)	1497~1560	平丘 平丘翁	文臣 字 光潤 本貫 固城 父 峋 判敦寧府事 諡號 安匡
李明均(명균)	1863~1923	一槐	獨立運動家 本貫 延安 父 淵性
李明克(명극)	1565~1624	梅竹軒	學者 字 養初 本貫 星州 父 偁 外祖 朴允秀 著書 梅竹軒文集
李命夔(명기)	1580~1633	拂日軒	學者 字 克和 本貫 光山 父 虁 外祖 權應鎰 著書 拂日軒逸稿
李命夔(명기)	1657~1716	聽翁	學者 字 聖弼 本貫 星州 父 而杜 系 而柱 外祖 徐强誼 追贈 兵曹正郎 著書 聽翁遺集
李命基(명기)	朝鮮正祖	華山館	畫家 本貫 開城 父 宗秀 察訪
李明念(명념)	朝鮮	永慕齋	義兵 本貫 星山 父 偁
李命達(명달)	朝鮮仁祖	月村	本貫 德水 父 廣

人名	年代	號	其他
李明德(명덕)	1373~1444	沙峰	文臣 字 新之 本貫 公州 父 暭 追贈 右議政 諡號 恭肅
李命來(명래) →李命采			
李命龍(명룡)		戒逸軒	本貫 咸平
李命龍(명룡)		洛村	本貫 光山 著書 洛村逸稿 〈光山李氏淵源錄〉
李明龍(명룡)	1873~1956	春軒	己未獨立宣言33人 本貫 全州 父 昌葉
李命敏(명민)	?~1453	知止堂	忠臣 字 而晦 本貫 慶州 父 繩直 追贈 兵曹參判 諡號 忠愍
李命培(명배)	1672~1736	茅溪	字 受平 本貫 載寧 父 載宗 著書 茅溪文集
李命白(명백)	朝鮮宣祖	寒圃齋	丙子殉節 本貫 加平 追贈 左承旨
李明保(명보)	朝鮮初期	鶴渚	本貫 公州 父 暭
李明傅(명부)	朝鮮	樂全	文臣 字 晦遠 本貫 全義 父 善徵 牧使
李溟祥(명상)	朝鮮	愛堂	本貫 驪州 父 鼎凝
李明恕(명서)	朝鮮中期	正齋	本貫 星山 父 俌
李命瑞(명서)		稼亭	本貫 慶州
李鳴善(명선)	朝鮮後期	聞庵	委巷人
李明善(명선)	朝鮮	閑谷	本貫 慶州 父 樴 祖父 仁基
李名宣(명선)		梧溪	著書 梧溪先生文集
李明誠(명성)	高麗末	松隱	節臣 字 敬章 本貫 公州 父 暭 祖父 恩孫 典工判書
李明誠(명성)	朝鮮	文成	文臣 本貫 公州 監察御使
李明世(명세)	1893~1972	義山	著書 文集
李冥繩(명승) →李宜繩			
李命蓍(명시)	朝鮮仁祖	臥翁	本貫 全州 父 幼淸 敎官
李命植(명식)	1720~?	木厓	文臣 字 楗仲 本貫 延安 父 淨 諡號 文貞
李明晨(명신)	1368~1435	花石亭	文臣 字 伯夫, 伯擇 本貫 德水 知敦寧府事 諡號 康平
李明憼(명신)	朝鮮中期	屛山	武臣 本貫 星山 兵馬節制都尉
李明淵(명연)	1758~?	瞿圃	文臣 字 汝亮 本貫 全州 父 義行 永興府使
李命說(명열)	朝鮮	蘿山	委巷人 字 爾沃
李命英(명영)		松山	本貫 全州 父 萬鎔
李明五(명오)	1780~1836	泊翁 雨念齋	文人 字 士緯 本貫 全州 父 鳳煥 著書 泊翁詩鈔
李明玉(명옥)		芝峰	著書 芝峰遺稿
李明宇(명우)	朝鮮純祖	警瞿	著書 文集
李命祐(명우)	朝鮮高宗	碧堂	字 士翊 本貫 臨江 忠勳府主事
李明宇(명우)	1836~1904	黙吾	文臣, 學者 字 景德 本貫 全州 父 會壽 外祖 李華載 著書 黙吾遺稿
李命羽(명우)	朝鮮末	誠齋	愛國志士 本貫 眞城

人名	年代	號	其他
李溟運(명운)		天池	文人 字 九萬 本貫 全州 父 埉
李溟運(명운)	朝鮮英祖	小山	文臣 本貫 咸平 父 永祿 祖父 潤身 正字
李鳴運(명운)	朝鮮英祖	鶴皐	本貫 浮評 父 翼元
李命雄(명웅)	1590~1642	松沙	文臣 字 挺而 本貫 全州 父 幼澄 祖父 誠中 外祖 趙擴 封號 完陽君 追贈 吏曹判書
李命元(명원)	1652~1700	龍菴	著書 文集
李命源(명원)	1745~1832	耕窩	學者 字 元明 本貫 延安 父 熙輔 外祖 沈坽 同知中樞府事 著書 耕窩遺稿
李明遠(명원)	1758~?	瞿圃	文人 字 元亮 本貫 全州
李明愿(명원)	朝鮮	儉湖	學者 本貫 星山 訓練院奉事
李明慈(명원)	朝鮮	菊庵	本貫 星山 父 李俌
李命謂(명위)		逍遙齋	本貫 全州
李命尹(명윤)	1652~1708	茅盧	學者 著書 茅盧逸稿
李命允(명윤)	1804~1863	安湖	文臣 字 致伯 本貫 全州 父 完吉 校理 著書 被巫事實
李命殷(명은)	1627~?	白雲 鳳川	文臣 字 敬叔 本貫 全州 父 德益 掌令 著書 白雲筆迹
李溟翼(명익)	1617~1687	反招堂	文臣 字 萬里 本貫 眞寶 父 之馨 忠淸道觀察使 著書 反招堂文集
李命益(명익)	朝鮮英祖	覆瓿 素履子	文人, 學者 本貫 廣州 父 得源 著書 覆瓿稿
李明翼(명익)	朝鮮英祖	湛齋	
李明翊(명익)	1848~1903	勿軒	學者 字 景高 本貫 全州 父 容和 外祖 姜著 參奉 著書 勿軒文集
李明仁(명인)		四美亭	本貫 全州 祖父 天祐
李命長(명장)		聲溪	字 性達 本貫 延安
李命宰(명재)	1838~1895	琴漁	文臣, 學者 字 聖意 本貫 延安 父 晩秀 系 公翼 外祖 洪良浩 大司憲 著書 琴漁遺稿
李明迪(명적)	朝鮮純祖	華陰	文臣 本貫 延安 父 鼎運
李命政(명정)	朝鮮成宗	三山處士	本貫 永川 父 孝孫
李命貞(명정)	朝鮮	瓦灘	字 子潔 本貫 固城 父 孝則
李命俊(명준)	1572~1630	潛窩 潛庵 進思齋 退思齋 退恩齋	文臣 字 昌期 本貫 全義 父 濟臣 成渾,李廷馣李恒福 門人 追贈 左贊成 著書 潛窩遺稿
李命俊(명준)	朝鮮英祖	無求堂	文臣 本貫 全州 父 世忠 右尹
李命峻(명준)	1754~1837	省愧齋	著書 文集
李明峻(명준)	1838~1895	梅西	著書 文集
李命峻(명준)		菊圃	著書 菊圃集
李明志(명지) →李明克			
李命徵(명징)	1602~1678	松岡	學者 字 大來 本貫 碧珍 父 而樟 外祖 辛礎 著書 松岡遺稿

人名	年代	號	其他
李明贊(명찬) →李日贊			
李命采(명채)	朝鮮	整齋	著書 整齋遺稿
李命喆(명철)	朝鮮高宗	晴農	字 喆之 本貫 臨江 內藏院卿
李明澈(명철)		梅巖	著書 梅巖先生文集
李命弼(명필)		藏巖	本貫 河濱
李命夏(명하)	1878~1921	東川 夢鶴	獨立運動家 字 又文 本貫 全州 柳麟錫 門人
李明學(명학)	朝鮮	竹溪	文臣 字 致善 本貫 新平 龍驤衛副護軍
李明學(명학)		謙齋	
李明漢(명한)	1595~1645	白洲	文臣 字 天章 本貫 延安 父 廷龜 朴東亮 婿 判書 諡號 文靖 著書 白洲集
李命恒(명항)	朝鮮	審容齋	字 壽甫 本貫 固城 父 泰蕃 著書 遺稿
李明惠(명혜)	朝鮮	梅竹軒	學者 本貫 星山
李命鎬(명호)	朝鮮末	石齋	本貫 眞寶 父 中敏
李命弘(명홍)	?~1560	坤齋	字 仁仲 本貫 永川
李明煥(명환)	1718~1764	海嶽	文臣 字 士晦, 士輝 本貫 全州 父 梯 司諫 著書 海嶽集
李命煥(명환)	朝鮮正祖	謙齋	本貫 驪州 父 秉休 進士
李穆(목)	1471~1498	寒齋	文臣 字 仲雍 本貫 全州 父 閏生 金宗直 門人 追贈 吏曹判書 諡號 貞簡 著書 李評事集
李楘(목)	1572~1646	松郊	文臣 字 文伯 本貫 全州 父 愼誠 成渾,金長生 門人 追贈 左贊成 諡號 忠正 著書 文集
李穆(목)	1589~?	北溪 雪沙	文人 字 仲素, 仲深 本貫 德水 父 景顔 系 宗健
李木(목)	朝鮮英祖	旨窩	本貫 牛峰 父 濟元
李穆(목)		敬庵	
李穆卨(목설)	1691~1752	隨樂軒	王族 字 宅中 本貫 全州 封號 南原君
李穆淵(목연)	1785~1854	笑笑	文臣 字 伯春 本貫 全州 父 義常 大司憲 諡號 文貞
李穆榮(목영)	朝鮮後期	杞庵	
李穆憲(목헌)		晚翠	本貫 咸平 父 敦珪
李穆鎬(목호)	1879~1919	鶴山	獨立運動家 字 應五 著書 鶴山行錄〈西溪遺稿〉
李夢龜(몽구)		松塢	本貫 咸平
李夢奎(몽규)	1630~1683	天休堂 聽天堂	隱士 字 昌瑞 本貫 慶州 父 庚 著書 天休堂集
李夢奎(몽규)		魚齋	著書 文集
李夢鸞(몽난)	朝鮮	竹軒	文臣 字 應韶 本貫 梁山 僉正
李夢男(몽남)		鷗洲	本貫 全州 父 正挺
李夢賚(몽뢰)	1688~1754	枕肱堂	學者 字 子良 本貫 星州 父 龍協 外祖 李根 著書 枕肱堂遺稿
李夢麟(몽린)		竹塢	本貫 咸平

人名	年代	號	其他
李夢臣(몽신)	1709~1782	巖軒	著書 文集
李夢陽(몽양)		空同	著書 空同集
李夢彦(몽언)	朝鮮肅宗	龍巖	本貫 全州 父 世茂
李夢台(몽태)	朝鮮	竹厓	字 應眞 本貫 固城 父 堯臣
李茂(무)	1355~1409	中臺 中亭	文臣 字 敦夫 本貫 丹陽 父 居敬 封號 丹山府院君 右議政 諡號 翼平
李斌(무)	朝鮮中宗	德皐	本貫 載寧 慶尚右道水軍虞侯
李袤(무)	1599~168	果菴	文臣 字 延之 本貫 韓山 父 慶全 祖父 山海 禮曹判書 著書 果菴遺稿
李楘(무)	朝鮮仁祖	松郊	文臣 本貫 全州 父 愼誠 諡號 忠正
李堥(무)	1621~1703	駱溪 牛川	文臣 字 子三 本貫 全州 父 炯胤 外祖 崔行 李植 門人 知敦寧府事 諡號 莊靖
李槾(무)	朝鮮	三溪	文臣 字 領叔 本貫 車城 成均館典籍 諡號 金賀
李茂慶(무경)	朝鮮中期	槐陰	本貫 全州 父 鈴
李懋臣(무신)		新陽	本貫 廣州
李茂馨(무형)	朝鮮	愼齋	本貫 星山 父 鼎周 祖父 敏善
李文甲(문갑)	朝鮮	晩翠堂	本貫 星山
李文楗(문건)	1495~1567	默齋 休叟	文臣 字 子發 本貫 星州 父 久濯 趙光祖 門人 承旨
李文杰(문걸)	1861~1900	晩晦	著書 文集
李聞慶(문경)	→李潤慶		
李聞九(문구)	朝鮮	癡隱	學者 本貫 驪州
李文矩(문구)	→李文規		
李文奎(문규)	1513~?	文谷	字 景昭 本貫 眞寶
李文規(문규)	1617~1688	楓渠	學者 字 聖則 本貫 全州 父 國馨 外祖 金瀣 郎 顯陵參奉 著書 楓渠遺稿
李文奎(문규)	朝鮮	柳溪	本貫 洪州 父 廷頊 祖父 公亮 進士
李文吉(문길)	朝鮮	花峰	孝子 本貫 原州
李文樑(문량)	1498~1581	碧梧 綠筠	學者 字 大成 本貫 永川 父 賢輔 祖父 欽 外祖 權孝誠 平陵道察訪 著書 碧梧文集
李文齡(문령)	朝鮮	石村	文臣 字 好翁 本貫 陽城
李文祿(문록)	1779~1843	琴谷	字 學中 本貫 古阜 父 鎭琰 外祖 金德裕 著書 琴谷遺稿
李文龍(문룡)	朝鮮仁祖	菊圃	隱士 字 晦叔 本貫 星山 父 東禮 祖父 熙春
李文龍(문룡)		岐湖	本貫 清安 父 箕南
李文明(문명)		默窩	著書 默窩遺稿
李文蓂(문명)		一雲居士	本貫 新平
李文範(문범)	朝鮮宣祖	梅軒	字 德孚 本貫 仁川
李文炳(문병)	朝鮮	漁隱	本貫 慶州 父 暄 郡守 封號 漢原君

747

人名	年代	號	其他
李文丙(문병)		竹窩	本貫 全州
李文輔(문보)		僻軒	著書 僻軒稿〈伊山世稿〉
李文輔(문보)	朝鮮英祖	大觀 大視	文人 字 尚綱 本貫 延安 父 華臣 系 湯臣 著書 大關遺稿〈東溪遺稿〉
李文普(문보)	朝鮮正祖	懶睡	本貫 碧珍 父 挺儒
李文祥(문상)	新羅	朴軒	文臣 字 善長 本貫 慶州 左令丞 諡號 文莊
李文聲(문성)		鰲山	本貫 全州
李文秀(문수)		古古堂	本貫 延安
李文升(문승)		圓石	本貫 星山
李文彦(문언)		星陰	著書 文集
李文永(문영)	朝鮮後期	省齋	
李文榮(문영)	朝鮮高宗	滄厓	
李文佑(문우)	高麗恭愍王	醴村	本貫 慶州 父 龜
李文虞(문우)	1490~?	秋沙	字 仲熙 本貫 丹山 父 謙
李文皋(문위)	→李大皋		
李文翊(문익)		雲觀	著書 雲觀詩集
李文載(문재)	1617~1689	石洞 石田	學者 字 子遠 本貫 全州 父 尚馨 外祖 朴克立 著書 石洞遺稿
李文挺(문정)	高麗忠宣王	黃岡	文臣, 書藝家 字 子文 本貫 全州 父 興 正堂 諡號 文敬 文學
李文貞(문정)	1551~1627	石灘	著書 文集
李聞政(문정)	1724~?	聾叟	學者 字 君弼, 子修 本貫 全州 父 九成 諡號 貞簡 著書 聾叟遺稿
李文定(문정)		聾叟	本貫 全州 祖父 景稷
李文藻(문조)		南澗	著書 南澗集
李文佐(문좌)	1461~1491	細村	文臣 字 顯道 本貫 慶州 父 繼祥 典籍 著書 文集
李文佐(문좌)			
李文佐(문좌)	→李文佑		
李文峻(문준)	朝鮮英祖	須史翁	本貫 碧珍 父 克健
李文澄(문징)	→李久澄		
李文清(문청)		洛叟	本貫 永川
李文標(문표)	朝鮮	仁軒	子 正則 本貫 眞城 弼善
李文杓(문표)		復初齋	本貫 全州
李文夏(문하)	朝鮮肅宗	東郭	字 聖起 祖父 耆國
李文憲(문헌)	朝鮮	梅川	文臣 字 樂而 本貫 新平 同知中樞府事
李文鉉(문현)	韓末	犀園	

人名	年代	號	其他
李文炫(문현)		警軒	本貫 全州
李文協(문협)		黙軒	本貫 全州
李文馨(문형)	1510~1584	拙翁	文臣 字 馨之 本貫 全義 父 實 系 完 祖父 錫 右參贊
李文衡(문형)	1724~1775	茅湖	學者 字 士平 本貫 全州 父 沃 外祖 鄭澤先 著書 茅湖集
李文和(문화)	1358~1414	烏川	文臣 字 伯仲 本貫 仁川 父 深 追贈 領議政 諡號 恭度 著書 文集
李汶華(문화)		愛軒	著書 文集
李文欽(문흠)		四勿軒	本貫 陽城
李文興(문흥)	1427~1503	蘿谷 蘿菴	文臣 字 賈甫 本貫 星州 父 菊 大司成 著書 文集
李美(미)	朝鮮太宗	西齋	本貫 慶州 父 德林
李美(미)	朝鮮端宗	滄江	文人 本貫 咸安 父 明道 大司成 諡號 思簡
李薇(미)	1484~?	山北	文臣 字 子佩 本貫 德水 初名 芃 父 宜茂 知中樞府事 著書 山北集
李瀰(미)	朝鮮宣祖	駒城	文人 字 仲浩 本貫 德水 父 周鎭 著書 含光軒集
李瀰(미)	1725~1779	含光軒	
李美善(미선)	新羅	雲悌先生	字 自章 本貫 慶州 太史令 諡號 文敬
李美崇(미승)	朝鮮初期	盤谷	武臣 本貫 驪州 父 彦 祖父 憲
李旼(민)	1816~1890	克齋	著書 克齋集
李敏(민)	朝鮮憲宗	郢南 芸泉	文臣 字 學夫 本貫 牛峰
李黽(민)	朝鮮	四美堂	本貫 慶州 父 吏佐 生員
李岷(민)		青松堂	
李民覺(민각)	1535~?	古愚 峯叟 四屛 四屛堂 一峯	文臣 字 志尹 本貫 廣州 父 洪南 祖父 若氷 戶曹參議
李敏甲(민갑)		槐菴	本貫 咸平 父 奎緖
李敏謙(민겸)	朝鮮	四美堂	本貫 星山 父 碩文 祖父 爾紳
李敏謙(민겸)		竹峯	本貫 咸平
李敏坤(민곤)	1695~1756	林隱	文臣 字 厚而 本貫 全州 父 軒紀 外祖 具奐 朴弼周 門人 追贈 都承旨 著書 林隱集
李敏坤(민곤)	朝鮮	龜菴	文臣 字 退彦 本貫 眞寶 護軍
李民觀(민관)		聖巖	文人 字 天覺 本貫 延安 著書 聖巖公遺稿〈延城世稿〉
李敏求(민구)	1589~1670	東洲 觀海 觀海齋 東州 西州 西川	文臣 字 子時,時光 本貫 全州 父 睟光 尹暉 婿 江都檢察副使 著書 東洲集
李敏九(민구)	朝鮮	桃隱	學者 本貫 驪州
李敏九(민구)	朝鮮	石梧	本貫 咸平 父 龍緖 祖父 儒佶
李玟久(민구)	朝鮮	恕窩	本貫 驪州 父 能進 祖父 在仮

人名	年代	號	其他
李敏琦(민기)	1646~1704	晚守齋	學者 字 景徵 本貫 仁川 父 天郁 外祖 趙季龍 著書 晚守齋集
李敏夔(민기)	韓末~日帝	陶隱	
李敏基(민기)		來山	字 子厚 本貫 完山
李敏德(민덕)	1728~1786	漢湖 晦室	學者 字 明俊 本貫 星山 父 碩成 系 碩臨 外祖 李泰原 著書 漢湖文集
李敏德(민덕)	朝鮮末	洞山	字 仲宣 本貫 德水 父 友信 著書 洞山集
李民培(민배)	→李吉培		
李敏輔(민보)	1720~1799	常窩 豊墅	文臣 字 伯訥 本貫 延安 父 崇臣 祖父 喜朝 判敦寧府事 謚號 孝貞 著書 常窩集
李民普(민보)	朝鮮英祖	半齋	本貫 碧珍 父 挺徹
李敏敍(민서)	1618~1685	西河	文臣 字 彛仲 本貫 全州 父 敬輿 系 厚輿 元斗杓 婿 宋時烈 門人 知敦寧府事 謚號 文簡 著書 西河文集
李敏碩(민석)	朝鮮	覺軒	本貫 咸平 父 命緒 祖父 儒相
李玟爽(민석)	朝鮮	思易堂	文臣 本貫 車城 童蒙敎官
李敏善(민선)	1548~1626	北峯	字 季進 本貫 碧珍 父 碩明 著書 文集
李敏善(민선)	朝鮮	道川	本貫 星山 父 鳳鶴
李敏璿(민선)	1873~1960	止齋	著書 止齋遺稿
李民宬(민성)	1570~1629	敬亭	文人 字 寬甫 本貫 永川 父 光俊 外祖 申權 吏曹參議 著書 敬亭集
李敏性(민성)		鳳臯	著書 鳳臯公遺稿〈延城世稿〉
李敏性(민성)		聽溪	本貫 咸平 父 益緒
李民省(민성)		觀瀾齋	本貫 星山
李敏世(민세)	朝鮮	桂谷	文臣 字 承韓 本貫 扶餘 宣傳官
李敏樹(민수)		漁隱	本貫 星山
李敏昇(민승)	韓末~日帝	莞江	
李敏植(민식)	1825~1897	悔叟	學者 字 英汝 本貫 星州 父 宗勗 外祖 姜涉 著書 悔叟文集
李敏實(민실)	1772~1840	唐山	學者 字 景樹 本貫 星州 父 錫五 外祖 金羲鉉 掌令 著書 唐山文集
李敏鈺(민옥)		西庵	本貫 咸平
李敏旭(민욱)		寅齋	本貫 咸平 父 世恒
李敏裕(민유)	1851~1931	鷲南	著書 鷲南文集
李民劉(민유)		紫巖	
李敏翼(민익)	1828~1890	松菴	著書 文集
李敏翼(민익)	朝鮮高宗	濟山	本貫 德水 父 在信 府使
李敏迪(민적)	1625~1673	竹西	文臣 字 惠仲 本貫 全州 父 敬輿 系 正輿 外祖 任景莘 黃一皓 婿 仁同府使 著書 竹西集

人名	年代	號	其他
李敏迪(민적)	朝鮮英祖	晚圃	字 思仲 本貫 禮安
李敏迪(민적)		棣華亭	本貫 禮安
李敏政(민정)	朝鮮英祖	玉峰	本貫 禮安
李敏政(민정)		梅湖	字 淑仁 本貫 舒川
李敏濟(민제)		慕軒	本貫 固城
李敏中(민중)		蕙圃	本貫 咸平
李敏進(민진)	朝鮮仁祖	白峰	義兵 本貫 加平 追贈 吏曹判書
李民天(민천)	朝鮮	市隱	委巷人 字 士仁 本貫 天安
李敏初(민초)	朝鮮憲宗	湖居	武臣 本貫 全州 父 撥九 縣監
李敏學(민학)	朝鮮	仙源	文臣 本貫 康津 副提學
李敏項(민항)		守軒	著書 守軒集
李敏行(민행)	朝鮮	山堂	本貫 咸平 父 仁緒 祖父 儒魯 通德郎
李敏行(민행)	朝鮮末	砥山	本貫 德水 父 友信
李敏弘(민홍)		東庵	本貫 咸平
李民寏(민환)	1573~1649	紫巖	文臣 字 而壯 本貫 永川 父 光俊 外祖 申權 張顯光 門人 追贈 吏曹判書 諡號 忠簡 著書 紫巖集
李民璜(민황)	朝鮮	雲樵	委巷人 字 師古 本貫 慶州 武科合格
李民熙(민희)	1807~?	登坡軒	本貫 星州 父 東觀
李鎛(박)	1690~1760	晚醉庵	著書 晚醉庵遺稿〈秣川世稿〉
李珀(박)	朝鮮	松陰	本貫 慶州 父 之城 祖父 諱 持平
李璞(박)	1822~1882	黃溪	學者 本貫 碧珍 父 恒老 著書 黃溪集
李璞(박)	朝鮮	樓閑齋	本貫 水原 直長
李礬(반)	1541~1609	慕齋	字 太素 本貫 固城 父 郊
李潘(반) →李燔			
李槃(반)	1626~1658	潛窩	字 寬夫 本貫 載寧 父 玄逸 著書 潛窩散薰
李潘(반)		素隱	
李攀桂(반계)	高麗	松灘 松軒	文臣 本貫 原州 父 子誠 祖父 之衍 封號 慶源君 禮部尚書
李跋(발)	高麗末	梅城	本貫 洪州 父 晟 師傅
李潑(발)	1554~1589	東巖 北山	文臣 字 景涵 本貫 光州 父 仲虎 祖父 公仁 金謹恭, 閔純 門人 大司諫
李滂(방)	朝鮮	繡山	字 啓怍 本貫 固城 祖父 陌
李邦(방) →李大邦			
李芳幹(방간)		忘牛堂	本貫 全州
李芳建(방건)	韓末~日帝	丹谷 楚隱	
李邦烈(방렬)	朝鮮	飛隱	

人名	年代	號	其他
李芳隣(방린)	朝鮮英祖	東湖	本貫 清安 父 鑽 府使
李芳秀(방수)		狂夫	文臣 本貫 固城 府使
李蒡勝(방승) →李曼勝			
李邦彦(방언)	1675~1712	南岡	文臣 字 美伯 本貫 全州 父 世爽 司諫
李方衍(방연) →李瑱의 初名			
李方雨(방우)		耕庵	本貫 慶州 父 鳳鍾
李昉運(방운)	1761~?	箕老 箕野 四明 淳翁 淳齋 心老 心翁 心齋 月陰 醉鄕 華下 喜雪	畫家 字 明考 本貫 咸平 父 埴
李邦直(방직)	?~1384	義谷	文臣 字 清卿 本貫 清州 父 季珹 封號 狼川君 集賢殿大提學 著書 義谷集
李邦弼(방필)		把翠亭	本貫 咸平
李邦海(방해)		石灘	本貫 陽城
李邦憲(방헌)	韓末~日帝	方山	本貫 咸平
李邦憲(방헌)		僑齋	著書 僑齋集
李邦桓(방환)		晦山	著書 晦山先生文集
李昉會(방회)	1846~1928	元菴	著書 文集
李培(배)	朝鮮初期	南皐	本貫 星山 父 益孫
李培(배)	朝鮮宣祖	清安翁	本貫 固城
李培(배)	朝鮮	峯吉	本貫 牛峰
李培(배)		山湖	本貫 咸平
李陪連(배연)	朝鮮成宗	慕佛子	本貫 全州
李培元(배원)	1593~1653	歸休堂 歸休亭	武臣 字 養伯 本貫 咸平 父 琰 追贈 左議政 著書 歸休堂集
李培仁(배인)		藏六堂	本貫 咸平 祖父 元愷
李培仁(배인)		逑軒	本貫 全州 父 直愼
李培昌(배창)		棣樂	
李伯(백)	1297~?	隱庵	本貫 固城
李柏(백)		湖隱	本貫 全州
李伯(백) →李怕			
李伯堅(백견)	朝鮮世宗	雪軒	本貫 驪州 父 審 縣令
李白南(백남)		松塢	本貫 永川
李百年(백년)	高麗	默翁	文臣 字 信汝 本貫 星州 父 長庚 密直司事 諡號 貞節
李百祿(백록)	朝鮮成宗	楓巖	本貫 德水 父 琚 祖父 孝祖 參奉
李伯明(백명)	朝鮮	梅園	學者 本貫 驪州

人名	年代	號	其他
李伯寶 (백보)	高麗明宗	石溪	本貫 永川 門下侍中
李伯叟 (백수)		東峰	著書 東峰集
李百春 (백춘)	朝鮮	愛日堂	文臣 字 萬始 本貫 碧珍 同知中樞府事
李白憲 (백헌)		珠谷	本貫 咸平 父 敦植
李百憲 (백헌)		松澗	本貫 咸平
李伯憲 (백헌)		林泉	本貫 咸平 父 敏旭
李蕃 (번)	朝鮮肅宗	錦翁	本貫 德水 父 義臣 孝陵參奉
李熰 (번)	1657~1704	蒙齋 夢齋	學者 字 希敬 本貫 咸平 父 柱吉 著書 箚錄
李璠 (번)	朝鮮	松窩	本貫 驪州 封號 龜山君
李燔 (번)	朝鮮	弘齋	字 敬子
李蕃 (번)		睡谷	字 子華 本貫 驪州
李潘 (번)		洛洲	本貫 全州 父 思齊
李燔 (번) →李潘			
李範 (범)		雲林堂	著書 雲林堂詩集
李範叙 (범서)		習靜	著書 習靜文集
李範奭 (범석)	1862~?	碻齋	學者 字 成伯, 舜佐 本貫 全州 父 德夏 外祖 申儀朝 著書 碻齋集
李範奭 (범석)	1900~1972	鐵驥	獨立運動家, 政治人 本貫 全州 父 文夏 國務總理
李範世 (범세)	1862~?	喬庭	字 士儀 本貫 全州 父 重夏
李範世 (범세)	1874~?	恥齋	著書 恥齋遺稿鈔
李範淳 (범순)		棋隱	本貫 淸州
李範儀 (범의)		雲岡	本貫 全州 父 涓宇
李範仲 (범중)	朝鮮	雙香亭	文臣 本貫 驪州 郡守
李範稷 (범직)	1868~1896	釣庵 釣隱	義兵將 字 輔卿 本貫 全州 柳重敎 門人
李範晉 (범진)	1853~1910	聖三	文臣
李範鎭 (범진)		西臺	著書 文集
李檗 (벽)	1754~1786	曠庵	學者 字 德操 本貫 廣州 父 溥萬 著書 聖敎要旨
李鼈 (별)	朝鮮世祖	藏六堂 莊六居士 藏六居士	文臣 字 浪仙, 浪翁, 江隱 本貫 慶州 父 公麟 外祖 朴彭年 著書 藏六堂詩稿
李鼈 (별) →李䳾			
李炳 (병)		富春 富春堂	本貫 慶州 祖父 漢
李芮 (병) →李芮			
李秉坤 (병곤)	1785~1859	圖齋	學者 著書 圖齋集
李炳鯤 (병곤)	朝鮮末	退修齋	學者 本貫 驪州
李秉瓘 (병관)		嵩軒	字 士元 本貫 鳳山
李秉龜 (병구)	1842~1912	性庵	著書 文集

人名	年代	號	其他
李炳九(병구)	1854~1926	樵云	義兵 字 致洪
李秉九(병구)	朝鮮	聲山	學者 本貫 驪州
李炳龜(병구)		黙軒	本貫 全州 父 憲相
李炳龜(병구)		退野	本貫 星州
李炳國(병구)		敬山	著書 文集
李秉珪(병규)	朝鮮	南湖	本貫 仁川 父 海準 祖父 錫斗 都事
李秉珪(병규)	朝鮮	竹史	著書 竹史遺稿
李炳珪(병규)	1830~1908	少隱	文臣 字 士明 本貫 韓山 父 庠老 外祖 沈弼之 中樞院議官 著書 少隱遺稿
李炳圭(병규)	韓末	桃下	教育者 本貫 驪州
李秉珪(병규)	?~1909	樂吾齋	學者 著書 樂吾齋遺稿
李昞圭(병규)	韓末~?	梧下	畫家
李炳奎(병규)		紫山	著書 紫山先生文集
李秉圭(병규)		花隱	著書 花隱公集〈咸豊李氏五賢遺稿〉
李炳圭(병규)		野隱	本貫 延安
李秉奎(병규)		獨樂窩	本貫 永川 父 昌洙
李柄奎(병규)		茅溪	本貫 慶州
李秉珪(병규) →李秉鈺			
李炳冀(병기)		夢窩	
李炳基(병기)		南坡	著書 南坡先生文集
李秉岐(병기)	1891~1968	嘉藍 柯南 任堂	國文學者 本貫 延安 父 採 祖父 東愚 著書 國文學全史
李秉德(병덕)	朝鮮	慕圃	文臣 本貫 驪州 縣監
李丙燾(병도)		農雲	著書 農雲遺稿
李丙燾(병도)	1896~1989	斗溪 白水	國史學者 本貫 牛峰 父 鳳九 敎授 著書 國史大觀
李柄東(병동)		農隱	本貫 陽城
李秉烈(병렬)		龍岡	著書 龍岡先生文集
李秉魯(병로)	?~1925	醉軒	著書 醉軒遺稿
李秉魯(병로)		晦山	著書 文集
李秉萬(병만)		聽月堂	本貫 永川 父 昌洙
李秉模(병모)	1742~1806	靜修 靜修齋	文臣 字 彝則 本貫 德水 父 演 領議政 諡號 文肅
李秉武(병무)	1899~1926	文溪	著書 文溪遺稿
李丙默(병무)	朝鮮後期	又齋	
李秉文(병문)	朝鮮憲宗	佺庵	文臣 本貫 全州 父 憲球
李炳文(병문) →李炳			
李炳閔(병민)		五峯	著書 文集

人名	年代	號	其他
李秉常(병상)	1676~1748	敷山 三山 少歇 竹峴	文臣 字 汝五 本貫 韓山 祖父 廷夔 徐宗泰 婿 判敦寧府事 諡號 文清
李炳善(병선)		蘭谷	
李秉璇(병선)		農庵	本貫 全州
李秉成(병성)	1675~1735	順庵	文臣 字 子平 本貫 韓山 父 凍 金昌協 門人 工曹正郎 著書 順庵集
李炳星(병성)	1890~1960	斗峯	國樂師
李秉秀(병수)	朝鮮	蠖園	字 象文 本貫 固城 著書 遺集
李炳壽(병수)	1885~1941	謙山 石田	學者 字 福一 本貫 陽城 父 洪九 著書 謙山遺稿
李炳壽(병수)		石田	本貫 陽城
李秉壽(병수)		市隱	著書 市隱先生文集
李柄守(병수)	朝鮮	松菴	字 君五 本貫 星州 兵曹判書
李秉修(병수)	→李來修		
李炳植(병식)	朝鮮	東沙	本貫 永川 父 桓模 祖父 基昊
李秉植(병식)		聲街	本貫 廣州
李炳彦(병언)	朝鮮後期	靜山	
李秉淵(병연)	1671~1751	槎川 白嶽下	文臣 字 一源 本貫 韓山 父 凍 金昌翕 門人 府使 著書 槎川詩鈔
李秉淵(병연)	1720~1762	一源	父 之彬
李秉延(병연)		聲齋 半聲齋	文人 本貫 延安 著書 文集
李秉延(병연)		竹浦	著書 竹浦集
李柄永(병영)		兢齋	著書 兢齋文集
李秉鈺(병옥)		竹史	著書 文集
李炳宇(병우)	1888~1941	白岡	獨立運動家
李炳旭(병욱)	1880~1970	春岡	字 春岡 本貫 全義 父 鳳儀 著書 文集
李丙旭(병욱)	1891~1978	强齋	獨立運動家 本貫 全州 父 敬秀
李秉運(병운)	1766~1841	俛齋	文臣 字 際可 本貫 韓山 父 埦 外祖 李範中 清安縣監 著書 俛齋集
李柄運(병운)	1858~1933	兢齋	字 德七 本貫 仁川 父 億祥 著書 兢齋集
李炳運(병운)		後石	本貫 慶州
李秉遠(병원)	1774~1840	所菴	學者 字 愼可 本貫 韓山 父 埦 著書 所菴文集
李炳瑗(병원)	朝鮮	栗峰	學者 本貫 驪州
李柄元(병원)	1874~1938	杜谷	
李秉瑋(병위)		月湖	著書 文集
李炳殷(병은)	1877~1960	顧齋	學者 字 顧齋 本貫 全義 父 鳳德 著書 顧齋集
李昺一(병일)	1871~1873	松圃	學者 字 大淑 本貫 星山 父 克實 外祖 金思一 著書 松圃集

人名	年代	號	其他
李秉駉(병일)		澗西	著書 澗西集
李秉一(병일)		廣棲	著書 廣棲集
李炳宰(병재)		止軒	本貫 全州 父 康壽
李秉銓(병전)	1824~1891	离皐	學者 字 致平 本貫 碧珍 父 漢奎 外祖 李舜世 著書 离皐文集
李炳鼎(병정)		麴隱 麴隱堂	著書 麴隱堂集
李炳鼎(병정)	朝鮮正祖	巽庵 羃庵	文臣 本貫 全州 父 昌壽
李秉柱(병주)		學圃	著書 學圃先生文集
李秉直(병직)	1792~1826	守約軒	學者 字 維清 本貫 全州 父 憲祖 外祖 金和中 著書 守約軒遺稿
李秉直(병직)	1896~1973	松隱	書藝家
李秉辰(병진)		石泉	本貫 全州
李秉采(병채)	朝鮮	春坡	本貫 全州 父 憲郁 祖父 章檜
李秉採(병채)	1875~1940	伯南	獨立運動家
李柄喆(병철)	1874~1914	黙齋	著書 黙齋文集
李炳轍(병철)	1881~1938	東圃	著書 東圃遺稿
李秉春(병춘)	朝鮮哲宗	槐庵	本貫 全州
李秉泰(병태)	1688~1733	東山	文臣 字 幼安 本貫 韓山 父 泆 追贈 吏曹判書 諡號 文清 著書 東山先生奏議
李秉泰(병태)	朝鮮	林皐	學者 本貫 驪州
李炳台(병태)		恒齋	著書 恒齋先生文集
李秉台(병태)		梅堂	著書 文集
李秉澤(병택)	韓末	雲晦	獨立運動家 字 公後 本貫 廣州
李炳夏(병하)		圭山	本貫 光山 祖父 承弼
李丙學(병학)	1898~1963	蘇峯	體育人 本貫 全州
李炳憲(병헌)	1870~1940	眞菴 白雲山人	學者 本貫 陜川 父 晩華 著書 眞菴全書
李秉嫌(병혁)	朝鮮	都隱	本貫 全州 父 光浩 祖父 東輔
李秉瑩(병형)	1784~1851	川觀	字 聖實 本貫 京山 父 益壽 吏曹佐郎 著書 文集
李炳昊(병호)	朝鮮	春史	文臣 字 成甫 本貫 青松 通信使
李秉鎬(병호)	朝鮮後期	晴蓑	本貫 眞城
李秉昊(병호)	朝鮮	小石	本貫 星州
李炳鎬(병호)	1851~1908	東亭	學者 字 子翼 本貫 眞城 父 中英 著書 東亭遺稿
李秉灝(병호)	1892~1964	弘堂 晦溪	學者 字 善卿 本貫 慶州 父 績雨 外祖 權佐漢 著書 弘堂文集

人名	年代	號	其他
李炳華(병화)	1869~1942	訥雲 於山	學者 字 啓初 本貫 延安 祖父 鼎基 監董官 著書 訥雲集
李炳和(병화)	1889~1955	頤堂	學者 字 卓汝 本貫 星州 父 鎬根 外祖 鄭宅敎 著書 頤堂集
李秉君(병군)		谷隱	著書 文集
李秉休(병휴)	1711~1776	貞山	學者 本貫 驪州 著書 父 潛 貞山稿
李秉欽(병흠)	1812~?	巖下	文臣 字 安叟 本貫 京山 父 鼎壽 承文院正字
李秉欽(병흠)	朝鮮	樂園	本貫 原州
李炳憙(병희)	1859~1938	省軒	學者 字 景晦 應晦 本貫 驪州 父 翊九 外祖 鄭儒儉 著書 省軒集
李補(보)	1396~1486	蓮江 淸權 喜雨亭	字 善叔 本貫 全州 父 太宗 封號 孝寧大君
李輔(보)	1545~1608	南溪	文臣 字 景任 本貫 延安 柳成龍 門人 仁同縣監 著書 文集
李備(보)	1598~1656	江亭 湛恩堂 休恩亭	王子 字 敬叔 本貫 全州 父 城(元宗) 系 義安君 祖父 宣祖 封號 綾原大君 謚號 貞孝
李簠(보)	1629~1710	景玉 景玉齋	學者 字 信古 本貫 眞城 父 甫樟 著書 景玉遺集
李葆(보)	朝鮮顯宗	色湖	文臣 本貫 德水 父 命達
李普(보)	朝鮮末	畜庵	字 汝擴 本貫 固城
李普謙(보겸)	1706~1783	鶴浦	文人 字 伯益 本貫 龍仁
李甫林(보림)	?~1975	月軒	著書 月軒集
李保晚(보만)	朝鮮顯宗	松潭	本貫 廣州 父 慶徵
李保晚(보만) →李晚保			
李普祥(보상)	朝鮮英祖	修隱堂	本貫 全州 父 邦彦
李普叙(보서)		蓮江	著書 蓮江先生遺集
李甫叙(보서) →李甫欽			
李寶英(보영)	朝鮮純祖	如愚	本貫 全州 父 顯周
李輔天(보천)	朝鮮英祖	遺安齋	文人 字 汝翼 本貫 全州 父 繼華 著書 文集
李寶鉉(보현)		鳳隱	著書 鳳隱先生文集
李甫欽(보흠)	1397~1457	大田	文臣 字 敬夫 本貫 永川 父 玄寶 柳方善 門人 順興府使 謚號 忠莊 著書 大田先生文集
李福(복)	朝鮮宣祖	松菴	文臣 本貫 咸安 追贈 兵曹參判
李馥(복)	1626~1688	陽溪	文臣, 學者 字 勉餘 本貫 星山 父 尙規 同副承旨 著書 陽溪文集
李馥(복)	朝鮮	坡谷 坡麓	學者 字 聞馨 本貫 全州
李福(복)	朝鮮	鴨水亭	字 履之 本貫 固城
李馥(복) →李馣			
李福謙(복겸)	1744~1801	養正齋	學者 字 尙之 本貫 永川 父 德根 外祖 金彦章 著書 養正齋遺稿

人名	年代	號	其他
李復圭(복규)		晚樵	著書 文集
李復吉(복길)	朝鮮孝宗	松亭	本貫 延安 父 善慶
李福老(복노)	1469~1533	雙峰	文臣 字 百順 本貫 陜川 父 澤 外祖 沈賓 草溪 郡守 著書 龜村閑話
李福生(복생)		三玉堂	本貫 全州
李復善(복선)	朝鮮成宗	陽庵	字 遂行 本貫 廣州 父 始元 大司諫
李復淵(복연)	?~1836	東谷	著書 東谷遺稿
李福永(복영)	朝鮮哲宗	求是齋	
李復運(복운)	朝鮮肅宗	龜洲	本貫 韓山 父 雲根 進士
李福源(복원)	1719~1792	雙溪	文臣 字 綏之 本貫 延安 父 喆輔 領中樞府事 諡號 文靖 著書 雙溪遺稿
李復元(복원)	朝鮮	春生窩	委巷人 字 稱明 本貫 完山
李馥遠(복원)		新峯	本貫 全州 祖父 相虎
李馥潤(복윤)		蘭齋	本貫 興陽
李復一(복일)	朝鮮	石雲	本貫 全州 父 商輅 祖父 毅中
李福貞(복정)	朝鮮仁祖	延峯	本貫 星州 父 尹童
李復鉉(복현)	1767~1853	石見樓 老石	文臣,詩人 字 見心 本貫 全州 父 厚瑾 僉知中樞 府事 著書 石見樓詩抄
李復亨(복형)	朝鮮	樂天堂	字 子靜 本貫 西林 進士
李福弘(복홍)	1537~1609	蘆雲	字 成仲 本貫 永川
李福和(복화)	1712~1779	永慕堂	本貫 全州 父 聖麒 敎官 著書 文集
李復煥(복환)	1682~1727	魯溪	字 來卿 本貫 載寧 父 梴 著書 魯溪先生文集
李封(봉)	1441~1493	蘇隱	文臣 字 潘仲 本貫 韓山 父 季甸 刑曹判書 諡號 憲平
李封(봉) →李封			
李芃(봉) →李薇의 初名			
李奉九(봉구)	?~1833	南岡	著書 南岡遺集
李鳳九(봉구)	1841~?	壺隱	字 文濱 本貫 鳳山 父 翊奇 參判
李鳳求(봉구)		葭洲	著書 葭洲集
李鳳九(봉구)	朝鮮純祖	山石	字 德韶 父 壆 著書 文集
李鳳求(봉구)		石樵	著書 文集
李鳳根(봉근)		鳳嵒	本貫 陽城
李鳳基(봉기)	朝鮮純祖	岡士	本貫 延安 父 哲儒 連山縣監
李鳳基(봉기)	朝鮮高宗	海蓮	
李鳳年(봉년)	朝鮮後期	槽巖	
李鳳齡(봉령)	朝鮮肅宗	岐峰	文臣 本貫 全州 父 震一 執義
李鳳齡(봉령)		九峯	字 斗若 本貫 星州

人名	年代	號	其他
李鳳鳴(봉명)	1682~1746	九苞	學者 字 邦瑞 本貫 西林 父 玹 外祖 崔松秀 追贈 禮曹參議 著書 九苞遺稿
李鳳鳴(봉명)	朝鮮	守分翁	字 在樹 本貫 固城
李鳳祥(봉상)	朝鮮景宗	雪川 玉谷 玉山	文臣 字 儀韶 本貫 全州 父 器之 祖父 頤命 追贈 大司憲 諡號 文敬 著書 雪川先生文集
李鳳瑞(봉서) →李鴻瑞			
李鳳錫(봉석)	朝鮮	愚谷	本貫 仁川 父 基德 祖父 敏儀
李奉世(봉세)	1626~1676	守軒	著書 文集
李鳳秀(봉수)	朝鮮中期	錦溪	學者
李鳳秀(봉수)	1778~1852	襟溪 大隱	文臣, 學者 字 子岡 本貫 延安 父 始源 外祖 金安黙 追贈 吏曹判書 著書 襟溪集
李鳳壽(봉수)		梧陰	著書 文集
李鳳熽(봉숙)	朝鮮	嘗緯館	委巷人 字 穉晦 本貫 天安
李瑃淵(봉연)		樵隱	本貫 光山 父 致白
李鳳五(봉오)	朝鮮英祖	三樂齋	本貫 驪州 父 諭
李芃容(봉용) →李薇의 初名			
李鳳雨(봉우)	1873~1921	白旦	獨立運動家 本貫 慶州 一名 奉雨
李奉源(봉원)	朝鮮	松塢	本貫 陜川 父 之瑛 祖父 壽彦
李鳳章(봉장)	朝鮮	北源	委巷人 字 穉和 本貫 天安
李鳳在(봉재)	?~1923	洙崗	著書 洙崗集
李鳳朝(봉조)	1644~1701	蓮巖 蓮菴 蓮軒	本貫 延安 父 萬相 祖父 明漢 洪柱三 婿 追贈 左贊成
李鳳鍾(봉종)		蠧庵	本貫 慶州
李鳳周(봉주)	朝鮮後期	職思齋	本貫 禮安 父 惟樑 祖父 彬
李鳳徵(봉징)	1640~1705	隱峰 海峰	文臣 字 鳴瑞 本貫 延安 父 梡 行副司直
李逢春(봉춘)	1542~1625	鶴川	學者 字 根晦 本貫 眞寶 父 希聖 外祖 金世弼 著書 鶴川遺集
李鳳夏(봉하)	韓末~日帝	笑夢	獨立運動家 本貫 長鬐
李鳳浩(봉호)	朝鮮	蓮汀	
李鳳煥(봉환)	1701~1777	劍南	學者 著書 劍南遺集
李鳳煥(봉환)	朝鮮正祖	龍門	本貫 驪州 父 廷休 進士
李鳳煥(봉환)	朝鮮純祖	雨念齋 雨念 西汀 濟庵	文臣 字 聖章, 汝谷 本貫 全州 父 廷彦 李恒老 門人 知縣 雨念齋詩稿
李鳳煥(봉환)	?~1896	晦谷	義士 字 汝岡 本貫 全州 李恒老 門人 繕工郞
李鳳興(봉흥)		武山齋	著書 武山齋文集

人名	年代	號	其他
李溥(부)	1444~1470	明新堂	王族 字 俊之, 後之 本貫 全州 父 廣平大君 封號 永順君 諡號 恭昭 著書 文集
李阜(부)	1482~1552	杏園 杏院	文臣 字 子陵 本貫 固城 父 嶽 正言
李敷(부)	?~1422	一派 靜黙軒	武臣, 開國功臣 本貫 公州 封號 興原君 諡號 剛襄
李芬(분)	高麗	黙翁	學者 本貫 永川 父 湯休
李芬(분)	1566~1619	黙軒	學者 字 馨甫 本貫 德水 父 義臣 鄭逑 門人 行兵曹正郎 編書 家禮剝解
李芬(분)		西溟	本貫 咸平
李汾(분)		友松齋	字 擧遠 本貫 牛峰 參奉
李㶚(분) →李翎			
李分眞(분진)		省五堂	本貫 慶州
李鵬來(붕래)		松亭	本貫 廣州 著書 文集
李鵬齡(붕령)	1673~1721	琴書軒	字 九晩 本貫 加平 父 楦 外祖 金熟 著書 琴書軒遺集
李鵬溟(붕명)		莅寰居士	字 元明 本貫 韓山
李鵬錫(붕석)	朝鮮	愚山	本貫 仁川 父 基演 祖父 敏圭
李鵬海(붕해)		易安堂	字 雲擧 本貫 韓山
李鵬海(붕해)	1879~1950	松崗	獨立運動家 字 公益 本貫 德水
李棐(비)	朝鮮太宗	朝隱	文臣 本貫 富平
李贇(빈)	1532~?	迤齋	文人 字 士彦 本貫 全州 父 如貴 郡守
李彬(빈)	1597~1642	西疇	字 彬賓 本貫 原州 父 海 著書 西疇集
李嬪(빈)	朝鮮	咬菜堂	文臣 本貫 驪州 知敦寧府事
李賓國(빈구)	1586~1657	伊溪	文臣 字 欽輔 本貫 全義 著書 伊溪集
李贇望(빈망)	1694~1773	屹峰	文人 字 君兼 本貫 載寧 父 慶培 外祖 鄭光儒 著書 屹峰文集
李濱享(빈향)→李光迪의 初名			
李憑(빙)	1520~1592	晩翠軒	隱士 字 輔卿 本貫 眞寶 祖父 塙
李師(사)		保直齋	本貫 德水
李嗣謙(사겸)	1761~1845	松齋	字 君益 本貫 鐵城
李思敬(사경)	高麗恭愍王	送月堂	文臣 本貫 全義 父 光翊 祖父 彦冲 判司宰監事
李士慶(사경)	1569~1621	雙谷	文臣 字 善餘 而善 本貫 龍仁 父 啓仁 禮曹參議
李思敬(사경)	朝鮮	送月堂	文臣 本貫 安城 軍資監正
李師璟(사경)		秋江	本貫 咸平
李思觀(사관)	1705~1776	長陰 杜陰	文臣 字 叔賓 本貫 韓山 父 基聖 系 基漢 右議政 諡號 孝靖
李士珪(사규)	1583~?	槐隱	文臣 字 夢瑞 本貫 忠州 正郎

人名	年代	號	其他
李思鈞(사균)	1471~1576	訥軒 訥齋	文臣 字 重卿 本貫 慶州 父 墀 外祖 金灌 知中樞府事 諡號 文剛 著書 訥軒集
李思均(사균) →李思鈞			
李師伋(사급)		元齋	本貫 咸平
李思訥(사눌)	1552~1627	老泉	隱士 字 汝敏 本貫 碧珍 著書 文集
李士佟(사동)		陽谷	本貫 積城
李師孟(사맹)	朝鮮	竹山 竹仙	文臣 本貫 德山 父 愉 弘文館副提學 諡號 溫惠
李師命(사명)	1647~1689	浦菴 完寧	文臣 字 伯吉 本貫 全州 父 敏迪 兵曹判書 著書 浦菴集
李師蕃(사번)		樹谷	著書 文集
李師範(사범)	1849~1918	新川	著書 新川先生文集
李沙贇(사빈) →李汝贇			
李思三(사삼)	朝鮮	德隱	文臣 字 文端 本貫 陜川 司僕寺正
李士祥(사상)	1573~1644	醉啞	文臣 字 善應 本貫 龍仁 父 啓仁
李師聖(사성)	朝鮮明宗	保眞齋	文臣 本貫 德水 父 致
李師聖(사성)	朝鮮仁祖	歸來亭	本貫 全州 父 承器
李筍晟(사성)		五經	本貫 安平
李四秀(사수)		松菴	本貫 永川
李士純(사순)		芝窩	字 正粹 本貫 永川 父 元承
李士繩(사승)		守一堂	
李思身(사신)		短簷翁	著書 文集
李師顏(사안)	1731~1804	玩稼亭	學者 字 道彥, 賢哉 本貫 月城 父 尙晟 外祖 鄭僑 著書 玩稼亭文集
李嗣彥(사언)	新羅	松溪	文臣 字 重仁 本貫 慶州 太史令 諡號 文義
李思業(사업)	朝鮮	隱圃	本貫 全州 父 景秀 祖父 東伯
李思淵(사연)	1559~?	雲鶴 雲鴻 片雲子	字 胤夫
李師爗(사엽)	1742~1826	懶拙齋	著書 懶拙齋集
李士英(사영)	1529~?	三省齋	文臣 字 季膺 本貫 慶州 父 槃 郡守
李士榮(사영)	1885~1930	三守	著書 三守集
李士穎(사영)	朝鮮	平隱	本貫 龍仁 父 中仁
李私榮(사영) →李秀榮			
李士雲(사운)	朝鮮	九峯	義兵 字 行天 本貫 大興
李士愿(사원)	1540~1592	竹堂	本貫 永川
李師儒(사유)	朝鮮英祖	巢雲	本貫 眞寶 父 級 系 約 著書 文集
李思潤(사윤)	高麗	磊谷	本貫 淸安 監司
李師益(사익)		松菴	本貫 慶州 父 軌

人名	年代	號	其他
李士仁(사인)	朝鮮後期	義山	畵家 字 山叟 本貫 韓山 父 胤永
李師靖(사정)	朝鮮肅宗	華巖	本貫 韓山 父 命和 系 敬和
李思祖(사조)	朝鮮	梧齋	委巷人 字 大儼 本貫 天安
李思鈞(사조) →李思鈞			
李嗣宗(사종)	朝鮮英祖	三峯 三峯浪人	文臣 字 大連 本貫 禮安 父 唔 系 陽生
李士宗(사종)		白石	著書 白石遺稿
李師準(사준)	朝鮮	枕流堂	武臣 本貫 驪州
李思曾(사증)	朝鮮中期	橡亭	武臣 平安道兵馬水軍節度使
李師曾(사증)		寬安齋	本貫 德山 父 愉 著書 寬安齋公集〈咸豊李氏五賢遺稿〉
李思之(사지)	高麗	麗隱 麗隱亭	忠臣 本貫 京山
李師稷(사직)	1572~1810	訥幸齋	學者 本貫 咸平 著書 訥幸齋遺稿
李思質(사질)	1705~1776	翁齋	學者 字 子野 本貫 韓山 父 秀蕃 高陽郡守 著書 淨溪漫錄
李士澄(사징)	朝鮮	松塢	本貫 星山 獻納
李思贊(사찬)	朝鮮	省菴	字 襄仲 本貫 韓山 翊衛
李士初(사초)		梅窓	著書 文集
李思鐸(사탁)	朝鮮	訥軒	本貫 慶州 著書 訥軒集
李士弼(사필)	1503~1556	睡隱	文臣 字 夢錫 本貫 驪州 父 公礪 外祖 李叔義 應教
李師衡(사형)	朝鮮	監塘	文臣 字 文伯 本貫 星州 父 稷 封號 杆城君 弘文館大提學 謚號 恭肅
李士浩(사호) →李士洪			
李士洪(사홍)	1568~1613	滄海	畵家, 儒生 字 養源 本貫 全州 父 義成 祖父 希顔
李士晦(사회)	1718~1764	海嶽	著書 海嶽集
李山擧(산거)		吾吾堂	本貫 慶州
李山光(산광)	朝鮮宣祖	竹林處士	文人 本貫 韓山 父 之蕃
李山斗(산두)	1680~1772	懶拙齋	文臣, 學者 字 子仰 本貫 全義 父 泌 祖父 鳴吉 外祖 安儔 知中樞府事 著書 懶拙齋集
李山賚(산뢰)	1603→?	花泉 華谷 華泉	書藝家 字 重耳 本貫 延安 父 景賢 許穆 門人 郡守
李山立(산립)		聾叟	本貫 全義 著書 文集
李山甫(산보)	1539~1594	鳴谷	文臣 字 仲擧 本貫 韓山 父 之茂 追贈 領議政 封號 韓興君 謚號 忠簡
李山普(산보)		嘯古齋	著書 文集
李山嶽(산악)	1548~?	自牧堂	字 君鎭 本貫 廣州 父 好博
李山重(산중)		三山	字 汝立 本貫 韓山 父 沆
李山海(산해)	1538~1609	鵝溪 終南睡翁	文臣 字 汝受 本貫 韓山 父 之蕃 封號 鵝城府院君 領議政 謚號 文忠 著書 鵝溪集

人名	年代	號	其他
李森(삼)	1677~1735	白日軒	武臣 字 遠白 本貫 咸平 父 師吉 兵曹判書 著書 白日軒遺集
李三達(삼달)		盤溪	本貫 全義 父 嚠
李三達(삼달)		霞谷	著書 霞谷遺稿
李三老(삼로)	1560~1645	孤山	義兵將 字 仲儒 本貫 長川 父 命忠 外祖 河汝禎 承政院左承旨 著書 孤山實記
李參老(삼로)	1703~1763	霽月齋	著書 霽月齋遺稿〈秣川世稿〉
李三六(삼륙)	1675~1738	時習齋	字 士郁 本貫 鐵城
李森立(삼립)		烏川	字 成伯 本貫 丹陽
李三晩(삼만)	1770~1847	蒼巖	書藝家 字 允遠 本貫 全州 父 枝喆
李三文(삼문) →李三六			
李三錫(삼석)	朝鮮顯宗	松坡	文臣 本貫 驪州 父 志賤 獻納
李三錫(삼석)	朝鮮宣祖	松陰	本貫 驪興
李三錫(삼석)	1656~?	雪月堂	文臣 本貫 全州 父 翊臣
李三善(삼선)	朝鮮	知止堂	字 行之 本貫 光山 留守
李三省(삼성)	1564~?	崇巖	文臣 字 希聖 本貫 星州 父 春蘭 持平
李三省(삼성)	朝鮮仁祖	晩松	本貫 星山 河東郡守
李參鉉(삼현)	1807~?	鍾山	文臣 字 台卿 本貫 龍仁 父 在翼 禮曹判書 著書 鍾山集
李森煥(삼환)	1729~1813	牧齋 少眉山房	學者 本貫 驪州 父 廣休 系 秉休 著書 文集
李森煥(삼환)	朝鮮正祖	水齋	
李祥(상)	1560~1638	八景亭	著書 文集
李翔(상)	1620~1690	打愚 又尤	文臣 字 雲擧, 叔羽 本貫 牛峰 父 有謙 宋時烈 金集 門人 追贈 吏曹判書 諡號 文穆 著書 打愚遺稿
李墇(상)	朝鮮仁祖	晩香堂	本貫 碧珍 父 尚質 郡守
李祥(상)	朝鮮初期	德溪	本貫 新平 追贈吏曹判書
李湘(상) →柳湘			
李珦(상) →李皞의 改名			
李尚健(상건)	朝鮮後期	以堂	
李相虔(상건)	1898~1989	歸田	字 友三 本貫 京山 父 震源
李尚謙(상겸)	1758~1830	無名齋	學者 字 以益 本貫 碧珍 父 致和 外祖 徐命玉 著書 無名齋文集
李尚慶(상경)	朝鮮後期	臥雪軒	字 君輔 本貫 固城 著書 臥雪軒逸稿〈古自世獻〉
李相慶(상경) →李慶相			
李商啓(상계)	1758~1822	止止齋 觀松	文臣, 學者 字 君沃 本貫 仁川 父 宗震 著書 止止齋遺稿
李商耇(상구)	1662~1733	愛睡軒	字 子允 本貫 固城 父 光鼎

人名	年代	號	其他
李相求(상구)	1834~1910	好古齋	學者 字 敏學 本貫 仁川 父 源鼎 著書 好古齋集
李相玖(상구)		唐隱	本貫 慶州 父 錫雨
李尚權(상권)	朝鮮正祖	臨皐子	畵家 字 允中 本貫 永川
李祥奎(상규)	1774~1844	芝巖	學者 字 而晦 本貫 永川 父 持默 外祖 權正明 著書 芝巖遺稿
李祥奎(상규)	1804~1881	滄洲	字 用休 本貫 全義 父 邦榮 著書 文集
李祥奎(상규)	朝鮮憲宗	老滄	本貫 韓山 父 濟昇
李祥奎(상규)	1846~1922	惠山	字 明賚 本貫 巴山 父 濟權 著書 惠山集
李尚規(상규)	朝鮮	三峯	學者 本貫 星山
李相奎(상규)		農窩	本貫 全義
李相珪(상규)		儉窩	本貫 廣平
李祥奎(상규)		止于窩	本貫 韓山
李尚佐(상급)	1571~1637	懋夫 習齋	文臣 字 思彦 本貫 星州 父 喜善 外祖 丁煥 追贈 吏曹判書 謚號 忠剛
李尚汲(상급)	朝鮮肅宗	拙夫	字 士彦 本貫 碧珍 父 喜善 參知
李尚汲(상급)	朝鮮	省齋	字 士受 本貫 碧珍
李尚汲(상급) →李尚佐			
李尚璣(상기)	1741~1811	黙窩	著書 文集
李象璣(상기)	朝鮮高宗	弦皓	學者 字 國寶 本貫 康津
李尚吉(상길)	1556~1637	東川 晩沙	文臣 字 士祐 本貫 碧珍 父 喜善 追贈 左議政 謚號 忠肅 著書 東川集
李祥吉(상길)	朝鮮	淨友堂	本貫 高靈(古阜) 尹拯齋 門人
李相能(상능)		晩山	著書 文集
李尚達(상달)	1606~1664	昌平	著書 文集
李相敦(상돈)	1841~1911	勿齋	著書 勿齋文集
李相東(상동)	1865~1951	晩眞	獨立運動家 字 健初 本貫 安東
李相斗(상두)	1769~1843	悔百堂 悔百	文臣 字 穉仰 本貫 全州 父 得英 著書 悔百堂遺稿
李尚斗(상두)	1814~1882	雙峰 屛山	學者 字 孔直 本貫 仁川 父 夔 外祖 姜思文 著書 雙峰集
李尚斗(상두)	朝鮮	霽村	學者 本貫 驪州
李尚呂(상려)		養拙亭	著書 養拙亭集
李商輅(상로)	朝鮮英祖	絕齋	本貫 全州 父 毅中 承旨
李相龍(상릉)	1767~?	花溪	文臣 字 舜輔 本貫 河濱 父 天漢 敦寧府都正
李相龍(상릉)	1858~1932	石洲	獨立運動家 字 萬初 本貫 固城 著書 石洲集
李相龍(상릉)		棠谷	本貫 全州 祖父 亨益
李祥龍(상릉)		蒙齋	本貫 全州

人名	年代	號	其他
李商林(상림)		訥齋	著書 訥齋公遺稿〈延城世稿〉
李尚萬(상만)	韓末~日帝	蘅堂	
李相晩(상만)		霽山	著書 文集
李象曼(상만)		麻尼室	著書 麻尼室遺稿
李相勉(상면)		海石	著書 文集
李尚模(상모)	1853~1932	龜峰	著書 龜峰先生文集
李商穆(상목)	朝鮮英祖	萍湖 萍湖處士	文人 字 敬思 號 本貫 全州 父 黃中
李相穆(상목) →李商穆			
李相文(상문)		梧坡	著書 梧坡文集
李尚伯(상백)	1538~1614	素軒	學者 字 子眞 本貫 碧珍 父 守謙 外祖 趙恁 著書 素軒遺稿
李常白(상백)	1558~1618	竹塢	著書 文集
李尚白(상백)	朝鮮英祖	德淵	本貫 碧珍
李相白(상백)		晦山	著書 文集
李象範(상범)	1897~1972	靑田	畵家
李尚輔(상보)	1827~1903	晩隱	著書 晩隱遺稿
李商鳳(상봉) →李義鳳의 初名			
李相贇(상빈)	朝鮮	媚老笑筌屋	文臣 字 聞叔 本貫 寧海 兵曹參判
李尚賓(상빈)	朝鮮	恒齋	本貫 韓山 父 厚
李尚碩(상석)	朝鮮	鶴山	學者 本貫 驪州
李相奭(상석)	朝鮮	聲巖	本貫 慶州 父 道長
李相卨(상설)	1871~1917	溥齋	獨立運動家 字 舜五 本貫 慶州 父 行雨 系 龍雨
李相成(상성)	1663~1723	穎隱	文人 字 元卿, 華卿 本貫 廣州 父 祉逅
李象秀(상수)	朝鮮純祖	小壺	本貫 延安 父 肇源
李象秀(상수)	1820~1880	晧堂	文臣 字 汝人 本貫 全州 父 演周 追贈 提學 諡號 文簡 著書 晧堂集
李相洙(상수)		盤窩	本貫 全州
李尚信(상신)	1564~1610	清溪 清隱 湖山 湖山清隱	文臣 字 而立 本貫 驪州 父 友仁 禮曹參判
李尚彦(상언)	1597~1666	城西	文臣, 學者 字 容叟 本貫 慶州 父 徽音 外祖 權斗文 咸安郡守 著書 城西文集
李象彦(상언)	朝鮮	梧軒	委巷人 字 大卿 本貫 天安
李相淵(상연)	朝鮮	霞谷	本貫 仁川 通政大夫
李尚說(상열)	1660~1733	約軒	字 汝雨 本貫 完山 父 東垣 弼善
李尚曄(상엽)	朝鮮後期	睡軒	
李尚燁(상엽)		忘世翁	著書 文集

人名	年代	號	其他
李尚榮(상영)	朝鮮	遜齋	字 汝章 本貫 固城
李商永(상영)		滄上	本貫 德水
李相玉(상옥)		尼南	本貫 全州
李尚愚(상우)	朝鮮正祖	楡溪	本貫 延安 父 仁秀 校理
李桑雨(상우)	朝鮮後期	湖堂	本貫 慶州 父 鍾旋 祖父 圭碩
李商雲(상운)		尼軒	著書 文集
李尚允(상윤)	朝鮮	惜庵	本貫 仁川 父 橙 祖父 效孟
李商潤(상윤)		穎湖齋	本貫 咸平 著書 文集
李商隱(상은)		玉溪	著書 玉溪集
李尚毅(상의)	1560~1624	少陵 斗峯 西山 五湖 巴陵	文臣 字 而遠 本貫 驪興 父 友仁 尹晛 婿 知中樞 府事 諡號 翼獻 著書 少陵集
李常儀(상의)		百忍齋	本貫 全州
李尚毅(상의)		四友亭	字 士純 本貫 慶州 父 桂
李相儀(상의)	1892~1975	逸石	
李象義(상의) →李相龍			
李相益(상익)	朝鮮	超然亭	孝子 字 虞卿 本貫 廣州
李尚逸(상일)	1600~1674	龍巖	文臣 字 汝休 本貫 碧珍 父 敏善 工曹參議 編書 三仁事蹟
李尚逸(상일)	1609~1678	靜黙齋	文人 字 翼世 本貫 載寧 父 時明 著書 靜黙齋集
李商在(상재)	1850~1927	月南	社會運動家 字 季浩 本貫 韓山 父 義宅 參贊
李尚迪(상적)	1804~1865	恩誦堂 藕船	詩人 字 惠吉 本貫 牛峰 父 延稷 著書 恩誦堂集
李尚挺(상정)	1553~?	陶濱	字 秀夫 本貫 全義 父 鱯溪 寅亮
李象靖(상정)	1710~1781	大山	文臣, 學者 字 景文 本貫 韓山 父 泰和 李栽 門人 刑曹參議 諡號 文敬
李尚靖(상정)	1725~1788	滄浪亭	學者 字 子厚 本貫 廣州 父 觀淵 外祖 姜老星 著 書 滄浪亭遺稿
李相定(상정)	1897~1947	汕隱 晴南	獨立運動家 一名 然皓 本貫 慶州 父 時雨 著書 汕隱遺稿
李相祖(상조)		秋岡	著書 秋岡先生文集
李湘藻(상조)→李彦瑱의 一名			
李上佐(상좌)	朝鮮中宗	學圃	畫家 字 公祐 本貫 全州 原從功臣
李尚俊(상준)	朝鮮宣祖	義山	本貫 全州
李翔峻(상준)	1814~1876	誠齋	文臣 字 大路 本貫 碧珍 大司諫
李象埈(상준)		黙軒	本貫 星州
李象峻(상준)		河上	著書 文集

人名	年代	號	其他
李尚俊(상준)→李尚挺의 初名			
李相楫(상즙)	1691~1758	聲隱	學者 字 夢良 本貫 載寧 父 泰彬 外祖 朴東輔 著書 聲隱集
李相稷(상직)	朝鮮	無懷堂	本貫 仁川 父 萬燁 祖父 嚚
李祥稙(상직)		杏農	著書 杏農遺稿
李尚眞(상진)	1614~1690	琴岡 晚庵	文臣 字 天得 本貫 全義 父 榮先 外祖 閔汝任 領中樞府事 諡號 忠貞 著書 琴岡集
李象辰(상진)	1710~1772	下枝 近思齋	學者 字 若天 本貫 禮安 父 載基 外祖 鄭之銑 著書 下枝集
李尚晉(상진)	朝鮮	湖亭	本貫 永川 父 慶元 祖父 壽千
李相軫(상진)	1853~1906	晚山 月潭	學者 字 良甫, 廷弼 本貫 全州 父 正斗 外祖 柳東洙 著書 晚山遺稿
李尚鎭(상진) →李尚眞			
李尚質(상질)	1569~1634	汝彬	著書 文集
李尚質(상질)	1597~1633	家洲	文臣 字 子文 本貫 全州 父 瑱 祖父 夢禹 鄭曄 婿 權韠 門人 校理 著書 家洲集
李相質(상질) →李尚質			
李相采(상채)	1787~1854	守拙齋	學者 字 叔亮 本貫 載寧 父 光埰 著書 守拙齋集
李尚哲(상철)		士保	著書 文集
李常春(상춘)	1882~?	白夜	國語學者 父 秉喆
李尚泰(상태)	朝鮮	清麓 新谷	儒生 字 大來 本貫 全州 著書 清麓集
李尚蕊(상필)	1607~1671	雅軒	學者 字 子馨 本貫 碧珍 父 好善 著書 雅軒遺稿
李相祕(상필)	朝鮮	日希 日希亭	文臣 本貫 寧海 司憲府監察
李尚弼(상필)		南菴	本貫 全州 父 滌 著書 文集
李相鉉(상현)	1817~1895	晚悟	學者 字 聖任 本貫 慶州 父 周顯 外祖 金養厚 著書 晚悟公遺稿
李尚賢(상현)		斗峯	字 齊顯 本貫 咸平 父 沉
李尚賢(상현) →李尚質			
李相馥(상협)	朝鮮	菊雨	文臣 字 清甫 本貫 寧海 兵曹參議 著書 文集
李相協(상협)	1893~1957	何夢	言論人 本貫 慶州 父 用雨
李尚馨(상형)	1585~1645	天黙齋 圭峯 天黙 天黙堂 喚醒	學者, 文臣 字 德先 本貫 全州 父 昱 外祖 任大英 金長生 門人 追贈 吏曹判書 諡號 忠景 著書 天黙齋遺稿
李尚鎬(상호)	1864~1919	愚山	字 周應 本貫 陝川 父 珪煥 著書 愚山遺稿
李祥鎬(상호)	1883~1963	陽田	學者 字 雲卿 本貫 眞寶 父 中學 著書 陽田文集
李相虎(상호)		遲菴	著書 遲菴文集
李相晧(상호)		精一	著書 文集

人名	年代	號	其他
李相虎(상호)		竹齋	本貫 全州
李相濩(상호)		蘭史	著書 文集
李尙弘(상홍)	1559~1646	春洲 春湖	文臣 字 而重 本貫 驪州 父 友仁 祖父 士弼 李山海 婿 校理
李相和(상화)	1900~1941	尙火 白啞	詩人 本貫 慶州 父 時雨
李相璜(상황)	1763~1841	桐漁 玄圃	文臣 字 周玉 本貫 全州 父 得一 外祖 柳聖模 領中樞府事 諡號 文翼 著書 桐漁集
李相休(상휴)		無悶窩 無悶齋	文臣 字 美仲 本貫 全州 佐郎 著書 文集
李祥渰(상흠)	1735~1791	敬謨堂	字 雲瑞 本貫 永川 父 廷楫 著書 文集
李象羲(상희)		杏村	著書 杏村先生實紀
李相羲(상희)→李相龍의 初名			
李穡(색)	1328~1396	牧隱	文臣, 學者 字 穎叔 本貫 韓山 父 穀 李齊賢 門生 封號 韓山伯 判門下府事 諡號 文靖 著書 牧隱集
李潊(색)		龍湖	本貫 陽城
李生寅(생인)	朝鮮光海君	松坡	本貫 全州 父 世義
李舒(서)	1332~1410	戀翁 松岡	文臣 字 伯陽, 孟陽, 陽伯 本貫 洪州 父 起宗 祖父 延壽 領議政 封號 安平府院君 諡號 文簡
李緖(서)	1482~?	夢漢	著書 夢漢零稿
李舒(서)	1566~1651	東湖	學者 字 以直 本貫 光州 父 弘宇 鄭逑 門人 義禁府都事 著書 東湖先生文集
李曙(서)	1580~1637	月峰	武臣 字 寅叔 本貫 全州 父 慶祿 追贈 領議政 封號 德原君 諡號 忠正 著書 火砲式諺解
李潚(서)	1657~1694	鄘溪 麟溪	文臣 字 季浩 初名 瀚 本貫 德水 父 周鎭 牧使
李潚(서)	1662~1703	玉琴散人 玉琴山人 玉洞	書藝家 字 澂之 本貫 驪州 父 夏鎭 系 明鎭 察訪
李曙(서)	1449~1498	宗德庵	王族 字 晶叟 本貫 全州 父 世祖
李堅(서)	朝鮮中期	存心齋	本貫 全州 父 弼文
李曙(서)		松齋	本貫 全州
李叙(서) →李舒			
李瑞(서) →李瑞			
李書九(서구)	1754~1825	惕齋 薑山 席帽山人 素玩亭	文臣, 學者 字 洛瑞 本貫 全州 父 遠 判中樞府事 諡號 文簡 著書 惕齋集
李瑞求(서구)	1899~1982	孤帆	劇作家
李瑞龍(서룡)		省齋	本貫 淸安 父 箕南
李瑞龍(서룡)		無忝堂	著書 文集
李瑞山(서산)		南谷	本貫 光山

人名	年代	號	其他
李瑞生(서생)	朝鮮	獨醒堂	文臣 本貫 碧珍 副護軍
李瑞雨(서우)	1633~?	松谷 松坡	文臣 字 潤甫 本貫 羽溪 父 慶恒 工曹參判 著書 松谷集
李胥雲(서우)	朝鮮	樂天	本貫 星山
李瑞翼(서익)	朝鮮	尚友堂	字 駕雲 本貫 眞寶 護軍
李瑞冑(서주)	1693~1733	義湖	學者 字 敬輯 本貫 全州 父 漢儀 著書 義湖稿
李瑞夏(서하)	→李端夏		
李舒漢(서한)	朝鮮英祖	香巢	本貫 慶州 父 瑾
李瑞鴻(서홍)	→李混의 初名		
李紓華(서화)	?~1950	悝齋	著書 悝齋遺稿
李瑞環(서환)	朝鮮宣祖	秋巖	字 伯獻 本貫 光山 初名 世環
李晳(석)	1603~1685	鋤雲 鋤隱 玉山 堯民 悠然	文臣 字 白而 本貫 全州 父 應順 知敦寧府事
李㵐(석)	1701~1759	桐江	學者 字 子浩, 子洪 本貫 德水 父 鳳鎭 外祖 朴泰徽 著書 桐江遺稿
李柘(석)	朝鮮顯宗	醉隱	文臣 字 重擧 本貫 德水 初名 積 父 景憲 星州牧使
李晢(석)	→李晳		
李碩堅(석견)	朝鮮仁祖	蒙齋	本貫 全義 父 之茂 縣監
李碩慶(석경)	1543~1628	德巖	文人 字 汝吉 本貫 碧珍 父 儼 外祖 朴光善 追贈 工曹參議 著書 德巖文集
李碩慶(석경)	朝鮮英祖	潭窩	本貫 全州 父 齋八
李錫坤(석곤)	1871~1910	晚翠	著書 晚翠遺稿
李碩寬(석관)	朝鮮肅宗	湖叟	本貫 全州 父 庭翼 鄭經世 門人 執義
李石瓘(석관)	1846~1921	石愚	文臣 本貫 驪州 縣監 著書 文集
李碩九(석구)	1721~1785	東溪	武臣 字 成汝, 幼齡 本貫 星州 父 爾膚 司諫 著書 文集
李石求(석구)	1775~1831	杞園	武臣 字 柱卿 本貫 全州 父 得濟 左捕盜大將
李錫龜(석구)	朝鮮	九江	委巷人 字 明哉 本貫 羅州
李錫龜(석구)		竹軒	本貫 陽城
李錫奎(석규)	1758~1839	東江	文臣 字 稱成 本貫 慶州 父 敬寬 廣州府留守 謚號 孝貞
李錫奎(석규)	朝鮮	海隱	本貫 永川 父 軍和 祖父 宅敬
李錫奎(석규)		琴西	本貫 仁川
李鈺均(석균)	1855~1927	小庵	學者 字 公允 本貫 延安 父 浚性 外祖 李時根 著書 小庵文集
李碩基(석기)	1593~1653	楊湖	文臣, 孝子 字 德興 本貫 全義 父 壽俊 祖父 濟臣 追贈 右參贊
李奭器(석기)		龍山	著書 龍山集

769

人名	年代	號	其他
李碩達(석달)	1643~1703	鰲埜 鰲野堂	學者 字 善兼 本貫 全州 父 震明 外祖 趙光瑾 著書 鰲埜逸稿
李錫大(석대)→李鎭龍의 一名			
李錫斗(석두)		晚翠	本貫 永川
李錫來(석래)		稼隱	本貫 咸平 父 漢馨
李錫烈(석렬)	1884~1923	素庵	獨立運動家
李錫老(석로)→李大稙의 初名			
李錫龍(석룡)		竹下	著書 文集
李碩律(석률)	朝鮮後期	清庵	字 法敏 本貫 固城
李錫臨(석림)		芝隱	著書 文集
李碩明(석명)	朝鮮肅宗	竹泉	文臣 字 景顯 本貫 碧珍 父 有蕃 郡守
李碩文(석문)	朝鮮英祖	遯齋	文臣 字 士實 本貫 星州 父 爾紳 追贈 兵曹參判
李碩蕃(석번)	朝鮮肅宗	石灘	本貫 牙山
李奭輔(석보)	1724~?	天然齋	字 士召 本貫 延安 父 礒臣 大諫
李錫福(석복)	朝鮮	石菴	文臣 字 季膺 本貫 安城 樂安郡守
李錫鳳(석봉)	朝鮮宣祖	無心軒	本貫 鳳山
李碩孫(석손)	朝鮮世宗	遯菴	學者 字 士彦 本貫 慶州 父 瑤之 吉再 門人 著書 經解錄
李碩守(석수)		恥巖	本貫 星山
李錫淳(석순)	1849~1926	五堂	著書 文集
李錫純(석순)		梅谿	著書 文集
李石榮(석영)	1851~1934	潁石	獨立運動家
李錫永(석영)	1851~1909	山樵	學者 字 允源 本貫 江陽 父 宗洪 外祖 柳橸 著書 山樵集
李錫永(석영)	韓末~日帝	枕松	
李石榮(석영)	1855~?	懶石	本貫 慶州 父 裕承 系 裕元
李碩五(석오)		苟完堂	本貫 星山
李錫庸(석용)	1878~1914	靜齋	義兵將 字 敬恒 本貫 全州 父 鳳善 祖父 泰煥 金觀述 門人 著書 靜齋文集
李錫雨(석우)		愚軒	著書 愚軒實記
李錫雨(석우)		墅隱	本貫 慶州 父 鍾大
李錫宇(석우)→李晃宙의 初名			
李碩運(석운)	1738~?	養清	學者 本貫 咸平 父 壕 著書 養清集
李錫裕(석유)	朝鮮英祖	盤谷	學者 本貫 慶州
李碩潤(석윤)	朝鮮肅宗	瓠窩	本貫 龍仁 父 震般

人名	年代	號	其他
李錫殷(석은)	朝鮮	竹圃	本貫 驪州 父 蓉久
李碩載(석재)	1722~?	淡圃	字 叔果 本貫 韓山 父 奎采 系 奎瑞
李爽祚(석조)	1773~?	笑窩	文臣 本貫 驪州 父 壽龍 都摠管 諡號 景獻 著書 笑窩遺稿
李錫周(석주)	高麗末	休隱	
李錫宙(석주)→李冕宙의 初名			
李釋之(석지)	高麗	南谷	文臣 本貫 永川 父 治 寶文閣大提學 諡號 忠貞 著書 南谷公逸稿
李錫稷(석직)	朝鮮英祖	芝田	文臣 本貫 慶州 父 澂坤 縣監
李錫晉(석진)	朝鮮高宗	梅庭	學者 字 候三 本貫 舒川 父 奎魯
李碩珍(석진)		瀛齋	本貫 安城
李錫贊(석찬)	朝鮮	蘭杜	文臣 本貫 驪州 秘書監丞
李錫瓚(석찬)		蘭史	本貫 全州
李錫泰(석태)	朝鮮	小梅	學者 字 亨久 本貫 舒川
李錫构(석표)	1704~?	南麓 金溪	文臣, 學者 字 運元 本貫 慶州 父 夏坤 祖父 寅燁 全羅道觀察使 著書 南麓遺稿
李碩弼(석필)		芝村	文臣, 書藝家 本貫 全義 父 忠男
李碩弼(석필)	朝鮮	慕隱	本貫 忠州 進士
李錫夏(석하)	1845~1922	逖山	著書 逖山遺稿
李錫獻(석헌)		漁浦	著書 文集
李石亨(석형)	1415~1477	樗軒	文臣 字 伯玉 本貫 延安 父 懷林 封號 延城府院 君 諡號 文康 著書 樗軒集
李錫衡(석형)	朝鮮	屏巖	文臣 字 璇玉 本貫 新平 仁同府使
李錫琥(석호)	1763~1831	匪谷	學者 字 文先 本貫 碧珍 父 宗臣 系 正臣 外祖 金在兌 著書 匪谷集
李錫華(석화)	1706~1767	塑窩	學者 字 聖賚 本貫 碧珍 父 命周 系 命世 外祖 楊時純 著書 塑窩遺稿
李錫欽(석흠)	朝鮮後期	雪聲	
李錫禧(석희)	朝鮮	雪坡	學者 本貫 驪州
李錫熙(석희)	1841~1913	鶴皐	著書 鶴皐文集
李錫熙(석희)		一軒	著書 一軒集
李璿(선)	朝鮮明宗	竹谷	本貫 德水 父 元秀 參奉
李襢(선)	1597~1665	樊溪	文臣 字 士實 本貫 韓山 父 慶滉 外祖 權悟
李選(선)	1632~1692	芝湖 小白山人	文臣 字 擇之 本貫 全州 父 厚源 宋時烈 門人 諡號 正簡 著書 芝湖集
李瑄(선)	1640~1687	銀溪 虛直	文臣 字 奉彦 本貫 全州 父 時恒 佐郎

人名	年代	號	其他
李選(선)	1762~?	幾翁	詩人 字 秀夫 本貫 牛峰 父 復烈 系 鼎烈 著書 幾翁集
李宣(선)	朝鮮	晚樂堂	本貫 仁川 父 元佐
李璇(선)	1803~1876	南皐	學者 字 聖衎 本貫 仁川 父 尚允 外祖 韓東明 著書 南皐遺稿
李璿(선)	朝鮮後期	月塘處士	字 文端 本貫 固城
李善求(선구)	韓末	橘園	本貫 眞城
李善基(선기)		默齋	本貫 全義
李善道(선도)	1544~?	永慕堂 永慕亭	字 擇仲 本貫 眞城
李善仝(선동)		岡村	本貫 河濱
李宣晚(선만) →李宜晚			
李宣茂(선무) →李宜茂			
李善復(선복)	1575~1621	北村	字 伯善 本貫 全義 父 慶千 參判
李善復(선복)		北村	文臣 字 約吉 本貫 全州 兵曹判書
李善溥(선부)	1646~1721	六松	文臣 字 季泉 本貫 德水 父 觀夏 外祖 李行遠 刑曹判書
李善生(선생)		退憂堂	本貫 全州
李善叙(선서) →李普叙			
李善述(선술)	朝鮮仁祖	隨軒	字 孝伯
李善承(선승)		薇谷	字 士述 本貫 杆城 父 吉元
李善植(선식)	1838~1889	定軒	著書 定軒集
李善養(선양)		太華	本貫 全義
李善英(선영)		逃隱	字 慶餘 本貫 全州
李善元(선원)		四吾堂	本貫 星州
李宣潤(선윤)		無忝堂	著書 無忝堂先生文集
李璿在(선재) →李儁의 初名			
李先濟(선제)	朝鮮初期	華門 畢門	字 家父 本貫 光山 父 日英 祖父 弘吉 著書 華門先生逸稿
李先齊(선제) →李先濟			
李善中(선중)	朝鮮	正義軒	武科 本貫 驪州
李善茸(선즙)		礦溪	本貫 咸平 父 止芝
李善之(선지) →李喜之			
李先稷(선직)	朝鮮英祖	沙川	文臣 字 退夫 本貫 韓山 父 厚淵 平安監司
李宣泰(선태) →李宜泰			
李仙枰(선평)	1882~1956	洛山道士 晨鷄	宗敎人

人名	年代	號	其他
李宣顯(선현) →李宜顯			
李璿衡(선형)	韓末	東邱	字 文極 本貫 固城 父 相龍
李善浩(선호)	朝鮮哲宗	養石	文臣 本貫 驪州 父 鎭永 持平
李卨(설)	朝鮮肅宗	隨樂窩	字 子直 本貫 全州 封號 南原君
李楔(설)	朝鮮	迂慶堂	本貫 全州 父 洙大 祖父 性存
李偰(설)	1850~1906	復菴 直赴	義士 字 舜命, 舜敎 本貫 延安 父 祖益 系 祖謙 右副承旨 著書 復菴私集
李渫(설)	朝鮮	愼黙齋	學者 本貫 驪州
李樑(섬)		雷軒	本貫 全州 父 齊容
李暹(섬)	朝鮮	拙齋	本貫 永川 父 廷相 祖父 珪
李涉(섭)	1550~?	九塢 竹湖	字 景楫 本貫 坡州 父 希曾
李燮(섭)	朝鮮	瓮岩	字 叔和 本貫 固城
李燮(섭)		德巖	本貫 全州 著書 文集
李燮元(섭원)	朝鮮肅宗	高巖	文臣 本貫 富平 父 廷咸
李誠(성)	新羅	洪軒	文臣 字 仲渭 本貫 慶州 侍中 諡號 文懿
李晟(성)	高麗	梧村 竹溪	本貫 洪州 父 起宗 祭酒 封號 安平伯
李誠(성)	高麗	學堂	本貫 公州 父 仁謙
李誠(성)	朝鮮中宗	夢石	本貫 全義 父 信忠
李城(성)	朝鮮中宗	松巖	本貫 星山 康津縣監
李誠(성)	朝鮮宣祖	友梅堂	字 汝義 本貫 固城 父 琰
李培(성)	1594~1653	梅軒	文臣 字 華封 本貫 全州 父 極擇 外祖 梁弘度 淸道郡守 著書 梅軒遺稿
李惰(성)	朝鮮宣祖	東皐 東隱	本貫 全州 父 景科
李誠(성)	朝鮮	杜俗窩	字 仲善 本貫 固城 父 薈
李盛(성)		嘯皐	字 盛之 本貫 仁川
李筬(성)		漆林	本貫 慶州
李成簡(성간)		道村	本貫 星山
李星慶(성경) →李獻慶의 初名			
李聖坤(성곤)	朝鮮	獨醒齋	委巷人 字 大有 本貫 楊山
李聖求(성구)	1584~1644	汾沙 東沙 晚休堂 分沙	文臣 字 子異 本貫 全州 父 晬光 領中樞府事 著書 汾沙集
李成九(성구)	1896~1941	又文 又丈	獨立運動家 一名 秀峰
李誠國(성구)	1575~?	梅庵	文臣 字 弼甫 本貫 牙山 寫字官
李聖圭(성규)	1732~1799	白南	字 錫甫 本貫 全州 父 益姙
李聖奎(성규)		丞庵	著書 丞庵先生逸稿

人名	年代	號	其他
李聖根(성근)		東村	本貫 全州
李星耆(성기)		覆庵	著書 覆庵先生逸稿
李成己(성기)		筆齋	本貫 咸平
李成吉(성길)	1562~1620	滄洲	文臣 字 德哉 本貫 固城 父 精瓓 兵曹參判
李成達(성달)	朝鮮後期	菊吾	
李成棠(성당) →李成實			
李聖圖(성도)	朝鮮	臥龍亭	本貫 泗川 父 昌潤 祖父 春錫
李誠圖(성도)	朝鮮	鳳洲	
李成童(성동)	朝鮮中宗	拙翁	文臣 字 次翁 本貫 仁川 父 希顔 祖父 允倫 禮曹參議
李成樑(성량)	朝鮮英祖	銀城	字 汝器 本貫 星州
李成梁(성량)	朝鮮	澗齋	本貫 仁川 父 英 祖父 奎南
李聖烈(성렬)	1865~?	退菴	文臣 本貫 禮安 父 相勳 系 相迪 慶尚北道觀察使
李成烈(성렬) →金成烈			
李星齡(성령)	1632~?	春坡	學者 字 文翁 本貫 韓山 父 基祚 庶尹 著書 春坡日月錄
李性老(성로)		小聲	著書 文集
李聖龍(성룡)	1672~1748	杞軒	文臣 字 子雨 本貫 慶州 父 汝柱 工曹判書 諡號 惠靖
李聖麟(성린)	朝鮮顯宗	晚計窩	學者 字 文徵 本貫 全州 父 時荽 尹宣擧,兪棨 門人 礪山郡守
李聖麟(성린)	1718~1777	蘇齋	畫家 字 德厚 本貫 全州 祖父 東彬 僉節制使
李成林(성림)	朝鮮	東溪	文臣 字 子華 本貫 益山 郡守
李聖命(성명)		自然亭	著書 文集
李成茂(성무)	朝鮮	訥齋	文臣 字 聖始 本貫 寧海 司正
李聖民(성민)		泉田	本貫 全州
李性範(성범)		愚堂	本貫 咸平 父 啓八
李性範(성범)	1893~1965	隱愚齋	著書 文集
李成普(성보)	1728~1770	錦溪	著書 文集
李城輔(성보)→李直輔의 初名			
李聖復(성복)		月洞	著書 月洞集
李聖碩(성석)	朝鮮肅宗	楊村 楊村居士	文人 字 仲時 本貫 全州 父 昌 系 晨 尹順之 婿
李星錫(성석)		龜養齋	本貫 尚州 父 汝玉
李成樹(성수)	朝鮮	松柏	字 敷仲 本貫 光山 禮曹正郎
李性洙(성수)		農菴	
李性純(성순)	朝鮮	可巖	文臣 字 仲一 本貫 京山 僉知中樞府事
李成時(성시)	朝鮮	九皐	本貫 陜川 父 桂述

人名	年代	號	其他
李盛植(성식)	朝鮮	松庵	字 盛汝 本貫 星州 禮曹叅義
李省身(성신)	1580~1651	笠巖	文臣 字 景三 本貫 全義 父 勤 金長生 門人 同副承旨
李成實(성실)	1603~1656	四愽堂	學者 字 公實 本貫 延安 父 長源 外祖 李光霽 著書 四愽堂遺集
李聖心(성심)	韓末~日帝	逸堂	
李星說(성열)		七峯	本貫 星州
李聖榮(성영)	朝鮮	崗隱	本貫 慶州 父 能根 祖父 海暢
李聖永(성영)	→李聖求		
李聲郁(성욱)	→李馨郁		
李性雲(성운)	1726~1780	瑚隱	文臣 字 喜之 本貫 延安 父 得輔 系 吉輔 左議政 諡號 文淑
李聖運(성운)	朝鮮英祖	井觀	文人 字 士休 本貫 陽城
李性源(성원)	1725~1790	湖隱 潮隱	文臣 字 善之 本貫 延安 父 得輔 系 吉輔 左議政 諡號 文肅 著書 湖隱集
李星元(성원)		興學齋	字 盛甫 本貫 星州
李誠胤(성윤)	1670~1620	梅牕 梅窓 互棄	王族, 武臣 字 景實 本貫 全州 父 侃 諡號 忠貞
李晟潤(성윤)		耕隱	本貫 咸平
李星益(성익)	1639~1672	龜菴 龜村	學者 字 益之 本貫 星州 著書 龜菴集
李星一(성일)	→李昺一		
李聖任(성임)	1555~?	月村	文臣 字 君重 本貫 全州 父 詞 慶尚右道巡察使
李聖任(성임)	朝鮮宣祖	清風堂	武臣 本貫 尚州 父 仁弘
李省長(성장)	→李省身		
李成材(성재)	朝鮮後期	西巖 棲巖	本貫 羽溪 父 汝馪 祖父 孝良 著書 西巖集〈炊沙先生文集〉
李性在(성재)	→李儁의 初名		
李成全(성전)	1669~1737	新塘	學者 字 會徵 本貫 全義 父 文澤 外祖 柳之厚 著書 新塘文集
李聖肇(성조)	1662~1739	靜黙堂	學者 字 時仲 本貫 全義 父 世延 系 世運 著書 靜黙堂集
李誠中(성중)	1539~1593	坡谷	文臣 字 公著 本貫 全州 父 珹 李仲虎 李滉 門人 封號 完昌府院君 追贈 領議政 諡號 忠簡 著書 坡谷遺稿
李誠中(성중)	1660~1705	深窩	學者 著書 深窩遺稿
李成中(성중)	1706~?	質庵	文臣 字 士得 本貫 全州 父 顯漢 外祖 金後吉 吏曹判書 著書 質庵集
李誠中(성중)	朝鮮	雲窩	本貫 慶州 父 菁 大提學
李聖中(성중)	朝鮮	壯窩 竹窩	委巷人 字 士執 本貫 楊山 著書 壯窩集
李成中(성중)		魯村	本貫 全州

人名	年代	號	其他
李性至(성지)	1663~1743	西澗	隱士 字 仲若 本貫 興陽
李成枝(성지)		三省齋	本貫 咸平
李盛枝(성지)		石城	本貫 咸平
李成稙(성직)	朝鮮	月峴居士	本貫 禮安 父 昌基
李星徵(성징)	1608~1669	後谷	文臣 字 吉應 本貫 延安 父 袨 監司
李性天(성천)	朝鮮	一蠹子	委巷人 字 一甫 父 廷鳳
李星樞(성추)	朝鮮	和齋	本貫 星山 父 國馨 祖父 廷麒
李性泰(성태) →李惟泰			
李聖擇(성택)	朝鮮	得安齋	文臣 字 執中 本貫 河濱
李聖宅(성택)	1828~1910	奉修齋	
李星苾(성필)	朝鮮	桐窩	本貫 星山 父 椅 祖父 廷夆
李星漢(성한)		秋軒	著書 文集
李成鎬(성호)	1869~1950	西溪	本貫 全州 著書 西溪遺稿
李性和(성화)	1821~1899	水山	學者 字 公善 本貫 眞城 父 鎬永 外祖 金象鉉 著書 水山文集
李性煥(성환)	朝鮮	雲亭	本貫 仁川 父 源東 祖父 源祥
李成會(성회)		玉樵	字 公善 本貫 眞城 父 錫永 著書 文集
李聖後(성후) →全聖後			
李聖欽(성흠)	1728~?	松潭 碧霞	字 命知 本貫 金山
李聖興(성흥)	高麗	文谷	字 學群 本貫 安岳 大提學 諡號 文懿
李洗(세) →李洸			
李世綱(세강)	1846~1917	枕山	字 稱鍊 本貫 永川 父 寅奎 外祖 金鎭岳 著書 枕山文集
李世鋼(세강) →李世綱			
李世瓊(세경) →李世瑛			
李世觀(세관)	1744~1820	牧牛堂	本貫 眞城 父 守約
李世龜(세구)	1646~1700	養窩	文臣 字 壽翁 本貫 慶州 父 時顯 朴長遠 婿 追贈 領議政 著書 養窩集
李世龜(세구)	朝鮮肅宗	竹沙	本貫 富平 父 以載
李世鈞(세균)	朝鮮顯宗	訥軒	字 壽翁 本貫 慶州 父 時顯 著書 文集
李世瑾(세근)	1664~1735	靜軒	文臣 字 聖珍 本貫 碧珍 父 志傑 大司憲 著書 靜軒集
李世基(세기)	高麗忠烈王	松庵 松巖	文臣 本貫 慶州 檢校政丞
李世基(세기)	朝鮮肅宗	南垢	本貫 延安 父 時稷 縣令
李世機(세기)	朝鮮	晚節軒	文臣 本貫 驪州 郡守
李世基(세기)		誠齋	

人名	年代	號	其他
李世基(세기)		行休	字 三初 本貫 延安 父 時程
李世南(세남)	1464~1525	花樹軒	著書 文集
李世聃(세담)	朝鮮肅宗	太素齋	本貫 龍仁 父 鎭岳 歙谷縣監
李世禮(세례)		石汀	本貫 咸平
李世勉(세면)	1651~1719	艮齋	文臣 字 季成 本貫 龍仁 父 廷嶽
李世勉(세면)		松亭	
李世銘(세명)	朝鮮中期	慮齋 虛齋	文臣 字 致仲 本貫 牛峰 父 緝 追贈 掌令
李世聞(세문)	朝鮮後期	龍溪	本貫 眞城
李世文(세문)	朝鮮後期	洛陽	
李世璞(세박)	1715~1761	貞慤	著書 文集
李世白(세백)	1635~1703	雩沙 陶谷 北溪	文臣 字 仲庚 本貫 龍仁 父 挺岳 左議政 諡號 忠正 著書 雩沙集
李世蕃(세번)		白山	本貫 古阜
李世福(세복)		耕隱	本貫 咸平 父 正祝
李世師(세사)	1694~1775	晚花軒 晚山	文臣 字 聖伯 本貫 眞城 父 守約 外祖 姜縉 同知中樞府事 著書 晚花軒逸稿
李世奭(세석)		松溪	本貫 全州
李世善(세선)		濟軒	本貫 全州 父 在勳
李世晟(세성)	1642~1721	二知堂 二知窩	文臣 字 叔器 本貫 龍仁 父 挺嶽
李世松(세송)	1652~?	梅隱	文臣 字 茂卿 本貫 全州
李世純(세순)	朝鮮	梧川	本貫 新平 追贈 吏曹判書
李世植(세식)	1679~1758	聲黙齋	字 大仲 本貫 咸平 祖父 泰華
李世臣(세신) →李世垔			
李世衍(세연) →李世珩			
李世炎(세염)	朝鮮肅宗	愚芚庵	本貫 富平 父 以載 著書 愚芚庵集
李世榮(세영)	朝鮮	西山	文臣 字 亨之 本貫 淸州 兵馬節度使
李世榮(세영)	朝鮮	悟齋	文臣 字 德承 本貫 慶州 校理
李世永(세영)	1869~1938	古狂 古狂子	獨立運動家 字 佐顯 一名 維欽 天民 本貫 德水 父 敏夏 臨時政府總務部次長
李世玉(세옥)	1649~1712	嗇庵	本貫 碧珍 父 志遜 積城縣監 著書 文集
李世溫(세온)	朝鮮宣祖	遁叟	文臣 本貫 全州 父 希年 牧使
李世琓(세완)	1722~?	玉洞處士	字 季玉 本貫 固城
李世雲(세운)	朝鮮肅宗	酒隱	本貫 龍仁 父 胤岳 佐郎
李世愿(세원)	1722~1738	顧庵	字 泰輔 恭甫 本貫 龍仁 著書 顧庵集
李世源(세원)	朝鮮後期	洛浦	本貫 眞城
李世元(세원)	朝鮮	漁隱	字 君初 本貫 安岳 兵曹參判

人名	年代	號	其他
李世維(세유)	朝鮮	杷菊翁	文臣 字 持世 本貫 富平 長湍府使
李世玧(세유)	1673~1742	梨菴	文臣 字 景玉 本貫 星州 父 志望 利川府使 著書 文集
李世胤(세유)	1770~1798	櫟窩	文臣, 學者 字 君愼 本貫 眞城 父 守淵 外祖 金華國 著書 櫟窩集
李世應(세응)	1473~1528	安齋 睡翁	文臣 字 公輔, 國輔 本貫 咸安 父 季通 平安道觀察使 諡號 襄簡 著書 安齋易說
李世翊(세익)	1626~1705	鐵厓	字 叔弼 本貫 富平 父 弘載
李世仁(세인)	1452~1516	蓮潭	字 元之 本貫 星州 父 璧 吏曹參議
李世璋(세장)	1497~1562	錦江 漁叟 錦江漁叟	文臣 字 道盛 本貫 全州 父 穆 戶曹參議
李世裁(세재)	朝鮮	樵隱 漁隱	字 君培 本貫 安岳 兵曹參判
李世宰(세재)	1824~1890	蓮北	字 公振 本貫 延安 父 豊翼 祖父 和愚 吏曹判書
李世靖(세정)	1730~1767	晚湖	本貫 眞城 著書 晚湖逸稿
李世楨(세정)	1895~1972	一海	教育者
李世佐(세좌)	1445~1504	漢原	文臣 字 國彦 本貫 廣州 父 極堪 判中樞府事
李世柱(세주)	1498~1595	敬齋	學者 字 屹叟 本貫 慶州 父 完從 外祖 金益粹 著書 敬齋實記
李世胄(세주)	朝鮮	霽雲	本貫 富平 父 震載
李世俊(세준)	朝鮮	蒼巖	字 德英 本貫 光山 參判
李世楫(세즙)	1668~1709	養眞堂	字 涉仲 父 潤 祖父 泰華
李世徵(세징)	朝鮮	敏庵	文臣 字 承孫 本貫 扶餘 中樞府事
李世樞(세추)	1677~1758	保眞堂	字 機仲 本貫 咸平 祖父 泰華 著書 文集
李世鐸(세탁)	朝鮮後期	易隱	本貫 眞城
李世泰(세태)	1663~1713	淸榭	著書 淸榭遺稿〈安陵三稿〉
李世泰(세태)	1698~1760	東屛	文臣 字 季道, 季通 本貫 眞寶 父 守經 外祖 安老石 追贈 刑曹參議
李世澤(세택)	1716~1777	釣隱	文臣 字 孟胤 本貫 眞寶 父 守恒 大司憲 著書 釣隱遺稿
李世弼(세필)	1642~1718	龜川 桐湖	文臣, 學者 字 君輔 本貫 慶州 父 時術 宋時烈, 朴世采 門人 追贈 左贊成 諡號 文敬 著書 龜川遺稿
李世恒(세항)	朝鮮肅宗	春閒堂	本貫 眞城 父 守約 河陽縣監
李世恒(세항)		獨淸堂	本貫 咸平
李世憲(세헌)	1476~1555	牛山翁 牛巖	隱士 字 士典 本貫 永川 父 宗林 著書 文集
李世玕(세형)	1683~1746	樂齋	著書 文集
李世玕(세형)	1685~1761	怨軒	學者 字 楚白 本貫 廣州 父 基命 外祖 韓宗運 著書 怨軒文集
李世衡(세형)	朝鮮	四契堂	本貫 星山

人名	年代	號	其他
李世衡(세형)	1883~1931	一亭	學者 本貫 驪州 著書 一亭文集
李世衡(세형) →李世珩			
李世華(세화)	1670~1701	雙栢堂 井谷 七井	文臣 字 君實 本貫 富平 父 以載 系 熙載 知中樞府事 諡號 忠肅 著書 雙栢堂集
李世瑍(세환)	朝鮮英祖	果齋 二憂 二憂堂	學者 字 季璋 本貫 碧珍 父 志雄 朴世采,尹拯 門人 知中樞府事 諡號 文憲 著書 續東儒師友錄
李世煥(세환)	1866~1941	渭隱	著書 文集
李世煥(세환) →李世瑍			
李世垕(세후)	1681~1754	清溪	字 載叔 本貫 載寧 父 瑞奎 系 明奎 正郞 著書 清溪遺稿〈安陵三稿〉
李世熙(세희)	朝鮮英祖	孝友堂	本貫 慶州 父 世弼 參奉
李熽(소)	1694~1779	野隱	學者 字 明叟 本貫 碧珍 父 柱夏 系 溫夏 外祖 咸悠久 著書 野隱遺稿
李榛(소)	1825~1854	三省齋	本貫 碧珍 父 恒老
李昭(소)	朝鮮	樂琴軒	著書 文集
李韶(소)		慕窩	本貫 全義 祖父 愼儀
李韶九(소구)	朝鮮英祖	止齋	本貫 全州 父 增
李韶九(소구)	朝鮮	晚悔堂	學者 本貫 驪州
李紹生(소생)		牛溪堂	本貫 全州
李素遺(소유)		秋江	著書 文集
李紹胤(소윤)		南溪	本貫 星州
李昭應(소응)	1861~1928	謷齋	義兵將 本貫 全州
李昭應(소응)→李直愼의 初名			
李昭漢(소한)	1598~1645	玄洲	文臣 字 道章 本貫 延安 父 廷龜 李尚毅 婿 刑曹參判 著書 玄洲集
李涑(속)	1606~1665	寒泉	學者 字 而實 本貫 碧珍 父 道由 外祖 安沂 著書 寒泉文集
李涑(속)	朝鮮肅宗	樹菴	字 樂而 本貫 韓山 父 商雨
李涑(속)	朝鮮肅宗	露頂翁	
李鍊(속)	朝鮮正祖	槐窩	本貫 碧珍 父 正祿
李涑(속)	朝鮮	竹軒	學者 本貫 驪州
李續(속)		進翁	本貫 仁川
李涑宇(속우)		新坡	本貫 全州
李蓀(손)	朝鮮仁祖	湖澗	本貫 慶州
李孫茂(손무)		箕窩	本貫 咸平
李淞(송)	朝鮮	老樵 西林	學者 字 茂伯,孤青 本貫 全州 父 敏坤 著書 老樵集

779

人名	年代	號	其他
李松秊(송년)		養竹軒	著書 文集
李松老(송로)		藍塘	本貫 杆城
李松穆(송목)		養竹軒	著書 養竹軒文集
李松齊(송제)	1648~1733	竹菴	文臣 字 秀夫 本貫 慶州 父 義奎 僉知中樞府事
李松齊(송제)	1669~1763	桐江	著書 文集
李松祚(송조)		錦軒	本貫 咸平 祖父 厚
李蓚(수)	高麗	舍人	文臣 本貫 慶州 中書舍人
李穗(수)	高麗	貞齋	本貫 星州 父 仁敏 鄭夢周 門人
李需(수)	高麗	樂雲	文臣 初名 宗胄 尙書禮部侍郎
李隨(수)	1374~1430	寬谷 深隱	文臣 字 擇之,隨柳 本貫 鳳山 父 尙友 兵曹判書 諡號 文靖
李穟(수)	1448~1516	三友	字 君賓 本貫 全州 父 閏生
李琇(수)	1567~?	烏淵	學者 字 秀玉 父 尙秦 外祖 李海客 著書 烏淵遺稿
李壽(수)	朝鮮	蒙庢	學者 本貫 驪州 父 扦 祖父 宜澤
李洙(수)	朝鮮	獨醉亭	文人 字 聖源 本貫 慶州 父 黿
李琇(수)	朝鮮	溪雲	文臣 字 子允 本貫 安城 漢城左尹
李墜(수)	朝鮮	安素翁	本貫 慶州 父 仁基 祖父 陟 副護軍
李檖(수)	朝鮮	梅軒	本貫 仁川 父 效孟 祖父 協
李銖(수)	朝鮮	謹齋	文臣 本貫 驪州
李需(수)	朝鮮	壽亭	本貫 星山 父 希寬 祖父 珪
李洙(수)	朝鮮	雙淸齋	
李秀(수)	朝鮮	黙齋	
李秀(수)		松齋	本貫 全州
李琇(수)		雙松堂	字 叔寶 本貫 禮安
李壽(수)		釣菴 釣軒	字 養正
李樹(수)		靑江	本貫 全州 父 重成
李繡(수)		長城	
李晬(수)		梅窓	本貫 全州
李晬(수)		龜川	字 明遠 本貫 全州 父 宗麟 著書 文集
李壽(수) →李昌壽			
李守綱(수강)	朝鮮後期	圓邱	本貫 眞城
李首慶(수경)	1516~1562	止齋	文臣 字 伯喜 本貫 廣州 父 英符
李壽慶(수경)	1627~1680	晩醒 笑醒	文臣 字 子仁 本貫 韓山 父 正源 副護軍 著書 己丑錄
李首慶(수경)		六有堂	

人名	年代	號	其他
李壽卿 (수경)	1882~1955	松史	玄琴名人 字 致一 本貫 慶州 父 源根 祖父 寅植 雅樂首長
李秀坤 (수곤)	朝鮮	雲溪	本貫 星山 父 萬楨 祖父 星樞
李壽觀 (수관)	朝鮮英祖	文巖	文臣 本貫 驪州 父 魯 司諫
李遂觀 (수관)		白谷	本貫 碧珍
李晬光 (수광)	1563~1628	芝峰	文臣, 學者 字 潤卿 本貫 全州 父 希儉 吏曹判書 諡號 文簡 著書 芝峰類說
李晬光 (수광)		睡窩	
李樹喬 (수교)	朝鮮後期	興海	
李壽國 (수국)	朝鮮	稼隱	本貫 陜川 父 元基
李壽奎 (수규)	朝鮮後期	自娛齋 自娛軒	委巷人 字 聖老
李秀根 (수근)	朝鮮	智之堂	本貫 全州 父 璞 祖父 哲壽
李壽基 (수기)	1862~1900	霽臺	著書 文集
李樹吉 (수길)	朝鮮仁祖	栗園	本貫 咸平 父 溪
李壽男 (수남)	1439~1471	良翁 涵齋	字 子仁 本貫 全義 父 誠長 封號 全山君
李壽聃 (수담)	朝鮮英祖	毅齋	本貫 驪州 父 康
李守潭 (수담)	朝鮮	安分	字 仲約 本貫 全義
李遂大 (수대)	1675~1709	松崖	文臣 字 就而 本貫 全州 父 鼎興 兵曹正郎 著書 松崖集
李洙大 (수대)	朝鮮	愛菊齋	本貫 全州 父 性存 祖父 廷麒
李秀敦 (수돈)	朝鮮高宗	海谷	
李守東 (수동)		聖樵	本貫 德山
李守齡 (수령)	朝鮮世祖	寒泉	隱士 本貫 陜川
李綏祿 (수록)	1564~1620	東皋 蓮坊	文臣 字 綏之 本貫 全州 父 克綱 驪州牧使
李壽龍 (수룡)	朝鮮英祖	光山	本貫 驪州 父 膚 著書 文集
李壽漫 (수만) →李壽瀅			
李壽民 (수민)	1783~1839	蕉園	畵家 字 容先 本貫 全州 父 宗賢 系 宗根 祖父 聖麟 僉知中樞府事
李洙玟 (수민)	朝鮮	泳渭	本貫 仁川 父 海錫 祖父 載仁
李壽民 (수민)		悝菴	著書 悝菴集
李守邦 (수방)	高麗忠肅王	石灘	隱士 本貫 陽城
李秀蕃 (수번)	1665~1717	聽波軒	字 伯昌 本貫 韓山 祖父 泰潤 著書 聽波軒稿〈韓山世稿〉
李壽炳 (수병)	朝鮮後期	靜山	
李壽福 (수복)	朝鮮	止庵	文臣 字 申之 本貫 花山 府使 父 葷 著書 止庵集

人名	年代	號	其他
李壽鳳(수봉)	1710~?	蘇川 花川	文臣 字 儀叔 本貫 咸平 父 景翼 承旨
李遂生(수생)	高麗	尊巖	忠臣 字 明仲 本貫 遂安
李壽星(수성)	朝鮮	寒浦	文人 字 汝應 本貫 星州
李受省(수성)		湖隱	本貫 咸平 祖父 世禮
李修秀(수수)	朝鮮	竹窩	文臣 本貫 驪州 正言
李壽岳(수악)	1845~1907	于軒	學者 字 致崇 本貫 載寧 父 聃榮 祖父 相奎 外祖 李庭栢 著書 于軒文集
李壽安(수안)	韓末	梅堂	學者 著書 梅堂集
李壽嵒(수암)	朝鮮後期	品山	字 致瞻
李壽檍(수억)	1617~1670	梧潭	學者 字 德老 本貫 碧珍 父 會一 外祖 金勳 著書 梧潭文集
李秀彦(수언)	1636~1697	聲溪 醉夢軒	文臣 字 美叔 本貫 韓山 父 東稷 宋時烈 門人 知中樞府事 著書 聲溪先生遺稿 諡號 正簡
李壽彦(수언)	朝鮮後期	敬槐軒	本貫 全州 父 基漢
李秀彦(수언)	朝鮮	追慕軒	本貫 星山 進士
李守淵(수연)	1693~1748	青壁	學者 字 希顔 本貫 眞寶 父 實 著書 青壁集
李壽冉(수염)	1665~1704	述軒	字 老伯 本貫 驪州
李秀榮(수영)	朝鮮	左海	文臣 字 士實 同知中樞府事
李秀榮(수영)	1845~1916	昌厓	學者 字 孟實 本貫 月城 父 瓚慶 著書 昌厓文集
李守榮(수영)	韓末~日帝	省軒	
李壽玉(수옥)		錦隱	本貫 咸平
李守元(수원)	朝鮮初期	社庵	本貫 順天 父 哲 縣令
李秀宜(수의)	朝鮮純祖	錦里	
李水儀(수의)		石翁	本貫 全州
李受益(수익)	朝鮮	看翠子	委巷人 字 朋之, 仁叟 本貫 金山
李守益(수익)		憫庵	本貫 積城
李壽仁(수인)	1601~1661	惺菴 靜溪	文臣 字 幼安 本貫 延安 父 泰吉 正言 著書 惺菴集
李樹仁(수인)	1739~1822	懼庵 杜巷居士	文臣 字 性安 本貫 延安 父 渭賢 外祖 辛命相 通政大夫 著書 懼庵文集
李遂人(수인)		中峯	著書 中峯公遺稿 〈延城世稿〉
李守仁(수인)	朝鮮肅宗	晚湖 屛巖	本貫 眞寶 父 㮹
李洙仁(수인)	韓末	枕山	本貫 星山
李壽寅(수인)		三山	本貫 星山
李守一(수일)	1554~1632	隱庵 隱巖	武臣 字 季純 本貫 慶州 父 鸞 外祖 禹聃齡 追贈 左議政 封號 鷄林府院君 諡號 忠武
李秀逸(수일)	1705~1779	龜湖	文臣 字 子俊 本貫 韓山 父 宬 承旨

人名	年代	號	其他
李秀章(수장)	新羅	賢主	文臣 字 儔溫 本貫 慶州 侍中
李壽長(수장)	1661~1733	貞谷	書藝家 字 仁叟 本貫 天安 察訪 著書 墨地揀金
李壽定(수정)	朝鮮明宗	臨汀	本貫 全州 父 嶸 副正
李守貞(수정)	1477~1504	乾村 貞齋	字 幹中 本貫 廣州 父 世佐 副修撰
李守貞(수정)	1709~1795	鏡潭	學者 字 季固 本貫 眞寶 父 集 同知中樞府事 著書 鏡潭遺稿
李秀廷(수정)	朝鮮	蒼崖	本貫 固城
李樹挺(수정)	1842~1886	筌齋	聖書飜譯者 父 秉達
李壽正(수정)		春圃	本貫 咸平
李壽濟(수제)	朝鮮	白畦	委巷人 字 公楫 本貫 漢陽
李秀禔(수제)	朝鮮	惺心齋	文臣 本貫 京山 忠武衛副司直
李壽俊(수준)	1559~1607	龍溪 志範堂 志範齋	文臣 字 台徵 本貫 全義 父 濟臣 成渾 門人 承文院判校
李守中(수중)	朝鮮正祖	簡軒	本貫 全州 父 顯直
李守中(수중)		不能窩	著書 文集
李守曾(수증)	朝鮮後期	醒軒	本貫 眞城
李秀犀(수지)	1560~1695	聾齋	本貫 永川 父 重穎 進士 著書 聾齋遺稿
李守眞(수진)	→李守貞		
李秀震(수진)		澹軒	著書 澹軒遺稿〈完山三世稿〉
李秀鎭(수진)		寒樓	
李壽瓚(수찬)		海亞	著書 海亞詩集
李壽昌(수창)	→李昌壽		
李壽千(수천)	朝鮮	梅亭	文臣 本貫 永川 父 華 祖父 順孫 司諫
李壽春(수춘)	朝鮮宣祖	菖湖	本貫 永川 父 重燒
李壽春(수춘)	1861~1939	沂叟	著書 文集
李守沈(수침)	朝鮮後期	雪軒	本貫 眞城
李遂泰(수태)	朝鮮英祖	希軒	本貫 碧珍 父 柱岳 生員
李壽澤(수택)	1891~1927	一夢	獨立運動家 字 德潤 本貫 廣州 父 珽煥
李秀夏(수하)	1749~?	知還齋	文臣 字 士亨 本貫 韓山 父 憲 左尹
李秀夏(수하)	1861~1931	金溪	著書 文集
李秀學(수학)	→奉秀學		
李壽沆(수항)	1685~?	三愼齋	文臣 字 叔謙, 壽益 本貫 驪州
李守恒(수항)	朝鮮英祖	山後齋	本貫 眞寶 父 梁
李守憲(수헌)		隱鰲	本貫 碧珍

783

人名	年代	號	其他
李洙爀(수혁)	1878~1952	誠菴	學者 字 致慶 本貫 仁川 父 華鉉 外祖 安時成 著書 誠菴遺稿
李秀鉉(수현)	朝鮮	菱皐	本貫 陝川 父 志恒 祖父 處華
李守亨(수형)	1448~1504	菊軒	文臣 字 嘉仲 初名 智亨 本貫 咸安 父 美 大司諫 著書 文經解說
李秀亨(수형)	朝鮮世祖	桃村 拱北軒	隱士 字 英甫 本貫 羽溪 著書 文集
李壽馨(수형)	朝鮮後期	西坡	字 舜七
李壽瀅(수형)	1827~1908	曉山 大隱	文臣, 學者 字 士澄 本貫 載寧 父 有煥 著書 曉山文集
李壽亨(수형)		廣坪	本貫 永川
李粹浩(수호)	1848~1907	蔓菴	本貫 固城 著書 蔓菴遺稿
李壽浩(수호) →懶湜			
李守弘(수홍)	朝鮮英祖	隱拙齋	本貫 眞寶 父 梁
李秀華(수화)	朝鮮	星隱	本貫 星州 父 世蕃
李壽華(수화)	朝鮮後期)	海隱	本貫 載寧
李壽華(수화)		雲樊	本貫 載寧
李壽煥(수환)	朝鮮純祖	鶴西	文人 本貫 驪州 父 學休
李繡煥(수환)		蓮心堂	本貫 清安
李秀塤(수훈)	朝鮮純祖	陵塢	
李潚(숙)	1453~1499	琴軒 雙松 五香亭	王族 本貫 全州 父 璔 外祖 韓碻 封號 江陽君
李潚(숙)	朝鮮宣祖	葛村	文臣 字 汝澄 本貫 載寧 父 景成 軍資監判官 著書 文集
李潚(숙)	1566~?	陽井 陽村	書藝家 字 晦甫 本貫 全州 父 慶胤
李俶(숙)	1568~1645	花巖 花巖處士	文臣 字 善初 本貫 全州 父 愚春
李埱(숙)	朝鮮光海君	晚翠堂 晚翠軒	文臣 字 釋圭 本貫 平昌 父 廷直 內侍教官
李翻(숙)	1626~1688	逸休堂 逸休亭	文臣 字 仲初 本貫 牛峰 父 有謙 外祖 尹弘裕 宋時烈 門人 右議政 諡號 忠獻
李淑(숙)	朝鮮肅宗	懶士	本貫 延安 父 觀徵 別檢
李淑(숙)	朝鮮肅宗	玉洞	學者 字 澄之 本貫 驪興 父 夏鎭 著書 弘道先生遺稿
李潚(숙)	朝鮮正祖	盤溪	學者 字 幼清 本貫 驪州
李橚(숙)	朝鮮正祖	東湖	本貫 咸平 父 齊賢 追贈 持平
李俶(숙)	朝鮮	後栢	本貫 星山 父 應裔
李塾(숙)	朝鮮	樵隱	字 景受 本貫 固城
李塾(숙)	朝鮮	文泉 守黙齋	字 進吾 吏曹判書
李埱(숙)		山居翁	字 士潤 父 承二

人名	年代	號	其他
李熽(숙) →李潚			
李淑(숙) →李潡			
李淑(숙) →李琡			
李塾(숙) →李墩			
李潚(숙) →李景曾의 初名			
李淑琦(숙기)	1429~1489	竹窩	字 公瑾 本貫 延安 父 末丁
李叔琪(숙기)		柯亭	
李叔樑(숙량)	1519~1592	梅巖 梅隱 悔巖	學者 字 大用 本貫 永川 父 賢輔 李滉 門人 王子師傅 著書 梅巖先生文集
李叔梁(숙량) →李叔樑			
李叔蕃(숙번)	1373~1440	芸亭	字 伯應 本貫 安城 父 坰
李淑仁(숙인)	朝鮮宣祖	大隱	字 克仁
李叔章(숙장)	朝鮮	江洲	文臣 字 元擧 本貫 陜川 刑曹參議
李叔專(숙전)	朝鮮	竹里	文臣 本貫 碧珍 參判
李淑疇(숙주)		景齋	字 始淑 本貫 星州
李淑瑊(숙함)	朝鮮	楊原 夢菴	文臣 字 次公 本貫 延安 父 末丁 吏曹參判 諡號 文莊 著書 楊原集
李淑璜(숙황)	朝鮮世祖	慕軒	本貫 延安 父 末丁
李恂(순)	朝鮮世祖	烏山	本貫 碧珍 父 孟專 敎授
李淳(순)	1560~1606	野老堂 野老 山南	學者 字 子眞 本貫 固城 父 彦明 外祖 朴薰 著書 野老堂文集
李淳(순)	朝鮮仁祖	痴庵	本貫 驪州 父 全仁
爾順(이순)	1816~1881	惠奉	僧侶 俗姓 盧氏
李恂(순)		景軒	字 君信 本貫 延安 父 時益
李順慶(순경)	朝鮮	雲溪	文臣 字 信用 本貫 扶餘 都正
李詢基(순기) →李絢基			
李順吉(순길)	朝鮮仁祖	烏山	忠臣 本貫 商山 父 聖任 兵曹參議
李順命(순명)	朝鮮	竹軒	本貫 陜川 父 粲 祖父 應楨
李舜民(순민)	1569~?	伊峰 伊峯	文臣 字 皞如 本貫 全州 父 應時 府使
李淳甫(순보) →李和甫의 初名			
李醇甫(순보) →李和甫의 初名			
李淳庠(순상)	朝鮮後期	樂堂	本貫 慶州 父 膺鎬 祖父 基瑠
李舜相(순상)		松菊齋	著書 松菊齋遺集
李淳錫(순석)	朝鮮	德陰	本貫 全州 父 希容 祖父 國孫 敎官
李舜岳(순악)	1625~1701	竹牖	學者 字 汝詢 本貫 龍仁 父 後山 外祖 金壽賢 尹文擧 門人 僉正

人名	年代	號	其他
李淳鎔(순용)		上山	著書 上山先生文集
李舜儀(순의)	?~1879	白石	本貫 全州
李淳翼(순익)	1827~1906	蘆下	本貫 延安 父 若愚 吏曹判書
李純仁(순인)	1543~1592	孤潭	學者 字 伯生, 伯玉 本貫 全義 父 弘 外祖 朴誠 曺植, 李滉 門人 吏曹參議 著書 孤潭逸稿
李淳祚(순조) →李源祚			
李舜佐(순좌)	朝鮮肅宗	醒齋	本貫 延安 父 之老
李順鐸(순탁)	1897~?	曉亭	經濟學者 本貫 延安
李舜華(순화)		進修堂	本貫 咸平 祖父 惜
李舜徽(순휘)		溪隱	
李述源(술원)	1679~1728	和村	義士 字 善叔 本貫 延安 祖父 重吉 追贈 大司憲 諡號 忠剛 著書 文集
李述賢(술현)	1736~1822	忍窩	學者 字 學祖 本貫 淸安 父 益初 外祖 鄭碩憲 著書 忍窩文集
李述賢(술현)	朝鮮宣祖	忍窩	本貫 淸安 童蒙敎官
李述賢(술현)		思窩	著書 文集
李嵩堅(숭견)	1739~1799	竹庵	著書 文集
李崇慶(숭경)	1510~1588	丹丘閒民　丹邱閒民 楓潭 楓潭道老	文人 字 君先, 君義 本貫 全義 父 頎 祖父 昌臣
李崇老(숭로)		壽翁	文臣 字 耆之 本貫 陜川 父 澤 正言
李崇彦(숭언)	1592~?	追齋	字 庸伯 本貫 慶州 父 徽音
李崇運(숭운)	朝鮮正祖	存菴	文臣 字 士鎭 本貫 咸平 父 壽德 正言
李崇元(숭원)	1428~1491	夢巖	字 仲仁 本貫 延安 父 補 著書 文集
李崇義(숭의)	1575~?	忘隱	書藝家 字 景制, 景則 本貫 龍仁 父 鎰
李崇仁(숭인)	1349~1392	陶隱	文臣, 學者 字 子安 本貫 星州 父 元具 同知中樞 官事 著書 陶隱先生詩集
李崇仁(숭인)		逍遙亭	本貫 咸平 父 從遂
李嵩逸(숭일)	1631~1698	恒齋	文臣, 學者 字 應中 本貫 載寧 父 時明 外祖 張興 孝 宜寧縣監 著書 恒齋文集
李崇祜(숭호)	朝鮮英祖	勿齋	文臣 本貫 龍仁 父 普淳 系 普興 諡號 孝簡
李榴(슬)	1240~1278	國婿	嬖臣 本貫 延安 父 松 初名 汾成 知申事
李熠(습)		杜谷	本貫 月城
李承(승)	1552~1958	晴暉堂	字 善述 本貫 全州 父 思雲 系 希雲 著書 文集
李昇(승)	1556~1628	淸江	學者 字 景瞻 本貫 仁川 父 大勻 外祖 宣大倫 著書 淸江遺集
李承幹(승간)	1485~1547	石湖	孝子 字 直卿 本貫 古阜 金安國 門人

人名	年代	號	其他
李承健(승건)	朝鮮成宗	翰湖	文臣 本貫 牛峰 父 圻 參贊
李承敬(승경)	1815~?	老華	文人 字 景城 本貫 韓山
李承桂(승계)	1817~1861	蘭圃	學者 字 文克 本貫 碧珍 著書 蘭圃集
李承九(승구)	朝鮮	霽川	學者 本貫 驪州
李承求(승구)		白史	本貫 全州
李承九(승구) →李承			
李承奎(승규)	韓末	研巖	字 啓休 本貫 固城
李承奎(승규)	1860~1922	南荷	敎育者 本貫 全州
李承圭(승규)		龜村	著書 龜村集
李承奎(승규)		謹黙	本貫 光山
李承器(승기)	朝鮮	晴暉堂	本貫 全州 兵曹參判
李承耆(승기)	朝鮮高宗	翠澗	本貫 韓山 父 豊在
李承驥(승기)	韓末~日帝	鳳亭	獨立運動家
李承斗(승두)		三勿齋	本貫 碧珍
李昇洛(승락)	1834~1891	三省齋	字 贊職 本貫 固城
李承呂(승려) →李承召			
李承濂(승렴)	韓末開化期	蓮坡	學者 本貫 全州
李升龍(승룡)	1727~1805	無爲亭	學者 字 天翼 本貫 碧珍 父 奎華 外祖 權大益 著書 無爲亭遺稿
李承龍(승룡) →李承晩의 初名			
李承萬(승만)	1873~1932	鶴下	著書 文集
李承晩(승만)	1875~1965	雩南	獨立運動家 本貫 全州 父 敬善 初代大統領 著書 獨立精神
李升培(승배)	1768~1834	修溪	學者 字 大彦 本貫 興陽 父 坤宅 外祖 黃聖河 參奉 著書 修溪文集
李承伯(승백)	朝鮮	龍崗	文臣 字 景好 本貫 碧珍 敦寧都正
李承璧(승벽)		盆谷	本貫 鎭安
李承輔(승보)	朝鮮純祖	石山	文臣 本貫 全州 父 海春 諡號 文憲
李承福(승복)	1886~1961	良谷	學者 字 德受 本貫 光山 父 東鎬 外祖 曹學臣 著書 良谷遺稿
李昇馥(승복)	1895~1978	平洲	獨立運動家 言論人 本貫 韓山
李承常(승상)	朝鮮	三栢堂	文臣 本貫 全州
李承緖(승서) →金承緖			
李承善(승선)	1892~1966	春圃	著書 文集
李承召(승소)	1422~1484	三灘	文臣 字 胤保胤宗 本貫 陽城 父 藍 封號 陽城君 知中樞府事 諡號 文簡 著書 三灘集

人名	年代	號	其他
李承洙(승수)	1857~1912	或山	學者 字 賢敬 本貫 碧珍 父 炳峻 著書 或山集
李承守(승수)		草心堂	本貫 全州
李承新(승신) →李鼎新			
李承安(승안)	朝鮮	黙軒	字 道正 本貫 仁川 左承旨
李承彦(승언)	朝鮮成宗	東園	文臣 本貫 碧珍 父 好謙 義禁府弼善
李升淵(승연)	1767~1829	衍齋	文臣 字 文階, 太初 初名 雷淵 本貫 全州 父 義和 洪儀永, 朴胤源 門人 軍資監判官
李承延(승연)	1720~1806	剛齋	文人 本貫 延安 父 之彬 著書 文集
李昇淵(승연)	1861~1933	芝岡	獨立運動家 字 應五
李承燁(승엽)		景陽齋 淵菴	本貫 光山 著書 景陽齋遺稿
李承五(승오)	1837~?	三隱	字 奎瑞 本貫 韓山 父 景在 系 昌在 判書
李承五(승오)		燕槎	著書 文集
李承玉(승옥)	1803~1881	松竹堂	學者 字 敬執 本貫 碧珍 父 夏鉉 外祖 李鼎元 著書 松竹堂詩集
李勝愚(승우)	1841~?	石耘	文臣 字 復汝 本貫 延安
李承宇(승우)		碧樓	本貫 全州
李承旭(승욱)	朝鮮後期	菊軒	本貫 全州 父 周鎬
李承元(승원)	朝鮮世祖	鶴村	隱士 字 希天 本貫 仁川
李承源(승원)	1661~?	三棄齋	文臣 字 孝伯 本貫 慶州 父 卿晚
李承元(승원)	1803~1842	迁山 東亭 此傖	學者, 文臣 字 公一 本貫 韓山 健元陵參奉 著書 迁山稿詩抄
李承宰(승재)	1873~1910	蒼洲	義兵 字 佐敬 本貫 全州 父 康季
李承祖(승조)	朝鮮太宗	稼軒	字 文述 本貫 星州 祖父 仁任
李承宗(승종)	朝鮮光海君	西巖	隱士 字 孝伯 本貫 清州
李承注(승주)	朝鮮	保閑堂	文臣 字 致善 本貫 碧珍 敦寧都正
李承曾(승증)	1515~1599	觀瀾	學者 字 希魯 本貫 慶州 父 季幹 著書 觀瀾文集
李承哲(승철)		澹山	本貫 碧珍
李承春(승춘)		湖亭	本貫 全州 父 仁善
李承弼(승필)		聲隱	本貫 光山
李承鶴(승학)	1857~1928	青皐	學者 字 子和 本貫 全州 父 最善 外祖 李箕大 著書 青皐集
李承學(승학)		訥菴	本貫 全州
李承學(승학) →李承鶴			
李升鉉(승현)		素覽	著書 素覽詩集
李升亨(승형)	朝鮮中期	梅鶴主人	文臣
李承護(승호)	1854~1938	龍窩	著書 文集

人名	年代	號	其他
李承弘(승홍)	朝鮮	鶴谷	本貫 全州 父 泰奉 都正
李升煥(승환)	朝鮮	梅坡	本貫 古阜 一名 邦宇 父 啓徵 祖父 榮伯
李承會(승회) →李承曾			
李承孝(승효)	1513~?	思謙堂 思謙	文臣 字 子述 本貫 全義 父 孝忠 外祖 吳久興 修撰 著書 思謙堂集
李承薰(승훈)	1756~1801	蔓川	神父 字 子述 本貫 平昌 父 東郁 縣監
李昇薰(승훈)	1864~1930	南岡	己未獨立宣言33人 本貫 驪州 本名 寅煥 父 碩柱
李承休(승휴)	1224~1300	動安居士 容安堂	文臣, 學者 字 休休 本貫 嘉利 詞林承旨 著書 動安居士集
李承禧(승희)	朝鮮	艮山	本貫 全州 父 繼洛 祖父 馨達
李承熙(승희)	1847~1916	大溪 剛齋 韓溪	獨立運動家 字 啓道 周禎 本貫 星山 父 震相 著書 大溪文集
李蒔(시)	1569~1636	善迁堂 善迁	學者 字 中立 本貫 永川 父 德弘 著書 善迁堂逸稿
李著(시)	1713~1774	湖菴	著書 湖菴集
李時幹(시간)	朝鮮中期	幕巖	字 孟堅 本貫 固城 鄭逑 門人
李是榼(시강)	1604~1662	晚翠軒	著書 文集
李時格(시격)	1638~1698	江皐	武臣 字 正叔 本貫 全義 父 玩 受領 著書 江皐集 〈全城世稿〉
李蓍慶(시경)	朝鮮宣祖	召村	本貫 全州 父 陽元 洗馬
李蓍敬(시경)	朝鮮英祖	素窩	本貫 全州 父 箕彦 縣監
李時慶(시경)	朝鮮後期	肯齋	
李時棋(시기) →李時楳			
李是榼(시단)	朝鮮	修庵	學者 本貫 驪州
李時達(시달)	朝鮮	百源堂	文臣 字 而聖 本貫 碧珍 父 得仁 同知中樞府事 著書 文集
李時聃(시담)	1584~1665	四友堂	文臣 字 玄忠 本貫 延安 父 貴 系 資 追贈 戶曹判書
李時得(시득)		豊川	本貫 慶州 父 大建
李時龍(시룡)	朝鮮	錦菴	字 雲卿 本貫 固城
李時立(시립)	1548~?	後厓 後崖	字 志可 本貫 仁川 父 忠範 刑曹佐郎
李時萬(시만)	朝鮮中期	黙全堂	文臣 字 錫汝 本貫 全州 父 楊休 著書 黙全堂文集
李時萬(시만)	朝鮮	生庵	本貫 鶴山 父 士警
李蓍晚(시만)	1641~1708	東厓	文臣 字 定應 本貫 廣州 父 厚徵 咸鏡道觀察使
李時望(시망)	朝鮮	菊隱	文臣 本貫 慶州 同知中樞府事
李時楳(시매)	1603~1667	南谷 大隱 六隱 六隱齋 藏六堂	文臣 字 子和 本貫 全州 父 春英 漢城府尹
李時命(시명)	高麗	松湖 寶林	字 敬夫 本貫 安岳 判版圖司事

人名	年代	號	其他
李時明(시명)	1590~1674	石溪	學者 字 晦叔 本貫 載寧 父 涵 參奉 著書 石溪集
李時明(시명)	朝鮮	瓦西	本貫 機張 父 基祥 祖父 成輔
李時微(시미) →李時徹			
李時敏(시민)		琴湖	本貫 慶州
李時敏(시민)		筆村	字 勉仲 本貫 仁川
李時發(시발)	1569~1626	碧梧 碧桐 後穎漁隱	文臣 字 養久 本貫 慶州 父 大建 外祖 金憙 申應榘 婿 李德胤 門人 追贈 領議政 諡號 忠翼 著書 碧梧遺稿
李時昉(시방)	1594~1660	西峯	文臣 字 季明 本貫 延安 父 貴 封號 延城君 工曹判書 諡號 忠靖 著書 西峯集
李時昉(시방)	朝鮮後期	二可堂	字 晦叟 本貫 固城 父 後榮
李時白(시백)	朝鮮中期	水愚堂	本貫 全州 父 俔
李時白(시백)	1592~1660	釣巖 釣隱	文臣 字 敦詩 本貫 延安 父 貴 李恒福 金長生 門人 封號 延陽府院君 領議政 諡號 忠翼
李蓍伯(시백) →李蓍			
李時馥(시복) →李時馩			
李時敷(시부)	朝鮮初期	信美窩	本貫 全州 父 訥
李時馩(시분)	1588~1663	雲牕	學者 字 汝聞 本貫 長水 父 三才 外祖 朴仁實 著書 雲牕文集
李時馩(시빈)	朝鮮	漁隱	隱士 字 如常, 如聞 本貫 丹城
李時彬(시빈)		濃村	著書 濃村集
李時叙(시서) →全時叙			
李時善(시선)	1625~1715	松月齋	學者 字 子修 本貫 全州 父 億基 祖父 成立 外祖 權正來 著書 松月齋集
李是銑(시선)	朝鮮正祖	寄巖	本貫 驪州 父 莊輔
李時省(시성)	1598~1668	騏峰	文臣 字 子三 本貫 慶州 父 泰男 外祖 金去非 僉知中樞府事 著書 騏峰集
李蓍聖(시성)	朝鮮英祖	景黙齋	孝子 字 季通 本貫 全州 父 箕洪 權尚夏 門人
李時秀(시수)	1745~1821	及健齋 介石 健齋 及齋	文臣 字 稚可 本貫 延安 父 福源 外祖 安壽坤 領中樞府事 諡號 忠正 著書 及健齋漫錄
李蓍秀(시수)	1790~1849	慕亭	學者 字 景圓 本貫 固城 父 周齡 祖父 弘著 外祖 權學度 著書 慕亭集
李時述(시술)	朝鮮	養眞齋	委巷人 字 士善 本貫 全州
李時馣(시암)	1607~1644	晚聞	文臣 字 聞若 本貫 原州 父 澤
李時養(시양)	1770~1860	无憫齋	學者 字 子晦 本貫 永川 父 祥瀹 外祖 金邦翰 著書 无憫齋文集
李時彦(시언) →李直彦의 初名			

人名	年代	號	其他
李時然(시연)	1841~1918	白愚齋	學者 本貫 仁川 著書 白愚齋集
李時說(시열)	1893~1933	耘盧	獨立運動家
李時永(시영)	朝鮮初期	南谷	本貫 廣州 父 以坤 著書 遺稿
李時榮(시영)	1583~1637	野隱	文臣 字 公先
李蓍永(시영)	朝鮮正祖	玄淵	本貫 全州 父 書九
李時英(시영)	朝鮮後期	小華	委巷人
李時榮(시영)	朝鮮	黙堂	本貫 固城
李始榮(시영)	1868~1953	省齋 始林山人	獨立運動家 字 聖倉,聖翁 本貫 慶州 父 裕承 金弘集 婿 副統領
李始榮(시영)	1882~1929	又齋	獨立運動家 字 仲賢 本貫 慶州 父 寬俊
李始榮(시영)		寒樓	字 慶實 本貫 江陽
李時容(시용)	1853~1917	小溪	著書 文集
李時愚(시우)	1804~1853	石芝	文臣 字 魯叟 本貫 延安 父 馨秀
李時郁(시우)	朝鮮	寒雪齋	本貫 固城
李時郁(시우)		杞泉	著書 文集
李始元(시원)	朝鮮世祖	養心堂 瀁心堂	文臣 字 源卿 本貫 光山 父 老齊 提學
李始源(시원)	1753~1789	隱几 隱几堂	字 景深 本貫 延安 父 敏輔 祖父 亮臣 追贈 左贊成 諡號 文簡 著書 隱几集
李是遠(시원)	1790~1866	沙磯	文臣, 義士 字 子直 本貫 全州 父 勉伯 追贈 領議政 諡號 文正 著書 沙磯集
李時益(시익)	1567~1642	竹齋	學者 字 聖欽 本貫 延安 父 賓
李時益(시익)		南溪	本貫 全州
李時逸(시일)	1731~1792	閒窩	學者 字 敬安 本貫 慶州 父 基培 外祖 李行進 著書 閒窩文集
李時在(시재)	朝鮮憲宗	老谷 秋齋 秋翁	文臣 字 穉中,穉和 本貫 韓山 父 義坤
李時挺(시정)		龍溪	本貫 咸平
李是柱(시주)	朝鮮	雲庵	學者 本貫 驪州
李是鐼(시주)	朝鮮正祖	橡山	本貫 驪州 父 載奕
李時晙(시주)	朝鮮	梅軒	文臣 字 允珉 本貫 益山 都事
李時中(시중)	朝鮮英祖	弦菴	文臣 字 宜伯 本貫 全州 父 顯應 右尹
李時中(시중)	朝鮮	省軒	學者 本貫 驪州 父 德一 進士
李時重(시중)	朝鮮	雲來亭	委巷人 字 虛中 本貫 全州
李時稷(시직)	1572~1637	竹窓 三松	文臣 字 聖俞 本貫 延安 父 賓 曹好益,金長生 門人 追贈 吏曹判書 諡號 忠穆
李時進(시진)		松潤	本貫 韓山
李時徵(시징)		遁谷	字 明光 本貫 全州
李時徵(시징)	→李時徹		

人名	年代	號	其他
李時昌(시창)	朝鮮	冬菴	本貫 星山
李時昌(시창)		水面堂	本貫 咸平
李時徹(시철)	1721~1810	鶴皐	學者 本貫 全州 著書 鶴皐遺稿
李時轍(시철)	朝鮮	省軒	孝子 字 公珉 本貫 益山
李時樞(시추)	1637~1698	菊涯	學者 字 子白 本貫 碧珍 父 淳 追贈 副護軍 著書 菊涯逸稿
李時泰(시태)		湖隱	本貫 咸平 父 壤
李時弼(시필)	1657~1724	聖夢	文臣 本貫 慶州 同知中樞府事
李時夏(시하)		慕隱	字 子行 本貫 星州
李時沆(시항)	1630~1689	八懷堂	文臣, 學者 字 一初 本貫 固城 父 後植 外祖 金 瑰 海運判官 著書 八懷堂逸稿
李時恒(시항)	1672~1763	和隱 晚隱 華隱	學者 字 士常 本貫 遂安 父 廷翰 外祖 邊晋賢 郡守 著書 和隱集
李時恒(시항)	朝鮮	灘菴	委巷人 字 景雨, 量雨 本貫 廣州
李時楷(시해)	1600~1657	南谷 松崖 六隱堂	文臣 字 子範 本貫 全州 父 春英 吏曹參判
李時憲(시헌)	朝鮮純祖	自怡堂	學者 字 叔度 本貫 原州
李時憲(시헌)	→李時愚		
李時亨(시형)	韓末	梧溪	字 順夫 本貫 固城 李光寅 門人
李時馨(시형)	1825~1859	桐溪	著書 文集
李時華(시화)	朝鮮	泗隱	本貫 陜川 父 泰吉 祖父 雲
李時華(시화)		靜隱處士	本貫 廣州
李時橫(시횡)	→李時楳		
李時輝(시휘)	朝鮮	遯村	本貫 星州 父 仁傑 祖父 大秀
李時休(시휴)	朝鮮	審齋	委巷人 本貫 平昌 著書 文集
李湜(식)	1458~1488	四雨亭	王族 字 浪翁 本貫 全州 父 璔 祖父 世宗 封號 富林君 著書 四雨亭集
李拭(식)	1500~1587	畏菴 損菴	文臣 字 淸之 本貫 全州 父 承常 行護軍 著書 畏菴集
李植(식)	1584~1647	澤堂 南宮外史 澤 癯居士 澤風堂	文臣 字 汝固 本貫 德水 父 安性 追贈 領議政 諡號 文靖 著書 澤堂集
李濐(식)	朝鮮仁祖	月梧	王族 本貫 全州 父 綾原大君
李湜(식)	1643~1700	鰲山	文臣 字 正源 本貫 延安 父 鼎徵 監司
李植(식)	1646~1735	貞齋	著書 文集
李栻(식)	1659~1729	畏齋 畏菴	學者 字 敬叔 本貫 延安 父 齊憲 翊衛 著書 四七附話
李濬(식)	1667~?	月梧軒	字 達源 本貫 驪興 父 之宗
李埴(식)	朝鮮英祖	華村	學者 本貫 遼山 父 彥陽 著書 華村遺稿
李寔(식)	朝鮮	笑軒	文臣 本貫 驪州 察訪

人名	年代	號	其他
李栻(식) →李拭			
李植根(식근)		綠坡	字 士固 本貫 韓山
李軾龍(식룡)		野隱	本貫 尙州
李寔鎬(식호)	朝鮮後期	芝田	本貫 眞城
李申(신)	高麗恭愍王	溪隱	文臣 字 伸之 本貫 載寧 父 日善 持平
李蓋國(신국)	朝鮮光海君	東村	
李身圭(신규)	1600~1681	西溪	學者 字 用賓 本貫 興陽 父 堁 外祖 安守仁 著書 西溪集
李身達(신규)	朝鮮純祖	芝田	本貫 平昌 父 承薰 參奉
李信得(신득)	朝鮮	物外亭	字 仁叟 本貫 固城
李申命(신명)		松坡	著書 松坡集
李信文(신문)	朝鮮	竹溪	學者 本貫 驪州 父 春美 祖父 天乙
李愼民(신민)	朝鮮後期	八三	
李蓋邦(신방)	朝鮮孝宗	細谷處士	本貫 全州 父 元胄
李新芳(신방)	朝鮮	湖隱	文臣 本貫 丹陽 中樞府事
李信遠(신원)	朝鮮	慕隱	本貫 永川 父 德演
李信源(신원)	1857~1910	月灘	字 慶華 本貫 固城 父 鉉奎
李信元(신원) →李春元			
李愼猷(신유)	朝鮮初期	杜菴	字 大仲 本貫 洪州 父 舒 政堂文學
李愼儀(신의)	1551~1627	石灘	文臣 字 景則 本貫 全義 父 元孫 閔純 門人 追贈 吏曹判書 諡號 文貞 著書 石灘集
李愼義(신의) →李愼儀			
李臣一(신일)	朝鮮	松湖	本貫 公州 父 先光 祖父 聖植
李愼徵(신징)	朝鮮宣祖	平涼居士	字 應三 本貫 全州 父 德溫 祖父 霆
李信豊(신풍)	朝鮮	雙松堂	字 贊瑞 本貫 鳳山 參奉
李紳夏(신하)	朝鮮英祖	送老堂	本貫 德水 父 植
李信祜(신호)	朝鮮正祖	疎齋	文臣 本貫 龍仁 父 普行
李臣鎬(신호)	朝鮮後期	壽菴	本貫 慶州 父 基瑗
李身晦(신회)	1725~1799	佳邨	學者, 文臣 字 晦之 本貫 全義 父 聖謐 外祖 金日佐 刑曹參判 著書 佳邨文集
李愼孝(신효)	朝鮮	氷玉	字 子敬 本貫 全義 觀察使
李愼徽(신휘) →李愼微			
李信熙(신희)	朝鮮	沙村	本貫 星山 父 河相 祖父 彦實
李實之(실지)	1624~1704	南溪	學者 字 太賓 本貫 光山 父 奎明 外祖 金南重 宋時烈 門人 著書 南溪集
李實之(실지)	朝鮮	松柏堂	著書 文集

人名	年代	號	其他
李愖(심)	朝鮮宣祖	竹峯	文臣 本貫 全州 父 景栗 舍人
李深(심)	朝鮮仁祖	孝友堂	本貫 全州 父 侃 封號 全山君
李禑(심)	朝鮮光海君	稼隱 穡隱	文臣 字 子瞻 本貫 延安 父 昌庭 師傅
李杺(심)	朝鮮肅宗	弘窩	字 季幹 本貫 載寧 父 玄逸 著書 遺稿
李璕(심)	朝鮮	四吾堂	學者 本貫 驪州
李潯(심)		灘翁	本貫 延安 父 昌庭
李淰(심) →李稔			
李心求(심구)	朝鮮	月琶	文臣 字 誠白 本貫 新平 三水都護府使
李深德(심덕)	朝鮮英祖	雨亭	畫家 本貫 隴西
李審度(심도)	1762~?	疵菴 紫山	字 景禹 本貫 韓山 父 渭載 系 碩載 大司諫
李心輔(심보)		玉城窩	本貫 延安
李心永(심영)	1744~1826	古道菴	學者 字 國瑞 大有 初名 禧錫 本貫 牙山 父 齊桓 系 齊樞 著書 古道菴遺稿
李深源(심원)	1454~1504	醒狂 黙齋 大黙齋 醒狂齋 太平眞逸 平眞逸	文臣, 學者 字 伯淵 本貫 全州 父 偉 外祖 蔡中保 封號 朱溪君 諡號 文忠 著書 醒狂遺稿
李心源(심원)	1722~1770	一翁	字 宅之 本貫 延安 父 得輔 追贈 吏曹判書
李審一(심일)	朝鮮	寒溪	本貫 碧珍 父 屹 祖父 喜生
李心傳(심전)	韓末	毅軒	著書 文集
李心弘(심홍)	1569~1657	孤村	字 毅甫 本貫 廣州 父 遇慶
李氏夫人(씨부인)	1739~1821	師朱堂	本貫 全州 父 昌植 夫 柳漢奎 著書 胎敎新記
李氏夫人(씨부인)		貞一軒	夫 成大鎬 著書 文集
李堮(악)	朝鮮	顧齋	
李岳祥(악상)	朝鮮	雪川	學者 本貫 驪州
李岸(안)	1414~?	穎波 穎波亭	文臣 字 野夫 本貫 咸平 持平 著書 文集
李安坤(안곤)	朝鮮	泰隱	本貫 星山 父 國榛 祖父 星徠
李安訥(안눌)	1571~1637	東岳 广老	文臣 字 子敏 本貫 德水 父 泂 系 � 追贈 左贊成 諡號 文惠 著書 東岳集
李安道(안도)	1541~1584	蒙庵 蒙齋 藝齋	學者 字 蓬原 本貫 眞寶 父 雋 祖父 滉 外祖 琴梓 直長 著書 蒙庵集
李安禮(안례)		梨亭	本貫 廣州
李安實(안실)	朝鮮太宗	老田	本貫 永川 父 釋之
李安柔(안유)	朝鮮太宗	西坡	文臣 字 而立 本貫 永川 父 釋之 祖父 洽 外祖 李 壽昌 正言 著書 文集
李安仁(안인)	朝鮮宣祖	酒峯 芝峯	字 子聖, 子長 本貫 德水 父 準
李安迪(안적)	1651~1707	龜溪	學者 字 猷遠 本貫 興陽 父 慶培 外祖 張德亨 著 書 龜溪遺稿
李安中(안중)	韓末	玄同	文人 本貫 全州 父 顯國 著書 玄同集

人名	年代	號	其他
李安眞(안진)	1586~1650	淸湖 藤原處士	文臣 字 葆汝 本貫 德水 父 洸 推重 吏曹參議
李顔泰(안태)	1834~1892	南坡	學者 字 華顯 本貫 慶州 著書 南坡遺稿
李謁平(알평)		瓢巖	本貫 慶州
李嵒(암)	1293~1364	杏村	文臣, 書藝家 字 古雲, 翼之 初名 君侅 本貫 固城 父 瑀 祖父 尊庇 封號 鐵原府院君 守門下侍中 諡號 文貞 著書 杏村集
李巖(암)	高麗	碧洞	文臣 字 君山 本貫 泰安 左相
李馣(암)	1623~1670	牛灣	字 實如 本貫 星州 父 尙規 縣令
李馣(암)	朝鮮	坡麓	文臣 字 國馨 本貫 完山 通政 著書 文集
李馣(암)	朝鮮顯宗	月峰	本貫 星州 司憲府持平
李巖(암) →李宕			
李壧(암) →李暎			
李巖淳(암순)	朝鮮肅宗	白石	本貫 眞寶 父 龜休
李愛日羅(애일라)	1894~1922	心淑	女流獨立運動家
李野淳(야순)	1755~1831	廣瀨	學者, 文臣 字 健之 本貫 眞寶 父 龜休 掌樂院主簿 著書 廣瀨集
李約東(약동)	1416~1493	老村	文臣 字 春甫 本貫 碧珍 父 德孫 知中樞府事 諡號 平靖 著書 老村實記
李若烈(약렬)	1765~1863	訥窩	學者, 文臣 字 謙如, 謙會 本貫 星州 父 啓馠 外祖 郭元垕 金井察訪 著書 訥窩文集
李若氷(약빙)	1489~1547	樽巖 蹲巖	文臣 字 喜初, 熹初 本貫 廣州 父 滋 外祖 安彭命 左通禮
李若水(약빙) →李若氷			
李若水(약수)	1486~1561	鷄村 牛泉	儒生 字 止源 本貫 廣州 父 滋
李若水(약수) →李若氷			
李若永(약영) →李若氷			
李若愚(약우)	1782~1860	壺居	文臣 字 景寧, 景容 本貫 延安 父 洛秀 系 崑秀 刑曹判書 諡號 文簡 著書 文集
李若采(약채)	1727~1782	行休齋	本貫 仁川 父 人恒 著書 文集
李若海(약해)	1498~1564	首巖 首崟 鐏巖	文臣 字 景容 本貫 廣州 父 滋 羅州牧使
李楊(양)	朝鮮太祖	春塘	文臣 字 仲彌 本貫 德水 父 仁範 祖父 千善
李諒(양)	朝鮮宣祖	螫菴	本貫 全州 父 瑠 封號 鳳陽君 著書 文集
李揚(양) →李楊			
李漾(양)	朝鮮	磨齋	方術家 字 深之 本貫 全州 諡號 文憲
李瀁(양)	朝鮮	樂窩	本貫 星山 父 昌禧
李涼(양)		竹陰	本貫 延安 父 緯徽
李壤(양)		孝里 孝里處士	本貫 咸平

人名	年代	號	其他
李瀁(양) →李瀁			
李漾(양) →李瀁			
李良國(양국)	朝鮮	觀魚亭	文人 本貫 慶州
李揚烈(양렬)	朝鮮後期	青湖	
李養蒙(양몽)	高麗	巖灘	本貫 廣州 大匡版圖判書
李良茂(양무)	朝鮮	遯翁	文臣 本貫 寧海 司正
李兩普(양보)	朝鮮英祖	頓悟	本貫 碧珍 父 挺郁
李陽生(양생)	高麗	奇寓	本貫 陰竹 父 憲兆
李陽緖(양서)		三溪	本貫 咸平
李陽昭(양소)	高麗~朝鮮	琴隱	隱士 字 汝健 本貫 順天 父 師古 鄭夢周 門人 郡守 諡號 清華
李陽秀(양수)		醉亭	本貫 全州
李樑臣(양신)	朝鮮	聾叟	字 君卿 本貫 固城
李養實(양실)	新羅	和山	字 眞忠 本貫 安岳 兵馬使 諡號 文忠
李亮淵(양연)	1771~1853	山雲 臨淵 臨淵堂	文臣 字 晋叔 本貫 全州 父 義存 同知中樞府事 著書 石潭酌解
李養吾(양오)	1737~1811	磻溪	學者 字 用浩 本貫 鶴城 父 宜琛 外祖 鄭之鐸 著書 磻溪集
李暘郁(양우)	朝鮮	復齋	文臣 字 文甫 本貫 梁山 僉知中樞府事
李陽元(양원)	1533~1592	鷺渚 南坡 西坡 雙阜 一可道人	文臣 字 伯春 本貫 全州 父 鶴丁 封號 漢山府院君 右議政 諡號 文憲 著書 鷺渚遺事
李養源(양원)	1708~1764	陶谷 陶溪	文臣, 學者 字 浩然 本貫 慶州 父 錫祚 外祖 洪得範 司憲府掌令 著書 陶谷遺稿
李陽胤(양윤)	朝鮮正祖	二嚚堂	字 喜淑 本貫 江陽
李樑材(양재)	朝鮮	忠孝軒	本貫 陜川 北評使
李涼著(양저) →李諒			
李瀁禎(양정)	朝鮮	大守軒	字 文一 本貫 固城
李陽柱(양주)		遯齋	著書 遯齋集
李養中(양중)	高麗~朝鮮	遁村 石灘	文臣 字 子精 本貫 廣州 父 方貴 檢校漢城尹
李養中(양중)	1525~?	西川	文臣 字 公浩 本貫 全州 父 珹 李滉 門人 義州牧使
李亮采(양채)	1714~1796	醉夢軒	字 君若 本貫 仁川 父 仁徵 著書 文集
李亮天(양천)	朝鮮英蕭宗	榮木堂	文臣 字 功甫 本貫 全州 父 繼華 著書 文集
李陽祕(양필)	朝鮮	海桑 海桑子	委巷人 字 伯燁 本貫 完山 承政院書吏
李養浩(양호)	1861~1935	耕雲	著書 耕雲遺稿

人名	年代	號	其他
李亮和(양화)	1802~1880	聽素	文臣, 學者 字 國賓 本貫 碧珍 兵曹參判 著書 聽素集
李陽煥(양환)	高麗	西溪	文臣 字 伯溫 本貫 泰安 太師 諡號 文穆
李良熙(양희)	朝鮮	伊湖	文臣 字 穉正 本貫 德水
李養喜(양희)	→李養吾		
李於春(어춘)	朝鮮	夢庵	文臣 字 芳彦 本貫 陝川 僉知中樞府事
李億(억)	1613~1655	三足堂	學者 字 子壽 本貫 全州 父 珙 封號 海安君 諡號 靖懿 著書 三足堂集
李億(억)		愼菴	本貫 慶州
李億(억)	1863~1936	筱浣	大倧教人 祖父 祖淵
李億祺(억기)	1561~1597	松峰	武臣 字 景受 本貫 全州 父 連孫 外祖 朴命健 封號 完興君
李億年(억년)	高麗忠烈王	樂山堂 樂山齋	文臣 字 仁汝 本貫 星州 安裕 門人 開城留守
李億祥(억상)	1835~1905	守軒	學者 父 載堯 本貫 仁川 父 錫麟 著書 守軒集
李億榮(억영)	1515~1589	浪谷	著書 文集
李億七(억칠)		華谷	本貫 慶州
李堰(언)	?~1483	洛濱	字 深源 本貫 興陽 父 僖
李彦(언)	1604~1652	竹軒	文臣 字 道貫 本貫 碧珍 兵曹判書 諡號 文獻
李彦(언)	朝鮮	小心軒	文臣 本貫 碧珍 三道監司 諡號 忠篤
李彦綱(언강)	1648~1716	鷺湖	字 季心 本貫 全州 父 伯麟
李彦經(언경)	1653~1710	天遊齋	文臣 字 士常 本貫 全州 父 廷麟 忠淸道觀察使
李彦适(언괄)	1494~1553	聾齋	學者 字 子容 本貫 驪興 父 蕃 外祖 孫召 追贈 持平 著書 聾齋遺稿
李彦耆(언구)	朝鮮英祖	雲庵	本貫 全州 父 仁翕
李彦龜(언구)		觀物齋	本貫 全州
李彦龜(언구)	→李元龜		
李彦根(언근)	1697~1764	晚村 晚窩	學者 字 晦甫 本貫 光州 父 華南 著書 晚村集
李彦沂(언기)	→李沂		
李彦吉(언길)		守拙	本貫 原州
李彦烈(언렬)	1680~1719	愛日庵	文臣, 學者 字 烈卿 本貫 原州 父 泰來 外祖 安崟 成均館典籍 著書 愛日庵遺稿
李彦溟(언명)	→李彦瑱		
李彦復(언복)	朝鮮	黃泥亭	本貫 全州 父 大益
李彦富(언부)		遁庵	本貫 星山
李彦贇(언빈)	朝鮮宣祖	蓮齋	義兵 字 忠恕 本貫 光山
李彦祥(언상)	朝鮮	桃隱	本貫 星州 父 憲 祖父 文植 參奉
李彦相(언상)	1826~1897	蟬庵	字 和應
李彦秀(언수)	→李秀彦		

人名	年代	號	其他
李彦淳(언순)	1740~1812	聱窩	文臣 字 景寬 本貫 眞寶 父 龜容 吏曹參判
李彦信(언신)	朝鮮	樂齋	本貫 永川 父 暹 祖父 珪
李彦讓(언양)	朝鮮中期	龍江	文臣 字 景禮 本貫 陽城
李彦英(언영)	1568~1639	浣亭 浣石亭	文臣 字 君顯 本貫 碧珍 父 鄧林 善山府使 著書 浣亭文集
李彦雨(언우)	1875~1916	慵齋	著書 慵齋集
李言禹(언우)	朝鮮	敬齋	字 伯三 本貫 花山
李彦遇(언우)→李濟臣의 初名			
李彦愉(언유)	朝鮮宣祖	汾素	文臣 字 愉之 本貫 全州 父 璋 府使
李彦濡(언유)	朝鮮	拙齋	委巷人 字 澤之
李彦才(언재)		三畏齋	字 允三
李彦迪(언적)	1491~1553	晦齋 紫溪翁 紫玉山人	文臣, 學者 字 復古 本貫 驪州 父 蕃 外祖 孫召 左贊成 諡號 文元 著書 晦齋集
李彦佐(언좌)	1700~1781	圓峯 圓峯處士	本貫 永川 著書 文集
李彦中(언중)→李彦冲			
李言直(언직)	1631~1698	明湖	學者 字 子愼 本貫 永川 著書 明湖文集
李彦瑱(언진)	1740~1766	松穆館 松穆閣 曇寰 湘藻 雲我 誕登子 滄起	譯官 字 虞裳 本貫 江陽 父 德芳 李用休 門人 著書 松穆館集
李彦春(언춘)	1546~1614	東溪	字 彦之 本貫 慶州 著書 東溪實紀
李彦冲(언충)	?~1338	芸齋	文臣 字 立之 本貫 全義 父 子蒝 祖父 仟 外祖 金惟銖 知奉春秋館事 諡號 文義
李彦忠(언충)	高麗	芸齋	文臣 字 國瑞 本貫 舒川 封號 西州伯 知孝恩觀事 諡號 忠敬
李彦琛(언침)	朝鮮仁祖	孤松	字 極忠 本貫 淸州 崇祿大夫
李彦愊(언핍)	朝鮮宣祖	慕菴	文臣 字 仲一 本貫 延安
李彦衡(언형)	1710~?	松厓	字 平叔 本貫 全州
李彦浩(언호)	朝鮮成宗	己卯山人 情淸子	文臣 本貫 韓山 父 惟淸 全羅監司
李彦灝(언호)		默隱	著書 文集
李彦華(언화)	1556~1629	巨川	譯官 字 汝實 本貫 雪城 追贈 判中樞府事
李彦烋(언휴)		獨樂堂	本貫 積城
李儼(엄)	1568~?	仙巖	學者 字 士恪 本貫 永川 父 蕃 著書 仙巖文集
李壎(엄)	1641~1696	鶴皐	字 景瞻 本貫 驪州
李儼(엄)	朝鮮英祖	愚村	義兵 字 思仲 本貫 陜川
李壎(엄)	朝鮮英祖	鶴皐	本貫 驪州 父 撲 縣監
李淹(엄)		杏陰	本貫 全州 父 遇輝
李壎(엄)	朝鮮英祖	鶴皐	本貫 驪州 父 撲 縣監
李淹(엄)		杏陰	本貫 全州 父 遇輝

人名	年代	號	其他
李淹(엄) →李馣			
李業(업)		屹峯	本貫 全州
李璵(여)	1424~1444	明誠堂	文臣, 書藝家 字 煥之 本貫 全州 父 世宗 系 芳蕃 諡號 章懿
李崙(여)	1503~1544	松厓 麟齋	學者, 文臣 字 肯穡有秋 本貫 韓山 父 仁老 外祖 朴枝生 金安國 門人 校理
李壩(여)	1641~1731	愚軒	字 汝卓 本貫 驪州 父 白干
李畬(여)	1645~1718	睡谷 睡村 浦陰	文臣 字 治甫, 子三 本貫 德水 父 紳夏 外祖 辛後 完 宋時烈 門人 判中樞府事 諡號 文敬 著書 睡谷 集
李旅(여)	朝鮮	杏隱	字 聖叔 本貫 光山 吏曹參判
李汝恭(여공)		悔堂	字 自極 本貫 原州
李汝圭(여규)	1713~1772	无悶堂	學者 字 君執 本貫 蔚山 父 光然 著書 无悶堂文集
李汝良(여량)	朝鮮宣祖	南岡	字 殷輔
李汝霖(여림)		訥齋	本貫 慶州 著書 訥齋遺稿 〈江陽世稿〉
李如梅(여매)		百拙	著書 文集
李汝馪(여빈)	1556~1631	炊沙 鑑谷	學者, 文臣 字 德薰 本貫 羽溪 父 孝信 外祖 李貴 胤 典籍 著書 炊沙文集
李汝四(여사)		白谷 厚田	
李如晟(여성)	朝鮮英祖	浣溪	本貫 全州 父 衡祥 著書 文集
李如松(여송)	朝鮮宣祖	仰城	字 子茂 本貫 星州
李礪臣(여신)	朝鮮肅宗	檢溪	本貫 延安 父 成朝 都正
李汝玉(여옥)		風㠜	本貫 尚州
李汝完(여완)	朝鮮	鶴汀	委巷人 字 樂全 本貫 永川
李與潤(여윤)	朝鮮	橘翁	字 君澤
李汝翊(여익)	1591~1650	秀峰	文臣, 學者 字 裵卿 本貫 碧珍 父 應元 外祖 李俊 宗 世子侍講院輔德 著書 秀峰文集
李如梓(여재)		樂齋	
李如迪(여적)	朝鮮英祖	映湖	本貫 全州 父 衡祥 著書 文集
李如珵(여정)	1716~1791	債軒	學者 字 華屋 本貫 星州 父 胤星 著書 債軒遺稿
李汝貞(여정)		南岡	本貫 咸平
李汝柱(여주)	朝鮮	溪隱	本貫 星州 父 㑢
李汝天(여천) →李儁의 初名			
李如琢(여탁)		嚴灘	著書 文集
李如璜(여황)	1590~1632	龍灘	字 季徽 本貫 廣州 父 德馨
李如悔(여회) →李如梅			
李壇(연)	1608~1668	素翁	文臣 字 野叟 本貫 碧珍 父 尚仮 刑曹參議
李椊(연)	朝鮮仁祖	淡庵	本貫 全州 父 泓 封號 海運君

人名	年代	號	其他
李繡(연)	朝鮮仁祖	學稼齋	字 愼彦
李浣(연)		後村	本貫 星州
李演(연)		洛漁	
李繡(연)	朝鮮仁祖	學稼齋	字 愼彦
李浣(연)		後村	本貫 星州
李演(연)		洛漁	
李沈(연) →李玩			
李演(연) →李演			
李演(연) →李德演			
李繡(연) →李縮			
李延慶(연경)	1484~1548	灘叟 龍灘子	文臣 字 長吉 本貫 慶州 父 守元 祖父 世佐 校理 諡號 貞孝
李淵觀(연관)	1866~1935	蘭谷	字 炯國 本貫 光山 父 麟錫 著書 蘭谷先生文集
李演九(연구)	朝鮮	晚歸	文臣 本貫 驪州 秘書丞
李延伋(연급)	朝鮮英祖	一文齋	本貫 延安 父 宜祥 校理
李延年(연년) →李廷年			
李延德(연덕)	1862~1750	知止 知止齋	文臣 字 子新 本貫 全義 父 尙隣 右副承旨
李淵龍(연룡) →李潤龍			
李淵普(연보)	朝鮮英祖	存誠齋	本貫 碧珍 父 挺郁 佐郎
李淵祥(연상)	朝鮮	知足堂	文臣 本貫 驪州 大司憲
李衍祥(연상)		蒼石	本貫 全州 祖父 健命
李淵性(연성)	1824~1893	湖上	學者 字 舜瑞 本貫 延安 父 源求 外祖 鄭錫胤 著書 湖上遺稿
李連松(연송)	?~1320	龍溪 雲岑	文臣 字 栢心 本貫 遂安 安珦 門人 封號 遂安君 三重大匡太事平章事 諡號 文益
李連植(연식)		竹山	本貫 全義
李延馣(연암) →李廷馣			
李涓宇(연우)		長山	本貫 全州 父 瑾英
李演雨(연우)	1890~1939	眞齋	著書 文集
李淵翼(연익)	1829~1891	沙雲 春沼	文臣 字 學汝 本貫 延安 父 綱愚 外祖 金正均 司饔僉正 著書 遺稿
李淵會(연회)		勿齋	著書 文集
李演周(연주)	1791~1867	安命窩	本貫 全州 父 好生 系 好敦
李說(열)	1553~1609	愛日堂	字 天賚 本貫 鶴山 父 德元 祖父 彦國 著書 愛日堂實
李悅(열)	1810~1880	菊隱	文臣 字 學而 本貫 陽城 父 增祿 外祖 韓日信 司憲府監察 著書 菊隱集

人名	年代	號	其他
李烈(열)	朝鮮	拙庵	字 浩源 本貫 光山 父 好善 參贊
李閱道(열도)	鮮宣祖	遇巖	字 靜可 本貫 眞寶 父 宏
李恬(염)	朝鮮燕山君	輔益堂	隱士 本貫 全州
李琰(염)	1538~1588	安溪 雲塘	學者, 文臣 字 玉吾 本貫 固城 父 磁 曹植 門人 吉州牧使
李琰(염)	朝鮮宣祖	庸菴	字 仲潤 本貫 星山 祖父 驎
李琰(염)	朝鮮仁祖	雲塘	本貫 星山 刑曹參議
李琰(염)	朝鮮英祖	游蓮	本貫 全州 父 廷煌 佐郎
李廉(염)	朝鮮明宗	竹溪	本貫 洪州 父 應從 參奉
李燁(염)	1729~1788	農隱	文臣, 學者 字 時晦 本貫 全義 父 相奎 外祖 李以相 工曹正郎 著書 農隱集
李曄(엽)		蓮堂	本貫 全州 父 大胤
李燁(엽)	朝鮮	永慕齋	字 晦彦 本貫 鳳山 生員
李燁根(엽근)	朝鮮	陽村	文臣 字 化仲 本貫 碧珍 僉知
李榮(영)	1494~1563	掛鞭 掛鞭堂	學者, 文臣 字 顯父 本貫 永川 副護軍
李甯(영)	1527~1588)	漫浪	字 魯卿 本貫 眞寶 父 瀅
李嶸(영)	朝鮮宣祖	葛裘 碧山	文臣 字 仲高 本貫 完山 父 彦怡 藝文館奉教
李瑛(영)	朝鮮光海君	紫圃	隱士 字 而晦 本貫 陜川 父 天慶 著書 文集
李覺(영)	1561~1623	泥丸	字 士瑩 本貫 全州 父 彦諄
李瑛(영)	1604~1651	葵藿野人 煙波 釣徒 月窓 醉隱	王族 字 可韞 本貫 全州 父 宣祖 封號 人興君
李泳(영)	朝鮮顯宗	聖峰	文臣 字 永之 本貫 驪州 著書 聖峰私薰
李㮑(영)	1670~1775	后溪	學者 字 士直 本貫 載寧 父 隆逸 著書 后溪集
李焲(영)	朝鮮肅宗	逸軒	本貫 全州 父 權 封號 安昌君 諡號 文端
李暎(영)	朝鮮	繼樓	文臣 字 汝中 本貫 新平 五衛將
李霓(영)	1546~1616	雲圃	字 汝洽 本貫 星山 父 希檀 著書 雲圃先生文集
李瓔(영)		日新堂	本貫 全州
李俟(영) →李瑛			
李瑛(영) →李琰			
李瑛(영) →李摠			
李榮(영) →全榮			
李英甲(영갑)	1622~?	野翁	文臣 字 善鳴華彦 本貫 慶州 父 超 著書 文集
李永肩(영견)	1403~1482	石齋 遼山	文臣 字 一心 本貫 遂安 父 求魯 羅州牧使
李榮權(영권)	朝鮮後期	二樂堂	本貫 全州 父 觀馨

人名	年代	號	其他
李瑩奎(영규)	1851~1895	九山	學者 字 聖賚 本貫 巴山 父 濟權 外祖 金廷闓 著書 九山集
李泳奎(영규)		棠峴	著書 棠峴遺稿
李英奇(영기)	高麗~朝鮮	茅廬	字 慶悅 本貫 康津 翰林學士
李英耆(영기)	朝鮮正祖	三省齋	本貫 全州 父 宅祥
李榮基(영기)	朝鮮	秋巒	學者 本貫 全州 父 成立 祖父 敏
李英吉(영길)	朝鮮仁祖	櫟翁	文人 字 慶叔 本貫 全義 父 熙德 進士
李英男(영남)	朝鮮宣祖	效嶽	字 子豪 本貫 全義
李永湍(영단) →李永瑞			
李穎達(영달)	朝鮮宣祖	自如	本貫 德水 父 庠
李詠道(영도)	1559~1637	東巖	文臣 字 聖與 本貫 眞寶 父 寯 祖父 滉 追贈 左承旨
李映洛(영락)		桂圃	著書 文集
李永祿(영록)	朝鮮後期	黙窩	
李榮立(영립)	朝鮮宣祖	儉翁	字 彦熙 本貫 慶州
李榮立(영립)	朝鮮	東皐	
李榮立(영립)		華嚴	字 景官 本貫 丹陽
李榮門(영문)	朝鮮宣祖	東渠	義兵 字 仁伯 本貫 慶州
李英發(영발) →李義發의 初名			
李永寶(영보)	朝鮮世宗	光影堂	文臣 本貫 丹城 五衛都摠府都摠管
李英普(영보)	1678~1821	松湖	著書 文集
李英輔(영보)	1687~1747	東溪	學者 字 夢與 本貫 延安 父 華臣 外祖 申鋌 追贈 司僕寺正 著書 東溪遺稿
李英馥(영복)		稼亭	著書 稼亭集
李英符(영부)	1499~1535	柳村	文臣 字 應瑞 本貫 廣州 父 攀 掌令
李永瑞(영서)	?~1450	魯山 希賢堂	文臣 字 錫類 本貫 平昌 父 宗美 禮曹正郎
李楹緒(영서)		竹隱	本貫 咸平
李永錫(영석)	1875~1947	梅窩	著書 文集
李英錫(영석)		寒塘	本貫 慶州
李榮先(영선)	朝鮮顯宗	忍齋	本貫 全義 父 遵吉 社稷參奉
李英善(영선)	1889~1955	白儂	獨立運動家
李瀅善(영선) →李澄善			
李永成(영성)	朝鮮中宗	隴西	字 遠期 本貫 龍仁 父 弘幹 正言
李榮世(영세)	1618~1698	日休亭	文臣 字 榮伯 本貫 碧珍 父 忠民 外祖 權德時 著書 日休亭文集
李英秀(영수)	高麗	鐵冠	文臣 字 春夫 本貫 泰安 典理判書 諡號 忠烈

人名	年代	號	其他
李英秀(영수)	朝鮮正祖	晚拙	本貫 延安 父 發源 茂朱府使
李永壽(영수)	朝鮮	白蓮	字 命長 本貫 仁川 父 日鉉 著書 文集
李令承(영승)		東巖	本貫 永川
李榮植(영식)	朝鮮	沙泉	文臣 本貫 廣州 正言
李英玉(영옥)	1777~1813	實菴	學者 字 子衡 本貫 全州 父 駿祥 著書 實菴遺稿
李永佑(영우)	朝鮮燕山君	耒隱 埜隱	文臣 字 佑之 本貫 慶州 父 龜
李永旭(영욱)	朝鮮	龜岡	文臣 字 舜瑞 本貫 鳳山 敦寧府都正
李榮元(영원)	1565~1623	龍溪 龍溪處士	字 子善 本貫 咸平 父 瓗 著書 龍溪集
李永源(영원)	朝鮮	裕隱	本貫 星山 父 雲 祖父 希寬
李英裕(영유)	朝鮮正祖	雲巢	學者, 音樂家 字 弘甫 本貫 全州 父 鳳祥 縣監 著書 雲巢漫藁
李永儀(영의)	朝鮮	晚泉	本貫 全州 父 花宇 祖父 會台
李顈儀(영의)	朝鮮	月史	本貫 全州
李令翊(영익)	1740~1780	信齋	學者 字 幼公 本貫 全州 父 匡師 著書 信齋集
李榮仁(영인)	1611~1669	松潭	學者 字 汝安 本貫 延安 父 復吉 外祖 白振南 著書 松潭集
李榮全(영전)	1601~1678	聽天窩	學者 字 元吉 本貫 永川 父 蕣 外祖 李宗道 著書 聽天窩集
李永祚(영조)→李源祚의 初名			
李永冑(영주)	朝鮮英祖	誕隱	本貫 全州 父 漢朝
李英俊(영준)	朝鮮	聞隱	文臣 字 實之 本貫 星山 寧邊府使
李英俊(영준)		畝隱	本貫 全州
李永進(영진)	高麗末	水月堂	字 重遠 本貫 安岳 諡號 文烈
李榮鎭(영진)	1629~1698	雪谷 無爲翁	學者, 文臣 字 白守 本貫 江陽 父 坧 外祖 成應賢 連山縣監 著書 雪谷遺集
李穎鎭(영진)	朝鮮肅宗	松竹軒	本貫 碧珍 父 彦英 監役
李榮枌(영표)		松隱	著書 松隱先生文集
李瑛弼(영필)	朝鮮	海山	文臣 字 德文 本貫 益山 敎官
李英弼(영필)		一庸齋	著書 文集
李寧河(영하)		五愛堂	著書 五愛堂遺集
李令憲(영헌)		終慕堂	本貫 咸平
李穎憲(영헌)		洗耳亭	本貫 咸平
李齡鎬(영호)	朝鮮後期	石田	本貫 眞城
李英華(영화)		山幕洞	本貫 原州
李永勳(영훈)	朝鮮	望巖	

人名	年代	號	其他
李藝(예)	1373~1445	鶴坡	文臣 字 仲游 本貫 鶴城 同知中樞院事 諡號 忠肅 著書 文集
李芮(예)	1419~1480	薑川 訥齋	文臣 字 可成 萬成 本貫 陽城 父 全之 祖父 孟常 刑曹判書 諡號 文質
李藝(예)	朝鮮	停圃	文臣 字 振南 本貫 清州 牧使
李禮立(예립)	朝鮮	敬菴	本貫 慶州 父 希白 祖父 元俊
李禮延(예연)	朝鮮後期	麓下	
李禮兄(예형)	朝鮮初期	梧軒	本貫 咸安 父 美
李禮亨(예형) →李禮兄			
李禮煥(예환)	1772~1837	蘭菊齋	學者 字 致和 本貫 慶州 宋穉圭 門人 著書 蘭菊齋集
李頫(오)	1050~1110	金剛居士	文臣 字 常之 本貫 仁州 父 子祥 諡號 文良
李午(오)	高麗末	茅隱	文臣 本貫 載寧 父 日善 追贈 兵曹參議 著書 茅隱實記
李澳(오)	1669~1704	松齋	隱士 字 公達 本貫 延安
李墩(오)	朝鮮	東溟	文臣 字 仲和 本貫 寧海 校理 著書 文集
李墺(오)	朝鮮	四槐亭	本貫 固城
李五奎(오규)	朝鮮	松齋	委巷人 字 德聚 本貫 漢陽
李五秀(오수)	1783~1853	東里	學者 字 儲叔 本貫 固城 父 宗周 外祖 柳明休 著書 東里集
李五銓(오전)	朝鮮	霽南	字 太瑞 本貫 原州
李沃(옥)	1641~1698	博泉	文臣 字 文若 本貫 延安 父 觀徵 外祖 崔嶸 禮曹參判 著書 博泉集
李鈺(옥)	1760~1812	絅錦子 桃花流水館主人 梅谿子 梅史 梅庵 梅屋 梅花外史 文無子 青華外史 花石子	文臣 字 其相 本貫 全州 父 常五 祖父 東胤
李鈺(옥)	韓末	塑齋	孝子 本貫 順天 父 忠憲
李沃(옥)		漁樵亭	字 君實 本貫 慶州
李鈺(옥)		龜巖	本貫 全州 父 碏
李榅(온)	高麗恭愍王	永慕齋	文人 字 直卿 本貫 仁川 著書 永慕齋集
李蕰(온)	朝鮮世祖	花山處士	隱士 本貫 陽城 父 思儉
李溫(온)	朝鮮孝宗	歸遇	文臣 本貫 咸平 父 崇元 持平
李蘊(온)	朝鮮後期	幾庵	本貫 驪州 父 萬誠 參奉
李蘊秀(온수)	朝鮮宣祖	稼隱	字 汝實 本貫 慶州
李蘊馨(온형)	朝鮮肅宗	月潭	字 彦直 本貫 全州 父 道胤 著書 文集
李邕(옹)	高麗	松隱	文臣 字 和卿 本貫 振威 密直司

人名	年代	號	其他
李邕(옹)	高麗禑王	釣隱	文臣 本貫 慶州(牙山) 父 允重 祖父 養中 門下侍中
李完(완)	1512~1596	企菴 樂山	字 子固 本貫 眞寶 父 河
李浣(완)	1602~1674	梅竹軒	武臣 字 澄之 本貫 慶州 父 守一 右議政 諡號 貞翼
李梡(완)	朝鮮顯宗	惺齋	本貫 全州 父 侃 系 㴐 封號 密陽君
李琓(완)	1650~1732	龜厓	學者 字 粹彦 本貫 全州 父 時恒 外祖 李煥 著書 龜厓集
李琓(완)	朝鮮顯宗	龜巖	本貫 全州 父 時恒 著書 文集
李埦(완)	1740~1789	艮谷 艮巖 艮菴	文臣 字 致道, 穉春 本貫 韓山 父 象靖 校理
李梡(완)		鏡巖	本貫 延安
李琓(완) →李浣			
李玩圭(완규)	1891~1950	春正	獨立運動家
李完根(완근)	朝鮮宣祖	瑞庵	字 伯仁 本貫 光山 碧湍鎭僉節制使
李完基(완기)	1899~1950	惺齋	著書 文集 郭鍾錫 門人
李玩相(완상)	1887~1954	克齋	著書 克齋先生文集
李完洙(완수) →李宗洙			
李完植(완식)	朝鮮	西疇	文臣 字 和之 本貫 德恩 漢城府判尹
李完用(완용)	1858~1926	一堂	民族反逆者 字 敬德 本貫 牛峰 父 奭俊 系 鎬俊 著書 皇后陛下致詞文
李完峻(완준)	1778~1831	雪竹	著書 文集
李枉齡(왕령) →李在齡			
李王氏(왕저) →李奎報의 初名			
李㴖(요)	1622~1658	松溪	王子 字 用涵 本貫 全州 父 仁祖 著書 松溪集
李嶢(요)		逸菴	本貫 全州
李堯黙(요묵)	1809~1852	篁巖	學者 字 克中 本貫 載寧 父 岊 外祖 崔光南 著書 篁巖遺集
李堯臣(요신)	朝鮮宣祖	栗里	文人 字 汝欽 本貫 德水 父 貞
李堯臣(요신)	朝鮮	南厓	字 聖兪 本貫 固城 父 命貞 奉事
李堯憲(요헌)	1766~1805	笑笑翁	武臣 字 季述 本貫 全州 父 命杰 刑曹判書 諡號 肅烈
李曜浩(요호)		勿齋	著書 勿齋文集
李容(용)	朝鮮宣祖	漁隱	字 士寬 本貫 固城 父 肱
李瑢(용)	1616~1698	黙軒	字 鳴玉 本貫 固城 父 潭
李溶(용)	朝鮮英祖	晦隱	武臣 本貫 全州 外祖 金昌協 僉正 著書 適宜
李墉(용)	朝鮮正祖	泌隱	本貫 全州 父 延熙
李鏞(용)	朝鮮後期	愼齋	本貫 順天 父 忠益

人名	年代	號	其他
李溶(용)	朝鮮	城橹	本貫 德水 父 萬鎭
李鏞(용)	朝鮮	然菴	字 八汝 本貫 固城 祖父 俊
李鎔(용)		老溪	著書 老溪先生文集
李廊(용)		休庵	字 國有 本貫 星州
李容瓘(용관)	朝鮮	一心齋	學者 本貫 驪州
李龍龜(용구)	朝鮮	松隱	本貫 禮安
李龍九(용구)	1812~1867	晚惺	學者 字 而用 本貫 驪興 父 尚奎 外祖 孫植魯 著書 晚惺文集
李容九(용구)	1848~1906	松下	學者 著書 松下遺集
李容九(용구)	1852~?	槐泉	本貫 延安 父 憲基 著書 文集
李容九(용구)	1868~1912	海山	親日派 民族反逆者 字 大有 初名 愚弼,祥玉 侍天教 教主
李龍九(용구) →李能九			
李容九(용구) →李書九			
李龍奎(용규)	1782~1843	遯庵	著書 遯庵先生文集
李龍奎(용규)	1863~1941	晴沙	著書 文集
李容珪(용규)	1859~?	春塘	義兵 字 聖式 本貫 韓山 父 殷植
李龍珪(용규)	朝鮮	稼雲	著書 稼雲文稿
李容奎(용규)	朝鮮後期	玉海	委巷人
李龍珪(용규)		湖隱	著書 湖隱集
李龍基(용기)	1865~1931	齋軒	字 震伯 本貫 固城 父 庭壽
李用基(용기)	韓末	石林	學者 著書 石林蔽帚
李用悳(용덕)		小石	字 志宇 本貫 禮安
李龍老(용로)	1648~1730	採蓮亭	字 益之 本貫 固城 父 晚就 著書 文集
李用霖(용림)	1839~?	雨蒼	畫家 字 景傳 本貫 江陵 父 尚迪
李龍模(용모)		晚悔堂	著書 文集
李容穆(용목)	1826~?	白石 白石處士	著書 白石所著
李容敏(용민)	1786~?	栖塢	本貫 全義 父 國標
李容白(용백)	1859~?	又清	書藝家 字 雋伯 本貫 全州
李鎔範(용범)		竹潭	本貫 全州
李用賓(용빈)		梅谷	本貫 興陽 父 震樂
李用賓(용빈)	朝鮮	芝塢	本貫 星州 父 億齡 將仕郎
李容象(용상)	朝鮮純祖	龜湖	文臣 本貫 慶州 刑曹判書
李庸緒(용서)		蘭亭	本貫 咸平 祖父 利運
李龍善(용선)	朝鮮	水巖	本貫 原州 父 在憲 祖父 致容 參奉

人名	年代	號	其他
李溶善(용선)	1831~1894	亞隱	字 永伯 本貫 固城 父 琥禎
李容燮(용섭)		初華	文臣 本貫 丹陽(大興) 都正
李龍攝(용섭)		桐隱	著書 桐隱實紀
李容成(용성)	朝鮮後期	思軒	
李龍秀(용수)	1776~1838	小菰 紅館	文臣 字 子田 本貫 延安 父 肇源 趙鎭宅 婿 追贈 左贊成 諡號 孝簡
李龍秀(용수)	朝鮮後期	退園	
李瑢秀(용수)	1875~1943	性庵	著書 性庵集
李龍洙(용수)		石隱	本貫 永川 父 鎭斗
李龍洙(용수)		鰲川	著書 文集
李容肅(용숙)	朝鮮後期	菊人	
李用淳(용순)	朝鮮宣祖	東皐	文臣 字 士和 本貫 全州 父 碩 監司
李龍淳(용순)	朝鮮	山陰	本貫 星山 察訪
李容植(용식)	1852~1932	剛庵	文臣 字 稚萬 本貫 韓山 父 承祖 學部大臣
李庸信(용신)	韓末	輝山	字 爰止 本貫 德水
李龍淵(용연)	韓末	鏡齋	本貫 固城 田愚 門人
李容愚(용우)	朝鮮純祖	洪厓	文臣 本貫 延安 父 英秀 正字
李龍羽(용우)	朝鮮	武夷	學者 本貫 驪州
李用雨(용우)	1875~1963	耕山	字 夢弼 本貫 慶州 父 鍾翊 外祖 丁克舜 著書 耕山遺稿
李用雨(용우)	1892~1966	一松	獨立運動家
李用雨(용우)	韓末~?	墨鷺	
李䂡雲(용운)	朝鮮	花圃 樂天亭	學者 本貫 星山
李龍運(용운)		遯齋 五槐堂 五槐亭	學者 本貫 星山
李容元(용원)	1833~?	霞石	字 景春 本貫 完山 父 秉植 系 秉殷
李容沅(용원)	朝鮮	石山	本貫 全州 父 秉采 祖父 憲郁
李容殷(용은)	朝鮮憲宗	大淵	本貫 全州 父 秉直
李容義(용의)	1825~1903	芝樵	學者 字 孟瞻 本貫 河濱 父 時昶 外祖 鄭應奎 著書 芝樵文集
李容一(용일)	朝鮮	晩耘	隱士 字 和實
李龍在(용재)	朝鮮後期	安宇	
李容程(용정)	朝鮮	澗塢	
李容濟(용제)		後凋堂	本貫 全義 父 曇
李用俊(용준)	朝鮮後期	又觀	
李容中(용중)		菊圃	本貫 慶州 父 峻齡

人名	年代	號	其他
李容稙(용직)	→李容植		
李龍彩(용채)	朝鮮	東山	文臣 字 成玉 本貫 京山 僉知中樞府事
李龍澈(용철)		黙全堂	著書 黙全堂全集
李容泰(용태)		伏龍齋	本貫 全州
李容兌(용태)	1890~1966	檀菴	獨立運動家
李用夏(용하)	1789~1871	拙修齋	學者 字 伯教 本貫 延安 父 度一 外祖 金斗七 著書 拙修齋集
李容學(용학)	朝鮮高宗	翠堂	文臣 字 而習 本貫 廣州
李龍行(용행)	→金龍行		
李龍憲(용헌)	1851~1896	梧山	學者 字 雲五 本貫 咸豊 父 敏炯 外祖 高時洪 著書 梧山遺稿
李龍淋(용혁)	朝鮮	德峰	孝子, 學者 本貫 驪州
李用赫(용혁)	1864~1942	龍阜	著書 龍阜遺稿
李容鎬(용호)	朝鮮後期	我石	
李龍鎬(용호)	1861~1899	敬齋	著書 敬齋遺稿
李龍和(용화)	1823~1902	元章	著書 文集
李容華(용화)	1890~?	白園	獨立運動家
李用晦(용회)		雲下	著書 文集
李用休(용휴)	1708~1781	梅南散人 惠寰 惠寰齋	文臣 字 景命 本貫 驪州 父 沉 祖父 夏鎭 柳憲章 婿 僉知中樞府事
李用休(용휴)		炭鄂	著書 炭鄂集
李用義(용희)	高麗忠肅王	簡齋	文臣 字 文曄 初名 晃 父 賢 吏部尚書 謚號 文暄
李容熙(용희)	1811~?	淇園	武臣 字 公習 父 命權 兵曹判書 謚號 靖毅
李鏞熙(용희)	韓末	聲洲	本貫 星山 父 雲相
李容喜(용희)	1838~?	雨亭	字 起哉 本貫 全州
李堣(우)	1469~1517	松齋	文臣 字 明仲 本貫 眞寶 父 繼陽 安東府使 著書 松齋集
李佑(우)	朝鮮中宗	省菴	文臣 字 賢仲 本貫 固城 父 秘 判書
李瑀(우)	1542~1609	玉山 寄窩 山寄窩 升窩 玉山主人 悠然 竹玉窩 竹窩 芝山	書畫家 字 癸獻 本貫 德水 父 元秀 外祖 黃耆老 軍資監正 謚號 文憲 著書 玉山詩稿
李俣(우)	1637~1693	觀瀾 觀瀾亭	王族 字 碩卿 本貫 全州 父 仁興君(瑛) 封號 朗善君 編書 臨池說林 謚號 孝敏
李堣(우)	1739~1810	俛庵	學者 字 稚春 本貫 韓山 著書 俛庵文集
李偊(우)	朝鮮英祖	俛庵	本貫 韓山 父 光靖 參奉
李玗(우)	朝鮮後期	陶雲	
李垶(우)	朝鮮憲宗	三洲	文臣 本貫 牛峰 父 光文

人名	年代	號	其他
李雨(우)	1885~1933	雲甫	字 起卿 本貫 永川 父 章翊
李嵎(우)		篁齋	本貫 載寧
李藕(우)		蘆谷	字 而程 本貫 延安
李羽慶(우경)	朝鮮	雪竹	文臣 本貫 全州
李友光(우광) →李光友			
李禹圭(우규)		梅谷	字 景會 本貫 舒川 著書 梅谷先生文集
李祐珪(우규)	韓末	鴉州	學者 字 聖天 本貫 韓山 父 敎植 著書 蠶桑撮要
李羽逹(우규)		霞翁	著書 霞翁集
李佑根(우근)	朝鮮	雲川	隱士 字 致汝 本貫 星州
李迁夔(우기) →李廷夔			
李宇南(우남) →孫宇南			
李宇洛(우락)	1881~1951	可山	著書 可山集
李佑萬(우만)	朝鮮	松谷	本貫 星州 父 奎烈
李宇蘭(우란)	朝鮮	月澗	著書 文集
李愚萬(우만)	1863~1939	允必	
李愚晃(우면)	1850~1937	經石	文臣 字 聖元 本貫 碧珍 父 龍和 掌隷院卿 著書 文集
李友閔(우민)	朝鮮明宗	守拙 守拙齋	文臣 字 孝叔, 老叔, 季叔 本貫 延安 父 國柱 外祖 閔琛 禮曹參判
李禹民(우민)	朝鮮宣祖	剛毅齋	文臣 字 治允 本貫 淸州 直長
李遇芳(우방)	1702~1765	塘山	字 實甫 本貫 延安 父 述原 著書 文集
李禹範(우범)		槐軒	本貫 咸平
李雨普(우보)	1721~1793	文端	著書 文集
李佑贇(우빈)	1792~1855	月浦 良川	學者 字 禹爾 本貫 星州 父 敬烈 祖父 胤 外祖 李潚 著書 月浦集
李瑀祥(우상)	朝鮮高宗	希菴	學者 字 禹王 本貫 驪州 父 鼎說 著書 希菴文集
李愚錫(우석)		霞隱	
李禹善(우선)	1840~1898	艾廬	學者 字 文國 本貫 全州 父 奎廷 外祖 金義彦 著書 艾廬文集
李禹善(우선)	1858~1924	小隱	著書 小隱遺集
李禹世(우세)	1751~1830	石淵	學者 字 濟謙 本貫 星州 父 性喆 外祖 鄭榮來 著書 石淵文集
李友松(우송)	朝鮮後期	箕仙	本貫 固城 李縡 門人
李友松(우송)		百花堂	本貫 光山
李宇淳(우슌)	韓末	松月堂	本貫 眞城

人名	年代	號	其他
李祐植(우식)	1891~1966	南崖	獨立運動家
李又新(우신)	?~1700	翠白軒	本貫 陜川 父 胤緒 著書 翠白軒集
李雨臣(우신)	1670~1744	十灘	文臣 字 伯說 本貫 延安 父 成朝 祖父 一相 追贈 左贊成
李友信(우신)	?~1822	文原 睡山 竹村	學者 字 益之 本貫 德山 金亮行 門人 諡義 著書 睡山遺稿
李又新(우신)	朝鮮	醉百軒	文臣 本貫 驪州 校理
李又新(우신)	朝鮮	覺非軒	本貫 慶州 父 珀 祖父 之城
李又新(우신)		栖窩	本貫 淸州
李友信(우신)		杻山	本貫 德水
李愚淵(우연)		杏樵	著書 杏樵先生文集
李友悅(우열)		敬齋	著書 敬齋公遺稿
李雨榮(우영)		東園	字 禮雲 本貫 龍仁
李禹榮(우영)		嵋南	本貫 慶州
李宇錥(우유)	1721~1790	東郭	字 夏端 本貫 載寧 父 行遠 著書 東郭遺稿
李友宜(우의)	→李友直		
李愚益(우익)		巴江	著書 巴江先生文集
李愚益(우익)	1890~1982	東樵	法律家 本貫 碧珍 父 周厚
李友仁(우인)	朝鮮光海君	孤柏堂	本貫 慶州 父 謙 執義
李遇日(우일)		晚隱	本貫 全州 祖父 顯文
李愚在(우재)	1765~?	梧軒	文臣 字 仲如 本貫 韓山 父 義元 參判
李宇鼎(우정)	朝鮮肅宗	醉巖	本貫 全州 父 翼老
李禹禎(우정)	朝鮮	正中堂	字 聖庸 本貫 固城 父 圭信
李愚玎(우정)		松堂	本貫 全州
李羽峻(우준)	1789~1863	不知翁	著書 文集
李遇駿(우준)	韓末	夢遊子	著書 夢遊野談
李友直(우직)	1529~1590	崖老	文臣 字 仲益 本貫 驪興 父 士彦 外祖 金國柱 追贈 領議政 諡號 文懿
李禹稷(우직)	韓末~日帝	農雲	
李羽晉(우진)	朝鮮英祖	平遠堂	文臣 字 聖翼 本貫 全州
李愚昶(우창)	1896~1966	靑湖	學者 字 長景 本貫 碧珍 大邱大學長 著書 國際法槪論
李愚春(우추)	朝鮮宣祖	菊隱	隱士 字 仁汝 本貫 全州 父 洁
李遇春(우추)	朝鮮	菊堂	孝子 字 樂甫 本貫 梁山
李遇泰(우태)	1742~1767	和谷	著書 和谷戊申日記
李牛平(우평)	朝鮮燕山君	湖沙	本貫 慶州

人名	年代	號		其他
李宇弼(우필)	朝鮮孝宗	醉巖		字 重伯 父 翼老
李禹弼(우필)	朝鮮	石亭		本貫 驪州 父 榮世 祖父 寬彬
李宇夏(우하)		聲於齋		著書 文集
李愚恒(우항)	1841~1904	恒齋		學者 字 亨甫 本貫 碧珍 父 琮和 外祖 申光邁 著書 恒齋集
李禹鉉(우현)		松石		本貫 全州
李宇弘(우홍)	朝鮮前期	口亭		本貫 順天 父 哲 戶曹佐郎
李遇輝(우휘)	朝鮮成宗	聽溪 聽溪堂		文臣 字 君晦 本貫 全州 父 廻 宋時烈 門人 郡守 著書 二禮精要
李羽休(우휴)	朝鮮	南皐		學者 本貫 驪州
李頊(욱)	新羅	明巖		文臣 字 定世 本貫 慶州 大角干 諡號 忠正
李郁(욱)	1558~1619	八溪 八戒		文臣 字 質夫 本貫 全州 父 仁健 成渾 門人 鳳山郡守 著書 八溪集
李稶(욱)	1562~?	芝江 醉翁		文臣 字 仲實, 仲棠 本貫 星州 父 義老 江原監司 著書 文集
李頊(욱)	1641~1726	石浦		學者 字 敬仲 本貫 全州 父 時謙 外祖 金慶後 著書 石浦遺稿
李昱(욱)		後山		著書 後山先生文集
李郁(욱)		湖陰		本貫 咸平 父 元亨
李彧(욱)		清溪		本貫 清安 父 惟模
李旭(욱) →韓旭				
李郁(욱) →李郜의 初名				
李郁緖(욱서)		月坡		本貫 咸平 父 儒顯
李旭秀(욱수)		楡窓		著書 楡窓遺稿
李雲(운)	朝鮮宣祖	三溪		本貫 星州
李芸(운)	1568~1638	芝山		學者, 書藝家 字 汝盛, 馨叔 本貫 永川 父 應虎 外祖 南應基 軍資監主簿 著書 芝山實記
李耘(운)	朝鮮	仙巖		文臣 字 公實 本貫 海州 判官
李雲(운)	朝鮮	洛圃		本貫 陜川 父 順命 祖父 粲
李雲(운)	朝鮮	三清		本貫 星山 父 希寬 祖父 珪
李芸(운) →李藝				
李耘(운)		陰崖		著書 陰崖先生集
李芸(운) →李藝				
李雲開(운개)	朝鮮	潛翁		本貫 仁川 父 奎 祖父 松老
李雲卿(운경)		陽田		著書 文集
李雲鏡(운경)		梅菴		本貫 慶州

人名	年代	號	其他
李雲圭(운규)	朝鮮後期	蓮潭	思想家 本貫 全州 本名 守曾 著書 正易
李雲根(운근)	1620~1668	東隱	字 德培 本貫 全義 父 崇益 司藝
李運基(운기)	1847~1912	巖齋	文臣 本貫 昌寧 敦寧府都正
李雲基(운기)		塢翁	著書 塢翁逸集
李雲聃(운담)	1652~1724	雲溪	著書 雲溪遺稿〈秣川世稿〉
李云老(운로)	朝鮮世祖	南谷	本貫 固城 父 貴生
李雲龍(운룡)	1562~1610	東溪	武臣 字 景見 本貫 載寧 父 夢祥 封號 息城君 追贈 兵曹判書 著書 息城君實記
李雲龍(운룡)	→李聖龍의 初名		
李運培(운배)		樵庭	本貫 星州
李芸白(운백)	→李穀의 初名		
李雲範(운범)		慕堂	本貫 咸平
李澐範(운범)		湖隱	本貫 咸平
李運復(운복)		草齋	本貫 咸平
李運彬(운빈)	朝鮮	橋翁	文臣 本貫 驪州 濟州牧使
李雲相(운상)	1829~1891	澹溪 澹窩	學者 字 汝霖 本貫 星山 父 源祜 著書 澹溪文集
李芸生(운생)	朝鮮初期	梧齋	文臣 字 馨卿 本貫 德恩 封號 德津君 工曹參判
李運燮(운섭)	朝鮮	遁溪	學者 本貫 驪州
李雲聖(운성)	→李雲龍의 初名		
李運昇(운승)	朝鮮純祖	老石	本貫 咸平 父 膺運
李雲植(운식)		丹邱	字 剛仲 本貫 全義
李運淵(운연)	1864~1940	奈山	本貫 永川 著書 奈山文集
李運永(운영)	1722~1794	玉局齋 玉局	文臣 字 健之 本貫 韓山 父 箕重 同知中樞府事 著書 玉局齋遺稿
李雲五(운오)	朝鮮	鴨湖	本貫 固城
李運源(운원)	?~1822	梨陰	著書 梨陰稿〈伊山世稿〉
李雲逸(운일)	1643~1672	廣鹿	字 子眞 本貫 載寧 父 時明
李云逸(운일)	→李玄逸		
李雲長(운장)	朝鮮宣祖	竹軒	字 希瑞 本貫 安岳 追贈 兵曹參議
李運楨(운정)	1819~1893	方山	學者 字 周彦 本貫 慶州 父 彙慶 外祖 金鼎熙 著書 方山集
李運哲(운철)	朝鮮	退窩	本貫 驪州 父 萬祚
李運春(운춘)	朝鮮	斗巖	本貫 慶州 父 行善 祖父 樫
李運泰(운태)	朝鮮	晦窩	本貫 驪州 父 益祚 祖父 承慶
李雲會(운회)		月溪	本貫 廣州

人名	年代	號	其他
李雲熹 (응희)	朝鮮	石室居士	字 龍見 本貫 固城
李雄來 (응래)	韓末	省齋	獨立運動家 字 允善
李熊徵 (응징)	朝鮮肅宗	黔陽 黔洲	文臣 字 聖甫 本貫 慶州 父 東亮 弼善 著書 文集
李原 (원)	1368~1429	容軒	文臣 字 次山 本貫 固城 父 岡 祖父 嵒 鄭夢周 門人 鐵城府院君 左議政 諡號 襄憲 著書 容軒集
李黿 (원)	?~1504	再思堂	文臣 字 浪翁 本貫 慶州 父 公麟 外祖 朴彭年 金宗直 門人 追贈 都承旨 著書 在思堂集
李源 (원)	1501~1568	清香堂	學者 字 君浩 本貫 陜川 著書 清香堂先生實紀
李瑗 (원)	1543~?	江皐 東皐	字 伯玉 本貫 全州 父 壽男
李媛 (원)	朝鮮中期	玉峰	女流詩人 本貫 全州 夫 趙瑗 著書 玉峰集〈嘉林世稿〉
李遠 (원)	朝鮮	孤雲	學者 本貫 驪州
李源 (원)		中軒	著書 文集
李蒽 (원) →李明蒽			
李沅 (원) →李沆			
李源珏 (원각)	朝鮮	解表	本貫 仁川 嘉善大夫
李元凱 (원개)	朝鮮	郊翁	字 仲舉 本貫 固城
李元愷 (원개)		遠齋	本貫 咸平
李元慶 (원경)	高麗	清禁亭	文臣 字 不祜 本貫 陜川 直提學
李遠慶 (원경)	朝鮮明宗	松菴 葦菴	字 擇善 本貫 廣州 父 德符
李元卿 (원경)	1573~1654	竹圃	文臣, 孝子 字 汝先 本貫 興陽 父 大祿 軍資監奉事
李源慶 (원경)	朝鮮	蒼史	學者 本貫 驪州 父 錫河 祖父 棣久
李元慶 (원경) →李天慶			
李源坤 (원곤)	1776~1845	靜虛窩	學者 字 黃仲 本貫 古阜 父 東榮 編書 箕範衍義
李元紘 (원굉)	?~1405	春谷	文臣 本貫 仁川 封號 蓮山君 開城留後司留後 著書 春谷集
李元紘 (원굉)	1729~1765	文清子	著書 文集
李元教 (원교)	?~1930	嘐齋	著書 嘐齋遺稿
李元具 (원구)	高麗	稼亭	文臣 本貫 星州 父 麟起 密直 封號 景山君
李元龜 (원구)		逸叟 再思堂	著書 心性錄
李元龜 (원구)		觀物齋	字 汝瑞 本貫 全州
李元龜 (원구)	朝鮮	一叟	字 漢瑞 本貫 星山 祖父 蕍 追贈 童蒙教官
李源國 (원국)	韓末	昌庵	本貫 眞城
李元圭 (원규)	1597~?	鋤谷	字 器擧, 器哉 本貫 興陽 父 埈 著書 鋤谷集

813

人名	年代	號	其他
李瑗奎(원규)	朝鮮純祖	歸浦 歸軒	本貫 慶州 父 錫奎 牧使
李源奎(원규)		有爲堂	本貫 星山
李原根(원근)	朝鮮	東村	學者, 文臣 本貫 全州
李源根(원근)		素賢	
李源兢(원긍)	朝鮮高宗	取堂	字 公履 本貫 全州 父 斗鎭 法部協辦 著書 京城略記
李源祺(원기)	1899~1942	一荷	獨立運動家 字 壽卿 本貫 眞城 父 家鎬 祖父 龜雲
李元紀(원기)	朝鮮	市隱	字 爾綱 本貫 固城
李元紀(원기)		杏皐	著書 杏皐逸稿
李元基(원기)		一心齋	本貫 全州
李元寧(원녕)	→李集의 初名		
李元達(원달)	高麗	達巖	文臣 字 元直 本貫 陜川 父 芮
李元達(원달)		養眞堂	著書 養眞堂實記
李元譚(원담)	朝鮮	四拙軒	字 幼聞 本貫 固城 父 時沆
李元聃(원담)	朝鮮	松翁	學者 字 景老 本貫 鶴城
李元道(원도)		三會堂	本貫 慶州
李源東(원동)	朝鮮	岐樵	本貫 仁川 父 源祥
李源斗(원두)	朝鮮	思軒	本貫 陜川 父 壽鉉 祖父 志恒
李元洛(원락)		月泉	本貫 蔚山
李元亮(원량)	朝鮮中宗	月瑛翁 霽軒	學者 字 英卿 本貫 驪州 父 治 進士
李元齡(원령)	1639~1719	遠谷	字 汝長 本貫 全州 父 震昉 承旨
李元齡(원령)	→李集의 初名		
李元禮(원례)		愚山	著書 文集
李元魯(원로)		碧溪	字 公建
李元祿(원록)	1629~1688	朴谷	文臣, 學者 字 士興 本貫 廣州 父 道長 戶曹參判 著書 朴谷文集
李元祿(원록)	1514~1574	松潭	字 廷瑞 本貫 德水 父 荇
李元龍(원룡)	朝鮮	雲軒	字 正中 本貫 星山 父 景祐 祖父 希章
李元麟(원린)	朝鮮	訥亭	字 秀彦 本貫 原州 興陽縣監
李元倫(원륜)	朝鮮	石岡	文臣 字 七行 本貫 水原 都事
李源萬(원만)	韓末	雨田	本貫 眞城
李源命(원명)	1807~1887	鍾山	文臣 字 穉明 初名 源庚 本貫 龍仁 父 奎鉉 祖父 在學 吏曹判書 諡號 文靖 著書 東野彙輯
李元模(원모)	韓末	仁堂	字 鎭善 本貫 仁川
李元黙(원묵)	→朴元黙		

人名	年代	號	其他
李元美(원미)	朝鮮	永慕堂	字 美卿 本貫 固城
李元發(원발)	高麗~朝鮮	隱峰	本貫 延安 父 靖恭 典工判書
李元秡(원발)	→李元紘		
李元培(원배)	1745~1802	龜巖 雙柏堂	學者 字 汝達 本貫 公州 父 矩就 追贈 提學 諡號 文懿 著書 龜巖集
李元培(원배)	韓末	永慕堂 林下處士	孝子 字 贊玉 本貫 溫陽
李源培(원배)	朝鮮	晞顏齋	本貫 德水 父 櫟 祖父 憲祖
李源柏(원백)		雪塾 是菴	著書 是菴文集
李元馥(원복)	1842~1886	菊圃	學者 字 敬伯 本貫 碧珍 父 祥奎 外祖 申周白 著書 菊圃遺稿
李元簿(원부)	韓末	三壺	學者 本貫 韓山 著書 三壺遺稿
李元贇(원빈)		黙軒	字 汝兼 本貫 碧珍
李元祥(원상)	1762~1811	依隱	文臣 字 善長 本貫 驪州 父 鼎廈 修撰
李源祥(원상)	朝鮮	雲圃	本貫 仁川 父 鳳錫 祖父 基德
李元相(원상)		克齋	著書 文集
李元相(원상)	→李般相의 初名		
李元生(원생)	1567~1654	雙碧堂	學者, 文臣 字 善化 本貫 碧珍 父 榮男 外祖 李應鵬 僉知中樞府事 著書 雙碧堂詩集
李源生(원생)	1873~1947	梧峰	獨立運動家
李源書(원서)	朝鮮	聾啞	本貫 星山 父 亨鎭 祖父 敏儉 通德郎
李元奭(원석)	1857~1906	雲洲	學者 字 公弼 本貫 碧珍 父 鎭成 外祖 李成運 著書 雲洲遺稿
李元碩(원석)		禮巖	本貫 全州
李元燮(원섭)		畏軒	著書 文集
李源星(원성)	朝鮮	春江	本貫 仁川 議官
李源世(원세)		錦石	著書 錦石詩集
李元孫(원손)	14498~1554	無何翁	文臣 字 子長 本貫 全義 父 侃 參議 著書 無何翁集
李畹秀(원수)	→李睕秀		
李元淳(원순)	朝鮮後期	城窩	本貫 眞城
李元淳(원순)	1890~1993	海史	經濟人 著書 人間 李承晚
李元純(원순)	→李元紘		
李元承(원승)	1518~1572	青巖	本貫 永川 著書 青巖遺稿 〈碧梧先生文集〉
李元植(원식)	1875~?	白農	獨立運動家
李元馣(원암)	朝鮮宣祖	沙村	字 汝郁 本貫 星州

人名	年代	號	其他
李元陽(원양) →李陽元			
李元榮(원영)	朝鮮	寒溪	學者 本貫 驪州
李元容(원용)	朝鮮後期	節隱	本貫 全州 父 鵃
李元容(원용)	1887~1962	濟川	著書 文集
李元愚(원우)	1796~1814	雲石	學者 字 景芝 本貫 延安 父 晩秀 外祖 徐命善 著書 雲石小稿
李元瑀(원우)	朝鮮	雲樵	文臣 字 善一 本貫 陜川 龍驤衛副護軍
李元雨(원우)	朝鮮	確坊	
李元雨(원우)	朝鮮後期	樂庵	
李元雨(원우)	朝鮮後期	老溪	
李元佑(원우)		箕雅	
李元郁(원우)	朝鮮	梅軒	字 周如 本貫 固城 父 時龍
李原源(원원) →李厚源			
李元裕(원유)	朝鮮	雲圃	文臣 字 義之 本貫 陜川 副護軍
李元裕(원유)		述軒	著書 文集
李元翼(원익)	1547~1634	梧里	文臣 字 公勵 本貫 全州 父 億載 祖父 衫 封號 完平府院君 領議政 諡號 文忠 著書 梧里集
李源一(원일)	1781~?	齋沐	本貫 丹城 父 遇培
李源一(원일)		求我齋	本貫 星山
李源在(원재)	1854~1926	靜春堂	著書 靜春堂私稿
李元在(원재)	1872~1943	濟厓	著書 文集
李元禎(원정)	1622~1680	歸巖	文臣, 學者 字 士徵 本貫 廣州 父 道長 外祖 金時讓 追贈 領議政 諡號 文翼 著書 歸巖集
李元禎(원정)	朝鮮宣祖	客浦 客浦散人	字 天瑞 本貫 德水 父 荇 朴誾 門人
李元禎(원정)	朝鮮	三勝軒	字 良輔 本貫 固城 父 時能
李源鼎(원정)		丹山	本貫 仁川 著書 文集
李元題(원제)	韓末	遂堂	委巷人
李源祚(원조)	1792~1871	凝窩 毫宇	文臣 字 周賢 初名 永祚 本貫 星山 父 亨鎭 系 奎鎭 大司諫 諡號 定憲 著書 凝窩集
李元宗(원종)	朝鮮	沼典	本貫 清安 訓導
李元佐(원좌)		錦溪	字 正之 本貫 仁川
李元胄(원주)	朝鮮宣祖	閒月堂	本貫 全州 父 克儉 教官
李元柱(원주)		松沙	本貫 全州 父 緫
李元駿(원준)	朝鮮	晩翠	文臣 字 允明 本貫 陜川 僉知中樞府事
李元俊(원준)	朝鮮顯宗	慕菴	文臣 字 伯英 本貫 全州 父 大福 同知

人名	年代	號	其他
李源準 (원준)		心墅	本貫 星山
李元稷 (원직)	朝鮮	竹軒	文臣 字 俊學 本貫 扶餘 萬戶
李元鎭 (원진)	1594~1665	太湖	文臣 字 昇卿,鼎卿 本貫 驪州 父 志完 祖父 尚毅 南以恭 婿 觀察使 編書 耽羅志
李元禛 (원진)		容浦	本貫 德水 父 荇
李元燦 (원찬)	韓末~日帝	忠庵	
李源喆 (원철)	1896~1963	羽南	天文學者 國立中央觀象臺長
李元瞻 (원첨)	朝鮮端宗	東溟	文臣 字 昇卿 本貫 清州 府使
李源台 (원태)	1899~1964	圓臺	本貫 眞城 著書 圓臺遺薰
李元豊 (원풍)	1759~?	樂山主人	醫人 字 大有 本貫 井邑 著書 麻疹彙方
李源河 (원하)	韓末	耘觀	本貫 眞城
李源學 (원학)	朝鮮	野史	學者 本貫 驪州
李元絃 (원현) →李元紘			
李遠馨 (원형)	1676~1755	下泉	學者 字 子晦 本貫 邵城 父 弘宇 外祖 尹是任 著書 下泉遺稿
李元亨 (원형)		休翁	本貫 咸平 祖父 克諧
李元祜 (원호)	1640~1965	觀水軒	學者 字 士厚 本貫 廣州 父 道章 外祖 許莘 著書 觀水軒逸集
李元祜 (원호)	朝鮮	寒皐	本貫 星山 父 亨鎭 祖父 敏儉
李源弘 (원홍)	朝鮮	臥隱	本貫 禮安 父 應鉉
李元會 (원회)	1827~?	中谷	武臣 本貫 廣州 父 基碩 左捕盜大將 著書 日本陸軍操典
李元晦 (원회)		東嶽	
李源煦 (원후)		寒溪	本貫 星山
李元徽 (원휘)	朝鮮中宗	東湖	字 德操 本貫 光山 承旨
李源彙 (원휘)	朝鮮哲宗	日堂	學者 本貫 古阜
李元休 (원휴)	朝鮮肅宗	金華	本貫 驪州 父 潋
李遠欽 (원흠)	1779~1845	弦窩	學者 字 子鳴 本貫 永川 父 春培 著書 弦窩遺集
李源熙 (원희)		吾雲	著書 吾雲先生文集
李樾瑞 (월서)	1799~1867	野隱	著書 文集
李魏 (위)	高麗	莊平	字 桐三 本貫 安岳 封號 楊山伯 諡號 貞烈
李渭 (위)	高麗	釣隱	字 涇之 本貫 車城 封號 車城君 諡號 忠肅
李瑋 (위)	1676~1727	斗川 東川	文臣 字 伯溫 伯昌 本貫 全州 父 志洵 文學
李煒 (위)	1716~?	卑牧齋	文臣 字 士暉 本貫 清州 父 好仁 郡守
李湋 (위)	1779~1841	無有齋	著書 文集

人名	年代	號	其他
李渭(위)		斗菴	字 台叟 本貫 全州
李瑋(위)		景義齋	字 伯規 祖父 燧
李煒(위)	朝鮮仁祖	玉浦	本貫 咸平 父 林吉
李達(위)		東里 松菴	字 慶釋
李緯國(위子)	1597~?	雲浦	文臣 字 台彦 本貫 全州 父 慶胤 系 慶溫 伊川府使
李渭相(위상)	韓末	寒溪	本貫 星山 父 源書 通德郎
李佑(유)	新羅	四觀尊者	文臣 字 知工 本貫 慶州 軍之 諡號 文和
李裕(유)	高麗	海隱	文臣 字 德裕 本貫 花山 太僕射
李裕(유)	朝鮮明宗	鶴谷	字 仲統 父 培根
李濡(유)	1645~1741	鹿川 鹿泉	文臣 字 子雨 本貫 全州 父 重輝 領中樞府事 諡號 惠定 著書 文集
李瀤(유)	1669~1742	龍浦	學者, 文臣 字 巨源 本貫 驪興 父 之泰 掌令 著書 龍浦文集
李櫟(유)	朝鮮孝宗	霞谷	本貫 全義 父 潤身 著書 文集
李柔(유)	朝鮮顯宗	果庵	文臣 字 衛夫 本貫 全州
李渫(유)	朝鮮肅宗	小岳樓	文臣 縣監
李瑜(유)	1691~1763	桃谷	字 幼玉 本貫 延安 父 命熙 著書 文集
李諭(유)	朝鮮英祖	華潭	本貫 驪州 父 東嵩
李愉(유)	朝鮮	隱齋	文臣 本貫 德山 祖父 思牧 直提學
李楡(유)	朝鮮	海峯	本貫 全州 父 洙大 祖父 性存
李維(유)		知庵 鶴泉處士	字 大心 本貫 牛峰 父 晚堅 著書 文集
李裕(유)	?~1909	清潭	著書 清潭集
李愈(유)		梅村	本貫 延安
李愈(유)		慎齋	本貫 全州
李維(유)		華齋	字 永叔 本貫 星州
李柔(유) →李裒			
李惟侃(유간)	1550~1634	愚谷	文臣 字 剛中 本貫 全州 父 秀光 同知
李圍堪(유감)	朝鮮肅宗	堯春	本貫 興陽 父 坤容
李有謙(유겸)	1586~1663	晚晦 晚悔 晚悔堂 松灘	文臣 字 受益, 鳴吉 本貫 牛峰 父 劫 祖父 之信 趙守倫, 金長生, 金集 門人 追贈 領議政 著書 晚晦遺稿
李惟謙(유겸)	朝鮮肅宗	東嘉	文人 字 退之 本貫 月城 父 曙 縣監
李有謙(유겸)	朝鮮純祖	松圃	隱士 字 公益 祖父 之淳
李有慶(유경)	朝鮮宣祖	五楓亭主人	字 孝叔 本貫 慶州 父 士翰 師傅

人名	年代	號	其他
李儒慶(유경)	朝鮮正祖	淸心翁	文臣 本貫 咸平 父 台運
李有慶(유경)		曳尾亭	著書 曳尾亭遺稿
李裕昆(유곤)	1861~1947	海嶽	學者 字 文汝 本貫 永川 父 義龍 外祖 金啓欽 著書 海嶽遺稿
李惟恭(유공) →李惟泰			
李惟謹(유근)		竹潭	本貫 咸平 祖父 宗仁
李惟杞(유기)		雪堂	本貫 淸安 父 澮
李有吉(유길)	朝鮮宣祖	蓮史	字 有之
李惟吉(유길)		農窩	字 而書 父 瑋
李惟訥(유늘)	朝鮮	梧岡	本貫 星州 父 晁 祖父 繼裕 著書 文集
李惟達(유달)	朝鮮宣祖	仙庵	文臣 本貫 全州 父 求益
李維棟(유동) →朴惟東			
李惟樑(유량)	朝鮮後期	孤山	本貫 禮安 父 彬
李猶龍(유룡)	1733~1803	永慕齋	學者 字 耳汝 本貫 碧珍 父 錫華 系 時鳳 外祖 南胤明 著書 永慕齋遺稿
李有隣(유린)	朝鮮	退窩	本貫 淸安 僉正
李惟明(유명)	朝鮮宣祖	仙査 仙査翁	文臣 字 汝源, 汝遠 本貫 全州 父 求益 著書 文集
李惟命(유명)	1767~1817	東圃 東圃齋	文臣 字 穉順稀順 本貫 全州 父 琰 副摠管 著書 東圃齋集
李儒明(유명)		孝新堂	本貫 咸平
李惟模(유모)		雪松	本貫 淸安 父 澮
李惟穆(유목) →李惟秀의 初名			
李有芳(유방) →李有芬			
李儒伯(유백)		桂軒	本貫 咸平 父 利運
李逈奉(유봉)	朝鮮	眞菴	本貫 固城
李惟孚(유부)	朝鮮顯宗	草亭	文臣 本貫 慶州 父 曙 參奉
李有芬(유분)	朝鮮	又松	字 芳國 本貫 原州 父 頤 祖父 攀桂
李幼泗(유사)	朝鮮光海君	泗濱	本貫 全州 父 時中 府使
李有相(유상)	1627~1673	東屯	文臣 字 世卿 本貫 延安 父 昭漢 祖父 廷龜 尹衡覺 婿 追贈 右承旨 著書 東屯稿〈李氏聯芳集〉
李有相(유상)	韓末	惺隱	本貫 星山 父 源書 通德郎
李惟碩(유석)	1604~1657	梅軒	文臣 字 大而 本貫 星州 父 文龍 外祖 河就海 郡守 著書 梅軒集
李儒碩(유석)		野軒	本貫 咸平

人名	年代	號	其他
李有善(유선)	1851~1882	修齋	學者 字 希進 本貫 載寧 父 志杰 外祖 趙性麟 著書 修齋文集
李儒燮(유섭)		竹圃	本貫 咸平 祖父 師璟
李惟聖(유성)	1578~?	沙川	字 時仲 本貫 全州 父 延弼
李有星(유성)	1808~1864	廣棲	學者 字 南廈 本貫 載寧 父 允馨 外祖 趙泰穀 著書 廣棲集
李逌性(유성)	→朴逌性		
李惟誠(유성)	→李惟諴		
李儒聖(유성)		溪隱	本貫 咸平 父 商潤
李裕性(유성)		信宇	著書 文集
李惟秀(유수)	1721~1711	莞爾	文臣 字 深遠 初名 惟穆 本貫 全州 父 在 刑曹判書 諡號 貞翼
李儒修(유수)	1758~1822	綿里	文臣 字 周臣 本貫 咸平 父 台運 正言
李幼洙(유수)	朝鮮光海君	梧洲	本貫 全州 父 時中 洗馬
李維秀(유수)	→李惟秀		
李幼淳(유순)	朝鮮光海君	杏村	武臣 本貫 全州 父 敬中
李裕承(유승)	朝鮮哲宗	東梧	文臣 本貫 慶州 父 啓善 贊成
李由信(유신)	高麗	松隱	文臣 本貫 淸州 刑部郎中
李維新(유신)	朝鮮正祖	石塘	文人, 書家 字 士潤
李儒臣(유신)		雙栗亭	本貫 咸平
李惟彦(유언)		東坡	本貫 慶州
李惟悅(유열)		梧齋	著書 梧齋遺稿〈三梧實記合編〉
李有溫(유온)	朝鮮初期	友亭	文臣 字 伯雅 本貫 碧珍 父 承元 利川府使
李猷遠(유원)	1695~1773	冷泉	學者 字 宏甫 本貫 載寧 父 之煒 外祖 權壽元 著書 冷泉文集
李有源(유원)	朝鮮英祖	霞塢	本貫 眞寶 父 龜年
李裕元(유원)	1814~1888	橘山 嘉梧 墨農 林下	文臣, 學者 字 景春 本貫 慶州 父 啓朝 領議政 諡號 忠文 著書 橘山文稿
李裕膺(유응)	1821~?	丹農	文臣 字 景昌 本貫 慶州 父 啓禎 諡號 孝靖
李惟益(유익)	1610~1661	遯谷	志士 字 益元 本貫 慶州 父 曙
李有仁(유인)	1415~1417	山叟	字 任之 本貫 慶州 父 繼蕃
李裕仁(유인)	1533~?	杏窩	字 堯元 本貫 全州 父 磁
李由仁(유인)	朝鮮明宗	止軒	本貫 洪州 父 堁
李由仁(유인)	朝鮮	訒庵	本貫 仁川 父 桂 祖父 春可
李裕寅(유인)	韓末	希齋	字 希汝 本貫 慶州

人名	年代	號	其他
李有仁(유인)		破愚堂	本貫 咸平
李惟樟(유장)	1624~1701	孤山	學者, 文臣 字 夏卿 本貫 全義 父 廷發 翊贊 著書 孤山文集
李惟銓(유전)		青坡	本貫 全州
李幼禎(유정)		古自	
李儒鍾(유종)		松岸 松崖	本貫 咸平 父 啓運
李裕珠(유주)	朝鮮	醉軒	本貫 慶州 父 理金 祖父 敬源
李儒仲(유중)		誠齋	本貫 咸平
李有進(유진)		逍遙堂	本貫 全義
李幼澄(유징)	→李久澄		
李惟禾(유채)	朝鮮	石老	本貫 韓山 父 稔 祖父 世瑜
李惟哲(유철)	1663~1740	潛溪	隱士 字 思仲 本貫 全州 宋時烈 門人 著書 四禮集說
李儒哲(유철)		蓮溪	本貫 咸平 祖父 允中
李惟清(유청)	1459~1531	竹堂	字 直哉 本貫 韓山 父 塤 左議政 諡號 恭胡
李有春(유춘)	朝鮮	心齋	本貫 永川 著書 遺稿
李惟泰(유태)	1607~1684	草廬	文臣, 學者 字 泰之 本貫 慶州 父 曙 祖父 大邦 張顯光, 金長生, 金集 門人 追贈 吏曹判書 諡號 文敬 著書 草廬集
李惟澤(유택)	朝鮮肅宗	柳谷	隱士 字 澤之 本貫 慶州 父 曙
李儒澤(유택)		愛友堂	本貫 咸平 祖父 碩來
李裕弼(유필)	1885~1945	春山	獨立運動家 本貫 慶州 父 啓初 臨時政府國務院兼財務長
李惟漢(유한)	朝鮮	草亭	文臣 字 汝欽 本貫 清州 侍直 諡號 文孝
李惟誠(유함)	朝鮮宣祖	梧月堂	文臣 本貫 星州 父 晁
李裕沆(유항)	1893~1922	兼山	獨立運動家
李儒賢(유현)		箕軒	本貫 咸平 父 商潤
李惟馨(유형)	朝鮮	春坡	隱士 字 德甫 本貫 全州 父 暉
李儒昊(유호)		永思巖	本貫 咸平
李儒顥(유호)		龜陰	本貫 咸平 祖父 興林
李孺虎(유호)	朝鮮	穎窩	本貫 星山 右水使
李幼渾(유혼)	→李幼淳		
李惟弘(유홍)	1567~1619	艮庭	文臣, 學者 字 大仲 本貫 全州 父 廷弼 外祖 姜克誠 兵曹參知 著書 艮庭集
李惟弘(유홍)		石溪	著書 石溪集
李維和(유화)	朝鮮	愚翁	書藝家
李裕璜(유황)		少南	

821

人名	年代	號	其他
李惟誨(유회)		蒿巖	本貫 咸平 祖父 宗仁
李維欽(유흠) →李世永의 一名			
李裕興(유흥)	?~1923	誠菴	著書 誠菴遺稿
李裕興(유흥)		愚慕亭	
李育(유)	朝鮮中宗	慕軒	字 元叔 本貫 固城 父 汧
李培(유)	1557~1614	晚保堂 醉痴	字 士厚 本貫 全州 父 遵道 牧使 著書 晚保堂集
李培(유)	1573~1637	心遠堂	字 士厚 本貫 清安 父 承 著書 文集
李淯(유)	朝鮮肅宗	白鵝 白鵝堂	本貫 驪州 父 翼鎭 參奉
李鏽(유)	朝鮮正祖	景玉齋	文臣 本貫 碧珍 父 忠祿 正言
李堉(유)	1827~1898	谷隱	著書 谷隱先生文集
李鏽(유)	朝鮮	一愚	文臣 字 樂三 本貫 安城 宣傳官
李堉(유)		魯谷	著書 魯谷遺稿〈雲齋遺稿〉
李堉(유) →李淯			
李胤(유)	1462~?	雙梅堂	文臣, 學者 字 子伯 本貫 固城 父 汧 外祖 許植 著書 雙梅堂逸稿
李潤(유)	?~1592	退思菴	文臣 字 存中 本貫 慶州 祖父 堪 追贈 吏曹參判
李潤(유)	1638~1687	誠庵	字 安淑 本貫 咸平 父 泰華 祖父 慶日
李潤(유)		海隱	本貫 安城 著書 海隱實記
李玩(유)		思軒	追贈 佐郎
李潤(유)		竹史	本貫 咸平 父 萬亨
李潤(유)		澹虛齋	本貫 全州
李昀(유) →李煦			
李潤慶(유경)	1498~1562	崇德齋	文臣 字 重吉 本貫 廣州 父 守貞 祖父 世佐 平安道觀察使 諡號 正獻 著書 崇德齋遺稿
李胤慶(유경)	朝鮮	龍湖	字 子安 本貫 固城 父 元郁
李允恭(유공)		池亭	字 克敬 本貫 慶州
李允機(유기)	朝鮮	希德軒	本貫 原州 父 恩卿 祖父 堅
李潤琦(유기)		藍溪	本貫 全州
李允大(유대)		蓮汀	本貫 全州
李潤德(유덕)	朝鮮	華塢	本貫 公州 父 春柱 祖父 成萬 通德郎
李閏樑(유량)		杏巖	本貫 永川
李潤龍(유룡)	1776~1855	三便齋	文臣, 學者 字 翼成 本貫 載寧 父 能節 外祖 郭重新 敦寧府都正 著書 三便齋遺集
李倫蒙(유몽)		雨田	著書 雨田詩集
李允黙(유묵)		老谷	著書 老谷漫詠

人名	年代	號	其他
李潤白 (윤백)		竹泉	本貫 晉州
李潤凡 (윤범)		鵝川	本貫 全州
李輪祥 (윤상)	朝鮮英祖	沙南居士	本貫 全州 父 徽之 都事
李潤祥 (윤상)	朝鮮	晚覺	文臣 字 德裕 本貫 載寧 同知中樞府事
李允相 (윤상)		星圃	本貫 星山
李倫生 (윤생)		野庵	本貫 丹陽
李胤緒 (윤서)	?~1625	三友堂	字 善承 本貫 陜川 父 天受 著書 三友堂實記
李胤爕 (윤섭)	朝鮮	涵軒	學者 本貫 驪州
李潤聖 (윤성)	1765~1831	七迁	文臣, 學者 字 孟希 本貫 全州 父 以鑠 外祖 金履賢 縣監 著書 七迁集
李胤星 (윤성)	朝鮮	獨醒軒	本貫 星州 父 國蕃
李允修 (윤수)	1653~1693	楓厓	文臣 字 勉叔 本貫 廣州 父 象鼎 黃海道監司
李潤壽 (윤수)	朝鮮	滄巖	文臣 本貫 驪州 漢城右尹
李胤壽 (윤수)		竹林	著書 文集
李胤承 (윤승)	→李胤永		
李潤身 (윤신)	朝鮮仁祖	西巖	文人 本貫 全義 父 勉
李潤身 (윤신)	朝鮮肅宗	芝浦	文臣 本貫 咸平 父 寅相 承旨
李潤身 (윤신)		箕巖 西岩	本貫 全州 父 以錫
李允實 (윤실)	朝鮮中宗	臨淮	本貫 咸平 父 世蕃 府使
李允說 (윤열)	朝鮮	菊塢	
李胤永 (윤영)	1714~1759	丹陵 丹陵山人 丹陵處士 丹壺 淡華齋 澹華齋	書畫家 字 胤之 本貫 韓山 父 箕重 府使 著書 丹陵遺集
李允榮 (윤영)	1890~1975	白史	政治家, 牧師 長官 著書 白史李允榮回顧錄
李允玉 (윤옥)		五慕齋	本貫 咸平
李允溫 (윤온)	朝鮮明宗	月山	
李潤雨 (윤우)	1569~1634	石潭	文臣 字 茂伯 本貫 廣州 父 熙福 鄭逑 門人 追贈 吏曹參判 著書 石潭集
李允源 (윤원)	朝鮮	逋翁	委巷人 字 達夫
李允元 (윤원)		南村	著書 文集
李允義 (윤의)	高麗	翠柏堂	隱士 字 而賢 本貫 積城
李尹仁 (윤인)	→李有仁		
李潤張 (윤장)	高麗	白烏 白稚	武臣 字 天佑 本貫 慶州 大將軍 諡號 文成
李允宰 (윤재)	1888~1943	桓山 한메 한뫼	國語學者
李潤玭 (윤정)	朝鮮	三樂堂	本貫 全州 父 以嵩 祖父 宗胤
李尹宗 (윤종)	朝鮮前期	南秋 竹溪 此君堂	字 克昌 本貫 全義 祖父 誠長

人名	年代	號	其他
李允峻(윤준)	1862~1910	寒溪	著書 文集
李允中(윤중)		和叟	本貫 咸平 父 東彬
李允中(윤중)		醒軒	本貫 咸平
李胤昌(윤창)	朝鮮	撩斷亭	委巷人 字 聖伯 本貫 靈光
李胤夏(윤하)	朝鮮憲宗	東隱	本貫 全州 父 寅珪 祖父 咸一 都正
李胤恒(윤항)	1712~?	麴隱	委巷人 字 伯常, 季常 本貫 全州 父 升運
李胤玄(윤현)	朝鮮中宗	永慕堂	本貫 星州
李潤華(윤화)	朝鮮	野隱	本貫 全義 父 徵佑 祖父 廷儀
李潤煥(윤환)	1812~1952	愼齋 愼小齋	著書 愼齋文集
李潤煌(윤황)		蘿碧堂	著書 文集
李㙫(율)	1634~1719	鷹巖	字 伯瞻 本貫 全義 父 碩馨 著書 鷹巖先生逸稿
李璨(율)		五休堂	字 文繽 本貫 廣州 父 安鉉 著書 文集
李栗嶹(율표) →李景嶹			
李隆逸(융일)	1636~1696	平齋	字 子躍 本貫 載寧 父 時明 外祖 張興孝 著書 平齋遺集
李檼(은)	朝鮮肅宗	碧溪	字 伯任 本貫 載寧 父 玄逸 系 尚逸 通德郞
李溵(은)	1722~1780	瞻齋	文臣 字 稚浩 本貫 德水 父 周鎭 領中樞府事 諡號 忠穆
李誾(은)	朝鮮	陰崖	文臣 字 子和 本貫 廣州 父 克基 郡守
李隱(은)		梅堂	著書 梅堂集
李恩卿(은경)	朝鮮	宣德亭	本貫 原州 父 堅 祖父 世華
李殷奎(은규)	朝鮮	錦圃	本貫 固城
李垠根(은근)	朝鮮	東甫	文臣 字 德元 本貫 泗川 同知中樞府事
李殷相(은상)	1617~1678	東里	文臣 字 說卿 本貫 延安 父 昭漢 祖父 廷龜 朴安悌 婿 刑曹判書 諡號 文良 著書 東里集
李殷相(은상)		立齋	著書 文集
李殷相(은상)		晩惺齋	本貫 眞寶
李殷相(은상)		香窩	本貫 星山
李溵緒(은서)		止齋	本貫 咸平
李殷淳(은순)	朝鮮後期	竹西	本貫 眞城
李殷永(은영)	朝鮮哲宗	滄上	本貫 德水 父 敏實 成均敎授
李垠鎔(은용) →李址鎔의 初名			
李殷日(은일)	朝鮮	鶴庵	本貫 慶州 父 明善 參奉
李殷喆(은철)	朝鮮	梧雲	武臣 本貫 全州 父 興夏 祖父 鍾南 郡守
李殷泰(은태)	朝鮮	錦梧	本貫 固城

人名	年代	號	其他
李殷炯(은형)		湖隱	本貫 全州
李乙奎(을규)	1508~1546	虎溪	文臣 字 文卿 本貫 慶州 父 漢柱 外祖 趙繼亮 承文院校理 著書 文集
李乙樛(을규)	朝鮮	樵隱	文臣 本貫 東城 同知中樞府事
李乙奎(을규)		養拙堂	
李乙樞(을추)	朝鮮	梅隱	文臣 本貫 東城 同知中樞府事
李乙鎬(을호)	1871~1945	竹湖	著書 文集
李膺(응)	朝鮮肅宗	碧潭	文臣 本貫 驪州 父 東亨 左尹
李應(응)	朝鮮中宗	訥軒	本貫 延安 父 葳壽 進士
李膺擧(응거)	1715~1807	德巖	文臣 字 士澄 本貫 公州 父 世麟 漢城府判尹 諡號 敦僖 著書 德巖集
李應擧(응거)		述巖	著書 述巖先生文集
李應龜(응구)	1703~1781	竹巖	學者 字 周瑞 本貫 光山 父 齊白 外祖 吳潯 著書 竹巖文集
李應九(응구)	朝鮮後期	西溪	
李應國(응국)		八懼軒	本貫 慶州
李應奎(응규)	朝鮮	醉醒堂	字 天祥 本貫 固城
李應圭(응규)		靜齋	本貫 全州
李應期(응기)	朝鮮	梅軒	本貫 驪州 父 彦适 教授
李應斗(응두)	朝鮮	六願齋	字 汝瞻 本貫 固城
李應明(응명)	1556~1582	道淵	著書 文集
李膺伯(응백)		箕隱	本貫 咸平
李應璧(응벽)	1543~1599	七松堂	文臣 字 汝元 本貫 楚山(淸安) 兵曹參知 父 宜堪 著書 七松堂實紀
李應璧(응벽)	朝鮮	松巖	本貫 機張 父 希元 祖父 礥
李凝祥(응상)	朝鮮	晚棣	文臣 本貫 驪州 參議
李應瑞(응서)	1890~1932	白坡	獨立運動家 一名 松甲, 玉山
李應善(응선)	韓末	儉軒	文臣 字 孝善 本貫 溫陽 侍從官
李應星(응성)	1574~1634	新川	武臣 字 樞甫 本貫 咸安 父 彦 追贈 兵曹參判
李應秀(응수)	朝鮮	安寓窩	字 于章 本貫 固城 父 周禎
李應蓍(응시)	1594~1660	竹窓 翠竹	文臣 字 君瑞 本貫 全州 父 廷臣 吏曹參判
李應信(응신)	→李應辰		
李應陽(응양)	朝鮮	鳥溪	文臣 本貫 驪州 府使
李應說(응열)	1740~?	敬愼窩	字 子育 本貫 商山(鳳山) 著書 敬愼齋遺稿
李膺宇(응우)	朝鮮	石渠	本貫 全州 父 廷楷

人名	年代	號	其他
李應宇(응우)		蓮下	著書 文集
李應胤(응윤)	朝鮮光海君	觀水齋	隱士 本貫 慶州 著書 三書輯疑錄
李應翼(응익)	韓末~日帝	晦觀	本貫 延安
李應翼(응익)		海西	
李應仁(응인)	1535~1592	守庵	字 敬而 本貫 驪州 父 彦迪
李應寅(응인)	朝鮮哲宗	四休	文臣 字 夏卿 本貫 全州
李應祚(응조)		松齋	委巷人 字 大聲
李膺祚(응조)		曼湖	本貫 車城
李應鍾(응종)		四梅堂	本貫 咸平 父 鶴
李應俊(응준)	1891~1985	秋汀	軍人 父 正秀 陸軍參謀總長 著書 回顧九十年
李應辰(응진)	1817~?	素山	文臣 字 公五 本貫 全州 父 華晃 禮曹判書 著書 素山集
李應昌(응창) →李慶昌			
李應天(응천)	朝鮮	楓厓	隱士 字 敬吾 本貫 龍仁 僉知
李應春(응춘)	1522~1592	退思齋	武臣 字 泰英 本貫 清安 追贈 兵曹參判
李應憲(응헌)	?~1898	松厓 松西	著書 松厓集
李膺顯(응현)		蘆谷	著書 文集
李膺協(응협)	1826~1894	巷隱	學者 字 啓若 本貫 慶州 父 弘國 系 憲國 外祖 李世燁 著書 巷隱逸稿
李應協(응협)	1709~1772	鶴庵	文臣 字 寅卿 本貫 星州 父 德明 司憲府大司憲 著書 鶴庵遺稿
李應協(응협)		觀庵	著書 文集
李膺鎬(응호)	朝鮮後期	震齋	本貫 慶州 父 基瑥 祖父 繼秀 田愚 門人
李應虎(응호)		景巖	本貫 永川
李應和(응화)	1735~1813	塢翁	學者 字 致伯 本貫 碧珍 父 泰宇 外祖 崔迪基 著書 塢翁逸集
李應煥(응환)		隱圃	本貫 永川
李應禧(응희)	朝鮮宣祖	玉潭	本貫 全州 父 玹 著書 文集
李倚(의)	高麗	紫燕 居士	本貫 富平 父 君玉
李誼(의)	朝鮮睿宗	秋江	文臣 字 仁路 本貫 星州 父 正寧 大司憲
李誼(의)	朝鮮初期	晚崗	本貫 公州 父 末孫
李橃(의)	1648~1685	梧村	字 仲直 本貫 載寧 父 徽逸 著書 文集
李猗(의)	朝鮮英祖	氷齋	
李顗(의)	朝鮮	鶴皐	字 季達 本貫 固城
李毅(의) →李毅敬			
李義健(의건)	1533~1621	峒隱 桃花洞主	文臣 字 宜中 本貫 全州 父 漢 工曹正郎 著書 峒隱集

人名	年代	號	其他
李毅敬(의경)	1704~1778	桐岡 梧岡 憂樂堂	文臣, 學者 字 景浩 本貫 原州 父 彦烈 翊衛司副率 著書 桐岡遺稿
李宜慶(의경)	朝鮮	樂窩	字 聖範 本貫 固城 父 元譚
李義坤(의곤)	韓末	松陰	字 巨順 本貫 仁川
李宜奎(의규)	朝鮮	守拙齋	學者 字 乃謙 本籍 陜川 祖父 儼
李義吉(의길)	1596~1633	亮谷	學者 字 方叔 本貫 咸平 父 靜 外祖 宋樺壽 著書 亮谷遺稿
李義達(의달)	→李義健		
李宜祿(의록)	朝鮮肅宗	逊亭 无悶窩	本貫 龍仁 父 世晟 牧使
李義立(의립)	1562~1642	北菴	武臣 字 直甫 本貫 江陽 著書 求忠堂先生文集
李義立(의립)	1621~1694	求忠堂	字 禮兼 本貫 慶州 父 榮富 著書 文集
李宜晚(의만)	1650~1736	農隱	文臣 字 善應 本貫 廣州 父 厚徵 漢城判尹 諡號 靖貞 著書 農隱入審記
李宜茂(의무)	1449~1507	蓮軒	文臣 字 馨之 本貫 德水 父 抽 祖父 明晨 外祖 尹淮 洪州牧使 著書 蓮軒雜稿
李宜白(의백)	1563~1637	汝眞	著書 文集
李宜白(의백)		梧溪	著書 梧溪集
李宜炳(의병)	1683~?	雪川 梧亭 土亭	書藝家 字 文仲 本貫 龍仁 父 世觀 正郎
李義秉(의병)	1751~1814	五其齋 疇巖	學者 字 在心, 士衡 本貫 全州 父 最中 外祖 趙榮福
李義秉(의병)		木石	著書 木石遺稿
李義輔(의보)		稼隱	著書 文集
李義鳳(의봉)	1733~1801	懶隱	文臣 字 伯祥 本貫 全州 父 徵中 工曹參判 著書 懶隱嘻語
李義師(의사)	→李義師		
李義山(의산)		守軒	字 景立 本貫 仁川
李毅相(의상)	→李殷相		
李宜祥(의상)	朝鮮英祖	拙隱	本貫 延安 父 舜佐 直長
李宜相(의상)	?~1851	華南 華下	本貫 眞城 父 漢綺 祖 鎭奎
李意善(의선)		雪岡	字 敬元 本貫 固城
李義燮(의섭)	朝鮮	壽峰	本貫 全義 父 基震 祖父 始采
李宜秀(의수)	朝鮮純祖	公烈 錦里	委巷人 字 仲老
李懿秀(의수)	1805~1851	龜岡	字 德彦 本貫 廣州 父 以晉 著書 龜岡先生文集
李宜秀(의수)	朝鮮後期	竹塢	本貫 固城
李義守(의수)		蘆溪	著書 文集
李義肅(의숙)	1725~1807	頤齋 月洲	學者, 文臣 字 敬命 本貫 全州 父 黃中 開寧縣監 著書 頤齋集
李宜繩(의승)	1665~1698	園翁	學者 字 蠅分, 應汝 本貫 龍仁 父 世膺 著書 園翁集 圜翁

人名	年代	號	其他
李義勝(의승)		紫霞	本貫 全州
李宜植(의식)	1881~1974	雲潭	著書 文集
李議新(의신)		後灘	本貫 清安
李宜愼(의신) →李昭應의 一名			
李宜馣(의암)	朝鮮英祖	訥庵	文臣 本貫 龍仁 父 世聃 校理
李義養(의양)	1768~?	信園 雲齋 琢山 八松觀	畫家 字 爾信 本貫 安山 父 學洙
李義淵(의연)	1692~1724	有是齋	儒生 字 方叔 本貫 全州 祖父 齊衡 追贈 吏曹參議 諡號 忠愍
李義英(의영)	朝鮮	梅坡	文臣 本貫 新平 同知中樞府事
李宜溫(의온)	1577~1676	五宜亭	學者 字 粟然 本貫 驪興 父 應仁 著書 五宜亭文集
李義容(의용)		蘆隱	著書 文集
李宜元(의원) →李宜秀의 一名			
李宜潤(의윤)	1564~1597	無忝堂	學者 字 晬然 本貫 驪州 父 應仁 著書 無忝堂文集
李義胤(의윤)		伯祥 商鳳	著書 文集
李儀翼(의익)	1856~1927	松隱	文臣 本貫 延安 父 謇愚 成均博士 著書 遺稿
李宜翼(의익)		紫巖	本貫 廣州
李儀翼(의익)		伊山	
李宜潛(의잠)	1576~1635	東湖 守拙堂	文臣 字 炳然 本貫 驪州 父 應仁 縣監 著書 東湖逸稿
李儀在(의재)	高麗	民甫	文臣 本貫 大興 都正
李宜朝(의조)	朝鮮正祖	鏡湖	學者, 文臣 字 孟宗 本貫 延安 李縡,宋能相 門人 參奉 著書 家禮增解
李宜澍(의주)	1567~1637	香壇	文人 字 沛然 本貫 驪州 父 應期 祖父 彦适
李宜中(의중)	1687~?	西巖	字 聖能 本貫 龍仁
李毅中(의중)	朝鮮肅宗	適菴	本貫 全州 父 顯行
李宜澄(의징)	朝鮮宣祖	養拙堂	學者 本貫 驪州 父 應仁
李宜昌(의창)	朝鮮後期	謹齋	本貫 蔚山
李倚天(의천)	1676~1753	樸直窩 樸直齋	文臣 字 斯立 本貫 全州 父 澤 外祖 林可材 左副承旨 著書 樸直窩奏議
李義天(의천)		石樓	著書 石樓遺稿
李義天(의천) →李義天			
李宜哲(의철)	1703~1778	文菴	文臣 字 原明 本貫 龍仁 父 世運 李縡 門人 弘文館大提學 著書 文菴集
李懿喆(의철)	朝鮮純祖	容城	文臣 字 好民 本貫 原州
李義沾(의첨) →義沼			
李宜泰(의태)	1701~1779	近仁堂	學者 字 大來 本貫 眞寶 父 世達 著書 近仁堂集
李宜澤(의택) →李宜溫			

人名	年代	號	其他
李義弼(의필)	1738~1808	蒼溪	文臣 字 喬白 本貫 全州 父 存中 廣州留守
李宜翰(의한)	1632~1706	紫雲	學者 字 季膺 本貫 碧珍 父 命夔 外祖 權奎 著書 紫雲集
李義行(의행)		素隱	本貫 眞寶
李宜顯(의현)	1669~1745	陶谷	文臣 字 德哉 本貫 龍仁 父 世白 金昌協 門人 領議政 諡號 文簡 著書 陶谷集
李義亨(의형)	1442~1495	杏軒	文臣 字 勇甫, 勇夫 本貫 咸安 父 美 南原府使
李宜馨(의형)		延岡	字 美汝 本貫 陝川
李義鎬(의호)	朝鮮後期	書溪	本貫 眞城
李義浩(의호)		華菴	著書 文集
李宜浩(의호) →李宜活			
李宜灝(의호) →李宜顯			
李意華(의회)	朝鮮肅宗	雲菴	字 約春 本貫 慶州
李宜活(의활)	1573~1627	雪川 雪川亭	文臣, 學者 字 浩然 本貫 驪州 父 應仁 祖父 彦迪 外祖 張應機 興海郡守 著書 雪川文集
李頤(이)	高麗末	松愚	字 安之 本貫 原州 父 攀桂 諡號 文烈
李珥(이)	1536~1584	栗谷 石潭 愚齋 義菴	文臣, 學者 字 叔獻 本貫 德水 父 元秀 外祖 申命和 吏曹判書 諡號 文成 著書 栗谷全書
李頤(이)	朝鮮	松隱	本貫 原州 父 攀桂 祖父 子誠
李瀦(이) →李瀦			
李頤慶(이경)	1549~?	鷲巖	文臣 字 善應 應善 本貫 完山 父 千年 判決事
李利敎(이교)	朝鮮純祖	蓉岡 如愚堂 廳叟	學者 字 于天 本貫 平昌 著書 蓉岡集
李以均(이균)	朝鮮仁祖	東林	本貫 慶州 父 邦輔
李頤根(이근)	朝鮮明宗	守黙 守黙齋 華巖 星田	學者 字 可久, 可及 本貫 全州 父 聖眞
李以根(이근)	朝鮮	農愚	本貫 全州 父 泰發
李理金(이금)	朝鮮	晚悟齋	本貫 慶州 父 敬源 祖父 萬業
李而杜(이두)	1625~1703	覽懷堂	學者 字 士直 本貫 星州 父 繼胤 外祖 裵秀義 著書 覽懷堂文集
李以斗(이두)	1807~1873	西坡	醫學者 字 瑞七 著書 西坡文集
李以齡(이령)		敬翁	本貫 全州 父 琛漢
李頤晚(이만)	1654~1718	悟軒 怡軒	文臣 字 正叟 本貫 廣州 父 厚徵 承旨
李頤命(이명)	1658~1720	疎齋	文臣 字 養叔 初字 智仁 本貫 全州 父 敏迪 系 敏采 祖父 敬輿 外祖 朴長遠 金萬重 婿 左議政 諡號 忠文 著書 疎齋集
李爾芳(이방)	1676~?	花庵	字 馨遠 本貫 全州 父 三陽
李頤炳(이병)	朝鮮	麟溪	本貫 禮安 父 東 郡守 著書 文集

人名	年代	號	其他
李頤炳(이병)		榮川	著書 李榮川私稿
李頤祥(이상)	1712~?	謹齋	字 季美 本貫 延安 父 舜佐
李以錫(이석)		梅竹軒	本貫 全州 父 馝遠
李爾松(이송)	1598~1665	開谷	文臣, 學者 字 壽翁 本貫 眞寶 父 義遵 外祖 金大賢 禮曹佐郎 著書 開谷遺集
李耳壽(이수)	朝鮮宣祖	無憂堂	字 汝聃 本貫 安岳 追贈 禮曹佐郎
李利水(이수)	朝鮮	三吾堂	本貫 聖善 父 茂馨 祖父 鼎周
李以恂(이순)	朝鮮仁祖	東村	學者 字 熙之 本貫 慶州 著書 東村遺稿〈活溪先生遺稿〉
李頤淳(이순)	1754~1832	後溪 兢齋 杞隱 晩窩 六友堂	學者 字 穉養 本貫 眞城 父 龜蒙 著書 後溪集
李以恂(이순)	朝鮮	東林	本貫 慶州
李以時(이시) →權以時			
李頤說(이열) →李頤晩			
李利運(이운)		松窩	本貫 咸平 父 震秀
李爾一(이일)	朝鮮燕山君	自笑堂	隱士 字 汝純
李而樟(이장)	1642~1653	東巖	字 汝直 本貫 碧珍 著書 東巖先生逸集
李爾長(이장)	1642~1727	懶齋	學者 字 秀久, 秀文 本貫 慶州 父 奎英 外祖 韓謙允 著書 懶齋集
李彝章(이장)	1703~1764	水南	文臣 字 君則 本貫 韓山 父 必重 追贈 吏曹判書 謚號 忠正
李爾樟(이장)	朝鮮仁祖	端菴	本貫 眞城 進士
李而楨(이정)	1619~1679	竹坡	學者 字 公直 本貫 碧珍 父 繼胤 外祖 裵秀義 著書 竹坡集
李以存(이존)	朝鮮孝宗	定齋	本貫 驪州 父 大濬 舍人
李頤鎭(이진)		聱窩	本貫 星山
李爾瞻(이첨)	1560~1623	觀松 雙里	咸臣 字 得輿 本貫 廣州 父 友善 大提學
李以豐(이풍)	1768~1827	九巖	學者 字 亨伯 本貫 廣州 父 泰運 著書 九巖集 著書 文集
李爾沆(이항)		省齋	字 一初 父 達天
李逈馨(이형)	韓末	新德齋	字 可德 本貫 固城 元準璣 文人
李以煥(이환)		朗隱	著書 朗隱遺稿
李翊(익)	朝鮮成宗	月菴	字 大翼 打愚 本貫 咸安 司諫
李溭(익)	1579~1624	艮翁 玉浦	文臣 字 洞如, 汝涵 本貫 慶州 父 惟一 外祖 閔德龍 追贈 典翰 著書 艮翁集
李翊(익)	1629~1690	農齋 睡窩	文臣 字 季羽 本貫 牛峰 父 有謙 宋時烈 門人 追贈 吏曹判書 謚號 文貞

人名	年代	號	其他
李瀷(익)	1681~1764	星湖	學者 字 自新, 子新 本貫 驪興 父 夏鎭 追贈 吏曹判書 著書 星湖文集
李穑(익)	朝鮮純祖	錦江	字 濟夫 本貫 全州 父 久洵
李瀷(익)		石門	本貫 淸安 父 文龍
李益(익) →李星益			
李翊九(익구)	1838~1912	恒齋 西皐散人	學者 字 能伯 本貫 驪興 父 鍾極 外祖 孫承圭 著書 恒齋集
李翊根(익근)	朝鮮	老山	本貫 永川 童蒙敎官
李益樂(익락)	1807~1872	南耕	著書 文集
李翊烈(익렬)		養齋	著書 文集
李翼老(익로)	朝鮮顯宗	無言翁	文臣 本貫 全州 父 弘匡 直講
李翼龍(익룡)	1723~1784	樂山堂	學者 字 而立 本貫 永川 父 恒春 系 載春 著書 樂山堂文集
李翼萬(익만)	1795~1870	菊圃	學者 字 士鵬 本貫 慶州 父 友夏 外祖 李士晶 著書 菊圃逸稿
李翊明(익명)	朝鮮	四友堂	字 聖輔 本貫 固城 祖父 重國
李翊模(익모)		愼靜齋	本貫 德水
李翊文(익문)	朝鮮肅宗	雲嶽一叟	字 文卿 本貫 固城 父 壽曼 縣監
李益文(익문)	1796~?	龜菴	本貫 全州 父 秉誠 著書 龜菴先生集
李翼文(익문)		存齋	著書 存齋集
李翼玟(익민)	朝鮮	松潭	本貫 全州 父 秉㶊
李益朴(익박)	朝鮮	靈齋	文臣 本貫 德山 父 愃 忠淸道觀察使
李益培(익배)	朝鮮世祖	凍川	本貫 慶州 父 思和
李翊相(익상)	1625~1691	梅磵 梅澗	文臣 字 弼卿 本貫 延安 父 昭漢 祖父 廷龜 柳琳 婿 吏曹判書 諡號 文僖 著書 梅磵集
李翼相(익상)	朝鮮	芸樵	本貫 全州 父 承達 祖父 敎泰
李益相(익상)	1895~1930	星海	小說家, 言論人
李益緒(익서)		竹浦	本貫 咸平
李翼晟(익성)	朝鮮後期	靑湖	本貫 慶州 父 寅培 祖父 奉文
李翼星(익성)	朝鮮	素山	本貫 星山 副護軍
李益盛(익성)		醉柳軒	本貫 慶州
李翊聖(익성) →李翊臣			
李益壽(익수)	1653~1708	白黙堂 自黙堂	文臣 字 久而 本貫 全州 父 元龜 左參贊 諡號 文簡 著書 文集
李翊壽(익수)	朝鮮	竹溪	本貫 星州 父 聖準 祖父 文煥
李益壽(익수)		節齋	本貫 咸平 父 世恒
李翼壽(익수) →李益壽			

人名	年代	號	其他
李翊臣(익신)	1631~1711	瓦谷	文臣 字 國卿 本貫 全州 寫字官
李益新(익신)	朝鮮	清灘	字 厚培 本貫 固城
李益新(익신)		息蔭齋	本貫 光山
李翼延(익연)	1762~1815	杏左	書畫家 字 厄叟 本貫 延安 父 之洵
李翼運(익운)	朝鮮英祖	守眞齋	文臣 本貫 咸平 父 慶一
李益運(익운)	1748~1817	鶴鹿 鶴麓	文臣 字 季叟 本貫 延安 父 徽大 大護軍 諡號 靖肅 著書 鶴鹿集
李翊元(익원)	朝鮮後期	可山	本貫 眞城
李翼元(익원)	朝鮮肅宗	鶴陰	文臣 本貫 富平 父 廷咸 諡號 忠僖
李益著(익저)		龍淵	字 淑謙 本貫 延安
李益著(익저)		巽窩	著書 文集
李益炡(익정)	1699~1782	是聞 是閑堂	文臣 字 明淑 本貫 全州 父 檥 判敦寧府事 諡號 靖簡
李益祚(익조)	朝鮮	忍貳堂	本貫 德水 父 承慶
李翊周(익주)	朝鮮正祖	間溪	本貫 陽城 父 鰲 海州牧使
李翼晉(익진)	1750~1819	晚香	文臣 字 穉明 本貫 全州 父 命復 祖父 昌文 外祖 許垣 大司諫 編書 名臣錄
李翼鎭(익진)	朝鮮英祖	林叟	本貫 德水 父 薔
李翼鎭(익진)	朝鮮顯宗	牧翁	學者 本貫 驪州 父 志宏 承旨
李益采(익채)	1873~1937	梧雲 蘇山	字 友三 本貫 全州 父 守敦
李益泰(익태)	1633~1704	冶溪	字 大裕 本貫 延安 父 惇亨 承旨
李翊台(익태)	朝鮮	育英齋	文人 本貫 全義
李益馝(익필)	1674~1751	霞翁	武臣 字 聞遠 本貫 全義 追贈 兵曹判書 諡號 襄武 著書 霞翁文集
李翊夏(익하)	朝鮮	睡菴	字 時卿 本貫 固城 著書 家藏要覽
李翊漢(익한)	1609~1668	香坡	文臣 字 稚欽 本貫 全州 父 潔 工曹參判
李益亨(익형)	朝鮮	杜谷	學者 本貫 驪州 父 極 祖父 承春
李益馨(익형)		隱村	本貫 咸平
李翊鎬(익호)	1830~1885	晚圃	學者 字 汝明 本貫 眞城 父 中極 著書 晚圃文集
李翊浩(익호)	1872~1901	潭齋	著書 文集
李益華(익화)	1629~1675	玉川	著書 玉川逸稿
李益華(익화)	1646~1684	伴翠堂	字 國馨 本貫 龍仁 父 昕 著書 文集
李益桓(익환)		雙泉	本貫 咸平 著書 雙泉公集〈咸豊李氏五賢遺稿〉
李翊會(익회)	1767~1843	古東 古桐	文臣 字 左甫 本貫 全義 父 得培 系 樂培 漢城府判尹 諡號 文簡
李仁(인)	高麗忠烈王	竹軒	字 友輔 本貫 永川
李璘(인)	高麗末	東崗	本貫 原州 父 祿圭 祖父 希伯 宗簿寺令

人名	年代	號	其他
李鱗(인)	朝鮮宣祖	山澤堂 澤堂	文人 字 剛甫, 馴甫 本貫 星山
李仁(인)		海隱	本貫 咸平
李墇(인)	朝鮮	慶流亭	文人 字 浩然 本貫 眞城 父 壎 祖父 哲孫
李仁(인)	1896~1979	愛山	辯護士 法務部長官
李寅卿(인경)	朝鮮仁祖	萬松 萬松堂	義兵將 字 潭陽 本貫 興陽 延安府使
李寅龜(인구)	1809~1896	莞爾	文臣, 學者 字 長汝 本貫 全州 著書 莞爾漫錄
李仁求(인구)	朝鮮高宗	石屋	本貫 眞寶 父 命鎬
李仁榘(인구)	韓末	慕庵	字 敬循, 循甫 本貫 固城 父 學禧 田愚 文人
李仁矩(인구)		艮齋	著書 艮齋集
李寅珪(인규)	朝鮮憲宗	醒菴	本貫 全州 父 成一 祖父 商輅
李寅奎(인규)	朝鮮	晩悟	隱士 字 允瑞 本貫 全州 父 佑根
李麟起(인기)	1272~?	奉齋	本貫 星州
李麟奇(인기)	1549~1631	松溪 松溪居士	學者 字 仁瑞 本貫 青海 父 沃 封號 青陵君 追贈 左贊成 著書 松溪集
李仁基(인기)	朝鮮	崇禎處士	本貫 慶州 父 陟
李仁祺(인기)→李藏用의 初名			
李寅達(인달)		遜窩	著書 遜窩集
李璘大(인대)	朝鮮	日新堂	本貫 仁川 父 英徵 祖父 星宗
李仁大(인대)	朝鮮	槐谷	委巷人
李仁老(인로)	1152~1220	雙明齋	學者 字 眉叟 本貫 仁州 右諫議大夫 著書 銀臺集
李寅晩(인만)	韓末	汾亭	
李寅命(인명)	朝鮮哲宗	溪雲	本貫 全州 父 豊鍾 系 奎鍾
李仁黙(인묵)	1778~1858	囂囂	著書 文集
李寅文(인문)	1745~1821	古松 古松流水館 古松流水館道人 有春 紫煙翁	畫家 字 文郁 本貫 海州 僉節制使
李仁敏(인민)	高麗	慕隱	文臣 本貫 星州 父 褒 封號 星山府院君 判開城府事
李仁民(인민)	朝鮮宣祖	梅山	字 君吾 本貫 安岳 追贈 兵曹參議
李仁培(인배)	1716~?	廻溪	字 季修 本貫 全義 父 德潤
李寅炳(인병)	1651~1702	樊圃	文臣 字 文叔 本貫 慶州 父 慶億 監司 著書 樊圃遺稿
李仁普(인보)	朝鮮英祖	秋溪	本貫 碧珍 父 挺益 郡守
李仁復(인복)	1308~1374	樵隱	文臣 字 克禮 本貫 星州 父 褒 祖父 兆年 封號 興安府院君 檢校侍中 諡號 文忠 著書 樵隱集
李仁復(인복)	1683~1730	春節齋 愼節齋	文臣 字 來初 本貫 全州 父 存道 兵曹參判
李仁福(인복)		虎溪	

人名	年代	號	其他
李寅福(인복)		月巖	本貫 全州
李仁溥(인부)	朝鮮肅宗	月浦	學者 字 濟仲 本貫 全州 父 瑄 著書 文集
李寅賓(인빈)	1625~1695	雪樓	文臣 字 殷卿 本貫 韓山 父 袞 僉知
李寅賓(인빈)	朝鮮顯宗	睡軒	本貫 慶州 祖父 時得
李仁祥(인상)	朝鮮中期	松塢	
李麟祥(인상)	1710~1760	凌壺 凌壺觀 凌臺 寶山子	書畫家 字 元靈 本貫 全州 陰竹縣監 著書 凌壺集
李麟祥(인상)	朝鮮	醉蓮	委巷人 字 致昭 本貫 天安
李仁常(인상)		愼庵	本貫 蔚山
李寅相(인상)		晚悟	本貫 咸平 父 之翼
李仁瑞(인서)	高麗	松村 好川翁	本貫 振威 門下侍郞平章事
李麟瑞(인서)	朝鮮宣祖	聽溪 聽溪堂	字 應仁 本貫 延安 父 巖
李仁緖(인서)	朝鮮	宗軒	本貫 咸平 父 儒魯 祖父 泳運
李麟緖(인서)		癡齋	本貫 咸平 父 儒哲
李寅錫(인석)	1650~?	蘭村	字 天賚 本貫 陽城 父 震綱
李仁碩(인석)	朝鮮仁祖	丹溪	本貫 慶州 父 淀
李仁善(인선)		樵隱	本貫 全州 父 在勳
李寅卨(인설)	1813~1882	瑞巖	文臣 字 殷哲 本貫 全州 父 止淵 大司憲
李寅爕(인섭)	朝鮮	菊下	學者 本貫 驪州
李寅爕(인섭)		杏圃	著書 文集
李寅燝(인소)	1637~1698	老圃	文臣 字 子明 本貫 慶州 父 慶億 追贈 吏曹判書
李仁孫(인손)	1395~1463	楓厓	文臣 字 仲胤 本貫 廣州 父 之直 右議政 諡號 忠僖 著書 楓厓先生遺稿〈遯村先生遺稿〉
李仁壽(인수)	朝鮮肅宗	梧齋	武臣 字 德老 本貫 仁川
李麟秀(인수)	朝鮮正祖	玉畓	本貫 延安 父 肇源 副正
李仁淑(인숙)	1872~1949	桑菴	天道教人
李仁純(인순) →李純仁			
李仁植(인식)	朝鮮	聾窩	本貫 全義 父 潤華 祖父 徵佑 監察
李仁植(인식)		萬壽堂	字 永善 本貫 淸州 著書 文集
李仁植(인식)		琴川	著書 文集
李仁實(인실)	朝鮮肅宗	一竿	本貫 慶州 父 漢
李仁業(인업)	朝鮮	樵山	文臣 字 來遠 本貫 鳳山 中樞府事
李寅燁(인엽)	1656~1710	晦窩	文臣 字 季章 本貫 慶州 父 慶億 弘文館大提學 著書 晦窩詩稿
李寅曄(인엽) →李寅燁			

人名	年代	號	其他
李仁榮(인영)	朝鮮	松齋	文臣 字 稱綱 本貫 寧海 通德郎
李仁容(인용) →梁仁容			
李仁源(인원)	1722~?	晚翠堂	字 宅之 本貫 延安 父 得輔 著書 晚翠堂遺書
李寅遠(인원)		遜窩	著書 遜窩集
李仁任(인임)	高麗恭愍王	勝巖	字 子重 本貫 星州 父 褒 封號 廣平府院君 諡 號 文肅
李仁張(인장)	朝鮮	陽谷	文臣 字 春卿 本貫 慶州 主簿
李仁梓(인재)	朝鮮	梅窩	文臣 字 德而 本貫 東城 判中樞府事
李寅宰(인재)	朝鮮哲宗	素琴	本貫 延安 父 義翼
李寅梓(인재)	1870~1929	省窩	著書 省窩文集
李仁栽(인재)		默齋	著書 文集
李仁氐(인저) →李奎報의 初名			
李仁全(인전)	朝鮮	海東處士	學者 本貫 鶴城
李仁梃(인정)	高麗	誠庵	本貫 慶州 父 翮 右正言
李仁濟(인제)	1685~1761	晚悟堂	學者 字 汝元 本貫 仁川 父 英華 外祖 南供辰 著 書 晚悟堂集
李仁祚(인조)		有明處士	本貫 永川
李麟祚(인조) →李麟祥			
李仁中(인중)	1825~1896	艮宇 企山	學者 字 性元 本貫 鶴城 父 升憲 外祖 鄭台休 著 書 艮宇遺集
李仁曾(인증)		南溪	著書 南溪附錄
李麟至(인지)	1683~1746	感恩窩 恩窩	學者 字 聖瑞 本貫 興陽 父 在憲 外祖 趙瑄 著書 感恩窩遺集
李人稙(인직)	1862~1916	菊初	新小說家 著書 血의 淚
李麟徵(인징)	1643~1729	雲岡 雲崗	字 玉瑞 本貫 延安 父 梡
李寅采(인채)	1458~?	梧棲	文臣 字 貫之 本貫 韓山
李仁宅(인택)	朝鮮	松林	本貫 仁川 父 曒 祖父
李寅秘(인필)	朝鮮	圓溪	委巷人 字 果卿 父 聖中
李寅河(인하)	韓末~日帝	松琶	育英事業家 字 道欽 本貫 仁川
李寅海(인해)	朝鮮	養浩齋	本貫 禮安 父 成稙 祖父 昌基
李仁行(인행)	1753~1833	新野 晚聞齋 日 省	文臣 字 公宅 本貫 眞寶 父 觀燮 外祖 李德祥 高 山縣監 著書 新野文集
李仁憲(인헌)	朝鮮	訥軒	文臣 字 文彦 本貫 碧珍 僉知中樞府事
李寅爀(인혁)	1634~1710	梅山	文臣 字 仲章 本貫 慶州 父 慶徵
李寅赫(인혁) →李寅爀			
李仁賢(인현)	1499~?	雙尖堂	字 國信 本貫 鎭安 父 英俊

人名	年代	號	其他
李仁亨(인형)	1436~1497	梅軒	文臣 字 公夫 本貫 咸安 父 美 外祖 姜匪虎 金宗直 門人 追贈 禮曹判書 著書 梅軒文集
李寅烔(인형)		著菴	字 東伯 本貫 眞寶
李寅馨(인형)		醉隱	本貫 慶州 祖父 時得
李仁浩(인호)	朝鮮	月汕	本貫 星山 父 鍾達 祖父 允哲
李麟鎬(인호)	朝鮮後期	左松	本貫 眞城
李麟鎬(인호)	1892~1949	醒齋	學者 字 孔彦 本貫 全義 父 敎灝 外祖 李鎭顥 著書 醒齋遺稿
李仁弘(인홍)	朝鮮	淸風堂	武臣 本貫 商山 守令
李仁弘(인홍)		心齋	本貫 尙州
李仁華(인화)	1598~1654	松巖	字 善元 本貫 咸平 著書 松巖集 〈漆室遺稿〉
李寅華(인화)	1672~1728	龍菴	著書 文集
李仁和(인화)	1858~1929	元汝	義兵將
李寅煥(인환)	1633~1699	生谷	文臣 字 文伯 本貫 慶州 父 慶徽 系 慶衍 祖父 時發 吏曹判書
李寅煥(인환)	朝鮮	退隱齋	委巷人 字 公協 本貫 全州
李仁煥(인환)		雨堂	本貫 慶州
李寅煥(인환)→李昇薰의 本名			
李仁後(인후)	朝鮮	修善齋	字 裕甫 本貫 固城 父 誠
李寅輝(인휘)	朝鮮	泉西	本貫 固城
李仁興(인흥)	新羅	道干	學者 字 和行 本貫 慶州 諡號 文烈
李鎰(일)	1868~1927	小峯	著書 文集
李一(일)	1892~?	東園	詩人
李日寬(일관)		玄坡	字 徐卿 本貫 淸州
李逸老(일로)	1578~1636	松圃	文臣 字 晦叟 本貫 慶州(陜川) 父 敦 追贈 持平
李日祿(일록)	朝鮮正祖	愚谷	本貫 碧珍 父 熙道 系 熙緝 生員
李日三(일삼)	1626~1700	市西 鶴峯	文臣 字 晉汝,省吾 本貫 舒川 父 復亨 禮賓寺正
李一相(일상)	1612~1666	靑湖	文臣 字 咸卿 本貫 延安 父 明漢 祖父 廷龜 外祖 朴東亮 李聖求 婿 追贈 右議政 諡號 文肅 著書 靑湖集
李一善(일선)	1877~1946	履道齋	著書 履道齋集
李一暹(일섬)	1801~?	雲圃	畫家 本貫 全州
李一誠(일성)	朝鮮	三顧堂	文臣 字 圭善 本貫 扶餘 宣傳官
李一遂(일수)	朝鮮後期	夢海	
李一蓋(일신)	朝鮮後期	果庵	本貫 固城 李象靖 門人
李逸英(일영)	1575~1636	夷山	文臣 字 晦伯 本貫 陜川 父 敦 追贈 持平
李日燁(일엽)	朝鮮	無憂堂	字 晦而 本貫 固城
李鎰永(일영)→李鵬海			

人名	年代	號	其他
李日運(일운)	朝鮮正祖	淵居	文臣 本貫 咸平 父 師言 承旨
李一元(일원)	朝鮮	石峰	本貫 慶州 父 德龍 祖父 斗相
李日章(일장)	1572~?	海槎	字 晦叔 本貫 星州 父 信吉
李一長(일장)	→裵一長		
李日躋(일제)	1683~?	華岡	文臣 字 君敬 本貫 全州 父 彦純
李日宗(일종)		天祝	本貫 慶州
李日贊(일찬)	1856~1902	素華	學者 字 景襄 本貫 延安 父 觀春 外祖 申應模 著書 素華集
李一天(일천)	朝鮮	大也道人	本貫 禮安 父 寅海 祖父 成稙
李日憲(일헌)		敬齋	本貫 咸平
李逸協(일협)	1750~1808	螏窩	學者 字 而宅 本貫 河濱 父 光河 外祖 李基玄 著書 螏窩集
李日煥(일환)		竹圃	本貫 原州 祖父 大潤
李日煥(일환)		逸亭	本貫 清安
李一煥(일환)		芳山	本貫 咸平
李日休(일휴)	朝鮮初期	致石	本貫 安城 父 奇 尙衣院事
李琳(임)	1427~1445	謹行堂	書藝家 字 珍之 本貫 全州 父 世宗 諡號 靖德
李稔(임)	朝鮮宣祖	南江	義兵將 本貫 韓山 父 世瑜 祖父 昱 著書 文集
李任之(임지)		臥巖	著書 臥巖集
李任漢(임한)		市隱	本貫 全州 父 尙弼
李砬(입)	朝鮮宣祖	歸來亭 臨閣	文臣 字 頤老 本貫 廣州
李耔(자)	1480~1533	陰厓 溪翁 夢菴 夢翁	文臣, 學者 字 次野 本貫 韓山 父 禮堅 右參贊 諡號 文懿 著書 陰厓集
李茲(자)	朝鮮肅宗	守孤堂	本貫 德水 父 端夏
李滋(자)		美山	本貫 咸平
李子東(자동)		鳴巖	著書 鳴巖集
李自馪(자빈)	朝鮮顯宗	南溪	本貫 星州 父 筬 護軍
李子有(자유)	朝鮮憲宗	谷瀼漫客	
李子準(자준)	→李準		
李自夏(자하)	朝鮮中宗	歸齋	本貫 德水 父 燦 積城縣監
李資玄(자현)	1061~1125	息庵 清平居士 清平山人 希夷子	學者, 文人 字 眞精 本貫 仁州 父 顥 祖父 子淵 大樂署丞 諡號 眞樂 著書 禪機語錄
李子混(자혼)	高麗忠肅王	蒙菴	文臣 字 太初 本貫 全義 諡號 文莊
李自興(자흥)	朝鮮	鏡巖	文臣 字 可文 本貫 碧珍 工曹參議
李碏(작)		牛川	本貫 全州 父 璥

人名	年代	號	其他
李潛(잠)	1561~1593	紫巖	字 士昭 本貫 固城 父 磯
李潛(잠)	1660~1706	剡溪 西山	文人 字 仲淵 本貫 驪州 父 夏鎭 外祖 李後山 追贈 司憲府執義 著書 剡溪集
李潛(잠)	朝鮮	天遊	本貫 永川 著書 文集
李藏(장)	朝鮮世宗	栢谷	本貫 禮安 父 竦
李獎(장)	1756~1797	毫山	學者 字 舟汝 本貫 全州 父 仁簿 外祖 金命基 著書 毫山文集
李莊(장)		南岡	本貫 咸平 祖父 晛
李橋(장)		西山	本貫 永川 父 禁遜
李橋(장) →李穡			
李藏(장) →李藏			
李長坤(장곤)	1474~?	琴軒 琴齋 寓灣 寓灣病叟 鶴皐	文臣 字 希剛 本貫 星州 父 承彦 金宏弼 門人 兵曹判書 諡號 貞度 著書 琴軒集
李章寧(장녕)	1881~1932	白于 長榮	獨立運動家 本貫 延安
李長立(장립)	1590~1644	楊村	著書 文集
李章璞(장박)	朝鮮	知止軒	學者 字 玉汝 本貫 驪州 著書 文集
李莊輔(장보)	朝鮮英祖	荷西	本貫 驪州 父 重煥
李章福(장복)		牛巖	著書 牛巖實記
李章燮(장섭)	1854~1907	竹坡	字 理一 本貫 永川 父 澈在 系 淵在
李章綏(장수)	朝鮮純祖	勿淵	學者 本貫 驪州 父 邦燮
李長新(장신)		薛蘿翁	字 仲允 本貫 淸州 追贈 戶曹參判
李章璉(장연)	朝鮮	竹館	學者 本貫 驪州
李長榮(장영)	1521~1599	竹谷	文臣 字 壽卿 本貫 咸平 父 碩 府使 著書 竹谷先生文集
李張英(장영)	1612~1682	襄陽	著書 文集
李長英(장영)	朝鮮肅宗	三希 三希堂	字 直卿 祖父 東渠
李長榮(장영)	朝鮮	芝隱	文臣 字 亨伯 本貫 安城 龍驤衛副護軍
李章五(장오)	朝鮮	日省	書藝家, 學者 本貫 驪州
李章吾(장오)	朝鮮純祖	蓮溪	武臣 字 子明 本貫 全州 父 熙斗
李藏用(장용)	1201~1271	藥軒 海東賢人	字 顯甫 本貫 仁州 父 儆 尚書 諡號 文眞
李章雲(장운)		日省	字 汝龍 本貫 驪州
李長源(장원)	1560~1649	草堂	孝子 字 浩遠 本貫 延安 著書 草堂文集
李章遠(장원)	朝鮮	兵窩	文臣 本貫 驪州 司果
李長源(장원)		樂圃	本貫 全州
李長益(장익)	朝鮮	南宣	本貫 廣州 父 行儉
李長載(장재)	1753~?	蘿石館	學者 字 兼達 本貫 韓山 父 奎像 外祖 趙榮 著書 蘿石館稿

人名	年代	號	其他
李長俊(장쥰)		洛圃	本貫 加平
李章贊(장찬)	1794~1860	蒴隱	學者 字 襄叔 本貫 慶州 父 若采 外祖 金奎五 宋穉圭 門人 著書 蒴隱文集
李章漢(장한)	朝鮮	推南	學者 本貫 驪州
李璋憲(장헌)		月亭	本貫 咸平
李章鎬(장호)	朝鮮後期	秋沼	本貫 全州 父 錫駿 長水縣監
李長祜(장호)	朝鮮後期	鐵山	
李長華(장화)	朝鮮	樊叟	學者 本貫 驪州
李章煥(장환)	朝鮮	後梧堂	字 奇洪 本貫 固城 父 殷奎
李章熙(장희)		梅隱	字 敬叟 本貫 全州
李章熙(장희)	1900~1929	古月	詩人 本貫 仁川
李載(재)	高麗	雲山	著書 雲山文集
李載(재)	朝鮮成宗	白癡齋	學者 字 可汝 本貫 德水 著書 白癡齋遺稿
李栽(재)	1567~1730	密庵	學者 字 幼材 本貫 載寧 父 玄逸 外祖 朴功 主簿 著書 密庵文集
李梓(재)	1606~1657	雙溪	文臣 字 濟伯 本貫 全義 父 省身 弘文館校理
李縡(재)	1680~1746	陶菴 寒泉	文臣, 學者 字 熙卿 本貫 牛峰 父 晚昌 外祖 閔維重 吳斗寅 壻 大司憲 諡號 文正 著書 陶菴集
李栽(재)		月波	本貫 慶州
李梓(재)		谷齋	字 邦翰 本貫 原州
李梓(재) →李埠			
李載(재) →李載祿			
李載覺(재각)	1837~?	西樣	字 熙卿 本貫 牛峰 父 昇應
李在幹(재간)	朝鮮	晚橡	本貫 驪州 父 稼祥
李在康(재강)	1814~1884	紫皐	學者 字 寧伯 本貫 驪州 父 五祥 外祖 辛恩甲 著書 紫皐遺稿
李載秉(재겸)		溪堂	著書 溪堂叢言
李在絅(재경)	朝鮮英祖	怡芸	本貫 龍仁 父 奎祜
李載崑(재곤)	朝鮮高宗	東園	文臣 字 士玉 本貫 全州
李在寬(재관)	1620~1689	新窩	字 徹彦 本貫 興陽 祖父 埈 通德郎
李在寬(재관)	1783~1837	小塘	畵家 字 元剛 本貫 龍仁 登山鎭僉節制使
李在嶠(재교)	朝鮮	內谷	本貫 驪州 父 南祥 祖父 鼎集
李在龜(재구)		懼齋	字 國瑞
李在權(재권)	朝鮮純祖	三松齋	本貫 全州 父 東俊
李在均(재균)		鶴圃	著書 鶴圃公遺稿〈延城世稿〉
李在根(재근)	?~1960	健齋	著書 健齋遺稿

人名	年代	號	其他
李在假(재급)	朝鮮	正窩	本貫 驪州 父 羽祥 祖父 鼎元 生員
李在璣(재기)	朝鮮純祖	訥庵	文臣 本貫 全州 父 命俊 獻納
李載器(재기)	朝鮮憲宗	可村	本貫 全州 父 教豊
李載基(재기)		白下	
李載德(재덕)	朝鮮	楸齋	文人 本貫 驪州
李載斗(재두)		台塢	本貫 仁川
李載得(재득)		竹潭	
李載樂(재락)		五園	著書 五園集
李在齡(재령)	1845~1910	竢菴	學者 字 士愚 本貫 驪州 父 琥祥 系 尹祥 外祖 崔濟宏 著書 竢菴文集
李在靈(재령)	1882~1949	退山	著書 文集
李在祿(재록)		炳燭窩	本貫 驪州
李載祿(재록)		雲山	本貫 全州 父 全應
李在崙(재륜)	朝鮮	三溪處士	字 時中 本貫 固城
李載麟(재린)	朝鮮	醉仙	本貫 星州 父 震容 祖父 直秉
李在立(재립)	朝鮮	稽栖	文臣 本貫 驪州 正言
李在晚(재만)	朝鮮	慵叟	文臣 本貫 驪州 內部協辦
李載冕(재면)	1845~1912	又石	大臣 字 武卿 本貫 全州 父 昰應 封號 完興君
李在穆(재목)	朝鮮後期	敬菴	學者 本貫 驪州 著書 敬菴文集
李在敏(재민)	朝鮮	顧庵	本貫 星山 父 允哲 祖父 大樞
李在敏(재민)		茅溪	字 致實 本貫 鳳山
李在凡(재범)		石南	本貫 全州
李載常(재상)	朝鮮純祖	靜軒	本貫 驪州 父 晶煥 系 森煥
李在誠(재성)	朝鮮英祖	芝溪	學者 字 仲存 本貫 全州 父 輔天 著書 文集
李在秀(재수)	1770~1822	介石亭 鋤翁 蓮游	文臣 字 新老, 新光 本貫 延安 父 文源 祖父 天輔 慶尙道監司
李梓秀(재수)	朝鮮	懼窩	字 幼道 本貫 固城 父 周禎
李載新(재신)	朝鮮	淸灘	本貫 陜川 父 天佑 祖父 震三
李在陽(재양)	1889~1969	白南	著書 文集
李載演(재연)	朝鮮	小竹	本貫 昌寧 父 鍾震 祖父 德龍
李在淵(재연)	朝鮮高宗	芝湖 東隱	字 聖善 本貫 長鬐 淮陽郡守
李在淵(재연)		鑑湖	本貫 全州
李在永(재영)	1804~1892	耐軒	文臣, 學者 字 士直 本貫 驪州 父 岳祥 外祖 鄭致一 同知敦寧府事 著書 耐軒文集
李載完(재완)	1855~1922	石湖	大臣 字 舜七 本貫 全州 父 愼應 系 最應 承寧院摠管
李在容(재용)	朝鮮純祖	東渚	本貫 龍仁 父 膚祜 司果

人名	年代	號	其他
李載庸(재용)	1830~?	致菴	文臣 字 允中 本貫 丹陽
李在友(재우)	朝鮮	道軒	本貫 驪州 父 溟祥 祖父 鼎燦
李載運(재운)	朝鮮	青臯	委巷人 字 英顯 本貫 天安
李載運(재운)	→李顯運		
李載元(재원)	朝鮮後期	少石	
李在原(재원)	朝鮮	性菴	本貫 全州 父 敎鎬
李在源(재원)		盈科齋	本貫 光山
李載威(재위)	朝鮮肅宗	柹軒 雙柹	文人 本貫 驪州 父 喜煥
李在㘣(재유)	1878~1945	白嵐	大倧敎人 本貫 全州
李載允(재윤)	1849~1911	渼石	義兵將 字 聖執 本貫 全州 右副承旨
李在潤(재윤)	1892~1946	三浦	獨立運動家
李載毅(재의)	1772~1839	文山	學者 字 汝弘 本貫 全州 父 應五 追贈 戶曹參判 著書 文山集
李載績(재적)	朝鮮純祖	小草	本貫 驪州 父 九煥 系 家煥
李載亭(재정)	→李載亨		
李在濬(재준)	1846~1920	蒼臯	著書 蒼臯文集
李載重(재중)	朝鮮純祖	名軒	本貫 驪州 父 晶煥 進士
李在直(재직)	朝鮮	勿窩	文臣 本貫 驪州 校理
李在緝(재집)		渠菴	著書 文集
李載瓚(재찬)	1746~1823	海石	
李在贊(재찬)	朝鮮	梧坡	文臣 本貫 鳳山 通政大夫
李再昌(재창)	朝鮮	野圃	本貫 全義 父 士榮 祖父 磊 將仕郎
李載采(재채)	朝鮮後期	五園	著書 五園集
李載千(재천)		屏下	本貫 永川
李在哲(재철)	1812~1887	洛北	學者 字 雲伯 本貫 禮安 父 宅揆 外祖 李章奎 著書 洛北文集
李載春(재춘)		省菴	本貫 咸平 父 啓琇
李在弼(재필)	朝鮮	菊峯	文臣 字 治白 本貫 益山 參奉
李在學(재학)	1745~1806	芝浦	文臣 字 聖中 本貫 龍仁 父 崇祜 外祖 金浹 刑曹判書 謚號 翼獻 著書 芝浦集
李在翰(재한)	朝鮮	漁叟	文臣 本貫 驪州 掌令
李在咸(재함)	朝鮮英祖	天翁	本貫 龍仁 父 章祜 敎官
李齋恒(재항)	朝鮮英祖	三悔堂	本貫 加平
李載享(재향)	→李載亨		
李在憲(재헌)	1631~1696	遠浦	學者 字 持世 本貫 興陽 父 德圭 外祖 黃鐔 著書 遠浦遺集

人名	年代	號	其他
李在憲(재헌)	朝鮮	樂眞齋	本貫 原州 父 致容 祖父 㶊彬
李宰憲(재헌)		斗峯	本貫 咸平 父 敬春
李載現(재현)	朝鮮	非聲	判書
李在協(재협)	1731~1790	無適堂	文臣 字 汝阜 本貫 龍仁 父 景祜 祖父 普赫 外祖 鄭厚一 領議政
李載亨(재형)	1665~1741	松巖	學者, 文臣 字 嘉會 本貫 全州 父 應徵 持平 諡 號 章簡 改諡 文簡 著書 松巖集
李載亨(재형)	朝鮮後期	誠齋	
李再馨(재형)	朝鮮	佳趣軒	字 春章 本貫 安岳 工曹參判 著書 八景吟詩集
李在浩(재호)	朝鮮	竹圃	文臣 本貫 驪州 中樞院議員
李載浩(재호)	朝鮮	梅溪	學者 字 仲吉 本貫 康津
李在洪(재홍)	高麗末	桐隱	
李在鴻(재홍)		農隱	本貫 慶州
李在晥(재환)	朝鮮	愚翁	本貫 驪州 父 日祥 祖父 鼎塋
李載厚(재후)	朝鮮肅宗	蔡庵	文臣 本貫 驪州 父 東煥 僉中樞
李在勳(재훈)		心庵	本貫 全州
李在徽(재휘)		紫山	文臣 字 儀之 本貫 全州 佐郎
李箸伯(저백) →李著伯			
李迹(적)	朝鮮初期	負暄堂	本貫 砥平 父 俊善 著書
李迪(적)	朝鮮初期	玉溪	本貫 羽溪 父 純祐
李勣(적)	朝鮮成宗	退翁	字 熙卿 本貫 龍仁 父 行儉 著書 文集
李迪(적)	朝鮮中宗	清湖堂	字 允之 本貫 陜川 父 伯孫
李禰(적)	1600~1627	壺山 壺仙	字 大有 本貫 韓山 父 廷稷 外祖 李元翼
李積(적)	朝鮮	白谷	文臣 本貫 德水 父 景曾 龍仁縣監
李績(적)	朝鮮	農窩	字 文汝 本貫 固城
李迪(적) →李彦迪의 初名			
李績(적) →李勣			
李積福(적복) →玄積福			
李迪祥(적상)	朝鮮文宗	晚隱	文臣 本貫 星山 居昌縣監
李跡秀(적수) →李祉秀			
李績雨(적우)	1876~1940	學山	著書 學山遺稿
李迪裕(적유)	1796~1870	華峯	著書 文集
李適意(적의)	1652~?	松沙	字 以達 本貫 慶州 父 崇彦
李績熙(적희)		晚溪	本貫 星山

人名	年代	號	其他
李琭(전)	?~1457	醉琴軒	王族 本貫 全州 父 世宗 封號 永豊君 諡號 貞烈
李荃(전)	朝鮮明宗	近齋	文人 字 茂光 茂先 本貫 眞寶
李埦(전)	1558~1648	月磵 睡齋	學者 字 叔載 本貫 興陽 父 傑 知禮縣監 著書 月磵集
李瑊(전)	1588~1646	三隱	字 玉汝 本貫 固城 父 潛
李㻋(전)	?~1670	弦齋	文臣 字 君寶 本貫 全州
李銓(전)	1832~1886	平潭	學者 字 可振 本貫 鐵城 父 庭岳 外祖 鄭來任 著書 平潭文集
李埈(전)	朝鮮後期	小松 筱松	委巷人
李瑱(전)		大山處士	本貫 載寧
李佃(전) →李宣佃			
李堧(전) →李璵			
李傳孫(전손)	朝鮮	華隱	文臣 本貫 寧海 兵曹參議
李詮雨(전우)		梅谿	著書 文集
李全元(전원) →李全之			
李全應(전응)		雲天	本貫 全州
李全仁(전인)	1516~1568	潛溪	文臣 字 敬夫 本貫 驪州 父 彥迪 著書 潛溪文集
李傳逸(전일)	朝鮮顯宗	靜默齋	本貫 載寧 父 時淸 系 時亨
李典鼎(전정)	1836~1892	錦川	字 擇中 本貫 全州 父 世權 外祖 房麟相 著書 錦川集
李全之(전지)	朝鮮世宗	龜村	文臣 字 子敬 本貫 陽城 父 孟帛 知中樞府事
李典厚(전후)	1890~1963	克菴	字 愼五 本貫 碧珍 父 莘基 外祖 洪昌燮 著書 克菴遺稿
李哲(절)	朝鮮	岻菴	字 大白 本貫 固城 著書 讀易玩義
李節(절)		草洞	本貫 固城 祖父 原
李晢(절) →李哲			
李節奎(절규)		宋沙	著書 宋沙先生文集
李坫(점)	1446~1522	文胡	文臣 字 崇甫 本貫 廣州 父 寬義 知中樞府事
李蔵(점)	1579~1627	天遊 太白山人	字 師聖 本貫 永川 父 德弘 著書 文集
李點(점)	?~1838	念修齋 自己窩	隱士 字 與之 本貫 德水 父 仁林
李㥠(점)		孝友堂	本貫 咸平 父 春秀
李挺(정)	1277~1361	思菴	文臣 本貫 淸州 父 李琙 刑部尚書 諡號 文簡
李禎(정)	1512~1571	龜巖	文臣, 學者 字 剛而 本貫 泗川 父 湛 宋麟壽,李滉 門人 副提學 著書 龜巖集
李挺(정)		西湖主人	本貫 全州
李瀞(정)	1541~1613	茅村	文臣 字 汝涵 本貫 載寧 父 景成 知中樞府事 著書 茅村文集
李霆(정)	1544~1622	灘隱	畵家 字 仲燮 本貫 全州 父 枝 封號 石陽君

人名	年代	號	其他
李楨(정)	1578~1607	懶翁 懶窩 懶齋 雪嶽 拙齋	畫家 字 公幹 本貫 全州 父 崇孝 祖父 上佐
李涏(정)	1578~?	不欺齋	文臣 字 大靜, 子靜 本貫 禮安 父 國衡 正郎
李程(정)	1618~1671	南谷	文臣 字 雲長 本貫 德水 父 景憲 外祖 尹應聘 承旨
李瀞(정)	朝鮮仁祖	靜軒	本貫 全州 祖父 軸
李涏(정)	1640~1704	春潭	王族 字 君澤 本貫 全州 父 綾原大君
李楨(정)	1645~?	寒暄堂	字 聖瑞 本貫 慶州 父 齊漢
李烶(정)	朝鮮肅宗	三畏	本貫 慶州 父 仁實
李淀(정)	朝鮮	東菴	本貫 慶州 父 守一 封號 慶林君
李濡(정)	朝鮮	漁隱	字 長源 本貫 固城
李楨(정)	朝鮮	碧沙	本貫 星州 父 云柜 察訪
李楨(정)	朝鮮	淵坡	本貫 仁川 父 泰穎
李玎(정)	朝鮮	南湖	字 善鳴 本貫 固城 祖父 夢台 生員
李精(정)	朝鮮	杏村	委巷人
李禎(정)	?~1942	晦峰	獨立運動家
李楨(정)		遜谷	著書 遜谷文稿
李淨(정)		席灘	本貫 全州 父 慶胤
李淨(정)		楓溪	本貫 慶州 父 鯤
李㴑(정)		活窩	本貫 延安
李菁(정) →李倩			
李楨(정) →李禎			
李楨(정) →李元楨			
李瀞(정) →李淨			
李貞幹(정간)	1360~1439	慶壽	字 固夫 本貫 全義 江原道觀察使 諡號 孝靖 著書 慶壽集
李正綱(정강)		晦山	本貫 星州
李廷凱(정개)	朝鮮仁祖	鶴山	字 舜八 本貫 星州
李廷傑(정걸)	1666~?	栢坡	文臣 字 秀甫, 秀爾, 舜甫 本貫 全州 父 相伯 祖父 齊杜 外祖 尹攀 尹拯 門人 知義禁府事 著書 魯懷錄
李廷謙(정겸)		奈菴	本貫 全義
李廷慶(정경)	朝鮮	龍灘	字 長吉
李廷慶(정경) →李延慶			
李挺坤(정곤)	1763~1853	順敬堂	文臣, 學者 字 順敎 本貫 碧珍 父 世曄 外祖 朴胤謙 著書 順敬堂遺稿
李挺坤(정곤)	朝鮮	農齋	本貫 星山 父 萬楨 祖父 星樞
李挺珤(정곤)		瑞西	字 仁伯 本貫 光山

人名	年代	號	其他
李正觀(정관)	朝鮮	念齋	字 稚舒
李正觀(정관)		白癡	本貫 全州 父 在誠
李廷龜(정구)	1564~1635	月沙 東槎 保晚堂 保晚亭主人 詧靜 凝菴 秋厓 癡菴	文臣, 學者 字 聖徵 本貫 延安 父 啓 左議政 諡 號 文忠 著書 月沙集
李鼎九(정구)	朝鮮英祖	簡秀	學者 字 仲牧 本貫 全州
李庭久(정구)	朝鮮	紫仍	學者 本貫 驪州
李鼎九(정구)	朝鮮	灣川	文臣 本貫 驪州 宣傳官
李庭久(정구)		安溪	
李鼎久(정구)		我泉	本貫 牛峰
李楨國(정국)	1743~1807	尤園	學者 字 牧之 本貫 禮安 父 寅燮 外祖 柳聖久 著 書 尤園文集
李正權(정권)		湖隱	字 平叔
李廷圭(정규)	1587~1643	智川	文臣 字 民瞻 本貫 全州 父 愷 同副承旨
李鼎圭(정규)	1779~1857	黙齋	學者 字 聖養 本貫 咸豊 父 師稷 外祖 羅義肇 著 書 黙齋遺稿
李庭奎(정규)	1818~1886	佳亭	學者 字 文瑞 本貫 固城 父 榮植 著書 佳亭遺稿
李鼎圭(정규)	1824~1896	午亭	學者 字 敬元 本貫 全州 父 元夏 系 季夏 著書 午亭遺稿
李正奎(정규)	1864~1945	恒齋	著書 恒齋文集
李鼎揆(정규)	朝鮮	養閑堂	文臣 本貫 驪州 大司憲
李正奎(정규)	1864~1945	玉山	義兵 字 致心 本貫 平昌 著書 從義錄
李正根(정근)	1531~?	心水	畫家 本貫 慶州 父 明修 司果
李正根(정근)	1856~1919	灘雲	獨立運動家
李廷極(정극)	朝鮮	若廬	本貫 陽城 父 陽浩 祖父 思漢
李廷夔(정기)	1612~1671	歸川	文臣 字 一卿 本貫 韓山 父 穡 祖父 慶流 金光炫 婿 漢城府左尹 著書 歸川遺稿
李廷機(정기)	1613~1669	漫翁	文臣 字 子愼 本貫 永川 父 民宬 系 民寏 忠州牧 使 著書 漫翁遺稿
李廷麒(정기)	朝鮮	悝齋	本貫 星山 父 種仁 祖父 霙
李廷期(정기)	朝鮮	月潭	文臣 字 泰甫 本貫 從仕郎
李鼎基(정기)	朝鮮	蒼廬	本貫 驪州
李廷器(정기)	朝鮮哲宗	琅園	本貫 全州 父 昇周 系 晚周
李貞基(정기)	1872~1945	濟西	字 見可 本貫 碧珍 父 元河 著書 濟西集
李井基(정기)	1895~1956	南岡	字 華纘 本貫 固城 父 庭石
李廷麒(정기) →李廷麟			
李廷祺(정기) →李廷麟			

人名	年代	號	其他
李挺南(정남)		缶川	本貫 興陽
李廷年(정년)	1620~1672	醉隱 灘隱	字 子益 本貫 韓山 父 橘 系 積
李廷馪(정담)		師古堂	本貫 慶州
李庭德(정덕) →李延德			
李楨德(정덕) →李楨億			
李庭暾(정돈)	1889~1949	聖岩	字 敬泓 本貫 固城 父 學善
李挺東(정동)	朝鮮	老圃	本貫 星州 父 厚三 祖父 仁壽
李廷棟(정동)		慕窩	本貫 全義 父 容濟
李正斗(정두)	1824~1865	蘭樵	學者 字 景七 本貫 慶州 父 鎭恒 外祖 權景夏 著書 蘭樵遺稿
李挺洛(정락)	1725~1790	誠菴	文人 字 陽甫 本貫 星州
李庭蘭(정란) →李堅幹의 初名			
李庭鍊(정련)	1870~?	松岡	字 文直 本貫 固城 父 致善
李正烈(정렬)	韓末	希庵	字 景閭 本貫 固城
李正烈(정렬)	韓末	希庵	本貫 全州 田愚 門人
李貞烈(정렬)	1868~1954	退湖	文人 字 君瑞 本貫 禮安 父 哲仁 系 相達 外祖 辛益根 宮內府特進官 著書 退湖遺稿
李正烈(정렬)	1880~1940	希菴	字 周八 本貫 固城 父 種郁 著書 遺稿
李定烈(정렬)	1900~1962	法明 春湖 漢汀	獨立運動家 字 晚瑋 本貫 德水 父 種百 系 種賢
李正魯(정로)	1838~1923	東溪 沙溪 少溪	文臣 字 大哉 本貫 全義 父 根斗 系 根五 祖父 好敏 奎章閣大提學
李正祿(정록)	朝鮮英祖	聽天翁	本貫 碧珍 父 熙朝
李正錄(정록)	1785~1838	西崖	學者 字 肅卿 本貫 瀛州 父 鎭黙 外祖 崔柱衡 著書 西崖遺稿
李廷龍(정룡)	朝鮮光海君	蘭谷 南谷	字 雲瑞 本貫 全州 父 岐
李庭龍(정룡)	朝鮮	澗西	字 士雲 本貫 固城 父 定秀 著書 文集
李正履(정리)	1783~1843	醇溪	文臣 字 審夫 本貫 全州 父 在誠 祖父 輔天 外祖 柳懋 北青府使 著書 醇溪文集
李廷麟(정린)	朝鮮	三友堂	委巷人 字 仲瑞
李廷麟(정린)		竹友堂	字 祥甫 本貫 全州
李廷林(정림)	朝鮮	耕隱	文臣 字 慶瑞 本貫 陜川 龍驤衛副護軍
李廷立(정립)	1556~1595	溪隱	文臣 字 子正 子政 本貫 廣州 父 時茂 外祖 李億 李珥 門人 追贈 領議政 謚號 文僖 著書 溪隱遺稿
李挺立(정립)	朝鮮宣祖	南隱齋	本貫 安岳 追贈 兵曹參議
李貞立(정립)	朝鮮	池軒	本貫 慶州 父 萬根 祖父 龜年
李楨立(정립)		湖隱	字 子成 本貫 延安 生員
李廷晩(정만) →李廷晃			

人名	年代	號	其他
李挺邁 (정매)	1701~1767	儒山	學者 字 而進 本貫 碧珍 著書 儒山集
李廷梅 (정매)	朝鮮	從心堂	文臣 字 先春 本貫 舒川 知中樞府事
李廷冕 (정면)	1556~1601	短瘝 唐齋 痦齋 軆	文臣 字 孝移 本貫 廣州 父 民覺 祖父 洪男
李鼎銘 (정명)	朝鮮	道岑	本貫 驪州 父 憲相 祖父 起中
李正模 (정모)	1848~1915	紫東	學者 本貫 宣城 李震相 門人 著書 紫東集
李廷穆 (정목)		柏庵	本貫 德山
李貞敏 (정민)	1556~1638	玉溪	學者, 文臣 字 子正 本貫 龍仁 父 享成 唐津縣監 著書 玉溪破顔錄
李貞民 (정민)	朝鮮肅宗	拙翁	本貫 全州 父 應駬 著書 文集
李鼎民 (정민)	1800~?	宮湖漁者 覃山 桐湖	學者 本貫 全州 父 堯憲 承旨
李挺樸 (정박)	朝鮮英祖	絅齋	文臣 字 聖質 本貫 星州
李廷發 (정발)	朝鮮	羅巖	本貫 禮安 父 珍
李庭柏 (정백)	1553~1600	樂琴軒	文人 字 汝直 本貫 眞城 著書 樂琴軒先生文集
李庭栢 (정백)	→李庭柏		
李鼎秉 (정병)	1759~1834	琴坡	學者, 文臣 字 而執 彛執 本貫 驪州 父 憲百 外祖 申濩 五衛都摠部副摠官 著書 琴坡集
李鼎輔 (정보)	1693~1766	三洲 報客亭 壺谷	文臣 字 士受 本貫 延安 父 雨臣 外祖 尹彬 判中樞府事 諡號 文簡
李廷賓 (정빈)		梧軒	本貫 興陽 父 東榮
李廷相 (정상)	1602~1672	篆湖	字 立卿 本貫 永川 父 民寏
李廷祥 (정상)	朝鮮宣祖	月岡	文人 本貫 慶州
李廷相 (정상)	朝鮮	黙庵	本貫 永川 父 珪 祖父 輝補
李挺序 (정서)		龍溪	本貫 河濱
李正緖 (정서)		德池	本貫 咸平
李井錫 (정석)		省山	本貫 尙州 父 汝玉
李廷奭 (정석)		菊軒	著書 文集
李挺善 (정선)	朝鮮	三顧堂	本貫 慶州 父 明翼
李廷燮 (정섭)	1688~1744	樗村 磨嶽老樵	文臣 字 季和 本貫 全州 父 杓 正郎 著書 樗村集
李庭燮 (정섭)	朝鮮	覺山	學者 本貫 驪州
李廷燮 (정섭)	→李廷夑		
李鼎成 (정성)	朝鮮	槐陰 藝谷	委巷人 字 景重 本貫 全州
李廷熽 (정소)	1674~1736	春坡	文臣 字 汝章 本貫 全州 父 相休 追贈 吏曹判書 諡號 忠獻
李鼎受 (정수)	朝鮮純祖	雲樵	本貫 全州 父 基憲
李定秀 (정수)	朝鮮	淨友軒	字 聖立 本貫 固城 父 宗周

人名	年代	號	其他
李貞洙(정수)	朝鮮	梧月	文臣 字 敬天 本貫 開城 參判
李定壽(정수)		稼隱	本貫 星州
李鼎壽(정수)		忍窩	本貫 星州
李正叔(정수)		三事堂	著書 文集
李廷楢(정수)	→李廷相		
李程淳(정수)	朝鮮後期	龍谷	本貫 眞城
李廷楢(정수)		北亭	本貫 全義 父 容齊
李靖淳(정수)		向庵	著書 向庵先生文集
李挺時(정시)		隱林	字 有爲 本貫 韓山
李正植(정식)	朝鮮	玉岡	字 乃弼 本貫 鳳山 生員
李廷臣(정신)	1559~1627	拙翁	文臣 字 公輔 本貫 全州 父 夢祥 京畿觀察使
李鼎新(정신)	1593~?	黙隱	學者 字 燮之 本貫 永川 父 榮先 外祖 金光復 著書 黙隱遺稿
李正臣(정신)	1650~1727	櫟翁 松蘗 松蘗堂	文臣 字 我彦,邦彦 本貫 延安 父 鳳朝 外祖 洪柱三 柳震 婿 朴世堂 門人 京畿道觀察使 著書 櫟翁遺稿
李廷蓋(정신)	1682~1737	白雲齋	學者 字 國卿,集仲 本貫 眞實 父 龜徵 外祖 權允時 著書 白雲齋遺稿
李廷蓋(정신)	1685~1737	百悔堂 百悔翁	歌客(?) 字 集仲 縣監
李鼎臣(정신)	1792~1858	花史	文臣 字 聖麟 本貫 全州 父 堯憲 外祖 朴準源 工曹判書 諡號 孝憲
李鼎實(정실)		孝菴	本貫 永川
李挺岳(정악)	1610~1674	啞隱	文臣 字 秀而 本貫 龍仁 父 後天 系 後淵 延安府使
李廷馣(정암)	1541~1600	四留齋 月塘 退憂堂	文臣 字 仲薰 本貫 廣州 父 宕 封號 月川君 追贈 領議政 諡號 忠穆 著書 四留齋集
李槇億(정억)	1665~1713	幽靜窩	文臣 字 會章 本貫 韓山 父 必熵 正言
李廷億(정억)	朝鮮	餘高	本貫 星山
李鼎儼(정엄)	朝鮮正祖	南虛	本貫 驪州 父 憲烈
李正輿(정여)	朝鮮仁祖	盧隱	本貫 全州 父 綏祿 生員
李廷燁(정엽)	朝鮮肅宗	杏齋	本貫 全州 父 杓 正郎
李廷燁(정엽)		文陽居士	
李正英(정영)	1616~1686	西谷 西山	文臣 字 子修 本貫 全州 父 景稷 外祖 吳景智 判中樞府事 諡號 孝簡 著書 西谷家牘
李鼎榮(정영)	1798~1860	尤可軒	學者 字 士九 本貫 慶州 父 廷植 外祖 金應植 著書 尤可軒遺稿
李廷英(정영)		悔軒	本貫 陽城 父 百恨
李庭藥(정예)	1861~1943	道隱	字 燦益 本貫 固城 父 晚善
李槇沃(정옥)	朝鮮	枕泉	本貫 古阜 一名 夏準 父 希祚 祖父 汝敦

人名	年代	號	其他
李廷玉(정옥)	朝鮮後期	菡洲	
李楨玉(정옥)	1884~1956	芝軒	著書 文集
李正遇(정우)	朝鮮肅宗	行庵 癡庵	本貫 星州 父 徽
李貞友(정우)	朝鮮後期	滄洲	
李正愚(정우)	1811~?	錦農 錦農巾衍	學者 本貫 延安 父 璥秀 外祖 李東爕 著書 錦農言志
李定宇(정우)		慶樂齋	著書 文集
李廷祐(정우)		所菴	著書 文集
李鼎愚(정우)		琴溪	字 景新 本貫 延白
李貞愚(정우) →李貞恩			
李挺郁(정욱)	1682~1744	莧隉堂	文臣 字 聖文 本貫 碧珍 父 世煥 大司諫 著書 文集
李廷郁(정욱)		龜伏	本貫 慶州 父 檁
李鼎運(정운)	1743~?	五沙	文臣 字 公著 本貫 延安 父 徽大 刑曹判書 諡號 貞敏
李挺雲(정운)	朝鮮仁祖	花圃	本貫 星山 訓練院奉事
李鼎運(정운)	朝鮮英祖	五汝	文臣 本貫 延安 父 徽大
李貞運(정운)	朝鮮純祖	奇軒	文臣 本貫 咸平 父 永祿 祖父 潤身 大諫
李鼎運(정운)	朝鮮	可軒	文臣 本貫 驪州 判中樞
李庭雲(정운)	朝鮮	進窩	本貫 固城
李淨雲(정운)		松月堂	道人 父 恕
李廷䄄(정운) →李廷珮			
李挺元(정원)	1559~?	雲鶴 雲鴻 片雲子	奇人 字 胤夫 本貫 全義
李挺元(정원)	1567~1623	後浦	文臣 字 仲仁 本貫 慶州 父 忠良 吏曹參議
李精元(정원)	朝鮮仁祖	南溪	本貫 咸平 父 璨
李廷元(정원)	朝鮮中期	愛蓮堂	文臣 本貫 淸州 父 彦潔
李鼎元(정원)	朝鮮	德溪	本貫 驪州 父 憲淳 祖父 熙中
李正遠(정원)	1871~1957	樂吾齋	著書 樂吾齋遺稿
李廷遠(정원)		學仙	本貫 永川
李正儒(정유)	朝鮮純祖	百石	本貫 全州 父 養誠 著書 文集
李貞恩(정은)	朝鮮前期	爐谷 雪窓 月湖 楓谷	王族 字 正中 本貫 全州 父 移 祖父 太宗 封號 秀川都正 宗親府都正
李挺膺(정응)	1681~1728	杏村	學者, 文臣 字 元禮 本貫 碧珍 父 世瑋 丹陽郡守 著書 杏村集
李㝡應(정응)		少間齋	著書 小間齋詩抄
李廷膺(정응)		愚堂	本貫 咸平

人名	年代	號	其他
李廷翼(정익)	?~1597	竹窩	義兵 字 君翊 本貫 全州 追贈 持平
李廷益(정익)	1576~?	龜石	字 晉卿 本貫 慶州 父 權
李禛翊(정익)	1655~1726	厓翔 崖軒 厓軒	文臣 字 鵬擧 本貫 韓山 父 必天 左承旨
李挺益(정익)	朝鮮肅宗	檢軒	本貫 碧珍 父 世珪 安山郡守
李鼎益(정익)	?~1826	甘華	學者 字 仲謙 本貫 驪州 父 憲經 著書 甘華集
李庭翼(정익)	朝鮮	杏圃	字 景輝 本貫 固城 父 學秀
李挺翼(정익)		松巖	
李鼎翊(정익)		雪南	著書 文集
李廷仁(정인)	朝鮮英祖	四事堂	本貫 全州 父 相晟 都正
李靖逸(정일)	1635~1704	定宇齋	字 景義 本貫 載寧 父 時明
李庭綽(정작)	1678~1758	悔軒 晦軒	文臣 字 敬裕 本貫 全義 父 萬封 外祖 趙益九 工曹參判 著書 悔軒集
李定載(정재)	朝鮮宣祖	鑄菴	字 止卿 本貫 韓山 祖父 思質 金鍾厚 門人
李定宰(정재)		止堂	本貫 延安
李正載(정재) →李定載			
李廷濟(정제)	1670~1737	竹湖	文臣 字 仲協 本貫 富平 父 世維 知中樞府事 諡號 孝靖
李定濟(정제)	1724~?	遐山	書藝家 字 爾能 本貫 全州
李鼎濟(정제)	1755~1817	心窩	學者 字 聖應 本貫 驪州 父 憲佖 著書 心窩文集
李鼎佐(정좌)	朝鮮肅宗	悝齋	本貫 慶州 父 世弼
李挺周(정주)	1673~1732	玉川	文臣 字 龍卿 本貫 碧珍 父 世琦 中樞院左承旨
李鼎周(정주)	朝鮮	竹軒	本貫 星山 父 敏善 祖父 鳳鶴
李廷柱(정주)	朝鮮後期	夢觀	閭巷詩人 字 石老 本貫 牛峰 著書 夢觀詩稿
李廷俊(정준)	朝鮮	勤齋	委巷人 字 汝才 本貫 鐵城
李挺俊(정준)	朝鮮純祖	退川 石溪 進川	字 和仲 本貫 舒川 著書 退川先生文集
李鼎俊(정준)	朝鮮純祖	渚汀	本貫 全州 父 基憲
李鉦埈(정준)		晚翠	本貫 星州
李精中(정중)	1693~1738	禁窩	學者 本貫 驪州 著書 禁窩公逸稿〈安溪世稿〉
李廷重(정중)	1696~?	晚漁堂	字 元甫 本貫 全州 父 壽箕
李廷直(정직)	朝鮮宣祖	寒松亭	字 國觀 本貫 碧珍
李定稷(정직)	1841~1910	石亭	學者 字 馨五 本貫 新平 著書 石亭集
李廷直(정직)	朝鮮	雍翠亭	文臣 本貫 碧珍 通德郎
李靖稷(정직)	韓末~日帝	葯園	
李廷稷(정직)		天籟	著書 天籟詩稿
李鼎榗(정진)	朝鮮	香窩	本貫 驪州 父 憲一 祖父 實中

人名	年代	號	其他
李正鎭(정진)		小溪	本貫 星山
李楨輯(정집)		寒松齋	著書 寒松齋先生文集
李鼎燦(정찬)	朝鮮	海窩	本貫 驪州 父 憲鳳 祖父 善中
李亭天(정천)	→李亨天		
李廷喆(정철)	朝鮮	平泉	委巷人 字 士圭 本貫 全州
李廷喆(정철)		鰲隱	本貫 麟蹄
李正祝(정축)		松亭	本貫 咸平 父 潤
李廷忠(정충)	朝鮮	退潮	文臣 字 士信 本貫 平昌 訓練院正
李廷七(정칠)		休堂	本貫 慶州 祖父 天培
李廷卓(정탁)		龜巖	字 衛卿 本貫 慶州 父 權
李鼎泰(정태)	朝鮮仁祖	野隱	文臣 本貫 永川 著書 野隱遺稿
李庭宅(정택)	朝鮮	檢窩	字 德樹 本貫 固城 祖父 周世
李挺八(정팔)		白厓	本貫 完山
李廷弼(정필)	朝鮮肅	月潭	文臣 字 良甫 本貫 全州 父 相伯 承旨
李正弼(정필)	朝鮮高宗	後松	本貫 全州
李廷弼(정필)	朝鮮	鰲齋 鰲西齋	字 聖甫 本貫 麟蹄 副司勇
李廷弼(정필)		晩山	著書 晩山遺稿
李挺河(정하)	朝鮮肅宗	鳳溪	文臣 字 聖應 本貫 碧珍 父 世璠 生員 縣監
李鼎夏(정하)	1874~?	心齋	著書 心齋私集
李鼎夏(정하)		石泉	字 重叔 本貫 全義 祖父 省身
李正學(정학)		梅谷	本貫 新平
李廷鈴(정함)	1534~1599	退齋	字 伯薰 本貫 慶州 父 宕 追贈 吏曹判書
李廷咸(정함)	朝鮮英祖	寡悔堂	本貫 富平 父 世龜 系 世球
李廷楷(정해)	朝鮮	士菴	字 君範
李庭憲(정헌)	1790~?	秋岡	本貫 咸平 父 敦五
李整憲(정헌)		箕川	本貫 咸安 父 敦基
李廷賢(정현)	1587~?	月峯	字 元盧 本貫 星州 父 若 著書 文集
李挺賢(정현)	1727~1807	太古堂	學者 字 希顏 本貫 碧珍 父 頎然 外祖 盧大淑 著書 太古堂集
李正鉉(정현)	朝鮮哲宗	紹石	文臣 本貫 龍仁 父 在元 參判
李廷鉉(정현)	1845~1894	秋灘	學者 字 叔瑞 本貫 江陽 父 奎文 外祖 安碩能 著書 秋灘文集
李廷馪(정형)	朝鮮宣祖	石泉	文人 字 士薰 本貫 慶州 父 宕 著書 文集
李廷馪(정험)		攢翠亭	本貫 慶州
李廷馨(정형)	1549~1607	知退堂 東閣	文臣, 學者 字 德勳 本貫 慶州 父 宕 尹鉉 婿 丁胤禧 門人 三陟府使 著書 知退堂集

人名	年代	號	其他
李庭衡(정형)	朝鮮後期	芝山	本貫 固城
李廷馨(정형)		西山	本貫 慶州
李挺豪(정호)	1578~1639	晚覺 師心	文臣 字 英彥 本貫 韓山 父 홉 外祖 柳夢翼 黃澗 縣監
李亭湖(정호) →李湖			
李廷弘(정홍)	朝鮮宣祖	晚沙	文臣 字 公彥 本貫 廣州 父 疑男 判官 著書 文集
李廷和(정화)	朝鮮	敬窩	本貫 星山 父 時泰 祖父 震英
李庭和(정화)	朝鮮	愼軒	字 元伯 本貫 固城 父 直善
李定和(정화)	朝鮮	尾谷	
李亭和(정화)		二樂	本貫 全州
李廷煥(정환)	1604~1671	松巖	學者, 文臣 字 輝遠 本貫 全州 父 格 追贈 持平 著書 松巖遺稿
李晶煥(정환)	朝鮮正祖	淸溪	本貫 驪州 父 元休
李廷煌(정황)	朝鮮肅宗	鈍窩	本貫 全州 父 㮨 正郞
李庭檜(정회)	1542~1613	松澗	學者 字 景直 本貫 眞寶 父 希顔 外祖 金禮範 縣 監 著書 松澗文集
李正會(정회)	1858~1939	心齋	著書 文集
李庭會(정회) →李庭檜			
李禎曉(정효)		滄江	著書 滄江集選
李廷孝(정효)		後松	著書 文集
李廷薰(정훈)	1583~?	芚山	著書 芚山記事
李正薰(정훈)	朝鮮	蔓川	文臣 字 子述 本貫 平昌 縣監
李鼎勳(정훈)	朝鮮	靜窩	本貫 驪州
李廷薰(정훈)		澗伴堂	本貫 眞寶
李廷熙(정희)	朝鮮正祖	蘭皐	委巷人 字 而晦 本貫 仁川
李庭禧(정희)	1881~1955	梅雲	字 乃吉 本貫 固城
李禔(제)	1394~1462	榮福亭	王族 本貫 全州 父 太宗 封號 讓寧大君
李隮(제)	朝鮮初期	野翁	本貫 洪州 父 晟 注簿
李濟(제)	1654~1714	星谷 松谷	文臣 字 景仁 本貫 全州 父 永輝 外祖 朴炡 朴世 堂 門人 司諫 著書 星谷遺稿
李濟(제)	1659~1741	懶軒	文臣 字 世卿 本貫 全州 父 百朋 右尹
李濟(제)	朝鮮肅宗	養心齋	本貫 延安 父 彥著
李禔(제)		松軒	本貫 全州
李濟兼(제겸)	1683~1742	杜陵 鹿隱 滄浪	文臣, 學者 字 善卿, 士達 本貫 眞城 父 東標 外祖 權鋏 著書 杜陵集
李濟九(제구)	朝鮮後期	淮山	著書 淮山集〈時調百選〉
李濟權(제권)	1817~1881	覺圃	學者 字 述瞻 本貫 咸安 父 基德 著書 覺圃集

人名	年代	號	其他
李齊杜(제두)	朝鮮肅宗	忠潭	文人 字 漢卿 本貫 全州 父 敏厚 牧使
李齊杜(제두)	1875~?	鴻齋	字 順甫 本貫 固城 父 逌奉 金興洛 門人 著書 文集
李濟廉(제렴)	→李濟兼		
李濟馬(제마)	1838~1900	東武	醫學者 字 務平 本貫 全州 高原郡守 著書 東醫壽世保元
李濟萬(제만)	1738~1810	守窩	文臣 字 兼之 本貫 全義 父 泰白 外祖 柳一星 承旨
李齊閔(제민)	1528~1608	西澗	文臣 字 景闇 本貫 全州 父 顯 外祖 蔡仲卿 崇政大夫
李齊白(제백)	1742~1819	三友堂	學者 字 白汝 本貫 光山 父 必載 外祖 曺爾憲 著書 三友堂遺稿
李濟甫(제보)	→李和甫의 初名		
李齊杉(제삼)	1685~1773	惜陰齋	學者 字 季而 本貫 延安
李濟相(제상)	1863~1932	青杜	字 元哉 本貫 全州 父 義一 著書 文集
李齊松(제송)	1767~?	莎谷	本貫 廣州 父 基遠
李濟淳(제순)	朝鮮後期	美軒	本貫 眞城
李濟昇(제승)	朝鮮憲宗	老滄	本貫 韓山 父 元龜
李濟臣(제신)	1510~1583	陶丘 陶邱	學者, 文臣 字 彦遇 本貫 鐵城 父 瓊 安宙 門人 清河教官 著書 陶丘集
李濟臣(제신)	1536~1584	清江	文臣 字 夢應 本貫 全義 父 文誠 趙昱 門人 追贈 兵曹判書 謚號 平簡 著書 清江集
李齊㟽(제암)	朝鮮明宗	碉亭	文人 字 季瞻 本貫 全州
李濟永(제영)	1799~1871	東阿	學者 字 乃弘 本貫 碧珍 父 鏛 著書 東阿文集
李齊永(제영)	→李濟永		
李齊容(제용)		海狂	本貫 全州 父 齋閔
李濟遠(제원)	1709~1752	弘軒	文臣 字 毅甫 本貫 牛峰 父 緯 大司諫
李濟殷(제은)		潛亭	
李齊益(제익)	朝鮮英祖	雙皐	本貫 全州 父 萬齡 李潩 門人
李濟仁(제인)	朝鮮英祖	五齊	本貫 牛峰 父 縉
李齊任(제임)	朝鮮後期	素隱	
李齊哲(제철)		存省齋	字 知叔 本貫 延安
李齊台(제태)	朝鮮景宗	鳴溪	本貫 加平
李齊泰(제태)		種玉軒	字 聖監 本貫 延安
李齊翰(제한)	朝鮮明宗	石峯	本貫 洪州 父 崧 進士
李齊恒(제항)	→李齋恒		
李齊賢(제현)	1287~1367	益齋 實齋 櫟翁	文臣, 學者, 詩人 字 仲思 本貫 慶州 父 瑱 初名 之公 白頤正 門人 封號 鷄林府院君 謚號 文忠 著書 益齋集
李齊賢(제현)	1586~?	賓菊 賓齋 實齋 栗村	畵家 字 仲思 本貫 全州

人名	年代	號	其他
李齊鉉(제현)	朝鮮	龍庵	本貫 全義 祖父 煇
李齊賢(제현) →李齊衡			
李齊衡(제형)	1605~1663	睡軒 醉睡軒	文臣 字 元玉 本貫 全州 父 生寅 掌令
李愷(조)	高麗	竹山	文臣 字 茂孟 本貫 泰安 判書
李愷(조)	高麗~朝鮮	橡峯 橡亭	文臣 本貫 德山 父 瑛 府事
李晁(조)	1530~1580	桐谷	文臣,學者 字 景升 本貫 星州 父 繼裕 外祖 李秀華 刑曹佐郎 著書 桐谷實記
李肇(조)	1666~1726	鶴山	文臣 字 子始 本貫 全州 父 漢翼 祖父 蕙 刑曹判書
李鵰(조)	朝鮮	伴皓亭	本貫 固城
李洮(조)		反六堂	字 汝浩 本貫 全州 父 健
李祖謙(조겸)	朝鮮	思菴	本貫 仁川 嘉善大夫
李兆年(조년)	1269~134)	梅雲堂 百花軒	文臣 字 元老 本貫 京山 父 長庚 封號 星山君 謚號 文烈
李祖黙(조묵)	1792~1840	六橋	文人,書畵家 字 絳茶 本貫 全州 父 秉鼎 著書 六橋藁略
李祖黙(조묵)		烏雲	著書 文集
李肇敏(조민)	朝鮮中宗	六勿	本貫 龍仁 父 亨成
李祖范(조범)		滄儂	本貫 延安 父 晃應
李祖承(조승)	朝鮮正祖	淡如軒	文臣 本貫 延安 父 漢
李肇新(조신)	朝鮮	立巖	學者 本貫 驪州
李肇新(조신)	韓末	笑窩	學者 著書 笑窩文稿
李祖淵(조연)	1843~1884	浣西 翫西	文臣 字 景集 本貫 延安 父 用奎 追贈 吏曹參判 謚號 忠貞
李肇衍(조연)		玉山	本貫 陽城
李肇淵(조연)		龜隱	著書 文集
李調元(조원)	朝鮮成宗	清心堂	隱士 字 廉卿 本貫 光州 父 光齊 禮曹判書 著書 清心堂先生逸稿
李祖源(조원)	1735~1806	板橋 板翁	文臣 字 玄之 本貫 延安 父 鎮輔 祖父 敬臣 兵曹判書
李肇源(조원)	1758~1832	玉壺	文臣 字 景混 本貫 延安 父 敏輔 判義禁府事 謚號 文景 著書 玉壺集
李肇源(조원) →李始源			
李祖仁(조인)	朝鮮	具爾堂	本貫 仁川 父 崔 祖父 春可 察訪
李祖憲(조헌)	1796~?	蓮士	學者 字 繡卿 本貫 河濱 父 秉衡 著書 蓮士遺稿
李祚鉉(조현)	1846~1886	龍湖	本貫 星山
李朝煥(조환)	朝鮮	換鵝菴	字 子安 本貫 固城 祖父 潝
李祖興(조흥)	朝鮮純祖	幽竹軒	隱士 字 聖謨 本貫 京山

人名	年代	號	其他
李存求(존구)		堯山處士	本貫 碧珍
李存立(존립)		居稽樓	著書 文集
李尊庇(존비)	朝鮮	楡湖	本貫 固城 諡號 文僖
李存秀(존수)	1772~1829	金石 蓮游	文臣 字 性老 本貫 延安 父 文源 祖父 天輔 左議政 諡號 文翼 編書 廣補自警編
李存吾(존오)	1341~1371	石灘 孤山	文臣 字 順卿 本貫 慶州 父 吉祥 追贈 大司成 著書 石灘集
李存中(존중)	1703~1761	惕齋 惕庵 荷堂	文臣 字 敬以 本貫 全州 父 顯崇 追贈 吏曹判書 兼大提學 著書 惕齋集
李淙(종)		梅竹堂	本貫 韓山
李踵(종)		靜齋	本貫 全州
李宗可(종가)		新梅	本貫 延安
李鍾珏(종각)	朝鮮	槐坡	學者 本貫 驪州
李宗幹(종간)	朝鮮	景軒	本貫 慶州 父 末仝 參奉
李鍾乾(종건)	1887~1953	東山	獨立運動家 本貫 廣州
李宗儉(종검)	朝鮮世宗	孝友堂 雙溪 雙溪堂 雙巖	文臣 本貫 永川 父 安直 外祖 柳滸 著書 孝友堂逸稿
李宗儉(종검)	1748~1816	南里翁	著書 文集
李宗謙(종겸)	朝鮮世宗	巖谷 安谷 孝友堂	本貫 永川 父 安直 著書 巖谷遺稿
李鍾高(종고)	朝鮮後期	錦松軒	本貫 慶州 父 圭萬 祖父 春榮
李鍾崑(종곤)	朝鮮	農隱	學者 本貫 驪州
李鍾坤(종곤)	1883~1948	陽山	著書 陽山遺稿
李鍾琯(종관)	?~1928	竹下	著書 竹下遺稿
李種久(종구)	朝鮮	白圃	本貫 驪州 父 能斗 祖父 在幹
李鍾九(종구)	1883~1922	羅雲	字 成甫 本貫 慶州
李鍾極(종극)	朝鮮	桃源	學者 字 建五 本貫 驪州 父 章璞 著書 文集
李鍾根(종근)		晦山	著書 文集
李宗基(종기)	高麗	金沙	字 良寶 本貫 安岳 中書門下平章事 諡號 憲忠
李種杞(종기)	1837~1902	晚求 晚求窩	學者 字 器汝 本貫 全義 父 能容 系 鉉容 著書 晚求先生文集
李宗基(종기)		雲岡	著書 文集
李宗基(종기)	1900~1970	愚坡	字 潔卿 著書 文集
李鍾達(종달)	朝鮮	鶴圃	本貫 星山 父 在敏 童蒙教官
李鍾岱(종대)	1867~1925	杞圃	字 泰叔 本貫 眞城 父 教英 祖父 得魯
李鍾大(종대)		鳳巖	本貫 慶州

人名	年代	號	其他
李種德(종덕)	高麗	三堂 玄堂 玄巖	文臣 字 致九 本貫 韓山 父 穡 祖父 穀 外祖 權仲達 同知密直司事
李鍾德(종덕)	朝鮮後期	越堂	本貫 慶州 父 圭邦 祖父 大榮
李宗道(종도)	朝鮮宣祖	芝澗	義兵 字 士元 本貫 眞寶 父 完
李鍾洞(종동)		再思堂	著書 再思堂先生逸集
李鍾烈(종렬)	1734~1822	安齋	學者 字 承伯 本貫 星州 父 埴 外祖 尹處謹 著書 安齋遺稿
李鍾烈(종렬)	韓末	春圃	學者 本貫 驪州
李宗烈(종렬)		蘿菴	本貫 星州
李鍾輅(종로)		松南	著書 松南先生文集
李鍾祿(종록)	朝鮮	稀古翁	字 德綏 本貫 固城
李宗綠(종록)	朝鮮	最樂齋	字 汝亨 本貫 固城
李鍾祿(종록)	1863~1921	海愚 遊海	學者 字 輔兼 本貫 全州 父 鼎圭 著書 海愚遺稿
李鍾龍(종룡)	朝鮮	武樵	學者 本貫 驪州
李鍾律(종률)	1830~?	松菊軒	字 景協 本貫 星州 父 敎尙
李鍾麟(종린)		西溪	著書 西溪集
李鍾麟(종린)	1885~1950	鳳山 普菴	天道敎人 成均館博士
李鍾林(종림)	1857~1925	樗田	文臣 字 聖律 本貫 全義 父 爽夏 外祖 蘇宗述 著書 樗田遺稿
李宗萬(종만)	朝鮮	月浦	委巷人 字 甫衍 本貫 完山
李鍾晃(종면)		四留齋	著書 四留齋集
李宗勉(종면)	1870~1932	梧庭	著書 文集
李鍾謨(종모)	朝鮮	錦聲	本貫 公州 父 延鎭 祖父 基完
李宗文(종문)	1566~?	洛浦	義兵將 字 學可 本貫 全義 父 慶斗 縣令 著書 洛浦集〈全城世稿〉
李宗美(종미)	朝鮮	希賢堂	學者 本貫 平昌
李鍾博(종박)		平潭	著書 平潭文集
李宗白(종백)	1699~1759	牧川	文臣 字 太素 本貫 慶州 父 衡佐 戶曹判書 諡號 貞敏
李宗伯(종백)	朝鮮	三休齋	孝子 字 輝元 本貫 康津
李宗伯(종백)		桐湖	著書 桐湖集
李宗伯(종백)		靜齋	本貫 眞寶
李種範(종범)	1878~1922	夢華	本貫 固城 父 行駿 著書 文集
李種範(종범)	韓末	甘山	字 士弘 本貫 固城 田愚 門人
李宗範(종범)	朝鮮	敬友齋	字 汝則 本貫 固城
李鍾鳳(종봉)	1836~1903	拙軒	學者 字 德瑞 本貫 慶州 父 圭學 外祖 李顯大 著書 拙軒遺稿

人名	年代	號	其他
李鍾祥(종상)	1799~1870	定軒	文臣, 學者 字 淑汝 本貫 驪州 父 鼎說 外祖 南景義 司憲府大司憲 著書 定軒文集
李鍾庠(종상)	朝鮮	睡堂	學者 本貫 驪州
李鍾祥(종상)		春峯	著書 文集
李鍾相(종상)		秋淵	本貫 星山
李鍾奭(종석)	朝鮮後期	丹山	
李鍾奭(종석)		春坡	著書 文集
李鍾錫(종석)		城窩	本貫 星州
李鍾錫(종석)		藥峯	本貫 全州 父 喜綉
李鍾錫(종석)		瀛沙	本貫 全州
李鍾旋(종선)	朝鮮後期	小石	本貫 慶州 父 主碩 祖父 敎榮
李宗善(종선)	朝鮮後期	碧梧亭	字 士益 本貫 固城
李鍾宣(종선)		石湖	本貫 咸平
李宗城(종성)	1692~1759	梧川 烏川	文臣 字 子固 本貫 慶州 父 台佐 領中樞府事 諡號 孝剛 改諡 文忠 著書 梧川集
李鍾聖(종성)	→李鍾熙		
李宗洙(종수)	1722~1797	后山 後山	學者 字 學甫 本貫 眞寶 父 德三 系 起三 外祖 金以監 著書 后山集
李鍾綉(종수)		龜峯	本貫 慶州
李鍾淳(종순)	朝鮮後期	萬悔窩	本貫 眞城 父 龜蒙 祖父 世憲
李鍾純(종순)	朝鮮後期	鶴山	
李鍾舜(종순)	1895~1928	月洲	著書 月洲遺稿
李鍾述(종술)		春雨亭	本貫 星州 父 敎瑛
李宗植(종식)	朝鮮	初史	文臣 字 東善 本貫 平山 縣監
李宗岳(종악)	1786~1811	盧舟	字 山甫 本貫 固城 著書 盧舟遺稿
李鍾嶽(종악)		蓮圃	本貫 慶州 著書 文集
李鍾安(종안)		東山	著書 文集
李終巖(종암)	朝鮮成宗	雪巖	王族 本貫 全州 父 佈 祖父 褆 封號 波澄守
李宗彦(종언)	朝鮮宣祖	日堂	本貫 振威 父 廷立
李宗延(종연)	朝鮮英祖	錦東	文臣 字 汝胄 本貫 延安
李宗淵(종연)	1812~1885	顧菴	學者 字 學元 本貫 廣州 父 以睦 外祖 金熙翼 著書 顧菴文集
李鍾燁(종엽)		復菴	著書 文集
李宗榮(종영)	1550~1605	芝峰	學者 字 希仁 本貫 月城 父 寬 外祖 李守 著書 芝峰遺稿
李宗榮(종영)	1551~1606	芝峯	字 仁吉 本貫 全州 父 發馨 著書 文集

857

人名	年代	號	其他
李鍾榮(종영)	?~1964	一梧	
李種五(종오)	朝鮮	猿齋	文臣 字 仲文 本貫 大興 判書 諡號 文僖
李鍾鈺(종옥)	朝鮮	晩恨	隱士 字 道一 父 章雲
李種玉(종옥)	韓末~日帝	東蓮	
李宗容(종용)	朝鮮	秋潭	孝子 字 永三 父 箕祿
李鍾愚(종우)	1801~1863	石農	文臣, 書畫家 字 大汝 本貫 延安 父 肇遠 吏曹判書 諡號 文憲 著書 遺稿
李種禹(종우)	朝鮮	溪西	本貫 固城
李鍾禹(종우)	1899~1979	雪蕉	畫家
李宗郁(종욱)	1737~1781	芹谷	字 亨輝 本貫 安岳 父 存矩 外祖 林以晩 著書 芹谷遺稿
李鍾煜(종욱)	1798~1872	晩省	著書 晩省遺集
李鍾郁(종욱)	1884~1969	智庵	獨立運動家, 僧侶
李鍾郁(종욱)		懶翁	
李鍾郁(종욱)		晉濟尊者	
李鍾勗(종욱)		夢巖	著書 文集
李鍾元(종원)	朝鮮	武陵	學者 本貫 驪州
李宗原(종원)	朝鮮	處士	本貫 原州 父 逈 祖父 允機
李鍾元(종원)	1849~?	遂堂	字 汝長 本貫 德水 父 祉永 系 福永 成均館長
李鍾元(종원)		六峰	著書 六峰集
李從元(종원)	→李從允		
李鍾元(종원)	→李鍾宅		
李宗儒(종유)	朝鮮後期	霽庵	著書 霽庵遺集〈自古世獻〉
李宗馥(종유)		竹林	本貫 龍仁 父 正績
李從允(종윤)	1431~1490	松窩	文臣 字 可貞 本貫 慶州 父 衡 外祖 權明利 濟州牧使 著書 松窩文集
李悰胤(종윤)	朝鮮	菊隱	本貫 慶州 父 洙 生員
李種仁(종인)	朝鮮	魯庵	本貫 星州 父 霙 通政
李宗仁(종인)	朝鮮	雲胡齋	文臣 本貫 開城 府使
李鍾仁(종인)		夢醒齋	本貫 星州 父 教瑛
李宗仁(종인)	→李崇仁		
李鍾一(종일)	1858~1925	黙菴 玉坡 天然子	己未獨立宣言33人 本貫 星州 父 教煥 著書 黙菴備忘錄
李鍾鎰(종일)	1874~1938	晦川	著書 晦川遺稿
李鍾一(종일)		斗峯	本貫 全州
李宗迪(종적)	1710~1748	松溪	文臣 字 子順 本貫 慶州 父 鼎佐 大司成

人名	年代	號	其他
李宗周(종주)	1753~1818	北亭	著書 北亭集
李鍾柱(종주)	1890~1968	一球	獨立運動家
李宗準(종준)	?~1499	慵齋　大庭逸民 浮休子　尚古堂 尚友堂　慵軒 慵 軒居士　莊六 藏 六　莊六居士 藏 六居士 太庭逸民	文臣, 學者 字 仲鈞 本貫 慶州 父 時敏 祖父 繩 直 金宗直 門人 追贈 副提學 著書 慵齋遺稿
李宗震(종진)	1729~1806	隱亭	著書 隱亭集
李鍾震(종진)	朝鮮後期	素山	
李鍾震(종진)	朝鮮後期	蒼山	
李宗珍(종진)		慕菴	本貫 慶州 父 命瑞
李鍾採(종채)	?~1951	希齋	著書 希齋遺稿
李宗喆(종철)	朝鮮英祖	混軒	本貫 慶州 父 鼎佐 鴻山縣監
李種喆(종철)	韓末~日帝	錦齋	
李鍾泰(종태)	1850~1908	筱農	文臣, 書藝家 字 公來 本貫 慶州 父 容琦 參判
李鍾澤(종택)	朝鮮後期	塔齋	本貫 慶州 父 圭鉉
李宗宅(종택)	朝鮮	心齋	本貫 固城
李鍾澤(종택)	1868~1914	愚亭	字 子宣 本貫 慶州 父 圭燦 著書 文集
李鍾澤(종택)	?~1878	復齋	著書 復齋遺稿
李宗宅(종택)		六峰	本貫 咸平 著書 六峰遺集
李鍾宅(종택)		五賢	著書 五賢遺稿
李鍾豊(종풍)	1886~?	稬石	敎育者
李鍾弼(종필)	1844~?	詩山	字 殷賁 本貫 全州 父 圭昌 著書 文集
李鍾苾(종필)	?~1924	蘆山	著書 蘆山集
李鍾河(종하)	1895~1961	笑愚	字 伊淑 本貫 眞城 父 敎英 祖父 得魯
李鍾學(종학)	1361~1392	麟齋	文臣, 學者 字 仲文 本貫 韓山 父 穡 祖父 穀 同 知貢擧 著書 麟齋遺稿
李宗學(종학)		醉睡軒	本貫 永川
李鍾㮒(종학) →李鍾榮			
李宗漢(종한)		海德	本貫 星州
李宗涵(종함)		認齋	字 仁秀 本貫 鳳山
李鍾恒(종항)		竹源	本貫 星州
李鍾炫(종현)		方山	著書 方山集
李鍾亨(종형)		菴齋	本貫 慶州
李宗鎬(종호)	朝鮮	一齋 八一齋	委巷人 字 叔京 本貫 慶州 父 慶吉

人名	年代	號	其他
李鍾浩(종호)	朝鮮	耐翁	文臣 本貫 驪州
李宗浩(종호)	朝鮮後期	杏雲	
李鍾浩(종호)	1885~1932	月松	獨立運動家
李鍾弘(종홍)	1879~1936	毅齋	學者 字 道唯 本貫 驪興 父 容鶴 父 許應奎 著書 毅齋集
李鍾洪(종홍)	1888~1929	錦峯	著書 文集
李宗和(종화)	朝鮮純祖	丹誠	本貫 韓山 父 載望
李琮和(종화)	1808~1887	東湖	學者 字 文玉 本貫 碧珍 父 承煥 外祖 愼性純 著書 東湖集
李鍾和(종화)	1825~1905	晚松堂 晚松	學者 字 啓弘 本貫 驪州 父 容必 外祖 申碩寬 著書 晚松堂文集
李鍾和(종화)	1830~1886	絅晦	學者 字 鳳汝 本貫 月城 著書 絅晦遺稿
李宗華(종화)	→徐宗華		
李鍾環(종환)	朝鮮	竹圃 毅菴川人	本貫 全州 父 達增 祖父 成培
李鍾繪(종회)		白川	本貫 慶州 父 圭白
李鍾煦(종후)		養性齋	本貫 星州
李鍾薰(종훈)		帽巖	本貫 星州
李鍾勳(종훈)	1856~1932	正菴	己未獨立宣言33人 本貫 廣州
李種徽(종휘)	1731~1786	修山	學者 字 德叔 本貫 全州 父 廷一 郡守 著書 修山集
李宗休(종휴)	朝鮮	下庵	著書 下庵遺集
李椶欽(종흠)	韓末	泮山	著書 泮山遺稿〈起巖遺稿〉
李鍾熙(종희)	1890~1946	南亭	獨立運動家
李鍾熙(종희)	1900~1949	養槿堂	著書 文集
李佐九(좌구)	朝鮮	黙窩	學者 本貫 驪州
李佐國(좌국)	朝鮮後期	慕庵	官吏 字 聖甫 本貫 完山
李左根(좌근)	→李在根		
李佐薰(좌훈)	1757~1772	煙巖	詩人 字 國輔 本貫 平昌 父 東顯 外祖 柳敬基 著書 煙巖詩集
李湊(주)	1201~1278	文能	文臣 字 浩然 本貫 益山 翰林學士承旨
李舟(주)	高麗	籧廬	典書
李冑(주)	1464~1504	志軒 忘軒	文臣 字 冑之 本貫 固城 父 泙 外祖 許樞 金宗直 門人 追贈 都承旨 著書 志軒集
李澍(주)	1534~1584	盆峯	文臣 字 彦霖 本貫 延安 父 慶宗 封號 延寧府院君 追贈 領議政 諡號 靖穆 著書 盆峯家訓
李軸(주)	朝鮮中期	苔巖 六休堂	學者, 義兵將 字 景任 本貫 仁川 鄭逑, 張顯光 門人 陵參奉 著書 苔巖文集

人名	年代	號	其他
李侳(주)	朝鮮宣祖	梅竹軒 隱士	字 擎宇 本貫 仁川 父 春可 祖父 賢弼
李稠(주)	1629~1679	霞石	文臣 字 子周 本貫 延安 父 光庭 校理
李宙(주)	朝鮮	森叟齋	文臣 字 大伯 本貫 慶州 禮曹判書
李縮(주)	朝鮮	學稼 學稼齋	學者 字 愼彦 本貫 開城(京山) 父 天增
李裯(주)	朝鮮	敬齋	文臣 本貫 咸平 縣令
李珠(주)	朝鮮	薇山	本貫 陽城 父 允哲
李注(주)		松齋	本貫 大興
李柱(주)		寒村	本貫 全州 祖父 濃
李稠(조)		鳳隱	字 松生 本貫 原州
李裯(주)	→李稠		
李周幹(주간)	朝鮮	幕广	字 寧叟 本貫 固城
李柱國(주국)	1721~1798	梧栢	武臣 字 君言 本貫 全州 父 涵 外祖 具尚禎 兵曹判書 諡號 武肅
李周老(주노)	1749~?	霽菴	字 幼鎭 本貫 固城 父 孝慶 祖父 憲復
李柱大(주대)	1698~1755	冥菴	學者 字 爾極 本貫 碧珍 父 海發 外祖 尹命哲 著書 冥菴文集
李柱恵(주덕)	朝鮮肅宗	竹圃	本貫 碧珍 父 海徵
李周晃(주면)	1795~1875	至樂窩	學者 字 章汝 本貫 全州 父 愼謙 外祖 黃仁約 著書 至樂窩遺稿
李注懋(주무)		雅齋	著書 雅齋集
李柱邦(주방)	朝鮮肅宗	草窩	本貫 碧珍 父 海潤
李周伯(주백)		石隱	本貫 慶州
李周相(주상)	1840~1874	雲溪	學者 字 文贊 本貫 光山 著書 雲溪集
李胄相(주상)	韓末	素庵	本貫 星山 父 源書 通德郎
李注相(주상)	朝鮮	月潭	隱士 字 永叟 本貫 德水
李胄相(주상)		晚醒	本貫 星山
李周生(주생)	朝鮮	下庵	字 幼禎 本貫 固城 祖父 憲復 著書 遺集
李周善(주선)		芝月堂	本貫 全州
李周燮(주섭)	1835~?	鶴皐	著書 鶴皐詩集
李柱世(주세)	1671~1721	五一軒	文臣 字 爾安 本貫 碧珍 父 海亮 兵曹佐郎 著書 文集
李周世(주세)	朝鮮	柳下	字 猷汝 本貫 固城 父 尚慶 著書 遺集
李胄承(주승)	1868~1946	徽菴	獨立運動家 字 大哉
李周申(주신)	朝鮮	花巖	學者 本貫 全州
李周榮(주영)		西齋	本貫 慶州
李胄玉(주옥)		晚修軒	本貫 星州

861

人名	年代	號	其他
李周遠(주원)	1714~1796	眠雲齋	學者 字 宜甫 本貫 載寧 父 之烺 著書 眠雲齋文集
李周殷(주은)		清心齋	本貫 羅州
李胄仁(주인)		琴軒	本貫 星州
李周禎(주정)	1750~1813	大溪	文臣, 學者 字 翰伯 本貫 固城 父 弘輔 著書 大溪文集
李周宗(주종)		逸軒	本貫 光山
李周鎭(주진)	1691~1729	炭翁 峽翁	文臣 字 文甫 本貫 德水 父 堳 外祖 金壽賓 判敦寧府事 諡號 忠靖
李柱天(주천)	1600~1654	習窩	武臣 字 天應 父 訥 外祖 金有定 著書 習窩遺集
李柱天(주천)	1662~1710	洛渚	學者 字 爾能 本貫 碧珍 父 海發 外祖 趙汝秀 司憲府持平 著書 洛渚遺稿
李澍詹(주첨) →李澍			
李周憲(주헌)	1870~1923	尚實菴	著書 尚實菴遺稿
李周憲(주헌)		老樵	本貫 全州
李周憲(주헌)		惟則堂	本貫 咸平
李周鉉(주현)		松菴	著書 松菴實記
李柱煥(주환)	1854~1919	連湖	著書 文集
李周熙(주희)		農隱	本貫 星山
李竹年(주년) →李時重의 初名			
李準(준)	1545~1624	懶眞子 西坡	文臣 字 平卿, 平叔 本貫 全州 父 惟貞 追贈 領議政 諡號 肅憲
李浚(준)	?~1623	歸來亭	文臣 字 洞之 本貫 原州 父 延福 府尹 著書 歸來亭遺稿
李浚(준)	1540~1623	求菴	字 清源 本貫 驪州 父 全仁 著書 文集
李僎(준)	朝鮮宣祖	月窓	本貫 全州 父 宣祖
李埈(준)	1560~1635	蒼石 西溪	文臣 字 叔平 本貫 興陽 父 壽仁 柳成龍 門人 副提學 諡號 文簡 著書 蒼石文集
李浚(준)	朝鮮肅宗	府庵	本貫 驪州 父 全仁 祖父 彦迪 郡守
李俊(준)	朝鮮正祖	愛吾堂	字 士豪 本貫 固城 敎官
李埈(준)	1812~1853	槐園	學者 字 伯欽 本貫 碧珍 父 恒老 著書 槐園集
李峻(준)	朝鮮	湖隱	字 士仰 本貫 固城
李峻(준)	朝鮮	芝窩	字 敬天 本貫 固城 著書 隨錄
李儁(준)	1858~1907	一醒 青霞 海史 海玉	殉國烈士 字 舜七 初名 性在,汝天 璿在 父 秉瓘 純陵參奉
李濬(준)		松溪	著書 松溪集
李濬(준)		遜齋	著書 遜齋日記
李幟(준)		安分齋	本貫 延安 父 時昉

人名	年代	號	其他
李埈(쥰) →李埈鎔의 初名			
李浚慶(쥰경)	1499~1570	東皐 南堂 養窩 蓮坊 蓮坊老人 紅蓮 紅蓮居士	文臣 字 原吉 本貫 廣州 父 守貞 領中樞府事 諡號 忠正 著書 東皐遺稿
李遵慶(쥰경)	朝鮮宣祖	眞樂堂	本貫 廣州 父 德符
李俊耈(쥰구)	1609~1676	承巖	文臣 字 子喬 本貫 星州 父 彦直 洪霙 門人 禮曹 參判
李準九(쥰구)	1851~1924	信菴	字 聖五 本貫 驪州 父 鍾和 著書 信菴先生文集
李峻道(쥰도)		晦石	著書 文集
李俊良(쥰량) →李俊民			
李峻齡(쥰령)		竹軒	本貫 廣州 祖父 天奇
李峻明(쥰명)	朝鮮後期	蘇亭	
李俊民(쥰민)	1524~1590	新菴	文臣 字 子修 本貫 全義 父 公亮 左參贊 諡號 孝翼
李俊民(쥰민)	1736~1799	鶴皐	本貫 蔚山
李畯發(쥰발)	朝鮮光海君	知足軒	本貫 韓山 父 慶倬
李駿祥(쥰샹)	朝鮮英祖	欽水庵	本貫 全州 父 重彦
李俊緒(쥰셔)		隱招	本貫 咸平 父 儒仲
李俊植(쥰식)	1900~1966	火崗	獨立運動家 本貫 遂安
李峻業(쥰업)		東溪	字 安汝 本貫 康津
李峻永(쥰영)	1879~1907	雲桂	舊韓國軍人 本貫 德水 父 敏學
李準永(쥰영)	韓末	松隱	獨立運動家 字 汝逸 本貫 禮安
李俊榮(쥰영)	韓末~日帝	漢石	
李埈鎔(쥰용)	1870~1917	石庭 石亭 松亭	王族 字 景極 本貫 全州 父 載冕 祖父 昰應 輔國 崇祿大夫
李濬鏞(쥰용)	1893~1945	西愚	獨立運動家
李俊一(쥰일)		孝友堂	字 京之 本貫 鳳山
李浚贊(쥰찬)	1837~?	硯農	文人 字 國老 本貫 延安 父 有謙 系 有復
李準泰(쥰태)	韓末~日帝	一峯	獨立運動家
李準鉉(쥰현)	朝鮮哲宗	汕觀	本貫 龍仁 父 在絅
李駿鉉(쥰현)	朝鮮	農皐	本貫 陜川 父 志恒 祖父 處華
李俊賢(쥰현) →李浚贊			
李濬衡(쥰형)	1875~1942	東邱	獨立運動家 字 文極 本貫 固城 父 相龍
李駿休(쥰휴)	朝鮮英祖	繞岑	本貫 驪州 父 瀬
李中(쥰)	1488~1557	明巖	學者 字 而强 本貫 固城 父 蕡 禮曹正郎 著書 明 巖日記
李重慶(쥰경)	1599~1678	壽軒 鳳棲亭 梧 溪散人 雜卉園	學者 字 慶叔 本貫 全義 父 璣玉 著書 壽軒文集

人名	年代	號		其他
李重庚(중경)	1700~?	雙湖		字 白也 本貫 全州 父 錫齡
李重慶(중경)	1724~1754	雲齋		學者 字 志彦 本貫 眞寶 父 濟謙 祖父 東標 著書 雲齋遺稿
李重慶(중경)	朝鮮	蓮谷		字 善膚 本貫 固城 父 夏臣 著書 遺稿
李仲卿(중경)		梅岡		本貫 陝川
李重熿(중경) →李重瓊				
李重繼(중계)	1566~1619	松坡		文臣 字 述夫 本貫 全州 父 景霖 持平
李重光(중광)	1592~1685	杏亭		學者 字 景顯 本貫 載寧 父 惟誠 外祖 李得蕡 嘉儀大夫 著書 杏亭遺稿
李重光(중광)	1709~1778	滄厓		學者 字 平仲 初名 坦 本貫 眞城 父 晦兼 祖父 東標 外祖 權斗寅 顯陵參奉 著書 滄厓文集
李中久(중구)	朝鮮	紫雲		文臣 本貫 驪州 校理
李重國(중국)	1593~1665	水南		文人 字 國耳 本貫 固城 父 成吉 府使
李重權(중권)		敦學齋		本貫 全州 父 容泰
李中均(중균)	1861~1933	東田 山庭	東田潛士	學者 字 國卿 本貫 眞城 父 晚昌 外祖 朴啓祖 著書 東田遺稿
李中鈞(중균) →李中均				
李重基(중기)	朝鮮仁祖	石江		字 子威 本貫 全義 父 耆俊 縣令
李重基(중기)		平岡		著書 平岡公遺稿〈鹽城三世稿〉
李仲梁(중량)	1504~1582	賀淵		文臣, 學者 字 公幹 本貫 永川 父 賢輔 外祖 朴彭年 江原道觀察使 著書 賀淵文集
李重老(중로)	?~1624	松齋		武臣 字 鎭之 本貫 青海 父 麟奇 追贈 兵曹判書 諡號 忠壯
李重穆(중목)	1728~1823	九曲		學者 字 汝明 本貫 驪興 父 溥文 外祖 李仁培 著書 九曲遺稿
李中麟(중린)	朝鮮後期	雲圃		本貫 眞城
李重璘(중린)	朝鮮後期	兼山		
李中立(중립)	1533~1571	龜溪		學者 字 强仲 本貫 慶州 父 峘 掌議 著書 龜溪集
李中晃(중면)	朝鮮後期	斗山		本貫 眞城
李重明(중명)	1605~1672	安谷		學者 字 子文 本貫 慶州(牙山) 父 嗣金 著書 安谷集
李重溟(중명)		鷗洲		文臣 字 汝涵 本貫 全州 判書
李重穆(중목) →李重穆				
李重茂(중무)	1568~1629	栴溪		學者 字 晦敷 本貫 碧珍 父 紹 外祖 朴良佐 著書 栴溪集
李重默(중묵)	朝鮮	進軒		隱士 本貫 全州
李中敏(중민)	韓末	塢丁		本貫 眞寶 父 晚受
李重發(중발)	朝鮮	雙林 晚永齋		本貫 慶州 父 堤 祖父 世程

人名	年代	號	其他
李仲蕃(증번)	朝鮮	茅亭	文臣 字 美仲 本貫 安城 兵曹參議
李中錫(증석)	1870~1936	晦窩	著書 晦窩先生文集
李重燮(증섭)	1856~1905	昭亭	學者 字 敬殷 本貫 全州 父 容泰 外祖 金光鉉 著書 昭亭遺稿
李中燮(증섭)	1875~1915	東洲	著書 文集
李重成(증성)		梅軒	本貫 全州 父 元柱
李中洙(증수)	1743~1806	二柳翁	學者 字 達源 本貫 眞城 父 晚甲 著書 二柳齋文集
李重壽(증수)		晚醒堂	本貫 全州
李重植(증식)	朝鮮後期	青山白雲翁	本貫 完山
李重蓋(증신)	朝鮮顯宗	二憂堂	本貫 全州 父 昌運 益山郡守
李重實(증실)	朝鮮後期	莊窩	本貫 眞城 父 濟兼 祖 東標
李仲若(증약)	?~1122	青霞子	道士 字 子眞 本貫 慶州 追贈 左司
李中彦(증언)	1850~1910	東隱	義兵將 字 仲寶, 小字, 文錫 本貫 眞寶 父 晚佑 司憲府持平 著書 東隱實紀
李中業(증업)	1863~1921	起巖	學者 字 廣初 本貫 眞城 父 晚燾 外祖 權承夏 著書 起巖遺稿
李重延(증연)	1711~1794	陋室	學者, 文臣 字 希愿 本貫 眞寶 父 濟兼 祖 東標 外祖 金偉 李光庭 門人 僉知中樞府事 著書 陋室集
李仲悅(증열)	1518~1547	果齋	文臣 字 習之 本貫 廣州 父 潤慶 吏曹正郎 編書 乙巳傳聞錄
李仲說(증열) →李仲悅			
李重榮(증영)	朝鮮宣祖	杏窩	本貫 載寧 鄭蘊 門人 軍資監僉正
李重瑛(증영)		鳳菴	本貫 草溪
李重元(증원)	朝鮮	喘喘翁	學者 本貫 草溪(全州) 父 衡齡
李中遠(증원)	朝鮮後期	仁浦	字 聲可
李中垠(증은)	朝鮮	厚山	本貫 固城
李中應(증응)	朝鮮後期	松後齋	本貫 眞城
李重益(증익)	朝鮮英祖	灸背軒	字 景賓 本貫 眞寶
李中寅(증인)	朝鮮後期	老山	學者 字 景賓 本貫 眞寶
李重任(증임) →李聖任			
李中銓(증전)	1825~1893	愚谷	著書 愚谷集
李重朝(증조)	1653~1674	白雲居士 白雲軒	本貫 延安 父 嘉相 祖父 明漢 追贈 左贊成 著書 遺稿
李重植(증직)	韓末	痴軒	本貫 眞城 章陵參奉
李重珍(증진)	朝鮮	奚疑菴	委巷人 字 善甫 本貫 平昌 父 時休 武科合格
李重集(증집)	朝鮮後期	杞廷	
李中燦(증찬)	朝鮮後期	元圃	本貫 眞城

人名	年代	號	其他
李中轍(중철)	1848~1914	曉庵	學者 字 仲圓 本貫 眞城 父 晩迫 外祖 金龍洛 著書 曉庵文集
李中轍(중철)	朝鮮後期	艮石	
李重泰(중태)	朝鮮	杏齋	字 綏之 本貫 固城
李仲彪(중표) →李仲虎			
李重弼(중필)	朝鮮	止齋	本貫 陝川
李重夏(중하)	1846~1917	圭堂 二堂 坦齋	文臣 字 厚卿 本貫 全州 父 寅植 奎章閣提學 著書 圭堂文集
李重夏(중하)		二雅堂	著書 二雅堂集
李重翰(중한)	1757~1812	二樂軒	字 汝翊 本貫 固城 父 師晢
李重海(중해)	朝鮮英祖	傲閣翁	文臣 本貫 全州 父 鉉相 獻納
李仲鄕(중향) →李仲卿			
李中爀(중혁)	朝鮮後期	覃山	本貫 眞城
李仲賢(중현)	1449~1508	栗澗	文臣 字 遵聖 本貫 載寧 父 介智 副提學 著書 文集
李仲玄(중현)	朝鮮	松齋	文臣 字 君執 本貫 慶州 府使
李仲賢(중현)		晚川	本貫 原州
李重協(중협)	1681~?	三湖	文臣 字 和仲 本貫 慶州 父 炳 洪禹寧 婿 吏曹判書
李重亨(중형)	1595~1643	二樂堂	學者 字 子會 本貫 星州 父 善繼 外祖 李忱 著書 二樂堂遺集
李重馨(중형)		竹窩	本貫 大興
李仲虎(중호)	1512~1554	履素齋	學者 字 風后 本貫 全州 父 億孫 柳藕 門人 司果 諡號 文敬 著書 心性圖說
李中泓(중홍)	韓末	東棲	本貫 眞城
李重華(중화)	朝鮮後期	瀛隱	本貫 慶州 父 仁衡 祖父 相互
李中華(중화)	朝鮮後期	睡堂	本貫 眞城
李重華(중화)	朝鮮	杞菊翁 杞齋	本貫 星山 父 眞孫 祖父 琚
李重和(중화)		錦石	著書 錦石詩集
李重華(중화)	1881~1950	東芸	國語學者 著書 京城記略
李重煥(중환)	1690~1752	靑潭 靑華山人	學者 字 輝祖 本貫 驪州 父 震休 祖父 泳 睦林一 婿 李瀷 門人 兵曹佐郎 著書 擇里誌
李重晦(중회)		龍淵齋	本貫 全州
李中厚(중후)	1865~1934	西岡	學者 字 唯一 本貫 碧珍 父 絢基 外祖 安洙 著書 西岡文集
李仲熙(중희)		寄軒	本貫 咸豊 著書 寄軒北征錄
李濟(즐)	1610~1681	松南	義士, 者 字 深源 本貫 星州 父 喜榮 外祖 朴忱 副護軍 著書 松南文集

人名	年代	號	其他
李楫(즙)	1668~1731	守分窩	王族 字 濟卿 本貫 全州 父 沈 系 泟 封號 礪城 君 都摠管 諡號 孝憲
李湆(즙)	朝鮮英祖	三悔菴 晦菴	義兵 字 汝澤 本貫 固城
李湆(즙)	朝鮮	隱圃	字 子華 本貫 固城 父 仁後 宣敎郎
李楫(즙)	朝鮮	華山民	委巷人 字 濟伯 父 允源
李增(증)	1545~1600	北崖 北厓	文臣 字 可謙 本貫 韓山 父 之菽 外祖 金弼臣 封號 鵝川君 追贈 領議政 諡號 懿簡 著書 北崖詩稿
李拯(증)	朝鮮	竹軒	學者 本貫 全州
李曾魯(증로)	朝鮮	黃坡	本貫 全義 父 根馨 參奉
李曾魯(증로)	韓末~日帝	一心	獨立運動家
李增祿(증록)	1674~1727	無何堂	字 天興 本貫 興陽 父 錫至
李曾碩(증석)	1427~1490	中和	著書 中和公遺稿
李增曄(증엽)	朝鮮英祖	漆窩	文人 字 晦伯 本貫 龍仁 祖父 在寬
李曾愚(증우)	朝鮮哲宗	勺圜	本貫 延安 父 麟秀 生員
李至(지)	朝鮮初期	退庵	文臣 本貫 振威 父 邕 承旨
李墀(지)	1420~1486	思菴	文臣 字 升卿 本貫 固城 父 原 司諫
李贄(지)	朝鮮宣祖	訥齋	本貫 延安 父 廷秀 副司果 成渾 門人
李砥(지)	朝鮮中期	伴琴堂	字 季拔 本貫 鐵城 著書 遺集
李址(지)	1628~168)	大朴子	字 厚卿 本貫 月城
李墀(지)	1629~1704	晩香	隱士 字 公獻 本貫 碧珍 父 尙逸 著書 文集
李旨(지)	朝鮮後期	柏庵	字 汝璺 本貫 固城
李地(지)	朝鮮	退隱	本貫 淸安 縣令
李芝(지)	朝鮮	晦隱	本貫 陽城
以祉(이지)		史山	著書 文集
李址(지) →朴址			
李至(지) →李墊			
李志傑(지걸)	1632~1702	琴湖	文臣 字 秀夫 香夫 本貫 星州 父 埰 祖父 尙伋 僉知中樞府事 著書 琴湖遺稿
李之謙(지겸) →李謙之			
李祉慶(지경)	朝鮮孝宗	養眞堂	字 慶餘 本貫 慶州 父 宬
李之慶(지경)	朝鮮	默窩	字 天則 本貫 固城 父 元譚
李之經(지경)		長軒	本貫 加平
李之公(지공)→李齊賢의 初名			
李之觀(지관)	朝鮮	草廬	學者 本貫 驪州
李志宏(지굉)	1584~1642	東溟	文臣 字 守約, 守吾 本貫 驪州 父 尙毅 具思欽 婿 軍資監正

人名	年代	號	其他
李志逵(지규)	朝鮮英祖	丹厓	文臣 字 漸于 本貫 碧珍 父 演 僉知中樞府事 著書 文集
李之奇(지기)		南浦	本貫 慶州
李至男(지남)	1529~1577	永膺	文臣 字 瑞禮 本貫 延安 父 彦忱
李之馪(지담)		古菴	本貫 眞寶
李之帶(지대)	朝鮮初期	竹隱	文臣 本貫 慶州 判尹
李志德(지덕)		華山	著書 華山集
李志德(지덕)		瑞峯	本貫 全義 祖父 相奎
李至道(지도)	朝鮮宣祖	二樂堂	文人 字 德性 本貫 延安
李之濂(지렴)	1628~1671	恥菴	學者 字 養而 本貫 咸平 父 楚玉 金集 門人 歙谷 縣令 著書 恥菴集
李祉麟(지린)		石湖	本貫 興陽
李枝茂(지무)	1604~1678	壽菴	字 茂伯 本貫 全義 父 眞卿 承旨
李枝茂(지무)	1857~1912	玉山	著書 文集
李智文(지문)	朝鮮	淸隱	本貫 全義 父 寬植 祖父 成幹
李枝發(지발)	朝鮮	月軒	本貫 慶州 父 時英
李之昉(지방)	朝鮮肅宗	箕湖	學者 本貫 延安
李知白(지백)	1565~1637	獨樂堂	本貫 碧珍 著書 文集
李知白(지백)	1603~1676	金華	文臣, 者 字 季玄 本貫 全州 父 憲邦 外祖 李廷華 著書 金華遺稿
李之蕃(지번)	1469~1522	松溪	學者 字 盛仲 本貫 星州 父 文賢 遂安郡守
李之蕃(지번)	1508~1575	龜翁 思亭 省菴	學者 字 馨伯, 而盛 本貫 韓山 父 穉 淸風郡守
李之範(지범)	朝鮮	蓮巖	文人 字 聖建 本貫 慶州
李之復(지복)	朝鮮英祖	月庵	文臣 學者 字 復初 本貫 驪州
李之滑(지서)	朝鮮	梧齋	字 淸之 本貫 振威 戶曹判書 封號 靑城君
李志奭(지석)	1652~1707	葵菴	文臣 字 周卿 本貫 碧珍 父 坡 宜寧縣監 著書 文集
李志奭(지석)	1670~1747	東隱	著書 東隱遺稿〈秣川世稿〉
李祇先(지선)	→李繼先의 改名		
李之誠(지성)	朝鮮宣祖	聯讀齋	文臣 字 德和 本貫 延安
李之星(지성)	朝鮮顯宗	白月堂	本貫 咸平 父 楚奇 郡守
李止性(지성)		醉山 醉圃	著書 醉山公逸稿〈延城世稿〉
李枝盛(지성)	朝鮮	松巖	本貫 全州 父 光茂 祖父 世順
李至誠(지성)	→李之誠		
李志遂(지수)	1616~1665	亨伯	
李趾秀(지수)	1779~1842	重山齋 知足齋	文臣 字 季麟 和伯 本貫 延安 父 命源 外祖 金廈柱 淮陽府使 著書 重山齋集

人名	年代	號	其他
李志淳(지순)	朝鮮明宗	省流亭	字 詠而 本貫 眞城 郡守
李之淳(지순)	朝鮮正祖	二樂齋	字 穉和 本貫 眞寶
李之詩(지시)	?~1592	松菴	武臣 字 元立 本貫 牛峰 父 諶 祖父 承健 追贈 兵曹判書 諡號 景毅
李之信(지신)	1512~1581	葆眞菴 葆眞齋	文臣 本貫 全州 父 鈺
李止信(지신)	朝鮮英祖	雙梧堂	字 德庚 本貫 延安 父 萬善 系 晚成
李之億(지억)	1699~1770	醒軒	文臣 字 恒承 大庾 本貫 延安 父 萬善 系 萬成 漢城府判尹 著書 文集
李止淵(지연)	1777~1841	希谷	文臣 字 景進 本貫 全州 父 義悅 外祖 洪憶 判中 樞府事 諡號 文翼 著書 希谷遺稿
李之淵(지연)	→李止淵		
李之英(지영)	1585~1639	水月堂	文臣 字 子實 本貫 全義 父 宗文 著書 水月堂集 〈全城世稿〉
李祉永(지영)	1730~?	林下	文臣 字 幼祚 本貫 延安 父 萬恢 外祖 鄭應尚 護 軍 著書 林下集
李枝盈(지영)	朝鮮	蓮菴	本貫 全州 父 光茂 祖父 世順
李之瑛(지영)	朝鮮	新巖	本貫 陜川 父 壽彦 祖父 文衡
李之榮(지영)	1855~1931	訥菴	著書 訥菴集
李之馧(지온)	1603~1671	貧郊	文臣, 學者 字 子聞 本貫 公州 父 瑒 外祖 文德 敎 漢城府右尹 著書 貧郊文集
李志完(지완)	1575~1617	斗峯	文臣 字 養吾 本貫 驪興 父 尚毅 知經筵事 封號 驪城君 諡號 貞簡
李志完(지완)	1668~1755	聽澗堂 聽澗	文臣 字 仲全 本貫 碧珍 父 採 嘉善大夫 著書 聽 澗堂遺稿
李止完(지완)		七頭亭	本貫 咸平
李志完(지완)	→李志定		
李志容(지용)	1753~1831	南皐	學者 字 子玉 本貫 星州 父 胤迪 奉常寺判官 著 書 南皐文集
李志容(지용)	1825~189?	小松	文臣 字 尚彦 本貫 星州 父 箕大 石城縣監 著書 小松集
李址鎔(지용)	1870~?	響雲	親日派, 大臣 字 景天 本貫 全州 父 熙夏 系 載 兢 中樞院議長
李知愚(지우)	朝鮮純祖	四畏堂	本貫 延安 父 賢秀
李至宇(지우)	→李致宇		
李之運(지우)	1681~1767	栢谷	學者 字 休仲 本貫 驪州 父 萬種 外祖 李元發 著 書 栢谷遺稿
李志雄(지웅)	1628~1701	萬夫	著書 文集
李志雄(지웅)	朝鮮	漢庶	本貫 碧珍 父 埭
李智元(지원)	朝鮮中宗	憂堂	本貫 牛峰 父 僩
李智源(지원)	朝鮮端宗	大隱	字 秉紀 本貫 驪州 著書 文集

人名	年代	號	其他
李志裕(지유)	1595~1641	滄洲	文臣 本貫 驪興 父 尚信 權憘 婿 縣令
李志裕(지유)		東湖	著書 東湖集
李志尹(지윤)	1658~1722	松陰	文臣 字 幼莘 本貫 碧珍 父 坡 龍潭縣令
李之益(지익)	1622~1661	竹塢	學者 字 益卿 本貫 全州 父 謙 外祖 洪澤 著書 竹塢遺集
李之翼(지익)	1625~1694	桂村	文臣 字 汝輝 本貫 咸平 父 楚老 祖父 春元 外祖 卞悌元 知敦寧府事
李志仁(지인)	朝鮮仁祖	草堂	本貫 驪州 父 尚毅 進士
李芝日(지일)	朝鮮	逸菴	本貫 全州 父 浩 祖父 義男 著書 逸菴遺稿〈完山三世稿〉
李知自(지자) →李知白			
李志長(지장)	1650~1690	青鶴 鶴東	文臣 字 而遠 本貫 碧珍 父 垣 著書 文集
李芝在(지재)		懼軒	著書 文集
李之氐(지저)	1092~1145	正堂里	字 子固 本貫 仁川 父 公壽
李之氐(지저)		莘村	本貫 仁川
李志定(지정)	1588~1650	聽蟬 善草	文臣 字 靜吾 本貫 驪州 父 尚毅 外祖 尹晛 李慶深 婿 成川府使 著書 聽蟬遺稿
李之悌(지제)		河南	本貫 全州
李之知(지지)	朝鮮	草翁	字 曉夫 本貫 丹陽
李之直(지직)	高麗禑王	炭川	學者 字 伯平 本貫 廣州 父 集 著書 炭川先生遺稿〈遁村先生遺稿〉
李志賤(지천)	1589~1673	沙浦 復長嘯	文臣 字 彈琴 本貫 驪州 父 尚弘 漢城府右尹 著書 沙浦集
李芝春(지춘)	朝鮮	清夏	本貫 全州 父 浩 祖父 義男 判官
李之忠(지충)	1509~1562	三友堂	學者 字 元老 本貫 牛峰 父 詢 祖父 承健 金安國 門人 東部參奉 著書 易詩書輯覽
李支廈(지하)	朝鮮	澤亭	本貫 平山 父 天緯 祖父 壽㵐
李志學(지학)	朝鮮肅宗	尾山	本貫 全義 父 廷觀
李之翰(지한)	1604~?	壽谷	書藝家 字 子蕃 本貫 江陵
李之漢(지한)	1765~1834	棲碧齋	著書 文集
李之翰(지한)		杏亭	著書 杏亭先生文集
李之菡(지함)	1517~1578	土亭 水山	學者 字 馨伯, 馨仲 本貫 韓山 父 挺時 牙山縣監 諡號 文康 著書 土亭遺稿
李志恒(지항)	朝鮮	閑山	本貫 陝川 父 處華 祖父 德柱
李之涵(지함) →李之菡			
李志憲(지헌)	1840~1898	松厓	學者 字 萬瞻 本貫 咸平 父 敏喜 外祖 朴履錫 著書 松厓集
李之鉉(지현)	1760~1808	望鶴亭	著書 文集

人名	年代	號	其他
李志賢(지현)	朝鮮	玄叟	本貫 星山 父 顯植 祖父 濊
李之馨(지형)	朝鮮仁祖	岡亭	字 德遠 本貫 眞寶 祖父 憑
李之馨(지형)	1597~1663	積城	學者 字 汝薰 本貫 全義 父 宗澤 外祖 呂大老 積城縣監
李之衡(지형)	朝鮮高宗	溪堂	隱士 字 仲山 本貫 全州 父 晩用 著書 溪堂集抄〈東樊集〉
李之馨(지형)		貧郊	著書 貧郊先生文集
李智亨(지형) →李守亨의 初名			
李贄鎬(지호)	1836~1892	芝南	學者 字 東賢 本貫 光州 父 勉徽 外祖 朴履兢 著書 芝南集
李智浩(지호) →李智活			
李之華(지화)	1585~1666	茶圃 東溪 浮江居士	文臣 字 而實 本貫 全義 父 宗文 祖父 慶斗 外祖 全慶昌 張顯光 門人 咸陽郡守 著書 茶圃集
李志和(지화)	朝鮮仁祖	楓谷 玄眞子	文臣 字 玄眞 本貫 驪州 父 尙弘 咸陽郡守
李至和(지화)	1773~?	春寓 春寓 太和山人 學西	書畵家 字 君叶, 君協 本貫 載寧
李志和(지화)	朝鮮後期	鶴棲	
李之爗(지확)		菊齋	本貫 載寧 父 檥 著書 文集
李智活(지활)	1434~?	孤隱	忠臣 字 忘紀, 志紀 本貫 星州 父 棐 雲峰縣監 謚號 文靖
李之會(지회)	朝鮮	佳隱	本貫 慶州 太常少卿
李止孝(지효)	朝鮮宣祖	南軒	義兵 本貫 順天 父 項
李之垕(지후)	朝鮮	野隱	本貫 陜川 父 再新
李志薰(지훈)		涵齋	本貫 星山
李稷(직)	1362~1431	亨齋	文臣 字 虞庭 本貫 星州 父 仁敏 封號 星山府院君 左議政 謚號 文景 著書 亨齋詩集
李溭(직)		西川	本貫 光山
李直謙(직겸)	朝鮮	樂齋	本貫 鶴山 父 宗實 祖父 藝 判決事
李直謙(직겸)	朝鮮	梅軒 拇軒	字 德叔 本貫 鶴城 軍資監判書
李直求(직구)		竹窩	本貫 全州
李直輔(직보)	1718~1811	中洲 遯庵	文臣, 學者 字 維宗 初名 城輔 本貫 延安 父 度臣 金元行, 金亮行 門人 吏曹判書 謚號 文敬 著書 中洲集
李直相(직상)		錦檜	本貫 星山
李直善(직선)	朝鮮	南厓	字 養善 本貫 固城
李稷臣(직신)	1785~1850	東山 東山翁	學者 字 堯卿 本貫 碧珍 父 鍾黙 外祖 郭基祖 著書 東山遺集
李直愼(직신)	1852~1930	習齋	字 敬器 本貫 全州 父 道栽 著書 習齋文集

人名	年代	號	其他
李直彦(직언)	1545~1628	拙菴　秋江　秋崗 秋泉　　秋泉居士 會齋	文臣　字　君美　初名　時彦　本貫　全州　父　洞　外祖 鄭應雲　右贊成　諡號　貞簡
李稷佑(직우) →李稷佐			
李稷佐(직좌)	1837~1877	晩翠堂	學者　著書　晩翠堂集
李直鉉(직현)	朝鮮成宗	是菴	學者　著書　是菴文集
李瑨(진)	高麗高宗	文山　文山道人	文臣　字　國寶　本貫　固城　承文博士　著書　文山逸 稿〈古自世獻〉
李瑱(진)	1244~1321	東庵　益齋	文臣　字　溫古　本貫　慶州　初名　方衍　父　翮　封號 臨海君　檢校政丞　諡號　文定　著書　東庵集
李珍(진)	高麗	茅蘆先生	文臣　本貫　康津　都僉議評理　諡號　文定
李晉(진)	高麗	龍門	字　汝嘉　本貫　安岳　判典法司事　諡號　良靖
李軫(진)	1536~1610	松塢	文臣　字　君任　本貫　延安　著書　松塢實記
李珍(진)	朝鮮宣祖	市隱　市隱堂	字　玉珍　本貫　禮安
李瑱(진)	1562~?	錡谷	文臣　字　聰聞, 聰叔　本貫　全州　父　夢禹　縣監
李進(진)	1582~?	葛坡　挾山	字　退之　本貫　延安　父　以洪
李袗(진)	1600~1657	孤山　鮑山　花谷	文臣　字　子晦　本貫　延安　父　昌庭　江原監司
李珍(진)	朝鮮顯宗	受善堂	本貫　順天　父　守恒
李瑁(진)	朝鮮顯宗	菊齋	本貫　慶州　父　重慶　縣監
李濂(진)	朝鮮顯宗	耳溪	本貫　驪州　父　殷鎭　著書　文集
李進(진)	朝鮮顯宗	良溪	學者　本貫　驪州
李穦(진)	朝鮮顯宗	白谷	本貫　德水　父　景曾　龍仁縣監
李珍(진)	朝鮮	峻巖	文臣　字　天輔　本貫　淸州　牧使
李珍(진)	朝鮮後期	沙湖	本貫　固城　通德郎
李瑱(진)		臥松堂	本貫　永川　祖父　鼎泰
李瑨(진)		七松	本貫　咸平
李譜(진)		梅村	本貫　新平
李袗(진) →柳袗			
李震(진) →李進			
李眞儉(진검)	1671~1727	角里	文臣　字　仲約　本貫　全州　父　大成　禮曹判書
李辰龜(진구)	朝鮮	竹軒	文臣　字　應壽　本貫　大興　大提學
李震久(진구)	朝鮮	石松堂　右松	文臣　本貫　驪州　判義禁
李鎭求(진구)	1887~1961	韋堂	大倧敎人　本貫　韓山
李鎭國(진국)	朝鮮英祖	陶齋	文臣　本貫　全州　父　塤
李珍珪(진규)	朝鮮	心庵	本貫　韓山　父　明植　祖父　喆傳
李鎭奎(진규)	朝鮮後期	鳳洛亭	本貫　眞城　父　重實　系　重延

人名	年代	號	其他
李眞伋(진급)	朝鮮肅宗	西泉	文臣 本貫 全州 父 大成 校理
李眞伋(진급)	→李眞汲		
李震箕(진기)	朝鮮肅宗	知安窩	本貫 全州 父 命老
李鎭基(진기)		新齋	著書 新齋先生文集
李晉馪(진담)	朝鮮	樗陰	委巷人 字 芳叔 本貫 白城
李鎭東(진동)	朝鮮英祖	寮庵 欲寮齋	字 逸昇 本貫 眞寶 父 重震
李振斗(진두)	朝鮮	聱軒	字 允實 本貫 固城
李鎭斗(진두)		石軒	本貫 永川
李塡烈(진렬)	朝鮮	寶隱	本貫 星州 父 秉玟 祖父 升漢 監察
李鎭龍(진룡)	韓末	己千	獨立運動家 字 雲瑞 本貫 瑞山 一名 錫大
李鎭萬(진만)	1675~1752	白隱	學者 字 孟能 本貫 江陵(羽溪) 父 基定 外祖 李炳漢 著書 白隱集
李眞望(진망)	1672~1737	陶雲 石雲 石園 退雲	文臣 字 久叔 本貫 全州 父 羽成 知中樞府事 著書 陶雲遺集
李晉茂(진무)	朝鮮光海君	醉愚	隱士 字 茂卿 本貫 全州
李振文(진문)		普翁	字 土郁 本貫 江陽
李震邦(진방)		養溪	本貫 仁川
李震方(진방)		石軒	本貫 新平
李震白(진백)	1622~1707	西巖 西巖老人	文臣 字 太素 本貫 全州 父 定邦 外祖 趙祁 同知中樞府事 著書 西巖遺稿
李震白(진백)	朝鮮肅宗	明谷	本貫 全州 父 命耆
李鎭範(진범)		止山	本貫 咸平
李震炳(진병)	1679~1756	遁谷 嵋山 嵋山居士 善一	文臣, 學者 字 炳然 本貫 金山 父 北相 僉知中樞府事
李晉祥(진상)	朝鮮英祖	醉夢軒	本貫 全州 父 東彦
李震相(진상)	1818~1855	寒洲	學者 字 汝雷 本貫 星州 父 源祜 著書 寒洲集
李震緖(진서)		悔菴	本貫 咸平
李鎭緖(진서)		竹川	本貫 咸平
李晉聖(진성)	朝鮮肅宗	隱坡	文人 本貫 全義
李眞洙(진수)	1684~1732	西澗 西磵	文臣 字 子淵 本貫 全州 父 德成 黃海道觀察使
李璇秀(진수)		青霞紫雲館	著書 青霞紫雲館遺稿
李震洙(진수)		雙槐	本貫 永川
李震洙(진수)		竹窩	本貫 咸平
李眞淳(진순)	1679~1738	荷西	文臣 字 子厚 本貫 全州 父 德成 外祖 洪有龜 全羅道觀察使
李進淳(진순)	朝鮮後期	贅世翁	本貫 眞城

人名	年代	號	其他
李震栻(진식)		思庵	著書 文集
李眞彦(진언) →李直彦			
李鎭榮(진영)		柏隱	本貫 淸安 父 彧
李震容(진용)	朝鮮	石樵	本貫 星州 父 直秉 祖父 碩晋
李晉用(진용)	1837~1909	農雲	學者 本貫 牛峰 父 鎬貞 著書 農雲遺稿
李震彧(진욱)	1879~1938	芳山	著書 文集
李震瑗(진원)	朝鮮肅宗	風溪	本貫 全州 父 命益 進士
李震元(진원)	朝鮮	晩溪	文臣 字 子春 本貫 新平 同知中樞府事
李眞儒(진유)	1669~1730	盤松 北谷 澤軒	文臣 字 士珍 本貫 全州 父 大成 系 晩成 吏曹判書兼左副賓客
李震殷(진은)	1646~1707	瓠峰 瓠窩 瓠隱 虍窩	文臣 字 正叔 本貫 龍仁 父 宜茂 外祖 朴成烈 同知中樞府事
李震隱(진은) →李震殷			
李晉應(진응)		直軒	字 敬哉 本貫 全州
李辰仁(진인)	朝鮮明宗	竹堂	文臣 字 叔春 監司
李震一(진일)	朝鮮肅宗	梅湖	本貫 全州 父 命虎
李鎭濟(진제)	朝鮮後期	薇軒	字 文楫 本貫 延安 父 益垕 參奉
李眞徵(진징) →李愼徵			
李震昌(진창)	朝鮮	自樂	文臣 字 汝元 本貫 陝川 龍驤衛副護軍
李晉哲(진철)	1591~1644	雙溪	文臣, 學者 字 明叔 本貫 全州 父 僖 外祖 朴承賢 瑞山郡守 著書 雙溪文集
李盡忠(진충)		石串亭	本貫 咸平
李鎭宅(진택)	1738~1805	德峯	文臣, 學者 字 養重,養仲 本貫 慶州 父 雲培 外祖 南國望 著書 德峯集
李震沆(진항)	朝鮮肅宗	琴灘	本貫 全州 父 命虎
李鎭衡(진형)	1727~1781	南谷	文臣 字 平仲 本貫 全州 父 墉 追贈 禮曹判書 謚號 忠簡
李鎭祜(진호)	朝鮮正祖	水雲齋	本貫 眞寶 父 重光 厚陵參奉
李晉琥(진호)	朝鮮	警菴	本貫 星山 判官
李鎭洪(진홍)	朝鮮	桂軒	委巷人 字 士均 本貫 完山
李鎭洪(진홍)	?~1919	錦峯	著書 錦峯私稿
李鎭洪(진홍) →李鍾洪			
李鎭華(진화)	1771~?	松齋	字 公實 本貫 驪州 父 秉喆 著書 松齋遺稿
李鎭華(진화)	朝鮮	達源	本貫 星州 父 致坤 祖父 益大 縣監
李震華(진화)		繼拙堂	著書 繼拙堂遺稿
李進薰(진훈) →李廷薰			

人名	年代	號	其他
李震休(진휴)	1657~1707	省菴 省齋	文臣, 書藝家 字 伯起 本貫 驪興 父 泳 外祖 鄭萬和 禮曹參判
李眞休(진휴)	朝鮮肅宗	休休堂	本貫 全州 父 大成
李鎭禧(진희)		水雲齋	本貫 眞寶
李質(질)	朝鮮中期	永慕堂	字 大素
李質(질)		高峰	
李質(질) →金質			
李集(집)	1314~1387	遁村 南川 墨巖 墨巖子	學者 字 浩然 初名 元齡 本貫 廣州 父 唐 著書 遁村集
李緝(집)	1434~1483	遯軒 白雲洞主人 中和堂	本貫 牙山 父 達孫 外祖 金廉
李墏(집)	1565~?	懶眞齋	文臣 字 士源 本貫 全州 父 遵道 長興府事
李墏(집)	1664~1733	醉村	文臣 字 老泉 本貫 德水 父 光夏 外祖 沈之源 左議政 諡號 忠獻
李集(집)	1672~1747	洗心齋 水月軒	學者 字 伯生 本貫 眞寶 父 英哲 柳後章,成文夏 門人 三嘉縣監 著書 從心錄
李墏(집)	1760~1727	韓州	學者 字 季通 本貫 韓山 父 廷龍 外祖 梁曼容 黃海道觀察使 著書 韓州稿
李輯(집)		耳溪	本貫 星州
李緝國(집구) →李緯國			
李集斗(집두)	1744~1820	朧鶴 曤鶴 琶西	文臣 字 仲輝 本貫 慶州 父 進源 判敦寧府事
李集魯(집로)		三素	著書 三素先生文集
李集阡(집천)		石室	
李澄(징)	1498~1582	莘野 伊翁	字 景清 本貫 眞寶 父 埴
李澄(징)	1581~?	虛舟	畫家 字 子涵 本貫 全州 父 慶胤
李澄(징)	朝鮮	梅村	字 君保 本貫 固城
李徵謙(징겸)		栗亭	字 休仲 本貫 公州
李徵奎(징규)	1682~1740	默齋	著書 文集
李徵圭(징규)	1704~1753	慕菴	著書 文集
李澄圭(징규)	朝鮮	金峰	文臣 本貫 梁山 兵曹判書
李徵龍(징룡)	1717~1790	酊庵	學者 字 夢徵 本貫 碧珍 父 道華 著書 酊庵遺稿
李澄石(징석)	朝鮮	鷺峰	本貫 梁山 父 全生 祖父 萬英 諡號 莊剛
李徵臣(징신)	朝鮮英祖	柏巖	本貫 延安 父 海朝 都事
李徵源(징원)		五松堂	本貫 光山
李徵逸(징일) →李徽逸			
李徵夏(징하)	朝鮮	權克	本貫 河濱 監司

人名	年代	號	其他
李澯(찬)	1498~1554	守谷 凝虛堂	文臣 字 子淨 本貫 固城 父 嶺 祖父 陸 趙光祖 門人 同知中樞府事
李燦(찬)	朝鮮肅宗	菊窓	文臣, 學者 本貫 驪州 父 潤壽 正郞 著書 菊窓集
李燦(찬)	1575~1654	菊窓	字 仲明 本貫 龍宮 父 潤壽 著書 文集
李粲(찬)	朝鮮	龍崗	本貫 陜川 父 應禎 祖父 權
李燦根(찬근)	1852~1922	花川	學者 字 允行 本貫 永川 父 陽斗 外祖 李敬林 著書 花川集
李瓚基(찬기)	1851~1936	蓮溪	字 舜瑞 本貫 固城 父 庭堯
李贊模(찬모)	1825~?	日齋	書畫家 字 日汝 本貫 全州
李贊緖(찬서)	朝鮮	省吾堂	本貫 鶴山 父 時萬 祖父 士警
李瓚錫(찬석)		雲庵	著書 雲庵集
李續植(찬식)	1831~1886	心潭	學者 字 文兼 本貫 全義 父 潤寶 系 潤直 外祖 李雲慶 著書 心潭遺集
李贊說(찬열)	朝鮮	槐泉	本貫 星州 父 翊壽 祖父 聖準
李續雨(찬우)	1874~1957	述山	本貫 慶州 父 洪錫
李贊元(찬원)	朝鮮	悠悠亭	隱士 本貫 興禮
李欑儀(찬의)		近思齋	著書 近思齋遺稿
李贊翼(찬익)	朝鮮	巖西	字 義主
李燦漢(찬한)	1610~1680	溪東	文臣 字 子昭 本貫 眞城 父 暝
李燦亨(찬형)	1888~1966	曉峰	僧侶 父 炳億
李札(찰)	朝鮮	松齋	本貫 仁川 父 元禎 祖父 菊
李昌(창)	朝鮮宣祖	楸岡	文臣 字 昌之 本貫 星州 父 繼裕 著書 文集
李昌國(창국)	1541~1593	拙庵	著書 文集
李昌圭(창규)		白菴	字 靈淑 本貫 鳳山
李昶圭(창규)		溯源堂	本貫 全州 祖父 時益
李昌伋(창급)	朝鮮英祖	臥亭	文臣 字 聖康 本貫 全州
李昌來(창래)	1839~1912	澹園	著書 澹園遺稿
李昌祺(창매)		清蘇齋	字 和毅 本貫 禮安
李昌瑞(창서)	1758~?	魯齋	字 士郁 本貫 全州 父 彥恒 著書 魯齋集
李昌錫(창석)	朝鮮	遯村	本貫 星州 父 時輝 祖父 仁傑
李昌晳(창석)	朝鮮	瓊潭	委巷人 字 孝源 本貫 完山 父 萬畦
李彰世(창세)		松雲 忍堂	著書 文集
李昌壽(창수)	1480~1517	耻齋	王族 字 仁老 本貫 全州 父 仲禧 金宏弼 門人 封號 終南都正 著書 耻耻集
李昌壽(창수)		三洲	本貫 全州
李昌洙(창수)		田隱	本貫 永川 父 鎭斗

人名	年代	號	其他
李昌述(창술)	1817~1885	訥窩	學者 字 允文 本貫 古阜 父 源豊 著書 訥窩文稿
李昌臣(창신)	1449~?	克庵	文臣 字 國耳 本貫 全義 父 亮 同知中樞府事
李昌新(창신)		槐亭	著書 槐亭先生文集
李昌實(창실)	1897~1950	惺齋	本貫 固城 父 泰翔
李昌彦(창언)	1877~1944	白香	大倧敎人 本貫 青海
李昌雨(창우)		楡山	著書 文集
李昌宇(창우) →朴昌宇			
李昶源(창원)		霞村	著書 霞村私稿
李昌元(창원) →朴昌元			
李昌潤(창윤)	朝鮮	藍溪	本貫 泗川 父 春錫 祖父 孝東
李昌誼(창의)	1704~1772	晚翠軒	文臣 字 聖方 本貫 全州 父 蹟 判中樞府事 謚號 翼獻
李昌益(창익)		一峯	字 文受 本貫 仁川
李昌一(창일)	1611~1653	東谷	著書 文集
李昌宰(창재)	朝鮮	水山	本貫 全州 父 康吉
李昌庭(창정)	1573~1625	華陰 無求翁	文臣 字 仲蕃 本貫 延安 父 澍 咸鏡道觀察使著書 華陰先生遺稿
李昌朝(창조)	朝鮮正祖	永慕庵	本貫 咸平 父 橘
李昌佐(창좌)	朝鮮英祖	水西	本貫 全州 父 春蹟 系 誠蹟
李昌鎭(창진)	1619~1684	滄洲	學者 字 雲長 本貫 碧珍 父 彦英 外祖 權思性 金 泉察訪 著書 滄洲文集
李昌夏(창하)	朝鮮	桃巖	本貫 慶州 父 枝發 祖父 時英
李昌夏(창하)	1876~1909	梅軒	本貫 長鬐 父 浩楨 祖父 景淵
李昌炫(창현)	朝鮮	龍溪	隱士 本貫 平昌 父 玧
李昌炫(창현)	朝鮮	龍隱	文臣 字 晦卿 本貫 平昌 兵曹佐郎
李昌鉉(창현)	1850~1921	硏香	畫家
李昌和(창화)	1810~1921	文載	著書 文集
李昌煥(창환)	朝鮮仁祖	海隱	隱士 字 晦元 本貫 平昌 父 玧
李昌煥(창환)	1896~1964	窩齋	著書 窩齋集
李昌煥(창환)		梅隱	本貫 平昌 父 雨
李昌會(창회)		文峯	著書 文集
李昌後(창후)	1576~1648	竹軒	武臣 字 丕承世休 本貫 隴西 父 輅
李昌禧(창희)	朝鮮	坪巖	本貫 星山 父 光春 祖父 檀
李埰(채)	1616~1684	蒙庵	學者 字 錫吾 本貫 驪州 父 暾 著書 蒙庵文集
李采(채)	1745~1820	華泉	文臣 字 季良 本貫 牛峰 父 濟遠 祖父 緯 同知中 樞府事 謚號 文敬 著書 華泉集
李埰(채)	朝鮮正祖	杜陵	本貫 咸平 父 昌世 進士

人名	年代	號	其他
李宷(채)	1856~?	蘇山	字 仲卿 本貫 韓山 父 宣奎
李菜根(채근)	1821~1887	烏谷	學者 著書 烏谷集
李采珉(채민)		甲下	著書 文集
李埰雨(채우)	韓末~?	湖隱	大倧敎人
李采遠(채원)		暘明軒	本貫 全州
李埰漢(채한)		伴鷗亭	本貫 全州
李採和(채화)	1855~1929	洛厓	著書 文集
李處謙(처겸)	朝鮮	處士	本貫 古阜 父 朔 祖父 文守
李處一(처일)	1569~1631	淸査	學者 字 宗善 本貫 咸平 父 邦弼 外祖 金有仁 參奉 著書 淸査集
李處華(처화)	朝鮮	南漢	本貫 陜川 父 德柱
李惕(척)	朝鮮明宗	松厓	本貫 全州 父 彪 進士
李惕(척)	1569~1631	晩翠亭	字 敬中 本貫 延安 父 堯臣
李滌(척)	1572~?	映湖亭	文臣 字 汲之 本貫 全州 父 奎賓 工曹參判
李陟(척)	朝鮮	靑坡居士	本貫 慶州 父 又新 祖父 珀
李惕然(척연)	1591~1663	同異 東圃	文臣 字 省吾 本貫 全州 父 球 禮曹參議 編書 喪禮要覽
李阡(천)	高麗	東巖叟	將軍 字 樹德 本貫 全義 父 順
李蒨(천)	?~1349	菊堂 菊露 菊齋 靜谷	文臣 字 君實 本貫 慶州 封號 月城府院君 平章事 諡號 文孝
李藏(천)	1376~1451	佛谷 柏谷	武臣, 科學者 字 子見 本貫 禮安 父 㧀 判中樞府事 諡號 翼襄
李遷(천)	朝鮮	竹軒	字 思善 本貫 固城 父 砥
李藏(천)		德谷	本貫 河濱
李仟(천) →李阡			
李天慶(천경)	1538~1610	日新堂	學者 字 祥甫 本貫 江陽(陜川) 父 光前 外祖 權逸 著書 日新堂集
李天慶(천경)	朝鮮	商山翁	字 命吉 本貫 固城 崔興遠 門人 著書 遺稿
李天啓(천계)	朝鮮前期	槐堂	文臣 字 亨伯 本貫 新平 父 鐵奉 外祖 金潤瑢 掌令 著書 文集
李天九(천구)	1890~1951	湖隱	著書 湖隱集
李天驥(천기)	高麗	白河	文臣 本貫 平昌 父 台元 散騎常侍
李天基(천기)	朝鮮仁祖	黙菴 虛舟	文臣 字 載元 本貫 延安 父 時程 大司諫
李天紀(천기)	?~1722	靜齋 瀨軒	隱士 字 季元 本貫 全州
李天騏(천기)		圃隱	本貫 昌平
李天奇(천기)		退菴	本貫 廣州
李千年(천년)	高麗忠烈王	樂齋	文臣 字 仲汝 本貫 星州 父 長庚 政丞 諡號 元孝

人名	年代	號	其他
李天道(천도)		隱溪	字 聖由 本貫 慶州
李天龍(천룡)	高麗	東溪	本貫 載寧 追贈 兵曹判書
李天民(천민)→李世永의 一名			
李天培(천배)	1558~1604	三益齋	學者 字 景發 本貫 京山 父 忱 外祖 李樹 著書 三益齋文集
李天培(천배)		德菴	本貫 慶州
李天輔(천보)	1698~1761	晉庵 六化居士	文臣 字 宜叔 本貫 延安 父 舟臣 宋相維 婿 領議政 諡號 文簡 著書 晉庵集
李千福(천복)	朝鮮仁祖	健庵 景行堂	父 範三
李天本(천본)		養浩齋	字 道源 本貫 禮安
李天封(천봉)	1567~1634	白川	文臣 字 叔發 本貫 京山 父 忱 禁府都事 著書 白川文集
李千封(천봉) →李天封			
李天相(천상)	1637~1708	景退齋	學者 字 才伯 本貫 全義 父 君靖 外祖 閔希男 著書 性理後說
李天相(천상)		新溪	本貫 全義
李天錫(천석)	朝鮮	愛日堂	文臣 本貫 慶州 左承旨
李千善(천선)		德村	本貫 德水
李天燮(천섭)	1730~1807	竹下	學者 本貫 驪州
李天受(천수)	朝鮮仁祖	介石亭	文臣 字 一初 本貫 陜川 父 彭年 祖父 希曾
李千樹(천수)	朝鮮	東亭	字 國老 本貫 光山 副提學
李天永(천영)	1781~1844	鶴山	字 順之 本貫 碧珍 父 鈺 著書 文集
李天遠(천원)		雅泉	本貫 永川 父 德演
李千叀(천위) →李大叀			
李天乙(천을)	朝鮮初期	拙軒	本貫 驪州 父 美崇
李天翊(천익)	朝鮮英祖	凡翁	本貫 全州 父 匡敏
李天翊(천익)	朝鮮	晩圃	文臣 本貫 原州 父 有芬 兵曹判書 諡號 文孝
李天增(천증)	朝鮮	莆洞	文臣 字 季發 本貫 京山 全郊道察訪
李天樞(천추)	1565~?	古蘭齋	字 機仲 本貫 全州 父 元禧 著書 文集
李鐵(철)	1540~1604	菊軒	文臣 字 剛仲 本貫 全州 父 世璋 承旨
李澈(철)	1564~1603	弄絃堂	字 士涵 本貫 固城 父 磁
李澈(철)	1759~1838	晩悔堂	著書 文集
李瞮(철)	朝鮮正祖	翠松	本貫 德水 父 龍彬 系 彛彬 監役
李撤(철)		小潭	本貫 興陽 父 夏白
李哲(철) →李晢			

人名	年代	號	其他
李鐵堅(철견)		久菴	本貫 慶州
李鐵求(철구)		葵園	字 鑽卿 本貫 全州
李鐵均(철균)	朝鮮	月塢	文臣 字 圭衡, 士仲 本貫 碧珍 父 末貞 成均館大司成 著書 文集
李鐵鈞(철균) →李鐵均			
李哲明(철명)	朝鮮中宗	止軒	文臣 字 知之 本貫 驪州 父 係孫 弘文館檢校 著書 止軒文集
李澈模(철모)	1817~1886	石愚	學者 字 百汝 本貫 碧珍 父 文永 外祖 崔命極 著書 石愚遺稿
李喆輔(철보)	1691~1775	止庵 止山	文臣 字 保叔 本貫 延安 父 正臣 外祖 柳以震 朴弼純 婿 追贈 領議政 著書 止庵集
李澈富(철부)		晩晦軒	著書 晩晦軒文集
李澈性(철성)		警省窩	本貫 咸平 父 廣鎭
李喆洙(철수)	朝鮮	星湖	文臣 字 聖達 本貫 安城 宣傳官
李哲洙(철수)		雲湖	本貫 全州 父 弼鎬
李徹洙(철수)	1863~1927	玉華	著書 文集
李喆承(철승)		直菴	字 重吉 本貫 延安 著書 直菴文集
李喆淵(철연)	朝鮮純祖	海隱	本貫 廣州 父 以鉉
李喆淵(철연)	1890~?	心巢	學者 字 明郁 本貫 永川 父 世鉀 外祖 金樂庸 著書 心巢集
李喆榮(철영)	1867~1919	醒菴	獨立運動家, 學者 字 季衡 本貫 慶州 父 弘濟 外祖 朴龍遠 著書 醒菴集
李喆榮(철영)	1884~1945	復齋	字 允淑 本貫 延安 父 仁承
李哲運(철운)		農隱	本貫 咸平 父 壽玉
李哲元(철원)		高江	
李哲宰(철재)		友石	本貫 延安
李哲柱(철주)		愚堂	著書 文集
李喆憲(철헌)	朝鮮	海觀	本貫 咸平 父 敏誠 祖父 命緒
李喆和(철화)	1842~1910	元弼	著書 文集
李喆煥(철환)	1722~?	例軒	學者 本貫 驪州 父 廣休
李澈厚(철후)	1874~1935	無聞軒	學者 字 重可 本貫 碧珍 父 大基 外祖 李士寬 著書 無聞軒文集
李詹(첨)	1375~1405	雙梅堂	文臣 字 少叔, 中叔 本貫 新平 父 熙祥 正憲大夫 諡號 文安 著書 雙梅堂集
李蕭(청)		菊堂	本貫 慶州 封號 月城府院君 諡號 文孝
李清烈(청렬)	朝鮮後期	小洲	
李青天(청천) →池青天			

人名	年代	號	其他
李清夏(청하) →李端夏			
李棣久(체구)	朝鮮	鶴隱	本貫 驪州 父 能春 祖父 在友
李招(초)	朝鮮燕山君	本業齋	字 應汝 本貫 星州
李椒(초)	朝鮮	勿軒	本貫 光山 大司成
李楚奇(초기)	朝鮮宣祖	蘭溪	本貫 咸平 父 春元
李楚老(초로)		烟江	本貫 咸平 父 敬元
李楚晚(초만)		養竹軒	學者 本貫 韓山 著書 養竹軒集
李楚望(초망)		蒼然	本貫 咸平 父 春元
李楚玉(초옥)		恥菴	著書 恥菴集
李楚材(초재)	朝鮮宣祖	梅陰	本貫 咸平 父 春元 判官 著書 文集
李摠(총)	?~1504	鷗鷺主人 西湖 西湖主人 月牕	文臣 字 百源 本貫 全州 父 踶 封號 茂豊副正 諡 號 忠愍
李總(총)		竹軒	本貫 全州
李灇(총) →李漾			
李最綱(최강)	朝鮮	菊皐	字 汝三 本貫 花山
李最善(최선)	1825~1883	石田	學者 本貫 全州 父 奎亨 著書 石田文集
李㝡壽(최수)	朝鮮	悠菴	字 伯眉 本貫 固城
李最秀(최수)		蘇巖	本貫 永川 父 東一
李最應(최응)	1815~1882	山響	文臣 字 良伯 本貫 全州 父 球 領敦寧府事 諡號 忠翼 改諡 文忠
李最宙(최주)	朝鮮	抱一齋	委巷人 字 完夫 本貫 全州
李最中(최중)	1715~1784	韋庵	文臣 字 仁夫李良 本貫 全州 父 顯應 右參贊 諡 號 文貞 著書 韋庵集
李最之(최지)	朝鮮	淵心齋	
李㝡賢(최현)	朝鮮正祖	三寄	文臣 字 景良 本貫 陽城 父 聖運 著書 前綱目
李㝡煥(최환)	1775~1815	近思齋	字 士蕃 本貫 全州 父 櫟 外祖 宋廷光 追贈 司憲 府持平 著書 近思齋遺稿
李㝡休(최휴)	朝鮮肅宗	隱酒窩	本貫 驪州 父 爽
李樞(추)	朝鮮宣祖	大明處士	本貫 全州 父 慶齡
李楸(추)	朝鮮	秀林齋	本貫 仁川 工曹判書 著書 文集
李秋生(추생)		全州	字 成之 本貫 鳳山
李擎柱(추주) →李擎柱			
李蓄(축)	1402~1473	望越菴 拜鵑	字 潤甫 本貫 韓山 父 叔野 黃海道監司
李軸(축)	1538~1614	沙村	文臣 字 子任 本貫 全州 父 希男 追贈 領議政 諡 號 安襄(莊靖)
李軸(축)	1565~1647	佳岳齋	義兵將 字 德載 本貫 星州 父 應春 封號 完山府院 君 訓練院正

人 名	年 代	號	其 他
李春(츈)	韓末	華山	
李春吉(츈길)	→李挺의 初名		
李春齡(츈령)	朝鮮中宗	草齋 樵齋	字 大年 本貫 咸平 父 蕃
李春孟(츈맹)		素菴	本貫 星州
李春美(츈미)	朝鮮初期	芝村	本貫 驪州 父 天乙 祖父 美崇
李春發(츈발)	朝鮮仁祖	忠順堂	字 仲時 本貫 星州
李春發(츈발)	1587~1652	逸翁	學者 字 而伯 本貫 碧珍 父 彦龍 著書 逸翁遺稿
李春培(츈배)	朝鮮	武下	委巷人
李春馥(츈복)	1829~?	竹軒	著書 竹軒遺稿
李春燮(츈섭)	1737~1815	景蘇齋	著書 文集
李春壽(츈수)	→李壽春		
李春秀(츈수)	→李裕璜의 初名		
李春植(츈식)	朝鮮	鷄谷	文臣 字 致和 本貫 寧海 通仕郞
李春英(츈영)	1563~1606	體素 體素齋	文臣 字 實之 本貫 全州 父 胤祖 成渾 門人 追贈 左贊成 諡號 文肅 著書 體素集
李春榮(츈영)	朝鮮後期	雲齊堂	本貫 慶州 父 裕珠
李春永(츈영)	1869~1896	槐隱	義兵將 字 友三 本貫 德水
李春元(츈원)	1571~1634	九畹 晚晦	文臣 字 元吉 小字 玄之 初名 信元 本貫 咸平 父 場 朴淳 門人 知中樞府事 著書 九畹集
李春韓(츈위)	朝鮮後期	新泉	字 公翌 本貫 延安 寧陵參奉
李春亨(츈형)	→朴春亨		
李春華(츈화)	朝鮮	睡窩	本貫 公州 父 時貞 祖父 東發
李春煥(츈환)	1896~1954	鈍庵	著書 鈍庵遺稿
李春煥(츈환)		古菴	本貫 光山
李冲(츙)	1568~1619	七澤	文臣 字 巨容 本貫 全州 父 廷賓 祖父 樑 追贈 右議政
李冲(츙)		古菴	字 思擧
李忡(츙)	→李中의 初名		
李忠可(츙가)	朝鮮仁祖	梨谷山人	本貫 全義 父 慶禧 副正
李忠楗(츙건)	?~1521	訥齋 木叟 休叟	文臣 字 字安 本貫 星州 父 允濯 趙光祖 門人 吏曹正郞
李忠健(츙건)	→李忠楗		
李忠傑(츙걸)	朝鮮	栗灘亭	本貫 長水 中樞府事
李忠國(츙구)	1715~1777	悔尤	學者 字 孝兼 孝而 本貫 眞寶 父 楷 著書 悔尤文集
李忠珪(츙규)		錦巖	本貫 韓山

人名	年代	號	其他
李忠亮(충량)	朝鮮初期	挹拙軒	文臣 本貫 陝川 淸州兵使
李忠良(충량)	→李忠養		
李忠祿(충록)	朝鮮正祖	竹齋	本貫 碧珍 父 熙日
李忠明(충명)	朝鮮宣祖	鶴山	字 謹甫 本貫 陝川
李忠民(충민)	1588~1673	慕巖	文臣 字 汝直 本貫 碧珍 父 卓爾 著書 慕巖先生文集
李忠範(충범)	1520~1598	東川	文臣 字 德隣 本貫 仁川 父 元良 外祖 金賓孫 追贈 禮曹參議 著書 東川遺稿
李忠範(충범)	朝鮮	山水翁	字 匡憲 本貫 固城
李忠養(충양)	1564~?	後溪	文臣 字 孝叔 本貫 完山 父 瀚 刑曹參議
李忠元(충원)	1537~1605	駱夫 松菴 驪叟	文臣 字 元甫, 圓圃 本貫 全州 父 蘭 封號 完陽府院君 工曹判書 謚號 忠憲
李忠元(충원)	朝鮮後期	睡窩	本貫 永川 父 炳 系 炫
李忠翊(충익)	1740~1816	椒園	學者 字 虞臣 本貫 全州 父 匡顯 系 匡明 著書 椒園遺稿
李忠一(충일)		寒溪	本貫 大興 父 重馨
李忠綽(충작)	1527~1577	洛濱 洛濱亭 拙庵	文臣 字 君貞 本貫 全州 父 徽 忠淸道觀察使
李忠挺(충정)		石村	本貫 順天
李忠憲(충헌)	韓末	慕齋	孝子 本貫 順天
李忠顯(충현)	朝鮮純祖	西溪	
李忠鎬(충호)	朝鮮後期	霞汀	字 恕卿 本貫 眞城 參奉
李冣綱(취강)	→李最綱		
李就新(취신)	朝鮮	石軒	字 日如 本貫 京山 生員
李冣煥(취환)	→李最煥		
李致(치)	高麗	漁隱	字 可一 本貫 陝川 執義
李致(치)	?~1426	添于堂 添于子	文臣, 孝子 字 義民 初名 敢 本貫 永川 執義
李致(치)	1504~1550	梅墅	文臣 字 可遠 本貫 德水 父 自夏 獻納
李恥(치)		望雲	本貫 加平
李菑(치)		松亭	字 有秋 本貫 韓山
李緇(치)		學稼齋	著書 學稼齋先生文集
李穉可(치가)		琴湖	著書 琴湖試帖
李致坤(치곤)	朝鮮	友農齋	本貫 星州 父 益大 都正
李致祿(치록)	朝鮮	石汀	文臣 字 士吉 本貫 新平 吏曹參判
李致模(치모)		陶西	本貫 碧珍
李致模(치모)	1889~1960	致菴	獨立運動家
李致白(치백)		壯齋	本貫 光山

人名	年代	號	其他
李致白(치백)		龜蒙處士	本貫 星州
李致蕃(치번)		訥隱	著書 文集
李致三(치삼) →金致三			
李致相(치상)	朝鮮	九華	學者 本貫 驪州
李致善(치선)	朝鮮	白眞	文臣 本貫 大興 僉正
李治星(치성)	朝鮮後期	隱圃	
李治素(치소)	朝鮮純祖	其山	本貫 驪州 父 是鈃 著書 其山詩集
李致宇(치우)	1828~1905	柳下	學者, 文臣 字 文瞻 本貫 完山 父 在珏 外祖 鄭恩孝 嘉善大夫 著書 柳下集
李治仁(치인)		敬齋	著書 敬齋先生集
李致寅(치인)		龜巖	本貫 清州
李致迪(치적)	1776~1850	逸菴	字 惠叔 本貫 全州 父 尚顯 著書 文集
李致中(치중)	1726~?	不用心齋	字 稚和 本貫 全州 父 顯望
李致赫(치혁)	朝鮮	松窩	字 敬一 本貫 固城
李致休(치휴)	朝鮮	服齋	
李治典(치흥)	朝鮮	愚隱	文臣 本貫 驪州 參判
李則(칙)	朝鮮世宗	竹溪	字 叔度 本貫 固城 父 垤 諡號 貞肅
李伐(칙)		華仙	本貫 延安
李伐(칙)	1873~1936	慎懼堂	義兵
李沈(침)	朝鮮宣祖	芝村	本貫 河濱 判官
李沈(침)	朝鮮肅宗	鵝亭 富兒 鶴序	文臣 本貫 驪興 父 明鎭
李沉(침)	朝鮮英祖	北山	本貫 德水 父 台鎭 參奉
李儞(칭)	1535~1600	篁谷	學者, 文臣 字 汝宣 本貫 星州 父 士謪 石城縣監 著書 篁谷文集
李儞(칭)	朝鮮	直庵	本貫 仁川 父 秀林
李它(타)	新羅	瓢公先生	文臣 字 庸伯 本貫 慶州 左右內史侍中 諡號 文成
李鼉(타)	朝鮮中期	浪仙 茅山	本貫 慶州
李惰(타)		東隱	著書 文集
李琢(탁)	1477~1549	梅谷	字 仲淵 本貫 全州 父 貞孫 著書 文集
李鐸(탁)	1508~1576	藥峰	文臣 字 善鳴 本貫 全義 父 昌亨 祖父 孟禧 行判 中樞府事 諡號 貞肅
李倬(탁)	朝鮮宣祖	雲巖	本貫 全州 父 光春 監役
李琢(탁)	朝鮮	弘齋	本貫 全州 父 之綱 祖父 贇
李鐸(탁)	1889~1930	東愚	獨立運動家 字 跣然 父 龍奎
李鐸(탁)	1890~1972	友石	字 續克 本貫 眞寶 父 中肅 著書 文集

人名	年代	號	其他
李鐸(탁)	1898~1964	命齋 月洋	國語學者 本貫 慶州 父 五福 著書 國語學論考
李逴(탁) →李進의 初名			
李鐸模(탁모)	1857~1911	淳庵	著書 淳庵先生文集
李鐸昭(탁소)	1836~1885	一山	字 齊若 本貫 京山 父 宇峻 系 老峻 著書 一山先生文集
李擢英(탁영)	朝鮮宣祖	盤溪	文臣 本貫 慶州 僉知中樞府事
李鐸英(탁영)	1870~1944	品山	字 孟舜 本貫 京山 父 華峻 著書 文集
李鐸遠(탁원)	1777~?	怡老 怡室 東萊	文臣 字 聖衛 本貫 全州
李琢源(탁원)		守庵	著書 守庵文集
李琢源(탁원) →李根洙의 字			
李鐸憲(탁헌)	1842~1914	南坡	本貫 咸平 父 敦晁 著書 南坡遺稿
李坦(탄)	1669~?	春江	字 君平 本貫 德水 父 喜茂
李坦(탄) →李重光의 初名			
李宕(탕)	1507~1584	悟齋 放翁	字 放翁 本貫 慶州 父 達尊
李宕(탕)		納淸軒	字 大廓 本貫 固城 父 鄒
李迨(태)	1483~1536	月淵	學者, 文臣 字 仲豫 本貫 驪州 父 師弼 三陟府使 著書 月淵集
李泰(태)		養心亭	本貫 全州
李台卿(태경)	朝鮮	退軒	文臣 字 慶雲 本貫 陜川 僉知中樞府事
李台暻(태경)		春圃	著書 文集
李泰敎(태교)	朝鮮	楓巖	本貫 全州 父 淳錫 祖父 希容
李泰耉(태구) →李泰壽			
李泰權(태권)	朝鮮	浩溪	本貫 星山
李泰貴(태귀)	朝鮮肅宗	三省堂	孝子 本貫 溫陽
李泰夔(태기)		南樵	本貫 全州 父 文馨
李泰吉(태길)	朝鮮	湖隱	本貫 商山 父 聖兪 祖父 敬弘
李泰能(태능)	1887~1961	壞山	本貫 永川 著書 文集
李泰魯(태로)	1831~1865	南岡	著書 南岡遺集
李泰魯(태로)	1848~1923	又顧 又顧堂	本貫 全義 父 擎根
李泰魯(태로)		敬齋	著書 敬齋集
李泰龍(태룡)	朝鮮	三隱	本貫 泗川 父 孝岳 祖父 以達
李台立(태립)	朝鮮中期	南溪	字 汝濟 本貫 淸安 軍資監奉事
李台明(태명)	朝鮮後期	半癡	本貫 全州
李泰文(태문)		晚最	著書 晚最先生文集
李泰發(태발)	朝鮮	泥雲	本貫 全州 父 挺國 祖父 洙汶

人名	年代	號	其他
李泰蕃(태번)	朝鮮	聾軒	字 伯千 本貫 固城
李台凡(태범)		未就齋	本貫 全州
李泰翔(태상)	1866~1938	東山 梅旅	字 英振 本貫 固城 父 天模 郭鍾錫 門人
李泰錫(태석)	1664~1704	杏陰	字 大徽 本貫 平昌 父 坰 著書 杏陰稿
李泰壽(태수)	1658~1724	止谷	學者 字 士亨 本貫 全州 父 元龜 著書 止谷遺稿
李台壽(태수)	朝鮮英祖	石湖	
李泰淳(태순)	1759~1840	草菴 草草菴	字 董卿, 來卿 本貫 眞寶 父 龜元 祖父 世觀 大司諫
李台升(태승)	朝鮮正祖	黃廷	學者 字 斗臣 本貫 全州
李泰植(태식)	1875~1951	壽山	學者 字 子剛 本貫 固城 父 尙模 外祖 田馨霖 著書 壽山集
李泰植(태식)	韓末	菊山	
李台植(태식) →李台稙			
李泰新(태신)	1629~1710	陽溪	著書 文集
李泰淵(태연)	1615~1669	訥齋	文臣 字 靜叔 本貫 韓山 父 德泗 平安道觀察使 著書 訥齋稿〈韓山世稿〉
李泰淵(태연)	朝鮮純祖	江翁	孝子 字 聖長 本貫 全州 祖父 昊中
李泰永(태영)	1744~1803	東田	字 士仰 本貫 韓山 父 山重 參判 著書 文集
李泰榮(태영)		農隱	本貫 載寧
李泰容(태용)		鶴坡	著書 文集
李泰宇(태우)	1714~1770	古巖	文臣 字 士仰 本貫 碧珍 父 恒春 外祖 金是沃 著書 古巖文集
李泰宇(태우)	1820~1882	五愛堂	學者 字 士亨 本貫 全州 父 在珏 外祖 柳恩孝 著書 五愛堂遺集
李台郁(태욱)	朝鮮	黙隱	本貫 陜川 父 之㙫 祖父 再新
李太源(태원)	1740~1789	心齋	學者 字 景淵 本貫 延安 父 敏輔 系 獻輔 原州判官 著書 心齋遺稿
李泰益(태익)	1684~1734	松隱齋	著書 文集
李泰翼(태익)	朝鮮憲宗	蘭坡	文臣 本貫 延安 父 知愚 凝膠
李泰一(태일)	1853~1933	川窩	字 瞻魯 本貫 永川 父 璟 著書 文集
李泰一(태일)	1860~1944	明庵	學者 字 三叟 本貫 碧珍 父 承源 外祖 徐相鎬 著書 明庵集
李台佐(태좌)	1660~1779	鵝谷	文臣 字 國彦 本貫 慶州 父 世弼 判中樞府事 諡號 忠定
李台峻(태준)	1749~1802	蘆洲	本貫 碧珍 父 克顯 縣監 著書 文集
李泰俊(태준)	1883~1920	大岩	獨立運動家
李台重(태중)	1694~1756	三山	文臣 字 子三 本貫 韓山 父 秉哲 李喜朝 門人 戶曹判書兼藝文館提學 諡號 文敬 著書 三山集

人名	年代	號	其他
李台重(태중)		尋初齋	著書 文集
李泰楫(태즙)	朝鮮高宗	菊隱	本貫 固城 李象羲 門人
李台稙(태직)	1859~1903	泛槎 雪汀	外交官 本貫 韓山 父 承耆 著書 泛槎錄
李泰稙(태직)	1878~1913	耕山	字 大能 本貫 永川
李泰鎭(태진)	朝鮮後期	丹溪	本貫 順天 父 忠永 參判
李態徵(태징)	1658~1713	黔陽 黔洲	字 聖輔 本貫 廣州 父 必茂 著書 文集
李泰春(태춘)	1704~1785	春村	學者 字 通甫 本貫 全州 父 師尙 外祖 朴希賢 著書 春村文集
李台夏(태하)	朝鮮後期	愚齋	
李台夏(태하)	朝鮮後期	愚齋	
李泰鉉(태현)	1838~1904	春灘	學者 字 元瑞 本貫 江陽 父 奎文 外祖 安碩能 著書 春灘集
李泰鉉(태현)	朝鮮	石能	字 應三 本貫 仁川
李泰鉉(태현)	朝鮮	預庵	字 孝淵
李泰顥(태호)	朝鮮	平軒	本貫 仁川 父 璇 祖父 尙允
李泰華(태화)	1618~1653	孤峰	字 而實 本貫 咸平 父 慶日 祖父 揚弘
李泰和(태화)	1694~1767	丹庵	文臣 字 東章 本貫 慶州 父 夢曄 系 夢呂 追贈 左贊成 諡號 榮敏
李泰和(태화)	朝鮮後期	蘇庵	
李兌熙(태희)	朝鮮高宗	伊浦	義兵將 字 致雲 本貫 德水
李澤(택)	1509~1573	雨堂	字 澤之 本貫 固城 父 嶠
李澤(택)	朝鮮仁祖	黙拙	本貫 韓山 父 齊沆 許穆 門人
李澤(택)	1661~1780	雲谷	字 光仲 本貫 韓山 父 廷龍 監司
李澤(택)		如人堂	本貫 江陽
李澤(택)		遯庵	本貫 原州
李宅均(택균) →李亨祿의 改名			
李宅懋(택무)	朝鮮	養游子	委巷人 字 允居
李澤民(택민)		退翁	本貫 全州
李澤遂(택수)	朝鮮英祖	奮齋	字 普春 本貫 全州 父 彦衡 著書 奮齋集
李宅淳(택순)	1744~1810	梅竹處士 梅竹軒	字 于揆 本貫 眞城 父 龜天
李宅仁(택인)	1528~1603	淸葩堂	著書 文集
李宅銓(택전)		月溪	著書 月溪集
李宅鎭(택진)	1794~1856	古溪亭	著書 文集
李澤徵(택징)	1715~1782	自好齋	文臣 字 景民 本貫 杆城 父 興商 外祖 辛耆 工曹參議 著書 自好齋文集

人名	年代	號	其他
李澤憲(택헌)		松隱	本貫 咸安 祖父 鎭緒
李宅煥(택환)		晦山	著書 文集
李澤徵(택휘) →李宅徵			
李宅熙(택희)		東窩	本貫 星山
李樘(탱)		囷恩軒	字 隆甫 本貫 全州 祖父 健
李通(통)	朝鮮成宗	西海	字 公達 本貫 慶州 父 壽仁 封號 永嘉君
李坡(파)	1434~1486	蘇溪 蘇隱 松菊齋	文臣 字 平仲 本貫 韓山 父 季甸 左贊成 諡號 明憲
李坡(파)	朝鮮英祖	懲魚堂	本貫 碧珍 父 尙逸 淳昌郡守
李怕(파)		九峯	
李八龍(팔용)	朝鮮後期	浿人 江隱	畫家 本貫 平壤
李簲(패) →李檸			
李彭年(팽년)	1617~?	東谷	文臣, 書藝家 字 伯叟 本貫 江陵 父 之翰
李彭壽(팽수)	1559~1596	杜村	文臣 字 眉售 本貫 淸安 追贈 兵曹參判 著書 杜村實紀
李彭壽(팽수)		松菴	本貫 安山
李坪(평)	?~1713	芸齋	文臣 字 對山,載山 本貫 德水 父 喜相 佐郎 著書 芸齋遺稿
李評(평)		隱庵	本貫 慶州
李枰(평) →李坪			
李玶(평) →李坪			
李訸(표)	朝鮮世宗	丹崖	王族 本貫 全州 父 第 封號 咸平君
李杓(표)	1654~1724	梅軒	字 建中 本貫 全州 父 涷 封號 林原君
李標(표)	1725~1789	栗亭	學者 字 休卿 本貫 月城 父 晩馨 外祖 崔昌大 著書 栗亭逸稿
李標(표) →李檸			
李標月(표월) →李標			
李澧(풍)	朝鮮	自樂亭	學者 本貫 驪州
李豊相(풍상)		聽溪	本貫 咸平 父 世福
李豊容(풍용)	朝鮮	魯西	文臣 本貫 原州 府使
李豊翼(풍익)	1804~1887	六玩堂 友石	字 子穀 本貫 延安 父 存愚 系 和愚 外祖 洪景顔 吏曹判書 著書 六玩堂集
李弼(필)	朝鮮中宗	守文堂	字 夢典 本貫 星州
李祕(필)	朝鮮正祖	上淸子	卜術家 字 稚聞 本貫 陜川
李珌(필)	朝鮮成宗	尙友堂	本貫 固城 父 疑 承旨
李燀(필) →李燀			
李必慶(필경)	朝鮮顯宗	安分堂	字 汝善 本貫 慶州 父 宲

人名	年代	號	其他
李泌善(필선)	1821~1903	隱齋	字 慶伯 本貫 固城 父 琥禎 系 瀁禎
李必成(필성)		漫翁	著書 文集
李必榮(필영)	1573~1645	晚晦 晚悔	文臣 字 而賓, 而實 本貫 廣州 父 士修 開城府留守
李弼雨(필우)	1651~1708	確庵	著書 文集
李弼愚(필우)	1814~?	釆石	文臣, 畵家 字 商一 本貫 延安 父 公愚
李毖遠(필원)		亭窩	本貫 全州 祖父 相虎
李毖元(필원)		香圃	字 子芳 本貫 洪州
李筆源(필원) →李肇源			
李必銪(필유)	朝鮮顯宗	純全齋	本貫 韓山 父 述
李必益(필익)	朝鮮	菊齋	學者 本貫 驪州
李必重(필중)	1672~1713	陶谷	學者 字 鼎叔 本貫 韓山 父 晚益 著書 陶谷遺稿
李必進(필진)	朝鮮仁祖	守菴 此君軒	文臣 字 退夫 本貫 廣州 父 士星
李必泰(필태)	朝鮮	懶翁	學者 本貫 驪州
李必行(필행)	1589~1645	天微居士	文臣 字 而遠 本貫 廣州 父 士修 執義
李弼鎬(필호)		錦隱	本貫 全州
李弼華(필화)	朝鮮	星雲	孝子 字 弼叔 父 時香
李弼熙(필희)		實谷	字 萬汝 本貫 德水
李昰(하) →李昰應			
李夏坤(하곤)	1677~1744	鷄林 澹軒 頭陀	畵家 字 載大 本貫 慶州 父 寅燁 祖父 慶億 金昌協 門人 著書 頭陀草
李夏耉(하구)	1658~1733	養靜齋	字 子益 本貫 固城 父 光鼎 著書 養靜齋文集〈芳園世稿〉
李夏命(하명)		松塘	著書 文集
李夏白(하백)		守菴	本貫 興陽 著書 文集
李夏蕃(하번)	朝鮮	雲巷	委巷人 字 重茂 本貫 全州
李夏福(하복)	朝鮮後期	里仁堂	本貫 慶州 父 德仁 祖父 斗寅 追贈 大提學
李河相(하상)	朝鮮	農庵	本貫 星山 父 彦實 祖父 宅鎭
李夏相(하상)	朝鮮後期	老安堂	本貫 固城
李夏祥(하상)	1845~1910	鳳梧齋	學者 字 士明 本貫 仁川 父 錫善 著書 鳳梧齋集
李賀生(하생)	朝鮮宣祖	梅月堂	本貫 星州 父 樹
李夏燮(하섭)		獨笠	字 禹圭 本貫 咸安 著書 文集
李夏成(하성)	朝鮮世宗	梅村	文臣 本貫 淸州 父 崑崒 大司諫
黃夏臣(하신)	朝鮮	友松	字 國輔 本貫 固城 祖父 瑩
李夏臣(하신) →李正臣의 初名			
李夏榮(하영)	高麗	墨堂	本貫 淸安 封號 淸安君
李夏榮(하영)		覺軒	本貫 慶州

人名	年代	號	其他
李夏榮(하영)	1858~1919	棨山	大臣 字 致行 本貫 慶州 中樞院顧問
李夏英(하영)	→李夏鎭		
李夏源(하원)	1664~1747	藥南 藥南 貞拙齋	文臣 字 元禮 本貫 廣州 父 著晚 工曹判書 編書 經傳箚疑
李昰應(하응)	1830~1898	石坡	王族 字 時伯 本貫 全州 父 球 封號 興宣大院君
李賀朝(하조)	1664~1700	三秀軒 三秀子	學者 字 樂甫 本貫 延安 父 端相 祖父 明漢 金昌國 婿 宋時烈 門人 富平縣監 著書 三秀軒文集
李夏鎭(하진)	1628~1682	梅山 六寓 六寓堂	文臣 字 夏卿 本貫 驪州 父 志安 李後山 婿 吏曹參判 著書 梅山雜著
李夏徵(하징)	1635~1695	佳湖 佳湖齋	字 揆老 本貫 延安 父 檜 羅州牧使
李河八(하팔)		東野	本貫 陽城
李塈(학)		認菴	字 士凝
李鶴(학)		雙梅 雙梅軒	字 羽仙 本貫 全州
李學逵(학규)	1770~?	六猗堂 洛下 洛下生 文猗堂 春成堂 匏花屋	學者 字 亨叟,醒叟,惺叟 本貫 平昌 父 應薰 著書 六猗堂稿
李鶴圭(학규)	朝鮮後期	壽庭	
李學逵(학규)		因樹屋	著書 文集
李學基(학기)	1881~1953	蒼溪	學者 字 敬哉 本貫 永春 父 郁成 系 敎成 外祖 權秉星 著書 蒼溪遺稿
李鶴年(학년)		雪汀居士	著書 文集
李學能(학능)	朝鮮	鶴巖	學者 字 必賢 本貫 忠州
李鶴來(학래)	朝鮮正祖	靑田	字 雲臯 本貫 全州 父 雲騏 府使
李學老(학로)	朝鮮	三樂窩	委巷人 字 仲禮 本貫 完山
李學魯(학로)	1867~1933	後隱	義兵將 字 性叔 本貫 碧珍 父 禎鳳
李學懋(학무)	朝鮮	澆花道人	委巷人 字 允習
李鶴相(학상)		靑田	本貫 全州 父 承守
李鶴緖(학서)		松菴	本貫 咸平
李鶴性(학성)	韓末~日帝	旭雲	
李學秀(학수)	朝鮮	易俟齋	字 聖民 本貫 固城 柳長源 門人
李鶴秀(학수)	1870~1859	丹阜	文臣 字 子阜 本貫 延安 父 始源 判敦寧義禁府事 諡號 文獻
李學洙(학수)	韓末	霞石	學者 字 道源 本貫 公州 父 華鎭 外祖 金宅煥 著書 霞石謾稿
李鶴洙(학수)		雲蓑	著書 雲蓑詩稿
李學純(학순)	1843~1910	晦泉	憂國之士 字 敬實 本貫 全州

人名	年代	號	其他
李學純(학순)		華棲	著書 華棲集
李學說(학열)		松庵	本貫 鐵城
李學容(학용)	朝鮮	道泉 誠菴	隱士 字 光守
李學容(학용)		華雲	著書 文集
李鶴遠(학원)	韓末~日帝	二松	
李鶴儀(학의)	1809~1872	雲觀	學者 字 九一 本貫 德水 父 膺 外祖 李鏑 著書 雲觀詩集
李學宗(학종)	1719~1785	慕巖	學者 字 字聞 本貫 咸安 父 聃年 系 有年 外祖 安處貞 著書 慕巖集
李學峻(학준)	1798~1870	一何亭	學者 字 德吾 本貫 碧珍 父 克珍 系 克均 著書 一何亭集
李鶴徵(학징)	朝鮮	松舍	本貫 仁川 父 垕宗 祖父 景尙
李學標(학표)	朝鮮	愚溪	字 敬而 本貫 眞城 縣監
李學海(학해)	1748~1808	羅泉	著書 文集
李學禧(학희)	朝鮮後期	遯齋	本貫 固城 李亨栻 門人
李翰(한)	新羅文聖王	甄城	
李澣(한)	朝鮮 肅宗	稼隱亭	字 仲新 本貫 韓山 父 禎來 參奉 著書 遺稿
李旰(한)	朝鮮	東溪	本貫 驪州 父 宜澤 祖父 應仁
李瀚(한) →李澣			
李漢杰(한걸)	1880~1951	慄齋 後村	本貫 眞城 著書 慄齋文集
李漢慶(한경)	1729~1771	齋巖 齊巖	字 章叔 本貫 全州 父 齊華 系 齊茂
李漢敎(한교)	朝鮮英祖	后靑	學者 字 與可 本貫 全州
李漢久(한구)	朝鮮	樗窩	本貫 驪州 父 能錫 祖父 在佐
李韓久(한구)	韓末	芝圃	抗日義兵將 字 漢有 本貫 驪州
李漢根(한근)		述志堂	字 良彦 本貫 鳳山
李漢綺(한기)	朝鮮	晩園	文臣 字 芝叟 本貫 河濱 五衛將
李漢綺(한기)	朝鮮純祖	梧柳軒	字 伯元 本貫 眞城 父 鎭奎 祖 重延
李漢吉(한길)	韓末~?	赤巖	
李漢龍(한룡)	1725~?	愼晦	本貫 全州 父 允權 系 允載 著書 文集
李漢龍(한룡)	1862~1926	唐川	學者 字 致見 本貫 陜川 父 善民 外祖 梁濟民 著書 唐川集
李漢命(한명)	1651~1687	洛厓	字 南紀 本貫 廣州 父 元禎
李漢蕃(한번)	朝鮮	賢谷	委巷人 字 君陳 本貫 天安
李漢輔(한보)	1675~1748	拙隱	學者 本貫 全州 父 玄祚 著書 拙隱文集
李漢輔(한보)	朝鮮	渭濱亭	字 君弼 本貫 固城 父 濈

人名	年代	號	其他
李漢福(한복)	1893~1940	無號 無號翁 壽齋	書畵家 本貫 全義 趙錫晋,安仲植 門人
李漢福(한복)		六玩堂	著書 文集
李漢樹(한수)	朝鮮後期	愚軒	字 聖汝 本貫 固城
李漢植(한식)	高麗	寒軒	文臣 字 禮明 本貫 昌寧 戶曹判書 謚號 文華
李漢伍(한오)	朝鮮	慵訥 慵訥齋	孝子 字 孝承 本貫 禮安 祖父 嗣
李翰元(한원)	朝鮮	洗心堂	字 淸卿 本貫 光山 吏曹判書
李漢膺(한응)	1778~1864	敬菴	學者 字 仲模 本貫 眞寶 父 鎭紘 敦寧府都正 著書 敬菴集
李漢應(한응)	1874~1905	菊隱	外交官 字 敬天 本貫 全義 父 璟鎬 追贈 內部協辦
李漢應(한응)		時堂	著書 文集
李漢膺(한응) →李漢應(菊隱)			
李漢一(한일)	1723~?	壺月軒	字 仲協 本貫 德水 父 錫祥 大司諫
李漢挺(한정)	朝鮮後期	杜隱	
李漢佐(한좌)	朝鮮正祖	春谷	本貫 慶州 父 世熙 縣令
李漢中(한중)	1775~1836	鹿門 紫峯	文人 字 伯黃 本貫 眞城 祖父 湛 外祖 洪得全
李漢直(한직) →李漢植			
李漢鎭(한진)	1732~?	京山 靑城	書藝家 字 仲雲 本貫 星州 父 奎賢 監役 編書 靑丘永言
李漢喆(한철)	1808~?	松石 希園 喜園	畵家 字 子常 本貫 安山 父 義養 郡守
李漢喆(한철)	1808~1878	竹坡	著書 竹坡集
李漢衡(한형)	朝鮮	混齋	委巷人 字 平老 本貫 密陽
李漢馨(한형)		石圃	
李劼(할)	朝鮮宣祖	魯菴	義兵將 字 勤夫 本貫 牛峰 父 之文
李諴(함)	高麗	錦溪	字 章平 本貫 安岳 三重大匡 門下侍中
李涵(함)	1633~?	恩湖	畵家 本貫 全州 父 綾原君
李涵(함)	1654~1632	雲嶽 雲巖	文臣, 學者 字 養元 本貫 載寧 父 殷輔 著書 雲嶽先生文集
李涵(함)		默窩	字 敬仲 本貫 韓山 父 齊浣 祖父 性源 直長
李涵一(함일)	1563~1621	一査	文臣 字 養吾,一吾 本貫 咸豊 父 邦弼 外祖 金有仁 康津縣監 著書 一査集
李咸一(함일)	朝鮮英祖	象峰	本貫 全州 父 商輅
李咸亨(함형)		天山齋 大畜齋	字 平叔 本貫 全州 父 拭 著書 天山齋集
李柙(합)	1624~1680	臺山	文臣 字 允迪 本貫 德水 父 景憲 溪 安訥 大司諫
李沆(항)	?~1519	洛西 洛西軒	字 浩叔 本貫 星州 父 世仁 左贊成

人名	年代	號	其他
李恒(항)	1499~1576	一齋	學者 字 恒之 本貫 星州 父 自英 外祖 崔仁愚 追贈 吏曹判書 諡號 文敬 著書 一齋集
李沆(항)	1636~1691	白峯	文臣 字 太初 本貫 驪州 父 邦鎭 大司憲
李杭(항)	1656~1700	學圃	文臣 字 濟仲 本貫 全義 父 省身 執義
李沆(항)	1774~?	晦堂	文臣 字 汝精 本貫 德水 父 宲鎭 系 宬鎭
李航(항)	朝鮮	竹垣	字 濟伯 本貫 固城 父 鐣
李沆(항)	朝鮮	梅竹	字 道源 本貫 固城
李沆(항)	朝鮮	閑燕堂	
李恒吉(항길)	朝鮮	果菴 果亭 星菴 雲菴	隱士 字 子久 恒久 本貫 全義
李恒老(항로)	1792~1868	華西 蘗溪	學者 字 而述 本貫 碧珍 父 晦章 外祖 李義集 追贈 來附大臣 諡號 文敬 著書 華西集
李恒檣(항로)		茅菴	本貫 興陽 父 馥潤
李恒林(항림)		杏寓	本貫 咸平
李恒立(항림)	朝鮮	雲泉堂	文臣 字 時用 本貫 扶餘 僉正
李恒培(항배)	1683~1736	葛陰	學者 字 季實 本貫 慶州 父 台翊 外祖 金宗美 著書 葛陰文集
李恒福(항복)	1556~1618	白沙 東岡 素雲 淸化眞人 淸和眞人 弼雲	文臣 字 子常 本貫 慶州 父 夢亮 左議政 諡號 文忠 著書 白沙集
李恒言(항언) →李恒吉			
李恒益(항익)	1855~1932	裕山	著書 裕山集
李恒佐(항좌)		遁谷	本貫 永川
李恒稙(항직)	朝鮮後期	可隱	字 山儂
李恒赫(항혁)		安谷	字 汝淑 本貫 安城
李澥(해)	1496~1550	溫溪 翠微 翠微軒	文臣 字 景明 本貫 眞寶 父 埴 追贈 禮曹判書 諡號 貞愍 著書 溫溪遺稿
李蟹(해)	朝鮮燕山君	茅山	文人 字 介之 本貫 慶州 父 公麟
李海(해)	朝鮮中期	睡隱	本貫 安城 父 夢虎
李澥(해)	?~1670	聲翁 聲巖 西淵	文臣 字 子淵 本貫 咸平 父 效元 封號 咸陵府院君 工曹判書 諡號 忠靖 改諡 忠敏
李澥(해)	朝鮮肅宗	靑雲 靑雲居士	學者 本貫 驪州 父 夏鎭 著書 文集
李瀣(해)	1691~1779	敬齋	學者 字 明彦 本貫 全州 父 昌輝 外祖 洪重箕 著書 敬齋集
李楷(해)	朝鮮中期	晩湖	本貫 固城 鄭逑 門人
李楷(해)	朝鮮	楓湖	文臣 本貫 寧海 副正
李海(해)		柳湖堂	字 巨源 本貫 安城
李海龍(해룡)	朝鮮宣祖	北嶽	書藝家 字 海叟 本貫 廣州 封號 慶川君 司瞻寺主簿
李海龍(해룡)		石峯	本貫 全州
李海文(해문)		小石	字 景博 本貫 德水

893

人名	年代	號	其他
李海鵬(해붕)	朝鮮	愚堂	本貫 星山 父 基鎭 祖父 敏淑
李海祥(해상)	朝鮮	勿谷	學者 本貫 驪州
李海壽(해수)	1516~1598	藥圃 敬齋	文臣 字 大仲 本貫 全義 父 鐸 祖父 昌亨 追贈 吏曹判書 著書 藥圃集
李海璹(해슥) →李海壽			
李海淳(해슌)		晚翠	著書 文集
李海淵(해연)	朝鮮肅宗	白淵	文臣 字 景陽 本貫 全州
李海圓(해원)	朝鮮後期	清河	
李海應(해응)	?~1621	東華	著書 東華遺稿
李海翼(해익)	1847~1925	蓉江	本貫 延安 父 警愚 農商工部主事 著書 遺稿
李海朝(해조)	1660~1711	鳴巖	文臣 字 子東 本貫 延安 父 一相 祖父 明漢 尹以健 婿 大提學 著書 鳴巖集
李海朝(해조)	朝鮮	月江	字 會源 本貫 仁川
李海朝(해조)	1869~1927	東濃 悅齋	新小說作家 本貫 全州 父 哲鎔 筆名 惜春子,善飲子, 神眼生, 牛山居士, 避觀生, 解觀子
李海鎭(해진)	1727~1777	寒川	字 士準 本貫 星山 父 仁壆 著書 寒川先生文集
李海纘(해찬) →禹海纘			
李海昌(해창)	1599~1651	松坡	文臣 字 季夏 本貫 韓山 父 仁後 任叔英 門人 祖父 圭 外祖 申泳 李粲 婿 司諫 著書 松坡集
李海忠(해츙)		南洞	
李䎘(핵)	高麗	悅軒	文臣 字 萬里 本貫 慶州 門下評理
李行(행)	1352~1432	騎牛子 騎牛 白巖 白巖居士 一可道人	文臣 字 周道 本貫 驪興 父 天白 開城留後司留後 諡號 文節 著書 騎牛子集
李荇(행)	1478~1534	容齋 漁澤漁叟 滄澤漁叟 靑鶴道人	文臣 字 擇之 本貫 德水 父 宜茂 判中樞府事 諡號 文定 改諡 文獻 著書 容齋集
李行(행) →李旮			
李行健(행건)	1588~1654	箕谷 水石	文臣 字 士以 本貫 全義 父 重基 同知中樞府事
李行老(행노)	朝鮮	揚溪	文臣 字 汝敬 本貫 忠州 五衛將
李行廉(행렴)	朝鮮	六友堂	字 百源 本貫 眞城 僉知中樞府事
李行敏(행민)	朝鮮	訥軒	字 伯訥 本貫 固城 祖父 得駿
李行祥(행상)	1725~1800	旺林	學者 字 公履 本貫 延安 父 喆佐 李縡 門人 著書 旺林遺稿
李行善(행선)	朝鮮	樵牧窩	本貫 慶州 父 㮍 祖父 仁基
李行善(행선)	朝鮮	定齋	字 泰仲 本貫 光山 觀察使
李行淵(행연)	朝鮮	期期軒	字 伯深 祖父 得駿
李行淵(행연)		安命	著書 文集

人名	年代	號	其他
李行遇(행우)	1606~1651	水南 耻菴	字 士會 本貫 全義 父 厚基 副提學
李行遠(행원)	1592~1648	西華	文臣 字 士致 本貫 全義 父 重基 外祖 任檣 右議政 諡號 孝貞
李行遠(행원)	1700~1771	漏窩	字 近仲 本貫 載寧 父 之烜
李行進(행진)	1597~1665	止菴	文臣 字 士謙 本貫 全義 父 厚基 外祖 南琥 同知中樞府事 著書 止菴集
李行泰(행태)	朝鮮	敬菴	學者 字 而全,泰而 本貫 全義 父 德基 朴世采 門人 教官 著書 日用至訣
李享漢(향한) →李亨漢			
李軒(헌)	朝鮮初期	洛隱	本貫 永川 父 日忠 祖父 松呂 少尹
李蕙(헌)	1628~1679	道村	文臣 字 樂甫 本貫 全州 父 尙質 外祖 鄭曄 趙錫胤 婿 僉知中樞府事 著書 道村遺稿〈家洲集〉
李憲(헌)		石淵	本貫 全義
李獻慶(헌경)	1719~1791	艮翁	文臣, 學者 字 夢瑞 本貫 全州 父 齊華 漢城府判尹 著書 艮翁文集
李獻敎(헌교)		月堂	本貫 全州
李獻九(헌구)	1797~1863	老圃 松碧 惠腕	學者 本貫 全州 父 墉 外祖 權震應 著書 文集
李憲球(헌구)	1784~1858	菊幹 菊軒	文臣 字 稚瑞 本貫 全州 父 章顯 判中樞府事 諡號 忠簡
李憲求(헌구)	朝鮮後期	石來堂	文臣 著書 石來堂草稿
李憲國(헌국)	1525~1602	柳谷	文臣 字 欽哉 本貫 全州 父 秤 鄭磏 婿 封號 完城府院君 左議政
李憲夔(헌기)	朝鮮正祖	穎史	本貫 全州 父 英圭
李憲基(헌기)	朝鮮憲宗	莅圃	本貫 延安 父 敬德 白川郡守
李憲琦(헌기)		菊垾	本貫 全州
李獻吉(헌길)	朝鮮後期	完山	醫學者 字 夢叟 本貫 全州 著書 麻疹奇方
李憲洛(헌락)	1718~1791	藥南	學者, 文臣 字 景淳 本貫 驪興 父 愼中 外祖 崔德基 咸昌縣監 著書 藥南文集
李憲烈(헌렬)	朝鮮	槐窩	本貫 驪州 父 述中 祖父 德祿
李憲模(헌모)	朝鮮	修齋	本貫 驪州 父 極中 祖父 德用
李憲黙(헌묵)	朝鮮英祖	安溪	文臣 本貫 驪州 父 寬中 大司憲
李憲文(헌문)		寔菴	字 純汝 本貫 全州
李獻輔(헌보)		十灘	本貫 延安 父 承學
李憲復(헌복)	朝鮮後期	平地翁	字 章仲 本貫 固城 父 時方 著書 趾美錄
李憲鳳(헌봉)	朝鮮	松齋	本貫 驪州 父 善中 祖父 德金
李憲相(헌상)	朝鮮	忍齋	本貫 驪州 父 起中 祖父 德翁
李憲相(헌상)		養性軒	本貫 全州

人名	年代	號	其他
李憲涑(헌속)	朝鮮	溪翁	學者 本貫 驪州 著書 溪翁逸稿
李獻淳(헌순)	朝鮮後期	衢翁 衢隱	本貫 眞寶 父 龜書
李憲淳(헌순)	朝鮮	四友堂	本貫 驪州 父 熙中 祖父 德三
李憲述(헌술)	朝鮮純祖	痴庵	本貫 全州 父 英緒
李鑣永(헌영)	1837~1907	敬窩 東蓮 龍灣	文臣, 學者 字 景度 本貫 全州 父 鼎台 敬孝殿提調 諡號 文貞 著書 敬窩漫錄
李憲榮(헌영)		久菴	著書 久菴公事實
李憲榮(헌영)	韓末	蕉庭	
李憲禹(헌우)		芝村	著書 芝村遺集
李憲儒(헌유)	朝鮮	順窩	學者 本貫 驪州
李憲冑(헌주)	1702~1739	芐圃	文臣 字 思季 本貫 全州 父 漢輔 著書 芐圃稿
李憲周(헌주)	朝鮮	香塢	本貫 驪州 父 時中 祖父 德一
李憲稙(헌직)	1839~?	蘭溪	字 文遇 本貫 韓山 父 鼎溥 判書
李獻忠(헌충)	朝鮮	晚退齋	文臣 本貫 慶州 父 淮 祖父 黿 承旨
李巘后(헌후) →李瓛垕			
李渷(헌)	朝鮮英祖	良村	本貫 驪州 父 維鎭
李俔(헌)	1573~1643	喚醒	文臣 字 磬甫 本貫 全州 父 光春 系 慶春 右承旨
李俔(헌)	1540~1618	交翠堂	學者 本貫 全州 著書 交翠堂集
李袨(헌)	1584~1637	月灘 灘翁	文臣 字 子章 本貫 延安 父 光庭 封號 延安君 追贈 左贊成 諡號 忠定
李礥(헌)	朝鮮肅宗	東郭	文臣 字 重權 本貫 安岳 戶曹正郎 著書 扶桑錄
李賢(헌)	朝鮮英祖	巴陵散人	
李垷(헌)	朝鮮	慵阡	本貫 驪州 父 皖 祖父 宜活
李晛(헌)	朝鮮	風灘	文臣 本貫 金溝 參奉
李鋗(헌)	朝鮮	景玉齋	文臣 字 聖鎔 本貫 碧珍 正言
李鉉(헌)	朝鮮後期	疎窩	字 景玉 本貫 固城 金元行 門人 著書 文集
李睍(헌)		龜溪	本貫 咸平
李灦(헌)		松亭	本貫 慶州
理玄(이헌)	韓末	淸潭	僧侶 俗姓 元氏
李炫(헌) →李袨			
李絃(헌) →李袨			
李鉉珏(헌각)		蓮湖	著書 蓮湖逸稿 〈延城世稿〉
李鉉甲(헌갑)	1852~1926	薇菴	著書 薇菴遺稿
李顯慶(헌경)	朝鮮肅宗	畸窩	本貫 全州 父 浚
李賢啓(헌계)		芝村	本貫 河濱

人名	年代	號	其他
李顯坤(현곤)	1799~1743	養梧軒	書畫家 字 仲元 本貫 全州
李賢求(현구)	韓末	兮田	本貫 眞城
李鉉九(현구)	1856~1944	雄溪	著書 文集
李顯揆(현규)	朝鮮	可翁	本貫 全州 父 洙
李鉉奎(현규)	朝鮮	石亭	本貫 固城
李鉉圭(현규)	1874~1917	奈山 于海	字 夏玄 本貫 載寧 父 壽檀 義兵大將
李玄圭(현규)	1882~1949	玄山	字 白玉, 玄之 本貫 龍仁 父 得榮 著書 玄山文集
李賢根(현근)	朝鮮	龜巖	本貫 慶州 父 源佑 祖父 光璧
李玄紀(현기)	1637~1704	梅軒 拙齋 悔軒	文臣 字 元方 本貫 全州 父 全揆 大司成 著書 文集
李顯箕(현기)	朝鮮肅宗	德巖	本貫 全州 父 宗淵
李賢璣(현기)	朝鮮	聲叟	本貫 固城
李絢基(현기)	1839~1902	希覺堂	學者 字 繪志 本貫 碧珍 父 啓善 外祖 安活 著書 希覺堂遺稿
李鉉琪(현기)	朝鮮	德隱	文臣 字 日成 本貫 開城 參判
李賢基(현기)	1875~1958	小隱	字 士卿 本貫 固城 父 庭炳
李玄機(현기)		敬菴	本貫 延安 父 好閔
李賢基(현기)		南亭	字 四休 本貫 星州
李鉉能(현능)		菊下	著書 菊下逸稿 〈延城世稿〉
李顯達(현달)		笑醒	本貫 固城 摠管
李玄聃(현담)	朝鮮	菊翁	字 尚老 本貫 鶴城
李顯道(현도)	朝鮮肅宗	晚悟堂	字 子由 本貫 全州 父 樂淵
李賢童(현동)	朝鮮世祖	聾盲啞 玉溪	功臣
李玄亮(현량)	1649~1715	懶隱	學者 字 彥弼 本貫 全州 父 台揆 外祖 權佾 昌陵 參奉 著書 懶隱文集
李顯良(현량)	1679~1737	月潭	字 忠甫 本貫 全州 父 澤
李鉉亮(현량)		芋山	著書 芋山文集
李玄齡(현령)	朝鮮	慕菴	本貫 全州 父 堂揆 祖父 聖求
李見龍(현룡)	朝鮮仁祖	竹圃	本貫 星山 著書 文集
李見龍(현룡)	1692~1765	把芝軒	學者 字 國老 本貫 眞寶 父 再昌 外祖 洪凭 著書 把芝軒遺稿
李見龍(현룡)	朝鮮	晚歸	文臣 字 君沃, 君渾 本貫 新平 承政院承旨
李見龍(현룡)	→李珥의 兒名		
李賢萬(현만)	朝鮮	正菴	本貫 全州 父 鏡朱 祖父 相斗
李顯謨(현모)	1732~?	淨流堂	字 明叔 本貫 全州 父 濟 著書 淨流堂遺稿
李顯穆(현목)	朝鮮中期	笑庵	學者 著書 笑庵集
李玄文(현문)	朝鮮憲宗	石原	文臣 字 聖道 本貫 全義

人名	年代	號	其他
李玄培(현배)	朝鮮明宗	弘齋	字 善吉 本貫 星山 父 僩
李顯白(현백)		魯堂	著書 文集
李鉉範(현범)	朝鮮	竹潭	本貫 全州 父 基權 祖父 祐燮 參奉
李賢輔(현보)	1467~1555	聾巖 雪鬢翁 安分堂	文臣 字 棐仲 本貫 永川 父 欽 知中樞府事 諡號 孝節 著書 聾巖集
李顯相(현상)	朝鮮中期	寅巖	著書 寅巖先生文集
李顯相(현상)	朝鮮	樂琴軒	字 君錫 本貫 固城 父 翊明 副護軍
李鉉相(현상)	韓末~日帝	醉石	
李賢相(현상)		盥石	本貫 星山
李玄緖(현서)	1791~?	星叟	字 穉長 本貫 全義 父 文會 牧使
李玄錫(현석)	1647~1703	游齋	文臣 字 夏瑞 本貫 全州 父 尙揆 刑曹判書 諡號 文穆 著書 游齋集
李賢錫(현석)	朝鮮肅宗	西岡	文人 字 鳳卿 本貫 德水 父 畯
李鉉宣(현선)		農窩	著書 農窩遺稿
李鉉燮(현섭)	1844~1910	愚軒 鶴皐	志士 字 瑞圭 本貫 延安 著書 愚軒實記
李顯惺(현성)	1834~1881	慕菴	孝子 追贈 秘書丞
李顯孫(현손)	朝鮮	三青堂	文臣 本貫 清州 戶曹參判
李賢秀(현수)	朝鮮純祖	雪溪	本貫 延安 父 祥源
李顯綏(현수)	朝鮮	舟爐	本貫 全州 父 泰亨 清風府使
李玄述(현술)	1704~1741	澗松	學者 字 仲善 本貫 碧珍 父 元華 系 仁華 外祖 具仁信 著書 澗松逸稿
李玄升(현승)	1845~1925	琴溪	字 舜汝 本貫 全義 父 秀廷 著書 文集
李鉉軾(현식)	朝鮮高宗	香樹山館主人 南皐	
李顯植(현식)	朝鮮	樂窩	本貫 星山 父 溎 祖父 昌禧
李顯英(현영)	1573~1642	蒼谷 雙山	文臣 字 重卿 本貫 韓山 父 大秀 追贈 領議政 諡號 忠貞 著書 蒼谷集
李鉉五(현오)	1868~1923	愚山	學者 字 原禮 本貫 安岳 父 龍坤 著書 愚山遺稿
李賢佑(현우)	朝鮮宣祖	兎川	義兵 字 盡忠 本貫 仁川
李顯佑(현우)		榆陰	本貫 全州
李賢佑(현우)		蓮谷	本貫 全州
李顯佑(현우)		川沙村	著書 文集
李鉉郁(현욱)	1879~1948	東庵	著書 東庵集
李顯運(현운)	朝鮮後期	聾齋	學者 字 聖著 本貫 韓山 父 植根 外祖 李承烈 著書 聾齋集
李鉉煟(현위)		清湖	本貫 全州 祖父 泰夔

人名	年代	號	其他
李顯儒(현유)	1776~1848	菊溪	學者 字 嘉則 本貫 眞城 父 尙機 外祖 金宗鐸 著書 菊溪遺集
李顯益(현익)	1678~1710	正菴	學者 字 仲謙 本貫 全州 父 泓 權尙夏 金昌協 門人 鎭安縣監 著書 正菴集
李顯翼(현익)	朝鮮肅宗	藏墨堂	本貫 驪州 父 三錫
李玄翼(현익)	1827~1900	葒藕	字 德在 本貫 延安 父 曾愚 禮曹判書
李顯翼(현익)	1896~1970	槿齋	獨立運動家
李鉉翊(현익)	韓末~日帝	菊隱	
李玄逸(현일)	1627~1700	葛庵	文臣, 學者 字 翼升 本貫 載寧 父 時明 外祖 張興孝 吏曹判書 諡號 文敬 著書 葛庵集
李炫章(현장)	朝鮮正祖	西湖	文臣 本貫 驪州 父 鵬休 正言
李玄裁(현재)		竹村	著書 竹村遺稿〈安陵三稿〉
李顯靖(현정)	1721~1789	小山 約窩	文臣 字 孟催, 孟休 本貫 韓山 父 命和 系 再和 外祖 金師國 校理
李炫鼎(현정)	朝鮮	敬齋	本貫 全義 父 義燮 祖父 基鎭
李玄祚(현조)	1654~1710	景淵堂 景淵 林川	文臣, 學者 字 啓商 本貫 全州 父 碩揆 祖父 聖求 外祖 閔聖復 江原道觀察使 著書 景淵堂集
李顯祚(현조)	朝鮮	春窩	文臣 本貫 驪州 輔德
李賢佐(현좌)	朝鮮宣祖	睡軒	字 而忠 本貫 仁川
李顯周(현주)	朝鮮	一愚	本貫 全州 父 殷春 祖父 一演
李賢柱(현주)	朝鮮	海隱	
李賢俊(현준)	朝鮮	石川	字 禮庸 本貫 固城 祖父 㿖星
李鉉中(현중)		何山	著書 文集
李賢楫(현즙)	朝鮮	雲西	字 紀庸 本貫 固城 祖父 㿖晩
李顯震(현진)		海忠	
李鉉昌(현창)	朝鮮	恥堂	志士 字 義瑞 本貫 京山
李顯宅(현택)	朝鮮	屛巖	本貫 星州 父 贊說 祖父 翊壽 追贈大提學
李鉉鶴(현학)		晩翠	著書 晩翠遺集
李顯渾(현혼)		龍齋	著書 龍齋集
李顯渾(현혼)	→李顯運		
李玄煥(현환)		蟾窩	著書 文集
李顯休(현휴)	朝鮮肅宗	麻齋	本貫 驪州 父 潭
李馦(혐)	朝鮮	病漢	學者 本貫 驪州
李浹(협)	1663~?	東厓 東崖	文臣 字 悅卿 本貫 延安 父 觀徵 司饗院奉事
李埉(협)	朝鮮景宗	栗圃	文臣 字 大防 本貫 德水
李協(협)	朝鮮	養浩齋	字 汝和 本貫 固城 父 煦

人名	年代	號	其他
李梜(협) →李梜			
李峽(협)		柱峰	著書 柱峰先生文集
李英(협)		養拙堂	字 瑞伯 本貫 全義
李峽(협) →李峽			
李泂(형)	1528~?	漁叟	文臣 字 叔遠 本貫 德水 父 元禛 參奉
李詞(형)	朝鮮宣祖	石溪	本貫 全州 父 禹年
李瀅(형)	1541~1618	南皐	文臣 字 彦潤 本貫 固城 父 廉礪 牧使
李逈(형)	朝鮮	晚翠	本貫 原州 父 允機
李逈(형)	朝鮮	櫱巖	字 近夫 本貫 固城
李榮(형) →李榮			
李衡坤(형곤)	朝鮮景宗	韋軒	文臣 字 載方 本貫 慶州
李衡敎(형교)	朝鮮	石塘	隱士 字 聖七
李亨求(형구)		寒溪	著書 寒溪先生文集
李衡國(형구)	1886~1931	滄海	獨立運動家
李馨遠(형규)	朝鮮	安溪	委巷人 字 冶叔 祖父 學懋
李瀅圭(형규)	韓末	華農	字 範初 本貫 固城
李珩基(형기)		杞岡	著書 文集
李亨吉(형길)		竹下	著書 竹下集
李亨男(형남)	1556~1627	松溪	義兵 字 嘉仲 本貫 眞寶 父 濟 外祖 南頊 著書 松溪文集
李馨男(형남) →閔馨男			
李馨男(형남) →李馨秀			
李馨德(형덕)	1697~1751	慕菴	字 華卿 本貫 固城 父 文蕎
李亨斗(형두)	韓末	梅齋	本貫 固城 元準璣 門人
李亨連(형련)	朝鮮顯宗	巖齋	字 聖世 本貫 星州 父 繢
李馨烈(형렬)	1789~1850	和山	著書 文集
李衡齡(형령)		炭翁	本貫 全州 父 任漢
李瀅魯(형로)	朝鮮	三省齋	本貫 全義 父 根馨
李亨祿(형록)	1808~?	丹架 松石	畫家 字 汝通 本貫 全州 父 潤民
李衡萬(형만)	1711~?	白石	字 平一 本貫 慶州 父 聖龍
李馨萬(형만)		石下	著書 文集
李馨邦(형방) →李馨郁			
李亨復(형복)	1627~1710	圓溪	著書 文集
李馨福(형복)		晚圃堂	本貫 全義

人名	年代	號	其他
李衡祥(형상)	1653~1733	瓶窩 順翁	文臣 字 仲玉 本貫 全州 父 柱廈 漢城府尹 著書 瓶窩集
李瀅善(형선)		從吾堂	著書 從吾堂遺集
李亨成(형성)	朝鮮宣祖	釣翁	孝子 字 景林 本貫 龍仁 父 弘幹 系 元幹 知縣
李馨秀(형수)	朝鮮仁祖	四吾堂	隱士 字 薰卿 本貫 德水
李亨秀(형수)	1784~1870	霽谷	字 賢民 本貫 固城 父 周生 著書 遺集
李馨秀(형수)		謹守堂	字 德夫 本貫 延安
李馨淳(형순)	朝鮮	橘庵	文臣 字 聖世 本貫 寧海 通德郞
李亨栻(형식)	1796~1867	竹齋	字 子大 本貫 鐵城 父 嗣謙
李亨植(형식)	朝鮮後期	檀圃	
李衡臣(형신)	?~1160	臥巖	著書 臥巖集
李馨玉(형옥)	1690~?	愚齋	文臣 字 自而 本貫 原州 父 時龍 承旨
李馨郁(형욱)	1550~1630	蘭皐	文臣 字 德懋 本貫 全州 父 洪 行敦寧都正
李亨元(형원)	朝鮮文宗	惺心堂	字 司衍 本貫 光州 父 先齊 副提學
李亨源(형원)	?~1661	聲庵	本貫 陜川 父 胤緒 宣敎郞 著書 聲庵實記
李亨元(형원)	1739~1798	南溪	文臣 字 善卿 本貫 全州 父 邦賢 外祖 趙和璧 備邊司提調
李亨元(형원)	朝鮮	晦山	文臣 字 瑞郁 本貫 楚山 兵曹參判
李亨遠(형원)		聲庵	著書 聲庵集
李亨元(형원)		靈槐	
李炯胤(형윤)	朝鮮光海君	滄洲 南谷 梅窓 滄溪	文臣 字 汝承 本貫 全州 父 晬 封號 龜川君 諡號 文貞 著書 滄洲集
李衡般(형은)	朝鮮	二友齋	字 一甫 本貫 固城 父 慶聃
李亨益(형익)		復初齋	本貫 全州
李亨祚(형조)	朝鮮	大隱	文臣 字 大錫 本貫 京山 省峴道察訪
李衡佐(형좌)	朝鮮	林泉 椒泉	文臣 字 景尹 本貫 慶州 父 世弼
李亨稷(형직)	1640~?	訥齋	著書 訥齋先生文集
李衡鎭(형진)	1676~1757	白崖	文臣, 學者 本貫 德水 父 留 外祖 金諶 同知中樞府事 著書 白崖遺稿
李馨鎭(형진)	1802~1866	竹泉	著書 竹泉遺稿
李亨鎭(형진)	朝鮮	涵淸軒	本貫 星山 父 敏儉 祖父 錫儒
李亨震(형진)	朝鮮	農圃	字 而鎭 本貫 固城 祖父 光容
李衡徵(형징)	朝鮮肅宗	晩悔	本貫 全州 父 柱廈 義禁府事
李亨千(형천)	1621~?	浦隱	文臣 字 翼世 本貫 京山 父 績 順天府使
李亨天(형천)	1650~1709	九元亭	學者, 文臣 字 立汝 本貫 永川 父 言直 外祖 蔡之海 察訪 著書 九元亭文集

人名	年代	號	其他
李衡天(형천)	朝鮮	菊籬	字 士昻 本貫 固城 著書 遺稿
李亨泰(형태)	1791~1842	松南	文臣, 書藝家 字 亨伯,會叔 本貫 公州 父 恒 系 愉 幽谷道察訪
李衡宅(형택)	朝鮮	逸菴	字 安甫 本貫 固城 祖父 希春 著書 自警圖說
李衡漢(형한)	朝鮮	式好窩	字 士文 本貫 固城
李亨漢(형한)		老圃	本貫 平昌
李亨恒(형항)	1623~1685	德淵	著書 文集
李衡鎬(형호)		日新軒	本貫 光山
李亨會(형회)	朝鮮	夢裡	文臣 字 夢七 本貫 全義
李惠(혜)	高麗	短豁 短豁翁	著書 短豁集
李秸(혜)	1635~1715	玄圃	文臣 字 次山,次川 本貫 德水 父 景曾 大司諫 著書 玄圃集
李蕙(혜)		烏峯	本貫 碧珍
李惠吉(혜길)		同聲	著書 同聲集
李惠輔(혜보)	朝鮮英祖	秋峯	本貫 延安 父 礦臣 系 梅臣 侍直
李惠孫(혜손)		百愚子	道人 字 裕後
李惠祚(혜조)	1721~?	楠園	字 仲養 本貫 全州 父 必運
李惠冑(혜주)	1698~1751	杞園	儒生 字 字順 本貫 全州 父 漢輔 著書 文集
李瑚(호)	高麗	旅亭	贊成
李浩(호)	朝鮮宣祖	南溪	文臣 字 景淵 本貫 光州 應敎
李瑚(호)	朝鮮宣祖	曲江 曲江亭	字 汝器 本貫 禮安 祖父 荃
李皥(호)	1596~?	三白	字 皥如 本貫 新平 父 廷伯
李鄗(호)	1609~?	說劒	字 子封 本貫 全義 父 大奇
李浩(호)		德隱	著書 德隱遺稿 〈完山三世稿〉
李皥(호)	朝鮮	東川	字 士獻 本貫 新平 郡守
李頀(호)		隱窩	本貫 全義 祖父 愼儀
李浩(호) →李洁			
李祜(호) →李補의 初名			
李浩權(호권)	朝鮮後期	萊山	
李鎬奎(호규)	1842~1928	霽岡	著書 文集
李鎬根(호근)	1859~1902	某堂	學者 字 晦周 本貫 星州 父 道淵 外祖 趙性天 義禁府都事 著書 某堂集
李好德(호덕)		靑橋	本貫 星州
李顥林(호림)		德樵	著書 德樵先生文集
李好閔(호민)	1553~1634	五峰 南郭 睡窩 五峯	文臣 字 孝彦 本貫 延安 父 國柱 封號 延陵府院君 左贊成 諡號 文僖 著書 五峰集

人名	年代	號	其他
李好敏(호민)	?~1823	龜軒	文臣 字 學餘 本貫 全義 刑曹判書
李浩培(호배)	1810~1890	青逸	學者 字 養瞻 本貫 興陽 父 坤承 外祖 邊鎮宅 追贈 童蒙教官 著書 青逸遺稿
李好白(호백)		溪嵒	本貫 碧珍
李好善(호선)	朝鮮	晚齋	字 達之 本貫 光山 大司成
李浩善(호선)	韓末	酉史	
李好誠(호성)	朝鮮世宗	東山	文臣 本貫 星山 兵曹判書 諡號 靖武
李浩秀(호수)	1780~1859	伊溪	學者 字 孟養 本貫 延安 父 雲源 外祖 尹聚東 著書 伊溪遺稿
李好淳(호슌)	1665~1744	三顧齋	著書 文集
李浩植(호식)	朝鮮	養浩	字 君賢 本貫 長鬐 五衛將
李好信(호신)	1563~?	懶眞	文臣 字 士立 本貫 全州 父 天擎 系 天祿 副提學
李虎臣(호신)	朝鮮宣祖	慕軒	字 和言 本貫 星山 父 驥
李浩然(호연)	?~1381	五星齋	著書 五星齋叢書
李浩祐(호우)	1826~1892	素山	學者 字 致修 本貫 順天 父 鎰 外祖 李寬鎭 著書 素山文集
李浩源(호원)	韓末~?	松江	獨立運動家
李顥潤(호유)		進川	著書 文集
李鎬應(호응)		一丁	著書 文集
李好意(호의)	1560~?	北厓	著書 文集
李鎬翼(호익)	朝鮮哲宗	陶隱	本貫 牛峰 父 僖
李好仁(호인)	→李安仁		
李琥禎(호정)	1800~1862	玄隱	字 文益 本貫 固城 父 圭章
李浩禎(호정)	朝鮮	鶴園	字 士維 本貫 長鬐 副司果
李鎬俊(호쥰)	朝鮮憲宗	樂泉	本貫 牛峰 父 埴
李浩俊(호쥰)	朝鮮	石雲	本貫 德水 父 希鏞 祖父 載畯
李昊中(호즁)		拙翁	字 伯純 本貫 全州
李顥獻(호헌)	1858~1918	樵隱	著書 樵隱遺稿
李混(혼)	1252~1312	蒙菴	文臣 字 去華, 太初 本貫 全義 父 阡 僉議政丞 諡號 文莊 著書 蒙菴集
李泓(홍)	高麗光宗	龜巖	字 汝澤 本貫 安岳 知省事 諡號 文良
李泓(홍)	朝鮮仁祖	靜黙堂	本貫 全州 父 倫 封號 成平君 諡號 孝簡
李泓(홍)	1707~1786	午湖 唯唯軒	武臣 字 士範 本貫 驪州 全羅道水使
李洪(홍)		崦溪	本貫 全州
李弘愁(홍각)	1537~1605	東岡	字 汝誠 本貫 慶州 父 乙奎 察訪 著書 東岡實紀

人名	年代	號	其他
李弘幹(홍간)	1486~1546	雙槐	文臣 字 大立 本貫 龍仁 父 孝篤 外祖 崔命根 僉知中樞府事 著書 朝野輯略
李弘景(홍경)	→李弘量		
李洪求(홍구)	朝鮮	月隱	本貫 韓山 父 珍珪 祖父 明稙
李洪九(홍구)	1890~1944	湖隱	著書 湖隱公遺稿 〈鹽城三世稿〉
李弘九(홍구)	→李天九		
李鴻達(홍규)	朝鮮肅宗	靑田	隱士 字 達卿
李洪根(홍근)	1900~1980	東垣	
李弘根(홍근)		白菴	著書 文集
李弘器(홍기)	1531~1582	容齋	學者 字 伯容 本貫 光山 父 樹 外祖 李佑 著書 容齋遺稿
李弘基(홍기)	韓末	謙受	本貫 固城 郭鍾錫 門人
李弘基(홍기)	→李弘量		
李弘吉(홍길)	高麗	退隱	本貫 光山 禮曹參判
李洪男(홍남)	1515~1572	汲古 汲古子	學者, 文臣 字 士重 本貫 廣州 父 若氷 工曹參議 著書 汲古遺稿
李弘德(홍덕)	1565~?	良齋	字 宏中 著書 周易質疑
李弘道(홍도)	朝鮮	冠巖	字 士郭 本貫 眞城 察訪
李鴻來(홍래)		謹軒	著書 謹軒遺稿
李鴻來(홍래)	1870~?	省齋	獨立運動家 字 允善 本貫 廣州 父 秉宜
李弘量(홍량)	朝鮮宣祖	六一軒	文人 字 仲容 本貫 光州 著書 六一軒先生逸稿 〈光州李氏淵源錄〉
李弘亮(홍량)	→李弘量		
李弘老(홍로)	1560~1610	橋汀 板橋	文臣 字 裕甫 本貫 延安 父 侃 京畿道觀察使
李弘离(홍리)	1701~1778	慵窩	學者 字 孟猷 本貫 月城 父 海謙 外祖 孫汝曾 著書 慵窩文集
李弘望(홍망)	1572~1637	虎巖	文臣 字 元老 本貫 龍仁 父 陽晉 承旨
李弘明(홍명)	1538~1614	四美亭	武臣, 學者 字 季遠 本貫 碧珍 父 有茂 外祖 河漢 祐 蛇梁津僉使 著書 四美亭遺稿
李弘美(홍미)	朝鮮肅宗	金谷子	本貫 全州 父 著
李弘美(홍미)	朝鮮	晚魯堂	學者 本貫 昌寧
李弘碧(홍벽)	朝鮮	土窩	字 器彦 本貫 固城
李弘相(홍상)	1619~1654	東郭	字 濟卿 本貫 延安 父 昭漢 祖父 廷龜 姜碩期 婿 承文院正字 著書 東郭稿 〈李氏聯珠集〉
李弘尚(홍상)	→李尚弘		
李鴻瑞(홍서)	?~1870	霞痼	本貫 陜川 父 昌祐 通德郞 著書 霞痼集

人名	年代	號	其他
李烘緒(홍서)		農溪	本貫 咸平 祖父 驥運
李洪錫(홍석)	1838~1897	文山	學者 本貫 慶州 著書 文山遺稿
李洪錫(홍석)	1890~1946	雲樵	獨立運動家
李弘淳(홍순)	1870~1945	晩翠	字 汝大 本貫 星山 父 昇基 著書 文集
李弘信(홍신)	朝鮮宣祖	陶翁	武臣 字 宗獻 本貫 原州
李弘業(홍업)	朝鮮宣祖	逋世 逋世翁	文臣 字 時立 本貫 慶州 父 愷胤 持平
李弘淵(홍연)	1613~1683	三竹	文臣 字 靜伯 小字 而靜 本貫 韓山 父 德洙 趙希逸 鄭弘溟 門人 左參贊
李弘淵(홍연)		遠庵	著書 文集
李弘宇(홍우)	1536~1594	茅齋	學者 字 季容 本貫 光山 父 樹 外祖 李佑 著書 茅齋逸稿
李弘胄(홍위)	→李弘胄		
李弘有(홍유)	1585~1671	遯軒 山民	學者 字 順古 本貫 慶州 父 得胤 外祖 張徵 追贈 掌樂院正 著書 遯軒文集
李洪仁(홍인)	朝鮮宣祖	豊隱	字 景會 本貫 禮安 著書 文集
李洪載(홍재)	1727~1794	一蟬 一蟬窩	文臣 字 士深 本貫 韓山 父 奎植 系 奎恒 江華府留守 著書 一蟬窩集
李弘載(홍재)	朝鮮	留軒	委巷人 字 伯執 本貫 全州
李弘著(홍저)	朝鮮後期	隨樂堂	字 德顯 本貫 固城 父 憲復 著書 遺集
李弘著(홍저)		桐湖	著書 桐湖遺稿〈古自世獻〉
李弘迪(홍적)	1634~1691	寄菴	文臣 字 遠伯 本貫 韓山 父 稷 祖父 英培 外祖 鄭湧 宋時烈 門人 刑曹參議 諡號 貞憲
李弘績(홍적)	朝鮮	無悶堂	字 德吉 本貫 固城 父 元凱
李弘濟(홍제)	1722~1784	栢峯	文臣 字 元保 元輔 本貫 全義 父 宇鼎 外祖 鄭鎭矯 掌令 著書 栢峯集
李弘濟(홍제)	→李弘离		
李弘祚(홍조)	1595~1660	睡隱	文臣 字 汝廓 本貫 韓山 父 文英 懷仁縣監 著書 睡隱先生文集
李弘祚(홍조)		慕庵	字 允明 本貫 益山
李洪鍾(홍종)		寒泉堂	本貫 全州 父 鶴
李弘胄(홍주)	1562~1638	梨川	文臣 字 伯胤 本貫 全州 父 克仁 祖父 珠 外祖 兪煥 領議政 諡號 忠貞 著書 梨川相公行使日記
李弘準(홍준)	朝鮮燕山君	訥齋	隱士 字 君式 本貫 慶州 父 時敏 著書 訥齋遺稿〈慵齋先生文集〉
李弘重(홍중)	朝鮮光海君	龜巖	隱士 字 任甫 本貫 眞寶 祖父 宗道
李弘之(홍지)	朝鮮	尙友軒	字 大瞻 本貫 固城 父 元郁 李象靖 門人
李弘稷(홍직)	1705~1796	介石軒	文臣 字 季章 本貫 咸平 父 俊林 崇政大夫
李弘直(홍직)	朝鮮英祖	嶺隱	本貫 固城 父 元美

人名	年代	號	其他
李弘眞(홍진)	朝鮮	晩魯堂	學者 本貫 昌寧
李弘勗(홍흑)	朝鮮宣祖	新山	文臣 字 伯建 本貫 載寧 軍資監奉事
李和(화)	?~1408	二樂亭 李櫟亭	開國功臣 本貫 全州 父 子春 領議政府事
李嘩(화)	朝鮮仁祖	月谷處士	本貫 全州 父 大麟
李樺(화)	朝鮮	野巢軒	字 景實 本貫 全義 鄭昌孫 婿 判中樞院使
李華立(화립)	朝鮮肅宗	寒松齋	書畵家
李和甫(화보)	1714~1781	有心齋	學者 字 大醇 小字 汝施大和 本貫 全州 父敍 外祖 鄭國良 李綷 門人 參奉 著書 有心齋集
李和輔(화보) →李和甫의 初名			
李華馥(화복)		養竹軒	著書 養竹軒遺稿
李華祥(화상)	1842~1915	白雲亭	本貫 仁川 著書 白雲亭文集
李和聖(화성)	1865~1945	愛澗	著書 文集
李華新(화신)	朝鮮	盤淡	文臣 字 文瞻 本貫 載寧 護軍
李和曾(화증)		飮瀾	著書 飮瀾先生文集
李華鎭(화진)	1626~1696	黙拙齋 黙齋	文臣 字 子西 本貫 驪州 父 志一 祖父 尚觀 外祖 吳益昌 慶興府使 著書 黙拙齋集
李煥(환)	1582~1661	湖憂	學者 字 季明 本貫 驪興 父 潤壽 外祖 柳仲郢 著書 湖憂文集
李瓛(환)	1579~?	遯齋	字 伯珍 本貫 固城 父 海
李綄(환)	朝鮮仁祖	鏡巖	文臣 本貫 延安 父 昌庭 持平
李渙(환)	朝鮮肅宗	松齋	本貫 延安 父 弘著 尹拯 門人
李鋎(환)	朝鮮英祖	雲溪	字 君元 本貫 慶州
李煥(환)		杏堂	本貫 全義 祖父 容濟
李芄(환) →李薇의 初名			
李環(환) →李璟			
李懽(환) →李勸			
李渙九(환구)	朝鮮	楚田	本貫 全州 父 秀薰 祖父 述根
李煥模(환모)	1675~?	斗室 打乖子	學者 本貫 德水 著書 斗室寱言
李桓模(환모)	朝鮮	仙隱	本貫 寧川 父 基昊 祖父 敎文
李晥秀(환수)		綱菴	著書 文集
李桓容(환용)		寒泉	著書 文集
李桓翼(환익)	1855~1932	裕山	學者 字 士元 本貫 延安 父 謙愚 外祖 鄭匡道 著書 裕山集
李煥廷(환정) →李廷煥			
李瓛壴(환후)		月庵	文臣 字 元冲 本貫 開城 監察

人名	年代	號	其他
李滉(황)	1501~1570	退溪 溪山 溪叟 陶山 陶山老人 陶叟 陶翁 晚隱 西磵病翁 巖栖軒 芝山 清凉山人 清淨山人 退溪晚 隱 退陶 退陶晚 隱 退翁	學者, 文臣 字 景浩 本貫 眞寶 父 埴 追贈 領議政 諡號 文純 著書 退溪全書
李璜(황)	朝鮮明宗	匏軒	本貫 咸平 父 允宇 高陽郡守
李磺(황)		征齋	著書 文集
李晃(황) →李用義의 初名			
李璜敏(황민)	朝鮮	荷溪	字 周玉 本貫 全義 嘉義大夫
李皇暘(황역)	朝鮮	雪汀	諡號 忠章
李黃鍾(황종)		晚翠 晚翠亭	字 仲初 本貫 全州 父 鶴
李璜周(황주)	1816~1888	藥山 黙齋	學者 字 鯉瑞 本貫 慶州 父 慶達 外祖 金重五 著書 藥山遺稿
李黃中(황중)	1803~1862	甘山	學者 字 公一 本貫 河陰 著書 甘山詩集
李薈(회)	高麗~朝鮮	三灘 松谷	文臣 字 茂叔 本貫 泰安 父 卿 司諫 著書 三灘集
李檜(회)	朝鮮仁祖	晚晤 雙溪	丙子胡亂節臣
李襘(회)	1607~1666	晚悟	文臣 字 子方 本貫 延安 父 昌庭 府尹
李淮(회)	朝鮮	遁菴	本貫 慶州 父 黽 祖父 吏佐
李薈(회)	朝鮮	清驍齋	本貫 固城
李澮(회)		錦溪堂	本貫 清安
李襘(회) →李檜			
李澮(회) →李薈			
李檜(회) →李薈			
李晦慶(회경)	1784~1866	鶴南	學者 字 敍九 本貫 慶州 父 養德 著書 鶴南文集
李晦光(회광)	1862~1933	晦光	僧侶 法名 師璿 著書 牧庵集
李會九(회구)	韓末~日帝	愚泉	
李晦斗(회두)	?~1813	貞居	學者 字 而章 本貫 平昌 父 顯挺 祖父 益采
李會明(회명)	1581~1911	黙隱	字 玉汝 本貫 鶴城 父 聖祿 著書 黙隱遺稿
李會穆(회목)	1876~1935	芋川 扐堂	學者 字 鴻卿 本貫 宣城 父 在洙 外祖 金達淵 著書 芋川遺稿
李會文(회문)	1869~1910	虞山 信舊	學者 字 虞卿 本貫 全義 父 毛培 外祖 李鍾三 著書 虞山集
李會撲(회박)		櫟翁	本貫 原州

人名	年代	號	其他
李回寶(회보)	1594~1669	石屛	文臣 字 文祥 本貫 眞寶 父 燉 宗簿寺正 著書 石屛集
李會三(회삼)		楊州釣叟	本貫 全州 父 以齡
李會相(회상)		晩圃	本貫 眞寶
李會淑(회슉)		歙谷	著書 文集
李晦淵(회연)	朝鮮正祖	白磵	本貫 全州 父 義悅 牧使
李晦淵(회연)		雲雪	著書 文集
李晦榮(회영)	韓末	壺齋	文臣 字 元明 同知中樞府事
李晦榮(회영)		龍湖	
李會榮(회영)	1866~1932	友堂	獨立運動家 本貫 慶州 父 裕承
李會源(회원)	1609~?	東匪	字 百宗 本貫 全義 父 慶林 著書 文集
李會元(회원)	1659~1719	白谷	文臣 字 遷初 本貫 慶州 父 緒胤 左承旨
李會一(회일)	1582~1613	睡軒	學者 字 極甫 本貫 碧珍 父 屹 外祖 李求仁 著書 睡軒遺稿
李晦章(회장)	朝鮮純祖	友鹿軒	本貫 碧珍 父 聖復
李會齋(회재)	韓末	台峰	學者, 文臣 字 一齋 本貫 全州 郡守 諡號 忠一
李會俊(회쥰)		鵝湖	本貫 全州 父 潤凡
李會中(회즁)		松齋	本貫 全州
李晦震(회진) →李晦慶			
李晦徵(회징)	朝鮮	鶴浦	本貫 延安 父 尚斌 祖父 景漢 進士
李會彰(회창)	1842~1907	一丫堂	學者 字 相直 本貫 全州 父 光凡 外祖 金永圭 著書 一丫堂遺稿
李會春(회츈)	1890~1907	曙山	著書 文集
李弘(횡)	朝鮮	雙栢亭	學者 本貫 驪州
李孝(효)	高麗	東湖	字 行元 本貫 陜川 父 悟 祖父 仡 封號 江陽君 諡號 文簡
李孝恭(효공)		玄亭	本貫 興陽
李孝根(효근)	1662~1713	蘇軒	文臣 字 百源 本貫 韓山 父 寅賓 正言
李效孟(효맹)	朝鮮	慕先堂	本貫 仁川 父 協 祖父 壽豪
李孝相(효상)		逸齋	著書 文集
李孝誠(효성)		震川	著書 震川先生全集
李孝秀(효슈)	朝鮮	黙齋	
李孝淳(효슌)	朝鮮後期	洛北	本貫 眞城
李孝植(효싀)	朝鮮後期	東谷	
李孝永(효영)		兜溪	著書 文集
李效元(효원)	1549~1629	長浦	文臣 字 誠伯 本貫 咸平 父 瓘 工曹判書

人名	年代	號	其他
李孝源(효원)	朝鮮後期	松崖 西溪	委巷人 字 百行 本貫 開城
李孝側(효측)	朝鮮中宗	雙溪 雙灘	本貫 固城 父 浤
李詡(후)	1471~?	敬齋	隱士 字 和翼 本貫 咸安
李厚(후)	1585~1613	酒峯	文臣 字 子厚 本貫 韓山 父 慶全 祖父 山海
李垕(후)	1611~1668	南谷	文臣 字 子重 本貫 全州 父 炯胤 洪州牧使
李煦(후)	1629~?	東川子	字 和叔 本貫 慶州 父 慶集 系 慶相
李煦(후)	朝鮮顯宗	怡菴	文臣 字 和叔 本貫 慶州 父 慶相
李瑋(후)	1694~1761	癯翁 灌翁	文臣 字 厚玉 本貫 延安 父 命熙 左議政 謚號 忠獻
李垕(후)	1773~1832	鰲隱	本貫 全州 父 時春 著書 文集
李垕(후)	1870~1934	朗山 求是軒	學者 字 善載 本貫 全州 父 昌禹 著書 朗山文集
李煦(후)	朝鮮	退巖	字 華仲 本貫 固城
李垕(후)		石南	著書 石南遺稿
李后(후)		蒙庵	本貫 禮安
李珝(후)		錦齋	本貫 咸平
李厚(후) →李垕			
李珝(후) →李瑀의 改名			
李垕甲(후갑)	朝鮮	松坡	本貫 仁川 父 景尹 祖父 祖仁
李厚謙(후겸)	1681~1724	舊庵	學者 字 子實 本貫 慶州 父 廈楷 系 廈構 外祖 曺夏英 著書 舊庵實紀
李厚慶(후경)	1558~1630	畏齋	學者 字 汝懋 本貫 碧珍 父 運 鄭逑 門人 追贈 兵曹參議 著書 畏齋集
李厚根(후근)	1572~1640	東村	字 仲會 本貫 全州 父 亨元 祖父 希得 通政
李厚根(후근)	朝鮮	槽溪	字 德初 本貫 固城 父 誠 副尉
李厚根(후근)		老泉	本貫 永川
李厚基(후기)	朝鮮仁祖	習靜	本貫 全義 父 耆俊 樂正
李垕東(후동)	朝鮮	坪村處士	字 春甫 本貫 固城
李垕晚(후만)	朝鮮後期	聲窩	字 得元 本貫 固城 李象靖 門人
李厚發(후발)	朝鮮	溪隱	本貫 碧珍 父 翰震
李後白(후백)	1520~1578	青蓮 松巢 泰宇	文臣 字 季眞 本貫 延安 父 國衡 封號 延陽君 謚號 文清 著書 青蓮集
李厚彬(후빈)	1867~1923	程川	著書 文集
李後山(후산)	1597~1675	雪坡	文臣 字 子高 本貫 龍仁 父 士慶 金壽賢 婿 刑曹參判
李厚三(후삼)	朝鮮	晚悍	本貫 星州 父 仁壽 祖父 萬齡
李垕星(후성)	朝鮮後期	黙窩	字 極元 本貫 固城

人名	年代	號	其他
李厚性(후성)	1857~1922	迂窩	字 德重 本貫 碧珍 父 顥潤 著書 文集
李垕陽(후양)	朝鮮後期	啞窩	字 德元 本貫 固城 李象靖 門人
李厚興(후여)	1586~1657	東皐	武臣 字 重夫 本貫 全州 父 成祿
李垕永(후영)	1973~1854	守庵	學者 字 榮汝 本貫 慶州 父 萬根 外祖 廉得光 著書 守庵集
李後榮(후영)	1649~1710	淸翁	字 士久 本貫 固城 父 黄 著書 淸翁遺集〈古自世獻〉
李厚源(후원)	1598~1650	南巷居士 南港居士 漫翁 迂齋	文臣 字 士深 本貫 全州 父 郁 外祖 黄廷彧 金長生 門人 封號 完南府院君 禮曹判書 諡號 忠貞
李厚遠(후원)		龜隱	本貫 永川 父 德漢
李后潛(후잠)	朝鮮顯宗	玄巖 玄菴	本貫 延安 父 惇叙
李厚在(후재) →李源在			
李后定(후정)	1631~1689	晚安堂	文臣 字 定叔 本貫 延安 父 惇臨 祖父 基高 兵曹參知
李垕宗(후종)	朝鮮	梅隱	本貫 仁川 父 景尙 祖父 由仁
李厚植(후직)		休隱	本貫 韓山
李厚眞(후진)	1644~1735	貞齋	字 元碩 父 克成 著書 文集
李後天(후천)	1591~1664	白痴	文臣 字 悠也 本貫 龍仁 父 士慶 永興府使
李後哲(후철)	朝鮮後期	農圃	本貫 眞城
李后泰(후태)	朝鮮顯宗	遊溪	文臣
李壎(훈)		松圃	著書 松圃公實錄
李塤(훈)		東里	本貫 咸平
李薰(훈)		思孝亭	本貫 陽城
李薰官(훈관)	朝鮮	孝思亭	
李熏浩(훈호)	1859~1932	芋山	學者 字 泰規 本貫 載寧 父 善欽 著書 芋山集
李蕙(훤)	1628~1679	道村	文臣 字 樂甫 本貫 全州 父 尙質 外祖 鄭曄 趙錫胤 壻 中樞府事 著書 道村遺稿〈家洲集〉
李烜(훤)	1708~?	睡翁 睡隱	書藝家 本貫 全州 封號 順義君
李煊(훤)	朝鮮肅宗	南村	本貫 咸平 父 樹吉
李烜(훤)		逸軒	字 晦甫 本貫 全州
李暄(훤)		臥龍齋	本貫 全州
李萱(훤) →李憲			
李徽(휘)	?~1450	松竹軒	文臣 字 美卿 本貫 陽城 父 思儉 工曹參議
李彙慶(휘경)	朝鮮	谷簾	字 幼敬 本貫 固城
李徽基(휘기)	1882~1967	鶴南	學者 字 淸鏡 本貫 碧珍 父 元爽 外祖 張斗奎 著書 鶴南文集

人名	年代	號	其他
李彙寧(휘녕)	1788~1861	古溪	字 君睦 本貫 眞寶 父 承淳 系 志淳 副摠管 著書 古溪集
李彙儋(휘담)	韓末	屛窩	本貫 眞城
李彙鄰(휘린)	韓末	容膝窩	本貫 眞城
李彙晃(휘면)	韓末	百拙	本貫 眞城
李彙潑(휘발)	韓末	痴軒	本貫 眞城 父 家淳 祖父 龜書
李彙炳(휘병)	朝鮮後期	素溪	本貫 眞城
李彙溥(휘부)	朝鮮後期	痴翁	本貫 眞城
李彙商(휘상)	韓末	耻庵	本貫 眞城
李彙壽(휘수)	朝鮮純祖	默隱	本貫 眞城 父 承淳
李彙秀(휘수)	朝鮮後期	苟棲	字 亨進 本貫 固城 著書 遺稿
李彙升(휘승)	韓末	湖隱	本貫 眞城
李彙陽(휘양)	朝鮮哲宗	垂潁軒	本貫 眞城 父 有源 參奉
李輝遠(휘원)	朝鮮純祖	然翁	本貫 全州 父 勉衡
李徽音(휘음)	→李徽晉		
李彙寅(휘인)	朝鮮憲宗	洛阜	本貫 眞城 父 大淳
李徽逸(휘일)	1619~1672	存齋 楮谷病隱	學者 字 翼文 本貫 載寧 父 時明 系 時成 張興孝 門人 著書 存齋集
李徽一(휘일)	→李徽逸		
李彙璋(휘장)	韓末	信齋	本貫 眞城
李彙載(휘재)	1795~1875	雲山	文臣 字 德輿, 德與 本貫 眞寶 父 林淳 外祖 權熙 漢城府右尹 著書 雲山集
李徽在(휘재)	1893~1944	龍巖	字 誠晦 本貫 全州 父 震復 著書 龍巖私稿山集
李彙政(휘정)	朝鮮哲宗	鈍菴	本貫 眞寶 父 野淳 參奉
李彙正(휘정)	朝鮮後期	東屛	本貫 眞城
李彙廷(휘정)	韓末	潢阜	本貫 眞城 父 彦淳
李輝正(휘정)	→李光正		
李彙祚(휘조)	朝鮮後期	松村	本貫 眞城
李彙濬(휘준)	1806~1867	復齋	文臣, 學者 字 深久 本貫 眞城 父 家淳 祖父 龜書 外祖 曹彦集 敦寧府都正 著書 復齋文集
李徽之(휘지)	1715~1785	老圃 耿介堂	文臣 字 美卿 本貫 全州 父 觀命 判中樞府事 諡號 文憲 著書 老圃集
李徽晉(휘진)	1575~?	歸巖	字 汝洽 本貫 慶州 父 介立
李徽晉(휘진)	1680~?	峴叟	字 仲進 本貫 咸平 父 景華
李徽哲(휘철)		獨樂窩 東溪	著書 獨樂窩遺稿
李彙馝(휘필)	朝鮮後期	吾廬	本貫 眞城

人名	年代	號	其他
李烋(휴)	朝鮮純祖	朗海	學者 著書 朗海集
李烋(휴)	朝鮮肅宗	崀齋	字 子膚 本貫 咸平 父 華相 祖父 之鎭
李荍(휴)		獨醒齋	本貫 咸豊 著書 獨醒齋公集〈咸豊李氏五賢遺稿〉
李烋復(휴복)	1568~1624	養拙亭	武臣 字 士長 本貫 仁川 父 賓
李烋運(휴운)	1597~1668	石屛	學者 字 嘉會 本貫 永川 父 士慶 外祖 徐言謙 著書 石屛文集
李烋禎(휴정)	朝鮮	雙栢亭	學者 字 君美 本貫 原州
李烋徵(휴징)	1607~1677	麻庵	文臣 字 善世 本貫 廣州 父 必成 外祖 申龍壽 著書 麻庵遺稿
李昕(흔)	朝鮮仁祖	松巖	文人 字 叔明 本貫 陝川
李俒(흔)	1839~?	玩士	字 益夫 本貫 延安 父 安善
李屹(흘)	1557~1627	蘆坡	學者 字 山立 本貫 碧珍 父 喜生 外祖 李士訓 著書 蘆坡文集
李忔(흘)	1568~1630	梧溪 桐溪 雪汀	文臣 尚中 本貫 慶州 父 天一 追贈 左贊成 諡號 忠章 著書 梧溪文集
李屹(흘) →李忔			
李屹後(흘후)		杏隱	本貫 慶州
李欽(흠)	朝鮮	愚齋	本貫 順天 父 忠益
李洽(흡)	高麗	經德齋	本貫 永川 父 松賢 版圖判書
李洽(흡)	1549~1608	醉菴	文臣 字 和甫 本貫 韓山 父 興晙 李增 門人 追贈 左贊成
李瀹(흡)	1684~1740	南溪 漫庵	字 子東 本貫 全州 父 山輝
李洽(흡)	朝鮮	雲庵	本貫 洪州 父 仁從
李翕(흡)		節士	字 和仲 本貫 牛峰
李興祿(흥록)	1598~1673	楸翁	字 成仲 本貫 韓山 父 克謙
李興林(흥림)		龜坪	本貫 咸平
李興門(흥문)	朝鮮後期	羽溪	
李興敏(흥민)	朝鮮憲宗	是迁 吴迁	文臣 字 君實 本貫 全義 父 翊會
李興渤(흥발)	1600~1673	雲巖	志士 字 油然 本貫 韓山 父 克誠 追贈 吏曹參議 著書 雲巖逸薰
李興勃(흥발) →李興渤			
李興商(흥상)	?~1465	謙難	字 子衍 本貫 慶州 祖父 達衷
李興秀(흥수)	1896~1973	松巖	大倧敎人
李興燁(흥엽)	朝鮮憲宗	愛日堂	孝子 本貫 溫陽
李興潤(흥윤)	1794~?	陶然居士	閭巷人 字 敬之 本貫 慶州

人名	年代	號	其他
李興儀(흥의)	朝鮮世宗	獨樂亭	文臣 字 鳳祥 本貫 西林 扶餘縣監兼公山鎮兵馬節制都尉
李興祖(흥조)	朝鮮明宗	整襟亭	文臣 字 鳳祥 本貫 舒川
李興祚(흥조)	朝鮮	耕窩	本貫 驪州 父 承慶
李興宗(흥종)	1717~1773	竹窓	文臣 吏曹參判
李興稷(흥직) →李弘稷			
李禧(희)	高麗恭愍王	養性齋	本貫 安城
李曎(희)	朝鮮世祖	淸湖	文臣 字 明仲 本貫 慶州 父 擔 觀察使
李熹(희)	朝鮮中宗	杏崗	字 汝晦 本貫 光州 父 好善 副提學
李熹(희)	1532~1593	栗里	文臣 字 子脩 本貫 延安 父 威壽 外祖 張仲雨 李滉 門人 郡守
李憘(희)	朝鮮宣祖	旅庵	本貫 全州 父 景栗
李僖(희)	朝鮮中期	伽隱	文臣 字 士善 本貫 星山 父 士訓 祖父 順祖 宣教郎
李熹(희)	朝鮮肅宗	友菴	文臣 字 悅道 本貫 載寧
李熺(희)	朝鮮肅宗	悠悠子	著書 悠悠子稿
李熺(희)	朝鮮肅宗	退軒	本貫 固城 宋時烈 門人
李曦(희)	朝鮮純祖	晩蘇	
李僖(희)	朝鮮	花溪	字 悅之 本貫 固城 祖父 國庠 著書 文集
李喜(희) →李熹			
李義甲(희갑)	1764~?	玉泉 平泉 平川	文臣 字 元汝 本貫 韓山 父 泰永 諡號 正獻
李希騫(희건)	朝鮮	竹谷	文臣 字 孝純 本貫 碧珍 直提學
李義健(희건) →李儀健			
李希儉(희검)	1516~1579	東皐 菊齋	文臣 字 景質 本貫 全州 父 裕 系 禎 外祖 姜璜 知經筵事 著書 東皐集
李熙謙(희겸)	1707~1770	靑野	字 士鳴 本貫 咸平 父 爕 著書 文集
李熙慶(희경)	朝鮮宣祖	鷲巖	文臣 字 善應 本貫 全州
李喜經(희경)	朝鮮	麝泉	文人 字 聖緯 本貫 陽城
李熙敬(희경)		雲山翁	本貫 全州
李熙慶(희경) →李頤慶			
李熙鯤(희곤)		夢華	本貫 永川 父 最秀
李希寬(희관)	朝鮮	三溪	本貫 星山 父 珪 祖父 宜仁
李熙久(희구)	朝鮮	謹庵	學者 本貫 驪州
李希國(희국)	1498~?	盧白	字 孝翁 本貫 陜川 父 允儉 著書 盧白集
李熙權(희권)		淸溪	本貫 全義
李熺奎(희규)		春峯	著書 文集

人名	年代	號	其他
李熙根(희근) →李頤根			
李希夔(희기)		無苟齋	著書 文集
李熙岱(희대)		西村	著書 西村集
李熙東(희동)		友石	本貫 永川 父 四秀
李希杜(희두)		三山齋	字 景仰 本貫 延安
李希得(희득)	1525~1604	荷潭 清潭	文臣 字 德夫 本貫 全州 父 令禎 知中樞府事 著書 荷潭日記
李羲洛(희락)	朝鮮成宗	鳴皐	字 丁翁 本貫 水原 父 養源 著書 鳴皐先生文集
李熙瓓(희란)	1849~1893	璧山	學者 字 希七 本貫 全義 父 仁植 外祖 李敬德 著書 璧山遺稿
李希良(희량)	1584~1645	大明 大明居士	武臣 字 馨哉 本貫 永川 父 名世 折衝將軍 著書 大明遺稿
李希亮(희량)	朝鮮	晩悟齋	字 德明 本貫 光山 察訪
李希齡(희령)	1697~1776	藥坡	學者 字 壽而 本貫 全州 父 萬重 著書 藥坡漫錄
李希魯(희로) →李希曾			
李羲老(희로)	1760~1792	蟾齋	學者 字 元卿 本貫 韓山 父 俊永 系 大永 外祖 鄭 漢奎 著書 蟾齋遺稿
李熙魯(희로)	1854~1915	東菴	字 聖瞻 本貫 星山 父 華杓 著書 文集
李希魯(희로) →李希曾			
李希滿(희만)	高麗	耘谷	本貫 永川
李希孟(희맹)	朝鮮成宗	益齋	文臣 字 伯淳 本貫 古阜 父 從根 都承旨 諡號 文安
李希孟(희맹)	朝鮮宣祖	林亭	本貫 全州 父 好仁 執義
李喜冕(희면)	朝鮮高宗	紹松	著書 紹松遺稿
李熙明(희명)	朝鮮宣祖	菊軒	字 而晦 本貫 固城 父 佑 李滉 門人
李希栟(희무)	1617~1683	忍齋	學者 字 後滋 本貫 眞城 父 弘挺 外祖 柳得春 成均 館司藝 著書 忍齋集
李喜聞(희문)	朝鮮高宗	松亭	學者 著書 松亭集
李羲文(희문)		梧軒	本貫 韓山
李希閔(희민)	朝鮮成宗	秋溪	本貫 陝川 父 允儉
李熙敏(희민)	韓末	細溪	孝子 本貫 順天
李羲發(희발)	1768~1849	雲谷	文臣 字 又文 初名 英發 本貫 永川 父 宜明 鄭東弼 門人 刑曹判書 諡號 僖靖 著書 雲谷文集
李喜白(희백)	1548~1608	臺嵒	著書 文集
李喜凡(희범)		醒石	本貫 全州
李希輔(희보)	1473~1548	安分堂	文臣 字 伯益 本貫 平壤 父 克文 知中樞府事 著書 安分堂詩集
李熙輔(희보)	1721~1804	鹿巢	文臣, 學者 字 載叔 本貫 延安 父 衡臣 外祖 金坤 嘉義大夫 著書 鹿巢遺稿

人名	年代	號	其他
李熙復(희복)	朝鮮	菊軒	本貫 廣州 父 遵慶
李希福(희복)		八峯	著書 文集
李喜鳳(희봉)		梧軒	著書 文集
李希富(희부)	朝鮮	竹圃	本貫 星山 父 珍 祖父 宜勇 通德郎
李義師(희사)		醉松	字 德仲 本貫 全義 父 崇漸 著書 醉松集
李希參(희삼)	朝鮮宣祖	魯齋 魯翁	學者 字 景魯, 好古 本貫 慶州 父 夢奎 著書 魯齋集
李熺緒(희서)		黙齋	本貫 咸平 祖父 驥運
李喜緒(희서)		松灘	本貫 全義
李喜石(희석)	1697~?	月村	文臣 字 安于 本貫 咸平 父 烜
李僖錫(희석)	1804~1889	南坡	學者 字 孝一 本貫 仁川 父 重楫 著書 南坡集
李熙爽(희석)	?~1867	瑞石	著書 瑞石遺稿
李熙爽(희석)	1816~1874	晚悔堂 晚悔	學者 字 聖汝 本貫 慶州 父 麟模 外祖 柳誠睦 著書 晚悔堂文集
李熙爽(희석)	1820~1883	瑞樵	學者 字 周輔 本貫 全義 父 昌植 外祖 李可郁 著書 瑞樵遺稿
李義錫(희석)	1849~1962	恥菴	本貫 全州 父 鉉敎 著書 恥菴遺集
李熙爽(희석) →李熙錫			
李禧錫(희석) →李心永의 初名			
李喜善(희선)	1530~1593	伯純	著書 文集
李義善(희선)		彌山	著書 文集
李希聖(희성)	朝鮮	梅菊軒	本貫 仁川 父 和仲 祖父 春馨
李熙世(희세)	朝鮮	玄谷	本貫 全州 父 鉉相
李憙孫(희손)	朝鮮	虞皮	本貫 順天 父 章克
李喜秀(희수)	1836~1909	景止堂 少南	書畫家 字 芝三, 尙王 本貫 慶州 父 壽男
李喜壽(희수)		棄棄齋	本貫 咸平 父 煒
李希舜(희순)	朝鮮中宗	岡閉	字 師聖 本貫 安岳 弘文館提學
李熙昇(희승)	1896~1989	一石	國語學者 本貫 全義 父 宗植 著書 國語學槪說
李希顔(희안)	1504~1559	黃江 安樂堂	學者 字 愚翁 本貫 陜川 父 允儉 金安國 門人 高靈縣監 著書 黃江集
李希顔(희안)		安樂堂	字 師聖 本貫 星州
李希陽(희양)		司圃	本貫 平昌
李義養(희양) →李義養			
李希烈(희열)		遠慮堂	
李義悅(희열)		湖雲	著書 湖雲先生文集
李喜英(희영)	?~1801	秋餐	書畫家, 天主敎人 本貫 陽城

915

人名	年代	號	其他
李縥縥(희영)	朝鮮後期	春史	本貫 慶州 父 秀民 祖父 致權
李喜玉(희옥)	朝鮮	長春	本貫 星州 父 塡烈 順陵參奉
李希鏞(희용)	朝鮮	紹石	本貫 德水 父 載瞰 祖父 圭憲
李熙容(희용)	1853~1931	雙石	字 國瑞 本貫 全義 父 淙植 著書 文集
李熹熊(희웅)	1562~1648	杞泉	文臣, 學者 字 廷尚 本貫 全義 父 彦恭 外祖 奉偉 禮曹佐郎 著書 杞泉集
李希元(희원)	朝鮮	訥菴	文臣 字 春華 本貫 楚山 敦寧府都正
李希元(희원)	朝鮮	稼隱	字 仲寶 本貫 固城
李喜元(희원)		隱跡堂	本貫 全州
李希音(희음)	1579~1601	避炎亭	學者 字 汝純 本貫 慶州 父 介立 外祖 閔雲瑞 著書 避炎亭遺稿
李希易(희이) →李希得			
李義益(희익)	朝鮮	古善臺	本貫 永川 著書 遺稿
李希益(희익) →李希孟			
李憙翼(희익)	1845~1904	敬堂	字 穪容 本貫 延安 父 勝愚 外祖 金冕喜 大司成
李禧翼(희익) →李憙翼			
李熙一(희일)	1702~1754	三疎齋	著書 文集
李義章(희장)	朝鮮	菱溪	本貫 道安 著書 菱溪集
李希程(희정)		愼拙齋	本貫 眞寶
李希禎(희정)		松岡	本貫 慶州
李喜朝(희조)	1655~1724	芝村 艮菴	文臣, 學者 字 同甫 本貫 延安 父 端相 祖父 明漢 金壽典 婿 宋時烈 門人 追贈 左贊成 諡號 文簡 著書 芝村集
李希祚(희조)	朝鮮	梨隱	本貫 古阜 父 汝敦 祖父 連集
李希鍾(희종)	朝鮮後期	春軒	
李義準(희준)	1775~?	溪西	文臣 字 平汝, 準汝 本貫 韓山 父 泰永 系 顯永 大司憲 著書 溪西野談
李義俊(희준)	1778~1889	德猋	著書 文集
李義俊(희준)		麥翁	本貫 碧珍
李熙中(희중)	朝鮮	八峰	本貫 驪州 父 德三 祖父 墥
李希曾(희증)	1486~1509	月暉堂 明暉堂	文臣 字 魯翁 本貫 陜川 父 允儉 李貴,鄭汝昌 門人 修撰
李喜之(희지)	1861~1722	凝齋 困齋	儒生 字 士復 本貫 全州 父 師命 著書 凝齋集
李義之(희지) →李徽之			
李希稷(희직)	朝鮮	東溪	字 士明 本貫 光山 副司直
李熙直(희직)		後谷	著書 文集

人名	年代	號	其他
李喜璿(희진)	朝鮮	聲世齋	
李喜璿(희진)	朝鮮高宗	遠齋	著書 遠齋集
李希進(희진)		傾齋	著書 傾齋先生文集
李希進(희진)		修齋	著書 文集
李禧鎭(희진)		浦窩	本貫 星山
李希昌(희창)		晚竹堂	本貫 羅州
李熙采(희채)	1848~1926	樂愚堂	著書 文集
李希天(희천)	朝鮮肅宗	滄洲	本貫 全州 父 惟重 著書 文集
李義天(희천)	→李義天		
李希哲(희철)	朝鮮端宗	松溪	本貫 德水 知縣
李希哲(희철)		遂軒	本貫 延安 父 德枝
李希春(희춘)	1574~1636	雲山	本貫 固城 父 慈
李熙春(희춘)	朝鮮英祖	菊圃	本貫 碧珍 父 柱天 生員
李希春(희춘)	朝鮮後期	考亭	字 和徵 本貫 固城 祖父 瑢
李熙春(희춘)	朝鮮後期	辣人	
李熙鐸(희탁)	1892~1956	松溪	著書 文集
李希綉(희투)		松隱	本貫 全州
李義八(희팔)	1796~?	小节	畫家, 文章家 字 河經 本貫 遂安
李義平(희평)	→李義準		
李喜豊(희픙)	1813~1886	松坡	學者 字 聖夫 本貫 延安 父 炳元 外祖 鄭在懿 著書 松坡遺稿
李希豊(희픙)	→李喜豊		
李熙赫(희혁)	1812~1882	枕泉 枕泉齋	學者 字 仲威 本貫 慶州 父 龍輔 外祖 李種憲 著書 枕泉齋遺稿
李喜煥(희환)	朝鮮英祖	例軒 例泉	學者 本貫 驪州
李希孝(희효)	朝鮮	龍湖	本貫 仁川 父 希聖 祖父 和仲
益運(익운)	1876~1915	景鵬	僧侶 本貫 金海 俗姓 金氏
翼宗(익종)	1809~1830	敬軒 淡如軒 鶴石 追尊王	字 德寅 明 昊 本貫 全州 父 純祖 外祖 金祖淳 謚號 孝明 著書 敬軒集
益化(익화)	1818~1975	雲坡	僧侶 俗姓 文氏
印箕東(기동)	韓末	嵋山	
印東植(동식)	韓末~日帝	菱石	
印邠(반)	高麗	草堂	文臣 本貫 喬洞 封號 蕎洞府院君 門下侍中 謚號 文貞
印丙植(병식)	韓末~日帝	小嵋	
印鳳植(봉식)	韓末~日帝	嵋下	
印三敬(삼경)		雅川	字 聖直 本貫 喬洞
印三權(삼권)	朝鮮燕山君	毅齋	本貫 喬洞
印瑞(서)	高麗	草堂	文臣 本貫 喬洞 封號 喬樹府院君 門下侍中
印性(인성)	1794~1877	洛波	僧侶

人名	年代	號	其他
仁性(인성)	朝鮮末	碧蓮	僧侶 俗姓 張氏
仁城君(인성군)	1588~1628	百忍堂	王族 本貫 全州 父 宣祖 諡號 孝愍 著書 百忍堂遺卷 〈先君遺卷〉
印悟(인오)	1548~1623	青梅	僧侶 字 默契 著書 青梅集
印定(인정)	1805~1883	道庵	僧侶 本貫 延安 俗姓 車氏
仁祖(인조)	1595~1649	松窓	王 字 和伯 本貫 全州 父 元宗 祖父 宣祖 外祖 具思 孟 陵 長陵
印鐵寬(철관)		望溪	本貫 喬洞
麟平大君(인평대군) →李㴭			
仁學(인학)	1826~1894	月華	僧侶 俗姓 尹氏
仁興君(인흥군) →李瑛			
印熙培(희배)		槐堂	本貫 喬洞
一禪(일선)	1488~1568	敬聖 敬聖堂 廣聖 禪和子 休翁	僧侶 本貫 蔚山 俗姓 張氏 父 鳳韓
一禪(일선)	1533~1608	靜觀 靜觀堂	僧侶 本貫 連山 俗姓 郭氏 著書 靜觀集
一然(일연)	1206~1289	睦庵 無極	僧侶 字 一然 名 見明 初字 晦然 俗姓 金氏 父 彦弼 諡號 普覺 塔號 靜照 著書 三國遺事
一玉(일옥)	1562~1633	震黙	僧侶 著書 語錄
一雲(일운)	朝鮮世宗	如庵	僧侶
日馨(일형)	1875~1942	錦虛 大蓮	僧侶 俗姓 姜氏
日華(일화)	朝鮮末	瑞巖	僧侶
任城(감) →任城			
林玒相(강상)		龍月堂	本貫 羅州
任璟(경)		玄湖	字 景玉
林景相(경상)		松茂齋	本貫 羅州 父 文洙
林敬洙(경수)	朝鮮後期	好古	
林景業(경업) →林慶業			
林慶業(경업)	1594~1646	孤松	將軍 字 英伯 本貫 平澤 父 莗 義州牧使 諡號 忠愍
任景愉(경유)		三常堂	本貫 豊川
任敬周(경주)	1718~1745	青川 青川子	學者 字 直中 本貫 豊川 父 適 外祖 尹扶 著書 青川子稿
林卿喆(경철)	朝鮮	青雲	字 有才 本貫 羅州 折衝將軍

人名	年代	號	其他
林景翰(경한)	朝鮮純祖	香泉	書藝家 字 君幹 本貫 沃溝
林㙂(계)	朝鮮仁祖	月窓 月滄	義兵 字 孟堅 本貫 羅州 父 悌 系 憻 縣監
林季微(계미)		梅窩	本貫 平澤
任啓英(계영)	1528~1597	三島	義兵將 字 弘甫 本貫 長興 父 希重 追贈 兵曹參判 著書 文集
任繼重(계중)	朝鮮中宗	晚節堂	字 子述 本貫 谷城 父 孝源
林桂宅(계택)		隱齋	本貫 長興
任琨(곤)	朝鮮	稼隱	學者 著書 稼隱遺稿
任袞(곤) →任克			
任公烈(공열)	1869~1933	欽齋	學者 字 聖武 本貫 豊川 父 興宰 著書 欽齋集
任公熺(공희)	1850~1917	聽竹	著書 聽竹集
任絖(광)	1579~1644	三休 三休堂 三休菴 豊川	文臣 字 子瀟 本貫 豊川 父 翊臣 系 禮臣 都承旨
林光胤(광윤)		寸草堂	本貫 平澤 生員
林光澤(광택)	?~1798	雙栢堂	閭巷詩人 字 施哉 本貫 寶城 司僕寺書吏 著書 雙栢堂遺稿
林光弼(광필)	1682~1743	聽悟軒	文臣 字 仲郞,仲亮 本貫 平澤 父 鳳輝 祖父 周錫 承旨
任敎宰(교재)		竹川	本貫 豊川
林喬鎭(교진)	1803~1864	荷汀 栢隱 笑翁 松石 荷谷居士	文人 字 伯臣 本貫 羅州 父 穎喆 著書 荷汀草稿
林九齡(구령)		月堂	本貫 善山
任國老(국로)	1537~1604	雲江 竹塢	文臣 字 鮐叟 初字 鮐卿 本貫 豊川 父 尹 外祖 權世傑 吏曹判書
林國哲(국철)	朝鮮世祖	錦岸	字 護溪 本貫 醴泉 校理
任權(권)	1486~1557	靜容齋 靜谷	文臣 字 士經 本貫 豊川 父 由謙 左參贊 諡號 貞憲 著書 靜容齋集
林權相(권상)		松溪	本貫 羅州 父 萬洙
林貴枝(귀지)	朝鮮	三松亭	文臣 本貫 長興 鴻山縣監
林龜夏(귀하)	朝鮮	素有軒	文臣 字 文端 本貫 羅州 僉知中樞府事
任龜鉉(귀현)	朝鮮末	田隱	字 聖求 本貫 長興
任龜鎬(귀호)		巢蓮	本貫 豊川
任奎(규)	高麗	壺隱	
林珪(규)	朝鮮中期	忠菴	壬辰義士 字 季長 本貫 羅州
任奎(규)	1620~1687	石門	文臣 字 文仲 本貫 豊川 父 俊伯 黃海道觀察使

人名	年代	號	其他
林圭(규)	1869~1948	北山 偶丁	獨立運動家 著書 北山散稿
任圭直(규직)	1851~1853	錦川	學者 字 容叔 本貫 豊川 父 百應 祖父 天常 著書 錦川集
任謹(근)	朝鮮中宗	柏軒	字 敬仲 本貫 長興
林謹(근)	朝鮮中宗	津翁	字 季勝 進士
林根(근)	朝鮮	雨坡	本貫 醴泉 父 敬連
林謹明(근명)		農窩	本貫 醴泉
林肯洙(긍수)	朝鮮純祖	玄居	本貫 羅州 父 翰鎭 吏曹判書 諡號 文獻
林芑(기)	朝鮮	乘胡子	委巷人 本貫 開寧
林芑(기) →任包			
任琪南(기남)	朝鮮高宗	毅齋	字 應叟 本貫 長興
林基東(기동)		月塘	本貫 長興
林起鄧(기등)	朝鮮中宗	錫湖	本貫 蔚珍 平昌訓導
任冀溥(기부)	1881~1950	小竹	著書 小竹遺稿〈聽竹集〉
任器之(기지)	1586~1656	薪谷	文臣 字 國華 本貫 豊川 父 錬
林琦喆(기철)	朝鮮	後亭	本貫 扶安 父 魯軾
林基春(기춘)		月潭	本貫 長興 父 衡
林基洪(기홍)		西湖	本貫 平澤
林樂豊(낙풍)	1797~1866	寒泉齋	學者 本貫 兆陽 父 尚愚 外祖 金思祚 著書 寒泉齋遺稿
林蘭(난) →朴蘭			
林蘭秀(난수)	1342~1407	獨樂堂 獨樂亭	本貫 扶安
任鼐臣(내신)	1512~?	漁隱	文臣 字 調元 本貫 豊川 父 柱 李滉 門人 全州府尹
林鼐臣(내신) →任鼐臣			
任魯(노)	1755~1828	潁西 潁西居士	學者 字 得汝 本貫 豊川 父 宗周 任聖周 門人 忠原縣監 著書 潁西集
林魯聲(노성)		蘆下堂	
林魯軾(노식)	朝鮮	羅史	本貫 扶安 父 學祚
林魯昶(노창)		桂隱	
林㟽(단)	朝鮮	夢村	本貫 羅州 父 恢
林達植(달식)	朝鮮	斗峯	字 希道
林㙻(담)	1596~1652	清癯	文臣 字 載叔 本貫 羅州 父 㥠 追贈 領議政 諡號 忠翼 著書 清癯集
任大年(대년)		大隱庵	字 壽卿 本貫 長興
林大仝(대동) →林大全			
任大有(대유)	朝鮮宣祖	耳巖	本貫 長興 進士

人名	年代	號	其他
林大全(대전)	1432~1503	晚節 晦軒	文臣 字 貞叔 本貫 羅州 父 全性 祖父 尚梓 著書 文集
林大機(대기)	朝鮮	退思	字 公琢 本貫 安義 松禾縣監
任大晋(대진)		國士齋	本貫 長興
林大塤(대훈)		啓菴	著書 啓菴集
林德齡(덕령) →林億齡			
林德生(덕생)		晚悔堂	本貫 羅州 祖父 樞鎭
林德秀(덕수)	朝鮮	水村	文臣 字 峻汝 本貫 羅州 戶曹參判
任悳淳(덕순)		豊南	
林德躋(덕제)	1722~1774	三好 三好堂	文臣 字 士經, 仲成 本貫 平澤 父 光弼 追贈 禮曹判書 諡號 忠獻
林德隮(덕제) →林德躋			
林德恒(덕항)	朝鮮英祖	靜窩	本貫 平澤 父 光弼
林德鎬(덕호)	韓末~日帝	白雲	
任道三(도삼)	1647~?	滄洲	字 一之 本貫 豊川 父 翰登
林道煥(도환)		梅隱	
林澂(돈) →朴澂			
林敦圭(돈규)		松塢	本貫 羅州 父 濟默 著書 文集
林埄(동) →林埄			
林董(동) →林薰			
林東錫(동석)	1875~1961	石谷	
任東宣(동선)	1892~1960	守菴	著書 文集
任桐元(동원) →任相元			
林東翊(동익)		龍岡	著書 龍岡集
林東漢(동한)		晚樵	本貫 醴泉
林逗春(두춘)		水翁	本貫 長興
林得良(득량)	朝鮮後期	若水齋	委巷人 字 子田 祖父 聲遠 本貫 會津
林得老(득로)	朝鮮	瞽聲	文臣 本貫 平澤 承政院左副承旨
林得明(득명)	1767~?	松月 松月軒	委巷人, 書藝家 字 子道 本貫 會津 父 必昌 鄭敾 門人 奎章閣書吏 著書 松月漫錄
林得蕃(득번)	朝鮮中宗	石泉	字 衍卿 本貫 恩津 進士 父 自麻
林得悅(득열)		竹溪	本貫 平澤
林得雨(득우)	朝鮮後期	碧隱	委巷人 字 士夏 本貫 羅州
林萬洙(만수)		竹溪	本貫 羅州
林晚榮(만영)	朝鮮	海雲	文臣 字 士成 本貫 平澤 左承旨
林滿容(만용)	朝鮮	仁齋	本貫 扶安 父 孝建

人名	年代	號	其他
林萬彙(만휘)	1783~1834	晚聞	學者 字 茹一 本貫 醴泉 父 興大 著書 晚聞遺稿
任邁(매)	朝鮮	葆和齋	文人 字 伯立 本貫 豊川 父 陞
林晃洙(면수)	1874~193	必東	獨立運動家
林明胤(명윤)	→朴明胤		
任命台(명태)	1677~?	西坡	字 應三 本貫 豊川 父 世重
林明喆(명철)	朝鮮	鳳隱	字 俊明 本貫 扶安
林穆(목)		獨樂	本貫 扶安 著書 文集
任夢臣(몽신)	1519~?	淑齋	字 景說 本貫 豊川 父 楨
任蒙正(몽정)	1559~1602	雲湖	文臣 字 直初 本貫 豊川 父 國老 祖父 尹 外祖 韓 垣 大司成
林茂悅(무열)	朝鮮	雲齋	文臣 字 成殷 本貫 蔚珍 軍資監正
林無畏(무외)		櫟山	著書 櫟山集
林文奎(문규)	?~1904	杏園	著書 杏園遺稿
林文根(문근)	朝鮮	鶴庵	文臣 字 云植 本貫 醴泉 吏曹參議
林文洙(문수)	1802~?	尚黙齋	本貫 羅州 父 馥
林敏商(민상)	朝鮮	鷗湖	
林璞(박)		松湖	本貫 平澤
任發英(발영)	朝鮮宣祖	瓦軒	字 時彦 本貫 長興 父 希聖 追贈 刑曹判書
任堕(방)	1640~1724	水村 愚拙翁 愚拙齋	文臣 字 大仲 本貫 豊川 父 義伯 外祖 宋時烈 宋 浚吉 門人 右參贊 諡號 文僖 著書 水村集
任方柱(방주)	朝鮮	市隱	本貫 豊川 父 浩範
林配后(배후)	1718~1784	龍村	文臣 字 伯厚 本貫 平澤 司憲府持平
林柏(백)	朝鮮明宗	湖隱	本貫 羅州 父 世蕃
任百經(백경)	1778~1865	荷漪	文臣 字 文卿 本貫 豊川 父 存常 右議政 諡號 文貞 著書 紫閣漫稿
任百經(백경)		紫閣	
林白圭(백규)		松隱	本貫 羅州
任百基(백기)		晚悔堂	本貫 豊川
任百淵(백연)	1802~1866	鏡浯	
林百齡(백령)	?~1546	槐馬	文臣 字 仁順 本貫 善山 父 遇亨 朴祥 門人 封號 崇善府院君 諡號 昭夷 改諡 文忠 右贊成
任百英(백영)	朝鮮明宗	花洞	文臣 字 弘彦 本貫 長興 父 希重 府使
任百熙(백희)	朝鮮後期	東黎	字 君元 本貫 豊川 父 翼常
任炳琯(병관)	朝鮮高宗	竹坡	字 文初 本貫 長興
任秉箕(병기)		農郭 晚農	字 景仁 本貫 豊川

人名	年代	號	其他
林炳黙(병묵)	朝鮮	又隱	字 正中 本貫 羅州 嘉善大夫
林秉文(병문)		錦坡	本貫 醴泉
林炳奉(병봉)	朝鮮	明皐	本貫 平澤 父 性植
林秉淵(병연)	朝鮮	晚悔亭	本貫 醴泉 父 栢漢
林炳郁(병욱)		錦溪	本貫 羅州
林炳雲(병운)		五柳齋	本貫 羅州 父 逸相
林炳元(병원)		愼軒	本貫 羅州
林炳宜(병의)	1868~1933	湖隱	
林炳周(병주)		敬齋	
林炳志(병지)	1874~1944	果軒	
林炳稷(병직)	1893~1976	小竹	獨立運動家 政治人 著書 小竹回顧錄
林炳瓚(병찬)	1855~1926	邇軒	愛國志士 字 中玉 本貫 平澤 父 榕來 獨立義軍府全羅南道巡撫大將 著書 邇軒遺稿
林秉瓚(병찬) →林炳瓚			
林炳擇(병택)	1862~1926	矯菴	著書 文集
林炳學(병학)		然好齋	本貫 羅州
林炳漢(병한)	1855~1900	晦亭	學者 字 聖仲 本貫 會津 父 應相 外祖 尹士彬 著書 晦亭遺稿
林炳會(병회)	朝鮮	錦江	文臣 字 春卿 本貫 羅州 漢城判尹
林寶樹(보수)	朝鮮中宗	龍村 春亭	文臣 本貫 平澤 司憲府持平
任輔臣(보신)	?~1558	樵圃	文臣 字 弼仲 本貫 豊川 父 樞 外祖 南孝溫 刑曹參議 著書 丙辰丁巳錄
林復(복)	1521~1756	楓巖	文臣 字 希仁 本貫 羅州 父 鵬 博士
林復炫(복현)	朝鮮	三省齋	本貫 扶安 父 祥材
林俸(봉)		蓮汀	著書 文集
林鳳圭(봉규)	1848~1910	只山	學者 字 翰卿 本貫 羅州 父 心黙 外祖 尹必善 著書 只山遺稿
林逢榮(봉영)	朝鮮	永菴	文臣 字 榮壽 本貫 平澤 楚山府使
林鳳厚(봉후)		東山	字 重醇 本貫 寶城
林嶂(부)	朝鮮仁祖	陽軒	字 泰萬 本貫 平澤 父 得義
林嶂(부)		無何堂	本貫 平澤
林鵬(붕)	1486~?	歸來堂 歸來亭	文臣 字 仲擧 本貫 羅州 父 枰 兵使
任思敬(사경)	1686~1757	靜學齋	字 汝直 本貫 豊川
任思國(사국)		懶翁	字 聖甫 本貫 長典
林師魯(사노)	朝鮮	藝谷	
林士元(사원)		杏窩	本貫 羅州
林師賢(사현)	朝鮮	雲谷	字 君聖 本貫 蔚珍 嘉善大夫

人名	年代	號	其他
任湘(상) →任叔英의 初名			
林祥桂(상계)	朝鮮	藝窗	委巷人 字 伯榮 本貫 慶州
林庠圭(상규)		誠堂	本貫 羅州
林尚杞(상기)		石峯	本貫 羅州 父 有巢
林象德(상덕)	1687~1719	老村	文臣, 學者 字 潤甫, 彝好 本貫 羅州 父 世恭 系 世溫 外祖 李逈生 大司諫 著書 老村集
林相道(상도)		湖隱居士	本貫 善山
林相洛(상락)		城隱	本貫 醴泉
林尚沃(상옥)	1779~1855	稼圃	貿易商人 字 景若 本貫 全州 父 鳳鵑 龜城府使 著書 稼圃集
林尚愚(상우)	1761~1823	愚谷	學者 字 民瞻 本貫 兆陽 父 光洽 外祖 柳時坤 著書 愚谷遺稿
任相元(상원)	1638~1647	恬軒 南厓	文臣 字 公輔 本貫 豊川 父 重 外祖 李更生 右參贊 諡號 孝文 著書 恬軒集
林相元(상원)	朝鮮	三一	著書 三一遺稿
任相翼(상익)	朝鮮	重軒	隱士 字 可遠 本貫 豊川 著書 重軒雜著
林尚榟(상재)	朝鮮太宗	晚悔	本貫 羅州
林象鼎(상정)	朝鮮仁祖	自娛 自娛堂	文人 字 德重 本貫 羅州
任相舟(상주)	朝鮮顯宗	强睡軒	本貫 長興
林相澈(상철)		錦雲	本貫 羅州
林相澤(상택)		松岳	著書 松岳集
林尚澤(상택) →林昌澤			
林相鶴(상학)		碧亭	本貫 醴泉 祖父 鎭愚
林尚英(상협)	朝鮮	醉翁	委巷人 字 聖瑞 本貫 寶城
任尚鎬(상호)	1837~?	海隱	本貫 豊川 父 準
林相熙(상희)	1858~1931	錦愚	著書 錦愚遺稿
林瑞(서)	朝鮮中期	夢村	文臣 字 實之 本貫 羅州 五衛將
林㥠(서)	1570~1624	石村	文臣 字 子愼 本貫 羅州 父 復 同知中樞府事 著書 石村遺稿
林耑(서) →林端			
林瑞桂(서계)	朝鮮	芸窓	委巷人 字 伯榮 本貫 慶州
林瑞桂(서계) →林祥桂			
林錫圭(석규)	朝鮮	湖史	字 禹玄 本貫 羅州 司憲府監察
任碩齡(석령)	1565~1628	石江	文臣 字 汝壽 本貫 豊川 父 繼老 祖父 呂官 江原道觀察使
林爽榮(석영)	?~1911	敬所	著書 敬所私稿

人名	年代	號	其他
林錫周(석주)	朝鮮後期	梅軒處士	本貫 平澤 父 溜
林錫憲(석헌)	朝鮮肅宗	養拙齋	文人 字 汝三 本貫 羅州 著書 文集
林碩馨(석형)	1751~1816	龍巖	字 遠卿 本貫 恩津 父 尙權 著書 龍巖遺集
林愃(선)	朝鮮宣祖	百花亭	本貫 羅州 父 晉
任珖(선)	1714~?	紫崖	字 用修 本貫 豊川 父 守寬
任選(선)	朝鮮中期	恥齋	本貫 豊川 父 世鼎
林壿(선)	朝鮮	清耀	本貫 羅州 判書
林愃(선) →林懂			
林先味(선미)	高麗	杜門齋 休庵	忠臣 字 養大 本貫 平澤 父 仲沇 著書 文集
任善伯(선백)	1596~1656	雪汀	文臣 字 慶餘 本貫 豊川 父 章
林善相(선상)		松圃	
任珹(성)	1713~?	羞菴	文臣 字 聖振 本貫 豊川 父 守憲 追贈 吏曹判書 謚號 忠僖
林成乾(성건) →朴成乾			
任聖皐(성고)	朝鮮	偶然翁	武臣 字 仲岸, 德民 本貫 豊川 父 崔 刑曹判書 謚號 武毅 改謚 忠貞
任聖模(성모)	朝鮮	醉竹	文臣 字 元始 本貫 豊川 同知中樞府事
林成茂(성무)		止齋	本貫 蔚珍
林聲遠(성원)	朝鮮英正祖	愚園	詩人 字 達夫 本貫 會津 著書 愚園集
任聖周(성주)	1711~1788	鹿門	學者 字 仲思 本貫 豊川 父 適 李縡 門人 追贈 吏曹判書 謚號 文敬 著書 鹿門集
任聖周(성주) →任靖周			
林成燦(성찬)		松磵	本貫 善山
林聖喆(성철)	朝鮮	雲巖	本貫 扶安 父 魯相
林性澤(성택)		松坡	本貫 羅州
林性煥(성환)	朝鮮	梅農	委巷人 字 君善 本貫 寶城
任世耆(세기)		獨醒齋	本貫 豊川 祖父 器之
林世明(세명)	朝鮮	夏亭	本貫 恩津 父 東發
林世味(세미)	高麗	滿溪	本貫 平澤
林世蕃(세번)		晦窩	本貫 羅州 祖父 峻 進士
任世復(세복)	1655~1704	日新齋	學者 字 大亨 本貫 豊川 父 寔 祖父 器之 著書 日新齋遺稿
林世溫(세온)	朝鮮仁祖	梨湖	文人 字 眞卿 本貫 羅州
任世益(세익)	朝鮮仁祖	草堂	本貫 豊川 祖父 器之
任世章(세장)	1637~1695	暮醒堂	學者 字 汝貞 本貫 豊川 父 景尹 外祖 朴晉慶 著書 暮醒堂逸稿

人名	年代	號	其他
林世亨(세형)	朝鮮	平溪	字 元仲 本貫 蔚珍 同知中樞府事
林世謹(세환)	朝鮮	天寶	字 厚日 本貫 羅州 軍資監正
林霄漢(소한)	1856~1931	溪窩	
林松齡(송령)	朝鮮	三睡堂	本貫 平澤 司憲府持平
林洙(수)		湖菴	本貫 平澤
任守幹(수간)	1665~1721	遯窩	文臣, 學者 字 用譽, 用汝 本貫 豊川 父 相元 追贈 吏曹參判 著書 遯窩遺稿
林守謙(수겸)	朝鮮世宗	葛谷 愼翁	文臣 字 益之 本貫 安陰 父 允生 祖父 茂 副提學
林秀卿(수경)	朝鮮端宗	醉亭	本貫 鎭川 父 得齊
林壽根(수근)	朝鮮	月山	文臣 字 五兼 本貫 扶安 工曹參判
林守謹(수근) →林守謙			
林秀民(수민)	朝鮮	聲齋	文臣 字 士俊 本貫 扶安 同知中樞府事
林守業(수업)	朝鮮	一善堂	文臣 字 社守 本貫 平澤 都承旨
林壽昌(수창)	1426~1501	文惠	文臣 字 城圓 本貫 平澤 父 命山 同知中樞府事
林守春(수춘)	朝鮮宣祖	澹澹齋	本貫 羅州 父 柏
任叔英(令영)	1576~1623	疎庵 東海散人	文臣 字 茂叔 初名 湘 本貫 豊川 父 奇 外祖 鄭圭 衍 追贈 副提學 著書 疎庵集
任叔瑛(숙영) →任叔英			
任叔營(숙영) →任叔英			
林淑亨(숙형)	朝鮮	恩盛	字 文竹 本貫 蔚珍 忠武衛司果
任啢(순)	朝鮮英祖	愚軒	字 景珍 本貫 豊川 父 守幹 著書 愚軒遺稿
林尙(순)	朝鮮	海隱	文臣 字 子忱 本貫 羅州 節度使
林舜宇(순우)	朝鮮	四而堂	文臣 本貫 平澤 工曹參議
林淳苤(순필)	朝鮮	晩拙齋	本貫 平澤 父 益鉉
林承慶(승경)	朝鮮	花川	字 可遠 本貫 蔚珍 同知中樞府事
林承信(승신)	1557~1606	西澗	本貫 恩津 父 芸 著書 文集
任時九(시구)	朝鮮英祖	下谷	學者 字 成甫 本貫 西河 父 昌夏
林時郁(시욱)	朝鮮	梅峰	文臣 字 斗星 本貫 平澤 平安兵使
任時尹(시윤)		巨谷 居谷	字 奉叟 本貫 長興
任時準(시준)	朝鮮憲宗	清河	本貫 豊川 父 百宜
林時英(시협)	朝鮮	茶谷	委巷人 字 蘽老 本貫 寶城
林植(식)	1539~1589	松坡	文臣, 學者 字 叔茂 本貫 平澤 父 貞秀 外祖 李 震男 著書 松坡遺稿
林信枝(신지)	朝鮮	洛村	本貫 長興 宣撫郎

人名	年代	號	其他
任氏夫人(임씨부인)	1721~1793	允摯堂	女流文人 本貫 豊川 父 適 夫 申光裕 著書 允摯堂遺稿
任量九(양구)		南漢 南溪	本貫 豊川
林養吾(양오)	朝鮮	花川	委巷人 字 浩然 本貫 沃溝
林樑材(양재)		玉田	
林讓鎬(양호)		南坡	著書 南坡文稿
林億齡(억령)	1496~1568	石川 荷衣 海翁	文臣 字 大樹 本貫 善山 父 遇亨 祖父 秀 外祖 朴子回 朴祥 門人 潭陽府使 著書 石川集
林彦京(언경)	朝鮮	樵堂	字 子春 本貫 長興 通德郎
林彦國(언국)		竹軒	本貫 平澤
林彦脩(언수)	高麗	桂軒	文臣 本貫 平澤 封號 平城府院君 門下侍中平章事 諡號 忠貞
林彦修(언수)	高麗	桂軒	本貫 長興
林㥧(업) →林愭			
林汝芳(여방)		農山	字 弼卿
林汝松(여송)	朝鮮	虛齋	
任兗(연)	1569~?	棠湖	文臣 字 子正 本貫 豊川 父 榮老 承旨
林堜(연)	1589~1654	夢坡 閑好 閑好翁	文臣 字 東野 本貫 羅州 父 愭 承旨
林埏(연)	1778~1848	月渚	本貫 羅州
林璉黙(연묵)		梧岡	本貫 羅州
任說(열)	1510~1591	南坡 竹溪 竹岸 竹厓 竹崖	文臣 字 君遇 本貫 豊川 父 明弼 知中樞府事 諡號 文靖
任廉(염)	1778~1848	蟾泉	字 直汝 著書 蟾泉漫筆
林泳(영)	1649~1696	滄溪 滄洲	文臣, 學者 字 德涵 本貫 羅州 父 一儒 外祖 趙錫馨 李端相, 朴世采 門人 副提學 著書 滄溪集
林英(영)	朝鮮	道溪	文臣 本貫 恩津 追贈 都憲
林英(영)	朝鮮	野隱	本貫 扶安 父 應春 縣監
任英彬(영빈)	1890~?	石溪	文人
林永相(영상)	1685~1931	然石	著書 文集
任永信(영신)	1899~1977	承堂	政治家, 敎育者 父 九恒 外祖 金敬順
林永喆(영철)	朝鮮	栗村	文臣 字 錫汝 本貫 扶安 秘書院丞
林暎澤(영택)		晩松	本貫 羅州
林泳八(영팔)		野堂	本貫 平澤
林藝(예) →林芸			

人名	年代	號	其他
任禮之(예지)		志庵	本貫 長興 父 浚
林禮煥(예환)	1865~1949	淵菴	己未獨立宣言33人
林玉山(옥산)	1432~1502	菊軒	武臣, 學者 字 仁甫 本貫 兆陽 父 士綱 外祖 高淳 兵曹判書 著書 菊軒遺稿
林沃碩(옥석)	朝鮮	小村	字 順天 本貫 長興 嘉善大夫
任容權(용권) →任權			
林龍相(용상)	1877~1958	中虎	義兵將 字 忠瑞 本貫 羅州 父 孝洙
任龍材(용재)	朝鮮純祖	晚悔	字 仁用 本貫 長興
林祐(우)	1562~1599	忘憂堂	內官 字 德應 本貫 平澤 父 鐵 崇政大夫
林遇春(우춘)	朝鮮	草隱	字 敬夫 本貫 羅州 右承旨
林彧(욱)	朝鮮世宗	鶴東	文臣 字 士笏 本貫 蔚珍 堤川郡守
林芸(운)	1517~1602	瞻慕堂 蘆洞 蘆洞 散人	文臣, 學者 字 彦成 本貫 恩津 父 得蕃 李滉 門人 延恩殿參奉 著書 瞻慕堂集
林芸秀(운수)	朝鮮	蓮湖	字 國老 本貫 蔚珍 嘉善大夫
林熊(웅)		春雨堂	本貫 長興 祖父 桂宅
任遠(원)	1748~?	西疇	字 致叔 本貫 豊川 父 世復
任瑗(원)	朝鮮	安所	
任瑗(원)		眞忘窩	著書 眞忘窩遺稿
林垣(원) →林坦			
林元相(원상)		耕隱	
任元濬(원준)	1427~1500	四友堂	文臣, 學者 字 子深 本貫 豊川 父 肩 封號 西河君 左贊成 諡號 胡文 著書 瘡疹集
林瑋(위)	朝鮮仁祖	東里 無悶堂 無閑 堂	學者, 文臣 字 平仲 本貫 會津 父 悏 金長生 門人 持平
任瑋(위)	1701~?	柴厓	文臣 字 景潤 本貫 豊川 父 守朝 大司諫 諡號 忠烈
林㠎(위) →林瑋			
林瑜(유)	朝鮮	丹泉	委巷人 字 元瑜 本貫 羅州
林燦植(유식)	1894~1971	沃野	獨立運動家
林維正(유정)		襄陽	
林有琮(유종)		芝湖	本貫 扶安
任有浚(유준) →任有後			
任有後(유후)	1601~1671	萬休 萬休堂 休窩	文臣 字 孝伯 本貫 豊川 父 守正 追贈 吏曹判書 諡號 貞僖 著書 萬休堂集
任熵(육)		矩齋	字 汝輝 本貫 豊川 生員
任允(윤) →任兗			

人名	年代	號	其他
林允德(윤덕)	高麗恭愍王	杜門齋	文臣 本貫 醴泉 判典客寺事
林潤燮(윤섭)	朝鮮	悔軒	本貫 醴泉 父 秉淵
任尹聖(윤성)	朝鮮宣祖	淑溪	字 商卿 本貫 晉州
任誾(은)	朝鮮宣祖	竹潭	字 碩公 本貫 長興
林殷燮(은섭)	朝鮮	悟岡	本貫 醴泉 父 秉淵
林乙南(을남)		果齋	著書 果齋遺稿
林崇(음)		圭川	字 士篤 本貫 羅州
林應起(응기)	朝鮮	退憂	文臣 字 詳彦 本貫 平澤 封號 平澤君 中樞府事
林應相(응상)	朝鮮後期	南下	
林應聲(응성)	1806~1866	菊隱	學者 字 鍾休 本貫 醴泉 父 萬彙 外祖 李泰晩 著書 菊隱遺稿
任應準(응준)	1816~1883	澹齋	文臣 字 在田 本貫 豊川 父 百秀 藝文館提學 著書 澹齋集
任懿(의)		石川	本貫 長興
任義伯(의백)	1605~1667	今是堂 晩閑	文臣 字 季方 本貫 豊川 父 兗 祖父 榮老 金尙 婿 金長生 門人 工曹參判兼副摠管
任義百(의백) →任義伯			
林宜煥(의환)	朝鮮	蘭皐	委巷人 字 晦而 本貫 會津 父 得明
林履命(이명)	朝鮮	竹圃	字 公叔 本貫 蔚珍 忠武衛司果
林益彬(익빈)	1680~1744	農軒	文臣 字 有文 本貫 蔚珍 父 柱旻 金翊祉 門人 北青 府使
任翼常(익상)	朝鮮正祖	青墅 玄溪	文臣 字 景文 本貫 豊川 父 魯 執義
林益蓀(익손)	朝鮮宣祖	潭豊	壬辰義士 字 周元 本貫 長興
林益憲(익헌)		黙齋	本貫 長興 父 桂宅
林仁幹(인간)	朝鮮	仁菴	文臣 字 人汝 本貫 平澤 漢城判尹
林仁圭(인규)	1873~1951	晦亭	著書 晦亭遺稿
林一桂(일계)	朝鮮	勇軒	文臣 字 簿敬 本貫 長興 訓練判官
林日文(일문)	朝鮮	雲巖	文臣 字 光烈 本貫 醴泉 惠山僉使
林逸相(일상)		野隱	本貫 羅州
任自圭(자규)	朝鮮	溪隱	文臣 字 國珍 本貫 羅州 司僕寺正
任子堂(자당)		寶燕	字 世構 本貫 長興
任子松(자송)	高麗	虛齋	本貫 豊川 父 澍 封號 西河君
任子順(자순)	高麗	和齋	文臣 本貫 豊川 父 子松 白彛正 門人 典書
任章淳(장순)		農浦	字 文伯 本貫 豊川 父 秉箕
任長源(장원)	1734~1804	葵庵 愼忍齋	學者 字 會一 本貫 長興 父 鏡泰 著書 葵庵集

人名	年代	號	其他
林長儒(장유)	朝鮮仁祖	栗翁	本貫 羅州 父 㯐 系 墥
林在鳳(재봉)	朝鮮	松軒	本貫 扶安 父 光雨
林再華(재화)	朝鮮	德溪	本貫 羅州 父 碩茂
任適(적)	1685~1728	老隱	文臣 字 道彦 本貫 豊川 父 士元 咸興判官 著書 老隱集
任錪(전)	1560~1611	鳴皐	文臣, 學者 字 寛甫 本貫 豊川 父 允臣 成渾 門人 追贈 執義 著書 鳴皐集
任墺(전) →任錪			
林哲圭(철규)	朝鮮	磻巖	
林整(정)	1356~1413	輔德	文臣 字 雲峰 本貫 平澤 父 台順 刑曹判書 諡號 恭惠
林頲(정)	1554~1636	龍谷	隱士 字 直卿 本貫 扶安 父 大鳴 著書 文集
任珽(정)	1694~1750	厄齋 危齋 扈齋	文臣 字 聖方 本貫 豊川 父 守迪 大司成 諡號 忠獻 著書 厄齋集
任淨(정)	朝鮮	梅溪	文臣 字 道中 本貫 羅州 府使
林貞圭(정규)	朝鮮	黙菴	文臣 字 學魯 本貫 羅州 敦寧都正
林廷彦(정언)	朝鮮	閒田堂	文臣 字 士美 本貫 兆陽 參奉
林鼎汝(정여)	朝鮮後期	斗湖	
林淨一(정일)	朝鮮	梅溪	字 道仲 本貫 羅州 父 一儒 江華留守
任廷式(정식)	朝鮮	杜村	
林廷彦(정언)	朝鮮	閒田堂	文臣 字 士美 本貫 兆陽 參奉
林鼎汝(정여)	朝鮮後期	斗湖	
林淨一(정일)	朝鮮	梅溪	字 道仲 本貫 羅州 父 一儒 江華留守
任靖周(정주)	1727~1796	雲湖	學者 字 穉恭 本貫 豊川 父 適 外祖 尹扶 清山縣監 諡號 文敬 著書 雲湖集
任正學(정학)		洪烟	
林悌(제)	1549~1587	白湖 謙齋 碧山 嘯痴 楓江	文人 字 子順 本貫 羅州 父 晋 禮曹正郎 著書 白湖集
林濟黙(제묵)		愼慕堂	本貫 羅州 父 德相
林濟民(제민)	1558~?	義庵	學者 字 仁伯 本貫 會津 父 希茂 追贈 工曹參議
任濟遠(제원)	1718~?	叟巖	字 君楫 本貫 長興 父 大遇 梁山郡守
林宗寛(종관)	朝鮮	谷山	文臣 字 楫汝 本貫 醴泉 龍驤衛副護軍
任鍾南(종남)	朝鮮	寒泉	本貫 羅州 父 鎔圭
林鍾達(종달)		愼亭	本貫 羅州
林鍾大(종대)	朝鮮	永善	本貫 羅州 父 天圭

人名	年代	號	其他
林鍾晩(종만)		易堂	著書 易堂稿
林宗仁(종인)	朝鮮燕山君	會巖	隱士 字 美源, 子厚 本貫 羅州 父 郁 著書 文集
林宗七(종칠)	1781~1859	屯塢	學者 字 來卿 本貫 全州 父 相稷 外祖 崔璞 李元培 門人 僉知中樞府事 著書 屯塢集
林鍾憲(종헌)	朝鮮	海隱	本貫 羅州 父 俊圭
任座(좌)	1624~1686	一簣	字 元直 本貫 豊川 父 義伯
任柱國(주국)	朝鮮	春睡堂	文臣 字 弼卿 本貫 平澤 刑曹參判
林周錫(주석)	朝鮮肅宗	梅軒	學者 字 夢賚 本貫 恩津
任柱元(주원)	朝鮮英祖	樂隱齋	字 大哉 本貫 長興 進士
林周一(주일)		梧亭	本貫 羅州
任周鎬(주호)		玉吾齋	本貫 豊川
林周煥(주환)		石峯	本貫 羅州
林埈(준)	朝鮮宣祖	松里	本貫 羅州 父 悌 祖父 晉
任埈(준)	朝鮮英祖	松西	本貫 豊川 父 述
任濬(준)	朝鮮憲宗	隱墩	隱士 字 伯深 本貫 西河 著書 新編算學
任浚(준)		柳塘	本貫 長興
林峻(준)		楓湖	本貫 羅州 父 尚紀 進士
林埻(준)	朝鮮	平里	持平
任俊伯(준백)	朝鮮肅宗	黙愚	文臣 本貫 豊川 父 兗 僉知
林俊相(준상)	朝鮮	碧隱	文臣 字 七西 本貫 羅州 戶曹參議
林俊元(준원)	?~1697	西軒 西翁	委巷人 字 子昭 本貫 沃溝 衙前
林俊弘(준홍)		逃菴	本貫 羅州 父 守春
林重國(중국)	朝鮮	永慕亭	文臣 字 器彦 本貫 醴泉 工曹參議
任仲眞(중진)		龜巖	字 去偏 本貫 長興　水軍僉節制使
任重鉉(중현)	朝鮮高宗	樵雲	字 允和 本貫 長興
林重桓(중환)	朝鮮末	三貫	著書 時調演義
林驚(즐)	高麗	城隱	文臣 字 相協 父 天鳳 本貫 醴泉 知學州郡事
任楫(즙)		濟州堂	字 景得 本貫 長興
林芷(지)	朝鮮初期	屛碧堂	本貫 扶安 父 穆
林地(지)	朝鮮宣祖	聰荷	本貫 羅州 父 悌 祖父 晉
林之衍(지연)	朝鮮	鷺港	委巷人 字 殷卿 本貫 會津
林之藝(지예)	1803~1896	帽巖	字 學進 本貫 蔚珍 同知中樞府事
林支廈(지하)		頹窩	本貫 長興 進士

人名	年代	號	其他
任進(진)		松塢	字 退之 本貫 晉州 父 尹聖
林眞懋(진무) →林眞悆			
林鎭懋(진무) →林眞悆			
林眞悆(진무)	1586~1658	林谷 九曲老父 林谷病慵 自知軒	處士 字 樂翁 本貫 恩津 父 承槿 著書 林谷集
林震爕(진섭)		春坡	著書 春坡先生集
林珍洙(진수)	1861~?	何丁 荷汀	書藝家 字 子城 本貫 慶州
林珍源(진원)	1836~1911	茅屋	著書 茅屋遺稿
任鎭宰(진재)	1828~1913	養浩亭	字 澄中 本貫 豊川 父 必基 著書 養浩亭文集
林珍珠(진주) →林珍洙			
林進海(진해)	朝鮮	五龍	文臣 字 白涉 本貫 蔚珍 茂山縣監
林鎭馨(진형)		蓮愚	本貫 醴泉
林鎭璜(진황)	朝鮮	竹西	本貫 平澤 父 翼運
任潗(집)		存齋	本貫 豊川
任徵夏(징하)	1867~1730	西齋	文臣 字 聖能 本貫 豊川 父 泂 追贈 吏曹參判 謚號 忠憲 著書 西齋集
任徵夏(징하)		日新	
林瓚(찬)	朝鮮	廣灘	文臣 字 明之 本貫 平澤 都承旨
林濼(찬) →朴濼			
任敞(창)	1652~1723	慷慨翁	志士 字 晦而 本貫 豊川 父 弘挺 追贈 吏曹判書 謚號 忠正
林昌奎(창규)	1069~1133	竹坡	著書 文集
任昌禮(창례)	朝鮮	金溪	文臣 字 仁明 本貫 扶安 副護軍
任昌周(창주)	朝鮮後期	葵庵	閭巷人
林昌周(창주)	韓末~?	荷山	獨立運動家
林昌澤(창택)	1682~1723	崧岳	學者 字 大潤 本貫 羅州 父 英儁 追贈 持平 著書 崧岳集
林愓(척)	朝鮮	若齋	文臣 字 仲日 本貫 羅州 司憲府執義
林芊(천)	朝鮮宣祖	月齋	字 半之
林千齡(천령)	朝鮮	遜庵	本貫 善山 著書 遜庵先生文集
任天模(천모)	朝鮮後期	醉菊	學者 字 德叟 本貫 豊川 父 泰春 著書 醉菊稿〈聾翁遺稿〉
任天常(천상)	1754~?	窮悟	學者 字 玄道 本貫 豊川 父 希翼 校理 著書 窮悟集

人名	年代	號	其他
林天山(천산)	朝鮮	隱菴	字 元甫 本貫 蔚珍 進勇校尉
任轍(철)		景庾	本貫 豊川
林澈相(철상)	朝鮮	澹齋	文臣 字 敬魯 本貫 羅州 五衛將
林喆相(철상)		錦坡	本貫 羅州
林澈洙(철수)	朝鮮末	石霞	
任喆淳(철순)	朝鮮後期	桂堂	
林最洙(최수)	1853~1895	桐陽	著書 桐陽遺稿
林樞鎭(추진)		四槐堂	本貫 羅州 祖父 士元
林椿(춘)	高麗	西河	文臣 字 耆之 本貫 醴泉 父 光庇 著書 西河先生集
林春桂(춘계)	朝鮮宣祖	守岡	字 德老 著書 文集
林春養(춘양)	朝鮮英祖	近古齋	委巷人 字 養吾 本貫 會津 主簿
林春榮(춘영)	朝鮮	翠山	文臣 字 元則 本貫 醴泉 同知中樞府事
林致愚(치우)		從好齋	著書 從好齋遺稿
林蚩正(치정)	1856~1932	春谷	獨立運動家 父 國老
林㟨(타) →林瑞			
林侘(탁)	朝鮮仁祖	滄浪亭	隱士 字 子定 本貫 羅州 父 晋
林坦(탄)	朝鮮光海君	閒亭	字 坦之 本貫 羅州 父 悌 祖父 晋
任兌(태) →任克			
任泰奎(태규)	朝鮮	竹軒	字 汝弘
任泰奎(태규)	朝鮮	西河	
任泰奭(태석)	朝鮮	睡軒	字 汝一
任泰奭(태석)	1857~1943	錦巖	著書 錦巖遺稿
任泰柱(태주)	1881~1944	誠齋	著書 誠齋文集
任泰春(태춘)	1571~?	聾翁	學者 字 子仁 本貫 豊川 著書 聾翁遺稿
任泰夏(태하)	1822~1892	三乎堂	
任泰希(태희)	1830~1892	老梧齋	學者 字 景三 本貫 豊川 著書 老梧齋集
林泰熙(태희)	1851~1901	鶴庵	字 聖登 本貫 恩津 父 秀昌
林泰希(태희) →任泰希			
任敝(폐) →任敝			
林苞(포)	朝鮮宣祖	垂胡子 垂湖子	文臣 本貫 開寧 學官 父 霖
任必大(필대)	1709~1773	剛窩	學者 字 重徵 本貫 豊川 父 壽國 著書 剛窩集
林必昌(필창)	朝鮮後期	香溪	委巷人 字 慶餘 本貫 會津 著書 香溪集
任鶴齡(학령)→任碩齡의 初名			
任學準(학준)		三乎	著書 三乎實記

人名	年代	號	其他
林漢玟(한민)	朝鮮	石蓮	
任翰伯(한백)	1605~1664	南谷	文臣 字 慶翼,景翼 本貫 豊川 父 章 祖父 榮老 外祖 黃廷愼 吉州牧使
林漢相(한상)	1844~1923	筱梧	書藝家 字 元明 本貫 羅州
林翰洙(한수)	1817~1886	松石	文臣 字 翼汝 本貫 錦城 父 箕鎭 工曹判書兼知 義禁府事 諡號 孝靖
任漢一(한일)		慕庵	本貫 豊川
林翰周(한주)	1871~1954	惺軒	義兵 字 公羽 本貫 平澤 父 魯直 著書 惺軒先生文 集
林恒(항) →林坦			
林恒祚(항조)	朝鮮	翰隱	文臣 字 箕範 本貫 扶安 中樞院議官
林㠌(해)	朝鮮顯宗	恭堂	本貫 安義 通德郞
林海圭(해규)	朝鮮	石汀	文臣 字 亨三 本貫 羅州 承政院左承旨
林㙉洙(행수)		敬齋	本貫 羅州
任行宰(행재)	1869~1902	訥軒	學者 字 德敏 本貫 豊川 著書 訥軒遺稿
任幸宰(행재)		謹軒	著書 謹軒遺稿
林鑢(헌)		松村	本貫 平澤
林憲珪(헌규)	朝鮮	遇春軒	本貫 扶安 父 明喆
林憲文(헌문)	朝鮮	聰松	文臣 字 震元 本貫 扶安 敦寧府都正
林㻶珠(헌주)	朝鮮	退菴	文臣 字 賀心 本貫 羅州 敦寧都正
林憲直(헌직)	朝鮮	竹史	本貫 扶安 父 應喆
任憲瓚(헌찬)	1876~1957	敬石	學者 字 玉汝 本貫 豊川 父 佑模 外祖 金鼎煥 著書 敬石集
任憲晦(헌회)	1811~1876	鼓山 全齋 希陽齋	學者 字 明老, 仲明 本貫 豊川 父 天模 外祖 洪益和 宋穉圭, 洪直弼 門人 追贈 內部大臣 諡號 文敬 著書 鼓山集
任鉉(현)	1549~1597	愛灘	文臣 字 士重,士愛 本貫 豊川 父 夢臣 李珥,成渾 門 人 追贈 左贊成 諡號 忠簡
林顯相(현상)		柳溪	本貫 羅州
林悏(협)	朝鮮宣祖	柳湖	文人 本貫 羅州 父 復 祖父 鵬
林衡(형)		靜軒	本貫 長興 父 益憲
林衡黙(형묵)		晦軒	本貫 羅州
林亨秀(형수)	1504~1547	錦湖	文臣 字 士遂 本貫 平澤 父 畯 外祖 權錫 濟州牧使 著書 錦湖遺稿
任炯準(형준)		靜谷齋	著書 靜谷齋集
林濩(호)	朝鮮肅宗	訥軒	文臣 字 次韶 本貫 羅州 父 長儒 大諫

人名	年代	號	其他
任好常(호상)	朝鮮	清受堂	學者 本貫 豊川
任虎臣(호신)	1506~1556	知足堂 知足庵	文臣 字 武伯 本貫 豊川 父 樞 祖父 由謙 戶曹判書 諡號 貞簡
林浩源(호원)		小山	著書 小山集
林鎬應(호응)		芳隱	著書 文集
林鎬鼎(호정)	1882~1966	雲樵	著書 雲樵遺稿
林昊鎭(호진)		溪石	本貫 長興
任弘亮(홍량)	1634~1707	敞帘	文臣 字 士寅 本貫 豊川 父 暎 祖父 義 外祖 具剛 牧使 著書 敞帘遺稿
任弘望(홍망)	1635~1715	竹室 竹室居士	文臣 字 德章 本貫 豊川 父 喚 外祖 申邦憲 宋時烈 門人 知中樞府事 諡號 文貞 著書 竹室集
任弘益(홍익)	1631~?	竹齋	文臣 字 德裕 本貫 豊川 父 喚 掌令
任華世(화세)	1675~1731	是翁 是菴	文臣 字 實今 本貫 豊川 父 仁重 禮曹佐郞 著書 是翁集
林華震(화진)		竹軒	本貫 長興
任磌(확)	1614~1687	霧隱	學者 字 魯攸 本貫 豊川 父 之道 外祖 尹東賢 著書 霧隱逸稿
林懽(환)	1561~1608	百花亭 習靜	義士 字 子仲 本貫 羅州 父 晉 文化縣監 著書 握機彙篇
林渙(환)	朝鮮肅宗	寬谷	字 文甫 本貫 羅州 司憲府掌令
林薈(회)	朝鮮太宗	瞻慕堂	本貫 醴泉 持平
林檜(회)	1562~1624	觀海	文臣 字 公直 本貫 平澤 父 翼秀 系 吉秀 鄭澈 婿 追贈 左承旨 著書 觀海集
林檜(회) →任椿			
林會善(회선)		梅山	著書 文集
林孝建(효건)	朝鮮	湖齋	本貫 扶安 父 尙馨
任詡(후)		高厓	字 和仲 本貫 豊川 司馬 著書 詩集
任後白(후백) →任俊伯			
林厚參(후삼)	朝鮮	藥圃	文臣 字 文博 本貫 平澤 谷山府使
林厚之(후지)	朝鮮	錦西居士	本貫 羅州
林薰(훈)	1500~1584	葛川 枯査翁 自怡堂	文臣,學者 字 仲成 本貫 恩津 父 得蕃 外祖 姜得求 追贈 吏曹判書 諡號 孝簡 著書 葛川集
林喧(훤)	朝鮮	百花亭	文臣
林烜(훤) →林坦			
林畦(휴)		三清堂	本貫 平澤 進士
任賊(희)		樵隱	本貫 長興

人名	年代	號	其他
任屹(흘)	1557~1620	龍潭	學者 字 卓爾 本貫 豊川 父 泰民 童蒙教官 著書 龍潭文集
林欽潤(흠윤)		雨亭	
任興準(흥준)	1851~1910	認齋	學者 字 起叔 本貫 豊川 父 泰容 外祖 李昌憲 著書 認齋集
林興震(흥진)		林窩	本貫 長興 父 遇春
任喜(희)		怡溪	字 慶叔 本貫 長興 祖父 百英
林熙(희)		百溪 百源	本貫 羅州
任希(희) →任希重			
任熙教(희교)		竹川	著書 竹川遺稿
林希茂(희무)	1527~1577	藍溪	文臣 字 彦實 本貫 羅州 父 珏 祖父 憲 外祖 權時敏 左承旨 著書 藍溪集
任希普(희보)		蓮潭	字 巨奎 本貫 長興　萬戶
林禧相(희상)		老泉	本貫 羅州
任希聖(희성)	1712~1783	在澗 澗翁	學者 字 子時 本貫 豊川 父 珖 祖父 守幹 外祖 洪隣 直長 著書 在澗集
任希聖(희성)		蘭室	字 仲賢 本貫 長興　珍島郡守
任希養(희양)		鶴西	著書 鶴西集
任熙載(희재)	1472~1504	勿菴	書藝家 字 敬輿 本貫 豊川 父 士洪 諡號 文肅
任希駿(희준)	朝鮮	栢潭	文臣 字 德翼 本貫 長興 父 光世 慶尚左道水軍節制使
任喜準(희준)		隱農	本貫 豊川
任希重(희중)	朝鮮明宗	菊潭	學者 字 大受 本貫 長興 著書 震英粹語
任希曾(희증)	1713~?	癡庵 痴庵	字 孝彦 本貫 豊川 父 珣 判敦寧府事
林熙曾(희증)	1826~1898	果齋	學者 字 汝和 本貫 全州 著書 果齋遺稿
林熙之(희지)	1765~?	水月堂 水月道人 水月軒	畫家 字 敬夫 本貫 慶州 奉事
任希璡(희진)	朝鮮宣祖	國巖	義兵 字 士賢 本貫 長興
任希會(희회) →任希曾			
任希訓(희훈)		松潭	字 德駉 本貫 長興

韓國雅號大辭典

ス

人名	年代	號	其他
子秀(자수)	1664~1737	無竟	僧侶 字 孤松,孤秀 本貫 南陽 俗姓 洪氏 著書 無竟集
自憂(자우)	1769~1830	雪潭	僧侶 字 憂哉 本貫 金海 俗姓 金氏 著書 雪潭集
慈雨(자우)		義雲	
自超(자초)	1327~1405	無學 溪月軒 妙嚴 尊者 雪峰	僧侶 字 三嘉 俗姓 朴氏 父 仁一 國師 著書 印空吟
自欣(자흔)	1805~1875	萬休	僧侶 俗姓 徐氏
張氏(씨)	1598~1680	愚峯	著書 愚峯遺稿
張可順(가순)	1493~1549	思齋	學者 字 思順 本貫 結城 父 裕 追贈 戶曹正郞 著書 人事尋緖睦
張恪(각)		養心齋	本貫 興城 父 復圭
張甲奎(갑규)	1529~1608	松林散人	武臣 字 卓爾 本貫 安東
張綱(강)	朝鮮睿宗	西軒	文臣 本貫 丹陽 藝文館大提學
張介賓(개빈)		景嶽	
張健(건)	1488~1547	老溪	學者 字 而順 本貫 順天 父 日新
張健(건)	1519~?	阿溪	字 景順 本貫 興德 父 應樑
張鍵(건)	1626~1666	玉蘭軒	文臣 字 天開 本貫 仁同 父 應一 牧使
張建相(건상)	1883~1974	宵海	獨立運動家 政治人
張敬(경)	高麗	巖谷	文臣 本貫 結城(丹陽) 父 之賢 封號 興陽君 內部侍郞 諡號 定懿
張敬立(경립)		南涯	本貫 仁同
張敬穆(경목)		可谷	字 士悅 本貫 仁同
張敬文(경문)	1838~1901	菊潭	學者 字 敬若 本貫 仁同 父 福璇 外祖 金鍰 著書 菊潭文集
張警百(경백)		道村	字 耆叟 本貫 昌寧 父 應斗
張經世(경세)	1547~1615	沙村	學者 字 兼善 本貫 興德 父 健 系 倣 外祖 楊公健 金溝縣令 著書 沙村集
張慶秀(경수)	朝鮮後期	小溪	
張景壽(경수)	朝鮮	沙軒	文臣 字 自仁 本貫 求禮 五衛將
張景栻(경식)	1845~1911	惺窩	字 敬伯 本貫 安東 父 九夏 著書 文集
張慶業(경업)	朝鮮	橘叟	文臣 字 榮伯 本貫 仁同 正郞
張慶遇(경우)	1581~1656	晩悔堂	學者 字 天休 本貫 仁同 父 乃範 張顯光 門人 英陵參奉 著書 晩悔堂集
張敬原(경원)	朝鮮世祖	望月台	本貫 興城
張敬重(경중)	朝鮮	翠翁	委巷人 字 仲肅 本貫 丹陽
張景翰(경한)	1554~1627	愼巖	字 仲擧 本貫 仁同 父 崑
張景翰(경한)	1579~1625	習齋	著書 習齋遺稿〈尙質世稿〉

人名	年代	號	其他
張敬浩(경호)	1899~1976	大圓	實業家
張啓(계)	1584~1660	戰兢齋	字 子全 本貫 順天 父 俊民
張繼齡(계령)	朝鮮	晚念	文臣 字 汝得 本貫 仁同 護軍
張季龍(계룡)	朝鮮	蓮樵	孝子 字 士隱 本貫 仁同
張桂黙(계묵)	朝鮮	冶隱	文臣 字 元明 本貫 丹陽 吏曹參議
張繼先(계선)	1570~1619	孝伯	本貫 禮山 父 石麟
張季晟(계성)	朝鮮	經林處士	學者 字 晦甫 本貫 仁同
張繼業(계업)	朝鮮	晚松	武臣 字 仲述 本貫 仁同 宣略將軍
蔣繼琬(계완)	1687~1780	松村	字 君琰 本貫 牙山 父 義賢
張啓寅(계인)	朝鮮	松庵	文臣 字 開世 本貫 仁同 參議
張繼任(계임)	高麗	晚陰	本貫 仁同
蔣啓賢(계현)	朝鮮宣祖	廣巖	本貫 牙山 主簿
張繼勳(계훈)	朝鮮宣祖	素貞	字 克家 本貫 仁同 進士
張啓勳(계훈)	1828~1891	恥窩	學者 字 子堯 本貫 仁同 父 錫基 外祖 安敬賢 著書 恥窩文集
張觀柱(관주)	1898~1984	淸風(嵐)	獨立運動家
張光表(광표)	朝鮮	忍黙	義士 字 季明 本貫 仁同
張光翰(광한)	朝鮮	自醒亭	學者 字 斯擧 本貫 仁同
張敎根(교근)	朝鮮純祖	叢梧	文臣 本貫 德水 父 瀚 參判
張敎遠(교원)	朝鮮末	海山	文臣 字 舜朝 本貫 仁同 郡守
張敎燦(교찬)	1829~1887	兢齋	字 敬五 本貫 仁同 父 源杓
張銶(구) →張銕			
張九疇(구주)	朝鮮	松菴	文臣 字 禹聖 本貫 仁同 郡守
張國善(국선)	朝鮮後期	碧陽	
張國籌(국주)	1740~1825	儉溪	孝子 字 台老 本貫 仁同 父 坦
章權洙(권수)	朝鮮	枕泉	本貫 居昌 父 錫禹
張龜(귀)	朝鮮太祖	彦齋	學者 本貫 永禮
張貴生(귀생)	朝鮮	沙村	文臣 本貫 興德 父 以吉 通禮
張圭(규)	朝鮮	小菴	文臣 字 瑞玉 本貫 求禮 參議
張奎井(규정)		鶴巖	字 文瑞 本貫 丹陽 進士
張奎埭(규태)	1881~?	濟軒	著書 濟軒詩稿
張謹(근)	朝鮮中期	潛齋	字 而信 本貫 丹陽 李滉 門人
張岋(급)	朝鮮宣祖	栗溪	本貫 興德 父 應梁
張岌(급)		岐山	字 景安 本貫 仁同
張坂(급) →張岌			

人名	年代	號	其他
張耆國(기구) →張蓍國			
張基弓(기궁) →張基弘			
張基奭(기석)	?~1910	紫下	義士 字 震汝 本貫 仁同 著書 文集
張基燮(기섭)		誠齋	本貫 仁同
張基植(기식) →張東植			
張紀淵(기연)	朝鮮	漢南	字 祚元 本貫 仁同 槐山郡守
張基燁(기엽)	1805~1878	警庵	學者 著書 警庵遺稿
張璣周(기주)	朝鮮	醉隱	文臣 字 玉瑞 本貫 求禮 參事官
張淇柱(기주)		惺巖	本貫 仁同
張基豊(기픙)	朝鮮	松庵	文臣 字 文贊 本貫 求禮 左承旨
張基夏(기하)		嵋堂	本貫 仁同
張基洪(기홍)	1883~1956	學南齋	學者 字 禹範 本貫 興城 父 泰容 外祖 金時護 著書 學南齋遺稿
張基弘(기홍)	朝鮮	石庵	文臣 本貫 求禮 都正
張吉(길) →張貞弼의 初名			
張吉相(길상)	1876~1936	黃齋	文臣 字 致祥 本貫 仁同 父 承遠 直閣
張佶永(길영)	朝鮮後期	石樵	
張樂永(낙영)	朝鮮	巾菴	文臣 字 子三 本貫 丹陽 司憲府監察
張洛榮(낙영)	朝鮮後期	惺坡	
張洛龍(낙용)	?~1925	雲浦	著書 雲浦集
蔣喃(남)	1634~1684	梅山堂	字 汝陽 本貫 牙山 父 得龍 郡守
蔣南銖(남수)	1896~1970	瓊坡	字 應道 本貫 牙山 父 周觀 著書 文集
張乃度(내도)	1573~1644	儉谷	學者 字 立甫 本貫 仁同 父 士瑛
張乃範(내범)	1563~1640	克明堂 磻溪居士	文臣, 學者 字 正甫 本貫 仁同 父 士瑛 參判 著書 克明先生實紀
張乃貞(내정)	1579~1630	守訓齋	文臣 字 貞甫 本貫 仁同 父 景翰 郡守
張雷卿(뇌경)	朝鮮仁祖	雲川	丙子胡亂節臣
張達三(달삼)	朝鮮英祖	耳谷	
張達鎭(달진)		淵圃堂	著書 文集
張大紀(대기)	朝鮮	樣華堂	字 望之 本貫 仁同 龍驤衛護軍
張大臨(대림)	朝鮮	六宜堂	學者 字 天興 本貫 仁同 父 萬紀
張大璿(대선)	1858~1926	松塢	字 敬七 本貫 昌寧 父 命海 著書 文集
張大哲(대철)	朝鮮	暎翠堂	委巷人 字 明哉
張德奎(덕규)		五竹軒	本貫 興城 父 鳳翼
張德郞(덕랑)		林亭	本貫 丹陽 漢城府尹
張德禮(덕례)	朝鮮	槐堂	文臣 字 聖元 本貫 浙江 通德郞

人名	年代	號	其他
張德櫓(덕로)	1883~?	聖山	獨立運動家 牧師
張德麟(덕린)	朝鮮後期	盤桓齋	閭巷人 本貫 仁同
張德秀(덕수)	1895~1947	雪山	獨立運動家 政治人 本貫 結城 父 鵬道
張德安(덕안)	朝鮮	北隱	文臣 字 達之 本貫 浙江 通政大夫
張德元(덕원)	1569~1612	无悶堂	字 士順 本貫 仁同 父 炭
張悳胄(덕주)	朝鮮正祖	玉川	畵家 本貫 仁同
張德俊(덕준)	1891~1920	秋松	言論人 本貫 結城 父 鵬道
張德震(덕진)	1898~1924	雲松(雪)	獨立運動家 本貫 結城 父 鵬道
張道文(도문)	朝鮮	壽谷	委巷人 字 君郁 本貫 仁同 父 壽漢
張道文(도문)	朝鮮	忍堂	字 貫之 本貫 仁同
張道斌(도빈)	1888~1963	汕耘	言論人 史學者 本貫 結城 父 鳳九 祖父 濟國
張道純(도순)	朝鮮	愛日齋 棣谷	委巷人 字 君一
張道元(도원)	1789~?	東溪 泰庵	委巷人 字 仁伯 本貫 金溝
張道俊(도준)	朝鮮	柳村	文臣 字 明善 本貫 求禮 參判
張道行(도행)	朝鮮	晚醒齋	委巷人 字 君恕 本貫 仁同
蔣敦義(돈의)	朝鮮世宗	大中齋	本貫 牙山 父 天瑞
張東啓(동계)	朝鮮	山水	學者 字 明甫 本貫 仁同
章東奎(동규)	朝鮮	川隱	本貫 居昌 父 聖洙
章東伯(동백)	朝鮮	穎樵	本貫 居昌 父 權洙
張東栻(동식)	1679~1735	南嶂	字 天機 本貫 仁同 父 萬容
張東植(동식)	1824~1886	錦沙	著書 錦沙遺稿〈尙質世稿〉
張東源(동원)	1738~1819	信天	文臣 字 華深 本貫 仁同 父 光表 同知中樞府事
張東潤(동윤)	朝鮮	玉西	學者 字 華叔 本貫 仁同
張東載(동재)	1684~1756	蘿月堂	字 天輅 本貫 仁同 父 萬容
張東珍(동진)		癡菴	本貫 仁同
張斗奎(두규)	朝鮮	霽潭	文臣 字 星哉 本貫 仁同 主事
張斗斌(두빈)	1789~1861	樂窩	文臣 字 惟信 本貫 仁同 父 彦極 僉使
張斗星(두성)	朝鮮	義齋	文臣 字 子仰 本貫 順天 副護軍
張斗七(두칠)		醉眠亭	本貫 仁同
張斗杓(두표)		林軒	本貫 丹陽
張斗鉉(두현)	1801~1875	竹塢	學者 字 榮奎 本貫 仁同 父 龍八 外祖 權思襄 著書 竹塢文集
張斗衡(두형)	1810~1883	石琴軒	文臣 字 稚慶 本貫 仁同 父 德希 水使
張得敬(득경)		掛鋤亭	本貫 興城 父 龍翼
張得萬(득만)	1684~1764	睡隱	畵家 字 君秀 本貫 仁同 許晳 婿 同知中樞府事

人名	年代	號	其他
蔣得芬(득분)	高麗	晩歸堂	文臣 本貫 牙山 父 崇 判軍器寺事 謚號 文節
張翮(령)	朝鮮	月松	文臣 字 雲峰 本貫 蔚珍 郡守
張櫶(령)	朝鮮	松巖	字 君吉 本貫 求禮 參判
張瑠(류)	1694~1724	安齋	學者 字 留玉 本貫 仁同 父 喜達 外祖 李錫祚 著書 安齋文集
張綸(륜)		林泉	著書 林泉隨筆
張霅(립)	朝鮮	卓隱	文臣 字 冠天 本貫 仁同 參判 著書 三代忠孝錄
張晩(만)	1566~1629	洛西 梨湖主人	文臣 字 好古 本貫 仁同 父 麒禎 封號 王城君 追贈 領議政 謚號 忠定 著書 洛西集
張萬健(만건)	朝鮮	淸溪	委巷人 字 子游 本貫 漢陽
張萬杰(만걸)	1564~1717	杏堂	文人 字 器彦 本貫 仁同 父 玩秉 著書 杏堂集
張萬紀(만기)	1639~1720	南岡	文臣 字 仁徵 本貫 仁同 父 詠 翊衛司副率
章萬里(만리)	朝鮮	東湖	功臣 字 文叔 本貫 居昌 父 得龍
張晩燮(만섭)	朝鮮純祖	海齋	文臣 字 倫卿 本貫 仁同 僉知中樞府事
張萬始(만시)	朝鮮	靑坡	學者 字 太初 本貫 蔚珍
張萬雄(만웅)	朝鮮	江海	學者 字 伯英 本貫 沃溝
張末孫(말손)	1431~1486	松雪軒	文臣 字 景胤 本貫 仁同 父 安良 禮曹參判 謚號 安襄 著書 松雪軒集
張末翼(말익)	高麗靖宗	梅溪	文臣 本貫 蔚珍 父 之賢 封號 蔚珍府院君 門下侍中 平章事 謚號 文成
張孟矩(맹구)	朝鮮	湖元	文臣 字 性浩 本貫 仁同 右尹
張勉(면)	1899~1966	雲石	政治家 字 志兌 本貫 仁同 父 箕彬 國務總理
張命剛(명강)	朝鮮	樂峰	文臣 字 柔伯 本貫 沃溝 參奉
張命相(명상)	1865~1937	見山	學者 字 性初 本貫 仁同 父 馨遠 著書 見山文集
張明禧(명희)	朝鮮	碧軒	文臣 字 士古 本貫 仁同 通政大夫
張夢紀(몽기)		惕齋	本貫 仁同
張武弼(무필) →張弼武			
蔣文稿(문고)		瓊山	著書 瓊山文集
蔣文龜(문구)	朝鮮	芳谷	字 聖緖 本貫 牙山 軍資監正
張文紀(문기)	朝鮮	雲菴	文臣 字 郁之 本貫 仁同 副護軍
張問陶(문도)		船山	著書 船山詩鈔
張文輔(문보)	朝鮮宣祖	星南亭	文臣 字 伯勳 本貫 順天 牧使
張文瑞(문서)	1507~1577	文巖	孝子 字 應休 本貫 順天 父 俶
蔣文益(문익)	1596~1652	釣耕庵	義兵將 字 明甫 本貫 牙山 父 瑛 外祖 朴忠憲 鄭逑 門人 著書 釣耕庵文集

人名	年代	號	其他
張文杓(문표)	1856~1907	郭西	字 應休 本貫 昌寧 父 斗仁
張敏奎(민규)	朝鮮	竹坡	文臣 本貫 興德 通政大夫
張博凱(박개) →張傳凱			
張浡(발)	朝鮮正祖	日新堂	字 興汝 本貫 木川
蔣邦翼(방익)	1597~1657	二樂齋	學者 字 汝幹 本貫 牙山 父 思孝 外祖 成世仁 著書 二樂齋遺稿
蔣邦翰(방한)	朝鮮孝宗	菊軒	字 汝蕃 本貫 牙山 父 思孝
張柏(백)	朝鮮	水月軒	文臣 字 子貞 本貫 德水 父 忠輔 平市署令
張百林(백림)	高麗	遠慕齋	文臣 本貫 仁同 右參贊
張範(범)	朝鮮初期	採薇子	本貫 仁同
張秉燾(병도)	1875~1937	晚山	字 公緒 本貫 仁同 父 景栻 著書 晚山遺集
張秉魯(병로)		伊溪	本貫 仁同
張炳翊(병익)	1856~1895	聽雲	字 可善 本貫 仁同 父 奎相
蔣柄哲(병철)	1883~1969	友松	字 春瑞 本貫 牙山 父 漢弼 著書 文集
章秉煥(병환)	朝鮮	椎山	字 景世 本貫 居昌 都正
張柄晦(병회)	1871~1941	竹師	學者 字 子溫 本貫 仁同 父 永順 著書 竹師遺稿
張補(보)	高麗	花川	字 山甫 本貫 安東 父 夢龍 直提學
張補之(보지)	高麗末	建達山 達山	文臣 本貫 順天 父 弘 吏曹典書
張輔漢(보한)	朝鮮	拙軒	文臣 字 逸就 本貫 仁同 大司成
張輔鉉(보현)	朝鮮	信菴	字 弼玉 本貫 仁同 惠民院參奉
張普顯(보현)	朝鮮	知密 知齋	文臣 字 濟卿 本貫 仁同 都正
張復謙(복겸)	1617~1703	玉鏡軒	字 益哉 本貫 興城 父 膽 祖父 蓋世 著書 玉鏡軒遺稿
張福圭(복규)	朝鮮	四而齋	文臣 字 聖三 本貫 仁同 副司果
張復圭(복규)		孝友堂	本貫 興城
張福紹(복소)	朝鮮英祖	社谷居士	
張復舜(복순)	朝鮮	竹窩	文臣 字 敬孝 本貫 仁同 主事
張復軾(복식)	朝鮮	梧隱	文臣 字 祗車 本貫 仁同 副護軍
張復永(복영)	朝鮮純祖	法古齋	學者 字 命汝 本貫 仁同 生員
張福樞(복추)	1815~1900	四未軒	學者 字 景遐 本貫 仁同 父 浤 系 鑑 祖父 儔 著書 四未軒文集
張奉奎(봉규)	朝鮮	春軒	本貫 仁同 父 仁檢
張鳳相(봉상)	1870~1934	菊窩	本貫 仁同 著書 文集
張鳳翼(봉익)		退憂堂	本貫 興城 祖父 恪
張鳳周(봉주)	1773~1837	省窩	文臣 字 遇文 本貫 仁同 父 鎭九 正郎
張鳳周(봉주)	1857~1915	慕齋	本貫 仁同 著書 文集
張鳳翰(봉한)	1514~1592	齊翁	義兵 字 文舉 本貫 仁同 父 崑 著書 齊翁先生文集

人名	年代	號	其他
張鳳赫(봉혁)		愼菴	本貫 興城 祖父 愘
張鳳煥(봉환)	朝鮮	竹塢	文臣 字 子翼 本貫 仁同 檢事
張溥(부)		木訥軒	字 伯淵
張傅凱(부개) →張傳凱			
張鵬翼(붕익)		憂憂齋	本貫 仁同
張彬(빈)	朝鮮	石山	文臣 字 女中 本貫 求禮 五衛將
張思儉(사검)	高麗	二隱	文臣 本貫 順天 父 輔之 中樞院錄事 諡號 忠莊
張思敬(사경)	1756~1817	耳溪	學者 字 敬夫 本貫 仁同 父 雲翰 外祖 李龜徵 著書 耳溪文集
張思吉(사길)	?~1418	復齋	武臣 字 昌萬 本貫 安東 父 烈 封號 花山府院君 參贊議政府事 諡號 僖襄
張思吉(사길)		晩悔	
張士琳(사림)	朝鮮	仁義齋	文臣 字 順從 本貫 仁同 縣監
張師栻(사식)	1727~1797	無知窩	武臣, 學者 字 敬則 本貫 興德 父 禛 外祖 朴震明 著書 無知窩遺稿
張師拭(사식) →張師栻			
張士業(사업)	朝鮮	敬菴	文臣 字 敬儒 本貫 仁同 洗馬
張士元(사원)	朝鮮	敬齋	文臣 字 伯春 本貫 安東 府使
蔣思胤(사윤)	朝鮮	退錦	本貫 牙山 寧海郡守
張思靖(사정)	朝鮮	樂靖齋	文臣 本貫 安東 封號 花城君 諡號 靖襄
張士重(사중)	1524~1597	松嶺	文臣 字 彦厚 本貫 德水 父 柏 祖父 忠輔 黃海道監司
張相岐(상기)	1855~1935	西岡	文臣 字 鳳來 本貫 仁同 縣監
張相勗(상욱)		忍齋	本貫 興城 父 澤賢
張相學(상학)	1872~1940	華岡	學者 字 幸老 本貫 仁同 父 奎澤 外祖 崔永駿 著書 華岡文集
張相休(상휴)		松窩	本貫 興城 父 澤炯
張瑞鶴(서학)		追遠齋	本貫 興城
張淢(석)	1687~1764	樂窩	武臣 字 浩而 本貫 興德 父 宇翼 同知中樞府事 著書 文集
張錫龜(석구)	朝鮮末	蓮史	文臣 字 儀伯 本貫 仁同 父 學樞 系 南樞 郡守
張錫奎(석규)	1800~1861	戀美亭	委巷人 字 師雲 本貫 仁同 父 時皥 著書 戀美亭實紀
張錫逵(석규)→張錫龍의 初名			
張錫基(석기)	1836~1900	聽蕉	學者 字 士元 本貫 仁同 父 洛樞 外祖 金峻赫 著書 聽蕉文集
張錫魯(석로)	朝鮮	錦城	文臣 字 敬敏 本貫 仁同 參判

人名	年代	號	其他
張錫龍(석룡)	1823~1906	游軒 遊軒 雲田	文臣 字 震伯 初名 錫奎 本貫 仁同 父 學樞 外祖 金龜雲 弘文館學士 諡號 文憲 著書 游軒集
蔣錫鳳(석봉)	1716~1774	華隱	字 聖瑞 本貫 牙山 父 繼琬 祖父 義賢
張錫鳳(석봉)	1820~1882	梧下	字 紀百 本貫 仁同 父 學樞 著書 文集
張錫藎(석신)	1841~1921	果齋 一帆	文臣 字 舜鳴 本貫 仁同 父 時杓 外祖 鄭焃 著書 果齋文集
張錫英(석영)	1850~1929	晦堂 秋觀	學者, 獨立運動家 字 舜華 本貫 仁同 父 時杓 著書 晦堂集
張錫五(석오)	1838~1917	又忍	文臣 字 士極 本貫 仁同 父 俊模 左承旨
張錫愚(석우)	1786~1846	新齋	學者 字 省伯 本貫 仁同 縣監 著書 先考新齋府君稿
張錫元(석원)	朝鮮	浪史	文臣 字 聖舜 本貫 仁同 都事
張錫元(석원)		錦霞	著書 錦霞詩史
張錫裕(석유)	1838~1894	春潭	文臣 字 晦伯 本貫 仁同 父 運杓 承旨
張錫胤(석윤)	1764~?	肯堂	學者 字 伯承 本貫 德水 父 至復 著書 肯堂稿
張錫寅(석인)	朝鮮末	晩樂軒	學者 字 亨中 本貫 丹陽 著書 晩樂軒集
張錫祚(석조)	1841~1889	小亭	文臣 字 楊仲 本貫 仁同 父 運杓 承旨
張錫疇(석주)		景菴	著書 景菴文集
張錫駿(석준)	1813~1868	星皐 春皐	文臣 字 見可 本貫 仁同 父 好樞 承旨
張錫軫(석진)	1841~1882	常齋	學者 字 汝經 本貫 仁同 父 禮源 外祖 金宗律 任憲晦 門人 著書 常齋遺稿
張錫台(석태)	韓末~?	牛山子	
張錫漢(석한)		堂堂堂	本貫 興城 父 安道
張錫輝(석휘)	朝鮮	翰樓	委巷人 字 鳳汝 本貫 德水
張璇(선)	朝鮮	東皐	學者 字 仲文 本貫 仁同 進士
莊善(장선)	朝鮮末	騎峯	僧侶
張善極(선극)		雲浦	著書 雲浦集
張善澂(선징)	1614~1678	杜谷 西庵	文臣 字 淨之 本貫 德水 父 維 封號 豊陽君 漢城府判尹 諡號 正莊
張善徵(선징)	→張善澂		
張善冲(선충)	1619~1693	蘭皐	學者 字 叔涵 本貫 德水 父 紳 戶曹參議
張善興(선흥)	1662~1736	洛洲	字 仁老 本貫 仁同 父 慶最
仗涉(장섭)	1849~1900	翫虛	僧侶 本貫 全州 俗姓 李氏 父 泰一
蔣鑷(섭)	1804~1876	晩一堂 烏笑	字 器叔 本貫 牙山
張聖麟(성린)	1780~1844	樵隱	著書 文集
蔣成發(성발)	高麗恭愍王	嚻齋 嚻嚻齋	本貫 牙山 父 自芳

人名	年代	號	其他
張聖胤(성윤)	1795~1861	南皐	義士 字 執中 本貫 晉州 父 燦 外祖 金宗璉 著書 南皐文集
張性昊(성호)	1822~1937	晩悔	字 養能 本貫 昌寧 父 大機
章世傑(세걸)	朝鮮	秀夫	本貫 居昌 父 德信
張世奎(세규)	1661~1746	華隱	文臣 字 叔彬 本貫 順天 父 翰明 副護軍
張世紀(세기)	1698~1762	雲野 雲軒	著書 文集
張世良(세량)	1627~?	和庵	學者 字 彦卿 本貫 安東 父 雲翔 外祖 朴應物 熙川郡守
張世良(세량)	1683~?	四黙	字 君房 本貫 木川 父 相璞
張世明(세명)	朝鮮	晦軒	文臣 字 晦而 本貫 仁同 郡守
張世命(세명)	朝鮮	芳齋	文臣 字 季性 本貫 德水 敦寧府都正
張世邦(세방)	朝鮮	四拙齋	文臣 字 道元 本貫 求禮 參判
張世億(세억)	朝鮮英祖	月城齋	字 君善 本貫 木川
張世淵(세연)	朝鮮	雲軒	文臣 字 大深 本貫 丹陽 敦寧府都正
張世瀞(세정)	1859~1931	卓立齋	學者 字 靜叟 本貫 仁同 父 昌大 外祖 鄭鎭裕 著書 卓立齋文集
張世靜(세정) →張世瀞			
張世舟(세주)	朝鮮	愼獨齋	文臣 字 元伯 本貫 丹陽 同知中樞府事
張世昌(세창)	朝鮮	鳩堂	文臣 字 濟仲 本貫 丹陽 祖父 耆 漢城判尹
張世杓(세표)	1883~1957	澗西	字 濟卿 本貫 昌寧 父 斗喆 系 斗鍾
張世輝(세휘)		貞義堂	本貫 長城
張世禧(세희)	朝鮮宣祖	藤巖	文臣 字 仲吉 本貫 仁同 參奉
張松(송)	高麗	松軒	文臣 本貫 鎭川 政堂文學 諡號 文丘
張洙(수)		春圃	本貫 興城 祖父 鳳赫
張守模(수모)	朝鮮	橋齋	文臣 字 爾矩 本貫 仁同 僉知中樞府事
張守義(수의)		隱巖	著書 文集
張守節(수절)		石室	著書 石室精髓
張守初(수초)	1754~1842	居然齋	字 太隣 本貫 仁同 父 漢經
張秀漢(수한)	朝鮮	芳谷 巷隱	委巷人 字 聖範 本貫 仁同
張壽禧(수희)	1516~1586	果齋	文臣 字 祐翁 本貫 仁同 父 應臣 刑曹參議
張壽禧(수희)		松雪軒	本貫 仁同
張壽僖(수희) →張壽禧			
張璹(숙)	朝鮮仁祖	愛菊堂	字 少章
張岫(수)	1532~1571	鶴渠	學者 字 景安(仰) 本貫 仁同 父 沇 外祖 朴鰡 著書 鶴渠實記
張珣(수) →張岫			

人名	年代	號	其他
張舜龍(슌룡)	高麗	三可 三哥	文臣 本貫 德水 同知密直司事 封號 德城府院君 諡 號 恭肅
張順孫(슌손)	1458~1534	松庵 悟齋 梧川	文臣 字 子浩 本貫 仁同 父 重智 領議政 諡號 文肅
張順受(슌수)	1529~?	晚隱	字 正叔 本貫 昌寧 父 華
蔣淳英(슌영)	朝鮮	龜庵	本貫 牙山 父 龍澤
張順禧(슌희)	朝鮮	伴翠軒	文臣 字 祉翁 本貫 仁同 主簿
蔣崇(슝)	高麗	天山齋	文臣 本貫 牙山 父 公秀 判軍器監事兼都摠事
張昇(승)		松昇	本貫 順天
張承彥(승언)	?~1950	文坡	獨立運動家 本貫 仁同
張承業(승업)	1843~1897	吾園 六尙山人 醉 瞑居士	畫家 字 景猶 本貫 太原 監察
張升遠(승원)	1826~1900	澹屋	學者 字 運可 本貫 仁同 父 錫忠 著書 文集
張承遠(승원)	1853~1917	雲庭	學者 字 公裕 本貫 仁同 父 錫龜 系 錫龍 外祖 許 㑐 觀察使 著書 雲庭遺集
張承澤(승택)	1838~1916	農山	學者 字 義伯 本貫 仁同 著書 農山先生文集
張承枃(승표)	1875~1942	悔窩	字 文佑 本貫 昌寧 父 斗喆 著書 悔窩先生文集
張著國(시구)	朝鮮	愚吉	文臣 字 子明 本貫 仁同 監察
蔣時穆(시목)	1888~1958	東湖	字 聖熙 本貫 牙山 父 漢燾 祖父 喆邦
張時聖(시성)		竹坡	著書 文集
張時澤(시택)	1833~1900	蒼洲	學者 字 允和 本貫 仁同 父 有昇 外祖 李仁黙 著書 蒼洲文集
張時枃(시표)	1819~1894	雲皐	文臣 字 應七 本貫 仁同 父 瀕 外祖 李觀運 北青府 使 著書 雲皐文集
張時翰(시한)	朝鮮	苑居	委巷人 字 季鷹 本貫 仁同
張是行(시행)	1628~1688	巖溪	字 德源 本貫 昌寧 父 之白 著書 巖溪集
張時行(시행) →張是行			
張時憲(시헌) →張秀漢의 初名			
張始顯(시현)	?~1714	散隱 知齋	文臣, 學者 字 揚卿 本貫 仁同 父 世明 縣監
張始興(시흥)	朝鮮	槐軒	文臣 字 武伯 本貫 順天 僉知
張時興(시흥)	朝鮮後期	方壺子	畫家
張瑠(신)	1629~1711	錦江 直方齋	學者 字 仲溫 本貫 仁同 父 龍見 開寧縣監 著書 錦 江集
張紳(신)	朝鮮	翠崖	文臣 字 顯國 本貫 德水 父 雲翼 封號 德昌君 刑曹 參判
張愼(신)		慕庵	著書 慕庵先生文集
張信綱(신강)	朝鮮	聲齋	

人名	年代	號	其他
張信孫(신손)	朝鮮	竹窓	孝子 字 斯立 本貫 仁同
張信永(신영)	朝鮮高宗	石蕉	
張臣哲(신철)	高麗	石溪	文臣 本貫 禮山 大提學 諡號 貞簡
張諶(심)	朝鮮中宗	筆院	字 信卿 本貫 昌寧 父 汝弼
張心學(심학)	1804~1865	江海	文臣, 學者 字 在中 本貫 仁同 父 應璧 著書 江海集
張莪賢(아현) →張義賢			
張岳(악)	高麗	爾齋	文臣 字 嶽 本貫 求禮 封號 鳳城君 侍中 諡號 襄齋
張案(안)	朝鮮	三憂堂	本貫 仁同
張安道(안도)		樂全子	本貫 興城 父 貴生
張安世(안세)	高麗末	松隱	忠臣 本貫 仁同 父 均 府尹 諡號 忠貞 著書 松隱實記
張岋(압) →張岌			
張瀁相(양상)	朝鮮後期	雲渠	
張良佑(양우)	高麗	鶴林	文臣 字 知能 本貫 安東 左政丞 諡號 文孝
張彦忱(언침)	1549~?	暮隱	文臣 字 士孚 本貫 鎭川 父 忠國 淮陽府事
張㦲(업)	1633~1702	曉村	學者 字 謹哉 本貫 興德 著書 曉村文集
張溿(업) →張嶪			
蔣如蘭(여란)		復齋	本貫 牙山
張汝鄴(여업)	朝鮮	竹軒	字 文擧 本貫 仁同
張汝弼(여필)	朝鮮成宗	麥溪	文臣 字 聖輔 本貫 昌寧 父 自慶 府使
張汝翰(여한)	朝鮮	敬齋	學者 字 鳳奉 本貫 仁同
張汝翮(여핵)	朝鮮	竹軒	字 文擧 本貫 仁同 軍資監正
張汝華(여화)	朝鮮仁祖	砂溪	學者 字 茂甫 本貫 仁同 父 壽禧 著書 文集
張璉(연)	高麗	杏隱	本貫 仁同
張延相(연상)	朝鮮	晚修菴	學者 字 仁 本貫 仁同 生員 著書 晚修菴集
張延祐(연우)	高麗	晉山	文臣 字 羽秀 本貫 結城 兵符侍郎
張悅(열)	朝鮮	鶴橋	本貫 興城 童蒙敎官
張鈵(영)	1622~1705	訢梅堂	文臣, 學者 字 鳴世 本貫 仁同 父 應一 外祖 宋光庭 世子翊衛司衛率 著書 訢梅堂遺集
張櫶(영)	朝鮮	松巖	文臣 字 君吉 本貫 求禮 參判
張嶸(영)	朝鮮	松林	文臣 字 仲甫 本貫 安東 察訪
張嶸(영)	朝鮮	松窩	學者 字 果仁 本貫 仁同
將楹(영)	朝鮮	東巖	字 成五 本貫 牙山 工曹參判
張榮國(영국)	朝鮮高宗	九浚	文臣 字 景觀 本貫 仁同 郡守

人名	年代	號	其他
張榮奎(영규)		永嘉齋	本貫 興城
張英達(영달)		知足堂	本貫 仁同
張永伯(영백)	朝鮮末	秋庵	文臣 字 錫兆 本貫 仁同 中樞院議官
張永奭(영석)		鶴楚	本貫 仁同 著書 鶴楚文集
章永巡(영순)	高麗	遯窩	字 晦仲 本貫 居昌 父 斗民
張永植(영식)	朝鮮	東隱	文臣 字 榮哉 本貫 結城 同知中樞府事
張永濟(영제)	朝鮮哲宗	鵝湖	文臣 字 茂謙 本貫 仁同 內務特辦
張永河(영하)	朝鮮末	城隱	學者 字 舜若 本貫 仁同
章英漢(영한)	朝鮮	柳泉	本貫 居昌 父 益友
張永華(영화)	朝鮮末	容齋	學者 字 晦實 本貫 仁同
張玉(옥)	1493~?	柳亭	文臣 字 子剛 本貫 德水 父 忠輔 判校 著書 柳亭遺稿
張鎏(옥)		龍吟	本貫 丹陽
張玉潤(옥윤)		東溪	本貫 興城
張蘊(온)	1670~?	梅軒	字 聖玉 本貫 玉城 父 瑞羽
張瑢(용)	1650~1726	石門	隱士 字 次潤 本貫 仁同 父 龍見 生員
張龍鈐(용검)	朝鮮	雪堂	文臣 本貫 禮山 水軍按察使
張龍慶(용경)	朝鮮	漫然	文臣 字 休卿 本貫 仁同 護軍
蔣龍九(용구)	1806~1881	守東	字 文伯 本貫 牙山 父 周成
蔣龍圭(용규)	1808~1884	鰲石	字 利見 本貫 牙山 父 周顥
張龍燮(용섭)	朝鮮	自求齋	學者 字 用卿 本貫 仁同
張龍遇(용우)	朝鮮	丹溪	文臣 字 雲卿 本貫 仁同 正言
張龍翼(용익)		松月亭	本貫 興城
張龍人(용인)	朝鮮	南窩	文臣 字 伯應 右通禮
張龍訒(용인) →張龍鈐			
張龍八(용팔)	1778~1863	南窩	字 昊爾 本貫 仁同 父 寅燮 系 運燮
張龍河(용하)	朝鮮末	石軒	文臣 字 雲路 本貫 仁同 縣監
張龍河(용하)	朝鮮末	最樂堂	學者 字 師瑞 本貫 仁同
張龍翰(용한)	1564~1599	岐村	學者 字 見舉 本貫 仁同 父 崑 著書 岐村文集
張容浩(용호)		紹庵	著書 文集
張龍煥(용환)	朝鮮	雲岡	文臣 字 子雲 本貫 仁同 郡守
章龍會(용회)	朝鮮	華成	本貫 居昌 父 文彬
張羽(우)	朝鮮初期	杜村	文臣 本貫 德水 吏曹判書
張遇慶(우경)	朝鮮	鼎山	文臣 字 善得 本貫 仁同 判決事
張宇景(우경)	朝鮮肅宗	磻窩	本貫 興城

人名	年代	號	其他
張友奎(우규)	朝鮮	澹庵	委巷人 字 子靜 祖父 弼漢 僉節制使
張友璧(우벽)	1735~1809	竹軒 風竹軒	歌人 字 明仲 通禮院引儀
張宇相(우상)	1642~1708	枕流亭	文臣 字 輔卿 本貫 仁同 父 原 兵馬節度使
張右遠(우원)		弦窩	著書 文集
張遇一(우일)	1617~1708	歸老亭	文臣 字 景仲 本貫 仁同 父 顯道 縣監
張宇樞(우추)	1646~1682	仁拙軒	字 斗卿 本貫 仁同 祖父 慶遇 進士
張宇翰(우한)	1628~1692	三堂軒	學者 字 鴻擧 本貫 仁同 祖父 慶遇
張遇漢(우한)	朝鮮仁祖	松溪 松亭	文臣 字 仲會 本貫 仁同 牧使
張佑漢(우한)	朝鮮	晚翠	文臣 字 尚樞 本貫 仁同 宣撫郎
張宇翰(우한)		警齋	本貫 仁同
張旭(욱)	1789~?	小广 睡餘堂	委巷人 字 又顯 本貫 結城 父 混 祖父 友璧
張運(운)	1535~?	愼齋	文臣 字 汝中 本貫 順天 父 文瑞 僉正
張雲(운) →張靈			
張雲鵬(운붕)	朝鮮	菊汀	文臣 字 溟運 本貫 德水 祖父 仕重 內資寺副正
張雲翼(운익)	1561~1599	西村	文臣 字 萬里 本貫 德水 父 逸 封號 德水府院君 刑曹判書 諡號 貞敏
張雲澤(운택)	1852~1904	石農	文臣 字 龍見 本貫 仁同 父 有鵬 府事
章雲漢(운한)	朝鮮	晚求	本貫 居昌 父 益友
張雲翰(운한)		畏庵	本貫 仁同
張元凱(원개)	朝鮮	梅軒	文臣 本貫 仁同 副提學
張元慶(원경)	朝鮮	逸隱	學者 字 善初 本貫 仁同
張元錄(원록)	朝鮮	清齋	文臣 本貫 禮山 世子師傅 諡號 章景
張源相(원상)	朝鮮末	海史	字 九老 本貫 仁同 進士
張源植(원식)		南坡	著書 南坡詩稿
蔣元一(원일)		永思	本貫 牙山
張元胄(원주)	朝鮮	鳳翁	本貫 結城 追贈 軍資監正
張緯奎(위규)	朝鮮	伊溪	文臣 字 星叔 本貫 仁同 楊武功臣
張偉邦(위방)	1697~1763	九灘	字 道應 本貫 仁同 父 玉相 著書 文集
張緯恒(위항)	1678~1747	臥隱	學者 字 天應 本貫 仁同 父 玉相 外祖 李世龜 著書 臥隱文集
張儒(유)	高麗	清溪	文臣 本貫 興城 廣平侍郎
張維(유)	1587~1638	谿谷 瘂聾子 摩詰 黙所 黙所子 支離子	文臣 字 持國 本貫 德水 父 雲翼 封號 新豐府院君 右議政 諡號 文忠 著書 谿谷集
張裕慶(유경)	朝鮮	菊巖 菊巖居士	學者 字 善弼 本貫 仁同
張裕淳(유순)	1877~1952	野隱	獨立運動家 字 浩文 本貫 結城

人名	年代	號	其他
張有彩(유채)		栗里	本貫 丹山
張潤(윤)	1552~1593	鶴峯	字 明甫 本貫 木川 父 應翼 著書 文集
張淪(윤) →張混의 一名			
張潤(윤) →張淀의 初名			
張胤慶(윤경)	1552~1632	琴齋	孝子 字 元若 本貫 仁同 著書 文集
張胤德(윤덕)	1872~1907	惺菴	義兵將 字 元淑 本貫 安東 父 載安
張允植(윤식)	朝鮮末	竹農 竹儂	文臣 字 公執 本貫 仁同 府使
張允愼(윤신)		伴鷗亭	本貫 長城 縣監
張胤宗(윤종)	1723~1801	老窩	文臣 字 繼善 本貫 仁同 父 壽崙 敦寧都正
張潤宅(윤택)		樵隱	本貫 仁同
張胤賢(윤현)	1560~1593	果齋	著書 文集
張允和(윤화)		煙坡	字 時執 本貫 丹陽 父 仲蘭 封號 丹山君
張乙湖(을호)	高麗	杏隱	文臣 本貫 扶安 封號 扶寧君 左僕射 諡號 文敬
張應祺(응기)	朝鮮宣祖	道休堂	武臣 字 景受 本貫 蔚珍 郡守
張應機(응기)	朝鮮	柳泉	文臣 字 仲善 本貫 仁同 洗馬
張應斗(응두)	朝鮮中宗	松溪 松灘	字 斗之
張應良(응량)	朝鮮	龍菴	文臣 字 挺豪 本貫 仁同 教授
張應門(응문)	朝鮮	芝山	文臣 字 孝基 本貫 仁同 彰信校尉
張應璇(응선)	朝鮮	幽棲軒	文臣 字 仲紀 本貫 仁同 郡守
張應陽(응양)	朝鮮	獨惶軒	文臣 字 彦奇 本貫 仁同 正郎
張應一(응일)	1599~1676	聽天堂	文臣 字 經叔 本貫 仁同 父 顯道 系 顯光 外祖 鄭 适 追贈 吏曹判書 諡號 文穆 著書 聽天堂先生文集
張應樞(응추)	朝鮮	柳溪	學者 字 仲綱 本貫 仁同 生員
張應弼(응필)	朝鮮	滄溪	字 亮叔 本貫 仁同 文敬仝 門人 迪順副尉
張義伯(의백)		柏菴	本貫 興城
張義河(의하)		鶴灘	
張義賢(의현)	朝鮮宣祖	五柳亭	武臣 字 宜權 本貫 求禮 一名 應賢 父 弼武 京畿道 水軍節度使 著書 文集
張應賢(응현) →張義賢의 一名			
張以慶(이경)		松亭	本貫 興城 父 俔
張以吉(이길)		野憂	本貫 興城 父 俔
張理燮(이섭)		可隱幽居	著書 文集
蔣以愿(이원)	朝鮮	大菴	字 謹輔 本貫 牙山 副護軍
張以兪(이유)	1598~1660	知分軒	學者 字 子裕,子由 本貫 玉山(仁同) 父 鳳翰 外祖 柳逡 著書 知分軒文集

人名	年代	號	其他
張彛之(이지)	朝鮮	遯叟	文臣 字 德天 本貫 昌寧 參議
張以弼(이필)	朝鮮肅宗	月峯	字 國老 本貫 木川
張益奎(익규)	朝鮮光海君	于房	字 文哉 本貫 昌寧 父 聃年 系 彭年
張益棋(익기) →張應祺			
張翊文(익문)	朝鮮	錦菴	文臣 字 國弼 本貫 仁同 議官
張翼參(익삼)	1577~?	鼓巖	字 文應 本貫 昌寧 父 應年
張翼禎(익정)	1653~1697	淸溪	字 景徵 本貫 昌寧 父 是行 著書 文集
張翼翰(익한)	朝鮮	可樵	文臣 字 淇瑞 本貫 仁同 護軍
張益煥(익환)	朝鮮	中齋	義兵 字 受謙 本貫 仁同
張翼煥(익환)	朝鮮	學汕	文臣 字 應奎 本貫 仁同 主事
張認(인)	朝鮮	隱谷	文臣 字 謙仲 本貫 丹陽 開城府留守
張潾(인)		松菴	字 士潤 本貫 仁同
張仁奎(인규) →張聖胤의 初名			
張麟德(인덕)	朝鮮	仁興齋	文臣 字 仁瑞 本貫 禮山 參判
張仁悳(인덕)	朝鮮	樂山	文臣 字 壽如 本貫 仁同 議官
張仁模(인모)		竹谷	本貫 興城
張寅睦(인목)	1842~1895	素山	學者 字 在見 本貫 仁同 祖父 祖燮 外祖 宋演 著書 素山遺稿
張寅相(인상)		悍軒	本貫 仁同 父 奎永
張仁碩(인석)		松竹軒	字 邦彦 本貫 仁同
張寅錫(인석) →張錫寅			
張麟燮(인섭)	韓末	一軒	
張隣五(인오)	朝鮮	石隱	文臣 字 倫明 本貫 仁同 參奉
張仁遠(인원)	1808~1871	雲樵	文臣 字 公武 本貫 仁同 父 錫頤 參判
張仁豔(인픙)		海隱	本貫 仁同
張寅濩(인호)	1864~1948	晩山	字 聖賓 本貫 仁同 父 萬鍊
張仁煥(인환)	1835~?	櫟坡	文臣 字 致安 本貫 順天 父 守正 持平
張逸(일)	朝鮮	韋齋	文臣 字 士休 本貫 德水 父 任重 木川縣監
章逸男(일남)	朝鮮	德山	字 平仲 本貫 居昌 父 萬里 萬戶
張日成(일성)	高麗	竹溪	本貫 知禮 封號 知禮伯 謚號 忠武
張任重(임중)		三友堂	本貫 德水 父 玉
蔣入室(입실)	朝鮮	悔窩	字 致聖 本貫 牙山 義城訓導
張自綱(자강)	朝鮮世宗	荊灘	文臣 字 領之 本貫 安東 府使
將自芳(자방)	高麗	眞積堂	本貫 牙山 檢校禮賓卿

人名	年代	號	其他
蔣自元(자원)	朝鮮	德峯	本貫 牙山 父 芉 漢城府參軍
張自昌(자창)	朝鮮明宗	黙軒	文臣 本貫 德水 兵曹佐郎
張自好(자호)	1583~?	丫流 竹溪	字 守謙 本貫 仁同 父 世哲
張潛(잠)	1497~1552	竹亭	學者 字 浩源 本貫 玉山 父 嫡孫 外祖 崔漢忠 著書 竹亭遺稿
張在九(재구)		可汕	著書 可汕詩稿
張載汲(재급)	朝鮮	月潭	文臣 字 鴻擧 本貫 仁同 同知中樞
張載濂(재렴)	1879~1936	景菴	著書 景菴文集
張載模(재모)	1883~1945	聖樹	義兵將 字 景善 本貫 興城 父 日煥
張在學(재학)	韓末~日帝	止山	獨立運動家 字 道之 本貫 結成 田愚 門人 著書 文集
張載翰(재한)	韓末~日帝	龜山友人	
張載鉉(재현)		晦山	
張傳凱(전개)	朝鮮	黙庵	文臣 字 和之 本貫 仁同 敦寧府事
張淀(정)	1708~?	西湖	文臣 字 子雨 本貫 仁同 父 泰亨 司諫
張珽奎(정규)	1794~1854	月潭	著書 月潭詩稿〈尚質世稿〉
張定植(정식)	朝鮮	松齋	文臣 字 聖哉 本貫 結城 同知中樞府事
張廷燦(정찬)		荷圃	本貫 興城 祖父 洙
張貞弼(정필)	878~?	圃陰	文臣 字 寧父 本貫 結城 父 源 封號 吉昌君 太師 諡號 忠獻
蔣濟九(제구)	1872~1946	瓊山	字 士現 本貫 牙山 父 天銖
張悌元(제원)	1556~1621	深谷	學者 字 仲順 本貫 玉山(仁同) 父 枸 外祖 李泰然 著書 深谷文集
張齊翰(제한)	1862~?	小坡	文臣 字 起卿 本貫 安東 父 膚善 正言
莊祖(장조)	1735~1762	凌虛館 毅齋	追尊 王 字 允寬 本貫 全州 父 英祖 著書 凌虛館 漫稿
張照(조)	朝鮮高宗	紫厓	本貫 德水 父 孝根
張朝柱(조주)		養拙居	
張肇平(조평)	朝鮮	遯庵	本貫 長城 忠順衛
張鍾禹(종우) →孫鍾禹			
張宗俒(종원)	朝鮮仁宗	風雷堂	學者 字 裕翁 本貫 仁同
張澍(주) →張淀의 初名			
張株國(주구) →洪柱國			
張柱南(주남)	朝鮮	浣溪	字 任卿 本貫 仁同 進士
張柱臣(주신)	1850~1928	一愚	字 君石 本貫 蔚珍 父 止淵 著書 一愚集

人名	年代	號	其他
張周遠(주원)	1814~1835	遯巖	著書 遯巖實記
張柱鶴(주학)	1841~1896	醉石	文臣 字 石夫 本貫 仁同 父 鳳羽 副正
蔣周顥(주호)	1779~1833	誠敬齋	字 士裕 本貫 牙山 父 慶琬
張駿昊(준호)	1882~1949	石川	字 健汝 本貫 昌寧 父 大有
張仲翼(중익)		惕若齋	本貫 安東
張祉(지)		兢庵	字 褆萬 本貫 丹陽
張智謇(지건)	1661~1720	山澗	
張之杰(지걸)	1662~1736	溪翁	學者 字 士彦 本貫 仁同 父 珦 進士 著書 文集
張志敎(지교)	韓末~日帝	石聾	
張至大(지대)		月波亭	本貫 德水 父 震煥
張之白(지백)	1595~1661	高行處士	字 士晧 本貫 昌寧 父 承吉
張仲孚(중부) →裵仲孚			
張志淵(지연)	1864~1921	韋庵 嵩陽山人	言論人, 志士 字 舜昭, 和明 本貫 仁同 父 龍相 著書 韋庵文稿
張志暎(지영)	1887~1976	泗雲	國語學者 本貫 仁同 著書 吏讀辭典
張之琓(지완)	朝鮮純祖	枕雨堂 斐然 玉山	學者 字 汝琰 本貫 仁同 父 德冑 外祖 李征遇 著書 枕雨堂集
張志尹(지윤) →張志淵의 初名			
張至中(지중)		草堂	本貫 德水 父 震煥
張趾學(지학)	1685~1778	晩忍堂	文臣 字 思彦 本貫 仁同 父 大方 同知中樞府事
張之賢(지현)	高麗	松溪	文臣 字 君聖 本貫 結城 父 紀 侍郎 諡號 宣平
張智賢(지현)	1536~1593	三槐	義兵將 字 明叔 本貫 求禮 父 弼武 追贈 兵曹參議 三槐堂
張志昊(지호)	1884~1922	最樂堂	字 學初 本貫 昌寧 父 大鏞
張直方(직방)	朝鮮	丹砂	學者 字 以大 本貫 仁同
張溍(진)	朝鮮中宗	三玉堂	文臣 本貫 結城 父 碩根 吏曹正郎
張璡(진)	1635~1707	茅菴	文臣 字 君玉 本貫 仁同 父 元慶 掌令 著書 茅菴集
張溍(진)	朝鮮	鹿野堂	字 汝澄
張儘(진)	朝鮮	披雲軒	文臣 字 信持 本貫 丹陽 漢城判尹
張震(진)	朝鮮後期	雨辰	
張溍(진) →張潜			
張鎭國(진국)	朝鮮	鶴臯	委巷人 字 光之 本貫 仁同
張鎭錫(진석)	1829~1880	益庵	學者 字 康彦 本貫 仁同 父 崇矩 外祖 河善浩 著書 益庵遺稿
張鎭永(진영)	1886~1962	東山	字 景弘 本貫 仁同 父 基健 著書 東山遺稿
蔣鎭宇(진우)		竹齋	本貫 牙山

人名	年代	號	其他
張進璃(진우)	1866~1945	清雲	獨立運動家
張震一(진일)	朝鮮	仁義堂	孝子 字 子伯 本貫 仁同
張振載(진재)	1740~1799	郭溪	字 鐸夫 本貫 昌寧 父 重夏
張晋昌(진창)		花旅	
張晋漢(진한)	朝鮮	棣軒	字 邦樞 本貫 忍冬 承政院副承旨
張晉行(진행)	1853~1904	妄憂窩	武臣, 學者 字 稱康 本貫 蔚珍 府使 著書 妄憂窩文集
張晉弘(진홍)	1776~1856	晚齋	孝子 字 能道 本貫 仁同 父 受采
張鎭弘(진홍)	1894~1930	滄旅	字 俊極 本貫 仁同 父 聖旭
張震煥(진환)		鷲洲	本貫 德水 父 善澂
張昶(창)	朝鮮	周旅 珠崖	委巷人 字 詠而 本貫 仁同 父 混 祖父 友璧
張昌復(창복)	朝鮮後期	杏溪	學者 字 吉初 本貫 仁同 著書 杏溪集
張昌胤(창윤)		林隱	本貫 仁同
張昌翼(창익)	朝鮮	晚成堂	學者 字 成之 本貫 仁同
張處敬(처경)	朝鮮	菊軒	字 直卿 本貫 結成
蔣處勇(처용)	朝鮮成宗	心智 悔歸軒	本貫 牙山 父 延
張處遇(처우)	→張慶遇		
蔣處仁(처인)	朝鮮成宗	認齋	本貫 牙山 金宗直 門人 三陟府使
張天睦(천목)	朝鮮	孝菴	學者 字 建五 本貫 仁同
張天翼(천익)	朝鮮	晚松	文臣 字 弘汝 本貫 浙江 參奉
張天翰(천한)	1551~1599	臥川	學者 字 元擧 本貫 仁同 父 崑
張哲奎(철규)		後溪	本貫 興城 父 顯福
張哲文(철문)	朝鮮	晚虛齋	字 重聖 本貫 仁同 通政大夫
蔣喆邦(철방)	1836~1892	雲谷	孝子 字 龍五 本貫 牙山 父 弼華 祖父 錫鳳
張哲宗(철종)	→張漢宗의 初名		
張初守(초수)	→張守初		
張忠矩(충구)	朝鮮	水月軒	字 允禧 本貫 仁同
張忠輔(충보)	朝鮮成宗	醉軒	字 國佐 本貫 德水 父 孟禧
張忠植(충식)	朝鮮	則隱	文臣 字 事以 本貫 仁同
張忠漢(충한)	朝鮮	曲池	文臣 字 子藎 本貫 仁同 縣監
張致景(치경)	朝鮮	松隱 松蔭	文臣 字 國瑞 本貫 仁同 同知中樞府事
張致卿(치경)		樂清齋	本貫 安東
張致權(치권)		竹坡	本貫 仁同
張致彥(치언)	1671~1732	一松亭	著書 一松亭遺稿 〈尚賢世稿〉
張致亨(치형)	朝鮮	松清	文臣 字 致聖 本貫 仁同 監察
張七慶(칠경)		愚岭	本貫 沃城

人名	年代	號	其他
張泰棋(태기)	朝鮮英祖	艮雲	學者 字 士益 本貫 仁同
張泰駬(태기)	朝鮮	犁溪	委巷人 字 攸序 本貫 仁同
張泰秀(태수)	1841~1910	一逌齋	文臣 字 聖安 本貫 仁同 父 漢斗 侍從院副卿
張泰運(태운)		休軒	本貫 興城
張台翼(태익)	朝鮮	商岑	委巷人 字 汝壽 本貫 結城
張泰欽(태흠)		復齋	
張宅揆(택규)	朝鮮	梅窓	委巷人 字 台叔 本貫 安東
張澤相(택상)	1893~1969	滄浪	政治家 字 致雨 本貫 仁同 父 承遠 國務總理
張澤賢(택현)		菊圃	本貫 結成 父 德奎
張澤炯(택형)		芙蓉齋	本貫 結成 父 德奎
張判介(판개)	1885~1937	鶴舜	國樂士
蔣八國(팔국)	1562~1633	歸來亭	文臣 字 致君 本貫 牙山 父 嶙 外祖 洪滸 知中樞府事 著書 歸來亭遺集
張弼武(필무)	1510~1574	栢冶	武臣 字 武夫 本貫 求禮 父 謹 祖父 嗣宗 追贈 兵曹判書 諡號 襄正 著書 栢冶遺事
張弼懋(필무)	朝鮮宣祖	由野	
張必新(필신)	朝鮮	懶夫	委巷人 字 伯彦, 伯吉 本貫 漢陽
張弼漢(필한)	朝鮮	石谷	文臣 本貫 興德 侍中
蔣弼華(필화)	1766~1843	市隱	字 必幸 本貫 牙山 父 錫鳳 祖父 繼琬
張必勳(필훈)		一愚	著書 一愚集
張夏(하)	1316~1399	清溪	文臣 字 世卿 本貫 結城(丹陽) 父 用文 祖父 悅 封號 結城君(丹山伯) 平章事
張河駟(하일)	高麗	夏軒	文臣 本貫 鎭川 贊成事
張澩(학)	1614~1669	南坡	學者, 文臣 字 聖源 本貫 玉山 父 慶遇 外祖 李籙 鄭逑 門人 昌陵參奉 著書 南坡遺稿
張鶴齡(학령)		陽谷	本貫 仁同
張鶴模(학모)		思軒	本貫 興城
張學祚(학조)	朝鮮	杜隱	文臣 字 義卿 本貫 仁同 同知中樞府事
張學樞(학추)	朝鮮末	四好翁	文臣 字 就汝 本貫 仁同 父 濠 同知中樞府事
張翰國(한구)		後圃	本貫 興城
蔣漢燾(한도)	1866~1897	篤窩	字 敬天 本貫 牙山 父 喆邦 祖父 弼華 朝奉大夫
張漢斗(한두)	朝鮮高宗	山淵	學者 本貫 仁同 著書 山淵文集
張漢輔(한보)	1503~1568	銀溪	學者, 文臣 字 子房 本貫 蔚珍 世子侍講院侍講官
張漢成(한성)		晩樂堂	本貫 興城
張漢宗(한종)	1768~?	玉山 閩淸齋	畫家 字 廣叟 本貫 仁同 初名 哲宗 監牧官
張翰鎭(한진)	朝鮮末	鶴隱	學者 字 國名 本貫 仁同

人名	年代	號	其他
張漢喆(한철)	1744~?	鹿潭居士	文臣 本貫 海州 父 次房 縣令 著書 漂海錄
張合(합)	朝鮮太宗	楚谷	本貫 興城 繕工監役
張沆(항)	?~1353	訥齋	文臣 本貫 永同 書筵侍讀官 諡號 文顯
張漻(해)	朝鮮仁祖	三憂堂	義兵將 字 巨源 本貫 仁同
蔣海鵬(해붕)		曲溪	本貫 牙山
張海濱(해빈)	朝鮮宣祖	華軒	文臣 本貫 浙江 追贈 兵曹參判兼同知義禁府訓練院事
張憲(헌)	高麗	三隱齋	本貫 順天 父 思儉
張瀗(헌)	朝鮮哲宗	耦堂	詩人
蔣憲文(헌문)	1870~1926	磊軒	義兵將 字 武章
張憲周(헌주)	1777~1867	餘力齋	學者 字 幼章 本貫 興德 父 齊甲 外祖 羅學商 著書 張餘力齋集
張㷆(혁)		永慕	本貫 興城 父 義柏
張㷆(혁)	韓末~日帝	强齋	
張倪(현)		癡隱	本貫 興城
張顯慶(현경)	1730~1805	四適軒	文臣 字 士膚 本貫 興城 父 普明 縣監
張顯慶(현경)	1730~?	秋潭	字 伯會 本貫 興城 父 晋明
張顯光(현광)	1554~1637	旅軒 立巖	文臣 字 德晦 本貫 仁同 父 烈 外祖 李彭錫 鄭逑 門人 追贈 領議政 諡號 文康 著書 旅軒集
張玥奎(현규)		師峯	著書 文集
張顯道(현도)	1563~1634	月浦	學者 字 德優 本貫 仁同 父 熙 著書 月浦先生文集
張鉉斗(현두)		松坡	本貫 興城 學者
張玄聞(현문)	朝鮮	四栽堂	字 濬之 本貫 鎭安
張顯珀(현박)		松隱	本貫 興城
張顯福(현복)		溪隱	本貫 興城 父 翰國
張顯孫(현손) →張順孫의 初名			
張顯述(현술)		錦坡	本貫 興城
張鉉植(현식)		漁隱	本貫 仁同 父 潤宅
張鉉植(현직)		湖隱	本貫 仁同
張賢輝(현휘)	朝鮮	甚要軒	本貫 興城 副護軍
蔣鈘(협)	1771~1833	興齋	學者 字 長吉 本貫 牙山 父 永春 外祖 權大維 著書 興齋集
蔣珩(형)	1577~1617	柴巖 紫巖	本貫 牙山 父 敬臣 著書 文集
張炯(형)	1889~1964	梵亭	獨立運動家 教育者 本貫 仁同 父 昌翼
莊昊(장호)	1869~1930	龍虛	僧侶 俗姓 李氏

人名	年代	號	其他
張浩慶(호경)	1890~1938	松岡	字 胤祚 本貫 仁同 父 永錫
張混(혼)	1759~1828	而已广 而已庵 空空子	學者 字 元一 本貫 結城 父 友璧 監印所司準 著書 而已广集
莊弘(장홍)	朝鮮末	錦玉	僧侶
張弘慶(홍경)		鰲山	字 仲直 本貫 木川
張烘奎(홍규)		明菴 寒泉齋	本貫 興城 祖父 翰國
張弘道(홍도)	朝鮮宣祖	休隱	字 仲由 本貫 木川
張弘敏(홍민)		虎山	字 仲達 本貫 木川
張洪錫(홍석)		旅浦	本貫 仁同
張弘迪(홍적)	朝鮮宣祖	亭隱	字 仲善 本貫 木川
張華(화)	朝鮮中宗	松庭	字 元敬 本貫 昌寧 父 暉
張華睦(화목)	1869~1935	松巖	字 潤壹 本貫 仁同 父 時燮 著書 文集
張華植(화식)	1853~1938	鶴巖	本貫 仁同 著書 鶴巖集
蔣華植(화식)	1871~1947	復庵	學者 字 孝重 本貫 牙山 父 夏秀 外祖 潘錫祚 著書 復庵集
張華鎭(화진)	朝鮮	蘇溪	學者 字 聖觀 本貫 仁同 生員
張喚(환)	朝鮮仁祖	龍溪	武臣 字 幼新 本貫 興城 父 升世 追贈 戶曹參判
張煥奎(환규)	1852~1876	海逸齋	著書 海逸齋文集
張會鎭(회진)	1808~1835	東雩	
張孝甲(효갑)		東溟	
張孝根(효근)	1867~1946	東菴	獨立運動家 字 子安 本貫 德水 父 浩
張孝懋(효무)	1807~1840	玉泉	文人 字 起于, 勉汝 本貫 結城 父 昶 祖父 混 五衛將
張孝恩(효은)	朝鮮中宗	盧隱	本貫 結成
張孝一(효일)	朝鮮	明皐	學者 本貫 蔚珍 著書 處寂自道
張孝忠(효충) →張孝恩			
張厚健(후건)	朝鮮	松圃	字 建之 本貫 安東
張侯杞(후기)	朝鮮末	藥泉	學者 字 益善 本貫 仁同
張后相(후상)	1670~1742	石門	文臣, 學者 字 夢與, 蒙予 本貫 仁同 父 瑜 外祖 金墩 宣傳官 著書 石門詩稿
蔣後琬(후완)	朝鮮宣祖	龜川	本貫 牙山 父 龍
張後俊(후준)	朝鮮	隱山	文臣 本貫 丹陽 封號 玉山君 右議政 謚號 忠貞
張恰(흡)	1627~1660	竹塘	學者 著書 竹塘聯棣稿
張興考(흥고) →張興孝			

人名	年代	號	其他
張興燦(흥찬)		柏軒	本貫 興城 父 相休
張興孝(흥효)	1564~1633	敬堂	學者 字 行源 本貫 安東 父 彭壽 鄭逑 門人 追贈 持平 著書 敬堂集
張希東(희동)		敬窩	本貫 仁同
張希聖(희성)	1558~1613	一心齋	字 勉夫 本貫 興德 父 夢良 著書 一心齋遺稿 〈尚質世稿〉
張憙遠(희원)	1861~1934	韋堂	學者 字 重徽 本貫 仁同 父 錫藎 外祖 李在斅 著書 韋堂集
張喜遠(희원) →張憙遠			
張熙載(희재)	1588~?	五峰	文臣 字 汝翼 本貫 求禮
蔣熙積(희적)	1627~1705	洗心亭 悔翁	學者 字 顯哉 本貫 牙山 父 文益 外祖 金得之 著書 洗心亭集
張熙積(희적) →蔣熙積			
蔣希春(희춘)	1556~1618	誠齋	文臣, 學者 字 仁敬 本貫 牙山 父 薰 刑曹正郎 著書 誠齋實記
全氏(씨)		一靑	著書 文集
全氏(씨)	朝鮮後期	只一堂	父 汝忠
田可植(가식)	朝鮮正宗	省菴	文臣 字 美哉 本貫 潭陽(延安) 父 猷 封號 延安君 禮曹判書
全漑(개)	朝鮮宣祖	望日堂	本貫 沃川 父 應斗
全建陽(건양)		可隱	著書 文集
全卿(경)	高麗	菊坡	本貫 羅州
全憬(경)	朝鮮	松溪	文臣 字 達卿 本貫 旌善 戶曹參議
全璟(경)		道南	字 仲璟 本貫 完山
田敬九(경구)	朝鮮末	疑齋	本貫 潭陽 父 愚
田慶德(경덕)		衡南	字 慶甲 本貫 潭陽
全景祥(경상)	朝鮮	松圃	本貫 天安 監察
田慶源(경원)		梧齋	字 伯源 本貫 潭陽
全慶昌(경창)	1532~1585	溪東 晚悟	文臣 字 季賀 本貫 慶山 父 玽 正言 著書 溪東集
全庚漢(경한)	朝鮮	竹軒	文臣 字 聖降 本貫 慶州 五衛將
田繼男(계남)	朝鮮	晚隱	字 汝述 本貫 潭陽 郡守
全繼信(계신)	1563~1615	巴叟	字 汝重 本貫 玉山 父 璉 著書 文集
全啓宗(계종)	朝鮮宣祖	葵菴	字 泊允 本貫 平康
全繼宗(계종) →全啓宗			
全公侃(공간)	朝鮮	滄峰	文臣 字 叔平 本貫 旌善 尚衣院正
田恭鎭(공진)	1897~1968	克齋	字 居敬 本貫 潭陽 父 喆植

人名	年代	號	其他
全澋(곽)		桂洲	
田光國(광국)		省齋	字 聖賓 本貫 潭陽
田光玉(광옥)	1694~1761	澗松堂 海翁	文臣, 學者 字 德種 本貫 潭陽 父 一成 著書 澗松堂集
田光勳(광훈)		愚愚齋	字 楊卿 本貫 潭陽
全球(구)	1724~1806	半巖	學者 著書 半巖集
全俱生(구생)	朝鮮	石泉	文臣 字 聖泰 本貫 甘泉 府使
田九畹(구원)	1615~1691	愚窩	學者 字 正則 本貫 潭陽 父 有秩 外祖 張汝吉 進士 著書 愚窩文集
田九疇(구주)	1413~1493	退庵	字 錫禹 本貫 潭陽 父 士發 吏曹參議
全九鉉(구현)	1860~1925	明川齋	
全權(권)	朝鮮高宗	松溪	字 仁甫
田貴生(귀생)	高麗	耒隱 東隱	文臣 字 仲耕 本貫 潭陽 父 希慶 左尹 著書 耒隱先生實記 〈三隱合稿〉
田貴成(귀성)	1804~1891	稼亭 泉石	字 成一 本貫 潭陽 同知中樞府事
全貴海(귀해)	1674~1731	逸窩	學者 字 大龍 本貫 龍宮 父 克均 外祖 鄭尚雄 著書 逸窩遺稿
全奎洛(규락)	1881~1916	鳳岡	著書 鳳岡文集
全奎晃(규면)	朝鮮	雲鶴	字 公集 本貫 平康
全奎炳(규병)	1840~1905	愚广	學者 本貫 沃川 著書 愚广遺稿
田珪鎭(규진)	1870~1928	松溪	字 斗泳 本貫 潭陽 父 尚浩 著書 松溪先生文集
全規漢(규한)		晩悔齋	著書 文集
全奎煥(규환)	1832~1893	小心亭 泰巖	學者 字 贊玉 本貫 完山 父 漢一 外祖 文東八 著書 小心亭文集
田昀(균)	朝鮮	梇谷	本貫 潭陽
全極奎(극규)		慕庵	著書 文集
全克恬(극념)	1597~1660	滄洲 漁隱	學者 字 幼安 本貫 沃川 父 湜 外祖 洪天敍 著書 滄洲集
全克念(극념)	1645~1704	丹邱	本貫 沃川 父 有章 著書 丹邱遺稿 〈聯芳集〉
全克禮(극례)	朝鮮	浪軒	文臣 本貫 天安 戶曹參判
全克敏(극민)	1660~1711	杏圃	文人 字 敬叔 本貫 沃川 父 有章 外祖 趙重和 著書 杏圃遺稿
全克昌(극창)		竹溪	本貫 天安
全克初(극초)	1643~1695	清風堂	學者 字 慎叔 本貫 沃川 父 有章 外祖 李休運 著書 清風堂集
全克泰(극태)	1630~1696	退軒	文臣, 學者 字 亨叔 本貫 沃川 父 有章 外祖 李休運 義城縣監 著書 退軒集

人名	年代	號	其他
全克恒(극항)	1590~1636	叫川	文臣 字 德古, 德久 本貫 沃川 父 湜 追贈 都承旨 著書 叫川集
全克和(극화)	1643~1718	洛浦	本貫 沃川 父 有章 著書 洛浦遺稿 〈聯芳集〉
全瑾(근)		松亭	著書 松亭實紀
全近思(근사)	1675~1732	竹林	本貫 龍宮 父 五倫 著書 竹林先生文集
全金先(금선)	朝鮮純祖	晚隱	本貫 潭陽
田琦(기)	1825~1854	古藍 杜堂	畫家 字 瑋公, 奇玉 初名 在龍 本貫 開城
全淇(기)	朝鮮	二樂堂	文臣 字 汝瞻 本貫 旌善 戶曹參議
田畸(기)	→田琦		
全氣大(기대)	1679~1744	伏菴	學者 字 集之 本貫 羅州 父 渾然 外祖 金時說 著書 伏菴集
田基魯(기로)	朝鮮高宗	小隱	字 聖觀 本貫 潭陽
全基成(기성)	1862~1927	愼菴	著書 愼菴遺稿
全氣粹(기수)	朝鮮宣祖	慕齋	字 而粹 本貫 完山
全起永(기영)		止齋	
田基五(기오)	1831~1928	一醒	字 極見 本貫 潭陽 父 佑赫 著書 一醒先生文集
田基堯(기요)	1858~1933	白坡	字 聖初 本貫 潭陽 父 井百 著書 文集
田基郁(기욱)		小史	字 士喜 本貫 潭陽
全基允(기윤)	朝鮮高宗	栗齋	字 衡中 本貫 天安 五衛將
全基柱(기주)	朝鮮	菊圃	文臣 字 邦彦 本貫 全州 同知中樞府事 著書 菊圃遺稿
田璣鎮(기진)	朝鮮末	飛泉	學者 字 舜衡 本貫 潭陽 著書 飛泉集
田基春(기춘)	朝鮮	香樵	字 光益 本貫 潭陽
全基泓(기홍)	1879~1910	海山	義兵將 字 垂鏞 本貫 天安 父 炳國 著書 全海山陣中日記
全蘭錫(난석) →全菌錫			
田南疇(남주)	朝鮮	玉山	本貫 潭陽 父 棋守
田乃績(내적)	朝鮮孝宗	石浦	文臣 字 公復 本貫 平澤 父 有富 宗簿寺直長
全鼐勳(내훈) →全鼎勳			
田祿生(녹생)	1318~1375	埜隱 野隱	文臣 字 孟耕 本貫 潭陽 開城府使 著書 埜隱遺稿
全功(늑) →金功			
全多雲(다운)	朝鮮	杜菴	文臣 字 聖五 本貫 旌善 同知中樞府事
全霝(담)	朝鮮	奉直	字 時洽 本貫 完山 郡守
田大穗(대수)		晚松	本貫 潭陽
全大榮(대영)	1876~1952	希顏齋	著書 希顏齋集

人名	年代	號	其他
全大濟(대제)	朝鮮	芸齋	字 幼暉 本貫 羅州 進士
田大鎭(대진)		鉏隱堂	字 明五 本貫 潭陽
全德明(덕명)	?~1926	竹坡	獨立運動家
田德秀(덕수)	朝鮮	三一翁	隱士 字 元祜 本貫 潭陽
全德養(덕양)	朝鮮	德齋	文臣 字 而儉 本貫 星山 右承旨
全德元(덕원)	1870~?	湖隱 梃松 小醒	獨立運動家 本貫 旌善 柳麟錫 門人
全悳載(덕재)	1857~1929	栗山	著書 栗山集
全德漢(덕한)	朝鮮	月軒	文臣 字 國漢 本貫 甘泉 工曹參判
田德垕(덕후)		晚梧	字 潤甫 本貫 潭陽
全道轍(도철)	朝鮮	瓢巷	本貫 玉山
田墩(돈)	朝鮮	湖史	字 齊甫 本貫 潭陽 副護軍
田諫(동)	1620~1679	衡峰	字 子遠 本貫 潭陽 父 擢英 豊基郡守
田東根(동근)	朝鮮	松菴	孝子 字 季寶 本貫 潭陽
田東榮(동영)	朝鮮	香隱	字 華瑞 本貫 南陽 承旨
全東屹(동흘)	1616~1705	佳齋	武臣 字 士卓 本貫 天安 捕盜大將 著書 文集
全斗運(두운)	1844~1921	晚翠	字 極中 本貫 旌善 父 致誠 著書 文集
田得龍(득룡)	朝鮮後期	杜堂	字 而賢
田得雨(득우)	1574~1638	松崖 松厓	文臣 字 時哉 本貫 潭陽 父 潤 左承旨
全烈(렬)	朝鮮中期	休菴	本貫 沃川 父 彭壽
田烈(렬)	1886~1941	致齋 致軒	學者 本貫 潭陽 父 聖秀 外祖 南台永 著書 致軒藝稿
展翎(전령)	?~1826	海鵬	僧侶 字 天遊 著書 壯遊大方錄
全翎(령)		治溪	字 子文 本貫 平康
全龍(룡)	朝鮮	石泉	文臣 字 汝見 本貫 旌善 封號 石陵君 司僕寺判官
田霖(림)	朝鮮	慕庵	學者 字 時哉 本貫 延安
全霖(림)	朝鮮	梅窩	字 時卿 本貫 完山 主簿
田萬郊(만교)	1643~1715	水月堂	學者 字 大乎 本貫 潭陽 父 宜井 外祖 權魯 著書 水月堂逸稿
田晚成(만성)	朝鮮	石浦	孝子 字 聖卿 本貫 潭陽
全萬禎(만정)	朝鮮英祖	退隱	字 公裕 本貫 完山
田萬種(만종)	朝鮮	奇巖 返素齋	委巷人 字 春彥 本貫 白川
全萬禧(만희)	1675~1742	月窩	字 公與 本貫 完山 父 琥
全冕鎬(면호)	1857~1926	端齋	著書 文集
全命龍(명룡)	1605~1667	穎西	學者 字 伯兪 本貫 沃川 父 大承 外祖 朴雲 鄭逑 門人 大司憲 著書 穎西集
田明雲(명운)	1884~1947	竹嵒	愛國志士 本貫 潭陽 父 聖根

人名	年代	號	其他
全命元(명원)	朝鮮	行林	文臣 字 君擧 本貫 沃川 副護軍
全命赫(명혁)	朝鮮	愚谷	字 晦伯 本貫 羅州 進士
田穆(묵)		章溪	字 穎叔 本貫 潭陽
全夢井(몽정)	1522~1592	映蓮堂	學者 字 子應 本貫 龍宮 父 仁 外祖 安嗣宗 著書 映蓮堂遺稿
全雯(문)	朝鮮宣祖	香齋	字 時若 本貫 完山
全文軾(문식)	高麗	都隱	字 伯英 本貫 天安
田文煥(문환)		竹史	字 順和 本貫 潭陽
全敏泰(민태)	朝鮮	迂翁	學者 字 世重 本貫 竹山
全伯英(백영)	1343~1412	巴溪	本貫 玉山 父 義龍 著書 文集
全伯宗(백종)	朝鮮	巴隱	本貫 玉山 父 義龍
田闢(벽)	1586~1659	西亭	文臣 字 東野, 滋墅 本貫 南原 父 大福 系 大祿 封號 南原君 追贈 左承旨
全秉魯(병노)	朝鮮	德行	文臣 字 永 本貫 旌善 敦寧府都正
田秉淳(병순)	1816~1890	扶溪 謙窩	學者 字 彝叔 本貫 潭陽 父 錫采 祖父 始龍 著書 扶溪集
田炳恒(병항)	?~1950	圭窩	著書 圭窩文集
田甫成(보성)	朝鮮	石亭	孝子 字 甫卿 本貫 南陽
田輔仁(보인)		敬復	本貫 潭陽 父 龍雲
全復昌(복창)	朝鮮	訥山	字 而彦 本貫 玉山 監察
田鳳(봉)	1550~1624	梧齋	文臣 字 應祥 本貫 潭陽 父 汝楫 黃海道兵馬節度使
全鳳錫(봉석)	1871~1953	魯齋	著書 魯齋文集
全鳳遂(봉수)	?~1961	吾山	著書 吾山文集
全琫準(봉준)	1855~1895	海夢	東學運動家 字 明叔 本貫 天安 父 彰赫
全賁(분)		杜菴	文臣 字 士元 本貫 旌善 大提學
田朋錫(붕석)	1899~1936	柿軒	本貫 潭陽 字 善文
全裴(비) →金裴			
田馪(빈)	1613~?	雪松	字 子熏 本貫 潭陽 父 擢英
全泗性(사성)	朝鮮	儉窩	學者 字 穉膽 本貫 寧山 父 始德 著書 儉窩遺稿
全師爀(사혁)	朝鮮	斌菴	文臣 字 致文 本貫 旌善 同知中樞府事
全士鉉(사현)	朝鮮	石溪	字 君益 本貫 星州 議官
全三達(삼달)	1554~1633	穎樂亭	字 君炯 本貫 龍宮 黃海道兵馬節度使
全三省(삼성)	朝鮮	西岡	本貫 龍宮 父 夢龍 義兵將
全三益(삼익)	朝鮮	東谷	字 君輔 本貫 龍宮 父 夢龍 縣監
田相武(상무)	1851~1924	栗山	著書 栗山集

人名	年代	號	其他
田相黙(상묵)		四近堂	著書 四近堂集
全尙洙(상수)	朝鮮	老河	文臣 字 鳳瑞 本貫 星山 五衛將
全常壽(상수) →金常壽			
全尙愚(상우)	朝鮮後期	肯窩	學者 字 德裕 本貫 旌善 著書 肯窩集
全尙毅(상의)	1575~1627	龜城	本貫 天安 父 容 著書 文集
全相泰(상태)		安窩	著書 安窩集
全相鎬(상호)	朝鮮	農隱	文臣 字 周京 本貫 旌善 同知中樞府事
田瑞觀(서관)	1778~1848	素軒	學者 字 景瞻 本貫 潭陽 父 必穡 外祖 南錫祺 著書 素軒遺集
全恕烈(서열)	朝鮮	敬心	字 方社 本貫 沃川 父 秀喬
全錫九(석구)	朝鮮末	松崗	獨立運動家 字 文五 本貫 完山
田錫圭(석규)	1577~1669	閒湖	字 士受 本貫 南陽 嘉善大夫
田錫奎(석규) →田錫圭			
全錫保(석보)	朝鮮	柿庵	字 汝極 本貫 星山 參奉
全錫允(석윤)	朝鮮末	惟齋	字 子中 本貫 完山
全錫珽(석정)	朝鮮	晩樵	字 君日 本貫 玉山 判尹
全錫軫(석진)	朝鮮	菊隱	本貫 旌善 父 中豪
田錫採(석채)	朝鮮	愚樂齋	本貫 潭陽
全錫河(석하)	朝鮮	晩隱	文臣 字 禹瑞 本貫 旌善 僉知中樞府事
田錫顯(석현)	朝鮮	南隱	本貫 潭陽
田銑(선)	1599~1693	晩隱	字 士潤 本貫 潭陽 父 夢龜 著書 晩隱文集
全渫(설)		孤山	本貫 沃川 父 天性 著書 孤山先生文集
全聖大(성대)	朝鮮	阿隱	文臣 字 德重 本貫 甘泉 兵曹參議
全聖範(성범)	朝鮮	青雲	字 禹端 本貫 完山
田誠雨(성우)	朝鮮	荷潭	字 時中 本貫 潭陽
全性天(성천)	1714~?	愛睡	字 復初 本貫 平康 父 命禹 兵曹佐郎
全聖學(성학)	朝鮮	道菴	文臣 字 元卿 本貫 全州 同知中樞府事
全盛鎬(성호)	1896~1950	鐵舟	獨立運動家, 軍人 父 在一
田聖煥(성환)		石城	
全世(세)	高麗末	桂谷	字 迺德 本貫 慶州
全世元(세원)	朝鮮	聲窩	字 聞天 本貫 玉山 都事
田鍊(속) →田諫			
田壽(수) →田子壽			
全秀東(수동)		龜菴	字 震一 本貫 沃川

人名	年代	號	其他
全壽萬(수만)	朝鮮	省庵	文臣 字 無疆 本貫 慶州 吏曹參判
田守成(수성)	朝鮮	石堂	孝子 字 眞卿 本貫 南陽
全垂鏞(수용)	1878~1910	海山	義兵將 字 基洪 本貫 天安
全壽長(수장)	朝鮮	鳳山	文臣 字 亮叟 本貫 甘泉 左右參贊
全秀學(수학)		愚溪	本貫 沃川
全順(순)	高麗	睡軒	文臣 字 士恭 本貫 甘泉 工曹判書
田順(순)	朝鮮初	暘谷	字 公信 本貫 潭陽 父 祖生 封號 果川君
全順生(순생)	朝鮮	愚齋	文臣 字 敬順 本貫 甘泉 府使
全舜弼(순필)		東鳴	字 聖兪 本貫 安東 父 璉
田承溉(승개)	1490~?	克齋 茅齋	字 溉之 本貫 潭陽 父 實
全承黙(승묵)		觀生齋 玉菴	著書 文集
全承祖(승조)	1787~?	錦里	書藝家
田昇煥(승환)	朝鮮末	海史	字 致一 本貫 潭陽
田時(시) →田時雨			
田蓍國(시국)	朝鮮光海君	竹林處士	學者 本貫 潭陽
全時叙(시서)	朝鮮	花林 花林齋	字 景三 本貫 旌善 知中樞府事
田蓍淳(시순)	朝鮮	栗里	著書 栗里集
田時雨(시우)	1670~?	北軒	文臣 字 而北 本貫 潭陽 父 潤秋 宣武官
全是天(시천)		擊壤堂	本貫 沃川
全湜(식)	1563~1642	沙西 段邨 屛川 雁湖 滄西	文臣 字 淨遠 本貫 沃川 父 汝霖 張顯光柳成龍 門 人 追贈 左議政 諡號 忠簡 著書 沙西文集
全寔(식) →全湜			
全信(신)	1276~1339	栢軒 柏軒	學者, 文臣 字 而立 本貫 天安 父 昇 大提學 諡號 文孝
全信(신)	高麗	謝臥亭	本貫 星山
全愼(신)	朝鮮世祖	省齋	文臣 字 學魯 本貫 完山
全新民(신민)	高麗	瑞隱	著書 文集
全信忠(신충) →全信			
全信鎬(신호)		怐菴	著書 怐菴集
田實(실)	1432~1506	龜齋	文臣 字 若虛 本貫 潭陽 縣監 著書 文集
田漾(양)	高麗	耕隱	著書 耕隱先生實記
田漾(양)	朝鮮純祖	晩隱	本貫 潭陽
田穰(양)		松江	本貫 潭陽 著書 文集
田汝霖(여림)	1504~1576	菊軒	字 士說 本貫 潭陽 父 沃 承政院注書
全汝玉(여옥)		秋潭	著書 秋潭先生文集

人名	年代	號	其他
全汝鈺(여옥) →全汝玉			
全濂(염)		晦隱	字 道甫 本貫 完山 祖父 致遠
全燁(엽)		雙巖	本貫 沃川 父 彭齡
全榮(영)	1609~1660	斗巖 梅隱	書藝家 字 達甫 本貫 全州 父 雨 祖父 致遠 外祖 曹光緒 著書 斗巖文集
全瑛(영) →金暎			
全永傑(영걸)	朝鮮	愼窩	文臣 字 成老 本貫 旌善 戶曹參判
全永期(영기)	朝鮮中宗	竹軒	字 仁遠 本貫 星州 都事
全穎達(영달)	朝鮮	歸田	文臣 字 仲 本貫 甘泉 兵曹參議
全英達(영달)	朝鮮	梧隱	字 一豪 本貫 八莒
全永聃(영담)		仁叟	本貫 星州
全瑛冕(영면)	朝鮮	農隱	文臣 字 應冕 本貫 旌善 五衛將
全永世(영세)	朝鮮中宗	悝齋	字 仁老 本貫 星州 僉知中樞府事
全英旬(영순)	朝鮮	農巖	文臣 字 仁瑞 本貫 旌善 都摠部都摠管
田永稷(영직)	1888~1950	圃潭	獨立運動家
田榮澤(영택)	1894~1961	長春 秋湖 늘봄	小說家 本貫 潭陽 父 錫永
全榮浩(영호)	朝鮮	米山	字 養五 本貫 八莒
田藝(예)	朝鮮太宗	竹堂	字 春伯 本貫 潭陽 父 恒 觀察使
全五倫(오륜)	高麗恭愍王	採薇軒	文臣 字 仲至 本貫 旌善 刑曹判書 著書 採薇軒實記
全五倫(오륜)	1631~1720	漁洲	文臣 字 天叔 本貫 龍宮 父 尙耆 祖父 以性 追贈 大司憲 著書 人心道心辨
全五益(오익)	朝鮮	繼菴	隱士 本貫 龍宮 父 裕耆
全五欽(오흠)	朝鮮	竹坡	字 極元 本貫 玉山 承旨
全玉鉉(옥현)		一山	著書 文集
田溶奎(용규)	1878~1946	活菴	字 元叔 本貫 潭陽 父 宇鎭 著書 活菴先生文集
田溶斗(용두)		鳴岡	著書 文集
全用先(용선)	1888~1965	秋山	國樂人 本名 洪龍
田龍雲(용운)		圃埜	本貫 潭陽
全雨(우)	1548~1616	睡足堂	字 時化 本貫 完山 父 致遠 著書 睡足堂集
田愚(우)	1841~1922	艮齋 白山 秋潭	字 子明 本貫 潭陽 父 在聖 中樞院贊議 著書 艮齋集
田遇(우) →田愚			
全宇宏(우굉) →金宇宏			
全禹昌(우창)	1691~1751	莪谷	孝子 字 善卿 本貫 天安 父 聖道 著書 文集
全宇行(우행)	朝鮮	晦溪	文臣 本貫 甘泉 都正

人名	年代	號	其他
田雲祥(운상)	1694~1760	紫泉	武臣 字 士龍, 龍伯 本貫 潭陽 父 始元 全羅左水使
全元亮(원량) →金元亮			
全元發(원발)	?~1421	菊坡	文臣 本貫 龍宮 父 璀 祖父 大年 竺山府院君
全元發(원발)		清遠亭	
田元植(원식)	朝鮮末	柯菴	學者 本貫 潭陽
田月祥(월상)	1700~1753	石泉	字 義仲 本貫 潭陽
田柔(유)	朝鮮初期	松岡	文臣 本貫 潭陽 三嘉郡守
全瑜(유)		荊樹堂	字 伯玉
全有慶(유경)	1606~1643	覺菴	學者 字 汝善 本貫 沃川 父 時憲 著書 覺菴集
田有龍(유룡)	1546~1615	蒿峰	字 現卿 本貫 潭陽 父 潭 司憲府監察
全有章(유장)	1612~1675	正峰	文臣, 學者 字 汝煥 本貫 沃川 父 時憲 外祖 朴守禮 著書 正峰文集
田有秋(유추)	朝鮮	松潭 秋潭	孝子 本貫 潭陽
全有亨(유향) →全有亨			
全有亨(유형)	1566~1624	鶴松	文臣 字 叔嘉 本貫 平康 父 綱 追贈 吏曹判書 諡號 義敏 著書 鶴松集
田潤(윤)	朝鮮宣祖	樊谷	武臣 字 景潤 本貫 潭陽 副摠管
田胤武(윤무)	朝鮮	檟亭 栖亭 棲亭	文臣 字 毅然 本貫 延安 佐郎
全胤弼(윤필)	朝鮮	松齋	文臣 字 公輔 本貫 延安 監察
全殷誠(은성)	朝鮮	杜隱	字 伊贊 本貫 星州 司果
全應斗(응두)	朝鮮	松坡	本貫 沃川 祖父 希哲
全應禮(응례)	朝鮮中期	東岡	字 仲文 本貫 慶州 宣略將軍
全應房(응방)	朝鮮中宗	野翁 野翁亭	字 而紀 本貫 沃川 祖父 希哲
全應參(응삼)	朝鮮中期	七里叟	本貫 沃川 祖父 希哲
全應祚(응조)	朝鮮	雲菴	文臣 字 慶文 本貫 沃川 同知中樞府事
全應鍾(응종)	朝鮮仁祖	庸齋	字 聲遠 本貫 天安
全義赫(의혁)	朝鮮	鶴峯	文臣 字 晦七 本貫 甘泉 漢城左尹
全義垎(의혁) →張義赫			
全以甲(이갑)	高麗	桃源 桃園	字 子經 本貫 旌善 諡號 忠烈 著書 桃源遺稿
全以發(이발)	朝鮮	宇山	文臣 本貫 沃川 同知中樞府事
全爾錫(이석)	朝鮮	松菴	孝子 本貫 潭陽
全以性(이성)	1577~1645	雲溪	學者 字 性之 本貫 竺山(龍宮) 父 緯 外祖 秦浩 郡守 著書 雲溪文集
全彛憲(이헌)		採芝亭	字 倫甫 本貫 沃川 祖父 應房
全翼耉(익구)	1615~1684	可庵	學者 字 明老 本貫 沃川 父 以性 著書 可庵遺稿

人名	年代	號	其他
全益遂(익수)	1610~1682	對松軒	本貫 沃川 父 磊 著書 對松軒逸稿〈雪月堂逸稿〉
全益禧(익희)	1598~1659	雪月堂 望日堂	文臣 字 子綏 重綏 本貫 沃川 父 磊 鄭經世 門人 善山府使 著書 雪月堂逸稿
全仁(인)	1502~1557	箕溪	著書 箕溪先生一顧〈佳安世稿〉
全仁德(인덕)	高麗恭愍王	獨守亭	父 新民
田鎰健(일건)	朝鮮末	折荷	本貫 潭陽 父 華九
田日祥(일상) →田月祥			
田鎰悌(일제)	朝鮮末	樓庵	本貫 潭陽 父 晦九 祖父 愚
田鎰中(일중)	朝鮮末	玄狂	本貫 潭陽 父 晦九 祖父 愚
田鎰孝(일효)	朝鮮末	藏村	本貫 潭陽 父 晦九 祖父 愚
全一欽(일흠)		星峯	本貫 沃川
田子壽(자수)	高麗	晦亭	文臣 字 伯仁 本貫 潭陽 父 順 祖父 祖生 江原道按廉使
田自昇(자승)	朝鮮	蓮圃	字 彦明 本貫 潭陽 父 助
全自讓(자양)	朝鮮	竹軒	本貫 天安 司直
全自溫(자온)	朝鮮	松堂	本貫 天安 司諫
田在龍(재룡) →田琦의 初名			
田在福(재복) →田琦의 初名			
全載炳(재병)	朝鮮	屛巖	文臣 字 天極 本貫 旌善 副護軍
全在鳳(재봉)	1834~?	觀海	文臣 字 舜瑞 本貫 星山 父 榮穆 兵馬僉節制使
全在聖(재성)		艮齋	著書 艮齋先生文集
田在聖(재성)		聽天 聽天翁	字 舜耕 本貫 潭陽
田在聖(재성) →全在聖			
全在樹(재수)	朝鮮	雲谷	文臣 字 世昌 本貫 旌善 吏曹參判
全在一(재일)	1875~1951	鏡石	獨立運動家
田在鎭(재진) →田恭鎭			
全在喆(재철)		花谷	著書 花谷集
田在浩(재호)	1883~1967	花西	義兵
全在肇(재휘)	1826~1903	明庵	學者 字 致祥 本貫 旌善 父 大高 外祖 張興矩 著書 明庵文集
全挺(정)	朝鮮	泗巖	文臣 字 德五 本貫 旌善 工曹參判
全正燁(정엽)	朝鮮	百下	學者 字 敬汝 本貫 星山
全鼎勳(정훈)	1570~?	月巖	字 台佐 本貫 機長 父 天德
全霽(제)	朝鮮	英叟	文臣 字 時適 本貫 全州 兵馬節制都尉 著書 英叟集
全祖望(조망)		謝山	著書 謝山文集

人名	年代	號	其他
田祖生(조생)	1318~1392	耕隱	學者 字 季耕 本貫 潭陽 父 希慶 外祖 徐允成 贊成 諡號 文元 著書 耕隱實記
全宗鉉(종현)	朝鮮	野隱	文臣 字 洛汝 本貫 甘泉 五衛將
全宗熹(종희)		曉窩	學者 本貫 竹山
田佐命(좌명)	朝鮮成宗	性菴 性巖	文臣 字 忠彦 本貫 延安 廣興倉副丞
全佐一(좌일) →金佐一			
全柱(주)	朝鮮	山隱	文臣 字 天翁 本貫 旌善 敦寧府都正
田澍(주)	朝鮮	敬義齋	本貫 潭陽 父 曍
全柱國(주국)	朝鮮	敬慕齋	孝子 字 二之 本貫 竹山
全濬(준)	朝鮮仁祖	偉齋	字 明有 本貫 完山
全駿瑞(준서)	朝鮮	蓮泉	本貫 全州 父 萬禧
全重鏞(증용) →全垂鏞			
全中燦(중찬)	朝鮮	信巖	本貫 全州 父 鶴基
全中樞(중추)	朝鮮	凝齋	字 允謙 本貫 完山
全智(지)	高麗	農叟	字 聖涵 本貫 沃川
全摯穎(지영)	朝鮮	竹潭	字 穎愼 本貫 沃川 郡守
全纘(찬)	1546~1612	四友堂	字 景先 本貫 星山 著書 四友堂先生逸稿〈佳安世稿〉
全燦(찬)	朝鮮	信齋	文臣 字 允顯 本貫 星山 吏曹參判
全昌得(창득)	朝鮮	耕隱	學者 字 允若 本貫 玉山
全昌範(창범)	朝鮮	三樂堂	本貫 沃川 父 瑭
全天康(천강)	朝鮮	約齋	學者 字 士中 本貫 星山
田天祥(천상)	1705~1715	竹庵	字 景文 本貫 潭陽　瑞山郡守
全轍(철)	朝鮮中宗	四樂亭	字 子由 本貫 旌善 著書 四樂亭遺事
田澈(철)		圓翁	字 士涵 本貫 潭陽
全最浩(최호)	朝鮮	文會齋	字 養直 本貫 羅州 進士
田充國(충국)		城塘	字 子實 本貫 潭陽
全忠孝(충효)	朝鮮仁祖	墨豪 墨號	畵家
全就大(취대)	朝鮮	菊齋	字 能彦 本貫 竹山 著書 菊齋先生文集
全致遠(치원)	1527~1596	濯溪	義兵將 字 士毅 本貫 完山 父 綑 沙斤道察訪 著書 濯溪文集
田致顯(치현)		養眞齋	字 德甫 本貫 潭陽
全琛(침)	朝鮮	台巖	字 世寶 本貫 玉山 縣監
全泰善(태선)	朝鮮	竹阿	本貫 沃川 父 載榮

人名	年代	號	其他
田泰鎭(태진)		后泉	字 魯瞻 本貫 潭陽
全泰煥(태환)		愚軒	本貫 天安
全宅溟(택명)		道山	著書 道山集
全宅仁(택인)	朝鮮	最樂齋	本貫 旌善 父 虞錫
全宅巘(택헌)	朝鮮	晩圃	文臣 字 行兼 本貫 全州 戶曹參判
全八顧(팔고)	1540~1612	原泉	字 景弼 本貫 竹山 父 擴 著書 原泉集
全八及(팔급)	朝鮮	原溪 源溪	學者 字 原迢 本貫 竹山 祖父 孟彦
全八元(팔원)	朝鮮	樂泉	學者 字 景佑 本貫 竹山 祖父 孟彦
全彭齡(팽령)	1480~1560	松亭	文臣 字 叔老 本貫 沃川 父 應卿 副護軍 著書 松亭集
全彭壽(팽수)	朝鮮中宗	松塢	文臣 字 仲老 本貫 沃川 父 應卿 春秋館編修官
全彭祖(팽조)	朝鮮中宗	松老	字 伯老 本貫 沃川 父 應卿
全弼邦(필방)	朝鮮	杏亭	本貫 沃川 父 昌範
全弼淳(필순)	1897~1971	一愚	牧師
田夏九(하구)		愼齋	
田廈鎭(하진)		菊坡	本貫 潭陽
全鶴基(학기)	朝鮮	台仙	書畫家 本貫 寶城
全鶴基(학기)	朝鮮	梅圃	本貫 全州 父 文國
全學範(학범)		樵亭	本貫 天安 父 泰煥
全學鎭(학진)	朝鮮	三坡	字 優若 本貫 機長 觀察府 主事
全儞(한)		湖庵	本貫 玉山
田漢範(한범)	朝鮮	西湖	字 子洪 本貫 南陽 戶曹參判
全菡錫(함석)	1844~1907	心窩	學者 字 舜馨 本貫 沃川 父 奎大 著書 心窩遺稿
全海(해)	朝鮮宣祖	鶴溪	文臣 字 大容 本貫 沃川
全海宗(해종)	朝鮮	鶴峯	字 漢卿 本貫 機長 從仕郎
全巘(헌) →全巘			
全賢(현)		休溪	本貫 沃川
全鋧(현)	朝鮮	止善	字 謙汝 本貫 平康
全滎(형) →全榮			
全亨哲(형철)	朝鮮	東齋	文臣 字 初悟 本貫 旌善 兵馬僉節制使
田皡(호)	1571~1650	棲巖	本貫 潭陽 父 鳳
田皡民(호민)	1610~?	棲巖	字 皡如 本貫 潭陽 父 應耘
全弘琯(홍관)	朝鮮純祖	松嵐	字 永叟 本貫 羅州
全弘琯(홍관)		金碧	著書 文集

人名	年代	號	其他
全弘立(홍립)	朝鮮宣祖	龍巖	文人 字 汝信 本貫 星州 父 永世
全弘敍(홍서)	朝鮮	逃禪庵	委巷人 字 川與 本貫 沃川
田洪業(홍업)	朝鮮	農隱	字 文明 本貫 南陽 禮曹佐郎
全弘七(홍칠)	朝鮮	思菴	字 君士 本貫 完山
全弘八(홍팔)	朝鮮	慕菴	字 君八 本貫 完山
田華九(화구)	朝鮮末	靜齋	本貫 潭陽 父 愚
全璛(환)	朝鮮	檜村	文臣 字 伯璛 本貫 全州 同知中樞府事
田桓(환)	朝鮮	海山齋	委巷人 字 桓之 本貫 白川 祖父 萬種
田煥圭(환규)		玄巖	字 憲章 本貫 潭陽
全會淳(회순)	朝鮮	省庵	字 奇鍾 本貫 星州 參奉
田勳(훈)	朝鮮	雲菴	字 元仲 本貫 南陽 父 甫原 縣監
田壎(훈)		敬所	著書 敬所私薰
全徽(휘) →金徽			
田興(흥)	朝鮮世宗	敬湖	文臣 本貫 南陽 判中樞府事
全興初(흥초)	1628~?	東隱	字 宅三 本貫 慶州 父 景 典籍
全熙吉(희길)	1761~1842	竹窩	學者 字 吉彦 本貫 旌善 父 必采 外祖 李陽新 著書 竹窩逸稿
全熙龍(희룡)	1765~1822	匏庵	學者 字 龍見 本貫 旌善 父 宇杓 外祖 趙應斗 禮曹佐郎 著書 匏庵文集
全希哲(희철)	1425~1521	休溪	武臣 字 原明 本貫 沃川 父 禮 著書 文集 上將軍
全熙喆(희철)		柏雲	著書 文集
全希宅(희택)	朝鮮	桂士	文臣 字 伯安 本貫 八莒 工曹參判
丁氏(씨)		穉堂	著書 文集
鄭氏(씨)		菊隱	著書 文集
鄭氏(씨)		洛南	著書 文集
鄭氏(씨)		梅史	著書 文集
鄭氏(씨)		石平	著書 文集
鄭氏(씨)		松庵	著書 文集
鄭氏(씨)		隱窩	著書 文集
鄭氏(씨)		翼惠	著書 文集
鄭氏(씨)		一戒堂	著書 文集
鄭氏(씨)		靜軒	著書 文集
鄭氏(씨)		青皐	著書 青皐集
鄭氏(씨)		青泉	著書 青泉集稿〈青石合稿〉
鄭氏(씨)		八雪谷	著書 文集

人名	年代	號	其他
鄭氏(씨)		號隱	著書 文集
鄭可臣(가신)	?~1299	雪齋	文臣 字 獻之 本貫 羅州 初名 興 父 宗壽 僉議中贊 諡號 文靖 著書 千金金鏡錄
鄭可容(가용)	1780~?	忽齋	文臣 本貫 東萊 父 東獻 祖父 履儉
鄭可願(가원)		清溪	本貫 晉陽
鄭可益(가익)	1780~1849	松竹齋	字 義執 本貫 海州
鄭可學(가학)	朝鮮中期	持齋	
鄭觳(각)	1559~?	松浦	文臣 字 晦甫 本貫 草溪 父 宗榮 監司
鄭塙(각) →鄭嶠			
鄭珏(각)	朝鮮哲宗	遯窩	本貫 河東
鄭覺生(각생) →鄭覺先			
鄭覺先(각선)	朝鮮肅宗	杜陵	文臣 字 道甫 本貫 東萊 父 載岱 祖父 太和 都正
鄭珏煥(각환)	1775~1802	雪山	本貫 延日 父 檢 祖父 宅河
鄭幹(간)	1692~1757	鳴皐	文人 字 道中 本貫 延日 父 思徵 鄭萬陽,鄭葵陽 門人 承旨 著書 文集
鄭城(감)	朝鮮宣祖	愼齋	學者 字 玉馨 本貫 晉州
鄭康赫(강혁)		松窩	本貫 羅州
鄭介保(개보)	朝鮮	蓬谷	文臣 本貫 東萊 參判
鄭介清(개청)	1529~1590	困齋	文臣, 學者 字 義伯 本貫 固城 父 世雄 谷城縣監 著書 困齋愚得錄
鄭居三(거삼)		新菴	本貫 河東
鄭居沖(거충)	朝鮮	栢村	本貫 晉陽 父 漢汝
鄭虔(건)	高麗禑王	深村	本貫 草溪 父 曜 參議
丁鍵(건)	1565~1618	誠敬齋	文臣, 學者 字 子長 本貫 靈光 父 希孟 外祖 宋瑗 內瞻寺直長 著書 誠敬齋集
鄭謇(건)	朝鮮中宗	二友堂	本貫 東萊 父 仁俊
鄭捷(건)	1642~1710	鳴鶴亭	字 巨卿 本貫 海州 著書 玉叢
鄭健(건)	朝鮮	三省堂	字 正益 本貫 草溪 兵馬節度使
鄭健朝(건조)	1823~?	蓉山	文臣 字 致中 本貫 東萊 父 基一 外祖 金魯儉 吏曹判書 著書 蓉山私薰
鄭建和(건화)		芝峀	本貫 清州
丁傑(걸)	朝鮮後期	興齋	
丁涀(견)	朝鮮	六拙	隱士 本貫 羅州
鄭堅(견)	朝鮮初期	松村	本貫 延日 父 忠男 祖父 壽春
鄭堅(견)	1427~1514	竹堂	字 子柔 本貫 慶州 金宗直 門人 追贈 兵曹判書

人名	年代	號	其他
鄭瓊(경)	朝鮮中期	栗齋	本貫 延日 父 承宗 祖父 興周 趙光祖 金淨 門人 吏曹佐郎
鄭耕(경)	朝鮮	晦叟	文臣 字 養汝 本貫 河東 父 地 觀察使
鄭炅(경)		好窩	著書 文集
鄭敬(경)		錦隱	本貫 羅州
鄭庚九(경구)		聲叟齋	本貫 慶州 進士
丁景達(경달)	1542~?	盤谷	文臣 字 而晦 本貫 靈光 父 夢鷹 通政大夫
鄭慶得(경득)	1569~?	湖山	著書 湖山公萬死錄
鄭璟林(경림)		月泉	著書 文集
鄭卿錫(경석)	1851~1926	惺齋	字 善甫 本貫 海州
鄭經世(경세)	1563~1633	愚伏 愚伏堂 松麓 垂成子 一黙 荷渠	文臣 字 景任 本貫 晉州 父 汝寬 外祖 李軒 柳成龍 門人 追贈 贊成 諡號 文肅 改諡 文莊 著書 愚伏集
鄭景淳(경순)	1751~1790	修井	文臣 字 時晦 本貫 東萊 父 錫慶 外祖 徐宗泰 刑曹判書 著書 修井遺稿
鄭慶時(경시)	韓末	少山	學者 著書 少山稿
鄭景施(경시)→鄭寅普의 兒名			
鄭慶植(경식)		愛橘齋	著書 文集
鄭經臣(경신)	1703~1777	草堂	本貫 海州 著書 草堂遺稿
鄭暻信(경신)	朝鮮	書隱	委巷人 字 寅瑞 本貫 溫陽
鄭景愚(경우)	朝鮮後期	鶴山	委巷人
鄭敬源(경원)	1851~1898	文山	字 念祖 本貫 延日 保 海晏 吏曹參判
鄭經源(경원)	1853~1946	以堂	學者 字 學元 本貫 晉州 父 鍾旭 外祖 金文達 著書 以堂遺稿
鄭慶朝(경조)	朝鮮	研田	文人 本貫 東萊
鄭敬天(경천)	朝鮮	黙庵	本貫 東萊 父 亨國 祖父 趾尹
鄭慶欽(경흠)	1620~1678	六吾堂	學者, 書畫家 字 善叔 本貫 河東 父 以直 系 以重 祖父 應斗 外祖 李榮禮 宋時烈 門人 著書 六吾堂日記
鄭經典(경흥)→郭慶典			
鄭溁(계)	1805~1887	山行	字 伯儒 本貫 延日 父 在潚
鄭烓(계)		㑌庵	本貫 清州
鄭啓光(계광)	朝鮮肅宗	觀瀾齋	學者 本貫 光州
丁繼金(계금)	朝鮮	寄歸齋	委巷人 字 君强, 君弘 本貫 禮山
鄭季良(계량)	1799~1829	靜齋	本貫 延日 父 壽瀷
丁戒生(계생)	朝鮮	月川	文臣 字 德惠 本貫 昌原 吏曹佐郎

人名	年代	號	其他
鄭季生(계생)	朝鮮	槐亭	本貫 長鬐
鄭繼安(계안)	朝鮮	絃湖	字 泰安 本貫 慶州 吏曹判書
鄭啓源(계원)	1840~1886	文山	字 伯裕 本貫 延日 父 海朝
鄭桂源(계원)		湖隱	字 洛見 本貫 晉州
鄭繼源(계원)		松柏	本貫 東萊
鄭桂天(계천)		晚軒	字 英瑞 本貫 晉州
鄭啓鎬(계호)	?~1598	敬軒	著書 敬軒先生文集
程桂泓(계홍)	朝鮮	河雲 河崗	文臣 字 景五 本貫 河南 吏曹參議
鄭啓壆(계후)		觀海亭	本貫 羅州
鄭顧(고) →鄭顤			
鄭谷(곡)	1542~1600	高江	學者 字 養勝 本貫 晉州 父 思顯
鄭穀(곡) →鄭穀			
鄭坤(곤)	高麗~朝鮮	復齋	本貫 東萊　知製敎
程袞(곤) →程和袞			
鄭崐壽(곤수)	1538~1602	栢谷 慶陰 朝隱	文臣 字 汝仁 初名 逵 本貫 清州 父 承門 外祖 鄭希壽 李滉 門人 封號 西川府院君 追贈 領議政 諡號 忠愍 改諡 忠翼 著書 栢谷集
鄭坤鉉(곤현)	1875~1962	翰山	著書 翰山遺集
鄭公權(공권)	?~1382	圓齋	武臣 字 公權 本貫 清州 初名 樞 父 誧 輸誠翊祚功臣 諡號 文簡 著書 圓齋集
鄭公慎(공신)	高麗	敬菴	字 淵言 本貫 草溪 戶曹判書
鄭公衍(공연)	朝鮮後期	溪生	本貫 草溪 父 邦冑
鄭公源(공원)	韓末	芝村	
鄭公捷(공첩) →鄭起龍의 初名			
鄭觀儉(관검)	1813~1883	鶴坡	書藝家 字 景容 本貫 延日 父 來益
丁觀燮(관섭)	1841~?	海樵	文臣 字 景賓 本貫 羅州 父 大本 成均館大司成
鄭官洙(관수)	朝鮮	栢堂	文臣 字 學榮 本貫 廣州 龍驤衛副護軍
鄭官淳(관순)	1857~1920	龍塢	學者 字 明賢 本貫 晉州 父 鍾翊 外祖 高廷周 著書 龍塢集
鄭觀泳(관영)	朝鮮	錦西	本貫 晉州 父 欽兆
鄭寬榮(관영)		夢南	本貫 晉州 父 昌斗
鄭官源(관원) →鄭官淳			
鄭适(괄)	朝鮮中期	竹坡	文人, 文臣 字 汝容 本貫 清州 父 思中 縣監
程廣(광)	高麗	巾川	文臣, 學者 字 德魯 本貫 河南 父 孔紹 著書 巾川遺集

人名	年代	號	其他
鄭侊(광)	朝鮮宣祖	松軒	文臣 字 子謙 本貫 海州 父 承尹 檢閱
程曠(광) →程廣			
鄭廣敬(광경)	1586~1644	秋川 興谷	文臣 字 公直 本貫 東萊 父 昌衍 閔有慶 婿 吏曹參判
鄭光德(광덕)	1747~1796	後松	字 權吾 本貫 海州
鄭光圖(광도)	1838~1891	青皐	字 致見 本貫 海州
鄭光露(광로)		狂奴子	字 器之 本貫 晉州 父 苹
鄭光龍(광룡)	1807~1883	石桐	本貫 海州 著書 石桐稿
鄭光履(광리)	1722~1779	麓魯	著書 文集
鄭匡民(광민)	1809~1841	漢淮	字 子信 本貫 海州
鄭匡普(광보)	1797~1848	晚梧齋	字 士臣 本貫 海州
鄭光復(광복)	1716~1796	塤魯	學者 字 士心 本貫 延日 父 得衡 著書 塤魯文集
鄭光福(광복) →鄭光復			
鄭光贇(광빈)		竹隱	本貫 羅州 父 繪
鄭光賓(광빈)		柏隱	本貫 羅州 父 繪
鄭廣成(광성)	1576~1655	濟谷	文臣 字 壽伯, 濟伯 本貫 東萊 父 昌衍 黃謹中 婿 知敦寧府事
鄭光淑(광숙)	1843~1920	慕庵	字 周顯 本貫 海州 著書四蒙輯要
鄭光演(광연)	1624~1677	龍池居士	字 景晦 本貫 延日 父 漢 祖父 振溟 追贈 吏曹參議
鄭光淵(광연)	朝鮮孝宗	滄洲	本貫 河東 父 弘緖 進士
鄭光淵(광연)	1841~?	滄洲	文臣 字 止叔 本貫 海州 父 民和 著書 文集
鄭光禹(광우)	1828~?	義山	書藝家 字 舜擧 本貫 河東
鄭光運(광운)	1707~1756	醉痴齋 醉痴子 休休子	文臣 字 德而 時會 本貫 海州 父 震垕 掌令
鄭光毅(광의)	1729~1783	黙齋	文臣 字 遠卿 本貫 海州 父 學臣 敬陵參奉
鄭光毅(광의)	1734~1765	自知齋	字 士述 本貫 海州 著書 自知齋稿
鄭光材(광재)	1758~1805	嵋岡	學者 字 英伯 本貫 東萊 父 翊東 著書 嵋岡文集
鄭光績(광적)	1551~1631	南坡 西澗	文臣 字 景勳 景勖 本貫 河東 父 起門 判中樞府事 諡號 翼正
鄭光前(광전)	朝鮮宣祖	黔巖	文臣 字 孝仲 本貫 海州 父 愼系 慣齋郎
鄭匡濟(광제)	1688~1753	谷口齋	字 正叔 本貫 延日 父 相吉 祖父 之河 參判
鄭光天(광천)	1553~1594	洛厓 松坡	學者 字 子晦 本貫 東萊 父 師哲 外祖 李浩然 鄭逑 門人 著書 洛厓文集

人名	年代	號	其他
鄭光弼(광필)	1462~1538	守夫 守天 雙清堂	文臣 字 士勛 本貫 東萊 父 蘭宗 領中樞府事 諡號 文翼 著書 鄭文翼公遺稿
鄭匡學(광학)	1791~1866	西湖	本貫 海州 著書 西湖遺稿
鄭光漢(광한)	朝鮮仁祖	蒙泉	文人 字 章叔 本貫 河東 父 弘緒
鄭光漢(광한)	1720~1780	椉天	文臣 字 良甫 初字 秀夫 本貫 溫陽 父 壽淵 禮曹判書
鄭光奕(광혁)	1808~1884	雙佳亭	字 德見 本貫 海州
程光顯(광현)	朝鮮	樂土堂	字 仲本 本貫 河南 童蒙教官
鄭光鉉(광현)		柱亭	字 汝與 本貫 慶州
鄭廣賢(광현)		松隱	本貫 羅州 父 繪
鄭匡衡(광형)	1795~1859	竹塢	字 平彦 本貫 海州 柳汶龍 門人
鄭光浩(광호)		守誠	本貫 羅州 父 國泰
鄭墧(교)	1799~1879	進菴	字 仲喬 本貫 清州 父 瀹 著書 文集
鄭喬(교)	1856~1925	秋人	學者, 志士 著書 大東歷史
鄭僑(교)		紫峯	著書 文集
鄭教永(교영)	1860~1921	琴村	字 舜諧 本貫 清州 父 之容 著書 琴村文集
鄭教源(교원)	1857~1915	常隱	字 中立 本貫 延日 父 海珏 主事
鄭交炯(교형) →鄭文炯			
鄭教煥(교환)	1748~1764	南谷	字 敬五 本貫 延日 父 桔 祖父 徵河 追贈 工曹參判
鄭矩(구)	1350~1418	雲壑齋	文臣 字 仲常 本貫 東萊 父 良生 議政府贊成 諡號 靖節
鄭球(구)	朝鮮中宗	乖隱	文臣 字 大鳴 本貫 東萊 父 有義 司諫 著書 乖隱集
鄭構(구)	1522~1591	永慕菴 永慕亭	文人 字 肯甫 本貫 慶州 吏曹參判
鄭逑(구)	1543~1620	寒岡 百梅園 夙夜齋	文臣 字 道可 本貫 清州 父 思中 追贈 吏曹判書 諡號 文穆 著書 寒岡集
鄭構(구)	1664~1732	露頂軒	本貫 海州 父 有禋 著書 露頂軒遺稿
鄭榘(구)	1702~1768	醉隱	字 汝範 本貫 延日 父 泰河
鄭龜(구)	1797~1861	芝圃	文臣 字 禹瑞 本貫 延日 父 在涵 祖父 致煥 校理
丁玽(구)		文圃	本貫 寶城
鄭球(구)	朝鮮	竹沙	學者 字 卿佐 本貫 慶州
鄭搆(구) →鄭構			
鄭龜齡(구령)	朝鮮	三樹 三樹亭	文人 本貫 東萊
鄭九龍(구룡)		壽齋	字 彩雲 本貫 草溪

人名	年代	號	其他
鄭龜錫(구석)	1790~1866	石塘	學者 字 夢瑞 本貫 光州 父 坊 外祖 趙枚並 著書 石塘集
丁龜錫(구석)		松山	著書 文集
鄭求瑛(구영)	1899~1978	淸嵐	法律家 字 敬玉 父 錫溶 本貫 延日
丁俱祖(구조)	朝鮮正祖	難磧	字 雉馨 本貫 押海 刑曹佐郎
鄭九澤(구택)	1893~1960	月軒	字 聖範 本貫 延日 父 雲灝
鄭求枃(구표)	1896~1972	松海	字 應七 本貫 延日 父 道溶
鄭龜河(구하)	朝鮮後期	澹巖	字 聖則 本貫 延日 父 沁 祖父 慶演
鄭九鉉(구현)	1882~1963	松圃	著書 文集
鄭九鎬(구호)	朝鮮	晩悟齋	本貫 慶州 父 址遠
鄭菊(국)	朝鮮	永軒	文臣 本貫 羅州 禮曹判書
鄭國賓(국빈)		壺隱	著書 壺隱先生文集
鄭國成(국성)	1526~1592	復齋	文人, 義兵 字 叔擧 本貫 晉陽 父 繼咸
鄭國彦(국언)		薇齋	著書 薇齋集
鄭國柱(국주)		頴隱	本貫 羅州 父 以殷
鄭國泰(국태)		錦嶠	本貫 羅州
鄭國豊(국풍)		習靜齋	本貫 羅州 父 達喆 著書 習靜齋文集
鄭國鉉(국현)	朝鮮	槐圃	本貫 河東 應敎
鄭國鉉(국현)		菊塢	著書 菊塢私稿
鄭權(권) →鄭幹의 初名			
鄭權勉(권면)		晩堂	本貫 羅州
鄭貴廷(귀정)	朝鮮	耻齋	本貫 慶州 厚陵參奉
鄭貴好(귀호)	朝鮮	淸松	文臣 字 公叔 本貫 溫陽 義禁府事
鄭龜休(귀휴)		向陽亭	著書 文集
鄭槼(규) →鄭榘			
鄭逵(규) →鄭崑壽의 初名			
程圭根(규근) →程玉根			
丁奎明(규명)		十愧軒	著書 文集
丁奎炳(규병)		晩醒	著書 文集
鄭珪錫(규석)	1876~1954	誠齋	本貫 海州 著書 誠齋文集
鄭圭宬(규성)		晴石	本貫 東萊
鄭葵陽(규양)	1667~1732	籧叟	學者 字 叔向 本貫 烏川 父 碩冑 外祖 金邦烈 著書 塤籧文集
鄭圭淵(규연)		信古齋	著書 文集

人名	年代	號	其他
鄭圭永(규영)	1857~1932	一玉	學者 字 命汝 本貫 草溪 父 孝善 外祖 金東植 著書 一玉遺稿
鄭奎榮(규영)	朝鮮	韓齋	文臣 字 致亨 本貫 晉州 秘書監丞 著書 韓齋先生文集
鄭圭永(규영)		常慕閣	著書 文集
鄭奎元(규원)	1818~1877	芝窩	隱士 字 國喬 本貫 海州 著書 芝窩集
丁奎源(규원)	?~1899	晚隱堂	著書 晚隱堂集
鄭圭應(규응)	朝鮮	羅帶	文臣 字 伯玄 本貫 東萊 父 宅恒 統制使
鄭奎毅(규의)	1741~1796	秋浦	字 景叔
鄭圭綜(규종)	1889~1972	松南	本貫 光州 著書 松南遺稿
鄭圭宗(규종) →鄭圭綜			
鄭奎采(규채)	朝鮮	隱菴	
鄭奎采(규채)		晚香齋	本貫 延日
鄭奎河(규하)	1693~1724	慕軒	字 大卿 本貫 延日 父 奕 通德郎
鄭奎漢(규한)	1750~1824	華山 雲水山人	學者 字 孟文 本貫 長鬐 父 光欽 宋煥箕 文人 著書 華山集
鄭糺海(규해)	1890~1970	明窩	字 致正 本貫 慶州 著書 明窩集
鄭圭鉉(규현)		竹溪	本貫 河東 父 在三
丁奎炯(규형)		黙軒	本貫 羅州
鄭珪欽(규흠)		隱庵	本貫 晉州
靜均(정균)		祖堂	僧侶 著書 祖堂集
丁克慶(극경)	朝鮮後期	白蓮	
鄭克己(극기)		復菴	本貫 羅州 父 初
鄭克念(극념)		克庵	本貫 羅州 父 初
鄭克淳(극순)	1709~1767	淵雷	文臣, 學者 字 景仁 本貫 東萊 父 錫敷 外祖 趙持謙 平壤庶尹 著書 庶尹公遺稿
鄭極源(극원)	1861~1941	松陰	字 子玉 本貫 延日 父 宅魯 主事
鄭克毅(극의)	1745~1817	梅窩	字 士直 本貫 海州
丁克仁(극인)	1401~1481	不憂軒 茶角 茶軒	文臣 字 可宅 本貫 靈光 父 寅 三品敎官 著書 不憂軒集
鄭克仁(극인) →丁克仁			
鄭克俊(극준) →鄭克後			
鄭克浚(극준) →鄭克後			
丁克瓚(극찬)		敬存齋	著書 文集

人名	年代	號	其他
鄭克采(극채)		是隱	字 士老 本貫 烏川
鄭極和(극화)		竹下	著書 文集
鄭克後(극후)	1577~1658	雙峯	學者 字 孝翼 本貫 延日 父 三畏 張顯光鄭逑 門人 宣陵參奉 著書 西岳歷
鄭根(근)	1745~1808	繼睦齋	本貫 草溪 著書 繼睦齋遺稿 〈八溪鄭氏世稿〉
鄭根(근)	朝鮮後期	溪堂	本貫 延日 父 敏河 祖父 澮
鄭根大(근대)	1835~1883	又堂	字 成余 本貫 海州
鄭近源(근원)	1856~1920	錦溪	字 孟述 本貫 延日 父 海黍 參奉
鄭汲(급)	1772~1848	九一窩	字 懿汝 本貫 延日 父 在重 系 在新 祖父 述煥
鄭及愚(급우)	1816~1875	綺山	字 武可 本貫 晉陽 父 民秉 著書 文集
鄭兢錫(긍석)	1870~1900	克庵	本貫 延日
鄭錡(기)	1574~1642	琴齋	字 靖甫 本貫 東萊 父 光天 著書 琴齋先生逸稿
鄭琦(기)		西溪	著書 西溪先生文集
鄭紀(기)		天坡	本貫 羅州 父 鳳壽
鄭琦(기)	1879~1950	栗溪	
鄭耆(기) →鄭蓍			
鄭基廣(기광)	1579~1645	追齋 土谷	文臣 字 子居 本貫 草溪 父 澮 祖父 宗榮 參判 封 號 八川君
鄭琪逵(기규)		松梢	本貫 草溪 著書 文集
鄭紀南(기남)		松竹軒	本貫 草溪 父 寅
鄭期達(기달)		閒睡堂	本貫 晉州
鄭期達(기달) →鄭期遠			
鄭基東(기동)	1809~1887	溪巖	著書 溪巖遺蹟
鄭箕齡(기령)		養心堂	字 君老 本貫 河東
鄭起龍(기룡)	1562~1622	梅軒	武臣 字 景雲, 子雲 本貫 昆陽 初名 茂壽 父 浩 統 制使兼慶尙右道水軍節度使 諡號 忠毅
鄭起溟(기명)	朝鮮中期	華谷	字 鵬擧 本貫 延日 父 澈 司馬 著書 華谷遺稿 〈松江遺稿〉
鄭基磅(기방)	朝鮮	杏隱	字 子厚 本貫 草溪 司憲府 監察
鄭起福(기복) →鄭起龍			
鄭璣相(기상)	1825~?	鶴庵	字 敬在 本貫 草溪 父 夔弼 系 宗弼 參議
鄭蘷錫(기석)	1847~1928	思隱	字 聖典 本貫 海州 思陵參奉
程基奭(기석)	1859~1914	又川	字 聖一 本貫 河南 父 珉爀
鄭基善(기선)	韓末	脩石	文臣 本貫 東萊 父 持容 祖父 致儉 禮曹判書
鄭騏燮(기섭)		遯菴	著書 文集

人名	年代	號	其他
鄭基世(기세)	1814~1884	周溪 周啓	文臣 字 聖九 本貫 東萊 父 元容 右贊成 著書 周溪集
鄭麒壽(기수)	1585~1668	江西	著書 文集
鄭麒壽(기수)	朝鮮	月灘	文臣 字 仁叟 本貫 羅州 戶曹參議
鄭基安(기안)	1695~1767	晩慕	文臣 字 安世 本貫 溫陽 初名 思安 父 維新 知中樞府事 諡號 孝憲 著書 晩慕遺稿
鄭璣淵(기연)	1877~1951	琢窩	學者 字 衡七 本貫 草溪 父 東珉 外祖 李老榮 著書 琢窩集
鄭基烈(기열)		一雲	本貫 河東 祖父 宗鑾
鄭基溶(기용)	1859~?	東晩	字 希卿 本貫 延日 父 泰灝
鄭基雨(기우)	1832~1890	雲齋	文臣, 學者 字 周世 本貫 東萊 益山郡守 著書 雲齋遺稿
鄭期遠(기원)	1559~1597	見山	文臣 字 士重 本貫 東萊 父 象信 外祖 李璟 封號 萊城君 兵曹正郎 諡號 忠毅 著書 見山集
鄭基源(기원)	1850~1924	松士	字 德吾 本貫 延日 父 海教
鄭岐源(기원)		惺樓	本貫 延日
鄭基源(기원)		草堂	本貫 延日
鄭基遠(기원) →鄭期遠			
鄭岐胤(기윤)	朝鮮	鶴汀	字 錫由 本貫 草溪 父 昌謨 郡守
鄭基一(기일)	1787~1842	竹下	文臣 字 大始 本貫 東萊 父 文容 大司憲
鄭紀祚(기조)	1780~1866	樵隱	本貫 海州
鄭麒鎭(기진)		錦窩	本貫 東萊
鄭基春(기춘)	?~1876	雪青	文臣 字 汝元 本貫 東萊 父 老容 司㙒寺僉正 編書 孝陵誌
丁基澤(기택)		菊史	著書 文集
鄭基豊(기풍)	1594~1670	玉谷	字 亨伯 本貫 草溪 父 瀹
鄭夔弼(기필)	朝鮮	野翁軒	字 舜諧 本貫 草溪 縣監
鄭基恒(기항)	朝鮮	藍皐	本貫 晉州 父 弘綰
鄭起好(기호)	朝鮮後期	悔隱	本貫 溫陽 父 獻敎
程基泓(기홍)	1863~1943	鎬坡	文臣 字 奉化 本貫 河南 父 錫溢 吏曹參判
鄭琪泓(기홍)	1897~1970	石泉	字 達永 本貫 海州 田愚 門人
鄭琦和(기화)	1786~1840	歇五齋	文人 字 南仲 本貫 草溪 父 鴻晉 系 鴻觀 祖父 鎭魯 外祖 李淇萬 追贈 弘文館提學
鄭夔和(기화)		極悔翁	字 章一 本貫 草溪
鄭基會(기회)	韓末	栗山	文臣 本貫 東萊 父 憲容 祖父 東爽 吏曹判書
鄭耆休(기휴) →鄭蓍休			

人名	年代	號	其他
鄭佶(길)	1566~1619	蘭谷	學者 字 子正 本貫 河東 父 惟一 外祖 安秀嶔 著書 蘭谷遺稿
鄭桔(길)	1728~1805	不護齋	字 伯容 本貫 延日 父 徵河 祖父 澈 都正
鄭洛(낙)	1571~1611	遯齋	字 子中 本貫 延日 父 志邦 生員
鄭洛敎(낙교)		楊波 楊波亭	著書 楊波亭詩稿
鄭樂圭(낙규)	?~1904	景山齋	著書 景山齋遺稿
鄭樂臣(낙신)	1726~1777	閑齋	本貫 海州 著書 閑齋稿
鄭樂寅(낙인)	朝鮮	濟元堂	文臣 字 敬之 本貫 廣州 中樞院議官
鄭洛鉉(낙현)		松隱	本貫 河東 父 在鶴
鄭洛會(낙회)		霽梧軒	本貫 羅州
鄭樂勳(낙훈)	1895~1989	葵圃	學者, 官吏 字 允至 本貫 溫陽 農林部長官 著書 陳語拾遺
鄭鑾(난)	1793~1858	石北	字 叔和 本貫 延日 父 在懿
鄭瀾(난)	朝鮮純祖	滄海	詩人
鄭瀾(난)		竹友堂	本貫 羅州 祖父 諶
鄭蘭溶(난용)	1880~?	方軒	字 士游 本貫 延日 父 泰喬
鄭蘭宗(난종)	1433~1489	虛白堂	文臣 字 國馨 本貫 東萊 父 賜 封號 東萊君 戶曹判書 諡號 翼惠
鄭楠(남)		景悔齋	本貫 河東 祖父 耕
鄭枏壽(남수)	朝鮮宣祖	杏林 杏村	委巷人, 醫員 字 子久 本貫 漢川 父 致之 著書 杏林詩稿
鄭南翼(남익)		石汀	本貫 晉州
丁南一(남일)	朝鮮	松隱	本貫 靈光 父 鳴說 著書 文集
程南鎭(남진)		克川	本貫 韓山
丁南楚(남초)		文湖	本貫 靈光
鄭來僑(내교)	1681~1757	浣巖 玄窩 玄翁	文人 字 潤卿 本貫 昌寧 承文院製述官 著書 浣巖集
鄭來福(내복)	朝鮮	鶴窩	本貫 草溪 父 震寶
鄭來鵬(내붕)	1890~1933	觀心 松宇 松汀	獨立運動家
鄭來錫(내석)	1808~1893	顧軒	學者, 文臣 字 致仁 本貫 淸州 大護軍 著書 顧軒集
鄭來成(내성)	1744~1835	思軒	文臣 字 岐瑞 本貫 淸州 父 重變 外祖 權萬元 漢城府左尹 著書 思軒集
鄭來新(내신)		聾菴	

人名	年代	號	其他
鄭耐言(내언)	朝鮮	竹坡	文臣 字 允愚 本貫 瑞山 龍驤衛副護軍
鄭來彦(내언)	朝鮮	漁隱	字 弼直 本貫 草溪 巨濟縣令
鄭來源(내원)	1766~1845	俛窩	學者 字 聖活 本貫 延日 父 鎭德 外祖 李彝祥 著書 俛窩遺稿
鄭來胤(내윤)	朝鮮英祖	春風觀	畫家
鄭乃毅(내의)	1739~1805	盤谷	字 士相 本貫 海州
鄭來朝(내조)		素史	字 衡十
鄭來周(내주)	朝鮮中期	東溪	文臣 本貫 東萊 父 有徵 系 有昌 兵曹參判
鄭來周(내주)	朝鮮	鳳岡	文臣 字 周敎 本貫 靑山 兵曹參判
鄭來七(내칠)		伴松窩	著書 文集
鄭寧(녕)		松村	本貫 草溪
鄭魯(노)	朝鮮中期	東谷	字 致道 本貫 慶州 補忠贊衛
鄭魯(노)	1751~1811	蒼坡	義士 字 公勉 本貫 淸州 追贈 五衛都摠府副摠官 諡號 忠景
鄭櫨(노)		鳴皐	
鄭老錫(노석)		漫叟	字 永叟 本貫 東萊
丁魯壽(노수)	1877~1965	松浦	著書 文集
鄭雷卿(뇌경)	1608~1639	雲溪	文臣 字 震伯 本貫 溫陽 父 晥 外祖 徐澍 追贈 吏曹參判 諡號 忠貞
鄭能八(능팔)	朝鮮	竹谷	本貫 草溪 父 學臣
鄭達恕(달서)	朝鮮仁祖	石隣堂	本貫 東萊
鄭達錫(달석)	1845~1886	湖隱	本貫 海州 著書 湖隱遺稿
鄭達永(달영)	1828~1891	寧菴	學者 字 善兼 本貫 晋州 父 欽亮 外祖 朴正鉉 著書 寧菴集
鄭達濟(달제)		素菴	本貫 淸州
鄭達喆(달철)		愼獨菴	本貫 羅州 祖父 詳
鄭淡(담)	朝鮮明宗	勿齋	本貫 草溪 父 允謙
鄭湛(담)	1563~1634	復齋 林下	字 淸允 本貫 延日 父 仁榮 都事 著書 文集
鄭礑(담)	1553~?	十竹軒	文臣 字 可獻 本貫 溫陽 父 順鵬 祖父 鐸 京畿都事 著書 十竹軒遺稿〈北窓古玉兩先生詩稿〉
鄭湛(담)	朝鮮宣祖	逸軒	文臣 字 彦潔 本貫 野城 吏曹正郎 諡號 壯烈
鄭澹(담)		克復堂	本貫 延日
鄭湛(담) →鄭堪			
鄭聃壽(담수)		雲臺	本貫 海州
鄭堂(당) →鄭子堂			

人名	年代	號	其他
丁大鏮(대거)		敬慕堂	著書 文集
丁大龜(대구)		南溪	本貫 羅州
鄭大權(대권)	朝鮮	仁巖	文臣 字 聖仲 本貫 晉州 議官
鄭大年(대년)	1507~1578	老菴 思菴	文臣 字 景老 本貫 東萊 父 荃 右議政 諡號 忠貞
丁大林(대림)	朝鮮哲宗	蓮史	本貫 押海 父 學淵
丁大懋(대무)	朝鮮高宗	耘圃	詩人
鄭大民(대민)	1551~1598	松灘	著書 松灘集
丁大本(대본)		蒲碧	著書 文集
丁大水(대수)	朝鮮宣祖	龍西	武將 字 余淑 本貫 昌原 父 守仁 追贈 兵曹判書
鄭大壽(대수)	朝鮮	鰲峰	文臣 字 榮老 本貫 晉州 僉知中樞府事
丁大秀(대수)	1882~1959	陽泉	學者 字 士中 本貫 靈光 父 永熙 外祖 鄭鍾豐 著書 陽泉遺稿
丁大植(대식)	朝鮮後期	海村	本貫 昌原 父 惠教
丁大栻(대식)	朝鮮後期	錦圃	本貫 昌原 父 啓祥 著書 錦圃集〈時調百選〉
鄭大英(대영)	1565~?	梅軒	字 克和 本貫 慶州 副護軍
鄭大榮(대영)	1586~1658	鳳谷	本貫 海州
丁大英(대영)	朝鮮末	梅下	委巷人
鄭大容(대용)	朝鮮	耆湖	文臣 本貫 東萊 父 東尹 祖父 愼儉 吏曹判書
鄭大元(대원)	1825~1870	晚圃	字 伯剛 本貫 海州
丁大有(대유)	1852~1927	錦城 小香 又香	書畫家 本貫 羅州 父 學教
丁大潤(대윤)		百忍堂	本貫 靈城
鄭大元(대원)	1825~1870	晚圃	字 伯剛 本貫 海州
丁大有(대유)	1852~1927	錦城 小香 又香	書畫家 本貫 羅州 父 學教
丁大潤(대윤)		百忍堂	本貫 靈城
鄭大任(대임)	1553~1594	昌臺	武將 字 重卿 本貫 延日 父 容 外祖 金應生 追贈 戶曹參判 著書 昌臺實紀
鄭大節(대절)		九谷齋	本貫 河東
丁大肇(대조)	朝鮮高宗	海村	詩人
鄭大重(대중)	朝鮮	鮑翁	委巷人 字 景叔 本貫 溫陽
丁大澈(대철)		老柏	本貫 靈城
鄭大淸(대청)	朝鮮明宗	寬叟 寬齋	學者 字 詳仲, 義仲 本貫 鐵城 父 世雄
鄭大弼(대필)		二友堂	著書 文集
丁大憲(대헌)		湖雲	本貫 靈城
鄭大鉉(대현)	1830~1914	醒齋	字 君中 本貫 慶州 李純榮 門人

人名	年代	號	其他
丁大晛(대현)	1884~1958	石蓮	著書 石蓮遺稿
鄭大鉉(대현)		石溪	著書 文集
程大泓(대홍) →程桂弘			
鄭大洽(대흡)	朝鮮	藏窩	委巷人 字 季湛 本貫 漢陽
鄭悳(덕)	1873~1945	松齋	字 伯賢 本貫 延日 父 在健
鄭德麒(덕기)	1556~1602	愚軒	字 仁瑞 本貫 草溪 父 景禮 兵曹正郎
鄭德隣(덕린)		玉川	著書 玉川先生文集
鄭德賓(덕빈)	1662~1727	洛浦	字 渭叟 本貫 延日 父 時恒
鄭德永(덕영)		韋堂	著書 文集
鄭德耀(덕요) →鄭德輝			
鄭德潤(덕윤)		敬軒	著書 敬軒先生文集
鄭德濟(덕제)	朝鮮肅宗	鍾巖	本貫 河東 父 鎭華 縣監 著書 文集
鄭悳朝(덕조)	朝鮮	小韻	
丁德輈(덕주)	1711~1795	圓山 圓翁	學者 字 濟伯 本貫 靈光 父 世霖 外祖 李必壽 著書 圓山集
丁德輈(덕주) →丁德輈			
鄭德弼(덕필)	1725~1800	醉隱	學者 字 士良 本貫 河東 父 岱重 外祖 申楫 掌樂院 正 著書 醉隱逸稿
鄭德河(덕하)	朝鮮	晚康齋	本貫 河東
鄭德海(덕해)	朝鮮	秀軒	孝子 本貫 河東
鄭德馨(덕형)	朝鮮	六西	委巷人 字 文哉 本貫 慶州
鄭德好(덕호)	朝鮮	翠松	文臣 字 致寬 本貫 溫陽 敦寧府義禁府事
鄭德和(덕화)	朝鮮純祖	汕樵	文臣 字 醇一, 而亨 本貫 草溪
鄭德輝(덕휘)	朝鮮	薇窩	隱士 字 景善, 景吾 本貫 晉州
鄭德休(덕휴)	1752~1840	晚養齋	文人 字 美吾 本貫 晉州 著書 文集
鄭棹(도)	1708~1787	時閑齋	字 季修 本貫 延日 父 鎭河 祖父 渽 追贈 戶曹判書
鄭道鍵(도건)	朝鮮後期	天然臺	文人 本貫 東萊 著書 天然臺遺稿〈球床世稿〉
丁道敏(도민)	1653~1721	白玄堂	字 汝政, 賢哉 本貫 羅州 父 時運 系 時遠 祖父 彥潚
鄭道復(도복)	1351~1435	逸峯	本貫 奉化 父 玄敬 漢城府判尹 著書 心氣理
鄭度永(도영)	朝鮮後期	晚醒	本貫 延日 任憲晦 門人
鄭道潤(도윤)		義窩	本貫 河東
鄭道應(도응)	1618~1667	無忝 無忝堂 無忝齋 愚伏堂 休庵	學者 字 鳳輝 本貫 晉州 父 松 祖父 經世 諮議 編書 昭代粹言

人名	年代	號	其他
鄭道應(도응)	1680~1728	屛巖	學者 字 泰海 本貫 東萊 父 汝僑 外祖 李廷柏 著書 屛巖遺稿
鄭道應(도응)		立齋	著書 立齋文集
鄭道傳(도전)	1337~1398	三峰	文臣, 學者 字 宗之 本貫 奉化 父 云敬 李穡 門人 成均提調 諡號 文憲 著書 三峰集
鄭道中(도중)		農隱	本貫 羅州
丁道曾(도증)	1633~1699	松谷	字 繼叔 本貫 羅州
鄭道鉉(도현)	韓末	厲庵	本貫 河東 田愚 門人
正道煥(도환)	朝鮮	古傖	
鄭道休(도휴)	1807~1878	眉山	學者 字 聖由 本貫 延日 父 夏瓊 外祖 金運萬 著書 眉山文集
鄭墪(돈)		偶軒	本貫 淸州
丁敦燮(돈섭)	1870~1941	陶菴	字 伯崇 本貫 羅州 父 大稹 著書 陶菴文集
鄭楝(동)	1741~1793	敬齋	字 伯直 本貫 草溪 父 仁徹 著書 敬齋公遺稿〈草溪鄭氏世稿〉
鄭東龜(동구)	1668~1727	栢齋	本貫 草溪 著書 栢齋公遺稿〈八溪鄭氏世稿〉
鄭東龜(동구)	1775~1882	求齋	學者 字 處中 本貫 東萊 父 泰運 外祖 鄭一璿 著書 求齋實記
鄭東箕(동기)	朝鮮高宗	藍野	詩人
鄭東老(동로)	朝鮮顯宗	竹圃	本貫 河東 父 德濟 縣監 著書 文集
鄭東龍(동룡)		小松	字 啓周
鄭東离(동리)		柳庵	本貫 晉州
鄭東晚(동만)	1573~1822	拙菴	文臣 字 友古 本貫 東萊 父 啓淳 敦寧府都正
鄭東明(동명)	1861~1939	梅西	著書 文集
鄭東民(동민)	朝鮮顯宗	仙岩	本貫 河東 父 德濟
鄭東範(동범)		蘆庵	本貫 淸州
鄭東王詹(동섬) →鄭東瞻			
鄭東卨(동설)	朝鮮後期	豹變堂	本貫 溫陽 父 希聖 牧使
鄭東秀(동수)	朝鮮	晩悟	本貫 草溪 父 能八
鄭東植(동식)	1850~1910	慕隱	志士 字 敬必 本貫 延日 父 濟鎬 訓練院僉正 著書 慕隱遺稿
鄭東嶽(동악)	1633~1689	竹堂	字 次山 本貫 慶州 景陽道察訪
鄭東曄(동엽)		池村	本貫 東萊
鄭東五(동오)	朝鮮後期	春睡堂	本貫 瑞山 父 昌瑞 進士
鄭東元(동원)	朝鮮	癡菴	本貫 東萊 順天府事 著書 癡菴稿
鄭東愈(동유)	1744~1808	玄同 玄同室	學者 本貫 東萊 李匡呂 門人 掌樂院正 著書 玄同室遺稿

人名	年代	號	其他
鄭東潤(동윤)	1682~1746	三斗	文臣, 學者 字 華國 本貫 河東 父 世迪 外祖 安之碩 追贈 吏曹判書 著書 山斗集
鄭東潤(동윤)	1696~1783	松齋	字 潤卿 本貫 慶州 父 瑞耈 禮曹叅義
程東殷(동은)	朝鮮	五堂	文臣 字 華三 本貫 河南 同知中樞府事
鄭東漵(동은)		石東	本貫 延日
鄭東義(동의)		柏菴	著書 文集
鄭東益(동익)	朝鮮後期	瞿庵 懼菴	本貫 海州 父 希聖 持平
鄭東翼(동익)	1737~1802	韙齋	字 南爲 本貫 淸州 父 達濟 著書 文集
鄭東逸(동일)	1766~1920	壞隱	文臣 字 聖民 本貫 東萊 父 啓淳 系 有淳 茂長縣監
鄭東周(동주)	朝鮮	翠竹堂	孝子 字 聖叔
鄭東浚(동준)	朝鮮正祖	同齋	文臣 本貫 東萊 父 若淳 叅判
鄭東俊(동준) →鄭東後			
鄭東稷(동직)	朝鮮後期	聽泉	本貫 溫陽 父 希聖 生員
鄭東直(동직)		强安齋	
鄭東轍(동철)	1859~1939	義堂	著書 義堂先生文集
鄭東瞻(동첨)	1734~1801	惕若齋 休巖	學者 字 幼輝 本貫 淸州 父 弘濟 系 寬濟 外祖 洪重鉉 著書 惕若齋文集
鄭東鶴(동학)	1688~1721	覺軒	本貫 草溪 著書 覺軒公遺稿〈八溪鄭氏世稿〉
鄭東虎(동호)	1665~1706	赤城齋	文臣 字 霧隱 炳淑 本貫 草溪 父 碩望 外祖 郭好英 興陽縣監 著書 赤城齋集
鄭東煥(동환)	1732~1798	魯村	文人 字 洛瞻 本貫 烏川 著書 魯村集
鄭東煥(동환)	1747~1805	白洛	字 汝朝 本貫 延日 父 楮
鄭東煥(동환)	1767~1769	自洛	字 愼五 本貫 東萊 父 祖淳 著書 自洛遺稿
鄭東後(동후)	1659~1735	松崖 松厓	字 厚卿 本貫 東萊 父 汝俌 承旨 著書 松崖集
鄭東休(동휴)		百花亭	本貫 晉州
鄭斗(두)	朝鮮英祖	東山翁	文人 本貫 晉州
鄭斗(두)		敬愼	本貫 河東 父 在欽
鄭枓(두)		竹軒	
鄭斗卿(두경)	1597~1673	東溟	文臣 字 君平 本貫 溫陽 父 之升 外祖 鄭以周 追贈 大提學 著書 東溟集
丁斗立(두립)		寡言齋	本貫 靈城 著書 寡言齋集
鄭斗臣(두신)	1747~1809	聱睡	字 明遠 本貫 海州
鄭斗彦(두언)		鷺湖齋	字 士貞 本貫 慶州
鄭斗榮(두영)	1737~1790	畏菴	字 聖杓 本貫 延日 父 橚 縣監
鄭斗永(두영)		晩隱	著書 文集

人名	年代	號	其他
鄭斗五(두오)		拙齋	著書 文集
鄭斗源(두원)	1585~1642	壺亭 楓岳山人	文臣 字 丁叔 本貫 光州 父 明湖 知中樞府事 諡號 敏忠
鄭斗一(두일)	1652~1738	睡軒	書藝家 字 天樞 本貫 慶州 著書 睡軒集
鄭斗亨(두형)	朝鮮中期	樂全堂	文臣 字 天章 本貫 延日 父 忠元 承旨
鄭斗煥(두환)	1745~1793	岐灘	字 子建 本貫 延日 父 樆
鄭斗休(두휴)	1791~1879	愼百齋	字 士成 本貫 東萊 父 雲起 著書 文集
鄭斗欽(두흠)	1832~1910	雲巖	文臣, 學者 字 應七 本貫 晉州 父 哲周 外祖 金瓛 持平 著書 雲巖集
鄭得建(득건)	1843~1902	啓庵	學者 字 用弼 本貫 河東 父 逑 著書 啓庵文集
鄭得鍵(득건)	→鄭得建		
鄭得命(득명)	1624~1660	三槐堂	文臣, 學者 字 穎叔 本貫 慶州 父 天僑 外祖 趙大淇 著書 三槐堂遺稿
鄭得心(득심)	1718~1792	栗陰	字 聖中 本貫 海州 著書 解蒙捷徑
程得雲(득운)	朝鮮宣祖	羽翁	字 雲瑞 本貫 河南 父 永世
程得元(득원)	朝鮮宣祖	羽軒	武臣 字 元瑞 本貫 河南 父 永世 部將 諡號 忠武
鄭礦(렴)	1506~1549	北窓 淸溪 靑坡	學者 字 士潔, 士濂 本貫 溫陽 父 順朋 抱川縣監 諡號 章惠 著書 北窓集
鄭瀥(류)	1801~1864	芝山	字 公麗 本貫 延日 父 在洙 參判
鄭綸(륜)	朝鮮成宗	西溪	字 仲卿 本貫 東萊 父 之周 掌令
鄭輪(륜)		退隱	本貫 羅州 祖父 草
鄭嵂(률)	1581~1659	松塘	字 士秀 本貫 延日 父 景洛
鄭洈(리)	1624~1690	松菊軒	字 混源 本貫 延日 父 弘演 縣監
丁麟(린)	?~1595	黙巖 黙菴	武臣, 義士 本貫 昌原 營將 諡號 忠肅
鄭潾(린)	朝鮮後期	洼津處士	本貫 延日 父 慶演
鄭麟(린)	朝鮮	蒼谷	文臣 字 聖瑞 本貫 溫陽 右副承旨
鄭霖(림)	1731~1771	木澗	字 景說 本貫 延日 父 宅河
鄭霖(림)	朝鮮	南隱	本貫 慶州 工曹參議
鄭霅(립)	1554~1640	顧菴	文臣, 學者 字 君洽 本貫 河東 父 惟憲 外祖 金彭齡 判事 著書 顧菴遺稿
鄭萬龜(만구)	朝鮮後期	龍山居士	本貫 瑞山 父 東五
鄭萬奎(만규)		栗溪	字 福汝 本貫 晉州
鄭晩錫(만석)	1758~1834	果齋 過齋 竹牖	文臣 字 成甫 本貫 溫陽 父 基安 判中樞府事 諡號 肅獻 編書 關西辛未狀啓
鄭晩善(만선)	朝鮮高宗	香庵	文臣 字 穉大 本貫 豊基 參奉

人名	年代	號	其他
丁萬秀(만수)		菊隱	本貫 靈城
鄭萬成(만성)		慕菴	本貫 羅州
鄭萬陽(만양)	1664~1730	塤叟 企菴 定齋	學者 字 皆春, 景醇 本貫 烏川 父 碩冑 祖父 好仁 外祖 金邦烈 翊衛司洗馬 著書 塤簏錄
鄭萬容(만용)	朝鮮後期	懼庵	本貫 延日 父 璞 祖父 震卿
鄭萬載(만재)	1894~1930	草廬	字 亨伯 本貫 延日 父 泰儉 著書 草廬先生文集
鄭萬朝(만조)	1858~1936	茂亭	學者 字 大卿 本貫 東萊 父 基雨 姜瑋 門人 奎章閣 副提學 著書 茂亭全稿
鄭萬朝(만조)		紫閣山館	著書 文集
鄭萬鍾(만종)	朝鮮明宗	安老齋 東溪	文臣 字 仁甫 本貫 光州 父 允勳 慶尚道觀察使
鄭萬鍾(만종)		警窩	著書 文集
鄭萬憲(만헌)		菊潭	著書 菊潭集
丁萬浩(만호)	朝鮮	三山	文臣 本貫 昌原 郡守
鄭萬和(만화)	1614~1669	益菴	文臣 字 一運 本貫 東萊 父 廣成 大司諫
鄭梅臣(매신)		敬齋	字 殷卿 本貫 晉州
鄭勔(면)	1614~1687	如愚子	文臣 字 汝强 本貫 海州 父 道亨 系 道昌 祖父 光前 承旨
鄭冕奎(면규)	1804~1868	老圃	學者 字 可軒, 和叔 本貫 晉州 父 元燦 外祖 金嫌 追贈 童蒙教官 著書 老圃遺稿
鄭冕圭(면규)	1850~1916	農山	學者 字 周允 本貫 草溪 父 邦績 外祖 朴基守 著書 農山文集
鄭冕奎(면규) →鄭冕圭			
鄭冕朝(면조)	朝鮮	石川	本貫 東萊 承旨
鄭免朝(면조) →鄭奐朝			
鄭冕周(면주)		漁隱	著書 漁隱公遺稿〈月城世稿〉
鄭勉行(면행)		一鑑	著書 一鑑先生文集
鄭勉鎬(면호)	韓末~日帝	錦癡	
鄭命得(명득) →鄭得命			
鄭名世(명세)	1550~1592	獨谷	文臣 字 伯時 本貫 晉州 父 希章 海美縣監
丁明秀(명수)		遯菴	著書 文集
丁鳴說(명열)	1566~1627	霽巖	學者 字 帝卿 本貫 靈光 父 景達 慶尚道都事 著書 霽巖集
鄭明遇(명우)		釣隱	本貫 晉州
鄭名遠(명원) →鄭名世			
鄭明源(명원)	1782~1865	松南	字 子中 本貫 晉州 著書 文集

人名	年代	號	其他
鄭明遠(명원) →鄭名世			
丁明應(명응)	朝鮮世宗	澄軒	字 清卿 本貫 昌原 知縣
鄭鳴濩(명호)		三友堂	字 雅叔 本貫 慶州 著書 三友堂公遺稿
丁明禧(명희) →丁明應			
鄭睦(목)	1721~1743	靜窩	字 和叔 本貫 海州
鄭穆(목)		洛厓	著書 洛厓先生文集
鄭夢蘭(몽란) →鄭夢周의 初名			
丁夢良(몽량)	朝鮮英祖	三棄堂	本貫 義城 追贈 戶曹參判
鄭夢龍(몽룡) →鄭夢周의 初名			
鄭夢陽(몽양)	1679~1745	迁拙齋	學者 字 獻吉 本貫 烏川 父 碩冑 外祖 金邦烈 著書 迁拙齋文集
鄭夢說(몽열)	朝鮮	竹林	文臣 字 天賚 本貫 瑞山 僉樞
鄭夢周(몽주)	1337~1392	圃隱	文臣 字 達可 本貫 延日 父 云瓘 追贈 領議政 諡號 文忠 著書 圃隱集
鄭霧(무)	?~1620	顧菴	著書 顧菴遺稿
鄭玨(무)	朝鮮	省齋 省菴	字 子潤 本貫 慶州 省峴察訪
鄭懋(무) →柳懋			
鄭茂壽(무수) →鄭起龍의 初名			
鄭黙(묵)	朝鮮	杏園	文臣 字 養 本貫 廣州 天安郡守
鄭㳶(문)	高麗	復齋	文臣 字 曼碩 本貫 清州 政堂文學 諡號 文愍
鄭文明(문명)		醉隱	本貫 咸平
鄭文孚(문부)	1565~1624	農圃	文臣 字 子虛 本貫 海州 父 愼 追贈 左贊成 諡號 忠毅 著書 農圃集
鄭文善(문선)	1778~1841	龍湖	字 子會 本貫 海州 進士
鄭文燮(문섭)	1895~1929	我石	著書 我石集
鄭文孫(문손)	1459~1519	慕孝 慕孝齋	本貫 河東
鄭文升(문승)	1788~1875	美堂 蕉泉	文臣, 書畵家 字 允之 本貫 延日 父 述仁 判義禁府事 諡號 孝憲
鄭文臣(문신)	高麗忠穆王	三不義軒	本貫 羅州
程文永(문영)	朝鮮	眞庵	孝子 本貫 河南
鄭文英(문영)	1535~1587	松齋	字 子發 祖父 彦慤 著書 松齋集
鄭文翼(문익)	1571~1639	松竹堂	文臣 字 衛道 本貫 草溪 父 應鐸 忠清道觀察使 著書 松竹堂集
鄭文學(문학) →鄭文孚			
鄭汶鉉(문현)	朝鮮後期	槐亭	本貫 河東 父 在根 系 在馹 參奉

人名	年代	號	其他
鄭文炯(문형)	1427~1501	野叟	文臣 字 明叔 子武 本貫 奉化 父 束 領中樞府事 諡號 良敬 著書 野叟實記
鄭文孚(문호) →鄭文孚			
鄭渼(미)		德泉	本貫 羅州 祖父 諶
鄭眉壽(미수)	1456~1512	愚齋	文臣 字 耆叟 本貫 海州 父 悰 外祖 文宗 封號 海平府院君 右贊成 諡號 昭平 著書 閑中啓齒
鄭眉壽(미수)		梧亭	
鄭敏僑(민교)	1697~1731	寒川 寒卿子	詩人 字 季通 本貫 昌寧 父 次徵 外祖 姜泗逸 著書 寒川遺稿
鄭敏僑(민교)		一峰	著書 一峰集
鄭敏求(민구)	朝鮮中期	黙齋	字 景達 本貫 瑞山
丁敏道(민도)	1553~1635	訥淵	學者 字 德卲 本貫 羅州 父 復 祖父 世卿 著書 訥淵逸稿
丁敏道(민도)	1646~1710	退養軒	字 聖仲 本貫 靈光 祖父 濟元
鄭敏禮(민례)		醒翁	本貫 東萊
鄭民秉(민병)	1800~1882	箕疇	學者, 文臣 字 文好 本貫 晉陽 父 象觀 外祖 南漢朝 敦寧府都正 著書 箕疇遺集
鄭民秀(민수)	?~1830	碧山	孝子 字 豈凡 本貫 月城
鄭民秀(민수)		月菴	本貫 羅州
鄭民秀(민수)	朝鮮	松翁	字 士俊 本貫 草溪 同知中樞府事
鄭民始(민시)	1745~1800	靜窩	文臣 字 幼穡, 會叔 本貫 溫陽 父 昌師 系 昌兪 追贈 右議政 諡號 忠獻 著書 太學志慶詩
鄭玟植(민식)	朝鮮	晩晴	本貫 慶州 父 澤斗
鄭玟朝(민조)		松塢	本貫 東萊
鄭民俊(민준)		東坡	本貫 羅州
鄭敏河(민하)	1671~1754	簫隱 歌隱	學者, 文臣 字 達夫 本貫 延日 父 瀹 同知中樞府事 著書 簫隱遺稿
鄭民和(민화)		無號堂	本貫 淸州
鄭密(밀)	1520~?	三溪	文人 字 叔茂, 叔成 本貫 晉州 父 碩質 僉正
鄭璞(박)	1674~1735	南屛	學者 字 琢之 本貫 草溪 父 光柱 著書 南屛集
鄭樸(박)	1701~1745	愓軒	字 仲文 本貫 延日 父 敏河
鄭槃(반)	朝鮮英祖	可湖	
鄭槃(반)		孝友堂	本貫 羅州 祖父 晛
鄭撥(발)	1553~1592	白雲	武臣 字 子固 本貫 慶州 父 明善 追贈 左贊成 諡號 忠壯
鄭發(발)		孝仙堂	本貫 羅州 祖父 詳

人名	年代	號	其他
鄭房(방)	朝鮮中期	龍隱	本貫 晉陽 曹彦明 婿
鄭枋(방)	1703~1789	三清堂	字 季直 本貫 延日 父 敏河 工曹判書 諡號 孝憲
鄭澇(방) →鄭雪			
鄭枋珪(방규)		克齋	字 瑛埴 本貫 晉州
程邦基(방기)	1887~?	白友 白夏	文臣 字 榮玉 本貫 河南 父 炳久 義禁府都事
鄭邦燁(방엽)	?~1949	惕菴	學者 著書 惕菴集
鄭邦郁(방욱)		雲洞處士 靜窩	本貫 羅州 祖父 亨著
鄭邦運(방운)		箕隱	本貫 羅州
鄭邦柱(방주)	高麗	晩修庵	本貫 草溪 父 丞 諡號 景烈
鄭邦俊(방준)	朝鮮	三松	字 君弼 本貫 草溪 縣監
鄭邦灝(방호)	1803~1854	勿山	學者 字 敬伯 本貫 草溪 父 復民 外祖 權尙麒 著書 勿山遺稿
鄭倍傑(배걸)	高麗顯宗	方齋	本貫 八溪 著書 方齋公遺稿 〈八溪鄭氏遺稿〉
鄭柏(백)	1705~1763	竹齋	字 直卿 本貫 延日 父 敏河
鄭伯基(백기)	1608~1708	龍岩	字 士欽 本貫 慶州 木運判官
鄭伯林(백림) →鄭伯休			
鄭百鵬(백붕)		藥水 樂水	字 昌齡 本貫 醞釀 父 鐸
鄭白永(백영)		松潭	孝子 字 弘伯 本貫 草溪
鄭伯周(백주)		薪村	著書 薪村先生文集
鄭百昌(백창)	1588~1635	玄谷 谷口 大灘子 天容 天慵	文臣 字 德餘 本貫 晉州 父 孝成 韓浚謙 婿 慶尙道 觀察使 著書 玄谷集
鄭伯休(백휴)	1781~1843	東淵	學者 字 周輔 本貫 烏川 父 夏澂 著書 東淵文集
丁樊(번)		芸堂	著書 文集
鄭範洛(범락)		梅軒	字 孟錫 本貫 淸州
丁範祖(범조)	1723~1801	海左	文臣 字 法世, 法正 本貫 羅州 父 志寧 藝文館提學 諡號 文憲 著書 海左集
鄭範朝(범조)	1837~1898	葵堂	文臣 字 禹書 本貫 東萊 父 基世 右議政 諡號 文獻
鄭變咸(변함)		上川	本貫 草溪
鄭栟(병)		池石齋	著書 池石齋集
鄭丙來(병래)	朝鮮	梅軒	文臣 字 甫吉 本貫 淸州 漢城府左尹
鄭柄源(병원)	朝鮮後期	香坡	字 星七 本貫 延日 父 海中
鄭丙朝(병조)	1853~1945	漉魚山館 葵園	學者, 文臣 字 寬卿 本貫 東萊 父 基雨 東宮侍從官 著書 漉魚山館集
鄭秉浚(병준)	朝鮮	鹿峴	字 闔瑞 本貫 延日 著書 遺集

人名	年代	號	其他
鄭柄瓚(병찬)	朝鮮後期	晚翠	
丁炳璨(병찬)		蘿隱	本貫 靈城 祖父 永燮
鄭秉澤(병택)		聱雲	著書 文集
鄭秉夏(병하)	1849~1896	南皐	官吏 字 子華 本貫 溫陽 諡號 忠僖
鄭昺學(병학)		守愚	本貫 羅州 父 胤勉
鄭炳休(병휴)		省庵	著書 文集
鄭保(보)	朝鮮世祖	雪谷 雲谷	文臣 本貫 延日 父 宗城 祖父 夢周 追贈 吏曹參議 著書 文集
鄭輔聖(보성)		退菴	本貫 東萊
鄭普演(보연)	朝鮮後期	園林處士 太白山人	字 晚昌 本貫 延日 父 漢 宋時烈 門人
鄭普衍(보연) →鄭普演			
鄭輔永(보영)		樂來齋	本貫 淸州
鄭普喆(보철) →鄭晋喆			
鄭輔和(보화)		文省窩	著書 文省窩集
鄭復(복) →鄭復初			
鄭復始(복시)	1522~1595	桂潭 桂軒	武臣 字 以健 本貫 東萊 父 華 徐敬德 門人 敦寧府都正 著書 桂潭集
鄭復周(복주)	1467~?	竹堂	文臣 字 師古 本貫 東萊 父 元義 僉節制使 著書 文集
鄭復天(복천)		剛齋	字 叔道 本貫 河東
鄭復初(복초)	1794~1867	晚隨	本貫 草溪 著書 晚隨公遺稿〈八溪鄭氏世稿〉
鄭復初(복초)		雲溪	本貫 河東 祖父 居三
鄭復坦(복탄)	?~1877	小隱	本貫 草溪 著書 小隱公遺稿〈八溪鄭氏世稿〉
鄭復顯(복현)	1521~1591	梅村	字 遂初 本貫 瑞山 父 愼 著書 梅村先生實記
鄭茯鉉(복현)		錦隱	本貫 河東
鄭復亨(복형)		松石	本貫 晉陽
鄭福煥(복환)	1736~1790	謙庵 漲庵	字 永叔 本貫 延日 父 柏 校理
鄭鳳(봉)	1804~1867	杏灘	字 聖儀 本貫 延日 父 在浣
丁峰(봉)	朝鮮英祖	月溪樵客	賤人
鄭鳳(봉)	朝鮮純祖	樵夫 楊近樵夫	委巷人, 詩人
鄭䜴(봉)		養亭	字 尙古 本貫 光州 父 士偉
鄭鳳基(봉기)	1861~1915	守齋 晦溪	學者 字 應善 本貫 延日 父 煥愚 著書 守齋文集
鄭鳳練(봉련)		誠齋	本貫 羅州
鄭鳳壽(봉수)	1572~1645	月峯	武臣 字 祥叟 本貫 河東 訓練院都正 諡號 襄武

人名	年代	號	其他
鄭鳳洙(봉수)	朝鮮後期	湖隱	字 述道 本貫 延日
鄭鳳時(봉시)	朝鮮	松里	本貫 草溪 大提學
鄭鳳運(봉운)		遞菴	著書 遞菴行蹟
丁鳳泰(봉태)	韓末	悟齋	著書 文集
鄭鳳翰(봉한)		壽巖	著書 壽巖遺稿
鄭鳳鉉(봉현)	1852~1913	雲藍	學者 字 東國 本貫 河東 父 在華 外祖 金馹憲 奇正鎭 門人 著書 雲藍文集
鄭鳳鉉(봉현)		誠齋	著書 誠齋倦游錄
程奉環(봉환)	1835~1893	雲谷	字 昌彦 本貫 河南 父 炳玉
鄭敷(부)		鍾涯	本貫 光州 父 時亨
鄭苯(분)	?~1454	勉齋 愛日堂	文臣 字 子雲, 子罷 本貫 晉州 父 以吾 右議政 諡號 忠莊
鄭鳳壽(봉수)	1572~1645	月峯	武臣 字 祥叟 本貫 河東 訓練院都正 諡號 襄武
鄭鳳洙(봉수)	朝鮮後期	湖隱	字 述道 本貫 延日
鄭鵬(붕)	1469~1512	新堂	文臣 字 雲程 本貫 海州 父 鐵堅 系 錫堅 青松府使 著書 新堂先生實紀
丁鵬(붕)	朝鮮	海山	文臣 本貫 昌原 兵使
鄭秠(비)		騎牛子	本貫 東萊
鄭磧(빈) →鄭磧			
鄭儐(빈)		谷口	字 恭伯 本貫 慶州
鄭沙(사) →鄭陟			
鄭嗣(사) →鄭叙의 改名			
鄭士卿(사경) →趙士卿			
鄭思竑(사굉)	朝鮮宣祖	梅軒	字 汝仁 本貫 慶州 嘉善大夫
鄭思道(사도)	1318~1379	雪谷 櫟亭	文臣 本貫 延日 父 侑 祖父 潤 政堂文學 封號 烏川君 諡號 文貞 著書 雪谷言行拾遺
鄭思度(사도) →鄭思道			
鄭士龍(사룡)	1491~1570	湖陰	文臣 字 雲卿 本貫 東萊 父 光輔 判中樞府事 著書 湖陰遺稿
鄭嗣文(사문) →鄭叙의 改名			
鄭四勿(사물)	1574~1649	昆峯	學者 字 亦顯 本貫 烏川 父 三畏 外祖 金公弼 追贈 司稟寺直長 著書 昆峯集
鄭師閔(사민)		畫軒	本貫 東萊
鄭四象(사상)	1563~1623	愚軒	本貫 延日 著書 文集
鄭士誠(사성)	1545~1607	芝軒 芝陽	學者 字 子明 本貫 清州 父 枓 縣監 著書 芝軒先生文集

人名	年代	號	其他
鄭思成(사성)		雪谷	本貫 延日
鄭士城(사성) →鄭士誠			
鄭師洙(사수)	朝鮮	巴溪	文人 字 魯源 本貫 延日
鄭士信(사신)	1558~1619	梅窓 谷神子 神谷	文臣 字 子孚 本貫 清州 父 枓 追贈 禮曹參判 著書 梅窓集
丁思愼(사신)	1662~1722	畸叟 晦堂	文臣 字 聖功 本貫 羅州 父 道謙 祖父 時翰 戶曹 參議 著書 畸叟致語
鄭思安(사안) →鄭基安의 初名			
鄭士鎔(사용)	朝鮮	杏亭	文臣 字 君精 本貫 瑞山 軍資監判官
鄭士雄(사웅)	1536~?	耐庵	文人 字 景贇 本貫 溫陽 父 滋 禮曹正郎 著書 耐庵集
鄭士偉(사위)	1516~1592	病隱	文臣 字 弘遠 本貫 光州 父 臺 追贈 吏曹參判
鄭士仁(사인)	朝鮮	雲溪	本貫 草溪 父 明奎
鄭思悌(사제)	1556~1592	五峯	義兵 字 幼仁 本貫 晉州 父 誠 追贈 副修撰 著書 五峯鄭公遺集
丁嗣宗(사종)	朝鮮端宗	野隱	本貫 義城 祖父 居實 軍威縣監
鄭思浚(사준)	1553~?	城隱	字 謹初 本貫 慶州 兵曹參判
鄭師仲(사중)	朝鮮太祖	月谷	文臣 字 尼老 本貫 草溪 都承旨
鄭思智(사지)	高麗末	敬齋	吏部尚書
鄭四震(사진)	1567~1616	守菴	學者 字 君燮 本貫 延日 著書 守菴文集
鄭師哲(사철)	1530~1593	林下	學者 字 季明 本貫 東萊 父 世俊 參奉 著書 林下集
鄭師夏(사하)	1718~1779	安分堂	學者 字 學古 本貫 延日 父 萬重 系 錫重 著書 安分堂遺集
鄭師賢(사현)	朝鮮中宗	月潭 月塘	隱士 字 希古 本貫 晉州
鄭斯鋏(사협)	朝鮮	璜溪	孝子 字 汝直 本貫 東萊
鄭賜湖(사호)	1553~1616	禾谷	文臣 字 夢與 本貫 光州 父 以周 外祖 鄭應瑞 刑曹判書 諡號 忠愍 著書 禾谷集
鄭思和(사화)	1831~1883	百癡	文人 字 中之 本貫 延日 父 尚魯 外祖 金萬鎰 著書 百癡遺集
鄭士輝(사휘)	朝鮮英祖	松坡	本貫 烏川
鄭橪(삼)		三恩堂	著書 三恩堂集
鄭三顧(삼고)	朝鮮	德溪	
鄭三吉(삼길)		蘆灘	
鄭三徵(삼징)	1715~1782	愼黙齋	本貫 草溪 著書 愼黙齋遺稿〈八溪鄭氏世稿〉

人名	年代	號	其他
鄭詳(상)	1533~1609	滄洲	文臣 字 仲愼 本貫 羅州 父 念祖 郡守 著書 滄洲先生逸稿
鄭象觀(상관)	1776~1820	谷口	學者 字 叔顒 本貫 晉州 父 宗魯 系 成魯 外祖 李民顯 著書 谷口別集
鄭相僑(상교)		湖隱	本貫 海州
鄭尚驥(상기)	1678~1752	農圃 農圃子	學者 字 汝逸 本貫 河東 李瀷 門人 僉知中樞府事 著書 農圃問答
鄭相琦(상기)	朝鮮後期	琦庵	本貫 海州 父 桓 祖父 有禎
鄭相吉(상길)	朝鮮英祖	東洲	隱士 字 吉甫 本貫 海州
鄭相吉(상길)	朝鮮後期	守中堂	本貫 延日 父 之河 祖父 溵
鄭相烈(상렬)		花潭	著書 文集
鄭尚禮(상례)		松潭	
鄭祥龍(상룡)		栢峰	著書 栢峰先生文集
鄭象履(상리)	1774~1848	制庵	學者 字 仲素 本貫 晉陽 父 翼魯 外祖 姜世晉 著書 制庵集
鄭祥麟(상린)		杯山	著書 杯山先生文集
鄭翔晃(상면)		學蓮	本貫 羅州
鄭相壽(상수) →鄭枏			
鄭湘植(상식)		耕谷	著書 耕谷集
鄭相業(상업)	朝鮮	栢當	字 之元 本貫 慶州
鄭相說(상열)	1665~1747	萍軒	本貫 海州 著書 萍軒遺稿
鄭尚琬(상완)	朝鮮後期	壽谷	
鄭尚雄(상웅)	朝鮮	愚岡	文臣 字 國允 本貫 廣州 義禁府都事
鄭相元(상원)	1678~1754	寒溪	字 舜卿 本貫 海州
鄭尚義(상의)	朝鮮	晩就齋	委巷人 字 伯直 本貫 河東
鄭相點(상점)	1693~1767	不憂軒	文人 字 仲與 本貫 海州 著書 不憂軒集
鄭尚祚(상조)	朝鮮	二分齋	文臣 字 慶允 本貫 廣州 義禁府都事
丁尚鎭(상진)		九居堂	著書 九居堂集
丁商鎭(상진)		澗松	著書 文集
鄭相徹(상철)		寶湖	本貫 晉州 父 鍾元
鄭相詹(상첨)	朝鮮	東湖	文人 字 汝良 本貫 海州
丁祥泰(상태)	朝鮮	鶴岡	文臣 字 汝方 本貫 靈城 敦寧府都正
鄭尚玄(상현)	朝鮮	櫟庵	委巷人 字 康伯 本貫 慶州
鄭相虎(상호)	1680~1752	東野	本貫 海州 著書 東野集
鄭尚好(상호)		楊波亭	著書 文集

人名	年代	號	其他
鄭尚鎬(상호)	1851~1926	荷隱	文人 字 儀白 本貫 慶州 父 時奎 外祖 金瀁義 著書 荷隱遺稿
鄭尚華(상화)	朝鮮	梅山	文臣 字 允玉 本貫 廣州 敦寧府都正
鄭相勳(상훈)	朝鮮	白隱	本貫 奉化 父 光
鄭敍(서)	高麗毅宗	瓜亭	文人 本貫 東萊 父 沆 郎中 著書 瓜亭雜書
鄭鋤(서)	朝鮮	漁隱	本貫 錦城 咸平縣監
鄭瑞圭(서규)		竹西	本貫 淸州
丁瑞範(서범)		抱朴子	本貫 羅州
鄭瑞河(서하)	1653~1710	松月堂	字 聖應 本貫 迎日 父 澍 祖父 慶演 縣監
鄭晳(석)	1619~1677	岳南 南嶽	文臣 字 白也 本貫 海州 父 孝俊 禮曹參判 著書 岳南集
鄭錫(석)	朝鮮中期	秋霖居士	文人 本貫 東萊 父 淑夏 洗馬
鄭奭(석)	1821~1895	藥史 持齋	字 周伯 本貫 延日 父 在淸
鄭錫(석)		桑村	著書 文集
鄭㴒(석) →鄭奭			
靖錫(정석)	1892~1982	鏡峰	僧侶 俗姓 金氏
鄭錫堅(석견)	?~1500	寒碧齋	文臣 字 子健 本貫 海州 父 由恭 吏曹參判
丁錫龜(석구) →丁錫愚			
丁錫圭(석규)		無名窩	本貫 靈城
鄭碩基(석기)	1830~1886	稼軒	字 國瞻 本貫 延日 父 煥駿 著書 文集
鄭錫驥(석기)		蓮史	本貫 光州
鄭碩達(석달)	1660~1720	涵溪	學者 字 可行 本貫 延日 父 時誨 著書 涵溪文集
鄭碩東(석동)		溪亭	本貫 河東
鄭碩臨(석림)	1669~1939	月松齋 月松	學者 字 汝大 本貫 烏川 父 時羽 外祖 具仁繼 著書 月松齋集
程錫立(석립)	1835~1893	淵巖	文臣 字 士準 本貫 河南 父 喜修 承政院左副承旨
鄭錫晃(석면)		義齋	著書 文集
鄭錫保(석보)		休休 休休子	著書 休休集
鄭晳吾(석오)	1739~1770	倥侗	字 聖章 本貫 延日 父 漢奎 通德郎
程錫用(석용)	1845~1910	石江	文臣 字 益權 本貫 河南 父 喜修 司憲府監察
鄭錫祐(석우)	1840~1906	紫峯	字 賀受 本貫 延日 父 宇載 著書 文集
丁錫愚(석우)		虛齋	著書 文集
鄭錫遠(석원)	朝鮮後期	淡齋	本貫 東萊 父 復先
鄭錫儒(석유)		洛下	著書 文集
鄭錫儒(석유)		杏隱	著書 文集
鄭錫胤(석윤)		立窩	著書 立窩先生文集

人名	年代	號	其他
程錫溢(석일)	1836~?	松圃	字 德五 本貫 河南 父 喜俊
鄭晢章(석장)	1742~?	拙菴	字 成甫 本貫 延日 父 漢樞
鄭碩朝(석조)		剛庵	本貫 東萊
鄭錫冑(석주)	朝鮮	暘谷	本貫 延日 著書 暘谷集
鄭晢楷(석지)	1743~1769	直庵	字 聖叟 本貫 延日 父 漢明
鄭錫珍(석진)	1851~1896	蘭坡	義兵 字 台完 本貫 羅州 父 讃基 外祖 崔師崙 著書 蘭坡集
鄭碩玄(석현)	1656~1730	五懷堂	字 志遠 本貫 延日 父 時羽 著書 文集
鄭錫祜(석호) →鄭錫祜			
鄭錫後(석후)	1639~1709	靜谷	文人 字 景裕 本貫 晉陽
張錫輝(석휘)	朝鮮哲宗	翰樓	詩人
鄭僑(선)	1251~1325	常軒 雲菴	字 台非, 居非 本貫 草溪 父 愼 評理
丁璿(선)	朝鮮中宗	碧梧堂	字 汝美 本貫 靈城 父 世明
鄭瑄(선)	朝鮮宣祖	旅窩 恥麻 恥麻 苔查 苔槎	文人 字 君玉 本貫 溫陽
鄭鎧(선)	1634~1717	三棄齋	學者 字 器彦 本貫 淸州 父 基絼 外祖 權流 著書 三棄齋文集
鄭敾(선)	1676~1759	謙齋 兼艸 蘭谷	畵家 字 元伯 本貫 光州 父 時相 著書 圖說經解
鄭瑄(선)		昨非庵	著書 文集
鄭璿教(선교)	1856~1930	鶴皐	字 舜儀 本貫 海州
鄭涉(섭) →鄭陟			
鄭涉教(섭교)	1797~1854	近文	字 大而 本貫 海州
鄭晟(성)	朝鮮	谷口	字 文擧 本貫 晉州
鄭星卿(성경)	朝鮮中期	玉壺子	字 鍊夫 本貫 溫陽 父 晦
鄭盛根(성근)	1895~1963	稼軒	本貫 海州 著書 稼軒遺稿
鄭成來(성래) →鄭來成			
鄭誠源(성원)	1838~1864	西湖	字 達汝 本貫 延日 父 海暻
鄭成源(성원)	1881~1961	玄菴	字 聖韶 本貫 延日
鄭星源(성원)		自然亭	著書 自然亭遺稿〈禾谷集〉
鄭宬朝(성조)		石蘊	著書 石蘊詩集
鄭成采(성채)		望月亭	本貫 河東 父 致淳
鄭聖鉉(성현)		農隱	本貫 河東
鄭性渾(성혼)		東麓	著書 東麓集
鄭世經(세경)	朝鮮	竹史	本貫 草溪 父 元周

人名	年代	號	其他
鄭世敎(세교)	1824~1880	雙洲 悝齋	學者 字 舜文 本貫 海州 父 匡學 外祖 申顥仁 著書 雙洲文集
鄭世矩(세구) →鄭世規			
鄭世矩(세구)	朝鮮	之家	文臣 本貫 東萊 觀察使
鄭世規(세규)	1583~1661	東里	文臣 字 君則 本貫 東萊 父 㦙 刑曹判書 諡號 景憲
鄭世基(세기)		翠巖	著書 文集
丁世霖(세림)	1451~?	楓巖	本貫 靈城 父 一枝
鄭世模(세모)	朝鮮肅宗	悠然齋	本貫 河東 父 光淵
鄭世美(세미)	1853~1624	東窩	文臣 字 士元 本貫 東萊 父 協 都護府事
鄭世雅(세아)	1535~1612	湖叟 江湖叟	義兵將 本貫 延日 父 允良 追贈 兵曹判書 諡號 剛義 著書 湖叟實紀
鄭世永(세영)	1872~1948	石泉	學者 字 濟卿 本貫 草溪 父 述先 外祖 權錫一 著書 石泉私稿
鄭世容(세용)		一宇	本貫 清州
鄭世雄(세웅)	朝鮮中宗	見碧	字 景應
鄭世雄(세웅)		柏菴	本貫 河東
丁世遠(세원)	朝鮮	東亭	文臣 本貫 昌原 縣令
鄭世胤(세윤)		陽村	本貫 羅州
鄭世翼(세익)	朝鮮	夢坡	文人 字 景守 本貫 東萊
鄭世楨(세정)		素軒	著書 文集
鄭世濟(세제)	1677~1744	愛蓮	字 美叔 本貫 延日 父 相一
鄭世周(세주)		永曆遺民	本貫 羅州 祖父 紀
鄭世豊(세풍)		近思齋	著書 近思齋遺稿
鄭世弼(세필)	1494~1566	林野 林軒	武臣 字 伯勳 本貫 延日 慶尚道病魔節度使
丁世鉉(세현)		晚圃堂	本貫 靈城 父 錫圭
鄭世衡(세형)	朝鮮	鶴沙	文臣 字 聖玉 本貫 清州 成川府使
鄭世虎(세호)	1486~1563	西溪	文臣 字 子仁 本貫 河東 父 尚祖 祖父 麟趾 知中樞府事 諡號 孝簡
鄭世豪(세호)		情菴	字 彦中 本貫 慶州
程世鴻(세홍)	朝鮮	福天	文臣 字 文玉 本貫 河南 工曹參議
鄭世華(세화)		德隱	本貫 晉州
鄭世喜(세희)	朝鮮	竹圃	本貫 晉州 父 憲英
鄭沼(소)	朝鮮中宗	青莎	字 仲涵 本貫 延日 父 惟沈
鄭遜卿(손경)	高麗	東陽	字 元寧 本貫 慶州 鷹揚大將軍
鄭松齡(송령)		養愚堂	字 直哉 本貫 慶州

人名	年代	號	其他
鄭需(수)	高麗禑王	松竹堂	本貫 晉州 父 興嗣
鄭修(수)	1666~1736	牛村	學者 字 永叔 本貫 東萊 父 翊漢 外祖 鄭于潘 著書 牛村集
鄭璲(수)	朝鮮	文軒	文臣 字 子章 本貫 晉州 佐郎
鄭燧(수)		永慕亭	本貫 靈城
鄭遂(수)		又齋	
丁壽崗(수강)	1454~1527	月軒	文臣 字 不崩 本貫 羅州 父 侅 同知中樞府事 著書 月軒集
丁壽岡(수강) →丁壽崗			
丁壽剛(수강) →丁壽崗			
丁壽崑(수곤)	1542~1486	月石	字 不騫 本貫 羅州 父 侅　承文院校理
鄭守珪(수규)	高麗	學士堂	本貫 晉州 父 需 政堂文學 諡號 英密
鄭壽期(수기)	1664~1752	谷口	文臣 字 舜年 本貫 延日 父 寅賓 祖父 始成 追贈 領議政 諡號 貞簡 著書 谷口公遺稿
鄭守基(수기)	1896~1936	一川	獨立運動家 字 乃益
鄭遂大(수대) →鄭遂榮의 初名			
鄭修道(수도)	朝鮮	勿齋	本貫 草溪 判宗府寺事
鄭壽銅(수동) →鄭芝潤			
鄭遂璘(수린)		菊塢	本貫 河東
鄭秀民(수민)	1577~1658	春睡堂 東里	學者 字 子賓 本貫 河東 父 彦南 鄭逑 門人 著書 春睡堂集
鄭壽民(수민)	朝鮮	洛隱	本貫 東萊 護軍
鄭秀芳(수방)	朝鮮	奇山	本貫 東萊
鄭遂榮(수영)	1743~1831	之又齋	畫家 字 君芳 本貫 河東 初名 遂大 父 師霖
鄭洙英(수영)		愛梅軒	本貫 羅州 父 致鍊
鄭秀益(수익)	朝鮮	樵山	本貫 東萊
鄭樹寅(수인)	朝鮮	鳳庵	本貫 東萊 父 潤德
鄭秀禎(수정)		不換亭	本貫 草溪
鄭壽祖(수조)	1682~1747	南江	字 彭老 本貫 延日 父 尚賓 祖父 始明
鄭守赫(수혁)	1800~?	小隱 花溪	閭巷人 字 宜護 本貫 月城 著書 小隱詩稿
鄭秀鉉(수현)	朝鮮	蘭石	文臣 字 東卿 本貫 廣州 宣傳官
鄭洙賢(수현)		師竹軒	本貫 羅州
鄭壽馨(수형)		橘庵	著書 橘庵先生文集
鄭守弘(수홍)	高麗~朝鮮	楓川	文臣 字 毅伯 本貫 東萊 父 可宗 吏曹判書

人名	年代	號	其他
鄭琡(슉)	朝鮮光海君	仁村	文臣 字 季珍 本貫 溫陽
鄭璹(슉)	朝鮮仁祖	省齋	字 重器 本貫 慶州 從仕郎
丁淑威(슉위)	朝鮮	守菴	文臣 本貫 義城 父 令孫 東萊府使
鄭肅朝(슉조)	朝鮮末	晚翠	本貫 東萊義城
鄭叔周(슉주)		學圃	著書 學圃先生文集
鄭淑夏(슉하)	朝鮮宣祖	月湖	文臣 本貫 東萊 父 窨 刑曹參議
鄭叔亨(슉형)	朝鮮成宗	龍溪	字 聖道 本貫 慶州 縣監
鄭洵(슌)	朝鮮中宗	錦波	文人 字 義叔 本貫 河東
鄭淳(슌)	朝鮮宣祖	松臺	本貫 瑞山
鄭順(슌) →鄭順文			
鄭舜卿(슌경)		養性齋	本貫 羅州
丁洵教(슌교)	1805~?	聚齋	字 元方 本貫 羅州 父 若鍾 兵曹參議
鄭淳極(슌극)		雲藍	著書 雲藍集
鄭淳萬(슌만)	朝鮮	約窩	本貫 河東
鄭順明(슌명) →鄭順朋			
鄭順文(슌문)		野莎	本貫 羅州
鄭淳邦(슌방)	1891~1960	草堂	著書 文集
鄭淳伯(슌백)	1863~1939	瑞隱	著書 文集
鄭順朋(슌붕)	1484~1548	省齋 悝齋	文臣 字 耳齡 本貫 溫陽 父 鐸 祖父 忠基 封號 溫陽府院君 右議政
鄭舜永(슌영)	1879~1941	彝堂	獨立運動家
鄭淳元(슌원)	朝鮮後期	小蘭	本貫 河東 父 直鉉
鄭淳宗(슌종)	1881~1949	鶴南	字 元極 本貫 河東 父 有鉉 著書 文集
丁順之(슌지)	朝鮮	澗松	文臣 本貫 義城 父 淑威 工曹參議
鄭淳珍(슌진)		龍江	著書 文集
鄭巡轍(슌철)		農隱	本貫 晉州 父 志玆
丁舜泰(슌태)	朝鮮	學圃	委巷人 字 再華
鄭淳學(슌학)		杞隱	著書 文集
鄭淳賢(슌현)	朝鮮	芸庵	本貫 河東 祖父 在範
鄭迷(슏) →鄭逑			
鄭述源(슏원)	1860~1947	少松	字 仲德 本貫 延日 父 海秊
鄭述祚(슏조)	1711~1788	三春堂	文臣 字 孝善 本貫 海州 父 震衡 刑曹判書
鄭崇祖(슏조)	1442~1503	三省堂 三省齋	文臣 字 孝叔 本貫 河東 父 麟趾 外祖 李攄 封號 河南府院君 戶曹判書 諡號 莊靖

人名	年代	號	其他
鄭榗(습) →鄭擢			
鄭襲明(습명)	?~1151	東河 滎陽	文臣 本貫 延日 樞密院奏事
鄭丞(승)	高麗	葆眞齋	本貫 草溪
鄭升民(승민)	1847~1886	方齋	
鄭承復(승복)	朝鮮中宗	玉溪	字 景胤 本貫 慶州
鄭升源(승원)	1868~1935	石灘	著書 文集
鄭承尹(승윤)	朝鮮	南溪	字 任仲 本貫 晉州 進士
鄭承毅(승의)	1738~1822	主靜齋	字 仲烈 本貫 海州 金元行 門人
鄭承祖(승조)		眉菴	字 述而 本貫 慶州 父 文德
鄭承周(승주)	1517~?	正谷	字 姬叔 本貫 長鬐 父 世榮 弼善
鄭承勳(승훈)	朝鮮中期	梅竹堂	文臣 本貫 晉州 父 密 知中樞府事
鄭時(시)	朝鮮後期	寒碧堂	本貫 溫陽 父 之復 察訪
鄭著(시)	1768~1811	伯友	武臣 字 德園 本貫 淸州 父 魯 追贈 兵曹判書 兼知義禁府事五衛都摠府都摠管 諡號 忠烈
鄭時(시)	朝鮮英祖	葛巾	
鄭時衎(시간) →鄭時衍			
鄭時林(시림)	?~1912	月坡	本貫 光山 著書 文集
鄭始明(시명)	1626~1689	文山	字 晦卿 本貫 延日 父 涌 追贈 左承旨
鄭時善(시선)	1767~1835	岩耕齋	字 子中 本貫 海州
鄭時卨(시설)	朝鮮	旅堂主人	
鄭始成(시성)	1608~1686	晚依堂 晚休堂	字 集卿 本貫 延日 父 涌 祖父 汝溫 觀察使
鄭時修(시수)	1601~1647	琴川	學者 字 敬叟 本貫 東萊 著書 琴川集
鄭時淑(시숙)	1680~1714	魚川	
丁時述(시술)	朝鮮肅宗	寓隱	學者 字 汝癡 本貫 羅州 父 彦珪 宗親府典簿 編書 東國萬姓譜
鄭時陽(시양)	高麗	松巖	本貫 晉陽 父 襲盱
鄭時衍(시연)	1632~1687	鶴巖	學者 字 達仲 本貫 延日 父 好仁 外祖 孫魯 著書 鶴巖文集
鄭時衍(시연)	1635~1690	醉醒 醉醒堂	文臣 字 悅之 本貫 延日 父 好仁 外祖 孫魯 著書 醉醒堂遺稿
鄭始榮(시영)	朝鮮	愼窩	學者 字 君初 本貫 豊基
鄭時榮(시영)		四陽亭	本貫 羅州
鄭時榮(시영)		伴鶴齋	本貫 河東
鄭始源(시원)	韓末~日帝	松士	

人名	年代	號		其他
丁時潤(시윤)	1646~1717	斗湖		文臣 字 子雨 父 彦璧 祖父 好善 兵曹參議
鄭時毅(시의)	1733~1816	琴窩		字 士元 本貫 海州
鄭時疑(시의)	朝鮮後期	龍川		
鄭時佐(시좌)		拙守庵		著書 拙守庵集
鄭時哲(시철)		雲泉		本貫 河東
丁時翰(시한)	1625~1707	愚潭 法川		學者, 文臣 字 君翊 本貫 羅州 父 彦璜 僉知中樞府事 著書 愚潭集
鄭時海(시해)	1872~1906	一狂		義兵 字 樂彦 本貫 晉州 父 鍾澤
鄭時亨(시형)	1659~1699	盤州		文臣 字 叔夏 本貫 光山 父 維 僉知中樞府事 著書 盤州遺稿
鄭時亨(시형)		花坪		本貫 淸州
鄭著休(시휴)	1800~1871	莊庵		字 用五 本貫 延日 父 夏律 著書 莊庵先生文集
鄭湜(식)	高麗	愚谷		文臣 本貫 晉州 右尹
鄭軾(식)	1407~1467	永慕亭		文臣 字 憑甫 本貫 羅州 父 自新 知中樞府事 諡號 景武
鄭植(식)	1615~1662	白郊		文臣 字 子固 本貫 海州 父 孝俊 封號 海原君 弼善
鄭栻(식)	1683~1746	明菴		學者 字 敬甫 本貫 晉州 父 有禧 祖父 大亨 追贈 持平 著書 明庵集
鄭埴(식)	1740~1823	熟寐窩		字 直卿 本貫 海州
鄭植(식)		悔齋		本貫 河東
鄭軾(식)	朝鮮	寬齋		字 汝貞 本貫 晉州 大司成
鄭植九(식구) →鄭植				
鄭愼(신)	朝鮮仁祖	竹溪		隱士 字 愼之 本貫 瑞山
鄭紳(신)		牛山		本貫 羅州 父 麟壽
鄭信(신)	1898~1931	一雨		獨立運動家
鄭臣烈(신렬)	高麗	官亭		文臣 本貫 晉州 封號 晉陽府院君 兵曹尚書
鄭臣保(신보)	高麗	月島		本貫 浙江
鄭寀(실)	1701~1776	念齋		文臣 字 公華 本貫 延日 父 舜河 吏曹判書 諡號 文靖 編書 松江年譜
鄭實植(실식)	朝鮮末	磵松		文臣 字 春卿 本貫 豊基 主事
正心(정심)	高麗~朝鮮	登階 碧溪		僧侶 本貫 錦山 俗姓 崔氏
鄭諶(심)	1520~1603	逸軒 谷口		學者 字 仲實 本貫 羅州 父 念祖 外祖 李蟹 著書 逸軒遺稿
鄭深(심)	朝鮮	月潭		文臣 字 淸叔 本貫 瑞山 軍資監判官
淨心(정심) →正心				

人名	年代	號	其他
鄭晏(안)	?~1251	逸庵居士	文臣 字 和卿 本貫 河東 父 叔瞻 祖父 世裕 參知政事
鄭安道(안도)	高麗	勿齋	字 子義 本貫 光州 父 義 牧使
鄭安杜(안두)	高麗	竹坡	本貫 晉陽 父 洪旦 諡號 忠務
鄭顔復(안복)	韓末	石蕉	畵家
鄭安世(안세) →張安世			
鄭安愚(안우)	朝鮮	嶧溪	學者 字 聖汝 本貫 草溪
丁巖壽(암수)	1534~1594	滄浪 清淨齋	文臣 字 應龍 本貫 昌原 父 璉 著書 滄浪集
鄭爚(약)	朝鮮	大明居士 四留齋	字 止爾 本貫 草溪 牧使
丁若鏞(약용)	1762~1836	茶山 俟菴 三眉 與猶堂 洌老 洌耄 洌水 紫霞道人 菜山 鐵馬山人 鐵馬山樵 籜翁 苔叟	文臣,學者 字 美鏞,頌甫 本貫 羅州 父 載遠 著書 茶山全書
丁若銓(약전)	1758~1816	每心齋 巽庵 研經齋 一星樓	學者 字 天全 本貫 羅州 父 載遠 兵曹佐郎 著書 玆山魚譜
鄭瀁(양)	1600~1668	敬畏 孚翼 孚翼子 畏近 抱翁 太白山人	字 晏叔 本貫 延日 父 宗溟 祖父 澈 金集 門人 掌令 諡號 貞節 改諡 文節 著書 語錄解
鄭瀁(양)	1795~1870	湛樂齋	字 熙之 本貫 延日 父 在淑
鄭諒(양)	朝鮮	敬菴	字 允詳 本貫 草溪 郡守
丁養萬(양만)	朝鮮末	松菴	學者 字 乃有 本貫 押海
鄭良生(양생)	高麗	愚谷	本貫 東萊 監察大夫 封號 蓬原府院君
鄭養淳(양순)	1712~1765	晦叔	文臣 字 聖功 本貫 東萊
鄭良佐(양좌)	朝鮮中期	栗亭	本貫 河東 父 鐵柔
鄭良弼(양필)	1593~1661	秋川	文臣 字 夢賚 本貫 東萊 父 灝 東萊府使
鄭良弼(양필)→鄭思道의 初名			
鄭良翰(양한)	1737~?	知足堂	文臣 字 大擧 本貫 東萊 父 時慶 外祖 宋德謙 弘文館直提學
鄭亮欽(양흠)	朝鮮後期	雙石	本貫 草溪 父 埈
丁語亨(어형)	朝鮮	西齋	文臣 字 禮仁 本貫 義城 主簿
鄭彦愨(언각)	1498~1556	孤竹齋	文臣 本貫 海州 戶曹參判 著書 孤竹齋稿
鄭彦兼(언겸)	朝鮮中期	克復堂	學者 字 達夫 本貫 東萊 父 道東 追贈 司憲府持平
鄭彦謙(언겸) →鄭彦兼			
鄭彦宏(언굉)	1569~1640	西溪	文臣,學者 字 汝廓 本貫 東萊 父 承祖 外祖 金恬 承文院判敎 著書 西溪文集

人名	年代	號	其他
鄭彥耆(언기)	朝鮮中期	樗窩	文人 本貫 東萊 父 思黙
鄭諺訥(언늘)	朝鮮宣祖	一兼齋	本貫 羅州
鄭彥訥(언늘) →鄭諺訥			
鄭彥龍(언룡)	朝鮮宣祖	老峯	本貫 東萊
鄭彥璞(언박)	朝鮮英祖	清溪	歌客, 醫員 字 琢仲 本貫 延日
鄭彥福(언복)		癡翁	本貫 羅州
鄭彥雲(언삽) →鄭彥審			
鄭彥暹(언섭)	1720~?	睡翁	字 日進 本貫 東萊 父 昌瑞
鄭彥燮(언섭)	朝鮮	定止齋	文臣 本貫 東萊 參判
鄭彥誠(언성)	朝鮮	槐峰	文臣 字 士一 本貫 清州 同知中樞府事
丁彥璛(언슉)	1600~1693	儉巖 壽考軒	學者 字 君瑞 本貫 羅州 父 好恭 系 好約 同知中樞府事 著書 儉巖詩集
鄭彥湜(언식)	1538~?	谷口	字 清源 本貫 海南 父 公裕
鄭彥信(언신)	1527~1591	懶庵	文臣 字 立夫 本貫 東萊 父 振 右議政
鄭彥佑(언우)	朝鮮宣祖	遯庵	殉義人 本貫 廣州
鄭彥儒(언유)	1687~1764	迂軒	文臣 字 林宗 本貫 東萊 父 雲瑞 外祖 李鼎興 戶曹參判 著書 迂軒集
鄭彥審(언음)	?~1613	一蛍 梫山 蔥山	字 子容, 宇容 本貫 湯井
鄭彥懿(언의) →鄭彥慤			
鄭彥仁(언인)	朝鮮	樂山	本貫 東萊 掌令
鄭彥禎(언정)	朝鮮	石雲	文臣 字 義伯 本貫 光州 濟州牧使
鄭彥智(언지)	朝鮮	東谷	文臣 本貫 東萊 吏曹參判
鄭彥忠(언충)	1706~1771	龜翁	文臣 字 國耳 本貫 東萊 父 文瑞 承旨
鄭彥忠(언충)	朝鮮	慕菴	文臣 字 得慶 本貫 青山 左承旨
鄭彥忠(언충)		黙齋	字 良夫 本貫 慶州
鄭彥弼(언필)	朝鮮中期	懶翁	本貫 東萊 父 致瑞
鄭彥學(언학)	朝鮮英祖	農塢	
鄭彥衡(언형)	1713~1790	南齋	字 權甫 本貫 東萊 父 在興 著書 南齋逸稿
丁彥璜(언황)	1597~1672	墨翁 黙拙翁 黙拙軒	文臣 字 渭叟, 仲徽 本貫 羅州 父 好寬 外祖 李光立 江原道觀察使
鄭淹(엄)	1620~1689	老仙	文臣 字 仲范 本貫 延日 父 幼淸 祖父 汶 刑曹佐郎
鄭淹(엄)	朝鮮	楊村	文臣 字 文中 本貫 晉州 父 萬鍾 同副承旨
鄭汝康(여강)	朝鮮宣祖	杏亭	字 致詳 本貫 東萊
鄭汝溫(여온)	1570~1630	藥圃	字 子和 本貫 延日 父 濟

人名	年代	號	其他
丁汝翼(여익)	朝鮮	竹窩	本貫 義城
丁汝舟(여주)	朝鮮	月延亭	文臣 本貫 昌原 副正
鄭汝昌(여창)	1450~1504	一蠹 夢翁 睡翁	文臣, 學者 字 伯勗 本貫 河東 父 六乙 金宗直 門人 追贈 右議政 諡號 文獻 著書 一蠹遺集
鄭汝昌(여창)		盤桓	著書 盤桓先生文集
鄭汝諧(여해)	1450~1530	遜齋	文臣 字 仲和 本貫 河東 著書 遜齋文集
鄭易(역)	?~1425	栢亭	文臣 字 順之 本貫 海州 父 允珪 外祖 薛文遇 追贈 領議政 諡號 貞度
鄭歷(역) →鄭易			
鄭椽(연)	高麗	愚巖	本貫 晉州 父 守珪 三司副使
鄭淵(연)	1389~1444	松谷	文臣 字 仲深 本貫 延日 父 洪 安平大君 婿 兵曹判書 諡號 貞簡
鄭沈(연)	1654~1696	四何堂	文臣, 學者 字 聖源 本貫 長興 父 時錫 外祖 李尚逸 備邊司郎官 著書 四何堂集
鄭演(연)	朝鮮中期	七休堂	文人 字 士益 本貫 東萊 父 純復 著書 喪禮抄
鄭演(연)	朝鮮	思廉	本貫 廣州 父 應奎 僉正
鄭演(연)	朝鮮	永思堂	文臣 字 巨源 本貫 光州 同知中樞府事
鄭㙡(연) →鄭琢			
鄭演(연) →鄭演弼			
鄭衍(연) →鄭公權의 初名			
鄭然甲(연갑)	朝鮮	介石	字 周一 本貫 草溪 秘書監承
鄭延經(연경)	1547~1618	德山	字 士賀 本貫 延日 著書 德山實紀
鄭延慶(연경)	朝鮮	愚齋	文人 字 興祚 本貫 海州
鄭延慶(연경) →鄭延經			
鄭延吉(연길)	朝鮮宣祖	富山	本貫 延日
鄭衍普(연보) →鄭普衍			
鄭淵錫(연석)	1879~1948	敬堂	字 子顏 本貫 海州
鄭淵性(연성)	朝鮮	大玄	文臣 字 聖佑 本貫 豊基 漢城府判官
鄭延壽(연수)		遜溪	本貫 河東
鄭連宗(연종)	朝鮮	直軒	字 顧女 本貫 草溪 同知中樞府事
鄭延晙(연준)		山竹	本貫 延日
鄭衍浚(연준) →鄭公權의 初名			
鄭演弼(연필) →鄭演			
鄭悅(열)	1575~1629	慕齋	著書 文集
鄭說(열)		箕隱齋	本貫 羅州 父 雲榮

人名	年代	號	其他
丁說相(열상)	朝鮮	梯菴	文臣 本貫 昌原 都事
丁焰(염)	1524~1609	晚軒	文臣, 學者 字 君晦 本貫 昌原 父 終碩 外祖 周萬貴 嘉善大夫 著書 晚軒集
鄭念祖(염조)		思禮堂	本貫 羅州
鄭曄(엽)	1563~1625	守夢 雪村	文臣 字 時晦 本貫 草溪 父 惟誠 李山甫 婿 李珥, 成渾 宋翼弼 門人 左副賓客 諡號 文肅 守夢集
丁曄(엽)		瑞亭	本貫 靈光
鄭燁(엽) →鄭曄			
鄭榮國(영국)	1564~1623	灌圃 東園 洞圃	文臣 字 邦彦 本貫 盈德 父 鴻 左通禮
丁榮奎(영규)	朝鮮	黙軒	文臣 本貫 昌原 參判
丁永斗(영두)	1873~1952	敬齋	著書 敬齋私稿
鄭榮邦(영방)	1577~1650	石門	學者 字 敬輔 本貫 東萊 父 湜 系 澡 祖父 元忠 著書 石門集
丁永燮(영섭)		黙窩	本貫 靈城
丁令孫(영손)	高麗~朝鮮	夢松	文臣 本貫 義城 封號 義城君 左贊成
鄭英陽(영양) →鄭萬陽			
鄭榮源(영원)		台湖	字 大舒 本貫 晉州
鄭榮俊(영준) →鄭榮後			
鄭榮振(영진)	1671~1708	平巖	學者 字 汝起 本貫 東萊 父 時佐 系 泰世 外祖 金延 著書 平巖集
鄭靈澤(영택)	1893~1963	誠窩	字 文龜 本貫 延日 父 雲商
鄭永澤(영택)	1873~1947	原敬	獨立運動家 字 安立 本貫 延日
鄭英珌(영필)		晦山	著書 文集
丁永夏(영하)		杞軒	著書 文集
鄭永海(영해)		海山	本貫 慶州
鄭永會(영회)		梅軒	本貫 羅州
鄭榮後(영후)	1569~1641	梅塢	字 仁輔 本貫 東萊 父 湜 著書 文集
鄭英壎(영훈)		守愚堂	著書 守愚堂先生實記
鄭藝(예)	高麗	栢谷	文臣 本貫 晉州 父 時陽 門下侍中平章事 諡號 英節
鄭禮國(예국)	朝鮮	迂庵	委巷人 字 士華 本貫 順興 父 許農
鄭禮男(예남)	朝鮮景宗	西疇	委巷人, 醫員 字 子和 本貫 溫陽 醫學教授 著書 西疇遺稿
丁禮孫(예손)	1432~?	薇山 薇庵 薇窩	本貫 靈城 父 艮
鄭禮煥(예환)	1746~1825	月灘	字 如敬 本貫 延日 父 櫟 追贈 持平
鄭禮煥(예환)	朝鮮後期	同灘居士	本貫 延日 父 櫟

人名	年代	號	其他
丁午(오)	高麗	無畏	僧侶
鄭頫(오)	?~1359	雪軒	文臣 字 思謙 本貫 清州 父 積 祖父 琋 封號 西原君 都僉議評 諡號 文克
鄭五奎(오규)		老學齋	字 子文 本貫 光州 父 敷
鄭吾道(오도)	1647~1776	藥圃	學者 字 一貫 本貫 河東 父 碩賢 僉知中樞府事 著書 藥圃文集
鄭五錫(오석)	1826~1869	逸軒 明逸	學者 字 建叔 本貫 清州 父 垸 外祖 朴希賢 著書 逸軒文集
鄭五臣(오신)	朝鮮	述齋	文臣 字 洛瑞 本貫 廣州 同知中樞府事
鄭玉(옥)	1694~1760	牛川	文臣 字 子成 本貫 清州 父 碩濟 黃海道觀察使 著書 牛川集
鄭沃(옥)	朝鮮	三玉堂	字 汝啓 本貫 瑞山
鄭玉堅(옥견)	朝鮮中宗	蠖溪	字 不磷 本貫 草溪 父 從雅 著書 文集
程玉根(옥근)	1892~?	秋溪	孝子 字 敬春 本貫 河南 父 基泓
鄭玉良(옥량)	1795~1447	耕齋	文臣 字 崐甫 本貫 三嘉 父 師仲 外祖 任仮 追贈 左承旨 著書 耕齋集
鄭鈺秀(옥수)		見山	著書 見山先生實記
鄭玉潤(옥윤)	朝鮮	西亭	字 崐玉 本貫 草溪 父 師仲 著書 文集
丁玉亭(옥정) →丁玉亨			
鄭玉振(옥진)	朝鮮	東亭	字 崐卿 本貫 草溪 父 師仲 郡守
丁玉亨(옥형)	1486~1549	月峯	文臣 字 嘉仲 本貫 羅州 父 壽崗 封號 錦川君 左參贊 諡號 恭安
鄭溫(온)	1324~1402	隅谷	文臣 字 文叟, 子玉 本貫 晉州 父 碩 大司諫 著書 隅谷鄭先生實記
鄭蘊(온)	朝鮮太祖	淡溪	文臣 字 子溫 本貫 溫陽
鄭蘊(온)	1569~1641	桐溪 鼓鼓子	文臣 字 輝遠 本貫 草溪 父 惟明 外祖 姜謹友 鄭仁弘, 鄭逑 門人 追贈 領議政 諡號 文簡 著書 桐溪集
鄭蘊(온)		鳩巢	
鄭薀(온) →鄭蘊			
鄭雍(옹) →鄭熙의 改名			
鄭浣(완)	1473~1521	謙齋	文臣 字 新之 本貫 延日 父 溱 祖父 自濟 外祖 尹遇 吏曹正郎
丁琓(완)	朝鮮	鶴峰	文臣 本貫 昌原 參議
鄭堯性(요성)	1650~1724	睡窩	文人 字 聖至 本貫 東萊 父 熿 祖父 榮邦 著書 睡窩遺稿〈林麻世稿〉
鄭堯天(요천)	1639~1700	訥齋	文人 字 聖則 本貫 東萊 父 熿 祖父 榮邦 著書 訥齋遺稿〈林麻世稿〉

人名	年代	號	其他
鄭鎔(용)	1559~1599	梧亭 土亭	文人 字 百鍊 本貫 海州 父 元禧 著書 梧亭集
鄭榕(용)	1676~1740	壽軒	字 士實 本貫 延日 父 就河
鄭庸(용)		中齋	字 子常 本貫 晉州
鄭墉(용)	朝鮮	龜谷	文臣 本貫 河東 父 弘量 祖父 震 左承旨
鄭鎔(용)	朝鮮中期	梅亭	本貫 海州
鄭鎔(용)		居隱	著書 居隱集
鄭鎔(용)		愚堂	著書 文集
鄭容九(용구)		逸巖	本貫 東萊
鄭龍均(용균)	1838~1871	慕齋	著書 文集
鄭鏞基(용기)	1862~1907	丹吾	義兵將 字 寬汝 本貫 延日 父 煥直
鄭用大(용대)	?~1905	毅庵	義兵 字 重凡 本貫 光州
鄭龍運(용운)	1726~1790	學而齋	學者 字 士達 本貫 羅州 父 恰 外祖 金允九 著書 學而齋集
鄭龍源(용원)	韓末~日帝	桂南	
鄭用俊(용준)	韓末	一誠	字 夢賚 本貫 草溪 著書 文集
鄭龍鎭(용진)	1838~1884	石塢	字 允瑞 本貫 東萊 父 永祜 著書 石塢先生文集
鄭鎔兌(용태)		枕泉齋	本貫 羅州 父 洙英
鄭瑢澤(용택)	朝鮮後期	松鶴	字 衡玉 本貫 延日
鄭龍澤(용택)	1881~1950	東溟	字 得雨 本貫 延日 父 雲從
鄭龍澤(용택)	→鄭澤龍		
鄭龍鉉(용현)		農圃	本貫 河東 祖父 志烈
鄭龍煥(용환)	1756~1780	陋巷	字 而見 本貫 延日 父 杉 著書 陋巷漫錄
鄭優(우)	朝鮮明宗	醒翁	本貫 瑞山
鄭堣(우)	?~1687	晚悝子	著書 晚悝子逸稿〈三老堂聯芳錄〉
鄭遇(우)		晚松	本貫 羅州 著書 文集
鄭愚權(우권)		逸軒	著書 逸軒遺稿
鄭遇南(우남)		竹沙	本貫 羅州
鄭羽良(우량)	1692~1754	鶴南	文臣 字 子翬 本貫 延日 父 壽期 判中樞府事 諡號 文忠 著書 文集
鄭遇琳(우림)		錦沙	本貫 羅州 父 准會
鄭遇明(우명)		德隱	本貫 羅州
鄭遇復(우복)		東谷	本貫 羅州
鄭瑀贇(우빈)	1823~1872	潤翠堂	學者 字 周範 本貫 晉州 父 志中 外祖 崔啓泰 著書 潤翠堂遺稿

人名	年代	號	其他
鄭禹賓(우빈)	朝鮮	巴江	畫家 本貫 延日
鄭遇象(우상)		錦湖	本貫 羅州 父 武會
鄭遇善(우선)		琴下	著書 文集
丁友燮(우섭)	1832~1910	晚隱堂	學者 字 順益 本貫 羅州 父 大桶 外祖 許欽 著書 晚隱堂集
鄭宇性(우성)	朝鮮哲宗	板橋	詩人
鄭遇聖(우성)		藥泉	本貫 羅州
鄭遇植(우식)		花水齋	本貫 羅州 父 時榮
鄭友容(우용)	1782~?	密巖	文臣, 學者 字 惟孝 本貫 東萊 父 東愈 外祖 趙祉命 著書 密巖遺稿
鄭遇鏞(우용)		聲菴	本貫 羅州
鄭遇源(우원)	1872~1950	三三齋	字 公益 本貫 延日 父 海煜
鄭友益(우익)	1608~1683	安谷	字 子文 本貫 海州 進士
鄭友益(우익)	1627~1685	守口齋	本貫 八溪 著書 守口齋公遺稿〈八溪鄭氏世稿〉
鄭禹在(우재)	1841~1895	裕堂	字 景安 本貫 延日 著書 文集
鄭佑鍾(우종)	朝鮮正祖	竹軒	本貫 晉陽
鄭遇棕(우종)		午潭	本貫 羅州
鄭遇鍾(우종)		樵隱	本貫 羅州 父 乃會
鄭宇柱(우주)	1666~1740	三苩堂	文臣 字 大卿 本貫 草溪 父 洙晚 系 洙性 承旨
鄭祐鎭(우진)	朝鮮	悟齋	本貫 東萊 父 敬天
鄭遇豊(우풍)		西隱	本貫 羅州 父 韓律
鄭友鉉(우현)	韓末~?	友連	
鄭遇享(우향)		成齋	本貫 羅州
鄭宇赫(우혁)	1795~?	徠山 竹溪	閭巷人 字 宜啓 本貫 月城
鄭友鉉(우현)	朝鮮後期	松皐	文臣 本貫 河東 父 在斗 校理
鄭宇鉉(우현)		月坡	本貫 河東 父 齋泯
鄭煜(욱)	1790~1770	梅軒	學者 字 汝輝 本貫 延日 父 相文 外祖 李在隆 著書 梅軒集
鄭雲甲(운갑)	1868~1926	小松	字 周文 本貫 延日 父 鳳源
鄭雲潔(운결)	朝鮮	靑湖	文臣 本貫 靑山 大司憲 諡號 文康
鄭云敬(운경)	1305~1366	廉義	本貫 奉化
鄭運經(운경)	1699~1758	東里	學者 字 道常 本貫 海州 父 必寧
鄭雲慶(운경)	1861~1908	松雲	義兵將 字 和伯 本貫 延日 父 義源
鄭雲皐(운고)	1865~1942	儉齋	字 虞相 本貫 延日 父 圭源
鄭雲淇(운기)	1875~1946	醒南	獨立運動家 字 景終 本貫 延日

人名	年代	號	其他
鄭雲龍(운룡)	1542~1593	霞谷 霞石	學者 字 慶遇 本貫 河東 父 輯 奇大升 門人 追贈 承旨
鄭雲勔(운면)	1866~1947	東岡	字 聖道 本貫 延日 父 珏源
鄭運復(운복)		晚寤堂	本貫 河東
鄭雲象(운상)	1857~1907	晚翠	字 太初 本貫 延日 父 周源 都事
鄭運象(운상)		晚翠 念修齋	本貫 延日
鄭運相(운상)		敬堂	本貫 羅州
鄭雲榮(운영)		松窩	本貫 羅州 父 震復
鄭雲五(운오)	1846~1920	碧棲	字 景日 本貫 延日 父 祚源 著書 碧棲先生文集
鄭雲五(운오)		直菴	著書 文集
趙雲益(운익)	1850~?	又華	本貫 延日 父 永源
鄭雲駟(운일)	1884~1956	春洲	光復軍
鄭雲柱(운주)	1669~1727	南涯	字 癸杭 本貫 草溪 父 洙賢 系 洙源　執義
鄭雲昌(운창)	1887~1915	芝月	字 仲一 本貫 延日 父 悳源
鄭雲采(운채)	韓末	聽石	
鄭雲采(운채)		幸農	本貫 延日
鄭運樞(운추)	朝鮮	黙齋	文臣 字 景七 本貫 廣州 義禁府都事
鄭雲鶴(운학)	1886~1942	確齋	字 鳴九 本貫 延日 父 復源 縣監
鄭雲湖(운호)	1563~1639	臥濱	文臣 字 浩而 本貫 光州 父 以周 追贈 左贊成兼兩館大提學
鄭雲灝(운호)	1862~1930	桂陵	字 伯祥 本貫 延日 父 圭源 法部主事 著書 桂陵集
鄭運弘(운홍)	1686~1730	健齋	文臣 字 季毅, 毅伯 本貫 海州 父 德寧
鄭雲典(운흥)	1841~1889	琴園	字 舜卿 本貫 延日 父 百源
丁運熙(운희)	1566~1635	孤舟 孤周	學者 字 而會, 之會 本貫 靈光 父 浩 外祖 蔡希玉 康陵參奉 著書 孤舟集
鄭遠(원)	朝鮮世宗	狂奴	字 器之
鄭遠(원)	朝鮮宣祖	龍溪	文臣 字 汝明 本貫 淸州
淨源(정원)	1627~1709	霜峯	僧侶 俗姓 金氏 父 係先
鄭遠(원) →鄭光露의 初名			
鄭元鍵(원건)	朝鮮後期	覺齋	學者 本貫 河東 父 墉 祖父 弘量
鄭元吉(원길)		詩湖	著書 詩湖公遺稿〈月城世稿〉
鄭元來(원래)	韓末	杏農	
鄭源林(원림)	朝鮮	梧窩	文臣 字 元五 本貫 廣州 五衛將
鄭遠文(원무) →鄭遠			
鄭元奭(원석)	1585~?	沙潭 雲水	字 仲望 本貫 草溪 父 曄　府使

人名	年代	號	其他
鄭源錫(원석)	1874~1957	海隱	字 聖淵 本貫 海州 成均教官
鄭元錫(원석)		泰西	著書 文集
鄭元善(원선)	1752~1833	拙翁	字 子長 本貫 海州
鄭元善(원선)	1760~?	壺隱	字 希仁 本貫 草溪 父 坰 司諫
鄭元容(원용)	1783~1873	經山 藥山	文臣 字 善之 本貫 東萊 父 東晩 外祖 李崇祐 摠護使 諡號 文忠 著書 經山集
鄭遠羽(원우)		丹皐	本貫 延日
鄭源懿(원의)	朝鮮	石菴	文臣 字 深源 本貫 瑞山 敦寧府都正
鄭源益(원익)		錦溪	本貫 羅州
鄭源仁(원인)	朝鮮後期	雪松軒	本貫 延日
鄭元直(원직)		暘谷	
鄭元鑣(원집) →鄭之鑣			
鄭元澤(원택)	1850~1921	勿齋	字 道亨 本貫 延日 父 惟範
鄭元澤(원택)	1890~1971	志山	獨立運動家 字 允長 本貫 延日 父 雲漢
鄭元弼(원필)	朝鮮	晩休齋	文臣 本貫 青山 奉化縣監
鄭源河(원하)	朝鮮	龍岡	著書 龍岡先生文集
鄭元夏(원하)	韓末~日帝	綺堂	獨立運動家
鄭元恒(원항)		嗲齋	著書 文集
鄭元和(원화)	朝鮮	栢岡	文臣 字 舜一 本貫 清州 戶曹參議
鄭元興(원흥)	高麗	石玉	文臣 本貫 全州 判決事
鄭顗(위)	1599~1657	秋潭	文人 字 子儀 本貫 延日
鄭煒(위)	1740~1811	芝厓	學者 字 輝祖 本貫 清州 父 之復 外祖 金景濂 溫陵參奉 著書 芝厓文集
鄭湋(위)	1843~?	構堂	畵家 字 文肯 本貫 延日
鄭裕(유)	高麗	學堂	本貫 晉陽 父 藝 侍中
鄭裕(유)	1503~1566	養眞堂	文臣 字 公綽 本貫 溫陽 父 守綱 大司憲
鄭楺(유)	1691~1727	瞥睡齋	字 立之 本貫 延日 父 龍河 祖父 泌 追贈 左贊成
鄭攸(유)	朝鮮	睡隱	文臣 本貫 東萊 承旨
丁瑜(유)	朝鮮	槐軒	字 君獻 本貫 義城 進士
鄭維(유)		青史	
鄭游(유) →鄭洊			
鄭惟謇(유건)	朝鮮	東江	本貫 河東 父 淵 祖父 梁繩 著書 文集 詳雲道察訪
鄭裕昆(유곤)	1782~1866	晩悟 悅悟	學者 字 德夫 本貫 延日 父 景休 著書 晩悟集
鄭有根(유근)		四無齋	著書 四無齋詩藁

人名	年代	號	其他
鄭有禛(유기)	1623~1660	懲窒窩	字 壽季 本貫 海州 著書 讀書箚錄
鄭惟吉(유길)	1515~1588	林塘 夢賚亭 尚德齋 退憂堂	文臣 字 吉元 本貫 東萊 父 福謙 祖父 光弼 領議政 著書 林塘遺稿
鄭惟達(유달)	1570~1655	竹溪	學者 字 子高 本貫 慶州 父 鳴漢 著書 竹溪遺稿
鄭有良(유량)	朝鮮	懶拙齋	字 東叟 本貫 延日
鄭惟明(유명)	朝鮮宣祖	嶧陽	字 克允 本貫 草溪 父 淑 著書 文集
鄭裕黙(유무)		慕軒	本貫 河東 祖父 碩東
鄭惟文(유무)	朝鮮宣祖	杏村	本貫 東萊
鄭維藩(유번)	1562~?	窊翁	字 德甫 本貫 延日 父 霹臣
鄭維藩(유번)		鶴洞	著書 鶴洞先生文集
鄭惟福(유복)		雲谷	本貫 東萊
鄭惟朋(유붕) →鄭惟明			
鄭有三(유삼)		屛叟	本貫 羅州 父 舜卿
鄭綏善(유선)	1786~1850	書泉	字 敬初 本貫 海州
鄭維城(유성)	1596~1664	南溪 陶村	文臣 字 德基 本貫 延日 父 謹 外祖 黃致敬 行判中樞府事 諡號 忠貞 著書 銀臺日記
鄭惟城(유성)	1741~1788	晚圃	字 聖集 本貫 海州 權萬 門人
鄭維城(유성)		天放齋	字 仲輔 本貫 延日
丁有成(유성)	朝鮮	嘉淵	文臣 本貫 昌原 參議
鄭維升(유승)	朝鮮肅宗	醉隱	畫家 本貫 河東 父 慶欽 御容圖寫都監監造官
鄭惟愼(유신)	朝鮮	梅溪	文臣 本貫 東萊 判尹
鄭維嶽(유악)	1632~?	癯溪 東村	文臣 字 吉甫 本貫 溫陽 父 雷卿 外祖 尹商衡 刑曹判書
程有連(유연)	高麗	杜門齋	文臣 字 稚遠 本貫 河南 父 廣 判尹
鄭有吾(유오)		石隱	本貫 羅州
鄭裕玩(유완)	朝鮮	屛山	本貫 延日
鄭逌源(유원)	1849~1901	菊逸	字 念祖 本貫 延日 父 海弼 著書 菊逸遺稿〈照菴集〉
鄭惟一(유일)	1533~1576	文峯	文臣 字 子中 本貫 東萊 父 穆蕃 李滉 門人 吏曹判書 著書 文峯集
鄭維漸(유점)	1655~1703	谷口	文臣, 畫家 字 季鴻士鴻 本貫 河東 父 慶欽 宋時烈 門人 承旨
鄭有禛(유정)	1611~1674	鳳岡	字 亨伯 本貫 海州 父 大榮 追贈 左承旨
鄭維地(유지)	1601~?	稚巖	字 重侯 本貫 東萊 父 恕 縣監
鄭維進(유진)		梅谷	著書 梅谷公遺稿〈月城世稿〉
鄭惟泰(유태)	朝鮮	一齋	委巷人 字 汝來 本貫 漢陽

人名	年代	號	其他
鄭有禧(유희)	1633~1711	玉峰	字 景綏 本貫 海州
鄭錀(윤)	1609~1686	二憂堂	字 克恬 本貫 草溪 父 基崇　參判
鄭潤(윤)	朝鮮	東里	委巷人 字 德谷 父 希僑
鄭允喬(윤교)	1733~1821	畏庵	學者 字 大遷 本貫 東萊 父 天培 系 天基 著書 畏庵集
丁胤權(윤권) →丁胤熺			
鄭允圭(윤규)	朝鮮後期	蘭谷	
鄭允謹(윤근)	朝鮮宣祖	松雪 雪松	著書 松雪公遺稿〈月城世稿〉
鄭潤吉(윤길)		松月堂	本貫 河東
鄭潤德(윤덕)	朝鮮	斑菊	本貫 東萊 父 祐鎭
鄭允良(윤량)	朝鮮宣祖	魯村 良谷	文臣 字 元佑 本貫 延日 父 次謹
鄭胤勉(윤면)		忍齋	本貫 羅州 父 采煥
鄭允穆(윤목)	1571~1629	清風子 蘆谷 竹窓 居士	孝子 字 穆如 本貫 清州 父 琢 柳成龍鄭逑 門人 追贈 左議政 著書 清風子文集
丁胤福(윤복)	1544~1592	㞽菴	文臣 字 介錫 本貫 羅州 父 應斗 追贈 領議政 著書 文集
鄭胤成(윤성)	朝鮮	養性堂	字 元述 本貫 慶州 副護軍
鄭胤永(윤영)	朝鮮	石華 后山	文臣 字 君祚 本貫 草溪 任憲晦 門人 都事
鄭允容(윤용)	1792~1865	睡庵	學者 字 景執 本貫 東萊 父 東逸 公州判官 著書 睡庵漫錄
丁允祐(윤우)	1539~1605	肅清堂 草菴	字 天錫 本貫 羅州 父 應斗 著書 草菴公遺稿〈錦城世稿〉追贈 兵曹參判
丁胤佑(윤우) →丁允佑의 初名			
鄭允偉(윤위)	1564~1605	東湖	字 裕如 本貫 清州 父 琢
鄭允彪(윤표)	朝鮮	錫鋤堂	文臣 本貫 晉州 參判
鄭允諧(윤해)	1553~1618	鋤歸子	學者 字 伯兪 本貫 清州 父 璉 著書 鋤歸子遺稿
鄭允海(윤해) →鄭允諧			
丁胤禧(윤희)	1531~1589	顧庵 順庵	文臣 字 景錫 本貫 羅州 父 應斗 外祖 宋忠世 李滉 門人 江原道觀察使 著書 顧庵集
丁允熺(윤희) →丁胤熺			
鄭聿(율)		晩隱	本貫 羅州 祖父 有三
鄭垠(은)	朝鮮端宗	竹棲	著書 竹棲集
鄭訔(은)		氷井	本貫 羅州 祖父 璉
鄭誾敎(은교)	1850~1933	竹醒	本貫 海州 著書 竹醒集
鄭殷模(은모)	1870~1852	雲林	著書 雲林先生文集
鄭殷錫(은석)	1857~1924	石下	字 春卿 本貫 海州

人名	年代	號	其他
鄭殷善(은선)	1805~1867	愚拙齋	字 處仁 本貫 海州
鄭誾朝(은조)	1856~?	淵齋	文臣 字 魯言 本貫 東萊 父 箕年 掌隷院副卿
鄭恩和(은화) →鄭思和			
鄭乙卿(을경)	高麗	海亭漁叟	隱士 字 善輔 司憲府掌令
鄭乙輔(을보)	高麗忠肅王	勉齋	文臣 字 仲殷 本貫 晉州 父 椽 封號 菁川君 光陽 監務 諡號 文良
鄭鷹(응)	1490~1522	素愚 素遇堂	文臣 字 麐之 本貫 東萊 父 仁厚 典翰
鄭應(응)	朝鮮高宗	無愁	詩人
鄭鷹(응)	朝鮮	愛竹軒	文臣 本貫 羅州 兵曹判書
丁應斗(응두)	1508~1572	三養齋 三觀齋 三益齋 月潭 退村	文臣 字 樞卿 本貫 羅州 父 玉亨 判中樞府事 諡號 忠靖 著書 三養齋先生文集 〈錦城世稿〉
鄭應斗(응두)	1567~1621	東海	字 伯樞 本貫 河東 父 瑀 著書 東海集
鄭應龍(응룡)	朝鮮宣祖	東岡	字 而見 本貫 慶州
鄭應珉(응민)	1894~1961	松溪	名唱 本貫 河東
鄭應福(응복)	朝鮮	竹塢	文臣 本貫 東萊 節制使
鄭應星(응성)		菊圃	本貫 延日
鄭應莘(응신)		花隱	字 野叟 本貫 慶州
鄭凝遠(응원)	朝鮮宣祖	觀水	字 士元 本貫 東萊
鄭應鍾(응종)	朝鮮	退隱齋	文臣 字 子行 本貫 光州 禮曹判書
鄭應祉(응지)		詠歸窩	本貫 東萊
鄭應智(응지)		農叟	本貫 東萊
鄭應昌(응창)	朝鮮宣祖	柳巷	本貫 東萊
鄭應休(응휴)	?~1951	醒軒	著書 醒軒遺稿
淨義(정의)	1856~193	東宣 東宣老師 花巖	僧侶 字 淸夫 性汝 俗姓 金氏 本貫 安東 父 洪洛 著書 東宣老師遺稿
丁義達(의달)	1585~1664	友于堂	字 宜甫 本貫 靈城 父 悠
鄭義林(의림)	1845~?	日新齋	學者 本貫 河東 父 濟玄 外祖 朴致聖 著書 日新齋集
丁義命(의명)	朝鮮正祖	拙愚	本貫 押海 父 憲祖 生員
鄭義模(의모)	朝鮮肅宗	滄洲	本貫 晉陽
鄭宜藩(의번)	1560~1592	栢巖	義兵 字 衛甫 本貫 延日 父 世雅 追贈 左承旨
鄭義孫(의손)		秋波	著書 秋波公遺稿 〈月城世稿〉
鄭義周(의주)		松齋	字 聖範 本貫 晉州
鄭義河(의하) →鄭羲河			

人名	年代	號	其他
鄭毅鉉(의현)	1897~1910	石南	
鄭易(이)	?~1425	柏亭	文臣 字 順之 本貫 海州 父 允珪 大提學 諡號 貞度 著書 柏亭集
精頤(정이)	1674~1765	日庵	僧侶 俗姓 金氏
鄭履侃(이간)		尋芳齋	著書 文集
鄭履儉(이검)	1695~?	疎窩	文臣 字 元禮 本貫 東萊 父 錫年
鄭以僑(이교)	朝鮮成宗	晚翠堂	文臣 字 子美 本貫 延日 父 從韶
鄭履規(이규)	朝鮮肅宗	謙齋	本貫 光州 父 檍
鄭以道(이도)	1596~1645	板谷	學者 字 巨源 本貫 八溪 父 昕 著書 板谷遺稿〈八溪鄭氏世稿〉
丁履三(이삼)	1661~1720	松坡	字 离叔 本貫 靈城 父 南羽
丁理燮(이섭)	1830~?	菊史	文臣 字 輔一 本貫 羅州 父 大修 利川府使
鄭以諶(이심)		慕軒	字 愼和 本貫 晉州
鄭以吾(이오)	1354~1434	郊隱 愚谷	文臣 字 粹可 本貫 晉州 父 臣重 贊成事 諡號 文定 著書 郊隱集
鄭履源(이원)	1876~1899	松雲	字 兢如 本貫 延日 父 海尚 大司成
鄭履垣(이원)	→鄭復坦		
鄭以殷(이은)		逸齋	祖父 之雅
丁彝祚(이조)	朝鮮	漁山 漁山散人	委巷人 字 茂倫 本貫 昌原 著書 漁山先生詩稿
鄭以周(이주)	1530~1583	惺齋	文臣 字 邦武 由盛 本貫 光州 父 褧 祖父 純仁 定州牧使 著書 惺齋集
鄭以淸(이청)		竹舍	本貫 淸州
鄭履坦(이탄)	→鄭復坦		
鄭彝澤(이택)	1875~1932	剛齋	著書 文集
鄭履瀅(이형)	朝鮮	遜亭	文臣 字 啓明 本貫 廣州 敦寧府都正
鄭伊衡(이형)	1879~1956	雙公	獨立運動家
鄭履煥(이환)	1731~1791	過菴	字 身之 本貫 延日 父 松 參判
丁履輝(이휘)		慕軒	本貫 靈城
鄭瀷(익)	朝鮮孝宗	文興亭	本貫 延日 察訪
鄭㮨(익)	1617~1683	旭軒	文臣 字 子濟 本貫 海州 父 孝俊 左參贊 著書 旭軒集
鄭翊(익)	?~1711	海亭	著書 海亭公遺稿〈鷄林鄭氏世稿〉
鄭謚(익)	1706~1785	梅窩	字 茂伯 本貫 延日 父 采河 中樞府事
鄭瀷(익)	1812~1884	薇灘	字 德羽 本貫 延日 父 在濟
鄭翼(익)	朝鮮	靑林	文臣 本貫 靑山 封號 靑川君 濟州牧使 諡號 元成
鄭謚(익)	→鄭㮨		

人名	年代	號	其他
鄭翊東(익동)	1735~1795	謙齋	學者 字 孟陽 本貫 東萊 父 惟漸 著書 謙齋集
鄭翊臣(익신)		草心堂	
鄭翼永(익영)	朝鮮	小山	文臣 字 子明 本貫 淸州 工曹參議
鄭益鎔(익용)	朝鮮高宗	石汀	詩人
鄭謚溶(익용)	1862~1932	素湖	著書 素湖詩集
鄭益祚(익조)	1724~1796	謙謙齋	字 孝謙 本貫 海州
鄭益宗(익종)		黙窩	本貫 羅州 父 之雅
鄭翼之(익지)		聲叟	本貫 羅州
鄭翊忠(익충)		老圃	本貫 晉州
鄭益河(익하)	1688~1758	謙齋 晦窩	字 子謙 本貫 延日 父 洧 祖父 普演 左參贊 諡號 忠獻
丁翊夏(익하)		凝軒	本貫 靈城 祖父 希參
鄭寅(인)	1561~?	松谷	字 子淸 本貫 草溪 父 希天 府使
丁仁傑(인걸)	1490~1553	顏菴	字 迪之 本貫 靈光 父 允恭
鄭仁卿(인경)	1267~1305	看月齋 聽湖	武臣 字 春叟 本貫 瑞山 封號 瑞山君 上將軍 諡號 襄烈
鄭麟卿(인경)	1607~?	蒼谷	文臣 字 聖瑞 本貫 溫陽 父 晦 系 曄 承旨
鄭仁寬(인관)	朝鮮	玉川	文臣 字 伯裕 本貫 光州 父 彪 吏曹參議
鄭麟敎(인교)	1821~1882	石嶠	字 周瑞 本貫 海州
丁麟奎(인규)	朝鮮	淸波	文臣 字 致敎 本貫 靈城 敦寧府都正
鄭仁謹(인근)	朝鮮	遯軒	文臣 本貫 光州 德川郡守
鄭仁耆(인기)	1544~1617	文菴	字 德綏 本貫 瑞山 僉正 著書 文集
丁仁男(인남)	朝鮮中期	學軒	本貫 押海
鄭寅斗(인두)		聲溪	本貫 東萊
鄭仁烈(인렬)		梅軒	本貫 河東
鄭寅普(인보)	1892~?	爲堂 薝園 薇蘇山 人 守坡	國學者 字 經業 兒名 景施 著書 朝鮮史研究
鄭仁福(인복)		雩學	本貫 東萊
鄭寅尙(인상)	1889~1952	渭隱	字 周老 本貫 草溪 父 圭永 著書 文集
鄭寅尙(인상)		一玉	著書 一玉遺稿
鄭麟祥(인상)		龜溪	字 仁白 本貫 晉州
鄭寅爽(인석)	1843~?	遊齋	字 士允 本貫 東萊 父 尙朝 系 亮朝
鄭寅錫(인석) →鄭寅暉			
鄭寅成(인성) →鄭廣成			
鄭仁世(인세)		書圃	本貫 羅州
鄭仁洙(인수)	1839~1909	聲窩	著書 聲窩集

人名	年代	號	其他
鄭寅承(인승)	1897~1986	健齋	國語學者 本貫 東萊 父 相朝
鄭寅植(인식)		蓮菴	
鄭仁龍(인용)	高麗~朝鮮	松齋	本貫 慶州 經筵參贊官
鄭仁源(인원)	朝鮮宣祖	四止翁 瑞霞齋	本貫 延日 父 瀟 著書 文集
鄭仁濬(인준)	1551~1625	龜潭	學者 字 德淵 本貫 瑞山 父 倪 外祖 金守元 著書 龜潭實記
鄭麟趾(인지)	1396~1478	學易齋	文臣, 學者 字 伯睢 本貫 河東 父 興仁 封號 河東府院君 領議政 諡號 文成 著書 學易齋集
鄭寅昌(인창)		惟夢	著書 文集
鄭仁采(인채)	1855~1934	志巖	學者 字 文恒 本貫 河東 著書 志巖文集
鄭仁卓(인탁)	1868~1953	滄皐	字 雲卿 本貫 東萊 父 載熙 著書 滄皐詩集
鄭仁平(인평)	朝鮮宣祖	樂眞軒	文人 字 平甫 本貫 晉州
鄭寅杓(인표)	1855~?	學山	本貫 東萊 父 旭朝 承旨
鄭仁涵(인함)	1546~1613	琴月軒	文臣 字 德輝 本貫 瑞山 父 健 追贈 吏曹判書 著書 文集
鄭寅赫(인혁)	朝鮮	晚圃	隱士 字 汝諧 本貫 東萊
鄭寅赫(인혁)	朝鮮	守行齋	本貫 東萊
鄭仁弘(인홍)	1535~1623	萊菴 來菴 徠菴	文臣 字 德遠 本貫 瑞山 父 健 曺植 門人 領議政 著書 萊菴集
鄭寅煥(인환)	1714~1797	精齋	字 汝亮 本貫 延日 父 同知中樞府事 封號 寅寧君 櫓
鄭寅煥(인환)		錦沙	
鄭寅會(인회)	1893~1985	春坡	大倧敎人 本貫 東萊
鄭寅暉(인휘)	1861~1910	龜溪	學者 字 國明 本貫 東萊 父 祐煥 外祖 李廷民 通政秘書監承 著書 龜溪集
鄭仁喜(인희)	朝鮮	小樵	本貫 晉州 父 憲周
鄭仁喜(인희)	朝鮮	菊隱	本貫 晉州 父 海元
丁鎰(일)	1570~1656	三梅堂	學者 字 重甫 本貫 押海 父 希參 外祖 李仁壽 著書 三梅堂遺稿
鄭鎰(일)	1640~1706	雪栢堂	字 信之 本貫 海州 許穆 門人
鼎馹(정일)	1741~1804	雲潭	僧侶 俗姓 尹氏 著書 雲潭林問錄
鄭鎰老(일로)	朝鮮	錦雲	字 允壽 本貫 錦城 參奉
鄭一祥(일상)	1721~?	竹塢	字 汝成 本貫 東萊 父 亨復
鄭日純(일순)	朝鮮	約軒	委巷人 字 士應 本貫 昌寧
丁一愼(일신)	1682~1713	臨窩	學者 字 仲兢 本貫 羅州 父 道敏 外祖 趙性乾 著書 臨窩逸稿
鄭鎰容(일용)	1862~1932	素湖	字 伯元 本貫 延日 父 渡 郡守 著書 素湖詩集

人名	年代	號	其他
鄭日愚(일우)	朝鮮後期	澹園	委巷人
丁日宇(일우)	朝鮮末	栗軒	著書 栗軒集
鄭一源(일원)	1827~1889	健齋	字 道以 本貫 延日 父 海箕 司馬
鄭一源(일원)	?~1889	林汀	著書 林汀遺稿
鄭一源(일원)		菊齋	著書 文集
丁日子(일자) →丁日宇			
鄭一銓(일전)	1714~1796	縮窩	字 公擇 本貫 延日 父 重周 著書 文集
鄭一鎭(일진)	1713~1750	鶴皐	字 安仲 本貫 延日 父 重善 著書 鶴皐文集
鄭一鑽(일찬)	1724~1796	竹扉	學者 字 學如 本貫 延日 父 重器 外祖 金邦謙 著書 竹扉文集
鄭逸和(일화)	1812~1869	松隱	學者 字 泰初 本貫 延日 父 後永 外祖 金夏洙 著書 松隱遺稿
鄭日煥(일환)	1728~1805	滄洲	字 兼之 本貫 延日 父 榮 參判
丁日興(일흥)	朝鮮	玉岡	委巷人 字 季叔
鄭任(임)	朝鮮端宗	邂華	本貫 東萊
鄭壬龍(임룡) →鄭士龍			
鄭林亨(임형)	朝鮮	星石齋	字 亨三 本貫 慶州 兵曹判書
鄭滋(자)	1515~1547	淸莎	文臣 字 敏古 本貫 延日 父 惟沈 祖父 漍 吏曹正郎
丁自堅(자견)	朝鮮中宗	易齋	字 不鱗 本貫 蒼遠 通政
丁子伋(자급)	1423~1487	白隱	字 呂甫 本貫 羅州 父 衍 昭格署令
鄭子堂(자당)	朝鮮燕山君	靑松	詩人 字 升高 本貫 東萊 父 期 校理 著書 靑松詩集
鄭字常(자상)		樵夫	
鄭子友(자우)	高麗	鳳山	文臣 本貫 晉州 戶長
鄭子厚(자후)	高麗	遇谷	字 載物 本貫 陽井 平章事
鄭碏(작)	1533~1603	古玉	學者 字 君敬 本貫 溫陽 父 順朋 佐郎 著書 古玉集
鄭潛(잠)		野愚	著書 野愚集
鄭樟(장)	1569~1614	晩悟 沙谷	文臣 字 直夫 本貫 淸州 父 述 全羅道都事兼春秋館記注官 著書 晩悟集
鄭樟(장)	1651~1708	一樹軒	文人 字 巨卿 本貫 海州 父 有祐 外祖 李如漢 著書 一樹軒集
鄭莊(장)	朝鮮	石樵	本貫 草溪 父 熙朝

人名	年代	號	其他
鄭章欽(장흠)		雲圃	本貫 晉州 父 哲周
鄭栽(재)	1720~1788	東圃 竹溪	字 彥用 本貫 延日 父 奎河
鄭滓(재) →鄭潨			
鄭在健(재건)	1843~1910	小松	志士 字 啓周 本貫 延日 父 寔煥 持平 著書 小松遺稿
鄭在鍵(재건) →鄭在健			
鄭在謙(재겸) →鄭存謙			
鄭在璟(재경)	1781~1858	愼窩 春窩	學者 字 公實 本貫 延日 父 龍煥 外祖 白師蕭 宋煥箕 門人 著書 愼窩集
鄭在璟(재경)		春身翁	著書 文集
鄭在絅(재경)	1782~?	又雪	字 日章 本貫 延日 父 懿煥
鄭在璟(재경)	朝鮮	學岡	本貫 河東 田愚 門人 著書 學岡先生文集
鄭齋庚(재경)		聲叟	本貫 慶州
鄭載圭(재규)	1843~1911	老栢軒 艾山	學者 字 英五, 厚允 本貫 草溪 父 邦勳 著書 老栢軒集
鄭在圭(재규)	?~1918	東圃	著書 東圃遺稿〈錦城聯芳集〉
鄭在奎(재규)	1873~1933	海山	字 英五 本貫 河東 父 泰黙 著書 海山遺稿
鄭載圭(재규)		文山	本貫 光山
鄭載圭(재규)		勿溪	著書 文集
程在根(재근)		竹軒	本貫 河南
鄭在箕(재기)	1811~1879	介隱	學者 字 五而 本貫 河東 父 煥輔 吏曹參議 著書 介隱遺稿
鄭載冀(재기)		溪隱	著書 溪隱先生文集
鄭在璉(재련)	?~1893	端庵	學者 著書 端庵遺稿
鄭在基(재기)		沙隱	著書 文集
丁載老(재로)	1731~1802	四無子	學者 字 玄之 本貫 羅州 父 志謙 系 志翼 外祖 金弘烈 著書 四無子集
鄭載老(재로) →丁載老			
鄭在龍(재룡)	朝鮮後期	水竹軒	本貫 延日 父 禮煥
鄭載龍(재룡)	朝鮮	文樵	本貫 晉州 父 堯煥
鄭載嵩(재룡)	1648~1703	竹軒	文臣 字 秀遠 本貫 東萊 父 太和 系 致和 封號 東平尉 諡號 翼孝 著書 東平記聞
鄭在勉(재면)	1760~1834	松沙	字 穉公 本貫 延日 父 福煥 祖父 栢
鄭載晃(재면)	1882~1962	碧居 雨山 一光	獨立運動家
鄭在明(재명)	1764~1841	皇梅堂	字 善之 本貫 延日 父 龜煥 祖父 樸
鄭在黙(재묵)	朝鮮後期	笑軒	本貫 河東 父 煥祖

人名	年代	號	其他
鄭在文(재문)	1756~1819	四五堂	
鄭在文(재문)	?~1861	信齋	著書 信齋遺稿〈鷄林鄭氏世稿〉
鄭載文(재문)	朝鮮	錦坡	本貫 晉州 父 英煥
鄭在珉(재민)		湖隱	本貫 河東 父 基烈
鄭在範(재범)	朝鮮後期	訥齋	本貫 河東 父 煥忠 縣監
鄭在三(재삼)	朝鮮後期	一鑑	本貫 河東 父 煥愚
鄭在三(재삼)	?~1909	松雪堂	著書 松雪堂遺稿〈聯芳集〉
鄭在三(재삼)		錦坡	本貫 河東 父 仁烈
鄭在錫(재석)		農隱	本貫 河東
鄭載善(재선)	?~1909	非巢	著書 非巢集
鄭載善(재선)		悱齋	字 孔厚 本貫 東萊
鄭在卨(재설)		老下堂	本貫 清州
鄭在性(재성)	1751~1832	勿利齋	字 愼之 本貫 延日 父 翼煥 司馬
鄭在晟(재성)	朝鮮後期	六研	
鄭載星(재성)	1863~1941	菊齋 荀齋	字 聚五 本貫 晉州 參奉 著書 菊齋先生文集
鄭再成(재성)		隱修齋	本貫 羅州
鄭在修(재수)	朝鮮後期	戒逸堂	本貫 河東 父 煥禮
鄭在純(재순)	1774~1815	處中庵	字 士一 本貫 延日 父 進煥 追贈 吏曹參判
鄭載嵩(재숭)	1632~1692	洛南 松磵 松窩	文臣 字 子高 本貫 東萊 父 太和 領中樞府事
丁載榮(재영)	朝鮮純祖	根齋	文臣 本貫 義城 工曹參判
鄭在暎(재영)	朝鮮	陋齋	父 東煥 著書 陋齋遺稿〈白洛遺稿〉
鄭在浣(재완)	1783~1838	陽灘	字 士深 本貫 延日 父 誠煥 著書 遺稿
鄭在堯(재요)		隱月	本貫 河東
鄭在祐(재우)	1790~1834	藥軒	字 景閔 本貫 延日 父 誠煥
鄭載諼(재원)	韓末~?	淡齋	
鄭在應(재응)	1764~1822	潛齋	學者 字 龍卿 本貫 延日 父 甲煥 外祖 趙重綱 著書 潛齋集
鄭在毅(재의)	1760~1814	黙窩	字 孝源 本貫 海州
鄭在駬(재일)	朝鮮後期	梅史	本貫 河東 父 煥弼
鄭在章(재장)	朝鮮後期	壽溪	本貫 延日 父 忠煥 祖父 樸
鄭在濟(재제)		星湖	本貫 延日 父 禮煥
鄭在俊(재준)	1798~1836	郡隱 市隱	字 玄道 本貫 延日 父 章煥
鄭在駿(재준)	朝鮮	松窩	本貫 草溪 父 仁奭
鄭在晉(재진)	朝鮮	斗山	本貫 河東 父 煥忠

人名	年代	號	其他
鄭載鎭(재진)	朝鮮	石年	本貫 晉州 父 英煥
鄭在塡(재진)		而已堂	字 倫國 本貫 草溪
鄭在瓚(재찬)	1765~1838	壺山	字 和中 本貫 延日 父 猷煥
鄭在千(재천)	朝鮮	丈山	本貫 河東
鄭在哲(재철)	朝鮮	小石	本貫 晉州 父 琮煥
鄭在聚(재취) →鄭在聚			
鄭再泰(재태)		暘谷	本貫 晉州 父 南翼
鄭在弼(재필)	朝鮮末	薇齋	學者 字 國彦 本貫 晉州 著書 薇齋集
鄭在學(재학)	1888~1949	方齋	字 道明 本貫 咸平 著書 方齋文集
鄭在鶴(재학)		湖狂	本貫 河東 父 裕黙
鄭載漢(재한)	朝鮮中期	寒溪	字 子章 本貫 東萊 父 萬和
鄭在暎(재한) →鄭在暎			
鄭在咸(재함)	朝鮮	檜圃	本貫 河東
鄭在㷼(재혁)	朝鮮高宗	栗溪	著書 文集
鄭在赫(재혁)		矯警齋	著書 矯警齋私稿
鄭再玄(재현)	1765~1845	剛齋	學者 著書 剛齋集
鄭在衡(재형)	1733~?	索隱	字 和仲 本貫 延日 父 寅煥 祖父 櫓
鄭在衡(재형)	朝鮮後期	杞圃	本貫 河東 五衛將
鄭在華(재화)		圓塘	字 濬明 本貫 咸平
鄭載厚(재후)	朝鮮英祖	雪松	本貫 東萊
鄭在勳(재훈)	1835~1912	臺隱	著書 文集
鄭在欽(재흠)		四恨	本貫 河東
丁載興(재흥)	1688~1727	幽溪	學者 字 起余 本貫 昌原 父 錫後 外祖 李元慶 著書 幽溪集
鄭載禧(재희)	1631~1711	陽村 龍湖	文臣 字 子純 本貫 東萊 父 至和 系 知和 祖父 廣敬 大司諫
鄭磧(적)	1537~?	琴松堂	字 士清 本貫 溫陽 父 順朋 侍直 著書 琴松堂遺稿 〈北窓古玉雨先生詩集〉
鄭樀(적)	1716~1850	蓮皐	字 士一 本貫 延日 父 就河
鄭迪(적)		安分堂	本貫 河東
鄭俊(전)	1356~1435	八溪	本貫 草溪 父 習仁 寶文閣提學 著書 八溪逸稿
鄭佺(전)	1569~1639	松塢	學者 字 壽甫 本貫 淸州 父 士誠 柳成龍, 金誠一, 具鳳齡 門人 義禁府都事 著書 松塢文集
鄭油(전)	1585~?	南湖	字 浩然 本貫 延日 父 輔臣
鄭篆(전)	1729~1790	松滄	學者 字 聖任 本貫 河東 父 亨輔 系 仁輔 外祖 金鼎九 青巖察訪 著書 松滄集
鄭佺九(전구) →鄭佺			

人名	年代	號	其他
鄭銓基(전기)	?~1920	晦山	著書 晦山遺稿
鄭晳(절)		竹西	本貫 晉州
鄭忭節(절)		月村	本貫 東萊
鄭貞敎(정교)	1848~1924	安窩	字 仁元 本貫 海州
鄭濟(제)	朝鮮明宗	赤松亭	字 伯仁 本貫 延日 父 彦珪 祖父 瑄
鄭焩(제)	1618~1693	臨川	字 居晦 本貫 東萊
鄭梯(제)	1689~1765	南窓	學者 字 可升 本貫 延日 父 思齋 著書 南窓文集
鄭濟(제)	朝鮮	雲皐	本貫 草溪
鄭霽(제)	朝鮮	一淸	本貫 慶州 吏曹典書
鄭濟國(제국)	1867~1945	柳溪	本貫 海州 著書 柳溪遺稿
鄭齊斗(제두)	1649~1736	霞谷	學者 字 士仰 本貫 延日 父 昌 外祖 李基祚 右贊成 諡號 文康 著書 霞谷集
鄭濟萬(제만)		一窩	著書 文集
鄭悌生(제생)	朝鮮	東湖	文人 本貫 晉州
鄭霽龍(제용)	朝鮮	瀅湖	文臣 字 普遠 本貫 瑞山 三陟浦鎭兵馬節度使
鄭濟鎔(제용)	1865~1907	溪齋	學者 字 亨檜 本貫 烏川 父 碩基 著書 溪齋集
丁濟元(제원)	1590~1647	醉愚堂	字 伯仁 本貫 靈光 父 鍵 著書 文集
鄭齊泰(제태)	朝鮮英祖	菊堂	文臣 字 士詹 本貫 延日
鄭濟鎬(제호)	1821~1897	晚圃	學者 字 時舜 本貫 烏川 父 碩行 外祖 金福順 司憲府持平 著書 晚圃遺稿
鄭慥(조)	朝鮮太祖	淮隱	本貫 東萊
正祖(정조)	1752~1800	弘齋	朝鮮 第22代王 字 亨運 本貫 全州 父 莊獻世子 著書 弘齋全書
鄭祖榮(조영)	朝鮮後期	菊士	本貫 延日 祖父 夏彦 刑曹判書
鄭存謙(존겸)	1722~1794	陽齋 陽庵 源村	文臣 字 大受 本貫 東萊 父 文祥 李縡 門人 領議政 諡號 文安 著書 陽齋集
鄭存五(존오)		竹軒	本貫 東萊
鄭種(종)	1417~1476	吾老齋	武臣 字 畝夫 本貫 東萊 父 善卿 祖父 矩 封號 東平君 慶州府尹 諡號 襄平
鄭綜(종)	朝鮮	歸亭	文臣 字 子章 本貫 廣州 安岳郡守
鄭種(종)		養拙齋	著書 養拙齋先生實記
鄭宗悳(종덕)	1804~1878	簣谷	學者 字 德膺 本貫 東萊 父 升民 外祖 鄭後益 著書 簣谷集
鄭宗魯(종로)	1738~1816	立齋 無適翁	學者 字 士仰 本貫 晉州 父 仁模 持平 著書 立齋集
鄭宗魯(종로)		愚溪	著書 文集
鄭宗魯(종로)		嶧齋	

人名	年代	號	其他
鄭宗巒(종만)		孝友堂	本貫 河東 父 道潤
鄭宗溟(종명)	1565~1626	薛隱	文臣 字 士朝 本貫 延日 父 澈 外祖 柳强項 李琪, 成渾 門人 江陵府使 著書
鄭宗懋(종무)	朝鮮宣祖	文巖	文人 字 德翁 本貫 東萊 父 彪
鄭宗黻(종블)		也湖	著書 也湖集
鄭宗賓(종빈)	1642~1718	稼谷	字 景伯 本貫 延日 父 始成 祖父 涌
鄭鍾錫(종석)	1899~1962	石山	著書 文集
丁鍾璿(종선)		雲樵	著書 文集
鄭從韶(종소)	朝鮮世宗	烏川 靖軒	文臣 字 司貞 本貫 延日 父 文裔 成均館司成
鄭宗舜(종순)	1881~?	晚山	著書 晚山遺稿
鄭鍾燁(종엽)	1885~1940	修堂	著書 修堂先生文集
鄭宗榮(종영)	1513~1589	恒齋	文臣 字 仁吉 本貫 草溪 父 淑 外祖 金季勳 金安國 門人 右贊成 諡號 靖憲 著書 恒齋集
鄭鍾玉(종옥)		之庵	本貫 晉州 父 樺奎
鄭宗禹(종우)	朝鮮	籠巖	文臣 本貫 光州 白川郡守
鄭鍾元(종원)		柏堂	本貫 晉州
鄭宗愈(종유)	1744~1818	賢谷	文臣 字 愉如 本貫 東萊 著書 賢谷隨筆
鄭宗義(종의)	朝鮮	天谷	本貫 延日
鄭宗周(종주)	朝鮮光海君	滿月堂	字 贊甫 本貫 晉州
鄭宗周(종주)	朝鮮光海君	雙溪	著書 雙溪公遺稿〈月城世稿〉
鄭宗柱(종주)	朝鮮景宗	蕭巖	本貫 河東 父 時河
鄭宗周(종주)	1744~1818	荊和堂	委巷人 字 士元 本貫 咸陽
鄭宗周(종주)	朝鮮	石溪	文臣 字 遠卿 本貫 青山 龍驤衛副護軍
鄭鍾河(종하)	1690~?	南岡	字 清一 本貫 晉州
鄭鍾廈(종하)	朝鮮	思齋	本貫 東萊 父 晚錫
鄭宗浩(종호)	1875~1946	逸耘	字 國玹 本貫 烏川 父 鎭孝 著書 文集
鄭宗好(종호)		於巖	著書 文集
鄭柱(주)	1880~1950	誠菴	本貫 羅州
鄭湊(주)	朝鮮	九柳齋	本貫 東萊 著書 九柳齋集
鄭輳(주) →鄭湊			
鄭珠(주)	朝鮮	川隱	本貫 東萊
鄭周洛(주락)	韓末	林下	字 聖宅 本貫 清州 父 昌翼
鄭柱文(주문)	朝鮮	梧溪	文臣 字 和永 本貫 清州 同知中樞府事
鄭周錫(주석)	1872~1945	湖山	字 興九 本貫 海州
鄭周應(주응)	朝鮮	蝐山	本貫 東萊 判尹

人名	年代	號	其他
鄭周翼(주익)	朝鮮宣祖	南湖	本貫 晉陽
鄭柱天(주천) →鄭桂天			
鄭周海(주해)	1892~1942	白湧	獨立運動家
鄭冑煥(주환)	朝鮮正祖	睡軒	本貫 延日 父 桔
鄭周會(주회)		竹溪	本貫 羅州
鄭遵(준)	1580~1623	匪隱	字 行之 本貫 海州 父 文英
丁俊(준)	朝鮮宣祖	松嶺	壬辰義士 字 俊善 本貫 昌原 諡號 翼定
鄭準(준)	1792~1820	明湖	字 平道 本貫 延日 父 在勉
鄭俊(준)		草溪	著書 文集
鄭準敎(준교)	1864~1942	晩山	本貫 海州 著書 晩山遺稿
鄭遵道(준도) →趙遵道			
丁駿燮(준섭)	1843~?	錦佐	字 希張 本貫 羅州 父 大祚　正言
鄭駿時(준시)	朝鮮	東谷	字 聖若 本貫 草溪　留守
鄭遵汝(준여)	韓末~日帝	梧川	
鄭俊源(준원)		梅溪	本貫 延日
鄭遵一(준일)		向北 向北堂	本貫 晉州 著書 文集
程俊哲(준철)	1829~1904	秋川	字 稚道 本貫 河南 父 漢平
鄭潗鉉(준현)	1795~1854	四檜堂	字 景禹 本貫 延日 父 在瓚
鄭駿和(준화)		蒼下	字 文有 本貫 草溪
鄭准會(준회)		翠隱	本貫 羅州
鄭重器(중기)	1685~1757	梅山	文臣 字 道翁 本貫 延日 父 碩達 鄭葵陽,李衡祥 門人 刑曹參議 著書 梅山集
鄭重岱(중대)	1691~1762	卑窩	文臣 字 國瞻 本貫 東萊 父 珦 外祖 李仁健 梁山郡守 著書 卑窩文集
鄭重錄(중록)		松巖處士	本貫 烏川 著書 文集
鄭重萬(중만)		白石	本貫 海州
鄭仲愚(중우)	朝鮮後期	素隱	本貫 溫陽 父 佺始
丁仲威(중위)	朝鮮	守菴	文臣 本貫 義城 府使
鄭重侑(중유)	1835~?	竹坡 海迂	書藝家 字 羽八 本貫 河東 父 光禹
鄭重稷(중직)	1694~1765	忍齋	學者 字 允文 本貫 延日 父 碩臨 外祖 金文振 著書 忍齋集
鄭重獻(중헌)	朝鮮正祖	聲窩	本貫 河東 父 熙運
丁重鉉(중현)	朝鮮	鬧隱	文臣 字 伯仁 本貫 靈城 敦寧府都正

人名	年代	號	其他
鄭重徽(중휘)	朝鮮孝宗	敦谷	文臣 字 愼伯 本貫 海州 父 植 外祖 嚴惺 封號 海興君 禮曹參議
鄭鷟(즐)		龍山居士	本貫 陽州
鄭楫(즙)	1645~1728	四無齋 天休子	學者 字 溪通 本貫 海州 父 柳禛 外祖 尹應錫 著書 四無齋詩稿
鄭濈(즙)	1646~1697	谷口	字 久之 本貫 延日 父 光演 祖父 漢
鄭楫(즙)	朝鮮	晚悔軒	文臣 字 濟卿 本貫 廣州 判官
鄭濈(즙)	朝鮮	秋齋	
正持(정지)	1779~1852	荷衣	僧侶 本貫 靈巖 俗姓 林氏 著書 語錄
鄭地(지)	1347~1391	退菴	文臣 本貫 河東 禮曹判書 諡號 景烈 門下評理
鄭沚(지)	朝鮮	洛濱	文臣 字 淸源 本貫 東萊 副護軍
正智(정지) →智泉			
鄭志儉(지검)	1737~1784	澈齋	文臣 字 子尙 本貫 東萊 父 錫範 吏曹參判
鄭之經(지경)	1586~1634	機隱	文臣 字 常伯 本貫 東萊 父 謹 外祖 柳秀薰 追贈 吏曹參判
鄭之僑(지교)		竹翁	本貫 晉陽
鄭知勤(지근)	1744~1817	蓮巢	字 幼幹 本貫 海州
鄭知年(지년)	1395~1462	老松亭	文臣, 學者 字 有永 本貫 慶州 父 仁儉 外祖 崔黙 封號 鷄林君 追贈 左贊成
鄭址德(지덕)	朝鮮	朝鮮	本貫 慶州 父 萬薰
鄭之洛(지락)	1773~1857	枕泉齋	字 孟容 本貫 淸州 父 來成 系 來陽 著書 文集
鄭志烈(지렬)		懶齋	本貫 河東 祖父 復初
鄭之麟(지린)	1520~1600	棲巖	本貫 草溪 著書 棲巖遺稿
鄭之麟(지린)	1878~1967	疆齋	字 公修 本貫 東萊 父 宗鎭 著書 文集
鄭智模(지모)	朝鮮肅宗	秋澗	本貫 晉陽
鄭址武(지무)	朝鮮	竹圃	本貫 慶州 父 萬薰
丁志黙(지묵)	朝鮮純祖	雲谷	詩人
鄭址文(지문)	朝鮮	松塢	本貫 慶州 父 萬薰
鄭之潘(지반)	?~1517	勉窩	著書 勉窩公遺稿
鄭之潘(지반)		敎窩	著書 敎窩公遺稿〈月城世稿〉
鄭之潘(지반)		晚窩	
丁志復(지복)	1708~?	香窩	字 復初 本貫 羅州 父 兢愼 系 孝愼 兵曹正郞
鄭之復(지복)	朝鮮後期	枕松堂	本貫 溫陽 父 礦 祖父 順朋
鄭之産(지산)	1427~1469	逋翁 逋臣	文臣 字 彥平 本貫 晉州 父 孝安 系 苯 外祖 柳瓚 追贈 判書 著書 逋翁實記
鄭知常(지상)	?~1135	南湖	詩人 本貫 西京 起居郞 著書 鄭司諫集

人名	年代	號	其他
鄭之奭(지석)	朝鮮	松庵	字 英甫 本貫 草溪　掌樂院正
鄭志善(지선)	1758~1816	病窩	本貫 海州 著書 病窩遺稿
鄭趾善(지선)	1839~1897	兢齋	學者 字 若仲 本貫 東萊 父 宗憙 外祖 金㦲 著書 兢齋集
鄭之燮(지섭)		西成堂	本貫 淸州
丁志宬(지성)	1718~1801	文巖	學者 字 成之 本貫 羅州 父 泰愼 外祖 李夏章 著書 文巖集
鄭智孫(지손)	朝鮮	保休齋	字 明哲 本貫 草溪 寺僕寺正
鄭之授(지수)	朝鮮	雪洲	文人 本貫 慶州 著書 行誼文學輯
鄭之叔(지숙)		靜齋	本貫 東萊
鄭持淳(지순)	朝鮮英祖	善息齋	本貫 東萊 父 錫慶 著書 善息齋遺稿
鄭之升(지승)	1550~1589	叢桂堂 天游子 天遊子 會稽山人	字 子愼 本貫 溫陽 父 瞻 祖父 順朋 著書 叢桂堂集
鄭之信(지신)		誠心齋	字 敬夫 本貫 慶州
鄭之雅(지아)	朝鮮	逸菴	字 德尚 本貫 羅州 父 薫 湖南敬差官
鄭之彦(지언)		勉庵	本貫 淸州
鄭芝衍(지연)	1627~1583	南峯	文臣 字 衍之 本貫 東萊 父 惟仁 右議政
鄭之羽(지우)	朝鮮	滄海	文臣 本貫 東萊 參判
鄭之雲(지운)	1509~1561	秋巒 稼翁	學者 字 靜而 本貫 慶州 父 仁弼 金安國,金正國 門人 著書 秋巒集
鄭址遠(지원)	朝鮮	菊隱	本貫 慶州 父 萬薫
鄭之元(지원)	→鄭知常의 初名		
丁志遠(지원)	→丁志復		
鄭趾尹(지윤)	朝鮮	松庵	本貫 東萊 父 錫趾
鄭芝潤(지윤)	1808~1858	壽銅 夏園	詩人 字 景顔 本貫 東萊 判官 著書 夏園詩抄
丁之雋(지준)	1592~1663	赤松	義兵將 字 子雄 本貫 昌原 父 有成 著書 赤松遺集
鄭之鏶(지집)	1693~1754	炳燭齋	學者 字 成仲 本貫 東萊 父 堯麟 系 堯鳳 外祖 李萬英 著書 炳燭齋文集
鄭智忠(지충)	朝鮮	陶庵	本貫 延日 追贈 右議政
鄭之河(지하)	朝鮮	雲軒	本貫 延日 父 浞
鄭之誠(지함)		永慕庵	本貫 河東
鄭知行(지행)	1743~1813	三守堂	字 子敏 本貫 海州
鄭志鉉(지현)	朝鮮	友蘭	本貫 河東 都事
鄭持鉉(지현)		樵隱	著書 樵隱集
鄭趾顯(지현)		蓮溪	著書 蓮溪集
鄭志玹(지현)		小軒	本貫 晉州

人名	年代	號	其他
鄭志亨(지형)	朝鮮	碧溪	孝子 字 禮仲
鄭之虎(지호)	1605~1677	霧隱	文臣 字 子皮 本貫 東萊 父 凝遠 外祖 洪堯佐 大司諫
鄭至和(지화)	1613~1688	谷口 南谷	文臣 字 禮卿 本貫 東萊 父 廣敬 外祖 閔有慶 行中樞府事 著書 南谷遺稿〈東萊世稿〉
鄭知和(지화) →鄭至和			
鄭芝華(지화)		漁隱	本貫 慶州
鄭志煥(지환)	1750~1827	三晦齋	字 士心 本貫 延日 父 霖
鄭趾煥(지환)	1763~1845	菊翁	字 元美 本貫 延日 父 實 大司諫
鄭址羲(지희)	朝鮮	蘭圃	本貫 慶州 父 萬薰
鄭直教(직교)	1852~1925	耕谷	字 伯溫 本貫 海州
鄭直愚(직우)		洛淵	著書 文集
鄭直鉉(직현)	朝鮮	蘭齋	本貫 河東 父 在箕
鄭璡(진)	高麗恭愍王	玉峰	本貫 慶州 中顯大夫
鄭鎭(진)	1713~1752	鶴皐	學者 字 安仲 本貫 延日 父 重善 外祖 趙旅 著書 鶴皐文集
丁璡(진)	朝鮮	基谷	文臣 本貫 昌原 副正
鄭震(진)	朝鮮	耘翁	字 器元 本貫 慶州 兵曹參判
鄭津(진)		僖節	著書 文集
鄭縉(진)		高亭	本貫 羅州
靜眞(정진) →兢讓			
鄭鎭建(진건)	1844~1886	褧軒	字 孟仲 本貫 延日 父 致鎔 著書 褧軒先生閑語
鄭陳龜(진구) →鄭東龜			
鄭振溟(진명)	1567~1614	雲鵬 雲谷	字 子羽 本貫 延日 父 澈 祖父 惟沈
鄭鎭伯(진백)	1867~1924	石儂	字 仕文 本貫 延日 父 領潭 著書 文集
鄭震寶(진보)	朝鮮	洛涯	本貫 草溪 父 起達
鄭震復(진복)		性養堂	本貫 羅州 父 再成
鄭鎭三(진삼)		月松齋	著書 月松齋集
鄭鎭象(진상)		修巖堂	著書 文集
鄭晋晳(진석) →鄭晋喆			
鄭鎭韶(진소)	1878~1956	海難	字 國卿 本貫 延日 父 致燁 著書 文集
鄭振業(진업)	朝鮮	菊松堂	字 伯興 本貫 慶州 財用監奉事
鄭晋容(진용)		樂下	本貫 淸州
鄭震郁(진욱)		獨菴	本貫 晉州
丁進源(진원)	1868~1943	蓮塘	獨立運動家

人名	年代	號	其他
鄭震哲(진철)	1568~1641	勿川	著書 文集
鄭晉喆(진철)	朝鮮	沙洲翁	文人
鄭鎭河(진하)	1667~1710	智谷	字 重汝 本貫 延日 父 瀷 祖父 光演 追贈 左承旨
鄭鎭漢(진한)	1867~1947	檢窩	義兵 字 士弘 本貫 延日
鄭鎭憲(진헌)	1834~1911	下山	文人 字 熙文 本貫 延日 著書 下山集
鄭鎭華(진화)	朝鮮後期	勉軒	本貫 河東 父 胤獻
鄭珍會(진회)		松圃	著書 文集
鄭珍厚(진후)	高麗	梅圃	本貫 慶州 父 克中 平章事 諡號 文正 平章事
鄭旺(질)	朝鮮	東德齋	字 日至 本貫 光山 兵曹正郎
鄭臺(질)	朝鮮純祖	德翁	學者 本貫 清州
鄭執(집)	朝鮮宣祖	竹軒	本貫 瑞山
丁集敎(집교)	1811~?	錦巖	字 成彦 本貫 羅州 父 若瑢 刑曹參議
鄭讚(찬)	1548~1613	遠湖	字 揚之 本貫 延日 父 孝存 著書 文集
鄭瓚(찬)	1886~1970	南山	學者 字 乃卿 本貫 東萊 父 完燮 外祖 李在龍 著書 南山集
鄭酇(찬)　→姜酇			
丁燦奎(찬규)	朝鮮	梅軒	文臣 本貫 昌原 參議
鄭鑽毅(찬의)	1753~1815	可山	字 學汝 本貫 海州
鄭續祖(찬조)	朝鮮	睡隱	文人 字 孝伯 本貫 延日
鄭續志(찬지)	朝鮮後期	頤庵	本貫 延日 父 德徵 祖父 道濟
鄭續海(찬해)	1899~1970	溪隱	字 致善 本貫 慶州 鄭糺海 門人
鄭續輝(찬휘)	1652~1723	窮村 景田	文人 字 敬由 本貫 延日 山陰縣監 著書 窮村集
鄭燦欽(찬흠)		左菴	著書 左菴漫錄
鄭燦喜(찬희)	朝鮮	栢庵	本貫 晉州 父 憲誠
鄭昌(창)	?~1463	竹溪	文臣 本貫 草溪 父 孝尙 成均館直講
鄭昌耉(창구)		南隱	本貫 河東
鄭昌奎(창규)		蒙泉	本貫 晉州
丁昌燾(창도)	1623~1687	德巖	文臣 字 道元,士元 本貫 羅州 父 時傑 追贈 吏曹參判
鄭昌東(창동)	朝鮮	晚圃	文臣 字 尹夏 本貫 清州 工曹參議
鄭昌斗(창두)	朝鮮英祖	三休子	本貫 晉州
鄭昌黙(창묵)	1874~1953	林居	著書 文集
鄭昌文(창문)	1593~?	省菴	字 章獻 本貫 慶州 父 允謹
鄭昌聞(창문)	1638~1752	盤庵	字 大而 本貫 海州
丁昌碩(창석)		桂峰	著書 桂峰先生文集

人名	年代	號	其他
鄭昌燮(창섭)	朝鮮	荷汀	文臣 字 希壽 本貫 瑞山 同知中樞府事
鄭昌聖(창성)	朝鮮英祖	信天翁	文臣 字 希大 本貫 溫陽
鄭昌孫(창손)	1402~1487	東山	文臣 字 孝仲 本貫 東萊 父 欽之 封號 蓬原府院君 領議政 諡號 忠貞
鄭昌順(창순)	1727~?	四於 四於堂	文臣 字 祈天 本貫 溫陽 父 光殷 判中樞府事 編書 同文彙考
鄭昌時(창시)	朝鮮	蘭屋	字 公期 本貫 草溪 觀察使
鄭昌衍(창연)	1552~1636	水竹	文臣 字 景眞, 彙直 本貫 東萊 父 惟吉 左議政
鄭昌翼(창익)	1818~1885	雲北軒 霞巖	字 穉範 本貫 清州 著書 遺稿
鄭昌聞(창문)	1638~1752	盤庵	字 大而 本貫 海州
丁昌碩(창석)		桂峰	著書 桂峰先生文集
鄭昌燮(창섭)	朝鮮	荷汀	文臣 字 希壽 本貫 瑞山 同知中樞府事
鄭昌朝(창조)	朝鮮英祖	敬窩	文臣 字 子正 本貫 溫陽
鄭昌胄(창주)	1606~1664	晚沙 晚洲 黙軒	文人 字 士興 本貫 草溪 父 時望 外祖 李尙弘 承旨 著書 晚沙集
鄭昌海(창해)	朝鮮	愚隱	委巷人 字 文若 本貫 東萊 禁漏官
丁昌鉉(창현)		月軒	本貫 靈城 父 學瑞
鄭昌鉉(창현)		錦浦	本貫 河東
丁昌夾(창협)	朝鮮	柱峰	文臣 本貫 昌原 大司諫
鄭昌鎬(창호)		竹圃	著書 竹圃先生文集
鄭采勉(채면)		農隱	本貫 羅州 父 遇鍾
鄭蔡陽(채양)	→鄭葵陽		
鄭采毅(채의)	1747~1814	龍湖	字 勉卿 本貫 海州 進士
鄭寀和(채화)	朝鮮後期	韶堂	
鄭采煥(채환)		追遠堂	本貫 羅州 父 弘宙
程處根(처근)		栗波	本貫 河南
鄭陟(척)	1390~1475	陽齋 整菴 暢齋	文臣 字 明之 本貫 晉州 父 舌 外祖 姜祐 副司直 諡號 恭戴
鄭惕(척)	1517~1596	雙谷 杏村	文臣 字 君吉,忍吉 本貫 清州 父 彦愨 外祖 申公濟 追贈 吏曹參判
鄭淯(천)	1659~1724	瞻依堂	文臣 字 長源 本貫 延日 父 普衍 祖父 瀁 衿川縣監
鄭天卿(천경)	朝鮮	茂東	文臣 字 國佐 本貫 晉州 郡守
鄭天衢(천구)		九峯	字 士亨 本貫 玄風
鄭天貴(천귀)	高麗	東隱	文臣 本貫 晉州 三司左尹
鄭天龍(천룡)	高麗~朝鮮	雲隱	本貫 長鬐 著書 文集

人名	年代	號	其他
鄭千里(천리)		遠湖	著書 文集
鄭天益(천익)	高麗恭愍王	退軒	文臣 本貫 晉州 判決事 諡號 文忠
鄭天周(천주)	1666~1710	新溪	著書 文集
鄭千泰(천태)	?~1724	東窩	著書 東窩遺稿〈鷄林鄭氏世稿〉
鄭澈(철)	1536~1593	松江 蟄菴居士	文臣 字 季涵 本貫 延日 父 惟沈 金麟厚 門人 封號 寅城府院君 左議政 諡號 文淸 著書 松江集
丁哲(철)	?~1595	靑隱	武臣 本貫 押海 追贈 兵曹判書
鄭哲(철) →鄭喆			
鄭鐵堅(철견)	朝鮮	松亭	字 剛叟 本貫 海州 縣監
鄭哲敎(철교)	1842~1883	石窩	字 致周 本貫 海州
鄭鐵壽(철수)	朝鮮	郁郁齋	字 道一 本貫 草溪 持平
鄭轍鎔(철용)		鳳溪	本貫 延日
鄭喆祚(철조)	1730~?	石癡	畫家 字 城伯,仲吉 本貫 海州 父 運維 持平
鄭哲周(철주)		農山	本貫 晉州 著書 文集
鄭喆煥(철환)		東樵	著書 文集
鄭哲喜(철희)	朝鮮	竹塘	本貫 晉州 父 憲誠
鄭初(초)	朝鮮太宗	三不義軒 義軒	文臣 本貫 羅州 戶曹參判
鄭礎(초)	1495~1539	桂香堂 桂軒 叢桂堂	文臣 字 靜叟 本貫 溫陽 父 壽朋 祖父 鐸 校理 著書 文集
鄭樵(초)		來漈 夾祭	著書 來漈遺稿
鄭摠(총)	1358~1397	復齋	學者 字 曼碩 本貫 淸州 父 公謹 封號 西原君 藝文館大學士 諡號 文愍 著書 復齋遺稿
鄭最源(최원)	韓末~日帝	梧竹 梧竹齋	字 進國
鄭㝢煥(최환)	1780~1868	雪松	字 靈汝 本貫 延日 父 檢
鄭樞(추)	1333~1382	圓齋	武臣 字 公權 本貫 淸州 父 誧 政堂文學 諡號 文簡 著書 圓齋集
鄭鍾(추)	1573~1612	雪壑齋 養拙齋 拙翁	字 平甫 本貫 東萊 父 汝康
鄭樞(추) →鄭公權의 初名			
鄭樞澤(추택)	1856~1910	晩松	字 伯愼 本貫 延日 父 雲翼 縣監
丁春(춘)	?~1594	松巖	武臣 本貫 昌原 追贈 兵曹判書
鄭春敎(춘교)	1847~1927	屛山	字 致道 本貫 海州
鄭春洙(춘수)	1875~1951	靑吾	己未獨立宣言33人 字 明玉 本貫 光州 父 錫駿
鄭忠樑(충량)	1480~1523	磨齋	文臣 字 叔幹 本貫 東萊 父 光世 知中樞府事
鄭忠良(충량)		松溪	本貫 晉州
鄭忠彬(충빈)	朝鮮後期	百迁	字 德均

人名	年代	號	其他
鄭忠信(충신)	1576~1616	晚雲 錦南	武臣 字 可行 本貫 光州 父 綸 封號 錦南君 慶尙道兵馬節度使 諡號 忠武 著書 晚雲集
鄭忠燁(충엽)	朝鮮英祖	梨谷 梨湖	書畵家 字 日章,亞東 本貫 河東 內針醫
鄭忠元(충원)		挹翠軒	本貫 延日
鄭忠弼(충필)	1725~1789	魯宇	學者 字 曰敬 本貫 延日 初字 昌伯 父 煜 外祖 李秀春 著書 魯宇文集
鄭忠煥(충환)	朝鮮後期	琴巖	本貫 延日 父 橖 祖父 敏河
鄭就河(취하)	1691~1735	易簡齋	字 會源 本貫 延日 父 澈 祖父 龍池 司馬
鄭致(치)	朝鮮宣祖	櫟軒	委巷人 字 可遠 本貫 漢川 別坐
鄭穉(치)		濯纓	本貫 延日
鄭致龜(치구)	1824~1884	鶴坡	字 禹瑞 本貫 延日 父 裕琢 外祖 金坤壽 著書 鶴坡遺稿
鄭致洛(치락)		梧下	本貫 淸州
鄭致鍊(치련)		農隱	本貫 羅州 父 邦郁
鄭致鵬(치붕)		晚覺齋	本貫 東萊
丁致祥(치상)	朝鮮	省齋	文臣 本貫 義城 參奉
鄭致相(치상)		虛舟	本貫 光州
丁致瑞(치서)	朝鮮	愚齋	文臣 本貫 義城 父 繼麟 忠贊衛司直
鄭致瑞(치서)		直庵	著書 文集
丁致業(치업)	1692~1768	百忍	著書 文集
鄭致五(치오)	1844~1917	露巖	著書 文集
鄭致雲(치운)	朝鮮	松隱	文臣 字 善友 本貫 豊基 奉事
鄭致鐸(치탁)	朝鮮	松圃	本貫 東萊 父 永旭
鄭致和(치화)	1609~1677	棋洲 碁洲	文臣 字 聖能 本貫 東萊 父 廣成 外祖 黃謹中 左議政
鄭致和(치화) →鄭知和			
鄭伐(칙)	1601~1663	愚川 臥雲翁	文臣 字 仲則 本貫 淸州 父 士信 外祖 李光俊 著書 愚川文集
鄭琛(침)	高麗	退隱	文臣 本貫 淸州 小府正尹
鄭沈(침)	1424~1485	靜安齋	文臣 字 不欺 本貫 海州 父 忠碩 外祖 鄭宗誠 戶曹參議
鄭琛(침)	朝鮮正祖	西谷	委巷人 字 汝珍 本貫 漢川 祖父 致伯
鄭快錫(쾌석)	1888~1945	晚悟	本貫 海州 著書 晚悟詩稿
鄭擢(탁)	1363~1423	春谷	文臣 字 築隱 汝魁 本貫 淸州 父 公權 封號 淸城府院君 右議政 諡號 翼景 著書 春谷集
鄭琢(탁)	1526~1605	藥圃 栢谷	文臣 字 子精 本貫 淸州 父 以忠 李滉 門人 封號 淸山府院君 領中樞府事 著書 藥圃集

人名	年代	號	其他
鄭鐸(탁)	1659~1718	梅溪	學者 字 汝宣 本貫 淸州 父 基祐 著書 梅溪文集
鄭鐸休(탁휴)	朝鮮	檢溪	本貫 延日
鄭台耈(태구)	朝鮮肅宗	柳村	字 仁叟 本貫 東萊 父 橋 僉知
鄭泰耈(태구) →鄭台耈			
鄭泰老(태노)		錦雲	本貫 羅州
鄭泰來(태래)	?~1721	松雪軒	隱士 字 景亨 本貫 東萊 父 頒 著書 松雪軒遺稿〈林床世稿〉
鄭泰麟(태린)		聖齋	本貫 羅州
鄭泰謨(태모)	朝鮮	淸庵	
鄭泰三(태삼)		遯窩	著書 文集
鄭泰瑞(태서)	1643~1700	松庵	字 始昌 本貫 海州
鄭泰石(태석)	朝鮮	海隱	文臣 字 泰玉 本貫 光州 龍驤衛副護軍
鄭泰成(태성)	1755~1826	晩醒亭	學者 字 定元 本貫 東萊 父 震綱 外祖 金時玉 著書 晩醒亭遺稿
鄭泰星(태성)	1899~1896	晩悟	實業家 本貫 東萊 父 錫周
鄭泰信(태신)	韓末~?	又影	
鄭泰烈(태열)	1889~1920	晩起	本貫 延日 父 驥澤
鄭泰英(태영)	1870~1930	松溪	字 善玉 本貫 海州
鄭泰英(태영)	1897~1900	農園	字 洪根
鄭兌五(태오)	朝鮮後期	又隱	畵家
鄭泰庸(태용)	朝鮮後期	蕉山	本貫 延日
鄭泰鎔(태용)		西庵	著書 文集
鄭泰佑(태우)	1879~1938	又石	字 君舜 本貫 延日 父 元澤
鄭台佑(태우)		鶴棲	
鄭泰運(태운)	1849~1909	悟軒	字 公鎭 本貫 海州
鄭泰運(태운)		竹亭	本貫 東萊
鄭泰元(태원)	1824~1880	雙洲	文人 字 舜聞 本貫 海州 著書 雙洲遺稿
鄭台元(태원)	朝鮮	蓮溪	本貫 河東
鄭泰源(태원)		松菴	字 俊汝 本貫 晉州
鄭泰應(태응)		松隱	著書 松隱詩集
鄭泰膺(태응)		夢軒	本貫 東萊
鄭泰一(태일)	1888~1944	容齋	字 致億 本貫 海州
鄭泰齊(태제)	1612~1669	菊堂 三堂 泰齋 玄堂	文臣 字 東望 本貫 東萊 父 良佑 姜碩基 婿 承旨 著書 菊堂俳語
鄭泰濟(태제)	1677~1754	湛樂軒	文臣 字 伯亨 本貫 延日 父 相吉 祖父 之河 縣監

人名	年代	號	其他
鄭泰悌(태제)	1886~1966	滋菴	本貫 海州 著書 滋菴集
鄭泰璪(태조)	1867~1944	松庵	字 儒澤 本貫 海州 徐政淳 門人
丁泰重(태중)		立軒	著書 文集
丁泰鎭(태진)	1876~1956	畏齋 西浦	字 魯叟 本貫 羅州 著書 畏齋文集
丁泰鎭(태진)		石人	國語學者 本貫 羅州
鄭泰珍(태진)		松庵	著書 文集
鄭太淸(태청) →鄭大淸			
丁泰夏(태하)	1850~1915	小溪	著書 小溪遺稿
鄭泰憲(태헌)	朝鮮高宗	松庵	字 子述 本貫 延日 秘書丞
鄭泰鉉(태현)	1858~1919	竹軒	學者 字 汝七 本貫 河東 父 在範 系 在行 外祖 林炳祖 忠淸道觀察使 著書 竹軒集
鄭台鉉(태현)	1882~1971	霞隱	植物學者 著書 韓國植物圖鑑
鄭泰好(태호)	朝鮮憲宗	泰庵	文臣 本貫 溫陽 父 善敎 吏曹判書
鄭泰鎬(태호)	朝鮮高宗	松菴	本貫 延日
鄭太和(태화)	1602~1673	陽坡	文臣 字 囿春 本貫 東萊 父 廣成 領議政 諡號 翼憲 改諡 忠翼 著書 陽坡遺集
鄭泰桓(태환)		蒙養齋	著書 蒙養齋遺稿
鄭泰垕(태후)		花山	本貫 羅州 祖父 有三
鄭泰熙(태희)	1898~1951	桂雲 白洋	獨立運動家
鄭擇(택)	朝鮮	素窩	文臣 字 執中 本貫 光州 敦寧都正
鄭澤斗(택두)	朝鮮	樵隱	本貫 慶州 父 九鎬
鄭澤雷(택뢰)	1587~?	花岡 花江	志士 字 休吉 本貫 河東 父 得悅 外祖 姜宗慶 追贈 持平 諡號 忠潔
鄭澤龍(택룡)		西坡	本貫 東萊 父 光輔 祖父 蘭宗 縣令
鄭宅善(택선)	1784~1811	晩翠軒	字 孝述 本貫 海州 武科
鄭澤承(택승)		拙軒	著書 拙軒先生集
鄭宅燁(택엽)	朝鮮	楚巖	文臣 字 聖厚 本貫 廣州 左承旨
鄭澤鉉(택현)	1786~1851	三槐堂	字 景晳 本貫 延日 父 在瓚
鄭頎之(파지)	朝鮮	澗松	文臣 本貫 義城 參議
鄭八源(팔원)		農庵	著書 農庵集
鄭枰(평)		錦涯	本貫 羅州 祖父 國泰
鄭誧(포)	1309~1345	雪谷	文臣 字 仲孚 本貫 淸州 父 責 祖父 瑎 藝文館直提學 著書 雪谷集
鄭浦(포) →鄭誧			
鄭彪(표)	1515~1578	覺今亭	學者 字 文伯, 文仲 本貫 東萊 父 成璉 著書 覺今亭文集

人名	年代	號	其他
鄭慓(표)	朝鮮	南塘	本貫 東萊 父 彥信 追贈 左贊成
鄭滮(표) →鄭彪			
鄭弼(필)	高麗	松圃	本貫 慶州 平章事
鄭弼(필)	朝鮮	鈞溪	文臣 本貫 青山 訓練都監千摠 諡號 章武
鄭弼(필) →鄭世弼			
鄭必奎(필규)	1760~1831	魯庵	學者 字 明應 本貫 清州 父 穆 著書 魯庵文集
鄭弼基(필기)	朝鮮	小石	本貫 延日 父 學範
鄭必達(필달)	1611~1693	八松	文臣 字 可行, 士謙 本貫 晉州 父 俊後 鄭蘊,趙絅 門人 僉知中樞府事 著書 八松集
鄭必東(필동)	?~1718	睡窩	文臣 字 宗之 本貫 東萊 閔鼎重 門人 右承旨
鄭弼來(필래)		棲碧齋	本貫 東萊
鄭弼錫(필석)		樂窩	本貫 清州
鄭必愼(필신)	1677~1709	松窩	字 伯兢 本貫 羅州 父 道敏
鄭必周(필주)		韶石亭	本貫 清州
鄭弼周(필주)		果園	本貫 河東
鄭河慶(하경)	朝鮮顯宗	望窩	字 萬榮 本貫 慶州 左參贊
鄭河浪(하랑) →鄭河源			
鄭夏默(하묵)		琴鶴	著書 文集
鄭夏彥(하언)	1702~1769	止堂 玉壺子	文臣 字 美仲 本貫 延日 父 塈 外祖 尹遇春 司諫 著書 止堂集
鄭夏永(하영)		溪齋	著書 溪齋集
鄭夏源(하원)	1762~1833	雲窩	學者 字 源遠 本貫 延日 父 一綱 外祖 李斑春 著書 雲窩文集
鄭河源(하원)	1847~1902	小蠹	學者 字 希清 本貫 晉陽 父 鍾殷 外祖 申光培 著書 小蠹集
鄭夏濬(하준)	1737~1806	雲西	字 希文 本貫 延日 父 一鈺 著書 文集
鄭夏浚(하준)	1738~1819	郊窩	字 景遠 本貫 延日 父 一鎭 著書 文集
鄭夏濩(하호)	1776~1821	雲庵	字 士文 本貫 延日 父 一綠 著書 文集
丁學教(학교)	1832~1914	夢人 夢中夢人 香壽	畫家 字 化景, 花鏡 本貫 羅州 郡守
鄭鶴喬(학교) →丁學教			
丁學奎(학규)	朝鮮	清陰	文臣 字 致元 本貫 靈城 承政院右承旨
鄭學濂(학렴)	1740~1833	自愛堂	字 景淵 本貫 延日 父 尚瞻 著書 文集
鄭學勉(학면)		慕月堂	本貫 羅州
鄭學默(학묵)	1829~?	錦樵	文臣 字 學習 本貫 東萊 父 翰東 承旨
丁學瑞(학서)		臥松亭	本貫 靈城

人名	年代	號	其他
丁學紹(학소)		秋水閣	著書 文集
丁學秀(학수)	朝鮮後期	壽山	畵家 本貫 羅州
鄭學心(학심)	1726~1767	七耻齋	字 聖習 本貫 海州
丁學淵(학연)	朝鮮純祖	純里魚疋 酉山	學者 本貫 羅州 父 若鏞
鄭學源(학원)		石濃	本貫 延日
丁學游(학유)	1786~1855	雲逋 耘逋	文人 本貫 羅州 父 若鏞
鄭學潤(학윤)	朝鮮	晩湖	本貫 東萊 父 河宅
鄭漢(한)	1599~1652	無爲翁 谷口	學者 字 壽源 本貫 延日 父 振溟 祖父 澈 執義
鄭漢謙(한겸)		養浩齋	著書 文集
鄭漢奎(한규)	1709~1757	三樂齋	字 應五 本貫 延日 父 匡濟 祖父 相吉
鄭漢奎(한규)	朝鮮後期	龍潭	本貫 溫陽 父 志玄 系 志憲
鄭漢斗(한두)	1715~1783	省窩	字 應七 本貫 延日 父 弘濟 縣監
鄭漢烈(한렬)		栗亭	本貫 晉州
鄭漢律(한률)		學而堂	本貫 羅州
鄭漢明(한명)	朝鮮後期	定窩軒	本貫 延日 父 泰濟 祖父 相吉 進士
鄭漢文(한문)	1799~1852	雙溪亭	孝子 字 仲良 本貫 慶州
鄭漢範(한범)	朝鮮	松齋	本貫 晉州 父 曦鉉
鄭漢順(한순)	朝鮮	松隱	文臣 字 順八 本貫 光州 中樞院議官
鄭漢汝(한여)	高麗	淡溪	本貫 晉陽 父 需 封號 平壤君
鄭漢永(한영)		慕隱	著書 文集
鄭漢鎔(한용)		直齋	著書 文集
鄭漢雄(한웅)	1700~1765	書巢	字 會三 本貫 海州 著書 童子誌
鄭漢柱(한주)	1661~1700	是閑堂	字 伯起 本貫 草溪 父 洙賢 佐郎
鄭翰采(한채)	1750~1812	星菴	學者 字 周郁 本貫 河東 父 來澍 外祖 姜海弼 著 書 星庵遺稿
鄭漢台(한태)		溪翁	本貫 晉州
鄭翰弼(한필)		養拙齋	著書 養拙齋先生日記
鄭翰弼(한필)		易容堂	著書 文集
鄭漢鉉(한현)		貞齋	字 贊明 本貫 慶州
鄭涵(함)	1775~1843	游蓮	字 克養 本貫 延日 父 在性
鄭涵(함)		八松	本貫 咸平
鄭恒(항)		隱谷	本貫 海州
鄭恒齡(항령)	1700~?	兼齋 止亭	學者 字 玄老 本貫 河東 父 尚驥
鄭瑎(해)	高麗	八溪	字 晦之 本貫 清州

人名	年代	號	其他
鄭楷(해)	1714~1757	烏山	字 士修 本貫 延日 父 一河
鄭海寡(해과)		遠海堂	著書 遠海堂遺稿〈白洛遺稿〉
鄭海達(해규)	1846~1916	寡海堂	字 舜齊 本貫 延日 父 寔 祖父 在暎 著書 寡海堂遺稿〈白洛遺稿〉
鄭海奎(해규) →鄭海達			
鄭海箕(해기)	1809~1865	月皐	字 東野 本貫 延日 父 澤鉉
鄭海岐(해기)	1860~1935	兢齋	字 伯瑞 本貫 延日 父 溪
鄭海岐(해기)		愚石	本貫 延日
鄭海德(해덕)	朝鮮後期	東谷	
鄭海龍(해룡)	1786~1821	老石	字 雲之 本貫 延日 父 準
鄭海崙(해륜)	1826~1906	海士	字 致宗 本貫 延日 父 淘 吏曹判書 諡號 文貞
鄭海隣(해린)	1826~1906	省庵	字 子仰 本貫 延日 父 爽
鄭海晚(해만)	1837~1913	省庵	字 成甫 本貫 延日 父 鎏
鄭海文(해문)	?~1706	小堂齋	字 允命 本貫 延日 著書 小堂齋集
鄭海參(해삼)	1800~1882	小松子	字 台卿 本貫 延日 父 涵
鄭海尚(해상)	1811~1873	葭田	字 文老 本貫 延日 父 漪 參判
鄭海祥(해상)	朝鮮	耕石	
鄭海宬(해성)	1813~1872	醒石	字 景書 本貫 延日 父 汲
鄭海聖(해성)	1857~1922	鳳崗	字 有天 本貫 延日 父 濟
鄭海植(해식)		松年	字 仁若 本貫 延日
鄭海榮(해영)	1868~1946	海山	著書 文集
鄭海容(해용)	1790~1868	六六堂	字 德弘 本貫 延日 父 壽鉉
鄭海瑢(해용)	1829~1886	省窩	字 大容 本貫 延日 父 允達 掌令
鄭海煜(해욱)		晚松	本貫 延日 祖父 在浣
鄭海運(해운)	1840~1912	林谷	字 鵬卿 本貫 延日 父 澮 司馬
鄭海元(해원)	朝鮮	花山	本貫 晉州 父 圭鎭
鄭海益(해익)	1845~1915	祿藜	字 景召 本貫 延日 父 鑑
鄭海翊(해익)		石芝 蓮岡	本貫 延日
鄭海寅(해인)		艮汕	著書 文集
鄭海鎰(해일)		陟西亭	本貫 河東 父 在三
鄭海鼎(해정)	1850~1923	放室 石村	本貫 延日
鄭海朝(해조)	1812~1876	湖隱	字 輝瑞 本貫 延日 父 濟
鄭海朝(해조)	1813~1889	屏南	字 會百 本貫 延日 父 澈
鄭海朝(해조)	1833~1913	守山	字 士宗 本貫 延日 父 湛
鄭海朝(해조)		壽山	

人名	年代	號	其他
鄭海冑(해주)	1828~1920	西郊	本貫 延日 父 纏
鄭海準(해주)	1789~1863	其山	字 孝可 本貫 延日 父 濟鉉
鄭海中(해중)	韓末	松軒	字 仲佑 本貫 延日
鄭海直(해직)	1834~?	芝軒	字 益哉 本貫 延日 父 漂
鄭海贊(해찬)		錦浦	字 致命 本貫 延日
鄭海宬(해최)	1822~1890	三芝	字 士秀 本貫 延日 父 龜 監役
鄭海春(해춘)	1826~1877	醉軒	字 同甫 本貫 延日 父 鎰 生員
鄭海弼(해필)	1831~1887	照菴	學者 字 景箕 本貫 延日 父 鎰 外祖 洪大昴 著書 照菴集
鄭行(행) →鄭公權의 初名			
鄭行百(행백)	1700~?	愛日堂	委巷人 字 孝源 本貫 河東
鄭行錫(행석)	朝鮮中期	芳谷	文人 著書 芳谷集
鄭行毅(행의)	1737~1787	琴湖	本貫 海州 著書 琴湖遺稿
鄭行忠(행충)	朝鮮	旅軒	字 汝雲 本貫 晋州 同知中樞府事
鄭憲恪(헌각)		東隱	著書 東隱壽集
鄭獻教(헌교)	朝鮮	東隱	文臣 字 稚承 本貫 溫陽 兵曹參判
鄭獻教(헌교)	1876~1957	止菴	著書 止菴先生文集
鄭憲圭(헌규)	朝鮮	水月堂	
鄭獻東(헌동)		花隱	著書 花隱集
鄭憲鳳(헌봉)	朝鮮	又石	本貫 晋州 父 在奎
鄭憲英(헌영)	朝鮮	後翁	本貫 晋州 父 鶴鎭
鄭憲時(헌시)	1847~?	康齋	文臣 字 景章,聖章 本貫 草溪 父 顯奭
鄭憲時(헌시)	朝鮮末	康叅	委巷人
丁憲祖(헌조)	朝鮮英祖	勉學齋	本貫 押海 父 志濂
鄭憲周(헌주)	朝鮮	松軒	本貫 晋州 父 載龍
鄭憲喆(헌철)	?~1969	石齋	著書 石齋遺稿
鄭爀(혁)	朝鮮中期	肯搆堂	字 晦夫 本貫 慶州 掌樂院正
鄭浹(혁)	1658~1722	新窩	字 仲鎬 本貫 延日 父 光演 祖父 漢 持平
鄭赫逵(혁규)		錦涯	著書 文集
鄭赫臣(혁신)	1719~1793	性堂	學者 字 明峻 本貫 慶州 父 彦柱 外祖 李壽晩 僉知中樞府事 著書 性堂集
鄭礥(현)	1526~?	萬竹軒 萬竹 耐辱居士 歲寒堂 逍遙山人	字 景舒, 良玉 本貫 溫陽 父 順朋 外祖 李終南 成川府使 著書 萬竹軒遺稿
丁炫(현)	朝鮮	夷叔齋	文臣 本貫 義城 判書
鄭玹(현)		居然齋	本貫 清州

人名	年代	號	其他
鄭晛(현)		草心堂	本貫 晉州 父 遵一 著書 文集
鄭鉉(현)		栗山	著書 文集
鄭賢(현)		三友堂 休影	本貫 羅州 著書 文集
丁俔(현) →丁況			
鄭顯敎(현교)	1830~1886	澗翠	字 公擧 本貫 海州 進士
鄭顯龜(현구)	朝鮮後期	霞山	
鄭顯德(현덕)	1810~1883	愚田	文臣 字 伯純 伯洵 本貫 東萊 父 景和 刑曹參判
鄭顯德(현덕)	1850~?	海所	文臣 本貫 草溪 父 景和 刑曹參判 著書 文集
鄭顯奭(현석)	朝鮮高宗	璞園	文臣 字 保加 本貫 草溪 黃海道觀察使 著書 敎坊歌謠
鄭見奭(현석)		勿己堂	著書 勿己堂文集
鄭玄錫(현석)	1856~1936	弦山	字 致成 本貫 海州
鄭玄英(현영)	高麗	秋江	本貫 慶州 戶部尙書 諡號 文獻
鄭顯英(현영)	1828~?	留耕	字 景實 本貫 草溪 父 駿和 參議
鄭顯五(현오)	1839~?	壽山	字 景奎 本貫 草溪 父 夔和 校理
鄭玄源(현원)		莒穎堂	著書 莒穎堂遺稿〈禾谷集〉
鄭顯裕(현유)	1830~?	東山	字 景世 本貫 草溪 父 夔和　大司成
鄭顯翼(현익)		竹軒	
鄭賢佐(현좌) →鄭僙의 初名			
丁俔祖(현조)	1737~?	雌磽	學者 字 稚磬 本貫 羅州 父 志翕 著書 文苑黼黻
鄭顯柱(현주)	朝鮮	石竹軒	本貫 晉陽
鄭顯哲(현철)	1859~1945	惠田	文臣 字 道汝 本貫 草溪 父 策和 安岳郡守
鄭協(협)	1561~1611	南坡 東窩 寒泉	文臣 字 和伯 本貫 東萊 父 彦信 禮曹參判
鄭俠(협)	朝鮮	聲窩	隱士 字 義汝 本貫 東萊
鄭軼(협)		東隱	字 汝鎭 本貫 晉州
鄭亨國(형구)	朝鮮	愚堂	本貫 東萊 父 趾尹 郡守
鄭衡圭(형규)	1880~1957	蒼樹	學者 字 平彦 本貫 草溪 父 邦壽 外祖 文致祜 著書 蒼樹集
鄭亨橹(형노)		溪齋	著書 溪齋集
鄭衡老(형로) →鄭衡圭			
鄭亨復(형복)	1696~1789	靖軒	文臣 字 陽來 本貫 東萊 父 濟先
鄭馨善(형선)	1788~1848	腴庵	字 汝蘭 本貫 海州 鄭宗魯 門人
鄭亨著(형시)		愼黙齋	本貫 羅州 父 泰塋
丁亨運(형운)	朝鮮	東岡	文臣 本貫 昌原 奉事

人名	年代	號			其他
鄭亨毅(형의)	1747~1823	松村			字 士長 本貫 海州
鄭亨益(형익)	1664~1737	松村			字 時偕 本貫 東萊 父 濟先
定慧(정혜)	1685~1741	晦庵			僧侶 本貫 昌原 俗姓 金氏 著書 諸經論疏句絶
靜慧(정혜)		復菴			僧侶
鄭浩(호)	1550~1595	安谷			字 遠仲 本貫 慶州 追贈 兵曹參判
鄭濩(호)	朝鮮宣祖	松櫟			本貫 延日 父 承翰
鄭澔(호)	1648~1736	丈巖			文臣 字 仲淳 本貫 延日 父 慶演 宋時烈 門人 領議政 諡號 文敬 著書 丈巖集
正浩(정호)	?~1834	銀巖			僧侶 本貫 海南 俗姓 宋氏
鄭虎(호)	朝鮮	退齋			文臣 本貫 廣州 臨淄鎭僉節制使
鼎鎬(정호)	1870~1948	石顚	石林	映湖	僧侶 字 漢永 俗姓 朴氏 著書 石顚詩鈔
鄭琥(호)		溪隱			本貫 羅州
丁好恭(호공)	1565~?	北麓			文臣 字 希溫 本貫 羅州 父 胤福 追贈 吏曹參判
丁好寬(호관)	1563~1618	琴易	鼎谷		文臣 字 希栗 本貫 押海 父 胤福 祖父 應斗 軍資監正
丁好敏(호민)	1958~1678	鵝山			學者 字 士明 本貫 押海 父 仁男 外祖 邢寬 著書 鵝山遺稿
鄭鎬鳳(호봉)	朝鮮後期	碧巢			
丁好恕(호서)	1572~1647	南崖	黃岳		文臣 字 士推 本貫 羅州 父 胤福 系 胤祉 追贈 吏曹判書
丁好善(호선)	1571~1632	東園			文臣 字 士憂 本貫 羅州 父 胤福 把守大將 著書 東園公遺集 〈錦城世稿〉
鄭鎬成(호성)	朝鮮後期	溪雲			
鄭好信(호신)	1605~1649	三休			學者 字 德基 本貫 延日 父 守藩 外祖 曹希益 著書 三休逸稿
鄭皓永(호영)		窮村			著書 窮村集
鄭灝鎔(호용)	1855~1935	竹逸			學者 字 謹汝 本貫 延日 父 三基 外祖 林八龍 著書 竹逸集
鄭虎鎔(호용)		山南			著書 山南倡義錄
鄭好義(호의)	1602~1655	明溪	常華		學者 字 子方 本貫 延日 父 守藩 外祖 曹熙益 全三省 門人 著書 明溪逸稿
鄭好仁(호인)	1554~1624	蘇山			文人 字 時元 本貫 東萊 著書 蘇山實記
鄭好仁(호인)	1590~?	暘溪			文臣 字 子見 本貫 延日 父 安藩 祖父 世雅 晉州牧使 著書 暘溪文集
鄭鎬駿(호준)		有堂			字 允聲 本貫 草溪
鄭好學(호학)	朝鮮中期	蓬軒			文臣 本貫 溫陽 父 淵 祖父 彦孝 郡守
鄭焜(혼)	1602~1656	益齋			字 如晦 本貫 東萊 父 榮邦 著書 益齋遺稿 〈林床世稿〉

人名	年代	號	其他
鄭混(혼)	1834~1886	進齋	字 景益 本貫 延日 父 在鶴 縣監
鄭渾性(혼성) →鄭性渾			
鄭渾永(혼영)		拙軒	著書 拙軒先生集
丁弘(홍)	1547~1577	耕山	文臣 字 大而 本貫 義城 父 千禧 忠佐衛部將
鄭鴻慶(홍경)	1768~?	雲岡 雲南	文人 字 稚永 本貫 草溪 父 燦欽 系 星欽 弼善
鄭弘縮(홍관)	朝鮮	龍溪	本貫 晉州 父 尙耆
鄭弘規(홍규)	朝鮮正祖	雲窩	學者 本貫 光州 著書 雲窩先生文集
鄭洪亘(홍긍)	高麗	節陰	本貫 晉陽 父 仲紹 諡號 英密
鄭洪基(홍기)		悔史	本貫 羅州 父 齋煥
鄭弘德(홍덕)	朝鮮世宗	八松	本貫 慶州
鄭弘來(홍래)	1720~?	菊塢 晚香	畫家 內侍敎官
鄭弘量(홍량)	朝鮮	月峯	本貫 河東 父 震 祖父 惟寶 軍資監奉事
鄭弘禮(홍례)		梅坡	本貫 晉州 父 晃龍
鄭洪晃(홍면)		後隱	本貫 羅州
鄭弘溟(홍명)	1592~1650	畸庵 畸翁 畸村 三癡	學者 字 子容 本貫 延日 父 澈 外祖 柳强項 金長生 門人 大提學 諡號 文貞 著書 畸庵集
鄭弘福(홍복)	朝鮮後期	中巖	學者 本貫 東萊 父 榮振 著書 中巖集
鄭弘緒(홍서)	1571~1648	松灘	文臣, 學者 字 克承 本貫 河東 父 大民 外祖 林希茂 掌令 著書 松灘集
鄭弘錫(홍석)	1607~1671	雲溪	本貫 東萊 著書 雲溪先生文集
丁弘燮(홍섭)	朝鮮高宗	聽竹	詩人
丁弘秀(홍수)		輝山	著書 輝山詩稿
鄭弘淳(홍순)	1720~1784	鮑泉 瓠東	文臣 字 毅仲 本貫 東萊 父 錫三 左議政 諡號 貞敏 改諡 忠憲
鄭鴻淳(홍순)	1784~?	水樓	字 林宗 本貫 草溪 父 元善
鄭弘衍(홍연)	1565~1639	竹窓	學者 字 德遠 本貫 東萊 父 好善 外祖 李禎蕃 著書 竹窓集
鄭弘佑(홍우)	朝鮮	秋齋	本貫 東萊 監察
鄭弘遠(홍원)	1568~?	晚川	文臣 字 子裕 本貫 東萊 父 象信 弼善
鄭弘翼(홍익)	1571~1626	休翁 孤巖 休菊 休菴 休軒	文臣 字 翼之 本貫 東萊 父 思愼 副提學 諡號 忠貞 著書 休翁集
鄭洪一(홍일)	高麗~朝鮮	溪隱	本貫 草溪 父 悰
鄭弘在(홍재)	朝鮮	靑林	文臣 本貫 東萊 牧使
鄭弘績(홍적)		忠孝堂	本貫 河東
鄭弘濟(홍제)	1682~1752	歸來亭	字 汝楫 本貫 延日 父 相吉 府尹
鄭弘濟(홍제)		草堂	本貫 河東

人名	年代	號	其他
鄭弘祚(홍조)	朝鮮宣祖	石亭	字 士曆 本貫 晉州 父 仁平 著書 文集
鄭弘宙(홍주)		心齋	本貫 羅州
鄭弘纘(홍찬)	朝鮮	樂隱	本貫 晉州 父 尚者
鄭泓采(홍채)		逸齋	著書 逸齋先生文集
鄭弘鉉(홍현)	1621~1698	沙浦	學者 字 元吉 本貫 東萊 父 昌榮 外祖 李民逸 著書 沙浦遺集
鄭和(화)	朝鮮中期	松庵	譯官 字 春卿 本貫 東萊 父 光弼 著書 文集
程和衮(화곤)	朝鮮	老圃	字 厚之 本貫 河南 濟用監奉事
鄭樺奎(화규)		芝村	本貫 晉州
鄭和年(화년) →鄭知年			
鄭和錫(화석)	朝鮮純祖	白蓮	本貫 溫陽 父 思安
鄭華鎔(화용)	1878~1898	中齋	學者 字 建中 本貫 延日 父 大基 外祖 劉彥時 著書 中齋遺稿
鄭華齊(화제)	1618~1674	醉全	文臣 字 西望 本貫 東萊 父 良弼 府事
丁煥(환)	1497~1540	檜山	文臣 字 用晦 本貫 昌原 父 世明 外祖 金壽亨 趙光祖 門人 慶尚道都事 著書 檜山集
丁煥(환)		紅亭	本貫 靈城
鄭煥(환)		隱養齋	本貫 羅州 父 雲榮
鄭煥國(환국)	朝鮮	薇隱	本貫 河東 祖父 德海
鄭煥圭(환규)		岡梧	本貫 延日
鄭煥道(환도)	朝鮮	省克齋	本貫 河東 祖父 德濟
鄭煥輔(환보)	朝鮮	復齋	本貫 河東 父 東老 著書 文集
鄭煥佑(환우)		竹堂	本貫 河東
鄭煥義(환의)	1814~?	晚翠軒	本貫 河東 父 東直 承旨
鄭奐朝(환조)		老松	著書 老松實記
鄭煥周(환주)	1833~1899	薇山	學者 字 命新 本貫 河東 父 東祐 外祖 李浩一 著書 薇山遺稿
鄭煥直(환직)	1854~1907	東巖 東广 東廳 東戶	義兵將 字 伯溫 本貫 延日 父 裕元 中樞院議官
鄭煥哲(환철)		海蒼	本貫 延日
鄭煥忠(환충)	朝鮮後期	聲默軒	本貫 河東 父 東民
鄭煥弼(환필)	朝鮮後期	梧潭	本貫 河東
丁熿(황)	1512~1560	游軒	文臣 字 季晦 本貫 昌原 父 世明 外祖 金壽亨 趙光祖 門人 追贈 吏曹判書 諡號 忠簡 著書 游軒集
鄭榥(황)	1735~?	巽菴	畫家 本貫 光州 祖父 敱
丁潢(황) →丁熿			
鄭晃龍(황룡)		翠竹堂	本貫 晉州

人名	年代	號	其他
鄭鳳壽(정수) →鄭鳳壽			
鄭晦(회)	1568~?	撫松堂	文臣 字 元亮 本貫 溫陽 父 之升 祖父 贍 戶曹佐郎 著書 撫松堂遺稿〈北窓古玉兩先生詩集〉
鄭繪(회)		松溪	本貫 羅州
鄭悔燦(회찬)	1759~1831	溪堂	學者 著書 溪堂集
丁孝穆(효목)	朝鮮後期	李梧堂	本貫 靈光
鄭孝錫(효석)		九容齋	本貫 清州
鄭孝成(효성)	1560~1637	休休子	文臣 字 述初 本貫 晉州 父 元麟 祖父 舟臣 公清道監司
鄭孝源(효원)		農山	著書 文集
鄭孝俊(효준)	1577~1665	樂晚 樂晚軒	文臣 字 孝于 本貫 海州 父 欽 判敦寧府事 謚號 齊順
鄭烜(훤)	朝鮮	玄溪	文臣 字 厚之 本貫 光州 宣傳官
鄭焞(훈)		平窩	本貫 清州
鄭後啓(후계)	朝鮮	雲溪	文臣 字 昌卿 本貫 光州 知中樞府事
鄭後僑(후교)	1675~1755	菊堂	學者 字 惠卿 本貫 河東 文 泰建
鄭後僑(후교) →鄭之僑			
鄭厚時(후시)	1597~1654	思巖	字 寬甫 本貫 海州 著書 炭洞誌
鄭垕泰(후태)		濯斯亭	本貫 清州
鄭勳(훈)	1563~1640	水南放翁	詩人 字 邦老 本貫 慶州 父 金巖 外祖 趙瑛 著書 放翁遺稿
正訓(정훈)	1751~1823	澄月	僧侶 字 敬昊 俗姓 金氏 著書 文集
鄭薰(훈)		棄齋	字 子馨 本貫 羅州
鄭燻謨(훈모)	1888~1939	秋山	獨立運動家 字 國烈
鄭薰謨(훈모)		檀齋	
鄭薰瑞(훈서)	朝鮮後期	七松處士	委巷人
鄭暄(훤)	1585~1637	學圃 孤山	學者 字 彦昇 本貫 延日 父 思恕 外祖 金貫 著書 學圃集
鄭暉(휘)	高麗	菊齋	文臣 本貫 慶州 父 子楚 門下侍中
鄭輝(휘)	1480~?	槐亭	文人 字 光彦 本貫 延日 父 安孫
鄭暉(휘)		桃源	本貫 溫陽 父 之謙 察訪
鄭煒(휘) →鄭煒			
鄭諱(휘) →鄭磺			
鄭翬良(휘량)	1706~1762	南崖 南奎 南厓	文臣 字 子羽, 士瑞 本貫 延日 父 嘉期 左議政 謚號 文憲 著書 南崖集
鄭休(휴)	?~1649	松窩	著書 松窩公遺稿〈月松世稿〉

人名	年代	號	其他
鄭休德(휴덕)	1887~1932	聲窩	著書 文集
鄭休鮮(휴선)	1881~?	晚山	著書 晚山遺稿
鄭昕(흔)	1554~1644	竹谷	學者 字 皓然, 汝賓 本貫 草溪 父 守一 外祖 金允佑 著書 竹谷遺稿〈草溪鄭氏世稿〉
鄭昕(흔)	朝鮮	三一齋	文臣 字 汝賓 本貫 晉州 監察
鄭忔(흘)	1607~1679	松庵	字 喜甫 本貫 河東 父 天倫 著書 文集
鄭欽(흠)	朝鮮中期	芝村	本貫 慶州 父 之智 執義
鄭欽(흠)	朝鮮	松泉	字 欽哉 本貫 海州 敦寧府判官
鄭瀹(흠)	1648~1709	守環 晚悟	字 順之 本貫 延日 父 光演 祖父 漢 追贈 吏曹參判
鄭興(흥) →庭可臣의 初名			
鄭興業(흥업)	朝鮮明宗	守家	文臣 字 洪造 本貫 河東
鄭興周(흥주)	朝鮮	菊潭	委巷人 字 士勛 本貫 咸陽
鄭熙(희)	高麗~朝鮮	默隱	文臣 本貫 河東 父 台輔 鄭夢周 門人 司憲執義
鄭僖(희)	朝鮮燕山君	簑村	字 無悶 本貫 瑞山 父 咸德
鄭熺(희)	1723~1793	蒙巖	學者 字 用晦 本貫 延日 父 相明 外祖 權大楷 著書 蒙巖集
鄭希儉(희검)	1472~1544	漁隱	學者 字 朝禹 本貫 海州 父 延慶 祖父 忱 著書 漁隱稿
鄭希慶(희경)	朝鮮肅宗	菊岩	字 善餘 本貫 延日 父 仁老 參奉
鄭熙敬(희경)	朝鮮	苔霞	本貫 晉州 父 道行
鄭熙啓(희계)	?~1396	養性軒	開國功臣 本貫 慶州 父 暉 封號 鷄林君 判漢城府事 諡號 良景
鄭希僑(희교)	1465~?	鶴洲	文人 字 惠而 本貫 慶州 著書 鶴洲集
鄭希僑(희교)	朝鮮	魯隱	字 貞大 本貫 慶州 副護軍
鄭熙揆(희규)	1688~?	農谷	字 叔瞻 本貫 草溪 父 廈柱 系 漢柱
鄭希道(희도)	朝鮮	愚泉	本貫 草溪 父 士仁
鄭希得(희득)	1573~1640	月峰	著書 月峰海上錄
鄭希登(희등)	1506~1545	竹窩	字 元龍 本貫 東萊 父 球
鄭希良(희량)	1469~1502	虛庵 散隱	文臣 字 淳夫 本貫 海州 父 延慶 祖父 忱 金宗直 門人 待敎 著書 虛庵遺稿
鄭希亮(희량) →鄭希良			
鄭希鍊(희련)		愚軒	本貫 羅州
鄭喜烈(희렬)		鶴圍	本貫 河東
鄭希濂(희렴)	朝鮮中期	東溪	文臣 字 而簡 本貫 瑞山 父 玿 持平
鄭熙魯(희로) →鄭熙晉			
丁希孟(희맹)	1536~1596	善養亭 孤山	義兵將 字 浩然 本貫 靈光 父 珣 外祖 金昌老 著書 善養亭集

人名	年代	號	其他
鄭熙晃(희면)	?~1944	菊史	字 泰賢 本貫 晉州 著書 菊史遺稿
鄭禧勉(희면)		繼軒	本貫 羅州
鄭姬藩(희번)	朝鮮	孤松	文臣 字 子翰 本貫 溫陽 父 裕 封號 溫城君 承旨
鄭姬藩(희번)		赤崖	本貫 溫陽
鄭希輔(희보)	1488~1547	唐谷	文人 字 仲猷 本貫 晉州 著書 唐谷實紀
鄭熙普(희보)	1687~1763	退省軒	文臣, 學者 字 仲旭 本貫 草溪 父 廈柱 外祖 金胤重 著書 退省軒遺稿
丁希參(희삼)		涵齋	本貫 靈城 父 珣
鄭希參(희삼)		峭翁	字 魯卿 本貫 河東
鄭禧善(희선)	朝鮮	惺惺齋	委巷人 字 穉純 本貫 漢陽 父 惟泰
鄭熙善(희선)	→鄭熙啓		
鄭希聖(희성)	1589~1648	自老堂	字 大進 本貫 海州 父 文亨 祖父 汝忠 鄭彦雪 門人
鄭熙運(희운)	1678~1745	東峰	義兵 字 泰吾 本貫 河東 父 世楨 著書 東峰實記
鄭希源(희원)	1841~1910	敬素	字 壽汝 本貫 延日 父 海奎
鄭姬柱(희주)	1700~1749	紫巖	著書 紫巖集
鄭熙鎭(희진)		愼晦	著書 文集
鄭熙晋(희진)	→鄭熙普		
鄭羲河(희하)		醉石	字 聖瑞 本貫 延日 父 澔 祖父 慶演 判官
鄭希漢(희한)	朝鮮	青岳	文臣 本貫 青山 忠勳府都事 諡號 文孝
鄭曦會(희회)		晩節堂	本貫 羅州
諸慶根(경근)	1842~1918	晦山	學者 字 應善 本貫 漆原 父 東範 外祖 姜俊友 著書 晦山集
諸慶昌(경창)	朝鮮仁祖	大隱	字 善謙 本貫 漆原
諸洛(낙)	朝鮮宣祖	竹林	字 善謙 本貫 漆原
諸達龍(달용)		晩山	字 士彦 本貫 漆原
諸東纘(동찬)	1859~1935	雲塢	著書 文集
諸命喆(명철)	朝鮮	挹翠	孝子 字 君保 本貫 漆原
諸命璜(명황)	朝鮮	樂要堂	孝子 字 瑞卿 本貫 漆原
諸沐(목)		柯溪	本貫 漆原
諸文儒(문유)	高麗末	三省	文臣 字 公和 本貫 漆原 封號 龜山府院君 平章事
諸汝元(여원)	朝鮮宣祖	晩悔堂	本貫 漆原
諸瑢根(용근)	1900~1943	愚堂	字 希賢 本貫 漆原 父 東黙 著書 文集
霽月(제월)		虛閑	僧侶
諸之鐸(지탁)	1860~1949	井山	著書 井山集
諸哲孫(철손)		東皐	本貫 漆原

人名	年代	號	其他
諸漢保(한보)	1681~1937	可隱	著書 文集
諸弘祿(홍록)	1558~1597	高峰	武臣 字 景行 本貫 漆原 保灝 追贈 兵曹參判
諸葛璣凉(기량)		永慕亭	著書 文集
諸葛逢夏(봉하)		明國處士	本貫 南陽
諸葛成龍(성룡)		愚隱	本貫 南陽
諸葛宇英(우영)	朝鮮	蓮潭	本貫 南陽 父 德源 系 德昇
趙氏(씨)		永壺堂	本貫 交河 夫 李琦
曺氏(씨)		獨基	
趙氏(씨)		菊史	著書 文集
趙氏(씨)		黙軒	著書 黙軒遺稿
趙氏(씨)		柳湖	著書 文集
曺佳芳(가방) →曺桂芳			
趙嘉錫(가석)	1634~1681	苔村	文臣 字 汝吉 本貫 楊州 父 啓遠 戶曹參議 著書 苔村稿
趙簡(간)	高麗	悅軒	文臣 本貫 金堤 父 連璧 評理贊成 諡號 文良
趙幹(간) →鄭幹			
趙侃洙(간수)	1760~1832	寧四窩	著書 寧四窩公稿〈豊城世稿〉
趙鑑(감)	朝鮮宣祖	竹史	本貫 平壤 縣監
趙堪(감)	朝鮮中期	玉川 玉泉 玉川子	本貫 咸安 父 庭堅
趙綱(강)	1527~1599	慕溪 慕齋	文臣, 義兵將 字 叔擧 本貫 漢陽 父 承胤 外祖 趙璜 宋麟壽 門人 追贈 承政院左承旨 著書 慕溪集
趙康夏(강하)	1841~?	勿齋 八然	文臣 字 景平 本貫 豊壤 父 秉錫 判義禁府事
趙琚(거)	高麗	松崗	文臣 字 永寶 本貫 咸安 工曹典書
趙居南(거남)	朝鮮	古隱	本貫 漢陽 著書 古隱集
趙居善(거선)	朝鮮	稼翁	本貫 漢陽 父 雲道
趙居信(거신)	朝鮮正祖	梅塢	本貫 漢陽 著書 梅塢集
曺巨振(거진) →曺匡振			
曺健(건)	朝鮮宣祖	自塾 自靜 自靜堂	字 子剛 本貫 昌寧 父 橞 著書 文集
趙楗(건)	朝鮮	雪峯	本貫 白川 父 命周
趙陡(건)	朝鮮	蓮潭	本貫 漢陽
趙儉(검)	1570~1644	水月	學者 字 子約 本貫 漢陽 父 光仁 著書 水月逸稿
趙格壽(격수) →趙裕壽			
趙狷(견)	1351~1425	松山	文臣 字 巨卿, 從犬 本貫 平壤 父 德裕 外祖 吳懿 封號 平城府院君 諡號 平簡

人名	年代	號	其他
趙璥(겸)	朝鮮孝宗	鳳岡	孝子, 文臣 字 瑩然 本貫 林川
趙謙彬(겸빈)	朝鮮肅宗	二憂堂 耻庵	文臣 字 益甫 本貫 楊州 父 泰采 教官
趙謙祜(겸호)	1812~1889	黙隱	著書 黙隱逸稿 〈玄厓世稿〉
趙絅(경)	1586~1669	龍洲 鬜翁 柱峯 柱峯主人	文臣 字 日章 本貫 漢陽 父 翼南 外祖 柳愷 尹根壽 門人 行副護軍 謚號 文簡 著書 龍洲集
趙璥(경)	1727~1787	荷棲	文臣 字 景瑞 本貫 豊壤 父 尚紀 判中樞府事 謚號 忠定 著書 荷棲集
趙侹(경)		竹軒	著書 文集
趙璥(경)	高麗	西山	著書 文集
趙瓊(경)		止齋	字 止源 本貫 豊壤
趙儆(경) →趙璥			
趙絅(경) →趙綱			
趙經九(경구)	朝鮮後期	緯堂	
趙慶起(경기)	朝鮮	淮海堂	學者 本貫 楊州 著書 尚衣正稿 〈楊山世稿〉
趙慶起(경기)		尚衣	著書 文集
趙景祺(경기) →趙景楨			
趙慶男(경남)	1570~1641	山西 山西病翁 山西處士 小西 豊夢堂主人	武臣 字 善述 本貫 漢陽 父 璧 著書 亂中雜錄
趙景男(경남) →趙慶男			
曹敬德(경덕)	1556~1643	葆溪	字 得而 本貫 昌寧 父 湜 著書 文集
曹敬德(경덕)		梅巖	著書 梅巖先生逸稿
趙慶烈(경렬)	朝鮮	農菴	文臣 字 雲甫 本貫 玉川 戶曹參議
趙景濂(경렴)	朝鮮	湛華館	委巷人 字 伯翊 本貫 漢陽
趙景立(경립)	朝鮮後期	戀齋	
曹景立(경립)		追齋	本貫 昌寧 父 溢
趙景望(경망)	1629~1694	寄窩	學者 字 雲老 本貫 林川 父 錫馨 郡守
趙景命(경명)	1764~1726	歸樂亭	文臣 字 君錫 本貫 豊壤 父 仁壽 金時傑 婿 大司諫
曹景輔(경보)	朝鮮	梅鶴主人	隱士 字 仲佑 本貫 昌寧 父 行立
曹慶承(경승)	朝鮮憲宗	小荷	本貫 昌寧 父 錫教 系 錫興 郡守
曹慶承(경승)		竹窩	本貫 昌寧
趙慶栻(경식)	1707~1763	竹隱 何有堂	學者 字 欽夫 本貫 豊壤
曹景軾(경식)	朝鮮後期	泉觀	
趙鏡永(경영) →趙鍾永			
曹景溫(경온)	1548~1592	林溪	字 汝慄 本貫 昌寧 父 希章 著書 林溪先生實記
趙綱溫(경온)	1749~?	星巖 芝山	學者 字 公理 本貫 稷山 父 有善

人名	年代	號	其他
趙景瑜(경유)	朝鮮	經義齋	委巷人 字 明玉 祖父 裕徵
趙景濰(경유)	朝鮮後期	芝園	
趙景游(경유)	→趙秀三의 一名		
趙景濰(경유)	→趙秀三의 一名		
趙景胤(경윤)		秋齋	著書 文集
曺景仁(경인)	朝鮮宣祖	仙槎	本貫 昌寧 父 大乾
趙景禎(경정)	1590~1659	倚樓	文臣 字 綏之 本貫 平壤 父 玹 舒州郡守
趙景積(경적)	→趙景禎		
趙景璉(경진)	1565~1639	梅塢	本貫 漢陽 父 興武 著書 梅塢遺稿
趙景鎭(경진)	朝鮮	騎樓	字 綏之 本貫 平壤 工曹參議
趙經鎭(경진)		最雪堂	
趙瓊鶴(경학)	→趙璥의 初名		
趙擎韓(경한)	1900~1993	白岡	獨立運動家 著書 回顧錄
趙慶鎬(경호)	1839~?	鷗堂	文臣 字 會慶 本貫 林川 父 基晉 興宣大院君 婿 禮曹判書
曺京煥(경환)	1876~1909	大川	義兵將 字 棲巖 父 秉元 崔益鉉 門人
趙慶會(경회)	韓末~日帝	雲林	
趙敬熙(경희)	朝鮮	松亭	本貫 漢陽 父 栢 持平
趙啓(계)	→趙啓生		
曺繼明(계명)	1568~1641	松齋	文人 字 熙伯 本貫 昌寧 父 義民
趙啓命(계명)	1708~1775	南谷	字 士心 本貫 豊壤 父 星壽 著書 南谷稿〈東溪集〉
曺桂芳(계방)	高麗	青邱堂	文臣 本貫 昌寧 直提學
曺繼芳(계방)		蘭坡	本貫 昌寧 祖父 承敬
曺繼芳(계방)	?~1438	杜谷 社谷	文臣 字 敬夫 本貫 楊州 父 誼 參贊 諡號 靖平
趙繼先(계선)	1570~1627	元菴 愚堂	武臣 字 孝伯 本貫 咸安 父 俊男 外祖 李景成 追贈 兵曹參議 著書 元菴集
曺啓承(계승)	1880~1943	樂山	獨立運動家
趙啓遠(계원)	1592~1670	藥泉	文臣 字 子長 本貫 楊州 父 存性 外祖 李蓋忠 申欽 婿 李恒福 門人 刑曹判書 諡號 忠靖
曺繼祖(계조)		林塘	字 子述 本貫 昌寧
曺啓晃(계황)	1878~1831	槐亭	文臣 字 汝燦 本貫 昌寧 追贈 戶曹參議 著書 槐亭遺稿
曺袞河(곤하)		敬齋	本貫 昌寧
趙珙(공)	高麗末	三司	節臣 本貫 白川
趙公瑾(공근)	1547~1629	梳翁	文臣 字 懷甫 本貫 漢陽 父 德源 外祖 柳頤 同知中樞府事

人名	年代	號	其他
趙公理(공리) →趙公瑾			
趙公淑(공숙)	1584~1642	蒼溪	字 士善 本貫 平壤 父 㭗
趙恭郁(공욱)		蘭溪	字 士順 本貫 漢陽
趙公應(공응)	朝鮮	孤隱	追贈 戶曹參判
趙公熙(공희)	朝鮮後期	槐堂	著書 文集
趙貫(관)	朝鮮仁祖	檜溪	本貫 漢陽 父 光先
愷冠(조관)	1700~1762	龍潭	僧侶 字 無懷 本貫 南原 俗姓 金氏 著書 龍潭集
趙觀(관) →趙觀彬			
趙觀彬(관빈)	1691~1757	晦軒 悔軒 光齋	文臣 字 國甫 本貫 楊州 父 泰采 知中樞府事 諡號 文簡 著書 晦軒集
趙觀植(관식)	朝鮮	光軒	本貫 咸安 父 鳳
趙觀祐(관우) →趙觀祜			
趙觀煜(관욱)	1751~1828	江北	著書 文集
趙觀郁(관욱)		盤溪	字 景集 本貫 漢陽
趙觀祜(관호)	1792~1866	城圍	著書 城圍逸稿〈玄厓世稿〉
曹光國(광국)	1691~1758	感露齋	字 士一 本貫 昌寧 父 善長 外祖 郭泰載 著書 感露齋遺稿
趙廣臨(광림)	1463~1494	晦齋	字 與叔 本貫 漢陽 父 勛
趙光璧(광벽)	1566~1642	北溪	學者 字 汝完 本貫 豊壤 父 壽福 外祖 李春億 著書 北溪文集
趙廣輔(광보)	朝鮮明宗	方隱	志士 字 仲翼 本貫 漢陽 父 勉
趙光輔(광보) →趙廣輔			
趙光錫(광석)	朝鮮後期	復窩	本貫 平壤 父 必顯
趙廣誠(광성)		德川	本貫 漢陽
趙光世(광세)		梧齋	字 元明 本貫 咸安
趙光潤(광윤)	朝鮮	竹齋	本貫 金堤 同知中樞府事
趙光義(광의)	朝鮮宣祖	約山堂 葯山堂	字 景制 本貫 漢陽 判決事
曹光益(광익)	1537~1578	聚遠堂 竹窩	學者 字 可晦 本貫 昌寧 父 允愼 祖父 孝淵 義禁府都事 著書 聚遠堂集
趙光一(광일)	朝鮮	針隱	名醫
趙廣任(광임) →趙廣佐			
趙光庭(광정)	1552~1638	慕村	字 應順 本貫 漢陽 父 琯
趙光祖(광조)	1482~1519	靜庵	文臣, 學者 字 孝直 本貫 漢陽 父 元綱 追贈 領議政 諡號 文正 著書 靜庵集
趙廣佐(광좌)	?~1521	晦谷	文臣 字 季良 本貫 漢陽 父 勛 持平
趙光佐(광좌) →趙廣佐			

人名	年代	號	其他
曺匡振(광진)	1772~1840	口訥 訥人	委巷人, 書藝家 字 正甫 本貫 龍潭
趙匡憲(광헌)	朝鮮	庭筠	學者 本貫 平山 父 淑永
趙光玹(광현)	朝鮮宣祖	琴灘	學者 字 季珍 本貫 豐壤 父 士弼 李珥 門人 戶曹佐郎
趙光顯(광현)		德軒	本貫 漢陽 父 鳳儀
趙光亨(광형)		樂叟	著書 樂叟遺稿〈趙氏三世遺稿〉
曺光鎬(광호)		復齋	本貫 昌寧 父 喜臣
趙宏奎(굉규)	1857~1929	西皐	著書 西皐遺稿
趙九黔(구검)	→趙九齡		
趙九齡(구령)	朝鮮初期	毛老亭	文臣 字 子壽 本貫 玉川 春秋館記事官
曺九齡(구령)	1657~1719	酊翁 葛庵 安仁堂	學者 字 仁叟 本貫 昌寧 父 爾楫 外祖 朴弘禛 著書 酊翁文集
趙九輅(구로)	朝鮮後期	二堂菴	學者 本貫 漢陽 父 威鳳 祖父 綱 外祖 鄭錫圭 著書 二堂菴遺稿
趙龜命(구명)	1693~1737	東谿 東溪	學者, 文臣 字 錫汝, 寶汝 本貫 豐壤 父 泰壽 世子翊衛司侍直 著書 東谿集
趙龜命(구명)		乾川	著書 乾川稿
趙龜錫(구석)	1615~1665	藏六堂	文臣 字 禹瑞 本貫 楊州 父 啓遠 鄭弘溟 門人 司諫 著書 藏六堂集
趙龜永(구영)	朝鮮哲宗	斗山	文臣 字 同甫 本貫 豐壤 父 雲成 戶曹參議
趙龜夏(구하)	朝鮮憲宗	瓶庵	文臣 字 箕叙 本貫 豐壤 父 秉鉉 禮曹判書
趙九鎭(구진)		聽京軒	字 德重 本貫 豐壤 祖父 文命 著書 遺稿〈東溪集〉
趙國賓(국빈)	1750~?	雪竹	文臣 字 景觀仲實 本貫 豐壤 父 惟白 刑曹參議
趙國彬(국빈)	→趙國賓		
趙國賢(국현)	朝鮮	南洲	
趙貴祥(귀상)		猶賢	著書 文集
趙頍(규)	1630~1702	三季堂 三秀堂	文臣 字 子冕 本貫 漢陽
曺奎甲(규갑)	韓末~?	愚山	
趙葵錫(규석)	1706~1776	鈍巖	字 向卿 本貫 漢陽 父 元益 著書 文集
曺逵承(규승)	1827~1908	省齋	文臣 字 景輝 本貫 昌寧 父 暻燮 外祖 李柱臣 司憲府持平 著書 省齋集
曺圭容(규용)		感露齋	著書 感露齋逸稿
趙奎運(규운)		德林	著書 文集
趙圭鎭(규진)	朝鮮	不撓軒	文臣 字 君瑞 本貫 豐壤 知中樞府事
趙奎漢(규한)	→鄭奎漢		
趙奎煥(규환)	朝鮮	竹圃	本貫 金堤 中樞院議官

人名	年代	號	其他
趙克善(극선)	1595~1658	冶谷	文臣 字 有諸 本貫 漢陽 父 景璉 朴知誡 趙翼 門人 掌令 諡號 文穆 著書 冶谷集
曺克承(극승)	1803~1877	龜厓	文臣 字 景休 本貫 昌寧 父 暻燮 外祖 徐德淳 工曹參議 著書 龜厓集
曺克承(극승)	1824~1899	竹溪	學者 字 聖度 本貫 昌寧 父 錫運 著書 竹溪遺稿
趙根(근)	1631~1690	損庵	文臣 字 復亨, 汝亨 本貫 咸安 父 逢源 宋時烈 門人 追贈 副提學 著書 損庵集
趙根(근)	朝鮮	尙庵	學者 本貫 豊壤
趙瑾(근) →趙瑜			
趙根復(근복)		松塢	
曺根夏(근하)		芸牕	本貫 昌寧 父 枕
趙金素(금소) →趙全素			
曺兢(금)	韓末~日帝	心齋	學者 字 仲謹 本貫 昌寧 父 柄義 著書 深齋集
曺兢燮(금섭)	1873~1933	深齋 巖棲	
趙基壽(기수)	1710~1845	面柳齋	著書 面柳齋逸稿〈玄厓世稿〉
趙基洙(기수)	朝鮮	雲溪	文臣 字 寶賢 本貫 玉川 景陵參奉
趙基壽(기수)		永矢軒	
趙基淳(기순)	朝鮮	晩隱	文臣 字 允元 本貫 玉川 敦寧府都正
趙岐然(기연)		可村	本貫 豊壤 著書 可村公稿〈豊壤世稿〉
趙基永(기영)	1764~1841	玄隱	學者 字 天休 本貫 咸安 著書 玄銀文集
趙耆永(기영)	朝鮮	菊人	文臣 字 穉新 本貫 豊壤 戶曹參判 諡號 豊春君
趙基泳(기영)	朝鮮	松隱	文臣 字 文榮 本貫 玉川 中樞院儀觀
趙基遠(기원)	1574~1652	樵隱	字 景進 本貫 豊壤 父 靖 縣監 著書 文集
趙基元(기원)	朝鮮憲宗	菊史	詩人
趙琪元(기원)		靜隱	本貫 漢陽 父 鍾永
趙基應(기응) →趙在應의 本名			
曺夔鍾(기종)	1880~1919	餘庵	著書 餘庵文集
趙基濬(기준)	朝鮮後期	篤所堂	字 君祥 本貫 咸安
趙基晉(기진)	1814~1886	幸老	字 聖昭 本貫 林川 父 學俊 外祖 韓用夏 追贈 議政大臣 著書 幸老集
趙起璨(기찬)	朝鮮	愼守齋	文臣 本貫 林川 洗馬
趙洛奎(낙규)		梅皐	著書 梅皐詩抄
趙洛彦(낙언)		心齋	著書 心齋先生文集
趙南洙(남수)	1744~1822	灑掃齋	著書 灑掃齋公稿〈豊城世稿〉

人名	年代	號	其他
趙南秀(남수)		絧堂	字 古然 本貫 漢陽
曹湳承(남승)	?~1934	金鍾	著書 金鍾遺稿
趙南軾(남식)	1845~?	澗雲	字 季擬 本貫 豊壤 父 駿九 系 起文　右副承旨
趙南琥(남호)	1867~1934	畏庵	字 直夫 本貫 豊壤 父 疇九 著書 文集
趙來陽(내양)	1614~1648	道山 斗浦	學者 字 長吉 本貫 豊壤 父 翼 著書 道山遺稿
趙賚(뇌)	朝鮮世祖	柏灘	本貫 漢陽 知敦寧府事
趙端鎬(단호)	朝鮮憲宗	石年	詩人
趙達植(달식)	1813~1850	若菴	學者 字 郁敏 本貫 咸安 父 泰永 外祖 鄭志翰 著書 若菴文集
趙大成(대성)	朝鮮	梅窓	孝子 字 成之 本貫 淳昌 副司果
趙大壽(대수)	1655~1721	止窩	字 德而 本貫 豊壤 父 相鼎 外祖 洪命一 徐文重 婿 舍人
曹大承(대승)		忍齋	本貫 昌寧
曹大承(대승)		錦農	本貫 昌寧
曹大運(대운)	高麗末	山狂	節臣 本貫 昌寧 門下侍中
趙大胤(대윤)	1638~1705	立齋	學者 字 季昌 本貫 豊壤 父 稜 祖父 永遠 外祖 王道 著書 立齋遺稿
曹大中(대중)	1549~1590	鼎谷	文臣 字 和宇 本貫 玉川 父 世明 李滉 門人 全羅道都事
趙大春(대춘)	朝鮮明宗	三灘	字 春之 本貫 玉川　縣監
曹大煥(대환)	1856~?	雲皐	本貫 昌寧 父 秉衡
趙㯃(덕)	朝鮮純祖	致齋	文臣 字 希大 本貫 豊壤 父 濯洙　禮曹佐郎
曹德驥(덕기)	朝鮮	楓溪	字 彦成
趙德龍(덕룡)		止齋	著書 止齋集
趙德隣(덕린)	1658~1737	玉川 滄洲	文臣 字 宅仁 本貫 漢陽 父 頵 同副承旨 著書 玉川集
趙德璘(덕린) →趙德隣			
曹德立(덕립)		松菴	本貫 昌寧
趙德常(덕상)	朝鮮哲宗	橋湖 紫閣	字 汝五 本貫 林川 父 明觀 牧使 著書 橋湖隨錄
趙德純(덕순)	1652~1693	壺翁	文臣 字 顯夫 顯甫 本貫 漢陽 父 頵 外祖 柳世張 司憲府持平
曹惪承(덕승)	1873~1960	欽齋	學者 字 伯據 本貫 昌寧 父 錫休 外祖 宋基舜 著書 欽齋文藁
曹德臣(덕신)	1722~1791	遯庵	學者 字 直夫 本貫 昌寧 父 善迪 外祖 權壽昌 著書 遯庵集
趙德胤(덕윤)	1642~1690	廣川處士	著書 廣川處士趙公實記

1051

人名	年代	號	其他
趙德潤(덕윤)	1747~1821	樗湖	字 修爾 本貫 林川 父 明勗 系 明鼎 著書 樗湖隨錄
趙道彬(도빈)	1665~1729	松窩　睡窩　悔窩 休窩	文臣 字 樂甫 本貫 楊州 父 泰來 領敦寧府事 諡號 靖僖
趙篤祐(독우) →趙篤祜			
趙篤祜(독호)	1843~1914	晦磵	學者 字 周甫 本貫 咸安 父 其宥 著書 晦磵文集
趙暾(돈)	1716~1790	來湖　竹石　竹戶	文臣 字 光瑞 本貫 豊壤 父 尙絅 外祖 李廷泰 追贈 領中樞府事 諡號 肅憲
趙東觀(동관)	1711~?	花山　花川	字 聖賓 本貫 豊壤
趙東道(동도)		芝嶽	著書 文集
趙洞璉(동련)		槿窩	著書 文集
趙東老(동로)	朝鮮	曉山	本貫 金堤　折衝將軍
趙東冕(동면)	1867~?	藕堂	本貫 豊壤 父 成夏
趙東彬(동빈) →趙道彬			
趙東奭(동석)	朝鮮高宗	菊隱	義兵 字 國弼 本貫 豊壤
趙東善(동선)	朝鮮	晩霞	字 德魯 本貫 淳昌 郡守
趙東植(동식)	1887~1969	春江	敎育者 本貫 林川 父 漢佑
曺東信(동신)	?~1961	海灘	著書 文集
趙東祜(동우)	1892~1954	榴亭	獨立運動家 本貫 豊壤 本名 東祜 部 命夏
趙東潤(동윤)	1871~1923	惠石	文臣 字 雨生 本貫 豊壤 父 寧夏 東宮武官長
趙東佐(동좌)	1809~1888	叢桂	學者 字 猷卿 本貫 豊壤 父 述志 外祖 朴鼎梅 著書 叢桂文集
趙東采(동채)	朝鮮中期	叢桂	本貫 平壤 父 儼 進士
趙東夏(동하)	朝鮮	海石	本貫 金堤　同知中樞府事
曺東煥(동환)		斗山	本貫 昌寧 父 秉勳
趙東熙(동희)	1856~?	東石	文臣 字 有光 本貫 楊州 父 秉集 判書
趙東羲(동희)		省庵	本貫 漢陽
趙斗年(두년)		星山	本貫 豊壤
趙斗明(두명)	朝鮮	竹軒	孝子 本貫 稷山
趙斗淳(두순)	1796~1870	心庵	文臣 字 元七 本貫 楊州 父 鎭翼 外祖 朴宗岳 領議政 諡號 文獻 著書 心庵集
趙斗容(두용)	1892~1964	北溟	獨立運動家
趙斗元(두원)	韓末~日帝	蘭圃	本貫 漢陽
趙斗寅(두인)		錦隱	本貫 漢陽 父 士成
趙斗鉉(두현)	朝鮮	林梅堂	文臣 字 台三 本貫 玉川 景陵參奉
趙斗顯(두현)		嘔心	

人名	年代	號	其他
趙斗衡(두형)	朝鮮	執菴	孝子 本貫 稷山
趙斗煥(두환)	朝鮮	松亭	本貫 金堤　敦寧府都正
趙得己(득기) →權得己			
趙得道(득도)	朝鮮	隱巖	本貫 咸安 父 元宗 郡守
趙得林(득림)	1800~?	碧雪	文臣 字 德卿 本貫 楊州 父 濟晚 工曹判書 諡號 文肅
趙得懋(득무)	朝鮮	柄菴	本貫 金堤 中樞府事
趙得陽(득양)	朝鮮	高菴	本貫 金堤 中樞府事
趙得永(득영)	1762~1824	日谷	文臣 字 德汝 本貫 豐壤 父 鎭明 祖父 瑛 大護軍 諡號 文忠 著書 日谷集
趙得永(득영)	朝鮮	松窩	本貫 金堤 同知中樞府事
趙得愚(득우)		南岡	著書 南岡集
曺得雲(득운)	1968~1766	獨醒齋	本貫 昌寧 父 夏瑋 著書 獨醒齋逸稿〈笑菴先生文集〉
趙得才(득재)	朝鮮	敦睦齋	文臣 字 生龍 本貫 玉川 司正
趙得重(득중)	朝鮮肅宗	守正齋 龍村	學者, 文臣 字 士威 本貫 漢陽 父 億 尹宣擧 門人 世子翊衛司翊贊
趙得晋(득진)	朝鮮	槐亭	本貫 金堤 同知義禁府事
趙旅(려)	1420~1489	漁溪 漁溪隱者 西山	字 主翁 本貫 咸安 父 安 祖父 悅 追贈 吏曹判書 諡號 貞節 著書 漁溪集
趙竇(뢰)	朝鮮初期	柏灘	知敦寧府事 諡號 節孝
趙綸(륜)	?~1738	率菴	詩人 字 聖言 本貫 漢陽 著書 率菴遺稿
趙稜(릉)	1607~1683	慕庵 四友堂	文人 字 子方 本貫 豐壤 父 榮遠 外祖 李崇 著書 慕庵集
趙遴(린)	1542~1627	隱隱堂 狋樂堂	文臣 字 仲謙 本貫 橫城 父 應世 掌樂院僉正 著書 隱隱堂文集
曺霖(림)	1711~1790	新齋	學者, 文臣 字 商輔 本貫 昌寧 父 世孟 系 世顔 外祖 朴彌賚 刑曹參議 著書 新齋集
趙琳(림)	朝鮮	愼齋	本貫 咸安 司成
趙萬九(만구)		松窩	本貫 豐壤
趙萬基(만기)	韓末	滄斯	獨立運動家 本貫 漢陽
曺晩植(만식)	1882~?	古堂	民族運動家 本貫 昌寧 父 景學 朝鮮民主黨黨首
趙萬永(만영)	1776~1846	石厓 石崖	文臣 字 胤卿 本貫 豐壤 父 鎭寬 領敦寧府事 諡號 忠敬 著書 東援人物考
曺晩遇(만우) →曺翰邦의 改名			
趙萬益(만익)		檀陰	本貫 咸安
趙晩和(만화) →趙準永의 初名			

人名	年代	號	其他
趙末生(말생)	1370~1447	華山	文臣 字 謹初, 平仲 本貫 楊州 父 誼 趙庸 門人 領中樞府事 諡號 文剛
曹末孫(말손)		樂賜亭	本貫 昌寧 父 致中 著書 文集
趙望(망)	朝鮮肅宗	奇窩	文臣 本貫 玉川
趙網(망) →趙綱			
趙孟謙(맹겸)	朝鮮	慕巖	文臣 字 繼仲 本貫 玉川 東部參奉
趙孟善(맹선)	1872~1922	圓石	獨立運動家 字 聖浩 本貫 漢陽
曹孟眞(맹진)		後松	本貫 昌寧 祖父 繼芳
趙冕燮(면섭)		老岡	本貫 金堤
趙冕鎬(면호)	1803~?	玉垂 玉溪	學者 本貫 林川 父 基恒 外祖 金履度 著書 玉垂集
趙銘(명)	?~1478	仁村	文臣 字 警夫 本貫 漢陽 父 順生 祖父 賚 外祖 元有容 追贈 都承旨
趙明健(명건)	朝鮮肅宗	花隱	本貫 林川 父 正緒
趙明觀(명관)	朝鮮肅宗	相江	本貫 林川 父 正紳 進士
曹命敎(명교)		澹雲 淡雲 淡雲齋	文臣 字 彛甫 本貫 昌寧 父 夏奇 開城府留守
趙鳴國(명국)	1676~1743	省菴	文臣 字 吉之 本貫 楊州 父 爾炳 祖父 相禹
趙明奎(명규)	朝鮮後期	百忍堂	本貫 豐壤 父 讚
趙明履(명리)	1697~1756	道川 歸泉 蘆江 復泉 漳州	文臣 字 仲禮, 元禮 本貫 林川 父 正緒 漢城府判尹 諡號 文憲 著書 道川集
趙明錫(명석)		荷潭	著書 荷潭文集
趙明植(명식)	朝鮮後期	海史	
趙命臣(명신)	1684~?	晚休亭	字 明仲 本貫 淳昌 父 泰夏 大司諫
曹命燁(명엽)		稼軒	著書 稼軒遺稿
曹明勗(명욱)	1572~1677	栗村	文臣 字 汝偶 本貫 昌寧 父 倬 追贈 左議政
趙命郁(명욱)		梅園	字 聖文 本貫 漢陽
趙鳴園(명원) →趙鳴國			
趙鳴殷(명은)	朝鮮肅宗	九峯 九峯處士	隱士 字 汝衡 本貫 楊州 父 爾後
趙明翼(명익)	1691~1737	肯齋	文臣 字 士輝 本貫 林川 父 正萬 江華留守
趙明鼎(명정)	1709~1779	老圃	文臣 字 和叔 本貫 林川 父 正純 吏曹判書 諡號 文獻 著書 老圃集
趙明震(명진)	朝鮮肅宗	旅齋	本貫 林川 父 正緒
曹命采(명채)	1700~1764	蘭谷 蘭齋	文臣 字 疇卿 本貫 昌寧 父 夏盛 吏曹參判
趙鳴漢(명한)		竹林	本貫 漢陽
曹命勳(명훈)		老愚	著書 文集
趙明熙(명희)		雲圃	著書 雲圃遺稿

人名	年代	號	其他
趙明熙(명희)	1894~1942	笛盧 抱石 木星	文人
趙慕(모)		永齋	本貫 漢陽
趙穆(목)	1524~1606	月川 東皐	學者 字 士敬 本貫 橫城 父 大椿 外祖 權受益 工曹參判 著書 月川集
趙沐洙(목수)	1736~1807	舊堂	字 士成 本貫 豊壤 父 錫愚 著書 舊堂先生文集
趙懋(무)	朝鮮中期	花竹軒	本貫 平壤 父 鳳齡
趙文奎(문규)	1680~1732	惺齋	著書 惺齋詩集
趙文命(문명)	1860~1732	鶴巖	文臣 字 叔章 本貫 豊壤 父 仁壽 金昌業 婿 金昌協 門人 封號 豊陵府院君 左議政 諡號 文忠 著書 鶴巖集
曺文秀(문수)	1590~1647	雪汀	文臣, 書畫家 字 子實 本貫 昌寧 父 景仁 外祖 沈守慶 封號 夏興君 江原道觀察使 著書 雪汀詩集
趙文永(문영)	朝鮮	西湖	文臣 字 聖禹 本貫 豊壤 吏曹參判
趙文宇(문우)	1714~?	止齋	字 聖章 本貫 豊壤 父 尚泰
趙文字(문자) →趙文宇			
趙門衡(문형)	1617~1700	遁村	文臣 字 敏甫 本貫 平壤 父 益生 牧使
趙微天(미천)		道峯	著書 文集
趙敏卿(민경)	1617~1700	僑菴	文臣 本貫 玉川 掌樂院直長
趙敏植(민식)		淡人	本貫 咸安
趙璞(박)	1356~1408	雨亭	文臣 字 安石 本貫 平壤 父 思謙 封號 平原君吏曹判書 諡號 文平 著書 雨亭集
趙璞(박)	1577~1650	石谷	文臣 字 叔蘊 本貫 豊壤 父 希尹 羅州牧使
趙璞(박)		梨園	
趙璞(박)		邀庵	本貫 漢陽
趙博容(박용)	韓末~日帝	三洲	本貫 漢陽
趙胖(반)	1341~1401	松菴	文臣 本貫 白川 父 世卿 封號 復興君 參贊門下府事 諡號 蕭魏
趙垹(방)	1553~1638	斗巖 伴鷗亭	學者, 文臣 字 克精 本貫 咸安 父 庭彦 外祖 李希祖 戶曹參判 著書 斗巖集
趙邦直(방직)	1572~1637	脩竹	文臣, 學者 字 叔精 本貫 豊壤 父 應祿 李海壽,成渾 門人 左承旨 著書 脩竹遺稿
趙白圭(백규)	朝鮮	聾叟	
曺百齡(백령)	?~1715	靜守菴	著書 靜守菴公稿
趙百朋(백붕)	1654~1774	莞爾齋	本貫 漢陽 父 渭叟 著書 文集
曺百淳(백순)	1863~1932	莞爾齋	著書 慕齋私稿
曺栢承(백승)	1835~1893	林渠	學者, 文臣 字 自益 本貫 昌寧 父 錫玄 外祖 李德俊 靑松府使 著書 林渠逸稿

人名	年代	號	其他
曹柏承(백승) →曹恒承			
趙範九(범구)	韓末	依巖	本貫 豐壤
趙璧(벽)		星江	著書 星江遺稿〈豐城世稿〉
趙汴(변)	1500~?	琴齋	學者, 文臣 字 浩然 本貫 漢陽 父 光彦 外祖 柳悌 追贈 左贊成 諡號 貞翼
趙忭(변)	朝鮮肅宗	仁壽堂	
趙炳傑(병걸)	1897~1846	城山	獨立運動家
趙炳寬(병관)	1876~1944	龜村	著書 龜村集
趙秉龜(병구)	1801~1845	游荷	文臣 字 景寶, 敬寶 本貫 豐壤 父 萬永 吏曹判書 諡號 文獻
趙柄國(병구)	1883~1952	海蒼	獨立運動家
趙昺奎(병규)	1846~1931	一山 巴山	學者 字 士翼 本貫 咸安 父 性覺 外祖 李南柱 著書 一山集
趙炳奎(병규)		錦坡	本貫 漢陽
趙秉均(병균)	1855~?	希堂	字 國衡 本貫 豐壤 父 崙永 祖父 雲爽 外祖 李寬器
趙秉夔(병기)	1821~1850	小石	文臣 字 景曾 本貫 豐壤 父 萬永 系 寅永 摠戎使 諡號 孝獻 著書 小石集
趙炳吉(병길)	韓末	清軒	著書 清軒私稿
趙秉悳(병덕)	1800~1870	肅齋	學者 字 孺文 本貫 楊州 父 最淳 洪直弼, 吳熙常 門人 戶曹參判 諡號 文敬 著書 肅齋集
曺秉萬(병만)		晦溪	著書 文集
趙秉武(병무)	1832~?	九老	著書 九老詩帖
曺秉武(병무)	1860~1937	鶴潭	
趙秉黙(병묵) →趙重黙			
趙炳文(병문)	1858~1893	玉西	著書 文集
趙炳彬(병빈)	1710~177?	寬窩	文臣 字 豹如 本貫 楊州 父 泰億 正言 著書 寬窩集
趙秉相(병상)	1773~1837	鶴西	學者 字 仲德 本貫 漢陽 父 顯洙 外祖 郭濂 著書 鶴西遺稿
趙秉碩(병석)	韓末~日帝	龜巖	本貫 漢陽
曺秉善(병선)	1873~1956	寄軒	字 仁玉 本貫 昌寧 父 華承 著書 文集
趙炳燮(병섭)		湖松	本貫 漢陽 父 琪元
趙秉世(병세)	1827~1905	山齋	文臣 字 穉顯 本貫 楊州 父 有淳 中樞院議長 諡號 忠正
曺秉韶(병소)	1846~1921	蒼菜	著書 蒼菜遺稿
趙秉時(병시)	1837~1911	枕溪	字 可中 本貫 漢陽 父 彦穆 系 彦爽 著書 文集

人名	年代	號	其他
趙秉植(병식)	朝鮮高宗	蓮峯	文臣 本貫 林川 父 漢命 正字
趙秉式(병식)	1832~1907	鶴坡	文臣 字 公勖 本貫 豊壤 父 黙淳 祖父 鎭綱 觀察 使 諡號 文清
趙昞然(병연)	朝鮮	松窩	隱士 字 季明
趙炳玉(병옥)	1894~1960	維石	獨立運動家 政治人 本貫 漢陽 父 仁元
曺秉旭(병욱)		香坡	本貫 昌寧
曺秉元(병원)	1850~1927	松澗	字 友賢 本貫 昌寧 父 武承 著書 文集
趙秉裕(병유)	1896~日帝	近溪	字 士欽 本貫 漢陽
趙炳潤(병윤)		守齋	著書 守齋文集
趙炳乙(병을)		梅塢	著書 梅塢遺稿
曺柄義(병의)	1842~1901	素履齋	學者 字 允章 本貫 昌寧 父 時永 外祖 芮東彦 著 書 素履齋集
趙炳日(병일)	1895~1959	石堂	著書 文集
趙秉駿(병준)	朝鮮憲宗	松澗	本貫 豊壤 父 原永 判義禁府事
趙秉準(병준)	1862~1931	菊東	獨立運動家 字 幼平
趙秉稷(병직)	1833~1901	蒼蕙	文臣 字 稚文 本貫 楊州 父 弘淳 議政府參政 諡號 忠簡 著書 稅關事務
趙秉昌(병창)	朝鮮	星山	文臣 字 文甫 本貫 豊壤 判義禁府事 諡號 文貞
趙炳彩(병채)	1879~1950	松齋	獨立運動家 字 天甫
曺秉樞(병추)	1855~1922	可川	字 敬瑞 本貫 昌寧 父 克承 著書 文集
趙昺澤(병택)	1855~1914	一軒	著書 一軒文集
趙秉澤(병택)	1859~?	隨堂	
趙秉弼(병필)	1835~1908	幹山	文臣 字 聖必 本貫 豊壤 父 龜永 內部大臣 諡號 文清
曺秉夏(병하)		敏菴	字 景行 本貫 昌寧 著書 敏菴先生文集
趙秉學(병학)	1823~?	經泉 綿洲	文臣 字 公習 本貫 楊州 父 敎淳 外祖 朴興壽 參 判
趙秉憲(병헌)	1803~?	錦洲	文臣 字 允文 本貫 豊壤 父 鍾永 戶曹判書
曺秉憲(병헌)	?~1644	昌世	著書 昌世遺稿
趙秉鉉(병현)	1791~1849	成齋 菊齋 羽堂 醉霞	文臣 字 景吉 本貫 豊壤 父 得永 廣州府留守 著書 成齋集
趙秉鎬(병호)	朝鮮哲宗	蘬石	文臣 本貫 林川 父 基晉
趙秉確(병확)	朝鮮	鑪峯	
趙秉璜(병황)	1790~?	洞天	學者 字 德圭,景城 本貫 豊壤 父 洛永 外祖 李興運 著書 洞天集
曺秉侯(병후)		行癡	著書 行癡集

人名	年代	號	其他
趙秉薰(병훈)	朝鮮高宗	竹下	本貫 漢陽 通政大夫
曺秉勳(병훈)		東凡	本貫 昌寧 父 大承
趙秉勳(병훈)		瑞庵	本貫 楊州 父 義淳
趙秉徽(병휘)	朝鮮純祖	秋潭	本貫 楊州 父 濟晩
曺秉休(병휴)		霽月堂	本貫 昌寧
曺秉休(병휴)	朝鮮高宗	黙軒	文臣 字 毅瑞 本貫 昌寧
趙秉禧(병희)	1855~1917	石農 一葉	字 子鼎 本貫 漢陽 父 孝敎 參奉 著書 石農集
趙普陽(보양)	1729~1788	八友軒	文臣 字 仁卿 本貫 漢陽 父 元益 外祖 李基晩 禮曹佐郎 著書 八友軒文集
趙甫衍(보연)	1897~1934	晦崗	著書 文集
趙復(복) →趙須			
趙復陽(복양)	1609~1671	松谷	文臣 字 仲初 本貫 豊壤 父 翼 金尚憲 門人 吏曹參判 諡號 文簡 著書 松谷集
趙復亨(복형)	1631~1680	損庵	著書 損庵集
趙鳳(봉)	朝鮮	鶴農	本貫 咸安 父 愚鎭
趙鳳九(봉구)		翠石	本貫 豊德
趙奉圭(봉규)		浪拊	本貫 漢陽
曺鳳來(봉래)		龍江	本貫 昌寧 著書 文集
趙鳳齡(봉령)	朝鮮宣祖	寬齋	本貫 林川 父 鴻紀
曺鳳黙(봉묵)	1805~1883	華郊	字 舜瑞 本貫 昌寧 父 啓晃 外祖 朱禹正 著書 華郊遺稿
曺奉岩(봉암)	1896~1959	竹山	政治人 本貫 昌寧 農林部長官
曺鳳愚(봉우)	1852~1918	東山	著書 東山集
趙逢源(봉원)	1608~1691	坡西	文臣, 學者 字 士達 本貫 咸安 父 鎰 金尚憲 門人 同知中樞府事
趙鳳遠(봉원)	1855~1933	放汕	字 邦彦 本貫 漢陽 父 泰翼
趙鳳儀(봉의)		農隱	本貫 漢陽 父 斗寅
曺鳳振(봉진)	1777~1838	愼庵 愼齋	文臣 字 儀卿 本貫 昌寧 父 允大 吏曹判書
趙鳳徵(봉징)	1657~?	幽溪	字 休卿 本貫 漢陽 父 鳴漢
趙鳳瞻(봉첨)		竹軒	本貫 漢陽 父 斗寅
趙鳳夏(봉하)	朝鮮憲宗	暘石	文臣 字 商皓 本貫 豊壤 父 秉鉉 吏曹判書
曺溥(부)	朝鮮仁祖	三淸堂	文人 字 道淵道潤 本貫 昌寧 父 德立 李克培 門人
曺鵬九(붕구)	1700~1735	玉余齋	學者 字 能萬 本貫 昌寧 著書 經書質疑
趙朋遠(붕원)	1819~1891	白窩	學者 字 士安 本貫 漢陽 父 璋煥 外祖 洪肫淵 著書 白窩集

人名	年代	號	其他
趙備(비)	1619~1659	叢桂窩 叢桂 桂窩 堂洲	學者 字 士求 本貫 漢陽 父 纘韓 李植 門人 校理 著書 叢桂窩集
趙贇(빈)	1587~?	隱星 陰里	文臣 字 秀彦 本貫 漢陽 父 公謹 忠淸道事 著書 書筵備覽
趙師(사)	朝鮮初期	嘉川齋	文臣 本貫 漢陽 中樞府事
趙士卿(사경)	朝鮮	立齋	
趙師錫(사석)	1632~1693	蘿溪 晚悔 晚休 晚休堂 香山	文臣 字 公擧 本貫 楊州 父 啓遠 領敦寧府事 諡號 忠憲 著書 蘿溪雜錄
趙士成(사성)	朝鮮	舊堂	
趙士成(사성)		墅隱	本貫 漢陽
趙士秀(사수)	1502~1558	松岡 松崗	文臣 字 季任 本貫 漢陽 父 邦佐 祖父 壽堅 外祖 申炯 左參贊 諡號 文貞 著書 松岡稿
趙思忠(사충)	1720~?	恥庵	字 孝移 本貫 漢陽 父 濟普 著書 文集
趙參(삼)	1473~?	无盡 無盡亭	字 魯卿 本貫 咸安 父 銅虎
曺埛(상)	1876~1945	鳳岡	字 文甫 本貫 昌寧 父 琔煥 著書 文集
曺澖(상)		卑庵	
趙詳(상)		蓮坡	本貫 漢陽
曺尙儉(상검)		知足軒	本貫 昌寧
趙尙慶(상경)	1676~1733	霞谷	文臣 字 子餘 本貫 豊壤 父 衡輔 承旨
趙尙絅(상경)	1681~1746	鶴塘	文臣 字 子章 本貫 豊壤 父 都輔 金昌協 門人 漢城府判尹 諡號 景獻 著書 文集
趙相悳(상덕)	1808~1870	危齋	學者 字 應萬 本貫 豊壤 父 述彦 外祖 柳漢祚 著書 危齋文集
趙相黙(상묵)		酉山	著書 文集
趙常本(상본)	1757~1805	遯齋 遯菴	學者 字 善汝 本貫 漢陽 父 思忠 外祖 南鼎禹 著書 遯齋遺稿
趙相述(상술)	1744~1810	動悔窩	著書 文集
趙相淵(상연)	朝鮮	日益軒	委巷人 字 聖源 本貫 平壤
趙相溫(상온)	朝鮮後期	栗下	本貫 平壤 父 錫夔
曺相玉(상옥)	1735~1819	弟皓	字 潤汝 本貫 昌寧 著書 文集
趙相禹(상우)	1582~1657	時庵 養英堂	學者 字 夏卿 本貫 楊州 父 子柔 金長生 門人 著書 時庵集
趙相愚(상우)	1640~1718	東岡 午橋	文臣, 書畵家 字 子直 本貫 豊壤 父 珩 李景奭 宋浚吉 門人 判中樞府事 諡號 孝憲
趙尙禹(상우) →趙相禹			
趙相元(상원)	朝鮮	獨笑堂	本貫 平壤 父 東顯
趙相殷(상은)		湖亭	字 敬源 本貫 漢陽

人名	年代	號	其他
趙尚鼎(상정)	朝鮮肅宗	靜窩	本貫 豐壤 父 衡輔
曺尚鍾(상종)		性菴	著書 性菴遺稿
趙尚鎭(상진)	1740~1820	榴窓	文臣 字 爾眞 本貫 豐壤 父 載遇 判敦寧府事 諡號 翼貞
曺尚治(상치)	朝鮮端宗	丹皐 靜齋	文臣 字 子景 本貫 昌寧 父 信忠 祖父 益淸 外祖 崔中淵 吉再 門人 禮曹參判 諡號 忠貞
趙相泰(상태)		溪巖	著書 溪巖先生文集
趙相河(상하)	朝鮮	老岡	本貫 金堤 叅書官
趙相漢(상한)	1615~1671	月洲	文臣 字 台彦 本貫 白川 父 錡 兵曹佐郞
趙相虎(상호)	朝鮮	碧隱	委巷人 字 君秀 本貫 漢陽
曺庶(서)	高麗~朝鮮	淸簡 淸澗	字 汝泉 本貫 昌寧 禮曹參判
曺滋(서)		靜窩	本貫 昌寧
趙瑞康(서강)	?~1444	耕隱	文臣 字 子敬 本貫 白川 父 胖 外祖 李養吾 吏曹參判
曺舒九(서구)	1710~1772	巽齋	學者 字 彛見 本貫 昌寧 父 光國 外祖 朴重榮 著書 巽齋遺稿
趙瑞安(서안)	朝鮮初期	耕隱堂	本貫 白川 父 胖 右參贊
趙碩(석)	朝鮮世祖	蘿陰	本貫 林川 父 之瑞
趙晳(석)		愛蓮堂	本貫 漢陽
趙錫(석) →趙錫濟			
趙奭九(석구)		梅窓	
趙錫龜(석구)	朝鮮	銓華	文臣 字 國寶 本貫 漢陽 右承旨
趙晳九(석구) →趙鼎九의 初名			
趙錫九(석구) →趙奭九			
趙錫權(석권)	1718~1758	邁征堂	著書 邁征堂公行記〈豐城世稿〉
趙錫圭(석규)	朝鮮肅宗	黙齋	本貫 咸安 父 潒
趙錫東(석동)	朝鮮	菊隱堂	文臣 字 榮三 本貫 橫城 同知中樞府事
趙錫魯(석로)	1725~1777	日省齋	著書 日省齋公稿〈豐城世稿〉
趙錫龍(석룡)	1721~1793	晚樂齋	文臣 字 景雲 本貫 豐壤 父 麟經 祖父 瀓 同副承旨 著書 晚樂齋公稿〈豐城世稿〉
曺錫龍(석룡)		小山	著書 文集
趙錫命(석명)	1674~1753	墨沼	文臣 字 承伯 本貫 豐壤 父 大壽 祖父 相鼎 外祖 徐文重 判敦寧府事
趙錫穆(석목)	1726~1793	精舍	文臣 字 遠仲 本貫 豐壤 父 善經 外祖 朴聖任 同副承旨 著書 靜舍公稿〈豐城世稿〉
曺錫三(석삼)	1813~1896	董園	書藝家 字 公達 本貫 昌寧 父 桓振

人名	年代	號	其他
曺錫興(석여)	1813~?	荷江	文臣 字 穉敬 本貫 昌寧 父 龍振 外祖 申綽 吏曹判書
趙錫愚(석우)	1721~1760	存省齋	字 省伯 本貫 豐壤 父 時經 著書 存省齋公稿〈豊城世稿〉
曺錫雨(석우)	1810~?	烟巖	文臣 字 穉用 本貫 昌寧 父 龍振 吏曹判書 諡號 文靖
曺錫元(석원)	1817~?	紹雲 紹雲居士	文臣 字 玄老 本貫 昌寧 父 星振 外祖 金載華 都承旨
趙錫胤(석윤)	1605~1654	樂靜 樂靜堂 七休	文臣 字 胤之 本貫 白川 父 廷虎 金尚憲 門人 同知中樞府事 諡號 文孝 著書 樂靜集
曺錫一(석일)	1868~1916	梧巖	著書 梧巖遺稿
趙錫日(석일)		强齋	著書 强齋先生文集
曺錫典(석전) →曺錫興			
曺錫正(석정)	1774~?	鶴來軒	文臣 字 季仲 本貫 昌寧 父 翠振 系 晩振
趙錫濟(석제)		錦溪	著書 錦溪集
趙錫周(석주)	1641~1716	白野	文臣 字 維新 本貫 白川 父 謙行 追贈 都承旨 著書 白野集
曺錫疇(석주)		隆山	著書 隆山集〈夏城世稿〉
趙錫重(석중)	1711~1784	三吾堂	著書 三吾堂公稿〈豊城世稿〉
曺錫中(석중)	朝鮮正祖	學軒	本貫 昌寧 父 鞏振
趙錫晋(석진)	1853~1920	小琳	畫家 字 應三 本貫 咸安 父 鏞燦 祖父 廷珪 永春郡守
趙錫喆(석철)	1724~1799	靜窩	學者 字 明仲 本貫 豐壤 父 善經 外祖 朴聖任 著書 靜窩文集
趙錫春(석춘)	1716~1791	慕友堂	著書 慕友堂公行記〈豊城世稿〉
曺錫琛(석침)		黙拙窩	本貫 昌寧 父 一周
曺錫河(석하)		菊軒	著書 文集
趙錫馨(석형)	1598~1656	近水軒	文臣 字 子服 本貫 林川 父 希逸 鄭昌衍 婿 侍直 著書 竹陰集
趙碩亨(석형)		北坡	本貫 楊州
趙錫虎(석호)	1724~?	三省齋	文臣 字 正則 本貫 豐壤 父 觀經 禮曹佐郎
趙錫晦(석회)	1727~1802	一峰	文臣 字 而誠 本貫 漢陽 父 葵陽 外祖 金達龍 右承旨 著書 一峰文集
趙錫勳(석훈)	朝鮮中期	泛愚堂	本貫 平壤 父 汝珪
曺錫休(석휴)	韓末	石汀	
趙善民(선민)	朝鮮	南愚	本貫 金堤 兵馬節制都尉
趙善秀(선수)	1846~1914	東厓	字 華彦 父 漢禎 著書 東厓集
趙宣陽(선양) →趙宜陽			

人名	年代	號	其他
曺善長(선장)	1661~1726	屏厓 屏巖	學者 本貫 昌寧 父 效良 著書 屏厓集
曺善迪(선적)	1697~1756	恥齋	學者 字 仲吉 本貫 昌寧 父 翼天 外祖 朴昌徵 著書 恥齋文集
曺善晨(선신)		晩翠軒	著書 文集
趙晟(성)	1492~1555	養心堂	學者 字 伯陽 本貫 平壤 父 守誠 趙光祖, 李延慶門人 義城縣令 著書 養心堂集
趙硠(성)	1620~1675	竹軒	字 叔玉 本貫 平壤 父 惟獻
趙性家(성가)	1824~1904	月皐	學者 字 直教 本貫 咸安 父 匡植 外祖 金錫信 通政大夫 著書 月皐文集
趙性乾(성건)	1626~1691	歸晩	字 健仲 本貫 橫城 木川縣監
趙性教(성교)	1818~?	紹亭	文臣 字 聖惟 本貫 漢陽 父 亨觀 系 亨晩 禮曹判書 諡號 文憲
趙性教(성교)		荷堂	本貫 漢陽
趙聖權(성권)	1816~1889	慕軒	學者 字 經汝 本貫 咸安 父 性東 外祖 鄭宗郁 著書 慕軒集
曺誠謹(성근)	1792~1858	沈菴	著書 沈菴集〈夏城世稿〉
趙聖期(성기)	1638~1689	拙修齋	學者 字 成卿 本貫 林川 父 時馨 外祖 沈廷揚 追贈 執義 著書 拙修齋集
趙性悳(성덕)	朝鮮	稼軒	本貫 咸安 父 觀植
趙性敦(성돈)	朝鮮	清溪	文臣 字 之五 本貫 漢陽 戶曹參判
趙性洛(성락)	1857~1931	晩圃	本貫 咸安 著書 晩圃文集
曺聖龍(성룡)	朝鮮	東厓	本貫 昌寧 父 相淳
趙成麟(성린)	1551~?	東隱	字 昌瑞 本貫 咸安 父 允迪
趙成立(성립)	朝鮮宣祖	隱隱堂 一笑齋 一笑軒	文臣 字 汝修,汝明 本貫 橫城 父 遴 大司諫 著書 牘書講義
趙成立(성립)		竹菴	著書 竹菴遺稿
趙誠立(성립) →趙成立(隱隱堂)			
曺聖美(성미)		明菴	本貫 昌寧 父 根夏
趙成珉(성민)	1878~1952	心汕	著書 心汕遺薰
趙聖復(성복)	1681~1723	退修菴 退修齋	文臣 字 士克 本貫 豐壤 父 始采 追贈 吏曹判書 諡號 忠簡
趙星復(성복)	1772~1830	鶴坡	字 奎應 本貫 漢陽 父 居善 著書 鶴坡集
趙性孚(성부)		信山	著書 文集
趙性奭(성석)	朝鮮	玄初	本貫 咸安 父 教植 高山縣監
趙成世(성세) →趙咸世			

人名	年代	號	其他
趙性璹(성주)	1843~1898	雲塢 醉放 況淵	學者 字 聖執 本貫 咸安 父 達植 外祖 李有幹 著書 雲塢文集
趙性恂(성순)	1844~1905	醉石堂	著書 醉石堂集
趙聖臣(성신)	1765~1835	恬窩	學者 字 宗鎭 本貫 漢陽 父 尚純 外祖 吳鉦 著書 恬窩遺稿
趙性源(성원)	1838~1891	紫巖 寒泉	學者 字 孝彦 本貫 咸安 父 孟植 外祖 宋有璿 著書 紫巖遺稿
趙性胤(성윤)	?~1844	廣川	學者 著書 廣川集
趙成鎰(성일)	1882~1941	心淵	著書 文集
趙性宙(성주)	1841~1919	月山	著書 月山遺稿
趙聖枕(성침)	朝鮮	慕軒	本貫 咸安 父 性東
趙性汰(성태)	朝鮮	晩泉	本貫 咸安 父 儀植
趙性宅(성택)	1827~1890	橫溝	學者 字 仁寧 本貫 咸安 父 匡植 著書 橫溝文集
趙成夏(성하)	1845~1881	小荷	文臣 字 舜昭 本貫 豊壤 父 秉駿 系 秉龜 左參贊 編書 金剛山記 諡號 文獻
趙晟漢(성한)	1628~1686	東山 雙槐堂	文人 字 本初 本貫 漢陽 父 克善 尹宣擧 門人 漣川縣監 著書 東山遺稿
趙性浩(성호)	朝鮮	晩圃	本貫 咸安 父 駒龍
趙性昊(성호)		清庵	本貫 咸安
趙性浩(성호) →趙性洛			
曺成煥(성환)	1875~1948	晴簑	獨立運動家 本貫 昌寧 一名 煜
趙性憙(성희)	朝鮮高宗	小疋	本貫 咸安 父 敏植
曺世傑(세걸)	1635~?	浿川 浿州	畵家 本貫 昌寧 僉節制使
趙世傑(세걸)	朝鮮	釜谷	本貫 稷山 父 安
趙世傑(세걸)	朝鮮後期	孤庵	字 子敏 本貫 平壤 父 猷 祖父 廷翼
曺世杰(세걸) →曺世傑			
趙世球(세구)	朝鮮中宗	松齋	學者 本貫 淳昌
趙世基(세기)	朝鮮中期	春睡堂	本貫 平壤 父 猷
曺世夫(세부)		鍾巖	本貫 昌寧
曺世鵬(세붕)	朝鮮英祖	敬知齋 鳳溪	文人 字 雲擧 本貫 昌寧 父 逾 侍直
曺世臣(세신)		錦軒	本貫 昌寧
趙世英(세영)	朝鮮中期	慵軒	文臣 字 子實 本貫 豊壤 父 之孚 安東府使
曺世虞(세우)	朝鮮中宗	石塘	字 伯元 本貫 昌寧 父 尚謙 著書 文集
趙世佑(세우)	朝鮮中宗	黔浦	本貫 白川 父 璜 司直
趙世馨(세형)		七松	字 子美 本貫 林川 父 希進

人名	年代	號	其他
趙世煥(세환)	1615~1683	樹谷 樹村	文臣 字 籤望 本貫 林川 父 碩 外祖 李據仁 承旨
曺世煥(세환)	1854~1941	市南	學者 字 國見 本貫 昌寧 父 仁奎 外祖 河弼東 著書 市南集
趙世彙(세휘)	1623~1681	北溪	字 晋叔 本貫 漢陽 父 英賢
趙涑(속)	1595~1668	滄江 滄醜 醜翁 醉病 醉翁 醉醜	書畫家 字 希溫 本貫 豊壤 父 守倫 進善 著書 滄江日記
曺頌廣(송광)	1876~1957	慶山	圓佛教人
趙松年(송년)	1607~1649	金山	字 壽翁 本貫 漢陽 父 義賢 外祖 柳成民 著書 金山遺稿
曺璲(수)	1587~?	聲山	字 子長 本貫 昌寧 父 弘立 著書 文集
趙須(수)	朝鮮太宗	晚翠亭 松月堂	文臣 字 亨夫 本貫 平壤 父 瑚 兵曹正郎
趙修(수)	1688~1750	遯菴	著書 文集
趙懬(수)	朝鮮	遊軒	本貫 金堤 折衝將軍
趙穗(수) →趙橞			
趙蓊(수) →趙須			
曺遂(수) →趙璲			
趙修(수) →趙備			
趙守權(수권)	朝鮮	蘭窩	文臣 字 乃成 本貫 漢陽 副摠管
趙守良(수량)		鶴溪	本貫 漢陽
趙守倫(수륜)	1555~1612	晚歸 風玉軒	文臣 字 景至 本貫 豊壤 父 廷機 祖父 宗敬 外祖 姜昱 成渾 門人 追贈 兵曹參判
趙壽萬(수만)	朝鮮初期	南溪	字 眉叟 本貫 咸安 父 金虎 祖父 旅 縣監
趙壽明(수명)	朝鮮	八友堂	文臣 字 子長 本貫 漢陽 慶安察訪
曺秀文(수문)	朝鮮	竹林	學者 字 章甫 本貫 昌寧 祖父 大運 生員
趙秀三(수삼)	1762~1849	秋齋 經畹 景濰	詩人 字 芝園, 子翼 本貫 漢陽 父 元文 承文院書吏 著書 秋齋詩抄
曺守誠(수성)	1570~1644	清江	文臣 本貫 昌寧 著書 清江遺集
趙壽雄(수웅)	朝鮮肅宗	遯庵	本貫 平壤 父 時泰
趙守翼(수익)	1565~1602	雲厓 運涯 自娛 自好堂	文臣 字 時輔 本貫 豊壤 父 廷機 封號 豊寧君 弘文館校理
趙壽益(수익)	1596~1574	東江 晚閑	文臣 字 士靜 本貫 淳昌 父 稷 外祖 柳成龍 李慶全 婿 追贈 判書
曺守正(수정)		聲癡	本貫 昌寧 父 大中
趙壽千(수천)	1482~1553	北溪	文臣 字 仲叟 本貫 咸安 父 金虎 府事
曺受天(수천)	朝鮮	靜窩	隱士 字 古初 本貫 昌寧
曺守初(수초)	朝鮮仁祖	靜谷	
趙壽彌(수필)	朝鮮	果齋	文臣 字 昌玉 本貫 玉川 章陵參奉

人名	年代	號	其他
趙壽恒(수항)	朝鮮顯宗	一閒齋	學者 字 士久 本貫 淳昌 父 穆
趙守憲(수헌)	朝鮮	歸軒 歸老軒	文臣 字 師聖 本貫 豊壤 司瞻寺副正
趙守賢(수현)		修窩	本貫 漢陽
曺守弘(수홍)	1573~1607	沙村	學者 字 季毅 本貫 玉川 父 敏中 著書 沙村遺稿
曺淑(숙)		竹軒	著書 文集
趙淑永(숙영)	朝鮮	竹塢	學者 本貫 平山 父 經昌
趙舜(순)	1465~1527	玉峯	文臣, 學者 字 堯卿 本貫 咸安 父 銅虎 著書 玉峯逸稿
曺洵(순)		仙谷	本貫 昌寧 父 秀文
曺鐏(순)		石隣	本貫 昌寧 祖父 煥震
趙順達(순달)	朝鮮中宗	石洲	本貫 白川 父 環 生員
趙順道(순도)	朝鮮明宗	花溪	本貫 平壤 父 比
趙純道(순도)		南浦	本貫 咸安
趙順生(순생)	?~1454	坡西 坡仁	文臣 本貫 漢陽 父 賚 祖父 仁沃 追贈 吏曹判書
趙順燮(순섭)	朝鮮	小岡	本貫 金堤 中樞院議官
趙洵元(순원)		心磬	著書 文集
趙順和(순화)	朝鮮後期	肯沼	書畫家 字 致中 本貫 豊壤
趙述道(술도)	1729~1803	晩谷 晩翁	學者 字 聖紹 本貫 漢陽 父 喜堂 外祖 黃鍾萬 著書 晩谷文集
趙述立(술립)		慕構	著書 慕構公稿〈豊城世稿〉
趙述周(술주)	1778~1858	省愆齋	本貫 豊壤 父 學洙 著書 省愆齋公稿〈豊城世稿〉
趙述曾(술증)		遇堂 元菴	著書 遇堂詩稿
趙崇(숭)	朝鮮	晦谷	文臣 字 子靜 本貫 漢陽 青松府使
趙崇敬(숭경) →趙宗敬			
趙崇文(숭문) →趙崇之			
趙崇祖(숭조)	1819~?	燈村	字 擧叟 本貫 白川 父 永淳 著書 燈村先生文集
趙崇祚(숭조)		花間	著書 花間集
趙崇之(숭지)	?~1456	竹村	武臣 字 武伯 本貫 玉川 父 瑜 追贈 兵曹判書 諡號 節愍
趙勝(승)	朝鮮	安土堂	字 克己 本貫 淳昌 副司果
曺承敬(승경)		竹軒	本貫 昌寧 父 義忠
趙承基(승기)	1836~1913	南洲	學者 字 國賢 本貫 漢陽 父 泰容 外祖 李彙明 著書 南洲文集
趙承洙(승수)	1760~1830	梅隱	字 子希 本貫 豊壤 父 錫龍 著書 梅隱公稿〈豊城世稿〉

人名	年代	號	其他
趙承肅(승숙)	1357~1417	德谷	學者, 文臣 字 敬夫 本貫 咸安 父 璥 外祖 鄭復周 鄭夢周 門人 扶餘監務 諡號 文敬 著書 德谷集
趙升淳(승순)		綠泉	著書 綠泉籌
趙承庸(승용) →趙承肅			
趙承河(승하)		慕菴	著書 文集
趙時經(시경)	1686~1755	中厓	學者 字 義甫 本貫 豐壤 父 濚 外祖 金聲久 著書 中厓公稿〈豐城世稿〉
趙是光(시광)	1669~1740	柱江	學者 字 戒萬(滿) 本貫 漢陽 父 救 外祖 權樸 著書 柱江文集
趙時璧(시벽)	1629~1680	養源堂	隱士 字 粹卿
趙是璧(시벽)		三巖	本貫 漢陽
趙始燮(시섭)		聲叟	本貫 咸安
趙時成(시성)		斗南	
趙時述(시술)	朝鮮	月川	本貫 淳昌 祖父 暻 進士
曺始永(시영)	1843~1912	後溪 復梅	文臣, 學者 字 稚克 本貫 昌寧 父 鎭萬 系 鎭九 外祖 姜處重 同副承旨 著書 後溪集
趙時一(시일)	朝鮮	遵晦	本貫 玉川 進士
趙時貞(시정)		百黙堂	字 海晦 本貫 淳昌
趙時琢(시탁)	朝鮮	松庵	委巷人 字 子精 本貫 漢陽
趙時玶(시형)	朝鮮	守愚堂	本貫 稷山 父 世績
趙軾(식)	高麗	元通	武臣 本貫 平壤 父 鐵山 祖父 狷 副護軍
曺植(식)	1501~1572	南冥 鷄伏堂 山天齋 山海亭 鶴伏堂	學者 字 楗仲 本貫 昌寧 父 彦亨 追贈 領議政 諡號 文貞 著書 南冥集
曺湜(식)	1526~1572	梅庵	學者 字 幼清 本貫 昌寧 父 健 著書 梅庵遺稿
趙埴(식)	1549~1607	立岩	本貫 咸安 父 庭彦
趙混(식)	1648~1714	東厓	字 正持 本貫 橫城 右承旨
趙栻(식)	朝鮮	克庵	本貫 豐壤
趙埴(식)	朝鮮	咏春堂	字 子遂 本貫 淳昌 僉知中樞府事
趙軾(식)	朝鮮	省軒	本貫 玉川 同知中樞府事
趙紳(신)	高麗末	避世翁	本貫 淳昌
曺伸(신)	1454~?	適庵 松齋	文人 字 叔奮 本貫 昌寧 父 季文 著書 適庵詩稿
趙信(신)	朝鮮後期	紅荳	
曺信夫(신부) →趙信天			
趙臣元(신원)	朝鮮高宗	棣華	學者 字 三可 本貫 漢陽 父 奈裕 外祖 李燦 著書 棣華稿
曺臣俊(신준)	1573~?	寧耐 無悶 無悶翁 逋世翁	文臣 字 公著 本貫 嘉興 父 旭 祖父 千齡 車雲輅 門人 長淵府使 著書 寧耐遺稿

人名	年代	號	其他
曺信天(신천)	1573~?	靜谷	隱士 字 守初
曺信忠(신충)		性齋	本貫 昌寧 父 益清 熙川郡事
趙深(심)	朝鮮	渾忘齋	文臣 字 義源 本貫 漢陽 僉知中樞府事
趙雙童(쌍동)	高麗	休休堂	文臣 本貫 白川 父 溫涓 門下右常侍
趙雅(아)	朝鮮初期	粹梅堂	本貫 平壤 父 瑚
趙雅(아)	高麗	梧月堂	本貫 平壤 舍人
趙安卿(안경)	高麗	孤竹 孤竹齋	文臣 字 景謐 本貫 咸安 戶曹典書
趙安國(안국)		蓮湖	字 重珍 本貫 漢陽
趙安和(안화)	朝鮮	歸翁	文臣 字 景弘 本貫 豊壤 訓練院僉正
趙淪(약) →趙淪			
趙揚達(양달)		聲隱	字 士明 本貫 漢陽
趙陽來(양래)		養拙齋	字 復初 本貫 漢陽
趙養老(양로) →趙泰老			
趙養愚(양우)		槐廬	著書 槐盧集
趙養存(양존)	1760~1834	愛葵齋	學者 字 聖涵 本貫 豊壤 父 邦彦 外祖 崔守約 著書 愛葵齋集
趙琠(언)		下鷗亭	本貫 咸安
趙彦觀(언관)	1805~1870	荷潭	學者 字 用賓 本貫 漢陽 父 南復 外祖 權煵 著書 荷潭文集
趙彦光(언광)	1656~1718	注巖	字 實之 本貫 豊壤 父 元胤
趙彦國(언구)	朝鮮正祖	蘆山	本貫 漢陽 注書
趙彦秀(언수)	1497~1574	信善堂	文臣 字 伯高 本貫 楊州 父 邦佐 外祖 申泂 知中樞府事 諡號 貞簡 著書 信善堂稿
趙彦肅(언숙)		後齋	著書 趙後齋易說
趙彦植(언식)		蓀居	著書 蓀居先生文集
趙彦儒(언유)	朝鮮	心齋	字 景珍 本貫 漢陽 著書 心齋集
趙彦育(언육)	朝鮮	竹棲	
曺彦徵(언징)		三吾堂	本貫 昌寧
趙彦泰(언태)	朝鮮英祖	槐齋	本貫 平壤 父 賢
曺彦浩(언호)		松月	本貫 昌寧
趙彦休(언휴)	朝鮮後期	冶軒	本貫 漢陽
趙曬(엄)	1719~1777	永湖 濟谷	文臣 字 明瑞 本貫 豊壤 父 尚絅 平安道觀察使 諡號 文翼 著書 海行摠載
趙儼(엄)	朝鮮後期	梧軒	武臣 本貫 平壤 父 世望
趙璞(업) →趙璞			

人名	年代	號	其他
趙汝忭(여변)	1808~1864	念修堂	學者 字 景賢 本貫 永春 父 明相 外祖 金履玉 著書 念修堂遺稿
趙汝秀(여수)	1605~1689	晩悟堂	文臣 字 愼甫 本貫 豊壤 父 澈 禮曹參判
曺汝諶(여심)	1518~1582	喚鶴堂	本貫 昌寧 父 洵 著書 文集
趙汝籍(여적)	朝鮮中期	靑鶴	著書 靑鶴集
曺汝忠(여충)	1613~1676	敬堂	學者, 文臣 字 翼哉 本貫 昌寧 父 舢 外祖 金得雨 省峴道察訪 著書 敬堂逸稿
趙汝忠(여충)	朝鮮宣祖	嵋齋	文臣 字 明汝 本貫 沃川
曺汝忠(여충)		觀水亭	本貫 昌寧
曺汝鎬(여호)	韓末~日帝	訥窩	
曺汝欽(여흠)	1549~1597	翠谷 臥龍	字 士明 父 彦仁 著書 翠谷集
趙涓(연)	高麗	籠巖	文臣 本貫 平壤
趙淵(연)	1489~1564	耐軒	書藝家 字 靜卿 本貫 咸安 父 銅虎 幽谷道察訪
趙演(연)	朝鮮仁祖	漢野	文臣 字 民用 本貫 楊州
趙淵(연)	朝鮮宣祖	石溪	本貫 平壤 父 應祺
趙淵(연)	朝鮮	達川	文臣 字 深遠 本貫 玉川 泰仁縣監
趙涓(연) →趙狷의 初名			
趙燕敎(연교)		止齋	著書 止齋詩稿
趙衍龜(연귀)	1726~?	敬菴 銀川	
趙然明(연명)	朝鮮純祖	三巖	文臣 本貫 豊壤
趙淵復(연복)	朝鮮末	木澗	本貫 漢陽 著書 木澗集
趙喠叟(연수) →趙涓叟			
趙悅(열)	高麗~朝鮮	琴隱	文臣, 學者 本貫 咸安 父 天啓 著書 琴隱實記
趙廉(염)	1293~1346	中齋	字 魯直 本貫 淳昌 父 文錠 淸州司錄參事
趙廉二(염이) →趙廉			
曺熀(엽)	1600~1665	九峯	學者 字 晦而 本貫 昌寧 父 守訓 追贈 司僕寺正 著書 九峯遺集
趙瑛(영)	高麗	樂齋	文臣 字 英玉 本貫 玉川 典工判書
趙瑛(영)	朝鮮初期	愼守齋	本貫 林川 父 應謙
趙嶸(영)	朝鮮末	楊湖	畵家 字 士安 本貫 楊州
趙榮慶(영경)		愚軒	著書 文集
趙榮國(영국)	1698~1760	月湖	文臣 字 君慶 本貫 楊州 父 鳳彬 祖父 泰東 守禦使 諡號 靖憲 著書 月湖漫錄
趙映奎(영규)	1858~1933	林坡	學者 著書 林坡文集
趙英圭(영규)		養性堂	本貫 漢陽

人名	年代	號	其他
趙英基(영기)	朝鮮~日帝	南山	本貫 漢陽
趙英基(영기)		松谷	本貫 漢陽
趙靈得(영득)	1666~1736	樂溪	本貫 咸安 父 澯 著書 樂溪先生文集
曺榮來(영래)		月谷	字 和綏 本貫 昌寧
趙永萬(영만)	朝鮮高宗	叢桂	著書 文集
趙英茂(영무)	?~1414	退村 休巖	文臣, 學者 字 乾也 本貫 漢陽 父 世珍 右政丞 諡號 忠武 著書 退村文集
趙英汝(영무)	朝鮮	場巖	本貫 咸安 父 崇道
趙榮福(영복)	1672~1728	二知堂	文臣 字 錫五 本貫 咸安 父 楷 金昌協 門人 漢城府右尹
趙榮生(영생)	朝鮮中宗	退皐	本貫 平壤 父 孔賓 參奉
趙榮祏(영석)	1686~1761	觀我齋 石溪山人 石溪散人	畫家 字 宗甫 本貫 咸安 父 楷 李海朝 門人 追贈 吏曹參判 著書 觀我齋稿
趙泳善(영선)	1879~1932	拜軒	字 而慶 本貫 玉川 父 昌駒 著書 拜軒集
趙榮世(영세)	1679~1728	二知 下一	字 孝先 本貫 咸安 父 卷
趙榮順(영순)	1725~1775	退軒	文臣 字 孝承 本貫 楊州 父 謙彬 祖父 泰采 戶曹參判 著書 退軒集
曺英淳(영순)	朝鮮	玉亭	本貫 昌寧 父 鍾濠
曺永承(영승)		愚齋	本貫 昌寧
趙永升(영승)	1764~?	月溪	文臣, 書畫家 字 日如 本貫 漢陽 父 翼鉉
趙英植(영식)	朝鮮	弦窓	委巷人 字 仲秀 本貫 白川 父 志源
趙榮愚(영우) →趙榮憲			
趙榮祐(영우) →趙榮祏			
趙榮遠(영원)	1577~1640	儒潭	本貫 豊壤 父 靖 著書 儒潭公稿〈豊城世稿〉
趙永元(영원)	1892~1974	覺山	獨立運動家
趙永元(영원)		雲南	本貫 漢陽
趙榮禔(영제)	1678~1704	垣齋	文人, 書藝家 字 君若 本貫 咸安
趙榮進(영진)	朝鮮英祖	西湖	本貫 楊州 父 奎彬
趙永鎭(영진)	朝鮮	龍亭	武臣 字 正集 本貫 玉川 折衝將軍
趙英振(영진)	?~1855	樵翁	著書 樵翁趙先生文集
曺英振(영진)		德亭	本貫 昌寧
趙寧夏(영하)	1845~1884	惠人	文臣 字 箕三 本貫 豊壤 父 秉錫 系 秉夔 禮曹判書 諡號 忠文
趙榮憲(영헌)	1831~1903	南塢	學者 字 亨文 本貫 漢陽 著書 南塢遺稿
趙英和(영화)	朝鮮憲宗	菊人	文臣 字 稚祈 本貫 豊壤

人名	年代	號	其他
曺泳煥(영환)	朝鮮	樂善窩	本貫 昌寧 父 漢基
趙禮錫(예석)		盤菴	著書 盤菴文稿
趙禮昌(예창)		鷄鳴堂	字 汝良 本貫 漢陽
趙吾錫(오석) →趙晉錫			
趙琓(완)	朝鮮	望湖亭	文臣 本貫 漢陽 知中樞府事 諡號 漢豊君
趙完凱(완개)	朝鮮	黙亭	文臣 字 允佐 本貫 玉川 訓導
趙琓九(완구)	1880~?	藕泉	獨立運動家
趙完珪(완규)	?~1453	梅雪堂 梅雪軒	學者 本貫 漢陽 著書 梅雪堂實記
趙完基(완기)	1570~1592	道谷	義士 字 德恭 本貫 白川 父 憲 追贈 持平
趙完璧(완벽)	朝鮮宣祖	北溪	本貫 豊壤 父 壽福 進士
趙完燮(완섭)	朝鮮	蕉林	文臣 字 榮益 本貫 玉川 敦寧府都正
曺完承(완승) →曺克承			
趙完軾(완식)	朝鮮	蘇山	委巷人 字 敬瞻 本貫 白川
趙完璡(완진)	朝鮮	待雲堂	本貫 漢陽 父 希敏
趙遼祐(요우) →趙謙祐			
趙庸(용)	?~1453	松亭	文臣 本貫 眞寶 父 雲柱 追贈 藝文館大提學 諡號 文貞
趙鏞求(용구)		槐隱	著書 文集
曺用奇(용기)	高麗	降世仙	字 邦彦 本貫 昌寧 平章事
趙鏞洛(용락)		洛隱齋	著書 洛隱齋稿
趙鏞雷(용뢰)	1889~1927	晦西	著書 文集
趙龍普(용보)	朝鮮	耕山	
曺庸相(용상)	1870~1930	弦齋	學者 字 羲卿 本貫 昌寧 父 垣淳 外祖 崔溶 著書 弦齋集
曺龍錫(용석)	1705~1770	北溪	學者 字 天應 本貫 昌寧 父 漢赫 外祖 李至恒 著書 北溪文集
趙龍善(용선)	朝鮮	壁樓	字 德中 本貫 淳昌 義禁府都事
曺龍燮(용섭)	1870~1930	韋堂	學者 本貫 昌寧 父 炳義 外祖 金聲鳳 著書 韋堂遺稿
趙龍燮(용섭)		錦坡	著書 文集
趙鏞壽(용수)	朝鮮	有山	文臣 字 景一 本貫 漢陽 同知中樞府事
趙鏞肅(용숙)	1867~1929	復齋	學者 字 士欽 本貫 咸安 父 宗奎 外祖 鄭東膺 著書 復齋集
趙容淳(용순)	1898~1976	椿山	法曹人 本貫 林川 大法院長
趙鏞殷(용은)	1887~1959	素昂	獨立運動家 字 敬仲 本貫 咸安 父 禎奎 著書 素昂集

人名	年代	號	其他
曺龍振(용진)	朝鮮純祖	蕉齋	本貫 昌寧 父 允大
趙用昌(용창)	朝鮮	晦軒	本貫 金堤 通德郞
趙鏞夏(용하)	1882~1937	求心	獨立運動家 外交官 父 禎奎
曺龍翰(용한)	1694~1741	慈溪	學者 字 雲路 本貫 昌寧 父 德封 外祖 朴世敏 著書 慈溪遺集
趙鏞憲(용헌)	1869~1951	致齋	學者 字 可憲 本貫 咸安 父 晃奎 外祖 柳秉耈 著書 致齋集
趙容和(용화)	1793~?	晴沼	文臣 字 聖文 本貫 豊壤 父 雲翊 刑曹判書 諡號 文憲 著書 晴沼遺稿
趙龍煥(용환)	朝鮮	鴻坡	本貫 金堤 戶曹參判
曺遇(우)	朝鮮後期	九峯	本貫 昌寧 父 孝昌 生員
趙祐(우)	朝鮮	閒雲堂	文臣 字 士善 本貫 橫城 僉知中樞府事
趙友愨(우각)	1765~1839	蒼軒	著書 文集
趙禹謙(우겸)	朝鮮	雲圃	文臣 字 舜擧 本貫 玉川 敦寧府都正
趙宇鳴(우명)	朝鮮	砥澥堂	字 聞伯 本貫 淳昌 四山監役
曺佑邦(우방)	韓末	棣谷	委巷人 著書 棣谷遺艸〈溪社遺唾〉
趙祐植(우식)	1833~1867	琴溪	著書 琴溪集
趙愚植(우식)	1869~1916	省菴	義兵 字 宗顔 本貫 淳昌 父 龍燮 外祖 柳廷一 著書 省菴集
趙佑植(우식)→趙祐植			
趙又新(우신)	1583~1650	白潭	文臣 字 汝輯 本貫 漢陽 父 相 鄭經世, 李顯英 門人 正字 著書 白潭集
趙友愿(우원)→趙友愨			
曺友二(우이)→曺友仁			
曺友仁(우인)	1561~1625	梅湖 耕釣翁, 硯南 怡齋 頤齋 聽罏 夏山 峴南	文臣, 書畵家 字 汝益 本貫 昌寧 父 夢臣 右副承旨 著書 梅湖集
趙愚鎭(우진)		自愛堂	本貫 咸安
趙昱(욱)	1498~1557	龍門 葆眞齋 憑菴 洗心堂 愚菴	學者, 書畵家 字 景陽 本貫 平壤 父 守誠 外祖 李徠 趙光祖, 金淨 門人 追贈 吏曹參議 諡號 文康 著書 龍門集
曺煜(욱) →曺成煥의 一名			
趙昺淳(욱순)	朝鮮	洛隱	本貫 昌寧 父 鍾濠
趙雲卿(운경)	朝鮮憲宗	蘇堂 荷裳	文臣 字 舜瑞 本貫 豊壤
趙運鵾(운곤)		鳳岺	本貫 漢陽 父 光顯
趙運道(운도)	1718~1796	月下	學者 字 性際 本貫 漢陽 父 喜堂 外祖 黃宗萬 著書 月下文集

人名	年代	號	其他
趙雲得(운득)→趙靈得			
趙雲松(운송)		甌北	著書 甌北詩鈔
趙雲植(운식)	朝鮮後期	晴蓑	著書 晴蓑詩抄〈時調百選〉
曹運永(운영)		玉浦	本貫 昌寧
趙雲禎(운정)	朝鮮哲宗	清凉軒	本貫 豊壤 父 漢鎭 著書 文集〈東溪集〉
趙雲從(운종)	高麗	勉庵	著書 勉庵遺稿
趙雲從(운종)	1783~?	芝樵	文臣 字 聖覩 本貫 豊壤 父 呂鎭 系 尙鎭
趙雲柱(운주)	朝鮮哲宗	夢雨	本貫 豊壤 父 性鎭
趙雲周(운주)	朝鮮哲宗	蘭西 蘭畦	文臣 字 岐瑞 本貫 豊壤
趙運直(운직) →趙運道			
趙雲澈(운철)	1792~?	錦窩 錦華 友香	文臣 字 伯泳 本貫 豊壤 父 升鎭
趙雲漢(운한)	朝鮮哲宗	隔南	學者 字 坌瑞 本貫 豊壤 父 益夏
趙雲鉉(운현)	1847~1888	包齋	學者 字 龍擧, 龍章 本貫 楊州 著書 包齋集
趙云仡(운흘)	1332~1404	石磵 石澗 石磵栖 霞翁 石磵棲霞翁 夢村 板橋 板橋院 生 板橋院主	文臣 本貫 豊壤 李仁復 門人 檢校政堂文學 著書 石磵集
趙瑗(원)	1544~1595	雲江 倚樓	文臣 字 伯玉 本貫 林川 父 應恭 系 應寬 曺植 門人 承旨 著書 雲江遺稿
趙嵄(원)	朝鮮正祖	靜崖	字 聖陟 本貫 平壤
趙瑗(원) →趙璥의 初名			
趙遠慶(원경)	朝鮮	何求翁	文人 本貫 楊州
趙元紀(원기)	1457~1533	敦厚齋 惇厚齋	文臣 字 理之 本貫 漢陽 父 衷孫 判中樞府事 諡號 文節 著書 趙文節公遺稿
趙遠期(원기)	1630~1680	九峯	文臣 字 勉卿 本貫 林川 父 時馨 外祖 沈廷揚 李景奭 婿 黃海道觀察使 著書 九峯集
趙遠基(원기) →趙遠期			
趙元吉(원길)	高麗	農隱 玉川	忠臣 字 聖中 本貫 玉川 父 璋 封號 玉川府院君 門下侍中 諡號 忠獻
趙元吉(원길)	高麗	農隱	本貫 淳昌 父 佃 封號 玉川府院君
趙元世(원세)	1898~1986	靜觀	獨立運動家 父 奉周
曹垣淳(원순)	1850~1903	復菴	學者 字 衛七 本貫 昌寧 父 錫永 外祖 李佑秉 著書 復菴集
趙元胤(원윤)	1633~1688	竹坡	隱士 字 善伯 本貫 豊壤
趙源學(원학)		守齋	著書 文集

人名	年代	號	其他
曺元煥(원환)	1892~1964	斗峰	天主教人
曺偉(위)	1454~1503	梅溪	文臣, 學者 字 太虛 本貫 昌寧 父 繼門 金宗直 門人 副摠管 諡號 文莊 著書 梅溪集
趙顥(위)	朝鮮	瓦谷	文臣 字 愼甫 本貫 玉川 掌苑署別提
曺偉(위) →曺偉			
趙緯經(위경)	1698~1780	吹篪齋	字 世文 本貫 漢陽 父 彦轍
趙威明(위명)	1640~1685	松泉	文臣 字 晦汝 本貫 漢陽 父 綏 趙綱 門人 禮曹參判
趙威鳳(위봉)	1621~1675	鹿門	文臣 字 子雨, 子羽 本貫 漢陽 父 綱 應教
趙渭叟(위수)	1630~1699	六友堂	文臣 字 尚甫 本貫 漢陽 父 松年 追贈 吏曹參判 著書 六友堂遺稿
趙胄一(위일)	朝鮮	丹邱子	學者 字 士元 本貫 淳昌 著書 天命圖解
趙緯韓(위한)	1558~1649	玄谷 西巒 素翁	文臣 字 持世 本貫 漢陽 工曹參判 著書 玄谷集
趙瑋漢(위한) →趙緯韓			
趙瑜(유)	高麗	虔谷	文臣 字 兪玉 本貫 玉川 典農寺副正
趙瑜(유)	1346~1428	玉川 處谷	文臣 字 玉汝 本貫 淳昌 父 元吉
趙猷(유)	朝鮮	圻水	本貫 平壤 父 廷翼
曺逾(유)	朝鮮後期	愚拙堂	字 而順 本貫 昌寧 父 悌昌
趙愉(유) →趙瑜			
趙惟立(유립)		愚石	字 仲刪 本貫 漢陽
曺有實(유보)	1876~1934	惺齋	字 忠可 本貫 昌寧 父 慶善 著書 惺齋集
趙柳祥(유상)	1644~1714	二憂堂 恥漢	學者 字 勉哉 本貫 漢陽 父 休 著書 二憂堂遺稿
趙有善(유선)	1731~1809	蘿山	學者 字 士淳, 子淳 本貫 稷山 父 聖躋 金元行 門人 追贈 左承旨 諡號 文簡 著書 蘿山集
趙惟誠(유성)		靜軒	字 盛剛 本貫 漢陽
趙裕壽(유수)	1663~1741	後溪 后溪	文臣 字 毅仲 本貫 豊壤 父 相忭 祖父 珩 判決事 著書 後溪集
趙惟顏(유안)	朝鮮宣祖	三畏翁	本貫 漢陽
趙維鎭(유진)	朝鮮英祖	東海子	本貫 豊壤 父 載源
曺有贊(유찬) →曺有實의 一名			
趙有憲(유헌)	1736~1815	芝山	文臣 字 季武季式 本貫 稷山 父 聖躋
曺有弘(유홍)	1876~1914	愚齋	著書 愚齋遺稿
曺有煥(유환)		晚青	本貫 昌寧
趙惟孝(유효)	朝鮮	東隱	文臣 字 敬直 本貫 玉川 司憲府監察
曺玧(윤)		慕貞	本貫 昌寧

人名	年代	號	其他
趙允(윤) →趙狷의 初名			
趙胤(윤) →趙狷의 初名			
趙倫(윤) →趙綸			
曹允謙(윤겸)		守分堂	本貫 昌寧
曹允大(윤대)	1748~1813	東浦	文臣 字 士元 本貫 昌寧 父 命峻 祖父 夏望 知中樞府事 編書 崔烈士傳
趙潤渶(윤돌)	朝鮮	百千堂	本貫 金堤 父 元祐 漢城庶尹
趙胤錫(윤석)	1615~1664	慵隱	文臣 字 伯承 本貫 楊州 父 昌遠 外祖 崔鐵堅 判決事 著書 慵隱稿〈楊山世稿〉
趙允瑄(윤선)	高麗	林亭	文臣 本貫 平壤 開城府尹
曹潤孫(윤손)	朝鮮	莊湖	書畵家 本貫 昌寧
趙胤植(윤식)	1800~1869	信山 巖窩	學者 字 致彬 本貫 咸安 父 鎭民 外祖 崔光八 著書 信山文集
趙潤植(윤식)	1894~1950	祝嵩	獨立運動家
曹允愼(윤신)	朝鮮	古巖 魯齋	學者 字 誠中 本貫 昌寧 父 孝淵
趙潤屋(윤옥)	朝鮮	遜世菴	本貫 沃川 承旨
趙胤遇(윤우)		勤謹齋	著書 勤謹齋遺稿
曹潤周(윤주)	1705~?	養志齋	字 子禎 本貫 昌寧 父 汝綱 著書 文集
曹胤祉(윤지)		南洲	本貫 昌寧 父 士虞
趙潤琛(윤침) →趙潤渶			
曹允享(윤향) →曹允亨			
曹允亨(윤형)	1725~1799	松下翁	文臣, 書畵家 字 稺行 本貫 昌寧 父 命敎 知敦寧府事
曹潤垕(윤후)		雲窩	著書 雲窩集
趙應堅(응견)	朝鮮	八友亭	文臣 字 大成 本貫 玉川 宣陵參奉
趙應卿(응경)	朝鮮中期	下鷗亭	字 庚老 本貫 咸安 父 壽萬
趙應祺(응기)	朝鮮宣祖	松谷	武臣 本貫 平壤 父 惟獻
趙應祿(응록)	1538~1623	竹溪	文臣 字 景綏 本貫 豊壤 父 德機 封號 豊寧君 嘉善大夫 著書 竹溪遺稿
趙應文(응문)	1549~1611	無悶 松湖	文臣 字 一貫 本貫 漢陽 父 澄 外祖 李呈珠 宗簿寺正
曹應仁(응인)	1555~1624	陶村	字 善伯 本貫 昌寧 著書 陶村集
趙應祉(응지)	朝鮮明宗	坎庵	本貫 白川 父 世佑
趙毅卿(의경)	朝鮮後期	覃泉	
曹毅坤(의곤)	1832~1893	東塢	學者 本貫 昌寧 父 玹瑋 外祖 安光瑛 著書 東塢遺稿

人名	年代	號	其他
曺義吉(의길)	高麗	西郭 遠村	文臣 本貫 昌寧 太學士
曺義立(의립)	朝鮮宣祖	逸翁	義兵 本貫 昌寧
曺義生(의생) →曺義吉			
趙義淳(의순)		思軒	本貫 楊州
趙宜陽(의양)	1719~1808	梧竹齋 烏竹	文臣, 學者 字 義卿 本貫 漢陽 父 元益 外祖 李基晚 著書 梧竹齋文集
趙義耘(의운)	朝鮮後期	百宜堂	文臣 字 七而 本貫 豊壤 父 沃 連山縣監
曺義忠(의충)		松巖	本貫 昌寧 父 益清
趙義煥(의환)	朝鮮	無聲齋	文臣 字 乃仁 本貫 漢陽 吏曹參判
趙爾炳(이병)	1634~1683	聽天	字 景章 本貫 楊州 父 相禹
趙頤壽(이수)	朝鮮仁祖	倚樓	字 毅仲 本貫 豊壤 父 相忭
趙爾重(이중)	朝鮮肅宗	台石	字 九卿 本貫 玉川
曺以天(이천)	朝鮮明宗	鳳谷	文人 字 順初 本貫 昌寧 著書 四禮節解
曺爾樞(이추)	1661~1707	四友堂	文臣 字 元卿 本貫 昌寧 著書 四友堂文集
曺爾鐸(이탁)		病隱	本貫 昌寧
曺爾憲(이헌)		稼齋	本貫 昌寧
趙爾後(이후)	朝鮮顯宗	梅谷 冶谷	文臣 字 景和 本貫 楊州 父 相禹 同知中樞府事
趙翊(익)	1556~1613	可畦	文臣 字 棐仲 本貫 豊壤 父 光憲 外祖 洪胤崔 鄭逑 門人 掌令
趙翼(익)	1579~1655	浦渚 存齋	文臣, 書畫家 字 飛卿 本貫 豊壤 父 瑩中 張顯光 尹 根壽 門人 左議政 諡號 文孝 著書 浦渚集
趙潩(익) →趙翼			
趙益道(익도)		道谷	本貫 咸安
趙益諒(익량)	朝鮮顯宗	荷洲	本貫 楊州 父 有慶 進士
趙翼燮(익섭)	1745~1828	永矢軒	著書 永矢軒逸稿
曺翊承(익승)	1841~1909	昌溪	學者 字 羽成 本貫 昌寧 父 亨德 外祖 李允範 著書 昌溪集
曺翼承(익승)		三黙齋	本貫 昌寧
趙翼永(익영)	朝鮮高宗	鑑塘	本貫 豊壤 父 雲象 承旨
趙益貞(익정)	1436~?	點彈	字 而元 本貫 豊壤 父 溫之
趙翼周(익주)	朝鮮	松村	本貫 稷山 父 必亨
曺益清(익청)		槐堂	本貫 昌寧
曺益清(익청)		鼎谷	
曺翼漢(익한)	1680~1741	黙庵	學者 字 子相 本貫 昌寧 父 壽昌 外祖 申坂 著書 黙庵集

人名	年代	號	其他
趙寅(인)	朝鮮光海君	江湖 江湖散人	隱士 字 明仲 本貫 平壤 父 昌生
趙麟經(인경)	1696~1759	直方齋	著書 直方齋公稿〈豊城世稿〉
趙蘭光(인광)		檢崗	本貫 漢陽
趙蘭國(인국)		聾窩	本貫 漢陽
趙仁奎(인규)	朝鮮中宗	陲菴 寓菴	字 景文 本貫 豊壤 父 世輔 參判 著書 儷語
趙寅奎(인규)		斗南	著書 趙斗南詩薰
趙寅奎(인규)		琅玕	
趙仁得(인득)	?~1598	滄洲	文臣 字 德輔 本貫 平壤 父 慶雲 外祖 金應武 吉州 牧使
趙仁璧(인벽)	?~1393	梅月堂 桑村 愚溪 林灘 海月亭	武臣 本貫 漢陽 父 暾 封號 龍原府院君 判懿德府事 諡號 襄烈
趙寅錫(인석)	1863~1931	石汀	學者 字 敬文 本貫 玉川 父 珩采 外祖 蔡邦鎭 著書 石汀集
趙寅錫(인석)	韓末~日帝	乃隱	本貫 漢陽
趙仁碩(인석) →朴仁碩			
趙寅高(인설)		受三齋	著書 文集
趙仁壽(인수)	朝鮮肅宗	白賁堂	學者 字 伯靜 本貫 豊壤 父 相鼎 封號 豊興府院君 義禁府都事
曹寅承(인승)	1842~?	東谷	文臣,書藝家 字 景賓 本貫 昌寧 父 錫元 吏曹參判
趙寅永(인영)	1782~1850	雲石	文臣 字 義卿 本貫 豊壤 父 鎭寬 領議政 諡號 文忠 著書 雲石遺稿
趙仁元(인원)	1875~1950	冶雲	獨立運動家 父 鍾灝
趙寅采(인채)		德川齋	著書 文集
趙寅杓(인표)	朝鮮	蘭之	文臣 字 應春 本貫 玉川 孝德殿參奉
趙寅熙(인희)	1822~1882	暘齋	文臣 字 士義 本貫 楊州 京畿道觀察使
趙鎰(일)		鰲潭	字 子重 父 毅道
趙一男(일남)		楸隱	字 壽天 本貫 漢陽
曹日承(일승)		震巖	本貫 昌寧
曹一源(일원)		愼齋	本貫 昌寧
曹一周(일주)		靖閑齋	字 可運 本貫 昌寧
趙一韓(일한)		一齋	本貫 淳昌
趙任(임)	1573~1644	沙月	文臣 字 子重 本貫 漢陽 父 光仁 外祖 李壽仁 知中 樞府事 著書 沙月先生文集
趙琳(임)	?~1408	愼齋	字 伯瑗 本貫 咸安 父 繼祖
趙任道(임도)	1585~1664	澗松 澗松堂	學者 字 德勇 本貫 咸安 父 埴 張顯光 門人 追贈 司憲府持平 著書 澗松集

人名	年代	號	其他
趙立廈(입하)	朝鮮	慕構	本貫 豊壤 父 承洙
趙子龍(자룡)	高麗	台村	文臣 本貫 白川 父 珍 門下侍中 諡號 文簡
趙章燮(장섭)		韋堂	著書 韋堂文集
趙章夏(장하)	1847~1910	履齋	殉國志士 字 景憲 本貫 豊壤 父 秉尙 著書 履齋遺稿
趙章夏(장하)	朝鮮	玉壺館	字 厚明 本貫 淳昌
趙載觀(재관)	朝鮮末	松塢	本貫 平壤 父 文顯
趙在奎(재규)	朝鮮	怡怡軒	字 昔友
趙載道(재도)	1725~1749	忍庵	學者 字 文之 本貫 豊壤 父 景命 著書 忍庵遺稿
趙在名(재명) →趙晃의 初名			
趙齋師(재사) →趙師			
趙在三(재삼)	朝鮮後期	松南	著書 松南雜識
曺在永(재영)		夏雲齋	本貫 昌寧
趙在應(재응)	1803~?	成齋 晋齋	文人 字 聲汝 本貫 林川 父 學黙 系 學永 弘文館提學
曺在學(재학)	1861~1943	迂堂	獨立運動家
趙載恒(재항)	朝鮮	穎史	本貫 平壤 父 文顯
趙載浩(재호)	1702~1762	損齋 農村	文臣 字 敬大, 景大 本貫 豊壤 父 文命 外祖 金昌業 敦寧府領事 著書 損齋集
趙載洪(재홍)	1713~?	澗庵	文臣 字 就深 本貫 豊壤 父 文命 大司憲
趙績(적)	1619~?	鳩村 鷗村	文臣 字 熙叔 本貫 豊壤 父 時中 祖父 儆 正郎
曺湜(적)		龍洲	
趙佺(전)	朝鮮後期	壺隱	本貫 漢陽 直長
趙悛(전) →鄭悛			
趙全素(전소)	1601~1645	后浦 後浦	文臣 字 子玄 本貫 豊壤 父 璞 吏曹參議 著書 后浦遺稿
趙全孝(전효) →趙全素			
曺殿周(전주)	朝鮮中期	樂齋	本貫 昌寧 父 漢相 府使
趙鼎(정)	高麗	慕唐	武臣 字 禹實 本貫 咸安 大將軍 諡號 忠壯
趙珵(정)	朝鮮初期	七松居士	本貫 林川 父 之瑞
趙挺(정)	1551~1629	竹川 漢叟	文臣 字 汝豪 本貫 楊州 父 忠秀 右議政 著書 東史補遺
趙挺(정)	朝鮮宣祖	德溪	文臣 本貫 玉川 金海府使
趙靖(정)	1555~1637	黔澗	文臣 字 安仲 本貫 豊壤 父 光憲 金克一 婿 追贈 吏曹判書 著書 黔澗文集
趙畈(정)	1719~?	晚靜齋	著書 晚靜齋遺稿

人名	年代	號	其他
趙偵(정)	朝鮮肅宗	省軒	文臣 本貫 平壤 父 世雅
趙政(정)	朝鮮	來湖	文臣 字 寅瑞 本貫 豊壤 吏曹參議
趙禎(정)	朝鮮	謙齋	文臣 字 士祿 本貫 橫成 僉知中樞府事
趙鼎(정)	朝鮮	招隱	本貫 白川 父 連孫
曺靖(정)		黙庵	字 安仲 本貫 昌寧 父 戊
趙挺(정)	朝鮮宣祖	德村	字 知中 本貫 玉川
趙綖(정)		明來齋	本貫 漢陽
趙正綱(정강)	1666~?	稼谷 南麓	文臣, 書藝家 字 紀之 本貫 林川 縣監
趙庭堅(정견)	1558~?	稼隱	文臣 字 公直 本貫 白川 父 應斗 承旨
趙鼎慶(정경)		玉考	著書 文集
趙鼎敎(정교)	朝鮮	養心齋	本貫 漢陽 父 最洙 系 會洙
趙鼎九(정구)	1862~1926	月坡居士 芍農	文臣 字 來卿, 米卿 本貫 豊壤 父 東奭 祖父 鳳夏 大院君 壻 宮內部大臣
趙廷奎(정규)	1791~?	琳田	畵家 字 聖瑞 本貫 咸安 僉節制使
趙貞奎(정규)	1853~1920	西川	字 泰文 本貫 咸安 父 熙麟 著書 文集
趙禎奎(정규)	?~1940	理化齋	字 致遠 本貫 咸安 恭陵參奉
趙廷珪(정규)	→趙廷奎		
趙停期(정기)	→趙亨期		
趙正來(정래)	1880~1945	和軒	學者 字 亨進 本貫 咸安 武 瑩濟 外祖 李馨模 和軒文集
曺挺龍(정룡)	1694~1769	草堂	學者 字 雲卿 本貫 昌寧 父 必大 外祖 張道堅 著書 草堂集
趙正立(정립)	1560~1612	松湖	文臣 字 汝直 本貫 橫城 父 進 弘文館直提學
曺挺立(정립)	1583~1660	梧溪	文臣, 學者 字 以正 本貫 昌寧 父 應仁 外祖 李得賁 星州牧使 著書 梧溪先生文集
趙廷立(정립)		退隱	本貫 平壤
趙正萬(정만)	1656~1739	寤齋	文臣 字 定而 本貫 林川 父 景望 外祖 柳寔 宋時烈, 宋浚吉 門人 知中樞府事 諡號 孝貞 著書 寤齋集
趙廷範(정범)		六行堂	本貫 漢陽
趙鼎彬(정빈)	朝鮮	耻庵	文臣, 學者 本貫 楊州
曺鼎彬(정빈)	朝鮮純祖	霞溪	字 伯郁 本貫 昌寧
趙廷相(정상)		松隱	著書 文集
曺挺生(정생)	朝鮮仁祖	陶溪	文臣 本貫 昌寧 父 命仁 校理
趙正緖(정서)	1664~1714	南谷	文臣 字 繼之 本貫 林川 父 顯期 外祖 金佐明 扶餘縣監 著書 南谷文集
趙正燮(정섭)	→趙定熙의 初名		
趙廷秀(정수)	朝鮮	後軒	本貫 金堤 父 達天 同知中樞府事

人名	年代	號	其他
趙正純(정순)	1676~1732	石谷	文臣 字 誠之 本貫 林川 父 顯期 外祖 金佐明 持平
趙正紳(정신)	朝鮮肅宗	漁隱	本貫 林川 父 昌期
趙鼎玉(정옥)	朝鮮中期	松川	
趙井愚(정우)		尋源堂	著書 文集
趙正緯(정위)	1659~1703	一黙軒	文臣 字 象之 本貫 林川 父 顯期 正言 著書 一黙軒集
曺挺融(정융)	1598~?	湖翁 湖齋	文臣 字 維贍 本貫 昌寧 父 友仁 守令
趙廷翼(정익)	1599~1636	樂道齋	志士 字 翼之 本貫 平壤 父 寅 追贈 左承旨 諡號 忠肅
趙廷益(정익) →趙廷翼			
趙正仁(정인)	1870~1909	丹巖	義兵將
趙庭芝(정지)	朝鮮	義齋	文臣 本貫 白川 護軍
趙貞喆(정철)	1571~1831	靜軒 大陵	文臣 字 成卿,台城 本貫 楊州 父 榮順
曺精通(정통)	高麗	水雲 氷雲	本貫 昌寧 封號 鐵台君 侍中
趙正夏(정하)	朝鮮顯宗	北斗	本貫 林川 父 景望 系 景昌
趙廷獻(정헌)	朝鮮	石門	本貫 漢陽 父 健
趙廷虎(정호)	1572~1647	南溪	文臣 字 仁甫 本貫 白川 父 冲 系 凝 江原道觀察使
趙廷和(정화)	朝鮮正祖	虛谷	文臣 字 修之 本貫 豊壤
趙鼎和(정화)	朝鮮末	黙齋	學者 著書 黙齋記思
曺正煥(정환)	1875~1926	南岡	獨立運動家
曺正煥(정환)		野翁	著書 野翁遺稿
曺正煥(정환)		南岡翁	著書 文集
趙定熙(정희)	1845~?	經齋	字 聖瑗 本貫 楊州 父 徽林 議政院贊政
趙濟普(제보)	1681~1728	藏六 藏六居士	學者 字 彦博 著書 藏六遺稿
趙濟華(제화)	朝鮮	青下	文臣 字 季實 本貫 漢陽 吏曹參判
趙族(족) →趙旅			
趙存九(존구)	朝鮮後期	石丈	本貫 平壤 父 圭錫
趙存道(존도)	1579~1637	睡軒	文臣 字 一之 本貫 楊州 父 德年 外祖 金師委
趙存性(존성)	1553~1627	龍湖 鼎谷	文臣 字 守初, 逐初 本貫 楊州 父 俊秀 系 擎 外祖 李夢奎 成渾, 朴枝華 門人 江原道觀察使 諡號 昭敏 著書 龍湖稿〈楊山世稿〉
趙存誠(존성) →趙存性			
趙存世(존세)	1562~?	聽古 聽湖	文臣 字 善繼 本貫 楊州 父 摰 祖父 士秀 工曹參判

人名	年代	號	其他
趙存榮(존영)	朝鮮後期	鍾山	學者 著書 鍾山集
趙宗(종) →趙宗著			
趙宗敬(종경)	1495~1535	獨庵	文臣 字 子愼, 孝伯 本貫 豊壤 父 彭 司瞻寺正 著書 獨庵遺稿
趙宗敬(종경)	朝鮮端宗	月溪 月溪堂	隱士 本貫 漢陽 著書 文集
趙宗卿(종경) →趙宗敬			
趙鍾國(종구)	朝鮮後期	農隱	
趙從根(종근)	1865~1930	約軒	著書 約軒遺稿
趙從根(종근)		首山	著書 文集
趙宗耆(종기) →趙宗著			
趙宗岱(종대)		紫巖	本貫 漢陽
趙鍾悳(종덕)	1858~1927	滄庵	學者 字 性薰 本貫 沃川 父 亨圭 外祖 任相休 著書 滄庵集
趙宗道(종도)	1862~1597	大笑軒	文臣 字 伯由 本貫 咸安 父 堰 外祖 姜老 曺植 門人 追贈 吏曹判書 諡號 忠毅 著書 大笑軒集
趙宗濂(종렴)		筍鳴	著書 文集
趙從禮(종례)	朝鮮	栗亭	文臣 本貫 咸安 寶文閣直提學
趙鍾麟(종린)		梧山	本貫 漢陽 父 廷範
趙宗林(종림)	朝鮮中期	七山	本貫 林川 父 鳳齡
趙鍾明(종명)	朝鮮	書湖	本貫 漢陽 父 鼎教
趙鍾韶(종소)	朝鮮	魯溪	本貫 白川 父 壽增
趙從孫(종손)	朝鮮	玄洲	文臣 字 公益 本貫 玉川 泰仁縣監
趙鍾植(종식)		雲洲	本貫 漢陽
趙宗信(종신)	朝鮮	淸孝堂	本貫 沃川 同知中樞府事
趙宗嶽(종악)	1574~1641	松浦	著書 文集
趙宗嶽(종악)		龜巖	本貫 漢陽
趙鍾永(종영)	1771~1829	北海	文臣 字 元卿 本貫 豊壤 父 鎭宅 右參贊 諡號 忠簡
趙鍾永(종영)		敬堂	本貫 漢陽 父 廷範
趙鍾玉(종옥)		醒齋	本貫 漢陽
趙從耘(종운)	1607~?	松窓	文臣 字 伯農 本貫 豊壤 讚善 著書 氏族源流
趙宗翊(종익)	朝鮮後期	錦岡	
趙鍾益(종익)		石村	本貫 漢陽
趙宗著(종저)	1631~1690	南岳 艮齋	文臣, 學者 字 聚叔 本貫 漢陽 父 重呂 淮陽府使 著書 南岳集
趙琮鎭(종진)	1767~1845	東海	文臣 字 章之 本貫 豊壤 父 時正 祖父 禧命 左承旨 著書 東海公遺稿

人名	年代	號	其他
趙鍾弼(종필)	朝鮮憲宗	荷堂	本貫 漢陽 父 性敎 黃海道觀察使
趙宗夏(종하)		恁堂	著書 恁堂實記
趙宗鉉(종현)	1731~1800	天隱	文臣 字 元玉 本貫 楊州 父 雲逵 判中樞府事 諡號 孝憲 著書 天隱亂稿
趙宗鉉(종현)		滄洲	著書 文集
趙鍾協(종협)		建齋	本貫 漢陽
趙鍾灝(종호)	朝鮮	書崖	本貫 漢陽 父 鼎敎 系 謙和
趙鍾濠(종호)	朝鮮	辭窩	本貫 昌寧 父 漢基
趙佐榮(좌영)		叢桂	著書 叢桂文集
趙注(주)	朝鮮世宗	道谷 淸溪	文臣 本貫 康津 父 士舜 戶曹參判
趙周烈(주열)		可石	著書 文集
趙周昇(주승)	1854~?	碧下	書藝家 本貫 金堤
曺宙承(주승) →曺寅承			
趙周源(주원)	1851~1915	晩圃	學者 字 孟稷 本貫 漢陽 父 鉉喬 著書 晩圃文集
趙浚(준)	1346~1405	松堂 吁齋	文臣 字 明仲, 子明 本貫 平壤 父 德裕 封號 平壤伯 領議政府事 諡號 文忠 著書 松堂集
趙峻(준)	朝鮮初期	柳湖	字 士瞻 本貫 楊州
趙琂(준)		荷棲	著書 荷棲趙公埈疏章
趙遵道(준도)	1576~1665	方壺	學者, 文臣 字 景行 本貫 咸安 父 址 外祖 權恢 副護軍 著書 方壺集
趙俊良(준량) →黃俊良			
曺俊民(준민)	朝鮮	書隱	委巷人 字 汝秀, 蓮卿 本貫 昌寧
趙準永(준영)	1833~1886	松磵	文臣 字 景翠 本貫 豊壤 初名 晩和 父 雲涉 系 雲澈 協辦交涉通商事務 著書 日本見聞事件
趙俊夏(준하)	1878~1952	誠菴	學者 字 允明 本貫 豊壤 父 秉正 著書 誠菴文集
趙仲傑(중걸) →趙庸의 初名			
趙仲謙(중겸)	朝鮮	桐村	文臣 字 纘孟 本貫 玉川 健陵參奉
趙重敎(중교)	韓末	重菴	
趙重九(중구)	1850~?	素亭	字 鼎呂 本貫 楊州 父 鳳熙 秘書院丞
曺仲奎(중규)	朝鮮哲宗	旅隱	本貫 昌寧
趙重呂(중려)	1603~1650	休川	文臣 字 重卿 本貫 漢陽 父 幹 任叔英 門人 掌令 著書 休川集
趙重呂(중려)	朝鮮	筠軒	字 倚相 本貫 橫城 祖父 穆
趙中立(중립)	朝鮮	四味堂	本貫 咸安 父 玹
趙中立(중립)	朝鮮	斗麓	本貫 金堤 進士

人名	年代	號	其他
趙重穆(조중목)	1869~?	重山	字 聖緝 本貫 楊州 父 用熙 系 台熙　秘書院卿
趙重默(조중묵)	朝鮮末期	雲溪 蔗山	畫家 字 德荇 本貫 漢陽 祖父 秀三 監牧官
趙重璧(조중벽)	朝鮮	立巖	本貫 玉川　中樞府事
趙重復(조중복)		日勉齋	本貫 漢陽
趙重翊(조중익)	朝鮮後期	華農	
趙仲全(조중전)		梅峰	著書 梅峰詩錄
趙重鎭(조중진)	1732~1804	于郊	字 士鼎 本貫 豐壤 父 時敏 祖父 迪命 郡守
趙重鉉(조중현)	朝鮮	碧菴	本貫 金堤　侍從
趙重桓(조중환)	1863~1944	一齋	新小說作家
趙仲輝(조중휘)	朝鮮成宗	一樂堂	本貫 楊州 父 瑾
趙澂(조즙)	1568~1631	花川	文臣 字 德和 本貫 豐壤 父 守元 祖父 廷權 副校理
趙址(조지)	朝鮮	望雲	文臣 字 克立 本貫 咸安 同知中樞府事
趙持謙(조지겸)	1639~1685	迂齋 鳩浦	文臣 字 光甫 本貫 豐壤 父 復陽 追贈 吏曹判書 著書 迂齋集
趙知崙(조지륜)	韓末	相好亭	字 兔無
趙之瑞(조지서)	1454~1504	知足堂 百村 知足 知足亭 忠軒	文臣 字 伯符 本貫 林川 父 瓚 追贈 都承旨 著書 知足堂忠孝錄
趙芝衍(조지연)	→鄭芝衍		
趙志淵(조지연)	朝鮮後期	西台	字 明遠
趙之耘(조지운)	1637~?	梅谷 梅隱 梅齋 梅窓	畫家 字 耘之 本貫 豐壤 父 涑 縣監
趙志源(조지원)	朝鮮	花泉	委巷人 字 深遠 本貫 白川
曹之煥(조지환)		剡溪	著書 文集
趙溭(조직)	1592~1645	止齋	文臣, 書畫家 字 止源 本貫 豐壤 父 守彛 外祖 鄭南慶 封號 漢川君 追贈 大司憲
趙直永(조직영)	1752~?	愓若齋	字 伯寅 本貫 豐壤 父 鎭恒 系 鎭崇 著書 文集
趙振(조진)	1543~?	聲巖 聲隱	字 起伯 本貫 楊州 父 忠秀
趙溍(조진)	朝鮮	花南	字 晋甫 本貫 淳昌 副司果
趙鎭寬(조진관)	1739~1808	柯汀	文臣 字 裕叔 本貫 豐壤 父 曮 知中樞府事 諡號 孝文 著書 柯汀集
趙瑨奎(조진규)		信上	著書 信上文集
趙進道(조진도)	1724~1788	磨巖	學者 字 聖典 本貫 漢陽 父 喜堂 承文院正字 著書 磨巖文集
趙震彬(조진빈)		安齋	著書 文集
趙晋錫(조진석)	1610~1654	看竹 慵隱	文臣 字 汝三 本貫 楊州 父 啓遠 掌令
趙晋錫(조진석)	→趙普錫		

人名	年代	號	其他
趙晉陽(진양) →趙普陽			
曺鎮皾(진영)		石梅	本貫 昌寧
曺振玉(진옥)	1730~1799	兄皓	字 乃成 本貫 昌寧
曺振玉(진옥)	?~1819	二皓	著書 二皓集
趙鎮容(진용)	韓末~日帝	小皐	字 聖擧 本貫 漢陽 著書 小皐集
趙進源(진원) →趙逢源			
趙鎮維(진유)		止善堂	本貫 漢陽
趙振胤(진윤)	朝鮮肅宗	容膝軒	本貫 豊壤
趙鎮宅(진택)	?~1906	蓬壺	文臣 字 仁叔 本貫 豊壤 父 政 外祖 柳復明 慶尙道觀察使 著書 蓬壺遺稿
趙鎮恒(진항)		槐亭	本貫 漢陽
趙澄(징)	1511~1574	松江	文臣 字 洞叔 本貫 漢陽 父 廣弼 外祖 咸汝勳 五衛將
曺次磨(차마)		慕亭	字 二會 本貫 昌寧 父 植
趙車相(차상)		思慕堂	本貫 平壤
趙璨(찬)	朝鮮	愼守齋 愼齋	文臣 本貫 林川 父 應恭 洗馬
趙纘緯(찬위) →趙纘韓			
趙纘韓(찬한)	1572~1631	玄洲	文臣 字 善述 本貫 漢陽 父 揚正 善山府使 著書 玄洲集
趙纘漢(찬한) →趙纘韓			
曺昌九(창구)		德峯	本貫 昌寧 父 爾憲
趙昌奎(창규)		玉峰	著書 玉峰集
趙昌奎(창규)		惺菴	著書 文集
趙昌期(창기)	1640~1676	槽巖	文臣, 學者 字 文卿 本貫 林川 父 時馨 司諫 著書 槽巖集
趙昌驥(창기)	1826~1880	明谷	學者 字 養彦 本貫 玉川 父 洹 外祖 李象參 著書 明谷文集
趙昌來(창래)	朝鮮	懶菴	文臣 字 興甫 本貫 白川 漢城府尹
趙昌林(창림)	朝鮮肅宗	耻庵	本貫 林川 父 明鼎
曺昌世(창세)		湖齋	本貫 昌寧
曺昌億(창억)		平川	本貫 昌寧 父 爾鐸
趙昌容(창용)	韓末~日帝	白農	獨立運動家 本貫 漢陽
趙昌遠(창원)	1583~1646	晚醒 悟隱	文臣 字 大亨 本貫 楊州 父 存性 封號 漢原府院君 領敦寧府事 謚號 惠穆 著書 晚醒稿
趙昌駿(창준)	1834~1910	紫谷	學者 字 景彦 本貫 玉川 父 洹 著書 紫谷文集〈二谷聯集〉
趙昌鎮(창진)		菊圃	本貫 咸安

人名	年代	號	其他
趙昌震(창진)		鳳巖	本貫 漢陽
趙昌夏(창하)		騎牛子	字 禹善 本貫 淳昌
趙昌漢(창한)	朝鮮	老圃	本貫 漢陽 父 克善 縣監
趙彰漢(창한)	韓末	石翁	
曺采臣(채신)	1717~1797	一庵	學者 字 亮甫 本貫 昌寧 父 善鳴 外祖 李德標 著書 一庵集
趙采集(채집)		定省齋	本貫 漢陽
趙采平(채평)		龍湖	本貫 漢陽
趙處亮(처량) →洪處亮			
趙天經(천경)	1695~1776	易安堂	學者 字 君一 本貫 豊壤 父 自愼 李萬敷 門人 資憲大夫 著書 易安堂集
趙千年(천년)	朝鮮	金逸齋	文臣 字 壽一 本貫 玉川 青松郡守
曺千齡(천령)		溪陰	本貫 昌寧
趙天衍(천연)	朝鮮	聲啞	學者 本貫 金堤
曺天澤(천택)		悔堂	著書 悔堂集〈夏城世稿〉
趙瀓敎(철교)	朝鮮	斗下	本貫 金堤 敦寧府都正
趙哲山(철산)	?~1456	龜川	志士 字 鎭卿 本貫 玉川 父 崇文 祖父 瑜 追贈 童蒙教官
趙鐵山(철산)	高麗~朝鮮	石室	文臣 本貫 平壤 父 狷 祖父 德裕 僉知
趙哲永(철영)	朝鮮	春棲	文臣 本貫 豊壤
趙徹永(철영)	朝鮮	莘田	文臣, 孝子 字 敬汝 本貫 豊壤
趙哲濟(철제)	1895~1958	鼎山	太極道創始者
趙瀓瀚(철한)	朝鮮	蘭史	本貫 金堤 父 浩鉉
趙超(초)		禮村	文臣 字 泰靜 曺植 門人 郡守
趙最壽(최수)	1670~1739	癭溪 竹泉	文臣 字 季良 本貫 豊壤 父 相愚 知議
趙秋(추)	朝鮮世宗	牌御	本貫 豊壤 父 崇
趙春慶(춘경)	1714~1786	升窩	學者 字 一如 本貫 咸安 著書 文集
趙冲(충)		東皐	本貫 橫城
趙忠男(충남)	朝鮮仁祖	頣笑齋	學者 本貫 漢陽 父 希尹
趙充善(충선) →趙克善			
趙忠孫(충손)	朝鮮中宗	晚晦	字 仲恕 本貫 金堤　郡守
趙忠勇(충용) →趙忠男			
趙忠熙(충희)	1848~?	遂吾	字 信夫 本貫 楊州 父 秉悳 系 秉璋 吏曹參議
趙埴(치)	1549~1607	澗松 休休子	著書 澗松先生文集

人名	年代	號	其他
曺治(치) →曺洽			
曺致虞(치우)	朝鮮中期	靜友堂 淨友堂	文臣, 孝子 字 舜卿 本貫 昌寧 父 末孫 祖父 敬武 郡守 著書 靜友堂實記
曺致和(치화)		鳩浦	本貫 昌寧
趙琛(침)	朝鮮中宗	農雲	字 獻之 本貫 沃川 父 智崗
趙忱(침)		宛溪	本貫 漢陽
曺倬(탁)	1552~1621	病隱 二養堂 耻齋	文臣 字 大而 本貫 昌寧 父 夢禎 追贈 領議政
趙泰耉(태구)	1660~1723	素軒 霞谷	文臣 字 德叟 本貫 楊州 父 師錫 李有相 婿 領議政
趙泰東(태동)	1649~1712	楓溪	字 聖登 本貫 楊州 父 龜錫 大司憲
趙泰老(태로)	1658~1717	地山	文臣 字 仁叟 本貫 楊州 父 師錫 祖父 啓遠 平安道 觀察使
趙泰萬(태만)	1672~1727	古博齋	文臣 字 濟博 本貫 楊州 父 嘉錫 侍直
趙泰望(태망)	1664~1739	詠歸堂	字 渭涑 本貫 玉川 父 之珦 系 之藩
趙台命(태명)	1700~?	止齋	字 汝翼 本貫 漢陽 父 學周 系 相周
趙泰璧(태벽)	朝鮮	省菴	本貫 玉川 訓練院判官
趙台祥(태상)	朝鮮	晩休	文臣 字 天休 本貫 白川 戶曹正郎
曺泰承(태승)	1858~1922	春庵	著書 春庵遺稿
趙泰億(태억)	1675~1728	謙齋 角里 胎祿堂 鶴灘	文臣 字 大年, 大季 本貫 楊州 父 嘉錫 崔錫鼎 門人 領敦寧府事 諡號 文忠 著書 謙齋集
趙泰衍(태연)	朝鮮	晩堂	本貫 豐壤
趙泰祐(태우) →趙泰祜			
趙泰元(태원)		竹軒	本貫 漢陽
趙泰裕(태유)		西溪	本貫 漢陽
趙泰貞(태정)		石汀	本貫 漢陽
趙泰宗(태종) →趙泰采			
趙泰徵(태징)	1650~1717	拙修齋	學者 字 來卿 本貫 豐壤 父 極 外祖 蘇東鳴 義禁府 都事 著書 拙修齋遺稿
趙泰徵(태징)		蘭齋	本貫 豐壤
趙泰采(태채)	1660~1722	二憂堂	文臣 字 幼亮 本貫 楊州 父 禧錫 判中樞府事 諡號 忠翼 著書 二憂堂集
趙泰祜(태호)	1800~1879	艮窩	著書 艮窩逸稿 〈玄厓世稿〉
趙澤(택)	朝鮮	竹下	文臣 字 仲淸 本貫 漢陽 司諫
趙宅奎(택규)		芹庵	著書 文集
曺澤承(택승)	1841~1907	拙軒	著書 拙軒集
趙通(통)		山水友	

人名	年代	號	其他
趙彭年(팽년)	?~1612	溪陰	文臣,學者 著書 溪陰集
趙彭孫(팽손)	朝鮮	玄洲	文臣 字 榮祖 本貫 玉川 庇安縣監
趙編(편) →趙綸			
趙平(평)	1569~1647	雲塾	學者 字 衡中 本貫 咸安 父 舜歲 祖父 元鰲 外祖 曹以天 金長生 門人 義盈庫直長 著書 雲塾文集
趙澎(표)	朝鮮	兢齋	本貫 咸安 父 愚鎭
趙灃(픙)		野隱	本貫 漢陽
趙弼鑑(필감)	朝鮮後期	瞻猗軒	學者 字 良哉 本貫 豊壤 著書 瞻猗軒遺稿
趙必剛(필강)	朝鮮中期	棄軒	本貫 平壤 父 挺宇
曹弼成(필성)		醒齋	本貫 昌寧 祖父 興吉
趙必泰(필태)	朝鮮	處溪	本貫 金堤 父 應獻
趙必亨(필형)	朝鮮	八谷	本貫 稷山 父 進
曹夏奇(하기)	朝鮮肅宗	景顔齋	文臣 字 偉叔 本貫 昌寧 父 殿周
曹夏望(하망)	1682~1747	西州 西洲	文臣 字 雅仲 本貫 昌寧 父 憲周 寧越府使 著書 西州集
曹夏城(하성)		菊園	本貫 昌寧
曹夏淳(하순)		忍齋	本貫 昌寧
曹夏彦(하언)	朝鮮肅宗	遇意堂	本貫 昌寧 父 殿周
趙夏榮(하영)	朝鮮	耕隱	文臣 字 觀善 本貫 玉川 泰陵參奉
曹夏瑋(하위)	1678~1752	笑庵 迂軒	學者 字 君玉 本貫 昌寧 父 冕周 外祖 李爗 著書 笑庵文集
曹夏鍾(하종)	朝鮮肅宗	耻叟	本貫 昌寧 父 憲周 郡守 著書 文集
曹夏重(하중)	朝鮮肅宗	孤山堂	學者 本貫 昌寧 父 憲周 著書 文集
趙學經(학경)	朝鮮	雲谷	文人 字 思仲 本貫 豊壤 父 彦琦
趙學奎(학규)	朝鮮	竹琴	本貫 咸安 父 性浩
趙學來(학래)		中巖	著書 中巖先生文集
趙學齡(학령)		溪隱	本貫 漢陽 祖父 守賢
趙學魯(학로)		泉隱	本貫 漢陽
趙學炳(학병)		松隱	本貫 漢陽 父 蕳國
趙學洙(학수)	1739~1833	可隱	本貫 豊壤 父 錫愚 著書 可隱公稿 〈豊城世稿〉
趙學洙(학수)		永慕齋	本貫 漢陽
趙學壽(학수)		梅軒	本貫 漢陽
趙學淳(학순)		晩窩	本貫 漢陽
曹學承(학승)	1825~1894	野翁	學者 字 敬汝 本貫 昌寧 父 鳳梧 外祖 金宗萬 著書 野翁遺稿

人名	年代	號	其他
趙鶴植(학식)	朝鮮	受軒	本貫 咸安 父 鳳
趙學殷(학은)	朝鮮純祖	斯隱	本貫 林川 父 德泌
趙學仁(학인)		竹河	本貫 漢陽
趙學周(학주)		松窩	本貫 漢陽
趙學平(학평)		樂軒	本貫 漢陽
曺漢卿(한경)		晩窩	著書 晩窩集
曺漢卿(한경) →曺漢英			
趙漢耉(한구)		慕齋	本貫 漢陽
趙翰逵(한규)		角亭 角亭老人	著書 角亭集
趙瀚奎(한규)	1887~1950	惕菴	學者 字 受卿 本貫 咸安 父 性謨 外祖 周時用 著書 惕菴集
趙漢綺(한기)	朝鮮高宗	悟堂	著書 悟堂遺稿
曺漢龍(한용)	高麗	洗染	文臣 本貫 昌寧 判書 諡號 清簡
曺翰邦(한방)	1737~1803	聾啞堂	本貫 昌寧 著書 聾啞堂文集
曺漢輔(한보)	朝鮮成宗	望機堂 忘機堂	學者 本貫 慶州 父 變雍 祖父 尚治 著書 文集
趙漢復(한복)	1870~?	我夢 澗木	學者 本貫 林川 父 秉鎬 外祖 洪祐吉 著書 我夢彙語
曺漢賓(한빈)	1583~1640	溪陰	文臣, 學者 字 觀甫 本貫 昌寧 義興縣監 著書 溪陰集
趙漢述(한술)	朝鮮	釣隱	
曺漢英(한영)	1608~1670	晦谷	文臣 字 守而 本貫 昌寧 父 文秀 李植 金長生 門人 封號 夏興君 禮曹參判 諡號 文忠 著書 晦谷集
趙漢緯(한위)	朝鮮	晩雲	文臣 字 公西 本貫 豐壤 大司諫
曺漢儒(한유)	1696~1752	養眞堂	著書 文集
趙漢重(한중)		德峯	本貫 玉川
趙咸世(함세)	1607~1690	五宜軒	學者 字 顯甫 本貫 咸安 父 亨道 外祖 吳澐 著書 五宜軒文集
趙咸章(함장)		蓮潭	本貫 咸安
曺恒(항)		晩翠	本貫 昌寧
曺杭(항)		三山 西洲	本貫 昌寧 父 璲
趙恒復(항복)	韓末~日帝	注溪	本貫 漢陽
趙恒順(항순)	朝鮮	松坡	文臣 字 良彥 本貫 玉川 五衛都摠府都摠管
曺恒承(항승)	1828~1897	訥庵	字 奎顯 本貫 昌寧 父 煥爕 著書 文集
趙恒存(항존)	1769~?	鶴隱	文臣 字 可一 本貫 豐壤 父 廷璧 正言
趙瀣(해)	1666~1755	疎軒	著書 疎軒公稿〈豐城世稿〉
曺行立(행립)	1580~1663	兌湖	文臣 字 百源 本貫 昌寧 父 麟瑞 朴東說 金長生 門人 僉知中樞府事
趙享生(향생) →趙亨生			

人名	年代	號	其他
趙憲(헌)	1544~1592	重峰 陶原 後栗	文臣 字 汝式 本貫 白川 父 應祉 追贈 領議政 諡號 文烈 著書 重峰集
趙獻永(헌영)	朝鮮哲宗	春源	文臣 本貫 豊壤 父 鎭宣
趙憲益(헌익)	朝鮮	坮村	本貫 咸安 父 塾
趙赫奎(혁규)		雲樵	著書 雲樵遺稿
曹顯(현)	?~1555	月軒	武臣 字 希慶 本貫 昌寧 追贈 兵曹參議
趙玹(현)		農隱	著書 農隱集
趙顯奎(현규)	?~1958	古庵	著書 古庵文集
趙顯期(현기)	1634~1685	一峰	文臣 字 楊卿 本貫 林川 父 時馨 仁川府使 著書 一峰集
趙顯基(현기) →趙顯期			
趙顯命(현명)	1690~1752	歸鹿 鹿翁	文臣 字 稚晦 本貫 豊壤 父 仁壽 封號 豊原君 領議政 諡號 忠孝 著書 歸鹿集
趙見素(현소)	1600~1677	星江	學者 字 子章 本貫 豊壤 父 璞 金溝縣令 著書 紀年通攷
趙顯翼(현익)	1826~1902	竹軒	學者 字 世卿 本貫 漢陽 父 昌鎭 外祖 申僖 李喆淵 門人 著書 竹軒文集
趙珩(형)	1606~1679	翠屏	文臣 字 君獻 本貫 豊壤 父 希輔 祖父 磯 左參贊 諡號 忠貞 著書 翠屏公燕行日記
趙亨九(형구)		約軒	著書 約軒遺稿
趙亨期(형기)	1461~1699	新齋 拙修齋	文臣 字 長卿 本貫 林川 父 時馨 戶曹參判
趙亨道(형도)	1567~1637	東溪	文臣, 學者 本貫 咸安 父 埏 著書 東溪文集
趙亨復(형복)	朝鮮	柳西	文臣 字 稱陽 本貫 漢陽 吏曹參判
趙亨生(형생)	朝鮮	遯谷	文臣 字 達可 本貫 平壤 父 仁賓 祖父 昱 縣監
曹亨承(형승)	1854~1916	晚塢	著書 文集
趙炳允(형윤)		斗菴	本貫 漢陽 祖父 英基
趙珩夏(형하)		花菴	本貫 金堤
趙惠(혜)	?~1464	施齋	文臣 字 濟夫, 清夫 本貫 楊州(漢陽) 父 涓 判中樞院司議 諡號 恭安
趙湖(호)	?~1410	林亭 檜谷 檜石	文臣 本貫 平壤 父 允瑄 李穀 門人 寶文閣大提學
曹浩(호)	朝鮮成宗	雲谷	字 浩然 本貫 昌寧 父 秀文 判校
趙瑚(호)	朝鮮	夢村	文臣 字 邦器 本貫 玉川 瑞興都護府使
趙虎(호) →趙廷虎			
趙鎬來(호래)	1854~1920	霞峰 蓮齋	學者 字 太兢 本貫 咸安 父 德濟 外祖 朴義東 著書 霞峰文集
曹虎文(호문)		克齋	字 炳如 本貫 昌寧
曹好善(호선)		漆園居士	本貫 昌寧 祖父 希遇

人名	年代	號	其他
趙虎臣(호신)	朝鮮	雙槐	本貫 漢陽
曺好淵(호연)	朝鮮中期	松齋	文臣 字 彦傳 本貫 昌寧
趙虎然(호연)	朝鮮末	舊堂	學者 著書 舊堂集
曺好益(호익)	1545~1609	芝山 峴南	學者 字 士友 本貫 昌寧 父 允愼 追贈 吏曹判書 謚號 貞簡 改謚 文簡 著書 芝山集
趙浩鉉(호현)	朝鮮	泰隱	本貫 金堤 父 廷秀
趙混修(혼수)	→混修		
曺弘度(홍도)		容叟	本貫 昌寧 父 漢輔
趙弘烈(홍렬)	朝鮮哲宗	古青	詩人
曺弘立(홍립)	1558~1640	數竹 數竹軒	文臣 字 克遠 本貫 昌寧 父 光福 嘉善大夫
趙弘復(홍복)	1773~1841	望雲	學者 字 遲中 本貫 漢陽 父 虎臣 外祖 李俱遠 祖父 稱 著書 望雲集
趙弘馥(홍복)	→趙弘復		
趙弘淳(홍순)	1860~1931	魯菴	著書 文集
曺弘業(홍업)		遯齋	本貫 昌寧 父 義立
趙弘鎭(홍진)	1743~?	摠巖 窓岩	字 寬甫 本貫 豊壤 父 載儉 系 載雲 判書
趙弘彩(홍채)		松庵	本貫 漢陽 父 學淳
趙和淑(화숙)	朝鮮後期	老圃	
曺華承(화승)	1843~1897	杜溪	字 星老 本貫 昌寧 父 錫玄 著書 杜溪遺稿
趙和玉(화옥)	朝鮮末	霞山	文人 字 元輔 本貫 楊州 著書 霞山集抄
趙化元(화원)	1874~1957	松齋	著書 松齋實記
趙環(환)	高麗	山象	本貫 白川 父 于吉
趙瑍(환)	1720~?	覺迷	文臣 字 君瑞 本貫 豊壤 父 尙紀 禮曹判書 謚號 孝貞
曺桓(환)		尙溟	字 楗仲
曺煥震(환진)		槐西 未能軒	本貫 昌寧 祖父 聖美
曺愰(황)	1595~1665	九峰	學者 字 晦而 本貫 昌寧 父 守訓 著書 九峰遺集
趙榥(황)	1803~?	三竹 白野	字 重華 初名 松吉 本貫 淳昌 父 永淳 祖父 錫正 著書 白野散集
趙晃(황)	1882~1937	漢石	獨立運動家 本貫 豊壤 本名 在元
曺愰(황)	→曺煥		
趙回元(회원)		松齋	本貫 漢陽 父 鍾麟
趙孝仝(효동)	朝鮮	愼齋	文臣 字 伯瑗 本貫 漢陽 府使
趙孝傅(효부)	1538~?	孤山	字 行源 本貫 漢陽
曺孝淵(효연)	1486~1530	韋齋	字 彦溥 本貫 昌寧 父 致虞
趙孝傳(효전)	→趙孝傅		

人名	年代	號	其他
曹孝昌(효창)	1623~1680	桂陽 桂陽淸隱 淸隱	文臣, 書畫家 字 行源 本貫 昌寧 父 漢 祖父 胤禧 外祖 申敏一 魚川道察訪
趙煦(후)		明農	本貫 平壤
趙後良(후량) →趙俊良			
趙厚立(후립)		鳳巖	本貫 漢陽
曹後振(후진)		雲巖	本貫 昌寧
趙厚鎭(후진)		憁齋	本貫 咸安 祖父 榮福
趙勳(훈)	朝鮮宣祖	寒泉	字 君則 本貫 咸安
趙徽(휘)	1543~1579	松城 松坡 楓湖	文臣 字 子美 本貫 豐壤 父 允誠 佐郎
趙徽榮(휘영)	1805~1854	醉軒	學者 字 愼五 本貫 漢陽 父 顯常 著書 醉軒遺稿
趙輝胤(휘윤)	朝鮮	榮巖	文臣 字 光世 本貫 橫城 僉知中樞府事
趙輝晉(휘진)	1729~1797	東窩	著書 東窩集
趙休(휴)	1600~1655	三休子	文臣 字 休休 本貫 漢陽 父 緯韓 著書 三休子集
趙欽經(흠경)	1688~1756	松崗	著書 松崗公行記 〈豐城世稿〉
曹洽(흡)	?~1444	退思軒	著書 退思軒遺集
趙洽(흡)	朝鮮宣祖	仁溪	本貫 豐壤 父 應禎
趙潝(흡)	?~1661	曙窓	武臣 字 潝如 本貫 豐壤 父 守翼 封號 豐安君 漢城府尹 諡號 景穆
趙興敎(흥교)	朝鮮	錦石	文臣 字 翼之 本貫 漢陽 大司諫
曹禧(희)	朝鮮中宗	水雲亭	字 仲慶
曹興吉(흥길)		雪菴	本貫 昌寧
趙禧奎(희규)		菖窩	著書 菖窩集
曹禧(희)	1490~1564	水雲亭 水雲軒	字 仲慶 本貫 昌寧 父 淑德 承政院承旨
趙喜堂(희당)	朝鮮後期	草堂	本貫 漢陽 父 德潾 通德郎
趙熙龍(희룡)	1797~1859	壺山 丹老 梅叟 石憨 又峯 鐵笛	書畫家 字 致雲 本貫 咸安 金正喜 門人 五衛將 著書 壺山外史
趙熙龍(희룡)	1789~?	滄洲	閭巷人 字 而見 本貫 平壤
趙希孟(희맹)	朝鮮仁祖	秋沙	本貫 林川 父 璘
趙義命(희명)	1850~1900	香泉	著書 文集
趙希文(희문)	1527~1578	月溪	文臣, 學者 字 景范 本貫 咸安 父 琳 外祖 吳元童 校理 著書 月溪遺集
趙熙百(희백)	1825~1900	睡山	文臣 字 舜起 本貫 豐壤 父 奎年 外祖 尹鼎烈 咸悅縣監 著書 乙亥漕行錄
趙禧錫(희석)	朝鮮仁祖	晚悟堂	字 亨久 本貫 楊州 父 啓遠 槐山郡守 著書 晚悟堂稿 〈楊山世稿〉
趙義純(희순)	1874~?	學海堂	武臣 字 德一 本貫 平壤 父 存榮 禁衛大將 著書 孫子髓

人名	年代	號	其他
曹喜臣(희신)		心柏堂	本貫 昌寧
趙義淵(희연)	1856~1915	杞園	文臣 字 心源 本貫 平壤 父 存赫 表勳院總裁
曹喜有(희유)	1742~1814	耕隱	文臣, 學者 字 光甫 本貫 昌寧 父 後振 外祖 徐琳 司諫院司諫 著書 耕隱集
曹希仁(희인)	1578~1660	黙溪 墨溪	文臣 字 汝善 本貫 昌寧 父 夢臣
趙希逸(희일)	1575~1638	竹陰 八峰	文臣, 書畫家 字 怡叔 本貫 林川 父 瑗 外祖 李俊民 江陵府使 著書 竹陰集
趙熙一(희일)	1838~?	華農	字 舜惟 本貫 豊壤 父 奎年
趙義日(희일)	朝鮮後期	小石	本貫 平壤 父 存九
趙熙濟(희제)	1873~1938	念齋	學者 字 雲卿 本貫 咸安 父 柄鏞 外祖 金憲基 著書 念齋野錄
趙希進(희진)	1579~1644	丹圃	文臣 字 與叔 本貫 林川 父 瑗 系 璘 外祖 李俊民 青松府使 著書 丹圃遺稿
趙希哲(희철)		寄齋	著書 寄齋雜記
趙希追(희추) →趙希進			
趙熙倬(희탁)		星坡	本貫 豊壤
趙熙泰(희태)		垂正堂	本貫 豊壤
宗聆(종령)	高麗	足菴	僧侶
宗憲(종헌)	1876~1957	曼庵	僧侶 俗姓 宋氏 曹溪宗宗正
周珏(각)	朝鮮	敬齋	字 伯玉 本貫 尙州 司憲府持平
朱介臣(개신)	1572~1640	二友堂	著書 文集
朱楗(건)	朝鮮	望美軒	武臣 字 仲立 本貫 新安 守門將
朱格(격)	1652~?	歸溪	文臣 字 正伯 本貫 新安 郡守
周璟(경)	高麗恭愍王	培養堂 培養齋	孝子 字 季實 本貫 尙州
朱璟(경) →周璟			
朱景顏(경안)	朝鮮	忠孝堂	文臣 字 汝遇 本貫 新安 父 汝箕 持平
朱慶鐸(경탁)	朝鮮末	野隱	字 明七 本貫 新安
朱榮(계)	朝鮮	齊川軒	學者 字 可甫 本貫 新安
朱溪君(주계군) →李深源			
朱繼鎰(계일)	朝鮮	湖隱	文臣 字 有序 本貫 新安 校理
朱光暾(광돈)	朝鮮	葛隱	本貫 新安
周國貞(국정)	朝鮮宣祖	果隱	字 衡仲 本貫 尙州 將仕郎
周國楨(국정) →周國貞			
朱杞(기)	1683~?	德巖	文臣 字 仲良 本貫 新安 府使
周基鎰(기일)		玉峰	著書 玉峰先生文集

人名	年代	號	其他
朱基徹(기철)	1897~1944	蘇羊	民族啓蒙運動家, 牧師
朱南强(남강)		無愁軒	本貫 新安 父 海井
朱南吉(남길)	1724~?	最善里	文臣 字 德進 本貫 新安 掌令
朱南老(남로)	1651~?	聽天窩	
朱南宅(남택)		默齋	本貫 新安 父 遠舜
周達源(달원)	朝鮮	愼庵	文臣 字 泰瑞 本貫 安義 中樞院議官
朱聃壽(담수)		遠慕齋	本貫 新安
朱大畜(대축)	朝鮮	愼齋	文臣 字 景蘊 本貫 新安 戶曹佐郎
周道復(도복)	1709~1784	感恩齋	學者 字 汝剛 本貫 尙州 父 宰成 外祖 趙碩述 著書 感恩齋逸稿
朱道愚(도우)		勿溪	本貫 新安 父 虎臣
朱道煥(도환)	朝鮮末	明庵	本貫 新安
周孟獻(맹헌)	1617~1703	守口 守口齋	學者 字 汝宅 本貫 尙州 父 震元 外祖 趙鸞 著書 守口齋集
周冕錫(면석)	韓末	龜岩	本貫 尙州
朱冕燮(면섭)	朝鮮	鶴山	文臣 字 華重 本貫 新安 郡守
朱明相(명상)	1839~1910	可室	文臣 字 子明 本貫 新安 父 采洙 通政大夫 著書 可室集
周命新(명신)	朝鮮太宗	岐下	本貫 尙州
周命新(명신)	朝鮮中期	玉振齋	醫學者 著書 醫門寶鑑
朱明禹(명우)	?~1920	雲堂	獨立運動家
朱㮒(묵)	1628~1666	雪峰	文臣 字 可文 本貫 新安 父 式孟 牧使
周夢得(몽득)	朝鮮中期	獨樂翁	文臣 字 景賚 本貫 草溪 僉知中樞府事
朱夢龍(몽룡)	朝鮮宣祖	龍巖	武臣 字 雲仲 本貫 綾城 追贈 刑曹判書 諡號 武烈
周文備(문보)	朝鮮	東湖	字 季俊 本貫 尙州 嘉善大夫
周博(박)	1524~1588	龜峯	文臣 字 約之 本貫 尙州 父 世鵬 系 世鵬 李滉 門人 刑曹佐郎
朱丙臨(병림)	韓末	蓮濃	書藝家
周封(봉)	朝鮮宣祖	長春	文臣 字 建叔 本貫 鐵原 兵曹佐郎
朱鳳文(봉문)		丹厓	本貫 新安
朱棐(비)	1643~?	閑山 閑山	學者 字 可誠 本貫 新安 宋時烈, 宋浚吉 門人 著書 閑山集
周相錫(상석)	→周時經의 初名		
周尙洪(상홍)	?~1906	晦山	著書 晦山集
周瑞五(서오)		端天 端川	著書 端天先生文集
朱錫冕(석면)	朝鮮末	月山	文臣 字 敬華 本貫 新安 贊政

人名	年代	號	其他
周璿(선)	高麗	稼隱	字 叔珍 本貫 尚州 父 新命 祖父 謙
朱性東(성동)		覺非窩	本貫 新安
朱成福(성복)	朝鮮	士行	文臣 字 元有 本貫 新安 副提學
周世鵾(세곤)	朝鮮	省齋	字 子翽 本貫 尚州 禮賓寺副正
周世封(세봉)	高麗	梅軒	本貫 鐵原 父 正臣
周世鵬(세붕)	1495~1554	慎齋 南皐 武陵 武陵道人 商山白髮翁 巽翁	文臣 字 景游 本貫 尚州 父 文俌 追贈 禮曹判書 諡號 文敏 著書 武陵雜稿
朱世昌(세창)	1508~1580	獨松	學者 字 大猷 父 幸忠 著書 獨松遺稿
朱守正(수정)		楓亭	本貫 新安
周時經(시경)	1876~1914	白泉 太白山 學慎 한흰메 한힘샘	國語學者 本貫 尚州 初名 相鎬 父 冕錫 系 冕鎭 著書 朝鮮語文法
周時範(시범)	1883~1932	守齋	字 勉五 本貫 尚州 父 鶴柱
周時成(시성)	1843~1923	溪隱	字 致翼 本貫 商山 父 道生 著書 文集
周時駿(시준)		愚石	本貫 尚州
朱式孟(식맹)	朝鮮	守分堂	學者 字 士希 本貫 新安
朱陽(양)	高麗	省軒 有軒	文臣 字 就之 本貫 新安 禮部侍郎
朱洋(양)		友石	著書 文集
朱汝井(여정)	朝鮮後期	湖洲	學者 字 瑞卿 本貫 全州 父 黙
朱悅(열)	?~1287	竹樹	文臣 字 而和 本貫 新安 父 餘慶 封號 綾城君 知孝僉議府事 諡號 文節
周永南(영남)		梅峰	著書 梅峰先生文集
朱耀翰(요한)	1900~1979	頌兒	詩人, 言論人 父 孔三
朱庸奎(용규)	1845~1896	立菴	義兵將 字 汝中 本貫 綾城 父 箕燮 外祖 韓禮成
朱雨南(우남)	朝鮮後期	小滄	委巷人
周瑜(유)	1347~1427	陶隱	學者 字 伯珍 本貫 尚州
周允昌(윤창)	1452~1498	文川	字 文德 本貫 尚州 父 尚斌
朱義(의)	高麗忠肅王	止齋	文臣 字 乃元 本貫 新安 吏部尚書 諡號 憲靖
朱懿(의)	朝鮮	渲亭 竹齋	文臣 字 徵之 本貫 新安 父 善林 府使
朱義植(의식)	朝鮮肅宗	南谷	委巷人 字 道源 本貫 羅州 漆原縣監
周怡(이)	1515~1564	二樂堂 直不客	文臣 字 士安 本貫 商山 父 世龜 祖父 文佐 外祖 崔潤德 忠清道都事 著書 二樂堂先生逸稿
周履靖(이정)		閒雲	著書 閒雲稿
周利集(이집)	朝鮮	蓮溪	字 和叔 本貫 安義 進士
朱印長(인장)	高麗	陶谷	文臣 字 巨桂 本貫 新安 禮部尚書 諡號 正肅
朱潛(잠)	高麗	淸溪	文臣 字 景陶 本貫 新安

人名	年代	號	其他
周宰成(재성)	1681~1743	菊潭	學者 字 聖哉 本貫 尙州 父 珏 追贈 左贊成兼經筵 參贊官 著書 庸學講義
朱在一(재일)		渭焦	
朱碇(정)	1667~1679	湖村	文臣 字 定叔 本貫 新安 父 汝斗 敎授
朱椗(정) →朱碇			
朱貞順(정순)		靜春堂	著書 靜春堂私稿
朱珽泓(정홍)	朝鮮	山翁	文臣 字 仁行 本貫 新安 工曹判書
朱鍾冀(종기)	朝鮮	虞虞堂	文臣 字 聖都 本貫 新安 承旨
周濤(쥬)		枕泉	著書 枕泉集
朱俊錫(쥰셕)		老海	本貫 新安 祖父 守正
朱重純(즁슌)	1718~?	雲郊	文臣 字 君一 本貫 新安 父 炯龜 系 炯离 副摠管
朱重翁(즁옹)	1741~?	鍾窩	字 眉伯 本貫 全州 父 炯賔
朱鎭洛(진락)	1879~1894	海傖	字 範瑞 本貫 新安
朱鎭洙(진수)	1875~1936	白雲	獨立運動家
周采徹(채철)	朝鮮	南材	醫員 字 通汝 本貫 草溪
朱處正(처정)	朝鮮	美谷	學者 字 靜夫 本貫 新安
朱秋鶴(추학)	朝鮮	竹齋	文臣 字 得彩 本貫 新安 吏曹參議
周致兢(치긍) →閔致兢			
周致淵(치연)	朝鮮	竹菴	文臣 字 泰元 本貫 安義 司憲府監察
朱宅正(택정)	1651~1729	德谷	字 靜而 本貫 全州 父 棨
朱必大(필대)	1616~1963	寒齋	學者 字 厚之 本貫 新安 父 聖兪 外祖 林兢 著書 寒齋文集
朱弼相(필상)	1755~?	栗山	本貫 全州 父 漷洙
朱必雄(필웅)	朝鮮肅宗	沙翁	文臣 字 大用 本貫 新安 判決事
朱必赫(필혁)	朝鮮中期	棄休齋	學者 字 浩汝 本貫 新安
周夏胤(하윤)	朝鮮宣祖	松菴	字 叔綏 本貫 尙州
周鶴明(학명)	1872~1926	晴庵	字 道若 本貫 尙州 父 仁烈
周漢(한)	朝鮮中宗	安村	字 巨原 本貫 草溪
朱恒道(항도)	1650~?	投老堂	文臣 字 恒汝, 汝久 本貫 新安 父 得一 副摠管
朱幸(행)		菊齋	本貫 綾城
周行儉(행검)	新羅	竹軒	字 汝直 本貫 鐵原
周珩(형)	高麗恭愍王	省菴 易隱	文臣 字 公瑞 本貫 草溪 禮儀判書
朱炯(형)		梅溪	著書 文集
朱炯禽(형금)	1690~?	湖窩	文臣 字 晦而 本貫 新安 父 碇 掌樂院正
朱炯正(형정)		謙堂	字 炯汝 本貫 新安

人名	年代	號	其他
朱炯質(형질)	1717~?	種窩	文臣 字 子野 本貫 新安 掌令
朱炯質(형질)		拙齋	字 子杜 本貫 全州 父 杞
周桓(환)	朝鮮	聱隱	文臣 字 英甫 本貫 鐵原 宣教郎
周晃(황)	朝鮮太宗	竹溪	文臣 字 明仲 本貫 鐵原 郡守
周袄(휴)		林隱	本貫 草溪
周恰(흡) →周怡			
朱瑗(희)	高麗	師古	本貫 新安
竹香(죽향)	朝鮮後期	琅玕 蓉湖漁夫	妓女
重遠(중원)	1876~1951	漢巖	僧侶 俗姓 方氏 父 箕淳 著書 漢巖鉢錄
卽圓(즉원)	1738~1794	晶巖	僧侶 字 離隅 俗姓 金氏
證俊(증준)	1842~1914	錦潭	僧侶 本貫 安東 俗姓 金氏 父 麗根
池鏡(경)	高麗光宗	巖谷	文臣 字 運號 自雲 本貫 忠州 平章事 諡號 太保
池繼江(계강)		蓮溪	本貫 忠州 父 開
池繼濯(계최)	1593~1636	豹谷 聽溪	武臣 字 彦叔 本貫 忠州 著書 豹谷實紀
池繼濯(계탁) →池繼濯			
指空(지공) →蕙勤			
池光龍(광룡)	朝鮮	柳川	文臣 字 泳植 本貫 忠州 五衛將
池光世(광세) →沈光世			
池光翰(광한)	1695~1756	雪嶽 醉翁	學者 字 輝甫 本貫 忠州 父 必東 外祖 李重白 著書 雪嶽遺稿
池國原(국원)		忍齋	本貫 忠州
志勤(지근)	朝鮮中期	圓應 圓應堂	僧侶 本貫 高山 俗姓 鞠氏
池扱(급)	高麗	雲谷	本貫 忠州 父 得尚
知訥(지눌)	1158~1210	牧牛子	僧侶 俗姓 鄭氏 父 光遇 諡號 佛日普照 著書 眞心直說
池達汶(달문)		鶴洞處士	本貫 忠州
池達鳳(달봉)	朝鮮	松軒	文臣 字 而翼 本貫 忠州 承旨
池達海(달해)	朝鮮宣祖	松亭	本貫 忠州 父 世涵 敎官
池大亨(대형) →池靑天의 本名			
池德龜(덕구)	1760~?	蓮巢	委巷人 字 文哉 本貫 忠州 父 道成 奎章閣書吏 編書 溪社遺唾
池德龜(덕구)		溪社	著書 文集
池德老(덕노)	高麗	石川	文臣 字 聖華 本貫 忠州 父 翁 平章事
池德麟(덕린)	朝鮮	平翁	委巷人 本貫 忠州
池德鵬(덕붕)	1804~1872	商山	學者 字 君擧 本貫 忠州 父 繼文 外祖 玄應圭 著書 商山集

人名	年代	號	其他
池德海(덕해)	1583~1641	雷峯	文臣 字 受吾 本貫 忠州 父 景清 外祖 宋璲 李春英 門人 正言
池道成(도성)	1738~1761	溪社	委巷人 字 汝成 本貫 忠州 著書 溪社遺唾
池東弼(동필)		樂成齋	本貫 忠州 父 國原
池逢源(봉원)	朝鮮	友松亭	文臣 字 希容 本貫 忠州 都承旨
池鳳輝(봉휘)	朝鮮	浮村	本貫 忠州 父 達海
志常(지상)		老松堂	僧侶 本貫 蔚山
池石觀(석관)	朝鮮後期	七松亭	委巷人 字 子山
池錫永(석영)	1855~1925	松村	醫學者 字 公胤 本貫 忠州 父 翼龍 東萊府使 著書 字典釋要
池錫胤(석윤)	1783~1856	竹崖	學者 字 雲若 本貫 忠州 父 德裕 著書 竹崖集
智詵(지선)	824~882	道憲	僧侶 本貫 慶州 俗姓 金氏 父 贊讓
池守經(수경)		聽天堂	著書 聽天堂集
池愼喬(신교)	高麗	獨齋	文臣 字 子益 本貫 忠州 門下平章事 謚號 恭道
志安(지안)	1664~1792	喚醒 喚惺	僧侶 字 三諾 本貫 春川 俗姓 鄭氏 著書 喚醒集
智嚴(지엄)	1464~1534	碧松 碧松堂 野老 埜老	僧侶 本貫 扶安 俗姓 宋氏 父 福生
知嚴(지엄) →智嚴			
池汝海(여해)	?~1636	儉巖	字 受之 本貫 忠州 父 景湛
池汝海(여해)		鐵山	本貫 忠州
智瑩(지영)	朝鮮後期	聳虛信士 印慧信士	僧侶
池永奎(영규)	1839~1917	三山	著書 文集
池永逸(영일)		菊隱	本貫 潭陽
池靈鉉(영현)	朝鮮	松隱	文臣 字 益瑞 本貫 忠州 五衛將
池翁(옹)	高麗	寒竹	文臣 字 和之 本貫 忠州 門下平章事 謚號 忠文
池完海(완해) →池宗海			
池湧奇(용기)		毅齋	文臣 本貫 忠州 父 福龍 封號 忠原府院君 門下平章事
池龍圖(용도)	高麗	月亭	文臣 字 雷聲 本貫 忠州 侍郞平章事
池龍壽(용수)	朝鮮	月松	文臣 字 河聲 本貫 忠州 門下侍郞
池運永(운영)	1852~1935	白蓮 百蓮 雪峰	書畵家 本貫 忠州
池雲英(운영) →池運永의 改名			
池雲載(운재)	朝鮮	樵雲	本貫 忠州 父 煥康
池運浩(운호)	朝鮮純祖	柱下	著書 文集
池應晉(응진)	1891~1974	是谷	獨立運動家

人名	年代	號	其他
池應漢(응한)		松菴	本貫 忠州
池應鉉(응현)	朝鮮末	鵬南	著書 文集
之印(지인)	1102~1158	廣智 靈源叟	僧侶 字 覺老 俗姓 王氏 父 睿宗
地藏(장)	705~803	喬覺	僧侶 俗姓 金氏
池章會(장회)	1884~1935	龍潭	獨立運動家
池淨(지정)	?~1453	友松亭	著書 文集
池廷胄(정주) →沈廷胄			
池種龜(종구)		松崗	本貫 潭陽
池宗魯(종노)	朝鮮	醒齋	委巷人 字 得之 本貫 忠州
趙宗翊(종익)	朝鮮後期	錦岡	
池宗海(종해)	高麗	雲巖	文臣 字 文叔 本貫 忠州 封號 忠原伯 門下市中平章事
池昌翰(창한)	1851~1921	白松	書畵家 本貫 忠州
智蔡文(채문)	高麗顯宗	松谷 浩軒	本貫 鳳州
旨冊(지책)	1721~1809	冲虛	僧侶 字 應文 本貫 興陽 俗姓 李氏 著書 冲虛集
智泉(지천)	1324~1395	竺源	僧侶 俗姓 金氏 父 延
池天錫(천석)	朝鮮	壺山	文臣 字 大受 本貫 忠州 承旨
池青天(청천)	1888~1959	白山	獨立運動家
池致蓮(치련)		松隱	著書 文集
智偁(지칭)	1113~1192	通炤	僧侶 字 致原 本貫 南原
知濯(지탁)	1750~1839	三峰 華嶽	僧侶 本貫 淸州 俗姓 韓氏 父 尙德 著書 三峰集
池憲(헌)	高麗	省谷	文臣 字 希瞻 本貫 忠州 門下平章事 諡號 文道
池憲夏(헌하)		希菴	字 致龍 本貫 忠州
池好文(호문)	高麗	梅軒	文臣 字 淸叔 本貫 忠州 門下平章事 諡號 忠簡
池希(희)	高麗	蘭谷	文臣 本貫 忠州 禮部尙書
池熙銓(희전)	1886~1951	活史	獨立運動家
陳甲鉉(갑현)	朝鮮	西庵	文臣 本貫 驪陽
陳康彦(강언)	朝鮮	蘿溪	本貫 驪陽 父 錫周
陳健(건)	1598~1678	明窩	學者 字 大中 本貫 驪陽 父 翰國 外祖 李宅東 追贈 同副承旨 著書 明窩遺稿
陳騫(건)	朝鮮中期	竹溪	隱士 字 思孝 本貫 驪陽 著書 文集
眞鏡(진경)		法膺	
秦慶樂(경락)	朝鮮高宗	月軒	文臣 字 二舒 本貫 晉州 座首
陳景文(경문)	朝鮮宣祖	剡溪 剡湖	義兵 本貫 驪陽 著書 剡溪集

人名	年代	號	其他
秦慶億(경억)		明羅	字 大年 本貫 晉州
陳慶胤(경윤)	朝鮮宣祖	蓮峰	本貫 驪陽 祖父 克仁
晉敬智(경지)	朝鮮	義菴	孝子 本貫 南原
秦慶煥(경환)	朝鮮	井觀	文臣 字 君會 本貫 豊基 資憲大夫
陳啓奎(계규)	朝鮮	竹軒	孝子 字 道晟 本貫 廣東
陳繼碩(계석)		容菴	本貫 驪陽
陳啓祚(계조)	朝鮮	南溪	孝子 字 成順 本貫 廣東
秦繼煥(계환)	朝鮮	梧月軒	文臣 字 士行 本貫 豊基 崇政大夫
陳光億(광억)		松隱	本貫 羅州 祖父 洪疇
陳九經(구경)	朝鮮	烏雲	字 芳須 本貫 廣東
晉國明(국명)	朝鮮	松隱	孝子 本貫 南原
秦國泰(국태)	朝鮮	順菴 月溪	文臣, 醫員 字 仲舒 本貫 豊基 父 廷績 座首
陳龜淵(귀연)		稼圃	本貫 羅州 父 錫瑛
秦圭浹(규협)	朝鮮	智峰齋	文臣 字 德見 本貫 豊基 中樞院議官
陳克敬(극경)	1546~1617	栢谷	文人 字 景直 本貫 驪陽 著書 文集
陳克敏(극민)	→陳克敬		
陳克誠(극성)	朝鮮	湫谷	文臣 字 昌直 本貫 三陟 黔毛浦萬戶
陳克純(극순)	1620~1657	喚醒菴 喚醒	學者 字 士粹, 粹然 本貫 驪陽 父 丙昌 外祖 盧胄 著書 喚醒菴遺稿
陳克元(극원)	1534~1595	月窩	文人 字 敬汝 本貫 驪陽 父 宣 外祖 李亨復 著書 月窩遺稿
陳克一(극일)	朝鮮仁祖	修齋	文臣 字 復初 本貫 驪陽 戶曹參判 著書 文集
陳克孝(극효)	朝鮮	湫塘處士	學者 本貫 三陟 父 巖壽
陳克孝(극효)		三希堂	本貫 羅州 父 再蕃
陳起邦(기방)		省軒	本貫 羅州 父 鳳瑞
陳基福(기복)		聽沙	本貫 驪陽
陳夔燮(기섭)		禾亭	著書 禾亭私稿〈錦禾合稿〉
陳基榮(기영)		霽菴	本貫 羅州 祖父 星鉉
陳基哲(기철)	朝鮮	竹窩	本貫 驪陽 父 尚顯
陳幾爀(기혁)	朝鮮	海汀	文臣 字 國寶 本貫 廣東 戶曹參議
陳達燮(달섭)		竹菴	本貫 羅州 父 基榮
秦達淵(달연)	朝鮮	晩軒	學者 字 道顯 本貫 豊基
秦達浩(달호)	朝鮮	椿庭	學者 字 明仁 本貫 晉州
晉大鳳(대봉)	1594~1658	忍窩 鳳儀	學者 字 國祥 本貫 南原 父 敬源 外祖 李昉 著書 忍窩集

人名	年代	號	其他
陳大壽(대수)	朝鮮宣祖	松軒	本貫 羅州 父 夢日
陳大義(대의)	朝鮮	道隱	本貫 驪陽 追贈 戶曹參判
秦德華(덕화)	朝鮮	樵隱	文臣 本貫 豊基 父 亨源 繕工監役
陳德厚(덕후)	朝鮮	錦齋	本貫 驪陽 將仕郎
晉道昇(도승)	朝鮮	忽庵	孝子 本貫 南原
秦東老(동노)	1776~?	南澗	文人 字 季成 本貫 豊基
秦東奭(동석)	1782~?	守一齋 筐玉軒	醫員 字 致固 本貫 豊基 知中樞府事
秦東秀(동수)	朝鮮	松澗	文臣 字 伯俊 本貫 豊基 崇政大夫
秦東雲(동운)	朝鮮	黙齋	文臣 字 用汝 本貫 豊基 中樞府事
秦東益(동익)	1773~?	清翁	譯官 字 直哉 本貫 豊基 知中樞府事
陳棟材(동재)		守愼齋	本貫 羅州
陳斗柄(두병)	朝鮮	雙松	文臣 本貫 驪陽 典籍
陳亮(량)		龍川	著書 陳龍川書牘
陳萬碩(만석)	1700~1774	容庵	字 君兼 本貫 驪陽 知中樞府事
陳晚宰(만재)	朝鮮	鳳洞	文臣 本貫 驪陽 祖父 明顯 禮曹佐郎
陳晚就(만취)		華亭	本貫 驪陽
陳明漢(명한)	朝鮮	春岡	文臣 本貫 驪陽 副護軍
陳夢日(몽일)		忍窩	本貫 羅州 父 偶
秦戊慶(무경)	朝鮮	農隱	詩人 字 文叔 本貫 晉州
陳無己(무기)		參杜	著書 參杜集
陳武晟(무성)	1566~1638	松溪	武臣 字 士赳 本貫 驪陽 父 仁海 追贈 吏曹判書
陳文述(문술)		秣陵	著書 秣陵集
陳文玉(문옥)	1759~1833	愼黙齋	學者 字 汝彬 本貫 羅州 父 光億 外祖 李錫永 著書 愼黙齋遺稿
晉文鍾(문종)	朝鮮	忽齋	孝子 本貫 南原
陳文翰(문한)	朝鮮	晴軒	文臣 本貫 驪陽 成均直長
陳昺九(병구)	朝鮮	洙隱	本貫 驪陽 父 周煥
秦炳國(병구)	朝鮮	晚軒	文臣 字 聖民 本貫 晉州 秘書丞
陳福命(복명)		晚圃子	本貫 驪陽
陳復昌(복창)	朝鮮中宗	洋谷	字 遂初 本貫 驪陽 父 義孫
陳鳳瑞(봉서)		晚悟	本貫 羅州 祖父 翼臣
秦鳳秀(봉수)	朝鮮	聽山	文臣 字 聖喜 本貫 豊基 敦寧府都正
陳師道(사도)	朝鮮	后山	著書 后山集
陳斯文(사문)	高麗	雲谷	本貫 驪陽 寶文館大提學

人名	年代	號	其他
陳四孫(사손)		止菴	本貫 驪陽 父 孟卿
秦士淑(사숙)	朝鮮	松泉	學者 字 善由 本貫 豊基
秦師亨(사형)	朝鮮	漢樵	字 成大 本貫 晉州
陳三孫(삼손)		錦西	本貫 驪陽 父 孟卿
陳尚岐(상기)		新邨	著書 新邨集
秦尚彦(상언)	朝鮮後期	又韻	
陳尚遇(상우)	?~1930	新村	著書 新村集
秦相友(상우)	朝鮮	O亭	本貫 豊基 父 處旭
陳尚漸(상점)	朝鮮	沙峯	文臣 本貫 驪陽 郡守
陳尚顯(상현)	朝鮮	述庵	本貫 驪陽 父 昺九
秦尚弘(상홍)		盤桓堂	文臣 字 毅伯 本貫 豊基 父 宗吉 豊基郡守 著書 盤桓堂遺稿
陳瑞芝(서지) →陳秀三			
晉錫(석)	高麗高宗	壽隱 睡隱	隱士 本貫 南原
秦錫烈(석렬)	朝鮮	松巖	文臣 字 軍山 本貫 晉州 亞官
陳碩文(석문)	朝鮮	梅竹堂	字 乃彦 本貫 廣東 追贈 工曹參議
陳錫瑛(석영)		養性齋	本貫 羅州 父 學萬
陳錫周(석주)	朝鮮	秋山	文臣 本貫 驪陽 禮曹正郎
秦錫俊(석준)	朝鮮	淵源	學者 字 倉州 本貫 晉州
晉錫后(석후) →晉錫			
陳錫訓(석훈)		南皐	本貫 羅州 父 學宗
陳暹(섬)		成齋	本貫 珍山
秦性大(성대)	朝鮮	西巖	文臣 字 興之 本貫 豊基 龍驤衛副護軍
陳成發(성발)		柏亭	本貫 驪陽
陳聖猷(성유)		訥軒	本貫 羅州 祖父 夢日
陳聖一(성일)	1664~1743	訥傃齋	學者 字 清之 本貫 驪陽 父 弘祖 外祖 朴宜俊 著書 訥傃齋文集
陳聖采(성채)		退菴	本貫 羅州 父 海寬
陳星鉉(성현)		守拙齋	本貫 羅州 父 文玉
陳世潤(세윤)		梅軒	本貫 羅州 父 聖采
陳秀三(수삼)	朝鮮後期	香亭	字 瑞芝
晉守誠(수성)	1707~1788	小隱	字 養性 本貫 南原 著書 小隱實記 〈南原晉氏兩世實記〉
陳首胤(수윤)		樂軒	本貫 羅州 父 如達
陳守學(수학)	朝鮮	錦山	本貫 驪陽 父 基哲

人名	年代	號	其他
陳舜臣(슌신)		后山	本貫 羅州
晉嵩(슝)	朝鮮	文庵	孝子 本貫 南原
陳承貴(승귀) →陳義貴			
秦始奎(시규)	朝鮮	樵菴	學者 字 倉川 本貫 晉州
晉時和(시화)	朝鮮	庸齋	孝子 本貫 南原
陳寔(식)	1519~1568	思齋 止齋	文臣 字 樂西,樂而 本貫 驪陽 父 福命 副提學
陳良謨(양모)		廣陵	著書 廣陵集
陳汝起(여기)	朝鮮	石堂	文臣 字 明瑞 本貫 三陟 僉知
陳如達(여달)	朝鮮世宗	晚梧	字 可行 本貫 驪陽 南原教授
陳汝達(여달) →陳如達			
陳汝遠(여원)	朝鮮世宗	晚梧	文臣 字 可行 本貫 驪陽 南原教授
陳與義(여의)		簡齋	著書 簡齋詩集
陳延年(연년)	朝鮮	竹谷	文臣 本貫 驪陽 父 遵 聞慶縣監
陳延平(연평) →陳延年			
陳燁(엽) →陳瀁			
秦泳(영)	朝鮮	寬菴	文臣 字 德涵 本貫 豊基 崇祿大夫
陳瑛燮(영섭)		芝軒	本貫 羅州 父 基榮
陳永任(영임)	朝鮮	水巖	本貫 三陟 父 忠貴
陳泳漱(영소)	朝鮮	海沙	文臣 字 育英 本貫 廣東 監國守衛使
晉榮進(영진)	朝鮮	敬齋	孝子 本貫 南原
陳榮豪(영호)	朝鮮	蓮溪	字 明仁 本貫 驪陽 訓練院僉正
秦禮南(예남)	朝鮮	碧溪	文臣 字 正立 本貫 豊基 封號 茂城君 禮曹參判
陳沃禮(옥례)	朝鮮	南華	本貫 驪陽 追贈 戶曹參判
陳溫(온)	高麗	竹軒	文臣 本貫 驪陽 禮賓卿羅州事
秦瑘(온)	朝鮮	島山	學者 字 敏好 本貫 晉州
秦溶(용)	1742~?	素巖	書藝家 字 聖潤 本貫 豊基
陳龍錫(용석)		槐亭	本貫 驪陽 祖父 翼相
秦龍河(용하)	朝鮮	竹菴	學者 字 竝善 本貫 晉州
秦龍見(용현)	朝鮮	桂谷	孝子 字 田在 本貫 豊基
秦鎔浹(용협)	朝鮮	醒湖	文臣 字 洛楚 本貫 豊基 中樞院議官
陳宇(우)	朝鮮中宗	栢軒	字 郭而 本貫 驪陽 父 福命
陳佑(우)	朝鮮	立窩	文臣 本貫 驪陽 吏曹正郎
陳雲澤(운택)		愼齋	本貫 羅州 父 世淵
秦元湖(원호)		竹軒	字 元潤 本貫 晉州

人名	年代	號	其他
秦元勳(원훈)		椿山	字 達九 本貫 晉州
陳偉(위)		德洞	本貫 羅州 父 克純
陳有蕃(유번)	朝鮮	北溪 北海生	文臣 字 子孝 本貫 驪陽 著書 文集 泰安郡守
陳胤淵(윤연)		梧下	本貫 羅州
陳允瓛(윤환)	朝鮮	思名齋	字 道眞 本貫 廣東 追贈 嘉善大夫
震應(진응)	1873~1942	慧燦	僧侶 俗姓 陳氏
陳懿(의)	高麗	文谷	文臣 本貫 三陟 封號 三陟君 吏部侍郎
陳義杰(의걸)	朝鮮後期	旣心齋	字 仲平 本貫 驪陽 著書 文集
陳義貴(의귀)	?~1424	栗亭	字 守之 本貫 三陟 父 重赫
陳義集(의집)	朝鮮	養誠	字 子方 本貫 驪陽 禮曹參議
陳二孫(이손)		錦沙	字 叔甫 本貫 驪陽 父 孟卿
陳翼搏(익박)		黙齋	本貫 驪陽
陳翼祥(익상)		月屛庵	本貫 驪陽
陳翼臣(익신)		養眞齋	本貫 羅州
秦益埰(익채)	1724~1786	耻窩	文臣 字 謙之 本貫 南原 父 鏡大 追贈 軍資監主簿
陳翼漢(익한)	朝鮮肅宗	樂谷	文臣 本貫 驪陽 龍岡縣令
陳仁孫(인손)	高麗	軒德齋	文臣 本貫 三陟 門下左侍中
陳鎰(일)	朝鮮	海山	學者 字 子平 本貫 廣東
眞一(진일)		悚菴	僧侶
鎭一(진일)		懶菴	僧侶 著書 釋門家禮抄
陳再蕃(재번)		草堂	本貫 羅州 父 重恢
陳在燮(재섭)		黙齋	本貫 羅州 父 雲澤
陳在恂(재순)		南湖	本貫 羅州 父 雲澤
陳載喆(재철)		錦史	著書 錦史遺稿〈錦禾合稿〉
秦再奚(재해)	1691~1769	僻隱	文臣,畵家 字 井伯 本貫 豊基 父 時英 龍驤衛副護軍
陳定(정)	朝鮮	晚樂軒	字 靜而 本貫 驪陽 生員
眞靜(진정)		龍穴尊宿	
秦正國(정국)	朝鮮	春湖	文臣 字 汝衡 本貫 豊基 忠武衛副司正
秦貞國(정국)	朝鮮	松隱	文臣 字 允舒 本貫 晉州 座首
陳廷立(정립)	朝鮮	鳳山	本貫 驪陽 追贈 兵曹參判
陳正範(정범)	1813~1864	晚悟	學者 字 士擧 本貫 驪陽 父 柳榮 外祖 宋來啓 著書 晚悟遺稿
秦禎鉉(정현)	朝鮮	南農	學者 字 文敏 本貫 晉州

人名	年代	號	其他
震鍾(진종)	1864~1940	龍城	僧侶 俗姓 白氏 父 南賢
秦鐘煥(종환)	1803~?	嶠陵	文人 字 重馨 本貫 豊基 父 東爽 國子監閣監
陳周衡(주형)	朝鮮	梅塢	本貫 驪陽 父 慶龍
陳遵(준)	朝鮮太宗	黙軒	文臣 本貫 驪陽 父 龍角 著書 文集 工曹參議
陳儁(준)		醉翁堂	本貫 羅州 父 首胤
秦中吉(중길) →秦中言			
秦中言(중언)	高麗	杏亭	文臣 本貫 豊基 鷄林判官
陳重恢(중회)	朝鮮宣祖	霽軒	本貫 羅州 父 大壽
秦之湖(지호) →秦元湖			
秦之勳(지훈) →秦元勳			
陳集橋(집교)	朝鮮	巖樵	文臣 本貫 驪陽 察訪
秦昌國(창국)	朝鮮	靜隱	文臣 字 仁民 本貫 晉州 訓導
秦昌白(창백)	朝鮮	雲齋	文臣 字 盛叔 本貫 豊基 忠武衛副護軍
陳彩麟(채린)	朝鮮	農隱	本貫 驪陽 追贈 左贊成
陳天龍(천룡)	朝鮮	松圃	字 敬壽 本貫 廣東 追贈 漢城判尹
陳天益(천익)	朝鮮	西庵	字 仁壽 本貫 廣東
秦喆周(철주)	韓末~日帝	東菴	抗日鬪士 字 晩成 本貫 晉州
陳倬(탁)	朝鮮	立菴	文臣 本貫 驪陽 副正
陳宕(탕)	朝鮮中宗	薄泉	文人 字 宗寬 本貫 驪陽
陳泰亨(태형)		靜齋	本貫 驪陽 父 龍錫
陳台瓛(태환)	朝鮮	松湖	字 國賢 本貫 廣東 通政大夫
陳鈊(필)	朝鮮	白玉	字 佑伯 本貫 廣東 追贈 戶曹參議
秦弼道(필도)	朝鮮	芝巖	文臣 字 永雲 本貫 豊基 同知中樞府事
陳夏(하)		誠庵	本貫 珍山
陳夏潤(하윤)		莘溪	本貫 羅州 父 錫瑛
眞學(진학) →圓炤			
陳學萬(학만)		竹下齋	本貫 羅州 父 在恟
秦學文(학문)	韓末開化期	瞬星	文人
秦學純(학순)	朝鮮末	兮山	武臣 字 德池 侍衛隊參領
秦學新(학신)	朝鮮後期	日堂	文臣 字 德民 本貫 豊基 宮內部參理官
陳學宗(학종)		晩松	本貫 羅州 父 在燮
陳漢彦(한언)	1543~1593	克齋	武臣 字 實分 本貫 驪陽 父 碩昌 玉浦萬戶 著書 克齋實紀
陳海寬(해관)		南隱	本貫 羅州 父 起邦

人名	年代	號	其他
陳亨福(형복)	朝鮮	義村	字 通彦 本貫 三陟 進士
秦浩(호)	朝鮮	柳灘	文臣 本貫 豊基 父 小儒 繕工監正
晉虎老(호노)	高麗	望松堂	學者 字 孝測 本貫 南原 父 于蘭 祖父 成用
秦弘白(홍백)		敬菴	本貫 豊基 父 命仁
陳弘祖(홍조)	朝鮮	屛庵	本貫 驪陽 父 世馨 著書 文集
陳洪疇(홍주)		蛟西亭	本貫 羅州 父 儆
陳澕(화)	高麗	梅湖	文人 本貫 驪陽 父 光脩 祖父 俊 著書 梅湖遺稿
秦和永(화영)	朝鮮	晦堂	文臣 字 彦弼 本貫 豊基 戶曹參判
晉和凝(화응)		疑嶽	著書 疑嶽集
秦和添(화첨)	朝鮮	隱庵	文臣 字 致三 本貫 豊基 崇祿大夫
陳滉儧(황찬)	朝鮮	青藍	字 子化 追贈 通政大夫
秦後觀(후관)	朝鮮	河谷	文臣 本貫 豊基 軍資監正
晉后昌(후창)	朝鮮	勇齋	孝子 本貫 南原
陳欽(흠)	朝鮮	錦湖	文臣 本貫 驪陽 溫陽縣監
秦興白(흥백)	朝鮮	雲菴	文臣 字 起哉 本貫 豊基 龍驤衛副護軍
眞興王(진흥왕)	534~576	麥宗	新羅 第24代 王 父 立宗
晉希伯(희백)	朝鮮	晚翠	孝子 本貫 南原
秦喜永(희영)	朝鮮	鼎山	文臣 字 允明 本貫 豊基 崇祿大夫
秦熙昌(희창)	1874~1933	景林	獨立運動家
澄信(징신) →澄儼의 初名			
澄儼(징엄)	1090~1141	福世	僧侶 初名 澄吉 父 肅宗 追贈 國師 諡號 圓明

韓國雅號大辭典

ㅊ

人名	年代	號	其他
車鯨(경) →車輰			
車京石(경석)	1880~1936	月谷	普天敎創始者
車季隣(계린)	高麗	龍門	本貫 延安 廣平侍郎 諡號 文興
車季男(계남)		閑安堂	本貫 延安 父 善寬
車啓駉(계일)	1823~1883	染隱	著書 文集
車桂燦(계찬)		逸圃	本貫 延安
車貴榮(귀영)		德修堂	本貫 延安
車奎憲(규헌) →車憲奎			
車箕鍾(기종)		竹史	本貫 延安
車吉用(길용)		養志齋	本貫 延安
車南基(남기)		老隱	本貫 延安
車德純(덕순) →車德裕의 初名			
車德裕(덕유)	朝鮮	惜陰窩	委巷人 字 德夫 本貫 延安
車輰(량)	朝鮮仁祖	沙谷	文臣 字 士龍 本貫 延安
車伯炤(백소)	高麗	潛淵	本貫 延安 禮部侍郎
車復運(복운)	朝鮮	含恩窩	委巷人 字 天與 本貫 延安
車相瓚(상찬)	1887~1946	靑吾	文筆家 著書 朝鮮四千年秘史
車錫祐(석우) →車錫祜			
車錫周(석주)		雲巖	
車錫祜(석호)	1846~1911	海史	文人 本貫 延安 著書 海史集
車善寬(선관)		雲亭	本貫 延安 父 性逸
車善緣(선연)		拙齋	本貫 延安 父 性爲
車成述(성술) →車成燦의 一名			
車性爲(성위)		慕窩	本貫 延安 父 殷斡
車聖認(성인)		無改堂	本貫 延安 父 如溱
車性逸(성일)		聲廬	本貫 延安 父 殷格
車成燦(성찬)		龍江	本貫 延安 父 貴榮
車軾(식)	1517~1575	頤齋	學者 字 敬叔 本貫 延安 父 廣運 徐敬德 門人 平海郡守
車愼軾(신식)	朝鮮宣祖	沙村	孝子 字 公謹 本貫 延安
車愼厚(신후)		南村	本貫 延安 父 善緣
車如聘(여빙)		黙然亭	本貫 延安 祖父 善寬
車如湊(여주)		竹陰	本貫 延安 父 仲厚
車輗(예) →權輗			

人名	年代	號	其他
車禮亮(예량)	朝鮮仁祖	風泉 風泉子	義士 字 汝明 本貫 延安 追贈 戶曹判書 諡號 忠莊
車雲輅(운로)	1559~?	滄洲	文章家 字 萬里 本貫 延安 父 軾 校理 著書 滄洲集
車云革(운혁)	1393~1465	松菴 雙清堂	文臣 字 弘器 本貫 延安 祖父 宗老 羽林衛 諡號 剛烈
車原俯(원부) →車原頫			
車原頫(원부)	1320~1398	雲巖 雲庵居士	學者 字 思平 本貫 延安 父 宗老 追贈 侍中 諡號 文節
車殷輅(은로)	?~1614	日躋堂	文臣 字 君臣 本貫 延安 清道郡守 著書 日躋堂遺集
車殷輅(은진)	?~1612	愛日軒 愛日堂	文臣 字 湯臣 本貫 延安 府使 著書 愛日軒集 〈延安車氏世稿〉
車應周(응주)		大峰	著書 大峰逸稿
車利錫(이석)	1881~1945	東巖	獨立運動家 本貫 延安 臨時政府秘書長
車仁(인) →車希仁의 初名			
車爭淳(쟁순) →車學淳			
車轉坤(전곤)	1596~?	丹丘 丹邱	文臣 字 用之 本貫 延安 父 天輅 郡守
車濟東(제동)		東坡	本貫 延安
車宗老(종로)	高麗	月坡 月坡翁	文臣 本貫 延安 父 蒲溫 防禦使
車佐一(좌일)	1573~1809	四名子	文人 字 叔章 本貫 延安 父 潤泰 著書 四名子詩集
車周輔(주보)	朝鮮憲宗	渭隱	本貫 延安
車周庸(주용)	朝鮮憲宗	迣巖	本貫 延安
車周煥(주환)	朝鮮哲宗	晚雲	本貫 延安
車重基(중기)		後溪	本貫 延安 父 吉用
車仲厚(중후)	朝鮮後期	溪隱	本貫 延安 父 善寬 著書 溪隱集
車天輅(천로)	1556~1615	五山 橘室 蘭嵎 清妙居士 清好居士 海史	文臣 字 復元 本貫 延安 父 軾 徐敬德 門人 校理 著書 五山集
車學淳(학순)		雲溪	
車憲奎(헌규)	朝鮮憲宗	聾人 石溪 車聲	書藝家 本貫 延安
車鴻(홍) →車鴻燮			
車鴻燮(홍섭)		雲溪	著書 文集
車孝聃(효담)	朝鮮世宗	鬧隱	
車孝全(효전)	高麗	江村	字 良運 本貫 延安 父 東達 封號 延安君 諡號 武烈
車希仁(희인)	朝鮮中宗	獅峰	文臣 字 慶來 本貫 延安 梁山郡守

人名	年代	號	其他
粲淵(찬연)	1072~1768	瑞谷	僧侶 本貫 全州 俗姓 金氏
璨綠(찬록)	高麗	白雲	
粲英(찬영)	1328~1390	木庵	僧侶 字 古樗 本貫 楊州　俗姓 韓氏 父 績
贊英(찬영)	1807~1887	碧波	僧侶
璨幽(찬유) →元宗			
昌令考(영고)		節齋	本貫 昌寧
蔡氏(씨)		稼樵	著書 文集
蔡氏(씨)		溪隱	著書 文集
蔡氏(씨)		溪軒	著書 文集
蔡氏(씨)		谷隱	著書 文集
蔡氏(씨)		龜齋	著書 文集
蔡氏(씨)		勤菴	著書 文集
蔡氏(씨)		錦城	著書 文集
蔡氏(씨)		琴洲	著書 文集
蔡氏(씨)		琴波	著書 文集
蔡氏(씨)		寄菴	著書 文集
蔡氏(씨)		聾窩	著書 文集
蔡氏(씨)		漏翁	著書 文集
蔡氏(씨)		大谷	著書 文集
蔡氏(씨)		東湖	著書 文集
蔡氏(씨)		遯叟	著書 文集
蔡氏(씨)		遯菴	著書 文集
蔡氏(씨)		門灘	著書 文集
蔡氏(씨)		渼隱	著書 文集
蔡氏(씨)		渼陂	著書 文集
蔡氏(씨)		北溪	著書 文集
蔡氏(씨)		北巖	著書 文集
蔡氏(씨)		石泉	著書 文集
蔡氏(씨)		性菴	著書 文集
蔡氏(씨)		省軒	著書 文集
蔡氏(씨)		小隱	著書 文集
蔡氏(씨)		松峯	著書 文集
蔡氏(씨)		是山	著書 文集

人名	年代	號	其他
蔡氏(씨)		養梅堂	著書 文集
蔡氏(씨)		養性齋	著書 文集
蔡氏(씨)		淵泉	著書 文集
蔡氏(씨)		永慕齋	著書 文集
蔡氏(씨)		梧下	著書 文集
蔡氏(씨)		了軒	著書 文集
蔡氏(씨)		慵菴	著書 文集
蔡氏(씨)		友恭堂	著書 文集
蔡氏(씨)		愚淵	著書 文集
蔡氏(씨)		雲巖	著書 文集
蔡氏(씨)		月巖	著書 文集
蔡氏(씨)		仁窩	著書 文集
蔡氏(씨)		一聽	著書 文集
蔡氏(씨)		竹醉	著書 竹醉文集
蔡氏(씨)		竹軒	著書 文集
蔡氏(씨)		止窩	著書 文集
蔡氏(씨)		止隱	著書 文集
蔡氏(씨)		癡軒	著書 文集
蔡氏(씨)		鶴圃	著書 文集
蔡氏(씨)		寒梅堂	著書 文集
蔡氏(씨)		湖樓	著書 文集
蔡氏(씨)		後齋	著書 文集
蔡景民(경민)	朝鮮	竹翁	委巷人 字 寧汝 本貫 仁川
蔡慶敏(경민) →蔡景民			
蔡慶錫(경석)		西格	本貫 人天
蔡慶先(경선)	1559~1609	東壁 竹村	文臣 字 子長 本貫 平康 父 蘭宗 應敎
蔡慶全(경전)	朝鮮肅宗	觀齋	本貫 平康 父 範夏
蔡景珍(경진)	1769~1854	德湖 德湖齋	本貫 仁川 著書 文集
蔡光黙(광묵)	1850~1906	龜淵	義兵將 字 明叔 本貫 平康 父 東軾
蔡光修(광수) →蔡先修			
蔡光禹(공우)	朝鮮	稷西	本貫 仁川 生員
蔡九章(구장)	1684~1743	耘窩	字 天則 本貫 仁川 父 世徽 著書 文集
蔡耆徵(구징)	朝鮮	菊軒	本貫 仁川 父 之雄 祖父 克協

人名	年代	號	其他
蔡貴仁(귀인) →蔡貴河			
蔡貴河(귀하)	1350~1420	多義堂 濯纓堂	文臣 字 淸一 本貫 仁川 父 元吉 外祖 高天瑞 戶曹典書 諡號 貞義 著書 多義堂實記
蔡克哲(극철)		松塢	字 子幾 本貫 仁川 著書 文集
蔡琦永(기영)		晩圃	本貫 平康
蔡基中(기중)	1873~1921	素夢	獨立運動家 字 極五 本貫 仁川
蔡達周(달주)	朝鮮中期	新齋	孝子 字 達甫 本貫 平康 追贈 大郎
蔡東陽(동양)		靑城	著書 靑城散稿
蔡斗永(두영)		晩全	本貫 平康
蔡得江(득강)	朝鮮	西齋	文臣 本貫 仁川 追贈 同知府事
蔡得沂(득기)	1605~1646	雩潭 鶴丁 鶴汀	學者 字 詠而 本貫 仁川 父 有終 祖父 無急 追贈 執義 著書 四醫經驗方
蔡得濂(득렴)	朝鮮	巖齋	本貫 仁川 通德郎
蔡得淳(득순)	1717~?	奇奇齋 樂窩	文臣 書藝家 字 仲和 本貫 平康 父 以欽
蔡得淵(득연)	朝鮮	觀水齋	學者 本貫 平康
蔡得湖(득호)	朝鮮	陽崖	本貫 仁川 參奉
蔡洛(락)	1502~?	葵亭	文臣 字 混源,溫源 本貫 仁川 父 年 承政院同副承旨
蔡冕黙(면묵)	1871~1950	後松	著書 後松遺稿
蔡命運(명운)	1678~1720	笑谷堂	字 汝吉 本貫 仁川 父 獻徵 著書 文集
蔡明胤(명윤)	1652~?	五視齋	文臣 字 仲宣 本貫 平康 父 時祥 修撰
蔡慕薦(모천)		敬義齋	本貫 仁川
蔡桀(목) →蔡枺			
蔡夢硯(몽연)	1561~1638	投巖	文臣 字 靜應 本貫 仁川 著書 投巖文集
蔡夢井(몽정)	朝鮮	石浦	本貫 仁川 副司果
蔡夢倪(몽현) →蔡夢硯			
蔡枺(무)	1588~1670	栢浦 歸隱子	文臣 字 子後 本貫 仁川 父 夢硯 外祖 朴培 兵曹佐郎 著書 栢浦文集
蔡無易(무이)		新村	文臣 字 仲由 本貫 仁川 父 洛 侍直
蔡無逸(무일)	1496~1556	逸溪 休巖	文臣 字 居敬 本貫 仁川 父 胤權 祖父 壽 漢城府庶尹
蔡無敵(무적)	1500~1554	僑軒	文臣 字 居仁 本貫 平康 父 胤權 漣川縣監 著書 僑軒文集
蔡文基(문기)	1881~1949	欽齋	學者 字 安卿 本貫 仁川 父 熙鳳 外祖 徐泳坤 著書 欽齋文集
蔡文徵(문징)	1636~1707	梅竹軒	著書 梅竹軒公逸稿 〈竹林世稿〉

人名	年代	號	其他
蔡炳達(병달)		愚堂	著書 文集
蔡炳植(병식)		悳嵒	著書 文集
蔡三永(삼영)		晚湖	本貫 平康 著書 文集
蔡相德(상덕)	?~1925	沈湖	獨立運動家 本貫 平康
蔡尚德(상덕) →蔡相德			
蔡相學(상학)	1837~1926	悔齋	著書 悔齋遺稿
蔡錫疇(석주)		晚歸堂	字 禹瑞 本貫 仁川
蔡先吉(선길)	1569~1649	琴灘	字 吉仲 本貫 仁川 父 應麟 著書 琴灘文集
蔡先修(선수)	1568~1634	達西齋	義兵 字 敬仲 本貫 仁川 父 應黿 外祖 權士恭
蔡先見(선현)	1574~1644	兩傳軒	字 明甫 本貫 仁川 父 應麟 禧陵參奉 著書 兩傳軒文集
蔡聖龜(성구)	1605~1647	知非齋	文臣 字 用九 本貫 平康 父 震亨 追贈 通政大夫 謚號 忠獻 著書 遺稿
蔡星源(성원)	1870~1932	公山	字 士奎 本貫 仁川 父 錫玄 系 世東 著書 文集
蔡成胤(성윤)	1659~?	九峰	文臣 字 仲美 本貫 平康 父 時祥 漢城府左尹
蔡世英(세영)	1490~1568	任眞堂	文臣 字 英之 本貫 平康 父 子涓 左參贊
蔡紹權(소권)	1480~1548	拙齋 貞齋	文臣 字 孝仲, 希仲 本貫 仁川 父 壽 刑曹判書 著書 拙齋文集
蔡沼權(소권) →蔡紹權			
蔡壽(수)	1449~1515	懶齋 快哉亭	文臣 字 耆之 本貫 仁川 父 申保 封號 仁川君 大司成 謚號 襄靖 著書 懶齋集
蔡洙命(수명)	1865~1933	愚軒	著書 文集
蔡壽三(수삼) →蔡壽			
蔡壽宗(수종)	朝鮮宣祖	忍菴	本貫 平康 父 伯卿
蔡時鏡(시경)		松谷	本貫 平康 父 榮俊
蔡澻(식)	1696~1768	後川	學者 字 元證 本貫 仁川 父 允亨 外祖 李爾峕 著書 後川遺稿
蔡申保(신보)	朝鮮初期	灣溪	文臣 字 子休 本貫 仁川 父 倫 追贈 吏曹判書 著書 文集
蔡愼微(신징)	高麗	多義堂	文臣 本貫 仁川 父 先茂 光祿大夫 謚號 貞義
蔡實吉(실길) →蔡宗吉			
蔡璉(연)	高麗	盤碉	詩人 本貫 平康
蔡悅(열)		松厓	本貫 平康
采永(채영)	朝鮮英祖	獅巖	僧侶 幸祐 門人
蔡英三(영삼)		野隱	本貫 平康
蔡容(용)	1556~?	寬谷	字 子咸 本貫 仁川 父 有溫

人名	年代	號	其他
蔡龍臣(용신)	1850~1941	石江 石芝 定山	畵家 著書 文集
蔡龍章(용장)		退台堂 退圃	著書 文集
蔡愚錫(우석)	1866~1932	愚塘	學者 字 耆賢 本貫 平康 著書 愚塘集
蔡雲亨(운형) →蔡震亨			
蔡元凱(원개)	1895~1974	居平	光復軍 本貫 平康 父 秉黙
蔡有孚(유부)		澗松亭	本貫 仁川 父 無怠 祖父 紹卷
蔡有善(유선)		蘭軒	
蔡裕後(유후)	1599~1660	湖洲	文臣 字 伯昌 本貫 平康 父 忠衍 吏曹判書 諡號 文惠 著書 湖洲集
蔡允洁(윤길)	朝鮮中宗	伴鷗堂	隱士 字 養吾 本貫 仁川
蔡允中(윤중)	朝鮮	花樹軒	本貫 仁川 父 星龜 祖父 奎夏
蔡允浩(윤호) →蔡允洁			
蔡應龍(응룡)		秋月軒	本貫 仁川 著書 文集
蔡應麟(응린)	1529~1584	松潭	學者 字 君瑞 本貫 仁川 父 泓 外祖 李榮 鄭逑 門人 著書 松潭逸稿
蔡膺祥(응상)	1689~1753	止水齋	隱士 字 致叔 本貫 仁川
蔡應夏(응하)	朝鮮光海君	夢村	本貫 平康 父 元龜
蔡以恒(이항)	1596~1666	五峰	文臣 字 汝久 本貫 仁川 父 天瑞 追贈 吏曹判書 諡號 景憲 著書 文集
蔡章五(장오)	朝鮮	枕澗	本貫 仁川 正言
蔡呈夏(정하)	朝鮮	臥遊堂	學者 本貫 平康
蔡章獻(장헌)	朝鮮	稷下	本貫 仁川 正字
蔡濟恭(제공)	1720~1799	樊巖 樊翁	文臣 字 伯規 本貫 平康 父 膺一 領議政 諡號 文肅 著書 樊巖集
蔡宗吉(종길)	1567~?	松村	文臣 字 善餘 本貫 仁川 父 洛 外祖 金壎 求禮縣監
蔡鍾植(종식)	1832~1890	一齋	學者 字 子悔 本貫 仁川 父 湲 外祖 郭鵬翼 著書 一齋集
蔡宗海(종해)		芝庵	本貫 平康
蔡疇(주)		竹圃	本貫 平康
蔡準道(준도)	1834~1904	石門	學者 字 允敬 本貫 仁川 父 廷鎬 著書 石門集
蔡之江(지강)		崇禎處士	本貫 仁川
蔡之泗(지면)	1639~1589	漱菴	學者 字 漢卿 本貫 仁川 父 夢井 著書 漱菴遺稿
蔡之洪(지홍)	1683~1741	鳳巖 鳳溪 舍藏窩 三愚 三患齋	學者 字 君範 本貫 仁川 父 領 權尚夏 門人 追贈 祭酒 著書 鳳巖集
蔡震亨(진형)	朝鮮光海君	篙塘 簿塘	詩人 字 亨之 本貫 平康 父 廷侃 祖父 壽宗 著書 篙塘集

人名	年代	號	其他
蔡澄(징)		柳亭	本貫 仁川 著書 文集
蔡徵殷(징은)	朝鮮後期	香谷	
蔡徵休(징휴)	1684~1747	艮齋	學者 字 祖應 本貫 仁川 父 之洀 著書 艮齋集
蔡忠敬(충경)		槐亭	本貫 平康
蔡忠元(충원)	1598~?	梧村	文臣 字 元夫 本貫 平康 父 慶先 府尹
蔡忠元(충원)		病醜	本貫 平康
蔡致遠(치원)		三一堂	
蔡忱(침)	朝鮮中宗	西岡 西崗	字 仲孚, 孝孚 本貫 平康 父 碩卿
蔡彭胤(팽윤)	1669~1731	希菴 歸窩 恩窩	文臣 字 仲耆 本貫 平康 父 時祥 副提學 著書 希菴集
蔡必勳(필훈)	1759~1838	琴窩	字 德堯 本貫 仁川 父 師學 外祖 洪澈 著書 琴窩遺集
蔡乏沔(핍면) →蔡之沔			
蔡河徵(하징)	1619~1688	翠巖 霽巖	學者 字 義瑞 本貫 仁川 父 尙周 外祖 金秀紝 著書 翠巖遺集
蔡瀗(헌)	1716~1795	近品齋	文臣 僉知中樞府事
蔡憲植(헌식)	1855~1934	後潭	字 定汝 本貫 仁川 父 龍 著書 文集
蔡獻徵(헌징)	1648~1726	愚軒 餘物軒	文臣 字 文叟, 文叔 本貫 仁川 父 起宗 系 之洙 外祖 金慶長 僉知中樞府事 著書 愚軒文集
蔡泂(형)	朝鮮	認齋	孝子 本貫 仁川
蔡荊龜(형구)	1652~1727	自牧堂	學者 字 錫予 本貫 仁川 父 徵夏 外祖 李奎英 著書 自牧堂文集
蔡弘國(홍구)	朝鮮宣祖	野叟	殉節人 本貫 平康
蔡弘履(홍리)	1737~1806	故川 岐川	文臣 字 士述 本貫 平康 父 義恭 祖父 應祖 江華留守
蔡弘運(홍운)	朝鮮純祖	放翁	文臣 字 文宇 本貫 平康
蔡弘遠(홍원)	1762~?	於斯散人	文臣 字 邇叔 本貫 平康 父 敏恭 系 濟恭 承旨 編書 嶺南人物考
蔡鴻儀(홍의)	朝鮮	檺軒	本貫 仁川
蔡洪哲(홍철)	1262~1340	中庵 中庵居士 中順堂 紫霞洞主人 恥菴	文臣 字 無悶 本貫 平康 封號 順川君 贊成事 著書 中庵集
蔡弘哲(홍철) →蔡洪哲			
策活(책활)	1781~1862	慈行	僧侶 俗姓 張氏
處能(처능)	1617~1680	白谷 白谷山人	僧侶 字 愼守 俗姓 吳氏 父 金壽 著書 白谷集
處龍(처룡) →處能			
處明(처명)	1853~1903	雪乳	僧侶 俗姓 裵氏 父 世曄 著書 雪下集
處黙(처묵)	朝鮮	翠岑	僧侶

人名	年代	號	其他
處英(처영)	朝鮮宣祖	雷默	僧侶
處益(처익)	1831~1888	敬庵 龍雲	僧侶 俗姓 李氏
處珍(처진)	1652~1726	海谷	僧侶 父 宿
千光祿(광록)	1851~1931	晚隱	字 華善 本貫 潁陽 父 昌億 著書 文集
千光銘(광명)	朝鮮	梅軒	文臣 字 光守 本貫 潁陽 通德郎
千斗壬(두임)		石村	著書 文集
千萬里(만리)	1543~?	思菴	武臣 字 遠之 本貫 潁陽 父 鍾嶽 外祖 錢倫 封號 花山君 諡號 忠莊 著書 千思菴文集
天輔(천보)	1872~1965	九河 鷲山	僧侶 俗姓 金氏
千寶培(보배)		鶴山	著書 文集
千祥(상)	1558~?	聱軒	本貫 潁陽 著書 聱軒公遺稿〈思庵實記〉
千壽慶(수경)	?~1818	松石園 松石道人 義軒 義軒	詩人 字 君善, 石善 本貫 金溪 編書 風謠續選
千乘濟(승제)	1886~1943	雄峰	字 善必 本貫 花山
天如(천여)	1794~1878	錦巖	僧侶 俗姓 羅氏
天英(천영)	1215~1281	冲鏡	僧侶 俗姓 梁氏 父 宅春 追贈 國師 諡號 慈眞圓悟
天祐(천우)	1817~?	慈雲	僧侶
天因(천인)	1205~1248	靜明	僧侶 本貫 燕山 俗姓 朴氏 著書 文集
天頙(천책)	高麗	眞靜	僧侶 字 蒙目 俗姓 申氏 著書 東海傳弘錄
千泰疇(태주)	朝鮮	愼巖 尋庵	文臣 字 亨汝 本貫 潁陽 戶曹正郎
千瀅(형)		寒虛堂	著書 寒虛堂遺稿〈思庵實記〉
千浩鳳(호봉)		東和堂	著書 東和堂詩集
千熙(천희)	1307~1382	雪山	僧侶 本貫 興海 著書 三宅一鏡觀
千禧(희)		憂軒	本貫 潁陽 著書 憂軒公遺稿〈思庵實記〉
澈鑑(철감) →道允			
喆有(철유)	1851~1918	石翁	僧侶,畵家 俗姓 金氏
哲宗(철종)	1831~1863	中齋 大勇齋	朝鮮 第25代王 字 道升 本貫 全州 父 曠 祖父 裀 著書 中齋稿
青杲(청고)	1738~1823	栗峯	僧侶 字 枯花, 拈花 本貫 順天 俗姓 白氏 父 皓
青果(청과) →青杲			
清性(청성)	朝鮮英祖	頭輪 明畫	僧侶 俗姓 金氏 著書 頭輪堂集
清眼(청안)	1651~1717	雲坡	僧侶 字 法藏 本貫 杆城 俗姓 全氏 父 忠亮
清學(청학)	1570~1654	詠月 詠月堂	僧侶 字 玄珠 俗姓 洪氏 父 光明 著書 詠月集
清虛(청허) →休靜			

人名	年代	號	其他
體元(체원)		木庵	僧侶
體淨(체정)	1687~1748	虎巖	僧侶 本貫 興陽 俗姓 金氏
體照(체조)	1714~1779	龍巖	僧侶 俗姓 鄭氏 著書 龍巖集
楚禹燮(우섭)	朝鮮	小庵	字 公夏 本貫 巴陵
楚重燕(증연)	1720~1792	懶菴	學者 字 子雄 本貫 星山 追贈 司僕寺正 著書 懶菴集
崔氏(씨)		小樵	著書 文集
崔氏(씨)		濟南	著書 文集
崔氏(씨)		竹西	著書 文集
崔氏(씨)		篁齋	著書 文集
崔氏(씨) →崔和順			
崔稼淳(가슌)		泥菴	
崔珏烈(각렬)	1866~1926	農隱	著書 農隱遺稿
崔沂(간)		靜默齋	本貫 楊州
崔江(강)	高麗	樵隱	文臣 本貫 江陵 判事
崔堈(강)	朝鮮中期	蘇溪 蘇湖	武臣 字 汝堅 本貫 全州 父 云哲 追贈 兵曹判書 諡號 義肅
崔綱魯(강로)	1796~?	抱琴軒	本貫 江陵 父 東柱
崔綱宇(강우)	?~1773	雲齋	著書 雲齋集
崔蓋國(개구)	1516~1579	南岳 楸潭	文臣 字 子省 本貫 忠州 父 汾 江原道觀察使
崔改之(개지) →崔攸之			
崔建(건)		警心齋	字 君立 本貫 慶州 父 汝峻
崔結(결)		陽坡	本貫 水原 父 希良
崔潔(결)		洛湖散人	字 克廉 本貫 慶州
崔謙(겸)	朝鮮	愼窩	本貫 慶州 父 宗沃
崔涇(경)	朝鮮世宗	謹齋	畵家 字 思淸, 汝淸 本貫 耽津 堂上官
崔綱(경)	1823~1893	恒齋	學者 字 少章 本貫 金海 父 碩源 外祖 洪孝正 著書 恒齋遺稿
崔綱(경)		慕學齋	著書 文集
崔垌(경)		平安齋	字 而遠 本貫 慶州 著書 平安齋集
崔景儉(경검)	朝鮮宣祖	益齋	字 應弼 本貫 江陵 禮賓寺正
崔慶基(경기)		竹圃	
崔慶大(경대)	朝鮮	洛窩	文臣 字 樂甫 本貫 楊州 副護軍
崔擎德(경덕)	朝鮮	月皐	本貫 和順 父 秀崗
崔景烈(경렬)		忍庵	本貫 慶州

人名	年代	號	其他
崔慶麟(경린)	朝鮮明宗	龍雲	字 得梧 本貫 草溪 靈巖郡守
崔璟模(경모)	朝鮮	錦湖	字 致敬 本貫 草溪 訓練院主簿
崔景文(경문)	朝鮮	晚松	本貫 陽川 父 光國
崔慶文(경문)		澗谷 澗谷齋	字 顯哉 父 俊立
崔慶百(경백)	朝鮮	黙軒	本貫 和順 父 河大 祖父 應植
崔慶翔(경상)	→崔時亨의 初名		
崔景錫(경석)	?~1886	微山	武臣
崔景燮(경섭)	朝鮮	雙松堂	委巷人 字 叔和 本貫 海州 萬戶
崔景星(경성)		希顏齋	本貫 全州
崔卿述(경술)	朝鮮	隱窩	本貫 慶州 父 浣
崔景嵩(경승)	朝鮮	竹西齋 蒼厓	委巷人 字 源中 本貫 完山 萬戶
崔慶湜(경식)	1660~1716	明谷	本貫 慶州 著書 文集
崔景嶽(경악)	1727~?	晚醒	本貫 全州 父 錫銓
崔慶榮(경영)		殷老	本貫 江陵
崔慶雲(경운)	朝鮮宣祖	三川	本貫 海州 父 天符
崔慶胤(경윤)	1534~1602	羅湖	學者 本貫 龍宮 著書 羅湖文集
崔慶長(경장)	1529~?	石溪 日休堂 竹溪	字 善(景)餘 本貫 海州 父 天符
崔曍祚(경조)	朝鮮	梅下	文臣 字 明祚 本貫 楊州 檢書官
崔敬柱(경주)		危齋	著書 危齋集
崔景璿(경준)	朝鮮	海翁	字 美伯 本貫 江陵 副護軍
崔敬中(경중)	1646~1722	蓮軒	字 日强 本貫 全州 父 侃 府尹
崔璟鎭(경진)	朝鮮	月溪	本貫 慶州 父 膺安
崔景瓚(경찬)	朝鮮	海翁	字 美叔 本貫 江陵 將仕郞
崔慶昌(경창)	1539~1583	孤竹	詩人 字 嘉運 本貫 海州 父 守仁 朴淳 門人 鍾城 府使 著書 孤竹遺稿
崔擎天(경천)	朝鮮	洪齋	字 君極 本貫 草溪 訓練院主簿
崔景弼(경필)	朝鮮	萬吹齋	字 聖直 本貫 祥原 進士
崔鏡河(경하)		樗石	著書 樗石遺稿〈東原世稿〉
崔景翰(경한)	朝鮮	海山	本貫 慶州 父 壽漢 著書 文集
崔敬翰(경한)		松溪	本貫 全州 父 泰斗
崔瓊漢(경한)		三友堂	著書 三友堂遺稿〈曲江世稿〉
崔敬行(경행)	朝鮮仁祖	二順堂	義兵 字 周道 本貫 全州 父 安 成渾 門人
崔璟浩(경호)	朝鮮	墓堂	本貫 朗州 守奉官

人名	年代	號	其他
崔慶琥(경호)		懶庵	著書 文集
崔京煥(경환)	1851~1931	大峰	著書 大峰實紀
崔景煥(경환)		松谷	本貫 慶州
崔慶會(경회)	1532~1593	三溪 日休堂	文臣 字 善遇 本貫 海州 父 天符 追贈 左議政 諡號 忠毅
崔敬休(경휴)	朝鮮高宗	藍田	著書 藍田遺稿
崔景欽(경흠)	朝鮮末	憨齋	詩人, 委巷人 字 穉明
崔擎熙(경희)	1875~1949	鶴南	字 文佑 本貫 永陽 父 翼振 著書 文集
崔誠(계)	1567~1622	苔洞	武臣 字 士訓 本貫 慶州 父 宗沃 追贈 兵曹判書
崔季起(계기)		邂齋	本貫 隋城
崔繼成(계성)	朝鮮中期	處菴 處巖	學者 字 紹光 本貫 全州
崔啓沃(계옥)	1536~?	蛟山	字 景說 本貫 全州 父 駟
崔桂玉(계옥)	1770~1822	紅桃	妓女 字 楚山月 父 崔鳴東 夫 朴準源
崔啓翁(계옹)	1654~1720	幢梁 迂窩	文臣 字 乃心 本貫 朔寧 父 徽之 祖父 荇 濟州牧使
崔啓任(계임)		菊窓	字 國仲 本貫 全州
崔繼宗(계종)	1570~1647	六宜堂	字 慶承 本貫 慶州 著書 六宜堂事蹟
崔繼昌(계창)	朝鮮顯宗	月聽	隱士 字 達夫 宗叟 本貫 全州 父 行
崔啓夏(계하)		後溪	字 宗伯 本貫 全州
崔繼勳(계훈)	1601~1657	雲谷	文臣 字 德會 本貫 全州 父 衍 系 衢 祖父 鐵堅 司諫
崔崑(곤)	1736~1806	倚松軒	學者 字 宗叔 本貫 和順 父 綱宇 外祖 黃斌 縣監 著書 文集
崔崑(곤)	朝鮮	松石	本貫 耽津
崔鷗(곤)	朝鮮	錦湖	文臣 字 正夫 本貫 竹山 通德郎
崔坤述(곤술)	1870~1953	古齋	著書 古齋文集
崔公綺(공기)		藥峯齋	本貫 慶州
崔關(관)	高麗禑王	月坡亭	字 子固 本貫 海州
崔瓘(관)	朝鮮宣祖	迷翁	文臣 本貫 江華 父 承緒
崔瓘(관)	1724~1774	尋是齋 涵義亭	學者 字 季玉 本貫 朔寧 父 濟賢 外祖 吳大斌 著書 尋是齋遺稿
崔瓘(관) →崔琇의 本名			
崔觀植(관식)		松軒	本貫 江陵
崔寬賢(관현)		警巖	著書 文集
崔匡九(광구)		野隱	本貫 江陵

人名	年代	號	其他
崔光國(광국)	朝鮮	栢蔭	本貫 陽川 父 象岳
崔光洞(광동)	?~1771	靜齋	著書 靜齋遺稿
崔光練(광련)	朝鮮肅宗	思誠齋	本貫 水原 父 乃秀
崔光璧(광벽)	1728~1791	雲广 二友亭	文臣 字 公猷 本貫 全州 父 壽仁 副承旨 著書 雲广文集
崔光參(광삼)	朝鮮	晩梅窩	學者 字 道源 本貫 完山
崔光岳(광악)	1767~1843	聾窩	學者 著書 聾窩遺稿
崔光嶽(광악)		蒼素	本貫 全州
崔光玉(광옥)	朝鮮英祖	晴沙	本貫 全州 父 壽仁 系 壽泰
崔光翊(광익)	朝鮮英祖	聾睡	本貫 全州 父 壽仁
崔光肇(광조)	1570~1826	嘉陰	學者 字 汝觀 本貫 慶州 父 成黙 外祖 李鎭英 著書 嘉陰遺稿
崔匡之(광지)	高麗禑王	松崖	本貫 全州 父 霑
崔匡鎭(광진)	1816~1885	梅隱 梅軒	學者 字 仲一 本貫 全州 父 必鴻 外祖 權炳 著書 梅隱文集
崔廣漢(광한)	朝鮮高宗	椎軒	字 永綏 本貫 忠州 戶曹參判
崔光漢(광한)	朝鮮	竹軒	文臣 字 汝能 本貫 楊州 副護軍
崔光鉉(광현)	朝鮮	歸耕軒	本貫 朔寧 郡守
崔光炯(광형) →崔光洞			
崔光彙(광휘)		篁村	本貫 江陵 著書 篁村遺稿 〈東原世稿〉
崔光熙(광희)		海隱	本貫 全州
崔暾(교)	朝鮮仁祖	獨松齋	本貫 朔寧 父 東立 參奉
崔玖洛(구락)	朝鮮	東花	本貫 慶州 父 鎭榮
崔龜齡(구령)	朝鮮宣祖	栗峯	本貫 全州 父 悅 察訪
崔龜靈(구령)	朝鮮	逈翁東林	本貫 耽津 潭陽府使
崔九錫(구석)	1740~1801	白癡	學者 字 伯彬 本貫 慶州 父 允亨 外祖 金應天 著書 白癡遺稿
崔九淵(구연)	朝鮮	隱巖	本貫 草溪 父 錫桓
崔九鉉(구현)		梧亭	著書 梧亭遺稿 〈東原世稿〉
崔國鉉(구현)	韓末~?	高陽	
崔君澂(군실)		白谷	本貫 慶州 父 雲漢
崔君賢(군현)		三畏齋	著書 三畏齋私稿
崔珪(규)	朝鮮仁祖	逸谷	本貫 江華 父 承世 府使
崔奎南(규남)	1898~1992	東雲	學者 서울大學敎 總長 著書 東雲論集
崔奎東(규동)	1882~1950	白儂	敎育者 本貫 永川 서울大學校 總長

人名	年代	號	其他
崔圭文(규문)		湖隱	字 汝炯 本貫 朗州
崔奎瑞(규서)	1650~1735	艮齋 少陵 巴陵	文臣 字 文叔 本貫 海州 父 碩儒 系 碩英 祖父 振海 外祖 金自男 領議政 諡號 忠貞 著書 艮齋集
崔圭錫(규석)	朝鮮高宗	嘉谷	本貫 忠州
崔奎綬(규수)	朝鮮後期	綏廷	
崔圭升(규승)	1839~?	泗陽	文臣 字 聖可 本貫 完山 父 台鎭 持平
崔圭陽(규양)	朝鮮	檜崗	字 士藝
崔逵泰(규태)	1684~?	志道 志道齋	字 達夫 本貫 江陵 父 相五
崔揆宅(규택)	朝鮮	永慕堂	本貫 慶州 父 致德 都事
崔奎憲(규헌)	1846~?	夢庵	醫員 字 胤章 三登郡守 著書 小我醫方
崔均(균)	朝鮮宣祖	蘇湖	義兵將 字 汝平, 孝友 本貫 全州 父 云哲 追贈 吏曹判書 諡號 義敏
崔克霖(극림)	高麗	道溪 惠齋	本貫 江陵 縣令
崔克昌(극창)	朝鮮	笱齋	文臣 字 致明 本貫 興海 咸悅郡守
崔克忠(극충)		龍湖	本貫 永川
崔近池(근지)	朝鮮	月溪	文臣 本貫 朗州 父 㴑 校理
崔汲(급)	朝鮮宣祖	揚湖	本貫 水原 父 世龍 參奉
崔兢敏(긍민)	?~1970	愼庵	著書 愼庵集
崔沂(기)	1553~1616	西村 雙栢堂	文臣 字 清源 本貫 海州 父 汝漑 追贈 吏曹判書
崔起南(기남)	1559~1619	晚谷 晚翁 養菴	文臣 字 興叔 本貫 全州 父 秀俊 成渾 門人 追贈 領議政
崔奇男(기남)	1586~1665	龜谷 黙軒	詩人 字 英叔 本貫 川寧 著書 龜谷集
崔基南(기남)	1899~1970	蘭谷	字 重彬 本貫 慶州 父 甲煥 著書 蘭谷遺稿
崔基南(기남)		坪菴	著書 坪菴集
崔基南(기남)		雲淵	著書 文集
崔起南(기남) →崔奇男			
崔起男(기남) →崔起南			
崔基大(기대)	1750~1813	思亭 思菴	學者 字 汝洪 本貫 曲江 父 奎典 外祖 朱德潤 著書 思亭文集
崔基龍(기룡)	1843~1913	竹坡	本貫 慶州 父 有煥 著書 竹坡遺稿
崔基錦(기백)	1575~1641	東溟	文臣 字 子武 本貫 江陵 父 外祖 鄭宗榮
崔基模(기모)	1869~1925	山谷	著書 山谷遺稿
崔基鐥(기벽)	1573~1645	梅谷	字 子勤 本貫 江陵 吏曹參判
崔岐鳳(기봉)		竹軒	本貫 青松
崔基富(기부)		松菴	本貫 水原 父 鶴翰

人名	年代	號	其他
崔基善(기선)		市隱	本貫 慶州 父 景烈
崔基性(기성)		朗隱	本貫 慶州 父 景烈
崔基信(기신)	朝鮮	桃溪	本貫 慶州 父 景翰
崔祈永(기영)		龍巖	著書 龍巖逸稿
崔綺翁(기옹)	朝鮮	東山亭	字 胤汝 本貫 朔寧
崔麒宇(기우)		東隱	
崔基一(기일)	朝鮮	香坡	本貫 陽川 父 常烈
崔起宗(기종)		愁愁齋	著書 文集
崔箕澤(기택)		元山	著書 元山草稿
崔基豊(기픙)		石坡	本貫 慶州 父 有煥
崔琦弼(기필)	1562~1593	茅山	義士 字 圭仲, 玄仲 本貫 慶州 追贈 兵曹參議
崔基洪(기홍)		學訥	本貫 全州 父 明欽
崔基洪(기홍)		黙菴	本貫 慶州
崔吉(길)		瑞石	字 思義 本貫 耽津
崔吉淳(길순)	朝鮮後期	竹下	
崔洛啓(낙계)		花巖	本貫 耽津 父 鍾欽
崔樂九(낙구)	朝鮮	芸亭	本貫 朔寧 父 遇豊
崔南敎(남교)	朝鮮	澹園	字 舜五 本貫 江華 郡守
崔南斗(남두)	1674~1732	銘巖	字 雲程 本貫 慶州 父 泰基 著書 文集
崔南斗(남두)	1720~1777	茅廬	學者 字 士仰 本貫 慶州 父 應嵩 著書 茅廬文集
崔南復(남복)	1759~1814	陶窩	學者 字 景至 本貫 月城 父 瓚 外祖 李齊松 著書 陶窩文集
崔南福(남복) →崔南復			
崔南福(남복)		癡堂	著書 文集
崔南善(남선)	1890~1957	堂 曲橋人 南嶽主人 大夢 白雲香徒 六堂學人 逐閑生 한샘	學者 字 公六 本貫 東州 父 獻圭 著書 朝鮮歷史
崔南重(남중)	1674~1740	虛齋	學者 字 大鎭 本貫 月城 父 聖基 著書 虛齋文集
崔南獻(남헌)	朝鮮	仕○	本貫 慶州 父 振翰
崔南赫(남혁)	高麗	鶴林	字 正重 本貫 黃州 黃州牧使
崔來吉(내길)	1583~1649	頤齋 平齋	文臣 字 子大 本貫 全州 父 起南 封號 完川君 追贈 領議政
崔屢伯(누백)		慕軒	本貫 水原
最訥(최늘)	1717~1789	黙庵	僧侶 字 耳食 本貫 密陽 俗姓 朴氏 著書 黙庵集

人名	年代	號	其他
崔鄲(단)	朝鮮太祖	明菴	本貫 慶州
崔達林(달림)	朝鮮	南崗	文臣 字 舜玉 本貫 興海 副護軍
崔達文(달문)	朝鮮後期	銘巖	
崔達文(달문)		小巖	著書 文集
崔達源(달원)	朝鮮	觀稼亭	字 汝海 本貫 江華 康陵參奉
崔達河(달하)		碧隱	本貫 江陵
崔達鉉(달현)	朝鮮	竹史	字 重振 本貫 隋城 司憲府監察
崔潭(담)	高麗	首宿軒	本貫 東州 大護軍
崔霮(담)	朝鮮	月塘	本貫 全州 著書 文集
崔讜(당)	1135~1211	雙明齋	文臣 字 彦明 本貫 昌原 父 惟清 守太尉門下侍郎同中書門下平章事 諡號 靖安 著書 雙明齋集
崔瑞(당)	高麗	松坡	本貫 草溪 父 徵 諡號 文簡
崔瑞(당) →崔誠之의 初名			
崔儻(당) →崔讜			
崔岱(대)	朝鮮末	芝軒	本貫 慶州 同中樞府事
崔大呂(대려)		謙窩	著書 文集
崔大立(대립)	朝鮮	蒼厓 筠潭	委巷人, 譯官 字 秀夫 本貫 隋城 著書 蒼厓集
崔大成(대성) →崔成大			
崔大洙(대수)	1809~?	晦養	學者 字 元晦 本貫 江陵 父 鎭九 外祖 金錫演 著書 晦養私稿
崔大胤(대윤)		愼齋	本貫 慶州 父 君悉
崔大徵(대징)		竹隱	著書 文集
崔大浩(대호)		浦隱	本貫 慶州
崔德吉(덕길)	朝鮮	峰蘭	本貫 全州 父 山立 祖父 魯
崔德麟(덕린)	朝鮮中宗	老溪	文人 字 仁瑞
崔德衍(덕연)	朝鮮	里隱	委巷人 字 汝昌 父 承潤
崔德宇(덕우)	朝鮮	陽湖	字 國器 本貫 通川 都摠管
崔德潤(덕윤) →崔潤德			
崔德重(덕중)		東峯	字 七七 本貫 慶州
崔德之(덕지)	1384~1455	烟村 烟村迂叟 存養堂	文臣, 學者 字 可久, 迂叟 本貫 全州 父 霮 權近 門人 藝文館直提學 著書 烟村遺稿
崔德燦(덕찬)		訥庵	本貫 永川
崔悳鉉(덕현)	1824~?	老圃	書藝家 字 明孝 本貫 慶州
崔德煥(덕환)	1866~1903	强齋	學者 字 敬晦 本貫 慶州 父 秉五 外祖 愼必顯 著書 强齋集

1121

人名	年代	號			其他
崔道鳴(도명)	朝鮮肅宗	巽窩			
崔道文(도문)	1675~1728	梅隱			字 器之 本貫 水原 父 擎宇
崔道敏(도민)	朝鮮	欣川			委巷人 字 士政 祖父 亮衍
崔道錫(도석)	朝鮮	顧齋			本貫 江陵 父 仁鶴
崔道燮(도섭)	1868~1933	聽江	山齋		字 勉夫 本貫 全州 父 東範 系 東泰 著書 聽江先生文集
崔道彦(도언)		梅谷			字 美伯 本貫 隋城
崔道源(도원)	朝鮮	五峰			字 汝洙 本貫 江華 追贈 戶曹佐郎
崔道翰(도한)		鶴軒			字 文豹 本貫 隋城
崔道煥(도환)	1851~1911	君心			義兵將
崔燉性(돈성)	朝鮮後期	菊圃			
崔燉七(돈칠)	朝鮮	恒春			本貫 江陵 父 元集
崔東奎(동규)	朝鮮	止齋			本貫 和順
崔東吉(동길)		東原			
崔東亮(동량)	1598~1664	松亭			文臣,學者 字 子明 本貫 慶州 父 震立 外祖 柳允謙 龍宮縣監 著書 松亭遺事
崔東老(동로)	朝鮮仁祖	鋤谷			文臣 字 重卿 本貫 江陵
崔東㙫(동률)	1585~1622	茶川			學者 字 鎭伯 本貫 慶州 父 誠 著書 茶川先生實記
崔東立(동립)	1557~1611	杏雨	杏園	杏亭	文臣 字 卓爾 本貫 朔寧 父 忭 黃海道觀察使
崔東望(동망)	1557~?	儉巖	在澗	滄洲	文人 字 魯巖, 魯瞻 本貫 通川 父 豈 祖父 自陽 郡守
崔東模(동모)		吉浦			著書 吉浦易說
崔東輔(동보)	1560~1599	憂樂齋			義兵 字 子翼 本貫 慶州 父 謙 追贈 戶曹參判 著書 憂樂齋實紀
崔東鳳(동봉)	朝鮮	潭雲			本貫 忠州
崔東錫(동석)		小南			本貫 耽津
崔東錫(동석)	韓末~日帝	盤菴			天道教人
崔東秀(동수)	朝鮮	源泉			委巷人 字 伯賢 本貫 慶州
崔東舜(동순)		恭齋			本貫 慶州
崔東式(동식)	1562~1614	獨村 栗亭	柿村	栗汀	文臣 字 正則 本貫 朔寧 父 忭 禹性傳 門人 司諫
崔東植(동식)		遜叟			本貫 慶州
崔東心(동심) →崔秉心					
崔東曄(동엽)	朝鮮	錦沙			本貫 耽津
崔東昕(동오)	1892~1963	義山			獨立運動家
崔東旭(동욱)	高麗	貞齋			文臣 本貫 淸州 吏部尙書

人名	年代	號	其他
崔東益(동익)	1791~?	菊史	閭巷人 字 士謙 本貫 完山
崔東翼(동익)	1868~1912	晴溪	學者 字 汝敬 本貫 全州 父 浩 外祖 具錫疇 著書 晴溪集
崔東晙(동쥰)	1863~1921	矩齋	本貫 淸州
崔東峯(동직)	1602~1665	香巖	本貫 慶州 父 誠 著書 文集
崔東㠌(동집)	1585~1661	臺巖	學者 字 鎭仲 本貫 慶州 父 誠 著書 臺巖文集
崔東泰(동태)	1844~1877	日溪 小嵒	學者 字 景九 本貫 完山 著書 日溪集
崔東獻(동헌)	朝鮮	飛庵	字 士徵 本貫 江華 軍資監判官
崔東鉉(동현)		老岡	本貫 全州
崔東渙(동환)	朝鮮正祖	月潭	委巷人 字 士深 本貫 完山
崔東休(동휴)	韓末~日帝	湖隱	育英事業家 字 孟棟 本貫 草溪
崔東熙(동희)	1856~1957	馨山	學者 著書 馨山遺稿
崔東曦(동희)	1890~1927	素水	獨立運動家
崔斗擎(두경)		竹圃	本貫 水原
崔斗南(두남)	朝鮮宣祖	訥窩	字 明禹 本貫 羅州 司憲府監察
崔岦岦(두립)		守軒	著書 文集
崔斗柄(두병)	1663~1726	坪菴	學者 字 季建 本貫 江陵 父 瞻遠 外祖 池一海 著書 坪菴集
崔斗錫(두석)	朝鮮	莘圃	文臣 字 景受 本貫 月城 司諫院正言
崔斗善(두선)	1894~1974	覺泉	敎育者, 言論人 本貫 東州 國務總理
崔斗淹(두엄)	朝鮮	小溪	本貫 慶州 父 綖
崔斗永(두영)		晚覺齋	著書 晚覺齋文集
崔斗燦(두찬)	1779~1821	江海 江海散人	學者 字 應七 本貫 永川 著書 乘槎錄
崔得謙(득겸)	朝鮮宣祖	佩蘭堂	本貫 朔寧 父 項
崔得謙(득겸)	朝鮮	九悶窩 无悶窩	委巷人 字 大受 本貫 完山 父 重範
崔得溟(득돌) →崔得琛			
崔得麟(득린)		祥齋	本貫 草溪
崔得壽(득수)		雲菴	字 德叟 本貫 全州
崔得之(득지)	朝鮮太宗	栗軒	文臣, 學者 本貫 全州
崔得琛(득침)		蒙窩	本貫 全州 祖父 應軫
崔得賢(득현)	朝鮮	恬齋	畫家
崔登(등)	朝鮮	睡隱	本貫 慶州 父 尙勣
崔鴒(령)	朝鮮	雪梅	文臣 本貫 竹山 沔川郡守
崔潞(로)	朝鮮	野隱	本貫 慶州 父 安立 祖父 英烈

人名	年代	號	其他
崔塋(류) →崔鍌			
崔麟(린)	1878~1958	古友 如菴	己未獨立宣言33人 父 德彦
崔琳(림)	1779~1841	畏窩	學者 字 瓚夫 本貫 慶州 父 宗崙 外祖 朴泰鎭 號 畏窩集
崔琳(림)		樂郊	本貫 全州
崔岦(립)	1539~1612	簡易 簡易堂 東皐 東峯	文臣 字 立之 本貫 通川 父 自陽 刑曹參判 著書 簡易集
崔曼(만)	1652~1720	生白堂	字 支伯 本貫 海州 父 冑海
崔萬男(만남)		鰲軒	著書 鰲軒實記
崔萬斗(만두)	朝鮮	石翁	本貫 慶州 父 壽魯 都正
崔滿烈(만렬)	朝鮮	新菴	著書 文集
崔萬里(만리)	?~1445	江湖散人	文臣 字 子明 本貫 海州 父 荷 副提學
崔萬岦(만립)	朝鮮純祖	種學堂	委巷人 字 子山 本貫 海州
崔晩岦(만립) →崔萬岦			
崔萬植(만식)	韓末	心菴	
崔萬祉(만지)	朝鮮	棲岩	本貫 和順 父 東奎
崔沔(면)	朝鮮純祖	南洲居士	
崔勉植(면식)	1891~1941	念齋	獨立運動家
崔命敎(명교)		晦蔭	本貫 慶州
崔命圭(명규)	朝鮮	愚溪	文臣 字 和實 本貫 興海 中樞府事
崔命圭(명규)		錦坡	本貫 江陵
崔鳴吉(명길)	1586~1647	遲川 滄浪	文臣 字 子謙 本貫 全州 父 起南 李恒福,申欽 門人 封號 完城府院君 御營廳都提調 諡號 文忠 著書 遲川集
崔命龍(명룡)	1567~1621	石溪	學者 字 汝允 本貫 全州 父 渭 金長生, 申重慶 門人
崔命三(명삼)	1664~1722	龍菴	本貫 陽川 父 齊華 祖父 繼林
崔明善(명선)	朝鮮明宗	白潭	字 晦伯 本貫 忠州 著書 文集
崔明洙(명수)	1885~1951	仲山	獨立運動家
崔命順(명순)	1517~1575	東溪	字 仲受 本貫 江華 父 泓
崔明植(명식)	1880~1961	兢虛	獨立運動家
崔鳴玉(명옥)	朝鮮	誠庵	字 子成 本貫 江華 掌令
崔明完(명완)		一秋	著書 一秋遺稿
崔明宇(명우) →崔永浩의 一名			
崔命昌(명창)		松石 松陰	文臣 字 汝愼 本貫 開城 父 鐵孫 原州牧使 著書 遺稿

人名	年代	號	其他
崔命春(명춘)		松溪	字 春源 本貫 永川 祖父 溥
崔命河(명하)		綺菴	著書 綺菴遺稿〈東原世稿〉
崔鳴海(명해)		三湖	著書 文集
崔鳴海(명해)		錦坡	本貫 全州 父 敬翰
崔命喜(명희)	1851~1921	老柏齋	著書 老柏齋遺稿
崔命熙(명희)		曉堂	著書 曉堂文集
崔夢亮(몽량)	1579~1627	栗菴	字 啓明 本貫 慶州 父 礭
崔夢龍(몽룡)	朝鮮	梅窩	文臣 字 祥胤 本貫 陽川 參議
崔夢嵒(몽암)	1718~?	養吾 養吾堂	字 乃說 本貫 朗州 父 華宗 著書 文集
崔夢巖(몽암)	→崔夢嵒		
崔夢旭(몽욱)	1590~?	野叟	文臣 字 明遠 本貫 陽川 都事
崔茂(무)		太癡	本貫 朔寧
崔武烈(무열)	1883~1946	彌堂	著書 彌堂先生文集
崔文圭(문규)	朝鮮	黙軒	本貫 江陵 父 燉七
崔文度(문도)	?~1345	春軒	文臣 字 義民 本貫 草溪 父 瑞 僉議參理 諡號 良敬
崔文潑(문발)	朝鮮顯宗	醉石	學者 本貫 江陵 父 基辟
崔文炳(문병)	1557~1599	省齋	義兵將 字 日章 本貫 永川 追贈 漢城府右尹 著書 省齋實紀
崔文湜(문식)	1610~1684	省軒	文臣 字 正源 本貫 江陵 父 基辟 大司諫
崔文漢(문한)	高麗末	忠齋	節臣 本貫 江陵 判軍器寺事 著書 文集
崔敏(민)	朝鮮	退庵	字 日敏 本貫 江華 兵曹參判
崔民望(민망)	朝鮮	三樂軒	字 子瞻 本貫 江華 教授
崔敏烈(민열)		宋陽	著書 宋陽先生文集
崔敏協(민협)		謙齋	著書 謙齋集
崔潘(반)	朝鮮	禹溪	字 深遠 本貫 全州 靈光郡守
崔潑(발)	朝鮮宣祖	養志堂	文人 字 性源
崔邦璿(방선)	1759~1817	南坡	著書 南坡遺稿〈東原世稿〉
崔邦彦(방언)	1634~1724	養正堂	文臣 字 美伯 本貫 全州 父 世榮 宋時烈 門人 知中樞府事
崔邦欽(방흠)	朝鮮後期	洛癡	畫家
崔蕃(번)	朝鮮宣祖	石亭	字 德壯 本貫 羅州 追贈 刑曹參判
崔璧(벽)	1762~1813	質菴	學者 字 仲蘊 本貫 慶州 父 宗變 外祖 申道河 著書 質菴文集
崔炳基(병기)	朝鮮	竹軒	

人名	年代	號	其他
崔炳年(병년)		洛南	著書 洛南文集
崔秉龍(병룡)	朝鮮	龍崗	本貫 全州 父 奎秀
崔秉淋(병림)	1880~?	竹軒	書藝家
崔炳萬(병만)		思軒	本貫 海州
崔炳秀(병수)	1876~1919	德仁	獨立運動家 父 淳
崔秉淑(병숙)	1844~?	竹亭	育英事業家
崔炳述(병술)		二友堂	著書 文集
崔秉軾(병식)		玉潤	著書 玉潤集
崔柄湜(병식)		大峯	本貫 慶州
崔秉心(병심)	1874~1957	欽齋	學者, 文臣 字 敬存 本貫 全州 父 宇洪 外祖 徐鶴聞 田愚 門人 明陵參奉 著書 欽齋文集
崔炳祐(병우) →崔炳祜			
崔秉煜(병우)	朝鮮	錦夢	文臣 字 殷仲 本貫 朗州 司憲府掌令
崔秉元(병원)	1897~1961	無我軒	字 成原 本貫 慶州 父 仁淳 著書 文集
崔炳寅(병인)	1869~1917	恒齋	著書 恒齋遺稿
崔炳哲(병철) →崔炳祜			
崔炳夏(병하)	1839~1924	一石	學者 字 亨伯 本貫 朔寧 父 星九 外祖 梁柏 著書 一石遺稿
崔炳翰(병한)		松溪	本貫 慶州
崔炳憲(병헌)	1858~1927	濯斯	牧師 著書 天道遡源
崔秉憲(병헌)		碧睡軒	本貫 江陵
崔炳祜(병호)	1846~1918	梧坡	學者 字 孝仲 本貫 全州 父 鳳植 外祖 尹宗國 著書 梧坡文集
崔秉矱(병확)	朝鮮	菊浦	文臣 字 極瞻 本貫 完山 副護軍
崔秉煥(병환)	朝鮮	道庵	本貫 耽津
崔輔烈(보열)	1847~1922	簀亭	學者 字 國明 本貫 全州 父 聖河 外祖 朴漢直 著書 簀亭集
崔福述(복술) →崔濟愚의 初名			
崔鳳坤(봉곤)	1894~1962	修峯	學者 字 雲卿 本貫 永川 父 性圭 外祖 文永壽 著書 修峯文集
崔鳳岐(봉기)	朝鮮	竹圃	字 內聖 本貫 朗州 知事
崔鳳吉(봉길)	1853~1907	陽梧	學者 字 子肅 本貫 慶州 父 昌洛 外祖 金斗信 著書 陽梧逸稿
崔鳳來(봉래)		蔡圃	本貫 全州
崔鳳錫(봉석)	1860~1928	千峯	著書 文集
崔鳳壽(봉수)	1706~1752	德巖	李載亨 門人 著書 德巖集

人名	年代	號	其他
崔鳳信(봉신)	1862~1924	巖隱	著書 文集
崔鳳實(봉실)	1848~1912	慕窩	本貫 龍宮 著書 慕窩遺集
崔鳳儀(봉의)	1648~1743	養黙齋	學者 字 九成 本貫 和順 著書 養黙齋集〈烏城世稿〉
崔奉天(봉천)	1564~1597	耘庵	字 國甫 本貫 慶州 著書 耘庵實紀
崔鳳鉉(봉현)	朝鮮	蓮沙	字 聖輝 本貫 隋城 敦寧府都正
崔溥(부)	1454~1504	錦南	文臣 字 淵淵 本貫 耽津 父 澤 金宗直 門人 司諫 著書 錦南集
崔阜(부) →崔誠之의 初名			
崔溥九(부구)		南雲	本貫 江陵
崔北(북)	朝鮮英祖	居基齋 箕庵 三奇齋 星齋 月城 毫生館	畫家 委巷人 字 聖器,有用,七七 本貫 茂朱
崔泗(사)		寧隱處士	本貫 慶州
崔斯立(사립)	高麗忠肅王	潔齋	書藝家 字 潔齋 本貫 江陵 父 守璜
崔四勿(사물)		琴軒	本貫 耽津 父 鶴齡
崔嗣朴(사박)		汶庵	著書 文集
崔泗源(사원)		蓮坡	字 賢禹 本貫 興海
崔士威(사위)	朝鮮初期	鳳巖	本貫 水原 父 洽
崔思清(사청)		黙齋	本貫 水原 父 洽
崔山斗(산두)	1483~1536	新齋 蘿富山人 籠中子	文臣 字 景仰 本貫 草溪 父 漢英 舍人 著書 新齋集
崔山斗(산두)	朝鮮	櫟齋	學者 字 汝明 本貫 朗州
崔山立(산립)	1550~?	愚菴	字 立之 本貫 全州 父 魯
崔山笠(산립)	朝鮮宣祖	立菴 足翁	字 重望 本貫 朔寧 父 興源
崔山立(산립)		挹翠軒	本貫 東州
崔山立(산립) →崔岦			
崔山靜(산정)	朝鮮	玉圃	字 國坦 本貫 通川 主簿
崔山輝(산휘)	1585~1637	洛南	文臣 字 伯玉 本貫 全州 父 晛 封號 平完君 追贈 戶曹判事 諡號 孝憲 著書 洛南先生文集
崔祥甲(상갑)	朝鮮後期	懼軒	本貫 全州
崔尙謙(상겸)	朝鮮世祖	佩蘭堂	字 汝益 本貫 朔寧 父 孝信
崔相景(상경)		松汀	本貫 慶州
崔尙逵(상규)	朝鮮後期	漏谷	
崔祥嶔(상금)	朝鮮	農窩	孝子 字 乃顯 本貫 完山
崔尙炭(상금)	1720~1792	壺隱	文人 字 平甫, 平肅 本貫 海州

人名	年代	號	其他
崔常烈(상렬)	朝鮮	晚喜齋	本貫 陽川 父 柱老
崔相烈(상렬)		松菴	
崔祥魯(상로)		源黙堂	
崔象龍(상룡)	1786~1849	鳳村	學者 字 德容 本貫 慶州 父 興漢 外祖 辛光俊 著書 鳳村文集
崔尚履(상리)	朝鮮肅宗	諧隱	本貫 海州 父 奎瑞 持平
崔尚犁(상리)	朝鮮	愚溪	本貫 慶州 父 砥浩
崔商霖(상림)		希庭	本貫 慶州 著書 文集
崔象汶(상문)	?~1668	竹谷	著書 竹谷遺集
金庠錫(상석)	朝鮮	農軒	本貫 永川 父 在翰
崔商孫(상손)	朝鮮	望雲	本貫 慶州 父 命福
崔祥淳(상순)	朝鮮	菊圃	本貫 慶州 父 鎭淑
崔祥純(상순)	?~1865	絅齋	學者 著書 絅齋集
崔相淳(상순)		晚覺	
崔象岳(상악)	朝鮮	月浦	本貫 陽川 父 慶海
崔尚榮(상영)	朝鮮	念龍	字 公明 本貫 草溪 全州判官
崔祥羽(상우)		恥庵	著書 恥庵集
崔尚遇(상우)		蕉史	著書 蕉史集
崔尚遠(상원)	1780~1863	香塢	文臣 字 景雲 本貫 陽川 父 光岳 副摠管 著書 香塢先生文集
崔尚柔(상유)		退村	本貫 慶州 著書 文集
崔相殷(상은)	1644~1703	仰止	文臣 字 湯卿 本貫 江陵 父 繼孝 佐郎
崔相翼(상익)	1631~1703	東州	字 成伯 本貫 慶州 父 淳
崔相益(상익)		朗石	本貫 慶州
崔相一(상일)	朝鮮高宗	光菴	字 士俊 本貫 隋城
崔相一(상일) →崔相煥			
崔相載(상재)	朝鮮	進山	本貫 慶州 父 雲永
崔相廷(상정)		黃齋	著書 文集
崔尚重(상중)	1551~1644	未能齋	文臣 字 汝厚 本貫 朔寧 父 穎 祖父 彦粹 柳希春門人 追贈 大司憲 著書 未能齋文集
崔尚輯(상집)	朝鮮英祖	壺隱	畵家 字 大叔 本貫 隋城
崔尚緝(상집) →崔尚輯			
崔尚纘(상찬)	朝鮮	晚就	字 道一 本貫 朗州 父 興鳳
崔相憲(상헌)	朝鮮	松菴	文臣 字 正洙 本貫 朗州 同知中樞府事
崔相鉉(상현)	1891~?	靑松	牧師

人名	年代	號	其他
崔相煥(상환)		鈍齋	本貫 慶州
崔尚訓(상훈)		七松	本貫 朔寧
崔上欽(상흠)		敬指 持敬	本貫 全州
崔生立(생립)	朝鮮	鰲隱	本貫 草溪 僉知中樞府事
崔生明(생명)	朝鮮文宗	甕菴	本貫 全州
崔滑(서)	朝鮮宣祖	秋浦	學者 本貫 海州 父 汝雨
崔瑞林(서림)	朝鮮肅宗	寬谷	學者 字 汝發 本貫 晉州
崔瑞琳(서림) →崔瑞林			
崔瑞河(서하)		碧隱	本貫 江陵
崔晳(석)	1853~1895	芝石 芝石小樵	著書 芝石小樵遺集
崔祐(석)	朝鮮後期	薪菴	字 叔固 本貫 全州 父 宗柱
崔碩(석)		稼隱	本貫 慶州
崔錫九(석구) →崔九錫			
崔碩年(석년)	朝鮮孝宗	亦足軒	本貫 朔寧 父 皖 通川郡守
崔錫洛(석락)		徒山	著書 文集
崔碩蓮(석련)	1881~1938	桂菴	天道教人
崔碩岭(석령)	朝鮮太宗	松溪	本貫 隋城
崔錫萬(석만) →崔錫鼎의 初名			
崔錫文(석문)	朝鮮肅宗	屏山	學者 本貫 全州 父 後定
崔碩淳(석순)	?~1925	白淳	抗日運動家 本貫 黃州
崔碩英(석영)		櫟村	著書 櫟村遺稿〈孤竹遺稿〉
崔碩英(석영) →崔振海			
崔錫羽(석우)		淵齋	本貫 慶州
崔錫鼎(석정)	1646~1715	明谷 存窩	文臣 字 汝和 本貫 全州 父 後亮 系 後尚 祖父 鳴吉 南九萬, 朴世采 門人 領議政 著書 明谷集
崔錫鼎(석정)		鶴齋	本貫 全州
崔錫柱(석주)	朝鮮	宜春	本貫 慶州 父 聲遠
崔錫晋(석진)	朝鮮顯宗	秋巖	本貫 全州 父 後亮 縣令
崔錫恒(석항)	1654~1724	損窩 遯窩 巽窩	文臣 字 汝久 本貫 全州 父 後亮 系 後遠 左議政 著書 損窩遺稿
崔錫鉉(석현)	1781~1833	晚翠	著書 晚翠遺稿〈東原世稿〉
崔碩鎬(석호)	1893~1970	一崗	獨立運動家
崔錫桓(석환)	朝鮮	松下	本貫 草溪 父 中奎
崔奭煥(석환)	1808~?	浪谷	畫家

人名	年代	號	其他
崔詵(선)	?~1209	水亭	本貫 昌原 父 惟淸
崔善吉(선길)		松菴	本貫 慶州 父 舜東
崔善門(선문)	?~1455	東臺	文臣 字 慶夫 本貫 和順 父 自江 左贊成 諡號 文惠
崔善甫(선보)	高麗	南章	本貫 朔寧　郞將
崔善復(선복)	朝鮮世宗	豆谷	文臣 字 子初 本貫 和順 父 自海 祖父 元之 外祖 尹之禮 承旨
崔善獻(선헌)	朝鮮	養心齋	字 軍擇 本貫 江華 奉事
崔晟(성)	1639~1710	永思齋	學者 字 子章 本貫 水原 父 宇泰 外祖 崔瑒 著書 永思齋遺稿
崔晟(성)	朝鮮	寒泉	本貫 江華 父 自叫
崔成敎(성교)	朝鮮	竹林	本貫 慶州 父 雲甲
崔性奎(성규)	1847~1884	藏窩	著書 藏窩文集
崔成大(성대)	1691~?	杜機	文臣 字 士集 本貫 全州 父 守慶 大司諫 著書 杜機集
崔成麟(성린)	朝鮮	錦岡	字 得雲 本貫 草溪 進士
崔成立(성립)	→崔成麟		
崔聖洙(성수)	朝鮮	景愚	本貫 和順 父 慶百 祖父 河大
崔誠愚(성우)	韓末開化期	黙齋	出版人
崔成源(성원)		無我軒	著書 無我軒文集
崔成元(성원)		直齋	本貫 慶州
崔聖胤(성윤)		無愁翁	隋城 本貫 慶州
崔聖應(성응)		雙月堂	字 爾承 本貫 和順
崔成翊(성익)	朝鮮	愛日堂	本貫 永川 父 嚳
崔性全(성전)	1735~1824	松棲	學者 字 如初 本貫 全州 父 昌翊 外祖 鄭來章 龍驤衛副勇 著書 松棲文集
崔性采(성채)	朝鮮	東菴	文臣 字 和日 本貫 朗州 承政院左承旨
崔成澈(성철)	1863~1939	松隱	著書 松隱實記
崔成夏(성하)	朝鮮高宗	小荷	詩人
崔性學(성학)	朝鮮高宗	硏農	委巷人
崔成海(성해)		逸圃	字 子弘 本貫 慶州
崔理煥(성환)	朝鮮高宗	於是齋	文人 字 星玉 著書 性靈集
崔星煥(성환)	朝鮮	昨晦翁	文人 字 季民 本貫 羅州
崔性孝(성효)	朝鮮後期	錦溪	
崔世楗(세건)	朝鮮中宗	安谷	字 可瞻 本貫 江陵 保安道察訪
崔世慶(세경)		雙栢堂	字 善餘

人名	年代	號	其他
崔世奎(세규)	朝鮮	萬松潭	文臣 字 祥九 本貫 月城 義禁府都事
崔世龍(세룡)	朝鮮宣祖	瞻嶽	本貫 水原 父 崇漢 參奉
崔世蕃(세번)		砥平	著書 文集
崔世彬(세빈)	朝鮮	莘坡	文臣 字 伯升 本貫 月城 同知中樞府事
崔世衍(세연)	朝鮮	晚翁	委巷人 字 叔昌 本貫 全州 父 承太
崔世允(세윤)	1867~1916	農膏	義兵將 字 成執 聖執
崔世田(세전)	朝鮮肅宗	梅山	本貫 江華 工曹參議
崔世節(세절)	?~1535	梅窓	字 介之 本貫 江陵 父 應賢 著書 梅窓公遺稿〈臨瀛世稿〉
崔世柱(세주)	朝鮮	西湖	字 平仲 本貫 慶州 承仕郎
崔世弼(세필)	朝鮮	菊隱	本貫 陽川 父 壽命
崔世鶴(세학)	1822~1899	悕巖	學者 字 羽錫 本貫 月城 父 元俊 外祖 李玉鉉 著書 悕巖文集
崔世亨(세형)	朝鮮	菊軒	文臣 本貫 竹山 五衛都摠府都摠管
崔昭(소)	朝鮮後期	荆庵	文人 著書 荆庵文略
崔沂(소) →崔沂			
崔松年(송년)		遲翠	本貫 慶州
崔松秊(송년)		林泉齋	字 子喬 本貫 慶州 父 彦漂
崔宋述(송술)		松菴	字 繼之 本貫 隋城
崔洙(수)	朝鮮世祖	嘉春 奉軒 春軒	字 汝南 本貫 江陵 父 恒
崔琇(수)	1563~1630	迷翁 述翁	字 瑩仲 本貫 江華 父 承世 開城留守
崔琇(수) →李琇			
崔秀(수) →崔誠之의 初名			
崔秀岡(수강)	高麗末	海亭	字 卓爾 本貫 完山
崔守慶(수경)	1668~?	鳳巖	文臣 字 慶汝 本貫 全州 父 恒齊 李東根 婿 兵曹佐郎
崔壽觀(수관)		松亭	本貫 耽津
崔守良(수량)		秋花堂	本貫 全州
崔守孟(수맹)	朝鮮	固窮 固窮堂	隱士 字 茂叔 本貫 全州
崔秀門(수문)		敬齋	本貫 慶州 父 澈逈
崔守範(수범)	朝鮮後期	竹所	
崔受復(수복)		晞菴	字 善初 本貫 隋城
崔壽峸(수성)	1487~1521	猿亭 鏡浦山人 北海居士	學者 字 可鎭 本貫 江陵 父 世孝 金宏弼 門人 追贈 領議政 諡號 文正 著書 猿亭遺稿〈臨瀛世稿〉
崔守城(수성) →崔壽峸			

人名	年代	號	其他
崔守孫(수손) →崔守孟			
崔秀英(수영)	朝鮮	陶溪釣叟	本貫 朔寧 副司直
崔壽義(수의)	朝鮮	忍庵	本貫 慶州 父 世憲
崔守益(수익) →崔守孟			
崔壽仁(수인)	朝鮮後期	松湖	本貫 全州 父 斗秋
崔壽章(수장)	朝鮮	松窩	本貫 慶州 父 揆宅 都正
崔秀峻(수준)		隱窩	著書 文集
崔守中(수중)	1842~1861	學齋	學者 字 士能 本貫 全州 父 昌愈 著書 學齋集
崔水智(수지)	朝鮮端宗	儉齋	文臣 字 允甫 本貫 完山 父 自涇 縣監
崔守哲(수철)	1683~1712	清冷子	文人 字 伯幾 本貫 全州 著書 清冷子遺稿
崔壽沈(수침)	朝鮮	芹庵	本貫 慶州 父 世麗
崔受豊(수풍)		華石	字 士綏 本貫 隋城
崔秀華(수화)	朝鮮	醉隱	字 子鎭 本貫 祥原 同知中樞府事
崔洙華(수화)		雲坡	著書 雲坡遺稿
崔壽檜(수회)	朝鮮	晚隱	本貫 慶州 父 潤一
崔璹(令)	朝鮮	逸谷	字 執仲 本貫 江華 仁川府使
崔潚(令)		拙黙窩 拙窩	本貫 慶州
崔叔梁(令량)	朝鮮	坪村	隱士 字 興源 本貫 海州
崔淑文(令문)	朝鮮燕山君	獨守堂 獨秀堂	字 周卿 本貫 全州
崔淑民(令민)	朝鮮哲宗	溪南 溪南野叟	文臣, 學者 字 元則 著書 溪南集
崔淑生(令생)	1547~1520	盅齋 勿齋 盎齋忠齋 蟲齋	文臣 字 子眞 本貫 慶州 父 鐵重 追贈 領議政 諡號 文貞 著書 盅齋集
崔叔雲(令운)		兩棄軒	著書 兩棄軒遺稿 〈何山世稿〉
崔淑精(令정)	1433~1480	逍遙齋 私淑齋	文臣 字 國華 本貫 陽川 父 仲生 驪州牧使 著書 逍遙齋集
崔叔靜(令정) →崔淑精			
崔洵(令)	朝鮮太祖	菊堂	本貫 忠州 父 仲清 觀察使
崔舜東(순동)		南澗	本貫 慶州
崔淳穆(순목)		瀛軒	著書 文集
崔舜星(순성)	朝鮮	痴庵	字 景協 本貫 陽川 父 錫贊
崔淳喆(순철)		愚堂	著書 愚堂先生文集
崔舜河(순하)		雙梨堂	著書 雙梨堂遺稿 〈東原世稿〉
崔舜鉉(순현)	朝鮮肅宗	心農	本貫 水原 父 在聲 參奉
崔淳炯(순형)		晚雲	著書 文集
崔崇烈(숭렬)		松軒	本貫 全州 祖父 基洪

人名	年代	號	其他
崔崇漢(숭한)	朝鮮中宗	巷隱	本貫 隋城 父 潤明
崔昇(승)	朝鮮後期	負行齋	本貫 水原
崔承慶(승경) →崔永慶			
崔承九(승구)	1892~1917	素月	詩人 本貫 海州 父 大鉉 著書 崔素月作品集
崔承大(승대) →崔承太			
崔承萬(승만)	1897~1945	極光 極熊	言論人, 文人 本貫 海州 父 文鉉
崔承謨(승모)	1857~1944	吉浦	學者 本貫 海州 著書 吉浦集
崔承文(승문) →崔承太			
崔升述(승술)		牧山	著書 文集
崔昇羽(승우)	1770~1841	緯窩	文人 字 士遠 士達 父 光翊 著書 緯窩集
崔承祐(승우) →崔彥의 初名			
崔承太(승태)	1632~1680	雪蕉	詩人 字 子紹 本貫 全州 父 奇男 京衙門胥吏 著書 雪蕉詩集
崔承學(승학)		橋梓	
崔升翰(승한)		楓菴	本貫 水原
崔時權(시권)	朝鮮	野舫	字 思仲 本貫 通川　五衛將
崔時望(시망)	1548~1607	槐亭	字 子裕 本貫 江華 父 命順 掌令
崔時潑(시발)		大善齋	本貫 全州
崔蓍述(시술)	1839~1923	耕山	字 國彥 本貫 慶州 父 濤 著書 耕山集
崔時連(시연)	朝鮮	清溪	本貫 慶州 父 逢來
崔是翁(시옹)	1646~1730	東岡 西山	學者, 文臣 字 漢臣 本貫 朔寧 父 徽之 尹拯 門人 僉知中樞府事 著書 東岡遺稿
崔時亨(시형)	1827~1898	海月	東學 第2代 教主 字 敬悟 初名 慶翔 本貫 慶州 父 宗秀
崔寔(식)	高麗禑王	安覺	本貫 慶州 父 尙謙
崔湜(식)	1736~?	愼言	委巷人 字 淸之 本貫 全州 父 晩成
崔埴(식)→崔北의 初名			
崔植民(식민)	1831~1891	橘下 橘下翁	字 舜皡 本貫 全州 父 重吉 外祖 河一聖 著書 橘下遺稿
崔愼(신)	1642~1708	鶴菴 鶴巖	學者 字 子敬 本貫 會寧 宋時烈 門人 追贈 吏曹判書 諡號 文簡 著書 鶴菴集
崔愼(신)		謹甫	著書 文集
崔紳(신)		百結堂	
崔蓋楠(신남)	1595~1673	秋峰	武臣 字 英仲 本貫 慶州 父 雲翼 著書 秋峰實紀
崔愼之(신지)	1748~1822	黃坡	學者 字 又愼 本貫 慶州 父 宗德 外祖 李秉節 著書 黃坡遺稿
崔信杓(신표)	朝鮮	菊史	學者 字 玟國 本貫 朗州

人名	年代	號	其他
崔實(실) →崔誠之의 初名			
崔深(심)	朝鮮	松菴	本貫 全州 父 致雲
崔安(안)	朝鮮中期	慕菴	義兵 字 士止 本貫 全州
崔安(안) →崔滋의 一名			
崔安麟(안린)	高麗	桐軒	本貫 江陵 著書 桐軒公遺稿 〈臨瀛世稿〉
崔安雨(안우)	高麗	竹溪	文臣 本貫 朗州 軍器寺少監
崔瀁(양)	1351~1424	晚六 晚六堂 晚久 藏六堂	文臣 字 伯涵 本貫 全州 父 贄 大提學 諡號 忠翼 著書 晚六逸稿
崔亮述(양술)	朝鮮	又巖	本貫 慶州 父 淙
崔亮衍(양연)	朝鮮	閒齋	委巷人 字 大昌 父 承胄
崔養玉(양옥)	1893~1983	秋岡	愛國志士
崔穰海(양해)	朝鮮後期	晚圃	本貫 慶州 著書 文集
崔億(억)	高麗恭愍王	清溪	文臣 字 遠可 本貫 楊州 封號 楊州君 戶曹尚書 諡號 文敬
崔彦(언)	高麗末	徵齋	本貫 東州 朝列大夫
崔彦(언)		栻本	
崔彦光(언광) →崔彦沈			
崔彦規(언규)	1681~1755	百忍齋	字 景與 本貫 海州 父 曼
崔彦粹(언수)	朝鮮中宗	三溪 三清堂	文臣 字 士純 本貫 朔寧 父 濬源 校理
崔彦浚(언준)	朝鮮明宗	寓岩	字 直卿 本貫 全州 丹城縣監
崔彦峻(언준)	朝鮮	立巖	本貫 慶州 父 譚
崔彦冲(언충)		學軒	本貫 慶州 父 亨漢
崔彦沈(언침)		物浦	著書 物浦遺稿
崔汝(여) →崔汝卨			
崔餘慶(여경)	朝鮮中宗	天民堂	本貫 和順 父 世俊 新寧縣監
崔汝契(여계)	朝鮮宣祖	梅軒	文臣 字 舜輔 本貫 楊州 訓導
崔汝夔(여기)	朝鮮	松窩	隱士 字 舜賓 本貫 楊州
崔汝達(여달)	朝鮮太宗	仁義軒	文臣 字 立可 本貫 全州
崔汝卨(여설)		梅軒	本貫 全州
崔汝舟(여주)	1502~1567	多舒堂 三節堂	文臣 字 巨川 本貫 海州 趙光祖, 金淨 門人 牧使
崔汝峻(여준)	1556~?	耕山	字 極翁 本貫 慶州 父 濟
崔汝軫(여진)	1649~1725	三松齋	著書 三松齋實記
崔汝琥(여호)	朝鮮	竝足堂	本貫 慶州 父 東輔
崔演(연)	1500~1549	艮齋	文臣 字 演之 本貫 江陵 父 世健 祖父 自霑 外祖 金世良 追贈 大提學 諡號 文襄 編書 武定保勘

人名	年代	號	其他
崔荇(연)	1576~1651	星灣 星淵 星淳 醒灣	字 孺長 本貫 朔寧 父 尙重 追贈 吏曹判書 著書 星灣先生文集
崔鍊(연)	1859~1941	無名齋	著書 文集
崔練(연)	朝鮮	雲谷	字 仲精 本貫 隋城　通德郎
崔延祿(연록)	朝鮮	芳谷	委巷人 字 慶綏 本貫 完山 判官
崔連孫(연손)	朝鮮成宗	巖溪	字 子胤 本貫 全州 父 岱
崔連海(연해)	朝鮮	碧齋	本貫 晉州
崔念喜(염희)		栗齋	著書 文集
崔郢(영)	朝鮮	東蔭	字 仁基 本貫 通川　敎授
崔皪(영)		梧岡	本貫 永川
崔永慶(영경)	1529~1590	守愚堂 三峯	學者 字 孝元 本貫 和順 父 世俊 曺植 門人 追贈 大司憲 著書 守愚堂先生實記
崔永年(영년)	1856~1935	梅下 梅下山人	文人, 書藝家 字 聖一 本貫 慶州 著書 海東竹枝
崔永烈(영렬)		雲皐	本貫 全州
崔永魯(영로) →崔承魯			
崔永祿(영록)	1793~1871	海庵	字 幼天 本貫 永川 父 聲翰 著書 文集
崔永祿(영록)		海嶽	著書 海嶽集
崔永潾(영린)	朝鮮世祖	石圃	字 泉明 本貫 朔寧 父 恒 祖父 士柔 徐居正 婿 參議
崔永麟(영린) →崔永潾			
崔榮門(영문)	1563~?	守黙	字 仁仲 本貫 陽洲 父 舜民
崔永潑(영발)		素隱	本貫 永川
崔永卨(영설)	韓末~日帝	畏軒	
崔永元(영원)	1578~1619	浮翁	字 忠甫 本貫 海州
崔永源(영원)	朝鮮肅宗	石溪	畫家
崔永源(영원)		南歸子	本貫 慶州 父 仲濟
崔永濡(영유)	?~1361	鳴皐	
崔暎漸(영점)	朝鮮	月樓	本貫 陽川 父 鎭益
崔永祚(영조)	1859~1927	雲齋	學者 本貫 慶州 父 益鉉 著書 雲齋集
崔英燦(영찬)	朝鮮	洛塢	本貫 慶州 父 相光
崔永贊(영찬)	1833~1904	悠然齋	著書 文集
崔永浩(영호)	1889~1958	恬湖	獨立運動家 一名 明宇, 皓
崔榮鎬(영호) →崔永浩			
崔枘(예)	朝鮮	黍齋	本貫 慶州 父 伯顔 大司成
崔曀(예)	朝鮮	鵝溪	本貫 隋城 父 漢

人名	年代	號	其他
崔澳(오)	朝鮮宣祖	莊湖齋	本貫 海州 父 汝雨 李珥 門人
崔沃(옥)	朝鮮後期	誠齋	字 沃之 本貫 江陵 司宰監副正
崔鋈(옥)	1762~1841	近庵	學者 字 子成 本貫 月城 父 宗夏 著書 近庵集
崔玉秀(옥수) →崔琇			
崔蘊(온)	1583~1659	砥齋	文臣 字 輝叔 本貫 朔寧 父 尙重 同副承旨 著書 砥齋先生集〈帶方世稿〉
崔溫(온)		愼菴	本貫 慶州
崔顒(옹)	朝鮮明宗	南岡	字 景甫, 景肅 本貫 朔寧 父 睿源 禮曹參判
崔完珏(완각)		野隱	本貫 江陵
崔完植(완식) →崔元植			
崔旺鉉(왕현)		龍田	本貫 全州
崔溶(용)	朝鮮	春谷	字 允生 本貫 楊洲 黃海道巡撫御使
崔龍宮(용궁)	高麗	祥雲 雲星	文臣 字 周瑞 本貫 草溪 封號 八溪君 諡號 文肅
崔用德(용덕)	1898~1969	滄石	獨立運動家,軍人
崔溶德(용덕)		弦窩	著書 弦窩遺集
崔龍雲(용운)	朝鮮仁祖	雲南	字 慶秀 本貫 羅州 軍資監正
崔龍杓(용표)	朝鮮	松軒	文臣 字 環仲 本貫 朗州 龍驤衛副護軍
崔鏞灝(용호)		石山	本貫 耽津
崔宇(우)		無涯	本貫 慶州 諡號 文肅
崔遇(우)		湖隱	本貫 海州
崔祐(우) →崔祐			
崔禹洛(우락)	朝鮮	松史	字 士範 本貫 江華 利原郡守
崔宇崙(우륜)		繼晩	本貫 全州
崔禹錫(우석)	1899~1965	鼎齋	畵家 趙晋錫,安中植 門人
崔宇淳(우순)	1832~1911	西扉	字 舜九 本貫 完山 父 百鎭 著書 西扉先生文集
崔遇豊(우풍)	朝鮮	晩芸齋	本貫 朔寧 父 錫甲 都正
崔禹鉉(우현)		逸翁	著書 逸翁集
崔遇亨(우형)	1805~1878	竹下	文臣 字 禮卿 本貫 朔寧 父 鍾問 判義禁府事 著書 竹下集
崔煜(욱)	1594~?	耒山	字 汝明 本貫 水原 父 忠元
崔旭永(욱영)	1854~1919	淸溪	義兵將 字 松山 本貫 全州
崔雲(운)	1275~1325	長水	字 夢叟 本貫 東州 父 文立
崔澐(운)	1500~1520	三池 三池堂	文臣 本貫 和順 父 漢源 趙光祖 門人
崔雲起(운기)	朝鮮	睡翁	字 寅中 本貫 江陵 東部都事

人名	年代	號	其他
崔雲民(운민)		退隱	本貫 慶州
崔雲溥(운부)	1548~1575	內翰	著書 內翰遺稿
崔雲秀(운수)	朝鮮中期	湖南	
崔雲永(운영)	朝鮮	農窩	本貫 慶州 父 鉉敏
崔雲嶸(운영)	朝鮮宣祖	四佳堂	字 盛中 本貫 江陵 軍資監奉事 著書 文集
崔雲遇(운우)	1532~1605	香湖 學衢 蹈景	文臣 字 時中 本貫 江華 父 澹 系 進浩 外祖 姜後智 著書 香湖集
崔雲翼(운익)	1647~1714	沙湖	著書 沙湖集
崔雲挺(운정)		掛鋤亭	本貫 和順
崔雲鶴(운학)		竹圃	著書 竹圃遺稿
崔雲漢(운한)		瓜庵	本貫 慶州 父 永源
崔雲屹(운흘)	朝鮮明宗	三休堂 芝峀	字 立中 本貫 江陵 軍資監正
崔原(원)	高麗末	保勝	節臣 本貫 水原 宗簿寺事
崔遠(원)		靜齋	字 君勉 本貫 慶州 父 汝峻
崔瑗(원)		魚山 兼山	著書 魚山文稿
崔蘧(원)	朝鮮	雙柏堂	字 遠之 本貫 朔寧
崔愿(원)	1898~1943	敬菴	文人 字 義叔 本貫 海州 父 東畯 外祖 金允黙 著書 敬菴集
崔垣(원) →崔北의 初名			
崔源(원) →崔永源			
崔元凱(원개)	高麗恭愍王	鳳巖	本貫 隋城 父 洽 平章事
崔元根(원근)	1850~1893	二山	學者 字 達善 本貫 和順 父 奎淳 著書 二山文集
崔元道(원도)	高麗忠穆王	泉谷	學者 字 伯常 本貫 永川
崔元亮(원량)	高麗	東崗	本貫 江陵 吏曹參議
崔元望(원망)		生明齋	本貫 慶州
崔原汶(원문)		竹谷	著書 竹谷遺稿〈烏城世稿〉
崔源肅(원숙)	1854~1923	新溪	著書 新溪集
崔元植(원식)	朝鮮	書巢	委巷人 字 而健 本貫 忠州 父 潤昌
崔元植(원식)	朝鮮後期	新溪	
崔原儒(원유)	高麗	德隱	字 仲賢 本貫 忠州
崔元澤(원택)		錦湖	著書 錦湖遺稿
崔元鉉(원현)		止愚	著書 文集
崔煒(위)	朝鮮英祖	農巖	本貫 朔寧 父 仁裕
崔瑋(위)	朝鮮	求齋	文臣 字 寬夫 本貫 月城 戶曹參議

人名	年代	號	其他
崔暐(위)	朝鮮	聾庵	本貫 朔寧 著書 聾庵遺稿
崔瑋(위)	朝鮮	歸樂堂	字 寶卿 本貫 永川 防禦使
崔緯(위)	朝鮮	靜齋	字 澄叔 本貫 全州 扶安縣監
崔渭瑞(위서)		三友堂	著書 三友堂遺稿〈曲江世稿〉
崔攸(유) →崔攸之			
崔有江(유강)	高麗末	杜老	節臣 本貫 慶州 父 慶雲 門下侍郎
崔有慶(유경)	1343~1413	竹亭	文臣 字 慶之 本貫 全州 父 宰 判漢城府事 諡號 平度
崔有道(유도) →崔有海			
崔有林(유림)	高麗	東湖	本貫 杆城　戶曹判書
崔有善(유선)	?~1075	蒼厓	本貫 海州 父 冲
崔有涁(유엄)		東山叟	本貫 海州
崔有淵(유연)	1568~162?	玄巖 玄石	文臣 字 聖之 止叔 本貫 海州 父 澹 承旨 著書 玄巖集
崔有源(유원)	1561~1614	秋峰 花巖	文臣 字 伯進 本貫 海州 父 滉 李珥 門人 追贈 吏曹判書 諡號 忠簡
崔惟允(유윤)	1809~1877	夢關	學者 字 誠進 本貫 慶州 父 擎泰 外祖 都啓大 著書 夢關集
崔裕一(유일)	1809~1877	萬山	著書 文集
崔有井(유정)		誠齋	字 德深 本貫 耽津
崔攸之(유지)	1603~1673	艮湖	文臣 字 子攸 本貫 朔寧 父 衍 系 蘊 趙邦植 婿 司諫
崔有海(유해)	1587~1641	黙守堂 紺坡 芝谷	文臣 字 大容 本貫 海州 父 澱 金玄成 趙守倫 崔笠 鄭逑 門人 同副承旨 著書 黙守堂文集
崔逌顯(유현)	韓末~日帝	巍菴	
崔有煥(유환)	1825~1896	小潭	本貫 慶州 著書 文集
崔焴(유)	朝鮮後期	菊軒	本貫 全州 父 命柱
崔潤(유)	高麗恭愍王	松巖	字 秋老 本貫 慶州
崔潤吉(윤길)	朝鮮	桑浦	本貫 慶州 父 昌屹
崔潤谷(윤곡) →崔潤德			
崔允德(윤덕)	高麗末	逃菴	節臣 本貫 耽津 領都僉議
崔潤德(윤덕)	1376~1445	霖谷 浩然亭	武臣 字 伯脩, 汝和 本貫 通川 父 雲海 領中樞府事 諡號 貞烈
崔閏德(윤덕) →崔潤德			
崔允東(윤동)	1897~1965	海光	獨立運動家
崔潤明(윤명)	朝鮮	芳村	字 餘晦 本貫 隋城 父 有恒 義禁府都事
崔允模(윤모)	1862~1900	月僑	著書 月僑集

人名	年代	號	其他
崔潤文(윤문)	朝鮮	松巖	本貫 陽川 父 光珀
崔潤文(윤문)	朝鮮	蓮亭	本貫 朗州 縣監
崔潤璧(윤벽)	朝鮮	解睡堂	委巷人 字 士文
崔潤福(윤복)→崔潤謫의 初名 祀			
崔潤植(윤식)	朝鮮	松軒	字 明化 本貫 隋城 司憲府監察
崔允植(윤식)	1899~1959	東林	數學者 本貫 慶州 父 濟灝 서울大學校大學院長 著書 高等代數學
崔潤身(윤신)	朝鮮成宗	克己齋	本貫 隋城 父 有臨 司憲府執義
崔潤玉(윤옥)	朝鮮	謹齋	字 汝溫 本貫 通川 修撰官
崔潤一(윤일)	朝鮮	述庵	本貫 慶州 父 遠德 著書 文集
崔潤謫(윤적)		西谷 竹隱	閭巷人 字 君五 本貫 忠州
崔胤貞(윤정)	1630~1684	終慕堂	學者 字 復元 本貫 興海 父 山節 外祖 河尙文 著書 終慕堂集
崔允濟(윤제)	朝鮮	壺灘	本貫 全州 父 巘 祖父 應翼
崔潤昌(윤창)	朝鮮純祖	東溪 唐谷	文臣 詩人 字 晦之 本貫 忠州 祖父 泰完 同知中樞府事 著書 東溪遺稿
崔潤湖(윤호)	朝鮮	淵松	字 允明 本貫 隋城 司憲府監察
崔潤亨(윤형)	朝鮮	楓邱	字 達敬 本貫 江華 長興庫主簿
崔潤馨(윤형)		黙樵	著書 黙樵詩稿
崔潤華(윤화)	朝鮮	靜齋	字 景實 本貫 耽津 中樞院議官
崔允煥(윤환)	1898~?	敬堂	字 德善 本貫 慶州 父 相廷
崔轀(은)	1583~1656	鶴峯	學者 字 士行, 懶狂 本貫 永川 父 恒慶 外祖 柳慶濬 鄭逑 門人 著書 鶴峯集
崔應期(응기)		南溪	本貫 慶州 父 彦冲
崔應淡(응담)		晦堂	著書 文集
崔應龍(응룡)	1514~1580	松亭	文臣 字 見叔 本貫 全州 父 以漢 朴英李滉 門人 刑曹參判
崔應立(응립)	1599~1637	東溪	義兵 字 柱極 本貫 朔寧 父 罕國 戶曹判書
崔應泗(응사)	?~1612	柳亭	學者 字 孝源 本貫 永川 父 浩 外祖 金崇滈 著書 柳亭逸集
崔應參(응삼)	朝鮮	愛日堂	孝子 本貫 全州
崔應聖(응성)		涵月亭	本貫 江陵
崔應淳(응순)	朝鮮	石汀	本貫 朗州 父 昌麟
崔應述(응술)		永和堂	著書 文集
崔應翼(응익)		回悟堂	本貫 全州 父 潊
崔應井(응정)		漢南	本貫 慶州

人名	年代	號	其他
崔應軫(응진)		遯齋	本貫 全州 父 湫
崔應天(응천)	1615~1671	濟村	文臣, 學者 字 暉如 本貫 江陵 父 彦楠 著書 濟村集 〈東原世稿〉
崔應賢(응현)	1428~1507	睡齋 睡軒	文臣 字 寶臣 本貫 江陵 父 致雲 兵曹判書 著書 睡齋遺稿 〈臨瀛世稿〉
崔膺賢(응현) →崔應賢			
崔應華(응화)	朝鮮	玉谷	孝子 字 季瞻 父 慶文
崔義山(의산)	韓末~日帝	學滿	獨立運動 本貫 黃州
崔義植(의식)	朝鮮	松憁	委巷人 字 養直 本貫 忠州
崔義浩(의호)		沙村	本貫 慶州
崔逈(이)	高麗~朝鮮	遯翁	節臣 本貫 慶州 父 瑞雲 祖父 隈 溫水監
崔李起(이기)	朝鮮	遯齋	本貫 隋城 翰林學士
崔爾泰(이태)	朝鮮景宗	睡窩	委巷人 字 子長 本貫 隋城 父 大立 主簿
崔以憲(이헌)	朝鮮	海隱	字 相憲 本貫 通川 副護軍
崔履欽(이흠)		蘭坡	字 敬汝 本貫 江陵
崔瀷(익)		柳菴	著書 文集
崔益大(익대)		山圃	著書 山圃集
崔翼良(익량)	韓末~日帝	夢人	
崔翼模(익모)	1865~1934	白下	字 子翊 本貫 全州 父 濟淳 著書 文集
崔翼星(익성)		龜湖	本貫 全州
崔翼秀(익수)	1807~1868	栗亭	字 鵬擧 本貫 全州
崔翼壽(익수)		菊農	著書 菊農集
崔翊柱(익주)		危齋	著書 危齋集
崔益重(익중)	1717~1788	負喧 負喧齋	著書 負喧先生文集
崔益中(익중)		西湖	本貫 耽津
崔益翰(익한)	1897~?	滄海	本貫 江陵 郭鍾錫 門人 著書 實學派와 丁茶山
崔益恒(익항)	韓末~日帝	心溪	大倧敎人 本貫 鐘城
崔益鉉(익현)	1833~1906	勉庵 俛庵	文臣 字 贊謙 本貫 慶州 父 岱 李恒老 門人 著書 勉庵集
崔認(인)	1559~1610	寒川	義兵 字 達夫 士仁 本貫 慶州 著書 寒川遺稿
崔轔(인)	1597~1644	梅窩	隱士 字 士發 本貫 永川 父 恒慶 著書 文集
崔駰(인)		亭伯	
崔仁甲(인갑)		湖齋	本貫 慶州 祖父 定
崔仁坤(인곤)	朝鮮	遯齋	本貫 永川 父 見龍
崔仁教(인교)	1867~1934	顧窩	著書 顧窩文集

人名	年代	號	其他
崔仁默(인묵)		雲坡	本貫 海州
崔麟祥(인상)	朝鮮	園翁	委巷人 字 聖遇 父 德衍
崔麟瑞(인서)	朝鮮	清曜	委巷人 字 聖汝 本貫 慶州
崔仁燮(인섭)		竹齋	著書 文集
崔寅植(인식)		東塢	著書 東塢遺稿
崔麟植(인식)		錦隱	著書 錦隱集
崔寅岳(인악)	1821~1910	臨湖	學者 字 公五 本貫 全州 父 恒律 外祖 金仲範 著書 臨湖逸稿
崔寅宇(인우)	1888~1952	直齋	著書 直齋遺稿
崔仁濟(인제)		晚亭	本貫 永陽
崔寅柱(인주)		醉睡翁	本貫 慶州
崔麟鎭(인진)	朝鮮	松巖	文臣 字 聖叟 本貫 興海 龍驤衛副護軍
崔仁鶴(인학)	朝鮮	野愚	本貫 江陵 父 大鳳
崔仁峴(인현)	朝鮮	松溪	字 子仰 本貫 隋城 校尉
崔仁煥(인환)		忍齋	著書 文集
崔麟休(인휴)	1862~?	斗南	字 子仁 本貫 隋城 父 潤容
崔逸(일)	1614~1686	石軒	文臣 字 逸之 本貫 和順 父 象玄 張維 門人 刑曹參判
崔日觀(일관)		樵牧窩	本貫 隋城 著書 樵牧窩逸稿〈何山世稿〉
崔日大(일대)	朝鮮	隱巖	本貫 永川 父 仁坤
崔日輔(일보)		湖隱	字 君輝 本貫 全州
崔壹溶(일용)		湖愚齋	本貫 耽津
崔一元(일원)	朝鮮	九拙	學者 字 元之, 善長 本貫 江陵 父 道炳
崔日元(일원) →崔一元의 初名			
崔日鎭(일진)		慕揚齋	本貫 慶州
崔一河(일하)	1761~1840	月巖	學者 字 千遇 本貫 和順 父 崐 外祖 楊夢辰 著書 月巖集
崔一河(일하)		青洞	著書 青洞遺稿〈東原世稿〉
崔日休(일휴)	1818~1879	蓮泉	學者 字 敬甫 本貫 慶州 父 永淳 外祖 朴壽天 著書 蓮泉集
崔滋(자)	1188~1260	東山 東山叟 櫟翁 檜山	文臣 字 樹德 初名 宗裕, 安 本貫 海州 判吏部事 諡號 文清 著書 補閑集
崔滋(자)	朝鮮太祖	樹隱	本貫 興海
崔子洋(자반)	?~1519	望皋	本貫 隋城 父 潤身 封號 龍城君 追贈 同知義禁府事
崔自濱(자빈)	朝鮮宣祖	三山寓圃	文臣 字 養浩 本貫 慶州 父 濬

人名	年代	號	其他
崔字淳(자순) →崔宇淳			
崔自潤(자윤)	朝鮮中期	沙川	本貫 江華 父 緒
崔自霑(자점)	朝鮮世祖	槐軒	文臣 本貫 江陵 父 允行 弘文館提學 著書 文集
崔自海(자해)	朝鮮仁祖	蘭谷	本貫 海州 父 後憲 昌平縣令
崔灼鉉(작현)		石溪	本貫 水原
崔鏘翰(장한)	1844~1925	艮窩	學者 字 士玉 本貫 慶州 父 惟允 外祖 魚致五 著書 艮窩集
崔在麟(재린)		慕香齋	本貫 江陵
崔載秀(재수)		坦叟	本貫 海州
崔再延(재연)		康皐	本貫 慶州
崔在律(재율)	1850~1911	黙齋	字 奎彦 父 錫祜
崔在翼(재익)	?~1752	悔窩	著書 悔窩遺稿
崔在翼(재익) →崔在翬			
崔在學(재학)	韓末	克菴	
崔在海(재해) →崔左海			
崔緈玄(재현)		三畏齋	著書 三畏齋私稿
崔在衡(재형)		新菴	本貫 全州
崔在洪(재홍)		石堂	著書 文集
崔在翬(재휘)		晦窩	學者 字 明瑞 本貫 永陽 父 永元 外祖 金東元 著書 晦窩遺稿
崔載典(재흥)	朝鮮英祖	洞泉	本貫 海州 父 尚履 持平
崔澱(전)	1567~1588	楊浦	文人, 書畫家 字 彦沈 本貫 海州 父 汝雨 李珥 門人 著書 楊浦遺稿
崔顥(전)	?~1918	擎月堂德旻 東山	本貫 麗水
崔塡(전) →崔愼			
崔鈾(전) →任鈾			
崔銓九(전구)	1850~1938	智隱	義兵 字 禹敍 本貫 全州 著書 文集
崔挺(정)	1561~1639	棄井	學者, 文臣 字 大圭 本貫 全州 父 應鳳 外祖 李惕 司饔院奉事 著書 棄井集
崔珽(정)		東園	著書 東園集
崔逞(정)		睡菴	著書 文集
崔晶圭(정규)		滄浪	
崔正基(정기)	1846~1905	可川	著書 可川先生文集
崔廷吉(정길)	1608~1687	西洲	學者 字 子相 本貫 全州 父 起源 外祖 李大基
崔廷南(정남)		竹亭	本貫 水原

人名	年代	號	其他
崔正模(정모)	1858~1915	雲溪	著書 雲溪集
崔禎模(정모)	1892~1914	春湖	著書 春湖集
崔廷民(정민)	朝鮮後期	學圃主人	本貫 江陵
崔禎三(정삼)	1850~1924	艮菴	著書 文集
崔挺祥(정상)	朝鮮	西林齋	委巷人 字 履之 本貫 淸州 主簿
崔鼎錫(정석)	朝鮮	百弗庵	本貫 月城 父 數學 祖父 慶涵
崔廷選(정선)		石圃	本貫 全州
崔廷淳(정순)	朝鮮孝宗	竹堂	字 渾一 本貫 羅州 刑曹參議
崔井安(정안)	朝鮮世宗	雅行	文臣 字 安之 本貫 楊州 父 沆 副司直
崔廷然(정연)	?~1654	處常窩	著書 處常窩文集
崔挺然(정연)	→崔廷然		
崔正愚(정우)	朝鮮	健齋	學者 字 純夫 本貫 完山
崔貞元(정원)	1570~?	昭江	字 正伯 本貫 水原 父 濩
崔廷鎭(정진)		拙修齋	著書 拙修齋集
崔廷七(정칠)	朝鮮	思齋	本貫 江華 父 暉
崔廷翰(정한)	1845~1909	晩悟	學者 字 季膚 本貫 慶州 父 溟發 外祖 楊枝觀 著書 晩悟集
崔廷憲(정헌)	朝鮮	醉睡堂	委巷人 字 叔度 本貫 海州
崔定鉉(정현)	1862~1931	松菴	學者 字 基昌,文極 本貫 海州 著書 崔松菴文集
崔挺豪(정호)	1563~?	櫟谷	文臣 字 時應 本貫 忠州 父 守道 正言
崔挺屹(정흘)	朝鮮	樂晩	委巷人 字 大哉 本貫 江陵
崔濟宏(제굉)	朝鮮後期	悠然堂老人	
崔濟奎(제규)		西隱	本貫 慶州
崔悌黙(제묵)	朝鮮純祖	一愚	學者 著書 一愚遺稿
崔濟黙(제묵)	1797~1847	可菴	學者 字 可言 本貫 朔寧 父 光馨 松稗圭 門人 著書 質疑錄
崔濟文(제문)		野隱	著書 文集
崔濟宣(제선)	→崔濟愚의 初名		
崔濟愚(제우)	1824~1864	水雲 水雲齋	東學創始者 字 性黙 本貫 慶州 父 鋈 著書 東經大全
崔濟川(제천)	朝鮮	隱山	本貫 陽川 父 泰鉉
崔濟泰(제태)	1850~1907	松窩	學者 字 而仰 本貫 完山 父 植民 外祖 河瀅範 著書 松窩集
崔濟學(제학)	1882~1959	習齋	字 仲悅 本貫 耽津 著書 文集
崔淙(종)	朝鮮	幽巖	本貫 慶州 父 義鎭

人名	年代	號	其他
崔宗謙(종겸)	1719~1792	霽巖	學者 字 伯益 本貫 月城 父 承祖 外祖 鄭碩進 著書 霽巖文集
崔琮國(종구)		梧軒	本貫 慶州 父 溫
崔宗南(종남)		愼齋	本貫 慶州
崔宗達(종달)		竹巖	本貫 慶州
崔宗德(종덕)	朝鮮肅宗	柳菴	本貫 慶州
崔琮良(종량)		訥翁	本貫 慶州 父 溫
崔鍾命(종명)		竹庵	著書 竹庵集
崔種穆(종목)	韓末~日帝	英菴	天道敎人
崔鍾錫(종석)		商隱齋	著書 文集
崔宗元(종원)	朝鮮宣祖	日齋 逸齋	本貫 草溪
崔宗裕(종유) →崔滋의 初名			
崔宗翊(종익)		松巖	本貫 慶州
崔宗周(종주)	1683~1737	紫峰	文臣 字 文吉 本貫 朔寧 父 慶壽 左承旨 著書 紫峰集
崔宗瀚(종한)		巖居	著書 巖居先生文集
崔宗鎬(종호)	1848~?	紹巖	字 同甫 本貫 隋城 父 東憲
崔鍾和(종화)	1859~1918	松菴	著書 松菴集
崔鍾欽(종흠)		竹亭	本貫 耽津 父 壽觀
崔左海(좌해)		乃齋 龍巖 龍巖書齋	著書 乃齋遺稿
崔左海(좌해)	朝鮮	山堂	字 伯下 本貫 隋城
崔宙(주)		無求	本貫 慶州
崔柱極(주극)	朝鮮	松齋	孝子 字 宅元 本貫 全州
崔柱錫(주석)	朝鮮	書峰	文臣 字 國賓 本貫 陽川 五衛將
崔柱岳(주악)	1651~?	溪西 晚谷	詩人 字 擎夫 郡守 著書 溪西集
崔柱元(주원)	1648~1720	竹窩	學者 字 天擎 本貫 慶州 父 南斗 外祖 朴載欽 著書 竹窩逸稿
崔周鎭(주진)	朝鮮後期	東溪	字 公甫 本貫 慶州 父 興遠
崔冑海(주해)	1625~1694	守坡	字 士文 本貫 海州
崔濬(준)	朝鮮明宗	滄浪	武臣 字 彦洞 本貫 海州 父 汝雨 系 汝霖
崔浚(준)	朝鮮宣祖	孤山	字 德遠 本貫 楊州　判決事
崔峻(준)	朝鮮	林堂 林軒	文臣 本貫 完山
崔濬(준)	高麗	松隱	本貫 和順 監察御使
崔燽(준)		三懼菴	本貫 全州
崔俊立(준립)		肯守堂	字 汝秀 本貫 慶州 父 學涇

人名	年代	號	其他
崔俊淑(준슉)	1857~1939	松澗	字 德立 本貫 慶州 父 翼奎 著書 文集
崔俊倜(준척)	朝鮮純祖	菊窩	倡義人 字 允涉 本貫 江陵
崔重甲(중갑)		松庵	本貫 慶州
崔中奎(중규)	朝鮮	聚巖	本貫 草溪 父 詰
崔仲霖(중림)	朝鮮	鶴峯	本貫 朗州 父 潤文　洗馬
崔重範(중범)	朝鮮	自娛堂	委巷人 本貫 完山
崔重燮(중섭)		庸齋	著書 文集
崔重純(중슌)	朝鮮後期	土木窩	本貫 全州 父 命哲
崔重湜(중식)	朝鮮純祖	可心	文臣 本貫 黃州 敦寧府都正
崔重植(중식)	朝鮮	是間齋	委巷人 字 汝厚 祖父 致升
崔中一(중일)	朝鮮世宗	沃江	字 子忠 本貫 耽津 司諫
崔仲濟(중제)	朝鮮太宗	永歸亭	文臣 本貫 慶州 父 潞
崔重泰(중태)	1656~1712	嘉湖	字 重汝 本貫 慶州 父 商翼
崔仲漢(중한)		梅亭	字 始章 本貫 通川
崔重憲(중헌)		思慕堂	本貫 慶州
崔之聖(지성)	?~1805	環齋	本貫 江華 父 義敬 著書 環齋集
崔之翰(지한)	`	會古堂	本貫 全州
崔砥浩(지호)	朝鮮	百忍齋	本貫 慶州 父 應奎
崔之煥(지환)	朝鮮	道隱	本貫 耽津
崔直之(직지)	高麗昌王	松坡	本貫 全州 父 霝
崔之豐(지풍)	朝鮮	川齋	本貫 江華 父 重岳
崔之瓛(지환)	朝鮮後期	龍村	本貫 青松 李嗣謙 門人
崔振(진)		海櫟	字 慶昌 著書 海櫟稿 〈孤竹集〉
崔鎭(진)	1876~?	小坡	法律家 本貫 慶州
崔鎭珏(진각)	朝鮮後期	栫堂	本貫 青松 李夏相 文人
崔鎭謙(진겸)	朝鮮	玩稼亭	本貫 陽川 父 舜星
崔鎭觀(진관)		蘿窓 蘿窓居士	著書 蘿窓秬黍遺稿
崔鎭紀(진기)	朝鮮	肯齋	孝子 本貫 全州
崔震紀(진기) →崔鎭紀			
崔鎭南(진남)	1626~1683	休軒	字 子重 本貫 慶州 父 東岦 著書 文集
崔進大(진대)	1695~1760	慕先堂	本貫 陽川 父 命三
崔震立(진립)	1568~1636	潛窩	武臣 字 士建 本貫 慶州 父 臣輔 追贈 兵曹判書 諡號 貞武 著書 貞武公實記
崔震命(진명)	朝鮮	松溪	文臣 字 汝輝 本貫 朗州 龍驤衛副護軍

人名	年代	號	其他
崔鎭邦(진방)		懶齋 松齋	字 之屛 本貫 忠州 郡守 父 士俊
崔鎭榮(진영)	朝鮮	農隱	本貫 慶州 父 萬斗
崔鎭榮(진영)	朝鮮	箕隱	字 德三 本貫 江華 同副承旨
崔震英(진영)	朝鮮	芝川	本貫 慶州 父 慶峻
崔鎭玉(진옥)		江逸	本貫 龍宮
崔鎭宇(진우)	1846~1917	澹齋 淡齋	著書 澹齋遺稿
崔鎭憂(진우)	→崔宗翊의 一名		
崔進源(진원)	朝鮮	六逸堂	字 汝漢 本貫 江華 持平 著書 六逸堂集
崔軫應(진응)		墨虛	本貫 慶州
崔振宗(진종)		拙齋	著書 文集
崔震俊(진준)		遯翁	本貫 慶州
崔鎭河(진하)	朝鮮	默菴	字 美哉 學者 本貫 朗州
崔震夏(진하)		柳亭	本貫 慶州
崔振翰(진한)	朝鮮	芝巖	本貫 慶州 父 栢捷
崔振海(진해)		櫟村	本貫 海州 父 溧 祖父 慶昌 著書 櫟村遺稿〈孤竹遺稿〉
崔進賢(진현)		寒松子	字 國臣 本貫 江陵 父 致雲
崔進亨(진형)	朝鮮	鳳岡	本貫 全州 上護軍
崔震華(진화)		月洲	本貫 永川
崔震煥(진환)		曲江	
崔鎭洄(진회)		後松	本貫 耽津 父 壹溶
崔潗(집)	朝鮮宣祖	晚翠	文人 字 深遠 本貫 海州
崔徵之(징지)		鰲洲	著書 鰲洲集
崔徵厚(징후)	朝鮮肅宗	梅峯	學者 字 誠仲 本貫 朔寧
崔纘(찬)	1554~1624	孤松	學者 字 伯承 本貫 水原 父 希說 著書 孤松遺稿
崔纘(찬)	1777~1863	松窩	學者 字 華彥 本貫 和順 父 起河 外祖 金命祖 著書 松窩遺稿
崔瓚(찬)	1856~1928	春海	字 振玉 本貫 海州 父 澤憲
崔瓚植(찬식)	1881~1951	東樵 東樵生 海東 樵人	小說家 字 贊玉 本貫 慶州 父 永年
崔燦翊(찬익)	?~1968	松西	著書 松西遺稿
崔贊海(찬해)	朝鮮	晚基	本貫 慶州 父 鉉奎
崔昌傑(창걸)	1707~1781	清河 喚醒	文臣 字 漢輔 本貫 全州
崔昌龜(창구)	朝鮮	松菴	字 大甲 本貫 朗州 成均進士
崔昌國(창국)	朝鮮	溪隱	委巷人 字 頤仲

人名	年代	號	其他
崔昌圭(창규)	朝鮮	五玉齋	委巷人 字 子重 本貫 隋城
崔昌大(창대)	1669~1720	昆侖 蒼槐	文臣 字 孝伯 本貫 全州 父 錫鼎 副提學 著書 昆侖集
崔昌東(창동)		霽月堂	本貫 全州 父 豪仁
崔昌洛(창락)	1832~1886	南厓	學者 字 範九 本貫 和順 著書 南厓文集
崔昌龍(창룡)	朝鮮	鏡菴	字 大麟 本貫 朗州 成均進士
崔昌麟(창린)	朝鮮	鼎史	文臣 字 良玉 本貫 朗州 父 尚纘 參奉
崔昌錫(창석)		養拙軒	本貫 慶州
崔昶岳(창악)	朝鮮	松石亭	本貫 慶州 父 世輝
崔昌義(창의)	朝鮮	松窩	字 鳴玉 本貫 江華 正郎
崔昌迪(창적)		翠松	本貫 江陵
崔昌賢(창현)	1759~1801	冠泉	天主教殉教者
崔處翼(처익)		黙窩	本貫 慶州
崔天健(천건)	1538~1617	汾陰	文臣 字 汝而 本貫 全州 父 禧 大司憲
崔天瑞(천서)	朝鮮顯宗	蠶山	本貫 海州 父 碩佑
崔天濡(천유)	朝鮮	瀚浦	文臣 本貫 江陵 父 湑 漢城判尹
崔天翼(천익)	1710~1779	農叟 曲江	詩人 字 晉叔 本貫 興海 父 俊傑 著書 農叟集
崔鐵堅(철견)	1548~1618	夢隱 夢窩 睡隱	文臣 字 應久 本貫 全州 父 櫟 黃海道觀察使 著書 夢隱集
崔鐵堅(철견)	朝鮮宣祖	蘭圃	義兵 本貫 永川 著書 文集
崔哲圭(철규)		源谷	著書 文集
崔澈逎(철이)	高麗	三樂	本貫 慶州 父 儉止
崔哲鉉(철현)		石隱	本貫 水原 父 基富
崔添老(첨로)	高麗~朝鮮	石溪	文臣 本貫 慶州 父 繼雲 祖父 隰 內侍令
崔淸(청)	1344~1414	觀稼亭	文臣 字 直哉 本貫 慶州 父 子雲 監防
崔淸江(청강)	朝鮮世宗	雅閑亭	本貫 隋城 父 階
崔淸立(청립)	朝鮮	湖隱	字 寬之 本貫 草溪 吏曹參議
崔槐(총)	朝鮮仁祖	寫峰	本貫 永川 父 恒慶 鄭逑 門人
崔湫(추)	朝鮮	蘭溪	文臣 字 養浩 本貫 朗州 父 自赫 大司成
崔湫(추)	朝鮮	求禮齋	字 子源 本貫 全州 祖父 瀁 庇仁縣監
崔樞(추)		竹亭	本貫 慶州
崔春煥(춘환)	朝鮮	竹坡	本貫 耽津
崔冲(충)	984~1068	九齋 放晦齋 惺齋 月圃	學者 字 浩然 本貫 海州 父 溫 內史令 諡號 文憲 著書 崔文憲公遺稿

人名	年代	號	其他
崔忠成(충성)	1458~1491	山堂	學者 字 弼卿 本貫 全州 父 澉 祖父 德之 金宏弼 門人 著書 山堂集
崔忠誠(충성) →崔忠成			
崔忠元(충원)	1564~?	牛江	字 蓋伯 本貫 水原 父 濩　咸境道都事
崔忠佐(충좌)	朝鮮世祖	蘭亭	文臣 本貫 竹山 兵曹參判
崔忠欽(충흠)	朝鮮	梧月軒	委巷人 字 士孝
崔就慶(취경)	朝鮮	馬川	本貫 慶州 父 錫柱
崔峙(치)	高麗末	德湖	文臣 本貫 原州 封號 原州君 法典判書
崔致德(치덕)	1699~1770	自喜翁 喜翁	學者 字 聖能 本貫 慶州 父 斗萬 外祖 崔喆崇 著書 自喜翁文集
崔致龍(치룡)		石溪	字 聖和 本貫 全州
崔値龍(치룡)		南皐	本貫 慶州
崔致鳳(치봉)	朝鮮	黃村	義兵 字 文賢 本貫 和順
崔致翁(치옹)	1635~1683	收春子	文臣 字 虞鳳 本貫 朔寧 父 徵之 外祖 李惟侃 司憲府持平 著書 收春子遺稿
崔致雲(치운)	1390~1440	釣隱 鏡湖 鏡湖釣隱 鏡湖主人	文臣 字 伯卿 本貫 江陵 父 安潾 祖父 元亮 吏曹參判 著書 釣隱遺稿
崔致遠(치원)	857~915	孤雲 儒仙 海雲	學者 字 孤雲, 海雲 本貫 慶州 父 肩逸 著書 文昌侯集
崔致重(치중)	1672~1738	閑谷	字 德望 本貫 水原 父 叔雲 著書 閑谷遺稿〈何山世稿〉
崔致湖(치호)	朝鮮	尚德齋 櫟齋	學者 字 平遠 本貫 朗州 父 近池
崔致厚(치후) →崔徵厚			
崔琛(침)	朝鮮	薪竹	文臣 本貫 竹山 价川郡守
崔濯(탁)	1598~1645	竹塘	文臣 字 克修 本貫 全州 父 琦忭 追贈 右副承旨
崔濯(탁)		春軒	
崔泰逵(태규)		花史	著書 花史文集
崔泰斗(태두)	1675~?	竹堂	本貫 全州 父 尚堯
崔泰錫(태석)		新菴	字 伯亨 本貫 隋城
崔泰淳(태순)	1835~1910	梅史	學者 字 舜若 本貫 全州 父 齋鎮 外祖 金幹 著書 梅史集
崔泰演(태연)		釜齋	字 子亨 祖父 海斗
崔泰完(태완)	朝鮮	巷隱	委巷人 字 聖固 本貫 忠州
崔泰容(태용)	朝鮮	沙村	委巷人 字 聖涵 本貫 忠州 忠勳府書吏
崔泰瑢(태용)	1897~1950	是南	牧師
崔泰翼(태익)		穎隱	本貫 海州

人名	年代	號	其他
崔泰鎰(태일)	1899~?	百拙	著書 文集
崔泰貞(태정)	朝鮮	道村	本貫 和順 父 重
崔泰準(태준)	朝鮮哲宗	熙齋	本貫 忠州
崔台鎭(태진)	1804~1867	吾山	學者 字 應天 本貫 完山 父 必泰 外祖 李致和 著書 吾山文集
崔泰恒(태항)		望美堂	本貫 朗州 父 澤謙
崔澤謙(택겸)	朝鮮	鈍菴 櫟菴	父 興悌 本貫 朗州 僉知中樞府事
崔澤鉉(택현)		雙青堂	著書 文集
崔通(통) →崔逼			
崔八凱(팔개)	1560~1592	竹隱	字 聖擧 本貫 興海 著書 文集
崔八鏞(팔용)	1891~1922	塘南	2·8 獨立宣言人 本貫 全州
崔八元(팔원)	朝鮮宣祖	竹圃	字 君擧 本貫 興海 著書 文集
崔彭壽(팽수)	朝鮮	樂芝	本貫 慶州 父 汝恒
崔必聞(필문)	朝鮮後期	鏡山 無悶	
崔弼成(필성)	朝鮮中期	處軒	本貫 全州
崔弼成(필성)		固窮	本貫 全州 父 秀孫
崔必崇(필숭)	朝鮮成宗	仰止	字 思謙 本貫 江陵 父 玉淵
崔必泰(필태)	朝鮮	訥蹇	學者 字 魯瞻 本貫 完山
崔河大(하대)	朝鮮	箕隱	本貫 和順 父 應植 祖父 萬祉
崔河臨(하림)	1455~1468	大虛堂 太虛堂	學者 字 鎭國 追贈 左贊成 著書 安宅記
崔灣(학)	1715~1789	石亭	學者 字 悅卿 本貫 慶州 父 鎭九 系 鎭萬 著書 石亭遺稿
崔嵒(학)	朝鮮	遯叟	本貫 永川 父 尚仁
崔澩(학)		月湖	著書 文集
崔鶴涇(학경)		愚齋	字 應先 本貫 慶州
崔鶴吉(학길)	1862~1936	懼齋	字 子笛 本貫 和順 父 昌洛 著書 文集
崔鶴烈(학렬)		訥軒	字 仲健 著書 訥軒先生文集
崔鶴齡(학령)	朝鮮中宗	栗亭	學者 字 雲老 本貫 耽津 父 淑 金麟厚 門人 追贈 校理 編書 改修捷解新語
崔學奉(학봉)	朝鮮	野夫	本貫 慶州 父 商孫
崔鶴相(학상)		柏亭	本貫 耽津 父 洛啓
崔鶴昇(학승)	1817~1878	華岡	文臣 字 聲彥 本貫 慶州 父 潤坤 外祖 盧周學 春秋館修撰官 著書 華岡逸稿
崔鶴翰(학한)		定省窩	本貫 水原
崔學鉉(학현)		晦隱	本貫 全州 父 在衡

人名	年代	號	其他
崔漢京(한경)		愚翁	本貫 慶州
崔漢公(한공) →崔漢功			
崔漢功(한공)	1423~1499	考谷 老谷	文臣 字 台甫 本貫 和順 父 善門 外祖 金明理 正言
崔漢綺(한기)	1803~1879	明南樓 氣和堂 淇東 惠崗	學者 字 芸老 本貫 朔寧 父 致鉉 僉知中樞府事 著書 明南樓集
崔翰邦(한방) →曺翰邦			
崔翰升(한승)	朝鮮	景山	文臣 本貫 完山 副司直
崔翰周(한주)		竹軒	著書 竹軒先生文集
崔漢洪(한홍)		彦容	本貫 慶州
崔漢侯(한후)	朝鮮睿宗	圭巖 養性齋 養性軒	文臣 字 子房 本貫 和順 父 善門
崔恒(항)	1409~1474	太虛亭 幢梁	文臣, 學者 字 貞夫 本貫 朔寧 父 士柔 封號 寧城府院君 領議政 諡號 文靖 著書 太虛亭集
崔恒(항)	朝鮮世宗	敬菴	
崔远(항)		梅軒	著書 文集
崔恒慶(항경)	1560~1638	竹軒	學者 字 德久 本貫 永川 父 淨 著書 文集
崔恒久(항구)	朝鮮肅宗	梨花亭	字 可久 本貫 慶州
崔恒齋(항제)	朝鮮肅宗	景巖	文臣 本貫 全州 父 永世
崔恒太(항태) →崔恒			
崔瀣(해)	1287~1340	農隱 猊山農隱 猊巖農隱 拙翁 拙齋	學者 字 彦明, 壽翁 本貫 慶州 父 伯倫 成均大司成 著書 農隱集
崔海(해)	1895~1948	檀史	獨立運動家 一名 海日
崔海(해)		松海	本貫 全州
崔海奎(해규)		質菴	著書 質菴文集
崔海斗(해두)	1668~1740	愚溪	學者 字 斗南 本貫 興海 父 胤貞 外祖 金堡 著書 愚溪集
崔海月(해월)	韓末~日帝	劍岳	天道敎人
崔海翼(해익)	1656~1716	旨窩	學者 字 圖南 本貫 興海 父 胤昌 外祖 朴守道 著書 旨窩遺稿
崔行(행)		丫澗	本貫 全州 父 鐵堅
崔荇(행) →崔衍			
崔憲秀(헌수)		愚山	著書 愚山詩抄
崔憲植(헌식)	1846~1915	息軒	學者 字 叔度 本貫 全州 父 雲弼 著書 息軒先生文集
崔憲永(헌영)	朝鮮	忍齋	學者 字 聖文 本貫 忠州 著書 文集
崔晛(현)	1563~1640	訒齋 洛南	文臣 字 季昇 本貫 全州 父 深 金誠一 門人 追贈 禮曹判書 諡號 定簡 著書 訒齋集

人名	年代	號	其他
崔睍(현)	朝鮮中期	慕谷	文臣 江原道觀察使 諡號 定簡
崔玹(현)		梅軒	著書 梅軒實記〈烏城世稿〉
崔俔(현) →崔睍			
崔鉉(현) →崔鉉九			
崔鉉九(현구)	朝鮮末	蘭史	學者 本貫 朔寧 著書 蘭史集
崔鉉達(현달)	1867~1942	一和	文臣 字 聖鼐 本貫 月城 父 錫魯 外祖 姜虎文 郡守 著書 一和文集
崔鉉培(현배)	1884~1970	외솔	國語學者 著書 한글갈
崔鉉碧(현벽)	朝鮮	南洲	文臣 字 啓明 本貫 月城 副護軍
崔鉉述(현술)		陶村	本貫 慶州
崔玄祐(현우)	高麗	和淑	本貫 慶州 門下侍中
崔鉉弼(현필)		修軒	著書 修軒先生文集
崔逈(형)	朝鮮	誠齋	字 君學 本貫 慶州 父 汝峻
崔瑩(형)		奇峯	本貫 鐵原
崔衡(형)		羊巖	本貫 水原
崔澄(형) →崔琳의 初名			
崔亨基(형기)	朝鮮後期	松厓	委巷人 字 德之 本貫 全州 著書 松厓詩集
崔馨植(형식)	1825~1901	秋溪	學者 字 周瑞 本貫 全州 父 雲學 外祖 申周虎 著書 秋溪遺稿
崔亨遠(형원)	朝鮮後期	松厓	著書 松厓詩集
崔亨俊(형준)	1884~1920	秀峰	獨立運動家
崔亨漢(형한)	?~1504	永思亭	文臣 字 卓卿 本貫 靈巖 父 永源 靈巖郡守
崔亨漢(형한)	朝鮮	栢亭	本貫 江陵 父 克鎭
崔惠吉(혜길)	1591~1662	柳下	文臣 字 子迪 本貫 全州 父 起南 參判
崔曍(호)	1583~1626	月潭	字 皥如 本貫 朔寧 父 東立
崔琥(호)	1643~?	晩悟	字 瑞玉 本貫 和順 父 挺宇
崔濩(호)	朝鮮	竹村	字 士涵 本貫 江華 司諫
崔灝(호)	朝鮮	瑞軒	字 民德 本貫 耽珍 漢城府判尹
崔滈(호)		省齋	著書 省齋文集
崔濩(호)		晩山	本貫 隋城
崔虎文(호문)	1800~1850	松厓	文臣 字 性安 本貫 陽川 父 尙遠 系 尙峻 外祖 都尙會 嘉禮都監郞廳 著書 松厓集
崔灝元(호원)	朝鮮端宗	白雲樵夫	字 渾然 本貫 草溪 父 安止
崔灝源(호원)→崔有海의 改名			
崔豪仁(호인)		月潭	本貫 全州

人名	年代	號	其他
崔鎬周(호주)		玉泉	本貫 慶州
崔渾(혼)	朝鮮中宗	獨善堂	學者 字 太浩 本貫 楊州
崔渾(혼)		禾谷	本貫 全州
崔弘簡(홍간)		從史	著書 文集
崔弘渡(홍도)	朝鮮中宗	鷗浦	文臣 字 景濟 本貫 楊州 父 滉 弘文館副提學
崔弘度(홍도) →崔弘渡			
崔鴻洛(홍락)		秋峰	著書 秋峰實紀
崔弘模(홍모)		心泉	著書 心泉集
崔弘武(홍무)	朝鮮	湖雲	字 泳善 本貫 草溪 展力副尉
崔鴻羽(홍우) →崔昇羽의 初名			
崔弘載(홍재)	1560~?	竹隱	字 德興 本貫 海州 父 慶雲
崔弘旬(홍전)	1636~1702	沙趣堂 沙趣	文臣, 學者 字 壽會 本貫 耽津 父 南振 著書 沙趣堂遺稿
崔洪晋(홍진)	1636~1702	三黎	字 錫章 本貫 全州 父 光宅 系 光昱
崔弘集(홍집)		月浦	字 進熱 本貫 全州
崔弘僴(홍한)	1528~?	玉壺	字 寬夫 本貫 全州 父 瑞璘
崔弘燫(홍혁)		止齋	本貫 朗州
崔和順(화순)	?~1939	松雪堂	女性教育者 著書 松雪堂集
崔華鎭(화진)	朝鮮英祖	漆室	學者 本貫 慶州 父 興健 著書 漆室文集
崔煥(환)	朝鮮仁祖	五可堂	字 可晦 本貫 忠州
崔煥模(환모)	1862~1947	鶴溪	著書 文集
崔活(활)		黙齋	字 濬原 本貫 全州
崔滉(황)	1529~1603	月潭	文臣 字 彥明 本貫 海州 父 汝舟 李仲虎 門人追贈領議政
崔瑆(황)	1783~1874	苟菴	學者 字 國輔 本貫 海州 父 言憲 系 粹全 敦寧府都正 編書 艮齋年譜
崔滉(황)	朝鮮	隱谷	字 清叔 本貫 朗州 掌令
崔孝騫(효건)	1608~1671	何山	文臣 字 聖許 本貫 水原 父 尙古 府使 著書 何山集
崔孝蹇(효건) →崔孝騫			
崔孝根(효근)	朝鮮	靜岡	本貫 和順 父 奎淳
崔孝敏(효민)	朝鮮	雅川	字 杆城 戶曹參議
崔孝碩(효석)	1855~1937	芝山	著書 芝山遺集
崔孝淑(효숙)		三守軒	著書 文集
崔孝述(효술)	1786~1870	止軒	學者 字 穉善 本貫 月城 父 湜 外祖 鄭宗魯 副護軍 著書 止軒集

人名	年代	號	其他
崔孝習(효습)	1874~1944	春巖	著書 文集
崔孝烈(효열)		梅永軒	著書 梅永軒集
崔孝雲(효운)	朝鮮	一竹	本貫 竹山 一名 孝元 追贈 領議政
崔后大(후대)	1669~1745	寒居	字 子應 本貫 永川 父 琦
崔後亮(후량)	1616~1693	靜修齋	文臣 字 漢卿 本貫 全州 父 惠吉 系 鳴吉 封號 完陵君 漢城府左尹 著書 靜修齋集
崔後尙(후상)	1631~1630	東岡	文臣 字 周卿 本貫 全州 父 鳴吉
崔后寔(후식)	朝鮮	謙窩	本貫 永川 父 琥 通德郞
崔後遠(후원)	朝鮮	柱巖	文臣 字 景雲 本貫 興海 丹陽郡守
崔後胤(후윤)	1611~1650	鹿村	文臣 字 象卿 本貫 全州 一名 後賢 父 來吉 司憲府持平
崔後胤(후윤) →崔後賢의 改名			
崔厚徵(후징) →崔徵厚			
崔後賢(후현) →崔後胤			
崔勳(훈)	1837~1911	菊農	學者 字 堯卿 本貫 江陵 父 柱華 著書 菊農集
崔薰敎(훈교)	?~1956	東山	著書 東山文集
崔徽之(휘지)	1597~1669	鰲洲	文臣 字 子琴 本貫 朔寧 父 衍 著書 鰲洲先生文集
崔屹(흘)		稷齋	本貫 慶州
最欽(최흠)	?~1870	松庵	僧侶 俗姓 許氏 父 珠
崔興豈(흥개) →崔興岂			
崔興國(흥구)		南溪	本貫 慶州 著書 南溪集
崔興霖(흥림)	1506~1581	溪堂	學者 字 賢佐 本貫 和順 父 垓 外祖 洪汝舟 成運 門人 著書 溪堂遺稿
崔興林(흥림) →崔興霖			
崔興岂(흥립)	1736~1809	喘翁	學者 字 山甫 本貫 慶州 父 倫錫 外祖 朴重榮 著書 喘翁文集
崔興璧(흥벽)	1739~1812	蠹窩	學者 字 士敎 本貫 慶州 父 師錫 外祖 郭在三 著書 蠹窩文集
崔興運(흥운) →崔興遠			
崔興源(흥원)	1529~1603	松泉	字 復初 本貫 朔寧 父 秀珍 封號 寧平府院君 領議政 諡號 忠貞
崔興遠(흥원)	?~1786	百弗庵 漆溪	文臣, 學者 字 汝浩, 太初 本貫 慶州 父 鼎錫 世子翊衛司左翊贊 著書 百弗庵集
崔興源(흥원)		露清	
崔興元(흥원)		泉松	本貫 朔寧
崔興義(흥의)	1726~1764	崇崖	著書 文集

人名	年代	號		其他
崔興載(흥재)	朝鮮	友庵		本貫 慶州 父 順錫
崔興悌(흥제)	朝鮮宣祖	梅仙		字 恭甫 本貫 朗州
崔興琮(흥종)	1879~1966	五放		牧師 父 學新
崔興泰(흥태)		思庵		本貫 慶州
崔興孝(흥효)	朝鮮世宗	月谷		文臣, 書藝家 字 百源 本貫 永川 父 壹 弘文館提學
崔禧(희)	1535~?	南坡		字 仲膚 本貫 全州 父 命弼 參議
崔禧(희)		石窩		
崔希伋(희급)	朝鮮明宗	清齋		字 景思 本貫 隋城 父 樂寂 將仕郎
崔希亮(희량)	1560~1651	逸翁		武臣 字 景明 本貫 水原 父 樂寂 追贈 兵曹判書 諡號 武肅 著書 逸翁文集
崔希立(희립)	朝鮮世祖	孝庵		字 立之 本貫 江華 主簿
崔希閔(희민)	朝鮮明宗	鶴谷		字 景闇 本貫 隋城 父 樂寂
崔熙松(희송)	1894~1982	漆空		政治家 國會議員
崔希說(희열)	1536~?	三洲		字 景賁 本貫 水原 父 樂寂
崔希尹(희윤)	朝鮮明宗	敬齋		字 景任 本貫 隋城 父 樂寂
崔希汀(희정)	1484~1529	德村		武臣 字 汀之 本貫 全州 趙光祖 門人 追贈 兵曹參判
崔喜鎭(희진)	朝鮮後期	陸帆		
崔熙澤(희택)		東山		著書 東山遺稿〈曲江世稿〉
崔喜翰(희한)		養心齋		本貫 水原
秋幹(간)	朝鮮	稼學齋 穡學齋		字 邦彦 本貫 秋溪 父 菊 崇文館校理
秋景新(경신)	朝鮮	喬谷		本貫 秋溪 父 元敷
秋繼彦(계언)	朝鮮	小谷		本貫 秋溪 父 大有
秋菊(국)	朝鮮	寒軒		本貫 秋溪 父 水鏡 諡號 忠貞
秋權奎(권규)	朝鮮末	菊堂		獨立運動家 字 教哲 本貫 全州
秋橘(귤)	高麗	石浦		本貫 秋溪 左僕射
秋蘭(난)		凝香堂		
秋蘆(노)	朝鮮	遯庵		字 華根 本貫 秋溪 父 水鏡 舍人
秋雷(뇌)	1298~1361	益齋		字 威聲 本貫 秋溪 父 適 司諫
秋大成(대성)	朝鮮	睡窩		字 而見 本貫 秋溪 戶曹參判
秋大項(대욱)	朝鮮	文隱		字 命岀 本貫 全州 承旨
秋德立(덕립)	朝鮮	逸江		本貫 秋溪 父 斗東
秋斗錫(두석)	朝鮮	谷隱		字 應五 本貫 秋溪 通德郎
秋萬榮(만영)	朝鮮	海雲		本貫 秋溪 司僕寺正

人名	年代	號	其他
秋秉運(병운)	朝鮮	靜齋	本貫 秋溪 父 聖龜
秋鵬(추붕)	1651~1706	雪巖	僧侶 本貫 江華 俗姓 金氏 父 應素 著書 雪巖集
秋瑞郁(서욱)	朝鮮	清溪	字 清淑 本貫 全州 漢城府尹
秋聖龜(성구)	朝鮮	知止齋	本貫 秋溪 父 世秀
秋性求(성구)		泰隱	著書 文集
秋世(세)	朝鮮	小庵 守庵	本貫 秋溪 父 蘆 承旨
秋水鏡(수경)	1530~1600	洗心堂	武臣 字 清河 本貫 全州 封號 完山府院君
秋熟(숙)	朝鮮	雲仙	本貫 秋溪 通德郎
秋彦恭(언공)	朝鮮	光齋	字 允信 本貫 秋溪 承政院承旨
秋業洙(업수)	朝鮮	湖西	字 聖信 本貫 全州 副護軍
秋汝郁(여욱)	朝鮮	寒浦	字 相肅 本貫 秋季 通德郎
秋榮(영)	1315~1400	琅山 明窩	字 聖參 本貫 秋溪 司憲府掌令
秋永(영)	朝鮮	誠齋	本貫 秋溪 父 泰文
秋鏞直(용직)	朝鮮	訥翁	
秋鏞協(용협)		思隱	本貫 秋溪
秋濡(유)	1343~1404	德菴 雲心齋	字 潤之 本貫 秋溪 父 震
秋益漢(익한)	1383~1459	愚川	文臣 字 友三 本貫 咸興 漢城府尹
秋任求(임구)		景湖	本貫 秋溪
秋載道(재도)	→秋權奎의 一名		
秋適(적)	1246~1317	露堂	文臣 字 慣中 本貫 咸興 父 永壽　民部尚書藝文提學 諡號 文憲 著書 露堂先生文集
秋荻(적)		寓庵	本貫 秋溪 父 水鏡
秋芝(지)		詠香堂	
秋震(진)	高麗	敬齋	本貫 全州 父 適 諡號 忠孝
秋天日(천일)	高麗	煙月	本貫 全州
秋泰文(태문)	朝鮮	世庵	本貫 秋溪 父 元璇
秋泰成(태성)	朝鮮	月亭	本貫 秋溪 司僕寺正
秋海奉(해봉)	朝鮮	樂山	字 元彩 本貫 秋溪 同知中樞府事
秋湖(호)	朝鮮	精舍	字 浩遠 本貫 秋溪 兵曹參判
秋蕙(황)	高麗	悔菴	本貫 秋溪 父 鎰 大提學 諡號 文正
秋孝命(효명)	朝鮮	寒潭	字 永圭 本貫 秋溪 通德郎
秋希泰(희태)	朝鮮	達西齋	本貫 秋溪 父 孝良
竺原(축원)	1861~1926	震河	僧侶 俗姓 徐氏 著書 禪門再正錄
冲鑑(충감)	1274~1338	雪峰	僧侶 字 絶照 俗姓 金氏 追贈 國師 諡號 圓明

人名	年代	號	其他
冲彦(충언)	1567~1638	任性 任性堂	僧侶 本貫 全州 俗姓 金氏
冲止(충지)	1226~1292	圓鑑 安庵 宓庵	僧侶 俗姓 魏氏 俗名 元凱 父 號紹 外祖 宋子沃 著書 圓鑑國師集
冲徽(충휘)	?~1613	雲谷	僧侶 著書 雲谷集
忠徽(충휘) →冲徽			
翠微(취미)		太昏	
就善(취선)		混性	僧侶
翠仙(취선)		雪竹	倡女
取如(취여)	1720~1789	括虛	僧侶 俗姓 金氏 著書 括虛集
致能(치능)	1805~1898	涵弘堂 涵弘	僧侶 字 久能雲寰 本貫 金海 俗姓 金氏 父 戒雲 著書 涵弘堂集
致益(치익)	1862~1942	曾谷 海雲	僧侶 本貫 達城 俗姓 徐氏 著書 曾谷集
治兆(치조)		清珠	著書 文集

韓國雅號大辭典

人名	年代	號	其他
卓綱(강)	高麗仁宗	秋圃	本貫 光山 都承旨
卓光茂(광무)	高麗	景濂亭	字 謙夫 本貫 光州 父 文信 祖父 英 禮儀判書 諡號 文正 著書 景濂亭集
卓光守(광수)	朝鮮	雲林	字 子節 本貫 光山 禮賓寺正
卓基業(기업)	1858~1940	芳谷 芳谷處士	字 功鎭 本貫 光山 父 光榮 著書 文集
卓道敏(도민)	高麗	南軒	字 德老 本貫 光山 普文閣直提學
卓道集(도집)	高麗	梧軒	字 德成 本貫 光山 吏部尚書
卓文位(문위)		泉谷	字 叔章 本貫 光山 父 英
卓秉恬(병염)	朝鮮後期	海雲	
卓秉憎(병음)	朝鮮後期	海帆	
卓思正(사정)		敬菴	字 朂甫 本貫 光山 父 元光
卓順昌(순창)	朝鮮宣祖	松庵 杏亭	字 德昇 本貫 光山 著書 松庵逸稿〈光山世稿續編〉
卓慎(신)	1367~1426	竹亭	文臣 字 子幾 謙夫 係危 本貫 光州 父 光茂 祖父 文信 議政府參贊 諡號 文貞 著書 竹亭先生逸稿
卓然(탁연)	高麗高宗	法雲 法游子 修禪 雲遊子	僧侶 父 相臣
卓璉(연)	朝鮮	松軒	字 器重 本貫 光山 承政院同副承旨
卓葉(엽)		學圃	本貫 光山
卓英(영)	高麗	遯齋	字 仲華 本貫 光山 父 宗成
卓溫(온)	高麗仁宗	拙庵	本貫 光山 都承旨
卓元光(원광)		耻齋	字 觀國 本貫 光山 父 之業
卓宗成(종성)		雲庵	字 海朝 本貫 光山 父 思正
卓中(중)	1367~1426	竹林亭 竹林	文臣 字 建正 本貫 居昌 父 命立 著書 竹林亭集
卓之葉(지엽)	高麗宣宗	學圃	字 玉立 本貫 光山
坦然(탄연)	1070~1159	黙庵	僧侶 本貫 密陽 俗姓 孫氏 父 肅 追贈 國師 諡號 大鑑
坦泳(탄영)	1847~1929	幻應	僧侶 本貫 漢陽 俗姓 金氏 父 基愚
彈靜(탄정)	1840~1912	清霞	僧侶 俗姓 鄭氏
坦鍾(탄종)	1830~1894	大應	僧侶 本貫 漢陽 俗姓 趙氏 父 鳳珏
太貴生(귀생)	朝鮮	正己齋	字 汝仁 本貫 陝溪 主簿
太極淳(극순)	朝鮮	艮山	文臣 字 致叔 本貫 陝溪 五衛將
太能(태능)	1562~1649	逍遙 逍遙堂	僧侶 本貫 潭陽 俗姓 吳氏 著書 逍遙集
太道男(도남)	朝鮮	雲谷	文臣 本貫 永順 僉知中樞府事
太斗南(두남)	1486~1536	西菴	文臣 字 望而 本貫 永順 父 孝貞 金震陽 門人 星州 牧使 著書 瑣言

人名	年代	號	其他
太斗望(두망) →太斗南			
太孟義(맹의)	朝鮮	柳月 柳川	文臣 本貫 陜溪 直提學
太孟仁(맹인)	朝鮮	侮谷	武臣 字 大義 本貫 陜溪 禦侮將軍
太孟智(맹지)	朝鮮	竹圃	本貫 陜溪 承議郎
泰復觀(복관)		河翁	字 少遊 本貫 豊基
太尚文(상문)	朝鮮	三賢亭	文臣 字 振玉 本貫 陜溪 判官
太穡(색)	朝鮮	拱北齋	字 君實 本貫 陜溪 折衝將軍
太先(태선)	1824~1902	函溟	僧侶 本貫 密陽 俗姓 朴氏 父 陽九 著書 緇門私記
太聖發(성발)	朝鮮	詠雲	文臣 字 云始 本貫 穎順 都摠管
太聖祐(성우)	朝鮮	石醒	文臣 字 士敏 本貫 陜溪 義禁府事
太舜氏(순씨)	朝鮮	止潭	字 君獻 本貫 永順 進士
太秀宗(수종)	朝鮮	九美	本貫 陜溪 英陵參奉
太彥中(언중)	朝鮮	春睡堂	學者 字 乃允 本貫 陜溪
太沃霖(옥림)	朝鮮	錦溪	本貫 陜溪 禦侮將軍
泰宇(태우)	?~1732	南嶽	僧侶 本貫 龍城 著書 南嶽集
太元豊(원풍)	朝鮮	聾隱	孝子 字 汝長 本貫 陜溪
太猷(유)	朝鮮	蒼巖	文臣 本貫 穎順 成均館掌議
兌律(태율)	1695~1753	月坡	僧侶 本貫 全州 俗姓 金氏 著書 月坡集
太應辰(응진)	朝鮮	草谷	文臣 本貫 陜溪 兵曹判書
太膺天(응천)	朝鮮	聾巖	字 彥啓 本貫 陜溪 折衝將軍
太田(태전)	1896~1968	金烏	僧侶 俗姓 鄭氏 父 用甫 著書 金烏集
太祖(태조)	1335~1408	松軒	帝王 字 仲潔, 君晋 本貫 全州 本名 成桂 父 子春
太鍾河(종하) →太鎭河			
太鎭河(진하)	1843~1922	白隱	著書 白隱遺稿 〈永順世稿〉
太學觀(학관)	朝鮮	梅溪 梅齋	文臣 字 士元 本貫 陜溪 副摠管
太學基(학기)	朝鮮	星庵	文臣 字 士明 本貫 陜溪 參議
太學斗(학두) →太興斗			
太玄稷(현직)	1824~1869	東巖	著書 東巖遺稿 〈永順世稿〉
太浩(태호)		浩然堂	僧侶 本貫 錦城 俗姓 張氏
太龢(화)	朝鮮	藥皐	委巷人 字 毓如
太會極(회극)	朝鮮	樵隱	本貫 陜溪 刑曹正郎
泰屹(태흘)	1710~1793	天峯	僧侶 字 无等 本貫 瑞興 俗姓 金氏 父 斗弼
太興斗(흥두)	朝鮮	石泉	文臣 字 士行 本貫 陜溪 副摠管

韓國雅號大辭典

ㅍ

人名	年代	號	其他
捌關(팔관)	?~1782	振虛	僧侶 著書 振虛集
彭信古(신고) →彭信吉			
彭信吉(신길)	朝鮮宣祖	隱齋	武臣 字 聖長 本貫 浙江 父 友德 遊擊將 著書 文集
彭友德(우덕)	朝鮮宣祖	晚亭	字 季卿 本貫 浙江 著書 文集
片碣頌(갈송)		慕軒	本貫 浙江
片康烈(강렬)	1892~1929	愛史	獨立運動家 本貫 浙江 父 相薰
片基碩(기석)	朝鮮	連翁	文臣 字 士玉 本貫 浙江 都摠管
片大順(대순)	朝鮮	夢梧	字 文兼 本貫 浙江 進士
片德烈(덕렬)	韓末~?	菊史	獨立運動家 本貫 浙江
片斗生(두생)	朝鮮	遯隱	文臣 字 秀仁 本貫 浙江 察訪
片萬升(만승)	朝鮮	耕山叟	學者 字 士玉 本貫 浙江
片茂景(무경)	1893~1961	德圃	著書 文集
片祉彦(복언)	朝鮮	誠齋	文臣 字 聖化 本貫 浙江 監察
片鳳(봉)	朝鮮	漢東	文臣 字 善弼 本貫 浙江 副護軍
片奉敏(봉민)	朝鮮	靜齋	文臣 字 行益 本貫 浙江 戶曹參議
片山甫(산보)	朝鮮	雲谷	文臣 字 平甫 本貫 浙江 僉使
片相五(상오)	朝鮮	寓巖	文臣 字 敬字 本貫 浙江 宣傳官
片錫壽(석수)	朝鮮	淸軒	學者 字 鍾元 本貫 浙江
片成大(성대)	1605~1673	隱林	義兵將 字 亨福 本貫 浙江 父 豊世 追贈 吏曹參判
片郇堂(순당)	朝鮮	白耕翁 雲松堂	字 肯載 本貫 浙江 父 山甫
片彦九(언구)	朝鮮	石庵	文臣 字 春實 本貫 浙江 義禁府事
片永基(영기)	朝鮮	明史	文臣 字 允明 京畿觀察使
片永標(영표)	朝鮮	素隱	文臣 字 亨之 本貫 浙江
片龍雲(용운)	朝鮮	靑菴	文臣 本貫 浙江 龍驤衛副護軍
片雲子(편운자)	1559~?	雲鴻 雲鶴	僧 字 胤夫 本貫 全義 俗姓 李氏
片雲泰(운태)	朝鮮	經山	文臣 字 永叔 本貫 浙江 持平
片元九(원구)	朝鮮	雲岡	文臣 字 性仁 本貫 浙江 司憲府監察
片仁勇(인용)		隱逸	本貫 浙江
片一龍(일룡)	朝鮮	林泉	文臣 字 京芳 本貫 浙江 司憲府監察
遍照(편조) →辛旽			
片致東(치동)	朝鮮	薇谷	文臣 本貫 浙江 吏曹判書
片豊世(풍세)	朝鮮	覽軒	文臣 字 凱倫 本貫 浙江 父 碣頌 按察使

人名	年代	號	其他
片豊源(퓽원)	朝鮮	東軒	文臣 字 大昌 本貫 浙江 兵曹判書
片漢鼎(한정)	朝鮮	錦齋	文臣 字 和餘 本貫 浙江 司憲府監察
片鎬翊(호익)	朝鮮	慕明齋	字 箕俊 本貫 浙江
片弘基(홍기)	朝鮮	勉齋	字 士裕 本貫 浙江 童蒙敎官
片弘錫(홍석)	朝鮮仁祖	觀水堂	字 文若 本貫 浙江
平信(평신)	1819~1896	禮峰	僧侶 俗姓 李氏 父 尚樂
表敬鶴(경학)	朝鮮	默齋	文臣 字 順允 本貫 新昌 戶曹參議
表繼(계)	朝鮮世宗	寒喧齋	文臣 字 伯宗 本貫 新昌 父 河 縣監
表洸伯(광백)	朝鮮	月庵	文臣 字 元伯 本貫 新昌 副承旨
表光守(광수)	朝鮮宣祖	柏坡堂	字 聖汝 本貫 新昌 奉常寺主簿
表光宇(광우)	朝鮮	虔齋	本貫 新昌 父 齊嵩 著書 虔齋集
表龜錫(구석)	韓末~日帝	翠沼	
表根碩(근석)	朝鮮	龜巖	字 大培 本貫 新昌 祖父 沿沫 參奉
表東植(동식)		儉隱	著書 儉隱集
表東燁(동엽)		九皐	著書 九皐集
表炳樂(병락)	朝鮮	茅下	隱士 字 淸汝 本貫 新昌 父 相旭 著書 茅下集
表炳奭(병석)	朝鮮	竹下	本貫 新昌 父 相旭 著書 竹下集
表贇(빈)	1486~?	茅齋	文人 字 粹然 本貫 新昌 父 貞命 著書 茅齋集
表憑(빙)	?~1524	退憂	文臣 字 敬仲 本貫 新昌 父 沿沫 直提學
表相奎(상규)		東山齋	著書 東山齋集
表奭埈(석준)		春岡	本貫 新昌 著書 春岡集
表沿沫(연말)	1449~1498	藍溪	文臣 字 少游 本貫 新昌 父 繼 同知中樞府事 著書 藍溪文集
表沿末(연말) →表沿沫			
表沿洙(연수)	朝鮮	林泉	字 胤游 本貫 新昌 參判
表沿洙(연수) →表沿沫			
表沿源(연원)	朝鮮	龜溪	字 大游 本貫 新昌 縣監
表延俊(연준)	朝鮮仁祖	守軒	丙子胡亂節臣 本貫 新昌
表沿漢(연한)	朝鮮	平巖	文臣 字 凡游 本貫 新昌 父 繼 成川府使
表永雲(영운)	朝鮮	樂隱亭	文臣 字 隱時 本貫 新昌 敦寧府都正
表堯鶴(요학)	朝鮮	湖巖	文臣 字 可誠 本貫 新昌 中樞院議官
表云(표운)	?~1846	鐵牛	僧侶
表乙忠(을충)	高麗	白隱	文臣 字 君直 本貫 新昌 軍器寺少尹
表應基(응기)		溪隱	著書 溪隱集

1163

人名	年代	號	其他
表日章(일장)	朝鮮	溪梅	文臣 字 道而 本貫 新昌 龍驤衛副護軍
表在周(재주)	朝鮮	耕菴	文臣 字 戌叔 本貫 新昌 同知中樞府事
表廷老(정노)	朝鮮	東隱	文臣 字 君遇 本貫 新昌 同知中樞府事
表齊嵩(제승)	朝鮮	龜巖	文人 字 士重 本貫 新昌 父 正萬 著書 龜巖集
表準(준)	朝鮮	檜軒	字 規夫 本貫 新昌 監察
表駿煥(준환)		剛廬	著書 剛廬集
表沖(충)	朝鮮	忘憂亭	字 而夫 本貫 新昌 參奉
表憲(헌)	朝鮮宣祖	審安堂	文臣 字 叔度 本貫 新昌 父 贇 大護軍
表玄雲(현운)	朝鮮	竹林堂	文臣 字 祥瞻 本貫 新昌 漢城判尹
馮慶文(경문)		含忍堂	字 君深 本貫 臨朐
馮錫驥(석기)	朝鮮	枳庵	字 河瞻 本貫 臨朐
馮世周(세주)	1815~1872	敦庵 風泉	字 士猷 本貫 臨朐 著書 文集
馮世鎬(세호)	朝鮮	竹塢	字 周卿 本貫 臨朐 宣略將軍
馮愿祖(원조)	朝鮮	九華	字 士猷 本貫 臨朐 五衛將
馮應組(응조)	朝鮮	九華	字 仲廷 本貫 臨朐
馮翊漢(익한)	朝鮮	認齋	字 雲擧 本貫 臨朐 將仕郎
馮載儉(재검)	朝鮮	松庵	字 善之 本貫 臨朐 龍驤衛副司果
馮學祖(학조)	朝鮮	東溟	字 伯紹 本貫 臨朐 龍驤衛副司果 著書 文集
皮慶廷(경정)	高麗	青把	武臣 本貫 槐山 封號 槐山君 大將軍
皮洞冊(동책)	朝鮮	夢隱	文臣 字 長原 本貫 槐山 都摠管
皮得昌(득창)	朝鮮	知止	文臣 本貫 槐山 兵曹參判
皮秉樞(병추)	朝鮮憲宗	薇山	文人 字 景七 本貫 洪川
皮宣源(선원)	朝鮮	勿菴	文臣 字 永順 本貫 槐山 左副承旨
皮世萬(세만)	朝鮮	二憂堂	文臣 字 致兆 本貫 槐山 訓練院判官
皮中洛(중락)		梧村	著書 文集
必恒(필항)	1694~?	潛軒	著書 潛軒文集

韓國雅號大辭典

人名	年代	號	其他
河兼洛(겸락)	1825~1904	思軒	武臣, 學者 字 禹碩 本貫 晉州 父 漢祖 外祖 朴基繼 著書 思軒集
河謙鎭(겸진)	1870~1946	晦齋 晦峯	學者 字 叔亨 本貫 晉陽 父 載翼 郭鍾錫 門人
河經洛(경락)	1876~1947	濟南	學者 字 聖權 本貫 晉州 父 漢澈 外祖 權極樞 著書 濟南集
河敬復(경복)	1377~1438	蒙恩	本貫 晉州 著書 文集
河景洙(경수)		遯齋	著書 遯齋集
河景賢(경현)	1779~1833	顧齋	學者 字 儒仲 本貫 晉州 父 而泰 外祖 朴世炫 著書 顧齋集
河鏡輝(경휘)		梅軒	著書 文集
河敬姬(경희)	朝鮮	煙波	委巷人 字 周叔 本貫 晉州
河啓龍(계룡)	1851~1932	丹坡	著書 文集
河啓義(계희)	?~1864	草窩	字 聖瞻 本貫 晉州 父 得漢
河公獻(공헌)	1554~1592	新塘	著書 文集
河光淳(광순)		晴峯	著書 晴峯先生文集
河圭一(규일)	1867~1937	琴下	國樂師 字 聖韶 本貫 晉州 鎭安郡守 著書 歌人必携
河兢鎬(긍호)		篁溪	著書 文集
河琪鉉(기현)	朝鮮	春溪	本貫 晉陽 著書 文集
河蘭秀(난수)		芝齋	本貫 晉州
河南顥(남호)		六逸	著書 文集
河達永(달영)	1611~1664	具遁堂	字 混源 本貫 晉陽 父 悏 外祖 鄭承勳 著書 具遁堂遺集
河達盈(달영)	朝鮮英祖	黙齋	本貫 晉陽
河達漢(달한)		龍岡	著書 文集
河達弘(달홍)	1809~1877	月村	學者 字 允汝 本貫 晉陽 父 錫興 外祖 姜周祜 著書 月村集
河淡(담)	朝鮮末	逍遙堂	隱士 字 應千 本貫 晉州
河大觀(대관)	1698~1776	愧全窩	學者 字 寬夫 本貫 晉陽 父 德長 外祖 金世重 著書 愧全窩遺稿
河大明(대명)	1691~1761	寒溪	學者 字 晉叔 本貫 晉州 父 德望 外祖 盧漢輔 著書 寒溪文集
河大淵(대연)	1689~?	恥翁	文臣 字 淵淵 本貫 晉州 父 應洛 外祖 趙纁 雲山郡守 著書 恥翁遺稿
河德望(덕망)	1664~1743	養正齋	學者 字 瞻卿 本貫 晉州 父 澈 外祖 朴紳 著書 養正齋文集
夏東奎(동규)	朝鮮高宗	琴隱	學者 本貫 達城 著書 琴隱集
夏東箕(동기)	朝鮮高宗	悟齋	學者 本貫 達城 著書 悟齋集

人名	年代	號	其他
夏東萬(동만)	朝鮮高宗	西坡	本貫 達城
河頭澈(두철)	1899~?	宜淡	字 學汝 本貫 晉陽 父 成洛
河洛(락)	1530~1592	喚醒齋	學者 字 道源 本貫 晉州 曹植 門人 王子師傅 著書 喚醒齋集
河洛(락)		溪洲	著書 溪洲先生遺事
河洛範(락범)		鶴皐	著書 鶴皐遺稿
河崙(륜)	1347~1416	浩亭	文臣 字 大臨 本貫 晉州 父 允麟 封號 晉山府院君 領議政 諡號 文忠 著書 浩亭集
河琨(림)	朝鮮正祖	湛樂堂	
河萬里(만리)	1597~1671	養眞堂	詩人 字 子長 本貫 晉州 父 克潤
河孟寶(맹보)	1531~1573	愚溪	文臣 字 大哉 本貫 晉州 父 活
河命龜(명구)		稼隱	字 洛瑞 本貫 晉州
河百泳(백영)		泥隱	著書 文集
河百源(백원)	1781~1845	圭南	學者, 文臣 字 穉行 本貫 晉州 父 鎭星 外祖 高撝謙 司憲府持平 著書 圭南集
河範運(범운)	1792~1858	竹塢	學者 字 熙汝 本貫 晉州 父 鈒 外祖 崔光奎 著書 竹塢文集
河秉一(병일)		煙艇齋	著書 煙艇齋集
夏秉衡(병형)		草堂	
河復浩(복호)	1726~1805	丹砂	著書 丹砂集
河鳳壽(봉수)	1867~1939	栢村	學者 字 采五 本貫 晉陽 父 達圭 外祖 鄭洞燦 著書 栢村文集
河鳳運(봉운)		竹軒	著書 竹軒遺稿〈石溪遺稿〉
河象琪(상기)	1849~1902	南浩	著書 南浩集
夏錫圭(석규)	朝鮮純祖	錦涯	學者 本貫 達城 著書 錦涯遺稿
河錫義(석의)	→河石義		
河錫洪(석홍)	1786~1874	愼庵	文臣, 學者 字 聖則 本貫 晉陽 父 啓海 外祖 車載泰 司憲府持平 著書 愼庵遺稿
河錫義(석희)	1809~1859	庸岡	著書 庸岡文集
河璿(선)	1583~?	松臺	學者 字 士潤 本貫 晉州 父 鏡輝 祖父 洛 著書 松臺文集
河惺(성)	1571~1640	竹軒	學者 字 子敬 本貫 晉陽 父 魏寶 外祖 李倫 著書 竹軒文集
河性在(성재)	1900~1970	臨堂	字 敬初 本貫 晉州 父 鍾洛 著書 臨堂集
河星海(성해)	1717~1780	桃原	字 通甫 本貫 晉州 父 重圖 著書 桃原文集
河世應(세응)	1671~1727	知命居士	文人 字 應瑞 本貫 晉陽 父 楺有
河世熙(세희)	1647~1686	石溪	學者 字 皥如 本貫 晉州 父 憶 外祖 盧腌 著書 石溪遺稿

人名	年代	號	其他
河受一(수일)	1553~1612	松亭	文臣 字 太易,大易 本貫 晉州 父 沔 曺植 門人 縣監 著書 松亭文集
河叔山(숙산)	朝鮮	酒隱	字 安仁 本貫 晉州 正言
河恂鳳(순봉)		海醒	
夏時贊(시찬)	1750~1828	悅庵	學者, 詩人 字 景襄 本貫 大邱 父 文微 宋煥箕,李宜朝 門人 著書 悅庵集
河彦浩(언호)	朝鮮	昌溪	字 烘佑 本貫 晉州 義兵將
河演(연)	1376~1453	敬齋 警齋 新稀翁	文臣 字 淵亮 本貫 晉州 父 自宗 鄭夢周 門人 領議政 諡號 文孝 編書 晉州聯藁
河蓮弘(연홍)		日村	本貫 晉州 著書 日村集
河泳圭(영규)		士溪	著書 士溪遺稿 〈石溪遺稿〉
河永箕(영기)		梅堂	著書 梅堂集
河榮秀(영수)		清菴	本貫 晉州
河泳珍(영진)		覺齋	著書 各齋集
河永清(영청)		屏巖	著書 屏巖遺稿
河泳台(영태)		寬寮	著書 文集
河龍奎(용규)	朝鮮	杜谷	學者 字 在見
河龍圖(용도)	朝鮮	疎夫	本貫 晉陽
河龍濟(용제)		約軒	著書 文集
河㝢(우)		潛齋	著書 文集
河友明(우명)	1413~1493	蓮塘	學者, 文臣 本貫 晉州 父 演 知事
河友朋(우붕) →河友明			
河禹善(우선)	1894~1975	澹軒	學者 字 子導 本貫 晉陽 父 載圖 外祖 金會卿 著書 澹軒集
河祐植(우식)	1875~1943	澹山	學者 字 聖洛 本貫 晉陽 父 啓龍 外祖 鄭尚圭 著書 澹山集
河友賢(우현)	1768~1799	豫菴	學者 字 康仲 本貫 晉陽 父 慶泰 外祖 許瀁 著書 豫菴文集
河雲龍(운용)		泣楸軒	字 景瑞 本貫 晉州
河元淳(원순)	1858~1924	晴峰	著書 晴峰集
河遠弘(원홍) →河達弘			
河衛國(위국)	朝鮮	四養齋	字 美夫 本貫 晉州 副護軍
河緯地(위지)	1387~1456	丹溪 延風 臥隱堂 赤村	文臣 字 天章,仲章 本貫 晉州 父 澹 禮曹判書 諡號 忠烈
河潤(윤)	1452~1500	雲水堂 雲水	文臣 字 晬夫 本貫 晉州 父 繼支 金之慶 門人 順川郡守 著書 雲水堂實記
河潤(윤)	朝鮮	乙檀	本貫 晉州 持平

人名	年代	號	其他
河潤九(윤구)	1570~1646	錦沙	學者, 文臣 字 汝次 本貫 晉陽 父 大豹 栗峰察訪 著書 錦沙遺集
河允源(윤원)	1322~?	苦軒	字 湛之 本貫 晉州 父 楫
河允元(윤원) →河允源			
河潤采(윤채)		五吾堂	著書 五吾堂集
荷隱(하은) →例珂			
河應圖(응도)	1540~1609	寧無成齋 松亭	文臣 字 元龍 本貫 晉州 曺植 門人 綾城縣令 著書 寧無成齋逸稿
河應魯(응로)	1848~1900	尼谷 尼谷居士	學者 字 學夫 本貫 晉州 父 相灝 外祖 李元黙 著書 尼谷集
河應臨(응림)	1536~1567	菁川	文章家, 文臣 字 大而 本貫 晉州 父 永水 系 億水 禮曹正郎
河應命(응명)	1699~1769	癡窩	詩人 字 聖休 本貫 晉州 父 潤寬 外祖 李仁濟 著書 癡窩集
河應運(응운)	1676~1736	習靜齋	學者 字 汝登 本貫 晉州 父 潤宰 外祖 尹世揆 著書 習靜齋文集
河益範(익범)	1767~1815	士農窩	學者 敍仲 本貫 晉州 父 鎭台 外祖 姜幹 著書 士農窩文集
河仁尚(인상)	朝鮮光海君	慕松齋	字 任甫 本貫 晉州 父 恒 著書 文集
河仁壽(인수)	1830~1904	梨谷	學者 字 千之 本貫 晉州 父 達弘 外祖 尹宅龜 著書 梨谷集
河一浩(일호)		竹窩	著書 竹窩集
河自宗(자종)	1350~1433	木翁	文臣 字 汝長 本貫 晉州 父 允源 兵部尚書
河載坤(재곤)	1728~1773	山齋	學者 字 善微 本貫 晉州 父 潤九 外祖 韓重泰 著書 山齋遺稿
河在九(재구)	?~1911	渭叟 渭農	學者 字 致伯 本貫 晉陽 父 錫文 外祖 鄭孝孟 著書 渭叟集
河載文(재문)	1830~1894	東寮	著書 文集
河在一(재일)	朝鮮末	渭樵	本貫 晉陽
河再淨(재정)	朝鮮宣祖	永慕齋	學者 字 應會 本貫 晉州
河在天(재천)		蕉下	著書 文集
河在昊(재호)		春江	著書 文集
河珽(정)	朝鮮	竹雪軒	字 士輝 本貫 河東 府使
河瀞(정)		掛壺	著書 掛壺集
河呈道(정도)	朝鮮	瑞岳	學者 字 景瑞 本貫 晉州
河廷容(정용)		秋槎	著書 文集
夏正益(정익)	朝鮮正祖	追慕齋	文臣 本貫 達城 童蒙教官
夏正華(정화)		拙叟	本貫 達成 父 丁弼

人名	年代	號	其他
河悌明(제명)	朝鮮	誠齋	字 德生 本貫 晉州 禮曹佐郎
河濟勳(제훈)	1872~1906	竹栖	文人 字 君弼 本貫 晉州 父 一燦 外祖 裵尚栢 著書 竹栖遺稿
河鍾洛(종락)	1895~1969	小溪	著書 小溪遺稿
河宗海(종해)		遯溪	著書 遯溪集
河濬(준) →河璿			
河仲龍(중룡)	朝鮮	南隱	字 叔見 本貫 晉州 按廉使
河楫(즙)	1303~1380	松軒	文臣 字 得濟 本貫 晉州 父 直猗 贊成事 諡號 元正 著書 文集
河楫(즙)		元正	本貫 晉州
河之明(지명)		石蕉	著書 文集
河智鎬(지호)	1857~1898	明窩	學者 字 兼夫 本貫 晉州 父 載衍 系 載崑 外祖 權秉麟 著書 明窩遺稿
河溍(진)	1597~1658	台溪 苔溪 雪庭	文臣 字 晉伯 本貫 晉州 父 公孝 執義 著書 台溪集
河璃(진)	朝鮮	竹雪軒	字 士輝 本貫 晉州 府使
河晋(진) →河溍			
河鎭洛(진락)		謙窩	著書 謙窩集
河鎭達(진달)		櫟軒	著書 櫟軒集
河鎭伯(진백)	1741~1807	菊潭	學者 字 子樞 本貫 晉州 父 一浩 外祖 趙昌運 著書 菊潭文集
河晉寶(진보)	1530~1585	永慕亭	文臣 字 善哉 德哉 本貫 晉州 父 淑 曺植 門人 金海府使
河鎭兌(진태)	1737~1800	杏亭	學者 字 贊彦 本貫 晉陽 父 齋岳 外祖 申殷相 著書 杏亭文集
河晉賢(진현)	1776~1846	容窩	學者 字 師中 本貫 晉州 父 以泰 外祖 朴世炫 著書 容窩集
河溴(집)		蒙思	
河憕(징)	1563~1624	滄洲	學者 字 子平 本貫 晉州 父 魏寶 系 國寶 外祖 李綸 著書 滄洲文集
河憕(징) →河澄			
河徵道(징도)	朝鮮	四養齋 睡傭	文臣 字 文端 本貫 晉州
河天端(천단)		望楸軒	本貫 晉州
河天樹(천수) →河天澍			
河天澍(천주)	1540~?	新溪	學者 字 解叔 本貫 晉州
河天澍(천주)		台溪 苔溪	本貫 晉州
河澈(철)	1635~1704	雪牕	學者 字 伯應 本貫 晉陽 父 弘達 外祖 柳壽昌 著書 雪牕文集

人名	年代	號	其他
河哲石(철석)		鶴巖	本貫 晉陽
河冲(충)	朝鮮成宗	遯齋	字 冲甫 本貫 晉州
河致潤(치윤)		鶴皐	著書 鶴皐遺稿
河必灣(필만)		臺窩	著書 臺窩集
河必情(필정) →河必清			
河必清(필청)	1701~1758	台窩	文臣 字 千期 本貫 晉陽 父 世應 外祖 鄭梓 察訪 著書 台窩遺稿
河漢明(한명)		慕賢齋	字 汝耿 本貫 晉州 祖父 在淨
河沆(항)	?~1550	覺齋 復來齋	學者 字 浩源 灝源 本貫 晉州 父 麟瑞 曺植 門人 參奉 著書 覺齋文集
河恒(항)		松岡	著書 文集
河杭(항) →河沆			
河海寬(해관)	1634~1686	一軒 廣濟山人 台隱	學者 字 漢卿 本貫 晉州 父 溍 外祖 鄭霖龍 著書 一軒遺稿
河憲鎮(헌진)	1860~1921	克齋	著書 克齋先生文集
河灦(현)	1643~1689	晚香堂	字 汝海 本貫 綾城 父 達永 著書 晚香堂集〈具邇堂遺集〉
河顯道(현도)	朝鮮	芼亭	學者 字 輝瑞 本貫 晉州
河悏(협)	1583~1625	丹池	學者 著書 丹池文集
河亨道(형도)	朝鮮	醉隱	孝子 字 明瑞 本貫 晉州
河渾(혼)	朝鮮宣祖	暮軒 慕軒 夢軒	文臣 字 性源 本貫 晉州 著書 暮軒集
河弘達(홍달)	1603~1651	樂窩	學者 字 致遠 本貫 晉州 父 光國 外祖 李光友 承政院左承旨 著書 樂窩遺稿
河弘度(홍도)	1593~1666	謙齋	學者 字 重遠 本貫 晉州 父 光國 著書 謙齋集
河活(활)	朝鮮	陽庵	本貫 晉陽
河恢(회) →河悏			
河孝文(효문)	朝鮮世宗	安齋	本貫 晉州 父 自清
學訥(학늘)	1888~1966	曉峰	僧侶 本貫 遂安 名 燦亨 俗姓 李氏 父 炳億
學璘(학린)	1575~1651	翠雲	僧侶 本貫 江華 俗姓 孫氏 父 義連
學夢(학몽)	1890~1969	雪峰	僧侶 俗姓 張氏
學密(학밀)	1877~1936	晴湖	僧侶 俗姓 羅氏 父 允天
學性(학성)	1829~1886	應菴	僧侶 本貫 安東 俗姓 金氏
學祖(학조)	朝鮮世祖	燈谷 黃岳山人	僧侶 本貫 安東 俗姓 金氏 父 係權
韓氏(씨)		根翠閣	著書 文集
韓氏(씨)		影響堂	
韓謩朝(건조)	朝鮮肅宗	懶軒 竹軒	字 正甫 本貫 清州

人名	年代	號	其他
韓景琦(경기)	1472~1529	香雪堂 東皐	文臣 字 稚圭 本貫 清州 父 永建 祖父 明澮 敦寧府正 著書 香雪堂詩集
韓敬履(경리)	1766~1827	基谷 是憂齋	學者 字 景和 本貫 清州 父 道奕 外祖 張晩貞 著書 基谷雜記
韓敬素(경소)	1754~1817	蒼淵	學者 字 晃之 本貫 清州 著書 蒼淵集
韓敬養(경양)	朝鮮	三過堂	字 士涌 本貫 清州
韓儆吾(경오)	朝鮮	傭齋	
韓慶元(경원)	1771~1829	黙齋	學者 著書 父 柱世 黙齋遺稿
韓敬源(경원)	1817~?	柳坡	文臣 字 公授 本貫 清州 父 鎭㝢 祖父 致永 外祖 李寅會 大司憲
韓景儀(경의)	1739~1821	䓘墅	學者 字 伯愫 本貫 清州 父 震愈 趙有善 門人 追贈 童蒙教官 著書 䓘墅集
韓景祚(경조)		柳溪	本貫 清州
韓敬重(경중)	朝鮮後期	惺堂	
韓慶澤(경택)	朝鮮	舍眞齋	委巷人 字 德裕 本貫 清州
韓慶彌(경필) →韓夢彌			
韓桂錫(계석)	1888~1939	洛村	義兵 本貫 清州 父 明校
韓繼純(계순)	1431~1486	粹翁	文臣 本貫 清州 父 惠 祖父 尙敬 外祖 成達生 封號 清平君 崇政大夫 諡號 襄平
韓繼舜(계순)		市隱	本貫 清州
韓啓源(계원)	1814~1882	柳下 草隱	文臣 字 公祐 本貫 清州 父 鎭庥 祖父 致九 判中樞府事
韓啓增(계증)	朝鮮英祖	風溪	文臣 字 季順季牖 本貫 清州
韓啓震(계진)	1689~?	明齋 黙修齋	字 季明 本貫 清州 父 有箕 系 宗箕 著書 文集
韓悃(곤)		松齋	本貫 清州
韓公衍(공연)		覺星	本貫 清州 父 渥
韓公翰(공한)	1802~1868	百千齋	學者 字 季應 本貫 谷山 父 文健 外祖 崔柱票 諡號 文簡 著書 百千齋集
韓公赫(공혁)	朝鮮	野隱	孝子 字 光允 本貫 谷山
韓光近(광근)	朝鮮英祖	愚坡	文臣 字 季明 本貫 清州 父 師說
韓光汲(광급)	朝鮮	南谷	委巷人 字 景長 本貫 清州
韓光祐(광우) →韓景儀의 初名			
韓光瑋(광위)	朝鮮哲宗	桐庵	本貫 清州 父 師億
韓光肇(광조)	1715~1768	南厓 南庭	文臣 字 子始 本貫 清州 父 師得 系 師一 追贈 吏曹判書 諡號 忠貞
韓光鎭(광진)	高麗	琴溪處士	文臣 字 顯之 本貫 漢陽
韓光會(광회)	1715~?	愚軒	字 文叔 本貫 清州 父 師德

人名	年代	號	其他
韓㪟(교)	1217~1241	海默齋 晦默齋	文臣 字 明甫 本貫 錦山 封號 錦溪君 寶文閣直提學 諡號 文忠
韓嶠(교)	1556~1627	東潭	學者 字 士仰, 子仰 本貫 清州 父 秀雲 封號 西原君 參判 著書 東潭集
韓喬(교)		稼軒	著書 文集
韓敎仁(교인)	朝鮮	樵隱	本貫 清州 父 慶元
韓構(구)	1636~1715	安素堂	文臣 字 肯世 本貫 清州 父 豈 嘉善大夫
韓國觀(국관)	朝鮮	弦窩	字 光甫 本貫 谷山 進士
韓卷(권)	1386~1448	儒仙	文臣 字 可舒 本貫 谷山 父 雍 平安道按撫使 諡號 文節 著書 儒仙先生文集
韓港(권) →韓卷			
韓圭錫(규석)	1878~1935	國峯	著書 國峯遺稿
韓圭卨(규설)	1848~1932	江石	武臣, 愛國志士 字 舜祐 本貫 清州 父 承烈 宮內部特進官
韓圭稷(규직)	1845~1884	基玉 茶玉	武臣 字 舜佐 本貫 清州 父 承烈 知義禁府事 諡號 忠肅
韓圭恒(규항)	1877~1952	性菴	著書 性菴遺稿
韓克謙(극겸)	1589~?	柳隱	文臣 字 子益 本貫 清州 父 孝純 正郎
韓克述(극술)		蘇湖	文臣 字 光甫 本貫 清州 父 瑞 佐郎
韓克昌(극창)	1600~1650	鰲洲	文臣 字 裕伯 本貫 清州 父 瑞 系 瑋 察訪 著書 鰲洲遺集 〈西原世稿〉
韓琦(기)	朝鮮宣祖	蓬谷	文臣 字 仲溫 本貫 清州 父 永年 府使
韓紀百(기백)	1636~?	松石	字 大年 本貫 清州 父 廓
韓箕錫(기석)		柳塢	著書 柳塢集
韓基嶽(기악)	1897~1941	月峰	言論人 字 明五
韓基昱(기욱)	1867~1922	湖亭	大倧敎人 字 景化 本貫 清州
韓起翊(기익)	1846~1920	謙齋	著書 謙齋集
韓起章(기장)		晚隱	本貫 清州
韓樂炫(낙현)	朝鮮	僻山	醫官 字 炅燦 本貫 谷山
韓南敎(남교)	1862~1925	晚松	字 希寬 本貫 清州 父 慶履 著書 晚松先生文集
韓大器(대기)	?~1611	孤松	學者 字 仲容 本貫 清州 著書 孤松遺集
韓大胤(대윤)	朝鮮中期	碧溪	字 彥胄
韓大臨(대림)		月川	本貫 清州
韓大噐(대악) →韓大器			
韓德及(덕급)		月谷	本貫 清州 父 應寅
韓德鍊(덕련)	1881~1956	竦溪	學者 字 正中 本貫 清州 父 岑範 外祖 金壽位 著書 竦溪集

人名	年代	號	其他
韓德師(덕사)	朝鮮末	石隱 棄翁	學者 字 揆子 本貫 淸州 父 字揆 著書 石隱遺稿
韓德遠(덕원)	1550~1630	江巖	文臣 字 毅伯 本貫 淸州 父 恫 義州府尹
韓德全(덕전)	1685~?	悔窩	文臣 字 潤夫 本貫 谷山 父 以原 承旨
韓德全(덕전)	朝鮮肅宗	疎齋	字 仁夫 本貫 谷山
韓德弼(덕필)	朝鮮	春歸堂	本貫 淸州 父 祉
韓德厚(덕후)	朝鮮	止知堂	文臣 字 載仲 本貫 谷山 府尹
韓德欽(덕흠)	朝鮮英祖	百拙齋	本貫 淸州 父 塾
韓東奎(동규)	韓末	晦翁	字 華汝
韓東旭(동욱)	朝鮮	雨春	字 舜佐 本貫 谷山
韓東郁(동욱)		无憫	本貫 淸州 祖父 福來
韓東愈(동유)	1885~1960	萬軒 葛軒	著書 萬軒文集
韓斗山(두산) →韓山斗			
韓晚植(만식)	朝鮮	近翠閣	本貫 淸州 父 在濂 祖父 錫祜
韓晚容(만용)	韓末~日帝	幾堂	委巷人
韓晚裕(만유)	1776~1812	誠菴	學者, 文臣 字 汝成 本貫 淸州 父 光會 著書 誠菴遺稿
韓邁權(매권) →韓益相의 初名			
韓鳴(명)		東潭	本貫 淸州
韓命根(명근)	朝鮮肅宗	保晚堂	本貫 淸州 父 景愈
韓明履(명리)	朝鮮	研泉	學者 本貫 淸州
韓明相(명상)	1651~1708	保晚堂	文臣 字 君燮 本貫 淸州 父 景愈 府尹
韓明勗(명욱)	1567~1652	栗村 栗軒	文臣 字 勗哉 本貫 淸州 父 述 知敦寧府事
韓鳴愈(명유)		鴻雲亭	本貫 淸州
韓命濟(명제)		聽流堂	本貫 淸州 著書 文集
韓命舟(명주)		六有齋	本貫 淸州 父 宗朝
韓明浩(명호)		明湖	著書 明湖先生文集
韓明澮(명회)	1415~1487	鴨鷗亭 四友堂	文臣 字 子濬 本貫 淸州 父 起 祖父 尙質 封號 上黨府院君 領議政
韓命興(명흥)	1712~?	川觀齋	字 台叟 本貫 淸州 父 宗朝
韓夢麟(몽린)	1684~1762	鳳巖	學者 字 泰瑞 本貫 淸州 父 世赫 系 世襄 追贈 吏曹參議 著書 鳳巖集
韓夢參(몽삼)	1589~1662	釣隱 適巖 適巖隱人	學者 字 子變 本貫 淸州 父 誠 外祖 許鑄 朴濟仁, 鄭逑, 張顯光 門人 追贈 司憲府執義 著書 釣隱集
韓夢寅(몽인) →韓夢參의 初名			
韓夢逸(몽일)	1577~1645	鳳岳	文臣 字 子眞 本貫 淸州 祖父 汝哲

人名	年代	號	其他
韓夢弼(몽필)	1699~1728	楡軒 咸昌	文臣, 學者 字 代言 本貫 清州 父 世赫 外祖 蔡挺漢 通政大夫 著書 楡軒遺稿
韓茂(무)	高麗	恕齋	文臣 本貫 清州 藝文館大提學
韓無畏(무외)	1517~1610	得陽子 靷玄眞人	道士 著書 海東傳道錄
韓文健(문건)	1765~1850	石山	學者 字 天若 本貫 谷山 父 益中 外祖 柳河鎭 著書 石山文集
韓文教(문교)		蓮坡	本貫 清州
韓配夏(배하)	1650~1722	芝谷	文臣 字 夏卿 本貫 清州 父 聖翼 系 聖輔 祖父 應寅 工曹判書
韓百謙(백겸)	1552~1615	久菴 箕田	學者, 文臣 字 鳴吉, 明吉 本貫 清州 父 孝胤 閔純 門人 坡州牧使 著書 久菴文集
韓伯箕(백기)	朝鮮	復川	文臣 字 嚮五 本貫 清州 父 如斗 縣令
韓伯倫(백륜)	1427~1475	毅菴	文臣 字 子厚 本貫 清州 父 昌 封號 清川府院君 右議政 諡號 襄惠
韓百鳳(백봉)	1881~1950	松軒	獨立運動家 字 聖儀 本貫 清州
韓伯愈(백유)	1676~1742	鰲川	學者 字 退汝 本貫 清州 父 璿 外祖 崔瑞璧 著書 鰲川遺稿
韓伯兪(백유) →韓伯愈			
韓伯厚(백후)	1538~1593	節齋	字 德載 本貫 清州 父 崇健
韓秉璉(병연)		新塢	著書 新塢詩集
韓秉元(병원)		寒泉	本貫 清州
韓丙鎬(병호)		柳菴	著書 柳菴先生文集
韓復(복)	朝鮮太宗	懶齋	文臣 本姓名 拜住 封號 大匡西原君 進賢館大提學
韓福來(복래)		南岡	本貫 清州
韓復良(복량)	朝鮮	西邨	委巷人 字 來伯 本貫 清州
韓復汶(복문)	朝鮮	知足堂	本貫 清州 父 大震
韓複胤(복윤)	1574~1660	睡庵	文臣 字 元吉 本貫 西原 父 顥 外祖 鄭叔 金吾郎 著書 睡庵遺稿
韓復胤(복윤)		斗亭	本貫 清州
韓復胤(복윤) →韓複胤			
韓復一(복일)	朝鮮孝宗	稼穡堂	本貫 清州 父 致謙 郡守
韓鳳根(봉근)	1896~1927	錦山	獨立運動家
韓鳳洙(봉수)	1884~1972	清巖	義兵將 本貫 清州 父 進榮
韓鳳彦(봉언)		野逸壽	
韓奉琓(봉완) →韓龍雲의 初名			
韓賦(부)		龍沙	著書 龍沙集

人名	年代	號	其他
韓傅霖(부림) →咸傅霖			
韓士英(사영)	朝鮮	不搋齋	字 君彦 本貫 清州 父 峻
韓師直(사직)	朝鮮英祖	巢谷	本貫 清州 父 用軾 系 用蜀
韓嗣曾(사증)	朝鮮	松隱	文臣 字 奇甫 本貫 谷山 忠純衛
韓思喆(사철)	1722~1796	誠庵	學者 字 誠之 本貫 定平 父 緖 著書 朱書要義
韓山斗(산두)	1556~1627	秋月堂	學者, 義兵 字 士瞻 本貫 清州 著書 秋月堂文集
韓尚敬(상경)	1360~1420	信齋	文臣 字 叔敬, 敬仲 本貫 清州 父 脩 外祖 權適 領議政 謚號 文簡
韓尚箕(상기)	朝鮮正祖	晩喜堂	文臣 字 尚伯 本貫 清州
韓相琦(상기)		樂命齋	著書 樂命齋集
韓尚敏(상민) →韓尚敬			
韓相五(상오)	朝鮮	菊史	文臣 字 良汝 本貫 谷山 主事
韓相直(상직)	朝鮮	西溪	本貫 清州
韓相晉(상진)	朝鮮	石岡	字 慶贊 本貫 谷山
韓尚質(상질)	?~1400	竹所	文臣 字 仲質 本貫 清州 父 脩 藝文春秋館太學士 謚號 文烈
韓序教(서교)	朝鮮末	順事齋 順齋	學者 著書 順事齋集
韓碩(석) →韓縝			
韓石謙(석겸) →韓百謙			
韓錫應(석응)	朝鮮	芝叟	文臣 字 應五 本貫 谷山 都正
韓錫朝(석조)		市隱	本貫 清州
韓石地(석지)	1709~1791	芸菴 湖山子	文人 著書 明善錄
韓錫瓚(석찬)	1823~1884	敬止庵	著書 敬止庵集
韓碩弼(석필)	1672~1732	釣巖	學者 字 碩甫 本貫 清州 父 若 外祖 白惟淸 著書 釣巖文集
韓錫祜(석호)	1750~1808	蕙畹	字 惠仲 本貫 清州 父 大勳 著書 文集
韓石煥(석환)		釣巖	著書 釣巖先生文集
韓碩興(석흥)	1638~1700	舍光	文臣 字 大哉 本貫 清州
韓善一(선일)	朝鮮	柳陰	學者 本貫 清州
韓善會(선회)	朝鮮後期	塘雲	
翰醒(한성)	1801~1876	枕溟	僧侶 本貫 慶州 俗姓 金氏 父 以赫
韓星履(성리)	朝鮮高宗	少雲 可軒 竹傖	學者 著書 少雲未完稿
韓聖輔(성보)	1818~1879	理隱亭	字 汝碩 本貫 清州 父 壽遠 祖父 德及
韓聖運(성운)	朝鮮成宗	立軒	著書 立軒文集
韓性源(성원)	朝鮮明宗	玄山	字 明叔 本貫 清州 父 常 著書 文集

人名	年代	號	其他
韓省維(성유)		石溪	字 君三 本貫 淸州
韓世琦(세기)	1653~1723	草堂	學者 字 稚奎 本貫 淸州
韓世良(세량)	朝鮮肅宗	拙軒	字 相五 本貫 淸州 父 翊昌
韓世襄(세양)	1656~1725	恥菴	崔塤 門人 著書 恥菴韓世襄事實
韓世讓(세양) →韓世襄			
韓世鎭(세진)	朝鮮末	東悍	開化派人物
韓脩(수)	1333~1384	柳巷 柳菴	名筆, 文臣 字 孟雲 本貫 淸州 父 公義 祖父 渥 封號 上黨君 改封 淸城君 判厚德府事 諡號 文敬 著書 柳巷詩集
韓脩(수)	1514~1588	石峰	學者, 文臣 字 永叔 本貫 淸州 父 世倫 祖父 僩 李滉 門人 僉知中樞府事 著書 詩文集
韓淑(숙)	1494~1560	澗松堂 簡易堂	文臣 字 子純 本貫 唐津 父 謹 漢城府左尹
韓塾(숙)	朝鮮肅宗	松月堂	本貫 淸州 父 五奎 郡守
韓俶(숙) →韓淑			
韓舜繼(순계)	朝鮮宣祖	市隱	學者 字 仁叔 本貫 交河 父 萬齡 徐敬德 門人 追贈 持平 著書 市隱集
韓順會(순회)	1885~1964	霽菴	獨立運動家 本貫 淸州
韓述(술)	1541~1616	陶谷	文臣 字 子善 父 淸州 父 智源 同知中樞府事
韓述(술)		樂道堂	本貫 淸州 父 興紹
韓承利(승리)	朝鮮光海君	遯菴	本貫 淸州 父 士武
韓承貞(승정)	1478~1534	歸歟亭	字 成之 本貫 淸州 父 士武
韓時覺(시각)	1621~?	雪灘	畵家 字 子裕 本貫 淸州 父 善國 圖畵署敎授
韓時雄(시웅) →韓時裕			
韓時裕(시유)	1781~1856	柳川	學者 字 中執 本貫 淸州 父 昌大 著書 柳川集
韓是愈(시유)	朝鮮	忍齋	字 起伯 本貫 谷山 進士
韓時赫(시혁)	朝鮮後期	容齋	本貫 淸州 編書 西原家稿
韓烒(식)	1723~1805	養正齋 龍沙	學者 字 聖彬 本貫 淸州 父 相琦 外祖 李百華 著書 禮說要錄
韓軾東(식동)	1868~1941	柳汀	著書 文集
韓藎國(신국)	朝鮮	醉白堂	委巷人 字 士彦 本貫 密陽
韓渥(악)	高麗忠肅王	誠齋	文臣 字 子布 本貫 淸州 父 謝奇 封號 上黨府院君 右政丞 諡號 恩肅
韓良履(양리)	1883~1946	石樵	義兵 字 汝敬
韓彦粹(언수)	朝鮮	淸史	文臣 字 白溫 本貫 谷山 追贈 參議
韓彦沈(언침)	1551~?	城隱 誠隱	文臣 字 仲孚 本貫 淸州 父 濼 祖父 亨信 尚衣院正
韓如琦(여기)	朝鮮	精一齋	字 伯圭 本貫 淸州 父 必震

人名	年代	號	其他
韓汝斗(여두)	1677~1754	睡軒	著書 睡軒韓汝斗事實
韓如斗(여두)	朝鮮顯宗	獨醒齋	本貫 清州 父 必厚
韓汝穆(여목) →韓汝稷			
韓如玉(여옥)	朝鮮	白癡 蒼愚	學者 字 子剛 本貫 清州
韓汝元(여원)		逸坪	本貫 清州
韓汝愈(여유)	1642~1709	遯翁	學者 字 尚甫 本貫 谷山 父 俊亨 宋時烈 門人 追贈 持平 著書 遯翁集
韓如益(여익)		白灘翁	字 相夏 本貫 清州
韓汝溭(여직)	1575~1638	十洲	文臣 字 仲安 本貫 清州 父 準 追贈 右議政
韓汝哲(여철)	朝鮮明宗	睡菴	字 仲明 本貫 清州 父 承利
韓如平(여평)	朝鮮	獨醒翁	字 子仰 本貫 清州
韓汝海(여해)	朝鮮仁祖	晦軒	學者 字 浩浩 本貫 清州 父 必厚 僉知中樞府事
韓曄(엽)	朝鮮孝宗	鳳頭菴 鳳頭菴處士	本貫 清州
韓栐(영)	朝鮮英祖	修山	本貫 清州 父 聖翊
韓永逵(영규)		菊圃	本貫 清州
韓永箕(영기)	朝鮮英祖	橡村	學者 字 永叔 本貫 清州 父 如愚
韓寧瑞(영서)		披海軒	本貫 清州
韓永元(영원)	1854~?	灘堂	本貫 清州 父 益鏞 著書 灘堂晩考
韓泳柱(영주)		慕軒	本貫 清州
韓永泰(영태)		三怡堂	本貫 清州
韓永翰(영한)		一峯	著書 一峯先生文集
韓永禧(영희)		遇齋	字 希仲 本貫 清州 著書 龍紋圖
韓雍(옹)	1352~1425	靜浦	文臣 字 百熙 本貫 谷山 父 邦佐 祖父 瑢 諡號 平節
韓用幹(용간)	1783~1829	眞齋 水木清華館	畫家 字 衛卿 本貫 清州 父 公裕 正言
韓用龜(용구)	1747~1828	晩悟	文臣 字 季亨 本貫 清州 初名 用九 父 後裕 領中樞府事 諡號 翼貞 著書 晩悟隨錄
韓用九(용구) →韓用龜의 初名			
韓用國(용국)	韓末	莘隱	
韓容德(용덕)	朝鮮後期	雲南	
韓容麟(용린)	1878~1940	後齋	著書 文集
韓容肅(용숙)	1846~1927	白雲	著書 白雲遺稿
韓龍雲(용운)	1879~1944	萬海 卍海	詩人, 僧侶, 己未獨立宣言33人 名 奉琓 本貫 清州 父 應俊 著書 佛教維新論
韓用翼(용익)		松雲	著書 文集

人名	年代	號	其他
韓用鼎(용정)		稼隱	著書 文集
韓用鐸(용탁)	1759~?	丹邱 丹山	文臣 字 汝路 本貫 清州 父 重裕
韓用翰(용한)	朝鮮純祖	棠圃	文臣 字 周卿 本貫 清州
韓龍和(용화)	朝鮮	廣庵	文臣 字 汝路 本貫 清州
韓用和(용화)	朝鮮	錦卿	本貫 清州 父 後裕 承旨
韓友及(우급) →韓仁及			
韓右東(우동)	1883~1950	厚菴	著書 文集
韓禺錫(우석)	1872~1947	元谷	著書 元谷集
韓禹錫(우석) →韓禺錫			
韓禹臣(우신)	1556~?	靜安堂	文臣 字 夏卿 本貫 新平 父 中海 外祖 金純 正郎
韓友信(우신)		忍谷	本貫 清州
韓友臣(우신) →韓禹臣			
韓宇瑜(우유)	朝鮮	無號翁	委巷人 字 士修 本貫 清州
韓禹鉉(우현)	1872~1957	柳恒齋	字 鼎汝 本貫 清州 父 圭晋 著書 文集
韓旭(욱)	朝鮮英祖	花谷	書藝家 字 暉之 本貫 韓山
韓運聖(운성)	1802~1863	立軒 三軒 玄軒	學者 字 文五 本貫 清州 父 德日 外祖 安龍見 著書 立軒文集
韓遠箕(원기)	朝鮮	南厓	字 子玄 本貫 清州
韓元吉(원길)		南澗	著書 南澗甲乙錄
韓元履(원리)		蘭室	著書 文集
韓元譜(원서)	高麗恭愍王	復齋	文臣 字 師古 本貫 漢陽 封號 漢陽府院君 藝文館 大提學
韓元震(원진)	1682~1751	南塘	學者, 文臣 字 德昭 本貫 清州 父 有箕 權尚夏 門人 追贈 吏曹判書 諡號 文純 著書 南塘集
韓元進(원진)		秋潭	本貫 清州
韓偉(위)	朝鮮	仙隱	字 子沽 本貫 谷山 進士
韓愉(유)	1863~1911	愚山	學者 著書 愚山文集
韓愈(유) →韓愉			
韓維信(유신)	朝鮮後期	浪翁	歌客
韓惟漢(유한)		退溪	
韓胤明(윤명)	朝鮮成宗	洞庵 炯齋	學者 字 士昭 本貫 清州
韓浧(은)	1619~1688	漫隱	學者, 文臣 字 仲登 本貫 清州 父 亨吉 許厚,許穆 門人 執義
韓應慶(응경)	朝鮮	耕巖	文臣 字 而賀 本貫 谷山 察訪
韓應耆(응기)	1821~1892	小貞	文人, 書藝家 字 壽汝 本貫 清州

人名	年代	號	其他
韓應吉(응길)	朝鮮	遯菴	孝子 字 而善 本貫 谷山 追贈 參知
韓應魯(응로)	朝鮮	江隱	本貫 淸州 父 錫彦
韓應範(응범)	1775~?	省齋	閭巷人 字 君錫 本貫 淸州
韓應聖(응성)	?~1592	龜窩	義兵 字 景期 本貫 淸州 父 軸 趙憲 門人 追贈 吏曹 參議
韓應寅(응인)	1554~1614	百拙齋 百拙 柳村	文臣 字 春卿 本貫 淸州 父 敬男 封號 淸平府院君 右議政 諡號 忠靖 著書 百拙齋遺稿
韓應昌(응창) →鄭應昌			
韓應河(응하)	朝鮮末	淸潭	
韓應洪(응홍)	朝鮮後期	覺軒	
韓漪(의) →韓琦			
韓儀發(의발)		思齋	本貫 淸州
韓二卷(이권) →韓卷			
韓以成(이성)		柳村	本貫 淸州
韓履源(이원)	?~1827	基谷	著書 基谷雜記
韓以亨(이형)	1742~1789	栗村	委巷人 著書 栗村詩文集
韓翼敎(익교) →韓炯履			
韓益東(익동)		月村	本貫 淸州
韓翼謩(익모)	1703~?	靜見	文臣 字 敬甫 本貫 淸州 父 師范 領議政 諡號 文肅
韓益相(익상)	1767~1846	自娛 百拙	文臣 字 稚文 本貫 淸州 父 命幹 嘉善大夫 著書 自娛集
韓翊相(익상)	朝鮮	遯齋	字 世卿 本貫 谷山 生員
韓翼世(익세)	1637~1704	知止堂	字 輔卿 本貫 淸州 父 時晦
韓益洙(익수)		明谷	著書 文集
韓翼震(익진)		忌黙齋	著書 忌黙齋遺稿〈西原世稿〉
韓仁及(인급)	1583~1644	瑞石 玄石	文臣 字 元之 本貫 淸州 父 應寅 祖父 敬男 知敦寧府事
韓仁伋(인급) →韓仁及			
韓仁偉(인위)	朝鮮	藥叟	委巷人 字 士彦 本貫 淸州
韓日(일)		石峯	著書 石峯集
韓溢東(일동)	韓末~日帝	玉藍	
韓日就(일취)		淸巖	本貫 淸州
韓日休(일휴)	朝鮮宣祖	月浦	字 敬逸 本貫 淸州
韓章錫(장석)	1832~1894	眉山 經香	文臣 字 穉綏, 穉由 本貫 淸州 父 弼敎 兪莘煥 門人 咸鏡道觀察使 諡號 孝文 改諡 文簡 著書 眉山集

人名	年代	號	其他
韓載權(재권)	朝鮮	友山	學者 本貫 清州
韓在洛(재락)	朝鮮純祖	藕舫 藕人 藕泉	字 鼎園 本貫 清州 父 錫祜
韓在濂(재렴)	1775~1818	心遠堂	學者 字 霽園 本貫 清州 父 錫祜 著書 心遠堂詩文抄
韓在錫(재석)	1868~1928	竹圃	著書 文集
韓在洙(재수)	1796~?	藕堂	本貫 清州 父 錫祜 著書 文集
韓在鴻(재홍)		松隱	本貫 清州 父 東郁
韓績(적) →韓繢			
韓碽(전)		霤片 霤岸 霤軒嶺	著書 霤片文集
韓珵(정)	1821~1857	淡翁	著書 淡翁稿
韓楨敎(정교)		一峰	著書 一峰集
韓晶東(정동)	1894~1976	白民 棲鶴山人 星壽	兒童文學家
韓正履(정리)		碧山	本貫 清州
韓正履(정리)		醉軒	本貫 清州
韓正吾(정오)	朝鮮	怡顏亭	學者 字 洛中 本貫 清州
韓鍾龜(종구)	1849~1927	芝山	學者 著書 芝山集
韓宗均(종균)		梅史	本貫 清州
韓宗老(종로)		柳塘	本貫 清州
韓宗愈(종유)	1287~1354	復齋	文臣 字 師古 本貫 漢陽 父 英 封號 漢陽府院君 左政丞 諡號 文節 著書 復齋集
韓宗一(종일)	1740~?	寓酒軒 自然庵	畫家 字 貫甫 本貫 新平 父 重興
韓宗孝(종효)		愚溪	本貫 清州 父 在鴻
韓柱嶽(주악)	1707~1758	銘恩窩	
韓準(준)	1542~1601	南岡	文臣 字 公則 本貫 清州 父 守慶 吏曹判書 諡號 靖翼
韓峻(준)	1576~1639	雪簑	文臣 字 卓爾 本貫 清州 父 日休 學正
韓準(준) →韓峻			
韓浚謙(준겸)	1557~1627	柳川	文臣 字 益之 本貫 清州 父 孝胤 仁祖 丈人 封號 西原府院君 諡號 文翼 著書 柳川遺稿
韓俊敏(준민)		林窩	本貫 清州
韓準錫(준석)		三老 三老窩	著書 三老窩慕詩選
韓準錫(준석)		小坡	著書 文集
韓重期(중기) →韓重朝			
韓重錫(중석)	1898~1974	翠松堂	著書 文集
韓重燁(중엽)		榕軒	本貫 清州 父 構

人名	年代	號	其他
韓重朝(중조)	朝鮮	曲肱	字 元揆 本貫 清州 父 伯箕
韓重賢(중현)	朝鮮	清泉	委巷人 字 伯彦 本貫 清州
韓曾愚(증우)	朝鮮後期	梧山	
韓祉(지)	1675~1720	月嶽	文臣 字 錫甫 本貫 清州 父 泰東 全羅道觀察使 著書 月嶽書疏
韓智源(지원)	1514~?	青蓮	文臣 字 士達 本貫 清州 父 碩 仁川府使
韓縝(진)	1607~1659	穡堂 蟹川	文臣 字 景弘 本貫 清州 父 撝謙 外祖 申燮 持平
韓鎮(진)→韓縝			
韓鎮榮(진계)	朝鮮憲宗	鶴南	詩人
韓鎮教(진교)	1887~1973	松溪	獨立運動家
韓鎮球(진구)	朝鮮	雲圃	字 致中 本貫 谷山
韓晉明(진명)	朝鮮顯宗	千一堂	本貫 清州 父 復一 參奉
韓晉錫(진석)	?~1855	松隱	文臣 著書 松隱集
韓震英(진영)		蠱溟	本貫 清州 父 峻
韓鎮五(진오)	朝鮮	隱巷	孝子 字 相汝 本貫 谷山
韓鎮庭(진정)	朝鮮純祖	石樵	文臣 字 彦學 本貫 清州
韓鎮夏(진하)	朝鮮後期	古篆	
韓鎮戶(진호)	1792~1844	大迪	著書 島潭行程記
韓澄(징)	1887~1944	曉蒼	獨立運動家, 學者
韓昌(창)	朝鮮	觀水亭	本貫 清州 父 季復
韓昌根(창근)	1855~1928	小湖	著書 文集
韓昌洙(창수)	1862~?	眉山	親日派 本貫 清州 父 章錫 系 胤錫 中樞院議官 著書 眉山集
韓昌愚(창우)	?~1946	紫下	著書 紫下集
韓昌璡(창진)		鶴南	著書 文集
韓采世(채세)	朝鮮	竹圃	字 有亮 本貫 清州
韓蒇(천)	高麗	恕齋	本貫 清州
韓哲洙(철수)	1890~?	冶堂	獨立運動家
韓喆愚(철우)	1817~?	柳滋	本貫 清州 父 益東
韓哲冲(철충)	1321~?	夢溪	字 弘道 本貫 清州 父 希迪 著書 夢溪先生遺蹟〈西原世稿〉
韓處定(처정)	朝鮮	含光	字 大哉 本貫 清州
韓哲浩(철호)	1782~1862	寶山	文臣, 學者 字 明老 本貫 清州 父 光鎮 外祖 金命徽 兵曹參議 著書 寶山集
韓忠(충)	1486~1521	松齋	文臣 字 恕卿 本貫 清州 父 昌愈 追贈 吏曹判書 諡號 文貞

人名	年代	號	其他
韓忠彦(충언)		明谷	本貫 清州
韓致明(치명)	1703~1788	芝山	著書 文集
韓致相(치상)	朝鮮中期	隱灘	學者 字 君擧 本貫 清州
韓致元(치원)	1821~1881	冬郎 蘇谿	武臣 字 冬郎 本貫 清州 初名 致堯 父 益相 副護軍 著書 冬郎集
韓致奫(치윤)	1765~1814	玉蕤堂	學者 字 大淵 本貫 清州 父 元道 祖父 德良 著書 海東繹史
韓治裕(치유)	韓末	曾巖	
韓致應(치응)	1760~1824	粤山	文臣 字 徯甫 本貫 清州 父 光迪 咸鏡道觀察使 著書 粤山集
韓泰東(태동)	1646~1687	是窩 抱狂子 風雷子	文臣 字 魯瞻 本貫 清州 父 績 校理 著書 是窩遺稿
韓八箕(팔기)		清隱	本貫 清州
韓平仲(평중)	1709~?	芸菴 湖山子	著書 明善錄
韓灃履(풍리)		芝山	本貫 清州
韓弼(필) →韓夢弼			
韓弼敎(필교)	1807~1878	霞石	文臣, 學者 字 輔卿 本貫 清州 父 元履 外祖 朴俊欽 工曹參判 著書 霞石遺稿
韓必久(필구)		蒼逸	本貫 清州 父 孝仲
韓必明(필명)	1597~1644	西岡	文臣 字 晦而 本貫 清州 父 孝仲 外祖 李彦亨 任叔英 門人 春秋館記事官
韓必聖(필성)		晚晦堂	本貫 清州
韓必壽(필수)	1637~1691	忍默齋	本貫 清州 著書 文集
韓必愚(필우)	朝鮮後期	玉圃	
韓必遠(필원)	1578~1660	道川	文臣 字 遠而 本貫 清州 父 孝仲 副護軍
韓弼衡(필형) →金弼衡			
韓鶴年(학년)		花影樓	著書 文集
韓赫(혁)	朝鮮	沙亭	本貫 清州 父 人祖 參奉
韓顯謩(현모)	1693~1748	月溪 月谷	本貫 清州 字 晦而 父 師范 著書 文集
韓悏(협)		竹亭	本貫 清州 父 惟軍 著書 竹亭文集
韓亨吉(형길)	1582~1644	柳村	文臣 字 泰而 本貫 清州 父 談 外祖 閔世舟 都承旨
韓炯履(형리)	1847~1926	竹農	著書 竹農遺稿
韓亨志(형지) →韓亨吉			
韓惠(혜)	1403~?	松齋	文臣 本貫 清州 父 尚敬 參判
韓濩(호)	1543~1605	石峰 清沙	書藝家 字 景浩, 景洪 本貫 三和 父 彦恭 祖父 寬 尊崇都監寫字官

人名	年代	號	其他
韓灝(호)	朝鮮中宗	南坨	本貫 唐津 父 瑾
韓好謙(호겸)	?~1575	新齋	學者 著書 新齋遺集
韓好誠(호성)	?~1597	桂村	義兵 字 敬甫 本貫 淸州 追贈 持平
韓弘(홍)		白村	著書 文集
韓泓錫(홍석)		笑隱	著書 文集
韓弘濟(홍제)	1650~1683	素圃堂	學者 字 自明 本貫 淸州 父 碩休 外祖 許嶽 著書 素圃堂遺集
韓弘祚(홍조)	朝鮮	鳳巖 損齋 巖村	學者 字 永叔 本貫 淸州 父 允元
韓確(획)	1403~1456	簡易齋	文臣 字 子柔 本貫 淸州 父 永矴 封號 西原府院君 左議政 諡號 襄節
韓懷(회)	1550~1621	柳下 苔巷	文臣 字 民望 本貫 淸州 父 智源 追贈 吏曹參判
韓晦普(회보) →韓晦善			
韓晦善(회선)	1846~1923	腴齋	學者 字 敬春 本貫 淸州 父 弼教 外祖 朴曾觀 著書 腴齋集
韓晦吾(회오) →韓晦善			
韓會一(회일)	1580~1642	柳洲 愜素	文臣 字 亨甫 本貫 淸州 父 浚謙 祖父 孝胤 外祖 黃珹
韓孝祥(효상)	朝鮮宣祖	愜素堂	隱士 字 敬伏, 敬休 本貫 淸州 父 天賚
韓孝常(효상) →韓孝祥			
韓孝純(효순)	1543~1621	月灘	文臣 字 面叔, 勉夫 本貫 淸州 父 尙敬 判中樞府事 編書 神器秘訣
韓孝淵(효연)		止軒	本貫 淸州
韓孝淵(효연)		兢齋	
韓孝淵(효연) →沈孝淵			
韓效元(효원)	1468~1534	梧溪	文臣 字 元之 本貫 淸州 父 曾 領議政 諡號 章成
韓效源(효원) →韓效元			
韓孝胤(효윤)	1536~1589	柳陰	文臣 字 謹叔 本貫 淸州 父 汝弼
韓孝仲(효중)	1559~1628	石灘	文臣 字 景張 本貫 淸州 父 天賚 左承旨
韓後樂(후락)	1728~?	林崖	字 希文 本貫 淸州 父 啓震
韓後遂(후수)	1701~1779	明湖 靜修堂	學者 字 仲良 本貫 淸州 父 太震 外祖 李天耆 著書 明湖文集
韓後信(후신)	朝鮮	象谷	委巷人 字 君實 本貫 淸州 兵馬僉使
韓烋(휴)	1890~1950	松村	獨立運動家 字 聖初 本貫 淸州 父 省教
韓喊履(흘리)	朝鮮高宗	五老峯	著書 文集
韓興教(흥교)	韓末~日帝	月湖	
韓興教(흥교)	1885~1967	東海 震山 恨生 憲山	獨立運動家

人名	年代	號	其他
韓興根(흥근)	1886~1948	白巖	獨立運動家 父 應球
韓興五(흥오)	朝鮮	六柳齋	委巷人, 譯官 字 季良 本貫 清州
韓興一(흥일)	1587~1651	柳市	文臣 字 振甫 本貫 清州 父 百謙 右議政 諡號 靖溫
韓希甯(희녕)		愚山	著書 愚山文集
咸基洙(기수)	朝鮮	唐閑	文臣 字 潤五 本貫 江陵 漢城府尹
咸己豐(기풍)	朝鮮	鶴庵	字 致道 本貫 江陵 都正
咸洛基(낙기)	1850~?	玉派	文臣 本貫 江陵
咸大榮(대영)	1826~?	碧堂 雲樵	畫家 字 德有 本貫 江陵
咸東燮(동섭)	朝鮮	石樵	文臣 字 仁如 本貫 江陵 左副承旨
咸炳泰(병태)	朝鮮	松齋	文臣 字 聖魯 本貫 江陵 承旨
咸炳革(병화)	朝鮮	川隱齋	字 舜重 本貫 江陵 都事
咸炳皇(병후)	朝鮮	竹圃	字 字潤 本貫 江陵 都事
咸傳霖(부림)	1360~1410	蘭溪	文臣 字 潤物 本貫 江陵 父 承慶 封號 東原君 東北面都巡問察理使 諡號 定平 著書 蘭溪集
咸傳說(부열)	高麗	竹溪	文臣 字 子說 本貫 江陵 禮部尚書
咸石崇(석숭)	朝鮮初期	柳溪亭	書畫家
咸世福(세복)	朝鮮	梧峯	字 永老 本貫 江陵 承旨
咸世章(세장)		思菴	文臣 字 仲晦 本貫 昌寧 左贊成
咸淳(순)	高麗	市隱	文章家, 文臣 字 子眞 本貫 江陵 尚食直長同正 諡號 文翼
咸順基(순기)	朝鮮	齋隱	文臣 字 乃中 本貫 江陵 右承旨
咸升鎬(승호)		爐峯	著書 文集
咸瑛(영) →咸大榮의 一名			
咸禹治(우치)	1408~1479	松潭	文臣 字 文命 本貫 江陵 父 傳霖 封號 東平君 刑曹判書 諡號 平襄
咸潤德(윤덕)	朝鮮	蘭翁	字 應瑞 本貫 江陵 郡守
咸一亨(일형)	朝鮮~日帝	西愚	獨立運動家 本貫 江陵
咸在度(재도)	朝鮮	午山	文臣 字 明裕 本貫 江陵 觀察使
咸在韻(재운)	1854~1916	謙窩	國樂師 字 致寬 本貫 楊根 父 濟弘 祖父 致寬 國樂師長
咸悌健(제건)	朝鮮肅宗	東巖	畫家 本貫 江陵 父 慶龍 圖畫署畫員
咸悌元(제원) →成悌元			
咸周斌(주빈)	朝鮮	場巖	著書 場巖逸稿
咸鎭嵩(진숭)	朝鮮憲宗	辦香	詩人 字 聖中 本貫 楊根 父 曾文 著書 辦香詩集
咸台永(태영)	1873~1964	松巖	獨立運動家, 政治人 本貫 江陵 父 遇澤 副統領
涵虛(함허) →己和			

人名	年代	號	其他
咸軒(헌)	1508~1563	七峰	文臣 字 可中 本貫 江陵 父 佐武 三陟府使 著書 七峰文集
咸好問(호문) →咸好閔			
咸好閔(호민)		思齋	
咸浩賢(호현)	朝鮮	東隱	文臣 字 君賢 本貫 江陵 漢城右尹
咸和鎭(화진)	1884~1949	梧堂	國樂師 字 舜重 本貫 楊根 父 在韻 著書 朝鮮音樂通論
咸華鎭(화진) →咸和鎭			
咸希成(희성)		雲松齋	字 漢秀 本貫 江陵
海景(경)	朝鮮	東巖	文臣 字 維楫 本貫 金海 中樞府事
海夢仁(몽인)	朝鮮	溪亭	文臣 字 重律 本貫 金海 參奉
海峯(해봉) →有機			
海瑞必(서필)	朝鮮初	陽村	本貫 金海 封號 金海君
海秀(수)		南隱	著書 文集
海眼(해안)	1567~?	中觀 中觀堂	僧侶 本貫 務安 俗姓 吳氏 著書 中觀大師遺稿
海源(해원)	1691~1770	涵月	僧侶 字 天鏡 本貫 咸興 俗姓 李氏 著書 天鏡集
海圓(해원)	1262~1330	圓空 圓明	僧侶 本貫 完山 俗姓 趙氏 父 奕
海日(해일)	1541~1609	暎虛 普應 普應堂	僧侶 本貫 萬頃 俗姓 金氏 著書 暎虛集
海珠(해주)	?~1887	龍湖	僧侶
香今(향금) →桂生			
許氏(씨)		石堂	本貫 陽川
許氏(씨)		典庵	著書 典庵遺事〈菊泉爛稿〉
許珏(각)	1674~1762	守愚齋	字 光珏 父 震伯 著書 文集
許柬(간)	1817~1871	雪庵	學者 字 公擧 本貫 陽川 父 澤 外祖 李晃玉 著書 設庵集
許墄(감)		泉石堂	本貫 陽川
許玾(갑)	1840~1896	滄可	著書 滄可遺稿
許鉀萬(갑만)	朝鮮	漢愚	本貫 陽川 父 珍
許橿(강)	1520~1592	江湖處士 松湖	學者 字 士牙 本貫 陽川 父 磁 編書 歷代史鑑
許鋼(강)	朝鮮宣祖		
許堈(강)	1614~1667	晦溪	學者 字 士正 本貫 金海 父 燉 外祖 李潚 著書 晦溪集
許鋼(강)	朝鮮宣祖	一笑軒	字 剛仲 本貫 陽川 父 濱
許倜(강)	朝鮮中期	黙庵	本貫 金海 父 晥

人名	年代	號	其他
許坰(강)	1766~1822	默庵	學者 鄭宗魯 門人 著書 默庵文集
許坰(강) →許個			
許綱(강) →許鋼			
許鍵(건)	朝鮮	松齋	文臣 字 準汝 本貫 陽川 敦寧府都正
許格(격)	朝鮮仁祖	滄海 崇禎處士 鵝湖	學者 字 春長 本貫 陽川 父 淮 李安訥 門人 追贈 吏曹參議 著書 滄海集
許蒹(겸)	1857~1939	性山	字 義契 本貫 金海 父 祚
許熲(경)	1650~1719	氷湖	文臣 字 耿吾,堯夫 本貫 陽川 父 悅 慶州府尹 著書 氷湖遺稿
許坰(경)	朝鮮	烟史	文臣 字 永範 本貫 金海 戶曹參判
許榮(경)		鶴洲	字 正叔 本貫 陽川
許慶淳(경순)	朝鮮	東湖	文臣 字 淳慶 本貫 金海 五衛將
許慶謜(경원)	朝鮮	松平	文臣 字 淳長 本貫 金海 吏曹參議
許景胤(경윤)	朝鮮宣祖	簏齋	字 允承 本貫 河陽 迪順副尉
許景胤(경윤)	1573~1646	竹庵	學者 字 士述 本貫 金海 父 世敦 系 世節 著書 竹庵遺集
許啓(계)	1594~1653	醒愚 醒菴	文臣 字 沃余 本貫 陽川 父 徽 外祖 韓光立 洪履祥 壻 禮曹參判 著書 醒愚集
許繼(계)		道峯	本貫 泰仁 著書 文集
許釭(공)	朝鮮	瞿全齋	本貫 遐壤
許礦(광)	朝鮮初期	滌襟堂	文臣 字 仲質 本貫 陽川 父 琮 全州府尹 諡號 襄靖
許匡(광)	朝鮮	里仁堂	本貫 河陽 直講
許襘(괴)	1813~1859	夢館	字 舜若 本貫 金海 父 憯
許硡(굉)	1471~1529	澄窩	文臣 字 宏之 本貫 陽川 父 琛 平安道觀察使
許硡(굉)	朝鮮宣祖	隱松	字 仲仁 本貫 河陽
許喬(교)	朝鮮	壽翁	本貫 陽川 父 櫃
許九潛(구잠)		松隱	本貫 泰仁
許桷(구)	朝鮮	雲隱	文臣 字 芳春 本貫 陽川 父 格 參判
許國賓(국빈)		草堂	本貫 泰仁
許國讓(국양)		貞齋	本貫 金海
許傪(규)	1798~1865	洛洲	字 應魯 本貫 金海 父 聂
許煃(규)	1807~1842	克齋	字 允明 本貫 金海 父 楠 外祖 韓光烈 著書 克齋遺稿
許圭(규)	朝鮮	錦川	文臣 字 元瑞 本貫 金海 府使
許奎(규)	朝鮮	雲湖	文臣 字 文會 本貫 金海 龍驤衛副護軍

人名	年代	號	其他
許撰(규)	朝鮮	青菴	文臣 字 子矩 本貫 河陽 羅州牧使
許熺(규)	朝鮮	修菴	文臣 字 敬原 本貫 金海 僉知中樞府事
許筠(균)	高麗	泛梅堂	文臣 本貫 陽川 大護軍
許筠(균)	1569~1618	蛟山 喬山 白月居士 毗邪居士 惺所 惺叟 惺翁 鶴山	文臣 字 端甫 本貫 陽川 父 曄 左參贊 著書 蛟山詩話
許涵(급) →許滴			
許極(극)	1749~1815	謹庵	著書 文集
許涵(극)		窊翁	本貫 陽川
許極(극)		杏湖	本貫 陽川 父 炯
許錦(금)	1340~1588	埜堂	文臣 字 在中 本貫 陽川 父 綱 典理判書 諡號 文正 編書 陽川世稿
許坂(급)	朝鮮中期	潄澗	本貫 金海 父 岡
許麒(기)	高麗	湖隱	武臣 本貫 金海 父 榮 祖父 有全 中郎將 諡號 貞節 著書 文集
許惰(기)	朝鮮初期	梅軒	字 元德 本貫 陽川 父 錦 判官
許騏(기)	朝鮮	湖隱	本貫 金海 父 榮
許麒麟(기린)	朝鮮	湖隱	文臣 字 聖瑞 本貫 河陽 五衛將
許爛(난)	朝鮮	小軒	文臣 字 乃明 本貫 金海 五衛將
許欄(난)	1836~1969	竹谷	字 景晚 本貫 金海 父 定 著書 文集
許枏(남)	朝鮮中宗	南谷	本貫 陽川 父 碩
許魯學(노학)	1900~1969	謙山	字 悅卿 本貫 金海 父 哲 著書 文集
許檀(단)	朝鮮	撫孤亭	文臣 字 震伯 本貫 泰仁 僉知中樞府事
許靈(담)	朝鮮肅宗	明厓	文臣 本貫 陽川 父 俏 持平
許燂(담)	1850~1930	海黎	字 士彦 本貫 金海 父 禬 系 桱
許瑞(당)	朝鮮	松庵	文臣 字 永集 本貫 金海 中樞府事
許大胤(대윤)	朝鮮宣祖	塤齋	字 丕承 本貫 河陽 奮順副尉
許棹(도)	麗末~鮮初	擎庵	
許衛(도)	朝鮮	孤松	文臣 本貫 陽川 左贊成
許暾(돈)	朝鮮中期	不孤軒	本貫 金海 父 項 系 璞 生員
許燉(돈)	1586~1632	滄洲	文臣 字 德輝 本貫 金海 父 洪材 外祖 尹彦禮 全羅都事 著書 滄洲集
許埈(돌) →許琛			
許東岦(동립)	1601~1662	蓮塘	著書 文集
許東範(동범)		敬庵	著書 敬庵先生實紀

人名	年代	號	其他
許得良(득량)	1597~1637	尙武軒	武臣 字 國弼 本貫 金海 父 龍老 祖父 承岦 追贈 兵曹判書 著書 尙武軒遺稿
許亮(량)	朝鮮仁祖	峒洲	本貫 陽川 父 橝
許鍊(련)	1809~1892	小痴 老痴 石痴	畵家 字 摩詰 本貫 陽川
許昤(령)	朝鮮	石峯	文臣 字 乃旭 本貫 泰仁 吏曹參判
許珠(록)	朝鮮	淸溪	文臣 字 仁俠 本貫 金海 同知中樞府事
許裏(리)	朝鮮中期	三畏堂	本貫 金海 父 栻
許林(림)	1871~1917	玉圃	著書 玉圃遺稿
許苙(립)	朝鮮	雲軒	文臣 字 和景 本貫 泰仁 同知中樞府事
許晩(만)	朝鮮英正祖	勝庵	
許萬利(만리)	朝鮮	三松堂	文臣 字 令達 本貫 金海 五衛將
許萬璞(만박)	1866~1917	蒼崖	武臣, 學者 字 鳴國 本貫 金海 父 赫 外祖 崔祥海 中樞院院外郞 著書 蒼崖遺稿
許萬哲(만철)	朝鮮	忍庵	文臣 字 善益 本貫 金海 五衛將
許溟(명)	朝鮮後期	淸浦子	閭巷人 字 長源 著書 道東淵源錄
許命(명)		淵窩	字 應元 本貫 陽川
許命中(명중)		癡齋	著書 癡齋先生文集
許模(모)		觀川	著書 文集
許穆(목)	1595~1682	眉叟 鹿峯 臺嶺老人 遯蓭 石戶丈人 一艇老人	文臣,學者 字 文父和甫 本貫 陽川 父 喬 鄭逑張顯光 文人 三陟府使 諡號 文正 著書 眉叟記言
許茂(무) →許筬			
許文斗(문두)	朝鮮	井蓮	本貫 河陽
許墩(민)	1870~1910	亞汀	字 伯訥 本貫 金海 父 蔿
許玟(민)		茶谷	著書 茶谷遺集
許密(밀) →許窩			
許鎛(박)	1724~1794	菊泉	學者 字 聲仲 本貫 金海 父 輨 外祖 李元喆 著書 菊泉爛稿
許鏺(발)	朝鮮	義淹	文臣 字 允三 本貫 陽川 同知中樞府事
許方佑(방우)	朝鮮世祖	遜南	字 政仲 本貫 河陽 開寧縣監
許方柱(방주)	朝鮮	雲谷	本貫 河陽
許伯琦(백기)	1493~?	三松 浩齋	文臣 字 汝珍 本貫 金海 父 禎 趙光祖 門人 同知中樞府事 諡號 正憲
許伯奇(백기) →許伯琦			
許百鍊(백련)	1891~1977	毅齋 毅道人	畵家 本貫 陽川

人名	年代	號	其他
許炳(병)	1881~1927	直齋	學者 字 恂明 本貫 金海 父 相彦 外祖 姜震永 著書 直齋遺稿
許楝(병)	朝鮮	竹心齋	文臣 字 泰顯 本貫 金海 同知中樞府事
許秉律(병률)	1857~1918	穎溪	著書 穎溪先生文集
許秉律(병률)	韓末~日帝	一友	獨立運動家
許備(보)	1782~1835	恒齋	字 德能 本貫 金海 父 晙
許潽(보)	朝鮮	蓮亭	文臣 字 而浩 本貫 河陽 副護軍
許福(복)		水色	著書 水色集
許鍑(복)	1898~1986	錦南	字 豐卿 本貫 金海 祖父 燀 著書 文集
許復良(복량)	?~1636	洛菴	殉國志士 本貫 金海 父 雲老 金尚容, 金尚憲 門人 追贈 兵曹參判
許篈(봉)	1551~1588	荷谷	文人 字 美叔 本貫 陽川 父 曄 校理 著書 荷谷集
許蓬(봉)	朝鮮	敬菴	文臣 字 汝執 本貫 泰仁 寶文閣直提學
許孚(부)	朝鮮中期	聾窩	本貫 金海 父 梓
許傅(부) →許傳			
許繽(빈)	朝鮮中期	少岡	本貫 金海 父 似
許彬(빈)	朝鮮	雲泉	字 叔文 本貫 陽川
許贇(빈)	1891~1931	白島	獨立運動家
許濱(빈)		覺非子	本貫 陽川 父 碰
許士廉(사렴)		蒙齋	本貫 金海
許襸(상)	1808~1847	訥窩	字 舜觀 本貫 金海 父 憕 系 備
許鏛(상)	朝鮮	九一軒	文臣 本貫 陽川 承旨
許尚徵(상징)		道菴	孝子 本貫 泰仁
許瑞(서)	朝鮮	靜翁	委巷人 字 暘仲
許檡(석)	朝鮮仁祖	石浦	本貫 陽川 父 淮
許石老(석로)	朝鮮純祖	鶴山	文臣 字 黃伯 本貫 陽川
許石老(석로)	朝鮮後期	替郵	
許墡(선)	1618~1672	從吾堂	學者 字 貢卿 本貫 陽川 父 燖 外祖 朴光男 著書 從吾堂遺集
許善(선)	朝鮮中期	蘆隱	本貫 金海 父 東喬
許銑(선)		錦西	本貫 陽川 父 蘊
許爕(섭)	朝鮮	小松	文臣 字 舜賢 本貫 金海 都正
許爕(섭)	1881~1945	白齋	著書 白齋遺稿
許鍱(섭)		睡鶴	著書 睡鶴先生文集

人名	年代	號	其他
許誠(성)	1382~1442	愼菴	文臣 字 孟明 本貫 河陽 父 周 藝文館大提學 諡號 恭簡
許筬(성)	1548~1612	岳麓 山前	文臣 字 功彦 本貫 陽川 父 曄 柳希春 門人 吏曹 判書 著書 岳麓集
許聖㞳(성후)	朝鮮	龍巖	文臣 字 聖五 本貫 河陽 僉知中樞府事
許世勳(세훈)	朝鮮	龜峰	文臣 字 德甫 本貫 河陽 僉知中樞府事
許紹(소)		雪巖	本貫 泰仁
許洙(수)	朝鮮	雪峰	文臣 字 成淵 本貫 河陽 順天府使
許洙(수)		海隱	著書 海隱集
許須(수)		眉軒	本貫 陽川
許遂(수)		曉武軒	本貫 金海
許守謙(수겸)	朝鮮	雲溪	文臣 字 而玉 本貫 金海 牧使
許壎(수)	1857~1942	來亭	字 容卿 本貫 金海 父 薰 著書 文集
許淑(수)	朝鮮	白松	武臣 字 聲甫 本貫 金海 禁衛大將
許橚(수)		石谷	本貫 陽川 父 格 主簿
許淳(수)		歸田	著書 歸田鎖錄
許峋(수)		琴軒	著書 文集
許習(습)		德菴	
許昇所(승소)	朝鮮末	眞觀子	畫家 本貫 陽川
許是(시)	朝鮮肅宗	友巢	本貫 陽川 父 巢 系 實
許時昌(시창)	1634~1690	茶谷	學者 字 達元 本貫 金海 父 瀨 外祖 李道輔 著書 茶谷遺集
許時衡(시형)	朝鮮	青坡	文臣 字 子平 本貫 金海 刑曹參議
許炆(식)	1837~1903	江村	字 士咸 本貫 金海 父 襘 系 槶 著書 文集
許植(식)	朝鮮	春窩	文臣 字 明直 本貫 河陽 僉知中樞府事
許寔(식)	朝鮮	巖樵	隱士 字 伯仁 本貫 河陽
許湜(식)		曙山	著書 曙山先生文集
許栻(식) →許元栻			
許伸(신)	朝鮮仁祖	晚回軒	義士 字 雲翼 本貫 陽川
許信(신)	1876~1946	雷山	著書 文集
許實(실)	1574~?	名隱 櫻亭	文臣 字 若虛 本貫 陽川 父 筬 正言
許岳(악)	1585~?	東岡	字 惟善 本貫 陽川 父 筬
許晏(안)	朝鮮	松巖	文臣 字 德五 本貫 金海 敦寧府都正
許瓖(양)	朝鮮	戒齋	文臣 字 義章 本貫 金海 都正
許瀁(양)		典庵	著書 典庵遺事

人名	年代	號	其他
許瀁(양) →鄭瀁			
許亮(양)		楓淵	本貫 陽川 父 橿
許檍(억)	朝鮮仁祖	杜谷	丙子胡亂節臣 字 春老 本貫 陽川
許檍(억)		滄江	本貫 陽川 父 格 府使
許彦深(언심)	1542~?	壓湖亭	義兵 本貫 金海 同知中樞府事
許𤬌(얼)		碧笑軒	著書 文集
許淹(엄)	朝鮮中期	江湖	
許業(업)		夢晦	著書 夢晦先生文集
許曄(엽)	1517~1580	草堂	文臣 字 太輝 本貫 陽川 父 澣 徐敬德 門人 大司諫 著書 草堂集
許永(영)	朝鮮	平沙齋	字 順汝
許寧(영)	1868~1939	中溪	著書 文集
許瑛(영) →許璜			
許穎(영) →許頴			
許永年(영년)		溪隱	本貫 金海
許沃(옥)	1680~1734	逑峰	文臣 字 啓心 本貫 陽川 承政院左承旨
許瑥(온)	1854~1927	拙菴	字 聖韞 本貫 陽川 父 榮 著書 文集
許薀(온)		孝齋	本貫 陽川 祖父 涓
許邕(옹)	高麗忠肅王	迂軒	文臣 本貫 金海 祖父 毅 典理判書
許玩(완)	朝鮮肅宗	樂而亭 集義齋	學者 字 學勿 本貫 河陽
許完(완)	朝鮮	棟谷	文臣 字 次完 本貫 陽川 中樞府事
許浣(완)	朝鮮	巽窩	學者 本貫 陽川
許窯(요)	1585~?	東岡	文人 字 惟善 本貫 陽川 父 筬
許曜(요)	朝鮮	靜谷	學者 本貫 陽川
許瑢(용)	朝鮮中期	晴川	本貫 金海 父 裏
許墉(용)	1860~1933	果庵 韶堂	字 崇卿 本貫 金海 父 薰 著書 文集
許容九(용구)	1882~1908	玉山	學者 字 敬天 本貫 金海 父 萬福 外祖 姜翼秀 著書 玉山雜稿
許容斗(용두)	?~1934	渭巖	本貫 河陽 著書 渭巖集
許龍老(용로)	朝鮮	醉窩	文臣 字 而大 本貫 金海 僉樞府事
許容孝(용효)		嘉會齋	
許虞(우)	朝鮮	竹村	文人 本貫 陽川
許頊(욱)	1548~1618	負暄 負暄堂 竹理	文臣 字 公愼 本貫 陽川 父 凝 祖父 沆 封號 陽陵君 左議政 諡號 貞穆
許煜(욱)	1681~?	翠南	書藝家 字 光甫 本貫 陽川 父 宜
許勗(욱)		黙齋	

人名	年代	號	其他
許源(원)	朝鮮肅宗	槐庵	本貫 河陽
許原(원)	朝鮮	玉峰	文臣 字 永元 本貫 金海 禮曹參判
許垣(원)	朝鮮	南隱	文臣 字 廣甫 本貫 金海 同知中樞府事
許瑗(원)		集義齋	本貫 河陽 父 高
許原(원) →許厚			
許元輔(원보)		禮村	本貫 金海
許元栻(원식)	1828~1891	三元堂 白巖居士	文臣 字 舜弼 本貫 河陽 父 淮 外祖 盧錫忠 吏曹佐郎 著書 三元堂文集
許元弼(원필)	朝鮮	松窩	文臣 字 子隣 本貫 金海 判官
許蔿(위)	1855~1908	旺山	義兵將 字 季馨 本貫 金海 父 祚 著書 文集
許愈(유)	1833~1904	后山 南黎	學者 池 退而 本貫 金海 著書 后山文集
許維(유) →許鍊의 初名			
許有全(유전)	高麗	加守 笑軒	文臣 本貫 金海 封號 駕洛君 門下侍中 諡號 忠穆
許維和(유화)	朝鮮英祖	大雅	畫家
許墰(육)	1846~1935	雲溪	字 致和 本貫 金海
許堉(육)	朝鮮	樂窩	文臣 字 章叔 本貫 河陽 副護軍
許玧(윤)	1645~1729	桂淵 桂洲	文臣 字 允玉 本貫 陽川 父 高 知中樞府事 諡號 良景
許允(윤)	朝鮮	黙窩	文臣 字 文瑞 本貫 陽川 大護軍
許邑(읍) →許邕			
虛應(응) →普雨			
許宜(의)	朝鮮	杏湖	學者 本貫 陽川
許懿(의) →許諮			
許益福(익복)	1579~?	月陽	
許仁(인)	朝鮮	宜山	文臣 字 賢之 本貫 金海 工曹參議
許仁均(인균)	高麗	巖谷	文臣 本貫 泰仁 門下侍郎平章事 諡號 仁景
許仁轍(인철)		菊齋	本貫 河陽
許麟弼(인필)	朝鮮	草堂	文臣 字 獻卿 本貫 金海 司僕寺正
許恁(임)	1728~1855	太初堂	學者 字 敬翁 本貫 金海 父 曔 著書 太初堂文集
許磁(자)	1496~1551	東厓	文臣 字 南仲 本貫 陽川 父 瑗 外祖 金守溫 追贈 領議政
許懿(자)	1601~?	竹泉	文臣,畫家 字 仲徽 本貫 陽川
許潛(잠)	朝鮮宣祖	杞泉 寒泉	文臣 字 景亮 本貫 陽川 父 礎 知中樞府事 諡號 貞敏
許潛(잠)		蟄老	本貫 陽川
許鏘(장)	朝鮮	梅谷	文臣 字 善鳴 本貫 泰仁 奎章閣副學士
許璋煥(장환)		謹窩	著書 謹窩集

人名	年代	號	其他
許裁(재)	朝鮮	晚悟	本貫 陽川 父 嶮
許在直(재직)	朝鮮	松隱	文臣 字 碩煥 本貫 金海 副護軍
許在瓚(재찬)	1847~1918	竹史	文臣 字 乃卿 本貫 金海 承旨 著書 文集
許齋瓚(재찬) →許在瓚			
許積(적)	1610~1680	黙齋 休翁	文臣 字 汝車 本貫 陽川 父 僴 祖父 潛 五道體察使
許楠(적) →許禰			
許傳(전)	1797~1886	性齋	文臣 字 而老 本貫 陽川 父 珩 判敦寧府事 諡號 文憲 著書 性齋文集
許銓(전)	朝鮮	遯菴	學者, 文人 本貫 陽川
許僬(준)	朝鮮憲宗	疎翁	本貫 陽川 父 倬
許珽(정)	1621~1678	松湖	文臣 字 仲玉 本貫 陽川 父 啓 府尹
許晸(정)	1764~1830	林岡	字 聖晦 本貫 金海 父 瑜
許槙(정)	朝鮮後期	桂南	
許賓(정)	朝鮮	松塢	文臣 字 君慶 本貫 金海 同知中樞府事
許楨(정)	朝鮮	奎圃	文臣 字 子韓 本貫 河陽 副護軍
許玒(정)	朝鮮	東巖	文臣 字 喆瑞 本貫 金海 同知中樞府事
許鋌(정)	朝鮮	秋潭	文臣 字 雲瑞 本貫 陽川 承旨
許政(정)	1896~1898	友洋	政治家 內閣首班
許正魯(정로)		學稼	著書 文集
許廷奭(정석)		近水堂	字 相甫 本貫 陽川 父 繼
許稠(조)	1369~1439	敬菴 敬齋	文臣 字 仲通 本貫 河陽 父 貴龍 權近 門人 左議政 諡號 文敬 著書 敬菴文集
許慥(조)	1430~1456	凝川	文臣 本貫 河陽
許祚(조)	朝鮮中期	聽秋軒	本貫 金海 父 雲
許琮(종)	1434~1494	尚友堂	文臣 字 宗卿,宗之 本貫 陽川 父 蓀 左議政 諡號 忠貞 著書 尚友堂集
許佐(좌)	1810~1867	大隱	字 佑翁 本貫 金海 父 暾
許周(주)	1359~1440	肅齋	文臣 字 伯方, 伯公 本貫 河陽 父 貴龍 判漢城府事 諡號 簡肅 著書 肅齋先生實紀
許宙(주)	朝鮮仁祖	未分館	本貫 陽川 父 芑
許周翰(주한)	朝鮮	松湖	文臣 字 翁卿 本貫 金海 同知中樞府事
許浚(준)	1646~1615	龜巖	醫員 字 淸源 本貫 陽川 父 碖 祖父 琨 封號 陽平君 著書 東醫寶鑑
許晙(준)	1749~1817	菊隱	文臣 字 元翊 本貫 金海
許准(준)	朝鮮	心齋	本貫 河陽
許煇(준)		菊齋	本貫 全州
許湞(즙)		性山	本貫 陽川

人名	年代	號	其他
許增(증)	朝鮮英祖	新湖	文臣 字 川如 本貫 河陽 父 輝 著書 文集
許增(증)		竹庵	本貫 金海
許增(증) →許𡏻			
許稷(직)	1582~?	白石	文臣 字 春容 本貫 陽川 父 格 兵曹參議
許晉(진)	1536~1616	西橋	武臣 字 景昭 本貫 陽川 父 現 知中樞府事
許震(진)	朝鮮宣祖	竹村	本貫 陽川
許珍(진)	朝鮮	紗齋	本貫 陽川 父 泓
許震(진)		東菴	法律家 本貫 金海
許瑨(진)	1894~1968	友村	
許震童(진동)	1525~1610	東湘	文臣 字 伯起 本貫 泰仁 父 剛 外祖 朴祐 水運判官 著書 東湘集
許震龍(진룡)		東湖	
許進壽(진수)	朝鮮宣祖	廉湖	字 士瑞 本貫 金海 李滉 門人
許震重(진중) →許震童			
許晊(질)	朝鮮英祖	懶翁	文臣 字 日至 本貫 陽川
許集(집)	朝鮮英祖	松隱	文臣 字 大成 本貫 陽川 著書 松隱稿
許澄(징)	1614~?	隱士	畫家 字 子秀 本貫 陽川 祖父 筡 縣令
許懲(징) →許澄			
許纘(찬)	朝鮮仁祖	鶴巖	學者 本貫 陽川 父 橄
許贊(찬)	朝鮮中期	杏陰	本貫 金海 父 扱
許纘(찬)	1775~1835	草湖	學者 字 啓彥 本貫 金海 父 頊與 外祖 崔慶岳 著書 草湖遺集
許燦(찬)	朝鮮	清風	文臣 字 文敬 本貫 金海 左承旨
許瓚(찬)	朝鮮	月坡	文臣 字 贊汝 本貫 陽川 同知中樞府事
許巑(찬)		素窩	
許傪(참)	1788~1836	南厓	字 德魯 本貫 金海 父 聶
許采(채)	1696~?	聾窩	學者 字 仲若, 景晦 本貫 陽川 父 源 掌令 著書 聾窩稿
許埰(채)	1859~1935	錦洲	學者 字 景懋 本貫 金海 父 煥 著書 錦洲集
許個(척) →許周			
許千壽(천수)		天山齋	著書 文集
許襜(첨)		松河	本貫 陽川
許禘(체)	1563~1641	水色 尚古齋	文臣, 學者 字 子賀 本貫 陽川 父 昉 封號 陽陵君 著書 水色集
許楚姬(초희)	1563~1589	蘭雪軒 景樊 景樊堂	女流詩人 字 景樊 本貫 陽川 父 曄 夫 金誠立 著書 蘭雪軒集
許忠(충) →許忠吉			

人名	年代	號	其他
許忠吉(충길)		南溪	字 國善 本貫 金海 父 伯琦
許琛(침)	1444~1505	頤軒	文臣 字 獻之 本貫 陽川 父 蓀 左議政 諡號 文貞
許琛(침)	朝鮮	濫叟	文臣 字 叔獻 本貫 河陽 副正
許卓倫(탁륜)		桐塢	本貫 金海
許泰燮(태섭)	1856~1926	淵氷堂	學者 字 理和 本貫 陽川 父 槊 外祖 李汝濃 著書 淵氷堂文集
許怕(파) →許恒			
許缶(포) →許窯			
許杓(표)	1849~1929	澹廬	字 學叟 本貫 金海 父 海 著書 文集
許佖(필)	1709~1761	烟客 煙客 舊濤 草禪	學者 字 汝正, 汝精 本貫 陽川 父 週 著書 烟客遺稿
許馝(필) →許佖			
許弼錫(필석)	朝鮮	懽庵	本貫 河陽 三嘉縣監
許弼鎬(필호)	朝鮮	懽庵	本貫 河陽 三嘉縣監
許嚞(학)	1615~?	霽沙	字 子瞻 本貫 陽川 父 窦 僉知
許僩(한)	朝鮮	杏塢	文臣 字 毅甫 本貫 陽川 父 潛 祖父 礎 利川府使
許瀚(한)	朝鮮	浩夫	書畫家 本貫 陽川
許涵(함)	朝鮮	松下	文臣 字 致成 本貫 陽川 都正
許涵(함) →許極			
許恒(항)	1568~?	孤山	文臣 字 仲久 本貫 陽川 父 思益 青松府使
許銄(향)		棣華	著書 文集
許憲(헌)	朝鮮	松塢	文臣 字 公善 本貫 陽川 府事
許憲(헌)	1855~1951	兢人	政治家
許烆(혁)	1847~1905	海村	字 士賢 本貫 金海 父 禬 著書 文集
許鉉(현)	朝鮮	竹菴	文臣 字 寶汝 本貫 金海 敦寧府都正
許珩(형)	朝鮮	一齋	本貫 陽川
許亨(형)	朝鮮	松軒	本貫 陽川 父 澍
許澄(형)	朝鮮哲宗	米山	本貫 陽川 父 鍊
許炯(형)	1854~1886	錦湖	學者 著書 錦湖集
許珩(형)		一川	字 行玉 本貫 陽川
許鎬(호)	1654~1714	臥龍亭	著書 臥龍亭文集
許浩(호)		浩然	著書 文集
許壕(호)		雙徽堂	著書 文集
許烘(홍)	朝鮮	雪峯	文臣 本貫 陽川
許洪器(홍기)	1571~1640	遯齋	文臣 字 大受 本貫 金海 著書 文集 判官
許確(확) →許磏			
許桓(환)	朝鮮	石雲	文臣 字 致伯 本貫 金海 都事

人名	年代	號	其他
許煥(환)	朝鮮	松齋	文臣 字 永叔 本貫 金海 戶曹參判
許璜(황)		梅隱堂	字 瑩叔 本貫 陽川 宋時烈 門人
許淮(회)	朝鮮光海君	漁隱	隱士 字 巨源 本貫 陽川 父 鐔 追贈 執義
許澮(회)	1758~1829	濂湖	文臣 字 灌之 本貫 金海 兵曹參知 著書 濂湖文集
許涍(효)	朝鮮	槐軒	本貫 河陽
許厚(후)	1588~1661	逸溪 觀雪 觀雪堂 逸休	文臣 字 重卿 本貫 陽川 父 喬 張顯光, 鄭逑 門人 掌樂院正 著書 逸溪集
許詡(후)	1398~?	東湘 一寧	本貫 河陽 父 稠
許薰(훈)	1836~1907	舫山 何溪	學者 字 舜歌 本貫 金海 父 祚 系 妊 著書 舫山文集
許暄(훤)		省齋	著書 省齋先生文集
許徽(휘)	1568~1652	退菴 退隱	文臣 字 徽之 本貫 陽川 父 晉 工曹判書 諡號 翼靖
許彙(휘)	1709~1762	豹隱 湖隱	文臣 字 晉卿 本貫 陽川 父 源 著書 豹隱遺稿
許炘(흔)	朝鮮	琴軒	文臣 字 明五 本貫 金海 同知中樞府事
許興(흥)	朝鮮	靜德	文臣 字 子賢 本貫 金海 吏曹參判
許喜(희)	朝鮮	學易堂	學者 本貫 陽川 父 橏
許熙(희)		赫臨齋	著書 文集
許希萬(희만)	朝鮮	智軒	文臣 字 君一 本貫 金海 訓練院都正
憲宗(헌종)	1827~1849	寶蘇堂 石坡 元軒	朝鮮 第24代 王 字 文應 本貫 全州 父 翼宗 祖父 純祖 陵 景陵
玄京廈(경하)	朝鮮	菊潭	本貫 延州 父 升現
玄啓殷(계은)	朝鮮	東泉	本貫 延州 父 鶴老
玄光宇(광우)	1636~?	實庵	文臣 字 汝大 本貫 順天 父 溟翼 參議
玄球(구)		西湖	本貫 星州
玄九燮(구섭)		秋岡	本貫 星州 父 相熹
玄圭舜(규순)	朝鮮	月峯	本貫 延州 父 明黙
玄圭英(규영)	朝鮮	錦泉	本貫 延州 父 時若
玄極(극)	朝鮮後期	衆妙齋	畵家
玄謹禮(근례)	朝鮮	潭齋	字 德汝 本貫 順天 進士
玄錡(기)	1809~1860	希庵 希窩	詩人 字 信汝 本貫 川寧 著書 希庵集
玄基東(기동)		松隱	本貫 星州 父 麟黙
玄訥(현눌)	新羅	福清和尚	僧侶
玄大馹(대일)	朝鮮	靑庵	本貫 延州 父 俊宗
玄德聞(덕문)	朝鮮	月谷	本貫 延州 父 啓殷 著書 四禮集說
玄德升(덕승)	1564~1627	希菴 希窩	文臣 字 聞遠 本貫 昌原 父 琦 持平 著書 希窩集
玄德潤(덕윤)	1676~1737	錦谷	譯官, 文章家 字 道以 本貫 川寧 父 漢一 副護軍

人名	年代	號	其他
玄惇錫(돈석)	朝鮮	小塘	本貫 延州 父 炳默
玄東完(동완)	韓末~?	滄柱	
玄斗燦(두찬)	朝鮮	聽琴堂	學者 字 晦甫 本貫 順天
玄得元(득원)	朝鮮	黙隱	字 貞叔 本貫 延州　成州牧使
玄萬齡(만령)		松菴	本貫 延州
玄命直(명직)		尋初齋	本貫 星州 祖父 若昊
玄命熙(명희)		南岡	著書 文集
玄門(현문)	1884~1985	慧庵	僧侶 本貫 江陵 俗姓 崔氏
懸辯(현변)	1616~1684	枕肱	僧侶 字 而訥 本貫 羅州 俗姓 尹氏 著書 枕肱集
玄炳瑾(병근) →玄正卿의 本名			
玄炳默(병묵)	朝鮮	野隱	本貫 延州 父 德聞
玄鳳謙(봉겸)	朝鮮	彝庵	學者 本貫 延州
玄溥海(부해)		誠敬齋	本貫 星州 祖父 命直
玄溥行(부행)		星山 此君軒	本貫 星州 祖父 命直
玄商坤(상곤)	朝鮮	澤軒	本貫 延州 父 圭煥
玄尙璧(상벽)	1725~1776	冠峰	學者 字 彦明 本貫 星州 權尙夏 門人 翊衛司洗馬 著書 冠峰遺稿
玄商璿(상선) →玄商濬			
玄相壽(상수)		梧川	本貫 星州 著書 文集
玄相允(상윤)	1893~?	幾堂 小星	哲學者, 敎育者 高麗大學校總長
玄商濬(상준)	?~1938	鎭菴	學者 著書 鎭菴文集
玄商璨(상찬)	朝鮮	黙齋	本貫 延州 父 圭英
玄瑞翼(서익)	朝鮮	玉泉	學者 字 輝仲 本貫 順天 著書 文集
玄錫圭(석규)	1430~1480	淸湍	文臣 字 德章 本貫 昌原 父 孝生 右參贊 諡號 夷安
玄碩圭(석규) →玄錫圭			
玄錫運(석운) →玄暘運			
玄星運(성운)	朝鮮	南齋	文臣 字 景瑞 本貫 昌原 知中樞府事
玄守謙(수겸)	朝鮮	隱齋	文臣 本貫 昌原 府使
玄洙哲(수철)	朝鮮	小溪	本貫 延州 父 永錫
玄若昊(약호)	?~1709	三碧堂	學者 字 飮甫 本貫 星州 父 徵 金昌協 門人 著書 屏溪集
玄暘雲(양운)	朝鮮	山海	文臣 字 載昇 本貫 昌原 掌禮院祀享官
玄淵(연)	1851~1897	平巖	學者 字 至源 本貫 延州 父 鎭益 著書 平巖遺稿
玄暎運(영운)	朝鮮	改汀	武臣 字 泰始 本貫 昌原 元帥府總長

人名	年代	號	其他
玄永徵(영징)		三川堂	本貫 星州
玄玉亮(옥량)	朝鮮太祖	抄月	字 采相 本貫 順天 判儀典寺事
玄琬錫(완석)	朝鮮	月巖	本貫 延州 父 炳黙
玄運錫(운석)	朝鮮	月洲	本貫 延州 父 炳黙
玄隱(은)	朝鮮後期	雲草	委巷人
玄殷瑞(은서)		台谷	本貫 延州
玄應遠(응원)	→玄在德의 初名		
玄以規(이규)	朝鮮肅宗	白庵	文臣 字 子强 本貫 延州 著書 白庵集
玄翊洙(익수)	1766~1827	晦堂	學者 字 派卿 本貫 延州 父 彬 李元培 門人 智陵參奉 著書 晦堂集
玄翼洙(익수)	→玄翊洙		
玄益祚(익조)	朝鮮哲宗	荷西	學者 本貫 順天
玄益哲(익철)	1890~1938	黙觀	獨立運動家
玄麟黙(인묵)		茶圃	本貫 星州 父 相稷
玄仁學(인학)	朝鮮	廣軒	本貫 延州 父 在休
玄鎰(일)	1807~1876	皎亭	文臣 字 萬汝 本貫 延安 父 在明 知中樞府事 著書 皎亭詩集
玄子復(자복)	朝鮮後期	官齋	
玄在德(재덕)	1771~?	荃山	文臣, 書藝家 字 士說 本貫 川寧 初名 應遠 外祖 金天秀 知中樞府事
玄在平(재평)	朝鮮	莘圃	本貫 延州 父 正黙
玄在休(재휴)	朝鮮	郊齋	本貫 延州 父 承般
玄積福(적복)	朝鮮	南村	孝子, 文臣 字 誠仲 本貫 順天 縣監
玄正卿(정경)	1886~1941	河竹	獨立運動家 本籍 延州 本名 炳瑾
玄俊鎬(준호)		撫松	本貫 延州
玄鎭健(진건)	1900~1943	憑虛	小說家 本貫 延州 父 慶運
玄徵(징)	朝鮮	竹林	字 士林 本貫 星州 參奉
玄燦鳳(찬봉)	1861~1981	南岡	文臣, 學者 字 文可 本貫 延州 父 聖寬 外祖 蔣學魯 昆陽郡守 著書 南岡集
玄采(채)	1856~1925	白堂	學者, 書藝家 著書 幼年必讀
玄天黙(천묵)	?~1928	白醉	獨立運動家 本貫 水原
玄哲(철)	1891~1965	海巖 曉鍾	文人
玄勛錫(훈석)	朝鮮	塘菴	本貫 延州 父 炳黙
邢建(건)	朝鮮	梅谷	文臣 字 秀溫 本貫 晉州 戶曹參議
邢潔(결)	朝鮮	栢村	文臣 字 應秋 本貫 晉州 父 士明 著書 文集 工曹參議

人名	年代	號	其他
邢景商(경상)	朝鮮	慕菴	本貫 晉州 父 昌運 著書 文集
邢慶洙(경수)	朝鮮	梅史 儒行	字 光三 本貫 晉州
邢高烈(고열)	朝鮮	南隱 文行	字 和賢 本貫 晉州
邢縮鎬(관호)	朝鮮高宗	雲庵	本貫 晉陽
邢光旭(광욱)		樂峯	著書 文集
邢光運(광운)	朝鮮	梧軒	文臣 字 克老 本貫 晉州 副護軍
邢國胤(국윤)		永慕堂	字 景文 本貫 晉州 著書 文集
邢國禎(국정)	朝鮮	雪田	文臣 字 士賢 本貫 晉州 禮曹判書
邢國弼(국필)	朝鮮	慕軒	儒行 字 乃說 本貫 晉州
邢君紹(군소)	高麗	景齋	文臣 字 聖柱 本貫 晉州 吏部尚書
邢君哲(군철)	朝鮮世宗	黙菴	文臣 字 成希 本貫 晉州 兵使
邢珪(규)	朝鮮	周浦 松菴	文臣 字 雙玉 本貫 晉州 父 君紹 戶曹判書
邢克泰(극태)	朝鮮	復齋	文章 字 陽元 本貫 晉州
邢瑾(근)	朝鮮	松谷	文臣 字 益善 本貫 晉州 左承旨
邢璣(기)	朝鮮	梅軒	字 子溫 本貫 晉州 生員
邢基昌(기창)		愼菴	字 敬五 本貫 晉州
珩吉(형길) →金珩吉			
邢南圭(남규)	朝鮮	○隱	本貫 晉州 父 基周
邢達道(달도)	朝鮮	功玉齋	文臣 字 德濟 本貫 晉州 父 瀞 僉知中樞府事
邢大淳(대순)	朝鮮	白溪	文臣 字 國彦 本貫 晉州 敦寧府都正
邢大振(대진)	朝鮮	後軒	文臣 字 國瑞 本貫 晉州 敦寧府都正
邢德新(덕신)	朝鮮	靜齋	儒行 字 大汝 本貫 晉州
邢民達(민달)	朝鮮	華齋	義恤 字 文瞻 本貫 晉州
邢丙洙(병수)	朝鮮	湖菴	善行 字 文五
邢甫烈(보열)	朝鮮	農軒	文行 字 良老 本貫 晉州
邢溥(부)	朝鮮	敬菴	本貫 晉州 宣教郎
邢士保(사보)	朝鮮中宗	止止堂	字 仲愚 本貫 晉州 父 建 郡守 著書 文集
邢尚福(상복)	朝鮮	德齋	文臣 字 兼五 本貫 晉州 戶曹參議
邢祥洙(상수)	朝鮮	梅川	文臣 字 德三 本貫 晉州 五衛將
邢瑞麟(서린)	朝鮮	仁溪	儒行 字 仁趾 本貫 晉州
邢碩光(석광)	朝鮮	景菴	文臣 字 君赫 本貫 晉州 中樞府事
邢錫權(석권)	朝鮮	鳳西	文行 字 起瑞 本貫 晉州
邢錫日(석일)	朝鮮	德峯	文行 字 得壽 本貫 晉州

人名	年代	號	其他
邢錫弼(석필)	朝鮮	農圃	文臣 字 自天 本貫 晉州 吏曹判書
邢錫璜(석황)	朝鮮	思隱	文臣 字 景寶 本貫 晉州 五衛將
邢錫厚(석후)	朝鮮	梅溪	善行 字 如賢 本貫 晉州
邢世英(세영)	朝鮮	道谷	字 春榮 本貫 晉州 戶曹參判 著書 文集
邢世績(세적)		孝隱	字 德而 本貫 晉州 著書 文集
邢時權(시권)	朝鮮	月溪	善行 字 士楫 本貫 晉州
邢時億(시억)	朝鮮	道軒	文行 字 自潤 本貫 晉州
邢時源(시원)	朝鮮	梅谷	文行 字 士善 本貫 晉州
邢時豊(시풍)	朝鮮	德海	文行 字 士綏 本貫 晉州
邢良元(양원)	朝鮮	德庵	善行 字 正三 本貫 晉州
邢璉(연)	朝鮮宣祖	濟安齋	字 大玉 本貫 晉州 著書 文集
邢淵(연)	朝鮮	瑞菴	文臣 字 永瑞 本貫 晉州 吏曹參判
邢瑢宇(용우)	朝鮮	南史	善行 本貫 晉州
邢運昌(운창)	朝鮮	竹堤	文臣 字 仁和 本貫 晉州 追贈 訓練院副正
邢允文(윤문)	朝鮮	德庵	學者 字 信章 本貫 晉州
邢仁奇(인기)	朝鮮	松岡	文臣 字 用仁 本貫 晉州 左贊成
邢自寬(자관)	朝鮮	茅汀 茅亭	文臣 字 長伯 本貫 晉州 縣監
邢鍾烈(종렬)	朝鮮	述齋	學者 字 永七 本貫 晉州
邢宗夏(종하)	朝鮮	克齋處士	儒行 字 夏珍 本貫 晉州
邢之達(지달)	朝鮮	晦隱	文行 字 元誠 本貫 晉州
泂珠(형주)	1639~1720	白華	僧侶 字 無垢 本貫 金海 俗姓 金氏
洞珠(형주) →泂珠			
邢志玉(지옥)	朝鮮	守堂	文臣 字 燦文 本貫 晉州 敦寧都正
邢志中(지중)	朝鮮	竹窩	文臣 字 國彦 本貫 晉州 敦寧府都正
邢志恒(지항)	朝鮮	益堂	文臣 字 常文 本貫 晉州 左承旨
邢志華(지화)	朝鮮	月菴	文臣 字 石輔 本貫 晉州 五衛將
邢震春(진춘)	朝鮮	梅塢	儒行 字 士長 本貫 晉州
邢昌運(창운)		古川	本貫 晉州 父 大邦
邢天衢(천구)	朝鮮	蓮谷	本貫 晉州 父 達道
邢哲元(철원)	朝鮮	明谷	文行 字 乃命 本貫 晉州
邢鐵鎬(철호)	朝鮮	誠樵	儒行 字 元之 本貫 晉州
邢春旭(춘욱)	朝鮮	月隱	文臣 字 老彦 本貫 晉州 漢城府左尹
邢泰齊(태제)	朝鮮	梅湖	儒行 字 輝遠 本貫 晉州

人名	年代	號	其他
邢泰冑(태주)	朝鮮	慕菴	文臣 字 亨遠 本貫 晉州 司僕寺正
邢宅奎(택규)	朝鮮	道齋	行誼 字 宜集 本貫 晉州
邢宅相(택상)	朝鮮	槐隱	文行 字 宜伯 本貫 晉州
邢漂(표)		松村	本貫 晉州 著書 文集
邢學寬(학관)	朝鮮	蒼菴	文臣 字 子裕 本貫 晉州 漢城府左尹
邢學年(학년)	朝鮮	熙齋	文行 字 敬集 本貫 晉州
邢學者(학자)	朝鮮	景潭	文臣 字 孝則 本貫 晉州 刑曹參議
邢學精(학정)	朝鮮	益菴	儒行 字 士必 本貫 晉州
邢學周(학주)	朝鮮	松圃	文臣 字 成華 本貫 晉州 副護軍
邢學泰(학태)	朝鮮	聽溪	行誼 字 明汝 本貫 晉州
邢浹(협)	朝鮮	憂樂堂	文臣 本貫 晉州 著書 文集 判中樞府事
邢喜達(희달)	朝鮮	默窩	文行 字 希書 本貫 晉州
慧堅(혜견)	1830~1908	筓岳 筓止	僧侶 俗姓 金氏
慧璟(혜경)	1819~1895	寶鏡	僧侶
惠勤(혜근)	1320~1376	懶翁 江月堂 江月軒 普濟尊者	僧侶 父 瑞具 諡號 禪覺 著書 懶翁集
慧勤(혜근) →惠勤			
惠能(혜능)	1562~1636	養性堂	僧侶 字 仲悅 俗姓 南氏
彗能(혜능) →惠能			
慧德(혜덕)	1038~1098	眞應	僧侶 字 範圍 本貫 慶州 俗姓 李氏 父 子淵
慧明(혜명)	1861~1937	慧月	僧侶 本貫 禮山 俗姓 申氏
惠文(혜문)	?~1234	月松和尙	僧侶 字 彬彬
惠素(혜소)	高麗明宗	西湖	僧侶
慧諶(혜심) →圓炤			
慧彦(혜언)	朝鮮末	龍巖	僧侶
慧悟(혜오)	1866~1894	翠雲	僧侶 俗姓 白氏
惠雲(혜운)	1795~1851	淸海	僧侶 俗姓 金氏
蕙日(혜일)		慈恩	著書 文集
慧日(혜일)	1890~1965	東山	僧侶 俗姓 河氏 父 性昌
惠藏(혜장)	1772~1811	兒庵 蓮坡	僧侶 字 無盡 俗姓 金氏 著書 兒庵集
慧楫(혜즙)	1791~1858	鐵船	僧侶 俗姓 金氏 父 應孫 著書 鐵船小艸
惠眞(혜진)		拙齋 淮月軒	
慧燦(혜찬)	1873~1941	震應	僧侶 俗姓 陳氏

人名	年代	號	其他
惠哲(혜철)	785~861	惠徹	僧侶 字 體空 俗姓 朴氏
胡克己(곡기)	朝鮮	恥菴	字 禮復 本貫 巴陵
扈錫均(석균)	朝鮮後期	壽竹齋	歌客
好隱(호은)		雲客	
號重德(증덕)	高麗	陽坡	本貫 保安 封號 保安君 門下侍中
混丘(혼구)	1250~1322	無極 無極老人	僧侶 字 丘己, 丘乙 本貫 清風 俗姓 金氏 父 弘富 諡號 寶鑑
混其(혼기)	1320~1392	牧菴	僧侶 字 珍邱 俗姓 趙氏
混修(혼수)	1320~1392	智雄尊者 幻庵	僧侶 字 無作 俗姓 趙氏 父 叔領
混元(혼원)	1191~1271	沖鏡	僧侶 俗姓 李氏 父 師德 外祖 金閱甫 諡號 眞明國師
洪氏(씨)		三友堂	著書 三友堂集
洪可相(가상)	朝鮮肅宗	遯庵	字 輔而 本貫 南陽
洪可臣(가신)	1541~1615	晚全堂 艮翁	文臣 字 興道 本貫 南陽 父 昷 外祖 申允弼 閔純 門人 封號 寧遠君 刑曹判書 諡號 文壯 著書 晚全集
洪侃(간)	?~1304	洪厓 洪崖	字 平甫, 雲夫, 子雲 本貫 豊山 父 之慶 東萊縣令 著書 洪厓集
洪剛(강)	朝鮮	南台 藥圃	文臣 字 直哉 本貫 洪州 觀察使
洪槩(개) →洪埰周			
洪健周(건주)	1809~?	檀海	字 元行 本貫 豊山 父 錫榮
洪傑(걸)	朝鮮宣祖	松亭	字 士俊 本貫 南陽
洪檢(검)	朝鮮英祖	菊隱	文臣 字 省吾 本貫 南陽
洪堅(견)	朝鮮	道庄	文臣 字 剛仲 本貫 南陽 金海府使
洪堅(견)		奇巖	僧侶
洪璟(경) →洪境			
洪境(경) →洪境			
洪景古(경고)	1645~?	枕漱亭 八愚	字 仰汝 本貫 豊山 父 德遇 祖父 垓 追贈 刑曹參判 著書 枕漱亭遺稿
洪敬謨(경모)	1774~1851	冠巖 冠巖山房 耘石 耘石逸民	文臣, 學者 字 敬修 本貫 豊山 父 樂源 祖父 良浩 判敦寧府事 諡號 文貞 著書 冠巖全書
洪敬謨(경모)		始有	著書 文集
洪景輔(경보)	1692~1745	蒼厓	文臣 字 大而 本貫 豊山 父 重夏 追贈 左贊成 諡號 忠獻
洪景參(경삼)	朝鮮	愛敬堂	學者 本貫 岳溪

人名	年代	號	其他
洪慶先(경선)	1573~?	道南	文人 字 健叔 本貫 豊山 父 五紀 進士
洪敬紹(경소)	朝鮮	伴鷗堂 松汀	文臣 字 繼先 本貫 南陽 郡守
洪敬孫(경손)	1409~1481	友菊齋 友菊	文臣 字 吉甫 本貫 南陽 父 智 僉知中樞府事兼同知 成均館事 著書 友菊齋集
洪慶承(경승)	1567~?	混菴	字 君賀 本貫 缶林 父 巨源 著書 文集
洪暻植(경식)	1870~1945	晩翠	字 華玫 本貫 豊山 父 承業 祖父 祐永
洪慶臣(경신)	1557~1623	鹿門	文臣 字 德公 本貫 南陽 父 㫣 副提學 著書 文集
洪儆禹(경우)	1606~?	月浦	學者 字 克勤 本貫 南陽 父 天錫 縣令
洪璟周(경주)	朝鮮後期	直菴	本貫 豊山
洪瓊周(경주)	朝鮮	愛石堂	字 聖甫 本貫 豊山 父 琪謨
洪敬周(경주)	朝鮮	敬菴	本貫 豊山 著書 敬菴詩集
洪景夏(경하)		華雲	著書 華雲先生文集
洪景夏(경하)		廣胖窩	
洪啓能(계능)	?~1776	莘溪 淡窩 莘村	學者 本貫 南陽 父 禹傳 進善 著書 莘溪集
洪啓東(계동)	?~1759	葛潭	字 聖賚 本貫 豊山 父 夏叙 司憲府監察
洪啓英(계영)	1687~1705	觀水齋	文人 字 汝豪 本貫 南陽 父 禹采 著書 觀水齋遺稿
洪繼云(계운)		臺巖	
洪啓迪(계적)	1680~1722	守虛齋 守虛	文臣 字 惠伯 本貫 南陽 父 禹圭 系 禹錫 追贈 吏曹判書 諡號 毅簡 改諡 忠簡 著書 守虛齋遺稿
洪啓夏(계하)	朝鮮英祖	海雲 海雲亭	文臣 字 士沃 本貫 南陽
洪繼玄(계현)	朝鮮	臺山 孝子	字 述之 本貫 南陽
洪繼浩(계호)	1472~1532	竹隱	字 淸之 本貫 豊山 父 治
洪啓薰(계훈)	?~1895	圭珊	武臣 字 聖南 本貫 南陽 初名 在熙 追贈 軍部大臣 諡號 忠毅
洪繼勳(계훈)		醒菴	本貫 南陽
洪啓欽(계흠)	1690~1747	敬齋	文臣 字 敬伯 本貫 南陽 父 禹瑞 旌善郡守
洪啓禧(계희)	1703~1771	淡窩 澹窩	文臣 字 純甫 本貫 南陽 父 禹傳 判中樞府事 諡號 文簡 著書 三韻聲彙
洪公載(공재) →洪載			
洪灌(관)	?~1126	靜軒	文臣, 名筆 字 無黨 本貫 南陽 父 師善 尙書左僕射 諡號 忠平
洪灌(관)	朝鮮	浩然	文臣 字 潤沾 本貫 洪州 戶曹參議
洪官植(관식)	朝鮮	橘山	字 允長 本貫 豊山 父 承輅
洪觀植(관식)	朝鮮	後溪	本貫 豊山 著書 後溪遺稿
洪觀周(관주)	朝鮮	石亭	本貫 豊山

人名	年代	號	其他
洪光裕(광유)	朝鮮後期	澹靜	本貫 南陽 父 鍵厚
洪光一(광일)	1783~1822	華西	文臣 字 伯承 本貫 南陽 父 命元 同知敦寧府事 著書 華西遺稿
洪光憙(광희)	朝鮮	後碧	本貫 豊山 著書 後碧遺稿
洪構(구)	1670~?	竹松堂	字 士肯 本貫 南陽 父 鼎祚
洪球(구)	1784~1836	迂軒	著書 迂軒遺稿
洪構(구)	朝鮮	芝山	文臣 字 士肯 本貫 南陽 執義
洪龜命(구명)	1714~1775	雙蓼堂	學者 字 敬受 本貫 缶林 父 守一 著書 雙蓼堂集
洪龜範(구범)	1691~1762	闇岸	學者 字 大伯 本貫 南陽 父 宇河 外祖 金九敍 著書 闇岸文集
洪龜瑞(구서)	1726~1779	勿溪	學者 字 景五 本貫 缶林 父 宇泰 兵曹佐郎 著書 勿溪遺集
洪九瑞(구서)	朝鮮英祖	玉溪 紫厓	文臣 字 士範 本貫 南陽
洪九叙(구서)	朝鮮	老圃	字 次疇 本貫 豊山 父 象一
洪九叙(구서)	朝鮮	間峰 高峰	本貫 南陽 父 福從
洪龜錫(구석)	→洪錫龜		
洪九淵(구연)	1612~1635	磨鏡軒	詩人 字 而靜 本貫 南陽 父 茂績 著書 磨鏡軒集
洪九禾(구채)	朝鮮中期	蘆溪	本貫 南陽 父 處宇 判官
洪九行(구행)	朝鮮中期	靜修齋	本貫 南陽 父 處宇
洪國鎮(국진)	1745~1815	愼黙齋	字 景彬 本貫 豊山 初名 泰基 父 鼎周 祖父 壽源 著書 愼黙齋遺稿 〈酒隱世稿〉
洪君錫(군석)		竹窩 竹軒	著書 竹窩遺稿
洪貴達(귀달)	1438~1504	虛白堂 虛白 涵虛亭	文臣 字 兼善 本貫 缶溪 父 孝孫 外祖 盧緝 追贈 吏曹判書 諡號 文匡 著書 虛白堂集
洪奎(규)	?~1316	壽齋	字 彌樓 本貫 南陽 父 縉 諡號 匡正
洪圭輔(규보)		菊庵	字 伯玄 本貫 豊山 父 重楫 同知中樞府事
洪圭燮(규섭)		南隱	著書 文集
洪奎植(규식)	1871~1945	石川	字 文行 本貫 豊山 父 承百 系 承九 祖父 祐弼 著書 石川遺稿
洪克(극)	朝鮮後期	斗山	學者 本貫 南陽 父 宇定 直長
洪及範(급범)	→洪乃範		
洪兢周(긍주)	朝鮮哲宗	竹下	文臣 本貫 豊山 父 淳謨
洪兢周(긍주)		碧堂	本貫 豊山
洪肯厚(긍후)	朝鮮高宗	寐堂	
洪耆見(기)	1646~?	藏拙堂 懶甲 海藏翁	文臣 字 彦明 本貫 南陽 父 宇紀
洪基(홍기)	1822~1881	優曇	僧侶 本貫 安東 俗姓 權氏 初名 禹幸 父 重國 著書 禪門證正錄

人名	年代	號	其他
洪覬(기) →洪憘			
洪起晃(기면)	韓末~日帝	楓菴	字 星具 本貫 豊山 父 元憙 祖父 丙植
洪箕範(기범)	1668~1749	牛峯	文臣 字 師聖 本貫 南陽 著書 牛峯實記
洪麒輔(기보)	朝鮮	梅菊堂	本貫 豊山 著書 梅菊堂遺稿
洪起燮(기섭)	1776~?	癡叟	字 喜哉 本貫 南陽 父 秉協
洪箕燮(기섭)	朝鮮	面嶽	學者 字 元穀 本貫 南陽
洪耆英(기영)	朝鮮	靜齋	文臣 字 叔延 本貫 南陽 軍器寺副正
洪麒佑(기우)	1827~1912	五隱	字 善兼 本貫 缶林 父 學修 著書 文集
洪基兆(기조)	1865~1938	游菴	獨立運動家 己未獨立宣言33人 本貫 南陽 父 義楫
洪耆周(기주)	朝鮮	英林	字 公呂 本貫 豊山 父 義謨 高陽郡守
洪岐周(기주)	1829~?	鍾山	書藝家 字 康伯 本貫 豊山 父 薰謨 敦寧府都正
洪起海(기해)	1700~1785	霞溪	字 幸宗 本貫 豊山 父 鋌 祖父 以詡
洪起瀅(기형)	朝鮮	黙軒	字 吉潤 本貫 豊山 父 勉憙
洪吉文(길문)	朝鮮	楚山軒	學者 著書 楚山軒遺稿
洪吉旼(길민)	高麗禑王	戀主亭	字 敬文 本貫 南陽 父 普賢
洪吉人(길인) →洪吉文			
洪吉周(길주)	1786~1841	沆瀣 沆瀣子 縹礱	學者 字 軒仲 本貫 豊山 父 仁模 報恩郡守 著書 沆瀣集
洪吉周(길주)		三怡	
洪樂臯(낙고)		晚翠	著書 晚翠公黃海道暗行御史書啓抄
洪樂命(낙명)	1722~1784	新齋	文臣 字 子順 本貫 豊山 父 象漢 外祖 魚有鳳 禮曹判書 諡號 文淸 著書 新齋文粹
洪樂彬(낙빈)	朝鮮	松堂	字 季文 本貫 豊山 父 昌漢 慶尙道監司
洪樂燮(낙섭)		晚齋	著書 文集
洪樂性(낙성)	1718~1798	恒齋	文臣 字 子安 本貫 豊山 父 象漢 魚有鳳 門人 領中樞府事 諡號 孝安
洪樂受(낙수)	朝鮮後期	杜溪	著書 杜溪集
洪樂純(낙순)	1723~?	大陵 耿介堂	文臣 字 伯孝 本貫 豊山 父 昌漢 左議政 諡號 文憲 著書 大陵集
洪樂述(낙술)	朝鮮	聲橡	字 善仲 本貫 豊山 承政院注書 著書 聲橡集
洪樂信(낙신)	1739~?	一聽軒	字 仲循 本貫 豊山 父 鳳漢 判敦寧府事
洪樂安(낙안)	1752~?	魯庵	文臣 字 仁伯 本貫 豊山 父 復浩 平澤縣監
洪樂遠(낙원)	1743~1775	二古堂	字 猷伯 本貫 豊山 父 仁漢 外祖 李尙輅 持平
洪樂有(낙유)		今軒	著書 文集
洪樂倫(낙윤)	朝鮮後期	汶上	本貫 豊山 父 鳳漢

人名	年代	號	其他
洪樂仁(낙인)	1729~1777	安窩	文臣 字 大圃 本貫 豊山 父 鳳漢 外祖 李準 吏曹 參判 著書 安窩遺稿
洪樂任(낙임)	1765~?	遲稼	字 叔道 本貫 豊山 父 鳳漢 都摠府都摠管 著書 遲稼集
洪樂鍾(낙종)	1755~?	篤菴	字 寬甫 本貫 豊山 父 光濟 著書 篤菴遺稿
洪樂眞(낙진)	朝鮮	養性齋	本貫 豊山 著書 養性齋遺稿
洪洛周(낙주)	朝鮮	一勤	字 仲見 本貫 豊山 父 讚謨
洪洛珠(낙주)	朝鮮	晩齋	字 星五
洪樂海(낙해)	朝鮮	省齋	本貫 豊山
洪鸞祥(난상)	1553~1615	習池	文臣 字 仲瑞 本貫 豊山 父 脩 刑曹正郞
洪南甲(남갑)	1581~1638	碧亭遯人	字 斗元 本貫 豊山 父 民望 祖父 澄 著書 碧亭遺蹟
洪南立(남립)	1606~1679	華谷	字 卓而 本貫 南陽 父 澤 判校 著書 華谷遺稿
洪南杓(남표)		華菴	著書 文集
洪乃範(내범)	1564~?	東江	字 伯陳 本貫 南陽 父 瓊 同樞
洪來輔(내보)	1706~1780	菊泉	學者 字 儀卿 本貫 豊山 父 重厚 著書 菊泉遺稿
洪來瑞(내서)	朝鮮後期	葵園	
洪迺海(내해)	1700~1756	杏村	字 迺伯 本貫 豊山 父 鋌 祖父 以訒
洪曇(담)	1509~1576	太虛	字 太虛 本貫 南陽 父 彦光
洪大龜(대구)	1644~1700	東庵	學者 字 國寶 本貫 缶溪 父 相文 祖父 汝河 著書 東庵遺稿
洪大植(대식)	1855~?	溪隱	字 晦根 本貫 豊山 父 承鉉 著書 溪隱亭詩集
洪大淵(대연)	1749~1816	花隱 華隱 畵家	字 繼善, 子靜 本貫 南陽 祖父 遠澤
洪大容(대용)	1731~1683	湛軒 澹軒 洪之	學者 字 德保 本貫 南陽 父 櫟 祖父 龍祚 金元行 門人 榮州郡守 著書 湛軒說叢
洪大勗(대욱)	朝鮮英祖	壽村	本貫 南陽 父 構
洪大猷(대유)	1654~1725	杏亭	文臣 字 子時 本貫 豊山 父 以夏 祖父 遠 順天府使 著書 杏亭集
洪大應(대응)	朝鮮	警齋	文臣 字 聲伯 本貫 南陽 庶尹
洪大楫(대즙)	朝鮮	月灘	字 重涉 本貫 豊山 父 以泗
洪大憲(대헌)	朝鮮	碻齋	學者 字 汝玉 本貫 南陽
洪大浩(대호)	朝鮮	水樓	字 剛中 本貫 豊山 父 哲輔 祖父 重厚 弘文館凝膠
洪德邁(덕괴)	朝鮮	望日菴	本貫 豊山 僉知中樞府事
洪德文(덕문)	朝鮮	寂通齋	本貫 豊山 著書 寂通齋遺稿
洪德任(덕임)	朝鮮	芝軒	本貫 豊山

人名	年代	號	其他
洪道翼(도익)	朝鮮	葛川	學者 本貫 缶溪
洪墪(돈)	1654~1693	文湖堂 梧隱	字 承基 本貫 南陽 父 宇照 應教
洪東龜(동구) →洪大龜			
洪斗鎭(두진)	1781~1834	艮翁	字 景七 本貫 豊山 父 顯周 祖父 壽源 著書 艮翁行蹟
洪得龜(득구)	1653~?	蒼谷	畵家 字 子徵 本貫 南陽 父 碩普 祖父 命夏 牧使
洪得箕(득기)	1635~1673	月湖	文臣 字 子範 本貫 南陽 父 重普 封號 益平尉 諡號 孝簡
洪得琁(득정)	朝鮮後期	悠齋	
洪得禹(득우)	1641~1700	守拙 守拙齋	文臣 字 叔範 本貫 南陽 父 重普 宋浚吉 門人 江原道觀察使
洪得一(득일)	1577~?	晩悔 後浦	文臣 字 亨諸 本貫 南陽 父 思斅 左承旨
洪濂(렴)	朝鮮	荷溪	字 仲沂 本貫 豊山 父 漢信 參奉
洪魯(로)	1366~1392	敬齋	文臣 字 得之 本貫 缶溪 父 敏求 外祖 韋臣哲 著書 敬齋實紀
洪霤(립)	1577~1648	獨靜齋	文臣 字 景時 本貫 豊山 父 履祥 黃海監司
洪邈(막)	1631~1692	錦下	字 山甫 本貫 豊山 父 廷達
洪萬選(만선)	1643~1715	流巖	學者 字 士中 本貫 豊山 父 柱國 祖父 霙 掌樂院正 著書 山林經濟
洪萬遂(만수)	1647~1695	彩峰	文臣 字 成中 本貫 豊山 父 柱三 弘文校理 著書 彩峰集
洪萬述(만술)	朝鮮	市隱	委巷人 字 汝式 本貫 南陽 父 遠澤
洪萬植(만식)	1842~1905	湖雲	文臣 字 伯憲 本貫 南陽 父 淳穆 系 淳敬 追贈 參政大臣 諡號 忠貞
洪萬容(만용)	1631~1692	金華 金華山人	文臣 字 伯涵 本貫 豊山 父 柱元 外祖 宣祖知經筵事 諡號 貞簡 著書 文集
洪萬遇(만우)	1688~1727	楸軒	文臣 字 季會 本貫 豊山 父 柱三 祖父 霙 副校理 著書 楸軒遺稿
洪萬遇(만우) →洪萬遂			
洪萬績(만적)	1660~1733	退谷	學者 字 聖任 本貫 南陽 父 啓元 外祖 朴景賢 莊陵參奉 著書 退谷集
洪萬迪(만적)	1660~1708	臨湖	文臣 字 士吉 本貫 豊山 父 柱國 外祖 李景曾 李慶億 婿 持平 著書 臨湖遺稿
洪萬迪(만적) →洪萬遇			
洪萬朝(만조)	1645~1725	晩退 晩退堂	文臣 字 宗之 本貫 豊山 父 柱天 判敦寧府事 諡號 貞翼 著書 晩退堂集
洪萬宗(만종)	1643~1725	夢軒 玄黙子 長洲 蒼星 蒼巢	學者 字 于海 本貫 豊山 父 柱世 外祖 鄭廣敬 僉知中樞府事 著書 夢軒集
洪萬昌(만창)	朝鮮	虛舟	字 季明 本貫 豊山 父 柱震

人名	年代	號	其他
洪萬通(만통)	1662~?	桐塢	字 叔亨 本貫 豊山 父 柱三 承文院著作
洪萬衡(만형)	1633~1670	藥軒	文臣 字 叔平 本貫 豊山 父 柱元 祖父 霙 吏曹佐郎
洪邁遂(매수) →洪萬遂			
洪邁海(매해)	1689~1749	無逸	字 逝仲 父 鋌 祖父 以訒 追贈 通政大夫
洪冕(면)	朝鮮肅宗	樓山	字 景輝 本貫 南陽 祖父 瑋
洪勉憙(면희)	朝鮮	沙隱	本貫 豊山
洪冕憙(면희) →洪震의 本名			
洪明(명)		洪龜	著書 洪龜文集
洪命耆(명구)	1596~1637	懶齋	文臣, 義士 字 元老 本貫 南陽 父 瑞翼 祖父 聖民 申鑑 婿 追贈 領議政 諡號 忠烈
洪命基(명기)	朝鮮顯宗	後松	字 定中 本貫 豊山 父 致震
洪命輔(명보)	1678~1737	心齋	學者 字 命彦 本貫 豊山 父 重鼎 生員
洪明燮(명섭)	1781~1848	山天齋	字 良臣 本貫 南陽 父 秉容
洪明叟(명수)		惺齋	著書 惺齋遺稿
洪命元(명원)	1573~1623	海峰	文臣 字 樂夫 本貫 南陽 父 永弼 京畿道觀察使 著書 海峰集
洪命一(명일)	1603~1651	葆翁	文臣 字 萬初 本貫 南陽 父 瑞鳳 封號 寧安君 追贈 領議政 著書 葆翁遺稿 〈鶴谷集〉
洪命周(명주)	1770~?	芷泉	文臣 字 自天 本貫 豊山 初名 命基 父 喜榮 祖父 樂靜 兵曹判書 諡號 靖簡
洪命夏(명하)	1608~1668	沂川	文臣 字 大而 本貫 南陽 父 瑞翼 領議政 諡號 文簡 著書 沂川集
洪名漢(명한)	1724~1774	市林窩	字 君平 本貫 豊山 父 景輔 禮曹判書
洪鳴漢(명한) →洪明浩의 初名			
洪命亨(명형)	1581~1636	無適堂	文臣 字 季通 本貫 南陽 父 永弼 追贈 吏曹判書 諡號 義烈
洪明浩(명호)	1736~1819	巽菴	字 公善 本貫 豊山 父 鎭輔 禮曹判書 諡號 孝獻
洪明憙(명희)	朝鮮	農菴	本貫 豊山 著書 農菴遺稿
洪命憙(명희)	1888~1968	可人 假人 白玉石 碧初 欲愚	小說家 本貫 豊山
洪霧(무) →洪雰			
洪茂績(무적)	1577~1656	白石	文臣 字 勉叔 本貫 南陽 父 義弼 成渾 門人 右參贊 諡號 忠貞
洪文系(문계) →洪奎의 初名			
洪文係(문계) →洪奎의 初名			
洪文耆(문구) →洪命耆			
洪文模(문모) →朴文悞			

人名	年代	號	其他
洪問厚(문후)	朝鮮	松窩	文臣 字 士瞻 本貫 南陽 工曹參判
洪敏求(민구) →洪敏存			
洪敏東(민동)	1695~1734	慕孝齋	字 彦平 本貫 豊山 父 夏叙 著書 慕孝齋遺蹟
洪民聖(민성)	1556~1645	石磎	字 汝中 父 澄 祖父 漢義 著書 石磎遺蹟
洪敏臣(민신)	1556~1607	八峰	字 魯直 本貫 南陽 著書 八峰先生文集
洪民彦(민언)	1537~1626	壺隱	字 季偉 本貫 豊山 父 漣 著書 壺隱遺蹟
洪民緯(민위)	朝鮮中期	醉翁	字 汝綸 本貫 豊山 父 澄 祖父 漢義
洪敏周(민주)	朝鮮	仁川	本貫 豊山 著書 仁川遺稿
洪敏存(민존)	高麗	竹軒	本貫 缶溪 父 漣 進士
洪璞(박)	朝鮮宣祖	耕漁臺	隱士 字 美夫 本貫 南陽 父 訴
洪墢(발)	朝鮮英祖	壽山	本貫 南陽 父 大昜
洪澋(방)	1573~1638	芝溪 芳溪 藻溪	文臣 字 景望 本貫 豊山 父 履祥 大司憲 著書 芝溪集
洪伯周(백주)		栗亭	本貫 豊山
洪百昌(백창)	朝鮮	農齋	文人 本貫 南陽
洪範(범)	朝鮮	牟溪 牟隱	孝子 字 洛瑞
洪仉(범) →洪侃			
洪範圖(범도)	1869~1943	汝千	獨立運動家
洪範植(범식)	朝鮮	松隱	本貫 豊山
洪範植(범식)	1871~1910	一阮 一院	文臣, 殉國烈士 字 聖訪 本貫 豊山 父 承穆 祖父 祐吉 父 承穆 錦山郡守
洪範禹(범우)		晚松齋	著書 文集
洪璧(벽)		老雲	著書 老雲文集
洪璧修(벽수)	1793~1865	三畏齋	著書 三畏齋遺稿〈栗里世稿〉
洪璧周(벽주)	朝鮮	竹圃	本貫 豊山 著書 竹圃詩集
洪辯(변)	高麗高宗	靑牛	僧侶
洪邊(변)	朝鮮仁祖	錦麓	字 秤甫 本貫 豊山 父 廷達 僉知中樞府事
洪秉機(병기)		雙槐軒	著書 雙槐軒遺稿〈墨山世稿〉
洪秉箕(병기)	1868~1949	仁菴	獨立運動家 己未獨立宣言33人
洪秉機(병기)		松溪	本貫 南陽 父 獻燮
洪炳謨(병모)	1801~1881	晚喜	著書 夢遊錄
洪炳璇(병선)	1888~1967	牧羊	
洪丙植(병식)	韓末	聲隱	本貫 豊山
洪秉益(병익)		老圃	本貫 南陽
洪秉周(병주)	1774~1843	栗溪	著書 栗溪遺稿〈栗里世稿〉

人名	年代	號	其他
洪秉喆(병철)	朝鮮純祖	明老 小嬴	文臣 字 德夫, 聖幾 本貫 南陽
洪㒖厚(병후)		忍齋	著書 忍齋先生文集
洪秉憙(병희)	朝鮮	竹軒	本貫 豊山 著書 竹軒遺稿
洪丙憙(병희)	朝鮮	愚堂	本貫 豊山
洪霙(보)	1585~1643	月峰 月秋	文臣 字 汝時 本貫 豊山 父 鸞祥 權韠 門人 封號 豊寧府院君 追贈 領議政 諡號 景憲 著書 月峰集
洪輔(보) →洪聖輔			
洪輔燮(보섭)	朝鮮哲宗	韶山	字 公弼 本貫 南陽
洪復憙(복희)	朝鮮	又南	本貫 豊山 著書 又南會香詩帖
洪鳳祚(봉조)	1680~1760	盂山	文臣 字 虞瑞 本貫 南陽 父 璛 金昌協 門人 知中樞府事 諡號 孝簡
洪鳳祚(봉조)	朝鮮後期	壽村	文臣 正言
洪鳳朝(봉조) →洪鳳周			
洪鳳周(봉주)	1725~1796	石厓 南坡	文臣 字 子敏 父 壽源 祖父 以東 春秋館修撰官 著書 石厓文集
洪鳳漢(봉한)	1713~1778	翼翼齋 翼齋	文臣 字 翼汝 本貫 豊山 父 玄輔 思悼世子 丈人 領議政 諡號 翼靖 著書 翼翼齋漫錄
洪鳳憙(봉희)	朝鮮	小松	字 聖儀 本貫 豊山 父 衡植
洪鵬(붕)	1539~1597	敬齋	文臣 字 天游 本貫 南陽 父 巨舫 濟用監僉正
洪濱(빈)	朝鮮世祖	湖隱	本貫 南陽 父 叙疇
洪凭(빙)	1623~1706	霽山	文臣 字 聖任 本貫 南陽
洪師古(사고)	朝鮮	鳥笑堂	本貫 豊山 教官
洪思容(사용)	1900~1947	露雀 白牛 笑啞	詩人 本貫 南陽
洪思哲(사철)	1879~1950	慕揚	學者
洪思斅(사효)	朝鮮	石湖	學者, 文臣 字 學乎 本貫 南陽 父 德壽
洪山柱(산주)	朝鮮	萬丈	委巷人 本貫 南陽
洪宲(삼) →洪寀			
洪墭(상)		耻齋	字 極仲 本貫 南陽
洪相民(상민)	朝鮮	鳳巖	文臣 本貫 缶林 洗馬
洪相直(상직)	朝鮮	葛泉	文臣 字 敬而 本貫 南陽 大司諫
洪象漢(상한)	1701~1769	雲章	本貫 豊山 父 錫輔 祖父 重箕 禮曹判書 諡號 靖惠 著書 文集 號 二有齋
洪穡榮(색영)		耕雲	著書 文集
洪生祐(생우)		東隱	著書 文集
洪瑞範(서범)	朝鮮	逸休堂	字 慶憲 本貫 豊山 父 鍾亮

人名	年代	號	其他
洪瑞鳳(서봉)	1572~1645	鶴谷 禾翁	文臣 字 輝世 本貫 南陽 父 天民 封號 唐城府院君 領議政 諡號 文靖 著書 鶴谷集
洪瑞禹(서우)	朝鮮顯宗	竹窩	字 夢瑞 本貫 豊山 父 鍾韻 著書 竹窩遺稿
洪瑞翼(서익)	1572~1623	禾翁	文臣 字 翼之 本貫 南陽 父 聖民 追贈 吏曹判書
洪叔疇(서주)	1499~1546	奎菴	字 道源 本貫 南陽 父 淑
洪瑞徵(서징)	1652~1725	三愚堂	字 慶汝 本貫 豊山 父 鍾亮 祖父 宇甲 著書 三愚堂 遺蹟
洪逝海(서해)	1691~1776	華溪	字 逝宗 本貫 豊山 父 鋌 祖父 以訒 同知中樞府事
洪錫(석)	1604~1680	遜愚 大明處士 晚悟 遜愚堂	學者 字 公叔, 公叙, 君叙 本貫 南陽 父 敬昭 外祖 韓浣 金集, 金尚憲 門人 追贈 吏曹判書 諡號 貞敏 著書 遜愚文集
洪瀷(석)	1736~1805	玄巖	文臣 字 清仲 本貫 南陽 父 有主 外祖 金起天 掌令 著書 玄巖文集
洪石堅(석견)	朝鮮	南百齋	文臣 字 仲確 本貫 洪州 父 濱 掌令
洪錫龜(석구)	1621~1679	九曲山人 東湖 支離齋	文臣, 學者 字 國寶 本貫 南陽 父 浚 李植 門人 海州牧使
洪錫圭(석규)	1798~?	碧松	本貫 南陽 父 思範 著書 碧松集
洪錫箕(석기)	1606~1680	晚洲 後雲	文臣 字 元九 本貫 南陽 父 頤中 外祖 南忠元 具瑞鳳 門人 追贈 吏曹判書 諡號 孝定 著書 晚洲遺集
洪錫謨(석모)	1791~1850	陶厓	學者 字 敬敷 本貫 豊山 初名 錫榮 父 義俊 外祖 李章祜 府使 著書 東國歲時記
洪錫謨(석모)		游燕	著書 文集
洪碩舫(석방)	1508~?	樂天	文臣 字 應龍 本貫 南陽 祖父 演 原州牧使
洪錫範(석범)	朝鮮英祖	肯構堂	字 源之 本貫 南陽
洪錫輔(석보)	1672~1729	睡隱	文臣 字 良臣 本貫 豊山 父 重箕 祖父 萬容 外祖 李敏敍 追贈 左贊成 諡號 忠敬 著書 睡隱公遺稿
洪錫三(석삼)	朝鮮	慕菴	本貫 豊山 著書 慕菴詩集
洪爽裕(석유)		二山	本貫 南陽
洪奭周(석주)	1774~1842	淵泉 淵泉子	文臣 字 成伯 本貫 豊山 父 仁謨 祖父 樂性 領中樞府事 諡號 文簡 著書 淵泉集
洪善輔(선보)	1712~?	黙齋	
洪縉輔(선보)	朝鮮	黑嶺齋	本貫 豊山 著書 黑嶺齋集
洪宣周(선주)	朝鮮	雲泉	字 公浚 本貫 豊山 父 日謨 東部都事
洪善周(선주)	1817~?	石戶	字 元性 本貫 豊山 父 錫榮 繕工監副正
洪善浩(선호)	朝鮮	三清堂	本貫 豊山 父 昌輔
洪暹(섬)	1504~1585	忍齋	文臣 字 退之 本貫 南陽 父 彦弼 趙光祖 門人 領中樞府事 諡號 景憲 著書 忍齋集

人名	年代	號	其他
洪暹(섬) →洪進			
洪涉(섭)	朝鮮孝宗	翠柏堂	字 利甫 本貫 豊山 父 五常 祖父 信
洪晟(성)	朝鮮英祖	夏雲	本貫 南陽 父 命源
洪聖權(성권)	朝鮮	雪北	學者 字 時中 本貫 南陽
洪性奎(성규)		松石堂	著書 文集
洪聖東(성동)		錦崖	本貫 豊山
洪聖濂(성렴)	朝鮮	源明	委巷人 字 道源 本貫 南陽
洪聖濂(성렴)		蓼軒	本貫 缶林
洪成模(성모)	朝鮮純祖	葯人	
洪聖民(성민)	1536~1594	拙翁 尚雅堂	文臣 字 時可 本貫 南陽 父 春卿 徐敬德 李滉 門人 封號 益城君 大提學 諡號 文貞 著書 拙翁集
洪聖輔(성보)	1865~1742	三省窩	文臣 字 幼亮 本貫 豊山 父 重華 寧越府使
洪聖甫(성보) →洪聖輔			
洪成淵(성연)	朝鮮	菊村	本貫 南陽 父 基定
洪成中(성중)		彩鳳	著書 彩鳳集
洪成仲(성중) →洪萬遂			
洪聖哲(성철)	朝鮮	松皐	文臣 字 希仲 本貫 南陽 同知中樞府事
洪成海(성해)	1578~1646	梧村	字 通 本貫 南陽 著書 梧村先生實記
洪聖浩(성호)	朝鮮	菊隱	委巷人 字 道淵 本貫 南陽
洪世恭(세공)	1541~1598	鳳溪	文臣 字 仲安 本貫 南陽 父 備 封號 唐城府院君 追贈 領議政 著書 鳳溪逸稿
洪世範(세범)	朝鮮	栗齋	委巷人 字 汝九 本貫 南陽 父 翊夏
洪世燮(세섭)	1832~1884	石窓	文臣 字 顯卿 本貫 南陽 父 秉僖 承旨
洪世柱(세주) →洪柱世			
洪世春(세춘) →洪世泰			
洪世泰(세태)	1653~1725	柳下 滄浪	文臣 字 道長 本貫 南陽 父 翊夏 蔚山監牧官 著書 柳下集
洪受九(수구)	朝鮮	晚田	文臣 字 聖司 本貫 缶林 節制使
洪受浣(수완)	1627~1697	葵軒	文臣 字 清叔 本貫 南陽 父 處厚 順興府使
洪壽謨(수모)	朝鮮	黙軒	本貫 豊山
洪秀輔(수보)	1723~1800	松潤 含翠	文臣 字 君擇 本貫 豊山 父 重孝 吏曹判書 諡號 貞翼 著書 松潤集
洪守約(수약)	朝鮮	誠齋	學者 本貫 缶溪
洪壽榮(수영)	朝鮮	忍齋	本貫 豊山 追贈參判
洪壽源(수원)	1702~1745	酒隱	字 汝浩 父 以東 祖父 益河 著書 酒隱遺稿

人名	年代	號	其他
洪遂績(수적)	1656~1728	長春堂	本貫 南陽 著書 文集
洪受疇(수주)	1642~1704	壺隱 壺谷	文臣, 畫家 字 九言 本貫 南陽 父 處尹 刑曹參判 著書 壺隱集
洪壽疇(수주) →洪受疇			
洪受治(수치)	朝鮮	東厓	文臣 字 受擧 本貫 南陽 同知中樞府事
洪受河(수하)		翠軒	文臣 字 濟叔 本貫 南陽 父 處厚 掌令
洪受瀗(수헌)	1640~1711	淡圃	文臣 字 君澤 本貫 南陽 父 處厚 外祖 鄭賜湖 左參贊 諡號 文靖
洪受憲(수헌) →洪受瀗			
洪璛(숙)	1654~1714	南溪	文臣 字 玉汝 本貫 南陽 父 聖元 江原道觀察使
洪塾(숙)	朝鮮顯宗	梧隱 梧村	文臣 字 承基 本貫 南陽 父 宇熙 應敎
洪淑(숙)	朝鮮	奎庵	文臣 字 道源 本貫 南陽 忠清道觀察使
洪肅厚(숙후)	韓末~日帝	笑巖	
洪淳(순)	1404~1477	西川	字 亨三 本貫 南陽 著書 文集
洪純(순)	1532~1598	勉齋	字 君則 本貫 豊山 父 繼浩 祖父 治 敎授
洪純慤(순각)	1551~?	雙栢堂	文臣 字 謹初, 謹和 本貫 南陽 父 瀯 同知
洪淳甲(순갑)	1869~1929	愚堂	獨立運動家
洪淳璣(순기)		東濱	著書 文集
洪淳大(순대)	1875~1956	石儂	著書 文集
洪淳謨(순모)	1791~?	玉灘	字 敬熙 本貫 豊山 父 義謨 系 義臣 敦寧府都正
洪淳穆(순목)	1816~1884	汾溪 初堂	文臣 字 熙世 本貫 南陽 父 鍾遠 祖父 顯圭 領議政 諡號 文翼
洪淳文(순문)	朝鮮	春軒	本貫 南陽 父 鍾圭
洪淳福(순복)	朝鮮中宗	顧菴	文臣 字 子綏, 綏而 本貫 南陽 父 士淳
洪淳養(순양)	朝鮮後期	春竹	
洪純彦(순언)		唐陵	著書 文集
洪純彦(순언)		青潭	
洪淳翼(순익)	朝鮮	時亭	本貫 南陽 父 鍾憶
洪純翊(순익)	1830~1870	惺齋	學者 字 明叟 本貫 南陽 父 鍾華 外祖 金時白 著書 惺齋集
洪淳益(순익)	1859~1939	道溪	著書 文集
洪淳一(순일)	1837~1903	松岡	學者 字 子元 本貫 南陽 父 鍾武 外祖 崔文奎 著書 松岡集
洪淳柱(순주)	1897~1971	晦堂	著書 文集
洪淳喆(순철)	朝鮮	遊夢	本貫 南陽 父 鍾成
洪淳泌(순필)	朝鮮	石河	本貫 南陽 父 鍾億

人名	年代	號	其他
洪淳弼(순필)		松連齋	
洪醇浩(순호)	1766~?	半蒼	學者 本貫 豊山 父 來輔 外祖 柳仰 著書 半蒼私稿
洪霫(습) →洪翼漢의 初名			
洪昇(승)	1612~1688	鼎崖	學者 字 景初 本貫 南陽 父 善慶 外祖 李榮男 南別殿參奉 編書 古今事實
洪承敬(승경)	朝鮮	雲樵	本貫 豊山 著書 雲樵遺稿
洪承慶(승경)	1852~1913	晚悟	字 鍾汝 本貫 豊山 父 祐鍾 祖父 贊周 參奉
洪承龜(승구)	朝鮮	樵菴	字 道三 本貫 豊山 父 祐典
洪承九(승구)	朝鮮末	菊坡	本貫 豊山 父 祐弼
洪承權(승권)	朝鮮	學隱	本貫 豊山
洪承圭(승규)	朝鮮	石塘	本貫 豊山
洪承起(승기)	朝鮮	鰲江	字 敬禹 本貫 豊山 父 祐元 祖父 馨周
洪承敦(승돈)	朝鮮後期	錦川	本貫 豊山 父 蓋周
洪承斗(승두)	1879~1953	春塘	字 昌極 父 祐增 祖父 鶴周 著書 春塘先生文集
洪承樂(승락)	1879~1961	玄潭	字 性裕 本貫 豊山 父 祐贊 系 祐敦 祖父 蓋周
洪承魯(승로)	1895~1965	晚堂	獨立運動家 本貫 南陽
洪承明(승명)	朝鮮	晚翠	本貫 豊山
洪承穆(승목)	1847~1925	硯耘	字 敬熙 本貫 豊山 父 祐弼 系 祐吉 禮曹判書
洪承百(승백)	朝鮮後期	松洲	本貫 豊山 著書 文集
洪承復(승복)	朝鮮	杏亭	本貫 豊山 著書 杏亭遺稿
洪承福(승복)	朝鮮	芝堂	本貫 豊山
洪承鵬(승붕)	朝鮮	菊史	本貫 豊山 著書 菊史遺稿
洪承受(승수)	1874~1947	東菴	字 啓賢 本貫 豊山 父 祐瓚 祖父 範周
洪承順(승순)	朝鮮後期	城山	本貫 豊山 父 命周
洪承億(승억)	朝鮮高宗	心齋	字 稚萬 本貫 豊山 父 祐喆 松都留守
洪承業(승업)	1896~1973	存性齋	字 元汝 本貫 豊山 父 祐永
洪承璉(승연)	朝鮮	竹軒	本貫 豊山 著書 竹軒遺稿
洪昇淵(승연)	朝鮮後期	厓仙	
洪承愚(승우)	朝鮮	蓮塢	本貫 豊山 著書 蓮塢遺稿
洪承運(승운)	1845~?	三泉	字 景堯 本貫 豊山 父 祐鼎 系 祐謙 祖父 爽周 弘文館應教
洪承源(승원)	朝鮮	屛溪	本貫 豊山 著書 屛溪遺稿
洪承裕(승유)	1816~?	蒼巖	字 季聞 本貫 豊山 父 祐順 右副承旨
洪承殷(승은)	朝鮮	錦崖	本貫 豊山 著書 錦崖遺稿

人名	年代	號	其他
洪承祖(승조)	1808~1880	陶隱	字 士文 本貫 豊山 父 祐順 祖父 命周 工曹參判
洪承祚(승조)	朝鮮	晩悟	本貫 豊山 著書 晩悟遺稿
洪承俊(승준)	朝鮮後期	松山	字 百源 本貫 豊山 父 祐璉
洪承泰(승태)	朝鮮	蓮農	字 景國 本貫 豊山 父 祐獻 平澤縣監
洪承台(승태)	1823~1901	道川	字 士文 本貫 豊山 父 祐豹 著書 道川遺稿
洪承漢(승한)	1881~?	溫菴	牧師
洪承憲(승헌)	1854~?	汶園	獨立運動家 字 文一 本貫 豊山 吏曹參判
洪昇鉉(승현)	1855~?	遂初 厓仙	書藝家 字 景文 本貫 南陽 父 顯普
洪承渙(승환)	朝鮮	耻菴	本貫 豊山 著書 耻菴遺稿
洪時模(시모) →洪湜謨			
洪時發(시발)		和巖	本貫 南陽 祖父 龍浩
洪時燮(시섭)	1826~1888	思谷	著書 思谷遺稿〈黙山世稿〉
洪時燮(시섭)		湖隱	著書 文集
洪時挺(시정)	朝鮮	蒼崖	字 俊卿 本貫 豊山 父 民彦 著書 蒼崖遺蹟
洪湜(식)	1559~1610	西湖	文臣 字 仲淸 本貫 南陽 父 汝謙 追贈 領議政
洪植(식)	?~1920	文山	獨立運動家
洪湜謨(식모)	朝鮮後期	蘭坡	本貫 豊山 父 義燮 著書 蘭坡詩集
洪埴周(식주)	朝鮮	無逸齋	本貫 豊山 都正
洪信(신)	朝鮮明宗	溪旅	本貫 豊山 奉事
洪愼猷(신유)	1724~?	自華子 自華	委巷人 字 徽之 本貫 南陽 父 聖龜 著書 自華子集
洪深(심)	朝鮮宣祖	羔巖	字 仲淵 本貫 豊山 父 漢義 追贈刑曹參判
洪氏夫人(씨부인)	朝鮮後期	幽閒	本貫 豊山 父 洪仁謨 夫 沈宜爽 著書 文集
洪若宇(약우)	朝鮮後期	鳳泉	
洪約昌(약창)	朝鮮宣祖	龜村	字 慶元 本貫 南陽
洪若浩(약호)	朝鮮	歡西	字 文度 本貫 豊山 父 正輔 祖父 重寅 同知中樞府事
洪亮吉(양길)		晩讀書齋	著書 文集
洪養黙(양묵)		月巖	著書 月巖稿
洪洋植(양식)	朝鮮	南坡	本貫 豊山 著書 南坡遺稿
洪亮八(양팔)		北汀	本貫 南陽
洪亮漢(양한)	1719~1763	媚南 烏西	文臣 字 龍卿 本貫 豊山 父 國輔 修撰
洪良漢(양한)	朝鮮	泥窩	字 漢師
洪良漢(양한) →洪良浩의 初名			
洪良浩(양호)	1724~1802	耳谿	文臣, 學者 字 漢師 本貫 豊山 父 鎭輔 祖父 重聖 判中樞府事 諡號 文獻 著書 耳谿集

人名	年代	號	其他
洪喑(언)	朝鮮	酒隱	本貫 南陽 父 友敬
洪彦國(언국)	朝鮮成宗	訥庵	本貫 缶溪 父 貴達 生員
洪彦博(언박)	1309~1363	陽坡	文臣 字 仲容 本貫 南陽 父 戎 祖父 奎 封號 南陽侯 追贈 政丞 謚號 文正 著書 陽坡集
洪彦忠(언충)	1473~1508	寓菴	文臣 字 直頃 本貫 缶溪 父 貴達 外祖 金淑正 直講 著書 自挽辭
洪彦弼(언필)	1476~1549	黙齋	文臣 字 子美 本貫 南陽 父 洞 封號 益城府院君 領議政 謚號 文僖 著書 黙齋集
洪汝剛(여강)		靜齋	本貫 南陽
洪汝栗(여률)	朝鮮宣祖	虛舟子	文臣 字 字敬 本貫 南陽 父 進
洪汝問(여문)		松圃	字 深淑 本貫 南陽
洪汝方(여방)	?~1438	戀生堂 戀主亭	文臣 字 子圓 本貫 南陽 父 吉旻 判書 謚號 文良 著書 文集
洪汝芳(여방) →洪汝方			
洪汝諄(여순)	1547~1609	東城	文臣 字 士信 本貫 南陽 父 闇 兵曹判書
洪如一(여일) →黃如一			
洪汝河(여하)	1621~1678	木齋 山澤齋	文臣 字 百源 本貫 缶溪 父 鎬 追贈 副提學 著書 木齋集
洪汝漢(여한)	朝鮮	慕潭	文臣 字 道可 僉知中樞府事
洪汝諧(여해)	朝鮮	嶠隱	文臣 字 子韶 本貫 南陽 成川府使
洪櫟(역)	1709~1768	毅齋	文臣 字 壽翁 本貫 南陽 父 龍祚
洪演(연)	朝鮮初期	湖隱	文臣 字 子源, 子濱 本貫 南陽 父 陟 執義
洪淵穆(연목)		綠左	著書 綠左逸稿〈栗里世稿〉
洪說謨(열모)	朝鮮	老巖	字 聖立 本貫 豊山 父 義命 吏曹判書 謚號 文憲
洪霙(영)	1584~1645	楸巒 獨靜齋	文臣 字 澤芳 本貫 豊山 父 履祥 外祖 金顧言 李廷龜 婿 同知中樞府事
洪璥(영)	1669~?	我室	文人 字 聖伯 本貫 南陽 父 宇遠 著書 文集
洪永(영)	朝鮮	敬軒	本貫 豊山 追贈司僕寺正
洪榮述(영술) →洪樂述			
洪英植(영식)	1855~1884	琴石	文臣 字 仲育 本貫 南陽 父 淳穆 追贈 大提學 謚號 忠愍 編書 日本陸軍總制
洪泳周(영주)	1803~1882	野圃	字 允中 本貫 豊山 父 渥謨 祖父 義燮 著書 野圃遺稿
洪泳漢(영한)		鰲樵居士	字 春卿 本貫 豊山
洪榮熹(영희)		醒齋	著書 文集
洪五紀(오기)	朝鮮中宗	三山遯翁	字 仁之 本貫 豊山 著書 三山集
洪鈺(옥)	1883~1950	幾宇	著書 幾宇集

人名	年代	號	其他
洪玉堅(옥견)	朝鮮	守眞	文臣 字 仲溫 本貫 洪州 縣監
洪沃輔(옥보)	1709~1772	有忝堂 夢覺齋	學者 字 啓心 本貫 豊山 父 重休 縣監 著書 有忝堂集
洪龍佑(용우)	1825~1880	寒波	著書 寒波遺稿〈栗里世稿〉
洪龍祚(용조)	1686~1741	金伯	文臣 字 義瑞 本貫 南陽 父 驌 三和府使
洪龍漢(용한)	1734~1809	長洲	字 明汝 本貫 豊山 父 鉉輔 同知敦寧府事 著書 文集
洪龍浩(용호)		大明逸民 圃翁	本貫 南陽 祖父 繼勳
洪澐(우)	高麗	謹齋	文臣 字 詠而 本貫 洪州 樞密院事
洪遇(우)	1614~1660	錦崖	字 明甫 本貫 豊山 父 廷達
洪宇甲(우갑)	?~1646	雲溪	本貫 豊山
洪祐健(우건)	1811~?	原泉	字 元龍 本貫 豊山 父 耆周 藝文館提學 著書 原泉集
洪祐璟(우경)	朝鮮	愼菴	本貫 豊山
洪禹龜(우구)	朝鮮宣祖	竹翁	本貫 岳林 進士 父 相晉
洪禹圭(우규)	朝鮮肅宗	冶村	本貫 南陽 父 受渙 縣監
洪宇琦(우기)	朝鮮	錦西	委巷人 字 德祖 本貫 南陽
洪祐吉(우길)	1809~1890	研灘 靄史 春山	文臣 字 成汝 本貫 豊山 父 定周 吏曹判書 諡號 孝文 著書 研灘集
洪禹寧(우녕)	1660~?	靜窩	字 汝成 本貫 南陽 父 處大 李選 婿 監司
洪祐敦(우돈)	朝鮮	錦川	本貫 豊山 著書 錦川遺稿
洪祐命(우명)	朝鮮憲宗	林樵	本貫 豊山 父 翼周
洪祐明(우명)	朝鮮憲宗	冽泉	字 永伯 本貫 豊山 父 憲周 祖父 益謨 敦寧府都正
洪祐謨(우모)	朝鮮憲宗	左湖	字 幼會 本貫 豊山
洪禹傳(우부)	→洪禹傳		
洪祐相(우상)	1905~?	南岡	本貫 豊山 一名 南根 父 崙周 典校
洪禹瑞(우서)	1662~1716	西巖	文臣 字 仲熊 本貫 南陽 父 受流 祖父 命元 右承旨
洪祐錫(우석)	1843~1903	愚齋	學者 字 文玄 本貫 豊山 父 圭同 外祖 李光植 著書 愚齋遺稿
洪祐卨(우설)	1880~1958	雪軒	字 明悟 本貫 豊山 父 璟周 著書 雪軒遺稿
洪友燮(우섭)		雙水堂	著書 雙水堂集
洪禹燮(우섭)		三乎	本貫 南陽
洪祐成(우성)	1849~1872	慕山	字 允集 本貫 豊山 父 仁周 著書 慕山遺稿
洪祐誠(우성)		三宜堂	著書 三宜堂詩集
洪禹成(우성)	→洪允性의 初名		
洪祐順(우순)	1791~1812	城山	字 耳伯 本貫 豊山 父 命周 祖父 喜榮 左參贊

人名	年代	號	其他
洪祐信(우신)	1795~?	白崖	字 仲助 本貫 豊山 父 命周 祖父 喜榮 青松府使
洪祐伸(우신)	1890~1948	東園	字 道源 本貫 豊山 父 永周 祖父 渥謨 著書 東園遺稿
洪祐璉(우연)	朝鮮後期	聽瀨	本貫 豊山
洪祐永(우영)	朝鮮	松溪	本貫 豊山 著書 松溪遺稿
洪祐英(우영)	朝鮮	芝山	本貫 豊山
洪祐用(우용)	朝鮮	梧軒	本貫 豊山
洪祐鏞(우용)	1872~1941	牛山	字 德韶 本貫 豊山 父 圭周 著書 牛山遺稿
洪宇遠(우원)	1625~1687	南坡 夢坡	文臣 字 君徵 本貫 南陽 父 榮 左參贊 諡號 文簡 著書 南坡集
洪禹績(우적)	朝鮮	慕菴	文臣 字 嘉仲 本貫 南陽 戶曹參判
洪禹傳(우전)	1663~1729	龜灣	文臣 字 執中 本貫 南陽 父 受濟 系 受晋 李翔 婿 宋時烈 門人 水原府使
洪祐銓(우전)	朝鮮	遺安堂	本貫 豊山
洪宇定(우정)	1593~1654	杜谷 桂谷	志士 字 靜而 本貫 南陽 父 榮 祖父 可臣 外祖 許筬 崔沂 婿 追贈 吏曹判書 諡號 介節 著書 杜谷集
洪宇正(우정)	1769~1849	松栢堂	學者 字 文若 本貫 南陽 父 觀國 外祖 李廉 著書 松栢堂集
洪宇正(우정)		陽坡	
洪禹疇(우주)	1702~1761	薇陽	著書 薇陽文集
洪祐煥(우쥰)	朝鮮	柳溪	字 鍾女 本貫 豊山 父 悅周
洪祐至(우지)	朝鮮	梧堂	本貫 豊山 著書 梧堂漫稿
洪宇芝(우지) →洪宇定			
洪祐珍(우진)	朝鮮	筠軒	本貫 豊山 著書 筠軒遺稿
洪祐鎭(우진)	朝鮮	希菴	本貫 豊山 著書 希菴遺稿
洪祐昌(우창)	1819~1890	小芸	文臣 字 幼盛 本貫 豊山 父 翰周 水原府留守 諡號 貞憲
洪祐喆(우철)	1813~?	蕉堂	字 允明 本貫 豊山 父 顯周 著書 蕉堂詩艸
洪祐喆(우철)	朝鮮	農隱	本貫 豊山 著書 農隱遺稿
洪祐澤(우택)	朝鮮	南坡	本貫 豊山 著書 南坡遺稿
洪禹澤(우택)	朝鮮	逸老堂	委巷人 字 聖擧 本貫 南陽 武科
洪禹平(우평)	朝鮮	柳村	文臣 本貫 洪州 吏曹判書
洪禹弼(우필)	朝鮮	松隱	委巷人 字 舜擧 本貫 南陽
洪宇夏(우하)	朝鮮	古愚堂	學者 字 明遠 本貫 南陽 父 采 系 規
洪羽漢(우한)	朝鮮	芝菴	字 士章 本貫 豊山 父 鼎輔 弘文館校理
洪禹幸(우행) →洪基의 初名			

人名	年代	號	其他
洪宇逈(우형)	朝鮮	松溪堂	學者 字 大臨 本貫 南陽
洪祐憲(우헌)	朝鮮	蘭畹	本貫 豊山 父 和周
洪祐獻(우헌)	朝鮮	漪嵐	本貫 豊山
洪祐鎬(우호)	朝鮮	溪堂	字 德京 本貫 豊山 父 圭周
洪祐煥(우환)	朝鮮	芝谷	字 禹瑞 本貫 豊山 父 喜周 追贈戶曹參議
洪旭(욱)		無悔	本貫 唐城
洪覵(운)	朝鮮	海藏翁	學者 字 元明 本貫 南陽
洪源(원)		四面軒	本貫 南陽
洪蒝(원)	朝鮮仁祖	松菴	字 望之 本貫 豊山 父 廷業
洪元燮(원섭)	1744~1820	太湖	學者 字 太和 本貫 南陽 父 相胤 外祖 李權中 水原 判官 著書 太湖集
洪遠燮(원섭)	1798~?	蒼叟	字 而剛 本貫 南陽 父 秀晚
洪遠植(원식)	朝鮮	釜堂	字 景錫 本貫 豊山 父 承祖 祖父 祐順 副提學
洪原周(원주)	1791~?	幽閒堂	女流詩人 本貫 豊山 父 仁模 夫 沈宜爽 著書 幽閒集
洪愿周(원주)	朝鮮	亭巖	本貫 豊山
洪遠澤(원택)	朝鮮	野隱	委巷人 字 士涵 本貫 南陽
洪元憙(원희)	韓末	三乎齋	本貫 豊山 著書 三乎齋遺稿
洪瑋(위)	1559~1624	西潭	文臣 字 瑋夫 本貫 南陽 父 訴 柳成龍 門人 醴泉郡 守 著書 西潭集
洪葳(위)	1620~1660	淸溪 蒼嵐	文臣 字 君實 本貫 南陽 父 遠湖 趙錫胤 門人 同副 承旨 著書 淸溪集
洪遊(유)	朝鮮仁祖	錦坡	字 觀甫 本貫 豊山 父 廷達
泓宥(유)	1718~1774	秋波 鏡巖	僧侶 本貫 全州 俗姓 李氏 祖父 碩寬 著書 秋波集
弘宥(홍유) →泓宥			
洪有達(유달) →洪貴達			
洪遊範(유범)		寄菴	本貫 南陽
洪裕孫(유손)	1431~1529	篠叢子 狂直子 狂 眞子 篠叢	學者 字 餘慶 本貫 南陽 父 順致 金宗直 門人 著書 篠叢遺稿
洪有人(유인)	朝鮮	螫窩	隱士 字 仁甫 本貫 南陽 父 文度 著書 螫窩遺稿
洪儒漢(유한)	1726~1785	朧隱	字 士良 天主教徒 著書 朧隱遺稿
洪尹九(윤구)		安分齋	本貫 南陽
洪胤道(윤도)	朝鮮	竹川	字 茂承 本貫 豊山 父 大楫
洪允輔(윤보)	朝鮮	抱膝庵	字 季信 本貫 豊山 父 重謨 綾州牧使
洪允成(윤성)	1425~1475	傾海 領海	文臣 字 守翁 初名 禹成 本貫 懷仁 父 齊年 封號 仁 山府院君 諡號 威平
洪允成(윤성)		醇欽堂	本貫 懷仁

人名	年代	號	其他
洪胤喆(윤철)	朝鮮	沙村	字 士昻 本貫 豊山 父 大鎣
洪胤昊(윤호)	朝鮮	石窩	字 士瞻 本貫 豊山 父 大受 著書 石窩遺稿
洪應(응)	1428~1492	休休堂	文臣 字 應之 本貫 南陽 父 深 封號 孟城府院君 左議政 諡號 忠貞
洪應奎(응규) →黃應奎			
洪應輔(응보)	1702~1770	雯洲	學者 字 同甫 本貫 豊山 父 重潤 獻納 著書 遺稿
洪應溥(응부)	朝鮮	松齋	文臣 字 大而 本貫 南陽 同知中樞府事
洪應守(응수)	1560~1649	野隱	文臣 字 守善 本貫 南陽 僉知中樞府事
洪義明(의명)	朝鮮	逸齋	委巷人 字 宜甫 本貫 南陽
洪義謨(의모)	1743~1811	今是軒 何愚堂	文臣 字 而中 初名 義榮 本貫 豊山 父 樂性 金元行 門人 刑曹判書 諡號 孝獻
洪義植(의식)	朝鮮	靜湖	委巷人 字 致宜 父 聖浩
洪儀泳(의영)	1750~1815	艮齋	文臣 字 正則 本貫 南陽 父 啓祐 校理 著書 北關記事
洪義榮(의영) →洪義謨의 初名			
洪義運(의운) →洪樂安義 改名			
洪義人(의인)	朝鮮宣祖	華萼 華巖	學者 字 正叔 本貫 南陽
洪義績(의적) →洪茂績			
洪義浩(의호)	1578~1826	澹寧	文臣 字 養仲 本貫 豊山 父 秀輔 禮曹判書 諡號 正憲 著書 澹寧集
洪義浩(의호)	朝鮮	魯庵	著書 文集
洪義浩(의호)		三碧堂	
洪義浩(의호)		楊湖	
洪履簡(이간)	1753~1827	南軒	文臣 字 元禮 本貫 南陽 父 善養 同知中樞府事 著書 南軒稿
洪履健(이건)	朝鮮憲宗	睡軒	本貫 南陽 父 起翰 承旨
洪以謙(이겸)	朝鮮後期	獨翠亭	本貫 豊山 父 涉
洪以珪(이규)	朝鮮	錦溪	字 玄卿 本貫 豊山 父 遐
洪以範(이범)		忍默軒	著書 文集
洪履福(이복)	1701~1723	一谷	著書 文集
洪以泗(이사)	朝鮮	梧月堂	本貫 豊山
洪履祥(이상)	1549~1615	慕堂	文臣 字 元禮 君瑞 初名 麟祥 本貫 豊山 父 脩 閔純 門人 開城府留守 諡號 文敬 著書 慕堂遺稿
洪彝叙(이서)	1774~?	荷洲	學者 著書 荷洲集
洪以信(이신)	朝鮮中宗	蓮坡	本貫 南陽 父 淳
洪履洙(이수)	朝鮮	竹窩	字 子源 本貫 豊山 父 景古 追贈童蒙敎官
洪理禹(이우)	1815~1879	晩柏	學者 字 文杓 洪直弼 門人 著書 晩柏文集

人名	年代	號	其他
洪以訒(이인)	朝鮮後期	稼亭	字 忍夫 本貫 豊山 父 涉 祖父 五常
洪以樀(이장)	1673~1727	廣胖窩	學者 字 道運 本貫 南陽 父 仲衍 外祖 崔英亮 著書 廣胖窩遺稿
洪彝浩(이호)	朝鮮	菊軒	字 叔章 本貫 豊山 父 獻輔 判官
洪理鎬(이호)	?~1866	松墅	學者 著書 松墅遺稿 〈晩柏遺稿〉
洪翼龍(익룡)	朝鮮	碧翁	委巷人 字 元甫 本貫 南陽
洪益謨(익모)	朝鮮	汲古齋	本貫 豊山 著書 汲古齋遺蹟
洪益輔(익보)	朝鮮	自牧窩	字 謙仲 本貫 豊山 父 樂彬 追贈 吏曹參判
洪益普(익보)	朝鮮	逍遙堂	隱士 本貫 南陽 著書 遺稿
洪益燮(익섭)		青堂	
洪翼壽(익수)		老樵	著書 文集
洪翼淵(익연)	朝鮮	晩香齋	本貫 豊山 著書 晩香齋遺稿
洪益永(익영)		方黎	
洪翼鎭(익진)	1766~1801	南崖 南崖居士	學者 字 景進 本貫 豊山 初名 義健仁基 父 顯周 系 鳳周 金鍾秀 門人 著書 南崖集
洪益晋(익진)	→洪益普		
洪益采(익채)	1682~1730	松巖 孝巖	字 白汝 本貫 豊山 父 海一 著書 松巖遺稿
洪翼弼(익필)	1777~1825	守窩	文臣 字 翊汝, 允汝 本貫 南陽
洪翼漢(익한)	1586~1637	花浦 雲翁	文臣 字 伯升, 澤遠 初名 霅 本貫 南陽 父 以成 系 大成 李廷龜 門人 追贈 領議政 諡號 忠正 著書 花浦集
洪翼賢(익현)	朝鮮宣祖	松谷	隱士 字 君友 本貫 南陽
洪翼亭(익형)	朝鮮仁祖	小隱	字 子昇 本貫 南陽
洪仁謨(인모)	1755~1812	足睡堂 足睡 足睡居士	文臣 字 而壽 初名 大榮 本貫 豊山 父 樂性 系 樂最 右副承旨 著書 足睡堂集
洪麟輔(인보)	朝鮮	樂兼堂	本貫 豊山 著書 樂兼堂遺稿
洪仁甫(인보)	→洪仁肅		
洪麟祥(인상)	→洪履祥의 初名		
洪麟燮(인섭)	1860~?	清下	著書 文集
洪仁孫(인손)	朝鮮中宗	稼亭	本貫 南陽
洪仁肅(인숙)		愼窩	著書 愼窩遺稿
洪寅植(인식)	朝鮮	砥軒	本貫 豊山 著書 砥現遺稿
洪仁祐(인우)	1515~1554	耻齋	學者 字 應吉 本貫 南陽 父 德演 外祖 李思良 徐敬德 李滉 門人 追贈 領議政 著書 耻齋遺稿
洪麟佑(인우)	1836~1924	茅窩	字 定汝 本貫 缶林 父 學修 著書 文集
洪仁周(인주)	朝鮮後期	醉隱	本貫 豊山

人名	年代	號	其他
洪人河(인하)	朝鮮	杏南	字 伯功 本貫 豊山 父 冕輔 祖父 重達 莊陵參奉
洪仁憲(인헌)	朝鮮宣祖	巖居	字 應明 本貫 南陽 父 德潤
洪仁鉉(인현)		二顧	著書 文集
洪仁浩(인호)	1753~?	七隱	字 元伯 本貫 豊山 父 秀輔 江原監司 著書 七隱集
洪逸童(일동)	?~1464	麻川	文臣 字 日休 本貫 南陽 父 尙直 行上護軍 著書 麻川集
洪日燮(일섭)	1878~1935	默齋	著書 文集
洪一純(일순)	1804~1856	鰲谷	學者 字 憲文 本貫 南陽 父 禹弼 外祖 朴相漢 吳熙常, 李鳳洙 門人 始興縣令 著書 鰲谷集
洪一厚(일후)	1834~1895	寒潭	著書 文集
洪霖植(임식)		何庭	著書 文集
洪任濟(임제)	1727~1786	敬直齋 景直齋	學者 字 景尹 本貫 南陽 父 疇九
洪自阿(자아)	朝鮮	玉峰	文臣 字 次山 本貫 南陽 兵曹參議
洪自一(자일)	朝鮮	息厓	本貫 豊山 父 鍾華 祖父 南甲 工曹參議
洪子定(자정)	→洪宇定		
洪章中(장중)	朝鮮末	淨齋	書家 字 章仲
洪章漢(장한)	朝鮮	樂庵 雲庵	文臣 字 雲紀 本貫 豊山 李縡 門人 郡守 著書 詩集
洪章海(장해)	朝鮮肅宗	畏庵	本貫 南陽 父 啓宇
洪載(재)	高麗恭愍王	晩隱	文臣 字 德輶 本貫 豊山 大提學
洪載(재)		南燕 燕南	本貫 南陽
洪在謙(재겸)		靜山	著書 靜山文集
洪在寬(재관)	1874~1949	松圃	字 舜敎 本貫 南陽 父 廈燮 著書 文集
洪在龜(재구)		遜志	字 士伯
洪在機(재기)		松溪	本貫 南陽
洪載龍(재룡)		錦山	本貫 南陽
洪在穆(재목)	1846~1922	恒山	著書 文集
洪在黙(재묵)		恭儉堂	本貫 南陽
洪在範(재범)	1895~?	一吾	小說家
洪在鳳(재봉)	1859~1941	桐圃	字 舜九 本貫 南陽 父 慶欽 著書 文集
洪在鳳(재봉)	朝鮮哲宗	石湖	本貫 南陽 父 萬燮 延安府使
洪在鳳(재봉)	朝鮮	南爐	文臣 字 致祥 本貫 洪州 禮曹參判
洪在成(재성)		雲坡	著書 文集
洪在淑(재숙)	朝鮮	雲塢	本貫 南陽 父 洛燮
洪在詢(재순)	朝鮮後期	農軒	字 雲擧 本貫 南陽 李亨栻 門人

人名	年代	號	其他
洪在愼(재신)		梅齋	本貫 南陽
洪在淵(재연)	1772~?	五宜齋	字 躍汝, 源明 本貫 豊山 父 胤喆 祖父 大猷 著書 五宜齋文集
洪在英(재영)	1842~1905	芝坡	學者 字 而潤 本貫 南陽 父 道元 外祖 朴元周 著書 芝坡集
洪在政(재정)	1881~1957	石巖	字 聖七 本貫 南陽 父 仁燮 著書 石巖先生文集
洪在鼎(재정)		聽水堂	字 公實 本貫 南陽 著書 聽水堂集
洪在喆(재철)	1788~?	殷山 醉箕 厚齋	文臣 字 稚敬 本貫 南陽 父 起燮
洪在夏(재하)	1844~1894	菊圃	著書 菊圃遺稿 〈黙山世稿〉
洪載夏(재하)	1882~1949	愚石	字 敬禹 本貫 缶林 父 鳳燮 著書 愚石文集
洪在赫(재혁)	朝鮮後期	醉裵	本貫 南陽
洪在熙(재희) →洪啓薰의 初名			
洪㯠(저) →洪澪			
洪迪(적)	1549~1591	荷衣 荷衣子 養齋	文臣 字 太古 本貫 南陽 父 仁祐 系 仁範 舍人 著書 荷衣集
洪適(적)	1595~1647	錦隱	字 武甫 本貫 豊山 父 庭達 祖父 漢智 著書 錦隱集
洪適(적)	朝鮮英祖	東溪	本貫 南陽 父 世全
洪瑑(전)	1606~1665	竹巖	文臣 字 伯潤 本貫 南陽 父 友直 漢城府允
洪壂(전)	1804~1865	老雲	學者 字 士直 本貫 南陽 父 始潤 著書 老雲集
洪霆(정)	1581~?	嗜靜	字 敏善 本貫 豊山 父 鸞祥 珍山郡守
洪鋌(정)	朝鮮後期	靖軒	本貫 豊山 父 以詡 追贈 戶曹參議
洪廷達(정달)	朝鮮後期	聱隱	字 伯庸 本貫 豊山 父 瀅 祖父 漢智 僉知中樞府事
洪挺謨(정모)	朝鮮	竹溪	本貫 豊山 著書 竹溪遺稿
洪禎修(정수)	1878~1965	悟山	字 興仲 本貫 缶臨 父 秉璿 著書 文集
洪廷業(정업)	1556~1622	猶蒙齋	字 伯顯 本貫 豊山 父 沇 祖父 漢智 追贈 戶曹參判
洪鼎周(정주)	1732~1758	抄窩	字 重叔 本貫 豊山 父 壽源 祖父 以東 將仕郎 著書 抄窩稿 〈酒隱世稿〉
洪正夏(정하)	1684~?	九一	數學者 字 汝匡 本貫 南陽 父 載源 著書 九一集
洪正河(정하)	朝鮮	髥齋	本貫 豊山 著書 四編正義
洪政鉉(정현)	1875~1938	剛菴 不二齋	學者 字 禹八 本貫 南陽 父 在信 外祖 金堅 著書 剛菴遺稿
洪正憙(정희)	朝鮮	春士	字 聖中 本貫 豊山 父 遠植 秘書院丞
洪濟輔(제보)	朝鮮肅宗	梅南	本貫 豊山 父 中休
洪濟猷(제유)	1689~1721	愛懶齋 愛懶子	學者 字 仲亨 本貫 南陽 父 致中 外祖 李寅炳 著書 愛懶齋集 〈耐齋集〉

人名	年代	號	其他
洪鍾珏(종각)		信宇	著書 文集
洪宗慶(종경)	朝鮮宣祖	愚溪	文人 字 裕吉 本貫 南陽 父 瑋長
洪宗九(종구)	1781~1841	恒窩	學者 字 公範 本貫 缶林 父 惠績 外祖 李潤 著書 恒窩集
洪鍾圭(종규)	朝鮮	農隱	本貫 南陽 父 在範
洪宗祿(종록)	1546~1593	柳村	文臣 字 延吉 本貫 南陽 父 曇 外祖 曺益修 直提學
洪鍾發(종발)	1616~?	竹堂	字 遠甫 本貫 豊山 父 宇甲 祖父 民緯
洪鍾序(종서)	1819~?	悠齋 春湖	文臣 字 士賓 本貫 南陽 父 勝圭 系 在元 藝文館 提學 諡號 貞文
洪鍾善(종선)		一愚	本貫 南陽
洪宗涉(종섭)	1757~?	恒窩	本貫 缶林 父 圭績 著書 恒窩文集
洪鍾成(종성)	朝鮮哲宗	淸隱	本貫 南陽 父 在璿
洪鍾韶(종소)	1877~1947	硯峯 石顚	字 舜九 本貫 南陽 父 在穆 著書 文集
洪鍾秀(종수)		蘭坡	
洪鍾時(종시)	朝鮮後期	硏農	
洪宗植(종식)	1851~1873	棲碧堂	字 氣浩 本貫 豊山 父 承台 祖父 裕豹 著書 棲碧堂遺稿
洪鍾榮(종영)	朝鮮	海雲	文臣 字 尾卿 本貫 南陽 吏曹參議
洪鍾永(종영)	朝鮮	濯纓	學者 本貫 豊山
洪鍾韻(종운)	1613~1658	德谷	文臣 字 遠伯, 和伯 本貫 豊山 父 宇甲 祖父 民緯 侍講院弼善 著書 德谷集
洪鍾應(종응)	1783~?	芍玉	字 士協 本貫 南陽 父 勝圭 著書 文集
洪鍾鎭(종진)	1837~1887	風南	著書 文集
洪鍾振(종진)		石汀	著書 石汀集
洪鍾澈(종철)		華谷	著書 華谷遺稿
洪宗海(종해)	1711~?	日涉園	字 南紀 本貫 南陽 父 啓佐
洪宗海(종해)	朝鮮	后川	
洪鍾憲(종헌)	朝鮮	竹坡	本貫 南陽 父 在洛
洪鍾赫(종혁)		蓮谷	本貫 南陽
洪鍾皓(종호)		西汜	著書 文集
洪鍾揮(종휘)	韓末~日帝	蘆下	獨立運動家
洪鍾欽(종흠)		後隱	本貫 豊山
洪澍(주)	高麗	杏村	文臣 本貫 南陽 封號 南陽君 三司左使
洪疇(주)	1877~1954	白窩	獨立運動家 父 濟業
洪稠(주) →許裯			

人名	年代	號	其他
洪柱國(주국)	1623~1680	泛翁 竹里	文臣 字 國卿 本貫 豊山 父 霙 祖父 履祥 外祖 李廷龜 鄭弘溟 文人 安岳縣監 著書 泛翁集
洪柱三(주삼)	1621~1661	月灘	文臣 字 鼎卿 本貫 豊山 父 霍 系 集 全羅道觀察使
洪柱世(주세)	1612~1661	靜虛堂 守菴	文臣 字 叔鎭 本貫 豊山 父 實 外祖 李晟 鄭廣敬 婿 兵曹正郎 著書 靜虛堂集
洪柱世(주세)		海居子	
洪柱臣(주신)	1617~1660	醉仙	學者 字 巨卿 本貫 豊山 父 霙
洪柱彦(주언)	朝鮮仁祖	晚喜堂	本貫 豊山 父 霆 牧使
洪柱元(주원)	1606~1672	無何翁 無何堂	文臣 字 建中 本貫 豊山 父 霙 祖父 履祥 外祖 李廷龜 宣祖 婿 封號 永安尉 諡號 文懿 著書 無何翁集
洪柱翼(주익)	1756~?	守白齋	文臣 字 夢瑞 本貫 南陽 父 大源 編書 辛壬諸賢成仁傳
洪柱一(주일)	1604~1662	玄塘	文臣 字 一之 本貫 豊山 父 霧 祖父 履祥 南原府使 著書 玄塘集
洪宙一(주일)	1876~1927	海東	獨立運動家
洪柱震(주진)	1634~1705	梅沙	文臣 字 春卿 本貫 豊山 父 濯 安邊府使
洪胄華(주화)	1660~1718	晚隱	學者 字 君實 本貫 南陽 父 一運 宋時烈 門人 著書 晚隱遺稿
洪疇煥(주환)	朝鮮	松塢	委巷人 字 致五 本貫 南陽
洪柱後(주후)	1613~1657	醉醒 醉醒子	文臣, 學者 字 子裕 本貫 豊山 父 霎
洪遵(준)	1557~1616	槐陰	文臣 字 師古 本貫 南陽 父 仁健 信川郡守
洪埈(준)	1563~1623	月亭	字 平仲 本貫 豊山 父 純 祖父 繼浩 追贈 掌樂院正
洪遵(준)		黙窩	
洪駿植(준식)	朝鮮	晦堂	字 惠文 本貫 豊山 父 祐慶
洪隼海(준해)	朝鮮後期	知希	委巷人
洪俊亨(준형)	1606~1666	梅軒	學者 字 彦謙 本貫 南陽 父 勳 外祖 俞大祺 宣陵參奉 著書 梅軒文集
洪浚亨(준형) →洪俊亨			
洪重考(중고)	朝鮮後期	流巖	本貫 豊山 父 萬迪 掌樂院正
洪重耉(중구)	1668~?	東溪	字 德老 本貫 豊山 父 萬選 光州牧使
洪重箕(중기)	朝鮮仁祖	晦溪	本貫 豊山 父 萬容 著書 晦溪公文 〈豊山世稿〉
洪重望(중망) →洪重聖			
洪重範(중범)	1662~1732	盤桓齋	字 叙仲 本貫 豊山 父 萬容 祖父 柱元 僉正
洪重普(중보)	1612~1671	梨川	文臣 字 遠伯 本貫 南陽 父 命耉 李顯英 婿 右議政 諡號 忠翼

人名	年代	號	其他
洪重相(중상)	1670~1718	松南	字 季瞻 本貫 豊山 父 萬最 正字
洪重聖(중성)	1668~1735	芸窩	文章家 字 君則 本貫 豊山 父 萬恢 祖父 柱元 金昌翕 門人 丹陽郡守 著書 芸窩集
洪重衍(중연)	1668~?	兼山齋	字 士益 本貫 豊山 父 萬容 祖父 柱元 密陽府使
洪重禹(중우)	1661~1726	晚香堂	文臣 字 天錫 本貫 豊山 父 萬鍾 系 萬玉 承旨
洪重寅(중인)	1677~1752	花隱	文臣 字 亮卿 本貫 豊山 父 萬朝 敦寧府都正 著書 東方詩話
洪重寅(중인)		晚退堂	字 花隱 本貫 南陽
洪重一(중일)	1700~1776	歸谷	文臣 字 壽甫 本貫 豊山 父 萬迪 禮曹參判
洪重章(중장)	朝鮮	磵窩	本貫 豊山 著書 磵窩集
洪重鼎(중정)	1649~1694	雪江	字 象之 本貫 豊山 父 萬最 持平
洪重肇(중조)	1723~1768	景心齋	字 汝開 本貫 豊山 父 萬尙 祖父 柱震
洪重疇(중주)	1672~?	雙栢堂	字 道陳 本貫 豊山 父 萬容 祖父 柱元 刑曹參判 著書 文集
洪重徵(중징)	1693~1772	梧泉	文臣 字 錫餘 本貫 豊山 父 萬朝 工曹判書 諡號 良孝 著書 玩樂編
洪重夏(중하)	1658~1716	杜潭	文臣 字 天叙 本貫 豊山 父 萬鍾 刑曹參議
洪重憲(중헌)	朝鮮	拙隱	文臣 字 石汝 本貫 洪州 副護軍
洪重鉉(중현)	1660~1726	天一齋	文臣 字 大玉 本貫 豊山 父 萬最 祖父 柱後 江陵府使 著書 天一齋遺稿
洪重孝(중효)	1708~1772	疎窩 栢西軒	文臣 字 聖源 本貫 豊山 父 萬紀 祖父 柱文 禮曹判書 諡號 孝敬 著書 疎窩集
洪重厚(중후)	朝鮮	守分	字 聖寬 本貫 豊山 父 萬紀 知敦寧府事
洪重徽(중휘) →洪重徵			
洪重欽(중흠) →洪重徵의 初名			
洪志謨(지모)	1818~1842	晦山	字 尙彦 本貫 豊山 父 羲日 祖父 注浩
洪至誠(지성)	1528~1597	佛頂 佛頂山人	學者 字 剛中 本貫 南陽 父 裕孫
洪志性(지성) →洪至誠			
洪智修(지수)	1835~1897	栗山	學者 字 而貞 本貫 南陽 父 秉夏 外祖 丁台鎭 著書 栗山文集
洪稷榮(직영)	朝鮮純祖	小洲	文人 本貫 豊山 父 樂受 外祖 朴宗岳 著書 小洲集
洪直弼(직필)	1776~1852	梅山	文臣 字 伯應 伯臨 本貫 南陽 父 履簡 朴胤源 門人 刑曹判書 諡號 文敬 著書 梅山集
洪縝(진)	1524~1565	蓮峯 東峯	字 士密 本貫 豊山 父 繼浩 祖父 治 通德郎 著書 蓮峯遺集
洪緝(진)	1526~1570	懶翁	字 士深 本貫 豊山 父 繼浩 通德郎
洪進(진)	1541~1616	退村 訒齋	文臣 字 希古 本貫 南陽 父 仁祐 追贈 領議政 諡號 端敏 著書 退村遺稿

人名	年代	號	其他
洪震(진)	1878~1946	晚悟 晚湖 晃嘉	獨立運動家 本名 晃嘉 本貫 豊山 父 在植 祖父 承裕
洪晋龜(진구)	朝鮮	方丈山人 都齋	畵家 本貫 南陽 父 碩普
洪振道(진도)	1584~1649	聽松	文臣 字 子由 本貫 南陽 父 憲 朴知誡 門人 封號 南陽君 判中樞府事 諡號 忠穆
洪霙(집)	1582~1638	島潭 撚髭	文臣 字 景澤 本貫 豊山 父 履祥 追贈 吏曹參判
洪潗(집)	朝鮮	肯構堂	文臣 字 源之 本貫 南陽 同知中樞府事
洪纘憙(찬희)	1882~1953	時軒	字 東奎 本貫 豊山 父 宗植 祖父 承台 著書 時軒遺稿
洪昌震(창진)	朝鮮英祖	晚喜堂	本貫 南陽 父 周叙
洪寀(채)	1584~1649	果黙	學者 字 子晉 本貫 南陽 著書 果黙先生文集
洪埰周(채주)	1634~1887	鳳南	學者 字 卿佐, 應仲 本貫 豊山 父 壽漢 外祖 朴大絃 著書 鳳南集
洪處久(처구)		杏谷	本貫 南陽 父 命元
洪處大(처대)	1609~1676	櫟軒	文臣 字 仲一 本貫 南陽 父 命元 外祖 尹民俊 知中樞府事
洪處亮(처량)	1607~1683	北汀	文臣 字 子晦 本貫 南陽 父 命顯 外祖 鄭鎔 判中樞府事 諡號 貞靖 著書 北汀集
洪處輔(처보)	朝鮮	竹厓	字 致卿 本貫 豊山 父 重厚
洪處元(처원)	朝鮮	道岡	文臣 字 台一 本貫 南陽 兵曹參議
洪處尹(처윤)	1607~1663	安分齋	文臣 字 之任 本貫 南陽 父 命元 外祖 尹民俊 禮曹參議
洪處疇(처주)	1690~?	黙庵	書藝家 字 仲九 本貫 南陽
洪處厚(처후)	1599~1637	醒菴	文臣 字 德載 本貫 南陽 父 命元 鄭賜湖 婿 追贈 領議政 諡號 忠莊
洪陟(척)	新羅	南漢祖師 洪直	僧侶
洪千璟(천경)	1553~1632	盤桓 盤桓堂 松澗	文臣 字 羣玉 本貫 豊山 父 應福 李珥, 高敬命, 奇大升 門人 僉知中樞府事
洪天奎(천규)	朝鮮後期	鰲隱	本貫 豊山 父 景古
洪天賚(천뢰)	1564~1614	松岡	將軍 本貫 岳林 著書 松岡實記
洪天民(천민)	1526~1574	西村 栗亭 栗村	文臣 字 達可 本貫 南陽 父 春卿 成渾 門人 大司諫
洪天燮(천섭)	→洪元燮		
洪天休(천휴)	1737~1791	晚癡	學者 字 光之 本貫 南陽 父 起疇 外祖 權渲 著書 晚癡菴遺稿
洪澈周(철주)	1834~?	松史	字 伯泳, 景涵 本貫 豊山 父 一謨 刑曹判書 諡號 孝獻
洪澈浩(철호)	朝鮮	箕城齋	字 明澈 本貫 豊山 父 運範 著書 箕城齋遺稿
洪春卿(춘경)	1497~1548	石壁	文臣 字 明仲 本貫 南陽 父 係貞 吏曹參議

人名	年代	號	其他
洪春年(춘년)	朝鮮中期	痴巖	文臣 字 和仲 本貫 南陽 父 係貞 江原監司
洪春明(춘명)	朝鮮	竹窓	文臣 字 聖中 本貫 南陽 承政院承旨
洪忠達(충달)	朝鮮	松西	委巷人 字 君信 本貫 南陽
洪忠憙(충희)	1873~1945	禹峰	獨立運動家 本貫 豊山 父 完植 陸軍副尉
洪就榮(취영)	朝鮮純祖	鹿隱	本貫 豊山 縣令 著書 鹿隱集
洪治(치)	1441~1513	一松	字 汝平 本貫 豊山 父 桂 祖父 伊 參奉 著書 心學篇
洪穉圭(치규)	朝鮮純祖	梨坨	文臣 字 公獻 本貫 南陽
洪致復(치복) →殷致復			
洪致雲(치운)	朝鮮	乾川	字 子龍 本貫 豊山 父 邁
洪致裕(치유)	1879~1946	兼山	義士 字 應遠 本貫 南陽 著書 文集
洪致中(치중)	1667~1732	素雅堂 北谷	文臣 字 士能 本貫 南陽 父 得禹 領議政 諡號 忠簡 著書 素雅堂叢書
洪致震(치진)	朝鮮	誠窩	字 子起 本貫 豊山 父 遠
洪鐸(탁)	?~1356	義軒	文臣 本貫 南陽 父 誅 封號 益城府院君 都僉議侍中
洪遠(탁)	1601~1669	不貧亭 迂居	字 秀夫 本貫 豊山 父 廷器 祖父 沇 著書 不貧亭集
洪濯(탁)	朝鮮	慕堂	字 行司 本貫 豊山 父 履祥 府使
洪濯(탁) →洪鐸			
洪泰猷(태유)	1672~1715	耐齋	學者 字 伯亨 本貫 南陽 父 致祥 追贈 持平 著書 耐齋集
洪泰裕(태유)		黙齋	著書 黙齋先生文集
洪宅坤(택곤)	1754~1809	嶺下	著書 嶺下翁遺稿 〈栗里世稿〉
洪宅疇(택주)	1816~1886	凝川 大隱	學者 字 會卿 本貫 唐城 父 文杓 外祖 權進道 著書 凝川集
洪宅夏(택하)	1752~?	睡軒	本貫 缶林 父 龜命 系 龜吉
洪弼義(필의)	朝鮮	宜溪	委巷人 字 悌心 本貫 南陽
洪河量(하량)	1588~1632	誠齋	學者 字 君受 本貫 缶溪 父 守約 外祖 金誠日 著書 誠齋自警錄
洪夏集(하집)		鷦鳩	本貫 南陽
洪學淵(학연)	1777~1852	林磵	文臣 字 季習 本貫 南陽 父 景顔 工曹判書
洪瀚(한)	1451~1498	頤窩	文臣 字 蘊珍 本貫 南陽 父 貴海 金宗直 門人 追贈 吏曹參判
洪瀚(한)	1553~?	松岩	字 濯源
洪瀚輔(한보)	1716~1776	癖庵	隱士 字 而憲 本貫 豊山 父 重達 著書 癖庵詩集
洪翰周(한주)	1798~1868	海翁 海士	文人 字 憲卿 本貫 豊山 父 穉謨 著書 海翁詩文集
洪涵(함)	1538~1591	社翁	本貫 南陽 父 潤

人名	年代	號	其他
洪海鵬(해붕)		草堂	本貫 南陽
洪海元(해원)	朝鮮	月軒	文臣 字 萬頃 本貫 南陽 五衛將
洪憲(헌)	1585~1672	銀溪 黙好 沙村	文臣 字 正伯 本貫 南陽 父 宗祿 祖父 曇 同知中樞府事 著書 銀溪筆談
洪憲輔(헌보)		癖菴	本貫 豊山 父 重遠
洪獻燮(헌섭)		愼黙庵	本貫 南陽 祖父 重維
洪革(혁)		信齋	
洪顯圭(현규)	朝鮮	參三齋	學者, 隱士 本貫 南陽 著書 文集
洪鉉輔(현보)	1680~1740	晚翠 守齋	文臣 字 君擧 本貫 豊山 父 重箕 祖父 萬容 外祖 李敏叙 任埅 婿 判書 諡號 貞獻
洪顯普(현보)	朝鮮後期	海初	著書 海初詩稿
洪鉉升(현승)		敬巖	著書 文集
洪顯周(현주)	朝鮮純祖	海居 海居子 海居齋 約軒 海居道人	文人 字 世叔 本貫 豊山 父 仁謨 祖父 樂性 正祖 婿 封號 永明尉 知敦寧府事 諡號 孝簡 著書 海居詩集
洪顯周(현주)	朝鮮	二樂	
洪瀅(형)	1652~1701	南址	字 淑甫 本貫 南陽 父 箕叙
洪亨植(형식)	朝鮮	蘭坡	本貫 豊山 著書 蘭坡遺稿
洪馨周(형주)	朝鮮	栢軒	本貫 豊山
洪鎬(호)	1586~1646	無住 無住子 光圓 東洛	文臣 字 叔京 本貫 缶溪 父 德孫 鄭經世 門人 大司諫 著書 無住逸稿
洪好約(호약)	朝鮮	合江亭主人	文臣 本貫 缶林 察訪
洪好人(호인)	1647~?	老圃	文臣 字 有哉 本貫 南陽 父 以度 系 尚度 祖父 處流 漢城府判尹
洪渾(혼)	1541~1593	時雨堂 時四齋	文臣 字 渾元 本貫 南陽 父 彌世 李滉 門人 吏曹參議
洪和輔(화보)	朝鮮	梧窓	武臣 本貫 豊山 黃海兵使
洪瓛周(환주)	朝鮮	寒齋	本貫 豊山 著書 寒齋遺稿
洪徽謨(휘모)	朝鮮	翠湖	本貫 豊山
洪徽之(휘지)		白華	著書 白華遺墨
洪昕(흔)	1601~1653	文谷	學者 百昇 本貫 缶林 父 命賚 外祖 薛勤 著書 文谷遺集
洪興祉(흥지)	1603~1671	仙庵	文臣 字 子綏 本貫 南陽 父 繼元 系 繼述 府使
洪喜(희)	1564~1637	萬峰	文臣 字 和伯 本貫 南陽 父 宗福 封號 翼平府院君 追贈 領議政
洪熹(희)		八谷	本貫 南陽 父 宗福
洪義瑾(희근)	1767~1845	晚窩	文臣 字 景懷 本貫 豊山 父 羲浩 公忠道觀察使

人名	年代	號	其他
洪義命(희명)	朝鮮	守拙	字 授季 本貫 豊山 追贈左贊成
洪義文(희문)	朝鮮	石橋	字 希范 本貫 豊山 父 鎭漢
洪義鳳(희봉)	朝鮮	安豊堂	字 聖任 本貫 豊山 父 養浩
洪義善(희선)	朝鮮	退憂堂	本貫 豊山 著書 退憂堂遺蹟
洪義錫(희석)	朝鮮	晚翠堂	字 洛瑞 本貫 豊山 父 純浩 戶曹參判
洪義燮(희섭)	朝鮮後期	三槐堂	本貫 豊山 父 養浩 著書 三槐堂遺稿
洪熙植(희식)		後松	本貫 豊山
洪義臣(희신)	1761~?	蘭塾 梧軒	文臣 字 叔藝 本貫 豊山 父 明浩
洪義運(희운)	朝鮮	魯巖	字 仁伯 本貫 豊山 父 復浩 大司諫 著書 魯巖集
洪義人(희인)	朝鮮純祖	樗園	
洪義日(희일)	朝鮮後期	愼菴	本貫 豊山 父 注浩
洪義祖(희조)	1787~?	檀北	字 耆瑞 本貫 豊山 父 仁浩 祖父 秀輔 左承旨 著書 檀北集
洪熙疇(희주)	?~1663	靜軒	著書 靜軒集
洪義俊(희준)	朝鮮正祖	薰谷 貫翁 蕉聰	文臣 字 仲心 本貫 豊山 父 良浩 系 挺漢 弘文館提學
洪義之(희지)	朝鮮	樂圃	字 樂兼 本貫 豊山 父 碩浩 追贈龍驤衛副護軍 著書 樂圃集
洪義纘(희찬)	朝鮮	隱峯	本貫 豊山 追贈戶曹參議
洪義喆(희철)	朝鮮	繭窩	字 景明 本貫 豊山 父 冕浩 祖父 獻輔 豊基郡守
洪義玄(희현)	1765~?	暘谷	字 聖澤 本貫 豊山 父 瞻漢 著書 文集
洪義欽(희흠)	1851~1913	石菴	著書 石菴遺稿〈栗里世稿〉
華嶽(화악)		三峯	僧侶 著書 文集
華日(화일)	朝鮮末	青湖	僧侶
矱彦(확언)	1591~1658	春坡	僧侶 俗姓 崔氏
喚眞(환진)	1824~1904	喚翁	僧侶 俗姓 韓氏
黃氏(씨)	朝鮮純祖	情靜堂	夫 蔡何 著書 情靜堂遺稿
黃氏(씨)		扈園	著書 扈園遺稿
黃覺敏(각민)	1763~1840	鶴皐	字 覺夫 本貫 平海 父 世平 祖父 命老
黃榦(간)	1713~1779	雲烏齋	文臣 字 直卿 本貫 昌原 父 雲河 大司諫
黃侃(간)	朝鮮	梅谷	字 性闓 本貫 昌原 父 宗柱 祖父 洙權 著書 文集
黃鑑平(감평)		逸庵	本貫 長水
黃甲龍(갑룡)	朝鮮後期	松軒	本貫 昌原 父 勉康 參奉
黃甲容(갑용)	1890~1945	永昌	字 敬後 本貫 昌原 父 寅友 祖父 倫益

人名	年代	號	其他
黃甲熙(갑희)	1764~1826	一松	字 君袞 本貫 昌原 父 興文 祖父 處大 外祖 宋一俊
黃岡周(강주)	1777~1837	誠庵	字 重普 本貫 昌原 父 聖殷 祖父 太執 追贈 禮曹參判
黃凱善(개선)	1590~1650	靜山	字 震景 本貫 昌原 父 致儉 祖父 汎 政略將軍
黃凱宗(개종)	1586~?	現齋	字 美景 本貫 昌原 父 汎
黃居一(거일)	朝鮮仁祖	明溪	本貫 平海 父 應清 祖父 瑀
黃居中(거중)	朝鮮太祖	四佳 四佳齋	文臣 字 敬德 本貫 紆州 父 文用 祖父 公老 外祖 張翮 戶曹判書 諡號 文肅 著書 四佳遺稿
黃建九(건구)	1898~1968	垠浦	字 周瑞 本貫 平海 父 寅東 祖父 景勛
黃堅(견)	朝鮮初期	竹軒	本貫 紆州 父 居中 祖父 文用
黃慶霖(경림)	1566~1629	勉窩	學者 字 景瑞 本貫 長水 父 認早 外祖 裵世實 著書 勉窩實記
黃慶門(경문)	朝鮮	竹史	本貫 紆州 父 孟料 祖父 堅
黃慶瑞(경서)	1688~?	松齋	字 重之 本貫 昌原 父 礦鈍 祖父 鍾律
黃瓊錫(경석)	1862~1915	東樵	字 應文 本貫 昌原 父 基贊 祖父 鼎泰
黃景秀(경수)	1885~1965	益庵	字 啓明 本貫 平海 父 河鎭 祖父 鍾泰
黃敬身(경신)	1569~1650	枕流亭	學者 字 直夫 本貫 平海 父 瑄 祖父 世通 追贈 僉知中樞府事
黃儆彦(경언)	朝鮮純祖	東淵	文臣 本貫 昌原 父 遜 承旨
黃慶容(경용)	1880~1950	魯庵	字 中旭 本貫 昌原 父 寅植 祖父 樟益 外祖 河會明 著書 遺稿
黃景源(경원)	1709~1787	江漢 江漢遺老	文臣 字 大卿 本貫 長水 父 璣 李縡 門人 判中樞府事 諡號 文景 著書 江漢集
黃景益(경익)	1811~1891	洛隱 雲峰	文臣 字 謙老 本貫 平海 父 鍾極 祖父 復河 五衛將
黃景宙(경주)	1828~?	栢雲	字 宇老 本貫 平海 父 鍾極 祖父 復河 通政大夫
黃景周(경주)	1857~1927	南坡	字 聖從 本貫 平海 父 鍾律 秘書丞
黃景俊(경준)	1822~1890	深田	字 良老 本貫 平海 父 鍾極 祖父 復河 通政大夫
黃敬中(경중)	1569~1630	梧村	文臣 字 直之 本貫 昌原 父 瑈 外祖 李浚 昌原府使
黃契幹(계간)	朝鮮	農圃	文臣 字 景壽 本貫 平海 敦寧府都正
黃桂秀(계수)	1871~1946	晦南	字 啓順 本貫 平海 父 河鎭 祖父 鍾泰
黃啓愼(계신)	朝鮮	丹龜	文臣 字 得夫 本貫 平海 水軍僉節制使
黃啓沃(계옥)	?~1494	草谷	文臣 字 傳翁, 傳翰 本貫 平海 父 震孫 應敎 著書 草谷集
黃繼絑(계채)	1753~?	菊軒	本貫 昌原 父 益柱 祖父 泰興
黃啓河(계하)	1621~1683	寶岡	字 聖運 本貫 平海 父 鋌 祖父 中信
黃桂顯(계현)	朝鮮	台菴	文臣 字 永信 本貫 長水 戶曹參判
黃啓熙(계희)	1727~1785	審幾堂	學者 字 景初 本貫 長水 父 道重 外祖 李萬憲 李象靖 門人 著書 審幾堂文集

人名	年代	號	其他
黃告立(고립)	朝鮮仁祖	晚悔	本貫 懷德 父 宗海
黃斛(곡)	1721~1790	牧齋	學者 字 萬仰 本貫 懷德 著書 牧齋文集
黃珙(곡)	1537~1591	雪江	武臣 字 景允 本貫 昌原 父 文卿 義興衛將
黃觀秀(관수)	韓末~日帝	華隱	
黃光秀(광수)	1876~1936	清庵	天道敎人 字 六敎 本貫 昌原 父 鶴淵 著書 天地道數文
黃光淵(광연)	朝鮮	竹軒	文臣 字 敬翊 本貫 昌原 左承旨
黃光迪(광적)	朝鮮前期	南坡	本貫 德山
黃光夏(광하)	朝鮮	兩樂堂	本貫 長淵 父 海達
黃郊(교)	1589~1672	晦峰	字 士野 本貫 昌原 父 宗復 祖父 汝弼
黃敎善(교선)	1775~1835	青江	本貫 昌原 父 繼絲 祖父 益柱
黃敎旭(교욱)	朝鮮	宿巖	本貫 平海
黃球(구)		謙齋	
黃九錫(구석)	1759~1829	鶴南	文臣 字 恩之 本貫 平海 父 時迪 系 逸鳳 刑曹參判
黃龜壽(구수)	高麗末	竹圃	本貫 長淵 父 永仁 著書 文集
黃國老(구로)	朝鮮	松齋	文臣 字 稱龜 本貫 平海 兵曹參議
黃國龍(구용)	1580~1632	西隱	武臣 字 利見 本貫 昌原 父 得麟 祖父 鎭 訓練院副正
黃君所(구소)	1804~1835	簡懷	字 學仁 本貫 昌原 父 壽一 祖父 千儀 外祖 朱敬用
黃貴成(귀성)	1548~1605	晚休堂 晚休	武臣, 學者 字 致章 本貫 平海 父 熙孫 政略將軍 著書 晚休堂文集
黃貴榮(귀영)	→黃貴成		
黃貴益(귀익)	1899~1959	東庵	字 圭完 本貫 昌原 父 祐駿
黃圭(규)	?~1693	菊圃	字 汝錫 本貫 昌原 父 精一
黃珪錫(규석)	1856~1890	竹飽	字 應律 本貫 昌原 父 基贊 系 基宅 祖父 鼎瓘
黃圭植(규식)	1844~1899	錦農	字 明植 本貫 昌原 父 錫熙 祖父 胤仁 外祖 高舜謙 追贈 戶曹參判
黃奎容(규용)	1874~1924	農溪	字 中集 本貫 昌原 父 寅炬 祖父 樟益 外祖 李命華
黃規鏞(규용)	朝鮮	雲菴	孝子 本貫 齊安
黃圭楨(규정)	1851~1923	仁庵	字 禹玄 本貫 平海 父 河雲 祖父 順宗
黃圭琮(규종)	1851~1905	矯堂	字 而獻 本貫 昌原 父 贊熙 祖父 箕榮 外祖 申肯朝
黃圭瓛(규환)	1833~1906	檜竹	字 大汝 本貫 昌原 父 德熙 祖父 世榮 外祖 申禹朝
黃奎熙(규희)	1887~1969	岐樵	字 洛賢 本貫 昌原 父 宅仁
黃均(균)	1648~1720	松溪處士	字 汝平 本貫 昌原 父 精一 祖父 世憲
黃克寧(극녕)	1608~1675	永慕軒	字 泰汝 本貫 昌原 父 鷺祥 祖父 儆 外祖 姜敏進 參奉

人名	年代	號	其他
黃極東(극동)		晚雲	著書 文集
黃克載(극재)	1606~1661	晚悔	字 泰之 本貫 昌原 父 鸞祥 祖父 俶
黃克貞(극정)	1600~1665	鶴皐	字 亨甫 本貫 紆州 父 汝湜 祖父 灝
黃克孝(극효)	1600~1678	桐溪	學者 字 行源 本貫 紆州 父 汝涵 祖父 渭 外祖 柳德潤 著書 桐溪遺稿
黃近渭(근위)		仙浦	著書 仙浦漫錄
黃根益(근익)	1832~1907	慕齋	字 孟直 本貫 昌原 父 祐正 祖父 錫周 外祖 孫鍾漢 著書 遺稿
黃謹中(근중)	1560~1633	月潭 月灘	文臣 字 一之 本貫 昌原 父 琇 觀察使
黃金澤(금택)		菊史	著書 文集
黃琦(기)	1498~1539	月浦	文臣 字 仲韞 本貫 昌原 父 衡 祖父 禮軒 京畿觀察使
黃祁(기)	1586~1670	豊庵	字 士彬 本貫 昌原 父 宗復 祖父 汝弼
黃基健(기건)	朝鮮後期	晚悟	學者 本貫 昌原 父 仁瀅 著書 晚悟集
黃奇健(기건) →黃基健			
黃基慶(기경)	朝鮮正祖	月潭	
黃耆年(기년) →黃耆老			
黃基道(기도)	1849~1895	克齋	字 道凝 本貫 昌原 父 長夏 外祖 朴春榦 著書 克齋文集
黃耆老(기로)	1621~1667	孤山 梅鶴亭	名筆 字 飴叟 本貫 德山 父 李沃 祖父 湷 外祖 李沃 別座 著書 孤山集
黃基龍(기룡)	1832~1906	湖隱	著書 文集
黃嵫範(기범)	1804~1886	晚帆	字 仁兼 本貫 昌原 外祖 姜錫禎
黃起錫(기석)	1744~?	菊坡	文臣 字 興瑞 本貫 平海 父 聖鳳 祖父 舜南 僉知中樞府事
黃基秀(기수)	1860~1930	竹逸	本貫 昌原
黃琦淳(기순)	1881~1941	慕窩	字 仁弼 本貫 昌原 父 鍾一 祖父 東喆
黃基永(기영)	朝鮮後期	梅史	本貫 昌原
黃紀英(기영)		竹塢	著書 文集
黃基玉(기옥)	1824~1888	康浦	字 允玉 本貫 昌原 父 正一 祖父 泰澄 外祖 金達洙 追贈 通政大夫
黃基元(기원)	1779~1860	竹林	字 士顯 本貫 昌原 父 清一
黃起源(기원)	1794~1862	歸園	文臣, 學者 字 夏言 本貫 長水 父 璉 外祖 安仁甲 宗簿寺正 著書 歸園遺集
黃起源(기원)	1817~1879	竹林	文臣, 學者 著書 竹林集
黃基源(기원)	1833~?	清巖	字 穉鎬 本貫 平海 父 華鎮 祖父 九錫
黃起源(기원)	朝鮮	龜巖	文臣 字 穉葦 本貫 平海 僉知中樞府事
黃杞益(기익)	1863~1919	金湖	字 雲五 本貫 昌原 父 祐常 外祖 朴慕變

人名	年代	號	其他
黃基正(기정)	1888~1907	聲隱	字 致一 本貫 昌原 父 德輔
黃基柱(기주)	1852~1920	德圃	字 君善 本貫 昌原 父 鼎重 祖父 載鐸
黃岐周(기주)	1858~1943	岐樵	字 元仲 本貫 昌原 父 仲熙 祖父 命潤
黃基贊(기찬)	1826~1897	西溪	字 采明 本貫 昌原 父 鼎泰
黃基天(기천)	1760~1821	菱山 后睆	文臣 字 義圖 本貫 昌原 父 仁照 系 仁煥 慶尙道都 事 著書 菱山集
黃基清(기청)	朝鮮	晚悟	文臣 字 仲祿 本貫 長水 承旨
黃基河(기하)	朝鮮	樂五	文臣 本貫 齊安 工曹參議
黃吉祥(길상)	朝鮮初期	松塘	本貫 德山
黃吉熙(길희)	1864~1920	之賢	字 吉煥 本貫 昌原 父 俊仁 祖父 浩得
黃洛鉉(낙현)	1883~1937	石奄	字 仁玉 父 在漢 祖父 寅燮 外祖 柳道進
黃鸞祥(난상)	1553~?	逸老堂	字 周章 本貫 昌原 父 傲 祖父 清
黃蘭善(난선)	朝鮮末	是盧	學者 字 同輔 本貫 長水 父 麟廣 著書 是盧謾錄
黃南九(남구)	1891~1972	素愚	字 儀玄 本貫 平海 父 桂秀 祖父 河鎭
黃棟(내)	朝鮮	三嶠	文臣 字 敬汝 本貫 長水 左副承旨
黃乃正(내정)	1743~?	淡隱	本貫 平海 父 澪 著書 文集
黃來熙(내희)	1971~1948	菊史	字 克明 本貫 昌原 父 翰仁 祖父 浩順 外祖 金箕燁
黃璐(노)		梅竹	本貫 平海
黃魯述(노슬)	1808~1890	酒隱	學者, 文臣 字 殷瑞 本貫 紆州 父 彦模 敦寧府 都正
黃魯軾(노식)	1881~1945	東凡	字 興秦 本貫 尚州
黃魯淵(노연)	1854~1932	柳田	著書 柳傳亂稿
黃祿源(녹원)	1839~?	晚庵	字 穉淵 本貫 平海 父 坴鎭 祖父 九錫
黃紐(뉴)	1578~1626	槃澗 盤磵	文臣 字 會甫 本貫 長水 父 俊元 外祖 閔師說 京城 判官 著書 槃澗文集
黃綾熙(능희)	1890~1950	松石	字 永贊 本貫 昌原 父 得仁
黃達周(달주)	1897~?	浦雲	字 子和 本貫 昌原 父 章熙
黃大淵(대연)	朝鮮	遂月	文臣 字 龍田 本貫 平海 同知中樞府事
黃戴堯(대요)	朝鮮	洞隱	本貫 黃州 父 胤後 追贈 持平
黃大用(대용)	朝鮮	白菴	字 國柱 本貫 昌原 父 琦 祖父 衛 外祖 楊世俊 追 贈 同知義禁府事
黃大益(대익)	1881~1939	學山	字 允錫 本貫 昌原 父 祐慶 外祖 金應漢
黃大周(대주)		毅齋	著書 毅齋集
黃大周(대주) →芮大周			
黃大中(대중)	1551~1597	兩寒齋	文臣, 學者 本貫 長水 著書 兩寒齋文集

人名	年代	號	其他
黃岱鎭(대진)	1778~?	雲圃	字 恒兼 本貫 平海 父 九錫 祖父 逸鳳
黃大熙(대희)	1757~1815	晚醒	字 君八 本貫 昌原 父 興徵 祖父 處運 外祖 金應三
黃德卿(덕경)	朝鮮初期	水鏡	本貫 德山
黃德九(덕구)	1875~1965	慕隱	字 燦敏 本貫 平海 父 宗瀚 祖父 基源
黃德吉(덕길)	1750~1827	下廬 德谷 斗湖	字 耳吉 本貫 昌原 父 以坤 外祖 趙京采 安鼎福 門人 著書 下廬集
黃德臺(덕대) →黃德壹			
黃德林(덕림)	1762~?	龍潭	字 身之 本貫 昌原 父 世點
黃德培(덕배)	朝鮮仁祖	愼黙	本貫 昌原 父 世燮
黃德輔(덕보)	1803~1876	竹窩	字 士英 本貫 昌原 父 漢淡
黃德符(덕부)	1582~1623	德潭	字 信伯 本貫 懷德 父 俊男
黃德彬(덕빈) →黃德林			
黃德五(덕오)	朝鮮	石東	
黃德容(덕용)	1898~1966	隱溪	字 河玉,白川 本貫 昌原 父 寅回 祖父 在信
黃德諄(덕순)	朝鮮後期	錦溪	委巷人
黃德柔(덕유)	1569~1659	不換亭	字 應坤 本貫 長水 父 紐
黃德壹(덕일)	1748~1800	拱白堂	學者 字 莘叟 本貫 昌原 父 以坤 外祖 趙景采 安鼎福 門人 拱白堂集
黃德純(덕순)	韓末~日帝	省齋	
黃德弼(덕필)	?~1531	詠而	字 夢貴 本貫 平海 父 後萬
黃德顯(덕현)	1704~1765	南村	文臣 本貫 昌原 父 弼尚 祖父 仲謙 龍驤衛別侍衛
黃德煥(덕환)	1895~1922	一樵	獨立運動家
黃德熙(덕희)	1819~1862	湖隱	字 君明 本貫 昌原 父 世榮 祖父 浩性 外祖 李衡謙
黃都(도)	1595~1701	松皐	字 士城 本貫 昌原 父 宗復 祖父 汝弼
黃熹(도)	朝鮮	柯亭	文臣 字 德模 本貫 平海 承政院副承旨
黃道紀(도기)		月峯	字 兼之 本貫 德山
黃道滿(도만)	1664~1718	涵泳堂	字 德明 本貫 昌原 父 振河 祖父 克寧 外祖 裵德升 著書 文集
黃道尚(도상)	朝鮮	澹圃	孝子 本貫 平海
黃道錫(도석)	1868~1951	悳原	字 子承 本貫 昌原 父 圭暿 系 圭白
黃度淵(도연)	1807~1884	惠菴	醫員 字 致和 本貫 昌原 著書 附方便覽
黃道淵(도연)	1857~1913	道隱	字 聖實 本貫 平海 父 壽極 著書 文集
黃道翼(도익)	1673~1753	夷溪處士	學者 字 翼哉 本貫 昌原 父 城 外祖 安価 著書 夷溪文集
黃道一(도일)	朝鮮	蘇谷	本貫 平海

人名	年代	號	其他
黃道喆(도철)	朝鮮	東隱	字 重吉 本貫 平海
黃道賢(도현)	1688~?	松隱	字 景仁 本貫 平海 父 以潔 祖父 信元 通德郎
黃道興(도흥)	1646~?	竹齋	字 濟玉 本貫 昌原 父 應淏 祖父 栓
黃東九(동구)	1842~	晚隱	字 君燁 本貫 平海 父 相秀 祖父 河淸 中樞同知府事
黃東奎(동규)	朝鮮	藕汀	文臣 字 眞瑞 本貫 長水 兵馬節制使
黃東周(동주)	1892~1962	海雲	字 東植 本貫 昌原 父 石熙
黃棟熙(동희)	1818~1875	野隱	孝子 字 基魯 本貫 昌原 父 學仁 祖父 浩義 外祖 田宗哲
黃斗光(두광)	1662~1830	雲菴	文臣 字 箕瑞 本貫 昌原 父 仁明 忠順衛訓練奉事
黃斗性(두성)	1834~1902	農皐	字 士實 本貫 昌原 父 允範 祖父 龍祐 外祖 許敬天
黃斗臣(두신)	1839~1913	老蕉	字 士進 本貫 昌原 父 允範 系 汶範 祖父 龍祐 外祖 崔祥悅
黃斗業(두업)	1664~?	雲亭	字 箕國 本貫 昌原 父 仁明 祖父 成一 外祖 安正春
黃斗熙(두희)	1813~1890	雙泉 錦園	孝子 字 聖七 本貫 昌原 父 允植 祖父 泂 外祖 權景相
黃得九(득구)	1875~?	玄隱	字 光七 本貫 平海 父 宗浩 祖父 富源
黃得善(득선)	朝鮮	月溪	文臣 字 孔模 本貫 昌原 敦寧府都正
黃得中(득중)	1730~?	敬窩	字 宅中 本貫 平海 父 玉 祖父 起世
黃得亨(득형)	1572~?	竹川	本貫 昌原 父 德男 祖父 大任 兵馬同僉節制使
黃洛(락)	1553~1620	睡翁	文臣 字 聖源 本貫 長水 牧使 諡號 文節
黃瀘(려)		慕軒	著書 文集
黃琳(림)	1517~1597	謙齋	文臣 字 汝溫 本貫 昌原 父 舜卿 封號 義昌君 吏曹判書 諡號 平莊
黃岦(립)	朝鮮	井圃	文臣 本貫 齊安 弘文館校理
黃萬貴(만귀)	朝鮮	樵齋	文臣 字 爾玉 本貫 平海 五衛都摠府副摠官
黃萬齡(만령)	1759~?	龍嶽	文臣 字 成一 本貫 昌原 父 仁實 掌令
黃萬英(만영)	1875~1939	國塢	獨立運動家
黃萬仁(만인)	朝鮮	執一齋	文臣 字 亨吉 本貫 平海 工曹參議
黃孟粹(맹수)	朝鮮	竹溪	本貫 紆州 父 堅 祖父 居中
黃孟貞(맹정)	朝鮮中期	晚溪	本貫 昌原
黃孟獻(맹헌)	1472~?	月軒	文臣 字 魯卿 本貫 長水 父 璀 京畿監司 諡號 昭養
黃孟獻(맹헌)	1486~?	柳村	字 獻之 本貫 長水 蔚山郡守
黃緬(면)	1600~1670	晚悟	學者 字 元甫 本貫 長水 父 玄慶 外祖 李祚 著書 晚悟集
黃冕九(면구)	朝鮮後期	海月堂	
黃冕九(면구)	1871~1940	小農	字 德弼 本貫 平海 父 宗澤 祖父 五源

人名	年代	號	其他
黃勉基(면기)	1773~1824	淸溪堂	文人 字 華卿 本貫 昌原 父 尙弼 著書 淸溪堂遺稿
黃冕周(면주)	1876~1959	秋隱	字 秀勉 本貫 昌原 父 升熙 祖父 鍾仁 外祖 朴溁成
黃勉忠(면충)	1751~1811	溫泉	字 君恕 本貫 昌原 父 運祚 祖父 尙敬 外祖 金埏
黃暝(명)	朝鮮英祖	覆齋	本貫 昌原 父 遇瑞 縣監
黃命啓(명계)	1705~1758	小坡	字 乃沃 鶴之 本貫 昌原 父 綜 祖父 克俊
黃命道(명도)	朝鮮	敬齋	文臣 字 道明 本貫 平海 司憲
黃命老(명로)	朝鮮	百拙齋	本貫 平海
黃命新(명신)	1627~1687	農琓	字 正邦 本貫 昌原 父 克載 祖父 鸞祥 外祖 柳永年
黃明運(명운)	1869~1918	菊史	孝子 字 明燮 本貫 平海 父 宅九
黃命周(명주)	1871~1902	隱溪	字 聖右 本貫 昌原 父 秉熙 祖父 喆仁 外祖 李億宗
黃命河(명하)	1651~1765	懈軒	學者 字 子潤, 子淵 本貫 平海 父 石建 祖父 中定 外祖 權是經 著書 懈軒集
黃明熙(명희)	1872~1948	槐陰	字 德老 本貫 昌原 父 璣仁 祖父 浩雋 外祖 韓秉會
黃夢耈(몽구)	朝鮮	仙巖	文臣 字 壽一 本貫 昌原 掌樂院正
黃夢九(몽구)	1885~1966	野田	字 和叔 本貫 平海 父 宗八 祖父 五源 通德郞
黃黙周(묵주)	1786~1809	信庵	字 敬普 本貫 昌原 父 聖殷
黃文卿(문경)	1512~1573	退隱	文臣 字 有章 本貫 昌原 父 顯源 漢城府判尹 諡號 文義
黃文基(문기)	朝鮮	菊坡	文臣 字 允明 本貫 平海 同知中樞府事
黃聞吉(문길)		月溪	著書 文集
黃文秀(문수)	朝鮮後期	棲崗	字 道永 本貫 昌原 父 湖淵 祖父 鍾倫
黃文源(문원)	1813~?	洛圃	字 穉明 本貫 平海 父 九錫 祖父 逸鳳 同知中樞府事
黃文益(문익)	1847~1916	晚悔	字 士應 本貫 昌原 父 祐淇
黃文益(문익)	1879~1953	菊史	獨立運動家 字 文翊
黃文燦(문찬)	1594~?	菊齋	字 華瞻 本貫 昌原 父 廷臣 祖父 應五
黃文鎬(문호)	朝鮮	棄棄齋	委巷人 字 天汝 本貫 昌原
黃敏達(민달)	1604~1673	農巖	字 公望 本貫 昌原 父 致信 祖父 大用 外祖 李漢均
黃敏厚(민후)	?~1738	西窓	字 達夫 本貫 齊安 父 蓋良 祖父 載昌
黃璞(박)	1564~?	竹峰	字 琦之 本貫 紆州 父 燮 祖父 自諫 追贈 兵馬節度使 著書 文集
黃圤(박)	1690~1768	聱聱	文人 字 伯厚 本貫 昌原 父 履昌 外祖 李時新 著書 聱聱文集
黃磻老(반노)	1766~1840	白下	學者 字 叔璜 本貫 長水 父 啓熙 外祖 趙麟經 著書 白下文集

人名	年代	號	其他
黃昉(방)		稚川	本貫 昌原 父 大用
黃配天(배천)	1685~1728	四如堂	字 重厚 本貫 昌原 父 道滿 祖父 振河 外祖 柳成悅
黃伯秀(백수)	朝鮮後期	愼村	
黃汎(범)	1564~1626	石巖	字 尙純 本貫 昌原 父 致儉 祖父 世俊 外祖 洪德澮
黃範周(범주)	1863~1942	錦庭	文臣 字 箕言 本貫 昌原 父 翼熙 祖父 允植 外祖 李善聲 通訓大夫
黃柄瓘(병관)	1869~1945	石愚	字 學汝 本貫 昌原 父 祉範 祖父 龍海 著書 遺稿
黃炳奎(병규)	?~1944	寓岩	字 周見 本貫 昌原
黃昞圭(병규)	1900~1984	鶴樵	字 復汝 本貫 平海 父 成九 祖父 宗哲
黃昞極(병극)	1885~1950	鶴村	字 斗汝 本貫 平海 父 燦九 祖父 宗哲
黃柄基(병기)	1865~1945	幽谷	字 士洪 本貫 昌原 父 漢範 祖父 龍淵 外祖 朴基淳
黃炳吉(병길)	1886~1941	暎湖亭	字 朱玉 本貫 昌原 父 文柱
黃昞年(병년)	1894~1989	鶴山	字 熙瑞 本貫 平海 父 成九 祖父 宗哲
黃昞東(병동)	1885~1966	鶴下	字 春瑞 本貫 平海 父 成九 祖父 宗哲
黃柄斗(병두)	1848~1916	晩林	字 極中 本貫 昌原 父 縉範 祖父 龍五 外祖 安義植
黃昞星(병성)	1890~1969	愚農	字 極瑞 本貫 平海 父 英九 祖父 宗哲
黃昞世(병세)	1888~1952	鶴棲	字 元棲 本貫 平海 父 成九 祖父 宗哲
黃秉連(병연)	1827~1886	石潭	字 明五 本貫 昌原 父 宗振 外祖 李孟昌
黃炳旭(병욱)	1860~1924	小雲	字 進文 本貫 昌原 父 廷模 祖父 潤觀
黃昞應(병응)	1878~1938	應元	字 慶州 本貫 平海 父 晟九 祖父 貞秀
黃秉周(병주)	1829~?	松齋	字 希老 本貫 昌原 父 聖龍 系 聖俊
黃炳中(병중)	朝鮮末	鼓巖	著書 鼓巖集抄
黃昞瓚(병찬)	1871~1943	農寓	字 乃王 本貫 平海 父 東九 祖父 相秀 通德郞
黃昞昌(병창)	1851~1923	西村	字 熙應 本貫 平海 父 祚九 祖父 宗秀
黃炳哲(병철)	1898~1970	菊秋	字 道元 本貫 昌原 父 海蓮 祖父 九錫
黃秉河(병하)	1884~1934	晩軒	著書 晩軒文集
黃炳濩(병호)	1863~1934	聽山	著書 文集
黃秉熙(병희)	1875~1931	修齋	字 德圭 本貫 昌原 父 璣仁 祖父 浩儁
黃甫山(보산)	1383~?	雲巖	醫學者 字 能一 本貫 昌原 父 珍 祖父 允瑞
黃寶城(보성)		淸心亭	著書 淸心亭雅集
黃輔益(보익)	1842~1906	在庵	字 景之 本貫 昌原 父 祐洪
黃福齡(복령)	朝鮮	竹潭	文臣 本貫 平海 同知中樞府事
黃復性(복성)		惺齋	著書 惺齋先生文集

人名	年代	號	其他
黃奉圭(봉규)	朝鮮	東澗	文臣 字 良彦 本貫 平海 同知中樞府事
黃鳳奎(봉규)	朝鮮	雲菴	字 敬淑 本貫 尚州 戶曹正郎
黃奉河(봉하)	1683~1765	楊隱	文臣 字 德甫 本貫 昌原 父 欽 同知中樞府事
黃鳳河(봉하)		菊史	著書 黃菊史孝行錄
黃鳳熙(봉희)	朝鮮英祖	竹堂	字 汝執 本貫 昌原 父 擇仁
黃富源(부원)	1819~?	紬田	字 穉潤 本貫 平海 父 華鎭 祖父 九錫 通德郎
黃霦(빈)	1618~1659	于石堂	本貫 長水 父 德柔
黃思述(사술)	1722~?	清暉子	字 善汝 本貫 尚州 父 粮 著書 清暉子詩稿
黃士佑(사우) →黃士祐			
黃士祐(사우)	1486~1536	慵軒	文臣 字 國輔 本貫 昌原 父 希聖 外祖 秦有經 右贊成 著書 慵軒稿
黃思仁(사인)	1857~1929	石荷	文臣 字 文中 本貫 昌原 父 浩一 系 浩龜 縣監
黃士貞(사정)	朝鮮初期	排灘	本貫 長淵 父 灝 著書 文集
黃思齊(사제)	1731~?	遁浦	字 而賢 本貫 尚州 父 瑥 系 瑞
黃師夏(사하)	朝鮮	川西翁	本貫 平海
黃思漢(사한)	朝鮮	竹岩	字 聖淳 本貫 尚州 吏曹正郎
黃師憲(사헌)		松隱	字 汝壽 本貫 德山
黃三周(삼주)	1884~1921	清庵	字 保叔 本貫 昌原 父 在熙 祖父 永仁 外祖 鄭東圭
黃裳(상)	朝鮮純祖	梔園子	
黃尚九(상구)	1873~?	峴居	字 景文 本貫 平海 父 宗浩 祖父 富源
黃尚圭(상규)	1692~1733	農鳴	字 大卿 本貫 昌原 父 友憲 祖父 汝枓 外祖 韓時義
黃尚奎(상규)	1890~1941	白民	獨立運動家 本貫 昌原 父 文玉 著書 東國史鑑
黃相吉(상길)	1857~1932	梅崗	字 德日 本貫 昌原 父 宇坤 祖父 順平 外祖 金英秀
黃尚來(상래)	?~1748	陽浦	字 允則 本貫 昌原
黃尚彦(상언)	1769~1837	竹塢	字 執仲 本貫 昌原 父 鏡 祖父 義亨
黃尚鈺(상옥)	1695~1770	檜鳴	字 鍊卿 本貫 昌原 父 友憲 祖父 汝枓 僉樞
黃尚郁(상욱)	1899~1943	封石	育英事業家 字 甲華 本貫 平海 父 順智
黃尚益(상익)	朝鮮初期	后溪	本貫 長淵 父 誼 著書 文集
黃象河(상하)	朝鮮後期	巖隱	本貫 昌原 父 肅 生員
黃相鉉(상현)	1835~1898	龍巒	字 文玉 本貫 昌原 父 載厚 祖父 始燁
黃暹(서)	1554~1606	宗皐 南坡	文臣 字 光遠 本貫 昌原 父 汝奎 祖父 士豪 追贈 都承旨 著書 宗皐文集
黃瑞九(서구)		頤齋	著書 頤齋集
黃瑞門(서문)	朝鮮	杜村	本貫 紆州
黃舒漢(서한)	1774~1819	白川	字 穉醇 本貫 昌原 父 志益 著書 文集

人名	年代	號	其他
黃奭(석)	朝鮮光海君	鷺汀 獨谷	字 存良 本貫 長水 父 廷彧 系 廷式 學諭
黃瓛(석)	1848~1919	石庭	字 器寶 本貫 長水 父 宗黙 著書 文集
黃石江(석강)	1688~1760	松庵	功臣 字 潤慶 本貫 昌原 父 必明 祖父 成命 外祖 安永道 揚武原從功臣
黃碩考(석고)	1698~?	碧山	字 彥仁 本貫 昌原 父 斗業 祖父 仁明 外祖 河千一
黃錫耇(석구)	1710~1750	處元	字 元應 本貫 昌原 父 載祉
黃石耇(석구)	朝鮮後期	蓮塘	文臣 字 天輔 本貫 黃州 上舍
黃石奇(석기)	高麗	檜巖	文臣 本貫 昌原 封號 檜山府院君
黃錫連(석연)	朝鮮	槐亭	文臣 字 乃成 本貫 昌原 都承旨
黃錫永(석영)	朝鮮後期	晚圃	
黃錫禹(석우)	1895~1959	象牙塔	詩人 本貫 昌原
黃錫胤(석윤) →黃錫鼎			
黃錫益(석익)	1876~1929	聖庵	字 性兼 本貫 昌原 父 祐駿
黃錫仁(석인)	1853~1945	白和堂	字 化春 本貫 昌原 父 浩啓 童蒙敎官
黃錫仁(석인)	1897~1970	秋岡	字 錫珍 本貫 昌原 父 浩澤
黃錫鼎(석정)		頤齋	字 永叟
黃錫悌(석제)	朝鮮	郭山	本貫 齊安 父 惟善
黃錫周(석주)	1785~1853	正齋	字 士安 本貫 昌原 父 大熙 祖父 興徵 外祖 河泰崟 著書 遺稿
黃奭周(석주)		鶴岡	
黃錫進(석진)	1799~1865	靜齋	學者 字 聖儀 本貫 紆州 父 萬㙇
黃碩瓚(석찬)	1728~1780	痴庵	文臣 字 仲英 本貫 昌原 父 配昊 追贈 漢城左尹
黃錫昶(석창)	1875~?	薇山	字 明均 本貫 昌原 父 基濠 祖父 德浩
黃錫熙(석희)	1812~1873	晚圃	文臣 字 錫永 本貫 昌原 父 胤仁 祖父 浩根 外祖 朴齋道 龍驤衛副護軍
黃石熙(석희)	1844~1915	秋所	文臣 字 石永 本貫 昌原 父 處仁 義禁府都事
黃錫熙(석희)	1867~1931	松堂	字 允卿 本貫 昌原 父 鳳仁 祖父 履鎬 外祖 俞鎭容
黃璿(선)	1682~1728	鷺汀	文臣 字 聖在 本貫 長水 父 處信 慶尚道觀察使 謚號 忠烈
黃銑(선)	1787~1854	晚齋	字 公器 本貫 昌原 父 載恒 系 載厚 祖父 景祚 外祖 李承源
黃銑(선)	朝鮮	春昭	本貫 平海 父 中吉
黃暹(섬)	1544~1616	息庵 遯庵	文臣 字 景明 本貫 昌原 父 應奎 祖父 士祐 外祖 李壽旅 鄭琢 門人 追贈 吏曹判書 謚號 貞翼 著書 息庵集

人名	年代	號	其他
黃璊(섭)	1767~1838	永慕堂	孝子 字 理玉 本貫 昌原 父 龍彩 祖父 千澄
黃城(성)	朝鮮後期	梅齋	字 汝翰 本貫 昌原
黃成九(성구)	1855~1941	老隱	字 光集 本貫 平海 父 宗哲 祖父 五源 從仕郎
黃晟九(성구)	1857~1920	峰高齋	字 世謁 本貫 平海 父 貞秀 祖父 河源 敬基殿參奉
黃聲九(성구)	1894~?	樂棲	字 鳳韶 本貫 平海 父 宗海 祖父 祿源
黃聖九(성구)		東皐	本貫 齊安
黃聖圭(성규)	1740~1815	荷洲	字 穉玄 本貫 平海 父 時澤 祖父 次寶 海州府使
黃聲魯(성로)		柳田	著書 柳田亂稿
黃成默(성무)		蛟西	本貫 長水 著書 蛟西遺稿 張川世稿
黃聖殷(성은)	1760~1834	溫庵	文臣 字 而隱 本貫 昌原 父 太執 祖父 碩瓚 外祖 金權重 吏曹判書 著書 遺稿
黃聖澄(성징)	1664~1721	默齋	字 孔練 本貫 昌原 父 尚彬 祖父 命新 外祖 成義永
黃誠昌(성창)	1454~?	寒泉	字 實之 本貫 長水 父 碩德
黃聖宅(성택)	1788~?	稼隱	字 應瑞 本貫 昌原 父 太中 祖父 始瓚
黃聖河(성하)	朝鮮正祖	晚悔	本貫 昌原 父 鍾
黃成河(성하)	1891~1965	又清	畫家
黃性熙(성희)	1819~1892	隱圃	孝子 字 允中 本貫 昌原 父 純熙 祖父 興仁 外祖 朴宜蕃 追贈 工曹參判
黃成熙(성희)	1878~1950	知叟	字 成吉 本貫 昌原 父 坤仁
黃世(세)	朝鮮後期	雲峰	字 經之 本貫 長水 父 億瑞 祖父 澤
黃世基(세기)	1628~1682	醉隱	學者 字 子平 本貫 平海 父 宗嫌 外祖 李磊 著書 醉隱遺稿
黃世鍊(세련)	朝鮮後期	仁齋	本貫 昌原
黃世龍(세룡)	1630~1691	疎齋	學者 字 國賓 本貫 懷德 父 載亨 追贈 嘉善大夫
黃世垣(세선)	1646~1690	壯齋	著書 壯齋遺稿〈醉隱世稿〉
黃世植(세식)		永齋	著書 永齋遺稿〈醉隱世稿〉
黃世榮(세영)	1801~1852	雙泉	字 公世 本貫 昌原 父 浩性 祖父 鏶 外祖 李義立
黃歲永(세영)		訥齋	著書 訥齋先生文集
黃世楨(세정)	1612~1705	霽谷	學者 字 周卿 本貫 懷德 父 穎男 宋時烈 宋浚吉 門人 同知中樞府事
黃世喆(세철)	?~1593	南窩	本貫 昌原 父 瓚 祖父 衡 外祖 李允純 守門將
黃世埴(세치) →黃世瑄			
黃世垕(세후)	朝鮮中期	鹿隱	字 汝垕 本貫 懷德 父 載華 祖父 憲
黃秀瓊(수경)		檀翁	本貫 平海 著書 檀翁遺稿〈月松世稿〉
黃壽根(수근)	1844~1904	雲溪	文臣 字 善日 本貫 昌原 父 遇春 祖父 泰彥 外祖 金彥春 宣傳官

人名	年代	號	其他
黃壽吉(수길)	1643~1707	清齋	文臣 字 仲涉 本貫 平海 父 啓夏 祖父 鋌 清州牧使
黃壽老(수노) →黃喜의 初名			
黃守良(수량)	朝鮮	廣庵	本貫 懷德
黃遂良(수량)		錦澗	
黃壽善(수선)	1760~?	海石	文臣 本貫 昌原 父 淵登 祖父 德顯 同知府事
黃守身(수신)	1407~167	惴夫 懦夫	文臣 字 季孝, 季常, 秀孝 本貫 長水 父 喜 封號 南原府院君 領議政 諡號 烈成 著書 惴夫集
黃遂身(수신) →黃遂良			
黃壽延(수연)	?~1725	春波	著書 春波遺稿
黃守容(수용)	1882~1927	詞菴	字 權執 本貫 昌原 父 寅昌 祖父 在熙
黃壽一(수일)	1666~1725	龍岡	學者 字 用五 本貫 昌原 父 熙世 祖父 彥柱 著書 龍岡文集
黃秀精(수정)		盧圃	本貫 平海 著書 老圃遺稿〈月松世稿〉
黃秀鶴(수학)		梅軒	本貫 平海
黃㑖(수)	1597~1667	白雲翁	字 君瑞 本貫 昌原 父 清 參奉
黃璹(수)	朝鮮中期	晦窩居士	本貫 昌原
黃塾(수)	朝鮮後期	龜巖	孝子 本貫 平海 父 鋌 追贈 左承旨
黃㑖龜(수구)	1625~1681	浦村	字 再寧 本貫 長水 父 暲 祖父 廷說
黃順九(순구)	1873~?	木農	字 順七 本貫 平海 父 宗浩 祖父 富源
黃舜九(순구)	1877~?	晩愚	字 鳳儀 本貫 平海 父 宗儀 祖父 厚源
黃順敏(순민)	1794~?	素巖	字 訥叟 本貫 平海 父 千錫 祖父 時溢 通政大夫
黃順福(순복)	1766~1813	仁庵	字 祿叟 本貫 平海 父 五錫 祖父 時迪 輔德
黃舜善(순선)	1634~1690	花谷	字 道彥 本貫 平海 父 楚翰
黃順壽(순수)	1778~?	木軒	字 達仁 本貫 平海 父 三錫 祖父 時迪
黃順承(순승)	朝鮮肅宗	執菴	孝子 字 得運 本貫 齊安 父 誨良 權尙夏 門人 典牲署直長
黃術仁(술인)	1821~1880	元補	字 善宗 本貫 昌原 父 浩德 祖父 銑
黃昇(승) →黃是의 初名			
黃承烈(승렬)	1859~1943	我石	字 武顯 本貫 昌原 父 秉璣
黃是(시)	1555~1626	負暄堂 雲溪	文臣 字 是之 本貫 昌原 父 應奎 祖父 士祐 三陟府使 著書 負暄堂集
黃時幹(시간)	1558~1642	七峯	學者 字 公道 本貫 長水 父 贇 祖父 伯倫
黃時英(시영)	1844~?	海隱	本貫 平壤
黃時中(시중)	1617~1690	新庵	字 栗杞 本貫 昌原 父 祁 祖父 宗復
黃始瓚(시찬)	1723~1777	忍性齋	字 仲汝 本貫 昌原 父 配天
黃時昌(시창)	朝鮮後期	農隱	本貫 昌原 父 梆

人名	年代	號	其他
黃時夏(시하)	1746~1803	鳳山齋	字 稱忠 本貫 平海 父 周日 祖父 道堅 同知中樞府事
黃寔(식)	1647~1712	守愚齋	學者 字 子高 本貫 懷德 父 敏中 著書 守愚齋集
黃式仁(식인)	1845~1888	晚翠	字 爾俊 本貫 昌原 父 浩萬 祖父 奎鍾 外祖 鄭義幹
黃愼(신)	1560~1617	秋浦	文臣 字 思叔 本貫 昌原 父 大受 祖父 瑗 外祖 李徽 成渾, 李珥 門人 追贈 右議政 諡號 文敏 著書 秋浦集
黃信(신)		萬歲菴	本貫 昌原
黃信龜(신구)	1633~1685	雲溪	學者 字 錫汝 本貫 長水 父 暐 著書 庸學箚易說
黃信德(신덕)	1898~1984	秋溪	女性運動家 本貫 齊安 父 錫清
黃信美(신미)	1680~1724	趾菴	字 君彦 本貫 齊安 父 順承 祖父 誨亮
黃信元(신원)	1647~1713	仁隱	字 春彦 本貫 平海 父 正義 祖父 希溥 副護軍
黃申允(신윤) →黃中允			
黃審(심)	1751~1806	林軒	孝子 字 君若 本貫 昌原 父 再河 祖父 尚鈺
黃愛德(애덕)	1892~1971	松山	獨立運動家 本貫 齊安 父 錫憲
黃亮吉(양길)		伊梨	著書 伊梨日記
黃良鉉(양현)		翫月	著書 文集
黃養熙(양희)	1862~?	霞浦	文臣 字 興淵 本貫 昌原 父 宣仁 祖父 浩善 司憲府監察
黃億忠(억충)	1604~1652	竹圃	文臣 字 孝汝 本貫 昌原 父 凱宗 祖父 汎 司僕寺正
黃彦柱(언주)	1553~1632	農皐	字 子建 本貫 昌原 父 欽 祖父 孝恭 著書 農皐公逸稿 〈龜巖集〉
黃彦弼(언필)	朝鮮後期	石峰	本貫 德山
黃汝喬(여구)	朝鮮顯宗	巴麓	本貫 昌原 父 溱
黃汝枓(여두)	1621~1677	思齋	文臣 字 章彦 本貫 昌原 父 一清 祖父 致謹 外祖 金信 承仕郎 著書 忠孝錄
黃汝埴(여식)	1544~1592	柳皐	文臣 本貫 昌原
黃汝一(여일)	1556~?	海月 梅月軒 霞潭 滄濱 海月軒	文臣 字 會元 本貫 平海 父 應徑 參判 著書 海月集
黃如一(여일) →黃汝一			
黃汝弼(여필)	朝鮮後期	新圃	字 殷善 本貫 昌原 父 瑀
黃汝鶴(여학)	朝鮮	陶泉	本貫 平海 同知中樞府事
黃汝涵(여함)	朝鮮中期	鶴皐	字 敬泰 本貫 紆州 父 渭 祖父 應清
黃汝獻(여헌)	1486~?	柳村	文臣 字 獻之 本貫 長水 父 瓘 蔚山郡守 著書 柳村集
黃衍(연)	1595~1690	愛慕齋	孝子 字 重行 本貫 平海 父 應文 祖父 有慶
黃銋(연)	1603~1675	竹覽	字 精淑 本貫 平海 父 中信 祖父 居一
黃淵澄(연징)	1731~1792	龍村	文臣 本貫 昌原 父 德顯 祖父 弼尚 龍驤衛副司果

人名	年代	號	其他
黃悅(열)	1501~1575	靜觀	武臣 字 仲洽 本貫 長水 父 起峻 追贈 領議政
黃悅(열)	1651~?	退休堂	學者, 文臣 本貫 昌原 別宮僉使
黃瑩(영)	1547~1597	洛隱	字 成彩 本貫 昌原 一名 彦寶 父 澄 祖父 士盧
黃英九(영구)	1851~1923	野隱	字 燦守 本貫 平海 父 從哲 祖父 五源 參奉
黃英根(영근)	1847~?	雲巖	文臣 字 云日 本貫 昌原 父 遇春 祖父 泰彦 外祖 金彦春 僉正
黃榮老(영로)	朝鮮明宗	龜山 卓庵	書藝家 字 仁叟 本貫 昌原 父 季沃
黃英老(영로)	→黃榮老의 一名		
黃英植(영식)	朝鮮	竹軒	本貫 長淵 父 漢騏
黃永義(영의)		雲塢	著書 文集
黃永河(영하)	→黃秉河		
黃永周(영주)	1823~1943	農軒	字 貞老 本貫 昌原 父 聖龍 系 聖億
黃永煥(영환)	韓末	汪波	
黃五(오)	1816~?	綠屯 東海樵夫 漢案	學者 字 四彦 本貫 長水 著書 綠屯(此)集
黃五錫(오석)	1755~1817	晚悟	字 克之 本貫 平海 父 時迪 祖父 允平
黃五錫(오석)	1836~1894	菊史	本貫 昌原 父 基義 祖父 鼎大
黃五源(오원)	1792~1871	雲坡	字 致極 本貫 平海 父 泰鎭 祖父 九錫 通訓大夫
黃五鉉(오현)	1899~1971	樂仙	字 仲玉 本貫 昌原 父 在鶴
黃鈺(옥)	1768~1846	自強齋	字 寶卿 本貫 昌原 父 載謙
黃鈺(옥)	朝鮮後期	三巖	本貫 懷德 父 應河
黃玉崗(옥강)	朝鮮	三友堂	本貫 平海 父 厚
黃沃源(옥원)	1817~?	愧烏齋	字 稱必 本貫 平海　父 九錫 祖父 逸鳳
黃完九(완구)	朝鮮	農隱	文臣 字 完旭 本貫 平海　同知中樞府事
黃龍甲(용갑)	1762~1822	蝸巖	孝子 字 雲善 本貫 昌原 父 旺大 祖父 夢瑞
黃龍淵(용연)	1816~1865	拙齋	字 致五 本貫 昌原 父 寅 祖父 在河 外祖 李相晋
黃龍五(용오)	1774~1841	牧齋	字 雲進 本貫 昌原 父 定 祖父 宗河 外祖 李龜夏
黃瑢周(용주)	1898~1947	洛西	字 執中 本貫 昌原 父 鍾烈 祖父 斗民 外祖 李承喆
黃龍澤(용택)	1768~1836	養性齋	字 珠進 本貫 昌原 父 定 祖父 宗河
黃龍漢(용한)	1744~1818	貞窩	文章家 字 稱見 本貫 昌原 父 直大 著書 貞窩集
黃龍海(용해)	1802~1852	林溪	字 稱奎 本貫 昌原 父 寅 祖父 西河 外祖 李錫望
黃瑀(우)	1511~1567	日新齋	字 若元 本貫 昌原 父 允義 祖父 璔
黃祐健(우건)	1854~1893	石苺	字 士旭 本貫 昌原 父 崗周
黃祐謙(우겸)	1873~1933	菊圃	字 中赫 本貫 昌原 父 圭植 祖父 錫熙 外祖 徐成勳
黃宇坤(우곤)	1827~1869	退隱	字 元五 本貫 昌原 父 順平 祖父 致中 外祖 金昌基
黃禹九(우구)	1857~?	赫田	字 博汝 本貫 平海 父 宗重 祖父 聖源

人名	年代	號	其他
黃祐克(우극)	1829~1881	慕聖齋	字 致謙 本貫 昌原 父 屋周 著書 遺稿
黃祐淇(우기)	1818~?	紫隱	字 聖謙 本貫 昌原 父 屋周 通政大夫
黃友良(우량)	1675~1744	竹圃	字 德善 本貫 昌原 父 相九
黃宇民(우민)	朝鮮後期	韶隱	字 善能 本貫 昌原 父 壽昌 祖父 煊
黃友関(우민)	朝鮮後期	圃芸處士	字 孝元 本貫 紆州 父 希悅 祖父 琬
黃祐邴(우병)	1818~186	紫陽齋	字 應支 本貫 昌原 父 黙周
黃佑商(우상)	1554~1620	廉軒	文臣 字 汝霜 本貫 尚州 父 世殷 追贈 左承旨
黃祐常(우상)	1831~?	艅巖	字 永瑞 本貫 昌原 父 鎬周 祖父 勢熙 外祖 朴載璟
黃祐奭(우석)	1888~1957	道隱	字 仲三 本貫 昌原 父 用周 祖父 德熙
黃遇石(우석)		洛叟	字 士良 本貫 平海
黃祐宣(우선)	1884~1932	夢岩	字 炫浩 本貫 昌原 父 英根
黃祐承(우승)	1890~1951	野隱	字 聖文 本貫 昌原 父 憲周
黃佑植(우식)	1891~1960	石齋	本貫 昌原 父 鍾奭 祖父 基秀
黃祐演(우연)	1825~1886	竹軒	字 澄一 本貫 昌原 父 崑周
黃祐永(우영)	1866~?	明儂	文臣 字 景祚 本貫 昌原 父 憲周 祖父 斗熙 府尹
黃祐永(우영)	1891~?	石堂	字 景壽 本貫 昌原 父 岐周
黃祐載(우재)	1806~1866	溪隱	字 伯中 本貫 昌原 父 錫周 祖父 大熙 外祖 朴致黙
黃祐正(우정)	1809~1866	隱庵	字 叔中 本貫 昌原 父 錫周 祖父 大熙
黃祐璨(우찬)	1879~1967	南齋	字 璨玉 本貫 昌原 父 憲柱 系 翊柱
黃友千(우천)	1680~1763	青澤	字 吾友 本貫 昌原 父 相九 進士
黃祐哲(우철)	1890~1977	岡竹	字 晉赫 本貫 昌原 父 圭植
黃遇清(우청)	朝鮮	昭谷	委巷人 字 聖來 本貫 昌原
黃遇春(우춘)	1816~1897	南浦	文臣 字 公老 本貫 昌原 父 泰彦 祖父 垈遜 外祖 金甲福 都正
黃祐弼(우필)	1824~1890	樵隱	文臣 字 寬謙 本貫 昌原 父 屋周 祖父 聖殷 追贈 刑曹參議
黃祐河(우하)	1840~1881	松岩	字 而源 本貫 昌原 父 雲周
黃虞河(우하)	朝鮮	葛軒	本貫 平海
黃佑漢(우한)	1541~1606	東山 葆亭	文臣 字 汝忠 本貫 尚州 父 世勳 祖父 耆贊 大司憲
黃祐漢(우한) →黃佑漢			
黃友憲(우헌)	1665~1727	鈞溪	孝子 字 和應 本貫 昌原 父 汝枓 祖父 一清 外祖 周悌
黃祐赫(우혁)	1859~1947	奇峰	字 孝仲 本貫 昌原 父 秉周
黃佑顯(우현)	朝鮮	蕉隱	文臣 字 得中 本貫 長水 工曹參議
黃祐炫(우현)	1889~1967	東淵	字 炫哉 本貫 昌原 父 壽根 祖父 遇春

人名	年代	號	其他
黃祐希(우희)	1811~1868	松坡	字 子新 本貫 昌原 父 岡周 祖父 聖殷 追贈 戶曹參議
黃郁(욱)	朝鮮前期	雲庵 晚隱	本貫 德山
黃堣(욱)		晚隱	
黃旭(욱)	1898~1993	石田	書藝家 本貫 平海
黃郁九(욱구)	1866~1944	花田	字 順三 本貫 平海 父 宗哲 祖父 五源 從仕郎
黃運九(운구)	1896~1972	樂隱	字 達天 本貫 平海 父 宗海 祖父 祿源
黃運東(운동)	朝鮮	竹林	本貫 平海 父 仁黙
黃運錫(운석)	1860~1924	龍岡	字 子旋 本貫 昌原 父 圭黻 祖父 德熙 外祖 洪鍾狹 著書 龍岡遺稿
黃運祚(운조)	1720~1800	道谷 道川 寤修堂	學者, 書藝家 字 士用 本貫 昌原 父 尙敬 祖父 夏民 外祖 李思麟 都正
黃雲周(운주)	1801~1859	東山	字 士欽 本貫 昌原 父 啓熙 祖父 興祚 外祖 金錡得
黃瑗(원)	1870~1942	石田	字 季方 本貫 長水 父 時黙
黃元龍(원룡)	1825~1893	荷潭	本貫 長水 著書 荷潭遺稿〈長川世稿〉
黃源善(원선)	1798~1873	藏園	學者 字 進懋 本貫 長水 父 錫老 外祖 鄭宗魯 著書 藏園遺稿
黃沅益(원익)	1878~1951	訥菴	字 處中 本貫 昌原 父 祐義
黃元益(원익)	1887~1913	閒士	字 福仁 本貫 昌原 父 祐漢 祖父 鶴烈 外祖 吳學洙
黃瑋(위)	1536~1590	雲史	文臣 字 景溫 本貫 昌原 都承旨
黃渭(위)	朝鮮宣祖	灘翁處士	字 正中 本貫 紆州 父 應清
黃暐(위)	1605~1654	塘村	文臣 字 子輝 本貫 長水 父 廷說 祖父 進 鄭弘溟 門人 追贈 吏曹參判 編書 旌忠錄
黃煒(위)	朝鮮	筆谷 霽谷	學者 字 季章 本貫 懷德 父 德益
黃瑜(유)	朝鮮初期	靜黙齋	本貫 長淵 父 尙益 副護軍
黃㦼(유)	1670~1732	師儉堂	文臣 字 美叔 本貫 昌原 父 潤河 追贈 判書
黃裕(유)	朝鮮後期	梅軒	本貫 昌原 進士
黃有寧(유녕)	高麗仁宗	石川	本貫 長淵 父 演
黃有業(유업)	1596~1659	耻齋	字 丕顯 本貫 長水 父 大明 祖父 廷直
黃有益(유익)	1862~1914	聲山	字 潤應 本貫 昌原 父 祐弼
黃有一(유일)	?~1568	虎谷	文臣 字 渾元 本貫 平海 父 應清 正字
黃有定(유정)	1343~?	米囷	文臣 本貫 平海 父 謹 工曹判書
黃有中(유중)	1564~1620	釣臺	文臣 字 仲正 本貫 昌原 父 遷 祖父 應奎 金臺郊察訪
黃有仲(유중)	→黃有中		
黃有熙(유희)	1881~1953	椎隱	字 甫玄 本貫 昌原 父 盛仁

人名	年代	號	其他
黃潤觀(윤관)	1816~1877	龍坡	字 聖九 本貫 昌原 父 夏錫 祖父 勉基
黃潤九(윤구)	1897~?	峴樵	字 燦王 本貫 平海 父 宗瀚 祖父 基源
黃胤基(윤기)	1577~1620	克軒	字 希永 本貫 齊安 父 應吉
黃允吉(윤길)	1536~?	松堂 友松堂	文臣 字 吉哉 本貫 長水 父 懲 兵曹參判
黃允明(윤명)	1844~?	春坡 海生	委巷人, 書藝家 字 執仲 本貫 平海
黃允範(윤범)	1812~1891	林隱	字 胤學 本貫 昌原 父 龍祐 外祖 李東演
黃胤錫(윤석)	1729~1791		
黃胤錫(윤석)	1868~1915	頤齋 山雷老人 西溟 散人 實齋 雲浦主人 越松外史 竹谷	學者, 文臣 字 永叟 本貫 平海 父 躔 金元行 門人 翊贊 著書 頤齋遺稿
黃胤錫(윤석)	1868~1915	東窩	字 應祚 本貫 昌原 父 基贊 祖父 鼎泰
黃胤先(윤선)	1577~1524	南坡	文臣 字 希述 本貫 齊安 監察
黃允世(윤세)	1708~?	景樂齋	字 和兼 本貫 平海 父 道賢 祖父 以潔
黃胤汝(윤여) →黃胤後			
黃允源(윤원)	1808~1897	木窩	字 穉執 本貫 平海 父 恒鎭 祖父 九錫　護軍
黃允儀(윤의)	1491~1550	晦窩	學者 字 聖達 本貫 昌原 父 璃 祖父 离
黃胤仁(윤인)	1791~1848	松溪	字 聖吉 本貫 昌原 父 浩根 祖父 鍾 外祖 崔斗萬 追贈 兵曹參判
黃潤鍾(윤종)	1789~1849	益齋	本貫 昌原 父 勉忠 祖父　運祚 外祖 李象謙
黃允中(윤중)	1574~?	芝菴	字 善正 本貫 昌原
黃允中(윤중)	1782~1855	雲鶴	學者 字 聖執 本貫 平海 父 在瓚 外祖 權應麟 著書 雲鶴集
黃允中(윤중) →黃中允			
黃潤八(윤팔)	1790~?	晦窩	字 中執 本貫 平海 父 道仁 祖父 元三 敬基殿參奉
黃允獻(윤헌)		無盖亭	本貫 長水 父 瓘
黃允顯(윤현)		農窩	著書 農窩遺稿 〈長川世稿〉
黃胤後(윤후)	1587~1648	月渚	文臣 字 希迪 本貫 齊安 父 應聖 祖父 大臨 外祖 盧㴐 義州府尹 著書 月渚遺稿
黃律仁(율인)	1864~1942	耕讀齋 東崗	文臣 字 道玄 本貫 昌原 父 浩在 祖父 基玉 外祖 鄭殊同 英陵參奉
黃乙耆(을구)	高麗恭愍王	季老	字 摜 本貫 齊安 封號 齊安君
黃乙容(을용)	1881~1959	海汀	字 敬天 本貫 昌原 父 寅浩 祖父 在禹
黃應奎(응규)	1518~1598	松澗 松磵 松蘭 松村	文臣 字 仲文 本貫 昌原 父 士祐 外祖 吳壽楨 周世鵬, 李滉 門人 同知中樞府事 著書 松澗稿
黃應吉(응길)	1553~1637	松亭	字 彦遇 本貫 齊安 父 大臨 祖父 世章
黃應斗(응두)	1532~1604	松齋	字 天樞 本貫 昌原 父 世昌 祖父 敬老

人名	年代	號	其他
黃應辟(응벽)	?~1620	碧溪	本貫 平海 父 璉
黃應聖(응성)	1556~1614	東臯	文臣 字 慶遇 本貫 昌原 父 大臨 祖父 世章 府使
黃應挺(응정)	朝鮮	槐亭	本貫 平海
黃應澄(응징)	朝鮮中期	滄洲	本貫 平海 父 瑀
黃應清(응청)	1504~1554	杏隱	學者 本貫 紆州 父 吉文 祖父 漢俊
黃應清(응청)	1524~1605	大海 大海堂	學者, 文臣 字 清之 本貫 平海 父 瑀 祖父 輔坤 眞寶縣監 著書 大海先生文集
黃應河(응하)	朝鮮中期	三慎堂	本貫 懷德 父 載厚
黃鎡(의)	朝鮮	後村	本貫 昌原 父 汝喬
黃義敦(의돈)	1887~1964	海圓	史學者 本貫 長水 父 麒周　著書　海圓文稿
黃義錫(의석)		南岡	著書 文集
黃義昌(의창)		晚吾	著書 晚吾集
黃義軒(의헌)	朝鮮世宗	白峴	本貫 昌原 父 善慶
黃里老(이노) →黃五의 初名			
黃以德(이덕)	1729~1784	德軒	字 亨瑞 本貫 昌原 父 友千 祖父 相九 外祖 李元喆
黃履正(이정)	1678~1734	龜巖	學者 字 執中 父 尚載 外祖 柳珣 著書 龜巖遺稿
黃履周(이주)	1816~1860	而永	本貫 昌原 父 順熙 系 甲熙 祖父 興文
黃履昌(이창)		靜齋	著書 文集
黃以厚(이후)	朝鮮終期	安村	本貫 平海 父 處中
黃益九(익구)	1893~?	石軒	字 汝元 本貫 平海 父 河雲 祖父 順宗
黃翼龍(익룡)	朝鮮後期	晚圃 鶴庵	孝子 字 能見 本貫 昌原 追贈 刑曹參議
黃益源(익원)	1861~?	青坡	字 穉允 本貫 平海 父 華鎭 祖父 九錫 參奉
黃翼再(익재)	1682~1747	白華齋 華齋	學者, 文臣 字 再叟 本貫 長水 父 鎭夏 外祖 金震鈬 鍾城府使 著書 白華齋文集
黃翊周(익주)	1854~1928	蘭石	文臣 字 漢卿 本貫 昌原 父 鼎熙 系 履熙 祖父 允植 長陵參奉
黃益俊(익준)	1552~1616	二巖	字 君識 本貫 昌原 父 愼 祖父 應斗
黃益中(익중)	1554~1628	晚翠	文臣 字 叔正 本貫 昌原 父 瑋 司諫院司諫
黃益清(익청)	1589~1659	龍峯 愼獨齋	文臣, 學者 字 應叔 本貫 昌原 父 彥柱 祖父 欽 外祖 安胤金 通禮院常禮 著書 龍峯文集
黃翼熙(익희)	1813~1863	東谷 海錦	學者, 文臣 字 聖翼 本貫 昌原 父 允植 外祖 權景相 敎官
黃寅(인)	1773~1837	竹圃	字 善若 本貫 昌原 父 再河 祖父 尚鈺 外祖 李慶馥
黃忍(인)	朝鮮	一心齋	文臣 字 百忍 本貫 紆州 戶曹參議
黃仁儉(인검)		畢依齋	著書 文集

人名	年代	號	其他
黃寅瓏(인관)	1884~1944	竹下	字 奉奎 本貫 昌原 父 有益 祖父 祜弼
黃仁紀(인기)	1747~1831	一水戶 一水庵	文臣 字 景修 初字 景修, 展汝 本貫 黃州 父 幹 金元行 門人 僉知中樞府事 著書 美仁志
黃仁驥(인기) →黃仁紀 初名			
黃寅吉(인길)	1858~1914	晴泉	文臣 字 致見 本貫 昌原 父 在潤 祖父 碩淳 外祖 金仲浩 昌陵參奉
黃仁燾(인도)	朝鮮高宗	二樂齋	本貫 昌原 父 時雨 參奉
黃寅東(인동)	哲宗~高宗	漁樵隱	字 仲賓 本貫 平海 父 景勛 祖父 鍾文
黃麟老(인로)		雨坪	著書 文集
黃仁明(인명)	1644~?	梅隱堂	字 元晦 本貫 昌原 父 成一 祖父 億忠 外祖 姜太立
黃寅範(인범)	1806~1877	林皐	字 乃錫 本貫 昌原 父 龍澤 外祖 崔祥權 著書 遺稿
黃仁鳳(인봉)	1644~?	無忝齋	字 亨初 本貫 平海 父 正義 祖父 希溥
黃寅鳳(인봉)	1887~1916	愚隱	字 道淑 本貫 昌原 父 俊益 祖父 祜淸
黃寅善(인선)	1876~?	農秋	字 雲瑞 本貫 昌原 父 槪益 系 柙益 祖父 祜基 外祖 鄭奎祖
黃寅變(인섭)	1847~1912	菊史	字 南瑞 本貫 昌原 父 秉連 祖父 宗振 外祖 趙翼鎭 宣略將軍
黃寅滿(인섭)	1889~1917	愚溪	字 漢聲 本貫 昌原 父 鍾益 祖父 祜弼
黃寅壽(인수)	1900~1954	本菴	字 仁和 本貫 昌原 父 沇益
黃麟秀(인수)	朝鮮後期	丈巖	著書 丈巖集語
黃寅淳(인순)	1892~1920	湖亭	字 敬順 本貫 昌原 父 箕益
黃仁實(인실)	朝鮮肅宗	竹泉	本貫 昌原 父 德培
黃仁點(인점)	?~1802	恬窩	本貫 昌原 父 梓 昌成尉
黃寅朝(인조)	1889~1960	聖軒	字 漢瞻 本貫 昌原 父 輔益 祖父 祜淇
黃麟周(인주)	1848~1960	芝陰	字 聖長 本貫 昌原 父 烈勳
黃寅昌(인창)	1852~1900	性齋	字 泰見 本貫 昌原 父 在熙 祖父 碩恩
黃麟采(인채)	1716~?	養蒙齋	字 國亮 本貫 昌原 父 槃 祖父 道翊 著書 養蒙齋集
黃麟八(인팔)	朝鮮	雲皐	文人 字 以雲 著書 八域誌
黃仁憲(인헌)	朝鮮後期	四皐	本貫 昌原 父 枸
黃仁煐(인혁)	朝鮮後期	晚齋	本貫 昌原 父 彬 生員
黃仁鉉(인현)	朝鮮	聾瞽	文臣 字 允中 本貫 平海 同副承旨
黃寅現(인현)	朝鮮後期	松坡	字 道淑 本貫 昌原 父 樞益
黃仁瀅(인형)	朝鮮後期	獨碁齋	本貫 昌原 父 檍
黃寅灝(인호)	1890~1968	雲軒	字 權中 本貫 昌原 父 洪益 祖父 祜邸

人名	年代	號	其他
黃寅回(인회)	1866~1948	農圃	字 東鎭 本貫 昌原 父 在信 祖父 鶴俊 昌陵參奉
黃仁孝(인효)	朝鮮中期	雲齋	本貫 德山
黃日九(일구)	1895~1963	石潭	字 鳳日 本貫 平海 父 宗萬 祖父 厚源
黃一鳳(일봉)	1642~1717	遯翁	文臣 字 聖初 本貫 平海 父 正義 祖父 希溥 敦寧府都正
黃逸鳳(일봉)	1724~1808	鷲巢	字 紅叔 本貫 平海 父 舜南 祖父 河應
黃一周(일주)	朝鮮英祖	錦菴	字 景三 本貫 昌原 父 鳳熙
黃一淸(일청)	1629~1704	晚悔堂	武臣 字 聖瑞 本貫 紆州 父 有復 五衛將
黃一淸(일청)	1606~1749	黙窩	文臣 字 翼瑞 本貫 昌原 吏曹判書
黃一河(일하)	1669~1744	獨翠軒	字 千之 本貫 昌原 父 應老 祖父 戶 外祖 鄭翊成
黃一漢(일한)		壽村	本貫 平海 著書 壽村遺稿〈月松世稿〉
黃一皓(일호)	1588~1641	芝所	文臣 字 翼就 本貫 昌原 父 惕 系 愼 祖父 大受 外祖 安重黙 義州府尹 諡號 忠烈 著書 文集
黃任繼(임계)	1680~?	仁谷	文臣 字 景承 本貫 平海 父 儀節 祖父 一鳳 承政院承旨
黃子龍(자룡)	1568~1652	碧龍潭	孝子, 文臣 本貫 昌原 父 世澄 龍驤衛副司果 諡號 忠孝
黃自厚(자후)	1600~1670	竹牖	字 載伯 父 襃 祖父 名世
黃子輝(자휘)		塘村	著書 塘村集
黃爵滋(작자)	朝鮮後期	樹齋	
黃章淵(장연)	朝鮮高宗	晚堂	本貫 昌原 父 鍾奭 應敎
黃樟益(장익)	1830~1866	養齋	字 性直 本貫 昌原 父 祐載 外祖 洪秉一 著書 遺稿
黃璋鉉(장현)	1891~1906	石隱	字 汝玉 本貫 昌原 父 在敦 祖父 寅燮 外祖 申景基
黃章熙(장희)	1860~1937	農隱	字 致云 本貫 昌原 父 福仁 祖父 浩賢
黃載(재)	朝鮮中期	龍巖	本貫 德山
黃梓(재)	1689~1756	畢依	字 子直 本貫 昌原 父 瑞河
黃載(재)	朝鮮後期	松溪	本貫 昌原
黃在甲(재갑)		綺園	著書 綺園文集
黃在綱(재강)	1836~1908	處士	字 聖五 本貫 昌原 父 碩淳
黃載觀(재관)	1737~?	存菴	字 元方 本貫 昌原 父 錫祚 著書 遺稿
黃在基(재기)	1884~1963	松圃	字 士益 本貫 昌原 父 相吉 祖父 宇坤 外祖 朴溫和
黃在燾(재도)	韓末	小洲	
黃在敦(재돈)	1869~1948	松岡	字 淸一 本貫 昌原 父 寅燮 祖父 秉連 外祖 申寧植

人名	年代	號	其他
黃載萬(재만)	1659~1710	山邨	本貫 平海 父 世基 著書 山邨遺稿〈醉隱世稿〉
黃在三(재삼)	1848~1910	魯庵	學者 字 孟達 本貫 長水 父 鶴善 外祖 張相義 著書 魯庵逸稿
黃在聖(재성)	朝鮮中期	明庵	本貫 懷德
黃在英(재영)	1835~1885	大溪	學者, 文臣 字 應護 本貫 昌原 父 仁夏 繕工監役 著書 大溪遺稿
黃載堯(재요) →黃戴堯			
黃在禹(재우)	1828~1885	野樵	文臣 字 伯五 本貫 昌原 父 碩淳 龍驤衛副護軍
黃在潤(재윤)	1833~1886	德菴	字 尚五 本貫 昌原 父 碩淳
黃載仁(재인)	1628~1682	龍岩	字 元伯 本貫 昌原 父 鳳先
黃載仁(재인)	朝鮮	東愼	本貫 齊安 父 胤光
黃在一(재일)		月渚	著書 月渚遺稿
黃載重(재중)	1664~1718	龜巖	學者 字 元叔 本貫 平海 父 世基 著書 文集
黃在中(재중)	1836~1917	誠齋	字 洛五 本貫 昌原 父 碩恩 祖父 宗海
黃在鎭(재진)	韓末	東廬	進士
黃在瓚(재찬)	1862~1919	梧堂	字 章玉 本貫 長水 父 萬祚 著書 文集
黃載天(재천)	1732~1775	南圃	字 士健 本貫 昌原 父 宅祚 參奉
黃在弼(재필)	1840~1893	檀坡	學者 字 良彦 本貫 平海 父 殷燮 外祖 金鈺 著書 檀坡遺稿
黃再河(재하)	1731~1792	松窩	孝子 字 而叔 本貫 昌原 父 尚鈺 祖父 友憲 外祖 諸渭漢
黃在河(재하)	1822~1886	淡齋	字 允五 本貫 昌原 父 碩恩 祖父 宗海 著書 遺稿
黃在鶴(재학)	1876~1950	梅岡	字 應九 本貫 昌原 父 寅燮 祖父 秉連
黃在漢(재한)	1863~1947	秋岡	字 希叔 本貫 昌原 父 寅燮 祖父 秉連 外祖 李中翼 中樞院議官
黃在軒(재헌)	1856~1896	石吾	文臣 字 士轅 本貫 昌原 父 叙夏 郡守
黃戴赫(재혁)	朝鮮	淸溪	文臣 字 善與 本貫 平海 工曹參議
黃在虎(재호)	1885~1945	石我	抗日志士 本貫 尚州
黃載革(재화)	朝鮮中期	仙針軒	字 悅中 本貫 懷德 父 憲 祖父 致中
黃壄(전) →黃躔			
黃躔(전)	1704~1771	晚隱 仙浦 愛日齋 雲溪	學者 字 汝后 本貫 平海 父 載萬 外祖 金復初 著書 晚隱遺稿
黃玎(정)	1426~1497	不倦軒 不倦堂	文臣 字 聲玉 本貫 平海 父 尚吉 侍講院贊讀 著書 不倦軒文集
黃霆(정)	1632~1708	自容軒	字 挺萬 本貫 長水
黃定(정)	1750~1826	竹西	字 明瑞 本貫 昌原 父 宗河 祖父 尚圭 外祖 孫漢明

人名	年代	號	其他
黃鋌(정)	朝鮮	文谷	文臣 字 汝大 本貫 平海 僉知中樞府事
黃正基(정기)	1799~1856	桃圃 慕明子	學者, 文臣 字 英鎭 本貫 昌原 父 致文 著書 桃圃集
黃廷模(정모)	1839~1869	五峰	字 國元 本貫 昌原 父 潤觀 祖父 夏錫
黃正文(정무)	1404~1467	石泉	字 潤基 本貫 德山 父 郁 祖父 德卿
黃廷敏(정민)		晚軒	著書 文集
黃廷錫(정석)	1877~1905	秋塘	字 子踐 本貫 昌原 父 圭爀 祖父 德熙 外祖 閔廷鎬
黃貞秀(정수)	1834~?	大敬	文臣 字 必彥 本貫 平海 父 河源 祖父 順敏 工曹參議
黃廷臣(정신)	1577~?	三悔堂	文臣 字 儒直 本貫 昌原 父 應五 祖父 柘 縣監
黃廷彧(정욱)	1532~1607	芝川	文臣 字 景文 本貫 長水 父 悅 封號 長溪府院君 諡號 文貞 著書 芝川集
黃鼎運(정운)	1812~1873	松窩	字 致五 本貫 昌原 父 載德 祖父 裕中
黃靖人(정인)	1881~?	淸溪	字 燦靖 本貫 平海 父 宗規 祖父 基源
黃精一(정일)	1608~1669	安道齋	學者, 孝子 字 子仲 本貫 昌原 父 世憲 祖父 希哲 追贈 司憲府持平
黃正一(정일)	1772~1831	松隱	字 正烈 本貫 昌原 父 泰澄 祖父 以德 外祖 尹柱煥 追贈 資憲大夫
黃鋌周(정주)	1830~1886	農隱	字 永仁 本貫 昌原 父 龍熙 祖父 貞仁 外祖 金重福
黃廷直(정직)	1566~1629	雙碧堂	本貫 長水 父 葺
黃廷喆(정철)	朝鮮	愛竹	文臣 字 充善 本貫 長水 左副承旨
黃廷戶(정호)	1568~1636	梅山	字 君弼 本貫 長水 父 迪 祖父 允恭
黃鼎鎬(정호)	朝鮮	月浦	文臣 字 光彥 本貫 懷德 同知中樞府事兼五衛將
黃濟益(제익)	1890~1952	素庵	字 元益 本貫 昌原 父 祜哲 系 祜吉
黃悌顯(제현)		晚睡	本貫 長水
黃祖容(조용)	1887~1937	學魯	文臣 字 泰圭 本貫 昌原 父 寅烜 祖父 樟益 通政大夫
黃肇夏(조하)	韓末	渚樵	
黃鍾啓(종계)	1761~1818	晚窩	字 汝則 本貫 平海 父 潤得 祖父 道三
黃鍾寬(종관)	朝鮮	雲楚	文臣 字 英元 本貫 昌原 同知中樞府事
黃宗國(종구)	1880~1953	峴下	字 邦彥 本貫 平海 父 益源 祖父 華鎭
黃鍾奎(종규)	1830~1904	菊圃	文臣 字 國元 本貫 昌原 父 慶浩 義禁府都事
黃鍾極(종극)	1794~?	晚吉	字 南叟 本貫 平海 父 復河 祖父 晚杰 中樞同知府事
黃宗根(종근)	1858~?	晚隱	字 能彥 本貫 昌原 父 允中
黃鍾大(종대)	朝鮮	竹軒	字 啓淳 本貫 平海

人名	年代	號	其他
黃鍾烈(종렬)	1874~1937	逸山	字 斗立 本貫 昌原 父 斗民 外祖 權錫儀
黃鍾林(종림)	朝鮮正祖	老石	本貫 昌原 父 基玉
黃宗萬(종만)	1865~?	恩田	字 景成 本貫 平海 父 厚源 祖父 衡鎭
黃鍾文(종문)	1825~1906	農庵	字 藝叔 本貫 平海 父 定河
黃鍾範(종범)	1833~1862	止齋	字 聲七 本貫 昌原 父 龍海 外祖 安孝天
黃宗復(종복)	?~1641	葛村	字 胤卿 本貫 昌原 父 汝弼 祖父 瑀
黃鍾復(종복)		小心齋	著書 小心齋文集
黃鍾奭(종석)	1860~1930	老圃	字 敬華 本貫 昌原 父 基秀 祖父 德宇
黃鍾先(종선)	朝鮮後期	新菴	本貫 昌原 父 基采
黃鍾粹(종수)	1666~1716	墻東	字 純夫 本貫 長水
黃鍾秀(종수)	朝鮮	梧溪	文臣 字 致秀 本貫 平海 同知都摠府都摠管
黃宗洙(종수)		警堂	本貫 長水 著書 警堂遺稿〈長川世稿〉
黃鍾淑(종숙)	1817~1886	道隱	字 正玉 本貫 昌原 父 基采 祖父 德奎
黃宗信(종신)	1628~1894	愼窩	字 元汝 本貫 昌原 父 汝弼 祖父 瑀
黃宗雅(종아)	1874~?	鷲農	字 景七 本貫 平海 父 厚源 祖父 衡鎭
黃鍾淵(종연)	1870~1944	伊山	學者 字 進華 本貫 昌原 父 基秀 著書 伊山集
黃鍾五(종오)	朝鮮	琴庵	
黃鍾翁(종옹) →黃鍾翁			
黃鍾宇(종우)	1855~1930	素隱	字 成攸 本貫 昌原 父 潤祥 祖父 興龍 外祖 金允綱
黃宗郁(종욱)	1841~1913	愼庵	字 華應 本貫 平海 父 沃源 祖父 九錫
黃宗應(종응)	1850~?	鶴岡	字 和之 本貫 平海 父 富源 祖父 和鎭
黃宗儀(종의)	1859~?	松岡	字 景威 本貫 平海 父 厚源 祖父 衡鎭
黃鍾益(종익)	1839~1906	節孝堂	字 周應 本貫 昌原 父 祐弼 兵曹判書
黃宗翼(종익)	1878~?	白雲	字 景八 本貫 平海 父 厚源 祖父 衡鎭
黃鍾仁(종인)	1824~1897	松齋	文臣 字 聖壽 本貫 昌原 父 浩基 祖父 銳 外祖 朴順謙 工曹參議
黃宗振(종진)	1798~1877	晚悟	字 能彦 本貫 昌原 父 允中 祖父 興參 外祖 金順成
黃宗昌(종창)	1873~?	松齋	字 相老 本貫 平海 父 祿源 祖父 垈鎭
黃宗哲(종철)	1837~1875	西山齋	字 景伯 本貫 平海 父 五源 祖父 泰鎭 參奉
黃鍾泰(종태)	1822~1891	老隱	字 通老 本貫 平海 父 潤彦 祖父 雲普 通德郎
黃宗澤(종택)	1847~1932	梅園	字 潤之 本貫 平海 父 五源 祖父 泰鎭 從仕郎
黃宗八(종팔)	1852~1940	牧野	字 馥之 本貫 平海 父 五源 祖父 泰鎭 光陵參奉
黃宗河(종하)	1726~1792	林窩	字 而聖 本貫 昌原 父 尙圭 祖父 友憲 外祖 鄭清緯

人名	年代	號	其他
黃宗河(종하)	朝鮮肅宗	覺村	本貫 昌原 父 錡 權尙夏 門人
黃宗瀚(종한)	1854~?	松陰	字 敬之 本貫 平海 父 基源 祖父 華鎭 將仕郎
黃宗海(종해)	1579~1642	朽淺	學者, 文臣 字 大進 本貫 懷德 父 德休 鄭逑 門人 英陵參奉 著書 朽淺集
黃宗海(종해)	1866~?	牧園	字 相弼 本貫 平海 父 祿園 祖父 岱鎭
黃宗鉉(종현)	朝鮮後期	雙愧	字 景海 本貫 昌原 祖父 廷模
黃鍾顯(종현)	朝鮮憲宗	怡觀 怡觀散人	文臣 本貫 昌原 父 基鎬
黃鐘協(종협)	1664~1730	肯堂	字 和叔 本貫 長水 著書 詩集
黃鍾濩(종호)	朝鮮後期	緝敬堂	本貫 昌原 父 基天
黃宗浩(종호)	1847~1907	素菴	字 熙之 本貫 平海 父 富源 祖父 華鎭 參奉
黃鍾和(종화)	1879~1950	夢溪	獨立運動家 字 泰潤 本貫 昌原 父 基祚
黃鍾化(종화)		松谷	本貫 昌原
黃鍾翕(종흡)	1854~1903	雲坡	學者 字 元汝 本貫 平海 父 東奎
黃宗熙(종희)	1882~1971	鶴山	學者 字 銀宗 本貫 昌原 父 允仁
黃宗義(종희)		梨洲	學者 著書 梨洲集
黃紬(주) →黃紐			
黃柱錫(주석)	1827~1876	遯庵	字 贊中 本貫 昌原 父 德守 祖父 璦
黃胄錫(주석)		鋤隱	本貫 平海 著書 鋤隱遺稿 〈月松世稿〉
黃周河(주하)	朝鮮	葵軒	本貫 平海
黃濬(준)	1430~1486	陽谷	字 子深 本貫 紆州 父 潤身 祖父 允諴
黃濬(준)	1415~1483	道隱	文臣 本貫 昌原 父 吉道 祖父 君碩 漢城府尹
黃晙(준)	1695~1781	坐隱	文臣 字 伯升 本貫 昌原 父 㦗 祖父 潤河 外祖 南弼明 工曹判書
黃俊幹(준간) →黃後榦			
黃俊良(준량)	1517~1563	錦溪	文臣 字 仲擧 本貫 平海 父 觶 外祖 黃漢弼 李滉 門人 星州牧使 著書 錦溪集
黃濬神(준신) →黃濬			
黃仲謙(중겸)	1625~1696	海石	文臣 本貫 昌原 父 春立 同知府事
黃中權(중권)	朝鮮	蓮湖	文臣 字 稱衡 本貫 平海 兵曹參議
黃中燮(중섭)		晦窩	本貫 平海 著書 晦窩遺稿 〈月松世稿〉
黃中寔(중식)	1615~1692	華隱	本貫 平海 父 道一
黃中信(중신)	朝鮮	魯庵	字 子貞 本貫 平海 父 居一 祖父 應清
黃中允(중윤)	1557~1648	東溟	文臣, 學者 字 道光, 道先 本貫 平海 父 汝一 外祖 金守一 朴惺 婿 著書 東溟文集
黃重河(중하)		晩軒	本貫 平海

人名	年代	號	其他
黃茸(즙)	1560~1613	松齋	字 文輔 本貫 長水 父 允宕
黃志烈(지열)	1846~1926	楚山	字 仕見 本貫 昌原 父 炳健 祖父 嵞範 外祖 許炳祖 著書 楚山詩集
黃祉範(지범)	1824~1886	訥菴	字 乃彥 本貫 昌原 父 龍海 外祖 許柜
黃芝秀(지수)	朝鮮後期	石蕉	
黃芝仁(지인)	1816~1766	陪堂	文臣 字 景所 本貫 昌原 父 浩民 祖父 銓 縣監
黃知定(지정) →黃有定			
黃溭(직)	朝鮮	栖山 捷山	武臣 字 尚涵 本貫 昌原 清州兵馬節度使
黃珍(진)	1365~1433	遂隱	字 聖日 本貫 昌原 父 允瑞 祖父 裳
黃璉(진)	1542~1602	西潭	文臣 字 君美景美 本貫 昌原 父 湯卿 外祖 吳潔 禮曹判書
黃進(진)	1550~1593	蛾述堂	武臣 字 明甫 本貫 長水 父 一皓 追贈 左贊成 諡號 武愍 著書 蛾述堂遺稿
黃鎭(진)	朝鮮肅宗	若愚堂	本貫 昌原 父 命蓍 郡守
黃振濂(진렴)	1594~?	松岩	字 東文 本貫 昌原 父 克昌
黃震龍(진룡)	1603~?	龜山	學者 字 伯見 本貫 德山 父 河潤
黃鎭璞(진박)	1888~1942	月庭	獨立運動家
黃縉範(진범)	1816~1874	愼窩	字 乃洪 本貫 昌原 父 龍五 系 龍澤 外祖 李承孝
黃眞伊(진이)	朝鮮明宗	明月 眞娘	妓女
黃振河(진하)	1648~1675	匡廬	字 成大 本貫 昌原 父 克寧 祖父 鷺祥 外祖 柳世英 著書 文集
黃檝益(즙익)	1873~?	復齋	字 成汝 本貫 昌原 父 祐載 外祖 朴成重
黃潗(집)	朝鮮仁祖	後浦	本貫 昌原 父 在中 縣監
黃執中(집중)	1533~?	影谷 卑牧堂	畫家 字 時望 本貫 昌原 父 璘
黃澄(징)	朝鮮中期	菊軒	
黃徵(징)	1635~1713	大痴 礄溪	武臣 字 應三 本貫 尚州 父 以煥 祖父 佑商 御營大將
黃澄(징)	朝鮮	止菴	文臣 本貫 懷德 慶州鎭管兵馬
黃瓚(찬)	朝鮮後期	痴庵	本貫 昌原
黃燦九(찬구)	1861~1941	謙齋	字 致三 本貫 平海 父 宗哲 祖父 五源 從仕郎
黃燦秀(찬수)	1852~1915	思軒	
黃瓚益(찬익)	1875~1934	菊史	字 孝益 本貫 昌原 父 祐克
黃贊仁(찬인)	1883~1968	洛山	文臣 字 贊鉉 本貫 昌原 父 浩伯 祖父 基秋 弘陵參奉
黃瓚一(찬일)	1590~1626	愚齋	字 鶴之 本貫 昌原 父 致龍 祖父 孝信
黃贊周(찬주)	1848~1924	綺園	本貫 長水 父 源一 著書 綺園文集

人名	年代	號	其他
黃讚周(찬주)	1897~1970	雲溪	字 奇玉 本貫 昌原 父 護烈 祖父 斗性 外祖 李廷祐 著書 遺稿
黃贊熙(찬희)	1768~1833	晚翠	文臣 字 襄之 本貫 長水 郡守
黃贊熙(찬희)	1831~1903	秋所	字 晾襄 本貫 昌原 父 世榮 系 箕榮 祖父 浩孟 外祖 趙寬夏
黃瑁(창)	1527~1597	養閒堂	武臣 字 君玉 本貫 平海 父 世通 牧使
黃昌述(창술)	1628~1711	丹丘	字 繼道 本貫 昌原 父 千一 祖父 惺 著書 丹邱逸稿
黃昌熙(창희)	1881~1953	南軒	字 成周 本貫 昌原 父 英仁
黃采五(채오)		蓮村	著書 文集
黃采容(채용)	1888~1968	鏡菴	字 敬章 本貫 昌原 父 寅元 祖父 倫益
黃彩后(채후)	朝鮮後期	松洲	本貫 昌原 父 壽蕎
黃處儉(처검)	1628~?	八警堂	學者 字 仲素 祖父 敬身 本貫 平海
黃處大(처대)	1716~1769	竹節	字 順振 本貫 昌原 父 碩蕎 外祖 全應伯 追贈 參議
黃處雲(처운)	1710~1792	隱齋	字 順天 本貫 昌原 父 必考 外祖 金有英
黃處厚(처후)	朝鮮初	水亭	本貫 長淵 父 龜壽 著書 文集
黃天繼(천계)	朝鮮初期	潛齋	文臣 字 聖極 本貫 平海 父 祐 祖父 太白 觀察使
黃鐵(철)	1864~1930	魚門 無名閣主	書畵家 字 冶祖 本貫 昌原 父 潤秀
黃澈源(철원)	1878~1931	重軒 隱求齋	學者 字 景涵 本貫 長水 父 瓚鎭 外祖 金志恩 著書 重軒文集
黃淸(청)	1581~?	敬庵	字 應浩 本貫 昌原 父 致身 祖父 大用
黃淸熙(청희)	1860~1915	東農	字 希瑞 本貫 昌原 外祖 崔邦榮
黃最(최)	1680~?	獨醒齋	學者 字 樂元 本貫 昌原 父 遇聖 著書 獨醒齋集
黃寰彥(최언)	1711~1781	滄洲 退窩	文臣 字 良伯 本貫 昌原 父 壽泰 宗親府都正
黃春立(춘립)	1599~1645	靜軒	本貫 昌原 父 得亨 祖父 德男
黃春輔(춘보)	?~1649	仁谷	字 君翊 本貫 平海 父 希陽 祖父 弼守
黃春熙(춘희)	1870~1930	竹軒	字 良善 本貫 昌原 父 英仁
黃就根(취근)	1761~?	省庵	孝子 字 百源 本貫 昌原 父 虞河 著書 省庵文集
黃致敬(치경)	1554~1627	夢竹	文臣 字 而直 本貫 昌原 父 大任 祖父 琛 外祖 成子濟 京畿號召使
黃致謹(치근)	1582~1634	慕軒	字 敏行 本貫 昌原 父 世哲 祖父 瓚 外祖 申瑞琨
黃致誠(치성)	1543~1622	敬齋	文臣 字 而實 本貫 昌原 父 大用 祖父 琦 追贈 左贊成
黃致述(치술)	朝鮮	丹谷	字 錫允 本貫 平海 父 運南 祖父 仁黙
黃致信(치신)	1549~1610	松齋	文臣 字 和仁 本貫 昌原 父 大用 祖父 琦 縣監
黃致業(치업)	朝鮮	碧潭	文臣 字 戌淑 本貫 平海 戶曹參議

人名	年代	號	其他
黃致章(치장)	1683~1729	忍齋	文臣 字 子賢 本貫 平海 父 傳說 全羅道巡察使
黃致宰(치재)	1878~1950	石溪	著書 石溪遺稿
黃致中(치중)	朝鮮後期	松湖	本貫 昌原
黃致憲(치헌)	1575~1642	雲庵	字 寬汝 本貫 昌原 父 大先
黃稺璜(치황)	朝鮮	商翁	
黃七漢(칠한)		韋軒	本貫 平海 著書 韋軒遺稿〈月松世稿〉
黃沈(침)	1688~1763	山谷	學者 字 仲晦 本貫 長水
黃琛(침)	1747~1802	喜懼齋	字 君玉 本貫 平海 父 受夏 祖父 世元
黃梛(침)	朝鮮後期	竹塢	本貫 昌原 父 宗信
黃忱(침)		錦軒	本貫 平海
黃太坤(태곤)	1751~1811	農軒	字 至甫 本貫 昌原 父 始瓚 祖父 配天 外祖 尹應商
黃泰萬(태만)	朝鮮	寬菴	文臣 字 士善 本貫 懷德 僉知中樞府事
黃泰益(태익)	1879~1955	訥庵	獨立運動家 本貫 昌原 父 祐義
黃泰中(태중)	1730~1799	日休庵	文臣 字 國甫 本貫 平海 龍驤衛副護軍 諡號 忠孝
黃太中(태중)	1757~1809	穆亭	字 和甫 本貫 昌原 父 始瓚 祖父 配天
黃泰鎭(태진)	1776~1850	洛西	字 適兼 本貫 平海 父 九錫 祖父 逸鳳 通訓大夫
黃太執(태집)	1743~1801	敬齋	字 允中 本貫 昌原 父 碩瓚 祖父 配昊 追贈 吏曹參判
黃泰澄(태징)	1727~1805	闡幽堂	孝子 字 未彦 本貫 平海 追贈 同知中樞府事
黃泰澄(태징)	1751~1805	雲史	字 景泰 本貫 昌原 父 以德 祖父 友千 外祖 鄭成哲 追贈 通政大夫
黃澤仁(택인)	1839~1882	槐史	字 文敬 本貫 昌原 保 浩一 祖父 鏞 著書 遺稿
黃宅中(택중)→黃宅厚의 初名			
黃宅厚(택후)	1687~1737	華谷	文臣 字 子化 本貫 昌原 初名 宅中 父 尙考 追贈 漢城左尹 著書 華谷集
黃褒(포)	朝鮮中期	城南處士	字 正中 本貫 懷德 父 應琛 祖父 澤
黃瑋(필)	1464~1526	稼亭	文臣 字 獻之 本貫 德山 父 龜壽 祖父 正文 慶州府尹 著書 稼亭逸稿
黃弼尙(필상)	1653~1721	靑坡	本貫 昌原 父 仲謙 祖父 春立 嘉善大夫
黃泌秀(필수)	朝鮮後期	惠菴	醫員 本貫 昌原 父 道淳 李勝愚 門人 郡守 著書 方藥合編
黃泌秀(필수)		愼齋	字 臣伯 本貫 昌原 父 道淵
黃河龍(하룡)	朝鮮後期	農溪	本貫 昌原 父 有穀
黃夏民(하민)	1660~1734	雙松堂	文臣 字 輔明 本貫 昌原 父 璡 系 琡 祖父 一皓 外祖 池益善 稷山縣監
黃河象(하상)	1845~1907	大庵	字 光叔 本貫 平海 父 順壽 祖父 三錫 寺僕寺正

人名	年代	號	其他
黃夏錫(하석)	1799~1846	雲皐	學者 字 忠汝 本貫 昌原 父 勉基 祖父 尚弼 外祖 安克明 著書 雲皐遺稿
黃河植(하식)	朝鮮後期	竹坡	文臣 本貫 昌原 義安郡守
黃夏淵(하연)	朝鮮	檜菴	文臣 字 禹瑞 本貫 昌原 僉知中樞府事
黃河源(하원)	1813~?	月松齋	字 致浩 本貫 平海 父 順敏 祖父 千錫 通政大夫
黃河一(하일)	1880~1971	一清	字 一中 本貫 昌原 父 鍾大 祖父 希玉 外祖 高駒柱
黃河周(하주)	朝鮮	松川	文臣 本貫 長水 漢城左尹
黃河峻(하준)	朝鮮	東皐	文臣 本貫 齊安 府使
黃河鎭(하진)	1850~1885	竹軒	字 山甫 本貫 平海 父 鍾泰 祖父 潤彦
黃河千(하천)	1845~1913	清一	字 周成 本貫 昌原 父 淑 祖父 希石 外祖 羅瀚權
黃河喆(하철)	1869~1924	石吾	字 克中 本貫 昌原 父 鍾大 祖父 希玉
黃河清(하청)	1796~?	松庵	字 仲一 本貫 平海 父 順福 祖父 五錫 通德郎
黃夏欽(하흠)	1862~?	稼隱	孝子 字 孝若 本貫 平海
黃㙫(학)	1690~1768	聾瞽堂	孝子 字 伯厚 本貫 昌原 父 履昌
黃澣(학)	1758~1804	晩翠洞	學者 字 學中 本貫 平海 父 錫文 祖父 美晶 金宗德 門人 著書 晩翠東逸稿
黃學東(학동)	1838~1903	納栢	字 而習 本貫 平海 父 景益 祖父 鍾極
黃學秀(학수)	1879~1953	夢呼	獨立運動家 字 必玉 本貫 昌原 父 斗淵 臨時政府生計部長
黃學仁(학인)	1848~1921	藥軒	孝子 字 永仲 本貫 昌原 父 浩義 祖父 起鍾 外祖 廉泰直
黃鶴熙(학희)	1851~1908	菊人	字 致仲 本貫 昌原 父 正熙 祖父 潤仁
黃瀚(한)	1894~?	錦南	字 順觀 父 運錫
黃漢淡(한담)	1769~1849	素齋	字 汝徵 本貫 昌原 父 彩垕 祖父 壽喬
黃漢龍(한룡)	朝鮮	西湖	文臣 字 聖瑞 本貫 平海 義禁府事
黃漢錫(한석)	1757~1859	簸溪	字 永瑞 本貫 昌原 父 基增 祖父 鼎處 都事
黃漢成(한성)	1543~1604	取適軒	字 致濯 本貫 平海 父 熙孫 著書 文集
黃漢仁(한인)	1855~1928	老圃	字 內翼 本貫 昌原 父 浩珪
黃翰周(한주)	1854~1922	石齋	字 養老 本貫 昌原 父 元熙 祖父 得潤
黃翰周(한주)	1879~?	芝雲	字 聖佑 本貫 昌原 父 斗熙 祖父 敎仁
黃漢忠(한충)	1464~?	白雲居士 愚翁 恩叟	字 良佐 本貫 昌原 父 瑒 著書 白雲集
黃漢喜(한희)	朝鮮哲宗	雲堂	本貫 昌原
黃海達(해달)	朝鮮	醉聾齋	本貫 長淵 父 錘
黃海仁(해인)	1794~?	春坡	本貫 昌原 父 壽善

人名	年代	號	其他
黃壚(헌)	1875~1972	錦洲	著書 文集
黃憲周(헌주)	1867~1950	竹堂	字 元章 本貫 昌原 父 鐵熙 祖父 處仁 外祖 崔澈榮
黃憲中(헌중)	1560~?	隱齋	字 叔正 本貫 昌原 父 珍
黃赫(혁)	1551~1612	獨石 獨谷	文臣 字 晦之 本貫 長水 父 廷彧 奇大升 門人 封號 長川君 追贈 左贊成 著書 獨石集
黃奕梜(혁진)	1900~195	剛齋	本貫 昌原 父 河一
黃絢(현)	1611~?	日省齋	本貫 懷德
黃鉉(현)	1765~1837	周菴	字 玉汝 父 載觀 著書 遺稿
黃玹(현)	1855~1910	梅泉 待月軒	文人 字 雲卿 本貫 長水 父 時黙 著書 梅泉集
黃顯源(현원)	1484~1546	文浩	文臣 字 子元 本貫 昌原 父 澄 吏曹判書
黃怢(협)	1606~1680	獨梧 獨梧堂	學者 本貫 昌原 父 元錄 著書 獨梧堂集
黃恊(협)	朝鮮中期	牧翁	字 士和 本貫 長水 父 孟獻
黃泂(형)	1584~1625	雙皐	孝子 字 汝必(涵) 本貫 昌原 父 立中
黃逈凡(형범)		半園	著書 文集
黃衡鎭(형진)	1785~?	樂菴	字 華兼 本貫 平海 父 九錫 祖父 逸鳳 通德郞
黃㦿(호)	1604~1658	漫浪	文臣 字 子田 本貫 昌原 尹毅立 婿 大司成 著書 漫浪集
黃㦿(호)		晩養齋	本貫 昌原 祖父 致敬
黃浩啓(호계)	1812~1881	晩樂堂	文臣 字 榮贊 本貫 昌原 父 基鼎 通政大夫
黃浩龜(호구)	1817~1844	小山	字 瑞女 本貫 昌原 父 鍍 外祖 趙學準
黃浩根(호근)	1771~1813	樵陰	字 時雨 本貫 昌原 父 鍾 祖父 載弼 外祖 河龜淵 追贈 兵曹參議
黃浩大(호대)	1802~1866	秀石	字 養而 本貫 昌原 父 鎌 外祖 趙進坤
黃浩民(호민)	1789~1866	白玉	文臣 字 彝卿 本貫 昌原 父 銓 祖父 載恒 吏曹參判
黃浩芳(호방)	1735~1778	谷隱	文臣 字 謹道 本貫 昌原 父 錫徽 祖父 載祉 外祖 卞完碩 弘文館校理
黃浩伯(호백)	1829~1896	美菴	文臣 字 應五 本貫 昌原 父 基秋 司果
黃浩善(호선)	1798~1855	水竹軒	字 養五 本貫 昌原 父 鐸 外祖 李憲來
黃濩淵(호연)		斗庭	著書 文集
黃護烈(호열)	1872~1941	晩圃	字 敬老 本貫 昌原 父 斗性 祖父 允範 外祖 鄭斗煥
黃顥益(호익)	1879~1953	悟山	字 漢兼 本貫 昌原 父 祐赫
黃浩一(호일)	1794~1869	墻村	字 千汝 本貫 昌原 父 鏞 外祖 盧邦輔 追贈 司憲府監察 著書 遺稿
黃皓一(호일) →黃一皓			

人名	年代	號	其他
黃浩在(호재)	1844~1895	東崗	字 在雄 本貫 昌原 父 基玉
黃浩駿(호준)	1812~?	貞菴	字 聲汝 本貫 昌原 父 鏺 外祖 柳英根
黃顥根(호진)	1894~1958	小署	本貫 昌原 父 河喆 外祖 朴文瞻
黃洪益(홍익)	1863~1943	晚松	字 景玟 本貫 昌原 父 祐琪 系 祐郖
黃華鎭(화진)	1789~1873	美麓	字 泰兼 本貫 平海 父 九錫 祖父 逸鳳
黃煥九(환구)	1858~?	怡愉齋	字 文汝 本貫 平海 父 友秀 祖父 河龜
黃煥周(환주)	1884~1942	蓮塘	字 夢龍 父 章熙 系 秉熙
黃渙周(환주)	1894~1981	林坡	字 大中 本貫 昌原 父 護烈 祖父 斗性 外祖 趙性郁
黃懷(회)	高麗	巖谷	本貫 長淵 父 睿 著書 文集
黃恢(회) →黃恔			
黃孝恭(효공)	1496~1553	龜巖	文臣 字 敬甫, 敬之 本貫 昌原 父 璡 外祖 李汫 司諫 著書 龜巖逸稿
黃孝吉(효길)	朝鮮宣祖	三會齋	孝子 本貫 紆州
黃孝淳(효순)	1861~1925	晦雲	字 俊瑞 本貫 昌原 父 鍾瓚 祖父 基柱
黃孝信(효신)	朝鮮宣祖	瑞峰	文臣 本貫 昌原 父 璡 正言
黃孝源(효원)	1414~1481	少原	文臣 字 子穎 士行 本貫 尚州 父 士幹 封號 商山君 右參贊 諡號 襄平
黃孝昌(효창)		恒齋	著書 恒齋集
黃孝獻(효헌)	1491~1532	新齋 愼齋 蓄翁 玄翁	文臣 字 叔貢 本貫 長水 父 瓘 安東府使 著書 下帷編
黃後幹(후간)	1700~1773	夷峰	學者 字 而直 本貫 昌原 父 道翼 外祖 朴時赫 金聖鐸 門人 著書 夷峰文集
黃厚源(후원)	1834~?	西剛	字 穉仁 本貫 平海 父 衡鎭 祖父 九錫
黃㙆周(후주)	1794~1845	道庵	字 啓普 本貫 昌原 父 聖殷 祖父 太執 外祖 趙元熙 追贈 左承旨
黃勳周(후주)	1896~1913	梅軒	字 典典 本貫 昌原 父 寬祐 祖父 長孫
黃暄(훤)		白沙	本貫 昌原 父 大用
黃諱(휘)	朝鮮中期	松皐	字 士城 本貫 昌原 父 宗復 祖父 汝弼
黃暉(휘) →尹暉			
黃昕(흔)		陶陰	本貫 昌原 父 大用 著書 文集
黃興季(흥계)	朝鮮	百認	文臣 字 仁直 本貫 長水 兵曹參議
黃興文(흥문)	1741~1805	魚江	文臣 字 文淑 本貫 昌原 父 處大 祖父 碩耇 外祖 姜渭載 司果
黃興世(흥세)	1645~1706	孤山	字 起彦 本貫 平海 父 信喜 祖父 有直 敦寧府都正
黃興徵(흥징)	1728~1772	松亭	字 應淸 本貫 昌原 父 處運 祖父 必考 外祖 金時輝

人名	年代	號	其他
黄喜(희)	1363~1452	厖村	文臣 字 懼夫 本貫 長水 父 君瑞 領議政 諡號 翼成 著書 厖村集
黄熙(희)		審幾堂	著書 審幾堂先生文集
黄熙(희) →黄啓熙			
黄熙孫(희손)		龜巖	字 皥汝 本貫 平海 父 孟春 祖父 從仕 通訓大夫
黄熙壽(희수)		德菴	著書 德菴先生文集
黄希安(희안)	1577~1650	勁草堂	武臣 字 安叔 本貫 平海 兵馬節度使 著書 勁草堂倡義錄
皇甫祿(녹)		近峰	著書 近峰記略
皇甫星(성)	1700~1756	永慕亭	著書 文集
皇甫仁(인)	1387~1453	芝峰 芝齋	文臣 字 四兼, 春卿 本貫 永川 父 琳 領議政 諡號 忠定 著書 文集
皇甫鏶(집)	?~1930	老癡堂	著書 老癡堂文集
皇甫敞(창)	朝鮮	台軒	本貫 永川 父 搗
懷淨(회정)	1678~1738	雪峰 雪坡	僧侶 字 允中 俗姓 曺氏
孝寧大君(효령대군) →李補			
孝宗(효종)	1619~1659	竹梧	朝鮮第17代王 字 靜淵 本貫 全州 父 仁祖
薰在弼(재필) →黄在弼			
徽○○(휘○○)		和軒	僧侶
徽長老(장노)		雲谷	
休静(휴정)	1520~1604	清虚 清虚堂 清虚翁 頭流山人 妙香山人 白華道人 病老 西山 西山大師 曹溪退隱 楓嶽山人	僧侶 字 玄應 本貫 完山 俗姓 崔氏 父 世昌 著書 清虚堂集
休淨(휴정) →體淨			
希安(희안)	朝鮮仁祖	雪峰	僧侶
熙彦(희언)	1561~1647	孤閑	僧侶 俗姓 李氏

韓國雅號大辭典

索引

號 · 人名

ㄱ

伽南	姜世淳
伽山	戒悟
伽倻處士	裵克貴
伽隱	李僖
佳谷	李紀
佳峰	金聖謙, 馬致遠
佳岳齋	李軸
佳隱	李之會
佳齋	全東屹
佳亭	裵億璉, 李庭奎
佳川	金贊龜
佳邨	李身晦
佳村處士	李德孝
佳春	徐裕履
佳湖	金基鉉, 李夏微
佳湖齋	李夏微
假人	洪命熹
加守	許有全
可澗	李晚翊
可溪	成龍修
可谷	金達表, 張敬穆
可谷處士	金達表
可山	吳相毅, 李啓濂, 李九煥, 李宇洛, 李翊元, 鄭鑽毅
可汕	張在完
可石	金洛耆, 朴㙍九, 宋得用, 宋錫鳳, 宋雲秀, 趙周烈
可笑堂	白光湖
可室	朱明相
可心	崔重湜
可巖	李性純
可庵	朴宗喬, 全翼蕎
可菴	權福淵, 金龜柱, 朴文杭, 朴炳祚, 徐秉鉉, 崔濟黙
可翁	李顯楺
可窩	李敬養
可用	李潞
可隱	朴達欽, 李箕, 李恒稙, 全建陽, 諸漢保, 趙學洙
可隱幽居	張理燮
可以觀	金廷秀
可人	洪命熹
可材	柳璋植
可齋	權明佑, 朴宗京
可洲	安重觀
可川	申相翼, 曺秉樞, 崔正基
可泉	李晚靖
可樵	張翼翰
可村	李載器, 趙岐然
可軒	金德懋, 金正傑, 金漢喆, 朴桂晟, 朴炳夏, 朴英錫, 申錫鷗, 申錫祜, 李鼎運, 韓星履
可湖	安重觀, 鄭㮨
可畦	趙翊
嘉谷	柳震馨, 尹瓛, 崔圭錫
嘉橘	金健淳
嘉藍	李秉岐
嘉陵	南獻教
嘉林	柳長世
嘉峰	安由敬
嘉淵	丁有成
嘉梧	李裕元
嘉隱	睦仁培, 沈大孚
嘉陰	崔光肇
嘉齋	朴仁壽
嘉川齋	趙師
嘉村	柳芭
嘉春	崔洙
嘉湖	崔重泰
嘉會齋	許容孝
家洲	李尚質
暇休堂	尹益亨
架南	徐永洙
架庵	金致瑞
柯溪	諸沐
柯谷	金希說
柯南	李秉岐, 李元禎

柯山　金瑩模
柯菴　田元植
柯亭　姜允亨, 金希說 李叔琪, 黃熹
柯汀　趙鎭寬
檟亭　田胤武
歌商樓　柳得恭
歌韶堂主人　尹馨圭
歌隱　鄭敏河
歌齋　金炳石
歌枕翁　權瑩
稼溪　呂文和
稼谷　沈機, 劉啓春, 鄭宗賓, 趙正鋼
稼堂　嚴錫鼎
稼樂　禹永文
稼里　朴玄圭
稼穡　金器碩, 金得永
稼穡堂　韓復一
稼庵　金斗炳
稼翁　徐萬坤, 鄭之雲, 趙居善
稼雲　金澳, 徐有本, 李龍珪
稼隱　姜順恒, 姜時煥, 權瑢, 金鑑述, 金敬淵, 金常漢, 金瀅憲, 朴尚範, 朴亨來, 成彦根, 宋秉彩, 楊漢臣, 嚴慶遐, 嚴均, 尹相俊, 尹正燁, 李碩來, 李壽國, 李禠, 李蘊秀, 李義輔, 李定壽, 李希元, 任琨, 趙庭堅, 周璿, 崔碩, 河命龜, 韓用鼎, 黃聖宅, 黃夏欽
稼隱亭　李瀚
稼齋　金昌業, 曺爾憲
稼亭　申錫亨, 李穀, 李具, 李命瑞, 李英馥, 李元具, 田

貴成, 洪以訒, 洪仁孫, 黃玉筆
稼汀　朴萬爕
稼樵　蔡氏
稼圃　文五潤, 李敦紋, 林尚沃, 陳龜淵
稼學齋　秋幹
稼軒　金昌鎭, 朴豊緒, 裵相斌, 申基浩, 梁千尋, 李承祖, 鄭碩基, 鄭盛根, 曺命燁, 趙性惠, 韓喬
茄山　柳德章
葭田　鄭海尚
葭洲　李大稙　李鳳求
街人　金炳魯
駕雲　高致周
恪庵　李敬國
恪齋　金器夏
殼悔　權正己
殼晦　權正己
覺今堂　沈長世
覺今亭　鄭彪
覺迷　趙瑛
覺峰　裵弼文
覺非翁　白東純
覺非窩　朱性東
覺非子　許濱
覺非軒　李又新
覺山　李庭燮
覺星　韓公衍
覺菴　全有慶
覺齋　權參鉉, 金璣烈, 金器夏, 宣五采, 申泰求, 鄭元鍵, 河泳珍, 河沆
覺泉　崔斗善
覺村　黃宗河

覺圃　李濟權
覺軒　權楷, 權寧萬, 朴興圭, 李敏碩, 李夏榮, 鄭東鶴, 韓應洪
覺悔　宋以誨
覺悔軒　宋以誨
角里　李勉冲, 李眞儉, 趙泰億
角亭　趙翰逵
角亭主人　趙翰逵
侃亭　李能和
幹山　趙秉弼
澗谷　崔慶文
澗谷齋　崔景文
澗教　尹榮教
澗東　宋炳穆
澗木　趙漢復
澗木堂　邊基續
澗伴堂　李廷薰
澗西　李秉駟, 李廷龍, 張世杓
澗棲　金履鍊
澗石　朴濟允
澗松　金溶樂, 徐晩輔, 李玄逑, 丁商鎭, 丁順之, 鄭頒之, 趙任道, 趙埴
澗松居士　柳晚恭
澗松觀　金厚
澗松堂　柳貴三, 田光玉, 趙任道, 韓淑
澗松子　金永駿
澗松亭　蔡有孚
澗巖　高時協
澗菴　朴致燁
澗峿　金璣年
澗塢　李容程
澗翁　金履健, 任希聖
澗愚　金斗滿

澗雲 趙南軾
澗隱 吳欽老, 李大福
澗逸 朴禹欽
澗齋 羅天紀, 朴晟, 李成梁
澗翠 劉錫正, 李敦行, 鄭顯敎
澗翠堂 鄭瑀贇
看雲堂 朴尙文
看月齋 鄭仁卿
看竹 趙晉錫
看竹齋 朴承顔
看翠子 李受益
磵皐 金履健
磵松 金應光, 魯淵碩, 方奭鎭, 鄭實植
磵窩 洪重章
磵亭 李齊嵒
磵翠 兪晩源
簡默齋 閔鎭永
簡山 孫秉周
簡秀 李鼎九
簡翁 金謙行
簡窩 南耆老
簡易 崔岦
簡易堂 崔岦, 韓淑
簡易齋 韓確
簡齋 金澤, 朴麟範, 邊中一, 申用義, 沈弘楧, 李用義, 陳與義
簡亭 金錫龜
簡軒 李守中
簡懷 黃君所
艮溪 朴繪錫
艮谷 李喬年, 李埦
艮木 金漲根
艮輔 尹祁
艮峯 宋暻浩
艮山 吳時洙, 李承禧, 太極淳
艮汕 鄭海寅
艮石 李中轍
艮嵒 朴泰亨
艮巖 朴文行, 李埦
艮庵 金孝植, 羅允明, 朴墩, 魏世鈺
艮菴 金洛熙, 金鍾性, 沈義謙, 柳夢寅, 李德海, 李埦, 李喜朝, 崔禎三
艮翁 金璉, 尹明儉, 李堅, 李瀷, 李獻慶, 洪可臣, 洪斗鎭
艮窩 姜龍欽, 金永淑, 朴燦政, 楊拜善, 尹東美, 趙泰祜, 崔鏘翰
艮于 柳宗默
艮宇 李仁中
艮雲 權相翰, 張泰棋
艮隱 權大載, 朴尙彬
艮齋 權大載, 金孝新, 朴應男, 朴禧錫, 柳夢寅, 柳宜貞, 李德弘, 李世勉, 李仁矩, 田愚, 全在聖, 趙宗著, 蔡徵休, 崔奎瑞, 崔演, 洪儀泳
艮庭 李惟弘
艮川 金安祖, 李敎川
艮湖 崔攸之
赶菴 朴姬賢
間溪 李東英, 李翊周
間峰 洪九叙
鬜翁 趙絅
渴睡軒 金土韋
渴飮 房德永
葛巾 鄭時
葛溪 權道仁, 金壽, 禹鼎
葛谷 林守謙
葛裘 李嶸
葛潭 洪啓東
葛峯 金得研, 李克哲
葛山 權宗洛, 朴維度
葛岩 金風鶴
葛庵 李玄逸, 曺九齡
葛翁 文弘凱
葛窩 柳師鉉
葛隱 權鮻, 權緯鎬, 金有均, 金顯燁, 朱光暾
葛陰 金載奎, 李恒培
葛亭 成石珚
葛川 金賓, 金聖思, 金熙周, 呂光憲, 林薰, 洪道翼
葛泉 宋翠軒, 洪相直
葛泉亭 宋翠軒
葛樵 安世泳
葛村 李潚, 黃宗復
葛坡 奇升奎, 李進
葛軒 韓東愈, 黃虞河
鶡翁 尹熙平
坎庵 趙應祉
坎止堂 金澄
嵌菴 申濟楧
感顧堂 權喜學
感露齋 曺光國, 曺圭容
感慕齋 權瑜, 盧光斗
感樹齋 朴汝樑
感恩窩 李麟至
感恩齋 周道復
感一齋 姜鳳一
感齋 安慶運

感宙	金魯銖	延, 李承熙, 鄭復天, 鄭彝		江翁	李泰淵
感泉	吳浚	澤, 鄭再玄, 黃奕相		江窩	金熙宗, 都晚珏
感顯	權喜學	剛靖	劉貴孫	江右	金履載
感顯堂	權喜學	岡士	李鳳基	江愚	金永黙
憾齋	俞承濬	岡梧	鄭煥圭	江雲	朴復來
憨隱	成載崇	岡雲	金鍾大	江月堂	惠勤
憨齋	崔景欽	岡亭	李之馨	江月軒	惠勤
敢翁	金正喜	岡竹	黃祐哲	江隱	余昌祿, 李八龍, 韓應魯
甘山	李種範, 李璜中	岡村	李善全	江逸	崔鎭玉
甘湖	金鼎華	岡閉	李希舜	江齋	金碩模
甘華	李鼎益	崗隱	朴性赫, 李聖榮	江亭	柳時清, 李備
監塘	李師衡	康皐	崔再延	江左	權萬
紺坡	崔有海	康參	鄭憲時	江左翁	權萬
鑑開堂	金宏	康隱	金七陽	江洲	李叔章
鑑谷	李汝馪	康齋	金謹行, 鄭憲時	江樵	具然海, 金相憲
鑑塘	趙翼永	康浦	黃基玉	江村	金饒, 車孝全, 許烒
鑑湖	朴由寬, 楊起, 楊萬古,	康湖	李貴齡	江波	權尚任
	呂大老, 李道章, 李在淵	强睡軒	任相舟	江浦	柳弘源
鑑湖堂	李道章	强安齋	鄭東直	江漢	金遇聖, 黃景源
鑑湖亭	金在奎	强庵	金聖鍊	江漢遺老	黃景源
甲峰	金宇杭	强齋	金勉行, 李丙旭, 張嫌,	江海	金佐永, 張萬雄, 張心學,
甲山	高時鍾		趙錫日, 崔德煥		崔斗燦
甲雲	白麟洙	彊齋	成好正, 鄭之麟	江海散人	崔斗燦
甲隱	姜克溫	慷慨翁	李蕖, 任敞	江軒	李光斗
甲下	李采珉	江皐	柳尋春, 李時格, 李瑗	江湖	金叔滋, 朴公達, 成夢宣,
剛克齋	李啓信	江南	權萬, 李康浚		吳祥龍, 趙寅
剛廬	表駿煥	江東	權慶命	江湖客	金聖器
剛山	金庸源	江北	趙觀煜	江湖山人	金叔滋
剛庵	李容植, 鄭碩朝	江西	閔審言, 鄭麒壽	江湖散人	金叔滋, 朴公達, 成夢
剛菴	洪政鉉	江石	金權相, 吳淇秀, 韓圭高		宣, 成孝元, 趙寅, 崔萬里
剛窩	金斗七, 宋殷憲, 任必大	江崙	金熙宗	江湖叟	鄭世雅
剛毅齋	宣若海, 李禹民	江叟	金媛, 金楦, 文永信, 朴	江湖處士	許橿
剛齋	權處善, 金鼎鉉, 盧士俊,		義榮, 朴薰, 李光涑	綱村	宋明輝
	朴冀鉉, 宋稚圭, 申肅, 廉	江亞	沈大恒	絳山	李經在
	弘立, 李氏, 李起完, 李承	江巖	韓德遠	絳雪	南秉哲

薑山	李書九	居正	徐嶭	杰好子	柳夢寅
薑川	李芮	居昌	權審吉	儉溪	徐錫爹, 李佶, 張國籌
講墨山房	金燾均	居川	金自覺	儉谷	張乃度
講亭	金龜年, 尹循	居平	蔡元凱	儉堂	閔永迴
降世仙	曺用奇	巨谷	任時尹	儉盧	金養浩
价川	具應和	巨堂	尹泰經	儉岩	朴守天
介石	李時秀, 鄭然甲	巨川	李彦華	儉巖	權友亮, 金琨, 范慶文
介石亭	李在秀, 李天受	擧岳	奇宗獻		宋相允, 丁彦王肅, 池汝海,
介石軒	李弘稷	據梧	梁曼容, 梁子徵		崔東望
介菴	姜翼	渠石	康源岐	儉庵	金柱玉, 孫佺
介隱	鄭在箕	渠菴	李在緝	儉巖山人	范慶文
奻翁	張鳳翰	篷盧	李舟	儉翁	尹徵三, 李榮立
改汀	玄暎運	篷庵	宋寅愨	儉窩	孫胤先, 宋泗, 李相珪,
漑翁	金春仁	遽齋	李萬選		李庭宅, 全泗性
皆山	柳碩	蘗史	鄭奭	儉隱	表東植
蓋齋	宋麟萬	乾齋	宋明誼	儉齋	金楪, 宋載華, 安商瀹,
開谷	李爾松	乾川	趙龜命, 洪致雲		李堪, 鄭雲皐, 崔水智
開巖	金宇宏, 金昱, 金八擧	乾村	李守貞	儉軒	李應善
開湖	金是柱	健庵	金陽澤	儉湖	李明懋
客浦	李元禎	健菴	金福植, 朴彦俊, 李千福	劍南	李鳳煥
客浦散人	李元禎	健翁	金陽淳	劍岳	崔海月
居居齋	朴賢黙	健齋	金陽澤, 金千鎰, 閔在汶,	劍秋	朴寧熙
居敬齋	李國華		朴遂一, 朴宗文, 成岐運,	劒南	安後說
居稽樓	李存立		李時秀, 李在根, 鄭運弘,	劒山	具滉
居谷	任時尹		鄭寅承, 鄭一源, 崔正愚	檢崗	趙蘭光
居觀齋	沈文永			檢溪	李礪臣, 鄭鐸休
居基齋	崔北	巾巢	李道榮	檢巖	權友亮, 范慶文
居山	安琇	巾菴	張樂永	檢窩	鄭鎭漢
居業窩	元斗樞	巾衍	宋焌鎭	檢軒	李挺益
居然堂	金燦	巾川	程廣	黔澗	趙靖
居然齋	張守初, 鄭土玄	建溪	羅安世	黔巖	朴致道, 柳尚運, 鄭光前
居隱	鄭鎔	建達山	張輔之	黔庵	朴致道
居易堂	金達生	建餘	尹會一	黔陽	李態徵
居仁齋	金宗善	建齋	辛泳圭, 趙鍾協	黔窩	成宗魯
居一	玉景壽	虔谷	趙瑜	黔洲	李態徵
		虔齋	表光宇		

黔浦	趙世佑	兼齋	白基文, 白岐鎭, 安處謙, 鄭恒齡	謙玄	禹相夏	
怵巖	金永年	兼艸	鄭斅	京山	李漢鎭	
格菴	南師古	慊窩	梁復潤	京山子	宋綸	
格翁	孫肇瑞	蒹葭亭	柳本正	京養	宋有源	
格齋	姜隱, 孫基綵, 孫肇瑞, 柳光胤	謙謙齋	卞豊鎭	冏庵	兪邁煥	
格川	李景顏	謙谷	朴殷植, 禹相夏	冏庵主人	兪邁煥	
格軒	梁甸伯	謙谷散人	朴殷植	儆齋	李景淵	
擊壤堂	全是天	謙謹齋	柳禧	傾齋	李希進	
隔丸	南進和	謙堂	朱炯正	傾海	洪允成	
堅菴	權載璣	謙山	姜文永, 文鏞, 文正浩, 李炳壽, 許魯學	傾軒	朴台東	
堅壯翁	金命澤			勁草堂	黃希安	
狷菴	朴性愚	謙受	李弘基	垌隱	朴濟	
甄城	李翰	謙庵	柳雲龍	垌洲	許亮	
筧山	高在鵬	謙菴	鄭福煥	庚山	李圭彩	
繭菴	姜世晃	謙翁	裵錫輝	慶今翁	吳時善	
繭窩	洪義喆	謙窩	郭齋, 權斗春, 權莆, 金鎭衡, 南雲鵬, 朴祐源, 潘榮, 沈就濟, 劉漢偵, 田秉淳, 崔大呂, 崔后定, 河鎭洛, 咸在韻	慶樂齋	李定宇	
見碧	鄭世雄			慶流亭	李兢淵, 李 土寅	
見山	朴慶來, 裵東鎬, 張命相, 鄭期遠, 鄭鈺秀			慶山	尹益慶, 曺頌廣	
				慶聖	一禪	
見山齋	宋淳輔			慶壽	李貞幹	
見石	文守榮			慶餘	尹裕孫	
見志	徐元履, 成櫟	謙隱	龍瑞衍	慶陰	鄭崐壽	
抉劍堂	姜風世	謙齋	甘昕, 奇世哲, 奇學敬, 金國龜, 金濟勉, 金孝義, 朴東柱, 朴聖源, 朴準基, 朴侊, 安牧, 魚震翼, 吳燮宜, 柳從善, 李龜泰, 李明學, 李命煥, 林悌, 鄭斅, 鄭浣, 鄭履規, 鄭翊東, 鄭益河, 趙禎, 趙泰億, 崔敏恊, 河弘度, 韓起翊, 黃球, 黃琳, 黃燦九	慶隱	金夏圭	
潔齋	李德重, 崔斯立			悍家	金載馥	
潔清齋	柳譚厚			擎山	敬植	
缺軒	南須			擎庵	許棹	
結網齋	柳燁淵			擎雲	元奇	
兼山	具允明, 權奎集, 金成烈, 金章洛, 金定圭, 金定基, 徐永坤, 兪肅基, 劉在健, 李裕沆, 李重璘, 崔瑗, 洪致裕			擎月堂德旻	崔顥	
				敬建	金宗敏	
				敬觀齋	宋奎禎	
				敬槐軒	李壽彥	
		謙齋堂	朴尙訥	敬謹堂	朴根孫	
		謙灘	李興商	敬謹齋	金載潢	
兼山齋	朴艮, 洪重衍	謙下	安璣玉	敬堂	孫孝祖, 申欽, 柳相浚, 李熹翼, 張興孝, 鄭淵錫,	
兼翁	裵敬徽	謙軒	朴昌和, 宋寅建, 安敬龜			

鄭運相, 曹汝忠, 趙鍾永, 崔允煥
敬獨齋　宣正典
敬林　　尹致敬
敬慕堂　李祥瀣, 丁大鑢
敬慕齋　權佶, 金鸞瑞, 金東魯, 金諒益, 裵爾仁, 宋希哲, 全柱國
敬木堂　朴壽龜
敬黙齋　文永瓚
敬復　　田輔仁
敬山　　徐相七, 宋伯玉, 李馨鎭, 李炳國
敬恕齋　吳敬老
敬石　　任憲瓚
敬聖　　一禪
敬聖堂　一禪
敬性堂　朴大鉉
敬省齋　金疇健
敬所　　林奭榮, 田壎
敬素　　鄭希源
敬勝齋　金斗文, 柳鍾遠
敬愼　　鄭斗
敬愼窩　李應說
敬愼齋　朴贄, 朴泰定
敬心　　全恕烈
敬心齋　梁廈柱
敬安齋　金澤
敬巖　　洪鉉升
敬庵　　姜必勉, 姜覸, 權慇, 金敬鎭, 金在棋, 文東道, 朴蕃, 孫相浩, 孫澼, 愼慶胄, 愼聖弼, 吳學麟, 柳道三, 俞益濬, 陸大春, 尹東洙, 李穆, 處益, 許東範, 黃清
敬菴　　金教俊, 金相构, 金時龜,

金亮世, 金容玫, 金浩昌, 金淮, 羅允哲, 盧景任, 盧禧, 文東道, 文琓, 文弘獻, 朴東儒, 朴齊近, 朴之慶, 朴昌模, 裵正學, 白木奎, 徐相烈, 孫埼立, 孫興傑, 宋秉稷, 宋廷琦, 宋晦在, 愼學弼, 安基杓, 安應達芮祖學, 吳汝橃, 吳雲駿, 吳學性, 玉有崗, 王性淳, 柳龜山, 尹東洙, 李瓘, 李穆, 李禮立, 李在穆, 李漢曆, 李行泰, 李玄機, 張士業, 鄭公愼, 鄭諒, 趙衍龜, 秦弘白, 處益, 崔愿, 崔恒, 卓思正, 許蓬, 許稠, 邢溥, 洪敬周
敬翁　　李以齡
敬窩　　金尙坤, 金相文, 金碩祐, 金永應, 金烋, 朴氏, 愼慶胄, 李嘉愚, 李廷和, 李金憲永, 張希東, 鄭昌朝, 黃得中
敬畏　　柳澔, 鄭瀁
敬友齋　李宗範
敬義齋　田澍, 蔡慕菴
敬易齋　申熙均
敬齋　　姜公憲, 慶世仁, 桂之文, 鞠賢男, 權軫, 金得儀, 金相孝, 金錫達, 金時述, 金是楨, 金瀹, 金容琪, 金容植, 金應清, 金廷琉, 金重南, 金采旭, 金忠老, 金和炯, 南秀文, 魯文哲, 魯學相, 盧希尙, 文亨吉, 閔九韶, 朴東雨, 朴磷, 方綱, 白如玉, 昔纘, 石最重, 薛公儉, 成近, 安仲毅, 梁瑞, 吳

李顔, 吳愼言, 吳河, 柳基泓, 尹英烈, 李健, 李光翼, 李芑, 李基德, 李香覃, 李大秀, 李世柱, 李言禹, 李龍鎬, 李友悅, 李日憲, 李禂, 李治仁, 李泰魯, 李澄, 李海壽, 李炫鼎, 李謝, 林丙周, 林㳼洙, 張士元, 張汝翰, 鄭棟, 鄭梅臣, 鄭思智, 丁永斗, 曹袞河, 周珏, 晉榮澣, 崔秀門, 崔希尹, 秋震, 河演, 許稠, 洪啓欽, 洪魯, 洪鵬, 黃命道, 黃致誠, 黃太執
敬亭　　李民宬
敬存齋　丁克瓚
敬指　　崔上欽
敬止庵　韓錫瓚
敬知齋　金文郁, 金堯周, 曹世鵬
敬直齋　辛長吉, 洪任濟
敬天齋　金澤
敬圃　　李基用
敬軒　　姜復善, 金炳鏞, 金時述, 南以載, 文濟南, 閔弘基, 成孝瓚, 宋遠道, 翼宗, 鄭啓鎬, 鄭德潤, 洪永
敬湖　　田興
景關齋　柳惠和
景潭　　邢學者
景陶　　禹成圭
景陶庵　俞宇基
景陶軒　梁重夏
景濂堂　金宗直, 柳敬賢
景濂亭　卓光茂
景林　　秦熙昌
景林堂　權德亨

景明軒	尹行恁	景齋	朴遜, 裵紳, 愼幾, 禹成	經臺居士	金尙鉉
景慕	魯舒		圭, 李淑疇, 邢君紹	經德齋	金文淑, 金成釗, 李洽
景慕堂	朴龍翰, 卞孝良	景田	鄭纘輝	經林處士	張季晟
景慕齋	魯舒	景止堂	李喜秀	經山	權相大, 徐程淳, 鄭元容,
景武	民耆植	景直齋	洪任濟		片雲泰
景黙齋	李蓍聖	景春軒	朴計年, 朴引年	經石	李愚晃, 鄭海祥
景樊	許楚姬	景退齋	閔應祺, 李天相	經庵	石漢善
景樊堂	許楚姬	景寒齋	郭始徵	經菴	宋鎬伸
景鵬	益運	景行堂	李千福	經野堂	白鳳洙
景史	兪般模	景軒	金鍾贊, 李恂, 李宗幹	經園	盧台鉉
景山	金基震, 金萬壽, 朴炳彊,	景賢窩	金命運	經畹	趙秀三
	崔翰升	景湖	秋任求	經隱	徐宗海
景山齋	鄭樂圭	景悔堂	金莘望	經隱堂	尹火賓
景蘇齋	李春燮	景懷齋	鄭楠	經義齋	趙景瑜
景廈	任轍	榮巖	李逈	經齋	吳翰應, 趙定熙
景心齋	洪重肇	瓊谷	權忭	經泉	趙秉學
景嶽	張介賓	瓊潭	李昌晢	經香	韓章錫
景顏齋	曹夏奇	瓊史	文永欽	蔓菴	李粹浩
景巖	南坦, 朴師古, 李應虎,	瓊山	蔣文稿, 蔣濟九	耕稼	朴台均
	崔恒齊	瓊叟	吳慶華	耕稼軒	朴台均
景庵	金周鉉, 李一䕈	瓊坡	蔣南鉌	耕谷	鄭湘植
景菴	羅仁均, 張錫疇, 張載濂,	畊隱	尹澤莘	耕讀	朴斗錫, 李教允
	邢碩光	畊湖	金璽	耕讀子	姜必履, 申道希
景荃居士	金周鉉	竟成齋	金普淳	耕讀齋	金龍燦, 文采五, 黃律仁
景陽齋	朴太古, 李承燁	竟信堂	朴齊家	耕墨堂主人	安鍾元
景淵	李玄祚	絅錦子	李鈺	耕墨道人	安中植
景淵堂	李玄祚	絅堂	徐應淳, 尹正鎭, 趙南秀	耕墨庸者	安中植
景然子	申命鉉	絅黙堂	尹炳台	耕夫	申伯雨, 安中植
景玉	李籚	絅山	姜永直	耕山	朴準璘, 吳翼煥, 李用雨,
景玉齋	李籚, 李錮, 李銪	絅庵	閔泰稷, 申琓, 吳麟善		李泰稙, 丁弘, 趙龍普, 崔
景尤	沈相龍	絅菴	李晥秀		著述, 崔汝峻
景愚堂	金天瑞	絅齋	李挺樸, 崔祥純	耕山叟	片萬升
景濰	趙秀三	絅晦	李鍾和	耕山齋	裵弼煥
景義齋	李瑋	經農	權重顯	耕叟	朴剛生, 徐相祜, 尹滋鉉,
景一	金壽柄	經臺	金尙鉉		李垌文

耕巖	金基善, 金伯英, 文聲駿, 韓應慶	警廬	孫處恪	鏡齋	金仁全, 沈沅, 李龍淵
耕庵	李方雨	警峯	柳秉郁	鏡田	沈長源
耕菴	金洛源, 文粲猷, 表在周	警省窩	李澈性	鏡浦山人	崔壽峸
耕厓	權達銓	警脩堂	申緯	鏡虛	惺牛, 尹泰五
耕漁臺	洪璞	警心齋	崔建	鏡湖	朴弘民, 申灝, 沈長源, 楊萬吉, 俞華柱, 李宜朝, 崔致雲, 洪舜衍
耕漁齋	司空周	警巖	崔寬賢		
耕窩	李命源, 李興祚	警庵	郭鎮邦, 金秉宗, 閔百順, 張基燁		
耕雲	金末孫, 朴俊範, 朴判秀, 李養浩, 洪穉榮	警菴	李德耈, 李晉琥	鏡湖堂	尹仕彦
		警翁	金孝建	鏡湖釣隱	崔致雲
耕隱	姜必龜, 金德鼎, 金炳武, 金演鎬, 金應九, 金履績, 金益善, 金載元, 金在源, 金貞鉉, 金致一, 盧世鷗, 朴善煥, 朴永奎, 徐珣國, 徐有遇, 宋綦瑎, 宋時達, 辛福, 廉致庸, 柳壽源, 李孟傳, 李晟潤, 李世福, 李廷林, 林元相, 田漢, 田祖生, 全昌得, 趙瑞康, 趙夏榮, 曺喜有	警窩	姜智斌, 鄭萬鍾	鏡湖主人	崔致雲
		警宇亭	金洙哲	啓庵	鄭得鍵
		警齋	郭珣, 金靈, 金正洙, 金熙民, 朴世仁, 朴泰初, 尹必昶, 張宇翰, 河演, 洪大應	啓菴	林大塤
				啓礎	方應模
				季老	黃乙耈
				季窩	申碩均
		警拙	李得英	戒懼	朴孝英
		警惰齋	具龍徵	戒懼庵	尹衡老
		警軒	李文炫	戒山	安宇
		警弦	金孝建	戒盈齋	宋聖標
耕隱堂	趙瑞安	警弦堂	金孝建	戒逸堂	鄭在修
耕齋	金奎燮, 金履律, 李建昇, 鄭玉良	警弦翁	金孝建	戒逸軒	李命龍
		警弦齋	姜世晉	戒齋	許璟
耕釣翁	曺友仁	鏡農	李根宇	戒軒	裵一長, 柳桄
耕學	文德中	鏡潭	瑞寬, 李守貞, 李守眞	桂岡	朴秀雲
耕學齋	羅擎天	鏡塘	朴周雲	桂谷	李景容, 李敏世, 全世, 秦龍見, 洪宇定
耕軒	郭弼檀	鏡峰	靖錫		
耿介堂	李徽之, 洪樂純	鏡山	崔必聞	桂南	金慶平, 李龜齡, 鄭龍源, 許楨
耿岸	徐恒錫	鏡石	全在一		
耿庵	金時翰	鏡巖	慣拭, 金翊冑, 閔慣拭, 應允, 李梡, 李自興, 李綰, 泓有	桂潭	鄭復始
耿齋	金泓瑞			桂堂	姜敬熙, 朴弘來, 裵孟厚, 任喆淳
聚堂	尹正鎮				
聚軒	鄭鎮建	鏡菴	崔昌龍, 黃采容	桂塘	南秉哲
警瞿	李明宇	鏡浯	任百淵	桂東	沈公著
警堂	盧一相, 黃宗洙	鏡雲	沈鎮遠	桂洞處士	辛寅珪
		鏡月	寧邈	桂娘	桂生
		鏡隱	裵義重		

桂陵　鄭雲灝	溪南　羅徽瑞, 尹昌宗, 崔淑民	溪雲　姜鳳泳, 金洛鉉, 孫伯宣, 吳在宣, 李龜年, 李琇, 李寅命, 鄭鎬成
桂峰　丁昌碩	溪南野叟　崔淑民	溪元　金明均
桂史　魏澤基	溪淡　金粹模	溪月堂　宋敎燦
桂士　全希宅	溪堂　金箕斗, 孫溟, 申樂熙, 柳疇睦, 兪致善, 李載兼, 李之衡, 鄭根, 鄭海燦, 崔興霖, 洪祐鎬	溪月軒　自超
桂山　金升旼, 朴魯勳, 辛志翊		溪隱　郭琳, 金景世, 金坽, 金明漢, 金炳鎬, 金志穆, 金泰植, 南維老, 文成采, 房洙仁, 襄昌宇, 宋福鎭, 梁碩廈, 延性愬, 柳樂淵, 柳時輝, 兪鎭九, 尹正采, 李健一, 李東蘭, 李舜徽, 李申, 李汝柱, 李儒聖, 李廷立, 李厚發, 任自主, 張顯福, 鄭載冀, 鄭續海, 鄭琥, 鄭洪一, 趙學齡, 周時成, 車仲厚, 蔡氏, 崔昌國, 表應基, 許永年, 洪大植, 黃祐載
桂庵　金敬永		
桂菴　金廷發, 文燊猷, 崔碩蓮	溪道　徐潤德	
桂陽　尹燇, 李嶽, 曹孝昌	溪東　李燦漢, 全慶昌	
桂陽山人　唐稷	溪旅　洪信	
桂陽漁隱　鄭希儉	溪黎　姜文植	
桂陽清隱　曹孝昌	溪梅　表日章	
桂淵　許玩	溪湄　金炳洙	
桂窩　金敬永, 成一濬, 趙備	溪峰　金鎭仟, 尹止衡	
桂雲　鄭泰熙	溪史　徐章欽	
桂園　權縡, 盧伯麟	溪社　池德龜, 池道成	
桂月堂　申興孝	溪山　金洙根, 吳慶, 李滉	
桂隱　宣時曦, 柳之翊, 李敎烈, 李喬鎭, 李貴齡, 李萬堅, 李晃宙, 林魯昶	溪山樵老　金洙根	
	溪生　鄭公衍	
桂田　蘇世榮, 申應朝	溪墅　李氏	溪隱堂　朴琮和
桂亭　李大麟	溪樓　金履爽	溪陰　金弘淳, 尹昕, 曹千齡, 趙彭年, 曹漢賓
桂庭　閔泳煥, 有敏	溪西　權奎度, 金基澄, 白鎭恒, 成以性, 李種禹, 李義準, 崔柱岳	溪齋　金錫洞, 柳相喆, 鄭濟鎔, 鄭夏永, 鄭亨櫓
桂洲　全潌, 許玩		
桂樵　禹東圭		溪亭　高興雲, 金光礪, 范昌祚, 安麟馨, 柳澳, 鄭碩東, 海夢仁
桂村　李之翼, 韓好誠	溪石　尹囷, 林昊鎭	
桂坡　聖能	溪叟　李滉	
桂圃　安光直, 李映洛	溪嵒　李好白	溪洲　河洛
桂下　金宇植, 安敎祐	溪巖　具懷愼, 金㙐, 金富倫, 金成喜, 文鴨柱, 宋啓肇, 鄭基東, 趙相泰	溪窓　南紀漢
桂巷　魏伯珪		溪村　李道顯
桂巷居士　魏伯珪	溪庵　朴俊民, 司空祉	溪軒　襄炳柱, 柳在洙, 李潭, 蔡氏
桂香堂　鄭磏	溪菴　呂大驃	
桂軒　金時良, 襄一長, 沈普永, 李儒伯, 李鎭洪, 林彦脩, 鄭復始, 鄭磏	溪翁　郭澄, 金尙容, 金履疇, 梁城, 李耔, 李憲涑, 張之杰, 鄭漢台	闅谷　金正銖
		癸娘　桂生
		癸生　桂生
桂花堂　金麟, 金麟孫	溪窩　林霄漢	稽居堂　金敬運

稽栖	李在立	古杞齋	金振錫	古月	李章熙
稽樵	閔致亮	古堂	曺晚植	古隱	朴容學, 趙居南
繼樓	李暎	古道菴	李心永	古自	李幼禎
繼晚	崔宇崙	古東	李翊會	古齋	崔坤述
繼睦齋	鄭根	古桐	李翊會	古篆	韓鎭夏
繼黙軒	文弘說	古蘭齋	李天樞	古亭	金致仁, 申浩
繼述堂	柳相魯	古藍	田琦	古傖	鄭道煥
繼述齋	白夢彪	古博齋	趙泰萬	古川	邢昌運
繼巖	金求淵	古柏堂主人	柳光杓	古青	趙弘烈
繼庵	呂應鍾	古峰	景昱	古村	金炳淵
繼菴	全五益	古佛	孟思誠	古下	宋鎭禹
繼怡堂	羅表	古山	申翼浩	古軒	朴形
繼亭	權示商, 金鑑	古山子	金正浩	古歡老樵	姜瑋
繼拙堂	申汝遇, 李震華	古善臺	李義益	古懽堂	姜瑋
繼軒	朴雲長, 鄭禧勉	古松	李寅文	古懽子	姜瑋
繼亭	權謫	古松堂	宋演祚	告春堂	盧彦恒
繼休亭	柳湋, 柳諱	古松流水館	李寅文	固窮	崔守孟, 崔弼成
谿谷	金復興, 張維	古松流水館道人	李寅文	固窮堂	崔守孟
谿潭	柳之格	古心	金肯淵	固庵	宋洛憲
谿栖	李晚淑	古心堂	尹塏	固菴	柳炳植
鷄谷	李春植	古心齋	朴履文, 朴欽文	固翁	朴世堅
鷄林	高適, 高兆基, 李夏坤	古巖	金世洛, 金有柘, 李泰宇, 曹允愼	固軒	金永駿, 金熙敬 朴尙鎭
鷄鳴堂	趙禮昌	古庵	朴坤復, 趙顯奎	孤狂	朴權
鷄伏堂	曹植	古菴	柳夢鶴, 李之馪, 李冲	孤潭	李純仁
鷄隱	李氵敬	古驤堂	姜瑋	孤柏堂	李友仁
鷄村	金佐性 李若水	古藝堂	盧望漢	孤帆	李瑞求
古溪	李徽寧	古玉	蘇應禧, 鄭碏	孤峯	金岱壽, 金淨
古溪亭	李宅鎭	古窩	柳友善	孤峰	李泰華
古鷄林人	金正喜	古友	崔麟	孤查	文德粹
古古堂	李文秀	古愚	金玉均, 金以鈺, 朴勝振, 李民覺	孤查亭	文德粹
古谷	金楣根	古愚堂	洪宇夏	孤山	孔穗, 琴蘭秀, 金鎏, 金恒重, 南嶸, 朴心休, 孫個, 申碩蕃, 王宗義, 禹世一, 元萬石, 柳根, 柳斌, 柳宗介, 尹善道, 李三老, 李世
古狂	李世永	古嵋山人	金正喜		
古狂子	李世永	古芸堂	柳得恭		
古筠	金玉均				
古今堂	盧德奎				

源, 李惟樑, 李惟樟, 李存吾, 李袗, 全湜, 鄭暄, 丁希孟, 趙孝傳, 崔浚, 崔續, 許衛, 許烜, 黃耆老

孤山堂　曺夏重

孤山主人　琴蘭秀

孤山軒　元萬石

孤石　睦長欽

孤松　南國經, 朴奕, 宋世琳, 宋杖, 申弘望, 李彥琛, 林慶業, 鄭姬藩, 崔續, 韓大器, 許衛

孤松門　徐榮輔

孤松齋　金龍澤, 沈廷熙

孤松軒　金龍澤, 宋時雍

孤巖　南天漢, 睦長欽, 朴寬, 朴寅, 鄭弘翼

孤庵　趙世傑

孤菴　申永錫

孤厓　金敏行

孤翁　石潭

孤窩　金點

孤雲　李遠, 崔致遠

孤隱　宋世琳, 李智活, 趙公應

孤亭　柳昊

孤周　丁運熙

孤舟　李光洙, 丁運熙

孤竹　趙安卿, 崔慶昌

孤竹齋　鄭彥懿, 趙安卿

孤竹軒　金龍澤

孤直堂　朴英喆

孤青　徐起

孤青樵老　徐起

孤村　裵正徽, 李光魯, 李心弘

孤閑　熙彥

故寔軒　金熙洛

故川　蔡弘履

枯査翁　林薰

呆菴　宋瓚, 沈德相

栲苑　柳瀹

沽菴　高恕

皐堂　金安老

皐雲　金善鎮

皐隱　金洙鎮, 安止

皐音　白巏

痼翁　朴世堅

瞽聲　林得老

瞽叟　李烔

羔巖　洪深

考谷　崔漢公

考槃　南彥紀

考亭　李希春

考軒　金濟東

苦茶老人　金正喜

苦茶庵　金正喜

苦巖　蘇後

苦軒　河允源

苽堂　金宗裕

顧堂　金奎泰, 尹統周

顧庵　權耆, 宋寅, 李世愿, 李在敏, 丁胤禧

顧菴　金履休, 朴燦文, 李擎根, 李宗淵, 鄭霅, 鄭霧, 洪淳福

顧窩　崔仁教

顧恩　羅東琳

顧齋　李櫋, 李楈, 李炳殷, 李璔, 崔道錫, 河景賢

顧軒　金德鍊, 金振鎬 宣翼欽 鄭來錫

高江　李哲元, 鄭谷

高南　卜應吉

高堂　宣明裕

高晚齋　金世福

高眠居士　金弘道

高峰　奇大升, 金大福, 金致善, 法藏, 申㽦, 劉景祥, 李賫, 諸弘祿

高峯　申濬良, 洪九叙

高山　具致用, 申萬夏, 申馮, 申維翰, 申最夏, 尹集

高巖　琴車憲, 柳時泌, 李燮元

高庵　裵健

高菴　趙得陽

高厓　任詡

高陽　孫承宗, 崔國鉉

高陽居士　金英達

高陽醉髠　覺訓

高隱　朴健采

高隱堂　金致萬

高隱子　金致萬

高亭　鄭緝

高灘　李簵

高行處士　張之白

高軒　裵問晉

高峴　承俊鉉

鼓鼓子　鄭蘊

鼓峰　孫永軒

鼓山　任憲晦

鼓巖　梁子徵, 張翼參, 黃炳中

鼓洲　梁千運

曲江　朴燦璿, 辛斯蔵, 李瑚, 崔震煥, 崔天翼

曲江亭　權應周, 李瑚

曲溪　蔣海鵬

曲肱　韓重朝

曲橋人　崔南善

曲明	卞榮晚	倥侗	鄭哲吾	果老	金正喜, 劉青鶴
曲池	張忠漢	公皐	孫千欽	果農	金正喜
穀人	金正喜	公烈	李宜秀	果道人	金正喜
谷口	鄭百昌, 鄭小賓, 鄭象觀,	公民	羅燾憲	果黙	洪案
	鄭晟, 鄭壽期, 鄭諶, 鄭彦	公山	蔡星源	果山	金承謙
	湜, 鄭維漸, 鄭澂, 鄭至和,	公巖	卞時望	果庵	申益均, 李柔, 許墉
	鄭漢	共和齋	金致福	果菴	宋德相, 廉在愼, 李袞,
谷邱	鄭知和	功玉齋	邢達道		李一蓋, 李恒吉
谷口齋	鄭匡濟	孔巖	李鄧林	果翁	尹師路
谷蓮	徐聖溥	孔川	裵泳	果愚	南澈中
谷簾	李彙慶	恭儉堂	洪在黙	果園	鄭弼周
谷山	李寬彬, 林宗寬	恭堂	林嶰	果月	金正喜
谷仙	李寬林	恭命齋	金德行	果隱	周國貞
谷神子	鄭士信	恭黙堂	金濤	果齋	朴海奎, 成近黙, 成鼎柱,
谷巖	金履重, 裵戒仁	恭山	宋俊弼		宋憙用, 安衢, 吳達濟, 尹
谷瀼漫客 李子有		恭齋	甘國荃, 郭鎭億, 尹斗緖,		暹, 尹希定, 李敎宇, 李世
谷耘	權馥		崔東舜		喚, 李仲悅, 林乙南, 林熙
谷雲	金壽增, 金永珪, 金殷澤	恭川	慶㝡		曾, 張錫蓋, 張壽禧, 張胤
谷隱	金永學, 金學奎, 李秉焄,	恭湖	金從舜		賢, 鄭晚錫, 趙壽弼
	李堉, 蔡氏, 秋斗錫, 黃浩	拱白堂	黃德壹	果田	金正喜
	芳	拱北亭	申從溥, 柳世章	果亭	李恒吉
谷齋	安後說, 李梓	拱北齋	太穡	果冲	金正喜
谷川	金相鼎	拱北軒	李秀亨	果癡	宋相濂
谷圃	李能允	空空子	張混	果癡軒	宋相濂
鵠峰	宋復興	空空齋	柳挺輝	果七十	金正喜
鵠西	安述善	空同	李夢陽	果坡	金正喜
困菴	金相戊, 蘇世良	空庵	朴師先	果軒	朴箕鳳, 林炳志
困齋	申懲, 李喜之, 鄭介清	空超	吳相淳	瓜堂	金宗裕
困村	申懲	貢湖	柳光運	瓜庵	崔雲漢
困學齋	申萬夏	寡庵	李鎭東	瓜翁	魚有成
坤齋	李命弘	寡言齋	丁斗立	瓜亭	鄭叙
崑邱	柳道貫	寡慾齋	金養心	瓜地	權敦仁
崑坡	柳道貫	寡諧	姜必恭	瓜地草堂老人	權敦仁
昆侖	崔昌大	寡悔堂	李廷咸, 鄭海達	過菴	鄭履煥
昆峯	鄭四勿	果溪	禹孝臣	過齋	金容契, 金正黙, 鄭晚錫
				過川	朴璐

過軒	金喜洙	
郭溪	張振載	
郭山	黃錫悌	
郭西	張文杓	
藿南	朴泰萬	
霍書山館	金聖雨	
串巖	李啓樑	
卝川亭	南鵬翼	
冠谷	孫𪝆	
冠峰	玄尚璧	
冠山翁	朴基鎬	
冠巖	魯鴻, 李弘道, 洪敬謨	
冠巖山房	洪敬謨	
冠巖恩休	申櫶	
冠陽	李匡德	
冠竹軒	金重權	
冠泉	崔昌賢	
官菴	朴學煥	
官齋	玄子復	
官亭	鄭臣烈	
寬谷	金起弘, 申瀁, 李隨, 林渙, 蔡容, 崔瑞林	
寬寮	河泳台	
寬叟	鄭大清	
寬我堂	金世禧	
寬安齋	李師曾	
寬菴	秦泳, 黃泰萬	
寬溫齋	李教憲	
寬窩	朴光晦, 趙炳彬	
寬隱堂	具致成	
寬齋	朴民俊, 沈學路, 俞崇, 柳廷秀, 鄭大清, 鄭軾, 趙鳳齡	
灌翁	李㙉	
灌園	南應雲, 朴啓賢, 俞大偁	

灌園叟	梁濟臣	
灌亭	柳亮	
灌清子	金綏	
灌清亭	金綏	
灌圃	金彦琚, 朴弘美, 魚得江, 鄭榮國	
灌圃堂	金彦琚, 魚得江	
灌圃丈人	魚得江	
盟溪	朴齊賢	
盟石	李賢相	
管堂	裵武範	
管山	安貞晦	
管叟	金炳㷞	
管田	金炳㷞	
管亭	柳冀澤	
管軒	都漢基	
觀稼齋	金啓祖	
觀稼亭	李光鼎, 李晚堅, 崔達源, 崔清	
觀稼軒	慎得中	
觀古堂	金沫	
觀公	金觀聲	
觀堂	吳有善	
觀德齋	邊胤宗, 李啓益	
觀瀾	金克成, 元昊, 柳春發, 李潗, 李承曾, 李俣	
觀瀾齋	高晦, 金汝權, 魯淵白, 閔弘錫, 朴龍天, 朴載然, 孫煥國, 禹昇斗, 李民省, 鄭啓光	
觀瀾亭	金斗南, 金炳梁, 金汝權, 元昊, 李俣	
觀流堂	盧璹	
觀梅堂	朴奎東	
觀物	閔箕	
觀物堂	潘冲	

觀物齋	閔箕, 潘冲, 李彦龜, 李元龜	
觀物軒	金震遇	
觀白	李奎鉉	
觀復	金構	
觀復庵	金崇謙	
觀復齋	金構, 金崇謙	
觀卜齋	金騏獻	
觀山	朴文彬	
觀山齋	朴昌胤	
觀生窩	閔彝顯, 庾璣	
觀生齋	全承黙	
觀逝齋	金星老	
觀善齋	具文彬, 金相任	
觀雪	許厚	
觀雪堂	朴堤上, 許厚	
觀松	李商啓, 李爾瞻	
觀水	禹夏永, 鄭凝遠	
觀水居士	安鍾元, 李㙎伯	
觀水堂	金殼, 金友璧, 片弘錫	
觀水齋	金德行, 安命聃, 李應胤, 蔡得淵, 洪啓英	
觀水亭	宋欽, 李葵大, 曺汝忠, 韓昌	
觀水軒	李元祜	
觀術亭	甘景仁	
觀心	鄭來鵬	
觀我齋	趙榮祏	
觀岳	宋寅濩	
觀嶽	李根豊	
觀庵	孫鉉相, 李應協	
觀魚齋	金重元	
觀魚亭	李良國	
觀魚軒	朴陽東	

觀齋	姜�==, 朴載華, 柳廷秀, 蔡慶全	
觀竹堂	權暮	
觀川	玉之溫, 李大亨, 許模	
觀川居士	李大亨	
觀泉子	愼希復	
觀青農夫	柳僖	
觀清齋	朴萬善	
觀聽亭	金有洙	
觀圃亭	金善元	
觀圃軒	金時秋	
觀夏軒	金禮淳	
觀鶴菴	朴鵬	
觀海	金晢, 朴奎東, 朴濰, 李敏求, 林檜, 全在鳳	
觀海堂	朴奎東	
觀海齋	李敏求	
觀海亭	鄭啓壅	
觀軒	徐常修	
觀湖	朴奎壽, 徐希積, 蘇珪, 愼師典, 嚴致郁	
觀厚菴	金枏	
觀後菴	金紐, 金細	
貫翁	洪義俊	
貫一堂	朴文健	
貫齋	李道榮	
館洞居士	金源魯	
鶴峯	崔轍	
鶴山	李瓊九	
括蒼	李敬元	
括虛	取如	
光溪	南尙召, 朴恬	
光南	金益勳	
光山	李壽龍	

光昭庵	裵允良	
光庵	金台鼎	
光菴	柳相胤, 崔相一	
光影堂	李永實	
光齋	姜㴌, 趙觀彬, 秋彦恭	
光齋亭	楊墩	
光霽	朴東鎭	
光圃	洪鎬	
光風堂	權第可	
光軒	趙觀植	
匡廬	安宅, 柳惠魯, 黄振河	
匡山	朴鍾儒, 白旻洙	
匡西	朴震英	
廣居	安哲鎬	
廣居齋	李簫	
廣鹿	李雲逸	
廣麓	金延祖	
廣瀨	李野淳	
廣陵	朴永禎, 陳良謨	
廣陵居士	南泰良	
廣陵子	安宅	
廣林	柳健欽	
廣胖窩	洪景夏, 洪以櫹	
廣棲	李秉一, 李有星	
廣石	金台鉉	
廣聖	一禪	
廣心	宋知逸	
廣巖	明廷耆, 朴聖源, 呂錫輔, 呂載東, 蔣啓賢	
廣庵	韓龍和, 黄守良	
廣濟山人	河海寬	
廣州	金指南	
廣智	之郎	
廣川	金正喜, 金指南, 朴永祚,	

	趙性胤	
廣川處士	趙德胤	
廣灘	宣達華, 宣廷達, 林瓚	
廣坪	李壽亨	
廣軒	玄仁學	
廣湖堂	卜廷雄	
曠庵	李㯃	
狂奴	鄭遠	
狂奴子	鄭光露	
狂夫	李芳秀	
狂醒	金承允	
狂愚	朴琮煥, 朴準桓	
狂人	尹世儒	
狂直子	成俔, 洪裕孫	
狂眞子	洪裕孫	
掛鎌齋	梁相大	
掛鋤亭	張得敬, 崔雲挺	
掛鞭	李榮	
掛鞭堂	李榮	
掛壺	河㴐	
乖稼	李擎天	
乖庵	金相肱, 李幹	
乖菴	金堯欽	
乖厓	金克儉, 金守溫, 柳桂, 柳楮	
乖崖	金克儉, 金守溫	
乖隱	鄭球	
怪叟	吳晃洙	
愧堂	金潤德	
愧心堂	金潤澤	
愧烏齋	黄沃源	
愧屋	金樂贄	
愧窩	金商一	
愧齋	裵尙虎	
愧全窩	河大觀	

槐谷　李仁大
槐南　朴椿善
槐潭　裵相說
槐堂　權理, 金瑞徵, 金潤身, 馬義祥, 李曼勝, 李天啓, 印熙培, 張德禮, 趙公熙, 曺益淸
槐廬　趙養愚
槐馬　林百齡
槐峰　鄭彦誠
槐史　黃澤仁
槐士　金檍
槐山　李陌
槐西　曺煥震
槐啞　都淸日
槐巖　金永宅, 李東基
槐庵　文炳日, 朴根, 朴鳳祥, 李秉春, 許源
槐菴　姜蕖, 金希福, 朴炳鐵, 李敏甲
槐窩　金珪漢, 金斗壁, 金履瑞, 盧相洪, 李錸, 李憲烈
槐園　李埈
槐隱　權謙壽, 尹翰炳, 李士珪, 李春永, 趙鏞求, 邢宅相
槐陰　郭拱辰, 南重明, 李茂慶, 李鼎成, 洪遵, 黃明熙
槐陰堂　尹混, 尹滓喆
槐齋　趙彦泰
槐亭　景輝鳳, 權湛, 金叔儉, 南峻衡, 朴瑄, 石炳孝, 孫翼謨, 柳文通, 尹謙, 李昌新, 鄭季生, 鄭汶鉉, 鄭輝, 曺啓晃, 趙得晉, 趙鎭恒, 陳龍錫, 蔡忠敬, 崔時望, 黃錫連, 黃應挺
槐庭　金寗濟, 吳相圭
槐泉　盧好心, 朴昌宇, 柳汶龍, 劉士達, 柳海珍, 李容九, 李贊說
槐坡　愼宗喆, 李鍾珏
槐圃　鄭國鉉
槐軒　高順擧, 郭揚馨, 郭再謙, 金瑩, 兪廣基, 柳光斗, 柳永馹, 李基鴻, 李禹範, 張始興, 丁瑜, 崔自霑, 許淯
魁峯　魏大用
宏翁　文明信
交翠堂　李俔
僑菴　趙敏卿
僑齋　李萬相, 李邦憲
僑軒　金泰欽, 蔡無敵
咬菜堂　李嬪
咬菜窩　閔百炶
喬覺　地藏
喬谷　秋景新
喬山　許筠
喬梓　尹濟
喬庭　李範世
喬軒　金世純
嘐嘐子　徐忠輔
嘐嘐齋　金用謙
嘐然堂　琴佑烈
嘐齋　李元敎, 鄭元恒
嶠南　宋烇鎭
嶠陵　秦鍾煥
嶠隱　柳道長, 洪汝諧
敎重　尹白南
校前　金柱雲
橋西　石之嶦
橋仙　朴公和
橋翁　李運彬
橋梓　崔承學
橋汀　李弘老
皎亭　玄鎰
矯敬齋　朴道欽
矯警齋　鄭在赫
矯堂　黃圭琮
矯菴　林炳宅
膠宇　尹胄夏
蛟山　簡均, 崔啓沃, 許筠
蛟西　黃成黙
蛟西亭　陳洪疇
郊峯　申光弼
郊翁　李元凱
郊窩　鄭夏浚
郊隱　禹命格, 鄭以吾
郊齋　玄在休
久堂　金濟東, 朴長遠
久石　金允堅
久巖　朴泰鎭
久庵　金就文, 卜倜
久菴　朴永相, 尹鳳九, 李繼漢, 李坽, 李鐵堅, 李憲榮, 韓百謙
久齋　蘇鎭欽
久俊堂　郭研
九江　邊應壁, 李錫龜
九居堂　郭慶輿, 丁尙鎭
九景堂　金碏
九溪　朴敏淳
九皐　李成時, 表東燁
九皐軒　南景祖
九曲　李重穋
九曲老父　林眞怤
九曲山人　洪錫龜

九谷齋	鄭大節	九塢	李涉		鄭萬容
九九齋	徐海朝	九容齋	鄭孝錫	懼翁	李獻淳
九潭	金兌	九友堂	金震益	懼窩	金精奎, 朴烇, 李梓秀
九堂	金相馹, 朴世榮	九畹	李春元	懼齋	金得秋, 金夢洙, 金就英,
九老	趙秉武	九元亭	李亨天		李在龜, 崔鶴吉
九老堂	白思遠	九疑軒	權哟	懼軒	郭安朝, 朴逸範, 李芝在,
九龍	白鳳來	九一	朴成烈, 房復齡, 洪正夏		崔祥甲
九龍山人	金容鎮	九逸	梁基柱	搆翁	沈龍
九龍齋	白鳳來	九一窩	鄭汲	構堂	李肯愚, 鄭湋
九柳齋	鄭湊	九一軒	許鎬	構巢	金台翼
九美	太秀宗	九齋	崔冲	構翁	沈桶
九美處士	魚宗吉	九拙	閔晉亮, 梁喜, 崔一元	求是軒	李垕
九悶窩	崔得謙	九拙堂	閔晉亮	求心	趙鏞夏
九峯	郭天衢, 權博, 金氏, 金	九拙菴	梁喜	求我齋	李源一
	道南, 金守訒, 金堄, 金宗	九拙齋	朴希顔	求菴	李浚
	仁, 金地南, 羅茂春, 朴春	九浚	張榮國	求友亭	金柱
	愚, 安光世, 梁渭南, 柳恒	九樵	金近淵	求齋	鄭東龜, 崔瑋
	尹汝任, 李鳳齡, 李士雲,	九春堂	南宮楷	求全	成熙冑
	李怕, 鄭天衢, 趙鳴殷, 曺	九灘	張偉邦	求全子	成熙冑
	慌, 曺遇, 趙遠期, 蔡成胤	九圃	具馨周	求忠堂	李義立
九峰	姜載, 金鵬運, 金孝新,	九苞	李鳳鳴	漚竟	金正喜
	李道謙, 曺慌, 蔡成胤	九河	天輔	溝壑齋	權垍
九峯處士	趙鳴殷	九湖釣叟	李景賢	灸背	安方慶
九峰處士	朴春遇	九華	羅茂春, 李致相, 馮應祖	灸背軒	李重益, 安方慶
九思	尹溥	具問堂	安舜煥	甌北	趙雲松
九思堂	金樂行	具爾堂	李景潤, 李祖仁	癯溪	權尚游, 朴景夏, 鄭維嶽,
九思齋	權復始	具邇堂	河達永		趙最壽
九山	姜泰, 金章洛, 朴魯善,	口訥	曺匡振	癯仙	金得厚, 金陽呂, 金從厚,
	朴鳳鎮, 裵熺春, 李瑩奎	口亭	李宇弘		尹珩
九山翁	金榮宅	口圃東人	安玟英	癯髯子	張維
九松亭	沈清	嘔心	趙斗顯	癯翁	姜世文, 李瑼
九松軒	金希殷	懼懼齋	琴蘭秀	癯菴	白震典
九巖	李以豊	懼庵	禹伏龍, 李樹仁	癯隱	白震典
九厓	白晌	懼菴	盧光懋, 申立仁, 鄭東益,	白蓮堂	閔在汶
				白山	田愚

臞鶴 李集斗
瞿鋒 成載教
瞿菴 鄭東益
瞿全齋 許釭
瞿圃 李明淵, 李明遠
矩堂 方圓宅, 兪吉濬, 李景命
矩庵 申相夏
矩翁 金太乙
矩齋 權秉淵, 任焨, 崔東晙
矩軒 朴敬行
究庵 李光魯
耉巖 李三省
耉軒 金濟東
窶菴 白震興
窶隱 白震興
絿隱 李龜敬
舊堂 趙沐洙, 趙士成, 趙虎然
舊濤 許佖
舊梅堂 朴鳳鎭
舊庵 李厚謙, 金秉奎
苟樓 李彙秀
苟菴 申應朝, 崔璜
苟完堂 李碩五
苟完齋 李萬熻
苟齋 金宗敬
苟全 金中淸
苟全齋 金中淸
衢翁 李獻淳
衢隱 李獻淳
邱南 金重佑
邱隅 金基叙
韭圃 金炳運
駒城 李瀰
鳩谷 權啓卿, 權迪, 金誠鎭
鳩堂 張世昌
鳩峯 孫尙隆
鳩巢 權聖矩, 鄭蕰
鳩菴 孫萬奎
鳩齋 金啓光
鳩洲 李夢男
鳩村 趙績
鳩浦 羅萬甲, 趙持謙, 曺致和
鷗溪 申完
鷗谷 郭瀜
鷗堂 南秉哲, 趙慶鎬
鷗鷺主人 安應世, 李揔
鷗叟 安命說
鷗翁 尹熙平
鷗洲 姜大適, 李重溟
鷗村 沈昷之, 趙績
鷗波 白貞基
鷗浦 羅萬甲, 安獻徵, 崔弘渡
鷗湖 朴世儁, 林敏商
龜澗 金鍾琯
龜岡 李永旭, 李懿秀
龜溪 金英洛, 金定浚, 金濟武, 朴承郁, 朴履和, 徐沈, 申光業, 梁應津, 李敦律, 李斗相, 李斗鎭, 李安迪, 李中立, 李晛, 鄭麟祥, 鄭寅暉, 表沿源
龜溪處士 李東燁
龜谷 覺雲, 金忠秀, 朴民瞻, 朴榴, 鄭墉, 崔奇男
龜潭 楊健永, 楊士衡, 鄭仁濬
龜堂 金漲根, 徐起
龜蓮 高榮重 吳龍濟
龜灣 洪禹傳
龜蒙處士 李致白
龜伏 李廷郁
龜峯 姜績, 金文軾, 金忠甲, 南啓夏, 徐一元, 李鍾綉, 周博
龜峰 權德麟, 金守一, 金永吒, 金協, 南啓夏, 宋翼弼, 申命仁, 李尙模, 許世勳
龜沙 權曄, 權澲, 吳挺一
龜山 權載寧, 權濟寧, 金德順, 金鳳漢, 金允侃, 金鎭道, 金晉重, 羅應参, 朴碩輔, 卞壁, 卞成振, 成夢箕, 尹鐸, 李基一, 黃榮老, 黃震龍
龜山友人 張載翰
龜山處士 羅應参
龜石 李廷益
龜石山人 金得臣
龜城 全尙毅
龜壽 朴昌伍
龜峀 金楚重
龜岩 金成翰, 朴浩植, 周冕錫
龜巖 高敬相, 高敬祚, 權培, 權銖度, 權曦, 金溉, 金慶長, 金謹信, 金璘, 金貢, 金賓, 金世基, 金承緖, 金允世, 金忠甲, 金忠秀, 金洪寶, 南在, 朴興男, 宋宇天, 宋仁昌, 愼在翼, 沈民覺, 楊培, 柳牖, 李鈺, 李琓, 李元培, 李楨, 李禎, 李廷卓, 李致寅, 李賢根, 李泓, 李弘重, 任仲眞, 趙秉碩, 趙宗嶽, 表根碩, 表齊嵩, 許浚, 黃起源, 黃塾, 黃履正, 黃載重, 黃孝恭, 黃熙孫
龜庵 金伯元, 盧仁復, 朴羹祖, 朴湶祖, 徐有漢, 徐沈, 安

	瑾, 梁保興, 蔣淳英	龜軒	金彦秀, 白得岦, 李繼孫, 李好敏	
龜菴	金漑, 金慶誠, 金慶長, 金演局, 金濟學, 羅德明, 李敏坤, 李聖益, 李益文, 全秀東	龜湖	金敬恒, 朴漢發, 柳東根, 李氏, 李秀逸, 李容象, 崔翼星	

龜厓	李琬, 曹克承
龜養齋	李星錫
龜淵	權衷, 裵廷斐, 蔡光黙
龜翁	李之蕃, 鄭彦忠
龜窩	金垙, 韓應聖
龜雲	氷昌玉, 楊秉益
龜隱	金鈴, 金性圭, 邊振鐸, 宋瑛, 楊子由, 李達成, 李肇淵, 李厚遠
龜陰	金光壽, 安冀遠, 楊時晉, 李儒顥
龜齋	田實, 蔡氏
龜亭	甘棚垕, 金銑, 南謙益, 南在, 徐學洙, 元鯤, 柳思溫
龜汀	元鯤
龜靜	裵最冊
龜洲	權漢, 金世鎬, 李復運
龜川	金昌稷, 金馨國, 申義甲, 魚孝瞻, 李世弼, 李晬, 蔣後琬, 趙哲山
龜村	權漢, 柳景深, 李瑾, 李德溫, 李溟, 李聖益, 李承圭, 李全之, 趙炳寬, 洪約昌
龜坡	朴秉祖
龜坪	李興林
龜圃	盧應燮
龜河	朴大龍
龜巷	卞三近

國權	申基俊
國奉	韓圭錫
國峯	金芳鉉
國士齋	任大晉
國壻	李榴
國巖	任希璉
國塢	黃萬英
國隱	金弘準
國樵	金弘沂
菊幹	李憲球
菊澗	朴晉祿
菊磵	朴晉祿, 尹鉉
菊垲	李憲琦
菊溪	李顯儒
菊皐	李最綱
菊農	姜峻馨, 權赫洙, 閔炯植, 劉翼烈, 崔翼壽, 崔勳
菊儂	金鼎鎭
菊潭	金命國, 金師南, 金有溫, 金孝一, 盧垓, 朴壽春, 朴而公, 朴晛, 白履相, 梁在魯, 兪錫濬, 任希重, 張敬文, 鄭萬憲, 鄭興周, 周宰成, 河鎭伯, 玄京廈
菊澹	南廷淑
菊堂	金南重, 金益昌, 朴嗣宗, 朴承賢, 朴興生, 吳先敬, 李遇春, 李菁, 李濭, 鄭齊泰, 鄭泰齊, 鄭後僑, 崔洵, 秋權奎
菊塘	權翼民, 朴承賢, 朴興生,

	鄭後僑
菊棠	朴景祉
菊東	趙秉準
菊露	李蒨
菊籬	李衡天
菊鳴	梁佑承
菊伴	呂應奎
菊白	南應望
菊峯	李在弼
菊峰	郭英黙, 南就興
菊史	姜璘, 高時翼, 權道守, 金柄鎰, 金相華, 金養根, 金濬卿, 金泰純, 朴珪和, 白命奎, 葉平仲, 吳華英, 尹英學, 李啓斗, 李觀翼, 李珪相, 李萬緒, 丁基澤, 丁理燮, 鄭熙晃, 趙氏, 趙基元, 崔東益, 崔信杓, 片德烈, 韓相五, 洪承鵬, 黃金澤, 黃來熙, 黃明運, 黃文益, 黃鳳河, 黃寅燮, 黃五錫, 黃瓚益
菊士	鄭祖榮
菊山	金景河, 嚴啓興, 李泰植
菊墅	方彦輝
菊所	朴墒
菊松	柳根壽
菊松堂	鄭振業
菊巖	柳東鳴, 張裕慶
菊岩	鄭希慶
菊庵	權克孝, 金鴉, 金煥, 成汝格, 宋之喗, 李明蕊, 洪主輔
菊菴	金永祿, 金致潤, 羅翼南, 宋東煥, 申晃求, 尹行儉

菊巖居士　張裕慶
菊涯　李時樞
菊如　梁建植
菊傲　金鎭澔
菊吾　李成達
菊塢　姜希孟, 潘仁後, 成俔, 梁佑承, 李允說, 鄭國鉉, 鄭遂璘, 鄭弘來
菊翁　辛潤祖, 李玄聃, 鄭趾煥
菊窩　姜啓溥, 朴世文, 朴涵, 尹植, 李國林, 李晚性, 張鳳相, 崔俊個
菊友　金萬增
菊雨　李相龢
菊園　金廷堅, 朴標
菊隱　姜碩夏, 權世規, 琴基萬, 金漢重, 南守明, 文翊斗, 閔濬, 朴基說, 朴斗鎭, 朴容鎭, 朴詹, 宋源德, 宋顯道, 申耆, 李時望, 李悅, 李愚春, 李悰胤, 李泰楫, 李漢應, 李鉉翊, 林應聲, 全錫軫, 鄭氏, 丁萬秀, 鄭仁喜, 鄭址遠, 趙東爽, 池永逸, 崔世弼, 許晙, 洪檢, 洪聖浩
菊隱堂　趙錫東
菊隱軒　權斗興
菊陰　梁稷, 尹坤
菊陰處士　梁稷
菊人　朴時淳, 柳觀秀, 李容肅, 趙耆永, 趙英和, 黃鶴熙
菊逸　盧公弼, 鄭逌源
菊逸齋　盧公弼
菊逸軒　盧公弼
菊庄　南履範

菊齋　權溥, 金梱, 金聲振, 金弘柱, 羅鍾觀, 南應雲, 盧應暉, 朴永忠, 朴叢, 裵在憲, 白仁豪, 徐德良, 徐秉鐸, 沈橘, 梁必壽, 吳謙, 柳溥, 柳承備, 李之燧, 李瑄, 李蒨, 李必益, 李希儉, 全就大, 鄭一源, 鄭載星, 鄭暉, 趙秉鉉, 朱宰, 許仁轍, 許墫, 黃文燦
菊田　李明教
菊亭　宋文亨
菊汀　張雲鵬
菊窓　金是振, 金弻衡, 南世健, 南應來, 南應雲, 朴燁, 沈澄, 吳道奎, 李燦, 崔啓任, 韓弼衡
菊泉　奇彦觀, 許鏄, 洪來輔
菊泉齋　奇彦觀
菊初　李人稙
菊村　權寧壽, 李國林, 洪成淵
菊秋　黃柄哲
菊癡　金玄玉
菊坡　金奎錫, 金世賓, 金元發, 金喆植, 閔百忠, 朴洛圭, 朴炳昊, 廉國寶, 尹璣鎭, 李德宇, 全卿, 全元發, 田廈鎭, 洪承九, 黃起錫, 黃文基
菊圃　姜樸, 姜溁, 權裕, 權最美, 金炳或, 金四維, 金錫坤, 金碩禧, 金誠熙, 金鎔均, 金在鎰, 金廷堅, 金澤均, 盧秀愚, 馬時雄, 牟行弼, 文奎鎬, 朴始亨, 朴良來, 朴瑛舜, 朴鯉, 朴章鉉, 朴廷煥, 白樂桂, 徐英秀,

昔夏圭, 成時亮, 孫漢機, 宋龍浩, 愼英範, 吳相玉, 吳錫禧, 俞誠晩, 柳永雨, 劉載述, 李教噂, 李奎緒, 李錦周, 李命峻, 李文龍, 李容中, 李元馥, 李翼萬, 李熙春, 張澤賢, 全基柱, 鄭應星, 趙昌鎭, 曹夏城, 崔燉性, 崔祥淳, 韓永達, 洪在夏, 黃圭, 黃祐謙, 黃鍾奎
菊浦　崔秉爟
菊下　吳臣翼, 俞昌植, 李寅燮, 李鉉能
菊軒　高望謙, 權思溥, 權伐, 權泰奎, 金官益, 金圭錫, 金基述, 金獅, 金碩九, 金綏煥, 金昇圭, 金始烈, 金鴉, 金永相, 金容涉, 金浚, 盧後元, 馬希援, 文重潤, 朴氏, 朴慶胤, 朴應壽, 裵尚敏, 蘇始萬, 宋承禧, 吳受訥, 吳毅常, 吳姬祉, 尹堯重, 尹滋悳, 李堅幹, 李國賓, 李錦周, 李萬亨, 李守亨, 李承旭, 李廷爽, 李智亨, 李鐵, 李憲球, 李熙明, 李熙復, 林玉山, 蔣邦翰, 張處敬, 田汝霖, 曺錫河, 蔡耆徵, 崔世亨, 崔焆, 洪羼浩, 黃繼綵, 黃澄
菊軒亭　李堅幹
麴巖　宋晌
麴隱　李胤恒
麴隱堂　李炳鼎
君保　權相衡
君心　崔道煥

君悅	宋基學	
群山	具宏	
郡隱	鄭存俊	
朏堂	朴載彬	
宮湖漁者	李鼎民	
窮悟	任天常	
窮窩	朴奎文	
窮村	鄭纘輝, 鄭皓永	
倦庵	劉敞	
倦翁	柳斌	
倦遊	李景義	
倦遊子	安希勛	
倦齋	申永澈	
卷西	金石輔	
權克	李徽夏	
權變山人	權變	
几隱	李起龍	
歸潔齋	金清淳	
歸耕軒	崔光鉉	
歸溪	金軾, 金佑明, 金一鏡, 邊希李, 朱格	
歸溪亭	金佐明	
歸谷	柳叔五, 洪重一	
歸根	金致遜	
歸老亭	張遇一	
歸樂堂	吳慶錫, 李晚成, 崔瑋	
歸樂窩	柳匡天	
歸樂齋	殷大任	
歸樂亭	宋彦謙, 趙景命	
歸來	申末舟, 柳綖	
歸來堂	金禹錫, 林鵬	
歸來亭	金光煜, 朴毅立, 申末舟, 李功根, 李浤, 李砡, 李師聖, 李浚, 林鵬, 蔣八國, 鄭	
歸來軒	李綱	
歸嶺	白德民	
歸老亭	張遇一	
歸老軒	趙守憲	
歸鹿	趙顯命	
歸林	朴晐	
歸晚	趙性乾	
歸盤	柳瀁	
歸山	金鉤, 朴漢豪	
歸巖	權德操, 李元禎, 李徽音	
歸庵	楊培	
歸菴	朴權	
歸漁齋	權中執	
歸歟野老	權時望	
歸歟亭	韓承貞	
歸淵	金近淳	
歸穎齋	尹滋華	
歸翁	朴慶後, 朴淵龍, 趙安和	
歸窩	俞得一, 蔡彭胤	
歸臥亭	尹廷勳	
歸愚	李溫	
歸園	黃起源	
歸隱	權逸立, 權郘, 魯愼, 麻斗元, 吳繼宗, 李敎英	
歸恩堂	南公轍	
歸隱子	蔡楙	
歸齋	金圭夏, 李自夏	
歸田	李相虙, 全穎達, 許淳	
歸亭	鄭綜	
歸止堂	愼宗國	
歸川	金佑明, 梁命仁, 李廷夔	
歸泉	徐命善, 趙明履	
歸浦	權斗樞, 李瑗奎	
歸軒	李瑗奎, 趙守憲	
歸休堂	吳變夏, 李培元	
歸休亭	吳變夏, 李浤, 李培元	
叫川	全克恒	
圭南	河百源	
圭堂	宋完鎭, 李敎榮, 李重夏	
圭峯	沈鳳儀, 李敦應, 李尚馨	
圭峰	沈演	
圭沙	宋宙勉	
圭山	李啓翊, 李炳夏	
圭珊	洪啓薰	
圭巖	金若淵, 閔泳圭, 崔漢候	
圭庵	宋麟壽	
圭菴	金炳鵷	
圭窩	田炳恒	
圭齋	南秉哲	
圭庭	徐相雨, 徐承輔	
圭川	林崒	
圭軒	盧禹錫	
奎庵	洪淑	
奎菴	洪叙疇	
奎齋	文成鎬, 朴胤東	
奎圃	許楨	
奎軒	文光福	
暌軒	郭承華	
樛亭	朴天鵬	
珪堂	申泰熙	
葵藿野人	安應世, 李瑛	
葵堂	孫晉球, 鄭範朝	
葵山	權相主	
葵生	桂生	
葵庵	金朝潤, 任長源, 任昌周, 全啓宗	
葵菴	李志奭	
葵塢	柳寅吉	
葵園	金璟炫, 李鐵求, 鄭丙朝,	

	洪來瑞	橘園	李善求	屐園	李晚秀, 李炳七
葵隱	朴千孫	橘隱	吳命新	棘人	李熙春
葵田	具敬身	橘隱齋	金瀏	極光	崔承萬
葵亭	姜橎, 申厚載, 蔡洛	橘亭	尹衢	極熊	崔承萬
葵窓	李健	橘下	崔植民	極悔翁	鄭夔和
葵圃	牟尚統, 鄭樂勳	橘下翁	崔植民	僅叟	金履寓
葵軒	權鑄, 金禮秀, 金在淳, 金孝根, 梁檥, 洪受浤, 黃周河	克己齋	崔潤身	勤溪	金樂道
		克難齋	權濟敬	勤謹齋	趙胤遇
蚪蛙	孫履九	克念堂	金千鎰	勤倫	高鴻達
規堂	馬胖, 安秉瓚	克堂	盧昫	勤庵	朴應來
逵海堂	鄭海寁	克明堂	張乃範	勤菴	蔡氏
闚人觀	金祖淳	克培	李教連	勤齋	金勻培, 金鍾善, 朴元植, 朴致璜, 柳賁, 尹禹炳, 李庭俊
勻園	李曾愚	克復堂	鄭澹, 鄭彦兼		
囷六齋	金義元	克復齋	權瑢, 金冕澤		
筠谷	芮大檠	克省窩	李得秀	圻水	趙猷
筠潭	崔大立	克庵	師誠, 柳欽睦, 李昌臣, 鄭克念, 鄭兢錫, 趙栻	㪍庵	金慶宅
筠山	文龍鉉			根窩	權鑲
筠陰堂	吳禎善	克菴	柳正植, 李基允, 李典厚, 崔在學	根齋	丁載榮
筠廷	吳慶林			根翠閣	韓氏
筠軒	金方慶, 金永暾, 金永煦, 趙重呂, 洪祐珍	克窩	柳濟恒	槿谷	朴東完
		克齋	康景善, 金基勉, 金箕應, 金碩麗, 金孝一, 金喜, 盧相淵, 盧似淵, 文晚, 文晥, 朴泰殷, 裵敬德, 宋炳瓘, 申澳, 申益愰, 辛引裾, 禹凱復, 元泰殷, 尹三省, 李奎實, 李圭容, 李冕翼, 李旼, 李玩相, 李元相, 田恭鎭, 田承漑, 鄭枋珪, 曹虎文, 陳漢彦, 河憲鎭, 許烇, 黃基道	槿窩	趙洞璉
鈞溪	鄭弼			槿園	金明奎
橘南	李基正			槿齋	李顯翼
橘堂	金致聲, 李基瑠			槿田	金在鳳
橘杯	吳陜之			槿鄉	金氏
橘山	李裕元, 洪官植			芹溪	權命奎, 權相黙
橘叟	張慶業			芹谷	金熹, 李觀徵, 李宗郁
橘室	車天輅			芹庵	崔壽沈
橘庵	李馨淳, 鄭壽馨			芹菴	趙宅奎
橘菴	姜壽馨			芹翁	金盛遇, 李觀徵
橘屋	尹光啓			芹窩	金憙
橘翁	李與潤	克齋處士	邢宗夏	芹田	安璥
橘宇	申忭	克川	程南鎭	芹泉	尹鍾濂
橘宇亭	申忭	剋念齋	金光雲	芹村	白寬洙, 宋顯道
		屐山	金萬鎭	芹曝	柳成龍
		屐翁	李晚秀		

覲齋	李孟賢	
謹堂	安瑭, 安重弼	
謹獨	金昌煥, 愼命翊	
謹甫	崔愼	
謹黙	李承奎	
謹守堂	李馨秀	
謹修齋	朴秀彦	
謹愼齋	金敬信	
謹庵	康儼, 朴守夏, 邊鎬達, 李熙久	
謹菴	金容右, 沈宜允, 安汝止, 許極	
謹窩	具京會, 具聖剛, 具然侃, 許璋煥	
謹原	柳潭厚	
謹齋	姜文奎, 權克重, 金奎運, 朴聖浩, 朴載仁, 薛仁儉, 宋在奎, 安璟烈, 安朝, 安處謙, 安軸, 柳厚, 尹起東, 李慶弘, 李觀休, 李東禮, 李宜昌, 李銖, 李頤祥, 崔涇, 崔潤玉, 洪湾	
謹庭	盧正鉉	
謹行堂	李琳	
謹軒	李鴻來, 任行宰	
近溪	權萬銓, 趙秉裕	
近溪齋	金顯鐸	
近古齋	林春養	
近古處士	金久榮	
近裏齋	權尙吉	
近文	鄭涉敎	
近峰	皇甫祿	
近思齋	朴啓賢, 儌遜, 李象辰, 李欑儀, 李寂煥, 鄭世豊	
近水堂	許廷爽	
近水軒	趙錫馨	

近始齋	金垓	
近庵	朴聖佑, 朴載佑, 朴載革, 朴廷鎬, 朴海黙, 柳致德, 崔鋆	
近菴	權鵬容, 朴寅燮, 朴載浩, 尹汲	
近窩	柳栻	
近雲	金輝鍾	
近仁堂	李宜泰	
近齋	朴胤源, 房錫弼, 徐有洛, 李筌	
近翠閣	韓晩植	
近品齋	蔡瀗	
今來軒	姜澣	
今是堂	李光軫, 任義伯	
今是齋	金尙寬	
今是軒	洪義謨	
今軒	洪樂有	
噤谷	盧文弼	
琴岡	裵相瑾, 李尙眞	
琴江	金正喜	
琴居	師誠	
琴溪	甘景卓, 朴寬洙, 成師顔, 吳俌, 李基臣, 李鼎愚, 李玄升, 趙祐植	
琴溪處士	韓光鎭	
琴皐	成石根	
琴谷	權益隣, 李萬相, 李文祿	
琴南	閔廣植	
琴農堂	金演植	
琴堂	裵就吉, 申櫶	
琴童	金東仁	
琴來	閔泳韶	
琴摩	金相喜	
琴眉	金相喜	

琴麋	金正喜	
琴史	金用根	
琴棲	權胄煥	
琴西	李錫奎	
琴書堂	申重慶	
琴書室	申重慶	
琴書軒	金長浩, 李鵬齡	
琴石	洪英植	
琴松堂	鄭磧, 鄭諱	
琴巖	琴義筍, 宋夢寅, 吳澓, 李萬鎰, 鄭忠煥	
琴庵	黃鍾五	
琴漁	李命宰	
琴翁	陳箕範	
琴窩	李景濂, 鄭時毅, 蔡必勳	
琴愚	具然雨	
琴雲	朴泰俊	
琴園	金奭熙, 鄭雲興	
琴月軒	鄭仁涵	
琴隱	金綸柏, 文達燁, 朴成陽, 朴希文, 裵紀淳, 沈彦明, 柳允昌, 李陽昭, 趙悅, 夏東奎	
琴隱堂	具成謨	
琴易	丁好寬	
琴易堂	裵龍吉	
琴易齋	裵龍吉	
琴一	金良錫	
琴齋	姜漢, 牟永弼, 白貞順, 宋獻在, 李長坤, 張胤慶, 鄭錡, 趙汴	
琴亭	金漢一	
琴井	朴均洙	
琴洲	蔡氏	
琴總	金應鑑	

琴川　李仁植, 鄭時修

琴村　文義大, 鄭敎永

琴秋　朴寧熙

琴灘　李震沅, 趙光玹, 蔡先吉

琴巴　竟胡

琴坡　都元亮, 李鼎秉

琴波　竟胡, 蔡氏

琴下　柳晦植, 鄭遇善, 河圭一

琴鶴　鄭夏黙

琴鶴軒　金友益

琴軒　南世元, 南致元, 朴炯, 裵廷芝, 徐守顯, 宋律, 李大胤, 李潚, 李長坤, 李胄仁, 崔四勿, 許焩, 許炘

琴湖　金樂淵, 朴挺最, 李東榮, 李時敏, 李志傑, 李禩可, 鄭行毅

琴湖散人　朴挺最

栞山　李夏榮

栞軒　金紐, 柳方澤

禁窩　李精中

衿隱　徐甄

襟溪　李鳳秀

金剛居士　尹彦頤, 李頗

金剛山人　金振宇

金溪　朴東亮, 孫永箕, 李錫杓, 李秀夏, 任昌禮

金谷　朴尚淵, 申敦均, 李德麟

金谷子　李弘美

金陵　南公轍

金陵居士　南公轍

金門羽客　郭興

金伯　洪龍祚

金碧　全弘琯

金峰　李澄圭

金沙　金爌, 李宗基

金山　趙松年

金石　李存秀

金石堂　牟有秋

金烏　太田

金烏山人　吉再

金逸齋　趙千年

金鍾　曹渰承

金川　柳世泓

金樵　金鎭祜

金七十　金正喜

金坡　應信

金浦　琴儀

金弴　辛鍾燮

金霞　金永寀, 申興雨

金湖　權以中, 黃杞益

金華　李知白, 李元休, 洪萬容

金華山人　洪萬容

錦澗　李德和, 黃遂良

錦岡　金奎鎭, 金奎鉉, 趙宗翊, 崔成麟

錦崗　趙宗翊

錦江　奇孝諫, 羅逸孫, 李世璋, 李稶, 林炳會, 張瑹

錦江漁叟　李世璋

錦卿　韓用和

錦溪　根績, 奇繼尚, 金鳴聲, 金暎章, 金俊成, 魯認, 朴文勳, 朴瓚熙, 朴春熙, 裵瓚, 白宗欽, 奉鵬, 徐有英, 成晉, 孫啓遠, 孫命耈, 辛鎭瑀, 吳定邦, 禹決, 元宇, 劉大烈, 李根元, 李鳳秀, 李成普, 李元佐, 李誠, 林炳郁, 鄭近源, 鄭源益, 趙錫濟, 千壽慶, 崔性孝, 太

沃霖, 洪以珪, 黃德諄, 黃俊良

錦溪堂　李澮

錦皐　金在權

錦谷　金東振, 宋來熙, 魚變甲, 玄德潤

錦嶠　鄭國泰

錦裒　嚴漢明

錦南　金奎集, 金圭煥, 金樂仁, 朴奎陽, 朴文晸, 朴載陽, 朴齊喆, 方泰容, 魚允文, 吳凝, 尹澤鎭, 鄭忠信, 崔溥, 許鏷, 黃瀚

錦南迂叟　羅興儒, 閔忭

錦農　金景河, 朴文奎, 李正愚, 曹大承, 黃圭植

錦農中衍　李正愚

錦聾堂　朴齊九

錦潭　證俊

錦塘　金汝鍊

錦帶　李家煥

錦東　陸明煥, 李宗延

錦樂　柳后相

錦鈴　朴永輔

錦麓　洪邊

錦里　權直熙, 金承祖, 朴長復, 李宜秀, 全承祖

錦林　安星中

錦溟　寶鼎

錦夢　崔秉煜

錦帆　尹致義

錦峯　羅德潤, 李鍾洪, 李鎭洪

錦峰　秉演

錦濱　辛應命

錦史　具翰書, 陳載喆

錦沙	柳忠傑, 尹景善, 張東植 鄭遇琳, 鄭寅煥, 陳二孫, 崔東曄, 河潤九	錦梧	李殷泰	錦春	盧基泰
		錦翁	金學培, 李蕃	錦春堂	姜翰
錦山	辛廷黙, 吳國華, 劉錫鉉 陳守學, 韓鳳根, 洪載龍	錦窩	金樑, 羅琪漢, 羅熹毅 俞相植, 鄭麒鎮, 趙雲澈	錦癡	鄭勉鎬
				錦灘	朴時浩
錦西	房貴溫, 龍永孫, 柳浚喆, 柳希榮, 鄭覲泳, 陳三孫, 許銑, 洪宇琦	錦愚	林相熙	錦坡	羅允煦, 都元亮, 宋應龍 李灌, 林秉文, 林喆相, 張 顯述, 程基泓, 鄭載文, 鄭 在三, 趙炳奎, 趙龍燮, 崔 命圭, 崔明欽
		錦雲	李根植, 林相澈, 鄭鎰老, 鄭泰老		
錦西居士	林厚之	錦原	宋泰鎰		
錦西齋	朴光輔	錦園	權命煥, 盧炳大, 黃斗熙		
錦西軒	朴光輔, 朴熺準	錦源	范鏇燮	錦波	金容灝, 金在千, 朴遇賢 朴源奎, 朴宗良, 李灌, 鄭 洵, 洪遊
錦石	權晉奎, 朴大淵, 朴準源, 裵聖鎬, 安昌濬, 李源世, 李重和, 趙興敎	錦園堂	朴承烈		
		錦月	誼寬		
		錦隱	金圭培, 金欣, 朴均柱, 徐巘, 陸之逈, 李壽玉, 李 弼鎬, 鄭敬, 鄭茯鉉, 趙斗 寅, 崔麟植, 洪適	錦圃	金商璲, 閔忠基, 廉喜, 李殷奎, 丁大栻
錦船	朴永輔				
錦城	普憲, 張錫魯, 丁大有, 蔡 氏			錦浦	金是聲, 吳世亮, 鄭昌鉉, 鄭海贊
錦聲	李鍾謨				
錦素	薛榮	錦隱堂	宋在榮	錦逋	梁載沃
錦松軒	李鍾高	錦陰	成晉	錦下	洪邀
錦岸	林國哲	錦齋	金涵, 朴鏞, 廉宙, 李起 巽, 李種喆, 李厚, 陳德厚, 片漢鼎	錦霞	申興雨, 張錫元
				錦海	瓘英
錦巖	金禹坤, 金應慶, 羅德峻 羅德顯, 朴光春, 李萬逸, 李忠珪, 任泰奭, 丁集敎 天如			錦虛	世元, 日馨
		錦亭	金淹, 金鍾應	錦軒	簡通明, 簡弘, 盧秉權, 朴圭元, 朴穌壽, 李松祚, 曹世臣, 黃忱
		錦庭	黃範周		
		錦汀	具行書, 辛景衍		
錦庵	吉鍾福	錦佐	丁駿燮		
錦菴	金錫允, 朴基玉, 朴炳亮, 李時龍, 張翊文, 黃一周	錦洲	高夢贊, 朴炡, 福慧, 李 根五, 趙秉憲, 許垛, 黃壚	錦湖	康承吉, 吉履祥, 金光翼, 羅斗冬, 羅士忱, 文致旭, 朴命璧, 宋正浩, 吳秉根, 俞華柱, 林亨洙, 鄭遇象, 陳欽, 崔璟模, 崔鷗, 崔元 澤, 許炯
		錦川	金夏澤, 柳世泓, 李敎性, 李典鼎, 任圭直, 許圭, 洪 承敦, 洪祐敦		
錦厓	權䃂, 徐兢修				
錦崖	洪聖東, 洪承殷, 洪遇				
錦涯	鄭坪, 鄭赫遠, 夏錫圭	錦泉	玄圭英		
錦陽	吳謙, 吳宗根	錦樵	金洛鎮, 金鎮祜, 朴晚秀, 朴義成, 宋泰鎬, 吳鳳泳, 鄭學黙	錦湖堂	金鐸
				錦華	趙雲澈
錦與軒	金普善			錦檀	李直相
				及健	李時秀
錦玉	蔣弘			及庵	閔思平
		錦樵堂	金銘	及愚齋	金寗漢

及齋	李時秀	企庵	李完	寄傲堂	權悁, 權憬, 金命賢, 金宇亨, 尹橍
岌山	安永鎬	企菴	鄭萬陽	寄傲齋	金宇亨, 南尚容
急流亭	金興慶	企齋	申光漢	寄傲軒	權憬, 金宇亨, 南尚容
汲古	李洪男	企村	宋純	寄翁	南漢紀
汲古子	李洪男	其山	孫廷煥, 李治素, 鄭海準	寄窩	柳希齡, 李瑀, 趙景望
汲古齋	金湛, 洪益謨	其相	李鈺	寄齋	朴東亮, 朴漪, 趙希哲
兢庵	安鍾斗	其巖齋	柳大春	寄拙齋	金漢耈
兢菴	姜世揆, 張祉	嗜靜	洪霆	寄軒	姜楷, 李貞運, 李仲熙, 曹秉善
兢人	許憲	器圃	朴根孝	岐南	金永梡
兢齋	權相大, 權相龍, 金得臣, 金鼎寅, 魚有龜, 俞星濬, 李柄永, 李柄運, 李頤淳, 張敎燦, 鄭趾善, 鄭海岐, 趙澎, 韓孝淵	基谷	姜士鎮, 丁璉, 韓敬履, 韓履源	岐峯	柳復起
		基玉	韓圭稷	岐峰	白光弘, 李鳳齡
		奇溪	金魯善	岐山	宋履瑞, 張炭
		奇奇齋	蔡得淳	岐陽	朴濬哲
		奇峯	徐仁亨, 崔瑩	岐園	朴潊
兢虛	崔明植	奇峰	黃祐赫	岐隱	姜訥
矜細堂	金營	奇山	鄭秀芳	岐亭	權敏手, 權纘, 安周觀
肯構堂	金瑞景, 金重鼎, 洪錫範, 洪霖	奇汕	禹冀鼎	岐川	尹絅, 蔡弘履
		奇石	金夏圭	岐樵	李源東, 黃奎熙, 黃岐周
肯搆堂	康世楷, 鄭嚇	奇巖	金炳昊, 明繼光, 法堅, 辛宅華, 梁夢禹, 李是銑, 田萬種, 洪堅	岐村	張龍翰
肯搆亭	孫諟命			岐灘	鄭斗煥
肯農	金基夏, 金漢宗			岐下	周命新
肯堂	李圭憲, 張錫胤, 黃鍾協			岐軒	裵善晦
肯慕齋	申埛	奇庵	金英植	岐湖	李文龍
肯石	金贊根	奇菴	明繼光	己卯山人	李彦浩
肯沼	趙順和	奇窩	柳希齡, 趙望	己百齋	金在三
肯束	沈璿澤	奇寓	李陽生	己齋	姜大予, 姜幼安
肯守堂	崔俊立	奇齋	權容	己千	李鎮龍
肯庵	李敦禹	奇泉	朴師黙	庚東	申宜晚
肯窩	全尚愚	寄歸齋	丁繼金	幾堂	韓晚容, 玄相允
肯宇	郭基演	寄寄所	朴南壽	幾庵	俞茂煥, 李蘊
肯園	金良驥	寄寄齋	蔡得淳	幾翁	李選
肯齋	盧自亨, 宋孝燮, 申英蒙, 李時慶, 趙明翼, 崔鎮紀	寄巖	徐聖耉	幾宇	洪鈺
		寄庵	吳泰魯	幾齋	安處順
肯播齋	權翰成	寄菴	尹爾霖, 李弘迪, 蔡氏, 洪遊範		
企山	李仁中				

幾軒	金基鎔			畸軒	朴龍相	

澄之

幾軒	金基鎔		棄翁	俞彦民, 韓德師	畸軒	朴龍相
忌默齋	韓翼震		棄窩	金廷吉, 金宗漢, 朴徹	碁峰	南正重
旣心齋	陳義杰		棄隱	奇義獻	碁翁	邊宗洛
杞岡	李玗基		棄仁齋	尹剛元	碁隱	孫命一
杞溪處士	黃均		棄齋	金守雍, 俞彦民, 尹剛元,	碁汀	柳時行
杞菊翁	李重華			鄭薰	碁洲	羅星斗, 鄭致和
杞菊軒	李梅臣		棄井	崔挺	磯叟	沈濱
杞陶堂	俞信一		棄汀	柳時行	祈招齋	俞相基
杞山	余漢燁, 俞致誠, 俞致崇		棄軒	趙必剛	箕溪	全仁
杞庵	李穆榮		棄休齋	朱必赫	箕谷	吳命顯, 李行健
杞園	南綺老, 閔魯行, 魚有鳳,		機谷	李娃	箕堂	潘孝孫
	李石求, 李惠胄, 趙義淵		機西	李起淳	箕老	李昉運
杞隱	李頤淳, 鄭淳學		機隱	鄭之經	箕峯	高守緯, 尹相賢
杞齋	李重華		氣齋	申武澈	箕山	具喆會, 金汝萬, 金瑢根,
杞廷	李重集		氣和堂	崔漢綺		金俊根, 柳子煥, 李晩容
杞泉	權承夏, 金祐孫, 金渭,		沂墅	金驥善	箕山齋	尹榮浩
	金鈺, 羅紀學, 朴慶新, 朴		沂叟	李壽春	箕墅	金壽奎
	瀏, 義昌君, 李珖, 李時郁,		沂翁	金盛遇	箕仙	李友松
	李熹熊, 許潛		沂川	尹孝全, 洪命夏	箕城齋	洪澈浩
杞泉堂	李珖		淇塢齋	朴僖	箕雅	李元佑
杞圃	朴瑀, 李鍾垈, 鄭在衡		淇園	李容熙	箕巖	李潤身
杞軒	申錫老, 俞鎭弼, 李聖龍,		淇竹堂	朴永徽	箕庵	金獻周, 崔北
	丁永夏		琦庵	鄭相琦	箕菴	金敬錫, 徐丙寬, 安時良
棋隱	李範淳		琪峭	姜福會	箕野	潘孝孫, 李昉運
棋齋	元尙鎭		琪湖	白斗鎭	箕窩	李孫茂
棋洲	羅成斗, 鄭致和		畸堂	柳致性	箕隱	高仁忠, 金錫勳, 金仁愚,
棋坡	權永善		畸叟	丁思愼		金俊, 金至宗, 徐光俊, 俞
棄棄窩	宋載經		畸庵	鄭弘溟		成利, 李圭白, 李膺伯, 鄭
棄棄齋	金相埏, 尹衡聖, 李喜壽,		畸菴	蘇玄孫, 李光義		邦運, 崔鎭榮
	黃文鎬		畸翁	朴狂衢, 鄭弘溟	箕隱齋	鄭說
棄堂	尹衡聖		畸窩	李顯慶	箕田	韓百謙
棄叟	具啓		畸齋	芮日新	箕庭	徐相肅
棄喦	金應楗		畸竹	尹奎東	箕疇	鄭民秉
棄庵	權龜煥, 權採, 安國弼		畸村	鄭弘溟	箕川	李整憲
棄菴	安淳, 安置民, 尹剛元, 尹				箕樵	牟受明

箕坡	金相聲
箕軒	李儒賢
箕湖	李之昉
綺堂	鄭元夏
綺里	兪漢芝
綺山	申鳳求, 吳麟煥, 尹榮信, 鄭及愚
綺菴	崔命河
綺園	兪漢之, 黃在甲, 黃贊周
羈愡	金鳳鎭
羈軒	文貫道
期期軒	李行淵
期道齋	姜審言
耆峰	金堯柏
耆石	李教相
耆翁	朴聃年, 宋時豪
耆隱	朴文秀
耆齋	姜汝㝢
耆湖	鄭大容
夔齋	尹復榮
起山	金相喜
起巖	李中業
起菴	金禹昌
起齋	權容
起亭	安宗洙
起軒	姜斗煥
踦庵	金至大, 羅應斗
錡谷	李瑱
頎頎齋	沈豊之
飢豹	南鶴擧
騎驢	宋相燾
騎驢子	宋相燾, 李沂
騎鹿子	申光淵
騎樓	趙景鎭
騎峯	莊善

騎牛	李行
騎牛子	朴容, 安崗, 李行, 鄭秠, 趙昌夏
騎虛	靈圭
騎虛堂	靈圭
騏峰	李時省
吉皐子	金魯謙
吉金庵	金正喜
吉甫	文在中
吉羊室	金正喜
吉雲	卞元圭
吉浦	崔東模
喫眠	姜碩慶
喫眠居士	姜碩慶
喫眠窩	姜碩慶, 金履陽

ㄴ

奈山	李運淵, 李鉉圭
奈庵	嚴啓恒
奈菴	李廷謙
奈隱	金相洛
懦夫	李愷, 黃守身
懦山	裵三近
懦石	金龜錫
懦巖	金龜錫
懦翁	朴潢
懦軒	朴潢
懶客	金正喜
懶夫	張必新
懶士	李淑
懶石	李石榮
懶睡	李文普
懶庵	勝濟, 鄭彦信, 崔慶琥

懶菴	權應挺, 盧祗, 普雨, 尹光齡, 趙昌來, 鎭一, 楚重燕
懶翁	金光範, 金南億, 朴信熙, 徐祉, 成震齡, 柳成春, 柳澐, 柳益瑞, 李景奎, 李楨, 李鍾郁, 李必泰, 任思國, 鄭彦弼, 許旺, 慧勤, 洪緝
懶窩	權導, 奇彦鼎, 李楨
懶雲	申禹相
懶隱	權韠, 申復淳, 申尚哲, 梁夢堯, 尹光齡, 李東標, 李義鳳, 李玄亮
懶齋	具始元, 金演善, 金益容, 金銓, 南隆達, 盧祗, 朴尚立, 朴忠挺, 成子濟, 宋日中, 申鳴華, 申復淳, 申悅道, 安相億, 柳秉建, 柳成春, 尹光齡, 李爾長, 李楨, 鄭志烈, 蔡壽, 崔鎭邦, 韓復, 洪命耉
懶亭	徐祉
懶拙	朴贄周
懶拙齋	宋儒式, 李師燁, 李山斗, 鄭有良
懶眞	成杙, 李好信
懶眞子	李埠
懶眞齋	李塲
懶學	朴廷老
懶學子	朴廷老
懶軒	金銓, 申浚, 尹瑒老, 李濟, 韓謇朝
拏隱	金仁順
羅溪	金必東, 朴泰南, 尹淳
羅谷	朴準哲
羅帶	鄭圭應

羅史	林魯軾	那翁	金正喜	樂昭齋	金周八
羅山	金永鎭, 司空橽, 徐文尙	樂健堂	金東弼	樂叟	趙光亨
羅巖	朴周大, 李廷瀅	樂健亭	金東弼	樂安堂	金世仲
羅窩	金礪行	樂兼堂	洪麟輔	樂庵	潘胤奎, 李元雨, 洪章漢
羅雲	李鍾九	樂溪	金德鎭, 趙靈得	樂菴	奇大升, 奇挺龍, 黃衡鎭
羅尺居士	朴誼	樂古	金時爽	樂厓	金鍰
羅泉	李學海	樂谷	陳翼漢	樂與子	金晉述
羅草堂	金敏徽	樂郊	崔琳	樂五	黃基河
羅村	金尙東	樂琴堂	金宗履, 金欽祖	樂吾	柳湜
羅湖	崔慶胤	樂琴亭	白維	樂吾齋	李秉珪, 李正遠
蘿溪	徐命均, 趙師錫, 陳康彦	樂琴軒	李昭, 李庭柏, 李顯相	樂吾軒	姜泳
蘿谷	金涉, 朴春茂, 李文典	樂來齋	鄭輔永	樂翁	朴珹, 朴應祥
蘿碧堂	李潤煌	樂堂	金慶鷺, 朴命天, 申翊聖, 吳璘, 李淳庠	樂窩	金沂, 金大坤, 盧洹, 宋淳明, 安命坤, 元鎭七, 尹載翼, 李基定, 李潨, 李宜慶, 李顯植, 張斗斌, 張涑, 鄭弼錫, 蔡得淳, 河弘達, 許埍
蘿菖山人	金濤, 崔山斗	樂道堂	韓述		
蘿山	朴剛生, 朴性浩, 沈斗榮, 柳世達, 李命說, 趙有善	樂道齋	盧祉, 趙廷翼		
蘿山耕叟	朴剛生	樂樂堂	朴澤		
蘿石館	李長載	樂樂齋	朴碩南		
蘿菴	李文典, 李宗烈	樂晩	鄭孝俊, 崔挺屼	樂要堂	諸命璜
蘿巖	柳永春	樂晩軒	鄭孝俊	樂愚堂	李熙采
蘿雲子	金永稷	樂命齋	韓相琦	樂耘	申思運
蘿月堂	張東載	樂峯	柳忠健, 邢光旭	樂雲	李霂
蘿隱	金槃, 沈鋕, 呂聖擧, 柳台齊, 丁炳璨	樂峰	姜暹, 張命剛	樂雲窩	金應淳
		樂四堂	李受天	樂園	申檀, 安璹, 李秉欽
蘿陰	趙碩	樂賜亭	曺末孫	樂有齋	金始器
蘿窓	崔鎭觀	樂汕	金容煥	樂育堂	魯兵邦
蘿窓居士	崔鎭觀	樂仙	黃五鉉	樂隱	吳東植, 鄭弘纘, 黃運九
蘿圃	盧應爽	樂善	金德韻, 羅安義	樂隱巖主人	南道振
螺山	朴安期	樂善堂	金斗龍, 金壽澄, 羅安義, 孫宗老	樂隱齋	任柱元
螺叟	李基遠			樂隱亭	表永雲
螺川	金瓚奎	樂善窩	曺泳煥	樂義齋	李訥
裸翁	成世英	樂成齋	池東弼	樂而窩	許玩
那山	金正喜	樂所	柳時定	樂易窩	權愉
那守	宋世忠	樂素堂	朴守長	樂易齋	權愉
那叟	金正喜	樂素子	權眈	樂齋	甘國萱, 姜碩昌, 金基溥,

金瑛, 金之燦, 金希連, 盧振瓛, 朴世冠, 裵文淳, 徐思遠, 申翊聖, 柳春植 李匡遇, 李奎軾, 李世珩, 李彦信, 李如梓, 李直謙 李千年, 趙瑛, 曺殿周

樂全	申翊聖, 李明傳
樂全堂	申翊聖, 鄭斗亨
樂全子	張安道
樂亭	蘇億民
樂靜	趙錫胤
樂靜堂	趙錫胤
樂靖齋	張思靖
樂芝	崔彭壽
樂志堂	安墩
樂志亭	朴彦誠
樂眞齋	李在憲
樂眞軒	鄭仁平
樂川	李敎川
樂天	郭湖, 金慶鸞, 沈寶, 李胥雲, 洪碩舫
樂泉	金容喆, 李鎬俊, 全八元
樂天堂	高崇傑, 南道振, 李慶祺, 李復亨
樂天窩	羅仲佑
樂天亭	李犖雲
樂天齋	金俒, 金重九, 孫宗賀, 李慶祺
樂淸	魏衡權
樂淸齋	張致卿
樂村	李奎鎭
樂春	羅士恒, 朴自亮
樂癡	孟永光
樂土堂	程光顯
樂坡	南朝昱

樂波	金龍漢
樂圃	金養斗, 金塡, 馬嗣宗, 朴信倫, 孫鍾祿, 禹夏永, 劉如大, 劉震伯, 李長源, 洪義之
樂浦	孟思誠
樂下	金喆淳, 鄭晉容
樂閒	尹祥, 尹子雲
樂閒堂	尹祥, 尹子雲
樂閒亭	朴承俊
樂閒亭	尹子雲
樂閒齋	尹子雲
樂閒軒	尹子雲
樂軒	金得鑢, 金珊松, 金寅燮, 羅得璜, 裵秉淳, 蘇以武, 安思逸, 呂東行, 劉世汾, 兪最基, 趙學平, 陳首胤
樂賢堂	都世鎬
洛江漁隱	南藎臣
洛皐	李彙寅
洛郊	金垓
洛南	金世平, 朴晉章, 柳山輝, 鄭氏, 鄭載嵩, 崔炳年, 崔山輝, 崔睍
洛潭	金羽中
洛峯	申嵩耉
洛北	金正根, 李在哲, 李孝淳
洛濱	李堰, 李忠綽, 鄭沚
洛濱亭	李忠綽
洛史	庾九鉉, 庾東勳
洛山	黃贊仁
洛山道士	李仙枰
洛西	金自點, 尹堦, 李沆, 張晩, 黃瑢周, 黃泰鎭
洛西軒	李沆
洛誦子	金昌翕

洛松軒	金有信
洛叟	郭衛國, 李文淸, 黃遇石
洛巖	義訥
洛庵	金炳礪
洛菴	許復良
洛厓	權崇立, 金斗欽, 金萬秋, 金玩, 金希孟, 金希益, 成起寅, 安日履, 吳汝檼, 李晩昌, 李採和, 李漢命, 鄭光天, 鄭穆
洛涯	姜晃植, 金安節, 金玩, 朴仲胤, 鄭震寶
洛陽	李世文
洛漁	李演
洛淵	鄭直愚
洛塢	崔英燦
洛窩	裵相規, 庾泳龍, 崔慶大
洛雲齋	金顯球
洛園	金有信
洛隱	權重海, 金龜漢, 金佑權, 安炳善, 安炳喜, 柳壘, 李軒, 鄭壽民, 趙勗淳, 黃景益, 黃瑩
洛隱齋	趙鏞洛
洛陰	金箕瑛, 都慶兪, 尹正元
洛在	金克精
洛齋	辛斯藏, 李光祿
洛渚	李柱天
洛汀	朴增輝
洛從	朴緯鎭
洛左	金炳斗, 金聖年, 金弘基, 禹東植
洛州	具鳳瑞, 金垓, 李瀟, 許倖
洛洲	張善興
洛川	裵紳

洛清軒　金廷堅

洛村　金德濂, 盧在燮, 李道長, 李命龍, 林信枝, 韓桂錫

洛癡　崔邦欽

洛坡　都廷佑, 柳厚祚

洛波　印性

洛圃　金士衡, 金重鎰, 金七衡, 李雲, 李長俊黃文源

洛浦　具鳳瑞, 琴聖徽, 金世永, 申善應, 李浤, 李世源, 李宗文, 全克和, 鄭德賓

洛浦軒　朴聖浩

洛陂　石鎭宇

洛下　金熙國, 李學逵, 鄭錫儒

洛下生　李學逵

洛湖散人　崔潔

落落夏寒堂　朴漢均

落峰　成周永

落霞亭　楊時晃

落花　金冠植

雛翁　金基黙

駱溪　李塾

駱谷　金德龍

駱谷齋　金德龍

駱峯　金振, 朴謹元, 呂必世, 柳軒

駱峰　申光漢, 尹斗緒

駱峰洞子　申光漢

駱夫　李忠元

駱西　尹德熙

駱雲　朴奎鎭

駱村　朴奎和, 朴而章, 朴忠元, 尹毅中, 李慶胤

駱坡　金始煥, 魚震爽, 李慶胤

駱圃　金養直

蘭溪　金得培, 金泰錫, 朴堨, 朴宗挺, 宋在洪, 柳後玉, 尹萬恒, 李景善, 李楚奇, 李憲植, 趙恭郁, 崔湫, 咸傅霖

蘭皐　姜碩齋, 金炳淵, 金鴻奎, 南慶薰, 宋應洞, 柳熙之, 李東雨, 李廷熙, 李馨郁, 林宜煥, 張善冲

蘭谷　姜統, 姜緖, 姜芝馨, 金江漢, 金時傑, 金時馨, 金呂遜, 金汝吾, 金宰泰, 金鎭嶽, 朴以文, 徐廷必, 蘇昇奎, 宋命錫, 宋民吉, 宋炳華, 宋熙駒, 愼奎晭, 禹錫一, 李建芳, 李根亨, 李炳善, 李淵觀, 李廷龍, 張善冲, 鄭佶, 鄭允圭, 鄭斅, 曹命禾, 池希, 崔基南, 崔自海, 許時亨

蘭谷堂　禹漢珍

蘭菊齋　李禮煥

蘭南　禹聖瑞

蘭東　朴蘭載

蘭杜　李錫贊

蘭楣　閔泳翊

蘭史　金淇郁, 金碩奎, 朴宗澤, 劉秉珏, 尹在重, 李相漢, 李錫瓚, 趙徹澣, 崔鉉九

蘭士　權用直

蘭社　柳寅錫

蘭生　方義鏞

蘭西　金夢麟, 李根弼, 趙雲周

蘭石　文景鎬, 文龍洽, 朴旺鎭, 朴宰鉉, 朴昌壽, 方義鏞, 李建容, 李根弼, 鄭秀鉉, 黃翊周

蘭雪　吳嵩梁

蘭雪軒　許楚姬

蘭塾　洪義臣

蘭室　金晩植, 金元淑, 俞章煥, 任希聖, 韓元履

蘭屋　鄭昌時

蘭翁　咸潤德

蘭窩　李景煥, 趙守權

蘭隅　車天輅

蘭琬　洪祐憲

蘭隱　姜弘績

蘭齋　金輔鉉, 南應雲, 朴梃生, 申錫鷗, 李馥潤, 鄭直鉉, 曹命禾, 趙泰徵

蘭汀　金昱洛 白灝寅

蘭亭　金搢相, 宋鎭海, 李庸緒, 崔忠佐

蘭之　趙寅杓

蘭泉　金氏

蘭樵　李道爕, 李正斗

蘭村　李寅錫

蘭坨　李琦

蘭坡　康基準, 康基泰, 金燈, 金用禧, 金在貫, 金在添, 金學翼, 朴寬範, 朴炳允, 范瑗植, 廉國寶, 李居仁, 李泰翼, 鄭錫珍, 曹繼芳, 崔履欽, 洪湜謨, 洪鍾秀, 洪亨植

蘭圃　姜文馨, 金東鎬, 金善謙, 金學圭, 金鉉辰, 羅元經, 李大馨, 李承桂, 鄭址義, 趙斗元, 崔鐵堅

蘭軒　蔡有善

蘭畦　趙雲周

難老堂　盧大海

難窩	吳繼洙
難齋	柳確淵
難磼	丁俱祖
南角	金鳳烈
南澗	具鳳瑞, 權璘, 金恕行, 金履源, 睦行善, 徐湜, 李文藻, 秦東老, 崔舜東, 韓元吉
南磵	羅應瑞, 羅海鳳, 睦行善, 柳東淵
南岡	郭郛, 權規洛, 權晫, 權瑎, 金時瀅, 金永幹, 金在性, 金曕, 朴震煥, 朴玝, 裵章俊, 宋良燮, 愼溟翊, 申正栢, 沈埈, 兪初煥, 尹志和, 李邦彦, 李奉九, 李昇薰, 李汝貞, 李莊, 李井基, 李泰魯, 張萬紀, 鄭鍾河, 趙得愚, 曹正煥, 崔頤, 韓福來, 韓準, 玄命熙, 玄燦鳳, 洪祐相, 黃義錫
南崗	權晫, 金宗履, 金孝淳, 朴昇, 夫秉遠, 孫可權, 吳漢柱, 崔達林
南江	朴學仁, 吳仲達, 柳鍾茂, 李稔, 鄭壽祖
南岡翁	曹正煥
南垌	李箕五
南畊	金英東
南耕	李益樂
南溪	甘德八, 康應哲, 慶廷高, 日許, 郭得廉, 郭齊華, 權霋, 琴軔, 琴軸, 金鍵, 金繼男, 金光載, 金孟, 金魚龍, 金胤, 金淀, 金斑, 金仲龍, 金塡鎭, 金泰慶, 羅英義, 盧碩賓, 睦行善, 朴
夢濂, 朴世采, 朴承任, 朴永大, 徐鷺, 孫應晛, 申晢, 申容熙, 安圭, 安義國, 呂孝周, 柳萬烈, 劉漢澤, 尹升慶, 李甲龍, 李洁, 李輔, 李紹胤, 李時益, 李實之, 李仁曾, 李自馝, 李精元, 李台立, 李亨元, 李浩, 李瀹, 任量九, 丁大龜, 鄭承尹, 鄭維城, 趙壽萬, 趙廷虎, 陳啓祚, 崔應期, 崔典國, 許忠吉, 洪璿	
南溪齋	郭華
南皐	金象鍊, 金世恒, 金天祿, 朴應衡, 朴齊禧, 裵廷燮, 宋奎弼, 申欽, 楊廷彬, 尹奎範, 李培, 李璇, 李羽林, 李志容, 李鉉軾, 李澄, 張聖胤, 鄭秉夏, 周世鵬, 陳錫訓, 崔值龍
南谷	姜游, 高永夏, 權尚吉, 權瑎, 金栢齡, 金鑋, 金滑, 盧應軾, 馬榮, 文範龍, 朴擧賢, 朴尹秀, 朴廷淵, 蘇學燮, 宋球, 宋近洙, 宋爾徵, 沈餘慶, 廉錫珍, 禹聖瑞, 李瑞山, 李釋之, 李時謀, 李時永, 李時楷, 李云老, 李程, 李廷龍, 李鎭衡, 李炯胤, 李壴, 任翰伯, 鄭教煥, 鄭知和, 趙啓命, 趙正緒, 朱義植, 韓光汲, 許枏
南谷遯翁	權尚吉
南谷齋	徐學龜
南郭	權瑎, 朴東說, 李好閔
南垢	李世基
南宮外史	李植
南巷	兪漢喆
南歸子	崔永源
南歸亭	金運商
南奎	鄭肇良
南農	秦禎鉉
南堂	金在燦, 牟大赫, 成淮得, 李浚慶
南塘	權尚矩, 權憘, 朴東贊, 嚴用順, 嚴訓, 鄭慓, 韓元震
南臺	李叔野
南坮	韓灝
南洞	李海忠
南斗	宋彙純
南嵐	洪在鳳
南黎	李圭炳, 許愈
南麓	權珪, 金灝源, 安方慶, 柳熙緖, 李錫枸, 趙正綱
南麓散人	徐淇修
南里	金斗樑, 金秉燮
南里翁	李鍾儉
南晩	尹喜鎭
南冥	姜炳周, 曹植
南百齋	洪石堅
南屛	鄭璞
南峯	金質忠, 金台現, 鄭芝衍
南峰	金緻, 金弘度
南史	金永萬, 金容基, 金鎭謙, 趙澈瀚, 邢璿宇
南沙	文晟錄
南山	金弘世, 鄭瓉, 趙英基
南山主人	安峴
南棲	柳聖文
南石	權官玉, 卞持淳
南宣	李長益

1295

南松 金良信

南阿 金聖球, 成洛

南岳 權憘, 都爾高, 吳汝撥, 趙宗著, 崔盖國

南嶽 康應哲, 金復一, 尹承吉, 柳僖, 李琨, 鄭晳, 泰宇

南萼 成鎭敎

南嶽主人 崔南善

南巖 姜九萬, 孫景錫

南菴 李尙弼

南巖叟 姜九萬

南厓 姜鳳欽, 權履中, 權穡, 金攀, 金尙瑗, 金壽五, 金弘度, 成洛, 成笋永, 成彦檝, 尹東度, 李覺民, 李斗遠, 李堯臣, 李直善, 任相元, 鄭翬良, 崔昌洛, 韓光肇, 韓遠箕, 許修,

南崖 權穡, 朴忠侃, 徐應禎, 成洛, 沈諿, 丁好恕, 鄭翬良, 洪翼鎭

南涯 張敬立, 鄭雲柱

南崖居士 洪翼鎭

南厓處士 沈諿

南野 朴孫慶

南陽 白貴華

南燕 洪載

南塢 趙榮憲

南翁 金輳

南窩 姜渫, 朴敏國, 朴鳳祥, 宋應龍, 兪望源, 柳宜華, 張龍八, 黃世喆

南愚 趙善民

南雲 宋柱衡 崔溥九

南維 金履載

南隱 郭東俊, 金箕晩, 金夢得, 金洪錫, 朴永大, 司空皞, 徐涉, 徐顯晋, 宋泰舜, 申珍求, 呂中龍, 吳泰殷, 田錫顯, 鄭霖, 鄭昌耉, 陳海寬, 河仲龍, 海秀, 許垣, 邢高烈, 洪圭燮

南隱翁 金時元

南隱齋 李挺立

南逸 朴應男

南一齋 朴諶

南章 崔善甫

南嶂 張東栻

南材 周采徹

南齋 姜謙, 裵炳壽, 楊得孝, 禹熙吉, 鄭彦衡, 玄星運, 黃祐璨

南樗 李祐植

南汀 金在瀅, 朴弘世

南亭 李鍾熙, 李賢基

南庭 韓光肇

南濟 文諄

南洲 姜道熙, 安獻徵, 尹錫鼎, 趙國賢, 趙承基, 曹胤祉, 崔鉉碧

南舟 高永文

南州居士 李龜祥

南洲居士 崔沔

南州高士 金鼎喆

南竹 朴曝鎭, 朴影鎭

南祉 洪瀅

南滄 孫晋泰

南牕 宋最基

南窓 權侻, 金玄成, 李敦禹, 鄭梯

南川 權斗文, 盧定鉉, 石希璞, 安振鎬, 柳潤德, 李道默, 李集

南泉 光彦, 權大德

南遷隱逸 姜胥祜

南川亭 柳光貞

南蕉 朴蓍壽, 李泰夔

南村 朴璘, 宋元祚, 宋履錫, 宋天祥, 尹之和, 李薳, 李公遂, 李允元, 李煊, 卓信厚, 玄積福, 黃德顯

南秋 李尹宗

南充 金正喜

南灘 金履相

南台 洪剛

南坡 康基泰, 高性鎭, 金光富, 金相琮, 金煖九, 金相峻, 金天澤, 金孝燦, 盧大敏, 朴基永, 朴在珪, 朴贊翊, 朴弼朝, 朴炯得, 潘德海, 房學圭, 徐命涵, 薛鎭永, 成蕙永, 宋天逢, 沈悅, 安由愼, 梁在聲, 禹禎圭, 尹趄, 李根璿, 李南軾, 李炳基, 李顔泰, 李陽元, 李鐸憲, 李僖錫, 林讓鎬, 任說, 林讓鎬, 張源植, 張槼, 鄭光績, 鄭協, 朱彩姬, 崔邦璿, 崔禧, 洪鳳周, 洪洋植, 洪宇遠, 洪祐澤. 黃景周, 黃光迪, 黃署, 黃胤先

南波 金箕東

南圃 金萬英, 金承煥, 黃載天

南浦 金朝漢, 金重厚, 朴廷杰, 李大純, 李之奇, 趙純道, 黃遇春

南浦堂 朴大鵬

南豊 尹家默

南下 李萬華, 林應相

南荷　李承奎
南霞　李勉求
南漢　金振傑, 李處華, 任量九
南漢祖師　洪陟
南巷　吳點壽
南巷居士　李厚源
南港居士　李厚源
南海　李光漸
南虛　李鼎儼
南軒　賈貽永, 金光洙, 金鵬萬, 朴鳳徵, 朴暢來, 朴希明, 宣政薰, 李止孝, 卓道敏, 洪履簡, 黃昌熙
南軒文老　李奎報
南浩　河象琪
南湖　姜永祉, 具康, 具鑾, 權褧, 奇正鎮, 金貴植, 金巖, 金勇, 金龍河, 金鶴信, 朴先載, 邊協, 徐錫蓂, 宣世紀, 安獻徵, 廉忠甲, 穎奇, 柳潑, 李光翼, 李秉珪, 李玎, 鄭洫, 鄭周翼, 鄭知常, 陳在恂
南濠居士　都穆玄
南華　金直述, 陳沃禮
爐溪　金圭
爐谷　金萬最, 申津, 李貞恩
嵐巖　申津
爐亭　金始昌
攬溪　俞漢樞
枏溪　金海一, 李重茂
枏堂　崔鎮珏
枏塢　李容敏
楠岡　金南秀, 閔百期
楠溪　朴宗瀇, 安浩淵, 李國樑
楠谷　宋近洙

楠西　朴麟祚, 朴春立
楠翁　柳建春
楠窩　杜敏甫
楠園　李惠祚
楠亭　李堅起
楠軒　金聖重, 朴圭復
濫叟　許琛
濫蔭　姜繗
濫川　權載河, 安光鎮
藍崗　朴永熙
藍溪　文正憲, 朴永哲, 朴而文, 李潤琦, 李昌潤, 林希茂, 表沿沫
藍皐　鄭基恒
藍塘　李松老
藍崗山人　金濤
藍山　白晦純
藍蔭　姜繗
藍田　徐氏, 王得仁, 崔敬林
藍川　尹儉
藍浦　姜俁, 羅泓漸, 孫宗老
藍軒　明禮宗, 朴苨
藍湖　盧鎮國, 尹東貞
覽德齋　沈能寬, 沈大溶
覽水　白鳳洙
覽軒　片豊世
覽懷堂　李而杜
覽輝齋　徐誼, 申命基
納清軒　李宕
納軒　金斗章
朗溪　魏德毅
朗山　金俊淵, 宋持養, 李坖
朗石　崔相益
朗巖　示演, 申孝善
朗隱　李以煥, 崔基性

朗海　李烋
浪谷　金良驥, 李億榮, 崔奭煥
浪拊　趙奉圭
浪史　張錫元
浪四　金奎洛
浪山　朴潤壽
浪仙　魚無迹, 魚有沼 李鼉
浪菴　金有一
浪翁　高世章, 金聖器, 沈彦慶, 韓維信
浪隱　金世貞
浪川　金源植
浪軒　全克禮
琅玕　金箕書, 朴昌珪, 柳誠源, 趙寅奎, 竹香
琅玕居士　金箕書, 安平大君, 柳誠源
琅玕軒　權暮
琅山　安必期, 秋瀅
琅園　李廷器
筤玉軒　秦東爽
蜋丸　申光絢
郎庵　盧禛
郎州散人　吳思古
乃庵　閔愉
乃翁　安商煜 安致權
乃隱　趙寅錫
乃逸亭　安正基
乃齋　崔左海
內谷　李在嶠
內山　李敎冕
內省堂　柳思規
內隱　劉自敬
內翰　崔雲溥

來山	李敏基	盧圃	黃秀精	老柏	丁大澈
來菴	鄭仁弘	檜南	徐潁	老柏堂	金潔
來隱	李氏	檜巢	金光炫, 金信謙	老柏齋	崔命喜
來亭	許墉,	檜巖	金宗虎	老栢亭	金起章
來溆	鄭樵	檜隱	宋起源	老栢軒	鄭載圭
來眞齋	金聖瑞	檜泉	金信謙	老峰	金克己, 閔鼎重
來湖	趙曒, 趙政	爐峯	咸升鎬	老峯	鄭彦龍
萊峰	金弘度	爐川	文必陽	老史	金正喜
萊山	金相翼	鑪峯	趙秉確	老山	南秉仁, 愼道明, 沈宜植,
萊菴	鄭仁弘	老稼	金宗權		李翊根, 李中寅
萊園	金敎準, 柳慶鍾	老迦	金正喜	老棲	呂泰鎭
萊隱	禹廷儀	老可菴	金洛弼	老石	愼汝弼, 吳敬善, 李能燮,
耐溪	徐命復	老可齋	金濟憲		李復鉉, 李運昇, 鄭海龍,
耐貧	羅安仁	老歌齋	金壽長		黃鍾林
耐貧堂	羅安仁	老稼齋	金昌業	老仙	鄭淹
耐棲	李達模	老澗	朴氏	老松	宣敬學, 宋希暻, 承進福,
耐庵	朴世緰, 鄭士雄	老間	朴漢斗		鄭奐朝
耐翁	李鍾浩	老敢	金正喜	老松堂	宋希璟, 志常
耐辱居士	鄭礩	老岡	愼仁明, 柳東發, 趙晃燮,	老松齋	承進福
耐齋	朴師洙, 洪泰猷		趙相河, 崔東鉉	老松亭	申磜, 李繼陽, 鄭知年
耐村	姜弘立	老艽	金正喜	老安堂	李夏相
耐軒	朴師洙, 宋一鎬, 宋志洙,	老鬲	金正喜	老岩	金元根
	宋昌在, 柳成民, 李在永,	老耕齋	金大鎭	老巖	孫昺, 宋寬鎭, 玉淸鍊,
	趙淵	老溪	宋世隆, 愼義明, 李鎔,		李道慶, 洪說謨
徠山	鄭宇赫		李元雨, 張健, 崔德麟	老庵	白文連
徠菴	鄭仁弘	老谷	高弘達, 金基瑞, 朴忠儉,	老菴	柳寅熙 鄭大年
迺叔	孫永珏		柳東秀, 李時在, 李允黙,	老漁	金友根
冷庵	柳得恭		崔漢功	老漁樵	金正喜
冷窩	朴弼載, 安景漸	老果	金正喜	老髯	金正喜
冷齋	柳得恭	老膠	金正喜	老梧齋	任泰希
冷泉	朴宗興, 李敬遠, 李猷遠	老農窩	梁必渭	老臥	文天福
盧江	琴鳳瑞	老堂	盧大海	老窩	張胤宗
盧白	李希國	老辣	李貴	老阮	金正喜
盧隱	金正立, 徐必幹, 李正興,	老蓮	金正喜	老容盫	金正喜
	張孝恩	老牧窩	李箕鎭	老愚	曹命勳

老耘　　尹東皙

老雲　　金正立, 洪墅

老雲軒　成天柱

老隱　　金景游, 金章煥, 金正立,
　　　　朴儁, 裵夏, 任適, 車南基,
　　　　黃成九, 黃鍾泰

老隱亭　金相器

老逸齋　金友淳

老田　　李安實

老洲　　吳熙常

老惕　　金正喜

老滄　　李祥奎, 李濟昇

老川　　安鼎宅

老泉　　金湜, 金正喜, 柳潤, 李
　　　　思訥, 李厚根, 林禧相

老聽堂　尹泰兢

老樵　　金炳道, 尹德一, 李淞,
　　　　李周憲, 洪翼壽

老蕉　　黃斗臣

老村　　金勉容, 李約東, 林象德

老痴　　許鍊

老痴堂　皇甫鑹

老灘　　文斗本

老坡　　宋秉允, 尹璜

老婆　　金正喜

老波　　金正喜

老圃　　金定五, 金宅義, 金夏澤,
　　　　盧桂植, 盧秀煥, 朴光錫,
　　　　朴鳳陽, 朴正燦, 裵舜弼,
　　　　白聖淵, 白時源, 徐相五,
　　　　成亨根, 孫星淳, 宋淇鑑,
　　　　宋元老, 沈能集, 柳洵, 尹
　　　　儀煥, 李寅燁, 李挺東, 李
　　　　獻九, 李亨漢, 李徽之, 鄭
　　　　晃奎, 鄭翊忠, 程和衮, 趙
　　　　明鼎, 趙昌漢, 趙和淑, 崔

憙鉉, 洪九叙, 洪秉益, 洪
好人, 黃秀精, 黃鍾爽, 黃
漢仁

老浦　　柳洵

老圃堂　金夏澤, 柳洵

老圃子　沈能集

老圃亭　蘇世恭

老河　　全尙洙

老下堂　鄭在崗

老學齋　宋炳日 鄭五奎

老閑齋　郭致亭

老海　　金斗河, 朱俊錫

老湖　　金正喜, 吳熙常

老狐精　辛旽

老紅　　金正喜

老華　　李承敬

老悔　　宋鎭順

老孝子　朴忍

老孝齋　朴忍

蘆江　　趙明履

蘆溪　　金景憙, 金是重, 金載顯
　　　　朴仁老, 徐宗國, 安嗣宗,
　　　　安遇, 李義守, 洪九采

蘆谷　　郭嶸, 郭瀜, 李藕, 李胤
　　　　顯, 鄭允穆

蘆館　　李觀翼

蘆堂　　沈德符

蘆洞　　朴聖濤, 林芸

蘆洞散人　林芸

蘆林　　禹敷根

蘆峯　　金俶, 申箕善

蘆沙　　奇正鎭

蘆山　　文氏, 李鍾苾, 趙彦國

蘆巖　　李奎南

蘆庵　　鄭東範

蘆菴　　金礦, 金學起

蘆涯　　柳道源

蘆野　　裵裕

蘆雲　　李福弘

蘆月　　南健

蘆隱　　金基一, 金炯培, 朴瓛,
　　　　蘇景瞻, 李箕承, 李大英,
　　　　李義容, 許善

蘆陰　　金相翊

蘆齋　　申曄

蘆洲　　金鎭九, 金台一, 李兌峻

蘆川　　權建, 徐儀, 徐進, 孫應
　　　　祿

蘆村　　金八和

蘆邨　　劉漢謙

蘆灘　　鄭三吉

蘆坡　　權建洙, 李屹

蘆浦　　安敎昌, 安世泳, 安俊

蘆下　　李淳翼, 洪鍾揮

蘆河　　朴模

蘆河居士　朴模

蘆下堂　林魯聲

蘆軒　　金允忠

蘆湖　　權聖浩, 辛性洙

露堂　　秋適

露峰　　高濟恒

露岳山人　成虎禎

露巖　　鄭致五

露雀　　洪思容

露頂翁　李涑

露頂軒　鄭構

露竹　　姜世晃

露清　　崔興源

露湖　　具宬

魯岡　　柳是漢

魯溪	金龍九, 成汝柏, 沈光洙, 李復煥, 趙鍾韶	

魯谷　金貴希, 馬游, 尹煌, 李塸

魯訥齋　辛德元

魯堂　李顯白

魯魯齋　金萬烋

魯陵　金命南

魯峯　權浩

魯峰　金命鎬

魯山　李永瑞

魯西　尹宣擧, 李豐容

魯石　成田碩

魯松　金善長

魯巖　慶東岳, 劉命應, 洪義運

魯庵　金啓運, 金演, 金宗一, 呂善明, 李種仁, 鄭必奎, 洪樂安, 洪義浩, 黃慶容, 黃在三, 黃中信

魯菴　金裕基, 朴閏卿, 禹夏敎, 李劼, 趙弘淳

魯淵　沈光洙

魯翁　李希三

魯窩　姜必魯, 權孟興

魯宇　鄭忠弼

魯園　金喆銖

魯隱　姜必益, 金大海, 金雲圭, 都膺, 鄭希僑

魯岑　孫汝斗

魯齋　郭都, 宋大立, 李昌瑞, 李希參, 全鳳錫, 曹允愼

魯村　金晬, 李成中, 鄭東煥, 鄭允良

魯下　金晦洛

魯海　金廷鳳

魯軒　權應生, 金尙鉉, 南健,

楊文圭

魯湖　金觀夏, 金勉永

鷺渚　李陽元

鷺汀　金聲徹, 黃奭, 黃璿

鷺洲　姜就周, 朴師益, 朴弼益, 徐文永, 李潚, 李澈, 張震煥

鷺港　林之衍

鷺湖　李彥綱

鷺湖齋　鄭斗彥

漉漁山館　鄭丙朝

甪里　高聖謙

祿藜　鄭海益

綠筠　柳桂芬, 李文樑

綠筠軒　柳晉鉉

綠東　鮮于一

綠屯　黃五

綠室　鄭海晚

綠野堂　朴大器, 裵裕, 元繼寬

綠籍香館　朴世秉

綠左　洪淵穆

綠此　黃五

綠泉　趙升淳

綠村　金榮立

綠坡　李植根

麓舍　金鼎元

麓邨　安岐

麓下　李禮延

錄陽　柳基一

鹿江處士　尹忠輔

鹿溪　尹命圭

鹿潭居士　張漢喆

鹿東　尹炳基

鹿洞　朴光德

鹿門　金奎膚, 金一忏, 金鎭恒,

徐善赫, 李漢中, 任聖周, 趙咸鳳, 洪慶臣

鹿門山人　李光庭

鹿峯　禹孝高, 劉彥一, 許穆

鹿皮翁　宋寅

鹿巢　李熙輔

鹿巖　楊泰來

鹿庵　權哲身

鹿野堂　張溍

鹿翁　趙顯命

鹿友　沈圭燮

鹿隱　吉基鎭, 徐相泓, 李濟謙, 洪就榮, 黃世㙊

鹿亭　孫應郁

鹿窓　李坤

鹿川　高光洵, 李濡

鹿泉　高光洵 李濡

鹿村　崔後胤

鹿坡　柳濟萬

鹿峴　鄭秉浚

論窩　都維洛

弄溪　李根培

弄凡堂　魚周賓

弄石　安弼相

弄月齋　金德壼

弄泉　沈太山

弄圃　柳希達

弄絃堂　李澈

弄丸堂　魚用賓

弄丸齋　南道振

弄丸齋主人　　南道振

儂巖　裵禹昌

濃村　李時彬

濃浦　朴準康

瓏齋　金鯤燮

礨巖	金宅三	

聲叟 琴元貞, 金相日, 金五權, 金孝盧, 孫鎏, 宋奎載, 辛師錫, 延載欽, 李光祿, 李瑾, 李文定, 李聞政, 李山立, 李樑臣, 李賢機, 鄭翼之, 鄭齊庚, 趙白圭, 趙始燮

Column 1

礨巖　金宅三
籠潭　朴世豪, 申昌朝
籠山軒　安達重
籠巖　金昱, 金澍, 金摯, 鄭宗禹, 趙涓
籠雲　金宜植
籠中子　崔山斗
聲街　李秉植
聲溪　金致彦, 李命長, 李秀彦, 鄭寅斗
聲故　吳夏根
聲瞽　黃圤, 黃仁鉉
聲瞽堂　黃墅
聲瞽子　李景欽
聲谷　盧克履, 徐秉常
聲訥　卞泰和
聲訥齋　卞泰和
聲臺處士　沈昌鎭
聲盲啞　李賢童
聲默　柳禹鉉
聲默窩　金相琦
聲默齋　李世植
聲默軒　鄭煥忠
聲寫　李仁植
聲山　金光淵, 李秉九, 黃有益
聲石　權炳基
聲世　朴孝鎭
聲世齋　李喜璉
聲俗　盧克履, 徐秉常
聲叟　琴元貞, 金相日, 金五權, 金孝盧, 孫鎏, 宋奎載, 辛師錫, 延載欽, 李光祿, 李瑾, 李文定, 李聞政, 李山立, 李樑臣, 李賢機, 鄭翼之, 鄭齊庚, 趙白圭, 趙始燮

Column 2

聲睡　崔光翊
聲叟齋　鄭庚九
聲啞　朴基寅, 朴千榮, 申智, 尹柔, 李源書, 趙天衍
聲啞堂　具性玉, 柳益和, 曺翰邦
聲啞子　尹柔
聲啞齋　尹柔
聲嵒　魏贊祚
聲巖　金秩, 金在河, 金宅三, 盧在奎, 朴鸞, 朴性根, 沈之溟, 柳義孫, 李垌, 李光彦, 李相奭, 李㵛, 李賢輔, 趙振, 太膚天, 黃敏達
聲庵　金光儲, 金鼎潤, 金漢重, 李亨遠, 李亨源, 崔暐
聲菴　朴敷, 梁震蕃, 柳福源, 柳壽垣, 鄭來新, 鄭遇鏞
聲於齋　李宇夏
聲椽　洪樂述
聲翁　李㵛, 任泰春
聲窩　權之彦, 金教俊, 金永德, 金鱗壽, 都宇昇, 文德遇, 朴思正, 朴商欽, 朴守謹, 朴宗源, 朴準璟, 裵承祖, 卞龜東, 沈彦通, 安景一, 柳洪錫, 李東成, 李彦淳, 李惟吉, 李頤鎭, 李㙆晩, 鄭仁洙, 鄭重獻, 鄭俠, 鄭休德, 趙蘭國, 蔡氏, 崔光岳, 許孚, 許禾
聲雲　鄭秉澤
聲隱　姜時馨, 金基彬, 金愼恒, 孟時馨, 李相楫, 李承弼, 趙揚達, 趙振, 周桓, 太元豐, 洪丙植, 洪廷達, 黃基正, 黃時昌
聲瘖　申德涵, 曺守正

Column 3

聲人　車憲奎
聲齋　文紀房, 朴基謙, 朴漢純, 孫承胤, 吳巘, 李璟, 李秉廷, 李秀摒, 李彦适, 李顯運, 張信綱
聲洲　李鏞熙
聲此　權吳奭
聲坡　姜在述
聲漢　柳元慶
聲軒　金慶玉, 金彦弼, 金洪範, 金桓, 文萬光, 朴億秋, 李振斗, 李泰蕃
隴西　李永成
隴隱　洪儒浩
農岡　金永鎭
農溪　李烘緒, 黃奎容, 黃河龍
農皐　金遯淡, 李駿鉉, 黃斗性, 黃彦柱
農膏　崔世允
農瞽堂　黃墅
農谷　金明範, 鄭熙揆
農郭　任秉箕
農蘆　姜獻奎
農鳴　黃尚圭
農社翁　金弘道
農山　朴夏鎭, 徐宅柱, 申得求, 申萬源, 安應一, 尹珹淳, 李慶源, 李匡德, 李德來, 林汝芳, 張升澤, 鄭晃奎, 鄭哲周, 鄭孝源
農山亭　朴漢豐
農棲　李奎鎭
農西　安慶鎭
農叟　裵昌度, 邊相俊, 梁致國, 尹成基, 全智, 鄭應智, 崔天翼

樓山	洪晃	訥翁	南憲毅, 宋錫忠, 李光庭,	杻山	李友信	
樓西	廉重輔		崔琮良, 秋鏞直	扨堂	尹濟奎, 李會穆	
樓巖	金允傑, 田鍒	訥窩	金樂騏, 金在溫, 朴世胤,	凌臺	李麟祥	
樓庵	田鎰悌		安光表, 柳岡祚, 尹滋鉉,	凌虛	朴敏, 義訥	
樓遲齋	禹敬松		李若烈, 李昌述, 曹汝鎬,	凌虛館	莊祖	
樓外樓	金明漢		崔斗南, 崔琮良, 秋鏞直,	凌虛堂	朴敏	
樓閑齋	李璞		許㴱	凌壺	李麟祥	
漏翁	蔡氏	訥傭齋	陳聖一	凌壺觀	李麟祥	
漏窩	李行遠	訥云	高思敬	綾羅	權韠	
累室	柳尚運	訥雲	李炳華	綾史	具本淳	
陋谷	朴昶彬	訥隱	柳光德, 李光庭, 李致蕃	綾泉	呂大翊	
陋室	柳尚運, 柳誠源, 李湛,	訥人	宋容浩, 曹匡振	菱溪	李義章	
	李重延	訥齋	郭廛, 奇逈, 金慶言, 金	菱皐	李秀鉉	
陋菴	金德光, 沈之澤		光白, 金瑾, 金生溟, 盧琥,	菱峯	高性謙	
陋隱	吳原個		朴祥, 朴世煦, 朴世勳, 朴	菱山	黃基天	
陋齋	鄭在暎		仁亨, 朴禛, 朴悌祜, 朴增	菱石	印東植	
陋巷	鄭龍煥		榮, 朴禎, 朴弼成, 朴希仁,	菱湖	姜祥國, 金禛根, 李楝	
訥塞	崔必泰		裵仲孚, 奉億, 徐榮輔, 孫	能岡	孫世雍	
訥溪	禹惇		舜孝, 孫仁孝, 宋碩忠, 梁	能皐	朴申慶	
訥谷	金在洛		誠之, 梁誠立, 梁在奎, 李	能人	金銓	
訥敏齋	金礶		光庭, 李思均, 李商林, 李	能波	金炳弼	
訥山	全復昌		成茂, 李汝霖, 李芮, 李贄,	陵塢	李秀塤	
訥叟	朴龍田, 朴章夏, 尹河一		李忠楗, 李泰淵, 李亨稷,	陵波	金鏻	
訥巖	金廷憲		李弘準, 張沆, 鄭堯天, 鄭			
訥庵	權正泰, 金白鉉, 金宗鉉,		在範, 黃歲永			
	金漢英, 文愼龜, 朴陽來,	訥亭	李元麟			
	朴重基, 朴旨瑞, 朴天健,	訥村	裵仲孚, 尹和教			
	孫奉後, 宋世琳, 吳衡弼,	訥灘	禹平鎭			
	李由仁, 李宜馣, 李在機,	訥幸齋	李師稷		ㄷ	
	曹恒承, 崔德燦, 洪彦國,	訥軒	康用候, 金傑, 金鍠, 朴			
	黃泰益		世鉉, 范丌祚, 徐聖耉, 徐	多見亭	徐一會	
訥菴	景在龜, 金瓚, 文鎭龜,		重, 柳麟源, 尹氏, 尹家黙,	多山	權載鈺, 朴榮喆	
	申黯, 安質, 呂師伯, 李冀		李思鈞, 李思鐸, 李世鈞,	多夕	柳永模	
	洙, 李承學, 李之榮, 李希		李應, 李仁憲, 李行敏, 任	多義堂	蔡貴河, 蔡愼徽	
	元, 黃沇益, 黃祉範		行宰, 林漢, 陳聖猷, 崔鶴	茶角	丁克仁	
訥淵	丁敏道		烈	茶谷	林時英, 許玟, 許時昌	
		杻嶺	金天瑞	茶門	金正喜	

茶史	徐堂輔	丹陵	李胤永	團和齋	權溭
茶山	權載鈺, 金鎭基, 睦大欽, 朴仁燦, 丁若鏞	丹陵山人	李胤永	旦洲	柳林
		丹陵處士	李胤永	檀溪	金海一
茶嵒	魏榮馥	丹樊	尹致祖	檀谷	金海一
茶玉	韓圭稷	丹峯	禹圭煥	檀邱	金弘道
茶翁	孫致秀	丹士	愼鍾龜	檀老	金弘道
茶岑	梁德煥	丹沙	金景澈	檀北	洪義祖
茶亭	尹孝廉	丹砂	金景溫, 張直方, 河復浩	檀史	崔海
茶川	崔東崔	丹山	李康齊, 李源鼎, 李鍾奭, 韓用鐸	檀菴	李容兌
茶泉	司空檍			檀崖	尹世復
茶樵	魏福良	丹生	申采浩	檀野	姜鎔求
茶圃	李之蕣, 玄麟黙	丹西	李起晩	檀翁	金弘道, 邊得讓, 黃秀瓊
茶軒	丁克仁	丹棲翁	朴徵暉	檀雲	嚴浩, 禹德淳
丹架	李亨祿	丹誠	李宗和	檀園	金弘道
丹江	閔百順, 李德崇	丹室	閔百順	檀隱	尹榮始
丹桂	李桂乙	丹巖	閔鎭遠, 禹倬, 尹樞, 趙正仁	檀陰	趙萬益
丹溪	權克重, 金永晃, 元弘運, 李仁碩, 李泰鎭, 張龍遇, 河緯地			檀齋	鄭薰謨
		丹庵	辛得良, 李泰和	檀坡	金正喜, 師文, 黃在弼
		丹厓	南斗旻, 尹炳來, 李敬中, 李志遠, 朱鳳文	檀圃	李亨植
丹皋	李鶴秀, 鄭遠羽, 曹尙治			檀海	洪健周
丹谷	郭嶍, 李芳建, 黃致述	丹崖	金致大, 南斗旻, 吳命瑞, 李敬中, 李誁	段邨	全湜
丹丘	徐希信, 車轉坤, 黃昌述			湍谷	徐宗泰
丹邱	權叔經, 權第可, 金永三, 金弘道, 宋世弼, 柳春芯, 柳信, 李景興, 李雲植, 全克念, 車轉坤, 韓用鐸	丹吾	鄭鏞基	湍上	李起馥
		丹梧	尹起三	湍厓	朴世堅
		丹雲	閔丙承	短瘤	李廷晃
		丹隱	琴命奎	短翯	李惠
		丹齋	申采浩	短翯翁	李思身, 李惠
丹邱翁	金世珍	丹池	河悏	端溪	潘悌老
丹龜	黃啓愼	丹泉	庚玹, 林瑜	端硯	金麟爕
丹邱子	金積, 朴琮, 趙胃一	丹坡	安玦, 河啓龍	端谷	金是樞
丹邱齋	金後	丹圃	趙希進	端蒙	南震寬, 南處寬
丹丘閒民	李崇慶	丹霞	李南儀	端巖	朴宗亮
丹邱閒民	李崇慶	丹壺	李胤永	端庵	鄭在璉
丹菊	金承主	丹湖	朴廷倫	端菴	李爾樟
丹農	李建初, 李裕膺	單一軒	李克臨	端硏齋	柳煜
丹老	趙熙龍				

端齋	全冕鎬	淡村	朴顯壽	澹悍齋	金景濂	
端川	周瑞五	淡圃	徐美修, 李碩載, 洪受瀍	澹叟	禹克河	
端天	周瑞五	淡軒	金克儉, 金浩燮, 安允行,	澹巖	鄭龜河	
達澗	金城鎮		尹相湯	澹庵	金之純, 禹克洪, 張友奎	
達觀齋	李基	淡湖	廉浩	澹菴	白文寶	
達東	金履圭	淡華齋	李胤永	澹淵	金在善	
達山	張補之	湛樂堂	鄭瀁, 河湜	澹屋	張升遠	
達西齋	蔡先修, 秋希泰	湛樂齋	閔師夏, 鄭瀁	澹翁	朴昌元, 徐命膺, 宋鎮璟	
達巖	李元達	湛樂軒	蘇洙榘, 鄭泰濟	澹窩	宋成明, 沈星鎮, 李雲相,	
達翁	李圭鎬	湛菴	柳墩		洪啓禧	
達源	李鎮華	湛翁	金麟厚	澹雲	曹命敎	
達齋	徐廷世	湛恩堂	李俌	澹園	李昌來, 鄭日愚, 崔南敎	
達川	朴籙, 裵絜可, 尹國馨,	湛齋	金麟厚, 南惠寬, 朴萬吉,	澹隱居士	尹耕賢	
	尹先覺, 趙淵		劉智周, 李明翼	澹人	申佐模	
達村	尹國馨	湛海	德基	澹齋	高愼驕, 金鳳文, 金麟厚,	
曇寰	李彦瑱	湛軒	洪大容		金宗繪, 朴東喬, 任應準,	
擔拙堂	金應煥	湛華館	趙景濂		林澈相, 崔鎮宇	
淡溪	盧光儀, 鄭蘊, 鄭漢汝	潭溪	李琯	澹亭	南太齊, 朴根培	
淡寧齋	權益圭	潭谷	宋周相	澹靜	洪光裕	
淡淡亭	申叔舟	潭南	朴慶善	澹拙	姜熙彦	
淡素	龍致雲	潭樂	朴準灝	澹拙堂	金應煥	
淡叟	白文寶	潭菴	金用石	澹圃	文養賢, 李敦龍, 黃道尚	
淡巖	白文節	潭窩	金重洙, 李起中, 李碩慶	澹虛齋	金之白, 李潤	
淡庵	金瑞慶, 白文寶, 李楗	潭雲	崔東鳳	澹軒	安允行, 李秀震, 李夏坤,	
淡如軒	李祖承, 翼宗	潭齋	朴最相, 陸炳淑, 李翊浩,		河禹善, 洪大容	
淡翁	韓珽		玄謹禮	澹華齋	李胤永	
淡窩	徐命膺, 洪啓能, 洪啓禧	潭樵	南永魯	蓍園	鄭寅普	
淡雲	曹命敎	潭豐	林益蓀	薄庭	金鑢	
淡雲齋	曹命敎	澹簡溫齋	金鍾厚	蕚汕	龍自祥	
淡隱	黃乃正	澹溪	金瑞慶, 邊鍾基, 李敎榮,	罩山	李鼎民, 李中嚇	
淡人	趙敏植		李雲相	覃揅齋	金正喜	
淡齋	金定燮, 李明坤, 鄭錫遠,	澹寧	李建昌, 李潭, 洪義浩	覃齋	金正喜	
	鄭載源, 崔鎮宇, 黃在河	澹澹齋	林守春	覃泉	趙毅卿	
淡亭	南泰齊	澹廬	許杓	甾取軒	金允秋	
淡拙	姜熙彦	澹山	安圭洪, 李承哲, 河祐植	踏東子	夫宗義	

唐谷	魏鯤, 鄭希輔, 崔潤昌	棠陰	尹宗求	大明處士	慶寁, 金是樞 柳載春,
唐陵	洪純彦	棠村	成時習		李樞, 洪錫
唐白	李奎報	棠圃	韓用翰	大夢	南銑, 崔南善
唐山	李敏實	棠軒	金鵬濬	大朴	金澈
唐岳	金泰淵	棠峴	李泳奎	大朴子	李址
唐隱	朴壽陽, 李相玖	棠湖	任兗	大峰	楊熙止, 車應周, 崔京煥
唐齋	李廷冕	鐺洲	朴琮, 朴致龍	大峯	崔柄湜
唐川	李漢龍	代好堂	金澤珉	大山	朴泰胄, 吳昌烈 李基敬
唐閑	咸基洙	坮村	趙憲益		李象靖
堂谷	金恒	大覺	義天	大山處士	李瑃
堂堂堂	張錫漢	大覺國師	義天	大善齋	崔時潑
堂巖	金銀玉	大綱	金碩珪	大省齋	申錫一
堂洲	趙備	大景	徐廷台	大疎	吳瑋
塘南	崔八鏞	大敬	黃貞秀	大笑	南允升
塘山	李遇芳	大溪	金璲, 朴鳳浩, 李氏, 李	大笑軒	趙宗道
塘庵	玄勛錫		承熙, 李周禎, 黃在英	大疎窩	吳瑋
塘翁	金繼淳	大谷	金鳴, 金錫龜, 金錫文,	大疎齋	權顯相
塘雲	韓善會		成運, 申景祖, 愼後尹, 蔡	大樹	權義中
塘村	黃暐, 黃子輝		氏	大守軒	柳㙫明, 李瀁禎
塘圃	宋麒	大觀	金啓遠, 沈義, 李文輔	大視	李文輔
戇夫	李尚伋	大觀堂	宋錫命	大雅	許維和
戇菴	姜翼文	大觀齋	沈義	大巖	金以載
戇窩	朴履煥	大訥	盧相稷	大岩	李泰俊
戇翁	呂顔齊, 李舒	大德	兪復立	大菴	南弼文, 朴悍, 蔣以愿
戇村	金倫	大蓮	日馨	大埜	柳健休
戇軒	徐邁修	大麓	南弼文	大也道人	李一天
棠溪	金光遇, 金元重, 金華俊	大陵	李敦宇, 趙貞喆, 洪樂純	大淵	李容殷
棠谷	朴挺, 白惟成, 李相龍	大林	沈榮植	大阮	兪度基
棠林	尹東老	大林山人	沈榮植	大勇齋	哲宗
棠林處士	尹東老	大明	吳孝錫, 李希良	大愚堂	朴緝
棠沙	閔汝慶	大明居士	李洛瑞, 李晚保, 李希	大愚庵	安邦俊
棠山	金應根, 白樂韶, 白性成,		良, 鄭燴	大雲	宇平
	梁擇之	大明洞人	吳孝錫	大圓	張敬浩
棠巖	柳光顯	大明逸民	金英粹, 朴景鎬, 洪龍	大逌	韓鎭戶
			浩	大隱	金鏵, 金鼎權, 金振顯,

	朗旿, 邊安烈, 宋箕, 李光晉, 李鳳秀, 李壽瀅, 李淑仁, 李時楳, 李智源, 李亨祚, 諸慶昌, 許佐, 洪宅疇
大隱堂	朴秀午
大隱菴	任大年
大隱亭	金寅鉉
大應	坦鍾
大齋	兪彥鎌
大田	邊德昌, 李甫欽
大靜	南壽賢
大庭逸民	李宗準
大拙子	權斗應
大中齋	蔣敦義
大川	金冶和, 金懸燮, 曹京煥
大畜齋	李咸亨
大致	柳鴻基
大痴	黃徵
大癡	朴長漢, 劉鴻基
大致	劉鴻基
大灘	徐命惟
大灘子	鄭百昌
大澤	申光河
大瓢	朴簹
大瓢畸人	柳衡鎮
大瑕齋	金景謹
大海	黃應清
大海堂	黃應清
大虛堂	崔河臨
大軒	郭屹
大玄	鄭淵性
大瓠	朴簹
大昏子	無己
大還亭	沈琛鎮
大惶齋	裵祺壽

對山	姜溍, 毛祥麟
對仙	朴守冲
對松軒	全益遂
對華齋	朴相晃
岱淵	李勉伯
岱雲	睦祖洙
帶草	朴齊臣
帶弦	申命淵
帶湖亭	文益行
待雲堂	趙完璉
待月軒	黃玹
臺嶺老人	許穆
臺山	金邁淳, 李柙, 洪繼玄
臺山齋	金鐵完
臺巖	權時復, 柳達尊, 崔東窠, 洪繼云
臺嵒	李喜白
臺窩	河必灣
臺隱	權璟, 鄭在勳
德岡	楊柱赫
德溪	權萬, 金時仁, 金鉉重, 朴增燁, 吳健, 吳行健, 李祥, 李鼎元, 林再華, 鄭三顧 趙挺
德溪處士	申景先
德皐	李玟
德考	韋壽徵
德谷	金璲, 牟禎, 朴廷龍, 朴詰, 安好亮, 庾軾, 陸麗, 尹啓鼎, 李蕆, 趙承肅, 朱宅正, 洪鍾韻, 黃德吉
德耇	韋觀
德南	金彥三
德洞	陳偉
德林	閔百棋, 趙奎運

德峯	金㶳, 孫泰裕, 宋氏, 辛元浩, 安藎, 李璥, 李鎮宅, 蔣自元, 曹昌九, 趙漢重, 邢錫日
德峰	金遠鳴, 金弘奭, 慎必儉, 李龍爀
德山	金彥浩, 文信福, 梁枝泰, 章逸男, 鄭廷慶
德松	牟時權
德修堂	車貴榮
德新	金明之
德巖	權克經, 金實, 金聖仁, 羅燾圭, 文自發, 閔後光, 朴純鎬, 吳得麟, 李碩慶, 李燮, 李膚擧, 李顯箕, 丁昌薰, 朱杞, 崔鳳壽
德庵	宣尚進, 魏錫奎, 邢良元, 邢允文
德菴	姜淵, 金永國, 金義相, 金鼎喆, 文章鳳, 朴尚彥, 朴賢輔, 卞世瓊, 沈梯, 李天培, 秋㴻, 許習, 黃在潤, 黃熙壽
德陽	奇遵, 奇允獻, 吳大寬
德淵	李尚白, 李亨恒
德翁	尚得容, 鄭藎
德窩	姜載熙, 文宅奎
德猻	李義俊
德友齋	宋啓徵
德雲庵	宋弼夏
德園	朴東錫
德隱	金礪, 文錫璉, 朴雲壽, 卞壁, 呂大驃, 柳光遠, 李德煥, 李思三, 李鉉琪, 李浩, 鄭世華, 鄭遇明, 崔原儒

德陰　李淳錫	圖齋　李秉坤	蹈景　崔雲遇
德仁　崔炳秀	嶋皋　金履萬	蹈海　金濟海
德齋　康基德, 金碩材, 金濟東, 羅孟禮, 宣海壽, 申珍湜, 辛葳, 愼孝先, 吳麟, 全德養, 邢尚福	島客　朴夏源	蹈海亭　具邦俊, 具譓
	島潭　洪集	逃禪庵　全弘叙
	島山　申泰植, 安昌浩, 吳夢根, 禹夏興, 秦瑠	逃菴　林俊弘
		逃隱　李善英
德亭　柳壽觀, 曺英振	島松　金在圭	途召齋　朴詰
德池　李正緒	島庵　申泰植	道干　李仁興
德川　朴繼道, 李健, 趙廣城	島翁　金時濟	道岡　洪處元
德泉　鄭溪	島隱　朴彦弼, 吳鉉準	道溪　康永圭, 權世橚, 柳淰, 林英, 洪淳益
德川齋　趙寅采	島村　蘇希洸	
德樵　李顥林	徒山　崔錫洛	道谷　金再輝, 金漢卿, 潘湖, 宋鍾雲, 沈延壽, 沈鶴齡, 安侹, 楊應春, 禹希烈, 趙完基, 趙益道, 趙注, 崔克霖, 邢世英, 黃運祚
德村　金相說, 金尚郁, 梁得中, 李千善, 趙挺, 崔希汀	棹溪　金燦容	
	桃溪　睦仁栽, 朴道希, 沈濟賢, 李斗陽, 崔基信	
德灘　金斗南		
德坡　成麒童	桃谷　朴紳, 李瑜	道光　朴慧和
德平　李基寅	桃山處士　柳嗣宗	道南　奇老善, 金漬, 安在瑩, 全璟, 洪慶先
德圃　片茂景, 黃基柱	桃巖　吳守盈, 李昌夏	
德浦　金一濟, 尹揗	桃翁　吳濟黙	道林　吳以久
德下　朴志遠	桃原　河星海	道峯　孫弘績, 宋世貞, 宋養銓, 宋昌憲, 趙徵天, 許繼
德海　邢時豊	桃園　俞炯, 全以甲	
德行　全秉魯	桃源　尹揆, 李末仝, 李鍾極, 全以甲, 鄭暉	道峰　孔學源, 李貢範
德行堂　金聃壽		道峰樵叟　金容觀
德軒　魯汶源, 氷麗玉, 趙光顯, 黃以德	桃隱　朴文彬, 孫在宣, 辛曄, 柳載春, 李教寅, 李敏九, 李彦祥	道仕　權正運
		道山　金元河, 金鎭奎, 朴載憲, 楊年發, 柳滾, 全宅溟, 趙來陽
德湖　金琬迹, 盧世準, 蔡景珍, 崔峙	桃津　俞致慶	
德湖齋　蔡景珍	桃村　李喬, 李秀亨	道遂　朴公遂
德弘　沈守澤	桃灘　邊士貞	道巖　金時晃, 申近, 呂姬弼, 柳祒, 柳百之, 柳正植, 尹昌壆
悳峯　文基燁	桃圃　黃正基	
悳嵒　蔡炳植	桃下　李炳圭	道庵　徐桂勳, 宣餘慶, 印定, 崔秉煥, 黃㙜周
悳原　黃道錫	桃花洞主　　　李義健	
悳泉　成璣運	桃花流水館主人　李鈺	道菴　康有直, 姜泰衡, 郭源兆, 金菁采, 金一夔, 南琴, 文
悳村　權慶洙, 權鍾華	絢窩　裵晃	
圖南　文億貞		

大謙, 文雍, 申鉉極, 柳道三, 全聖學, 許尚徵

道陽　申泰龍

道陽齋　李晩夫

道淵　金秉海, 金致三, 吳根厚, 李潔, 李應明

道衍　元禎

道淵亭　金致三

道窩　裵以楫, 安宅柱

道雲　金學鎭

道園　金弘集

道源　金礪鉉

道源齋　朴世熹

道隱　甘成朝, 甘受和, 郭暹, 金自琚, 金琮植, 朴乃章, 朴炳澤, 房仁業, 裵秀義, 宋養銓, 愼仁道, 李東羽, 李庭藥, 陳大義, 崔之煥, 黃道淵, 黃祐奭, 黃濬, 黃鍾淑

道隱居士　南天柱

道一　金聖浩

道逸　龍孟孫

道岑　李鼎銘

道庄　洪堅

道藏齋　楊錫瑗

道齋　金相基, 文愛楠, 邢宅奎

道川　盧奉文, 朴而章, 申鉉凤, 李敏善, 趙明履, 韓必遠, 洪承台, 黃運祚

道泉　南極杓, 李學容

道體堂　張應祺

道村　姜弘重, 金宇泰, 金仁恒, 金在圭, 申易于, 吳次久, 李成簡, 李蕙, 張警百, 崔泰貞

道村山人　盧以文

道憲　智詵

道軒　愼思得, 李大稙, 李在友, 邢時億

道湖　盧周學

道休堂　張益棋

都隱　李秉爀, 全文軾

都齋　洪晉龜

陶溪　金尚星, 金是聲, 梁夢說, 尹墀, 尹弘圭, 李養源, 曹挺生

陶溪釣叟　崔秀英

陶谷　權勻, 朴載英, 朴宗祐, 李世白, 李養源, 李宜顯, 李必重, 朱印長, 韓述

陶丘　李濟臣

陶邱　李濟臣

陶濱　李尚挺

陶山　金重燁, 李滉

陶山居士　李起全

陶山老人　李滉

陶西　李致模

陶叟　李滉

陶庵　金煦, 兪漢人, 李綱光, 鄭智忠

陶菴　朴咸煥, 李縡, 丁敦燮

陶厓　洪錫謨

陶涯　申重模

陶淵　金是榲

陶然居士　李興潤

陶塢　朴忠源

陶翁　成順祖, 柳之發, 李弘信, 李滉

陶窩　朴鳳祥, 朴璿, 申鼎周, 余燦燁, 李東翊, 崔南復

陶雲　李奎鎬, 李圩, 李眞望

陶原　申履謙, 趙憲

陶隱　姜恪, 姜樁, 權虎臣, 金順祖, 金致億, 金弼洛, 閔泳準, 朴成煥, 朴任元, 李敏夔, 李崇仁, 李鎬翼, 周瑜, 洪承祖

陶乙丑　尹宗儀

陶陰　尹昕, 黃昕

陶齋　尹昕, 李鎭國

陶井　李晩亨

陶川　安由商, 安哲浚

陶泉　黃汝鶴

陶村　金沈, 金玩金, 閔有慶, 朴知讓, 柳憲章, 李岡祿, 鄭維城, 曹應仁, 崔鉉述

陶軒　柳友潛

韜谷　吳鎭洙

韜山　安載健

韜庵　金處离, 吳希吉

獨谷　金孟昌, 成石璘, 鄭名世, 黃奭, 黃赫

獨觀齋　金硳

獨基　曹氏

獨基堂　曹錫

獨基齋　黃仁瀅

獨樂　劉煥睦, 林穆

獨樂堂　李彦佅, 李知白, 林蘭秀

獨樂翁　禹玄寶, 周夢得

獨樂窩　李秉奎, 李徽哲

獨樂齋　具時經

獨樂亭　金永傑, 方彦暉, 柳伷, 柳縠, 李東老, 李興儀, 林蘭秀

獨旅　朴道源

獨笠	李夏燮	獨靜齋	洪雯, 洪霎	敦良齋	權大載
獨柏	盧尙興	獨坐翁	金光岳	敦齋	徐補禹, 徐選, 柳相大
獨思亭	金忠敬	獨坐窩	金光岳	敦學齋	李重權
獨山	金宗奎	獨知堂	芮碩薰	敦厚齋	趙元紀
獨石	黃赫	獨處齋	朴世柱	頓悟	李兩普
獨石菴	芮仁祥	獨淸堂	朴啓光, 李世恒	冬郞	韓致元
獨善堂	崔渾	獨村	崔東式	冬菴	李時昌
獨醒	金澤, 宋尙憲	獨醉亭	李洙, 洪以謙	凍川	李益培
獨醒堂	金憲祖, 李瑞生	獨翠軒	黃一河	動安居士	李承休
獨醒庵	孫壽洪	獨軒	權氏, 權緝	動靜齋	盧彥邦
獨醒窩	朴希喆	獨惶軒	張應陽	動悔窩	趙相述
獨醒齋	金用準, 尹敬龍, 尹奎, 李聖坤, 李莜, 任世耆, 曺得雲, 韓如斗, 黃最	禿山	姜曦	同樂園	朴文源
		禿翁	朴晉彬	同山	金聖雨
		篤堂	金次文	同聲	李惠吉
獨醒軒	李胤星	篤山	李萬成	同窩	柳衡鎭
獨笑堂	趙相元	篤誠齋	金翼虎, 朴粲圭	同源亭	柳光源
獨松	金鎧, 申碟, 兪昔曾, 朱世昌	篤所堂	趙基濬	同異	李惕然
		篤守齋	金仁植, 尹致中	同齋	鄭東浚
獨松齋	郭邦健, 成胤錫, 申碟, 崔墩	篤信	愼必純	同春	金天漢, 宋浚吉
		篤菴	洪樂鍾	同春堂	宋浚吉
獨松亭	金鎧, 徐命天	篤窩	蔣漢燾	同灘居士	鄭禮煥
獨樹	權幹	篤友齋	南始益	同坡	金軾謙
獨守堂	崔淑文	篤隱	金種驥	峒厓	南泰觀
獨秀堂	崔淑文	惇厚齋	趙元紀	峒雲	李敦夏
獨樹窩	權幹	敦艮齋	權大載	峒園	李敦夏
獨守亭	全仁德	敦谷	鄭重徵	峒隱	李義健
獨庵	趙宗敬	敦睦齋	金麒瑞, 趙得才	峒陰	李氏
獨菴	鄭震郁	敦沙亭	李鏜	幢梁	崔啓翁, 崔恒
獨梧	黃恔	敦山	兪氏	東嘉	李惟謙
獨梧堂	黃恔	敦素軒	權運昌	東覺	李稼祥
獨翁	柳相成	敦巖	朴宗慶	東閣	金莘伊, 李廷馨
獨愚亭	金忠敬	敦庵	申世迪, 禹琬	東澗	金炳栻, 金仁東, 吳致黙, 黃奉主
獨隱	朴七生	敦菴	馮世周		
獨齋	姜泰雄, 愼居寬, 池愼耇			東岡	金蘭, 金宇顒, 金利君, 金瞻, 金添慶, 南彥經, 南

宮礒, 朴大陽, 徐恭錫, 徐
鳳寬, 宋啓, 辛宇遠, 辛鶴
祚, 吳大夏, 尹殷弼, 李恒
福, 李弘愍, 全應禮, 鄭雲
菀, 鄭應龍, 丁亨運, 趙相
愚, 崔是翁, 崔後尙, 許缶,
許窯

東崗　金宇顒, 李璘, 崔元亮,
黃律仁, 黃浩在

東江　權士溫, 權思潤, 金寗漢,
馬壽孫, 申坂, 申翊全, 呂
尙範, 呂爾徵, 廉秉燮, 吳
惟英, 柳萬祚, 李錫奎, 鄭
惟寋, 趙壽益, 洪乃範

東渠　宋鼎鉉, 李榮門

東溪　權沆, 金峻業, 金芝根,
文昌虎, 朴達洙, 朴樑 朴
萬鼎, 朴萬春, 朴璋炫, 朴
春長, 朴泰淳, 白光成, 氷
清, 宋秉昱, 安承采, 吳圭
煥, 禹伏龍, 柳晉成, 李敬
勝, 李碩九, 李成林, 李彦
春, 李英輔, 李雲龍, 李正
魯, 李峻業, 李之華, 李天
龍, 李旿, 李徽哲, 李希稷,
張道元, 張玉潤, 鄭來周,
鄭希濂, 趙龜命, 趙亨道
崔命順, 崔潤昌, 崔應立,
崔周鎭, 洪適, 洪重耈

東谿　宋晦錫, 趙龜命

東溪堂　梁會洛

東皐　姜紳, 權仲和, 金慶遠,
金魯, 金元性, 朴陽律, 朴
胤玄, 朴彛叙, 朴必鴻, 徐
思選, 成准得, 孫盡忠, 宋
履昌, 安霽, 陸堡, 尹彦直,
李垌, 李繼禎, 李觀吉, 李
德祿, 李蕘, 李愃, 李綏祿,

李榮立, 李用淳, 李瑗, 李
浚慶, 李厚興, 李希儉, 張
璇, 諸哲孫, 趙穆, 趙冲, 崔
岦, 韓景琦, 黃聖九, 黃應
聖, 黃河峻

東谷　權壔, 金聲後, 金在義,
金駿栢, 金駿植, 金泰晃,
金鴻運, 馬道謙, 朴龍章,
朴宗漢, 朴彭年, 宣泳完,
蘇洙英, 安致萬, 禹舜績,
尹在赫, 李慶祺, 李基瑢,
李洁, 李復淵, 李昌一, 李
彭年, 李孝植, 全三益, 鄭
魯, 鄭彦智, 鄭遇復, 鄭駿
時, 曹寅承, 黃翼熙

東郭　姜燦, 金驥燦, 金文夏,
金守梁, 成震昇, 李文夏,
李宇錥, 李礥, 李弘相

東郭處士　南孟夏

東郭散人　金壽興

東郭子　朴璨

東郊　朴時膺, 愼炳甲

東郊處士　南孟夏

東橋　金圭鎭

東丘　姜紳

東邱　高應春, 李濬衡, 李正烈

東國儒子　金正喜

東磯　金之光

東農　金嘉鎭, 黃清熙

東濃　李海朝

東潭　韓嶠, 韓鳴

東堂　金宇顒

東臺　崔善門

東德齋　金旺

東屯　李有相

東洛　洪鎬

東萊　李鐸遠

東旅　安摑, 安昌烈

東廬　黃在鎭

東黎　金澤鎭, 任百熙

東老軒　金命鉉

東蓮　李鳳和

東麓　鄭性渾

東寮　河載文

東陵　朴宗立

東籬　金敬淵, 金允安, 金静厚,
金取善, 金台東, 沈世鐸

東里　權怗, 金相斗, 金蓍國,
金照, 朴壽潤, 朴熙洙, 成
聞德, 沈鑰, 沈確, 尹玉, 李
達, 李五秀, 李遑, 李垠根,
李殷相, 李塤, 林瑋, 鄭世
規, 鄭秀民, 鄭運經, 鄭潤

東籬散人　金静厚

東林　金鋼, 金光爀, 白地藏, 廉王
弟立, 柳致皓, 李晩疇, 李
以均, 李以拘, 崔龜靈, 崔
允植

東巒　安翔漢

東晚　鄭基溶

東冥　金自兼

東溟　金世濂, 金而好, 李璈,
李元瞻, 李志宏, 張孝甲,
鄭斗卿, 鄭龍澤, 崔基陌,
馮學祖, 黃中允

東鳴　全舜弼

東武　李濟馬

東湄　甘麟鉉, 辛東永,

東眉　甘麒鉉, 李根命

東方一士　宋秉璿, 宋必淵, 李德
懋

1311

東樊　李晩用

東凡　申海永, 曹秉勳, 黃魯軾

東壁　柳進翰, 蔡慶先

東屛　金從厚, 李季通, 李世泰, 李彙正

東甫　李垠根

東峯　權克立, 金克己, 旭日, 崔德重, 崔岦, 洪縝

東峰　金時晳, 安從生, 李伯㑊, 鄭熙運

東部　嚴可誠

東匪　李會源

東鄙野人　李起龍

東濱　權豪胤, 金秀文, 洪淳璣

東史　權綜庠

東士　金仁鉉, 宋文弼

東槎　朴戴陽, 朴梓, 劉維翰, 李廷龜

東沙　朴文周, 吳挺緯, 李壁植, 李聖求

東山　權克亮, 權正弼, 文景晉, 朴鳳厚, 朴必龍, 柳寅植, 尹斗敏, 尹民性, 尹滋, 尹趾完, 尹致暎, 李秉泰, 李龍彩, 李鍾乾, 李宗安, 李稷臣, 李泰翔, 李好誠, 林鳳厚, 張鎭永, 鄭昌孫, 鄭顯裕, 曹鳳愚, 趙晟漢, 崔滋, 崔顗, 崔薰敎, 崔熙澤, 慧日, 黃佑漢, 黃雲周

東山居士　郭輿

東山散人　南必中

東山叟　崔有莘, 崔滋

東山翁　李稷臣, 鄭斗

東山齋　表相奎

東山亭　崔綺翁

東山處士　郭輿

東湘　許震童, 許詡

東棲　李中泓

東棲巖　殷致復

東石　朴麟夏, 趙東熙

東宣　淨義

東宣老師　淨義

東城　洪汝諄

東惺　韓世鎭

東星　金熙

東叟　蘇代

東愼　黃載仁

東啞　李圭彩, 李仁守

東阿　李濟永

東岳　金般傅, 盧善卿, 李安訥

東嶽　金俊榮, 李元晦

東岩　白鵬南, 吳哲倫

東巖　姜璣煥, 權省吾, 權泰春, 辛夢參, 廉興泰, 吳端, 吳瑞, 吳斗元, 柳長源, 李澂, 李詠道, 李令承, 李而樟, 蔣楷, 鄭煥直, 車利錫, 太玄稷, 咸悌健, 海景, 許斑

東庵　金佶, 金錫九, 吳姬祉, 禹元榮, 李敏弘, 李塡, 李鉉郁, 洪大龜, 黃貴益

東菴　姜震, 金仲昌, 裵晉后, 徐相日, 吳端, 李淀, 李熙魯, 張孝根, 秦喆周, 崔性采, 許震, 洪承受

東巖居士　朴時戊

東巖叟　李阡

東厓　金墩, 金壦, 安重默, 梁亨愚, 李匡煥, 李蓍晚, 李浹, 趙善秀, 曹聖龍, 趙湜, 許磁, 洪受治

東山處士　郭輿

東崖　金琓, 金壦, 梁亨愚, 李浹

東埜　金養根

東野　朴廷瑞, 柳星漢, 李河八, 鄭相虎

東野鄙人　李起龍

東陽　金衡根, 申檯, 鄭遇卿

東洋子　金光濟

東广　金得福, 鄭煥直

東淵　鄭伯休, 黃微彥, 黃祐炫

東蓮　李種玉, 李鑐永

東吾　申洪植, 安泰國

東塢　金得祥, 金熙錫, 朴銓弼, 安光郁, 安處宅, 曹毅坤, 崔寅植

東梧　李裕承

東窩　權得重, 金奎漢, 金文在, 金弼三, 盧擢, 朴泰永, 申叔根, 安珝, 李宅熙, 鄭世美, 鄭千泰, 鄭協, 趙輝晉, 黃胤錫

東寓　宋泰翼

東愚　金觀鎬, 朴斗鎭, 朴治亨, 李鐸

東雩　金善根, 張會鎭

東芸　李重華

東雲　朴惠均, 成周天, 崔奎南

東原　金啓光, 朴承倫, 朴始亨, 崔東吉

東園　金貴榮, 金命昌, 金宇顒, 金弘度, 金洪福, 金義壽, 朴重慶, 李德欽, 李承彥, 李雨榮, 李一, 李載崑, 鄭榮國, 鄭栽, 鄭在圭, 丁好善, 崔珽, 洪祐伸

東垣　李洪根

東潤 金仁東	運, 柳宜漢, 柳興善, 李吉洙, 李命夏, 李尚吉, 李瑋, 李忠範, 李皥	東海循士 金正喜

東潤　金仁東

東隱　甘守成, 姜宗孝, 郭遠, 權碩物, 金昶鍾, 金熙琇, 朴雲遜, 朴準萬, 朴瀅鎮, 安柄斗, 余大勳, 劉寔源, 尹炳皞, 李悁 李雲根, 李胤夏, 李在淵, 李中彥, 李志爽, 李惰, 張永植, 田貴生, 全興初, 鄭天貴, 鄭憲恪, 鄭軼 趙成麟, 趙惟孝, 崔麒宇, 表廷老, 咸浩賢, 洪生祐, 黃道喆

東蔭　崔郢

東夷之人　金正喜

東因　高時彥

東墻處士　金允植

東齋　金天翼, 朴耆年, 全亨哲

東渚　李在容

東田　孟輔淳, 李中均, 李泰永

東田潛士　李中鈞

東井　朴鳳夏

東亭　權節, 廉廷秀, 廉興邦, 吳世才, 柳煥甫, 李炳鎬, 李承元, 李千樹, 丁世遠, 鄭玉振

東州　尹壽益, 李敏求, 崔相翼

東洲　權載惇, 金基東, 金琳, 金希路, 閔滉, 潘潞, 成悌元, 宋克明, 沈寅燮, 尹壽益, 李敏求, 李中燮, 鄭相吉, 崔相翼

東洲笑仙　成悌元

東津　李輅

東窓　金駿孫

東川　朴璔, 朴靖, 成革, 蘇明倫, 申八均, 梁在協, 嚴慶

運, 柳宜漢, 柳興善, 李吉洙, 李命夏, 李尚吉, 李瑋, 李忠範, 李皥

東泉　金時楷, 金湜, 金之漢, 麻巖, 文正儒, 朴大郁, 朴命耆, 徐道立, 石星, 宋明鎮, 玄啓殷

東川子　李煦

東廳　鄭煥直

東淸　宋元老

東樵　安時慶, 李愚益, 鄭喆煥, 崔瓚植, 黃瓊錫

東初　金鍾龜

東樵生　崔瓚植

東村　金蓍國, 金在鳳, 盧公佐, 柳帶春, 柳榮春, 劉弼顯, 李聖根, 李蕆國, 李原根, 李以恂, 李厚根, 鄭維嶽

東坡　康基泰, 朴逸璣 朴和德, 李惟彥, 鄭民俊, 車濟東

東平　金衡圭

東圃　金富宗, 金時敏, 朴來厚, 裵興立, 柳秉均, 劉秉夏, 尹滋弼, 李炳轍, 李惟命, 李惕然

東浦　都萬興, 都炳喆, 孟思誠, 孟希道, 曹允大

東圃齋　李惟命

東河　鄭襲明

東涵　孟希道

東豁　趙龜命

東海　金才亨, 金勳, 沈彥慶, 鄭應斗, 趙琮鎮, 韓興敎

東海琅環　金正喜

東海浪翁　沈彥慶

東海循史　金正喜

東海循士　金正喜

東海散人　任叔英

東海書生　金正喜

東海漁夫　金圭鎮

東海儒生　金正喜

東海人　金宗建

東海子　宋能相, 趙維鎮

東海滄浪　沈彥慶

東海樵夫　黃五

東海筆生　金正喜

東海閑鷗　金正喜

東軒　金益祉, 吳潛, 片豐源

東戶　鄭煥直

東湖　姜行, 郭溟翰, 金錫鎮, 金善英, 金以明, 金宗祿, 文德敎, 朴大頤, 朴大益, 朴文冑, 朴鼎元, 朴準基, 朴太順, 朴太頤, 朴顯求, 邊光軾, 邊永淸, 徐在正, 蘇哲根, 宋應望, 申自繩, 申宅和, 柳以升, 尹洛, 尹日善, 尹滋學, 李季全, 李克培, 李芳隣, 李簿, 李橮, 李源彙, 李宜潛, 李琮和, 李志裕, 李孝, 章萬里, 蔣時穆, 鄭相詹, 鄭允偉, 鄭悌生, 周文備, 蔡氏, 崔有林, 許慶淳, 許震龍, 許詡, 洪錫龜

東濠　南丈萬

東湖居士　閔宜洙, 申自繩

東花　崔玖洛

東華　朴東普, 李海應

東和堂　千浩鳳

東淮　申翊聖

東淮居士　申翊聖

東曉	金容鎬	桐軒	高紹宗, 金叔良, 尹紹宗, 崔安麟		洪克
桐岡	李毅敬	桐湖	李世弼, 李鼎民, 李宗伯, 李弘著	斗壽	尹履之
桐崗	高光薰	棟谷	許完	斗墅	朴奎鎭
桐江	金相潤, 嚴悾, 吳泰賢, 李演, 李松齊	洞山	李敏德	斗室	沈象奎, 李煥模
桐溪	權達手, 權濤, 金範, 金允福, 李時馨, 李忔, 鄭蘊, 黃克孝	洞仙	柳成根	斗巖	金友益, 金應南, 李運春, 全榮, 趙埌
桐谷	金重萬, 柳用良, 李晁	洞隱	呂曾齊, 黃戴堯	斗庵	金大洙, 金若鍊
桐里	申在孝	洞庭	金啓遠	斗菴	朴在源, 李渭, 趙炯允
桐鳳	朴承倫	洞天	趙秉璜	斗陽	宋榮善
桐墅	金達商, 金益商	洞泉	崔載興	斗翁	董漢弼
桐巢	金重夏, 南夏正	洞虛齋	成獻徵	斗隱	高晉遠, 白樂善
桐沼	李根榮	洞圃	鄭榮國	斗陰	權錫璋
桐庵	金好益, 朴載緯, 沈熙淳, 韓光瑋	洞玄子	羅浚	斗亭	金應南, 韓復胤
桐厓	安重黙	童土	尹舜擧	斗庭	黃護淵
桐崖	南景采	董圃	曹錫三	斗川	李瑋
桐陽	林最洙	銅塘	吳在東	斗泉	愼尚欽
桐漁	李相璜	兜溪	李孝永	斗村	金相熙, 李晚景
桐塢	閔白休, 安庸洛, 許卓倫, 洪萬通	斗溪	金翼鉉, 李丙熹	斗浦	趙來陽
桐塢處士	李萬祿	斗南	高宅龍, 金學基, 朴世經, 朴浚相, 吳海謙, 李匡師, 趙時成, 趙寅奎, 崔麟休	斗下	趙澈敎
桐窩	姜參, 李星苾			斗軒	朴來三
桐源	徐命善	斗麓	趙中立	斗湖	申命觀, 林鼎汝, 丁時潤, 黃德吉
桐隱	吉元禮, 西門奎, 宣濟, 尹紹宗, 李龍攝, 李在洪	斗文	慶世仁	斗回子	成以道
桐陰	尹德榮, 尹澤榮, 尹得瞻	斗文農隱	慶世仁	杜溪	金沖裕, 曹華承, 洪樂受
桐齋	安載富, 安載興	斗文山人	成聃齡	杜皐	權致福
桐亭	尹紹宗	斗溪	李觀周	杜谷	高應陟, 朴嗣叔, 朴載興, 朴宗根, 裵元佑, 沈宇定, 李景容, 李勘, 李柄元, 李熠, 李益亨, 張善澂, 趙啓生, 河龍奎, 許憶, 洪宇定
桐川	姜弘國	斗峯	金秉濂, 南廷吉, 柳永詢, 柳以澤, 尹益陸, 李吉培, 李炳星, 李尚毅, 李尚賢, 李宰憲, 李鐘一, 李志完, 林達植		
桐泉	南相舜, 李啓朝, 李根馨				
桐村	金麟, 趙仲謙			杜機	崔成大
桐坡	白基昌	斗峰	朴滿圭, 朴滼, 曹元煥	杜潭	洪重夏
桐圃	權五鳳, 洪在鳳	斗山	金在韶, 金顯注, 徐惇輔, 李東明, 李孟休, 李中昻, 鄭在晉, 趙龜永, 曹東煥	杜堂	田琦, 田得龍
				杜老	崔有江
				杜陵	李濟謙, 李垛, 鄭覺先

<table>
<tr><td>

杜門洞　成思齊
杜門翁　金德宏
杜門子　成思齊
杜門齋　安宗悌, 林先味, 林允德, 程有連
杜山　李孟休
杜俗窩　李誠
杜心軒　金相根
杜阿　高翰雲
杜菴　沈敏謙, 吳重煥, 李愼猷, 全多雲, 全賁
杜隱　李漢挺, 張學祚, 全般誠
杜陰　李思觀
杜村　朴承文, 朴揚茂, 李彭壽, 任廷式, 張羽, 黃瑞門
杜浦　柳塤 尹趾善
杜巷居士　李樹仁
竇巖　李璣玉
蠹庵　牟達兼, 李鳳鍾
蠹窩　崔興璧
苣江漁夫　李公愚
苣江漁父　李公愚
苣江樵父　李公愚
苣溪　朴宗薰
苣溪居士　成周德
苣塘　金肇權
苣隱　申仁錡
豆谷　崔善復
豆村　石萬載
逗日　睦詹
逗日堂　睦詹
逗日軒　睦詹
頭流山人　休靜
頭流山人九階　覺岸
頭輪　清性

</td><td>

頭陀　李夏坤
屯庵　金必泰
屯塢　林宗七
屯翁　柳公亮
屯村　閔維重
芚皐　朴鼎休
芚山　李廷薰
芚庵　金復陽
芚菴　宋淵
遁溪　李運燮
遁谷　金壽賢, 李時徵, 李震炳, 李恒佐
遁山　金崇濂
遁叟　李世溫
遁庵　金萬基
遁菴　李淮, 許穆
遁翁　金文夏, 安淹慶, 韓汝愈
遁齋　沈繼年
遁村　李養中, 李集, 趙門衡
遁浦　黃思齊
遯溪　郭世翼, 金敏秋, 金瑄, 朴栗, 朴泰徵, 申鴻來, 鄭延壽, 河宗海, 許厚
遯高　權伩
遯谷　郭世翼, 金壽賢, 朴尚浩, 魚國相, 李惟益, 趙亨生
遯南　許方佑
遯黙齋　宋明瑞
遯峰　金寧
遯山　尹殷甫, 李錫夏
遯石　羅平集
遯叟　金仁輔, 金致禎, 朴景愼, 朴渡, 朴之桂, 永信敏, 宋德潤, 張彝之, 蔡氏, 崔東

</td><td>

植　崔嵒
遯峀　金德裕
遯巖　金樟, 金鐵華, 金必泓, 孫起南, 張周遠, 車周庸
遯庵　甘景茂, 康旒, 金斗玟, 金信南, 金汝翕, 金履鉉, 金重榮, 金必鳳, 金沆, 南夏行, 朴吉, 朴希聖, 白環, 徐翰廷, 鮮于浹, 愼應福, 梁山海, 梁濟民, 吳梁孫, 柳惟順, 李萬洙, 李龍奎, 李直輔, 李澤, 林千齡, 張肇平, 鄭彦佑, 曺德臣, 趙璞, 趙壽雄, 洪可相, 黃暹, 黃柱錫
遯菴　金德慶, 金愼南, 金愼德, 金仁儉, 閔伸, 朴領, 朴魚得, 朴自珍, 裵亮珍, 白東良, 邊佸, 梁能讓, 吳基烈, 尹師晢, 李錫孫, 鄭騏燮, 丁明秀, 趙常本, 趙修, 蔡氏, 崔允德, 秋蘆, 韓承利, 韓應吉, 許銓
遯广　劉命哲
遯翁　金伉, 朴球, 朴扮衢, 朴良孫, 朴遵, 朴希聖, 徐諲, 尹吉, 李良茂, 崔龜靈, 崔逈, 崔震俊, 韓汝愈, 黃一鳳
遯窩　郭曄, 權敏義, 金東權, 文德蓋, 朴九範, 朴時人, 朴維度, 朴弘行, 宋時準, 辛宏珪, 愼應福, 申子杜, 愼後聃, 梁宗楷, 柳榮徵, 李晩孫, 李晩鑲, 任守幹, 章永巡, 鄭珏, 鄭泰三, 崔錫恒
遯愚　金聲廉

</td></tr>
</table>

遯憂　郭錫在

遯愚堂　朴廷薛

遯隱　片斗生

遯齋　權敏手, 金光佶, 金大榮, 金道行, 金斗緯, 金明, 金善慶, 金承祖, 金安老, 金疑立, 金重喜, 金昶善, 金夏鍵, 南宇, 文達煥, 文遜, 朴謹之, 朴衍生, 朴昌壽, 朴泰徵, 徐錫蓮, 宣清, 成斗鉉, 成世明, 成世昌, 孫有敬, 宋憲晃, 安達得, 魚命徹, 呂有衡, 吳演, 李贄, 李尚榮, 李錫文, 李陽柱, 李龍運, 李學禧, 李璲, 鄭洛, 鄭汝諧, 趙常本, 曺弘業, 崔季起, 崔應軫, 崔仁坤, 卓英, 河景洙, 河冲, 韓翊相, 許洪器

遯亭　李宜祿, 鄭履瀅

遯支　朴薰陽

遯泉　柳光胤

遯村　金萬增, 南至, 朴世耉, 朴世雄, 裵克富, 李時輝, 李昌錫

遯壑　宋慶元

遯軒　權晟, 金致東, 金誠, 盧廷龍, 蘇震國, 柳成仁, 李緝, 李弘有, 林炳瓚, 鄭仁謹

遯湖　沈一洙, 楊萬古

遯華　鄭任

鈍巖　趙葵錫

鈍庵　申昉, 李春煥

鈍菴　宋柄奎 宋寅, 沈光彦, 安舳, 李彙政, 崔澤謙

鈍翁　金鎭休, 尹指

鈍窩　李廷煌

鈍齋　金光轍, 金履裕, 金載馥, 金昌熙, 崔相煥

鈍靜　尹錫來

鈍村　金晅

鈍軒　金光轍

得心齋　康敏恒, 康聖浩

得安齋　李聖擇

得陽子　韓無畏

得寓齋　宋相哲

得月　尙鵬南

得月子　尙鵬南

得一庄　李晩嶠

得通　己和

燈谷　學祖

燈影庵　金正喜

燈村　趙崇祖

登階　正心

登坡軒　李民熙

藤谷　李達

藤巖　張世禧

藤庵　金季龜

藤菴　權徵, 裵尙龍

藤雲　朴世勳

藤原處士　李安眞

藤隱　朴純禮, 朴洪來

磨鏡軒　洪九淵

磨嶽老樵　李廷燮

磨巖　趙進道

磨菴　魯龍復

磨厓　權輗

磨齋　李漾, 鄭忠樑

馬谷　宋馱

馬巖　金文起, 元應龍

馬川　崔就慶

麻尼室　李象曼

麻堂　廉震彦

麻靈干　朴曇

麻西干　朴義珏

麻齋　李顯休

麻川　洪逸童

摩詰　張維

幕先堂　李效孟

幕巖　李時幹

幕广　李周幹

莫憂亭　辛百鍊

藐庵　安重謙

卍海　韓龍雲

巒村　朴東亨

彎湖　辛悌立

慢叟　權暐

慢翁　申鑑

挽溪庵　金鏄

晚稼　沈尙頎

晚可齋　金奭行

晚覺　金千遜, 李潤祥, 李挺豪, 崔相淳

晚覺堂　沈相知

晚覺齋　金潚, 盧廷一, 朴秀連, 邊相勉, 徐惟遠, 申甲俊, 李東汲, 鄭致鵬, 崔斗永

晚磵　魚有璜

晚岡　金太鎭, 石一均, 宋珹

晚崗　李誼

晚康齋　鄭德河

晚警堂　高斗經

晚溪　　甘楨植, 金周善, 沈達河, 柳遠奎, 李績熙, 李震元, 黃孟貞

晚計窩　李聖麟

晚谷　　金夢權, 梁晉用, 趙述道, 崔起南, 崔柱岳

晚槐堂　吳炳圭

晚橋　　金敬文

晚久　　崔澹

晚求　　李種杞, 章雲漢

晚求窩　金鎭龜, 李鍾杞

晚求齋　金鎭龜

晚歸　　金善兼, 李演九, 李見龍, 趙守倫

晚歸堂　蔣得芬, 蔡錫疇

晚兢窩　尹泰老

晚基　　崔贊海

晚起　　鄭泰烈

晚起堂　金基厚

晚吉　　黃鍾極

晚農　　任秉箕

晚聲　　柳協基

晚念　　張繼齡

晚達亭　金致恭

晚潭　　尹昌洙

晚堂　　金樺源, 鄭權勉, 趙泰衍, 洪承魯, 黃章淵

晚對亭　宋福源

晚對軒　南一運

晚德　　金大器

晚讀書齋　洪亮吉

晚逈　　金樂曾

晚逈菴　尹師晳

晚逈軒　南一運

晚樂堂　李宣, 張漢成, 黃浩啓

晚樂齋　金舜賓, 金允中, 趙錫龍

晚樂軒　張錫寅, 陳定

晚魯堂　李弘美, 李弘眞

晚林　　黃柄斗

晚晚軒　安廷燮

晚梅窩　崔光參

晚命軒　朴成玉

晚慕　　鄭基安

晚慕齋　金思黙

晚黙堂　李景茂

晚聞　　李時馣, 林萬彙

晚聞齋　李仁行

晚柏　　金炳大, 洪理禹

晚帆　　黃峙範

晚保堂　金壽童, 李堉

晚葆堂　成有黙

晚峰　　朴宗儒

晚峯　　吳益煥

晚思庵　柳世楨

晚沙　　金尙寯, 金禮蒙, 徐景雨, 沈友勝, 沈之源, 安孝仁, 李景義, 李慶涵, 李伋, 李惇叙, 李尙吉, 李廷弘, 鄭昌胄

晚山　　姜鎔, 金奎斗, 金師柱, 金瀁根, 金永銖, 金裕壽, 金鉉奭, 朴昇九, 裵炳元, 徐文裕, 廉友赫, 禹守一, 李相能, 李相軫, 李世師, 李廷弼, 張秉熹, 張寅濩, 鄭宗舜, 鄭準教, 鄭休鮮, 諸達龍, 崔濩

晚橡　　李在幹

晚棲　　金浩圭, 申相圭

晚棲軒　李開

晚善堂　權錫璘

晚善齋　李景說

晚善亭　朴漢英

晚惺　　甘泰烋, 權寧運, 金溶完, 魏定權, 劉萬甲, 李龍九, 李厚三

晚省　　李晚榮, 李鍾煜

晚醒　　金容完, 金熺永, 文元萬, 朴慶鍌, 朴瑞震, 朴辰英, 朴致馥, 孫炳黙, 李桂龍, 李壽慶, 李胄相, 丁奎炳, 鄭度永, 趙昌遠, 崔景嶽, 黃大熙

晚成堂　申昇錄, 張昌翼

晚醒堂　李重壽

晚惺子　鄭瑀

晚惺齋　李殷相

晚醒齋　金秉圭, 朴慶邦, 朴漢鎭, 張道行

晚醒亭　鄭泰成

晚省軒　朴禎和

晚歲　　盧欽

晚蘇　　李曦

晚松　　權秉烈, 權在直, 金謙, 金思駒, 金重鉉, 朴源箕, 朴廈相, 朴晦植, 孫秉佑, 辛克熙, 余元燁, 吳正舘, 兪民植, 劉秉憲, 李起鵬, 李三省, 李鍾和, 林暎澤, 張繼業, 張天翼, 田大穗, 鄭遇, 鄭樞澤, 鄭海煜, 陳學宗, 崔景文, 韓南敎, 黃洪益

晚松堂　金謙, 方恦, 李鍾和

晚松齋　洪範禹

晚松亭　朴應坤, 梁龍黙

晚松軒	金四行	
晚修	柳謙明	
晚睡	黃悌顯	
晚隨	鄭復初	
晚睡堂	金榮喆	
晚修菴	張延相, 鄭邦柱	
晚修齋	權廷燮, 權宅模, 琴嵊 趙東采	
晚守齋	李晚守, 李敏琦	
晚遂齋	金載禧	
晚修軒	李冑玉	
晚習庵	安羽濟	
晚安堂	李后定	
晚巖	金尙集, 金崇濂, 金崇黙, 金著一, 蘇瀿	
晚庵	金履祥, 金載翼, 盧鳳采, 李尙眞, 黃祿源	
晚菴	裵褧仁, 宋汝雨, 柳鳳輝	
晚養齋	鄭德休, 黃床	
晚漁堂	李廷重	
晚永齋	李重發	
晚塢	曹亨承	
晚吾	李禬, 黃義昌	
晚窩	申晉運	
晚悟	郭東炭, 權聖重, 金國仁, 金良浩, 金礪鈺, 金在煥, 金八煥, 朴慶後, 朴來謙, 朴得一, 朴龍漢, 朴柱炫, 房元震, 葉公濟, 孫運模, 申達道, 愼三俊, 沈殼, 嚴緝, 余昶燁, 吳命厚, 李堈, 李格, 李曇, 李相鉉, 李寅奎, 李寅相, 李禬, 全慶昌, 鄭東秀, 鄭裕昆, 鄭樟, 鄭快錫, 鄭泰星, 鄭瀹, 陳鳳瑞, 陳如達, 陳汝遠, 陳正

	範, 崔廷翰, 崔琥, 韓用龜, 許栽, 洪錫, 洪承慶, 洪承祚, 洪震, 黃基健, 黃基清, 黃緬, 黃五錫, 黃宗振	
晚晤	金永鎭, 劉大鎭, 尹惟幾, 李勉人, 李檜, 黃義昌	
晚梧	權纘德, 田德垕, 陳如達	
晚窹	申晉運	
晚悟居士	尹永冑	
晚窹堂	鄭運復	
晚悟堂	金承大, 盧漢九, 睦林一, 成碩夔, 梁圭勛, 吳櫛, 李惇亨, 李仁濟, 李顯道, 趙汝秀, 趙禧錫	
晚梧堂	金湜, 吳憪	
晚悟庵	石鍊章	
晚悟齋	郭邦郁, 權享洙, 金汲, 金鼎臣, 李敬源, 李君賓, 李理金, 李希亮, 鄭九鎬	
晚悟齋	鄭匡普	
晚悟亭	尹夏儉	
晚悟軒	權景虎, 安廷燮	
晚翁	金麟壽, 朴漢緯, 徐晚輔, 徐命瑞, 宋國休, 李譚, 趙述道, 崔起南, 崔世衍	
晚窩	金裕壽, 文斗華, 成起寅, 孫興祖, 李彦根, 李頤淳, 鄭之蕃, 趙學淳, 曹漢卿, 洪義瑾, 黃鍾啓	
晚臥軒	朴胤光	
晚慵齋	金演塤	
晚寓	金洛圭	
晚愚	朴廷瀅, 沈孝淵, 安寅錫, 黃舜九	
晚雨	宋昌根	
晚寓齋	琴英澤	

晚耘	李容一	
晚雲	馬志遠, 葉濃燁, 吳允礫, 吳允諧, 鄭忠信, 趙漢緯, 車周煥, 崔淳炯, 黃極東	
晚芸齋	崔遇豊	
晚園	李漢綺	
晚畹	金秉植	
晚六	崔瀁	
晚六堂	崔瀁	
晚育堂	金斗明	
晚隱	姜大遂, 權允壽, 權曉, 金潔, 金慶餘, 金吉祥, 金大器, 金壁, 金成慶, 金世章, 金振古, 金鎭祜, 金鎭厚, 金徽, 南宮澈, 孟萬澤, 孟世衡, 文中誠, 文和, 朴基瑛, 朴宣章, 朴順河, 朴載弘, 房明噲, 裵仁敬, 白東鎭, 白壽倫, 薛繼祖, 宋蝎, 宋喆顯, 申濂, 辛恒文, 柳道長, 尹致玟, 李灌, 李奎遠, 李斗憲, 李尙輔, 李時恒, 李遇日, 李迪祥, 李滉, 張順受, 田繼男, 全金先, 全錫河, 田銑, 田漾, 鄭斗永, 鄭珪, 趙基淳, 千光祿, 崔壽檜, 韓起章, 洪載, 洪冑華, 黃舜九, 黃塽, 黃躔, 黃宗根	
晚隱堂	金啓源, 朴元貞, 丁奎源, 丁友燮	
晚陰	張繼任	
晚依堂	鄭始成	
晚益	房松衘	
晚忍堂	張趾學	
晚一堂	蔣鐳	
晚齋	金繼根, 金性泰, 金世均,	

金翼甫, 金必南, 徐顯夏, 蘇輝植 柳烶 尹在振, 李啓萬, 李好善, 張晉弘 洪樂燮 洪洛珠 黃銑 黃仁奕

晚全　　奇自獻, 蔡斗永
晚田　　洪受九
晚全堂　奇自獻, 洪可臣
晚節　　郭萬遠 朴元亨, 林大全
晚節堂　朴世彥, 朴元亨, 任繼重, 鄭曦會
晚節亭　朴顯輔
晚節軒　李世機
晚亭　　朴顯輔, 裵啓錫, 徐得淳, 徐相敦 蘇憲燮 崔仁濟, 彭友德
晚靜　　徐宗泰
晚靜堂　徐種泰
晚靜齋　趙畋
晚釣　　金南鵬
晚彤堂　尹輯
晚拙　　李英秀
晚拙堂　方恛
晚拙齋　林淳荵
晚洲　　權以復 柳耀碧 尹喜聖, 李繼枝 鄭昌冑 洪錫箕
晚竹堂　李希昌
晚池堂　金遵
晚眞　　李相東
晚窓　　申曉 沈達源
晚川　　申命濟 申澔 李起 李仲賢 鄭弘遠
晚泉　　金規漢 金弘纘 李永儀 趙性沃
晚棣　　李凝祥

晚青　　曹有煥
晚晴　　李建熙 鄭玟植
晚樵　　權弘燮 朴聖中 朴龍圭, 徐嘉行 辛世根 李復圭, 林東漢 全錫斑
晚蕉　　柳基碩
晚村　　金澡 朴宗喜 朴準德 沈宜益 柳復明 李彥根
晚最　　李泰文
晚春堂　金永汭
晚就　　朴尚暾 裵文斗 崔尚纘
晚翠　　姜大錫, 高舜鎭, 弓寅聖 權相佑, 金蓋國, 金東洙 金得礛, 金孟權, 金永祜 金偉, 金衡圭, 金瑚旻 羅茂松, 盧沈, 盧沉 文震煥 朴宗碩, 方漢相, 徐簣輔 徐宗泰, 成卿修, 成夏植 愼錫九, 愼在寬, 嚴慶胤 吳德齡, 吳相顯, 吳億齡 吳榮順, 尹基周, 李啓白 李奎賓, 李穆憲, 李錫坤 李錫斗, 李琡, 李元駿 李鉦埈, 李海淳, 李鉉鶴 李逈, 李弘淳, 李黃鍾 張佑漢, 全斗運, 鄭柄璨 鄭肅朝, 鄭雲象, 曹恒 晉希伯 崔錫鉉 崔溴 洪暻植 洪樂皐 洪承明 洪鉉輔 黃式仁 黃益中 黃贊熙
晚翠堂　郭永禧 權山立 權憬 權肹 權昌燮 金蓋國 金洛龍 金孟權 金士元 金英漢 金堯 金偉 朴相柏 朴彥琛 朴宗碩 朴顯章 范可鍾 葉千枝 沈通源 安洙奉 吳億齡 柳宗植

柳彙進 李孟智 李文甲 李玵 李仁源 李稷佐 鄭以僑 洪義錫
晚翠洞　黃瀞
晚醉庵　李鏵
晚翠窩　芮大烈
晚就齋　鄭尚義
晚翠亭　文炳植 朴永錫 朴洪一 宋道建 宋之璟 申淑 沈遠杓 呂用和 李圭信 李愓 李璜鍾 趙須
晚翠處士　朴致晦
晚翠軒　金得礛 金聖龜 南老明 都秉籌 朴儉 朴度德 朴道煥 朴永奎 朴哲元 劉匡鎭 柳後聖 李奎賓 李憑 李琡 李是樞 李昌誼 鄭宅善 鄭煥儀 曺善晨
晚醉軒　金得驥
晚癡　　金秀南, 洪天休
晚癡堂　金秀南
晚退　　申應渠 洪萬朝
晚退堂　申應渠 洪萬朝 洪重寅
晚退齋　李憲忠
晚退軒　金中清 申應榘
晚坡　　朴東三
晚圃　　姜浩 權尚游 金柄洪 金時根 金允諧 金在華 金漢性 南基旭 朴根孝 朴海錫 孫㶡 申正遠 沈煥之 楊贊永 呂東奎 吳學健 禹龍九 李能白 李敏迪 李翊鎬 李天翊 李會相 全宅爐 鄭大元 鄭惟城 鄭寅赫 鄭濟鎬 鄭

昌東, 趙性洛, 趙性浩, 趙周源, 蔡琦永, 崔穰海, 黃錫永, 黃錫熙, 黃翼龍, 黃護烈

晚浦　金敬宗, 安國瑞, 安瑜重
晚圃堂　李馨福, 丁世鉉
晚圃子　陳福命
晚圃軒　沈煥之
晚楓亭　柳光先
晚河　金光洙
晚荷　羅貞玉, 朴命燮
晚霞　金鳩, 金尚魯, 羅貞玉, 尹游, 趙東善
晚學　朴洵德, 徐信同
晚學堂　裵尚瑜
晚學齋　權師稷, 金翼虎
晚恨　李鍾鈺
晚閑　任義伯, 趙壽益
晚海　柳道宗, 尹弼鉉
晚行　朴承載
晚香　金斗明, 金相久, 金鐘燮, 閔哲勳, 白樂訓, 李翼晉, 李墀, 鄭弘來
晚香堂　金斗明, 金鍾燮, 李墇, 河灦, 洪重禹
晚香齋　南相吉, 嚴漢朋, 鄭奎采, 洪翼淵
晚香亭　南廷淑
晚虛齋　張哲文
晚軒　金寶坤, 金材珉, 金宅坤, 盧國賓, 朴成玉, 徐泰欽, 申頴, 龍天奇, 李南秀, 鄭桂天, 丁焰, 秦達淵, 秦炳國, 黃秉河, 黃廷敏 黃重河
晚湖　金基淵, 裵洛圖, 愼懋

李世靖, 李守仁, 李楷, 鄭學潤, 蔡三永, 洪震
晚華　柳挺漢
晚華堂　金遇明, 柳振漢
晚華亭　金始烈, 柳振漢
晚花軒　李世師
晚悔　具然鎬, 具允鈺, 奇瀾, 金基燮, 金敏國, 金秉模, 金榮九, 盧栻, 朴世東, 朴世元, 范亮煥, 沈尚顯, 宋鎮瀅, 宋澈, 沈尚顯, 安景時, 嚴緝, 呂東植, 吳正根, 禹汝度, 魏國采, 李承德, 李有謙, 李必榮, 李衡徵, 李熙爽, 林尚樺, 任龍材, 張思吉, 張性昊, 趙師錫, 洪得一, 黃告立, 黃極載, 黃文益, 黃聖河
晚晦　權得己, 金成遇, 朴文龜, 宋廷岳, 尹錫來, 李文杰, 李有謙, 李春元, 李必榮, 趙忠孫, 黃古立
晚悔堂　權得己, 金宏柱, 金鳴漢, 金舜敏, 朴世元, 白樂元, 申瀁, 安景時, 嚴緝, 魏庭喆, 李韶九, 李龍模, 李有謙, 李澈, 李熙爽, 林德生, 任百基, 張慶遇, 諸汝元, 黃一淸
晚晦堂　朴就文, 宋廷岳, 韓必聖
晚悔菴　嚴興道
晚悔齋　金英泰, 朴徽鎭, 梁錫輔, 全規漢
晚懷齋　朴揚善
晚悔亭　宋世彬, 林秉淵
晚回軒　許伸

晚悔軒　金建銖, 金英泰, 朴禮彬, 朴以樟, 申直模, 鄭樴
晚晦軒　申直模, 李澈富
晚休　朴公鉉, 朴宗鉉, 朴泰尚, 柳聖五, 趙師錫, 趙台祥, 黃貴成
晚休堂　權鍾崙, 金貴成, 金克溫, 金萬鉉, 金相潾, 金壽昌, 金若魯, 金億鎰, 金滋, 朴泰尚, 柳永忠, 李聖求, 鄭始成, 趙師錫, 黃貴成
晚休子　朴泰尚
晚休齋　朴秀蕃, 鄭元弼
晚休亭　兪命雄, 趙命臣
晚興齋　盧蘷
晚喜　權錫璘, 金應瀾, 金誌默, 洪炳謨
晚義　梁進永
晚喜堂　卜潤成, 韓尚箕, 洪柱彦, 洪昌震
晚喜齋　崔常烈
曼庵　宗憲
曼香　金正喜
曼湖　李膺祚
滿溪　林世味
滿空　月面
滿山　甘得和
滿庵　閔泳綺
滿月堂　鄭宗周
滿虛　慶華
漫浪　李窅, 黃床
漫叟　權暐, 梁應洛, 吳時亨, 鄭老錫
漫收堂　權以鎭
漫收軒　權以鎭
漫庵　李瀷

漫然	張龍慶	萬竹軒	徐益, 鄭礥	忘憂亭	表沖
漫翁	宋斗文, 柳命吉, 柳復吉,	萬枝翁	吳千根	忘憂軒	安岑
	尹淳, 李廷機, 李必成, 李	萬枝亭	安頊	忘隱	李崇義
	厚源	萬進堂	郭瀏	忘齋	孫叔暾, 吳希道
漫隱	韓逅	萬吹齋	崔景弼	忘川	李皐
灣溪	蔡申保	萬癡堂	金秀南	忘村	邊之斗, 宋淳
灣窩	金亮禧	萬海	韓龍雲	忘軒	李胄
灣川	李鼎九	萬軒	韓東愈	望卿軒	宋以鎭
萬頃	金德濟	萬化	寬俊, 圓悟	望溪	金萬謹, 印鐵寬
萬谷	劉用恂	萬悔堂	李大稙	望皐	崔子泮
萬代居士	權容大	萬悔窩	李鍾淳	望機堂	曺漢輔
萬里亭	李圭憲	萬休	任有後, 自欣	望臺	徐湜
萬妙	權萬衡	萬休堂	任有後	望德	文葽潤
萬妙居士	權聖一	蔓川	李承薰, 李正薰	望道翁	金汝鎔
萬民	金爾遜	蔓川子	金光錫	望美堂	金孝孫, 魏山寶, 崔泰恒
萬峰	洪喜	謾翁	尹致邦	望美軒	朱楗
萬夫	李志雄	鬘持	金正喜	望思巖	羅緯
萬山	柳致儼, 崔裕一	秣陵	陳文述	望西窩	魏天相
萬書院	金鎭	妄	高淳	望松堂	晉虎老
萬歲菴	黃信	妄憂窩	張晉行	望嶽	奉玘
萬松	權証, 金興魯, 李寅卿	妄人	高淳	望巖	奉玘, 李求勳, 李永勳
萬松岡	姜希孟	妄熙之	高淳	望庵	金守曾, 柳夢鶴
萬松居士	權証	忘機堂	曺漢輔	望菴	邊以中
萬松潭	崔世奎	忘機亭	柳峯	望窩	鄭河慶
萬松堂	李寅卿	忘味窩	金弘禎	望雲	劉旱雨, 李恥, 趙址, 趙
萬松軒	金基黙	忘世翁	李尙煒		弘馥, 崔商孫
萬壽堂	李仁植	忘世齋	金志	望雲堂	徐德淳
萬樹堂	朴寅亮	忘世亭	沈璿	望雲亭	孫錫祉
萬菴	魏光肇	忘世軒	尹克賢	望月台	張敬原
萬二千峰主人	金圭鎭	忘吾齋	宋碩祚	望越菴	李蕃
萬仞堂	徐惟遠	忘窩	金榮祖	望月亭	鄭成采
萬丈	洪山柱	忘牛堂	李芳幹	望月軒	琴愷
萬拙	盧應禧	忘憂	郭再祐	望日堂	全溉, 全益禧
萬竹	金延澤, 馬蹄, 徐益, 鄭	忘憂堂	郭再祐, 林祐	望日菴	洪德彌
	礥			望日齋	朴謹元, 柳泳

望齋	金洛碩, 吳希道	源, 曹偉, 朱炯, 太學觀, 邢錫厚	
望亭	金孟源	梅谿	李錫純, 李詮雨
望潮堂	徐仁忠	梅谿子	李鈺
望楸	李東秀	梅皐	姜世雋, 尹希廉, 趙洛奎
望楸堂	李萬燁	梅古堂	姜柱完
望楸軒	河天端	梅谷	姜瑞, 郭恒, 權允煥, 權
望浦	盧稙		泰斗, 金德恒, 金道器, 金
望鶴亭	成德龍, 李之鉉		蓍根, 金始樱, 金始奕, 金
望海堂	金振基		霆謙, 金遵階, 金鐸, 裵璹,
望海亭	金漑		文孟潤, 朴載原, 朴昌植,
望軒	金光立, 金象九, 申宅得		朴天翼, 朴喜鳳, 裵璹, 徐
望賢齋	朴民翰		聖寶, 宣世綱, 成允諧, 成
望湖居士	尹以儉		至行, 宋奎斌, 吳潤煥, 李
望湖亭	盧坫, 趙琓		基亨, 李用賓, 李禹圭, 李
望華堂	安世琛		正學, 李涾, 鄭惟進, 趙侚
網川	朴廷麟		後, 趙之耘, 崔基辯, 崔道
茫洋	姜與載		彦, 許鑐, 邢建, 邢時源, 黃
茫川	李皐		侃
輞川	吳欽老	梅槐堂	朴齊政
輞泉	李德言	梅菊堂	洪麒輔
昧憲	權衡基	梅菊軒	朴麟祥, 李希聖
昧軒	權伯麟	梅筠軒	朴琛
梅覺	金蘭奎	梅橘堂	柳溫
梅澗	李翊相	梅橘亭	愼昄
梅磵	羅海鳳, 睦叙欽, 李翊相	梅南	洪濟輔
梅岡	金奉世, 李仲卿, 黃在鶴	梅南散人	李用休
梅崗	黃相吉	梅農	林性煥
梅溪	姜汝寬, 康好文, 權義叔,	梅潭	安公信, 安昌國
	金國年, 金世柱, 金挺兌,	梅潭齋	裵道弘
	金宗禧, 金鐸, 南炳斗, 睦	梅堂	權旭, 金慶老, 金岾, 金
	叙欽, 文瑾, 朴亮漢, 朴思		仲煥, 朴守亨, 宋希醇, 楊
	齋, 成櫻, 宋陽仁, 梁夢熊,		墩, 李秉台, 李壽安, 李隱,
	梁柱南, 元松壽, 柳基元,		河永箕
	李載浩, 任淨, 林淨一, 張	梅塘	郭赾, 金好文
	末翼, 鄭惟愼, 鄭鐸, 鄭後	梅墩	金蕃, 柳廣善

梅旅	李泰翔
梅柏軒	吳喜駧
梅邊	成稷
梅峯	李皎, 崔徵厚
梅峰	吳政杓, 林時郁, 趙仲全, 周永南
梅史	高濟敏, 具碩會, 金橘澤, 奉源行, 呂圭敬, 吳寅淳, 吳周用, 吳稷祠, 柳基鉉, 尹升求, 李鈺, 鄭氏, 鄭在駰, 崔泰淳, 韓宗均, 邢慶洙, 黃基永
梅士	安健榮
梅沙	金薵, 洪柱震
梅山	金輔熙, 金錫元, 金在範, 金英熙, 金振海, 羅烜, 朴敏修, 朴厚, 柳厚祚, 李克謙, 李仁民, 李寅爀, 李夏鎭, 林會善, 鄭尙華, 鄭重器, 崔世田, 洪直弼, 黃廷戸
梅山堂	蔣喃
梅墅	姜宗慶, 李致
梅西	宋奎徵, 李明峻, 鄭東明
梅石	金光柏, 徐相佑, 李東燮
梅石軒	梁泰永
梅仙	崔興悌
梅雪堂	趙完珪
梅雪軒	趙完珪
梅城	李跋
梅成	李跋
梅松	金銑
梅叟	潘思濟, 趙熙龍
梅瘦	權學準
梅巖	金好仁, 性聰, 李明澈, 李叔樑, 曹敬德
梅庵	李誠國, 李鈺, 曹湜

梅菴　金是泗, 朴安仁, 李雲鏡

梅野　姜宗慶

梅陽　金鸞祥

梅永軒　崔孝烈

梅塢　權淳, 權燦容, 金有讓, 金應鉉, 金益堅, 金泰濂, 鄭榮後, 趙居信, 趙景璇, 趙炳乙, 陳周衡, 邢震春

梅屋　南泰會, 朴致晦, 李鈺

梅翁　朴亮漢

梅窩　權士諤, 金龍錫, 金宗厚, 盧鐸, 司空墊, 葉寅, 宋悌, 柳廣善, 李永錫, 李仁榡, 林季徽, 全霖, 鄭克毅, 鄭謐, 崔夢龍, 崔轔

梅宇　孔義燮, 朴萬伯, 禹得楠

梅雲　安性遠, 李庭禧

梅雲堂　李兆年

梅園　金光繼, 司空精, 徐箕淳, 吳俊誠, 李伯明, 趙命郁, 黃宗澤

梅月堂　金時習, 朴文龍, 李克培, 李賀生, 趙仁璧

梅月松風　金敏淳

梅月軒　南弼明, 禹承拜, 黃汝一

梅隱　丘永安, 具徵, 權秉璣, 權烜, 金得麟, 金秉善, 金安繼, 金坽, 金五行, 金仁奇, 金琮洙, 金宗禧, 朴世來, 朴廷珪, 朴椿基, 愼友徵, 辛應卿, 安餘慶, 尹大一, 尹勝敏, 尹載健, 李世松, 李叔樑, 李乙樞, 李章熙, 李昌煥, 李壆宗, 林道煥, 全榮, 鄭址德, 趙承洙, 趙之耘, 崔匡鎭, 崔道文

梅隱堂　朴東命, 白師謙, 許璜, 黃仁明

梅陰　羅以俊, 石炳悌, 尹根, 李楚材

梅人　尹定善

梅庄　金止南

梅莊　申錫愚

梅齋　朴郁文, 宋正圭, 李能白, 李亨斗, 趙之耘, 太學觀, 洪在愼, 黃城

梅亭　朴敏熙, 李壽千, 鄭鎔, 崔仲漢

梅庭　金承漢, 李錫晉

梅汀　金永壽

梅竹　姜夢秀, 成三問, 李沆, 黃璐

梅竹堂　金景男, 金景勇, 金克信, 金宗, 朴東煥, 成三問, 申東顯, 李奎臣, 李淙, 鄭承勳, 陳錫文

梅竹窩　盧克誠

梅竹軒　金得男, 金英震, 金恒慶, 朴東益, 成三問, 安信命, 安平大君, 李桂, 李明克, 李明惠, 李浣, 李以錫, 李崔, 李宅淳, 蔡文徵

梅窓　桂生, 金尚濂, 金世熙, 朴泰璿, 李士初, 李誠胤, 李晔, 李炯胤, 張宅揆, 鄭士信, 趙大成, 趙奭九, 趙之耘, 崔世節

梅牕　李誠胤

梅川　金箸, 愼公有, 愼希復, 李文憲, 邢祥洙

梅泉　金在謨, 黃玹

梅川堂　宋希達

梅村　姜德龍, 康德民, 郭昌禎, 琴時述, 文弘運, 梁禹璟, 尹博, 李虬榮, 李愈, 李譜, 李澄, 李夏成, 鄭復顯

梅灘　金鍊

梅坡　李升煥, 李義英, 鄭弘禮

梅坪　卞至鼎

梅圃　金聖東, 金溶鶴, 金鶴基, 朴永瓘, 孫景卓, 宋福基, 全鶴基, 鄭珍厚

梅下　金根培, 金基周, 金筌周, 金濟淳, 禹在善, 尹夏植, 丁大英, 崔暻祚, 崔永年

梅下山人　崔永年

梅塾　徐鳳翮, 徐鳳翼

梅學　宋希醇

梅鶴堂　金鋆, 李晚益

梅鶴亭　黃耆老

梅鶴主人　李升亨, 曹景輔

梅閒堂　金思衡

梅軒　郭壽岡, 權訥, 權伯麟, 權士敏, 權遇, 琴輔, 金景祿, 金景文, 金敬義, 金光源, 金驥孫, 金鳳吉, 金鎭, 金鋏, 金勳, 羅以俊, 盧景元, 魯仁止, 盧從元, 朴恬, 朴應成, 朴應秀, 朴齊承, 朴悌榮, 朴震卿, 朴進文, 朴昌先, 朴行重, 裵一張, 裵厚翼, 徐瑋, 蘇山福, 宋東植, 宋命基, 宋寅休, 宋致遠, 昇漢時, 廉悌臣, 吳致雲, 禹載舜, 柳弘星, 尹儋, 尹貞立, 李謙益, 李景崖, 李景賢, 李光後, 李奎臣, 李奎五, 李文範, 李敏政, 李垶, 李樫, 李時晙, 李元郁, 李惟碩, 李應期, 李仁亨, 李重成, 李直謙, 李

昌夏, 李杓, 李玄紀, 林周錫, 張薀, 張元凱, 鄭起龍, 鄭大英, 鄭範洛, 鄭丙來, 鄭思竤, 鄭永會. 鄭煜, 鄭仁烈, 丁燦奎, 趙學壽. 周世封, 池好文, 陳世潤, 千光銘, 崔匡鎭, 崔汝契, 崔汝髙, 崔远, 崔玹, 河鏡輝, 許惛, 邢璣, 洪俊亨, 黃秀鶴, 黃裕, 黃勳周

梅軒處士　林錫周

梅湖　　權行可, 文士英, 朴鍾廉, 白永琥, 孫德升, 宋埈, 兪彦吉, 李敏政, 李震一, 曺友仁, 陳澣, 邢泰齊

梅花舊主　金正喜

梅花外史　李鈺

每心齋　丁若銓

買還翁　安邦俊

邁堂　朴永周

邁埜　徐活

邁齋　李矼

邁征堂　趙錫權

麥溪　張汝弼

麥邱　金樂賢

麥老　金成吉

麥翁　李義俊

麥宗　眞興王

麥湖　金壽祖

孟山　金尚玉

孟巖　金洛用, 金英烈

孟園　申錫愚

盲巖　金汝燁

覓陀　金氏 金鴻圭

俛庵　李偶, 李偶, 崔益鉉

俛仰　宋純

俛仰亭　宋純

俛窩　權象鉉, 徐厚容, 鄭來源

俛宇　郭鍾錫

俛齋　李秉運

勉卿　柳敬

勉兢堂　尹梓

勉修　文自修

勉修齋　文自修

勉庵　朴敏彦, 安英老, 鄭之彦, 趙雲從, 崔益鉉

勉菴　金槤圭, 朴瑞東, 申鼎辰

勉翁　朴致民, 崔自起

勉窩　權相洛, 權象鉉, 邊台均, 李德厚, 鄭之蕃, 黃慶霖

勉齋　姜應期, 權泰鉉, 金亨五, 盧泰觀, 朴禹度, 孫肇瑞, 梁達敎, 禹英海, 鄭苯, 鄭乙輔, 片弘基, 洪純

勉進齋　琴應壎

勉川　權致宣

勉學齋　南相鎭, 丁憲祖

勉軒　金始鳴, 朴浩遠, 鄭鎭華

沔川　朴世茂

泗巖　全挺

晃嘉　洪震

眠山　閔魯植

眠广　李東壁

眠窩　蘇東道

眠雲齋　李周遠

眠湖　金時蕃

綿谷　魚變甲

綿里　李儒修

綿洲　趙秉學

面柳齋　趙基壽

面嶽　洪箕燮

面巖亭　沈溝

面齋　宋魯容

冥觀　尹安性

冥觀齋　尹安性

冥菴　李柱大

冥眞　守一

名隱　許實

名軒　李載重

名賢　裵玉炫

命齋　李鐸

明岡　白奉欽

明鏡　朴逢一

明溪　具誠, 金季潤, 睦耆善, 朴詮, 永禮鳳, 鄭好義, 黃居一

明啓齋　權爾經

明皐　徐瀅修, 林炳奉, 張孝一

明谷　具崟, 徐正淳, 愼景尹, 吳希道, 李震白, 趙昌驥, 崔慶湜, 崔錫鼎, 韓益洙, 韓忠彦, 邢哲元

明國處士　諸萬逢夏

明棄齋　俞一杞

明南樓　崔漢綺

明農　李謙宰, 趙照

明儂　黃祐永

明潭　尹秉燮, 尹秉益

明道庵　金晉鎔

明羅　秦慶億

明來齋　趙綎

明老　洪秉喆

明美堂　李建昌

明美香館　李建昌

明發窩　愼爾儀

明史　片永基

明思堂	辛五剛	明軒	朴世蓊, 氷祥澤	慕明齋	崔鎬翊
明山	金應生	明湖	權運煥, 李言直, 鄭準,	慕窩	葉章權
明誠堂	李璪		韓明浩, 韓後遂	慕軒	朴苊
明新堂	李溥	明湖堂	柳之賢	慕溪	趙綱
明巖	李頊, 李中	明畫	清性	慕古	朴蔚
明庵	金在畢, 盧景宗, 都禹璟,	明晦齋	金文淑	慕谷	俞亨吉, 崔晛
	朴己百, 朴晧, 徐鶴, 李泰	明暉堂	李希曾	慕槐軒	權啓伯
	一, 全在畢, 朱道煥, 黃在	溟槎	吳大齡	慕撝	趙立廈
	聖	溟隱	金弘璹, 尹埠	慕構	趙述立
明菴	康惟善, 金德輝, 金仁鏡	溟洲	金澤卿	慕國	馬溫宗
	裵楫, 徐有千, 魏甲周, 李	茗山	成祐曾	慕極軒	杜安復
	國榦, 李奎煥, 張洪奎, 鄭	茗軒	成樂淳	慕箕齋	金玜
	栻, 曹聖美, 崔鄲	莫生	權寔	慕南	文仁烈
明厓	南華壽, 許霏	蟆齋	王伯	慕潭	洪汝漢
明崖	金宗根	酩酊	柳道三	慕唐	趙鼎
明陽齋	金正洙	銘巖	徐湜, 崔南斗, 崔達文	慕堂	盧鎮權, 朴義老, 裵啓厚,
明於	金廉	銘恩窩	韓柱嶽		孫處訥, 宋奎大, 申在學,
明窩	鄭糺海, 陳健, 秋滎, 河	鳴岡	田溶斗		李雲範, 洪履祥, 洪瀍
	智鎬	鳴溪	李齊台	慕德齋	姜植祚
明源堂	朴致濟	鳴皐	權直己, 金鶴, 閔應協,	慕杜軒	文弘遠
明月	黃眞伊		李烓, 李義洛, 任鋠, 鄭幹,	慕麗堂	邊肅
明月堂	朴陽		鄭爐, 崔永濡	慕濂	朴孝悌
明隱	權輔容, 金壽民, 金益輝,	鳴谷	李山甫	慕濂堂	安忍
	李啓源	鳴巖	權璉, 徐仁元, 孫興慶,	慕濂齋	金俊升
明逸	鄭五錫		李子東, 李海朝	慕明	杜師忠, 裵泰綏
明齋	姜聖翊, 徐國輔, 徐正淳,	鳴菴	金義瑞	慕明子	黃正基
	尹拯, 韓啓震	鳴巖居士	金逈	慕明齋	權默
明寂	道義	鳴巖處士	金逈	慕佛子	李陪連
明洲	朴塓, 朴澳, 柳汝恪	鳴月齋	李文錫	慕沙齋	金容寬
明俊	禹政業	鳴川	金灌	慕山	權憲, 洪祐成
明泉	文贊, 孫潤生	鳴鶴亭	鄭捷	慕石	李克福
明川齋	全九鉉	侮谷	太孟仁	慕惜齋	金善昌
明村	羅良佐, 羅逸, 朴淳愚,	帽山	柳遠聲	慕先堂	崔進大
	施文用	帽巖	朴始淳, 李鍾薰, 林之藝	慕先齋	朴守堅
明灘	成揆憲	帽下	金應日	慕誠	朴淵學
明坡	金之欽				

慕省齋	成鏞	慕月堂	鄭學勉	

慕省齋　成鏞
慕聖齋　金鳴鉉
慕松齋　河仁尚
慕樹齋　金魯錫
慕述齋　尹龍奎
慕顏齋　沈相駿
慕巖　　權度欽, 金基鐸, 金德崇,
　　　　金復光, 朴河倫, 沈能杓,
　　　　李忠民, 李學宗, 趙孟謙
慕庵　　郭熙燦, 權燾, 金克一,
　　　　金達典, 金尌, 金炳仁, 明
　　　　光啓, 徐思迪, 成立, 宋舜
　　　　齡, 申相憲, 柳綏, 李奎鉉
　　　　李晚受, 李仁榘, 李佐國,
　　　　李弘祚, 任漢一, 張愼, 全
　　　　極奎, 田霖, 鄭光淑, 趙稜
慕菴　　金德崇, 金穆烈, 金始振
　　　　金佑漢, 盧彥厚, 裵弘重,
　　　　徐稜, 徐應斗, 成慶遠, 成
　　　　立, 蘇鎮佑, 吳命恒, 尹聖
　　　　濟, 李彥恂, 李元俊, 李宗
　　　　珍, 李徵圭, 李玄齡, 李顯
　　　　悍, 李馨德, 全弘八, 鄭萬
　　　　成, 鄭彥忠, 趙承河, 崔安,
　　　　邢景商, 邢泰胄, 洪錫三,
　　　　洪禹績
慕揚　　洪思哲
慕揚齋　崔日鎭
慕窩　　朴詳, 朴孝忠, 徐麒輔,
　　　　葉章權, 元義孫, 李奎鎮,
　　　　李韶, 李廷棟, 車性爲, 崔
　　　　鳳實, 黃琦淳
慕友堂　趙錫春
慕愚庵　柳澹石, 柳浩錫
慕雲齋　朴泳鉉
慕源　　金普圭
慕圓菴　宋得龍

慕月堂　鄭學勉
慕月亭　高濟燮
慕隱　　金潤堅, 蘇格達, 李碩弼,
　　　　李時夏, 李信遠, 李仁敏
　　　　鄭東植, 鄭漢永, 黃德九
慕隱堂　金樂聲
慕義　　徐碩孫
慕義堂　具棟, 徐碩孫, 李克福
慕義齋　金俊龍
慕齋　　景星, 金德生, 金成大,
　　　　金安國, 金彭齡, 金亨初,
　　　　朴琬, 徐應斗, 蘇論東, 孫
　　　　損璞, 宋大植, 宋尚節, 愼
　　　　永成, 沈裕魯, 梁思貴, 吳
　　　　士禎, 李道純, 李礬, 李忠
　　　　憲, 張鳳周, 全氣粹, 鄭悅,
　　　　鄭龍均, 趙綱, 曺百淳, 趙
　　　　漢翯, 黃根益
慕亭　　金秀燁, 金重羽, 裵大惟
　　　　邊熙龍, 楊希迪, 李蓍秀,
　　　　曺次磨
慕貞　　曺玩
慕川　　金秉兌, 金昌潤, 金天授
慕遯窩　李萬誠
慕初齋　芮歸周
慕村　　徐相達, 徐庭鎬, 趙光庭
慕漆齋　金時源
慕圃　　李秉德
慕夏堂　金忠善
慕學齋　崔綱
慕香齋　崔在麟
慕軒　　姜必愼, 權思德, 權旺
　　　　金達浩, 金汝釆, 金鼎九,
　　　　朴信孫, 朴陽春, 朴苋, 裵
　　　　震明, 徐有相, 蘇性欽, 孫
　　　　德沈, 宋得祥, 宋錫龍, 梁

　　　　愿容, 呂翼行, 柳演, 柳平
　　　　佑, 李景明, 李珪, 李孟緖,
　　　　李敏濟, 李淑璜, 李育, 李
　　　　虎臣, 鄭奎河, 鄭裕默, 鄭
　　　　以諶, 丁履輝, 趙聖權, 趙
　　　　聖枕, 崔屢伯, 片碣頌, 河
　　　　渾, 韓泳柱, 邢國弼, 黃瀘,
　　　　黃致謹
慕賢　　宣邦憲
慕賢堂　朴之文
慕賢齋　河漢明
慕惠齋　孫世鐸
慕湖齋　金榮澤
慕華　　余德潤
慕華齋　賈璿
慕孝　　鄭文孫
慕孝齋　朴之賢, 鄭文孫, 洪敏東
暮醒堂　任世章
暮嶽　　權慄
暮隱　　張彥忱
暮齋　　孫濟彪
暮軒　　河渾
某溪　　金鴻洛
某堂　　李鎬根
某山　　白純愚
某窩　　鄭泰均
模庵　　金連枝
毛老亭　趙九齡
毛山　　金得壽
眊軒　　朴濱
牟溪　　洪範
牟隱　　宋基相, 洪範
芼亭　　河顯道
茅崗　　柳用恭
茅溪　　金宇容, 文緯, 李命培,
　　　　李柄奎, 李在敏

茅谿	文緯, 柳尋春	李德師		睦齋	權鼎興, 李珹
茅谷	盧碩賓	木西	孫英老	睦軒	金致福
茅潭	辛性中	木石	李國華, 李義秉	穆亭	黃太中
茅盧	李命尹	木星	趙明熙	苜蓿堂	段起明
茅盧	李英奇, 崔南斗	木叟	李忠楗	苜蓿軒	段起明
茅盧先生	李珍	木庵	古樗, 粲英, 體元	苜陞堂	李挺郁
茅峯	朴枝樹	木菴	金漢傑	鶩農	黃宗雅
茅山	姜敏著, 柳命堅, 劉震昌,	木厓	李命植	鶩巢	黃逸鳳
	李東完, 李鼉, 李蟹, 崔琦	木塢	俞晉曾	夢覺齋	洪沃輔
	弼	木翁	宋瑄, 河自宗	夢經堂	徐慶淳
茅山齋	姜敏著	木窩	黃允源	夢溪	尹鑠, 韓哲冲, 黃鍾和
茅山亭	李槳	木右庵	金在恂	夢鷄	金允江
茅庵	朴希參	木隱	孔在範, 吳綱, 李敎赫	夢觀	李廷柱
茅菴	郭環, 李恒櫓, 張瑱	木齋	洪汝河	夢關	崔惟允
茅厓	權斗揆	木軒	柳正鐸	夢館	許繪
茅屋	林珍源	牧溪	李勉昇	夢南	鄭寬榮
茅窩	吳俊, 洪麟佑	牧谷	李箕鎭	夢賚亭	鄭惟吉
茅隱	金恒一, 金禧淵, 朴輔淳,	牧伴	呂弘喬	夢裡	李亨會
	李午	牧山	崔升述	夢山	申敦植
茅齋	李克顯, 李弘宇, 張世命,	牧息	金明鎭	夢石	李誠
	田承漑, 表斌	牧庵	金鼎基	夢醒齋	李鍾仁
茅亭	姜弼福, 具恒, 金應時,	牧菴	金尚欽, 混其	夢松	丁令孫
	朴奎淳, 石仁正, 吳壽齡,	牧野	黃宗八	夢心軒	金洪肇
	柳永海, 李仲蕃, 邢自寬	牧羊	靈眼, 洪秉璇	夢岩	黃祐宣
茅汀	邢自寬	牧翁	李翼鎭, 黃協	夢巖	權旧, 李崇元, 李鍾勗
茅洲	金時保, 文國鉉	牧牛堂	李世觀	夢庵	權旧, 金友鉉, 金重元,
茅村	薛禹範, 李瀷	牧牛子	知訥		柳瀹, 李於春, 崔奎憲
茅下	表炳樂	牧園	黃宗海	夢菴	權旧, 金喆秀, 柳希齡,
茅湖	李文衡	牧隱	金在範, 李穡		李淑諴, 李籽
木澗	鄭霖, 趙淵復	牧齋	金寬懿, 范潤圭, 李森煥	夢巖居士	權旧
木溪	姜渾		黃斛, 黃龍五	夢巖老人	野雲
木農	黃順九	牧川	李宗白	夢陽	呂運亨
木訥軒	張溥	目亭	具自平	夢漁	徐文重
木卡居士	朴敬修	睦堂	柳寅爽	夢漁亭	徐文重
木山	姜宗熹, 南相魯, 李基敬	睦庵	一然	夢广	尹邦直

夢囈　南克寬

夢寤　沈尙鼎

夢梧　金鍾秀, 片大順

夢寤齋　沈尙鼎

夢梧齋　姜克儉

夢翁　李紀, 李秄, 鄭汝昌

夢窩　權弼衡, 金昌集, 朴永世, 吳周相, 柳希齡, 李炳冀, 崔鐵堅

夢雨　趙雲柱

夢尤堂　金復慶

夢雲齋　金秉源

夢月　泳泓

夢遊子　李遇駿

夢隱　崔鐵堅, 皮洞冊

夢人　丁學敎, 崔翼良

夢日堂　金日永

夢齋　申最, 李潘

夢鳥亭　南斗北

夢竹　金悌根, 黃致敬

夢中夢人　丁學敎

夢泉　朴鳳儀

夢樵　愼知欽

夢村　金睟, 金鍾秀, 金致萬, 柳啓秀, 林端, 林瑞, 趙云仡, 趙瑚, 蔡應河

夢翠　李國容

夢灘　李萬雄

夢退軒　李能樹

夢坡　尹趌, 林埬, 鄭世翼, 洪宇遠

夢鶴　李命夏

夢漢　李緖

夢海　李一遂

夢解　南應敎

夢軒　金琥, 鄭泰膺, 河渾, 洪萬宗

夢賢齋　金坤壽, 金天澤

夢呼　黃學秀

夢湖　王英

夢華　李種範, 李熙鯤

夢晦　許業

瞢聱　朴南瑾

瞢緈館　李鳳潚

蒙溪　吳錫杓

蒙思　河潗

蒙山　金錫兼

蒙叟　柴懿英

蒙巖　朴琮烈, 朴琮煥, 鄭熺

蒙庵　金錫兼, 李安道, 李埰, 李后

蒙菴　朴準契, 申德均, 李子混, 李混

蒙厓　李壽

蒙養齋　鄭泰桓

蒙窩　金應吉, 宋瑚錫, 崔得琛

蒙愚堂　金珏

蒙恩　河敬復

蒙齋　金演穆, 金樟, 金顯德, 李氏, 李晃宇, 李燔, 李祥龍, 李碩堅, 李安道, 許士廉

蒙泉　鄭光漢, 鄭昌奎

蒙軒　魚在源, 李東柱

卯翁　徐耕輔

卯齋　朴齊洵

妙覺　守眉

妙嚴尊者　自超

妙應　敎雄

妙亭　申順蒙

妙香山人　休靜

妙軒　李奎明

墓堂　崔璟浩

茆齋　盧漢聞

務實齋　南軫永

務隱　朴桂鳳

戊己子　沈棇

拇軒　李道謙

撫孤亭　許檀

撫松　金命時, 徐台煥, 楊夢擧, 玄俊鎬

撫松堂　鄭晦

撫松齋　金壽杭

撫松軒　金淡, 孫天祐

撫化齋　申懿

无咎子　金儆直

无極　梁周翊

无妄齋　南塽

无忘齋　南碤

无妄軒　李臣泰

无憫　韓東郁

无悶堂　南濍, 南漢, 朴絪, 柳衡, 李汝圭, 張德元

无悶窩　吳天根, 李宜祿, 崔得謙

无悶子　申君平

无憫齋　文就光, 李時養

无悶齋　孫念祖

无心堂　申岫

无爲堂　金克亨

无爲子　郭世楗

无爲齋　郭世楗

无盡　趙參

楙谷　田昀

楙洞　柳潤

梣洞處士	柳潤	無名閣主	黃鐵	無我軒	崔秉元, 崔成源
梣齋	李命九	無名堂	閔九疇	無庵	潘好義
梣天	鄭光漢	無名岱人	金福鉉	無菴	姜錫範
武剛	文一民	無名翁	權燮	無涯	崔宇
武溪	宋秉璿	無名窩	盧正鉉, 朴光輔, 丁錫圭	無涯生	申釆浩
武堂	裵楔	無名子	具庠, 尹愭	無礙窩	金曄萬
武陵	李鍾元, 周世鵬	無名齋	康伯珍, 權壽大, 梁命辰,	無言叟	復丘
武陵道人	周世鵬		李尚謙, 崔鍊	無言翁	李翼老
武山	姜龍夏	無無	李能和	無言子	權韠
武山齋	李鳳典	無聞翁	姜輔姬	無如齋	金東洙
武隱	白大璘	無聞齋	沈坱	無窩	權舜經
武夷	李龍羽	無聞軒	李澈厚	無畏	丁午
武樵	李鍾龍	無悶	曹臣俊, 趙應文, 崔必聞	無用	秀演
武下	李春培	無悶堂	盧烊, 文益亨	無用堂	秀演
武好堂	康有楮, 李龜天	無悶堂	朴絪, 李弘績, 林瑋	無用道人	金正喜
無改堂	車聖認	無悶堂	朴絪	無憂堂	徐文德, 宋炳宇, 吳廷輝,
無盖亭	黃允獻	無憫翁	金益聲		李耳壽, 李日燁
無竟	子秀	無悶翁	曹臣俊	無憂軒	金恒培
無谷	成遠, 尹絳	無悶窩	吳天根, 李相休	無爲	金然灝, 朴贊夏, 安忍
無求	崔宙	無憫齋	文就光, 朴枝煥	無爲堂	金克亨, 金泰基
無求堂	李命俊	無悶齋	姜行弼, 李相休	無爲翁	李榮鎭, 鄭漢
無求翁	李昌庭	無邪齋	朴永柱	無爲子	姜希孟
無苟齋	李希夔	無聲	金在洙	無爲齋	金瑩中, 薛範儒, 吳晉用
無極	一然, 混丘	無聲子	朴常愚	無爲亭	李升龍
無極老人	混丘	無聲齋	趙義煥	無違堂	朴大立
無禁堂	楊道南	無愁	鄭應	無有堂	姜濟溥
無禁亭	李股	無睡	尹稙	無有齋	李漳
無忌堂	金甲圭	無愁翁	權愭, 俞最基, 李基淳,	無猶堂	宋德明
無欺堂	方有寧		崔聖胤	無隱堂	李明坤
無己翁	金圭鎭	無愁亭	俞最基	無隱齋	安致宅
無能居士	李能和	無愁軒	朱南強	無衣子	圓炤, 慧諶
無能叟	覺眞, 復丘	無心齋	成日休	無貳齋	吳剛杓
無等山處士	殷元忠	無心軒	李錫鳳	無逸	洪邁海
無量	無染	無我堂	尹致邦		

無逸齋	洪埴周	
無齋	柳東洵	
無適堂	李在協, 洪命亨	
無適翁	尹志大, 鄭宗魯	
無住	無染, 洪鎬	
無住子	洪鎬	
無準	己和	
無知窩	張師拭	
無盡	權攀	
無盡齋	朴愼, 吳晉用	
無盡亭	權攀	
無憾窩	盧以亨	
無忝	申景祖, 鄭道應	
無忝堂	文世光, 李瑞龍, 李宜溫,	
	李宜潤, 鄭道應	
無忝窩	宋述相	
無忝齋	鄭道應, 黃仁鳳	
無臭翁	朴弼琦	
無何堂	李增祿, 林㟽, 洪柱元	
無何翁	金弼祐, 朴仁老, 徐丙洛,	
	申致遠, 李元孫, 洪柱元	
無何子	尹凝績	
無學	自超	
無限景樓	姜世晃	
無恨堂	郭氣和	
無閑堂	林瑋	
無號	金禹範, 朴武祚, 朴柱世,	
	李漢福	
無號堂	尹弼秉, 鄭民和	
無號翁	李漢福, 韓宇瑜	
無化子	寶澤	
無患	朴大立	
無患堂	朴大立	
無悔	洪旭	
無懷堂	李相稷	

舞溪	朴敏樹	
舞巖	蘇秉奎	
畝隱	李英俊	
茂芍齋	尹昌煥	
茂東	鄭天卿	
茂峯	尹松	
茂松齋	朴文鍵	
茂原	朴守林	
茂園	金獻	
茂亭	鄭萬朝	
燕菴	姜錫範	
霧隱	朴桂鳳, 朴世重, 朴良垕,	
	任礄, 鄭之虎	
霧巷	元昊	
嘿好翁	柳夢寅	
墨溪	具龐, 金開物, 柳復立,	
	曹希仁	
墨谷	李繼孟	
墨農	李裕元	
墨堂	李夏榮	
墨鷺	李用雨	
墨石	李繼孟	
墨沼	趙錫命	
墨守	柳成運	
墨巖	李繼孟, 李集	
墨巖子	李集	
墨緣盒	金正喜	
墨翁	丁彦璜	
墨莊	金正喜	
墨齋	洪善輔	
墨指道人	金爽準	
墨泉	申存植	
墨樵	金承霪	
墨浦散人	朴起文	

墨虛	崔軫應	
墨豪	全忠孝	
墨號	全忠孝	
黙溪	都熙胤, 柳近, 李得觀,	
	曹希仁	
黙谷堂	安節	
黙觀	玄益哲	
黙究軒	柳日三	
黙農	李裕元	
黙堂	金濤, 朴末孫, 裵舞和,	
	裵時楔, 柳必勳, 李時榮	
黙思	慶善徵	
黙山	金昌漢, 南基萬, 文在璣,	
	文海龜, 李景九	
黙成堂	李侃	
黙惺窩	吳泰赫	
黙所	張維	
黙所子	張維	
黙所齋	宋仁慶	
墨守	柳成運	
黙叟	孫萬標, 尹毅立	
黙睡	文允黙	
黙守堂	崔有海	
黙修齋	韓啓震	
黙巖	權應挺, 金東弼, 金濟黙,	
	金濟猷, 文甲淳, 李繼孟,	
	丁麟	
黙庵	姜熙臣, 金東鳴, 金廷哲,	
	金昌潤, 金昌煥, 羅益相,	
	南暎元, 盧啓邦, 盧湊暉,	
	都漢烈, 裵克紹, 成渾, 宋	
	容祚, 申球, 安命淳, 安喜,	
	李皦, 李德翁, 李廷相, 張	
	傳凱, 鄭敬天, 曹翼漢, 曹	
	靖, 最訥, 坦然, 許垌, 許	

岡, 洪處疇

黙菴　景在龍, 具龍圭, 權應挺, 盧應觀, 睦天任, 朴興來, 裵爾仁, 裵峻, 白元泰, 申鏞九, 俞久煥, 李慶相, 李基華, 李鍾一, 李天基, 林貞圭, 丁麟, 崔基洪, 崔鎭河, 邢君哲

黙駿堂　庾世信

黙然亭　車如聘

黙吾　李明宇

黙翁　權思瓚, 權濮, 金吉龜, 金棐, 宋堯佐, 禹海觀, 尹周顯, 李廣, 李百年, 李芬, 全棐

黙窩　郭璵坤, 金堟, 金九鳴, 金東源, 金炳熙, 金容琥, 金楚材, 金忠一, 金憲秀, 金和澤, 盧禹壽, 盧章基, 朴正植, 朴致洪, 裵光周, 裵世綸, 白天藏, 邊瑜, 司空均, 徐武錫, 徐祥烈, 禹旬, 魏守澤, 柳明杓, 柳應壽, 尹冶, 尹橋, 李氏, 李慶泰, 李圭彩, 李文明, 李尚璣, 李永祿, 李佐九, 李之慶, 李涵, 李㙐星, 丁永燮, 鄭益宗, 鄭在毅, 崔處翼, 許允, 邢喜達, 洪遵, 黃一淸

黙窩居士　杜宰杓

黙愚　任俊伯

黙愚堂　南大源

黙愚齋　吳慶漢

黙隱　姜永壽, 金萬銓, 金應鉉, 金漢基, 朴時澍, 沈相沈, 吳大英, 禹德望, 柳昌立,

李德生, 李彦灝, 李鼎新, 李台郁, 李會明, 李彙壽, 鄭熙, 趙謙祜, 玄得元

黙离窩　安道徵

黙逸軒　愼致中

黙齋　郭敬得, 權璿, 權汝訥, 權運大, 金瓛, 金科, 金孚養, 金棐, 金塾, 金時發, 金是鐸, 金彦恭, 金龍範, 金履亨, 金益徵, 金在榮, 金廷哲, 金宗漢, 金弘翼, 金鏵, 金禧淳, 南宮律, 盧瑾, 文達極, 閔漬, 朴慶來, 朴士熹, 朴尚直, 朴英傑, 朴寅, 朴宗元, 朴仲孫, 朴坪, 裵絢, 裵後亮, 邊瑜, 孫相勳, 宋福山, 宋柱贊, 愼東健, 申命主, 沈思順, 沈安世, 沈之涵, 安壽咸, 楊祐, 梁處濟, 余省三, 吳百齡, 吳承連, 吳翊, 禹愼言, 柳相基, 柳琰, 劉定柱, 柳希天, 尹漑, 李國榛, 李貴, 李玳, 李道立, 李勉徵, 李文楗, 李柄喆, 李善基, 李秀, 李深源, 李仁栽, 李鼎圭, 李徽奎, 李華鎭, 李璜周, 李孝秀, 李熺緖, 林益憲, 鄭光毅, 鄭敏求, 鄭彦忠, 鄭運樞, 趙錫圭, 趙鼎和, 朱南宅, 秦東雲, 陳翼搏, 陳在燮, 崔思淸, 崔誠愚, 崔在律, 崔活, 表敬鶴, 河達盈, 韓慶元, 許勛, 許積, 玄商璨, 洪善輔, 洪彦弼, 洪日燮, 洪泰裕, 黃聖澄

黙全堂　李時萬, 李龍澈

黙亭　趙完凱

黙拙　盧慶垕, 李澤

黙拙翁　丁彦璜

黙拙窩　曹錫琛

黙拙齋　李東郁, 李華鎭

黙拙軒　丁彦璜

黙駿堂　庾世信

黙泉　金箕灃

黙樵　金允謙, 金學模, 崔潤馨

黙癡　申命主

黙逋　邊致明

黙軒　金箕性, 金基亨, 金命壽, 金福澤, 金載一, 金定中, 金昌一, 金昌震, 羅應淑, 南建奎, 都處元, 閔漬, 奉汝諧, 蘇以贄, 宋明洵, 宋一浩, 沈能文, 沈灃, 吳大始, 吳道炯, 魏侯植, 尹得莘, 李萬運, 李萬材, 李文協, 李炳龜, 李芬, 李象埈, 李承安, 李瑢, 李元贄, 張自昌, 丁奎炯, 丁榮奎, 鄭昌胄, 趙氏, 趙秉休, 陳遵, 崔慶百, 崔奇男, 崔文主, 洪起瀅, 洪壽謨

黙好　柳夢寅, 李慶徽, 洪憲

黙湖　都錫龜

黙好子　柳夢寅

黙和堂　吳永奎

問渠堂　蘇凝天

問庵　柳本學

問月堂　朴文豹, 吳克成

問有　盧碩望

文江　金錫烈

文溪　朴祖洙, 李秉武

文谷　琴徽, 金壽恒, 金允直, 金宅祚, 金平植, 李文奎,

　　　　　李聖興, 陳懿, 洪昕, 黃鋌
文能　李湊
文端　李雨普
文潭　元長
文堂　朴震龜
文斗　成聃壽
文斗山人　成聃壽
文無子　李鈺
文範　柳宗奎
文峯　朴來萬, 李昌會, 鄭惟一
文山　高天祥, 薛持維, 梁在善,
　　　柳明翊, 柳洵, 李載毅, 李
　　　瑁, 李洪錫, 鄭敬源, 鄭啓
　　　源, 鄭始明, 鄭載圭, 洪植
文山道人　李瑁
文城　柳重臨
文成　李明誠
文省窩　鄭輔和
文世　孫貞道
文殊山人　李魯
文岳　高慶日
文岩　金載明, 朴鳳河
文巖　金振宗, 金泰鎮, 朴奇煥,
　　　朴炳國, 朴汝尚, 徐强仁,
　　　孫厚翼, 陸洪鎮, 李阜, 李
　　　壽觀, 張文瑞, 鄭宗懋, 丁
　　　志宬
文庵　金利鍊, 金在先, 金哲圭,
　　　晉嵩
文菴　李宜哲, 鄭仁耆
文陽居士　李廷燁
文彦　吉承丹
文淵　高景洙
文研　鄭在晟
文藕　尹致聃
文寓堂　李克大

文郁　姜熙彦
文原　李友信
文隱　秋大項
文猗堂　李學逵
文載　李昌和
文齋　李大畜
文進　金文虎
文川　周允昌
文泉　金重杓, 金熙紹, 尹璲,
　　　李塾, 李塾
文清子　李元紘
文樵　鄭載龍
文村　李光先
文坡　朴晃鎮, 張承彦
文圃　丁珣
文翰　閔泳熙
文閒堂　李敢
文軒　高時俊, 鄭璇
文惠　林壽昌
文壺　姜晉暉
文浩　黃顯源
文湖　權巢, 金玹昞, 丁南楚
文胡　李坫
文湖堂　洪墅
文會齋　全最浩
文興亭　鄭漢
汶岡　李承基
汶上　洪樂倫
汶巖　金繼洛
汶庵　崔嗣朴
汶翁　金石堅, 柳汝恒
汶園　洪承憲
聞江　奇近燮
聞堂　金台鎮
聞道齋　宋基厚

聞韶　金永燮
聞山　孫貞鉉
聞松　安守寬, 李大邦
聞巖　辛礎
聞庵　永愈, 李鳴善
聞足堂　朴基豐
聞灘　孫遴
門巖　申崟, 沈家甫
門灘　蔡氏
雯洲　洪應輔
勿溪　姜宗德, 金方慶, 文正老,
　　　鄭載圭, 朱道愚, 洪龜瑞
勿谷　李海祥
勿己堂　鄭見爽
勿欺齋　姜膺煥
勿老堂　金龍翼
勿老齋　朴雲奎
勿利齋　鄭在性
勿忘　廉訏
勿山　鄭邦灝
勿省齋　李光珪
勿小窩　南澤萬
勿小齋　具在書
勿巖　金隆
勿庵　金睦
勿菴　金隆, 李景鼎, 任熙載,
　　　皮宣源
勿言齋　金忠尹
勿淵　李章綏
勿染　宋庭筍
勿染亭　羅茂松, 宋庭筍
勿窩　金相頊, 金芝根, 李在直
勿齋　奇進, 金隆, 金政煥, 金
　　　振遠, 盧光履, 朴櫶, 孫舜
　　　孝, 宋淳夔, 安道, 安義, 安
　　　正壽, 俞晦一, 李相敦, 李
　　　崇祜, 李淵會, 李曜浩, 鄭

淡, 鄭修道, 鄭安道, 鄭元澤, 趙康夏, 崔淑生

勿川　金鎭祜, 鄭震哲

勿村　申從渭

勿軒　金粹發, 徐勣, 李氏, 李明翊, 李椒

物外亭　李信得

物浦　崔彦沈

味山　朴得寧

媚學齋　馬仲寶

尾谷　金宗錫, 李定和

尾山　李志學

嵋岡　鄭光村

嵋南　李禹榮, 洪亮漢

嵋堂　張基夏

嵋東　安鍾洛

嵋老笑筌屋　李相馩

嵋山　金鎭漢, 安寅植, 印箕東, 李震炳, 鄭周應

嵋山居士　李震炳

嵋齋　趙汝忠

嵋村　金思訥

嵋下　兪鎭敏, 印鳳植

彌山　沈鍾舜, 李義善

彌樂齋　徐思遠

彌軒　朴景烈

微山　崔景錫

未能齋　崔尚重

未能軒　曹煥震

未分館　尹仁美, 許宙

未詳子　柳彭老

未就齋　李台凡

未軒　朴麟鎬

楣谷　金重遠

渼江　朴昇東, 朴吾先

渼山　具完植

渼石　李載允

渼隱　蔡氏

渼坡　金繼述

渼陂　蔡氏

渼湖　金元行, 沈定鎭

眉江　李景曾

眉谷　朴溥源

眉南　申轍求

眉峰　尹白南

眉山　金以道, 金震休, 馬聖麟, 朴性澤, 成溥, 李萬維, 鄭道休, 韓章錫, 韓昌洙

眉西　柳斗馨

眉叟　許穆

眉壽堂　金時童, 朴好元

眉巖　柳希春

眉菴　楊基, 鄭承祖

眉巖居士　柳希春

眉齋　盧載洙, 魚濟昌

眉泉　金華重

眉樵　朴孝誠

眉坡　柳魯植

眉軒　宋相燾, 許須

眉湖　申輔均

米囷　黃有定

米舫　金益魯

米山　權永佐, 全榮浩, 許瀅

米齋　金鼎烈

美溪　愼義連

美谷　金宗錫, 朴壽徵, 朱處正

美南　尹炳殷

美堂　權承奎, 尹英遠, 鄭文升

美麓　黃華鎭

美山　李滋

美叟　李慶黙

美菴　黃浩伯

美齋　南九萬, 宣英吉

美泉堂　金鎭輔

美村　金健, 金應鐸, 尹宣擧

美軒　李濟淳

薇溪　金在顯

薇谷　金東達, 廉順恭, 李善承, 片致東

薇槐　金一柱

薇露　玉世振

薇史　金鏞元

薇山　金秉昌, 金汝鈺, 葉贊, 李珠, 丁禮孫, 鄭煥周, 皮秉樞, 黃錫昶

薇山處士　李珠

薇西　金在顯, 金鼎祿

薇西　金在顯, 金鼎祿

薇蘇山人　鄭寅普

薇庵　朴士文, 丁禮孫

薇菴　李鉉甲

薇陽　洪禹疇

薇塢　徐雲烈

薇窩　鄭德輝, 丁禮孫

薇隱　鄭煥國

薇齋　梁載賢, 柳光秀, 鄭國彦, 鄭在弼

薇川　柳慶昌

薇村　金道淵, 吳命峻

薇灘　鄭漢

薇軒　金一柱, 李鎭濟

迷巢　金必溫

迷菴　金偉材

迷翁　崔瓘, 崔琇

迷隱　盧瑞國

迷齋	尹致性	朴谷	李元祿	伴翠堂	金應海, 李益華
迷閑亭	安壆	朴菴	朴門壽	伴翠軒	張順禧
麋山	金鎭恒	朴軒	李文祥	伴圃	金光翼
麋村	金元亮	樸菴	姜世晃	伴圃菴	金光翼
憫庵	李守益	樸齋	鄭獻敎	伴風齋	金啓鐸
敏黙軒	文繼相	樸直窩	李倚天	伴鶴	宋駟
敏山	梁秀	樸直齋	李倚天	伴鶴堂	金士彥, 宋駟
敏庵	李世徵	泊溪	姜永元	伴鶴齋	鄭時榮
敏菴	曺秉夏	泊翁	李明五	伴鶴亭	朴景曾, 朴昌壽, 宋駟,
敏窩	金漢廷, 李騏相	璞南	劉載范		李塘
敏齋	朴琳相, 吳浣根, 李東允	璞巖	李晚松	伴鶴軒	金明洙, 金孝先, 宋駟
民甫	李儀在	璞園	鄭顯奭	伴閒齋	李奇一
民世	安在鴻	璞齋	金紐	伴皓亭	李鵬
民窩	朴燦政	薄田耕叟	安繼宗	半駒主人	金正喜
民村	李箕永	薄泉	陳宕	半聾齋	李秉延
民村生	李箕永	伴鷗堂	柳志忠, 柳志和, 蔡允洁,	半啞堂	竹西 朴氏
閩山	柳道洙		洪敬紹	半巖	全球
密巖	鄭友容	伴鷗翁	申墀	半園	黃逈凡
密庵	金思頤, 金正喜, 金砥行,	伴鷗齋	安世益	半齋	李民普
	元凱, 李栽	伴鷗亭	高信謙, 柳泰泳, 李塘,	半洲	柳賢佑
密翁	金砥行		李埰漢, 張允愼, 趙埰	半蒼	洪醇浩
密窩	權錫元	伴鷗軒	李肱	半癡	李台明
密隱	大德歲	伴菊軒	宋承禧	半學堂	金克銘
密軒	宋寅明	伴琴	權海, 李慶流, 李慶綽,	半壺	卞鼎相
蜜啞子	劉元杓		李慶偉	半湖	權偦
		伴琴堂	尹大畜, 李砥	反求堂	薛元植, 蘇永福, 宋悝
		伴梅堂	盧勝, 沈壽寅, 安徽	反求室	薛元植
		伴仙亭	楊公休	反求齋	權聖躋, 權混, 申在壽,
	🔳	伴松	都永成	反六堂	李洮
		伴松窩	鄭來七	反招堂	李溟翼
博約齋	姜渭龍, 徐仁元	伴松軒	吳相宅	攀栢堂	徐思近
博淵	金梱, 金太虛	伴鰲軒	朴繼叔	斑菊	鄭潤德
博淵亭	金太虛	伴月堂	金宗孝	槃澗	金嬰, 黃紐
博齋	方曦進	伴竹齋	柳之泰	槃阿	石鎭衡
博泉	李沃	伴竹軒	金順侃	槃窩	申德浩
撲癡	金箕晩				

泮山　李棕欽
潘溪　羅德顯, 梁山璹
潘南　朴尙衷
盤磵　蔡璉, 黃紐
盤溪　金履昌, 尹愿, 李暻, 李三達, 李潚, 李擢英, 趙觀郁
盤皐　金始振, 金五鉉
盤谷　權修, 權檖, 金敎善, 金臺, 盧希簡, 成以心, 宋世珩, 柳棹, 柳績, 柳弘源, 李德成, 李美崇, 李錫裕, 丁景達, 鄭乃毅
盤淡　李華新
盤峯　申輅
盤山　徐鶴權
盤石　金玉鉉, 羅緯文
盤松　白孝曾, 李眞儒
盤巖　權和仲, 金玉鉉
盤庵　鄭昌聞
盤菴　趙禮錫, 崔東錫
盤窩　李相洙
盤隱　金淮
盤州　鄭時亨
盤川　王德一
盤湖　尹光顔
盤桓　鄭汝昌, 洪千璟
盤桓堂　秦尙弘, 洪千璟
盤桓齋　張德麟, 洪重範
磻溪　廉漢基, 魏廷鳴, 柳馨遠, 尹雄烈, 李先茸, 李養吾, 黃徵
磻溪居士　張乃範
磻谷　金克敏, 柳馨遠
磻西　安慶龍
磻巖　林晳圭
磻窩　李龜錫, 張宇景
磻川　琴尙絃
磻泉　李德涵
蟠松　安琠
蟠松主人　安琠
返古堂　盧澣容
返素齋　田萬種
敎窩　鄭之藩
鉢峯　李潔
鉢山　高相斌, 宋軾
髮僧庵　金弘淵
傍隨窩　李岱
厖山　尹永輝
厖村　尹子濚, 黃喜
厖軒　尹榮, 尹子榮
放汕　趙鳳遠
放室　鄭海鼎
放翁　申欽, 安明逸, 李宕, 蔡弘運
放遊　朴由元
放湖　金喜祖
放晦齋　崔冲
方谷　權錫翰, 柳洛文
方潭　權杠
方蘭　金秉益
方黎　洪益永
方山　宋文欽, 安基遠, 李邦憲, 李運楨, 李鍾炫
方山齋　李末孫
方時閑齋　尹行恁
方菴　梁敬之
方野　李光正
方圓　尹蓍東
方園　尹蓍東
方隱　趙廣輔
方丈山人　洪晋龜
方齋　金直方, 李巢, 鄭培傑, 鄭升民, 鄭在學
方澤齋　閔一臣
方便子　柳僖
方閒　尹蓍東
方閒齋　尹蓍東
方軒　鄭蘭溶
方壺　高石鎭, 金容燦, 朴晦壽, 趙遵道
方壺子　張時興
舫山　尹廷琦, 許薰
芳溪　洪霶
芳溪居士　金致鏞
芳谷　盧碩賓, 蔣文龜, 張守漢, 鄭行錫, 崔廷祿, 卓基業
芳谷處士　卓基業
芳旅　盧秀五
芳山　沈宜德, 李一煥, 李震彧
芳園　白衡樞
芳隱　林鎬應
芳洲　文國鉉
芳村　都勉敎, 都鎭龜, 李瑭, 崔潤明
訪隱窩　李岱
邦隱　白誼
防山　金尙秋, 李東白
防隱　文學庸, 李鎬翼
龐隣　高夢箕
坏璞窩　李根元
坯窩　金相肅
培養堂　朱璟
培養齋　朱璟

排灘	黃士貞	柏亭	薛緯, 鄭易, 陳成發,	栢節	姜福男
拜鵑	李蓄		崔鶴相	栢亭	薛緯, 鄭易, 崔亨漢
拜經堂	柳詠	柏州	朴東亨	栢竹堂	襄尚志
拜軒	趙泳善	柏川	朴錫璜	栢川	金善餘
杯山	鄭祥麟	柏村	成以乾, 宋文吉, 柴東柱,	栢村	姜仁模, 成以乾, 宋文吉,
梧窩	李又新		李慶全, 李敦珪, 河鳳壽		李久澄, 李幼澄, 鄭居冲,
陪堂	黃芝仁	柏灘	趙賁		河鳳壽, 邢潔
伯南	李秉採	柏坡堂	表光守	栢村居士	李德輔
伯祥	李義胤	柏枰	孟萬始	栢坡	朴萬春, 李廷傑
伯純	李喜善	柏軒	金柄斗, 金容瀡, 金溶周,	栢浦	蔡楙
伯友	鄭著		金鼎台, 金春鉉, 文明會,	栢下	梁相衡
柏岡	安克孝		朴起和, 襄炳善, 宣青元,	栢軒	金奎五, 金重呂, 梁宗潭,
柏溪	金喜, 殷鼎和		申汝楨, 呂東會, 庚致應,		全信, 陳宇, 洪馨周
柏谷	具益模, 金銷煥, 李蕆		任謹, 張興燦, 全信	白閣	姜覝
柏谷處士	金銷煥	柏後	金基洙, 殷成駒	白磵	李晦淵
柏堂	琴輔, 金斗明, 朴光後,	栢岡	金錫範, 奉文, 鄭元和	白澗	李海淵
	朴宗緒, 朴仲孫, 鄭鍾元	栢谷	金功, 金得臣, 金就徵,	白岡	李炳宇, 趙擎韓
柏峯	金鉤, 吳翔		李之運, 李蕆, 鄭崐壽,	白江	朴命壽, 奉世璧, 李敬輿
柏栗堂	琴輔		鄭藝, 鄭琢, 陳克敬	白蕖	兪萬柱
柏山	文昌洙, 邊慶會	栢潭	具萬會, 具鳳齡, 任希駿	白耕翁	片郇堂
柏石	奇陽衍	栢堂	朴浚, 朴仲孫, 鄭官洙	白溪	金博淵, 安聖彬, 安載道,
柏石軒	奇陽衍	栢峯	李弘濟		李基仁, 邢大淳
柏松	尹鎭禧	栢峰	奇晚獻, 金鈞, 鄭祥龍	白谷	具翼, 金靈, 金弘宇, 李
柏巖	金應澤, 閔泳寀, 柳慶種,	栢西軒	洪重孝		晃夏, 李遂觀, 李汝四, 李
	李徵臣	栢石	姜公擧		積, 李禛, 李會元, 處能, 崔
柏庵	金得祉, 李廷穆, 李旨	栢岳齋	朴鴻啓		君澽
柏菴	金錫渭, 金善繼, 金潤珪,	栢巖	金功, 馬榮, 安應昌,	白谷老人	處能
	文德著, 宋瑄, 張義伯, 鄭		鄭宜蕃	白谷處士	金鼎成, 金仲孫
	東義, 鄭世雄	栢庵	金煜, 司空祐, 性聰,	白官	金東鎭
柏悅	朴丸秀		宋碩隆, 鄭煥喜	白觀	南時韞
柏友堂	朴尚箎	栢冶	張弼武	白郊	具志禎, 鄭植
柏雲	全熙喆	栢隱	林喬鎭	白圭堂	宋礪
柏園	金永聲	栢隱堂	郭偲	白南	姜炳周, 金時賓, 徐正煥,
柏隱	李鎭榮, 林喬鎭, 鄭光賓	栢陰	卞景福		李聖圭, 李在陽
柏齋	金增, 鄭東龜	栢蔭	崔光國	白南軒	奇東敎
		栢齋	金得龜, 朴柔生, 鄭東龜		

白農	李元植, 趙昌容	白山	具信璟, 金光礪, 金希奮,	鎭, 洪祐信
白儂	李東廈, 李英善, 崔奎東		安貴行, 安熙濟, 禹在龍,	白厓子 朴泰觀
白旦	李鳳雨		李世蕃, 池青天	白冶 金佐鎭
白潭	金昌義, 趙又新, 崔明善	白棲	姜寅秀	白夜 李常春
白堂	權寧祚, 申東熙, 申泰允,	白石	姜燮, 姜霽, 金癸昌, 金	白野 趙錫周, 趙榾
	尹庚圭, 尹衡進, 玄采		靈, 金鎔, 南晫, 朴德煥, 朴	白野堂 朴光元
白島	許斌		泰維, 成德徵, 辛奉東, 辛	白洋 鄭泰熙
白頭	李圭元		泰東, 柳東奎, 柳穆, 柳楫,	白困 桂和
白頭山人 李敦化			李晃夏, 李士宗, 李舜儀,	白淵 金枓奉, 愼無逸
白洛	宋穀燮, 鄭東煥		李巖淳, 李容穆, 李衡萬,	白烏 李潤張
白嵐	李在囿		鄭重萬, 許楗, 洪茂績	白玉 陳鈘, 黃浩民
白蓮	禱演, 文益中, 李永壽,	白石齋 李根庠		白屋 李氏, 李塏
	丁克慶, 鄭和錫, 池運永	白石亭 申瀞		白玉石 洪命熹
白蓮居士 金士俊, 宋永喬		白石處士 李容穆		白玉軒 李塏
白蓮堂 文益周, 閔在汶		白松	金在德, 池昌翰, 許淑	白窩 李基憲, 趙朋遠, 洪疇
白蓮塘 金武亮		白水	楊季達, 楊應洙, 李丙熹	白湧 鄭周海
白老堂 鄭希聖		白淳	崔碩淳	白于 李章寧
白麓	權芯, 辛應時	白啞	李斗燮	白友 程邦基
白牧窩 李縮		白鵝	李淯	白愚 金尙台, 金載璐
白默堂 李益壽		白鵝堂 李淯		白牛 洪思容
白門處士 金可勳		白嶽下 李秉淵		白愚齋 申鉉㬐, 李時然
白旻居士 卞榮晚		白巖	權省吾, 金功文, 金九鼎,	白雲 景閑, 權商遠, 權應銖,
白眉居士 金益之			金大鳴, 金濟, 金齊海, 南	陶晋民, 文學天, 朴休寧,
白民	韓晶東, 黃尙奎		晫, 文奉郁, 朴殷植, 蘇爾	沈大允, 吳載弘, 吳廷碩,
白凡	金九		幹, 孫永烈, 吳端, 尹昌鳴,	禹倬, 柳春壽, 尹塾, 李圭
白峯	金壽賓, 金泰淳, 李沆		李行, 韓興根	景, 李奎報, 李命殷, 林德
白峰	裵永進, 李敏進	白庵	裵緼, 徐相祿, 玄以規	鎬, 鄭撥, 朱鎭洙, 璨鏻, 韓
白蓬	尹宗之	白菴	金璣鉉, 金頤, 金夏根,	容肅, 黃宗翼
白篷	尹宗之		朴燦龍, 裵叔厚, 尹世革,	白雲居士 金圭鎭, 金雲澤, 文學
白北堂 李克秀			李昌圭, 李弘根, 黃大用	天, 申瑜, 楊公侏, 李瑃,
白賁堂 趙仁壽		白巖居士 李行, 許元栻		李奎報, 李晩保, 李重朝,
白賁園 成載淳		白巖堂 孫永烈		黃漢忠
白扉	朴三吉	白巖山人 金濟, 金齊海		白雲堂 道澄
白史	金應商, 李承求, 李允榮,	白厓	尹得運, 李挺八	白雲洞隱 李聃老
白沙	尹暄, 李恒福, 黃暄	白崖	金衡鎭, 朴泰觀, 李衡	白雲洞主人 李緝
				白雲山人 李奎報, 李炳憲

白雲翁　黃侅
白雲子　權商遠
白雲齋　權應銖, 李奎報, 李廷蓋
白雲亭　李華祥
白雲處士　金仲孫, 文學天, 李晚孫
白雲樵夫　崔灝元
白雲香徒　崔南善
白雲軒　金雲澤, 李重朝
白園　李容華
白月居士　許筠
白月堂　李之星
白月栖雲　朗空
白隱　卞世琳, 俞鎭泰, 李鎭萬, 鄭相勳, 丁子伋, 太鎭河, 表乙忠
白衣先生　柳榮日
白日軒　李森
白齋　金汝大, 許燮
白渚　權氏, 權爲己, 裵東煥
白田　李基浩
白拙齋　韓德欽
白洲　權明漢, 金泰秀, 柳思仁, 李明漢
白舟　金永肅
白池　金文起
白津　獨孤漸
白眞　李致善
白川　姜應璜, 金炳耆, 金致仁, 盧俊壽, 李鍾繪, 李天封, 黃舒韓
白泉　周時經
白川堂　李達天
白樵　姜夏奎, 金永錫

白草　盧竉, 盧亨夏, 文參
白草堂　文參
白村　金文起, 金潤錫, 柳世翊, 韓弘
白醉　方孝一, 玄天默
白稚　李潤張
白痴　李後天
白癡　李正觀, 崔九錫, 韓如玉
白痴齋　李載
白灘翁　韓如益
白廢齋　姜璿
白坡　亘璇, 金龜洛, 宋庭秀, 申獻求, 李根汶, 李應瑞, 田基堯
白波　金再鐸, 金學奎, 白波, 宋世浩, 宋庭秀
白坡居士　奇獻
白浦　廉行儉
白圃　徐一, 李種久
白下　盧察吉, 宋殷成, 申鑑, 安秀學, 尹淳, 尹學榮, 李載基, 崔翼模, 黃磻老
白河　李天驥
白夏　李光祿, 程邦基
白香　李昌彦
白軒　李景奭
白峴　黃義軒
白玄堂　丁道敏
白湖　尹鑴, 林悌
白華　梁建植, 涸珠, 洪愼猷, 洪徵之
白和堂　黃錫仁
白華道人　休靜
白華子　洪愼猷
白華齋　黃翼再

白畦　李壽濟
百結　朴文良
百結堂　崔紳
百檠　徐有檠
百溪　林熙
百愧　禹夏九
百懶軒　金瑞東
百蓮　池運永
百柳亭　宋國蓍
百梅堂　金仁龍
百梅園　鄭逑
百黙堂　趙時貞
百飯居士　金正喜
百弗庵　崔鼎錫, 崔興遠
百石　李正儒
百愚　權鍾善, 明安, 雪嵒
百愚堂　申㬚
百愚子　李惠孫
百迂　鄭忠彬
百源　申碩蕃, 林熙
百源堂　李時達
百源翁　孫承謨
百源子　朴守恒
百源齋　朴道燮
百源亭　尹永順
百宜堂　趙義耘
百忍　權晱, 安紐, 柳正淵, 李珙, 丁致業
百忍堂　金盖國, 金樂春, 金孟權, 金炳乾, 盧崇, 安紐, 劉堅規, 俞夏益, 李珙, 李驥運, 仁城君, 丁大潤, 趙明奎
百忍齋　方禹興, 李常儀, 崔彦規, 崔砥浩
百認　黃興季

百一　沈翼雲	樊广　李同淳	法明　李定烈
百鼎盒　金正喜	樊翁　蔡濟恭	法山　姜晃, 金文大, 楊浩一
百拙　金宣, 朴準泰, 申欽, 柳宜涵, 李如梅, 李彙晃, 崔泰鎔, 韓應寅, 韓益相	樊川　吳彥胄	法菴　文鳳喜
	樊泉　金在華	法雲　卓然
	樊圃　李惇臨, 李寅炳	法游子　卓然
百拙庵　柳稷	閥巖　李璣鉉	法隱　姜必孝
百拙齋　韓德欽, 韓應寅	凡谷　金洙根	法膺　眞鏡
百拙軒　金宣	凡父　金基鳳	法藏居　金思渾
百尺梧桐閣　朴趾源	凡巖　金翼溟	法田　姜始煥
百千　吳翩	凡翁　李天翊	法川　姜潤, 丁時翰
百千堂　吳翩, 尹明鉉, 趙潤琛	凡隱　李起龍	法村　康聖弼, 朴寧
百千窩　姜善餘	凡窩　金相鳳	法海　琇注
百千齋　韓公翰	凡齋　嚴世永	法桓　元凱
百泉　盧澈秀	梵公　柳昌烈	法喜居士　閔漬
百泉庵　金正喜	梵空　金湟	僻山　韓樂炫
百村　趙之瑞	梵山　金法麟	僻隱　柳蕃, 秦再奚
百趣翁　權燮	梵亭　張炯	僻軒　李文輔
百癡　鄭思和	梵海　覺岸	壁樓　趙龍善
百下　全正燁	汎庵　柳淵楫	壁山　李熙璥
百軒　李季誠	汎窩　金翰洛	壁菴　柳起瑞
百花堂　李友松	泛梅堂　許筠	癖庵　洪瀚輔
百花亭　林懽, 林愃, 林喧, 鄭東休	泛槎　李台稙	癖菴　洪憲輔
	泛槎亭　金安國	碧江　金允錫
百花軒　李鏗, 李兆年	泛愛　柳祖訒	碧居　鄭載晃
百悔堂　李廷藎	泛愛齋　柳祖訒	碧桂　金浩龜
百悔翁　李廷藎	泛翁　洪柱國	碧溪　金潤植, 柳星烈, 李橻, 李元魯, 正心, 鄭志亭, 秦禮南, 韓大胤, 黃應辟
百悔齋　南崑壽, 李蓋	泛愚堂　趙錫勳	
樊溪　金潤東, 金止善, 李檀	泛齋　具壽聃, 沈大孚, 柳砲	
樊谷　權昌業, 田潤	泛波翁　閔聖魯	碧哭　徐曾淳
樊塘　南浩連	泛虛　尚震, 柳祖訒	碧谷　金蘭淳
樊甫　李惇臨	泛虛齋　尚震	碧潭　道文, 朴炳晟, 龍鐵柱, 李膚, 黃致業
樊上聲叟　金寗漢	泛虛亭　尚震, 宋光淵	
樊上村庄　權敦仁	泛湖亭　邊光軾	碧堂　咸大榮, 洪兢周
樊叟　李長華	犯碧齋　李魯轍	碧濤　梁濟安, 李命祐
樊巖　蔡濟恭	法古齋　張復永	碧桐　李時發

碧洞	李巖	碧陽	張國善	別洞	尹祥	
碧梁	俞應孚	碧塢	金鳳喜, 金聲齊	別松齋	明潤仲	
碧蓮	仁性	碧梧	金三俊, 陶匡世, 有聰	別宥	盧稙	
碧蘆	金進洙		李文樑, 李時發	別宥堂	盧稙	
碧蘆館主人 李觀翼		碧梧堂	金壽徵, 金潤榮, 丁璿	瞥睡齋	鄭樑	
碧蘆舫	申緯	碧梧亭	李宗善	丙午老人	金正喜	
碧蘆齋	金進洙	碧翁	洪翼龍	丙齋	南乙珍	
碧龍潭	黃子龍	碧窩	金箕赫	並世	尹光心	
碧樓	柳濬根, 李承宇, 鄭龍善	碧隱	權公憲, 林得雨, 林俊相,	竝足堂	崔汝琥	
碧流亭	姜克孝, 金運海		趙相虎, 崔達河, 崔瑞河	兵窩	李章遠	
碧峰	金慶浩, 金洛進	碧齋	崔連海	屛澗	金命基	
碧沙	南孝溫, 吳戩, 李損	碧雲	趙得林	屛岡	柳㙉	
碧山	姜永瑨, 姜周福, 高尙深	碧節	沈清	屛溪	朴應禎, 尹鳳九, 洪承源	
	金道鉉, 金世鎭, 金時習,	碧亭	林相鶴	屛谷	權榘, 俞彦億	
	金履正, 李德洙, 李德秀.	碧亭逝人	洪南甲	屛南	鄭海朝	
	李嵘, 林悌, 鄭民秀, 韓正	碧竹齋	金孝信	屛潭	沈龜齡	
	履, 黃碩考	碧泉	金東㢏	屛碧堂	柳芷	
碧汕	朴泰河	碧樵	金商洙, 禹宅河, 李敎錫	屛山	金腎, 朴義震, 申在漢	
碧山居士	金履正	碧初	洪命憙		沈羽淳, 李觀命, 李明慜,	
碧山翁	金宗羽	碧草	南宮壁		李尙斗, 鄭裕玩, 鄭春敎	
碧山淸隱	金時習	碧超	鏡禪		崔錫文	
碧棲	權度河, 金道鉉, 宋在達,	碧村	權成采	屛山齋	李觀命	
	柳濬根, 鄭雲五	碧波	巨寬, 朴應和, 贊英	屛巢	朴淇龍	
碧城	金起秋	碧下	趙周昇	屛叟	鄭有三	
碧城處士	朴雯	碧霞	大愚, 李聖欽	屛巖	具壽福, 權憘, 金宅三,	
碧巢	鄭鎬鳳	碧海	梁世奉		金顯奎, 朴汝淳, 蘇世良,	
碧笑軒	金永圭, 許ٰ斌	碧虛子	李道榮		宋大德, 申永植, 李圭執,	
碧松	金澄, 智嚴, 洪錫圭	碧軒	金亮漢, 李啓弘, 張明禧		李錫衡, 李守仁, 李顯宅,	
碧松居士	尹威	碧湖	李君梓		全載炳, 鄭道應, 曹善長,	
碧松堂	智嚴	薜隱	鄭宗溟		河永淸	
碧松處士	朴慶㵦	蘗溪	李德壽, 李恒老	屛庵	金夢男, 朴承彦, 禹承訓,	
碧睡軒	崔秉憲	蘗庵	徐灝		陳弘祖	
碧巖	覺性, 金時習, 金而極	蘗翁	金昌淑	屛菴	郭致斗, 具壽福, 金應箕,	
碧庵	金汝龜	蘗齋	李奎運		金致鎰	
碧菴	趙重鉉	卞庵	金昌壽	屛厓	曹善長	
				屛崖	朴忠仁	

屛窩 柳河範, 李彙僖
屛隱 金星近, 李道憲
屛川 全湜
屛下 李載千
屛湖 申濟模
幷棲 南錫夏
柄菴 趙得懋
柄湖 金弼斗
棅巖 金宗煥
炳菴 金駿榮
炳燭窩 李在祿
炳燭齋 鄭之鏶
瓶艮 金命基
瓶谷 梁彭考
瓶山 金永學, 睦性善
瓶城 姜胤重
瓶城齋 金鸞瑞
瓶庵 南㵶, 趙龜夏
瓶窩 金命基, 李衡祥
瓶齋 朴河澄
竝足堂 崔汝琥
秉燭齋 朴重擧
秉燭軒 朴坪
缾山 金季應, 金鸞祥
甹山 韓致應
病居士 金正喜
病老 休靜
病栢堂 朴蕓
病叟 李建周
病翁 申弼貞, 愼海翊
病窩 朴東奕, 宋心明, 鄭志善
病阮 金正喜
病隱 都敬孝, 愼海翊, 鄭士偉, 曺爾鐸, 曺倬
病硂 柳最鎭
病樵 申命瀗, 柳最鎭
病醜 蔡忠元
病漢 李⿰𦓐
病軒 都敬孝
保樂堂 金安老
保堂 文永桓
保晩 徐命膺
保晩堂 安錬石, 李廷龜, 韓命根, 韓明相
保晩齋 徐命膺
保晩亭主人 李廷龜
保晩軒 宋必恒
保勝 崔原
保安堂 金安老
保庵 康萬完, 沈連源
保養亭 姜齊會
保拙齋 徐命均, 沈壽亮
保直齋 李師
保眞堂 安汝器, 李世樞
保眞齋 李師聖
保閑 申叔舟
保閒 成晉
保閑堂 申叔舟, 李承注
保閒堂 成晉
保閑齋 申叔舟
保休齋 鄭智孫
報客亭 李鼎輔
報隱堂 金禹賢
補益 全永祥
寶稼齋 金敏材
寶鏡 獅馹, 慧璟
寶覃齋 金正喜
寶林 李時命
寶白堂 金係行
寶山 韓哲浩
寶山子 李麟祥
寶蘇堂 憲宗
寶蘇室 金正喜
寶蘇齋 金正喜
寶燕 任子堂
寶雲 洞眞, 碩一
寶雲堂 宣安景
寶原堂 金係行
寶隱 金圭哲, 宣光裕, 李瑱烈
寶晉齋 申泰蕃
寶湖 鄭相澈
普門 妨煥
普本 嚴柱東
普山 奇宇承
普菴 李鍾麟
普陽齋 李大榮
普翁 李振文
普應 暎虛, 海日
普應堂 海日
普亭 金正會
普濟 如心
普濟尊者 慧勤
普天堂 金崇齡
甫山 柳榮河
甫岩 金晃鎭
葆溪 曺敬德
葆谷 朴以寬
葆光 劉雲
葆堂 徐丙壽
葆晩堂 姜克誠
葆晩齋 姜克誠
葆翁 朴以寬, 洪命一
葆亭 黃佑漢

葆眞　　盧思愼
葆眞堂　權士均, 蘇巡, 柳慸
葆眞菴　盧思愼, 李之信
葆眞子　金譚
葆眞齋　金譚, 金仁濟, 盧思愼,
　　　　李之信, 鄭丞, 趙昱
葆川　　柳洙
葆軒　　魏東晛
葆和齋　任邁
莆洞　　李天增
譜翁　　裵顯徵
輔德　　林整
輔益堂　李恬
輔仁堂　李德柱
卜性居士　薛思
伏溪　　范三駿
伏龍齋　李容泰
伏巖　　金原弼, 范世東
伏菴　　李基讓, 全氣大
伏厓　　鞠禰, 范世東
伏崖　　鞠禰, 范世東
僕川　　金益齡
宓庵　　冲止
復來齋　河沆
復梅　　曹始永
復性　　李敬錫
復庵　　金命材, 朴漸, 蔣華植
復菴　　金華植, 李俁, 李鍾燁,
　　　　鄭克己, 靜慧, 曹垣淳
復陽齋　金粹老
復窩　　崔光錫
復一堂　金履道
復長嘯　李志賤
復齋　　姜健, 奇大升, 金斗秋,
　　　　閔龍鎬, 朴亮佐, 范後春,

徐敬德, 徐漢柱, 薛奎徵,
宋相弼, 沈棯, 呂止淵, 吳
遂性, 魏啓玟, 柳之相, 劉
泰勳, 李道孜, 李暘郁, 李
鍾澤, 李喆榮, 李彙濬, 張
思吉, 蔣如蘭, 張泰欽, 鄭
坤, 鄭國成, 鄭湛, 鄭汶, 鄭
摠, 鄭煥輔, 曹光鎬, 趙鏞
肅, 韓元誧, 韓宗愈, 邢克
泰, 黃橃益
復川　　韓伯箕
復泉　　姜鶴年, 趙明履
復初堂　金瑛
復初齋　李文构, 李亨益
復軒　　高廷憲, 金應煥
濮陽　　吳世才
服菴　　奇虔
服膺齋　金善慶
服齋　　奇遵, 李致休
福利　　沈大允
福世　　澄儼
福隱　　徐謨世
福川　　徐熙
福天　　程世鴻
福清和尚　玄訥
複窩　　金璣在
覆庵　　李星耆
覆瓿　　權鸞, 李命益
覆齋　　黃暎
本庵　　金鍾厚
本菴　　黃寅壽
本業齋　李招
本寂　　達空
本浦　　宋鍾燮
本虛齋　成致黙

奉戒齋　朴宗元
奉修齋　李聖宅
奉齋　　李麟起
奉直　　全霤
奉七　　大國彥
奉軒　　徐有防, 崔洙
封石　　黃尙郁
峯吉　　李培
峯陰　　柳希亮
峰高齋　黃晟九
峰蘭　　崔德吉
峰叟　　李民覺
蓬谷　　朴守弘, 尹煥喆, 鄭介保,
　　　　韓琦
蓬萊　　楊士彥
蓬山　　金賢述
蓬西　　辛汎
蓬雲　　金馹浩
蓬隱　　梁錫九
蓬壹　　金性孝
蓬窓　　柳恒
蓬軒　　鄭好學
蓬壺　　趙鎭宅
蓬湖　　孫季敬
蓬溪　　安重禧
鳳岡　　姜㮚熙, 金文洙, 孫昌基,
　　　　李晚輿, 全奎洛, 鄭來周,
　　　　鄭有禎, 趙璨, 曹㙔, 崔進
　　　　亨
鳳崗　　杜先坤, 卞三達, 鄭海聖
鳳岡先生　劉雲台
鳳溪　　金九龍, 朴淵晋, 尹揄,
　　　　李挺河, 鄭轍鎔, 曹世鵬,
　　　　蔡之洪, 洪世泰
鳳皐　　李敏性

鳳谷	桂德海, 金東準, 宋疇錫, 劉基洛, 鄭大榮, 曺以天	鳳陽	朴之信, 徐載信	孚庵	李魯集
鳳邱	金思嫌	鳳梧齋	李夏祥	孚翼	鄭瀁
鳳南	金駿大, 金振曄, 朴淵學, 朴喆模, 邊萬基, 申弘休, 洪㮚, 洪埰周	鳳翁	張元冑	孚翼子	鄭瀁
		鳳隱	金達運, 邊克泰, 李萬均, 李寶鉉, 李稠, 林明喆	孚齋	嚴慶遂
鳳洞	陳晚宰	鳳隱齋	吳安宙	富谷	朴亨孫
鳳頭菴	韓曄	鳳儀	晉大鳳	富山	鄭延吉
鳳頭巖處士	韓曄	鳳岭	趙雲鷁	富兒	李沈
鳳洛亭	李鎭奎	鳳齋	宋商輔, 申錫奎	富巖	朴完鎭
鳳來齋	金載基	鳳亭	金燮大, 朴淵大, 尹紀, 李承驩	富春	李炳
鳳麓	金履坤			富春堂	李炳
鳳陵	沈春永	鳳洲	南國柱, 朴東亮, 申鐔, 王師覺, 兪莘煥, 兪棍, 李誠圖	否翁	柳僖
鳳山	魯㐀玉, 申鳳來, 李鍾麟, 全壽長, 鄭子友, 陳廷立			扶溪	田秉淳
		鳳川	李命殷	扶陽	金炳厚
鳳西	金養淳, 吳禹善, 邢錫權	鳳泉	洪若宇	敷山	李秉常
鳳捿	金益久	鳳樵	金國鎭	斧巖	聖訥
鳳棲	邊相轍, 兪莘煥	鳳村	金永貫, 金峙, 朴東說, 成道行, 崔象龍	斧窩	權龜彦
鳳棲齋	邊相轍			桴槎	成汝信
鳳棲亭	李重慶	鳳灘	尹覃茂, 尹棐	涪溪	金時讓
鳳先	兪莘煥	鳳坡	金是權	涪翁	金時讓
鳳巢	金炳昌	鳳下	金鎭祚, 宋鴻翼, 申瀏	浮江居士	李之菙
鳳峀	金炳昌	鳳軒	金潤海, 申汝樑, 廉汝玉	浮磐	睦林
鳳叟	金履秀	鳳峴	文若采, 李德林	浮查野老	成汝信
鳳岳	韓夢逸	鳳湖	姜泰用	浮庵	琴舜遇, 無寄, 雲默
鳳嵒	李鳳根	鳳湖堂	康元紀	浮翁	金翰雲, 崔永元
鳳巖	金叔滋, 樂賢, 李敬輿, 李鍾大, 趙昌震, 趙厚立, 蔡之洪, 崔士威, 崔守慶, 崔元凱, 韓夢麟, 韓弘祚, 洪相民	不知菴	裵錫一	浮川	南時熏
		不知翁	姜周祜, 朴潤東, 李羽峻	浮村	池鳳輝
		恬窩	李又新	浮海	安宅承
		傅林道人	申欽	浮休	金堪, 善修, 成至憲
		傅白堂	成彦極	浮休堂	覺性, 善修
鳳岩	具廷呂	傅巖	金慶基, 白以昭	浮休散人	柳褘
鳳庵	金大顯, 朴宬, 申昶模, 李箕先, 鄭樹仁	夫溪	金龍慶	浮休子	成俔, 李陸, 李宗準
		府巖	尹墭	溥山	朴宗潤
鳳菴	金景遠, 金潤文, 南奉鎬, 朴得尚, 裵繡光, 李重瑛	府庵	李浚	溥齋	李相卨
				砆菴	朴萬善

缶山	金博淵	北皐	石麟, 梁興宇	北村	金尚明, 朴孝純, 李善復
缶川	李挺南	北谷	李眞儒, 洪致中	北坡	權望海, 宋極會, 宋彦會,
簿塘	蔡震亨	北郭	金世麻		李基奉, 趙碩亨
芙溪	柳東秀	北斗	趙正夏	北海	趙鍾永
芙淵	金洛根	北麓	丁好恭	北海居士	崔壽峸
芙蓉	成安義, 靈觀, 雲楚	北里	權德來	北海生	陳有蕃
芙蓉堂	金弘斗, 成安義, 申氏,	北溟	金鵬翼, 趙斗容, 趙世彙	北軒	金春澤, 申暹, 田時雨
	靈觀	北壁	金弘濟	北軒居士	金春澤
芙蓉齋	金世輔, 張澤炯	北峯	李敏善	北湖處士	金大器
芙蓉亭	金文發	北山	金秀哲, 白鴻俊, 李潡,	分沙	李聖求
負行齋	崔昇		李沉, 林圭	分素	李彦愉
負喧	雪岳, 李耆俊, 崔益重	北山道人	卞持和	分岩	金隆
負暄	許頊	北城居士	具康	分軒	梁達洙
負暄堂	金光瀗, 金楷, 宋時俊,	北松亭	申始生	奮庵	崔寅勳
	吳祥, 李耆俊, 李迹, 許頊,	北嶽	李海龍	奮窩	金虎燦
	黃是	北巖	蔡氏	奮齋	李澤遂
負暄齋	吳祥, 崔益重	北菴	李義立	憤庵	安壎
釜谷	趙世傑	北厓	金圻, 朴藍, 李增, 李好	汾江	金舜錫
釜堂	洪遠植		意	汾溪	洪淳穆
釜山	金漬	北崖	金文演, 李增	汾沙	李聖求
釜署	李東蓮	北翁	尹就協	汾西	朴瀰, 朴長卨
釜巖	金光樂	北元	金堲	汾素	李彦愉
釜齋	崔泰演	北源	李鳳章	汾厓	申㲄
釜井釣叟	朴聖昌	北隱	具春先, 張德安	汾陰	崔天健
釜村	金淙	北逸	金漢	汾亭	李寅晚
阜峯	高從厚	北渚	金鎏, 金萬鍾	汾津	金圭
阜解堂	金南夏	北亭	宋錫堅, 尹志述, 李廷楠,	焚史	金善餘
部南	朴泰萬		李宗周	焚草	金善餘
鄜溪	李潚	北汀	尹志述, 洪亮八, 洪處亮	焚後	尹養善
鳧湖	白慶翰	北竹	金仁培	盆谷	李承璧
北溪	姜文鉉, 姜硯楨, 金履源,	北稷	申若樞	盆峯	李澍
	杜逸建, 朴守約, 朴晉禧,	北窓	宋承玉, 鄭磏	盆城子	金禧年
	李溟, 李穆, 李世白, 趙光	北川	柳永詢	粉巖	羅世鳳
	璧, 趙壽千, 趙完璧, 曹龍	北泉	李汲	賁西	金大洛, 金祚植
	錫, 陳有蕃, 蔡氏	北青	裵惠	賁需齋	姜奎煥

號	人名	號	人名	號	人名
貴齋	姜奎煥	不吠	金重建	泌川	朴彝叙
貴趾	南致利	不護堂	宋一源	畀牧軒	羅重慶
貴趾堂	南致利	不換齋	宋奎光	畀實	沈能植
不孤堂	邊瑠	不換亭	鄭秀禎, 黃德柔	毘盧道人	楊萬古
不孤軒	許曔	不朽堂	柳百乘	毗邪居士	許筠
不求堂	金迋, 金正胤	不諼堂	宋一源	秘巖	朴以恒
不倦堂	黃汀	不諼齋	申賢, 鄭桔	緋巖	成汝壽
不倦軒	黃玎	佛谷	李葳	肥窩	元景夏
不欺齋	柳鎭泰, 李涎	佛頂	洪至誠	肥園	朴奎淳
不能窩	李守中	佛頂山人	洪至誠	非聲	李載現
不老散人	申晏	弗降	金瀹	非巢	鄭載善
不變堂	朴東蕳	弗告窩	李德明	飛山翁	沈日就
不不翁	安中植	弗須居士	尹甯求	飛庵	崔東獻
不貧亭	洪遘	弗尤	申晏	飛雲閣	金正喜
不世堂	李基休	拂日軒	李命夔	飛隱	李邦烈
不夜齋	柳㮨	苐齋	尹俊錫	飛將	金奎哲
不如堂	申黯	鵬南	池應鉉	飛泉	田璣鎭
不如軒	金復祚	鵬來	徐祐	嚬笑齋	趙忠男
不易齋	金繼生	鵬溟	李耼齡	斌菴	全師嬹
不染子	金喜謙	備五齋	宋維新	貧郊	李之蘊 李之馨
不染齋	金喜謙	匪谷	李錫琥	賓菊	李齊賢
不慍堂	成昌遠	匪懈堂	安平大君	賓齋	李齊賢
不搵齋	韓士英	卑牧堂	黃執中	賓竹	沈友正
不用心齋	李致中	卑牧齋	李煒	濱湖散人	朴謙載
不撓軒	趙圭鎭	卑牧軒	申鵬濟	憑菴	趙昱
不憂堂	尹海擧	卑庵	金宇洛, 曺霜	憑虛	玄鎭健
不憂齋	尹海擧, 李謙薰	卑窩	權相河, 鄭重岱	氷山	柳栽鎬
不憂軒	尹海擧, 丁克仁, 鄭相點	卑忍齋	金墼	氷雪軒	薛聰
不有軒	劉聖錫	圮隱	金學魯	氷心子	金庸謹
不誼齋	申崇謙	悱齋	鄭載善	氷淵	閔志鶱
不倚亭	沈澤	斐碧亭	李㿝	氷玉	李愼孝
不二	孫英	斐然	朴道郁, 張之琓	氷玉齋	李克松
不二子	安中植	沘菴	朴準承	氷玉亭	權景昱
不二齋	洪政鉉	泌隱	李墉	氷雲	曺精通
不已齋	羅膺純				

氷月觀　朴南壽
氷月堂　薛聰
氷齋　李溆
氷井　鄭訔
氷軒　李嘉相
氷壺　宋駥, 安邦俊, 安士彦,
　　　安世彦
氷湖　許熲
氷壺堂　李氏

人

仕隱　金尙, 李龜雲
仕止堂　愼承善
俟菴　丁若鏞
俟翁　姜溭
司圃　李希陽
史山　金永珪, 以祉
史生　盧應林
史野　權大肯
史謂　宋奎憲
史逋　柳記
史海堂　金興兌
四可　柳浩根
四佳　徐居正, 黃居中
四暇　申顯祿
四佳堂　崔雲嵷
四佳齋　徐居正, 黃居中
四可齋　南煜 李奎報
四佳亭　徐居正
四可軒　金疇壽
四季堂　徐鳳基
四契堂　李世衡
四皐　黃仁憲
四觀尊者　李侑

四槐堂　林樞鎭
四乖子　姜璿
四槐亭　李塏
四矯　柳浚
四矯堂　柳宗介
四敎齋　金汶根
四矯齋　愼三益
四九齋　金元澤
四近堂　全相黙
四棄齋　沈博
四耐　安慶昌, 安昶
四耐翁　嚴思德
四樂堂　邕達行
四樂亭　全轍
四留堂　李得元
四留齋　李圭日, 李廷馣, 李鍾晃,
　　　鄭燻
四梅堂　盧塤, 尹三擧, 李應鐘
四明　李昉運
四名子　車佐一
四無堂　吳宗夏
四無子　丁載老
四無齋　鄭有根, 鄭楫
四黙　張世良
四勿堂　金應期
四勿齋　權興益, 金時泰, 蘇建,
　　　宋相天, 吳道源
四勿軒　權興益, 金蕃, 李文欽
四味堂　金克孝, 趙中立
四美堂　金克孝, 成應, 李畢, 李
　　　敏謙
四美亭　文敬忠, 朴亨達, 安酴,
　　　李龜, 李明仁, 李弘明
四未軒　張福樞
四柏堂　方得正

四瞥齋　嚴慶遠
四屛　李民覺
四屛堂　李民覺
四峯　李克墩
四不齋　金光晉
四濱堂　具禧
四事堂　李廷仁
四尙堂　李萬囿
四省齋　宋獻在
四松　梁柱南
四松齋　柳永立
四松軒　柳永立, 李道普
四時堂　金銍
四十驢閣　金正喜
四雅　申儀華
四雅堂　申儀華
四雅子　申儀華
四愛堂　金義運
四養　沈忠謙
四養堂　沈忠謙
四養齋　姜浩溥, 沈忠謙, 河衛國,
　　　河徵道
四陽亭　鄭時榮
四於　鄭昌順
四於堂　鄭昌順
四言翁　朴廷臣
四如堂　黃配天
四然齋　朴容鉉
四吾　申瀚
四悟　金成淳
四五堂　朴楗, 鄭在文
四吾堂　朴晤, 裵良玉, 安石佺,
　　　李大載, 李善元, 李璋, 李
　　　馨秀
四畏堂　李知愚

四慵堂	李成實	四貞	宋德榮	師古	李桂乙, 朱璟
四友	宋國澤	四拙窩	朴成年	師古堂	尹三省, 李廷馪
四友堂	金關石, 金大振, 盧腆,	四拙齋	朴成阜, 張世邦	師峯	張珏奎
	都命益, 宋國澤, 禹鼎宅,	四拙軒	李元譚	師士亭	徐起
	李慶雲, 李東亨, 李時聃,	四止堂	金繽	師性	朴昌鉉
	李翊明, 李憲淳, 任元濬,	四止翁	鄭仁源	師性齋	朴昌鉉
	全績, 趙稜, 曹爾樞, 韓明	四青軒	柳赫然	師心	李挺豪
	澮	四痴	申儀華	師影齋	安重鉉
四愚堂	金得河	四何堂	鄭沈	師任堂	申氏
四愚齋	申允模	四寒	金昌一	師姙堂	申氏
四友亭	金春碩, 閔慶台, 朴奎徵,	四恨	鄭在欽	師朱堂	李氏夫人
	李尚毅	四寒亭	金昌一	師竹軒	鄭洙賢
四愚亭	朴守儉	四海堂	盧壎	徙庵	盧裸
四雨亭	李湜	四好翁	張學樞	徙菴	盧裸
四愚軒	宋持憲	四檜亭	鄭濬鉉	思謙	李承孝
四有軒	禹洪漸	四休	朴公達, 朴公遂, 李應寅	思謙堂	李承孝
四隱	蘇永福	四休居士	金爾聲	思敬齋	朴瓊林
四隱堂	李樿, 李簿	四休堂	尹得和	思谷	李萬慶, 洪時燮
四隱齋	姜萬碩	四休齋	金徽	思廉	鄭演
四宜	朴榮燦	四休亭	金徽	思禮堂	鄭念祖
四宜堂	庚應昌	四噫窩	都命鼎	思老	李得新
四二堂	柳醒	士溪	河泳圭	思樓	吳載熙
四而堂	權世鉉, 林舜宇	士農窩	河益範	思明齋	陳允轍
四而翁	權世鉉	士保	李尚哲	思慕堂	宣東奎, 趙車相, 崔重憲
四而齋	南德鎭, 張福圭	士笑	愼炳朝	思慕齋	裵奎漢
四而亭	朴成郁	士巖	金世德	思半齋	金正喜
四而軒	洪源	士菴	權承緒, 裵純, 李廷楷	思補	尹啓
四益堂	權允佐	士窩	金時玉	思復齋	權定, 宋鎭鳳
四益齋	金光裕, 卞尚曾	士殷	尹保	思峯	李騫
四印	盧慶麟	士隱	金尚	思誠	文達行
四印堂	盧慶麟	士齋	金南物, 朴世光	思誠堂	金惺, 金浣
四一齋	徐宅鎬	士支	朴熙聖	思誠齋	朴梯, 尹禹學, 崔光練
四齋	朴素立	士行	朱成福	思巖	徐湜, 徐台壽
四裁堂	張玄聞	寫峰	崔聰	思庵	金是螢, 朴鳴震, 朴枝華,
四適軒	張顯慶	師儉堂	黃𩆨		潘允璿, 李氏, 李震栻, 崔

興泰

思菴　文仲龍, 閔愉, 朴淳, 成世章, 沈錫禧, 安在極, 柳淑, 李挺, 李祖謙, 李瑋, 全弘七, 鄭大年, 千萬里, 崔基大, 咸世章

思易堂　李玟奭

思永堂　金憲胤

思穎　金炳冀, 南公轍

思窩　柳宜貞, 李述賢

思恩　文益漸

思隱　鄭夔錫, 秋鏞協, 邢錫璜

思毅齋　金翊聲

思忍堂　沈相弼

思忍齋　金丞鎭

思任堂　申氏

思姙堂　申氏

思齋　慶承明, 金顒, 金宇宏, 金正國, 文彬, 朴泰甲, 沈喜壽, 安處順, 禹一男, 柳涂, 柳命材, 柳淑, 李觀華, 陳寔, 張可順, 鄭鍾廈, 崔廷七, 韓儀潑, 咸好閔, 黃汝枓

思齋堂　安處順

思亭　尹鳴殷, 李之蕃, 崔基大

思村　金舜衡

思邨　金義福

思浦　金鍾勛

思軒　甘命泰, 金璘植, 金胄萬, 宋甲基, 宋柱昇, 柳氏, 李容成, 李源斗, 李玩, 張鶴模, 鄭來成, 趙義淳, 崔炳萬, 河兼洛, 黃燦秀

思湖　吳長

思孝堂　金錫坤

思孝亭　李薰

思萱堂　蘇永東

思休　金萬均

斜川　金德秀

斯隱　趙學殷

查庵　金哲淳

椳隱　金堯規

槎翁　朴明胤

槎川　李秉淵

槎灘　朴曾賢

死已齋　高世傑

沙溪　金宇容, 金長生, 房應賢, 李正魯

沙溪亭　房應賢

沙皐　李德昌

沙谷　申濂, 鄭樟, 車輅

沙丘亭　金大器

沙磯　李是遠

沙南　金基衡

沙南居士　李輪祥

沙潭　金弘敏, 羅德元, 白弘遠, 禹廷琛, 尹恕敎, 鄭元奭

沙鳴　郭龍伯

沙峯　金天澤, 徐挺然, 陳尚漸

沙峰　姜籤, 李明德

沙阜　李德馨

沙上耕叟　奇亮衍

沙西　金觀秋, 金湜, 全湜

沙庵　宋炳天

沙厓　閔胄顯

沙厓堂　閔胄顯

沙陽　權秉載

沙翁　崔圭升, 朱必雄

沙雲　李奎翼, 李淵翼

沙月　趙任

沙月堂　金項, 柳時藩

沙月翁　李氏

沙月亭　姜壽男, 李綸

沙月軒　尹道遠

沙隱　金敬鉉, 金秉植, 金炳逸, 金承吉, 朴憶, 朴諏, 鄭在基, 洪勉熹

沙亭　金永植, 白采寅, 韓赫

沙洲翁　鄭晉喆

沙川　金克亨, 金致垕, 南乙珍, 徐昌鏡, 沈濟, 李先稷, 李惟聖, 崔自潤

沙泉　李榮植

沙村　金允悌, 金庭碩, 金致后, 朴圭浩, 朴孝參, 宣世徽, 安德麟, 李德新, 李信熙, 李元馣, 李軸, 張經世, 張貴生, 曺守弘, 車愼軾, 崔義浩, 崔泰容, 洪胤喆, 洪憲

沙趣　崔弘甸

沙趣堂　崔弘甸

沙灘　朴光善, 蘇汝由

沙浦　金九成, 金壽民, 李志賤, 鄭弘鉉

沙軒　張景壽

沙湖　金素, 宋修勉, 辛兌成, 吳益昌, 玉時振, 柳穮, 李珍, 崔雲翼

泗南　金鶴洙, 申遇浩

泗溟　惟政

泗溟堂　惟政

泗濱　李繼胤, 李幼泗

泗陽　崔圭升

泗隱　申鍾浩, 李時華

獅峯　徐挺然

獅峰　車希仁

獅山　劉德昭

獅巖　采永

砂溪　張汝華

砂村　權命守

社皐　朴承輝

社谷　趙啓生

社谷居士　張福紹

社菴　李守元

社翁　洪涵

社隱　玉相仁

社樵　申縉

私淑齋　姜沆, 姜希孟, 金敬熙, 金孝坎, 崔淑精

竢菴　李在齡

舍人　李蓧

舍藏窩　蔡之洪

舍眞齋　韓慶澤

簑村　鄭僖

紗齋　許珍

莎谷　李齊松

莎川　柳晉三

莎皐　李德馨

莎隱　李珪緒

莎齋　宣敬輔

莎堤散人　李德馨

蓑翁　金宏弼

賜研堂　金正喜

詞菴　黃守容

謝山　全祖望

謝施子　南克寬

謝五齋　徐宗璧

謝臥亭　全信

謝隱　金三近

辭窩　黃鍾濠

麝泉　李喜經

鼱　李廷晃

山澗　張智謇

山康齋　卞榮晚

山客　權煒

山居　安鍾崏

山居翁　李㙔

山谷　朴永來, 崔基模, 黃沈

山狂　曹大運

山寄窩　李瑀

山南　金德新, 金富仁, 金仲孫, 李道繼, 李淳, 鄭虎鎔

山南居士　朴泰燦

山堂　劉好仁, 李行, 崔左海, 崔忠成

山頭齋　金贊相

山雷老人　黃胤錫

山雷窩　李克聲

山雷齋　李克聲

山幕洞　李英華

山木　金義淳

山木軒　金義淳

山眉　郭赹

山民　李弘有

山民堂　朴海宇

山峯　楊進發

山北　李薇

山史　方鎭永

山沙　金泰來

山象　趙環

山西　朴安祖, 趙慶男

山西病翁　趙慶男

山西處士　趙慶男

山石　權周郁, 金顯玉, 尹炳周, 李鳳九

山城　金萬衡

山水　張東啓

山叟　金康年, 李有仁

山水堂　宋天樞

山水翁　李忠範

山水友　趙通

山水子　金重說

山水主人　南宮彌

山水軒　權震應, 邊鎭壽

山菴　文龍起

山野堂　白賓興

山陽處士　李㮚

山淵　張漢斗

山英　李亮淵

山塢　李東顯

山屋　金德淳

山翁　石鍊輝, 朱珽泓

山窩　金進

山右　權相淳

山雲　金模善, 金鳳鎭, 李慶立, 李亮淵

山隱　金升玉, 金泳中, 金澤東, 全柱

山陰　李龍淳

山齋　劉好義, 尹孟學, 李萬鎔, 趙秉世, 崔道燮, 河載坤

山前　許筬

山亭　羅兪漢, 愼榮壽, 元麒壽

山庭　李中均

山竹　鄭延晙

山中子　金在鉉

山窗　宋鼎玉

山泉　金命喜, 朴周鍾, 朴太源

山川觀　徐雲輔
山天齋　金英碩, 曺植, 洪明燮
山川齋　盧三邦
山泉齋　金德材, 尹宣擧
山樵　金允謙, 柳最鎭, 李錫永
山村　金載憲
山邨　黃載萬
山澤堂　李驎
山澤齋　權泰時, 洪汝河
山圃　金鳳鉉, 崔益大
山海　玄暘雲
山海亭　曺植
山行　鄭淮
山響　李最應
山響齋　姜世晃
山湖　李培
山花　李堅幹
山花老人　李堅幹
山曉閣　申氏
山後齋　李守恒
纚提　金正喜
纚波　金正喜
散盧　沈宜中
散庵　睦安中
散菴　柳道三
散翁　成倫
散隱　奇震甲, 張始顯, 鄭希良
汕居　權文燮
汕觀　李準鉉
汕農　朴勝鳳
汕堂　金永琯, 金炫洙
汕北　申耆英
汕山老人　申耆永
汕岩　邊時淵
汕愚　金最明
汕耘　張道斌
汕隱　沈載澤, 李相定
汕齋　李萬源
汕左　李南珪
汕住　李斗榮
汕樵　南夔欽, 鄭德和
汕僴　兪箕煥
篡翁　沈尚吉
三可　朴遂良, 張舜龍
三可亭　朴遂良
三角山人　金圭鎭
三柑　金振英
三柑齋　金振英
三岡　申健植
三江　麻舜裳, 梁潤渭, 梁朱雲
三戒　元容八
三季堂　趙頍
三溪　高胤宗, 郭齊, 申元錫, 申以簡, 尹聘三, 李櫚, 李陽緖, 李雲, 李希寬, 鄭密, 崔慶會, 崔彦粹
三溪處士　李在崙
三古堂　金正喜, 金夏鉉, 成以敏
三顧堂　李一誠, 李挺善
三古齋　金商順, 金昌肅
三顧齋　李好淳
三谷　閔彛顯, 朴慶新
三過堂　韓敬養
三觀齋　丁應斗
三貫　林重桓
三光　文多星
三槐　張智賢
三魁　申從濩, 尹澍
三愧堂　南知言
三槐堂　權時敏, 金允精, 金泰奎, 南知遠, 朴來賓, 成忻, 張智賢, 鄭得命, 鄭澤鉉, 洪義燮
三魁堂　申從濩
三愧亭　南知言
三槐亭　金是鳴
三嶠　黃楝
三苟堂　鄭宇柱
三懼菴　崔熇
三歸堂　閔濟章
三錦堂　閔濟章, 宋文祖
三寄　李寂賢
三奇堂　宋龍壽
三杞堂　宋龍壽
三棄堂　琴是養, 丁夢良
三奇齋　崔北
三棄齋　李承源, 鄭鍹
三紀軒　金蘭孫
三寧　吳陞
三聾　宋徵瑞
三聾窩　宋徵瑞
三潭　金衡圭, 義演
三堂　朴緯綸, 李種德, 鄭泰齊
三塘　姜碩期, 金瑛
三當齋　姜侻
三堂軒　張宇翰
三德齋　金基煥, 朴基謙
三島　任啓英
三島壽翁　朴奎精
三島睡翁　朴奎精
三咄翁　李景老
三斗　鄭東潤

三登　李榮
三樂　金彥承, 文尚豹, 朴橓茂, 崔濟遍
三樂堂　康敏行, 金永廈, 朴履純, 朴橓茂, 俔瑋源, 宋壽山, 李潤斑, 全昌範
三樂翁　金樂灃
三樂窩　李學老
三樂齋　金樂灃, 文以經, 朴文弼, 宋應漑, 劉璟源, 李擎煥, 李鳳五, 鄭漢奎
三樂軒　崔民望
三黎　崔洪晉
三老　金爾音, 韓準錫
三路　金爾音
三老窩　韓準錫
三留子　金義行
三留齋　金義行
三陵　李龜煥
三梅　朴淇玟
三梅堂　金裕溥, 金履梃, 金賀, 金廈挺, 閔九叙, 朴啓五, 丁鎰
三溟　姜浚欽
三慕齋　金尚斗
三黙　李康老
三黙窩　宋始廉, 宋賢程
三黙齋　曹翼承
三勿齋　李承斗
三眉　丁若鏞
三悶堂　李達新
三白　李皞
三柏堂　申堈
三栢堂　李承常
三百堂　權益運

三碧　金鳳喜, 成暢基
三碧堂　玄若昊, 洪義浩
三寶堂　郭之雲
三復齋　禹運熙, 李東彥
三峰　潘仲仁, 鄭道傳, 知濯
三峯　李克增, 李嗣宗, 李尚規, 崔永慶, 華嶽
三峯浪人　李嗣宗
三不感　金夢虎
三不義軒　鄭文臣, 鄭初
三聘　尹綏
三司　趙珙
三事堂　李正叔
三斯堂　梁應鯤
三思窩　金光鉉
三思齋　氷珹儀
三斯齋　宋仁植, 宋欽輔
三山　姜應清, 權基德, 金寬洙, 金幾天, 金成浩, 金元植, 金庭麟, 柳正源, 尹濠, 李秉常, 李山重, 李壽寅, 李台重, 丁萬浩, 曹杭, 池永奎
三山遯翁　洪五紀
三山叟　金天應
三山寓圃　崔自濱
三山齋　金履安, 李希杜
三山處士　李命政
三山退老　尹師國
三三齋　鄭友源
三常堂　任景懦
三惜齋　金汝淨
三省　金貞植, 朴謙, 諸文儒
三醒　金貞植
三省堂　朴泰彙, 楊會榮, 柳汶,

李泰貴, 鄭健, 鄭崇祖
三省窩　洪聖輔
三星齋　具然台, 柳台衡
三省齋　甘泰鑄, 高柄淵, 權在韶, 金繼賢, 金濟良, 杜洪燁, 薛誠, 蘇相說, 孫興禮, 宋奎禛, 吳愼行, 尹珝, 李貴省, 李德漢, 李士英, 李成枝, 李榛, 李昇洛, 李英耆, 李瀅魯, 林復炫, 鄭崇祖, 趙復炫, 趙錫虎
三洗堂　吳玄碩
三素　李集魯
三笑堂　柳翊商
三笑窩　宋徵, 宋厚謹
三疎齋　朴龜年, 李熙一
三笑軒　高鳳來
三松　金輔根, 南夢鰲, 吳稷, 李時稷, 林貴枝, 鄭邦俊, 許伯琦
三松居士　閔耆顯
三松堂　權基一, 南夢鰲, 朴文興, 成準, 許萬利
三松齋　李在權, 崔汝畛
三松亭　林貴枝
三守　李士榮
三秀　白圭鎰
三樹　鄭龜齡
三秀堂　金芝淳, 趙頰
三睡堂　林松齡
三秀子　李賀朝
三樹亭　權薵, 盧有模, 鄭龜齡
三守軒　權漢舒, 徐懋秀, 崔孝淑
三秀軒　李賀朝
三筍堂　鄭宇柱

三勝軒	李元靖	三畏翁	趙惟顏	三宜堂	金氏, 金纘元, 洪祐誠
三愼堂	黃應河	三畏窩	金德麟	三宜亭	高必遠
三愼齋	金聖運, 禹夏哲, 李壽沆	三畏齋	權命熙, 金敏源, 卞熙經	三怡	洪吉周
三十六鷗草堂	金正喜		李彥才, 崔君賢, 崔緯玄,	三怡堂	韓永泰
三安堂	郭鉉		洪壁修	三益	金萬甲
三安齋	西門遜	三友	文孟龍, 李橙	三益堂	申智立
三岩	朴壽煥	三愚	金基斗, 金汝振, 蔡之洪	三益齋	李天培, 丁應斗
三巖	朴以謙, 沈光憲, 趙是璧,	三憂居士	文益漸	三一	林相元
	趙然明, 黃鈺	三友堂	金有孚, 金顯景, 吳碩福,	三一堂	辛駟, 蔡致遠
三庵	朴秉圭, 孫濟哲		禹致益, 柳文遠, 尹世喜,	三一山人	卞巘
三涯	柳德庥		李胤緒, 李廷麟, 李齊白,	三一翁	李東沁, 田德秀
三愛堂	姜公著		李之忠, 張任重, 鄭鳴濩,	三一齋	金綠, 鄭昕
三野亭	高克明		鄭賢, 崔瓊漢, 崔渭瑞, 洪	三齋	金宇鉉
三瀁齋	金德亨		氏, 黃玉崗	三節	尹以明
三養齋	丁應斗	三憂堂	文益漸, 朴道鎭, 朴文富,	三節堂	崔汝舟
三餘	金圭		吳碩福, 張案, 張彙, 洪氏	三絶堂	牟鼎基
三如齋	李克誠	三愚堂	洪瑞徵	三亭	權賓
三亦齋	朴志勝	三友臺	吳碩福	三足堂	金大有, 魏世寶, 李億
三淵	金昌翕	三友齋	李萬亨	三足窩	南道揆
三然	郭尙勛	三愚齋	金灝根, 白鷺洙	三足齋	金浚
三硯老人	金正喜	三友亭	朴慶新	三拙	朴崇祖
三硯室	金正喜	三雲	金孝鎭	三拙堂	朴嫌起
三淵齋	宋時一	三元	許元栻	三拙窩	南宮鏶
三研齋	金正喜	三元堂	許元栻	三拙齋	南宮鏶, 宋源
三悅堂	李景蕃	三危	孫澍	三鍾	金復光
三烈堂	甘景仁	三瑡	金正喜	三洲	姜元會, 金昌協, 文尙郁,
三悟	朴采琪	三瑡老照	金正喜		申顥仁, 李㟮, 李鼎輔, 李
三五堂	朴德聰	三悠亭	權萬濟		昌壽, 趙博容, 崔希說
三吾堂	金世洛, 朴萬重, 朴重九,	三六齋	金廷望	三竹	李弘淵, 趙榥
	李利水, 趙錫重, 曺彥徵	三惡齋	卞周鎭	三重	金桓
三玉堂	郭之雲, 金夏鉉, 白世仁,	三隱	郭道相, 金奎絢, 徐丙	三池	崔澐
	李福生, 張滑, 鄭沃		周, 蘇秉元, 宋敏道 李承	三知	薛順祖
三玉齋	羅球		五, 李㻶, 李泰龍	三芝	鄭海宷
三畏	金秉燾, 金璨錫, 李埏	三恩堂	鄭㮒	三之堂	申致雲
三畏堂	裵命胤, 申潚, 許裏	三隱齋	張憲	三止堂	劉安祚

三知堂　申漢傑
三池堂　崔澐
三知菴　朴氏
三川　崔慶雲
三泉　洪承運
三川堂　玄永徵
三清　姜源, 金鍵, 金載軾, 卞榮晩, 李雲
三青堂　李顯孫
三清堂　金徵, 柳善浩, 林畦, 鄭枋, 曺溥, 崔彦粹, 洪善浩
三清逸老　金鍵
三樵　申世均
三春堂　鄭述祚
三翠堂　安龍鎬
三翠軒　李大成
三癡　鄭弘溟
三灘　嚴興道, 柳誠源, 李承召, 李薈, 趙大春
三坡　全學鎭
三便齋　李潤龍
三平堂　尹最
三浦　李在潤
三下　金秉般
三何　金思省
三學堂　朴懃
三寒翁　朴孝德
三寒齋　朴孝德
三軒　韓運聖
三賢　白景濟
三賢亭　太尚文
三乎　朴駉相, 任學準, 洪禹燮
三壺　南永周, 李元簿
三好　林德躋
三湖　金德鎭, 金壽奎, 金是柱, 金堯澤, 金在倫, 兪必仁, 李重協, 崔鳴海
三乎堂　朴圭三, 朴容浩, 任泰夏
三好堂　林德躋
三乎齋　宋柱憲, 洪元憙
三酷好先生　李奎報
三和頭陀　金玉均
三患齋　蔡之洪
三悔堂　金載恒, 文驥行, 李齋恒, 黃廷臣
三會堂　李元道
三悔菴　李濈
三悔齋　李敦賢
三晦齋　鄭志煥
三會齋　黃孝吉
三孝堂　李得地
三休　姜世龜, 金成景, 金義貞, 任絖, 鄭好信
三休堂　姜世龜, 金濂, 尹寬, 李郊, 李大成, 任絖, 崔雲屹
三休菴　任絖
三休子　慶暹, 尹寬, 鄭昌斗, 趙休
三休齋　李宗伯
三希　安澤煥 李張英
三稀堂　姜柱齊, 魚益善
三希堂　尹錫鳳, 李張英, 陳克孝
三希齋　閔斗世, 柳輨, 孫晋蕃
參杜　陳無己
參三齋　洪顯圭
參舒堂　崔汝舟
參禪居士　白貴華
參巖　權希仁
參軒　李萬全
森溪　高臣傳
森谷　金德玄
森谷處士　金德玄
森叟齋　李宙
蔘迂　權堯性
插峯　金世斤
鍤坡　李能進
雪橋　安錫儆
上溪　金履興
上古軒　朴魯冕
上黨逸民　吳德明
上洛居士　金紐
上洛處士　金紐
上山　李淳鎔
上愼菴　權三鉉
上齋　金錫龜
上川　鄭變成
上清子　李馝
商谷　姜瑜
商鳳　李義胤
商山　池德鵬
商山白髮翁　周世鵬
商山翁　李天慶
商巖　朴安義, 申象求
商翁　黃穉璜
商隱齋　崔鍾錫
商岑　張台翼
商齋　卜之尹
嘗百堂　朴芸傑
尚岡　宋民用
尚古堂　金光遂, 金履杓, 李宗準
尚古齋　許禴
尚德齋　鄭惟吉, 崔致湖
尚溟　曺桓
尚武軒　許得良
尚默齋　林文洙

尚白山房　金彰顯
尚實菴　李周憲
尚雅堂　洪聖民
尚庵　權鵾, 趙根
尚友堂　金銑根, 金濯, 李瑞翼, 李宗準, 李珌, 許琮
尚愚堂　李國培
尚友齋　朴慶俊, 卞東尚
尚友軒　李弘之
尚衣　趙慶起
尚義堂　白忠彦
尚義齋　柳思仁
尚齋　盧稞
尚佐　朴謙進
尚志堂　梁垍
尚志齋　文基皜
尚志軒　金贊元
尚湫　金銑
尚玄　李能和
尚火　李相和
尚晦　朴臣圭
常岡　宋民用
常敬軒　李能顥
常慕閣　鄭圭永
常山　金道演, 柳寅鎬
常窩　李敏輔
常雲　昇尚守
常隱　鄭敎源
常齋　張錫軫
常青堂　盧洽
常棣軒　朴敏孝
常虛　劉錫昶
常軒　金載順, 安震, 鄭僐
常華　鄭好義
愓若　沈愓
愓若齋　沈愓
桑谷　金益廉, 成石珚
桑菴　李仁淑
桑楡　柳思規
桑楡子　柳思規
桑隱　朴思奎
桑齋　盧允油
桑村　金子粹, 盧嵩, 鄭錫, 趙仁壁
桑浦　崔潤吉
橡峯　李憕
橡山　安鼎福, 安㑺, 李是鐠
橡首　安鼎福
橡庵　李光燮
橡翁　安鼎福
橡隱　金起澤
橡亭　李思曾, 李憕
橡村　梁應祿, 韓永箕
橡軒　安鼎福
相江　趙明觀
相谷　金碏
相當　鄭相業
相文　呂東建
相如　吳昌勸
相窩　姜參
相在軒　金汝振
相好亭　趙知崙
湘藻　李彦瑱
祥雲　應惠, 崔龍宮
祥齋　崔得隣
翔川　尹正運
裳溪　成永觀
觴詠軒　朴天與
象谷　韓後信
象弄居士　南公佐
象峰　李咸一
象峯　申翊亮
象山　宋泰章
象牙塔　黄錫禹
象菴　李崑
象村　申欽
象湖　姜銓
賞農亭　具益亨
賞心軒　宋柟壽
霜溪　權煒
霜露齋　金汝鎭
霜峯　淨源
霜嶽　金弘遠
霜巖　權濬
霜月　璽封
霜浦　尹瞰
嗇菴　李世玉
穡堂　丁氏, 韓縝
穡隱　朴聖欽, 李禈
穡學齋　秋幹
索隱　鄭在衡
色湖　李葆
生溪　嚴璹
生谷　李寅煥
生老堂　吳孝錫
生明齋　崔元望
生百堂　崔曼
生庵　李時萬
笙林　申光顯
笙園　申光絢
叙齋　成彛鎬
庶乎齋　金顯鎰
墅觀　奉石柱
墅隱　尹元瑞, 李錫雨, 趙士成

徐溪	石世珙	栖亭	田胤武	瑞石山人	金萬基
徐汲齋	申在應	栖閒堂	閔忭	瑞雪堂	權斗翼
徐刀齋	金大春	棲岡	金澤東	瑞岳	河呈道
恕庵	金起西, 文奉黙, 善機	棲菊堂	南建源	瑞巖	李寅高, 日華
	申靖夏, 申厚載, 元容正,	棲碧堂	洪宗植	瑞庵	李完根, 趙秉勳
	元容八	棲碧齋	李之漢, 鄭弼來	瑞菴	范致祿, 柳庠根, 邢淵
恕菴	金致連, 朴永昌	棲碧亭	申致龜	瑞隱	金聲秋, 范泌植, 全新民,
恕窩	李玟久	棲巖	朴世熙, 李成才, 田暐民,		鄭淳伯
恕齋	韓茂, 韓藏		鄭之麟	瑞應堂	朴魯珍
恕軒	李世珩	棲雲	羅文箕	瑞亭	尹履慶, 丁曄
曙岡	朴泰圭	棲雲堂	金天健	瑞竹	梁相恒
曙山	金公達, 李會春, 許湜	棲齋	金敬義	瑞竹堂	梁相恒
曙庵	金萬壽	棲亭	田胤武	瑞川	金世重
曙津	白漢成	棲霞	羅經文, 閔致祿, 沈銑澤,	瑞樵	李熙爽
曙窓	趙瀶		沈雲	瑞草	李慶全
書溪	魏白純, 李義鎬	棲霞堂	金成遠	瑞霞齋	鄭仁源
書農	金尙懋, 金正喜, 安世煥	棲霞翁	羅景文	瑞軒	金應福, 范潤琦, 崔灝
書樓	金以呂	棲鶴山人	韓晶東	黍石	尹成鎭
書峰	崔柱錫	棲閑堂	閔機, 閔忭	黍齋	崔柄
書山	李晚浩	犀石	李敬老	緒菴	宋秉濟
書巢	姜渭虎, 金復休, 金宗烋,	犀園	金鑄, 金載翼, 李文鉉	舒翁	金樂升
	宋洪直, 鄭漢雄, 崔元植	瑞岡	尹基夏	西澗	朴熙典, 李謙淳, 李性至,
書巖	裵德文	瑞感齋	宣敬祐		李齊閔, 李眞洙, 林承信,
書崖	趙鍾灝	瑞谷	徐宗泰, 廉悌臣, 李根鎬,		鄭光績
書翁	孫比長		粲淵	西磵	李眞洙
書雲菴	金碇錄	瑞堂	金奎軾	西磵病翁	李滉
書隱	朴在三, 朴厚文, 宋光運,	瑞棠	朴自興	西澗主人	金尙憲
	鄭暻信, 曺俊民	瑞龍	詳玟	西岡	金係錦, 金壽聃, 盧士謜,
書痴	姜寅會	瑞墨齋	朴維城, 尹程		朴而檜, 朴漢植, 朴亨東,
書圃	鄭仁世	瑞峯	李志德		成如壎, 王義城, 柳思春,
書香	金貞, 金在洛	瑞峰	黃孝信		柳遠重, 李中厚, 李賢錫,
書薌	朴台榮	瑞山	金孝伯		張相岐, 全三省, 蔡忱, 韓
書湖	趙鍾明	瑞西	朴氏, 朴源弘, 李廷珊		必明
書畫舫	盧允迪	瑞石	金國光, 金萬基, 金彥勗,	西崗	金錫允, 金履祜, 蔡忱
栖山	黃㵓		李熙爽, 崔吉, 韓仁及	西江	申源

西格　蔡慶錫
西垌　柳根
西溪　姜烈, 高得賚, 具思顔, 金達鉉, 金鍇, 金聃壽, 金在燦, 金忠顯, 南趎, 朴世堂, 朴泰茂, 石世璜, 宋東胤, 辛之遜, 安東胤, 安鏞植, 梁澍弘, 吳鏞植, 柳範源, 柳軾, 李得胤, 李萬業, 李成鎬, 李身圭, 李陽煥, 李鍾麟, 李忠顯, 李孝源, 鄭琦, 鄭綸, 鄭世虎, 鄭彦宏, 趙泰裕, 韓相直, 黃基瓚
西谿　金在燦
西溪居士　金守堅
西溪翁　梁澍弘
西溪樵叟　朴世堂
西皐　朴承任, 朴鼎臣, 宋龜壽, 宋國澤, 沈能泰, 兪彦述, 李氏, 李垌, 趙宏奎
西皐散人　李翊九
西谷　高益吉, 成相鎬, 李正英, 鄭琛, 崔潤禴
西郭　宋象仁, 曹義吉
西橋　許晉
西郊　宋諄, 宋贇, 鄭海胄
西歸　李起浡
西潭　李達, 洪瑋, 黃璡
西堂　金誠立, 李德壽
西臺　金冲, 李範鎭
西墩　沈岱
西柳　柳承茂
西林　金弘洛, 柳徠, 李淞
西林齋　崔挺祥
西巒　趙緯韓
西溟　李芬
西溟散人　黃胤錫
西汎　洪鐘皓
西峯　慶俊, 金寅植, 李時昉
西峰　金堯立, 徐德龍, 申智男, 柳藕
西阜　宋龜壽
西扉　崔宇淳
西史　金元圭
西社　金進洙
西槎　申錫愚
西山　權轍, 金就成, 金興洛, 南泰普, 吳文鉉, 吳庠秀, 柳植祚, 柳自湄, 李尙毅, 李穡, 李世榮, 李潛, 李橚, 李正英, 李廷馨, 趙璥, 趙旅, 崔是翁, 休靜
西山居士　申鉉禎
西山堂　金愛立
西山大師　休靜
西山素隱　安英老
西山處士　金就成
西山布衣　金就成
西石　宋達用
西成堂　鄭之燮
西水　權穫
西嶽　頓認
西岩　權斗紘, 李潤身
西巖　金有聲, 朴河澄, 成以恪, 安重禧, 呂世潤, 呂孝曾, 呂孝會, 李光彦, 李成材, 李承宗, 李潤身, 李宜中, 李震白, 秦性大, 洪禹瑞
西庵　蘇尙鎭, 宋鎭吉, 李敏鈺, 張善瀓, 鄭泰鎔, 陳甲鉉, 陳天益
西菴　安漢徽, 太斗南
西巖老人　李震白
西厓　柳成龍
西崖　元混, 李正錄
西樣　李載覺
西漁　權常愼, 權濮
西淵　李澥
西翁　任俊元
西愚　李濬鏞, 咸一亨
西園　金羲齡, 朴觀德, 朴道翔
西隱　金鉀, 金垈, 金道洙, 金商斌, 大重澤, 鄭遇豊, 崔濟奎, 黃國龍
西齋　金紳, 金永斗, 金遇鋼, 宋侃, 宋桂根, 宋錫年, 李美, 任徵夏, 丁語亨, 蔡得江
西亭　金謙光, 宋蔓, 田闢, 鄭玉潤
西汀　李起淵, 李鳳煥
西州　宋根, 李敏求, 曺夏望
西洲　金思鎭, 金浩根, 房斗載, 曺夏望, 曺杭, 崔廷吉
西疇　李彬, 李完植, 任遠, 鄭禮男
西窓　金起河, 黃敏厚
西川　郭佑賢, 魚世謙, 李敏求, 李養中, 李渼, 趙貞奎, 洪淳
西泉　李眞伋
西樵　白興銓
西村　金庭睦, 金鎭, 白光瑞, 宋圖南, 李慶昌, 李熙垈, 張雲翼, 崔沂, 洪天民, 黃昞昌
西邨　韓復良

金渭公, 金振斗, 朴敏龍, 朴炳宙, 卞寬植, 徐基德, 沈浣, 吳敏燮, 吳昌憲, 尹東龜, 尹宜善, 李敬遵, 李圭喜, 李在凡, 李垕, 鄭毅鉉

石栿　朴鍾閏

石藍　金光濟

石南居士　徐基德

石年　金準榮, 閔泳璨, 吳慶潤, 陸用弼, 鄭載鎭, 趙端鎬

石農　金光國, 吳震泳, 李鍾愚, 張雲澤, 趙秉禧

石儂　朴濟根, 柳瑾, 劉中植, 鄭鎭伯, 洪淳大

石濃　鄭學源

石能　李泰鉉

石耑　權時亨

石潭　權大運, 金正元, 閔汝鎭, 朴時欽, 朴淵元, 柳珩, 李潤雨, 李珥, 黃秉連, 黃日九

石堂　金相定, 盧鳳, 朴根洙, 朴南澈, 朴炳喆, 朴濟輪, 徐沇, 成輅, 田守成, 趙炳日, 陳汝起, 崔在洪, 許氏, 黃祐永

石塘　權怏, 金光源, 金鳴玉, 羅經績, 卞相泰, 宋秉瑋, 尹桓成, 李澹, 李維新, 李衡敎, 鄭龜錫, 曹世虞, 洪承圭

石東　鄭東漵, 黃德五

石桐　鄭光龍

石洞　李文載

石頭　寶澤

石蘭　朴會爕

石來堂　李憲求

石蓮　李公愚, 李公翼, 林漢玟, 丁大晛

石嶺　尹百順

石老　高光彩, 吉世煥, 金健洛, 李惟采

石聾　張志敎

石樓　李慶全, 李義天

石綾　金英淳, 魚英淳

石菱　金昌熙

石陵　金炳駿, 金炳恒, 金英淳

石陵處士　金佺

石隣　曹錞

石麟　閔弼鎬

石隣堂　鄭達恕

石林　李啓魯, 李用基, 鼎鎬

石梅　金豐均, 曹鎭嶔

石麥　金希鍊

石門　金昌熙, 南衡駒, 申宗洙, 吳以翼, 尹剛中, 尹復, 尹鳳五, 尹心協, 尹欽中, 李景巖, 李景稷, 李漢, 任奎, 張瑢, 張后相, 鄭榮邦, 趙廷獻, 蔡準道

石門居士　吳以翼

石門亭　李光仁

石帆　權憲璣, 徐念淳, 李建弼

石壁　洪春卿

石屏　金天寶, 魏世寶, 李回寶, 李休運

石峯　姜霮, 金淇培, 羅源中, 文天奉, 朴修煥, 吳權洙, 李齊翰, 李海龍, 林尚杞, 林周煥, 韓日, 許昤

石峰　郭鍾允, 金萬彬, 文誠後,

吳陞, 尹洪烈, 李一元, 韓脩, 韓濩, 黃彦弼

石北　申光洙, 梁相翕, 鄭鑾

石鵬　劉景稀

石史　朴準官, 徐湄

石山　權鍾遠, 金官實, 金官宅, 金益容, 金暄, 廉義乾, 尹顯振, 李敎壽, 李圭采, 李承輔, 李容沅, 張彬, 鄭鍾錫, 崔鏞滈, 韓文健

石西　金相基

石栖　金商雨

石仙齋　申光漢

石城　李盛枝, 田聖煥

石醒　太聖祜

石世　金鼎集

石松　金炳元

石松堂　李震久

石室　金尚憲, 明眼, 朴箕陽, 宋禹鎭, 李集阡, 張守節, 趙鐵山, 許氏

石室居士　　李雲熹

石室山人　　金尚憲

石室主人　　金尚憲

石我　金進源, 黃在虎

石巖　具慶謨, 金柄大, 李健永, 洪在政, 黃汎

石庵　康鳳淳, 潘福海, 張基弘, 片彦九

石菴　金輝兌, 魯璟相, 朴基柱, 朴琮憲, 李錫福, 鄭源懿, 洪義欽

石厓　權家憲, 趙萬永, 洪鳳周

石崖　朴希齡, 趙萬永, 洪鳳朝

石語　申命淳

石奄　黃洛鉉

石淵	朴聖世, 李禹世, 李憲
石然	金燦奎, 楊基薰
石然老漁	楊基薰
石吾	金敬淳, 沈晃鎭, 李東寧, 黃在軒, 黃河喆
石塢	權秉燮, 辛錫圭, 梁奎煥, 鄭龍鎭
石梧	權鳳熙, 尹致英, 李敏九
石屋	李仁求
石玉	鄭元興
石蘊	鄭宬朝
石翁	牟一成, 梁贊永, 李水儀, 趙彰漢, 喆有, 崔萬斗
石窩	權瑋, 金邦彝, 朴道曾, 柳得陽, 鄭哲教, 崔禧, 洪胤昊
石友	金象鉉, 普化
石愚	權載斗, 金埈, 李石璀, 李澈模, 黃柄璀
石友田	金景鍾
石耘	徐憲淳, 李勝愚
石雲	權東壽, 金臣圭, 金容圭, 朴景震, 朴箕陽, 申縉, 尹顯東, 李復一, 李眞望, 李浩俊, 鄭彦禎, 許桓
石原	李玄文
石園	李眞望
石圍	尹命烈
石隱	高龍壽, 權養浩, 金相均, 金瑨, 金瓚, 金宅淳, 金赫慶, 朴光煥, 徐續誠, 孫永斗, 梁千會, 柳基鎬, 俞彦民, 尹奎遠, 李龍洙, 李周伯, 張隣五, 鄭有吾, 崔哲鉉, 韓德師, 黃璋鉉
石隱義士	朴文述
石陰	朴魯述
石人	丁泰鎭
石丈	趙存九
石齋	金炳洛, 金尚珍, 金在駿, 朴泰錫, 朴孝修, 徐丙五, 余好德, 李命鎬, 李永肩, 鄭憲喆, 黃佑植, 黃翰周
石渚	辛惟一
石田	姜處煥, 金亨進, 徐秉德, 成輅, 沈繼澤, 柳健永, 柳正茂, 李文載, 李炳壽, 李齡鎬, 李最善, 黃旭, 黃瑗
石顚	朴漢永, 鼎鎬, 洪鍾韶
石田耕叟	金圭鎭
石丁	安鍾元
石井	高在奎
石亭	權來, 權東美, 金塊, 金起南, 金在明, 文晦, 朴炳大, 朴應參, 陸洪運, 尹剛中, 尹炳順, 李禹弼, 李定稷, 李埈鎔, 李鉉奎, 田甫成, 鄭弘祚, 崔藩, 崔澐, 洪觀周
石庭	李埈鎔, 黃瑮
石汀	高時逸, 金鳳柱, 金就善, 盧桂壽, 牟受璉, 文濟衆, 魏在鎭, 柳椐, 李箕魯, 李世禮, 李致祿, 林海圭, 鄭南翼, 鄭益鎔, 曺錫休, 趙泰貞, 趙寅錫, 崔應淳, 洪鍾振
石淳	尹泰駿
石灯	安鍾元
石鼎	尹世冑
石淙	徐有薰
石洲	郭保民, 權韠, 申弘遠, 李相龍, 趙順達
石竹軒	鄭顯柱
石芝	李時愚, 鄭海翊, 蔡龍臣
石窓	洪世燮
石川	高濟安, 郭元振, 金覺, 金大雄, 金炳龍, 金彦健, 金溶澤, 南峻明, 都爾望, 朴成赫, 邊龜壽, 邊有寧, 吳漢相, 柳鼎善, 李德益, 李東一, 李賢俊, 林億齡, 任懿, 張駿昊, 鄭晃朝, 池德老, 洪奎植, 黃有寧
石泉	郭思安, 具泰書, 權來, 權璲, 權坪, 金炳教, 金炳九, 金性泰, 金泳, 金禹鉉, 金雄權, 金重呂, 金振鳴, 金鎭煥, 金亨進, 金浩碩, 魯榮勳, 朴胤沃, 裵鳳錫, 白南輔, 薛元植, 宋星遠, 宋惟寬, 辛引孫, 申綽, 安敬根, 安榮, 安昶, 魚榮勳, 吳載紹, 龍淵友, 李道貞, 李秉辰, 李鼎夏, 李廷馦, 林得蕃, 全俱生, 全龍, 田月祥, 鄭琪泓, 鄭世永, 蔡氏, 太興斗, 黃正文
石泉居士	李德龜
石泉齋	成永後
石青	金希鍊
石樵	權斗熙, 金鳳五, 金壽璟, 金翊鎭, 金在兢, 金禎熙, 朴景求, 朴根遠, 安祜, 禹在善, 李晚用, 李鳳求, 李震容, 張佶永, 鄭莊, 韓良履, 韓鎭庭, 咸東燮
石初	金時彦
石蕉	金炳穆, 申應休, 張信永,

鄭顔復, 河之明, 黃芝秀
石村 慶暹, 權錫夏, 閔孝植, 朴萬孝, 朴忠挺, 朴漢永, 沈幅, 沈孝尚, 呂燦, 柳之發, 尹用求, 李達意, 李文齡, 李忠挺, 林崿, 林濮, 鄭海鼎, 趙鍾益, 千斗壬
石推 禹東嶺
石醉 尹致定
石痴 許鍊
石癡 鄭喆祚
石灘 朴純, 朴元桂, 孫會宗, 柳澐, 尹頔, 尹自華, 李箕南, 李文貞, 李邦海, 李碩蕃, 李守邦, 李愼儀 李養中, 李存吾, 鄭升源, 韓孝仲
石坡 金龍行, 李昱應, 崔基豊, 憲宗
石波 金壽顯
石平 鄭氏
石圃 金路, 金齊顯, 金義瑞, 徐永潾, 孫鳳嬹, 沈胤澤, 俞致德, 李晚蓍, 李漢馨, 崔永潾, 崔廷選
石浦 姜鳳覽, 高應文, 郭期壽, 金元國, 李圭益, 李瑣, 田乃績, 田晚成, 蔡夢井, 秋橘, 許澤
石下 金晚秀, 金榮中, 金漢泰, 朴元黙, 柳建鎬, 尹永三, 尹正求, 李馨萬, 洪淳泌
石河 金箕哲
石荷 姜達馨, 高益相, 金禧卿, 安鍾悳, 黃思仁
石霞 林澈洙
石閑 俞星煥

石海 孫貞道
石軒 高萬九, 高處明, 金基敦, 金守海, 朴祐, 申慶濟, 柳景海, 柳崇祖, 柳沃, 柳應祥, 柳㙫, 李鎭斗, 李震方, 李就新, 張龍河, 崔逸, 黃益九
石賢 李祿元
石戶 洪善周
石湖 賈行健, 金潤弼, 閔熙, 范成大, 申命翼, 申汝拭, 申靖夏, 申緝, 柳道性 尹文擧, 李承幹, 李載完, 李鍾宣, 李祉麟, 李台壽, 洪思斅, 洪在鳳
石戶丈人 許穆
石華 鄭胤永
石晦 蘇係
碩澗 沈惠來
碩齋 尹行恁
釋老 權佺
錫鋤堂 鄭允彪
錫柱 金昌煥
錫湖 林起鄧
仙客 金正喜
仙溪散人 權墉
仙谷 朴建中, 朴顔賢, 曺洵
仙窟 南乙珍
仙洞 金勘, 朴民慶
仙查 李惟明
仙槎 成大中, 曺景仁
仙查翁 李惟明
仙山 吳三聘
仙石 辛啓榮
仙岩 鄭東民

仙巖 權靈, 金用漢, 南世禎, 李儼, 李耘, 黃夢耉
仙庵 朴采柱, 劉敞, 李惟達, 洪興祉
仙菴 閔養世
仙巖齋 權命申
仙源 金尙容, 李敏學
仙源堂 李萬均
仙隱 南趎, 李桓模, 韓偉
仙舟 郭希泰
仙蒼 劉弘源
仙浦 金龍九, 黃近渭, 黃躔
仙解 成以道
仙華 金若行
仙華子 金若行
先溪 李得胤
先達 金秉柱
宣德亭 李思卿
善繼堂 金漢老
善山 尹聖鶴
善息齋 鄭持淳
善養亭 丁希孟
善淵 金可淳
善淵齋 金可淳
善遷 李蒔
善遷堂 李蒔
善一 李震炳
善宗 弓裔
善草 李志定
羨齋 金汝信
宣務 金鑵
宣齋 宋好義
渲亭 朱懿
禪雲 吳相淳
禪亭 白仁寬

禪和子　一禪

羨齋　金汝信

船山　金載琬, 朴柱臣, 張問陶

蟬庵　李彦相

薛蘿翁　李長新

薛隱　鄭宗溟

薛茘園　徐耕輔

說寶和尙　惟政

雪江　郭孟桂, 金禹鎭, 安玹, 柳泗, 洪重鼎, 黃琪

雪岡　李意善

雪溪　姜晉暉, 文勵, 文致權, 朴致和, 安孝述, 吳基權, 李賢秀

雪谷　魚夢龍, 允暄, 李榮鎭, 鄭保, 鄭思道 鄭思成, 鄭誧

雪南　李鼎翊

雪潭　自憂

雪堂　金君綏, 金羆臣, 朴文恊, 李惟杞, 張龍鈴

雪島　金書鍾

雪竇　奉琪, 有炯

雪麓　金廷大

雪樓　姜俒, 閔熙, 李寅賓

雪梅　李晚榮, 崔鵠

雪峯　金義信, 金時習, 金忠烈, 神秀, 尹燧, 趙楗, 許烘

雪峰　姜栢年, 金德一, 朴夢瑞, 朴信, 朴㵣, 尹宅逵, 自超, 朱㮚, 池運永, 冲鑑, 學夢, 許洙, 懷淨, 希安

雪篷　金忠烈

雪北　洪聖權

雪鬢翁　李賢輔

雪沙　李穆

雪蓑　南以恭, 韓峻

雪山　裵千熙, 張德秀, 鄭珏煥, 千熙

雪聲　李錫欽

雪松　權斗應, 金崇祖, 金載銓, 金澥, 朴弼成, 裵聖謙, 申必淆, 演初, 李惟模, 田贇, 鄭允謹, 鄭載厚, 鄭寂煥

雪松堂　孫永光, 惟政

雪松齋　朴弼成

雪松軒　鄭源仁

雪娥　孫德升

雪岳　梁宇夏, 李斗璜

雪嶽　姜瑢桓 李槇, 池光翰

雪嶽堂　金球

雪岩　朴永秀

雪嵒　金鏴

雪巖　金綠, 金瑾, 金學臣, 明眼, 吳大益, 義誠, 李終巖, 秋鵬, 許紹

雪庵　許東

雪菴　曺興吉

雪厓　南彦繽, 孫光皓, 吳煥

雪崖　南彦繽, 吳煥

雪英　惟政

雪屋　朴準觀

雪翁　梁淵

雪牛　法乳

雪藕　大雲

雪月　奉準

雪月堂　金富倫, 金益禧, 金峻立, 李三錫, 全益禧

雪乳　處明

雪隱　沈宗澤

雪岑　金時習

雪齋　金礪, 金尙五, 朴永福,

安宗茂, 李圭臣, 李萬畦, 鄭可臣

雪田　邢國禎

雪庭　河潛

雪汀　盧夏鼎, 朴萬鼎, 宋運會, 柳泗, 李台稙 李皇暘, 李忔, 任善伯, 曹文秀

雪艇　徐相龍

雪汀居士　李鶴年

雪洲　尹龜相, 鄭之授

雪舟　宋運會

雪竹　李完峻, 李羽慶, 趙國賓, 翠仙

雪竹堂　姜再淑

雪滄　朴熙晉

雪窓　權斗寅, 金純澤, 李貞恩

雪牎　河澈

雪川　金世珍, 安省, 魚夢龍, 李奉祥, 李岳祥, 李宜炳, 李宜活

雪泉　安省

雪川亭　李宜活

雪青　鄭基春

雪樵　魯淵箕, 吳載維, 尹安國

雪蕉　李鍾禹, 崔承太

雪村　閔汝儉, 白師殷, 宋時喆, 鄭曄

雪摠　宋挺涑

雪灘　韓時覺

雪坡　金得仁, 金載精, 朴承源, 尙彦, 孫星岳, 李錫禧, 李後山, 懷淨

雪下　南紀濟

雪下居士　南紀濟

雪壑　李大期, 李源柏

雪壑齋　鄭錘

雪軒　李伯堅, 李守沈, 鄭頍, 洪祐禹

雪湖　郭秀玉, 梁遇慶

雪壺山人　金夏鍾

剡溪　權壽元, 朴東傳, 李潛, 曹之煥, 陳景文

剡湖　陳景文

纖溪　金寅鐸

蟾江　李德益

蟾谷　金相履

蟾窩　李玄煥

蟾齋　李義老

蟾泉　任廉

蟾初　桂生

蟾村　閔遇洙

葉西　權褘, 權示襄

城谷　權宣

城塘　田充國

城東樵者　俞昌煥

城山　趙炳傑, 洪祐順

城西　李尚彦

城窩　朴河清, 李元淳, 李鍾錫

城隱　金景欽, 金用黙, 金在範, 南以興, 朴浩, 申忔, 柳桂隣, 柳光迪, 柳成春, 林相洛, 林鴬, 張永河, 鄭思浚, 韓彦沈

城齋　李寬求

城擔　李溶

城圃　趙觀祜

城軒　宣漢

姓支堂　金約前

性潭　宋煥箕, 守意

性堂　石大誠, 吳潔, 鄭赫臣

性山　朴馹秀, 許蒹, 許渾

性巖　田佐命

性庵　郭汝松, 羅景煥, 李秉龜, 李瑢秀

性菴　金魯謙, 金永圭, 昔相律, 李在原, 田佐命, 曹尚鍾, 蔡氏, 韓圭恒

性養堂　鄭震復

性窩　成好晉

性齋　白天憲, 曹信忠, 許傳, 黃寅昌

惺溪　金壎

惺堂　金敦熙, 朴義寅, 韓敬重

惺臺　權丙勳

惺樓　鄭岐源

惺山　朴寅圭

惺惺翁　朴南壽, 李湛

惺惺齋　琴蘭秀, 鄭禧善

惺所　許筠

惺叟　許筠

惺心堂　李亨元

惺心齋　李秀禔

惺巖　金宗鉉, 張淇柱, 崔世鶴

惺庵　郭汝松, 權命相, 金聲始, 金壽咸, 宋福仁, 宋履亨

惺菴　朴迪馨, 朴宗垕, 宋毅燮, 辛景衍, 安植源, 李壽民, 李壽仁, 張胤德, 趙昌奎

惺翁　許筠

惺窩　吳天弼, 禹秉鍾, 李基馨, 張景栻

惺隱　李有相

惺齋　姜沂, 高時彦, 高時顯, 琴蘭秀, 琴調律, 金東旭, 金立, 金秉烈, 金錫祥, 金永錫, 金盈洙, 金堯喆, 金喆洙, 金致甲, 金台錫, 都成臯, 朴處華, 朴恒, 白灝運, 宋寅直, 沈重奎, 劉季祥, 尹聽, 李翎, 李紓華, 李梡, 李完基, 李廷麒, 李鼎佐, 李昌實, 全永世, 鄭世教, 鄭順朋, 鄭以周, 趙文奎, 曹有實, 崔冲, 洪明叟, 洪純翊, 黃復性, 黃寅昌

惺坡　張洛榮

惺波　權鍾海

惺軒　白見龍, 安商正, 朴淵祚, 林翰周, 張寅相

成谷　金夏九

成尾齋　金炳龜

成岩　朴敞奎

成菴　金淵述, 朴尤賢

成隱　金大尹

成齋　權皐, 權韠, 明以恒, 鄭遇享, 趙秉鉉, 趙在應, 陳暹

成軒　申僩

成化　白益堅

成歡驛人　宋甸

星江　權見素, 權範, 趙璧, 趙見素

星溪　朴世龜, 尹鑠

星阜　張錫駿

星谷　朴文潤, 李南軾, 李濟

星南　柳時淵

星南亭　張文輔

星農　朴南顯

星堂　姜邁, 金斗善, 孟宗奎

星臺　權世淵, 金以礦, 金台濟

星墩　金珩吉

星洞　朴銓

星灣　崔荇
星峰　宋學男
星峯　宋光運, 宋學男, 全一欽
星史　金亨九
星沙　姜時永
星山　朴斗東, 柳時會, 趙斗年, 趙秉昌, 玄溥行
星石　金演燦
星石堂　禹夏采
星石齋　鄭林亨
星壽　韓晶東
星叟　李玄緒
星淳　崔荇
星巖　朴文淹, 白元貞, 辛赫柱, 李光, 李萬暢, 趙綱溫
星庵　金用華, 太學基
星菴　梁海煥, 李恒吉, 鄭翰采
星淵　崔荇
星雲　李弼華
星隱　朴承健, 孫碩佐, 李秀華
星隱堂　孫碩佐
星陰　李文彥
星齋　權尚鐸, 朴周顯, 安載健, 崔北
星田　李頤根
星坡　趙熙倬
星圃　高濟乙, 權補, 李允相
星海　李益相
星軒　尹鍾翼
星湖　金永中, 朴龍奎, 李溪, 李喆洙, 鄭在濟
省怨齋　姜酈, 趙述周
省谷　金浣, 梁川至, 池憲
省愧齋　李命峻
省克　金弘微

省克堂　金元喆, 金弘微
省克齋　文命凱, 鄭煥道
省堂居士　南政敎
省洞　金世弼
省流亭　李志淳
省山　朴珩震, 李井錫
省巖　沈能建, 李權
省庵　姜道一, 金洛應, 金道元, 金孝元, 朴永文, 朴翕, 成浩, 沈弼賢, 柳儼, 全壽萬, 全會淳, 鄭炳休, 鄭海隣, 趙東義, 趙鳴國, 黃就根
省菴　慶沫晃, 金斗鑌, 金相璣, 金容璿, 馬行逸, 朴弼傳, 邊相鴻, 宋駿, 李思贊, 李佑, 李載春, 李之蕃, 李震休, 田可植, 全壽萬, 鄭珷, 鄭璹, 鄭昌文, 趙明國, 趙愚植, 趙泰壁, 周珩
省吾　李光培
省吾堂　宋耆永, 李介立, 李光培, 李分眞, 李贊緒
省吾臺　李介立
省吾齋　姜必復
省吾軒　芮斗基
省翁　盧脊, 朴增迪
省窩　金基一, 董夏旭, 文周憲, 范起鳳, 安光鎭, 李仁梓, 張鳳周, 鄭漢斗, 鄭海瑢
省齋　甘阜, 姜酈, 高尚曾, 高時彥, 高時顯, 郭斫, 具坤源, 權封, 權阜, 權相翊, 奇參衍, 金尚範, 金遠鳴, 金益生, 金在奎, 金宗瑾, 金學斗, 金昊均, 金煥東, 南公輔, 馬而龍, 朴秀薰, 朴自芉, 孫綸九, 宋日輝, 宋

坦, 辛應純, 安后靜, 劉繼周, 劉用何, 柳龍漢, 柳重敎, 尹聲誼, 尹履炳, 李景節, 李文永, 李尚汲, 李瑞龍, 李始榮, 李雄來, 李爾沆, 李震休, 李鴻來, 田光國, 全愼, 鄭璹, 鄭順鵬, 丁致祥, 曺逢承, 周世鵬, 崔文炳, 崔滈, 韓應範, 許暄, 洪樂海, 黃德純
省土　金鎬承
省軒　郭然禹, 宋啓玉, 愼必儉, 余仲熙, 吳遂元, 吳長爕, 尹守瑩, 李炳憙, 李守榮, 李時中, 李時徹, 趙軾, 趙侹, 朱陽, 陳起邦, 蔡氏, 崔文湜
聖公　吳聖根
聖寬　朴漢鎭
聖達　朴永穆
聖夢　李時弼
聖峰　李泳
聖山　姜振遠, 吳玭, 張德魯
聖三　李範晉
聖樹　張載模
聖岩　李庭暾
聖巖　李民觀
聖庵　權愰, 黃錫益
聖菴　金寅斗
聖齋　鄭泰麟
聖祖皇姑　善德女王
聖主峰　朴應善
聖泉　楊時遇
聖樵　徐義必, 李守東
聖焦　徐義必
聖軒　黃寅朝

聖晦　南朝憲

聲谷　朴愼遠

聲廬　車性逸

聲山　曺璇

聲叟　趙始燮

聲啞　朴苾赫

聲窩　朴守謹, 全世元

聲隱　李級

聲齋　任秀民

聲灘　柳慶昌

聲湖　金得瑞, 金允明

腥岡　金晁

誠敬齋　金復鉉, 馬衡模, 蔣周顥, 丁鍵, 玄溥海

誠堂　朴勇在, 朴仁圭, 林皐圭

誠信齋　金德謙

誠新齋　李德夏

誠心齋　鄭之信

誠庵　權躍, 金世榮, 盧根容, 徐珽淳, 宋麟浩, 李潤, 李仁梃, 陳夏, 崔鳴玉, 韓思喆, 黃岡周

誠菴　高應觀, 金德龍, 金容九, 金源一, 文永國, 文元模, 朴文五, 朴成孫, 蘇文水, 申相錄, 申相壋, 吳權, 魏守章, 李均鎬, 李洙嫌, 李裕興, 李挺洛, 李學容, 鄭柱, 趙俊夏, 韓晩裕

誠窩　盧璡, 吳載慶, 鄭靈澤, 洪致震

誠隱　金東元, 韓彥忱

誠齋　姜應台, 慶克中, 權皐, 權自愼, 金璟燮, 金器元, 金士忻, 金商德, 金相臣,
金成章, 金若黙, 金元根, 金潤求, 金政喜, 金祖澤, 南漢皜, 盧自元, 文德熙, 閔以升, 閔曖, 朴啓東, 朴東源, 朴斺, 方于宣, 徐丙昱, 宋炳玉, 宋純, 宋在直, 梁震彥, 吳益煌, 禹錫圭, 柳乘, 柳濯, 李堅, 李東輝, 李得志, 李命羽, 李翔峻, 李世基, 李儒仲, 李載亨, 任泰柱, 張基燮, 蔣希春, 鄭珪錫, 鄭鳳練, 鄭鳳鉉, 崔沃, 崔有井, 崔逈, 秋永, 片衸彥, 河悌明, 韓渥, 洪守約, 洪河量, 黃在中

誠樵　邢鐵鎬

誠村　宋敬淑

誠軒　高宗, 羅梜

誠孝堂　徐達慶

誠孝齋　朴穎

醒溪　南宮億

醒谷　柳約

醒狂　李深源, 朱溪君

醒狂齋　李深源

醒琴　都錫奎

醒南　鄭雲淇

醒老　朴璘孫

醒晩　庾一鉉

醒灣　崔荇

醒夫　尹潔

醒山　金炳西, 金祥圭, 金鍒

醒石　金炳翼, 宋炳鎭, 宋鍾彬, 宋鎭溶, 柴煥燁, 吳錫泓, 柳夏相, 李建爽, 李國憲, 李喜凡, 鄭海宬

醒石室　禹夏永

醒仙堂　徐應淳

醒心　金成鎭

醒巖　柳東翼

醒庵　權士恭, 金泰賢, 朴弼理, 孫壽洪

醒菴　吉秉賀, 金祥欽, 都舜興, 朴燦鳳, 徐廷賢, 宋秀萬, 安鍾洛, 李寅珪, 李喆榮, 許啓, 洪繼勳, 洪處厚

醒淵　沈相龍

醒翁　金德誠, 鄭敏禮, 鄭優

醒窩　南斗瞻, 李承達

醒愚　許啓

醒隱　柳樺

醒齋　康弼觀, 高時顯, 金秀益, 金正根, 金亨湜, 朴載求, 房采奎, 史東煥, 宋汝欽, 宋柱義, 申翼相, 嚴琨, 玉潤, 柳雲, 柳熙永, 尹梅, 李瓊錫, 李光格, 李湛, 李舜佐, 李麟鎬, 趙鍾玉, 曺弼成, 池宗魯, 洪榮憙

醒泉　朴廷來

醒醉　洪柱後

醒醉子　洪柱後

醒軒　辛錫瑀, 李守曾, 李允中, 李之億, 鄭應休

醒湖　金鍾允, 秦鎔浹

世庵　秋泰文

世昌　白樂疇

歲寒　安宗道

歲寒堂　安宗道, 鄭礦

歲寒齋　金成一, 裵文甫, 孫必大, 宋時煮, 安鍾道

歲寒亭　朴在麟

洗山　柳止鎬

洗心	閔鎭遠, 白弘寅	小溪	權肅鳳, 金九鉉, 金思牧,	小琳	趙錫晋
洗心堂	白弘寅, 李翰元, 趙昱,		金壽老, 金容采, 羅重素,	小梅	金準學, 李錫泰
	秋水鏡		南萬會, 杜炳敏, 朴廷善,	小梅軒	禹圭憲
洗心窩	禹錫龜		朴顯宣, 氷奎鉉, 徐榮碩,	小明	杜僖賢
洗心齋	金柱臣, 羅重慶, 李集		石載俊, 梁誠一, 吳在彦,	小嵋	印丙植
洗心亭	金世演, 蔣熙積		吳弼善, 柳種淵, 李時容,	小舫	尹廷琦
洗心軒	李圭命		李正鎭, 張慶秀, 丁泰夏,	小柏	金基權
洗庵	孔東賢		崔斗淹, 河鍾洛, 玄洙哲	小栢	羅英集
洗染	曹漢龍	小皐	趙鎭容	小白山人	李選
洗耳亭	李穎憲	小谷	秋繼彦	小白軒	裵永表
洗軒	景居倫	小觀	朴永年	小峯	李根萬, 李鎰
細溪	李熙敏	小菊齋	吳斗翼	小蓬	羅壽淵
細谷處士	李蓋邦	小近齋	朴翼東	小帯	李義八
細里谷	魚德常	小琴	李根容	小史	田基郁
細雨香	竹香	小南	金洪斗, 朴哲範, 安圭俸,	小山	權正宅, 金琦浩, 金炳柱,
細村	李文佐		尹炳九, 崔東錫		金秉燦, 金相求, 徐炳宇,
召村	李蓍慶	小楠	杜漢弼, 沈能淑		宋鎭南, 李光靖, 李兢浩,
嘯皐	閔篪, 朴承任, 徐命均,	小聲	李性老		李夔, 李溟運, 李顯靖, 林
	尹師國, 李盛	小訥	盧相稷		浩源, 鄭翼永, 曹錫龍, 黃
嘯古齋	李山普	小潭	金庚鉉, 申郁均, 尹秉益,		浩龜
嘯堂	金逈洙		尹正燮, 李墩, 崔有煥	小山堂	劉載鎬
嘯巖	徐承禧	小塘	金基堯, 金筌堯, 李在寬,	小西	趙慶男
嘯翁	權侗		玄惇錫	小署	黃顥棅
嘯雲居士	李圭景	小棠	金爽準	小石	姜鎭求, 金魯鉉, 金愚淳,
嘯齋	卞鍾運	小堂齋	鄭海文		朴基順, 范潤斗, 宋千欽, 柳日
嘯痴	林悌	小大軒	宋堯和		秀, 尹炳周, 李秉昊, 李用憙,
嘯浦	羅德明	小桃源	安晚珪		李鍾琁, 李海文, 鄭在哲, 鄭弼
嘯軒	成夢亮	小東齋	禹海續		基, 趙秉夔, 趙義日
塑窩	李錫華	小蠱	鄭河源	小星	玄相允
塑齋	金希泰, 李鈺	小蘭	鄭淳元	小醒	盧基弼, 全德元
宵海	張建相	小黎	宋伯玉	小性居士	薛思
小岡	金泰麟, 金海圭, 朴璇,	小路	李珪永	小松	盧泰鉉, 朴聖采, 白性基,
	李啓源, 趙順燮	小龍	金亮漢		蘇鎭元, 李老容, 李埰, 李志
小崗	范致駿	小流	沈誠之		容, 鄭東龍, 鄭雲甲, 鄭在健,
小江	金洪澤, 沈宗澤	小陵	沈宜弘		許燮, 洪鳳憙
		小林	盧敬高	小松子	鄭海參
				小心	尹東野

小心齋 盧龍奎, 劉錫謹, 黃鍾復
小心亭 全奎煥
小心軒 李彦
小啞 金眞重
小雅 余在明
小岳樓 李渘
小安齋 金憓
小岩 權斗紘, 金英燦
小嵒 崔東泰
小巖 金麗宅, 金廷彦, 崔達文
小庵 金昌鉉, 盧善卿, 盧遂, 朴時戊, 李邁久, 李鉊均, 楚禹燮, 秋世
小菴 姜德裕, 朴應坤, 劉東源, 張圭
小广 張旭
小淵 金漢淳
小淵堂 金緝鉉
小瀛 洪秉喆
小梧 金重培, 薛義植, 沈廷鐸
小烏子 權近
小阮 兪彦銓
小芸 洪祐昌
小韻 鄭憙朝
小雲 金鎭河, 柳紀仲, 黃炳旭
小游 權用正
小愈堂 成麒文
小隱 南景龍, 盧兢壽, 文根, 文永根, 柳致球, 李禹善, 李賢基, 田基魯, 鄭復坦, 鄭守赫, 晉守誠, 蔡氏, 洪翼亨
小齋 姜瀓, 吳在永
小痊 金德承
小亭 卞寬植, 張錫祚
小庭 李根庠
小貞 韓應耆
小亭舟 朴以昌
小柱 尹泰斗
小洲 李淸烈, 洪稷榮, 黃在燾
小竹 李載演, 任冀溥, 林炳稷
小芝 宋奎駉
小滄 申性模, 朱雨南
小川 麻貴, 朴佑龍, 王師瓚
小泉 金容龜, 邊燧, 卞承淵, 安圭德, 劉在韶, 尹相元
小楚 金奎華
小蕉 金奎學
小樵 李氏, 鄭仁喜, 崔氏
小草 李載績
小村 金炯祚, 林沃碩
小春 金起田
小翠 朴馨源
小痴 許錬
小蛻 普淵
小坡 吳正根, 吳孝媛, 張齊翰, 崔鎭, 韓準錫, 黃命啓
小波 方定煥, 宋明會
小疋 趙性憙
小荷 趙成夏
小霞 朴勝武
小學童子 金宏弼
小香 金廷鎬, 白春培, 丁大有
小虛 徐東辰
小軒 金國鎭, 李斗煥, 鄭志玹, 許爛
小兮 兪敬淳
小壺 李象秀
小湖 金應元, 朴身之, 韓昌根
小葒 李龍秀
小華 賈日永, 南有容, 朴寅亮, 李光文, 李基鴻, 李時英
小華堂 朴寅亮
小華山人 南有容
少間齋 李最應
少岡 許賓
少皐 尹奎應
少南 李裕璜, 李喜秀
少陵 李尙毅, 崔奎瑞
少渼 李正魯
少眉山房 李森煥
小微山人 金駉孫
少碧 楊宇朝
少峯 徐德煥
少芾 李義八
少山 金夏圭, 鄭慶時
少石 魯良塾, 李載元
少性居士 薛思
少松 鄭述源
少室山人 金暘烈
少翁 南履萬
少雲 閔濟鎬, 韓星履
少原 黃孝源
少隱 李炳珪
少痊 金德承
少滄 金基澤
少太山 朴重彬
少霞 權寧機, 申命準
少霞山人 申命準
少歇 李秉常
少華 金廷根
巢谷 權緝, 韓師道
巢蓮 任龜鎬
巢巖 朴晉慶
巢庵 裵時緊
巢翁 金應柱
巢雲 李師儒
巢隱 權仁圭

巢睫	金德承	疎迂齋	李觀永	筱農	李鍾泰
巢睫散人	金德承	疎齋	成德雨, 元景濂, 李信祜,	筱松	李塽
巢霞	宋憲進		李頤命, 韓德全, 黃世龍	筱吾	林漢相
掃雪	金穎南	疎亭	金涉, 宋眞明	筱浣	李億
掃雪翁	金穎南	疎軒	權載綸, 趙瀅	篠齋	徐箕修
所菴	柳雲羽, 李秉遠, 李憑, 李	笑皐	朴光生, 朴光先	篠叢	洪裕孫
	廷祜	笑谷堂	蔡命運	篠叢子	洪裕孫
所閑	權擘	笑堂	梁大卿	篠蘕	柳希奮
所閑堂	權擘	笑東	金炳旭	簫山	金景林
所閒堂	愼守勤	笑來	金重建	簫隱	鄭敏河
所閑齋	權擘	笑夢	李鳳夏	簫軒	金澤烈
昭江	崔貞元	笑仙	申鑑	素溪	李彙炳
昭溪	吳寅植	笑仙堂	金元蕘	素皐	白胤考
昭谷	黃遇淸	笑醒	楊顯望, 李壽慶, 李顯達	素皐軒	白謙門
昭山	李敦厚	笑笑	李穆淵	素谷	權項淵, 成石珚, 尹光紹
昭載	盧崇	笑笑居士	孫秉熙	素琴	王師天, 李寅宰
昭亭	李重燮	笑笑翁	李堯憲	素寧	金秊圭
招隱	趙鼎	笑笑軒	愼永典	素堂	金濟煥, 盧大河, 盧永萬,
梳翁	趙公瑾	笑啞	洪思容		朴守長 柳順善
沼興	李元宗	笑庵	姜士弼, 姜子平, 李顯穆,	素樂堂	宋琬
消憂軒	李道一		曹夏瑋	素覽	李升鉉
溯源堂	李昶圭	笑巖	洪蕭厚	素履翁	金麟錫
瀟灑	梁彥鎭	笑菴	柳祖詢	素履子	李命益
瀟灑堂	梁彥鎭	笑翁	朴光淳, 魏廷灝, 林喬鎭	素履齋	徐基洪, 曹柄義
瀟灑翁	梁彥鎭	笑窩	金世欽, 李爽祚, 李肇新	素明	金得雨
瀟洒園	梁彥鎭	笑臥堂	柳義孫	素夢	蔡基中
瀟灑亭	梁彥鎭	笑愚	李鍾河	素無軒	琴書述, 朴驥鎔
瀟灑處士	梁彥鎭	笑隱	韓泓錫	素民	柳自永
疎溪	成孝基	笑任	申鑑	素峯	徐命垕
疎夫	河龍圖	笑蒼	金元植	素史	鄭來朝
疎庵	任叔英	笑癡齋	姜命世	素山	朴頤休, 李康歡, 李應辰,
疎翁	成德雨, 成震齡, 許僑	笑海	高彥尙		李翼星, 李鍾震, 李浩祜, 張寅
疎窩	金邦緯, 金相玉, 李鉉, 鄭	笑軒	李寔, 鄭在黙, 許有全		睦
	履儉, 洪重孝	筲泉	金正喜	素石	金恒圭, 宋昌燮
疎慵齋	金燮	筱江	郭在璿	素仙	宋文述

素水	崔東曦	素拙齋	李大遠	蕭巖	鄭宗柱
素心	金益源, 申愯	素村	孫性久	蕭翁	宋應洵
素我	金振聲	素圃	吳慶履	蕭齋	意恂
素雅堂	洪致中	素圃堂	韓弘濟	蕭湖	徐之淵
素安齋	尹琛	素閑	權斗紀	蘇溪	李坡, 張華鎭, 崔堈
素巖	金啓煥, 金鎭東, 沈履之,	素閒堂	吳允迪, 柳庭亮	蘇谿	宋羽榮, 韓致元
	秦溶, 黃順敏	素虛齋	權玉淵	蘇谷	黃道一
素庵	盧亨運, 元準璣, 魏榮禹,	素軒	權人夏, 南躔, 盧大河, 孫	蘇南	宋致憲
	李錫烈, 李胄相, 黃濟益		德升, 申世權, 柳晚華, 柳順	蘇堂	金正喜, 閔泳穆, 趙雲卿
素菴	高時臣, 金履元, 金澤民,		善, 李尙伯, 田瑞觀, 鄭世禎,	蘇眉	申轍雨
	朴世珪, 石守道, 安鼎祿, 李春		趙泰耆	蘇峯	李丙學
	孟, 鄭達濟, 黃宗浩	素賢	李源根	蘇峰	金大德
素昂	趙鏞殷	素湖	鄭謚溶	蘇山	宋祥來, 安棟煥, 安成煥,
素養堂	金壽寧, 金延壽	素乎堂	金炳河		尹起晉, 李南軾, 李益采, 李
素翁	金寗漢, 李塤, 趙緯韓	素華	李日贊		宋, 鄭好仁, 趙完軾
素窩	姜埉, 金容國, 金鎭宇, 南	紹唐	金會弘	蘇巖	權徹, 金慶門, 金駿鏞, 金
	庭燮, 朴秀孝, 朴孝孫, 裵相	紹塘	金曾弘		炯禹, 李東郁, 李最秀
	禹, 宋欽大, 申鎭元, 李蓍敬	紹唐處士	金曾弘	蘇庵	李泰和
	鄭擇, 許巘	紹山	琴龍洛	蘇羊	朱基徹
素玩亭	李書九	紹石	李正鉉, 李希鏞	蘇梧	賈祐永
素愚	鄭鷹	紹松	李喜晃	蘇雲	閔丙吉
素愚堂	鄭鷹	紹戌堂	金炫杜	蘇隱	金聲奎, 李封, 李坡
素雲	李恒福	紹巖	柳寅奎, 崔宗鎬	蘇齋	金寬一, 金九五, 盧守愼,
素月	崔承九	紹庵	張容浩		申泰英, 安汝恒, 李聖麟
素有軒	任龜夏	紹菴	宋衡柱	蘇亭	李峻明
素隱	姜式儁, 金啓祥, 金性豪,	紹漁	沈陽洙	蘇洲	高徽世
	金在元, 金鎭龜, 金義齡, 朴重	紹雲	曹錫元	蘇川	權大載, 朴守謹, 李壽鳳
	繪, 朴知訓, 裵尙龍, 愼天翊,	紹雲居士	曹錫元	蘇泉	成永魯
	柳炳文, 李絅愚, 李敎峻, 李	紹隱	李景在	蘇海	盧鍾龍
	潘, 李義行, 李齊任, 鄭仲愚,	紹亭	趙性敎	蘇軒	李孝根
	崔永澄, 片永標, 黃鍾宇	紹庭	金昌錫	蘇湖	徐龍甲, 李東根, 崔堈, 崔
素齋	金墂, 朴崇穆, 朴泰殷, 柳	紹菁	姜信文		均, 韓克述
	順善, 尹弼鉉, 李萬秀, 黃漢淡	紹華館	李琦	訴梅堂	張錄
素亭	趙重九	蔬水齋	柳寅福	疏軒	柳喆祚
素庭	柳秉夏	蕭洒園	梁彦鎭	逍遙	姜文會, 權綸, 朴世茂, 沈
素貞	張繼勳				貞, 太能
素拙	朴載淳				

逍遙堂　姜文會, 權綸, 朴世茂, 朴河淡, 宋順年, 沈貞, 李有進, 太能, 河淡, 洪益普

逍遙山人　鄭磺

逍遙翁　朴東翼

逍遙子　南褒, 裵孝明

逍遙齋　金弘鼎, 李命謂, 崔淑精

逍遙亭　權綸, 沈貞, 李崇仁

遡菴　李彦富

邵南　尹東奎

邵亭　金永爵

邵村　朴成楗

韶堂　許埰, 鄭寀和

韶山　孫鳳祥, 洪輔燮

韶石亭　鄭必周

韶園　劉載戤

韶隱　朴泰亨, 裵慶運, 安允善, 黃宇民

韶亭　金成基

韶荷　朴鏞和

韶護堂　金澤榮

韶護堂主人　金澤榮

俗笑子　金象洛

俗隱齋　李龜星

涑園　徐相洛

涑川　禹汝楙

孫窩　李基淵

巽巖　權起準

巽庵　金鉉宇, 李炳鼎, 丁若銓

巽菴　沈義謙, 吳基鎬, 柳瑋, 鄭楫, 洪明浩

巽翁　周世鵬

巽窩　權永休, 金慶典, 金弼權, 李益著, 崔道鳴, 崔錫恒, 許浣

巽齋　權重經, 朴致和, 曹舒九

巽亭　南兢

巽軒　安鍾律

損谷　金尚星

損庵　趙根, 趙復亨

損菴　沈樂賢, 李拭

損窩　崔錫恒

損益堂　金得地

損齋　南漢朝, 趙載浩, 韓弘祚

蓀居　趙彦植

蓀谷　李達

蓀菴　羅岐

遜谷　李楨

遜庵　申晟圭

遜菴　魏準權

遜窩　朴震光, 李寅達, 李寅遠

遜愚　朴健錫, 洪錫

遜愚堂　洪錫

遜齋　鞠東俊, 金南澤, 金疑立, 朴光一, 李謙, 李濬

遜志　洪在龜

遜志齋　方孝孺

遜軒　宋濟愚

率性窩　柳頤淑

率性齋　盧喆國, 朴楨一, 吳瑞徵

率菴　趙綸

率齋　文武臣

率眞窩　文道彦

宋沙　李節奎

宋陽　崔敏烈

宋下　安國順

悚菴　眞一

松　安光善

松磵　姜基煥, 具文謨, 金左均, 金昌廷, 柳光亨, 柳永詢, 李百憲, 李時進, 李庭檜, 曹秉元, 趙秉駿, 秦東秀, 崔俊淑, 洪秀輔, 洪千璟, 黃應奎

松硐　金箕煥, 金允明, 羅重器, 裵世祚, 徐義錫, 孫起陽, 宋光廷, 柳永詢, 李端夏, 林成燦, 鄭載崇, 趙準永, 黃應奎

松岡　權昌容, 金文培, 金尚淳, 金聲夏, 金振玉, 朴敏學, 裵振緒, 徐景霨, 吳愖, 吳應哲, 吳處尚, 李命徵, 李舒, 李庭鍊, 李希禛, 張浩慶, 田柔, 趙士秀, 河恒, 邢仁奇, 洪淳一, 洪天賚, 黃在敦, 黃宗儀

松崗　李鵬海, 李鎰永, 全錫九, 趙琚, 趙士秀, 趙欽經, 池種龜

松江　朴思訥, 李浩源, 田讓, 鄭澈, 趙澄

松桂　懶湜

松溪　孔敬良, 郭昌徵, 權沂水, 權應仁, 琴軔, 琴軸, 金道聲, 金斗奎, 金始潤, 金榮洙, 金龍彦, 金元祥, 金有儉, 金益輝, 金載轍, 金在翰, 金齊興, 金俊九, 金鎭連, 金振興, 金煥京, 金璜, 無相, 朴大壽, 朴文燁, 朴泳鎬, 朴玒, 朴以生, 朴榟望, 朴宗球, 朴鎭華, 朴太始, 朴好謙, 白實, 白宇經, 邊友益, 奉由禮, 成永惠, 孫信祖, 宋奎炫, 申季誠, 申用漑, 沈師夏, 安尚德, 圓輝, 劉世恬, 兪鎭淳, 柳馨淳, 李啓植, 李嗣彦, 李世爽, 李濆, 李麟奇, 李宗迪, 李濬, 李之蕃, 李亨男, 李希哲, 李熙鐸, 林權相, 張遇漢, 張應斗, 張之賢, 全憬, 全權, 田珪鎭, 鄭應珉, 鄭忠良, 鄭繪, 陳武晟, 崔敬翰, 崔命春, 崔炳翰, 崔碩岭, 崔仁峴, 崔震命, 韓鎭教, 洪秉機, 洪祐永, 洪在機, 黃胤仁, 黃載

松谿　金東勛

松溪居士　李麟奇

松桂堂 朴始行
松溪堂 朴益强, 洪宇逈
松桂處士 金在翰
松皐 堅川至, 權煜, 權靖夏, 權泰勳, 吉元進, 羅經成, 朴允誠, 朴儀卓, 宋程欽, 愼基績, 申相說, 安圭魯, 吳鶴淳, 鄭友鉉, 洪聖哲, 黃都, 黃諱
松谷 桂贊彦, 高東奎, 高漢翼, 金景秋, 金繼志, 金秀端, 金履一, 金鼎熙, 金震楊, 金鴻, 金洽, 牟世仁, 朴大夏, 朴炳奉, 朴元度, 朴周鉉, 石世璟, 成譜, 申礫, 劉世宇, 柳世彰, 尹滋南, 尹宗彦, 李瑞雨, 李佑萬, 李濟, 李薈, 丁道曾, 鄭淵, 鄭寅, 趙復陽, 趙英基, 趙應祺, 智蔡文, 蔡時鏡, 崔京煥, 邢瑾, 洪翼賢, 黃鍾化
松館子 權正敎
松嶠 徐容輔
松郊 李棨
松菊齋 李舜相, 李坡
松菊軒 李鍾律, 鄭沚
松南 徐夢良, 李鍾輅, 李滃, 李亨泰, 鄭圭綜, 鄭明源, 趙在三, 洪重相
松年 金在玉, 鄭海植
松潭 康錫大, 姜世靖, 桂龍禎, 郭雲岦, 朴泰遠, 朴泓, 白受繪, 白仁煥, 宋枏壽, 宋賓, 梁會洄, 嚴菼, 呂圭澈, 李光一, 李祿, 李保晩, 李聖欽, 李榮仁, 李元祿, 李翼汶, 任希訓, 田有秋, 鄭白氷, 鄭尙禮, 蔡應麟, 咸禹治
松堂 權孟孫, 權宗孫, 金慶福, 金光載, 金相敏, 金用善, 金溶仲, 金淮, 文希舜, 朴東樞, 朴英, 成大壽, 沈楷, 安舳, 柳灌, 兪泓, 李光坤, 李光天, 李愚玎, 全自溫, 趙浚, 洪樂彬, 黃錫熙, 黃允吉
松塘 李夏命, 鄭傕, 黃吉祥
松臺 奇大鉉, 申檥, 李光寅, 鄭淳, 河璿
松島 羅海崙
松洞 鞠洪
松蘭 黃應奎
松嵐 全弘琯
松廬 金允國, 裵相協
松櫟 鄭濩
松嶺 張士重, 丁俊
松漣齋 洪淳弼
松老 全彭祖
松麓 鄭經世
松里 林埈. 鄭鳳時
松鱗翁 權浩直
松林 金鼎鉉, 朴準玉, 李仁宅, 張嶸
松林散人 張甲奎
松巒 權晙, 尹晛
松灣 鞠沈, 金基煥, 金憲
松梅 李基榮
松穆閣 李彦瑱
松穆館 李彦瑱
松茂 朴敏壽
松茂齋 林景相
松盤 薛琛
松柏 金煥澈, 李成樹, 鄭繼源
松柏堂 金尙憲, 尹回天, 李實之
松栢堂 洪宇正
松栢齋 金寬
松樊 朴泰幹
松碧 李獻九
松蘗 李正臣
松蘗堂 李正臣
松峯 朴赫圭, 梁應祥, 吳益升, 劉松柏, 蔡氏
松峰 朴順基
松阜 金泰國
松史 金斗顯, 文德彩, 朴用柱, 宋海翼, 李壽卿, 崔禹洛, 洪澈周
松士 金和鎭, 鄭基源, 鄭始源
松沙 權斗緯, 奇宇萬, 金尙認, 庾光鉉, 庾龜山, 李箕賓, 李命雄, 李元柱, 李適意, 鄭在勉
松舍 李鶴徵
松山 金明植, 金聲遠, 金容柱, 文在休, 余潤石, 元宣, 李命英, 丁龜錫, 趙狷, 洪承俊, 黃愛德
松墅 李繼熙, 洪理鎬
松棲 崔性全
松西 姜檃, 徐徵, 辛喜季, 魚世恭, 尹益烈, 李應憲, 李景在, 任埈, 崔燦翊, 洪忠達
松石 姜在天, 金相純, 金淑鎭, 金穉根, 金學性, 朴大赫, 朴重憲, 偰萬穆, 宋綺老, 宋成明, 梁仁容, 李景顏, 李寬, 李敎翼, 李圭復, 李圭彩, 李瑾英, 李根友, 李禹鉉, 李漢喆, 李亨祿, 林喬鎭, 林翰洙, 鄭復亨, 崔崑, 崔命昌, 韓紀百, 黃綾熙
松石堂 洪性奎
松石道人 千壽慶
松石園 金履長, 千壽慶
松石齋 薛炳斗, 李圭彩
松石亭 梁仁用, 崔昌岳
松石軒 宋成明
松雪 高仲英, 南鵬, 鄭允謹
松雪堂 朴堧, 鄭在三, 崔和順

松雪齋　朴弼成

松雪軒　權弘, 張末孫, 張壽禧, 鄭泰來

松城　趙徵

松巢　權宇, 李後白

松昇　張昇

松岳　林相澤

松嶽　朴龍應

松岸　李儒鍾

松岩　權東美, 洪瀚 黃祐河, 黃振濂

松嵒　朴齊賢, 徐丙浩

松巖　姜鳳壽, 姜壽男, 郭重鶴, 權好文, 奇挺翼, 金巨公, 金光植, 金德普, 金斗瑞, 金范, 金奉斗, 金相文, 金生海, 金守漢, 金業, 金鍊光, 金完圭, 金有恭, 金懿休, 金瀚, 羅緯素, 盧應萬, 朴明叔, 朴石宗, 朴俊南, 朴台胤, 徐連福, 性眞, 申世濟, 沈之倫, 梁大濮, 柳淳, 尹儆, 義泉, 李魯, 李城, 李世基, 李應璧, 李仁華, 李載亨, 李挺翼, 李廷煥, 李枝盛, 李昕, 李興洙, 張橝, 張華睦, 鄭時陽, 丁春, 曹義忠, 秦錫烈, 崔潤, 崔潤文, 崔麟鎭, 崔宗翊, 咸台永, 許晏, 洪益采

松庵　姜謹友, 姜鳳壽, 姜仁秀, 權在洪, 權伉, 金景濂, 權在洪, 金達秀, 金得祜, 金永能, 金容燮, 金應鼎, 金益賢, 金在千, 金挺來, 金振鍾, 羅順經, 魯炳完, 文元森, 閔東㷜, 閔挺河, 朴士星, 朴命和, 朴門壽, 朴炳殖, 朴守春, 朴允卿, 朴鍾鶴, 朴重吉, 朴必臣, 朴欽, 宋相有, 宋義曾, 愼在哲, 吳憲, 柳灌, 柳淳, 柳深, 柳玶, 兪澄, 李珫, 李敎皡, 李垝, 李東㷜,

李盛植 李世基 李學說 張啓寅, 張基豊, 張順孫, 鄭氏, 鄭之奭, 鄭趾尹, 鄭泰瑞, 鄭泰璪 鄭泰珍, 鄭泰憲, 鄭泰鎬, 鄭和, 鄭忔, 趙時琢, 趙弘彩, 崔深, 崔重甲, 㝡欽, 卓順昌, 馮載儉, 許瑠, 許晏, 黃石江, 黃河淸

松菴　姜翼, 姜弼周, 高獻鎭, 權思愼, 權挺之, 權徵, 權伉, 金建鍾, 金麒大, 金沔, 金燁, 金容希, 金在植, 金廷發, 金秩, 金致陞, 金薰, 盧守誠, 盧元燮, 馬化龍, 牟世澤, 文繼周, 文公鉉, 閔致鴻, 朴檢守, 朴文柱, 朴晛一, 朴鳳煥, 朴世鉉, 朴崇善, 朴永秀, 朴載源, 裵齡聃, 白珪煥, 徐克仁, 石雲祥, 葉起良, 成世俊, 蘇時綱, 孫慶胤, 孫英國, 孫天民, 沈殷澤, 愼在哲, 安敬智, 梁載喆, 廉性大, 吳東振, 吳壽華, 吳恬, 劉鎭邦, 兪鎭燮, 尹得革, 尹炳皓, 李謙和, 李斗南, 李敏翼, 李柄守, 李福, 李四秀, 李師益, 李遠慶, 李達, 李周鉉, 李之詩, 李忠元, 李彭壽, 李鶴緖, 張九疇, 張濂, 田東根, 全爾錫, 丁養萬, 鄭泰源, 鄭泰鎬, 趙東立, 趙胖, 周夏胤, 池應漢, 車云革, 崔基富, 崔相烈, 崔相憲, 崔善吉, 崔宋逑, 崔深, 崔定鉉, 崔鍾和, 崔昌龜, 玄萬齡, 邢珪, 洪蕙

松巖處士　鄭重錄

松厓　簡筠, 金慶餘, 金鎭國, 朴汝龍, 朴夏炯, 潘碩枰, 徐宗泰, 安曇, 吳遂郁, 李魯, 李彦衡, 李衝, 李應憲, 李志憲, 李愓, 田得雨, 鄭東後, 蔡悅, 崔亨基, 崔亨遠, 崔虎文

松崖　金慶餘, 金粲恒, 朴汝龍,

安曇, 安望久, 李遂大, 李時楷, 李儒鍾 李孝源, 田得雨, 鄭東後, 崔匡之

松淵　房鎭洙

松塢　權鳳鉉, 權是均, 權應鎰, 金基炫, 朴泳浩, 朴宗永, 徐滌, 宋守淵, 申海觀, 安承裕, 呂應龜, 庚珉鳳, 尹恒善, 李根厚, 李夢龜, 李白南, 李奉源, 李士澄, 李仁祥, 李軫, 林敦主, 任進, 張大璿, 全彭壽, 鄭玟朝, 鄭佺, 鄭址文, 趙根復, 趙載觀, 蔡克哲, 許寏, 許憲, 洪疇煥

松梧　李根湘, 李斗煥

松梧堂　金虎淳

松塢堂　金順卿

松梧亭　明瑄煜

松屋　金得善

松翁　權復徵, 徐志修, 李元聃, 鄭民秀

松窩　姜偁, 高承休, 權宇, 權嘻, 金景沉, 金奎煥, 金相离, 金尙鎰, 金龍浩, 金義柱, 金在浩, 金熙奎, 羅文圭, 南奭老, 南升陽, 朴永寬, 朴應福, 朴天卿, 裵縉煥, 白文彪, 白殷琦, 范淳, 邊以安, 邊定, 徐希信, 孫是椅, 宋錫年, 申望奎, 安命夏, 安錫胤, 禹鼎, 柳元定, 兪正濬, 陸奉天, 尹起文, 尹心誼, 李壆, 李基震, 李端誠 李璠, 李利運, 李從允, 李致赫, 張相休, 張嵊, 鄭康赫, 鄭雲榮, 鄭載嵩, 鄭在駿, 丁必愼, 鄭休, 趙道彬, 趙得永, 趙萬九, 趙晛然, 趙學周, 崔壽章, 崔汝夔, 崔濟泰, 崔繢, 崔昌義, 許元弼, 洪問厚, 黃再河, 黃鼎運

松友　吳俊源

1371

松宇　鄭來鵬

松右　金命根

松寓　金炳圭, 羅文奎, 朴齊平

松愚　李頤

松寓齋　昔桂浩

松耘　元成模

松雲　金成義, 朴應奎, 朴熙瑛, 孫鳳源, 惟政, 李彰世, 鄭雲慶, 鄭履源, 韓用翼

松雲堂　朴東翰

松園　金潤重, 金履度, 金泰漢, 朴奎璞

松源　朴禮謙, 吳承鳳

松遠亭　金永根

松月　姜暹, 朴好元, 尹豐亨, 應祥, 林得明, 曹彦浩

松月堂　姜暹, 姜瞻, 朴好元, 宋炳翼, 柳世漳, 尹豐亨, 李宇淳, 李淨雲, 鄭瑞河, 鄭潤吉, 趙須, 韓塾

松月菴　尹豐亨, 李來

松月齋　金友善, 宋希得, 李時善

松月亭　張龍翼

松月軒　金仁慶, 達蘊, 尹豐亨, 林得明

松隱　姜碩弼, 高就斗, 具成斗, 具應星, 具鴻, 金甲欽, 金景瑞, 金光粹, 金起泓, 金東炫, 金葆根, 金時曄, 金應寅, 金義培, 金義貞, 金鍾鉉, 金天瑞, 金台基, 金弼鎬, 金學黙, 南久淳, 馬涉寅, 文秉善, 文世黙, 文以善, 文昌烈, 朴謙浩, 朴光臣, 朴均聲, 朴吉和, 朴汶, 朴聖昌, 朴鎔, 朴容圭, 朴翊, 朴麟壽, 朴蕃, 朴天翊, 朴春東, 朴漢柱, 裵應星, 裵斗八, 徐相獻, 石之屹, 孫信祖, 宋錫義, 宋鍾夏, 安國鉉, 安東植, 安昌濟, 廉致中, 吳碩煥, 吳卓眞, 元篿, 柳景仁, 柳景燦, 劉用良, 柳繻漢, 兪蔵, 庚昌淳, 兪蔵, 柳洪烈, 尹滋永, 李光粹, 李惠泳, 李晃雨, 李明誠, 李秉直, 李榮杓, 李邕, 李龍龜, 李由信, 李儀翼, 李頤, 李準永, 李澤憲, 李喜綉, 林白圭, 張安世, 張致景, 張顯珀, 鄭廣賢, 鄭洛鉉, 丁南一, 鄭逸和, 鄭致雲, 鄭泰應, 鄭漢順, 趙基泳, 趙廷相, 趙學炳, 池靈鉉, 池致蓮, 陳光億, 晉國明, 秦貞國, 崔成澈, 崔濬, 韓嗣曾, 韓在鴻, 韓晉錫, 許九潛, 許在植, 許集, 玄基東, 洪範植, 洪禹弼, 黃道賢, 黃師憲, 黃正一

松隱齋　李泰益

松隱處士　金光粹

松陰　權光烈, 權光煥, 琴復古, 金允思, 金載久, 南龍變, 盧漢輔, 朴源應, 宋性善, 尹周翊, 李景曾, 李光春, 李珀, 李三錫, 李義坤, 李志尹, 鄭極源, 崔命昌, 黃宗瀚

松陰　張致景

松陰堂　安厚之

松齋　高克勤, 高命瑞, 高龍鎭, 高天連, 郭基磐, 郭汾, 權廉, 權以平, 權準, 金寬, 金絿, 金東斗, 金得儀, 金善生, 金勝烈, 金遇鍊, 金應祥, 金宗善, 金澮, 羅世纘, 魯興, 盧叔仝, 盧重理, 盧震璟, 文光信, 文秉斗, 文寧浩, 朴謹孫, 朴基守, 朴文國, 朴尚圭, 朴世翼, 朴重龍, 徐丙稷, 徐相權, 徐載弼, 徐志修, 鮮于炫, 成武祚, 成子濟, 成憲祖, 孫昭, 宋日中, 申命和, 愼自健, 安相億, 楊世興, 吳悅, 柳季春, 柳時蕃, 劉仁悌, 劉玄源, 尹祉商, 尹皓, 李景稷, 李啓文, 李塏, 李奎鎭, 李東旭, 李東俊, 李嗣謙, 李曙, 李秀, 李澳, 李五奎, 李埍, 李應祚, 李仁榮, 李洼, 李重老, 李仲玄, 李鎭華, 李札, 李憲鳳, 李渙, 李會中, 張定植, 田胤弼, 鄭應, 鄭東潤, 鄭文英, 鄭義周, 鄭仁龍, 鄭漢範, 曹繼明, 趙炳彩, 趙世球, 曹伸, 曹好淵, 趙化元, 趙回元, 崔柱極, 崔鎭邦, 韓恬, 韓忠, 韓惠, 咸炳泰. 許鍵, 許煥, 洪應溥, 黃慶瑞, 黃國老, 黃秉周, 黃應斗, 黃鍾仁, 黃宗昌, 黃葺, 黃致信

松亭　姜文弼, 權橃, 金光載, 金大欽, 金沐, 金沜, 金銖, 金洙, 金時璃, 金伸光, 金穎淵, 金榮夏, 金應福, 金濬, 金重鳴, 金彭孫, 金弼斗, 金學之, 金洪大, 南須, 魯善圭, 盧守誠, 朴準翼, 裵棋壽, 裵奇鍾, 徐碩崗, 徐沃, 宋愚, 申命仁, 申命和, 魚泳濬, 柳義臣, 兪致道, 兪櫶, 柳孝健, 李復吉, 李鵬來, 李世勉, 李正祉, 李埈鎔, 李䔲, 李瀰, 李喜聞, 張遇漢, 張以慶, 全瑾, 全彭齡, 鄭鐵堅, 趙敬熙, 趙基煥, 趙庸, 池達海, 崔東亮, 崔壽觀, 崔應龍, 河受一, 河應圖, 洪傑, 黃應吉, 黃興徵

松庭　張華

松汀　孔繼賢, 金景秋, 柳重涉, 兪櫶, 李克仁, 鄭來鵬, 崔相景, 洪敬紹

松亭居士　金景秋

松洲　權正始, 朴尚郁, 李㮊, 李集, 洪承百, 黃彩后

松舟　申汕

松竹　朴履坦	羅珏, 南世周, 南應琛, 南軫熙, 盧光懋, 馬爲龍, 朴乃容, 朴炳教, 朴全, 朴宗三, 朴鶴東, 朴賢東, 徐文尚, 成世頊, 蘇輝祚, 孫洪烈, 申用溉, 安夢徵, 安容, 梁誠之, 梁之河, 吳尚黙, 吳仁華, 龍繼祥, 尹溉, 尹居衡, 尹明禧, 尹聘, 尹亨植, 李慶善, 李公俊, 李龜, 李德敏, 李三賜, 李生寅, 李瑞雨, 李申命, 李重繼, 李海昌, 李垕甲, 李希豊, 林性澤, 林植, 張鉉斗, 全應斗, 鄭士輝, 丁履三, 鄭光天, 趙恒順, 趙徽, 崔璿, 崔誠之, 崔直之, 黃祐希, 黃寅現	松下翁處士　金百休

松竹堂　權行彥, 金光遠, 朴湳, 成信徽, 李承玉, 鄭可益, 鄭文翼, 鄭需

松竹塢　徐甄

松竹齋　金鍾燮

松竹軒　都錫臯, 朴齊衡, 裵應煥, 宋鼎鉉, 梁廷虎, 吳允謙, 李穎鎭, 李徽, 張仁碩, 鄭紀南

松滄　鄭篆

松牕　金履禛, 金正行, 崔義植

松窓　朴苞, 宋綏祿, 仁祖, 趙從耘

松川　高禮鎭, 權台齡, 金大生, 金商玄, 金千鎰, 盧碩臯, 文星璨, 朴騏錫, 朴斗安, 梁應鼎, 李景淵, 趙鼎玉」, 黃河周

松泉　金樂寅, 金炳武, 金秉樞, 朴文國, 朴勝林, 沈錊, 沈澍, 吳光輝, 李啓翼, 李萬寧, 鄭欽, 趙威明, 秦士淑, 崔興源

松泉老人　安岐

松川子　權得興

松清　張致亨

松梢　鄭琪逵

松樵　羅鎭慶

松村　權啓赫, 金尚瀷, 朴世勳, 朴載鎭, 朴致安, 徐延厚, 宋寅, 申景洛, 安鑑, 李仁瑞, 李彙祚, 林鑢, 蔣繼琬, 鄭堅, 鄭寧, 鄭亨毅, 趙翼周, 池錫永, 蔡宗吉, 韓焄, 邢漂, 黃應奎

松翠　申峻善

松灘　魏榮震, 李攀桂, 李有謙, 李熙緒, 張應斗, 鄭大民, 鄭弘緒

松坡　覺敏, 康厚健, 權韞, 琴胤古, 金旼, 金信行, 金浣斗, 金耀世, 金璋, 金之慶, 金輝世,

松波　金潤秀, 朴敏圭

松琶　李寅河

松平　許慶源

松圃　金夢成, 金鳳應, 金佑漢, 金寅洙, 金鍾嫌, 金泰溟, 羅世實, 魯南圭, 盧錫翼, 都氏, 文德熙, 朴淇獻, 朴準元, 朴弼奎, 尹載源, 李禺一, 李有謙, 李壎, 林善相, 張厚健, 全景祥, 鄭九鉉, 程錫鎰, 鄭珍會, 鄭致鐸, 鄭弼, 陳天龍, 邢學周, 洪汝問, 洪在寬, 黃在基

松浦　琴英澤, 金星得, 金昌鎭, 朴東臣, 朴思泰, 成沈, 沈景三, 尹錫起, 鄭毅, 丁魯壽, 趙宗嶽

松風齋　宋之栻

松下　姜蘭馨, 權心揆, 金始淵, 金翼東, 南五寬, 邊鎭洙, 安國順, 安國楨, 吳漢圭, 李洛洙, 李容九, 崔錫植, 許涵

松河　許禩

松夏　金炳烈

松下翁　曹允亨

松鶴　高傳敏, 權應時, 金景燦, 金有亨, 金應祿, 鄭瑢澤

松學堂　徐崇憲, 徐宗煥

松鶴軒　權應時

松海　鄭求杓, 崔海

松軒　姜進德, 琴德音, 金德崇, 金禔, 金海儀, 金弘呂, 南久淳, 盧繼元, 文湘圭, 朴雯, 朴聖源, 朴率昌, 朴承宗, 朴致慶, 朴興鎭, 裵克壽, 裵齡聃, 邊尚服, 賓于光, 宣鶴齡, 宋希昌, 申汝楨, 吳邦植, 魏漢良, 陰東益, 李綱, 李凌幹, 李攀桂, 李禔, 林在鳳, 張松, 鄭㑖, 鄭憲周, 池達鳳, 陳大壽, 鄭海中, 崔觀植, 崔崇烈, 崔龍杓, 崔潤植, 卓璉, 太祖, 河楫, 韓百鳳, 許亨, 黃甲龍

松峴　尚震, 徐命均

松峴堂　金在一

松蹊　奉由禮

松岵　麻夏帛

松戶　李箕采

松湖　奇大臨, 金是棱, 金演, 金允福, 金漢哲, 金亨來, 朴源鎭, 朴仁弼, 朴昌微, 白玉峰, 白振南, 成永鎰, 宋致方, 辛德潤, 申恕一, 沈自光, 玉在溫, 柳德柱, 兪彦述, 柳泓烈, 尹時伯, 李時命, 李臣一, 李英普, 林璞, 趙應文, 趙正立, 陳台瓛, 崔秀任, 韓沆, 許橿, 許玼, 許周翰, 黃致中

松壕　柳汀

松後齋　李中應

涑溪　韓德鍊

涑菴　姜文老

送老堂　李紳夏

送月堂	李思敬	受善堂	李珍	壽硯	朴逸憲
頌兒	朱耀翰	受齋	宋鎬文	壽翁	吳承老, 柳順善, 尹三山, 李崇老, 許喬
灑掃齋	趙南洙	受軒	趙鶴植		
修溪	李升培	叟巖	任濟遠	壽窩	金時彦
修谷	金履禮	叟湖	金國采	壽隱	宋翼弼, 晉錫
修堂	甘黃, 李南珪, 鄭鍾燁	垂成子	鄭經世	壽嶂	宋一浩
修林	柳景祚	垂潁軒	李彙陽	壽齋	李崑秀, 李漢福, 鄭九龍, 洪奎
修峯	崔鳳坤	垂隱	邊有海		
修山	申光復, 李鍾徽, 韓林	垂正堂	趙熙泰	壽亭	李需
修仙	孔俯	垂天窩	羅仲佑	壽庭	李鶴圭
修禪	卓然	垂胡子	林芭	壽靜齋	柳鼎文
修善翁	金守棟	垂湖子	林芭	壽洲	金道洙
修善齋	李仁後	壽岡	宋寧鎭	壽竹齋	扈錫均
修心齋	吳致善	壽敬	金弘望	壽村	洪大㝡, 洪鳳祚, 黃一漢
修巖	金世傑, 沈能百, 柳袗, 李格	壽溪	鄭在章		
		壽考軒	丁彦璹	壽親堂	白看良
修庵	康用範, 朴始昌, 安奭煥, 李是檀	壽谷	金洛鉉, 金柱臣, 朴麟和, 李之翰, 張道文, 鄭尚琬	壽軒	李重慶, 鄭榕
				壽峴	石之珩
修菴	宋士彦, 呂相武, 禹鎭, 許煜	壽堂	卞廷民, 沈紺先	守可齋	卞孝錫
		壽銅	鄭芝潤	守家	鄭興業
修巖堂	鄭鎭泰	壽樂堂	權希說, 申億	守稼	金光信
修養齋	康德民	壽峰	文永樸, 李義燮	守碉	裵善源
修窩	金在琯, 趙守賢	壽峯	文樸, 孫蕃	守岡	沈鍾煥, 林春桂
修隅	朴南壽	壽北	李匡師	守岡亭	金時翁
修隱	權韜, 權踶	壽山	文初信, 吳秉壽, 李泰植, 丁學秀, 鄭海朝, 鄭顯五, 洪埼	守溪	康喬年
修隱堂	李普祥			守孤堂	李兹
修齋	權宅夏, 金瑾, 金世鎬, 金在植, 朴熙洙, 宋厚淵, 吳瓚, 柳遠哲, 李有善, 李憲模, 李希進, 陳克一, 黃秉熙	壽石	金洛鉉	守谷	申鉉叔, 李澡
		壽石堂	宋昌在	守口	周孟獻
		壽星	謹憲	守口齋	金八休, 鄭友益, 周孟獻
		壽巖	金斗仁, 金旭, 宋縜, 申光履, 鄭鳳翰	守堂	邢志玉
				守東	蔣龍九
修井	鄭景淳	壽庵	孫億	守樂堂	權衡植
修竹	趙邦直	壽菴	金基祥, 李臣鎬, 李枝茂	守明庵	姜恂
修竹堂	朴駿	壽楊	朴永弼	守夢	鄭曄
修軒	崔鉉弼	壽養亭	朴萬胄	守夢軒	芮承錫
修湖	康錫奎			守黙	卞琳, 李頤根, 崔榮門
受三齋	趙寅尚				

收心亭 朴薰	水色 許福, 許禍	淵, 柳時會, 李啓宇, 林德秀, 任陞
收春子 崔致翁	水西 金時僑, 朴善長, 柳淵根, 李昌佐	水軒 劉道弘
收好齋 禹仁績	水西齋 金灝	水迴齋 余進善
數里 王太	水石 李行健	洙岡 金炳轤
數竹 曹弘立	水仙 尹心惠	洙崗 李肯洙, 李鳳在
數竹軒 曹弘立	水松 金容權, 朴志壽	洙溪 金碩柱
樹谷 權緈 柳鞾 李師蕃, 趙世煥	水勝 金見龍	洙隱 郭得亨, 陳昺九
樹菴 李俗	水心 尹東老	漱澗 許及
樹園 柳本藝	水心堂 尹東老	漱石 金善均
樹隱 金冲漢, 崔滋	水巖 李龍善, 陳永任	漱石軒 權相益
樹齋 黃爵滋	水庵 權希孟	漱菴 蔡之洃
樹亭 卞碻	水翁 林逗春	燧隱 朴致修
樹州 卞榮魯	水愚堂 李時白	瘦石 金鐏, 南亨祐
樹村 趙世煥	水雲 曹精通, 崔濟愚	瘦翁 蘇東鳴, 宋楫
殊農 金炳潤	水雲居士 孫濟英	睡幹 尹用求
殊隱 金炳護	水雲子 權尚明, 柳相龍	睡居士 安置民
水鏡齋 琴鳳儀	水雲齋 李鎭祜, 李鎭禧, 崔濟愚	睡谷 李蕃, 李奮
水谷 石應柱	水雲亭 曹禧	睡聾子 柳元慶
水南 朴起祖, 李霽章, 李重國, 李行遇	水雲軒 曹禧	睡堂 宋鎭誠, 李鍾庠, 李中華
水南放翁 鄭勳	水月 永旻, 音觀, 趙儉	睡目堂 梁以河
水堂 金聖範, 孟柱天	水月堂 金兌, 閔周晃, 朴元恭, 朴豐鎬, 薛聰, 李永進, 李之英, 林熙之, 田萬郊, 鄭憲圭	睡山 金輝轍, 李友信, 趙熙百
水東 金宗卿		睡心庵 安命說
水洞 金亮水	水月道人 林熙之	睡心子 金載順
水雷累人 沈喜壽	水月齋 安載轍	睡巖 金時憲 金華植, 沈希佺
水樓 鄭鴻淳, 洪大浩	水月軒 金聖益, 李集, 林熙之, 張柏, 張忠矩	睡庵 愼惟明, 鄭允容, 韓復胤
水面堂 李時昌		睡菴 具繼禹, 蘇元生, 宋僖, 李翊夏, 崔遒, 韓汝哲
水木清華館 韓用幹	水亭 邊處厚, 崔洗, 黃處厚	
水北 金光炫 金灡, 金興國	水竹 金景善, 鄭昌衍	睡餘堂 張旭
水北山人 金灡	水竹亭 姜文伍	睡聾 徐錫麟
水北亭 金興國	水竹處士 南建福	睡聾齋 徐錫麟
水北軒 金光炫	水竹軒 鄭在龍, 黃浩善	睡翁 具人文, 權鎔, 南啓來, 睦來善, 卞抱, 宋甲祚, 宋象仁, 宋時璟, 申用溉, 梁有信, 李世應, 李烜, 鄭彥暹, 鄭汝昌, 崔運起, 黃洛
水山 高時景, 金光熙, 金祐鎭, 李性和, 李之涵, 李昌宰	水天 金光弼	
水山散人 金祐鎭	水村 金戥 金承學, 朴東紀, 邊鎭泰, 沈漢柱, 吳始壽, 柳博	

睡翁亭	卞抱	秀峰	金斗萬, 宋光心, 李汝翊, 崔亨俊	遂吾齋	金在洪
睡窩	權斗望, 權順長, 朴廷橌, 李光隣, 李國林, 李晔光, 李翊, 李春華, 李忠元, 李好閔, 鄭堯性, 鄭必東, 趙道彬, 崔爾泰, 秋大成	秀夫	章世傑	遂月	黃大淵
		秀士	金方叔	遂隱	黃珍
		秀山	金秉宗, 金在福	遂一齋主人	尹忠甲
		秀石	黃浩大	遂初	洪昇鉉
		秀松	楊大淵, 柳鍾聲	遂初堂	權怵, 柳仁鑪, 柳俔
睡傭	河徵道	秀巖	柳致明	遂初齋	成近壽
睡隱	姜沆, 權韜, 權縉, 金龍柱, 金徽, 南奎, 文鍾, 朴宗亮, 宋皎, 宋翼弼, 申必源, 李士弼, 李海, 李弘祚, 李烜, 張得萬, 鄭攸, 鄭續祖, 晋錫, 崔登, 崔鐵堅, 洪錫輔	秀軒	李希哲
		秀菴	明道光, 禹崇呂	遠菴	權尙夏
		秀園	朴永茂	遠翁	李道載
		秀村	宋之璟, 柳發	酬慷齋	尹堉
		秀軒	鄭德海	陲菴	趙仁奎
		粹梅堂	趙雅	隨溪	金漢弘
		粹翁	韓繼純	隨鷗	吳孝媛
睡隱堂	魚夢濂	綏堂	閔泳達	隨堂	趙秉澤
睡齋	姜永墀, 具壽福, 具人文, 柳仁貴, 李慶需, 崔雲瞻, 崔應賢	綏廷	崔奎綏	隨樂堂	李弘著
		繡佛齋	申紀周	隨樂窩	金憍, 李杲
		繡山	李滂	隨樂軒	李木高
		繡野	方一䕆	隨聲	徐孝宙
睡足堂	全雨	繡楚	方一䕆	隨軒	李善述
睡窓	朴天祐	繡香閣	元氏	首崙	李若海
睡村	文天斗, 朴尙信, 李奋	羞卞堂	金廷望	首山	金自進, 朴宗源, 趙從根
睡春	朴相晃	羞俗堂	徐美漢	首山亭	金自進
睡春堂	盧一鉉	羞菴	任城	首宿軒	崔潭
睡鶴	許鍱	脩堂	徐相祖	首巖	李若海
睡漢	柳世箕	脩石	鄭基善	首陽逸民	吳慶元
睡鄉	金聲寬	脩竹	趙邦直	首雲	金龍洙
睡軒	權五福, 奇慶衍, 金觀, 金箕錫, 金壽一, 金泰郁, 睦來善, 朴仲泰, 成槪, 梁致裕, 李尙曄, 李寅賓, 李齊衡, 李賢佐, 李會一, 任泰爽, 全順, 鄭斗一, 鄭胄煥, 趙存道, 崔應賢, 韓汝斗, 洪履健, 洪宅夏	袖龍	贖性	須臾翁	李文峻
		藪溪	黃漢錫	塾翁	柳興龍
		遂堂	白樂奎, 柳志聖, 李元題, 李鐘元	夙夜	閔翼洙
				夙夜齋	閔翼洙, 尹知敬, 鄭逑
		遂山	朴昌珪	夙軒	金在德, 宋周賓
		遂庵	權尙夏	淑溪	任尹聖
睡湖	金時蕃	遂菴	奉萬璧	淑庵	安厚傑
睡華	金國鎭	遂吾	趙忠熙	淑齋	孫叔老, 尹定, 任夢臣
秀南	高石鎭				
秀堂	金季洙				
秀林齋	李楸				
秀峯	金愈				

瀟齋	金教商	醇庵	吳載純	述圃	李道衍, 李道衍
菽栗	安秉璿	醇隱	申德隣	述軒	李培仁, 李壽冉, 李元裕
熟寐窩	鄭埴	醇齋	金相玉, 金在華, 尹坊	崇德齋	李潤慶
肅庵	尹光國	醇欽堂	洪允成	崇淑	金起門
肅齋	金燦星, 禹繼根, 柳文奎, 趙秉惠, 許周	順敬堂	李挺坤	崇信居士	金英萬
		順俟	柳壽昌	崇崖	崔興義
肅淸堂	丁胤祐	順事齋	朴敏龍, 韓序教	崇禎野老	朴檜茂
肅軒	金益均	順受	梁櫢	崇禎逸民	朴承聖
旬白堂	李垌	順叟	尹思	崇禎處士	金南式, 金南植, 金是榲, 朴壽春, 李仁基, 蔡之江, 許格
恂菴	全信鎬	順庵	義旋, 李秉成, 丁胤禧		
淳庵	李鐸模	順菴	安鼎福, 李德一, 秦國泰	崧岳	林昌澤
淳翁	金壽奎, 李昉運, 崔永元	順翁	李衡祥	崧軒	李秉瓛
淳隱	金文浩	順窩	金胄植, 徐起, 安景褘, 吳時機, 李憲儒	嵩陽居士	金正喜
淳齋	金壽奎, 李昉運			嵩陽山人	張志淵
淳翰堂	朴祉敬	順齋	韓序教	嵩齋	朴世周
瞬星	秦學文	順天	吳東振	虱資	朴知訓
筍鳴	趙宗濂	順風亭	吳邦彦	瑟谷	李蘭貴
筍齋	文希哲, 文希賢, 崔克昌	馴鶴軒	成汲	瑟僩	朴民獻
純溪	李敬臣	述畊齋	金彦謙	瑟僩齋	朴民獻
純里漁疋	丁學淵	述古	白民秀	膝菴	具繼禹
純黙堂	劉熹烈	述古堂	白民秀	習文堂	金英達
純參	裵南煥	述古齋	金實	習悅	盧恩誨
純庵	宋秉燮, 劉琡	述峰	許沃	習悅堂	盧士晦
純菴	宋榮煥	述山	朴琬鎭, 李鑽雨	習窩	李柱天
純髥	金正喜	述巖	李應擧	習元	楊昉
純齋	純祖, 李臺	述庵	姜汝榘, 朴承聖, 陳尙顯, 崔潤一	習齋	權克和, 權擘, 權寧浩, 朴命璧, 白師冽, 李尙伋, 李昭應, 李直愼, 張景翰, 崔濟學
純全齋	李必銷				
純村	金腄	述菴	金學洙, 金希魯, 宋在晟		
肫菴	朴洵行	述翁	崔琇	習靜	閔純, 成老童, 宋邦祚, 李範叙, 李廷龜, 李厚基, 林懽
舜可	尹也斗	述窩	金基禹, 朴彝炫		
舜谷	蘇繼荅	述齋	姜行遇, 權鍾義, 金昌簹, 朴啓勳, 朴夢徵, 范玹駿, 卞璞, 徐渾, 劉德文, 李基昊, 鄭五臣, 邢鍾烈	習靜齋	金魯忠, 金漢忠, 宋邦祚, 鄭國豊, 河應運
荀齋	鄭載星				
蕈塘	蔡震亨			習池	洪鷺祥
巡梅亭	琴是武			隰川	朴長遠
醇溪	李正履	述志堂	宋瑒, 李漢根	丞庵	李聖奎
		述川	李道經	乘胡子	林芑

升窩	李瑀, 趙春慶	是谷	池應晉	時齋	宋源福
承堂	任永信	是南	崔泰瑢	時亭	洪淳翼
承先軒	朴珽	是盧	黃蘭善	時閑齋	鄭棹
承巖	李俊喬	是山	蔡氏	時軒	安禧遠, 洪續憙
承浦	金秀遜	是是子	李氏	柿谷	卞廷進
勝山	金永根	是巖	姜絅	柿巖	權緒
勝雪道人	金正喜	是庵	姜絪	柿庵	全錫保
勝巖	李仁任	是菴	安鼎宅, 李源柏, 李直鉉	柿川	朴斯立
勝庵	金永耆, 許晚		任華世	柿村	崔東式
勝蓮	金正喜	是也	金宗鎭	柿軒	李載威
繩齋	金鎭學	是翁	任華世	柴巖	蔣珩
繩軒	權濤	是窩	尹弘國, 韓泰東	柴厓	任瑋
侍郎堂	范承祖	是迂	李興敏	柴隱	金晃錫, 尹翰鎭
匙山	安塘	是憂齋	韓敬履	蒔菴	金永權
始林山人	李始榮	是隱	鄭克采	蒔藥軒	沈世鼎
始有	洪敬謨	是塡	潘渭	蒔春	金器煥
市溪	金商說	是丁	申肅	蓍庵	兪漢雋
市南	金錫鍾, 申晃周, 兪榮, 曹世煥	是春窩	沈師章	蓍菴	李寅炯
市林	李基德	是學齋	韓命相	蓍之	羅茂春
市林窩	洪名漢	是閒	李益烶	試齋	朴仁錫
市北	姜杭, 具宬, 南以雄	是閑堂	李益烶, 鄭漢柱	詩南	閔丙奭
市西	金璇, 李日三	是閑齋	金順侃, 尹行恁	詩山	劉運弘, 李鍾弼
市西居士	金璇	是閑軒	金禹玄	詩喦	金元
市隱	金敬祚, 金萬琛, 金相奭, 金懿胤, 金履成, 閔機, 朴繼姜, 徐甄, 成震齡, 孫錫楚, 孫守曾, 安溧, 柳聖翊, 劉希慶, 尹相述, 尹元虎, 李健赫, 李權善, 李箕翊, 李民天, 李秉壽, 李元紀, 李任漢, 李珍, 李天紀, 任方柱, 蔣弼華, 鄭在俊, 崔基善, 韓繼舜, 韓錫朝, 韓舜繼, 咸淳, 洪萬述	是覺	朴有鵬	詩庵	金正喜
		時觀齋	權炤	詩隱	奉秀學
		時堂	呂相鉉, 呂準, 李喬翼, 李漢應	詩村	李東表
		時四齋	洪渾	詩閑齋	金順侃
		時俗	吳彥修	詩海	杜宰杓
		時習亭	裵演黙	詩湖	鄭元吉
		時習齋	李三六	寔菴	李憲文
		時庵	南仲元, 趙相禹	式齋	盧光利
		時菴	南阜	式好堂	安彥繆, 李龜元
		時雨堂	睦詹, 洪渾	式好窩	李衡漢
市隱堂	李珍	時隱	金景軾	息山	李萬敷
施齋	趙惠			息巖	徐湜, 成德漢
是間齋	崔重植				

息庵　金錫周, 李資玄, 黃暹
息菴　金瀗
息厓　洪自一
息陰堂　吳玄錫
息陰齋　李益新
息齋　金敬直, 吳以翼
息波　李得坤
息軒　崔憲植
拭疣　金守溫
拭瘝　安斑
栻本　崔彦
植松　金四聰
植齋　奇廉, 奇宰
湜隱　宋善後
殖竹　宋華壽
信古堂　金克永, 盧友明
信古齋　呂順元, 鄭奎淵
信谷　柳浚
信舊　李會文
信美窩　李時敷
信山　趙性孚, 趙胤植
信上　趙瑮奎
信善堂　趙彦秀
信巖　柳希津, 全中燦
信庵　金星穀, 金辰爽, 申明均, 尹得孚, 黃黙周
信菴　金信淑, 氷鍾瓚, 宋炳吉, 柳淸臣, 李準九, 張輔鉉
信如　己和
信翁　閔昌赫
信宇　李裕性, 洪鍾珏
信園　李義養
信齋　盧友明, 朴貴孫, 沈東老, 沈宜亨, 柳重植柳淸臣, 尹得孚, 李令翊, 李彙璋, 全燦, 鄭在文, 韓尙敬, 洪革

信天　張東源
信天堂　沈能主
信天翁　鄭昌聖
信天齋　權思潤
信湖　金炯德
愼居亭　徐迪
愼懼堂　李伐
愼歸堂　申彛
愼獨堂　盧溶
愼獨菴　鄭達喆
愼獨齋　金集, 張世舟, 黃益淸
愼慕堂　林濟黙
愼黙　黃德培
愼黙堂　申鉉大
愼黙庵　邊相儉, 洪獻燮
愼黙齋　金箕璟, 金箕書, 金不比, 金益發, 邊台容, 成允信, 成以心, 李萬根, 李渠, 鄭三徵, 鄭亨蓍, 陳文玉, 洪國鎮
愼黙軒　朴珽燮
愼百齋　鄭斗休
愼小齋　李潤煥
愼守齋　趙起璨, 趙瑛, 趙璨
愼巖　金泳九, 朴始吉, 徐萬組, 張景翰, 千泰疇
愼庵　郭永甲, 金晦材, 杜允茂, 孫麟鏞, 李德隣, 李晚慤, 李晚懿, 李仁常, 曹鳳振, 周達源, 崔兢敏, 河錫洪, 黃宗郁
愼菴　具赫模, 權麒煥, 權載成, 金敬念, 金基成, 金頵, 金順正, 金永鐸, 金正萬, 金直源, 金㻛, 羅益瑞, 南綺素, 南蓀, 盧應奎, 閔挺洙, 朴炳俊, 朴承根, 朴冑東, 白景濟, 白愈行, 白鷺, 宣始圭, 孫玟一, 宋陽彩, 宋胤先, 安景說, 安鼎梅, 魚錫定, 尹欽信, 李基禎, 李

億, 張鳳赫, 全基成, 崔溫, 許誠, 邢基昌, 洪祐璟, 洪義日
愼菴堂　朴宗碩
愼語堂　方芸實
愼言　崔湜
愼言齋　柳鎭必
愼翁　林守謙
愼翁齋　徐之贊
愼窩　辛基昊, 辛泰承, 魚錫中, 尹滋大, 全永傑, 鄭始榮, 鄭在聚, 崔謙, 洪仁肅, 黃宗信, 黃緝範
愼忍齋　任長源
愼箴齋　龍致雨
愼齋　金堅, 金國璨, 金象乾, 金時榮, 金始悌, 金永壽, 金節, 金鍾植, 金之壽, 金恒錫, 金鎬永, 文夔善, 文瞻鎬, 朴檢, 朴長孫, 朴宗光, 白莊, 范宗博, 宣居怡, 孫軾, 宋希天, 申光岳, 安愼徽, 王伯, 庚東植, 李基, 李茂馨, 李鏞, 李愈, 李潤煥, 張運, 田夏九, 鄭珹, 趙琳, 曹鳳振, 曹一源, 趙璨, 趙孝仝, 朱大畜, 周世鵬, 陳雲澤, 崔大胤, 崔宗南, 黃泌秀, 黃孝獻
愼節齋　李仁復
愼亭　林鍾達
愼庭　盧興鉉
愼靜齋　李翊模
愼拙齋　李希程
愼直軒　金秀河
愼村　權思復, 黃伯秀
愼軒　金秀河, 金玉燮, 宋錫奎, 申泰運, 李庭和, 林炳元
愼晦　李漢龍, 鄭熙鎮
愼孝齋　金河明

新江	慶寂	新圃	孫景郁, 黃汝弼	審安堂	南震萬, 表憲
新溪	李天相, 鄭天周, 崔源肅, 崔元植 河天澍	新浦	俞大進	審容齋	李命恒
新谷	金載鐸, 宋琦鼎, 俞濯, 李尚泰	新軒	金舜錫, 柳希松	審齋	白仁海, 徐鴻烈, 孫俟, 李建標, 李時休
新畓	徐輔	新湖	李東旭, 許增	審川	宋天東
新堂	金勳, 都汝垣, 朴新源, 鄭鵬	新稀翁	河演	尋樂窩	安宗茂
新塘	俞櫶, 李成全, 河公獻	晨鷄	李仙杯	尋樂齋	金灝
新德齋	李遇馨	申溪	柳世漢	尋芳齋	鄭履侃
新樂堂	金世輔	矩齋	李得駿	尋松亭	權恟, 權泂
新梅	李宗可	神谷	鄭士信	尋是齋	崔瓘
新峯	李馥遠	神堂	李監	尋庵	千泰疇
新山	李弘勛	莘憩	李敦宇	尋源	尹淳學
新安	姜顯	莘溪	陳夏潤, 洪啓能	尋源堂	趙井愚
新巖	琴是調, 琴容式, 宋秉祚, 李之瑛	莘農	金堯元	尋齋	尹柄馨
新庵	具壽彭, 金世敏, 朴應漢, 黃時中	莘堂	徐選	尋初齋	李台重, 玄命直
新菴	金九鉉, 金致鏞, 李俊民, 鄭居三, 崔滿烈, 崔在衡, 崔泰錫, 黃鍾先	莘夫	李耕植	尋村	金自粹
		莘庵	朴贊中	心敬堂	朴子義
		莘野	李澄	心磬	趙洵元
新野	李仁行	莘隱	蘇鎭喆, 韓用國	心溪	盧俊恭, 朴承祚, 裵興黙, 李光錫, 崔益恒
新陽	李懋臣	莘田	趙徹永		
新淵	宋師頤	莘村	李之氏, 洪啓能	心農	崔舜鉉
新塢	韓秉建	莘坡	金斗休, 崔世彬	心潭	李續植
新窩	吳瑛, 李在寬, 鄭浃	莘圃	金應煥, 崔斗錫, 玄在平	心潭齋	劉湖
新齋	金振宗, 朴宗彦, 李道中, 李鎭基, 張錫愚, 曺霖, 趙停期, 趙亨期, 蔡達周, 崔山斗, 韓好謙, 洪樂命, 黃孝獻	莘湖	金祿休	心堂	申應善
		薪溪	呂光賓	心臺	金世東
		薪谷	尹榮, 任器之	心老	李昉運
		薪菴	崔祏	心柏堂	曺喜臣
		薪齋	朴承復	心山	金昌淑, 金泰源, 盧壽鉉, 宋英萬
		薪竹	崔琛		
新亭	申錫弼	薪村	朴蕃和, 朴廷榮, 鄭伯周	心汕	盧壽鉉, 趙成珉
新川	李師範, 李應星	實谷	李弼熙	心墅	李源準
新泉	禹師欽, 李春韓	實庵	權東鎭, 金直淳, 玄光宇	心石	宋秉珣
新村	南海準, 陳尚遇, 蔡無易	實菴	李英玉	心石齋	宋秉珣
新邨	陳尚岐	實齋	申絢, 李齊賢, 黃胤錫	心巢	李喆淵
新坡	李涷宇	伈谷	金繼龍	心水	李正根
		審幾堂	黃啓熙, 黃熙		

1381

心守軒	安炳斑	心天	金昞哲	雙溪	金啓元, 金紐, 朴樞, 白弘
心淑	李愛日羅	心泉	崔弘模		正, 宋光弘, 宋應祥, 申大翕,
心巖	文鳳休	心天堂	魚錫永		李景奭, 李福源, 李榑, 李宗
心庵	李林松, 李在勳, 李珍珪,	心圃	文炯		偁, 李晉哲, 李檜, 李孝側, 鄭
	趙斗淳, 崔萬植	心香	朴勝武		宗周
心菴	金在淳, 金志洙, 范傳昌,	心軒	裵文度, 宋基爽	雙溪堂	李宗偁
	宋學淳, 梁啓默	心湖	金壽鉉	雙溪齋	金紐
心菴居士	金忍	心壺	徐相羽	雙溪亭	鄭漢文
心淵	姜桂馨, 楊錫謨, 趙成鎰	深谷	金慶祖, 金緻, 張悌元	雙皐	李齊益
心蓮	宋斗煥	深山	徐貞九	雙谷	金磏, 李士慶, 鄭惕
心翁	具然學, 李昉運	深窩	李誠中	雙公	鄭伊衡
心窩	李鼎濟, 全藺錫	深游子	李覓夏	雙愧	黃宗玹
心遠堂	宋大年, 李堉, 韓在濂	深遊子	李覓夏	雙槐	姜思達, 文謹, 尹涉, 李震
心遠齋	裵世謙	深隱	李隨		秀, 李弘幹, 趙虎臣
心月	朴喜煥	深齋	姜尚欽, 柳宜三, 李晩高,	雙槐堂	權大謙, 文謹, 安赫重, 趙
心隱	閔興道		曹兢燮		晟漢
心義齋	閔挺四	深村	鄭虔	雙槐軒	辛守, 洪秉機
心齋	姜聖鎬, 姜澂, 金箕彩, 金	深香	朴勝武	雙龜菴	氷漢益
	斗錫, 金柏, 金鳳祜, 金錫翼,	甚要軒	張賢輝	雙樂亭	柳敬孫
	金壽坤, 金在淑, 牟景觀, 朴永	十愧軒	丁奎明	雙楠亭	石鍾圭
	太, 范再駿, 徐龍輔, 徐應祿,	十柳亭	金瑛, 全瑛	雙潭	朴暉吉
	宋煥箕, 柳始秀, 李康賢, 李昆	十梅軒	李龜應	雙堂	權弘
	壽, 李大源, 李道宰, 李枚, 李	十峯	雪牛	雙塘	權弘
	邁秀, 李昉運, 李有春, 李仁	十省	嚴昕	雙嶺	尹忠祐
	弘, 李鼎夏, 李正會, 李宗宅,	十省堂	嚴昕	雙蓼堂	洪龜命
	李太源, 鄭弘宙, 曹兢, 趙洛	十友軒	徐直修	雙龍齋	吳宗善
	彦, 趙彦儒, 許准, 洪命輔, 洪	十拙軒	宋世寅	雙流堂	李慶集
	承億	十州	金壽長	雙栗亭	李儒臣
心適堂	金鍊老, 金履祥, 尹頊	十洲	金壽長, 韓汝稷	雙里	李爾瞻
心田	金翼鎭, 盧壽鉉, 朴思浩,	十竹軒	鄭磏	雙林	李重發
	徐有畬, 安中植	十青	金近淳	雙梅	金質幹, 李鶴
心筌	安中植	十清	金世弼	雙梅堂	金質幹, 安敬稷, 楊士敏,
心亭	徐相斗	十清軒	金世弼		李胤, 李詹
心齋處士	傊光旭	十灘	李雨臣, 李獻輔	雙梅軒	閔齊淵, 李嶋, 李鶴
心洲	楊錫謨	雙澗堂	李謙埈	雙明堂	高低
心智	蔣處勇			雙明齋	李仁老, 崔讜
心贊	金泰源				

雙柏	柳忠立		
雙柏堂	成爾漢, 尹裕後, 崔世慶, 崔蓮		
雙栢堂	權裕男, 李世華, 李元培, 林光澤, 崔沂, 洪純愨, 洪重疇		
雙白堂	成爾漢		
雙栢亭	李弦, 李休禎		
雙碧堂	權相勳, 金彦球, 李曇, 李元生, 黃廷植		
雙峯	金信玉, 俞魯曾, 鄭克後		
雙峰	道允, 蘇世儉, 李福老, 李尚斗		
雙阜	李陽元, 黃洞		
雙山	吳炯淳, 李顯英		
雙西子	朴奎鼎		
雙石	李熙容, 鄭亮欽		
雙松	琴愷, 朴淳, 李德馨, 李瀟, 陳斗柄		
雙松堂	金光奭, 李琇, 李信豊, 崔景燮, 黃夏民		
雙修	金三樂, 金之岱		
雙修堂	金三樂, 金之岱		
雙水堂	洪友燮		
雙修道人	金正喜		
雙峀軒	尹澤雨		
雙柿	李載威		
雙巖	金垤, 李宗儉, 全燁		
雙梧	金質幹, 閔點		
雙梧居士	朴箕陽		
雙梧堂	閔點, 李止信		
雙玉堂	李命啓		
雙月	性闊		
雙月堂	崔聖應		
雙隱	禹重鼎		
雙梨堂	崔舜河		
雙翼	卞獻		

雙齋	朴希良
雙洲	鄭世敎, 鄭泰元
雙竹堂	徐文翰, 安鍾弼
雙川	孫錫輝
雙泉	權恂, 成汝學, 李益桓, 黃斗熙, 黃世榮
雙尖堂	李仁賢
雙青堂	崔澤鉉
雙清堂	權恂, 南尚冶, 裵命說, 宋愉, 申在衡, 安勉, 安宗源, 柳起門, 李繼俊, 鄭光弼, 車云革
雙清齋	金顯基, 李洙
雙清亭	安宗源
雙清軒	金建準, 李基瑜
雙村	權恂
雙翠	權轍, 李晚運
雙翠亭	李根鎬
雙翠軒	權轍, 李奎恒
雙灘	權撥, 李孝側
雙浦	金億年
雙學堂	朴橶
雙閑	朴遂良, 朴希良
雙杏堂	金誠
雙杏亭	金箕祜, 朴燦然, 李箕祜
雙香亭	李範仲
雙壺堂	李端錫
雙湖	琴養夢, 金載海, 南尚文, 李重庚
雙湖齋	高晦
雙湖亭	琴養夢
雙檜堂	都東明
雙檜亭	俞復基
雙徽堂	許壕

丫澗	崔行
丫溪	高景虛, 金益廉, 金一鏡, 閔黯
丫流	張自好
丫湖	閔黯, 辛慶晉, 辛用錫
亞石	閔泳舜
亞隱	李家鎬, 李溶善
亞汀	許墩
亞鄕	葛成南
亞軒	朴裕燮
亞峴	權寧濬
兒庵	惠藏, 蓮坡
啞堂	朴氏
啞盲	權昌震
啞山	李東九
啞俗	金敎濟
啞翁	金鳳麟, 金革
啞窩	李㙯陽
啞雲	金灝鎭
啞隱	李挺岳
啞齋	柳埴
啞川	禹錫文
啞鐸	朴治祚
啞漢	金忠立
啞軒	權致經, 金應祖, 宋遠器, 俞遠器
峨洋軒	琴是諧
峨嵯山人	申濳
我觀	吳致成
我堂	裵晉孫
我夢	趙漢復
我山	文渭悅
我石	金履禛, 金鍾大, 李容鎬,

	鄭文燮, 黄承烈
牙星	朴璋煥
我松	宋文彬
我誰堂	朴春秀
我室	洪璦
我巖	金克敏
我泉	金履璿, 朴鍾一, 李堂和, 李鼎久
牙巖	尹仁浹
牙天	金夢翼
芽溪	李絢
莪谷	朴守良, 全禹昌
莪菴	朴會源
蛾述堂	黄進
阿溪	張健
阿隱	全聖大
阿耳	李教彬
雅經堂	朴永輔
雅古堂	方世立
雅谷	朴士鎭, 柳斗文
雅林	柳致遇
雅三	李綱峻
雅亭	李德懋
雅齋	李注懋
雅亭	李德懋
雅川	印三敬, 崔孝敏
雅泉	李天遠
雅閑亭	崔清江
雅行	崔井安
雅軒	李尚蕊
迓慶堂	李楔
鴉州	李祐珪
鵝溪	柳車達, 李山海, 崔曦
鵝谷	李台佐
鵝沙	柳車達
鵝山	高可成, 權行夏, 金鎭祜, 柳潤文, 丁好敏
鵝亭	李沈
鵝洲	申基哲
鵝川	金淑, 朴泰初, 李潤凡
鵝湖	金養耆, 金徽運, 尹心衡, 李東昇, 李會俊, 張永濟, 許格
岳南	鄭晳
岳麓	許筬
岳陽	權載春
岳隱	魯愼, 沈元符
嶽堅	朴瑞龜
嶽南	吳尚
安覺	崔寔
安敬窩	朴宦大
安溪	朴益智, 李琰, 李庭久, 李憲默, 李馨遠
安谷	金聖珪, 朴枝萬, 李宗謙, 李重明, 李恒赫, 鄭友益, 鄭浩, 崔世健
安觀	宋申用
安國巖	朴大成
安德窩	朴東溟
安道齋	黄精一
安樂堂	金訢, 李希顏
安樂齋	朴枝堅
安老齋	鄭萬鍾
安陋窩	成虎禎
安命	李行淵
安命窩	李演周
安峯	高濟元
安分	李守潭
安分堂	權逵, 南佶, 盧世麟, 李公亮, 李必慶, 李賢輔, 李希輔, 鄭師夏, 鄭迪
安分齋	李愉, 洪尹九, 洪處尹
安貧齋	金俊奎
安所	任瑗
安素	宋國憲
安素堂	宋國憲, 韓構
安素翁	李橖
安素齋	沈元俊
安息	金智
安息窩	金齊賢
安息齋	金智
安心堂	裵恕
安安齋	徐順東
安菴	冲止
安塢	南有健
安窩	朴嵂, 朴嵂壽, 柳後賢, 李萬秋, 全相泰, 鄭貞教, 洪樂仁
安宇	李龍在
安愚	金泳斗
安寓窩	李應秀
安仁堂	曹九齡
安齋	南宮櫶, 朴嶠, 成任, 李德玄, 李世應, 李鍾烈, 張瑠, 趙震彬, 河孝文
安亭	宋世平, 辛永禧
安定	朴事三
安拙軒	宋相維
安村	朴光後, 裵應褧, 兪鎭弘, 周漢, 黄以厚
安土堂	趙勝
安豐堂	洪義鳳
安軒	李季煥
安湖	李命允
安和堂	馬聖麟
岸曙	金億
岸翁	金秀巖
鞍巖	楊春泰
顏谷	朴世徵

顔樂 金宇, 金訢

顔樂堂 金訢

顔菴 丁仁傑

顔巷 魏德厚, 魏廷勳

雁湖 全堤

嵒齋 李烋

岩耕齋 鄭時善

岩齋 金濬東, 蔡得濂

巖居 朴永魯, 崔宗瀚, 洪仁憲

巖澗 安象元

巖溪 金斗炯, 文仁克, 張時行, 崔連孫

巖谷 郭鏡, 都世純, 薛凝, 辛鏡, 辛河鏡, 楊起, 余廷鏡, 李宗謙, 張敬, 池鏡, 許仁均, 黃懷

巖谷拙軒 楊起

巖觀 李季埈

巖塘 金道赫

巖遁 朴免

巖瀨 金聖鉞

巖山 李東寧

巖棲 曺兢燮

巖西 李贊翼

巖栖齋 權心夔

巖西軒 李滉

巖雪 朴載良

巖叟 朴慶業

巖玉軒 兪大儆

巖窩 金赫駿, 趙胤植

巖隱 金致郁, 奉秀國, 崔鳳信, 黃象河

巖人 金錫奎

巖齋 金中柱, 朴淵伯, 李運基, 李亨連, 債得濂

巖亭 金萬裕

巖川 朴增, 朴義永

巖泉 權博淵

巖樵 陳集橋, 許寔

巖村 金戭, 韓弘祚

巖灘 李養蒙

巖下 宋祺善, 宋台燮, 李秉欽

巖軒 朴緻, 孫重杰, 申檣, 李夢臣

巖湖 權道濟

巖后 李晚慤

暗室 盧守愼

菴齋 李鍾亨

昻山 玄在德

昻州 王世貞

壓淸堂 柳壕

壓湖亭 許彦深

鴨鷗亭 韓明澮

鴨水亭 李福

鴨湖 李雲五

仰慕齋 金在禧

仰思堂 盧禩

仰山 高性柱, 宋鴻訥

仰城 李如松

仰齋 景時行

仰止 崔相殷, 崔必崇

仰天齋 郭杞, 郭樞

盎齋 崔淑生

厓翔 李禎翊

厓西 朴震英, 尹彙貞

厓石 安鼎遠

厓仙 洪昇淵, 洪昇鉉

厓雲 柳致睦

厓陰 裵晉孫

厓軒 李禎翊

崖溜 權悳奎

崖軒 李禎翊

愛澗 李和聖

愛景 南極燁

愛景堂 金潗

愛敬堂 洪景參

愛菊堂 張璛

愛菊齋 李洙大

愛葵齋 趙養存

愛筠 宋項

愛橘齋 鄭慶植

愛懶子 洪濟默

愛懶齋 洪濟猷

愛檀亭 宋秀三

愛堂 權東鎭, 朴壽龜, 李溟祥

愛廬子 沈有鎭

愛蓮 鄭世濟

愛蓮居士 葉芳華

愛蓮堂 李廷元, 趙晳

愛梅軒 鄭洙英

愛慕齋 黃衍

愛柏堂 徐相台

愛史 片康烈

愛山 琴海圭, 朴準球, 李仁

愛石 兪錫煥

愛石堂 洪瓊周

愛松堂 文益顯, 宋珀

愛松齋 朴世華

愛睡 全性天

愛睡堂 文天台

愛睡軒 李商耉

愛菴 沈涓

愛五堂 柳興必

愛吾子 柳漢奎

愛友堂 李儒澤

愛日 朴鍾宅

愛日堂 金光轍, 金得斗, 金潗, 閔

鎭綗, 裵敬萊, 禹甸, 李慶休, 李光翼, 李極中, 李百春, 李說, 李天錫, 李興燁, 鄭笨, 鄭行百, 車殷軫, 崔成翊, 崔應參
愛日庵 李彦烈
愛日齋 具敎錫, 金達栽, 張道純, 黃纏
愛日軒 姜德輝, 朴齡, 氷洙德, 車殷軫
愛淨軒 李東春
愛竹 黃廷喆
愛竹堂 徐雲輔
愛竹軒 金錫儀, 鄭鷹
愛泉 朴廷秀
愛村 權儒
愛灘 任鉉
愛閒亭 朴益卿, 朴知謙
愛閑亭 朴知謙
愛軒 李汶華
咏春堂 趙埴
艾廬 李禹善
艾山 申善溫, 鄭載圭
艾軒 金時獻, 金琥, 宋磾
藹史 申錫麟
藹石 趙秉鎬
靄史 申錫麟, 洪祐吉
靄春 申命衍
櫻亭 許實
也溪 都始復
也山 李達
也庵 金鍾烜
也養 金赫璋
也愚 高永喆
也足堂 魚叔權
也足翁 朴坽, 朴址
也村 吳世瞻
也湖 鄭宗徹
倻溪 朴淑根, 宋希奎
倻溪散人 宋希奎
倻溪散翁 宋希奎
倻溪翁 宋希奎
倻菴 朴世燁, 鄭烓
冶溪 柳㮾, 李益泰
冶谷 趙克善, 趙爾後
冶堂 韓哲洙
冶洞 康祐鎭
冶老 宋希奎
冶雲 朴厚鎭, 趙仁元
冶隱 郭居仁, 吉再, 張桂黙
冶川 朴紹
冶村 洪禹圭
冶圃 吳明善
冶軒 金奎玉, 趙彦休
埜老 智嚴
埜堂 朴遠, 許錦
埜隱 李永佑, 田祿生
夜潭 愼復振
夜雷 李敦化
夜川 愼復振
野茶 金泳權
野堂 金守廉, 柳赫然, 林泳八
野塘 金啓亨, 金南重, 南宗衡
野老 嚴性簡, 李淳, 智嚴
野老堂 李淳
野墨 金思汶
野舫 崔時權
野夫 金德溫, 金必碩, 崔學奉
野史 李源學
野莎 鄭順文
野巢軒 李樺
野叟 高用賢, 柳仁淑, 鄭文炯, 蔡弘國, 崔夢旭
野綏堂 白東修
野巖 金奎燦, 宋尙立
野庵 金偯, 李倫生
野菴 辛廷珪
野冶堂 范壽平
野淵 尹昌垕
野翁 權檥, 金炳和, 朴伍哲, 孫尙隆, 李磊, 李英甲, 李躋, 全應防, 曺正煥, 曺學承
野翁亭 全應房
野翁軒 鄭夔弼
野窩 閔希路, 朴泰珠
野愚 金義福, 徐政淳, 鄭潛, 崔仁鶴
野憂 張以吉
野雲 時聖, 廉希憲
野遺堂 權璋
野隱 康洛, 姜永祿, 具翊書, 金基榮, 金基豊, 金明奎, 金文泰, 金拜圭, 金湜, 金容爀, 金履漢, 金長權, 金宗五, 金泰辰, 金必述, 金亨祐, 盧邦愚, 盧精一, 文達孝, 文彦麟, 文挺河, 朴萬宇, 朴英壽, 朴駬植, 朴駬煥, 朴在永, 朴廷奎, 朴宗益, 朴重勉, 朴珍原, 裵湛, 裵仁基, 范赫祚, 宣時采, 成定鎬, 宋時榮, 宋處增, 宋浩, 申泰佑, 辛徽順, 安容淳, 吳重周, 禹漢福, 庾東八, 柳滋玉, 尹掄, 尹映, 李景曾, 李肯相, 李炳圭, 李熽, 李時榮, 李軾龍, 李樴瑞, 李潤華, 李鼎泰, 李之垕, 林英, 林逸相, 張裕淳, 田祿生, 全宗鉉, 丁嗣宗, 趙澧, 朱慶鐸, 蔡英三, 崔匡九, 崔璐, 崔完珪, 崔濟文, 韓公赫, 玄秉黙, 洪遠澤, 洪應

暘隱	金幷圭, 金在斬	
暘齋	趙寅熙	
暘坡	柳榮茂	
梁山	廉世慶	
楊江	呂雨徵, 尹趾仁	
楊谷	金公亮	
楊近樵夫	鄭鳳	
楊山	尹永僖	
楊塢	方斗烈	
楊窩	金得禮	
楊原	李淑誠	
楊隱	黃奉河	
楊州釣叟	李會三	
楊村	金鐵堅, 李聖碩, 李長立, 鄭淹	
楊村居士	李聖碩	
楊坡	鄭洛敎	
楊波亭	鄭洛敎, 鄭尚好	
楊浦	崔澱	
楊湖	閔業, 魚史綱, 柳湖, 李碩基, 趙㠍, 洪義浩	
洋谷	陳復昌	
洋菴	文棨奎	
瀁心堂	李始元	
瀁齋	金德亨	
瀁溪	朴尋洙	
瀁西	李光胤	
羊岳	啓璇	
羊巖	崔衡	
良溪	李進	
良谷	楊孝智, 李承福, 鄭允良	
良度	柳穎	
良翁	李壽男	
良宇	龍智	
良隱	權相翰	
良川	李佑斌	
良村	李浹	
襄陽	林維正, 李張英	
襄翁	金宏弼	
讓潭	郭萬冑, 郭守仁	
讓西	李光胤	
讓泉山房	高永文	
讓軒	郭以楨	
量齋	朴惟世	
陽溪	李馥, 李泰新	
陽皐	具元植, 李敬裕	
陽谷	文應權, 白武臣, 蘇世讓, 蘇鎭浩, 吳斗寅, 尹俊喆, 李士侗, 李仁張, 張鶴齡, 黃澄	
陽洞	朴燦瑛	
陽明居士	吳相顯	
陽山	高哲, 金佑生, 金應秋, 李鍾坤	
陽巖	馬震光, 朴性黙	
陽庵	柳芝赫, 李奎淳, 李復善, 鄭存謙, 河活	
陽菴	文括凱	
陽崖	蔡得湖	
陽梧	郭氏, 崔鳳吉	
陽玉	金永輝	
陽窩	朴梓, 潘應基	
陽雲	禹甲植	
陽園	申箕善	
陽隱	柳稷休, 李來修	
陽齋	權純命, 朴鍾休, 鄭存謙, 鄭陟	
陽田	李祥鎬, 李雲卿	
陽井	李潚	
陽亭	朴南鉉, 吳佶	
陽川	成震齡, 魏道及	
陽泉	丁大秀	
陽村	高宗潭, 郭峴, 權近, 金秀文, 馬君厚, 文師喆, 朴裕根, 朴春成, 宋益中, 元宣, 柳之遠, 李謙之, 李景閔, 李蘭美, 李璹, 李燁根, 鄭世胤, 鄭載禧, 海瑞必	
陽春	金昌履	
陽灘	金濚, 鄭在浣	
陽坡	金哲, 禹治淮, 柳觀鉉, 李結, 鄭太和, 崔結, 號重德, 洪彥博, 洪宇正	
陽浦	黃尚來	
陽軒	潘孝泓, 林溥	
陽湖	崔德宇	
養溪	李震邦	
養谷	申埈, 尹孜善	
養寡堂	裵綱柱	
養觀齋	金𡊠	
養槿堂	李鍾熙	
養攬齋	宋尚義	
養老堂	邊尚會	
養梅堂	蔡氏	
養蒙齋	金在洛, 金挺, 白源發, 尹汝璜, 黃麟采	
養蒙軒	金應生	
養黙齋	文英煥, 文以健, 崔鳳儀	
養問齋	金漆	
養山	安庸普	
養石	邊珽, 李善浩	
養石堂	申檥	
養石齋	申檥	
養善齋	沈師憲	
養誠	陳義集	
養性堂	范潤憙, 尹志, 李沔, 鄭胤成, 趙英圭, 惠能	
養性齋	金堅壽, 金澳, 金孝仁, 范振厚, 宣𡐔, 呂聘擧, 吳琢, 李	

寬植, 李鍾煦, 李禧, 鄭舜卿,
陳錫瑛, 蔡氏, 崔漢侯, 洪樂
眞, 黃龍澤

養性軒　權聰, 都希齡, 英祖, 吳世
周, 李憲相, 鄭熙啓, 崔漢侯

養松居士　金禔

養松堂　金禔

養松齋　金禔

養松軒　金禔

養睡軒　朴仁傑, 朴廷祿

養新齋　申晫

養失堂　盧潽

養心堂　金永固, 禹天璣, 尹倪, 李
始元, 鄭箕齡, 趙晟

養心齋　徐泰坤, 李濟, 張恪, 趙鼎
教, 崔善獻 崔喜翰

養心亭　文繼昌, 朴允利, 李泰

養心軒　梁聖麟, 李道孜

養菴　崔基南

養硯　申緯

養英堂　趙相禹

養吾　崔夢嵒

養吾堂　崔夢嵒

養梧軒　李顯坤

養窩　姜義俊, 金赫洙, 朴浩然,
李世龜, 李浚慶

養愚　盧柄元, 朴基鎬

養愚堂　鄭松齡

養愚齋　白文晉

養遇齋　白文采

養源堂　趙時璧

養游子　李宅懋

養義齋　沈汀

養一堂　申之益

養一齋　禹慎

養齋　金時逸, 申命龜, 禹慎, 李

翊烈, 洪迪, 黃樟益

養亭　權悍, 鄭譚

養靜　吳天民

養正堂　金富信, 崔邦彥

養靜堂　金復慶, 吳天民, 李卿雲

養正齋　金道凝, 金鍊洙, 李福謙,
河德望, 韓烌

養靜齋　李傾蓍, 李夏蕎

養靜軒　金益煥

養拙　權諰, 金寬, 閔有孚

養拙居　張朝柱

養拙堂　閔有孚, 申槩, 李乙奎, 李
宜澄, 李英

養拙翁　禹承範

養拙窩　金素, 金時獻, 南基道, 李
謙善

養拙子　閔聖徒

養拙齋　金萬績, 閔有孚, 愼復明,
沈梓, 林錫憲, 鄭種, 鄭鍾, 鄭
翰弼, 趙陽來

養拙亭　李尚呂, 李休復

養拙軒　申遇相, 李邁久, 崔昌錫

養竹軒　權誠, 李松秊, 李松穆, 李
楚晚, 李華馥

養志堂　高汝崇, 崔澂

養志齋　裵弘祐, 柳蕖, 李晃欽, 李
寅海, 曹潤周, 車吉用

養志亭　宋瑄

養直　都聖兪

養直齋　金時晦, 禹治江

養眞　宣大倫

養眞觀　朴泰鎮

養眞堂　姜蓍, 金燾, 金應寅, 金澤,
南致亨, 都孟寧, 柳泳, 李大
貞, 李世楫, 李元達, 李祉慶,
鄭裕, 曹漢儒, 河萬里

養眞齋　金時晦, 李時述, 田致顯,

陳翼臣

養泉　金基俊, 徐周輔

養清　李碩運

養清堂　宣珩

養清齋　楊白漢

養圃　金達龍

養閑堂　李鼎揆

養閒堂　朴文道, 朴施天, 黃琩

養閒齋　金東榮, 金相紳, 金壽卿,
吳成式

養虛　金在行

養軒　權重錫

養浩　禹玄寶, 李浩植

養浩堂　禹玄寶, 李德悅

養浩齋　閔象鎬, 李天本, 李協, 鄭
漢謙

養湖齋　金社鉉

養浩亭　朴夏鎮, 楊洪, 任鎮宰

養化堂　盧禛

養休堂　盧禛

御谷　姜君寶

於考　金晉

於斯散人　蔡弘遠

於斯齋　卜道欽

於山　金相鳳, 柳慶植 李炳華

於汕　金相鳳

於松　柳甲魯

於是齋　崔理煥

於巖　辛在瓚, 鄭宗好

於野翁　金聲振

於于　柳夢寅

於于堂　柳夢寅

於隱堂　吳相赫

於義堂　朴大有

於村　李東益

漁溪	朴萬起, 楊士衡, 趙旅
漁溪隱者	趙旅
漁機	申湛
漁潭	金三益
漁堂	金貞主
漁樂亭	金世商, 金珣
漁牧	柳東洵
漁牧堂	柳東洵
漁父	成孝元
漁沙	宋邦澄
漁山	丁彝祚
漁山散人	丁彝祚
漁城	申湛
漁叟	李世璋, 李在翰, 李泂
漁巖	李敎瑛
漁翁	金聖器
漁隱	賈泰慶, 姜思近, 權氏, 金慶業, 金克恬, 金善貞, 金聖器, 金成斗, 金時東, 金浚, 閔齊, 潘守明, 孫鳳章, 楊士衡, 呂善長, 吳國獻, 柳千之, 尹有吉, 尹孝貞, 李公致, 李貴仁, 李萬亨, 李文炳, 李敏樹, 李世元, 李世裁, 李時馪, 李容, 李㴐, 李致, 任霱臣, 張鉉植, 全克恬, 鄭來彦, 鄭晃周, 鄭鋤, 鄭芝華, 鄭希儉, 趙正紳, 許淮
漁隱堂	吳國獻
漁隱齋	安機石
漁逸	閔由誼
漁岑	李鍵熙
漁齋	孔宗周, 李孟均
漁適	柳仲龍
漁適散人	柳仲龍
漁釣	成聃齡
漁釣處士	朴智
漁洲	全五倫

漁樵	金有富, 金昌兆, 朴漢基, 白兒榮, 尹孝貞
漁樵隱	尹滋德, 黃寅德
漁樵子	姜思近, 金昌義
漁樵齋	金宗煥, 金重國
漁樵亭	安碩老, 李沃
漁村	孔俯, 金禎龍, 金滉, 沈彦光, 楊以貞, 楊晅, 柳玽
漁澤漁叟	李荇
漁圃	郭淳
漁浦	金元植, 李錫獻
漁湖	宋領
語溪	金震標
魚江	黃興文
魚溪	朴鍾洛
魚門	黃鐵
魚變堂	朴坤
魚山	崔瑗
魚隱	宋渭弼
魚齋	李夢奎
魚川	愼炳佑, 鄭時淑
魚樵子	金以器
彦容	崔漢洪
彦齋	張龜
言尸	閔枰
言息所	尹心緯
蘗溪	李恒老
嚴灘	李如琢
崦溪	李洪
广南	金在珏
广老	李安訥
奄吾	金克辛
奄天	金允曾
掩耳	高光善
厲庵	鄭道鉉

予窩	柳成虬
呂眞堂	姜克恭
余樂堂	朴昌夏
余樂齋	金坦行
余胥	申圭植
余一齋	金相玉
如瓶齋	金玄錫
如斯軒	金承洛
如庵	一雲
如菴	崔麟
如如	劉鴻基
如淵	金大根
如愚	李實英
如愚堂	李利敎
如愚子	鄭勔
如人堂	李澤
盧峯	申弼成
盧運齋	金應荃
慮齋	李世銘
旅巖	申蘋
旅庵	申景濬, 申欽, 李憘
旅菴	金應虎
旅窩	鄭瑄
旅隱	姜孫奇, 曹仲奎
旅齋	白應祥, 趙明震
旅亭	李瑚
旅浦	張洪錫
旅軒	張顯光, 鄭行忠
汝彬	李尙質
汝山	蘇德齡
汝隱	朴諿
汝眞	李宜白
汝千	洪範圖
汝航	申榮三
畣農	徐丙奎

與猶堂 丁若鏞	亦足軒 崔碩年	撚髭 洪集
舲巖 黃祐常	嶧溪 鄭安愚	橡華堂 盧從元
茹峰老人 盧守慎	嶧陽 金相熙, 文景虎, 鄭惟明	淵居 李日運
茹芝老人 盧守慎	嶧齋 鄭宗魯	淵居處士 白後采
藜藿野人 安應世	櫟老堂 朴而煥	淵劍 朴思浩
蒢下 徐太煥	櫟峯 李介立	淵谷 朴在煌, 朴晉奎, 尹佑甲
蠡溪 韓震英	櫟舍 金遇華	淵雷 鄭克淳
餘高 李廷億	櫟山 善影, 暎虛, 林無畏	淵氷 辛碩祖
餘力齋 張憲周	櫟庵 姜晉奎, 鄭尚玄	淵氷堂 辛碩祖, 許泰燮
餘物軒 蔡獻徵	櫟菴 閔起文, 崔澤謙	淵氷齋 李廣鎮
餘紗 朴在皥	櫟翁 姜顯昇, 宋錫忠, 尹寧, 李英吉 李正臣, 李齊賢, 李會撲 崔滋	淵氷軒 盧亨弼
餘庵 曹蘷鍾		淵湘 朴趾源
餘窩 睦萬中	櫟窩 權大度, 李世胤	淵西 權躋敏
餘齋 金大洌	櫟園 盧周鉉	淵昭齋 金茂澤, 李檀
驪江 金炳駿, 閔德龜	櫟齋 尹惟健, 崔山斗, 崔致湖	淵松 崔潤湖
驪江處士 尹忠輔	櫟亭 權是中, 盧景佖, 盧麟夏, 鄭思道	淵心齋 李最之
驪叟 李忠元		淵巖 程錫立
驪漢 李能直	櫟泉 宋明欽	淵庵 金若淵, 朴鍾烈, 禹性傳
驪湖 金亮行	櫟村 崔碩英, 崔振海	淵菴 李晩成, 李承燁, 林禮煥
驪興 姜鶴孫	櫟坡 權錫海, 張仁煥	淵淵堂 金正會, 金繪鉉
麗江處士 尹忠輔	櫟軒 李敬長, 鄭致, 河鎮達, 洪處大	淵穎 吳䔍
麗溪 金德運		淵翁 權文斗
麗谷 高德鵬	驛堂 禹南陽	淵窩 許命
麗窩 徐甄	延岡 甘棨, 李宜馨	淵源 秦錫俊
麗隱 李思之	延谷 權聖翊	淵源熟 柳震馨
麗隱亭 李思之	延峯 李福貞	淵隱 金起成
麗志齋 金萬鍾	延壽堂 盧德贊	淵潛 權尚明
麗惰 吳敬所	延平 李個	淵齋 金炳規, 馬羽東, 宋秉璿, 尹宗儀, 鄭闇朝, 崔錫羽
麗澤齋 權載運	延風 河緯地	
黎湖 朴弼周	戀國堂 朴天柱	淵泉 金履陽, 金漢俊, 蔡氏, 洪爽周
亦樂堂 權斗南, 金惟一	戀美亭 張錫奎	
亦樂齋 高聘雲, 金致寬, 盧景倫, 盧夏冑	戀生堂 李浤, 洪汝方	淵泉子 洪爽周
	戀松 申益均	淵波 安邦老, 李楨
亦梅 吳慶錫	戀齋 辛夢賢, 李端夏	淵圓堂 張達鎮
亦睡軒 尹用求	戀主亭 洪吉旼, 洪汝方	漣溪 柳希春

漣溪傲翁　柳希春	燕敬堂　李構	硯隱　潘永馥
烟江　成晉善, 李楚老	燕起齋　吳尚濂	硯齋　金正喜
烟客　許佖	燕南　洪載	硯邨　李景夏
烟洞翁　奇偶星	燕槎　李承五	練江齋　文後
烟史　許坰	燕石　嚴啓膺, 俞彦鎬	聯讀齋　李之誠
烟沙　申壕	燕石山房　嚴啓膺	聯棣堂　潘應濩, 申光模
烟巖　李佐薰, 曹錫雨	燕巖　朴趾源	衍齋　李升淵
烟村　潘碩徹, 崔德之	燕巖山房　朴趾源	蓮江　吳挺男, 李起澤, 李補, 李普叙
烟村迂叟　崔德之	燕日堂　郭之雲	蓮岡　鄭海翊
烟坡　金寅吉	燕齋　李光顯	蓮溪　金德在, 金炳玉, 金相熙, 金在善, 金振世, 金瞻, 朴時燦, 李儒哲, 李章吾, 李瓚基, 鄭趾顯, 鄭台元, 周利集, 池繼江, 陳榮豪
烟波　朴潕	燕亭　劉喜海	
烟波釣徒　朴潕, 安應世	燕超齋　吳尚濂, 尹新之	
烟波釣叟　朴潕	燕閒堂　金善鳴	
烟波處士　朴潕	燕海　廣悅	
烟湖　勝正	燕湖　柳慶宗	蓮皐　金錫輔, 鄭橘
然谷　金振赫	研經齋　成海應, 丁若銓	蓮谷　高岐周, 盧正燮, 朴仁謙, 朴鍾寅, 尹煥喆, 李重慶, 李賢佑, 邢天衢, 洪宗赫
然石　林永相	研農　金大鉉, 元命雄, 崔性學, 洪鍾時	
然叟　申麟求		
然菴　李鏞	研堂　李甲成	蓮農　洪承泰
然然子　權堛	研圖庵　金正喜	蓮濃　朱丙臨
然翁　李輝遠	研白堂　金爽準	蓮潭　郭預, 金命國, 有一, 李世仁, 李守曾, 李雲圭, 任希普, 諸葛宇英, 趙隄, 趙咸章
然猶子　盧廷尹	研山　金義男	
然丁　李東洛	研室　金正喜	
然竹　朴文國, 李氏	研巖　李承奎	
然好齋　林炳學	研雲　宋柱獻	蓮堂　朴光門, 李曄
煙江　成晉善	研齋　金正喜, 潘弘立, 吳軾	蓮塘　金冀炫, 文始默, 宣龜齡, 丁進源, 河友明, 許東岦, 黃石耆, 黃煥周
煙客　許佖	研田　鄭慶朝	
煙磯　具廷說	研泉　韓明履	
煙巖　李佐薰	研灘　洪祐吉	蓮東　朴泳奎
煙月　秋天日	研香　李昌鉉	蓮坊　李球, 李綏祿, 李浚慶
煙艇齋　河秉一	硯南　白胤鎮, 曹友仁	蓮坊老人　李浚慶
煙坡　張允和	硯農　羅基亨, 宋準玉, 李俊贊	蓮峯　朴楗, 李基高, 趙秉植, 洪績
煙波　南鍾三, 河敬姬	硯峯　洪鍾韶	蓮峰　陳慶胤
煙波釣徒　李瑛	硯山　金策錫	蓮北　李世宰
燃藜室　李肯翊	硯耘　洪承穆	蓮史　金澤柱, 師誠, 李有吉, 張錫龜, 丁大林, 鄭錫驥

蓮士	李祖憲	蓮浦堂	具鼎來	廉窩	郭徽承
蓮沙	崔鳳鉉	蓮下	姜龜秀, 金九, 李應宇	廉義	鄭云敬
蓮山	安重燮	蓮港	李大愚	廉軒	黃祐商
蓮山齋	金濟聲	蓮軒	李鳳祚, 李宜茂, 崔敬中	廉湖	許進壽
蓮西	金圭衡	蓮湖	金容鎬, 金璉聲, 金昌鉉	念龍	崔尙榮
蓮船道人	靈觀		朴士俊, 朴漢英, 孫季敬, 宋奎	念默齋	吳變夏
蓮城	李老柏		煥, 李達鉉, 李鉉珏, 林芸秀,	念修	宋婺源
蓮巢	鄭知勤, 池德龜		趙安國, 黃中權	念修堂	趙汝忭
蓮叟	金炳龜	蓮花臺	朴㴝	念修窩	宋婺源
蓮心堂	李繡煥	連溪	金玲智, 朴思仁	念修齋	宋婺源, 李點, 鄭運象
蓮巖	李鳳朝, 李之範	連山	金中建	念守齋	朴起震
蓮菴	金以傑, 李鳳朝, 李枝盈,	連翁	片基碩	念睡軒	金龍翰
	鄭寅植	連亭	金宗煥	念菴	羅氏, 尹秉綬
蓮塢	洪承愚	連湖	李柱煥	念窩	安致洙
蓮翁	沈尙吉, 尹德熙, 尹斗緒	鍊丹室	金周德	念齋	金崗, 金璐 羅正鍊, 宋泰
蓮愚	林鎭馨	鍊修齋	金日新		會, 兪鎭洙, 尹光漢, 李正觀,
蓮游	李在秀, 李存秀	鳶魚亭	盧元乃		鄭宲, 趙熙濟, 崔勉植
蓮隱	朴基恒	鳶齋	朴長禹	恬溪	徐命膺
蓮齋	李彥贄, 趙鎬來	洌陵	申觀朝	恬庵	柳錫燾
蓮汀	劉載國, 李鳳浩, 李允大,	洌泉	洪祐明	恬窩	趙聖臣, 黃仁點
	林体	悅庵	夏時贊	恬齋	崔得賢
蓮亭	朴柱典, 裵尙輔, 柳堯臣,	悅悟	鄭裕昆	恬軒	任相元
	崔潤文, 許潛	悅齋	李海朝	恬湖	崔永浩
蓮舟	權鉉	悅軒	李翮, 趙簡	染隱	車啓駬
蓮洲	權火晃	洌老	丁若鏞	濂隱	閔霽
蓮川	文鍾燁, 申明顯	洌上外史	朴趾源	濂齋	柳渶
蓮泉	羅東淳, 全駿瑞, 崔日休	洌水	丁若鏞	濂湖	許澮
蓮樵	張季龍	洌雲	張志暎	焰波	申榮雨
蓮村	金鍊欽, 黃采五	洌耄	丁若鏞	髥迦	金正喜
蓮坡	奇欽夫, 金斗滿, 金文亮,	說劍	李蔀	髥那	金正喜
	金炳輝, 金相輝, 金進洙, 范壽	說樂齋	朴泰斗	髥老	金正喜
	申, 宋相燾, 永住, 李承濂, 趙	說齋	蘇學奎	髥叟	劉延宗
	詳, 崔泗源, 韓文敎, 惠藏, 洪	閱古齋	李得贇	髥翁	金正喜
	以信	閱淸齋	張漢宗	髥阮	金正喜
蓮坡堂	朴泰亨	廉溪	朴景洙	髥齋	洪正河
蓮圃	尹德熙, 李鍾嶽, 田有昇				

葉山　柳直基
令壽閣　徐氏
咏堂　姜汝瑆
咏麵　金正喜
咏柏堂　徐致麟
塋杍堂　宋鎮謨
嬰處　李德懋
寧極　盧盼
寧極堂　金盛道, 盧盼, 元甫嵩
寧耐　曹信俊
寧無成齋　河應圖
寧四窩　趙侃洙
寧菴　鄭達永
寧野　徐俊輔
寧窩　南孝源
寧遠　朴英蘭
寧遠齋　金漢泰
寧隱處士　崔泗
寧齋　吳允常, 李建昌
寧亭　朴元培
寧川　白尚瑛, 李凌幹
嶺梅　柳厚祚
嶺松　朴潤壽
嶺愚　呂爽奎
嶺隱　宋萬益, 李弘直
嶺村　金聖垕
嶺癡　朴明榑
嶺下翁　洪宅坤
影谷　黃執中
影山　敬淳
影波　聖奎
影海　若坦
影響堂　韓氏
攖寧　柳僕
咏春堂　趙埴

映蓮堂　全夢井
映翠堂　羅學天
映翠軒　李慶聃
映荷　金廷俊
映虛　普應, 善影
映湖　朴漢永, 李如迪, 鼎鎬
映湖亭　李滌
暎潭　敬注
暎晤軒　權景虎
暎翠　文獻奎
暎翠堂　張大哲
暎翠齋　郭致禹
暎波亭　梁誯
暎霞亭　楊士衡
暎虛　善影, 海日
暎湖　李濼
暎湖亭　康處祐, 金德鳳, 黃炳吉
暎花堂　柳壽元
楹菴　金案實
榮木堂　李亮天
榮福亭　李禔
榮巖　趙輝胤
榮川　李頤炳
永嘉齋　張榮奎
永岡　宋柱安
永慶堂　宋奎煜
永臯　權命夏, 成郁鎬
永橋　沈斗永
永歸亭　盧彌柙, 崔仲濟
永樂窩　朴慶五
永樂亭　裵世綱
永曆遺民　鄭世周
永慕　文五采, 宣遇賚, 吳三聘, 張爀
永慕堂　姜永賢, 金大徽, 金儼, 金質, 羅儀孫, 潘自建, 辛邦楫,

安瑭, 吳命恒, 李慶宗, 李福和, 李善道, 李元美, 李元培, 李胤玄, 李質, 崔挘宅, 邢國胤, 黃㘉
永慕庵　金時瑩, 李昌朝, 鄭構, 鄭之誠
永慕齋　金基台, 金道源, 金世鐸, 金壐, 金潤道, 金亨孫, 宣遇賚, 孫寬, 孫碩泰, 孫顥, 吳鼎基, 柳漢徵, 李明念, 李燁, 李榀, 李猶龍, 趙學洙, 蔡氏, 河再淨
永慕亭　郭獜, 吳駿善, 李善道, 林重國, 鄭構, 丁燧, 鄭軾, 諸葛瓔凉, 河晉寶, 皇甫星
永慕軒　金致聖, 安慶遠, 黃克寧
永芬　金鳴鍾
永思　金源燮, 蔣元一
永思堂　權祐, 金錫均, 尹應商, 鄭演
永思巖　李儒昊
永思齋　權現, 宋明胤, 李基善, 崔晟
永思亭　崔亨漢
永思軒　金容宅, 柳河龍
永山亭　李岠
永善　林鍾大
永矢軒　趙基壽, 趙翼燮
永安齋　宋相億
永菴　林逢榮
永隱　金貴普, 尹興商
永膺　李至男
永齋　趙慕, 黃世植
永昌　黃甲容
永春　元絳
永軒　鄭菊
永湖　趙㫜

永壺堂	趙氏	穎翁	南公轍	迎月軒	朴時潤
永和堂	崔應術	穎窩	李孺虎	迎春堂	朴聖韓
永懷亭	魯適, 吳纘祖	穎雲	金容鎮	郢南	李敏
泳歸堂	李珪	穎隱	牟秀蕃, 李相成, 鄭國柱,	靈溪	吉善宙
泳菴	徐虞淳		崔泰翼	靈谷	高得宗, 金極善, 白龜民,
泳渭	李洙玟	穎陰	金鳳奎		永愚
穎溪	金尚堅	穎樵	金炳學, 章東伯	靈光	金禎泰
穎水	徐壽錫	穎波	李岸	靈槐	李亨元
瀛峰	金胤祚	穎波亭	李岸	靈山子	申潛
瀛沙	李鍾錫	穎湖	徐有隣	靈沼軒	金麟喜
瀛西	高秉幹	穎湖齋	李商潤	靈巖	金應祚, 金致行, 妙岑, 辛
瀛巖	康永	盈科齋	李在源		薰, 吳漢泳, 柳楠
瀛窩	邊聖遇	英林	洪耆周	靈菴	金相材
瀛隱	康錫珍, 金大典, 金尚銓,	英叟	全霽	靈雲	高景晙, 高景暖
	南公壽, 宋哲浩, 安成柄, 李重	英菴	崔種穆	靈源叟	廣知, 之印
	華	英齋	朴在容	靈恩	朴恒漢
瀛一齋	景良煥	英軒	金猷遠	靈齋	尹心宰, 尹孺靈, 李益朴
瀛齋	李錫珍	詅癡	閔昌洙	靈珠	義誠
瀛洲	梁千運, 柳化權	詅癡西	無塊	靈川	申潛
瀛軒	崔淳穆	詅癡菴	閔昌洙	靈川子	申潛
瀛湖	朴文星, 安料星	詠歸	孫比長	靈圃	朴世百
瀅溪	愼喜男, 劉懽	詠歸堂	趙泰望	靈虛	義玄
瀅湖	尹景男	詠歸窩	鄭應祉	領海	洪允成
營谷	朴來章, 李景最	詠歸子	金象	例泉	李喜煥
穎溪	許秉律	詠四亭	宋承殷	例軒	李喆煥, 李喜煥
穎橋	柳本正	詠菴	朴泰殷	曳尾	魚叔權
穎樂亭	全三達	詠雲	太聖發	曳尾亭	李有慶
穎濱	金斗三, 尹天覺	詠月	清學	猊山農隱	崔瀣
穎史	李憲夔, 趙載恒	詠月堂	清學	猊巖農隱	崔瀣
穎西	任魯, 全命龍	詠而	黃德弼	睨觀	申圭植
穎西居士	任魯	詠而齋	魏啓龍, 魏文德	禮岡	安彦浩
穎石	李石榮	詠齋	金撮	禮谷	郭赳日, 具文游, 裵孝崇
穎菴	金德秀	詠風亭	李繼秀	禮堂	金正喜, 文春植
穎陽齋	尹相龍	詠香堂	秋芝	禮峰	平信
穎漁	金炳國	迎壽軒	盧允言	禮巖	安麒龍, 李元碩

禮庵	廣俊	
禮淵	南碩老	
禮窩	嚴漢賓	
禮隱	安基春	
禮齋	金中寅, 崔湫	
禮庭	閔泳翊	
禮村	郭走日, 劉山壽, 趙超, 許元輔	
禮圃	郭壽龜	
藝溪	徐相翊	
藝谷	李鼎成, 林師魯	
藝園	金斗烈	
藝隱	申櫶	
藝齋	李安道	
藝窗	林祥桂	
藝軒	孫鍾策	
藥南	李夏源	
藥展	閔泳緯	
豫聲	徐孝里	
豫菴	河友賢	
醴村	李文佑	
預菴	李泰鉉	
霓裳	玄桂玉	
五可堂	崔煥	
五經	李筍晟	
五孤堂	尹連燮	
五高軒	權奭	
五狂	成夏挺	
五槐堂	李龍運	
五槐亭	李龍運	
五其齋	李義秉	
五堂	李錫淳, 程東殷	
五道山人	宋楣壽	
五樂堂	金廷豪, 盧愼遠	
五老峯	韓日履	
五老亭	尹鳳擧	

五龍	林進海
五龍齋	南溟學
五柳	柳以復
五柳齋	林炳雲
五柳亭	金斗行, 張義賢
五林	申潤輔
五林子	金敢
五林亭	宣宗漢, 申潤輔
五梅軒	金鎭
五慕齋	權復興, 李允玉
五無堂	柳頎
五黙	金百鍊
五放	崔興琮
五峯	金澤珍, 李炳閔, 李克均, 李好閔, 鄭思悌
五峰	權策, 潘仲慶, 徐椿, 安壽祿, 吳明禮, 李好閔, 張熙載, 蔡以恒, 崔道源, 黃廷模
五沙	李鼎運
五斯翁	權思儼
五四齋	尹東典
五山	柳柏秊, 車天輅
五山齋	金觀植
五星齋	李浩然
五松	姜永達, 文以昌
五松堂	李徽源
五視齋	蔡明胤
五嶽山人	申光洙
五巖山人	申光洙
五愛堂	李寧河, 李泰宇
五汝	李鼎運
五然	宋錫鳳, 宋憲在
五吾堂	河潤采
五玉	金聖任
五玉齋	崔昌圭

五友	金應遠, 閔九齡
五友堂	金近, 金世近, 金舜協, 申徽
五友齋	權璡, 金時煦
五友軒	朴天一
五圓	李載樂
五園	李載采
五隱	洪麒佑
五宜齋	洪在淵
五宜亭	李宜溫
五宜軒	沈允, 趙咸世
五一翁	金演稷
五一軒	李柱世
五者翁	金篇
五齋	安衡奎, 李濟仁
五足堂	李坰
五拙齋	金靜行, 禹廷煥
五洲	李圭景
五竹軒	張德奎
五中	裵致績
五之堂	安瑛
五眞	龍得實
五泉	柳泳毅
五楓亭主人	李有慶
五恨	朴成乾
五寒堂	朴希哲
五寒臺	朴希喆
五香亭	李㶏
五賢	李鍾宅
五湖	李尚毅
五湖齋	金應精
五懷堂	鄭碩玄
五休堂	安玑, 李琛
五休子	安玑
傲窓	金鋼

傲闊翁	李重海	悟岡	林般爕	梧柳軒	李漢綺
午谷	李德圭	悟空通慧	樂眞	梧里	朴繑, 李元翼
午橋	金聲直, 金瑗, 趙相愚	悟堂	閔丙稷, 趙漢綺	梧栢	李柱國
午潭	鄭遇棕	悟无齋	金應斌	梧峯	李啓琇, 咸世福
午堂	宋枸	悟山	洪禎修, 黃顥益	梧峰	金秉和, 申之悌, 李源生
午山	南相奉, 南廷珏, 咸在度	悟菴	李綰	梧山	金喆基, 朴繑, 裵象賢, 徐
午巖	具誠胤	悟隱	趙昌遠		昌載, 申龍求, 柳鎭愚, 李龍
午菴	具誠胤	悟子	閔孝曾		憲, 趙鍾鱗, 韓曾愚
午亭	李鼎圭	悟齋	姜敏永, 金錫大, 金錫良,	梧西	金瑢鉉, 金鍾儉, 朴周陽,
午湖	李泓		南義老, 閔百準, 白景炫, 白鉉		嚴璹
吾岡	文存浩		景, 宋鑴大, 劉完柱, 李世榮,	梧墅	朴永元
吾南	權啓賢, 金漢爕		李宕, 張順孫, 丁鳳泰, 鄭祐	梧棲	徐丙台, 李寅采
吾廬	柳基春, 柳夢瑞, 李彙戠		鎭, 夏東箕	梧棲堂	金鳳淳
吾老齋	鄭種	悟泉	柳栞	梧石	金履陽, 金義淳
吾鳴	尹瑛燮	悟漢	朴濂	梧巖	朴蘧, 朴遜, 曹錫一
吾峯	金在坤	悟軒	金鴻洛, 李頤晩	梧厓	金震標
吾山	金鳳逸, 文東道, 吳宅鍾	悞軒	尹晃東	梧涯	金震標
	柳栢秀, 李剛, 全鳳逸, 崔台鎭	晤堂	李象秀	梧楊	金洛信
吾石	金赫	梧岡	權鳳鉉, 權淳長, 金成輝,	梧陽	朴盛德
吾巢齋	金鳳逸, 金汝亮		金正昊, 金鎭嵩, 文鎭黙, 朴奉	梧淵	金冕運, 朴鳳浩
吾守堂	朴潤		熙, 李惟訥, 李毅敬, 林璉黙,	梧翁	尹璟
吾吾堂	李山擧		崔嶽	梧窩	鄭源林
吾雲	李源熙	梧崗	吳喜泳	梧雲	李殷喆, 李益采
吾園	張承業	梧溪	閔升龍, 朴廷采, 裵行儉,	梧月	李貞洙
吾卒子	朴璬		李名宣, 李時亨, 李宜白, 李	梧月堂	金東洙, 金俔, 都翰國, 朴
吾軒	朴齊淵		忔, 鄭柱文, 曹挺立, 韓效元,		承彦, 宋敎煥, 安鴻漸, 李斗
塢翁	李雲基, 李應和		黃鍾秀		馨, 李惟成, 全俔, 趙雅, 洪以
塢丁	李中敏	梧溪散人	李重慶		泗
娛庵	朴知警	梧谷	權洙, 朴光先, 裵行儉, 孫	梧月齋	金相禹, 金鈛
娛軒	尹晃東		壽齡, 呂祐吉, 禹恪	梧月軒	秦繼煥, 崔忠欽
寤堂	洪肯厚	梧南	禹周榮	梧隱	金士廉, 朴昌穆, 朴昌朝,
寤修堂	黃運祚	梧潭	權必稱, 文在和, 李壽憶,		宋基協, 張復軾, 全英達, 洪
寤宿齋	宋益欽		鄭煥弼		墍, 洪墍
寤齋	權萬鍾, 李昌煥, 趙正萬	梧堂	朴永元, 咸和鎭, 洪祐至,	梧陰	金萬鉉, 薛元植, 成文夏
			黃在瓚		尹斗壽, 李鳳壽
寤軒	金啓溫	梧桐亭	權安世, 金兊	梧齋	姜克義, 金尙鎰, 金仁甲,
		梧樓	孫相駧		

睦哲卿, 朴鎔柱, 申之悌, 梁曼容, 李思祖, 李芸生, 李惟悅, 李仁壽, 李之淯, 田慶源, 田鳳, 趙光世,

梧亭　姜城, 權撥, 金九鼎, 金魯鼎, 睦哲卿, 朴蘭, 朴義鎭, 卞三近, 李宜炳, 林周一, 鄭眉壽, 鄭鎔, 崔九鉉

梧庭　李宗勉

梧洲　李幼洙

梧竹　鄭最源

梧竹堂　宋奎明

梧竹散人　金忠甲

梧竹齋　鄭最源, 趙宜陽

梧竹軒　朴機

梧窓　朴東亮, 洪和輔

梧川　馬天牧, 李基肇, 李世純, 李宗城, 張順孫, 鄭遵汝, 玄相壽

梧泉　金奭鎭, 金履奎, 朴喜望, 安命相, 洪重徵

梧村　金自麟, 朴應勳, 薛泰熙, 柳聖趾, 尹以道, 李大建, 李晟, 李檥, 鄭遵汝, 蔡忠元, 皮中洛, 洪成海, 洪塾, 黃敬中

梧邨居士　徐在正

梧忖　薛泰熙

梧灘　沈攸

梧坡　李相文, 李在贊, 崔炳祜

梧圃　朴自殷, 李大潤

梧下　姜肱欽, 尹文東, 李圭弘, 李昞主, 張錫鳳, 鄭致洛, 陳胤淵, 蔡氏

梧軒　孔翼, 權必稱, 權渝, 金啓洛, 金達權, 金益鉉, 金泰錫, 盧璟, 盧基源, 文在和, 閔應洙, 朴壞, 宣德榮, 申汝楨, 沈儀燮, 安壽相, 梁逸永, 梁八觀, 魏啓龍, 李象彦, 李禮兄,

李愚在, 李廷賓, 李義文, 李喜鳳, 趙儼, 崔琮國, 卓道集, 邢光運, 洪祐用, 洪義臣

烏谷　李萊根

烏林堂　宣處一

烏峰　李蕙

烏山　李順吉, 鄭楷

烏山齋　梁萬家

烏西　洪亮漢

烏石　金赫, 李晃應

烏笑　蔣鑼

烏笑堂　洪師古

烏淵　李琇

烏雲　李祖黙, 陳九經

烏園　柳漢禎

烏川　李文和, 李森立, 李宗城, 鄭從韶

烏竹　趙宜陽

烏竹軒　權處均

痦齋　李廷晃

聲叟　李坰

聲睡　鄭斗臣

聲龂齋　姜錫圭

聲巖　郭維藩, 李坰

聲漢　孫起揚

聲軒　千祥

鰲江　洪承起

鰲溪　金夏明

鰲谷　洪一純

鰲南　金度中

鰲潭　趙鎰

鰲峰　金齊閔, 鄭大壽

鰲峯　具斗男, 權克中, 梁萬甸

鰲山　金鳳紀, 朴世梴, 安仁煥, 李文聲, 李浞, 張弘慶

鰲棲　金卜煥

鰲石　張龍圭

鰲巖　金毅旲, 毅旲

鰲庵　金必亨

鰲埜　李碩達

鰲野堂　李碩達

鰲隱　李大洙, 李廷喆, 李室, 崔生立, 洪天奎

鰲齋　李廷弼

鰲亭　金邦翰

鰲洲　崔徽之, 韓克昌

鰲川　金景壽, 夫元柄, 李龍洙, 韓伯愈

鰲天　金遠載

鰲川散人　李孟芸

鰲初　邊東曄

鰲樵居士　洪泳漢

鰲村　宋秉圭

鰲軒　千祥, 崔萬男

騷齋　鄭東翼

屋山　王性濬

沃江　崔中一

沃溪　金萬堅, 李潭

沃野　林懰植

沃野翁　李貴春

沃川　朴聖漢

沃村　盧克弘

玉岡　李正植, 丁日興

玉崗　金源洛, 宣極斗, 宋命賢

玉江　孫溥

玉磬　尹永基

玉鏡軒　張復謙

玉溪　姜鳳文, 姜裕後, 金敦, 金命欽, 金尙諭, 金純澤, 盧禛, 文瓘, 朴坤元, 朴自明, 潘佑亨, 白惟讓, 成世章, 宋惟諄, 辛達庭, 辛政權, 楊遇貞, 李商

隱, 李在憶, 李迪, 李貞敏, 李賢童, 丁時翰, 趙冕鎬, 鄭承復, 洪九瑞

玉皐	金思鍾, 柳後光
玉考	趙鼎慶
玉谷	朴允文, 李鳳祥, 鄭基豐, 崔應華
玉局	李運永
玉局齋	李運永
玉琴山人	李淑
玉琴散人	李淑
玉南齋	安琠濮
玉淡	金偉桓
玉潭	朴仁定, 李應禧
玉畓	李麟秀
玉堂	尹贊
玉臺	金憲明
玉洞	文益成, 朴在和, 李東栽, 李淑
玉洞齋	金徵
玉洞處士	金允剛, 李世琓
玉蘭紅薇觀	徐宇輔
玉蘭軒	張鍵
玉藍	韓溢東
玉龍子	道詵
玉寶	金順輔
玉峯	權尚佑, 金克行, 金源甲, 徐明鍾, 蘇東獻, 柳宅, 趙舜
玉峰	權暉, 金夢虎, 金用濟, 金義善, 盧纘, 朴載貞, 白光勳, 玉峰, 李敏政, 李媛, 鄭有禧, 鄭璉, 趙昌奎, 周基鎰, 許原, 洪自阿
玉山	權萬元, 權暉, 金宇亨, 呂相姬, 柳道翼, 李光秀, 李起春, 李道一, 李鳳祥, 李哲, 李瑀, 李正奎, 李肇衍, 李枝茂, 張之琬, 張漢宗, 田南疇, 許容九

玉山亭	金得相, 申經
玉山主人	李瑀
玉西	張東潤, 趙炳文
玉城窩	李心輔
玉成軒	邊光勳, 邊尚綏
玉所	權燮
玉蘇	沈鎮衡
玉簫處士	吳璜
玉垂	趙冕鎬
玉巖	宣時中
玉菴	宋楫浩, 全承默
玉崖	金振汝
玉余齋	曹鵬九
玉汝齋	閔泳璇
玉淵	南國暹
玉研	卞權采, 卞龍來
玉吾	宋相琦
玉吾齋	宋相琦, 任周鎬
玉吾軒	俞大脩
玉窩	魏榮百
玉麩堂	韓致斎
玉潤	崔秉軾
玉隱	金宇亨, 盧升鉉, 朴永泰
玉齋	金炳淵
玉田	權相用, 達蘊, 陸鍾允, 尹容燮, 林樑材
玉亭	黃英淳
玉振齋	周命新
玉川	琴錫璉, 朴廷九, 白尚賓, 安餘慶, 王京煥, 元仲擧, 李益華, 李挺周, 張惠胄, 鄭德隣, 鄭仁寬, 趙堪, 趙德隣, 趙愈, 趙元吉
玉泉	姜周祜, 金禮植, 盧琪植, 盧漢哲, 李義甲, 張孝懋, 趙堪, 崔鎬周, 玄瑞翼

玉川子	趙堪
玉樵	金玉鉉, 李成會
玉村	金洪斗
玉枕道人	奇獻
玉灘	洪淳謨
玉坡	金思澈, 申弼永, 李鍾一
玉派	咸洛基
玉圃	權宅洙, 金頤柱, 金重會, 始益子, 崔山靜, 韓必愚, 許林
玉浦	李煒, 李漢, 曺運永
玉翰	具玉淵
玉海	李容奎
玉海道人	卞持淳
玉峴	朴根悌
玉壺	金忠烈, 宋鼎玉, 魚用翼, 李肇源, 崔弘佃
玉湖	高友說, 金碩鍊, 金忠烈
玉壺館	趙章夏
玉壺子	鄭星卿, 鄭夏彦
玉華	李徹洙
溫剛齋	金鎮世
溫溪	李瀅
溫谷	金匡鉉
溫堂	白三圭
溫山	朴世鎮
溫棲齋	金昌永
溫庵	黃聖殷
溫菴	洪承漢
溫裕齋	尹鍾燮
溫齋	姜友永, 金在達, 金鍾厚, 金兌明, 朴瑄壽, 李啓胄
溫知堂	金基洙
溫泉	黃勉忠
穩谷	金基河
穩睡堂	魚夢濂
穩庵	朴宗徽

穩齋	金永煦, 張守模	臥灘	成汝源	玩物	金得元
醞谷	高義厚, 石世珩	臥軒	金昌胤	玩物齋	金得元
韞齋	金鎭玉	瓦谷	李翊臣, 趙顕	玩士	李俒
擁翠堂	沈銓	瓦西	李時明	玩睡齋	金堉
瓮岩	李燮	瓦松堂	李塡	玩月齋	徐益淳
瓮巖	金澍, 元天常	瓦松亭	丁學瑞	一	玩易齋	姜碩德
甕潭	金錫洪	瓦隱	梁學溓	玩疇堂	南塾, 南塾
甕菴	崔生明	瓦村	朴衍	玩坡	瑋珪
甕泉	金錫洪	瓦灘	李命貞	玩荷堂	朴震楷
甕村	金錫良	瓦軒	任發英	玩虛	圓俊
翁山	尹書有	窩遊	朴晉慶	玩虎	倫佑
雍齋	朴致霖, 安崇善	窩軒	姜檡	玩休齋	姜昇
雍亭	沈胄	蝸巖	黃龍甲	玩易堂	朴馨德
雍翠亭	李廷直	蝸齋	金是犖	緩齋	朴賢模
臥溪	金聖欽, 成遇	完谷	朴綺壽	翫西	李祖淵
臥念齋	申獻求	完邱	楊士彥	翫松	聖機
臥龍	曺汝欽	完寧	安錫儆, 李師命	翫月	軌泓, 黃良鉉
臥龍齋	李晅	完山	金永年, 李獻吉	翫月堂	吳應鼎
臥龍亭	李聖圖, 許鎬	完陽	安錫儆	翫遊亭	金輻
臥濱	鄭雲湖	完齋	金宇顯	翫虛	伏涉
臥雪軒	李尚慶	完軒	王庭揚	莞江	李敏昇
臥笑軒	金禹儉	宛溪	趙忱	莞爾	李惟秀, 李寅龜
臥松	柳廣鎬	宛丘	申大羽	莞爾堂	沈柱碼
臥巖	李任之, 李衡臣	浣溪	金禧年, 徐有常, 李寬慶,	莞爾齋	趙百朋
臥翁	李命著		李如晟, 張柱南	莞艇	姜芝相
臥雲	康用良, 宋蘅, 宋煥經	浣西	李祖淵	阮堂	金正喜
臥雲翁	鄭俒	浣巖	金英振, 鄭來僑	阮舫	金正喜
臥雲子	金澤龍	浣亭	李彥英	阮山	金祐禧
臥雲齋	吳尚溥	浣川堂	朴德孫	阮叟	金正喜
臥雲軒	李尚慶	玩稼亭	李師顏, 崔鎭謙	阮盦	金正喜
臥遊堂	南國翰, 朴晉慶, 蔡呈夏	玩澗翁	金始聲	阮閣	金正喜
臥隱	金翰東, 李源弘, 張緯恒	玩景齋	金百冶	阮坡	金正喜
臥隱堂	河緯地	玩龜	安嶒	頑石	金志學
臥亭	李昌佀	玩龜亭	安嶒	頑閣	金正喜
臥川	張天翰	玩棋齋	尹惠教	旺林	李行祥

旺山	金奎海, 許薦	堯天	金憲基	欲愚	洪命憙
旺庵	禹繼德	堯春	李園堪	浴潭	金狂
枉史	金萬源	拗谷	兪聖曾	傭齋	尹湜, 韓儆吾
枉隱	金泰洛	撩斷亭	李胤昌	勇加	孫千欽
汪波	金炳胄, 黃永煥	曜鶴	李集斗	勇庵	金思禹
外里亭	安汝謹	樂山	姜台周, 具憾, 金珪漢, 金	勇菴	金旻煥, 尹之復
外隱	吳汝相		武瑞, 金彥昉, 金偉男, 南應	勇齋	晉后昌
巍巖	李柬		龍, 朴雲達, 方孝元, 裵慶鐸,	勇軒	林一桂
巍菴	崔逈顯		裵鎭夏, 李起全, 李完, 張仁	容堂	權用直
浪齋	卞熙經		憙, 鄭彥仁, 曹啓承, 秋海奉	容叟	曹弘度
狼齋	金顥 李端夏	樂山堂	李億年, 李翼龍	容膝窩	李彙鄰
畏近	柳潚, 鄭潔	樂山齋	李億年	容膝軒	李道一, 趙振胤
畏己齋	宋敬淑	樂山亭	宋璇	容安堂	李承休
畏堂	高漢柱, 權五儆, 柳弘錫,	樂山主人	李元豊	容巖	權國柱
畏山	柳時鳳	樂山軒	金元慶	容庵	陳萬碩
畏三齋	沈若沂	樂水	愼權 愼溟翊, 鄭百鵬	容菴	安昶, 陳繼錫
畏棲菴	金秋任	樂水堂	朴耆壽	容淵	金宗發
畏愼	金熙淳	樂水菴	金兌潤	容窩	河晉賢
畏巖	申義命	樂水軒	金在瀅	容忍齋	盧希遠
畏庵	金道明, 金明實, 金濟鉉,	樂泉	李鎬俊	容齋	睦兼善, 李荇, 李弘器, 張
	文宣浩, 成文潛, 李驥一, 張雲	澆花道人	李學懋		永菙, 鄭泰一, 韓時赫
	翰, 鄭允喬, 趙南琥, 洪章海	繞岑	李駿休	容浦	李元禛
畏菴	權錫璋, 金汝岏, 南斗建,	翏翏子	金濟大	容軒	李原
	宋大立, 尹根壽, 李拭, 鄭斗榮	蓼溪	金河敏, 朴弼周	庸岡	河錫義
畏厓	金宗鐸	蓼谷	金奉信	庸庵	金履素
畏窩	愼龜重, 崔琳	蓼庵	安明欽	庸菴	金謹行, 李琰
畏齋	金睦淳, 金禮吉, 金顥, 金	蓼齋	吳勳, 李健錫	庸人	安中植
	自平, 金天心, 金輝運, 愼敦	蓼汀	梁慶遇	庸齋	金國煥, 金謹行, 金基泰,
	恒, 柳宗春, 李端夏, 李拭 李	蓼川	朴震亨		金義鉉 金在鉉, 金漢行, 房明
	厚慶, 丁泰鎭, 河謙鎭	蓼軒	洪聖濂		炡 白樂濬, 申汝敬 申軫求,
畏軒	李元爕, 崔永卨	蓼湖	朴弼周		李命九, 全應鍾 晉時和, 崔重
了軒	蔡氏	要正齋	高炳五		爕
堯民	李哲	遼山	李永肩	慵訥	李漢伍
堯山	金驥在, 金和鼎	邀月堂	盧亨哲	慵訥齋	權思浹, 李漢伍
堯山處士	李存求	鬧隱	高汝興, 丁重鉉, 車孝聃	慵叟	李在晚
堯仙	兪致佺	欲寡齋	李鎭東	慵睡齋	康洵

慵菴　蔡氏
慵窩　柳升鉉, 李東直, 李弘离
慵翁　柳奉時
慵隱　兪大逸, 趙胤錫, 趙晉錫
慵隱居士　兪大逸
慵齋　姜德溥, 姜以式, 朴滈, 偰慶壽, 成俔, 李彦雨, 李宗準, 趙厚鎭, 韓儆吾
慵阡　李垷
慵軒　朴逸範, 邊遇基, 李宗準, 趙世英, 黃士祐
慵軒居士　李宗準
榕村　李光地
榕軒　韓重燁
溶庵　金洛喆
用因齋　金星漢
用拙　閔聖徽
用拙堂　閔聖徽
用拙子　閔晋亮
用拙齋　徐文若, 申湜
用夏　柳震馨
用晦堂　金疇鉉
聳岳　普衛, 慧堅
聳菴　朴敷
聳止　慧堅
聳虛信士　智瑩
舂巖　金之純
舂隱　金淑
舂村　李泰舂
蓉岡　李利敎
蓉江　李海翼
蓉溪　朴周學
蓉南　權厚淵
蓉山　金炳善, 鄭健朝
蓉西　潘衡, 尹魯東
蓉城　李懿喆
蓉庵　金炳始
蓉井　金正喜
蓉洲　南鎭元, 孫有義, 柳光睦
蓉川　金騏均
蓉初　朴承錸
蓉樵　金炳斗
蓉湖漁夫　竹香
蓉惲　金鶴根
軵玄眞人　韓無畏
龍岡　金光徹, 金東紀, 金邦德, 金性遜, 金壽延, 金振模, 金煥權, 南道弘, 朴宗冑, 朴夏圭, 裵宗冑, 范潤弼, 徐壽南, 宋後賓, 柳大茂, 李圭秀, 李秉烈, 林東翊, 鄭源河, 河達漢, 黃壽一, 黃運錫
龍崗　朴基鳳, 李承伯, 李棨, 崔秉龍
龍江　金天德, 梁世南, 李彦讓, 鄭淳珍, 曹鳳來, 車成燦
龍岡亭　白兌亨
龍岡齋　宋寅夏
龍江漁夫　成孝元
龍溪　康檷, 姜弘重, 金德明, 金炳璘, 金止男, 金振先, 南道弘, 閔德鳳, 朴琫秀, 朴應範, 裵曾甲, 范天培, 徐忭, 宋光啓, 申文濟, 沈以汶, 吳瀹, 柳其一, 李燾, 李世聞, 李壽俊, 李時挺, 李連松, 李榮元, 李挺序, 李昌炫, 張喚, 鄭淑亨, 鄭遠, 鄭弘縮
龍谿　金綀
龍溪居士　申文濟,
龍溪處士　李榮元
龍皐　李用赫
龍谷　權宣, 金有慶, 金益堅, 朴世徵, 徐允武, 宋克訒, 李程淳, 林頲
龍丘　徐鳳齡
龍邱　徐鳳英
龍潭　康允成, 金啓, 金祺中, 朴相喆, 朴守景, 朴而章, 方聖規, 孫汝誠, 柳寅亮, 任屹, 池章會, 鄭漢奎, 慥冠, 黃德林
龍潭翠紇亭　惟政
龍塘　柳寅亮
龍頭　房應清
龍巒　權紀, 黃相鉉
龍灣　金友尹, 李鑣永
龍門　權大載, 沈希源, 柳懿, 尹光周, 李鳳煥, 李晋, 趙昱, 車季隣
龍門居士　南格
龍門處士　南格
龍峯　黃益清
龍峰　金鴻九
龍沙　韓賦, 韓烒
龍山　具贊祿, 奇洪衍, 金範九, 朴萬龍, 成周斌, 尹任敎, 李光復, 李夔, 李燾, 李萬寅, 李爽器
龍山居士　鄭鷰, 鄭萬龜
龍西　柳基一, 尹元擧, 丁大水
龍城　白亨喆, 震鍾
龍叟　高光日
龍淑　金安福
龍嶽　黃萬齡
龍岩　權聖鳳, 朴鏞, 宋斗文, 鄭伯基, 黃載仁
龍巖　慶思義, 權文擧, 權省吾, 金大銘, 金士皥, 金承績, 金履泰, 金益壽, 金廷尹, 金摯, 金彭壽, 金漢相, 盧珣, 閔垶, 朴瑊, 朴雲, 朴章述, 朴興奉, 裵

武重, 邊鎬基, 西門尊, 鮮于恪, 宋光井, 宋龍在, 梁夢翼, 柳知潛, 李夢彦, 李尚逸, 李徽在, 林碩馨, 全弘立, 朱夢龍, 體照, 崔祈永, 崔左海, 許聖皇, 慧彦, 黃載

龍庵　金益重, 馬應房, 朴文德, 朴泰耆, 李齊鉉

龍菴　金炳任, 金應慶, 金應富, 金泰鼎, 南命新, 宣允祉, 李命元, 李寅華, 張應良, 崔命三

龍巖書齋　崔左海

龍巖齋　金石圭

龍崖　卞三進, 申應泰

龍淵　金鼎奎, 朴慶因, 朴譚, 俞學曾, 李益著

龍淵齋　李重晦

龍塢　鄭官源

龍窩　文祖光, 辛在珩, 李承護

龍雲　處益, 崔慶麟

龍月　敬彦

龍月堂　林江相

龍隱　金永寬, 金俊炯, 徐元植, 申鉉德, 安廷佐, 李昌炫, 鄭房

龍隱堂　朴鑽

龍吟　張瑑

龍義　權衡基

龍耳窩　權珠

龍岑　文元凱

龍齋　杜基玉, 朴明來, 朴準項, 李顯渾

龍田　金喆熙, 宋英, 崔旺鉉

龍丁　金正喜

龍亭　趙永鎭

龍洲　金景錫, 金文鎬, 金守誠, 金有慶, 朴而章, 曹縜, 曹邊

龍池居士　鄭光演

龍津居士　柳必經

龍川　權大載, 柳鈞, 柳慇, 鄭時疑, 陳亮鷟

龍泉　權鼎鉉, 金安老

龍村　郭垠, 林配后, 任實樹, 趙得重, 崔之瓛, 黃淵澄

龍春　金夢衡

龍灘　宋廷玉, 李如璜, 李廷慶

龍灘散人　朴元度

龍灘子　李廷慶

龍坡　基弘, 金泰鎬, 黃潤觀

龍平窩　朴鳳陽

龍浦　金大義, 尹世紀, 李澖

龍虛　莊昊

龍軒　宣憲

龍穴尊宿　眞靜

龍湖　具翼, 權是經, 金秀南, 金永周, 金容珦, 羅斗甲, 南瑾, 孟好性, 朴文模, 朴文楔, 朴成容, 吳挺昌, 吳弘績, 尹東奎, 尹以道, 李基宅, 李胤慶, 李祚鉉, 李濛, 李晦榮, 李希孝, 鄭載禧, 鄭采毅, 趙存性, 趙采平, 崔克忠, 海珠

龍湖居士　金汝錫

龍湖散人　金哲元

龍湖齋　宣相植

龍湖昌山　成大中

龍華　金庾信

龍華香徒　金庾信

于觀　徐光世

于郊　趙重鎭

于郊堂　具致用

于堂　尹周鉉, 尹喜求

于房　張益奎

于石　權相鑽, 申櫶

于石堂　黃霹

于野　李光稷

于亭　成煥赫

于眞人　金正喜

于蒼　申錫雨

于蕉　金龍慶

于海　李鉉圭

于軒　李壽岳

亏山　俞教煥

偶愛亭　南濱

偶然翁　任聖皐

偶齋　盧翰容, 李觀厚

偶丁　林圭

偶軒　鄭墅

優雲　禹行, 洪基

優遊堂　宋驥

又岡　文斗炯

又顧　李泰魯

又顧堂　李泰魯

又觀　李用俊

又南　文在仁, 洪復惠

又能　金興圭

又堂　高錫震, 朴肯和, 鄭根大

又閣　權敦仁

又蓮　邑宅奎

又梅道人　吳昌烈

又文　李成九

又峯　趙熙龍

又山　權重鎬, 金淵圭, 白應希, 梁憲邦

又汕　金正黙

又石　金榮圭, 宋持漢, 李載冕, 鄭泰佑, 鄭憲鳳

又雪　鄭在絅

又松　鞠埰雄, 金海秀, 梁學奎, 李有芬

1403

又巖	姜允喆, 崔亮述	友陶	李甲秀	右山	金永洛, 尹顯振
又礨	權敦仁	友蘭	徐憙淳, 鄭志鉉	右松	李震久
又影	鄭泰信	友蓮	金永汶	吁齋	尹紹宗, 趙浚
又尤	李翔	友鹿	柳濬根	宇堂	尹善求
又雲	權秉悳	友鹿軒	李晦章	宇山	全以發
又韻	秦尚彦	友梅堂	李誠	宇醒	朴容萬
又月	金活蘭	友山	方禹度, 辛在純, 韓載權	宇松	金仁圭
又隱	林炳黙, 鄭泰五	友石	金相殷, 申海澈, 李哲宰,	宇精	李圭彩
又忍	張錫五		李鐸, 李豊翼, 李熙東, 朱洋	宇宙菴	郭璵
又一堂	柳榮茂	友巢	許是	寓南	金潤身
又丈	李成九	友松	金世奎, 朴承宣, 朴準鎭,	寓農	孫希秀
又齋	李丙黙, 李始榮, 鄭遂		沈逢源, 柳應元, 李夏臣, 蔣柄	寓灣	李章坤
又川	程基爽		哲	寓灣病叟	李長坤
又清	李容白, 黃成河	友松堂	權穎, 金世鳴, 沈逢源, 禹	寓山	孫鳳佑
又青	尹齋奎		胤夏, 黃允吉	寓巖	片相五
又草	杜宰杓	友松菴	吳載能	寓岩	黃炳奎
又荷	閔衡植	友松齋	李翎, 李汾	寓庵	權檣, 金鉉象, 秋荻
又霞	朴廷郁	友松亭	池逢源, 池淨	寓菴	金澍, 南九明, 朴台俊, 徐
又香	丁大有	友巖	權準義		從彦, 宋愚, 趙仁奎, 洪彦忠
又軒	李康采	友庵	崔興載	寓窩	李德標
又玄齋	安晉錫	友菴	李熹	寓庸	卞獻
又蕙	朴宇鉉	友洋	許政	寓慵	卞獻
又湖	辛慶晉	友連	鄭友鉉	寓隱	丁時述
又華	鄭雲益	友于堂	閔九淵, 丁義達	寓齋	裵斗有, 卞獻
友江	宋鍾翊	友于齋	甘在元, 閔九淵	寓酒軒	韓宗一
友溪堂	金柅, 金洶	友陰軒	李甲秀	寓軒	權龍爽, 朴尚玄, 申演, 柳
友古	愼炳㷞	友仁堂	劉孝黙		世鳴
友谷	文璧	友齋	朴啓後	尤可軒	李鼎榮
友恭堂	蔡氏	友亭	李有溫	尤溪	朴炳斗, 朴守緒
友菊	洪敬孫	友竹堂	吳彭叔	尤谷	朴景欽
友菊齋	洪敬孫	友村	許瑠	尤堂	金容承
友槿	柳子明	友鶴	朴弘奎	尤史	金奎植
友琴堂	金日晉	友香	趙雲澈	尤山	安宅鎬
友農齋	李致坤	友虛齋	金達圭	尤叟	閔應祺
友堂	裵局遠, 李會榮	友壺	金喆熙	尤雅堂	王性淳
		右溪	孫哲宇		

尤庵	宋時烈	
尤翁	柳公亮	
尤于堂	閔九淵	
尤園	李光一, 李楨國	
尤齋	宋時烈, 申瑋	
愚岡	甘載煥, 鄭尚雄	
愚岒	張七慶	
愚溪	姜銃, 金開物, 金琦澤, 金敏材, 金松錫, 金龍寶, 金履哲, 朴仁叟, 卞瑩泰, 沈再郁, 柳學永, 尹昌經, 李克問, 李學標, 全秀學, 鄭宗魯, 趙仁璧, 崔命圭, 崔尚烈, 崔海斗, 河孟寶, 韓宗孝, 洪宗慶, 黃寅溥	
愚溪堂	朴仁㵖, 朴在斌	
愚谷	姜德俊, 姜栢, 姜信福, 權坽, 金甲錫, 金道淳, 金彦世, 金潤亨, 金七煥, 朴景繇, 朴商淳, 朴身潤, 宋亮, 宋龍在, 宋以誨, 禹綱, 俞聖曾, 尹殷卿, 李庚運, 李敦秀, 李鳳錫, 李惟侃, 李日祿, 李中銓, 林尚愚, 全命赫, 鄭湜, 鄭良生, 鄭以吾	
愚觀	俞漢春	
愚歸堂	成鼎鎮	
愚吉	張著國	
愚南	白應絢	
愚農	黃昞星	
愚訥	柳萬河, 柳宜河	
愚潭	朴奎燦, 宋瑋憲, 丁時翰	
愚堂	姜芝馨, 金根培, 金晋浩, 南一祐, 文在鳳, 徐宅煥, 宣永鴻, 宋世鎬, 沈相薰, 安時鎔, 魚命能, 柳東烈, 俞昌煥, 柳八源, 李性範, 李廷膚, 李哲柱, 李海鵬, 鄭鎔, 鄭亨國, 諸瑢根, 趙繼先, 蔡炳達, 崔淳喆, 洪丙憙, 洪淳甲	
愚塘	權鍾序, 卜駿欽, 蔡愚錫	
愚苫庵	李世炎	
愚樂齋	金錫採	
愚蘭	陰爽炯	
愚慕亭	李裕典	
愚默堂	權擴, 金尚玉	
愚伏	柳坤, 鄭經世	
愚伏堂	鄭經世, 鄭道應	
愚峯	文希聖, 朴紀洪, 朴民楷, 張氏	
愚不及齋	吳載純	
愚山	權秉元, 金一㷓, 羅基貞, 朴光源, 朴自昌, 卞宰鉉, 李奎烈, 李鵬錫, 李尚鎬, 李原禮, 李鉉五, 曹奎甲, 崔憲秀, 韓愉, 韓希寗	
愚山齋	朴自昌	
愚石	金炳立, 朴準恒, 鄭海岐, 趙惟立, 周時駿, 洪載夏	
愚叟	金元龍, 黃漢忠	
愚巖	孫崇祖, 鄭橡	
愚菴	趙昱, 崔山立	
愚广	全奎炳	
愚淵	金溪鉉, 金知復, 蔡氏	
愚翁	金時輝, 金漢命, 朴興祖, 卞汝良, 李慶趾, 李維和, 李在皖, 崔漢京, 黃漢忠	
愚窩	金仁淑, 田九畹	
愚寓齋	田光勳	
愚園	林聲遠	
愚隱	金東壽, 南發淵, 南錫愚, 達善, 朴柱仁, 申晃鐄, 吳相尹, 李治典, 鄭昌海, 諸葛成龍, 黃寅鳳	
愚隱堂	文鳳來	
愚忍堂	朴麟鎮	
愚齋	姜台秀, 高允鉉, 金守男, 金堯輔, 金寅植, 金天成, 金漢, 金好文, 朴奎瑞, 朴守悌, 朴齊三, 孫仲暾, 安光璧, 吳漢, 吳在翕, 尹相斌, 李奎緖, 李珥, 李台夏, 李馨玉, 李欽, 全順生, 鄭眉壽, 鄭延慶, 丁致瑞, 曹永承, 曹有弘, 崔鶴涇, 洪祐錫, 黃瓚一	
愚田	鄭顯德	
愚亭	金洙哲, 都錫義, 徐基煥, 李鍾澤	
愚汀	朴準昊	
愚拙	金慶奎, 金暻煥	
愚拙堂	吳正冕, 曹逾	
愚拙窩	安信賢	
愚拙翁	任堕	
愚拙齋	安應昌, 任堕, 鄭殷善	
愚川	權克有, 金宜方, 金會錫, 魏天相, 金伐, 秋益漢	
愚泉	金聖淳, 朴長春, 禹績, 李會九, 鄭希道	
愚泉堂	禹績	
愚樵	閔舜鎬	
愚村	梁基衡, 李儼	
愚坡	金鎮麟, 李宗基, 韓光近	
愚圃	成台榮	
愚下	金鎮麒	
愚軒	甘命泰, 康容夏, 權大燮, 權灝, 金炳觀, 金世柱, 金養鎮, 金鍾恒, 金泰坤, 金泰運, 文達亨, 朴義發, 朴載采, 申應顯, 柳遠重, 柳寅明, 李匡世, 李克扶, 李道瀅, 李東陽, 李壦, 李錫雨, 李臣世, 李漢樹, 李鉉燮, 任啕, 全泰煥, 鄭德麒, 鄭四象, 鄭希鍊, 趙榮慶, 蔡沬命, 蔡憲徵, 韓光會	
愚亨	李鍾澤	
憂堂	權東鎮, 權賢, 朴融, 李建弼, 李智元	

雅號	人物	雅號	人物	雅號	人物
憂樂堂	宋轍, 李毅敬, 邢浃	羽南	李源喆		圭, 安大進, 李厚源, 趙持謙
憂樂齋	崔東輔	羽堂	趙秉鉉	迂拙	朴漢柱
憂菴	禹輅, 尹時衡	羽翁	程得雲	迂拙子	朴漢柱
憂憂齋	張鵬翼	羽軒	程得元	迂拙齋	朴漢柱, 鄭夢陽
憂隱堂	金繼仁	芋區	金胤根	迂軒	金履鏞, 金璁, 朴愼行, 朴就克, 鄭彦儒, 曹夏瑋, 許邕, 洪球
憂亭	金敬直, 金克成	芋社	意恂		
憂天	宋文亨	芋山	李鉉亮, 李熏浩		
憂軒	尹鑴, 千禧	芋川	李會穆		
牛江	朴宜錫, 崔忠元	藕谷	宋昌	遇岡	宋季賓
牛溪	金鞏, 成渾	藕館	高鎮升	遇谷	金壽賢, 鄭子厚
牛溪堂	李紹生	藕堂	閔泳達, 閔應植, 朴令模, 尹光錫, 趙東晃, 韓在洙	遇魯齋	金鍾河
牛溪閒民	成守琛			遇堂	金希鈺, 趙述曾
牛橋	金相運	藕舫	韓在洛	遇巖	李閱道
牛灣	李馣	藕峯	安智鎬	遇然	裵燦
牛步	閔泰瑗	藕船	金奭準, 李尚迪	遇隱	達善
牛峯	朴嶔, 李根, 洪箕範	藕人	韓在洛	遇意堂	曹夏彦
牛峰	李克培	藕齋	閔晟基	遇子	權採
牛山	安邦俊, 俞世豪, 李瀗, 鄭紳, 洪祐鏞	藕汀	黃東奎	遇齋	宋學洙, 李矼, 韓永禧
		藕泉	趙琓九, 韓在洛	遇川	成泳
牛山翁	李世憲	藕軒	朴燦鉉	遇春軒	林憲珪
牛山子	張錫台	耦堂	金正喜, 張澧	遇軒	李東宇
牛巖	徐禮元, 李世憲, 李章福	虞山	李會文	隅谷	鄭溫
牛井	姜宗胤	虞虞堂	朱鍾冀	雨澗	金虎運
牛亭	金敬直	虞夷子	安鼎福	雨岡	金浩直
牛川	金聲厚, 閔善, 尹毅立, 李墊, 李磛, 鄭玉	虞皮	李憲孫	雨溪	金命錫, 金命鍾, 李洸
		迂居	洪逴	雨溪山人	李洸
牛泉	李若水	迂溪	朴潭	雨溪散人	李洸
牛村	朴璨, 鄭修	迂堂	曹在學	雨皐	金道行
孟山	洪鳳祚	迂山	李承元	雨觀	金炳集
祐世	義天	迂叟	金鋼, 孫鵬遠, 宋廷奎, 魚震爽, 柳崑	雨念	李鳳煥
禹溪	崔潘			雨念齋	李鳳煥, 李明五
禹谷	姜公盖	迂庵	鄭禮國	雨潭	有定
禹峰	洪忠憙	迂翁	金孝宗, 梁自潤, 全敏泰	雨堂	李仁煥, 李澤
羽可	郭翽	迂窩	宋益鼎, 李厚性, 崔啓翁	雨塘	朴青浩
羽溪	南溟翼, 劉敞, 李興門	迂齋	姜恼, 金老倫, 宋廷奎, 申	雨忘翁	朴桂
				雨忘齋	朴桂

雨明堂　高弘達

雨帆　柳湘

雨峯　金堯立

雨山　鄭載晃

雨隱　安禮

雨田　金南洙, 金炳愚, 朴海龍, 元世夏 李源萬, 李倫蒙, 鄭顯德

雨亭　高永善, 李深德, 李容喜, 林欽潤, 趙璞

雨辰　張震

雨蒼　李用霖

雨泉　金載翼, 金亨壽

雨泉堂　南鳳年

雨青　崔應烈

雨晴　沈荅

雨樵　甘鎰鉉

雨村　金昌宇, 南尚教

雨春　韓東旭

雨波　李珖

雨坪　黃麟老

雨航　柳湘

雨華　李同春

雩岡　梁起鐸

雩南　李承晚

雩潭　蔡得沂

雩沙　李世白

雩學　鄭仁福

旭雲　李鶴性

旭軒　鄭楹

旭齋　閔九齡, 沈通源

郁郁齋　鄭鐵壽

郁齋　宋鼎學

篔谷　鄭宗惠

篔汀　李道宰

篔亭　崔輔烈

耘谷　金重彩, 元天錫, 李希滿

耘觀　李源河

耘山　呂大驃, 禹致淳

耘石　洪敬謨

耘石逸民　洪敬謨

耘庵　崔奉天

耘翁　鄭震

耘窩　蔡九章

耘隱　金甲植, 偰長壽

耘齋　金星燦, 申熹, 吳載紹, 李箕項

耘圃　丁大懋

耘逋　丁學游

耘圃居士　康胤祖

耘虛　李時說

芸南　方允明

芸堂　丁樊

芸楣　閔泳翊

芸山　金彦健

芸庵　鄭淳賢

芸菴　韓石地, 韓平仲

芸窩　洪重聖

芸陰　盧啓元

芸齋　朴乙貴, 偰長壽, 李彦沖, 李彦忠, 李坪, 全大濟

芸亭　姜灦 金彦健, 朴麟祐, 李叔蕃, 崔樂九

芸窓　朴性陽, 林瑞桂

芸牕　曹根夏

芸泉　金斗樑 李敏

芸樵　李翼相

芸村　宋潤成

芸軒　金思濟

運巖　禹貢

運厓　趙守翼

雲稼　沈琦澤

雲岡　金克成, 金容碩, 朴明淳, 朴文敎 朴時默 朴龍植 朴弘仁, 宋根洪, 李慶民, 李範儀 李麟徵, 李宗基, 張龍煥, 鄭鴻慶, 片元九

雲崗　南繼曹, 柳洪, 李康秊, 李麟徵

雲江　金啓, 任國老, 趙瑗

雲客　有璣 好隱

雲居　姜鳳熙

雲渠　張瀁相

雲卿　吉斗允

雲桂　李峻永

雲溪　姜淑, 姜胤福, 姜儀煥, 權思閔, 金堅, 金箕赫, 金瀹, 金遇錘, 金雲福, 金渭慶, 金潤珍, 金鍾正, 金漢文, 金弘發, 都錫休, 朴東傳, 朴容南, 朴梓, 朴致遠, 朴泰昌, 裵應南, 白基俊, 徐永昌, 申經濟, 申孟慶, 梁軫南, 余意淳, 余意燁, 元孝默, 兪瑒, 尹德炳, 李秀坤, 李順慶, 李雲聃, 李周相, 李鐩, 全以性, 鄭雷卿, 鄭復初, 鄭士仁, 鄭弘錫, 鄭後啓, 趙基洙, 趙重默, 車學淳, 車鴻燮, 崔正模, 許守謙, 許埈, 洪宇甲, 黃壽根, 黃是, 黃信龜, 黃躔, 黃讚周

雲溪釣叟　安英老

雲皐　金德一, 金在垧, 盧士訓, 朴濟, 白鶴洙, 安是民, 李景宇, 張時杓, 鄭濟, 曹大煥, 崔永烈, 黃麟八, 黃夏錫

雲皐居士　徐有英

雲谷　姜鳳泳, 權燧, 金瓛根, 金炳甲, 金成夏, 金世弼, 金子

鉉, 金鎭基, 金鉉, 南老星, 陶
舜公, 閔汝儉, 朴箕勳, 朴大
洞, 朴文富, 朴受, 朴日大, 朴
自聖, 朴柢, 朴曾孫, 潘挺, 宋
康錫, 宋基隆, 宋尙節, 宋有
著, 宋翰弼, 申純希, 禹南陽,
魏德寬, 李光佐, 李九燁, 李
澤, 李義發, 林師賢, 蔣喆邦,
全在樹, 鄭保, 程奉環, 鄭惟
福, 丁志黙, 鄭振溟, 趙學經
曹浩, 池扱, 陳斯文, 崔繼勳,
崔練, 冲徽, 太道男, 片山甫,
許方柱, 徽長老

雲觀　金炳大, 金瑞德, 金漢榮,
李文翊, 李鶴儀

雲嶠　金箕懋

雲郊　朱重純

雲南　鄭鴻慶, 趙永元, 崔龍雲,
韓容德

雲農　劉英杓

雲潭　金壽聃, 吳世熊, 李宜植,
鼎駒

雲堂　金元慶, 朴準聖, 愼惟愚,
朱明禹, 黃漢喜

雲塘　金永貞, 金柱宇, 李景恒,
李琰

雲臺　李東泰, 鄭聃壽

雲洞處士 鄭邦郁

雲藍　鄭鳳鉉, 鄭淳極

雲來亭　李時重

雲樓　金元行

雲林　權允圭, 南有梲, 白時詢,
倪瓚, 溫琳, 鄭殷模, 趙慶會,
卓光守

雲林堂　金承鍊, 李範

雲林子　申瑩

雲門生　安廓

雲樊　李壽華

雲甫　柳思瑗 李雨

雲峯　金時習, 金在鍵, 大智, 圓
明

雲峰　簡弘, 朴根植, 徐相浩, 黃
景益, 黃世

雲北軒　鄭昌翼

雲鵬　鄭振溟

雲濱　朴起東

雲史　金炳龍, 黃瑋, 黃泰澄

雲沙　姜浚馨, 閔肯鎬, 呂昌鉉
尹鼎璧

雲蓑　李鶴洙

雲山　金起河, 金道彦, 金台五,
朴基駿, 朴安敦, 宋三錫, 申東
烈, 柳最鎭, 尹炳碩, 李載, 李
載祿, 李彙載, 李希春

雲山翁　李熙敬

雲瑞　朴受祥

雲西　李觀華, 李賢楫, 鄭夏濬

雲石　郭燻, 金龜命, 閔致煥, 朴
健鍾, 李元愚, 張勉, 趙寅永

雲仙　朴淵鳳, 秋熟

雲雪　李晦淵

雲成　白樂鉉

雲星　崔龍宮

雲巢　金思穆, 閔景爀, 朴文逵,
李英裕

雲巢山房 朴文逵

雲巢子　權尙遠, 金可基, 朴文逵

雲松　姜希孟, 金澥, 閔致憲, 徐
永煥, 張德震

雲松居士　姜希孟

雲松堂　片郇堂

雲松齋　咸希成

雲水　鄭元爽, 河潤

雲岫　徐光修, 孫秀大

雲叟　慶載舜, 朴來維, 朴訥生

雲水居士　金光燦, 金永燦

雲水堂　河潤

雲水山人　鄭奎漢

雲水軒　金光燦

雲心齋　秋濡

雲我　李彦瑱

雲阿　李康壽

雲嶽　李涵

雲嶽一叟　李翊文

雲岩　朴義鎭, 吳碩山

雲巖　金綵, 金德麟, 金明一, 金
相培, 金星淑, 金守訥, 金緣,
金轐, 金澤, 朴雲, 朴日省, 孫
厚鎭, 余璟燁, 魏德寬, 柳成
龍, 李偉, 李涵, 李興渤, 林聖
喆, 林日文, 鄭斗欽, 曺後振,
池宗海, 車錫周, 車原頫, 蔡
氏, 黃甫山, 黃英根

雲庵　具方慶, 金應秋, 金益精,
金弼雄, 盧光鶴, 魯炳善, 朴光
煥, 朴鳳會, 朴瑞琰, 裵士寬,
白南奎, 徐仲德, 李敦春, 李是
柱, 李彦耉, 李瓚錫, 李洽, 鄭
夏漢, 車宗成, 邢縚鎬, 洪章
漢, 黃郁, 黃致憲

雲暗　朴敏坤

雲蓭　孟和淳, 鄭僖

雲菴　權興, 權希舜, 金龜悟, 金
德麟, 金斗植, 金秉集, 金周
顯, 杜壹龍, 文元柱, 朴來俊,
朴文一, 白桂英, 李意華, 李恒
吉, 張文紀, 全應祚, 田勳, 秦
興白, 崔得壽, 黃規鏽, 黃斗
光, 黃鳳奎

雲巖居士　金轐

雲庵居士　車原頫

雲菴處士　朴敏坤

雲厓　權遇銓, 趙守翼

雲崖　朴孝寬, 范錫熙

雲野	張世紀	雲堤	盧亨弼		石禹鍾, 蘇秉澤, 安宗台, 李魯

雲野　　張世紀
雲養　　金允植
雲厂　　崔光璧
雲晻　　李秉澤
雲淵　　崔基南
雲影亭　朴璨璿
雲塢　　金烜壽, 諸東續, 趙性璹,
　　　　洪在淑, 黃英義
雲烏　　金烜壽
雲烏齋　黃幹
雲翁　　金台重, 朴重熙, 朴璨, 洪
　　　　翼漢
雲窩　　都洙學, 睦台林, 閔夢龍,
　　　　朴思喆, 申相秀, 李景曆, 李達
　　　　尊, 李誠中, 鄭夏源, 鄭弘規
　　　　曺潤垕
雲臥　　申梡
雲臥軒　安履健
雲月齋　申賢
雲遊子　卓然
雲隱　　金大震, 鄭天龍, 許榊
雲人　　宋鴻
雲岑　　李連松
雲齋　　奇在根, 金績培, 金昌華,
　　　　都勻, 文最光, 朴斗錫, 朴文
　　　　一, 朴龍栽, 朴元澤, 朴鶴八,
　　　　范碩仁, 宋基煥, 禹孝鳳, 李義
　　　　養, 李重慶, 林茂悅, 鄭基雨,
　　　　秦昌白, 崔綱宇, 崔永祚, 黃仁
　　　　孝
雲田　　金錫大, 金澔欽, 徐文翼,
　　　　愼學敬, 張錫龍
雲亭　　金繼生, 金得善, 金祿, 朴
　　　　璨珣, 白樂範, 宋學燮, 呂應
　　　　龍, 李性煥, 車善寬, 黃斗業
雲庭　　尹孝定, 張承遠
雲汀　　金井鎭, 金忔, 朴愛祥, 任
　　　　蒙正

雲堤　　盧亨弼
雲齊堂　李春榮
雲悌先生　李美善
雲洲　　李元爽, 趙鍾植
雲中　　朴時黙
雲池　　金衡重
雲牕　　李時馪
雲窓　　金璨
雲川　　琴燮律, 金道源, 金世珍,
　　　　金涌, 金漢孫, 裵萬業, 李佑
　　　　根, 鄭雷卿
雲天　　李全應
雲泉　　金潤瓚, 金毅行, 文璟鍾
　　　　鄭時哲, 許彬, 洪宣周
雲泉堂　李恒立
雲楚　　黃鍾寬
雲椒　　沈世慶
雲樵　　金奎善, 金基赫, 金洙煥,
　　　　金𤐓, 金興濂, 文錫煥, 朴基
　　　　駿, 朴永極, 白榮洙, 吳載維,
　　　　王粹煥, 李民璜, 李元瑀, 李鼎
　　　　受, 李洪錫, 林鎬鼎, 張仁遠
　　　　丁鍾璿, 趙赫奎, 咸大榮, 洪承
　　　　敬
雲草　　金秉寅, 玄㠛
雲村　　金克亨, 閔汝儉, 閔龍鎬,
　　　　李肩
雲癡　　吳慶麟
雲波　　權世樟
雲坡　　權圭夏, 金楠壽, 金鍾萬,
　　　　金珍鉉, 金顯陽, 朴景培, 劉畸
　　　　淵, 尹元炳, 李光周, 益化, 淸
　　　　眼, 崔洙華, 崔仁黙, 洪在成
　　　　黃五源, 黃鍾翕
雲坪　　宋能相
雲圃　　高奎相, 金東碩, 金善得,
　　　　金振律, 金就行, 盧載喆, 明鼎
　　　　鎭, 朴斗明, 朴載成, 裵殷星,

石禹鍾, 蘇秉澤, 安宗台, 李魯
益, 李達, 李竉, 李源祥, 李元
裕, 李一暹, 李中隣, 鄭章欽
趙明熙, 趙禹謙, 韓鎭球, 黃坴
鎭
雲浦　　呂聖齊, 呂希臨, 劉琦淵,
　　　　李嘉相, 李緯國, 張洛龍, 張善
　　　　極
雲逋　　丁學游
雲圃齋　宋薉
雲浦主人　黃胤錫
雲下　　李用晦
雲墅　　趙平
雲學　　成載翰
雲鶴　　李思淵, 李挺元, 全奎晃,
　　　　片雲子, 黃允中
雲墅齋　鄭矩
雲巷　　李夏蕃
雲軒　　安紀雲, 尹滋基, 李光翼,
　　　　李元龍, 張世紀, 張世淵, 鄭之
　　　　河, 許苣, 黃寅灝
雲湖　　奇㦎, 徐丙皐, 愼必熹, 李
　　　　奎甲, 李哲洙, 任蒙正, 任靖
　　　　周, 許奎
雲湖齋　李宗仁
雲湖亭　柳寅寬
雲鴻　　李思淵, 李挺元, 片雲子
韻堂　　金鵬海
韻石齋　姜紹
蔚亭　　姜邯贊
雄溪　　李鉉九
雄飮　　金季愚
雄齋　　朴魯泰
元溪　　權正徽
元谷　　道悟, 韓禹錫
元圭　　李同和
元堂　　權準

元塘	權準	圓峰	劉鳳榮, 李克基	猿溪	柳寅培
元補	黃述仁	圓峯居士	李彦佐	猿巖	郭訒
元山	崔箕澤	圓山	吳禹錫, 丁德輈	猿齋	李種五
元沼	金炳鍾	圓石	柳鍾龍, 李文升, 趙孟善	猿亭	崔壽峸
元菴	朴和, 李昉會, 趙繼先, 趙述曾	圓庵	得圓	猿鶴山人	柳爾泰
元汝	李仁和	圓菴	金以謙, 房東華	畹山	金蘭
元章	李龍和	圓野	桂操	畹雲	李甲憲
元齋	申乃錫, 李師仮	圓悟	兢讓	苑居	張時翰
元寂	道義	圓翁	李宜繩, 丁德輈	遠谷	李元齡
元正	河楫	圓應	戒定, 志勤	遠觀軒	金克光
元春	禹逸河	圓應堂	志勤	遠邇翁	琴是養
元通	趙軾	圓齋	李根晦, 鄭公權, 鄭樞	遠慮堂	李希烈
元弼	李喆和	圓亭	呂希臨	遠慕	呂燻
元圃	李中燦	圓證	雪栖	遠慕堂	金後進
元軒	憲宗	圓通首座	均如	遠慕齋	張百林, 朱聃壽
元皓	金子星	圓坡	金祺中	遠峯	李龜休
原敬	鄭永澤	園林處士	鄭普衍	遠巖	李蕎
原溪	全八及	園菴	金戩鎭	遠菴	李弘淵
原泉	徐萬淳, 李驥秀, 全八顧, 洪祐健	園翁	李宜繩, 崔麟祥	遠炎齋	禹汝成
員山	王庭羽	園丁	閔泳翊	遠隱	朴翰鎭
圓覺	朴準基	園齋	金典煥	遠齋	朴奎顯, 朴喆炫, 李觀鉉, 李元愷, 李喜璉
圓鑑	冲止	垣齋	趙榮禔	遠照	尹仁泰
圓居	南廷益	源溪	全八及	遠村	尹柱, 曹義吉
圓溪	李亨復	源谷	崔哲圭	遠浦	李在憲
圓谿	宋儀	源堂	權濟	遠湖	鄭讚, 鄭千里
圓空	海圓	源塘	權文任	願醉堂	魏道純
圓嶠	李匡師	源明	洪聖濂	月澗	金處衡
圓嶠畸人	具氏	源默堂	崔祥魯	月磵	李墈
圓邱	李守綱	源西	權翌	月岡	金南粹, 吳翊, 玉在璣, 李廷祥
圓塘	成揆憲, 鄭在華	源西處士	權翌	月江	安錫龜, 李海朝
圓臺	李源台	源石,	沈煥東	月溪	金光厚, 南洽, 文錫容, 文鎭洽, 朴洪奎, 裵學洙, 徐極源, 宋琳, 沈日三, 梁用賢, 吳彦都, 吳希文, 柳時浚, 李來
圓明	海圓	源齋	盧洋, 李德九		
圓峯	金孝給, 安致邦, 李彦佐	源泉	宋冑煥, 崔東秀		
		源村	鄭存謙		
		爰山	金龍淳		

李雲會, 李宅銓, 趙永升, 趙宗敬, 趙希文, 秦國泰, 崔璟鎭, 崔近池, 韓顯蕃, 邢時權, 黃得善, 黃聞吉

月溪堂　趙宗敬

月溪樵客　丁峰

月皐　鄭海箕, 趙性家, 崔擎德

月谷　高傅立, 權龍河, 金節, 羅仲道, 牟京晋, 文尚行, 朴準南, 朴忠漢, 白簡美, 宋基襄, 吳瑗, 吳允誠, 禹拜善, 柳宗興, 尹殷老, 鄭師仲, 曺榮來, 車京石, 崔興孝, 韓德及, 韓顯蕃, 玄德闓

月谷處士　李嘩

月僑　崔允模

月南　李商在

月潭　琴憬, 金百重, 金承霔, 金陸鍊, 金日柱, 金載石, 金廷龍, 朴承龍, 卞昌後, 雪齊, 呂善驥, 呂孝思, 劉啓烈, 柳爽佐, 尹毅立, 殷汝霖, 李久源, 李東馣, 李相軫, 李蘊馨, 李廷期, 李廷弼, 李注相, 李顯良, 林基春, 張載汲, 張珽奎, 鄭師賢, 鄭深, 丁應斗, 崔東煥, 崔皞, 崔豪仁, 崔滉, 黃謹中, 黃基慶

月堂　高炳旭, 朴柱漢, 宋鉉, 李獻敎, 林九齡

月塘　姜碩期, 姜麟祥, 金臺卿, 朴鎬陽, 宋杞典, 宋叔琪, 劉昌烈, 李廷馣, 林基東, 鄭師賢, 崔霑

月塘處士　李璿

月島　鄭臣保

月洞　李聖復

月老　桂漢明

月樓　崔暎漸

月里　庚世達

月屏庵　陳翼祥

月峯　具尚德, 金德遠, 金明達, 金順命, 金仁寬, 羅楔, 無住, 白德欽, 徐渷, 昭然, 孫益成, 孫沆, 申得沛, 雙式, 安潤德, 俞致紀, 尹檍, 李克泰, 李廷賢, 張以弼, 鄭鳳壽, 丁玉亨, 鄭弘量, 鄭凰壽, 玄圭舜, 黃道紀

月峰　高傅川, 高仁繼, 金光遠, 金大立, 金洪燮, 羅宸, 朴安命, 朴義山, 方智, 俞椵, 李曙, 李馣, 鄭希得, 韓基嶽, 洪實

月蓬　柳永吉

月蓬　柳永吉

月峯亭　安潤德

月史　李馦儀

月沙　金湘, 李廷龜

月簑　成好善

月沙亭　白必典

月山　金振鐸, 俞尚智, 俞遂, 李允溫, 林壽根, 趙性宙, 朱錫晃

月汕　李仁浩

月西　朴載寬

月石　丁壽崑

月仙　李仁浩

月城　費隱, 崔北

月城齋　張世億

月松　慶祥, 金秋炯, 宋希建, 玉喜鍊, 李鍾浩, 張翖, 鄭碩臨, 池龍壽

月松齋　鄭碩臨, 鄭鎭三, 黃河源

月松和尚　惠文

月新堂　郭元興

月室　權重淵

月嶽　韓祉

月岩　朴周鎭

月巖　權龍見, 羅洙, 南鍾玄, 朴周鎭, 卞文華, 孫淳錫, 李匡呂, 李國魯, 李寅福, 全鼎勳, 蔡氏, 崔一河, 玄琬錫, 洪養黙

月庵　高應和, 權泰永, 金啓恒, 金重燁, 金虎, 裵夢星, 徐叔厚, 李之復, 李瓘垕, 表洸伯

月菴　金弘圭, 朴在冀, 宣炳疇, 柳然彪, 李翊, 鄭民秀, 邢志華

月洋　李鐸

月陽　許益福

月如　梵寅

月淵　姜澤龍, 李道南, 李道樞, 李迨

月延亭　丁汝舟

月影　朴以洪

月影堂　朴以洪

月瑛翁　李元亮

月吾　金俔

月塢　沈東燮, 尹奎, 李鐵均

月梧　朴桂來, 安桂淳, 李濱, 尹揆

月梧堂　權國樞, 權澈, 金鎔濟, 安晋石, 尹起三

月梧軒　權澈, 金會運, 柳一春, 李濱

月翁　金應斗

月窩　全萬禧, 陳克元

月雲　高璟

月尹　南至薰

月隱　金圭金, 金基全, 金得光, 金泗震, 朴炳允, 朴樞, 李敬南, 李洪求, 邢春旭

月陰　金圭鉉, 李昉運

月齋　金哲洙, 金鍾河, 林芊

月渚　道安, 林埏, 黃胤後, 黃在

月渚堂　道安

月井　李教龯

月亭　高時經, 金再渤, 金兌炯, 安會淳, 梁堅, 魚淵, 柳廷顯, 李璋憲, 池龍圖, 秋泰成, 洪埈

月庭　黃鎭璞

月汀　金袞昊, 金兌昊, 朴元鎭, 房台慶, 裵明遠, 孫道常, 尹根壽

月釣　禹玉鉉

月洲　郭聖龜, 金曄, 朴鍾完, 白尚賢, 蘇斗山, 禹洪傳, 李義肅, 李鍾舜, 趙相漢, 崔震華, 玄運錫

月滄　林坥

月牕　李搗

月窓　金氏, 金大鉉, 安應世, 安後泰, 義砧, 李瑛, 李僙, 林坥

月川　金吉通, 金榮澍, 金在炫, 文以翼, 朴乃貞, 丁戒生, 趙穆, 趙時述, 韓大臨

月泉　金基汶, 辛澳, 李元洛, 鄭環林

月川樵叟　權僑

月聽　崔繼昌

月初　巨淵

月樵　金商一, 羅經錫, 孫相駿, 柳憲周

月村　金南寶, 金夢仁, 金士弘, 羅杰, 盧世厚, 尹任東, 李命達, 李聖任, 李喜石, 鄭竹節, 河達弘, 韓益東

月秋　洪霽

月灘　金昌錫, 牟楗阡, 朴微晚, 柳希渚, 李奇胤, 李信源, 李袨, 鄭麒壽, 鄭禮煥, 韓孝純, 洪大楫, 洪柱三, 黃謹中

月灘童子　安必成

月坡　金永萬, 金永宗, 文九淵, 房德驗, 柳彭老, 尹先重, 李啓澔, 李郁緖, 鄭時林, 鄭宇鉉, 兌律, 許瓚

月波　姜鎭海, 金演珏, 宣翼欽, 宋智勉, 李甲緖, 李栽, 車宗老

月琶　李心求

月坡居士　趙鼎九

月波翁　車宗老

月坡亭　張至大, 崔關

月圃　金吉燦, 金斗祚, 金錫, 金鏞俊, 金渭, 金翼熊, 朴成山, 沈能圭, 安孝翼, 梁仁黙, 崔冲

月浦　姜士尚, 權氏, 權微已, 金世龍, 羅永傑, 李佑斌, 李仁簿, 李宗萬, 張顯道, 崔象岳, 崔弘集, 韓日休, 洪徹禹, 黃琦, 黃鼎鎬

月下　吳敦行, 趙運道

月荷　戒悟

月海　金相基

月軒　琴愷, 金國龍, 金英鎭, 盧賢錫, 徐斌輔, 徐相祚, 申浹, 沈遜, 劉錫樂, 李甫林, 李枝發, 全德漢, 鄭九澤, 丁壽崗, 丁昌鉉, 曺顯, 秦慶樂, 洪海元, 黃孟獻

月峴居士　李成種

月湖　姜信鴻, 高益奎, 金大權, 金彦福, 蘇涵, 孫基洛, 吳光黙, 柳南珪, 尹奎, 李德純, 李秉瑋, 李貞恩, 田子壽, 鄭淑夏, 趙榮國, 崔澐, 韓興教, 洪得箕

月華　仁學

月華堂　盧克復

月會堂　柳元鉉

月暈堂　李希魯

月暉堂　李希曾

越堂　李鍾德

越松外史　黃胤錫

越中　金泰時

偉堂　朴大淳

偉齋　全濬

危齋　金炳周, 任珽, 趙相惠, 崔敬柱, 崔翊柱

威堂　申穩

撝軒　都大興

渭皐　盧近壽

渭南　金渭坤, 卞驥發

渭農　河在九

渭濱　金世祿

渭濱亭　李漢輔

渭士　姜弼周

渭西　金履一

渭石　姜明奎

渭叟　河在九

渭巖　朴潤元, 許容斗

渭翁　金錘

渭隱　金昌三, 金宅元, 李世喚, 鄭寅尚, 車周輔

渭齋　劉炳龍

渭賣　金漢鎬

渭川　金世祿, 盧錫泰

渭焦　白師天, 朱在一

渭樵　河在一

渭癡　申墩休

渭軒　金禎秀

爲堂　鄭寅普

爲正齋　文根

爲軒　金景琬

緯堂　趙經九

緯山	徐光範	幽棲軒	張應璇	有皐山人	南以信
葦南	朴熙中	幽巖	崔淙	有堂	姜敬熙, 鄭鎬駿
葦滄	吳世昌	幽庵	金昌煥	有明處士	李仁祚
葦村	柳伯淳	幽窩	權秉天	有山	趙鏞壽
葦杭道人	朴齊家	幽窩居士	權秉天	有仙齋	金若立
謂誰	金胤鉉	幽靜窩	李達尊, 李槇億	有是堂	李義淵
韋觀	金商悳, 尹忠夏	幽竹軒	李租典	有是齋	李義淵
韋堂	金文濟, 邊煒, 安潚, 李鎭求, 張憙遠, 鄭德永, 曺龍燮, 趙章燮	幽村	權處德	有心齋	李和甫
		幽閒	洪氏	有爲堂	李源圭
		幽閑堂	洪原周	有齋	權載祺, 尹离炳
韋史	申錫禧	幽軒	金渭章, 金粲淳, 申吉輝	有志堂	柳遠
韋庵	金箕德, 金相岳, 申鐈, 劉秉龜, 李最中, 張志淵	悠南	魯愉鐸	有志菴	俞壽乾
		悠菴	李宬秀	有恭堂	洪沃輔
韋菴	南道轍, 李遠慶	悠然	權璭, 金希壽, 朴萬器, 李瑀, 李晢	有春	李寅文
韋窩	宋相允			有恒齋	金亮
韋齋	金聖臣, 張逸, 曺孝淵	悠然堂	權鈞, 金濃, 金大賢, 吳大坤	有軒	朱陽
韋圃	宋一讚			有湖	李奎齡
韋軒	宋翼洙, 李衡坤, 黃七漢	悠然堂老人	崔濟宏	有懷堂	權以鎭
韙傖	吳世昌	悠然翁	吳大坤	杻溪	朴廷胤
儒潭	權榮遠, 趙榮遠	悠然齋	金胤明, 金希壽, 鄭世模, 崔永贊	杻山	李友信
儒士	魏伯陽			柳澗	姜再烈
儒山	李挺邁	悠然軒	權載皐, 金鎭國	柳溪	姜命奎, 高俊漢, 金命彦, 朴爾淳, 宋錫命, 宋希奎, 李文奎, 林顯相, 張應樞, 鄭濟國, 韓景祚, 洪祐焌
儒仙	房錫俊, 崔致遠, 韓卷	悠悠翁	金在崑		
儒齋	金覔柱	悠悠子	金在崑, 李爐		
唯邦	金瓚永	悠悠亭	金調元, 李贊元		
唯唯軒	李泓	悠齋	洪得珽, 洪鍾序		
孺子	徐世輔, 徐應潤, 吳熙常	惟勤堂	金敎行	柳溪亭	咸石崇
寠翁	鄭維藩, 許涵	惟夢	鄭寅昌	柳皐	黃汝植
幼柏	閔仁植	惟邦	金瓚永	柳谷	金秀齡, 朴基德, 孫季暾, 李惟澤, 李憲國
幼石	郭鍾錫	惟菴	申溰		
囿恩軒	李儅	惟于堂	李箕燦	柳潭	芮忠年
幽敬堂	金義貞	惟一齋	金彦璣, 金正欽	柳堂	權國樞, 金履基
幽溪	盧復光, 柳塤, 丁載興, 趙鳳徵	惟齋	全錫允	柳塘	桂惟明, 金柅, 尹東度, 任浚, 韓宗老
		惟則堂	李周憲		
幽谷	金啓晶, 文春秀, 黃柄基	愉軒	朴漢	柳蘿	朴宗燦
幽觀	金興根			柳山	柳基榮, 柳熹, 柳虛一
				柳西	趙亨復

1413

柳溍　韓喆愚

柳市　韓興一

柳庵　鄭東离

柳菴　沈東鉉, 崔漢, 崔宗德, 韓丙鎬, 韓脩

柳塢　沈重周, 韓箕錫

柳月　太孟義

柳隱　姜潚, 金熙敦, 朴愈, 韓克謙

柳陰　韓善一, 韓孝胤

柳齋　愼居寬

柳田　黃魯淵, 黃聲魯

柳亭　金啓文, 徐祥, 梁汝恭, 張玉, 蔡澄, 崔應泗, 崔震夏

柳汀　姜橋, 金炳雲, 韓軾東

柳洲　柳澧, 韓會一

柳川　姜瀚, 具然八, 具麟元, 牟鍾寬, 申昉, 柳初, 李晚煃, 池光龍, 太孟義, 韓時裕, 韓浚謙

柳泉　金世根, 章英漢, 張應機

柳村　姜仲憙, 金麟瑞, 金寅植, 金漢麗, 朴從男, 成瓌, 李英符, 張道俊, 鄭台耉, 韓應寅, 韓以成, 韓亨吉, 洪禹平, 洪宗祿, 黃孟獻, 黃汝獻

柳灘　秦浩

柳坡　韓敬源

柳圃　李珏鎬

柳浦　具仁垕

柳楓庵　金壽慶

柳下　金鎭玉, 柳象春, 李起韶, 李周世, 李致宇, 林致和, 崔惠吉, 韓啓源, 韓懷, 洪世泰

柳霞　朴敬臣

柳巷　柳穎, 鄭應昌, 韓脩

柳恒齋　韓聖運

柳軒　金錫圭, 金時秋

柳湖　李居仁, 林悗, 趙氏, 趙峻

柳湖堂　李海

榴峯　宋翼洙

榴齋　朴鍾遠

榴亭　趙東祐

榴窓　趙尙鎭

楡谷　朴致隆

楡山　李昌雨

楡巖　裵幼章

楡陰　李顯佑

楡亭　廉在度

楡窓　李旭秀

楡軒　韓夢弼

楡湖　李尊庇

流巖　洪萬選, 洪重考

流齋　李建存

游觀　金興根

游樊　柳鎭基

游菴　洪基兆

游蓮　李琰, 鄭涵

游燕　洪錫謨

游隱翁　金季甫

游齋　李玄錫

游荷　趙秉龜

游霞　金宗漢

游軒　張錫龍, 丁熿

牖窩　金履翼

牖軒　柳復禮

猶溪翁　閔光尹

猶蒙齋　洪廷業

猶存齋　安明述

猶賢　趙龜祥

由野　張必懋

由由軒　南漢

由齋　申在錫

留耕　鄭顯英

留觀　李東膚

留堂　姜彝五, 金夏鐘, 申泰寬

留臺　姜彝五

留餘齋　嚴著

留春堂　朴昌和

留取子　金允秋

留軒　李弘載

瘐石　金鏏

瘐翁　蘇東鳴

維石　趙炳玉

維岳　許喬

維清齋　梁禹虎

維馨　李勉愚

裕溪　柳永祚

裕南　愼炳義

裕堂　裵京鎬, 鄭禹在

裕山　李桓翼

裕隱　李永源

裕齋　宋基晃, 宋世煥, 楊宗樂

褕溪　李尙愚

萸軒　尹㦖

黈堂　金夏鍾

黈齋　金夏鍾

腴庵　鄭馨善

腴齋　韓晦善

輶軒　姜時永

遊溪　李后泰

遊墩　閔有慶

遊櫟門　宋厚淵

遊夢　洪淳喆

遊齋　鄭寅爽

遊圃　盧瀷

遊海　李鍾祿

遊軒　張錫龍, 趙㦖

遺漏	朴齊鏞	六松	金士烈, 沈受觀, 李善溥	六拙	丁涓
遺睡軒	金啓麟	六峀山人	張承業	六拙齋	宋煥謙
遺安堂	洪祐銓	六研	鄭在晟	六閑堂	朴成明
遺安齋	李輔天	六楹齋	李光生	六行堂	金處謙, 趙廷範
遺逸齋	柳坋	六五堂	金昱	六化	梁居安
酉澗	朴熙典	六吾堂	金令澤, 申翼相, 鄭慶欽	六化居士	李天輔
酉溪	柳軾, 李應九, 李埈	六悟堂	尹大亨	六化堂	金載復
酉谷	權景國	六玩堂	李晚承, 李豐翼, 李漢福	六花堂	金萬增
酉堂	金魯敬, 尹鍾均	六友	朴會茂	六休堂	李輆
酉峯	尹拯	六寓	李夏鎭	育英齋	魯泰臣, 李翊台
酉史	吳庠秀, 李浩善	六愚	金允中	陸帆	崔喜鎭
酉山	金健植, 吳學鎭, 丁學淵, 趙相黙	六友堂	金九容, 朴檜茂, 宋錫祜, 申景進, 李介廉, 李灌, 李頤淳, 李行廉, 趙渭叟	陸史	朴來朝
酉山堂	朴陽生			允必	李愚萬
酉陽	權思浩	六寓堂	李夏鎭	允摯堂	任氏
酉齋	李周榮	六隅齋	金胄疑	潤溪	金潤仁
霤岸	韓碩	六願齋	李應斗	潤德	金南伯
霤片	韓碩	六有	權格	潤松	尹現秀
霤軒	韓碩	六有堂	權格, 金有慶, 李首慶	潤隱	金南伯
六溪	朴台熙	六有齋	權身度, 金東式, 金鏞, 白永直, 宋衡弼, 韓命舟	潤齋	高是恒
六谷	徐貞毅, 徐必遠			潤翠	李敦行
六槐亭	嚴訓	六有亭	柳思敬	潤翠堂	權容燮
六橋	李祖黙	六六堂	鄭海容	綸庵	孫宇男
六懼	申屨慶	六隱	李時謀	輪山	金在仁, 朴孝英
六懼堂	申屨慶	六隱堂	李詩楷	慄齋	李漢杰
六堂	崔南善	六隱齋	李時謀	律吾	權象星
六堂學人	崔南善	六宜堂	張大臨, 崔繼宗	栗澗	李仲賢
六樂堂	權斗南	六猗堂	李學逵	栗岡	朴第震
六柳齋	韓興五	六忍齋	金光國, 金正洙	栗溪	姜必東, 朴聖基, 吳澐, 張小及, 鄭琦, 鄭萬奎, 鄭在嗦, 洪秉周
六柳亭	朴之孝	六一	金係錦		
六勿	李肇敏	六逸	河南顥		
六峯	朴柱輪	六一居士	兪昌煥	栗谷	李珥
六峰	朴祐, 朴重明, 梁居易, 李鍾元, 李宗宅	六逸堂	崔進源	栗谷病叟	金綠
		六一齋	南相吉	栗南	羅胤學
六西	鄭德馨	六一軒	朴埴, 李弘亮	栗儂	安昞遠
		六者翁	李斗翼	栗聾	金在永

栗塘	沈炳遠	
栗島	李敬承	
栗里	姜龜福, 金載人, 裵錫祉, 申圭, 吳喜昌, 柳始秀, 柳榮五, 尹忠彦, 李堯臣, 李熹, 張有彩, 全著淳	
栗里處士	金煦, 裵錫祉	
栗林居士	金遜	
栗峯	金東秀, 柳天機, 李鐊, 青杲, 崔龜齡	
栗峰	申鉉中, 李炳瑗	
栗山	權命熙, 金德載, 朴龍鎬, 全憙載, 田相武, 鄭基會, 鄭鉉, 朱弼相, 洪智修	
栗岩	愼宇洪	
栗巖	朴烇	
栗庵	朴東榲	
栗菴	朴齊寬, 崔夢亮	
栗塢	權衡珏	
栗翁	宋徵, 林長儒	
栗窩	金正華	
栗雲	朴成根	
栗園	高時彦, 金佐一, 尹調元, 李珙, 李樹吉	
栗隱	金成圭, 金遜, 南承鄭, 白世興, 安璋遠	
栗陰	金炳鉉	
栗齋	孔商源, 金聲基, 馬駉, 朴鍾弼, 奉時儉, 薛鎭永, 李大宰, 全基允, 鄭瓊, 崔念喜, 洪世範	
栗亭	高澤, 權始顯, 權節, 金福億, 羅鳳翊, 朴寬義, 朴瑞生, 奉俊慶, 徐居正, 申椿年, 尹軫, 尹澤, 李觀義, 李徵謙, 李標, 鄭良佐, 鄭漢烈, 趙從禮, 陳貴貴, 崔東式, 崔翼秀, 崔鶴齡, 洪伯周, 洪天民	
栗汀	崔東式	
栗村	金元亮, 朴培, 朴林宗, 邊承基, 宋翊, 李齊賢, 林永喆, 曹明勗, 韓明勗, 韓以亨, 洪天民	
栗灘亭	李忠傑	
栗坡	金得秋, 朴孝重	
栗波	程處根	
栗圃	金琯, 金夢鉉, 李垓	
栗下	趙相溫	
栗軒	金萬應, 金有萬, 裵均, 李世瑍, 丁日宇, 崔得之, 韓明勗	
栗湖	金繼元	
聿堂	申耆英	
聿修堂	宋厚淵	
聿修齋	文德寬, 朴海量	
隆山	曹錫疇	
隆隱	朴城儁	
罷罷堂	文鎭英	
罷罷齋	文鎭洛	
垠浦	黃建九	
恩省	尹國馨, 尹先覺	
恩盛	林淑亨	
恩誦堂	李尚迪	
恩菴	李萬維	
恩庵	李氏	
恩窩	李麟至, 蔡彭胤	
恩齋	安瑛	
恩田	黃宗萬	
恩竹	朴謹郁	
恩竹堂	朴瑾郁	
恩坡	沈樂洙	
恩湖	李涵	
恩休	姜時敞	
恩休堂	柳命賢	
恩休窩	申晑	
恩休亭	申觀浩, 申櫶	
所澗	孔頎	
殷溪	安國章	
殷山	洪在喆	
殷哉	申錫九	
銀溪	金萬挺, 李瑄, 張漢輔, 洪憲	
銀臺	沈演	
銀老	崔慶榮	
銀城	李成樑	
銀巖	正浩	
銀川	趙衍龜	
銀川齋	陸相贊	
銀香亭	宋璇	
隱溪	金敎爽, 金璘修, 朴載圭, 白純, 李天道, 黃德容, 黃命周	
隱溪翁	南啓夏	
隱皐	金箕書, 金箕鍾	
隱谷	金繼瑞, 金鼎大, 金衡錫, 朴仁鉉, 朴寅煥, 裵相涉, 徐丙春, 宣伯欽, 申啓澄, 吳斗雄, 吳斗碓, 李啓曄, 張認, 鄭恒, 崔滉	
隱求庵	尹獻東	
隱求窩	李萬春	
隱求齋	黃澈源	
隱几	成以文, 李始源	
隱几堂	南啓夏, 李始遠	
隱几翁	南啓夏, 成以文	
隱几子	李始源	
隱南	文濟業	
隱農	任喜準	
隱塘	李億年	
隱墩	任濬	
隱遁	金箕輅	
隱林	李挺時, 片成大	

隱慕	蔣龍垓	隱月	鄭在堯	挹白堂	朴自凝
隱甫	司空軫	隱隱堂	趙遴, 趙誠立	挹商窩	沈淪
隱峯	斗云, 洪義纘	隱逸	片仁勇	挹拙軒	李忠亮
隱峰	安邦俊, 李敎益, 李鳳徵	隱齋	高泰之, 金世連, 金舜植	挹竹窩	權漢緯
	李元發		文應奎, 劉景祥, 劉漢良, 李珪	挹芝軒	李見龍
隱北堂	金行一		輔, 李德演, 李愉, 李泌善, 林	挹蒼軒	朴相震
隱士	許懲		桂宅, 張守撲, 彭信古, 玄守	挹清	金富儀, 朴嗣宗
隱山	宋夢洙, 李國七, 張後俊,		諫, 黃處雲, 黃憲中	挹清堂	金富儀, 朴嗣種, 朴承黃,
	崔濟川	隱跡堂	李喜元		李基炫
隱石	李鋐	隱亭	金鋞, 李宗震	挹清齋	金盡文
隱星	趙斌	隱濟	潘濬	挹清亭	金富儀
隱世	朴道鎭	隱拙齋	李守弘	挹清軒	朴紹宗, 朴自興, 朴徵明
隱松	許硡	隱酒窩	李寂休	挹翠	金九用, 金應聲, 諸命哲
隱松齋	金源行	隱川	金弘泰	挹翠亭	李邦弼
隱睡堂	魚夢濂	隱招	李俊緒	挹翠軒	朴誾, 宋煜, 鄭忠元,
隱水齋	金祥喜	隱樵	姜永鴻, 金昌鎭, 安孝勛		崔山立
隱修齋	鄭再成	隱村	劉禮鳳, 李益馨	挹灝主人	宋爾昌
隱嵒	金鼎新	隱灘	韓致相	泣愆齋	朴致和
隱岩	金鎭睦, 宋琓	隱坡	申命鼎, 李晉聖	泣楸軒	河雲龍
隱巖	具然敏, 具翰柱, 金堯益,	隱圃	金性烈, 金元淳, 金就仁,	浥華	朴潤珉
	金鍾國, 金種濬, 金壏, 朴守		宋壽根, 李思業, 李應煥, 李	凝溪	玉沽
	濬, 朴昌植, 柳得道, 李慶祚,		瀷, 李治星, 黃性熙	凝菴	尹聚東, 李東柱, 李廷龜
	李光迪, 李根植, 李守一, 張守	隱浦	金柏一	凝窩	尹聚東, 李源祚
	義, 趙得都, 崔九淵, 崔日大	隱圃齋	金致遠	凝齋	金相宇, 朴泰觀, 李喜之,
隱庵	金桂淡, 文廷煥, 靈觀, 柳	隱巷	韓鎭五		全中樞
	尙浩, 李伯, 李守一, 李評, 鄭	隱湖	金養玉, 宋天祥	凝川	朴相台, 朴子瑜, 朴忠元,
	珪欽, 秦和添, 黃祐正	隱湖愚叟	金尙範		許愭, 洪宅疇
隱菴	金鎭潤, 金厚坤, 孫基業,	乙檀	河潤	凝香堂	秋蘭
	孫承明, 林天山, 鄭奎釆	吟弄齋	宋炳濂	凝虛堂	李濚
隱巖齋	裵厚根	陰里	趙斌	凝軒	金應成, 丁翊夏
隱養齋	鄭煥	陰厓	李籽	應菴	學性
隱鰲	李守憲	陰崖	李耘, 李誾	應元	黃晒應
隱窩	南鑽, 吳彦, 李球, 李頀, 鄭	陰村	金若時	應允	慣拭
	氏, 崔卿述, 崔秀峻	飮瀾	李和曾	應川	朴鼎賢
隱迂堂	吳致舜	挹江齋	朴重文	應化	金獜祥, 有閑
隱愚齋	李性範	挹陶齋	金漢禎	應休	尹得載
隱雲	金洪基				

鷹峯	金夏圭, 宋光璧, 申弼成
鷹巖	申之孝, 李𤑔
鷹樵	盧正勳
依堂	宣安赫
依巖	趙範九
依庵	宣和
依隱	李元祥
依依亭	南佑良
依仁齋	金時準
倚溪	吳尙鉉
倚樓	趙景禎, 趙瑗, 趙頤壽
倚松軒	崔崑
儀浩	具厚緒
宜溪	洪弼義
宜谷	高斗煌
宜觀	尹安性
宜淡	河斗澂
宜樂堂	宋炳文
宜山	許仁
宜山子	姜世晃
宜石	金應根
宜庵	金綱, 金曄, 裵炳翰, 徐敬祖, 安德文
宜齋	金文學, 南周獻, 麻夏帛, 宋好義
宜田	陸用鼎
宜拙	南二星
宜拙齋	南二星
宜春	崔錫柱
意幽堂	金氏, 南氏
擬栗	朴麟
欹枕翁	權瑩
毅堂	金永達, 羅建成, 朴世和, 徐仲吉
毅道人	許百鍊

毅叟	朴靖壽
毅庵	金燦純, 柳麟錫, 鄭用大
毅菴	姜趾煥, 金仁贊, 韓伯倫
毅菴川人	李鍾環
毅窩	南宜春, 朴鳴漢
毅齋	姜鑌, 郭泰鍾, 奇山度, 金光鈇, 金悌甲, 金鎭根, 閔丙奭, 朴以謙, 成九鏞, 宋鎬完, 芮大周, 吳詮, 柳永主, 李壽聃, 李鍾弘, 印三權, 任琪南, 莊祖, 池湧奇, 許百鍊, 洪楳, 黃大周
毅亭	金命喜
毅軒	氷璜一, 李心傳
漪嵐	洪祐獻
㹴樂堂	趙遴
疑嶽	晉和凝
疑齋	田敬句
癡齋	許命中
義谷	朴鳳賢, 朴鼎賢, 宋鳳壽, 沈澄, 李邦直
義堂	朴榮載, 鄭東轍
義慕齋	李根求
義師	金希振
義山	金鳳祥, 文錫峯, 辛亨奎, 李明世, 李尙俊, 崔東昕
義巖	金理元, 宋瑋鎭
義庵	朴承槿, 林濟民
義菴	閔懷參, 石柏, 宣光廻, 孫秉熙, 李珥, 晉敬智
義淹	許鐄
義窩	鄭道潤
義雲	慈雨
義隱	朴啓佑
義齋	金在信, 金中乾, 金中坤, 金忠男, 金弘漢, 朴承奉, 宣克禮, 宣英吉, 成希雍, 吳相烈

	李訥, 張斗星, 鄭錫晃, 趙庭芝
義川	權復衡
義村	金南式, 金漸, 朴安悌, 朴英宗, 陳亨福
義軒	金宗燁, 成勳, 鄭初, 千壽慶, 洪鐸
義湖	朴載丙, 李瑞冑
蟻菴	尹澤
醫栗	朴麟
醫俗軒	朴民獻
二可堂	李時昉
二可軒	金箕壽
二感齋	權淑徵
二顧	洪仁鉉
二古堂	洪樂遠
二公	高天祥
二堂	李重夏
二堂菴	趙九輅
二樂	南應龍, 朴廷珪, 申用溉, 李亭和, 洪顯周
二樂堂	南應龍, 南二龍, 朴文儒, 朴興居, 宋鷗, 宋駿, 申用溉, 安怡, 尹三鎭, 李啓徵, 李榮權, 李重亨, 李至道, 全洪, 周怡
二樂齋	李之淳, 蔣邦翼, 黃仁燾
二樂亭	金上麟, 金淵, 金昌在, 朴士振, 申用溉, 義安大君, 李和
二樂軒	權善, 李重翰
二柳翁	李中洙
二有齋	洪象漢
二梅堂	南愼明
二慕堂	朴慶傳
二慕齋	申大元
二無堂	魯仁復
二峰	李克堪
二山	姜舜元, 權好淵, 權顥仁,

	崔元根, 洪爽裕	二隱	呂彩龍, 張思儉
二仙客老人	金正喜	二宜亭	康用錫
二素齋	金宗洛	二知	卞時益, 尹憲柱, 趙榮世
二松	李鶴遠	二知堂	卞時益, 申涙, 尹憲柱, 李世晟, 趙榮福
二頌	金思濂		
二松居士	閔耆顯	二知菴	尹憲柱
二松堂	柳百之	二知窩	郭庶績, 李世晟
二松軒	李璈	二至齋	朴源奎
二水翁	李德演	二耻齋	申正模
二順堂	崔敬行	二虛亭	宋千喜
二雅堂	李重夏	二分齋	鄭尚祚
二安亭	朴公鎭	二皓	曺振玉
二巖	黃益俊	二濩堂	金裕昆
二養堂	曺倬	二囂堂	李陽胤
二藝堂	朴衡文	二休亭	李東英
二吾	姜恰	以乾齋	金弘望
二吾堂	姜恰	以堂	金般鎬, 李尚健, 鄭經源
二用	申用漑, 李龜	以疎	金相玉
二憂	宋天祥, 李世璜	以安堂	南公鎭
二于堂	金澤鉉	以約軒	劉相祐
二友堂	羅敬臣, 禹惟一, 李萬元, 鄭謇, 鄭大弼, 朱介臣, 崔炳述	以政學齋	金弘集
		伊覺齋	禹亨德
二寓堂	慎泓	伊岡	徐應淳
二愚堂	權寏	伊溪	金宇弘, 南夢賚, 睦時敬, 申公濟, 辛蕃, 辛弘祚, 吳慶基, 李基斗, 李紀曦, 李斗基, 李賓國, 李浩秀, 張秉魯, 張緯奎
二憂堂	權奧, 朴孝亮, 宋文祥, 李瓊, 李世璜, 李重晝, 鄭謇, 鄭鑰, 趙謙彬, 趙柳祥, 趙泰禾, 皮世萬		
二友齋	李衡般	伊峯	李舜民
二憂齋	金遇秋	伊峰	李舜民
二友亭	朴東欽, 崔光璧	伊山	沈相吉, 芮大僑, 禹錫圭, 李儀翼, 黃宗淵
二友軒	禹惟一		
二阮	俞道基	伊安	沈大承
二西	李基恢	伊菴	朴宗履
二有齋	洪象漢	伊翁	李澄
二西齋	朴有慶	伊梨	黃亮吉

伊齋	盧守愼, 安魯生
伊川	梁振融, 尹得商
伊泉	權赫
伊村	梁振融
伊浦	李台熙
伊湖	金世鏞, 李良熙
伊蒿堂	朴鳴和
伊蒿子	文東道
吏隱	李應翼
夷溪處	黃道翼
夷南	朴圭煥, 朴廷鉉
夷峰	黃後幹
夷山	李逸英
夷叔齋	丁炫
夷川	南昌熙
尼降	柳麟錫
尼溪	朴來吾
尼谷	金慶植, 河應魯
尼谷居士	河應魯
尼南	李相玉
尼山	高光烈, 南廷贊, 卞鍾嚇
尼菴	方致遠
尼泉	梁基韶
尼軒	李商雲
尼湖	朴準高
履道齋	李一善
履斂齋	吳彦信
履氷	宋基德
履氷齋	盧亨遇
履素堂	盧大河
履素齋	朴世熹, 李仲虎
履庵	成貞柱
履齋	趙章夏
履坦齋	朴綺壽
已百齋	金復休

已酉	柳最鎭	易安堂	琴聖奎, 金大德, 尹萬東, 李鵬海, 趙天經	泥雲	李泰發
彛堂	尹宇善, 鄭舜永			泥隱	河百泳
彛峰	金文軾	易安齋	李道在	泥湖	金允爀
彛山	劉沆	易庵	金時彬	泥丸	李覺
彛庵	李秉鼎, 玄鳳謙	易菴	成士達, 兪希益	瀨庵	朴之瀨
彛齋	權敦仁, 金厚臣, 白東赫, 白頤正	易容堂	鄭翰弼	犂溪	張泰麒
		易隱	李世鐸, 周玘	犂巖	李光承
彛庭	卞鼎相	易齋	金孝新, 馬仲奇, 丁自堅	犂村	朴孝先
彛下	沈象圭	李櫟亭	李和	爾齋	宋鎬彦, 張岳
彛軒	徐鼎修	李梧堂	丁孝穆	理谷	文萊
怡溪	任喜	李村	蘇灝	理病齋	安汝諧
怡谷	朴思烈	梩菴	吳遂采	理山	申思觀
怡觀	黃鍾顯	梨谷	鄭忠燁, 河仁壽	理獸軒	申得淸
怡觀散人	黃鍾顯	梨谷山人	李忠可	理隱亭	韓聖輔
怡堂	李絅承	梨峰	姜致中	理齋	楊時震
怡老	李鐸遠	梨山	申斗善	离臯	李秉銓
怡樓	金守	梨庵	金得裕, 崔紃	移谷	權軫
怡室	李鐸遠	梨菴	李世玩,	移庵	權日身
怡顏亭	韓正吾	梨園	趙璞	而堂	權載奎
怡庵	尹尙喜	梨隱	李希祚	而史	金炳治
怡菴	金景發, 李琯, 李煦	梨陰	李運源	而永	黃履周
怡芸	李在絅	梨井	文碩彬	而已堂	鄭在瑱
怡愉堂	李德洙	梨亭	金榮, 南廷縉, 南就明, 閔普光, 李安禮, 崔文瑩	而已菴	張混
怡怡齋	甘在奎			而已广	張混
怡怡軒	甘在奎, 趙在奎	梨洲	黃宗羲	而泉	麻貴
怡齋	恭愍王, 金益權, 曺友仁	梨川	李弘胄, 洪重普	耳溪	李瀗, 李輯, 張思敬
怡亭	金湄	梨村	金汝旭, 李國魯	耳谿	洪良浩
怡軒	成汝完, 李頤晩	梨坨	洪繹圭	耳谷	張達三
易簡齋	鄭就河	梨湖	金箕書, 金萬均, 金明東, 金時鐸, 朴瀨, 朴弘喬, 宋廷奎, 林世溫, 鄭忠燁	耳山	金壽璲, 朴在錫, 李啓玉
易堂	朴景愚, 朴屑鐘, 林鍾晚			耳巖	任大有
易東	禹倬			螭窩	李逸協
易眠	金柱宇	梨湖主人	張晚	貽哂	朴成杞
易眠齋	金柱宇	梨花亭	崔恒久	貽岩	金廷顯
易俟齋	李學秀	泥菴	崔稼淳	里東	金虎鍊
易安	南碩寬	泥翁	申濡	里隱	南德老, 徐秉玉, 崔德衍
		泥窩	洪良漢		

里仁堂	李夏福, 許匡		瑞麟	印潭	朴炳葉
離峰	樂玹	仁谷	金壽奎, 永奐, 李壏, 黃壬繼, 黃春輔	印東	徐裕錫
頤居	李龜祥	仁堂	朴夢輝, 朴世雲, 宣義問, 永奐, 李元模	印漢	孫熹一
頤居子	李龜祥			印慧信士	智瑩
頤吉軒	金箕性	仁德亭	朴蕃	因樹屋	李學逵
頤堂	李炳和	仁樂堂	嚴峻睦	因齋	李宣佃
頤叟	李孟常	仁輔	劉仁天	因漢	李宣佃
頤庵	孫尙長, 甯纘志, 玄鳳謙, 宋寅	仁保堂	金昆壽	因軒	李宣佃
頤窩	徐起, 洪瀚	仁峯	高濟琳, 文亨凱, 魚孝瞻	寅寧	朴周和
頤齋	姜熺, 權璉夏, 安魯生, 禹世河, 俞章煥, 李義肅, 曺友仁, 車軾, 崔來吉, 黃瑞九, 黃錫鼎, 黃胤錫	仁山	高聖銀, 金履祥, 金鎭富, 蘇輝晃, 辛公濟, 吳世魯, 李光國	寅石	呂忠台
				寅巖	李顯相
		仁山齋	文敬鎬, 裵玄基	寅齋	朴數, 朴龍祐, 朴允元, 申槩, 柳春華, 柳希春, 李敏旭
頤眞	金德秀	仁叟	全永聃		
頤眞堂	金德秀	仁壽堂	趙忭	寅川居士	閔泳洙
頤眞子	金德秀	仁岳	義沼	引逸亭	金性澈
頤軒	郭研, 朴錫命, 許琛	仁嶽	李義沾	忍谷	韓友信
駬山	金炳欽	仁巖	義沼, 鄭大權	忍堂	姜靈秀, 朴昭, 申永均, 李彰世, 張道文
匿隱	鄭遵	仁菴	文光烈, 尹浚, 林仁幹, 洪秉箕		
匿齋	金舜凱			忍默	張光表
益聾	徐孝堂	仁窩	蔡氏	忍默齋	朴天樞, 孫聖曾, 韓必壽
益堂	恭愍王, 邢志恒	仁隱	黃信元	忍默軒	洪以範
益茂	俞岦	仁義堂	張震一	忍百堂	金樂春
益庵	李道輔, 張鎭錫	仁義齋	張士琳	忍恕齋	文德明
益菴	鄭萬和, 邢學精	仁義軒	崔汝達	忍性堂	金安老
益窩	金範柱, 安重觀	仁齋	姜孝貞, 姜希顔, 盧宇愼, 徐致誠, 成聃壽, 成熺, 成希顔, 林滿容, 黃世鍊	忍性窩	吳道隆
				忍性齋	黃始瓚
益齋	郭之謙, 朴東英, 吳溥, 李齊賢, 李塡, 李希孟, 鄭焜, 崔景倫, 秋雷, 黃潤鍾			忍叟	金若鍊
				忍心齋	金應河
		仁拙軒	張宇樞	忍庵	權相圭, 權龍燮, 權桓老, 金佐鎭, 朴相圭, 朴承侃, 意閑, 趙載道, 崔景烈, 崔壽義, 許萬哲
		仁智堂	郭麿		
益亭	裵貞伯	仁川	卞成振, 尹泰烑, 洪閔周		
益軒	金永哲, 宋宇鎭	仁村	金性洙, 禹載岳, 鄭俶, 趙銘		
翼翼齋	洪鳳漢			忍菴	文彙光, 魏撥, 蔡壽宗
翼齋	高在鵬, 洪鳳漢	仁浦	李中遠	忍窩	金復元, 金性銖, 金永珣, 金咸, 南大萬, 朴昌模, 宋之頀, 柳警鐸, 柳澐, 李克勉, 李
翼惠	鄭氏	仁軒	石命富, 沈宜純, 李文標		
仁溪	金光五, 孫鍾禹, 趙洽, 邢	仁興齋	張麟德		

述賢, 李鼎壽, 晉大鳳, 陳夢日

忍貳堂　李益祚

忍齋　姜錫齊, 權大器, 奇孝諫, 金景遂, 金成遠, 金時讓, 金宇漢, 金曾範, 金漢淳, 金咸, 金鉉, 文尚能, 朴光亨, 朴來曾, 朴信榮, 朴璘, 朴準英, 朴弼明, 潘汭, 裵淓, 申澤, 申琛, 申㵩, 安志養, 吳士元, 劉元植, 尹玆東, 李建采, 李驥俊, 李榮先, 李宗涵, 李憲相, 李希楙, 張相勗, 鄭胤勉, 鄭重稷, 曹大承, 曹夏淳, 池國原, 陳夢日, 崔仁煥, 崔憲永, 馮翊漢, 韓是愈, 洪㝢厚, 洪暹, 洪壽榮, 黃致章

忍齋堂　尹相禛

忍載堂　李益祚

忍齋翁　宋晃洙

忍拙　金在誠

忍重　李君五

忍軒　金時英, 朴氏, 朴永奭, 朴重栢

訒峯　閔蓍重

訒峰　閔蓍重

訒齋　閔蓍重, 朴世煦, 徐宗玉, 申錫元, 崔晛, 洪進

認菴　金載敘, 李塱

認齋　金琪永, 金靜厚, 金玄度, 閔蓍重, 朴世煦, 尹行順, 李宗涵, 任興準, 蔣處仁, 蔡洞, 馮羽漢

認軒　金玄度

靭齋　白東修

麟溪　朴東根, 李潊, 李頤炳

麟谷　雷學

麟峰　高濟亮

麟齋　李奮, 李鍾學

麟田　金敎徽

麟洲　吳逹

一可道人　李陽元, 李行

一竿　李仁實

一鑑　鄭勉行, 鄭在三

一鑑亭　宋鏞浩

一崗　崔碩鎬

一江　金澈

一谷　洪履福

一兼齋　鄭彥訥

一溪　金昇洛

一戎堂　鄭氏

一筇　卞時煥

一光　鄭載晃

一狂　鄭時海

一槐　李明均

一球　李鍾柱

一簣　任座

一勤　洪洛周

一金白　金自精

一寧　許詡

一堂　尹正學, 李完用

一島　羅正絞

一蠹　鄭汝昌

一蠹子　李性天

一樂堂　趙仲輝

一勞堂　具泰祚

一龍　朴泳鎭

一柳堂　權國樞, 金履基

一馬軒　柳瑞

一夢　李奎象, 李壽澤

一默　鄭經世

一默齋　金光斗, 金仁

一默軒　趙正緯

一文齋　李延佖

一民　申圭植

一柏堂　安重

一帆　張錫蓋

一峯　金順命, 李民覺, 李昌益, 韓永翰

一峰　金擎鉉, 金大池, 朴憲舜, 鄭敏僑, 趙錫晦, 趙顯期, 韓楨敎

一夫　金恒

一史　尹柱瓚

一沙　柳彬賢

一查　李涵一

一絲　金觀柱

一山　金斗鍾, 金炳泰, 金聲魯, 金永一, 金在明, 李鐸昭, 全玉鉉, 趙昺奎

一山齋　尹一炳

一塞翁　金有基

一石　金性業, 朴惟東, 李熙昇, 崔炳夏

一蟬　李奎緯, 李洪載

一善堂　林守業

一蟬窩　李洪載

一誠　鄭用後

一醒　李儁, 田基五

一星樓　丁若銓

一誠齋　裵汝慶

一笑　盧協

一笑翁　朴至誠

一笑齋　尹以健, 趙誠立

一嘯亭　具壽永

一笑軒　李光容, 趙誠立, 許鋼

一松　金東三, 金瀨, 盧輔世, 麻亨國, 朴吉龍, 朴性洙, 朴榮汶, 孫在駟, 宋基德, 沈喜壽, 李悖五, 李用雨, 洪治, 黃甲熙

一松堂　柳在永

一松齋　金錫
一松亭　張致彦
一叟　李元龜
一水庵　黃仁紀
一樹軒　鄭樟
一水戶　黃仁紀
一心　李曾魯
一心齋　權愿, 金斗述, 昔磬洙, 李元基, 李容瓚, 張希聖, 黃忍
一丫堂　李會彰
一安堂　金宗基
一庵　金基夏, 宋熹永, 辛夢三, 尹仁錫, 李教授, 曺采臣
一菴　權秀升, 金容鎬, 金夏均, 文鳳鎬, 朴孝男, 蘇鎭碩, 尹東源, 李教敦, 李圭哲, 李器之
一野　尹珽鉉
一野隱　金星衰
一广　金相一
一如　信淳
一葉　金元周, 趙秉禧
一吾　洪在範
一梧　李鍾榮
一梧亭　安宗善
一玉　鄭圭永, 鄭寅尚
一翁　朴慶應, 李心源
一窩　金魯應, 尹正學, 鄭濟萬
一阮　洪範植
一庸齋　李英弼
一慵齋　金時忱
一友　許秉律
一偶　禹信栽
一宇　金漢鍾, 鄭世容
一疣　朴成珩
一愚　金升玉, 金鼎漢, 南宮薰, 朴泰遠, 白宗浩, 尹鑛, 李鏑,

李顯周, 張柱臣, 張必勳, 全弼淳, 崔悌默, 洪鍾善
一雨　鄭信
一雲　如菴, 鄭基烈
一雲居士　李文蕘
一院　洪範植
一源　李秉淵
一逌齋　張泰秀
一一齋　金是瓚
一齋　權重淵, 權採, 權漢功, 金勘, 金武仁, 金秉祚, 金性昊, 金瑀, 金允輔, 金漢茂, 閔懷賢, 朴文源, 朴華鎭, 魚允中, 呂孝曾, 柳聖逈, 柳遠必, 尹命相, 尹沃, 李宗鎬, 李恒, 鄭惟泰, 趙一韓, 趙重桓, 蔡鍾植, 許珩
一丁　具汝淳, 李鎬應
一亭　朴升洙, 朴容晟, 李世衡
一庭　金潤相
一艇老人　許穆
一洲　金振宇
一舟　金義宗, 成泰英
一竹　姜樹, 康在山, 崔孝雲
一竹堂　李惇五
一竹齋　辛乃沃
一芝　金景燁
一枝庵　意恂
一枝窩　金宅東
一直堂　呂齊賮
一直軒　朴東立
一塵　姜璿
一傖　玉瑛和
一滄　俞致雄
一傖翁　李庚兄
一川　許珩
一泉　金智煥

一清　鄭霽, 黃河一
一聽　蔡氏
一青　金達淳, 全氏
一聽軒　洪樂信
一樵　黃德煥
一秋　崔明完
一痴　宋爾昌
一癡　李繼先
一蚩　鄭彦審
一退　柳尚運
一坡　姜泌
一波　嚴恒燮
一派　李敿
一八　金聲根
一片丹生　申采浩
一萍　柳心源
一浦　李德熙
一瓢　宋英耈
一下　郭東柱
一荷　李源祺
一何亭　李學峻
一壑　金順命, 金履元
一寒　金盛迪
一閑堂　沈揖
一寒齋　金盛迪
一閒齋　趙壽恒
一海　李世楨
一軒　郭以橫, 權載九, 金橡, 金台漢, 徐三旱, 安以瀇, 尹鼎烈, 李圭衡, 李錫熙, 張麟燮, 趙昌澤, 河海寬
一湖　孫樂會, 安元衡
一濠　南啓宇
一瓠　宋英耈
一瓠齋　宋英耈

一虎亭	沈之漢	日紅堂	權常愼	逸庵居士	鄭晏
一和	崔鉉達	日休	琴舜基, 琴應英	逸垈	權秉周
一丸齋	沈樂洙	日休堂	琴應夾, 崔慶長, 崔慶會	逸翁	金漢紹, 李春發, 曹義立,
一悔軒	都右龍	日休庵	黃泰中		崔禹鉉, 崔希亮
佚老	成世明	日休齋	安宅基	逸窩	金驥材, 俞弘淳, 李東柱,
佚老堂	金盛最, 成世明	日休亭	柳耀漢, 李觀命, 李榮世		全貴海
日鑑堂	庾世正	日希	李相秘	逸愚山人	柳相祚
日溪	崔東泰	日希亭	李相秘	逸耘	鄭宗浩
日谷	趙得永	逸岡	文益尚	逸雲亭	金炳文
日南	朴淵元	逸江	秋德立	逸園	柳經立
日堂	李源彙, 李宗彦, 秦學新	逸溪	金基洛, 金自知, 朴海容,	逸隱	張元慶
日勉齋	趙重復		蔡無逸	逸庄	朴莛
日峯	權諿	逸谷	崔珪, 崔琦	逸齋	賈應瑞, 康豐實, 康赫, 金
日峰	李教文	逸南	朴壽齊		繼孫, 金良臣, 朴承年, 朴由
日三齋	南天覺	逸堂	安瑞翼, 李聖心		淵, 朴瀅鎭, 成任, 孫敬儉, 申
日涉園	洪宗海	逸德齋	尹安國		漢秤, 沈鎬, 柳恒春, 李鑑 李
日省	李仁行, 李章五, 李章雲	逸老	金揚南		孝相, 鄭以殷, 鄭泓采, 崔宗
日星岡	宋晁	逸老堂	權斗光, 梁灌, 洪禹澤, 黃		元, 洪義明
日省堂	朴仁淵, 宋道涵, 柳渼		鸞祥	逸亭	金世實, 李日煥
日省齋	權處愚, 金穩, 徐恒, 安宅	逸老亭	金揚南	逸俊	金廷俊
	文, 趙錫魯, 黃絢	逸民	金明弼	逸清齋	朴虎
日新	任徵夏	逸峯	鄭道復	逸草	金鍬
日新堂	金相復, 朴新源, 李瓔, 李	逸士	延景箕	逸草堂	金鍬
	璘大, 李天慶, 張淳	逸山	金泰鎭, 黃鍾烈	逸坪	韓汝元
日新齋	金有華, 盧栻, 葉濃煥, 任	逸曙	金弘壹	逸圃	朴時源, 柳經立, 俞鴻觀,
	世復, 鄭義林, 黃瑀	逸石	卞榮泰, 李相儀		車桂燦, 崔成海
日新軒	李衡鎬	逸松	杜良弼	逸軒	金漾, 金澍, 徐有煥, 魚錫
日庵	李教高, 精頤	逸叟	李元龜		胤, 魚用書, 俞受基, 李炑, 李
日愚	姜宇奎	逸睡堂	金聖輝		周宗, 李烜, 鄭湛, 鄭諶, 鄭五
日益軒	趙相淵	逸巖	鄭容九		錫, 鄭愚權
日齋	吳世昌, 李贊模, 崔宗元	逸庵	朴天星, 石萬百, 宋璨圭,	逸休	朴弼正, 許厚
日躋堂	車殷輅		辛繼, 尹德駿	逸休堂	李翻, 洪瑞範
日村	河蓮弘	逸菴	高元謙, 金在鎔, 朴榮纘,	逸休齋	朴弼正, 孫汝奎
日圃	金埴		朴華淳, 朴興遯, 裵東道, 徐有	逸休亭	李翻
日下	徐翼奎		彩, 李曉, 李芝日, 李致迪, 李	釖南	安後說
			衡宅, 鄭之雅, 黃鑑平	釖峯	閔蓍重
				釖巖	金琨

任澗堂 金漋
任堂 柳毅赫, 李秉岐
任蓬齋 蘇權
任師齋 申師任堂
任性 冲彦
任性堂 冲彦
任隨齋 朴增孝
任窩 姜遠溥
任眞堂 蔡世英
任天 梁榞
任閑堂 金潔
姙師齋 申氏
恁堂 高基升, 趙宗夏
林磵 洪學淵
林岡 許聶
林居 鄭昌黙
林渠 曺栢承
林溪 高迪, 朴貞鎭, 成氏, 兪好仁, 尹集, 曺景溫, 黃龍海
林皐 柳郁, 李秉泰, 黃寅範
林谷 金明植, 尹衡袖, 林眞怤, 鄭海運
林谷病慵 林眞怤
林堂 白殷培, 崔峻
林塘 裵愼忱, 鄭惟吉, 曺繼祖
林塘亭 金永宇
林梅堂 趙斗鉉
林碧堂 金氏, 兪汝舟
林叟 金明祖, 李翼鎭
林菴 盧思程
林崖 韓後樂
林野 鄭世弼
林窩 宋后鼎, 林興震, 韓俊敏, 黃宗河
林隱 權世恒, 盧安鼎, 徐命立, 吳碩根, 柳成根, 李敏坤, 張昌胤, 周茯, 黃允範
林逸子 宋后甲
林齋 尹相琪
林亭 朴廷重, 李希孟, 張德良, 趙允瑄, 趙瑚
林汀 鄭一源
林川 李玄祚
林泉 朴英鎭, 裵鶴, 史遠勳, 尹禮衡, 李伯憲, 李衡佐, 張綸, 表沿末, 片一龍
林泉堂 朴憲文
林泉齋 崔松季
林樵 洪裕命
林灘 趙仁壁
林坡 趙映奎, 黃渙周
林下 金紀憲, 尹相九, 李敬儒, 李裕元, 李祉永, 鄭湛, 鄭師哲, 鄭周洛
林下耕夫 溫潤
林下堂 申厚明
林下處士 金弼鉉, 李元培
林軒 文載道, 張斗杓, 鄭世弼, 崔峻, 黃審
林湖 朴守儉, 尹棨
林虎 白吉鎭
琳塘 白殷培
琳瑭 白殷培
琳田 趙廷奎
臨閣 李砬
臨江 徐愈, 吳儼
臨鏡堂 康仲珍, 金說
臨溪 姜深, 吳湜
臨皐 王于中
臨皐子 李尙權
臨谷 申湜
臨堂 河性在
臨流軒 沈相浩
臨履堂 金基煥, 金興龍
臨履窩 金聖均, 徐弘溥
臨履齋 金義鼎, 申命熙, 吳泰奎
臨深 尹珣
臨汝齋 柳漨
臨淵 裵三益, 尹心衡, 李亮淵
臨淵堂 李亮淵
臨淵齋 李亮淵
臨窩 丁一愼
臨齋 徐贊奎, 尹景平, 尹心衡, 李基一
臨汀 李壽庭
臨川 鄭娣
臨川釣叟 姜晉寶
臨泉齋 吳光源
臨泉軒 金再三
臨淸閣 李洺
臨淸軒 李洛
臨浦 李斗陽
臨湖 朴永環, 柳世溫, 李景震, 崔寅岳, 洪萬迪
臨淮 朴希權, 李允實
臨淮堂 朴希權
霖皐 金世重
霖谷 崔閏德
卄川 南鵬翼
立祿 元禎
立石 金崇元, 魚錫五
立身齋 庾敬求
立岩 金洛鍾, 趙埴
立巖 金光鍊, 金南烈, 南廷瑀, 閔齊仁, 柳達年, 柳仲郢, 李肇新, 張顯光, 趙重壁, 崔彦峻
立庵 朴憲脩
立菴 朴俊欽, 朱庸奎, 陳倬, 崔

山笠

立巖居士　徐碩禧

立窩　鄭錫胤, 陳佑

立齋　姜在恒, 奇左善, 盧欽, 卞
　　　耆壽, 宋近洙, 李殷相, 鄭道
　　　應, 鄭宗魯, 趙大胤, 趙士卿

立志堂　金遇喆

立軒　金種嘉, 柳東煥, 丁泰重,
　　　韓聖運, 韓運聖

笠巖　吉仁和, 吉進國, 孫比長,
　　　李省身

笠澤　金鑑

剩餘　魏命德

剩軒　金紹洛

ㅈ

子岡　金正業

子溫　沈思恭

子窩　柳成虬

慈溪　曺龍翰

慈教堂　俞命賚

慈屺　姜瑋

慈愍　蕙日

慈山　權益九

慈雲　天祐

慈應　信和

慈仁　朴承營

慈行　策活

柘山齋　朴在華

滋菴　鄭泰悌

炙背軒　安方慶

疵菴　李審度

磁山　金熹鉉

玆菴　申相一

紫閣　姜銑, 朴聲漢, 任百經, 趙
　　　德常

紫閣山館　鄭萬朝

紫閣山人　朴聲漢

紫溪　柳道禧

紫溪翁　李彦迪

紫皋　李在康

紫谷　趙昌駿

紫南　朴在植

紫東　李正模

紫洞　姜鶴年

紫峯　孟仁遠, 李漢中, 鄭僑

紫峰　鄭錫祐, 崔宗周

紫山　琴東烈, 琴佑烈, 李景晦,
　　　李炳奎, 李審度, 李在徽

紫松　權克平

紫巖　姜慶昇, 琴東烈, 金應南,
　　　南泰會, 李民劉, 李民宬, 李宜
　　　翼, 李潛, 蔣珩, 鄭姬柱, 趙性
　　　源, 趙宗垈

紫菴　朴憲陽, 尹賢喆

紫巖翁　姜慶昇

紫巖亭　姜鳳海

紫厓　張照, 洪九瑞

紫崖　任珖

紫陽齋　黃祐邪

紫燕　李倚

紫煙翁　李寅文

紫塢　金祖根

紫玉山人　李彦迪

紫窩　都宇正

紫雲　姜鶴年, 申禹鉉, 李宜翰,
　　　李中久

紫雲亭　姜慶昇

紫隱　金圭卨, 洪弼周, 黃祐淇

紫陰　南升喆

紫人　洪弼周

紫仍　李庭久

紫泉　田雲祥

紫樵　朴珽坤

紫圃　朴之賓, 李瑛

紫下　劉載淳, 劉洪烈, 張基爽,
　　　韓昌愚

紫霞　邊慶胤, 司空實, 申緯, 李
　　　龜書, 李義勝

紫霞堂　申緯

紫霞道人　意恂, 丁若鏞

紫霞洞主人　蔡洪哲

紫海　金時讓

紫華　孟仁遠

自强齋　黃鈺

自慊窩　柳大源

自警齋　金光源

自谷　宋必煥

字求窩　姜永夏

自求齋　張龍燮

自棄翁　金熞

自己窩　李點

自樂　李震昌

自洛　鄭東煥

自樂堂　權大鎭, 權守經, 文孝宗,
　　　朴秀基

自樂亭　朴秀基, 李灃

自樂軒　金悌行, 吳瑞, 俞最基

自老堂　鄭希聖

自侮齋　徐璕煥

自牧堂　李山嶽, 蔡荊龜

自牧窩　洪益謨

自黙堂　李益壽

自山　安廓

自墅　曺健

自宣	朴氏	自齋	尹東爗	岑山	李震龜
自醒	金養耆	自靜	曺健	岑鼎子	尹濟民
自醒亭	張光翰	自靜堂	曺健	潛溪	權昌植, 金得礪, 金益勳, 白亨璣, 李惟哲, 李全仁
自笑	金漢極	自靜齋	金鶴聲		
自笑狂夫	朴伯溫	自足堂	南極柱	潛谷	金鳳齡, 金錫重, 金墳, 金義貞, 金重良, 金華坤, 朴斗秉, 成輅
自笑堂	李爾一	自足齋	申鳳錫		
自笑翁	閔在南	自知齋	鄭光毅		
自笑軒	李能馥	自智亭	張光翰	潛廬	朴履炫
自修菴	文汝凱	自知軒	林眞怘	潛昭	朴光佑
自修齋	金聲應	自樵	金肅鎭	潛昭堂	朴光佑
自庵	金綠	自波堂	朴季孫	潛叟	奇正鎭, 朴聖潑, 朴世堂
自愛堂	鄭學濂, 趙愚鎭	自逋翁	金鈿	潛嶽	朴尙眞
自養	金永王亨	自下	敬信	潛巖	成輅, 宋元昌
自如	李穎達	自軒	金正浩	潛庵	金義貞, 李命俊
自然	金相福	自好堂	趙守翼	潛冶	朴惟一, 朴知誡
自然堂	姜永周, 金時瑞	自好齋	李澤徽	潛淵	車伯炤
自然庵	韓宗一	自華	洪愼猷	潛翁	南夏行, 李雲開
自然窩	金履九	自華子	洪愼猷	潛窩	金德徽, 金載定, 金在孝, 李謙受, 李命俊, 李槃, 崔震立
自然亭	李聖命, 鄭星源	自晦堂	金錫貢		
自娛	林象鼎, 趙守翼, 韓益相	自喜翁	崔致德		
		玆庵	申尙一	潛隱	姜洽
自娛堂	李奎報, 林象鼎, 崔重範	茨山	朴善性	潛齋	金益謙, 金碇, 金就礪, 龍希壽, 張謹, 鄭載應, 河㝢, 黃天繼
自娛齋	李壽奎	蔗山	趙重黙		
自娛軒	李壽奎	資堂	安中植		
自饒齋	金致夏	雌磎	丁倪祖	潛亭	李濟般
自容軒	黃霆	作菴	金𡐔	潛照堂	朴處綸
自愚	金元柱	勺軒	金愚根	潛軒	金宗信, 李術, 必恒
自有	金顯淳, 金蘅淳	昨非庵	鄭瑄	潛湖	金載冀
自有齋	尹容善	昨匪窩	金明圭	箴齋	愼在巘
自由齋	尹容善	昨晦翁	崔珵煥	蠶谷	邊懷
自濡軒	李萬白	芍農	趙鼎九	蠶山	崔天瑞
自由軒	南漢	芍藥山人	姜必魯	蠶西窩	柳漢相
自隱	朴萬齡, 朴範鎭, 朴天民	芍玉	洪鍾應	雜卉園	李重慶
自隱齋	宋㷒心	莋洋	姜興載	丈山	鄭在千
自怡堂	甘禮從, 李時憲, 林薰	鵲溪	成景琛	丈巖	鄭澔, 黃麟秀
				丈庵	朴榮鉉
自自軒	朴文煥			場巖	成夢井, 趙英汶, 咸周斌

場庵　成周絾
墻東　黃鍾粹
墻隱　李德龍
墻村　黃浩一
壯谷　李景容
壯東　李暾
壯巖　羅德憲, 柳俊榮
壯菴　郭漢一, 金光
壯窩　李誠中
壯齋　李致白, 黃世塏
樟隱　李慶輝
漳涯　李國弼
漳洲　金添慶, 趙明履
獐巖　金尙養
獐位山人　尹用求
莊峰　康訢
莊庵　鄭著休
莊六　李宗準
莊六居士　李鼈, 李宗準
莊庵　金時洛, 李景雲, 鄭者休
莊窩　朴弼朝, 李重實
莊毅齋　崔澳
莊齋　沈憲永
莊平　李魏
莊軒　奇老章
莊湖　曺潤孫
莊湖齋　崔澳
藏溪　吳以井
藏谷　權泰一, 成俊耉
藏墨堂　李顯翼
藏密軒　宋寅明
藏璞　金夢曇
藏六　金世敏, 李宗準, 趙濟普
藏六居士　李鼈, 李宗準, 趙濟普
藏六堂　裵龍吉, 宋篪, 申誧, 元振海, 李鼈, 李培仁, 李鼈, 李時楳 趙龜錫, 崔瀁
藏六齋　南德龜, 朴宗絅
藏密軒　宋寅明
藏巖　李命弼
藏庵　金壽祖, 金昌祖
藏菴　朴宗漢
藏窩　鄭大洽, 崔性奎
藏雲　金永稷
藏園　黃源善
藏拙堂　洪觀
藏拙窩　金學
藏村　田鎰孝
藏春亭　柳忠貞
藏閒堂　金極溫, 廉鎬
章溪　金箕斗, 田穆
章山　朴晦壽
長幹子　兪炳泰
長溪　徐長輔, 柳氏
長谷　禹弘績
長潭　唐厚民
長樂　金昌錫
長白山　金容瓘
長白山人　李光洙
長貧子　尹耆獻
長沙　閔宗儒
長山　元斗樞, 李涓宇
長城　李繡
長笑　金遇秋
長嘯軒　成夢亮
長水　崔雲
長巖　徐完淳
長榮　李章寧
長窩　李能春
長隱　權協
長吟　盧勝
長陰　李思觀
長吟亭　羅湜
長州　南溟羽
長洲　南溟羽, 朴震元, 宋廷祚, 尹暉, 洪萬宗, 洪龍漢
長村　李萬葉
長春　吳綗, 李喜玉, 田榮澤, 周封
長春堂　洪受疇
長坡　朴聖泰
長圃　李基遠
長浦　金行, 李效元
長軒　李之經
長湖　尹敬敎, 尹暉
長滸　吳大齡
再峯　申習
再思堂　李黿, 李元龜, 李鍾洞
哉哉室　金周默
在澗　金漢, 徐命均, 徐命彬, 申致謹, 任希聖, 崔東望
在磵　金漢
在磵堂　金漢
在山　金基長
在庵　黃輔益
在野堂　盧濩, 盧氏
宰谷　李光榮
宰雲　兪鎭壽
才翁　李寂賢
材庵　金鎭八
梓谷　李沂
榟庵　金在烈
滓溟　尹順之
滓翁　朴瀰
滓浦　申熙溟

縡窩	崔昇羽	苧隱	宋氏	傳白堂	成彥極
載溪	金川鎰	苧齋	牟鎰權	傳巖	白以昭
齋谷	權縉, 安後說	著菴	李寅炯	全歸堂	徐時立
齋堂	孔升炫	商軒	呂春永	全齋	盧齊, 范碩普, 任憲晦
齋沐	李源一	寂通齋	洪德文	全州	李秋生
齋巖	李漢慶	寂下	金氏	典庵	姜鼎煥, 許氏, 許瀁
齋隱	咸順基	樀菴	姜壽馨	前川	金麟洛, 李圭鳳
齋軒	甘軾	磧淵	沈彥慶	戰兢齋	金瑞一, 張啓
曘齋	徐恒錫	積城	李之馨	田史	朴絢和
坻菴	李哲	積巖	徐仲輔	田翁	申用淵
楮谷病隱	李徽逸	積翁	金永銖	田雲	李光輔
楮島	具容, 安貧世	積翠	尹在義	田園	柳道獻
楮島漁隱	安貧世	績庵	朴洪壽	田隱	馬時翰, 申采模, 安桑鷄, 楊士衡, 梁會水, 李昌洙, 任龜鉉
楮亭	朴順達	赤溪	申廣濟		
楮浦	朴宇鎭	赤谷	琴悌筍, 金兼廉, 金益廉, 成勝		
樗谷	呂稱, 崔挺豪			田村	宋穉圭
樗老	李友直	赤羅山人	金永鎭	筌民	金正喜
樗石	崔鏡河	赤城齋	鄭東虎	筌窩	文啓東
樗庵	申宅權, 吳尚游	赤松	丁之雋	筌齋	李樹挺
樗窩	李漢久, 鄭彥者	赤松亭	鄭濟	篿塘	蔡震亨
樗窩散人	尹仁權	赤松軒	金希禹	篿浦	金邦衡
樗園	洪義人	赤巖	琴悌筍, 李漢吉	篿湖	安壽麟, 李闓益, 李廷相, 李廷楠
樗陰	姜亨脩, 李晉馨	赤崖	鄭姬藩		
樗田	宋廷植, 李鍾林	赤村	河緯地	箭湖	朴命稷
樗亭	柳方澤, 柳伯濡	赤波	徐相郁, 安達得	篆盦	金正喜
樗村	金炫文, 沈錥, 安錥, 李廷燮	磧淵	沈彥慶	銓華	趙錫龜
		跡隱	姜趾周	折荷	田鎰健
樗圃	盧光柱	迪隱	蘇濟	節溪	金相鎭
樗軒	羅公彥, 朴民獻, 朴信, 宋象鵬, 沈錥, 尹燮, 柳伯濡, 李石亨, 蔡鴻儀	適安	申命圭	節谷	金時觀
		適巖	韓夢參	節堂	朴錫元
		適庵	姜世閭, 金東俊, 金台重, 申光絢, 曹伸, 韓夢參	節樂齋	安錫龍
樗湖	趙德常, 趙德潤			節士	李翮
渚汀	李鼎俊	適菴	李穀中	節巖	金公侃
渚樵	黃肇夏	適巖隱人	韓夢參	節菴	金紀泰, 金俊植
猪岩	金永胤	佺庵	李秉文	節翁	金渾
猪巖	李敦化				

節窩	朴新克, 宋志行	亭西	李光翊	晶月	羅惠錫
節友堂	金鐵根	亭巖	洪應周	梃松	全德元
節隱	劉亨貴, 李元容	亭窩	李蝨遠	正剛	宣炯
節陰	鄭洪互	亭隱	尹韶儀, 張弘迪	正溪	金禮鎭
節齋	金宗瑞, 朴敏弘, 宣慶龍,	亭亭亭	徐居正	正谷	鄭承周
	蘇溥, 廉慶, 吳邦善, 劉天鳳,	停圃	李藝	正己齋	太貴生
	尹濟, 李益壽, 昌令考, 韓伯厚	定跟齋	金煊	正堂里	李之氐
節亭	金斯革	定裹	殷洪悅	正峯	金汝煥, 孫炳坤
節初堂	柳萱	定峯	安聃壽	正峰	全有章
節軒	康忠男	定山	裵文昶, 成遵, 蔡龍臣	鄭心齋	尹心震
節孝	羅表, 成守琮	定省窩	崔鶴翰	正巖	金儀表, 文東道, 徐崇老
節孝堂	成守琮, 黃鍾益	定省齋	琴應商, 趙采集	正庵	金文洙
節孝先生	成守琮	定庵	郭越, 柳德種, 李基福	正菴	權經夏, 朴民獻, 尹相裕,
絶齋	李商輅	定菴	金養楨		尹效覺, 李鍾勳, 李賢萬, 李顯
截江	牟恂	定窩	賈中永, 金炆, 盧三壽		益
佔畢齋	金宗直	定窩軒	鄭漢明	正盒	金正喜
漸聲	徐孝寰	定宇齋	李靖逸	正窩	權續, 李在仮
漸齋	白東修	定齋	郭越, 朴泰輔, 鮮于燻, 柳	正隱	玉斯溫
點易	梁慶遇		葊, 柳致明, 李以存, 李行善,	正義軒	李善中
點易子	梁慶遇		鄭萬陽	正誼齋	申相濬
點易齋	梁慶遇	定止齋	鄭彦燮	正齋	權撃, 金瑗根, 金宗宇, 南
點齋	柳琰	定軒	權麟植, 李善植, 李鍾祥		履道, 閔汝翼, 朴元亨, 梁會
點彈	趙益貞	庭筠	趙匡憲		甲, 尹鼎, 李球, 李明恕, 黃錫
丁凡	羅昌憲	征齋	朴永福, 李磺		周
丁峰	劉克洪	情菴	鄭世豪	正中堂	李禹禎
井谷	權憕, 金應兌, 李世華	情靜堂	黃氏	正智齋	姜大良
井谷處士	權澄	情清子	李彦浩	正平子	柳榮日
井觀	李聖運, 秦慶煥	政堂	俞汝霖	正軒	金翼昊, 純宗
井山	金炳觀, 金祚植, 諸之鐸	整襟亭	李興祖	汀谷	裵亨遠
井巖	徐禮立	整菴	羅欽順, 鄭陟	汀沙	金憲稷
井庵	金得祺	整齋	文錫麟, 李命采	汀菴	金利秉
井蓮	許文斗	晶沙	權相重	淨居山人	金是瓚
井田	康逵	晶山	權載大, 權永佐, 李命求	淨居齋	金是瓚
井圃	黃岂	晶巖	卽圓	淨溪	朴文立
亭伯	崔駰	晶陽道人	申泰熙	淨流堂	李顯謨
				淨峰	徐炳泰

淨疎軒　朴侹

淨菴　裵萬容

淨友堂　金湜, 李祥吉, 曺致虞

淨友軒　李定秀

淨陰　羅嗣宗, 羅淑

淨齋　金德龍, 洪章中

淨泉　金疏

斑山　安光默

禎軒　柳時發

程川　李厚彬

精舍　趙錫穆, 秋湖

精庵　南建參

精毅齋　李驥魯

精一　李相皓

精一迂叟　金瀷

精一齋　南薈, 兪華柱, 韓如琦

精齋　金守精, 金履達, 盧自亨, 吳秉勳, 鄭寅煥

訂窩　金坐鎭

貞愨　李世璞

貞居　李晦斗

貞谷　朴泰郁, 李壽長

貞山　金東鎭, 朴熙珵, 宋德潤, 李秉休

貞石　高永吉

貞菴　權秉悳, 閔遇洙, 安完慶, 禹起東, 黃浩駿

貞庵　權秉悳

貞窩　吳升魯, 黃龍漢

貞黻　朴齊家

貞黻閣　朴齊家

貞隱　姜洴, 柳逸

貞義堂　朴文杓, 張世輝

貞一軒　南氏, 成大鎬, 李氏

貞齋　姜諿, 權五紀, 金宗洛, 朴宜中, 徐廷玉, 申湜, 安志松,

尹泳淇, 李穗, 李守貞, 李植, 李厚眞, 鄭漢鉉, 蔡紹權, 崔東旭, 許國讓

貞拙齋　李夏源

貞村　金正默

貞軒　廉瑞, 李家煥, 李根大

酊庵　李徵龍

酊翁　曹九齡

靖谷　李杜

靖山　金興基, 宋鎬坤

靖山齋　李啓華

靖醒　金管

靖世　楊懿直

靖庵　金侃

靖菴　朴承義, 柳隰

靖窩　姜鎔, 金思渾, 朴海昌, 龍粹長

靖齋　康祐鎭, 南廷浩, 南太淳, 朴宗尚

靖圃　卞儁

靖閑齋　曹一周

靖軒　金鼎德, 蘇時智, 鄭從韶, 鄭亨復, 洪鋌

靚軒　蘇敬夫

靜岡　崔孝根

靜崗　沈正勳

靜見　韓翼暮

靜京　李繼善

靜溪　李壽仁

靜谷　裵世績, 宋克訒, 李蒨, 任權, 鄭錫後, 曺守初, 曺信天, 許曜

靜谷齋　任炯準

靜觀　李端相, 一禪, 趙元世, 黃悅

靜觀堂　一禪

靜觀齋　朴文健, 朴忠元, 蘇世讓,

申渚, 李端相

靜觀軒　金萬基

靜訥居士　姜命奎

靜澹齋　李觀洙

靜德　許典

靜樂齋　金履矩

靜履堂　李斗然

靜明　天因

靜默　權重經, 朴齊仁, 朴處東

靜默堂　權重經, 李聖肇, 李泓

靜默齋　權述, 朴齊仁, 邊瑜, 柳宜健, 李尚逸, 李傳逸, 崔汦, 黃瑜

靜默軒　李敷

靜思齋　姜道熙

靜山　權相元, 金溶夏, 安鍾連, 李炳彦, 李壽炳, 洪在謙, 黃凱善

靜山齋　朴命天

靜修　尹德陸, 李秉模

靜叟　柳仁淑

靜修堂　韓後遂

靜守菴　曹百齡

靜修齋　金應夏, 朴漢祐, 劉昌漢, 李及愚, 李秉模, 崔後亮, 洪九行

靜水齋　朴世冑

靜愼齋　金時燦, 白莊

靜安堂　朴純世, 韓禹臣

靜安齋　鄭忱

靜巖　高濟淳, 徐崇老, 徐宗老

靜庵　趙光祖

靜菴　金就礪, 文琓, 朴光珍, 卞南龍

靜崖　趙峸

靜養　魏廷赫

靜養堂	姜思晉, 金允明, 李卿雲, 李東英	
靜養齋	權穎, 金漢蓋, 金興慶, 盧亨發	
靜翁	許瑞	
靜窩	姜大逢, 金相宣, 金裕慶, 文達觀, 朴明鎭, 朴師東, 朴承遠, 朴宗彦, 裵得信, 愼處胄, 愼必祖, 安鼎鉉, 龍粹長, 禹敎錫, 柳世相, 李得魯, 李鼎勳, 林德恒, 鄭睦, 鄭民始, 鄭邦郁, 趙尙鼎, 曹溭, 趙錫喆, 曹受天, 洪禹寧	
靜臥	林德恒	
靜容齋	任權	
靜友堂	曹致虞	
靜隱	杜永夏, 申元福, 申枰, 李箕孫, 趙琪元, 秦昌國	
靜隱逸	李箕孫	
靜隱處士	李時華	
靜履堂	李斗然	
靜一堂	姜氏	
靜齋	姜孟秀, 具綖, 權鑌, 金光喜, 金宏夏, 金魯亨, 金德龍, 金萬濟, 金守精, 金守蕳, 金裕慶, 南彦紀, 南台熙, 唐允文, 馬赫仁, 牟秀宅, 文錫昉, 朴慶祥, 朴顔相, 朴燦俊, 成聃年, 安應亨, 吳繼殷, 吳叔孫, 吳一英, 魏天佑, 柳命賢, 尹泓 李翃, 李敎榮, 李聃命, 李錫庸, 李應圭, 李踵, 李宗伯, 李天紀, 田華九, 鄭季良, 鄭之叔, 曹尙治, 陳泰亨, 崔光洞, 崔遠, 崔緯, 崔潤華, 秋秉運, 片奉敏, 許瀚, 邢德新, 洪耆英, 洪汝剛, 黃履昌, 黃錫進	
靜存窩	朴南壽	
靜存齋	白孝民, 李湛	

靜存軒	李能九	
靜坐	沈潮	
靜坐窩	宋爾昌, 沈潮	
靜村	宋若先	
靜春堂	李源在, 朱貞順	
靜春齋	朴世集	
靜浦	韓雍	
靜學齋	任思敬	
靜虛堂	洪柱世	
靜虛窩	李源坤	
靜軒	姜期壽, 高循厚, 郭鍾千, 權大徽, 金巘, 金相淳, 金高, 金仁根, 金鍾吉, 金重震, 文仁鎬, 朴寧熙, 朴之茂, 朴弼幹, 朴瀅錫, 朴孝謙, 朴孝讚, 徐馹迅, 成振華, 安德承, 李夔, 李基鎬, 李世瑾, 李載常, 李瀞, 林衡, 鄭氏, 趙惟誠, 趙貞喆, 洪灌, 洪熙疇, 黃春立	
靜見	韓翼暮	
靜湖	洪義植	
靜湖堂	房有芳	
靜煥	徐驌煥	
靜會堂	金志洙	
鼎谷	丁好寬, 曺大中, 曹益清, 趙存性	
鼎峯	金光軒	
鼎峰	申弘道	
鼎史	崔昌麟	
鼎山	朴洲, 朴主, 朴訓, 宋奎, 宋樞, 余秉均, 俞伯溫, 張遇慶, 趙哲濟, 秦喜永	
鼎新齋	金得直	
鼎庵	柳最鎭	
鼎崖	洪昇	
鼎翁	成櫻	
鼎齋	崔禹錫	

制鯨	應彦	
制安堂	成至善	
制安齋	成至善	
制庵	鄭象履	
弟皓	曹相玉	
悌友堂	朴慶傳	
悌田	沈魯巖	
梯菴	丁說相	
濟谷	梁熙遇, 鄭廣成, 趙曬	
濟南	權瑛, 金奎烈, 崔氏, 河經洛	
濟東堂	金容澤	
濟山	李晃錫, 李敏翼	
濟西	柳昌辰, 李貞基	
濟世堂	文基洪	
濟安齋	那璉, 邢璉	
濟庵	康善泰, 金相理, 金弘輔, 宋秉晙, 李鳳煥	
濟菴	金宗爕	
濟厓	李元在	
濟翁	沈瀚	
濟元堂	鄭樂寅	
濟州堂	任楫	
濟川	蘇洙榘, 李元容	
濟村	崔應天	
濟下	康大益	
濟軒	金成泰, 文尙行, 潘世建, 李世善, 張奎埭	
濟湖	權濩	
薺齋	李觀周	
製菴	朴而栢	
霽岡	李鎬奎	
霽谷	權鉉, 權緒, 李亨秀, 黃世楨, 黃煒	
霽光齋	楊景濂	
霽嶠	柳希亮	

霽南	都尚郁, 李五銓	齊心堂	姜龜祥	釣叟	金應碩, 朴秀林
霽潭	張斗奎	齊巖	李漢慶	釣巖	金玏, 朴蘭, 李時白, 韓碩弼, 韓石煥
霽堂	朴萬根	齊雲	靈照	釣庵	李範稷
霽臺	李壽基	齊川軒	朱榮	釣菴	李壽
霽峰	高敬命	齊軒	裵綯, 李龍基	釣翁	李亨成
霽峯	姜綎, 雲皐	操省堂	金澤龍	釣窩	金南鵬
霽付	權啓經	操菴	南弼文	釣隱	金聖器, 馬腆, 朴尚衷, 朴旹, 朴恒, 白南宇, 宋德馹, 辛景道, 辛景行, 辛福敎, 吳命說, 柳珣, 李奎, 李範稷, 李世澤, 李時白, 李邕, 李渭, 鄭明遇, 趙漢述, 崔致雲, 韓夢參
霽沙	許礐	操齋	梁箕默		
霽山	金聖鐸, 雲皐, 李相晚, 洪凭	曹溪退隱	休靜		
霽山雲史	雲皐	朝陽齋	朴省吾		
霽巖	丁鳴說, 蔡河徵, 崔宗謙	朝隱	李柴, 鄭崐壽		
霽庵	李宗儒	棗溪	鄭萬鍾		
霽菴	朴崇之, 李建喆, 李周老, 陳基榮, 韓順會	槽溪	李厚根	釣軒	李壽
霽厓	金錫熙	槽巖	李鳳年, 趙昌期	釣湖	朴永錫, 朴義植
霽梧軒	鄭洛會	槽隱	金箕晉	鳥溪	李應陽
霽雲	李世冑	潮溪	柳宗智	鳥山	宋有祥, 李怕
霽雲堂	梁景信	潮隱	金相秀, 李性源	鳥巖	蘇滉
霽月	敬軒, 宋奎濂, 廉想涉	潮泉	南漢普	鳥淵	李琇
霽月堂	敬軒, 權憪, 權雲, 宋奎濂, 沈世日, 李景淵, 曺秉休, 崔昌東	潮灘	金重鉉	足睡	洪仁謨
		照菴	鄭海弼	足睡居士	洪仁謨
霽月齋	權憪, 李健命, 李參老	照夜	兪升旦	足睡堂	洪仁謨
霽月軒	權憪	照夜神珠	兪升旦	足菴	宗聆
霽亭	李達衷	照海亭	李杜	足翁	崔山立
霽川	李承九	眺遐	金柄默	足閑堂	白仁國
霽村	權櫄, 金氏, 李尚斗	祖堂	靜均	足閒齋	安潛
霽浦	權稽	糟谷	裵孝崇	存谷	金永奎
霽下	高敬命, 金輔元	調陽	朴世章	存誠	朴楣
霽軒	郭漢哲, 權在洙, 沈定鎭, 魏榮杰, 李元亮, 陳重恢	藻鑑	申君平	存省齋	朴居易, 李齊哲, 趙錫愚
		藻溪	吉詠, 洪澕	存性齋	洪承業
霽湖	朴輅, 沈光亨, 梁慶遇, 柳伯春	藻隱	吉詠	存誠齋	朴萬垕, 朴楣, 朴泰尚, 朴希良, 徐鳳寬, 安基駿, 李淵普
		藻亭	吉致誠		
齊峰	吳世明	釣耕堂	宣居怡	存修齋	兪和濬
齊省齋	金崇德	釣耕庵	蔣文益	存心	朴禛秀, 愼宗麟
		釣溪	朴壽宗, 黃友憲	存心堂	金聲律, 朴東道, 朴璿載
		釣臺	琴恪, 黃有中	存心齋	李墍

存菴	李崇運, 黃載觀	
存養	郭承振, 宋挺廉	
存養堂	崔德之	
存養齋	權善擇, 金新民, 金乙和, 金鼎世, 朴鼎源, 朴準鏞, 宋挺濂, 李季甸	
存陽齋	盧坅	
存吾齋	金光澤	
存窩	崔錫鼎	
存齋	姜奎煥, 郭逡, 具宅奎, 奇大升, 金完秀, 朴文約, 朴允默, 徐昌東, 申東永, 魏伯珪, 俞鎮河, 李匡德, 李翼文, 李徽逸, 任潍, 趙翼	
尊巖	李邃生	
尊天窩	羅士良	
拙堂	金應煥, 閔聖徽, 朴廷稷, 朴聰	
拙默窩	崔澔	
拙夫	李尚汲	
拙修	金輝轍	
拙守	文孟獻	
拙叟	夏正華	
拙修齋	金啓昊, 金柱昊, 李坰, 李用夏, 趙聖期, 趙泰徵, 趙亨期, 崔廷鎭	
拙守庵	鄭時佐	
拙庵	宋錫慶, 孫鼎九, 衍昷, 柳永詢, 李大永, 李烈, 李昌國, 李忠綽, 卓溫	
拙菴	姜海遇, 金汝鏜, 金以濟, 閔佇, 徐玟淳, 宋錫範, 申聖夏, 李時彦, 李直彦, 鄭東晩, 鄭皙章, 許瑤	
拙翁	金鎤, 徐志修, 梁遇孟, 李文馨, 李成童, 李貞民, 李廷臣, 李昊中, 鄭元善, 鄭鍾, 蔡昭權, 崔澈, 洪聖民	
拙窩	權以時, 金光黙, 金樂源, 盧廷元, 崔瀟	
拙愚	丁義命	
拙月軒	朴漢柱	
拙隱	梁鍾賢, 吳命佐, 李宜祥, 李漢輔, 洪重憲	
拙齋	高益擎, 權相一, 權五紀, 金在敬, 金銚, 金夏錫, 盧祥, 盧淳聖, 睦善恒, 文采潤, 朴崇, 朴崇元, 申鳴華, 申湜, 柳光之, 柳元之, 尹行, 李暹, 李彦濡, 李槙, 李玄紀, 鄭斗五, 朱炯質, 車善縜, 蔡紹權, 崔振宗, 崔澄, 惠眞, 黃龍淵	
拙亭	金孝可	
拙存齋	盧盼	
拙灘	金權	
拙軒	金命允, 南景岳, 朴應福, 潘後泰, 楊許國, 柳祥翼, 俞彦龜, 李鍾鳳, 李天乙, 張輔漢, 鄭澤承, 鄭渾永, 曺澤承, 韓世良	
拙休堂	宋錫胤	
宗皐	黃曙	
宗德菴	李曙	
宗庵	宋有源	
宗漢齋	尹應鉉	
宗軒	朴安建, 李仁緒	
從史	崔弘簡	
從心堂	李廷梅	
從吾堂	金炳怡, 李澄善, 許埛	
從好齋	宋秉學, 林致愚	
種德亭	盧士偉, 李景鯉	
種石	柳光烈	
種善亭	琴應石	
種玉軒	李齊泰	
種窩	朱炯質	
種學堂	崔萬岦	
終南睡翁	李山海	
終慕堂	邊大玄, 辛柱, 李令憲, 崔胤貞	
終慕庵	辛經文	
終慕齋	潘墩	
終慕亭	金榮烈, 尹周喆	
鍾道	柳公叔	
鍾蘆	宋悝午	
鍾峯	惟政	
鍾山	權永俊, 金正主, 申溎, 沈英慶, 李建弼, 李參鉉, 李源命, 趙存榮, 洪岐周	
鍾三	孫大南	
鍾巖	金錕, 金尚熺, 鄭德濟, 曺世夫	
鍾庵	白印	
鍾厓	尹斗緒	
鍾崖	南鶴增	
鍾涯	鄭敾	
鍾窩	朱重翁	
鍾友	吳敏榮	
鍾齋	朴齊閉	
鍾湖	俞華柱	
佐翁	尹致昊	
坐忘子	申皐	
坐肅齋	權涷	
坐庵	朴恒	
坐隱	金宇杭, 黃晙	
左溟	盧聖中, 孫海振	
左溟山人	宋旬	
左山	李晩胤	
左蘇	徐有本	
左蘇山人	徐有本	
左松	李麟鎬	
左庵	金龍鉉	

左菴	李健璜, 鄭燦欽	
左海	李秀榮	
左湖	洪遇謨	
主一堂	金弘光	
主一窩	房明燁	
主一齋	朴㲒鎭, 柳後章, 尹承任	
主靜窩	申相憲	
住石	朴會臣	
做谷	李㰌	
周啓	鄭基世	
周溪	鄭基世	
周谷	盧瑛	
周旅	張昶	
周峰	朴泰來	
周菴	宋汝相, 黃鉉	
周翁	安玟英, 尹師路	
周浦	邢珪	
晝眠	金天柱	
晝軒	鄭師閔	
朱耕	安堅	
朱溪	羅烈	
朱溪齋	朴楠	
朱川	朴瑞	
柱江	趙是光	
柱南	金喆鎭	
柱峯	李峽, 趙綱	
柱峰	金得可, 李峽, 丁昌夾	
柱峯老人	趙綱	
柱巖	崔後遠	
柱亭	鄭光鉉	
柱下	金道喜, 池運浩	
注溪	趙恒復	
注巖	趙彦光	
注津處士	鄭潾	
注村	金孝貞	

洲庵	高奏善
洲窓	郭天豪
珠谷	李白憲
珠崖	張昶
珠淵	高宗
珠浦	金泰潤
疇巖	李義秉
疇依齋	文德麟
舟谷	朴致禾
舟嵐	李顯綏
舟隱	吳洛鎭
舟川	康惟善
舟村	馬河秀, 申曼
蛛虹	卞元圭
酒峯	李安仁, 李厚
酒仙	南泰赫, 朴春亨
酒隱	姜允輔, 孔德一, 金基命, 金命元, 金軾, 羅恢, 南溟翼, 梁居正, 楊士俊, 李世雲, 河叔山, 洪壽源, 洪唁, 黃魯迷
酒人	金宗亮
酒軒	金俊孫
鑄菴	李定載
竹閣	李光友
竹閣老人	李光友
竹磵	康履誠 郭墂
竹礀	康復誠, 郭嶸, 宏演, 柳永孝, 鄭晚錫
竹諫	劉筌
竹岡	康復誠, 金箕豊, 金普, 金贇吉, 金勗, 金宅洙, 邊龜壽, 柳道升
竹崗	金普, 金斌吉, 金晟, 都永佑
竹居	權徵
竹扃	柳永謹

竹逕	邊洪
竹溪	高世臣, 高濟萬, 鞠溟, 金敏榮, 金紹行, 金升基, 金雨祥, 金有琦, 金有洽, 金潤祚, 金在敬, 金載豊, 金載喜, 金存敬, 金晢, 金就義, 金鉉, 金洽, 南宮悌, 馬義慶, 牟蘭, 文瓘, 文石生, 朴尚春, 朴犀, 朴雲壽, 房斗元, 裵貴生, 白溟翼, 范泰雲, 奉時中, 氷得天, 徐在謙, 徐廷台, 孫綽, 成紀, 宋匡輔, 宋光胤, 宋廷耆, 沈盧, 安魯生, 安輔, 安純, 安處誠, 安琛, 安瀚, 安憙, 吳澐, 禹德九, 禹昌績, 柳仁洪, 柳春英, 尹拊, 李大任, 李明學, 李晟, 李廉, 李信文, 李尹宗, 李翊壽, 李則, 林得悅, 林萬洙, 任說, 張日成, 張自好, 全克昌, 鄭圭鉉, 鄭愼, 鄭宇赫, 鄭惟達, 鄭栽, 鄭周會, 鄭昌, 曹克承, 趙應祿, 周晃, 陳騫, 崔慶長, 崔安雨, 咸傅說, 洪挺謨, 黃孟粹
竹谿	孫錫似
竹溪處士	馬義慶
竹谷	權載瑚, 金炳翊, 金彦臣, 金樞, 成紀, 李景聃, 李璿, 李長榮, 李希騫, 張仁模, 鄭能八, 鄭昕, 陳延年, 崔象汶, 崔原汶, 許櫚, 黃胤錫
竹館	李章璉
竹橋	金詠
竹菊軒	金商稷
竹君	權微
竹根	盧益輝
竹琴	趙學奎
竹南	安致黙, 梁錫圭, 吳竣
竹農	權鍾奭, 張允植, 韓炯履
竹濃	金桂善, 宋光浚

竹儂　張允植

竹潭　權埰, 金永國, 金永祚, 金
在權, 金翰朝, 柳芬, 李鎔範,
李惟謹, 李載得, 李鉉範, 任
誾, 全摯穎, 黃福齡

竹堂　金教炯, 金來顯, 金齊顏,
金重省, 金孝建, 朴世㷱, 朴英
鎮, 朴一元, 朴從壽, 朴椿和,
昇漢明, 申叔胥, 申濡, 安光
濂, 柳辰仝, 尹仁涵, 李士愿,
李惟憬, 李辰仁, 田藝, 鄭堅,
鄭東嶽, 鄭復周, 鄭煥佑, 崔廷
淳, 崔泰斗, 洪鍾發, 黃鳳熙,
黃憲周

竹塘　權必輔, 安弘靖, 張恰, 鄭
哲喜, 崔濯

竹東　金千運

竹覽　黃鋌

竹老　申從渭, 申活

竹麓　尹寬懸, 尹孝寬

竹陵　具鳳瑞

竹裏　南泰耆

竹理　許頊

竹里　金基豊, 金相展, 金履喬,
金洪模, 朴東普, 申鉎, 兪命
弘, 李叔專, 洪柱國

竹林　權山海, 金承萬, 金溍, 陶
正欽, 文必經, 朴璟, 朴春萱,
朴禧壽, 徐在承, 宣宗恪, 廉瑞
立, 柳世潤, 柳之海, 李胤壽,
李宗蘖, 全近思, 鄭夢說, 諸
洛, 曹秀文, 趙鳴漢, 崔成敎,
崔世潤, 卓中, 玄徵, 黃起源,
黃基元, 黃運東

竹林居士　葉翠永

竹林堂　金逌根, 表玄雲

竹林齋　朴世墉

竹林亭　徐祐, 卓中

竹林處士　具重振, 李山光, 田蓍國

竹晚　朴佶煥

竹門　盧文漢

竹楣　閔泳翊

竹峯　權守經, 金建坤, 金成輅,
朴善鎮, 李湛, 李惵, 李敏謙

竹峰　姜徽鼎, 高龍楫, 金侃, 金
季根, 金準, 金泰元, 黃璞

竹北　安仁一

竹扉　柳永謹, 鄭一鑽

竹史　姜在伯, 金奎采, 金源赫,
金震仁, 金致煥, 金賢根, 文鉉
奎, 朴炳和, 朴永哲, 朴銀國,
朴準基, 兪鎭星, 李秉珪, 李秉
鈺, 李潤, 林憲直, 田文煥, 鄭
世經, 趙鑑, 車箕鍾, 崔達鉉,
許在瓚, 黃慶門

竹師　張柄晦

竹沙　金永斗, 金重呂, 沈盧, 庚
鷔山, 李世龜, 鄭球, 鄭遇南

竹舍　朴炳和, 鄭以淸

竹山　朴重倫, 宋戒, 李師孟, 李
連植, 李愷, 曹奉岩

竹上　宋致萬

竹墅　金宬遠

竹栖　河濟勳

竹棲　金家淳, 鄭垠, 趙彦育

竹淑　柳敬承

竹西　金基頋, 金星漢, 金埴, 朴
東秀, 朴氏, 所世讓, 申琓, 沈
相直, 沈宗直, 元夢麟, 兪漢
遇, 兪會而, 尹炳佑, 李敏迪,
李般淳, 鄭瑞圭, 鄭晢, 崔氏,
黃定

竹西齋　孫致大, 崔景崙

竹石　徐榮輔, 孫洪亮, 趙暾

竹石館　徐榮輔

竹仙　李師孟

竹雪軒　河璉

竹悍　金益重

竹醒　鄭闇敎

竹巢　姜嶽欽, 金良鉉, 閔宗㷱,
李斗鉉

竹所　權鼊, 金光煜, 金壽一, 金
良鉉, 崔守範, 韓尚質

竹所齋　宣仁復

竹松堂　南景昌, 洪構

竹松齋　朴興蔓

竹樹　朱悅

竹室　任弘望

竹室居士　任弘望

竹心齋　許棟

竹阿　全泰善

竹岸　任說

竹嵒　朴永坤, 田明雲

竹巖　權啓學, 安瑑, 安珠, 梁大
濮, 尹敏學, 尹華東, 李應龜,
崔宗達, 洪瑑

竹岩　黃思漢

竹庵　金㕍植, 金在白, 金廷燮,
金重鉉, 金直淳, 金燦, 金昌
㷱, 金最英, 朴恬, 梁弘澤, 玉
在復, 李景祐, 李崶堅, 田天
祥, 崔鍾命, 許景胤, 許增

竹菴　權萬宣, 金應烈, 魯安澤,
馬之龍, 牟珍基, 朴慶錫, 尹得
冠, 李松齊, 趙成立, 周致淵,
陳達燮, 秦龍河, 許鉉

竹巖齋　金八騎

竹厓　金愼, 申震龜, 安垕, 吳尚
遠, 李夢台, 任說, 洪處輔

竹崖　安垕, 任說, 池錫胤

竹涯　安垕

竹野　安純

竹广　李綯

竹淵　金綠, 朴潤

竹塢	姜之益, 郭大德, 權基彦, 金啓烈, 金晟權, 金履行, 金虎燮, 盧應祐, 睦大欽, 睦取善, 文孟種, 潘國海, 宣炳賢, 成夏耉, 沈益顯, 安叔老, 吳彦毅, 禹成績, 魏道佩, 柳彙進, 李近世, 李覲吾, 李夢麟, 李常白, 李宜秀, 李之益, 任國老, 張斗鉉, 張鳳煥, 鄭匡衡, 鄭應福, 鄭一祥, 趙淑永, 馮世鎬, 河範運, 黃紀英, 黃尚彦, 黃梆
竹梧	金永禧, 孝宗
竹梧堂	金鍵
竹屋	辛義立, 安于器
竹玉窩	李瑀
竹屋子	安于器
竹翁	權炯奎, 金良佑, 金鼎瑞, 朴重采, 鄭之僑, 蔡景民, 洪禹龜
竹窩	賈世喆, 姜義會, 權相奎, 金敎喆, 金時暎, 金應孝, 金熙吉, 魯洙學, 文翼鎬, 文弘奉, 朴繼得, 朴基秀, 朴鳳休, 朴師文, 朴英來, 裵正璣, 成慶奎, 孫必相, 禹福斗, 尹秉鐸, 李謹榮, 李文丙, 李聖中, 李修秀, 李淑琦, 李瑀, 李廷翼, 李重馨, 李直求, 李震洙, 張復舜, 全熙吉, 丁汝翼, 鄭希登, 曺慶承, 曺光益, 陳基哲, 崔柱元, 河一浩, 邢志中, 洪君錫, 洪瑞禹, 洪履洙, 黃德輔
竹友	李謹永
竹雨	成守琛
竹友堂	文鳳岐, 吳載綢, 柳垂華, 李廷麟, 李廷麟, 鄭瀾
竹雨堂	成守琛
竹雲	權五成
竹園	金敬坤, 金鳳鎮, 金容守, 劉漢廉

竹垣	李航
竹源	李鍾恒
竹月軒	姜韱, 姜韱, 盧啓禎
竹牖	具致成, 具瀅, 吳溧, 李舜岳, 黃自厚
竹㾹	李萬封
竹隱	康萬壽, 姜錫夏, 姜胤魯, 具龍植, 具仁基, 具桓, 金尚燁, 金興周, 牟雄傑, 文獻徵, 朴秉權, 朴世台, 朴連柱, 朴中美, 朴必鐉, 徐友益, 孫會慶, 梁濟慶, 吳順迪, 柳基德, 李基亨, 李能斗, 李楫緒, 李之帶, 鄭廣贄, 趙慶栻, 崔大徵, 崔潤福, 崔潤禰, 崔八凱, 崔弘載, 洪繼浩
竹隱堂	金震羽
竹隱齋	裵宗煥
竹隱亭	蘇權燮
竹隱處士	金震羽
竹陰	李萬榮, 李浣, 趙希逸, 車如洤
竹日	金光燁
竹逸	鄭灝鎔, 黃基秀
竹一堂	睦取善
竹齋	郭趄, 金貴仁, 金翼斗, 金仁坤, 金抾, 金翰朝, 羅鍾泰, 南昌祖, 都靖國, 朴承雨, 徐台煥, 沈齊賢, 安琛, 楊士奇, 梁鐵堅, 尹兟, 尹仁涵, 李得元, 李相虎, 李時益, 李忠祿, 李亨栻, 任弘益, 蔣鎮宇, 鄭柏, 趙光潤, 朱懿, 朱秋鶴, 崔仁燮, 黃道典
竹田	權錫虎, 金炳斗
竹節	黃處大
竹亭	權文顯, 金永一, 金震龍, 朴蔓, 史重, 薛文遇, 薛紳, 宋相淳, 辛景夏, 安光胤, 柳葇,

	張潛, 鄭泰運, 崔秉淑, 崔有慶, 崔廷南, 崔鍾欽, 崔樞, 卓愼, 韓恊
竹汀	盧文漢
竹堤	邢運昌
竹尊	朴永善
竹洲	具煒
竹傖	韓星履
竹牕	具容
竹窓	姜籀, 郭天豪, 琴梧, 金埴, 馬成龍, 朴元度, 宋田秀, 沈廷冑, 安珽, 安琛, 尹曔, 李德遠, 李德炯, 李時稷, 李應著, 李興宗, 張信孫, 鄭弘衍, 洪春明
竹窓居士	鄭允穆
竹川	金益粹, 朴光前, 范起生, 申瀚模, 李旽, 李鎭緒, 任敎宰, 林熙敎, 趙挺, 洪胤道, 黃得亨
竹泉	姜胤斗, 金洛均, 金鎭圭, 盧欽, 朴定陽, 徐大謹, 徐豐男, 宋在鳳, 安鍾宣, 玉信下, 李根柱, 李德炯, 李東宇, 李碩明, 李潤白, 李馨鎮, 趙最壽, 許懿, 黃得亨, 黃仁實
竹天堂	朴柱元
竹泉堂	尹相鼎
竹泉齋	金暢鎭, 邊致道
竹清	朴永圭, 朴豐來, 愼俊彭
竹樵	裵健守, 裵致奎, 吳泰雲, 李景錫
竹初	辛道允
竹村	高成厚, 權思學, 金致信, 金鐸, 金孝貞, 陶天錫, 馬希澤, 朴啓榮, 朴信圭, 孫振傑, 宋奎會, 兪瑞, 李友信, 李玄栽, 趙崇文, 蔡慶先, 崔濩, 許虞, 許虞
竹叢	尹義炳

竹醉　　金濟謙, 申相箕, 蔡氏
竹醉堂　　申獻朝
竹翠亭　　范瀅植
竹醉軒　　金履迪
竹坨　　　徐眉淳
竹坡　　　金玖海, 金均泰, 金道益,
金炳旭, 金善柱, 金善宅, 金性
根, 金鍾五, 金昌柱, 金泰漢,
金鎬相, 魯彦英, 魯淵曦, 魯仲
敬, 文季潤, 朴奎直, 朴淇青,
徐俊輔, 宣俊采, 沈啓淳, 沈鎭
憲, 梁湜永, 吳成述, 李廣休,
李而楨, 李章燮, 李漢喆, 任炳
琯, 林昌奎, 張敏奎, 張時聖,
張致權, 全德明, 全五欽, 鄭
适, 鄭耐言, 鄭安杜, 鄭重侑,
趙元胤, 崔基龍, 崔春煥, 洪鍾
憲, 黃河植
竹波　　　睦天成
竹圃　　　琴錫炘, 金光福, 金圭復,
金夢福, 金思龍, 金聲斗, 金成
采, 金舜欽, 金永根, 金禹鉉,
金元泰, 金應望, 金應曄, 金學
潤, 金漢老, 金炯元, 金鴻年,
金孝讓, 文鳳, 文載衡, 朴淇
鍾, 朴來儀, 朴炳旭, 朴在洽,
朴天得, 朴太古, 邊應宇, 石智
濚, 成赫鎬, 孫思翼, 沈東圭,
安京煥, 安最曄, 安泰煥, 梁柱
七, 吳根泰, 柳正龍, 尹袗, 李
喬榮, 李敎直, 李錫殷, 李元
卿, 李儒燮, 李日煥, 李在浩,
李鍾睘, 李柱德, 李見龍, 李希
富, 林履命, 鄭東老, 鄭世喜,
鄭址武, 鄭昌鎬, 趙奎煥, 蔡
疇, 崔慶基, 崔斗擎, 崔鳳岐,
崔雲鶴, 崔八元, 太孟智, 韓在
錫, 韓采世, 咸炳夐, 洪璧周,
黃龜壽, 黃億忠, 黃友良, 黃寅
竹浦　　　金時潤, 金應漪, 徐相獻,
柳萬里, 李秉延, 李益緒

竹飽　　　黃珪錫
竹圃軒　　金漢老
竹下　　　權顯明, 金基老, 金箕書,
金相福, 金時和, 金永善, 金英
致, 金煜, 金泰圭, 文鳳來, 朴
永浩, 徐鎭憲, 李謇愚, 李奎
憲, 李錫龍, 李鍾琯, 李天燮,
李亨吉, 鄭極和, 鄭基一, 趙秉
薰, 趙澤, 崔吉淳, 崔遇亨, 表
炳爽, 洪兢周, 黃寅瓘
竹河　　　趙學仁
竹下堂　　金煜, 安碩期
竹下齋　　陳學萬
竹閒　　　金周鳳
竹軒　　　賈宗軾, 康寶育, 姜碩彬,
姜信倫, 權諴, 權鵠, 權德載,
權相柱, 權沆, 金暻鍾, 金基
銖, 金樂斗, 金魯澤, 金大振,
金德升, 金倫, 金文丁, 金敏
澤, 金鳳壽, 金相玉, 金聲振,
金壽一, 金愼機, 金養浩, 金云
寶, 金元厚, 金爲民, 金漳植,
金在瓘, 金載熙, 金楨, 金齋
顔, 金俊鉉, 金弘均, 羅繼從,
盧一元, 都愼徵, 文達奎, 文榮
鎭, 文運亨, 文在洙, 朴璟濟,
朴慶浩, 朴恭河, 朴恬, 朴祿
慶, 朴炳熙, 朴山斗, 朴永均,
朴龍震, 朴義謙, 朴興源, 房賢
相, 裵茂元, 裵祥彧, 徐傑, 葉
都東, 成世淳, 宋相亘, 宋義
廷, 宋玹壽, 承翼采, 辛繼參,
申泰鎭, 申必青, 申亨朝, 安光
洙, 安昌載, 安革煥, 安厚之,
梁相佑, 楊遇貞, 梁柱成, 呂圭
進, 余春, 吳陞, 元叔康, 魏啓
昌, 柳景緝, 劉文臣, 柳文煥,
柳持敏, 尹鳳燮, 尹容宣, 陰
澈, 李堈, 李光義, 李敎載, 李
耉微, 李國煥, 李圭翰, 李洪緒,
李敦曼, 李敦五, 李夢鸞, 李錫

龜, 李涑, 李順命, 李彦, 李雲
長, 李元稷, 李仁, 李鼎周, 李
峻齡, 李拯, 李辰龜, 李昌後,
李遷, 李總, 李春馥, 李徽, 林
彦國, 任泰奎, 林華震, 張汝
翮, 張汝翻, 張友璧, 全庚漢,
全永期, 全自讓, 鄭枓, 鄭佑
鍾, 程在根, 鄭載崙, 鄭存五,
鄭執, 鄭泰鉉, 鄭顯翼, 趙侹,
趙斗明, 趙鳳瞻, 趙硯, 曹淑,
曹承敬, 趙泰元, 趙顯翼, 朱行
儉, 陳啓奎, 陳溫, 秦元湖, 蔡
氏, 崔光漢, 崔岐鳳, 崔炳基,
崔秉淋, 崔漢周, 崔恒慶, 河鳳
運, 河悝, 韓謇朝, 洪君錫, 洪
敏求, 洪敏存, 洪秉憙, 洪承
璉, 黃光淵, 黃英植, 黃祐演,
黃鍾大, 黃春熙, 黃河鎭
竹軒處士　柳永鳳
竹峴　　　李秉常
竹壺　　　柳辰仝, 尹仁㳞
竹戶　　　趙暾
竹湖　　　高弘達, 楊德壕, 李涉, 李
乙鎬, 李廷濟
粥粥齋　　金玹
俊峯　　　金尚斗
俊松　　　金仁卿
峻巖　　　李珍
峻節齋　　申曄
峻節處士　申懲
樽巖　　　李若氷
浚隱　　　劉秉光
準峯　　　高從厚
濬軒　　　高愼矜
竣菴　　　李在齡
罇巖　　　李若海
蠢菴　　　金履復
蠢齋　　　金履復

蹲巖	李若氷	中現	姜文鎭	曾言	朴受亨
遵菴	文濟普	中湖	文以儉, 成元鎬	甑峯	九誼
遵齋	金挺麗	中虎	林龍相	甑山	姜一淳, 郭逢寧, 金德生
遵晦	趙時一	中和	金亨烈, 李緝, 李曾碩	甑巢	金信謙
隼峰	高從厚	中和堂	李緝	甑巖	高時顯, 裵繪
茁浦	申履常	中和齋	姜來鎬, 姜應貞	甑溺	成廈柱
中見	姜文鎭	仲眉	權耼老	甑湖	金纘賢
中溪	金靭, 許寧	仲峰	朴漪	之家	鄭世矩
中皐	愼必珏	仲山	崔明洙	之南	朴景達
中谷	李元會	仲巖	金義	之西子	金璇
中觀	海眼	仲庵	安宗仁	之庵	鄭鍾玉
中觀堂	海眼	仲英	覺雄	之又齋	鄭逢榮
中堂	朴銖	仲隱	卞淑璟	之亭	安往居
中臺	李茂	仲見	姜文鎭	之賢	黃吉熙
中里	楊時晃	仲皓	朴尚綺	之檜菴	金得福
中峯	朴漪, 李遂人	仲孝堂	徐達龍	只山	楊大漢, 林鳳圭
中山	魯以楷, 李光靖	衆妙齋	玄極	只一堂	全氏夫人
中松樓	金顯和	重健齋	金錫海	只在堂	姜澹雲
中順堂	羅典儒, 蔡洪哲	重明	朴奎徵	咫聞	閔魯行
中心堂	车達謙	重黙軒	閔德基	地山	朴居謙, 朴仁和, 趙泰老
中巖	鄭弘福, 趙學來	重峰	蘇茂崇, 趙憲	地山齋	李鳴謙
中庵	蔡洪哲	重山	權元河, 趙重穆	地仙堂	朴震懋
中菴	安遇時, 尹尚東	重山齋	李趾秀	地載	盧永吉
中菴居士	蔡洪哲	重巖	蘇挺天	志堂	李敬宰
中厓	趙時經	重菴	姜彛天, 金平黙, 朴性崙, 宋棋世, 趙重教	志道	崔達泰
中衍	柳琴			志道齋	崔達泰
中翁	李匡賢	重窩	魏洪良	志範堂	李壽俊
中園	裵文會	重齋	金聖基, 金梡, 南鍾三, 吳錫奎, 尹奉周	志範齋	李壽俊
中一齋	申櫶			志山	金福漢, 鄭元澤
中齋	金炳禹, 張益煥, 鄭庸, 鄭華鎔, 趙廉, 哲宗	重軒	金在洙, 金昌百, 任相翼, 黃澈源	志省齋	朴載文
		重湖	尹卓然	志素	金純澤, 南孝義
中亭	李茂	卽庵	盧禛	志素齋	南孝義
中洲	李直輔	曾各	嚴弘尊	志崇	法藏
中波	金鎭浩	曾谷	金尚鼎, 致益	志新亭	李孟山
中軒	李源			志心堂	柳星七

志巖	金泰玟, 鄭仁采
志庵	金斗植, 金在黙, 任禮之
志涯	柳致榮
志翁	朴泰恒
志仁齋	柳相吉
志齋	姜世德, 南孝義, 卞應洙, 安章煥
志亭	宋以鎭
志村	金鳳燮
志軒	李起轍, 李胄
志晦齋	金濟華
持敬	金尙孫, 崔上欽
持敬齋	金漢文
持律齋	朴恒鎭
持庵	郭暹
持菴	金德夫, 金在敬
持齋	鄭可學, 鄭襈
支溪	宋錫俊
支離子	張維
支離齋	洪錫龜
支峯	安孝淳
支峰	安永煥, 安鍾鶴
支石	尹紳, 李起東
支巖	金曜華, 梁子淳
支庵	尹爾厚
支菴	宋啓玉
支窩	權鍍
支川	吳以奎
旨菴	金禹權
旨窩	李木, 崔海翼
旨軒	吳必宏
智谷	馬勝, 鄭鎭河
智堂	朴萬興
智峯	金達愚, 祐祈
智峰齋	秦圭泱

智山	石彩龍
智山齋	權應錘
智水	高起業
智叟	羅敏徽
智水齋	金希仁
智庵	姜大炯, 李鍾郁
智翁	柳順汀
智雄尊者	混修
智隱	李圭桓, 崔銓九
智齋	金勳, 朴東鎭, 宋日躋
智之堂	李秀根
智川	李廷圭
智村	安友夏
智軒	柳泰英, 許希萬
止可	孫應契
止可齋	孫應契
止谷	金彦坤, 尹聃, 李泰壽
止觀齋	朴銚
止潭	太舜氏
止堂	金壽興, 李定宰, 鄭夏彦
止黨	白頤正
止山	白宗杰, 沈壽賢, 沈錥, 李起璨, 李鎭範, 李喆輔, 張在學
止善	全犦
止善堂	趙鎭維
止善亭	吳命立
止水齋	蔡膺祥
止信齋	朴基仁
止巖	都愼修
止庵	具允斌, 權載璞, 金緒, 金養植, 南維老, 徐彭呂, 吳應相, 李壽福, 李喆輔
止菴	金健壽, 金黯宗, 金亮行, 金天復, 都愼修, 都鎭坤, 尹進可, 李行進, 鄭獻教, 陳四孫, 黃澄

止淵	金遠振
止淵齋	權大恒
止窩	權橀, 宋正明, 趙大壽, 蔡氏
止愚	崔元鉉
止于窩	李祥奎
止雲	金擎鉉
止隱	蔡氏
止齋	權摩, 權踶, 金琪重, 金始炯, 金然泰, 金永淳, 金宗鬲, 金瑧重, 金清, 羅昶, 朴圭午, 襄守采, 孫浩榮, 宋明植, 宋政琛, 宋哲憲, 宋漢宗, 梁應箕, 尹得叙, 尹得鉉, 尹世雄, 李教文, 李菊, 李敏璿, 李韶九, 李首慶, 李溆緒, 李重弻, 林成茂, 全起永, 趙瓊, 趙德龍, 趙文宇, 趙燕教, 趙漫, 趙台命, 朱義, 陳寔, 崔東奎, 崔弘嫩, 黃鍾範
止亭	權踶, 南衮, 鄭恒齡
止靜齋	牟秀肝
止足堂	金若魯, 南誤
止止堂	金孟性, 朴承祖, 邢士保
止知堂	韓德厚
止止齋	李南坡, 李商啓
止止軒	李奎報
止退堂	尹碩輔
止浦	金坵
止鶴	閔穀植
止軒	康熙鎭, 金蘊權, 金龍鎬, 金宇直, 盧起宗, 文希聖, 朴熺鉉, 徐源泰, 安起宗, 柳在學, 尹光顔, 李奎報, 李炳宰, 李由仁, 李哲明, 崔孝述, 韓孝淵
止孝齋	朴尙圭
止休	閔廷鷺
枳山	梁瑞起

号	人名
枳菴	馮錫驥
枳隱	柳鳳徵
池南	房致周
池石齋	鄭𦒻
池庵	金燦進
池梧亭	盧漢錡
池雲	金濟臣
池月堂	金克己
池亭	宋文繡, 申汝極, 李允恭
池川	朴惟明
池村	楊達和, 鄭東曄
池軒	李貞立
知來軒	金履禧
知命居士	河世應
知命堂	金聖大, 河世應
知命齋	金克譓
知密	張普顯
知白堂	賈維鑰
知分堂	郭𨛦
知分庵	成義錫
知分翁	南宮鈺
知分軒	張以兪
知非	李九夏
知非翁	金世弼
知非子	李德成
知非齋	朴昌夏, 宋植, 蔡聖龜
知非軒	尹善大, 尹程
知山	金俊昊
知松	崔丁魯
知叟	黃成熙
知守菴	權誠
知守齋	金泰壽, 沈錥, 兪拓基
知安窩	李震箕
知庵	李維
知吾	宣始啓
知吾齋	宣時啓
知翁	柳順汀
知源齋	李基鉉
知齋	金起永, 張普顯, 張始顯
知正堂	朴泰鎭, 宋贊奎
知足	權法和, 金是瑜, 尹忭, 趙之瑞
知足堂	權萬斗, 權讓, 權應昌, 金聖謙, 金若魯, 金永純, 金緻, 南袞, 朴來慶, 朴明榑, 朴成仁, 朴龍翼, 朴允淸, 宋欽, 申汝哲, 愼宗國, 吳世祜, 禹錫珪, 兪彦述, 柳漢明, 尹樂浩, 尹碩輔, 李淵祥, 任虎臣, 張英達, 鄭良翰, 趙之瑞, 韓復汶
知足庵	權應昌, 吳謙, 尹忭, 任虎臣
知足窩	房元井
知足齋	吳謙, 李趾秀
知足亭	趙之瑞
知足軒	盧遵, 吳錫蘭, 禹錫簡, 李畯發, 曺尙儉
知中	權健
知止	宋欽, 李延德, 皮得昌
知止堂	金光遇, 金國祚, 南褒, 宋欽, 申碩, 愼宗國, 李命敎, 李命敏, 李三善, 韓翼世
知止窩	金自礪
知止齋	金起永, 金汝蘊, 李延德, 秋聖龜
知止軒	李章璞
知知齋	金有慶
知天	沈寘
知恥齋	金載海
知退堂	李廷馨
知還齋	李秀夏
知希	洪隼海
砥南	金南一
砥峯	金堯蕡
砥峰	朴光祖
砥山	李敏行
砥巖	李礏
砥柱軒	李奎文
砥平	崔世蕃
砥軒	洪寅植
砥湖	尹璟赫
祇隱	陸炳陽
簏魯	鄭光履
簏叟	鄭葵陽
簏齋	許景胤
至空學人	金圭鎭
至樂窩	李周晃
至樂軒	卞李欽
芝澗	李宗道
芝岡	閔致完, 安鼎漢, 柳舜翼, 李昇淵
芝江	梁漢黙, 李穯
芝溪	姜世忠, 金希贊, 宋載道, 申得洪, 李在誠, 洪霧, 洪震
芝皐	高儀相
芝谷	高宇柱, 金敬天, 金正漢, 朴衍, 宋光弼, 吳必恒, 柳義男, 柳祖, 尹宗彦, 李敏朝, 崔有海, 韓配夏, 洪祐煥
芝南	李贄鎬
芝潭	閔種烈
芝堂	閔奎鎬, 朴謙來, 洪承福
芝蘭	尹麟瑞
芝廬	金常壽
芝蓮齋	安堯黙
芝嶺	盧思聖, 尹義貞
芝峯	金夢虎, 金淵臣, 金天海, 朴任, 宋履赫, 李安仁, 李宗榮

芝峰	高凝厚, 文師虁, 朴哲柱, 李明玉, 李晬光, 李宗榮, 皇甫仁	
芝鋒	朴孝元	
芝史	申學休	
芝山	金暻中, 金奎鉉, 金宜鉉, 金八元, 南致熏, 朴江鎭, 朴性立, 朴從華, 方漢翼, 裵允忱, 申泰觀, 沈壽賢, 沈翼雲, 安麒龍, 安在護, 兪致益, 柳詠, 尹民逸, 李教鉉, 李氏, 李瑀, 李芸, 李晢, 李庭衡, 李滉, 張應門, 鄭鋆, 趙綱溫, 趙有憲, 曹好益, 崔孝碩, 韓鍾龜, 韓致明, 韓灃履, 洪構, 洪祐英	
芝山堂	安宗迪	
芝石	崔晳	
芝石小樵	崔晳	
芝所	黃一皓	
芝叟	金致精, 崔雲屹, 韓錫應	
芝峀	鄭健和	
芝嶽	趙東道	
芝巖	金存中, 朴尚吉, 李祥奎, 秦弼道, 崔振翰	
芝庵	文斗周, 宋德謙, 蔡宗海	
芝菴	金在英, 朴厚命, 吳仁爀, 洪羽漢, 黃允中	
芝厓	金直, 閔馨男, 鄭煒	
芝崖	閔馨男	
芝涯	金相鳳	
芝陽	鄭士誠	
芝塢	金鍾宲, 白德岦, 李用賓	
芝玉齋	申俠	
芝翁	朴瑞炫, 成爾演	
芝窩	李坽, 李士純, 李峻, 鄭奎元	
芝雲	南履益, 黃翰周	
芝耘	梁海謙	
芝園	姜世綸, 金泰萬, 趙景澔	
芝月	鄭雲昌	
芝月堂	李周善	
芝隱	金伯慶, 朴齊昶, 安挺華, 李洗鎬, 李錫臨, 李長榮	
芝陰	盧啓元, 黃麟周	
芝齋	金三燮, 禹啓鼎, 柳堪, 河蘭秀, 皇甫仁	
芝田	李景憲, 李錫稷, 李寔鎬, 李身達	
芝亭	朴炳柱, 朴彦誠, 朴麟祐, 安商起	
芝汀	元在明	
芝川	金星洛, 金浩天, 孫奉碩, 孫應祿, 崔震英, 黃廷彧	
芝草	金舜根	
芝樵	李容義, 趙雲從	
芝村	權鳳洙, 金邦杰, 金連生, 金再瑀, 朴履坤, 李嘉朝, 李碩弼, 李沈, 李春美, 李憲禹, 李賢啓, 李喜朝, 鄭公源, 鄭樺奎, 鄭欽	
芝坡	洪在英	
芝圃	權呈, 權澣, 金道炳, 南鼎和, 閔鳳鎬, 朴基彦, 潘弘應, 柳箕煥, 李韓久, 鄭龜	
芝浦	郭之欽, 朴澂, 朴鐔, 李潤身, 李在學	
芝下	朴成健, 李晩憓	
芝軒	金在璘, 金鍾五, 朴準一, 朴趾永, 孫漢樞, 申禹錫, 李楨玉, 鄭士誠, 鄭海直, 陳瑛燮, 崔岱, 洪德任	
芝湖	李選, 李在淵, 林有琮	
芷潭	申得洪	
芷泉	洪命周	
芷村	金允明	
趾默堂	金漢昌	
趾齋	閔鎭長, 閔鎭厚	
趾行堂	姜瑞麟	
遲稼	洪樂任	
遲山	蘇鎭德	
遲松	金錫煥, 沈宜韶	
遲庵	李晩常	
遲菴	李東沆, 李相虎	
遲齋	金焌	
遲川	崔鳴吉	
遲翠	崔松年	
遲軒	宋應圭	
直溪	金慇	
直皐	南以信	
直谷	高斗煌, 金敬植, 南以信	
直堂	朴貴德, 申鉉國, 李端	
直方	柳澤昇	
直方齋	金輔元, 張瑠, 趙麟經	
直峯	金宇顯	
直赴	李俁	
直不客	周怡	
直岩	朴禧洙	
直庵	朴遠鍾, 氷呂儀, 尹師國, 李俒, 鄭晳榰, 鄭致瑞	
直菴	權在奎, 金在性, 南履穆, 卜源, 申暻, 李喆承, 鄭雲五, 洪暻周	
直陽齋	李萬用	
直養齋	徐秉勳, 安永集, 李萬用	
直翁	李得濟	
直窩	沈斗煥, 柳濟成	
直齋	甘濟鉉, 權思益, 金憬, 金起漢, 金輔元, 金粹應, 金永柱, 金翊東, 朴義集, 朴孝南, 徐方慶, 徐逈修, 宋學相, 柳忠恕, 柳休睦, 李箕洪, 李晩煮,	

	鄭漢鎔, 崔成元, 崔寅宇, 許炳	眞山	梁在淳	進窩	李庭雲
直軒	金鍾順, 南以信, 邊武淵, 楊東勳, 李謙鎭, 李晉應, 鄭連宗	眞性居士	薛聰	進齋	金永鎬, 金泰興, 金希參
		眞率	金鍾秀	進川	李挺俊, 李顥潤, 鄭混
稷西	蔡光禹	眞庵	李逈奉, 程文永	進軒	李重默
稷庵	權日身	眞菴	李炳憲	鎭浮	成櫟
稷齋	崔屹	眞愚堂	李德涵	鎭菴	玄商璿
稷下	金相福, 徐配修, 徐秉璿, 蔡章獻	眞愚齋	梁榸	鎭雲	薛紳
		眞應	慧德	鎭齋	吳慶錫
稷下散人	沈祥雲	眞一齋	柳崇祖	鎭靜	成櫟
稷下齋	金炳珪, 文憲商	眞逸	成侃	震幹	郭漢哲
職思齋	李鳳周	眞逸齋	徐義臣, 成侃	震溪	權攄
職憂堂	安昌勳	眞宰	金允謙	震谷	孟萬澤
塵庵	柳榮春	眞齋	金德季, 金允謙, 金鍾厚, 朴覬永, 朴鍾林, 李演雨, 韓用幹	震溟	權攄
振聲	金魯源			震默	一玉
振菴	金宗圭			震峰	權宏
振衣	閔汝任	眞積堂	蔣自芳	震山	宋有栻, 柳鳳榮, 韓興敎
振衣堂	閔汝任	眞靜	朴吉應, 成老童, 天頣	震巖	曺日承
振齋	姜敏秀	眞靜齋	金德運, 朴吉應	震菴	康允暉
振天	白基煥	眞操堂	李光	震應	慧燦
振虛	圓照, 捌關	眞川	朴孝誠	震齋	李膺鎬
晉史	徐弘淳	眞泉	宋埏	震川	李孝誠
晉山	姜景醇, 張延祜	眞軒	金處巖	震村	權啓經
晉庵	李天輔	眞休堂	具元之	震澤	申光河
晉齋	趙在應	秦楚	李中仁	震河	竺源
晉濟尊者	李鍾郁	進溪	朴在馨	震湖	錫淵
榛山	吳正燮	進明	文士英	震魂	金正連
津翁	林謹	進明齋	文士英	薑齋	柳性祿
珍田	朴夏圭	進思齋	李命俊	質庵	李成中
眞覺	靈照	進山	崔相載	質菴	崔璧, 崔海奎
眞空	徐白日	進山翁	金炳薰	質齋	金昌文, 安文凱, 李沂
眞觀子	許昇所	進修堂	李舜華	執菴	文弘獻, 趙斗衡, 黃順承
眞堂	明完璧	進庵	孫鎭翼, 吳承鳳, 夏秀, 李德九	執一齋	黃萬仁
眞樂堂	金就成, 李道慶			執齋	金敬之
眞娘	黃眞伊	進菴	鄭墭, 鄭墧	溱峰	朴玟鉉
眞忘窩	任瑗	進翁	李績	集勝亭	安承宗

集義齋　許琬, 許瑗
緝敬堂　黃鍾漢
徵薇　朴時龜
徵齋　崔彦
懲庵　尹深, 李晚億
懲菴　朴文一
懲窒窩　鄭有祺
澄江　朴斗寅
懲魚堂　李坡
澄窩　許硞
澄月　正訓
澄月堂　金大善
澄軒　丁明應

天

鼊　李廷晃
借樹亭　金澤榮
叉江　閔黯
叉湖　閔黯
次蘭　成蕙永
次山　楊憲黙
次松亭　宋天生
此君堂　李尹宗
此君軒　尹東郊, 李必進, 玄溥行
此山　裵婰, 柳寅睦
此誰　朴元敎
此雲　石瑛
此傖　李承元
車聲　車憲奎
窄洞　安端行
攢翠亭　李廷馧
贊成堂　金侶
餐菊　金漬

餐綠軒　金煥異
餐霞　尹濟弘
餐霞僊館　李國楷
參禪居士　白貴華
參倚齋　尹光顔
倉里　朴啓章
倉山　金瀋洛
倉峴居士　朴柱一
㓒河　魚克誠
敞帝　任弘亮
昌溪　朴墡, 徐應時, 曹翊承, 河彦浩
昌臺　鄭大任
昌甫　金資
昌舍　孫命來
昌世　曺秉憲
昌庵　孔紹, 成士達, 李源國
昌厓　李秀榮
昌平　李極奎, 李尚達
暢老　金正喜
暢閤　金正喜
暢人　金正喜
暢齋　鄭陟
滄可　許玾
滄江　金商鎭, 金友淹, 金益卿, 金澤榮, 朴善應, 李美, 李禎曉, 趙涑, 許穦
滄溪　金詰, 金銖, 文敬仝, 李炯胤, 林泳, 張應樞
滄皐　鄭仁卓
滄邱堂　金聲發
滄起　李彦瑱
滄南　白南奎
滄儂　李祖范
滄浪　高敬履, 南宮璨, 盧錠, 朴義永, 成文濬, 安璥, 楊憲峻,

嚴鼎耉, 李濟謙, 張澤相, 丁嚴壽, 崔鳴吉, 崔晶圭, 崔濬, 洪世泰
滄浪居士　南褒
滄浪叟　李道由
滄浪子　金漢鍊
滄浪亭　奇秀發, 李尚靖, 林侂
滄浪軒　楊憲岳
滄旅　張鎭弘
滄冥　姜益欽
滄溟　南翮, 安璇, 柳日榮
滄樊　朴海喆
滄峰　全公侃
滄濱　金履會, 黃汝一
滄斯　趙萬基
滄槎　安光黙
滄上　李商永, 李殷永
滄西　全湜
滄石　金漢星, 崔用德
滄巖　邊命益, 李潤壽
滄庵　趙鍾惠
滄厓　李文榮, 李重光
滄莞　李康夏
滄逸　閔有誼
滄亭　金世勳
滄柱　玄東完
滄州　金克愊
滄洲　權採, 金南雨, 金萬增, 金汝知, 金益熙, 羅茂松, 羅世茂, 羅學川, 南宮鈺, 文彬, 文中啓, 閔應協, 朴敦復, 朴尚彬, 徐澍, 沈之漢, 楊時省, 柳梯, 尹惟幾, 尹知敬, 尹春年, 李祥奎, 李成吉, 李貞友, 李志裕, 李昌鎭, 李炯胤, 李希天, 任道三, 張時澤, 全克恬, 鄭光淵, 鄭詳, 鄭義模, 鄭日煥, 趙

	德隣, 趙仁得, 趙宗鉉, 趙熙龍, 車雲輅, 崔東望, 河澄, 許墩, 黃應澄, 黃寰彥
滄村	金洛龜
滄醜	趙涑
滄澤漁叟	李荇
滄圃	羅學川
滄海	楊士彥, 王德九, 尹春年, 李士浩, 李衡國, 鄭瀾, 鄭之羽, 崔益翰, 許格
滄兮	高永文
滄湖	辛聖重
漲庵	鄭福煥
摠巖	趙弘鎭
窓巖	姜鳳壽
窓岩	趙弘鎭
菖石	金載賡
菖窩	趙禧奎
菖湖	李壽春
蒼葭軒	金鎭泌
蒼岡	金台佐
蒼江	申鉉穆
蒼溪	李義弼, 李學基, 趙公淑
蒼阜	朴煓鎭, 李萬年, 李在濬
蒼谷	李得培, 李顯英, 鄭麟, 鄭麟卿, 洪得龜
蒼果	安衡
蒼槐	崔昌大
蒼筠	金基報
蒼南	李觀祥
蒼臺	南文翼, 南有檀
蒼嵐	洪葳
蒼萊	曺秉韶
蒼廬	李鼎基
蒼麓	金時模
蒼林	朴鍾昊

蒼栢	朴宗說
蒼白軒	權木商
蒼史	兪鎭贊, 李源慶
蒼山	姜昌濟, 金綺秀, 李鍾震
蒼山齋	朴世楗
蒼棲	宋徹用
蒼石	金湜, 朴墩, 奉善福, 李衍祥, 李埈
蒼雪	權斗經
蒼雪齋	權斗經, 朴崇賢
蒼星	洪萬宗
蒼素	崔光嶽
蒼巢	洪萬宗
蒼松子	金瑞漢
蒼叟	洪遠燮
蒼樹	鄭衡圭
蒼巖	金相彩, 金氏夫人, 朴師海, 朴宗岳, 朴振仁, 宋元錫, 梁泗源, 李三晚, 李世俊, 太猷, 洪承裕
蒼庵	金厚秉
蒼菴	朴魯重, 安衡, 邢學寬
蒼浹	金彥希
蒼厓	金舜東, 朴衍, 徐說卿, 孫者永, 兪漢雋, 以鍵, 崔景嵩, 崔大立, 崔有善, 洪景輔
蒼崖	金泰淳, 葉松模, 柳魯洙, 李秀庭, 許萬璞, 洪時挺
蒼野觀	金箕景
蒼淵	奉壁, 韓敬素
蒼然	李楚望
蒼翁	金魯培
蒼窩	金一淵
蒼愚	金禮漢, 安燁, 韓如玉
蒼雲	金聲漢
蒼隱	權宗吉, 李南祥

蒼逸	韓必久
蒼洲	李承宰, 張時澤
蒼竹軒	金忠守
蒼蒼軒	姜秀重
蒼坡	郭璹, 鄭魯
蒼下	鄭駿和
蒼霞	元景夏, 元仁孫
蒼巷	宋文浩
蒼軒	趙友慤
蒼蕙	趙秉稷
蒼湖	朴聖浩
蒼虎子	朴天表
蒼湖齋	金弘載
債軒	李如珵
彩峰	洪萬遂
彩鳳	洪成中
採蓮	尹興宗
採蓮亭	李龍老
採薇	李國寶
採薇子	張範
採薇軒	全五倫
採芝亭	全彝憲
茝庵	吳慶然
茝園	吳宏默
茝圃	李憲基
茝寰居士	李鵬溟
菜峯	金弘度
菜山	丁若鏞
菜庵	金鼎九
菜芝堂	朴龜元
菜圃	姜柄昊
蔡庵	李載厚
蔡圃	崔鳳來
蔡軒	朴炳
采薇	吳顯相

采山	金玟澔	瘠菴	李基慶	天上齋	楊錫謨
采石	李弼愚	脊土民	吳正根	天素齋	李圭復
采眞	金盛甲, 尹曙	陟西亭	鄭海鎰	天庵	高達明
采眞子	姜橚, 金聖甲, 金時中	陟瞻堂	朴挺坤	天然	李慶相
處溪	趙必泰	隻崖	盧世煥	天然臺	鄭道鍵
處谷	趙瑜	千頃笑藥閣	金鳳微	天然子	李鍾一
處老齋	高世進	千里駒	金東成	天然齋	李爽輔
處士	李宗原, 李處謙, 黃在綱	千峰	卍雨, 崔鳳錫	天淵亭	沈胤澤
處常窩	崔廷然	千尋竹齋	閔泳翊	天翁	李在成
處巖	金尙濬, 崔繼成	千一堂	韓晉明	天容	鄭百昌
處菴	崔繼成	千花	金義東	天慵	鄭百昌
處野堂	李沂, 李彦沂	喘翁	崔興岦	天雲	李基元
處元	黃錫耉	喘喘翁	李重元	天游	權復仁, 朴文逵, 李光庭
處已齋	高世傑	天江	安國善	天遊	成以敏, 李光庭, 李潛, 李蕆
處仁堂	朴緈	天谷	鄭宗義		
處中庵	鄭在純	天光	劉億祿	天有堂	金琛
處軒	崔弼成	天堂	李慶祺	天游子	朴文逵, 鄭之升
處湖亭	李承吉	天樂	李克一	天遊子	鄭之升
處晦堂	朴文保	天籟	李廷稷	天遊齋	李彦經
尺史	金璘相	天黙	李尙馨	天隱	盧思愼, 趙宗鉉
拓庵	金道和	天黙堂	李尙馨	天隱堂	盧思愼
拓齋	金億述	天黙齋	李尙馨	天一齋	洪重鉉
惕庵	金守恭, 李存中	天微	李必行	天藏菴	邊慶胤
惕菴	金謹恭, 吳學文, 鄭邦燀, 趙澣奎	天微居士	李必行	天齋	郭尙邦
		天民堂	崔餘慶	天拙齋	金益濟, 金致樂
惕盦	金正喜	天放	劉好仁	天竹齋	吳慶錫
惕若	金應荃, 沈惕	天放翁	金相玉, 劉好仁	天池	李溟運
惕若齋	金九容, 金謹恭, 金若恒, 沈惕, 張仲翼, 鄭東嚓, 趙直永	天放子	李萬東	天祝	李日宗
		天放齋	金潤東, 鄭維城	天竺古先生	金正喜
惕窩	權宅容, 文桂弘	天實	林世謹	天台	權萬齊
惕人	金正喜	天峯	泰屹	天台山人	金地粹, 尹定鉉
惕齋	金萬希, 金普澤, 宋邦祚, 申點, 吳信齡, 吳致寧, 李書九, 李存中, 張夢紀	天捧堂	申梲	天台散人	金地粹
		天山	金永休	天澤齋	朴孟徵
		天山齋	南朝運, 禹昌洛, 李咸亨, 蔣崇, 許千壽	天坡	吳火肅, 鄭紀
惕軒	鄭樸			天風	沈友燮
滌襟堂	許礦				

天圃	沈鎬	泉東	李柬	鐵笛	趙熙龍
天海亭	金喆熙	泉西	尹焜, 李寅輝	鐵舟	全盛鎬
天香樓	吳漢樞	泉石	金勝坤, 徐允淳, 田貴成	鐵川	安夢省
天壺	宋柱憲	泉石堂	許城	鐵村	金晅
天休	朴泰遜	泉松	崔興元	斂齋	劉業産
天休堂	李夢奎	泉食	閔泳穆	呑齋	姜世晃
天休子	鄭楫	泉食齋	禹泰烈	添于堂	李致
天休齋	朴泰遜	泉庵堂	朴東奎	添于子	李敢
川居	朴弘陽	泉梧	朴源泰	瞻慕堂	朴實, 林藝, 林芸
川谷	具宗吉	泉窩	尹百冑	瞻省	金得河
川觀	金聲, 柳興琛, 李秉瑩	泉雲	宋萬燮	瞻肅齋	宋尚輝
川觀齋	韓命興	泉隱	趙學魯	瞻嶽	崔世龍
川沙	金宗德	泉齋	申弼欽, 沈煥	瞻依	房德麟
川社	王錫輔	泉田	李聖民	瞻依堂	鄭济
川沙村	李顯佑	遷窩	金通海	瞻依亭	房德麟
川山	金起兌	闡幽堂	黃泰澄	瞻狩軒	趙弼鑑
川上	朴徵, 尹暉	喆齋	金履成	瞻齋	禹佑斗, 李漵
川上齋	金書淵	撤士	金柱國	簷齋	許景胤
川西翁	黃師夏	澈齋	鄭志儉	捷山	黃瀷
川石	吳然必	鐵鏡	永寬	睫巢	李鍇
川塢	朴龍煥	鐵雞	師文	輒醉翁	金弘道
川窩	李泰一	鐵冠	金道敏, 李英秀	廳石	金炳洙
川愚	柳絢秀	鐵橋	嚴誠	廳田	金容眞
川雲	朴容來	鐵驪	李範奭	晴碉	安致洙
川隱	朴基朝, 李孟芸, 章東圭, 鄭珠	鐵南	金是鏵	晴岡	甘景倫, 玉景鍊
		鐵農	李基雨	晴崗	尹玩
川隱齋	咸炳華	鐵馬	朴昇吉	晴江	朴興範, 尹昕
川齋	崔之豊	鐵馬山人	丁若鏞	晴溪	玉右夏, 崔東翼
川后	權相彬	鐵馬山樵	丁若鏞	晴皐	金大運, 金秉矩
泉谷	金允鉉, 金澄, 文夢賢, 朴英鎭, 宋象賢, 安斗生, 安省, 禹洪善, 崔元道, 卓文位	鐵棒	禹承昌	晴南	李相定
		鐵山	李長祜, 池汝海	晴農	李命喆
		鐵船	慧楫	晴嵐	金蓍仁, 柳敦秀, 尹玩
泉觀	曺景軾	鐵啞	金法麟	晴巒	柳格, 柳洪林
泉南	高世進	鐵厓	李世翊	晴灣	沈宗敏
泉南居士	權燮	鐵牛	表云	晴峯	劉世忠, 尹承勳, 河光淳

晴峰	金是楗, 沈東龜, 河元淳
晴史	金永表
晴沙	高用厚, 權斗紀, 金永表, 金載魯, 盧思賢, 吳祥源, 李龍奎, 崔光玉
晴簑	金裕顯, 曹成煥
晴蓑	金鎭衡, 沈相喬, 李秉鎬, 趙雲植
晴沙齋	吳姬翰
晴石	鄭圭宬
晴沼	趙容和
晴庵	姜興叔, 孫黑龍, 宋廷伯, 周鶴明
晴襄	李奎祥
晴梧	金長炫
晴齋	金相迪, 金應旺
晴田	朴燐, 司空燐
晴窓	郭氏夫人
晴川	權深, 南太別, 吳炳煥, 許瑢
晴泉	黃寅吉
晴翠軒	金得礒
晴軒	金龍漢, 陳文翰
晴湖	成仲淹, 學密
晴暉堂	李承, 李承器
清澗	曹庶
清簡	曹庶
清澗堂	金鼎元
清澗齋	朴孝誠
清江	金世佐, 金澤麗, 梁禹卿, 廉延秀, 李昇, 李濟臣, 曹守誠
清江處士	權瑞應
清溪	姜復中, 桂鵃, 具喜, 金順, 金應會, 金璉, 文義臣, 朴壽煥, 朴元尙, 朴而昭, 潘益淳, 宋綸, 申興暹, 安珙, 安瑛, 梁大樸, 吳泉, 柳夢井, 柳宗武,

| 柳塤, 尹紲, 李光玉, 李東運, 李尙信, 李世垕, 李彧, 李晶煥, 李熙權, 張萬健, 張儒, 張翼禎, 張夏, 鄭可願, 鄭濂, 鄭彥璞, 鄭載圭, 趙性敦, 趙注, 朱潛, 崔時連, 崔億, 崔旭永, 秋瑞郁, 許瑑, 洪蔵, 黃載赫, 黃靖人 |
清溪居士	朴淵
清溪堂	黃勉基
清溪道人	梁大濮
清溪妄士	姜復中
清溪隱士	尹紲
清溪亭	李東式
清溪釣士	姜復中
清皐	李烓
清狂	朴士亨, 朴燦璿, 李根周
清狂子	朴士亨
清癯	林潭
清權	李補
清禁亭	李元慶
清南	金永錫
清冷子	崔守哲
清寧子	徐潤九
清湍	玄錫圭
清潭	金舜憲, 朴岷鎬, 朴泰星, 宋炤用, 柳運緖, 李裕, 李重煥, 理玄, 李希得, 韓應河
清堂	朴說
清臺	姜溫, 權相一
清坮	權相一
清道	文叔宣
清嵐	鄭求瑛
清凉山人	李滉
清凉亭	禹治夏
清凉軒	趙雲禎
清麓	李尙泰

清陸	金德謙
清夢堂	權齊
清妙居士	車天輅
清白	裵締
清史	韓彥粹
清査	李處一
清珊	李逌性
清榭	李世泰
清沙	金載魯, 盧明善, 韓濩
清莎	鄭滋
清珊	朴逌性
清石	徐錫華
清洗亭	吳璉卿
清蘇齋	李昌僕
清松	鄭貴好
清松堂	柳源淳
清修	金宗善
清受堂	任好常
清水齋	徐丙信, 吳瓚
清晨	廉河聲
清愼齋	朴毅長
清心堂	蘇世讓, 孫宗錫, 宋駒, 安龍煥, 李調元
清深堂	安龍煥
清心翁	李儒慶
清心齋	金渥, 李周殷
清心亭	黃寶城
清心軒	宋駒
清岳	晩霞
清安翁	李培
清巖	姜渭尙, 金時寶, 金元根, 韓鳳殊, 韓日就, 黃基源
清庵	權相謙, 徐丙晩, 李道純, 李碩律, 鄭泰謨, 趙性昊, 黃光秀, 黃三周
清菴	金東臣, 金閏煥, 朴安信,

	卜允吉, 吳天佑, 河榮秀
清菴	權秉懿
清養	金萬益
清广	朴仁國
清淵	金球, 金英根, 月影
清翁	李後榮, 秦東益
清窩	高泰重
清曜	崔麟瑞
清耀	林埠
清友堂	魏東翼
清雲	李啓男, 張進瑀
清遠亭	琴柔, 安繼宗, 全元發
清儒	余光實
清隱	姜筬, 高貞鎭, 郭之亨, 權瑩, 金時習, 金靖聲, 金春慶, 金煥九, 金灝, 閔致鍾, 成守琛, 宋堯在, 安主容, 吳熹點, 吳自和, 李居義, 李乾孫, 李尙信, 李智文, 曺孝昌, 韓八箕, 洪鍾成
清陰	金尙憲, 金是聲, 丁學奎
清陰堂	金尙憲
清義堂	慶復興
清一	黃河千
清齋	姜燦, 金章煥, 馬昌伯, 朴審問, 申墻, 溫聖河, 張元錄, 崔希仮, 黃壽吉
清節堂	朴思愚, 朴承禧
清淨山人	李滉
清淨齋	丁巖壽
清淨軒	宋日臨
清坐齋	宋爾昌
清珠	治兆
清竹	宋樺壽
清芝	金乙辛
清川	安旭
清泉	金炳曦, 韓重賢

清灘	李求永, 李益新, 李載新
清坡	吳致信, 尹斗南
清波	尹斗南, 丁麟奎
清葩堂	李澤仁
清平居士	李資玄
清平山人	李資玄
清圃	金仁淳
清浦	金埴
清浦子	許淏
清風	張觀柱, 許燦
清風堂	朴英孫, 李聖任, 李仁弘, 全克初
清風子	鄭允穆
清下	洪麟燮
清河	文復亨, 邕夢辰, 李海圓, 任時準, 崔昌傑
清夏	李芝春, 任時準
清霞	彈靜
清閑	元禎
清閑居士	辛旽
清寒堂	金巨公, 金氏
清閑堂	宋芬
清寒子	金時習
清海	應信, 惠雲
清香堂	楊汝章, 尹淮, 李源
清虛	休靜
清虛堂	朴光廉, 李居易, 休靜
清虛翁	金坦祚, 休靜
清虛子	休靜
清虛齋	金楊震, 孫曄, 李孟昑
清虛齋主人	金圭鎭
清軒	金暘鉉, 文晟, 朴暘鉉, 朴治毅, 朴鴻秀, 白惟貞, 卞溫, 昔文煥, 石之嶸, 柳潚, 李蘭, 趙炳吉, 片錫壽
清湖	金眞衡, 金孝恭, 吳祥瑞,

	李安眞, 李鉉嵋, 李嘻
清好居士	車天輅
清湖堂	孟思誠 李迪
清化眞人	李恒福
清和眞人	李恒福
清孝堂	趙宗信
清孝齋	吳克烈
清驍齋	李薈
清暉子	黃思述
清效齋	金壽鳴
清休齋	金揚烈
聽澗	李志完
聽澗堂	李志完
聽江	崔道燮
聽溪	金爾澤, 馬天牧, 文孟樺, 梁柱河, 魏德毅, 李敏性, 李遇輝, 李麟瑞, 李豐相, 池繼淮, 邢學泰
聽溪堂	郭厚泰, 李遇輝, 李麟瑞
聽溪齋	金性黙
聽溪田	金泰敎
聽溪亭	金潤燮
聽溪亭	朴海有
聽溪軒	辛錫林
聽古	趙存世
聽菊	金乃儀
聽禽	魏廷勳
聽琴	郭浩
聽琴堂	玄斗燦
聽凉軒	趙九鎭
聽鑪	曺友仁
聽瀨	洪祐建
聽雷	朴明植
聽籟軒	金時晧
聽流	金清河, 魏光翼
聽流堂	權山甫, 金敬仁, 金瑀謙,

邊休, 尹衡甲, 韓命濟	聽蕉　金熙永, 張錫基	青旅　邊斗建
聽流齋　金聲宇, 安嗣悌	聽秋閣　姜瑋, 李建昌	青蓮　李後白, 韓智源
聽沙　陳基福	聽秋軒　許祚	青蓮齋　權晉奎
聽山　秦鳳秀, 黃炳濩	聽灘　李基漢, 韓翼恒	青陸　金德謙
聽石　金璹, 鄭雲采	聽波軒　李秀蕃	青里　金富
聽蟬　李志定	聽荷　權勝振, 金起宗, 朴勝振, 林地	青林　鄭翼, 鄭弘在
聽素　李亮和	聽軒　金冑萬, 李敬一	青巒　金允文
聽松　金宗壽, 成守琛, 愼復行, 洪振道	聽湖　金鶴鳴, 鄭仁卿, 趙存世	青梅　印悟
聽松堂　文濟暉, 成守琛	菁史　姜永碩	青壁　李守淵
聽松子　俞致伯	菁巖　蘇後	青鳧　權幹 沈廷冑
聽水堂　洪在鼎	菁雲　姜信文, 姜璉熙	青史　金成基, 金遠大, 尹鎭佑, 鄭維
聽水軒　尹鳳翰, 尹英變, 李蓋	菁川　姜綖 河應臨	青莎　鄭沼
聽陽　李基升	青江　李樹, 黃敎善	青山　金炳喆, 金善臣, 朴師壽, 襄蘊, 劉甲
聽梧　權屖, 梁周元	青溪　金應會, 梁大濮, 楊士奇, 李東運	青山白雲翁　李重植
聽悟軒　林光弼	青皐　南以信, 尹熔, 李承鶴, 李載運, 鄭氏, 鄭光圖	青墅　姜宗慶, 金光泰, 任翼常
聽翁　禹元道, 李命夔	青皐散人　南以信	青城　成大中, 李漢鎭, 蔡東陽
聽雨堂　閔京鎬	青谷　尹嶨	青城洞主　申光漢
聽雲　張炳翊	青橋　李好德	青松　白樂禧, 宋璲, 鄭子堂, 崔相鉉
聽月堂　李秉萬	青丘　金正喜, 大賢, 申圭植	青松堂　都膺, 李岷
聽月軒　姜栢年	青丘沙門　大賢	青峀齋　尹光玉
聽音　閔景鎬	青丘子　朴東普	青岳　金壽翼, 鄭希漢
聽齋　姜晉錫, 元萬里	青邱堂　曹桂芳	青巖　權東輔, 南近明, 沈三元, 吳天佑, 李元承
聽田　金昌洙	青藍　陳混儵	青庵　吳爽圭, 玄大駉
聽潮　徐希績, 趙存世	青潭　李重煥, 洪純彦	青菴　片龍雲, 許捘
聽竹　權台熙, 金聲儀, 成灠, 任公燏, 丁弘變	青堂　洪益燮	青野　姜宗慶, 具長孫, 李喜謙
聽竹堂　宋樺壽	青洞　崔一河	青陽　高翰雲
聽蒼　金㮨	青杜　李濟相	青吾　鄭春洙, 車相瓚
聽天　閔在南, 田在聖, 趙爾炳	青蘿　金克成, 朴璘	青窩　朴璘
聽泉　金起豪, 金斗寅, 鄭東稷	青蘿堂　柳世潭	青宇　柳佑國
聽天堂　高士原, 具致兼, 沈守慶, 李夢奎, 張應一, 池守經	青嵐　金東益, 文世榮	青牛　洪辯
聽天翁　李正祿, 田在聖	青爐　南得寬	青雲　徐績淳, 楊蓬春, 李澄, 林卿喆, 全聖範
聽天窩　李榮全, 朱南老	青琅玕觀　南尚敎	
聽天齋　具漸鴻, 金秉義		

青雲居士	李澄	青湖	金相英, 蘇應祿, 李揚烈, 李愚昶, 李翼晟, 李一相, 鄭雲潔, 華日	峉峯	姜啓賢
青遊	劉治			峭翁	鄭希參
青隱	丁哲	青湖居士	徐武德	抄窩	洪鼎周
青逸	李浩培	青華山人	李重煥	抄月	玄玉亮
青莊館	李德懋	青華外史	李鈺	椒園	李忠翊
青田	金履萬, 朴慶運, 沈穩, 安武, 李象範, 李鶴來, 李鶴相, 李鴻達	替郵	許石老	椒蔗	南泰濟
		掣鯨	應彦	椒隱	金秉宇
		棣谷	張道純, 曹佑邦	椒泉	李衡佐
青存	沈相祚	棣樂	李培昌	楚客	申景素
青洲	金盛達	棣窩	楊遇元	楚谷	張合
青嶹	尹坪	棣友齋	南始觀	楚冠堂	康世爵
青天	金洪錫	棣泉	吳遂采	楚山	閔鎭綱, 朴春旭, 孫華仲, 黃志烈
青川	任敬周	棣軒	盧應皓, 張晋漢		
青泉	申維翰, 鄭氏	棣華	趙臣元, 許鈞	楚山軒	洪吉人
青川堂	朴誼	棣華堂	盧繼元, 張大紀	楚巖	鄭宅燁
青川子	任敬周	棣華亭	李敏迪	楚庵	姜成遜
青澤	黃友千	棣花亭	金基淵	楚隱	孫承憬, 柳璜, 李芳建
青坡	高臣傑, 奇虔, 朴浩, 孫廣洙, 愼斗範, 辛二岡, 尹柱臣, 李惟詮, 李陸, 張萬始, 鄭濂, 許時衡, 黃益源, 黃彌尚	遞菴	羅大用, 鄭鳳運	楚田	李渙九
		體素	李春英	楚亭	朴齊家
		體素齋	李春英	楚洲	姜鴻秀
		體軒	宣敬伯	樵溪	金守實
		髭峯	梁砥南	樵南	李啓秀
青波	金孝誠	初絅	方健鏞	樵堂	林彦京
青把	皮慶廷	初桂	梁漢奎	樵牧窩	李行善, 崔日觀
青坡居士	李陟	初果	金正喜	樵夫	鄭鳳, 鄭字常
青下	趙濟華	初堂	金正喜, 洪淳穆	樵山	金馹燁, 金命喜, 金旺年, 金鶴鉉, 金漢文, 朴靖鎭, 朴泰顯, 梁圭述, 柳最鎭, 尹驥遠, 尹鍾九, 李仁業, 鄭秀益
青霞	權克中, 朴純智, 李觀夏, 李偶	初桐	方健鏞		
		初晚	姜必孝		
青霞子	權克中, 李仲若	初史	李宗植		
青霞紫雲館	李璉秀	初庵	金憲基,		
青鶴	李志長, 趙汝籍	初菴	申混	樵叟	郭鏡, 金奎焄, 金應九, 朴自良, 申直求, 吳泰亨
青鶴道人	李荇	初盒	金正喜		
青鶴上人	魏漢祚	初月	白初月	樵庵	朴海燮
青閒堂	金氏	初華	李容燮	樵菴	秦始奎, 洪承龜
青翰子	李觀夏			樵漁	金振彩, 尹在莘
青軒	具長孫, 金性洙, 睦林一, 柳命天			樵翁	趙英振
				樵窩	朴濟根

樵云	李炳九	愼, 羅敏徽, 杜萬馨, 朴世大,	草亭居士	金星圭
樵雲	任中鉉, 池雲載	朴安復, 宋慶稷, 昇潤南, 辛	草窓	尹東里
樵隱	高命佐, 高濟龍, 權譓, 琴	革, 辛銀, 安喆, 李近憲, 李長	草草菴	李泰淳
	基一, 金克礪, 金褆根, 金相	源, 李志仁, 印頒, 印瑞, 任世	草湖	金九河, 許繽
	洛, 金鍊斗, 金顯植 朴文彦,	益, 張至中, 鄭經臣, 鄭基源,	蕉溪	金尚振
	朴炳麟, 朴鳳洙, 朴鳳柱, 朴駉	鄭淳邦, 鄭弘濟, 曹挺龍, 趙喜	蕉堂	洪祐喆
	來, 朴昌翰, 白弘晿, 石義節,	堂, 陳再蕃, 夏秉衡, 韓世琦,	蕉林	趙完燮
	孫子璟, 孫興宗, 辛觀烈, 廉在	許國賓, 許曄, 許麟弼, 洪海鵬	蕉史	崔尚遇
	勗, 柳慶麟, 劉漢明, 尹相龍,	草塘	具宬	蕉山	沈鶴煥, 鄭泰庸
	李琈淵, 李世裁, 李塾, 李乙	草堂老人	權敦仁	蕉石	申夒, 申夒相
	橤, 李仁復, 李仁善, 李顥獻,	草洞	李節	蕉席	朴齊參
	任昖, 張聖麟, 張潤宅, 鄭紀	草廬	金相壽, 金宗德, 金震陽,	蕉醒	申永均
	祚, 鄭遇鍾, 鄭持鉉, 鄭澤斗,		李德根, 李惟泰, 李之觀, 鄭萬	蕉庵	金秉圭, 金秉文
	趙基遠, 秦德華, 崔江, 太會		載	蕉雨堂主人	陸定洙
	極, 韓敎仁, 黃祐弼	草廬	權盡己	蕉園	金碩臣, 李壽民
樵陰	黃浩根	草樓	權翰, 金相肅	蕉隱	徐應明, 黃佑顯
樵齋	金致銓, 李春齡, 黃萬貴	草夢	南宮壁	蕉齋	曹龍振
樵亭	全學範	草峯	金鼎九	蕉田	吳珣
樵庭	李運培	草史	沈珣模, 梁相衡	蕉庭	李憲榮
樵圃	任輔臣	草禪	許佖	蕉牕	洪義俊
焦西	南奎熙	草心堂	李承守, 鄭翊臣, 鄭晛	蕉窓	金盛後
焦星	金祐鎭	草巖	馬天麟	蕉泉	金相休, 鄭文升
焦窓	金時敏	草菴	朴麟祜, 朴鍾善, 申混, 李	蕉坡	朴興壽
艸川亭	南鵬翼		泰淳, 丁允祜	蕉浦	安璐
艸屋	朴守緒	草庵	昇光鎭	蕉下	河在天
艸衣	意恂	草屋	金震陽, 朴東善	蕉軒	金容厚, 愼熙晟
苕溪	金大根	草屋子	金震陽, 朴尚衷	超然齋	姜東曦, 金箕舜
苕峯	姜啓賢	草翁	李之知	超然亭	高晉, 李相益
苕穎堂	鄭玄源	草窩	朴安道, 徐聖翼, 李柱邦,	超虛	金東鳴
苕川	金時粲		河啓義	迢菴	羅致用
苕泉	金時粲	草隱	姜景叙, 金邦燦, 柳相龍,	鶴鶴堂	柳德龍
草澗	權文海		林遇春, 韓啓源	鶴塢	洪夏集
草溪	梁漢奎, 鄭俊	草齋	辛原慶, 柳相龍, 李運復,	蠹川堂	徐直修
草谷	朴繼成, 尹致邦, 太應辰,		李春齡	蜀菴	柳仁淑
	黃啓沃	草亭	姜彦龍, 姜晉昇, 金星圭,	寸雲	方漢德
草堂	姜景叙, 姜鏞記, 具宬, 具		朴守玄, 朴應善, 辛裔, 沈大		
	宬, 權煜, 金啓澯, 金汝鐸, 金		厚, 柳命宗, 李惟孚, 李惟漢		
	乙邦, 金應德, 金晉行, 金懷	草庭	宋鍾廉		

寸草堂	林光胤	
村堂	徐俊翼	
村老	金聲大	
村史	金相翊	
村隱	柳希慶	
桫山	鄭彦窨	
叢桂	趙東佐, 趙備, 趙永萬, 趙佐榮	
叢桂堂	文敬度, 鄭之升, 鄭礎	
叢桂窩	趙備	
叢桂軒	沈普永	
叢梧	張孝根	
聰山	申涵光	
聰松	林憲文	
葱山	鄭彦窨	
叢桂堂	文敬度	
寂樂堂	金宣	
最樂堂	金重璿, 金就鍊, 南孝溫, 楊鼎基, 李侃, 張龍河, 張志昊	
最樂齋	李宗祿, 全宅仁	
最善里	朱南吉	
最雪堂	趙經鎭	
最窩	金奎五	
啞溪	朴廷鳳	
擎翁	金純行, 金在淳	
推南	李章漢	
楸岡	李昌	
楸溪	金光夏, 劉啓昊, 尹孝孫	
楸溪堂	尹孝孫	
楸谷	金鼎鉉, 宋啓榦	
楸潭	柳自雯, 俞場, 崔蓋國	
楸巒	洪霅	
楸峰	吳著	
楸巖	朴必赫	
楸庵	徐沃八	
楸菴	金夏久	
楸翁	李興祿	
楸隱	宋鎭璟, 宋鴻瑞, 趙一男	
楸齋	李載德	
楸亭	金澳	
楸川	柳孝潭	
楸泉	柳孝潭	
楸灘	吳謙一, 吳允謙, 李瓊仝	
楸坡	宋麒壽	
楸軒	姜玟會, 洪晚遇, 洪晚迪	
楸洞	宋啓榦	
椎山	章秉煥	
椎隱	黃有熙	
椎軒	崔廣漢	
湫谷	陳克誠	
湫塘處士	陳克孝	
湫鞍	金炳薰	
湫灘	朴昌道, 吳允謙	
秋可	桂性	
秋潤	鄭智模	
秋岡	金在湖, 金祉燮, 金禧永, 李相祖, 李廷憲, 崔養玉, 玄九燮, 黃錫仁, 黃在漢	
秋崗	李直彦	
秋江	金璞, 金用茂, 金瑾, 南孝溫, 牟奎賢, 白樂寬, 宋寅賓, 李師璟, 李素遺, 李誼, 李直彦, 鄭玄英	
秋溪	高雲翼, 南振, 徐丙斗, 禹舜民, 有文, 尹慶祿, 尹洛鉉, 李仁普, 李希閔, 程玉根, 崔馨植, 黃信德	
秋桂軒	徐甲炫	
秋谷	金鼎鉉, 牟畯, 朴蘭	
秋觀	金邦燮, 張錫英	
秋琴	姜虁, 姜瑋	
秋金	徐日錫	
秋琴子	姜瑋	
秋潭	甘益漢, 姜元熙, 高裕, 金璟, 金寬植, 金聖模, 金汝萬, 金汝鈺, 金右仮, 金友仍, 金揩, 金和秀, 南碩夏, 南駿翼, 盧道亨, 盧士俰, 朴秉勳, 徐宇輔, 成萬徵, 成重淹, 愼伯文, 吳達濟, 禹在寬, 兪伯圭, 柳瑛, 尹銑, 李健雨, 李宗容, 張顯慶, 全汝玉, 田愚, 田有秋, 鄭顧, 趙秉徽, 韓元進, 許鋋	
秋堂	奇獻, 金秉圭, 金昌舜, 金昌煥, 徐相雨	
秋塘	宋榮大, 沈弼倫, 尹恒植, 黃廷錫	
秋濤閣	姜瑋	
秋桐	蘇靖	
秋舲	卞光韻	
秋霖居士	鄭錫	
秋巒	李榮基, 鄭之雲	
秋舫	金德根	
秋帆	權道容, 金應集, 朴致海, 徐丙建	
秋峯	金敬立, 南勝愚, 文南七, 尹仲素, 李惠輔	
秋峰	魯成元, 朴勝喆, 朴巘, 崔蓋楠, 崔有源, 崔鴻洛	
秋史	金正喜	
秋沙	姜橚, 柳慶農, 尹昌道, 李文虞, 趙希孟	
秋槎	金大輝, 河定容	
秋山	權奇鎰, 金烈, 金鳳華, 金陽洙, 金雲憙, 金裕憲, 金一斗, 金濟民, 盧以漸, 朴鮐壽, 朴弘式, 朴弘中, 全用先, 鄭燻謨, 陳錫周	
秋生	尹瑗	

秋聲堂 李惇
秋所 黃錫熙, 黃贊熙
秋沼 李章鎬
秋松 張德俊
秋水 金濟德
秋水閣 丁學紹
秋水館 李晩秀
秋水齋 朴安第
秋巖 郭樞, 金甲斗, 安桂潫, 柳先民, 李瑞環, 崔錫晉,
秋庵 朴愚, 張永伯
秋盦 金正喜
秋厓 宋礏, 辛弘立, 尹希吉, 李廷龜
秋崖 金龜重, 金永彩
秋埜 金正柱
秋陽 朴性源, 宋啓榦
秋陽堂 宋泰雲
秋淵 權龍鉉, 金文相, 禹性傳, 李鍾相
秋翁 李時在
秋畹 宋達顯
秋月 金是棨, 南玉
秋月堂 姜籤, 韓山斗
秋月齋 金泰根, 朴期壽, 朴世璡, 李公升
秋月軒 孫三燮, 李東, 蔡應龍
秋潤 金載熙
秋隱 黃冕周
秋人 柳義養, 鄭喬
秋莊 申懿顯
秋齋 金自修, 金正喜, 朴祐, 李時在, 鄭瀸, 鄭弘佑, 趙景胤, 趙秀三
秋田 金弘祚
秋汀 廉溫東, 柳道緯, 李甲, 李應俊
秋竹堂 吳世郁
秋餐 李喜英
秋川 鄭廣敬, 鄭良弼, 程俊哲
秋泉 申義均, 李直彦
秋泉居士 李直彦
秋村 金翼漢
秋灘 金命衡, 朴慶業, 李廷鉉
秋坡 金鍾楧, 宋麒壽, 吳達濟
秋波 金炳玉, 金聲振, 金鍾河, 宋麒壽, 鄭義孫, 泓有
秋圃 桂成彦, 金載轍, 柳大甫, 李基復, 卓絅
秋浦 金式南, 朴信, 鄭奎毅, 崔渭, 黃愼
秋河 尹顯求
秋軒 金宗漢, 金忠錫, 李星漢
秋湖 南復始, 南履始, 李圭正, 田榮澤
秋湖堂 朴文鎭
秋花堂 崔守良
甃菴 金純行
追慕窩 陸萬鼎
追慕齋 金鼎台, 夏正益
追慕軒 尹時學, 李秀彦
追菴 朴恬
追尤堂 沈檀
追遠堂 羅彬, 鄭采煥
追遠齋 高夢說, 張瑞鶴
追齋 李崇彦, 鄭基廣, 曺景立
追孝堂 徐定國
鄒川 孫英濟
醜翁 趙涑
錐錁 文繪地
錐果堂 文繪地
錐錁齋 文繪地
錐齋 朴齊聞
錘山 權泰一, 權翰模
麤叟 李利敎
祝嵩 趙潤植
畜庵 朴圭福, 李普
竺源 智泉
築德齋 宋文中
築隱 金方礪
築隱齋 宋文中
縮巖 申錫海
縮窩 鄭一銓
蓄翁 黃孝獻
逐閑生 崔南善
春磵 姜大遂
春澗晩隱 姜大遂
春岡 權鶴永, 金東悅, 金邦煒, 金相立, 金鎭華, 金贊顯, 朴仁圭, 裵相哲, 裵錫趾, 李啓舜, 李圭萬, 李炳旭, 陳明漢, 表奭俊
春崗 高鼎柱, 金炳朝
春江 金正燁, 徐世忠, 呂裕吉, 尹英炳, 李源星, 李坦, 趙東植, 河在昊
春江齋 尹英炳
春江亭 柳時東
春景 公昌俊, 具然英
春溪 郭點山, 金鍊玟, 金秋實, 朴文植, 朴弘震, 徐廷吉, 宋毅燮, 梁大濮, 楊允淑, 楊春泳, 李甲奎, 河琪鉉
春皐 金恂, 金龍洛, 朴泳孝, 張錫駿
春谷 高義東, 金三恒, 辛筌, 安魯生, 元世勳, 魏文德, 兪瑾, 庾纘洪, 尹巑, 李元紘, 李漢佐, 林蚩正, 鄭擢, 崔溶
春谷子 庾纘洪

春觀	申緝, 李建榮
春光	文彦光
春光亭	柳光鉉
春郊	柳東說
春歸堂	韓德弼
春沂	丁舜泰
春潭	奇東準, 金揖, 朴祐圭, 法咸, 申鵬, 申若雨, 李起八, 李涏, 張錫裕
春堂	權重熙, 卞仲良, 卜世溫
春塘	金箕杅, 朴孟智, 宋達浩, 吳守盈, 李楊, 李揚, 李容珪, 洪承斗
春樂	朴陽律
春吏	金成坤
春梅	李圭桐
春木	金敷根
春門	宋基厚
春嵋	朴鍾九
春舫	金瑛, 金鍾大
春樊	權明燮
春甫	文風南, 宋基浩
春峯	金永學, 李鍾祥, 李熺奎
春北	金鴻鎭
春史	金彩炳, 朴永鎭, 朴容根, 辛宗默, 李珪永, 李炳昊, 李䪨榮
春士	金東仁, 洪正憙
春查	朴祖東
春山	姜仁澤, 金弘根, 閔致道, 朴敬養, 尹弼商, 李裕弼, 洪祐吉
春山耕叟	朴新亨
春生窩	李復元
春棲	趙哲永
春西	朴體完

春城	盧子泳
春成堂	李學逵
春沼	申最, 李淵翼, 黃銑
春沼子	申最
春松	朴炳訓
春睡	太彦中
春睡堂	姜以遇, 郭萬績, 權跬, 朴藝, 林柱國, 鄭東五, 鄭秀民, 趙世基, 太彦中
春峀齋	金鉉默
春身翁	鄭在褧
春實	朴東植
春岳	承震
春巖	崔孝智
春庵	金春煥, 朴寅浩, 蘇凝天, 曹泰承
春菴	宋斗憲
春淵	柳寅洙
春暎齋	權泰一
春翁	庾纉洪
春窩	徐種淳, 沈聲澤, 吳相龍, 尹起元, 尹時敎, 李至和, 李顯祚, 鄭在褧, 許植
春寓	李至和
春雨堂	吳寅植, 林熊
春雨齋	權晉
春雨亭	金永相, 李鍾述
春雲	宋鍾徽
春園	金奎泰, 金斗熙, 李光洙
春源	趙獻永
春隱	金淑
春齋	金琪淑, 金仁基, 朴淇禹, 朴容均
春田	李慶徽
春荃	金寧鎭
春田居士	李慶徽

春節齋	李仁復
春正	李玩圭
春亭	金瑋, 金履漢, 金鎭萬, 卞季良, 宣基孝, 林實樹, 任松齡
春庭	嚴柱益
春汀	金一謙, 蘇蘭, 元世洵, 柳道弘, 柳晟, 柳泰燮
春洲	金道洙, 南達明, 李尚弘, 鄭雲駒
春州散人	申昇
春竹	洪淳養
春川	李東彬
春泉堂	沈相鳳
春村	盧祐容
春灘	嚴惠, 李泰鉉
春坡	姜寅會, 權正容, 金乃銖, 金得鍊, 偰同寅, 雙彦, 魏璀植, 李秉采, 李星齡, 李惟馨, 李廷熽, 李鍾奭, 林震燮, 鄭寅會, 殘彦, 黃允明, 黃海仁
春波	黃壽延
春圃	孔聖學, 金容守, 金仁富, 金濟河, 金燦珉, 金秋信, 朴箕疇, 朴昌漢, 蘇秉河, 嚴義吉, 柳莘老, 李壽正, 李承善, 李鍾烈, 李台暻, 張洙
春浦	金致主
春風觀	鄭來胤
春風秋月	朴趾赫
春閑堂	李世恒
春海	金有鉉, 方仁根, 崔瓚
春軒	金榮春, 羅愛男, 朴允中, 卞孟良, 徐成輔, 徐崦, 吳始萬, 魏啓泮, 尹奕, 李明龍, 李希鍾, 張奉奎, 崔文度, 崔洙, 崔濯, 洪淳文
春湖	高必相, 宋錫慶, 宋應洵, 吳轍, 柳永慶, 李尚弘, 李定

烈, 秦正國, 崔禎模, 洪鍾序

椿山	趙容淳, 秦元勳	
椿庭	秦達浩	
出齋	安碩衡	
朮翁	洪瑞翼	
冲鏡	天英, 混元	
冲菴	金淨, 朴豹章, 蘇逢	
冲齋	權橃	
冲止	元凱	
冲虛	旨冊	
充齋	金斗運	
忠敬堂	金秀海	
忠潔	金鉉	
忠潭	李齊杜	
忠慕齋	牟皓	
忠穆	金英秋	
忠恕齋	吳敬友	
忠順堂	羅興儒, 李伶, 李春發	
忠庵	朴元叔, 李元燦	
忠菴	金漢璋, 任珪	
忠義堂	金四知	
忠翼	金魯憲	
忠齋	崔文漢, 崔淑生	
忠平	柳監	
忠軒	權讓, 吳必奭, 趙之瑞	
忠軒堂	朴寧	
忠孝堂	金協, 鄭弘績, 朱景顏	
忠孝齋	徐滾	
忠孝軒	李樑材	
沖岩	朴淵純	
沖齋	權相達	
盅齋	崔淑生	
蟲齋	崔淑生	
惴夫	黃守身	
贅世	金滭	

贅世翁	金時智, 李進淳	
取堂	李源兢	
取白軒	金英翼	
取斯堂	徐寅命	
取映	金在厚	
取隱	旻旭	
取適軒	黃漢成	
吹篪齋	趙緯經	
就巖	尹濟世	
就菴	徐漢耇, 尹濟世	
就閒	申圾	
就閒堂	愼守彝	
澤齋	金載膚	
炊沙	李汝馪	
翠澗	郭守恒, 金光彦, 金東晩, 朴文駿 朴周欽, 徐晩淳, 孫鍾夏, 李承者	
翠岡	睦昌明	
翠皐	金璣東	
翠谷	曹汝欽	
翠筠堂	成重性	
翠南	許煜	
翠堂	金晩植, 金泳喬, 金熙載, 李容學	
翠梅居士	李基福	
翠微	守初, 申在植 李瀅	
翠微軒	李瀅	
翠薇軒	柳宗仁	
翠柏堂	金在勗, 魏世瑚, 李允義, 洪涉	
翠白亭	宋載禧	
翠白軒	李又新	
翠柏軒	金省行	
翠屏	高應陟, 金昌一, 趙珩	
翠史	南廷燮	
翠山	尹坤, 林春榮	

翠墅	金益文	
翠石	金柄洛, 南相善, 李冕鎬, 趙鳳九	
翠沼	表龜錫	
翠松	朴達圭, 宋晩載, 李徹, 鄭德好, 崔昌迪	
翠松堂	韓重錫	
翠水軒	金希訥	
翠巖	姜錫明, 琴義筍, 鄭世基, 蔡河徵	
翠庵	姜大一, 權譓	
翠菴	金漢鎭	
翠崖	都應俞, 張紳	
翠梧亭	尹俅	
翠翁	張敬重	
翠翁堂	柳宗植	
翠雲	學璘, 慧悟	
翠園	睦昌明	
翠隱	徐應必, 李德游, 鄭准會	
翠隱堂	金斗鉉	
翠陰	權重晃, 成爾鴻	
翠岑	處黙	
翠亭	權濟應	
翠庭	金元根 宋鍾奎	
翠洲	申彦稷	
翠竹	朴圭瑞, 申應善, 沈澤, 孼玄, 李應蓍	
翠竹堂	姜國卿, 金鳴九, 金應鳴, 鄭東周, 鄭晃龍	
翠竹松	沈澤	
翠竹軒	高鳳翼, 朴伯凝, 葉敏秀, 嚴蓍, 李憤	
翠苔	兪漢楫	
翠香	金宗采	
翠虛	成琬	
翠軒	高應用, 金紐, 金周爽, 金	

	弼, 金鐏弼, 朴龜範, 朴炳璿, 朴守佑, 朴仁基, 白受章, 宋萬基, 俞伯曾, 洪受河
翠湖	洪徽謨
聚契堂	李德金
聚極	沈原達
聚極齋	沈原達
聚星齋	南景述
聚巖	崔中奎
聚友亭	安灌
聚遠堂	曹光益
聚遠亭	羅順孫
聚齋	丁洵敎
醉岡	睦昌明
醉溪	楊楫河
醉古堂	陸圭行
醉裘	洪在赫
醉菊	任天模
醉筠齋	金禳根
醉琴	朴彭年
醉琴軒	朴彭年, 李璟
醉箕	洪在喆
醉農	李敎善
醉聾齋	黃海達
醉樂齋	朴大運
醉蓮	李麟祥
醉柳軒	李益盛
醉眠	金禔, 沈克明
醉眠亭	張斗七
醉暝居士	張承業
醉夢軒	金博淵, 申弘之, 吳泰周, 李秀彦, 李亮采, 李晉祥
醉默	成完修
醉默軒	丘鳳燮
醉放	趙性璹
醉白堂	韓蓋國

醉百軒	李又新
醉病	趙涑
醉病翁	愼海翊
醉峯	安弘量
醉夫	尹潔
醉山	金永吉, 南有海, 李止性
醉石	金根泰, 盧允弼, 沈樂善, 李敦炯, 李鉉相, 張柱鶴, 鄭義河, 崔文澂
醉石堂	金象九, 梁在休, 趙性恂
醉石室	禹夏永
醉仙	金萬均, 金允洛, 尹以明, 李載麟, 洪柱臣
醉雪	柳逅
醉醒	朴應嵩, 朴仲立, 朴漉, 沈儒行, 鄭時衍, 洪柱後
醉醒堂	李應奎, 鄭時衍
醉醒翁	尹坵
醉醒窩	金喜重
醉醒子	洪柱後
醉松	李義師
醉叟	金馹俊
醉睡	朴漉, 朴淵
醉睡居士	安置民
醉睡堂	金聲振, 朴光曙, 吳演, 崔廷憲
醉睡先生	安置民
醉睡翁	朴漉, 崔寅柱
醉睡亭	金粹讓, 魏天會
醉睡軒	魏天會, 李謙, 李齋衡, 李宗學
醉啞	高元厚, 李士祥
醉巖	李宇弼, 李宇鼎
醉菴	李敬培, 李德義, 李洽
醉淹	申就澤
醉如	三愚

醉翁	姜日用, 權節, 金圭鎭, 金命國, 金隆址, 金正喜, 閔汝任, 朴慶後, 宋達用, 宋希命, 吳挺垣, 俞撤, 尹湜, 李穡, 林尚英, 趙涑, 池光翰, 洪民緯
醉翁堂	金南重, 宋希命, 陳儁
醉翁亭	李光禮
醉窩	朴柔煥, 許龍老
醉愚	李晉茂
醉愚堂	丁濟元
醉雲	金炳夒
醉月	朴炳龍
醉隱	具大佑, 金翔壽, 金緻晉, 南溟翰, 朴長潤, 邊攸, 宋德溥, 宋世琳, 申奎, 廉在高, 尹宗柱, 李柘, 李廷年, 李瑛, 李寅馨, 張璣周, 鄭㮿, 鄭德弼, 鄭文明, 鄭維升, 崔秀華, 河亨道, 洪仁周, 黃世基
醉隱亭	閔雨龍
醉隱處士	宋德溥
醉全	鄭華齋
醉亭	金兒聲, 金熙址, 奉采奎, 李陽秀, 林秀卿
醉竹	姜克誠, 金炳球, 李耆秀, 任聖模
醉竹軒	姜克誠, 陶泰英
醉村	愼爾儀, 李壎
醉醜	趙涑
醉春	宋軼
醉春堂	宋軼
醉痴	尹悅之, 李堉, 鄭光運
醉癡	安應魯
醉痴子	鄭光運
醉圃	李止性
醉荷	閔泳道
醉霞	趙秉鉉

醉學堂	金天鳳	治溪	全翮	稚溪	呂祐吉
醉鄉	李昉運	治山	金秉懿	稚巖	鄭維地
醉軒	金益成, 金載豊, 柳賁時,	痴溪	呂祐吉	稚川	俞友淵, 尹昉, 黄昉
	李琚, 李德齊, 李秉魯, 李裕	痴谷	郭康華	穉石	李鍾豊
	珠, 張忠輔, 鄭海春, 趙徽榮,	痴堂	延最績	穉川	尹昉
	韓正履	痴想	高永周	穉學	馬遊
醉畫史(師,士)	金弘道	痴喦	朴鳳鎭	耻麻	鄭瑄
醉吃	柳潚	痴巖	洪春年	耻俗齋	尹晚
鷲南	李敏裕	痴庵	李淳, 李憲述, 任希曾, 崔	耻叟	金啓淳, 曺夏鍾
鷲峰	李澄石		舜星, 黄碩璜, 黄瓚	耻庵	金時哲, 柳榮國, 李彙商,
鷲山	天輔	痴翁	李彙溥		趙昌林
鷲城	辛氏	痴窩	金相圭	耻菴	宋瑣, 李行遇, 洪承煥
鷲城過客	朴師厚	痴齋	金從南	耻翁	宋奎輝
鷲巖	金適, 柳成春, 李九相, 李	痴痴齋	朴玶	耻窩	徐錫祜, 秦益埰
	頤慶, 李熙慶	痴軒	權景裕, 嚴慶迪, 李重稙,	耻齋	金相直, 金始楗, 金仁淳,
鷲菴	李斗寅		李彙潑		李喬庭, 李昌壽, 任選, 鄭貴
鷲藏齋	姜柱宇	癡溪	郭瀚, 呂裕後		廷, 曺倬, 洪仁祐, 黄有業
厄齋	任斑	癡聾窩	白思日	耻宙	孫廷閭
恥堂	沈相福, 柳氏, 尹哲成, 李	癡堂	延嗣宗, 崔南福	耻軒	金廷練, 沈集
	鉉昌	癡史	安鑽	致堂	金懷祖
恥巖	金晃煥, 李碩守	癡叟	尹應復, 洪起燮	致石	李日休
恥庵	權東萬, 權㤠晃, 金碩奎, 金	癡巖	金鉉中, 裵尚益	致庵	金履輅
	宜鍾, 朴忠佐, 安宙, 趙謙彬,	癡庵	金濬熙, 朴章浩, 李正遇,	致菴	李載庸, 李致模
	趙思忠, 趙鼎彬, 崔祥羽		任希曾	致讓	朴受德
恥菴	具思閔, 權晃, 朴忠佐, 李	癡菴	南景羲, 都洛中, 朴道郁,	致彦	金容郁
	之廉, 李楚玉, 李義錫, 蔡洪哲,		徐漢豊, 尹楷, 李廷龜, 張東	致齋	金檟, 金鋐, 田烈, 趙憶, 趙
	韓世襄, 胡克己		珍, 鄭東元		鏞憲
恥翁	河大淵	癡翁	金錫龜, 朴惟淳, 鄭彦福	致軒	田烈
恥窩	權大規, 張啓勳	癡窩	金命漢, 河應命	蕾墅	韓景儀
恥齋	金相直, 金始楗, 禹吉逢,	癡隱	李闐九, 張俔	駥齋	朴致文
	李耈俊, 李範世, 李昌壽, 鄭貴	癡齋	姜萬耆, 金命玹, 朴基淵,	鷗洲	李夢男
	廷, 曺善迪, 卓元光, 洪墺		裵大植, 徐翰基, 成德朝, 吳永	則庵	盧縝
恥恥齋	金秀三		燮, 李麟緒	則隱	張忠植
恥漢	趙柳祥	癡丁	申肅	則以堂	閔埈
恥軒	柳世勛	癡軒	金德五, 朴啓熙, 朴斯立,	則止	俞彦鎬
恥麻	鄭瑄		蔡氏		
栀園子	黃裳				

則止軒 兪彦鎬

則軒 梁漢奎

湋泉 申敎善

親親齋 宣居怡

七狂 宋致中

七頭亭 李止完

七里叟 全應參

七梅堂 金浯, 朴絪

七峯 權愼 金洛, 李星說, 黃時幹

七峰 權愼, 金希參, 朴光玉, 朴鍾, 朴弘憲, 成壽益, 咸軒

七峰布衣 金宇顒

七山 趙宗林

七松 慶暹, 白堅, 白良臣, 李頎, 李瑨, 趙世馨, 崔尙訓

七松居士 柳崑壽, 趙珵

七松堂 李應壁

七松亭 池石觀

七松處士 鄭薰瑞

七十二鷗 金正喜

七十一果 金正喜

七巖 金夢華, 金載翼, 南愷

七迂 李潤聖

七友亭 權大臨

七友軒 啓馨

七隱 權鳴和, 金慈憲, 朴蓂, 洪仁浩

七一堂 宋天祺

七井 李世華

七拙齋 朴昌禹

七村 慶暹

七耻齋 鄭學心

七灘 金世欽, 李匡呂

七澤 李冲

七悔堂 沈東澤

七休 權是經, 孫舜孝, 趙錫胤

七休居士 孫舜孝

七休堂 鄭演, 鄭演弼

七休子 閔孝曾, 孫舜孝

七休齋 申尙溶

柒室 金鍾震

柒窩 權脩

柒軒 權脩

漆簡齋 嚴慶延

漆溪 金彦琚, 南啓溟, 崔興遠

漆空 崔熙松

漆林 尹壽, 李箴

漆山 金浩鎭

漆室 李德一, 崔華鎭

漆窩 李增曄

漆園 尹桓

漆園居士 曺好善

漆籌堂 高時喆

漆村 金忠男

枕澗 蔡章五

枕澗亭 柳淵愚

枕江亭 朴大澲

枕溪 權垺, 朴準鳳, 宋琇, 沈埰鎭, 趙秉時

枕肱 懸辯

枕肱堂 李夢賚

枕流堂 李師準

枕流亭 柳益謙, 張宇相, 黃敬身

枕溟 翰醒

枕山 李東煥, 李世綱, 李洙仁

枕石軒 李頎

枕松 李錫永

枕松堂 鄭之復

枕漱堂 徐相佑

枕漱亭 洪景古

枕岩 李多男

枕雨堂 張之琬

枕泉 朴周大, 裵奎贊, 宋膺洙, 李楨沃, 李熙赫, 章權洙, 周濰

枕泉齋 尹效覺, 李熙赫, 鄭鎔兌, 鄭之洛

枕海亭 成時望

枕湖齋 辛師聖

枕湖亭 蘇德孝

椊溪 尹定鉉

沈流子 廉東

沈流亭 廉東

沈溟 朴宗賢

沈默齋 宋萬源

沈菴 曺誠謹

沈湖 蔡相德

砧山 李東幹

砧淵 權鑑

碪巖 朴遂良

碪淵 兪大祺

碪淵釣叟 兪大祺

針隱 趙光一

蟄菴 李諒

蟄菴居士 鄭澈

蟄翁 徐命純

蟄窩 洪有人

ㅋ

夬菴 吳詗

快菴 吳詗

快哉亭 蔡壽

快巷 吳漢卿

快軒	金台鉉	坦菴	郭詩	塔齋	李鍾澤
		坦窩	金鎭華	蕩平軒	李國庠
		坦園	尹光演	兌湖	曺行立
E		坦齋	尹光演, 李重夏, 趙榮禔	台溪	河溍, 河天澍
		彈實	金明淳	台谷	玄殷瑞
打乖	尹仁恕	歎翁	金鼎夏	台峯	金準培, 羅逢緒
打乖子	李煥模	灘堂	韓永元	台峰	李會齋
打愚	愼後尹, 李翔	灘西	房允, 孫以雄	台石	曺爾重
打拙堂	朴廷稷	灘叟	姜宇望, 金虬, 朴尙曾, 孫潤源, 元斗杓, 元忠翼, 李廷慶	台仙	全鶴基
卓溪	金譚			台巖	全琛
卓立齋	張世游	灘巖	李龜齡	台菴	金長茂, 黃桂顯
卓峰	尹光鼎	灘菴	李時恒	台塢	李載斗
卓岊	安性守	灘翁	權絿, 金孟鍊, 金頊, 金廈樑, 安克仁, 元斗杓, 李潯, 李祄	台窩	河必淸
卓庵	黃榮老			台園	李季專
卓然	獨孤立			台隱	高廷敎, 禹榮南, 劉秉魯, 河海寬
卓隱	張雺	灘翁處士	黃渭		
拓庵	金道和	灘雲	李正根	台川	金永采
濯溪	金相進, 全致遠	灘隱	金應生, 朴宗典, 李霆, 李廷年	台村	趙子龍
濯斯	尹敦夏, 崔炳憲			台軒	康允錫, 皇甫敞
濯斯亭	鄭㙾泰	灘陰	高傅敏	台湖	鄭榮源
濯新齋	金漢穆	灘樵	李魯益	太古	金輝鑰, 普愚
濯纓	金駧孫, 朴圭孫, 鄭橝, 洪鍾永	灘村	權絿	太古堂	普愚, 李挺賢
		灘下	朴大秉	太古菴	郭璨
濯纓堂	蔡貴河	炭谷	郭鏡, 朴浩善	太古窩	汝善亨
濯纓齋	朴圭孫	炭叟	姜楗, 南淵	太古子	愼後恩
濯悟室	金永變	炭巖	金昌協	太古亭	文希舜
濯雲	金容復	炭翁	權諰, 金忠柱, 李周鎭, 李衡齡	太古軒	文希舜
濯足軒	賈文赫			太黙齋	李深源
濯淸	申德均	炭窩	金俊炯	太白	無得智
濯淸軒	郭遫, 金斗南	炭川	李之直	太白狂老	朴殷植
琢山	李義養	炭鄲	李用休	太白山	周時經
琢窩	權璣淵, 鄭璣廉	綻海	柳雲翼	太白山人	姜恰, 戒膺, 李蕆, 鄭普衍, 鄭瀁
籜翁	丁若鏞	誕登字	李彦瑱		
呑石	金容鎭	誕隱	李永胄	太白布衣	姜植
坦叟	崔載秀	塔西	朴來謙	太疎	金容, 金容駿
		塔窩	李東一		

太素齋	李世玴	泰齋	柳方善, 鄭泰齊	攄軒	尹晉陸, 玄商坤
太淵	薛義祖	泰村	高尚顏	兎川	李賢佑
太愚	宋命熙	胎祿堂	趙泰億	土谷	鄭基廣
太庾齋	蘇東鳴	苔溪	權鑵, 河溍, 河天澍	土窟處士	李䎘
太隱	朴載龍	苔洞	崔誠	土塘	吳謙一, 吳允謙
太乙菴	申國賓	苔巒	安覯	土木窩	崔重純
太庭逸民	李宗準	苔扉	尹民獻	土菴	權承緒
太初	康純	笞查	鄭瑄	土窩	朴尚一, 李弘碧
太初堂	許恦	笞槎	高敬命 鄭瑄	土寓	李得烈
太初窩	姜在晉	苔叟	丁若鏞	土亭	李宜炳, 李之涵, 鄭鎔
太癡	崔茂	苔巖	南天澤, 李景春, 李韜	土軒	姜敬會, 權緻, 朴碪
太平眞逸	李深源	苔庭	成泳	通溪	姜淮仲
太虛	洪曇	笞洲	金地粹	通炤	智偁
太虛堂	朴蓀, 崔河臨	苔川	金地粹	通園	兪晩柱
太虛亭	郭弘址, 崔恒	苔泉	金時粲, 閔仁伯	通齋	魏伯純
太湖	李元鎭, 洪元燮	苔村	趙嘉錫	通亭	姜淮伯
太昏	翠微	苔籌盦	金正喜	通川	吳致箕
太和	安世淳	苔霞	鄭熙敬	通玄	康命吉
太華	南有常, 尹秀寅, 李善養	苔巷	韓懷	退澗	申廉
太和堂	李光熹	苔軒	高敬命, 李慶祉	退居亭	宋儒文
太和山人	李至和	苔湖	金地粹	退耕	權相老
太華子	南有常	駘川	尹毅中	退耕堂	權相老
太和軒	金景宗	擇窩	禹夏轍	退溪	吳石山, 李滉, 韓惟漢
泰居士	辛奎七	擇齋	金基權	退溪晩隱	李滉
泰谷	昔龍眞	擇軒	安復駿	退皐	趙榮生
泰盧	高令臣, 高允植	澤癯居士	李植	退谷	權乙均, 權偁, 南彦成, 朴孝哲, 洪晩績
泰龍	李龜淵	澤堂	李植 李驊		
泰西	鄭元錫	澤叟	朴信龍	退琴	閔泳復
泰巖	梁慶遇, 李氏, 全奎煥	澤菴	羅龍煥	退錦	蔣思胤
泰庵	柳榮日, 張道元, 鄭泰好	澤翁	朴身之	退堂	權价手, 柳命天
泰菴	朴治翼	澤隱	辛時望	退陶	李滉
泰宇	柳活, 李後白	澤齋	金昌立	退陶晩隱	李滉
泰隱	金聖光, 李安坤, 趙浩鉉, 秋性求	澤亭	金遇兌, 李支廈	退密窩	權寧顥, 權致奕
		澤風堂	李植	退思	金萬諝, 林大檖
泰仁	朴光秀, 尹晧	澤軒	李眞儒	退思菴	李潤

退思翁	楊禮壽	退憂亭	朴基復, 朴承宗	

退思翁　楊禮壽
退思齋　俞千遇, 李命俊, 李應春
退思軒　朴楱, 曺洽
退山　姜信喆, 高士原, 朴昌瑨, 宋鍾述, 李在靈
退石　金仁兼
退省軒　鄭熙普
退修堂　金演, 劉漢儉
退修菴　趙聖復
退修軒　羅嗣宗
退修齋　申近, 李炳鯤, 趙聖復
退巖　權萬樞, 金吉修, 尹琰, 李春煥, 李煦
退庵　權恁, 金居翼, 朴祥林, 朴應男, 李至, 田九疇
退菴　高德秀, 權重道, 吳世相, 劉貴彌, 李聖烈, 李天奇, 林巘珠, 鄭輔聖, 鄭地, 陳聖采, 崔敏, 許徽
退愛堂　李景嶧
退野　李炳龜
退冶堂　劉友閌
退養軒　丁敏道
退漁堂　金鎭商
退漁子　金鎭商
退翁　金鳳瑞, 元璿, 李勳, 李澤民, 李滉
退窩　金永源, 李運哲, 李有隣, 黃寀彦
退憂　朴承宗, 安崟, 吳長善, 林應起, 表憑
退憂堂　金壽興, 金垓, 文賢, 朴嗣賢, 朴世仁, 朴承宗, 朴融, 申翼之, 魏庭寶, 俞泓, 李景嶧, 李善生, 李廷馣, 張鳳翼, 鄭惟吉, 洪義善
退憂齋　金守光

退憂亭　朴基復, 朴承宗
退憂軒　李道一
退雲　李眞望
退園　李龍秀
退隱　甘德厚, 姜渙, 權尙任, 金係熙, 金䅦, 金泰一, 文益漸, 朴安誠, 白思柔, 安信一, 安禧, 楊治, 如訓, 尹載仮, 李國芳, 李巍, 李地, 李弘吉, 全萬禎, 鄭輪, 鄭眎, 趙廷立, 崔雲民, 許徽, 黃文卿, 黃宇坤
退隱堂　廉傑
退恩齋　李命俊
退隱齋　李寅煥, 鄭應鍾
退日堂　睦詹
退藏菴　金重元
退齋　權敏手, 金世淵, 金安老, 金永濡, 金志顔, 徐世淵, 蘇世讓, 申祐, 吳晃周, 尹星駿, 李廷銓, 鄭虎
退全堂　吳定邦
退亭　金仁基, 文存道, 魏承緒
退靖齋　金春齡
退潮　權玲, 李廷忠
退川　李挺俊
退樵子　閔宗植
退村　高士原, 金埴, 金閱, 南㬊, 尹洞, 李堂揆, 丁應斗, 趙英茂, 崔尙柔, 洪進
退村堂　李揆
退冶堂　劉友閌
退迨堂　蔡龍章
退圃　蔡龍章
退澗老人　申濂
退軒　姜膺十, 金埴, 金永洔, 金中清, 金衡夫, 徐宗仮, 柳邦翼, 劉用平, 李光錫, 李台卿,

李熺, 全克泰, 鄭天益, 趙榮順
退湖　權玲, 李貞烈
退休　朴尙培, 蘇世讓
退休堂　姜獻之, 郭建, 金順, 宣允祉, 蘇世讓, 申啹, 沈太俊, 嚴德祿, 李求益, 李承慶, 黃悅
退休齋　朴震煥, 宋寶山
頹蘭　金昇龍
頹窩　林支廈
投老堂　朱恒道
投巖　蔡夢硯

ㅍ

坡谷　李馥, 李誠中
坡潭　尹繼善
坡麓　李馥, 李葅
坡陵　尹巑
坡山　文聖圭, 尹茂性, 尹之任, 尹晫
坡山處士　金汝屹
坡山清隱　成守琛
坡西　趙逢源, 趙順生
坡雲　吳俊泳
坡原　尹德周
坡隱　南益熏
坡仁　趙順生
坡洲　尹繼善
坡川　尹壕
坡村　尹元之, 尹晫
坡漢　成德潤
巴江　金斗南, 尹秉鼎, 李經祿, 李愚益, 鄭禹賓
巴溪　全伯英, 鄭師洙
巴南　金濟潤

巴陵	金斗南, 嚴慶遇, 李尚毅 崔奎瑞	八谷	具思孟, 趙必亨, 洪熹	八一齋	李宗鎬
巴陵散人	李賢	八紘	寬弘	八亭	朴天祐
巴山	柳仲淹, 趙昻奎	八懼軒	李應國	八清齋	金章煥
巴叟	全繼信	八克	柳志永	八灘	南肅寬
巴隱	全伯宗	八琴	朴又赫	八下	安謙濟
怕知窩	金秉根	八大搜	安廓	八垓	馬尚遠
把翠軒	鄭忠元	八樂堂	李季仲	八懷堂	李時沆
杷菊翁	李世維	八龍亭	姜鶴孫	佩經堂	姜履元
波山	朴炳翼	八無堂	尹東暹	佩蘭堂	崔得謙, 崔尚謙
波隱	朴秀基	八勿齋	李基普	佩韋	申命溭
波澄	尹甯求			沛樂翁	禹玄寶
玻隱	柳惠蓀	八峯	李潭	浿東	崔漢綺
琶西	姜宅一, 李集斗	八峰	李希福, 李熙中, 趙希逸, 洪敏臣	浿上魚人	楊基薰
琶湖	朴允彬	八斯	裵幼華	浿人	李八龍
破屋	金靜厚	八斯軒	裵幼華, 李老淳	浿州	曹世杰
破屋散人	金靜厚	八山	金光旋, 李九容	浿川	曹世杰
破屋陳人	金靜厚	八三	李愼民	牌御	趙秋
破愚堂	李有仁	八雪谷	鄭氏	貝亭	朴承宗
破愚齋	金相元	八松	朴世甫, 尹煌, 鄭必達, 鄭涵, 鄭弘德	霸摠	金鳳鎭
芭棲	金綱	八松觀	李義養	片雲子	李思淵, 李挺元
芭齋	元一揆	八松齋	具仁	鞭羊	彦機
板溪	申用溉, 李龜	八岩	金海鎭	鞭羊堂	彦機
板谷	成允諧, 鄭以道	八餘居士	金正國	鞭羊子	彦機
板橋	朴齊珩, 廉世應, 李祖源, 李弘老, 鄭宇性, 趙云仡	八然	趙康夏	砭齋	崔蘊
板橋院生	趙云仡	八詠堂	金重昌	砭懈堂	趙宇鳴
板橋院主	趙云仡	八吾軒	金聲久	坪巖	李昌禧
板翁	李祖源	八愚	洪景古	坪菴	崔基南, 崔斗柄
瓣香	咸鎭嵩	八友堂	朴睍, 柳世麟, 趙壽明	坪川	卞玉希
八景亭	李祥	八友蓮	宋永汶	坪村	崔叔梁
八警堂	黃處儉	八友亭	趙應堅	坪村處士	李垕東
八戒	李郁	八友軒	趙普陽	平岡	范璟駿, 李重基
八溪	李郁, 鄭悛, 鄭瑎	八隱堂	閔昌道	平溪	林世亨
八溪後人	卞獻	八吟齋	權諰	平谷	金永薯, 金永著, 吳邃燁
				平丘	李名珪
				平邱翁	李名珪

平潭	李可振, 李銓, 李鍾博	萍村	崔叔梁	圃亭	朴成珩
平凉居士	李愼徵	萍軒	鄭相說	布巖	李晃浩
平凉子	成輅	萍湖	申命顯, 申命鉉, 柳永忠, 李商穆	布衣子	朴夏源
平里	林墇			布松齋	金慶權
平沙	閔泰重	萍湖處士	李商穆	抛石	羅仲昭
平沙齋	許永	閉士	黃元益	抛軒	朴世熙
平松	卞夢亮	閉广	權盼	抱耿	金瓚永
平實翁	魚有成	閉窩	柳迪	抱狂子	韓泰東
平安齋	崔垌	閉戶	權盼, 辛應望	抱琴軒	崔綱魯
平巖	朴華秉, 鄭榮振, 表沿漢, 玄淵	包堂	柳基元	抱爐軒	金翼景
		包齋	趙雲鉉	抱朴子	丁瑞範
平庵	權正忱, 金永鎭	匏鑑	金東鎭	抱石	趙明熙
平菴	金相勉, 柳宣睦	匏山	李袗	抱松	徐相鳳
平然堂	閔致和	匏庵	全熙龍	抱膝庵	洪允輔
平塢	柳光寅	匏翁	朴奎雲, 鄭大重	抱甕	盧兢壽
平翁	池德麟	匏窩	李震殷	抱翁	鄭漾
平窩	白慶楷, 尹倬, 鄭焊	匏泉	金用謙, 鄭弘淳	抱雍散人	李德馨
平園	金世淵	匏軒	李璜	抱甕山人	李德馨
平遠堂	李羽晉	匏花屋	李學逵	抱甕散人	李德馨
平隱	金敎性	圃溪	李寅馣	抱一齋	李最宙
平齋	姜伯欽, 權泰直, 奇長衍, 金幹, 金祖澤, 朴在榮, 朴齊純, 朴枝榮, 宋淳輔, 李岡, 李景林, 李隆逸, 崔來吉	圃潭	田永稷	抱虛子	朴晉彬
		圃上	梁柱天	浦谷	金昌煥
		圃石	金廷述	浦西	裵疇煥
		圃岩	朴宗麟	浦墅	李基漢
		圃巖	朴鍾麟, 尹榮, 尹鳳朝	浦石	李龜相
平洲	朴景伯, 李昇馥	圃菴	朴性源, 兪勛相	浦叟	李觀熙
平地居士	李敬緝	圃埜	田龍雲	浦菴	具文信, 李師命
平地翁	李洛, 李憲復	圃翁	金圭鎭, 朴麟祥, 兪㴇, 尹楣, 田澈, 洪龍浩	浦涯	李能謙
平眞逸	李深源			浦翁	柳斐淵
平川	金道章, 李義甲, 曹昌億	圃雲	權膺善, 梁相曄	浦窩	李禧鎭
平泉	李光呂, 李廷喆, 李義甲	圃隱	李天駬, 張貞弼, 鄭夢周	浦雲	郭致燮, 金泗鼎, 應元, 黃達周
平軒	李泰顥	圃隱堂	李堂		
平湖	金漑, 金履鍊	圃陰	金昌緝, 尹鳳朝, 張貞弼	浦隱	甘元漢, 金學胤, 盧正麟, 尹牧, 李亨千, 崔大浩
萍居	申厚錫	圃應	金廷述		
萍堂	金大澤	圃齋	金長壽	浦陰	李畬
萍翁	金潚, 金載斗, 金必振				
萍窩	姜必嶽				

浦渚	趙翼	豹菴	姜浩, 姜世晃	楓陽	李德欽
浦亭	金澤	豹翁	姜世晃	楓淵	尹得衡, 許亮
浦州	白揮	豹雲	姜浩	楓窩	文極孝, 安信孫, 安厚源
浦洲	白揮	豹隱	許彙	楓園	權盼, 柳㮨
浦村	黃傲龜	豹隱居士	朴聖漢	楓岑	白光顏
苞山	柳應秀	品山	權溶, 金秉鉉, 金直淵, 李壽嵒, 李鐸英	楓亭	朴義龍, 朱守正
苞翁	柳聲五			楓川	鄭守弘
蒲碧	丁大本	楓江	林悌	楓川堂	金宗敬
蒲庵	閔泳綺	楓渠	李文規	楓灘	尹㮨
蒲衣	如心	楓溪	金尚容, 金應淳, 金洪啓, 南宮楔燊, 明察, 蘇秉亨, 宋國準, 宋奎徵, 安景達, 李鍵, 李景華, 李淨, 曹德驥, 趙泰東	楓澤	禹俊民
逋溪	金錫			楓湖	朴應哲, 李楷, 林埈, 趙徽
逋世	李弘業			豊南	徐大建, 宋道淳, 任憲淳
逋世翁	金潁男, 李弘業, 曺臣俊			豊農	金商楫
逋叟	李世年	楓皐	金祖淳, 梁士俊	豊夢堂主人	趙慶男
逋臣	朴季孫, 鄭之虐	楓谷	李貞恩, 李至和	豊山	文泰郁
逋庵	權周郁	楓邱	崔潤亨	豊西	柳應斗
逋翁	權垸, 李允源, 鄭之虐	楓潭	權克中, 金終弻, 義諶, 李晚保, 李崇慶	豊墅	李敏輔
逋齋	金萬翼			豊巖	辛瓏煥
逋村	金鑊	楓潭道老	李崇慶	豊庵	黃祁
逋軒	權德秀	楓墩	閔有慶	豊厓	南碌
鋪淵	愼文彬	楓林	朴文鎬, 申虬年	豊埜	宋正熙
俵菴	沈連源	楓巒	宋德修	豊翁	金楫
杓史	蘇昇奎	楓山	鞠龍鎭, 朴文鎬, 孫重行	豊窩	梁柱衡
杓庭	閔台鎬	楓石	徐有榘	豊隱	李洪仁
漂巖	朴炡	楓嶽	普印, 徐榮輔	豊川	李時得, 任絖
瓢公先生	李它	楓岳山人	鄭斗源	豊泉	牟炳基, 施文用
瓢巖	李謁平	楓嶽山人	休靜	豊沛	徐永俊
瓢翁	宋英蓍	楓巖	權寊, 金德普, 金終弻, 金籥, 文緯世, 白光彦, 世察, 申津, 申瓛, 柳光翼, 李敦, 李百祿, 李泰敎, 林復, 丁世霖	豊軒	尹滋京
瓢隱	金是㮁 宋轍			豊湖	李瑾相
瓢陰	權錫揆			風溪	金始炫, 宋國準, 李震璦, 韓啓增
瓢巷	全道轍				
縹礱	洪吉周	楓庵	文緯世, 文弘凱, 朴炳權	風皐	盧胄
豹谷	尹知白, 池繼潅	楓菴	金弘遠, 崔升翰, 洪起晃	風南	洪鍾鎭
豹林	金熙稷	楓厓	金必振, 安敏學, 禹善言, 李允修, 李應天, 李仁孫	風臺	呂弘八
豹變堂	鄭東㞍	楓崖	金元建, 金必振, 奉楫, 安敏學, 禹善言	風洛亭	李鎭奎

風來軒主人	徐基德
風麓	辛慶晉
風雷堂	朴廷弼, 張宗微
風雷子	韓泰東
風雷軒	權啓運, 金是樞
風流狂客	申命仁
風峯	朴翰男
風雪軒	權氏
風岊	李汝玉
風岳	愼天能
風崖	禹善言
風詠	權應道
風詠亭	權應道, 金彦琚
風詠軒	金彦琚
風玉軒	趙守倫
風翁	宋應相
風月亭	月山大君
風竹軒	張友璧
風泉	宋奎斌, 車禮亮, 馮世周
風泉子	車禮亮
風灘	李晛
風乎亭	申祉
披裘翁	盧腱
披裘子	金汝岫
披雲軒	張儘
披海軒	韓寧瑞
疲菴	李審度
避世翁	趙紳
避炎亭	李希音
弼雲	金令行, 李起敬 李恒福
弼雲翁	金令行
必東	林晃洙
必成	大鐸
泌隱	李埔
泌川	朴彝叙

疋齋	李宣佃
疋漢	李宣佃
畢門	李先濟
畢依	黃梓
畢依齋	黃仁儉
筆谷	黃燁,
筆心齋	柳赫然
筆庵	裵克廉
筆院	張譜
筆齋	意恂, 李成己
筆村	李時敏
華門	李先濟
華雲	李學容
華齋	朴光佑, 李維

ㅎ

下崗	金護林
下谷	任時九
下鷗亭	趙琩 趙應卿
下根齋	金建周
下南	權褚
下廬	黃德吉
下晚齋	邊始暹
下沙	奇正鎭 安承禹
下山	鄭鎭憲
下巖	金夢得
下庵	李宗休, 李周生
下雲	尹定求
下一	趙榮世
下齋	金遇洙
下枝	李象辰
下蔡	金健輝
下泉	李遠馨

下泉齋	朴淇昉
下軒	禹世勳
何溪	朴世衡, 許薰
何觀	申德永, 申肅
何求	金始顯
何求翁	趙遠慶
何儂	朴準璟
何陋齋	朴鍾連
何夢	李相協
何山	權炳洛, 金準, 禹熙穆, 李鉉中, 崔孝騫
何石	金弘斗
何愚堂	洪義謨
何有堂	南天祐, 趙慶栻
何丁	林珍洙
何庭	洪霖植
何處散人	權益隆
夏谷	申必淸
夏堂	權東鎭, 宋國輔
夏逢	孫奇逢
夏山	曹友仁
夏山樵夫	成三問
夏雲	洪晟
夏雲齋	曺在永
夏園	金氏, 鄭芝潤
夏篆	金益鼎
夏亭	文允中, 柳寬, 柳亮, 林世明
夏汀	柳灌
夏泉	李道華
夏軒	尹鑛, 張河駉
河崗	程桂弘
河溪	康漢松
河谷	裵亨元, 秦後觀
河南	金聲中, 李之悌

河南居士 朴守溫	趙鍾弼	遐觀堂 申晃
河濱 盧弘器, 愼後聃, 尹君玉, 尹堨	荷塘 權斗寅, 權錫魯, 金瞻, 閔致庠, 愼希天, 延景箕	遐觀齋 邊相徹
河濱翁 尹堨	荷峰 金以剛	遐山 李定濟
河濱釣叟 朴宗祐	荷山 沈星洙, 梁基瑕, 林昌周	霞溪 權愈, 金鈍, 金尚魯, 金鎭漢, 都應雲, 馬智伯, 李嘉淳, 李冕州, 曹鼎彬, 洪起海
河槎 吳泳河	荷裳 趙雲卿	
河山 金漢弘, 朴友公, 朴義烈	荷棲 趙璥, 趙王後	
河上 李象峻	荷西 楊五敦, 尹日逵, 尹積, 李莊輔, 李眞淳, 玄益祚	霞痼 李鴻瑞
河西 金麟厚		霞谷 權愈, 麻世衡, 孟世衡, 朴寅碩, 朴炡, 徐仲輔, 尹堦, 李三達, 李相淵, 李㯕, 鄭雲龍, 鄭齊斗, 趙尚慶, 趙泰耇
河庵 文在鳳	荷鋤齋 南宮堂	
河陽 慶泰鎬	荷叟 朴箕寧	
河翁 秦復觀	荷屋 金佐根	
河雲 程桂泓	荷翁 魚公愚	
河源 朴鶴求	荷渦 盧勉正	
河隱 郭天汶, 金柄欽	荷月堂 姜時彦	霞潭 黃汝一
河陰 姜大虎, 金舜經, 申楫	荷隱 金喜洙, 例珂, 鄭尚鎬	霞堂 朴基祚
河汀 朴裕秀	荷衣 林億齡, 正持, 洪迪	霞峰 殷以埰, 趙鎬來
河竹 玄正卿	荷獜 任百經	霞山 南廷哲, 朴俊永, 白尚赫, 徐天洙, 申弘浩, 安敏行, 兪致鳳, 李萬謙, 鄭顯龜, 趙和玉
河清 朴起來	荷衣子 洪迪	
河河齋 睦仁栽	荷齋 沈潤植	
苄亭 李德周	荷田 康洪大	
苄圃 李憲胄	荷亭 姜邯贊, 金晩圭, 金永壽, 金炳洙, 朴善陽, 呂圭亨	霞山老樵 安敏行
荷江 朴齊璟, 曹錫興		霞裳 方天鏞
荷居 梁憲洙	荷庭 金在炳	霞棲 金應奎
荷渠 鄭經世	荷汀 金教植, 金晩圭, 閔泳徽, 朴萬升, 李基續, 林喬鎭, 林珍珠, 鄭昌燮	霞石 權魯淵, 金朝漢, 朴寅碩, 朴炡, 李冕容, 李容元, 李裯, 李鶴洙, 鄭雲龍, 韓弼敎
荷溪 高荊山, 李璜敏, 洪濂		
荷谷 朴致泰, 安忠達, 梁大濮, 李東烈, 許篈		
	荷貞 朴斗植	霞巖 李敦基, 鄭昌翼
荷谷居士 林喬鎭	荷洲 趙益諒, 洪彝叙, 黃聖圭	霞塢 柳詬, 李有源
荷菓 金相龜	荷泉 姜致璜	霞翁 李羽達, 李益馝
荷冠 朴彌	荷村 朴槙, 朴禛, 趙景栻	霞隱 申涌, 柳臣榮, 李愚錫, 鄭台鉉
荷潭 權錫魯, 金順植, 金時讓, 睦守欽, 魚雲海, 柳公亮, 李希得, 田誠雨, 趙明錫, 趙彦觀, 黃元龍	荷圃 張廷燦	
	荷軒 金載白	霞汀 李忠鎬
	荷鉉 金準鉉	霞庭 金日永
	賀淵 李仲梁	霞川 高孟英, 高雲, 白致興
	遐觀 申晃	霞樵 宋秉禮
荷堂 閔致庠, 李存中, 趙性教		霞村 申垠, 李昶源
		霞浦 白灝運, 黃良熙
		霞軒 高孟英
		壑老 許潛
		壑窩 金大渭, 徐惟岱

學稼	李縉, 許正魯
學稼齋	李績, 李縉, 李縉
學岡	鄭在璟
學溪	劉崑, 劉稗三
學古堂	白胤喬, 魏完圭
學古齋	金鳳顥
學谷	高承謙, 金希福
學衢	崔雲遇
學求齋	金炳廷
學南齋	張基洪
學農	裵興淳
學訥	崔基洪
學潭	柳燮
學堂	孔珪, 金宗文, 金休, 朴運彬, 朴宗元, 李誠, 鄭裕
學塘	劉炯
學蓮	鄭翔晃
學魯	黃祖容
學林	金慶胤
學滿	崔義山
學凡	朴勝彬
學峯	庚順道
學士	朴自齡
學士堂	鄭守珪
學山	金鍊, 金彪, 朴斗喜, 蘇在準, 柳最鎭, 李魯榮, 李績雨, 鄭寅杓, 黃大益
學汕	張翼煥
學山木齋	柳最鎭
學西	李至和
學仙	金炳七, 李廷遠
學聖齋	金在華
學愼	周時經
學心	金象年, 朴欽
學庵	姜絪

學菴	金瑞麟
學餘	朴明臣
學窩	申穎
學愚	姜東秀
學園	李景福, 卓葉
學諭堂	柳世茂
學隱	朴春根, 愼宗學, 李奎黙, 洪承權
學隱堂	朴齊平
學音	尹春年
學而堂	鄭漢律
學易堂	許喜
學易齋	鄭麟趾
學而齋	鄭龍運
學齋	柳克仁, 崔守中
學田	李起鎬
學川	宋明輝
學泉	金江玟
學樵	金泰鎭
學村	柳鎭
學圃	金圭源, 羅相喆, 盧定漢, 馬嗣宗, 朴鼎德, 朴泰來, 徐慶昌, 梁東旭, 梁彭孫, 李光秀, 李秉柱, 李上佐, 李杭, 鄭叔周, 丁舜泰, 鄭暄, 卓之業
學圃主人	崔廷民
學圃軒	徐慶昌
學海	金元植, 金寅吉
學海堂	趙義純
學軒	金天洙, 盧攀, 沈球之, 丁仁男, 曹錫中, 崔彦冲
鶴岡	丁祥泰, 黃爽周, 黃鍾應
鶴渠	張珣
鶴溪	郭可績, 金時任, 朴重彦, 沈諮, 全海, 趙守良, 崔煥模
鶴溪堂	宋潤浩

鶴皐	高東柱, 金福漢, 金相塡, 金錫熙, 金時微, 金履萬, 金履圉, 盧有三, 朴煥, 尹大召, 李圭獻, 李鳴運, 李錫熙, 李時徹, 李壎, 李顗, 李長坤, 李周燮, 李俊民, 李鉉燮, 張鎭國, 鄭璿敎, 鄭一鎭, 鄭鎭, 河洛範, 河致潤, 黃覺敏, 黃克貞, 黃汝涵
鶴皐處士	朴大淳
鶴谷	姜昌會, 桂漢明, 柳夢鼎, 李格, 李慶雲, 李承弘, 李裕, 崔希閔, 洪瑞鳳
鶴關	盧景倫
鶴橋	張悅
鶴南	金道圭, 金尚煒, 金晊, 朴基龍, 楊泓一, 李晦慶, 李徽基, 鄭淳宗, 鄭羽良, 崔攀熙, 韓鎭榮, 韓昌璉, 黃九錫
鶴農	金啓鎭, 趙鳳
鶴潭	權有圭, 金永奎, 孫氏, 趙秉武
鶴堂	朴宗元
鶴塘	趙尚綱
鶴東	李志長, 林彧
鶴洞	李慶遇, 李光俊, 鄭惟藩
鶴洞處士	池達汶
鶴來軒	曹錫正
鶴老	申恕一
鶴鹿	李益運
鶴麓	金震遠, 宋瓆, 李慶胤, 李益運
鶴鹿庵	尹壽河
鶴林	權訪, 金用均, 朴熙中, 李慶胤, 張良佑, 崔南赫
鶴林亭	朴炳遠
鶴梅	李宏中
鶴鳴	啓宗, 朴萬裕, 尹庸升

鶴甫	金克訥	鶴庵	金達興, 金重休, 朴成漢, 宋自奎, 李殷日, 李應協, 林文根, 林泰熙, 鄭璣相, 咸己豊, 黃翼龍	鶴川	金炳昶, 金穩, 朴承, 尹淮, 李逢春
鶴伏堂	曺植			鶴川子	安由哲
鶴峯	金誠一, 范可容, 宋復興, 李日三, 張潤, 全義赫, 全海宗, 崔穩, 崔仲霖			鶴泉	成汝學
		鶴菴	徐命均, 崔愼	鶴泉處士	李維
鶴峰	高因厚, 權德興, 全義赫, 丁琬	鶴野	南泰齊	鶴楚	張永爽
		鶴陽	朴慶家	鶴樵	金明漢, 房奎源, 楊峻發, 黃昞主
鶴沙	高因厚, 金是渠, 金應祖, 金憲祖, 申顯祿, 鄭世衡	鶴广	宋氏, 宋相泰		
		鶴翁	金正喜	鶴村	朴以龍, 朴柱殷, 朴熙祖, 申櫶, 申梓, 安纈, 李承元, 黃昞極
鶴山	權三燮, 權歆, 琴鑛夏, 金溶大, 金麟祥, 金峻鎬, 金昌秀, 金昕, 朴光遠, 朴相台, 朴彦福, 朴準瞻, 朴致久, 朴漢主, 徐浩修, 徐鴻錫, 成碩鎬, 成永壽, 辛敦復, 楊海一, 嚴慶膺, 吳在烈, 柳汝糧, 柳膚睦, 尹京兆, 尹貞立, 尹濟弘, 李魯榮, 李穆鎬, 李尚碩, 李廷凱, 李肇, 李鍾純, 李天永, 李忠明, 鄭景愚, 朱冕燮, 千寶培, 許筠, 許碩老, 黃昞年, 黃宗熙	鶴窩	孫國濟, 沈溶, 鄭來福		
		鶴右	金始顯	鶴灘	白天賚, 張義河, 趙泰億
		鶴于軒	白楗	鶴坡	金蓋根, 金禪圭, 朴東熺, 安博鎭, 李藝, 李泰容, 鄭觀儉, 鄭致龜, 趙星復
		鶴雲	金鎭懿		
		鶴園	李浩禎	鶴波	趙秉式
		鶴隱	金景泌, 金斗星, 金永熹, 朴春根, 徐寅植, 李棣久, 張翰鎭, 趙恒存	鶴圃	金鏢, 金國煥, 金有根, 白樂鎔, 辛鍾斗, 尹孔洙, 李在均, 李鍾達, 鄭喜烈, 蔡氏
鶴山堂	盧希玉	鶴陰	金景泌, 金魯奎, 金延祖, 金念祖, 金鎭衡, 沈遠悅, 尹淳, 李翼元	鶴浦	金禹銖, 金泰世, 愼以復, 李晦徵, 李普謙
鶴山齋	金彦輔				
鶴山樵夫	尹聖善			鶴下	李承萬, 黃昞東
鶴序	李沈	鶴陰齋	朴太源	鶴下山人	李景典
鶴棲	孫起緒, 柳台佐, 李至和, 鄭台佑, 黃昞世	鶴人	沈在昇	鶴軒	金敬義, 兪舜仁, 崔道翰
		鶴齋	金汝鐵, 成啓宇, 沈說, 崔錫鼎	鶴峴	金秀元
鶴西	徐宗玉, 李壽煥, 任希養, 曺秉相			鶴湖	金奉祖
		鶴渚	李明保	鶴皓	辛承禧
鶴石	文祖, 劉在韶, 翼宗	鶴田	金鳳濟, 金誠鎭, 李氏	倜齋	金洛鉉
鶴巢	金斗根, 金潛	鶴丁	蔡得沂	寒澗	金漢祿
鶴松	金能淳, 金有, 金章斗, 白亨敦, 全有亨	鶴汀	姜永世, 金秋吉, 李東溟, 李汝完, 鄭岐胤, 蔡得沂	寒岡	鄭逑
				寒江	金慶龍, 金寅斗, 成楚容
鶴松齋	安遇坤	鶴亭	李光著	寒居	崔后大
鶴松亭	郭希益, 金潤植	鶴洲	姜鴻冥, 金弘郁, 鄭希僑, 許榮	寒溪	姜大遂, 姜學濬, 郭舜成, 金繼善, 閔鍾顯, 朴慶祈, 孫弘祿, 沈健永, 吳善基, 尹覃休, 李審一, 李元榮, 李源煦, 李元榮, 李渭相, 李允峻, 李忠一,
鶴睡堂	朴弘春				
鶴舜	張判介	鶴天	金秉文		
鶴巖	姜碩龜, 姜弘烈, 金溶斗,				

雅號	人名
	李亨求, 鄭相元, 鄭載漢, 河大明
寒皋	文璿, 李元祜
寒谷	郭㴻, 金泗秀, 南澔
寒癯子	孫必大
寒琴	尹廷琦
寒潭	秋孝命, 洪一厚
寒塘	李英錫
寒樓	李秀鎭, 李時榮
寒梅	朴基中
寒梅堂	牟以泳, 蔡氏
寒白	孟萬爕
寒栢堂	安崇孝
寒碧	郭期壽
寒碧堂	郭期壽, 鄭時
寒碧老人	郭期壽
寒碧齋	鄭錫堅
寒沙	辛應望
寒沙晚隱	姜大遂
寒山	金祐錫, 孫永光, 拾得
寒雪齋	李時郁
寒松	安老石, 尹晢
寒松堂	尹晢
寒松生	金釴
寒松子	崔進賢
寒松齋	金箕煮, 金泰重, 沈師周, 李楨輔, 李楨輯, 李華立
寒松亭	李廷直
寒水齋	權尙夏, 成汝榓, 申大龜, 溫潤
寒窩	姜淑昇
寒月	金商汀
寒齋	高周鎬, 孫碩麟, 李穆, 朱必大, 洪璨周
寒洲	李震相
寒竹	申鉦, 池翁
寒竹堂	申鉦, 沈之淸, 尹烇, 李慶雨
寒竹亭	李道昌
寒竹軒	金子良
寒川	李海鎭, 鄭敏僑, 崔認
寒泉	權尙夏, 金慶南, 金景南, 朴慶新, 朴來胄, 朴世蒿, 朴瀏, 宋象賢, 宋星駿, 沈澍, 梁千運, 柳夢寅, 柳澍, 李暾, 李東郁, 李涑, 李守齡, 李縡, 李桓溶, 林鍾南, 鄭協, 趙性源, 趙勳, 崔晟, 韓秉元, 許潛, 黃誠昌
寒泉居士	申叔彬
寒泉堂	金浩鎭, 吳再挺, 李洪鍾
寒泉齋	林樂豊, 張烘奎
寒泉處士	申叔彬
寒村	李柱
寒灘	安構
寒波	洪龍佑
寒坪	柳晦文
寒圃	李健命
寒浦	李壽星, 秋汝郁
寒圃齋	李健命, 李命白
寒鄕子	鄭敏僑
寒虛堂	千瀅
寒軒	李漢植, 秋菊
寒薰堂	魯尙主
寒暄堂	金宏弼, 閔龜孫, 李楨
寒暄齋	表繼
恨生	韓興敎
恨人	申圭植
旱岐	金夢虎
漢南	金圭采, 金度中, 馬挺立, 張紀淵, 崔應井
漢堂	金桑旭
漢東	片鳳
漢梅堂	蔡氏
漢明	大雲
漢濱	羅元鼎
漢槎	金乎
漢沙	氷普
漢山	徐衡淳, 安冲
漢山病隱	安鼎福
漢庶	李志雄
漢石	李俊榮, 趙晃
漢蘇堂	李孟昀
漢蘇齋	李孟昀
漢叟	趙挺
漢案	黃五
漢巖	重遠
漢野	趙演
寒漁	氷奎鉏
漢瓦齋	金正喜
漢愚	許鈳萬
漢雲	金洛鉉
漢原	李世佐
漢源	盧兢
漢隱	安后慮
漢陰	李德馨
漢齋	李孟昀
漢汀	李定烈
漢笘	金相玉
漢川子	申雅
漢樵	徐相喬, 秦師亨
漢圃	金奉圭
漢恒	氷奎鉅
漢湖	李敏德
漢淮	鄭匡民
瀚浦	崔天濡
翰樓	張錫輝
翰林	金禧天

翰山	閔種默, 鄭坤鉉	閒睡堂	朴趾慶, 鄭期遠	含翠軒	朴純
翰西	南宮檍	閒睡齋	吳達貞	咸溪	權曇
翰隱	林恒祚	閒說堂	安昌俊	咸峯	申應錫
翰齋	劉聖元	閒窩	權以鍇, 金玄爽, 李時逸	咸齋	權相龜
翰湖	李承健	閒雲	周履靖	咸集堂	金宗灝
閑谷	琴尚烈, 李明善, 崔致重	閒雲居士	尹璿	咸昌	韓夢弼
閑廬	權盼	閒雲堂	趙祐	咸興	金蟾
閑文堂	李鯤	閒月堂	李元冑	涵鏡堂	康希哲
閑士	黃元益	閒隱	金碩文, 李英俊	涵溪	鄭錫達
閑山	李志恒, 朱裴	閒齋	崔亮衍	涵碧堂	柳敬時
閑碩堂	朴仲林	閒齋閤人	閔允昌	涵泳堂	黃道滿
閑叟	權胤	閒適堂	朴尚謹	涵月	海源
閑安堂	車季男	閒田堂	林廷彥	涵月亭	崔應聖
閑庵	普幻	閒亭	金若晦, 林坦	涵義亭	崔瓛
閑广	權盼	閒汀	溫厚	涵一堂	姜獻奎
閑燕堂	李沆	閒靜	宋文欽	涵一齋	朴彝炫, 申韶
閑窩	郭宗泰, 金駿鍊, 廉怡	閒靜堂	宋文欽	涵齋	奇孝曾, 金命奎, 金壽璜,
閑臥窩	朴世貞	閒閒亭	朴繡		金赫權, 徐嶧, 沈念祖 安鍾
閑庄	權盼	閒軒	文甲光, 李敬秀		和, 李壽男, 李志薰, 丁希參
閑齋	金成達, 鄭樂臣	閒湖	田錫奎	涵洲	李廷玉
閑齋老拙	金成達	韓溪	李承熙	涵清軒	李亨鎭
閑亭	權曙, 金若晦	韓雲	南容德	涵翠亭	金玄玉
閑存堂	金時應	韓齋	鄭奎榮	涵虛	己和
閑存齋	申渫	韓州	李土集	涵虛堂	己和, 無準
閑圃	金瑋, 禹洪富	韓志	金相玉	涵虛亭	洪貴達
閑閑堂	孟萬澤	函溟	太先	涵軒	李胤燮
閑好	林埭	含光	韓碩興, 韓處定	涵弘	致能
閑戶	權盼	含光軒	李瀰	涵弘堂	致能
閑好翁	林埭	含黙堂	禹弼寅	菡溪	辛履奎
閒溪	姜栢年, 南尚周, 尹覃休	含黙齋	吳變夏	菡山	李康鎬
閒堂	金台鎭, 盧有幹, 吳振澤,	含恩窩	車復運	菡洲	李廷玉
	李鯤	含忍堂	馮慶文	合江	朴大德
閒文堂	李鯤	含忍齋	李龜容	合江亭主人	洪好約
閒山	朱裴	含翠	洪秀輔	巷南	權思晦, 申續暹
閒松	李大邦	含翠亭	孫東杰	巷東	金富賢

巷隱	金尚泓, 金振泰, 金興國, 朴安世, 李曆協, 張秀漢, 崔崇漢, 崔泰完
恒山	洪在穆
恒楊	朴元謙
恒窩	金聲鐸, 文忠烈, 柳景賢, 柳重岳, 洪宗九, 洪種涉
恒日	俞鎭寬
恒齋	金驥鍾, 金相絅, 金振宗, 朴來遠, 朴瀿, 孫昊永, 宋鎬坤, 沈能岳, 芮漢基, 柳光翼, 俞瑩柏, 柳雲, 李匡臣, 李炳台, 李尚賓, 李嵩逸, 李愚恒, 李翊九, 李正圭, 鄭宗榮, 崔絅, 崔炳寅, 許佩, 洪樂性, 黃孝昌
恒春	崔燉七
恒軒	柳敬基
沆瀣	洪吉周
沆瀣子	洪吉周
奚水	李晩恩
奚疑菴	李重珍
懈甲	洪覲
懈菴	金應鼎
懈軒	朴載經, 黃命河
海岡	金圭鎭, 羅恒集, 李謙浩
海崗	姜桂壽
海客	楊士彥, 尹琪
海居	洪顯周
海居道人	洪顯周
海居子	洪周世, 洪顯周
海居齋	洪顯周
海耕堂	李建昇
海臯	李光庭, 李命啓
海谷	金顯權, 李紀淵, 李秀敦, 處珍
海公	申翼熙

海觀	金秉秀, 金一善, 徐慶淳, 申允局, 吳兢善, 柳寬稷, 兪漢翼, 尹用求, 李寬稷, 李喆憲
海光	崔允東
海狂	宋齊民, 李齊容
海嶠	朴永世
海琴	朴致恒, 成萬秀
海錦	吳達運, 黃翼熙
海奇	宋殷成
海難	鄭鎭韶
海南	孫萬來
海儂	金根德, 朴東弼
海曇	致益
海堂	權相運, 朴宗煥, 申元孫
海德	李宗漢
海東	南教文, 洪宙一
海東處士	魯唐城, 李仁全
海東樵人	崔瓚植
海東賢人	李藏用
海閣	權相迪
海旅	都義磬
海黎	許燁
海旅齋	潘阜, 潘墇
海樑	崔振
海蓮	李鳳基
海老師	意恂
海夢	全琫準
海門	具義剛
海默齋	韓墩
海帆	卓秉惜
海峯	甘有聖, 有璣, 李楡
海峰	李鳳徵, 洪命元
海夫	卞持淳
海鵬	展翎
海濱	尹墀

海史	高時述, 金錫觀, 孟喆鎬, 徐相建, 吳容黙, 柳秉禹, 尹成勳, 李德夏, 李敦晃, 李元淳, 李儁, 李重燮, 張源相, 田昇煥, 趙明植, 車錫祜, 車學淳
海士	金聲根, 文仁煥, 安健榮, 李謙愚, 鄭海崙, 洪翰周
海師	意恂
海槎	南萬里, 尹奎白, 李侃, 李日章,
海沙	高漢瀅, 金鳴善, 尹得悅, 陳泳澡
海斯	李桂炯
海莎	尹奎白
海蓑	朴建
海山	姜銧求, 金餠煥, 金鍾夏, 南箕壽, 朴準庸, 徐宗永, 孫德相, 宋泰玉, 禹春植, 韋炳植, 李瑛彌, 李容九, 張敎遠, 全基泓, 全垂鏞, 丁鵬, 鄭永海, 鄭在奎, 鄭海榮, 陳鎰, 崔景翰
海山齋	田桓
海山亭	姜世晃
海桑	李陽秘
海上也蠹人	意恂
海桑子	李陽秘
海生	黃允明
海西	安達源, 吳廷吉, 柳基浩, 李應翼
海石	金錦相, 金養浩, 金永善, 金載瓚, 朴準龍, 孫貞道, 沈東晩, 李敦相, 李相勉, 李載瓚, 趙東夏, 黃壽善, 黃仲謙
海仙	金時侃
海醒	金應立, 河恂鳳
海所	鄭顯德
海巢	姜用欽
海蘇	金浣

海叟	金禹鼎	海葦	尹潽善	
海亞	李壽瓚	海隱	姜必孝, 高錫柱, 權大有,	
海岳	金基澄		權烓, 金奎浩, 金箕奎, 金德	
海嶽	金光鎭, 李明煥, 李士晦,		器, 金炳淳, 金炳衡, 金相燮,	
	李裕昆, 崔永祿		金相玉, 金星礦, 金駬孫, 金再	
海巖	甘彭信, 金英珠, 柳慶種,		浣, 金宗南, 金熙成, 盧漢錫,	
	李得旻, 玄哲		文英, 朴岐鳳, 朴萬亨, 朴諶,	
海岩	昇良錫		朴鍾奎, 史應軒, 徐有珍, 申弘	
海庵	崔永祿		轍, 吳仁兌, 吳準泳, 玉期溫,	
海菴	吳鉉文		李德成, 李錫奎, 李壽華, 李	
海陽	羅烈		裕, 李潤, 李仁, 李昌煥, 李喆	
海閤	權相迪		淵, 李賢柱, 任尙鎬, 林怐, 林	
海影	申喆休		鍾憲, 張仁豐, 鄭源錫, 鄭泰	
海塢	金顯可		石, 崔光熙, 崔以憲, 許沫, 黃	
海玉	李儁		時英	
海翁	金命鐸, 金弘遠, 朴海, 宋	海陰	朴璣烈	
	儒龍, 申命復, 申洞, 呂爾載,	海一	暎虛	
	尹善道, 林億齡, 田光玉, 崔景	海逸	柳敬賢	
	璿, 崔景瓚, 洪翰周	海逸齋	張煥奎	
海窩	金熙澤, 呂東植 李鼎燦	海藏	高彦伯, 申錫愚	
海外文人	金正喜	海藏翁	李德楙, 洪覯, 洪覬	
海容	楊士彦	海齋	張晩燮	
海愚	李鍾祿	海亭	鄭翼, 崔秀岡	
海迂	鄭重佾	海汀	陳幾㦤, 黃乙龍	
海隅遺士	申自誠	海亭堂	朴東奎	
海運	敬悅	海亭漁叟	鄭乙卿	
海雲	林晩榮, 崔致遠, 秋萬榮,	海左	丁範祖	
	卓秉恬, 洪啓夏, 洪鍾永, 黃東	海洲	南鵬	
	周	海中	金熙昇	
海雲堂	金河洛, 南季明	海傖	金炳僖, 朴時讚, 朱鎭洛	
海雲亭	洪啓夏	海窓	宋基植	
海圓	黃義敦	海蒼	姜蘭馨, 權相文, 金元培,	
海月	崔時亨, 黃汝一		金仲訥, 鄭煥哲, 趙柄國	
海月堂	朴春豪, 黃晃九	海阡	余喜壽	
海月亭	趙仁璧	海初	洪顯輔	
海月軒	黃汝一	海樵	甘在鳳, 金鎭在, 丁觀燮	
		海村	琴椅, 金聲久, 金堯命, 南	
			洪輔, 丁大植, 丁大肇, 許烐	

海春	羅燾殷
海忠	李顯震
海灘	曺東信
海坡	安孟聃
海鶴	金東元, 李沂
海軒	宋景運, 宋磐
海華堂	徐選
蟹川	韓縝
諧隱	崔尙履
解雷堂	權憨
解睡堂	崔潤璧
解慍	白南薰
解表	李源珏
倖農	培重世
幸濃	鄭雲采
幸老	趙基晉
幸叟	宋文載
幸隱	金時佐
杏岡	文以奎
杏崗	李熹
杏溪	金瑞郁, 張昌復
杏皐	都稷相
杏谷	姜錫泰, 金盛最, 朴世喆,
	朴海爽, 裵仁錫, 洪處久
杏南	嚴啓昇, 洪人河
杏農	李相稙, 鄭元來
杏壇	朴鵬擧
杏潭	朴鳳求
杏堂	姜錫泰, 金景霖, 金橘, 金
	都吉, 尹復, 李煥, 張萬杰
杏林	梁會奐, 鄭柎壽
杏皐	李元紀
杏史	梁會一
杏山	朴世均, 朴全之, 宋禹浩,
	柳道絢

杏西	李德言	杏灘	鄭鳳	香谷	蔡徵殷
杏樹亭	慶大裕	杏坡	金春龍, 徐啓進, 徐官	香南	金正喜
杏巖	李閩樑	杏圃	金時彦, 朴義璣, 李寅燮,	香農	申正熙
杏庵	文燁		李庭翼, 全克敏	香壇	李宜澍
杏塢	許僩	杏下	金陽培	香山	石天乙, 趙師錫
杏窩	南就夏, 朴來鳳, 朴璘, 朴	杏下齋	金錫顯	香山處士	申瀁
	炳植, 李裕仁, 李重榮, 林士元	杏海	金魯東	香山樵夫	尹榮始
杏寓	李恒林	杏軒	魯鎭相, 朴慶宗, 吳致應,	香西	尹得聖
杏雨	南孝溫, 崔東立		李義亨	香石	金容鎭, 白禧培
杏雲	李宗浩	杏湖	許極, 許宜	香雪堂	韓景琦
杏園	李阜, 林文奎, 鄭黙, 崔東立	杏湖居士	李晩成	香巢	李舒漢
杏院	李阜	滓溪	尹順之	香壽	丁學敎
杏隱	金希文, 羅宸, 房士良, 柳	荇庭	朴台榮	香樹山館主人	李鉉軾
	基龍, 李旅, 李屹後, 張建, 張	行林	全命元	香巖	柳龜齡, 崔東崑
	乙湖, 鄭基磅, 鄭錫儒, 黃應清	行峯	李湛	香庵	鄭晩善
杏陰	羅楔, 羅帝, 安琳, 李淹, 李	行庵	李正遇	香塢	權瓚煥, 李憲周, 崔尙遠
	泰錫, 許贊	行源堂	李敎文	香窩	金萬鏐, 李般相, 李鼎槁,
杏齋	李廷燁, 李重泰	行癡	曺秉侯		丁志復, 丁志遠
杏亭	權軾, 金箕祜, 金聖材, 羅	行香子	金正喜	香隱	吉慶成, 田東榮
	應虛, 羅俊彦, 都衡, 朴訥, 朴	行休	李世基	香齋	全雯
	廷霖, 朴幸遠, 朴弘先, 方峻	行休齋	李若采	香積精舍	如訓
	汶, 蘇沿, 孫孝宅, 宋因, 吳尙	享叟	李萬鎬	香亭	陳秀三
	斗, 吳有終, 吳仁繼, 李敬憲,	向北	鄭遵一	香泉	金時綱, 林景翰, 趙義命
	李重光, 李之翰, 全弼邦, 鄭士	向北堂	鄭遵一	香樵	田基春
	鎔, 鄭汝康, 秦中言, 崔東立,	向庵	李靖淳	香坡	李翊漢, 鄭柄源, 曺秉旭,
	卓順昌, 河鎭兌, 洪大猷, 洪承	向陽堂	金日成		崔基一
	復	向陽亭	鄭龜休	香圃	金在源, 金在昌, 李馭元
杏左	李翼延	向日	權壽海	香下	柳秉喆
杏州	南孝溫	向日堂	金始鏵	香湖	趙雲遇
杏川	劉明勳	嚮日堂	尙震	虛江	沈德符
杏泉	朴英秀	鄕坡	徐戴淳	虛谷	金行健, 懶白, 朴世振, 趙
杏樵	李愚淵	薌隱	李章贊		廷和
杏村	金雲成, 金應三, 金之炳,	響山	李晩煮	虛白	明照, 李希國, 洪貴達
	閔純, 朴良, 朴永均, 朴子良,	響雲	李址鎔	虛白堂	金楊震, 明照, 徐植, 成俔,
	申德潤, 梁禹圭, 尹敦, 李起	香溪	金泰鳴, 林必昌		鄭蘭宗, 洪貴達
	宗, 李象義, 李峀, 李幼淳, 李			虛父	成熻
	精, 李挺應, 鄭枏壽, 鄭惟文,				
	鄭愓, 洪迺海, 洪澍				

虛牝堂	金濱	峴南散人	徐得一	玄同室	鄭東愈
虛庵	鄭希良	峴山	金鎭坤	玄洞子	安堅
虛月堂	金勝俊	峴叟	李彙晉	玄蘭	金正喜
虛應	勝濟	峴庵	金弘碩	玄樓	李景嚴
虛應堂	普雨	峴隱	李啓宅	玄武	徐白日
虛仁堂	朴緒	峴樵	黃潤九	玄黙子	洪萬宗
虛齋	郭弘址, 權壽鵬, 金時吉, 金淵行, 孫胤業, 申曄, 安處謙, 王子松, 劉錫中, 柳惠源, 李世銘, 林汝松, 任子宋, 丁錫愚, 崔南重	峴下	黃宗國	玄沙	金應煥
		弦皋	郭再祺	玄山	李啓紀, 李玄圭, 韓性源
		弦山	鄭玄錫	玄山翁	柳泰明
		弦庵	李國永	玄墅	金萬根
		弦菴	權載性, 金相翊, 李時中	玄石	金荶石, 朴世采, 朴璨, 崔有淵, 韓仁及
虛靜	法眼, 法宗	弦窩	高光善, 朴奎昊, 朴東奎, 尹東野, 李蒗, 李遠欽, 張右遠, 崔溶德, 韓國觀		
虛舟	金揆, 金汝煜, 德眞, 申誧, 尹弘烈, 李克生, 李憺, 李宗岳, 李澄, 李天基, 鄭致相, 洪萬昌			玄叟	李智賢
		弦齋	金浩直, 盧柣, 梁在德, 尹炳謨, 李璖, 曹庸相	玄水館	金愚淳
				玄繩	宋翼弼
		弦窓	趙英植	玄室	盧埈
虛舟窩	金錫一, 嚴慶遇	弦皓	李象機	玄巖	金錫圭, 金守玄, 金履祜, 金漢淳, 南延年, 盧世煥, 朴受中, 朴自凝, 朴載, 宋奎徵, 宋端, 吳命羲, 李種德, 李后潛, 田煥圭, 崔有淵, 洪賮
虛舟子	金在魯, 洪汝栗	玄澗	金永喆		
虛直	李瑄	玄岡	柳乘		
虛眞堂	梁應鮐	玄江	柳乘, 尹新之		
虛閑	霽月	玄居	林肯洙		
虛閑居士	敬軒	玄溪	朴邁, 吳大觀, 任翼常, 鄭垕	玄岩	金履祜, 金鍾根
許潁亭	南應元			玄嵒	閔致馞
許人	李東錫	玄谿	呂東植	玄庵	金漢淳
憲山	韓興敎	玄皋	朴宗謙, 尹新之	玄菴	朴奎世, 卜雲, 宋耆, 宋濟魯, 李后潛, 鄭成源
軒楠	明天得	玄谷	南老星, 安時聖, 柳永善, 李氏, 李熙世, 鄭百昌, 趙緯韓		
軒德齋	陳仁孫			玄厓	宋濟魯
軒瑞	金奉玉	玄狂	田鎰中	玄淵	李蓍永
軒適	呂春永	玄駒	朴宗謙	玄翁	宋耆, 申欽, 尹德熙, 鄭來僑, 黃孝獻
軒軒軒	金汝重	玄磯	李景嚴		
獻窩	姜必慶	玄潭	金珉鉉, 洪承樂	玄窩	金宇鎭, 鄭來僑
歇庵	金明淳	玄堂	金公善, 李種德, 鄭泰齊	玄隱	金德成, 李琥禎, 趙基永, 黃得九
歇五齋	鄭琦和				
赫臨齋	許照	玄塘	洪柱一	玄裁	盧泳祺
峴居	黃尙九	玄同	李安中, 鄭東愈	玄齋	朴重穆, 沈師正
峴南	徐得一, 曹友仁, 曹好益	玄洞	安堅	玄亭	李孝恭

玄汀	朴敏瑩	
玄靜	吳世才	
玄洲	郭聖龜, 權明漢, 愼天翊, 尹頒, 尹新之, 尹穎, 李昭漢, 趙從孫, 趙續韓, 趙彭孫	
玄眞子	李志和	
玄初	趙性爽	
玄坡	姜漢奎, 李日寬	
玄波	朴來弘	
玄圃	郭遷, 郭永守, 金基漢, 金錫龜, 金應河, 成赫壽, 申得淵, 尹冶, 李德言, 李相璜, 李穡	
玄虛	尹致謙	
玄軒	睦世秤, 申欽, 韓運聖	
玄玄居士	朴泳孝	
玄昊	朴錫洪	
玄湖	宋世潤, 任璟	
現隱	柳世仁	
現齋	黃凱宗	
眩庵	奇虎	
眩菴	奇虔	
絃湖	鄭繼安	
筧陛堂	李挺郁	
賢岡	金鼎九	
賢溪	桂天祥	
賢谷	李漢蕃, 鄭宗愈	
賢主	李秀章	
夾祭	鄭樵	
峽翁	李周鎭	
愜素	韓會一	
愜素堂	韓孝祥	
挾山	李進	
篋中	李匡師	
亨伯	李志遂	
亨齋	李稷	

兄窩	權宗洛
兄皓	曹振玉
洞庵	韓胤明
滎陽	鄭襲明
瀅湖	鄭齊龍
炯庵	李德懋
炯齋	韓胤明
荊樹堂	全瑜
荊庵	崔昭
荊齋	卞璞
荊灘	張自綱
荊和堂	鄭宗周
衡堂	劉在韶, 李尚萬
衡南	田慶德
衡堂	文有用
衡峯	田錬
衡庵	申大傳
衡齋	李公遂
逈庵	金壎
馨山	崔東熙
分岡	李圭現
分山	秦學純
分田	李賢求
惠崗	崔漢綺
惠居	金性圭, 金性均
惠舫	高永周
惠奉	佾順
惠山	尹弘重, 李晩綏, 李祥奎
惠石	朴台洙, 趙東潤
惠菴	黃度淵, 黃泌秀
惠淵	方戊吉
惠腕	李獻九
惠園	白鍾烈, 吳氏, 尹吉求
惠隱	安重晉
惠人	趙寧夏

惠齋	白景炫, 魚允迪, 崔克霖
惠田	鄭顯哲
惠泉	南相吉, 申泰玄, 尹程
惠徹	惠哲
惠春	慶錫祚
惠圃	姜樸, 金東一
惠寰	李用休
惠寰齋	李用休
慧覺	信眉
慧史	金溫順
慧庵	玄門
慧月	慧明
慧眞	元宗
慧燦	震應
穊居	金敬運
蕙社	姜遠馨
蕙山	金信榮, 金泰木, 白奎洙, 劉淑
蕙友	高永善
蕙園	金炳河, 申潤福, 吳氏
蕙畹	韓錫祜
蕙齋	楊在湖
蕙田	羅獻容
蕙庭	閔台鎬
蕙楚	金炳儼
蕙村	柳玎漢
蕙圃	李敏中
互棄	李誠胤
互天堂	高崇傑
壺居	李若愚
壺溪	姜晉暉
壺谷	姜德俊, 南龍翼, 睦樂善, 朴苞, 朴晦壽, 申包翅, 吳希道, 柳範休, 李鼎輔, 洪受疇
壺洞	睦樂善

壺峰	宋言愼, 李燉	好隱	有機	
壺山	金必大, 朴文鎬, 朴晦壽, 成夏明, 宋世珩, 魏河祚, 柳完永, 尹達善, 尹東喆, 李橘, 鄭在瓚, 趙熙龍, 池天錫	好矣堂	金起秋	

壺峰　宋言愼, 李燉
壺山　金必大, 朴文鎬, 朴晦壽, 成夏明, 宋世珩, 魏河祚, 柳完永, 尹達善, 尹東喆, 李橘, 鄭在瓚, 趙熙龍, 池天錫
壺石　柳泳
壺仙　李橘
壺巖　卞成溫, 宋致中
壺庵　高敬祚
壺菴　朴城鎭
壺翁　睦樂善, 趙德純
壺窩　柳顯時
壺月軒　李漢一
壺隱　丘永安, 權躓, 金堯顯, 金儁相, 南龍甲, 南宮璨, 朴晩璚, 朴象鉉, 朴而章, 成至泰, 宋世琳, 宋時吉, 宋熙業, 楊錫龍, 禹弘成, 柳堪, 柳渾, 李鳳九, 任奎, 鄭國賓, 鄭元善, 趙佺, 崔尙发, 崔相輯, 洪民彦, 洪受疇
壺齋　李晦榮
壺亭　魯炳熹, 鄭斗源
壺村　申包翅
壺灘　崔允濟
壺下　朴晦壽
好溪　宋震祥
好古　林敬洙
好古窩　柳徽文
好古子　金值
好古齋　金洛瑞, 李相求
好堂　金容騏
好敏齋　徐渡
好山　金鴻圭
好菴　朴文梯
好窩　鄭炅
好猶堂　李道熙

好隱　有機
好矣堂　金起秋
好川翁　李仁瑞
好閑軒　盧稙
好學齋　閔箕
好閑亭　盧稹
好好翁　宋學程
戶長　申在孝
扈菴　丁胤福
扈園　黃氏
扈齋　任珽
昊巖　金琦
昊迁　李興敏
昊亭　金世良
晧隣　姜世白
毫山　李獎
毫生館　崔北
毫宇　李源祚
浩歌亭　柳泗
浩溪　李泰權
浩歸堂　金億組
浩夫　許瀚
活山　申興權
浩巖　權匡
浩菴　金文道, 金運兒, 宋義壽, 李基正, 李基祚
浩養齋　金明澤
浩然　權聖源, 魚孟淳, 有愚, 許浩, 洪灌
浩然堂　金自養, 申裕, 太浩
浩然齋　金氏
浩然亭　金文豹, 沈世益, 魏壽徵, 崔潤德
浩翁　金時讓
浩隱　禹鍾玉

浩齋　郭守智, 柳堪, 許伯琦
浩亭　金潤達, 朴吉中, 河崙
浩軒　智蔡文
浩浩庵　金致羽
湖澗　李蓀
湖居　李敏初
湖慶　辛晉
湖狂　鄭在鶴
湖南　申聖桓, 崔雲秀
湖堂　金熙奎, 李桑雨
湖樓　蔡氏
湖吏　大文記
湖史　金箕晃, 林錫圭, 田墩
湖沙　李牛平
湖山　朴榮璣, 朴台東, 朴義薰, 徐弘淳, 愼海翊, 安景祉, 李達善, 李達孝, 李尙信, 鄭慶得, 鄭周錫
湖散　羅再興
湖山居士　吳思萬
湖山子　韓石地, 韓平仲
湖山清隱　李尙信
湖上　李淵性
湖西　金溟翰, 秋業洙
湖石　姜虞
湖松　趙炳燮
湖叟　金國采, 金琦, 李碩寬, 鄭世雅
湖岩　朴炳烈
湖巖　文一平, 朴文會, 宋致中, 禹柄台, 柳春榮, 表堯鶴
湖庵　高奏善, 金恒重, 宋致中, 全㦿
湖菴　慶智, 金運兒, 李蓍, 林洙, 邢丙洙
湖陽　權益昌

湖陽子　權益呂

湖英齋　李大圭

湖藝　琴鳳世

湖翁　曹挺融

湖窩　朱炳禽

湖憂　李煥

湖愚齋　崔壹溶

湖雲　姜履和, 明致庠, 李義悅, 丁大憲, 崔弘武, 洪萬植

湖元　張孟矩

湖元齋　李起福

湖月　寬禮

湖隱　姜克世, 姜起宗, 姜履和, 具公準, 權銖, 金光澤, 金達根, 金斗安, 金鳴麟, 金炳鍾, 金奉秀, 金相德, 金性豪, 金永海, 金容旭, 金元榮, 金仁義, 金載淳, 金濟華, 金宗益, 金致英, 明夏鎭, 文尚彪, 朴鏞和, 朴允和, 朴龠, 朴準一, 朴海日, 朴洪錫, 朴孝進, 朴熏陽, 裵尚謙, 白樂俊, 宋啓欽, 宋一賢, 申光集, 申浣, 愼龍河, 沈渭吉, 梁思哲, 吳濟華, 柳相仁, 柳元軾, 柳寅夏, 庚必遠, 尹永俊, 李權, 李圭泰, 李基守, 李晃稙, 李柏, 李性源, 李受省, 李時泰, 李新芳, 李龍珪, 李澟範, 李殷炯, 李楨權, 李楨立, 李峻, 李琛雨, 李天九, 李泰吉, 李洪九, 李彙升, 林柏, 林炳宜, 張鉉稙, 全德元, 鄭桂源, 鄭達錫, 鄭鳳洙, 鄭相僑, 鄭在珉, 鄭海朝, 朱繼鎰, 崔圭文, 崔東休, 崔遇, 崔寅夏, 崔日輔, 崔淸立, 許騏, 許麒, 許麒麟, 許彙, 洪濱, 洪時燮, 洪演, 黃基龍, 黃德熙

湖隱居士　林相道

湖隱亭　金海容

湖陰　金瑞, 文敬忠, 李郁, 鄭士龍

湖齋　金寅弼, 林孝建, 曹挺融, 曺昌世, 崔仁甲

湖田　孟希道

湖亭　金元積, 盧元相, 徐健相, 宋基一, 李尚晉, 李承吉, 李承春, 趙相殷, 韓基昱, 黃寅淳

湖洲　朱汝井, 蔡裕後

湖村　朱椊

湖軒　金性海

濠梁　申翊隆

濠窩　南景嶽, 南相運

滬上　姜瑋

灝沙齋　金容玖

瑚峰　孫晉衡

瑚隱　李性雲

瓠東　鄭弘淳

瓠峰　李震殷

瓠巖　吳相淳

瓠窩　李錫潤, 李震殷

瓠隱　李震殷

瓠泉　金用謙

縞衣　始悟

縞聠　朴長馥

芦隱　金奎植

葫菴　朴仲鎰

蒿廬　徐塾

蒿峰　田有龍

蒿巖　李惟誨

蒿菴　金景參

蒿齋　朴世周

虎溪　朴世拯, 朴榮茂, 申遁植, 申遁道, 申週直, 李翺, 李圭駟, 李乙奎, 李仁福

虎溪漁叟　李翺

虎谷　黃有一

虎峯　應奎

虎山　姜宗九, 柳淪, 張弘敏

虎巖　孫景曄, 李弘望, 體淨

虎菴　金恩澤

虎隱　康起宗, 康成路, 申適道

虎風　金孝善

虎軒　朴天表

號菴　金東臣

號隱　金燦培, 鄭氏

護槐亭　金相振

護巖　若休

護竹軒　李桂逢

豪興齋　吳鶴燮

隔南　趙雲漢

或山　李承洙

酷菴　李敬培

混沌山人　魚得江

混沌主人　魚得江

混闢堂　金敏積

混性　就善

混庵　安宗善

混菴　洪慶承

混元　杜世煥

混齋　李漢衡

混泉　金萬壽, 吳聖秀, 吳汝敏, 李同揆

混軒　李宗喆

渾溪　李琯

渾忘齋　趙深

渾齋　姜哲欽, 安敎翼

渾泉　李同揆

忽庵　晉道昇

忽齋　鄭可容, 晉文鍾

笏園　徐潞修

弘堂	李秉灝	虹月	吳山紅	畵巖	吳行敏	
弘道齋	申溶均	蕻藕	李玄翼	畵葫	愼復明	
弘明	僧佑	蕻田	沈相龍	禾谷	裵仁錫, 申在, 鄭賜湖, 崔渾	
弘巖	羅喆	鴻雲亭	韓鳴愈			
弘庵	宋毅用	鴻坡	趙龍煥	禾菴	宋秅 愼鴻錫	
弘菴	金鎭文	鴻齋	李齊杜	禾翁	宋瑄 洪瑞鳳 洪瑞翼	
弘窩	盧士豫, 尹東野, 李斗勳, 李杺	化谷	康舜龍	禾隱	余宜仁	
		化堂	申敏一	禾田	葉茂新	
弘月軒	金得臣	化窩	李龜書	禾亭	金永穆, 陳夔燮	
弘毅菴	權祺淵	化旺道人	成世昌	禾泉	金履璿	
弘毅齋	金承祖, 朴弼琥	化運	銀哲	禾村	柳曜碧	
弘齋	盧士豫, 朴毅弘, 愼錫寬, 李燔, 李琢, 李玄培, 正祖	化月	淑蕻	禾軒	金履珩	
		化隱	閔昌道	花間	趙崇祚	
弘巴	金安祚	和介軒	金直述	花岡	鄭澤雷	
弘軒	李濟遠	和谷	金載臣, 李遇泰	花江	蘇建, 蘇逢, 鄭澤雷	
泓菴	羅仁協, 朴慶壽	和堂	宋錫鎭	花岡堂	方鍾漢	
洪龜	洪明	和樂堂	吳達輝	花江散人	蘇逢	
洪厓	李箕元, 李容愚, 洪侃	和山	金廷季, 李養實, 李馨烈	花溪	甘熙斗, 金德年, 朴郁鎭, 申順道, 柳聖曾, 柳宜健, 李相龍, 李僖, 鄭守赫, 趙順道	
洪崖	洪侃	和叟	李允中			
洪烟	任正學	和淑	崔玄祐			
洪隱	俞汝貞	和巖	洪時發	花谷	裵規, 申天達, 柳鼎漢, 李景孝, 李袗, 全在喆, 韓旭, 黃舜善	
洪齋	李箕五, 崔擎天	和庵	盧偉, 申聖夏, 張世良			
洪直	洪陟	和菴	金容喆			
洪之	洪大容	和隱	吳仲善, 李時恒	花南	趙滑	
洪軒	李誠	和齋	姜仁壽, 姜偉, 卞相璧, 李星樞, 任子順	花農	徐孝淳	
紅館	李龍秀			花潭	敬和, 金時讓, 盧淸重, 徐敬德, 徐行健, 鄭相烈	
紅桃	崔桂玉	和庭	成煥宗			
紅荳	趙信	和樵	金箕書	花堂	裵規, 裵泰綏	
紅藥樓	金爽準	和村	金永運, 李述源	花洞	任百英	
紅蓮	李浚慶	和軒	甘守澤, 趙正來, 徽○○	花旅	張晉昌	
紅蓮居士	李浚慶	樺田	尹復榮	花林	全時叙	
紅葉山房主人	俞昌煥	火崗	李俊植	花林齋	李時叙	
紅葉尚書	姜世晃	火谷	金銘	花峯	文後開	
紅藕	善天	火書道人	朴昌珪	花峰	李文吉	
紅亭	丁煥	畵錦堂	裵克廉	花史	金命浩, 金尚矩, 朴永和, 李鼎臣, 崔泰遠	

花山	權克中, 權愚仁, 權載運, 權柱, 金革, 盧在明, 柳詠, 鄭泰亘, 鄭海元, 趙東觀	花痴	南獻老	華山館	李命基
花山居士	吳致行	花灘	金正協	華山民	李楫
花山處士	徐台翊, 李葴	花坪	鄭時亨	華山子	金德亨
花西	權致和, 田在浩	花浦	洪翼漢	華棲	金夢龜, 金學淳, 李學純
花石	李東浚	花巷	金士亨	華西	金尙喆, 安東昇, 楊在世, 柳進徽, 李恒老, 洪光一
花石堂	吳奎煥	華岡	金孝東, 閔致鴻, 朴逢章, 李日躋, 張相學, 崔鶴昇		
花石子	李鈺			華石	金錫道, 朴文珵, 申大膺, 崔受豐
花石亭	李明晨	華溪	金沂明, 牟世彬, 朴尙錫, 朴應奎, 洪逝海		
花雪堂	柳運			華石齋	金正淳
花水齋	鄭遇植	華谷	高時良, 金澤龍, 金弘範, 朴魯賢, 朴桓奎, 徐尙勳, 徐選, 徐元履, 成大器, 尹孜善, 李慶億, 李山賁, 李億七, 鄭起溟, 洪南立, 洪鍾澈, 黃宅厚	華仙	李佽
花樹軒	李世南, 蔡允中			華成	章龍會
花萼	尹貞變			華城居士	沈運熙
花巖	金奎運, 金基述, 尹弘鳴, 李儆, 李周申, 淨義, 鄭亨益, 崔洛啓, 崔有源			華心	徐相國
		華谷居士	金洪範	華岳	文信
花庵	李爾芳	華郊	曺鳳黙	華嶽	知濯
花菴	宋秅, 趙珩夏	華南	金農, 金章鍊, 朴長浩, 宋有駿, 柳希奮, 李宜相	華萼	洪義人
花巖處士	李儆			華嶽山翁	金友行
花厓堂	成遂永	華南居士	宋有駿	華巖	金德海, 金淨義, 朴宗根, 卞勇, 李萬齡, 李師靖, 李榮立, 李頤根, 洪義人
花影樓	韓鶴年	華南山人	金相休		
花塢	金胤祖, 李潤德	華農	李瀅圭, 趙重翊, 趙熙一		
花園	石汝明	華曇	法璘	華庵	劉彦龍
花隱	金履嫀, 梁相泰, 李秉圭, 鄭應革, 鄭獻東, 趙明健, 洪大淵, 洪重寅	華潭	敬和, 靈源, 李諭	華菴	金季鍾, 李義浩, 洪南杓
		華堂	鞠經禮, 朴鍾術	華厓	沈鎭廉
		華東	權福洙, 金漢翼	華野	金用遠
花陰	權命淵, 權瀁	華麓	朴好賢	華陽	楊汝梅
花岑	權友直	華峰	金澮根	華陽洞主	宋時烈
花竹塢	嚴恪	華峯	申孝昌, 李迪裕	華嚴	金德海, 李榮立
花竹軒	趙懋	華史	李觀求	華玉	辛耆寧
花川	申翊全, 李壽鳳, 李燦根, 林承慶, 林養吾, 張補, 趙東觀, 趙泬	華山	具宏, 權璲, 金光彦, 金奎鉉, 金鳴夏, 金文植, 金延年, 金宇根, 文希性, 朴鳳來, 朴承元, 朴應爀, 朴興宗, 氷如鏡, 徐進錫, 孫五汝, 李景道, 李得雲, 李志德, 李春, 鄭奎漢, 趙末生	華窩	殷成楫
				華雲	高永中, 閔禹植, 氷炳淳, 洪景夏
花泉	金樂升, 李山賁, 趙志源			華園	徐亨善
花遷堂	朴春茂			華月	聖訥
		華山居士	金永浩	華隱	郭天翊, 權平鉉, 金洛鎬, 金泳洙, 金堯憲, 金俊綱, 金昌鍊, 南撥, 閔丙台, 朴文哲, 朴

晦窩居士	黃瑇	檜鳴	黃尚鈺	孝廉齋	李擎柱
晦宇	金洪喆, 申體仁	檜峯	權得平	孝里	李壌
晦愚堂	梁計	檜山	俞炳迪, 丁煥, 崔滋	孝里齋	金奭準
晦雲	高濟琳, 金容玹, 安宗熙, 黃孝淳	檜石	趙瑚	孝里處士	李壌
晦園	梁在日	檜巢	金信謙	孝黙堂	權玦
晦月堂	明自賢	檜巖	懶湜, 黃石奇	孝伯	張繼先
晦隱	姜溍, 金挺丙, 金宅延, 南鶴鳴, 閔祖榮, 裵文佑, 宋胤國, 宋天主, 安極, 嚴思祖, 禹夏臣, 柳道發, 應俊, 李溶, 李芝, 全濂, 崔學鉉, 邢之達	檜庵	甘喆	孝思堂	盧閈, 宋泰, 宋泰山
		檜菴	黃夏淵	孝思亭	李薰官
		檜巖處士	金斗瑞	孝山	金錫允
		檜窩	沈相甫	孝尚	潘淑
		檜雲	孫定錫	孝仙堂	鄭發
		檜園	尹衡彦	孝誠堂	金道欽
晦隱齋	西門湜	檜陰	權光烈	孝順堂	金炯杓
晦蔭	崔命敎	檜亭	權堡, 金自欽	孝述軒	裵嗣宗
晦易堂	朴珸	檜竹	黃圭爀	孝新堂	李儒明
晦齋	金始生, 盧希瑞, 成聃仲, 柳成龍, 尹漑, 李彦迪, 趙廣臨	檜泉	金信謙	孝巖	金世傑, 洪益采
		檜村	全爀	孝庵	崔希立
晦亭	琴錫命, 閔在南, 林炳漢, 林仁圭, 田壽, 田子壽	檜圃	鄭在成	孝菴	李鼎實, 張天睦
		檜軒	柳義孫	孝友堂	金秉植, 朴炳碌, 裵經, 奉元柱, 徐敏國, 徐津, 李世熙, 李愔, 李深, 李宗儉, 李俊一, 張復圭, 鄭槩, 鄭宗巒
晦靜堂	金堉	檜湖	權光烈, 表準		
晦川	徐一範, 宋鴻來, 李鍾鎰	淮南逋士	金澤榮		
晦泉	金在鍾, 李學純	淮山	李濟九		
晦村	金在珪	淮菴	宋雲燮		
晦坪	沈相敏	淮月軒	惠眞		
晦軒	金基周, 金台, 朴翶, 朴益堅, 申梯, 安珦, 李堅義, 李億年, 李庭綽, 林大全, 林衡黙, 張世明, 趙觀彬, 趙用昌, 韓汝海	淮隱	鄭愷		
		淮海堂	趙慶起	孝友菴	權崇德
		繪園	徐相耆	孝友齋	金繼豪, 李東弼
		廻溪	李仁培	孝隱	邢世績
		橫溪	姜瑋, 都允吉	孝齋	權在鍾, 金理斗, 許薀
		橫溝	趙性宅	孝田	沈魯崇
會稽山人	鄭之升	橫步	廉想涉	孝處堂	郭杓
會古堂	崔之翰	橫川	金宇弘	孝泉	朴漢民
會巖	林宗仁, 韓致裕	孝慶堂	禹賢孫	孝村	夫道一
會友齋	申光洙	孝敬齋	卞廷壺	孝軒	李圭燮
會齋	李直彦	孝堂	朴宗淳, 申福均	效嶽	李英南
檜崗	崔圭陽			效菴	安基龍
檜溪	朴鎭華, 趙貫			效友堂	柳世華
檜谷	朴仁碩, 成石璿, 趙湖			曉堂	金文鈺, 崔命熙

1483

曉讀書齋　洪亮吉

曉武軒　許遂

曉峰　朴顥祐, 李燦亨, 學訥

曉山　姜太弘, 朴寅澈, 卞榮奎,
李壽瀅, 趙東老

曉庵　李中轍

曉窩　全宗熹

曉雲樓　金會淵

曉齋　申曉

曉亭　李順鐸

曉鍾　玄哲

曉窓　申曉, 沈綱, 沈逢源

曉蒼　韓澄

曉窓老人　沈逢源

曉村　張憕

囂齋　蔣成發

囂囂　李仁黙

囂囂堂　文鎭英

囂囂齋　文鎭洛, 蔣成發

厚山　李圭永, 李道復, 李中垠,
陳師道

厚庵　權濂

厚菴　吳壽, 韓右東

厚齋　金榦, 金敎材, 金文敬, 金
炳善, 金致洪, 盧克愼, 徐學
鵬, 洪在喆

厚田　李汝四

后溪　金範, 蘇光震, 李株, 趙裕
壽, 黃尙益

后南　姜寅洙

后檀　兪民植

后楸　安秉說

后山　李繼孫, 李宗洙, 鄭胤永,
陳師道, 陳舜臣, 許愈

后菴　柳時泰

后栗齋　權敎正

后隱　金善儀, 金學壽

后泉　田泰鎭

后川子　閔汝顔

后青　李漢敎

后浦　趙全素

后晥　黃基天

後溪　金相烈, 南大溪, 朴遜
永瓊, 蘇光震, 李頤淳, 李
忠養, 張哲奎, 曺始永, 趙
裕壽, 車重基, 崔啓夏, 洪
觀植

後谷　羅級, 朴漢輔, 李久, 李
星徵, 李熙直

後湛　李湛

後潭　蔡憲植

後洞　金淑

後逝　柳耒

後樂堂　金致龍

後栗　趙憲

後梅　李公燮

後梅堂　金海

後夢　金鶴鎭

後栢　李俶

後柏堂　朴南鎭, 吳永瓚

後栢窩　高錫九

後碧　洪光憙

後峯　兪宗植, 李奎憲, 李湛

後山　徐正基, 李昱, 李宗洙

後西　柳厚烈

後石　宋悌永, 吳駿善, 李炳運

後雪堂　宋世基

後素　金泰東

後巢　金商雨

後栗　趙憲

後松　金演根, 金永采, 金在勳,
金淮, 朴祐鎭, 徐學均, 柳
義養, 尹璜, 李正弼, 李廷
孝, 鄭光德, 曺孟眞, 蔡晃
黙, 崔鎭洞, 洪命基, 洪熙
植

後松堂　金淮, 盧炳鎬

後松齋　金士貞

後松亭　李光溥

後菴　宋曾憲, 柳寅極

後厓　李時立

後崖　范程, 李時立

後穎漁隱　李時發

後梧　宋漢旭

後梧堂　李章煥

後翁　金建準, 鄭憲英

後雲　宋瑭, 柳得恭, 洪錫箕

後隱　金秀男, 金容球, 文鳳成,
李學魯, 鄭洪晃, 洪鍾欽

後齋　金容賢, 金應錫, 奉洛淳,
趙彦肅, 蔡氏, 韓容麟

後亭　孫敎黙, 林琦喆

後凋　高錫魯

後凋堂　金富弼, 柳得立, 李容濟

後調臺　柳基一

後凋軒　柳松齋

後知　孫仁甲, 李基泰

後知堂　孫仁甲

後滄　金澤述

後川　李景興, 蔡澋

後泉　蘇光震

後村　金景游, 金應培, 宋遠器,
柳潤, 劉克莊, 柳義養, 尹烇,
李滾, 李漢杰, 黃鑶

後瘳　金蓋國

後瘳堂　金蓋國

後濯　金聲達

後灘 李議新
後浦 朴海, 李挺元, 趙全素, 洪得一, 黃潗
後圃 張翰國
後海 宋庭黙
後軒 趙廷秀, 邢大振
後洞 尹宜擧
後睆 黃基天
後晦 安性贇
朽淺 黃鍾海
塤魯 鄭光福
塤叟 鄭萬陽
塤齋 許大胤
薰谷 權世禎, 洪義俊
訓齋 金揺
萱溪 金棨
萱慕齋 金時卿
萱亭 權揆, 權撥
萱庭 廉廷秀
撝軒 都大興, 都愼與
徽嵒 朴齊福
徽巖 承膺祚
徽菴 李胄承
暉齋 方禹鼎
暉軒 權踶
輝山 朴玉和, 李庸信, 丁弘秀
休殼齋 金鼎大
休溪 權點, 金漢啓, 文繼昌, 柳懋, 全賢, 全希哲, 鄭懋
休谷 金德遠, 吳始復
休菊 鄭弘翼
休堂 康弘諒, 金鎡, 劉浩, 李繼祜, 李廷七
休塘 杜汝良
休老堂 文繼游
休默子 申諿
休默齋 申諿
休叟 呂孝孟, 李文楗, 李忠楗
休巖 孔瑞麟, 金德遠, 朴世美, 鄭東瞻, 趙英茂, 蔡無逸
休庵 白東野, 白仁傑, 李鄘, 林先味, 鄭道應
休菴 金尙雋, 朴宗鉉, 孫雄杰, 宋時仲, 林先味, 全烈, 鄭弘翼
休菴病禪 意恂
休影 鄭賢
休翁 高慶, 沈光世, 李繼祜, 李元亨, 一禪, 鄭弘翼, 許積
休翁堂 高鳳壽
休窩 權瑞東, 李敦夏, 任有後, 趙道彬
休園 金容根
休月 金命嵩
休隱 金載禧, 金琥, 李錫周, 李厚植, 張弘道
休恩亭 李俌
休齋 金遲, 裵尙絅, 邊碩燦, 宋介臣, 梁聖揆, 吳載熙, 劉任
休亭 南國錘, 李甲容
休川 趙重呂
休軒 金璿基, 文英凱, 朴墩, 安億壽, 元訓, 張泰運, 鄭弘翼, 崔鎭南
休休 鄭錫保
休休堂 金道元, 徐調, 李季男, 李繼祜, 李克健, 李眞休, 趙雙童, 洪應
休休子 具康, 盧勝, 申用溉, 鄭光運, 鄭錫保, 鄭孝成, 趙埴
休休亭 司空圖
鵂巖 邊允中
庥庵 李休徵
恤愛堂 范淇浩
恤齋 宋仁瓚
嘿好翁 柳夢寅
黑嶺齋 洪緼輔
黑石 李繼孟
黑巖 金若礪
黑竹 金翼
欣川 崔道敏
訢梅堂 張鉌
吃窩 李根玉
屹峰 李賫望, 李業
欽水庵 李駿祥
欽窩 李京儀
欽齋 具淵, 李基一, 任公烈, 曺憙承, 蔡文基, 崔秉心
翕齋 李思質
歙谷 李會淑
興溪 辛德羽, 申伈
興谷 鄭廣敬
興齋 朴柱民, 蔣鈇, 丁傑
興祚 宋應洞
興學齋 李星元
興海 李樹喬
僖節 鄭津
喜懼堂 潘希岳
喜懼齋 金瑞雲, 李道翼, 黃琛
喜堂 安在稷
喜樂堂 金安老
喜樂亭 金安老
喜雪 李昉運
喜菴 尹相琦
喜翁 崔致德
喜雨亭 李補
喜園 李漢喆
喜齋 朴廷兒

晫顔齋	李源培	稀堂	金天述	한매	李允宰
晫菴	崔受復	稀翁	朴世翊	한뫼	李允宰
浠堂	權王煦	義史	尹五鎭	한샘	崔南善
熙菴	宋寅	義山	李士仁, 鄭光禹	한힌메	周時經
熙齋	董惠春, 崔泰準, 邢學年	義菴	權寧東	한힘샘	周時經
熙皡堂	朴壽崊	義軒	李道衍, 千壽慶		
希覺堂	李詢基	義皇軒	朴周壽		
希鵑齋	徐錫麟				
希谷	李止淵	○岡	金茂澤		
希堂	金銖, 金雲清, 金希載, 趙秉均	○溪	金蘇, 金順三		
希德齋	李允機	○谷	朴奎彬		
希山	金承學	○雷堂	金世章		
希顔齋	全大榮, 崔景星	○北亭	高習		
希巖	金在錫	○(竹)西	林鎭璜		
希庵	金鄭謨, 朴致準, 宋時一, 梁在慶, 梁進永, 李正烈, 鄭道應, 玄錡	○庵	金聖祚		
		○厓	金晦錫		
		○窩	邊德潤		
希菴	金永儀, 金泰巖, 房斗天, 裵師元, 申泰一, 尹瑱, 李光稷, 李瑀祥, 李正烈, 池憲夏, 蔡彭胤, 玄德升, 洪祐鎭	○隱	金河喆, 劉載元, 邢南圭		
		○亭	秦相友		
		○泉	夫智五, 吳晉圭		
		○軒	金泰煥, 朴景順, 朴斗全, 朴舜華		
希陽齋	任憲晦	○管	劉伯源		
希窩	玄錡, 玄德升	望○齋	金世龜		
希苑	柳中淹	仕○	崔南獻		
希園	李漢喆				
希夷子	朴挺最, 李資玄				
希伊齋	姜彌言				
希齋	高濟川, 金輝濬, 安鐘彰, 尹坰, 李裕寅, 李鍾採	검돌	李奎榮		
		고루	李克魯		
希庭	崔商霖	늘봄	田榮澤		
希天	金道泰	올보리	李光洙		
希軒	宋希犀, 李遂泰	외배	李光洙		
希賢堂	申叔舟, 李永瑞, 李宗美	외솔	崔鉉培		
戲齋	尹馨圭	한결	金允經		
稀古翁	李鍾祿				

附 錄

1. 朝鮮主要官職便覽

監察	司憲府
監春秋館事	春秋館
檢祥	議政府
檢閱	藝文館
檢討官	經筵
兼文學	世子侍講院
兼輔德	世子侍講院
兼司書	世子侍講院
兼說書	世子侍講院
兼弼善	世子侍講院
經歷	儀賓府·漢城府·中樞府·都摠府·義禁府·開城府·忠勳府·江華府
觀察使	各道
校勘	承文院
校檢	承文院
校理	弘文館·承文院·奎章閣·校書館
教授	開城府·觀象監·四學 및 各州, 府
郡守	各郡
禁衛大將	禁衛營
記事官	春秋館
記注官	春秋館
待教	藝文館·奎章閣
大司諫	司諫院
大司成	成均館
大司憲	司憲府
大提學	弘文館·藝文館
都事	忠勳府·儀賓府·義禁府·開城府·忠翊府·中樞府·五衛都摠府·五部·各道
都承旨	承文院
都正	宗親府·敦寧府·訓練院
都提調	宣惠廳 等13個官廳斗 臨時官廳
同副承旨	承政院
同知經筵事	經筵
同知敦寧府事	敦寧府
同知成均館事	成均館
同知義禁府事	義禁府
同知中樞府事	中樞府
同知春秋館事	春秋館
同僉節制使	各鎭
萬戶	各鎭
牧使	各牧
文學	世子侍講院
博士	成均館·承政院·承文院·弘文館·校書館
防禦使	各道
別將	龍虎營 其他 武官廳
別坐	奎章閣·校書館 其他 寺·院·監·署·司·倉
兵馬節度使	各道(1名은 觀察使가 兼職)
輔德	世子侍講院
奉教	藝文館
奉事	敦寧府·訓練院 其他 各寺·院·監·署·司·倉
傅	世子侍講院·世孫侍講院
副校理	弘文館
府使	各都護府
副守	宗親府
副修撰	弘文館
府尹	漢城·平壤·咸興·全州·慶州·開城·廣州·義州

副應敎	弘文館
副正	敦寧府·義禁府·訓練院·其他 寺·監
副正字	承文院·校書館
副提學	弘文館
師	世子侍講院·世孫侍講院
司諫	司諫院
司書	世子侍講院
司成	成均館
司業	成均館
司藝	成均館
司議	掌隸院
舍人	議政府
司評	掌隸院
三道水軍統制使	兵曹(慶尙道 駐屯)
相禮	通禮院
庶尹	漢城府·平壤府
說書	世子侍講院
水軍節度使	兵曹(各 水軍鎭)
守門將	守門將廳
守禦使	守禦廳
修撰	弘文館
修撰官	春秋館
侍講官	經筵
試讀官	經筵
兩館大提學	藝文館·弘文館
御營大將	御營廳
令	各 署·陵
領經筵事	經筵
領敦寧府事	敦寧府
領藝文館事	藝文館
領議政	議政府
領春秋館事	春秋館
右副率	世子翊衛司
領弘文館事	弘文官
右副承旨	承政院
右賓客	世子侍講院
右司禦	世子翊衛司
右洗馬	世子翊衛司
右承旨	承政院

右侍直	世子翊衛司
右衛率	世子翊衛司
右諭善	世子侍講院
右尹	漢城府
右議政	議政府
右翊善	世子講書院
右翊衛	世子翊衛司
右翊贊	世子翊衛司
右贊成	議政府
右參贊	議政府
右通禮	通禮院
右捕盜大將	捕盜廳
虞候	各 道
尉	儀賓府
留守	廣州·江華·開城·水原
應敎	弘文館
貳師	世子侍講院
引儀	通禮院
諮儀	世子侍講院
掌令	司憲府
著作	弘文館·承文院·校書館
典簿	宗親府
典籍	成均館
典籤	宗親府
典翰	弘文館
正	敦寧府·宗親府·尙書院 및 監·寺·
	院·署·司·倉
正郎	各 曹
正言	司諫院
正字	弘文館·承文院·校書館
提擧	司饔院
提調	備邊司·訓練都監·御營廳·禁衛營
	및 臨時官廳
提學	弘文館·藝文館·奎章閣
佐郎	各 曹
左副率	世子翊衛司
左副承旨	承政院
左賓客	世子侍講院
左司禦	世子翊衛司

左洗馬　世子翊衛司
左承旨　承政院
左侍直　世子翊衛司
左衛率　世子翊衛司
左諭善　世子講書院
左尹　　漢城府
左議政　議政府
左翊善　世子講書院
左翊衛　世子翊衛司
左翼贊　世子翊衛司
左贊成　議政府
左參贊　議政府
左通禮　通禮院
左捕盜大將　捕盜廳
祭酒　　成均館
主簿　　漢城府·敦寧府·訓練院·五部
　　　　其他　寺·司·院·監·署·倉·庫
注書　　承政院
知經筵事　經筵
知敦寧府事　敦寧府
知成均館事　成均館
知義禁府事　義禁府
知中樞府事　中樞府
知春秋館事　春秋館
持平　　司憲府
直閣　　奎章閣
直講　　成均館
直長　　敦寧府·尚書院 및 寺·監·院·署
直提學　弘文館·奎章閣·藝文館
眞善　　世子侍講院
執義　　司憲府
贊善　　世子侍講院
察訪　　各 驛·道
參校　　承文院

參軍　　漢城府·訓練院
參奉　　敦寧府·宗親府 其他 寺·院·監·司·
署　　　및 各 陵
參議　　各 曹
參知　　兵曹
參贊官　經筵
參判　　兵曹
僉節制使　各 鎭
僉正　　敦寧府 其他 寺·院·監
僉知中樞府事　中樞府
摠戎使　摠戎廳
統禦使　兵曹(各 鎭)
特進官　經筵
判決事　掌隷院
判官　　敦寧府·漢城府·尚書院·奉常寺·訓
　　　　練 院
判校　　承文院·校書館
判敦寧府事　敦寧府
判書　　各 曹
判尹　　漢城府
判義禁府事　義禁府
判中樞府事　中樞府
編修官　春秋館
評事　　平安·咸鏡道
弼善　　世子侍講院
學錄　　成均館
學諭　　成均館
學正　　成均館
獻納　　司諫院
縣監　　各 縣
縣令　　各 縣
扈衛大將　扈衛廳
訓導　　典醫監·觀象監
訓練大將　訓練都監

2. 官廳別號表

官廳名	別號	刱設年	管掌事務
耆老所	耆社, 甄所	太祖 3年 甲戌	優禮耆臣之所
宗親府	宗簿寺	國初	敬奉列聖御譜 御眞, 封進兩宮衣襨, 統領璿源諸派, 宗室諸君之府
議政府	都堂, 黃閣, 都評議使司	定宗 2年 庚辰	總百官 平庶政 理陰陽經邦國
忠勳府	盟府, 雲臺, 功臣都監	太祖朝	諸功臣之府
中樞府	西樞, 鴻樞, 中樞院	太祖 元年	待文武堂上之無任者
儀賓府	駙馬府	國初	尙公主·翁主者之府
敦寧府		太宗 14年	王親外戚之府
備邊司	籌司, 廟堂, 備局	明宗 10年	總領中外軍國機務
義禁府	巡軍萬戶府, 義勇, 王府, 金吾	太宗 14年	奉敎推鞫之事
吏曹	天官, 東銓, 典理, 文部, 選部	太祖 元年	文選, 勳封, 考課之政
戶曹	地官, 地部, 倉府, 民部, 度支, 版圖	太祖 元年	戶口, 貢賦, 田粮, 食貨之政
禮曹	春官, 南宮, 儀曹, 禮部, 禮儀司	太祖 元年	禮樂, 祭祀, 宴享, 朝聘, 學校, 科擧之政
兵曹	夏官, 兵官, 西銓, 騎省, 軍簿, 摠部	太祖 元年	武選, 軍務, 郵驛, 兵甲, 門戶, 管鑰之政
刑曹	秋官, 左·右理方部, 典法, 刑官, 讞部, 理部	太祖 元年	法律, 詞訟, 奴婢之政
工曹	冬官, 水府, 例作部, 修例, 工官, 工典	太祖 元年	山澤, 工匠, 營繕, 陶冶之政
漢城府	京兆	太祖 3年	京都, 口帳, 市廛, 家舍, 土田, 道路, 橋梁, 四山, 溝渠, 逋欠, 鬪毆, 晝巡, 檢尸, 烙印等事
奎章閣	內閣	正祖 52年	列聖御製 及內閣經籍
校書館	藝閣, 內書, 秘書, 典校	太祖 元年	印經籍, 香祝, 印篆之任
司憲府	栢府, 霜臺, 烏臺, 御史臺, 監察司	太祖 元年	論時政, 糾百官, 振紀綱, 正風俗, 伸寃, 抑禁, 濫僞等事
忠翊府		國初	原從功臣之府
承政院	銀臺, 喉院	太祖 元年	出納王命
掌隷院	奴婢辨定都監, 刑曹都監	太祖 元年	奴隷簿籍 及決訟之事
司諫院	薇院	太宗 2年	諫諍, 彈劾
經筵廳	分司, 廈氈	中宗 35年	講讀, 論思之任

弘文館	玉堂, 玉署, 瀛閣, 瑞書院, 淸燕閣	成宗 9年	經籍治, 文翰備, 顧問
讀書堂	湖堂	世宗 8年	
藝文館	元鳳省, 詞林苑, 文翰署, 翰林院	太祖 元年	制撰詞命
侍講院	詹事府, 澄源堂, 春坊, 雷肆, 甲觀	太祖 元年	侍講東宮
翊衛司	率更寺, 桂坊	太祖 元年	陪衛東宮
成均館	太學, 國學, 國子	太祖 7年	敎誨儒生
尙書院	知印房, 政房, 筒子房, 符寶郎	太祖 元年	璽寶, 符牌, 節鉞
春秋館	史官	太祖 元年	記時政
承文院	槐院	太宗 10年	事大交隣文書
通禮院	司範署, 通禮門, 閤門, 中門, 鴻臚	太祖 元年	朝賀, 祭祀, 贊謁
奉常寺	典祀署, 太常寺, 典儀寺	太祖 元年	祭祀 及議諡
宗簿寺	殿中省, 宗正寺	太祖 元年	錄撰璿源譜牒 糾察宗室
司饔院	尙食, 廚院, 司膳	太祖 元年	御膳 及闕內供饋等事
尙衣院	掌服, 中尙, 供造, 尙房	太祖 元年	供御衣襨, 內部財寶
司僕寺	乘府, 司馭, 太僕	太祖 元年	輿馬, 廏牧
軍器寺	武庫	太祖 元年	造兵器
司贍寺	司贍庫, 供造署	太祖 元年	造楮貨 及外居奴婢貢布等事
軍資監	物藏省, 寶泉省, 小府監	太祖 元年	軍需儲積
掌樂院	聲樂署, 大樂監, 典樂署, 雅樂署	世祖 4年	敎閱音樂
觀象監	漏刻典, 太卜監, 太史局, 司天臺, 觀候署, 書雲觀	太祖 元年	天文, 曆數, 占候, 漏刻
典醫監	太醫監, 司醫署	太祖 元年	掌醫藥, 供內用 及賜與
內醫院	尙藥, 掌醫, 奉醫, 尙醫, 藥房, 內局	太祖 元年	和劑御藥
司譯院	通文館, 漢文都監, 舌院, 象院	國初	譯諸方言語
繕工監	將作	太祖 元年	土木營繕
宗學		太宗朝	宗室敎誨之任
修城禁火司		國初	宮城都城修築 及宮闕公廨坊里各戶救火等事

豐儲倉		國初	米豆 草芚紙地等物
廣興倉	司祿館, 天祿司, 太倉署	太祖 元年	百官祿俸
司饔寺	備用司, 料物庫, 供正庫	太祖 元年	御廩, 米穀, 芥醬
司宰監	司津, 都津	太祖 元年	魚, 肉, 鹽, 燒木, 炬木
典艦司	司水監	太祖 元年	京外舟艦
典涓司		國初	涓治宮闕之任
內需司	料物庫	國初	內用米布 及雜物 奴婢
昭格署		國初	三淸星辰醮祭
宗廟署	太廟, 寢園	太祖 元年	守衛寢廟
社稷署	社稷壇	太祖 元年	灑掃壇壝
永禧殿	南別殿	光海 11年	奉安太祖, 世祖, 元宗, 肅宗, 英宗
景慕宮		正祖朝	守衛宮廟
濟用監	雜織署	太祖 元年	進獻苧麻布, 羅紗, 綾緞, 入染, 織造
平市署		太祖 元年	句檢市廛, 平斗斛丈尺, 低昂物貨
司醞署		太祖 元年	供酒醴
典牲署		國初	養犧牲
五部	中部, 東部, 西部, 南部, 北部	國初	管內坊里居人非法事 及橋梁道路頒火禁火, 里門警守, 家垈打量, 人屍檢驗等事
內資寺	大官, 膳官	太祖 元年	內供酒醬, 油蜜, 蔬果, 內宴等事
內贍寺	德泉庫	太祖 元年	各宮各殿供上 給油醋 素膳
禮賓寺	倭典, 領客舍, 司賓, 奉賓	太祖 元年	賓客宴享, 宗宰供饋
典設司	尚舍局, 司設署	國初	供帳幕
義盈庫		太祖 元年	油蜜, 黃蠟, 素物, 胡椒等物
長興庫		太祖 元年	席子, 油芚紙等物
氷庫		國初	藏氷
掌苑署	內苑署	國初	苑囿花果
司圃署		太祖 元年	苑囿蔬菜
養賢庫		太祖 元年	公成均館儒生米豆等物

司畜署	典廐署	國初	飼雜畜
造紙署		國初	造表箋咨文紙 給諸紙地
惠民署	惠民局	太祖 元年	醫藥,救活民庶
圖畫署	彩典	太祖 元年	繪畫之事
典獄署	大理	太祖 元年	獄囚
活人署	大悲院	太祖 元年	救活都城病人
瓦署	瓦窰, 陶登局	太祖 元年	造瓦甎
歸厚署	棺槨色	太祖 元年	造棺槨,和賣供禮葬諸事
四學	東學, 西學, 南學, 中學	太宗 11年	訓誨所管儒生

道名	長官名	地名別稱	長官別稱	觀察使營名
京畿道	觀察使,監司	畿甸	畿伯	畿營
江原道	〃	關東, 嶺東	東伯	原營
忠清道	〃	湖西	錦伯	錦營
全羅道	〃	湖南	完伯	完營
慶尚道	〃	嶺南	嶺伯	嶺營
黃海道	〃	海西	海伯	海營
平安道	〃	關西	箕伯	浿營, 箕營
咸鏡道	〃	關北	北伯	咸營

3. 高麗·朝鮮 歷代王 在位 年度

● 高麗(918~1392 34代 475年)

1. 太祖(在位 918~943) 917, 6, 15 立 943, 5, 25 卒
2. 惠宗(在位 943~945) 943, 6, 26 立~945, 9, 15 卒
3. 定宗(在位 945~949) 945, 9, 25 立~949, 3, 23 卒
4. 光宗(在位 949~975) 949, 3, 23 立~975, 5, 23 卒
5. 景宗(在位 975~981) 975, 5, 23 立~981, 7, 19 禪位
6. 成宗(在位 981~997) 981, 7, 19 立~997, 10, 27 卒
7. 穆宗(在位 997~1009) 997, 10 ,27 立~1009, 2 , 廢位
8. 顯宗(在位 1009~1031) 1009 ,2, 3 立~1031, 5, 24 卒
9. 德宗(在位 1031~1034) 1031, 5, 24 立~1034, 9, 27 卒
10. 靖宗(在位 1034~1046) 1034, 9, 27 立~1046, 5, 18 卒
11. 文宗(在位 1046~1083) 1046, 5, 18 立~1083, 7, 28 卒
12. 順宗(在位 1083) 1083, 7, 28 立~1083, 10, 23 卒
13. 宣宗(在位 1083~1094) 1083, 10, 23 立~1094, 5, 2 卒
14. 獻宗(在位 1094~1095) 1094, 5, 2 立~1905, 10, 7 禪位
　　　　　　　　　　　(1907 閏2, 2 卒)
15. 肅宗(在位 1095~1105) 1905, 10, 7 立~1105, 10, 2 卒
16. 睿宗(在位 1105~1122) 1105, 10, 2 立~1122, 4, 18 卒
17. 仁宗(在位 1122~1146) 1122, 4, 18 立~1146, 2, 25 卒
18. 毅宗(在位 1146~1170) 1146, 2, 28 立~1170, 9, 2 廢位
19. 明宗(在位 1170~1197) 1170, 9, 2 立~ 1197, 9, 23 卒

20. 神宗(在位 1197~1204) 1197, 9, 23 立~1204, 1, 5 禪位

21. 熙宗(在位 1204~1211) 1204, 1, 5 立~1211, 12, 24 廢位
    (1237, 8, 20 卒)

22. 康宗(在位 1211~1213) 1211, 12, 24 立~1213, 8, 5 卒

23. 高宗(在位 1213~1259) 1213, 8, 5 立~1259, 6, 30 卒

24. 元宗(在位 1259~1274) 1259, 4, 21 立~1274, 6, 28 卒

25. 忠烈王(在位 1274~1308) 1274, 8, 26 立~1308, 7, 27 卒

26. 忠宣王(在位 1308~1313) 1308, 8, 27 立~1313, 3, 24 卒

27. 忠肅王(在位 1313~1330) 1313, 3, 24 立~1330, 2, 1, 禪位
    (復位 1332~1339) 1332, 2, 3 復位~1339, 3, 24 卒

28. 忠惠王(在位 1330~1332) 1330, 2, 1 立~1332, 2, 30 讓位
    (復位 1339~1344) 1340, 3, 11 復位~1344, 1, 25 卒

29. 忠穆王(在位 1344~1348) 1344, 2, 26 立~1348, 12, 5 卒

30. 忠定王(在位 1348~1351) 1349, 5, 18 立~1351, 10, 6 禪位
    (1352, 3, 7 卒)

31. 恭愍王(在位 1351~1374) 1351, 12, 27 立~1374, 9, 11 卒

32. 禑王(在位 1374~1388) 1374, 9 立~1388, 6 廢位

33. 昌王(在位 1388~1389) 1388, 6 立~1389, 11 廢位

34. 恭讓王(在位 1389~1392) 1389, 11,25 立~1392, 7 廢位

● 朝鮮(1392~1910: 27代 518年)

1. 太祖(1335~1408 在位 1392~1398) 1392, 7, 16 立 1408, 5, 24 卒

2. 定宗(1357~1419 在位 1399~1400) 1398, 9, 5 立 1419 ,9, 26, 卒

3. 太宗(1637~1422 在位 1400~1418) 1400, 11, 13 立 1422, 5, 10 卒

4. 世宗(1397~1450 在位 1418~1450) 1418, 8, 8 立 1450, 2, 17 卒

5. 文宗(1414~1452 在位 1450~1452) 1450, 2, 12 立 1452, 5, 14 卒

6. 端宗(1441~1457 在位 1452~1455) 1452 5, 18 立 1457, 10, 24 卒

7. 世祖(1417~1468 在位 1455~1468) 1455, 6, 11 立 1468, 9, 8 卒

8. 睿宗(1441~1469 在位 1468~1469) 1468, 9, 7 立 1469, 11, 28 卒

9. 成宗(1457~1494 在位 1469~1494) 1469, 11, 28 立 1494, 12, 24 卒

10. 燕山君(1476~1506 在位 1494~1506) 1494, 12 立 1506, 11, 6 卒

11. 中宗(1488~1544 在位 1506~1544) 1506, 9, 2 立 1544, 11, 15 卒

12. 仁宗(1515~1545 在位 1544~1545) 1506, 11, 20 立 1545, 7, 1 卒

13. 明宗(1534~1567 在位 1545~1567) 1545, 7, 6 立 1567, 6, 28 卒

14. 宣祖(1552~1608 在位 1567~1608) 1567, 7, 3 立 1608, 2, 1 卒

15. 光海君(1575~1641 在位 1608~1623) 1608, 2 立 1641, 7, 1 卒

16. 仁祖(1595~1649 在位 1623~1649) 1623, 3, 13 立 1649, 5, 8 卒

17. 孝宗(1619~1659 在位 1649~1659) 1649, 5, 13 立 1659, 5, 4 卒

18. 顯宗(1641~1674 在位 1660~1674) 1659, 5, 9 立 1674, 8, 18 卒

19. 肅宗(1661~1720 在位 1674~1720) 1674, 8, 23 立 1720, 6, 8 卒

20. 景宗(1688~1724 在位 1720~1724) 1720, 6, 13 立 1724, 8, 25 卒

21. 英祖(1694~1776 在位 1724~1776) 1724, 8, 30 立 1776, 3, 5 卒

22. 正祖(1752~1800 在位 1777~1800) 1776, 3, 10 立 1800, 6, 28 卒

23. 純祖(1790~1834 在位 1800~1834) 1800, 6, 7, 立 1834, 11, 13 卒

24. 憲宗(1827~1849 在位 1834~1849) 1834, 11, 18 立 1849, 6, 6 卒

25. 哲宗(1831~1863 在位 1849~1863) 1849, 6, 9 立 1863, 12, 8 卒

26. 高宗(1852~1919 在位 1863~1907) 1863, 12, 13 立 1919, 2 1 卒

27. 純宗(1874~1926 在位 1907~1910) 1907, 7, 19 立 1926, 4, 25 卒

4. 歷代儒學者系譜

◎ 薛聰(A.D. 750 頃)
◎ 崔致遠(857~ ？)
◎ 金良鑑
◎ 崔冲—崔惟善
◎ 安珦—白頤正—李齊賢
　(?~1306) (彝齋)　(益齋)

　　　　　權　溥—李　穀—李　穡—鄭道傳
　　　　　(菊軒) (稼亭)　(牧隱)　(三峯)
　　　　　禹　倬　　　　　　權　近—權　遇—權　採
　　　　　(易東)　　　　　 (陽村)　(梅軒)

　　　　　　　　　　　　　　　　　　 鄭麟趾
　　　　　　　　　　　　　　　　　　 (學易齋)

　　　　　　　　　　　金　泮—金時習
　　　　　　　　　　　(松亭) (梅月堂)

◎ 鄭夢周—吉　再—金叔滋—金宗直—金宏弼—※1
　(圃隱)　 (冶隱)　 (江湖) (佔畢齋) (寒暄堂)

　　　　　　　　　　　鄭汝昌—盧友明—盧　禛
　　　　　　　　　　　(一蠹)　(信古堂)　(玉溪)
　　　　　　　　　　　金馹孫
　　　　　　　　　　　(濯纓)
　　　　　　　　　　　南孝溫
　　　　　　　　　　　(秋江)

※1 —趙光祖—成守琛—成　渾——金　集
　　　(靜庵)　(聽松)　(牛溪)　(愼獨齋)
　　　　　　　　　　　趙　憲
　　　　　　　　　　　(重峯)
　　　　　　　　　　　鄭　曄—申翊聖
　　　　　　　　　　　(守夢)　(樂全堂)
　　　　　　　　　　　尹　煌—尹宣擧—尹　拯—成至善
　　　　　　　　　　　(八松)　(美村)　(明齋)　(制安齋)
　　　金安國—金麟厚—鄭　澈—鄭弘溟　　　　　　尹東源※2

(慕齋)　(河西)　(松江)　(畸庵)　　　　　　　(一菴)
　　　　—柳希春　　　　　　　　　　　　朴泰輔
　　　　(眉岩)　　　　　　　　　　　　(定齋)
　　　　鄭之雲
　　　　(秋巒)
李延慶—徐敬德—李之菡—李山甫
(灘叟)　(花潭)　(土亭)　(鳴谷)
　　　　　　　　李　球
　　　　　　　　(蓮坊)
※2—尹光紹—姜必孝—成近默
　(素谷)　(海隱)　(果齋)
◎　金　湜—金德秀—李彦迪
　(沙西)　　　　　(晦齋)
　　　　尹根壽—金尚憲—朴世采
　　　　(月汀)　(清陰)　(南溪)
　　　　　　　　趙　翼

◎　曹　植—吳　健
　(南溟)　(德溪)
　　　　郭再祐
　　　　(忘憂堂)

◎　李　滉—鄭　逑—張顯光—金應祖
　(退溪)　(寒岡)　(旅軒)　(鶴沙)
　　　　　　許　穆　鮮于浹
　　　　　　(眉叟)　(遯庵)
　　　　金誠一—張興孝—李玄逸—金聖鐸—李萬運
　　　　(鶴峯)　(敬堂)　(葛庵)　(霽山)　(黙軒)
　　　　　　　李徽逸
　　　　　　　(存齋)
　　　　　　　　　　李　栽—李象靖—柳道源
　　　　　　　　　　(密庵)　(大山)　(蘆涯)
　　　　　　　　　　　　　南漢朝※3
　　　　　　　　　　　　　(損齋)
　　　　　　　　　　李光靖—李　瑀
　　　　　　　　　　(小山)
　　　　柳成龍—鄭經世—申碩蕃
　　　　(西厓)　(愚伏)　(百源)
　　　　　　　李　埈
　　　朴光前—安邦俊
　　　(竹川)　(隱峰)

趙　穆
　　(月川)

※3—柳致明—李源祚—李震相—郭鍾錫
　　(定齋)　(凝齋)　(寒洲)　(俛宇)
　◎ 李　珥—金長生 — 金 集 — 宋時烈 — 宋基厚
　　(栗谷)　(沙溪)　　(愼獨齋)　(尤庵)　　(聞道齋)
　　　　　　趙　憲　宋時烈　宋浚吉　李端夏
　　　　　　(重峯)　(尤庵)　(同春堂)　(畏齋)
　　　　　　徐　渻　宋浚吉　兪　榮　宋奎濂
　　　　　　(藥峯)　(同春堂)　(市南)　(霽月堂)
　　　　　　姜　燦　張　維　李惟泰　金萬基
　　　　　　(東郭)　(谿谷)　(草廬)　(瑞石)
　　　　　　李　貴　鄭弘溟　尹文擧　權尙夏 — 韓元震*4
　　　　　　(黙齋)　(畸庵)　(石湖)　(遂庵)　(南塘)
　　　　　　朴汝龍　姜碩期　尹宣擧　崔　愼　李　柬
　　　　　　(松厓)　(月塘)　(美村)　(鶴菴)　(巍岩)
　　　　　　黃　愼　具仁垕　鮮于浹　李喜朝　尹鳳九
　　　　　　(秋浦)　(柳浦)　(遯庵)　(芝村)　(屛溪)
　　　　　　申應榘　李時稷　李　翔　鄭　澔 — 金偉材 *5
　　　　　　(晚退軒)　(竹窗)　(打愚)　(丈巖)
　　　　　　鄭　曄　李景稷　金慶餘　朱　柴
　　　　　　(守夢)　(石門)　(松厓)　(開山)
　　　　　　崔　澱　李景奭　金益熙　蘇斗山
　　　　　　(楊浦)　(白軒)　(滄洲)　(月洲)
※4—宋能相—宋煥箕
　　(雲坪)　(心齋)
※5—金正黙—宋穉圭—宋達洙—宋秉璿
　　(剛齋)　(守宗齋)　(淵齋)
　◎ 李端相—金昌協—魚有鳳
　　(靜觀齋)　(農巖)　(杞園)
　　　　　　金昌翕—朴弼周—金用謙
　　　　　　(三淵)　(黎湖)　(嘐嘐齋)
　　　　　　　　　　金信謙—金亮行—李友信—李恒老—金平黙※6
　　　　　　　　　　(檜泉)　(止菴)　(文原)　(華谷)　(重庵)
　　　　　　　　　　　　　　　　　李敏行　崔益鉉
　　　　　　　　　　　　　　　　　(勉庵)

　　　　　　　金元行—朴承源—洪直弼—任憲晦—田　愚
　　　　　　　(渼湖)　(近齋)　　(梅山)　(全齋)　　(艮齋)

※6—柳重教—柳麟錫
　　(省齋)　(毅庵)
　　柳基一
◎ 李　縡—宋明欽—宋厚淵
　　(陶庵)　(櫟泉)
　　　　　　　金元行——金履安
　　　　　　　(渼湖)　　(三山齋)
　　　　　　　　　朴胤源—洪直弼—趙秉悳——金炳昌
　　　　　　　　　(近齋)　(梅山)　(肅齋)
　　　　　　　　　李直輔　　　　　任憲晦——徐政淳
　　　　　　　　　(邇庵)　　　　　(鼓山)
　　　　　　　　　　　　　　　　　李勝愚　　田　愚
　　　　　　　　　　　　　　　　　　　　　　(艮齋)
　　　　　　　　　吳允常—吳熙常—俞莘煥—徐應淳
　　　　　　　　　(老洲)　(鳳機)　(絅堂)

◎ 奇正鎮—鄭載圭
　　(蘆沙)
◎ 李　瀷——安鼎福—黃德壹
　　(星湖)　　(順菴)　(拱白堂)
　　　　　　　黃德吉—許　傳
　　　　　　　(下廬)
　　　　　　　　　　李祥奎
　　　愼後聃
　　　(河濱)
　　　尹東奎
　　　(邵南)
　　　權哲身
　　　(鹿庵)
◎ 柳尋春—許傳

5. 韓國의 姓氏

(『增補 文獻備考』 卷47~53 : 分派祖)

• 李氏

全州 翰

慶州 謁平 ☆居明之秀, 正夫, 德純, 得
　　芬 仲規, 簡

延安 茂 ☆襲洪, 賢呂, 漬, 核, 汾陽,
　　昉, 季衍, 儞

全義 棹 ☆翊

廣州 自成 ☆誠祐, 永弼, 克和

韓山 允卿

德水 敦守 ☆芬, 琰

龍仁 吉卷 ☆世材

驪興 仁德 ☆允綏, 世貞, 占沖, 成伯

星州 純由 ☆德富, 時會, 蒙正, 和

京山 能一 ☆唐謙

碧珍 念言

廣平 茂才

加利 承休

固城 璜

陽城 秀匡

牛峰 公靖

眞寶 碩

咸平 彦 ☆先逢, 唐敬, 如城

禮安 之氏 ☆翊

富平 希穆

丹陽 方揆

永川 文漢 ☆大榮, 永朝, 磚, 孫茂,

　　　　　膚, 允卿

興陽 彦林

長水 林幹 ☆繼信

平昌 匡 ☆沌, 峙, 克寬

陜川 開 ☆仁榮, 著, 琳, 景芬, 蘇雨,
　　春啓, 茂昌, 公實, 稠, 惟演, 迪瑞,
　　超

江陽 超

清州 能希

光州 珣白

光陽 茂方

咸安 芳實 ☆云吉

仁川 許謙 ☆庸, 善孫, 方恦

原州 申祐 ☆春桂, 丁該

古阜 允永 ☆瑞

羽溪 純祐 ☆愚

載寧 禹偁 ☆述

青海 浮海

河濱 台度 ☆琚, 承晋

洪州 惟晟 ☆勻

泗川 世芳

新平 德明 ☆自紹, 安

安城 欽

梁山 萬英

梁州 應功

公州 堣 ☆仁公, 天一, 敷

平壤 克文

鳳山 隨 ☆尚友
安岳 晨
開城 開
益山 周衍 ☆宗直
遂安 堅雄 ☆壽山, 仁
朝宗 珍守
蔚山 淳匡 ☆應立
龍川 密
貞州 世華
延豐 敬遠
水原 子松
楊州 仲弘
德山 存述
林川 玄
咸陽 洪
牙山 舒 ☆原恒
順天 師古
潭陽 藝 ☆元哲
泰安 莊 ☆崇孝
瓮津 孟芸 ☆德裕
忠州 灝 ☆良稷
高靈 長孫
龍安 桂遂
寧海 彦良
舒川 益存
道安 子和
祥原 文幹
益興 攀桂
砥平 重爵
臨陂 天老
三陟 康濟
保城 胤韋
商山 之煥
河陰 英

• 金氏
慶州 閼智 ☆順雄, 永芬, 將有, 仁琯, 魏英, 麗珍, 邵
光州 興光 ☆英, 元義, 孝敏, 立, 元軾, 子贇, 仲蘭, 世光, 仁渭
安東 日兢 ☆叔永, 莄, 龍, 挺, 九鼎, 惟詵, 理生 宣平
江陵 周元
延安 暹漢
義城 錫 ☆洪述, 藝
善山 宣弓 ☆漢忠, 興述, 光發
清風 大猷 ☆忡
金海 首露 ☆裕簡, 牧卿, 守連, 琢, 濤, 龍角, 孝老, 時興, 濂, 稟言
順天 摠 ☆台泳, 天皓, 之宣, 濟
清道 之岱
扶安 景修 ☆崇白
尚州 需 ☆匪躬, 成, 居道, 遂, 浚, 守勻, 洽, 釗南
永同 令貽 ☆苞
彦陽 鐥 ☆壽
豐山 文迪 ☆子純
原州 巨公
禮安 尚 ☆輅, 承祐
海平 萱述
安山 肯弼
瑞興 寶
蔚山 德摯
咸昌 勻 ☆宗絎, 聞命
海豐 崇善
高靈 宜
水原 忭 ☆稟言, 昉, 之藏
漢南 祿延
靈光 台用
三陟 偉 ☆仁軌

康津 盎 ☆安敬, 汾, 益之, 承利
安老 之敬 ☆成用
義興 成甲
盈德 就磷 ☆英冠, 和, 光遠
成川 漢貂
義州 成甲
臨津 仁朝
牛峰 祿 ☆逸恒, 寬懿
遂安 宣
英陽 允轍 ☆忠晃
樂安 光襲 ☆仁琯, 璔, 玄偉
忠州 南吉
熙川 用
羅州 雲發
錦山 正實
梁山 衍
開城 曖
雲峰 淡
沃川 希哲
兎山 富允
珍島 自敬 ☆千孫, 奕興
中和 哲
南海 從貞
春陽 怡
驪州 純良
黃利 濬 ☆挺玹, 淮提
青山 士翰
京山 孟
清州 甫 ☆元之
密陽 承祖
安城 璈 ☆卓倫, 元伯
德水 泥
龍宮 存中
靈巖 世貞 ☆希鍊, 叔晦
貞州 崇善
公州 學起

青松 正己
樹州 鼎實
全州 芮
金山 文富
開寧 玄墡
花開 仁璜
報恩 徵
牙山 鈞
江西 泮
松林 承戩
金郊 禮千

• 朴氏
密陽 彦孚 ☆元, 光禮, 陟, 仲美, 郁,
　　　　葳, 彦仁, 元光, 乙村, 潤福, 惟正,
　　　　之英, 育權
潘南 應珠
竹山 奇晤 ☆天柱, 挺, 德方, 瑛
咸陽 善 ☆公庇, 荷信
順天 淑貞
高靈 還 ☆興陽, 之順, 光祐, 允亮
務安 進昇
尚州 甄
昌原 奇 ☆蓀
義昌 有華 ☆益
忠州 英
陰城 玄柱 ☆子回
寧海 用材 ☆文通
靈巖 成濟 ☆大冲
丘珍 進文
燕山 正軫
固城 彬 ☆瑞廷
蔚山 允雄 ☆保, 天翼
雲峰 仲華
春川 恒 ☆元庇, 元宏, 彦

比安 宗柱
彦陽 惟精
江陵 子儉 ☆子溫
槐城 得宜 ☆諶
慶州 徽
牛峰 原林
平山 智胤
泰山 彦尙
沔川 述希
軍威 震海
義興 得瑞
三陟 賢佐 ☆源祐
德源 靑
押海 仁規 ☆彦林, 希
文州 閑甫
文義 希實
京山 暉

• 鄭氏
東萊 之遠 ☆絪, 起門
延日 宗殷 ☆襲明, 克儒, 淮衡
海州 肅 ☆礎, 乙卿
晉州 守珪 ☆需, 孝安, 莊, 臣烈, 櫶,
　　　　知源, 之貞, 戬, 芝卿, 均, 松益,
　　　　貽, 廣元, 愷, 邦振, 得萱, 漬
河東 世裕 ☆道正, 縈, 之義, 錫年, 漬
草溪 倍傑 ☆愼, 丞, 大華, 公愼, 幸
　　　　夫, 仲珍
溫陽 普天
慶州 珍厚 ☆宗輔
淸州 克卿
光州 臣扈 ☆光儒
羅州 諧 ☆履, 奮, 渾, 公富, 永保
奉化 英粲
瑞山 臣保

金浦 應文
醴泉 少游 ☆南鎭
海南 公裕
貞州 文淸 ☆莊, 準
昌原 之覺
義安 瑄
長鬐 子興
盈德 自英
永川 次恭
廣州 千世
突山 應通
瓮津 大臣
永定 誼

• 尹氏
坡平 莘達
海平 君正
南原 威 ☆莘乙, 仁景, 克敏
漆原 秀 ☆茂
茂松 良庇
咸安 敦 ☆澣
海南 存富 ☆孝貞
海州 重富
醴泉 忠
野城 赫
杞溪 維禎 ☆時彦, 昇
楊州 崇
玄風 輔殷
竹山 挺華
高敞 世實
平山 璠
永川 務
驪州 達
新寧 自任
德山 希琯

德豐　汝徵

•崔氏
慶州　致遠　☆元, 洳, 升桂, 適順, 利瓊
鷄林　允順　☆江
全州　均　☆純爵, 羣玉, 溶, 允瑋, 渠,
　　　　洪, 濟, 松
東州　俊邕　☆承濬, 涉
海州　溫　☆瓘, 鄲, 春命, 基, 潤, 守節,
　　　　渭, 廓
大寧　子廉
孤竹　峙
朔寧　兪嘉　☆玎
江陵　必達　☆天濡, 守璜, 文漢, 立之,
　　　　祗忠
和順　堰
水原　永奎　☆質, 涵, 承瑄, 守雄, 滋
　　　　盛, 尚翼
江華　益厚
牛峰　元浩
忠州　遇淸　☆公義
永川　漢　☆茂宣, 元用
靈巖　洪儀
通川　祿　☆禪
陽川　灌　☆濡
耽津　思全
開城　佑達
稷山　弘宰
川寧　興
龍州　光
珍山　濈
新豐　萬江
興海　淵　☆湖
楊州　井安
泰仁　仁吉

祥原　武哲
安東　光胤
貞州　仁沮
漢南　洪衍
永興　天甫
登州　基烈

•柳氏
文化　車達
晉州　仁庇　☆挺
全州　邦直　☆永淸, 葆
瑞山　成澗　☆公器
高興　英
豐山　節
善山　元庇　☆榮緒, 希春
靈光　濡
陸昌　世英
貞州　韶　☆憑, 德英
白川　仁景
若木　夏
富平　興廷
延安　宗揆
仁同　瀚

•洪氏
南陽　殷悅　☆厚, 渡, 先幸, 洧, 福邦,
　　　　義元
豐山　之慶
岳溪　蘭　☆佐
開寧　成遠　☆員現
懷仁　延甫
慶州　得呂
洪州　規
義城　儒
豐川　元烈

- 申氏
  平山 崇謙
  高靈 成用
  殷豐 承休 ☆仁適
  天安 周錫
  利川 塡
  鵝州 英美
  信川 贊
  寧海 得清
  谷城 世達
  朝宗 豪
  朔寧 允麗
  昌洲 甫

- 權氏
  安東 幸 ☆融, 晃, 載, 節, 世位, 表正,
    法和
  醴泉 暹

- 趙氏
  豐壤 孟 ☆臣赫, 元瓊
  漢陽 之壽 ☆元卿
  楊州 岑
  平壤 春
  林川 天赫
  白川 之遜 ☆良裕, 暇(?), 惟挺, 順和,
    成柱, 溫呂
  咸安 鼎
  淳昌 子長 ☆元吉, 永叔
  橫城 瞻
  金堤 連璧
  稷山 元祐
  酒泉 琯
  江西 公俊

- 富潤 淡
  南海 玄璲
  康津 注
  河東 琯
  密陽 洪祀

- 韓氏
  淸州 蘭
  平山 侯抵 ☆純, 禧
  漢陽 元諝 ☆敬
  楊州 蘭卿
  湍州 聰禮
  鴻山 林卿
  安邊 裕
  嘉州 希愈
  沔川 自禧 ☆珪
  谷山 銳
  大興 惟忠
  唐津 公瑞
  扶安 霹 ☆叔, 抵
  保安 珍

- 吳氏
  海州 仁裕 ☆邦柱, 綱, 潘, 生韻, 克
    正, 仲卿, 衍
  同福 寧 ☆爕忠
  寶城 賢弼 ☆伯一, 玄祐, 仁永, 天繼,
    傅, 公就, 召南
  咸興 光輝 ☆寵
  高敞 學麟 ☆永老
  莒原 寧老 ☆懿, 原敬, 嗣宗
  羅州 偓
  咸陽 光輝
  延日 洽
  咸平 舜民 ☆允興

三嘉 崇
長鬐 成祐
和順 順公
郎山 應運
樂安 白顔 ☆廷紹
長興 勳
義城 永年
珍原 益 ☆仁永

• 姜氏
晉州 以式 ☆民瞻, 仁祐, 國良, 居正,
    向, 文瑞, 承裕, 文召, 渭夫
衿川 餘清
安東 世胤
白川 公輔
海美 齊老
同福 遇文
光州 夢龍

• 沈氏
青松 洪孚
豐山 滿升
三陟 東老 ☆孟恩
富有 立仁
全州 賢
宜寧 文瀿

• 安氏
順興 子美 ☆得材, 奮
廣州 綏 ☆守之
竹山 令儀 ☆瀿, 元衡, 漢周, 珪, 挺
    河, 繼芳
酒泉 挺方 ☆敬仲
公山 翊
忠州 起 ☆東, 善福

耽津 祐 ☆德麟
安山 子由
堤川 迪材 ☆公贊
安康 方粲 ☆孚

• 許氏
陽川 宣文
河陽 安康
金海 琰 ☆壽, 邕
泰仁 斯文
咸昌 從恒

• 張氏
仁同 金用 ☆伯, 安世, 傅, 遂良, 令儀
德水 伯昌 ☆潤宗
永同 沆 ☆思義, 允愼, 翼
昌寧 令規 ☆曦
興德 延佑 ☆傲
尚質 得球
蔚珍 天翼 ☆巡烈, 宗柱
安東 吉 ☆侶, 哲
木川 克敏
鎭川 松
結城 甲 ☆之誼
求禮 岳 ☆就良
康津 良石
川寧 仁起
沃溝 晛
興海 曄
晉州 邦彦
扶安 翼
海豐 孟卿
順天 思儉
太原 文翰

•閔氏

驪興 稱道 ☆咸啓, 世榮, 昇, 令儀, 志
　　　寧, 蒔, 弘宰, 年, 元拔

黃驪 存壽

榮州 慵

•任氏

豐川 溫

長興 懿 ☆台列, 塀

果川 敬宗

牙善 龍臂

谷城 英進

懷德 守城

咸豐 珍美

•南氏

英陽 洪甫

宜寧 君甫 ☆孝元

固城 匡甫

南原 仲龍

•徐氏

利川 神逸 ☆穆, 珖, 諏, 翼

達城 閈 ☆晋

長城 稜

連山 實

南平 灝

扶餘 秀孫 ☆存, 春, 樸, 鳳翔

平當 俊邦 ☆吉儒

福興 希亮

宜寧 時義

南陽 厚

黃山 茂

鹽州 自蕃

唐城 得富

•具氏

綾城 存裕

•成氏

昌寧 仁輔 ☆士弘, 士達

•宋氏

礪山 惟翊

恩津 大原

鎭川 舜恭 ☆命吉

金海 天逢

新平 可元 ☆千禛, 麟孫

延安 (中)光彦 ☆之錫

瑞山 而碩

冶爐 孟英

南陽 進

泰仁 守

沃溝 元規

淸州 臣義 ☆有忠

雙阜 仁規

德山 啓

安山 維

竹山 光彦

江陰 道輔

福興 金蘭

•俞氏

杞溪 義臣

昌原 涉

仁同 成烈 ☆鎭

長沙 舜稷 ☆千遇, 底

高靈 祖甫

務安 希益

川寧 公守 ☆元凱

康津 廸

• 元氏

原州 克猷 ☆惟琰, 允昌, 克富, 深, 處質

• 黃氏

昌原 忠俊 ☆河晏, 亮冲, 星燦, 存祜, 允奇, 祐龍, 絓 石奇

長水 瓊

平海 溫仁 ☆瑞, 太, 裕中, 吉源, 叔卿

尙州 石柱

紆州 旻甫 ☆原德

懷德 洛 ☆尙文

黃州 文富

黃州 預

管城 粹 ☆之鉉

豊德 仁甫

沔川 彦珪

扶安 成昊

德山 彦弼

三岐 得世

郢州 碩範

• 曺氏

昌寧 繼龍 ☆熹, 晛

綾城 思朝

南平 臣義

玉州 桂齡

長興 精通

安東 碩材

淸道 仲道

壽城 允誠

嘉興 千齡

昌平 純

• 林氏

平澤 彦修 ☆德躋

利安 世春

保安 熙載

扶安 騫

會津 庇

羅州 宗仁

善山 良貯

益山 成庇 ☆華

恩津 續

鎭川 曦

臨河 蓊

兆陽 有良

醴泉 春 ☆允成

淳昌 彪 ☆義

開寧 達 ☆惟正

沃溝 槩

長興 頤

南海 斐

甫州 秀 ☆松衍

• 呂氏

咸陽 御梅

星州 長裕

• 梁氏

濟州 良乙那

南原 能讓 ☆淑, 弼

忠州 能吉 ☆梃

楊州 熙

羅州 認

林川 逖

• 禹氏

丹陽　玄
禮安　偉　☆文粹
榮川　傅　☆淵
剛州　允成
木川　仲祥

•羅氏
羅州　聰禮　☆富, 璉
安定　天瑞
比安　俊奇
壽城　洪緒　☆永烈
軍威　允材
安山　承幹

•孫氏
慶州　順
密陽　淑才　☆斌
平海　仁亮
求禮　正澤
扶寧　順祖
羅州　光裕
一直　凝

•盧氏
光州　恕　☆得禧
交河　康弼　☆承緒, 怡
長淵　朝
豊川　裕
安康　仁景
慶州　江漢
安東　永吉
谷山　重禮
龍城　挺
萬頃　革
海州　世傑

靈光　世俊
童城　挺

•魚氏
咸從　化仁
忠州　重翼　☆仲連

•睦氏
泗川　孝基

•蔡氏
平康　元光　☆光祿, 春
仁川　先茂
陰城　冲
光州　順禧

•辛氏
靈山　鏡　☆熹, 蘭, 佐宣
寧越　君才　☆蘊, 云吉, 保, 桂, 恕
高靈　靖

•丁氏
押海　允宗　☆燮煌
武靈　晋　☆規, 成道, 弘佑, 文衍
昌原　衍邦

•襄氏
慶州　玄慶
金海　元龍　☆輅
星州　天龍　☆得徵, 尚, 龜
大丘　雲龍
興海　五龍　☆詮, 仁慶
俠溪　緇
昆陽　孟達
京山　光耿

和順 練

•孟氏
新昌 義

•郭氏
玄風 鏡
清州 祥 ☆麟, 禮生
善山 佑賢
海美 繩
餘美 (中)桓

•邊氏
黃州 呂 ☆允
原州 順
長淵 永仁
加恩 立中

•卞氏
草溪 光
密陽 高迪

•愼氏
居昌 脩

•慶氏
清州 珍

•白氏
水原 揮
稷山 良臣 ☆乙生
藍浦 任至 ☆仲鶴
赤城 利臣
聞慶 尙潔
清道 斯質 ☆元亨

海美 光成
解顔 湖 ☆瑾
南海 勛

•全氏
旌善 宣 ☆遇和, 穆, 忠孝, 敏行
天安 轟 ☆瑾, 卿, 符
龍宮 邦淑 ☆祐
慶山 億齡
沃川 學俊
完山 元呂
安東 景忠
羅州 弘禮

•康氏
信川 匐匐 ☆漢龍
載寧 適 ☆淑, 迪順
谷山 庶
康翎 極
雲南 千熙
晉州 汝楫

•嚴氏
寧越 光 ☆昕, 公瑾, 益謙, 守安, 孝
良, 興道
尙州 幹

•高氏
濟州 乙那 ☆懽, 加勿
長興 福臨
開城 瑛 ☆令臣, 若海, 就, 天祐
延安 宗弼
龍潭 餘慶
潭陽 得壽
宜寧 遠

高峰 順
沃津 瑩中
上黨 益恭
橫城 休 ☆用卿
金化 彦
兎山 匡仁
會寧 光

• 田氏
泰山 寵文
靈光 宗會
延安 深
潭陽 得雨
南陽 從孫 ☆興
安州 得畦
喬桐 成茂
珍原 嶷

• 玄氏
昌原 德裕 ☆孝生, 克清, 玉衡
延州 孝哲 ☆珪
星州 珪

• 文氏
南平 多省
丹城 益漸
安東 尚彬 ☆敬止
靈山 瑛 ☆希老
保寧 郁
綾城 亮 ☆昌
開寧 世郁 ☆士彬
善山 英 ☆祐, 蕃
江陵 章弼
河陽 晃
甘泉 元吉 ☆世光

旌善 林幹
長淵 正

• 尚氏
木川 國珍

• 河氏
晉州 辰 ☆珍, 忠國, 成
安陰 千朝

• 蘇氏
晉州 茂崇 ☆頌, 禹錫

• 池氏
忠州 宗海 ☆鏡, 龍壽, 奫
丹陽 得深
廣州 資深

• 奇氏
幸州 友誠 ☆璉

• 陳氏
三陟 忠貴
驪陽 俊 ☆仲誠
臨陂 永安 ☆世傑
興德 浚 ☆理
德昌 力升
福州 承緖 ☆奏
楊州 仁光
南海 禑
羅州 英略 ☆懿

• 庾氏
平山 黔弼 ☆之富, 弼
茂松 弼 ☆弘, 蓀

- 琴氏
  - 奉化 容式
  - 桂陽 進高

- 吉氏
  - 海平 時遇

- 延氏
  - 谷山 壽昌 ☆最績

- 朱氏
  - 新安
  - 綾城 餘慶 ☆積德
  - 羅州 仲紹 ☆迪, 玄進
  - 押海 玄進
  - 熊川 大翊 ☆善林
  - 全州 仁

- 周氏
  - 尚州 仲文 ☆尚彬
  - 草溪 同載
  - 咸安 英贊
  - 長興 彦邦 ☆彦臣
  - 森溪 士雍 ☆士彦, 善仁, 植, 伯卿
  - 豊基 叔孫

- 廉氏
  - 瑞原 邢明 ☆大有

- 潘氏
  - 巨濟 阜 ☆永猷, 得, 佑亨, 孟江, 詠
  - 光州 忠 ☆思濟, 琛, 義

- 房氏

- 南陽 李弘
- 水原 貞儒

- 方氏
  - 溫陽 雲 ☆曙, 仲止, 乞, 希祜
  - 尚州 右賢
  - 軍威 迪

- 孔氏
  - 昌原 紹

- 王氏
  - 開城 建 ☆乂
  - 江陵 裕
  - 海州 儒

- 偰氏
  - 慶州 文質

- 劉氏
  - 江陵 荃
  - 居昌 堅規 ☆安祚
  - 金城 曠
  - 白州 升
  - 忠州 公著 ☆兢達, 寵居

- 秦氏
  - 豊基 元 ☆係祖
  - 三陟 奉嶺
  - 龍駒 應濂
  - 永春 斯立

- 卓氏
  - 光山 文英

- 咸氏

江陵 濟 ☆挺
楊根 規

•楊氏
清州 起
中和 浦 ☆伯厚
安岳 凝 ☆潤源
南原 敬文

•薛氏
慶州 聰 ☆公裕, 懃, 仁孫
淳昌 仁孫 ☆玄固, 晳, 晏

•奉氏
河陰 佑

•太氏
永順 集成

•馬氏
木川 占中
長興 智伯

•表氏
新昌 繼

•殷氏
泰仁 弘淳
楡谷 允保

•余氏
宜寧 英侯 ☆興烈

•卜氏
沔川 智謙

•芮氏
缶溪 思文

•牟氏
晉州 恂

•魯氏
咸豐 哲 ☆舒, 仁厚, 龍臣, 克明, 懷明
江華 變 ☆啓

•玉氏
班城 思瑛 ☆恩宗

•丘氏
平海 大林 ☆宣赫

•宣氏
寶城 允祉 ☆醇輔, 之哲, 直起, 天桂
光州 文道

•都氏
八莒 彌 ☆稽

•蔣氏
靑鳧 崇 ☆天瑞
牙山 成美 ☆愭
金浦 金幹

•陸氏
管城 普

•魏氏
遂寧 文凱

- 車氏
  - 延安　孝全
  - 龍城　遇尚
  - 南海　之普
  - 平山　光翰

- 車氏

- 韋氏
  - 江華　得柔　☆壽餘, 明立

- 唐氏
  - 密陽　誠

- 仇氏
  - 昌原　太平　☆自平
  - 宜寧　懂

- 明氏
  - 西蜀　玉珍

- 公氏
  - 金浦　純永

- 莊氏
  - 川氏

- 葉氏

- 皮氏

- 邕氏
  - 淳昌

- 甘氏

- 合浦

- 鞠氏

- 石氏
  - 花園　汝明
  - 忠州　胄

- 貢氏
  - 水原　天源　☆文伯, 天保, 有全
  - 仁川　藎國

- 龍氏
  - 洪川　得義

- 江氏
  - 押海　洪

- 伊氏
  - 大原　丹取

- 智氏
  - 鳳州　蔡文
  - 槐州　希曾

- 於氏
  - 江陵　世麟　☆德生

- 楚氏
  - (淸州, 星州, 江陵)

- 于氏
  - 木川　邦寧　☆承慶, 承老

- 胡氏 (牙山, 羅州, 岳陽, 平山, 白川, 兎山, 胡封)

- 瞿氏 (瓮津)

- 蘆氏 (廣州, 忠州, 慶州, 尙州)

- 夫氏
  濟州 乙那

- 輸氏 (忠州)

- 珠氏 (慶州)

- 杜氏
  杜山 景升

- 伍氏
  復興 允孚

- 甫氏 (公州)

- 扈氏
  白川 哲

- 午氏 (密陽)

- 傅氏 (楊根)

- 路氏 (大原, 北青, 大元)

- 固氏 (永同, 押海)

- 素氏 (廣州, 豊德)

- 遇氏 (星州)

- 附氏 (童城)

- 稝氏 (忠州, 長興, 靈巖, 鎭南, 壽城)

- 米氏 (松林, 儒城, 載寧, 方山)

- 啓氏 (咸陽)

- 桂氏 (遂安, 衿川, 忠州, 羅州)

- 柴氏 (綾鄉, 金化)

- 槐氏 (昌原)

- 泰氏 (南原)

- 艾氏 (漢陽, 長延, 全州, 榮川, 鐵原)

- 梅氏 (忠州)

- 來氏 (豊川)

- 雷氏 (喬桐)

- 苔氏 (豊角)

- 乃氏 (延安)

- 海氏 (靈巖)

- 采氏 (礪山)

- 對氏 (雲南)

• 甄氏
  黃碉 萱

• 賓氏
  壽城 于光

• 彬氏 (陸昌, 大丘, 安州)

• 荀氏
  鴻山 敬震

• 莘氏 (豊德)

• 印氏
  延安 侯 ☆璿, 榮寶
  喬樹 份

• 晉氏
  南原 含祚

• 舜氏 (林川)

• 俊氏 (清州)

• 震氏 (江華)

• 雲氏 (海州, 長興, 咸興)

• 員氏 (德水)

• 芸氏 (全州)

• 昕氏
  醴泉 迪臣 ☆暹

• 溫氏 (西原, 溫陽, 全州, 伊城, 羅州, 平皐, 金溝, 巨野, 從政, 慶州, 晉州)

• 門氏
  仁川 必大 ☆思明

• 敦氏 (西原)

• 袁氏
  比屋 資輔

• 呑氏 (延安)

• 豚氏 (木川)

• 萬氏 (開城, 江華, 鎭江, 廣州, 洪州, 江陵)

• 頓氏 (木川)

• 端氏 (韓山)

• 干氏 (南陽, 羅州, 慶州)

• 竿氏 (東州, 海州)

• 桓氏 (陰竹)

• 段氏
  延安 由仁 ☆景鐵

• 班氏 (開城, 固城, 平海)

- 簡氏
  加平 有

- 板氏 (東萊)

- 錢氏 (聞慶, 知禮, 缶溪)

- 堅氏
  川寧 希福

- 千氏 (開城 外 96)

- 遷氏 (全州, 慶州, 金海, 原州)

- 連氏 (全州, 谷山)

- 扁氏 (熙川)

- 專氏 (陽川)

- 天氏 (延安, 牛峰)

- 先氏 (晉城)

- 片氏 (楊州 外 38)

- 燕氏 (定州, 全州, 平川, 谷山, 德源)

- 鮮氏 (俠溪)

- 姚氏 (水原, 忠州, 西原)

- 要氏 (大丘)
- 標氏 (臨津)

- 尿氏 (荒調)

- 召氏 (大同)

- 邵氏 (南陽, 外 13)

- 肖氏 (濟州)

- 包氏 (豐德)

- 陶氏 (豐壤 外 10)

- 毛氏 (公山, 瑞山, 金海)

- 好氏 (大丘, 海州)

- 何氏 (乳石, 林述, 道民)

- 那氏 (幸州, 堤川)

- 和氏
  同福 式甫 ☆仁毫

- 賀氏 (瓮津)

- 佐氏 (大靜)

- 麻氏 (永平, 烈山)

- 華氏 (長楊)

- 花氏 (天安, 豐歲)

- 瓜氏 (平康)

- 賈氏 (泰安, 太原, 瑞山, 龍潭, 銅鄉,

禮安)

• 夜氏
　　原平　先朝　☆永曦

• 夏氏

• 大丘　欽

• 舍氏 (富平, 泰安, 活川)

• 價氏 (孤山, 馬嶺)

• 化氏 (伏龍, 艅艎)

• 章氏 (福城, 居昌)

• 良氏 (彩雲, 濟州)

• 陽氏 (金海, 金化, 霜陰)

• 倉氏 (牙山, 礪山, 長城)

• 昌氏 (公州, 牙山, 礪山, 長城, 江陵)

• 芳氏 (聞慶, 鐵原, 安峽, 翼谷)

• 强氏 (忠州, 槐山)

• 涼氏 (鴻山)

• 庄氏 (淸風)

• 嘗氏 (高陽)

• 場氏 (木川)

• 桑氏 (安邊)

• 程氏
　　韓山　淮

• 彭氏
　　龍岡　祖逖

• 景氏
　　泰仁　承明
　　泰山　叙

• 秋氏
　　秋溪　適

• 陰氏
　　竹山　元輔

• 畢氏
　　大興　夢良

• 骨氏
　　江華　貴孫

• 昔氏
　　月城　脫解

• 南宮氏
　　咸悅　元淸

• 皇甫氏
　　永川　善長
　　黃州　悌恭

•

司空氏
孝靈 圖

•鮮于氏
太原 仲

•石抹氏
廣陵 天衢

•扶餘氏
百濟 溫祚

•獨孤氏
廣陵 潤

•西門氏
安陰 檍

•東方氏 (淸州)

•公孫氏 (永同, 楓巖, 仰巖)

•令狐氏 (文化)

•司馬氏 (居平, 伊川)

•墻籬氏 (南原)

姓氏만 있는 것

酆(풍), 聰, 忠, 功, 恭, 濃, 松, 龔(공), 雙, 彌, 玆, 離, 弛(이), 曦(희), 隨, 思, 遲(지), 芋(우), 位, 歸, 祈(기), 尉, 書, 巨, 御, 吾, 羽, 斧(부), 部, 顧, 圭, 倪(예), 溪, 禮, 弟, 台, 才, 哀, 在, 大, 介(개), 戴, 乂(예), 眞, 新, 仁, 珍, 信, 閏, 順, 隱, 訓, 原, 騫(건), 官, 漫, 山, 間, 晏, 泉, 乾, 善, 縣, 彦, 見, 票, 堯, 佼(교), 孝, 刀, 鄒(추), 阿, 沙, 巴, 牙, 香, 長, 光, 常, 揚, 英, 廷, 令, 能, 乘, 興, 兢(긍), 侯, 有, 黔(검), 蛋(단), 閻(염), 汎, 叔, 木, 六, 岳, 一, 疋(필), 突, 察, 列, 絡(락), 索, 苩(백), 赫, 克, 德, 北, 蓋(개), 雜, 聶(섭), 劦(협), 碩, 乜(먀), 羋, 鴌(곡), 遇, 闔(름), 狄(유), 乀(불), 夏侯, 赫連, 仲室, 少室, 大室, 負鼎, 明臨, 再曾, 古爾, 乙支, 似先, 木劦(목협), 祖彌, 黑齒, 耶律, 齊楚, 羽眞

現傳하지 않는 姓氏

(ㄱ) 價, 干, 竿, 間, 碣, 江, 介, 蓋(개), 巨, 乾, 騫(건), 黔(검), 見, 決, 庚, 京, 耿(경), 敬, 溪, 季, 啓, 顧, 固, 古爾, 谷, 骨, 貢(공), 功, 恭, 空, 龔(공), 公孫, 瓜(과), 霍(곽), 官, 寬, 光, 廣, 槐, 佼(교), 仇(구), 裘(구), 瞿(구), 宮, 歸, 圭, 克, 兢(긍), 起, 祈(기)

1521

(ㄴ) 那(나), 寗(녕), 濃, 尿(뇨), 能

(ㄷ) 對, 戴(대), 大室, 德, 刀, 獨, 豚(돈), 突, 童, 登

(ㄹ) 絡(락), 來, 良, 凉, 列, 靈, 令, 令狐(령호), 禮, 蘆, 綠, 六, 律, 離

(ㅁ) 漫, 乜(먀), 明臨, 木, 木劦(목협), 蒙, 卯, 門, 物, 彌

(ㅂ) 芳, 栢, 苩(백), 汎, 別, 甫, 斧(부), 部, 附, 傅(부), 扶餘, 負鼎, 北, 乀(불), 憑(빙)

(ㅅ) 思, 沙, 司馬, 沙先, 山, 相, 常, 嘗(상), 桑, 象, 索, 書, 席, 釋, 石抹(석말), 鮮, 善, 聶(섭),
    素, 召, 少室, 松, 守, 輸, 壽, 隨, 叔, 乘, 僧, 勝, 時, 信, 新, 苹(신), 實, 尋(심)

(ㅇ) 牙, 岳, 晏, 仰, 哀, 耶律, 陽, 揚, 於, 御, 彦, 榮, 英, 倪(예), 吾, 伍, 翁, 曰, 堯, 又, 牛,
    遇, 祐, 羽, 羽眞, 郁, 員, 原, 位, 尉, 有, 閏, 猶(유), 隱, 乙, 乙支, 弛(이), 益, 翌(익), 仁,
    一

(ㅈ) 玆(자), 蠶(잠), 雜, 庄(장), 場, 將, 長, 萇(장), 墻籬(장리), 在, 才, 再曾, 翟(적), 磧(적),
    專, 井, 貞, 廷, 第, 齊楚, 祖彌, 種, 佐, 珠, 仲室, 則, 曾, 知, 遲(지), 直, 珍, 震

(ㅊ) 察, 冊, 拓(척), 苫(천), 泉, 燭, 聰, 追,

(ㅌ) 濯, 炭, 憚(탄), 呑(탐), 宅, 澤, 台, 苔, 泰, 闓(틈)

(ㅍ) 巴, 板, 票, 酆(퓽), 疋(필), 畢

(ㅎ) 何, 賀, 夏侯, 合, 解, 香, 赫, 赫連, 縣, 刑, 荊, 嵇(혜), 好, 弘, 花, 和, 華, 桓, 孝, 侯, 訓,
    黑齒, 昕(흔), 興, 曦(희)

6. 干支表

1 甲子	2 乙丑	3 丙寅	4 丁卯	5 戊辰	6 己巳	7 庚午	8 辛未	9 壬申	10 癸酉
11 甲戌	12 乙亥	13 丙子	14 丁丑	15 戊寅	16 己卯	17 庚辰	18 辛巳	19 壬午	20 癸未
21 甲申	22 乙酉	23 丙戌	24 丁亥	25 戊子	26 己丑	27 庚寅	28 辛卯	29 壬辰	30 癸巳
31 甲午	32 乙未	33 丙申	34 丁酉	35 戊戌	36 己亥	37 庚子	38 辛丑	39 壬寅	40 癸卯
41 甲辰	42 乙巳	43 丙午	44 丁未	45 戊申	46 己酉	47 庚戌	48 辛亥	49 壬子	50 癸丑
51 甲寅	52 乙卯	53 丙辰	54 丁巳	55 戊午	56 己未	57 庚申	58 辛酉	59 壬戌	60 癸亥

7. 古甲子(天干·地支)

天干

干名 書名	甲	乙	丙	丁	戊	己	庚	辛	壬	癸
爾雅 釋天	알봉 (閼逢)	전몽 (旃蒙)	유조 (柔兆)	강어 (彊圉)	저옹 (著雍)	도유 (屠維)	상장 (上章)	증광 (重光)	현익 (玄黓)	소양 (昭陽)
史記 曆書	언봉 (焉逢)	단몽 (端蒙)	유조 (游兆)	강오 (彊梧)	도유 (徒維)	축리 (祝犁)	상양 (商陽)	소양 (昭陽)	횡애 (橫艾)	상장 (尚章)

地支

地支 書名	子	丑	寅	卯	辰	巳	午	未	申	酉	戌	亥
爾雅 釋天	곤돈 (困敦)	적분약 (赤奮若)	섭제격 (攝提格)	단알 (單閼)	집서 (執徐)	대황락 (大荒落)	돈상 (敦牂)	협흡 (協洽)	완탄 (涒灘)	작악 (作噩)	엄무 (閹茂)	대연헌 (大淵獻)
史記 曆書	同	同	同	同	同	同	同	同	同	同	淹茂	同
歲次	玄枵	星紀	析木	宜安 (大火)	壽星	鶉尾	大律 (鶉火)	鶉首	實沈	大梁	降婁	諏訾

8. 天干의 色

天干	甲	乙	丙	丁	戊	己	庚	辛	壬	癸
色	青	青	赤	赤	黃	黃	白	白	黑	黑

9. 地支의 띠

地支	子	丑	寅	卯	辰	巳	午	未	申	酉	戌	亥
띠 獸名	쥐 鼠	소 牛	범 虎	토끼 兔	용 龍	뱀 蛇	말 馬	양 羊	원숭이 猿	닭 鷄	개 狗	돼지 猪

10. 十二時

12支	子 (陽)	丑 (陰)	寅 (陽)	卯 (陰)	辰 (陽)	巳 (陰)	午 (陽)	未 (陰)	申 (陽)	酉 (陰)	戌 (陽)	亥 (陰)
時刻	23 0	1 2	3 4	5 6	7 8	9 10	11 12	13 14	15 16	17 18	19 20	21 22

11. 月의 名稱

月名	正月	2月	3月	4月	5月	6月	7月	8月	9月	10月	11月	12月
月建	寅	卯	辰	巳	午	未	申	酉	戌	亥	子	丑
12 季稱	孟春	仲春	季春	孟夏	仲夏	季夏	孟秋	仲秋	季秋	孟冬	仲冬	季冬
12 辟卦	秦月	大壯月	夬月	乾月	姤月	遯月	否月	觀月	剝月	坤月	復月	臨月
12律	大簇	夾鐘	姑洗	仲呂	蕤賓	林鐘	夷則	南呂	無射	應鐘	黃鐘	大呂
12 歲次	析木	大火	壽星	鶉尾	鶉火	鶉首	實沈	大梁	降婁	諏訾	玄枵	星紀

12. 月名異稱一覽表

月	異	稱													
1月	元月	端月	泰月	陬月	初春	孟春	肇歲	青陽	孟陽	正陽	孟陬	大簇	月正		
2月	如月	令月	麗月	大壯月	仲春	酣春	仲陽	陽中	夾鐘	華朝	惠風	桃月			
3月	花月	嘉月	蠶月	病月	晚春	暮春	季春	殿春	載陽	姑洗	清明	穀雨	中和		
4月	余月	乾月	初夏	孟夏	始夏	維夏	新夏	立夏	槐夏	麥秋	正陽	仲呂	小滿		
5月	皐月	梅月	姤月	鶉月	雨月	仲夏	梅夏	暑月	梅天	薰風	午月	蒲月	蜩月	鳴蜩	長至	蕤賓月
6月	季月	伏月	季夏	晚夏	常夏	災陽	小暑	流月	螢月	林鐘月	且月			
7月	涼月	冷月	桐月	初秋	孟秋	新秋	上秋	流火	處暑	瓜月	蟬月	相月	棐月		
8月	桂月	素月	仲秋	寒旦	巧月	佳月	雁月	南呂	壯月	白露				
9月	玄月	菊月	詠月	剝月	暮秋	殘秋	晚秋	高秋	霜辰	無射	授衣			
10月	陽月	良月	坤月	初冬	孟冬	立冬	小春	小陽	應鐘月					
11月	暢月	辜月	復月	仲冬	陽復	南至	黃鐘	葭月	至月					
12月	嚴月	臘月	蜡月	除月	氷月	涂月	暮冬	晚冬	窮冬	暮歲	暮節	嘉平	大呂		

13. 號의 分類

1) 屋廬之屬

齋, 堂, 菴, 庵, 軒, 窩, 亭, 窓, 門, 樓, 閣, 室, 屋, 廬, 臺, 庄, 館, 宇, 巢, 樓, 扉, 扃, 牖, 籬, 庭, 院

2) 山川巖谷之屬

巖, 山, 坡, 石, 皐, 厓, 江, 峰, 巒, 嶽, 阜, 麓, 丘, 陵, 嶠, 原, 峴, 嶺, 岸, 墩, 陸, 崖

3) 村里田野之屬

谷, 村, 里, 洞, 巷, 墅, 州, 郊, 野, 垌, 坪, 坊, 城, 郭, 居, 所, 市, 園, 圃, 塢, 田, 畹, 畦, 疇, 墅

4) 河海泉淵之屬

海, 溟, 河, 漢, 江, 湖, 灘, 洲, 汀, 灣, 濱, 津, 涯, 泉, 溪, 澗, 川, 淵, 潭, 塘, 沼, 池, 澤, 渠, 水, 浪, 瀾, 沙, 磯, 橋, 梁, 島, 井, 源, 湘, 淺, 渚, 波

5) 天日陰陽之屬

陽, 陰, 東, 西, 南, 北, 上, 下, 裏, 前, 邊, 口, 天, 日, 星, 奎, 雨, 雲, 靄, 嵐

6) 草木禽獸之屬

松, 竹, 筠, 栗, 梧, 桂, 梅, 蘭, 菊, 蕉, 蓮, 荷, 花, 槎, 林, 蘿, 萊, 苞, 草, 鳳, 鶴, 馬, 鹿, 蠹, 蟬, 鵝

7) 器用之屬

琴, 盤, 瓢, 壺, 圭, 玉, 屏, 舟, 蓬, 筇, 衣, 纓, 弦, 繩, 錁, 鑪, 翠

8) 隱逸之屬

翁, 叟, 老, 夫, 民, 客, 子, 生, 徒, 友, 冥, 樵, 閒, 虛, 歸, 遊, 仙, 逸, 翔, 佳, 休, 靜, 退, 遁, 寓, 默, 伏, 居士, 處士, 山人, 老人, 主人, 洞主, 布衣, 野人, 眞人, 漁人, 散人

9) 厭世諧謔之屬

睫, 疣, 髭, 病, 癯, 啞, 瘦, 癡, 愚, 狂, 窮, 乖, 憂, 蚩, 悔, 恨, 慵, 拙, 棄, 吃, 酊, 醉, 睡, 眠, 夢, 痊, 瘳, 囈

10) 雜號

心, 趾, 輔, 晦, 任, 耐, 守, 眞, 全, 德, 用, 修, 悟, 觀, 視, 念, 床, 桓, 異, 施, 浮, 染, 克, 嬌, 省, 翼, 畏, 近, 宰, 宥, 受, 然, 醒, 覺, 機, 色, 污, 史, 郵, 土, 清, 斗, 嘉, 膺, 通, 局, 冶

14. 千字文의 讀音 順序

ㄱ

佳(가) 936
假(가) 577
可(가) 187
嘉(가) 699
家(가) 501
歌(가) 850
稼(가) 655
駕(가) 518
軻(가) 674
刻(각) 527
簡(간) 883
碣(갈) 635
竭(갈) 251
感(감) 558
敢(감) 158
甘(감) 315
鑑(감) 693
甲(갑) 445
岡(강) 48
康(강) 864

糠(강) 816
絳(강) 783
羌(강) 120
薑(강) 64
盖(개) 145
改(개) 172
皆(개) 934
芥(개) 63
更(갱) 571
去(거) 317
居(거) 730
巨(거) 51
據(거) 423
渠(거) 753
擧(거) 855
車(거) 517
鉅(거) 637
巾(건) 830
建(건) 210
劒(검) 49
堅(견) 401
見(견) 723
遣(견) 748

潔(결) 836
結(결) 38
謙(겸) 686
競(경) 240
敬(경) 248
竟(경) 304
京(경) 416
傾(경) 552
卿(경) 496
慶(경) 232
景(경) 201
涇(경) 424
經(경) 488
輕(경) 520
驚(경) 432
啓(계) 444
溪(계) 530
稽(계) 873
誠(계) 708
階(계) 458
鷄(계) 629
古(고) 738
姑(고) 334

忘(망) 176
罔(망) 177
莽(망) 758
邙(망) 418
寐(매) 844
每(매) 947
孟(맹) 673
盟(맹) 584
勉(면) 701
眠(면) 842
綿(면) 643
面(면) 419
滅(멸) 579
冥(명) 648
名(명) 211
命(명) 256
明(명) 472
銘(명) 528
鳴(명) 129
慕(모) 162
母(모) 355
毛(모) 937
貌(모) 694
木(목) 140
牧(목) 596
目(목) 790
睦(목) 332
蒙(몽) 990
妙(묘) 936
廟(묘) 976

杳(묘) 647
務(무) 653
武(무) 559
無(무) 303
畝(무) 660
茂(무) 523
墨(묵) 193
黙(묵) 734
問(문) 107
文(문) 83
聞(문) 988
門(문) 626
勿(물) 564
物(물) 398
微(미) 541
美(미) 292
靡(미) 408
靡(미) 181
民(민) 98
密(밀) 563

ㅂ

薄(박) 260
叛(반) 911
盤(반) 427
磻(반) 529
飯(반) 804
發(발) 102
髮(발) 148

傍(방) 443
房(방) 832
方(방) 144
紡(방) 828
徘(배) 981
拜(배) 876
杯(배) 854
背(배) 417
陪(배) 507
伯(백) 335
白(백) 133
百(백) 613
魄(백) 958
煩(번) 591
伐(벌) 99
法(법) 588
壁(벽) 487
璧(벽) 234
弁(변) 461
辨(변) 695
別(별) 326
丙(병) 441
並(병) 933
兵(병) 504
幷(병) 616
秉(병) 679
寶(보) 236
步(보) 970
伏(복) 118
服(복) 86

扇(선) 834　　束(속) 977　　習(습) 223
璇(선) 953　　續(속) 868　　承(승) 471
禪(선) 621　　飧(손) 803　　陞(승) 457
膳(선) 802　　率(솔) 125　　侍(시) 829
設(설) 451　　悚(송) 877　　始(시) 81
說(설) 557　　松(송) 270　　市(시) 788
攝(섭) 309　　受(수) 350　　恃(시) 182
城(성) 632　　垂(수) 109　　施(시) 938
性(성) 385　　守(수) 393　　是(시) 239
成(성) 27　　　岫(수) 646　　時(시) 534
星(성) 464　　手(수) 858　　矢(시) 946
盛(성) 272　　收(수) 22　　　詩(시) 197
省(성) 705　　樹(수) 132　　寔(식) 567
聖(성) 208　　殊(수) 322　　息(식) 276
聲(성) 220　　水(수) 44　　　植(식) 704
誠(성) 291　　獸(수) 436　　食(식) 135
世(세) 513　　綏(수) 966　　信(신) 185
歲(세) 28　　　脩(수) 963　　愼(신) 293
稅(세) 665　　誰(수) 727　　新(신) 668
嘯(소) 920　　隨(수) 348　　神(신) 391
少(소) 822　　首(수) 116　　臣(신) 117
所(소) 299　　俶(숙) 657　　薪(신) 962
疏(소) 722　　叔(숙) 336　　身(신) 147
笑(소) 944　　夙(숙) 261　　實(실) 524
素(소) 676　　宿(숙) 14　　　審(심) 887
逍(소) 743　　孰(숙) 543　　尋(심) 739
霄(소) 784　　淑(숙) 939　　心(심) 389
邵(소) 968　　熟(숙) 666　　深(심) 258
俗(속) 932　　筍(순) 846　　甚(심) 302
屬(속) 797　　瑟(슬) 454

ㅇ

兒(아) 340
我(아) 661
阿(아) 535
雅(아) 403
嶽(악) 617
惡(악) 227
樂(악) 321
安(안) 287
雁(안) 625
斡(알) 956
巖(암) 645
仰(앙) 974
愛(애) 113
也(야) 1000
夜(야) 55
野(야) 638
弱(약) 550
約(약) 587
若(약) 283
躍(약) 902
兩(양) 721
凉(양) 896
糧(양) 824
羊(양) 200
襄(양) 791
良(양) 168
讓(양) 91
量(양) 192

陽(양) 32
養(양) 156
驤(양) 904
御(어) 826
於(어) 651
語(어) 994
飫(어) 810
魚(어) 678
焉(언) 997
言(언) 285
嚴(엄) 246
奄(엄) 537
業(업) 298
呂(여) 30
女(여) 161
如(여) 269
慮(여) 742
黎(여) 115
與(여) 247
餘(여) 26
麗(여) 43
驢(여) 897
亦(역) 477
力(역) 252
歷(역) 756
易(역) 793
妍(연) 943
年(연) 945
淵(연) 277
筵(연) 450

緣(연) 230
讌(연) 852
輦(연) 508
連(연) 359
列(열) 15
悅(열) 861
烈(열) 164
熱(열) 894
厭(염) 814
廉(염) 379
念(염) 206
恬(염) 921
染(염) 196
葉(엽) 774
令(영) 296
寧(영) 568
暎(영) 280
楹(영) 448
榮(영) 297
永(영) 965
營(영) 544
盈(영) 11
纓(영) 512
聆(영) 689
英(영) 480
詠(영) 320
靈(영) 440
領(영) 972
乂(예) 562
禮(예) 325

藝(예) 662	友(우) 362	攸(유) 795
翳(예) 772	右(우) 465	有(유) 93
譽(예) 606	宇(우) 5	流(유) 274
豫(예) 862	寓(우) 789	猶(유) 337
隷(예) 484	愚(우) 989	猷(유) 700
五(오) 151	祐(우) 964	維(유) 203
梧(오) 765	禹(우) 611	輶(유) 794
玉(옥) 45	羽(우) 71	遊(유) 777
溫(온) 263	虞(우) 94	育(육) 114
翫(완) 787	雨(우) 36	倫(윤) 923
阮(완) 919	云(운) 623	尹(윤) 532
曰(왈) 245	運(운) 780	閏(윤) 25
往(왕) 20	雲(운) 33	律(율) 29
王(왕) 128	鬱(울) 428	戎(융) 119
外(외) 349	垣(원) 799	殷(은) 103
畏(외) 796	圓(원) 835	隱(은) 371
寥(요) 736	園(원) 757	銀(은) 837
遙(요) 744	遠(원) 642	陰(음) 238
颻(요) 776	願(원) 895	音(음) 690
要(요) 884	月(월) 10	邑(읍) 410
遼(요) 915	位(위) 90	儀(의) 356
曜(요) 952	委(위) 771	宜(의) 295
欲(욕) 190	威(위) 602	意(의) 399
辱(욕) 714	渭(위) 422	疑(의) 463
浴(욕) 892	煒(위) 839	義(의) 378
容(용) 281	爲(위) 39	衣(의) 87
庸(용) 684	謂(위) 993	二(이) 415
用(용) 597	魏(위) 574	以(이) 314
龍(용) 73	帷(유) 831	伊(이) 531
優(우) 306	惟(유) 154	利(이) 931

陟(척) 672
千(천) 503
天(천) 1
川(천) 273
賤(천) 324
踐(천) 581
瞻(첨) 983
妾(첩) 825
牒(첩) 882
淸(청) 264
聽(청) 224
靑(청) 608
體(체) 124
初(초) 290
招(초) 752
楚(초) 570
草(초) 139
誚(초) 992
超(초) 903
燭(촉) 838
寸(촌) 237
寵(총) 709
催(최) 948
最(최) 599
抽(추) 759
推(추) 89
秋(추) 21
逐(축) 397
出(출) 46
黜(출) 671

充(충) 807
忠(충) 253
取(취) 279
吹(취) 455
翠(취) 764
聚(취) 478
惻(측) 372
昃(측) 12
侈(치) 515
恥(치) 716
治(치) 649
致(치) 35
馳(치) 605
則(칙) 254
勅(칙) 688
親(친) 817
漆(칠) 485
沈(침) 733
稱(칭) 54

耽(탐) 785
湯(탕) 104
殆(태) 713
宅(택) 538
土(토) 582
通(통) 466
退(퇴) 380
投(투) 363

特(특) 900

杷(파) 762
頗(파) 595
八(팔) 499
沛(패) 382
霸(패) 572
烹(팽) 811
平(평) 111
弊(폐) 590
陛(폐) 460
布(포) 913
捕(포) 909
飽(포) 809
表(표) 215
飄(표) 775
彼(피) 179
疲(피) 392
被(피) 138
必(필) 171
筆(필) 922
逼(핍) 728

ㅎ

下(하) 331
何(하) 585

■ 황충기 黃忠基

　경기 여주(驪州) 출생. 고려대학교 문과대학 국어국문학과와 경희대학교 대학원 국어국문학과를 졸업했다. 현재 한국어문교육연구회 회원이다. 편저서(編著書)로 『校注海東歌謠』(1988), 『古時調註釋事典』(1994), 『蘆溪朴仁老研究』(1994), 『역대한국인편저서목록』(1996), 『해동가요에 관한 연구』(1996), 『가곡원류에 관한 연구』(1997), 『한국여항시조연구』(1998), 『여항인과 기녀의 시조』(1999), 『장시조연구』(2000), 『주해 장시조』(2000), 『한국학주석사전』(2001), 『한국학사전』(2002), 『여항시조사연구』(2003), 『기생 시조와 한시』(2004), 『고전주해사전』(2005), 『청구영언』(2006), 『청구악장』(2006), 『증보 가곡원류』(2007), 『가사집』(2007), 『성을 노래한 고시조』(2008), 『기생 일화집』(2008), 『명기 일화집』(2008), 『해동악장』(2009), 『조선시대 연시조 주해』(2009), 『古時調 漢詩譯의 註釋과 反譯』(2010), 『협률대성』(2013) 『육당본 청구영언』(2014) 『고전문학에 나타난 기생시조와 한시』(2015) 『歌曲源流에 대한 管見』(2015) 『장시조전집』(2015) 등이 있다.